SÆCULUM XIII.

INNOCENTII III,

ROMANI PONTIFICIS,

OPERA OMNIA,

TOMIS QUATUOR DISTRIBUTA,

QUORUM PRIORES TRES REGESTORUM BALUZIANAM RECENSIONEM COMPLECTUNTUR, ACCEDENTIBUS ANECDOTARUM EPISTOLARUM LIBRIS, QUOS FRUSTRA OLIM A BALUZIO EXPETITOS EX BIBLIOTHECA VATICANA IN LUCEM EMISERUNT LA PORTE DUTHEIL ET BREQUIGNY; QUARTO VOLUMINI INSUNT EPISTOLÆ EXTRA REGESTUM VAGANTES, PONTIFICIS DENIQUE SERMONES ET OPUSCULA VARIA, TUM JAM OLIM EDITA, TUM RECENTIUS AB EMINENTISSIMO CARDINALI MAIO, D. LUIGI TOSTI, ETC., ETC., TYPIS MANDATA,

ACCURANTE J.-P. MIGNE,
BIBLIOTHECÆ CLERI UNIVERSÆ,
SIVE
CURSUUM COMPLETORUM IN SINGULOS SCIENTIÆ ECCLESIASTICÆ RAMOS EDITORE.

TOMUS QUARTUS.

VENEUNT 4 VOLUMINA 30 FRANCIS GALLICIS.

EXCUDEBATUR ET VENIT APUD J.-P. MIGNE EDITOREM,
IN VIA DICTA *D'AMBOISE*, PROPE PORTAM LUTETIÆ PARISIORUM VULGO *D'ENFER* NOMINATAM,
SEU PETIT MONTROUGE.

1855.

ELENCHUS

AUCTORUM ET OPERUM QUI IN HOC TOMO CCXVII CONTINENTUR.

INNOCENTIUS III PONTIFEX ROMANUS

Supplementum ad Regesta Innocentii III	col. 9
Innocentii III Sermones.	309
Opuscula :	
Dialogus inter Deum et peccatorem.	691
De contemptu mundi.	701
Libellus de eleemosyna.	747
Encomium charitatis.	761
De sacrificio missæ.	763
Dubiorum appendix :	
Commentarium in septem psa.mos pœnitentiales.	967
Regula ordinis S. Spiritus de Saxia.	1129
Tabula epistolarum Innocentii III secundum litteram initialem digesta.	1159

EPILOGUS

AD OPTIMUM LECTOREM CATHOLICUM AC TOTIUS *PATROLOGIÆ LATINÆ* CONCLUSIO.

Volumine isto, quod ducentorum septemdecim tomorum numerum absolvit, *Patrologiæ Latinæ,* Dei omnipotentis auxilio perpetuo adjuti, finem imponimus.

Hæc quidem *Patrologia Latina,* ab ævo apostolico exordium sumens, ad mortem Innocentii III, id est, annum 1216, protenditur.

Varios Indices ad calcem hujusce ultimi tomi apponere primum constitueramus; sed cum iis tabulis, quas prelo paratas habebamus, alii non pauci Indices, a nobis excogitati, lectorum quidem ad majorem commoditatem, dein turmatim accessissent, omnes simul in duos speciales tomos seponere statuimus. Hi vero Indices, non tantum scripta, sed auctores alphabetice, chronologice, statistice, synthetice, analytice, analogice, logice, etc., ordinatos exhibebunt ac plane explicabunt.

Ex illa autem tabularum serie, quarum numerus ultra centum crescet, materiis et argumentis sub omnimoda facie apparentibus, lectori cuilibet, non tantum Doctoribus, et studio sacrarum litterarum viris die ac nocte incumbentibus, sed et cuique maximis occupationibus implicato, sed et indocto, vel imperito, vel inerudito, vel etiam ignaro et demum in pigritia sepulto, facillimus et certissimus ad SS. Patrum studium et disquisitionem aditus large patebit.

Verum enim vero magnus solemnisque in fronte uniuscujusque nostrorum voluminum, nec non et variorum programmatum, quibus nova opera prænuntiabantur præfixus titulus, duos Indices tantum, analyticum scilicet et scripturarium, seu Scripturæ sacræ, omnes, qui a singulis Patribus explanantur, versiculos amplexantem, pollicebatur.

Ast majora creare et condere pollentes, majora condemus et creabimus : namque illud opus nobis laborantibus officio est erga clerum catholicum; et tandem labore functis, erit maximæ felicitati.

Quæ cum ita sint, optime lector, hanc immensam, arduam, omnigenam librorum molem, hoc *monumentum ære perennius,* consummationi cujus nemo credere audebat, tandem exegimus, et hanc exercitum, ut non dicamus gentem, sacrorum scriptorum et auctorum, maximam omnium quas typographia per totum orbem terrarum, ab exordio suo, usque ad hanc diem ediderit, summa fide et spe nixi, intra nonnullos, id est novem annos, in lucem et per universum mundum Christianum protulimus. Sed hæc pauca.

Nunc autem *Patrologiam Græcam* aggredimur. Hanc quidem Latina breviorem perrapide elaboratam, absolutam et perfectam fore nemo dubitet : qui majora expedivit, minora certe expediet; præteritis enim operibus plane, palam oculis omnium patentibus, futura, cum bona et certa spe, omnis totius orbis catholici clerus, sacrarum litterarum studiosus, exspectabit; nam, *ab actu ad posse valebit consecutio.*

Ex typis MIGNE, au Petit-Montrouge.

PATROLOGIÆ
CURSUS COMPLETUS
SIVE
BIBLIOTHECA UNIVERSALIS, INTEGRA, UNIFORMIS, COMMODA, OECONOMICA,
OMNIUM SS. PATRUM, DOCTORUM SCRIPTORUMQUE ECCLESIASTICORUM
QUI
AB ÆVO APOSTOLICO AD INNOCENTII III TEMPORA
FLORUERUNT;

RECUSIO CHRONOLOGICA
OMNIUM QUÆ EXSTITERE MONUMENTORUM CATHOLICÆ TRADITIONIS PER DUODECIM PRIORA
ECCLESIÆ SÆCULA,
JUXTA EDITIONES ACCURATISSIMAS, INTER SE CUMQUE NONNULLIS CODICIBUS MANUSCRIPTIS COLLATAS,
PERQUAM DILIGENTER CASTIGATA;
DISSERTATIONIBUS, COMMENTARIIS LECTIONIBUSQUE VARIANTIBUS CONTINENTER ILLUSTRATA;
OMNIBUS OPERIBUS POST AMPLISSIMAS EDITIONES QUÆ TRIBUS NOVISSIMIS SÆCULIS DEBENTUR ABSOLUTAS
DETECTIS, AUCTA;
INDICIBUS PARTICULARIBUS ANALYTICIS, SINGULOS SIVE TOMOS, SIVE AUCTORES ALICUJUS MOMENTI
SUBSEQUENTIBUS, DONATA;
CAPITULIS INTRA IPSUM TEXTUM RITE DISPOSITIS, NECNON ET TITULIS SINGULARUM PAGINARUM MARGINEM SUPERIOREM
DISTINGUENTIBUS SUBJECTAMQUE MATERIAM SIGNIFICANTIBUS, ADORNATA;
OPERIBUS CUM DUBIIS, TUM APOCRYPHIS, ALIQUA VERO AUCTORITATE IN ORDINE AD TRADITIONEM
ECCLESIASTICAM POLLENTIBUS, AMPLIFICATA;
INNUMERABILIBUS INDICIBUS LOCUPLETATA; SED, PRÆSERTIM DUOBUS IMMENSIS ET GENERALIBUS, ALTERO
SCILICET RERUM, QUO CONSULTO, QUIDQUID NON SOLUM TALIS TALISVE PATER, VERUM AUTEM UNUSQUISQUE
PATRUM, ABSQUE ULLA EXCEPTIONE, IN QUODLIBET THEMA SCRIPSERIT, UNO INTUITU CONSPICIATUR;
ALTERO **SCRIPTURÆ SACRÆ**, EX QUO LECTORI COMPERIRE SIT OBVIUM QUINAM PATRES ET
IN QUIBUS OPERUM SUORUM LOCIS SINGULOS SINGULORUM LIBRORUM SCRIPTURÆ VERSUS, A
PRIMO GENESEOS USQUE AD NOVISSIMUM APOCALYPSIS, COMMENTATI SINT.
EDITIO ACCURATISSIMA, CÆTERISQUE OMNIBUS FACILE ANTEPONENDA, SI PERPENDANTUR : CHARACTERUM NITIDITAS,
CHARTÆ QUALITAS, INTEGRITAS TEXTUS, PERFECTIO CORRECTIONIS, OPERUM RECUSORUM TUM VARIETAS
TUM NUMERUS, FORMA VOLUMINUM PERQUAM COMMODA SIBIQUE IN TOTO OPERIS DECURSU CONSTANTER
SIMILIS, PRETII EXIGUITAS, PRÆSERTIMQUE ISTA COLLECTIO, UNA, METHODICA ET CHRONOLOGICA,
SEXCENTORUM FRAGMENTORUM OPUSCULORUMQUE HACTENUS HIC ILLIC SPARSORUM,
PRIMUM AUTEM IN NOSTRA BIBLIOTHECA, EX OPERIBUS AD OMNES ÆTATES,
LOCOS, LINGUAS FORMASQUE PERTINENTIBUS, COADUNATORUM.

SERIES SECUNDA,
IN QUA PRODEUNT PATRES, DOCTORES SCRIPTORESQUE ECCLESIÆ LATINÆ
A GREGORIO MAGNO AD INNOCENTIUM III.

ACCURANTE J.-P. MIGNE,
BIBLIOTHECÆ CLERI UNIVERSÆ,
SIVE
CURSUUM COMPLETORUM IN SINGULOS SCIENTIÆ ECCLESIASTICÆ RAMOS EDITORE.

PATROLOGIA, AD INSTAR IPSIUS ECCLESIÆ, DUABUS PARTIBUS CONSTAT SIMUL AC DIVIDITUR, ALIA NEMPE LATINA,
ALIA GRÆCO-LATINA. ILLA PENITUS EXARATA, NOVEMDECIM ET DUCENTIS VOLUMINIBUS EST IMMENSA, CENTUMQUE
ET MILLE FRANCIS VENIT. GRÆCA SUBDIVIDITUR ET DUPLICI EDITIONE TYPIS MANDATA EST. PRIOR GRÆCUM TEXTUM,
UNA CUM VERSIONE LATINA, LATERALIS AMPLECTITUR, ET FORSAN CENTUM VOLUMINUM EXCEDET NUMERUM. POSTE-
RIOR AUTEM HANCCE VERSIONEM TANTUM EXHIBET, IDEOQUE INTRA QUINQUAGINTA CIRCITER VOLUMINA RETINEBITUR.
UNUMQUODQUE VOLUMEN GRÆCO-LATINUM OCTO, UNUMQUODQUE MERE LATINUM QUINQUE FRANCIS SOLUMMODO
EMITUR : VERUM, IN UTROQUE CASU, ID EST AD FRUENDUM HOC BENEFICIO, COLLECTIONEM INTEGRAM, SIVE
ORIENTALEM, SIVE OCCIDENTALEM CONDUCAT EMPTOR NECESSE ERIT; ALIAS CUJUSQUE VOLUMINIS AMPLITUDINEM
NECNON ET DIFFICULTATES VARIA PRETIA ÆQUABUNT.

PATROLOGIÆ TOMUS CCXVII
ET, SALVIS INDICIBUS, TOTIUS PATROLOGIÆ LATINÆ ULTIMUS.

INNOCENTIUS III PONTIFEX ROMANUS.

EXCUDEBATUR ET VENIT APUD J.-P. MIGNE EDITOREM,
IN VIA DICTA *D'AMBOISE*, PROPE PORTAM LUTETIÆ PARISIORUM VULGO *D'ENFER* NOMINATAM,
SEU PETIT-MONTROUGE.

1855

MONITUM MAXIMI MOMENTI AD OMNEM CLERUM CATHOLICUM.

Cum in hac perardua septemdecim ultra ducentos majoris formæ voluminum editione non potuerit fieri quin typographice nonnunquam, dogmatice etiam forte, insciis certe nobis, erraverimus (non enim unius diei hic labor est noster, sed multorum annorum), clerum et viros doctos officii nostri est certiores facere, quod illis haud ingratum fore speramus, Collectionis hujus textum, qui integer stereotyporum beneficio prostat, a nobis iteratis curis jam diu retractatum et ad exactissimæ revisionis crisim revocatum; sic Notitiam in Leonem I papam, ex Schœnemanno depromptam, sic nonnullorum judicia de Augustino, minus recte sentientium, expunximus, alia quæ medicatione opus habent sedulo correcturi vel omnino rescissuri. Quo fiet ut proximæ editiones expurgatæ et, quantum fieri potest, emendatæ prodeant. Iis interim quibus jam ad manus est *Patrologia* nostra, statim ac aliquid vitii nobis innotuerit, chartam medicabilem, ipsa translatione omni impensa immuni, transmittendam curabimus.

Ex laboriosa cura, sicut ex iterata, universali et minutissima tot et tantæ molis librorum revisione vel expurgatione, quantæ impensæ provenire debeant, omnibus notum est. Verumtamen pro minimo ducimus aut sollicitudines aut sumptus, dum nitidissima textuum correctio, et præsertim orthodoxæ doctrinæ veritas in integrum serventur.

Opus cum majoris est momenti, tunc illud securius et inoffenso pede percurrere debemus. Porro, quid totius traditionis catholicæ impressis et pervulgatis libris æquiparandum est?

Sub duplici respectu sive typographiæ sive theologiæ irreprehensibilis cujusque paginæ munditia fulgeat. Hoc in nostris votis est. Quapropter enixe et publice lectores hortamur, ut si quis ob textus maculam aut propter adversum sanæ fidei verbum potuerit offendi, sine mora nobis benevolenter denuntiet. Nostra mens est sicut et firma voluntas pro nihilo qualecunque vigiliarum damnum vel laborum curam computandi, si *Patrologiam* nostram perdilectissimam, in quantum ad omnium textuum nitorem vel ad orthodoxæ doctrinæ integritatem attinet, irreprehensam penitus ædificare possimus.

Pauca tamen, ut speramus, supersunt reformanda. Duos adducere liceat idoneos testes ex doctissima Bollandi familia, qui per epistolam Bruxellis ad nos transmissam asserunt sibi volumina nostra evolventibus nihil aut leviora occurrisse perstringenda. Quibus accedat testimonium Superioris generalis congregationis in informandis ad theologiam adolescentibus facile principis, viri eminenti doctrina simul et prudentia atque animi gravitate conspicui, qui *Patrologiam* « monumentum immortale scientiis ecclesiasticis a nobis erectum » non dubitavit appellare.

Ad satisfactionem simul et ædificationem lectoris, patefacere nos juvat, Doctores, Patres, vel Scriptores ecclesiasticos, in septemdecim et ducentis *Patrologiæ* latinæ voluminibus recusos, non minus quam sexdecim ducentorum et mille auctorum attingere numerum.

SUPPLEMENTUM
AD
REGESTA INNOCENTII III
ROMANI PONTIFICIS.

I.

Ad praepositum (1), *Decanum* (2) *et canonicos Majoris ecclesiae Argentinensis.* — *Praebendam, a F. praeposito S. Thomae resignatam, ipsis confirmat.*

(Anno 1198. Laterani, Mart. 2.)

[BREQUIGNY et LA PORTE DUTHEIL, Append. ad Regesta Innocentii, t. III, p. 1065. Ex Apographo, ad fidem Autographi in Majoris ecclesiae Argentinensis archiviis asservati, a D. Grandidier diligenter collato.]

Cum partes inter se super mota quaestione conveniunt, vel altera renuntiat quaestioni, ad hoc solum exigitur officium Judicis, ut quod a partibus fit faciat inviolabiliter observari, ne cui contra compositionem aut cessionem per se factam liceat ulterius prosilire. Sane, cum dilecti filii, Arnoldus, nuntius et concanonicus vester, et F. praepositus Sancti Thomae (3), ad nostram praesentiam accessissent, super praebenda, de qua, per dilectum filium, P. tituli Sanctae Caeciliae presbyterum Cardinalem (4), tunc apostolicae sedis legatum, idem praepositus fuerat investitus, in nostra et fratrum nostrorum audientia disceptarunt. Cumque nos,

(1) Erat is, verisimiliter, Rheinardus II, de quo pauca haec apud *Galliae Christianae novae* auctores, tom. V, col. 823 :
. X. Rheinardus II, 1190 in charta Conradi II, episcopi Argentinensis (*ex probat. Hist. Als., pag.* 29), de collegiata Luterbacensi ecclesia. »
Successor ejus, Albertus, non nisi anno 1202 memoratur. *Vide Epistolam Libri octavi* VIII, *not.*
(2) De Decanis Majoris ecclesiae Argentinensis, circa haec, in quibus versamur, tempora, pauca admodum reperiuntur apud Auctores supra laudatos, *Ibid.* col. 827 :
« VI. Frivo, *vel* Frico, 1178 et 1185. Vide Chartam Henrici episcopi pro fundatione Prioratus de Rubiaco.
VII. Wernardus 1218, in Charta Henrici episcopi pro S. Arbogasti ecclesia. »
(3) Illi nomen erat Fridericus, uti nos monuit D. Grandidier ex instrumentis.
(4) Petrus, nobilis Placentinus, a Lucio PP. III, Feria quarta Cinerum, an. reparatae salutis 1185, in tertia, ex Ciaconio, ex Panvinio vero, Aubery, et aliis, 1184, in secunda cardinalium creatione, tituli S. Nicolai in Carcere Tulliano diaconus, deinde a

auditis quae hinc inde proposita fuerant, de communi consilio fratrum nostrorum, sententiam formare ac ferre vellemus, dictus praepositus ad nos humiliter et devote accessit, et jus, si quod sibi competeret in eadem praebenda, in manibus nostris spontanee resignavit. Nos igitur, Ecclesiae vestrae volentes inposterum paci et tranquillitati consulere, recepta resignatione ipsius, ei super eadem praebenda perpetuum silentium imponimus, et vos, et Ecclesiam vestram, ab impetitione ipsius super eam praesentium auctoritate reddimus absolutos. Nulli ergo, etc.

Datum Laterani, VI Nonas Martii, pontificatus nostri anno primo.

II.

Matthaeum (5) *abbatem S. Nicolai de Pratis Ribodi Montis, Laudunensis dioeceseos.* — *Recipiuntur sub protectione B. Petri, et enumerantur bona ad ipsos spectantia.*

(Anno 1198. Laterani, Mart. 18).

[Bullam hanc edimus ad fidem apographi, quod ex Chartulario monasterii S. Nicolai de Pratis, f° 9, v° transcriptum, in Chartophylacio nostro repo-

Clemente PP. III, tituli S. Caeciliae presbyter cardinalis renuntiatus, sub Coelestino P. III, in Sicilia, et sub Innocentio PP. III item, tertio in Germania legationis munere functus est. Obiit sub Innocentio. Hunc e familia Diana fuisse profitetur Floravantes Martinellus, ex Chronico Placentino Umberti Locati. *Oldoin. ad Ciacon.* tom. I, col. 1120.
(5) Matthaeus I, notae probitatis abbas ab anno saltem 1197 ad annum 1225 virtutum splendore praeluxit; tanti factus a comitissa Blesensi, Ribodi Montis, Suessionum, etc. domina, ut haec illi gazas suas, aureos et monilia servanda crediderit an. 1225.
A Coelestino PP. III bonorum recensionem an. 1197; aliam post menses quindecim ab Innocentio PP. III (*et est haec ipsa quam hic edimus*); tertiam ab Honorio PP. III, an. 1224, consecutus est. Ingenti suorum desiderio assumptus, in B. Mariae sacello, ubi nunc sacristia, depositus est sub lapide. Apertum, et ante chori januam translatum ejus sepulchrum, proceri hominis ossa caputque perampum exhibuit; quippe cujus femorum ossa pollices viginti duos aequabant.

suit D. Grenier. Idemque hanc notulam adscripsit. — « Cette Bulle confirme la stabilité des religieux, qui avoient fait profession dans l'abbaye de S. Nicolas, en ce monastère, à moins que ce ne soit pour embrasser un état plus strict; la présentation aux cures; la permission de donner la sépulture à ceux qui la désireront, pourvu qu'ils ne soient ni excommuniés, ni interdits; l'élection d'un abbé par la communauté, sa bénédiction et son intronisation, sans exiger ni palefroi, ni chape de soie, parce que cette exaction tient à la simonie. » Bréquigny, *ibid.*]

Innocentius episcopus, servus servorum Dei, dilectis filiis, Matthæo, abbati Sancti Nicolai de Pratis, ejusque fratribus, tam præsentibus quam futuris, regularem vitam professis in perpetuum.

Religiosam vitam eligentibus apostolicum convenit adesse præsidium, ne forte cujuslibet temeritatis incursus aut eos a proposito revocet, aut robur, quod absit! sacræ religionis enervet. Eapropter, dilecti in Domino filii, vestris justis postulationibus clementer annuimus, et præfatum monasterium Sancti Nicolai de Pratis, in quo divino mancipati estis obsequio, ad exemplar prædecessorum nostrorum, felicis recordationis, Innocentii, Adriani, Alexandri, Urbani, et Cœlestini, Romanorum pontificum, sub beati Petri et nostra protectione suscipimus, et præsentis scripti privilegio communimus; statuentes, ut quascunque possessiones, quæcunque bona idem monasterium juste et canonice possidet, aut in futurum concessione pontificum, oblatione fidelium, seu aliis justis modis, procurante Domino, poterit adipisci, firma vobis vestrisque successoribus et illibata permaneant. In quibus hæc propriis duximus exprimenda vocabulis.

Locum ipsum videlicet, ab omni advocatione successorum nobilis viri Anselmi bonæ memoriæ, ipsius loci fundatoris (6), liberum, cum omnibus appendiciis suis, in ea libertate quæ ab eodem Anselmo devotionis intuitu eidem loco concessa est; totam villam quæ illi adjacet (7), cum furno et molendino, cum pascuis, silvis, aqua, piscatione, pratis, banno et districtu; ecclesiam Sancti Germani de Ribodi-Monte, cum thesauraria et schola adjacenti, parochia Sancti Petri, cum cæteris pertinentiis suis; altare de Fontanis (8), cum tribus partibus majoris decimæ ejusdem villæ et tota minori decima, et omnibus obventionibus et oblationibus ejusdem loci, exceptis his quæ presbytero offeruntur in celebratione suæ missæ; altaria de Bohaing (9); altaria de Restoliis (10), altaria de Villers (11), cum omnibus pertinentiis eorum, quæ bonæ memoriæ Simon (12), quondam Noviomensis episcopus, ecclesiæ vestræ dedit (13), et successor ejus Balduinus (14) scripto suo postea confirmavit; terram quæ dicitur Tasiniacus (15) cum pascuis, silvis, aqua, piscatura, pratis, banno et districto; altare de Tenella (16), cum dote sua; villam quæ dicitur Montiniacus (17), præter sextam decimam partem communis allodii, et dimidiam partem terræ Fulcherici; altare ejusdem villæ, cum tota decima tam minori quam majori; apud villam quæ dicitur Fillencis (18), totam decimam tam majorem quam minorem, cum terra de Merallu, undecim modios frumenti, et unum modium pisæ, et tres solidos monetæ, quos in festivitate sancti Remigii ab ecclesia Sancti Foillani processu habetis; in ecclesia de Clarofonte, sex modios frumenti, et unum sextarium; apud villam quæ dicitur Diercis (19), altare cum duabus partibus majoris decimæ, et totam minorem decimam; in villa quæ dicitur Leheris (20), totam terram cujusdam militis Christiani, terram quæ dicitur Ogeri prati, et quartam partem ejusdem villæ, terram de Militricis quam habetis a Rainero de Sanctis; apud villam quæ dicitur Tursiacus (21), altare cum tota decima tam majori quam minori, terram Radulfi, militis, terram Gilleberti Rasi, terram Sancti Petri de Hunoniscurte, omne guionagium quod dedit vobis bonæ memoriæ Ingeramus, pater quondam Radulfi de Cociaco, liberum et quietum; altare de Chievresis (22), cum dote sua et quartam partem ejusdem villæ, cum tota decima tam majori quam minori ejusdem curtis; in villa quæ dicitur Regiscurtis (23), terram quam dedit vobis Guido Cato, cum aqua, piscatura, pascuis, concedente Guidone

---

(6) Anselmus, eo nomine secundus, Anselmi filius, Ribodi Montis comes, Viromanduorum principum regia stirpe nobilissimus, qui, erecto prius Aquicincti cœnobio, redditis etiam Vincentiano quæ per vim abstulerat prædiis ac juribus, Prateense hoc juxta paternam ditionem condidit, anno 1083. Habetur charta fundationis, *Nov. Gall. Christ.* t. X, col. 189, *Instr.* III. Sequenti anno, Philippi regis apud Ribodi Montem degentis auctoritate muniri curavit. Vide *ibid. Inst.* iv.

(7) Nomine *Luciacus*, gallice *Lucy*. Vide instrumentum supra citatum.

(8) Gallice *Fontaine-Notre-Dame*.
(9) Gallice *Bohain*.
(10) *Réteuil*.
(11) Al. *de Villari sicco*; gallice *Villers-le-Sec*.
(12) Simon I (*de Vermandois*), regia prosapia ortus, filius Hugonis Magni, comitis Viromanduorum, filiique Henrici regis I, electus aut consecratus in episcopum Noviomensem circa annum 1123, præfuit usque ad annum 1143. Vide *Gall. Christ.* tom. X, col. 1000.

(13) Anno 1130, Simon dedit altare de Mont-Benchien ecclesiæ de Bœni. *Ibid.* col. 1001.

(14) Anno 1148, ut legere est in Chronico Sigeberti. « Simon, gloriosus Noviomensis pontifex, apud Seleuciam diem clausit, cui successit Balduinus Boloniensis, » abbas: 1° Calnfaci, in diœcesi Noviomensi; 2° Castellionis, in diœcesi Lingonensi; excessit ab humanis IV Non. Maii, an. 1167. *Ibid.*

(15) Gallice *Tasigni*; locus postea cum *Luciaco*, gallice *Lucy*, unitus.
(16) *Tenelle*.
(17) *Montigny en Arrouaise*.
(18) *Fieulaines*.
(19) *Dercis*, in diœcesi Laudunensi.
(20) *Leheries*, in Tierachia.
(21) *Torsy*, de parochia Ribodi Montis.
(22) *Chevresis*.
(23) *Régicourt*.

de Supi domino suo, sedem molendini quam dedit vobis Philippus, concedente Rliardo domino suo; apud villam quæ dicitur Andiniacus (24), sex modios frumenti quos debet vobis ecclesia Sancti Martini Laudunensis annuatim persolvere, et in propria vectura ad promptuarium vestrum deferre; in villa quæ dicitur Remiis (25), quindecim solidos bonæ monetæ, quos debet vobis ecclesia Beatæ Mariæ Laudunensis in festivitate Omnium Sanctorum persolvere annuatim; villam quæ dicitur Moncellis (26), quam dedit vobis Anselmus, quondam dominus Ribodi Montis, cum banno, furno, et districto, et dimidiam partem molendini et dimidiam partem vivarii, terram de Bardonroy cujus medietatem terragii libere recipitis, alteram Rainerus de Guisia, et, ex parte Rainerii, ecclesiæ Sancti Vincentii Laudunensis tres modios frumenti annuatim persolvitis; in Flandria, apud villam quæ vocatur Lo, bercariam unam et amplius; apud Lecca, dimidiam bercariam; apud Chevenses, quinque modios frumenti, quos solvit Radulfus de Hussel, altare de Parpes (27), cum pertinentiis suis terram quam dedit vobis Gualterus, miles de Aines, quartam partem terræ de Wargiscurte (28), juxta Ribodi Montem; item, in Flandria, apud villam quæ dicitur Lecca, terram de Morostralis, decimam septem lotorum; apud Fressenatum, dimidiam marcam, et dimidium fertonem; apud Wallas, undecim solidos, mediam partem villæ quæ dicitur Puteolis (29), tam in silva, quam in terra arabili, quam Albericus Waler, et Fredebertus de Sanctis, et Gerardus filius ejus vobis contulerunt.

Sane, novalium vestrorum nullus a vobis decimas exigere vel extorquere præsumat. Liceat quoque vobis clericos, vel laicos liberos et absolutos, e sæculo fugientes, ad conversionem recipere, et eos sine contradictione aliqua detinere. Prohibemus insuper, ut nulli fratrum vestrorum, post factam in eodem loco professionem, fas sit sine abbatis sui licentia, nisi arctioris religionis obtentu, ab eodem loco discedere; discedentes vero absque communium litterarum cautione nullus audeat retinere. Cum autem generale interdictum terræ fuerit, liceat vobis, clausis januis, exclusis excommunicatis et interdictis, non pulsatis campanis, submissa voce divina officia celebrare. In parochialibus autem ecclesiis quas habetis, liceat vobis proprios sacerdotes eligere; quibus, si idonei fuerint, episcopus diœcesanus, cui a vobis fuerint præsentati, curam animarum committat, ut ei de spiritualibus, vobis vero de temporalibus debeant respondere. Auctoritate insuper apostolica districtius inhibemus, ne quis in vos vel ecclesiam vestram excommunicationis, suspensionis et interdicti sententiam, sine manifesta et rationabili causa, promulgare præsumat, vel novas vel indebitas exactiones vobis et hominibus vestris imponat. Sepulturam præterea ejusdem loci liberam esse omnino decernimus, ut eorum devotioni et extremæ voluntati qui se illic sepeliri deliberaverint, nisi forte excommunicati vel interdicti sint, nullus obsistat, salva tamen justitia illarum ecclesiarum a quibus mortuorum corpora assumuntur. Obeunte vero te nunc ejusdem loci abbate, vel tuorum quolibet successorum, nullus ibi qualibet subreptionis astutia seu violentia præponatur, nisi quem fratres communi consensu, vel major pars fratrum consilii sanioris, secundum Dei timorem et beati Benedicti Regulam, providerint eligendum. Sub excommunicationis insuper pœna districtius inhibemus, ne quis abelecto vestro qui pro tempore fuerit, pro benedictione ipsius, vel pro deducendo seu locando eum in sede, sub obtentu alicujus consuetudinis, palefridum, seu capam sericam, seu aliquid aliud, cum Simoniacam sapiat pravitatem, exigere audeat, vel extorquere præsumat. Ad hæc, libertates et immunitates a regibus, principibus et aliis personis, tam ecclesiasticis quam mundanis, rationabiliter monasterio vestro concessas, et antiquas, et rationabiles consuetudines hactenus observatas, integras illibatasque permanere præsenti decreto sancimus. Decernimus ergo, etc.

Ego Innocentius, Catholicæ Ecclesiæ Episcopus.

Ego Octavianus (30), Hostiensis et Velletrensis Episcopus.

Ego Petrus (31), Portuensis et Sanctæ Rufinæ episcopus.

Ego Petrus (32), tituli sanctæ Cæciliæ presbyter cardinalis.

Ego Jordanus (33), presbyter cardinalis sanctæ Pudentianæ, tituli Pastoris.

Ego Johannes (34), tituli Sancti Clementis cardinalis, Viterbiensis et Tuscanus episcopus.

Ego Hugo (35), presbyter cardinalis Sancti Martini tituli Æquitii.

Ego Johannes (36), tituli Sancti Stephani in Cælio-Monte presbyter cardinalis.

Ego Soffredus (37), tituli Sanctæ Praxedis presbyter cardinalis.

Ego Gratianus (38), Sanctorum Cosmæ et Damiani diaconus cardinalis.

---

(24) *Andigny*, *village près de Guise*.
(25) *Remies*.
(26) *Monceaux-le-Vieux*.
(27) *Parpes-la-Ville*, in Diœcesi Laudunensi, prope Ribodi-Montem.
(28) *Vargicourt*, de quo nihil hodie.
(29) *Puisieux*.
(30) Vide ad Epistolam Libri tertii xi, not.
(31) Vide Epistolam Libri quinti LXIX, not.
(32) Vide Epistolam Libri quinti XXXII, not.
(33) Vide Epistolam Libri quinti LXXIV, not.
(34) Vide Epistolam Libri sexti CXVII, not.
(35) Vide Epistolam Libri tertii XLI, not., et ad Epistolam VII, infra.
(36) Vide Epistolam Libri quinti LXXXIII, not.
(37) Vide Epistolam Libri quinti VI, not.
(38) Vide not. ad Epistolam VII.

Ego Gregorius (39), Sanctæ Mariæ in Aquiro diaconus cardinalis.

Ego Gregorius (40), Sancti Georgii ad Velum Aureum diaconus cardinalis.

Ego Nicolaus (41), Sanctæ Mariæ in Cosmedin diaconus cardinalis.

Ego Gregorius (42), Sancti Angeli diaconus cardinalis.

Ego Petrus (43), Sanctæ Mariæ in Via Lata diaconus cardinalis.

Ego Cencius (44), Sanctæ Luciæ in Horthea diaconus cardinalis.

Datum Laterani, per manum Raynaldi, domini papæ notarii, cancellarii vicem agentis, xv Kalendas Aprilis, indictione prima, anno Dominicæ Incarnationis 1198, pontificatus vero domini Innocentii PP. III anno primo.

III.

Ad ..... Sucssionensem episcopum (45), et .... abbatem (46) Sancti Germani de Pratis Parisiensis. — Ut abbatem et conventum S. Dionysii adversus episcopum Antissiodorensem aliosque tum ecclesiasticos, tum laicos, tueantur ac defendant.

(Anno 1198. Romæ, ap. S. Petrum, April. 29.)

[Ibid. p. 1066, ex Archiviis monasterii S. Dionysiii.]

Porrecto nobis dilecti filii... Abbas (47), et conventus Sancti Dionysii, petitorio suggesserunt, quod venerabilis frater noster... Antissiodorensis episcopus (48), et dilecti filii... abbas Latiniacensis (49), nobilis vir, Theobaldus, comes Trecensis, et M. de Monte Morantiaco, et Major de Stampis, et alii, tam sæculares quam ecclesiastici viri, Senonensis provinciæ, eis et ecclesiæ suæ, super possessionibus, villis, decimis, tertis, nemoribus, hominibus suis, et aliis pluribus, plurimum molesti et injuriosi existunt; jura etiam ac possessiones hominum suorum invadunt, et violenter sibi usurpare præsumunt. Unde, discretioni vestræ per apostolica scripta mandamus, quatenus partibus convocatis, et auditis hinc inde propositis, quod justum fuerit, appellatione seposita decernatis, et faciatis, quod judicaveritis, per censuram ecclesiasticam firmiter observari. Testes autem, quos ipsi in assertione suæ causæ duxerint invocandos, si se gratia, odio vel timore, subtraxerint, quominus testimonium perhibeant veritati, vos ad id per districtionem ecclesiasticam, appellatione remota, cogatis. Quod si ambo his exsequendis nequiveritis interesse, tu, episcope, ea nihilominus exsequaris.

Datum Romæ, apud Sanctum Petrum, III Kal. Maii, pontificatus nostri anno primo.

(39) Vide Epistolam Libri quinti LX, not.
(40) Vide Epistolam Libri septimi LX, not.
(41) Vide Epistolam VII, not.
(42) Vide Epistolam Libri quini XXIX, not.
(43) Vide Epistolam Libri tertii XX, not.
(44) Idem qui postea Honorius PP. III.
(45) Vide Epistolam Libri tertii, XI, not.
(46) Robertus IV monasterio S. Germani de Pratis præfuit ab anno 1192, usque ad annum saltem 1204. Vide *Gall. Christ. nov.* t. VII, col. 46,

IV.

Ad Florentium abbatem et fratres monasterii de Campo B. Mariæ. — Eorum possessiones et privilegia confirmat.

(Anno 1198. Romæ, ap. S. Petrum, Maii 4.)

[ERHARD, *Regesta historiæ Westfaliæ*, Münster 1847, 4°; Cod. diplom., p. 253. Ex apographo in archivio Marienfeldensi, collato originali cujus laciniæ tantum exstant.

INNOCENTIUS episcopus, servus servorum Dei, dilectis filiis FLORENTIO abbati Monasterii de Campo Beatæ Mariæ ejusque fratribus tam præsentibus quam futuris regularem vitam professis in P. P. M.

Religiosam vitam eligentibus apostolicum convenit adesse præsidium, ne forte cujuslibet temeritatis incursus aut eos a proposito revocet, aut robur, quod absit! sacræ religionis infringat. Eapropter, dilecti in Domino filii, vestris justis postulationibus clementer annuimus, et præfatum monasterium in Campo Beatæ Mariæ, in quo divino mancipati estis obsequio, sub beati Petri et nostra protectione suscipimus et præsentis scripti privilegio communimus. In primis siquidem statuentes, ut ordo monasticus, qui secundum Deum et beati Benedicti Regulam atque institutionem Cisterciensium fratrum in eodem monasterio institutus esse dignoscitur, perpetuis ibidem temporibus inviolabiliter observetur. Præterea quascunque possessiones, quæcunque bona idem monasterium in præsentiarum juste et canonice possidet, aut in futurum concessione pontificum, largitione regum vel principum, oblatione fidelium, seu aliis justis modis præstante Domino poterit adipisci, firma vobis vestrisque successoribus et illibata permaneant. In quibus hæc propriis duximus exprimenda vocabulis.

Locum ipsum in quo præfatum monasterium situm est cum omnibus pertinentiis suis : curtem in Hoswinkele, Honhart, Bleskenvorth, Brinchus, Brochus, Mattenhem, Middelseten, Rehey, Bellethe, Osthus, Menlage, Provestinhus, Niehof, Erthburg, Lutterhus, Meppeteslo, Tetinctorpe, Sletbruge, Bucheslo, Heminchus, Widenbrugge, Lindinesele, Culinthorpe, Bulte, Honlo, Molendinum in Sletbrugge, Ripen, Givetenhorst, Herlage, Bokey, Pilichem, decimam in Tetthen, decimam in Berse, Honlo, bona in Frisia, Bilevelde. Item Tetinctorpe, Spechishart, Hemminesile, Watherhus, Garthus, Caldehof, Alrebike, Berehornyn, Sculenburch, Oynchusen, Werse, Sunninchusen, Ostenuelde, Bechin, Stapel-

(47) De abbate S. Dionysii jam egimus in notis ad Epistolam Libri tertii XLV, not. Verum, conferenda omnino hæc Epistola cum altera, Lib. I, n° 179, data XII Kal. Junii, ubi Hugonem, tunc *electum*, in *abbatem* confirmat pontifex. Quo pacto autem ipsum, ante confirmationem, *abbatem* hic dixerit pontifex, non facile intelligitur.
(48) Vide Epistolam Libri tertii XX, not.
(49) Vide Epistolam Libri quinti CXXXVII, not.

lage cum omnibus attinentiis, Vnkinthorpe cum omnibus attinentiis, Silehurst, Othelinchusen, Popinclisen, Catislare, Bobinthorpe, Bovinchusen, Bulthen. Molendinum in Bulthe, Bellete, Berehorn, Hohurst, Pichenhurst, item Catislare, Catinstort, Osthus, Vectorp, Herthe, Berchsethe, Veslero, Wchlo, Wrthen, Dagehusen, domum Bertrammi juxta Telget, mansum in Jesechin, mansum Alberti de Susat, Spurcha, et cætera quæ bonæ memoriæ Hermannus quondam Monasteriensis episcopus, Widekindus advocatus de Rethe et ejus mater Luttrudis, Bernardus de Lippa, Widekindus de Waldeke cum suis fratribus vestri monasterii fundatores pro animarum suarum remedio vobis juste et rationabiliter contulerunt, cum vineis, terris, nemoribus et virgultis, in bosco et plano, viis, inviis et semitis, pratis, pascuis, maricis, venationibus, aquis, piscariis, stagnis, vivariis, molendinis, vineariis, turbariis, montibus, collibus, vallibus et aliis rebus. Sane laborum vestrorum, quos propriis manibus aut sumptibus colitis, tam de terris cultis quam incultis, sive de hortis et virgultis et piscationibus vestris, seu de nutrimentis animalium vestrorum, nullus a vobis decimas exigere vel extorquere præsumat. Liceat quoque vobis clericos vel laicos, liberos et absolutos e sæculo fugientes ad conversionem recipere et eos absque contradictione aliqua retinere. Prohibemus quoque insuper ut nulli fratrum vestrorum post factam in monasterio vestro professionem fas sit, absque abbatis sui licentia de eodem loco discedere. Discedentem vero absque communium litterarum cautione nullus audeat retinere. Quem si quis forte retinere præsumpserit, licitum sit vobis in ipsos monachos sive couversos regularem sententiam promulgare. Illud districtius inhibentes, ne terras seu quodlibet beneficium ecclesiæ vestræ liceat alicui personaliter dari sive aliquo modo alienari absque consensu totius capituli vel majoris aut sanioris partis ipsius. Si quæ vero donationes aut alienationes aliter quam dictum est factæ fuerint, eas irritas esse censemus : Ad hæc etiam prohibemus, ne aliquis monachus sive conversus sub professione domus vestræ astrictus, sine consensu abbatis aut melioris partis capituli vestri pro aliquo fidejubeat vel ab aliquo pecuniam mutuo accipiat, ultra pretium capituli vestri providentia constitutum, nisi propter manifestam domus vestræ utilitatem. Quod si facere forte præsumpserit, non teneatur conventus pro his aliquatenus respondere. Licitum præterea sit vobis in causis propriis, sive civilem sive criminalem contineant quæstionem, fratrum vestrorum testimoniis uti, ne per defectum testium jus vestrum in aliquo valeat deperire. Insuper auctoritate apostolica inhibemus, ne ullus episcopus vel quælibet alia persona ad synodos vel conventus forenses vos ire, vel judicio sæculari de propria substantia vel possessionibus vestris subjacere compellat, nec ad domos vestras causa ordines celebrandi, causas tractandi vel aliquos publicos conventus convocandi venire præsu-

mat, nec regularem electionem abbatis vestri impediat, aut de instituendo vel removendo eo qui pro tempore fuerit, contra statuta Cisterciensis ordinis se aliquatenus intromittat. Si vero episcopus in cujus parochia domus vestra fundata est, cum humilitate ac devotione qua convenit requisitus, substitutum abbatem benedicere, et alia quæ ad officium episcopale pertinent vobis conferre renueret, licitum sit eidem abbati, si tamen sacerdos fuerit, proprios novitios benedicere, et alia quæ ad officium suum pertinent exercere, et omnia vobis ab alio episcopo percipere, quæ a vestro indebite fuerint denegata. Illud adjicientes, ut in recipiendis professionibus, quæ a benedictis vel benedicendis abbatibus exhibentur, ea sint episcopi forma et expressione contenti, quæ ab origine ordinis noscitur instituta, ut scilicet abbates ipsi salvo ordine suo profiteri debeant, et contra statuta ordinis sui nullam professionem facere compellantur. Pro consecrationibus vero altarium vel ecclesiarum, sive pro oleo sancto, vel quolibet alio ecclesiastico sacramento, nullus a vobis sub obtentu consuetudinis aut alio modo quidquam audeat extorquere, sed hæc omnia gratis vobis episcopus diœcesanus impendat. Alioquin liceat vobis quemcunque malueritis catholicum adire antistitem, gratiam et communionem apostolicæ sedis habentem, qui nostra fretus auctoritate, vobis quod postulatur impendat. Quod si sedes diœcesani episcopi forte vacaverit, interim omnia ecclesiastica sacramenta a vicinis episcopis accipere libere ac sine contradictione possitis, sic tamen ut in hoc in posterum propriis episcopis nullum præjudicium generetur. Quia vero interdum propriorum episcoporum copiam non habetis, ut quem episcopum Romanæ sedis, ut diximus, communionem habentem, et de quo plenam notitiam habeatis, per vos transire contigerit, ab eo benedictiones vasorum et vestium, consecrationes altarium, ordinationes monachorum, auctoritate apostolicæ sedis accipere valeatis. Porro si episcopi vel alii ecclesiarum rectores in monasterio vestro vel personas inibi constitutas suspensionis, excommunicationis vel interdicti sententiam promulgaverint, sive etiam in mercenarios vestros, pro eo quod decimas non solveritis, sive aliqua occasione eorum quæ ab apostolica benignitate vobis indulta sunt, seu benefactores vestros pro eo quod aliqua vobis beneficia vel obsequia ex charitate præstiterint, vel ad laborandum adjuverint, in illis diebus in quibus vos laboratis et alii ferientur, eamdem sententiam protulerint, ipsam tanquam contra sedis apostolicæ indulta prolatam duximus irritandam, nec litteræ ullæ firmitatem habeant, quas tacito nomine Cisterciensis ordinis et contra tenorem apostolicorum privilegiorum constiterit impetrari. Paci quoque et tranquillitati vestræ paterna in posterum sollicitudine providere volentes, auctoritate apostolica prohibemus, ut infra clausuras locorum seu grangiarum vestrarum nullus rapinam seu furtum committere, ignem apponere, sanguinem fundere, hominem temere capere vel interficere, seu violentiam audeat exercere? Præterea omnes libertates et immunitates a prædecessoribus nostris Romanis pontificibus ordini vestro concessas, nec non et libertates et exemptiones sæcularium exactionum a regibus et principibus vel aliis fidelibus rationaliter vobis indultas, auctoritate apostolica confirmamus et præsentis scripti privilegio communimus.

Decernimus ergo ut nulli omnino hominum liceat præfatum monasterium temere perturbare, aut ejus possessiones auferre, ablatas retinere, minuere, seu quibuslibet vexationibus fatigare, sed omnia integra conserventur, eorum pro quorum gubernatione ac sustentatione concessa sunt usibus omnimodis profutura, salva sedis apostolicæ auctoritate. Si qua igitur in futurum ecclesiastica sæcularisve persona, hanc nostræ constitutionis paginam sciens, contra eam temere venire tentaverit, secundo tertiove commonita, nisi reatum suum congrua satisfactione correxerit, potestatis honorisque sui dignitate careat, reamque se divino judicio existere de perpetrata iniquitate cognoscat, et a sacratissimo corpore ac sanguine Dei et Domini Redemptoris nostri Jesu Christi aliena fiat, atque in extremo examine Dominicæ ultioni subjaceat. Cunctis autem eidem loco sua jura servantibus sit pax Domini nostri Jesu Christi, quatenus et hic fructum bonæ actionis percipiant, et apud districtum Judicem præmia æternæ pacis inveniant. Amen.

FAC MECUM DOMINE SIGNUM IN BONUM.

Ego Innocentius catholicæ Ecclesiæ episcopus.

Ego Octavianus Ostiensis et Velletrensis eps. card.

Data Romæ apud Sanctum Petrum. . . Cancellarii vicem gerentis IV, Non. Maii, indictione prima, Incarnationis Dominicæ anno 1198, pontificatus....

V.

Ad abbatem et fratres Cluniacenses. — Confirmatio de Mercurii curte.

(Anno 1198. Romæ ap. S. Petrum, Maii 4.)

[*Bibliotheca Cluniac.*, 1497.]

INNOCENTIUS episcopus, servus servorum Dei, dilectis filiis abbati et conventui Cluniacensi, salutem et apostolicam benedictionem.

Cum a nobis petitur quod justum est et honestum, tam vigor æquitatis quam ordo exigit rationis, ut vel per sollicitudinem officii nostri ad debitum perducatur effectum. Eapropter, dilecti in Domino filii, vestris justis postulationibus gratum impertientes assensum, grangiam de Mercurii curte, quam dilectus filius nobilis vir Theobaldus comes Trecensis cum omnibus pertinentiis suis vobis charitative concessit, sicut eam juste ac sine controversia possidetis, vobis et per vos Ecclesiæ vestræ auctoritate apostolica confirmamus, et præsentis scripti patrocinio communimus. Nulli ergo omnino hominum liceat hanc paginam nostræ confirmationis infringere, vel ei ausu temerario contraire. Si quis autem hoc attentare præsumpserit, indignationem omnipotentis Dei, et beatorum Petri et Pauli apostolorum ejus se noverit incursurum.

Datum Romæ apud S. Petrum, IV Nonas Maii, pontificatus nostri anno primo.

VI.

Ad magistrum et fratres domus Dei Pruvinensis. — Præbendæ in ecclesia S. Quiriaci possessionem ipsis confirmat.

(Anno 1198. Romæ, ap. S. Petrum, Maii 11.)

[Ad fidem Apographi quod ex Archivio Hospitalis Pruvinensis transcriptum, in chartophylacio nostro repositum est, cum ista notula : « Collationné à l'Original en parchemin de huit pouces quatre lignes de largeur, sur sept pouces de hauteur, le replis du bas non compris, par moi soussigné; à Provins, ce 3 janvier 1785. S. D. Balthelemi. »

« Le sceau, en plomb, attaché avec des fils de soie rouge et jaune, porte, sur un côté, en lettres initiales : INNOCENTIUS PP. III ; de l'autre, les chefs de S. Pierre et de S. Paul, avec ces lettres au-dessus : S. P. A. S. P. E. » BRÉQUIGNY, *ibid.*]

JUSTIS petentium desideriis dignum est nos facile præbere consensum, et vota, quæ a rationis tramite non discordant, effectu prosequente complere. Eapropter, dilecti in Domino filii, vestris petitionibus grato concurrentes assensu, præbendam quam in ecclesia Sancti Quiriaci habetis, cum minutis portionibus panis, vini et denariorum, omnibusque ad eam spectantibus, sicut ea juste ac pacifice possidetis, devotioni vestræ auctoritate apostolica confirmamus et præsentis scripti patrocinio communimus. Nulli ergo omnino hominum liceat hanc paginam nostræ confirmationis infringere, vel ei ausu temerario contraire. Si quis autem hoc attentare præsumpserit, indignationem omnipotentis Dei et Beatorum Petri et Pauli apostolorum ejus se noverit incursurum. Datum Romæ, apud sanctum Petrum, V Idus Maii, pontificatus nostri anno primo.

VII.

Ad Ranulfum (50), abbatem Aureliacensis monasterii, ejusque fratribus, tam præsentibus quam futuris, regularem vitam professis, in perpetuum.— Confirmat eis bona et possessiones.

(Anno 1198. Romæ, ap. S. Petrum, Maii 13.)

[*Ibid.* Ex Apographo quod repostum est in chartojam præerat anno 1204. At, Ranulfum præfuisse per annos 22, falsum demonstrant superius dicta de Petro V. Jacere legitur in Sacello S. Magdalenæ.

Ranulfum jam ab anno 1198 abbatiale pedum tenuisse, ex hac nostra Innocentii PP. III Epistola evincitur

---

(50) Ranulfi, Aureliacensis abbatis, antecessorem Petrum V, usque ad annum 1195, ex instrumentis memorant *Galliæ Christianæ novæ* auctores, tom. II, col. 444. Quo anno regimen auspicatus fuerit ipse Ranulfus, ignoravisse videntur, cum de eo pauca hæc tantummodo referantur :

« XXII. Ranulfus dicitur mortuus anno 1203, quod minime inficior : Sane Geraldus, successor, phylacio colligendis chartis ad res Francicas spectantibus, regio jussu, instituto. Quæ debeatur huic apographo fides, docent notæ, ad calcem subjectæ, vernacula lingua scriptæ.

Cum universis sanctæ Ecclesiæ filiis existamus ex apostolicæ sedis auctoritate ac benevolentia debitores, illis tamen locis atque personis, quæ specialius Romanæ adhærent Ecclesiæ, propensiori nos convenit charitatis studio imminere, et eas sub sedis apostolicæ gremio confovere. Eapropter, dilecti in Domino filii, vestris justis postulationibus clementer annuimus, et felicis recordationis Innocentii papæ, prædecessoris nostri, vestigiis inhærentes, præfatum Aureliacense monasterium, in quo divino estis obsequio mancipati, quod videlicet beatus Christi confessor, Gêraldus in honore et nomine apostolorum Principis ædificasse, et Romanæ Ecclesiæ obtulisse, cognoscitur (51), sub ejusdem apostolorum Principis protectione suscipimus, et præsentis scripti privilegio communimus; statuentes, ut quascunque possessiones, quæcunque bona idem Monasterium in præsentiarum juste et canonice possidet, aut in futurum, concessione pontificum, largitione regum vel principum, oblatione fidelium, seu aliis justis modis, præstante Domino, poterit adipisci, firma vobis vestrisque successoribus et illibata permaneant. In quibus hæc propriis duximus exprimenda vocabulis:

Kariacum, Soliacum, Varinium, Asperim Salientem, Espaniacum; Abbatiam Mauzziensem; Abbatiam de Buxa, cum omnibus earum pertinentiis; Pauliacum; locum Sancti Petri de Ripa; Poliniacensem ecclesiam; ecclesias Sancti Pantaleonis, et Sancti Pauli de Toronensi Castro; ecclesiam de Valanaco; ecclesiam de Calcis; ecclesiam Sanctæ Mariæ de Glenico, cum capella de Serveria, quæ de parochiali jure ipsius esse dignoscitur; ecclesiam Sancti Nazarii de Busmangis; capellam Sanctæ Mariæ de Galasangis; ecclesiam Sancti Projecti de Romegos; ecclesiam Sancti Marcellini de Ebreduno; ecclesiam Sancti Matthæi de Saleru; ecclesiam de Fonte Gaiferio; ecclesiam Sancti Marcellini de Vallevenerià; Dalmariacum; ecclesiam Sancti Petri de Mota; ecclesias Sanctæ Mariæ, et Sancti Andreæ, et Sancti Joannis de Buichanna; ecclesiam Sancti Joannis de Castello Fano; ecclesiam Sancti Petri de Cavanhaco; ecclesiam Sanctæ Mariæ de Beureirias; ecclesiam Sancti Martini de Lechas; ecclesias Sancti Petri, et Sancti Christophori de Angusta, cum omnibus earum pertinentiis. Chrisma vero, oleum sanctum, consecrationes altarium, seu basilicarum, ordinationes monachorum, qui ad sacros ordines fuerint promovendi, clericorum etiam, eidem monasterio pertinentium, ab episcopis, in quorum diœcesibus sunt, percipiant, si quidem canonice ordinati fuerint, et apostolicæ Sedis communionem gratiamque habuerint, et si ea gratis ac sine pravitate voluerint exhibere. Alioquin, liceat vobis catholicum quemcunque malueritis adire antistitem, qui, nimirum nostra fultus auctoritate, quod postulatur indulgeat. Ad hoc adjicientes, statuimus, ut ipsum monasterium, abbates ejus, rectores locorum, et monachi, ab omnis sæcularis servitii sint infestatione securi, omnique gravamine mundanæ oppressionis remoti, in sanctæ religionis observatione seduli atque quieti, nulli alii, neque episcopo, neque principi, nisi Romanæ et apostolicæ Sedi, cujus juris sunt, aliqua teneatur omnino ratione seu occasione subjecti. Obeunte vero te, nunc ejusdem loci abbate, vel tuorum quolibet successorum, nullus ibi qualibet subreptionis astutia seu violentia præponatur, nisi quem fratres communi consensu, vel fratrum pars consilii sanioris, secundum Dei timorem et beati Benedicti Regulam, providerint eligendum. Electus autem a Romano Pontifice munus benedictionis accipiat.

Decernimus ergo, ut nulli omnino hominum liceat, præfatum monasterium temere perturbare, aut ejus possessiones auferre, vel ablatas retinere, minuere, seu quibuslibet vexationibus fatigare, sed omnia illibata et integra conserventur, eorum, pro quorum gubernatione ac sustentatione concessa sunt, usibus omnimodis profutura, salva Sedis apostolicæ auctoritate. Ad indicium autem perceptæ hujus a Romana Ecclesia libertatis, decem solidos Pictaviensium monetæ veteris nobis nostrisque successoribus annis singulis persolvent. Si qua igitur in futurum ecclesiastica sæcularisve persona, hanc nostræ constitutionis paginam sciens, contra eam venire tentaverit, secundo tertiove commonita, nisi reatum suum congrua satisfactione correxerit, potestatis honorisque sui careat dignitate, reamque se divino judicio existere de perpetrata iniquitate cognoscat, et a sacratissimo corpore ac sanguine Dei et Domini Redemptoris nostri Jesu Christi aliena fiat, atque in extremo examine districtæ ultioni subjaceat. Cunctis autem eidem loco sua jura servantibus, sit pax Domini nostri Jesu Christi, quatenus et hic fructum bonæ actionis percipiant, et apud districtum judicem præmia æternæ pacis inveniant. Amen. Amen. Amen.

Sic signatum inferius:

Ego Innocentius, catholicæ Ecclesiæ episcopus.
Ego Otomanus (52), Hostiensis et Velletrensis episcopus.

Et in eadem bulla, in quodam circulo et in circuitu circuli, hæc verba continentur: Fac mecum Domine signum in bonum.

Et in medio circuli infra crucem cadratam: San-

---

(51) Vide apud auctores *Novæ Galliæ Christianæ*, tom. II, col. 458.
(52) *Otomanus.* Sic diserte legitur in Apographo, a D. Vachez de Bourg Lange nobiscum communi-

cato. (*Vide notas vernacula lingua scriptas.*) Sed legendum procul *Octavianus.* Episcopus enim Hostiensis ac Velletrensis tunc erat *Octavianus*, de quo jam egimus in notis ad Epistolam libri i. tertii xi.

ctus Petrus. Sanctus Paulus. Innocentius papa tertius.

Et in prima parte bullæ plus inferius:

Ego Petrus, tituli Sanctæ Mariæ presbyter cardinalis (53).

Ego Philippus, tituli Sancti Clementis cardinalis, Viterbiensis et Tuscan. episcopus (54).

Ego Guido, Sanctæ Mariæ Transtyberim, tituli Calixti, presbyter cardinalis (55).

Ego Hugo, presbyter cardinalis Sancti Martini tituli..... (56).

Et magis inferius:

Ego Joannes, tituli sancti Stephani in Cœlio Monte presbyter cardinalis (57).

Et ab alia parte dictæ bullæ erat scriptum:

Ego Gracianus, Sanctorum Cosmæ et Damiani diaconus cardinalis (58).

Ego Gerardus, sancti Adriani Diaconus cardinalis (59).

Ego Gregorius, Sancti Gregorii ad Velum Aureum Diaconus cardinalis (60).

Ego Nicolaus, Sanctæ Mariæ in Cosmedin Diaconus cardinalis (61).

(53) *Petrus, tituli S. Mariæ Presbyter Cardinalis.* Ecce novus prodit S. R. E. Cardinalis, si quidem Apographo D. Vacher de Bourg-Lange adhibenda fides. *Petrus*, enim, *tituli S. Mariæ presbyter Cardinalis*, nullus apud Ciaconium, aut apud ipsum Oldoinum. Sed veremur, ne erratum fuerit in exscribendo Apographo. Quid sit titulus S. *Mariæ*, juxta ignorantes scire nos profitemur. Titulum *S Mariæ Transtyberim*, qui ad Presbyterum, titulos vero, S. *Mariæ in Porticu*, vel *S. Mariæ in Aquiro*, vel S. *Mariæ in Cosmedin*, vel denique *S. Mariæ in Via Lata*, qui ad diaconos pertinent, ex Ciaconio, Panvinio, Aubery, et aliis, agnoscimus; titulum *S. Mariæ*, simpliciter dictæ, nusquam legimus. Imo, an unquam Romæ exstiterit Ecclesia B. Mariæ, absque ullo cognomine, nuncupata, nescimus. Certe, cum Ecclesias seu Capellas, Deiparæ Virgini dicatas, septuaginta novem, in circa, notas habeamus, nulla profecto B. Mariæ simpliciter dictæ nomen præfert; omnes aliquo cognomine distinctæ sunt.

Et quidem, Guidonem (de quo nos ad Epistolam libri tertii XXVIII, not., tituli *S. Mariæ Transtyberim* Presbyterum, Nicolaum vero (de quo nos hic inferius, not. 61, tituli *S. Mariæ in Cosmedin*, nec non Petrum alterum (de quo nos ad Epistolam libri tertii XX, not., tituli *S. Mariæ in Via Lata*, diaconos cardinales, hic subscriptos reperimus. Quod vero titulorum *S. Mariæ in Porticu, et S. Mariæ in Aquiro* diaconi cardinales, hic subscripti etiam non legantur, hoc negotium facessere nequit, cum ad istiusmodi diplomata nunquam omnes, quos, pro tempore quo emissa fuerunt diplomata, vixisse, ac etiam Romæ degisse, prodit historia, cardinales, suscripti reperiantur; quidni, cum tradant auctores, istos, de quo hic agitur, Innocentii PP. III pontificatus initio, legationis munere, seu in Gallia Cisalpina, seu in Umbria functos fuisse? Superest igitur, *Petrus*, ille, tituli *S. Mariæ* simpliciter dictæ Presbyter Cardinalis: de quibus cardinale et titulo, altum apud auctores silentium. Quid igitur? Num legendum foret, tituli *S. Ceciliæ*? *Petrum* enim (de quo nos ad Epistolam libri tertii XXII, not., tituli S. Ceciliæ Presbyterum cardinalem, Innocentii PP. III electioni interfuisse scimus; ac profecto *Petrum*, tituli *S. Ceciliæ* Presbyterum cardinalem, Presbyterorum cardinalium ordine primum, subscriptum mox videbimus, in fine alterius, ejusdem farinæ, diplomatis, ab Innocentio PP. III eodem anno emissi, ad quod eosdem fere cardinales, eodem etiam fere ordine, ac in hac, de qua nunc agimus, epistola seu bulla, subscriptos legere est, ibique *Petri*, tituli *S. Ceciliæ* diaconi cardinalis nomen, nominis *Petri*, tituli *S. Mariæ*, simpliciter dictæ, diaconi cardinalis, locum obtinet.

(54) *Philippus*, tituli *S. Clementis cardinalis. Viterbiensis et Tuscanensis episcopus.* Et hic etiam erravit Amanuensis. Legendum, procul dubio, *Joannes*, non *Philippus. Joannem* enim, non *Phi-* *lippum*, nomen fuisse episcopo illi, qui Viterbienses simul et Tuscanenses infulas tunc temporis gessit, ex auctoribus et monumentis compertum habemus. Vide quæ annotavimus ad Epistolam libri sexti CXVII.

(55) Vide Epistolam libri tertii XXVIII, not.

(56) Supplendum, *Equitii*, De Hugone, al. Hugutione, tituli SS. Silvestri et Martini Equitii Presbytero Cardinale, jam egimus ad Epistolam libri tertii XLI, not. De titulo vero *Equitii*, ecclesiæ SS. Silvestri et Martini superimposito, sic in libro Pontificali, t. 1, pag, 78:

« Hic (S. Silvester PP.) fecit in urbe Roma Ec« clesiam in prædio cujusdam Presbyteri sui, qui
« cognominabatur Equitius, quem titulum consti« tuit juxta Thermas Domitianas: qui usque in
« hodiernum diem appellatur titulus Equitii. »

Vignolius autem in notis, *ibid*.

« Panvinius titulum istum (Equitii) eumdem facit
« cum titulo seu ecclesia SS. Silvestri et Martini
« in Montibus, quem Symmachus PP. ut in ejus
« vita, a fundamentis excitasse dicitur. »

(57) Vide Epistolam libri quinti LXXXIII, not.

(58) Magister Gratianus, Pisanus, S. R. E. procancellarius et subdiaconus, teste Baronio, in Angliam legatus ab Alexandro III Romano Pontifice directus, Henrico II, Anglorum regi, multa minanti, gravissime respondit, et constanter restitit: quare, illum Romam ex Anglia redeuntem magno prosecutus est encomio Thomas, archiepiscopus Cantuariensis, in eorum exemplum, qui cum regibus, apostolicæ Sedis causa, ejusmodi coram ipsis tractanda suscipiunt. Alexander, diaconum cardinalem SS. Cosmæ et Damiani, Gratianum, jam Anglicana legatione optime functum, renuntiavit, eumque in Normanniam iterum legavit, ad Angliæ regnum et regem interdicto, ob cædem *S. Thomæ* Cantuariensis, subjiciendum. Cardinalis creatus, tum Alexandri, tum successorum ejus, Romanorum Pontificum, in peregrinationibus perpetuus comes fuit, et subscripsit diplomati, ab Alexandro concesso monasterio S. Mariæ de Organo, pluribusque diversorum Romanorum pontificum litteris. Vixit usque ad Innocentium III, et post Cœlestinum III, sibi summum pontificatum exoptavit. Illius meminere Innocentii III, et Honorii III regesta. *Oldoin ad Ciacon.*, tom. 1, col. 1096.

(59) Vide Epistolam Libri quinti LXXXIII, not.

(60) Vide Epistolam Libri septimi LX, not.

(61) Nicolaus Bobo, Romanus, nepos, teste Panvinio, Cœlestini tertii, ab eodem renuntiatus Diaconus Cardinalis S. Mariæ in Cosmedin, affuit, cum idem Romanus Pontifex Sanctorum cœtui Johannem Gualbertum, Monachorum Vallis-umbrosæ Institutorem, adscripsit. Firmavit ejusdem Cœlestini litteras, datas v Kalendas Martii, anno nostræ salutis 1191, Bentivolo Eugubio Episcopo; et anno sequenti 1192, Mariæ, Abbatissæ Cœnobii Florentini Sancti Petri Majoris, et Abbati sanctæ Mariæ in Flumine; et anno 1196, ecclesiæ Sancti Petri de Muti-

Ego Gregorius, Sancti Angeli diaconus cardinalis (62).

Ego Petrus, sanctæ Mariæ in Via Lata Diaconus cardinalis (63).

Et inferius consequenter erat sic scriptum.

Datum Romæ, apud Sanctum Petrum, per manum Raynaldi, domini Papæ Notarii, Cancellarii vicem agentis, III Idus Maii, indictione prima, Incarnationis Dominicæ anno millesimo xcvIII, Pontificatus vero domini Innocentii Papæ III anno primo.

A TOUS CEULX QUI CES PRÉSENTES LETTRES VERRONT : *Guillaume de la Salle, Docteur en Décret et Licencié en Loix, Lieutenant-Général de Noble et Puissant Seigneur, Messire Josselin du Boys, Chevalier, Seigneur de Chabanet, Conseiller et Chambellan du Roi notre Sire, et son Bailly des Montaignes d'Auvergne, Salut. Savoir faisons que aujourd'hui, date des Présentes, nous avons veu, tenu et leu de mot à mot, et par les Notaires soubzscriptz et signés fait veoir et visiter, certaines Lettres-Patentes en forme de Bulles apostoliques, scellées et plombées, à lax ou cordes de soye jaune et rouge, en la maniere de Court de Rome, saines et entières en scel et scripture, desquelles la teneur est telle qui s'en suit :*

RANNULFO, Abbati Aurelianensis Monasterii, ejusque Fratribus, tam præsentibus quam futuris, regularem vitam professis, in perpetuum.

« Cum universis sanctæ Ecclesiæ..., » etc.

Fait et donné en Jugement en la Court dudit Bailliage séant à Orilliac, en forme de vidimus, et octroyé par nous, Lieutenant des susdits, Commissaire en cette partie, à très-Révérend Père en Dieu, Messire César de Burgua (64-65), *Cardinal de sainte Marie-Nefve, Abbé Commendataire de l'Abbaye d'Orilhac, ainsi le requérant par Maître Guillaume Couhfe, son Procureur, à l'encontre de Frère Hugues de Malesses, et en son défaut et contumace, pour valoir et servir audit de Burgua, selon le contenu des Lettres Royaulx de notre Commission, le* XXVIIe *jour de Janvier, l'an mil quatre cens quatre-vingtz-quatorze ; et le* IIIe *jour de Février ensuivant se comparut en Jugement en ladite Court pardevant nous, Lieutenant et Commissaire susdit, Maître Etienne Maubert, au nom, et comme Procureur deuement fondé dudit de Malesses, requérant être oy, veoir l'original, et être présent à la collation, nonobstant ladite procédure, en présence duquel Parties oyes, ce présent vidimus de rechef a été octroyé audit Impétrant comme dessus.*

(*Ainsi signé.*) G. DE LA SALLE, locum tenens et Commissarius prædictus.

Collation est faite par nous Lieutenant et Commissaire susdit, ensemble les Notaires cy subscriptz, présent Maître Etienne Maubert, Procureur dudit de Malesses, et octroyé audit Impétrant, pour lui valoir contre icelui de Malesses, selon le contenu ès dites Lettres en notre Commission contenues.

(*Ainsi signés.*) P. CLERICI ad ce présent.

P. DE PODIO ad ce présent.

Collationné par nous, Jean-Charles Vacher de Bourg l'Ange, Seigneur de Bourg-l'Ange, Avocat au Parlement, chargé des ordres de Monseigneur le Garde-des-Sceaux de France, à l'original étant dans les Archives de l'Abbaye d'Aurillac, en un parchemin de treize pouces et demi de long, sur vingt pouces et demi de large, auquel il ne demeure plus aucun fragment de sceau, mais seulement la queue taillée dans le parchemin, à laquelle il étoit attaché. A Aurillac, le 12 Novembre 1786.

Signé J. C. VACHER DE BOURG-L'ANGE.

VIII.

Ad Robertum (66) *abbatem S. Germani Parisiensis ejusque fratres. — Recipit eos sub protectione, et bona ac possessiones ipsis confirmat. Præterea, compositionem inter ipsos et Guidonem, archiepiscopum Senonensem, initam, auctoritate apostolica confirmat. Inseriturque compositionis instrumentum.*

(Anno 1198. Romæ, ap. S. Petrum, Maii 14.)

[*Ibid.*, p. 1070, ex Apographo, quod ad fidem autographi, in Archivis Monasterii S. Dionysii asservati, diligenter exscribi curavit D. Poirier.]

INNOCENTIUS episcopus, servus servorum Dei, dilectis filiis, ROBERTO, abbati S. Germani Parisiensis, ejusque fratribus, tam præsentibus quam futuris, regularem vitam professis, in perpetuum.

In eminenti apostolicæ sedis specula ad hoc sumus, licet immeriti, disponente Domino, constituti, ut justas petitiones debeamus libenter admittere, et eis studeamus effectum utilem indulgere. Eapropter, dilecti in Domino filii, vestris justis postulationibus annuentes, monasterium Beati Germani de Pratis, in quo divino mancipati estis obsequio, quod proprie beati Petri juris existit, ad exemplar felicis memoriæ Paschalis, Innocentii, Lucii, Eugenii, Anastasii, Alexandri, Lucii,

---

na. Subscripsit etiam Innocentii tertii litteris, scriptis anno 1199 Ecclesiæ Lateranensi. Obiit sub eodem Innocentio. Oldoin. ad Ciacon., t. I, col. 1166.

(62) Vide Epistolam Libri quinti XXIX, not.

(63) Vide Epistolam Libri tertii XX, not.

(64-65) Locus notatu dignissimus. Agitur hic de famoso illo Alexandri PP. VI filio, *Cæsare Borgia*, cognomento *Valentino*. Cæsarem, ex electo Archiepiscopo Valentino, tituli S. Mariæ novæ Diaconum Cardinalem, ab Alexandro PP. VI, anno 1493, XII Kal. Septembris, die Veneris, in secunda creatione, renuntiatum fuisse, scimus ex Caconio et aliis. At eumdem Auriliacensi Abbatia, quocunque modo aut titulo, potitum fuisse, non adeo notum est. Certe, in illa quam nobis suppeditant *Novæ Galliæ Christianæ* auctores, Aureliacensium abbatum serie, cardinalis istius nomen nequaquam legitur. Immo, series illa, circa hæc de quibus agitur tempora, quoad chronologicas notas paulo intricatior videtur. Non est ex instituti nostri ratione, in conciliandis istiusmodi difficultatibus diutius immorari; vide *Gall. Christ. nov.* II, 445.

(66) Vide not. ad epist. 5, supra.

Urbani, Clementis et Coelestini, praedecessorum nostrorum, Romanorum Pontificum, sub beati Petri et nostra protectione suscipimus, et praesentis scripti pagina communimus; in primis siquidem statuentes, ut ordo monasticus, qui secundum Deum et beati Benedicti Regulam in eodem monasterio institutus esse dignoscitur, perpetuis ibidem temporibus inviolabiliter observetur. Praeterea, quascunque possessiones, quaecunque bona idem monasterium in praesentiarum juste ac canonice possidet, aut in futurum, concessione Pontificum, largitione regum vel principum, oblatione fidelium, seu aliis justis modis, praestante Domino, poterit adipisci, firma vobis vestrisque successoribus et illibata permaneant. Per praesentis itaque privilegii paginam, vobis vestrisque successoribus in perpetuum confirmamus, ut quaecunque libertas, quaecunque dignitas, privilegio beati Germani, scriptis Childeberti, Clotharii, atque aliorum regum Francorum, vestro monasterio collata est, eidem permaneat illibata. Ad haec, volentes te, dilecti fili, Roberte abbas, et monasterium honoris et gratiae privilegio decorare, ad instar dictorum praedecessorum nostrorum, Alexandri et Coelestini, usum mitrae et annuli atque sandaliorum tibi, et per te successoribus tuis, de consueta sedis apostolicae benignitate, duximus indulgendum. Praecipimus autem, ut chrisma, oleum sanctum, consecrationes altarium, ordinationes, et quaecunque vobis vestrisque successoribus denegentur (67). Sanctas missas, ordinationes, stationes, ab omni episcopo, vel clero Parisiensis Ecclesiae, in eodem monasterio, praeter voluntatem abbatis vel congregationis, fieri prohibemus; nec habeant potestatem aliquid ibi imperandi; sed nec divina officia ipsis interdicere, nec excommunicare, nec ad synodum vocare, aut abbatem, aut monachos, aut presbyteros, aut clericos Ecclesiarum ipsius loci, tribuimus facultatem. Adjicimus etiam, ut in parochialibus Ecclesiis, quas extra burgum Beati Germani tenetis, presbyteri per vos eligantur, et episcopo praesententur, quibus, si idonei fuerint, episcopus animarum curam committat, ut ei, de plebis cura, de rebus vero temporalibus ad monasterium pertinentibus, vobis respondeant. Quod si facere forte noluerint, subtrahendi eis temporalia quae a vobis tenent, liberam habeatis auctoritate apostolica facultatem.

Auctoritate etiam apostolica statuimus, et vobis, de consueta clementia et benignitate sedis apostolicae indulgemus, ut nullius legationi, nisi a latere Romani pontificis specialiter fuerit delegatus, subjacere vel subesse amodo debeatis: nec alicui liceat, obtentu legationis ab apostolica sibi sede indultae, vos, vel successores vestros, seu monasterium vestrum, vel ecclesias quae infra burgum Beati Germani sunt, ulla interdicti vel excommunicationis sententia praegravare, vel super vos, vel super dictas Ecclesias jurisdictionem aliquam exercere, nisi specialiter hoc fuerit a Romano pontifice illi mandatum. Praeterea compositionem, quae inter monasterium vestrum, et bonae memoriae Guidonem (68), quondam Senonensem archiepiscopum, super procurationibus, quas a vobis in quibusdam villis petebat, rationabiliter inter vos sit (69), sicut provide ac sine pravitate facta est et recepta, et hactenus observata, atque in instrumento exinde confecto plenarie continetur, ratam habentes, auctoritate apostolica duximus confirmandam. Ad majorem autem evidentiam compositionis ipsius, rescriptum illud de verbo ad verbum huic privilegio duximus inserendum, cujus tenor talis est:

(70) *In nomine sanctae et individuae Trinitatis Guido, Dei gratia Senonensis archiepiscopus, omnibus ad quos praesentes litterae pervenerint, in Domino salutem. Notum fieri volumus universis, praesentibus pariter et futuris, quod discordia, quae erat inter nos, et Falconem* (71), *sancti Germani de Pratis abbatem, et ipsam Ecclesiam, de procurationibus quas ab eis petebamus in Emam, a Balnerolo et Sancto Germano juxta Musteriolum, in praesentia Philippi, Francorum regis, ita terminata est. In hoc siquidem quittavimus abbati et Ecclesiae Sancti Germani in perpetuum procurationes, quas in praedictis locis petebamus ab eis, tali modo quod abbas, et successores sui, nobis et successoribus nostris, vel nostris certis nuntiis, pro procurationibus illis reddent singulis annis octo libras Parisienses apud Emam in octavis Paschae; et, si nos et successores nostri, non iverimus semel in anno ad Emam, vel ab Balnerolum, vel ad villam quae dicitur Sanctus Germa-*

(67 Sic in Apogr., verum deest aliquid.
(68) Milone, domino de Nuceriis in Burgundia, parente satus Guido, matrem habuit Mariam de Castellione ad Matronam (*ex Sammarthanis*), nepotes vero Hugonem, episcopum Autissiodorensem (de quo vide Epistolam libri tertii xx, not.), et Angalonem, dominum de Silliniaco. Optimis studiis praeclare instructus, ac rerum tam saecularium quam ecclesiasticarum peritia clarus, ex praeposito Antuerpiensi et Autissiodorensi, nec non Senonensi archidiacono, archiepiscopatum regendum suscepit anno 1176. (Defunctus anno 1193, xii Kal. Januarii, sepultus fuit in Majori Ecclesia Senonensi pone majus altare. *Gall. Christ. nov.*, tom.

XII, col. 53
(69) Sic in Apogr.
(70) Instrumentum hoc legitur inter probationes Historiae Abbatiae S. Germani de Pratis, part. 1, pag. 50, n. LXXIII, ubi subjectum est aliud instrumentum ejusdem generis, nempe confirmatio compositionis hujus a Capitulo Senonensi eodem anno emissa.
(71) Falco (*seu potius* Fulco), ex priore, abbas S. Germani reperitur in instrumentis jam ab anno 1181. Mortuus est (ex S. Germani Necrologio) die 2 Maii anno 1192. *Gall. Christ. nov.*, tom. VII, col. 445.

nus, abbas et successores sui, aut ille qui domum tenebit, recipient nos, et successores nostros, et vivemus ibi nos, et successores nostri, nocte una, sumptibus nostris propriis, ita quod ille qui domum tenebit, non tenebitur aliquid dare nobis, vel successoribus nostris, præter hospitium, nisi hoc de gratia facere voluerit; et, si nos, vel successores nostri, semel recepti fuerimus in uno prædictorum locorum, non tenebuntur monachi recipere nos, sive successores nostros, in aliquo illorum trium in eodem anno. Nos autem, fecimus quittari jam dictæ Ecclesiæ et abbati, medietatem decimæ lanæ a presbyteris, qui sunt in Ecclesiis Sancti Germani, per archiepiscopatum Senonensem constitutis, scilicet Emam, Balnerolo, villa quæ dicitur Sanctus Germanus juxta Musteriolum matriolis, vel presbyteri dictarum Ecclesiarum aliam medietatem ejusdem decimæ habebunt. Nuntii autem abbatis Sancti Germani, facient fidelitatem presbyteris qui in dictis ecclesiis erunt, et presbyteri per nuntios suos nuntiis abbatis, de dicta decima communiter et fideliter quærenda, et inter se dividenda; quod ne valeat alicujus oblivione deleri, vel malitiose perverti, sigillo nostro id fecimus confirmari, astantibus Ecclesiæ nostræ personis, Galone decano (72). Manasse archidiacono, Willelmo thesaurario, Gaufrido præcentore. Testes hujus rei sunt, Stephanus, abbas sanctæ Genovefæ (73), et canonici illius, Hugo, Almaricus; Milo, abbas Sancti Remigii Senonensis (74); magister Ansellus de Cancellaria; Ogerius de Avons. Factum apud Fontem Blaaudi, anno ab Incarnatione Domini millesimo centesimo nonagesimo primo.

Deinde prohibemus, ut vestri monasterii monachos, ubicunque de mandato abbatis habitaverint, nullus, præter Romanum pontificem, vel legatum ab ejus latere missum, absque speciali mandato apostolicæ sedis, vel præter abbatem, ad quem cura et custodia eorum pertinet, excommunicet aut interdicat. Obeunte vero te, nunc ejusdem loci abbate, vel tuorum quolibet successorum, nullus ibi qualibet subreptionis astutia seu violentia præponatur, nisi quem fratres communi consensu, vel fratrum pars consilii sanioris, secundum Dei timorem et beati Benedicti Regulam providerint eligendum. Electus autem, vel a Romano pontifice, vel a quo maluerit catholico episcopo, munus benedictionis accipiat. Sane, novalium vestrorum quæ propriis manibus aut sumptibus colitis, sive de nutrimentis animalium vestrorum, nullus a vobis decimas exigere vel extorquere præsumat. Apostolica insuper auctoritate vobis duximus indulgendum, ut infra Parochias ecclesiarum, ad jam dictum monasterium pertinentium, nullus oratorium, capellam vel ecclesiam ædificare, aut cœmeterium facere, sine diœcesani episcopi et nostro consensu audeat, nisi forte Templarii vel Hospitalarii fuerint, quibus hoc apostolicæ sedis privilegiis indultum fuisse noscatur. Paci quoque et tranquillitati vestræ pontificali volentes provisione prospicere, præsenti privilegio duximus statuendum, ut, si quis terras, ad vos de jure spectantes, in quibus portionem habetis, vel campos, donatione, vel venditione, seu quolibet alio alienationis titulo, in aliam ecclesiam vel religiosa loca transtulerit, ecclesiis aliis, locis religiosis, ultra annum et diem, eas sine assensu nostro non liceat retinere; sed juxta consuetudinem Gallicanarum ecclesiarum, talibus personis, pretio seu dono concedant, quæ vobis et monasterio vestro jura vestra cum integritate persolvant.

Decernimus ergo, ut nulli omnino hominum liceat præfatum monasterium temere perturbare, aut ejus possessiones auferre, vel ablatas retinere, minuere, seu quibuslibet vexationibus fatigare, sed omnia integra conserventur, eorum, pro quorum gubernatione ac sustentatione concessa sunt, usibus omnimodis profutura, salva sedis apostolicæ auctoritate. Si qua igitur in futurum ecclesiastica sæcularisve persona, hanc nostræ constitutionis paginam sciens, contra eam temere venire tentaverit, secundo tertiove commonita, nisi reatum suum congrua satisfactione correxerit, potestatis honorisque sui dignitati careat, reamque se divino judicio existere de perpetrata iniquitate cognoscat, et a sacratissimo corpore et sanguine Dei et Domini Redemptoris nostri Jesu Christi aliena fiat, atque in extremo examine districtæ ultioni subjaceat. Cunctis autem eidem loco sua jura servantibus, sit pax Domini nostri Jesu Christi, quatenus et hic fructum bonæ actionis percipiant, et apud districtum Judicem præmia æternæ pacis inveniant. Amen. Amen. Amen.

Ego Innocentius, catholicæ Ecclesiæ episcopus.

Ego Octavianus, Hostiensis et Velletrensis episcopus (75).

Ego Petrus, Portuensis episcopus (76).

Ego Petrus, tit. Sanctæ Cæciliæ, presbyter cardinalis (77).

Ego Joannes, tit. S. Clementis cardinalis, Viterbiensis et Tuscanus episcopus (78).

(72) *Galone.* Sic diserte hoc legitur in Apographo, quod nobiscum communicavit D. Poirier. Verum, legendum procul dubio *Salone*; sic et in probationibus H.storiæ abbatiæ S. Germani de Pratis, nec non in multis aliis instrumentis. Salonem, decanum Senonensem, ab anno 1187, usque ad annum saltem 1196, agnoscunt *Novæ Galliæ Christianæ* auctores, tom. XII, col. 110.

(73) Stephanus, ortu Aurelianensis, Tornacensis cognomen sortitus a Tornaco cujus postea fuit episcopus, jam ab anno 1175 S. Genovefæ abbas, usque ad annum 1192 huic monasterio præfuit. Vide *Gall. Christ. nov.*, tom. VII, col. 770.

(74) Milonem, S. Remigii Senonensis abbatem jam ab anno 1188, usque ad annum saltem 1192, in instrumentis reperiri, affirmant *Novæ Galliæ Christianæ* auctores, tom. XII, col. 121.

(75) Vide epistolam libri tertii x, not.
(76) Vide epistolam libri quinti LXIX, not.
(77) Vide epistolam libri tertii XXXII, not.
(78) Vide epistolam libri sexti CXVII, not.

Ego Guido, S. Mariæ Transtiberim, tit. Calixti, Presbyter cardinalis (79).

Ego Hugo, presbyter cardinalis S. Martini, tit. Ægidii (80).

Ego Joannes, S. Stephani in Cœlio Monte presbyter cardinalis (81).

Ego Gratianus, Sanctorum Cosmæ et Damiani diaconus cardinalis (82).

Ego Gerardus, S. Adriani diaconus cardinalis (83).

Ego Gregorius, S. Gergorii ad Velum Aureum diaconus cardinalis (84).

Ego Nicolaus, S. Mariæ in Cosmedin diaconus cardinalis (85).

Ego Gregorius, Sancti Angeli diaconus cardinalis (86).

Ego Vobo (87), Sancti Theodori diaconus cardinalis.

Ego Petrus, Sanctæ Mariæ in Via Lata diaconus cardinalis (88).

Datum Romæ, apud Sanctum Petrum, per manum Rainaldi, domini papæ notarii, cancellarii vicem agentis, 11 Idus Maii, indictione prima, anno Domini millesimo centesimo nonagesimo octavo, pontificatus Innocentii 1.

IX.

Ad abbatem Præmonstratensem (89); *H. archidiaconum et magistrum R. Canonicum Laudunensem. — Causam, quæ inter abbatem monachosque S. Nicolai de Ribodi-Monte, ac W. diaconum, super Ecclesia de Villari Sicco vertebatur, dijudicandam ipsis committit* (90).

(Anno 1198. Romæ, ap. S. Petrum, Maii 16.)

[Ex Chartulario membranaceo monasterii S. Nicolai de Ribodi-Monte, f°. 47, v°. Brеq. *ibid.*]

Venientibus ad præsentiam nostram dilectis filiis, A Stephano monacho et Jesse presbytero, nuntiis dilectorum filiorum... abbatis et (91) et monachorum Sancti Nicolai de Ribodi-Monte, et W. diacono, qui se in ecclesia de Villari-Sicco asserebat per judices delegatos auctoritate apostolica institutum, et super hoc petentibus audientiam vehementer, utrique parti dilectos filios, Robertum et Hugolinum, subdiaconos et capellanos nostros, concessimus auditores. In quorum præsentia constituta pars abbatis jam dicti proposuit, quod, cum Joannes, clericus, frater ipsius W. ad sedem apostolicam accessisset, falso suggessit quod capella Villari-Sicci redditus sufficientes haberet, unde posset presbyter sustentari; et, quia capella illa multum ab ecclesia matrice distabat, et quia presbyter Ribodi-Montis in parochiali ecclesia et capella illa congrue deservire non poterat, propter defectum ipsius multi decesserant intestati; sicque per hanc falsam suggestionem ad venerabilem fratrem nostrum... archiepiscopum (92), et dilectum filium... decanum Senonensem (93), a felicis recordationis C. papa prædecessore nostro litteras impetravit; sub eo tenore videlicet, ut ipsi presbyterum, appellatione remota, ibidem instituere non differrent: abbas vero litterarum illarum auctoritate citatus, licet in illis de ipso nulla mentio penitus haberetur, ad præsentiam ipsorum accedens, cum copiam litterarum habere non posset, ad extra provinciales et remotos judices asseruit se, non nisi causa cognita et expressa, debere *vocari*; nec credens eas de conscientia summi pontificis emanasse, quod litteræ illæ juribus carere deberent, se obtulit probare paratum; et quoniam nulla mentio facta erat quod in Ecclesia illa ipse abbas jus patronatus haberet; et quia litteræ veritate tacita fuerant impetratæ; et, si ibi presbyter necessarius videretur, sine ipsius tamen vel ab Innocentio PP. III privilegia efflagitarent, ipse hoc unum a summo pontifice petiit, ut nec sibi, nec suis coabbatibus liceret, mitra, chirotecis, aut aliis pontificalibus ornamentis uti, ne forsan utendo sibi viderentur sublimes. Vid. *Nov. Gall. Christ.*, tom. VI, col. 646.

(90) Ad apographum notulam istam apposuit D. Grenier quam hic referre lubet.

« Rescrit du pape Innocent III à l'abbé de Prémontré, à l'archidiacre de Laon, et à Maître Robert, chanoine de la même église, pour terminer un grand différend entre les religieux de Saint-Nicolas de Rubemont et un diacre, qui avait fait ériger en cure la chapelle de Villers-le-Sec. et s'en était fait pourvoir sur un faux exposé, et sans la participation du patron.

« Cette pièce est fort intéressante pour la manière de procéder au for ecclésiastique dans le douzième siècle. »

(91) Vide supra Epistolam 2, not.

(92) Michaelem de Corbolio, qui Senonenses infulas gessit ab anno 1194, ad annum 1199, quo obiit IV Kal. Decembris. Vide *Nov. Gal. Christ.* tom. XII, col. 55.

(93) Post Salomem, Senonensem decanum, quem anno 1196 defunctum esse dicunt, Hugo, primum archidiaconus Senonensis et decanus de Brayo, dein decanus Senonensis, memoratur in instrumentis usque ad annum 1204. *Ibid.* col. 110.

---

(79) Vide epistolam libri tertii XXVIII, not.
(80) *Egidii*. Sic legitur in Apographo quod nobiscum communicavit D. Poirier. Legendum vero *Equitii*. Vide epistolam Appendicis hujus tertiam not.
(81) Vide epistolam libri quinti LXXIII.
(82) Vide not. 58, supra.
(83) Vide epistolam libri quinti LXXXIII, not.
(84) Vide epistolam libri septimi, LX, not.
(85) Vide not. 61, supra.
(86) Vide epistolam libri quinti XXIV, not.
(87) *Vobo*. Sic legitur in Apographo quod nobiscum communicavit D. Poirier; *al.* Bobo. Bobo, Romanus, ex Canonico S. Petri, tituli S. Theodori diaconus cardinalis, a Cœlestino papæ III, in secunda ex Ciaconio, ex Panvinio vero in quarta, cardinalium creatione renuntiatus est. Scribunt aliqui, Bobonem hunc fuisse Cœlestini affinem, atque ex familia Ursinorum. Mortalem vitam deseruit sub Innocentio papa III. *Oldoin. ad Ciacon.* tom. I, col. 1164.
(88) Vide epistolam libri tertii XV, not.
(89) Petrus I, abbas S. Justi, singularis doctrinæ, pietatis et humilitatis exemplar, Præmonstratensium votis, et quasi violenter, a suo monasterio avulsus, ad summam ordinis sedem ægre se promoveri passus est, pridie Non. Junii an. 1196. Abdicavit pridie Id. Octobris an. 1201. Illud vel maxime in tanto viro laudabile, quod, cum cæterorum Ordinum prælati,

diœcesani seu metropolitani consilio, vel etiam, quod majus est, de præcepto summi pontificis eum asseruit institui non debere. Judicibus autem nihilominus in causa procedere volentibus, abbas, sibi sentiens imminere gravamen, sedem apostolicam appellavit. Qua videlicet appellatione facta, partes de consensu judicum in arbitros convenerant. Pendente arbitrio, memoratus archiepiscopus, abbate non vocato, præfatum W., licet minus idoneum, in dicta capella pro sua instituit voluntate. Quo audito, abbas ad judices illos non valens propter nimiam distantiam locorum accedere, coram venerabilibus fratribus nostris..., archiepiscopo Remensi (94), Sanctæ Sabinæ cardinali, et... episcopo Laudunensi (95), appellationem prius interpositam innovavit, et quod taliter appellasset dicto Senonensi archiepiscopo intimavit. Clericus autem jam dictus, de facto judicum, licet minus canonico, sic confisus, capellam illam per violentiam occupavit. Ipsum quoque abbatem, jure suo rationabiliter uti volentem, cum quibusdam complicibus suis tam turpiter quam irreverenter ejecit, manus præsumens injicere violentas. Hac vero de causa, pars ejusdem abbatis petebat, per nos quod factum fuerat irritari, et clericum ad satisfactionem de tanto excessu compelli. Contra rescriptum siquidem, quod super institutione proprii sacerdotis in capella jam dicta ad præfatos judices emanavit, sic fuit objectum; videlicet quod ipsum nullum debuit habere vigorem; sed, si quid ex eo secutum est, cassum et inutile reputari; in eo namque nulla mentio facta est de abbate, qui, ratione juris ab antiquo possessi, et apostolico privilegio sibi et suæ Ecclesiæ confirmati, in ecclesia, cujus appenditium erat memorata capella, debebat instituere sacerdotem (96), nec ad hoc per aliquem prælatorum suorum fuerat invitatus; ad quod probandum fuit paratus testes sufficientes ibidem inducere; sed quia id sibi non licuit, licet appellatio inhibita esset in litteris, ei merito licuit appellare. Cumque id pluribus aliis allegationibus et rationibus pars eadem affirmasset, rescriptum ipsum asseruit esse suspectum, quia nec stylo Romanæ Ecclesiæ consonabat, nec in exemplo ei exhibito capitula *dicent* continuata capitulis aliis videbantur; et ex eo specialiter, quia, licet adversa pars se facturam illius copiam permisisset, in jure illud tamen in medium producere, vel etiam semel ostendere, non curavit. Item, multis rationibus pars abbatis rescriptum illud asseruit non valere, quia fuit falsis suggestionibus impetratum; cum redditus illius Ecclesiæ ad victum minus non possint sufficere sacerdotis, nec illa capella redditus aliquos obtineret, nec matricem ecclesiam ditissimam esse constaret. Pars siquidem memorati W.

diaconi contrario allegabat, quod, cum unus solus sacerdos in duabus ecclesiis valde a se distantibus, scilicet ecclesia Sancti Petri Ribodi-Montis, et ecclesia Beatæ Mariæ de Villario, quæ habet ab antiquo baptisterium et cœmeterium, ministraret, propter remotionem ecclesiarum, et quia castrum, in quo prædictus presbyter residebat, contingebat clausum sæpius inveniri, et maxime egredi de nocte non poterat, parochiani de Villario absque perceptione divinorum sacramentorum decedere cogebantur. Unde ad hoc periculum evitandum, prædictus C. prædecessor noster, ad conquestionem parochianorum de Villario, jam dictis judicibus suas litteras destinavit, ut, si eis constaret quod ecclesia de Villario decimas haberet, et redditus qui ad victum unius possent sufficere sacerdotis, et quod prædictus sacerdos Ribodi-Montis ab eadem ecclesia de Villario adeo remotus existeret, quod utrique Ecclesiæ prout expediret deservire non posset, pro quo plures sicut dicebatur decesserant intestati, in eadem Ecclesia de Villario auctoritate apostolica instituerent sacerdotem, assignantes ei de decimis et redditibus ad dictam ecclesiam pertinentibus, unde posset congrue sustentari, facientem etiam presbyterum ecclesiæ Ribodi-Montis de eadem Ecclesia quæ ditissima est manere contentum. Ipsi vero judices, mandatum apostolicum devote ac humiliter exsequentes, quos viderunt juxta formam mandati apostolici evocandos ad suam præsentiam evocaverunt. Et, quia, per testes idoneos facta diligenter inquisitione, ipsis constitit de præmissis, bonorum et prudentum usi consilio, memoratam ecclesiam de Villario prædicto diacono auctoritate apostolica contulerunt moderatam portionem, videlicet tertiam partem majoris decimæ ac minutæ ad ecclesiam de Villario pertinentis, et omnes oblationes totius anni, exceptis oblationibus in Nativitate, et Resurrectione Domini, et Assumptione beatæ Mariæ, percipiendis, ei juxta formam apostolicam assignantes, de quibus videlicet diaconus idem tertiam partem recipere debet, et dilecti filii ... Abbas et monachi Sancti Nicolai de Pratis, duas alias portiones; et ita ipse diaconus ecclesiam apostolica sibi auctoritate concessam possedit. Postmodum, quia abbas, ejus perturbans possessionem indebite, in eadem ecclesia ipsi violentiam inferebat, imo etiam in eum manus violentas injecerat, et, per quatuor dies eum quasi incarceratum per laicalem potestatem faciens detineri, victum ei prohibuerat exhiberi, ut sic juri suo fame tandem renuntiaret afflictus (de qua captione per venerabilem fratrem nostrum ... episcopum Laudunensem, vix tandem potuit liberari): quia etiam custodes eum ne posset exire ad ostium Ecclesiæ observabant, et

---

(94) Vide Epistolam libri tertii xiv, not.
(95) Rogerius I (de Rosoi) electus an. 1174, consecratus anno 1175, Laudunensi Ecclesiæ præfuit usque ad annum 1107. Vid. *Nov. Gall. Christ.* tom. IX, col. 534.
(96) Confer enumerationem bonorum et possessionum monasterii S. Nicolai de Pratis de Ribodi-Monte, in epistola 2 supra citata.

rebus suis mobilibus per laicalem potentiam fecerat spoliari: postquam super his omnibus per testes idoneos judicibus constitit supradictis, ab iisdem apostolica auctoritate suspensus fuit, sicut in authentico judicum prospeximus contineri. Licet autem, eo quod propter injectionem manuum in diaconum abbas tenebatur excommunicatione ligatus, et per se vel aliam personam standi in judicio facultatem non habebat; et quia ipsum diaconum et parochianos suos rebus suis violenter fecerat spoliari. ad respondendum adversæ parti prædictus diaconus se assereret non teneri, nisi facta restitutione plenaria ex parte abbatis; tamen, salvis ipsis exceptionibus, non ingrediendo litem, allegationes partis adversæ vacuas et inanes ostendere pluribus rationibus conabatur, asserens, coram judicibus a parochianis per testes idoneos fuisse probatum, quod ad veri suggestionem prædictæ fuissent litteræ impetratæ. Præterea, constanter asseruit, quod ad querimoniam parochianorum de Villario dictus episcopus fuit admonitus, ut in ecclesia de Villario institueretur presbyter, qui in ea divina, prout expedit, celebraret. Post impetrationem etiam litterarum, judices antedicti tam ipsum abbatem quam prædecessorem ejus, per se vel per ipsorum nuntios, ad hoc sæpius monuerunt, et quod rescriptum fuisset litteris citatoriis insertum (cujus copiam pars adversa non potuit, ut asserebat, habere), multis argumentis et rationibus sufficienter coram dictis auditoribus est ostensum; et, ut dicebat, cum in hoc consentire noluerit sæpe commonitus, absque consensu illorum hæc institutio fieri potuit auctoritate apostolica per judices delegatos. Cumque ipsi auditores ea quæ præposita fuerant coram ipsis nobis fideliter retulissent, quia de præmissis omnibus plene non potuimus elicere veritatem, cum probationes ad assertionem multorum quæ proposita sunt utrique parti deessent, camdem vobis causam de communi assensu partium duximus committendam. Quocirca, discretioni vestræ per apostolica scripta mandamus, quatenus, partibus convocatis, super iis omnibus et aliis, si qua pertinentia ad causam duxerint proponenda, inquiratis diligentius veritatem, et, quod canonice videritis statuendum appellatione postposita statuentes, id faciatis per censuram ecclesiasticam a partibus firmiter observari, revocantes in irritum quidquid, post investituram præfato diacono a prædictis judicibus auctoritate apostolica factam, contra eum noveritis indebite attentatum. Volumus tamen, ut ante litis ingressum memorato abbati, recepta prius ab ipso sufficienti cautione, quod debeat juri parere, absolutionis beneficium impendatis, nullis litteris obstantibus, si quæ apparuerint præter assensum partium a sede apostolica impetratæ. Quod si omnes his exsequendis nequiveritis interesse, duo vestrum ea nihilominus exsequantur.

Datum Romæ, apud Sanctum Petrum, xvii Kalendas Junii, pontificatus nostri anno primo.

X.

Ad abbatem (97) *et conventum monasterii in Gengenbach, Argentinensis diœceseos. — Confirmatio privilegiorum.*

(Anno 1198, Jul. 3.)

[Ex Apographo, quod ad fidem autographi, in archivis monasterii de Gengenbach asservati, diligenter exscriptum communicavit bonæ memoriæ abbas Grandidier. *Ibid.*]

Innocentius, episcopus, servus servorum Dei, dilectis filiis, abbati et conventui monasterii in Gengenbach, ordinis Sancti Benedicti, Argentinensis diœceseos, salutem et apostolicam benedictionem.

Solet annuere Sedes apostolica piis votis, et honestis petentium precibus favorem benevolum impertiri. Eapropter, dilecti in Domino filii, vestris justis petitionibus grato concurrentes assensu, omnes libertates et immunitates, a prædecessoribus nostris, Romanis pontificibus, sive per privilegia, vel alias indulgentias, vobis et monasterio vestro concessas, sive indultas, necnon libertates et exemptiones sæcularium exactionum, a regibus et principibus, ac aliis Christi fidelibus, rationabiliter vobis et monasterio vestro indultas, sicut eas juste et pacifice obtinetis, vobis et per vos eidem monasterio auctoritate apostolica confirmamus, et præsentis scripti patrocinio communimus. Nulli ergo, etc.

Datum v Nonas Julii, pontificatus nostri anno primo.

XI.

Ad Danorum regem. — Ut contra Sueri tyrannidem accingatur.

(Anno 1198. Apud civitatem Castellanam, Octob. 6.)

[Liljegren, *Diplom. Suec.*, Holmiæ 1829, in-4°, I, 150.]

Innocent. episc., illustri regi Danorum, etc.

Tam cleri quam populi Norwagiensis promerentibus culpis, permittente Domino, credimus accidisse quod usque adeo in vos et totum regnum Norwagiæ tyrannica Sueri crudelitas et violentia detestanda prævaluit, ut et regnum, nec electione principum, prout accepimus, nec ratione sanguinis, occuparit, et in viros ecclesiasticos ipse quondam ecclesiastico (sicut dicitur) functus officio debacchetur, ecclesias opprimat, clericos persequatur, affligat pauperes, et sæviat in potentes, ita ut divino credatur accidisse judicio, ut qui secun-

---

(97) Apographo D. abbatis Grandidier subjiciebatur hæc notula : Atbold *était alors abbé de l'abbaye bénédictine de Gengenbach, encore existante dans l'Ortenau et dans le diocèse de Strasbourg*. Verum *Novæ Galliæ Christianæ* auctores, Gengenbaci abbatem, circa hæc in quibus versamur tempora, *Gerboldum* memorant, tom. V, col. 871.

dum etiam suam assertionem illegitime natus, ad sacros non fuerat ordines promovendus, contra sanctiones canonicas assumptus ad eos, fortius in illos desæviat qui in ordinatione ipsius statuta canonum non servaverunt. Miramur autem, non de Deo, qui ad correctionem vestram ejus tyrannidem hactenus toleravit, nec de ipso cujus spiritus obstinatus in malum dediscere, assuetus iniquitati, non potest, sed de his qui apostatam, sacrilegum et nefandum adhuc etiam sacrilegæ temeritatis ausu sequuntur, et ei præbent auxilium et favorem cujus tyrannidem persequi potius pro viribus tenebantur. Licet autem ad edomandam ejus versutiam frequens manaverit ab apostolica Sede mandatum, nondum tamen sic ejus potuit perversitas refrenari, quin adhuc, quibusdam cum in suarum sequentibus perniciem animarum, in quadam parte Norwegiæ dominetur, et in ea rabiem superet aquilonis. Qui ut amplius vos et universum Norwegiæ populum circumveniret, et auctoritate apostolica regnum sibi ostenderet confirmatum, bonæ memoriæ Cœlestini papæ prædecessoris nostri bullam falsare non timuit, qua varias litteras sigillavit. Sed is cui manifesta sunt omnia ejus falsitatem detexit. Ne autem ejus perversitas desæviat in insontes, serenitatem regiam rogamus, monemus et exhortamur in Domino, ac per apostolica scripta mandamus quatenus ad defendendas ecclesias, clericos in sua libertate tuendos, liberandos pauperes et potentes de manu persecutoris illius, imo etiam ad dejiciendum monstrum illud, quod his solis parcit quibus nocere non potest, taliter accingaris, ut et a Deo retributionem æternam et nostram consequi gratiam specialius merearis; persecutoribus tantæ iniquitatis assistas, resistas sequacibus, ita quod membrum illud diaboli non possit in regno Norwegiæ denuo debacchari, aut persecutionem in ecclesiis ulterius suscitare.

Datum apud Civitatem Castellanam, II Nonas Octobris.

XII.

Ad Petrum Arusiensem episcopum. — Sex primas præbendas Arusiensis ecclesiæ confirmat.

(Anno 1198, Laterani, Nov. 13.)

[Langebeck, *Script. rer. Dan.*, VI, 588.]

Innocentius episcopus, servus servorum Dei, venerabili fratri Petro Arusiensi episcopo, salutem et apostolicam benedictionem.

Officii nostri debitum et charitas ordinata requirit, ut quæ a fratribus et coepiscopis nostris acta laudabiliter fuerint, auctoritatis nostræ præsidio inconvulsam obtineant firmitatem et plenam in futuro agendi fiduciam tribuant potiora. Sicut autem ex parte tua, venerabilis in Christo frater, nostris est auribus intimatum, de bonis patrimonialibus et aliis, quæ rationabiliter acquisisti, ac de his, quæ commissa tibi ecclesia prius habuerat, sex præbendas provide statuisti canonicis assignandas, qui eidem ecclesiæ debeant deservire. Nos igitur statutum ipsum dignis in Domino laudibus commendantes, ut firmiter omnibus temporibus futuris firmius, prout circumspecte ac provide factum est, et in authentico scripto venerabilis fratris nostri Asgeri, Lundensis archiepiscopi, expressius continetur, auctoritate apostolica confirmamus et præsentis paginæ patrocinio communimus. Nulli ergo omnino hominum licitum sit hanc paginam nostræ confirmationis infringere, vel ei ausu temerario contraire. Si quis autem hoc attentare præsumpserit, indignationem omnipotentis Dei et beatorum Petri et Pauli apostolorum ejus se noverit incursurum.

Datum Laterani Idus Novembris, pontificatus nostri anno primo.

XIII.

Ad abbatem monasterii Nonantulani diœcesis Mutinensis. — Concedit ut quosdam excommunicatos absolvat.

(Anno 1198, Laterani, Dec. 9.)

[Tiraboschi, *Storia della badia di Nonantola*, II, 348. Ex autogr. in *archiv. Non.*]

Innocentius episcopus, servus servorum Dei, dilecto filio.... abbati monasterii Nonantulani ordinis Sancti Benedicti Mutinensis diœcesis, salutem et apostolicam benedictionem.

Exhibita nobis tua petitio continebat quod nonnulli monasterii tui monachi et conversi pro violenta injectione manuum in se ipsos, et quidem pro detentione proprii, alii etiam pro denegata tibi et prædecessoribus tuis obedientia, seu conspirationis offensa, in excommunicationis laqueum inciderunt, quorum monachorum quidam divina celebrarunt officia, et receperunt ordines sic ligati. Quare super his eorum provideri saluti a nobis humiliter postulasti. De tua itaque circumspectione taliter plenam in Domino fiduciam obtinentes, discretioni tuæ præsentium auctoritate concedimus ut eosdem excommunicatos hac vice absolvas ab hujusmodi excommunicationis sententiis juxta formam Ecclesiæ vice nostra, injungens eis quod de jure fuerit injungendum, proviso ut manuum injectores, quorum fuerit gravis et enormis excessus, mittas ad sedem apostolicam absolvendos. Cum illis autem, qui facti immemores vel juris ignari absolutionis beneficio non obtento receperunt ordines et divina officia celebrarunt, injuncta eis pro modo culpæ pœnitentia competenti, eaque peracta liceat tibi de misericordia quæ superexaltat judicio, prout eorum saluti expedire videris, dispensare. Si vero præfati excommunicati scientes, non tamen in contemptum clavium, talia præsumpserunt, eis per biennium ab ordinum exsecutione suspensis, et imposita ipsis pœnitentia salutari, eos postmodum si fuerint bonæ conversationis et vitæ, ad gratiam dispensationis admittas. Proprium autem si quid habent dicti monachi vel conversi, in tuis facias manibus resignari in utilitatem dicti monasterii convertendum.

Datum Laterani, v Idus Decembris, pontificatus nostri anno primo.

XIV.

Ad patriarcham Jerosolymitanum. — Ut prior et canonici Sancti Sepulcri liberam habeant potestatem ordinandi domos et prioratus obedientiarum.

(Anno 1199. Laterani, Jan. 5.)

[Eug. de Rozière, *Cartulaire de l'église du Saint-Sépulcre de Jérusalem*, publié d'après les mss. du Vatican. Paris, imprimerie Nationale, 1849, in-4°; pag. 271.]

Innocentius episcopus, servus servorum Dei, venerabili fratri Jerosolymitano patriarchæ, salutem et apostolicam benedictionem.

Cum dilecti filii prior et fratres Dominici Sepulcri de indulgentia Sedis apostolicæ et assensu prædecessorum tuorum liberam huc usque rerum suarum, tam domorum quam prioratuum, administrationem habuerint, et nos eorumdem prædecessorum nostrorum vestigiis inhærentes, id ipsum eis duxerimus confirmandum, sustinere nulla ratione debemus ut contra concessionem nostram ab aliquo temere veniatur. Hinc est quod fraternitati tuæ per apostolica scripta mandamus quatenus super administratione jam dicta præfatos priorem et fratres non velitis aliquatenus impedire, sed potius eos uti, quantum de jure licuerit, apostolica concessione permittas, nec eis in institutione canonicorum, quos utiles et idoneos ecclesiæ suæ cognoverint, contra indulgentiam nostram temere te opponas, cum in hoc jus tuum servari velimus modis omnibus illibatum.

Data Laterani, Nonis Januarii, pontificatus nostri anno secundo.

XV.

Ad abbatem, E. præpositum et C. canonicum S. Emmerami Ratisponensis. — Ut jura parochi in Riekofen contra cœnobium Walderbach tueantur.

(Anno 1199. Laterani, Martii 5.)

[Ried, *Cod. diplom. Ratisbon.*, Ratisbonæ 1816, in-4°; p. 281, ex originali.]

Innocentius episcopus, servus servorum Dei, dilectis filiis... abbati Sancti Emmerami, E. præposito et C. canonico Ratisponen., salutem et apostolicam benedictionem.

Ex conquestione dilecti filii Wernardi plebani de Lentechoven (hodie Riekofen), nostro est apostolatui reseratum, quod... abbas et fratres de Walerbach Ratisponen. diœcesis mansum unum, qui dos capellæ suæ Tagmerengen (Taimering), in illis partibus nominatur, indebite ipsi subtrahunt, et illum præsumunt contra justitiam detinere; cumque coram dilectis filiis, choro Ratisponen. plebanus ipse suam posuerit aliquando quæstionem, dicto abbate ad appellationis subsidium convolante, quam non fuit sicut proponitur prosecutus, suam nondum potuit justitiam obtinere, unde ipse quoque ad octavam Epiphaniæ, quæ jam præteriit, apostolicam sedem appellans terminum provocationis ab abbate interposito coarctavit : idem etiam abbas dicto plebano super decimis villæ præfatæ injuriosus existere dicitur et molestus ; volentes autem, ut jura sua serventur singulis illibata, cum nobis non constiterit de præmissis, causam ipsam vobis duximus committendam, per apostolica scripta mandantes, quatenus vocatis ad' præsentiam vestram, qui fuerint evocandi, et inquisita super præmissis diligentius veritate, quod canonicum fuerit, remoto appellationis obstaculo, statuatis, facientes quod statueritis per censuram ecclesiasticam firmiter observari, nullis litteris veritati et justitiæ præjudicantibus a sede apostolica impetratis. Quod si omnes his exsequendis nequiveritis interesse, duo vestrum ea nihilominus exsequantur.

Dat. Lateran., III Non. Martii, pontificatus nostri anno II.

Plumbum. Innocentius PP. III.

XVI.

Ad Gerbodonem (98), abbatem et Conventum S. Wulmari, Boloniensis diœceseos. — Sententiam in ipsorum favorem, ab episcopo Morinensi et conjudicibus, in causa, quæ inter ipsos ac abbatem Cluniacensem super libertate eligendi abbates vertebatur, latam confirmat.

(Anno 1199, Laterani, Mart. 21).

Transcripta ex Archivio Monasterii S. Wulmari, n. 24. Bréq. *ibid.*]

Innocentius episcopus, servus servorum Dei, dilectis filiis Gerbodoni, abbati, et conventui Sancti Wulmari, salutem et apostolicam benedictionem.

Cum a nobis petitur quod justum est et honestum, tam vigor æquitatis quam ordo exigit rationis, ut id per sollicitudinem officii nostri ad debitum perducatur effectum. Eapropter, dilecti in Domino filii, vestris justis postulationibus grato concurrentes assensu, sententiam venerabilis fratris nostri . . . Morinensis episcopi (99), et dilectorum filiorum ... Sancti Vedasti (100) et Aquiscincti abbatum, contra Cluniacensem (1), super libertate in monasterio vestro eligendi abbates, in qua fratres monasterii vestri per quadraginta annos continue permansisse, legitime coram prædictis judicibus est probatum, sicut rationabiliter lata est, nec legitima appellatione suspensa, ratam habentes,

---

(98) Vide Epistolam XII, infra. not.
(99) Vide Epistolam libri noni CLXXXII.
(100) Henricus III, ex Camerario, jam ætate gravis, in abbatem S. Vedasti anno 1194 adlectus est. Ob senium curam deposuit an. 1209. Vid. *Nov. Gall. Christ*, tom. III, col. 385. Simon I, S. Vedasti monasterii asceta, mortui Alexandri abbatis partes excepit anno saltem 1175, e vivis excessit anno 1202, vel 1201, ex Locrio. *Ibid.* col. 412.

(1) Erat is adhuc Hugo IV (*de Clermont*), Raynaldi, Comitis Claromontensis, in pago Bellovacensi, et Clementiæ de Barro filius, consanguineus Raginaldi episcopi Carnotensis; qui, primum abbas S. Geremari Flaviacensis, inde S. Luciani Bellovacensis, postremo Cluniacensis, ab anno 1183, renuntiatus est. Non obiit enim ante diem 6 Aprilis anni hujus 1199. Vide *Nov. Gall. Christ*, tom. IV, col. 1143.

auctoritate apostolica confirmamus, et præsentis scripti patrocinio communimus.

Decernimus ergo, etc.

Datum Laterani, xii Kalendas Aprilis, pontificatus nostri anno secundo.

XVII.

Ad Gerbodonem (2), *abbatem Sancti Wulmari, ejusque fratres tam præsentes quam futuros. — Recipit eos sub protectione B. Petri, et enumerantur bona ad ipsos spectantia.*

(Anno 1199. Laterani, April. 5.)

[BRÉQUIGNY et LA PORTE DUTHEIL, *Regesta Innocentii III*, t. III, App., p. 1075, ex Apographo, quod ad fidem Autographi exscribi curavit D. Vacher de Bourg-Lange. Vid. ad calcem bullæ ipsius.

INNOCENTIUS episcopus, servus servorum Dei, dilectis filiis, GERBODONI, abbati monasterii Sancti Wulmari, ejusque fratribus, tam præsentibus quam futuris regularem vitam professis in perpetuum.

Quoties a nobis petitur quod religioni et honestati convenire dignoscitur, animo nos decet libenti concedere, et petentium desideriis congruum suffragium impertiri. Eapropter, dilecti in Domino filii, vestris justis postulationibus clementer annuimus, et felicis recordationis Cœlestini papæ, prædecessoris nostri, vestigiis inhærentes, præfatum monasterium Sancti Wulmari, in quo divino mancipati estis obsequio, sub beati Petri et nostra protectione suscipimus, et præsentis scripti privilegio communimus; inprimis siquidem statuentes ut ordo monasticus, qui secundum Deum et beati Benedicti Regulam in eodem monasterio institutus esse dignoscitur, perpetuis ibidem temporibus inviolabiliter observetur. Præterea, quascunque possessiones, quæcunque bona idem monasterium inpræsentiarum juste et canonice possidet, aut in futurum concessione pontificum, largitione regum vel principum, oblatione fidelium, seu aliis justis modis, præstante Domino, poterit adipisci, firma vobis vestrisque successoribus et illibata permaneant; in quibus hæc propriis duximus exprimenda vocabulis :

Locum ipsum, in quo præfatum monasterium situm est, cum omnibus pertinentiis suis; villam Sancti Wulmari, cum mercato, theloneo, et omnibus ejusdem villæ jurisdictionibus et pertinentiis interioribus et exterioribus, ab ipsa villa usque ad feudum de Witra, quod de Comite descendit, et usque ad feodum de Dudelli villa, et feodum de Dales, et usque ad feodum de Tingri, et feodum de Werlinghetun, et usque ad rivum de Cresbere, et flumen Elnac; parochialem ecclesiam ipsius villæ, cum omnibus decimationibus et aliis pertinentiis suis; terram, cum nemore de feodo Roberti Rabel, a pede montis usque ad feodum Lamberti de Cors, et Balduini de Milestrec, quod possidetis ab eo sub annuo censu decem solidorum; villam de Hesding, cum ecclesia et omnibus aliis suis pertinentiis; villam Veteris Monasterii, cum ecclesia et omnibus aliis suis pertinentiis; villam Sancti Martini, cum ecclesia et omnibus aliis suis pertinentiis; villam Magnæ-Villæ, cum ecclesia et omnibus aliis suis pertinentiis; villam Coloniæ, cum ecclesia et omnibus aliis pertinentiis suis, terris videlicet cultis, et omnibus .... piscariis, paludibus et marescis, apud Niuniel, dimidiam barcariam et piscariam; Cundetam; Richenacre; Berchem; Estruem; Fohem; Berneulas; Evelinghehem; apud Stapes, mansos triginta; et in prædictis villis et viculis, omnem comitatum et jurisdictionem; altare de Frene, et duas carucatas terræ et amplius, et hospites quos habetis in eadem villa, cum omni jurisdictione et redditibus annuis, quos vobis debent, et in eadem villa, decimam de mota; altare de Tingri, cum omnibus decimationibus, et in eadem parochia, decimam crementorum; altare de Laires, cum tota decima; altare de Quarti, cum tota decima; altare de Verlinghetun, cum tota decima; altare de Wilra; altare sanctæ Geltrudis; altare de Boninghes; altaria de Auci et de Servin; in parochia de Kestreke, totam decimam mediatariorum comitis; et in eadem parochia, decimam Willelmi Camerarii, decimam de Businghehem, tertiam partem decimæ de Helbesessem, decimam de Dales, decimam de Sokieses, decimam de Berneulas, decimam de sarto Richeri, decimam de Wenegheval, decimam Sanctæ Gertrudis, tertiam partem decimæ de Verna, decimam de Welwinge, decimam de Alinghetum; apud Berebel, decimam de terris Balduini Bibuef, et Simonis Bustel, decimam de Bossin; apud Denebrac, decimam Castellani de Faukemberge, et in eadem villa decimam de terra Lambini : in parochia de Reclinghehem, unam carucatam terræ cultæ, apud Capellam, allodia Oilardi de Businghehem, apud Wichinghehem, allodia Giroldi de Buccoll, et Giroldi de Casroi, et Hugonis de Chestreka; apud Ledingheham, quamdam partem allodiorum ipsius villæ; apud Lustinghehem, allodia Rogeri de Kaeu, et Gillæ, sororis suæ, et duas partes molendini ex eorum dono; in parochia Novi Castelli, allodia Roberti Cringeth, et Walteri Crolle; apud Paningherum, allodia Faram; apud Huppem, dimidiam carucatam terræ; apud Hecout, allodia Hugonis de Collesberc, et Hugonis de Kestrehe; apud Hessinghehem, duas carucatas terræ; apud Hokinghehem, unam carucatam terræ; apud Hermarenghes, allodia Hugonis de Seles, et sororum suarum, et Petri, et Hugonis, et sororis suæ; apud Yseche, allodia Arnulfi de Longavilla; apud Ferchenes, allodia Atronis, et Joannis filii sui, et Balduini cognati

(2) « XI. Gerbodo, seu Grebindus, *aut* Grebinus, S. Wulmari, nunc Boloniensis diœceseos monasterii abbas, cui minime nominato, ut ferunt, bonorum et Ecclesiarum confirmationem Cœlestinus PP. III anno 1195 indulsit, testis legitur anno 1192 in litteris Idæ comitissæ pro S. Bertino. Reperitur anno 1196 in Chronico Andrensi. Quædam prædia vendidit monasterio Clarimarisci, approbante Lamberto, Morinensi episcopo, anno 1199. Occurrit adhuc anno 1210 in Chartulario S. Judoci. » *Gall. Christ. nov.*, tom. X, col. 1596

eorum; apud Hellenboun, allodia Raineri Caval; apud Hellinghehem, sex polchinos frumenti; apud Marchines, duos polchinos frumenti; apud Boloniam, septem solidos et dimidium; apud Camir, quinque solidos; apud Badingherun, quinque solidos; apud Malchesberc, quinque solidos; apud Alles, quinque solidos; apud Jorni, sex solidos; apud Bovelinghehem, quinque solidos; apud Seninghehem, quinque solidos; prioratum de Baileleth, cum omnibus suis pertinentiis; in Anglia, altare de Fobinghes, et decimam de Ruiwale. Sane, novalium vestrorum, quæ propriis manibus aut sumptibus colitis, sive de nutrimentis animalium vestrorum, nullus a vobis decimas exigere vel extorquere præsumat.

Liceat quoque vobis clericos vel laicos, liberos et absolutos, e sæculo fugientes, ad conversionem recipere, et eos absque contradict'one aliqua retinere. Prohibemus insuper, ut nulli fratrum vestrorum, post factam in loco vestro professionem, fas sit, absque abbatis sui licentia, de eodem loco, nisi arctioris religionis obtentu, discedere. Discedentem vero absque communium litterarum cautione, nullus audeat retinere. In parochialibus autem ecclesiis, quas habetis, liceat vobis sacerdotes eligere, et diœcesano episcopo præsentare, quibus, si idonei fuerint, episcopus curam animarum committat, ita quidem quod ei de spiritualibus, vobis vero de temporalibus, debeant respondere. Statuimus etiam ut infra fines parochiarum vestrarum nullus ecclesiam, vel * sine diœcesani episcopi, et vestro assensu, de novo ædificare præsumat, salvis tamen privilegiis Romanorum pontificum. Auctoritate quoque apostolica .. .. mus, ne quis in vos, vel Ecclesiam vestram, excommunicationis vel interdicti sententiam, sine manifesta et rationabili causa, promulgare, seu novas et indebitas exactiones vobis et hominibus vestris imponat. 'Stationes .... acas a diœcesano episcopo in vestro monasterio fieri auctoritate apostolica inhibemus. Pro chrismate autem, oleo sancto, consecrationibus altarium seu basilicarum, ordinationibus monachorum seu clericorum vestrorum; qui ad sacros ordines fuerint promovendi * benedicendo seu deducendo ad sedem, vel quibuslibet ecclesiasticis sacramentis, nullus a vobis, sub obtentu consuetudinis, vel quolibet alio modo, palafredum, cappam sericam, vinum, sive quidquam aliud audeat postulare. Se.... quoque ipsius loci liberam esse decernimus, ut

eorum devotioni et extremæ voluntati, qui se illic sepeliri deliberaverint, nisi forte excommunicati vel interdicti sint, nullus obsistat, salva tamen justitia illarum Ecclesiarum, a quibus mortuorum corpora assumuntur. Obeunte vero te, nunc ejusdem loci abbate, vel tuorum quolibet successorum, nullus ibi qualibet subreptionis astutia seu violentia præponatur, nisi quem fratres communi consensu, vel fratrum pars consilii sanioris, secundum Dei timorem, et beati Benedicti Regulam, providerint eligendum. Libertates præterea et immunitates, necnon antiquas et rationabiles consuetudines monasterio vestro concessas, et hactenus observatas ratas habemus, et eas futuris temporibus illibatas manere sancimus. Decernimus ergo, ut nulli omnino hominum liceat præfatum monasterium temere perturbare, aut ejus possessiones auferre, vel ablatas retinere, minuere, seu quibuslibet vexationibus fatigare, sed omnia integra conserventur, eorum, pro quorum gubernatione ac sustentatione concessa sunt, usibus omnimodis profutura, salva Sedis apostolicæ auctoritate, et diœcesan episcopi canonica justitia. Ad indicium autem perceptæ hujus a Sede apostolica protectionis, bizantium unum vos constituistis nobis nostrisque successoribus annis singulis soluturos. Si qua igitur in futurum ecclesiastica, sæcularisve persona, hanc nostræ constitutionis paginam sciens, contra eam temere venire tentaverit, secundo, tertiove commonita, nisi reatum suum congrua satisfactione correxerit, potestatis honorisque sui dignitate careat, reamque se divino judicio existere de perpetrata iniquitate cognoscat, et a sacratissimo corpore ac sanguine Dei et Domini redemptoris nostri Jesu Christi aliena fiat atque in extremo examine divinæ ultioni subjaceat. Cunctis autem eidem loco sua jura servantibus, sit pax Domini nostri Jesu Christi, quatenus et hic fructum bonæ actionis percipiant, et apud districtum Judicem præmia æternæ pacis inveniant. Amen. Amen. Amen.

Ego Innocentius, catholicæ Ecclesiæ episcopus.

Ego Octavianus, Ostiensis et Velletrensis episcopus (3).

Ego Petrus, Portuensis et Sanctæ Rufinæ episcopus (4).

Ego Joannes, Albanensis episcopus (5).

---

(3) Vide Epistolam Libri tertii x, not.
(4) Vide Epistolam Libri quinti LXIX, not.
(5) *Joannes Albanensis episcopus*. Hic idem est procul dubio ac ille qui ad bullam Appendicis hujus VII Philippus, ad Bullam vero ejusdem Appendicis VIII Joannes, tituli S. Clementis diaconus cardinalis, simulque Viterbiensis ac Tuscanensis episcopus, subscribitur, de quo nos, in notis, tum ad easdem bullas, tum ad Epistolam Libri sexti CXVII egimus. Joannem enim, ex tituli S. Clementis diacono cardinale, episcopoque simul Viterbiensi ac Tuscanensi, episcopum Albanensem hoc ipso, quo data dicitur hæc Innocentii PP. III bulla, anno nempe Incarnationis 1199, Innocentii vero Pontificatus II, renuntiatum fuisse, unanimi voce tradunt historici. Notandum vero id quod legitur apud Olduinum, *ad Ciacon.* tom. II, col. 19, nempe, Joannem ad Sedem Albanensem, *anno quidem* 1199, verum *in Pentecoste* translatum fuisse. Ex hac vero nostra Innocentii Epistola, Joannem jam ante mensem *Aprilem* Albanenses infulas adeptum fuisse, evincitur.

Ego Pandulphus, Basilicæ XII Apostolorum presbyter cardinalis (6).

Ego Petrus, tituli Sanctæ Cæciliæ presbyter cardinalis (7).

Ego Jordanus, Sanctæ Pudentianæ, tituli Pastoris, presbyter cardinalis (8).

Ego Guido, Sanctæ Mariæ Transtyberim, tituli Calixti, presbyter cardinalis.

Ego Hugo, presbyter cardinalis Sancti Martini, tituli.... (9).

Ego Joannes, tituli Sancti Stephani in Cœlio Monte, presbyter cardinalis (10).

Ego Soffredus, tituli Sancti Praxedis presbyter cardinalis (11).

Ego Bernardus, Sancti Petri ad Vincula presbyter cardinalis, tituli Eudoxiæ (12).

Ego Joannes, tituli Sanctæ Priscæ presbyter cardinalis (13).

Ego Gracianus, Sanctorum Cosmæ et Damiani diaconus cardinalis (14).

Ego Gerardus, Sancti Adriani diaconus cardinalis (15).

Ego Gregorius, Sanctæ Mariæ in Aquiro diaconus cardinalis (16).

Ego Gregorius, Sancti Georgii ad Velum Aureum diaconus cardinalis (17).

Ego Nicolaus, Sanctæ Mariæ in Cosmedin diaconus cardinalis (18).

Ego Gregorius, Sancti Angeli diaconus cardinalis (19).

Ego Bobo, Sancti Theodori diaconus cardinalis (20).

Ego Cencius, Sanctæ Luciæ in Orthea diaconus cardinalis (21).

Ego Hugo, Sancti Eustachii diaconus cardinalis (22).

Ego Girardus, Sancti Nicolai in Carcere Tull. diaconus cardinalis (23).

Datum Laterani, per manum Rainaldi, domni papæ notarii, cancellarii vicem agentis, Non. Aprilis, indictione secunda, Incarnationis Dominicæ anno 1199, pontificatus vero domni Innocentii PP. III anno II.

Au bas de la Bulle ci-dessus transcrite, est attaché sur lacs de soie jaune et rouge, le sceau en plomb, portant d'un côté les effigies de saint Pierre et de saint Paul, avec ces lettres, S. PA. S. PE. *et de l'autre, une empreinte pareille à celle qui suit.*

INNO
CENTIVS
PP. III.

Collationné par nous, Jean-Charles Vacher de Bourg-l'Ange, seigneur de Bourg-l'Ange, avocat au parlement, chargé des ordres de Monseigneur le Garde-des-Sceaux de France, à l'original étant dans les archives de l'abbaye d'Aurillac, en un parchemin de vingt-neuf pouces et demi de long, sur vingt-deux pouces de large, percé de deux trous aux lieux indiqués par les astérisques, le premier de tous indiquant un mot effacé qu'on n'a pu lire. A Aurillac, le 12 novembre 1786. Signé J.-C. VACHER DE BOURG-L'ANGE.

XVIII.

Joanni (24), abbati Sancti Bertini, ejusque fratribus tam præsentibus quam futuris, in perpetuum. — De confirmatione privilegiorum.

(Anno 1199. Laterani, April. 9).

[Epistolam hanc, seu potius Bullam, ex Chartulario antiquo monasterii S. Bertini diligenter exscriptam in Chartophylacio nostro reposuit D. Ch. de Witte, cum ista notula. « Il est ainsi conforme a un ancien Chartulaire, tom. XXI, fol. 66, v.° anno 1785. » Integra, de verbo ad verbum, legitur in libro XII Regestorum Innocentii : ubi quo pacto inserta reperiatur nescimus (25), cum ad annum pontificatus II, evidenter pertineat. Desiderantur apud Baluzium nomina subscribentium cardinalium, quæ hic apponere operæ pretium duximus, eo quod sæpe, ad pleniorem historiæ intelligentiam, chronologicamque factorum seriem adstruendam, ex istius generis notitiis utilitas non parva emergat. BRÉQ. *ibid.*]

In eminenti sedis apostolicæ specula disponente Domino constituti, sicut imitari prædecessores, etc.

Ego Innocentius, catholicæ Ecclesiæ episcopus.

Ego Octavianus (26), Hostiensis et Velletrensis episcopus.

---

(6) Vide Epistolam Libri noni CXLV, not.
(7) Vide Epistolam Libri tertii XXXII, not.
(8) Vide Epistolam Libri quinti LXXIV, not.
(9) Supplendum *Equitii.* Vide notas ad Epistolam appendicis hujus VII, not.
(10) Vide Epistolam Libri quinti LXXIII.
(11) Vide Epistolam Libri quinti VI, not.
(12) Vide Epistolam Libri quinti LXXIII, not.
(13) Vide Epistolam Libri tertii XV, not.
(14) Vide Epistolam Appendicis hujus VII, not.
(15) Vide Epistolam Libri quinti LXXXIII, not.
(16) Vide Epistolam Libri octavi XXIX, not.
(17) Vide Epistolam Libri septimi LX, not.
(18) Vide Epistolam Appendicis hujus VII, not.
(19) Vide Epistolam Libri quinti XXIX, not.
(20) Vide Epistolam Appendicis hujus VIII, not.
(21) Cencius Sabellus, Romanus, teste Panvinio; ex canonico regulari Lateranensi, vel, scribente Ciaconio, ex Canonico S. Mariæ Majoris, a Cœlestino PP. III, in secunda, ex Pavinio vero in quarta, cardinalium creatione, renuntiatus est diaconus cardinalis S. Luciæ in Orphea (*sic enim legendum, non, in Orthea*), *al.* in Silice, et S. R. E. camerarius ac procancellarius; postea ab Innocentio PP. III presbyter cardinalis SS. Joannis et Pauli, titulo Pammachii; demum, post Innocentii obitum, Romanus renuntiatus pontifex, dictus est Honorius III.
(22) Vide Epistolam Libri quinti LXX, not.
(23) Vide Epistolam libri noni CCXXII, not.
(24) Joannes III de Ipra (de quo etiam egimus ad Epistolam libri octavi XLV, not., « Laubiensis « monachus, de consensu, imo de consilio Simonis « (prædecessoris sui) electus, a Desiderio, Morinensi « episcopo, benedictionem percepit, die XI Julii an. « 1187. Biennio post a Clemente PP. III bonorum « omnium confirmationem impetravit; a Cœlestino « 1198 (*leg.* 1197); ab Innocentio PP. III eodem « anno, vel sequenti. » *Nov. Gall. Christ.*, tom. III, col. 500. Confirmatio illa ab Innocentio PP. III impetrata, eadem est procul dubio ac Epistola nostra. Joannes e sæculo migravit an. 1230.
(25) Hanc epistolam ex notis chronologicis libro II restituimus; est nunc in libro citato ordine 58 *bis.* EDIT. PATR.
(26) De cardinalibus hic subscriptis vide supra, ad Epistolam Appendicis hujus II.

Ego Petrus, Portuensis et Sanctæ Rufinæ episcopus.

Ego Pandulphus (27), sola Dei permissione Basilicæ XII Apostolorum presbyter cardinalis.

Ego Jordanus, Sanctæ Pudentianæ tituli Pastoris presbyter cardinalis.

Ego Joannes, titulo Sancti Clementis cardinalis, Viterbiensis et Tuscan. episcopus.

Ego Guido (28), Sanctæ Mariæ Transtyberim tituli Calixti presbyter cardinalis.

Ego Hugo, presbyter cardinalis Sancti Martini titulo Equitii.

Ego Joannes, tituli Sancti Stephani in Cœlio-Monte presbyter cardinalis.

Ego Gratianus, Sanctorum Cosmæ et Damiani diaconus cardinalis.

Ego Gerardus (29), Sancti Adriani diaconus cardinalis.

Ego Gregorius, Sanctæ Mariæ in Aquiro diaconus cardinalis.

Ego Gregorius, Sancti Georgii ad Velum Aureum diaconus cardinalis.

Ego Boho, Sancti Theodori diaconus cardinalis.

Ego Cencius, Sanctæ Luciæ in Horthea diaconus cardinalis.

Datum Laterani, per manum Raynaldi, domini papæ notarii, vicem agentis cancellarii, v Idus Aprilis, indictione secunda, Incarnationis Dominicæ anno 1198 (30), pontificatus vero Domini Innocentii papæ III anno secundo.

XIX.

Ad Heliam abbatem et fratres S. Mariæ de Regniaco. — Privilegiorum confirmatio.

(Anno 1199. Laterani, Maii 5.)

[*Gall. Christ. Nov.*, XII, Instrum. 143.]

INNOCENTIUS episcopus, servus servorum Dei, dilectis filiis HELIÆ abbati monasterii S. Mariæ de Regniaco, ejusque fratribus tam præsentibus quam futuris regularem vitam professis in perpetuum.

Religiosam vitam eligentibus apostolicum convenit adesse præsidium, ne forte cujuslibet temeritatis incursus, aut eos a proposito revocet, aut robur, quod absit! sacræ religionis infringat. Eapropter, dilecti in Domino filii, vestris justis postulationibus clementer annuimus, et præfatum monasterium S. Mariæ de Regniaco in quo divino estis obsequio mancipati, sub B. Petri et nostra protectione suscipimus, et præsentis scripti privilegio communimus. Inprimis quidem statuentes ut ordo monasticus qui secundum Deum et beati Benedicti Regulam atque institutionem Cisterciensium fratrum in eodem monasterio institutus esse dignoscitur, perpetuis ibidem temporibus inviolabiliter conservetur. Præterea quascunque possessiones, quæcunque bona idem monasterium inpræsentiarum juste et canonice possidet, aut in futurum concessione pontificum, largitione regum vel principum, oblatione fidelium, seu aliis justis modis, præstante Domino, poterit adipisci, firma vobis vestrisque successoribus et illibata permaneant. In quibus hæc propriis duximus exprimenda vocabulis:

Locum ipsum in quo præfatum monasterium situm est, cum vineis, terris et omnibus suis pertinentiis; grangiam quæ est juxta abbatiam cum suis pertinentiis; grangiam de Essars cum pertinentiis suis; grangiam de Fontismo cum pertinentiis suis; grangiam de Ulduno cum pertinentiis suis; domum de Campo-Leniæ cum pertinentiis suis; grangiam de Cherbonere cum pertinentiis suis; grangiam de Lescheriis cum omnibus pertinentiis suis; cellarium de Clamecin cum pertinentiis suis; grangiam de Bellovidere cum omnibus pertinentiis suis; terras et prata de Vaureta cum earum pertinentiis; grangiam de Cosath cum omnibus pertinentiis suis; grangiam de Chatz cum omnibus suis pertinentiis; grangiam de Treclin cum molendino et omnibus aliis suis pertinentiis; cellarium de Vallibus cum omnibus suis pertinentiis, et cellarium de Chablie cum omnibus pertinentiis suis. Sane laborum vestrorum quos propriis manibus aut sumptibus colitis tam de terris cultis quam incultis, sive de hortis et de virgultis et piscationibus, seu de nutrimentis animalium vestrorum, nullus a vobis decimas exigere vel extorquere præsumat. Liceat quoque vobis clericos vel laicos liberos et absolutos e sæculo fugientes ad conversionem recipere, et eos absque contradictione aliqua retinere. Prohibemus insuper ut nulli fratrum vestrorum post factam in monasterio vestro professionem fas sit absque abbatis sui licentia de eodem loco discedere, discedentem vero absque communium litterarum cautione nullus audeat retinere. Quod si quis forte retinere præsumpserit, licitum sit vobis in ipsos monachos sive conversos regularem sententiam promulgare. Illud districtius inhibentes ne terras seu quodlibet beneficium ecclesiæ vestræ collatum liceat alicui personaliter dari, sive alio modo alienari absque consensu totius capituli, vel majoris aut sanioris partis ipsius. Si quæ vero donationes vel alienationes aliter quam dictum est factæ fuerint, eas irritas esse censemus. Ad hæc etiam prohibemus ne aliquis monachus sive conversus sub professione domus vestræ astrictus, sine consensu et licentia abbatis et majoris partis et capituli vestri pro aliquo fidejubeat, vel ab aliquo pecuniam mutuo accipiat ultra pretium capituli vestri providentia constitutum, nisi propter manifestam domus vestræ utilitatem. Quod si facere præsumpserit, non teneatur conventus pro his aliquatenus

---

(27) De Pandulpho, qui ad Epistolam II supra citatam subscriptus non reperitur, vide Epistolam libri noni CXLV, not.

(28) De Guidone, idem. Sed vide Epistolam libri tertii XXVIII, not.

(29) De Gerardo idem; sed vide Epistolam libri quinti LXXXIII, not.

(30) Sic in Apographo quod in *Chartophylacio* nostro reposuit D. Ch. de Witte. Verum, ex synchronismis certo certius legendum est 1199.

respondere. Licitum præterea sit vobis in causis propriis sive civilem sive criminalem contineant quæstionem fratrum vestrorum testimoniis uti, ne pro defectu testium jus vestrum in aliquo valeat deperire. Insuper auctoritate apostolica inhibemus, ne ullus episcopus vel alia quælibet persona ad synodos vel conventus forenses vos ire, vel judicio sæculari de vestra propria sulstantia vel possessionibus vestris subjacere compellat; nec ad domos vestras causa ordines celebrandi, causas tractandi, vel conventus publicos convocandi, venire præsumat; nec regularem electionem abbatis vestri impediat, aut de instituendo vel removendo eo qui pro tempore fuerit, contra statuta Cisterciensis ordinis se aliquatenus intromittat. Si vero episcopus in cujus parochia domus vestra fundata est, cum humilitate ac devotione qua convenit requisitus substitutum abbatem benedicere, et alia quæ ad officium episcopale pertinent, vobis conferre renuerit, licitum sit eidem abbati, si tamen sacerdos fuerit, proprios novitios benedicere, et alia quæ ad officium suum pertinent exercere, et vobis omnia ab alio episcopo percipere quæ a vestro fuerint indebite denegata. Illud adjicientes ut in recipiendis professionibus quæ a benedictis vel benedicendis abbatibus exhibentur, ea sint episcopi forma et expressione contenti, quæ ab origine ordinis noscitur instituta, ut scilicet abbates ipsi salvo ordine suo profiteri debeant, et contra statuta ordinis sui nullam professionem facere compellantur. Pro consecratione vero altarium vel ecclesiarum, sive pro oleo sancto, vel quolibet ecclesiastico sacramento, nullus a vobis aut sub obtentu consuetudinis, vel alio modo, quidquam audeat extorquere; sed hæc omnia gratis vobis episcopus diœcesanus impendat. Alioquin liceat vobis quemcunque volueritis adire antistitem gratiam et communionem apostolicæ sedis habentem, qui nostra fretus auctoritate vobis quod postulatur impendat. Quod si sedes diœcesani episcopi forte vacaverit, interim omnia ecclesiastica sacramenta a vicinis episcopis accipere libere et absque contradictione possitis, sic tamen ut ex hoc nullum præjudicium inposterum propriis episcopis generetur. Quia vero interdum propriorum episcoporum copiam non habetis, si quem episcopum Romanæ sedis, ut diximus, gratiam atque communionem apostolicæ sedis habentem, et de quo plenam notitiam habeatis, per vos transire contigerit, ab eo benedictiones vasorum et vestium, consecrationes altarium, ordinationes monachorum, auctoritate apostolicæ sedis recipere valeatis. Porro si episcopi, vel alii ecclesiarum rectores, in monasterium vestrum, vel personas inibi constitutas, suspensionis, excommunicationis, vel interdicti sententiam promulgaverint, sive etiam in mercenarios vestros, pro eo quod decimas non solvitis sive aliqua occasione eorum quæ ab apostolica benignitate vobis indulta sunt, seu benefactores vestros pro eo quod aliqua vobis beneficia vel obsequia ex charitate præstiterint, vel ad laborandum adjuverint in illis diebus in quibus vos laboratis et alii feriantur, eamdem sententiam protulerint, ipsam tanquam contra sedis apostolicæ indulta prolatam duximus irritandam, nec ullæ litteræ firmitatem habeant quas tacito nomine Cisterciensis ordinis et contra tenorem apostolicorum privilegiorum constiterit impetrari. Paci quoque ac tranquillitati vestræ paterna inposterum sollicitudine providere volentes, auctoritate apostolica prohibemus, ne infra clausuras locorum seu grangiarum vestrarum ullus rapinam seu furtum committere, ignem apponere, sanguinem fundere, hominem temere capere vel interficere, seu violentiam audeat exercere. Præterea omnes libertates et immunitates a prædecessoribus nostris Romanis pontificibus ordini vestro concessas, necnon libertates et exemptiones sæcularium exactionum a regibus et principibus vel aliis fidelibus rationabiliter vobis indultas, auctoritate apostolica confirmamus, et præsentis scripti privilegio communimus.

Decernimus ergo ut nulli omnino hominum liceat præfatum monasterium temere perturbare aut ejus possessiones auferre, vel ablatas retinere, minuere, seu quibuslibet vexationibus fatigare; sed omnia integra conserventur, eorum pro quorum gubernatione ac sustentatione concessa sunt usibus omnimodis profutura, salva sedis apostolicæ auctoritate. Si qua igitur in futurum ecclesiastica sæcularisve persona hanc nostræ constitutionis paginam sciens contra eam temere venire tentaverit, secundo tertiove commonita, nisi reatum suum congrua satisfactione correxerit, potestatis, honorisque sui dignitate careat, reamque se divino judicio existere de perpetrata iniquitate cognoscat, et a sacratissimo corpore, ac sanguine Dei et Domini Redemptoris nostri Jesu Christi aliena fiat, atque in extremo examine divinæ ultioni subjaceat. Cunctis autem eidem loco sua jura servantibus sit pax Domini nostri Jesu Christi, quatenus et hic fructum bonæ actionis percipiant, et apud districtum judicem præmia æternæ pacis inveniant. Amen, amen, amen.

Ego Innocentius catholicæ Ecclesiæ episcopus.

Ego Octavianus Ostiensis et Velletrensis episcopus.

Ego Petrus Portuensis et S. Rufinæ episcopus.

Ego Joannes Albanensis episc.

Ego Pandulfus presbyter cardinalis Basilicæ xii Apostolorum.

Ego Petrus tituli S. Ceciliæ presbyter cardinalis.

Ego Jordanus presbyter cardinalis Sanctæ Pudentianæ et Pastoris.

Ego Guido S. Mariæ Transtyberim tituli Callixti, presbyter cardinalis.

Ego Hugo presbyter cardinalis S. Martini tituli......

Ego Joannes tituli S. Stephani in Celio monte presbyter cardinalis.

Ego Cinthius tituli S. Laurentii in Lucina presbyter cardinalis.

Ego Goffredus tituli Sanctæ Praxedis presbyter cardinalis.

Ego Bernardus S. Petri ad Vincula presbyter cardinalis tit. S. Eudoxiæ.

Ego Joannes tituli S. Priscæ presbyter card.

Ego Girardus tituli S. Marcelli presbyter cardinalis.

Ego Gratianus SS. Cosmæ et Damiani diaconus cardinalis.

Ego Girardus S. Adriani diaconus cardinalis.

Ego Gregorius S. Mariæ in Aquino diaconus cardinalis.

Ego Gregorius S. Georgii ad Velum Aureum diaconus cardinalis.

Ego Nicolaus S. Mariæ in Cosmedin diaconus cardinalis.

Ego Gregorius S. Angeli diaconus cardinalis.

Ego Bobo Sancti Theodori diaconus cardinalis.

Ego Cencius S. Luciæ in Oukea diaconus cardinalis.

Ego Hugo S. Eustachii diaconus cardinalis.

Datum Laterani, per manum Rainaldi domni papæ notarii cancellarii......... gentis [forte Veronæ degentis] III Nonas Maii, indictione II, Incarnationis Dominicæ anno 1199, pontificatus vero domni Innocentii papæ III anno secundo.

XX.

Ad abbatem (31) *et conventum S. Germani de Pratis.* — *Confirmat eis possessiones, quas nobilis mulier Philippa, eorum monasterio concesserat.*

(Anno 1199. Laterani, Maii 15.)

[Bullam hanc edimus ex Apographo a nobis ipsis diligenter exscripto, ad fidem autographi in archivis monasterii S. Germani de Pratis asservati, quod nobiscum communicavit D. Poirier. Huic autographo appendet sigillum seu bulla Pontificis, optime conservata, ex filo bombycino rubro et lutaceo. BRÉQ. *ibid.*].

INNOCENTIUS episcopus, servus servorum Dei, dilectis filiis..... abbati et conventui Sancti Germani de Pratis salutem et apostolicam benedictionem.

Cum a nobis petitur quod justum est et honestum, tam vigor æquitatis, quam ordo exigit rationis, ut id per sollicitudinem officii nostri ad debitum perducatur effectum. Eapropter, dilecti in Domino filii, vestris justis postulationibus inclinati, possessiones, quas nobilis mulier, Philippa nomine, monasterio vestro provida deliberatione concessit, sicut eas

(31) Vide Epistolam Appendicis hujus III, not.
(32) De Abbatibus Monasterii Altimontensis, circa hæc in quibus versamur tempora, pauca hæc apud autores Novæ Galliæ Christianæ, tom. III, col. 117.
« XVIII. Robertus an. 1185 contulit Ecclesiæ Nivensi omne jus quod habebat in Parochia de « Xaintes, occurrit et anno sequenti.
« XIX. Radulphus, an. 1202 et 1209. Recensitus « etiam anno 1212, etc. »
(33) *Al.* Grandi-Reniensi, uti annotatum est in Apographo. « Le village de Grantreing, *Grandi-Renium*, est situé à deux lieues et demie de Maubeuge, sur le chemin menant à *Binch*, dans le « Brabant Autrichien. »

juste ac pacifice possidetis, et in authentico facto exinde plenius continetur, vobis, et, per vos, Ecclesiæ vestræ, auctoritate apostolica confirmamus, et præsentis scripti patrocinio communimus. Decernimus ergo, ut nulli omnino hominum liceat hanc paginam nostræ confirmationis infringere, vel ei ausu temerario contraire. Si quis autem hoc attentare præsumpserit, indignationem omnipotentis Dei et beatorum Petri et Pauli apostolorum ejus, se noverit incursurum.

Datum Laterani, Idibus Maii, pontificatus nostri anno secundo.

XXI.

Ad abbatem (32), *et conventum monasterii Altimontensis.*—*Capellæ de Grantreing possessionem ipsis confirmat.*

(Anno 1199. Laterani, Jun. 5.)

[Ex chartulario monasterii Altimontensis. BRÉQUIGNY *ibid.*]

Justis petentium desideriis dignum est nos facilem præbere assensum, et vota, quæ a rationis tramite non discordant, effectu prosequente complere. Eapropter, dilecti in Domino filii, vestris justis postulationibus grato concurrentes assensu, capellam de Grantreing (33), sicut juste ac pacifice possidetis, vobis et per vos Ecclesiæ vestræ auctoritate apostolica confirmamus, et præsentis scripti patrocinio communimus. Nulli ergo omnino hominum liceat hanc paginam nostræ confirmationis infringere, vel ei ausu temerario contraire. Si quis autem hoc attemptare præsumpserit, indignationem omnipotentis Dei et beatorum Petri et Pauli apostolorum ejus se noverit incursurum.

Datum Laterani, Nonas Junii, pontificatus nostri anno secundo.

XXII.

Ad Joannem (34), *abbatem S. Genovefæ Parisiensis.* — *Concedit ei usum mitræ.*

(Anno 1199. Laterani, Jun. 10.)

[Ex Apographo, quod ad fidem Autographi, in Archivis abbatiæ S. Genovefæ asservati, diligenter exscriptum, nobiscum communicavit D. abbas Mongez, Regiæ Inscriptionum humaniorumque Litterarum Academiæ Socius. BRÉQ. *ibid.*]

INNOCENTIUS episcopus, servus servorum Dei, dilecto filio, JOANNI, abbati Sanctæ Genovefæ Parisiensis, salutem et apostolicam benedictionem.

Illa specialis prærogativa dilectionis et gratiæ, quam ad Ecclesiam tibi commissam, et personam

Num idem ac *Reneh* ? Certe, jus in Ecclesiis *Reng* et *Chiweneis* olim a Capitulo Aquisgranensi Fratribus Altimontensibus traditum fuerat. Vide apud *Miræum*, tom. I, pag. 544, cap. LVII. Ecclesiæ autem illæ Capitulo Aquisgranensi concessæ fuerant, a Burchardo Cameracensi Episcopo anno 1122. Vide *ibid.* pag. 523, ubi hæc annotavit J. F. Foppens : « *Reneh* et *Chivenis*, al. *Kuivei*, sunt vici « Hannoniæ, quorum Altaria seu prædia Canonici « B. Mariæ Aquisgranensis Monachis Altimontensi- « bus, prope Malbodiæ Hannoniæ oppidum, con- « cesserunt. »

(34) Vide Epistolam libri tertii XLV, not.

tuam habuimus, dum in minori eramus officio constituti, et incessanter habemus, nos admonet et hortatur, ut honori et commodis tuis sollicitius intendere debeamus, et ea facere, quæ ipsius Ecclesiæ tuamque pariter utilitatem respiciant et profectum. Cum igitur operis exhibitio probatio dilectionis existat, in signum gratiæ, quam olim in nostris oculis invenisti, devotionem tuam ornamento mitræ, usuque ipsius, ad honorem Ecclesiæ tuæ, duximus personaliter decorandam; in proposito et voluntate gerentes, ut majora pro te in posterum, volente Domino, faciamus. Tu ergo, sicut vir providus et honestus, sic ea reverenter utaris ut nullus in te notari possit abusus.

Datum Laterani, quarto Idus Junii, pontificatus nostri anno secundo.

Sigillum.

XXIII.

Ad decanum et capitulum Sanctæ Mariæ et Sancti Theobaldi Metensis.— Recipiuntur sub protectione beati Petri, et confirmatur eis specialiter ecclesia Sanctæ Crucis, necnon capella S. Ferrucii.

(Anno 1199. Laterani, Jul. 30.)

[Ex Archivio Ecclesiæ Collegialis S. Theobaldi Metensis. Bréquigny *ibid.*]

Innocentius, episcopus, servus servorum Dei, dilectis filiis decano et capitulo Sanctæ Mariæ et Sancti Theobaldi Metensis, salutem et apostolicam benedictionem.

Sacrosancta Romana Ecclesia devotos et humiles filios ex assuetæ pietatis officio propensius diligere consuevit, et, ne pravorum hominum molestiis agitentur, tanquam pia mater, suæ protectionis munimine confovere. Eapropter, dilecti in Domino filii, vestris justis postulationibus grato concurrentes assensu, Ecclesiam et personas vestras, cum omnibus bonis quæ inpræsentiarum rationabiliter possidetis, aut in futurum justis modis, præstante Domino, poteritis adipisci, sub beati Petri et nostra protectione suscipimus. Specialiter autem ecclesiam Sanctæ Crucis, et capellam Sancti Ferrucii, cum omnibus pertinentiis suis, sicut eas juste ac pacifice possidetis, vobis, et per vos Ecclesiæ vestræ, auctoritate apostolica confirmamus, et præsentis scripti patrocinio communimus. Nulli ergo omnino hominum licitum sit hanc nostræ paginam protectionis et confirmationis infringere, vel ei ausu temerario contraire. Si quis autem hoc attemptare præsumpserit, indignationem omnipotentis Dei et beatorum Petri et Pauli apostolorum ejus se noverit incursurum.

Datum Laterani, III Kalendas Augusti, pontificatus nostri anno secundo.

XXIV.

Leprosis S. Lazari Meldensis unam præbendam in ecclesia S. Stephani Meldensis confirmat.

(Anno 1199. Laterani, Aug. 18.)

[Duplessis, *Hist. de Meaux*, II, 84.]

Innocentius episcopus, servus servorum Dei, dilectis filiis Leprosis S. Lazari Meldensis, salutem et apostolicam benedictionem.

. . . .

. . . Præbendam quam habetis in ecclesia Sancti Stephani Meldensis cum pertinentiis suis, sicut eam juste et rationabiliter possidetis. . . . auctoritate apostolica confirmamus, etc. . . .

Datum Laterani, xv Kalend. Septembris, pontificatus nostri anno secundo.

XXV.

Ad universos Christi fideles in Saxonia et Westphalia constitutos — Ut pro fide Christiana viriliter accingantur.

(Anno 1199. Laterani, Octob. 5.)

[Lilejegren, *Diplom. Succanum*, 1, 115.]

Innocentius episcopus..... universis Christi fidelibus in Saxonia, et Westphalia constitutis, salutem, etc.

Sicut ecclesiasticæ lectionis censura compelli non patitur ad credendum invitos, sic sponte credentibus apostolica sedes, quæ mater est omnium generalis, munimen suæ protectionis indulget, et fideles ad defensionem eorum salubribus monitis exhortatur, ne si nuper conversis negatum fuerit defensionis auxilium, vel in primos revertantur errores, vel eos saltem pœniteat credidisse. Accepimus enim quod cum bonæ memoriæ M. episcopus Livoniensis fuisset provinciam Livoniensem ingressus in verbo Domini laxans prædicationis suæ retia in capturam, inter populos barbaros, qui honorem Deo debitum animalibus brutis, arboribus frondosis, aquis limpidis, virentibus herbis et spiritibus immundis impendunt, usque adeo, Domino concedente, profecit, ut multos a suis erroribus revocatos ad agnitionem perduceret veritatis, et sacris baptismatis unda renatos doctrinis salutaribus informaret. Verum inimicus homo, qui tanquam leo rugiens circuit quærens quem devoret, invidens conversioni eorum pariter et saluti, persecutionem paganorum adjacentium in eos iniquis suggestionibus excitavit, cupientium eos delere de terra et de partibus illis, Christiani nominis memoriam abolere. Ne igitur nostræ negligentiæ valeat imputari, si hi qui jam crediderunt retro cogantur abire, nec præsumant aliqui fidem nostram recipere si hi qui jam receperunt a paganorum incursibus remanserint indefensi, universitatem vestram monemus et exhortamur attentius, in remissionem vobis peccaminum injungentes, quatenus nisi pagani circa Livoniensem Ecclesiam constituti cum christianis treugas inire voluerint, et initas observaverint, ad defensionem Christianorum qui sunt in partibus illis potenter et viriliter in nomine Dei exercituum assurgatis. Nos autem omnibus de partibus vestris qui sanctorum limina voverunt, præsentium auctoritate concedimus ut in voti commutatione emissi, ad defensionem Livoniensis ecclesiæ ad partes illas pro reverentia nominis Christiani procedant. Omnes qui ad defendendam Livoniensem ecclesiam et Christianos in illis partibus constitutos divino zelo suc- censi duxerint transeundum, sub beati Petri et nostra protectione suscipimus, et eis apostolici patrocinii beneficium impertimur.

Datum Laterani, iii Nonas Octobris.

XXVI.

Ad Odonem (55), *Parisiensem episcopum, ejusque successores. — De confirmatione bonorum et privilegiorum.*

(Anno 1199. Laterani, Nov. 11.)

[Ex Chartulario Episcopi Parisiensis, ms. in Bibliotheca Regia, n. 5185, pag. 67. Brequigny *ibid.*]

Quanto nobilis et gloriosa Parisiensis Ecclesia pro sede regis Francorum existit famosior, et in amore et reverentia beati Petri et sanctæ Romanæ Ecclesiæ, venerabilis frater Odo episcope, manifestis argumentis existas devotior, tanto propensius, in iis quæ ad utriusque decus et emolumentum spectare noscuntur, optata suffragia impertimur. Ideoque, venerabilis frater in Christo Odo episcope, rationabilibus postulationibus tuis gratum præbentes assensum, quæcumque Parisiensis Ecclesia in præsenti juste et canonice possidet, aut in futurum concessione Pontificum, liberalitate regum, largitione principum, oblatione fidelium, seu aliis justis modis, Deo propitio, poterit adipisci, tibi tuisque successoribus, et per vos Parisiensi Ecclesiæ, ad exemplar prædecessorum nostrorum felicis memoriæ, Innocentii, Lucii, Eugenii, Alexandri, Clementis et Cœlestini, Romanorum pontificum, apostolici muniminis privilegio communimus : in quibus hæc propriis duximus exprimenda vocabulis.

Ecclesiam scilicet Sancti Marcelli; ecclesiam Sancti Clodoaldi, cum Villa et omnibus appenditiis suis; ecclesiam Sancti Germani Autissiodorensis; ecclesiam Sancti Eligii; ecclesiam quoque de Campellis, cum præbendis et tribus Parochiis, id est de Sancto Mederico, de Capella et de Kerris, eidem ecclesiæ pertinentibus, salvo nimirum censu duorum solidorum monetæ illius terræ, quæ in partibus illis expenditur, Senonensi ecclesiæ annualiter persolvendo, quæ videlicet supradictæ ecclesiæ ad jus et proprietatem Parisiensis ecclesiæ, et ipsius Episcopi pertinere noscuntur; jus etiam Episcopale in subscriptis Abbatiis et earum Parochiis, seu Parochianis omnibus; videlicet, in abbatia Latiniacensi, in abbatia Fossatensi, in abbatia Sancti Maglorii, in abbatia Sancti Victoris, in abbatia Vallis Sanctæ Mariæ, in abbatia de Sarucia, in abbatia Herivallis, in abbatia Hermeriarum, in abbatia Montis Estivi, in abbatia Sanctimonialium de Monte-Martyrum, in abbatia de Edera, in abbatia de Kala, in abbatia de Gif, in abbatia Canonicorum regularium de Livriaco, et in abbatia Vallis profundæ, et in ecclesia insuper Argenteolii.

Paci quoque et tranquillitati Parisiensis ecclesiæ providere volentes, exactionem et talliam, quam, post obitum prædecessoris tui Stephani, bonæ memoriæ Parisiensis episcopi, inclytæ recordationis Lodowicus, quondam rex Francorum, in terris ejusdem episcopatus fecit, de cætero fieri prohibemus, et ab aliquo exigi prohibemus, sed, sicut ab eodem rege prædecessori tuo, bonæ memoriæ Theobaldo, Parisiensi episcopo, ejusque successoribus in perpetuum, condonata est, et scripto firmata, per præsentis scripti paginam confirmamus. Præterea, pactum et conventiones inter prædecessorem tuum Stephanum, quondam prædictæ ecclesiæ episcopum, et supradictum Lodowicum, regem Francorum bonæ memoriæ, factas de loco in suburbio Parisiensi sito, qui Campellus nominatur, tibi nihilominus confirmamus; ita videlicet, ut tertia pars totius redditus fossalis illius terræ, sive in censu, sive in emptionibus, venditionibus, quæstibus, aut aliis quibuscumque modis inde processerit, tibi et successoribus tuis absque diminutione aliqua persolvatur, duæ vero reliquæ partes regali fisco reddentur. Quicunque vero fuerit præpositus regis super hoc, fidelitatem tibi tuisque successoribus faciat, et tuus regi et hæredibus suis, et unus sine alio de terra nihil suscipiat vel disponat. Statuimus etiam, ut si aliquis Parisiensis ecclesiæ canonicus ad episcopatus fuerit honorem promotus, ipsius præbenda ad Parisiensem ecclesiam libere revertatur. Auctoritate quoque apostolica interdicimus, ut suppellectilem decedentis episcopi Parisiensis nullus omnino deripiat, sed ad opus ecclesiæ et successoris sui illibata permaneat, sicut a supradicto Lodowico, illustri quondam Francorum rege, concessum est, et scripto suo firmatum.

Decernimus ergo ut nulli omnino hominum liceat, te vel successores tuos super hac nostra confirmatione temere perturbare, vel possessiones ecclesiæ Parisiensis auferre, vel ablatas retinere, minuere, seu quibuslibet vexationibus fatigare; sed omnia integra conserventur, eorum, pro quorum gubernatione ac sustentatione concessa sunt, usibus omnimodis profutura, salva in omnibus sedis apostolicæ auctoritate. Si qua igitur in futurum ecclesiastica, sæcularisve persona, hanc nostræ constitutionis paginam sciens, contra eam venire temptaverit, secundo, tertiove commonita, nisi reatum suum congrua satisfactione correxerit, potestatis honorisque sui dignitate careat, reamque se divino judicio de perpetrata iniquitate cognoscat, et a sacratissimo corpore et sanguine Dei, et Domini Redemptoris nostri Jesu Christi, aliena fiat, atque in extremo examine districtæ ultioni subjaceat; cunctis autem eidem loco et Ecclesiæ sua jura servantibus sit pax Domini nostri Jesu Christi, quatenus et hic fructum bonæ actionis percipiant, et apud districtum Judicem præmia æternæ pacis inveniant. Amen.

Datum Laterani, per manum Raynaldi, Ache-

---

(55) Vide ad epistolam libri tertii, x, not.

runtini archiepiscopi, cancellarii vicem agentis, 111 Idus Novembris, indictione secunda, Incarnationis Dominicæ anno 1199, pontificatus vero Domini Innocentii papæ III anno secundo.

XXVII.

Ad abbatem (56), *et conventum Sancti Maximini Miciacensis.* — *Confirmatur eis possessio ecclesiæ Sanctæ Mariæ de Burgo.*

(Anno 1199. Laterani, Dec. 30.)

[Ex Chartulario monasterii S. Maximini Miciacensis, f°. 22, v°. ch. 83. In Apographo legitur annotatio hæc gallice scripta. « Cette bulle, qui confirme à l'Abbaye de Saint-Mesmin le Prieuré de Notre-Dame du Bourg, doit être du Pape Innocent III, et du 29 Décembre 1199. Car ce Prieuré fut fondé environ l'an 1060, et depuis ce temps jusqu'à l'an 1270 que fut écrit le Cartulaire de cette Maison, par les soins de l'Abbé Adam, il n'y a eu que le Pape Innocent III qui se soit trouvé à Rome l'an 2 de son Pontificat, ce qui se vérifie par l'Histoire des Papes. » BRÉQUIGNY *ibid.*]

Justis petentium desideriis dignum est talem præbere consensum, et vota, quæ a rationis tramite non discordant, effectu prosequente complere. Eapropter, dilecti in Domino filii, vestris justis postulationibus annuentes, Ecclesiam beatæ Mariæ de Burgo Monachorum, cum omnibus pertinentiis suis, sicut ea juste et pacifice possidetis, vobis et ecclesiæ vestræ auctoritate Apostolica confirmamus, et præsentis scripti patrocinio communimus. Nulli ergo omnino hominum liceat hanc paginam nostræ confirmationis infringere, vel ei ausu temerario contraire. Si quis autem hoc attemptare præsumpserit, indignationem omnipotentis Dei, et beatorum Petri et Pauli apostolorum ejus se noverit incursurum.

Datum Laterani, III Kalendas Januarii, pontificatus nostri anno secundo.

XXVIII.

Ad fratres hospitalis Hierosolymitani. — *In terris ab Ecclesia interdictis celebrare amplius non præsumant.*

(Anno 1200, Laterani, Jan. 21.)

[VARIN, *Archiv. de Reims*, II, 435 Cart. G. du chap., fol. 58.]

INNOCENTIUS episcopus, servus servorum Dei, dilectis filiis magistro [et] fratribus Jerosolymitani hospitalis, salutem et apostolicam benedictionem.

Cum ad universos viros ecclesiasticos aciem nostræ considerationis extendere debeamus, dilectis filiis nostris Remensis Ecclesiæ canonicis tanto specialius volumus et debemus adesse, quanto devotius clericalem honestatem observant, et tuentur liberius ecclesiasticam libertatem. Ex parte siquidem Remensis Ecclesiæ propositum noveritis coram nobis, quod cum terras nobilium virorum N. de Ruminiaco et R. de Roseto subjicit interdicto, vos apostolicæ sedis indulgentiis abutentes, in eis præsumitis divina officia celebrare, et interdictis impenditis ecclesiastica sacramenta. Quia vero sicut vestris vos nolumus privilegiis defraudari, sic Ecclesiæ Remensis quæ magnum locum obtinet in ecclesia Gallicana, et aliarum per vos lædi nolumus 1ationem, discretioni vestræ mandamus et districte præcipimus, quatenus in terris prædictis et in aliis quandiu subjectæ fuerint interdicto, nihil amplius præsumatis quam quod vobis est privilegiis vel indulgentiis Ecclesiæ Remensis concessum.

Datum Laterani, XII Kalendas Februarii, pontificatus nostri anno tertio.

XXIX.

Ad N... — *Ut sententiam interdicti adversus Pilippum, regem Franciæ, latam, inviolabiliter observari faciat.*

(Anno 1199. Laterani, Mart. 11.)

Quanto charissimum in Christo filium nostrum, Philippum, regem Francorum illustrem, etc. *Exstat inter Regesta Innocentii.* Vide *Patr.* tom. CCXIV, col. 1014.

XXX.

Ad capitulum Lingonense. — *De provisoria sustentatione episcopi Lingonensis episcopatum resignantis.*

(Anno 1200. Laterani, Mart. 14.)

[Ex instrumentis in Gallia Christiana nova relatis. tom. IV, col. 195, ch. LXXXVI.]

INNOCENTIUS episcopus, servus servorum Dei, dilectis filiis, capitulo Lingonensi, salutem et apostolicam benedictionem.

Cum venerabilis frater noster, quondam episcopus vester (37), episcopatum ipsum in manibus nostris resignavit, et nos ei pro sustentatione sua de quibusdam ipsius Ecclesiæ possessionibus fecerimus provideri; sic ejusdem Ecclesiæ volumus præcavere jacturis, quod super his, quæ ad provisionem et mandatum nostrum facta esse noscuntur, sustinere nequeat futuris temporibus læsionem. Inde est quod, volentes vobis et Ecclesiæ vestræ providere sollicitudine diligenti, auctoritate præsentium districtius inhibemus, ne prædictus episcopus de omnibus illis, quæ pro sustentatione sua sibi a nobis fuerunt assignata, infeodare aliqua, seu alienare, vel alio modo distrahere, aut sub tributo ponere alicujus, qualibet temeritate præsumat. Quod si forte facere contra prohibitionem nostram tentaverit, factum ejus irritum decernimus et inane.

Datum Laterani, II Idus Martii, pontificatus nostri anno III.

XXXI.

Ad R. (38) *abbatem et conventum S. Michaelis.* — *Confirmat eis quasdam possessiones.*

(Anno 1200. Laterani, Mart. 26.)

[Ex Apographo, quod ad fidem Autographi, in Ar-

---

(56) Quis fuerit tunc temporis Miciacensis Abbas, pro certo statuere non possumus. In nova Gallia Christiana, *Tom.* VIII, *col.* 1534, Lancelinus, *al.* Jancelinus, *al.* etiam Laurentius, memoratur ex instrumentis ab an. 1183 usque adhuc ad annum 1198. Mox sed non nisi ab anno 1206, mentio habetur de Humbaldo, usque ad annum saltem 1212.

(37) Erat is, verisimiliter, Garnerius *de Rochefort*, de quo vide *Gall. Christ.* tom. IV, col. 591.

(38) De hoc S. Michaelis Virdunensis diœceseos

chivis Abbatiæ monasterii S. Michaelis asservati, fasco B. 7. diligenter exscripsit D. Michel Calloz, S. Agerici, Virdunensis diœceseos, Subprior. Vide ad calcem Bullæ. BRÉQUIGNY *ibid.*]

INNOCENTIUS episcopus, servus servorum Dei, dilectis filiis, R. abbati, et conventui sancti Michaelis, salutem et apostolicam benedictionem.

Justis petentium desideriis dignum est nos facilem præbere consensum, et vota quæ a rationis tramite non discordant effectu prosequente complere. Eapropter, dilecti in Domino filii, vestris justis postulationibus grato concurrentes assensu, villam de Condeio, cum ecclesia, et decimis, et altari, quæ ex dono Petri, et Odonis bonæ memoriæ, quondam episcoporum Tullensium possidetis; et hospitale Sancti Dionysii in Barro, cum ecclesia et appenditiis suis; similiter alodium de Gemelli curte et de Troium, quod a duobus fratribus, Pontio, et Hugone, militibus, laude et assensu hæredum suorum coemistis; et quindecim libras, Pruviniensis monetæ, quas Henricus comes quondam Barrensis, vobis concessit in villa Barro annuatim percipiendas, et ea quæ inpræsentiarum juste et canonice possidetis, aut in futurum justis modis, Domino largiente, poteritis adipisci, sub protectione beati Petri et nostra suscipimus, et præsentis scripti testimonio seu patrocinio communimus. Nulli ergo omnino hominum liceat hanc paginam nostræ protectionis infringere, vel ei ausu temerario contraire. Si quis autem hoc attentare præsumpserit, indignationem omnipotentis Dei, et beatorum Petri et Pauli apostolorum ejus, se noverit incursurum.

Datum Laterani, VII Kalendas Aprilis, pontificatus nostri anno tertio.

Je, soussigné, Sous-Prieur de l'Abbaye de S. Airy de Verdun, certifie que j'ai fait la présente copie sur l'original même, et qu'elle lui est entièrement conforme. Fait en l'Abbaye de Saint-Michel, de Saint-Mihiel, le 10 avril 1788. Signé D. Michel COLLOZ.

L'original est écrit sur un parchemin qui a huit pouces cinq lignes de largeur, sur six pouces une ligne de hauteur, non compris le replis, qui porte onze lignes ; il est muni d'un sceau de plomb ordinaire, attaché et suspendu par un lac de soie jaune et verte.

XXXII.

Ad Thiemonem Bambergensem episcopum. — De canonizatione sanctæ Cunegundis.

(Anno 1200. Laterani, April. 3.)

[Fragmenta tantum damus. Exstat integra *Patrol.* t. CXL, col. 219, post Vitam S. Henrici imp.]

INNOCENTIUS episcopus, servus servorum Dei, venerabili fratri THEUMONI (38*) episcopo, et dilectis filiis capitulo Babenbergensi, salutem et apostolicam benedictionem.

Cum secundum evangelicam veritatem, nemo, etc.

Abbate, pauca admodum apud novæ Galliæ Christianæ Auctores. tom. XIII, col. 1278 :

« XXVII. Robertus I, 1199, (*immo* 1200) Bullam ab Innocentio III impetrat. »

(38*) Thiemo anno 1192 Popponi seu Pottoni successit, sedemque reliquit anno 1201.

Inter quos beatæ memoriæ Cunegundis, Romanorum imperatrix Augusta, quæ degens olim in mundo magnis meritis præpollebat, nunc vivens in cœlo multis coruscat miraculis, ut ejus sanctitas certis indiciis comprobetur, etc.

Sane cum ad audientiam bonæ memoriæ Cœlestini papæ, prædecessoris mei, merita et miracula præfatæ imperatricis, vobis referentibus, pervenissent, ut ipse de illis notitiam conciperet certiorem, inquisitionem eorum venerabilibus fratribus nostris Augustensi et Eistetensi et bonæ memoriæ Wirtzburgensi episcopis, et dilectis filiis Eboracensi, Lancheimensi, et Hailsbrunensi (39) abbatibus per apostolica scripta commisit : post cujus obitum usque adeo manifestari cœperunt et multiplicari miracula, etc., ipsam beatam virginem Cunegundem catalago sanctorum ascripsimus, ejusque memoriam inter sanctos decrevimus celebrandam. Quapropter, etc.

Datum Laterani III Nonas Aprilis, pontificatus nostri anno tertio.

XXXIII.

Ad plebanos et universum clerum Castellanensis episcopatus. — Ut nomen Joannis patriarchæ Gradensis nomini ducis Venetiarum in benedictione cerei juxta antiquam consuetudinem ac dignitatem Gradensis patriarchæ, præferatur.

(Anno 1200. Laterani, April. 21.)
[UGHELLI, *Italia sacra*, V. 1133.]

INNOCENTIUS episcopus, servus servorum Dei, dilectis filiis plebanis, et universo clero Castellanensis episcopatus, salutem et apostolicam benedictionem.

Ad conquisitionem venerabilis fratris nostri patriarchæ Graden., qui se querebatur in hoc a vestro episcopo prægravari, quod contra consuetudinem antiquam, quam etiam ipse hactenus observaverat, nomen patriarchæ nolebat in benedictione cerei nomini ducis præferre, sibi recolimus apostolicas litteras destinasse, ut matris suæ Gradensis Ecclesiæ, aliorumque coepiscoporum suorum vestigiis inhærendo, ipsi patriarchæ honorem debitum non negaret. Quocirca universitati vestræ per apostolica scripta præcipiendo mandamus, quatenus vos ipsi quemadmodum consuevistis hactenus, et in aliis Gradensis patriarchatus Ecclesiis observatur, patriarchæ nomen pronuntietis antiquo more, ne homini videamini Deo præferre, cujus idem patriarcha minister existit : attentius provisuri, ut super his, quæ præmisimus, non referatis ulterius quæstionem, alioquin quantumcunque præfato duci, prout cum Deo possumus, deferre velimus, quem sincera diligimus in Domino charitate, quam grave sit superio-

(39) Eboracum vulgo *Ebrach*, nobilissimum Franconiæ monasterium ordinis Cisterciensis, in diœcesi Herbipolensi situm. Ejusdem ordinis est *Lanchheimb*, sed in ipsa diœcesi Bambergensi. Conditum fuit a beato Ottone episcopo Bambergensi, sicut et sequens *Heilbrunnem*, item ordinis Cisterciensis.

rum nolle obedire præceptis, sequentia vos docerent.
Datum Laterani, xi Kalendas Maii pontif. nostri anno iii.

XXXIII bis.

Ad abbatem (40) et conventum Dervense.—Confirmatio ecclesiarum et jurium in diœcesi Trecensi.

(Anno 1200. Laterani, April. 26.)

[Ex Chartulario ii Monasterii Dervensis, pap. 6. BREQ. *ibid.*]

Justis petentium desideriis dignum est nos facilem præbere consensum, et vota, quæ a rationis tramite non discordant, effectu prosequente complere. Quapropter, dilecti in Domino filii, vestris justis postulationibus gratum impertientes assensum, omnes ecclesias, cum libertatibus, justitiis et pertinentiis earum, redditus, terras, obventiones et jura quæ Dervense monasterium, concessione Pontificum aliorumque largitione fidelium, in Trecensi diœcesi est adeptum, sicut ea omnia juste possidet et quiete, et in bonæ memoriæ Manassæ (41), Trecensis episcopi, authentico confecto exinde continentur (42), vobis, et per vos eidem monasterio, auctoritate apostolica confirmamus, et præsentis scripti patrocinio communimus.

Decernimus ergo ut nulli omnino hominum liceat hanc paginam nostræ confirmationis infringere, vel ei ausu temerario contraire. Si quis autem hoc attemptare præsumpserit, indignationem omnipotentis Dei, et beatorum Petri et Pauli, apostolorum ejus, se noverit incursurum.

Datum Laterani, vi Kalendas Maii, pontificatus nostri anno tertio.

XXXIII ter.

Ad eosdem.—Privilegium de Gigneio, et de Ecclesiis in diœcesi Catalaunensi.

(Anno 1200. Laterani, April. 26.)

[Ex Chartulario ii monasterii Dervensis, pag. 91. BREQ. *ibid.*]

Cum a nobis petitur quod justum est et honestum, tam vigor æquitatis quam ordo exigit rationis, ut id pro sollicitudine officii nostri ad debitum perducatur effectum. Eapropter, dilecti in Domino filii, vestris justis precibus inclinati, omnes Ecclesias cum libertatibus, justitiis et pertinentiis earum, redditus, terras, obventiones, et jura quæ Dervense monasterium, concessione pontificum, aliorumque largitione fidelium, in Catalaunensi diœcesi est ade-

ptum, ecclesiam etiam de Gigneio eidem monasterio vestro pietatis intuitu elargitam, sicut ea omnia juste possidet et quiete, et in Catalaunensium episcoporum, et venerabilis fratris nostri, Remensis archiepiscopi, Sanctæ Sabinæ cardinalis (43), authenticis attentius confectis exinde continetur, vobis, et per vos eidem monasterio vestro, auctoritate apostolica confirmamus, et præsentis scripti patrocinio communimus. Nulli ergo omnino hominum liceat hanc paginam nostræ confirmationis infringere, vel ei ausu temerario contraire. Si quis autem hoc attemptare præsumpserit, indignationem omnipotentis Dei, et beatorum Petri et Pauli, apostolorum ejus, se noverit incursurum.

Datum Laterani, vi Kalendas Maii, pontificatus nostri anno tertio.

XXXIV.

Ad universos archiepiscopos, episcopos, abbates, etc. — Ut privilegia, abbati et conventui Fusniacensi concessa tueantur ac defendant.

(Anno 1200. Laterani, Maii 26.)

[Ex Apographo, quod ad fidem Autographi, in Archivis Abbatiæ Fusniacensis, Laudunensis diœceseos, asservati, D. Jeannin, S. Michaelis Virdunensis diœceseos Monachus, diligenter exscripsit. Vide ad calcem Epistolæ. BREQUIGNY. *ibid.*]

INNOCENTIUS episcopus, servus servorum Dei, venerabilibus fratribus, archiepiscopis, episcopis, et dilectis filiis, abbatibus, prioribus, archidiaconis, decanis, presbyteris, et aliis Ecclesiarum prælatis, ad quos litteræ istæ pervenerint, salutem et apostolicam benedictionem. Audivimus, et audientes mirati sumus, quod, cum dilectis filiis nostris,..... abbati (44), et conventui Fusniacensi, sicut et omnibus Cisterciensis ordinis fratribus, a patribus et prædecessoribus nostris concessum sit, et a nobis ipsis postmodum indultum et confirmatum, ut de laboribus, quos propriis manibus aut sumptibus excolunt, nemini decimas solvere teneantur, quidam ab eis nihilominus, contra indulgentiam apostolicæ sedis, decimas exigere et extorquere præsumunt, et, prava ac sinistra interpretatione pervertentes apostolicorum privilegiorum capitulum, asserunt de novalibus debere intelligi, ubi de laboribus noscitur esse inscriptum: Quoniam igitur manifestum est omnibus qui recte sapiunt, interpreta-

---

(40) De Abbatibus Monasterii Dervensis, circa hæc in quibus versamur tempora, pauca hæc apud auctores *Novæ Galliæ Christianæ*, tom. IX, col. 920.
« XXIX. Evrardus, reperitur anno 1197.
« XXX. Nicolaus, de quo nudum nomen.
« XXXI. Rainaudus II, litem composuit anno 1250 cum Clara-valle. »
(41) Manasses II, a Toparcharum de Pougeio in diœcesi Tricassina satus, Manassis, episcopi Lingonensis consanguineus, à teneris unguiculis in Ecclesia Trecensi educatus, ex archidiacono ejusdem ad dignitatem pontificiam evectus anno 1181, obiit circa annum 1190. *Ibid,* tom. XII, col. 502.
(42) De hoc sane instrumento intelligi debent ea quæ leguntur apud auctores *Novæ Galliæ Christianæ*, tom. IX, col. 290, ubi de Witero, xxvii abbati monasterii Dervensis. « Anno vero 1185, Guillelmus, archiepiscopus Remensis, confirmavit omnia quæ Dervenses habebant in Archiepiscopatu Remensi, et Manasses, episcopus Trecensis, ea quæ in Trecensi episcopatu possidebant. »
(43) De Guillelmo Archiepiscopo Remensi, vide ad Epistolam Libri tertii xiv, not. Confer etiam Epistolam xxx, supra.
(44) Gislebertus, ex Abbate Boheriarum factus Abbas Fusniaci, in instrumentis innotescit, ab anno saltem 1187, usque ad annum saltem 1211. *Gall. Christ. nov.* Tom. IX, col. 650.

tionem hujusmodi perversam esse et intellectui sano contrariam, cum, secundum capitulum illud, a solutione decimarum, tam de terris illis quas deduxerunt vel deducunt ad cultum, quam de terris etiam cultis quas propriis manibus vel sumptibus excolunt, liberi sint penitus et immunes, ne ullus contra eos materiam habeat malignandi, vel quomodolibet ipsos contra justitiam molestandi, vobis per apostolica scripta præcipiendo mandamus, quatenus omnibus parochianis vestris auctoritate apostolica prohibere curetis, ne a memoratis fratribus de laboribus, vel de aliis terris quas propriis manibus vel sumptibus excolunt, seu de nutrimentis animalium, ullatenus decimas præsumant exigere, vel quomodolibet extorquere. Nam, si de novalibus tantum vellemus intelligi, ubi ponimus de laboribus, de novalibus poneremus, sicut in privilegiis quorumdam aliorum apponimus. Quia vero non est conveniens vel honestum, ut contra instituta Sedis apostolicæ veniatur, quæ obtinere debent inviolabilem firmitatem, mandamus vobis firmiterque præcipimus, ut, si qui canonici, clerici, monachi vel laici, contra privilegia sedis apostolicæ, prædictos fratres decimarum exactione gravaverint, laicos excommunicationis sententia percellatis, canonicos, et clericos, sive monachos, contradictione, dilatione, et appellatione cessante, ab officio suspendatis, et tam excommunicationis quam suspensionis sententiam faciatis, usque ad dignam satisfactionem, inviolabiliter observari. Ad hæc præsentium vobis auctoritate præcipiendo mandamus, quatenus, si quis in prædictos fratres manus violentas injecerit, eum, accensis candelis publice excommunicatum denuntietis, et faciatis ab omnibus excommunicatum cautius evitari, donec congrue satisfaciat prædictis fratribus, et cum litteris diœcesani episcopi, rei veritatem continentibus, apostolico se conspectui repræsentet.

Datum Laterani, vii Kalendas Junii, pontificatus nostri anno tertio.

Je, soussigné, délégué de Monseigneur le Garde-des-Sceaux, pour la recherche et transcription des monuments historiques de la Tiérache, et partie du Laonnois, certifie la présente copie conforme à l'original. Ce 18 avril 1788. Signé D. R. N. JEANNIN, Religieux de S. Michel.

XXXV.

Ad Sandionysianos. — *Ut dum terra Philippi regis Francorum interdicto subjaceat, liceat eis « suppressa voce, januis clausis » divina officia celebrare.*

(Anno 1200. Laterani, Jun. 22.)

[DOUBLET. *Histoire de l'abbaye de Saint-Denys en France*, Paris, 1625, 4°, p. 556.]

INNOCENTIUS episcopus servus servorum Dei, dilectis filiis conventui Sancti Dionysii, salutem et apostolicam benedictionem.

A nobis fuit ex parte vestri monasterii postulatum, ut vobis nunc interdictum impositum in terram clarissimi in Christo filii nostri Philippi illustris regis Francorum devote ac humiliter observantibus, cum satis periculosum videatur in tanta congregatione a divinorum penitus celebratione cessare, daremus vobis licentiam supressa voce, januis clausis, divina officia celebrandi. Nos igitur vestris in hac parte petitionibus, de solita benignitate sedis apostolicæ annuentes ut in monasterio vestro duo vel tres vestrum simul Horas Canonicas legere valeatis, potius quam cantare divina officia, januis clausis, interdictis exclusis, et voce ita demissa quod exterius non possitis audiri devotioni vestræ auctoritate præsentium indulgemus. Nulli ergo omnino hominum liceat, etc.

Datum Laterani, decimo Kalend. Julii, pontificatus nostri anno tertio.

XXXVI.

Ad conventum S. Germani de Pratis. — *Indulget eis, ut, tempore interdicti, duo vel tres eorum simul horas canonicas legere valeant.*

(Anno 1200. Laterani, Jun. 22.)

[Bullam hanc diligenter exscripsimus ad fidem Autographi in Archivis Monasterii S. Germani de Patris asservati. Sigillum seu bulla Pontificis, optime conservata, pendet ex filo bombycino rubro et lutaceo. BRÉQ., *ibid.*]

INNOCENTIUS episcopus, servus servorum Dei, dilectis filiis, conventui Sancti Germani de Patris, salutem et apostolicam benedictionem.

A nobis fuit ex parte monasterii vestri postulatum, ut vobis, nunc interdictum impositum in terram charissimi in Christo filii nostri, Ph. illustris regis Francorum, devote ac humiliter observantibus, cum satis periculosum videatur in tanta congregatione a divinorum penitus celebratione cessare, daremus vobis licentiam, suppressa voce, januis clausis, divina officia celebrandi. Nos igitur, vestris in hac parte petitionibus, de solita benignitate sedis apostolicæ, annuentes, ut in monasterio vestro duo vel tres vestrum simul horas canonicas legere valeatis, potius, quam cantare divina officia, januis clausis, interdictis exclusis, et voce ita demissa, quod exterius non possitis audiri, devotioni vestræ auctoritate præsentium indulgemus. Nulli ergo omnino hominum liceat hanc nostræ concessionis paginam infringere, vel ei ausu temerario contraire. Si quis autem hoc attemptare præsumpserit, indignationem omnipotentis Dei, et beatorum Petri et Pauli, apostolorum ejus, se noverit incursurum.

Datum Laterani, x Kalendas Julii, pontificatus nostri anno tertio.

XXXVII.

Ad archiepiscopos et episcopos per regnum Angliæ constitutos. — *Varia privilegia concedit.*

(Anno 1200. Laterani, Aug. 3.)

[RYMER, *Fœdera*, etc., ed. 1816, I, 81.]

INNOCENTIUS episcopus, servus servorum Dei, venerabilibus fratribus archiepiscopis et episcopis per regnum Angliæ constitutis, salutem et apostolicam benedictionem.

Vestra meretur devotio ut vos apostolica sedes

opportuno favore muniat, et gratiæ privilegio efferat speciali : hinc est quod nos vestris supplicationibus inclinati, volentes jura vestra illæsa servari, universitati vestræ, ut beneficia ecclesiastica ad collationem vestram spectantia, cum ea vacare contigerit, conferre personis idoneis, quæ velint et possint in eis utiliter deservire, absque cujuslibet contradictionis obstaculo, libere prout ad vos pertinet, valeatis, auctoritate præsentium indulgemus.

Nulli ergo hominum fas sit hanc nostræ concessionis paginam infringere, aut ei ausu temerario contraire. Si quis autem hoc attentare præsumpserit, indignationem omnipotentis Dei et beatorum Petri et Pauli apostolorum ejus se noverit incursurum.

Datum Laterani, III Non. Augusti, pontificatus nostri anno tertio.

XXXVIII.

Ad nobilem mulierem Gelam (45). — *Confirmat fundationem monasterii Beatæ Mariæ de Sparmalia in Honkeuliet* (46).

(Anno 1200. Laterani, Aug. 4.)

[Excerpta ex instrumentis Tomo V°. Galliæ Christianæ relatis, col. 360, ch. 14.]

INNOCENTIUS episcopus, servus servorum Dei, dilectæ in Christo filiæ, nobili mulieri, GELÆ, salutem et apostolicam benedictionem.

Justis petentium desideriis dignum est nos facilem præbere consensum, et vota, quæ a rationis tramite non discordant, effectu prosequente complere. Eapropter, dilecta in Christo filia, tuis justis postulationibus annuentes, capellam, quam in honore beati Petri, de assensu venerabilis fratris nostri, episcopi Tornacensis (47), in cujus diœcesi sita est, propriis expensis de novo fundasti, in qua proposuisti, relicto mundanæ vanitatis errore, sub religionis habitu Domino famulari, cum omnibus bonis quæ inpræsentiarum eadem capella rationabiliter possidet, aut in futurum justis modis, Deo propitio, poterit adipisci, sub beati Petri et nostra protectione suscipimus. Nulli ergo omnino hominum licitum sit hanc nostræ paginam protectionis infringere, vel ei ausu temerario contraire. Si quis autem hoc attemptare præsumpserit, indignationem omnipotentis Dei et beatorum Petri et Pauli, apostolorum ejus, se noverit incursurum.

Datum Laterani, II Nonas Augusti, pontificatus nostri anno tertio.

XXXIX.

Ad decanum et capitulum Remense. — *Ut canonici Remenses communi convictui adhæreant.*

(Anno 1200. Laterani, Dec. 7.)

[D. MARLOT, *Metropolis Remensis*, II, 435.]

INNOCENTIUS episcopus, servus servorum Dei, dilectis filiis decano et capitulo Remensi, salutem et apostolicam benedictionem.

Licet frigescente charitate quorumdam, et dici superexcrescente malitia pene penitus universi paulatim, ac successive ab illorum perfectione ceciderint, quibus cor unum et anima una fuisse legitur in Ecclesia primitiva, et fragilitas nostri temporis tantæ charitatis non admittat ardorem, et si non in omnibus peccatorum nostrorum sarcinis prægravati velimus, aut valeamus tantæ perfectionis propositum imitari, debemus saltem a remotis, et in quibus possumus illorum quasi adorare vestigia, et vel illud in humilitate servare, quod ab eis ad nos est per prædecessorum nostrorum inviolabilem observantiam successione quasi hæreditaria derivatum. Sicut enim terminos a nostris Patribus constitutos transgredi scriptura prohibente vetamur, sic præcipuum eorum in sacræ religionis amore, ac forma ecclesiasticæ honestatis, quantum possumus, tenemur sequi propositum, et laudabiles consuetudines, et traditiones eorum reverenter et inviolabiliter custodire; ne si aliter, quod absit! egerimus, degenerasse videamur a Patribus nostris, et non in voto eis, et desiderio bono, sed loco solummodo successisse. Id autem etsi sit generaliter omnibus, et singulariter universis, subtiliter ac sollicite providendum, illi tamen qui majorem in Ecclesia Dei locum obtinent, et quorum mores et actus sumuntur ab aliis in exemplum, tanto id debent accuratiori diligentia et subtiliori meditatione pensare, quanto turpius esset super candelabro, quam sub modio fumigare lucernam, et nequam oculus deformius, quam membrum aliquod latitans, et deformaret corpus, et redderet tenebrosum. Sane cum inter universas fere mundi provincias, tam dote sientiæ, quam virtutum odore, gravitate morum polleat provincia Gallicana, et in ea Remensis Ecclesia metropolitica fulgeat dignitate, tanto decet nos ampliorem servare tam verbis quam operibus honestatem, quanto locus sublimior minus tutum inhonestati vestræ latibulum exhiberet, et vos a prædecessorum vestrorum proposito turpius caderetis, cum nævus manifestior sit in corpore nitido, et homo in facie deformius mutiletur.

Accepimus autem quod in eadem Ecclesia hæc fuit antiquitus consuetudo servata, quod universis canonicis et unum erat refectorium, et mensa communis, in quo, etsi non omnes diebus singulis, omnibus tamen diebus canonici eorum aliqui comedebant, omnes pariter usque adeo pietatis operibus insistentes, et pauperibus, et infirmis hospitalitatis impendentes affectum, ut non solum eis per alienos necessaria ministrarent, sed decanus, et canonici certis temporibus ad hospitale quoddam huic operi deputatum personaliter accedentes lotis, et extersis pauperum tum manibus, tum pedibus osculatis etiam in humilitatis exemplum, propina-

---

(46) De hoc monasterio, ad diœcesim Brugensem pertinente, vid. Gall. Christ. *loc. cit.*

(47) Vide Epistolam Libri tertii XLI, not.

(45) De Gela, seu Ghela, Parthenonis, de quo hic agitur, conditrice, vid. *Gall. Christ.* tom. V, col. 295.

rent singulis sumptus suos, et ad Ecclesiam postmodum cum processione redirent. Dicitur etiam quod in coercendis, et puniendis excessibus tantus rigor servabatur, ut si falso etiam alicujus levitatis aliquis argueretur canonicus, non prius se præsumeret excusare, quam flexis coram decano et capitulo genibus, et terra deosculata, veniam humiliter postulasset. Licet autem adhuc in eadem Ecclesia satis honeste prædicta serventur, in frequentatione tamen mensæ communis vos exhibetis non modicum negligentes, cum nec omnibus e vobis, nec omnibus diebus, sed certis aliquibus in communi refectorio ministretur ; factumque sit per negligentiam vestram interpolatum, quod esse continuum prædecessorum vestrorum temporibus consueverat. Gratum igitur, et acceptum habentes quod apostolatui nostro de vobis generaliter est relatum, discretionem vestram monemus, et exhortamur in Domino, et per apostolica vobis scripta præcipiendo mandamus, quatenus piis operibus insistentes prædecessorum vestrorum adhæreatis vestigiis, mensam communem sicut olim assidue frequentantes, solliciti super exhibendo pauperibus hospitalitatis obsequio, et ferventes in excessibus corrigendis

Tu quoque, fili decane, sic in delinquentes rigorem exerceas ecclesiasticæ disciplinæ, ne aliorum excessus, si remanserit incorrectus, tuæ negligentiæ rationabiliter imputetur, et si neglexeris perturbare perversos, quos cohibere potes, et debes ex collato tibi officio decanatus, convincaris eos in sua perversitate fovere. Noveritis autem quod dilectum filium Ja.... et canonicum vestrum, quem nobis per litteras vestras commendare curastis, benigne recepimus, qui laudabiliter et honeste apud sedem apostolicam commoratur.

Datum Laterani, vii Idus Decem., pontificatus nostri anno iii

XXXIX bis.

Armachanensi et Tuamensi archiepiscopis (48), *universis episcopis, abbatibus, prioribus, et canonicis, ordinem Arroasiensem in Hibernia professis*. — *Ut, secundum statuta ordinis Arroasiensis, ad annuum capitulum ejusdem loci unus saltem vel duo eorum accedere non postponant.*

(Anno 1200, Laterani, Dec. 9.)

[Epistolam hanc, seu potius Bullam, edimus ad fidem Apographi, quod ex archivis abbat.æ Arroasiensis transcriptum in chartophylacio nostro reposuit D. Quinsert, apposita ad apographum hac Gallica notula, quam hic referre operæ pretium duximus. « Cette bulle, très-lisible et entière, est d'Innocent III, datée du 5 avant les ides de Décembre, la troisième année de son pontificat. Le plomb, par une face duquel on voit les effigies ordinaires de S. Pierre et S. Paul, et sur l'autre le nom d'Innocent III, *Innocentius Papa III*, est attaché à la bulle par une double queue de ficelle. Elle est adressée aux archevêques et évêques d'Irlande, dans les diocèses desquels il y avait des maisons de chanoines réguliers de la congrégation d'Arrouaise. Il ne sera pas inutile de rapporter ici un passage d'un manuscrit écrit de la main de Gaultier, abbé d'Arrouaise, en l'année 1179. Du temps de Gervais, dit-il, qui fut abbé l'an 1121, *Sanctæ memoriæ Malachias, Hiberniensium archiepiscopus, per nos iter faciens, inspectis consuetudinibus nostris et approbatis, libros nostros et usus Ecclesiæ transcriptos suam in Hiberniam detulit, et fere omnes clericos in episcopalibus sedibus et in multis aliis locis per Hiberniam constitutos, ordinem nostrum et habitum et maxime divinum in Ecclesia officium suscipere et observare præcepit,* » etc. Hactenus D. Quinsert in notula sua ; cui belle admodum concinunt ea quæ de Gervasio, primo Arroasiensi abbate, leguntur apud auctores novæ Galliæ christianæ, *Tom.* III, col. 454. « IV. Gervasius, patria Bononiensis, al. Boloniensis, primus abbas (antea præpositi monasterio Arroasiensi præerant) consecratur a Roberto, Atrebatensi episcopo, anno 1121. Hic diversis in locis cœnobia construxit, eoque cœnobii sui alumnos ad plantandam religionem Arroasiensem transmisit, quam et nonnulli aliorum ordinum canonici, ordini suo renuptiantes, amplexari gestierunt. » BRÉQUIGNY *ibid.*]

Ad religionis observantiam, quam estis sponte professi, tota debetis intentione satagere, sicque ad augmentationem ipsius animo intendere diligenti, quod de virtute videamini proficere in virtutem, et gratum exhibere Deo jugiter famulatum. Cum igitur ad corroborationem et conservationem ordinis Arroasiensis deliberatione provida sit statutum, ut ad annuum capitulum ejusdem loci fratres debeant convenire (49), devotionem vestram rogamus et hortamur in Domino, per apostolica scripta mandantes, quatenus unus saltem vestrum, vel duo, in festo beati Matthæi, apostoli et evangelistæ, ad capitulum apud Arroasiam accedere non postponant, ut confratribus suis qui præsentes non fuerint generalis capituli statuta referant, et alia quæ pertinent ad augmentationem ordinis in Domino exsequantur.

Datum Laterani, v Idus Decembris, pontificatus nostri anno tertio

XL.

Forma in qua consulit dominus papa de divortio celebrando.

(Anno 1200.)

(BALUZ. *Miscell.* ed. in-fol., III, 21.)

Dominus papa consulit, ut utramque causam prætendat, scilicet causam affinitatis et maleficii. Unde si in causa affinitatis regina testes producere noluerit, domino papæ placebit. Sed si voluerit producere testes, non poterit ei denegare. Nec propter hoc timeat dominus rex, quia illos testes faciet papa recipi per suum procuratorem. Nec causetur

---

(48) Confer epistolam libri tertii XLII.
(49) De statuto isto conferenda est bulla Alexandri PP. III, GALTERO, ABBATI ARROASIENSI, et fratribus

ejus directa, data VITERBII, V KAL. AUGUSTI, quæ legitur apud auctores Novæ Galliæ Christianæ, *ibid.* col. 456.

rex moram, quia modo major mora est propter timorem. In causa maleficii sic parcit dominus papa domino regi, quia si rex in animam suam jurare fecerit quod reginam cognoscere tentavit et non cognovit, et ob aliam causam eam principaliter exosam non habet, credetur regi, si regina non juret se fuisse cognitam, et quod non juret dominus papa credit eam de facili posse induci. Unde si rex timet quod contra eum feratur sententia de prædictis, poterit differri ne feratur sententia. Et tunc rex erit in eo puncto in quo modo est. Unum quid est in quo dominus papa non posset parcere domino regi, quin tentaret iterum eam cognoscere, quia hujusmodi maleficia per orationes abolentur.

XLI.

Ad canonicos S. Trinitatis Londoniensis. — Eos et eorum possessiones sub sua protectione suscipit.

(Anno 1201. Laterani, Jan. 12.)

[RYMER, *Fœdera*, etc. I, 82 ex originali in thes. cur. Rec. Scaccarii.]

INNOCENTIUS episcopus, servus servorum Dei, dilectis filiis priori et canonicis Sanctæ Trinitatis Londoniensis, salutem et apostolicam benedictionem.

Annuere consuevit sedes apostolica piis votis et honestis petentium precibus favorem benevolum impertiri. Eapropter, dilecti in Domino filii, vestris precibus annuentes, ecclesiam vestram cum omnibus bonis tam ecclesiasticis quam mundanis, quæ inpræsentiarum rationabiliter possidet, aut in futurum concessione pontificum, largitione regum vel principum, oblatione fidelium, vel aliis justis modis, præstante Domino, poterit adipisci, sub beati Petri et nostra protectione suscipimus.

Specialiter autem, de Lesnes, de Braching, de Toreham, de Welcumstrove, de Bromfeld et Alfiswic, de Nutele, sancti Botulfi extra portam quæ Alegate vocatur, Omnium Sanctorum super muros civitatis Londoniensis, Sancti Michaelis in via quæ vocatur Alegate, et Bixle ecclesias cum omnibus earum pertinentiis, sicut eas juste ac pacifice possidet, vobis et per vos ecclesiæ vestræ, auctoritate apostolica confirmamus et præsentis scripti patrocinio communimus.

Auctoritate præsentium inhibentes ne quis in vos vel vicarios vestros, sine manifesta et rationabili causa excommunicationis audeat sententiam promulgare. Cum autem generale interdictum terræ fuerit, liceat vobis, clausis januis, exclusis excommunicatis et interdictis, non pulsatis campanis, suppressa voce divina officia celebrare.

Decernimus ut nulli hominum fas sit hanc paginam nostræ confirmationis, protectionis et inhibitionis infringere aut ei ausu temerario contraire. Si quis autem hoc attentare præsumpserit, indignationem omnipotentis Dei et beatorum Petri et Pauli apostolorum ejus se noverit incursurum.

Datum Laterani, II Idus Januarii, pontificatus nostri anno III.

XLII.

Ad Thaddæum abbatem et fratres monasterii de Ferraria Theanensis diœcesis. — Eorum privilegia confirmat.

(Anno 1201. Anagniæ, Jan. 25.)

[UGHELLI, *Italia sacra*, VI, 563.]

INNOCENTIUS episcopus, servus servorum Dei, dilectis filiis THADÆO abbati in monasterio de Ferraria, ejusque fratribus tam præsentibus, quam futuris Regularem vitam professis in perpetuum.

Religiosam vitam eligentibus apostolicum convenit adesse præsidium, ne forte cujuslibet temeritatis incursus, aut eos a proposito revocet, aut robur (quod absit !) sacræ religionis infringat. Eapropter, dilecti in Domino filii, vestris justis postulationibus clementer annuimus, et præfatum monasterium Sanctæ Dei Genitricis, et Virginis Mariæ, in quo divino mancipati estis obsequio, sub B. Petri et nostra protectione suscipimus et præsentis scripti privilegio communimus. In præsens siquidem statuentes, ut ordo monasticus, qui secundum Deum et Regulam B. Benedicti, et institutionem Cisterciensium fratrum in eodem monasterio institutus esse dignoscitur, perpetuis, ibidem temporibus inviolabiliter observetur. Præterea quascunque possessiones, quæcunque bona idem monasterium inpræsentiarum juste, et canonice possidet, aut in futurum concessione pontificum, largitione regum, vel principium, oblatione fidelium, seu aliis justis modis, præstante Domino, poterit adipisci, firma vobis, vestrisque successoribus, et illibata permaneant, in quibus hæc propriis duximus exprimenda vocabulis.

Locum ipsum, in quo præfatum monasterium situm est cum omnibus suis pertinentiis in territorio Vagrani startias de perticella de Corneliano, et de Palmento; et quidquid ibidem rationabiliter possidetis. In territorio Theani startias de Fraxo et Pedis Montis et quidquid aliud ibidem habetis. In Alifia terram, quam habetis in cambio a notario Benedicto, et Molendinum, quod habetis in eadem terra in territorio castri Sancti Angeli de Rave Canina limitatam, quæ dicitur Perdita, et terram quæ dicitur Gironis, quam dedit vobis Robertus de Fossaceca Miles et quidquid aliud ibidem habetis. Possessiones cum Jure Molendini, quas dedit vobis Joannes de Miminiano in Alifia et quæcunque alia ibi rationabiliter possidetis. In civitate Suessæ integrum tenimentum possessionum, quas dedit vobis Tallacauzzus dominus Cajani, Oliveta, domum, et partem molituræ Olivarum omnium montanorum castri Miniani cum libertate molendi in eis olivas vestras, et si qua alia ibidem habetis juste. In territorio Calvi, et Silavimatam, quam habetis juxta flumen Vulturni in loco, qui dicitur S. Stephanus, et terras, quas habetis juxta flumina in gen. et Appia in loco qui dicitur Startia de Silice. In Capud domos, et possessiones, quas dedit vobis Joannes de Ricc. Joannes Concarrus, Marcus de Raino, Sibilia uxorque Joannis fratris, Petrus de Alifla, et judex Alexander. In Telesia, et in V... Tenimenta, quæ vobis contulit comes de Caserta, quorum alterum fuit Joannis Bassi, alterum Joannis Forte. In Isernia Molendinum, quod dedit vobis Rogerius comes de Molisio, medietatem duorum Molendinorum, quam vobis ibidem contulit Petrus de Bruto cum vinea in loco, qui dicitur. . In monte Rodon, quod dedit vobis Landulphus de sino in... Terram, quam vobis contulit Matthia uxor quondam Roberti Licinii, et Molendinum cum folla, quod habetis ibidem. Terras cum Molendino et olivis, quas habetis in Pantanis Indracon. Terras, quas dedit vobis Enricus de Montefusculo in Albiniano, terram, quam contulit vobis Maria de Albiniano, et tenimenta, quæ dedit vobis ibidem Benedictus Calatia. Libertates insuper, quas habetis per regnum de Plateatrio, Passaggio, et Herbatico. Sane laborum vestrorum, quos propriis manibus, aut sumptibus colitis tam de terris cultis, quam incultis, sive de hortis et virgultis, et piscationibus vestris vel de nutrimentis animalium vestrorum nullus a vobis decimas exigere, vel extorquere præsumat. Liceat quoque vobis clericos, vel laicos et absolutos e sæculo fugientes ad conversionem recipere et eos absque contradictione aliqua retinere. Prohibemus insuper ut nulli fratrum vestrorum post factam in monasterio vestro professionem fas sit absque abbatis sui licentia de eodem loco discedere; discedentem vero absque communium litterarum vestrarum cautione nullus audeat retinere. Quod si quis forte retinere præsumpserit, licitum vobis sit in ipsos monachos, vel conversos regularem sententiam promulgare. Illud districtius inhibentes, ne terras, seu quodlibet beneficium Ecclesiæ vestræ collatum liceat alicui personaliter dari, sive alio modo alienari absque consensu totius capituli, vel majoris, aut sanioris partis ipsius. Si quæ vero donationes, aut alienationes aliter quam dictum est, factæ fuerint, eas irritas esse censemus. Ad hæc etiam prohibemus ne aliquis monachus, sive conversus sub professione vestræ domus constrictus, sive consensu et licentia abbatis, et majoris partis capituli vestri pro aliquo fidejubeat, vel ab aliquo pecuniam mutuo accipiat, ultra pretium capituli vestri providentia constitutum, nisi propter manifestam domus vestræ utilitatem. Quod si facere præsumpserit, non teneatur conventus pro his aliquatenus respondere : licitum præterea sit vobis in causis propriis, sive civilem, sive criminalem contineat quæstionem, fratrum vestrorum testimoniis uti, ne per defectum testium jus vestrum in aliquo valeat deperire.

Insuper auctoritate apostolica inhibemus, ne ullus episcopus, vel qualibet alia persona ad synodos, vel conventus forenses vos ire, vel judicio sæculari de vestra propria substantia, vel possessionibus vestris subjacere compellat, nec domos vestras causa ordines celebrandi, causas tractandi, vel conventus aliquos publicos convocandi venire præsumat, nec regularem electionem abbatis vestri impediat, aut de instituendo, vel removendo eo qui pro tempore fuerit contra statuta Cisterciensis ordinis se aliquatenus intromittat. Si vero episcopus, in cujus parochia domus vestra fundata est cum humilitate et benedictione qua convenit, requisitus substitutum abbatem benedicere, et alia quæ ad officium episcopale pertinent vobis conferre renuerit, licitum sit eidem abbati, si tamen sacerdos fuerit, proprios novitios benedicere, et alia quæ ad officium suum pertinent exercere, et vobis omnia ab alio episcopo percipere, quæ a vestro fuerint indebite denegata, illud adjicientes, ut in recipiendis professionibus, quæ a benedictis, vel benedicendis abbatibus exhibentur, ea sint episcopi forma, et expressione contenti, quæ ab origine ordinis noscitur instituta, ut scilicet abbates ipsi salvo ordine suo profiteri debeant, et contra statuta ordinis sui nullam professionem facere compellantur; pro consecrationibus vero altarium, vel ecclesiarum, sive pro oleo sancto, vel quolibet ecclesiastico sacramento nullus a vobis sub obtentu consuetudinis, vel alio modo quidquam audeat extorquere; sed hæc omnia gratis vobis episcopus diœcesanus impendat. Alioquin liceat vobis quemcunque malueritis catholicum adire antistitem gratiam et communionem apostolicæ sedis habentem, qui nostra fretus auctoritate vobis quod postulatur impendat. Quod si sedes diœcesani episcopi vacaverit, interim omnia ecclesiastica sacramenta a vicinis episcopis accipere libere, et absque contradictione possitis, sic tamen ut ex hoc in posterum propriis episcopis nullum præjudicium generetur. Quia vero interdum propriorum episcoporum copiam non habetis, si quem episcopum Romanæ sedis, ut diximus, communionem habentem, et de quo plenam notitiam habeatis per vos transire contigerit, ab eo..... consecrationem altarium, ordinationes monachorum auctoritate apostolicæ sedis recipere valeatis. Porro si episcopi, vel alii ecclesiarum rectores in monasteria vestra, vel personas inibi constitutas, suspensionis, excommunicationis, vel interdicti sententiam promulgaverint, sive etiam in mercenarios vestros pro eo quod decimas non solvitis, sive aliqua occasione eorum, quæ ab apostolica benignitate vobis indulta sunt, seu benefactores vestros, pro eo quod aliqua vobis beneficia, vel obsequia ex charitate præstiterint, vel ad laborandum adjuverint in illis diebus, in quibus vos laboratis, et alii ferientur, eamdem sententiam protulerint, ipsam tanquam contra sedis apostolicæ indulta prolatam duximus irritandam, nec litteræ illæ firmitatem habeant, quas tacito nomine Cisterciensis ordinis, et contra tenorem apostolicorum privilegiorum constiterit impetrari. Paci quoque et tranquillitati vestræ paterna in posterum sollicitudine providere volentes, auctoritate apostolica prohibemus, ut infra clausuras locorum, seu grangiarum vestrarum nullus rapinam, seu furtum facere, ignem apponere, sanguinem fundere, hominem temere capere, vel interficere, seu violentiam audeat exercere. Præterea omnes libertates, et immunitates a prædecessoribus nostris Romanis pontificibus ordini vestro concessis, nec non et libertates, et exemptiones sæcularium exactionum a regibus et principibus, vel aliis fidelibus rationabiliter vobis indultas, auctoritate apostolica confirmamus, et præsentis scripti privilegio communimus.

Decernimus ergo ut nulli omnino hominum liceat præfatum monasterium temere perturbare, aut ejus possessiones auferre, vel ablatas retinere, minuere, seu quibuslibet vexationibus fatigare, sed omnia integra conserventur eorum, pro quorum sustentatione ac gubernatione concessa sunt usibus omnimodis profutura, salva sedis apostolicæ auctoritate. Si qua igitur in futurum ecclesiastica sæcularisve persona hanc nostræ constitutionis paginam sciens contra eam temere venire tentaverit, secundo tertiove commonita, nisi reatum suum congrua satisfactione correxerit, potestatis, honorisque dignitate careat, reamque se divino judicio existere de perpetrata iniquitate cognoscat, et a sacratissimo corpore et sanguine Dei et Domini Redemptoris nostri Jesu Christi aliena fiat, atque in extremo examine districtæ ultioni subjaceat. Cunctis autem eidem loco sua jura servantibus sit pax Domini nostri Jesu Christi, quatenus et hic fructum bonæ actionis percipiant, et apud districtum Judicem præmia æternæ pacis inveniant. Amen.

FAC MECUM DOMINE SIGNUM IN BONUM.

S. Petrus S. Paulus.

Ego Innocentius catholicæ Ecclesiæ episcopus.
Ego Octavianus Ostien. et Vellitren. episcopus.
Ego Joannes Albanen. episc.
Ego Gulielmus Remen. archiepisc. S. Sabinæ presb. card.
Ego Petrus tit. Sanctæ Cæciliæ presbyter cardinalis.
Ego Jordanus S. Pudentianæ tit. Pastoris presb. card.
Ego Guido S. Mariæ Trans Tib. tit. Calixti presb. card.
Ego Ugo presb. card. S. Martini tit. Equitii.
Ego Centius tit. S. Laurentii in Lucina presb. card.
Ego Goffridus tit. S. Praxedis presbyter cardinalis.
Ego Joannes tit. Sanctæ Priscæ presbyter cardinalis.
Ego Cincius presb. card. D. Jo. et Pauli tit. S. Pammachii.
Ego Petrus tit. Sancti Marcelli presbyt. cardinalis.

Ego Benedictus tit. S. Susannæ presbyter cardinalis.
Ego Gratianus SS. Cosmæ et Damiani diaconus cardinalis.
Ego Petrus Berrii S. Adriani diaconus cardinalis.
Ego Gregorius S. Mariæ in Porticu diaconus cardinalis.
Ego Gregorius S. Georgii ad Velum aureum diac. card.
Ego Gregorius Sancti Angeli diaconus card.
Ego Ugo S. Eustachii diac. card.
Ego Matthæus Sancti Theodori diaconus cardinalis.
Ego Joannes S. Mariæ in Cosmedin diac. cardinalis.

Datum Anagniæ, per manum Blasii, S. R. E. subdiaconi et notarii, x Kal. Januar., indict. v; Incarn. Domini anno 1201, pontificatus vero Innocentii papæ III an. IV.

XLIII.

Ad fratres S. Remigii Remensis. — Confirmatio de piscatura de Courmonsteruel, et xx libris ceræ, et xx modiis vini illis ab archiepiscopo relaxatis.

(Anno 1201. Anagniæ, Febr. 11.)

[VANIN, Archiv. adm. de Reims, II, 444, Cartul. de Saint-Remi, fol. 4, n° XIX.]

INNOCENTIUS episcopus, etc........, concessiones quas vobis fecit venerabilis..... W. Remensis archiepiscopus super viginti modiis vini et viginti libris ceræ in quibus ecclesia vestra singulis annis tenebatur eidem; piscaturam in Vidula juxta villam de Courmosteriolo, vobis ab ipso concessam, relaxationem etiam violentiæ quam piscatores in aqua de Folipene vobis assidue inferebant..... et omnia sicut in ejusdem archiepiscopi et charissimi..... Philippi regis..... authenticis continetur..... vobis confirmamus..... etc.

Datum Anagniæ, tertio Idus Februarii, pontificatus nostri anno quarto.

XLIV.

Ad ..... Episcopum Argentinensem (50).—Ut Ottoni imperatori electo faveat.

(Anno 1201. Laterani, Mart. 1.)

[Ex apographo, ad fidem autographi in Ecclesiæ Argentinensis archivis asservati, a bonæ memoriæ D. abbate Grandidier diligenter collato. BRÉQ., ibid.—Exstat, sed minus integra, in Registro Innocentii *de negotio Romani imperii*, sub num. XLV. Vide *Patr.* t. CCXVI, col. 1046.]

INNOCENTIUS episcopus, servus servorum Dei, venerabili fratri, Argentinensi episcopo, salutem et apostolicam benedictionem.

Certo jampridem experimento didicimus, quod, etsi nobili viro, Philippo, duci Sueviæ, quadam quasi necessitate coactus, favere forsan videaris, charissimo tamen in Christo filio nostro, illustri regi Ottoni, in Romanorum imperatorem electo, et a nobis opportuno tempore, dante Domino, coronando,

(50) Vide Epistolam Libri octavi VIII, not

interius mente faves, utpote cui te adhæsisse ab initio, et fidelitatis juramentum intelleximus præstitisse. Quia vero, necessitate cessante, cessare debet pariter quod urgebat, fraternitati tuæ per apostolica scripta nostra præcipiendo mandamus, quatenus, cum nos, quia duobus ad imperium obtinendum favere non possumus, nec est tam persona in imperio, quam imperio in persona providendum, quia etiam ad hoc dignior reputatur, qui magis idoneus reperitur, personam prædicti ducis, quoad imperium, præsertim hoc tempore, obtinendum, penitus, propter impedimenta patentia, quæ per litteras generales exprimimus, reprobemus, et prædictum Ottonem recipiamus in regem, nonobstante juramento, si quod eidem duci ratione regni forsitan præstitisti, cum nos illud, eo reprobato, decrevimus non servandum, eidem regi publice non differas adhærere, ac fovere potenter et viriliter partem ejus : alioquin, cum ei, sicut prædiximus, fidelitatis præstiteris juramentum, si, quod non credimus, imo de quo nec etiam dubitamus, de cætero proprii fieres juramenti transgressor, in te procedere durius cogemur.

Datum Laterani, Kalendas Martii, pontificatus nostri anno iv.

XLV.

Ad Senonensem archiepiscopum. — Pro Clarembaldo Meldensis Ecclesiæ cancellario.

(Anno 1201. Laterani, Maii 22.)

[DUPLESSIS, *hist. de l'Eglis. de Meaux. Ex tabul. Eccl. Meldens*, II., 85.]

PETRUS, Dei gratia Senonensis archiepiscopus, omnibus ad quos litteræ præsentes pervenerint, in Domino salutem. Ad posterorum notitiam volumus pervenire nos recepisse papæ litteras in hunc modum :

« INNOCENTIUS episcopus, servus servorum Dei, venerabili fratri Senonensi archiepiscopo, salutem et apostolicam benedictionem.

« Constitutus in præsentia nostra venerabilis noster Meldensis episcopus, coram nobis exponere procuravit, quod de cancellaria Meldensis Ecclesiæ, quam magistro Clarembaldo viro litterato, sicut dicebatur, et honesto concessit, ad honorem Dei et ipsius Meldensis Ecclesiæ disposuit consistere personatum, ita quod præfatus magister Clarembaldus et alii cancellarii qui succedent eidem, de cætero sint personæ Meldensis Ecclesiæ, et post alias ejusdem ecclesiæ personas obtineant tam in clero, quam in capitulo primum locum. Et quoniam cancellaria nullos habet reditus, ne contra canonum interdicta cancellarius pro regimine scholarum aliquid exigere compellatur, pia et provida deliberatione de reditibus propriis certos ipsi cancellariæ proposuit reditus assignare. Quoniam igitur ad augmentum ecclesiarum pertinet, ut honores et dignitates ad obsequium divini cultus pro pensius exhibendum in ecclesiis statuantur, fraternitati tuæ per apostolica scripta mandamus, quatenus cum præfatus episcopus ad opus cancellariæ reditus assignaverit competentes, ut præfatus cancellarius et successores ejus obtineant de cætero in eadem ecclesia personatum et habeant primum locum post alias personas in choro et capitulo, sicut est supradictum, sublato cujuslibet contradictione et appellationis obstaculo, auctoritate fretus apostolica statuas ; contradictores si qui fuerint, ecclesiastica censura percellens.

« Datum Laterani, xi Kalendas Junii, pontificatus nostri anno quarto. »

Accedentibus itaque nobis ad *Meldensem Ecclesiam*, decano et capitulo congregatis, medietatem totius decimæ de Quinciano, et LX solidos de pensione ecclesiæ S. Simeonis de Vana, et XL solidos de pensione ecclesiæ de Seinz, cancellariæ præfatus episcopus deputavit. Et nos, ut prædictus cancellarius et successores ejus obtineant de cætero in Meldensi Ecclesia personatum et habeant primum locum post alias personas in choro et capitulo, decani personatum, et canonicorum qui affuerunt, concurrente assensu, apostolica qua fungebamur auctoritate statuimus, statum eidem et successoribus in choro et locum in capitulo assignantes. Ne igitur excommunicationis nostræ memoria tractu temporis obsolescat, aut quisquam in posterum contradictionis scrupulum præsumat opponere, acta nostra in scriptum redacta charactere sigilli nostri signavimus. Contradictores, si qui apparuerint, eadem auctoritate, excommunicationis sententia percellentes, ut os suum metu pœnæ compellatur adversus hoc factum omnis iniquitas oppilare.

Datum Meldis, anno Verbi incarnati 1201, mense Augusto.

XLVI.

Ad Odonem Parisiensem episcopum et abbatem Latiniacensem (52 53) contra clericos Resbacenses.

(Anno 1201. Laterani, Maii 23.)

[D. DUPLESSIS, *Hist. de l'Egl. de Meaux*, II, 85. *Ex. Tabular. Ecc. Meld.*]

INNOCENTIUS episcopus, servus servorum Dei, venerabili fratri ODONI Parisiensi episcopo, et dilecto filio abbati Latiniacensi, salutem et apostolicam benedictionem.

Conquerente venerabili fratre nostro Meldensi episcopo, nostris auribus est intimatum, quod clerici et laici Resbacenses, ei velut episcopo suo renuunt obedire. Ne igitur, si eorum inobedientia remaneat incorrecta, eis incentivum pariat delinquendi, discretioni vestræ per apostolica scripta mandamus, quatenus præfatos clericos, ut super hoc memorato episcopo debitam satisfactionem impendant, et deinceps eidem episcopo suo, prout tenentur, obedientiam et honorem per districtionem ecclesiasticam, sublato appellationis diffugio,

---

(52 53) Vide epistolam 96 libri x.

justitia mediante cogatis, etc. . . . .
. . . .

Datum Laterani, x, Kal. Junii, pontificatus nostri anno IV.

XLVII.

Ad Petrum Senonensem archiepiscopum et abbatem S. Columbæ. — De institutione decanorum ruralium in Ecclesia Meldensi.

(Anno 1201. Laterani, Maii 23.)

[DUPLESSIS, *Hist. de l'Egl. de Meaux*, II, 86, ex tabulario Meldensi.]

Petrus Dei gratia archiepiscopus. et S. Columbæ abbas Senonensis, omnibus ad quos litteræ præsentes pervenerint, in Domino salutem.

Ad omnium notitiam volumus pervenire nos recepisse domini papæ litteras in hunc modum:

« INNOCENTIUS episcopus, servus servorum Dei, venerabili fratri archiepiscopo et dilecto filio abbati S. Columbæ Senonensibus, salutem et apostolicam benedictionem.

« Querela venerabilis fratris nostri Meldensis episcopi nobis exposita patefecit quod cum ad cum pertineat in Meldensi diœcesi decanos rurales instituere et destituere, sicut prædecessorum nostrorum temporibus est obtentum, archidiaconi Meldensis Ecclesiæ illi super hoc contradicunt, asserentes quod eis inconsultis non debeat aliquem instituere in decanum, et subventiones quas rectores ecclesiarum suæ diœcesis eisdem exhibere tenentur, in grave præjudicium ejus sibi non metuunt vindicare, duas partes messium ei tantummodo dimittentes; iidem etiam archidiaconi a presbyteris Meldensis diœcesis contra voluntatem et prohibitionem ipsius pecuniam per exactiones illicitas non dubitant extorquere. Præterea de decano Meldensi suam recitavit querelam, quod cum præbendas vacantes idoneis personis assignat, et eas mittit ad decanum et capitulum, ut ipsos in fratres et canonicos recipiant, et decanus eos corporaliter investiat de præbendis, sicut Ecclesiæ consuetudo requirit, decanus plerumque differt, et impedit receptionem illarum, et se hac occasione absentat, vel aliquas frivolas causas malitiose prætendit. Ut igitur quæ in Meldensi ecclesia præter rectitudinis ordinem attentantur, in statum debitum per officium nostræ sollicitudinis reformentur, discretioni vestræ per apostolica scripta mandamus quatenus ad ipsam Meldensem ecclesiam accedentes, super his et aliis quæ vobis inde proposita fuerint inquiratis diligentius veritatem, et Dominum habentes præ oculis, quæ in ea corrigenda inveneritis, secundum Deum et justitiam sublato appellationis obstaculo, auctoritate apostolica corrigatis, facientes quod decreveritis per censuram ecclesiasticam firmiter observari etc... Quod si non ambo, etc.

« Datum Laterani, decimo Kalendas Junii, pontificatus nostri anno quarto. »

Accedentes itaque ad Meldensem ecclesiam, partibus convocatis, et in nostra præsentia constitutis de consensu episcopi et archidiaconorum pro bono pacis, talem ordinationem fecimus : *Quod rurales decanos Meldensis episcopus archidiaconis inconsultis possit eligere, instituere et mutare, salva tamen fidelitate quam de conservando jure archidiaconorum consueverunt præstare. In hoc etiam archidiaconi amicabiliter consenserunt, ut de succursu ecclesiarum tam in messe quam aliis obventionibus donec per episcopum instituantur personæ, duas partes episcopus, et tertiam archidiaconi recipiant et per decanos rurales debeat succursus ecclesiarum vacantium procurari. Super conferendis autem ecclesiis parochialibus archidiaconi recognoverunt quod nunquam vexaverunt ipsum, nec unquam in vita sua vexabunt, nec ei contradicent. Quia etiam conquerebatur episcopus quod idoneas personas quibus præbendas conferebat vacantes, decanus pro sua voluntate investire differret, hoc itaque de assensu partium temperavimus, ut decanus si præsens fuerit, sine dilatione investiat canonicum sibi ab episcopo missum, et in capitulo canonicum loco sui instituet, qui denuntiabit decano si absens fuerit, et investituram canonici ab episcopo missi facturus accedat. Et si infra octo dies decanus non venerit, substitutus a decano canonicus auctoritate decani investiat personam ab episcopo præsentatam.*

Quod si canonicus quem vicarium suum decanus elegerit, infra octo dies quoquo modo etiam præsens, investituram requisitus non fecerit, vel ipsum abesse contigerit, hanc prior in ordine sacerdotum canonicorum, qui præsentes fuerint, nomine ipsius decani implebit. A petitione autem tertiæ partis demandæ quam episcopus fecerat, ad nostrum consilium archidiaconi destiterunt. Ipsi autem archidiaconi nullam in suis archidiaconatibus demandam facient, nisi episcopo assensum præbente. Quod ut ratum permaneat, præsens scriptum sigillorum nostrorum munimine fecimus roborari.

Actum Meldis, anno Verbi Incarnati 1201.

XLVIII.

Ad Raymundum Nonantulanum abbatem. — Ejus electionem confirmat.

(Anno 1201. Laterani, Jun. 20.)

[*Tiraboschi, Storia della badia di Nonantola*, II, 334, Autogr. ex archiv. Nonant.]

INNOCENTIUS episcopus, servus servorum Dei, dilecto filio RAIMUNDO abbati Nonantulano, salutem et apostolicam benedictionem.

Audito quondam quod monasterium Nonantulanum per B. quondam abbatis ejus incuriam et in temporalibus diminutum fuerat, et in spiritualibus dissolutum, provisionem et correctionem ipsius venerabili fratri nostro..... Ferrariensi episcopo duximus committendam, ita ut si abbatem inutilem inveniret, removeret eum ab officio abbatiæ. Ipse autem licet multipliciter visus fuerit indemnitati ejus monasterii providere, tandem intelligens quod sub eodem abbate status ejus non poterat in melius reformari, eum repertum inutilem ab administratione curavit juxta tenorem mandati apostolici removere. Cumque propter hoc prædicti abbatis nuntii ad sedem apostolicam accessissent, nos volentes Ecclesiæ providere potius quam personæ, quod a delegato nostro factum fuerat non duximus revocandum, sed ratum potius id habentes conventui Nonantulano mandavimus, ut de consilio ejusdem episcopi personam idoneam per electionem canonicam sibi præficerent in abbatem. Ipsi ergo ad vocationem ejusdem episcopi convenientes in unum te in abbatem sibi unanimiter elegerunt. Unde cum dilecti filii A. prior ejusdem monasterii, G. subdiaconus noster et nobilis vir Jacobus de Fontana, advocatus ipsius monasterii nuntii cum litteris tam ejusdem episcopi quam conventus ad nostram præsentiam accedentes prædicta nobis per ordinem retulissent, dilectus filius W. Nonantulanus monachus, supervenit tam ex sua quam quorumdam aliorum monachorum parte proponens, quod dilectum filium Ph. Pomposianum monachum sibi elegerant in abbatem, contra electionem de te factam opponens, quod in ea non fuerat forma mandati nostri servata. Nam cum nos eidem episcopo dederimus in mandatis, ut ad locum accederet, ipse ad monasterium non accessit, sed monachos ad suam præsentiam convocavit, et coram se fecit electionem hujus modi celebrari. Objecit etiam quod idem episcopus litteras nostras ei noluit exhibere, licet sæpius requisitus, adjiciens tertio quod in electione ipsa Simoniaca pravitas intervenit. Ad hæc autem fuit ex adverso responsum, quod cum dictus abbas post depositionem suam administrationi monasterii ambitiosius incumberet, vel potius incubaret, episcopus consanguineorum ejus potentiam veritus et multitudinem vassalorum, et quod eo præsente monachi eligere libere non auderent, eos non vocavit ad locum extraneum, sed ad quemdam ejusdem ecclesiæ prioratum. Præterea idem episcopus, sicut prædictus monachus postea recognovit, fecerat monachis petentibus copiam litterarum : sed cum ipsi eas sibi dare peterent ad monasterium deferendas, intelligens ipsos delationes frivolas et occasiones quærere malignandi, eorum malitiæ non consentit. Idem quoque monachus diligentius requisitus postmodum est confessus, quod in electione tua intervenisse nesciebat simoniacam pravitatem. Sed in eo tantum credebat esse delictum quod in monasterio Nonantulano non fuerat juxta consuetudinem celebrata. Objicientibus quoque adversariis iterum est confessus, quod a quinque, qui ab episcopo recesserant memorato et quibusdam aliis qui cum dicto abbate remanserant in monasterio supradicto, prædictus Ph. post electionem tuam in abbatem fuerat nominatus. Nos igitur intellectis quæ fuerant hinc inde proposita, nominationem prædicti Ph. tanquam frivolam, irritam decernentes, electionem de te factam auctoritate apostolica confirmamus et transeundi ab ecclesia tua ad Nonantulanum monasterium facultatem liberam indulgemus per apostolica tibi scripta mandantes; quatenus curam ejus assumens taliter ei studeas providere, ut per tuæ sollicitudinis studium et spiritualibus proficiat institutis et temporalibus auxiliis augmentetur. Volumus etiam nihilominus et mandamus ut juxta formam quam prædicto episcopo sub bulla nostra dirigimus tam supra fidelitate nobis et Ecclesiæ Romanæ præstanda, quam indemnitate monasterii exhibeas in ejus manibus juramentum.

Datum Laterani xii Kalendas Julii, pontificatus nostri anno quarto.

XLIX.

Ad decanum (54), *et archidiaconum Ambianenses. — Ut sententiam excommunicationis latam contra Burgenses sancti Audomari, pro injusta detentione cujusdam aquæ atque quarumdam paludum, ad ecclesiam sancti Bertini de jure spectantium, faciant usque ad condignam satisfactionem inviolabiliter observari.*

(Anno 1201. Signiæ, Julii 11.)

[Ex Archivio Sancti Bertini, capsa *Papalia*. n°52. Bréquigny. *Ibid*.]

Significarunt dilecti filii, abbas (55) et conventus Sancti Bertini, quod venerabilis frater noster..... episcopus (56), et dilectus filius... archidiaconus Atrebatensis, judices a sede apostolica delegati super quadam aqua et quibusdam paludibus ad ecclesiam Sancti Bertini de jure spectantibus, in Burgenses castri Sancti Audomari pro contumacia excommunicationis sententiam canonice protulerunt, quam ipsi burgenses negligunt observare. Ideoque, discretioni vestræ per apostolica scripta mandamus, quatenus eamdem sententiam, sicut rationabiliter lata est, faciatis usque ad condignam satisfactionem inviolabiliter observari; nullis obstantibus litteris, veritati et justitiæ præjudicantibus, a sede apostolica impetratis.

Datum Signiæ, v Idus Julii, pontificatus nostri anno quarto.

L.

Ad abbates S. Petri (57), *Sanctæ Mariæ* (58), *et de*

---

(54) Vide ad Epistolam Libri tertii xli, not.*
(55) Vide ad Epistolam xviii Appendicis hujus.
(56) Vide ad Epistolam Libri tertii xxv, not.
(57) Quis fuerit tunc temporis Abbas Monasterii S. Petri in Nigra-Silva, prorsus ignoratur. Vide *Gall. Christ. nov.* t. V, c. 1054, ubi pauca hæc tantummodo leguntur :
« VII. Marquardus moritur anno 1183.
« VIII. Bertholdus I superstes ad annum 1220. »
(58) De cujus Monasterii Abbate hic agatur, non adeo perspicuum est. D. Abbas Grandidier in notula, quæ Apographo suo Gallice expressa subjiciebatur : *Il s'agit ici des Abbés de S. Pierre dans la Forêt-Noire, de l'Ordre de S. Benoît ; de Sainte-Marie, de l'Ordre de S. Augustin ; et de Tenebach, de l'Ordre de Cîteaux*. Verum, quid sit Monasterium S. Mariæ, Ordinis S. Augustini, ad cujus abbatem dirigi potuerit hæc Innocentii Epistola, nos ignorare profitemur. Certe, nullum S. Mariæ, Ordinis S. Augustini, Monasterium, nec in Moguntina, ad quod

Tenebach (59). — *Ut sententiam, in favorem monachorum de Cella Vilmari latam observari faciant.*

(Anno 1201. Signiæ, Sept. 4.)

[Ex Apographo, ad fidem Autographi, in Archivis Abbatiæ S. Petri in Nigra silva asservati, a bonæ memoriæ D. Abbate Grandidier diligenter collato. BR. *ibid*.]

INNOCENTIUS episcopus, servus servorum Dei, dilectis filiis, S. Petri, S. Mariæ, et de Tenebach, abbatibus, salutem et apostolicam benedictionem.

Dilecti filii, pauperes monachi de Cella-Vilmari, Cluniacensis ordinis (60), sua nobis insinuatione monstrarunt, quod, cum venerabilis frater noster (61), Argentinensis episcopus (62), jus patronatus ecclesiarum de Cella-Vilmari et de Selden (63), quod ad eos pertinere dignoscitur, de dono dilecti filii, nobilis viri, B. comitis Novi-Castri (64), recepisset injuste, præfati monachi episcopum ipsum coram dilectis filiis (65), S. Blasii in Nigra-Silva, B. (66), de Alpersbarch, et M. (67), de Peris, abbatibus, judicibus a sede apostolica delegatis, super eodem negotio convenerunt. Qui, tandem cognoscentes de causa, diffinitivam pro ipsis monachis sententiam promulgarunt, prædicto episcopo super jure patronatus ecclesiarum ipsarum perpetuum silentium imponentes. Demum vero sæpedictus episcopus asserens ex prædicta sententia se fuisse gravatum, per litteras suas, ad eosdem judices destinatas, nostram super hoc audientiam appellavit. Quam appellationem adversa parte, statuto termino, prosequente, idem episcopus non est per se, vel per nuntium, prosecutus. Ideoque discretioni vestræ per apostolica scripta mandamus, quatenus, de appellationis causa diligentius inquirentes, sententiam ipsam; sicut justum fuerit, confirmare vel infirmare, nullius contradictione vel appellatione obstante, curetis, eumdem episcopum nihilominus, eo quod appellationem non est, quam interposuit, prosecutus, in expensis legitimis parti condemnantes adversæ, nullis litteris veritati et justitiæ præjudicantibus a sede apostolica impetratis. Quod si non omnes his exsequendis potueritis interesse duo vestrum ea nihilominus exsequantur.

Datum Signiæ, II Non. Septembris, pontificatus nostri anno quarto.

LI.

Ad Andream Lundensem archiepiscopum. — Ejus Ecclesiæ privilegia confirmat.

(Anno 1201. Anagniæ, Nov. 23.)

[LILJEGREN, *Diplom. Suecan.*, 1, 141.]

INNOCENTIUS episcopus, servus servorum Dei, venerabili fratri ANDREÆ Lundensi archiepiscopo, suisque successoribus canonice substituendis in perpetuam memoriam.

In eminenti sedis apostolicæ specula, disponente Domino, constituti, salubriter injuncti officii prosequimur actionem, si ea quæ per antecessores nostros ad salutem fidelium instituta noscuntur, consensu nostro firmamus, et ne cujuslibet temeritatis quatiantur intentu exactam diligentiam adhibemus. Cum enim Ecclesiæ suæ promisit Deus dicens : *Pro patribus tuis*, etc., *nati sunt tibi filii, constitues eos principes super omnem terram*, illi bene videntur patribus sucessisse atque utiliter impositum gerere principatum qui non potestate sed utilitate lætantur, et ad salutem eorum, qui gubernandi sunt, cum timore ac tremore creditæ potestatis auctoritatem exercent, studentes semper antecessoribus suis in bonis actibus conformari, et quæ laudabiliter ab eis acta sunt ea

---

diversa illa, de quibus hic agitur, Monasteria pertinere videntur, nec in vicina Trevirensi provincia, agnoscunt novæ Galliæ Christianæ Auctores, t. V et XIII. In provincia quidem Moguntina, de B. Mariæ ad S. Urbanum, Constantiensis diœceseos, Monasterio agunt, t. V. c. 1086; cujus tunc temporis Abbas erat Conradus I, *de Bietherlan*, notus in instrumentis ab anno saltem 1197, usque ad annum 1212, quo defunctus est. At cœnobium illud ad Ordinem Cisterciensem, nequaquam ad Ordinem S. Augustini pertinet.

(59) De Abbatibus Monasterii de Tennenbach, *al. de Portacœli*, Ordinis Cisterciensis, Constantiensis diœceseos, circa hæc in quibus versamur tempora, nihil certi, in imperfecta hujus Monasterii Abbatum serie apud auctores novæ Galliæ Christianæ. t. V, c. 1089.

(60) Le Monastère de Vilmarcel, dans le Brisgau et le diocèse de Constance, de l'Ordre de Cluny, fut uni en 1560, à l'Abbaye de S. Pierre. GRANDIDIER.

(61) Vide Epistolam Libri octavi VIII, not.

(62) Conrad, Evêque de Strasbourg, obtint en 1200, de Berthold, Comte de Neubourg, le droit de patronage et l'advocatie des deux Monastères, l'un d'hommes, à Vilmarcel, et l'autre de femmes, à Selden. GRANDIDIER.

(63) Le Monastère de Selden, de l'Ordre de Cluny, dans le diocèse de Constance, fut uni en 1595, à l'Abbaye de S.-Pierre. ID.

(64) Berthold, Comte de Neubourg. ID.

(65) Supplendum *M*. Mangoldus enim, *al*. Magnoldus, *de Halweil*, splendida exortus familia, Monasterium S. Blasii tunc temporis regebat, quod paterna ex hæreditate plurimum locupletavit. Hic a Cœlestino PP. III, anno ejus pontificatus septimo, VI Id. Aprilis, privilegium obtinuit, quo hymnus *Gloria in excelsis*, et *Sequentia*, in festivitatibus B. M. Virginis, et S. Blasii, etiam post Septuagesimam cantari possent. Fatis concessit an. 1204, XIV Kal. Maii. *Gall. Christ. nov.* t. V, c. 1028.

(66) De Alpersbarcensis, *al*. Alpirsbacensis, *al*. Alberspacensis monasterii, diœceseos Constantiensis, abbatibus, pauca admodum apud auctores novæ Galliæ Christianæ, t. V, c. 1064 :

« II. Conradus abbas, tempore Wernheri abbatis Solitariorum, seu Einsildendis, circa 1130. Idem fortasse Conradus, quem Trithemius auctor est istuc ex Hirsaugia missum fuisse Abbatem.

« III. Bertholdus congruam sibi jurisdictionem in Dornheim adversus Volmarum de Brandeckec coram Ludovico, Duce de Teckhe, propugnavit an. 1251. »

Cum, hic, Abbas Alpersbarcensis, initiali B. designetur, num existimandum est eumdem esse ac Bertholdus ille, quem anno 1251 superstitem fuisse probant instrumenta ?

(67) Agitur hic de Abbatia *de Pairis* (*al. Latin. Parisium*), Ordinis Cisterciensis, diœceseos Basilensis.

servare in semetipsis et aliis nihilominus servanda monstrare. Hac itaque nos consideratione diligenter inducti, felicis memoriæ Adriani papæ antecessoris nostri vestigiis inhærentes, quod ipse de consummatione regni Sueciæ cum fratrum suorum consilio et voluntate constituit, nos etiam firmum et illibatum perpetuis temporibus decernimus permanere. Constituit enim quod Lundensis archiepiscopus, qui pro tempore fuerit, super regnum illud primatum semper obtineat, et ordine qui sequitur, debeat illi præesse, qui tanto frequentius illi terræ et utilius quæ ad salutem fidelium pertinent ministrabit, quanto necessitatem eorum atque defectum e vicinio plenius poterit intueri. Pallium enim antecessori tuo tribuit ut archiepiscoporum in regnum Sueciæ, quanto citius opportunitas occurreret, ordinaret, et pallium quidem apostolica ei auctoritate referret, eo quidem ordine observato, ut videlicet is qui per Lundensem episcopum metropolitanus ibi fuerit institutus, gratiam consecrationis per manum archiepiscopi Lundensis adeptus, ipsi et Lundensi Ecclesiæ, salva fidelitate Romanæ Ecclesiæ, et obedientiam juramento promittat. Pallium sane taliter consequetur :

Nuntius Lundensis Ecclesiæ cum nuntio illius Ecclesiæ pro impetrando pallio ad Ecclesiam Romanam accedant, et cum illud a Romano pontifice impetraverint, ad Lundensem Ecclesiam reportabunt. Lundensis autem archiepiscopus illud accipiens, archiepiscopo Sueciæ tribuet, et fidelitatem et obedientiam Romanæ Ecclesiæ jurejurando promittet; metropolitano vero ibi ad honorem Dei et decorem domus suæ salutemque fidelium constituto, Lundensis archiepiscopus ei dignitate primatus in perpetuum præsidebit, et ipse obedientiam et reverentiam ei tanquam suo primati humiliter exhibere curabit. Quod utique in bonæ memoriæ Stephano quondam Upsalensi archiepiscopo, qui a prædecessore tuo piæ recordationis Eschillo, tempore felicis memoriæ Alexandri papæ, eo præsente, senii ratione jam dictæ institutionis gratiam consecrationis accepit, et sub antecessoribus nostris bonæ memoriæ Lucio, Clemente, Cœlestino, ac nobis secundum præscriptum ordinem, in felicis recordationis Joanne et Petro ac venerabili fratre nostro Q. Upsallensibus archiepiscopis quos Absalon prædecessor tuus piæ memoriæ consecravit, et pallium vice ipsorum antecessorum contulit, cognoscitur adimpletum. Quoniam et hoc sicut a prænominato Adriano antecessore nostro statutum est, ita sub Eschillo et Absalone antecessoribus tuis effectum accepit. Nos memorati Adriani et felicis recordationis Alexandri, Lucii, Urbani, Clementis et Cœlestini prædecessorum nostrorum Romanorum pontificum vestigiis, in tam laudabili opere, inhærentes, nostro et futurorum fratrum nostrorum favore prosequimur, et firmum et illibatum perpetuis temporibus decernimus permanere, salva nimirum apostolicæ sedis auctoritate.

Nulli ergo omnino hominum liceat hanc paginam nostræ confirmationis infringere, vel ei ausu temerario contraire. Si qua igitur in futurum ecclesiastica sæcularisve persona, hanc nostræ constitutionis paginam sciens contra eam temere venire tentaverit, secundo tertiove commonita, nisi reatum suum confessa fuerit, potestatis et honoris sui careat dignitate, ream se divino judicio existere de perpetrata iniquitate cognoscat, et a sacratissimo corpore et sanguine Dei et Domini Redemptoris nostri Jesu Christi aliena fiat, atque in extremo examine districtæ ultioni subjaceat. Cunctis autem eidem loco sua jura servantibus sit pax Domini nostri Jesu Christi quatenus et hic fructum bonæ actionis percipiant, et apud districtum judicem præmia æternæ pacis inveniant. Amen.

Ego Innocentius catholicæ Ecclesiæ episcopus.
Ego Joannes Albanensis episcopus.
Ego Petrus Sanctæ Ecclesiæ presbyter cardinalis.
Ego Jorot. S. Prudent. pastor et presbyter cardinalis.
Ego Hugo presbyter cardinalis Sancti Martini Equirii.
Ego Linger Sancti Laurentii in Lucina presbyter cardinalis.
Ego Sofredus Sanctæ Praxedis presbyter cardinalis.
Ego Joannes Sosprises presbyter cardinalis.
Ego Cinthius Sanctorum Joannis et Pauli presbyter cardinalis.
Ego Petrus Sancti Marcelli presbyter cardinalis.
Ego Benedictus Sanctæ Susannæ presbyter cardinalis.
Ego Gratus Sanctorum Cosmæ et Damiani diaconus cardinalis.
Ego Geraldus Sancti Adriani diaconus cardinalis.
Ego Gregorius Sancti Georgii ad Velum aureum diaconus cardinalis.

Datum Anagniæ, per manum Blasii sanctæ Romanæ Ecclesiæ subdiaconi et notarii, ix Kalendas Decembris, indictione iv, Incarnationis Dominicæ anno 1201, pontificatus vero domni Innocentii papæ III anno quarto.

LII.
Ad Andream Acheruntinum archiepiscopum. — Ecclesiæ Acheruntinæ privilegia confirmat.
(Anno 1201. Anagniæ, Dec. 10.)

[Ughelli, *Italia sacra*, VII, 36.]

Innocentius episcopus, servus servorum Dei, venerabili fratri Andreæ Acheruntino archiepiscopo ejusque successoribus canonice substituendis in perpetuum.

Fratres et coepiscopos nostros tam vicinos quam longe positos ex injuncto nobis apostolatus officio sincero charitatis affectu debemus diligere, et Ecclesiis, in quibus Domino militare noscuntur, suam dign.tatem et justitiam conservare. Eapropter, venerabilis in Christo frater archiepiscope, tuis justis postulationibus clementer annuimus, et Acheruntinam Ecclesiam cui Deo auctore præesse dignosceris, præsentis decreti auctoritate munimus, tibi tuisque successoribus confirmantes quæcunque ad ipsam metropolitano jure pertinere noscuntur, videlicet Venusium, Gravinum, Tricaricum, Potentiam, Tursum. Ut tu, tuique legitimi successores potestatem habeatis canonice ac decretaliter, sicut eorum archiepiscopus, in eis episcopos confirmandi ac consecrandi: præterea quascunque possessiones, quæcunque bona eadem Ecclesia in præsentiarum rationabiliter possidet, aut in futurum concessione pontificum, largitione regum vel principum, oblatione fidelium, seu aliis justis modis, præstante Domino, poterit adipisci, firma tibi tuisque successoribus, et illibata permaneant, in quibus hæc propriis duximus exprimenda vocabulis:

Ecclesiam S. Angeli de Oblano, cum omnibus pertinentiis suis; in omnibus insuper oppidis, villis, monasteriis, et Ecclesiis quæ infra fines parochiæ tuæ consistunt, tibi, et per te Acheruntinæ Ecclesiæ jus episcopale sanctmus habendum, his nimirum exceptis quæ ad Ecclesiam Romanam spiritualiter pertinere noscuntur. Usum quoque pallii pontificalis, scilicet officii plenitudinem tibi de sedis apostolicæ dignitate concedimus, sicut tuis prædecessoribus a nostris noscitur antecessoribus fuisse concessus, ut videlicet ipso utaris in festivis diebus, et temporibus aliisque quæ in privilegiis tuæ ecclesiæ continentur. Admonemus igitur ut ita te circa subjectos debeas exhibere placabilem, ut rectitudinem tuam diligere provocentur potius quam timere, quorum si culpa forte poposcerit, ita eorum excessus emendare procures, ut paternum affectum de animo nullo modo relinquas: esto in custodia commissi gregis, vigilaque sollicitus disciplinæ zelo districtus, ut lupus insidians nec ovile turbare Dominicum, nec ovibus aliqua fraudis occasione prævaleat. In lingua tua vitam esse aliam plebs commissa cognoscat: sit illis fraternitatis tuæ doctrinæ gratus cohortationis stimulus, et vita imitationis exemplum. Quid enim diligere et timere debeant charitatis tuæ sermo prædicationis aperiat, fructum efficacia tua æternæ hujusmodi retributionis acquirat.

Decernimus ergo, ut nulli omnino hominum liceat præfatam ecclesiam Acheruntinam temere perturbare, aut ejus possessiones auferre, vel ablatas retinere, minuere, seu quibuslibet vexationibus fatigare, sed omnia illibata atque integra conserventur eorum pro quorum gubernatione ac sustentatione concessa sunt omnibus omnimodis profutura, salva nimirum in omnibus sedis apostolicæ auctoritate. Si qua igitur in futurum ecclesiastica sæcularisve persona hanc nostræ constitutionis paginam sciens contra eam temere venire forte tentaverit, secundo tertiove commonita, nisi reatum suum congrua satisfactione correxerit, potestatis honorisque sui dignitate careat, reamque se divino judicio existere de perpetrata iniquitate cognoscat, et a sacratissimo corpore ac sanguine Dei et Domini Redemptoris nostri Jesu Christi aliena fiat, atque in extremo examine districtæ ultioni subjaceat; cunctis autem eidem loco sua jura servantibus sit pax Domini nostri Jesu Christi, quatenus et hic fructum bonæ actionis percipiant, et apud districtum judicem præmia æternæ pacis inveniant. Amen, amen, amen

Ego Innocentius catholicæ Ecclesiæ episcopus.

Ego Octavianus Ostiensis et Vellitrensis episcopus.

Ego Joannes Albanen. episcopus.

Ego Petrus tituli Sanctæ Cæciliæ presbyter cardinalis.

Ego Jordanus Sanctæ Pudentianæ tituli Pastoris presbyter cardinalis.

Ego Guido presbyter cardinalis Sanctæ Mariæ Trans Tiberim tituli Calixti

Ego Hugo presbyter cardinalis Sancti Martini tituli Equitii.

Ego Gofredus tituli Sanctæ Praxedis presbyter cardinalis.

Ego Joannes tituli Sanctæ Priscæ presbyter cardinalis.

Ego Petrus tituli Sancti Marcelli presbyter cardinalis.

Ego Gregorius Sanctorum Cosmæ et Damiani diaconus cardinalis.

Ego Gerardus Sancti Adriani Diaconus card.

Ego Gregorius Sanctæ Mariæ in Porticu diaconus cardinalis

Ego Gregorius Sancti Georgii ad Velum aureum diaconus cardinalis

Ego Gregorius Sancti Angeli diaconus cardinalis.

Ego Hugo Sancti Eustachii diaconus cardinalis.

Ego Joannes Sanctæ Mariæ in Cosmedin diaconus cardinalis.

Datum Anagniæ, per manum Blasii Sanctæ Romanæ Ecclesiæ subdiaconi et notarii, IV Idus Decembris, indictione V, Incarnationis Dominicæ anno 1201, pontificatus vero domini Innocentii papæ III anno quarto.

LIII.

Ad Odonem Parisiensem episcopum. — Litem inter ipsum Odonem et abbatem Sanctæ Genovefæ Parisiensis de possessione juris parochialis in parochia de Monte diu agitatam dirimit, præfiniendo jura utriusque partis.

(Anno 1201, Anagniæ, Dec. 23.)

[D. FÉLIBIEN, *Hist. de Paris*, v, 597.]

INNOCENTIUS episcopus, servus servorum Dei, venerabili fratri ODONI Parisiensi episcopo, salutem et apostolicam benedictionem.

Olim inter te, nomino Parisiensis Ecclesiæ, et dilectum filium abbatem Sanctæ Genovefæ pro abbatia super possessione juris parochialis in parochia de Monte, quæstione suborta, et venerabili fratre nostro P. archiepiscopo Senonensi tunc Parisiensi canonico, procuratore tuo pro te, dicto vero abbate nomine Ecclesiæ suæ, accedentibus ad apostolicam sedem, venerabilem fratrem nostrum J. Albanensem episcopum et dilectum filium G. S. Mariæ in Aquiro diaconum, nunc vero tit. S. Vitalis presbyterum cardinalem dedimus auditores, in quorum præsentia dictus proposuit procurator, quod idem abbas super possessione juris parochialis in parochia de Monte gravem tibi molestiam ingerebat, cum eam potestatem usque ad tempora tua Parisiensis episcopus habuerit in parochianos de Monte, ac presbyterum qui eis divina pro tempore ministrabat, quem etiam si esset canonicus regularis in curam parochiæ committebat, et sacerdos post curam susceptam de manu episcopi, parochianos ad nutum ejus ligabat pariter et solvebat, et si quis excommunicatus esset ab episcopo, vel etiam interdictus, presbyter eum non admittebat aliquatenus ad divina, qui etiam benedictiones sponsarum, purificationes de partu surgentium, et publicas pœnitentias non assumebat sibi, nisi de mandato episcopi speciali, et si forte sacerdos talis esset qui non posset populo ministrare, ipsius excessum abbati Sanctæ Genovefæ et fratribus episcopus nuntiabat, qui cognita veritate, amoto indigno, ad animarum curam recipiendam alium episcopo præsentabat. Cum ergo novissime tu præmonuisses abbatem ut capellanos suos qui parochiis debebant deservire, ad suscipiendam curam animarum tibi præsentare curaret, hoc se facturum respondit, aliquos præsentavit; sed requisitus quod præsentaret illum qui debebat in præfata de Monte parochia deservire, dixit tunc eum non posse propter absentiam præsentari; cumque hoc sæpius monitus facere non curaret, tu sub pœna excommunicationis parochianis inhibuisti de Monte, ne in ecclesia Sanctæ Genovefæ, vel audirent divina, vel aliqua reciperent sacramenta, nisi ab illo presbytero qui animarum curam ab episcopo suscepisset; quæ sententia in eadem ecclesia fuit præsente parochia publice recitata, eamque parochiani de Monte, sicut solebant, jamdiu servaverant, donec facientibus canonicis Sanctæ Genovefæ populo convocato, in verbo sacerdotis et in periculo animæ, per venerabilem fratrem nostrum Tornacensem episcopum ipsius ecclesiæ quondam abbatem, fuit publice prædicatum quod secure poterant audire divina, cum in eos nec archiepiscopus nec episcopus vel archidiaconus posset excommunicationis vel interdicti sententiam promulgare, sicque ab eo inducti spiritualia receperunt. Te igitur, quemadmodum præmissum est, spoliato obedientia parochiæ memoratæ, petebat dictus procurator tuus tibi ante omnia quasi possessionem juris parochialis restitui, adversariis tuis super his quæ adversus te proponenda ducerent, postea, plenarie responsuro, cum nec ante restitutionem respondere deberes adver-

sariis spoliatus, et quod episcopus Tornacensis et canonici sæpe dicti de præmissis excessibus puniretur, causa postmodum coram delegatis judicibus ordine debito pertractanda, in quorum præsentia de jure Parisiensis ecclesiæ plenius probaretur, quod tunc temporis propter probationum inopiam fieri non valebat.

Cæterum præfatus abbas versa vice, novam injuriam inferri sibi per te nunc novum episcopum proponebat, asserens ecclesiam suam cum burgo a primo fundationis tempore liberam exstitisse, nec alicui unquam in spiritualibus, nisi Romano pontifici fuisse subjectam, quod per rescriptum bonæ memoriæ Cœlestini papæ prædecessoris nostri ad cautelam ostendere nitebatur, qui piæ recordationis Alexandri, Lucii et Clementis prædecessorum suorum Romanorum pontificum exempla secutus, ecclesiam præfatam inter alia libertate donavit, ut nullus ipsam, canonicos vel burgum interdicto vel excommunicationi posset supponere, nisi summus pontifex vel legatus ab ejus latere destinatus; contra quam libertatem tu venire præsumens, in alienam messem falcem mittere, quod nullus unquam prædecessorum tuorum fecerat, præsumpsisti, canonicum ipsius qui hominibus burgi spiritualia ministrabat, ut a te curam animarum reciperet, tibi postulans præsentari, quod cum obtinere non posses, post appellationem interpositam, et iter arreptum ad sedem apostolicam veniendi, omnes qui in ecclesia Sanctæ Genovefæ missam parochialem audirent, et communicantes eis, excommunicationis vinculo subjecisti, cujus timore motus populus tanquam rudis ex ignorantia vel humilitate abstinuit aliquandiu a divinis, sed per jam dictum Tornacensem episcopum olim abbatem ejusdem ecclesiæ, illuc postmodum accedentem, veritate cognita, qui sicut jurisperitus eis asseruit incunctanter quod sententia tua de qua præmisimus, tanquam a non suo judice lata, nullius obtinebat roboris firmitatem, ad proprium rediit populus sacerdotem, quem si etiam ex certa scientia irritasset, ut sic jure suæ Ecclesiæ privaretur, ei non sic posset, sicut nec per colonum domino inscio vel invito, præjudicium generari, quando et si tu aliquid juris haberes in eos, quod penitus negabatur. Cum ex eo quod appellationi minime detulisti, in leges commiseris, per eas non debebas beneficium obtinere, quia is frustra leges invocat, qui committit in eas, præsertim cum fueris nunquam destitutus, unde restitutionem petere non valebas.

Quod autem eadem ecclesia esset in possessione instituendi canonicum qui spiritualia populo ministraret, et quod super hominibus burgi utramque jurisdictionem haberet, et prædecessorum tuorum temporibus habuisset, paratum se abbas ex abundanti dicebat incontinenti probare. Postulabat proinde quidquid a te de facto fuerat post appellationem interpositam attentatum, irritum judicari, teque, ne de cætero similia præsumeres coerceri.

Prædictis igitur et aliis rationibus per dictos auditores, qui et petitiones et allegationes partium in scriptis, redditas nobis et fratribus prudenter et fideliter retulerunt, plenius intellectis; non attendentes quod jam ex eo solo quod populus dictæ parochiæ timore ipsius sententiæ per aliquot dies abstinuit a divinis, nullam in eos juris parochialis possessionem fueris assecutus, nec fuit aliquo modo probatum quod eo tempore quo sententiam protulisti, possessionem in ipsos juris parochialis haberes, vel prius etiam habuisses, restitutionem tibi adjudicare de jure nequivimus, cum non constiterit te fuisse aliquatenus spoliatum. Verum quia super aliis quæ proponebantur ex parte tua, nobis non potuit fieri plena fides, causam ipsam dilectis filiis Vizeliacensi et sancti Petri Antissiodorensis abbatibus et decano Aurelianensi sub ea forma duximus committendam, etc. Tandem ad nos gesta omnia munita sigillis judicum sunt remissa per dilectum filium M. N. procuratorem tuum et jam dictum abbatem, ad nostram de hoc præsentiam accedentes. Nos ergo præsentibus fratribus nostris gesta ipsa fecimus aperiri, quorum continentiam pleno concepimus intellectu, etc.

Cum igitur testes tui parochianos de Monte ad examen Parisiensis Ecclesiæ accessisse, testes vero partis alterius, eos in foro abbatis referant litigasse, ut non videantur adversa dixisse, dicta tuorum de parochianis illius partis parochiæ quæ sita est extra burgum, quem tibi dictus abbas nunc etiam recognoscit, aliorum vero dicta de parochianis partis alterius quæ burgus dicitur, quam dictus abbas sibi vindicare conatur, possunt intelligi competenter, etc. Nos ergo attestationibus, rationibus et aliis hinc inde propositis diligenter auditis et plenius intellectis, quoniam in duobus articulis, institutione videlicet et destitutione, capellam de Monte, et libertatis interdictum Parisiensis ecclesiæ in præfata parochia non servandi de possessione abbatis legitime constitit, cujus etiam ecclesiæ rescripto apostolico indulgetur ut nulli nisi Romano pontifici vel legato ab ejus latere destinato liceat in burgum Sanctæ Genovefæ interdicti vel excommunicationis sententiam promulgare, unde rem illicitam et tibi prohibitam attentasse videris, abbate possessionem libertatis suæ auctoritate apostolica defendente, nec per sententiam a te latam nova tibi fuerit possessio acquisita, cum sic non debeat constitui servitus, sed constituta potius declarari, nec in his articulis quidquam pro tua fuerit parte probatum, abbatem ipsum et ecclesiam suam ab inspectione tua et Parisiensis ecclesiæ, de communi fratrum nostrorum consilio, super his sententialiter duximus absolvendum. Licet autem in aliis capitulis ab utraque parte productiones inductæ fuerint variæ ac diversæ, quia tamen plenius et expressius est pro tua parte probatum, et judex credere debet quod naturæ negotii convenit, ut confirmet motum animi sui ex argumentis et testimoniis quæ rei aptiora esse compererit et vero proximiora, et quibus potius lux veritatis assistit secundum legitimas sanctiones, nec solum vetebas quasi possessionem juris parochialis tibi restitui, sed abbatem et canonicos de præmissis puniri excessibus, quos super possessione juris parochialis in parochia de Monte gravem molestiam ingerere querebaris, communicato fratrum consilio, in cæteris ad possessionem juris episcopalis vel parochialis in tota parochia de Monte spectantibus (illis duntaxat exceptis super quibus pro parte altera est absolutionis prolata sententia, sæpedictos abbatem et ecclesiam Sanctæ Genovefæ pro parochia sæpedicta tibi et ecclesiæ Parisiensi, per sententiam definitivam condemnamus. Ex his tamen quæ super possessorio in præsenti sunt judicio provide definita, nullum tuæ vel alteri parti circa quæstionem proprietatis volumus præjudicium generari. Ne vero sententia nostra, si effectu careat, irrisoria videatur, etc.

Datum Anagniæ, ix Kalendas Januarii, pontificatus nostri anno iv (68).

LI
Domestico Guillelmi Monspeliensis sacello privilegia concedit.
(Anno 1201. Signiæ.)
[*Gall. Christ. nov.*, VI, Instr., 362.]

INNOCENTIUS episcopus, servus servorum Dei, dilecto filio nobili viro GUILLELMO Montispessulani domino, salutem et apostolicam benedictionem.

Monet et movet nos tuæ devotionis sinceritas et sollicitudo continua qua, sicut accepimus, ferves in operibus pietatis, ut in his quæ Dei sunt favorem tibi apostolicum non denegemus. Eapropter, dilecte in Domino fili, tuis justis precibus inclinati, capellam quam in domo tua inclytæ recordationis progenitorum tuorum devotione fundatam in pluribus ampliasti, cum omnibus bonis, quæ nunc rationabiliter possides, sub B. Petri et nostra protectione suscipimus, et præsentis scripti patrocinio communimus, auctoritate præsentium indulgentes, ut cum generale interdictum terræ tuæ fuerit, liceat capellanis ipsius, dum tamen ipsi excommunicati, aut interdicti non fuerint, clausis januis, exclusis excommunicatis, et te quoque, si te forsan, quod absit! excommunicari contingat, non pulsatis campanis, suppressa voce officia celebrare divina.

Datum Signiæ, pontific. nostri an. iv.

LV.
Ad universos archiepiscopos, episcopos, prælatos, etc. per Franciam constitutos. — Pro monasterio Fusniacensi (69).
(Anno 1202. Anagniæ, Jan. 17.)

INNOCENTIUS episcopus, servus servorum Dei, ve-

---

(68) Vide epistolam 100 libri v, t. I, col. 1097, et *Acta varia* ad eamdem controversiam spectantia, col. 1185.

(69) Vide notas ad Epistolam Appendicis hujus XXXIV.

nerabilious fratribus, archiepiscopis et episcopis, et dilectis filiis, abbatibus, prioribus, decanis, archidiaconis, et universis Ecclesiarum prælatis, ad quos litteræ istæ pervenerint, salutem et apostolicam benedictionem.

Non absque dolore cordis et plurima turbatione didicimus, quod ita in plerisque partibus ecclesiastica censura dissolvitur, et canonicæ sententiæ severitas enervatur, ut viri religiosi, et hi maxime, qui per sedis apostolicæ privilegia majori donati sunt libertate, passim a malefactoribus injurias sustineant et rapinas, dum vix invenitur qui congrua illis protectione subveniat, et pro fovenda pauperum innocentia murum se defensionis opponat. Specialiter autem dilecti filii nostri... Abbas (70) et Fratres Fusniacenses, Cisterciensis ordinis, tam de frequentibus injuriis, quam de ipso quotidiano defectu justitiæ conquerentes, universitatem vestram litteris petierunt apostolicis excitari, ut ita videlicet eis in tribulationibus suis contra malefactores eorum prompta debeatis magnanimitate consurgere, quod ab angustiis quas sustinent et pressuris, vestro possint præsidio respirare. Ideoque, universitati vestræ per apostolica scripta mandamus atque præcipimus, quatenus illos, qui possessiones, vel res, seu domos prædictorum fratrum, vel hominum suorum, irreverenter invaserint, aut ea injuste detinuerint, quæ prædictis fratribus ex testamento decedentium relinquuntur, seu in ipsos fratres, contra apostolicæ sedis indulta, sententiam excommunicationis aut interdicti præsumpserint promulgare, vel decimas laborum seu nutrimentorum ipsorum, spretis apostolicæ Sedis privilegiis, extorquere, ammonitione præmissa, si laici fuerint, publice, candelis accensis, excommunicationis sententia percellatis ; si vero clerici, vel canonici regulares, seu monachi fuerint, eos, appellatione remota, ab officio et beneficio suspendatis, neutram relaxaturi sententiam, donec prædictis fratribus plenarie satisfaciant, et tam laici, quam clerici sæculares, qui pro violenta manuum injectione anathematis vinculo fuerint innodati, cum diœcesani Episcopi litteris ad sedem apostolicam venientes, ab eodem vinculo mereantur absolvi. De monachis vero et canonicis regularibus id servetur, ut, si ejusdem claustri fratres manus in se injecerint violentas, per abbatem proprium ; si vero unius claustri frater in fratrem alterius claustri hujusmodi præsumpserit violentiam exercere, per injuriam passi et inferentis abbates, absolutionis beneficium assequantur, etiamsi eorum aliqui, priusquam habitum receperint regularem, tale aliquid commiserint, propter quod ipso actu excommunicationis sententiam incurrissent, nisi excessus ipsorum esset difficilis et enormis, utpote, si esset ad mutilationem membri, vel sanguinis effusionis processum, aut violenta manus in episcopum vel abbatem injecta, cum excessus tales et similes sine scandalo nequeant præteriri ; si vero in clericos seculares manus injecerint, pro vitando scandalo, mittantur ad sedem apostolicam absolvendi. Villas autem, in quibus bona prædictorum fratrum, vel hominum suorum, per violentiam detenta fuerint, quandiu ibi sunt, interdicti sententiæ supponatis.

Datum Agnaniæ, xvi Kalendas Februarii, pontificatus nostri anno quarto.

Je soussigné, délégué de Monseigneur le Garde-des-Sceaux, pour la recherche et transcription des monuments historiques de la Tiérache et partie du Laonnois, certifie la présente copie conforme à l'original. Ce 19 avril 1788.

Signé D. R. N. JEANNIN, *Religieux de S. Michel.*

LVI.

Ad abbatem (71), *et canonicos S. Genovefæ Parisiensis. — Compositionem inter ipsorum et S. Victoris Ecclesias super aqua Beviæ initam, auctoritate apostolica confirmat* (72).

(Anno 1202. Laterani, Jan. 23.)

[BRÉQUIGNY, *ibid.*, p. 1090.]

INNOCENTIUS episcopus, servus servorum Dei, dilectis filiis, abbati et canonicis sanctæ Genovefæ Parisiensis Ecclesiæ, salutem et apostolicam benedictionem.

Solet annuere sedes apostolica piis votis, et honestis petentium precibus favorem benevolum impertiri. Eapropter, dilecti in Domino filii, vestris justis postulationibus gratum impertientes assensum, compositionem factam inter Ecclesias, vestram et sancti Victoris Parisiensis, super aqua Beviæ (*Bievre*), quæ fluit ad molendinum de Copel, sub certis mensuris, sicut sine pravitate provide facta est, et ab utraque parte sponte recepta, et hactenus observata, auctoritate apostolica confirmamus, et præsentis scripti patrocinio communimus. Nulli ergo omnino hominum liceat hanc paginam nostræ confirmationis infringere, vel ei ausu temerario contraire. Si quis autem hoc attentare præsumpserit, indignationem omnipotentis Dei, et beatorum Petri et Pauli apostolorum ejus se noverit incursurum.

Datum Anagniæ, decimo Kalendas Februarias, pontificatus nostri anno quarto.

Sigillum.

LVII.

Ad Gualterum Lunensem episcopum. — Ejus conventiones et permutationes cum canonicis Lunensibus, juraque omnia et possessiones Lunensis ecclesiæ confirmat.

(Anno 1202. Laterani, Mart. 7.)

[UGHELLI, *Italia sacra*, I, 850.]

INNOCENTIUS episcopus, servus servorum Dei, ven. fratri nostro GUALTERO Lunensi episcopo, suisque

---

(70) Vide ibid.
(71) Vide notas ad Epistolam Appendicis hujus XXII.
(72) Vide ibid.

successoribus canonice substituendis in perpetuum.

In eminenti sedis apostolicæ specula, etc. Eapropter, ven. frater in Christo Gualtere episcope, tuis justis postulationibus debita benignitate gratum impertientes assensum, B. Dei Genetricis semperque virginis Mariæ Ecclesiam Lunensem, cui Deo auctore præesse dignosceris, ad exemplar felicis recordationis Eugenii PP. prædecessoris nostri sub B. Petri et nostra protectione suscipimus, et præsentis scripti privilegio communimus; statuentes, ut quascunque possessiones, quæcunque bona eadem Ecclesia in præsentiarum juste et canonice possidet, aut in futurum concessione pontificum, largitione regum, oblatione fidelium, seu aliis justis modis, præstante Domino, poterit adipisci, firma tibi tuisque successoribus et illibata permaneant, in quibus hæc propriis nominibus duximus exprimenda.

Plebem S. Stephani de Unsilia cum capella de Vallechia, et aliis capellis suis, plebem S. Viti de castello Aginulfi, plebem de Massa, plebem de S. Vitale, plebem S. Laurentii de Monte libero, plebem de Carraria, plebem S. Mariæ de Serzana, plebem S. Andreæ de Serzana, plebem S. Stephani de Cereto, plebem de Amelia, plebem de Treblano, plebem de Arcula, plebem de S. Venerio, plebem de Ceula, plebem de Rubiano, plebem de Coraja, plebem de Pignone, plebem S. Andreæ de Castello, plebem de bollano, plebem S. Petri de Castello, plebem S. Laurentii, plebem de Offlano, plebem S. Cipriani de capite pontis, plebem de Viano, plebem de Soleria, plebem S. Pauli, capellam S. Mariæ de Pugnano, ecclesiam S. Margaritæ de castello Verucula, Ecclesiam S. Michaelis de Saxo albo, plebem de Crispiano, plebem de Venelia, plebem de Bagnone, plebem de Vico, plebem de Turrano, plebem S. Cassiani de Urteola, plebem S. Alexandri ad Ponte Trenusio, plebem de Vignola, cum omnibus capellis quas juste et canonice possidetis, burgum de Aventina cum capellis et aliis pertinentiis suis. Ad hæc conventiones et permutationem tam in Ecclesiis, quam aliis inter te, et dilectos filios canonicos Lunenses initam..... sine pravitate provide factas, et ab utraque parte sponte receptas, et pacifice hactenus conservatas in scripto authentico continentur auctoritate apostolica confirmamus.

Decernimus ergo, ut nulli omnino hominum liceat præfatam Ecclesiam temere perturbare, aut ejus possessiones auferre, vel ablatas retinere, minuere, aut aliquibus vexationibus fatigare, sed omnia integra conserventur eorum pro quorum gubernatione et sustentatione concessa sunt usibus omnimodis profutura, salva sedis apostolicæ auctoritate. Si qua igitur etc. Amen, amen, amen.

✝ Ego Innocentius catholicæ Ecclesiæ episcopus.
Octavianus Ostiensis et Velletrensis episc.
Petrus Portuensis et S. Rufinæ episc
Joannes Albanensis episc.
Gratianus SS. Cosmæ et Damiani diacon. cardin.
Gregorius S. Georgii ad Velum aureum diac. card.
Hug. Sancti Eustachii diac. card.
Matthæus Sancti Theodori diac. card.
Petrus tit. Sanctæ Ceciliæ presb. card.
Jordanus S. Pudentianæ, tit. Pastoris, presb. card.
Guido S. Mariæ Transt. Tit. S. Callixti presb. card.
Ugo presb. card. Sancti Martini Equitii.
Cinthius tit. S. Laurentii in Lucina presb. card.
Joannes tit. Sanctæ Priscæ presb. card.
Gregorius tit. Sancti Vitalis presb. card.
Benedictus tit. Sanctæ Susannæ presb. card.

Datum Laterani, per manum Blasii archiepiscopi Turritani, Nonis Martii, indict. VI, Incarn. Dom. anno 1202, pontificatus vero D. Innocentii PP. III anno VI

LVIII.

Ad abbatem (73) *et conventum S. Bertini. Ut nullus in eos, vel ecclesias suas, aut capellanos suos servientes in eis, absque manifesta et rationabili causa, interdicti suspensionis vel excommunicationis sententiam audeat promulgare.*

(Anno 1202. Laterani, Mart 8.)
[Ex Archivio sancti Bertini, capsa *Papalia*, n° 55. Bréq. *Ibid.*

INNOCENTIUS episcopus, servus servorum Dei, dilectis filiis.... abbati et conventui Sancti Bertini, salutem et apostolicam benedictionem.

Solet annuere sedes apostolica piis votis, et honestis petentium precibus favorem benevolum impertiri. Eapropter, dilecti in Domini filii, vestris justis postulationibus grato concurrentes assensu, auctoritate vobis præsentium indulgemus, ut nullus in vos, vel ecclesias vestras, aut capellanos vestros servientes in eis, absque manifesta et rationabili causa, interdicti, suspensionis, vel excommunicationis sententiam audeat promulgare. Nulli ergo omnino hominum liceat hanc nostræ concessionis paginam infringere, vel ei ausu temerario contraire. Si quis autem hoc attentare præsumpserit, indignationem omnipotentis Dei et beatorum Petri et Pauli, apostolorum ejus, se noverit incursurum

Datum Laterani, VIII Idus Martii, pontificatus nostri anno quinto.

LIX.

Ad abbates de Blangeio (74) *et de'Alciaco* (75), *et priorem de Hesdin. Ut sub minis censurarum ecclesiasticarum prohibeant canonicos Sancti Audomari divina celebrare, præsentibus burgensibus Sancti Audomari, excommunicatis ratione inju-*

---

(73) Vide not. ad Epistolam Appendicis hujus XVIII.
(74) Erat is nomine Erardus, notus in instrumentis ab anno 1201, usque ad annum saltem 1208. Defunctus dicitur 15 Septembris 1211. Vide novam Galliam Christianam. Tom. X, col. 1591.

(75) Si qua auctoribus novæ Galliæ Christianæ fides, Monasterio Alsiacensi tunc temporis præerat vel Johannes I de Bethunia, vel Simon II ; sic enim apud illos legitur, Tom. X, col. 1597 :
« X. Simon II, monachus Bertiniensis, ab anno

riarum illatarum abbati et conventui Sancti Bertini.

(Anno 1202. Laterani, April. 4.)

[Ex Archivio S. Bertini, capsa *Papalia*, n° 57. Bréq. *Ibid.* p. 1122.]

Querelam dilectorum filiorum... abbatis (76) et conventus Sancti Bertini suscepimus continentem, quod, cum, propter injurias quas burgenses villæ Sancti Audomari eis intulerant, auctoritate sedis apostolicæ, idem burgenses excommunicationis et villa ipsa, interdicti sententiæ subjacerent, Canonici Sancti Audomari diœceseos Morinensis præsentibus excommunicatis divina celebrare temere præsumpserunt, ideoque discretioni vestræ per apostolica scripta mandamus, quatenus, si res ita se habet, dictos canonicos, ut super hoc debitam fratribus ipsis satisfactionem impendant, et a tam temeraria præsumptione desistant, monitione præmissa, per censuram Ecclesiasticam, appellatione postposita, compellatis. Quod si non omnes his exsequendis potueritis interesse, duo vestrum ea nihilominus exsequantur.

Datum Laterani, secundo Nonas Aprilis, pontificatus nostri anno quinto

LX.

Ad Willelmum, archiepiscopum Remensem, Sanctæ Sabinæ cardinalem (77), A. S. L. abbatem (78) S. Remigii, et decanum (79) Remenses.— Ut excommunicationis sententiam contra burgenses Sancti Audomari juste latam, occasione ablatarum quarumdam paludum ad Bertinianos pertinentium, publicari faciant et observari (80).

(Anno 1202. Laterani, April. 8.)

Ex Archivio S. Bertini, capsa *Papalia*, n° 58. Bréq. *Ibid.*]

Ad audientiam nostram, significantibus dilectis filiis... abbate et conventu S. Bertini, noveritis pervenisse, quod, cum inter eos et burgenses Sancti Audomari, super quibusdam paludibus quæ ad monasterium ipsum pertinere noscuntur, et multiplicibus damnis et injuriis quæ burgenses ipsi eidem monasterio irrogarunt, causa fuisset venerabili fratri nostro... episcopo (81), et dilecto filio... archidiacono Atrebatensi, ab apostolica sede commissa, propter burgensium contumaciam, Abbas et conventus prædicti fuerunt in possessionem paludum ipsarum, causa ei reservandæ (82), per judices delegatos inducti; super qua, quoniam burgenses eos molestare postmodum præsumpserunt, sententia fuerunt excommunicationis astricti, et, quia per annum et amplius in sua pertinacia perstiterunt, judices veram possessionem assignarunt fratribus antedictis, in præfatos injuriatores excommunicationis sententiam innovantes. Volentes igitur monasterio Sancti Bertini pastorali sollicitudine providere, discretioni vestræ per apostolica scripta præcipiendo mandamus, quatenus, prædictam excommunicationis sententiam, sicut rationabiliter lata est, publicari facientes et inviolabiliter observari, sæpe dictos burgenses singulis diebus Dominicis et festivis, pulsatis campanis et candelis accensis, usque ad satisfactionem congruam faciatis, appellatione remota, excommunicatos per provinciam nuntiari Remensem, et mandatis ab omnibus arctius evitari. Taliter autem mandatum apostolicum impleatis, quod idem abbas et monachi suam per vos justitiam consequantur, et nos devotionem vestram possimus in Domino commendare. Quod si non omnes his exsequendis potueritis interesse, tu, frater archiepiscope, cum eorum altero nihilominus exsequaris.

Datum Laterani, vi Idus Aprilis, pontificatus nostri anno quinto.

LXI.

Ad Rothomagensem archiepiscopum et ejus suffraganeos. — Ut abbatiam de Lucerna adversus malefactores defendant et succurrant ei in angustiis. — « *Datum Laterani* iv *Kal Nov.* (Oct. 29), *pontificatus anno* v (1202).

(*Neustria pia*, p. 797, ubi hujus bullæ mentio tantum exstat.)

LXII.

Ad capitulum Arusiense. — Institutionem præbendarum confirmat.

(Anno 1203. Anagniæ, Jan. 3.)

[Langebeck, *Script. rer. Dan.*, VI, 388.]

Innocentius episcopus, servus servorum Dei, dilectis filiis capitulo Arusiensi, salutem et apostolicam benedictionem.

Quæ ad decorem domus Domini provide statuuntur, tanto volumus firmius observari, quanto ad Ecclesiarum honorem intendimus amplius et profectum. Vestris ergo et venerabilis fratris nostri Arusiensis episcopi precibus inclinati institutionem præbendarum et beneficiorum per eum in ecclesia vestra provide factam, et per bonæ memoriæ Lundensem archiepiscopum, tunc legatum sedis apostolicæ, confirmatam, sicut in eorum authenticis

---

1198 gubernavit. In abbatem de Marchianis assumptus, (ex Iperio) alteri locum cessit.

« XI. Johannes I de Bethunia, monachus S. Bertini, vir honestus et sanctæ vitæ, Simoni datus successor. Paulo post, *al.* post annos tres (id est an. 1202), Simonis reverteutis in gratiam renuntiavit.

« XII. Simon, 'ad Alciacum iterum assumptus, quinquennio præfuit, ac mortuus est Kalendis Maii 1207.» Hactenus auctores supra citati. Verum, in serie abbatum Marchianensium (*Tom.* III, *col.* 597) non sibimetipsis constare videntur.

(76) Vide ad Epistolam Appendicis hujus xviii not.
(77) Vide ad Epistolam Libri tertii xiv, not.
(78) Petrus de Ribaudimonte, genere nobilis, abbas S. Remigii Remensis innotescit ab instrumentis ab anno 1197 usque ad annum 1203, quo diem obiit supremum in Kal. Augusti. Nov. Gall t. IX, 234.
(79) Vide ad epistolam libri quinti cxlix, not.
(80) Vide supra ad epistolam appendicis hujus xlix.
(81) Vide ad epistolam appendicis hujus xviii.
(82) *Causa ei reservandæ*: sic in Apographo, mendose.

litteris continetur, auctoritate apostolica confirmamus, et præsentis scripti patrocinio communimus. Nulli ergo omnino hominum liceat hanc paginàm nostræ confirmationis infringere, vel ei ausu temerario contraire. Si quis autem hoc attentare præsumpserit, indignationem omnipotentis Dei et beatorum Petri et Pauli apostolorum ejus se noverit incursurum.

Datum Anagniæ, III Non. Januarii, pontificatus nostri anno sexto.

LXIII.

Ad prælatos Bremenses. — Interfectores C. episcopi Wursburgensis anathematizat.

(Anno 1203. Laterani, Jan. 25.)

[LAPPENBERG, *Hamburg. Urkund.*, Hamburgi 1842, in-4°, p. 295. Ex originali in archivio Stadensi, caps. II, n. 14.]

INNOCENTIUS episcopus, servus servorum Dei, venerabilibus fratribus, Bremensi archiepiscopo et suffraganeis ejus, dilectis filiis, abbatibus, prioribus et aliis ecclesiarum prælatis in Bremensi provincia constitutis, salutem et apostolicam benedictionem.

Innovatur quasi jugiter Ecclesiæ sanctæ dolor, nec ei conceditur ad tempus modicum a jugibus suspiriis respirare. Laborat enim in gemitu suo, lavat per singulas noctes lectum lacrymis, sed nondum deprecationem ejus ad plenum Dominus exaudivit. Nondum siquidem exterserat genas suas, sed erant *lacrymæ ejus in maxillis ipsius*, nec voluerat consolari (*Thren*, II), cum sanguis sanctæ memoriæ A. Leodiensis episcopi (83), adhuc recens de terra clamaret : Et ecce de novo *vox audita est in Rama*, *ploratus et ululatus multus* (*Matth*. II), cum sicut accepimus, filii Belial in christum Domini manus sacrilegas injecerunt, bonæ memoriæ C. Erbipolensem episcopum, imperialis aulæ cancellarium, nequiter occidentes. Condixerant quidem ad invicem, ut injuste virum justum occiderent et hæreditate sanctuarium Domini possiderent. Et quia dolorem conceperant, iniquitatem protinus pepererunt. Ne quid autem eorum fraudi deesset, sed osculo traderent Filium hominis sicut Judas, vultus deposuerunt hostiles et præconceptam diutius cordis malitiam, quam exercere non potuerant inimici, simulatæ pacis et amicitiæ fictæ vellere velaverunt. Sicque in vestimentis ovium lupi rapaces intrantes, ovile surrexerunt protinus in pastorem, sanguinem quem diu sitiverant, effuderunt. Nec suffecit hoc ipsis, sed ut sanguis sanguinem tangeret et abyssus invocaret abyssum, in corpus jam exanime sævientes, amputata, ut dicitur, ejus dextra, qua frequenter signaverat panem et vinum in corpus Christi et sanguinem convertendum, et capite destruncato, coronam etiam, quam in Dominicalis religionis indicium ad imitationem apostolorum Principis deferebat, a reliqua parte capitis strictis gladiis amputarunt, non attendentes quod et in caput ejus et manus unguentum effusum fuerat sacratissimæ unctionis. Aliter, etiam

(83) Alberti, anno 1192 occisi.

corpus ejus conciderunt 'in frusta', quasi vellent id quod mactaverant manducare ac exponere quod ceperant tam impia venatione venale. vel ponere morticinium ejus escas volatilibus cœli et terra bestiis carnes ejus.

Attendite ergo et videte, si est dolor similis sicut dolor Ecclesiæ, cujus filios, imo sponsos mactant sicut oves occisionis iniqui et veluti impune sanguinem prælatorum ejus effundunt. Si ergo in viridi hoc præsumunt, in arido quid audebunt? Si in virum tanta nobilitate conspicuum, tanta præditum dignitate, tanta honestate præclarum, tanta ornatum scientia et eloquentia præpollentem scelus tam nequissimum commiserunt, quid creduntur de cætero in minores ecclesiarum prælatos et sæculares principes commissuri? Quæ potentia, quæ justitia, quæ auctoritas a talibus de cætero tuta erit? Si enim in christum Domini et per eum in Christum dominum tam nefaria præsumpserunt, quid facient in minores? Nunquid inferioribus membris parcent, qui tantæ crudelitatis audaciam ausi sunt in caput etiam exercere?

Porro quod deterius est et ex eo amplius formidandum, quod jam bis ministeriales imperii tam immane facinus perpetrarunt, ad consequentiam trahitur scelus istud et tantæ malignitatis exemplum ad alios derivatur. Prius enim Otto de Barchisten prædictum Leodiensem episcopum in exsilio positum interfecit, et nunc sequaces ipsius tantum episcopum tam enormiter trucidarunt. Nolite igitur flere solummodo super illos, qui quæ desunt passionum Christi, juxta quod de se testatur Apostolus, in suo corpore compleverunt, sed super vos ipsos etiam defleatis, quibus de cætero timendi sunt familiares ut hostes et amici velut inimici cavendi, ne magis familiaris noceat inimicus et *inimici hominis domestici ejus* (*Matth*. x) fiant. Fugite igitur a facie arcus, ut liberentur electi, et quia non est principiis obviatum, saltem mediis obviate, ne sero medicina paretur, si expectantibus vobis finem causa ægritudinis invalescat. Nos enim, quicunque monarchiam imperii obtineret, in tanto ei crimine nullatenus parceremus, sed ejus obviaremus conatibus pro ecclesiastica libertate, si etiam propter hoc ponere nos animam oporteret.

Ne autem impunitas criminis aliquibus audaciam tribuat delinquendi, ex parte Dei omnipotentis, Patris et Filii et Spiritus sancti, auctoritate beatorum apostolorum Petri et Pauli et ex ea, quam Dominus nobis licet indignis ligandi et solvendi contulit, potestate, anathematizamus eos qui præfatum episcopum occiderunt, et omnes illos, quorum favore, assensu, auxilio vel mandato expresso vel tacito est occisus, et etiam universos qui eis post facinus perpetratum auxilium, consilium aut receptaculum præstiterunt vel præstare de cætero attentarint. Ideoque universitati vestræ per apostolica scripta mandamus et in virtute sancti Spiritus sub obedientiæ debito, quo nobis tenemini, districte præcipimus, quatenus sententiam nostram singulis diebus Dominicis et festivis, pulsatis campanis et candelis accensis publice ac solemniter omnes et singuli nuntietis, tam homicidarum nomina, quam eorum, quos in mortem ejusdem episcopi verbo vel opere consensisse constiterit, publicantes. Terras autem homicidarum ipsorum et omnium, qui eis super hoc præstiterunt vel præstitere favorem aut etiam modo præstant, denuntietis subjectas sententiæ interdicti, sic quod præter baptisma parvulorum et pœnitentias morientium nullum in eis ecclesiasticum sacramentum aut divinum officium celebretur, nec decedentium corpora tradantur ecclesiasticæ sepulturæ. Ab ipsorum quoque familiis nihil in oblationem vel eleemosynam admittatur, nec impendatur eis aliquod sacramentum nisi baptisma puerulis et pœnitentia laborantibus in extremis. Præterea quocunque devenerint, sub eodem tenore, quandiu fuerint præsentes, prohibeatis celebrari divina.

Hæc autem statim post receptos rumores sub hac duximus districtione scribenda, sed cum plene didicerimus veritatem, longe districtius procedemus. Nec erit apud nos acceptio personarum, quin et magnos et parvos, cujuscunque dignitatis vel ordinis, indifferenter excommunicatos expressis nominibus nuntiemus et mandemus ab aliis nuntiari. Speramus præterea et quasi pro certo tenemus, quod is qui nullum bonum inremuneratum dimittit, nullumque malum deserit impunitum, sicut jam de interfectoribus prædicti Leodiensis episcopi dignam sumpsit sua potentia ultionem, sic in occisores istius eorumque fautores severius ulciscetur. Præterea volumus et sub eadem districtione mandamus, quatenus, omni gratia et timore postpositis, inquiratis de singulis diligentissime veritatem et quod inveneritis non tardetis nobis fideliter intimare. Tu autem, frater archiepiscope, mandatum nostrum, omni gratia et timore postpositis, fideliter exsequaris, et ab aliis facias per districtionem ecclesiasticam appellatione remota, exsecutioni mandari.

Datum Laterani VIII Kalendas Februarii, pontificatus nostri anno v.

LXIV.

Ad Engelbergensem et Murensem abbates. — Ut milites, bona Ecclesiæ Beronensis invadentes, ad damni illati compensationem adigant.

(Anno 1203. Laterani, Jan. 28.)

[NEUGART, *Cod. diplom. Aleman.*, typis S. Blasii, 1795, in-4°, p. 121, ex L. B. de Zurlauben *Miscel. Helveticæ Historiæ* msc., t. III, p. 812.]

(84) Mons Angelorum, vulgo *Engelberg*, abbatia O. S. B. in Helvetia ad pedem montis *Titilisberg*.
(85) Abbatia Murensis O. S. B. floret in Argovia.
(86) Berona, *Bernmünster*, ecclesia collegiata in pago Lucernensi.
(87) Butickon in inferiore Argovia libera prope *Hilpken* parochiæ *Vilmergen* seu *Vilmaringen*.
(88) Electus est Innocentius III, die 8 Januarii an.

INNOCENTIUS episcopus, servus servorum Dei, dilectis filiis Montis angelorum (84) et Murensi (85) abbatibus, Constantiensis diœcesis, salutem et apostolicam benedictionem.

Significantibus dilectis filiis canonicis Beronensibus (86) nos noveritis accepisse, quod E. H. de Büttickon (87) et alii milites Constantiensis diœcesis, possessiones eorum invadere et quoddam castellum in eis ædificare per violentiam præsumpserunt, ideoque discretioni vestræ per apostolica scripta mandamus, quatenus milites ipsos, ut super his satisfaciant, monitione præmissa per censuram ecclesiasticam, sicut justum fuerit appellatione postposita compellatis.

Datum Laterani, v Kalend. Februarii, pontificatus nostri anno v (88).

LXV.

Ad abbatem S. Columbæ, M. archidiaconum Senonensem et magistrum scholarum Aurelianensium. — Super procurationibus et visitationibus episcopi Parisiensis.

(Anno 1203. Laterani, Mart. 28.)

[*Chartular. Ecclesiæ Paris.*, III, 185.]

INNOCENTIUS episcopus, servus servorum Dei, dilectis filiis abbati Sanctæ Columbæ, et M. archidiacono Senonensi, et magistro scholarum Aurelianensium, salutem et apostolicam benedictionem.

Ad audientiam nostram venerabili fratri nostro Parisiensi episcopo significante, pervenit, quod cum Parisiensem diœcesim aliquando eum oportuerat visitare, sicut ad officium ejus spectat, quidam priores et capellani ejusdem diœcesis procurationem sibi debitam denegant exhibere, ad suæ negationis defensionem hoc solummodo allegantes, quod nec ipsi, nec ipsius prædecessoribus procurationem ejusmodi exsolverunt. Nos igitur præmissam allegationem eorum frivolam reputantes, cum subditus non possit procurationem contra prælatum præscribere quæ ratione visitationis debetur, discretioni vestræ per apostolica scripta mandamus, quatenus præmissis allegationibus nequaquam obstantibus, si nihil aliud obstet, de canonicis institutis faciatis eidem episcopo, appellatione remota, procurationem hujusmodi exhiberi, contradictores, si qui fuerint, vel rebelles a sua præsumptione desistere per censuram ecclesiasticam, appellatione postposita, compellentes. Quod, si non omnes his exequendis potueritis interesse, duo vestrum ea nihilominus exsequantur.

Datum Laterani, v Kalend. Aprilis, pontificatus nostri anno sexto.

LXVI.

Venerabili fratri, Ruthenensi episcopo (89), et dilec-

1198, consecratus vero 22 Februarii, a qua die anni pontificatus numerandi.
(89) Ruthenensis Episcopus, Hugo (*de Rhodez*) memoratur in instrumentis ab anno saltem 1162, usque ad annum saltem 1210. Vitam produxisse dicitur usque ad annum 1214; at prius abdicaverat Episcopatum. Vide *Gall. Christ. nov.* Tom I col. 208.

tis filiis, Ippolito de Monte-Salvio, et priori sancti Antonini, Ruthenensis diœceseos, salutem et apostolicam benedictionem. — Ut controversiam inter capitula S. Ceciliæ et S. Salvii Albiens. super ecclesiam S. Marcianæ diffiniant.

(Anno 1203. Ferentini, Maii, 22.)

[Epistolam hanc edimus ex codice manuscripto Bibliothecæ regiæ signato n° 7392, f°. ultimo. v°. Eadem est penitus ac illa quæ legitur apud Baluzium, Miscellan. Tom. III, pag. 20, col. I, nov. Edit. in-fol. BRÉQ., ibid.]

Ex parte dilectorum filiorum, capituli sanctæ Ceciliæ Albigensis, gravem accepimus quæstionem, quod, cum ecclesiam beatæ Marcianæ canonice fuerint assecuti, canonici beati Salvii Albiensis pensionem viginti solidorum, quam ab eadem ecclesia nomine procurationis percipere consueverant, augmentare volentes, ipsos tam super hoc quam super ecclesiam memoratam contra justitiam molestare præsumunt. Ideoque discretioni vestræ per apostolica scripta mandamus, quatenus dictos canonicos, ut ab indebita eorum molestatione desistant, monitione præmissa, per censuram ecclesiasticam, appellatione postposita, compellatis, nullis litteris veritati et justitiæ præjudicantibus a Sede apostolica impetratis. Quod si non omnes his exsequendis potueritis interesse, tu ea, frater episcope, cum eorum altero nihilominus exsequaris.

Dat. Ferent., XI Kal. Junii, pontificatus nostri anno VI.

LXVII.

Ad Ruthenensem episcopum, præpositum de Montesalvio et priorem S. Antonini, Ruthenensis diœcesis. — Contra canonicos B. Salvii Albiensis.

(Anno 1203. Ferentini, Maii 22.)

[BALUZ., Miscell. ed. in-fol., II, 20.]

INNOCENTIUS episcopus, servus servorum Dei, venerabili fratri Ruthenensi episcopo, et dilectis filiis præposito de Montesalvio et priori Sancti Antonini Ruthenensis diœcesis, salutem et apostolicam benedictionem.

Ex parte dilectorum filiorum capituli Sanctæ Ecclesiæ Albigensis gravem accepimus quæstionem, quod cum ecclesiam Beatæ Marcianæ canonice fuerint assecuti, canonici Beati Salvii Albiensis, etc., ut supra.

LXVII bis.

Pelagii cardinalis tituli Sanctæ Cæciliæ epistola ad Guillelmum episcopum Albiensem. — Ejusdem argumenti.

(Ibid.)

Venerabili in Christo fratri G. Dei gratia Albiensi episcopo, P. eadem gratia tituli Sanctæ Cæciliæ presbyter cardinalis, salutem et sinceræ dilectionis affectum.

(90) Vide epistolam libri tertii XLV, not.

Intelligentes quod canonici Albiensis sedis acquisierunt ecclesiam Beatæ Marcianæ a quibusdam laicis, qui non consueverunt dare pro refectione quam debebant canonicis Beati Salvii nisi viginti solidos, et iidem canonici modo petant refectionem sibi et omnibus quos secum ducunt, per quod Albiensis ecclesia plurimum dicitur gravari, dignum videtur et rationi consentaneum ut intendatis quod viginti solidos recipiant a canonicis sicut a laicis recipere consueverunt. Rogamus ergo dilectionem vestram, de qua plenam spem et fiduciam tenemus, quatenus Albiensem ecclesiam, quam nostram reputamus, quia ad honorem Beatæ Cæciliæ est constructa, gravari non permittatis, sed ut præfati canonici sint contenti nisi viginti solidis, taliter operam detis ut vobis gratiarum actiones referre teneamur. Nos enim et capitulum Ecclesiæ nostræ ipsos in nostris orationibus recipimus, et eorum negotiis, quæ velut nostra reputamus, modis omnibus cum Deo et honestate volumus adesse.

LXVIII.

Ad abbatem (90) et conventum S. Dionysii Parisiensis.—Ut clericorum villæ S. Dionysii, non obstante appellatione ab ipsis emissa, temeritatem compescant.

(Anno 1203. Ferentini, Maii 22.)

[Ex apographo, quod ad fidem autographi, in archivis monasterii S. Dionysii Parisiensis asservati, diligenter exscripsimus. BRÉQUIGNY, ibid. — Hanc bullam jam dudum ediderat DOUBLET in Hist. de l'Eglise de Saint-Denys, p. 538. EDIT. PATR.]

INNOCENTIUS episcopus, servus servorum Dei, dilectis filiis... abbati et conventui Sancti Dionysii, salutem et apostolicam benedictionem.

Ad nostram noveritis audientiam pervenisse, quod clerici quidam, in villa Sancti Dionysii commorantes, non timentes abuti privilegio clericali, noctu fores muliercularum effringunt, in domos earum per violentiam irruentes, et cum filiis burgensium suscitantes seditiones et rixas, eo quod villæ præpositi et justitiarii, propter clericalis ordinis libertatem, ad eorum correctionem manus extendere pertimescunt; si autem tu, fili abbas, eorum velis temeritatibus obviare, statim ad appellationem confugiunt, ut, sub nostræ invocationis præsidio, et declinent animadversionem canonicam et sumant audaciam delinquendi. Cum igitur, ex officio nobis injuncto, teneamur temeritatem reprimere perversorum, discretioni vestræ per apostolica scripta mandamus, quatenus clericos ipsos, prout ad officium vestrum spectat, a præsumptionibus et excessibus antedictis, monitione præmissa, per censuram ecclesiasticam, sublato appellationis impedimento, desistere faciatis.

Datum Ferentini, XI Kal. Junii, pontificatus nostri anno sexto.

LXIX.

Fundationem collegiatæ ecclesiæ de Mirabello confirmat.

(Anno 1203. Anagniæ, Oct. 5.)

[*Gall. Christ.*, Nov. II, Instrum., p. 338.]

INNOCENTIUS episcopus, servus servorum Dei, dilectis filiis et canonicis B. Mariæ de Mirabello salutem et apostolicam benedictionem.

Cum nobis petitur quod justum et honestum, tam vigor æquitatis quam ordo exigit rationis, ut id per sollicitudinem officii nostri ad debitum perducatur effectum. Quapropter, dilecti in Domino filii, vestris justis precibus grato concurrentes assensu, personas vestras et ecclesiam ipsam B. Mariæ de Mirabello, in qua estis per venerabilem fratrem nostrum Mauricium Pictaviensem episcopum diœcesanum constituti canonice, in omnibus pertinentiis suis, et aliis bonis, prout in præsentiarum rationabiliter possidet, aut in futurum justis modis Deo propitio poterit adipisci, sub B. Petri et nostra protectione suscepimus. Præterea de donatione ejusdem episcopi ecclesiam ipsam, et ecclesiam S. Hilarii de Mirabello, et oblationes S. Andreæ et ejusdem castri, quas idem episcopus percipere in certis festivitatibus consuevit, cum possessionibus et proventibus aliis, quos tam per ipsius episcopi quam fidelium largitionem estis adepti, necnon libertates et immunitates ab eodem episcopo vobis et ecclesiæ vestræ concessas, sicut in ejusdem scripto authentico plenius continetur, et vos et ea omnia quæ juste et pacifice possidetis, vobis et per vos eidem ecclesiæ, auctoritate apostolica confirmamus, et præsentis scripti patrocinio communimus. Nulli ergo omnino hominum liceat, etc.

Anagniæ, III Nonas Octobris, pontificatus nostri anno IV.

LXX.

Gerungo, præposito ecclesiæ Omnium Sanctorum in Nigra-Silva, ordinis Præmonstratensis, Argentinensis diœceseos, ejusque fratribus in perpetuum.
—Recipit eos sub protectione, et enumerantur bona ad ipsos spectantia (91).

(Anno. 1204. Anagniæ, Febr. 5.)

[Ex apographo, ad fidem autographi, in archivis abbatiæ Omnium Sanctorum, diœceseos Argentinensis, asservati, diligenter exscripto, quod nobiscum communicavit bonæ memoriæ D. abbas Grandidier. BRÉQUIGNY, *ibid*.]

INNOCENTIUS episcopus, servus servorum Dei, dilectis filiis, GERUNGO, præposito ecclesiæ Omnium Sanctorum in Nigra-Silva (92), ejusque fratribus, tam præsentibus quam futuris, regularem vitam professis, in perpetuum.

Quoties a nobis petitur quod religiosum fuerit ac honestum, animo Nos decet libenti concedere, et petentium desideriis congruum suffragium impertiri. Eapropter, dilecti in Domino filii, vestris justis postulationibus clementer annuimus, et præfatam ecclesiam Omnium Sanctorum, in qua divino mancipati estis obsequio, sub beati Petri et nostra protectione suscipimus, et præsentis scripti privilegio communimus; imprimis siquidem statuentes, ut ordo canonicus, qui secundum Domini et beati Augustini regulam, atque institutionem Præmonstratensium Fratrum, in eodem loco institutus esse dinoscitur, perpetuis ibidem temporibus inviolabiliter observetur. Præterea, quascunque possessiones, quæcunque bona eadem ecclesia impræsentiarum juste et canonice possidet, aut in futurum, concessione pontificum, largitione regum vel principum, oblatione fidelium, seu aliis justis modis, præstante Domino, poterit adipisci, firma vobis vestrisque successoribus et illibata permaneant. In quibus hæc propriis duximus exprimenda vocabulis: Locum ipsum, in quo præfata ecclesia sita est, cum omnibus pertinentiis suis; mansum de Rincum; mansum de Haselbach; nemus quoddam in Elisweiler, ad plantandam vineam, a termino Henrici usque ad terminum Erpherad; item, in palude, duos mansos sine censu, et quartam partem piscationis in Bustric, a bonæ memoriæ Welfone duce, et Uta, uxore ipsius, ducissa de Scowenburg (93), Hugone, duce de Ulemburch, et nobili viro, Bertholdo, duce de Zahringen (94), fundatoribus loci ejusdem, ecclesiæ vestræ pia liberalitate concessa, et ab Henrico imperatore postmodum confirmata; item jugera terrarum, et curtes in Appenvilre et in Ufholtz, quæ dederunt Conradus Keseman, Henricus Gertine, et Conradus Mesterlin; prædium vero in Griseborn, quod bonæ memoriæ Conradus, Argentinensis episcopus, ecclesiæ vestræ pietatis intuitu contulit, cum pratis, vineis, terris, nemoribus, usuagiis et pascuis, in bosco et plano, in aquis et molendinis, in viis et semitis, et omnibus aliis libertatibus et immunitatibus suis. Sane, novalium vestrorum, etc.

Datum Anagniæ, per manum Joannis, sanctæ Romanæ Ecclesiæ subdiaconi et notarii, Nonis Februarii, Indictione septima, Incarnationis Dominicæ anno 1203, pontificatus vero domini Innocentii papæ tertii anno VI.

LXXI.

Ad præpositum, decanum et custodem Mindensem.—
Pro canonicis S. Willehardi Bremensis.

(Anno 1204. Romæ, ap. S. Petrum, Febr. 5.)

[LAPPENBERG, *Hamburg. Urkund.*, p. 303, ex

---

(91) Conferenda omnino hæc Innocentii epistola cum iis quæ de abbatia Omnium Sanctorum referuntur, apud auctores novæ Galliæ Christianæ, tom. V, col. 890.

(92) Le monastère de la Toussaint, de l'ordre de Prémontré, existe encore aujourd'hui dans la Forêt-Noire, et dans le diocèse de Strasbourg, maintenant de Fribourg (duché de Bade).

(93) Utha de Schawenbourg, épouse de Welfon, duc de Bavière.

(94) Berthold, duc de Zeringen.

originali in archivio Stadensi, caps. II, n. II, cum sigillo plumbeo Innocentii III.]

INNOCENTIUS episcopus, servus servorum Dei, dilectis filiis præposito, decano et custodi Mindensi, salutem et apostolicam benedictionem.

Oblata nobis dilectorum filiorum, Wald. et aliorum canonicorum ecclesiæ Sancti Willehardi de Bremen, querela monstravit, quod H. præpositus eorum, fructus cujusdam præbendæ pertinentis ad ecclesiam supradictam, injuste sibi per decem jam annos usurpans, super stipendiis suis injuriatur eisdem cellerariam ipsius ecclesiæ, cujus donatio de jure spectat ad ipsos; A. clerico Bremensi, post appellationem ad nos legitime interpositam, pro suæ conferens arbitrio voluntatis. Quia igitur nobis non constitit de præmissis, discretioni vestræ per apostolica scripta mandamus, quatenus partibus convocatis audiatis causam et appellatione remota, mediante justitia terminetis, reducentes in statum debitum quidquid post appellationem ad nos legitime interpositam temere constiterit attentatum. Nullis litteris veritati et justitiæ præjudicantibus a sede apostolica impetratis. Quod si non omnes his exsequendis potueritis interesse, duo vestrum ea nihilominus exsequantur.

Datum Romæ apud Sanctum Petrum, Nonis Februarii, pontificatus nostri anno VII.

LXXII.

Ad episcopum, præpositum et decanum Hildeshemensem. — Ut Bremenses canonicos ad exhibitionem privilegiorum ipsorum compellant.

(Anno 1204. Laterani, April. 5.)

[Ibid. « Liber copialis Capituli. Fol. 7 b. N°. XIII. Cum hac inscriptione: *Super ablatione furtiva et detractione privilegiorum ecclesiæ Hamburgensis facta per Bremenses.* »]

INNOCENTIUS episcopus, servus servorum Dei, venerabili fratri, episcopo et dilectis filiis, præposito et decano Ildesemiensi, salutem et apostolicam benedictionem.

Conquerentibus dilectis filiis, canonicis Hamburgensibus, nostris est auribus intimatum, quod Bremenses canonici Hamburgensis ecclesiæ privilegia detinentes et supprimentes in eorum præjudicium et gravamen, unionem, quæ inter Bremensem et Hamburgensem ecclesias per bonæ memoriæ Benedictum et Sergium, prædecessores nostros, instituta fuerat et per quamplures successores eorum postmodum confirmata, rumpere temeritate propria moliuntur. Volentes igitur eidem ecclesiæ providere, discretioni vestræ per apostolica scripta mandamus, quatenus Bremenses canonicos ad exhibitionem privilegiorum ipsorum, monitione præmissa, per censuram ecclesiasticam, appellatione postposita, compellentes, super his, convocatis partibus et auditis hinc inde propositis, quod justum fuerit statuatis, facientes quod decreveritis per districtionem eamdem firmiter observari. Testes autem qui fuerint nominati, si se gratia, odio vel timore subtraxerint, districtione simili, appellatione remota, cogatis veritati testimonium perhibere: nullis litteris veritati et justitiæ præjudicantibus a sede apostolica impetratis. Quod si non omnes his exsequendis potueritis interesse, tu, frater episcope, cum eorum altero ea nihilominus exsequaris.

Datum Laterani, Nonis Aprilis, pontificatus nostri anno VII.

LXXIII.

Ad episcopum Paderbornensem. — Ut bona Ecclesiæ Bremensis, ab H. comite palatino Rheni invasa, archiepiscopo Bremensi restitui curet.

(Anno 1204. Laterani, April. 5.)

[Ibid., p. 304. « Originale citatur in Registr. Stad. Caps. XVII. N°. 10.

INNOCENTIUS episcopus, servus servorum Dei, venerabili episcopo et dilecto filio, præposito Patherburnensi, salutem et apostolicam benedictionem.

Lacrymabilis venerabilis Bremensis archiepiscopi ad nos querela pervenit, quod cum pleno corde et fide non ficta devote ad fidelitatem regiam accessisset, et a rege ipso fuisset deliberatione provida constitutum et per venerabilem fratrem nostrum, Ernestum episcopum, legatum sedis apostolicæ, confirmatum, ut tempore ministeriales Bremensis Ecclesiæ ac alii, qui ad fidelitatem regis redierant, ea quæ usque ad tempus illud quiete possederant, de cætero pacifice possiderent, donec dirimeretur judicio, si quid esset super his inter aliquos quæstionis. Licet idem archiepiscopus universa, quæ ad Bremensem Ecclesiam pertinebant, defensioni nostræ ac regiæ commisisset, dilectus tamen filius noster, nobilis vir H. comes palatinus Rheni, quidquid idem archiepiscopus, canonici, presbyteri et ministeriales ipsius in terra Stadensi ac Athellena (95) possidebant, præter ordinem juris invasit, nec voluit ea, tam a rege ipso quam legato nostro et venerabili fratre nostro, Coloniensi archiepiscopo, et multis aliis rogatus sæpius, resignare. Idem ergo Bremensis, cum apud ipsum nec precibus nec monitis in aliquo profecisset, excommunicationis in eum et in terram suam, quam violenter invaserat, interdicti sententiam promulgavit, quam licet legatus noster ratam habuerit et præceperit observari, tamen comiti plus debito deferens, quoniam quæ obtulerat ad certum terminum restituere promittebat, ita quod nisi restitueret, in sententiam incideret memoratam, fecit per eumdem archiepiscopum relaxari. Cumque pro jam dicto comite, quia ea quæ promiserat, non fuerit exsecutus, ad illa in posterum exsequendum legatus noster semel, secundo et tertio inducias postulaverit et acceperit postulatas, ipse tamen nihil horum quæ acceperat, voluit restaurare, propter quod archiepiscopus in eum iterum excommunica-

---

(95) Hadeln.

-tionis sententiam promulgavit. Et licet legatus ipse archiepiscopo per litteras promisisset, quod apud eum de cætero pro ipso non interponeret partes suas, suæ tamen promissionis oblitus, mutato consilio, in ejus absentia ipsum absolvit et ad examinationem negotii certum diem et locum in Verda utrique partium assignavit. Cæterum cum archiepiscopus legati se conspectui præsentasset, quia eum sibi sensit adversum, utpote qui eum inducere ac cogere videbatur, ut ipsum de his quæ abstulerat infeudaret, ad sedem apostolicam appellavit.

Sane quantumcunque præfatum comitem in Domino diligamus, quia tamen ecclesiis et viris ecclesiasticis in jure suo deesse nec volumus nec debemus, non voluntati suæ, sed utilitati et saluti potius consulentes, eidem per apostolica scripta mandavimus et sub ea qua possumus districtione præcepimus, ut omni excusatione cessante, archiepiscopo ipsi ablata restituat universa et ab ipsius de cætero molestatione desistat. Contra eum tamen de jure suo poterit ordine judiciario, si voluerit, experiri. Quocirca discretioni vestræ per apostolica scripta præcipiendo mandamus, quatenus si sæpedictus comes palatinus quod mandavimus neglexerit adimplere, vos revocato in statum debitum quidquid post appellationem ad nos legitime interpositam inveneritis attentatum, ipsum, sublato appellationis obstaculo, excommunicationis sententia percellatis, terram quam invasit, auctoritate nostra suffulti, interdicto ecclesiastico supponentes et utramque sententiam usque ad satisfactionem congruam singulis diebus Dominicis et festivis, pulsatis campanis et candelis accensis, solemniter publicantes, mandetis inviolabiliter observari. Nullis litteris veritati et justitiæ præjudicantibus a sede apostolica impetratis. Quod si non ambo his exsequendis poteritis interesse, alter vestrum ea nihilominus exsequatur.

Datum Laterani, Nonis Aprilis, pontificatus nostri anno vii.

LXXIV.

Ad priorem de Charitate. — Approbat consuetudinem orandi pro malefactoribus.

(Anno 1204. Laterani, April. 12.)

[MARTEN. *Thesaur. Anecdot.*, I, 795, ex ms. Charitatis.]

INNOCENTIUS episcopus, servus servorum Dei, dilectis filiis priori et conventui de Charitate, salutem et apostolicam benedictionem.

Si justa filii hominum judicarent, et animadverterent diligenter impensam sibi gratiam Redemptoris, qui pro nobis tradidit semetipsum, usque ad mortem factus obediens, ut nos de inimici faucibus liberaret, sanctam Ecclesiam, sponsam ejus, quam ipse proprio sanguine dedicavit, et in ea famulantes studerent propensius honorare, atque a læsione ipsorum suas retraherent penitus voluntates. Verum quod dolentes referimus, tanta est, peccatis exigentibus, nunc malitia hominum super terram, et in tantum excrevit audacia malignantium, quod non solum ad res ecclesiasticas avidas manus extendunt, et pro suo diripiunt arbitrio voluntatis, imo etiam ecclesias et possessiones earum quasi signum ad sagittam ponentes, viros religiosos odio exsecrabili prosequuntur, sanctum eorum otium nequiter perturbantes. Et quoniam hujusmodi homines licet censeantur nominis christiani, a Christi tamen operibus sunt alieni, lætantes cum male fecerint, et in rebus pessimis exsultantes, et admoniti sæpius, a sua nolunt desistere pravitate, nolentes intelligere ut bene agant; sed iniquitatem in suis cubilibus meditantes, cum malefactoribus ipsis, sicut vestra relatione didicimus, per vos resistere non possitis; mos in vestra ecclesia inolevit, ut cum aliquis malefactor res monasterii vestri occupat per violentiam, vel diripit per rapinam, et monitus vobis satisfacere non procurat, vos in missarum solemniis, cum Patri Filius pro mundi reatibus immolatur, ecclesiæ pavimento prosternitis, et pro persequentibus exoratis, oculos levantes ad Dominum, et humiliter supplicantes, ut vestri misereri dignetur, qui prope est invocantibus ipsum in veritate, timentium se peragit voluntates, et orationes exaudit eorum, faciens eos salvos. Cum igitur orare pro persequentibus non solum præcepto, verum etiam exemplo Dominico instruamur, nos præmissam consuetudinem piam esse credentes, præsentium vobis auctoritate concedimus, quatenus eam minime deseratis, sed ipsam humiliter ac devote servetis: ita quod orationibus vestris a malo revocentur iniqui, vos optata pace fruamini ac quiete.

Datum Laterani ii Idus Aprilis, pontificatus nostri anno vii.

LXXV.

Ad Adelam reginam Franciæ. — Ut possit sepeliri apud Pontiniacum.

(Anno 1204. Laterani, April. 24.)

[MARTEN. *Thes. anecdot.*, III, 1254.]

INNOCENTIUS episcopus, servus servorum Dei, charissimæ in Christo filiæ.... illustri reginæ Francorum, salutem et apostolicam benedictionem.

Consuevit annuere sedes apostolica piis votis, et honestis petentium precibus favorem benevolum impertiri. Eapropter, charissima in Christo filia, devotionem quam erga monasterium Pontiniaci et fratres qui jugiter Domino famulantur ibidem, habere dignosceris, attendentes, tuis piis postulationibus clementer annuimus, auctoritate præsentium inhibentes, ne quis post obitum tuum fratribus ipsis impedimentum aliquod inferre præsumat, quin corpus tuum in eorum monasterio juxta tuam dispositionem liberam habeat sepulturam. Nulli ergo omnino hominum liceat hanc paginam nostræ inhibitionis infringere, vel ei ausu temerario contraire Si quis autem hoc attentare præsumpserit, indignationem omnipotentis Dei et beatorum Petri et Pauli apostolorum ejus se noverit incursurum.

Datum Laterani, viii Kalendas Maii, pontificatus nostri anno septimo (95*).

LXXVI.
Ad regem Anglorum. — Prædicatoribus cum rege transfretantibus, equitandi facultatem concedit.

(Anno 1204. Lugduni, April. 30.)

[RYMER, *Fœdera*, etc. I, 91, ex originali in thes. cur. Recept. Scaccarii.]

INNOCENTIUS episcopus, servus servorum Dei, charissimo in Christo filio.... regi Angliæ illustri, salutem et apostolicam benedictionem.

Celsitudinis tuæ precibus benignum impertientes assensum, fratribus prædicatoribus et minoribus, quos tecum duxeris ultra mare, equitandi, quoties a te requisiti fuerint, non obstante contrario statuto suorum ordinum, liberam concedimus facultatem.

Dat. Lugdun. (96), ii Kal. Maii, pontificatus nostri anno vii.

LXXVII.
Ad Amelinum Cenomanensem episcopum et abbatem de Persegnia, etc. — De reformatione Ecclesiæ S. Martini Turonensis.

(Anno 1204. Laterani, April. 30.)

Défense de l'Egl. de S. Martin de Tours, 28.

Amelinus, Dei gratia Cenomanensis episcopus, et Adam abbas de Perseignia, universis Christi fidelibus ad quos præsens pagina pervenerit, salutem in Domino. Noveritis nos suscepisse mandatum apostolicum in hunc modum:

« INNOCENTIUS episcopus, servus servorum Dei, venerabili fratri episcopo Cenomanensi et dilectis filiis abbati de Persegnia Cenomanensis diœcesis, et magistro Guarino Angeli canonico Cenomanensi, salutem et apostolicam benedictionem.

« Ex relatione dilectorum filiorum subdecani et quorumdam canonicorum Beati Martini Turonensis nostris est auribus intimatum quod cum olim ecclesia ipsa inter alias Ecclesias Gallicanas rerum ubertate et libertate nobilior haberetur, nunc faciente importunitate guerrarum in cinere jacet incendio desolata: spreverunt enim eam domestici ejus, quia illi qui majores in ea tam in honoribus quam in beneficiis percipiendis existunt, sicut priores, capicerii atque præpositi, raro intrant ipsam ecclesiam, cum juramento teneantur corporaliter præstito residentiam facere et ligiam mansionem: simplices vero canonici cum propter defectum redituum, tum propter majorem absentiam se circa ecclesiæ statum et Dei servitium exhibent negligentes, a majoribus sumentes exemplum cum eadem negligantur ab illis, qui ea ex emolumento majori propensius procurare tenentur. Quia igitur reformatio status istius ecclesiæ, quæ apostolicæ sedis est filia specialis, specialiter nobis incumbit, discretioni vestræ per apostolica scripta mandamus quatenus personaliter ad ipsam descendentes ecclesiam, inquiratis quæ circa statum ipsius ac personarum conversationem fuerint inquirenda, et auctoritate nostra suffulti, nullius contradictione vel appellatione obstante, quæ corrigenda videritis corrigatis in ea, et statuatis tam circa residentiam personarum, quam alia quæ ad utilitatem Ecclesiæ et clericalem expediant honestatem; et faciatis quod statueritis firmiter observari. Quod si non omnes his exsequendis potueritis interesse, tu, frater episcope, cum eorum altero ea nihilominus exsequaris.

« Datum Laterani, ii Kal. Maii, pontificatus nostri anno septimo.

Hujus igitur auctoritate mandati accedentes ecclesiam, inquisito diligenter ecclesiæ statu, et personarum conversatione, habito consilio priorum ecclesiæ et aliorum prudentium, divino corroborati auxilio, ea quæ ad decorem domus Domini et statum ecclesiæ reformandum in melius pertinere cognovimus primo duximus proponenda, circa ecclesiam igitur et servitium ejus ita statuimus: Si presbyter hebdomadarius qui missam celebrare tenetur, per incuriam vel negligentiam defuerit, singulis diebus hebdomadæ quam facere debet duobus solidis puniatur. Si diaconus similiter defuerit 14 denariis; si subdiaconus 12, si acolythus 6. Hoc autem dicitur de illis qui residentes sunt, foranei vero presbyteri in 12, diaconus in 8, et subdiaconus in 7, etc.

LXXVIII.
De episcopatu Curleolensi, ad instantiam Innocentii III papæ archiepiscopo Ragusino concesso.

(Anno 1204. Ferentini, Maii 15.)

[RYMER, *Fœdera*, etc., Londini, 1816, fol., t. I, p. 190. Pat. 5. Joh. n. 11, in Turre London.]

Rex, etc., *venerabili Patri in Christo et fratri charissimo* GAUFRIDO, *Dei gratia Eborum archiepiscopo,* JOANNES *eadem Dei gratia rex Angliæ, Dominus Hyberniæ, dux Normanniæ, et Aquitaniæ, et comes Andegaviæ, salutem. Litteras domini papæ suscepimus in hæc verba:*

« INNOCENTIUS episcopus, servus servorum Dei, dilecto filio JOANNI, illustri regi Angliæ, salutem et apostolicam benedictionem.

« Ad supplicationem instantem venerabilis fratris nostri archiepiscopi Ragusini eum a cura et a sollicitudine qua tenebatur, Ecclesiæ Ragusinæ duximus absolvendum, eo videlicet quod ibi non poterat secure morari, et si accessum habet ad illam, mortis sibi periculum imminebat.

« Ne vero idem archiepiscopus in vituperium ministerii nostri defectum in temporalibus patiatur, episcopatum Karleolensem et ecclesiam de Meleburn, cum omnibus pertinentiis eorum, de munificentia ac liberalitate tua ac concessione venerabilis fratris nostri Gaufridi Eborum archiepiscopi, ei benigne collatis, de sedis apostolicæ benignitate concedimus ad ipsius indigentiam subveniendam. Serenitatem regiam monentes et hortantes quatenus eumdem archiepiscopum, nostrarum precum

---

(95*) Quod tam devoto concupierat animo piissima regina, impetravit duobus post annis apud Pontiniacum 1206, sepultura donata.

(96) Legendum *Laterani*, vel epistola ad Innocentium IV referenda.

obtentu, et officii pontificalis intuitu, recommendatum velis habere, ejus necessitati compatiaris, et ipsius subvenias paupertati, et dona præsentia per illustrem munificentiam reddatis ampliora, ut per hæc regi regum, qui sacerdos est in æternum, videaris obsequium exhibere; cum illud quod ministris ejus impenditur, sibi protestatur impendi.

« Datum Ferent. Idus Maii, pontificatus nostri anno sexto. »

Nos autem juxta petitionem domni papæ præscriptam, ipsi archiepiscopo Ragusino prædictum episcopatum Karleolensem de munificentia et liberalitate regia ei concessimus, mandantes vobis quatenus ei tanquam pastori et episcopo vestro in omnibus intendatis. Teste Domino Cantuariensi archiepiscopo, apud Merlesb. decimo die Januarii.

LXXIX.

Ad abbatem Fusniacensem ejusque fratres in perpetuum. — Recipit eos sub protectione, et privilegia ipsis confirmat (96*).

(Anno 1204. Laterani, Maii 21.)
[Bréquigny, *ibid.*, p. 1092.]

Innocentius episcopus, servus servorum Dei, dilectis filiis, abbati Fusniacensi, ejusque fratribus, tam præsentibus quam futuris, regularem vitam professis in perpetuum.

Religiosam vitam eligentibus apostolicum convenit adesse præsidium, ne forte cujuslibet temeritatis incursus aut eos a proposito revocet, aut robur, quod absit! sacræ religionis infringat. Eapropter, dilecti in Domino filii, vestris justis postulationibus clementer annuimus, et præfatum monasterium sanctæ Dei genitricis et virginis Mariæ, in quo divino mancipati estis obsequio, sub beati Petri et nostra protectione suscipimus, et præsentis scripti privilegio communimus; inprimis siquidem statuentes, ut ordo monasticus, qui secundum Deum et beati Benedicti Regulam, atque institutionem Cisterciensium fratrum, in eodem monasterio institutus esse dignoscitur, perpetuis ibidem temporibus inviolabiliter observetur. Præterea, quascunque possessiones, quæcunque bona idem monasterium inpræsentiarum juste et canonice possidet, aut in futurum, concessione pontificum, largitione regum vel principum, oblatione fidelium, seu aliis justis modis, præstante Domino, poterit adipisci, firma vobis vestrisque successoribus et illibata permaneant. In quibus hæc propriis duximus exprimenda vocabulis :

Locum ipsum, in quo præfatum monasterium situm est, cum omnibus pertinentiis suis; grangiam de Sparseio, cum pertinentiis suis; grangiam de Gactinise, cum pertinentiis suis; domum de Landosvilla, cum pertinentiis suis; grangiam de Landosilecort, cum pertinentiis suis; grangiam de Abentonlecort, cum pertinentiis suis; pratum de Veagis; grangiam, quæ Mare dicitur, cum pertinentiis suis; grangiam de Villecell, cum pertinentiis suis, grangiam de Focutis, cum pertinentiis suis; cellarium de Curpett, cum pertinentiis suis; grangiam de Hevereagna, cum pertinentiis suis; quidquid habetis in villa sanctæ Crucis; grangiam de Hercusot, cum pertinentiis suis; domum de Marla; decimas, quas habetis in villa Mascotz; decimas, quas habetis in villa de Cella; quidquid habetis apud civitatem Lauduneusem, et prata de Strecs, cum terris, vineis, pratis, nemoribus, usuagiis et pascuis, in bosco et plano, in aquis et molendinis, in viis et semitis, et in omnibus aliis libertatibus et immunitatibus suis. Sane, laborum vestrorum, quos propriis manibus aut sumptibus colitis, tam de terris cultis quam incultis, sive in hortis, et virgultis, et piscationibus vestris, vel de nutrimentis animalium vestrorum, nullus a vobis decimas exigere vel extorquere præsumat.

Liceat quoque vobis clericos, vel laicos, liberos et absolutos, e sæculo fugientes, ad conversionem recipere, et eos absque contradictione aliqua retinere. Prohibemus insuper, ut nulli fratrum vestrorum, post factam in monasterio vestro professionem, fas sit absque abbatis sui licentia de eodem loco discedere; discedentem vero, absque communium litterarum nostrarum cautione, nullus audeat retinere; quod si quis forte retinere præsumpserit, licitum vobis sit in ipsos monachos vel conversos regularem sententiam promulgare; illud districtius inhibentes, ne *terras, seu quodlibet beneficium Ecclesiæ vestræ collatum* liceat alicui personaliter dari, seu alio modo alienari, absque consensu totius capituli, vel majoris aut sanioris partis ipsius. Si quæ vero donationes vel alienationes aliter, quam dictum est, factæ fuerint, *eas irritas esse censemus.* Ad hæc etiam prohibemus, ne aliquis monachus sive conversus, sub possessione vestræ domus astrictus, sine consensu et licentia abbatis et majoris partis capituli vestri, pro aliquo pecuniam mutuo accipiat, ultra pretium capituli vestri prudentia constitutum, nisi propter manifestam domus vestræ utilitatem. Quod si facere præsumpserit, non teneatur conventus pro his aliquatenus respondere. Licitum præterea sit vobis in causis propriis, sive civilem, sive criminalem contineant quæstionem, fratrum vestrorum testimoniis uti, ne pro defectu testium jus vestrum in aliquo valeat deperire.

Insuper, auctoritate apostolica inhibemus, ne *ullus episcopus, vel quælibet alia persona,* ad synodos vel conventus forenses vos ire, vel judicio sæculari de propria substantia vel possessionibus vestris subjacere compellat, nec ad domos vestras causa ordines celebrandi, causas tractandi, vel conventus aliquos publicos convocandi, venire præsumat, nec regularem electionem abbatis vestri impediat, aut de instituendo aut removendo eo

---

(96*) Vide notas ad epistolam appendicis hujus xxxiv.

qui pro tempore fuerit, contra statuta Cisterciensis ordinis, se aliquatenus intromittat. Si vero episcopus, in cujus parochia domus vestra fundata est, cum humilitate ac devotione, qua convenit, requisitus, substitutum abbatem benedicere et alia, quæ ad officium episcopale pertinent, vobis conferre renuerit, licitum sit eidem abbati, si tamen sacerdos fuerit, proprios novitios benedicere, et alia, quæ ad officium suum pertinent exercere, et vobis, omnia ab alio episcopo percipere quæ a vestro fuerint indebite denegata; illud adjicientes, ut in recipiendis possessionibus, quæ a benedictis vel benedicendis abbatibus exhibentur, ea, sine episcopi forma et expressione contenti (97), quæ ab origine ordinis noscitur instituta, ut scilicet abbates ipsi, salvo ordine suo, profiteri debeant, et contra statuta ordinis sui nullam professionem facere compellantur. Pro consecrationibus vero altarium vel ecclesiarum, sive pro oleo sancto, vel quolibet ecclesiastico sacramento nullus a vobis, sub obtentu consuetudinis, vel alio modo, quidquam audeat extorquere, sed omnia gratis vobis episcopus diœcesanus impendat; alioquin, liceat vobis quemcunque malueritis catholicum adire antistitem, gratiam et communionem apostolicæ sedis habentem, qui nostra fretus auctoritate, vobis quod postulatur impendat. Quod si sedes diœcesani episcopi forte vacaverit, interim omnia ecclesiastica sacramenta a vicinis episcopis accipere libere et absque contradictione possitis, sic tamen, ut ex hoc in posterum propriis episcopis nullum præjudicium generetur. Quia vero interdum propriorum episcoporum copiam non habetis, si quem episcopum Romanæ sedis, ut diximus, communionem habentem, et de quo plenam notitiam habeatis, per vos transire contigerit, ab eo benedictiones vasorum et vestium, consecrationes altarium, ordinationes monachorum auctoritate apostolicæ sedis recipere valeatis. Porro, si episcopi, vel alii ecclesiarum rectores, in monasteria vestra vel personas inibi constitutas, suspensionis, excommunicationis, vel interdicti sententiam promulgaverint, sive etiam in mercenarios vestros, pro eo quod decimas non solvitis, sive aliqua occasione eorum quæ ab apostolica benignitate vobis indulta seu in benefactores vestros, pro eo quod aliqua vobis beneficia vel obsequia ex charitate præstiterint, vel ad laborandum adjuverint, in illis diebus in quibus vos laboratis, et alii feriantur, eamdem sententiam protulerint, ipsam, tanquam contra sedis apostolicæ indulta prolatam duximus irritandam, nec litteræ illæ firmitatem habeant, quas, tacito nomine Cisterciensis ordinis, et contra tenorem apostolicorum privilegiorum constiterit impetrari. Paci quoque et tranquillitati vestræ paterna inposterum sollicitudine providere volentes, auctoritate apostolica prohibemus, ne infra clausuras locorum, seu grangiarum vestrarum, nullus rapinam seu furtum facere, ignem apponere, sanguinem fundere, hominem temere capere, vel interficere, seu violentiam audeat exercere. Præterea, omnes libertates et immunitates, a prædecessoribus nostris, Romanis pontificibus ordini vestro concessas, nec non et libertates et exemptiones sæcularium exactionum, a regibus et principibus, vel aliis fidelibus rationabiliter vobis indultas, auctoritate apostolica confirmamus et præsentis scripti privilegio communimus.

Decernimus ergo, ut nulli omnino hominum liceat, præfatum monasterium temere perturbare, aut ejus possessiones auferre, vel ablatas retinere, minuere, seu quibuslibet vexationibus fatigare, sed omnia conserventur, eorum, pro quorum gubernatione ac sustentatione concessa sunt usibus omnimodis profutura, salva sedis apostolicæ auctoritate. Si qua igitur in futurum ecclesiastica sæcularisve persona, hanc nostræ constitutionis paginam, sciens, contra eam temere venire tentaverit, secundo tertiove commonita, nisi reatum suum congrua satisfactione correxerit, potestatis honorisque sui dignitate careat, reamque se divino judicio existere de perpetrata iniquitate cognoscat, et a sacratissimo corpore et sanguine Dei et Domini Redemptoris nostri Jesu Christi aliena fiat, atque in extremo examine districtæ ultioni subjaceat. Cunctis autem eidem loco sua jura servantibus, sit pax Domini nostri Jesu Christi, quatenus et hic fructum bonæ actionis percipiant, et apud districtum Judicem præmia æternæ pacis inveniant. Amen. Amen. Amen.

Ego Innocentius, catholicæ Ecclesiæ episcopus.

Ego Octavianus, Hostiensis et Velletrensis episcopus.

Ego Petrus, Portuensis et sanctæ Rufinæ episcopus.

Ego Joannes, Albanensis episcopus

Ego Petrus, tituli Sanctæ Cœciliæ presbyter cardinalis.

Ego Guido, S. Mariæ infra Tyberim tituli Calixti, presbyter cardinales.

Ego Hugo, presbyter cardinalis sancti Martini et Equitii.

Ego Joannes tituli Sancti Stephani in Cœlio Monte presbyter cardinalis.

Ego Joannes, tituli Sanctæ Priscæ presbyter cardinalis.

Ego Cencius, sanctorum Joannis et Pauli presbyter cardinalis, tituli Pamachii.

Ego Gregorius, tituli Sancti Vitalis presbyter cardinalis.

Ego Benedictus, tituli Sanctæ Susannæ presbyter cardinalis.

Ego Gracianus, Sanctorum Cosmæ et Damiani diaconus cardinalis.

---

(97) Sic legitur in Apogr., mendose, ut videtur.

Ego Gregorius, Sancti Georgii ad velum aureum diaconus cardinalis

Ego Hugo, Sancti Eustachii diaconus cardinalis.

Ego Matthæus, Sancti Theodori diaconus cardinalis.

Ego Joannes, Sanctæ Mariæ in Cosmedin diaconus cardinalis.

Datum Laterani, per manum Joannis, sanctæ Romanæ Ecclesiæ subdiaconi et notarii, XII Kalendas Junii, indictione VII, Incarnationis Dominicæ anno 1204, pontificatus domini Innocentii papæ III anno septimo.

Je soussigné, délégué de Monseigneur le Garde des Sceaux, pour la recherche et transcription des monuments historiques de la Tiérache et partie du Laonnois, certifie la présente copie conforme à l'original. Ce 10 avril 1788. Signé D. R. N. JEANNIN, religieux de S. Michel.

LXXX.

Aa electum (97*), decanum (98), et archidiaconum Atrebatenses.—Ut nobilem virum, Philippum, comitem Namurcensem, et ballivos Balduini, Flandiæ comitis, per censuram ecclesiasticam compellant, ad, juxta promissionem eorum, conservandas libertates abbatis et conventus S. Bertini, et ad satisfactionem impendendam de damnis et injuriis illatis dictis abbati et conventui, occasione excommunicationis burgensium Sancti Audomari.

(Anno 1204. Romæ, ap S. Petrum, Sept. 23.)

Ex Archivo S. Bertini, capsa *Papalia*, n° 59. Ad calcem Apographi hanc notulam adfixit D. C. de Witte. « Baudoin, comte de Flandres et de Hainaut, étant parti pour la Terre-Sainte, en 1202, comme il en a été ci devant parlé aux titre et notes 299, Philippe, comte de Namur, et frère dudit comte de Flandres, ainsi que plusieurs baillis dudit comte de Flandres, profitèrent de cette absence pour faire des dégâts et des invasions dans les biens et courtils de l'abbaye de S. Bertin, situés dans le diocèse de Térouane ; sur quoi l'abbé et religieux de S. Bertin ayant porté leurs plaintes à Rome, en conséquence, le souverain pontife, Innocent III, donna ce présent mandement apostolique aux doyen et archidiacre d'Arras, pour obliger lesdits comtes de Namur et baillis du comte de Flandres, sous peine de censure ecclésiastique, à indemniser et à satisfaire à tous les dommages et injures causées par eux auxdits abbé et religieux de Saint-Bertin. » BRÉQ., *ibid.*, p. 1123.]

Proposita nobis dilecti filii,... abbas et conventus Sancti Bertini (98*), conquestione monstrarunt, quod, cum burgenses Sancti Audomari, Morinensis diœceseos, propter offensas quas illis intulerant, auctoritate nostra fuissent excommunicationi subjecti, nobilis vir..(99) comes Namurcensis, et ballivi nobilis viri (99*)... comitis Flandriæ, Morinensis diœceseos, bona et curtes eorum occasione hujusmodi per violentiam invadentes, tot et tanta sibi et monasterio suo damna et gravamina irrogarunt, quod ipsi, exsilium metuentes, de consilio venerabilis fratris nostri, episcopi Morinensis (100), diœcesani sui, et aliorum prudentum virorum, cum eisdem diem accipere sunt coacti, ubi prædicti ballivi, ad hoc, ut excommunicationis sententia relaxaretur ad tempus, congruam satisfactionem injuriarum pariter et damnorum, nec non conservationem libertatum suarum, eisdem, sicut ipsorum et eorum qui interfuerunt testantur litteræ, promiserunt ; super quibus se queruntur defraudatos fuisse turpiter et delusos. Quocirca, discretioni vestræ per apostolica scripta mandamus, quatenus memoratos comitem et ballivos, ut juxta promissionem suam memorati monasterii libertates conserventur, et de damnis et injuriis congruam eis satisfactionem impendant, monitione præmissa, per censuram ecclesiasticam, appellatione remota, sicut justum fuerit, compellatis ; nullis obstantibus litteris, veritati et justitiæ præjudicantibus, a sede apostolica impetratis. Quod si non omnes his exsequendis potueritis interesse, duo vestrum ea nihilominus exsequantur.

Datum Romæ, apud Sanctum Petrum, IX Kalendas Octobris, pontificatus nostri anno VII.

LXXXI.

Ad Joannem (1), Abbatem S. Bertini. — Conceditur ei facultas benedicendi pallas altarium, et sacerdotalia indumenta.

(Anno 1204. Romæ, ap. S. Petrum, Oct. 5)

[Ex Archivio S. Bertini, capsa *Papalia*, n° 161. Ad calcem hujus apographi hanc notulam D. C. de Witte. « Comme le droit de bénir ce qui sert à l'autel, pour le saint Sacrifice de la messe, appartenait aux évêques, Jean, abbé de S. Bertin, pour éviter toutes difficultés à ce sujet, supplia le souverain pontife (eu égard au grand nombre d'autels dont il était chargé), de vouloir bien lui accorder la faculté d'en bénir les pales ou linges qui servent à couvrir l'autel, ainsi que les habits sacerdotaux ; ce que le pape Innocent III accorda favorablement, par la présente bulle, audit Jean, ainsi qu'à tous ses successeurs abbés de S. Bertin. » BRÉQ. *ibid.*]

Justis petentium desideriis dignum est nos facilem præbere assensum, et vota, quæ a rationis tramite non discordant, effectu prosequente complere. Eapropter, dilecte in Domino fili, tuis justis postulationibus grato concurrentes assensu, benedicendi pallas altarium et sacerdotalia indumenta tibi et successoribus tuis concedimus auctoritate apostolica facultatem. Nulli ergo omnino hominum liceat hanc paginam nostræ concessionis infringere, vel ei ausu temerario contraire. Si quis autem

---

(97*) Vide ad Epistolam Libri octavi XLV, not.

(98) Erat ille, Johannes III, qui in instrumentis, jam ab anno 1200, subscriptus reperitur. Ipsi vices suas commisit Octavianus, A. S. L. ad dirimendam litem inter Ecclesias sancti Bertini et S. Audomari ex una parte, et Guidonem de Coci ex altera, qui jus advocatiæ sibi arrogabat in Villa de Caumont, an. 1201. Occurrit in charta 1209, pro erectione duarum Ecclesiæ Cathedralis Capellania-

rum ; sedebat adhuc anno 1212.

(98) Vide ad Epistolam Appendicis hujus XVIII, not.

(99) Vide supra, not. C. de Witte.

(99*) Ibidem.

(100) Vide ad Epistolam Libri noni CLXXXII, not.

(1) Vide ad Epistolam appendicis hujus XVIII, not.

hoc attentare præsumpserit, indignationem omnipotentis Dei et beatorum Petri et Pauli, apostolorum ejus, se noverit incursurum.

Datum Romæ, apud Sanctum Petrum, III Nonas Octobris, pontificatus nostri anno septimo

LXXXII.

Ad Petrum priorem et fratres S. Reparatæ Lucensis. —Eorum jura possessionesque confirmat.

(Anno 1204. Romæ, ap. S. Petrum, Oct. 7.)

[MURATORI, *Antiq. Ital.*, VI, 445.]

INNOCENTIUS episcopus, servus servorum Dei, dilectis filiis PETRO, priori Sanctæ Reparatæ, quæ in civitate Lucana sita est, ejusque fratribus tam præsentibus quam futuris canonice substituendis in perpetuum, etc.

Quapropter, dilecti in Domino filii, vestris videlicet postulationibus inclinati, præfatam ecclesiam Sanctæ Reparatæ, quæ in civitate Lucana Plebis vocabulo fungitur, in qua divino mancipati estis obsequio, ad instar prædecessorum, nostrorum beatæ recordationis Eugenii, Anastasii, Adriani, et Cœlestini, Romanorum pontificum, sub beati Petri et nostra protectione suscipimus, etc. In quibus hæc propriis duximus exprimenda vocabulis :

Locum ipsum, in quo præfata ecclesia sita est, cum omnibus pertinentiis suis; hospitale S. Reparatæ situm juxta præfatam ecclesiam, cum omni jure et pertinentiis suis; ecclesiam S. Cassiani cum omni jure ac pertinentiis suis; ecclesiam S. Michaelis de Contesora, cum omni jure et pertinentiis suis. Item jus, quod habetis in ecclesia Sancti Justi ad Arcum, et in ecclesia Sancti Laurentii de Piciorano. Universam etiam parochiam vestram et parochianos, atque decimas, quas habetis, vobis auctoritate sedis apostolicæ confirmamus. Statuimus autem, ut in illis Dominicis diebus, et præcipue solemnitatibus, in quibus canonici Majoris Ecclesiæ ad jam dictam ecclesiam cum processione venire consueverunt, si forte aliqua pravitate inducti ad locum ipsum prout antiqua consuetudo est, venire noluerint, majorem missam, ac vesperas, et alia divina officia, quæ ipsi celebrare debuerant, per vos ipsos auctoritate nostra solemniter celebretis. Liceat præterea, vobis clericos litteratos et honestos, undecunque sint, cum episcoporum suorum commendatitiis litteris, si forte ignoti fuerint, absque alicujus contradictione, in fratres cum assensu episcopi vestri suscipere. Quod si episcopus ipse contra jus malignari, et rationabilem noluerit occasionem prætendere, clericos ipsos nihilominus suscipiatis. Sepulturam quoque loci liberam esse decernimus, ut eorum devotioni, et extremæ voluntati, qui se illic sepeliri deliberaverint, nisi forte excommunicati vel interdicti sint, nullus obsistat, salva tamen justitia illarum ecclesiarum, a quibus mortuorum corpora assumuntur. Prohibemus autem, ut nec episcopo, nec alicui facultas sit novas consuetudines contra voluntatem vestram in ecclesiam ipsam inducere, ac exactiones indebitas exercere, aut parochianos vestros quibuslibet modis vobis auferre. Prohibemus insuper, ut nemini liceat parochianis vestris, vobis inconsultis, pœnitentiam dare, nisi forte in tanto necessitatis articulo fuerint constituti, quod ad vos nequeant habere recursum, etc

Ego Innocentius catholicæ Ecclesiæ episcopus.

Ego Octavianus Ostiensis et Velletrensis episcopus.

Ego Petrus Portuensis et Sanctæ Rufinæ episcopus.

Ego Joannes Albanensis episcopus.

Ego, etc.

Datum Romæ apud Sanctum Petrum, per manum Joannis, sanctæ Romanæ Ecclesiæ subdiaconi et notarii. Nonis Octobris, indictione VII, Incarnationis Domini anno 1204, pontificatus vero domni Innocentii papæ III anno septimo.

LXXXIII.

Ad abbatem (2), et conventum S. Bertini. — Confirmat eis quasdam possessiones suas.

(Anno 1204, Romæ, ap. S. Petrum, Oct. 10.)

[Ex Archivio S. Bertini, capsa *Papalia*, n. 62. BARQ. *ibid.*, p. 1125.]

Solet annuere sedes apostolica piis votis, et honestis petentium precibus favorem benevolum impertiri. Eapropter, dilecti in Domino filii, vestris justis postulationibus grato concurrentes assensu, terram quam a Nicolao de Clarkes, in Villa de Woeserma, et comitatum ejusdem quem a Gisleberto, Castellano Bergensi, legitime acquisistis ; terram quoque, tam in parochia de Longanessa, quæ Stapleveld vulgariter appellatur, per concambium a (Gerardo) præposito Sancti Audomari (3), de cujus feodo erat, obtentam ; possessiones etiam quas Balduinus, Flandriæ et Hannoniæ comes, et Willelmus castellanus Sancti Audomari, in feodo suo, pia vobis liberalitate donarunt, sicut in eorum authenticis continetur ; terras insuper et redditus in Casletensi et Broburgensi castellaniis, ac in omnia (4) in Sancti Audomarii, et Sancti Folquini ecclesiis, vobis et monasterio vestro concessas ; præterea, de Trulleia et de Chillam ecclesias cum capellis et omnibus pertinentiis suis; villam insuper de Calmunt, cum fundo et comitatu, sicut in authenticis scriptis exinde confectis plenius continetur; portionem quoque possessionum, quam in eadem villa per Ecclesiam Sancti Audomari habetis, sicut ea juste ac pacifice poss.detis ; compositiones insuper inter vos et . . . presbyterum de Stenkerke, super decima de

---

(2) Vide ad epistolam XVIII appendicis hujus, not.
(3) Gerardus II, Comitis Flandriæ frater, præpositus S. Audomari, notus est in instrumentis, jam ab anno 1180. Successor autem ejus, Petrus de Collemedio, non nisi anno 1227 memoratur apud auctores *Nov. Gall. Christ. Tom. III, col.* 475.

Conferendæ insuper Litteræ Gerardi, præpositi ecclesiæ S. Audomari, apud J. F. Foppens *Supplem. ad Miræum*, tom. VI, pag. 216, cap. LII.

(4) *Ac in omnia* : sic in Apographo.

Avencapella et parochianos de Merch, super decimis allecium initas ; sicut sine pravitate provide factæ sunt, et ab utraque parte sponte receptæ, et hactenus pacifice observatæ, auctoritate apostolica confirmamus, et præsentis scripti patrocinio communimus. Nulli ergo omnino hominum liceat hanc paginam nostræ confirmationis infringere, vel ei ausu temerario contraire. Si quis autem hoc attentare præsumpserit, indignationem omnipotentis Dei, et beatorum Petri et Pauli, apostolorum ejus, se noverit incursurum.

Datum Romæ, apud Sanctum Petrum, vi Idus Octobris, pontificatus nostri anno septimo.

LXXXIV.

Ad abbatem S. Vincentii (5), *archidiaconum et succentorem Silvanectenses. — Ut controversiam inter capitulum S. Frambaldi, comitem Domni Martini, et alios, dirimant.*

(Anno 1204. Romæ ap. S. Petrum, Oct. 23.)

[Ex Archivio ecclesiæ S. Frambaldi. Bréq. *ibid.*, p. 1126.]

Ex conquestione dilectorum filiorum, Decani (6), et capituli Sancti Frambaldi Silvanectensis, nostris auribus est relatum, quod nobilis vir (7)... comes Domni Martini, et uxor ejus (8)..., abbas Resbacensis (9) et quidam alii, tam monachi quam clerici et laici, Silvanectensis, Meldensis et Belvacensis diœceseon, super rebus mobilibus et immobilibus eis et eorum Ecclesiæ graves præsumunt injurias irrogare. Quocirca, discretioni vestræ per apostolica scripta mandamus, quatenus, vocatis quos propter hoc noveritis evocandos, causam super his, appellatione remota, fine debito decidatis, facientes quod decreveritis per censuram ecclesiasticam firmiter observari ; nullis obstantibus litteris, veritati et justitiæ præjudicantibus, a sede apostolica impetratis. Quod si non omnes his exsequendis potueritis interesse, duo vestrum ea nihilominus exsequantur.

Datum Romæ, apud Sanctum Petrum, x Kalendas Novembris, pontificatus nostri anno septimo.

LXXXV.

[*Ad Lundensem archiepiscopum. — Concedit ut villicum quemdam absolvat.*

(Anno 1204. Romæ, ap. S. Petrum, Nov. 13.)

[Liljegren, *Diplom. Suec.* I, 150.]

INNOCENTIUS episcopus, servus servorum Dei, venerabili fratri Lundensi archiepiscopo, salutem et apostolicam benedictionem.

(5) Petrus I, abbas S. Vincentii Silvanectensis, occurrit in instrumentis ab anno saltem 1203, usque ad annum saltem 1212. De ipso hæc leguntur apud auctores Novæ Galliæ Christianæ, Tom. X, col. 1497 : « Cum Stephano, archidiacono, et S. succentore Silvanectensis ecclesiæ, delegatus est judex controversiæ inter ecclesiam S. Frambaldi, etc. anno 1207 ; » quæ quidem ad hanc nostram Innocentii epistolam spectare videntur.
(6) Hermerus, qui fratres habuit Hugonem, Radulfum, et Galterum milites, Canonicus B. M. subdiaconus et Cantor S. Frambaldi, an. 1180 reperitur. Anno 1185, S. Regulis Decanus in charta quadam dicitur. Mox, occurrit Hermerus, Canonicus

Ex parte tua nostris est auribus intimatum, quod quidam sacerdos dum consuesceret cum uxore cujusdam tui villici nefariam rem habere, captus fuit a villico, qui ei nasum abscidit, et læsit ipsum in lingua, nec tamen loquelam amisit. Unde presbyter ipse ad otium se transtulit monachorum, ut suam salvare posset animam inter eos. Verum cum villicus ipse super hujusmodi facto sibi petat absolutionem impendi a nobis, ut eum possis absolvere, postulasti. Quocirca fraternitati tuæ per apostolica scripta mandamus quatenus si res ita se habet, villicum ipsum, qui tanquam excommunicatus vitatur, communioni restituas, ita quod expensas, quas esset facturus in itinere ad sedem propter hoc apostolicam veniendo, mittat in subsidium Terræ Sanctæ, vel in Christianorum auxilium, qui laborant in partibus illis contra perfidiam paganorum et nihilominus laborem itineris redimat juxta proprias facultates.

Datum Romæ, apud Sanctum Petrum, Idibus Novembris, pontificatus nostri anno septimo.

LXXXVI.

Ad Stephanum (9) *abbatem monasterii de Los, ejusque fratres. — Recipiuntur sub protectione beati Petri, et enumerantur bona et ipsos spectantia.*

(Anno 1204. Romæ, ap. S. Petrum, Nov. 17.)

[Epistolam hanc, seu potius bullam, edimus ad fidem apographi, quod ex Archivio monasterii de Laude Beatæ Mariæ (*al.* de Loz), Tornacensis diœceseos, diligenter transcriptum in Chartophylacio nostro reposuit D. Queinfert. Eamdem legere est in supplemento Joannis Francisci Foppens ad Miræi opera diplomatica (*Aub. Mir. oper. diplom. Tom. II, cap.* L), verum non sine aliqua discrepantia, quam hic notare non postposuimus; desunt præsertim apud J. F. Foppens cardinalium subscriptorum nomina. Bréq. *ibid.*, p. 1126.]

Religiosam eligentibus vitam apostolicum convenit adesse præsidium, ne forte cujuslibet temeritatis incursus aut eos a proposito revocet, aut robur, quod absit ! sacræ religionis infringat. Eapropter, dilecti in Domino filii, vestris justis postulationibus clementer annuimus, et monasterium sanctæ Dei Genitricis, et Virginis Mariæ de Los in quo divino estis mancipati obsequio, sub beati Petri et nostra protectione suscipimus, et præsentis scripti privilegio communimus; in primis si quidem statuentes, ut ordo monasticus qui secundum Deum, et beati Benedicti Regulam, atque institutionem Cisterciensium fratrum, in eodem loco institutus esse dignoscitur, perpetuis ibidem temporibus inviolabiliter

B. M. Diaconus, et S. Frambaldi Decanus, anno 1187; uno quidem nomine adhuc subscriptus reperitur in instrumento anni 1207. Vid. *Nov. Gall., Tom. X, col.*1474.
(7) Vide ad Gesta Innocentii, § LXXXIV, not.
(8) Vide ad epistolam libri octavi CLXXXVIII, not.
(9) Post Simonem, In itinere Palæstino, an 1204, 8 Id. Julii, defunctum, monasterii de Laude B Mariæ regimen suscepit Stephanus, vir (ut aiunt Novæ Galliæ Christianæ auctores (*Tom. III, col.* 504), animo fortis ac strenuus adversus bonorum monasterii invasores. Sedit annis quatuor, ac deinde e vita excessit die 7 Martii, anno 1207.

observetur. Præterea, quascunque possessiones, quæcunque bona idem monasterium in præsentiarum juste et canonice possidet, aut in futurum concessione pontificum, largitione regum, vel principum, oblatione fidelium, seu aliis justis modis, præstante Domino, poterit adipisci, firma vobis vestrisque successoribus et illibata permaneant; in quibus hæc propriis duximus exprimenda vocabulis :

Locum ipsum in quo præfatum monasterium situm est, cum omnibus pertinentiis suis (10); grangiam abbatiæ, cum omnibus pertinentiis suis; grangiam de Marcha, cum omnibus pertinentiis suis; grangiam de Duremort (11), cum omnibus pertinentiis suis (12); grangiam de Esquelio, cum omnibus pertinentiis suis; grangiam de Antonio, cum omnibus pertinentiis suis; grangiam de Rogirfart, cum omnibus pertinentiis suis; grangiam de Templonio, cum omnibus pertinentiis suis. Sane, laborum vestrorum, quos propriis manibus aut sumptibus colitis tam de terris cultis quam incultis, sive de hortis et virgultis et piscationibus vestris, vel de nutrimentis animalium vestrorum, nullus a vobis decimas exigere vel extorquere præsumat. Liceat quoque vobis clericos vel laicos liberos et absolutos e sæculo fugientes ad conversionem recipere, et eos absque contradictione aliqua retinere. Prohibemus insuper, ut nullus fratrum vestrorum, post factam in monasterio vestro professionem, fas sit absque abbatis sui licentia de eodem loco discedere. Discedentem vero absque communium litterarum vestrarum cautione nullus audeat retinere. Quod si quis forte retinere præsumpserit, licitum vobis sit in ipsos monachos, vel conversos, regularem sententiam promulgare. Illud districtius inhibentes ne terras seu quodlibet beneficium Ecclesiæ vestræ collatum liceat alicui personaliter dari, sive alio modo alienari, absque consensu totius capituli vel majoris, aut sanioris partis ipsius; si quæ vero donationes aut alienationes, aliter quam dictum est, factæ fuerint, eas irritas esse censemus. Ad hæc etiam prohibemus, ne aliquis monachus sive conversus, sub professione vestræ domui adstrictus, sine consensu et licentia abbatis et majoris partis capituli vestri, pro aliquo fide jubeat, vel ab aliquo pecuniam mutuo accipiat, ultra pretium capituli vestri providentia constitutum, nisi propter manifestam domus vestræ utilitatem; quod si facere præsumpserit, non teneatur conventus pro his aliquatenus respondere.

Licitum præterea sit vobis in causis propriis, sive civilem, sive criminalem contineant quæstionem, Fratrum vestrorum testimoniis uti, ne pro defectu testium jus vestrum in aliquo valeat deperire.

Insuper, auctoritate apostolica inhibemus, ne ullus episcopus vel alia quæcunque persona, ad synodos, vel conventus forenses, vos ire, vel judicio sæculari de propria substantia, vel possessionibus vestris, subjacere compellat, nec ad domos vestras causa ordinis celebrandi, causas tractandi, vel conventus aliquos publicos convocandi, venire præsumat, nec regularem electionem vestri abbatis impediat, aut de instituendo, vel removendo eo qui pro tempore fuerit, contra statuta Cisterciensis ordinis se aliquatenus intromittat. Si vero episcopus in cujus parochia domus vestra fundata est, cum humilitate et devotione qua convenit requisitus substitutum abbatem benedicere, et alia quæ ad officium episcopale pertinent vobis conferre, renuerit, licitum sit eidem abbati, si tamen sacerdos fuerit, proprios novitios benedicere, et alia quæ ad officium suum pertinent exercere, et vobis omnia ab alio episcopo percipere quæ a vestro fuerint indebite denegata; illud adjicientes ut in recipiendis professionibus quæ a benedictis vel benedicendis abbatibus exhibentur, ea sint episcopi forma et expressione contenti, quæ ab origine ordinis noscitur instituta. Ut scilicet abbates ipsi salvo ordine suo profiteri debeant, et contra statuta ordinis sui nullam professionem facere compellantur.

Pro consecrationibus vero altarium, vel ecclesiarum, sive pro oleo sancto, vel quolibet alio ecclesiastico sacramento, nullus a vobis, sub obtentu consuetudinis, vel alio quolibet modo, quidquam audeat extorquere; sed hæc omnia gratis vobis episcopus diœcesanus impendat. Alioquin, liceat vobis quemcunque malueritis catholicum adire antistitem, gratiam et communionem apostolicæ sedis habentem, qui nostra fretus auctoritate vobis quod postulatur impendat. Quod si sedes episcopi diœcesani forte vacaverit, interim omnia Ecclesiæ sacramenta a vicinis episcopis accipere libere, et absque contradictione possitis, sic tamen, ut ex hoc in posterum propriis episcopis nullum præjudicium generetur. Quia vero interdum propriorum episcoporum copiam non habetis, si quem episcopum, Romanæ sedis, ut diximus, communionem habentem, et de quo plenam notitiam habeatis, per vos transire contigerit, ab eo benedictiones vasorum et vestium, consecrationes altarium, ordinationes monachorum, auctoritate apostolicæ sedis recipere valeatis.

Porro, si episcopi vel alii Ecclesiarum rectores,

---

(10) Confer, apud Miræum, t. I, pag. 730, cap. 99, *Diploma Theoderici comitis.*
(11) Confer apud Miræum, t. I, pag. 699, Chartam qua *Theodericus Alsatiæ comes, et Sibilla uxor ejus, benefaciunt,* anno 1252, abbatiæ *Laudensi.* Ibi sic legitur : « Ecclesiæ namque et abbatiæ de Los Claravallensis Ordinis, terram quam Walterus de Duremort de nobis tenuit, de Galtero vero Stephanus de Primeka, prece Stephani, et salute nostra compulsi, sub censu duorum solidorum, in perpetuum possidendam, etc. Annuimus. »
(12) Apud Miræum additur : *Grangiam de Brebant cum omnibus pertinentiis suis.*

in monasteria vestra, vel personas mihi constitutas, suspensionis, excommunicationis, vel interdicti sententiam promulgaverint, sive etiam in mercenarios vestros, pro eo quod decimas non solvitis, sive aliqua occasione eorum quæ ab apostolica benignitate vobis indulta sunt, seu benefactores vestros, pro eo quod aliqua vobis beneficia, vel obsequia ex charitate præstiterint, vel ad laborandum adjuverint, in illis diebus, in quibus vos laboratis et alii feriantur, eamdem sententiam postulaverint, ipsam, tanquam contra sedis apostolicæ indulta prolatam, duximus irritandam ; nec litteræ illæ firmitatem habeant, quas tacito nomine Cisterciensis ordinis, et contra tenorem apostolicorum privilegiorum, constiterit impetrari.

Paci quoque et tranquillitati vestræ paterna in posterum sollicitudine providere volentes, auctoritate apostolica prohibemus, ut infra clausuram locorum, vel grangiarum vestrarum, nullus rapinam seu furtum facere, ignem apponere, sanguinem fundere, hominem temere capere, vel interficere, seu violentiam audeat exercere. Præterea, omnes libertates et immunitates, a prædecessoribus nostris Romanis pontificibus ordini vestro concessas, necnon et libertates, et exemptiones sæcularium exactionum, a regibus et principibus, vel ab aliis fidelibus, rationabiliter vobis indultas, auctoritate apostolica confirmamus, et præsentis scripti privilegio communimus. Decernimus ergo, ut nulli omnino hominum liceat præfatum monasterium temere perturbare, aut ejus possessiones auferre, vel ablatas retinere, minuere seu quibuslibet vexationibus fatigare ; sed omnia integra conserventur, eorum, pro quorum gubernatione, ac sustentatione concessa sunt, usibus omnibus omnimodis profutura, salva sedis apostolicæ auctoritate.

(13) Si qua igitur in futurum ecclesiastica sæcularisve persona, hanc nostræ constitutionis paginam sciens, contra eam temere venire tentaverit, secundo tertiove commonita, nisi reatum suum congrua satisfactione correxerit, potestatis honorisque sui dignitate careat, reamque se divino judicio existere de perpetrata iniquitate cognoscat, et a sacraissimo corpore ac sanguine Dei et Domini Redemptoris nostri Jesu Christi, aliena fiat, atque in extremo examine districtæ ultioni subjaceat; cunctis autem eidem loco sua jura servantibus, sit pax Domini nostri Jesu Christi, quatenus et hic fructum bonæ actionis percipiant, et apud districtum Judicem præmia æternæ pacis inveniant. Amen, amen, amen.

Ego Innocentius, catholicæ Ecclesiæ episcopus.
Ego Octavianus (14), Ostiensis et Velletrensis episcopus.
Ego Petrus (15), Portuensis et Sanctæ Rufinæ episcopus.
Ego Joannes (16), Albanensis episcop.
Ego Petrus (17), tituli Sanctæ Cæciliæ presbyter cardinalis.
Ego Jordanus (18), Sanctæ Pudentianæ, tituli Pastoris, presbyter cardinalis.
Ego Guido (19), Sanctæ Mariæ Transtiberim tituli Callixti, presbyter cardinalis.
Ego Hugo (20), presbyter cardinalis Sancti Martini, tituli Æquitii.
Ego Joannes (21), tituli Sanctæ Priscæ presbyter cardinalis.
Ego Cencius (22), Sanctorum Joannis et Pauli presbyter cardinalis, tituli Pammachii.
Ego Gregorius (23), tituli Sancti Vitalis presbyter cardinalis.
Ego Benedictus (24), tituli Sanctæ Susannæ presbyter cardinalis.
Ego Gratianus (25), Sanctorum Cosmæ et Damiani diaconus cardinalis.
Ego Gregorius (26), Sancti Georgii ad Velum aureum diaconus cardinalis.
Ego Hugo (27), Sancti Eustachii diaconus cardinalis.
Ego Matthæus (28), Sancti Theodori diaconus cardinalis.
Ego Joannes (29), Sanctæ Mariæ in Cosmedin diaconus cardinalis.

Datum Romæ, apud Sanctum Petrum, per manum Joannis (30), sanctæ Romanæ Ecclesiæ subdiaconi et notarii, xv Kalendas Decembris, indictione viii, Incarnationis Dominicæ 1204, pontificatus vero Domini Innocentii papæ III anno septimo.

---

(13) Hæc apud Miræum desiderantur.
(14) Vide ad epistolam libri tertii x, not.
(15) Vide ad epistolam libri quinti LXIX, not.
(16) Vide ad epistolam libri sexti CXVII, not.
(17) Vide ad epistolam libri quinti XXXII, not., et ad epistolam I appendicis hujus not.
(18) Vide ad epistolam libri quinti LXXIV, not.
(19) Vide ad epistolam libri tertii XXVIII, not.
(20) Vide ad epistolam libri tertii XLI, not. et ad epistolam VII Appendicis hujus not.
(21) Vide ad epistolam libri tertii XV, not.
(22) Vide ad epistolam XVII Appendicis hujus XVII not.
(23) Vide ad epistolam libri quinti LX, not.
(24) Vide ad epistolam libri tertii LIV, not.
(25) Vide ad epistolam hujus appendicis VII, not. Notandum vero, quod apud Oldoinum, quo tempore obierit Gratianus, tituli sanctorum Cosmæ et Damiani diaconus cardinalis, ignorari dicitur. Verum, videndum num erui possit ex epistola appendicis hujus mox exhibenda, ubi Joannes, ejusdem sanctorum Cosmæ et Damiani tituli diaconus cardinalis, subscriptus reperitur.
(26) Vide ad epistolam libri septimi LX, not.
(27) Vide ad epistolam libri quinti LXX, not.
(28) Vide ad epistolam libri tertii LIV, not.
(29) Vide ad epistolam libri septimi XXXII, not.
(30) Vide ad epistolam libri septimi CLXXXIV, not.

LXXXVII.

Ad abbatem (31), *S. Germani de Pratis. — Sententiam, qua Cælestinus PP. III concessionem quarumdam ecclesiarum non vacantium certis clericis factam declaraverat irritam, auctoritate apostolica confirmat.*

(Anno 1204. Romæ, ap. S. Petrum, Dec. 1.)

[Ex Apographo, quod ad fidem Autographi, in archivis Monasterii S. Germani de Pratis asservati, diligenter exscripsimus. BRÉQUIGNY, *ibid.*]

INNOCENTIUS episcopus, servus servorum Dei, dilecto filio....... abbati Sancti Germani de Pratis, salutem et apostolicam benedictionem.

Licet monasterii tui profectibus et augmentis eo specialius teneamur intendere, quod ad nos nullo pertinet mediante, tamen, pro devotione ac fidei puritate, quam tu et prædecessores tui Ecclesiæ Romanæ hactenus exhibere curastis, ad exaudiendas petitiones tuas et monasterii tui efficacius provocamur. Sane, sicut ex tenore rescripti felicis recordationis C. PP. prædecessoris nostri, nobis innotuit, cum R. prædecessor tuus, ad ejus audientiam pertulisset, quod tam ipse quam antecessores ipsius, quasdam non vacantes Ecclesias, ad instantiam quorumdam nobilium, contra Lateranensis statuta concilii, quibusdam Clericis concessissent, et propter pensiones, quas Ecclesia Sancti Germani Clericis eisdem annis singulis exsolvere tenebatur jacturam sustinet non modicam et gravamen, dictus prædecessor noster, attendens id esse sacris canonibus inimicum, prædictas concessiones in irritum revocavit, et Ecclesiam tuam absolvit ab hujusmodi pensionibus persolvendis. Nos igitur, tuis justis postulationibus gratum impertientes assensum, quod ab ipso prædecessore nostro super hoc statutum est, ratum habemus, et præcipimus inviolabiliter observari. Nulli ergo omnino hominum liceat hanc paginam nostræ concessionis infringere, vel ei ausu temerario contraire. Si quis autem hoc attentare præsumpserit, indignationem omnipotentis Dei et beatorum Petri et Pauli, apostolorum ejus, se noverit incursurum.

Datum Romæ, apud Sanctum Petrum, Kalendas Decembris, pontificatus nostri anno septimo.

LXXXVIII.

Ad Gddonem abbatem et fratres monasterii S. Joannis in Venere. — Eorum privilegia confirmat.

(Anno 1204. Romæ, ap. S. Petrum, Dec. 2).

[UGHELLI, *Italia sacra*, VI, 715].

INNOCENTIUS episcopus, servus servorum Dei, dilectis filiis ODDONI, abbati monasterii Sancti Joannis in Venere, ejusque fratribus, tam præsentibus, quam futuris regularem vitam profitentibus in perpetuum.

Vox clamantis in deserto, parate viam Domini rectas facite semitas Dei nostri: monet nos iter rectitudinis ingredi, quoniam fortitudo simplici via Domini recta. Ergo petentibus non est denegandus auditus, quia servorum Dei quieti pro nostro est officio providendum quatenus a sæcularibus tumultibus liberi, in via Domini simplicibus animis fortiter prævaleant ambulare. Ea propter, dilecti in Domino filii, vestris justis postulationibus clementer annuimus, et præfatum monasterium quod ad honorem Dei Genitricis et Virginis Mariæ sanctique Joannis Baptistæ constructum esse dignoscitur ad exemplar fel. rec. Leonis, Victoris, Nicolai, Urbani, Alexandri, prædecessorum nostrorum, Romanorum Pontificum, sub beati Petri et nostra protectione suscipimus, et præsentis scripti privilegio communimus. In primis siquidem statuentes ut Ordo monasticus, qui secundum Deum ac B. Benedicti Regulam in eodem loco institutus esse dignoscitur, perpetuis ibidem temporibus inviolabiliter observetur. Præterea quascumque possessiones, quæcumque bona idem monasterium in præsentiarum juste ac canonice possidet, aut in futurum concessione pontificum, largitione regum, vel principum, oblatione fidelium, sive aliis justis modis, præstante Domino, poterit adipisci, firma vobis vestrisque successoribus, et illibata permaneant, in quibus hæc propriis duximus exprimenda vocabulis:

Locum ipsum in quo prædictum monasterium situm est, cum omnibus pertinentiis suis, possessiones, et alia bona omnia quæ in Teatino, Pennen. Aprutien. Firman. et Termulan. comitatibus obtinetis. In comitatu Theatin. has cellas, videlicet Sancti Joannis in Maltraverso, s. Zachariæ, s. Benedicti, s. Romani, s. Severini, s. Mariæ ad capellam secus Ortonam, s. Pauli et s. Petri cum burgo ex latere ejus, Ecclesias s. Georgii, s. Philippi de Palatio, s. Angeli cum tertia parte portus Ortonæ, s. Mariæ juxta rivum qui dicitur Grivus, in curte Antean. Sanctarum martyrum Legantiani et Domitiani cum mille modiis terræ juxta se, in curte de Agrame s. Calixti, sanctorum martyrum Aureæ et Petronillæ, s. Ambrosii, s. Martini, s. Stephani in collem, in Gitti, s. Crucis cum duodecim marnatis hominum, s. Angeli juxta oppidum Septem. In curte s. Nicolai, cellas s. Joannis in Rocca cum oppido suo, s. Thomæ cum oppido suo, s. Farmani, s. Eusanii cum castello suo, s. Apollinaris cum castello suo, s. Nicolai cum castello suo, s. Viti, s. Mariæ in caldaria cum castello suo, s. Mariæ in Gripta feninea, s. Mariæ de Trodio cum cellis suis, s. Angeli in Pesulo, s. Angeli in Ochreca cum oppido suo, s. Marci, s. Quirici, s. Luciæ in Argelli,

---

(31) Robertum, Monasterii S. Germani de Pratis abbatem, de quo ad epistolam Appendicis hujus III, not., jam egimus, vitam usque ad annum saltem 1204 produxisse asserunt, successoremque Roberti Johannem, non nisi anno 1207, ex instrumentis memorant novæ Galliæ Christianæ auctores, tom. VII, col. 447. Robertum, si annum 1204 attigit ante Kalendas Decembris obiisse; Joannem vero, eodem anno 1204, ipsius loco suffectum fuisse, ex hac nostra Innocentii epistola, quæ huc usque inter anecdota delituerat, abunde probatur.

s. Pantaleonis, s. Crucis in Alveto oppido Mucela, s. Ansuini, s. Joannis in Ragio, s. Pauli in Piscaria cum oppido s. Laurentii in Pisca·ia, cum quarta parte de transverso ejusdem fluminis, et quarta portus ejusdem s. Nicolai cum oppido Sagro. Sanctæ Cansionæ cum castello Pallito, s. Martini de filiis Thebaldi, s. Petri in Banniario cum fara sua et cellis, videlicet s. Bartholomæi de Varanna, s. Blasii de Monte nigro, et s. Nicolai de Plazzano, ecclesiæ s. Agathæ, s. Pancratii, s. Justini de Casulo, s. Petri in Lauro, s. Delinara cum castello suo, s. Petri cum castello Resse, s. Petri in Parlari, s. Mariæ in Valle, s. Mariæ in Heremo, s. Pauli, s. Mariæ de Rota, s. Quirici de Rivo plano, s. Mariæ in Basilica, s. Viti in Fortulæ. Oppida vero hæc: Fossam cæcam, castellum muratum, Roccham de Sclavis, Giruli, Laternum, Lentiscum montem Octaviani, Guastum Meruli, Porcile, Milianica, Castellum vetus, Ballenianum, faram Benedicti filii Uberti, faram filiorum Boderocchi, montem s. Silvestri, Perranum, Senellam, Castellionem, Guastum Aymonis, Turricellam, medietatem Collis Martini, Ilicem, Divum Justum, Mucellam Scorciosam, Casale s. Benedicti, Morum, Rivum Petri, Pesclorum.

In comitatu Pennen. Cellas s. Mariæ in Rosano cum castello Casa vetere, s. Michaelis in Boccaccetto cum fara et cellis suis, et fara de Saratico s. Michaelis, in fine cum fara et podio s. Petri in Campo rotundo, s Mariæ in Lochiano cum podio suo, s. Joannis in Rivosonuli, s. Joannis in Aquaviva cum casali suo, s. Pelini, s. Joannis ad Ponticlum, s. Antini, s. Mariæ in Rivulo, s. Salvatoris in Casa nigra, s. Margaritæ in Legoniano, s. Joannis in Carpeneto, s. Angeli in Rivo turbido, s. Mariæ in Valle, s. Nicolai in Plomba, s. Laurentii juxta Gomanum, s. Joannis ad casam combustam, castellum ad mare speltore, Turricam, Cosenzam, montem Silvani, civitatem sancti Angeli, Ilicem s. Crucis casam laute, Ilicem Titilianum, Tezzanum, Scuranum, montem Gualterii, Motulam, Spatulam, Ruptam, Arsetam, Biferrum, Avianum, Ranchi Silvo, Mitilianum, Casole, Murum altum, castellum Vedum, montem Petritum et ecclesiam s. Joannis in Gomano cum castello suo, Carrum, Bifulcum ecclesiam Sancti Cæsarei, s. Donati in Salinello cum castello Palmei, et s. Stephani ad Mura, ecclesiam s. Angeli, Montem Pagani, et Casale s. Martini in Gomano; Gassianum, Ripam filiorum Azzonis, Poggium Felicis Morelli, curtem, de Padoniano totam, curtem totam de Buceliiano, tertiam partem curtis de Semprontano. In comitatu Firman. cellam s. Petri cum castello paterno, Monteronem, medietatem curtis de supporlica, integram curtem de Aquaviva, montem Bovarium, castellum Rodectarisci, Caprilla, Colmari, ecclesiam s. Pastoris. In comitatu Asculano, totam curtem de Salviano. In comitatu Camerinen. terras cum suis cultoribus. In curte Cesapalumbi mediam curtem de Castelliano, quartam partem curtis de Jano. In comitatu Termulan. cellas s.

Martini, s. Mariæ in Coronule, cum castello de Olivastro, ecclesias s. Januarii, s. Victorini, s. Laurentii, sextam partem proventus ecclesiæ s. Salvatoris, apud Lesinam cellam s. Archangeli, in suburbio Ferrariæ cellam s. Nicolai. In civitate Ravennæ ecclesiam s. Mariæ ad vineam Talliottam. In principatu Beneventano ecclesias s. Mariæ s. Joannis. In Mursia cellam s. Anastasii. In civitate Ernian. hæreditatem Leonis Prinnini integram. In Dalmatia apud Bellumgradum cellam s. Thomæ similiter, et Talleoneum mercatorum, et pontium, decimasque, et oblationes mortuorum ex omnibus, et absque contradictione aliqua teneatis.

Chrisma vero, oleum sanctum, consecrationes altarium, seu basilicarum, ordinationes monachorum et clericorum cæterorum, qui ad sacros sunt ordines promovendi, a quocunque volueritis catholico accipiatis episcopo: intra totius abbatiæ terminos nullus episcopus, nisi a te invitatus, synodum audeat celebrare, vel clericos constringere, ut intelligas curam hanc ad tuam sollicitudinem pertinere specialiter tibi ab apostolica sede indultam. Obeunte vero te nunc ejusdem loci abbate, vel tuorum quolibet successorum, nullus ibi qualibet subreptionis astutia vel violentia præponatur, nisi quem fratres communi consensu, vel fratrum pars consilii sanioris secundum Deum, et beati Benedicti Regulam providerint eligendum. Electus autem ad Romanum pontificem benedicendus accedat. Vos autem, filii, oportet collatam vobis gratiam in omnibus custodire, et tantis sedis apostolicæ beneficiis dignis operibus respondere, ne libertate hac in occasionem carnis, et velamen malitiæ abutamini, sed quanto a sæcularibus tumultibus liberiores estis, tanto amplius placere Deo totis mentis et animi viribus procuretis.

Decernimus ergo ut nulli hominum omnino liceat prædictum monasterium temere perturbare, aut ejus possessiones auferre, vel ablatas retinere, minuere, seu quibuslibet vexationibus fatigare, sed omnia illibata et integra conserventur eorum, pro quorum gubernatione, ac sustentatione concessa sunt usibus omnimodis profutura, salva sedis apostolicæ auctoritate. Si qua igitur in futurum ecclesiastica, sæcularisve persona hanc nostræ constitutionis paginam sciens contra eam temere venire tentaverit, secundo tertiove commonita, nisi reatum suum congrua satisfactione correxerit, potestatis, honorisque sui dignitate careat, reamque se divino judicio existere de patrata iniquitate cognoscat, et a sacratissimo corpore et sanguine Dei et Domini Redemptoris nostri Jesu Christi aliena fiat, atque in extremo examine districtæ ultioni subjaceat. Cunctis autem eidem loco sua jura servantibus sit pax Domini nostri Jesu Christi, quatenus et hic fructum bonæ actionis percipiant, et apud districtum judicem præmia æternæ pacis inveniant. Amen, amen, amen

Ego Innocentius Catholicæ Ecclesiæ episcopus.

Ego Octavianus, Ostien. et Veliternen. episcopus.
Ego Petrus, Portuen. et Sanctæ Rufinæ episcopus.
Ego Joannes, Albanensis episc.
Ego Petrus, tit. Sanctæ Cæciliæ presbyt. card.
Ego Jordanus, S. Pudentianæ tit. Pastoris presb. card.
Ego Ugo presbyt. card. S. Martini tit. Equitii.
Ego Joannes, tit. S. Priscæ presbyt. card.
Ego Centius, S. Joannis et Pauli tit. Pammachii.
Ego Gregorius, tit. S. Vitalis presbyter card.
Ego Benedictus, Ecclesiæ S. Susannæ presb. card.
Ego Gratianus SS. Cosmæ et Damiani diac. card.
Ego Gregorius, S. Georgii ad Velum aureum diac. card.
Ego Ugo, S. Eustachii diaconus card.
Ego Matthæus, S. Theodori diac. card.
Ego Joannes, S. Mariæ in Cosmedin diacon. card.

Datum Romæ apud S. Petrum per manum Joannis S. R. E. subdiaconi et notarii, IV Nonas Decembris, indict. VIII, Incarnationis Dominicæ anno 1204, pontificatus vero Domini Innocentii papæ tertii, anno septimo.

LXXXIX.

Electionem Ecberti episcopi Bambergensis rejicit, eumque propria auctoritate consecrat.

(Anno 1204. Anagniæ, Dec. 22.)

[USSERMANN, *Episcopatus Bambergensis*, typis Sanblasianis, 1802, in-4°; pag. 159, ex apographo.]

INNOCENTIUS episcopus, servus servorum Dei, dilectis filiis capitulo Babenbergensi, salutem et apostolicam benedictionem.

Cum dilecti filii Gundelous decanus, Syboto archidiaconus, Gotfridus et Hertnidus canonici cum Ottone, Marcualdo et Chunrado ministerialibus ecclesiæ Babenbergensis pro electione, quam de venerabili nostro Eckenberto episcopo, tunc vestro præposito feceratis, ad nostram præsentiam accessissent, coram nobis et fratribus nostris humiliter exponere curaverunt, quod cum ipsa ecclesia sicut Domino placuit esset viduata pastore, vos non solum malitiam temporis sed personæ nobilitatem et prudentiam attendentes, et considerantes quod per ejus posset industriam et potentiam ipsa Ecclesia relevari et suscipere tam in spiritualibus quam in temporalibus incrementum, cum jam bona ejus per maleficia plurimorum, qui diabolo instigante in bona non cessant ecclesiastica debacchari, data essent in direptionem et prædam, divino zelo ipsum in pastorem unanimiter elegistis, et a nobis supplicatione humillima postulastis, ut electionem ejus dignaremur auctoritate apostolica confirmare.

Nos vero formam electionis et personam electi, sicut moris est, per fratres nostros examinari fecimus diligenter, et intelligentes, quod nondum ad triginta annorum pervenisset ætatem, innitentes institutioni Lateranensis concilii, quæ tradit expresse, ut nullus nisi qui jam ætatis annum tricesimum egerit, in episcopum eligatur, et clerici, qui contra formam eamdem quemquam elegerint, eligendi tunc potestate privati, et ab ecclesiasticis beneficiis triennio sint suspensi : auctoritate hujus decreti electionem ipsius irritam denuntiavimus et inanem, quidquid ex ea vel ob eam secutum est cassum et invalidum decernentes, et electores similiter pronuntiavimus ejusdem auctoritate decreti usque ad triennium ab ecclesiasticis beneficiis manere suspensos et eligendi tunc potestate privatos; quoniam de rigore justitiæ aliter procedere minime poteramus.

Sed quoniam Babenbergensis ecclesia nostra est filia specialis, et specialiter sollicitudini nostræ incumbit ejus necessitatibus cum debita vigilantia providere, ad multæ supplicationis instantiam prædictorum, qui super metuendo casu ipsius ecclesiæ pro periculis instantis temporis aures nostras assidua non cessabant sollicitatione pulsare, ipsam respeximus oculo pietatis, et habito fratrum nostrorum consilio propter urgentem necessitatem et evidentem utilitatem dispensando cum ipso super ætatis defectu eum auctoritate nostra vobis concessimus in pastorem, recepto prius ab eo et tam a prædictis decano et archidiacono quam aliis concanonicis vestris corporaliter juramento, quod Constantiensem episcopum neque sciebant neque credebant excommunicationis vinculo innodatum, quando ipsum electum in diaconum ordinavit : et sic postmodum eum fecimus per venerabilem nostrum Portuensem episcopum in presbyterum ordinari, et nos ipsi manum imponentes eidem munus consecrationis duximus impendendum; et pallium, plenitudinem videlicet pontificalis officii, ipsi curavimus assignare, ut eo certis diebus utatur, prout in privilegio nostro sibi concesso apertius continetur. Ut autem non solum cum ipso sed vobiscum etiam misericordiam faceremus, suspensionis sententiam, quam sicut prædictum est incurristis, de benignitate sedis apostolicæ duximus relaxandam.

Nos igitur eumdem episcopum vestrum ad vos cum nostræ gratiæ plenitudine remittentes, per apostolica vobis scripta mandamus atque præcipimus, quatenus ei sicut patri spirituali et pastori animarum vestrarum devote curetis et humiliter obedire, in necessitatibus Ecclesiæ Babenbergensis eidem fideliter et viriliter assistentes, ut adminiculo vestræ devotionis et fidelitatis adjutus vestris et ipsius Ecclesiæ efficacius intendere valeat incrementis.

Datum Anagniæ, XI Kal. Januarii, pontificatus nostri anno VI[VII].

LXXXIX bis.

Ad Ecbertum Bambergensem episcopum. — Pallium illi concedit.

(Anno 1204. Anagniæ, Dec. 24.)

[*Ibid.*, p. 140.)

INNOCENTIUS episcopus, servus servorum Dei, venerabili fratri ECBERTO Babenbergensi episcopo [et successoribus canonice promovendis in perpetuum.

Magisterium totius ecclesiasticæ disciplinæ beato Petro apostolorum principi specialiter fore collatum illa Dominicæ allocutionis verba declarant, quibus ad eumdem cœlorum clavigerum dicitur : *Si diligis me, pasce oves meas (Joan.* XXI); et alibi : *Ego pro te rogavi, Petre, ut non deficiat fides tua; et tu aliquando conversus confirma fratres tuos (Luc.* XXII). Hac igitur ratione sacrosancta Romana Ecclesia, quæ super omnes alias cœlesti privilegio obtinet principatum, quæque non solum terrena sed cœlestia quoque dijudicat, filios suos, quos pabulo divinæ legis maternis affectibus replet, diversis etiam adornare prærogativis pariter consuevit, et membris suis honorem debitum consueta clementia impertiri.

Hujus rei gratia, venerabilis frater Ecberte episcope, quem utique cooperante Domino propriis tanquam beati Petri manibus in episcopum consecravimus, personæ tuæ pallium, pontificalis scilicet officii plenitudinem, humilitatis et justitiæ signum, ad sacra missarum solemnia celebranda concedimus, ut videlicet eo his diebus infra ecclesiam tantummodo perfruaris, qui in præsentis scripti pagina continentur : id est, Cœna Domini, Pascha, Pentecoste, Nativitate Domini et Salvatoris nostri Jesu Christi : in natalitio beatorum apostolorum Petri et Pauli; in solemnitate sancti Dionysii sanctique Georgii martyrum, in Epiphania et Ascensione Domini, in Purificatione B. et semper virginis Mariæ, in festivitate S. Michaelis archangeli, in festivitatibus quoque B. Heinrici regis et Chunegundis reginæ, quorum corpora in eadem ecclesia requiescunt : in anniversario quoque tuæ consecrationis die, et in dedicationibus ecclesiarum, atque in solemnibus ordinationibus clericorum.

Cujus profecto pallii te volumus per omnia genium vindicare, et personam tuam Deo propitio talem in omnibus exhibere, ut et boni dulcem et mali te pium sentiant correctorem. In qua nimirum correctione hunc esse ordinem noveris observandum, ut personas diligas et vitia persequaris, ne si aliter agere forte volueris, transeat in crudelitatem correctio, et perdas quos emendare desideras. Sic enim vulnus debes abscindere, ut non possit ulcerare quod sanum est, ne si plus quam res exigit ferrum impresseris, noceas cui prodesse festinas. Ipsa quoque dulcedo in te cauta sit non remissa. Correctio vero diligens sit non severa, sed sic alterum condiatur ex altero, ut et boni habeant amando quod caveant, et pravi metuendo quod diligant. Hanc igitur, frater charissime, suscepti pallii dignitatem si sollicite servaveris, quod foris accepisse dignosceris, intus habebis. Fraternitatem tuam gratia divina custodiat, et ab omnibus semper tueatur adversis.

Quia vero bona Babenbergensis Ecclesiæ in diversis episcopatibus vel parochiis sita sunt, et quidam episcopi in coercendis malefactoribus vel turbatoribus earumdem possessionum, prout accepimus, negligentes existunt, statuimus ut si iidem malefactores canonice moniti ablata restituere et a sua præsumptione cessare noluerint, episcopi quoque, in quorum parochiis degunt, in eorum correctione negligentes exstiterint, liceat vobis in eos canonicam sententiam promulgare.

Nihilominus etiam abbatiam quæ Munster dicitur, cum ecclesia S. Syxti in eadem villa sita, ecclesiam etiam Sancti Leonardi in Gamenare, itemque Sancti Petri, Sancti Jacobi et Sancti Martini de Villaco et eas quæ in Canali sunt, et generaliter omnes ecclesias et decimas, quas Babenbergensis ecclesia in aliis parochiis hactenus habuit canonice vel posthac juste habitura est, ad exemplar felicis recordationis prædecessorum nostrorum Alexandri et Cœlestini Romanorum pontificum eidem Ecclesiæ auctoritate apostolica confirmamus, et ad majoris insuper familiaritatis et gratiæ argumentum infra terminos Babenbergensis Ecclesiæ ante faciem tuam crucem portari concedimus, salva sedis apostolicæ auctoritate, et Maguntinensis metropolis debita reverentia. Ad indicium autem, etc.

Datum Anagniæ per manum Joannis, sanctæ Romanæ Ecclesiæ subdiaconi et notarii, VIII Kal. Januarii, indictione VIII, Incarnationis Dominicæ anno 1203 [1204], pontificatus vero domini Innocentii papæ III anno sexto [septimo].

XC.

Ad abbatem Massiliensem. — Usum mitræ concedit.
(Anno 1204. Romæ. ap. S. Petrum, Dec. 25.)

[*Antiquité de l'Eglise de Marseille*, III, 27.]

INNOCENTIUS episcopus etc., dilecto filio abbati Massiliensi etc.

Devotionem et fidei puritatem quam monasterium Massiliense, cui præesse dignosceris hactenus ad Romanam Ecclesiam habuit attendentes, personam tuam in quibus cum Deo possumus, duximus honorandam. Ut ergo devotius et studiosius officiis debeas esse divinis intentus, usum mitræ tibi duximus personaliter indulgendum, etc.

Datum Romæ apud Sanctum Petrum, VIII Kalend. Januarii, pontificatus nostri anno septimo.

XCI.

Epistola P., sedis apostolicæ legati, ad canonicos Lingonenses. — De reliquiis Sancti Mammantis martyris.

(Circa annum 1204.)

[MARTEN., *Thesaur. Anecdot.*, I, 798, ex autographo.]

Venerabili in Christo Patri et amico charissimo... Dei gratia episcopo, et dilectis in Christo fratribus capitulo Lingonensi, P. divina permissione tituli Sancti Marcelli presbyter cardinalis, apostolicæ sedis legatus, salutem et apostolicam benedictionem.

Eo zelo et charitatis affectu Ecclesiam vestram diligimus, ut ea velimus et affectemus agere, quæ ad ipsius honoris exaltationisque augmentum, ad laudem Dei ac sanctorum possint gloriam pervenire. Vestræ itaque fraternitati præsentibus innotescat, quod inter alias sanctorum reliquias, quæ fuerunt in manibus bonæ memoriæ Trecensis episcopi a peregrinis in captione Constantinopolis resignatæ, caput gloriosi Mammetis martyris ad ipsius Trecensis manus pervenit. Quod cum dilectus in Christo filius Gualo de Damna-Petra devotus filius, et utile Ecclesiæ vestræ membrum, vir vitæ honestæ et boni testimonii in exercitu Latinorum per relationem ejusdem episcopi comperisset, post ipsius decessum, sicut frequenter antea laboraverat, et requisierat diligenter a nobis, cum multa instantia et precum supplicatione quæsivit reliquias memoratas ad vestram ecclesiam, quæ in honore prænominati fabricata est martyris, deferendas. Nos autem ut de ipsis reliquiis plene certificari possemus, accedentes ad domum episcopi in qua erant eædem reliquiæ, cum multis aliis titulum subscriptum Græcis litteris in argento ipsi capiti circumducto, per quemdam monachum familiarem nostrum, peritum Græcis litteris, coram nobis legi fecimus diligenter, et comperto in veritate quod ipsius martyris essent reliquiæ, præfato Gualoni presbytero, pro ecclesia vestra concessimus et dedimus læta manu, utpote qui ad ipsius honoris augmentum inveniri cupimus promptiores. Idem etiam Gualo se ipsum et nos volens magis super eo certificare, quemdam presbyterum N. nomine, boni testimonii virum, ad præsentiam nostram duxit, qui in verbo veritatis coram nobis asseruit, quod cum quidam abbas et monachi Græci, qui erant in quodam monasterio sub vocabulo ipsius martyris fabricato, caput sancti Mammetis vidissent, cum magna reverentia lacrymantes ante ipsas reliquias prociderunt, supplicantes ipsi G. presbytero, ut eas in ecclesia sua mererentur habere, pro ipsis multam pecuniam promittentes. Ad hujus etiam rei majorem inquisitionem, quemdam clericum familiarem nostrum cum ipso G. et presbytero memorato, ad idem monasterium curavimus destinare, qui nobis veridica relatione narravit, quod abbas et fratres prædicti monasterii sibi dixerunt, quod illæ reliquiæ quas presbyter G. penes se habebat, beati martyris Mammetis erant, quæ per quemdam calogerum, id est bonum senem, monachum videlicet de terra illa in qua martyr ipse passus fuerat, cum aliis reliquiis quatuor sanctorum Constantinopolim fuerant deportatæ. Cui calogero cogitanti ubi posset ipsas reliquias honorifice collocare, ipsis monachis asserentibus datum est in somno responsum, ut ad ecclesiam B. Mammetis, quæ sumptibus Ysachii imperatoris Constantinopolitani de novo tunc fabricabatur, eas portaret, nec laboraret aliam ecclesiam fabricare. Qui etiam monachi coram prædicto clerico nostro, ipsi G. attentius supplicarunt, ut ipsas reliquias portaret ad suam novam ecclesiam, quia parati erant magnam commutationem pro ipsis sibi facere, vel pecuniæ, vel rei alterius magis charæ promittentes, etiam se ipsum G. perpetuum dominum habituros, si reliquias sibi daret. Cum itaque sæpedictus G. tam pro inquirendis et habendis prænominatis reliquiis, quam pro exaltatione et honore vestræ ecclesiæ semper fuerit sollicitus et attentus, et post ipsas habitas relinquens quidquid honoris et boni habebat Constantinopoli, qui profecto custodiam cantoriæ in ecclesia sanctorum XL martyrum, quæ una est de majoribus triginta præposituris, et custodiam alterius præpositurae quam de triginta in ipsa urbe habebat, multosque alios postponens honores, ut posset tantum obsequium ecclesiæ vestræ impendere, ad eam ipsas præclaras reliquias deferendo ad vos, omnibus omissis, cum gaudio et tanto patrono vestro studuerit remeare, ipsum autem devotum filium et ecclesiæ vestræ membrum utile fraternitati vestræ duximus pro suæ devotionis ac probitatis merito propensius commendandum, quatenus eumdem pro tanto in posterum utili ac memorando ecclesiæ nostræ per ipsum collato obsequio affectuosius diligentes, taliter ejus laborem et studium remunerare curetis, ut idem ex devoto fiat devotior, ac alii ejus animati exemplo ad obsequiorum ecclesiæ vestræ portanda onera fortius accingantur. Nos vero secundum ea quæ vidimus et audivimus, veritati testimonium perhibentes, rogamus in Domino, ut prænominatas reliquias cum honoris reverentia et omnimoda devotione suscipientes, inter cætera quæ pretiosa erga vos habentur, velitis habere præcipue chariora, gratum Deo et ipsi acceptum præbentes martyri famulatum, nobis quoque, qui pro exaltatione vestræ ecclesiæ semper solliciti fuimus et intendimus laborare, participium orationum vestrarum reddatis, et ad memoriam nostri habendam nomen nostrum in vestro Kalendario subscribatis.

XCII.
Ad abbatem et fratres monasterii Loci-Dei. — Eorum privilegia confirmat.

(Anno 1205. Romæ, ap. S. Petrum, Jan. 21.)
[LANGEBECK, *Script. rer. Danic.* VIII, 182.]

INNOCENTIUS episcopus, servus servorum Dei, dilectis filiis abbati monasterii Loci-Dei, ejusque fratribus tam præsentibus quam futuris regularem vitam professis, etc.

Religiosam vitam eligentibus, apostolicum convenit adesse præsidium, ne forte cujuslibet temeritatis incursus, aut eos a proposito revocet, aut robur, quod absit! sacræ religionis infringat. Eapropter, dilecti in Domino filii, vestris justis postulationibus clementer annuimus, et præfatum monasterium Loci-Dei, in quo divino mancipati estis obsequio, sub beati Petri, et nostra protectione suscipimus, et præsentis scripti privilegio communimus. In primis siquidem statuentes, ut ordo monasticus, qui secundum Deum, et beati

Benedicti Regulam atque institutionem Cisterciensium fratrum in eodem monasterio institutus esse dignoscitur, perpetuis ibidem temporibus inviolabiliter observetur. Præterea quascunque possessiones, quæcunque bona idem monasterium in præsentiarum juste ac canonice possidet, aut in futurum concessione pontificum, largitione regum vel principum, oblatione fidelium, seu aliis justis modis, præstante Domino, poterit adipisci, firma vobis vestrisque successoribus, et illibata permaneant. In quibus hæc propriis duximus vocabulis exprimenda :

Locum ipsum, in quo præfatum monasterium situm est cum omnibus pertinentiis suis. Ecclesiam de Logum cum omnibus pertinentiis suis, quam idem monasterium antequam Cisterciensium fratrum instituta susciperet, possidebat. Donationes factas vobis a Radulpho Ripensi episcopo fundatore loci ejusdem, Stephano et Omero successoribus ejus. Quidquid videlicet pertinebat in possessionibus ad episcopatum Ripensem in parochia Loegum et Seem. Possessiones etiam, quas Omerus Ripensis episcopus in Ginnegardth monasterio vestro concessit, cum terris, nemoribus, pratis, aquis, molendinis, pascuis et aliis libertatibus et immunitatibus suis. Decimas de Logumherret. Concessionem factam vobis a Ripensi episcopo quidquid pertinebat ad eum in decimis in Gramherret, et de Ravenstorpherret : decimas quoque de Buldorp vobis a Walpemaro Slessuicensi episcopo assignatas. Et tres mansos terræ in Barghby. Sane laborum vestrorum, quos propriis manibus et sumptibus colitis, tam de terris cultis, quam incultis, sive de hortis et virgultis, et piscationibus vestris, vel de nutrimentis animalium vestrorum, nullus a vobis decimas exigere vel extorquere præsumat. Liceat quoque vobis clericos vel laicos liberos et absolutos e sæculo fugientes ad conversionem recipere, et eos absque contradictione aliqua retinere. Prohibemus insuper, ut nulli fratrum vestrorum post factam in monasterio vestro professionem fas sit sine sui abbatis licentia de eodem loco discedere. Discedentem vero absque communium litterarum vestrarum cautione, nullus audeat retinere. Quod si quis forte retinere præsumpserit, licitum vobis sit in ipsos monachos vel conversos regularem sententiam promulgare. Illud districtius inhibentes, ne terras, seu quodlibet beneficium ecclesiæ vestræ collatum liceat alicui personaliter dari, sive alio modo alienari absque consensu totius capituli, vel majoris aut sanioris partis ipsius. Si quæ vero donationes aut alienationes, aliter quam dictum est, factæ fuerint, eas irritas esse censemus. Ad hæc etiam prohibemus, ne aliquis monachus sive conversus sub professione vestræ domus astrictus, sine consensu et licentia abbatis et majoris partis capituli vestri pro aliquo fidejubeat, vel ab aliquo pecuniam accipiat mutuo, ultra pretium capituli vestri providentia constitutum, nisi propter mani-

festam domus vestræ utilitatem. Quod si facere forte præsumpserit, non teneatur conventus pro his aliquatenus respondere. Licitum præterea sit vobis in causis propriis, sive civilem, sive criminalem contineant quæstionem, fratrum vestrorum testimoniis uti, ne pro defectu testium jus vestrum in aliquo valeat deperire. Insuper auctoritate apostolica inhibemus, ne ullus episcopus vel alia quælibet persona, ad synodos, vel conventus forenses vos ire, vel judicio sæculari de vestra propria substantia, vel possessionibus vestris subjacere compellat, nec ad domos vestras causa ordines celebrandi, causas tractandi, vel conventus aliquos publicos convocandi, venire præsumat, nec regularem electionem vestri abbatis impediat, aut de instituendo vel removendo eo, qui pro tempore fuerit, contra statuta Cisterciensis ordinis, se aliquatenus intromittat. Si vero episcopus, in cujus parochia domus vestra fundata est, cum humilitate ac devotione, qua convenit requisitus, substitutum abbatem benedicere, et alia quæ ad officium episcopale pertinent vobis conferre renuerit, licitum sit eidem abbati si tamen sacerdos fuerit, proprios novitios benedicere, et alia quæ ad officium pertinent exercere, et vobis omnia ab alio episcopo percipere, quæ a vestro fuerint indebite denegata. Illud adjicientes, ut in recipiendis professionibus, quæ a benedictis vel benedicendis abbatibus exhibentur, ea sint episcopi forma et expressione contenti, quæ ab origine ordinis noscitur instituta, ut scilicet abbates ipsi, salvo ordine suo, profiteri debeant, et contra statuta ordinis sui nullam professionem facere compellantur. Pro consecrationibus vero altarium, vel ecclesiarum, sive pro oleo sancto, vel quolibet ecclesiastico sacramento, nullus a vobis sub obtentu consuetudinis, vel alio modo quidquam audeat extorquere, sed hæc omnia gratis vobis episcopus diœcesanus impendat. Alioquin liceat vobis quemcunque malueritis catholicum adire antistitem, communionem et gratiam apostolicæ sedis habentem, qui nostra fretus auctoritate, vobis quod postulatur impendat. Quod si sedes diœcesani episcopi forte vacaverit, interim omnia ecclesiastica sacramenta a vicinis episcopis accipere, libere et absque contradictione possitis, sic tamen, ut ex hoc in posterum propriis episcopis nullum præjudicium generetur. Quia vero interdum propriorum episcoporum copiam non habetis, si quem episcopum Romanæ sedis (ut diximus) communionem habentem, et de quo plenam notitiam habeatis, per vos transire contigerit, ab eo benedictiones vasorum et vestium, consecrationes altarium, ordinationes monachorum auctoritate apostolicæ sedis recipere valeatis. Porro si episcopi, vel alii ecclesiarum rectores in monasterium vestrum, vel personas inibi constitutas suspensionis, excommunicationis, vel interdicti sententiam promulgaverint, sive etiam in mercenarios vestros, pro eo quod decimas non solvitis, sive aliqua occasione eorum, quæ ab apostolica benignitate sunt vobis indulta, seu benefactores vestros, pro eo quod vobis aliqua beneficia vel obsequia ex charitate præstiterint, vel ad laborandum adjuverint, in illis diebus in quibus vos laboratis et alii feriantur, eamdem sententiam protulerint, ipsam tanquam contra apostolicæ sedis indulta prolatam duximus irritandam, nec litteræ illæ firmitatem habeant, quas tacito nomine Cisterciensis ordinis, et contra tenorem apostolicorum privilegiorum constiterit impetrari. Præterea cum commune terræ interdictum fuerit, liceat vobis nihilominus in vestro monasterio, exclusis excommunicatis et interdictis, divina officia celebrare. Paci quoque ac tranquillitati vestræ paterna in posterum sollicitudine providere volentes, auctoritate apostolica prohibemus, ut infra clausuras locorum, seu grangiarum vestrarum, nullus rapinam, seu furtum facere, ignem apponere, sanguinem fundere, hominem temere capere, vel interficere, seu violentiam audeat exercere. Præterea omnes libertates et immunitates a prædecessoribus nostris Romanis pontificibus ordini vestro concessas, necnon et libertates et exemptiones sæcularium exactionum, a regibus et principibus, vel aliis fidelibus rationabiliter vobis indultas, auctoritate apostolica confirmamus et præsentis scripti privilegio communimus.

Decernimus ergo, ut nulli omnino hominum liceat præfatum monasterium temere perturbare, aut ejus possessiones auferre, vel ablatas retinere, minuere, seu quibuslibet vexationibus fatigare, sed omnia integra conserventur, eorum, pro quorum gubernatione ac sustentatione concessa sunt usibus omnimodis profutura. Salva sedis apostolicæ auctoritate, et in prædicta Ecclesia diœcesani episcopi canonica justitia. Si qua igitur in futurum, ecclesiastica, sæcularisve persona hanc nostræ constitutionis paginam sciens contra eam temere venire tentaverit, secundo, tertiove commonita, nisi reatum suum congrua satisfactione correxerit, potestatis, honorisque sui careat dignitate, reamque se divino judicio existere de perpetrata iniquitate cognoscat, et a sacratissimo corpore ac sanguine Dei, et Domini Redemptoris nostri Jesu Christi aliena, atque in extremo examine districtæ subjaceat ultioni. Cunctis autem eidem loco sua jura servantibus, sit pax Domini nostri Jesu Christi quatenus et hic fructum bonæ actionis percipiant, et apud districtum judicem præmia æternæ pacis inveniant. Amen.

Datum Romæ apud S. Petrum per manum Joannis Sanctæ Mariæ in Cosmedyn diaconi cardinalis, S. Romanæ Ecclesiæ cancellarii, xii Kal. Februarii, indictione vii, Incarnationis Dominicæ anno 1205, pontificatus vero domini Innocentii papæ III anno octavo.

Subscripsit papa cum episcopis suis et cardinalibus.

XCIII.

Ad abbatem (32) S. Vincentii Silvanectensis, ejusque fratres. — Ecclesiæ de Alvers possessionem ipsis confirmat.

(Anno 1205. Romæ, ap. S. Petrum, Jan. 23.)
[Ex Archivio monasterii S. Vincentii Silvanectensis, absque numero. Brèq. *ibid.*, p. 1129.]

Solet annuere sedes apostolica piis votis, et honestis petentium precibus favorem benevolum impertiri. Eapropter, dilecti in Domino filii, vestris justis postulationibus grato concurrentes assensu, Ecclesiam de Alvers cum pertinentiis, libertatibus et immunitatibus suis, sicut eam juste ac pacifice possidetis, auctoritate vobis apostolica confirmamus, et præsentis scripti patrocinio communimus. Nulli ergo omnino hominum liceat hanc paginam nostræ confirmationis infringere, vel ei ausu temerario contraire. Si quis autem hoc attentare præsumpserit, indignationem omnipotentis Dei, et beatorum Petri et Pauli, apostolorum ejus, se noverit incursurum.

Datum Romæ, apud Sanctum Petrum, x Kalendas Februarii, pontificatus nostri anno septimo.

XCIV.

Ad archiepiscopos, episcopos, etc., ad quos litteræ istæ pervenerint. — Ut abbates et fratres Præmonstratensis ordinis adversus malefactores et molestatores tueantur ac defendant.

(Anno 1205. Romæ, ap. S. Petrum, Jan. 24.)

[Epistolam hanc, seu potius bullam, edimus ad fidem apographi, quod ex archivio abbatiæ Capellæ ad Plancas diligenter exscriptum in Chartophylacio nostro reposuit D. Brincourt. Ad calcem apographi notulam istam adscripsit : « Ladite bulle sur parchemin, en assez mauvais état, portant huit pouces de hauteur sur neuf pouces quatre lignes de largeur, repliée par le bas de dix lignes pour recevoir un lacs de soie rouge et jaune après lequel est attaché un plomb de quinze lignes en tous sens représentant, d'un côté, les apôtres saint Pierre et saint Paul, et de l'autre est écrit : INNOCENTIUS PP. III. »—« Je soussigné, religieux, bénédictin, archiviste de l'abbaye de Monstier-Ramey, député à la recherche des chartes et monuments concernant le droit public et l'Histoire de la monarchie française, certifie la présente tirée du chartier de l'abbaye de la Chapelle-aux-Planches, par moi collationée, être conforme à son original. A ladite chapelle, le 7 février 1789. Signé : D. Brincourt. » Et hoc quidem viri doctissimi testimonium hic referendum nobis esse censuimus, eo magis quod bulla ista cæterorum hujusmodi ab Innocentio concessorum

---

(32) Vide ad Epistolam Appendicis hujus LXXXIV, not.

privilegiorum stylum sapere forsan non videbitur. BRÉQ. *ibid.*, p. 1150.]

Non absque dolore cordis, et plurima turbatione didicimus, quod ita in plerisque partibus ecclesiastica censura dissolvitur, et canonicæ sententiæ severitas enervatur, ut viri religiosi, et hi maxime, qui per sedis apostolicæ privilegia majori donati sunt libertate, passim a malefactoribus suis injurias sustineant et rapinas ; dum vix inveniatur ! qui congrua illis protectione subveniat, et pro fovenda pauperum innocentia se murum defensionis opponat. Specialiter autem, dilecti filii, abbates et fratres Præmonstratensis ordinis, tam de frequentibus injuriis quam de ipso quotidiano defectu justitiæ conquerentes, universitatem vestram litteris petierunt apostolicis excitari, ut ipsa videlicet pro eis in tribulationibus suis contra malefactores eorum prompta debeatis magnanimitate consurgere, quod ab angustiis quas sustinent, et pressuris nostro possint præsidio respirare. Itaque, universitati vestræ per apostolica scripta mandamus, atque præcipimus, quatenus illos qui possessiones, vel res seu domos prædictorum fratrum, vel hominum suorum irreverenter invaserint, aut ea injuste detinuerint quæ prædictis fratribus ex testamento decedentium relinquuntur, seu in ipsos fratres, contra apostolicæ sedis indulta, sententiam excommunicationis, aut interdicti præsumpserint promulgare, vel decimas laborum seu nutrimentorum ipsorum, spretis apostolicæ sedis privilegiis, extorquere, monitione præmissa, si laici fuerint, publice candelis accensis excommunicationis sententia proferatur ; si vero clerici, vel canonici regulares, seu monachi fuerint, eos, appellatione remota, ab officio et beneficiis suspendatis, neutram relaxaturi sententiam, donec prædictis fratribus plenarie satisfaciant, et tam laici quam clerici sæculares, qui anathematis vinculo fuerint innodati, pro injectione manuum violenta, cum litteris diœcesani episcopi, ad sedem apostolicam venientes, ab eodem vinculo mereantur absolvi. De monachis vero et canonicis regularibus id servetur, ut si ejusdem claustri fratres manus in se injecerint violentas, per abbatem proprium ; si vero unius claustri frater in fratrem alterius claustri hujusmodi præsumpserit violentiam exercere, per injuriam passi et inferentis abbates absolutionis beneficium assequantur, etiamsi eorum aliqui, prius quam habitum reciperent regularem, tale aliquid commiserint, propter quod, ipso actu, in sententiam excommunicationis incurrissent, nisi excessus ipsorum esset difficilis et enormis, utpote si esset ad mutilationem membri, vel sanguinis effusionem processum, aut violenta manus in episcopum, vel abbatem injecta, cum excessus tales et similes, sine scandalo nequeant præteriri. Si vero in clericos sæculares manus injecerint, pro vitando scandalo mittantur ad sedem apostolicum absolvendi. Villas autem in quibus bona prædictorum fratrum vel hominum suorum per violentiam detenta fuerint, quandiu ibi sunt, interdicti sententiæ supponatis.

Datum Romæ, apud Sanctum Petrum, IX Kalendas Februarii, pontificatus nostri anno septimo.

XCV.

Ad abbatem (33), *et conventum S. Vincentii Laudunensis. Confirmatio bonorum*

(Anno 1205. Romæ ap. S. Petrum, Jan. 26.)

[Ex Archivio monasterii S. Vincentii Laudunensis, Fascicul. *Bullæ et Privilegia* 20, ch. 8. BRÉQ., *ibid.*, p. 1131.]

INNOCENTIUS episcopus, servus servorum Dei, dilectis filiis, abbati et conventui monasterii Sancti Vincentii Laudunensis, salutem et apostolicam benedictionem.

Solet annuere sedes apostolica piis votis, et honestis petentium precibus favorem benevolum impertiri. Eapropter, dilecti in Domino filii, vestris justis postulationibus grato concurrentes assensu, altare de Bavi (34), cum appendiciis suis ; altare et medietatem Casæ de Marli (35), cum appendiciis suis : ecclesiam de Lescheriis (36) ; villam quæ dicitur Tile (37) ; furnos, medietatem molendinorum, et nundinas annuas (38) de Lescheriis ; altare et modium frumenti, in decima de Yrun (39) ; altare de

---

(33) Erat ille Hugo, qui monasterio S. Vincentii Laudunensis præfuit, ab anno 1174, usque ad annum 1205, quo obiit XVI Kalendas Septembris. Vid. *Gall. Christ. Nov.*, tom. IX, col. 580.

Gallica locorum in hac bulla recensitorum nomina, prout a cl. D. Grenier, ad calcem Apographi quod in Chartophylacio nostro reposuit, affixa sunt, hic adjungere operæ pretium existimavimus ; nonnulla vero, ex Nova Gallia Christiana, adjunximus.

(34) *Bavi*, village du côté de Guise, qui est inconnu.

(35) *Marli*, village du même côté, sur la rive gauche de l'Oise, en Thiérache.

Balduinus (*de Retest*, seu *de Retel*), dictus piæ memoriæ in tabulis, obtinuit anno 1146, ab episcopo (Laudunensi, Bartholomæo) altare de Marla, cum decimis Montis-acuti, Loisiaci et Berniaci. *Nov.*

Gall. Christ., tom. IX, col. 578.

(36) *De Lescheriis* (Leguielles), village sur la gauche du chemin de Guise à Câteau-Cambrésis.

Anno 1152, Burcardus de Guisia, cum Adelide uxore, filia Balduini de Suppeio, castri Lescherii domino, loci hujus collegium mutavit in Cellam S. Vincentio subjectam. *Nov. Gall. Christ.*, tom IX, col. 578.

(37) *Tiles*, village du même côté, inconnu.

(38) Anno 1171, Galterus (Abbas S. Vincentii Laudunensis XIII) octiduanas nundinas Lescheriis instituit, in festo S. Joannis Baptistæ, et Jacobum de Guisia loci advocatum emolumenti fecit participem. *Nov. Gall. Christ.*, tom. IX, col. 579.

(39) *Yrun* (Yron), autre village sur un petit ruisseau, qui traverse le chemin de Guise à Landrecies.

Dulcelon (40); altare Sancti Germani (41), et vas unum in decima, cum illis parochianis qui talliam et furcam in pratis debent domino Lescheriensi; apud Fasti (42), censum septuaginta solidorum bonæ monetæ; apud Vileires (43), redditus villæ, et in terragio vasa quinque, in decima vero duo; ecclesiam Sancti Joannis de Vendolio (44), et totam ejusdem villæ decimam cum ecclesia parochiali de Linifonte (45), et capella Leprosorum; decimam Sancti Nicolai de Bosco, sub constituto trecensu (46); capellam Sancti Petri; decem solidos bonæ monetæ in molendinis de Vendolio; terram de Buschoitt, cultam et incultam; somarium unum quotidie de nemore mortuo, cum uno serviente, de nemoribus domini de Vendolio, Wionagium per totam ejus terram liberum; apud Mayoc (47), duos modios frumenti in decima; decimam culturarum et terrarum vestrarum de Lambesch (48), et Cirisi (49); villam Dormicurt (50), cum omnibus appendiciis suis; in eadem villa, decimam quam ab ecclesia Sancti Petri, sub censu sexdecim denariorum, tenetis; Casam de Orgival, cum appendiciis suis; ecclesiam Santi Juliani de Nova Villa (51), duo vasa in decima casæ ejusdem villæ, molendinum, vetus vivarium, pratum sub eodem vivario situm, et plantam super idem vivarium, cum decima quarumdam terrarum et vinearum; decimam culturarum quarumdam Simonis, apud Camoliam (52), et apud Vileirs (53), ante turris Castrum, cum portione decimæ ejusdem villæ, medietatem caponum, quos idem Simon, apud Ploiart et Arenci (54), percipiebat in redditu; apud Novam Villam, campum unum, quem idem Simon dedit pro dote altaris ejusdem Villæ, terram quam idem Simon emit apud Cerni (55) ab hæredibus Odonis Laudunensis, somarium unum quotidie in Bosco de Bruni, ad usuagium monachorum de Nova Villa (56), totam terram, quam Clarembaldus de Oilli, apud Dormicurt possidebat, ad terragium decimæ garbæ, in perpetuum vobis concessam; ecclesias de Firmitate, cum appendiciis suis, tredecimum omnium bonorum ejusdem castri, sex modios frumenti in molendinis ipsius castri, unum modium frumenti, et duos modios vinatici, et decem capones de redditibus Goberti junioris, de Firmitate (57), a parochianis curtis de Ferrieres, cum minuta decima, et parte majoris quæ vos contingit; apud Moncels (58), tres modios frumenti pro molendinis, censu, terragio, et nemore, quæ vos, et dominus Villæ communia habetis in eadem villa; censum quinque solidorum, apud Montiniacum (59); septem modios frumenti, pro terra vestra, quam tenet hæres quondam Arnulfi militis apud Chevesne; unum modium frumenti, apud Moncels super Seram (60); allodium Sancti Quintini (61), sub censu triginta solidorum; apud Meschuman (62), terram Joannis Pictæ, quam a monasterio Humolariensi, sub censu quatuor solidorum, tenetis, et terram quæ dicitur Vallis Sanctæ Mariæ, quam ad sextam garbam tenetis; in curte Mechumæ, vicecomitatum, cum omnibus pertinentiis suis; majoriam de Acheri (63); unum modium frumenti in eadem villa; apud Tumbellam (64), unum modium frumenti, et unum avenæ; apud Hortincort (65), exclusam, sicut a molendino

---

(40) *Dulcelon* (inconnu).
(41) *Sancti Germani* (Saint-Germain), village audessus de Guise, entre le chemin de Bohain et la rivière d'Oise.
(42) *Fasti* (Fati), autre village à l'est de Guise, sur la rive gauche de l'Oise.
(43) *Vileires* (Villiers-lès-Guise), autre sur la droite du chemin de Landrecy.
(44) *De Vendolio* (Vendeuil), bourg dont il a été parlé ailleurs.
Anno 1088, Ratbodus, episcopus Noviomensis, altare S. Joannis Baptistæ, situm ante castrum Vendolium ad Isaram amnem, concessit, ut Fratres sub norma S. Benedicti Deo militaturos ibi constitueret. *Nov. Gall. Christ.*, tom. IX, col. 576.
(45) *De Linifonte* (Liffontaine).
(46) Anno 1163, Galterus (XIII), S. Vincentii Laudunensis Abbas, Montis-acuti molendinum cessit in feodum, comparavitque decimam de Vendolio sub quodam censu ab ecclesia S. Nicolai in Silva. *Ibid.*, col. 579. C.
(47) *Mayoc*, autre village entre la rivière d'Oise et le chemin de la Fère à Ribemont.
(48) *Lambesch* (Lamhais), ferme sur la gauche du chemin de la Fère à Saint-Quentin.
(49) *Cirisi* (Cerisy) *ibid.* au-dessus de Liffontaine.
(50) *Dormicurt* (Dormicourt), ferme près Marle.
Anno 1147, Balduinus *de Retest*, seu *de Retel* (XI) S. Vincentii Laudunensis Abbas, obtinuit alodium domiculiæ, *ad terragium nonæ garbæ*, a Bartholomæo quodam equite. *Nov. Gall. Christ.*, tom. IX, col. 578.
(51) *Nova-villa*, Neuville, près Chamouille.

(52) *Apud Camoliam* (Chamouille), village du Laonois, dont il a été parlé dans d'autres notices.
Anno 1140, Gualterus comes dedit mansum in villa Camoliæ; ejusdemque loci vicariam, seu vicecomitatum concessit Walbertus *de Asci*. *Nov. Gall. Christ.*, tom. IX, col. 570.
(53) *Vileirs* (Villers) inconnu.
(54) *Ployart* et *Arency*, deux villages peu éloignés de Chamouille.
(55) *Cerni* (Cerny en Laonois), *ibidem*.
(56) Cellam Novæ-villæ, versus Axonam, ab Helluino Tyrio creatam legimus tempora Guillelmi I, duodecimi abbatis S. Vincentii Laudunensis, qui obiit pridie Kal. Octobr. an. 1156. (*ibid. B.*)
(57) *De Firmitate* (la Ferté-sur-Péron), village sur la rive gauche du Péron.
(58) *Moncels* (Monceaux-le-Neuf), vers la source de cette rivière.
(59) *Apud Montiniacum* (Montigny sur-Crécy), dont il a été parlé ailleurs.
(60) *Moncels super Seram* (Monceaux-les-Loups), en deçà de la rivière de Sères, du côté de la Fère.
(61) *Allodium Sancti-Quintini* (Anguillecourt Saint-Quentin), village sur la droite du chemin de la Fère à Ribemont.
(62) *Mechumam* (Méchame), ferme au-dessus de Anguillecourt.
(63) *Achery* (village sur la rivière d'Oise), entre la Fère et Vendeuil.
(64) *Apud Tumbellam* (la Tombelle), hameau en deçà de Marle.
(65) *Hortincort*, inconnu; mais ce lieu doit être au-dessus de Marle.

vestro usque ad molendinum de recta extenditur, ad libitum vestrum firmandam; Majoriam Villaris sicci (66), cum duobus modiis frumenti, dimidia domo lapidea, medietate fumi, et aliis pertinentiis suis; majoriam de Hatencort (67); majoriam de Curbis (68), cum omnibus pertinentiis suis; ecclesiam Altimontis (69), cum appendiciis suis; ecclesiam Sancti Thomæ (70), cum appendiciis suis; vineam de Colomam; allodium de Buci (71) et de Riu (72), quod dicitur Guidonis castellani; decem et octo modios frumenti ad mensuram de Marla, quos vobis annuatim debet ecclesia Thenoliensis (73); altare de Chivi (74), cum appendiciis suis; altaria de Morenis (75), Cortesis (76), Fussenis (77) et Cocci (78), cum appendiciis suis; Furnum de Camolia; duas partes decimæ de Cuverni (79), tam majoris, quam minoris; tertiam partem, tam majoris, quam minoris decimæ de Bievre (80); altare de Besni (81), cum appendiciis suis; duodecim denarios, quos vobis annuatim canonici Laudunenses in recognitione antiquæ consuetudinis, et in recompensationem coemeterii debent; sicut ea omnia juste et pacifice possidetis, vobis et per vos monasterio vestro auctoritate apostolica confirmamus, et præsentis scripti patrocinio communimus. Nulli ergo omnino hominum liceat hanc paginam nostræ confirmationis infringere, vel ei ausu temerario contraire. Si quis autem hoc attentare præsumpserit, indignationem omnipotentis Dei, et beatorum Petri et Pauli, apostolorum ejus, se noverit incursurum.

Datum Romæ, apud Sanctum Petrum, VII Kalendas Februarii, pontificatus nostri anno septimo.

XCVI.

Ad abbatem (82) et conventum S. Vincentii Silvanectensis. — *Compositionem inter ipsos et capitula S. Reguli ac Frambaldi, super redditibus quibusdam, a Petro quondam Atrebatensi episcopo et conjudicibus initam auctoritate apostolica confirmat.*

(Anno 1205. Romæ, apud S. Petrum, Febr. 1.)
[Ex archivio monasterii S. Vincentii Silvanectensis, absque numero. Bнёq., *ibid.*, p. 1134.]

Solet annuere sedes apostolica piis votis, et honestis petentium precibus favorem benevolum impertiri. Ex vestra nimirum relatione accepimus, quod, cum dilecti filii, canonici beatæ Mariæ Silvanectensis, in quorum ecclesia præbendam certam, et vacantium annualia præbendarum percipitis ab antiquo (83), vos super quibusdam proventibus præbendæ vestræ et annualium, et dilecti filii, Willelmus quondam Sanctæ Mariæ cantor, et Sancti Frambaudi thesaurarius (84), et Ivo Sancti

---

(66) *Villaris sicci* (Villers-le-Sec), inconnu.
Confer supra, not. ad epistolam 2 appendicis hujus. Adde, si vis, ea quæ apud auctores Novæ Galliæ Christianæ leguntur, tom. IX, col. 576. « Eodem circiter tempore (anno circiter 1097), Anselmus de Ribodimonte, ad sacram expeditionem profecturus, ad S. Vincentii monasterium accessit, malorum poenitens quæ monachis intulerat, in capitulo, nudatis scapulis, in piaculum se flagellari fecit. Anselmo socium se adjunxit Nethelinus miles, qui prædium Simon Villare-Siccum non longe a Ribodimonte concessit, Helinando (episcopo Lingonensi) morti proximo confirmante. »
(67) *Hatencort* (Attencourt), ferme entre Pierre-Pont et Marle.
(68) *De Curbis* (Courbes), village sur la rive droite de l'Oise, du côté de la Fère.
(69) *Altimontis*, village inconnu.
Anno 1095, Rainaldus, archiepiscopus Remensis, ecclesiam S. Goberti, apud Altum-montem in pago Registensi, concessit, ejectis inde, assentiente Hugone I comite, clericis qui loci curam neglexerant: quam donationem postea confirmarunt Manasses, Remensis archiepiscopus, et comites Registenses, Hugo III, an. 1200, Joannes, an. 1249, Galcherus, an. 1262.
(70) *Sancti-Thomæ* (Saint-Thomas), autre village entre Corbéry et Laon.
Anno 1081, locum S. Thomæ, nuncupatum subtus vetus Laudunum, Adalbertu (VIII S. Vincentii abbas) accepit ab Helinando (Laudunensi episcopo) convertendum in cellam. *Nov. Gall. Christ.*, tom. IX, col. 576.
(71) *Allodium de Bucy* (Bucy-lès-Pierre-Pont), village au delà de ce bourg.
(72) *Riu*, près Bucy, lieu inconnu dans la nouvelle carte de France.
(73) Anno 1164 et sequentibus, Galterus (XIII abbas S. Vincentii Laudunensis) quædam permisit in censum canonicis Thenoliensibus. *Ibid.*, col. 579. C.

Anno 1174, Hugo (XIV abbas) erga canonicos Thenolienses sincerum probavit affectum, cessis non semel eorum monasterio prædiis sub annuo censu.
(74) *Chivi*, village au delà de Cerny en Laonois.
(75) *Morenis* (Mauregus), village entre Corbeny et Laon.
(76) *Cortesis* (Courtisis), autre près Mauregus.
(77) *De Fussenis* (Fussigny), du même côté.
(78) *Cocci* (Coussy-les-Aippes), au-dessus.
(79) *Cuverni*, village inconnu.
(80) *Bievre*, village au-dessus de Bruières.
(81) *Besni*, village inconnu.
(82) Vide ad epist. appendicis hujus, not. LXXXIV.
(83) Ecclesia S. Vincentii Silvanectensis fruitur quatuor præbendis, quas, an. 1119, Callixtus PP. II ei confirmavit, in ecclesiis scilicet B. Mariæ Silvanectensis, S. Reguli, S. Frambaldi, et S. Evremundi Credoliensis. Anniversaria quoque, seu annualia præbendarum in ecclesiis B. Mariæ et S. Reguli, Claremhaldus, episcopus Silvanectensis, eis concessit; sicut et canonici S. Frambaldi, in ecclesia sua; quæ quidem firmata a Ludovico VI, an. 1129, jam dudum evanuere. Vide *Gall. Christ.*, t. X, col. 1494. Et inter *Instrum.*, col. 210 et 428, chart. XIV et LXIII.
‡ (84) Guillelmus I (*de Chartres*) qui, annis 1197 et 1202, B. Mariæ cantor, simul ac S. Frambaldi thesaurarius, hoc ipso ultimo anno 1202, cum Fulcone, Aurelianensi decano, a Philippo Augusto, ratione ipsius conjugii cum Ingelburge, deputatus est ad Innocentium III, summum pontificem. Et hæc quidem tradunt auctores Novæ Galliæ Christianæ, t. X, col. 1479. Mox addunt: « Guillelmus, factus episcopus Noviomensis, memoratur in Necrologio S. Frambaldi, XI Kal. Martii. » Verum sibimet ipsis non constant auctores doctissimi; nam huic nostro Guillelmo inter Noviomenses episcopos, *ibid.*, t. IX, col. 1005, et sqq., nullum omnino locum dedere.

Reguli decanus (85), super annualibus præbendarum, quæ ad cantoriam Beatæ Mariæ, et thesaurariam Sancti Frambaudi, et decanatum Sancti Reguli, pertinent indebite molestarent, tandem venerabilis frater noster, Silvanectensis episcopus (86), et dilecti filii, Hermerus (87), Sancti Frambaudi decanus, Joannes Poeta, et Reinerus, quondam Sanctæ Mariæ succentor, Bartholomæus Sancti Frambaudi cantor, et Willelmus Rot. compromissarii, et bonæ memoriæ Petrus (88), Atrebatensis episcopus, et conjudices sui a sede apostolica delegati, sicut in ipsorum judicum et adversariorum authenticis continetur, prædictas controversias, compositione amicabili sopierunt. Nos igitur, vestris precibus inclinati, compositionem ipsam, sicut sine pravitate provide facta est, et ab utraque parte sponte accepta, et hactenus pacifice observata, auctoritate apostolica confirmamus, et præsentis scripti patrocinio communimus. Nulli ergo omnino hominum liceat hanc paginam nostræ confirmationis infringere, vel ei ausu temerario contraire. Si quis autem hoc attentare præsumpserit, indignationem omnipotentis Dei, et beatorum Petri et Pauli, apostolorum ejus, se noverit incursurum.

Datum Romæ, apud Sanctum Petrum, Kalendis Februarii, pontificatus nostri anno septimo.

XCVII.
Ad abbatem (89), priorem et cantorem S. Germani de Pratis Parisiensis. — Ut monasterii S. Dionysii molestatores compescant.
(Anno 1205. Romæ, ap. S. Petrum, Febr. 10.)
[Ex Apographo, quod ad fidem Autographi, in monasterii S. Dionysii archivis asservati, diligenter exscriptum nobiscum communicavit D. Poirier. BRÉQ., ibid.]

INNOCENTIUS episcopus, servus servorum Dei, dilectis filiis, abbati, priori, et cantori Sancti Germani de Pratis Parisiensis, salutem et apostolicam benedictionem.

Dilecti filii, abbas (90), et conventus beati Dionysii nobis conquerendo monstrarunt, quod P. de Pauceio et W. Cordelin, milites, Morant de Carlou, et quidam alii Parisiensis, Carnotensis et Aurelianensis diœceseon, eis super decimis, hominibus, et rebus aliis non cessant graves injurias irrogare. Quocirca, discretioni vestræ per apostolica scripta mandamus, quatenus, partibus convocatis, et auditis hinc inde propositis, quod canonicum fuerit,

appellatione postposita, decernatis; facientes quod decreveritis per censuram ecclesiasticam firmiter observari. Testes autem, qui fuerint nominati, si se gratia, odio, vel timore subtraxerint, cogatis censura simili, appellatione remota, veritati testimonium perhibere, nullis litteris veritati et justitiæ præjudicantibus a sede apostolica exspectatis. Et, si non omnes his exsequendis potueritis interesse, duo vestrum ea nihilominus exsequantur.

Datum Romæ, apud Sanctum Petrum, IV Id. Februarii, pontificatus nostri anno septimo.

XCVIII.
Commissorium papale contra episcopum Ratisbon. Conradum IV super molestatione domus feudalis.
(Anno 1205. Romæ, ap. S. Petrum, Martii 3).
[RIED, Cod. diplom. Ratisp., p. 286, ex originali].

INNOCENTIUS episcopus, servus servorum Dei, dilectis filiis abbati Sancti Hemmerami, decano, et scholastico veteris capellæ Ratisponen., salutem et apostolicam benedictionem.

Sicut dilectus filius W. archidiaconus Ratispon. ecclesiæ sua nobis insinuatione monstravit, dilectus filius . . . electus Ratispon. ipsum super quadam domo, quam ab ecclesia Ratispon. in beneficium dicitur possidere, contra justitiam aggravat multipliciter et molestat. Quocirca discretioni vestræ per apostolica scripta mandamus, quatenus dictum electum, ut ab ipsius super hoc gravamine indebito conquiescat, monitione præmissa per censuram ecclesiasticam appellatione remota cogatis. Quod si non omnes his exsequendis potueritis interesse, duo. vestrum ea nihilominus exsequantur.

Datum Romæ apud S. Petrum, v Non. Martii, pontificatus nostri anno octavo.

Plumbum: INNOCENTIUS PP. III.

XCIX.
Ad Guillelmum Remensem archiepiscopum. — Privilegium de alienationibus revocandis monasterio S. Remigii concessum.
(Anno 1205. Romæ, ap. S. Petrum, Martii 21.)
[VARIN, Archives adm. de Reims, Paris, 1839, 4°, t. II, p. 457. — Cartul. de Saint-Remi, f° 5, n. XXII.

INNOCENTIUS episcopus, servus servorum Dei, venerabili fratri GUILLELMO Remensi archiepiscopo, sanctæ Romanæ Ecclesiæ cardinali, salutem et apostolicam benedictionem.

Sollicitudini pastoris incumbit ut taliter provi-

---

(85) « VII. Ivo I, ex præcentore (S. Reguli) decanus, annis 1195 et 1197. Ivonis primi, vel secundi, pie meminit S. Frambaldi necrologium : Idus Martii. *obiit Elisabeth regina, quæ dedit nobis scrinium valde honorabile, et pallium unum, et laudabilem consuetudinem de palliis reddendis in unoquoque partu reginarum huic ecclesiæ renovavit, pro quo beneficio distribui solent solidi....... quos dedit Ivo, decanus S. Reguli.*

« VIII. Stephanus II reperitur decanus anno 1201, x Kal. Augusti, de quo forte sic obituarium S. Frambaldi : vi *Kal. Septembris, obiit Stephanus B. Reguli decanus, et noster canonicus.*

« IX. Ivo II, quo decedente Garinus episcopus

dimidiam præbendam, quam in ecclesia B. Mariæ habebat Ivo, Willelmo nepoti domini Bartholomæi de Roga, contulit an. 1219, mense Maio. »

Hactenus auctores Novæ Galliæ Christianæ, ibid., col. 1466. De Ivone I, an de Ivone II, agatur in hac nostra Innocentii epistola, dijudicare difficile est.

(86) Vide ad epistolam libri quinti CXLV, not.
(87) Vide supra, not. ad epistolam LXXXIV appendicis hujus.
(88) Vide ad epistolam libri tertii xxv, not.
(89) Vide Epistolam Appendicis hujus LXXXIV, not.
(90) Vide Epistolam libri tertii xxv, not.

deat juri 'suo' quod ipsum per alios non detineatur injuste, ne ibi sit negligens ubi sedulus esse debet, cum incrementum sedulitas, et negligentia detrimentum importet. Eapropter, venerabilis in Christo frater, auctoritate præsentium indulgemus, ut altaria, decimas, redditus, jurisdictiones et alia quæ bonæ memoriæ N. prædecessor tuus, tuæ et successorum tuorum dominationi ac potestati subtraxit, ea ecclesiis et monasteriis in perpetuum, et quibusdam personis tam ecclesiasticis quam sæcularibus illicite concedendo, tibi liceat, nullius contradictione vel appellatione obstante, ad potestatem et manum tuam canonice revocare.

Nulli ergo omnino hominum liceat hanc paginam nostræ concessionis infringere, vel ei ausu temerario contraire. Si quis autem hoc attentare præsumpserit, indignationem omnipotentis Dei et beatorum apostolorum Petri et Pauli se noverit incursurum.

Datum Romæ, apud Sanctum Petrum, XII Kalend. Aprilis, pontificatus nostri anno octavo.

C.

Ad priorem Grandimontensem. — Ut illi liceat fratres absolvere qui ante assumptum religionis habitum excommunicationis sententiam incurrerunt (91).

(Anno 1205. Romæ, ap. S. Petrum, Mart. 26.)

INNOCENTIUS episcopus, servus servorum Dei, dilecto filio priori Grandimontensi, salutem et apostolicam benedictionem.

Solet annuere sedes apostolica piis votis, et honestis petentium precibus favorem benevolum impertiri. Nimirum ex parte tua fuit a nobis humiliter postulatum ut absolvendi fratres tuos qui ante habitum in domo tua religionis assumptum se commisisse tale aliquid confiterentur, propter quod ipso actu excommunicationis sententiam incurrerunt, et alios quos in eadem domo habitum religionis assumere sub simili casu contingit, ne dum forte pro absolutionis obtinendo beneficio ad sedem apostolicam mitterentur, evagandi materia tribueretur, eisdem licentiam concedere dignaremur. Eapropter, dilecte in Domino fili, tuis justis postulationibus gratum impertientes assensum, auctoritate tibi præsentium indulgemus, ut eosdem fratres tuos quos taliter pro violenta manuum injectione excommunicationis vincula constiterit innodatos, tibi absolvere liceat, nisi excessus eorum fuerit difficilis et enormis, utpote si fuerit ad mutilationem membri vel sanguinis effusionem processum, aut in episcopum vel abbatem violenta manus injecta, cum excessus tales et similes sine scandalo nequeunt præteriri. Nulli ergo hominum liceat hanc nostræ paginam concessionis infringere; vel ei ausu temerario contraire. Si quis autem hoc attentare præsumpserit, indignationem omnipotentis Dei et beatorum Petri et Pauli, apostolorum ejus, se noverit incursurum.

Datum Romæ, apud Sanctum Petrum, VII Kalendas Aprilis, pontificatus nostri anno octavo.

CI.

Ad procuratores et fratres ecclesiæ Dominici Sepulcri. — De canonicis obedientiam tenentibus.

(Anno 1205. Romæ, ap. S. Petrum, Jun. 16.)

[Eug. de ROZIÈRE, *Cartulaire de l'église du Saint-Sépulcre de Jérusalem*, publié d'après les mss. du Vatican. Paris, Imprimerie nationale, 1849, in-4°, pag. 272.]

INNOCENTIUS episcopus, servus servorum Dei, dilectis filiis universis procuratoribus domorum et prioratuum ecclesiæ Dominici Sepulcri et fratribus suis, salutem et apostolicam benedictionem.

Dilecti filii, prior et capitulum Dominici Sepulcri sua nobis conquestione monstravit quod vos, eis denegantes debitam obedientiam et reverentiam exhibere, ipsis et eorum nuntiis in multis ostenditis rebelles. Eapropter universitati vestræ per apostolica scripta præcipiendo mandamus quatenus eisdem priori et capitulo debitam et obedientiam et reverentiam de cætero impendatis; alioquin sententiam, quam in vos propter hoc rationabiliter duxerint promulgandam, ratam habebimus et eam faciemus, auctore Domino, inviolabiliter observari.

Data Romæ, apud Sanctum Petrum, XVI Kalendas Julii, pontificatus nostri anno octavo.

CII.

Ad clerum S. Mariæ Massiliensis. — Capellam quamdam illis asserit.

(Anno 1205. Romæ, ap. S. Petrum, Jul. 11.)

[*Antiquité de l'église de Marseille*, Marseille 1747, in-4°, II, 29.]

INNOCENTIUS episcopus, servus servorum Dei, dilectis filiis clericis capellæ Sanctæ Mariæ Massiliensis, salutem et apostolicam benedictionem.

Justis petentium desideriis dignum et nos facilem præbere consensum, et vota quæ a rationis tramite non discordant, effectu prosequente complere. Quapropter, dilecti in Domino filii, vestris postulationibus grato concurrentes assensu auctoritate præsentium districtius inhibemus, ne quis de bonis capellæ vestræ quam dilectus filius Hugo Ferus, civis Massiliensis, suis sumptibus dicitur construxisse ac multa possessione dotasse, temere quisquam distrahere seu alienare audeat.

Nulli ergo omnino hominum liceat hanc paginam nostræ inhibitionis infringere vel ei ausu temerario contraire. Si quis autem hoc attentare præsumpserit, indignationem omnipotentis Dei et beatorum Petri et Pauli apostolorum ejus se noverit incursurum.

Datum Romæ, apud Sanctum Petrum, V Idus Julii, pontificatus nostri anno octavo.

---

(91) De hac epistola, huc usque inedita, vide infra quæ ad epistolam 170, priori Grandimontensi anno 1212, Maii 1, directam, adnotavit D. ARBELLOT, canonicus Lemovicensis, qui utramque nobiscum perhumaniter communicavit. EDIT. PATR.

CIII.

Ad Henricum Argentinensem (92) *electum.* — *Confirmat ei jus patronatus in cella Vilmari.*

(Anno 1205. Romæ, ap. S. Petrum. Oct. 8.)

[Ex Apographo, quod ad fidem alterius Apographi, in vetusto quodam majoris Capituli Argentinensis Chartulario inserti, diligenter exscriptum, nobiscum communicavit bonæ memoriæ D. Abbas Grandidier. BRÉQ., *ibid.*]

INNOCENTIUS episcopus, servus servorum Dei, dilecto filio, HENRICO, Argentinensi episcopo electo, salutem et apostolicam benedictionem.

Annuere solet sedes apostolica piis votis, et honestis petentium precibus favorem benevolum impertiri. Eapropter, dilecte in Domino fili, tuis justis postulationibus grato concurrentes assensu, jus patronatus in cella Vilmari (93), cum pertinentiis suis, a comite (93*) Bertoldo, et filio ejus, Ecclesiæ Argentinensi concessum, sicut illud eadem Ecclesia juste possidet et quiete, tibi, et, per te, ipsi Ecclesiæ auctoritate apostolica confirmamus, et præsentis scripti patrocinio communimus. Nulli ergo, etc. etc.

Datum Romæ, apud Sanctum Petrum, VIII Idus Octobris, pontificatus nostri anno octavo.

CIV.

Ad fratres hospitalis S. Joannis Hierosolymitani. — *Eorum possessiones in Bohemia et Moravia confirmat.*

(Anno 1205. Romæ, ap. S. Petrum, Nov. 5.)

[BOCZEK, *Cod. diplom. Moraviæ*, Olomucii 1856, 4°, t. II, p. 55, ex originali in archivio Melitensium Pragæ.]

INNOCENTIUS episcopus, servus servorum Dei, dilectis filiis.... priori et fratribus hospitalis Jerusalem in Bohemia constitutis, salutem et apostolicam benedictionem.

Cum a nobis petitur quod justum est et honestum, tam vigor æquitatis quam ordo exigit rationis, ut id per sollicitudinem officii nostri ad debitum perducatur effectum. Eapropter, dilecti in Domino filii, vestris justis precibus inclinati personas vestras et possessiones quæ in Bohemia et Moravia vobis pia sunt liberalitate collatæ; vel quas in posterum, Deo propitiante, justis modis poteritis adipisci, sub beati Petri et nostra protectione suscipimus et præsentis scripti patrocinio communimus. Nulli ergo omnino hominum liceat hanc paginam nostræ protectionis infringere, vel ei ausu temerario contraire. Si quis autem hoc attentare præsumpserit, indignationem omnipotentis Dei et beatorum Petri et Pauli apostolorum ejus se noverit incursurum.

Datum Romæ, apud S. Petrum, Nonis Novembris, pontificatus nostri anno octavo.

CV.

Ad Bonaccursium præpositum et fratres S. Ginesii Lucanæ diœcesis. — *Eorum privilegia confirmat.*

(Anno 1205. Romæ, ap. S. Petrum, Dec. 5.)

[BALUZ. *Miscell.* ed. MANSI, III, 426.]

INNOCENTIUS episcopus, servus servorum Dei, dilectis filiis BONACCURSIO præposito S. Ginesii, ejusque fratribus tam præsentibus quam futuris canonice constituendis in perpetuum.

Piæ postulatio voluntatis effectu debet prosequente compleri, ut et devotionis sinceritas laudabiliter enitescat, et utilitas postulata vires indubitanter assumat. Quia igitur, o filii in Christo charissimi, vos per divinam gratiam aspirati mores vestros cohærere et sub vitæ canonicæ disciplina et communiter secundum sanctorum Patrum institutionem disposuistis omnipotenti Domino servire, nos votis vestris paterno congratulamur affectu; unde etiam prædecessorum nostrorum felicis memoriæ Alexandri II, Paschalis, Eugenii, Anastasii, Alexandri, Lucii, Clementis et Cœlestini Romanorum pontificum instituta sequentes, vitæ canonicæ ordinem, quem estis professi, præsentis privilegii auctoritate firmamus, et ecclesiam vestram sub beati Petri, et nostra protectione suscipimus; statuentes ut quascunque possessiones, quæcunque bona eadem Ecclesia inpræsentiarum juste et canonice possidet, et largitione regum vel principum, oblatione fidelium seu aliis justis modis, præstante Domino, poterit adipisci, firma vobis vestrisque successoribus et illibata permaneant, in quibus hæc propriis duximus vocabulis exprimenda:

Locum ipsum in quo plebs ipsa sita est cum omnibus pertinentiis suis, quartam partem decimarum totius vestræ plebis, et omnia quæ felicis memoriæ Joannes episcopus canonicus vestræ concessit ecclesiæ, domum, et leprosorum cum ecclesia S. Lazari juxta eamdem plebem cum pertinentiis suis; universa etiam quæ a Longobardis de S. Miniato vobis legitime data sunt ac chirographis confirmata, eleemosynarum etiam quæ pro defunctis alicubi intra plebis spatia sepultis offeruntur tertiam partem, quemadmodum a bonæ memoriæ Paschalis prædecessoris nostri vobis concessum est et scripto suo firmatum. In Burgo quoque ecclesia S. Ægidii cum pertinentiis suis, ecclesia S. Christophori et S. Justi et S. Angeli supra burgum cum omnibus pertinentiis suis. In eodem etiam burgo ecclesiam S. Petri, et in castro Sancti Miniatis ecclesiam S. Mariæ cum pertinentiis suis, in quibus duabus per eos qui ibi fuerint per nostram providentiam ordinati divina semper officia celebrentur; et quidquid juris habetis in eadem ecclesia S. Mariæ per ecclesiam Sanctæ Christinæ, item ecclesiam S. Bartholomæi cum pertinentiis suis, ecclesiam S. Blasii, ecclesiam S. Stephani, ecclesiam S. Laurentii de Nocida, ecclesiam S. Petri supra Fontem, ecclesiam S. Andreæ juxta Castrum Ciculum, ecclesiam S. Michaelis infra muros, ecclesiam S. Jacobi et S. Luciæ, ecclesiam S. Donati de Faugnagna, ecclesiam S. Martini de Castilione, ecclesiam S. Hippolyti de Marzana, ecclesiam S. Mariæ de Calenzano, ecclesiam S. Quintini, Ecclesiam

---

(92) Vide Epistolam Libri octavi VIII, not.
(93) Vide Epistolam Appendicis hujus L.

(93*) Cette concession fut faite l'an 1200, par Henri, Comte de Neubourg.

de Colle. ecclesiam de Capriano, ecclesiam de Canneto, ecclesiam S. Mariæ de Montaiso, ecclesiam de Monterotundo, ecclesiam de Planatole, ecclesiam de Brusciano, ecclesiam S. Stephani de Turre, ecclesiam S. Petri de Marcignana, ecclesiam S. Donati de Insula, ecclesiam S. Angeli de Rophia, ecclesiam S. Philippi de Pinu, ecclesiam S. Prosperi de Montalprandi cum omnibus pertinentiis earum, et si quis inposterum infra unius plebis spatium ædificare contigerit. Quidquid etiam juris habetis in curte Sanctiminiatis de Empulo de Monterappoli, et in curte de Marrignana.

Ad hæc, ad exemplar Cœlestini papæ prædecessoris nostri, adjiciendo statuimus, ut nulli omnino liceat præfatas ecclesias ab ecclesiæ vestræ solita obedientia et debita subjectione subtrahere. Nec ulli unquam fas sit in parochia vestra de novo ecclesiam seu oratorium vel xenodochium sine Lucani episcopi et vestra successorumque vestrorum conniventia et assensu aliqua temeritate construere, vel constructam sine ipsius episcopi et vestro consensu alicujus subjicere potestati, salvis privilegiis pontificum Romanorum. Chrisma vero, oleum sanctum, consecrationes altarium, seu basilicarum, ordinationes clericorum, qui a sacro ordine fuerint promovendi, et cætera ecclesiastica sacramenta per diœcesanum episcopum sine juramenti exactione vel qualibet pravitate vobis præcipimus exhiberi. Porro sepulturam ipsius loci liberam esse concedimus, ut eorum devotioni et extremæ voluntati, qui se illic sepeliri deliberaverint nisi forte excommunicati vel interdicti sint, nullus obsistat, salva tamen justitia ecclesiarum a quibus mortuorum corpora assumuntur. Constituimus etiam, ut si aliquis parochianorum vestrorum apud aliam ecclesiam elegerit et receperit sepulturam, canonica vobis in testamento, quæ matribus debetur ecclesiis, portio reservetur. Cum autem generaliter interdictum terræ fuerit, liceat vobis clausis januis, exclusis excommunicatis et interdictis, non pulsatis campanis, suppressa voce, divina officia celebrare. Apostolica quoque auctoritate sancimus, ut in ecclesiis vestris absque vestra conscientia et consensu, nullus pastor audeat ordinare, sed eorum ordinatio juxta sanctiones canonicas, sicut hactenus mansisse dignoscitur, in vestra semper maneat potestate: præterea tibi et successoribus tuis corrigendi subditos tuos, fili præposite, sicut prædecessores tui consueverunt habere, liberam concedimus facultatem; jura vero, antiquas et rationabiles consuetudines ecclesiæ vestræ hactenus observatas, sicut jam juste et canonice habetis, vobis nihilominus confirmamus. Prohibemus insuper ne episcopus vester in vos vel in ecclesias vestras interdicti sententiam absque justa et manifesta causa promulgare præsumat: compositionem autem quam bonæ memoriæ Lanfrancus Fesulanus episcopus de mandato felicis memoriæ Alexandri papæ prædecessoris nostri cognoscens super ecclesiam S. Christophori fecisse dignoscitur inter B. antecessorem tuum et magistrum Guidonem ab abbate S. Petri in Cœlo-aureo constitutum sicut rationabiliter facta est, et ab utraque parte sponte recepta et in scripto, authentico continetur, auctoritate apostolica confirmamus. Prohibemus insuper ut nullus laicus audeat aliquam ecclesiam vestri plebatus alicui presbytero assignare, vel etiam in sede ponere, et nulli fas sit presbytero ecclesiam de laica manu recipere vel aliquatenus retinere. Diffinitionis autem sententia, quam felicis recordationis Paschalis papa super controversia promulgavit, quæ inter bonæ memoriæ Anselmum Ficeclensem abbatem et Guidonem prædecessorem tuum, fili præposite, super ecclesia de Grimagneto et aliis quibusdam ecclesiis vertebat, sicut hactenus est servata et scripto authentico continetur, auctoritate apostolica confirmamus; obeunte vero te ejusdem loci præposito vel tuorum quolibet, successorum nullus ibi qualibet, subreptionis astutia seu violentia præponatur, nisi quem fratres communi consensu vel major pars consilii sanioris, secundum Dei timorem providerint eligendum: electus vero Lucano episcopo præsentetur, et ei, sicut prædecessores sui consueverunt, promittat obedientiam, patronis loci solo justæ defensionis patrocinio permanente.

Decernimus ergo, ut nulli omnino hominum liceat præfatam ecclesiam temere perturbare, aut ejus possessiones auferre vel ablatas retinere, imminuere, seu quibuslibet vexationibus fatigare; sed omnia integra conserventur, eorum pro quibus gubernatione ac sustentatione concessa sunt, usibus omnimodo profuturas, salva sedis apostolicæ auctoritate, et diœcesani ipsius canonica justitia. Si qua igitur in futurum ecclesiastica sæcularisve persona hanc nostræ constitutionis paginam sciens contra eam temere venire tentaverit, secundo tertiove commonita, nisi reatum suum congrua satisfactione correxerit, potestatis honorisque sui careat dignitate, reumque se divino judicio existere de perpetrata iniquitate cognoscat, a sanctissimo corpore et sanguine Domini et Dei Redemptoris nostri Jesu Christi aliena fiat, atque in extremo examine districtæ subjaceat ultioni. Cunctis autem eidem loco sua jura servantibus sit pax Domini nostri Jesu Christi, quatenus et hic fructum bonæ actionis percipiant, et apud districtum judicem præmia æternæ pacis inveniant. Amen.

Datum Romæ, apud S. Petrum, per manus Joannis S. Mariæ in Via Lata diaconi card., Nonis Decembris, indict. VIII, Incarnationis Dom. 1205, pontificatus vero domini Innocentii papæ III an. VIII.

CV bis.

Ad abbatem Casinensem. — Concedit ut alienationes a prædecessore ipsius factas illi liceat, sublato appellationis obstaculo, revocare.

(Anno 1205. Romæ, ap. S. Petrum, Dec. 9.)

[D. Tosti, *Storia dell'Abadia Casin.*, t. II, p. 284. Originale, caps. dipl. 5, n. 78.]

INNOCENTIUS episcopus, servus servorum Dei, dilecto filio R. tituli SS. Marcellini et Petri presbytero cardinali, Casinensi abbati, salutem et apostolicam benedictionem.

Quanto monasterium Casinense specialius ad Romanam Ecclesiam nullo pertinet mediante, tanto suis volumus sollicitius indemnitatibus præcavere. Cum igitur quidam prædecessorum tuorum possessiones nonnullas, et alia bona monasterii Casinensis perperam alienasse dicantur, et in grave ipsius monasterii præjudicium distraxisse, auctoritate tibi præsentium indulgemus, ut alienationes ipsas, quas in tui monasterii dispendium noveris attentatas, tibi liceat, sublato appellationis obstaculo, legitime revocare. Nulli ergo omnino hominum liceat hanc paginam nostræ concessionis infringere, vel ei ausu temerario contraire. Si quis autem hoc attentare præsumpserit, indignationem omnipotentis Dei, et beatorum Petri et Pauli apostolorum ejus se noverit incursurum

Datum Romæ, apud Sanctum Petrum, v Idus Decembris, pontificatus nostri anno octavo.

CVI.

Ad Olomucensem episcopum. — *Litteras quibus Premyslaus, rex Bohemorum, ecclesiæ Olomucensi libertates et immunitates adauxit, redditusque præpositura assignavit, confirmat.*

(Anno 1206. Romæ, ap. S. Petrum, Jan. 8.)

[Boczek, *Codex diplomat. et epistolaris Moraviæ*, Olomucii 1836, 4°; t. II, p. 41, ex originali mutilo in arch. capituli Olomucensis; apographum in cod. chart. I, 1° 154.]

Innocentius episcopus, servus servorum Dei, venerabili fratri... episcopo et dilectis filiis capitulo Olomucensi, salutem et apostolicam benedictionem.

Justis petentium desideriis dignum est nos facilem præbere consensum, et vota quæ a rationis tramite non discordant, effectu prosequente complere. Eapropter, venerabilis in Christo frater, et dilecti in Domino filii, vestris justis postulationibus gratum impertientes assensum, libertates et immunitates ecclesiæ vestræ et ejusdem hominibus a charissimo in Christo filio P. Bohemorum rege illustri concessas, cancellariam quoque regiam et alios redditus præpositura Olomucensis Ecclesiæ assignatos ab ipso, sicut juste et pacifice possidetis, et in ejusdem regis privilegio plenius continetur, vobis et per vos ecclesiæ vestræ auctoritate apostolica confirmamus et præsentis scripti patrocinio communimus. Ad majorem autem evidentiam privilegium ipsum de verbo ad verbum huic nostræ paginæ duximus inserendum.

« C. † In nomine sanctæ et individuæ Trinitatis, Ego Premysl, Dei gratia rex Bohemorum tertius, venerabili episcopo Olomucensi Ruberto suisque successoribus et Olomucensi Ecclesiæ in perpetuum.

« Cum regiæ dignitati cedat ad gloriam quoties sanctam veneratur et sublimat Ecclesiam, nostræ placuit serenitati ejus providere necessitati, ita ut nostræ benignitatis experiatur beneficia et nobis inde proveniant divini muneris emolumenta. Noverit itaque tam præsens ætas quam futura posteritas, quod antiqua Olomucensis Ecclesiæ renovantes privilegia, omnes possessiones ejus habitas vel habendas, sive sint in Bohemia sive in Moravia, ab omni genere tributorum, vectigalium, collectarum, aliarumque omnium exactionum esse absolutas decernimus, adjicientes ut nullus pro castrorum ædificatione vel reædificatione, sive pro aliqua ingruenti expeditione secundum quod in antiquis continetur privilegiis, homines episcopatus et ecclesiæ audeat inquietare. Jus quod datur pro capite sive pro fure, vel pro Swod principi, vel ejus inbeneficiatis, venerabili patri nostro Ruberto episcopo et ejus successoribus et ecclesiæ concessimus perpetuo obtinendum. Hoc statuentes de fure si in maleficio fuerit deprehensus manens in prædiis ecclesiæ, sive capiatur, et coram judicio convincatur, ejus bona furis (*sic*) remaneant, ipse vero secundum quod placuerit principi puniatur. Si vero homines episcopatus et ecclesiæ in aliquo coram judicio culpabiles inveniantur, nec nobis, nec judicibus nostris curialibusque vel inbeneficiatis aliquid inde proveniat utilitatis, sed apud episcopum et ejus successores culpæ perseveret satisfactio, nisi in quo tenetur satisfacere adversario. Cætera ut omnia breviter comprehendamus, omne jus quod spectat ad usus principum eis remittimus, ut plena et perfecta gaudeant libertate, nec ullus eis novas conditiones audeat imponere, vel eorum jura mutare. Villam Cromezis cum foro et omni jure suo, quam quasi episcopo Olomucensi obligatam præcedentium principum fatebatur invidia, cum felicis memoriæ Joannes episcopus a reverendo Patre nostro Ruberto, qui inpræsentiarum est decimus a principe Moraviæ Ottone Nigro, pro ccc marcis emerit, ab omni impetitione nostra et successorum nostrorum absolvimus; sancientes quod episcopus Olomucensis et ejus successores plenam in eam habeant omni impedimento remoto pro velle suo disponendi facultatem. Cum autem omni juri divino contraria inoleverat consuetudo quod decedente episcopo bona illius in usus principum vindicabantur, visum fuit nostræ pietati istam abolere abusionem, hoc decernendo quod ultima fata decedentis episcopi ecclesiæ non cedant ad detrimentum, cum ejus patroni beatus Petrus apostolus et Paulus, et felix martyr Wenceslaus apud Deum vivant in æternum. Decedente ergo episcopo omnia episcopatus et ecclesiæ bona sub manu decani, et præpositi ecclesiæ illius integra ejus successori reserventur, nec aliquis ea audeat occupare, et minuere, vel in usus principum vindicare. Contigit etiam quod ab antiquis temporibus ecclesia illa præposito carebat, inde visum fuit Patri nostro Ruberto in ea præpositum ordinare qui fratribus illius ecclesiæ debito modo provideret et eorum necessitati responderet. Sed cum deceat regiam manum ubique pluere beneficia, præposituræ illi cancellariam nostram cum villa quæ vocatur Vherchi ad quam decimus denarius cum decima aratrorum nostrorum spectat et omnium rerum ad utilitatem nostram pertinentium contulimus, interdicentes ut nullus hæc audeat immutare. Libertatem etiam in episcoporum electione, quam quidam principes impedire solebant, canonicis ipsius ecclesiæ secundum jura canonum libere et absolute concedimus, et ne inposterum irritetur prohibemus.

« Ut autem hæc omnia rata et inconcussa permaneant, hanc nostræ serenitatis paginam nostro sigillo fecimus roborari, et a venerabili Patre nostro Ruberto in die Paschæ publice excommunicari. Si quis autem contra hanc nostram venerit constitutionem, rerum suarum gravi multetur dispendio et Deum cum sanctis suis sibi adversum in extremo sentiat judicio. Hujus rei sunt testes : Walterius decanus Olomucensis et archidiaconus Znoœmensis, Radosslaus archidiaconus Olomucensis, Bosko archidiaconus Pierowensis, Esau archidiaconus Brecizlavensis, Hermannus abbas Gradiscensis, Arnust camerarius, Willalmus Ussich, Zlauko, Bogusslaus Odoleni, Boguta et Heinricus frater ejus judex Olomucensis, Medlo castellanus Olomucensis, Sudomirus, Petrus Ross, Predbor Hebky, Sdisslaus Grutowich, Sadiwoy, Donatus, Salizlaus cum filio Slawata, Joannes cum fratre Preren, Odolen, Rohhche, Radosslaus, Hibirlaw, Swarovich cum fratre Sdizlao, Semizlaus cum filiis, Kohhonus, Budisslaus, Pomnen Jarognewich, Bludo, Doben cum fratre ejus Nedamiro, Jacobus, Lutek, Zbrazlaw, Weliz, Velen, Buz, Bicen, Rathmir, Predbor, Cenakowich, Voysslaw, Sezenca, Luder, Neplah, Skyrben, Sudek, Sobehyrd de Clobuch, Voyteh, cum fratre Doncamiro, Smil, cum fratre Andrea, Gron, Ondreick, Boruth filius Wok, Rebor filius Bun, Stanimir, filius Wlassin, canonici Olumucenses : Wratek, Vlessin, Shignew, Andreas, Chuzeray, Bogusslaus, Petrus, Jacobus Ziffridus, Stephanus.

« Acta sunt hæc in Olmusc, anno ab Incarnat. Domini 1207, datum per manus Rappotonis notarii. »

Nulli ergo omnino hominum liceat hanc paginam nostræ confirmationis infringere, vel ei ausu temerario contraire. Si quis autem hoc attentare præsumpserit, indignationem omnipotentis Dei, et beatorum Petri et Pauli apostolorum ejus se noverit incursurum.

Datum Romæ, apud Sanctum Petrum, vi Idus Januarii, pontificatus nostri anno nono.

CVII.

Ad fratres S. Joannis Hierosolymitani.—Immunitates eis a Wladislao marchione in Moravia concessas, una cum possessionibus in Kaunice et capella in Hrusowan confirmat.

(Anno 1206. Romæ, ap. S. Petrum, April. 24.)

[Boczek, *Cod. diplom. Moraviæ*; Olomucii 1856, 4°; t. II, p. 36. ex fasciculo copiatarum diplomatum in archivo Melitensium Pragæ.]

Innocentius episcopus, servus servorum Dei, dilectis filiis... fratribus Hospitalis S. Joannis Jerosolymitani, salutem et apostolicam benedictionem.

Justis petentium desideriis dignum est facilem præbere consensum, et vota quæ a rationis tramite non discordant, effectu prosequente complere. Eapropter, dilecti in Domino filii, vestris justis et devotis postulationibus gratum impertientes assensum, libertates et immunitates hospitali vestro et hominibus ejusdem a charissimo in Christo filio Wladislao illustri marchione Moraviæ in terra ipsius concessas, sicut in ejusdem marchionis privilegio plenius continetur, nec non novas vestras possessiones vobis a comite Adalberto in Cunici collatas, cum capella in Grussowane, hospitali auctoritate apostolica confirmamus, et præsentis scripti patrocinio communimus.

Nulli ergo omnino hominum liceat hanc paginam nostræ confirmationis infringere, vel ei ausu temerario contraire. Si quis autem hoc attentare præsumpserit, indignationem omnipotentis Dei et beatorum Petri et Pauli se noverit incursurum.

Datum Romæ, apud S. Petrum, viii Kalend. Maii, pontificatus nostri anno nono.

CVIII.

Ad Hermannum abbatem et fratres ecclesiæ Beatæ Mariæ in Sayna ordinis Præmonstratensis. — Eorum privilegia confirmat.

(Anno 1206. Laterani, Maii 4.)

[Hontheim, *Hist. Trevir. diplom.*, I, 644.]

Innocentius episcopus, servus servorum Dei, dilectis filiis Hermanno abbati et fratribus ecclesiæ Beatæ Mariæ in Sayna, tam præsentibus quam futuris.

Regularem vitam professis, religiosam vitam eligentibus, apostolicum convenit adesse præsidium, ne forte cujuslibet temeritatis incursus, aut eos a proposito revocet, aut robur, quod absit! sacræ religionis infringat.

Eapropter, dilecti in Domino filii, vestris justis postulationibus clementer annuimus, et præfatam ecclesiam Sanctæ Mariæ in Sayna, in qua divino estis obsequio mancipati, sub beati Petri et nostra protectione suscipimus, et præsentis scripti privilegio communimus; inprimis siquidem statuentes, ut ordo canonicus, qui secundum Deum, et beati Augustini regulam, atque institutionem Præmonstratensium fratrum in eodem loco constitutus esse dignoscitur, perpetuis ibidem temporibus inviolabiliter observetur. Præterea quascunque possessiones, quæcunque bona eadem ecclesia inpræsentiarum juste et canonice possidet, aut in futurum concessione pontificum, largitione regum vel principum, oblatione fidelium, seu aliis justis modis, præstante Domino, poterit adipisci, firma vobis vestrisque successoribus, et illibata permaneant. In quibus hæc propriis duximus exprimenda vocabulis :

Locum ipsum in quo præfata ecclesia sita est, cum omnibus pertinentiis suis ; capellam in castro

Seynæ, cum quibusdam vineis in valle, et decimas in Mettriche, et in Mensvelden, cum omnibus aliis pertinentiis suis, et decimas novalium in Grisnake, et Strumberg, quas bonæ memoriæ Henricus et Everhardus comites de Seyne, de consensu diœcesani episcopi, ecclesiæ vestræ pietatis intuitu contulerunt: silvam, quæ dicitur Burgholtz, et allodium in Witersberg; allodium in Engershe; allodium in Heimbach; allodium in parochia de Valendere; allodium in Thuere; allodium in Ormuntke, et allodium in Hemmingishoven. Sane novalium vestrorum, quæ propriis manibus, aut sumptibus colitis, sive de vestrorum animalium nutrimentis, nullus a vobis decimas exigere, vel extorquere præsumat. Liceat quoque vobis clericos et laicos, liberos et absolutos e sæculo fugientes, ad conversionem accipere, et eos absque contradictione aliqua retinere. Prohibemus insuper, ut nulli fratrum vestrorum post factam in ecclesia vestra professionem fas sit sine abbatis sui licentia de eodem loco discedere, discedentem vero absque communium litterarum vestrarum cautione nullus audeat retinere. Quod si quis retinere forte præsumpserit, licitum vobis sit, in ipsos fratres vel conversos regularem sententiam promulgare. Illud districtius inhibentes, ne terras, seu quodlibet beneficium ecclesiæ vestræ collatum liceat alicui personaliter dare, sive alio modo alienare, absque consensu totius capituli, vel majoris, vel sanioris partis ipsius. Si quæ vero donationes vel alienationes aliter, quam dictum est, factæ fuerint, eas irritas esse censemus. Ad hæc etiam inhibemus, ne cui episcopo vel alii plus a vobis pro vestris decimis petere, et recipere liceat, quam fuerit a prædecessoribus eorum usque ad hæc tempora requisitum. Cum autem generale interdictum terræ fuerit, liceat vobis clausis januis, exclusis excommunicatis et interdictis, non pulsatis campanis, suppressa voce, divina officia celebrare. Chrisma vero, oleum sanctum, consecrationes altarium, seu basilicarum, ordinationes clericorum, qui ad sacros ordines fuerint promovendi, a diœcesano suscipietis episcopo, si quidem catholicus fuerit, et gratiam et communionem sacrosanctæ Romanæ sedis habuerit, et ea vobis voluerit sine pravitate aliqua exhibere, alioquin liceat vobis, quemcunque malueritis, catholicum adire antistitem, gratiam et communionem apostolicæ sedis habentem, qui nostra fretus auctoritate vobis, quod postulatur, impendat. Quod si sedes diœcesani episcopi forte vacaverit, interim omnia ecclesiastica sacramenta a vicinis episcopis accipere, libere et absque contradictione possitis; sic tamen, ut ex hoc in posterum episcopis propriis nullum præjudicium generetur. Prohibemus etiam, ut infra fines parochiæ vestræ nullus sine assensu diœcesani episcopi, et vestro capellam, seu oratorium de novo construere audeat; salvis privilegiis Romanorum pontificum. Ad hæc novas, et indebitas exactiones ab archiepiscopis, episcopis, archidiaconibus seu decanis, aliisque omnibus ecclesiasticis sæcularibusque personis omnino fieri prohibemus. Sepulturam quoque ipsius loci liberam esse decernimus, ut eorum devotioni, et extremæ voluntati, qui se illic sepeliri deliberaverint, nisi forte excommunicati, vel interdicti sint, nullus obsistat, salva tamen justitia illarum ecclesiarum, a quibus mortuorum corpora assumuntur. Decimas præterea et possessiones ad jus ecclesiarum vestrarum spectantes, quæ a laicis detinentur, redimendi, et legitime liberandi de manibus eorum, et ad ecclesias, ad quas pertinent, revocandi, libera sit vobis de nostra auctoritate facultas. In parochialibus autem ecclesiis, quas habetis, liceat vobis sacerdotes eligere, et diœcesano episcopo præsentare, quibus si idonei fuerint, episcopus curam animarum committat, ut ei de spiritualibus, vobis autem de temporalibus debeant respondere. Obeunte vero te, nunc ejusdem loci abbate, vel tuorum quolibet successorum, nullus ibi qualibet subreptionis astutia, seu violentia præponatur, nisi quem fratres communi consensu, vel fratrum pars majoris, vel sanioris consilii secundum Deum et beati Augustini Regulam, providerint eligendum. Paci quoque et tranquillitati vestræ paterna in posterum sollicitudine providere volentes, auctoritate apostolica prohibemus, ut infra clausuras locorum, seu grangiarum vestrarum nullus rapinam seu furtum facere, ignem apponere, hominem temere capere, vel interficere, sanguinem fundere, seu violentiam audeat exercere. Præterea omnes libertates et immunitates a prædecessoribus nostris Romanis pontificibus ordini vestro concessas, nec non libertates, et exemptiones sæcularium exactionum a regibus et principibus et aliis fidelibus rationabiliter vobis indultas, auctoritate apostolica confirmamus, et præsentis scripti privilegio communimus.

Decernimus ergo, ut nulli omnino hominum fas sit præfatam ecclesiam temere perturbare, aut ejus possessiones auferre, vel ablatas retinere, minuere, seu quibuslibet vexationibus fatigare, sed omnia integra conserventur, eorum, pro quorum gubernatione, et sustentatione concessa sunt, usibus omnimodis profutura; salva sedis apostolicæ auctoritate, et diœcesani episcopi canonica justitia. Si qua igitur in futurum ecclesiastica, sæcularisve persona hanc nostræ constitutionis paginam sciens, contra eam temere venire tentaverit, secundo, tertiove commonita, nisi reatum suum congrua satisfactione correxerit, potestatis honorisque sui careat dignitate, reamque se divino judicio existere [de perpetrata iniquitate cognoscat, et a sacratissimo corpore, et sanguine Dei, et Domini Redemptoris nostri Jesu Christi aliena fiat, atque in extremo examine districtæ subjaceat ultioni. Cunctis autem eidem loco sua jura servantibus, sit pax Domini nostri Jesu Christi, quatenus et hic fructum bonæ actionis percipiant, et apud districtum judicem præmia æternæ pacis inveniant. Amen.

Ego Innocentius catholicæ Ecclesiæ episcopus.

Ego Cuith., tit. S. Laurentii in Lucina, presb. card.

Ego Goffred., tit. Sanctæ Praxedis, presbyter card.

Ego Cericius Sanctorum Joannis et Pauli presb., card. tit. Pamachii.

Ego Benedictus. tit. S. Susannæ presb. card.

Ego Leo, Sanctæ Crucis in Jerusalem presb. card.

Ego Rogerius, tit. S. Anastasiæ presb. card.

Ego Petrus, Sanctæ Pudentianæ, tit. Pastoris, presb. card.

Ego Petrus, Portuensis et Rufinæ episcopus.

Ego Joannes, Albanensis episcopus.

Ego Joannes, Sabinensis episcopus.

Ego Nicolaus, Tusculanus episcopus.

Ego Guido, Præneștinus episcopus.

Ego Hugo, Hostiensis et Welletrensis episcopus.

Ego Gregorius, Sancti Georgii ad Velum aureum diaconus cardinalis.

Ego Guido, Sancti Nicolai in Carcere Tulliano diac. card.

Ego Joannes, Sanctæ Mariæ in Via Lata diac. card.

Ego Guala, Sanctæ Mariæ in Porticu diac. card.

Ego Petrus, SS. Sergii et Bacchi diac. card.

Ego Joannes, SS. Cosmæ et Damiani diac. card.

Ego Pelagius, Sanctæ Luciæ ad Septa solis diac. card.

Datum Laterani, per manum Joannis Sanctæ Mariæ in Cosmidin diaconi cardinalis, sanctæ Romanæ Ecclesiæ cancellarii, iv Nonas Maii, indictione ix, Incarnationis Dominicæ anno 1206, pontificatus vero domini Innocentii papæ III, anno ix.

CIX.

Ad archiepiscopum et capitulum Narbonense. De consecratione Fulconis episcopi Tolosani.

(Anno 1206. Romæ ap. S. Petrum, Maii 11.)

[Baluz., *Miscell.* ed. Luc., III 21.]

Innocentius episcopus, servus servorum Dei, venerabili fratri archiepiscopo et dilectis filiis capitulo Narbonensi, salutem et apostolicam benedictionem.

Cum constet Tolosanam Ecclesiam ad jurisdictionem Narbonensis Ecclesiæ jure metropolitico pertinere licet dilecti filii abbas Cisterciensis et magister Petrus de Castronovo ac frater Radulfus, apostolicæ sedis legati, electionem de Tolosano episcopo canonice factam admiserint, et eum a venerabili fratre nostro Arelatensi archiepiscopo fecerint consecrari, nolumus tamen omnino quod propter hoc possit in posterum Narbonensi Ecclesiæ præjudicium generari quin Ecclesia Tolosana eidem Ecclesiæ Narbonensi tanquam metropoli suæ debitum honorem impendat et reverentiam exhibeat consuetam. Nos igitur super hoc indemnitati ecclesiæ vestræ in futurum cavere volentes præsentes, litteras in tuitionis vestræ subsidium vobis duximus concedendas.

Datum Romæ, apud Sanctum Petrum, v Idus Maii, pontificatus nostri anno nono.

CX.

Monasterii S. Petri Carnotensis libertates immunitatesque confirmat, et jus eligendi abbatis solis ejusdem monasterii fratribus, vel certe saniori illorum parti concedit.

(Anno 1206. Maii 27.)

[Guérard, *Cartulaire de l'abbaye de Saint-Pierre de Chartres*, Paris 1840, in-4°, t. II, p. 672.]

CXI.

Abbati et monachis S. Petri Carnotensis licentiam indulget ea in eorum jus revocandi quæ ab ipsorum dominio illicite abalienata esse constiterit.

(Anno 1206. Maii 27.)

[*Ibid.*]

CXII.

Ad archipresbyterum et Guidonem de Bagnolo canonicum Bononiensem. — Petitionem abbatis Nonantulani de primario lapide ad constructionem oratorii a pontifice mittendo, illis committit examinandam.

(Anno 1206, Ferentini, Julii 16.)

[Tiraboschi, *Storia di Nonant.*, II, 339. Autographum in archivio Nonantulano.]

Innocentius episcopus, servus servorum Dei, dilectis filiis archipresbytero et Guidoni de Bagnolo (94) canonico Bononiensi, salutem et apostolicam benedictionem.

Dilectus filius abbas de Nonantula nobis humiliter supplicavit, ut in quodam loco qui ad monasterium suum pleno jure noscitur pertinere, ad oratorium construendum primarium sibi lapidem mittere dignaremur. Quia vero nobis plene non constat, quod hoc fieri possit sine juris præjudicio alieni, discretioni vestræ per apostolica scripta mandamus quatenus inquisita super hoc diligentius veritate, si locum illum exemptum esse constiterit, primarium sibi lapidem ad oratorium construendum nostra freti auctoritate, appellatione postposita, concedatis.

Datum Ferentini, xv Kalend. Augusti, pontificatus nostri anno nono.

CXIII.

Ad episcopum (95) et archidiaconum Atrebatenses.— Ut de injuriis, a domino de Ardes abbati et conventui S. Bertini illatis, cognoscant.

(Anno 1207. Romæ, ap. S. Petrum, Jan. 25.)

[Ex archivio monasterii Sancti Bertini, fasciculo Papalia sig. *Innocentius III*, n° 26. Barq. *ibid.*, p. 1135.]

Innocentius episcopus, servus servorum Dei, venerabili fratri..... episcopo, et dilecto filio..... archidiacono Atrebatensibus, salutem et apostolicam benedictionem.

Ad aures nostras, dilectis filiis, abbate (96) et conventu. Sancti Bertini, conquerentibus, est delatum

---

(94) Non è inverosimile, che questo canonico Guido da Bagnolo fosse reggiano, e uno degli antenati di quel Guido da Bagnolo amico del Petrarca di cui si è parlato in Letteratura Italiana (t. V, p. 214).

(95) Vide ad Epistolam, libri octavi xlv, not.

(96) Vide ad Epistolam appendicis hujus xviii, not.

tum, quod nobilis vir... comes Boloniensis (97), Morinensis diœceseos, quamdam terram quam nobilis vir... dominus de Arde, ejusdem diœceseos, nomine feudi possedit, pro ecclesia S. Bertini, occasione guerræ quam habet cum ipso, in ipsius monasterii præjudicium et gravamen, detinet occupatam. Propter quod idem dominus de Arde, terram ipsam a monasterio repetendo, eis multipliciter injuriosus et molestus existit. Quocirca, discretioni vestræ per apostolica scripta mandamus, quatenus, partibus convocatis, et auditis hinc inde propositis, quod justum fuerit appellatione postposita statuatis, facientes quod decreveritis per censuram ecclesiasticam firmiter observari. Testes autem qui fuerint nominati, si se gratia, odio, vel timore subtraxerint, per districtionem eamdem, appellatione cessante, cogatis veritati testimonium perhibere, nullis obstantibus litteris, veritati et justitiæ præjudicantibus, a sede apostolica impetratis.

Datum Romæ, apud Sanctum Petrum, x Kalend. Febr., pontificatus nostri anno nono.

CXIV.

Ad abbatem (98) et conventum Compendiensem. — Compositionem, super parochia S. Germani Compendiensis, et aliis, inter ipsos et episcopum ac capitulum Suessionense auctoritate episcopi Parisiensis factam, confirmat (99).

(Anno 1207. Romæ, ap. S. Petrum, Jan. 26).

[Ex archivio monasterii S. Cornelii Compendiensis, capsa, *Jurisdictio spiritualis*, fasciculo VI, n° 5. Balç., *ibid*.]

Cum apostolica sedes ab ipso pacis et unitatis auctore privilegium receperit principatus, nos, qui eidem licet immeriti præsidemus, ex injuncto nobis officio servitutis astringimur, ea quæ sunt concordia terminata ne in iteratæ quæstionis scrupulum reducantur, in suo robore confovere. Eapropter, dilecti in Domino filii, vestris justis postulationibus gratum tribuentes assensum, compositionem super divisione parochiæ Sancti Germani Compendiensis, et quibusdam capitulis constitutis ratione compositionis ipsius, inter vos ex parte una, et venerabilem fratrem nostrum, N. episcopum (100), et dilectos filios capitulum Suessionense ex parte altera, auctoritate venerabilis fratris nostri O. (1) Parisiensis episcopi, et dilecti filii H. abbatis Sancti Dionysii (2), judicum delegatorum a nobis, rationabiliter initam, sicut sine pravitate provide facta est, et ab utraque parte recepta, et hactenus observata, auctoritate apostolica confirmamus, et præsentis scripti patrocinio communimus. Nulli ergo omnino homiuum liceat hanc paginam nostræ confirmationis infringere, vel ei ausu temerario contraire. Si quis autem hoc attentare præsumpserit, indignationem omnipotentis Dei, et beato-

rum Petri et Pauli, apostolorum ejus, se noverit incursurum.

Datum Romæ, apud Sanctum Petrum, VII Kal. Februarii, pontificatus nostri anno nono.

CXV.

Ad capitulum Arusiense. — Confirmatio x præbendarum tertiæ partis decimarum Giaf et juris in spiritualibus et aliis.

(Anno 1207. Laterani, Mart. 24.)

[Langebeck, *Script. rer. Dan.*, VI, 588.]

Innocentius episcopus, servus servorum Dei, dilectis filiis, Arusiensi capitulo, salutem et apostolicam benedictionem.

Justis petentium desideriis dignum est nos facilem præbere consensum, et vota, quæ a rationis tramite non discordant, effectu prosequente complere. Cum igitur bonæ memoriæ Petrus, episcopus vester, in ecclesia vestra, quæ a prædecessoribus suis fuerat quasi neglecta, de bonis suis patrimonialibus instituerit x præbendas, et dilectus filius S. electus vester successor ipsius ecclesiæ vestræ omnes fundos, quos infra ambitum civitatis Arusiensis ad communem usum vestrum, et ad quarumdam prædictarum præbendarum augmentum de mansionibus de Thorp, de Waslof, de Ostorp, de Cattorp et Fiarstorp, de Thorstentorp et Ech, tertiam partem contulerit decimarum, concessis etiam vobis Giaf et omni jure exactionis tam in spiritualibus quam in aliis de universis vestris tam villicis quam colonis vobis et per vos ecclesiæ vestræ, sicut ea omnia juste et pacifice possidetis, auctoritate apostolica confirmamus et præsentis scripti patrocinio communimus. Nulli ergo omnino hominum liceat hanc paginam nostræ confirmationis infringere, vel ei ausu temerario contraire. Si quis autem hoc attentare præsumpserit, indignationem omnipotentis Dei, et beatorum Petri et Pauli, apostolorum ejus, se noverit incursurum.

Datum Laterani IX Kal. Aprilis, pontificatus nostri anno decimo.

CXVI.

Ad decanum et majorem archidiaconum Parisiensem, et O. scholasticum. — Concessio altarium de Driencourt, et de Villari in Silva, et de Lupivivia.

(Anno 1207, Laterani, Mart. 26).

[Varin, *Archives de Reims*, II, 461, Cartul. de Saint-Remy, C., fol. 4, v°, n. XX].

Innocentius episcopus, servus servorum Dei... decano, et majori archidiacono Parisiensi, et O. scholastico majoris ecclesiæ Coloniensis Parisius commoranti, salutem et apostolicam benedictionem.

Dilectis filiis D. Remensi canonico, et N. monasterii S. Remigii procuratore, in nostra præsentia constitutis, dilectum filium nostrum J. Sanctorum Cosmæ et Damiani diaconum cardinalem, eis dedi-

tres. Dat. Laterani, VIII Kal. Aprilis. Vide etiam *ibid.* Epistolam LIV, Episcopo Atrebatensi, *de eodem negotio*. Dat. ut supra.

(100) Vide ad Epistolam libri tertii XI, not.
(1) Vide ad Epistolam libri tertii XI, not.
(2) Vide ad Epistolam libri octavi CCVIII, not.

---

(97) Vide Gest. Innoc. § LXXXIV, not.
(98) Vide ad epistolam, libri septimi CXC, not.
(99) De Argumento hujus Epistolæ, conferenda est Epistola libri primi LIII, Episcopo Suessionensi, *ut Capellam sibi a Præposito Compendiensi collatam dedicare valeat, et de divisione unius Parochiæ in*

mus auditorem in cujus præsentia canonicus proposuit memoratus; quod bonæ memoriæ G. Remensis archiepiscopus ad petitionem decani et capituli Remensis Ecclesiæ, auctoritate indulgentiæ ab apostolica sibi sede indultæ, ut scilicet altaria, decimas, redditus et alia quæ bonæ memoriæ W. prædecessor ipsius monasteriis et quibusdam personis minus licite duxerat concedenda ad manum et potestatem suam canonice revocaret, altaria de Lovois, de Driencurte, et de Villari in Silva, ad Remensem ecclesiam de jure spectantia, quæ dictus W. prædecessor ipsius, præter Remensium canonicorum assensum, ecclesiæ S. Remigii pro sua voluntate contulerat, de prudentum virorum consilio revocavit, quæ cum idem G. archiepiscopus, dicto canonico ejusdem fidelitate ac devotione pensatis postmodum concessisset, supradicti monasterii monachi ad nostram audientiam appellantes fructus ad altaria prædicta spectantes contra justitiam occuparunt, unde canonicus supradictus donationem de ipsis altaribus sibi factam, auctoritate apostolica confirmari, et fructus medio tempore perceptos ex eis sibi restitui postulavit. Procurator vero monasterii ex adverso respondit : Quod cum memoratus W. quondam Remensis archiepiscopus eidem monasterio canonice contulerit altaria supradicta, et ipsa donatio postea fuerit auctoritate sedis apostolicæ confirmata, eadem altaria fere usque ad hæc tempora monasterium ipsum sine alicujus contradictione possedit, propter quod procurator ipse sollicite postulabat, ut monasterium ab impetitione canonici supradicti absolvere dignaremur. Nos igitur [causam istam?] vestro duximus examini committendam, per apostolica scripta mandantes quatenus tam super præmissis altaribus quam super aliis altaribus et rebus aliis, de quibus inter D. ac monasterium quæstio agitari dignoscitur, inquiratis plenius veritatem, et quod canonicum fuerit, appellatione apostolica postposita, statuatis; facientes quod decreveritis, per censuram ecclesiasticam firmiter observari. Testes autem qui nominati fuerunt, si ex gratia, odio vel timore subtraxerint, per eamdem districtionem, appellatione cessante, cogatis veritati testimonium perhibere, nullis litteris obstantibus, præter assensum partium a sede apostolica impetratis. Quod si non omnes his exsequendis potueritis interesse, duo vestrum ea nihilominus exsequantur.

Datum Laterani, vii Kalend. Aprilis, pontificatus vero nostri anno decimo.

(3) Ludovicus I, Alberti de Hirgis Virdunensis episcopi, germanus, vir gratia et moribus præditus, Stephano subrogatus fuit anno 1197. Monasterium reperit ære alieno ita gravatum, ut maxima pars proventuum in solutionem cederet usurarum. Cum ætate juvenis illius curam suscepisset, paupertatem in se sustinuit, vitatisque superfluis sumptibus, ad bonum statum, divino cooperante adjutorio, reduxit. Senio confectus, ab administratione cessit viii Id. Martii, anno 1257, et insequenti anno, xvi Kal. Julii acquievit. *Nov. Gall. Christ.*, t. XIII,

CXVII.

Ad Ludovicum (3), abbatem monasterii S. Vitonis Virdunensis, ejusque fratres.— Recipit eos sub protectione B. Petri, et enumerantur bona ad ipsos spectantia.

(Anno 1207. Viterbii, Jun. 22.)

[Bullam hanc edimus ad fidem apographi quod ex originali, in archivio monasterii S. Vitoni Virdunensis, fideliter transcriptum in Chartophylacio nostro reponi curavit D. Michael Colloz, abbatiæ S. Agerici Virdunensis subprior. Ad calcem apographi notulam hanc affixit D. Colloz. « L'original est écrit sur un parchemin, qui a un pied huit pouces de largeur, sur un pied dix pouces et demi de hauteur. Le sceau est perdu : il ne reste que des fils de soie, mi-partie rouge et jaune, après lesquels il pendait. » Verum in notis chronicis difficultas inest, quam declarabimus. BALQ. *ibid.*, p. 1136.]

Monet nos apostolicæ sedis, cui licet immeriti præsidemus, auctoritas pro Ecclesiarum statu satagere; et, ne malignitate quorumlibet perturbentur, apostolico debent patrocinio communiri. Quapropter, dilecti in Domino filii, vestris justis postulationibus clementer annuimus, et præfatum monasterium, in quo divino mancipati estis obsequio, ad exemplar felicis recordationis Alexandri papæ, prædecessoris nostri, sub beati Petri et nostra protectione suscipimus, et præsentis scripti privilegio communimus. Inprimis si quidem statuentes, ut ordo monasticus, qui secundum Deum, et beati Benedicti Regulam, in monasterio vestro institutus esse dignoscitur, perpetuis ibidem temporibus inviolabiliter observetur. Præterea, quascunque possessiones, quæcunque bona idem monasterium inpræsentiarum juste et canonice possidet, aut in futurum, concessione pontificum, largitione regum, vel principum, oblatione fidelium seu aliis justis modis, præstante Deo, poterit adipisci, firma vobis vestrisque successoribus, et illibata permaneant. In quibus hæc propriis duximus exprimenda vocabulis :

Locum ipsum in quo præfatum monasterium situm est, cum omnibus pertinentiis suis; quidquid juris habetis apud Novum Villare, apud Mancerias, apud Muceriolas, apud villam ubi sal fit; capellam apud ipsum Novum Villare, cum appendiciis suis, ex dono Wilrici et Theoderici; allodium de Igneis; quidquid juris habetis, apud Gaudini Villam; ecclesiam de Walemeis, et de Mainis, cum pertinentiis suis; ecclesiam de Bailvet, ecclesiam de Bulleinvilla, ecclesiam Montis S. Martini, cum pertinentiis earum; decimam de Moinavilla, in ea integritate in qua bonæ memoriæ Arnulfus (3'), Virducol. 1298.

(3') Arnulfus (*de Chiny*), filius Alberti comitis, et Agnetis sororis Rainaldi Barri comitis, ex Virdunensis Ecclesiæ thesaurario, uno cleri consensu, populique plausu proclamatus est Episcopus anno 1172. Hic in tractandis negotiis erat exercitatissimus, omni doctrinæ genere, et eloquentia admodum præditus, ita etiam optimis moribus prudentiaque et ingenio prædicandus. Obiit anno 1181, 14 Augusti, nondum consecratus. *Ibid.*, col. 1206.

nensis episcopus, rationabiliter noscitur contulisse; allodium ante vicum Sancti Amantii, infra bannum vestrum situm, ex dono Goberti, Raineri de Asperomonte, et Walteri, et Warneri, et hæredum suorum; carratam feni in Rambaldi prato, de dono eorumdem virorum Walteri et Warneri; cellam montis Sancti Martini, cum omnibus appendiciis suis, et allodium de Braz, de dono Lamberti de Sipiencort. Nihilominus etiam monasterium de Luceleburg, sicut ipsum de concessione bonæ memoriæ Arnoldi (4), Trevirensis archiepiscopi, rationabiliter possidetis, et in authentico scripto ipsius archiepiscopi continetur, vobis et monasterio vestro auctoritate apostolica confirmamus (5). Sane, novalium vestrorum quæ propriis manibus vel sumptibus colitis, sive de vestrorum animalium nutrimentis, nullus a vobis decimas exigere, vel extorquere præsumat. Cum autem generale interdictum terræ fuerit, liceat vobis, clausis januis, exclusis excommunicatis et interdictis, suppressa voce, non pulsatis campanis, divina officia celebrare. Liceat quoque vobis clericos, vel laicos e sæculo fugientes liberos et absolutos, ad conversionem recipere, et eos sine contradictione aliqua retinere. Obeunte vero te, nunc ejusdem loci abbate, vel tuorum quolibet successorum, nullus ibi qualibet subreptionis astutia, seu violentia, præponatur, nisi quem fratres communi consensu, vel fratrum pars sanioris consilii, secundum Dei timorem, et S. Benedicti Regulam providerent eligendum. Sepulturam etiam ipsius loci liberam esse decernimus, ut eorum devotioni, et extremæ voluntati, qui se illic sepeliri deliberaverint, nisi forte excommunicati vel interdicti sint, nullus obsistat, salva tamen justitia illarum Ecclesiarum a quibus mortuorum corpora assumuntur.

Decernimus ergo, ut nulli omnino hominum liceat præfatum monasterium temere perturbare, aut ejus possessiones auferre, vel ablatas retinere, minuere, seu quibuslibet vexationibus fatigare; sed omnia integra conserventur, eorum pro quorum gubernatione ac sustentatione concessa sunt, usibus omnimodis profutura, salva sedis apostolicæ auctoritate, et diœcesani episcopi canonica justitia. Si qua igitur in futurum ecclesiastica sæcularisve persona, hanc nostræ constitutionis paginam sciens, contra eam temere venire tentaverit, secundo tertiove commonita, nisi reatum suum digna satisfactione correxerit, potestatis honorisque sui dignitate careat, reamque se divino judicio existere de perpetrata iniquitate cognoscat, et a sacratissimo corpore et sanguine Dei, et Domini Redemptoris nostri Jesu, aliena fiat, atque in extremo examine districtæ ultioni subjaceat. Cunctis autem eidem loco sua jura servantibus, sit pax Domini Jesu Christi, quatenus et hic fructum bonæ actionis percipiant, et apud districtum judicem præmia æternæ pacis inveniant.

Ego Joannes (6), Albanensis episcopus.
Ego Joannes (7), Sabinensis episcopus.
Ego Nicolaus (8), Tusculanus episcopus.
Ego Guido (9), Prænestinus episcopus.
Ego Joannes (10), tituli Sancti Stephani in Cælio monte presbyter cardinalis.
Ego Centhius (11), tituli Sancti Laurentii in Lucina presbyter cardinalis.
Ego Gregorius (12), Sancti Vitalis, tituli Vestinæ, presbyter cardinalis.
Ego Rogerius (13), tituli Sanctæ Anastasiæ presbyter cardinalis.
Ego Gregorius (14), Sancti Georgii, ad Velum Aureum, diaconus cardinalis.
Ego Guido (15), Sancti Nicolai in Carcere Tulliano diaconus cardinalis.

---

(4) Agitur hic de Arnoldo I, qui in archiepiscopum Trevirensem electus fuit anno 1169. Extremum diem obiit VIII Kal. Junii 1183, ob amorem in Ecclesiam et benevolentiam in subditos maxime laudatus. *Nov. Gall. Christ.* tom. XIII, col. 452.
(5) Diploma Arnoldi de unione abb. S. Mariæ Luxemburgi, al. B. Mariæ Munsteriensis prope Luxemburgum, habetur apud D. Calmet, *Hist. de Lorraine*, tom. II, in Prob. pag. 378, ubi datum dicitur, *Anno Dominicæ Incarnationis* MCLXXVIII, *indictione* XI, *concurrente* VI, *epacta nulla, regente et gubernante sanctam Romanam Ecclesiam domino Alexandro, summo Pontifice, et universali PP. anno Papatus ejus* XIV (potius XIX), *regnante Serenissimo domno Friderico imperatore, anno quoque pontificatus nostri* (Arnoldi scilicet) VIII *feliciter.*
Illud supposititium credidit Bertholetus (*Hist. de Luxembourg*, tom. IV, pag. 206.
Hontheimius vero ipsius legitimitatem defendere conatur (*Hist. Trevir. Diplomat.* tom. I, pag. 606) in notis : « Hanc chartam quidem supposititiam prætendit Bertholetus, sed talibus argumentis, quæ aliud non arguunt, quam quod hæc unio, sic concepta, et jam decreta, suum non fuerit sortita effectum, eo quod continua deinceps et certa habeatur Luxemburgensium abbatum series a Virdunensibus S. Vitonis distinctorum. »
Non ad nos pertinet hanc litem componere, nec diplomatis istius legitimitatem ad examen revocandi hic locus est. Verum, ex notis sequentibus intelliget lector eruditus, cur hæc silentio prætermittere non debuimus.
(6) Vide ad Epistolam Libri sexti CXVII, not.
(7) Vide ad Epistolam Libri tertii XV, not.
(8) Vide ad Epistolam Libri noni LIV, not.
(9) Vide ad Epistolam Libri tertii XXVIII, not.
(10) Vide ad Epistolam Libri quinti LXXXIII, not.
(11) Vide ad Epistolam Libri tertii XXXI, not.
(12) Vide ad Epistolam Libri quinti IX, not.
(13) Vide ad Epistolam Libri octavi XXXI, not.
(14) Vide ad Epistolam Libri septimi LX, not.
(15) Guido, seu Wido, Romanus, e Perleonea familia, non Regulus Urbevetanus ex nobilibus de Bisontio, primo ab Innocentio PP. III (anno nostræ salutis 1205, Pontificatus VII, mense Martio, ex Panvinio, vel ex Ciaconio, mense Decembri, Romæ in quarta creatione), tituli S. Nicolai in Carcere Tulliano diaconus cardinalis, deinde ab Honorio PP. III Episcopus Prænestinus, renuntiatus est. Extremum spiritum effudit sub Gregorio IX, ex Aubery, an. 1227, ex Ughellio vero anno 1228, VII Kal. Maii. *Oldoin. ad Ciacon.* Tom. II, col. 13.

Ego Joannes (16), Sanctæ Mariæ in via Lata diaconus cardinalis.

Ego Guala (17), Sanctæ Mariæ in Porticu diaconus cardinalis.

Ego Joannes (18), Sanctorum Cosmæ et Damiani diaconus cardinalis.

Datum Viterbii (19), per manum Joannis, Sanctæ Mariæ in Cosmedin diaconi cardinalis, sanctæ Romanæ Ecclesiæ cancellarii, x Kalendas Julii, indictione VIII, Incarnationis Dominicæ anno 1206, pontificatus vero domni Innocentii papæ III anno decimo.

CXVIII.

Ad abbatem (20), *et conventum S. Bertini.—Congratulatur eis quod generose receperint priorem et monachos Cantuariensis Ecclesiæ, quos crudelis persecutio propriis sedibus exsulare coegerat* (21).

(Anno 1207. Viterbii, Sept. 25.)

[Ex Chartulario antico monasterii S. Bertini, t. XIX, f° 64, verso. BRÉQ. *ibid.*, p. 1159.]

Gratum gerimus et acceptum, ac devotionem A vestram digna gratiarum in Domino prosequimur actione, quod, sicut accepimus, dilectos filios priorem et monachos Cantuariensis Ecclesiæ, quos crudelis persecutio a propriis sedibus exsulare coegit, pio recipientes affectu, eis in suis necessitatibus tam libenter quam liberaliter subvenistis, per hoc evidentius judicantes, vos et eorum passionibus compati, et doloribus condolere. Quia igitur Apostoli vos vere imitatores ostenditis, si aliorum onera charitatis humeris supportatis, universitatem vestram monemus attentius et hortamur, per apostolica scripta mandantes, quatenus quod circa memoratos priorem et monachos laudabiliter incœpistis, studeatis laudabilius consummare, ut, præter retributionis æternæ præmium, obtinere possi-
B tis nostræ gratiæ incrementum.

Datum Viterbii, XVII Kalendas Octobris, pontificatus nostri anno decimo.

---

(16) Vide ad Epistolam Libri septimi CLXXXIV, not.

(17) D. Jacobus Gualla de Bicheriis, seu Becaria, qui ab aliis Qualo vocatur, patria Vercellensis, Canonicus regularis monasterii S. Petri in Cœlo aureo Papiæ, utriusque juris Doctor, episcopus Vercellensis, Ecclesiam illam rexit, post Albertum Cibellum ad Mediolanensem translatum, ab anno 1173, usque ad annum 1185. Ab Innocentio PP. III, primum (an. nostræ salutis 1205, Pontificatus VII, mense Martio, ex Panvinio, vel, ex Ciaconio, mense Decembri, Romæ in quarta creatione) tituli S. Mariæ C in Porticu diaconus, deinde (anno nostræ salutis 1211, Pontificatus XIV, in septima creatione) SS. Sylvestri et Martini, titulo Equitii, presbyter cardinalis renuntiatus est. Cum Albigensium hæresis in Aquitania in dies augeretur, occiso Petro de Castronovo, Pontifex Guallam hunc, virum prudentia, doctrina, et vitæ integritate clarum, insignem Jurisconsultum, ac maximum fidei zelatorem in Gallias legavit. Extremis Innocentii PP. III annis Legatus in Angliam, longo tempore ibidem, sub Honorio PP. III etiam, permansit. E vita excessit S. R. E. archipresbyter sub Gregorio IX. Oldoin. *ad Ciaconium*, tom. II, col. 25.

Et ista quidem hic referre tanto magis operæ pretium duximus, quod perperam ea quæ in Ep. Libri octavi XXIX, de G. tituli S. Mariæ in Porticu diacono cardinali dicuntur, ad Gregorium Galganum, qui eodem titulo a Clemente PP. III, an. 1488, insignitus, usque ad Innocentii PP. III tempora vitam pro-D duxit, referenda esse existimavimus. Confer ea quæ ibi annotavimus. Ex illis enim, necnon de iis quæ in notis ad Epistolam ejusdem Libri octavi XXVI, de Rogerio, tituli S. Anastasiæ presbytero cardinali, ex Oldoino retulimus, magna oritur difficultas, quam hic solvere nequaquam conabimur.

(18) Joannes, ex Pontificii Sacelli Sacerdote, ab Innocentio PP. III (anno reparatæ salutis 1205, Pontificatus VIII, *potius* IX, mense Decembri, Romæ, in quinta creatione) tituli SS. Cosmæ et Damiani diaconus cardinalis renuntiatus est. Excessit e vita sub Honorio PP. III. Oldoin. ibid. col. 27.

(19) Diversa in hisce notis chronicis occurrunt, ex quibus gravissimæ oriuntur difficultates,

1° Indictio octava colligatur cum die 22 mensis Junii, anni Incarnationis Dominicæ 1206. Verum tunc certo certius currebat indictio nona.

2° Eadem dies 22 mensis Junii, anni Incarnationis Dominicæ 1206, colligatur cum anno Innocentiani Pontificatus X. Atqui annus Innocentiani Pontificatus X, mense Junio, concurrebat cum anno Incarnationis Dominicæ 1207.

3° Annus Innocentiani Pontificatus X, Incarnationis vero Dominicæ 1207, mense Junio, non nisi cum indictione decima colligari potest.

Error igitur inest, tum in indictione, tum in anno Incarnationis, tum in anno Innocentiani Pontificatus.

Ne ad annum Innocentiani Pontificatus IX, Incarnationis 1206, indictione IX, remandetur Epistola, obstat nota topica, *Dat. Viterbii*. Nam hoc anno 1206, Pontificatus IX, die 10 Kal. Julii, Innocentius *Ferentini*, non *Viterbii* degebat. Vide Epistolam Libri noni, *Abbatissæ Monasterii SS. Innocenti et Anastasii de Gandersheim, ejusque Sororibus*, etc. *De confirmatione Privilegiorum*, dat. Ferentini, per manum Joannis, S. Mariæ in Cosmidin diaconi cardinalis, S. R. E. Cancellarii, 10 *Kal. Julii, indictione octava, Incarnationis Dominicæ anno 1206, Pontificatus vero domini Innocentii PP. III nono.*

Anno equidem Pontificatus X, die 10 Kal. Julii, Innocentius Viterbii degebat, prout eruitur ex diversis Libri decimi Epistolis. Verum, tunc legendum foret, *indictione decima*, non *indictione octava*, et, *Incarnationis Dominicæ* 1207, non *Incarnationis Dominicæ* 1206.

Nunc, si quis attenderit, 1° in hac Innocentii Bulla specialem fieri mentionem de Diplomate, ab Arnoldo, Treviensi archiepiscopo, pro unione Monasterii S. Mariæ Luxemburgi cum Monasterio S. Vitonis Virdunensis emisso; 2° Diploma istud Bertholeto valde suspectum fuisse; 3° in notis chronicis Bullæ errores diversos, eosdemque gravissimos manifeste deprehendi; forsan et de ipsius Bullæ legitimitate aliquam suspicionem oriri posse fatebitur. Adde, quod in ipsis verbis *nihilominus etiam*, quibus confirmatur unio, etiam si notissima et usitatissima sit alibi formula, tamen inesse aliquid videri potest, quod Innocentianum stylum non omnino redoleat; sed de his fortasse et nos accuratius alias disseremus.

(20) Vide ad Epistolam Appendicis hujus, not. XVIII.

(21) Conferendæ sunt diversæ Libri octavi et Libri noni Epistolæ.

CXIX.

Ad Joannem (22), *abbatem Sancti Germani de Pratis, ejusque fratres, in perpetuum.— Recipit eos sub protectione apostolica, et enumerantur bona ad ipsos spectantia.*

(Anno 1207. Corneti, Nov. 8.)

[Ex apographo, quod ad fidem autographi, in archivis monasterii S. Germani de Pratis asservati, diligenter exscripsit, ac nobiscum communicavit D. Poirier, Bréquigny, *ibid.*, p. 1097.]

INNOCENTIUS episcopus, servus servorum Dei, dilectis filiis, JOANNI, abbati Sancti Germani Parisiensis, ejusque fratribus, tam praesentibus quam futuris, regularem vitam professis, in perpetuum.

Monet nos apostolicae sedis, cui, licet immeriti, praesidemus, auctoritas, ut de statu omnium Ecclesiarum generalem debeamus sollicitudinem gerere, et circa tuitionem earum praecipue vigilare, quae specialiter beati Petri juris existunt, et ad nostram jurisdictionem, nullo mediante, pertinent, et tutelam. Quapropter, dilecti in Domino filii, vestris justis postulationibus clementer annuimus, et monasterium vestrum, quod Romanae Ecclesiae specialiter adhaerere dignoscitur, ad exemplar piae recordationis Alexandri papae, praedecessoris nostri, sub beati Petri et nostra protectione suscipimus; et praesentis scripti privilegio communimus; statuentes, ut quascunque possessiones, quaecunque bona idem monasterium impraesentiarum juste et canonice possidet, aut in futurum concessione pontificum, largitione regum vel principum, oblatione fidelium, seu aliis justis modis, praestante Domino, poterit adipisci, firma vobis vestrisque successoribus, et illibata permaneant; in quibus haec propriis duximus exprimenda vocabulis:

In episcopatu Senonensi, ecclesias de Emant, ecclesiam Montis *Macheu*, ecclesiam de Matricolis, ecclesiam Beati Germani juxta Musteriolum, ecclesiam de Laval, ecclesiam Sancti Petri de veteribus Matriolis, ecclesiam de Balneolis; in episcopatu Parisiensi, ecclesiam Sancti Germani-Veteris infra urbem, ecclesiam Villae Novae, ecclesiam de Crona, ecclesiam de Valenton, ecclesiam de Thodasio, ecclesiam de Perodio, ecclesiam Antoniaci, ecclesiam de Verrariis, ecclesiam de Aureinvilla, ecclesiam de Surisnis; in episcopatu Carnotensi, ecclesiam Sancti Martini de Drocis, ecclesiam Sanctae Mariae Magdalenae de Monte Calvulo, ecclesiam Domini Martini, ecclesiam Laoniarum, ecclesiam de Neclfleta, ecclesiam de Septulia; in episcopatu Rothomagensi, ecclesiam Leodegarii, ecclesiam de Vilers, ecclesiam de Longuersa; in Suessionensi episcopatu, ecclesiam de Novigento; in Meldensi episcopatu, ecclesiam de Colli, ecclesiam Beatae Mariae de Romainvillare, ecclesiam de Monteri, ecclesiam de Abeli; in Eduensi episcopatu, ecclesiam de Gillis, ecclesiam de Vilerbichet, ecclesiam de Marri; in Bituricensi episcopatu, ecclesiam de Britimaco, ecclesiam Novaevillae, ecclesiam de Lemauso; in Pictavensi episcopatu, ecclesiam de Naintriaco, ecclesiam Sancti Joannis de Foro Castri-Eraudi.

Praedictas autem ecclesias, cum omnibus ad eas pertinentibus, sicut eas canonice possidetis, vobis et monasterio vestro, auctoritate apostolica confirmamus, praesentis scripti pagina statuentes, ut in iis repraesentationes presbyterorum sine contradictione qualibet habeatis, sicut praedecessores vestri, et vos ipsi, ab antiquo noscuntur habuisse. Si vero presbyteri, qui ad repraesentationem vestram in vestris ecclesiis fuerint instituti, de temporalibus vobis respondere noluerint, subtrahendi eis temporalia, quae a vobis tenent, liberam habeatis auctoritate apostolica facultatem.

Decernimus ergo, ut nulli omnino hominum liceat praefatum monasterium temere perturbare, aut ejus possessiones auferre, vel ablatas retinere, minuere, seu quibuslibet vexationibus fatigare, sed omnia illibata et integra conserventur, eorum, pro quorum gubernatione ac sustentatione concessa sunt, usibus omnimodis profutura, salva sedis apostolicae auctoritate. Si qua igitur in futurum ecclesiastica saecularisve persona, hanc nostrae constitutionis paginam sciens, contra eam temere venire tentaverit, secundo tertiove commonita, nisi reatum suum congrua satisfactione correxerit, potestatis honorisque sui dignitate careat, reamque se divino judicio existere de perpetrata iniquitate cognoscat, et a sacratissimo corpore et sanguine Dei et Domini Redemptoris nostri Jesu Christi aliena fiat, atque in extremo examine districtae ultioni subjaceat. Cunctis autem eidem loco sua jura servantibus, sit pax Domini nostri Jesu Christi, quatenus et hic fructum bonae actionis percipiant, et apud districtum judicem praemia aeternae pacis inveniant. Amen, amen, amen.

Ego Innocentius, catholicae Ecclesiae episcopus.
Ego Joannes, Albanensis episcopus.
Ego Joannes, Sabinensis episcopus.
Ego Nicolaus, Tusculanensis episcopus.
Ego Guido, Praenestinus episcopus.
Ego Gregorius, Sancti Georgii ad Velum Aureum diaconus cardinalis.
Ego Guido, Sancti Nicolai in Carcere Tulliano diaconus cardinalis.
Ego Joannes, Sanctae Mariae in Via Lata diaconus cardinalis.
Ego Guala, Sanctae Mariae in Porticu diaconus cardinalis.
Ego Joannes, Sanctorum Cosmae et Damiani diaconus cardinalis.
Ego Pelagius, Sanctae Luciae ad Septa Solis diaconus cardinalis.

---

(22) Vide supra not. ad epistolam LXXVII.

Ego Cinthius, tituli Sancti Laurentii in Lucina presbyter cardinalis.

Ego Benedictus, tituli Sanctæ Susannæ presbyter cardinalis.

Ego Rogerius, tituli Sanctæ Anastasiæ presbyter cardinalis.

Data Corneti, per manum Joannis, Sanctæ Mariæ in Cosmedin diaconi cardinalis, sanctæ Romanæ Ecclesiæ cancellarii, vi Id. Novembris, indictione xi (23-26), Incarnationis Dominicæ anno 1207, pontificatus vero domni Innocentii PP III anno x.

CXX.

Ad abbatem (27) et conventum Sancti Bertini. — Divisiones cantoriarum et personatuum de Calais, et aliarum parochiarum, factas per judices ab apostolica sede delegatos, confirmat.

(Anno 1207. Romæ, ap. S. Petrum, Nov. 20.)

[Ex archivio monasterii S. Bertini, capsa *Papalia*, n° 64. Brtq. *ibid.*, p. 1140.]

Annuere consuevit sedes apostolica piis votis, et honestis petentium precibus favorem benevolum impertiri. Eapropter, dilecti in Domino filii, vestris justis precibus inclinati, divisiones cantoriarum et personatuum de Calais, et aliarum parochiarum vestrarum, factas per judices a sede apostolica delegatos, sicut rationabiliter ac provide factæ sunt, auctoritate apostolica confirmamus, et præsentis scripti patrocinio communimus. Nulli ergo omnino hominum liceat hanc paginam nostræ confirmationis infringere, vel ei ausu temerario contraire. Si quis autem hoc attentare præsumpserit, indignationem omnipotentis Dei et beatorum Petri et Pauli, apostolorum ejus, se noverit incursurum.

Datum Romæ, apud Sanctum Petrum, xii Kalendas Decembris, pontificatus nostri anno decimo.

CXXI-CXXII.

Privilegium quod procuratio prælatorum non transcendat valorem IV marcarum.

(Anno 1208. Laterani, Febr. 29.)

[Varin, *Arch. adm. de Reims*, II, 466. Cartul. de Saint-Remi, A., 45.]

Innocentius episcopus.... ad memoriam et observantiam perpetuam.

Contra gravamina quæ in procurationibus ratione visitationis debitis, inferebantur subditis a prælatis, providerant salubriter canonica instituta circa evectionum et personarum multitudinem, epularumque immoderantiam aliasque superfluitates statuendo modestiam debitam observari, ut nec exigendo nimium prælati excederent, nec in exhibendo superflue subditi gravarentur, fieretque visitatio ad salutem animæque lætitiam et non ad afflictionem et tædium subjectorum. Verum quia nonnullæ adhuc de hujusmodi procurationibus querimoniæ audiuntur, nos volentes pastorali sollicitudine providere, taliter in hac parte, quod tollatur omnino gravandi occasio, et cesset prorsus materia murmurandi, apostolica auctoritate statuimus ut archiepiscopis, episcopis, archidiaconis aliisque prælatis personaliter visitantibus, ab ecclesiis et locis visitatis exhibeantur procurationes in victualibus et aliis necessariis moderate, ita quod hæc secundum communem rerum æstimationem singulorum locorum vel sumptus qui pro his fiunt, summam seu valentiam quatuor marcarum argenti in nulla procuratione transcendant; proviso tamen quod secundum majorem vel minorem evectionum et personarum numerum pro majoritate, vel minoritate prælatorum in concilio Lateranensi taxatum, fiant usque ad summam ipsam vel infra hujusmodi procurationum expensæ, sed in locis in quibus major fertilitas vel copia rerum habetur, et ubi minores sunt redditus, seu ecclesiasticæ facultates, minus secundum ampliorem necessariorum ubertatem et parvitatem proventuum, in ipsis procurationibus expendatur. Si autem amplius in hujusmodi procurationibus fuerit expensum, prælati recipientes restituere in utilitatem ecclesiarum a quibus eas receperint, et illi qui eos exhibuerint erogare de suo proprio pauperibus duplum ejus quod taliter ultra expensum exstiterit, compellantur; alia nihilominus pœna multandi si visum fuerit expedire. Cæteris nihilominus quæ pro hujusmodi visitationibus et procurationibus generaliter statuta esse noscuntur, manentibus semper salvis.

Nulli ergo omnino hominum liceat hanc paginam nostræ constitutionis et confirmationis infringere, aut ei ausu temerario contraire. Si quis autem hoc attentare præsumpserit, indignationem omnipotentis Dei ac beatorum Petri et Pauli apostolorum ejus se noverit incursurum.

Datum Laterani, ii Kalend. Martii, pontificatus nostri anno undecimo.

CXXIII.

Abbati (28) Sancti Evurtii, decano Sancti Avili, et archidiacono Aurelianensi. — Ut episcopum Cenomanensem (29), ad conservanda instrumenta pacis inter abbatem et conventum S. Dionysii ac vicecomitem Castroduni celebratæ, cogant.

(Anno 1208. Laterani, April. 1.)

[Ex apographo, quod ad fidem autographi, in archivis monasterii S. Dionysii in Francia asser-

---

(23-26) *Indictione* xi. Sic diserte legitur in Apographo; sed mendose procul dubio. Legendum esse videretur *indictione* x; constat enim indictionem decimam cum decimo Innocentii PP. III pontificatus anno concurrere. Verum, cum ex Regesto anni ejusdem pontificatus decimi, prout videre est t. II Regest., manifeste colligatur, talem inter scriptores apostolicos invaluisse errorem, ut per totum illum annum pontificatus Innocentii decimum, cum Incarnationis Dominicæ 1207 indictio ix conjungeretur, in hac etiam nostra epistola, scriptum fuisse credimus *Indictione* ix.

(27) Vide ad epistolam Appendicis hujus xviii, not.

(28) S. Evurtii abbatem Vulgrinum, jam ab anno 1200, mense Octobri, usque ad annum 1225, ex instrumentis agnoscunt novæ Galliæ Christianæ auctores, tom. VIII, col. 1576.

(29) V. de epistolam libri quinti liii, not.

vati, diligenter exscripsit, ac nobiscum communicavit D. Poirier.

INNOCENTIUS episcopus, servus servorum Dei, dilectis filiis, abbati Sancti Evurtii, decano Sancti Aviti, et..... archidiacono Aurelianensi, salutem et apostolicam benedictionem.

Significantibus dilectis filiis, abbate (30) ac conventu Sancti Dionysii, ad nostram noveritis audientiam pervenisse, quod venerabilis frater noster... Cenomanensis episcopus (31), instrumenta pacis inter eos, et vicecomitem Castridunensem, super ecclesia de Cergiaco solemniter celebratæ, prout prædecessores ipsius tenuisse dicuntur, conservare recusat; unde, eidem dedimus in mandatis, ut instrumenta ipsa, prout prædecessores ejus servasse noscuntur, diligenti cura conservare procuret. Quocirca, discretioni vestræ per apostolica scripta mandamus, quatenus, si dictus episcopus quod mandavimus neglexerit adimplere, vos eum ad id, ut tenetur, monitione præmissa, districtione qua convenit, appellatione remota, cogatis; et si non omnes his exsequendis potueritis interesse, duo vestrum ea nihilominus exsequantur.

Datum Laterani, Kal. Aprilis, pontificatus nostri anno undecimo.

CXXIV.

Ad abbatem et fratres Welegradenses. — Confirmat fundationem monasterii Welegradensis, juraque et regulas fratrum ejusdem stabilit.

(Anno 1208. Laterani, April.31.)

[BOCZEK, *Cod. dipl. Moraviæ*, II, 45. E codice chart. ms. Welehrad. sæc. ineuntis xv, in-fol., f. 94.]

INNOCENTIUS episcopus, servus servorum Dei, dilectis filiis... abbati Welegradensi ejusque fratribus, tam præsentibus quam futuris, regularem vitam professis, in perpetuum.

Religiosam vitam eligentibus apostolicum convenit adesse præsidium ne forte cujuslibet temeritatis incursus aut eos a proposito revocet, aut robur, quod absit, sacræ religionis infringat. Eapropter, dilecti in Domino filii, vestris justis postulationibus clementer annuimus et monasterium Velicardi in quo divino mancipati estis obsequio sub beati Petri et nostra protectione suscipimus et præsentis scripti privilegio communimus. In primis siquidem statuendo, ut Ordo monasticus, qui secundum Deum et Beati Benedicti Regulam atque institutionem Cisterciensium fratrum in eodem loco institutus esse dignoscitur, perpetuis ibidem temporibus inviolabiliter observetur. Præterea quascunque possessiones, quæcunque bona idem monasterium impræsentiarum juste et canonice possidet, aut in futurum concessione pontificum, largitione regum vel principum, oblatione fidelium, seu aliis justis modis, præstante Domino, poterit adipisci, firma vobis vestrisque successoribus et illibata permaneant. In quibus hæc propriis duximus exprimenda vocabulis.

Locum ipsum, in quo prætatum monasterium situm est cum omnibus pertinentiis suis, grangias cum pertinentiis, cum pratis, vineis, terris, nemoribus, usuagiis et pascuis in bono et plano, in aquis et molendinis, in viis et semitis, et omnibus aliis libertatibus et immunitatibus suis. Sane laborum vestrorum quos propriis manibus aut sumptibus colitis tam de terris cultis quam incultis, sive de hortis et virgultis, et piscationibus vestris, vel de nutrimentis animalium vestrorum nullus a vobis decimas exigere vel extorquere præsumat. Liceat quoque vobis clericos vel laicos liberos et absolutos e sæculo fugientes ad conversionem vestram recipere, et eos absque contradictione aliqua retinere. Prohibemus insuper ut nulli fratrum vestrorum, post factam in monasterio vestro professionem, fas sit sine abbatis sui licentia de eodem loco discedere; discedentem vero absque communium litterarum vestrarum cautione nullus audeat retinere; quod si quis retinere præsumpserit, licitum vobis sit in ipsos monachos vel conversos regulares sententiam promulgare. Illud districtius inhibentes ne terras seu quodlibet beneficium ecclesiæ vestræ collatum liceat alicui personaliter dare seu alio modo alienare absque consensu totius capituli vel majoris aut sanioris partis ipsius. Si quæ vero donationes vel alienationes aliter quam dictum est factæ fuerint, eas irritas esse censemus. Ad hæc etiam prohibemus ne aliquis monachus sive conversus sub professione vestræ domus astrictus sine consensu et licentia abbatis et majoris partis vestri capituli pro aliquo fide jubeat vel ab aliquo pecuniam mutuo accipiat ultra pretium capituli vestri providentia constitutum, nisi propter manifestam domus vestræ utilitatem; quod si facere præsumpserit, non teneatur conventus pro his aliquatenus respondere. Licitum præterea sit vobis in causis propriis, sive civilem sive criminalem contineant quæstionem, fratrum vestrorum testimoniis uti, ne pro defectu testium jus vestrum in aliquo valeat deperire. Insuper auctoritate apostolica inhibemus, ne ullus episcopus vel alia quælibet persona ad synodos vel conventus forenses vos ire vel judicio sæculari de propria substantia vel possessionibus vestris subjacere compellat, ne ad domos vestras causa ordines celebrandi, causas tractandi, vel conventus aliquos publicos convocandi venire præsumat, nec regularem abbatis vestri electionem impediat, aut de instituendo vel removendo eo, qui pro tempore fuerit, contra statuta Cisterciensis Ordinis se aliquatenus intromittat. Si vero episcopus in cujus parochia domus vestra fundata est, cum humilitate ac devotione qua convenit, requisitus substitutum abbatem benedicere et alia quæ ad officium episcopale pertinent, vobis conferre renueret, licitum sit eidem abbati, si tamen sacerdos fuerit, proprios novitios benedicere, et alia quæ ad

---

(30) Vide Epistolam libri tertii XLV, not.

(31) Vide Epistolam libri quinti LIII, not.

officium suum pertinent, exercere, et vobis omnia ab alio episcopo percipere, quæ a vestro fuerint indebite denegata. Illud adjicientes, ut in recipiendis professionibus quæ a benedictis vel a benedicendis abbatibus exhibentur, ea sint episcopi forma et expressione contenti, quæ ab origine ordinis noscitur instituta, ut scilicet abbates ipsi episcopo salvo ordine suo profiteri debeant et contra statuta Ordinis sui nullam professionem facere compellantur. Pro consecratione vero altarium vel ecclesiarum, sive pro obtentu consuetudinis, vel alio modo quidquam audeat extorquere, sed hæc quæcumque malueritis (31*), catholicum adire antistitem, gratiam et communionem apostolicæ sedis habentem, qui nostra fretus auctoritate vobis quod postulatis impendat. Quod si sedes diœcesani episcopi forte vacaverit, interim omnia ecclesiastica sacramenta a vicinis episcopis accipere libere et absque contradictione possitis, sic tamen, ut ex hoc in posterum propriis episcopis nullum præjudicium generetur. Quia vero interdum propriorum episcoporum copiam non habetis, si quem episcopum Romanæ sedis, ut diximus, communionem habentem et de quo plenam notitiam habeatis, per vos transire contigerit, ab eo benedictiones vasorum et vestium, consecrationes altarium, ordinationes monachorum auctoritate apostolicæ sedis recipere valeatis. Porro si episcopi vel alii ecclesiarum rectores in monasterium vestrum vel personas inibi constitutas, suspensionis, excommunicationis vel interdicti sententiam promulgaverint, sive etiam in mercenarios vestros pro eo quod decimas non solvitis, sive aliqua eorum, quæ ab apostolica benignitate vobis indulta sunt, seu benefactores vestros pro eo quod aliqua vobis beneficia vel obsequia ex charitate præstiterint, vel ad laborandum advenerint in illis diebus in quibus vos laboratis, et alii ferientur, eamdem sententiam protulerint, ipsam tanquam contra sedis apostolicæ indulta prolatam duximus irritandam. Nec litteræ ullæ firmitatem habeant quas tacito nomine Cisterciensis Ordinis, et contra tenorem apostolicorum privilegiorum constiterit impetrari. Præterea cum commune interdictum terræ fuerit, liceat vobis nihilominus in vestro monasterio exclusis excommunicatis et interdictis divina officia celebrare. Paci quoque ac tranquillitati vestræ paterna in posterum sollicitudine providere volentes, auctoritate apostolica prohibemus ut infra clausuras locorum vestrorum seu grangiarum vestrarum nullus rapinam seu furtum facere, ignem apponere, sanguinem fundere, hominem temere capere, vel interficere, seu violentiam audeat exercere. Præterea omnes libertates et immunitates a prædecessoribus nostris Romanis pontificibus ordini vestro concessas, nec non et exemptiones sæcularium exactionum a regibus et principibus, vel aliis fidelibus rationabiliter vobis indultas auctoritate apostolica confirmamus, et præsentis scripti privilegio communimus.

Decernimus ergo ut nulli omnino hominum liceat præfatum monasterium temere perturbare aut ejus possessiones auferre, vel ablatas retinere, minuere, seu quibuslibet vexationibus fatigare, sed omnia integra conserventur eorum, pro quorum gubernatione et sustentatione concessa sunt, usibus omnimodis profutura, salva sedis apostolicæ auctoritate.

Si qua igitur in futurum ecclesiastica sæcularisve persona hanc nostræ constitutionis paginam sciens contra eam temere venire tentaverit, secundo tertiove commonita, nisi reatum suum congrua satisfactione correxerit, potestatis honorisque sui dignitate careat, reamque se divino judicio existere de perpetrata iniquitate cognoscat, et a sacratissimo corpore ac sanguine Dei ac Domini Redemptoris nostri Jesu Christi aliena fiat, atque in extremo examine districtæ ultioni subjaceat.

Cunctis autem eidem loco sua jura servantibus sit pax Domini nostri Jesu Christi, quatenus et hic fructum bonæ actionis percipiant et apud districtum Judicem præmia æternæ pacis inveniant. Amen.

Datum Laterani per manum Joannis, S. Mariæ in Cosmedin diaconi cardinis, sanctæ Romanæ Ecclesiæ cancellarii, 11 Kalendas Maii, indictione XI, Incarnationis Dominicæ anno 1208, pontificatus vero domini Innocentii papæ III, anno undecimo.

CXXV.

Ad Petrum (52) *abbatem monasterii Sanctæ Mariæ Novi-Castri,* [al. *Novi-Burgi*], *ejusque fratres. — Recipit eos sub protectione, et enumerantur bona ad ipsos spectantia.*

(Anno 1208. Laterani, Maii 5.)

[Ex apographo, quod ad fidem autographi, in archivis monasterii S. Mariæ Novi Castri asservati, diligenter exscriptum nobiscum communicavit bonæ memoriæ D. abbas Grandidier. BRÉQUIGNY, *ibid.*]

INNOCENTIUS episcopus, servus servorum Dei, dilectis filiis, PETRO, abbati monasterii Sanctæ Mariæ Novi Castri, ejusque fratribus, tam præsentibus quam futuris, regularem vitam professis, in perpetuum.

Religiosam vitam eligentibus, apostolicum convenit adesse præsidium, ne forte cujuslibet temeritatis incursus aut eos a proposito revocet, aut robur, quod absit, sacræ religionis infringat. Eapropter, dilecti in Domino filii, vestris justis postulationibus clementer annuimus, et monasterium Sanctæ Mariæ Novi-Castri, in quo divino estis obsequio mancipati, sub beati Petri et nostra protectione suscipimus, et præsentis scripti privilegio communimus; imprimis siquidem statuentes, ut ordo monasticus, qui secundum Deum et beati Benedicti Regulam, atque institutionem Cisterciensium fratrum, in eodem monasterio institutus esse dignoscitur, perpetuis ibidem temporibus inviolabiliter observetur. Præterea, quascumque posses-

(31*) Deest aliquid.

(52) Vide Epistolam libri octavi VIII, not.

siones, quæcunque bona idem monasterium impræsentiarum juste et canonice possidet, aut in futurum, concessione pontificum, largitione regum vel principum, oblatione fidelium, seu aliis justis modis, præstante Domino, poterit adipisci, firma vobis vestrisque successoribus et illibata permaneant. In quibus hæc propriis duxi bus vocabulis exprimenda :

Locum ipsum in quo præfatum monasterium situm est cum omnibus pertinentiis suis ; grangiam Tochendorf, grangiam Hitendorf, grangiam Lobach, grangiam Harthusen, grangiam Dunnenheim, grangiam Dalheim, grangiam Batheuheim, grangiam Wilre, grangiam Erengersvilre, grangiam Selboven, grangiam Sconenvelt, grangiam Mulenbach, grangiam Bretenbach, grangiam Paphenburnen, grangiam Lachen, grangiam Vilenbach, grangiam Honocheit, cum Vinchinhoven, grangiam Suvelnheim et grangiam Heckenheim, cum omnibus pertinentiis suis, agris scilicet, pratis, aquis, silvis cultis et incultis, etc., etc.

Datum Laterani, per manum Joannis, sanctæ Romanæ Ecclesiæ cancellarii, Sanctæ Mariæ in Cosmedin diaconi cardinalis, III Nonas Maii, indictione undecima, Incarnationis Dominicæ anno 1208, pontificatus vero, domini Innocentii papæ III anno undecimo.

CXXVI.

Ad abbatem et conventum Westmonasteriensem. — Omnibus qui annuatim ad Sancti Edwardi ecclesiam Westmonasterii accesserint, unius anni et quadraginta dierum indulgentiam concedit.

(Anno 1208. Asisii, Maii 31.)

[Rymer, *Fœdera, Litt.*, etc., I, 101, ex originali in Turre London.]

INNOCENTIUS episcopus, servus servorum Dei, dilectis filiis abbati et conventui Westmonasterii London., ordinis Sancti Augustini, salutem et apostolicam benedictionem.

In sanctorum festivitatibus, quæ a Christi fidelibus votiva celebritate coluntur, dignis laudibus glorificatur Omnipotens, sanctis ipsis debitus honor impenditur, et animarum profectus devotione congrua procuratur.

Unde nos, qui fidelium ipsorum curam gerimus generalem, cum præ omnibus quæ nostræ incumbunt sollicitudini ad illorum salutem intendere teneamur, multo desiderio cupimus, ut illorum memoriam quos exutos jam corpore stola gloriæ induit Rex cœlestis venerabiliter recolentes, ipsorum festa et celebri agant observantia, et solemnitate annua prosequantur, ac ut tanto accuratius ad eorum cultum se præparent quanto plus ipsum animabus senserint profuturum, cum nonnunquam insigniis quibusdam spiritualibus, indulgentiis videlicet et remissionibus, magnificare studemus ipsos devote illum exsequentibus benignitate apostolica largiendo.

Hinc est quod cum ecclesia vestra in honore beati Edwardi constructa esse dicatur, nos ipsum coli A reverentia debita cupientes, omnibus vere pœnitentibus et confessis, qui ad eamdem ecclesiam in illius festo pura intentione accesserint annuatim, de omnipotentis Dei misericordia et beatorum Petri et Pauli apostolorum ejus, auctoritate confisi, unum annum et quadraginta dies de injuncta sibi pœnitentia misericorditer relaxamus.

Datum Asisii, II Kalend. Junii, pontificatus nostri anno XI.

CXXVII.

Ad burgenses S. Remigii Remensis. — Privilegium de assisia.

(Anno 1208. Anagniæ, Junii 2.)

[Varin. *Archiv. adm. de Reims*, II, 472, ex chartulario S. Remigii.]

INNOCENTIUS ...., dilectis filiis civibus de burgo S. Remigii Remensis.

.... Gratum gerimus et acceptum, ac devotionem vestram plurimum in Domino commendamus, quod, sicut est nostris auribus intimatum, constitutionem quamdam quæ a vobis assisia vulgariter appellatur, provida pietate fecistis, ut de bonis vestris certam annualiter quantitatem monasterio B. Remigii conferatis. Nos igitur, qui ex injuncto nobis apostolatus officio, pietatis tenemus opera fovere, constitutionem ipsam sicut provide facta est approbantes, universalitatem vestram monemus.. . quatenus eam universaliter observetis.... abbati S. Germani de Pratis, decano et archidiacono Parisiensibus dedimus in mandatis ut, si quis malitiose hoc impedire præsumpserit, præsumptionem eorum per censuram ecclesiasticam, sublato appellationis obstaculo, justitia mediante, compescant.

Datum Anagniæ, IV Non. Junii, pontificatus nostri anno XI.

CXXVIII.

Ad abbatem de Gerstyn, Henricum de Witin et Tutonem de Heiburch, plebanos Pataviensis diœcesis. — Causam quamdam monasterii Medlicensis, in qua ab episcopo Olomucensi minus æqua sententia prolata esse perhibebatur, de novo inquiri mandat.

(Anno 1208. Viterbii, Aug. 21.)

[Boczek, *Cod. dipl. Moraviæ*, II, 48].

INNOCENTIUS episcopus, servus servorum Dei, dilectis filiis abbati de Gerstyn et magistro HENRICO de Witin et TUTONI de Heiburch plebanis Pataviensis diœcesis, salutem et apostolicam benedictionem.

Accedens ad præsentiam nostram filius abbas Medlicensis gravi nobis conquestione monstravit, quod venerabilis frater noster episcopus Olomucensis et dilecti filii abbas de Sancta Cruce, et decanus de S. Agatha, Pataviensis diœcesis, ipsius conjudices delegati a nobis contra eum, licet aliqua causa, quæ ipsum tangere videretur, commissa eis, sicut dicitur, non fuisset, iniquam sententiam protulerunt, per quam monasterium ante dictum incurrisse dignoscitur non modicum detrimentum. Cum igitur nemo debeat injuste gravari, discretioni vestræ per apostolica scripta mandamus quatenus vocatis quos propter hoc videritis evocandos et inquisita super his diligentius et cognita veritate, quod justum fuerit, appellatione postposita, statuentes, faciatis quod decreveritis per censuram ecclesiasticam firmiter observari. Nullis litteris veritate et justitiæ præjudicantibus a sede apostolica impetratis. Quod si non omnes his exsequendis potueritis interesse, duo vestrum nihilominus exsequantur.

Datum Viterbii, XII Kalendas Septembris, pontificatus nostri anno decimo.

CXXIX.

Ad Bartholomæum Theatinum episcopum.—Privilegia omnia Ecclesiæ Theatinæ a Rom. impp. et summis pontificibus indulta confirmat..

(Anno 1208. Oct. 19.)

[UGHELLI, *Italia sacra*, VI, 715.]

INNOCENTIUS episcopus, servus servorum Dei, venerabili fratri BARTHOLOMÆO Theatino episcopo, ejusque successoribus canonice substituendis in perpetuum.

In eminenti sedis apostolicæ specula disponente Domino constituti, ex injuncto nobis a Deo apostolatus officio fratres nostros episcopos sincera charitate diligere, et Ecclesiis sibi commissis suam debemus justitiam conservare, pro ipsorum quoque statu nos oportet satagere, atque eorum quieti salubriter auxiliante Domino providere. Eapropter, venerabilis in Christo frater episcope, tuis justis postulationibus clementer annuimus, et ad exemplar fel. mem. Nicolai, Paschalis, Eugenii, Alexandri et Clementis, prædecessorum nostrorum Romanorum pontificum, B. Thomæ Theatinam Ecclesiam, cui Domino auctore præesse dignosceris, sub beati Petri et nostra protectione suscipimus, et præsentis scripti privilegio communimus, statuentes, ut quascunque possessiones, quæcunque bona eadem ecclesia in præsentiarum juste et canonice possidet, aut in futurum concessione pontificum, largitione regum, vel principum, oblatione fidelium, seu aliis justis modis, præstante Domino, poterit adipisci, firma tibi tuisque successoribus, et illibata permaneant, in quibus hæc propriis duximus exprimenda vocabulis.

Parochiam Theatinæ Ecclesiæ, sicut antiquis, et justis limitibus terminatur, scilicet a Staffilo inter Montes, et ipso Monte de Ursa, et quomodo pergit in Cola et ponit terminum in aqua subtus terra usque ad aquam Sonutam et quomodo pergit usque in montem de teste et vadit per crinis montem, et qualiter pergit usque montem Sclavi, et quomodo pergit in ipsum flumen, quod dicitur Trignum usque ad littora maris, et per littora maris usque in Piscariam, et redit in priorem finem, videlicet in priori Staffello. Præterea ipsam Theatinam civitatem, castellum Trivilianum, Villam magnam, Montem Filardi, castellum Orni, castellum Mucela, castellum S. Pauli, castellum quod dicitur Furca, castellum Genesteale, castellum S. Cesidii, cum eorum pertinentiis; ultra Piscariam vero castellum montis Silvani, ecclesiam S. Mariæ in Rigoli, castellum Seutculæ, castellum Lastiniam, ecclesiam S. Mariæ de Palatio, ecclesiam S. Justæ, cum pertinentiis suis. In Aterno, plebem S. Leguntiani et Domitiani, ecclesiam S. Thomæ, S. Salvatoris, ecclesiam S. Jerusalem, et ecclesiam S. Nicolai, cum omnibus eorum pertinentiis, decimam Pontis et Portus Nicihi; in Bucelania, ecclesiam S. Salvatoris, et S. Angeli cum decimis comitis, plebem S. Silvestri, decimas comitis in castello S. Angeli, in castello Trium Frontium, et decimas castellorum, quæ in Theatino episcopatu sub dominio comitis Roberti de Rotello fuerunt, et quod Theatina Ecclesia in castello Septi tenet, ecclesiam S. Mariæ in Bari, ecclesiam S. Blasii in Lanciano, monasterium S. Martini de Palectu, ecclesiam S. Leciri in Atissa cum omnibus pertinentiis suis, monasterium S. Joannis in Arclano, monasterium S. Angeli in Cornacula cum omnibus pertinentibus suis; in monte Oderisii, ecclesiam S. Nicolai, et medietatem ecclesiæ S. Mariæ, ecclesiam S. Salvatoris, et ecclesiam S. Petri cum pertinentiis earum, monasterium S. Mauri cum beneficio suo, monasterium S. Salvi, ecclesiam S. Nicolai de Eremitorio in Ortona, ecclesiam S. Mariæ et S. Georgii cum earum pertinentiis, monasterium S. Mariæ in basilica in civitate Luparelli, plebem S. Petri cum pertinentiis suis, monasterium S. Mandi in Palatio, ecclesiam S. Jacobi de Turcella cum pertinentiis suis, monasterium S. Pancratii, monasterium S. Mariæ de Lecto, cum casali, aliisque ad ipsum pertinentibus, monasterium S. Martini in Valle, monasterium S. Justi in de Cosule; in castro Gessi, plebem S. Mariæ cum pertinentiis suis, plebem S. Martini filiorum Tresidii, ecclesiam S. Mariæ de Casa Candidella, ecclesiam S. Petri in castro Lori, ecclesiam Lori, ecclesiam S. Mariæ in Biario, ecclesiam S. Blasii, monasterium S. Petri in Campo, ecclesiam S. Nicolai de Summo viculo, ecclesiam Sanctæ Mariæ de Lacento in Abbatejo, plebem S. Martini cum pertinentiis suis, ecclesiam S. Joannis de Plebe, plebem de Juliano, plebem S. Cecolidi, plebem de Pizzo Corbario, ecclesiam S. Luciæ de Argelli, ecclesiam S. Lini, plebem de Orcula, plebem S. Mariæ in Valle, plebem S. Mariæ de Caramanico, plebem S. Joannis de Abbatejo, ecclesiam S. Cesidii, et ecclesiam S. Pontii de S. Valentino in castello de Tocco, ecclesiam S. Mandi in Pescle, ecclesiam S. Eustachii, ecclesiam S. Martini de Fara inter montes, ecclesiam S. Joannis de Pedara, ecclesiam S. Nicolai de Cantalupo, ecclesiam S. Salvatoris de Linari, ecclesiam S. Mariæ de Sparpalia, ecclesiam S. Mariæ de Ilice, ecclesiam S. Salvatoris de Valle surda, ecclesiam S. Mariæ de Valle Corunelli, ecclesiam S. Trinitatis de Fragne, ecclesiam S. Joannis de Vicaldo cum omnibus pertinentiis earum, ecclesiam S. Petri de Troja, et ecclesiam S. Mariæ de Tasso.

Decernimus ergo ut nulli omnino hominum liceat prædictam ecclesiam temere perturbare, aut ejus possessiones auferre, vel ablatas retinere, minuere, aut aliquibus vexationibus fatigare; sed omnia integra conserventur eorum, pro quorum sustentatione, et gubernatione concessa sunt usibus omnimodis profutura, salvo B. Petri jure proprietatis, et apostolicæ sedis auctoritate. Si qua igitur in futurum ecclesiastica, sæcularisque persona hanc nostræ concessionis paginam sciens contra eam temere venire tentaverit, secundo, tertiove commonita, nisi congrua satisfactione correxerit, potestatis, honorisque sui dignitate careat, reamque se divino Judicio existere de perpetrata iniquitate cognoscat, et a sacratissimo corpore et sanguine Dei et Domini Redemptoris nostri Jesu Christi aliena fiat, etc., etc. Amen, amen.

Ego Innocentius catholicæ Ecclesiæ episcopus.
(*Sequuntur subscriptiones undecim cardinalium.*)

Datum per manus Joannis S. Mariæ in Cosmedin diac. card., S. R. E. cancellarii, xiv Kal. Nov., ind. xii, Incarnat. Dom. an. 1208, pontif. vero domini Innocentii papæ III an. xi.

CXXX.

Ad abbatem et (33) conventum S. Vedasti Atrebatensis. — Inhibet ne quis sine testimonio litterarum eorum pecuniam concedat mutuo alicui monachorum.

(Anno 1208. Laterani, Dec. 16.)

[Ex Archivio Monasterii S. Vedasti Atrebatensis, in Capella S. Boni. Brέq., *ibid.*, p. 1140.]

Officii nostri sollicitudo requirit et pietas exhortatur, ut sic Ecclesiarum indemnitatibus providere curemus ne ulterius inde sustineant læsionem, in quo grave pluries noscuntur dispendium incurrisse. Cum igitur, sicut nostris est auribus intimatum, nonnulli monachi monasterii vestri, sine freno ac obice, relicto claustro, per campum licentiæ discurrentes, nomine vestro pecuniam aliquando mutuo accipiant, et ad solutionem ipsius, quandoque per Regem, vel modis aliis, creditores faciant vos compelli, nos, indemnitati monasterii memorati paterna volentes sollicitudine præcavere, auctoritate præsentium districtius inhibemus, ne quis sine testimonio litterarum vestrarum pecuniam concedat mutuo alicui monachorum. Si quis vero, contra prohibitionem nostram, id de cætero facere attentarit, monasterium ipsum ad solutionem ipsius pecuniæ decernimus non teneri. Nulli ergo omnino hominum liceat hanc paginam nostræ inhibitionis infringere, vel ei ausu temerario contraire. Si quis autem hoc attentare præsumpserit, indignationem omnipotentis Dei et beatorum Petri et Pauli, apostolorum ejus, se noverit incursurum.

Datum Laterani, xvii Kalendas Januarii, pontificatus nostri anno undecimo.

(33) Vide ad Epistolam Libri noni cxv, not.
(34) Vide ad epistolam libri noni cxv, not.

CXXXI.

Ad Odonem (34) abbatem S. Vedasti ejusque fratres. — De confirmatione privilegiorum (35).

(Anno 1208. Laterani, Dec. 20.)

[Ex Chartulario monasterii S. Vedasti Atrebatensis. Brέq. *ibid.*, p. 1141.]

Innocentius episcopus, servus servorum Dei, dilectis filiis Odoni, abbati Sancti Vedasti, ejusque fratribus, tam præsentibus quam futuris, regularem vitam professis in perpetuum.

Quoties illud a nobis petitur, quod religioni et honestati convenire dignoscitur, animo nos decet libenti concedere, et petentium desideriis congruum impertiri suffragium. Eapropter, dilecti in Domino filii, vestris justis postulationibus clementer annuimus, et præfatum monasterium, quod specialiter nostri juris esse dignoscitur, ad exemplar felicis recordationis Alexandri papæ prædecessoris nostri, sub beati Petri, et nostra protectione suscipimus, et præsentis scripti privilegio communimus. Inprimis siquidem statuentes, ut ordo monasticus, qui secundum Deum, et beati Benedicti Regulam, in eodem loco institutus esse dignoscitur, perpetuis ibidem temporibus inviolabiliter observetur. Præterea, quascunque possessiones, quæcunque bona idem monasterium in præsentiarum juste et canonice possidet, aut in futurum, concessione pontificum, largitione regum vel principum, oblatione fidelium, seu aliis justis modis, præstante Domino, poterit adipisci, firma vobis vestrisque successoribus, et illibata permaneant.

Sane, novalium vestrorum, quæ propriis manibus aut sumptibus colitis, sive de nutrimentis animalium vestrorum, vel quæ continentur in proprio fundo villarum vestrarum, de Myolens videlicet, et de Evnanmaynil, et de Tanscamp, nullus a vobis decimas præsumat exigere. Prohibemus itaque, ut nullus terras vel possessiones quas a vestro tenet monasterio, aliis ecclesiis, vel monasteriis in vita, seu in morte conferre, vel ab ipso alienare, absque licentia, vel assensu vestro præsumat. Præterea, in ecclesiis quas tenetis secundum prædecessoris nostri bonæ memoriæ Urbani papæ secundi decretum, presbyteros eligatis, et episcopis, in quorum parochiis ecclesiæ vestræ sitæ sunt, præsentetis, qui, si ab ipsis canonice reprobari non poterunt, animarum curam ab eis suscipiant, et de cura plebis ipsis respondeant, vobis autem pro rebus temporalibus debitam subjectionem exhibeant. Ad hæc, quoniam illas personas, et earum loca decorare debemus singulari prærogativa honoris et dignitatis, et gratiæ nostræ privilegio communire, quas beato Petro, et nobis devotas esse cognoscimus, et ad jurisdictionem sacrosanctæ Romanæ Ecclesiæ nullo mediante certum est pertinere, fervorem sincerissimæ devotionis, et fidei, quas vos et monasterium vestrum circa eamdem sacrosanctam Romanam Ecclesiam, et specialiter circa personam nostram, constanter

(35) Confer eamdem epistolam.

et laudabiliter geritis, studiosius attendentes, considerantes quoque, quomodo idem monasterium ad jus et dispositionem apostolicæ sedis principaliter et proprie, nullo mediante pertineat, tibi, fili abbas, et per te successoribus tuis, de consueta clementia et benignitate ejusdem apostolicæ sedis, usum tunicæ et dalmaticæ in præcipuis festivitatibus infra missarum solemnia concedimus, ut quanto largitione muneris et gratiæ nostræ, amplius fueritis decorati, tanto circa honorem et obsequium prædictæ sacrosanctæ Romanæ Ecclesiæ, debeatis promptiores inveniri. Præterea, altare de Streis, sicut ipsum ex concessione Morinensis episcopi (36) rationabiliter possidetis, vobis auctoritate apostolica confirmamus.

Decernimus ergo, ut nulli omnino hominum liceat præfatum monasterium temere perturbare, aut ejus possessiones auferre vel ablatas retinere, minuere, seu quibuslibet vexationibus fatigare, sed illibata omnia et integra conserventur, eorum pro quorum gubernatione et sustentatione concessa sunt usibus omnimodis profutura, salva sedis apostolicæ auctoritate. Si qua igitur in futurum ecclesiastica sæcularisve persona, hanc nostræ constitutionis paginam sciens, contra eam temere venire tentaverit, secundo tertiove commonita, nisi præsumptionem suam digna satisfactione correxerit, potestatis honorisque sui dignitate careat, reamque se divino judicio existere de perpetrata iniquitate cognoscat, et a sacratissimo corpore ac sanguine Dei, et Domini Redemptoris nostri Jesu Christi aliena fiat, atque in extremo examine districtæ ultioni subjaceat; cunctis autem eidem loco sua jura servantibus sit pax Domini nostri Jesu Christi, quatenus et hic fructum bonæ actionis percipiant, et apud districtum judicem præmia æternæ pacis inveniant. Amen, amen, amen.

Ego Innocentius, catholicæ Ecclesiæ episcopus.
Ego Petrus (37), Portuensis et Sanctæ Rufinæ episcopus.
Ego Joannes (38), Albanensis episcopus.
Ego Joannes (39), Sabinensis episcopus.
Ego Nicolaus (40), Tusculanus episcopus.
Ego Guido (41), Prænestinus episcopus.
Ego Hugo (42), Hostiensis et Velletrensis episcopus.
Ego Cynthius (43), tituli Sancti Laurentii in Lucina, presbyter cardinalis.
Ego Gregorius (44), Sancti Georgii ad Velum Aureum diaconus cardinalis.
Ego Cencius (45), Sanctorum Joannis et Pauli presbyter cardinalis, tituli Pammachii.
Ego Petrus (46), tituli Sancti Marcelli presbyter cardinalis.
Ego Guido (47), Sancti Nicolai in Carcere Tulliano diaconus cardinalis.
Ego Leo (48), tituli Sanctæ Crucis in Jerusalem, presbyter cardinalis.
Ego Joannes (49), Sanctæ Mariæ in Via Lata diaconus cardinalis.
Ego Rogerius (50), tituli Sanctæ Anastasiæ, presbyter cardinalis.
Ego Octavianus (51), Sanctorum Sergii et Bachi diaconus cardinalis.
Ego Joannes (52), Sanctorum Cosmæ et Damiani diaconus cardinalis.
Ego.... Sanctæ.... ad.... Solis diaconus cardinalis (53).

(36) Quis fuerit episcopus ille Morinensis, de quo hic agitur, pro certo statuere difficile foret. De ipso velut vivente loqui videtur pontifex; nam, cum de defunctis agitur, constanti fere usu additur *quondam*. Attamen, altare de Streis jam ante annum 1206 ad monasterium S. Vedasti pertinebat, prout evincitur ex epistola libri noni CXXI, ubi recensetur inter possessiones ejusdem monasterii. Morinensis autem episcopus, Lambertus, qui anno 1206 sedebat, et a quo altare istud monasterio Sancti Vedasti concessum fuisse, ex Innocentii verbis, credi posset, hoc, in quo nunc versamur, anno 1208, jam e vivis excesserat, nec de ipsius successore hic agi posse videtur. Joannes enim II, qui, Morinensi ecclesia episcopi solatio xii Kal. Junii 1207 destituta, in episcopum electus fuit, et a Metropolitano confirmatus, nonnisi anno 1209 consecratus fuit; id eruitur ex epistola abbati S. Genovefæ, et archidiacono, et magistro P. Peverel, canonico, Parisiensibus; *De electione episcopi Morinensis;* dat. Laterani, IV Kal. Februarii, pontificatus anno undecimo (id est 1209).
(37) Vide ad epistolam libri quinti LXIX, not.
(38) Vide ad epistolam libri sexti CXVII, not.
(39) Vide ad epistolam libri tertii XV, not.
(40) Vide ad epistolam libri noni LIV, not.
(41) Vide ad epistolam libri tertii XXVIII, not.
(42) Vide ad epistolam libri quinti XXIX, not.
(43) Vide ad epistolam libri tertii XXXI, not.
(44) Vide ad epistolam libri septimi LX, not.
(45) Vide ad epistolam Appendicis XVII, not.
(46) Vide ad epistolam libri quinti XXXII, not.
(47) Vide ad epistolam Appendicis hujus CXVII, not.
(48) Vide ad epistolam libri quinti V, not.
(49) Vide ad epistolam libri septimi CLXXXIV, not.
(50) Vide ad epistolam libri octavi XXXI, not.
(51) Octavianus, ex comitibus Signiæ, Anagninus, Hernicus, Innocentii papæ III consobrinus, ex pontificii Sacelli sacerdote, atque canonico S. Petri, S. R. E. camerarius, et tituli SS. Sergii et Bachi diaconus cardinalis (anno reparatæ salutis 1206, Innocentiani pontificatus VIII, mense Decembri, Romæ, in quinta creatione) renuntiatus est. Sub Gregorio nono lucis usuram amisit. *Oldoin. ad Ciacon.*, tom. II, col. 26.
(52) Vide ad epistolam Appendicis hujus CXVII, not.
(53) In apographo quod chartophylacio nostro reponi curavit D. Quesneri. Legendum procul dubio, *Pelagius; S. Luciæ ad Septa Solis* diaconus cardinalis.

Pelagius enim Calvani, natione Hispanus, professione monachus, ex canonico S. Petri, ab Innocentio papa III, primum (anno reparatæ salutis 1206, pontificatus VIII, *potius* IX, mense Decembri, Romæ, in quinta creatione) tituli S. Luciæ in septisolio diaconus, postea (anno nostræ salutis 1211, pontificatus XIV, in septima creatione), tituli S. Ceciliæ presbyter cardinalis; demumque ab eodem (circa annum 1212) episcopus Albanensis renuntiatus est. Insignis illius expeditionis, qua Damiata

Datum Laterani, per manum Joannis, Sanctæ Mariæ in Cosmedin diaconi cardinalis, Sanctæ Romanæ Ecclesiæ Cancellarii, xiii Kal. Januarii, indictione xi (54), Incarnationis Dominicæ anno 1208, pontificatus vero domini Innocentii papæ III anno undecimo.

CXXXII.

Ad archiepiscopos et episcopos per Sardiniam constitutos. — Pro monasterio Casinensi.

(Anno 1208? Ap. S. Germanum, Jul. 6.)

[D. TOSTI, *Storia della badia Casin.*, II, 284.]

INNOCENTIUS episcopus, servus servorum Dei, venerabilibus fratribus archiepiscopis et episcopis per Sardiniam constitutis, salutem et apostolicam benedictionem.

Ad defensionem rerum Casinensis monasterii tanto ampliorem nos convenit sollicitudinem exhibere, quanto idem locus cum omnibus ad ipsum pertinentibus ad jus Beati Petri specialius noscitur pertinere. Verum quod per præsentiam nostram effectui mancipare non possumus, oportet ut per fratres nostros archiepiscopos et episcopos adimplere curemus. Cujus rei gratia fraternitati vestræ per apostolica scripta mandando præcipimus, quatenus ecclesias, et alia bona, quæ beatus Benedictus in vestris parochiis habet, pro beati Petri, et nostra reverentia diligere, et manutenere curetis, et contra pravorum hominum molestias defendatis, nullamque eis contrarietatem vel diminutionem inferatis, aut ab aliis permittatis inferri; si qui autem eas infestare præsumpserint, plenam de ipsis justitiam faciatis. Præterea si quis fidelium eisdem venerabilibus locis de rebus suis conferre voluerit nullatenus prohibere vel contradicere præsumatis.

Datum apud Sanctum Germanum, ii Nonas Julii.

CXXXIII.

Abbatiæ Casinensis privilegia confirmat.

(Anno 1208?)

[D. TOSTI, *Storia della badia Casin.*, II, 287, ex originali. Caps. diplom., 1, n. 9.]

INNOCENTIUS episcopus, servus servorum Dei, dilecto in Domino filio abbati venerabilis Beati Benedicti monasterii Casinensis, ejusque successoribus regulariter promovendis in perpetuum.

Cum injunctum nobis apostolicæ sedis officium universis nos per orbem ecclesiis efficiat debitores, vestro Casinensi monasterio quammaxime obnoxios faciunt, et beatissimi Patris nostri Benedicti monasticæ legis latoris præsentia corporalis, et in vobis per Dei gratiam usque ad nostra tempora indefessa perdurans ejus observantia mandatorum. Unde et sanctissimi Patres nostri Romani pontifices qui nos in sede apostolica præcesserunt omnium id ipsum monasteriorum caput non immerito statuerunt. Nam ex eo tanquam ex fonte monasticæ religionis norma manavit. Accedit ad hoc, quod idem venerabilis locus Romanæ Ecclesiæ filiorum unicum in adversis solatium, et in prosperis infatigata requies perseverat. Et nos erga sanctorum Patrum nostrorum Zacchariæ, Benedicti, Leonis, Stephani, Alexandri, Urbani, Paschalis, atque Calixti vestigiis insistentes, cœnobium ipsum, et universa quæ ad eum pertinent, quieta semper, et ab omnium mortalium jugo libera manere, ac sub solius S. R. E. jure, defensioneque perpetua habere decernimus. In quibus hæc propriis duximus adnotanda.

In primis monasterium Domini Salvatoris positum ad pedem Casini Montis; monasterium S. Dei Genitricis Virginis Mariæ quod vocatur Plumbarola... Item civitatem quæ dicitur S. Germani positam ad pedem Casini Montis, castellum S. Petri quod ab antiquis dictum est Castrum Casini..... Patrum præterea nostrorum innitentes vestigiis jam dictum Casinense cœnobium cæteris per orbem cœnobiis præferendum asserimus, et tam te, quam successores tuos in omni conventu episcoporum seu principum superiores omnibus abbatibus consedere, atque in judiciis priores cæteris tui ordinis viris sententiam proferre sancimus. Usum quoque compagarum, ac chirotecæ, dalmaticæ, atque mitræ, tam tibi quam successoribus tuis in præcipuis anni festivitatibus, ac diebus Dominicis ad missam, seu in consessu concilii habendum concedimus. Sane tam in ipso venerabili monasterio, quam in cellis ejus cujuslibet ecclesiæ episcopum, vel sacerdotem, præter Romanum pontificem dictionem quamlibet, aut excommunicandi, aut interdicendi, aut ad synodum convocandi præsumere prohibemus, ita ut nisi ab abbate, prioreve fuerit invitatus, nec missarum solemnia inibi audeat celebrare... Chrisma, oleum sanctum, consecrationes altarium, seu basilicarum, ordinationes clericorum a quocunque malueritis catholico episcopo accipiatis. Baptismum vero, infirmorum visitationes per clericos vestros in oppidis vestris, seu villis agatis.... Porro pro amplioris benevolentiæ gratia quam nos præter nostrorum prædecessorum dilectione circa vestrum monasterium gerimus, licentiam tibi, ac legitimis successoribus tuis concedimus, ut si quis ejusdem monasterii vestri, aut cellarum ejus possessiones, aut res violenter abstulerint, postquam ipsorum episcopi a vobis tertio invitati, justitiam de eis facere omnino noluerint, vos super eosdem raptores, secundo tertiove commonitos, canonicam excommunicationis sententiam proferatis... Si qua ergo in crastinum ecclesiastica vel sæcularis persona hanc nostræ constitutionis paginam sciens,

expugnata est, sedis apostolicæ legatus ab Honorio factus est. Post præclaros pro Ecclesia susceptos labores, in Monte Casino, sub Gregorio IX, excessit e vita, v Id. Maii, anno 1240. *Oldoin. ad Ciacon.*, tom. II, col. 27.

(54) *Undecima*: sic in apographo. Verum, nonne legendum foret, *duodecima*? Mense enim Decembri anni Incarnationis Dominicæ 1208, Innocentii pontificatus xi, currebat jam indictio duodecima. Sed de hoc alibi.

contra eam temere venire tentaverit, secundo tertiove commonita, nisi satisfactione congrua emendaverit, potestatis honorisve sui dignitate careat, reamque se divino judicio existere de perpetrata iniquitate cognoscat, et a sacratissimo corpore et sanguine Dei et Domini Redemptoris nostri Jesu Christi aliena fiat, atque in extremo examine districtæ ultioni subjaceat. Cunctis autem hæc justa servantibus sit pax Domini nostri Jesu Christi, quatenus et hic fructum bonæ actionis percipiant, et apud districtum Judicem præmia æternæ pacis inveniant. Amen, amen.

CXXXIV.
Ad Jordanum Lexoviensem episcopum et abbates de Persenniæ et de Savigneio.—Ut abbatibus et monachis S. Michaelis in Periculo Maris, significent mandatum apostolicum de sui reformatione monasterii.

[Circa annum 1208.)

[MARTEN., *Thes. Anecdot.*, I, 807, ex ms. S. Michaelis in Periculo Maris.]

J. Dei gratia Lexoviensis episcopus et abbas de Persennia, diœcesis Cenomanensis, venerabilibus et charissimis in Christo abbati et conventui Montis Sancti Michaelis de Periculo Maris, salutem in Domino. Mandatum domini papæ suscepimus in hæc verba :

« INNOCENTIUS episcopus, servus servorum Dei, venerabili fratri episcopo Lexoviensi, et dilectis filiis de Savigneio et de Persennia abbatibus Cenomanensis et Abrincensis diœcesis, salutem et apostolicam benedictionem.

« Insinuante venerabili fratre nostro Abrincensi episcopo nostro fuit apostolatui reseratum, quod cum monasterium S. Michaelis de Periculo Maris in sua diœcesi constitutum olim in spiritualibus et temporalibus consueverit reflorere ; nunc per abbatis incuriam et quosdam fautores ejus in utrisque graviter est delapsum. Nolentes igitur hæc, si vera sunt, sub dissimulatione transire, discretioni vestræ per apostolica scripta mandamus, quatenus ad monasterium ipsum personaliter accedentes, inquiratis super iis et aliis quæ inquirenda videritis diligentius veritatem, ut corrigentes, tam in corpore quam in membris, appellatione remota, quæ inveneritis corrigenda, statuatis ibidem quod regulare fuerit et honestum, contradictores, si qui fuerint, vel rebelles, per censuram ecclesiasticam, appellatione postposita, compescentes. Quod si non omnes, etc.

« Datum Laterani, III Nonas Maii, pontificatus nostri anno XI. »

Hujus igitur auctoritate mandati vobis præcipiendo mandamus, quatenus in crastino festi Sancti Marci Evangelistæ proxime venturi, coram nobis in capitulo vestro compareatis, ut tam in spiritualibus, quam in temporalibus, quæ corrigenda fuerint corrigamus, et mandatum apostolicum fideliter exsequentes, quæ super præmissis fuerint statuenda, servato juris ordine, statuamus. Valete.

Infra habentur subsequentes articuli, in quibus haud dubium abbas inventus est reprehensibilis, aut saltem accusatus :

De eo quod cum eorum consilio nihil facere volebat.

De eo quod de dimidio redituum possit abbatia sustentari sufficienter.

De consumptione et destructione,.. thesauri ecclesiæ.

De venditione et destructione nemorum.

De reditibus priori, cantori, sacristæ, infirmario, cellerario ablatis.

De maneriorum vastatione et dilapidatione.

De talliis terræ Sancti Michaelis, de quibus nullum commodum venerat.

De dominicis male traditis.

De servorum liberatione.

De charitatis supervenientium annullatione.

De pane fratrum nostræ congregationis ablato.

De eo quod nec ad ordinem, nec ad servitium Dei veniebat.

De eo quod inhonestos et maneria male tractantes non corrigebat:

De eo quod religiosos minus sustentabat, et secum habere consueverat.

De eo quod multa sacramenta juravit, et nulium tenuit.

CXXXV.
Ad Joannem Anglorum regem.— De negotio archiepiscopi Cantuariensis (55).

(Anno 1208.)

[MARTEN., *Thesaur. anecdot. I*, 810, ex ms. S. Juliani Turon.]

Innocentius III, Joanni regi Anglorum.

Tacti sumus dolore cordis intrinsecus, et vehementi mœrore turbati, quod cum ex illa speciali prærogativa dilectionis, qua te sedes apostolica diligebat inter cæteros principes, ut versa vice rependeres ei reverentiam et honorem, odium pro dilectione ei retribuis, et quasi conjuraveris in teipsum, tuo non parcis honori, ut nostro valeas derogare. Quinimo tuam et famam negligens, et salutem in præjudicium utriusque, temere contra nostram et Ecclesiæ, imo Dei dispositionem erigeris : non attendens quod in vanum eam evacuare moliris, cum extentam manum Altissimi nemo possit avertere, et quidquid fuit ab illo decretum nullus valeat immutare. Sane quantum et qualiter super negotio Cantuariensis Ecclesiæ tuæ regali celsitudini detulerimus, etsi tu forsan hoc non recolis ut ingratus, de memoria tamen universalis Ecclesiæ facile non poterit aboleri, quæ bonitate malitiam non vincente, nostram circa te patientiam admiratur. Heu! quæ, charissime fili, duritia tuum obturavit auditum, ut salutaria monita tibi a nobis toties inculcata non caperes? Quæ duritia tuum absolvit intellectum, ut discreta

---

(55) Vide epist. 90 et 91 libri XI.

consilia tibi a nobis suggesta sæpius non servares? Jam sic induratus esse conspiceris, ut crescentem vulneris tui plagam non sentias. Ita fascinatus esse videris, quod nec medicaminis opem, vel operam medicantis admittas; ut quasi de te conqueri possimus, cum propheta dicendo : Cui loquemur, et quem contestabimur amplius ? incircumcisæ sunt aures ejus, et audire non possunt. Piget te verbi quod pro tua tibi salute suggeritur. Tædet boni quod pro tua tibi honorificentia suadetur, dum nec animæ detrimentum te miseret; nec famæ quam nec infamiæ dixerimus mundanæ te pudet : unde tanto magis super tanta duritia miseremur, quanto in crudelem ipse tibi mutatus misereri tui hactenus miserabilius refugisti. Licet autem paterna charitas ex qua tibi ista suggerimus, tibi sit forsitan odiosa, circa te tamen prudentis et amantis medici vices agimus, qui infirmum quamvis invitum et improvisum, et reluctantem salubriter secat et urit. Ideoque, quod absit! si morbum tuum invenerimus induratum, violentiori nos coges insistere medicinæ, juxta quod necessaria cura deposcet. Cujus asperitatem etsi forsitan in præsenti refugias, sanitate tamen recuperata, ipsius collaudabis effectum, ac peritum quoque medicum benedices. Ut autem adhuc sermonis apportemus unguentum, si forsitan ipso inolitus asperiora molimina non exspectes : serenitatem regiam rogamus attentius, et monemus per eum qui venturus est judicare vivos et mortuos, obtestantes quatenus usus consilio saniori, a tanto revoceris errore : saltem in ipso negotio procedendo juxta continentiam litterarum, quas filius abbas Belliloci a nobis dudum tuo nomine impetravit. Quia procul dubio præter culpam priorem, hoc ad culpam alteram tibi poterit imputari, si ab eo recedere videaris : quod sub tuarum litterarum testimonio tam expresso, cum tanta fuerat instantia postulatum : per quas videlicet litteras nobis humiliter supplicabas, ut quod ipse abbas de negotio ipso tuo nomine nobis diceret, firmiter crederemus : propter quod debueras sine difficultate qualibet adimplere, quod per suam fuerat sollicitudinem impetratum : præsertim cum hoc demum visus fueris acceptare ; quandoquidem propter illud a te prius auditum, diligenter et examinatum prudenter delegatos nostros ad præsentiam tuam postea quasi pro complemento negotii venire fecisti. Quapropter, fili charissime, ne sis durus, et negotio ipsi difficultatem nullam ingeras, ne te, quod absit ! in illam difficultatem inducas, de qua non facile valeas expediri. Alioqui quantumcunque personam tuam in Domino sincere diligamus, et canonicam disciplinam indignanter sis forsitan recepturus; quia tamen cum is qui diligitur castigatur, tunc circa eum pietas exercetur eo quod amor habeat plagas suas, quæ dulciores sunt, cum amarius inferuntur : nisi usque ad tres menses post harum susceptionem, vel recusationem præsentium, quæ præmisimus adimpleveris; extunc ex parte omnipotentis Dei Patris, et Filii, et Spiritus sancti, et beatorum Petri et Pauli apostolorum ejus, quorum licet indigni auctoritatem habemus, te anathematizatum decernimus , et a communione fidelium præcidimus : venerabilibus fratribus nostris firmiter dantes in præceptis, ut sententiam ipsam, appellatione remota, non differant publicare : facientes eam singulis Dominicis ac festivis diebus, pulsatis campanis, et candelis accensis, usque ad satisfactionem condignam solemniter innovari. Quam etiam et nos ipsi, auctore Domino, ore proprio publicabimus, ut sic certius et validius pœna ejus in omnem Ecclesiam innotescat, cujus culpa generalem Ecclesiam noscitur offendisse. Ad hæc cum adjutorio Dei contra te multipliciter processuri, si nec sic tuum corrigere festinaveris errorem. Ecce tensus est arcus; fuge, fili charissime, a sagitta, quæ non consuevit abire retrorsum, ne sauciatus ab illa, graviter infirmeris, ut non solum non possis ad meliora proficere, verum etiam vix valeas ad priora redire, cujus utique plaga sine deformi non poterit cicatrice sanari.

Alia manu. Actum anno gratiæ 1209, quando plebs fidelis contra hæreticos Albigenses arripuit iter, Philippo regnante in Francia, magistro Stephano de Langatone a domino papa in archiepiscopum Cantuariensem ordinato contra voluntatem Joannis regis Angliæ, propter quod terra ipsius posita fuit sub interdicto.

CXXXVI.

Forma interdicti ab Innocentio III in Angliam constituta.

[MARTEN. *Ibid.*, Ex ms. Sancti Michaelis in Periculo Maris.]

Hæc est generalis interdicti per Angliam forma constituta ab Innocentio III, propter contumaciam Joannis regis.

Quod clerici, quando voluerint, sine omni solemnitate, et sine nota, omnes horas in ecclesiis dicant, et legant Evangelium, ostiis tamen clausis, ita ut nullus laicus ingrediatur, nec causa orandi, nec aliter, nisi sit aliqua potens persona non excommunicata, quæ cum omni devotione petat ingressum, ex cujus repulsa graviter lædi posset ecclesia. Tunc autem solus ineat, sed nihil audiat a sacerdote, nisi verbum prædicationis, ut plus Deo obediat quam homini, et cætera hujusmodi. Item convocent capellani parochianos suos singulis diebus Dominicis, et præcipuis festivitatibus ad crucem aliquam in villa, vel in cœmeterio, et prædicent eis cum omni diligentia patientiam et obedientiam, quia Christus factus est obediens Patri, etc. Et doceant plus esse obediendum Deo quam homini. Nolite timere eos qui potestatem habent occidendi corpus, etc. Facta autem prædicatione, dicant sacerdotes preces devotissime pro pace Ecclesiæ, et pro domino rege, ut Dominus Jesus Christus dirigat pedes ejus in viam salutis, et det ei spiritum consilii, ut quæ agenda sunt secundum Deum videat, et ad implenda quæ viderit convalescat. Dicant etiam preces pro vivis et pro defunctis, sicut consueverant, omnes flexis genibus, et diligentissime populum moneant ut die ac nocte talibus orationibus insistat, ut defectum missarum vigiliis et orationibus suppleant; quia omnes illi qui obedientes erunt Ecclesiæ Dei, et viam salutis ingrediuntur; qui autem rebelles exstiterint, vindictam Domini poterunt formidare: maledictus enim puer qui matri verberanti pugno resistit. Capellani etiam festa denuntient, sed neque panem faciant, neque aquam benedictam. Item parvuli baptizentur in domibus cum chrismate et unctione, et cum omni debita solemnitate. Et conveniant omnes archidiaconi et decani in die Cœnæ, sicut consueverant, et ibi eis dicetur quid eos oporteat facere; vetus autem chrisma ubique reservetur. Habeant autem parochiani vas commune ad baptizandum pueros, quod possit deferri per domos; aqua autem baptismatis honeste reponatur, et vas honeste custodiatur. Quicunque confessionem petierit, habeat quandocunque voluerit, et legitimum testimonium faciat, et omni solemnitate, sed sine eucharistia et sine extrema unctione. Corpora defunctorum, tam clericorum quam laicorum, ponantur ubi amici eorum voluerint extra cœmeterium præcipue ubi transeuntes possunt commoveri, ita quod nullus sacerdos in sepultura laicorum præsens sit; sed corpore jacente in domo, poterit sacerdos, sed sine cruce et sine aqua benedicta, facere privatim commendationem animæ. Clerici defuncti bene possunt reponi in truncis signatis, vel plumbeis vasis super arbores cœmeterii, vel super murum; et corpora religiosorum ponantur infra septa sua, terra cœmeterii non aperta. Item altaria denudentur in ecclesiis. Mulieres autem ad purificationem non admittantur. Sponsalia et matrimonialia non contrahantur. Ubicunque videbitis, vel audieritis violentiam factam in rebus ecclesiasticis, statim faciatis damnum appretiari et commendari scripto, et nomina eorum malefactorum redigatis in scriptum, et ipsos publice denuntiantes excommunicatos; qui si pœnituerint, ad episcopum mittantur. Magistri scholarum, si a laicis permittantur, recipiantur honorifice, legant et doceant. Illis autem qui potuerint recipere corpus Domini, quibus denuntiatum est ut reciperent, et contempserint; non licet comedere carnes sine consilio episcopi, vel alicujus authenticæ personæ in die Paschæ, nec deinceps. Hoc autem eis publice denuntietis, sine districtione tamen. Teneantur a decanis capitula, et exstirpentur crimina tam clericorum quam laicorum, in quantum fieri poterit; poterunt autem puniri per excommunicationem. Capitula autem in cœmeteriis, in domibus sacerdotum, et non in ipsa ecclesia teneantur. Omnes vero episcopi Angliæ solemniter excommunicabunt, excepta persona domini regis et reginæ, et persona justitiarii domini regis, quicunque miserint violentam manum in ecclesias, vel in possessiones clericorum, vel catalla eorum, et quicunque, invitis clericis, aliquid de bonis eorum a raptoribus emerint, vel de domo malefactorum receperint vel amoverint, vel asportaverint, vel ad custodiendum receperint, nisi de voluntate clericorum, vel ad opus eorum. Hoc autem publice denuntient capellani, quoties prædicabunt. Corpus Domini sicubi residuum fuerit, reservetur honeste in ecclesia, donec dicatur quid inde fieri debeat, ita quod a nullo sumatur, nec a sacerdote, nec ab alio. Clerici sua reponant in ecclesiis et cœmeteriis, quæ ibi, Deo dante, pacem habebunt. Si dies Hospitaliorum evenerint, diligenter admoneant sacerdotes populum, ut conveniat extra ecclesiam ad eorum prædicationem, et confraternitatem illam devotissime observent; ostia tamen ecclesiæ eis non aperiatur, nec aliquem in cœmeterio sepelire permittantur; sed aliter quibus modis fieri poterit clerici eorum coadjutores existant, et eis ostendant sacerdotes quod hoc interdictum domini papæ est, cui nullus potest resistere. Ita generale et ita violentum est, quod nullum privilegium, nulla permissio missarum, vel aliarum libertatum potest observari. Nihilominus tamen eleemosynas et promissas parochiani teneantur persolvere, ne Deus, ob duritiam illorum, durius irascatur; et cum Deus pacem dederit Ecclesiæ, tam vivis quam defunctis omnia recompensentur. Fugitivi etiam quicunque ad pacem Ecclesiæ confugerint, cum omni diligentia in protectionem Ecclesiæ admittantur. Benedictiones in prandiis et gratiarum actiones more solito licet facere. Valete.

CXXXVII.

Ad Arnoldum priorem et fratres Zaberdowicenses. — Eorum possessiones et privilegia confirmat.

(Anno 1209. Laterani, April. 3.)

[Boczek, *Cod. dipl. Moraviæ*, II, 52, ex originali ejusdem monast. in reg. C. R. Gubernii.]

Innocentius episcopus, servus servorum Dei, dilectis filiis Arnoldo priori et fratribus de Zaberduwiz, Præmonstratensis ordinis, salutem et apostolicam benedictionem.

Cum a nobis petitur quod justum est et honestum; tam rigor æquitatis quam ordo exigit rationis ut id per sollicitudinem officii nostri ad debitum perducatur effectum. Eapropter, dilecti in Domino filii, vestris justis postulationibus inclinati, ecclesiam vestram in qua divino estis obsequio mancipati, cum omnibus bonis quæ impræsentiarum rationabiliter possidetis aut in futurum justis modis, dante Domino, poteritis adipisci, sub B. Petri et nostra protectione suscipimus, specialiter autem Zyrelitz, Zancowiz, Otradiz et Borkowaz villas, et aliæ quæ juste ac pacifice possidetis, auctoritate vobis apostolica confirmamus, et præsentis scripti patrocinio communimus. Nulli ergo omnino hominum liceat hanc paginam nostræ confirmationis et protectionis infringere, vel ei ausu temerario contraire. Si quis autem hoc attentare præsumpserit, indignationem omnipotentis Dei, et beatorum Petri et Pauli apostolorum ejus, se noverit incursurum.

Datum Laterani, III Nonas Aprilis, pontificatus nostri anno duodecimo.

CXXXVIII.
Commissorium papale contra comitem de Plain et alios, pactum super summa pecuniæ episcopo Ratisponensi solvendæ initum impedientes.

(Anno 1209. Laterani, April. 13.)

[RIED, *Cod. diplom. Ratispon.*, p. 296, ex originali].

INNOCENTIUS episcopus, servus servorum Dei, dilectis filiis... majori præposito,.. decano, et... scholastico Eistetensi, salutem et apostolicam benedictionem.

Sua nobis venerabilis frater noster... Ratisponensis episcopus conquestione monstravit, quod nobilis vir... comes de Plain, ministeriales Salzeburgensis ecclesiæ, F. de Petowe, ac quidam alii Salzeburgen. diœc. propriis nominibus exprimendi pactionem quamdam super quadam summa pecuniæ, quam venerabilis frater noster Salzeburgensis archiepiscopus solvere tenetur eidem, licite initam inter eos in salutis suæ dispendium prævaricant et infringunt. Quocirca discretioni vestræ per apostolica scripta mandamus, quatenus dictum comitem et alios, ut pactionem ipsam, sicut sine pravitate provide facta est, ab utraque parte sponte recepta, prout tenentur observent, monitione præmissa per censuram ecclesiasticam, appellatione postposita, compellatis. Testes autem qui fuerint nominati, si se gratia, odio, vel timore subtraxerint, per censuram eamdem, appellatione remota, cogatis veritati testimonium perhibere. Quod si non omnes his exsequendis potueritis interesse, duo vestrum ea nihilominus exsequantur.

Datum Lateran. Id. April., pontificatus nostri anno duodecimo.

Plumbum: INNOCENTIUS PP. III.

CXXXIX.
Ad episcopum Ratisponensem. — Confirmatio privilegii a papa Cœlestino III anno 1192 concessi.

(Anno 1209. Laterani, April. 17.)

[RIED, *Cod. dipl. Ratisp.* p. 297, ex originali.]

INNOCENTIUS episcopus, servus servorum Dei, venerabili fratri... Ratisponensi episcopo, salutem et apostolicam benedictionem.

In litteris felicis recordationis Cœlestini PP. prædecessoris nostri sic perspeximus contineri. « Cœlestinus episcopus, servus servorum Dei, venerabili fratri... Ratisponensi episcopo salutem et apostolicam benedictionem.

« Quanto episcopali officio plura incumbunt, » etc. *Vide hasce litteras* Patr. t. *CCVI, col.* 965.

Nos igitur tuis precibus inclinati, ut prædicta indulgentia libere uti possis, auctoritate præsentium tibi concedimus facultatem.

Datum Lateran. XV Kal. Maii, pontificatus nostri anno duodecimo.

Plumbum : INNOCENTIUS PP. III.

CXL.
Ad abbatem et fratres conventus SS. Cosmæ et Damiani de Monte.— Privilegiorum confirmatio.

(Anno 1209. Viterbii, Junii, 18.)

[FARLAT. *Illyr. Sacr.* IV, 8.]

INNOCENTIUS episcopus, servus servorum Dei, dilectis filiis abbati et fratribus conventus SS. Cosmæ et Damiani de Monte, salutem et apostolicam benedictionem.

Sacrosancta Romana Ecclesia devotos et humiles filios assuetæ pietatis officio propensius diligere consuevit, et ne pravorum hominum molestiis agitentur, eos tanquam pia mater, protectionis suæ munimine confovere. Eapropter, dilecti in Domino filii, vestris justis postulationibus gratum impertientes assensum, personas vestras cum omnibus bonis, quæ impræsentiarum rationabiliter possidetis, aut in futurum justis modis, dante Deo, potestis adipisci, sub B. Petri et nostra protectione suscipimus; specialiter autem ecclesias monasterio vestro subditas, sicut eas juste et pacifice possidetis, nec non etiam donationem ecclesiarum S. Petri de Bubniani, et S. Dimetrii de Jadra cum omnibus pertinentiis earumdem ab illis, ad quos hujusmodi donatio pertinebat, provida vobis liberalitate concessas, vobis et per vos monasterio vestro auctoritate apostolica confirmamus, et præsentis scripti patrocinio communimus.

Nulli ergo omnino hominum liceat hanc paginam nostræ confirmationis et protectionis infringere, vel ei ausu temerario contraire. Si quis autem hoc attentare præsumpserit, indignationem omnipotentis Dei et beatorum Petri et Pauli apostolorum ejus se noverit incursurum.

Datum Viterbii, XIV Kalend. Julii, pontificatus nostri anno XII.

CXLI.
Ad archidiaconum Fiscannensem. — Immunitates abbatiæ Fiscannensis confirmat.

(Anno 1209. Perusii, Aug. 9.)

[*Neustria pia*, 245, ex archivo abbatiæ Fiscannensis.]

INNOCENTIUS episcopus, servus servorum Dei, dilecto filio, archidiacono Fiscannensi Rothomagensis diœcesis, salutem et apostolicam benedictionem.

Precibus dilectorum filiorum, abbatis et conventus monasterii Fiscannensis, ordinis S. Benedicti, ad Romanam Ecclesiam nullo medio pertinentis, benignum impertientes assensum, discretioni tuæ per apostolica scripta mandamus quatenus suspensionis, excommunicationis, et interdicti sententias, si quas venerabilis frater noster archiepiscopus Rothomagensis, vel quivis alius, auctoritate litterarum, quas eis super faciendis observari apostolicis statutis, direxerimus, in abbatem, et monachos, et quoslibet alios eis subjectos protulerint, sine qualibet difficultate relaxans, dispenses, auctoritate nostra, cum illis, qui exinde irregularitatem aliquam incurrerint.

Datum Perusii, V Idus Augusti, pontificatus nostri anno XIII.

CXLII.

Ad abbatem et conventum S. Remigii Remensis. — *Privilegium per quod monasterium S. Remigii eximitur a debitis, nisi in utilitatem ejusdem monasterii convertantur.*

(Anno 1209. Anagniæ, Aug. 25.)

[Varin, *Arch. adm. de Reims,* II, 475, ex chartulario S. Remigii.]

Innocentius episcopus, servus servorum Dei, dilectis filiis abbati et conventui monasterii S. Remigii Remensis ordinis S. Benedicti, salutem et apostolicam benedictionem.

Indemnitati vestræ ac monasterii vestri paterna volentes sollicitudine providere, auctoritate vobis præsentium indulgemus ut vos, et prioratuum vestrorum priores, non teneamini ad solutionem alicujus debiti contracti vel contrahendi, nisi illud in utilitatem ipsorum monasterii et prioratuum conversum fuisse legitime probaverint creditores, non obstantibus quibuscunque litteris, renuntiationibus, obligationibus, confessionibus, juramentis, instrumentis et pœnis tempore contractus appositis et etiam apponendis. Nulli ergo omnino hominum liceat hanc paginam nostræ concessionis infringere vel ei ausu temerario contraire. Si quis hoc attentare præsumpserit, indignationem omnipotentis Dei et beatorum Petri et Pauli apostolorum ejus se noverit incursurum.

Datum Anagniæ, viii Kalend. Septembris, pontificatus nostri anno xii.

CXLIII.

Ad episcopum Misnensem. — *Pro abbatissa Quedlimburgensi.*

(Anno 1210. Laterani, Jan. 24.)

[Lrucfeld,*Antiquit. Quedlimburgensi.* Leipsig 1713, in-4°, p. 227, ex archiv. Halberstad.]

Innocentius episcopus, servus servorum Dei, venerabili fratri episcopo Misnensi, dilectis filiis de Porta et de Cella abbatibus Numburgens. et Misnens. diœceseon, salutem et apostolicam benedictionem.

Dilecta in Christo filia Quedlimburgensis abbatissa transmissa nobis conquestione monstravit, quod cum Quedlimburg. monasterium ad Romanam Ecclesiam cum sibi adjacentibus ecclesiis universis nullo pertineat mediante, sicut evidenter apparet per privilegia pontificum Romanorum ac venerabilium fratrum Halberstadiensium, episcopum in Ramis Palmarum pro divinæ laudis officiis solemnius exsequendis, accedentem ibidem cantatura non debita exhibitione multoties procuravit (55*); idem episcopus receptionem ipsam gratuitam in juris necessitatem convertens et abutens sibi gratia collata in hac parte cum tanta illuc hominum multitudine accedebat, quod viginti et quinque argenti marcis copia piscium comparata, exceptis aliis sumptuosis, insufficiens discumbentibus habebatur. Præter hæc autem in festo beati protomartyris Stephani ob ipsius reverentiam ferto auri, et in Purificatione beatæ Virginis candelæ quædam consueverunt offerri gratis Halberstadensi Ecclesiæ a præfati monasterii abbat ssis. Cæterum cum eadem abbatissa, per sedis apostolicæ munus benedictionis adepta, conspiceret sibi et suo monasterio præjudicium non modicum generare prædicta, fecit ipsis Halberstadens. denegari, præsertim cum idem monasterium privilegiis pontificum Romanorum immune ab omni onere dignoscatur et dicti Halberstadens. postularent de jure, quod ex familiaritate ac gratia eisdem exhibitum fuerat a præcedentibus abbatissis. Verum cum tam pro his quam pro aliis vexationibus, quæ ipsi ecclesiæ afferuntur contra sedis apostolicæ privilegia irrogata, venerabili fratri nostro Brandenburgensi episcopo et dilectis filiis abbati Mersburgensi et præposito S. Petri de Monte Screno ad ipsius abbatissæ conquestionem dederimus nostris litteris in mandatis, ut dictum episcopum a præfatis desistere gravaminibus et de damnis ac injuriis eidem illatis, prout tenebatur, satisfacere monitione præmissa, qua convenit distinctione compellere procurarent : Halberstadens. capitulum interim post factam admonitionem ad venerabilem fratrem nostrum Halberstadens. episcopum et conjudices suos, quasdam litteras nulla de prioribus habita mentione super receptionem in die Palmarum fertone auri, et quibusdam candelis ac etiam super obedientia prælatorum quorumdam sibi, ut asserunt, facienda, qui ex tenore privilegiorum apostolicæ sedis tenentur subjecti monasterio supradicto et ipsi abbatissæ de speciali mandato nostro, prout in apostolicis litteris manifeste apparet, reverentiam et obedientiam exhibent tam debitam quam devotam,veritate tacita impetrarunt; qui judices cum apud Hildesheimensem civitatem, abbatissam jam dictam responsuram primo edicto peremptorie citavissent, sicut eorum litteræ in nostra prælectæ præsentia continebant, ex parte ipsius abbatissæ non contestata lite allegatum exstitit coram eis quod impetratæ litteræ totaliter carebant robore firmitatis, maxime cum priorum nullam facerent mentionem, et decisio hujusmodi articuli saltem per arbitros deberet communiter terminari : sed cum penes ipsos nihil horum posset aliquatenus obtinere, tum propter id et ob locum suspectum, pariter et remotum, tum etiam quia facultas appellandi sibi ex eo erat relicta, quod Corbeien. abbas absque appellationis remedio alii non potuit committere vices suas, et propter alia quædam gravamina nostram audientiam appellavit ad prosequendam appellationem omissam, dilectum filium magistrum Nicolaum subd. nostrum Misnen. canonicum ad apostolicam sedem transmittens. Qua in re præsentia constituto eidem judices de appellatione interposita cognoscentes, et ipsam frivolam decernentes, dictam abbatissam ad eorum præsentiam denuo citare præsumpserunt, et quia electum et canonicos Halberstadens. auctoritate apostolica prohibitos a judicibus delegatis ne libertatem ipsius ecclesiæ in

(55*) Locus corruptus, ut alii bene multi infra.

prædictis vel in aliis præpedirent, ad agendum in ipsius præjudicium admittebant, sedem appellavit apostolicam iterato, seipsam, conventum, ecclesias, clericos ministeriales et omnia quæ pertinebant ad monasterium memoratum sub protectione apostolicæ sedis ponens. At ipsi appellationes vilipendentes ipsius, toties geminatas in expensis reddendis Halberstadens. condemnantes eamdem, in possessionem ipsos omnium quæ petebant in ipsius abbatissæ præjudicium decreverunt induci, et licet abbatissa jam dicta pro tanto gravamine memoratos judices ad sedem apostolicam provocasset, eisdem terminum festum Purificationis Beatæ Virginis proximo præteritum præfigendo, nihilominus tamen ipsi oppressiones gravamini aggregantes, spretis etiam appellationibus, ipsam excommunicationis vinculo innodarent, facientes eamdem excommunicatam publice nuntiari subjectis, Quedlimburgensi Ecclesiæ suis litteris injungentes, ut eam tanquam excommunicatam arctius evitarent, sed ipsi ante receptionem litterarum ipsarum ad appellationis confugium convolarunt propter quod per eumdem procuratorem nobis humiliter supplicavit, quatenus prædictis episcopo et capitulo Halberstadensi in præceptis dare nostris litteris dignaremur, ne contra privilegia pontificum Romanorum tam idem monasterium, quam ipsius membra super bonis eorum seu rebus clericorum ac laicorum ad dictum monasterium pertinentibus præsumant de cætero molestare. Ad hæc autem dilectus filius magister Alexander, prætaxati episcopi procurator, coram nobis proposuit ex adverso, quod cum præfati judices dictam abbatissam pro causa, quæ inter ipsam ex parte una et eosdem episcopum et capitulum ex altera suscitavissent, et tandem secundo et tertio exspectata contumax sit inventa, ipsi judices pro contumacia in ipsam auctoritate nostra excommunicationis sententiam protulerint. Verum a nobis cum instantia postulavit, ut eamdem sententiam sicut rationabiliter est prolata usque ad satisfactionem idoneam observari, nostris litteris mandaremus. Quia vero nobis non constitit de præmissis, discretioni vestræ per apostolica scripta mandamus, quatenus si res ita se habet, quemadmodum procurator abbatissæ narravit, sententiam latam in ipsam decernatis penitus nullam esse, reducentes in statum pristinum, si quid attentatum est contra ipsam. Alioquin eadem sententia juxta formam Ecclesiæ relaxata, causam convocatis partibus audiatis, et eam, si de partium voluntate præcesserit, sublato appellationis obstaculo fine canonico terminetis, vel ipsam sufficienter instructam ad nostrum remittatis examen, præfigentes partibus terminum competentem, quo nostro se conspectui repræsentent, sententiam, dante Domino recepturæ.

Quod si non omnes his exsequendis potueritis interesse, tu, frater episcope, cum eorum altero ea nihilominus exsequaris.

Datum Laterani IX Kalend. Februar., pontificatus nostri anno tertio decimo.

CXLIV.

Ad episcopos Galliæ. — De vitanda simonia in receptione monachorum aut sanctimonialium.

(Anno 1210. Laterani, April. 17.)

[Marten., *Thesaur. anecdot.*, I, 817, ex ms. Michaelis in Periculo Maris.]

INNOCENTIUS episcopus, servus servorum Dei, venerabilibus fratribus archiepiscopis et episcopis in regno Franciæ constitutis, salutem et apostolicam benedictionem.

Multoties audivimus et a multis quod in quibusdam monachorum monialium et aliorum religiosorum monasteriis per vestras diœceses constitutis consuetudo damnabilis, imo damnatus et damnandus abusus usque adeo inolevit, ut pene penitus nulla persona recipiatur in ipsis absque labe Simoniacæ pravitatis. Ne igitur clamorem toties iteratum videamur, quod absit! simulando fovere, universitati vestræ per apostolica scripta mandamus atque præcipimus, quatenus semel in anno hujusmodi monasteria singuli per vestras diœceses visitantes, sub anathematis interminatione vetetis, ne qua persona de cætero recipiatur in eis per hujusmodi pravitatem, semper in vestris synodis denuntiantes hoc ipsum, et circa eas quas sic receptas invenietis, auctoritate apostolica, sublato appellationis obstaculo, statuatis quod saluti et honestati videritis expedire.

Datum Laterani, XV Kalendas Maii, pontificatus nostri anno XIII.

CXLV.

Ad abbatem (56), *et conventum monasterii de Los. — Confirmat eis annuos redditus octo modiorum frumenti, quos Balduinus comes concesserat ecclesiæ de Laude, super terris et pratis de Haia et de Skelmis.*

(Anno 1210. Laterani, April. 29.)

[Ex archivio monasterii de Laude B. Mariæ. BRÉQ. *ibid.*]

Cum a nobis petitur quod justum est et honestum, tam vigor æquitatis, quam ordo exigit rationis, ut id per sollicitudinem officii nostri, ad debitum perducatur effectum. Eapropter, dilecti in Domino filii, vestris justis postulationibus gratum impertientes assensum, octo modios frumenti annui redditus, quos claræ memoriæ B. Flandrensis comes, in terris et pratis suis de Haia et de Skelmis, monasterio vestro provida pietate concessit, sicut illos juste et provide possidetis, et in ejus authentico continetur, vobis et per vos Ecclesiæ vestræ auctoritate apostolica confirmamus, et præsentis scripti

---

(56) Post Stephanum (de quo ad epistolam Appendicis hujus LXXXVI agimus), defunctum anno 1207, die 7 Martii, Joannes II de Warnesson, *agninus*, ob vitæ integritatem et animi mansuetudinem nuncupatus, in abbatem monasterii de Laude allectus est. Vivere desiit 25 Novembris 1123. *Nov. Gall. Christ.*, tom. III, col. 304.

patrocinio communimus. Nulli ergo omnino hominum liceat hanc paginam nostræ confirmationis infringere, vel ei ausu temerario contraire. Si quis autem hoc attentare præsumpserit, indignationem omnipotentis Dei, et beatorum Petri et Pauli, apostolorum ejus, se noverit incursurum.

Datum Laterani, iv Kalendas Maii, pontificatus nostri anno tertio decimo.

CXLVI.

Ad Bernardum abbatem et monachos S. Gregorii (57) *Basileensis diœceseos. — Ne præbendas in ipsorum Ecclesia sæcularibus personis conferant.*

(Anno 1210. Laterani, Maii 5.)

[Ex apographo quod ad fidem autographi, in archivis abbatiæ S. Gregorii, Basileensis diœceseos, asservati, diligenter exscriptum, nobiscum communicavit bonæ memoriæ abbas Grandidier. Breq. *ibid.*]

Innocentius episcopus, servus servorum Dei, dilecto filio Bernardo, abbati et monachis S. Gregorii Basileensis diœceseos, salutem et apostolicam benedictionem.

Cum ex nostri debito teneamur officii in vinea Domini Sabaoth plantare utilia, et fructuosa inserere, sic etiam debemus, quæ invenerimus superflua, discretionis et potestatis sarculo resecare. Eapropter, dilecti in Christo filii, vestræ gravamen Ecclesiæ præcaventes, auctoritate apostolica vobis inhibemus, ne alicui sæculari personæ, nisi habitum monasticæ religionis assumpserit, præbendam in vestro monasterio conferatis. Quod, quia inviolabiliter tam a vobis quam a successoribus vestris observari volumus, præsentis scripti patrocinio communimus. Nulli ergo, etc., etc.

Datum Laterani, iii Non. Maii, pontificatus nostri anno tertio decimo.

CXLVII.

Aa abbatem (58) *et conventum S. Martini Glanderiensis. — Confirmatio bonorum.*

(Anno 1210. Laterani, Maii 25.)

[Ex archivio monasterii de Longavilla, *al.* Glanderiensis. Brέq. *ibid.*, p. 1144.]

Cum a nobis petitur quod justum est et honestum, tam vigor æquitatis quam ordo exigit rationis, ut id, per sollicitudinem officii nostri, ad debitum perducatur effectum. Eapropter, dilecti in Domino filii, vestris justis postulationibus grato concurrentes assensu, cœnobium vestrum, cum omnibus bonis quæ impræsentiarum rationabiliter posside-

(57) L'abbaye de Munster, au Val de Saint-Grégoire, ordre de S. Benoît, existe encore aujourd'hui en Haute-Alsace et dans le diocèse de Basle.
(58) Erat is nomine Galterus, cujus nomen occurrit in instrumentis, ab anno 1210, usque ad annum 1242.
(59) Bertrannus, de quo vide ad epistolam libri tertii xxxiv, not.
(60) De argumento hujus epistolæ conferenda sunt ea quæ leguntur in libro cui titulus, l'*Art de vérifier les dates, nouv. édit. tom. III, page* 652.
« Manassès III, comte de Réthel, en 1198, restitua au prieuré de Novi des fours banneaux et une

tis, aut in futurum justis modis, præstante Domino, poteritis adipisci, sub beati Petri, et nostra protectione suscipimus. Specialiter autem, fundum cœnobii vestri, cum capella vestra quæ juxta ipsum cœnobium est sita, et libertatem ejusdem capellæ, ecclesias, villas, mansos, conducta, decimas, oblationes, census annuales, homines censuales, piscaturas, alodia, partes alodiorum, vectigalia et omnes institutiones inter vos et advocatos vestros, et inter vos et familias vestras, seu etiam inter vos et homines vestros, utiliter factas, cum omnibus quæ in authentico venerabilis fratris nostri (59) Metensis episcopi, super hæc facto, nominatim scripta esse noscuntur, sicut illa juste ac pacifice possidetis, et quæ instituta sunt, ut supra scriptum est, rata habetis, auctoritate vobis apostolica confirmamus, et præsentis scripti patrocinio communimus, statuentes, ut nulli omnino hominum liceat hanc nostræ protectionis et confirmationis infringere, vel ei ausu temerario contraire. Si quis autem hoc attentare præsumpserit, indignationem omnipotentis Dei, et beatorum apostolorum Petri et Pauli, se noverit incursurum.

Datum Laterani, viii Kalendas Junii, pontificatus nostri anno tertio decimo.

CXLVIII.

Ad priorem et conventum de Noviaco. — Confirmatio pacis inter comitem Regitestensem, uxoremque ejus, et priorem ac conventum de Noviaco initæ (60).

(Anno 1210. Laterani, Sept. 5.)

[Ex chartulario Noveiomensi. Brέq. *ibid.*]

Innocentius episcopus, servus servorum Dei, dilectis filiis priori et conventui de Noviaco, salutem et apostolicam benedictionem.

Solet annuere sedes apostolica votis piis, et honestis petentium precibus favorem benevolum impertiri. Eapropter, dilecti in Domino filii, vestris justis postulationibus grato concurrentes assensu, compositionem inter vos, ex parte una, et dilectum filium nobilem virum... comitem Regitestensem, et conjugem ejus, ex altera, super quibusdam procurationibus monasterio remissis ac rebus aliis amicabiliter initam, sicut pleae provide facta est, et ab utraque parte sponte recepta, nec non in authentico exinde confecto plenius continetur, auctoritate apostolica confirmamus, et præsentis scripti patrocinio communimus. Nulli ergo omnino hominum liceat hanc paginam nostræ confirmationis infringere,

petite forêt, dont il s'était emparé, témoignant un vif regret de cette usurpation. Après sa mort (arrivée en 1200), Hugues II, son fils aîné, lui succéda au comté de Réthel, avec Félicité de Troyes, sa femme. Manassès, malgré la restitution qu'il avait faite au prieuré de Novi, s'était encore réservé plusieurs droits onéreux, et sujets à de grands abus, sur cette maison. Tels étaient les droits d'hospitalité, de gîte, de procuration, etc..... Le comte Hugues transigea sur tous ces objets, avec les religieux..... L'acte est daté du mois de septembre 1205, et signé par le comte et son fils aîné. »

vel ei ausu temerario contraire. Si quis autem hoc attentare præsumpserit, indignationem omnipotentis Dei, et beatorum apostolorum ejus, se noverit incursurum.

Datum Laterani, III Nonas Septembris, pontificatus nostri anno tertio decimo.

CXLIX.
Ad Conradum electum Mindensem.— Super electione Osnabrugensis episcopi Gerhardi in archiepiscopum Bremensem.

(Anno 1210. Laterani, Oct. 30.)

[LAPPENBERG, *Hamburg. Urkund.*, p. 355, ex originali Stadiensi caps. II, n. 12, cui sigillum plumbeum papæ Innocentii III appensum est.]

INNOCENTIUS episcopus, servus servorum Dei, dilectis filiis, Mindensi electo et abbati Lesbernensi, Monasteriensis diœceseos, et custodi Monasteriensi, salutem et apostolicam benedictionem.

Venerabiles fratres nostri, Lubicensis et Livonensis episcopi et dilectus filius, major decanus, cum cæteris canonicis Bremensis ecclesiæ suis nobis litteris intimarunt, quod cum olim Waldemarum, quondam Slewicensem episcopum, a nobis in archiepiscopum postulassent, quia id non potuit effectui mancipari, quidam ex eis electionis suæ vota in dilectum filium B. ejusdem ecclesiæ majorem præpositum, contulerunt. Verum, quia ipsius non exstitit electio confirmata, ipsi quantum in eis exstitit, de alia persona tractantes ecclesiæ suæ consulere curaverunt, propter quod non tantum rerum, verum etiam personarum, a laicis adhuc adhærentibus propter diversas causas Waldemaro prædicto graves jamdudum persecutiones sunt et impedimenta perpessi, et adhuc etiam patiuntur. At quoniam mora præteriti temporis ecclesiæ viduatæ ad nihilum fere redactæ fuit quamplurimum hucusque damnosa et futuri protractio perniciosa poterat magis esse, iidem in manus hominum incidere potius eligentes, quam pro domo Dei murum non opponere se ac sua, rei quam incœperant, insistere fortiter necessarium existimarunt. Unde tam ipsi quam dictus præpositus, per suas litteras speciales a nobis humiliter postularunt, ut venerabilem fratrem nostrum, Osnaburgensem episcopum, eisdem vicinum et per omnia cognitum, ipsis in archiepiscopum concedere dignaremur; per quem, cum sit vir moribus et scientia præditus, ac generis nobilitate præclarus, et ecclesiam sibi commissam hactenus viriliter defensarit, præfata ecclesia poterit in statum pristinum reformari et compesci nihilominus insolentia laicorum. Nos igitur consuli volentes Ecclesiæ diutius desolatæ, discretioni vostræ per apostolica scripta mandamus, quatenus inquisita super his et cognita veritate, si res ita se habet, auctoritate nostra eidem episcopo injungatis, ut ad præfatam ecclesiam Bremensem accedat, ejusdem regimen in nomine Domini recepturus; cum quo, propter necessitatem temporis, hanc gratiam duximus faciendam, ut usque ad susceptionem pallei Osnaburgensem ecclesiam sicut proprius pastor retineat et gubernet; injungentes nihilominus clero, ministerialibus, et populo ecclesiæ memoratæ, quod eidem usque ad susceptionem pallei tanquam pastori proprio intendant ut hactenus et exhibeant obedientiam debitam et honorem; contradictores per censuram ecclesiasticam appellatione postposita compescendo. Nos enim venerabilibus fratribus nostris suffraganeis et dilectis filiis, capitulo ac ministerialibus Bremensis ecclesiæ, nostris damus litteris in mandatis, ut postquam idem de mandato nostro per vos sibi facto ad sæpedictam ecclesiam accesserit gubernandam, tanquam pastori suo ipsi obedientiam et reverentiam debitam exhibentes, eidem intendant humiliter et devote. Ad hæc volumus et mandamus, ut contradictores, si qui fuerint, vel rebelles censura simili, appellatione postposita, compescatis. Quod si non omnes his exsequendis potueritis interesse, tu ea, fili electe, cum eorum altero nihilominus exsequaris, etiamsi jam fueris in episcopum consecratus.

Datum Laterani, III Kalendas Novembris, pontificatus nostri anno XIII.

CL.
Ad Lubecensem et Livonensem episcopos.— Super eodem.

(Anno 1210. Laterani, Oct. 30.)

[*Ibid.*, p. 354, ex orig.]

INNOCENTIUS episcopus, servus servorum Dei, dilectis filiis, decano et capitulo et venerabilibus fratribus suffraganeis nec non nobilibus viris, ministerialibus Bremensis ecclesiæ, salutem et apostolicam benedictionem.

Ex litteris vestris, fratres Lubicensis et Livonensis episcopi, et filii decane ac capitulum, nostro est apostolatui reseratum, quod cum olim Waldemarum, quondam Slewicensem episcopum, in archiepiscopum postulassetis a nobis, quidam vestrum electionis suæ vota in dilectum filium, B. ecclesiæ vestræ majorem præpositum, contulerunt. Verum, quia ipsius non exstitit electio confirmata, vos, quantum in vobis exstitit, de alia persona tractantes, eidem ecclesiæ consulere curavistis; propter quod, etc., *ut in epistola superiori*, *usque ad verba:* diutius desolatæ dilectis filiis, Mindensi electo et abbati Lesbernensi Monasteriensis diœcesis et ……… custodi Monasteriensi, nostris dedimus litteris in mandatis, ut inquisita super his et cognita veritate, si rem invenerint ita esse, dicto episcopo auctoritate nostra injungant, ut ad præfatam ecclesiam Bremensem accedat, ejusdem regimen in nomine Domini recepturus, etc., *ut supra*, gubernet; injungentes nihilominus clero, ministerialibus et populo Osnaburgensis ecclesiæ, quod eidem episcopo usque ad susceptionem pallei tanquam pastori proprio intendant ut hactenus, exhibeant obedientiam debitam et honorem: contradictores per censuram ecclesiasticam, appellatione postposita, compescendo. Quocirca universitati vestræ per apostolica scripta mandamus, quatenus postquam idem de mandato nostro sibi facto per exsecutores eosdem ad sæpedictam Bremensem ecclesiam accesserit gubernandam, etc. . . . . eidem intendatis humiliter et devote. Alioquin dictis exsecutoribus nostris damus litteris in mandatis, ut contradictores, si qui fuerint, vel rebelles per censuram ecclesiasticam, appellatione remota, compescant.

Datum, ut supra.

CLI.

Ad Gerhardum episcopum 'Osnaburgensem, super ejusdem electione in archiepiscopum Bremensem.

(Anno 1210. Laterani, Oct. 30.)

[*Ibid.*, ex originali Stadiensi in caps. VII, n. 20, cui sigillum plumbeum papæ appensum est.]

INNOCENTIUS episcopus, servus servorum Dei, venerabili fratri Osnaburgensi episcopo salutem et apostolicam benedictionem. *Sequentia eadem ac in prima epistola usque:* recepturus. Quocirca fraternitati tuæ per apostolica scripta mandamus, quatenus cum a præfatis exsecutoribus tibi fuerit injunctum, accedas ad ecclesiam memoratam, et in Christi nomine regimen ejus suscipias ac fideliter exsequaris. Nos enim tecum propter necessitatem temporis specialem gratiam, etc., *ut supra usque:* gubernes; dantes supradictis exsecutoribus in mandatis, ut injungant cleio, etc., *usque compescenda.* Præterea Bremensi capitulo et venerabilibus fratribus nostris suffraganeis Bremensis ecclesiæ ac ministerialibus ejus nostris duximus litteris injungendum, ut, etc., *ut supra.*

Datum ut supra.

CLII.

Ad archiepiscopum, decanum et capitulum Bituricense. — De canonizatione S. Guillelmi Bituricensis archiepiscopi.

(Anno 1210. Laterani, Dec. 28.)

[LABBE. *Biblioth. mss.*, II, 390, ex chartulario Bituricensi.]

INNOCENTIUS episcopus, servus servorum Dei, venerabili fratri archiepiscopo Bituricensi, et dilectis filiis decano et capitulo, salutem et apostolicam benedictionem.

Ex tenore litterarum vestrarum accepimus, quod misericordia Redemptoris, quæ servos suos in regno glorificat fidelitatis æternæ, ac interdum glorificat in præsenti, diebus istis in quibus abundat iniquitas refrigescente charitate multorum, ad devotionem Christiani populi excitandam et fidei augmentum per S. memoriæ Willelmum prædecessorem tuum, frater archiepiscope, in partibus vestris crebra miracula operatur, ad cujus tumulum per inspirationem illius qui corda fidelium illuminat et accendit de diversis regni Francorum partibus, nullo movente vel prædicante, maxima multitudo concurrit; ubi multi languentes restituuntur pristinæ sanitati. Unde cum tanta lucerna, quæ vitæ merito et opinionis odore dum frueretur luce præsenti apud omnes effulsit, non sit ponenda sub modio, sed super candelabrum potius statuenda, dilectum filium magistrum P........ ecclesiæ vestræ cancellarium ad sedem apostolicam destinastis cum eo et per eum nobis humiliter supplicantes, ut illum faceremus ascribi sanctorum catalogo venerandum. Nos igitur ex hoc referentes laudem et gloriam Creatori qui in sua majestate mirabilis faciens signa et mirabilia magna in terris per servos suos ad imitandum piæ conversationis exemplum non desinit mirabiliter operari, per illorum gloriam sempiternam opem nobis conferens salutarem. Quia judicium istud divinum est potius quam humanum ad præsens in eo non duximus procedendum, æstimantes consultius exspectare ut Deus magis ac magis clarificet quem jam clarificare inchoavit, quatenus in tempore opportuno ad tam arduum judicium exsequendum ipso præstante securius procedamus (61).

Datum Laterani, v Kalend. Januarii, pontificatus nostri anno tertio decimo.

CLIII.

Bulla pro monialibus Parci-Dominarum.

(Anno 1210. Laterani.)

[*Gall. Christ. nov.*, X, Inst., 227.]

INNOCENTIUS episcopus, servus servorum Dei, dilectis in Christo filiabus abbatissæ Sanctæ Mariæ de Parco ejusque sororibus, tam præsentibus quam futuris religiosam vitam ducentibus, in perpetuum.

Quæ sub habitu religionis accensis lampadibus per opera sanctitatis jugiter se præparant obviam sponso ire, sedes apostolica debet patrocinium impertiri, ne forte cujuslibet temeritatis incursus aut eas a proposito revocet, aut robur, quod absit! sacræ religionis enervet. Eapropter, dilectæ in Domino filiæ, vestris justis postulationibus clementer annuimus, et præfatum monasterium de Parco, in quo divino estis obsequio mancipatæ, sub B. Petri et nostra protectione suscipimus, et præsentis scripti privilegio communimus; inprimis siquidem statuentes ut ordo monasticus qui secundum Deum et B. Benedicti Regulam ac institutionem Cisterciensium fratrum in eodem monasterio institutus esse dignoscitur, perpetuis ibidem temporibus inviolabiliter observetur: præterea quascunque possessiones, quæcunque bona idem monasterium tuum juste et canonice possidet aut in futurum concessione pontificum et largitione regum vel principum, oblatione fidelium, seu aliis justis modis poterit adipisci, firma vobis et eis quæ vobis successerint, illibata permaneant, in quibus hæc propriis duximus exprimenda vocabulis:

Locum ipsum in quo præfatum monasterium situm est, cum omnibus pertinentiis suis et iis quæ ad altare ipsius monasterii pertinere noscuntur; decimas de. . . . et de. . . . decimam quinque modiorum apud Antilly; decimam XII modiorum apud Raray, et Novam-villam, et Huelem; decimam . . . . . Philippi de Nantolio, Einselvæ, quidquid etiam possidetis apud Magnevol dominium terram, et quidquid a sancti Reguli et

---

(61) Vide epistolam 173 infra.

sancti Frambaldi capitalis eidem monasterio est concessum; duos modios frumenti apud Vilers. . . . . . etc.

Sane laborum vestrorum quos propriis manibus aut sumptibus colitis, tam de terris cultis quam de incultis, sive de hortis et virgultis, et piscationibus vestris, vel de nutrimentis animalium vestrorum nullus a vobis decimas exigere vel extorquere præsumat. Ad hæc liberas et absolutas mulieres de sæculo fugientes liceat vobis in monasterio vestro ad conversionem recipere, et eas absque contradictione aliqua retinere. Prohibemus insuper ut nulli sororum vestrarum post factam in monasterio vestro professionem fas sit sine abbatissæ suæ licentia de eodem loco discedere, discedentem vero absque communi litterarum vestrarum cautione nullus audeat retinere; illud districtius inhibentes, ne terras seu quodlibet beneficium ecclesiæ vestræ collatum liceat alicui personaliter dare, sive alio modo absque consensu totius capituli, vel majoris aut sanioris partis ipsius; si quæ vero donationes vel alienationes aliter quam dictum est factæ fuerint, eas irritas esse censemus; pro consecratione vero altarium vel ecclesiarum, sive pro oleo sancto vel quolibet alio sacramento ecclesiastico, nullus a vobis sub obtentu consuetudinis vel alio quolibet modo quidquam audeat extorquere, sed hæc omnia gratis vobis episcopus diœcesanus impendat, alioquin liceat vobis quemcunque malueritis catholicum adire antistitem, et communionem sedis apostolicæ habentem, qui nostra fretus auctoritate vobis quod postulatur impendat. Præterea cum commune interdictum terræ fuerit, liceat vobis nihilominus in vestro monasterio, exclusis excommunicatis et interdictis, divina officia celebrare. Paci quoque et tranquillitati vestræ paterna sollicitudine providere volentes, auctoritate apostolica prohibemus ut infra clausuras locorum seu grangiarum nullus ruinas seu furtum facere, ignem apponere, sanguinem fundere, hominem temere rapere vel interficere, seu violentiam audeat exercere. Præterea omnes libertates et immunitates a prædecessoribus nostris Romanis pontificibus ordini vestro concessas, necnon et libertates et exemptiones sæcularium exactionum a regibus, principibus vel aliis Christi fidelibus vobis rationabiliter indultas auctoritate apostolica confirmamus, etc.

Decernimus ergo. . . . .

Ego Innocentius catholicæ Ecclesiæ episcopus.
Ego Petrus Portuensis Ecclesiæ episcopus.
Ego Nicolaus Tusculanus episcopus.
Ego Guido Prænestinus episcopus.
Ego Hugo Hostiensis episcopus.
Ego Cinthius Sancti Laurentii in Lucina presbyter cardinalis.
Ego Ciricius Sanctorum Joannis et Pauli presbyter cardinalis tituli Pammachii.

(61') Vide supra, ad epistolam 145, not.

Ego Petrus tituli Sancti Marcelli presbyter cardinalis.
Ego Benedictus Sanctæ Susannæ presbyter cardinalis.
Ego Leo Sanctæ Crucis in Jerusalem presbyter cardinalis.
Ego Gregorius Sancti Georgii ad Velum-Aureum diaconus cardinalis.
Ego Guido Sancti Nicolai in Carcere-Tulliano diaconus cardinalis
Ego Joannes S. Mariæ in Via-Lata diaconus cardinalis.
Ego Petrus Sanctorum Sergii et Bacchi diaconus cardinalis
Ego Pelagius Sanctæ Luciæ ad Septa Solis diaconus cardinalis.

Datum Laterani per manum Joannis Sanctæ Mariæ in Cosmedin diaconi cardinalis, Sanctæ Romanæ Ecclesiæ cancellarii, Incarnationis Dominicæ anno 1210, pontificatus vero domini Innocentii papæ III anno XIII. *Bullatum.*

CLIV.

Ad abbatem (61') *et conventum de Los, al. de Laude.*
—*De eodem argumento ac in epistola* 145 *supra.*

(Anno 1211. Laterani, Jan. 21.)
[Ex archivio monasterii de Laude B. Mariæ. Brég., *ibid.*]

Solet annuere sedes apostolica piis votis, et honestis petentium precibus favorem benevolum impertiri. Sicut ex parte vestra fuit propositum coram nobis, claræ memoriæ B. comes Flandriæ, octo modios frumenti annui redditus, quos de terris et pratis quæ in territorio de Haia et de Skelmis habebat et percipere consueverat, de assensu bonæ memoriæ... uxoris ipsius, pro suorum remedio peccatorum, vobis et eidem monasterio pie ac liberaliter relaxavit, sicut in authentico ipsius comitis plenius continetur. Nos igitur quod per eumdem comitem pie ac provide factum est, ratum habentes, auctoritate apostolica confirmamus, et præsentis scripti patrocinio communimus. Nulli ergo omnino hominum liceat hanc paginam nostræ confirmationis infringere, vel ei ausu temerario contraire. Si quis autem hoc attentare præsumpserit, indignationem omnipotentis Dei, et beatorum Petri et Pauli, apostolorum ejus, se noverit incursurum.

Datum Laterani, XII Kalendas Februarii, pontificatus nostri anno tertio decimo.

CLV.

Ad Maurianensem episcopum et priorem Aquæ-Bellæ Maurianensis. — *Pro monasterio Savilianensi.*

(Anno 1211. Laterani, Febr. 26.)
[*Historiæ patriæ Monumenta.* Augustæ Taurin. 1836, I, 1175. da copia ant. del secolo XIII arch. di Torino, cat. 51, m. 1, n. 6.]

INNOCENTIUS episcopus, servus servorum Dei,

venerabili fratri episcopo Maurianensi et dilecto filio priori Aquæ-Bellæ Maurianensis diœcesis, salutem et apostolicam benedictionem.

Gravem dilectorum filiorum fratrum monasterii Savilianensis recepimus questionem quod cum inter ipsos et Clusinum monasterium supra subjectione monasterii Savilianensis et rebus aliis dudum quæstio exorta fuisset, eadem exstitit auctoritate apostolica per definitivam sententiam terminata, quam felicis recordationis Alexander papa prædecessor noster postmodum confirmavit, Clusinensibus monachis super hoc silentium imponendo. Qui cum præterea Savilianensem cœnobium per multas litteras molestaverunt, demum ad venerabilem fratrem nostrum Vercellensem episcopum et dilectum II. Tortum canonicum Papiensem supra eodem nostras litteras impetrantes contrariam sententiam reportarunt. Ad nos præter hæc supra ejusdem cognitione sententiæ nulla de prædicta sententia quam memoratus prædecessor noster confirmasse dignoscitur mentione habita nostris litteris impetrans (62) quorum præsentia cum a jam dicto Savilianensi cœnobio per quatuor dietas distetis, absque gravi personarum et rerum dispendio, iidem Savilianenses fratres adire non possint. Nolentes igitur ut lis ipsa cujusquam efficiatur malitia immortalis, per apostolica vobis scripta præcipiendo mandamus, quatenus si est ita, in eodem negotio nullatenus procedatis.

Datum Laterani, v Kalendas Martii, pontificatus vero nostri anno quarto decimo.

Ego Guillelmus notarius authentica horum exempla vidi et legi, ad exempla quorum scripsi hæc præsentia, nihil addito vel diminuto, præter forte litteram, syllabam vel punctum, nec addidi, nec diminui, nec mutavi eam vel illud quod vel augeat vel minuat, vel mutet tenorem priorum; sed sicut in authenticis exemplis bullatis continebatur, ita et in his præsentibus continetur.

CLVI.

Ad præpositum et fratres Ecclesiæ Sicliniensis. — De certis redditibus capituli de Siclinio distribuendis solis fratribus dicti capituli, qui omnibus officiis et celebritati missarum curaverint interesse.

(Anno 1211. Laterani, Mart. 28.)

[Ex chartulario ecclesiæ collegiatæ Sicliniensis, quod decimo tertio sæculo exaratum videtur. Bréq., *ibid.*, p. 1146.]

Ad audientiam apostolatus nostri pervenit, quod bonæ memoriæ præpositus prædecessor tuus, fili præposite, provida meditatione prospiciens, qualiter viri ecclesiastici ad divina obsequia fortius incitentur, cum ad ea fuerint perceptis beneficiis ecclesiasticis provocati, de communi consensu fratrum

salubriter ordinavit, ut altare de Gondelcurt (62*), denarii de Guinelval, granum quoque tam in frumento quam in avena, quod de locis Mielentois et Caremban noscitur provenire, illorum fratrum usibus deputentur qui matutinis et vespertinis officiis, necnon celebritati missarum, et singulis regularibus horis devota sollicitudine curaverint interesse, ita ut ipsi quatuor denarios de redditibus memoratis, singulis diebus, in stipendia quotidiana percipiant, nec aliis, nisi prædictis officiis laborantibus quidquam exinde præbeatur. Unde, quoniam ea quæ a prælatis ecclesiasticis pro devotione et observantia divinorum provide instituta noscuntur, perpetuo debent a sede apostolica roborari, ad exemplar felicis recordationis Lucii papæ, prædecessoris nostri, præfatam ordinationem, sicut in jam dictis redditibus vestris, de communi fratrum assensu, provide facta est, ratam esse decernimus, eamque auctoritate apostolica confirmantes, salvo semper in omnibus apostolicæ sedis mandato, in ecclesia vestra perpetuo servari sanximus. Nulli ergo hominum liceat hanc paginam nostræ confirmationis infringere, vel ei ausu temerario contraire. Si quis autem hoc attentare præsumpserit, indignationem omnipotentis Dei, et beatorum Petri et Pauli, apostolorum ejus, se noverit incursurum.

Datum Laterani, v Kalendas Aprilis, pontificatus nostri anno decimo quarto.

CLVII.

Ad abbatem (63) et fratres S. Wulmari. — Confirmat ipsis possessionem quorumdam bonorum.

Anno 1211, Laterani, April. 17.)

[Ex Chartulario monasterii S. Wulmari, n. 12. Bréq. *ibid.*, p. 1147.]

In his quæ a nobis juste ab Ecclesiæ filiis requiruntur, inveniri debemus faciles et benigni, ne super his duri, vel difficiles existere videamur quæ ex injuncto nobis apostolatus officio imminent adimplenda. Eapropter, dilecti in Domino filii, vestris justis postulationibus grato concurrentes assensu, nemus de Sancta Cruce, cum ipsius custodia, situm in allodio sancti Wulmari, cum alio nemore ejusdem allodii, juxta nemus quod Wrmesberk dicitur, et omne jus quod homines vestri de Hesdin in nemore ejusdem villæ, tam in lignis mortuis quam vivis, de consuetudine habere noscuntur, sicut hæc omnia tum de refutatione, tum de dono bonæ memoriæ Eustachii, quondam comitis Boloniensis, habere noscimini, et vos ea juste et pacifice possidetis, vobis et per vos monasterio vestro auctoritate apostolica confirmamus, et præsentis scripti patrocinio communimus. Præsenti quoque scripto nihilominus duximus statuendum, ut de his

---

(62). Videtur deesse aliquid.

(62*) Altare de Gondecourt, recensetur inter possessiones quas ecclesiæ collegiatæ S. Piati, martyris, Siclinii, confirmavit Clemens PP. III, an. 1187. Vide apud J.-F. Foppens, *Supplem. ad Miræum*, t. III, p. 355. « Altare de Gondecourt, cum omni-

bus redditibus quos ibidem habetis, et terra arabili. »

(63) Num erat adhuc Gerbodo, de quo in not. ad epist. XVII supra? Certe, successoris ejus, Thomæ I, nomen nonnisi anno 1214 in Instrumentis legitur. Vide *Nov. Gall.*, tom. X, col. 1596.

quæ in foro Sancti Wulmati a qualibet persona venduntur, vobis et eidem monasterio, sicut hactenus consuetum est, venda solvatur, nisi sit clericus aut miles qui ab hujusmodi vendis liberi esse debent penitus et immunes. Nulli ergo omnino, etc. Datum Laterani, xv Kalendas Maii.

CLVIII.

Ad præpositum et fratres Ecclesiæ Marbacensis (64). — Recipit eos sub protectione, et enumerantur bona ad ipsos spectantia.

(Anno 1211. Laterani, Jul. 4.)

[Ex apographo, quod ad fidem autographi, in archivis Argentinensis episcopatus asservati, diligenter exscriptum nobiscum communicavit bonæ memoriæ D. abbas Grandidier. BRÉQ., *ibid.*]

INNOCENTIUS episcopus, servus servorum Dei, dilectis filiis, præposito et fratribus Ecclesiæ MarLacensis salutem et apostolicam benedictionem.

Sacrosancta Romana Ecclesia devotos et humiles filios, ex assuetæ pietatis officio, propensius diligere consuevit, et, ne pravorum hominum molestiis agitentur, eos, tanquam pia mater, suæ protectionis munimine confovere. Eapropter, dilecti in Domino filii, vestris justis precibus inclinati, personas vestras, et universa bona, quæ inpræsentiarum rationabiliter possidetis, aut in futurum justis modis, dante Domino, poteritis adipisci, sub beati Petri et nostra protectione suscipimus : specialiter autem, octavam partem decimarum, cum jure patronatus ecclesiæ in Gerlisheim ; curtes in Weggelheim, in Rimbach, in Hundolisheim, in Würtmülein, in Pfaffinheim, in Gebelesvilre, in Hadistat, in Woelelmisheim, in Mobsvilre, in Reitholcc, in Egensheim, in Wetelsheim, in Sulzbach, in Brumatin, in Colmere, in Kancendale, in Ongisheim, in Kestenholz, in Crehisheim superiori et inferiori, in Bischovisheim, in Tubikein, in Kuminigheim, in Huseg, in Gruzenheim, in Elsesheim, in Agintina, cum omnibus pertinentiis earumdem, et alia bona vestra, sicut ea juste et pacifice possidetis, vobis, et per vos, ecclesiæ vestræ, auctoritate apostolica confirmamus, et præsentis scripti patrocinio communimus ; inhibentes, ne quis clericus vel conversus monasterii vestri de possessionibus ejus propria temeritate alienare præsumat. Nulli ergo, etc.

Datum Laterani, iv Nonas Julii, pontificatus nostri anno decimo quarto.

CLIX.

Ad archipresbyterum et capitulum Pisanum. — Ut Marsucco de Caietanis, pontificis capellano, proventus ecclesiasticos ablatos restituant.

(Anno 1211. Laterani, Jul. 30.)

[UGHELLI, *Italia sacra*, III, 714.]

INNOCENTIUS episcopus, servus servorum Dei, dilectis filiis archipresbytero et capitulo Pisano, salutem et apostolicam benedictionem.

(64) Le monastère de Marbach, de l'ordre de S. Augustin, existe encore aujourd'hui dans la

Transmissa nobis dilectus filius Marzuccus canonicus vester querela monstravit, quod cum de mandato nostro in apostolicæ sedis servitio moraretur, vos ei proventus ecclesiasticos pro vestræ voluntatis arbitrio subtraxistis. Cum igitur apostolicæ sedi serviendo, etiam ecclesiæ vestræ noscatur realiter deservisse decet cooperatores vos exhibentes ejusdem sedis... Quapropter discretioni vestræ per apostolica scripta mandamus, atque præcipimus, quatenus quidquid ei occasione hujusmodi subtraxistis, restituere sibi sine diminutione aliqua procuretis, alioquin venerabili fratri nostro archiepiscopo vestro nostris damus litteris in mandatis, ut vos ad id monitione præmissa per censuram ecclesiasticam, appellatione remota, compellat.

Datum Laterani, iii Kal. Augusti, pontificatus nostri anno decimo quarto.

CLX.

Gerardi, Albanensis electi, apostolicæ sedis legati, ad præpositum et canonicos Placentinos. — Illis communem convictum præscribit.

(Anno 1211. Oct. 6.)

[UGHELLI, *Italia sacra*, IV, 709.]

GERARDUS, permissione divina Albanen. electus, apostolicæ sedis legatus, dilectis filiis præposito et canonicis Placentinis, salutem æternam in Domino.

Ex injuncto nobis legationis officio compellimur consuetudines ecclesiarum laudabiles atque honestas conservare, custodire et innovare, et eas destruere et exstirpare, quæ canonicis contradicunt disciplinis. Eapropter, auctoritate qua fungimur, innovamus, et innovantes ordinamus, et statuimus, et confirmamus, ut juxta mandata apostolica Adriani, Lucii et aliorum Romanorum pontificum, et juxta laudabilem morem vestrum antiquum, in uno refectorio insimul comedatis, divinam cum silentio lectionem audientes, in communi dormitorio dormiatis, non in cameris separatim, nisi causa infirmitatis, vel causa vacandi scholasticis disciplinis : in capitulo conveniatis quotidie, ut de commissæ vobis Ecclesiæ negotiis, tam spiritualibus, quam temporalibus communiter pertractare valeatis, pannos rotundos deferentes, in Ecclesia constitutis horis, Domino secundum canonicorum consuetudinem. Confirmamus etiam vobis consuetudines antiquas, quas habetis in institutionibus custodum, etc. script.

Ego Gualdus Muricula, sacri palatii notarius, confirmationem istam scripsi, et de mandato præfati domini legati authenticavi et in camera superiori palatii pincti Novariensis episcopatus 1211, indict. xiv, die 6 Octob.

CLXI.

Ad abbatem (65), et conventum de Los, al. de Laude. — Confirmat quamdam compositionem factam inter monasteria de Laude, et de Sancto Salvio de

Haute-Alsace et dans le diocèse de Bâle.
(65) Vide not. ad epistolam CXLV supra.

Valentianis, relative ad possessiones dicti monasterii de Laude, apud Frangeres.

(Anno 1211. Laterani, Oct. 29.)

[Ex archivio monasterii de Laude B. Mariæ. BRLQ. *ibid.*]

Ea quæ judicio vel concordia terminantur, apostolico debent præsidio communiri, ne in iteratæ labantur scrupulum quæstionis. Eapropter, dilecti in Domino filii, vestris justis precibus annuentes, compositionem inter vos ex parte una, et..... priorem (66) et monachos Sancti Salvii de Valentianis ex altera, super quibusdam possessionibus grangiæ de Frangeres amicabiliter initam, sicut sine pravitate provide facta est, et ab utraque parte sponte recepta, necnon in authenticis inde confectis plenius continetur, auctoritate apostolica confirmamus, et præsentis scripti patrocinio communimus. Nulli ergo omnino hominum liceat hanc paginam nostræ confirmationis infringere, vel ei ausu temerario contraire. Si quis autem hoc attentare præsumpserit, indignationem omnipotentis Dei, et beatorum Petri et Pauli, apostolorum ejus, se noverit incursurum.

Datum Laterani, iv Kalendas Novembris, pontificatus nostri anno quarto decimo.

CLXII.

Ad abbatiæ (67), et conventum de Los, al. de Laude. — Confirmat eis redditus annuos octo modiorum frumenti, quos illi dederat in eleemosynam Balduinus, comes Flandriæ et Hanoniæ (67).*

(Anno 1211. Laterani, Nov. 17.)

[Ex archivio monasterii de Laude B. Mariæ. BRLQ. *ibid.* p. 1148.]

INNOCENTIUS episcopus, servus servorum Dei, dilectis filiis abbati, et conventui de Laude, Cisterciensis ordinis, salutem et apostolicam benedictionem.

Solet annuere sedes apostolica piis votis et honestis petentium precibus favorem benevolum impertiri. Eapropter, dilecti in Domino filii, vestris justis precibus grato concurrentes assensu, octo modios frumenti annuos, quos bonæ memoriæ Balduinus, comes Flandrensis et Hannon. monasterio vestro pia liberalitate concessit, sicut eos juste ac pacifice possidetis, et in authentico ejusdem comitis plenius continetur, vobis et per vos ipsi monasterio auctoritate apostolica confirmamus, et præsentis scripti patrocinio communimus. Nulli ergo omnino hominum liceat hanc paginam nostræ confirmationis infringere, vel ei ausu temerario contraire. Si quis autem hoc attentare præsumpserit, indignationem omnipotentis Dei, et beatorum Petri et Pauli, apostolorum ejus, se noverit incursurum.

Datum Laterani, xv Kalendas Decembris, pontificatus nostri anno quarto decimo.

---

(66) Guichardus, prior S. Salvii, anno 1200 memoratur. Hic monachos suos per Hugonem, abbatem Cluniacensem, ad meliorem vitæ statum redegit. Obiisse dicitur anno 1220, sed fortasse citius; vel ante obitum cesserat. *Nov. Gall. Christ.* tom. III,

CLXIII.

Ad præpositum et fratres S. Evasii de Casali. — Confirmatio privilegiorum.

(Anno 1211. Laterani, Dec 30.)

[De CONTI. *Notizie storiche della citta di Casale; Casale* 1838, in-8° t. I, 556, ex quodam transumpto authentico in Arch. S. Evasii servato.]

INNOCENTIUS episcopus, servus servorum Dei, dilectis filiis præposito Ecclesiæ Sancti Evasii de Casali, ejusque fratribus tam præsentibus quam futuris regularem vitam professis, in perpetuum.

Piæ postulatio voluntatis effectu debet prosequente compleri, quatenus et devotionis sinceritas laudabiliter enitescat, et utilitas postulata vires indubitanter assumat. Eapropter, dilecti in Domino filii, petitionibus vestris benignitate debita gratum impertientes assensum, præfatam ecclesiam, in qua divino mancipati estis obsequio, sub beati Petri et nostra protectione suscipimus, et ad exemplar prædecessorum nostrorum bonæ memoriæ Calixti. Paschalis, Innocentii, Lucii et Urbani Romanorum pontificum præsentis scripti privilegio communimus. Inprimis siquidem statuentes ut ordo canonicus, qui secundum Deum et beati Augustini Regulam in eadem Ecclesia institutus esse dignoscitur, perpetuis ibidem temporibus inviolabiliter observetur. Præterea quascunque possessiones, quæcunque bona eadem ecclesia inpræsentiarum juste et canonice possidet, aut in futurum concessione pontificum, largitione regum vel principum, oblatione fidelium, seu aliis justis modis, præstante Domino, poterit adipisci, firma vobis vestrisque successoribus, et illibata permaneant. In quibus hæc propriis duximus exprimenda vocabulis.

Omnes ecclesias sitas in curia Casalis, cum omnibus suis pertinentiis, ecclesiam Sancti Hilarii et domum laboris ecclesiastici. In Paciliano ecclesiam Sancti Germani, etc. mansum Radulfi Quecca cum primitiis et tertia parte decimarum totius loci Casalis, et tota decima terrarum familiæ Sancti Evasii, et tota decima Braidarum episcopi, et quidquid ecclesia de Paciliano de jure vel longa consuetudine ecclesiæ vestræ facere consuevit, villam Luvintini cum decimis, et omnibus pertinentiis suis. In Sancto Georgio XIV mansos, sextam decimam partem Torcelli et tenimentum quondam Petri Crassi cum omnibus pertinentiis suis. In Montedo tres mansos; in Fraxineto mansum unum et dimidium. Sane novalium vestrorum, quæ propriis manibus vestris et sumptibus colitis, sive de nutrimentis vestrorum animalium, nullus a vobis decimas auferre præsumat. Liceat quoque urbis clericos vel laicos e sæculo fugientes, liberos et absolutos ad conversionem vestram recipere, et eos in ecclesia vestra sine contradictione qualibet retinere. Prohibemus

---

col. 135.

(67) Vide supra not. ad epistolam CXLV.

(67*) De argumento hujus epistolæ, confer epistolas appendicis hujus CXLV et CLIV.

insuper ut nullus fratrum vestrorum post tactam in loco vestro professionem, possit absque præpositi sui licentia de claustro discedere, discedentem vero sine communi litterarum cautione nullus audeat retinere. Chrisma vero, etc. Obeunte te quoque, etc. Decernimus ergo ut nulli omnino hominum liceat præfatam ecclesiam temere perturbare aut ejus possessiones auferre, vel ablatas retinere, minuere, seu quibuslibet vexationibus fatigare, sed omnia integra conserventur eorum pro quorum gubernatione ac sustentatione concessa sunt, usibus omnimodis profutura, salva sedis apostolicæ auctoritate, et diœcesani episcopi canonica justitia.

Si qua igitur, etc.

Ego Innocentius catholicæ Eccl. epis.
Ego Joannes Sabinensis episcopus.
Ego Nicolaus Tusculanus episcopus.
Ego Guido Prænestinus episcopus.
Ego Hugo Ostiensis et Velletren. episcopus
Ego Cinthius H. S. Laur. in Lucina presb. card.
Ego Petrus H. S. Marcelli presb. card.
Ego Conaus SS. Jo. et Pauli presb. card., tit. Pammachii.
Ego Benedictus S. Susannæ presb. card.
Ego Leo S. Crucis in Jerusalem presb. card.
Ego Rogerius S. Anastasiæ presb. card.
Ego Petrus S. Pudentianæ tit. Pastoris presb. card.
Ego Guala S. Martini tit. Equitii presb. card.
Ego Pelagius S. Ceciliæ presb. card.
Ego Guido S. Nicolai in Carcere Tulliano diac. card.
Ego Joannes S. Mariæ in via Lata diac. card.
Ego Octavianus SS. Sergii et Bacchi diac. card.
Ego Joannes SS. Cosmæ et Damiani diac. card.

Datum Laterani per manum Joannis Sanctæ Mariæ in Cosmedin diac. card., sanctæ Romanæ Ecclesiæ cancellarii, tertio Kal. Januarii, indictione decima quinta, Incarnat. Domin. anno 1211, pontificatus vero domni Innocentii papæ anno quarto decimo.

CLXIV.
Ad regem Angliæ. — De intendendo ad succursum Terræ Sanctæ.
(Anno 1211.)
[RYMER, Fœdera, etc., I, 104, ex originali.]

INNOCENTIUS episcopus, servus servorum Dei, charissimo in Christo filio JOANNI regi Anglorum illustri, salutem et apostolicam benedictionem.

Litteras quas nobis regia sublimitas destinavit, recepimus cum benignitate, et quæ de treugis initis cum charissimo in Christo filio Philippo rege Francorum illustri, significasti p reas, notavimus diligenter.

Cum igitur treugas ipsas, ut subvenire possis expeditius Terræ sanctæ, asseras iniisse, serenitatem tuam rogamus attentius monentes et exhortantes in Domino, quatenus ad ejusdem terræ succursum intendas sollicite ac potenter.

CLXV
Privilegium pro parthenone S. Petri in Dichkirchen.
(Anno 1211. Laterani, Aug. 26.)
[GUNTHER, Cod. diplom. Rheno Mosel. II, 107.]

INNOCENTIUS episcopus, servus servorum Dei, dilectis in Christo filiabus abbatissæ et monialibus Sancti Petri in Dichkirchen, salutem et apostolicam benedictionem.

Solet annuere sedes apostolica piis votis, et honestis petentium precibus favorem benevolum impertiri. Eapropter dilectæ in domino filiæ, vestris justis postulationibus grato concurrentes assensu, prædium villæ de Bevera quod H. quondam imperator monasterio vestro pia devotione concessit, sicut illud juste ac pacifice possidetis et in ipsius instrumento plenius continetur, auctoritate apostolica confirmamus, et præsentis scripti patrocinio communimus. Nulli ergo omnino hominum liceat hanc paginam nostræ confirmationis infringere, vel ei ausu temerario contraire, siquis autem hoc attentare præsumpserit, indignationem omnipotentis Dei, et beatorum Petri et Pauli apostolorum ejus se noverit incursurum.

Datum Laterani, VI Kal. Septembris, pontificatus nostri anno tertio decimo.

CLXVI.
Ad episcopum et custodem Argentinensem. — Ut circa purgationem Reimboldi caute procedant.
(Anno 1212. Laterani, Jan. 9.)
[EX apographo, quod ad fidem alterius apographi, in antiquo majoris capituli Argentinensis archivorum chartulario inserti, diligenter exscriptum nobiscum communicavit bonæ memoriæ D. abbas Grandidier. BRÉQ., ibid.]

INNOCENTIUS episcopus, servus servorum Dei, venerabili fratri, episcopo, et dilecto filio, custodi, Argentinensibus (68), salutem et apostolicam benedictionem.

Licet apud judices sæculares vulgaria exerceantur judicia, ut aquæ frigidæ, vel ferri candentis, sive duelli, hujusmodi tamen judicia Ecclesia non admisit, cum scriptum sit in lege divina: Non tentabis Dominum Deum tuum. Hoc igitur observato, circa purgationem Reimboldi, latoris præsentium, qui super hæretica pravitate asseritur infamatus, taliter procedatis, quod morbus iste, qui serpit ut cancer, per vestram sollicitudinem circumspectam perfecte curetur, ita, quod eum nec iniquum gravet judicium, nec misericordia dissoluta confundat.

Datum Laterani, V Idus Januarii, pontificatus nostri anno quarto decimo.

CLXVII.
Ad G. presbyterum. — Donationem quamdam redituum altari SS. Petri et Pauli, in Ecclesia Silvanectensi, confirmat.
(Anno 1212. Laterani, Jan. 11.)
[Ex Archivio Ecclesiæ Silvanectensis. BRÉQ. ibid., p. 1149.]

INNOCENTIUS episcopus, servus servorum Dei, di-

---

(68) En 1211, Henri était évêque de Strasbourg, et Bérenger, custos de la cathédrale.

lecto filio G. presbytero, salutem et apostolicam benedictionem.

Justis petentium precibus dignum est nos facilem præbere assensum, et vota quæ a rationis tramite non discordant effectu consequenti complere. Eapropter, dilecte in Domino fili, tuis justis precibus grato concurrentes assensu, donationem quamdam reddituum, quam altari sanctorum apostolorum Petri et Pauli, in Ecclesia Silvanectensi, pro sustentatione unius presbyteri..... pravitate (68*), pie ac provide facta est, auctoritate apostolica confirmamus, et præsentis scripti patrocinio communimus. Nulli ergo omnino hominum liceat hanc paginam nostræ confirmationis infringere, vel ei ausu temerario contraire. Si quis autem attentare hoc præsumpserit, indignationem omnipotentis Dei, et beatorum Petri et Pauli, apostolorum ejus, se noverit incursurum.

Datum Laterani, III Idus Januarii, pontificatus nostri anno quarto decimo.

CLXVIII.

Ad archiepiscopum et capitulum Tyrense. — Pro Januensi capitulo.

(Anno 1212. Laterani, Jan. 23.)

[UGHELLI, *Italia sacra*, IV, 882.]

INNOCENTIUS, etc., venerabili fratri .... archiepiscopo, et dilectis filiis capitulo Tyrensi, salutem et apostolicam benedictionem.

Dilecti filii canonici Januenses transmissa nobis petitione monstrarunt, quod vos in ecclesia B. Laurentii, quam apud Tyrum habere noscuntur, parochianos eorum libere sepeliri, et ibidem ecclesiastica percipere sacramenta contra justitiam prohibetis, in eorum et suorum præjudicium non modicum et gravamen; quocirca discretioni vestræ per apostolica scripta mandamus, quatenus dictam ecclesiam suorum parochianorum liberam sepulturam, et alia ecclesiastica sacramenta, quæ ad eamdem parochiali jure pertinere noscuntur, habere sine molestia permittatis. Tu denique frater archiepiscope, super te ipso et grege tibi credito taliter vigilare procures, exstirpando vitia, et plantando virtutes, ut in novissimo districti examinis die coram tremendo Judice, qui reddet unicuique secundum opera sua, dignam possis reddere rationem.

(68*) ..... *pravitate;* sic in apographo.

(69) « M. de Burdin, archiviste du département de la Haute-Vienne, en dépouillant les papiers de la préfecture, il y a deux ans, découvrit, au milieu des liasses de l'ancienne administration républicaine, l'exemplaire original d'une lettre du pape Innocent III, datée de l'an quinzième de son pontificat, le jour des calendes de mai (1er mai 1212), et adressée au prieur de l'abbaye de Grandmont. C'est une lettre de recommandation en faveur d'Aimeric, moine de Grandmont, qui avait quitté le cloître *par légèreté d'esprit*, et qui, plus tard, touché de repentir, demanda à rentrer dans le couvent où il avait fait ses vœux. Comme on lui en refusait l'entrée, il alla à Rome se jeter aux pieds du pape, lui témoigna ses regrets et son désir ardent d'être reçu de nouveau dans le cloître. Touché de ses larmes, Innocent le chargea d'une lettre, par laquelle il ordonnait au prieur de Grandmont

Dat. Lat., Kal. x Febr., pontif. nostri ann. xv.

CLXIX.

Ad rectorem ac fratres Hospitalis domus Dei de Pinchonio. — Recipit eos sub protectione B. Petri, et ipsorum possessiones confirmat.

(Anno 1212. Laterani, April. 5.)

[Ex Chartulario membranaceo Baroniæ de Pinchonio (de Pecquigny, bourg du diocèse d'Amiens, sur la rive gauche de la Somme, au-dessous de la ville d'Amiens). BRÉQ., *ibid.*]

INNOCENTIUS episcopus, servus servorum Dei, dilectis filiis rectori et fratribus Hospitalis domus Dei de Pinchonio, salutem et apostolicam benedictionem.

Cum a nobis petitur, quod justum est et honestum, tam vigor æquitatis, quam ordo exigit rationis, ut id per sollicitudinem officii nostri ad debitum perducatur effectum. Eapropter, dilecti in Domino filii, vestris justis postulationibus grato concurrentes assensu, domum et personas vestras, cum omnibus quæ impræsentiarum rationabiliter possidetis, aut in futurum justis modis, dante Domino, poteritis adipisci, sub beati Petri, ac nostra protectione suscipimus. Specialiter autem locum ipsum in quo domus vestra fundata est, et universas possessiones, et alia bona vestra, sicut ea juste ac pacifice possidetis, vobis et per vos eidem domui auctoritate apostolica confirmamus, et præsentis scripti patrocinio communimus. Nulli ergo omnino hominum liceat hanc paginam nostræ protectionis et confirmationis infringere, vel ei ausu temerario contraire. Si quis autem hoc attentare præsumpserit, indignationem omnipotentis Dei, et beatorum Petri et Pauli, apostolorum ejus, se noverit incursurum.

Datum Laterani, Nonis Aprilis, pontificatus nostri anno quinto decimo.

CLXX.

Ad priorem Grandimontensem (69).

(Anno 1212. Laterani, Maii 1.)

INNOCENTIUS episcopus, servus servorum Dei, dilecto filio priori Grandimontensi, salutem et apostolicam benedictionem.

Pro dilecto filio Aimerico, latore præsentium, confratre tuo, qui claustrum tuum reliquit animi levitate, devotionem tuam rogamus attentius et monemus, per apostolica tibi scripta mandantes de recevoir dans sa maison le *frère* repentant.

« Ce bref est écrit sur un petit morceau de parchemin auquel est attaché, avec une corde de chanvre, le sceau en plomb du pape, ayant, d'un côté, la légende INNOCENTIVS PP. III, et, de l'autre, les figures de saint Pierre et de saint Paul : S. PE.— S. PA. L'écriture est une minuscule diplomatique gothique fort belle, d'une grande netteté, et fort lisible malgré les abréviations usitées à cette époque.

« Ce bref n'est pas sans intérêt pour l'histoire, et surtout pour l'histoire du Limousin. Les plus petits faits deviennent intéressants quand les grands hommes s'y trouvent mêlés. On aime à voir cet illustre pape, qui occupe une place si élevée dans l'histoire, qui donnait à l'Europe une impulsion dont elle ne se défendait pas, qui faisait trembler les rois et l'empereur, qui forçait Philippe-Auguste de reprendre son épouse légitime, l'infortunée quatenus ipsum ad te humiliter redeuntem pro reverentia beati Petri et nostri recipias salva ordinis disciplina.

Datum Lateran., Kal. Maii, pontificatus nostri anno quinto decimo.

CLXXI.
Ad canonicos Marbacenses (69*). — *Possessionem quorumdam bonorum ipsis confirmat.*

Anno 1212. Laterani, Maii 21.

[Ex apographo, quod ad fidem autographi, in archivis illustris gentis de *Rapolfstein*, (*gallice* de Ribeaupierre), in oppido Rapolweiler (*gallice*, Ribeauville) asservati, diligenter exscriptum nobiscum communicavit bonæ memoriæ D. abbas Grandidier. BRÉQ., *ibid.*

INNOCENTIUS episcopus, servus servorum Dei, dilectis filiis, canonicis Marbacensibus, salutem et apostolicam benedictionem.

Solet annuere sedes apostolica piis votis et honestis petentium precibus favorem benevolum impertiri. Eapropter, dilecti in Domino filii, vestris justis precibus inclinati, de Weckeltheim, et novem curtes, cum appendiciis suis, sicut eas juste et pacifice possidetis, vobis, et, per vos, ecclesiæ vestræ, auctoritate apostolica confirmamus, et præsentis scripti patrocinio communimus. Nulli ergo, etc.

Datum Laterani, XII Kalendas Junii, pontificatus nostri anno xv.

CLXXII.
Ad canonicos Pisanos. — *Ut quindecim dierum labente spatio Marsuccum, clericum suum, ab ipsis e canonicorum albo erasum, pristinæ asserant dignitati.*

(Anno 1212. Laterani, Maii 22.)

[UGHELLI, *Italia sacra*, III, 714.]

INNOCENTIUS episcopus, servus servorum Dei, dilectis filiis canonicis Pisanis, salutem et apostolicam benedictionem.

Et si rem grandem petissemus a vobis (70), non credebamus repulsam aliquam substinere, præsertim cum id a vobis nostris vellemus precibus obtinere, ad quod si qua essent in vobis viscera charitatis, propria liberalitas et fraterna compassio vos inducere debuissent. Cum enim vobis dederimus in mandatis, quatenus, quod circa provisionem dilecti filii Marzucchi clerici, cui ut beneficium Ecclesiæ vestræ cum loco suo pariter retineret, donec episcopatum Massan. ad statum reduci contingeret meliorem, concesseramus de gratia speciali, factum fuerat, ratum haberetis, non impediretis ipsum quominus beneficium ipsum juxta concessionem nostram libere possideret, nec permitteretis quantum esset in vobis ab aliis impediri; vos preces nostras pariter et mandatum surdis auribus transeuntes, post primas litteras nostras vobis directas lectum ejus de dormitorio extraxistis, post secundas unus vestrum locum, in quo jacebat, occupavit, post tertias, allegastis, quod nolebatis super hoc nisi habito consilio aliorum canonicorum Tusciæ respondere, et quia Ecclesia Massan. pace recepta fuerat ad statum meliorem reducta. Quia vero pati nolumus, nec debemus, ut mandatum nostrum iteratum toties eludatur, per apostolica vobis scripta mandamus, et in virtute obedientiæ districte præcipimus, quatenus universa quæ de ejus beneficio percepta sunt, postquam primas nostras litteras recepistis, infra quindecim dies ipsi restituere nullatenus postponatis, et eum super loco et beneficio ipso de cætero minime molestetis, sed permittatis pacifice possidere. Alioquin contradictores, si qui fuerint, officio beneficioque suspensi satisfacturi nobis de contemptu, infra mensem nostro se conspectui repræsentent.

Dat. Laterani, XI Kal. Junii, pontificatus nostri anno xv.

CLXXIII.
Ad decanum et capitulum Bituricense.—*De canonizatione S. Guillelmi Bituricensis archiepiscopi* (70*).

(Anno 1212. Laterani, Maii 27.)

[LABBE, *Biblioth. mss.*, II, 591, ex tabulario Bituricensis capituli.]

INNOCENTIUS episcopus, servus servorum Dei, dilectis filii decano et capitulo Bituricensi, S. et A. B.

Litteras quas pro sanctorum catalogo ascribendo piæ recordationis Willelmo archiepiscopo vestro, nostro apostolatui destinatis, paterna benignitate recepimus, devotionem vestram in Domino commendantes quod ad hoc negotium promovendum cum tanto desiderio aspiratis. Verum quia sacrosancta Romana Ecclesia in hoc negotio, utpote valde arduo et ad divinum potius quam humanum judicium pertinente, cum multa consuevit maturitate procedere, ad præsens in eo non duximus procedendum; sed adhuc decrevimus exspectandum ut is, qui eum, sicut creditur, clarificavit in cœlis,

---

Ingelburge de Danemark, on aime à voir ce grand pape s'intéresser à la position et au repentir d'un pauvre moine. Cette lettre rappelle la touchante Épître que saint Paul écrivait à son ami Philémon pour l'engager à recevoir avec bonté son esclave Onésime, qui s'était enfui loin de son maître, et qui, pendant cette absence, était devenu chrétien. Ce bref n'a jamais été publié, nous avons pu nous en assurer en consultant la collection des lettres d'Innocent III, éditée, en deux volumes in-folio, par le savant Baluze. La possession du titre original est d'ailleurs une richesse pour nos archives. Tout ce qui vient de ce pape, qui est une des plus grandes figures du moyen âge, offre un intérêt historique et un fait, si petit qu'il soit, par cela seul qu'il se rattache à un grand homme, *se revêt d'immortalité.* — M. de Burdin veut bien nous communiquer l'exemplaire original d'une autre lettre *inédite* d'Innocent III, trouvée également dans les archives de la préfecture (*vide supra ad an.* 1205, *col.* 147). Cette lettre est adressée au prieur de Grandmont, et datée du VII des calendes d'avril, l'an huitième du pontificat d'Innocent.» D. ARBELLOT, *canonicus Lemovicensis.*

(69*) Vide infra not. ad epist. CLVIII.
(70) Vide epistolam CLIX.
(70*) Vide epistolam CLII, supra.

amplius clarificet ipsum in terris ad sui nominis gloriam et honorem, ita quod securius procedere valeamus ad præfatum negotium exsequendum.

Datum Laterani, vi Kalendas Junii, pontificatus nostri anno decimo quinto.

CLXXIV.

Ad decanum capitulumque S. Theobaldi Metensis. — Sub anathematis interminatione prohibet ne quis clericus majoris ecclesiæ in eorum ecclesia præbendam habere præsumat.

(Anno 1212. Laterani, Nov. 27.)

[Hist. de Metz, III, 171, ex archiv. eccl. colleg. S. Theobaldi.]

INNOCENTIUS episcopus, servus servorum Dei, dilectis filiis decano, totique capitulo Sancti Theobaldi Metensis, salutem et apostolicam benedictionem.

Cum a nobis petitur quod justum est et honestum, tam vigor æquitatis quam ordo exigit rationis, ut id per sollicitudinem officii nostri ad debitum perducatur effectum, et id maxime quod pia fidelium largitione ad serviendum Deo novelle plantatur, protectionis nostræ et auxilii rore diffusius impleatur. Eapropter, dilecti filii, vestræ justæ petitioni grato concurrentes assensu, novellæ vestræ plantationi indulgentes, et in posterum quieti et paci vestræ providentes, præcipiendo statuimus, et sub anathematis interminatione prohibemus, ne clericus aliquis in majori ecclesia præbendam canonicam consecutus, in vestra præbendam quærere laboret, nec habere præsumat, quia magis trahi videretur percipiendi fructus amore quam Deo vel Ecclesiæ pauperi deserviendi favorabili devotione. Sane si aliqua persona ecclesiastica hanc nostræ institutionis paginam sciens contra eam temere venire tentaverit, et vos molestare præsumpserit, secundo tertiove commonita nisi acquieverit, et de illata inquietatione competenter satisfecerit, excommunicationis vinculo se noverit innodatam.

Datum Laterani, v Kal. Decembris, pontificatus nostri anno quinto decimo.

CLXXV.

Ad patriarcham Jerosolymitanum, apostolicæ sedis legatum. — Pro capitulo Januensi.

(Anno 1213. Laterani Jan. 11.)

[UGHELLI, *Italia sacra*, IV, 882.]

INNOCENTIUS, etc., venerabili fratri..... patriarchæ Jerosolymitano, apostol. sedis legato, sal. et apost. ben.

Cum in Carthaginensi prohibeatur concilio ne quis episcoporum pro modico balsami, quod benedictum pro sacramento baptismi datur ecclesiis, aliquid præsumat accipere, miramur quod, sicut ad audientiam apostolatus nostri pervenit, venerabilis frater noster.... episcopus, et dilecti filii capitulum Acconensis Ecclesiæ S. Laurentii, quam apud Accon dilecti filii Januense capitulum se habere proponunt, chrisma gratis denegant exhibere. Quia vero venalitates hujusmodi abominatur religio ecclesiasticæ honestatis, cum sacris obvient institutis, eisdem episcopo et capitulo dedimus in præceptis ut a tam inhonesto et interdicto commercio desistentes, chrisma gratis de cætero ecclesiæ memoratæ concedant. Quocirca fraternitati tuæ per apost. scripta mandamus, quatenus ad hoc eos efficaciter moneas, et inducas. Tu denique, frater patriarcha, super teipso et credito tibi grege taliter vigilare procures, etc.

Dat. Later., III Id. Januarii, pontif. nostri an. XVI.

CLXXVI.

Ad episcopum et capitulum Acconense — Ejusdem argumenti ac superior epistola.

(Anno 1213, Laterani, Jan. 11.)

[*Ibid.*]

INNOCENTIUS, etc. venerabili fratri... episcopo, et dilectis filiis capitulo Acconensi, sal. et ap. ben.

Cum in Carthaginensi prohibeatur concilio, etc., ut supra.

CLXXVII.

Ad abbates S. Faronis (71) et de Cavea (71*) et decanum (72) Meldensem.—Dat eis provinciam inquirendi, num abbas Cluniacensis revera coactus fuerit per violentiam, ad conferendum prioratum de Benhardo filio Balivi comitis Nivernensis.

(Anno 1213. Laterani, Jan. 23.)

[Ex archivio monasterii Cluniacensis. BREQ. *ibid.* p, 1150.]

Dilectus filius, abbas Cluniacensis (72*), sua nobis conquestione monstravit, quod, cum olim ad domum de charitate accesserit, et in villa ejusdem loci sic teneretur inclusus, quod ingressus vel regressus monachorum et nuntiorum suorum haberi non posset ad ipsum, nisi mediante Leterico, Balivo nobilis viri, comitis Nivernensis (73); ut id obtinere-

---

(71) Monasterium S. Faronis tunc temporis regebat Reginaldus I; ipsius enim nomen comparet in Actis quam pluribus ab anno 1214, usque ad annum 1234. Obiisse dicitur XIII Kal. Junii, ex Necrologio. *Nov. Gall. Christ.* tom. VIII, col. 1693.

(71*) Herbertus, abbas S. Mariæ in Cavea, *al. Chagia, al Cagia*, comparet in instrumentis ab anno 1200, usque ad annum 1219. *Ibid.* col. 1717.

(72) Radulfus, decanus Meldensis, reperitur, jam ab anno 1202 et 1203. Anno 1207, Judex a summo pontifice una cum Gaufrido, Silvanectensi episcopo, et Adamo, abbate Caroli-loci, delegatus, o tam inter OJonem Parisiensem episcopum, et monachos S. Dionysii, pro Argentolio, litem definiit, mense Septembri. Memoratur et 1213 et 1214. Celebratur in Necrologio 24 Julii. *Ibid.*, col. 1665.

(72*) Erat is nomine Guillelmus II, qui, ex priore Cluniacensi, et S. Martini de Campis, creatus abbas Cluniacensis, an. 1207, anno 1214 seu 1215, uti hodie computamus, post regimen annorum septem, totidemque mensium, abdicavit feria quarta ante Pascha. Diem clausit extremum an. 1222, XI Kal. Octobris (ex Sammarthanis), vel III Kal. Octobris (ex Necrologio Monasterii-Novi Pictavensis). *Nov. Gall. Christ.* tom. IV, col. 1145.

(73) Conferendæ sunt Epistolæ libri decimi quinti CXLIV et CXCIII.

tur per Balivum eumdem, necessitate urgente, idem abbas, contra constitutionem Cluniacensis capituli generalis, auctoritate apostolica constituti, cum consensu Cluniacensis conventus, prioratum de Benhardo, pertinentem ad ipsum, Petro, clerico, dicti-Balivi filio contulit, in sui gravem monasterii læsionem: propter quod nobis humiliter supplicavit, ut per discretos viros prioratum præmissum faceremus ad proprietatem, et jus monasterii, ante facti veritate cognita, revocari. Quia vero nobis non constitit de præmissis, discretioni vestræ per apostolica scripta mandamus, quatenus, vocatis quos propter hoc noveritis evocandos, audiatis hinc inde proposita, et quod justum fuerit, appellatione postposita, statuatis, ipsi vero abbati pro suo debito pœnam canonicam infligentes, faciatis quod decreveritis per censuram ecclesiasticam firmiter observari. Quod si non omnibus his exsequendis potueritis interesse, duo vestrum ea nihilominus exsequantur. Vos denique, filii abbates, super vobis ipsis, et credito vobis grege taliter vigilare curetis exstirpando vitia et plantando virtutes, ut in novissimo districti examinis die coram tremendo Judice, qui reddet unicuique secundum opera sua, dignam possitis reddere rationem.

Datum Laterani, x Kalendas Februarii, pontificatus nostri anno quinto decimo.

CLXXVIII.
Ad priorem et conventum monasterii de Noveio. — Recipiuntur sub protectione apostolica, et confirmantur ipsorum possessiones (74).

(Anno 1213. Laterani, Mart. 29.)
[Ex chartulario Noveiomensi. BRÉQ., *ibid.*, p. 1151.]

Solet annuere sedes apostolica piis votis, et honestis petentium precibus favorem benevolum impertiri. Ea propter, dilecti in Domino filii, vestris justis postulationibus grato concurrentes assensu, personas vestras, et prædictum monasterium in quo divino estis obsequio mancipati, cum omnibus bonis quæ inpræsentiarum rationabiliter possidetis, aut in futurum justis modis præstante Domino poteritis adipisci, sub beati Petri et nostra protectione suscipimus. Specialiter autem grangias de Barbi et de Corni, et quidquid habetis in Villa-Nova, sicut ea juste et pacifice possidetis, vobis, et per vos præfato vestro monasterio confirmamus, et præsentis scripti patrocinio communimus. Nulli ergo omnino hominum liceat hanc paginam nostræ protectionis et confirmationis infringere, vel ei ausu temerario contraire. Si quis autem hoc attentare præsumpserit, indignationem omnipotentis Dei, et beatorum Petri et Pauli, apostolorum ejus, se noverit incursurum.

Datum Laterani, IV Kalendas Aprilis, pontificatus nostri anno decimo sexto.

CLXXIX.
Ad decanum (74*), *J. archidiaconum Noviomensem et cantorem Noviomensem. — Dat eis provinciam examinandi causam quæ erat inter W. de Avesnis, ex una parte, et Ecclesiam Lescien. ex altera, super quibusdam possessionibus.*

(Anno 1213. Laterani, Maii 24.)

[Ex chartulario monasterii Lesciencis, duodecimo et decimo tertio sæculis exarato, f° 68 et sqq. BRÉQ., *ibid.*]

Dilectorum filiorum abbatis et conventus de Lescies (75), ex parte una, et nobilis viri W. de Avesnis, ex altera, procuratoribus in nostra præsentia constitutis dilectum filium nostrum, B. Sancti Georgii ad Velum Aureum diaconum cardinalem (75*), concessimus auditorem; coram quo prædictorum abbatis et conventus proposuit procurator, quod, cum præfatus W. postquam signum crucis assumpsit in Terræ sanctæ subsidium profecturus, dictos abbatem et conventum de Fania, de Haia, de Lescheres, et aliis quatuor Villarum nemoribus contra justitiam spoliasset, venerabilis frater noster, Cameracensis episcopus (76), diœcesanus loci, cum jam sibi per testes, quod super hoc ejus officialis receperat, de ipsorum spoliatione constaret, in eumdem nobilem, ipsius contumacia exigente, excommunicationis, et in terram suam interdicti sententias promulgavit. Nominatus vero W. ad decanum Sancti Joannis in Burgo-Laudunensi, et conjudices ejus, contra eosdem abbatem et conventum, super quibusdam nemoribus Loci, nominibus non expressis, tacita veritate, nostras litteras impetravit. Quorum duo decano de Avesnis auctoritate apostolica injunxerunt, ut, si qua sententia in ipsum W. vel terram ejus auctoritate præfati episcopi, vel officialis ipsius, esset prædictæ litis occasione prolata, eam denuntiarent penitus non tenere, et citarent nihilominus abbatem et conventum prædictos, ad certum diem et locum eidem W. coram ipsis judicibus responsuros. A quorum gravamine manifesto, cum easdem niterentur sententias, nec monitione nec causæ cognitione prævia, revocare, sæpe fati abbas et conventus nostram audientiam appellarunt. Unde, procurator petiit eorumdem, ut, revocato in irritum quidquid ab eisdem judicibus exstitit attentatum, sæpe di-

---

(74) Confer supra epistolam CXLVIII.
(74*) Vide ad epistolam libri octavi CLXXXVIII, not.
(75) De abbatibus Lesciensis monasterii, circa hæc in quibus versamur tempora, pauca hæc apud auctores Novæ Galliæ Christianæ, t. III, col. 125.

« VII. Simon, ex præposito Latiniaco; deponitur anno 1194.
« VIII. Hugo I, ex monacho Vedastensi, rexit tribus mensibus.

IX. Hugo II de Hestru, denascitur 1213, 3 Au. »
(75*) Bertrandus, *al.* Bertramus, tituli S. Georgii in Velabro, *al.* ad Velum Aureum, diaconus cardinalis, ab Innocentio PP. III, anno Dominicæ Incarnationis 1212, Romæ, in octava creatione, renuntiatus est. Honorii PP. III jussu per triennium legatione functus est in Galliis contra Albigenses. Redit deinceps in Italiam, et sub Honorio PP. III excessit e vita. *Oldoin. ad Ciacon.*, t. II, col. 36.
(76) Vide ad epistolam libri quinti XIX, not.

tas excommunicationis, et interdicti sententias, sicut rationabiliter sunt prolatæ, faceremus, usque ad satisfactionem condignam, sublato appellationis obstaculo, firmiter observari, supra dictum W. ab injuriis prædictorum abbatis et conventus, tam super nemoribus ipsis quam possessionibus, et rebus aliis, in quibus eos multipliciter inquietat, et hominum suorum molestiis, quos angariis, et aliis indebitis exactionibus opprimit, per censuram ecclesiasticam compescentes. Fuit autem ex adverso responsum, quod, cum ante dictum W. a nominatis abbate et conventu super spoliatione quorumdam nemorum, et rebus aliis, coram officiali Cameracensi, non ex delegatione nostra, traheretur in causam, ipsius W. procurator, sentiens se ab eodem injuste gravari, vocem ad nos appellationis emisit. At ipse, legitima etiam appellatione contemptâ, postquam etiam fuerunt ab ipso W. super appellatione sua nostræ litteræ impetratæ, denuntiari excommunicatum fecit, eamdem terram ipsius interdicto supponens. Decanus vero Sancti Joannis in Burgo, et conjudices ejus, ad quos idem nobilis super eadem causa nostras litteras reportarat, easdem sententias decernentes penitus esse nullas, denuntiarunt prædictum nobilem, et terram ejus prædictis sententiis non teneri, et, volentes de causa cognoscere principali, eosdem abbatem et conventum ad suam præsentiam citaverunt; sed ipsi ad nostram audientiam sine causa rationabili appellarunt. Cumque iterum ante dicti abbas et conventus, citati a judicibus prænominatis, eorum se conspectui præsentarent, licet iidem judices offerrent se ipsis super his exhibituros justitiæ complementum, tamen ab eorum præsentia contumaciter recesserunt. Quare, petebat dicti nobilis procurator, ut causam ipsam ad eorumdem judicum remitteremus examen. Quia vero super his et aliis, quæ fuere coram cardinali proposita memorato, vobis fieri non potuit plena fides, de partium procuratorum assensu, per apostolica vobis scripta mandamus, quatenus, partibus convocatis, et auditis hinc inde propositis, quod canonicum fuerit appellatione postposita statuatis, facientes quod statueritis per censuram ecclesiasticam firmiter observari. Testes autem qui fuerint nominati, si se gratia, odio vel timore subtraxerint, per censuram eamdem appellatione remota cogatis veritati testimonium perhibere; nullis litteris obstantibus præter assensum partium a sede apostolica impetratis. Quod si non omnes his exsequendis potueritis interesse, duo vestrum ea nihilominus exsequantur.

Datum Laterani, IX Kalendas Junii, pontificatus nostri anno sexto decimo.

(77) Il monastero di S. Michele di castel de' Britti nella diocesi di Bologna appartenne già all' ordine Camaldolese, e poscia nel 1262 fu dato a' frati Godenti (V. *Annal. Camald.* t. v, p. 61, etc., Melloni *Atti de S. Bologn.* t. II, p. 62, etc.

(77') Questi è il celebre canonista Tancredi, che fu poscia canonico e archidiacono di Bologna. Il

CLXXX.

Monasterii S. Petri Carnotensis protectionem suscipit possessionesque et privilegia confirmat.

(Anno 1213. Signiæ, Jul. 9.)

[GUÉRARD, *Cartulaire de Saint-Père de Chartres*, II, 677.]

INNOCENTIUS episcopus, etc.

Personas et monasterium vestrum... cum omnibus quæ inpræsentiarum rationabiliter possidet... sub beati Petri et nostra protectione suscipimus; specialiter autem de Gisez, de Trabone, de Braioto, de Castriduno, de Bosvilla, et alios prioratus cum pertinentiis suis... confirmamus...

Datum Signiæ, VII Idus Julii, pontificatus nostri anno XV.

CLXXXI.

Ad prælatos, nobiles et populum Hiberniæ.—Ut perseverent in fidelitate regis Angliæ et hæredum suorum.

(Anno 1213, Laterani, Oct. 28.)

[RYMER, *Fœdera*, etc. I, 116, ex originali in thes. cur. recept. Scaccarii.]

INNOCENTIUS episcopus, servus servorum Dei, venerabilibus fratribus archiepiscopis et episcopis, et dilectis filiis abbatibus, et cæteris ecclesiarum prælatis et nobilibus viris principibus, comitibus, baronibus, et universis militibus et populis per Hyberniam constitutis, salutem et apostolicam benedictionem.

Cum per ipsius gratiam, qui discordantes parietes in se angulari lapide copulavit vera pax et plena concordia sit inter regnum et sacerdotium in Anglia reformata, nos qui tenemur curam et sollicitudinem gerere specialem de charissimo in Christo filio nostro Joanne illustri Anglorum rege, ac ejus regno, quod ad Romanam Ecclesiam per donum ipsius speciali jure noscitur pertinere, sibi et hæredibus suis providere volentes, per apostolica vobis scripta mandamus atque præcipimus quatenus in fidelitate ipsius regis ac hæredum suorum prompto animo et corde sincero perseverare curetis, tales vos circa devotionem ipsius per omnia exhibentes, quod tam a nobis quam ipso debeatis merito commendari, scientes pro certo quod nos ad ipsius commodum et honorem efficaciter aspiramus.

Datum Laterani, V Kal. Novembris, pontificatus nostri anno sexto decimo.

CLXXXII.

Ad abbatem Sancti Michaelis de castro Brittonum.
(Anno 1213. Laterani, Nov. 22.)

[TIRABOSCHI, *Storia della badia di Nonantola*, II, 351, ex autographo.]

INNOCENTIUS episcopus, servus servorum Dei, dilectis filiis abbati Sancti Michaelis de castro Brittonum Bonon. diœcesis (77) et magistro T. (77')

Ch. P. abate Sarti non ha cominciato a trovarne memoria, che al' anno 1214 (*De cl. profess. Archigym. Bonon.* vol. I, II, p. 29). Questa carta adunque ne anticipa la notizia di un anno. e ci fa insience conoscere che prima di quel di Bologna egli ebbe un canonicato nella chiesa di S. Lorenzo in Collina doctori decretorum, canonico Sancti Laurentii in Colina Bononiæ commoranti, salutem et apostolicam benedictionem.

Dilecti filii abbas et conventus Nonantulanus transmissa nobis petitione monstrarunt, quod cum quidam eorum monachus pro quodam defuncto qui apud ecclesiam Sancti Bartholomæi de Spinalamberti ad ipsos de jure spectantem elegerat sepulturam, exsequias celebraret, archipresbyter ecclesiæ Sancti Martini et ejus complices Mutinensis diœcesis in ipsum monachum manus temerarias injecerunt, non permittentes eum celebrare officium pro defuncto. Cumque per venerabilem fratrem nostrum Mutinensem episcopum sperarent hoc relevari gravamen, ipse præmissis alias adjecit injurias, in vassalos Nonantulani monasterii et omnes qui de cætero in prædicta ecclesia eligerent sepulturam excommunicationis sententiam promulgando. Nolentes igitur jura ejusdem monasterii deperire, discretioni vestræ per apostolica scripta mandamus, quatenus, si est ita, dictos violentarum manuum injectores tandiu appellatione remota excommunicatos publice nuntietis, et faciatis ab omnibus evitari, donec passo injuriam satisfecerint competenter, et cum vestiarum testimonio litterarum ad sedem apostolicam venerint absolvendi. Super aliis autem episcopum et archipresbyterum memoratos ab indebita molestatione ipsius monasterii compescatis, prædictam excommunicationis sententiam, sublato appellationis obstaculo, legitime revocantes. Tu vero, fili abbas, super te ipso et credito tibi grege taliter vigilare procures exstirpando vitia, et plantando virtutes, ut in novissimo districti examinis die coram tremendo judice, qui reddet unicuique secundum opera sua, dignam possis reddere rationem.

Datum Laterani, x Kalend. Decemb., pontificatus nostri anno sexto decimo.

CLXXXIII.
Ad Pistoriensem episcopum et abbatem S. Trinitatis Florentinensium. — *In causa quæ Soffredum inter Pistoriensem episcopum vertebatur et commune Pistorii super jurisdictione quorumdam castrorum.*
(Anno 1214. Laterani, Febr. 13.)

[ZACHARIA, *Anecdota medii ævi*, Augustæ Taurin. 1755, in-fol., p. 330.]

INNOCENTIUS episcopus, servus servorum Dei, venerabili fratri episcopo et dilecto filio abbati S. Trinitatis Florentinorum, salutem et apostolicam benedictionem.

Causam quæ inter consules, consiliarios, et commune Pistoriensium ex parte una, et ven. fratrem nostrum... episcopum ex altera super jurisdictione quorumdam castrorum, et hominum, ac rebus aliis agitari dignoscitur, dictus episcopus tibi, frater episcope, a nobis obtinuit delegari. Ut autem judicium sine suspicione procedat, te, fili abbas, cognitioni causæ obtentu partis alterius adjungentes discretioni vestræ per apostolica scripta mandamus, quatenus in negotio ipso juxta priorum continentiam litterarum, sublato appellationis obstaculo, ratione prævia procedatis. Vos denique, frater episcope ac fili abbas, super vobis ipsis, et credito vobis grege taliter vigilare curetis exstirpando vitia, et plantando virtutes, ut in novissimo districti examinis die coram tremendo judice qui reddet unicuique secundum opera sua, dignam possitis reddere rationem.

Datum Laterani, Idibus Februarii, pontificatus nostri anno septimo decimo.

CLXXXIV.
Ad abbatem et fratres S. Dionysii. — *Eorum protectionem suscipit et possessiones confirmat.*
(Anno 1214. Laterani, Mart. 29.)

[DOUBLET, *Hist. de Saint-Denys*, p. 543.]

INNOCENTIUS episcopus, servus servorum Dei, dilectis filiis abbati et conventui Sancti Dionysii, salutem et apostolicam benedictionem, etc.

Personas vestras et prædictum Monasterium in quo divino estis obsequio mancipati, cum omnibus bonis quæ inpræsentiarum rationabiliter possidetis, aut in futurum justis modis præstante Domino poteritis adipisci sub beati Petri et nostra protectione suscipimus, specialiter autem granchiam de Chaneueriis et decimas de Longolio sicut eas juste ac pacifice possidetis vobis et per vos præfato monasterio vestro confirmamus et præsentis scripti patrocinio communimus

Datum Laterani, iv Kal. Aprilis, pontificatus nostri anno xvii.

CLXXXV.
Ad Joannem Anglorum regem. — *Declarat quod rex vel capella sua interdici vel excommunicari non possit sine mandato sedis apostolicæ speciali.*
(Anno 1214. Romæ, ap. S. Petrum, April. 15.)

[RYMER, *Fœdera*, I, 119, ex originali in thes. cur. recept. Scaccarii.]

INNOCENTIUS episcopus, servus servorum Dei, charissimo in Christo filio JOANNI illustri regi Anglorum, salutem et apostolicam benedictionem.

Apostolicæ sedis ampla benignitas sincere obsequentium vota fidelium favore benevolo prosequi consuevit, et illustrium virorum personas quas in devotione sua promptas invenerit et ferventes, quibusdam titulis decentius decorare; ut igitur ex speciali devotione, quam ad Romanam Ecclesiam et personam nostram habere dignosceris apostolicum tibi sentias accrevisse favorem, statuimus ne a quoquam tua possit excommunicari persona vel interdici capella, sine mandato sedis apostolicæ speciali.

Tu ergo, ne inde nascantur injuriæ unde jura nascuntur, talem te super his satagas exhibere, ne per abusum, quod absit, privari hujusmodi beneficio me.... pria.... juxta.... cea.... sanctiones privilegium.... re.... tur amittere, qui permissa sibi abutitur potestate.

Nulli ergo omnino hominum liceat hanc paginam

nostræ institutionis infringere vel ei ausu temerario contraire. Si quis autem hoc attentare præsumpserit, indignationem omnipotentis Dei, et beatorum Petri et Pauli apostolorum ejus se noverit incursurum.

Datum Romæ apud S. Petrum, xvii Kal. Maii, pontificatus nostri anno septimo decimo.

CLXXXVI.

Ad Joannem Angliæ regem. — De treuga inter reges Angliæ et Franciæ ineunda.

(Anno 1214, Romæ, ap. S. Petrum, April. 22).

[Rymer, *Fœdera*, etc. I, 120. Pat. 16. Joh., m. 17 d. in Turre London.].

Innocentius episcopus, servus servorum Dei, charissimo in Christo filio Joanni illustri Anglorum regi, salutem et apostolicam benedictionem.

Cum ex guerra quæ vertitur inter te et charissimum in Christo filium nostrum Philippum Francorum regem illustrem, impediatur Terræ Sanctæ succursus, ad quem pro salute populi Christiani ardentissime aspiramus, aliaque innumera timeantur ex ea pericula proventura, nos apostolicæ sedis servitii debito provocati, ad reformationem pacis intendimus interponere, partes (*sic*) tibi ac præfato Francorum regi firmiter injungamus per censuram ecclesiasticam, vos, si necesse fuerit, compellendo ut pro tot et tantis periculis evitandis, treugas ineatis et observetis ad invicem saltem usque post generale concilium celebrandum : rebus in eo statu manentibus in quo erunt cum ipsæ treugæ a partibus firmabuntur.

Et duo mediatores pacis absque malitia eligantur, qui fideliter interim tractent de concordia reformanda, quæ, si forte provenire non possunt, nostro vos arbitrio committatis, præstitis super his cautionibus, quo discordiam sopiendam nos ipsi personaliter intendamus.

Quocirca serenitatem regiam rogamus, monemus et exhortamur in Domino quatenus habita super his deliberatione prudenti, nobis non differas per idoneum nuntium respondere.

Datum Romæ apud Sanctum Petrum, x Kalend. Maii, pontificatus nostri anno decimo septimo.

CLXXXVII.

Ad universum clerum Bremensis provinciæ. — Ut Waldemarum excommunicatum publice denuntient.

(Anno 1214. Romæ, ap. S. Petrum, April. 30).

[Lappenberg. *Hamburg. Urkund.* I. p. 344, ex originali cum appenso plumbeo sigillo papæ Innocentii III, in caps. ii, n. 10.]

Innocentius episcopus, servus servorum Dei, dilectis filiis, abbatibus, prioribus, præpositis, decanis, archidiaconis et aliis ecclesiarum prælatis per Bremensem provinciam constitutis, salutem et apostolicam benedictionem.

Cum perditionis filius Waldemarus, tanquam hæreticus et schismaticus censuram canonicam vilipendat et Ecclesiæ claves nullas reputans, excommunicatus et depositus præsumat episcopalia officia exercere, discretioni vestræ per apostolica scripta districte præcipiendo mandamus, quatenus præfatum Waldemarum degradatum et tam ipsum quam fautores suos excommunicatos per ecclesias vestras publice nuntietis. Vos denique, filii abbates, super vobis ipsis et credito vobis grege taliter vigilare curetis exstirpando vitia et plantando virtutes, ut in novissimo districti examinis die coram tremendo judice, qui reddet unicuique secundum opera sua, dignam possitis reddere rationem.

Datum Romæ, apud Sanctum Petrum, iii Kalendas Maii, pontificatus nostri anno xvii.

CLXXXVIII.

Ad populos Spoletani ducatus. — Ut Aldrovandino marchioni Estensi et Anconitano auxilium et favorem præbeant.

(Anno 1214. Romæ, ap. S. Petrum, Maii 5.)

[Muratori, *Antiq. Ital.*, I, 327.]

Innocentius episcopus, servus servorum Dei, universis fidelibus nostris per ducatum Spoletanum constitutis, salutem et apostolicam benedictionem.

Cum dilectus filius nobilis vir A. (Aldrovandinus) marchio Estensis de nostro consilio et mandato marchiam Anconitanam intrarit, ut eam revocet ad Ecclesiæ Romanæ dominium, et teneat pro eadem, universitatem vestram rogamus, requirimus, et monemus, per apostolica vobis scripta mandantes, quatenus ob reverentiam apostolicæ sedis et nostram, ad hoc ei consilium et auxilium taliter impendatis, quod ipsum ad vestra obsequia fortius obligetis, et nos pro servitio in ipso nobis impenso devotionem vestram commendare merito debeamus.

Datum Romæ, apud Sanctum Petrum, iii Nonas Maii, pontificatus nostri anno xvii.

Ego Daniel Notarius de Rodigio has litteras papæ, jussu domini Andreæ de Maxerata vicecomitis Rodigii pro domino Obizone marchione Estensi exemplari et scripsi, nihil de eis addens vel minuens, quod sensum vel sententiam mutet, nisi forte litteram vel punctum in compositione syllabarum, currente anno Domini 1292, indictione v, die xiv, intrante Aprili.

CLXXXIX.

Ad potestatem et populos Anconitanæ marchiæ. — Ut Aldrovandino marchioni Estensi et Anconitano obtemperent.

(Anno 1214. Romæ ap. S. Petrum, Maii 5.)

[*Ibid.*]

Innocentius episcopus, servus servorum Dei, potestati et populo Anconitano, spiritum consilii sanioris.

Cum dilectus filius nobilis vir A. marchio Estensis de nostro consilio et mandato marchiam Anconitanam intrarit, ut eam revocet ad Ecclesiæ Romanæ dominium, et teneat pro eadem, præsentium vobis auctoritate præcipiendo mandamus, quatenus a sequela Ottonis reprobi, maledicti et excommunicati, suorumque fautorum, penitus discedentes, ac redeuntes ad Romanam Ecclesiam matrem vestram, eidem marchioni ob reverentiam apostolicæ sedis et nostram adhæreatis fideliter, et humiliter intendatis de his quæ ad jus marchionis pertinere noscuntur, plenarie respondentes eidem, ac ita viriliter ei consilium et auxilium impendentes, quod sibi ac nobis cedat ad gloriam et honorem ; nosque qui certam fiduciam obtinemus, quod vos ob reverentiam nostram humane et benigne tractabit, devotionem vestram et fidem debeamus merito commendare. Alioquin dilecto filio R. subdiacono et capellano nostro, rectori Massensi, apostolicæ sedis legato, nostris damus litteris et mandamus, ut vos ad id appellatione remota compellat, prout videat expedire.

Datum Romæ apud Sanctum Petrum, III Nonas Maii, pontificatus nostri anno XVII.

CXC.

Ad Philippum Francorum regem. — Usuras in suo regno in posterum rex non patiatur.
(Anno 1214. Romæ ap. S. Petrum, Maii 14.)
[D. d'ACHERY, *Spicileg.*, III, 577.]

INNOCENTIUS episcopus, servus servorum Dei, charissimo in Christo filio nostro PHILIPPO regis Franciæ illustri, salutem et apostolicam benedictionem.

Quanto melior est anima corpore, tanto spiritualia sunt temporalibus præferenda ; unde commodum temporale non est cum spirituali damno quærendum, ne unde lucrum quæritur temporale, inde spirituale periculum oriatur, teste Veritate quæ dicit : *Quid prodest homini si universum mundum lucretur, animæ vero suæ detrimentum patiatur ?* (*Matth.* XVI).

Auditis itaque litteris, quas tu et quidam barones tui contra dilectum filium R. tituli Sancti Stephani in Cœlio Monte presbyterum cardinalem, apostolicæ sedis legatum, super variis articulis destinastis diversas querimonias continentes : protinus nobis et querelas contra eumdem legatum propositas, et responsiones ipsius fecimus explicari, easque tibi probabiliter moderatas præsentibus litteris mittimus interclusas, hoc tuæ serenitati breviter respondentes : quod licet idem legatus a nobis super usurariis non acceperit speciale mandatum, quia tamen in regno tuo plus solito usuraria pestis increverit, in tantum facultates ecclesiarum, militum, aliorumque multorum devorans et consumens, quod nisi tanto languori adhiberetur efficax medicina, intendere non sufficerent ad subsidium terræ sanctæ, propter quod ipsum duximus specialiter destinandum ; unde ipse tanquam spiritualis medicus adversus hanc mortiferam pestem, de consilio virorum prudentum in diversis conciliis ad curandas animas salubre remedium adinvenit; quocirca non decet tuam regalem prudentiam, quæ inter cæteros principes sæculares Christianitatis titulo est insignis, pro aliquo temporali commodo spiritualem impedire profectum, sicut per quasdam litteras ad diversas communias destinatas te fecisse dolemus, quas ut prudentiori retractes consilio, præsenti paginæ fecimus intercludi : serenitatem regiam exhortantes, quatenus nec impedias nec facias impediri quominus in regno tuo ecclesiastica jurisdictio valeat exerceri. Nos enim prædicto legato præcipimus, ut adhuc super his, quantum cum Deo potest, necessarium adhibeat moderamen, ne in aliquo modum excedat, honestas consuetudines et usus rationabiles non immutans, limam omnium generali concilio reservando ; unde volumus et mandamus, ut interim idem negotium hinc inde modeste procedat, quia tunc super his et aliis cum sacri approbatione concilii statuemus, quod spiritualiter et temporaliter videmus expedire.

Datum Romæ apud Sanctum Petrum, II Idus Maii, pontificatus nostri anno septimo decimo.

CXCI.

Ad magistrum et fratres militiæ Templi.— Ipsos a petitione abbatis ac monasterii Cluniacensis, super quemdam venditionis contractum, in quo prioratus de Charitate graviter læsus esse dicebatur, absolvit (78).

(Anno 1214. Romæ, ap. S. Petrum, Maii 15.)
[Ex Archivio abbatiæ Cluniacensis. BRÉQ. *ibid.*, p. 1153.]

INNOCENTIUS episcopus, servus servorum Dei, dilectis filiis, magistro et fratribus militiæ Templi, salutem et apostolicam benedictionem.

J. syndico, et quibusdam monachis Cluniacensibus, in nostra præsentia proponentibus, prioratum de Charitate, qui ad Cluniacensem Ecclesiam nullo pertinet mediante, in alienatione quarumdam possessionum, reddituum, et aliarum rerum quas emeratis ab illo, enormiter esse læsum, ac petentibus, ut hujusmodi revocare contractum, vel monasterium ipsum in integrum vice minoris restituere dignaremur; vobis vero petentibus ex adverso, eumdem contractum tanquam legitime ac solemniter celebratum auctoritate apostolica confirmari, tam abbate (78*) ac conventu Cluniacensibus, quorum super hoc auctoritas intervenerat et consensus, quam priore (79) ac conventu de Charitate, per suas litteras postulantibus illud idem , quia nobis ad plenum de ipsius contractus meritis, et circumstantiis non liquebat, id venerabili fratri nostro..... Parisiensi episcopo (79*), et conjudicibus suis com-

---

(78) De argumento istius Epistolæ, conferendæ sunt omnino Epistolæ Libri decimi quinti CXCIV et CXLII.
(78*) Vide not. ad Epistolam CLXVII supra.
(79) Erat is Guillelmus III, qui, ex priore Cluniacensi (ut quidam volunt) Gaufrido substitutus fuit an. 1212. Vide Epistolas Libri decimi quinti, supra citatas.
(79*) Petrus II (*de Nemours*) Cambellanus dictus, Galtero I, domino de Capella in Bria, de Villebeon

misimus inquirendum, facientes in inquisitionis litteris mentionem de litteris super lapsu prioratus ejusdem, ad venerabilem fratrem nostrum...... Senonensem archiepiscopum (80), et ejus conjudices antea destinatis, quorum utrique in exsecutione mandati apostolici processerant. Postmodum vero, partibus in nostra præsentia constitutis, cum instanter peteretis ipsum confirmari contractum, et eumdem pars altera niteretur multipliciter impugnare, quia de his quæ partes ad fundandam intentionem suam proponere curarunt, non potuit nobis fieri plena fides, dilectis filiis...... Sanctæ Genovefæ Parisiensis (81), et.... Boni-radii (82), abbatibus, ac.... decano Aurelianensi (85), dedimus in mandatis, ut, diligenter auditis quæ partes, infra quatuor menses a termino priori Charitatis edicto, coram ipsis ducerent proponenda; si foret ostensum, prioratum de Charitate ex venditione ipsa enormiter esse læsum, ipsis (vice minoris restituentes eumdem, contractum legitime resciderint sæpe dictum; alioquin illum facerent ratum et firmum haberi, contradictores per censuram ecclesiasticam compescentes, qui, parte monachorum quod proposuerat infra dictum terminum non probante, ipsum auctoritate apostolica confirmavere contractum. Demum, dilectis filiis Christiano, clerico vestræ, et Helia, monacho alterius partium procuratoribus, propter hoc rursus in nostra præsentia constitutis, procuratore vestro cum instantia postulante, contractum eumdem apostolico munimine roborari; pars adversa, proponens quod abbas Cluniacensis, rebellione monachorum de Charitate (qui antequam ad eum pervenisset citatio, eumdem a monasterio ipso violenter expulerunt) impeditus, coram prædictis judicibus nequiverat experiri, cum de monachis, et hominibus ejusdem loci quantitatem et valorem venditarum possessionum scientibus, testes, eo quod rebelles effecti essent, producere non valeret, irritari petiit processum judicum prædictorum, tanquam post appellationem ad nos legitime interpositam illicite attentatum. Unde, nos dilectis filiis.... abbati Caroli loci (84).... cantori Meldensi, et magistro P. Peverelli, Parisiensi canonico, dedimus in mandatis, ut, prædicto non obstante processu, in negotio procederent memorato, juxta priorum continentiam litterarum. In quorum præsentia cum fuisset ex parte vestra petitum, ut specificaret pars altera quanta esset, et in quibus consisteret læsio sæpe dicta, et, ipsius procuratore id facere recusante, judices interlocuti fuissent quod specificatio erat hujusmodi facienda, dictus procurator sedem apostolicam appellavit. Cumque postmodum abbas et conventus Cluniacensis appellationi renuntiassent eidem, suasque probationes recipi postularent, et, parte vestra instanter inter cætera postulante, ut prioris, et monachorum de Charitate, ne delusorium esset judicium, requireretur consensus, ipsisque abbate et conventu nitentibus ostendere, quod id nequaquam fieri oportebat, et ad sedem apostolicam iterum appellantibus, spatium temporis in nostris comprehensum litteris, eisdem super principali nil probantibus, effluxisset; vos a judicibus ipsis sæpius cum instantia postulastis, ut secundum apostolici rescripti tenorem confirmarent prædictæ venditionis contractum. Quibus id facere non curantibus, dilectum filium fratrem Umbertum, et eumdem procuratorem propter hoc ad sedem apostolicam destinastis. Ipsis igitur, et dilecto filio Cluniacensi abbati, propter hoc in nostra præsentia constitutis, nos, iis et aliis quæ ab ipsis fuere proposita plenius intellectis, vos, de fratrum nostrorum consilio, ab ipsius abbatis et monasterii Cluniacensium petitione sententialiter duximus absolvendos, perpetuum super hoc silentium imponentes. Monachis vero de Charitate, quorum consensus, parte vestra petente, requisitus non fuit, ex hoc præjudicium nolumus generari, cum res inter alios acta aliis præjudicare non debeat, secundum legitimas sanctiones. Nulli ergo omnino hominum liceat hanc paginam nostræ diffinitionis infringere, vel ei ausu temerario contraire. Si quis autem hoc attentare præsumpserit, indignationem omnipotentis Dei, et beatorum Petri et Pauli, apostolorum ejus, se noverit incursurum.

Datum Romæ, apud Sanctum Petrum, Idibus Maii, pontificatus nostri anno septimo decimo.

CXCII.

Ad episcopos et prælatos marchiæ Anconitanæ. — Ut consilium et auxilium præstent Aldrovandino marchioni Estensi et Anconitano, ad recuperandam eamdem marchiam.

(Anno 1214, Romæ, ap. S. Petrum, Maii 23.)
[Muratori, *Antiq. Ital.*, I, 528.]

Innocentius episcopus, servus servorum Dei, venerabilibus fratribus episcopis, et dilectis filiis abbatibus, ac aliis ecclesiarum prælatis per Anconitanam marchiam constitutis, salutem et apostolicam benedictionem

Cum dilectus filius, nobilis vir Al. Marchio Estensis de nostro consilio et mandato marchiam

---

et de Tournanfuge, Franciæ Camerario, et Avelina de Nemours parentibus natus, ex Thesaurario Turonensi, ad Cathedram Parisiensem vocatus fuit anno 1208. Apud Damiatam mortem oppetiit, anno 1218. *Gall. Christ. tom. VIII, col.* 87.

(80) Vide ad Epistolam Libri tertii xlv, not.
(81) Vide ad Epistolam Libri tertii xlv, not.
(82) « X. Boni-radii abbas Willelmus II, annis 1205 et 1215, ex Chartario Caliovi. Is est forte W. qui abbas Boni-radii ibidem legitur, an. 1227. » *Nov. Gall. Christ. tom. XII, col.* 457.

(83) Fulco II, decanus Aurelianensis, ab anno 1205, ad an. 1216. *Ibid tom. VIII, col.* 1505.

(84) Adam, abbas Caroli-loci, notus in Instrumentis, jam ab anno 1207, usque ad annum 1217. *Vid. Gall Christ. tom. X, col.* 1510

Anconitanam intrarit, ut eam revocet ad Ecclesiæ Romanæ dominium, et teneat pro eadem : universitati vestræ præsentium auctoritate præcipiendo mandamus, quatenus viriliter assistentes eidem, et sicuti marchioni, fideliter intendentes, ita efficaciter ei consilium et auxilium impendatis, quod nobis et sibi merito debeat esse gratum, vestraque fides atque prudentia inde valeat commendari. Vos denique, fratres episcopi, et filii abbates, super vobis ipsis ac creditis vobis gregibus taliter vigilare curetis, exstirpando vitia et plantando virtutes, ut in novissimo districti examinis die coram tremendo Judice, qui reddet unicuique secundum opera sua, dignam possitis reddere rationem.

Datum Romæ, apud Sanctum Petrum, x Kalend. Junii, pontificatus nostri anno XVII.

CXCIII.

Ad populos marchiæ Anconitanæ.— Ut Aldrovandino marchioni Estensi et Anconitano morigeri sint et obsequentes.

(Anno 1214. Romæ, ap. S. Petrum, Maii 23.)

[*Ibid.*, 329.]

INNOCENTIUS episcopus, servus servorum Dei, universis per Anconitanam marchiam constitutis, spiritum consilii sanioris.

Cum reprobus Otto, et principales fautores ipsius, maxime illi qui nobis super patrimonio Ecclesiæ se opponunt, excommunicationis sint vinculo innodati, omnibus a fidelitate quam ipsi Ottoni præstiterant, absolutis, ac divinum judicium jam sit in eumdem Ottonem et ipsius complices manifestum : miramur quosdam vestrum adeo esse improvidos futurorum, ut adhuc etiam eidem Ottoni et fautoribus ejus, contra claves Ecclesiæ existentibus obcæcatis, non metuant adhærere. Cum igitur dilectus filius, nobilis vir Al. Marchio Estensis de nostro consilio et mandato marchiam Anconitanam intrarit, ut eam revocet ad Ecclesiæ Romanæ dominium, et teneat pro eadem : universitati vestræ præsentium auctoritate præcipiendo mandamus, quatenus a sequela dicti Ottonis, suorumque fautorum, penitus discedentes, ac redeuntes ad Romanam Ecclesiam matrem vestram, eidem marchioni ob reverentiam apostolicæ sedis et nostram adhæreatis fideliter, et humiliter intendatis de his quæ ad jus marchionis pertinere noscuntur, plenarie respondentes eidem, ac ita viriliter ei consilium et auxilium impendentes, quod sibi ac nobis cedat ad gloriam et honorem, nosque, qui certam fiduciam obtinemus, quod idem marchio vos ob reverentiam nostram humane ac benigne tractabit, devotionem vestram et fidem debeamus merito commendare.

Datum Romæ apud Sanctum Petrum, x Kalendas Junii, pontificatus nostri anno XVII.

CXCIV.

Ad priorem et monachos S. Mariæ de Campis Corboliensis.— Eorum possessiones et privilegia confirmat.

(Anno 1214. Laterani, Maii 29.)

[DOUBLET, *Hist. de Saint-Denys en France*, p. 543.]

INNOCENTIUS episcopus, servus servorum Dei, dilectis filiis priori et monachis Sanctæ Mariæ de Campis Corboliensis, salutem et apostolicam benedictionem.

Cum a nobis petitur quod justum est et honestum, tam vigor æquitatis quam ordo exigit rationis ut id per sollicitudinem officii nostri ad debitum perducatur effectum. Quapropter, dilecti in Domino filii, vestris justis postulationibus grato concurrentes assensu, personas et monasterium Sanctæ Mariæ de Campis Corboliensis, in quo divino estis obsequio mancipati, cum omnibus bonis tam ecclesiasticis quam mundanis quæ in præsentiarum rationabiliter possidetis aut in futurum justis modis præstante Domino poteritis adipisci, sub B. Petri et nostra protectione suscipimus. Specialiter autem decimam loci qui dicitur Desplanis, terras, vineas, nemora et alia vestra bona sicut ea omnia juste ac pacifice possidetis, vobis et per vos vestro monasterio auctoritate apostolica confirmamus. Nulli ergo omnino hominum liceat hanc paginam nostræ protectionis et confirmationis infringere vel ei ausu temerario contraire : si quis autem hoc attentare præsumpserit, etc.

Datum Later., IV Kal Junii, Pontificii nostri anno XVII.

CXCV.

Ad abbatem (85) *Cluniacensem.— Ut non obstantibus appellationibus a monachis suis, absque jure, interpositis, eorum excessus castigare possit.*

(Anno 1214. Viterbii, Jun. 25.)

[Bullam hanc edimus ad fidem apographi, quod, ex archivio monasterii Cluniacensis fideliter transscriptum, in chartophylacio nostro reponi curavit D. Lambert de Barive, qui ad calcem apographi hanc notam affixit : « *Vidimus*, sous les sceaux du Juge de la Cour de Cluny et de celle de l'Archidiacre du même lieu, délivrés et signés par J. Bochi et de la Pelote, Notaires-Jurés desdites Cours, le 19 Octobre 1428, d'une Bulle d'Innocent III, donnée à Viterbe le 9 des Kalendes de Juillet, l'an dix-septième de son pontificat, ce qui revient à l'année 1214, portant que l'Abbé de Cluny aura le droit de correction sur les religieux, nonobstant leur appel au saint Siége, et ce, tant à cause des fautes et scandales qu'ils pourraient commettre, qu'à l'égard de la faculté de les punir, par la privation de leurs prieurés, etc. parchemin, scellé de deux sceaux.

Nos Judex Curiæ Cluniacensis, et nos Archidiaconus ejusdem loci, notum facimus universis præsentes litteras inspecturis, quod nos vidimus, legimus, ac de verbo ad verbum, per notarios juratos nostros infra scriptos, legi et collationari fecimus quasdam litteras apostolicas felicis recordationis domini Innocentii Papæ tertii, cum filis de serico crocei rubeique colorum, more Romanæ Ecclesiæ bullatas, sanas et as, non viciatas, non can-

(85) Vide supra not. ad epistolam CLXVII.

cellatas, non abrasas, non abolitas, nec in aliqua sui parte suspectas, verum prorsus omni vitio et suspicione carentes, formam quæ sequitur continentes.

In cujus visionis testimonium, cum nobis constet de præmissis, per fidelem relationem infra scriptorum Notariorum Curiarum nostrarum Juratorum, quibus in his credimus, et fidem plenariam adhibemus, facta prius diligenti collatione, per ipsos, de præsenti transumpto seu exemplari ad Litteras originales superius transcriptas, sigilla nostra Litteris præsentibus duximus apponenda. Datum quoque ad visionem hujusmodi, die xix mensis Octobris, anno Domini 1428.

Collatio fit per nos Notarios infra scriptos de dictis Litteris originalibus ad præsens transcriptum, seu Vidimus, signis nostris manualibus sequentibus, testibus, anno et die quibus supra. Signé, Jean Bochi, et J. de la Pelote, avec paraphe. » Bréquigny *ibid.*, p. 1155.]

INNOCENTIUS episcopus, servus servorum Dei, dilecto filio Cluniacensi abbati, salutem et apostolicam benedictionem.

Tua nobis devotio humiliter supplicavit, ut, cum ex appellationibus monachorum tui ordinis, dissensiones, et scandala gravia, et dissolutiones plurimæ sæpe proveniant, eo quod frustratorie quidam appellant, ne ipsis prioratus quos dilapidant auferantur, vel ipsorum puniantur excessus, dignaremur misericorditer indulgere, ne quis monachus tui ordinis a te valeat taliter appellare. Cum igitur appellationis remedium fuerit inventum, non ad subterfugium malignantium, sed ad præsidium innocentium, devotioni tuæ præsentium auctoritate concedimus, ut, hujusmodi appellationibus non obstantibus, in delinquentes monachos correctionis officium exsequaris. Nulli ergo omnino hominum liceat hanc paginam nostræ concessionis infringere, vel ei ausu temerario contraire. Si quis autem hoc attentare præsumpserit, indignationem omnipotentis Dei et beatorum apostolorum ejus Petri et Pauli se noverit incursurum.

Datum Viterbii, ix Kalendas Julii, pontificatus nostri anno septimo decimo.

CXCVI.
Ad populum civitatis Asculanæ. — *Ut Aldrovandino Estensi et Anconitano marchioni, obedientiam præstare amplius non recusent.*

(Anno 1214. Viterbii, Sept. 11.)

[*Ibid.*]

INNOCENTIUS episcopus, servus servorum Dei, potestati et populo Esculano, spiritum consilii sanioris.

Cum is qui superbis resistit et confringit cornua peccatoribus, ponens terminos mari, quos non transeant fluctus ejus, sed illisi redundent in conculcationem et lutum, reprobi Ottonis abominata ingratitudinem, et superbiam detestatus, ipsum, qui vos nisus fuit avertere a fidelitate et devotione sacrosanctæ Romanæ Ecclesiæ matris vestræ, his et aliis modis reddens nobis pro dilectione odium, offensam pro gratia, et injuriam pro honore, sua virtute prostraverit: et nos vobis a juramento, quod ei dicimini præstitisse, tanquam illicito absolutis, dilectum filium nobilem virum Al. Anconitanum et Estensem marchionem de marchia ipsa investiverimus solemniter per vexillum: miramur, nec satis admirari sufficimus, quod vos, nescimus qua ducti prudentia, vel virtute confisi, confracto adhuc baculo innitentes, redire differtis ad dominationem ipsius Ecclesiæ matris vestræ, ac marchioni prædicto fidelitatis juramenta renititis exhibere, per redeundi difficultatem hujusmodi amplius demerentes, quam demerueritis etiam recedendo, cum hoc quidem spontanei, illud autem videamini effecisse coacti. Ideoque universitatem vestram monemus attentius et hortamur, per apostolica scripta vobis firmiter præcipiendo mandantes, quatenus non dubitantes redire ad viam ab invio, et converti ad dexteram a sinistra, dicto marchioni, qui vos clementer ac benigne tractabit, fidelitatis juramenta præstetis ita hilariter et libenter, quod idem ad dilectionem vestram merito provocetur, et nos non solum præcedentis obliviscamur offensæ, verum etiam ad exhibitionem favoris et gratiæ incitemur.

Datum Viterbii, iii Idus Septembris, pontificatus nostri anno xvii.

CXCVII.
Ad Eustachium de Vesci. — *Mandat ne rex Angliæ aliquid incommodi patiatur, propter discordiam jam tandem inter illum et barones sopitam.*

(Anno 1214. Laterani, Nov. 5.)

[RYMER, *Fœdera*, I, 126, ex originali in Turre London.]

INNOCENTIUS episcopus, servus servorum Dei, dilecto filio nobili viro Eustachio DE VESCI, salutem et apostolicam benedictionem.

Cum per illius gratiam, qui fecit utraque unum discordantes parietes copulans in se lapide singulari, sit omnino sopita discordia, quæ olim inter regnum et sacerdotium in Anglia vertebatur, occasione cujus confœderationes et conjurationes contractæ fuisse dicuntur, quia pace reddita et concordia reformata, cum causa cessare debet effectus, comitibus, baronibus et aliis nobilibus per Angliam constitutis dedisse meminimus in mandatis, ut in fidelitate charissimi in Christo filii nostri Joannis illustris regis Anglorum et hæredum ejus, sincero corde et puro animo perseverare deberent, tales se circa devotionem ipsius per omnia exhibendo, quod tam a nobis quam ab ipso possunt merito commendari.

Ut igitur mandatum illud majoris roboris consequatur effectum, nobilitati tuæ per apostolica scripta mandamus quatenus, prætextu confœderationum et conjurationum illarum in sollicitudine regia nullius difficultatis opponas obstaculum, justitiarios et alios officiales regis ejusdem, nec per teipsum impedias, nec patiens, quantum in te fuerit, per alios impediri, quominus commissa ipsis officia efficaciter exsequantur.

Datum Laterani, Nonis Novembris, pontificatus nostri anno xvii.

CXCVIII.

Ad Nicolaum Tusculanensem episcopum. — De relaxatione interdicti.
(Anno 1214. Laterani.)
[Recueil des historiens de France, t. XVII, p. 713.]

INNOCENTIUS episcopus, servus servorum Dei, etc. Venerabilis frater noster Joannes Norwicensis episcopus et dilectus filius noster Robertus Richardus de Marisco, archidiaconus Northanhumbriæ, et nobiles viri Thomas de Hundintuna et Adam nuntii charissimi in Christo filii nostri Joannis regis Angliæ illustris, ex una parte; magister Stephanus (*corr.* Simon), A. et G. clerici nuntii venerabilis fratris nostri Stephani Cantuariensis archiepiscopi, ex altera parte, in præsentia nostra constituti, asseruere concorditer et constanter quod, pro evitando grandi rerum dispendio et gravi periculo animarum, [expediret quamplurimum tam regno quam sacerdotio, ut sine dilatione relaxetur sententia interdicti. Unde nos, pro affectu paterno solliciti, inter eos ad [omnium] salutem et utilitatem, super his quæ pacis sunt cum illis tractavimus diligenter, et tandem, ipsis acquiescentibus, formam invenimus et statuimus infra præscriptam. Sane prædictus rex tantam pecuniam archiepiscopo Cantuariensi, Londinensi et Elyensi episcopis, vel aliis quos ad hoc assignare voluerint, faciat assignari, computatis his quæ idem rex noscitur persolvisse, quod summam impleat quadraginta millia marcharum. Quibus solutis et cautione præstita inferius adnotata, protinus sublato cujuslibet appellationis et conditionis (*f.* contradictionis) obstaculo, relaxes sententiam interdicti, ac deinde singulis annis duodecim millia marcharum in duobus terminis, in commemoratione videlicet Omnium Sanctorum sex millia marcharum, et totidem in festo Dominicæ Ascensionis, apud Ecclesiam Sancti Pauli Londinensis eisdem faciat exhiberi, donec tota summa fuerit persoluta. Ad hoc fideliter exsequendum obligabit seipsum ipse rex per proprium juramentum et per litteras patentes sigillo suo munitas, nec non per fidejussionem Wintoniensis et Norwicensis episcoporum, Cestrensis et Wintoniensis et Willelmi Mariscalli comitum, ita quod tam hæredes ipsius regis, quam successores eorum tenebuntur astricti. Quocirca per apostolica tibi scripta præcipiendo mandamus, quatenus secundum formam præscriptam procedere non postponas, nisi de mera et libera voluntate partes aliter duxerint componendum.

Datum Laterani.... (86)

(86) Non exstant eæ litteræ in Registro Innocentii, nec inter acta Th. Rymer.
(87) Oliverius scholasticus Coloniensis, vir admodum pius, et facundus, qui summi pontificis auctoritate crucem in Frisia, Brabantia, Flandria, vicinisque provinciis magno cum fructu, una cum Arnoldo discipulo prædicavit, cujus exstat apud Bongartium epistola ad Engelbertum Coloniensem archiepiscopum, *De expugnatione Damiatæ.* De quo Cæsarius Heisterbacensis et Albertus Stadensis.

CXCIX.

Epistola O. Coloniensis scholastici et sedis apostolicæ legati illustri comiti Namurcensi. — De variis crucis apparitionibus, dum crucem prædicaret, deque multitudine crucesignatorum in provincia Coloniensi.
(Anno 1214.)
[MARTEN. Ampl. Collect., I, 1115, ex ms. S. Laurentii Leodiensis.]

Illustri comiti Namurcensi et nobili uxori ejus, O. Coloniensis scholasticus (87), apostolicæ sedis legatus, salutem præsentem et futuram.

Cum essem juxta oceanum in fine provinciæ Coloniensis, in diœcesi Monasteriensi, feria sexta ante Pentecosten, anno gratiæ 1214 (88), et pro reverentia domini papæ mecum essent abbates Cisterciensis, Præmonstratensis, et Cluniacensis ordinis, et alii multi religiosi, feci decantari missam solemniter de Sancta Cruce. Principium sermonis mihi erat, *Absit mihi gloriari!* etc. (*Gal.* VI), cum multa hominum millia et mulierum, quæ ad sermonem convenerant, sederent in prato extra villam Frisle [*l.* Frisiæ] quæ dicitur *Bethdum*, et aer satis esset serenus, apparuit nubes candida, et in ea crux alba sine humana imagine ab aquilone, postea crux alia ad austrum, ejusdem coloris et schematis, tertio lux magna inter illas et super illas medio colore colorata, habens formam humani corporis, ut videbatur, ad quantitatem hominis, cujus nuda erat forma, caput habens sursum, et pedes deorsum, caput inclinatum ad humerum et brachia non in directum extensa, sed sursum elevata; clavi per manus et pedes visibiliter apparebant eo schemate quo apparet in ecclesia ab artifice parata. Et cum multi ad crucem recipiendam accurrerent, miles quidam qui ante crucem recusaverat accipere, tum una cruce visa, statim crucem accepit. Quidam de incolis terræ, hoc viso, velociter ad me currebat, dicens: Nunc Terra Sancta recuperata est, quasi prophetica certitudine præteritum ponens pro futuro. Puella quædam dives XI annorum adoratura surrexit; sed compulsa sedere a turba, demonstravit matri suæ et aviæ, et multis circumsedentibus, qui multa veneratione sursum aspicientes adorabant, quamdiu signum apparebat. Durabat hæc visio per spatium competentis missæ circa horam tertiam. Hoc miraculum plures quam centum viderunt. Procedente tempore, in alia statione ejusdem terræ apparuit crux sine forma humani corporis, habens colorem iris non contra solem, quam

(88) Ad hunc annum refert Odoricus Rainaldus ex Petro Vallisarnensi Historiæ suæ capite sexagesimo, abbatem Bonnæ-Vallis Cisterciensis ordinis *dum in Ruthenensi diœcesi præ foribus ecclesiæ, quod loci angustiæ multitudinem non caperent, populum ad crucesignatæ militiæ ad scribendum nomen pro concione ardenti zelo inflammaret; subito videntibus cunctis, apparuisse crucem in aere, quæ versus partes Tolosanas tendere videbatur.*

vidit abbas de Valle (89) Sancti Petri et monachus ejus et plures de populo, quam Bethdum. Deinde in alia statione in die Sancti Bonifacii apud portum Frisiæ, qui Dochum nominatur, ubi beatus Bonifacius martyrio fuit coronatus, apparuit crux magna, qui eramus in statione Aprilis plus quam decem millia, ut creditur. Albi coloris erat crux, quæ paulatim movebatur in aere, ac si traheretur per funiculum, quasi iter demonstraret peregrinis navigaturis ad terram promissionis, inter Europam et Africam. In gente autem illa in qua hæc contigerunt, computantur quinquaginta millia signatorum, octo millia scutariorum et mille loricatorum. Sciatis autem tot naves præparari ad expeditionem Jesu Christi, quod credimus de sola provincia Coloniensi amplius quam trecentas naves onerarias profecturas, replendas viris bellatoribus, armis et victualibus, ac instrumentis bellicis. Hæc autem scripsimus vobis quoniam ad militiam Jesu Christi vobis salubriter et Terræ Sanctæ, ut speramus, utiliter signati estis, obnixe rogantes ut crucesignatis propitii sitis, et judicibus quos apud Namurcum constituimus favorabiles. Valete.

CC.
Philippi II stabilimentum crucesignatorum.
(Anno 1214.)

[D d'Achery, *Spicileg.* ed. in fol., III, 577.]

Noveritis quod nos per dilectos et fideles nostros Petrum Parisiensem et Guarinum Sylvanectensem episcopos, ex assensu domini legati fecimus diligenter inquiri, qualiter sancta Ecclesia consuevit defendere crucesignatos, et ipsorum crucesignatorum libertates; qui facta inquisitione, pro bono pacis inter regnum et sacerdotium, usque ad instans concilium Romanum ista volunt observari.

Nullus crucesignatus burgensis vel rusticus, sive mercator fuerit sive non, primo anno quo crucem assumpsit, tallietur, nisi tallia prius fuerit imposita quam crucem assumeret; et si primo anno imposita fuerit, immunis erit secundo anno, nisi aliquid accipiatur pro exercitu. Tunc autem talliam esse impositam intelligimus, quando denuntiatum est alicui, vel domui suæ quantum debeat solvere, vel ponere in tallia. Quia vero constat de consuetudine hactenus obtenta in regno Franciæ, quod crucesignati debeant exercitum, nisi per speciale privilegium domini regis sint exempti, dicimus quod in exercitum quilibet crucesignatus de supra dictis ire tenetur, sive ante citationem, sive post crucesignetur, si tamen debeat exercitum, et si rex viderit expedire quod villa mittat in exercitum, servientes potius quam illi qui sunt de villa, vadant; poterit rex accipere pro exercitu de crucesignatis competenter, sed habebunt de cætero electionem crucesignati eundi in exercitum si voluerint, vel ponendi portionem suam in prisia pro redemptione exercitus facta ; et si gravati fuerint de prisia, ad diœcesanum episcopum, vel ejus officialem habebunt recursum; si vero crucesignatus habeat possessiones quæ debeant talliam, reddet talliam ac si non esset crucesignatus; et si neget possessiones debere talliam, probetur coram diœcesano episcopo vel ejus officiali. De crucesignatis manentibus in communiis dicimus, quod si a communia aliquid accipiant propter exercitum regis, vel clausuram villæ, vel defensionem villæ ab inimicis obsessæ, vel communiæ debitum factum et juratum reddi antequam crucem assumerent, partem suam ponent in prisia sicut et alii non crucesignati. De debito vero contracto a communia post crucis assumptionem, immunis erit in peregrinatione. Si baillivi domini regis aliquem crucesignatum deprehenderint ad præsens forefactum, pro quo debeat membris mutilari, vel vitam amittere secundum consuetudinem curiæ sæcularis, ecclesia non defendet eum vel res ejus; in aliis autem levioribus et minoribus forefactis, pro quibus non debeat membris mutilari, vel vitam amitere, non debet Baillivus corpus crucesignati vel res ejus capere, vel captum detinere, quin reddat absolute ipsum et res suas Ecclesiæ requirenti pro jure faciendo. Si autem in foro Ecclesiæ convictus fuerit de tali forefacto, pro quo debeat juxta judicum sæcularium consuetudinem membris mutilari, vel vitam amittere, Ecclesia nec ipsum nec res ejus amplius defendet; de aliis convictus in foro Ecclesiæ, secundum consuetudinem villæ emendet læso. Quod si dominus rex alicui burgo, vel civitati, vel castello concesserit immunitatem exercitus, si petat rex aliquid de eis pro exercitu, crucesignati primo anno nihil ponent.

De feodis autem et censivis respondeat crucesignatus coram domino feodi vel censivæ, et si gravati fuerint, recurrant ad episcopum vel ejus officialem. Si vero crucesignatus conveniat quemcunque Christianum super debito vel mobili, vel injuria corporali sibi illata, vel conveniatur a Christianis super præmissis, electionem habet conveniendi eum sub judice sæculari vel ecclesiastico, sub quo maluerit. Nullus crucesignatus tenetur respondere in foro sæculari, sed in ecclesiastico, exceptis feodis et censivis, de quibus litigabunt coram dominis feodorum et censivarum; de possessione quam pacifice tenuerunt per diem et annum, donec perfecerint peregrinationem observentur prædicta. Si autem super negotio crucesignatorum aliquæ novæ dubitationes emerserint, ad duos prædictos episcopos recurratur.

Ista pro bono pacis per totum domanium domini regis de crucesignatis pro terra Hierosolymitana usque ad concilium volumus observari; salvis jure et consuetudinibus sanctæ Ecclesiæ, et similiter salvis jure et consuetudinibus regni Franciæ, et auctoritate Sanctæ Romanæ Ecclesiæ per omnia salva.

---

(89) Vallis S. Petri est insigne monasterium ordinis Cisterciensis in diœcesi Coloniensi, duabus circiter horis a Bunna civitate distans, vulgo *Eisterbach*.

Actum Parisius, anno Domini 1214, mense Martio.

CCI.

Ad abbatem et conventum S. Dionysii. Omnibus qui ad B. Dionysii reliquias venerandas devoti convenerint, quadraginta dies de injunctis sibi pœnitentiis relaxat.

(Anno 1215. Laterani, Jan. 4.)

[DOUBLET, *Hist. de Saint-Denys*, p. 544.]

INNOCENTIUS episcopus, servus servorum Dei, dilectis filiis abbati et conventui Sancti Dionysii Parisiensis, salutem et apostolicam benedictionem.

Utrum gloriosus martyr et pontifex Dionysius, cujus venerabile corpus in vestra requiescit Ecclesia, sit ille censendus qui Areopagita vocatur, ab apostolo Paulo conversus, diversæ sunt sententiæ diversorum. Quidam namque fatentur Dionysium Areopagitam in Græcia fuisse mortuum et sepultum, aliumque Dionysium exstitisse qui fidem Christi Francorum populis prædicavit. Alii vero asserunt illum post mortem beati Pauli venisse Romam et a sancto Clemente papa in Galliam destinatum : aliumque fuisse qui mortuus est in Græcia et sepultus : utrumque tamen egregium in opere ac sermone præclarum. Nos autem neutri volentes præjudicare sententiæ, sed vestrum cupientes monasterium honorare (quod immediate ad Romanam spectat Ecclesiam) sacrum beati Dionysii pignus, quod bonæ memoriæ P. tituli Sancti Marcelli presbyter cardinalis, tunc apostolicæ sedis legatus, de Græcia tulit in Urbem, vobis per dilectos filios Haimericum priorem et quosdam alios nuntios Monasterii vestri ad generalem concilium destinatos, devote dirigimus, ut cum utrasque reliquias habueritis, nulla de cætero remaneat dubitatio, quin sacræ beati Dionysii Areopagitæ reliquiæ apud vestrum Monasterium habeantur. Vos igitur eas reverenter suscipite, hanc nobis vicissitudinem rependentes ut in orationibus vestris specialis semper ad Deum commemoratio nostri fiat, et secundum oblationem eorumdem nuntiorum vestrorum anniversaria obitus nostri memoria in eodem monasterio solemniter celebretur. Omnibus autem qui ad has sacras reliquias venerandas devote convenerint, quadraginta dies de injunctis sibi pœnitentiis auctoritate apostolica relaxamus. Nulli ergo omnino hominum liceat hanc paginam nostræ concessionis et remissionis infringere. Si quis autem hoc attentare præsumpserit, indignationem omnipotentis Dei et beatorum Petri et Pauli apostolorum ejus, se noverit incursurum.

Datum Laterani, II Nonas Januarii, pontificatus nostri anno XVIII.

CCII.

Ad Giroldum abbatem (90) et conventum Cluniacensem. — Jus indulget eligendi et instituendi priorem in monasterio Charitatis (91).

(Anno 1215. Laterani, Febr. 3.)

[Ex Archivio monasterii Cluniacensis. BALQ. *ibid.*]

Auditis et intellectis quæ a te, dilecte fili abbas, pro monasterio tuo ex parte una, et monachis de Charitate ex altera, super electione ac institutione prioris fuere proposita coram nobis, de fratrum nostrorum consilio, jus eligendi et instituendi priorem in monasterio de Charitate, tibi et tuis successoribus adjudicantes, super hoc alteri parti perpetuum duximus silentium imponendum, mandantes ut abbas Cluniacensis, super institutione prioris, cum monachis utriusque monasterii maturioris ætatis ac sanioris consilii, prudenter deliberet, et de ipsorum consilio illum instituat quem secundum instituta regularia videant præferendum ; ita tamen quod ex hoc nulla immineat Cluniacensi abbati necessitas quin saniori consilio acquiescat. Nulli ergo omnino hominum liceat hanc paginam nostræ diffinitionis infringere, vel ei ausu temerario contraire. Si quis autem hoc attentare præsumpserit, indignationem omnipotentis Dei et beatorum apostolorum ejus, Petri et Pauli, se noverit incursurum.

Datum Laterani, III Nonas Februarii, pontificatus nostri anno octavo decimo.

CCIII.

Ad Magnardinum Imolensem episcopum — Imolensis Ecclesiæ privilegia confirmat.

(Anno 1215. Laterani, Febr. 5.)

[UGHELLI, *Italia sacra*, II, 633, ex autographo.]

INNOCENTIUS episcopus, servus servorum Dei, venerabili fratri MAGNARDINO Imolensi episcopo, ejusque successoribus canonice substituendis, etc.

In eminenti apostolicæ sedis specula licet immeriti, disponente Domino, constituti, fratres nostros episcopos tam propinquos, quam longe positos fraterna debemus charitate diligere, et Ecclesiis sibi a Deo commissis pastorali sollicitudine providere. Eapropter, venerabilis in Christo frater Magnardine, tuis justis postulationibus clementer annuimus, et ad exemplar felicis recordationis Eugenii et Alexandri, prædecessorum nostrorum, Romanorum pontificum, Imolensem Ecclesiam, cui Deo auctore præesse dignosceris, sub B. Petri et nostra protectione suscipimus, et præsentis scripti privilegio communimus, statuentes ut quascunque possessiones, quæcunque bona eadem Ecclesia in præsentiarum juste et canonice possidet, aut in futurum concessione pontificum, largitione

---

(90) Geroldus *seu* Geraudus, post Guillelmum II (de quo egimus in not. ad epistolam CLXXVII), supra, ex abbate Molismensi, in Cluniacensem una omnium voce assumptus est, anno 1215, post Pascha, vel, ut inquiunt Sammarthani, ipso die quo Guillelmus administrationem dimisit. Anno 1220 factus fuit episcopus Valentinus, postea patriarcha Hierosolymitanus. *Nov. Gall. Christ.* tom. IV, col. 1145.

(91) Confer not. ad epistolam CLXXVII, supra.

regum, vel principum, oblatione fidelium, seu aliis justis modis, præstante Domino, poterit adipisci, firma tibi tuisque successoribus et illabata permaneant; in quibus hæc propriis duximus exprimenda vocabulis:

Abbatias S. Mariæ in Regula, S. Donati, S. Mariæ in Diaconia, S. Apostoli in Castro Imolæ, S. Petri in Cala, et S. Joannis in Senno; xenodochium S. Vitalis: in ipsa civitate, plebem S. Laurentii, et in ea tibi et canonicis tuis medietatem omnium beneficiorum de tota parochia ipsius provenientium in decimis, primitiis, oblationibus et testamentis. In castris Imolæ plebem S. Mariæ cum capella S. Theodori, et cæteris capellis ad eamdem pertinentibus; plebem S. Geminiani cum capellis suis, plebem S. Andreæ, et capellam S. Pauli in castro Albori; hospitale S. Jacobi in Sillero, plebem S. Mariæ in Guipso', cum capellis suis de massa, et aliis suis capellis; capellam Saxilionis, decimationem novalium in silva de Pacto infra fines tui episcopatus; plebem S. Mariæ in Tausiniano, S. Mariæ in Timberiaco, S. Martini in Colina, S. Angeli in Campiano cum capellis ad easdem pertinentibus; plebem S. Stephani in Barbiano, cum capella in castro Cunii, et cæteris capellis suis; plebes B. Mariæ in centum Licinia, S. Patritii, et S. Apollinaris cum capellis ad eas pertinentibus; ecclesiam S. Anastasii in Morediano, plebes S. Prosperi, et S. Mariæ in Solustra, cum capellis earum, totum territorium, et curtem Sancti Cassiani; castrum, et curtem Taulariæ, castrum, et curtem Aquavivæ, et Massam Boloniani, Massam prata, Massam campum, castrum et curtem, caput silicum, et portum cum paludibus, aquarum decursibus, et piscariis suis, portum Petredulo, Racharetam Runci, Libam ferrariam, villam Zucharini, castrum novum Fabriaci, cum sexdecim mansis, castrum Ragnariæ, cum tota curte, et omnibus appendiciis; Massam Adello, Massam Sogoranam, Massam Medaxanam', Massam Auretam, fundum Peculini, castrum Imolæ, Massam Plasignani, Massam Valeriam, Massam Cornazani, castrum Galisterne, castrum Tonarelli, curtem S. Martini in Saxo, fundum Sastilium, fundum Nunculium, qui dicitur Casula, curtem vallis Salve, castrum, et curtem Montis alti, Massam S. Ambrosii, castrum Gauderoncho, cum curte Runci, et Roccæ, curtem Maceratam, villam Sorbedulum, castrum, et curtem Petrellam, montem S. Mariæ in Guipso cum appendiciis suis, castrum, et curtem Corbariam, castrum et curtem Fontis Ulicis, castrum et curtem Tausinanum, castrum casale, curtem publicam, castrum et curtem Linarii, castrum et curtem Podioli, montem S. Andreæ cum appendiciis suis, curtem Dutiæ, cum appendiciis suis, castrum, et curtem Lavatoriam, Massam Lilani, Massam Arsizii, Massam Galisani, in curte Vitriani, fundum qui dicitur Capraria, et quatuor alios fundos, et in ipsa civitate Tholoneum, et publicas functiones.

Decernimus ergo, ut nulli omnino hominum liceat præfatam Ecclesiam temere perturbare, aut ejus possessiones auferre, vel ablatas retinere, minuere, seu quibuslibet vexationibus fatigare, sed omnia integra conserventur eorum, pro quorum gubernatione, ac sustentatione concessa sunt, usibus omnimodis profutura, salva sedis apostolicæ auctoritate. Si qua igitur in futurum ecclesiastica sæcularisve persona, hanc nostræ constitutionis paginam sciens, contra eam temere venire tentaverit, secundo, tertiove commonita nisi reatum suum congrua satisfactione correxerit, potestatis honorisque sui dignitate careat, reamque se divino judicio existere de perpetrata iniquitate cognoscat, et a sacratissimo corpore ac sanguine Dei, et Domini Redemptoris nostri Jesu Christi aliena fiat, atque in extremo examine districtæ ultioni subjaceat. Cunctis autem cidem loco sua jura servantibus sit pax Domini nostri Jesu Christi, quatenus et hic fructum bonæ actionis percipiant, et apud districtum judicem præmia æternæ pacis inveniant. Amen, amen.

Ego Innocentius Catholicæ Ecclesiæ episcopus, etc.

Ego Nicolaus Tusculanus episc.

Ego Guido Prænestinus episcopus.

Ego Hugo Ostiensis episc.

Ego Benedictus Portuensis et S. Rufinæ episc.

Ego Pelagius Albanensis episc.

Ego Cynthius tit. S. Laurentii in Lucina presb. card.

Ego Centius SS. Joannis et Pauli presb. card. tit. Pancratii.

Ego Leo tit. S. Crucis in Jerusalem presb. card.

Ego Petrus S. Pudentianæ tit. Pastoris presb. card.

Ego Gualla S. Martini presb. card. tit. Equitii.

Ego Stephanus Basilicæ II Apost. presb. card.

Ego Guido S. Nicolai in Carcere Tulliano diac. card.

Ego Gregorius S. Theodori diac. card.

Ego Octavianus SS. Sergii et Bacchi diac. card.

Ego Joannes SS. Cosmæ et Damiani diac. card.

Ego Petrus S. Mariæ in Aquiro diac. card.

Datum Later. per manum Thomæ S. R. E. diaconi et notarii, Neapolitan. electi, Non. Februarii, indict. VIII, incarnat. Dominicæ anno 1215, pontificatus vero D. Innocentii papæ III anno XVIII.

Ego Andreas, qui supra auscultavi, et subscripsi, etc.

CCIV.

Ad abbatem (92), *et conventum S. Bertini.* — *Confirmat eis quasdam possessiones.*

(Anno 1215. Laterani, Febr. 10.)

[Ex Archivio Monasterii S. Bertini, capsa *Papalia* n° 70. BRÉQ. *ibid.*, p. 1157.]

Justis petentium desideriis dignum est nos faci-

---

(92) Vide not. ad Epistolam XVIII, supra.

lem præbere assensum, et vota quæ a rationis tramite non discordant, effectu prosequente complere. Eapropter, dilecti in Domino filii, vestris justis postulationibus grato concurrentes assensu, duorum molendinorum custodiam in flumine Agnionæ, quamdam mansuram juxta curtem vestram in Wesema positam, ab Hugone de Atrebato, et Mabilia sorore sua, hæredum suorum accedente consensu; officium quoque notariæ de Poperinghe, a filio et nepote Lamberti; advocatiam insuper de Calmonte a Guidone, quondam Castellano de Cociaco; necnon et mansuras ex donatione Gisonis de Clusa, in burgo Sancti Audomari, per vos vestro monasterio acquisitas; duas etiam garbas decimæ de Baswrenstem, cum altari de Poperingensi, ac aliis bonis vestris; sicut ea omnia juste ac pacifice obtinetis, vobis et per vos monasterio vestro auctoritate apostolica confirmamus, et præsentis scripti patrocinio communimus. Nulli ergo omnino hominum liceat hanc paginam nostræ confirmationis infringere, vel ei ausu temerario contraire. Si quis autem hoc attentare præsumpserit, indignationem omnipotentis Dei et beatorum Petri et Pauli apostolorum ejus, se noverit incursurum.

Datum Laterani, IV Idus Februarii, pontificatus nostri anno octavo decimo.

CCV-CCVI.

Ad magnates Angliæ — De pace reformanda inter regem et barones Angliæ.

(Anno 1215. Laterani, Mart. 19.)

[RYMER, *Fœdera*, I, 125. Pat. 16 Joh. m. 1 d. in Turre London.]

INNOCENTIUS, etc., dilectis filiis magnatibus et baronibus Angliæ, salutem et apostolicam benedictionem.

Grave gerimus et molestum quod, sicut accepimus, inter charissimum in Christo filium nostrum Joannem regem Anglorum illustrem, et quosdam vestrum, propter quæstiones noviter suscitatas dissensio est suborta, grave dispendium paritura, nisi celeriter fuerint prudenti consilio ac studio diligenti sopitæ.

Istud autem reprobamus omnino, si quemadmodum a multis asseritur, conspirationes aut conjurationes feceritis ausu temerario contra ipsum, quodque cum armis irreverenter ei indevote repetere præsumpsistis, quæ cum humilitate ad devotionem, si opus esset vos repetere debebatis.

Ne igitur ipsius bonum propositum hujusmodi occasionibus volueritis impedire. Nos, omnes conspirationes et conjurationes præsumptas a tempore subortæ discordiæ inter regnum et sacerdotium, apostolica denuntiamus auctoritate cassatas, et per excommunicationis sententiam inhibemus, ne tales de cætero præsumantur, vos monendo prudenter et efficaciter inducendo, ut per manifesta devotionis et humilitatis indicia ipsum regem vobis placare et reconciliare curetis, exhibentes ei servitia consueta quæ vos et prædecessores vestri sibi et suis prædecessoribus impendistis. Ac deinde si quid ab eo duxeritis postulandum, non insolenter, sed cum reverentia imploretis, regalem ei conservantes honorem, ut sic, quod intenderitis, valeatis facilius obtinere.

Nos eumdem regem rogamus et obsecramur in Domino, in remissionem ei peccaminum injungentes, ut vos benigne pertractet, et justas petitiones vestras clementer admittat; sic et vos ipsi congaudendo cognoscatis cum, divina gratia auxiliante, in meliorem statum esse mutatum, ac per hoc vos et hæredes vestri sibi et successoribus suis, debeatis promptius et devotius famulari.

Quocirca nobilitatem vestram rogandam duximus et monendam, per apostolica vobis scripta mandantes, quatenus tales in hoc vos exhibere curetis, quod regnum Angliæ optata pace lætetur, et nos in necessitatibus vestris cum opus fuerit necessarium, vobis impendere debeamus auxilium et favorem.

Datum Laterani, XIV Kal. Aprilis, pontificatus nostri anno decimo octavo.

CCVII.

Ad universos Ecclesiarum prælatos per Angliam constitutos. — Chartam regis Angliæ de electione libera universis et singulis Ecclesiis concessa, confirmat.

(Anno 1215. Laterani, Mart. 30.)

[RYMER, *Fœdera*, I, 127, ex originali in thes. cur. rec. Scaccarii.]

INNOCENTIUS episcopus, servus servorum Dei, venerabilibus fratribus et dilectis filiis universis Ecclesiarum prælatis, per Angliam constitutis, salutem et apostolicam benedictionem.

Dignis laudibus attollimus magnificentiam Creatoris, quod postquam idem qui est mirabilis et terribilis in consiliis super filios hominum, aliquandiu toleravit ut perflando discurreret per areolam horti sui spiritus tempestatis, quasi ludens, taliter ut sic ostenderet infirmitatem et insufficientiam nostram; nobis statim, cum voluit, Aquiloni dixit Da, et Austro Noli prohibere, imperansque ventis et mari statuit procellam in auram, ut nautæ portum quietis inveniant peroptatum.

Cum enim inter regnum et sacerdotium Anglicanum non sine magno periculo atque damno super electionibus prælatorum gravis fuerit controversia diutius agitata, illo tandem cui nihil est impossibile, quique ubi vult spirat, mirabiliter operante, charissimus in Christo filius noster J. rex Anglorum illustris, liberaliter ex mera et spontanea voluntate, de consensu communi suorum baronum, pro salute animæ suæ ac prædecessorum et successorum suorum, vobis concessit et suis litteris confirmavit, ut de cætero in universis et singulis ecclesiis ac monasteriis, cathedralibus et conventualibus totius regni Angliæ, in perpetuum libere fiant electiones quorumcunque prælatorum, majorum etiam et minorum.

Nos igitur hoc gratum et ratum habentes, concessionem hujusmodi, vobis et per vos ecclesiis et successoribus vestris, prout in ejusdem regis litteris prospeximus contineri, auctoritate apostolica confirmamus, et præsentis scripti patrocinio communimus.

Ad majorem autem et perpetuam memoriam hujus rei, præfatas regis litteras super hoc confectas præsentibus inseri fecimus, quarum tenor talis est:

« Joannes, Dei gratia rex Angliæ, dominus Hiberniæ, dux Normanniæ et Aquitaniæ, et comes Andegaviæ, archiepiscopis, episcopis, comitibus, baronibus, et militibus, ballivis et omnibus has litteras visuris, salutem et apostolicam benedictionem.

« Quoniam inter nos et venerabiles patres nostros, Stephanum Cantuariensem archiepiscopum, totius Angliæ primatem et Sanctæ Romanæ Ecclesiæ cardinalem, Willelmum Londoniensem, Eustachium Elyensem, Egidium Herefordiensem, Jocelinum Bathoniensem et Glastoniensem, et Hugonem Lincolniensem episcopos super damnis et ablatis eorum, tempore interdicti, per Dei gratiam de mera et libera voluntate utriusque partis, plene convenit, volumus nos non solum eis quantum secundum Deum possumus, satisfacere, verum etiam toti Ecclesiæ Anglicanæ salubriter et utiliter in perpetuum providere.

« Inde est quod, qualiscunque consuetudo temporibus nostris et prædecessorum nostrorum hactenus in Ecclesia Anglicana fuerit observata, et quiquid juris nobis hactenus in electionibus quorumcunque prælatorum; nos, ad ipsorum petitionem, pro salute animæ nostræ et prædecessorum ac successorum nostrorum regum Angliæ, liberaliter et spontanea voluntate, de communi consensu baronum nostrorum, concessimus et constituimus, et hac præsenti charta nostra confirmavimus, ut de cætero in universis et singulis ecclesiis et monasteriis, cathedralibus et conventualibus totius regni Angliæ, liberæ sint in perpetuum electiones quorumcunque prælatorum, majorum et minorum, salva nobis et hæredibus nostris custodia ecclesiarum, et monasteriorum vacantium, quæ ad nos pertinent.

Promittimus etiam quod nec impediemus nec impediri permittemus per nostros, nec procurabimus quin in singulis et universis ecclesiis et monasteriis memoratis, postquam vacaverint prælaturæ, quandocunque voluerint, libere sibi præficiant electores pastorem, petita tamen prius nobis et hæredibus nostris licentia eligendi, quam non denegabimus nec differemus.

« Et si forte, quod absit, denegaremus vel differremus, nihilominus procedent electores ad electionem canonicam faciendam, et similiter post celebratam electionem noster requiratur assensus, quem non denegabimus, nisi aliquid rationabile proposuerimus, et legitime probaverimus, propter quod non debeamus consentire.

Quare volumus et firmiter jubemus, ne quis, vacantibus ecclesiis vel monasteriis, contra hanc nostram concessionem et constitutionem in aliquo veniat, vel venire præsumat. Si quis vero contra hoc aliquo unquam tempore veniret, maledictionem omnipotentis Dei et nostram incurrat. »

Nulli ergo omnino hominum liceat hanc paginam nostræ confirmationis infringere, vel ei ausu temerario contraire. Si quis autem hoc attentare præsumpserit, indignationem omnipotentis Dei et beatorum Petri et Pauli apostolorum ejus, se noverit incursurum.

Datum Laterani, tertio Kalend. Aprilis, pontificatus nostri anno octavo decimo.

CCVIII.

Ad universos Angliæ magnates. — Ut solitum ab antiquo scutagium reddant Angliæ regi.

(Anno 1215. Laterani, April. 1.)

[RYMER, *Fœdera*, I, 128, ex originali in Thes. curiæ recept. Scaccarii.]

INNOCENTIUS episcopus, servus servorum Dei, dilectis filiis nobilibus viris, magnatibus, baronibus et militibus per Angliam constitutis, salutem et apostolicam benedictionem.

Significavit nobis charissimus in Christo filius noster Joannes rex Anglorum illustris quod, cum prædecessores vestri scutagium de baroniis quas tenetis ab eo, regibus Angliæ reddere consueverint ab antiquo, ac etiam vos ipsi usque ad proxima tempora sibi noscimini reddidisse, nunc scutagium ipsi debitum pro exercitu, quem anno præterito in Pictaviam duxit, eidem pro vestræ voluntatis arbitrio, reddere denegatis.

Ne igitur pium ipsius regis propositum occasione hujusmodi retardetur, devotionem vestram monendam duximus attentius, et hortandam, per apostolica vobis scripta mandantes quatenus dictum scutagium eidem prout tenemini sine difficultate reddatis, præsertim cum possessione sæpe dicti scutagii, quam prædecessores sui ac ipse hactenus habuisse dicuntur, non sit absque judicio spoliandus, quandoquidem ipse, in ejus possessione persistens, paratus sit postulantibus justitiam exhibere.

Dat. Lateran, Kal. Aprilis, pontificatus nostri anno octavo decimo.

CCIX.

Episcopo Magalonensi in feudum dat comitatum Melgorii.

(Anno 1215. Laterani, April. 14.)

[*Gall. Christ. nov.*, VI, Instrum., 567.]

INNOCENTIUS episcopus, servus servorum Dei, venerabili fratri GUILLELMO episcopo Magalonensi, salutem et apostolicam benedictionem.

Devotionem, quam te, et Magalonensem ecclesiam ad apostolicam Sedem novimus habuisse, et habere in futurum speramus, attendentes, comitatum Melgorii, sive Montisferrandi, qui ad jus sive proprietatem Romanæ ecclesiæ noscitur pertinere, cum omnibus pertinentiis ejus in feudum concedimus tibi, et successoribus tuis sub annuo censu marcarum argenti, nobis et successoribus nostris, in festo Resurrectionis Domini persolvendo, salvo nihilominus alio censu, quem pro alia causa Romanæ Ecclesiæ debetis. Ita quod tu et successores tui nobis et successoribus nostris fidelitatem propter hoc specialiter faciatis, et per Romanam Ecclesiam ipsum recognoscatis et teneatis comitatum, et de ipso deinceps faciatis guerram et pacem ad mandatum ipsius, nec castrum Melgorii, seu castrum Montisferrandi, cum sint caput comitatus ejusdem, infeudare, vel quomodolibet alienare ullatenus præsumatis absque apostolicæ sedis licentia speciali; nulla etiam feuda, quæ ad ipsum pertinent comitatum, ulli concedatis omnino extra Magaloneusem diœcesim commoranti. Nulli ergo, etc.

Datum Laterani, xviii Kalend. Maii, pontificatus nostri anno xviii.

CCX.

Ad abbatem et fratres monasterii in Prule Ratisponensis diœcesis. — Ecclesias in Weihenloch et Talmassing eis asserit.

(Anno 1215. Laterani, April. 28.)

[Ried, *Cod. diplom. Ratisbon.*, p. 309, ex diplomatario Ratisp.]

Innocentius episcopus, servus servorum Dei, dilectis filiis abbati et conventui monasterii in Prule Ratisponensis diœcesis, salutem et apostolicam benedictionem.

Solet annuere Sedes apostolica piis votis, et honestis petentium precibus favorem benevolum impertiri. Eapropter, dilecti in Domino filii, vestris justis postulationibus grato concurrentes assensu ecclesias in Wihenloh et Talmazing cum pertinentiis earumdem, quas venerabilis frater noster Ratisponensis episcopus cum consensu capituli sui vestro monasterio pia liberalitate donavit, sicut eas juste ac pacifice possidetis, vobis et per vos eidem monasterio auctoritate apostolica confirmamus, et præsentis scripti patrocinio communimus. Nulli ergo omnino hominum liceat hanc paginam nostræ confirmationis infringere, vel ei ausu temerario contraire; si quis autem hoc attentare præsumpserit, indignationem omnipotentis Dei et beatorum Petri et Pauli apostolorum ejus se noverit incursurum.

Datum Laterani, iv Kal. Maii, pontificatus nostri anno xviii.

CCXI.

Ad abbatem et fratres cœnobii Casinensis. — Varia ad eorum reformationem suggerit.

(Anno 1215. Anagniæ, Sept. 20.)

[D. Tosti, *Storia della badia Casin.*, II, 289, ex originali, caps. 6, n. 8.]

Innocentius episcopus, servus servorum Dei, dilectis filiis abbati, et conventui Casinensi, salutem et apostolicam benedictionem.

Ad reformationem monasterii vestri curam et sollicitudinem debitam adhibentes, capitula statuimus infra scripta, per quæ fideliter observata monasterium ipsum, auctore Deo, et temporalibus commodis, et spiritualibus proficiat incrementis. In primis igitur, ut membra capite sano facilius convalescant, et ad prælati exemplum subditi componantur, duximus statuendum, ut Casinensis abbas utatur calceamentis, et vestibus secundum beati Benedicti Regulam, pannis videlicet, quibus, bonæ memoriæ, Raynaldus, et Petrus de Insula, aliique ipsius loci religiosi abbates usi esse noscuntur, et abstineat prorsus a carnibus, nisi comminutus vel medicinatus, aut infirmus, seu valde debilis fuerit; et in capitulo quando superius in monasterio moram fecerit, nisi evidens causa præpediat, singulis diebus intersit, ac semper cum illis hospitibus comedat, quos oportet, et decet sui præsentia honorari; et tunc nihilominus, ipse, ac monachi comedentes cum eo carnibus non vescantur. Nec ibi, aut in aliis locis ubi abbas reficitur, admittantur ullatenus histriones, qui si quando se forsan ingesserint importune, detur eis cibus extra mensam abbatis solummodo propter Deum, quo contenti a gesticulationum seu verborum ineptiis abstinere penitus compellantur; nec abbas, vel monachus aves, aut canes venaticos habeat, nec azolum sive aurum in sellis habere præsumat, aut frenis utatur deauratis ullatenus. Nec ullus obedientialis monasterii numerum duarum equitaturarum et totidem servientium excedat. Porro abbas cum pro emergentibus negotiis equitabit, ducat moderatam familiam et honestam; et tam apud Sanctum Germanum, quam apud alia monasterii Castra, in quibus ipsum manere contingst, tres, aut duo de senioribus monachis, viri probatæ religionis et famæ, semper in una camera jaceant cum eodem; aliis monachis qui secum fuerint in uno loco comedentibus et jacentibus, ita quod nullus cameram habeat specialem, ut sic melius Satanæ obvietur astutiis, et ora iniqua loquentium facilius obtrudantur.

Monachi vero in monasterio consistentes, tam obedientiales quam alii, in communi dormitorio jaceant, et in communi comedant refectorio, nec quisquam illorum obedientialium, aut alius superius monasterio servientes habeat speciales, nec specialia sibi faciat fercula præparari, sed omnes pulmentis utantur communibus, infirmis duntaxat exceptis, qui et ipsi omnes simul in infirmitorio comedant, nisi forsan qui tanta debilitate laborant, ut a lectis discedere sine difficultate non possint. Sub infirmario autem alius statuatur monachus bonæ conversationis, vel laicus, qui assiduam in infirmitorio faciens residentiam, die ac nocte infirmorum singulorum et omnium curam gerat. Hospitale quoque, restitutis sibi omnibus subtiactis eidem, taliter reformetur, ut infirmi et pauperes confugientes ad illud solatia ibi percipiant consueta sub hospitalario nihilominus alio monacho, vel religioso laico constituto, qui de die in hospitali permanens, et de nocte fideliter pauperibus administret.

Monachis vero aliorum monasteriorum, cum ad ipsum monasterium declinaverint, benigne, sicut ipsius loci fratribus, ministretur. In superiori etiam sacristia constituatur aliquis monachus, providus et honestus, qui res sacras custodiat diligenter, nec a ministerio removeatur hujusmodi, quandiu bene ac laudabiliter ministrabit. Sacerdotes ordinentur de senioribus ad hoc officium exsequendum idonei, ut non sit in monasterio penuria, sed copia sacerdotum. Simon de Colle alto, Joannes de Colimento, et Joannes de Campania, et etiam monachi qui præsumpserunt cum Adinulfo quondam abbate, conjurare vel rebellare contra Romanam Ecclesiam, seu monasterium Casinense, semper in conventu morentur, ita quod nulla obedientia committatur eisdem, donec emendaverint in melius vitam suam.

Quia vero quidam ex vobis in animarum suarum perniciem habere proprium non verentur, statuimus ut illud resignare in usus monasterii convertendum sub religione juramenti, si necesse fuerit, compellantur; et si de cætero aliquis ipsius loci monachus proprium habere fuerit deprehensus, sine spe restitutionis a monasterio expellatur, cum nos omnes hujusmodi proprietarios decrevimus excommunicationis sententiæ subjacere. Si vero apud aliquos in morte proprium contigerit inveniri, ecclesiastica careant sepultura. Si vero alicui monachorum aliquid a quocunque specialiter datum fuerit, illud abbati vel decano resignet, sed ipse abbas vel decanus necessitatibus ejus inde faciat provideri sicut viderit expedire. Nec ea quæ sunt ad refectiones aut vestes, seu aliis monachorum necessitatibus deputata inter eos de cætero dividantur, sed conserventur per illos quibus fuerit hæc sollicitudo commissa, et pro ipsorum monachorum necessitatibus utiliter expendantur. Nec claustralium aliquis præbendas vel redditus habeat extra claustrum, et eis qui noscuntur habere, penitus auferantur. Decanus quoque habere duplicia vestimenta et specialia cibaria non præsumat, et monachus vetera reddat, quandocunque nova receperit indumenta. Et quoniam apud vos jam quasi pro consuetudine dicitur obtinere, ut cum monachum aliquem litigiosum aut garrulum, inobedientem, in vestro collegio inveniri, abbas ejus seditiones evitans, obedientias, ecclesias, et alia bona monasterii det eidem; unde mali quasi de sua malitia commodum reportantes, prolabuntur sæpius ad pejora, et alii quoque ad dissensiones et scandala incitantur. Volumus et mandamus ut abbas viros honestos, obedientes, religiosos et graves sincera tractare studeat charitate; inhonestos vero et inobedientes, dissolutos et leves, cum decani et seniorum consilio juxta monastica puniat instituta; ut sic boni de bono provocentur ad melius, et mali a sua malitia revocentur. Claustralibus autem, absque manifesta et necessaria causa, exeundi a claustro licentia nullatenus tribuatur, cum periculosum sit talibus sæcularium cœtui admisceri; nec sub consanguinitatis prætextu infra monasterii ambitum, colloquium habere cum mulieribus juniores monachi permittantur, nisi præsentibus ad minus duobus monachis senibus et honestis.

Ad imitationem quoque felicis memoriæ Lucii papæ prædecessoris nostri statuimus, ut abbas possessiones, domania monasterii alienare, vel infeodare non possit, adjicientes, ut idem tam molendina, quæ bonæ memoriæ abbas Roffredus, in gravem alienavit monasterii læsionem, quam alia quæ de ipsius monasterii domanio alienata sunt illicite vel distracta, seu male concessa, ad opus ejusdem studeat legitime revocare. Præposituras vero ecclesiarum suarum conferat monachis prudentibus et honestis, quos faciat juramento firmare, quod non alienabunt ipsarum possessiones et jura; quod si forte præsumpserint, ipsos perpetuo a monasterio sine spe restitutionis decernimus amovendos, alias graviter puniendos. Dicti autem præpositi singuli certos, modestos et consuetos redditus reddant monasterio annuatim, secundum ecclesiarum, quibus præfuerint, facultates. Et ut sicut mali de malitia pœnam, ita boni de bonitate præmium consequantur; abbas præpositos ipsos a præposituris in quibus eos bene administrasse constiterit, non amoveat absque necessitate vel utilitate monasterii manifesta; monachos vero de castris, et villis ad claustrum præcipimus revocari, nisi forte ad custodiam illarum munitionum, quæ sunt in finibus abbatiæ sint aliqui necessarii, quos ibi pro tempore toleramus; quibus abbas injungat in virtute obedientiæ, ut quantum poterunt, religiose viventes, personam in judicio non accipiant, sed æqualiter justitiam faciant pauperi et diviti, debili ac potenti; eos vero qui declinabunt ad dexteram, vel sinistram, debita severitate puniat ipse abbas; in quorum pœna si negligens fuerit, aut remissus, apostolicæ correctionis experiatur sententiam in se ipso. Et tam monachi, quibus castra, quam illi quibus ecclesiæ committuntur, personaliter ad claustrum in festo dedicationis monasterii annuatim accedant rationem villicationis suæ, coram abbate, decano, et aliis reddituri. Quod observandum statuimus etiam circa ipsius monasterii thesaurarium, cellararium, infirmarium, hospitalarium, et sacristam, ut qui laudabiliter egerunt, debita fratrum commendatione lætentur; qui vero male, confusione et ignominia perfundantur. Ad hæc thesaurarius, cellararius, et infirmarius singulis diebus Sabbati, ad monasterium, secundum consuetudinem antiquam et approbatam, accedant in claustro cum fratribus usque ad secundam feriam moraturi, quod et abbas facere studeat, cum poterit competenter. Supradicta ergo capitula præcipimus inviolabiliter observari; et ne quis se per ignorantiam valeat excusare, volumus, et mandamus, ut ea singulis mensibus, in abbatis et fratrum præsentia recitentur.

Nulli ergo omnino hominum liceat hanc paginam nostræ constitutionis infringere, vel ei ausu temerario contraire. Si quis autem hoc attentare præsumpserit, indignationem omnipotentis Dei, et Beatorum Petri et Pauli apostolorum ejus, se noverit incursurum.

Datum Anagniæ, xii Kalendas Octobris, pontificatus nostri anno octavo decimo.

CCXII.
Ad consules Mutinenses. — Pro Nonantulanis.
(Anno 1215. Laterani, Oct. 23.)
[TIRABOSCHI, *Storia della badia di Nonantola*, II, 354, ex autographo.]

INNOCENTIUS episcopus, servus servorum Dei, dilectis filiis consulibus Mutinensibus, salutem et apostolicam benedictionem.

Cum judicium decimarum ad ecclesiasticum forum spectet, mirari cogimur et moveri, quod, sicut dilecti filii archipresbyter et canonici plebis Nonantulanæ nobis graviter sunt conquesti, vos contra colonos quarumdam possessionum ipsorum, coram vobis a venerabili fratre nostro Mutinensi episcopo, super decimis tractos in causam, definitivas sententias promulgastis, quas licet, dilecti filii, abbas Sanctæ Mariæ in Regula Imolensis et conjudices ejus tanquam a non suis judicibus latas auctoritate nostra irritas judicarint, vos nihilominus eas nitimini exsecutioni mandare. Ne igitur jurisdictionem vestram in juris injuriam velle videamini dilatare, devotioni vestræ per apostolica scripta mandamus, quatenus colonos prædictos super his de cætero nullatenus molestetis, cum id nequaquam possemus æquanimiter tolerare.

Datum Laterani, x Kalend. Novembris, pontificatus nostri anno octavo decimo.

CCXIII.
Ad episcopum Mutinensem. — Pro Nonantulanis.
(Anno 1215. Laterani, Oct. 25.)
[TIRABOSCHI, *Storia della badia di Nonantola*, II, 353, ex autographo.]

INNOCENTIUS episcopus, servus servorum Dei, venerabili fratri episcopo Mutinensi, salutem et apostolicam benedictionem.

Dilecti filii archipresbyter et canonici plebis Nonantulanæ nobis conquerendo monstrarunt, quod cum olim colonos possessionum suarum de Senaida, super decimis ad eamdem plebem spectantibus coram judicibus sæcularibus traxisses in causam, licet nos tibi per dilectos filios abbatem Sancti Stephani Bononiensis et collegam ipsius delegatos a nobis, fecerimus postmodum inhiberi ne. . . . . . prædictos faceres super his vexari colonos, tu tamen faciens nihilominus in causa procedi, definitivas obtinuisti sententias contra illos, quas quamvis abbas Sanctæ Mariæ in Regula Imolensis et conjudices ejus, auctoritate nostra, irritas judicaverint et inanes, et tam tibi quam clericis tuis sub pœna excommunicationis firmiter inhibuerint, ne præsumeretis aliquo tempore sententiis ipsis uti, tu nihilominus, de quo miramur, colonos prædictos coram sæcularibus judicibus super eisdem decimis per syndicum tuum trahens, uteris sententiis memoratis. Ut igitur non solum super hoc conscientiæ tuæ consulas, verum etiam pœnam evites legibus definitam, fraternitati tuæ per apostolica scripta mandamus quatenus a prædictorum colonorum super his de cætero molestatione desistens, prædictis sententiis non utaris, ne contra te secus procedere compellamur.

Datum Laterani, viii Kalend. Novemb., pontificatus vero nostri anno octavo decimo.

CCXIV.
Ad abbatem et fratres S. Dionysii. — Ut eis liceat decimas et feoda de manibus detinentium recipere.
(Anno 1215. Laterani, Oct. 30.)
[DOUBLET, *Hist. de Saint-Denys*, p. 544.]

INNOCENTIUS episcopus, servus servorum Dei, dilectis filiis abbati et conventui Sancti Dionysii Parisiensis diœcesis, salutem et apostolicam benedictionem.

Præsentata nobis vestra petitio continebat ut auctoritate apostolica vobis liceat possessiones, decimas et feoda ad vestrum monasterium spectantia, de manibus detinentium, ne culpa ipsorum vobis depereant, recipere sub nomine pignoris et libere possidere. Nos igitur vestris precibus annuentes, benigne concedimus quod petistis, dummodo interim nullum servitium ratione bonorum illorum recipiatis ab illis qui vobis in aliquo pro rebus eisdem antea obnoxii tenebantur.

Datum Laterani, iii Kal. Novembris, pontificatus nostri anno XVIII.

CCXV.
Ad abbatem (93), priorem et præpositum S. Eligii Noviomensis. — Compositionem inter priorem et conventum de Noviaco et comitem Regitestensem confirmat (94).
(Anno 1215. Laterani, Nov. 2.)
[Ex Chartulario Noviomensi. BALUZ. *ibid.*, p. 1156.]

Significavit nobis. . . . . . . prior et conventus de Noviaco, quod cum olim inter ipsos ex parte una, et nobilem virum... comitem Regitestensem ex altera, super quibusdam procurationibus et rebus aliis quas ab eis contra justitiam exigebat, quæstio verteretur, tandem amicabilis inter ipsos compositio intervenit, quam iidem apostolico roborari munimine postularunt. Ideoque discretioni vestræ per apostolica scripta mandamus, quatenus compositionem ipsam, prout sine pravitate provide facta est, et ab utraque parte sponte recepta, faciatis per censuram ecclesiasticam, appellatione remota, firmiter obser-

---

(93) Monasterium S. Eligii Noviomensis tunc temporis regebat Radulfus II *vel* I, qui notus est in Instrumentis ab anno 1199 usque ad annum 1229. De eo nihil anno 1230 serius notatum in tabulis. Obitum ejus necrologium consignat iii Kal. Februarii. *Nov. Gall. Christ.* tom. IX, col. 1068.

(94) Confer epistolam appendicis hujus CXLVIII.

vari. Quod si non omnes his exsequendis potueritis interesse, duo vestrum ea nihilominus exsequantur.

Datum Laterani, iv Nonas Novembris, pontificatus nostri anno octavo decimo.

CCXVI.

Aa Antissiodorensem episcopum. — De jurisdictione super abbatia S. Germani exercenda.

(Anno 1216. Laterani, Jan. 5.)

[Le Beuf, *Hist. d'Auxerre*, II, preuv., 45.]

Innocentius episcopus, servus servorum Dei, venerabili fratri Antissiodorensi episcopo, salutem et apostolicam benedictionem.

Postulante quondam dilecto filio magistro H. procuratore tuo, abbatem et conventum S. Germani Antissiodorensis ab impedimento quod tibi super visitationis et correctionis officio inferebant, apostolicæ Sedis auctoritate compesci, procurator partis adversæ respondit monasterium illud Cluniacensi esse subjectum, pro quo dilectus filius tuus abbas et in nostra præsentia exhibuit defensorem. Super quibus venerabili fratri nostro Trecensi episcopo et conjudicibus suis sub certa forma causam duximus committendam. Tandem nepote ac dilecto filio Cluniacensi abbate apud sedem apostolicam constitutis, per quoddam scriptum felicis recordationis Eugenii papæ coram nobis exhibitum, ad abbatem Cluniacensem in prædicto Antissiodorensi monasterio, receptionem et correctionem canonicam inter alia pertinere............. Quia vero quid ad correctionem ordinis, et quid canonicam correctionem spectaret, secundum diversos et adversos partium intellectus in dubium ducebatur, nos sic declaravimus verba prædicta ut interruptio silentii retentio propriorum, contemptus obedientiæ in.......... hæ quæ sunt ordinis se.......... negligentia in divinis et alia quæ considerantur circa observantiam regulæ monachalis ad correctionem ordinis; accusatio vero criminalis, seu etiam civilis impetitio, et alia quæ ordinariæ jurisdictionis existunt, ad correctionem canonicam pertinere dicuntur, et quod uterque visitet et corrigat secundum declarationem prædictam quæ fuerunt corrigenda in monasterio memorato.

Nulli ergo omnino hominum liceat hanc paginam nostræ declarationis infringere, aut ei ausu temerario contraire. Si quis autem hoc attentare præsumpserit, indignationem omnipotentis Dei et beatorum apostolorum ejus Petri et Pauli se noverit incursurum.

Datum Laterani, Nonis Januarii, pontificatus nostri anno decimo nono.

CCXVII.

Ad universos crucesignatos per Bremensem provinciam constitutos.

(Anno 1216, Laterani, Jan. 8.)

[Lappenberg, *Hamburg. Urkund.*, p. 546, ex originali Stadiensi cum appenso plumbeo sigillo Innocentii III, caps. II, n: 47.]

Innocentius episcopus, servus servorum Dei, universis crucesignatis per Bremensem provinciam constitutis, salutem et apostolicam benedictionem.

Vos qui elegistis Dominum, imo qui electi estis ab ipso Patre luminum, a quo est omne datum optimum et perfectum, ut populus peculiaris et oves pascuæ suæ sitis et serviatis ei humero uno et unanimi desiderio ac voluntate concordi, et inchoetis sub Christo principe prælia Domini præliari, lætamini et gaudete, quia jam appropinquat dies desiderabilis et optatus, tempus, in quo beneplacitum est Deo habitare in vobis, tempus siquidem faciendi vindictam in nationibus et increpationes in populis detinentibus et contaminantibus terram sanctam; qui tanquam insensati pueri verum derident et exprobrant Elisæum, dicentes : *Ascende, calve, ascende, calve (II Reg.. ii), fiasque tuis Christianis propitius et defensor*. Propter quod exire disposuistis, juxta exhortationem Apostoli, *extra castra propriæ habitationis, improperium ejus portantes (Hebr. xiii)* tam diu, donec sub pedibus vestris Dominus conterat inimicos, dans illis opprobrium sempiternum et vobis victoriam gloriosam. Oportet itaque vos attendere diligenter, quod sine querela, pacifice et laudabiliter conversando gratum impendatis tanto Domino famulatum, qui *habet in vestimento et in femore suo scriptum : Rex regum et Dominus dominantium (Apoc. xix)*, qui est etiam Dominus virtutum et Rex gloriæ sempiternæ, non acceptans coacta servitia, sed spontanea, non tristia, sed jucunda, spernens discordes famulos, superbos etiam et immites, et amplexans pacificos, humiles et benignos. Considerare vos etiam expedit et oportet, quod cum cæteri strenui bellatores usque ad mortem decertent pro corruptibili corona et gloria temporali, seu pro regno aliquo transitorio acquirendo, vos non pro hujusmodi exponere satagitis vosmetipsos, sed pro corona incorruptibili, gloria sempiterna et pro cœlesti regno in perpetuum duraturo. Nunc igitur cum omni gaudio et tripudio, cum omni desiderio et affectu, certatim properare debetis ad tantæ felicitatis bravium obtinendum, quod vobis exponit et explicat dextera Salvatoris per suæ crucis vexillum, non solum suæ protectionis auxilium, sed victoriam et gloriam repromittens.

Unde nos, qui vestræ coronæ cooperatores existere affectamus, ut ad capiendam optatam hujus triumphi palmam liberius currere valeatis, statuimus inter cætera, quæ fuerunt prudenter disposita pro subsidio terræ sanctæ in concilio generali, ut saltem per quadriennium in toto orbe Christiano pax generaliter observetur, ita quod per ecclesiarum prælatos discordantes reducantur ad plenam pacem vel firmam treugam inviolabiliter observandam, et qui acquiescere forte contempserint, per excommunicationem in personas et interdictum in terras arctissime compellantur.

Ne vero vestrum sanctum propositum et terræ sanctæ subsidium ultra debitum differatur, sed acceleratis gressibus utiliter inchoetur tempore opportuno, de prudentium virorum consilio, qui plene noverunt circumstantias temporum et locorum, præfato approbante concilio, diffinivimus et præsentium auctoritate mandamus, ita ut crucesignati se præparent, quod in Kalendis Junii sequentis post proximum, omnes qui disposuerunt transire per mare, in regno Siciliæ studeant convenire, alii sicut oportuerit et decuerit apud Brundusium et alii apud Messanum et partes utrobique vicinas, ubi et nos personaliter, Domino annuente, disponimus tunc adesse, quatenus nostro consilio et auxilio, exercitus Christianus salubriter ordinetur cum benedictione divina et apostolica profecturus. Ad eumdem quoque terminum se studeant præparare qui proposuerunt proficisci per terram, significaturi hoc interim nobis, ut eis ad consilium et auxilium legatum idoneum de nostro latere concedamus.

Ut autem suave jugum et onus leve Christi libentius et liberius portare possitis, ad vestra onera sublevanda statuimus in concilio prætaxato, ut vos et alii crucesignati collectis et talliis aliisque gravaminibus immunes amodo existatis, vestras et ipsorum personas et bona post crucem assumptam sub beati Petri protectione suscipientes et nostra; necnon etiam decernentes, ut sub defensione archiepiscoporum et episcoporum ac omnium prælatorum Ecclesiæ consistatis, ita ut donec de crucesignatorum obitu vel reditu certissime cognoscatur, integra maneant et quieta, et si quisquam contra præsumpserit, censura ecclesiastica compescatur.

Deputavimus autem vobis et aliis crucesignandis vestræ provinciæ speciales insuper protectores, videlicet venerabilem fratrem nostrum C., quondam Halberstadensem episcopum, et dilectos filios, magistros Conradum (95) de Marpurch et J. scholasticum Xanctensem, quibus ad defensionem vestram auctoritatem præscriptam præsentibus indulgemus; ipsis mandantes, ut studiose proponant Christi fidelibus vestræ provinciæ verbum crucis, et ad restitutionem præfata censura compellant eos qui pecuniam retinere præsumpserint pro subsidio terræ sanctæ promissam, vel in truncis collectam seu etiam colligendam, quam per eosdem suo tempore utiliter et prudenter expendi volumus et mandamus per crucesignatos strenuos et prudentes de populo illo, ubi fuerit pecunia præfata collecta, quibus ad peragendum votum suum proprie non suppetunt facultates, sicut deliberatione provida videbitur expedire. Interim autem nolumus, ut dicti prædicatores eleemosynam supradictam, adjunctis sibi viris idoneis et discretis illorum locorum, ubi eadem fit collecta, usque ad tempus distributionis fideliter faciant conservari.

Eisdem autem prædicatoribus damus insuper in mandatis, ut diligenter moneant et inducant, obsecrantes per Patrem et Filium et Spiritum sanctum, unum solum verum æternum Deum, reges, duces et principes, marchiones, comites et barones aliosque magnates, necnon communia civitatum, villarum et oppidorum, ut qui personaliter non accesserunt in subsidium terræ sanctæ, competentem conferant numerum bellatorum cum expensis ad triennium necessariis, secundum proprias facultates, in remissionem peccatorum suorum, prout in generalibus litteris est expressum.

Renuentibus autem, si qui forte tam ingrati fuerint Domino Deo nostro, ex parte apostolica firmiter protestentur, ut sciant se super hoc nobis in novissimo districti examinis die, coram tremendo judice responsuros, prius tamen considerantes qua conscientia quave securitate comparere poterunt coram unigenito Dei Filio Jesu Christo, cui omnia dedit Pater in manus, si ei pro peccatoribus crucifixo servire renuerint in hoc negotio quasi proprie sibi proprio, cujus munere vivunt, cujus beneficio sustentantur, quin etiam cujus sanguine sunt redempti.

Sane ut omnibus rite dispositis, et juxta Gedeonis exemplum inutilibus domi relictis, contra Madianitas utiles et necessarios dirigamus; quia crucesignatorum numerosa est per Dei gratiam multitudo, tam clericorum quam laicorum, virorum et mulierum, senum ac juvenum, debilium ac etiam robustorum, per dispensationem providam et discretam vota quorumdam minus utilium volumus commutari, redimi vel differri, sic tamen, ut iidem nihilominus ad tempus illa gaudeant indulgentia illoque privilegio sint muniti, quæ conceduntur in terræ sanctæ subsidium profecturis. Hanc autem sollicitudinem viris prudentibus et discretis, quos ad hoc credimus idoneos et fideles, per unamquamque diœcesim duximus committendam, dantes eis per alios nostras litteras in mandatis, ut habentes Deum præ oculis et circumstantiis hoc negotium contingentibus diligentius indagatis, sub publico et bonorum virorum testimonio ea prudenter et sagaciter exsequantur, caute providentes, ne propter clericorum crucesignatorum abundantiam Christianorum exercitus prægravetur et Ecclesiæ debitis obsequiis defraudentur.

Datum Laterani, vi Idus Januarii, pontificatus nostri anno xviii.

CCXVIII.
Parthenonis de Osterholte protectionem suscipit ejusque bona et privilegia confirmat.
(Anno 1216. Laterani, Febr. 8.)
[LAPPENBERG, *Hamburg. Urkund.*, p. 349, ex archivo Osterholt.]

INNOCENTIUS episcopus, servus servorum Dei, dilectis in Christo filiabus, priorissæ ac monialibus monasterii de Osterholte, salutem et apostolicam benedictionem.

Dum a nobis petitur, quod justum est et honestum, tam vigor æquitatis, quam ordo exigit ratio-

---

(95) Conradus renuntiavit episcopali dignitati anno 1208. Vid. *Chronic. Halberstad.*

nis, ut id per sollicitudinem officii nostri ad debitum perducatur effectum. Eapropter, dilectæ in Domino filiæ, vestris justis postulationibus grato concurrentes assensu, personas vestras et locum, in quo divino estis obsequio mancipatæ, cum omnibus bonis, quæ in præsentiarum rationabiliter possidetis, vel in futurum justis modis, præstante Domino, poteritis adipisci, sub beati Petri et nostra protectione suscipimus. Specialiter autem curiam Scherembecke, domum in Brema, et mansos, quos habetis prope Hiddingwerde, Sutherbroke, in Pennyngkbutle, in Duringge, cum suis appendiciis, nec non et alia bona ejusdem monasterii, sicut ea juste et pacifice possidetis, vobis et per vos, eidem monasterio auctoritate apostolica confirmamus et præsentis scripti patrocinio communimus. Nulli ergo omnino hominum liceat hanc paginam nostræ protectionis et confirmationis infringere, vel ei ausu temerario contraire. Si quis autem hoc attentare præsumpserit, indignationem omnipotentis Dei et beatorum Petri et Pauli, apostolorum ejus, se noverit incursurum.

Datum Laterani, vi Idus Februarii, pontificatus nostri anno xviii.

CCXIX.

Vetat ne G. (96) clericus Bremensis diœceseos ab archiepiscopo Harturigo II olim depositus, in capitulum introducatur.

(Anno 1216. Laterani, Febr. 13.)

[LAPPENBERG, *Hamburg. Urkund.*, p. 349, ex Stadiensi orginali in cap. ii, not. 5.]

INNOCENTIUS episcopus, servus servorum Dei, dilectis filiis, abbati Sancti Pauli, præposito de Hilgenrothe, Bremensis diœceseos, cellerario Sancti Willeadi Bremensis, salutem et apostolicam benedictionem.

Querelam dilectorum filiorum, B. præpositi et canonicorum Bremensium, recepimus, continentem quod cum G. clericus diœceseos Bremensis, propter suos excessus a bonæ memoriæ H. Bremensi archiepiscopo, fuerit omnibus ecclesiasticis beneficiis spoliatus, et super illis eidem clerico in nostra præsentia conquerenti, perpetuum silentium duxerimus imponendum, ipse nihilominus, occasione quarumdam litterarum nostrarum, in forma communi super quibusdam injuriis obtentarum, stallum in choro et locum in capitulo restitui sibi petit. Super quo suæ provideri ecclesiæ, dicti canonici humiliter supplicarunt. Quocirca discretioni vestræ per apostolica scripta mandamus, quatenus, si præmissis veritas suffragatur, dictam ecclesiam ab impetitione hujusmodi absolvatis, contradictores per censuram ecclesiasticam, appellatione postposita, compescentes. Quod si non omnes his exsequendis potueritis interesse, duo vestrum ea nihilominus exsequantur.

Datum Laterani, Idibus Februarii, pontificatus nostri anno xviii.

CCXX.

Ad Stephanum abbatem et conventum Casinensem.— Quod nullæ sint alienationes, inscia conventus saniori parte confectæ.

(Anno 1216. Laterani, Feb. 29.)

[D. TOSTI, *Storia della badia Casin.*, II, 288, ex originali. Caps. dipl. 3, n. 34.]

INNOCENTIUS episcopus, servus servorum Dei, dilectis filiis STEPHANO abbati, et conventui Casinensi, salutem et apostolicam benedictionem.

Officii nostri debitum exigit ut cum ecclesiarum omnium curam et sollicitudinem gerere teneamur, iis quæ in earum præjudicium per ministrorum insolentiam perperam attentantur per providam diligentiam obvietur, et earum indemnitatibus æquitatis beneficio succurratur. Cum igitur super his quæ in præjudicium monasterii vestri alienata sunt illicite, vel distracta, abbatum alienantium appareant instrumenta duorum, vel trium, aut paucorum monachorum subscriptione signata, et judices ordinarii eis nolint aliquatenus obviare : nos indemnitatibus ipsius monasterii paterna volentes sollicitudine præcavere, insinuatione præsentium declaramus, instrumenta majoris et sanioris partis conventus subscriptione carentia, quæ super hujusmodi alienatione sunt confecta, non obtinere in præjudicium monasterii firmitatem. Nulli ergo omnino hominum liceat hanc paginam nostræ declarationis infringere, vel ei ausu temerario contraire. Si quis autem hoc attentare præsumpserit, indignationem omnipotentis Dei, et Beatorum Petri et Pauli se noverit incursurum.

Datum Laterani, ii Kalendas Martii, pontificatus nostri anno nono decimo.

CCXXI.

Ad abbatem et conventum S. Dionysii. — De decimis a laicis redimendis.

(Anno 1216. Laterani, Febr. 29.)

[DOUBLET, *Hist. de Saint-Denys*. p. 545.]

INNOCENTIUS episcopus, servus servorum Dei, dilectis filiis abbati et conventui Sancti Dionysii Parisiensis, salutem et apostolicam benedictionem.

Vestra nobis devotio supplicavit sibi concedi a laicis redimere decimas et redemptas pacifice possidere. Cum autem in decimis laici jus speciale non habeant, benigne vobis postulata concedimus, de illis duntaxat quæ infra vestras parochias sic a laicis detinentur.

Datum Laterani, ii Kal. Martii, pontificatus nostri anno xix.

CCXXII.

Ad abbatem et conventum S. Dionysii. — Indulget ut procurationes episcopis seu aliis prælatis non teneantur exhibere.

(Anno 1216. Laterani, Mart. 1.)

[DOUBLET, *Hist. de Saint-Denys*, p. 546.]

INNOCENTIUS episcopus, servus servorum Dei, dilectis filii abbati et conventui Sancti Dionysii Parisiensis, salutem et apostolicam benedictionem.

Vestra nobis insinuatio declaravit, quod quidam

---

(96) Goteschalcus, ut videtur, tunc Bremensis scholasticus.

episcopi et alii ecclesiarum prælati, procurationes indebitas exigunt a vestri Monasterii curtibus in ipsorum episcoporum diœcesibus constitutis, hoc sibi deberi dicentes, eo quod in ipsis diœcesibus quasdam percipitis decimas et de oblationibus parochialium ecclesiarum in quibus præsentandi noscimini jus habere, certam obtinetis in plerisque solemnitatibus portionem. Verum cum ratione visitationis procurationes debeantur, et in prædictis curtibus quædam privata oratoria sint constructa quæ ad dictorum visitationem non pertinent prælatorum, nobis humiliter supplicastis ut super iis indemnitati vestræ providere misericorditer dignaremur. Nos igitur vestris precibus inclinati, auctoritate vobis præsentium indulgemus ne procurationes hujusmodi teneamini prælatis solvere ante dictis, nisi cum curtes ipsas quas ad ipsorum jurisdictionem de jure spectare constiterit, more debito, causa visitationis accesserint opportunæ.

Datum Laterani, Kalendas Martii, pontificatus nostri anno XIX.

CCXXIII.
Ad abbatem et conventum S. Dionysii. — Donationes ipsis factas confirmat.
(Anno 1216. Laterani, Mart. 7.)
[DOUBLET, *Hist. de l'abbaye de Saint-Denys*, p. 546.]

INNOCENTIUS episcopus, servus servorum Dei, dilectis filiis abbati et conventui S. Dionysii Parisiensis, salutem et apostolicam benedictionem.

Justis petentium desideriis dignum est nos facilem præbere assensum, et vota quæ a rationis tramite non discordant, effectu prosequente complere. Cum igitur quondam Renaldus de Pomponia, miles, procurationem decem militum in festo beati Dionysii, quinque modios annonæ cujusdam decimæ quæ a vestro percipiebat monasterio annuatim, eidem pia liberalitate remiserit : et quondam Ferricus de Ver duas partes decimæ vini de Argentolio, minagium, videlicet tres minas de modio, decem sextarios annonæ, duas partes decimæ ac oblationum cujusdam parochiæ vestræ, quæ ipse cum uxore ac filiis diu detinuerat injuste, Domino inspirante, præfato monasterio resignarit : nos vestris precibus inclinati, remissionem et resignationem prædictas sicut pie ac provide factæ sunt, gratas habentes, ipsas auctoritate apostolica confirmamus et præsentis scripti patrocinio communimus. Nulli ergo omnino hominum liceat hanc paginam nostræ confirmationis infringere vel ei ausu temerario contraire. Si quis autem hoc attentare præsumpserit, indignationem omnipotentis Dei et beatorum Petri et Pauli apostolorum ejus se noverit incursurum.

Datum Laterani, Nonas Martii, pontificatus nostri anno XIX.

CCXXIV.
Frisonibus per Bremensem provinciam constitutis mandat, excommunicatum Waldemarum de eorum finibus ejiciant.
(Anno 1216, Laterani, Mart. 14.)
[LAPPENBERG, *Hamburg. Urkund.*, p. 350, ex orig. Stadiensi.]

INNOCENTIUS episcopus, servus servorum Dei, dilectis filiis, Frisonibus non crucesignatis, per Bremensem provinciam constitutis, salutem et apostolicam benedictionem.

Justitiæ zelus exigit et fraternæ charitatis ordo requirit, ut Christi fideles vicissim sua onera supportantes, adimplendo plenius legem Christi, mutua sibi auxilia subministrent tempore opportuno, servitutis excutientes jugum de cervicibus innocentum, injuriam facientibus resistendo et oppressos studiosius liberando de manibus iniquorum, ne si noluerint perturbare perversos qui possunt, fovere ipsos in suæ iniquitatis perfidia videantur. Cum igitur Bremensis ecclesia, quæ diu per filium perditionis schismaticum, Waldemarum excommunicatum, depositum et degradatum, ac a nobis condemnatum in concilio generali, detenta est et quodammodo ancillata sub jugo exactissimæ servitutis, pro sua liberatione ab olim apud nos institerit cum clamore, necdum a sua potuerit angustia respirare, licet multam impenderimus sollicitudinem et laborem, universitatem vestram rogamus attentius et monemus, per apostolica vobis scripta mandantes et in remissionem peccaminum injungentes, quatenus sic procedatis viriliter et potenter ad solvendum jugum captivitatis ecclesiæ memoratæ, ac dejiciendum de vestris finibus schismaticum antedictum et compescendum fautores ipsius, quod a Deo præmium et a nobis et aliis consequi valeatis laudem et gratiam ampliorem.

Datum Laterani, II Idus Martii, pontificatus nostri anno XIX.

CCXXV.
Ad decanum S. Frambaldi, et Cantores S. Frambaldi et S. Reguli, Silvanectenses. — Ut sententiam ab episcopo Silvanectensi in favorem abbatis et conventus S. Dionysii, in causa quadam latam observari faciant.
(Anno 1216. Viterbii, April. 18.)
[Ex apographo, quod ad fidem autographi, in archivis monasterii S. Dionysii asservati, diligenter exscriptum, nobiscum communicavit D. Poirier. BRÉQ., *ibid.*]

INNOCENTIUS episcopus, servus servorum Dei, dilectis filiis..... decano Sancti Frambaldi, et Sancti Frambaldi et Sancti Reguli cantoribus, Silvanectensibus, salutem et apostolicam benedictionem.

Dilecti filii, abbas (97), et conventus Sancti Dionysii, nobis humiliter supplicarunt, ut diffinitivam sententiam, quam pro eis venerabilis frater noster... Silvanectensis episcopus (98), et ejus conjudices, delegati a nobis, contra N. militem de Flamengeria, Laudunensis diœceseos, super quibusdam redditi-

(97) Vide epistolam libri tertii XLV, not.

(98) Vide epistolam libri quinti CXLV not.

bus et rebus aliis, exigente justitia, promulgarunt, apostolico dignaremur munimine roborare. Ideoque, discretioni vestræ per apostolica scripta mandamus, quatenus sententiam ipsam, sicut est justa, faciatis per censuram ecclesiasticam, appellatione remota, firmiter observari. Et, si non omnes his exsequendis potueritis interesse, duo vestrum ea nihilominus exsequantur.

Datum Viterbii, xiv Kal. Maii, pontificatus nostri anno nono decimo.

CCXXVI.

Ad Abbatissam S. Mariæ de Acuis Massiliensis. — Protectionem ejus suscipit et ejus possessiones confirmat.

(Anno 1216. Tuderti, April. 29.)

Antiquités de l'Egl. de Marseille, II, 62, ex archiv. abb. S. Salvatoris Massiliensis.]

INNOCENTIUS episcopus, servus servorum Dei, dilectis in Christo filiabus abbatissæ et monialibus Sanctæ Mariæ de Acuis, etc.

. . . Sub beati Petri et nostra protectione suscipimus, specialiter autem ecclesiam Sanctæ Mariæ de Acuis cum pertinentiis suis, jura quoque quod habetis in castris de Alaucho et Rocovaira, etc. Motta juxta fluvium Velnæ ac in hospitali Sancti Spiritus Massiliensis, etc.

Datum Tuderti, tertio Kalend. Maii, pontificatus nostri anno nono decimo.

CCXXVII.

Ad abbatissam et sorores de Rysebiarg. — Earum possessiones et privilegia confirmat.

(Anno 1216. Apud Urbem Veterem, Maii 7.)

[LILJEGREN, *Diplom. Suecan.*, I, 183.]

INNOCENTIUS episcopus, servus servorum Dei, dilectis in Christo filiabus... abbatissæ ac monialibus de Riesbyarg, salutem et apostolicam benedictionem.

Cum a nobis petitur quod justum est et honestum, tam vigor æquitatis quam ordo exigit rationis, ut id per sollicitudinem officii nostri ad debitum perducatur effectum. Eapropter, dilectæ in Christo filiæ, vestris justis postulationibus grato concurrentes assensu, personas vestras et monasterium in quo divino estis obsequio mancipatæ, cum omnibus bonis quæ impræsentiarum rationabiliter possidet, aut in futurum justis modis, præstante Domino, poterit adipisci, sub beati Petri et nostra protectione suscipimus, specialiter autem Fruoswi, Hindawret, Scotist, Borshogen, Akerbui, Chellestat, Sebui, et alias possessiones pia vobis fidelium devotione collatas, sicut eas juste ac pacifice obtinetis, vobis et per vos eidem monasterio auctoritate apostolica confirmamus, et præsentis scripti patrocinio communimus. Nulli ergo hominum liceat hanc paginam nostræ confirmationis infringere, vel ei ausu temerario contraire. Si quis autem hoc attentare præsumpserit, indignationem omnipotentis Dei et beatorum Petri et Pauli apostolorum ejus se noverit incursurum.

Datum apud Urbem Veterem, Nonis Maii, pontificatus nostri anno nono decimo.

CCXXVIII.

Ad archiepiscopum.... — Sententiam excommunicationis ab A... præposito S. Willehaldi et T. de Walle canonico Bremensi contra episcopum.... impetratam revocat, et pœnam contra dictum præpositum prolatam confirmat.

(Anno 1216. Laterani, Maii 9.)

[LAPPENBERG, *Hamb. Urkund.*, p. 350, ex copiario regii archivi Hannoverani. Initium deest.]

...Willehadi præpositus et T. de de Walle, canonicum Bremensem, super eodem negotio per falsam suggestionem iterum apostolicas litteras impetravit. Quorum duo, videlicet præpositus Sancti Willehadi et T. canonicus memorati, vinculo excommunicationis astricti pro eo quod favebant et communicabant contumaciter perfido Waldemaro, contradicente dicto majoris ecclesiæ præposito ipsorumque conjudice, licet auctoritate litterarum nostrarum eorum jurisdictio revocata fuisset, ob favorem præfati Uldemari (qui eum habebat exosum pro eo quod contra ipsum mandatum apostolicum fuerat fideliter exsecutus), in eumdem episcopum de facto duntaxat excommunicationis sententiam promulgarunt. Super uno processu ac intrusione fautorum suorum dictus A. ut adderet afflictionem afflicto, tacito, quod judices memorati propter communionem Uldemari præfati fuerant excommunicationis vinculo irretiti et per abbatem de Lubeca et suos conjudices ipsorum jurisdictio revocata, suppresso etiam, quod præter excommunicationis sententias in eumdem A. exigente justitia promulgatas, quæ fuerunt per abbatem de Doberan et conjudices suos auctoritate apostolica confirmato, in eum et suos fautores per abbatem de Rastede ac suos conjudices delegatos a nobis fuerunt depositionis et excommunicationis sententiæ promulgatæ, ad venerabilem fratrem nostrum, Magdeburgensem archiepiscopum extraprovincialem nostras litteras impetravit. Unde petebat a nobis episcopus memoratus, ut cum sæpefatus A. et complices ejus, prædictis depositionis et excommunicationis sententiis vilipensis, divina præsumant officia celebrare, in eos aggravaremus taliter manus nostras, quod eorum exemplo alii discerent a similibus abstinere

Nolentes igitur rebellionem prædictorum et contumaciam relinquere impunitam, discretioni vestræ per apostolica scripta mandamus, quatenus, si est ita, revocato in irritum quidquid auctoritate litterarum a prædicto A. excommunicationis vinculo innodato contra nominatum episcopum obtentarum, in ipsius episcopi præjudicium inveneritis attentatum, jam dictas sententias in eumdem A. et suos complices promulgatas, depositionis videlicet sicut est justa, excommunicationis vero sicut rationabiliter est prolata, usque ad satisfactionem condignam faciatis auctoritate nostra, sublato appellationis obstaculo, firmiter observari. Quod si non omnes his exsequendis potueritis interesse, tu frater archiepiscope, cum eorum altero ea nihilominus exsequaris.

Datum Laterani, vii Idus Maii, pontificatus nostri anno xix.

CCXXIX.
Ad abbatem et fratres S. Thomæ de Paracleto ; eorum privilegia confirmat.

(Anno 1216. Perusii, Maii 30.)

[LANGEBECK, *Script. rer. Danic.*, VI, 148.]

INNOCENTIUS episcopus, servus servorum Dei, dilectis filiis, abbati et conventui Sancti Thomæ de Paracleto, salutem et apostolicam benedictionem.

Sacrosancta Romana Ecclesia devotos et humiles filios ex assuetæ pietatis officio propensius diligere consuevit : et ne pravorum hominum molestiis agitentur, eos tanquam pia mater suæ protectionis munimine confovere. Eapropter, dilecti in Domino filii, vestris justis precibus inclinati, personas vestras et monasterium, in quo divino estis obsequio mancipati, cum omnibus bonis, quæ in præsentiarum rationabiliter possidet, aut in futurum justis modis, præstante Domino, poterit adipisci, sub beati Petri et nostra protectione suscipimus. Specialiter autem libertates et immunitates, decimas quoque, possessiones ac alia bona, eidem monasterio a regibus, episcopis, seu aliis Christi fidelibus, pia et provida deliberatione concessa, sicut ea omnia juste ac pacifice obtinetis, vobis et per vos ipsi monasterio vestro auctoritate apostolica confirmamus, et præsentis scripti patrocinio communimus. Nulli ergo omnino hominum liceat hanc paginam nostræ protectionis et confirmationis infringere, vel ei ausu temerario contraire. Si quis autem hoc attentare præsumpserit, indignationem omnipotentis Dei, et beatorum Petri et Pauli apostolorum ejus, se noverit incursurum.

Datum Perusii, iii Kal. Junii, pontificatus nostri anno nono decimo.

CCXXX.
Ad nobiles Upsallenses.— Gratias agit pro censu liberaliter et devote soluto.

(Anno 1216. Perusii, Maii 31.)

[LILJEGREN, *Diplom. Suecan.*, I, 158.]

INNOCENTIUS episcopus, servus servorum Dei, dilectis filiis nobilibus viris baronibus, militibus et aliis per Upsallensem diœcesim constitutis, salutem et apostolicam benedictionem.

Super eo quod debitum nobis censum liberaliter et devote solvistis, sicut venerabili fratri nostro archiepiscopo vestro insinuante didicimus, et ipse rei effectus indicat evidenter, devotionem commendamus in Domino et digna gratiarum prosequimur actione, rogantes attente ac per apostolica vobis scripta mandantes, quatenus in ipso censu debitis temporibus exsolvendo vos exhibere curetis ita paratos et promptos quod apostolica Sedes et nos qui ei licet immeriti præsidemus, vos charitatis brachiis teneamur sicut speciales filios arctius amplexari, et a Deo dignum mereamur præmium obtinere.

Datum Perusii, ii Kalend. Junii, pontificatus nostri anno nono decimo.

CCXXXI.
Ad abbatem (98*) et conventum monasterii S. Vedasti Atrebatensis. — Confirmat eis libertatem, ipsis a Ludovico, Francorum regis filio primogenito, concessam, qua homines liberi monasterii eorum, per liberos abbatis homines judicentur.

(Anno 1216. Jul. 1.)

[Ex Archivio Monasterii S. Vedasti Atrebatensis. BRÉQ. *ibid.*, p. 1158.]

INNOCENTIUS episcopus, servus servorum Dei, dilectis filiis, abbati et conventui Sancti Vedasti Atrebatensis, salutem et apostolicam benedictionem.

Cum a nobis petitur quod justum est et honestum, tam vigor æquitatis quam ordo exigit rationis, ut id per sollicitudinem officii nostri, ad debitum perducatur effectum. Significastis siquidem nobis, quod, cum quidam episcopi, comites, barones, et alii clerici et laici, monasterium vestrum, quod ad Romanam Ecclesiam nullo pertinet mediante, sibi subjicere, ac homines, et jura ipsius etiam subtrahere, contra justitiam moliantur ; nobilis vir L. primogenitus charissimi in Christo filii nostri..... regis Francorum illustris, ad cujus dominium et jurisdictionem ex dono regis terra ipsius monasterii dicitur pertinere, hanc vobis contulit libertatem, ut..... monasterii liberi per liberos abbatis homines judicentur, et rustici per scabinos, judicio de omnibus aliis abbati libero remanente ; .... quoque quas in terra recipiebat, eadem monasterio vestro concessit, sicut in ejusdem L. litteris dicitur plenius contineri. Nos igitur, vestris precibus inclinati, libertatem et concessionem prædictas, sicut eas juste ac pacifice obtinetis, vobis et per vos monasterio vestro auctoritate apostolica confirmamus, et præsentis scripti patrocinio communimus. Nulli ergo omnino hominum liceat hanc paginam nostræ confirmationis infringere, vel ei ausu temerario contraire. Si quis autem hoc attentare præsumpserit, indignationem omnipotentis Dei, et beatorum Petri et Pauli, apostolorum ejus, se noverit incursurum.

Datum............. Kalendas Julii, pontificatus nostri anno nono decimo.

CCXXXII.
Ad abbatem et fratres S. Tiberii (diœc. Agathensis). — Eorum possessiones et privilegia confirmat.

(Anno 1216. Ap. Urbem veterem.)

[*Gall. Christ. nov.*, VI, Instr., 332, ex archiv. S. Tiberii.]

INNOCENTIUS episcopus, servus servorum Dei, dilectis filiis abbati monasterii S. Tiberii, ejusque

---

(93*) Vide ad Epistolam Libri noni cxv, not.

fratribus tam præsentibus quam futuris regularem vitam professis, in perpetuum.

Cum omnibus ecclesiis debitores ex injuncto nobis officio existamus, illis tamen propensius nos convenit providere, quæ B. Petri juris existunt, et ad defensionem S. Romanæ Ecclesiæ specialiter pertinere noscuntur; ideoque dilecti in Domino filii, vestris justis petitionibus clementer annuimus, et prædecessorum nostrorum felicis memoriæ Sergii, Paschalis, Calixti, Eugenii, et Alexandri vestigiis inhærentes, præfatum S. Tiberii monasterium sub B. Petri, et nostra protectione suscipimus, et præsentis scripti privilegio communimus, statuentes ut quascunque possessiones, quæcunque bona in præsentiarum juste ac canonice possidet, aut in futurum concessione pontificum, largitione regum, vel principum, oblatione fidelium, seu aliis justis modis præstante Domino poterit adipisci, firma vobis, vestrisque successoribus et illibata permaneant, in quibus hæc nominatim duximus exprimenda:

Ecclesiam videlicet Sanctæ Mariæ de Gradu in territorio Agathensi cum pertinentiis suis, ecclesiam S. Sulpitii, et ecclesiam S. Joannis de Castronovo; ecclesiam S. Martini de Granoleriis, ecclesiam S. Andreæ de Roviniaco, ecclesias S. Joannis, et Sanctæ Susannæ de Florentiaco, ecclesiam S. Martini de Fenoleto cum pertinentiis earum; ecclesiam quoque S. Petri de Beciano, quam per concordiam a bonæ memoriæ Guidone quondam Sanctæ Romanæ Ecclesiæ cancellario, tunc apostolicæ sedis legato, inter vos et abbatem ac monachos Casæ-Dei factam obtinuistis, cum decimis et aliis ad eam pertinentibus; ecclesiam Sanctæ Mariæ de Affriano cum pertinentiis suis. In Biterrensi vero episcopatu, ecclesiam Sanctæ Mariæ de Scrignano cum pertinentiis suis. In Tolosano ecclesiam S. Petri et Sanctarum Puellarum cum pertinentiis suis, ecclesiam quoque Sanctæ Mariæ de Ciderio, ecclesiam S. Petri de Campania, et ecclesiam S. Saturnini de Alamans cum pertinentiis earum. In Gasconia, in Auxiensi episcopatu, ecclesiam S. Juliani de Galano cum ecclesiis, villis, et cæteris omnibus ad eam pertinentibus. In parochia Conveniensi, ecclesiam Sanctæ Mariæ de Quiriliaco, et ecclesiam S. Petri de Podio. Prohibemus autem ne in præfata villa, in qua idem monasterium situm est, et terminis ejus, ulla unquam ecclesiastica sæcularisve persona castrum aliquod vel munitionem facere audeat, neque ab hominibus ejusdem villæ præter abbatem et ministros ejus per exactionem aliquid extorquere, neque vicariæ ministerium exercere, neque pro eadem vicaria campum, qui est ultra fluvium Tongam subtus Severiacum, sine abbatis permissione vel personæ cujuslibet vindicare. Obeunte vero te nunc ejusdem loci abbate, vel tuorum quolibet successorum, nullus ibi qualibet subreptionis astutia vel violentia præponatur, nisi quem fratres communi consensu, vel pars fratrum consilii sanioris secundum Dei timorem et beati Benedicti Regulam providerint eligendum. Chrisma vero, oleum sanctum, consecrationes altarium, seu basilicarum, benedictionem abbatis, ordinationes monachorum vel clericorum, a diœcesano suscipietis episcopo, si quidem catholicus fuerit, et gratiam atque communionem sedis apostolicæ habuerit, et ea gratis et absque ulla pravitate voluerit exhibere, alioquin liceat vobis quemcunque malueritis adire antistitem, qui nostra fultus auctoritate quod postulatis indulgeat. Nulli autem episcopo licitum sit obedientiam a vobis exigere, nec vos eam alicui præter Romanæ ecclesiæ præsumatis aliquatenus exhibere. Adjicimus quoque, ut nulli præter Romanum pontificem, et apostolicæ sedis legatum, prædictum monasterium, et ei præsidentem abbatem, vel familiam, quæ de cellario ejus vivit, interdictionis sententia liceat innodare, sed locus ipse, sicut a prædecessoribus nostris institutum est, semper sub apostolicæ sedis jure ac potestate permaneant. Ad indicium autem hujus ab apostolica sede libertatis acceptæ, singulis annis unum aureum nobis nostrisque successoribus persolvetis.

Decernimus ergo, ut nulli omnino hominum liceat præfatum monasterium temere perturbare, aut ejus possessiones auferre, vel ablatas retinere, minuere, seu quibuslibet molestiis fatigare, sed omnia integre conserventur eorum, pro quorum gubernatione et sustentatione concessa sunt, usibus omnimodis profutura, salva sedis apostolicæ auctoritate, et in prædictis ecclesiis diœcesanorum episcoporum canonica justitia. Si quis igitur in futurum hanc nostræ constitutionis paginam sciens contra eam temere venire tentaverit, secundo tertiove commonitus, si non præsumptionem suam congrua satisfactione correxerit, potestatis honorisque sui dignitate careat, reumque se divino judicio existere de perpetrata iniquitate agnoscat, et a sacratissimo corpore et sanguine Domini nostri Jesu Christi alienus fiat, atque in extremo examine districtæ ultioni subjaceat. Cunctis autem eidem loco sua jura servantibus sit pax Domini nostri Jesu Christi, quatenus et hic fructum bonæ actionis percipiant, et apud districtum judicem præmia æternæ pacis inveniant. Amen, amen.

Ego Innocentius, catholicæ Ecclesiæ episcopus.
Ego Nicolaus, Tusculanensis episcopus.
Ego Pelagius, Albanensis episcopus.
Ego Cincius, tituli Sancti Laurentii in Lucina presbyter cardinalis.
Ego Cencius, Sanctorum Joannis et Pauli presbyter cardinalis tituli Pammachii.
Ego Leo, tituli Sanctæ Crucis in Jerusalem presbyter cardinalis.
Ego Robertus, tituli S. Stephani in Cœliomonte presbyter cardin.
Ego Stephanus, basilicæ Duodecim Apostolorum presbyter cardinalis.

Ego Petrus, S. Laurentii in Damaso presbyter cardinalis.

Ego Othonianus, SS. Sergii et Bacchi diaconus cardinalis.

Ego Gregorius, S. Theodori presbyter cardinalis.

Ego Reynerius, Sanctæ Mariæ in Cosmedin diaconus cardinalis.

Ego Romanus, S. Angeli diaconus card.

Ego Stephanus, S. Adriani diaconus cardin.

Datum apud Urbem veterem, per manum Thomæ Sanctæ Sabinæ presbyteri cardinalis, pontificatus D. Innocentii papæ III anno XIX.

ANNO 1198-1216.

CCXXXIII.
Domini Innocentii expeditionis pro recuperanda Terra Sancta ordinatio.

(DUCHESNE, *Rer. Franc. Script.*, V, 749.)

Ad liberandam Terram Sanctam de manibus impiorum, ardenti desiderio aspirantes, de prudentum virorum consilio, qui plene noverant circumstantias temporum et locorum, sacro approbante concilio diffinimus, ut ita crucesignati se præparent, quod in Kalendas Junii sequentis post proximum, omnes qui disposuerunt transire per mare, conveniant in regnum Siciliæ; alii, sicut oportuerit, et decuerit, apud Brundusium, et alii apud Messanam, et partes utrobique vicinas, ubi et nos personaliter, Domino annuente, disposuimus tunc adesse, quatenus nostro consilio et auxilio exercitus Christianus salubriter ordinetur, cum benedictione divina et apostolica profecturus. Ad eumdem quoque terminum se studeant præparare, qui proposuerunt per terram proficisci. Significaturi hoc interim nobis, ut eis ad concilium et auxilium, legatum idoneum de nostro latere concedamus.

Sacerdotes autem, et alii clerici, qui fuerint in exercitu Christiano, tam subditi quam prælati, orationi et exhortationi diligenter insistant, docentes eos verbo pariter et exemplo, ut timorem et amorem semper habeant divinum ante oculos, ne dicant aut faciant, quod divinam majestatem offendat. Et si aliquando lapsi fuerint in peccatum, per veram pœnitentiam mox resurgant gerentes humilitatem cordis et corporis, et tam in victu quam in vestitu mediocritatem servantes, dissensiones et æmulationes omnino vitando, rancore ac livore a se penitus relegatis, ut sic spiritualibus et materialibus armis muniti adversus hostes fidei securius prælientur, non de sua præsumentes potentia, sed de divina virtute sperantes. Ipsis autem clericis indulgemus ut beneficia sua integra percipiant per triennium, ac si essent in ecclesiis residentes, et si necesse fuerit ea per idem tempus pignori valeant obligare.

Ne igitur hoc sanctum propositum impediri, vel retardari contingat, universis Ecclesiarum prælatis districte præcipimus, ut singuli per loca sua illos, qui signum crucis disposuerunt resumere, ac tam ipsos quam alios crucesignatos, et quos adhuc signari contigerit, ad reddendum vota sua Domino diligenter moneant et inducant, et si necesse fuerit per excommunicationis in personas, et interdicti sententias in terras eorum, omni tergiversatione cessante, compellant, illis duntaxat exceptis, quibus tale impedimentum occurrerit, propter quod secundum Sedis apostolicæ providentiam, votum eorum commutari debeat merito vel differri.

Ad hæc ne quid in negotio Jesu Christi de contingentibus omittatur, volumus et mandamus, ut patriarchæ, archiepiscopi, episcopi, abbates et alii, qui curam obtinent animarum, studiose proponant sibi commissis, verbum crucis, obsecrantes per Patrem, et Filium, et Spiritum sanctum, unum solum verum æternum Deum, reges, duces, principes, marchiones, comites et barones, aliosque magnates, necnon communiones civitatum, villarum, oppidorum, ut qui personaliter non accesserint in subsidium Terræ Sanctæ, competentem conferant numerum bellatorum cum expensis ad triennium necessariis, secundum proprias facultates, in remissionem peccatorum suorum, prout in generalibus litteris est expressum, et ad majorem cautelam etiam inferius exprimemus.

Hujus remissionis volumus esse participes, non solum eos, qui naves proprias exhibent, sed etiam illos, qui propter hoc opus naves studuerint fabricare. Renuentibus autem, si qui forte tam ingrati fuerint Domino Deo nostro, ex parte apostolica firmiter protestentur, ut se sciant super hoc nobis in novissimo districti examinis die coram tremendo judicio responsuros; prius tamen considerantes qua conscientia, quave securitate confiteri poterunt coram unigenito Dei Filio Jesu Christo, cui omnia pariter dedit in manus, si ei pro peccatoribus crucifixo, servire renuerint in hoc negotio, quasi proprie sibi proprio, cujus munere vivunt, cujus beneficio sustentantur, quin etiam ejus sanguine sunt redempti.

Ne vero in humeros hominum onera gravia et importabilia imponere videamur, quæ digito nostro movere nolimus, similes illis qui dicunt utique sed non faciunt, ecce nos de his ultra necessarias et moderatas expensas potuimus reservare, triginta millia librarum in hoc opus concedimus et donamus, præter navigium quod crucesignatis de Urbe atque vicinis partibus conferimus, assignaturi nihilominus ad hoc ipsum tria millia marcharum argenti, quæ apud nos de quorumdam fidelium eleemosynis remanserunt, aliis in necessitates et utilitates prædictæ terræ, per manus felicis memoriæ abbatis Hierosolymitani patriarchæ, ac magistrorum Templi et Hospitalis fideliter distributis.]

Cupientes autem alios ecclesiarum prælatos, necnon clericos universos, et in merito et in præmio habere participes et consortes, ex communi concilii approbatione statuimus, ut omnes omnino clerici tam subditi quam prælati, vicesimam partem ecclesiasticorum proventuum usque ad triennium, conferant ad subsidium Terræ Sanctæ per manus eorum, qui ad hoc apostolica fuerint providentia ordinati; quibusdam duntaxat religiosis exceptis, ab hac prætaxatione merito eximendis, illis similiter, qui assumpto, vel assumendo crucis signaculo, sunt personaliter profecturi.

Nos autem et fratres nostri sanctæ Ecclesiæ Romanæ cardinales, plenarie decimam persolvemus, sciantque se omnes ad hoc fideliter observandum, per excommunicationis sententiam obligatos, ita quod illi qui super hoc fraudem scienter commiserint, sententiam excommunicationis incurrant.

Sane quia justo judicio cœlestis imperatoris obsequiis inhærentes, speciali decet prærogativa gaudere, cum tempus proficiscendi annum excedat in modico, crucesignati, vel a collectis, vel talliis aliisque gravaminibus sint immunes, quarum personas et bona post crucem assumptam sub beati Petri et nostra protectione suscepimus, et sub archiepiscoporum, episcoporum, ac omnium prælatorum Ecclesiæ defensione consistant, propriis nihilominus protectoribus ad hoc specialiter deputandis, ita ut donec de ipsorum obitu vel reditu certissime cognoscatur, integra maneant et quieta, et si quisquam contra præsumpserit, per censuram ecclesiasticam compescatur.

Si qui vero proficiscentium illuc, ad præstandas usuras juramento tenentur astricti, creditores eorum, ut remittant eis præstitum juramentum, et ab usurarum exactione desistant, eadem præcipimus districtione compelli. Quod si quisquam creditorum eos ad solutionem coegerit usurarum, eum ad restitutionem earum simili cogi animadversione mandamus.

Judæos vero ad remittendas usuras per sæcularem compelli præcipimus potestatem, et donec illas remiserint, ab universis Christi fidelibus, per excommunicationis sententiam eis omnino communio denegetur. Illis autem qui Judæis debita solvere nequeunt in præsenti, sic principes singulares utili dilatione provideant, quod post iter arreptum, usquequo de ipsorum obitu, vel reditu certissime cognoscatur, usurarum incommoda non incurrant; compulsis Judæis proventus pignorum, quos interim ipsi perceperint, in sortem expensis deductis necessariis computare, cum hujusmodi beneficium non multum videatur habere dispendii, **quod solutionem sic prorogat, quod debitum non absorbet.**

Porro ecclesiarum prælati qui in exhibenda justitia crucesignatis, et eorum familiis negligentes exstiterint, sciant se graviter puniendos. Cæterum quia cursarii et piratæ nimium impediunt subsidium Terræ Sanctæ, capiendo et exspoliando transeuntes ad illam, et redeuntes ab ipsa, nos speciales adjutores et fautores eorum excommunicationis vinculo innodamus, sub interminatione anathematis inhibentes, ne quis cum eis scienter communicet aliquo venditionis vel emptionis contractu, et injungentes rectoribus civitatum et locorum suorum, ut eos ab hac iniquitate revocent et compescant, alioquin quia nolle perturbare perversos nihil aliud est quam fovere, nec caret scrupulo societatis occultæ qui manifesto facinori desinit obviare, in personas et terras eorum per Ecclesiarum prælatos, severitatem ecclesiasticam volumus et præcipimus exerceri.

Excommunicamus præterea et anathematizamus illos falsos et impios Christianos, qui contra ipsum Christum et populum Christianum, Saracenis, arma, ferrum et ligamina deferunt galearum; eos etiam qui galeas eis vendunt, vel naves, quique in piraticis Saracenorum navibus curam gubernationis exercent, vel in machinis, aut quibuslibet aliis aliquod eis impendunt consilium, vel auxilium in dispendium Terræ Sanctæ, ipsarum rerum suarum privatione mulctari, et capientium servos fore censemus. Præcipientes, ut per omnes urbes maritimas, diebus Dominicis et festivis hujusmodi sententia innovetur, et talibus gremium non aperiatur Ecclesiæ, nisi totum quod ex substantia tam damnata perceperint et tantumdem de sua in subsidium prædictæ terræ transmiserint, ut æquo judicio in quo deliquerint, puniantur. Quod si forte solvendo non fuerint, alias sic reatus talium castigetur, quod in pœna ipsorum aliis interdicatur audacia similia præsumendi.

Prohibemus insuper omnibus Christianis, et sub anathemate interdicimus, ne in terras Saracenorum, qui partes Orientales inhabitant, usque ad quadriennium transmittant, aut transcant naves suas, ut per hoc volentibus transfretare in subsidium Terræ Sanctæ major navigii copia præparetur, et Saracenis prædictis subtrahatur auxilium, quod eis consuevit ex hoc non modicum provenire.

Licet autem torneamenta sint in diversis conciliis sub certa pœna generaliter interdicta, quia tamen hoc tempore crucis negotium per ea plurimum impeditur, nos illa sub pœna excommunicationis firmiter prohibemus usque ad triennium exerceri.

Quia vero ad hoc negotium exsequendum est permaxime necessarium ut principes et populi Christiani ad invicem pacem observent, sancta universali synodo suadente statuimus, ut saltem per quadriennium in toto orbe Christiano servetur pax generaliter, ita quod per Ecclesiarum prælatos discordantes reducantur ad plenam pacem, aut firmam treugam inviolabiliter observandam, et qui acquiescere forte contempserint, per excommunicationem in persónas, et interdictum in terras arctissime compellantur, nisi tanta fuerit injuriarum malitia, quod ipsi tali non debeant pace gaudere. Quod si forte censuram ecclesiasticam vilipenderint, poterunt non immerito formidare, ne per auctoritatem Ecclesiæ, circa eos tanquam perturbatores negotii Crucifixi, sæcularis potentia inducatur.

Nos igitur Omnipotentis Dei misericordia, et beatorum apostolorum Petri et Pauli auctoritate confisi, ex illa quam nobis (licet indigne) Deus ligandi atque solvendi contulit potestatem, omnibus qui laborem propriis personis subierint et expensis, plenam suorum peccaminum, de quibus liberaliter fuerint corde contriti et confessi, veniam indulgemus, et in retributione justorum, salutis æternæ pollicemur augmentum; eis autem qui non in propriis personis illuc accesserint, sed in suis duntaxat expensis, juxta facultatem et qualitatem suam viros idoneos destinarint, et illis similiter, qui licet in alienis expensis, in propriis tamen personis accesserint, plenam suorum concedimus veniam peccatorum. Hujus quoque remissionis volumus et concedimus esse participes, juxta qualitatem subsidii et devotionis affectum, omnes qui ad subventionem ipsius terræ de bonis suis congrue ministrabunt, aut auxilium et consilium impenderint opportunum, omnibus etiam pie proficiscentibus in hoc opere, in communi universalis synodus omnium beneficiorum suorum suffragium impartitur, ut eis digne proficiat ad salutem. Amen.

CCXXXIV.

Ad universos archiepiscopos, episcopos, et alios Ecclesiarum prælatos. — Contra falsatores et contra censores malignos.

(MABILLON, *De re diplom.*, ed. Venet., p. 653, ex cod. 128 bibl. Colbert.)

Universis archiepiscopis, episcopis, et aliis ecclesiarum prælatis et clericis, necnon et universis Christi fidelibus præsentes litteras inspecturis.

Pridem eo bullæ nostræ confracto typario, quo apostolorum Petri et Pauli capita signabantur, aliud utcunque consimile fecimus continuo subrogari, ne ob bullæ defectum personis et negotiis ex vacatione dispendium immineret. Porro quia subrogatum hujusmodi corpulentiores solito eorumdem capitum effigies exprimebat; dum per hoc discrepabat notabiliter a priori, aliud postmodum, cujus impressione præsentes litteræ muniuntur, aptius in opus bullandi perpetuum fecimus, reposito in otuu (sic) altero, alterius opificis ministerio fabricari, donec corruptione seu vetustate defecerit, non mutandum. Verum (quia) falsariorum perniciosa subtilitas, si parum vigilet cauta prudentia ex adverso, ex mutatione prædicta præsumeret fortasse malignandi materiam, et moliendi sibi nova nequitiæ instrumenta, perspicaciori est considerationis oculo providendum, ut si lethalis sibi ipsi et toti corpori suo manus falsis incudibus simile quidquam effigiare tentaverit, intra pestilentes proprii latibuli officinas, id est per transsumptam de veris exemplaribus speciem, fallere nequeat oculos inspectoris arguti, vel evadere ad communis utilitatis incommodum severi judicis ultionem. Quocirca mandamus, quatenus contra litterarum nostrarum falsarios, manus sollicitæ indaginis porrigentes, iniquitates ipsorum satagatis ad perfectum odium invenire; ita quod hæc radix, quæ per suffragia maligni temporis pullulavit, disciplinalis falcis acumine succidatur. Cum aliquibus vestrum apostolicas litteras contigerit præsentari, circa præsentantis personam, maxime si privilegium vel litteras super concessionibus vel indulgentiis, quæ a nobis nonnisi de certa scientia conceduntur vel committuntur, obtulerit, diligens consideratio habeatur, utrum ex illius opinione vel meritis aliquis in ejus actionibus sinistræ suspensionis suspicionis scrupulus oriatur. Deinde qui litteras hujusmodi receperit, eas in bulla, filo, charta, stylo dictaminis, scriptura, forma, et aliis in quibus notari vel deprehendi falsitas potest, circumspiciat diligenter: et si certum in illis falsitatis apparuerit argumentum, reprobentur protinus tanquam falsæ, et contra impetratores earum vel scienter utentes eisdem ad incarcerationem et alias pœnas juxta rigorem canonum procedat exacta diligentia prælatorum, contradictores, etc., si et ipsi [noluerint canonicam effugere disciplinam; proviso ut litteris ea bulla quam subrogabimus, priori confractæ signatis nullatenus derogetur. Ita tamen quod si super earumdem litterarum aliquibus de veritate bullæ contigerit rationabili er dubitari, per subtilem collationem aliarum similium, de quibus non dubitatur, ad illam hujusmodi hæsitatio sine difficultate qualibet dirimatur. Ut autem aliquibus super hoc de culpa vel negligentia impetrantis nullum frivolum defensionis vel excusationis pallium relinquatur, volumus et districte præcipimus, ut singuli prælatorum subditis suis [subditos suos], proposito eis publicæ commonitionis edicto, præmuniant et informent per litteras apostolicas quibus uti disponunt, et quas de aliorum quam vestris [nostris] vel illorum qui ad illud deputati noscuntur officium manibus receperunt, apud se ipsos, exhibito [adhibito], si opus fuerit peritorum consilio, discutiant diligenter, et eas tunc in publicum proferant cum districto fuerint judicio approbatæ. Si vero eas intellexerint reprobas, casstatim destruant vel resignent. Quod si postquam eis publice uti cœperint, ipsas contigerit argui falsitatis, sciant sibi seram ignorantiam, si tunc eam prætenderint, quominus canonicæ pœnæ subjaceant nullatenus profuturam. Caveant autem singuli, ne quod ad medelam cogitavimus in hac parte, per abusum tendat ad noxam; quia si nobis obviantibus sceleri falsitatis, aliqui ex hoc materiam sumpserint in personas vel negotia malignandi, hanc gravem malitiæ culpam, quæ facile poterit deprehendi, non dimittet apostolicæ disciplinæ severitas impunitam.

CCXXXV.

Ad abbatem de Becco. — Ne loci diœcesanus contra personas monasterii inquirat.

[MARTEN., *Thes. Anecdot.*, I, 819, ex ms. S. Michaelis in Periculo maris.]

Tam suppliciter quam humiliter petisti nuper a nobis, ut cum per otiosas inquisitiones et crebras spiritualiter et temporaliter ecclesias deperire contingat, indemnitati monasterii tui paterna sollicitudine præcaventes, dignaremur, ne loci diœcesanus ad inquisitionem procedat contra monasterii prædicti personas, cum id aliqua causa non exigat, providere. Ne autem per leve compendium ad grave dispendium veniatur, cum malignæ criminationis janua, ne quis criminetur injuste, sit penitus præcludenda : nos tuis justis postulationibus inclinati, auctoritate præsentium inhibemus, ne diœcesanus loci ejusdem ad inquisitionem contra personas ipsius monasterii propria auctoritate procedat, nisi quis super excessibus suis non a malevolis, sed a providis et honestis fuerit graviter infamatus.

CCXXXVI.

Ad eumdem. — Concedit facultatem ut ex pluribus cellis unam conficiat.

(Ibid.)

INNOCENTIUS, etc.

Ex parte vestra nobis fuit humiliter supplicatum, ut cum quasdam cellulas habeatis, in quibus duo vel tres monachi commorantes non sic omnino vivunt, sicut ordinis congrueret honestati, revocandi monachos ipsos cum possessionibus quas obtinent, ad conventum, vel ex eis unum vel plures conventus noviter ordinandi licentiam concedere dignaremur. Quia igitur bonum est et jucundum habitare fratres in unum, faciendi prædictorum alterum absque præjudicio alieno, quod magis videritis expedire, liberam vobis tribuimus facultatem. Tu denique, fili abbas, super te ipso et credito tibi grege taliter vigilare procures, etc.

Datum, etc.

CCXXXVII.

Ad eumdem. — Concedit facultatem quosdam monachos ab irregularitate absolvendi.

(Ibid., col. 820.)

Ex tua insinuatione didicimus, quod nonnulli monasterii tui monachi quorum quidam per violentam manuum injectionem inciderunt in canonem sententiæ promulgatæ : alii vero Simoniacum ibi habuerunt ingressum, absolutionis beneficio seu dispensationis gratia non obtentis, sacros susceperunt ordines, et in eis non sunt veriti postmodum ministrare, de quorum salute sollicitus postulasti, ut cum eos venire ad Sedem apostolicam oporteret, et verendum asseras ne ad nostram veniendo præsentiam vagarentur, et salutis cujus causa venirent incurrerent detrimentum, misericorditer super hoc agere dignaremur. Nos autem plenam de discretione tua fiduciam obtinentes, considerantes quoque quod religionis favore multa in regularibus, quæ a non pateremur in aliis, sustinemus : per apostolica scripta mandamus, quatenus hujusmodi manuum injectoribus juxta formam ecclesiæ consuetam in talibus absolutis, nisi eorum difficilis fuerit vel enormis excessus, propter quem merito ad Sedem apostolicam sint mittendi ; servata generali constitutione concilii circa eos qui noscuntur ingressum Simoniacum habuisse, super eo quod taliter receperint ordines, et in eis postmodum ministraverint, auctoritate nostra facias cum eisdem prout animarum suarum saluti videris expedire.

CCXXXVIII.

Ad abbatem et fratres monasterii de Loco-Dei.

[LANGEBECK, *Script. rer. Danic.*, VIII, 189.]

INNOCENTIUS episcopus, servus servorum Dei, dilectis filiis abbati et conventui monasterii de Loco-Dei, Cisterciensis ordinis, Ripensis diœcesis, salutem et apostolicam benedictionem.

Devotionis vestræ supplicationis inclinati auctoritate præsentium vobis indulgemus, ut possessiones et alia bona mobilia vel immobilia, exceptis feudalibus, quæ personas liberas fratrum ad monasterium vestrum a sæculo fugientium et professionem facientium in eodem, si remansissent in sæculo ratione successionis, vel quocunque alio justo titulo, contigissent, petere, percipere, ac retinere libere valeatis. Nulli ergo omnino hominum liceat hanc paginam nostræ concessionis infringere, etc. Ut supra.

CCXXXIX.

Ad Rothomagensem archiepiscopum. — Increpat quod mandatum pontificium de beneficio, clerico cuidam conferendo, minus recte intellexerit.

[MARTEN., *Thesaur. Anecdot.*, I, 796, ex ms. S. Michaelis in periculo maris.]

Cum asperitate merito te possemus increpare pro eo quod nobis tuis litteris intimasti, plures jurisperitos valde mirari super continentia litterarum quas dilecto filio archidiacono, cantori et magistro A. de Beaford canonico Ebroicensi destinavimus ad petitionem R. de Berlaico ad ecclesiam de Malevilla electi, quod in eis contra jus commune, ac totius provinciæ consuetudinem contineatur mandatum : cum hoc sit a veritate penitus alienum. Causam enim admirationis exponens, quæsisti quomodo presbyter ille plura beneficia potuit objicere alteri clerico, cui tu præfatam ecclesiam concessisti, cum ipse plura beneficia obtineat ; et quomodo intra annum debuit ordinari cum scholaris existat, et magna de ipso sit spes, quod ad fructum pertingere debeat ampliorem, nec alia ecclesiastica obtineat beneficia, unde valeat sustentari. Sane si litterarum illarum tenorem diligentius attendisses, et exposuisses fideliter jurisprudentibus in jure peritis, advertisses pro certo quod nihil in illis exprimitur, per quod nos intelligere debuerimus quod presbyter ille aliam ecclesiam obtineret, neque quod clericus alter existeret scholaris, de quo spes esset quod ad fructum pertingere debeat ampliorem, quamvis si utrumque fuisset expressum, neutrum eorum illius forma mandati potuisset de jure vel consuetudine impedire, cum is qui habet unam ecclesiam, ad aliam canonice possit assumi, si videlicet illam dimittat, et scholaris de quo spes bona concipitur ad parochialem ecclesiam assumi non debeat, si forsitan intra annum nolit, aut nequeat ordinari. Quocirca fraternitatem tuam volentes esse de cætero super intelligentia litterarum nostrarum amplius circumspectam, per apostolica scripta mandamus quatenus non impedias quominus secundum formam litterarum illarum, in prælibato negotio procedant, maxime cum in illis tuo diligentissimo curavimus non solum juri, sed honori deferre.

CCXL.

Ad abbatem et conventum S. Michaelis de Terrascha. — Ut promissum R. clerico conferatur beneficium.

[MARTEN., *Thesaur. Anecdot.*, I, 797, ex ms. S. Michaelis in Periculo maris.]

INNOCENTIUS papa III, abbati et conventui S. Michaelis de Terrascha.

Accedens ad Sedem apostolicam dilectus filius R. clericus sua nobis insinuatione monstravit cum quod promiseritis vos provisuros in ecclesiastico eidem beneficio conferendo, cum possetis, sicut per litteras decani Suessionensis et suorum conjudicum super hoc a Sede apostolica delegatorum, quibus tenor litterarum vestræ promissionis erat insertus, liquido edocebat, vos id hactenus efficere non curastis, allegantes coram judicibus memoratis quod talis promissio vos nullatenus obligavit, cum videretur esse facta contra statuta Lateranensis concilii, quod promissionem inhibet beneficii non vacantis. Nos autem, considerantes quod aliud est prælatum promittere beneficii collationem, cum poterit, aliud, cum vacabit : cum in multis casibus se facultas possit offerre quibus non esset collatio in exspectatione vacaturi beneficii differenda, per apostolica nostra scripta mandamus quatenus memorato R. competens ecclesiasticum beneficium assignetis ; alioquin abbati S. Joannis et decano Suessionensi dedimus nostris litteris in mandatis ut vos ad id per censuram ecclesiasticam, appellatione remota, compellant.

CCXLI.

Ad Turritanensem archiepiscopum. — Ut monasterio Casinensi ecclesias quasdam restitui curet.

(Laterani, Nov. 13.)

[D. TOSTI, *Storia della badia Casin.*, II, 285.]

INNOCENTIUS episcopus, servus servorum Dei, venerabili fratri A. Turritanensi archiepiscopo, salutem et apostolicam benedictionem.

Perlatus est clamor ad aures nostras, quod frater noster P. Ampuriensis episcopus ecclesiam S. Petri de Nugulbi, et Sancti Heliæ de Sitim, a prædecessore suo per violentiam occupatas, injuste detineat. Quia vero eædem ecclesiæ Beati Petri juris existunt, et a prædecessore nostro bonæ memoriæ PP. Calixto Casinensi monasterio sub annuo censu concessæ sunt, et suo privilegio confirmatæ, per præsentia tibi scripta mandamus atque præcipimus, quatenus easdem ecclesias cum omnibus suis pertinentiis eidem monasterio restitui facias, et in pace dimitti. Postmodum vero si præfatus episcopus aliquam in eis se confidit habere justitiam, congruo loco et tempore in nostra præsentia poterit obtinere.

Datum Laterani, Idibus Novembris.

Epistolæ tres quæ sequuntur loco suo exciderant.

CCXLII.

Ad Gulielmum abbatem monasterii Glannafoliensis. — Possessiones et privilegia monasterii confirmat, salva Casinensibus abbatibus debita obedientia.

(Anno 1203. Laterani, Mart. 25.)

[D. TOSTI, *Storia della badia Casin.*, Napoli 1842, in-4°, t. II, 281, ex originali, caps. dipl. 2, n. 12.]

INNOCENTIUS episcopus, servus servorum Dei, dilectio filio GULIELMO abbati Glannafoliensis monasterii, ejusque successoribus regulariter substituendis in perpetuum.

Quoties illud a nobis petitur, quod rationi et honestati convenire dignoscitur, animo nos decet libenti concedere, et petentium desideriis congruum suffragium impertiri. Eapropter, dilecte in Domino filii, tuis justis postulationibus clementer annuimus, et prædecessorum nostrorum felicis memoriæ PP. Urbani et Anastasii vestigiis inhærentes, præfatum monasterium, cui Deo auctore præesse dignosceris, sub beati Petri, et nostra protectione suscipimus, et præsentis scripti privilegio communimus, statuentes, ut quascunque possessiones, quæcunque bona idem monasterium inpræsentiarum juste et canonice possidet, aut in futurum concessione pontificum, largitione regum vel principum, oblatione fidelium, seu aliis justis modis Deo propitio poterit adipisci, firma tibi tuisque successoribus, et illibata permaneant. In quibus hæc propriis duximus exprimenda vocabulis :

Ecclesiam videlicet Sancti Martini de Sancto Mauro ; ecclesiam Sancti Gervasii et Protasii in Batheaco cum pertinentiis suis ; ecclesiam S. Mariæ de Molo cum pertinentiis suis ; insulam Sancti Mauri cum pertinentiis suis ; ecclesiam Sanctæ Mariæ in Dane, ecclesiam Sancti Simplicii super Ligerim, ecclesias Sancti Petri in Vodda, Sancti Petri cum villa Fabren, Sancti Lamberti de Curallo, Sancti Ylarii de Concorzo cum pertinentiis suis, et Sancti Martini de Sorech, terram Americi de Averoim, ecclesias Sanctæ Justæ de Vere cum pertinentiis suis, et Sanctæ Mariæ de Doado ; villam de Solonge cum pertinentiis suis, villam quæ vocatur Cru cum pertinentiis suis ; ecclesiam Sancti Veterini de Gena cum Molendino, et aliis pertinentiis suis, ecclesiam Sancti Cyriaci in Salmosa cum decimis suis ; ecclesiam Sancti Mauri in Lauduna, et ecclesiam Sanctæ Magdalenæ de Vareno, villam Syndremont cum pertinentiis suis, et villam Lambri cum pertinentiis suis ; insulam Blason ; in Normannia ecclesiam Sanctæ Mariæ de Cingal, ecclesiam Sancti Mauri sitam in Castro Laudun, ecclesiam Sancti Aniani, et villam Sindremont, ecclesiam Sancti Petri in culturis. Sepulturam quoque ejusdem loci liberam esse sancimus, ut eorum devotioni et extremæ voluntati, qui se illic sepeliri deliberaverint nullus obsistat, salva tamen justitia illarum ecclesiarum, a quibus mortuorum corpora assumuntur. Obeunte vero te nunc ejusdem loci abbate, vel tuorum quolibet successorum, nullus ibi qualibet subreptionis astutia, vel violentia præponatur, nisi quem fratres communi consensu, vel fratrum pars major consilii sanioris secundum Dei timorem, et Beati Benedicti Regulam providerint eligendum ; electus autem Casinensi abbati repræsentetur confirmandus, et munus benedictionis suscipiat ab episcopo catholico, quem ipse per suas duxerit litteras exorandum, qui nimirum, et ejus successores obedientiam abbati Casinensi promittent, et singulis quinquenniis ipsum Casinense monasterium tanquam suum caput humilitate debita visitabunt. Decernimus ergo ut nulli omnino hominum liceat præfatum monasterium temere perturbare, aut ejus possessiones auferre, vel ablatas retinere, minuere, seu quibuslibet vexationibus fatigare ; sed omnia integra conserventur eorum, pro quorum gubernatione, ac sustentatione concessa sunt usibus omnino profutura ; salva in omnibus apostolicæ sedis auctoritate et diœcesanorum episcoporum canonica justitia. Si qua igitur in futurum ecclesiastica, sæcularisve persona hanc nostræ constitutionis paginam sciens contra eam temere venire tentaverit, secundo tertiove commonita, nisi præsumptionem suam congrua satisfactione correxerit, potestatis honorisque sui dignitate careat, reamque se divino judicio existere de perpetrata iniquitate cognoscat, et a sacratissimo corpore ac sanguine Dei, et Domini Redemptoris nostri Jesu Christi aliena fiat, atque in extremo examine districtæ subjaceat ultioni. Cunctis autem eidem loco sua jura servantibus sit pax Domini nostri Jesu Christi ; quatenus et hic fructum bonæ actionis percipiant, et apud districtum judicem præmia æternæ pacis inveniant. Amen, amen.

Ego Octavianus, Ostiensis et Velletrensis episcopus SS.

Ego Petrus, Portuensis et Sancti Ruffini episcopus subscripsi.

Ego Joannes Albanensis episcopus subscripsi.

Ego Petrus titulo Sanctæ Ceciliæ presbyter cardinalis SS.

Ego Jordanus, Sanctæ Pudentianæ tt. pastoris presbyter cardinalis subscripsi.

Ego Guido, Sanctæ Mariæ trans Tiberim tt. Calixti presbyter cardinalis subscripsi.

Ego Hugo, presbyter cardinalis Sancti Martini tt. Equitii subscripsi.

Ego Centhius, titulo Sancti Laurentii in Lucina presbyter cardinalis subscripsi.

Ego Bernardus, Sancti Petri ad Vincula presbyter cardinalis tt. Eudoxiæ subscripsi.

Ego Joannes, titulo Sanctæ Priscæ presbyter cardinalis subscripsi.

Ego Cencius, presbyter cardinalis SS. Joannis et Pauli, tt. Pamachii subscripsi.

Ego Gregorius, titulo Sancti Vitalis presbyter cardinalis subscripsi.

Ego Benedictus tt. Sanctæ Susannæ presbyter cardinalis subscripsi.

Ego Leo, titulo Sanctæ Crucis in Jerusalem presbyter cardinalis subscripsi.

Ego Gratianus, Sanctorum Cosmæ et Damiani cardinalis subscripsi.

Ego Gregorius Sancti Georgii ad Velum aureum diaconus cardinalis subscripsi.

Ego Hugo S. Eustachii diac. card. subscripsi.

Ego Matthæus Sancti Theodori diaconus cardinalis subscripsi.

Ego Joannes Sanctæ Mariæ in Cosmedin diaconus cardinalis subscripsi.

Datum Laterani per manum Joannis sanctæ Romanæ Ecclesiæ subdiaconi et notarii, x Kalendas Aprilis, indictione vi, Incarnationis Dominicæ anno 1202, pontificatus vero domini Innocentii papæ III anno sexto.

CCXLIII.

Ad universum clerum Bremensis provinciæ. — Ut Waldemarum excommunicatum publice denuntient.

(Anno 1214. Romæ, ap. S. Petrum, April. 27.)

[LAPPENBERG, *Hamburg. Urkund.*, p. 344, ex originali, cum appenso plumbeo sigillo Innocentii III, caps. II, n. 10.]

INNOCENTIUS episcopus, servus servorum Dei, dilectis filiis, abbatibus, prioribus, præpositis, decanis, archidiaconis, et aliis ecclesiarum prælatis per Bremensem provinciam constitutis, salutem et apostolicam benedictionem.

Cum perditionis filius Waldemarus, tanquam hæreticus et schismaticus censuram canonicam vilipendat, et Ecclesiæ claves nullas reputans, excommunicatus et depositus præsumat episcopalia officia exercere, discretioni vestræ per apostolica scripta districte præcipiendo mandamus, quatenus præfatum Waldemarum degradatum et tam ipsum quam fautores suos excommunicatos per ecclesias vestras publice nuntietis. Vos denique, filii abbates, super vobis ipsis et credito vobis grege taliter vigilare curetis, exstirpando vitia et plantando virtutes, ut in novissimo districti examinis die coram tremendo judice, qui reddet unicuique secundum opera sua, dignam possitis reddere rationem.

Datum Romæ apud Sanctum Petrum, III Kalendas Maii, pontificatus nostri anno XVII.

CCXLIV.

Bulla pro Garino abbate Sancti Joannis in Valeia (Carnotensi).

(Anno 1215. Laterani, Febr. 18.)

[*Gall. Christ. nov.* VIII, instrum. 332, Ex chartario domestico D. de Gagneres, in bibliotheca regia.]

INNOCENTIUS episcopus, servus servorum Dei, dilectis filiis GARINO abbati ecclesiæ B. Joannis Valeiacensis, ejusque fratribus, tam præsentibus quam futuris, canonicam vitam professis in perpetuum. Quoties istud, etc. Eapropter, dilecti in Domino filii, etc. præfatam ecclesiam sub B. Petri et nostra protectione suscipimus, et præsentis scripti privilegio communimus; statuentes ut quascunque possessiones, quæcunque bona, etc. firma vobis vestrisque successoribus et illibata permaneant; in quibus hæc propriis duximus exprimenda vocabulis.

In ecclesia Beatæ Mariæ Carnotensis, totos reditus per integrum annum præbendæ uniuscujusque fratris ex congregatione canonicorum ipsius ecclesiæ, cum eam quacunque occasione dimiserit, ut quoquo modo persona mutetur, in usus vestræ ecclesiæ beneficium præbendale cum omni integritate deveniat. Integram præbendam quam ecclesia vestra in ecclesia beatæ Mariæ perpetualiter habet, quam habebat bonæ memoriæ abbas Albertus cum canonicam susciperet normam; ecclesiam Sancti Stephani cum pertinentiis, scilicet altare de Morenciaco cum parte synodi ad altare pertinentis, ecclesiam de Mondonisvilla cum pertinentiis liberam ab omni exactione, synodo, circada; ecclesiam Sanctæ Fidis cum parochiali jure de novo burgo, qui vocatur Castelleth; ecclesiam de Luciaco, et campi partem de illa terra, quam ante possederat bonæ memoriæ Ivo Carnotensis episcopus; terram de Osanivilla, tam episcopalem quam canonicalem, cum oblatis; terram de Ancherisvilla, in villa de Pontegodani; prioratum ecclesiæ ipsius villæ cum omnibus domibus episcopalibus; totam avenæ farraginem totam terram [episcopi quam habetis] ultra aquam Auduram; plateam quam dedit vobis venerabilis frater noster Goslenus Carnotensis episcopus, donum altaris ecclesiæ de Serneio a Gosleno canonico et præposito ecclesiæ Sanctæ Mariæ, ecclesiæ vestræ factum, donum vigeriæ de Valeia, et totius terræ de Moncellis cum omnibus consuetudinibus factum vobis ab Hugone vicedomino Carnotensi; totam terram de Eddevilla cum consuetudinibus et feodis, ecclesiam Ardelecht cum omnibus hospitibus et terra ad duas carrucas; ecclesiam S. Nicolai de Curvavilla, cum ecclesia Sancti Petri ejusdem villæ, ecclesiam S. Dionysii de Puteis, S. Mariæ de Gohosvilla cum pertinentiis; ecclesiam de Trembleio cum decimis, ecclesiam Beatæ Mariæ de Teliu cum decimis; ecclesiam de Braioso cum pertinentiis, ecclesiam Sancti Saturnini de Camburciaco cum pertinentiis, ecclesiam Sancti Martini de Loiniaco, cum pasnagio porcorum vestrorum; villam Armentarvillam cum decima, quam ab ecclesia Sancti Benedicti ad modiationem accepistis pro III frumenti modiis et IV avenæ ipsi annis singulis persolvendis, villam Albereth, et villam Nerlu, terram de Curvaulmo, et omnes alias terras quas apud Carnotum habetis; ecclesiam de Garneio cum terra ad unam carrucam, quam pro animæ suæ redemptione Nivardus de Nonancurte ecclesiæ vestræ concessit, ecclesiam de Orrevilla cum decima quam dedit vobis Hugo filius Guinemari per manum præscripti Ivonis Carnotensis episcopi, in loco qui dicitur Guoriart; dimidium cum pratis secus Auduram fluvium, apud Sanctum Priscum molendinum, prata quæ de beneficio beatæ Mariæ apud Ataias habetis, terram quam jure proprietatis tenetis apud villam Soors. Præterea census domorum, terrarum, vinearum, et decimas segetum et vinearum, quæ tam in Carnotensi civitate quam suburbio vestri juris existunt. Obeunte vero te, dilecte fili Garine abbas, nullus ibi qualibet surreptione, astutia, vel violentia præponatur, nisi quem fratres secundum Dei timorem et B. Augustini Regulam providerint eligendum. Electus autem communi capitulo Beatæ Mariæ repræsentetur, ab episcopo Carnotensi abbatiam et benedictionis gratiam suscepturus; qui nimirum in ecclesia Beatæ Mariæ sicut et alii canonici suam faciet septimanam.

Decernimus ergo, etc. amen, amen, amen.

Datum Laterani, per manum Thomæ, Sanctæ Romanæ ecclesiæ subdiaconi et notarii, Neapolitani electi, XII Kalendas Martii, indictione IV, Incarnationis Domini anno 1215, pontificatus vero D. Innocentii papæ III anno XVIII.

VARIORUM AD INNOCENTIUM III EPISTOLÆ.

I.

G. Lingonensis, R. Gabilonensis, episcoporum; G. de Cistercio, N. de Firmitate, G. de Pontiniaco, et O. de Claravalle, abbatum. — Pro militibus de Calatrava.

(Anno 1198.)

[Henriquez, *Menologium Cisterc.*, II, 484.]

Reverendissimo domino et Patri Innocentio, Dei gratia summo pontifici, G. eadem gratia, Lingonensis episcopus, R. eadem Cabilonensis episcopus, G. de Cistercio, N. de Firmitate, G. de Pontigniaco, et G. de Claravalle dicti abbates salutem et tam devotum, quam debitum subjectionis et reverentiæ famulatum.

Sanctæ Paternitati vestræ rei gestæ seriem declaramus de fratribus Calatravensis militiæ, qui nunc de Salvaterra dicuntur, postquam idem castrum Calatrava occupatum est a paganis, quo ordine Morimundensis domus filii facti sunt, ea ratione et obnoxietate filiationis, qua filia domus matri domui subjicitur, respicit et tenetur, quatenus si quis aliquid contra hoc moliri nititur, viso testimonio nostro, totum molimen ejus auctoritatis apostolicæ judicio destruatur. Cum fratres Calatravenses ab ipsa inchoatione sua, Cisterciensem professi sint ordinem, hoc se censeri nomine gratulantes, sub quo in omnibus fere Christianitatis partibus nomen Dei a fidelibus benedicitur et laudatur. Placuit magistro et fratribus de Calatrava, ut idem magister, anno Domini 1187, se Cisterciensi capitulo præsentaret, ibique cum litteris regis Castellæ et precibus magnatum de Hispania postulationem suam et suorum faceret, quatenus eidem ordini Cistercii incorporarentur arctius et junctius unirentur.

Bonum visum est in oculis omnium petitio eorum, et quia de religione manabat admissa est. Præceptum est communi assensu, et deliberatione capituli, ut essent filii Morimundi, utque abbas et domus eadem in eos jus illud filiationis haberet, quale in Morimundo noscitur habere Cistercium, id est, auctoritatem visitationem annuam faciendi, magistrum qui loco abbatis est creandi, vel amovendi; culpas quæ accidunt emendandi, ultionem de excessibus exigendi, et similia. Traditum est institutum et vitæ norma præscripta, et de victu et vestitu deinceps ab eis observanda traditio, ac de cæteris spiritualibus studiis, quæ in ordine conservantur, quæ ipsi gratanti voto et animo susceperunt, sicut in rescripto chartæ, quæ inter illos et Morimundenses facta fuit, quam hic ideo,

Aut vobis palam fiat, compegimus et scripsimus in promptu est intueri, etc.

Constitutiones militum de Calatrava quæ Innocentio III confirmandæ proponuntur.

« Frater Wido, Cisterciensis humilis minister, cum episcopis et abbatibus totius capituli, venerabili fratri Nunno magistro et universitati fratrum de Calatrava, salutem et fraternæ charitatis affectum.

« Laudabile propositum vestrum, quo a militia mundi ad Christi militiam conversi, inimicos fidei expugnare statuistis, plurimum approbamus, omnipotenti Deo, qui quos vult, quomodo vult ad se trahit, et alium sic, alium quidem sic ad suum obsequium convertit, gratias agentes, pro profectu vestro et augmento, merito et numero, apud eum humiliter supplicamus. Quod autem postulastis, suscipi vos videlicet in communionem beneficiorum ordinis nostri, non ut familiares, sed ut vere fratres, gratanter annuimus. Quod consequenter vivendi formam præscribi vobis auctoritate nostra exigitis, nos communicato consilio, de victu ac vestitu vestro pauca vobis capita exprimere non negligendum putavimus. Lineis itaque in femoralibus tantum uti vobis licebit; vestes moderatas, honestas, commodas ad consilium domini Morimundensis et magistri vestri habeatis, et scapulare pro habitu religionis. Vestiti et cincti dormietis, et in oratorio, et in refectorio et in dormitorio, et in coquina juge silentium tenebitis. Summopere cavebitis, ne in qualicunque veste ac superfluitatis argui, ac curiositatis possitis notari. Tribus vero in hebdomada diebus, id est, feria tertia, quinta et Dominica cum præcipuis diebus festis, carnibus vesci licebit. Uno tamen ferculo, et unius generis, quantum ad carnes pertinet, contenti eritis, et ad mensas ubique silentium tenebitis. Præterea petitioni vestræ condescendimus, ut videlicet nulli ordinis nostri liceat quemcunque fratrum vestrorum recipere absque assensu vestro, sed et vos erga nostros eadem lege tenebimini. Cum autem ad aliquam abbatiam ordinis nostri veneritis, quoniam consuetudines nostras minus novistis, non in conventu, sed in hospitiis honeste et charitative, quantoque familiarius fieri poterit, recipiemini. Capellanos in domo vestra professos, sicut vos, in bono ordinis recipimus. Qui fratrem suum percusserit, sex mensibus ad arma et equum non accedat, tribus diebus in terra comedet. Qui magistro suo inobediens fuerit, similiter patiatur. Qui in quacunque alia obedientia positus fuerit, non contradicat. Qui in fornicatione publice deprehensus fuerit, anno uno in terra comedat, tribus diebus in septimana in pane et aqua; feria sexta disciplinam accipiat. Ab Exaltatione Sanctæ Crucis usque in Pascha, tribus diebus omnes in hebdomada jejunabunt qui domi sunt; qui autem inter Saracenos, sicut magister ordinaverit, et sicut solent. De his omnibus præcipimus, ut obediatis magistro vestro et professionem faciatis sicut abbati. Qui plus aut minus his quæ hic continentur quæsierit, de domo expellatur: Vos autem facimus liberos ab omni exactione abbatum. Confessiones vestras capellani, qui missas vobis cantabunt, recipient, et ipsos vos eligetis. Magister etiam capitulum quotidie teneat vobis, et duas quadragesimas jejunabitis. Si abbatias ædificare poteritis, dominus Morimundensis ordinet eas. Idem abbas Morimundi provideat quomodo per se vel per alium semel in anno visitentur. Duo monachi de eodem monasterio, postquam constructum fuerit, quoties necesse fuerit cum ipsis fratribus morabuntur.

« Actum ab anno Incarnationis Domini 1198. »

His ergo, Pater sanctissime, ita gestis et hujusmodi a capitulo taliter impetratis, idem magister ad sanctam Sedem apostolicam cum quodam monacho nuntio domini Morimundensis accessit, et hæc sibi obtinuit apostolico privilegio confirmari. Qui et Morimundensis nuntius privilegium sibi innovari impetrans a prædecessore vestro piæ memoriæ papa Gregorio VIII super abbatiis, grangiis et possessionibus et pertinentiis, quæ domus eadem possidebat, domum et ordinem et fratres de Calatrava, et omnia ad eos pertinentia, inter cætera privilegiata domui suæ prædicti adjutorio reportavit. Postea vero succedentibus sibi summis pontificibus, et Morimundensibus nova a novis apostolicis privilegia requirentibus, factum est ut habeant Morimundenses in privilegiis quatuor, videlicet Gregorii, Clementis, Cœlestini, Innocentii, eamdem domum, id est Calatravam in eorum qui ad ipsos pertinent annumeratione conseitam. Itaque pietatem vestram quantum precum instantia possumus, exoramus, quatenus hoc jus filiationis in ipsos, quod tanto consilio et discretione concessum est Morimundensi domui, scriptis apostolicis confirmetis, ne eam contingat tali membro factione quorumlibet malignantium mutilari. Erunt forte de illis qui ad vos veniant, litteras emancipationis et avulsionis ab ordine vel translationis ad aliam domum falsis suggestionibus petituri, ambulantes in magnis, et ordini subjici dedignantes, obliti quanta in majoribus eorum humilitas fuerit; qui non in genere, non in divitiis, non in armis, non in crebris paganorum victoriis, non in reportatis locupletibus frequenter exuviis gloriantes, seipsos ordini specialiter ac fideliter Morimundo voluntarie subdiderunt. Illorum ergo temerario ab apostolica auctoritate obviandum est nisui, ne domus prædicta tam damnose et tam graviter demembretur.

II.

Juramentum fidelitatis quod fecit Joannes de Ceccano Romanæ Ecclesiæ, pro tuendis et conservandis regalibus sancti Petri.

(Anno 1201.)

[MURATORI, *Antiq. Ital.*, I, 621.]

Anno quarto pontificatus domini Innocentii papæ III, nobilis vir Joannes de Ceccano juravit fidelitatem ipsi domino papæ Innocentio, de Ceccano et tota terra, quam tenet in palatio Anagnino, coram episcopis, presbyteris, diaconibus, cardinalibus, astantibus multis clericis et nobilibus Anagninis, et extraneis etiam, et militibus ipsius Joannis de Ceccano. Et recognovit Ceccanum, et totam aliam terram suam se ab Ecclesia Romana tenere. Forma vero fidelitatis hæc fuit: « *Ego Joannes de Ceccano, ab hac hora in antea fidelis ero beato Petro et Ecclesiæ Romanæ, et domino meo papæ Innocentio, et successoribus ejus canonice intrantibus. Non ero in facto neque dicto, neque in consilio, aut in consensu, ut vitam perdant aut membrum, vel capiantur mala captione. Consilium, quod per se vel per nuntium, aut litteras mihi crediderint, ad eorum damnum me sciente nulli pandam. Si eorum certum damnum scivero, si possum, remanere faciam: si non possum, significabo eis per me vel per meas litteras aut nuntium, vel dicam tali personæ, quam eis credam pro certo dicturam. Ceccanum et totam aliam terram meam, quam habeo, et alia regalia beati Petri, quæ habet, adjutor eis ero ad defendendum: quæ non habet, ad recuperandum, et recuperata ad retinendum et defendendum contra omnes homines. Hæc omnia observabo bona fide, sine fraude, et malo ingenio. Sic me Deus adjuvet, et hæc sancta Dei Evangelia.* » Post hæc mittens manus suas inter manus ipsius domini papæ, fecit ei ligium hominium. Dominus autem papa investivit eum de gratia sua cum cuppa argentea deaurata. Postmodum vero eodem anno, idem domnus papa fidelitatem et servitium ipsius Joannis de Ceccano et progenitorum ejus attendens, ei castrum Sitense in beneficium assignavit.

II bis.

De fidelitate et hominio Romanæ Ecclesiæ præstitis ab Andrea de Calviniaco, et custodia burgi Dolensis commissa eidem.

(Anno 1202.)

[MURATORI, *Antiq. Ital.*, I, 623.]

Anno quinto domini Innocentii III papæ, nobilis vir Andreas de Calviniaco fecit fidelitatem domino papæ Innocentio, de custodia burgi Dolensis, hoc modo; in Lateranensi palatio coram episcopis, præsbyteris, et diaconibus cardinalibus, astantibus militibus et clericis ipsius nobilis, abbate Dolensi, et duobus monachis suis, et multis aliis tam clericis quam laicis: *In nomine Domini. Amen. Ego Andreas de Calviniaco, dominus castri Radulfi, ab hac hora in antea fidelis ero beato Petro et Ecclesiæ Romanæ, et domino meo papæ Innocentio, et successoribus etc. (ut supra), burgum Dolense, cujus custodiam ab Ecclesia Romana teneo, et alia regalia beati Petri, quæ habet, adjutor eis ero ad defendendum ; quæ non habet ad recuperandum : recuperata ad retinendum et defendendum contra omnes homines. Legatos et nuntios Ecclesiæ Romanæ honorifice suscipiam, et benigne tractabo ; et per totam terram meam securum eis pro posse meo præstabo conductum. Hæc omnia observabo sine fraude et malo ingenio, bona fide. Sic me Deus adjuvet, et hæc sancta Dei Evangelia.* Post hæc mittens manus suas inter manus domini papæ, fecit ei ligium hominium. Dominus autem papa investivit eumdem gratia sua de custodia burgi Dolensis.

III.

Ottonis imperatoris pactum cum Adolfo archiepiscopo Coloniensi.

(Anno 1202, Sept.)

[Prodit jam prima vice ex codice bibl. olim Paulinæ Monasteriensis, jam regiæ Berolinensis, epistolas Innocentii III ad ecclesiam Coloniensem pertinentes complexo, cujus uberiorem notitiam debemus V. Cl. Rœstell, diligenti operis nostri fautori, qui flagitantibus nobis, pactum utrumque Coloniense inde descriptum transmisit. Quæ littera obliqua exprimuntur, in codice deleta supplere conatus sum. Causam hujus pacti ex Godefridi annalibus ad a. 1202 discimus. PERTZ, *Monum. Germ. hist.*, Leg. II, 206.]

Quomodo Adolfus secundo juravit regi Ottoni et de compositione eorum.

Jurabunt priores Colonienses, præpositi, abbates, decani, et scolastici, quod bona fide archiepiscopum Coloniensem inducent ad constans et fidele obsequium regis Ottonis, nec in vita Ottonis regis alii regi adhereat ; quod si non servaverit, obedientiam quam ipsi debent subtrahent, et domino papæ eam servabunt ; obsequium autem archiepiscopo ab eis debitum regi Ottoni impendent, donec archiepiscopus ad obsequium regi Ottoni ab ipso secundum formam juramenti sui debitum revertatur. Nobiles terre qui juramentis archiepiscopo Coloniensi sunt astricti, qui nunc sunt presentes, et alii cum eorum haberi potest copia, coram rege et archiepiscopo jurabunt, quod inducent archiepiscopum Coloniensem ad constans et fidele obsequium regis Ottonis, et quod alii regi non adherebit. Quod si non fecerit, cum castris suis, et terris, ac hominibus suis, regi Ottoni servient, et non archiepiscopo, donec archiepiscopus resipiscat, et ad regem Ottonem predicto modo revertatur. Ministeriales sancti Petri 20 jurabunt pro se et pro aliis ministerialibus, ita quod alios bona fide ad idem servandum inducent, quod archiepiscopum inducent, et cetera ut supra. Quod si non fecerit, obsequium quod archiepiscopo debent, ipsi subtrahent, et regi Ottoni præstabunt, donec et cetera ut supra. 24 burgenses jurabunt pro se et pro aliis burgensibus, secundum formam

(99) Guidonis episcopi Prenestini.
(100) De Limburg.

juramenti ministerialium. Si autem inter regem et archiepiscopum variatum fuerit, ut rex dicat : « Archiepiscopus debito ac fideli modo mihi non adheret, » archiepiscopus econtra asserat, tres priores, tres nobiles, tres ministeriales, tres burgenses, de juratis convenient, et dictis eorum credetur vel pro rege vel pro archiepiscopo ; et secundum eorum 12 dicta omnes jurati aut archiepiscopo adherebunt aut regi, secundum prescriptam formam. Ante omnia rex dabit fidem in manu domni legati (99), quod ea quæ præscripta sunt habebit rata, archiepiscopus similiter. Rex Otto monetam Aquensem a domno Walramo (100) expediet, et tam rex quam Galramus illi monetæ renunciabit in perpetuum, et domnus legatus sub anathemate prohibebit monetam in Coloniensi scemate cudi Aquis nunquam, vel alibi, extra civitatem Coloniensem, et scribet Romano pontifici ut sententiam suam confirmet. Rex theloneum Dus*burgense* dimittet nec umquam resumet, et domnus legatus similem sententiam proferet, cum confirmatione Romani pontificis. Rex et archiepiscopus cum suis familiaribus tractabunt cum effectu, qualiter turrim regiam (1) apud Werthe cum suo theloneo destruant. Privilegium quod intercesserint inter regem et archiepiscopum legetur in *publico*, et profitebitur rex in publico, se jurasse ut diligenter observet quæ in privilegiis scripta sunt, et quod ea numquam violabit. Archiepiscopus dabit inducias regi usque ad festum sancti Johannis Baptistæ pro... marcis pro quibus obligaverat duci Brabantiæ curtem *Sinzeche*, et sit in optione regis in presenti fidejussores *idoneos* dare, vel si rex pecuniam non solverit, in festo sancti Johannis civitas Tremonia sit ypotheca archiepiscopi, donec persolvatur *ei pecunia* predicta. Juramenta priorum, nobilium, et ministerialium presta*bunt* successores et heredes decedentium. Et si rex indebite Coloniensem archiepiscopum vel Coloniensem ecclesiam tractaverit, predicti quatuor ordines obsequium suum regi subtrahent, donec satisfaciat; et hæc jurab*unt*. Burgenses civitatis Coloniensis jurabunt fidelitatem regi Ottoni sub *hac* forma : quod ab hac die in antea fidelitatem ei servabunt, Coloniensem civitatem ipsi custodient, contra omnem hominem, quamd*iu ecclesia* sancti Petri, archiepiscopum Coloniensem, priores, nobiles, infeod*atos*, et ministeriales sancti Petri, ac civitatem Coloniensem, in suo jure conservaverit.

IV.

Regis Angliæ. — Orat ne ante peractum quinquennium Galfridus filius Petri peregrinetur.

(Anno 1204.)

[RYMER, *Fœdera*, I, 91. Claus. 6 Joh. m. 6, in Turre London.]

Reverendissimo Patri in Christo, etc. INNOCENTIO, Dei gratia summo pontifici, etc. JOANNES Dei gra-

(1) *Vox dubia in codice.* RŒSTELL.

tia rex Angliæ, etc. debitam ac devotam in omnibus reverentiam.

Quoniam in tali sumus statu, quod grave esset nobis fideles nostros, qui nobis familiarius adhærent, et de quorum fidelitate non dubitamus, et per quorum consilium terra nostra regi debet et defendi maritime; quia dies mali sunt, et de die in diem visum sit homines nostros fraudulenter et dolose a fidelitate et servitio nostro recedere, et in nos insurgere, per quod status terræ nostræ, sicut novit Sanctitas vestra, turbatur, excellentiæ vestræ ea qua possumus devotione supplicamus, quatenus habita consideratione ad statum nostrum, differre velitis usque ad quatuor vel quinque annos peregrinationem dilecti et fidelis nostri Galfridi filii Petri justiciarii nostri, crucesignati; cujus præsentia nobis et terræ nostræ, ita est necessaria, quod eo nullatenus carere possumus.

Et nos Domino dante, tam ipsum quam alios crucesignatos in terram Jerusalem mittemus, sicut terræ redierint.

Moveat igitur et ad hoc inducat paternitatem vestram status nostri conditio, ita quod vobis proinde merito grates scire debeamus.

Teste meipso, apud Winton; xxiv die Novemb.

V.

Henrici Hungariæ regis. — Contra quosdam qui constitutiones ab apostolicæ sedis legato promulgatas non admiserant.

(Anno 1204.)

[FARLATUS, *Illyr. sacr.*, V, 46.]

Venerabili in Christo Patri INNOCENTIO, Dei gratia sacrosanctæ Romanæ Ecclesiæ summo pontifici, HENRICUS eadem gratia Hungariæ, Dalmatiæ, Bosniæ, Serviæque rex, salutem et fidelem in omnibus reverentiam.

Cum humilis ac fidelis Sanctitatis vestræ capellanus Joannes ad præsentiam nostram accedens, duos principaliores ex eis, qui in terra Culini Bani, prout ferebatur, damnatam hæreticorum sectam fovebant, secum adduxisset; nos inspectis orthodoxæ fidei articulis, quos ad ipsius Joannis exhortationem illi, ad quos missus fuerat, non susceperunt, eadem capitula sub sigillo nostro contenta, domino illius terræ filio, scilicet memorati Culini, qui tunc apud nos erat, dedimus, districte præcipientes, ut ea et alia, si qua Romana sedes eis de cætero secundum Deum transmittere decreverit, ab omnibus in terra sua faciat inviolabiliter servari. Idem etiam cum hoc juxta voluntatem nostram admisisset, se manu nostra et J. archiepiscopi Colocensis subsequenter obligavit, quod si de cætero supradictos, vel alios homines in hæresi scienter manutenere vel defendere in terra sua præsumpserit, mille marchas argenti persolveret; quarum medietas vobis, altera vero fisco nostro medietas obveniet. Illi præterea duo priores, qui cum præfato capellano vestro Joanne venerint, tam pro se quam pro fratribus suis, a quibus missi fuerant, in præsentia nostra jurarunt, quod constitutiones jam a dicto fideli legato vestro promulgatas, et sibi traditas, firmiter observabunt, et in perpetuum, etc.

VI

Instrumentum de castro Nympharum tradito domino papæ Innocentio III.

(Anno 1204.)

[MURATORI, *Antiq. Ital.*, I, 677.]

In nomine Domini, anno Dominicæ Incarnationis 1204, et anno XII pontificatus domini Innocentii III papæ, indictione VII, mense Aprili die XX. Nos quidem Philippus et Bartholomæus fratres, filii quondam Lombardi, præsente et consentiente in hoc nobis domina Aldruda sorore nostra, uxore quondam Scotti cognati nostri, et omne suum jus et actionem vel exceptionem, quod quasve in omnibus subscriptis rebus habere quoquo modo videtur, tam respectu ususfructus subscriptarum rerum, quem a Joanne Paparone filio olim ejus reliquit, quam etiam aliter cujuslibet rei vel causæ occasione, omnia refutante, concedente, atque donante ante præsentiam domini Joannis, Obicionis, et Henrici, Transtiberim judicum Dativorum, et Nicolai Tulli causidici, et testium subscriptorum, ad hoc specialiter rogatorum, propria nostra voluntate renuntiamus, et in omnibus et per omnia generaliter refutamus, et possessionem, quam de subscriptis rebus dominus papa, vel alter pro eo habet, modis omnibus confirmamus; vobis vero domino Octaviano, Dei gratia, domini papæ Innocentii III consobrino et camerario, mandato quoque et procuratore ipsius domini papæ ad hoc specialiter constituto, ad opus et utilitatem ejus, ejusque successoribus, et totius Romanæ Ecclesiæ perpetuo. Id est illam eamdem integram tertiam partem pro indiviso, vel plus, si nobis modo quolibet pertinet, videlicet totius castri Nympharum cum tenimentis et pertinentiis suis intus et de foris. Quam dominus Oddo filius quondam domini Petri Frajapani prædicto Scotto Paparoni, cognato nostro pro quingentis triginta libris Parvensium senatus vendidit, et in solutum concessit ac tradidit; sicut per instrumentum manu *Joannis Boni scriniarii* conscriptum apparet, quod vobis ad majorem curam damus. Quæ vero tertia pars dicti castri cum omni jure, quod dictus olim Scottus in dicto intus et deforis habuit, nobis pertinet ex testamento Joannis Paparoni nepotis nostri filiique olim dicti Scotti, sicut pariter per instrumentum manu dicti Joannis Boni scriniarii conscriptum apparet, quod etiam vobis ad majorem cautelam damus. Quodcunque itaque jus, et quamcunque actionem personalem et in rem, sive hypothecam, tam etiam ad agendum quam ad excipiendum, quod, quamve in toto dicto castro cum tenimentis et pertinentiis suis intus et deforis, et specialiter in dicta tertia parte ipsius castri, nobis, ut dictum est, competit, vel ejus respectu adversus quamcunque personam habemus, vel habere quoquo modo possumus, videlicet tam jure vel occasione supradictæ concessionis, venditionis, et in solutum dationis, ipsi olim prædicto Scotto a prædicto domino Oddone factæ, quam etiam respectu vel jure donati legati, quod nobis prædictus olim nepos noster in suo testamento reliquit, vobis, ut dictum est, pro dicto domino papa et successoribus ejus procuratorio nomine refutamus, cedimus et mandamus ; ita ut quidquid hactenus in dicto castro vel respectu ejus adversus quamcunque personam, nostro jure et nomine agere vel excipere seu exercere possemus, ipse dominus papa et successores ejus suo jure et nomine exerceant, agant et excipiant, et eum tanquam dominum, procuratorem in sua re constituimus, ut in loco, jure et privilegio nostro in omnibus succedant.

Hanc autem refutationem, concessionem et mandatum vobis, ut dictum est, facimus pro quingentis triginta libris bonorum Papvensium senatus, quas nobis de mandato dicti domini papæ, et pro eo, atque de sua pecunia, ut dictum est, procuratorio nomine datis atque persolvitis pro omni nostro jure, quod nobis in dicto castro et suis pertinentiis intus et deforis competit vel competere possit quoquo modo. De quibus omnibus, et de omni nostro jure nos bene quietos et pacatos vocamus, et non solutæ pecuniæ exceptioni omnino refutamus. Quarum autem quingentæ minus octo libræ sunt ex illis quingentis libris parvorum senatus, quas Bobo Bonfilius prædicto castro recolligendo in deposito habuit : ideoque amodo dictus dominus papa, vel alter pro eo potestatem et licentiam habeat, dictam portionem nostram denotati castri cum tenimentis, et pertinentiis suis intus et deforis tenere, et facere ex eo quidquid voluerit semper. Insuper sub pœna dictæ pecuniæ duplæ, vobis pro dicto domino papa bonæ et legalis plejariæ promittimus, hoc nostrum jus ac ipsam prælibatam portionem nostram nulli alii personæ obligasse, concessisse, nec aliter alienasse. Præterea vobis pro dicto domino papa et successoribus ejus procuratorio nomine, ut dictum est, pignori ponimus et obligamus, et pro nobis et nostris hæredibus et successoribus, quantum ad subscriptum, damnum, si acciderit, pertinet, amodo precario et ejus nomine possederimus, videlicet omnes res et possessiones nostras mobiles et immobiles vel sese moventes, quas infra urbem et deforis habemus vel habebimus; ita tamen si per obligationem, concessionem, vel quamlibet alienationem tam a nobis quam a dicto olim Scotto cognato nostro, et Joanne filio suo nepoteque nostro, vel etiam a dicta domina Aldruda sorore nostra, quantum ad usumfructum pertinet, modo quolibet factam, aliquo, quod absit ! in tempore dictus dominus papa vel successores ejus ex hac causa damnum aliquod de jure, tam impensarum nomine, quam aliter patientur ; quanti erit damnum, tantum auctoritate propria, nostroque mandato, quod eis facimus, in rebus et possessionibus nostris eis placentibus jure pignoris et plejariæ nomine vindicent, capiendo et alienando et eis in omnibus satisfaciendo. Et si contradicere tentaverimus, a jure, quod in eisdem rebus habemus, omnino cadamus, et ipsum damnum duplum nomine bonæ et legalis plejariæ pœnæ nomine solvere et dare ipsi domino papæ vel successoribus ejus, per vos procuratorio nomine promittimus. Et in iis omnibus refutamus omnem juris vel legum seu boni usus auxilium, quod pro nobis in hac causa introductum est, ita ut nullum jus, nullamque actionem vel exceptionem adversus dictum dominum papam et successores ejus, ad infringenda quæ dicta sunt, valeamus opponere. Novissime autem pro nobis et nostris hæredibus et successoribus, vobis pro dicto domino papa et ejus successoribus procuratorio nomine, ut dictum est, quæ dicta sunt, omnia observare, adimplere, et contra nulla ratione venire promittimus nomine plejariæ, et principalis obligationis, sub pœna legitima ex stipulatu promissa totius suprascriptæ pecuniæ duplæ. Et soluta pœna hæc chartula firma permaneat. Quam scribere rogavimus *Joannem Leonis Scriniarium* in Mense et indictione suprascripta vii, testes Girardus Scrofani, Joannes Oddonis Romani, Rainerius Joannis Pauli, Joannes Bobonis Bonifilius, Sigiuulfus de Burrella, Adinulfus Oddonis.

Ego *Joannes Leonis, Sanctæ Romanæ Ecclesiæ scriniarius* habens potestatem dandi tutorem et curatorem, emancipandi, et decretum interponendi, et alimenta decernendi, complevi et absolvi.

VII.

Henrici fratris imperatoris Constantinopolitani. — Qualiter debellatus et captus fuit imperator Balduinus.

(Anno 1205.)

[DUCHESNE, *Rer. Franc. Script.*, V, 806.]

Sanctissimo Patri ac domino INNOCENTIO, Dei gratia summo pontifici, H. frater imperatoris Constantinopolitani, et moderator imperii cum debita reverentia humili et devota, pedum oscula.

Cum universum exercitus Christiani progressum, et laborum peregrinationis nostræ seriem, Paternitati vestræ per multiplices litteras, et nuntios, frater meus et dominus imperator, usque ad Martium elapsum novissime satis lucide significaverit, eventus nostros extunc prioribus multum dissimiles, imo peccatis nostris exigentibus nimis miserabiles, vobis tanquam Patri et domino dignum duxi propalare. Contigit Græcos, qui ex magna malitia et perfidia consueta, post omne genus securitatis et cautionis proditionem semper super nos exhibent, statim post dimissionem nuntiorum ad vos ultimo directorum proditionem quam pridem conceperant, rebellione contra nos facta, detegere manifeste. Quo comperto, frater meus et dominus imperator opportune paucioribus comitatus; quippe nobis per munitiones et marchias pro magna parte dispersis, contra caput rebellionis, Andrinopolim videlicet, quæ est civitas Græciæ munitissima et montibus tantum interpositis, Blancorum affinibus populis, ulciscendi animum intendens urbem regiam egressus est. Eramus enim tunc temporis sic divisi: marchio Montis-Ferrati ultra Thessalonicam erat cum multis. Ego ex altera parte brachii Sancti Georgii eram apud Andromiticum cum non paucis. Paganus de Aurelia, et P. de Braccel. versus Nicæam ex eadem parte, E. de Tric apud Philippolim cum pluribus, et alii alibi per loca et munitiones dispersi. Porro audito a Jannicio Blancorum Domino, quod Latini in tanta virorum paucitate civitatem prædictam obsedissent, quem etiam Græci in auxilium suum occultum, ut magis læderent evocarant, irruit subito Blachus ille Joannicius in nostros cum multitudine barbarorum, Blachis, Commanis, et aliis, quibus etiam nimis improvise obviam exeuntibus nostris, et remotius quam oportet instantibus, et per inimicorum insidias tandem vallatis undique, proh dolor! dominus imperator, Comes Lodoicus, Stephanus de Pertico, et quidam alii barones et milites, quod non sine sanguinearum lacrymarum effusione referre valeo, tanta obruti multitudine non sine damno tamen illorum ab inimicis intercepti sunt. Nescimus revera qui capti fuerint, qui occisi ; accepimus tamen ab exploratoribus nostris certissimis, et fama veridica, quod Dominus meus imperator sanus teneatur, et vivus, qui ab eodem Joannicio satis ut asseritur pro tempore honorabiliter procuratur, cum quibusdam aliis, quos tamen adhuc expresse nescimus. Sciatis autem quod ab eo die, quo Græcorum fines ingressi fuimus, usque ad diem infelicis illius congressus, quantacunque nobis et nostris concurreret multitudo, licet alii paucissimi fuerint cum triumpho tamen semper in victoria recesserunt. Inæstimabilem vero jacturam, quam tunc nobis dolemus et plangimus accidisse ex inconsulta nostrorum audacia, et peccatorum nostrorum meritis credimus contigisse. Illi itaque qui elapsi a prælio manus inimicorum evaserunt, consilio abbreviato, cum iis qui ad acceptoria servanda remanserant, absque alio damno ab obsidione recesserunt. Quibus recedentibus in urbem regiam, et inopinaliter desolatis, tantam Dominus subito dedit consolationem ut quasi in momento omnes simul quot dispersi fuerant tanquam convocati a Domino apud civitatem quamdam quæ dicitur Rodestech convenirent. Marchio tamen fideliter et victoriose in suis branchiis, E. de Tric, in suis partibus per Dei gratiam incolumis morabatur, et indemnis. Inspectis igitur ibidem nostrorum viribus, urbes et castella extunc munire cœpimus, quæ contra Græcorum rebellionem posse tenere videbantur, et inter agendum Constantinopolim usque profecti sumus. Licet itaque in personis amissis infortunium lugubre nobis acciderit, speramus tamen in Domino, et audenter confidimus, quod inimicorum nostrorum insidias et assultus quicunque fuerint, diutius in Domino sustinere poterimus, et etiam de lon-

ginquo subventionem et auxilium exspectare. Ecce tamen quod verebamur hoc accidit, et quod fama ferebat publica, hoc quoque per litteras Blachi confœderationem ipsius cum Turchis, et cæteris crucis Christi inimicis continentes edocti sumus, quas etiam a nobis cum nuntiis ipsius interceptas apostolatui vestro in utraque lingua transmisimus, licet gravius exspectato vulnus incurritur et ruina. Cujus susceptionem vobis incumbere tanquam Patri omnium et nostro patrono, et Domino, nemo est qui ambigat; præsertim cum ob Ecclesiæ tantum unitatem reformandam, et Terræ Sanctæ subventionem laboremus, quorum munere hactenus pendet exaltatio, sicut communis omnium Christianorum in Oriente degentium, et præcipue venerabilium fratrum militiæ Templi et Hospitalis utriusque qui nobiscum sunt, clamat assertio, ut non solum ipsius liberationem hæc operetur redintegratio, verum etiam omnium paganorum et crucis Christi inimicorum confusionem omnimodam apertissime procurare videatur : sicut econtra ejus disturbatio, quod Dominus avertat, non solum recuperandi partem amissam Terræ Sanctæ spem auferret, imo et illam quæ a præsenti Christiano cultui dedita est, procul dubio spem præcideret detinendi. Attendentes igitur sicut a principio imperfectum nostrum ad tam ardui propositi celsitudinem minus sufficere, ad vos tanquam summum et præcipuum, imo unicum spei nostræ refugium et fundamentum, qui solus præ filiis hominum, et principibus, et regibus in quantalibet potestate constitutis, nobis potestis succurrere, supplici et devota intentione et mente confugimus, ad pedes Paternitatis vestræ prona humilitate prostrati, et quanta possumus precum instantia cum lacrymis implorantes, quatenus filiis vestris in tanto periculo constitutis, et præ cunctis viventibus consilio, et auxilio vestro indigentibus, consuetum pietatis impendere non differatis affectum : quod iterato securius a Paternitatis vestræ dulcedine postulamus, quanto præter peregrinationis nostræ votum solemne pro Ecclesia Romana corpora nostra et vitas impendimus; in quo præter communem omnium Christianorum..... .... sollicitudinem, et nos Paternitati vestræ, et vos nobis tanquam militibus vestris et Ecclesiæ Romanæ stipendiariis districte novimus obligatos.

VIII.

Ejusdem. — Similis argumenti.
(Duchesne, *ibid.* p. 807.)

Statum nostrum, et rumores qualescunque pro nuntiorum opportunitate Sanctitati vestræ dignum ducimus revelare. Satis ut credimus vobis innotuit qualiter peccatis nostris exigentibus, dominus noster imperator, occisa et capta magna parte suorum, quod sine cordis amaritudine, et dolore maximo dicere non possum, a Comanis in bello Adrianopoli captus fuerit. Postmodum cum principes et barones et milites exercitus me imperii baillivum elegerunt, egressus ex urbe regia cum exercitu Christiano, civitates et castella plurima, quæ nobis rebellia fuerant subjugavimus, et munitis marchiis nostris, circa festum Sancti Remigii Constantinopolim reversi fuimus. In munitione vero cujusdam civitatis, quæ Rossa dicitur, H. de Teneramunda, virum utique strenuum et discretum, cum militibus et serjantis reliquimus : et dum morarentur ibidem, circa Purificationem beatæ Mariæ significatum eis Blancos Rossam prope, castrum quoddam occupasse ; qui de Rossa de nocte exeuntes armati Blancos quos illic invenerunt occiderunt, et castro dejecto cum præda Blancorum et equitaturis eorum, versus civitatem suam rediere : quibus redeuntibus ex insidiis prope Rossam occurrit multitudo Blancorum et Comannorum, et congressu facto ex utraque parte, proh dolor! ultione divina nostri fere omnes occisi sunt vel capti ; illi vero quibus custodia civitatis deputata fuerat, circiter quadraginta milites, de nocte recedentes cum serjantis ad nos sani rediere ; et sic Dominus flagellum flagello adjiciens, meritis nostris perversis idipsum exigentibus, vultum indignationis suæ nobis ostendit. Veruntamen quia bellorum eventus fuit, est, et erit semper anceps, nec fieri potest quod semper bene cedat bellantibus, et sæpe tristia lætis miscentur, non est desperandum virtuosis viris ; nam parvo tempore mutatur fortuna, et Dominus respiciet suos, et statim reddet optata gaudia desolatis ; in rebus arduis virtus comprobatur, et robustos viros ipsa reddent pericula cautiores. Nam adversitas quæ bonis votis objicitur non judicium reprobationis, sed probatio virtutis est. Nos ergo in his angustiis constituti, ad vos patrem omnium, imo, ut verius loquamur, nostrum in hoc facto turbationis recurrimus, vestrum implorantes auxilium et consilium : quatenus opus nostrum a nobis misericorditer incœptum, misericordius terminetis, quolibet bono modo profectum operis nostri necessario adjuvantes (2).

IX.

Philippi, Romanorum regis, promissa papæ.

(Circa annum 1205.)

[Vulgavit ea Harzheim in Conciliis Germaniæ T. III, pag. 467, ex codice bibliothecæ Ottobonianæ a Schannato descripta. Adscribenda esse videntur anno 1205, quo Diethelmus episcopus Constantiensis die 12 Aprilis obiisse dicitur ; certe Philippi litteras infra sequentes et legationem præcesserunt, cum hæc per Ottonem de Salem, proxime sequentes per Martinum priorem Camaldulensem, tertiæ denium litteræ per Henricum de Smalekke Romam delatæ sint. Pertz, *Monum. Germ. hist.*, Leg., t. II, p. 208.]

Ego Philippus, Romanorum rex, semper Augustus, etc. Antequam Martinus, prior Camaldulensis, et frater Otto, monachus de Salem, venirent ad me, tractaturi.

1. De pace Ecclesiæ et imperii, voveram Deo et sanctis ejus, me iturum ultra mare, ad liberandum Terram promissionis a gentium feritate, et iterum post eorum adventum, audito verbo eorum de tractatu pacis, de concessione domini apostolici, in manu prædicti prioris, vice domini apostolici, vovi et promisi Deo et sanctis ejus, et eidem priori loco dicti domini apostolici, me opportuno tempore, Ecclesiæ et imperio et liberationi terræ prædictæ, bona fide absque omni fraude, illuc iturum, et opitulante Deo, terram illam pro posse meo liberaturum. Hujus voti testes sunt : Ditthalmus Constantiensis episcopus, Eberhardus abbas de Salem, Petrus abbas de burgo Sancti Sepulchri, frater Otto de Salem, Henricus dapifer de Wittingen, Henricus de Smalekke, Henricus marescallus de Papenheim, Henricus notarius.

Insuper promisi, me facturum omnia hic subscripta :

2. Omnia bona, tam Romanæ Ecclesiæ quam aliarum ecclesiarum, quæ antecessores nostri, reges vel imperatores, injuste abstulerunt vel detinuerunt, vel ego abstuli vel injuste detineo, restituam et ab eis quiete ac pacifice possideri permittam.

3. Omnes abusus, quos antecessores mei in ecclesiis habuerunt, ut puta mortuis prælatis bona ipsorum vel ecclesiarum eorum accipiebant, perpetuo relinquam.

4. Electiones episcoporum et aliorum prælatorum canonice fieri permittemus, omnia spiritualia pontifici relinquentes.

5. Monasteria irregulariter inventa, in quantum majestati imperiali congruit, cum adjutorio domini apostolici, regularibus conventibus, scilicet Cisterciensi, Camaldulensi, Præmonstratensi, subjiciemus, et operam dabo, ut tam monasterialis quam clericalis ordo, ea, qua decet, religione vivat et honestate.

6. Advocatos, sive patronos ecclesiarum, ab exactionibus, angariis, et perangariis, in quantum potero, cessare compellam.

7. Si omnipotens Deus regnum Græcorum mihi vel libero meo subdiderit, ecclesiam Constantinopolitanam Romanæ Ecclesiæ, bona fide et sine fraude, faciam fore subjectam.

8. Romanæ Ecclesiæ in omnibus, et per omnia, fidelis et devotus atque filius et defensor semper ero.

9. Generalem legem statuam et observari faciam semper et ubique per totum imperium, ut, quicunque excommunicatus fuerit a domino apostolico, in banno statim sit imperiali.

10. Insuper pro pace et amicitia inter me et dominum apostolicum semper servanda, et omnimoda suspicione auferenda, ut ipse semper mihi sit benignissimus pater, et ego ei fidelissimus et optimus filius, filiam meam nepoti ejus in conjugium dabo,

---

(2) Eorum infortuniis dominus papa compatiens pro liberatione imperatoris nuntium specialem ad præfatum Joannicium destinavit.

et alias vel alios de cognatione mea, secundum voluntatem suam, generi suo copulari faciam.

11. De omnibus excessibus meis ad mandatum et voluntatem domini apostolici Deo et Ecclesiæ plene satisfaciam.

Hæc et omnia in præsentia domini episcopi Constantiensis, et domini Martini prioris Camaldulensis, et domini Eberhardi abbatis de Salem, et domini abbatis Petri de burgo Sancti Sepulcri, et fratris Odonis de Salem, præsentium latoris, Henrici dapiferi de Walpur, Henrici mareschalli de Bappenheim, Helferici notarii, me facturum et observaturum, bona fide et sine omni fraude, juravi.

X.

Philippi pactum cum Coloniensibus.

(Anno 1206.)

[Ex eodem codice membr. sæculi XIII, cujus supra mentionem fecimus. Quæ littera obliqua exprimuntur, in codice legi non potuerunt, atque a nobis ex conjectura supplentur. PERTZ, *ibid.*]

Hec est forma composicionis inter Philippum regem et cives Colonienses.

Hec est forma composicionis statute inter Philippum regem et cives Colonienses. Universitas civium Coloniensium bona fide per litteras et nuncios laborabit apud dominum papam pro domino Adolfo, ut ipse sedem Coloniensem optineat; et si id quoquomodo apud dominum papam poterit obtineri, vel per gratiam vel per justiciam, civitas Coloniensis gratum habebit eum, et serviet ei, in quibus debet, tanquam domino. Si vero id apud dominum papam nullo modo obtineri poterit, cives ab *amicis* suis et cognatis qui huic composicioni interfuerunt, videlicet, duce Lotharingie, comite Gelrense, comite Iuliacense, comite de Monte, comite de Hostaden, comite de *Kuke*, Hermanno advocato, deinceps nullatenus inquietabuntur. Et quemcumque dominus *rex* principaliter, et dux Lotharingie, cum prescriptis magnatibus terre, pro episcopo habere voluerint, civitas ipsum pro episcopo habebit, excepto domino Adolfo. Item dominus rex omnia jura et consuetudines a patre vel a fratre suo imperato ribus *augustis* vel ab altero eorum per privilegia ipsis concessas, autentico privilegii sui *ei* confirmabit, et inviolabiliter observabit. Item quicquid cives Colonienses vel *in* sale vel in vino seu quacumque alia re, per indebitam exactionem cuiquam *damni* intulere, de eo ipsi de cetero absque omni juris vindicta *liberi* et absoluti remanebunt; et quicquid etiam occasione gwerre ipsis civibus dampni illatum est, sine omni querela inultum remanebit. Item de voluntate et gratia domini regis erit, quascumque municiones de propriis rebus et muris suis construxerint. Item clerici quicumque sive laici qui in hac forma composicionis remanere voluerint, salvi sint tam in rebus quam in personis. Qui vero eam recusaverint, pro inimicis imperii habeantur, nec aliqua eis in civitate habitacio concedatur, nec etiam aliquam vel in rebus vel in personis pacem habere debent. Item quicumque habentes possessiones infra muros civitatis, tempore gwerre a defensione civitatis se subtraxerunt, de singulis marcis reditum persolvent marcam nummorum. Item cuicumque civium Adolfus archiepiscopus quondam, vel Bruno archiepiscopus, monete vel telonii reditus impignoraverint, ipsi debitum suum recipient, et nichil præter sortem; exceptis feodis et *teloneo* de Erempozzen, qui optinebit pignora et beneficia in moneta, secundum privilegium ab Adolfo archiepiscopo sibi collatum. Ita quod predicti creditores certam debiti sui reddant rationem coram eis, quos magnates terre ad hoc constituerint; persolutis vero debitis si quid superfuerit, ad consilium regis et prescriptorum magnatum erit. Item cives Colonienses inducias habent de fidelitate facienda domino regi usque ad dominicam Invocavit me, et statim illo termino elapso facient ei fidelitatem tamquam domino et regi suo; et quod istud tunc fiat, iuratum est Colonie a duobus milibus hominum et amplius; et ne violetur hec composicio, data fide promisit dux Lotharingie, et prescripti comites. Item si occasione hujus composicionis quisquam cives Colonienses gravare præsumeret, dominus rex principaliter ipsos manutenebit, et magnates etiam terre ipsos omnibus modis juvabunt. Ipsi etiam burgenses ad hec observanda magnatibus terre assistent. Item exactiones indebitas quas facere consueverunt tempore gwerre, de cetero non recipient; et per hanc formam composicionis in continenti in gratia domini regis erunt, et salvis rebus et personis per totum imperium, quocumque voluerint, ibunt.

XI.

Philippi scriptum et legatio ad papam.

(Anno 1206.)

[Vide Regesta Innocentii III, hujusce editionis tom. III, col. 1132.]

XII.

Instrumentum de homagio facto a comite Ildebrandino domino papæ Innocentio III.

(Anno 1207.)

[MURATORI, *Antiq. Ital.* I, 613].

In nomine Domini, anno Incarnationis ejusdem 1207, pontificatus vero domini Innocentii III, papæ, anno X, indictione X, mense Julii die ultimo.

Acta publica si litterarum memoriæ tradita fuerint, nube oblivionis remota, prospera inspectione clarescent. Quapropter ego Joannes de Sancto Laurentio sanctæ Romanæ Ecclesiæ scriniarius, mandato et præcepto domini Innocentii III papæ, ligium homagium nunc factum eidem domino papæ in palatio Montis Flasconis a comite Ildebrandino, sicut vidi, audivi et interfui, et fidelitatem olim exhibitam eidem domino papæ a prædicto comite, sicut inferius continetur, publicis litteris scribere curavi. Comes Ildebrandinus confessus fuit in palatio Montis Flasconis coram præscripto domino papa, præsentibus episcopis, cardinalibus, præfecto Urbis, et multis clericis et laicis, se jurasse fidelitatem eidem domino papæ, successoribus suis et Ecclesiæ Roiauæ coram dicto præfecto Petro Sarraceno, dicti domini papæ senescalco, et Donnico ejusdem domini subdiacono, et eo tempore castellano Montis Flasconis. Et ipse comes mense et die supradicto fecit ligium homagium dicto domino papæ Innocentio coram episcopis, cardinalibus, præfecto Urbis, et multis aliis tam clericis quam laicis in eodem palatio pro castro Montis Alti, comitatu de Rosellis, et aliis terris, quas tenet ab eo, sicut apparet per privilegia Romanæ Ecclesiæ. Et idem dominus papa investivit dictum comitem de dictis castris, comitatu, et terris, coram omnibus *per cuppam argenteam*. Et inter omnes hi interfuerunt dominus Theobaldus de Præfecto, dominus Petrus de Columna, dominus Stephanus de Romano Carzoli, dominus Oddo Infans de Columna, dominus Thomas de Supino, dominus Guido de Colle de Mendi, Transmundus Rubeus domini papæ ostiarius, Borgognonus de Viterbo, Capitione filius Joannis de Tincos, Oddo de Græco de Urbeveto, Guido de Prudezo, Berardus de Walmarzo, Bulgarellus de Conversano, Joannes de Conversano, Petrus de Olivero, Winezellus de Monteflascone, Bonaccursus, Bonafidanza, Bartholomæus de Donadeis.

Ego Joannes de Sancto Laurentio sanctæ Romanæ Ecclesiæ scriniarius, sicut vidi, audivi et interfui, scripsi, complevi et absolvi.

XIII.

Philippi Augusti regis Francorum ad Innocentium papam III. — Declarat se nullam injuriam intulisse episcopo Cameracensi, nec adhærere Philippo imperatori adversus sedem apostolicam, sed posse fœdus inire cum adversariis Ottonis.

(Anno 1208.)

[D. MARTEN., *Ampl. Collect.*, I, 1079, ex ms. Colbertino.]

Reverendo in Christo Patri ac domino INNOCENTIO Dei gratia summo et universali pontifici, PHILIPPUS eadem gratia rex Francorum, salutem et tam debitam quam devotam reverentiam.

Super eo quod nobis mandastis de episcopo Cameracensi, ut ei restitueremus ablata, et injurias emendari faceremus, quæ Cameracensi eidem gentes nostræ intulerunt, pro certo noverit vestra paternitas, quod nos de rebus ejusdem episcopi nihil aut gentes nostræ habuimus vel habemus, nec civitas Cameracensis de regno est, sed de imperio; neque nos debemus emendare facta illorum qui sunt de imperio, sicut nec nos vellemus quod ipsi emendarent facta illa quæ fiunt in regno nostro. Ad illud autem quod significastis, quia amorem vestrum relinquimus, et adhæsimus Philippo regi Alemanniæ, noveritis indubitanter, quod dilectioni ejusdem Philippi contra vos non adhæremus, quamvis pluries super hoc fuerimus requisiti, nec adhuc in mente habemus, et Dominus ponat in corde vestro et in mente, quod nos ad hoc non inducatis, quod alicui contra vos adhærere debeamus. Cæterum noveritis quod omnibus illis de jure confœderari possumus, qui regem Othonem inquietant et ei adversantur. Idem enim Otho dum esset comes Pictaviæ, terram nostram et ecclesias terræ nostræ combussit et deprædatus est, nec postea nobis exinde satisfecit, neque nos treugam aut pacem post illa malefacta habuimus, et quando cum Joanne rege Angliæ pacem habuimus, ipsum a pace illa exclusimus. Unde mirari non debetis, si nos ipsum odio habebamus. Solus enim Deus nobis potest inspirare ut malefactores nostros diligamus. Ad illud autem quod nobis mandastis, quod episcopum Cameracensem odio habemus, vobis respondemus, quod nos nullum sacerdotem odio habemus, nec alicui sacerdoti malum faceremus, maxime illi qui est episcopus et sacerdos.

XIV.

Philippi regis Francorum. — Pro ecclesia Bituricensi.

(Anno 1210.

[*Patriarchium Bituricense.* ap. LABBE, *Bibliotn. mss.* II, 59.]

Sanctissimo in Christo Patri ac domino INNOCENTIO Dei gratia summo pontifici PHILIPPUS eadem gratia rex Francorum salutem, et debitam in Christo reverentiam.

Ecclesia Bituricensis, licet sit tenuis in facultatibus, inter alias tamen regni nostri ecclesias existit nobilior, cum (sicut vestra plenius novit paternitas) primatiæ obtineat dignitatem, cujus honorem, nostrum et regni proprium reputamus. Cum igitur Burdegalensis archiepiscopus prædecessorum suorum non sequens vestigia, se adeo obedientem et devotum ecclesiæ Bituricensi exhibere non velit, sicut eidem prædecessores ejus fecisse noscuntur, paternitatem vestram cum quanta possumus devotione rogamus, quatenus jus Bituricensis ecclesiæ intuitu Dei, et precum nostrarum obtentu conservare velitis, nec sustineatis quod tantus honor regni nostri circa hæc in aliquo minuatur cum sola Bituricensis ecclesia in toto regno patriarchatus obtincat dignitatem ; in cujus diminutione (quod Deus avertat!) nobis est regno nostro non mediocriter reputaiemus esse detractum.

Actum Parisiis anno Domini 1210, mense Maio.

XV.

P. comitis Antissiodorensis ad Innocentium papam tertium. — Declarat se tenere a comitissa Campaniæ Malliacum et Vitriacum.

(Anno 1210.)

[D. MARTEN. *Thesaur. Anecdoct.*, I, 820, ex chartario Campaniæ.]

Sanctissimo Patri et domino INNOCENTIO, Dei providentia summo pontifici, P. comes Antissiodorensis et Tornodoriensis, pedum oscula tam debita quam devota.

Sanctitati vestræ notum facio quod ego teneo et recognosco me tenere de charissima domina mea Blancha illustri comitissa Campaniæ, et tenui de antecessoribus suis dominis Campaniæ Malliacum castrum et Vitriacum, quod est de castellaria Malliaci : quamvis episcopus Antissiodorensis quasdam litteras ostendat continentes, quod ego teneo prædictum castrum Malliaci de illo. Sed dico et plane recognosco quod litteræ illæ non sunt veræ, nec meo sigillo sigillatæ. Litteras autem quas prædicta domina mea inde habet super hoc quod Malliacum castrum et omnia feoda quæ sunt de castallaria Malliaci ab ipsa comitissa teneo, veras esse confiteor, et meo sigillo sigillatas, præsentibus litteris testificantibus, sigilli mei munimine roboratis.

Actum anno gratiæ 1210, mense Julio.

XVI.
Friderici II imp. cessio comitatus Fundani Innocentio III.
(Anno 1212. April.)

[Ex Cencii libro Censuum cod. S. Angeli fol. 173, proponimus confirmationem comitatus Fundani Ecclesiæ Romanæ, editam a Raynaldo an. 1212, pag. 205. PERTZ, *Monum. Germ. hist.*, Leg. II, 225.]

Sanctissimo Patri et domino INNOCENTIO summo pontifici, FREDERICUS Dei et sui gratia rex Sicilie ducatus Apulie et principatus Capue, in Romanorum imperatorem electus et semper Augustus

De gratia vestra quam frequentissime sumus experti indubitatam fiduciam obtinentes, presenti pagina duximus concedendum, quot cum dilectum fidelem nostrum Riccardum Fundanum comitem cedere in fata contigerit, tam de comitatu Fundano quam universa terra citra Garelianum posita libere disponatis, ipsam donando vel obligando, retinendo vel concedendo, seu commitendo cuicumque persone juxta vestre beneplacitum voluntatis. Ad hujus autem concessionis nostre memoriam preseus privilegium per manus Petri notarii et fidelis nostri scribi precepimus et sigillo nostro jussimus roborari, anno, mense et indictione subscriptis.

Datum Rome anno dominice incarnationis 1212, mense Aprilis, 15 indictione.

XVII.
Frederici II imp. promissio Innocentio III papæ.
(Anno 1213, Jul. 12.)

[Editam prius a Raynaldo, Goldasto et aliis, Romæ constitutus ex originali tabularii Vaticani exscripsi; bulla ejus aurea deest, filo serico rubri coloris relicto; membrana nonnullis in locis injuria temporis corrosa. PERTZ, *Monum. Germ. hist.*, Leg. II, 224.]

In nomine sanctæ et individuæ Trinitatis. Fredericus secundus divina favente clementia Romanorum rex semper augustus, et rex Syciliæ. Regnum nostrum tunc stabiliri credimus et confidimus, cum Altissimo, de cujus manu ea quæ possidemus bona recepimus, honoramus. Tanto enim Domino qui bona tribuit nobis, ad offerendas hostias operis et devotionis astringimur, quanto ipsum misericordem in nobis et mirabilem experimur. Cognoscentes igitur gratiam quæ data est nobis ab ipso, habentes quoque pre oculis inmensa et innumera beneficia vestra, karissime domine et reverentissime (3) pater, protector et benefactor noster domine Innocenti, Dei gratia summe pontifex venerande per cujus benefitium opera et tutelam aliti sumus protecti pariter ac promoti, postquam in sollicitudinem vestram mater nostra felicis memoriæ Constantia imperatrix ex ipso quasi utero nos jactavit, vobis beatissime pater, et omnibus catholicis successoribus vestris, sancteque Romanæ ecclesiæ spetiali matri nostræ; omnem obedientiam, honorificentiam atque reverentiam, semper humili corde, ac devoto spiritu impendemus, quam predecessores nostri reges et imperatores catholici, vestris antecessoribus impendisse noscuntur, nichil ex his volentes diminui, set magis augeri, ut nostra devotio magis enitescat. Illum igitur abusum volentes abolere, quem interdum quidam predecessorum nostrorum exercuisse dinoscuntur, et dicuntur, in electionibus prelatorum, concedimus et sancimus, ut electiones prelatorum libere fiant, et canonice, quatenus ille prefitiatur ecclesiæ viduatæ, quem totum capitulum vel major et sanior pars ipsius duxerit eligendum, dummodo nichil obstet ei de canonicis institutis. Appellationes autem in negotiis et causis ecclesiasticis, ad sedem apostolicam libere fiant, earum prosecutionem sive processum nullus impedire presumat. Illum quoque dimittimus et refutamus abusum, quem in occupandis bonis decedentium prelatorum aut etiam ecclesiarum vacantium nostri consueverunt antecessores committere, pro motu propriæ voluntatis. Omnia vero spiritualia vobis et aliis ecclesiarum prelatis relinquimus libere disponenda, ut quæ sunt Cesaris Cesari; et quæ sunt Dei Deo recta distributione reddantur. Super eradicando autem hereticæ pravitatis errore, auxilium dabimus et operam efficacem. Possessiones etiam quas æcclesia Romana recuperavit, ab antecessoribus nostris seu quibuslibet aliis ante detentas, liberas et quietas sibi dimittimus, ipsamque ad eas obtinendas bona fide promittimus adjuvare. Quas autem nondum recuperaverit, ad recuperandum pro viribus erimus coadjutores. Et quæcumque ad manus nostras devenient, sine difficultate ei restituere satagemus. Ad has pertinet tota terra quæ est a Radicophano usque Zeperanum, marchia Anconitana, ducatus Spoletanus, terra comitissæ Mathildis, comitatus Brittenorii, exarcatus Ravennæ, Pentapolis, cum aliis adjacentibus terris expressis in multis privilegiis imperatorum et regum, a tempore Ludowici, ut eas habeat Romana æcclesia in perpetuum cum omni jurisditione, districtu, et honore suo. Verumtamen cum ad recipiendam coronam imperii vel pro necessitatibus æcclesiæ ab apostolica sede vocati venerimus, de mandato summi pontificis, recipiemus procurationes sive fodrum ab illis. Adjutores etiam erimus ad rettinendum et deffenden-

---

(3) *reverentissime* autnenticum.

dum Romanæ æcclesiæ regnum Syciliæ ac cetera jura quæ ad ipsam pertinere dinoscuntur, tamquam devotus filius, et catholicus princeps. Ut autem hæc omnia vobis memorato sanctissimo patri nostro domino Innocentio, sacrosanctæ Romanæ æcclesiæ summo pontifici, vestrisque successoribus per nos et nostros successores Romanorum reges et imperatores observentur, firmaque et inconvulsa semper permaneant, presens privilegium conscriptum majestatis nostræ aurea bulla jussimus communiri. Testes autem hii sunt. Sigefridus Moguntinæ sedis arciepiscopus apostolicæ sedis legatus. Eberhardus Salzburgensis arciepiscopus, Berardus Barensis arciepiscopus, Chuonradus Ratisponensis episcopus, Otto Wirzinburgensis episcopus, Manegoldus Pattaviensis episcopus, Engelhardus Zizensis episcopus, Odacrius Boemorum rex, Lodwicus dux Bawariæ, Liupoldus dux Austriæ et Styriæ, Hermannus lantgravius Thuringiæ, comes Albertus de Eberstein, comes Adolfus de Sowenburc (4), comes Burchardus de Maunesveld, comes Gerhardus de Diets, comes Ludwicus de Wirtemberch, Gebehardus burcravius Meigdeburgensis, Hainricus de Stahhelburch, Waltherus de Langenberch, Hainricus de Chalandrino, marescalcus imperii, Waltherus de Sypf, pincerna imperii, Gwaltherus Gentilis, comestabulus regni Sycilie ; et alii quam plures.

Signum domini Frederici secundi Romanorum regis invictissimi (L. M.) et regis Syciliæ.

Ego Chuonradus Dei et apostolicæ sedis gratia Metensis episcopus, vice domini Sigefridi, Moguntini arciepiscopi et apostolicæ sedis legati, ac totius Germaniæ arcicancellarii, recognovi.

Acta sunt hæc anno Domini nostri Jesu Christi 1213, indictione prima, regnante domino Frederico secundo Romanorum rege glorioso et rege Sicilie, anno regni ejus Romani primo, Siciliæ vero 16.

Datum apud Egram per manus Bertholdi de Niffen, regalis aulæ prothonotarii, quarto Idus Julii.

XVIII.

Joannis Anglorum regis. — De conventione inter regem ipsum et reginam Berengariam quondam uxorem Ricardi regis.

(Anno 1215.)

[RYMER, *Fœdera* I, 137.]

Reverendo domino suo et Patri in Christo sanctissimo INNOCENTIO Dei gratia summo pontifici, JOANNES eadem gratia Angliæ rex, etc., salutem et debitam tanto domino et patri cum devotione, reverentiam.

Mittimus vobis, Pater sanctissime, transcriptum conventionis factæ inter nos et reginam Berengariam de verbo ad verbum, cujus tenor talis est :

« Joannes, Dei gratia rex Anglorum, etc., omnibus ad quos præsens scriptum pervenerit, salutem.

« Sciatis ita convenisse inter nos et dominam reginam Berengariam quondam uxorem domini Ricardi regis fratris nostri, de dote sua quam petebat, et de quadam compositione quæ quondam inter nos et ipsam facta fuit super eadem dote, de qua mille marcas de nobis recipere debeat annuatim, videlicet quod nos modo ad præsens damus ei duo millia marcarum, pro omnibus arreragiis et pro solutione præsentis anni, et de cætero dabimus ei annuatim mille libras bonorum et legalium sterlingorum, scilicet quingentas libras in festo Omnium Sanctorum et quingentas libras in festo Ascensionis ; hanc autem pecuniam solvemus ei in domo Novi Templi apud London.

« Licebit autem dominæ reginæ repetere dotalitium suum ab omni detentore, extra regnum Angliæ, præterquam a nobis et successoribus nostris, et nos de hoc non erimus contra eam, nisi teneamur de jure illud ei warrantizare, et neque successores nostri poterimus capere in manum nostram res illas, super quibus ipsa in causam traxerit detentores, poterit autem ipsa regina finem facere ad suam voluntatem cum eisdem detentoribus, salvo nobis et hæredibus nostris post ejus obitum jure nostro.

« Concedimus etiam quod ipsa regina et homines de familia ejus, liberum habeant omni tempore introitum in terram nostram, et exitum ab eadem, possintque ibi morari quandiu voluerint, et tam eos quam omnes res eorum in salvum conductum nostrum et fidelem securitatem nostram recipiemus inveniendo, in redeundo et morando, præstito sacramento quod, per eos nobis malum non eveniet aut regno.

« Concedimus etiam quod in omnibus portubus maris liberum habeant transitum, quandocunque voluerint, prohibentes quod nullus ballivorum vel hominum nostrorum ipsos impediat, vel consuetudinem recipiat ab eisdem.

« Compositionem autem istam facimus tam pro nobis quam pro hæredibus nostris, statuentes quod si forte, quod absit ! nos vel aliquis successorum nostrorum ipsam conventionem infringeremus, quod facere non possumus salva fide, et infra LX dies commoniti nos vel justitiarius noster, si extra regnum fuerimus, id non emendaverimus, dotalitium suum integre restituere teneamur eidem, omni dilatione et occasione remota.

« Præterea fecimus jurare in animam nostram Gaufridum Luterell militem nostrum, quod omnia quæ in charta ista continentur observabimus illibata, et ad majorem securitatem, ea omnia a Domino papa confirmari impetrabimus.

« Rogamus etiam dominum papam et humiliter petimus ut præsenti compositioni addat securita-

---

(4) *Ita charta*, *lege* Scowenburc.

tes quas viderit expedire, et nos ratum habebimus quidquid inde statuerit, volumus enim quod omnia fideliter observentur, et nolumus quod prædicta regina possit super hoc ab aliquo in posterum molestari.

« Et sciendum est quod in hoc festo Omnium Sanctorum anno regni nostri xvii, solvemus dictæ reginæ primas quingentas libras de supradictis mille libris sibi annuatim solvendis.

« His testibus dominis : P. Winton., S. Exon. episcopis, magistro Pand. Narwicensi electo, H. abbate de Belloloco, fratre Alano Martell. magistro P. archidiacon. Sarr.

« Datum per manum magistri Ricardi de Marr. cancell. nostri apud Dour. ii die Septembris anno regni nostri decimo septimo. »

Cum igitur, Pater reverende, volumus hanc conventionem sedis apostolicæ munimen obtinere, preces sanctitati vestræ effundere decrevimus, supplicantes quatenus in majorem hujus conventionis securitatem eidem conventioni, quas videritis expedire securitates apponi jubeatis, facientes, si placet, eamdem perpetuo sedis apostolicæ munimine gaudere.

Apud Dour. iv die Septembris, anno regni nostri xvii.

XIX.

Friderici II promissio de corona Siciliæ ab imperio separanda.

(Anno 1216, Jul. 4.)

[Post editionem Raynaldi ad an. 1215 et Origg. Guelf. T. III, p. 850, nostram ex Regestis Honorii III in tabulario Vaticano, t. 1, fol. 35, ep. 116, anni primi instituimus. PERTZ, *Monum. Germ. hist.*, Leg. II, 228.]

Sanctissimo in Christo Patri et domino suo INNOCENTIO sacrosancte Romane Ecclesie summo pontifici, FRIDERICUS Dei et sui gratia Romanorum rex et semper Augustus et rex Sicilie, cum filiali subjectione debitam in omnibus apostolice sedi obedientiam et reverentiam.

Cupientes tam ecclesiæ Romane quam regno Sicilie providere, promittimus et concedimus statuentes, ut postquam fuerimus imperii coronam adepti, protinus filium nostrum Henricum quem ad mandatum in vestrum regem fecimus coronari, emancipemus a patria potestate, ipsumque regnum Sicilie, tam ultra Farum quam citra, penitus relinquamus ab ecclesia Romana tenendum, sicut nos illud ab ipsa sola tenemus; ita quod ex tunc nec habebimus nec nominabimus nos regem Sicilie, sed juxta beneplacitum vestrum procurabimus illud nomine ipsius filii nostri regis usque ad legitimam ejus etatem per personam idoneam gubernari, que de omni jure atque servitio ecclesie Romane respondeat, ad quam solummodo ipsius regni dominium noscitur pertinere; ne forte pro eo quod nos dignatione divina sumus ad imperii fastigium evocati, aliquid unionis regnum ad imperium quovis tempore putaretur habere, si nos simul imperium teneremus et regnum, per quod tam apostolice sedi quam heredibus nostris aliquod posset dispendium generari. Ut autem hec nostra promissio, concessio et constitutio debitum sortiatur effectum, præsentem paginam aurea bulla nostra fecimus communiri.

Dat. apud Argentinam anno Domini 1216 (5), Kal. Julii, indict. 4.

XX.

Joannis regis Anglorum. — Quæ sit baronum contumacia narrat nec non quod propter hanc causam iter in terram sanctam suscipere nequit.

(RYMER, *Fœdera*, I, 129.)

Domino papæ salutem et debitam tanto patri ac domino cum devotione reverentiam.

Sanctitati vestræ grates referimus multiplices de litteris vestris pro nobis a paternitate vestra domino Cantuariensi archiepiscopo et ejus suffraganeis porrectis, nec non magnatibus et baronibus terræ nostræ, pro certo scituri quod barones nostri litteras vestras in nullo exaudierunt; dominus vero Cantuariensis archiepiscopus et ejus suffraganei mandatum vestrum executioni demandare supersederunt.

Nos vero attendentes præmissa, asserebamus nostris quod terra nostra patrimonium erat beati Petri, et eam de beato Petro et Ecclesia Romana, et de vobis tenebamus.

Adjecimus etiam quod crucesignati eramus et petebamus beneficium privilegii crucesignatorum, ne turbaretur terra nostra, ne consumeretur in malos usus quod in subsidium terræ sanctæ expendere proposueramus, et appellaveramus per W. mareschallum comitem Pembr. et W. comitem Warenn. contra perturbatores pacis terræ nostræ.

Verum quia crucesignati fuimus, volentes in omnibus cum humilitate et mansuetudine procedere, salva appellatione nostra, obtulimus baronibus illis, quod omnes malas consuetudines suscitatas et per quemcumque introductas temporibus nostris, penitus aboleremus, nec non et malas consuetudines tempore regis Richardi fratris nostri subortas, exstirparemus; de consuetudinibus autem tempore patris nostri suscitatis, si quæ essent quæ eos gravarent, per consilium fidelium nostrorum operaremur : sed nec his, nec aliis supradictis contenti, omnia præmissa recusarunt.

Videntes igitur quod ipsi manifeste nitebantur ad turbationem regni nostri, rogavimus dominum Cantuariensem archiepiscopum et ejus suffraganeos, quod exsequerentur mandatum vestrum, scilicet quod secundum tenorem litterarum vestrarum consueta nobis exhiberent servitia, et postea, si quæ a nobis petere vellent, cum humilitate et sine armis ea a nobis peterent, denuntiantes eos ex-

---

(5) Ita corrigendum; 1215 Regestum Honorii; sed in transsumpto Innocentii IV annus 1216 habetur, indictioni quartæ congruus.

communicatos, qui post prædicta eis oblata, pacem regni nostri perturbarent, et videbatur episcopo Exoniensi et magistro Pandulfo, qui præsentes erant, quod de jure per sententiam excommunicationis eos compescere debebant.

Sed archiepiscopus respondens, ait quod sententiam excommunicationis in eos nullo modo proferret, quia bene sciebat mentem vestram (et videbatur nobis similiter quod ita facere debebat, quia mandavimus gentem copiosam de terris extraneorum ad succursum terræ nostræ) et promisit nobis quod, si eos revocare vellemus, non solum sententiam excommunicationis in eos inferret, verum etiam in quantum posset, eis resisteret, unde gentem nostram revocavimus.

Postmodum autem obtulimus eis, per litteras nostras patentes, per dominum Cantuariensem archiepiscopum, et duos vel tres suffraganeos ejus eis delatas, quod nos eligeremus ex parte nostra quatuor, et ipsi ex parte sua quatuor, ita quod vos superiores constitueremini de omnibus querelis libertatum quas ipsi proponerent, et ad suas nos responderemus quod quidquid vos una cum illis octo, statueritis, super omnibus quæ ipsi peterent a nobis nos gratum haberemus et teneremus.

Et quamvis se humiliare noluerunt versus nos sicut debuerunt, nos tamen pro servitio Dei et succursu terræ sanctæ, in tantum nos humiliavimus quod hæc prædicta eis obtulimus, et præterea eis obtulimus quod de omnibus petitionibus suis, per considerationem parium suorum, justitiæ plenitudinem eis exhiberemus, quod ipsi recusarunt.

Ad hæc, domine, die Veneris in crastino Ascensionis, venit ad nos frater Willelmus de camera vestra, vester familiaris, deferens nobis litteras vestras, continentes quod, deposita peregrinationis nostræ itinere, sanctitatis vestræ pedibus aliquem de nostris in concilio repræsentaremus, paternitatem vestram de processu nostro et itineris nostri expeditione certificantes.

Super quo paternitati vestræ taliter respondemus quod, cum perversis baronum prædictorum inquietationibus, ex præmissis vobis innotuit, quod affligamur, nec possumus in eis bonum pacis invenire, quo saltem concordes efficiamur ut sic facilius proposito insisteremus, vos de itinere nostro certos efficere non possumus; unum pro certo scientes, quod multi crucesignatorum, qui ad terræ sanctæ succursum se accinxerunt de partibus longinquis viri magni et nobiles ut in consortio nostro eos reciperemus, benigne per litteras suas et nuntios postulaverunt, quos pro prædictis incommodis supermandatis suis adhuc certificare non possumus.

Præterea, Pater reverende, in præsentia prædicti fratris Willielmi, vestri familiaris, nec non et venerabilium fratrum Wigorniensis et Coventrensis episcoporum, obtulimus prædictis baronibus, quod de omnibus petitionibus suis, quas a nobis exigunt, in vos benignissime compromitteremus, ut vos qui plenitudine gaudetis potestatis, quod justum foret statueretis, et hæc omnia efficere renuunt.

Igitur, pie Pater, dominationi vestræ præsentia duximus declaranda, ut de consueta benignitate vestra, quod nobis videritis expedire, inde statuatis.

Teste meipso, apud Odiham, xxix die Maii.

XXI.

G. prioris Camaldulensis. — Monasterio suo in favillas redacto, commendatitias a pontifice petit litteras pro obtinendis a fidelibus subsidiis.

(Marten., *Anecdot.*, I, 757, ex ms. S. Illidii Claromontani.)

Vestræ intimat sanctitati G. Camaldulensis prior, et omnes qui cum eo sunt fratres, quod pridie Kalendas Junii, circa medietatem noctis, inopinatus ignis domos eorum ita repente consumpsit, quod sequenti die de omnibus quæ remanserant prandium facere nequiverunt; sicque plus quam trecenti inter monachos et conversos mendicare coguntur. Eapropter petunt a clementia vestra ut per totam Italiam eis litteras concedatis in remissionem peccatorum, injungentes Christi fidelibus ut illis charitativa subsidia ministrare velint.

INNOCENTII III
ROMANI PONTIFICIS
OPERUM PARS ALTERA.
SERMONES, OPUSCULA.

I

SERMONES.

(Ex editione Coloniensi, principe, anni 1575. Nostræ recensioni accedunt alii duodecim Pontificis sermones, quos ex codicibus Vaticanis evulgavit bonæ memoriæ card'nalis Angelo Maii (*Spicil. Rom.* t. VI, p. 475. Romæ 1842, in-8°). En eruditissimi viri verba quibus ad suam editionem præfatus est : *Codex Vat. 700, membraneus, littera minuta sed pulchra, paulo post obitum Innocentii scriptus, continet ejus sermones, præter prologum,* LXXIX, *quorum* LXVIII *tantummodo et pars alterius in editionibus tam Coloniensi anni 1575, quam Veneta anni 1578, apparent, reliqui adhuc latebant inediti; neque hi sunt separatim scripti, vel in calce additi, ne quis eos forte alienos existimet, sed editis intermisti. Sunt enim inediti in codicis serie* IV, V. VII, XXVIII, XXXVI (XLIV *partim*) XLVII, LIV, LX, LXIV, LXVII. *Ex his duos in Lucensi etiam gemino codice se vidisse ait Mansius in additamentis ad Fabricii Latinam Bibliothecam. Constat igitur Coloniensem editorem nonnisi imperfectam habuisse sermonum Innocentii collectionem, Venetum autem a Coloniensi eos mutuatum. Sic enim epistolarum quoque Innocentii paulatim crevit numerus in impressis libris jam inde ab editione Sirleti usque ad illam duumvirorum Brequignii atque Dutheilii. Quæ cum ita se haberent, nolui prorsus inventam rem omittere, tum ipsius Innocentii causa, tum quia volumini huic, pontificis monumentis abundante, sermones hi congruebant. Neque tamen eos verbis meis commendabo, quia tanti viri scripta nequaquam laudibus indigent; atque id monebo tantummodo scriptos esse post additum pontificatum, ut in prologo et in gestis Innocentii cap.* 2, *disserte affirmatur. Denique in Ottoboniano Vat. codice* 132, *sæculi item* XIII, *ejusdem Innocentii sermones* XXXI *legebam, quorum postremus tantummodo (qui nobis fit* LIII) *ad claustrales recitatus typorum lucem adhuc exspectabat* (6).

PROLOGUS.

INNOCENTIUS episcopus, servus servorum Dei, dilecto filio ARNULPHO abbati ordinis Cisterciensis, salutem et apostolicam benedictionem.

Prophetica docet auctoritas, quod beati sunt il i qui seminant super aquas (*Isa.* XXXII). « Semen enim est verbum Dei (*Luc.* VIII), » et « aquæ multæ sunt populi multi (*Apoc.* XIX). » Econtra : « Maledictus est ille qui frumentum abscondit in populo et suffodit in terra talentum (*Prov.* XI) ; » quia superogare debet aliquid stabularius, qui duos accepit a Samaritano denarios (*Luc.* X) ; et superlucrari debet aliquid servus, cui dominus duo talenta commisit (*Matth.* XV). Nam a tunica hyacinthina dependebant aurea tintinnabula, ne pontifex ingrediens absque sonitu sanctuarium moreretur (*Exod.* XXVIII). Inter cætera siquidem, quæ ad pastorale spectant officium, sanctæ prædicationis virtus excellit, juxta quod docet egregius prædicator : « Non misit me Dominus, inquit, baptizare, sed prædicare (*I Cor.* I), secundum illud : « Prædica verbum, insta opportune, importune, opus fac evangelistæ (*II Tim.* IV). » Itemque : « Quam speciosi pedes super montes evangelizantium bona ! » (*Rom.* X.) « Clama, ne cesses, exalta quasi tuba vocem

---

(6) Innocentii III sermones duos ut ineditos evulgavit D. Luigi Tosti in *Storia della badia di Monte Casino* (Napoli 1842), t. II, p. 293. Iidem sunt cum serm. V et VII infra, quos habemus ex editione card. Maii. EDIT. PATR.

tuam (*Isa.* LVIII). » Hoc enim officium injunxit Dominus principaliter apostolis, dicens : « Quod dico vobis in tenebris dicite in lumine, et quod auditis in aure, prædicate super tecta (*Matth.* x). — « Euntes in mundum universum prædicate evangelium omni creaturæ (*Marc.* XVI). » Tantæ namque virtutis est prædicatio, quod animam revocet ab errore ad veritatem, et a vitiis ad virtutes; prava mutat in recta, aspera convertit in plana; instruit fidem, erigit spem, et roborat charitatem; evellit nociva, plantat utilia, et fovet honesta; via vitæ, scala salutis, et janua paradisi. Prædicator itaque debet habere aurum, argentum et balsamum, videlicet sapientiam, et eloquentiam, et honestatem, ut quod dicat intelligat, et quod dixerit et intellixerit, agat. Nam « qui fecerit et docuerit, magnus vocabitur in regno cœlorum (*Matth.* v). Alioquin dicetur illi : « Medice, cura teipsum (*Luc.* IV); » similis ficulneæ, quæ folia sine fructu producit. « Omnis vero scriba doctus in regno cœlorum, de thesauro suo nova profert et vetera (*Matth.* XIII), » sive quod testimonia producit tam de Novo quam de Veteri Testamento, sive quod educit, tam de gratiæ novitate quam de vetustate culpæ sermonem, sive quod agit tam de præmiis, quam de suppliciis, quæ innovatis in bono vel inveteratis in malo debentur. De his autem pro diversitate personarum et rerum debet aliter atque aliter loqui. Unde ad sponsam dicitur in Canticis canticorum : « Murenulas aureas faciemus tibi, vermiculatas argento (*Cant.* I). » Per aurum enim sapientia designatur, Salomone etiam testante, qui ait : « Thesaurus desiderabilis requiescit in ore sapientis (*Prov.* XXI). » Per argentum autem intelligitur eloquentia, dicente Psalmista : « Eloquia Domini, eloquia casta, argentum igne examinatum (*Psal.* CXVIII). » Decenter ergo per murenulas aureas flores sapientiæ designantur quibus collum et pectus Ecclesiæ, id est prædicatores et dolores ornantur. Vermiculatas autem, id est distinctas et variatas argento, scilicet eloquentia, ut juxta varietatem materiæ, vel personæ stylus sermonis et varietur. Ait enim Apostolus : « Sapientiam loquimur inter perfectos; inter vos autem nihil judicavi me scire, nisi Christum Jesum et hunc crucifixum (*I Cor.* II). » Et iterum : « Non potui vobis loqui quasi spiritualibus, sed quasi carnalibus, tanquam parvulis in Christo lac vobis potum dedi, non escam (*I Cor.* III). » Sapientibus quoque et perfectis ait Veritas increata : « Vobis datum est nosse mysteria regni Dei (*Luc.* VIII). » Econtra, rudibus et infirmis ait : « Multa habeo vobis dicere, sed non potestis portare modo (*Joan.* XVI). » Hinc ipsa prudenter injungit : « Nolite sanctum dare canibus, nec margaritas mittatis ante porcos (*Matth.* VII). » Sed mundis animalibus estote similes, quæ ruminant pariter et ungulam findunt (*Deut.* XIV). Debet enim prædicator habere vinum et oleum, virgam et manna, ignem et aquam, singula suo loco congrue proferenda. Principaliter autem ad eruditionem fidei, et ad informationem vitæ, tanquam ad fundamentum et ædificium, debet intendere prædicator, confirmando quod dicit auctoritatibus, rationibus et exemplis, ut « funiculus triplex difficile dissolvatur (*Eccle.* IV). Quia vero pulvis inanis gloriæ pedibus prædicatorum frequenter adhæret, debet utique prædicator excutere pulverem de pedibus suis (*Matth.* x), ipsosque compunctionis aqua lavare, ut mundus sit totus, ne forte cum aliis prædicaverit, ipse reprobus fiat (*I Cor.* II). Utinam autem in prædicationis officio fecerim ipse quod dico, sed tot sum causarum impeditus incursibus, tot negotiorum nexibus irretitus, ut necesse sit divisum ad singula minorem in singulis inveniri. Contemplari quidem non sinor, sed nec respirare permittor; sic traditus aliis, ut pene penitus mihi videar esse subtractus. Ne vero pro sollicitudine temporalium, quæ temporis exigente malitia valde me gravant, curam spiritualium omnino negligerem, quæ mihi propter apostolicæ servitutis officium magis incumbit, quosdam sermones ad clerum et populum, nunc litterali, nunc vulgari lingua proposui et dictavi, quos ad tuæ petitionis instantiam, quam per communem filium, fratrem Nicolaum, capellanum meum et monachum tuum, mihi fecisti, devotioni tuæ studui destinare, rogans et obsecrans in Christo Jesu, quatenus in orationibus tuis apud justissimum judicem et piissimum Patrem me reddas spiritualiter commendatum.

INNOCENTII PAPÆ

HUJUS NOMINIS TERTII

SERMONES DE TEMPORE.

SERMO PRIMUS

DOMINICA I ADVENTUS DOMINI.

Christi adventus cur tam diu dilatus sit, de triplici silentio, cur Filius et non Pater aut Spiritus sanctus venerit, cur de muliere tantum corpus assumpserit humanum, cur tot opprobria et supplicia voluerit sustinere, et de quadruplici lege.

Cum venit plenitudo temporis, misit Deus Filium suum, natum de muliere, factum sub lege, ut eos qui sub lege erant, redimeret (Galat. IV).

In propositis verbis Apostoli quatuor præcipue considerare debemus, advenientis tempus videlicet et personam, modum et causam. De tempore namque præmittitur: *Cum venit plenitudo temporis*; de persona subjungitur: *Misit Deus Filium suum*; de modo subditur: *Natum de muliere, factum sub lege*; de causa supponitur: *Ut eos, qui sub lege erant, redimeret.* Tempus autem plenitudinis intelligitur tempus gratiæ, quod ab adventu Salvatoris incœpit. Tempus utique miserendi, et annus benignitatis. Nam lex per Moysen data est, gratia et veritas per Jesum Christum facta est (*I Joan.* I). Gratia, id est remissio peccatorum; veritas, id est exhibitio promissorum. Per Christum enim peccata deleta sunt, per ipsum promissa completa. Sed cur tam diu distulit venire medicus ad sanandum ægrotum? Utquid non antea mortuus est unus pro populo, ne tota gens periret (*Joan.* XI)?« O altitudo divitiarum sapientiæ et scientiæ Dei, quam incomprehensibilia sunt judicia ejus, et investigabiles viæ ejus! Quis enim cognovit sensum Domini, aut quis consiliarius ejus fuit? » (*Rom.* XI.) Disposuit tamen cœlestis altitudo consilii, ut ideo differret medicus venire ad sanandum ægrotum, ne, si festinus venisset, putaret ægrotus se non medici virtute, sed naturæ vigore, et infirmitatis lenitate se sanatum, et sic vilipenderet medicum, et parvipenderet ægritudinem. Præsumebat enim peccator de suis viribus dicens; Non deest qui faciat, sed deest qui præcipiat. Et iterum: « Quæcunque dixerit nobis Dominus, faciemus et audiemus (*Exod.* XXIV). » Ut ergo de sua virtute diffideret, ut magnitudinem infirmitatis agnosceret, ut medici gratiam postularet, distulit Salvator accedere, donec peccator clamaret frequenter, et diceret: « Veni, Domine, et noli tardare; relaxa facinora plebis tuæ Israel (*Habac.* II).»

Porro subtilior, et secretior hujus dilationis est ratio, quam Sapiens nobis insinuat: « Dum medium, inquit, silentium tenerent omnia, et nox in suo cursu medium iter peragerct, omnipotens sermo tuus, Domine, a regalibus sedibus venit (*Sap.* XVIII). » Licet enim aliter et aliter hoc ab aliis et aliis exponatur, congrue tamen potest intelligi primum silentium in lege naturæ, secundum in lege scripturæ, tertium in lege gratiæ. Indidit enim conditor Deus legem naturalem mentibus hominum, ab ipso creationis mundi exordio, geminum continentem mandatum. Unum affirmativum, quod ad præstandum beneficia docetur in Evangelio: « Quæcunque vultis ut faciant vobis homines, et vos facite illis (*Matth.* VII). » Alterum negativum, quod ad vitandum injurias legitur in Tobia: « Quæ tibi odis fieri, alii ne feceris (*Tob.* IV). » Sed lex ista siluit ab initio, cum Cain interfecit fratrem suum Abel (*Gen.* IV), faciens alteri quod sibi nollet fieri. Et sic factum est primum silentium usque ad Moysen, per quem Deus suscitavit testimonium in Jacob, et præceptum posuit in Israel, dans per eum Decalogum legis in duabus tabulis scriptum (*Exod.* XX), altera continente dilectionem Dei, reliqua proximi. « In quibus duobus mandatis tota lex pendet et prophetæ (*Matth.* XXII). » Sed lex ista siluit ab initio, cum populus vitulum conflatilem adoravit contra primum legis mandatum, adorans deos alienos (*Exod.* XXXII). Et sic factum est secundum silentium legis, usque ad Christum, qui misertus adveniens contulit legem gratiæ, scribens eam in cordibus hominum digito Dei. Sed lex ista silebit in ultimo, cum revelabitur « filius iniquitatis, qui extollitur super omne quod dicitur, aut quod colitur Deus (*II Thess.* II). » Et forte jam silet, « quia superabundavit iniquitas, et refrixit charitas multorum (*Matth.* XXIV). » Vix est qui faciat bonum, vix est usque ad unum. In prima vero lege contulit Deus homini posse, in secunda nosse, in tertia velle. In prima contulit potentiam per naturam, in secunda scientiam per Scripturam, in tertia voluntatem per gratiam. Præmisit itaque Deus legem naturalem, per quam convinceret transgressorem, ne fortassis excusationem prætenderet, dicens : Cecidi quidem, quia stare non potui (*Psal.* XXIII). Sed tollitur excusatio ; quia per bonum naturæ potuit in bonum stare, sed noluit : præmisit et legem scriptam, per quam convinceret præsumptorem, ne fortassis excusationem prætenderet, dicens : Cecidi quidem, quia stare nescivi. Sed tollitur excusatio per documentum Scripturæ. Novit a malo declinare, sed noluit. Et ideo post utramque legem, scilicet tempore congruo, « cum videlicet nox culpæ medium iter acciperet, vel peragereret, omnipotens sermo tuus venit (*Sap.* XVIII), » id est, « Verbum caro factum est (*Joan.* I), » et contulit legem gratiæ, ut quod homo poterat per naturam, et noverat per scripturam, impleret per gratiam. Non quia et ante quidam gratiam non habuissent, sed pauci, quia plures timore quam amore, plures ut servi quam ut liberi serviebant. Unde in descensu angeli aqua movebatur, sed unicus sanabatur (*Joan.* III). Verum Samaritanus appropians vulnerato, ejus vulnera, infundens vinum et oleum, alligavit, quem sacerdos et levita videntes immisericorditer præterierant (*Luc.* XIX). Eliseus quoque præmisit baculum ad suscitandum filium Sunamitidis, per quem cum ille non surgeret, et ipsemet inde venit, contrahens se puero coaptavit, et sic mortuus exsurrexit (*IV Reg.* IV).

Cum ergo venit plenitudo temporis, misit Deus Filium suum. Misit illuc ubi erat, sed misit secundum humanitatem, ubi erat secundum divinitatem. Nam « in mundo erat, et mundus per ipsum factus est, et mundus eum non cognovit. In propria venit, et sui eum non receperunt. Quotquot autem receperunt eum, dedit eis potestatem filios Dei fieri (*Joan.* I). »

Sed cum « tres sint qui dant testimonium in cœlo, Pater, Verbum, et Spritus sanctus (*I Joan.* V), » cur Pater ipse non venit, aut Spritium sanctum non misit? Cur potius Filium destinavit? « O altitudo divitiarum sapientiæ, et scientiæ Dei, quam incomprehensibilia sunt judicia ejus, et investigabiles viæ ejus! Quis enim cognovit sensum Domini, aut quis consiliarius ejus fuit? » (*Rom.* XI.) Disposuit tamen altitudo cœlestis consilii, ut Deus qui in sapientia sua mundum creaverat, secundum illud : Omnia in sapientia fecit Deus (*Psal.* CIII), ipse mundum in eadem sapientia recrearet. Hæc enim est mulier evangelica (*Luc.* XIII), qui accendit lucernam, ut drachmam decimam, quæ perdita fuerat, primum inveniret, proprium sibi filiationis nomen reservans, ut qui erat in deitate Filius Dei, fieret in humanitate filius hominis. Porro subtilior etsi secretior hujus missionis est ratio, quam propheta nobis insinuat : « Si propter me, inquit, orta est tempestas, mittite me in mare (*Jon.* I). » Licet enim hoc aliter et aliter ab aliis exponatur, congrue tamen potest intelligi. Prima tempestas orta est in empyreo cœlo, secunda in paradiso. Prima inter angelos, secunda inter homines. Prima namque tempestas fuit tumor superbiæ, per quem Lucifer voluit ad æqualitatem Dei ascendere, juxta quod ait. « Ascendam in cœlum, et ponam sedem meam ad aquilonem, et ero similis Altissimo (*Isa.* XIV). » Sed volens ascendere, cecidit, secundum illud : « Quomodo cecidisti, Lucifer, qui mane oriebaris?» (*Ibid.*) Secunda tempestas fuit ardor cupiditatis, per quem homo Dei scientiam concupivit, juxta quod serpens illis promiserat : « Eritis sicut dii, scientes bonum et malum (*Gen.* III). » Sed concupiscens alienum, amisit proprium, secundum illud : « Homo quidam descendebat ab Jerusalem in Jericho, et incidit in latrones, » etc. (*Luc.* X). Hæc duo vitia sunt radix et origo omnium malorum, omnium vitiorum. Nam de superbia legitur : « Initium peccati est superbia (*Eccli.* X) » De cupiditate dicit Apostolus : « Radix omnium malorum est cupiditas (*I Tim.* VI). » Verum in sancta et individua Trinitate, Patri attribuitur unitas, propter principium ; Filio attribuitur æqualitas, propter medium ; Spiritui sancto attribuitur connexio, propter consortium. Prima ergo tempestas, quæ orta est inter angelos propter Dei æqualitatem, ipsa est orta propter Filium, qui secundum Apostolum, « non rapinam arbitratus est esse se æqualem Deo (*Phil.* II). » Sed in Trinitate Patri attribuitur potentia, Filio sapientia, Spiritui sancto dilectio. Secunda ergo tempestas, quæ orta est inter homines propter Dei scientiam, ipsa quoque orta est propter Filium ; qui secundum Apostolum « est Dei virtus et sapientia (*I Cor.* I). » Porro qui occasionem damni dat, et damnum dedisse videtur. Ideoque verus Jonas, id est Christus spiritualiter missus est in hoc mare magnum et spatiosum, id est in mundum, in quo fuit absorptus a ceto, id est sepultus in monumento. Juxta quod ait : « Sicut fuit Jonas tribus diebus, et tribus noctibus in ventre ceti, ita Filius hominis tribus diebus et tribus noctibus erit in corde terræ (*Matth.* XII). » Hinc alibi dicit : « Veni in altitudinem maris, et tempestas demersit me (*Psal.* LXVIII). » Ut sic repararet quæ in cœlis et quæ in terris sunt, id est ruinam angelicam et casum humanum.

Misit ergo Deus Filium suum natum de muliere, factum sub lege. De muliere natus est, id est de virgine, quia mulier propter sexum, virgo propter integritatem censetur. Unde propheta : « Novum, inquit, faciet Dominus super terram, mulier circumdabit virum gremio uteri sui (*Jer.* XXXI); et alius : « Ecce virgo concipiet et pariet filium, et vocabitur nomen ejus Emmanuel (*Isa.* VII). »

Sed cur in similitudine carnis peccati de muliere corpus assumpsit, et non potius ex alia sibi materia novum corpus formavit; ut sicut primus Adam factus est a Deo, ita et fieret secundus? « O altitudo divitiarum sapientiæ et scientiæ Dei, quam incomprehensibilia sunt judicia ejus, et investigabiles viæ ejus! Quis cognovit sensum Domini, aut quis consiliarius ejus fuit?» *(Rom.* xi.*)* Disposuit enim altitudo cœlestis consilii ut, sicut per mulierem mors intraverat in orbem, ita per mulierem vita rediret ad orbem; ut unde mors oriebatur, inde vita resurgeret.

Porro subtilior et secretior hujus assumptionis est ratio, quam Apostolus nobis insinuat, dicens: « Nusquam angelos apprehendit, sed semen Abrahæ apprehendit *(Hebr.* ii*).* » Licet enim aliter et aliter ab aliis assignetur, cur Dominus non angelicam, sed humanam naturam assumpsit, sive quod angelus per se corruit, quia sine suggestione peccavit; homo vero per alium, quia diaboli persuasione deliquit; sive quod humana natura cecidit tota, quoniam in radice peccavit; angelica vero non peccavit tota; quia pars in sua felicitate permansit.

Potest tamen subtilis indagator convenienter etiam intelligere, quod Adam peccavit in patrem, Eva peccavit in filium, Lucifer autem peccavit in Spiritum sanctum. Sed qui peccat in Patrem, remittetur ei; qui peccat in Filium, remittetur ei; qui vero peccat in Spiritum sanctum, non remittetur ei, neque in hoc sæculo, neque in futuro *(Matth.* xii; *Marc.* iii; *Luc.* xii*).* Ideoque Deus non naturam angelicam, sed humanam assumpsit. Quod autem in assumpsibile fuit, incurabile mansit. Nam inde curatum est, unde susceptum, et propterea corpus simul sumpsit et animam, ut animam simul curaret et corpus. Oportuit ergo ut de illo genere carnem assumeret, quod voluit per assumptam carnem curare; ideillius quoque semine, cui facta fuerat promissio : « In semine tuo benedicentur omnes gentes *(Gen.* xxii, 26*).* »

Quam utique carnem ideo assumpsit de virgine, ne per carnis concupiscentiam peccatum traheret, quod per carnis munditiam debebat auferre. Unde, « cum esset desponsata mater Jesu Maria Joseph, antequam convenirent, inventa est in utero habens de Spiritu sancto *(Matth.* i*).* » Cæteræ siquidem mulieres concipiunt non desponsatæ, sed traductæ; non in pudore virginitatis, sed in fervore libidinis; non in gratiam sed in culpam : sed ista concepit, non traducta, sed *desponsata.* Unde, « cum esset desponsata mater Jesu Maria Joseph, » non in fervore libidinis, sed in pudore virginitatis. Unde, « antequam convenirent inventa est in utero habens, » non in culpam, sed in gratiam, quia « de Spiritu sancto » concepit.

(7) Voluitque Dominus in sua conceptione totum humanæ conditionis modum implere. Primus enim modus humanæ conditionis fuit, ut homo fieret nec de masculo, nec de femina, sicut Adam. Secundus modus fuit, ut homo fieret non de femina, sed de masculo, sicut Eva. Tertius fuit, ut homo fieret de masculo , sicut Christus; quem decebat ut secundum humanitatem nasceretur de matre sine matre.

Misit ergo *Deus Filium suum natum de muliere, factum sub lege :* non simpliciter factum, sed *factum sub lege,* id est legi subjectum. Legi namque se subdidit, qui legem condidit; non tamen ex debito, sed tantum ex beneplacito; quia secundum legem octava die circumcisus fuit, et quadragesimo in templo redemptus fuit *(Luc.* ii*), ut eos qui sub lege erant, redimeret.*

Est autem, ut probem, lex naturæ et lex scripturæ; lex gratiæ, et lex culpæ : quas tempore nos docet Apostolus. Primam, « Cum gentes ea quæ legis sunt naturaliter faciunt, ipsi sibi sunt lex *(Rom.* ii*);* » secundam, « Lex subintravit, ut abundaret delictum *(Rom.* v*);* » tertiam, « Exclusa est gloriatio tua *(Rom.* iii*).* » Per quam legem? factorum? Non, sed per legem fidei; quartam, « Video aliam legem in membris meis, repugnantem legi mentis meæ, et captivantem me in lege peccati *(Rom.* vii*).* » Factus est ergo sub lege peccati Christus, ut redimeret eos, qui erant sub lege culpæ, reparans eos, qui erant sub lege scripturæ, per legem gratiæ.

Sed cur non dixit Deus et refecit, « sicut mandavit et creata sunt?» *(Psal.* xxxii.*)* Cur pro redemptione nostra dignatus est tot supplicia et opprobria sustinere? « O altitudo divitiarum sapientiæ et scientiæ Dei, quam incomprehensibilia sunt judicia ejus, et investigabiles viæ ejus! Quis cognovit sensum Domini, aut quis consiliarius ejus fuit?» *(Rom.* xi.*)* Disposuit tamen cœlestis altitudo consilii, ut per mortem suam genus humanum redimeret, quatenus inimicos ad charitatem accenderet, superbos ad humanitatem reduceret. Quid enim nos magis ad charitatem accenderet, quando quod «proprio Filio suo non pepercit Deus, sed pro nobis omnibus tradidit illum?» *(Rom.* viii.*)* « Majorem enim charitatem nemo habet, quam ut animam suam ponat quis pro amicis suis *(Joan.* xiii*).*» Quid magis nos ad humilitatem invitat, quando quod ille, qui « cum in forma Dei esset, non rapinam arbitratus est esse se æqualem Deo, sed exinanivit se formam servi accipiens, factus obediens usque ad mortem, mortem autem crucis?» *(Phil.* ii.*)* Porro subtilior et secretior est hujus redemptionis ratio, quam Psalmista nobis insinuat dicens : « Misericordia et veritas obviaverunt sibi, justitia et pax complexæ sunt se *(Psal.* lxxxiv.*).* » Licet enim aliter et aliter, hoc ab aliis exponatur, congrue tamen potest intelligi, quod inter misericordiam et veritatem difficilis quondam altercatio vertebatur. Veritas autem in adjutorium et consilium sibi justitiam advocavit. Misericordia autem consiliatricem et adjutricem sibi pacem ascivit. Ambæ communiter divinæ sapientiæ arbitrium elegerunt, qua mediante litigium sopiatur. Partibus igitur in præsentia constitutis

(7) Augustinus.

misericordia pacis instructa consilio taliter allegavit : Cum Deus summæ bonitatis arbitrio fecerit hominem ad imaginem et similitudinem suam (*Gen.* I), indignum esset, ut tam digna creatura tota periret, ne Deus suo fraudaretur proposito : qui propterea fecit hominem, ut illum cognosceret, cognitum diligeret, et dilectum haberet : sicque fieret inæstimabili felicitate beatus. Utquid enim fecerit hominem, quem ex toto noverat periturum? nulla prorsus utilitas, imo crudelis esset impietas. Non igitur obliviscatur misereri Deus, neque contineat in ira sua miserationes suas : sed adhuc ei complaceat misereri, si juxta testimonium Scripturarum nihil eorum quæ fecit, oderit, et neminem velit perire. Veritas autem justitiæ freta consilio, respondit hoc modo : Cum Deus inculpabiliter æquitatis judicio propter peccatum hominum clauserit januam paradisi, collocans ante paradisum voluptatis cherubin, et flammeum gladium atque versatilem (*Gen.* III), ut angelus arceret diabolum, et ignis homines, indignum esset ut eum reseraret indignis, et sanctum daret canibus, et margaritas projiceret ante porcos (*Matth.* VII). Reddat ergo retributionem superbis (*Psal.* XCIII), unicuique secundum merita sua; quia secundum testimonia Scripturarum : « Omnes declinaverunt, simul inutiles facti sunt, non est qui faciat bonum, non est usque ad unum (*Psal.* LII). » Omnes immundi de immundo semine concepti sunt, et apposuerunt adhuc peccare ei. Ad hoc misericordia prudenter allegans adjecit : Quamvis homo valde peccaverit, postea tamen pœnituit perfecte : et ideo quod amisit per culpam, recuperare debet per pœnitentiam. Juxta quod Dominus ipse promisit : « Quacunque, inquiens, hora peccator conversus fuerit, etc., omnium iniquitatum ejus non recordabor (*Ezech.* XVII). » Econtra Veritas respondit in hæc verba: Licet pœnitentia culpam deleverit, perfectam tamen innocentiam non restituit, quia remanent fomes peccati, languor naturæ, tyrannis carnis : et ideo cum possit pœnam auferre peccatum, non potest gloriam restituere. « Omnes ergo peccaverunt, et egent gloria Dei (*Rom.* III), ne quis immundus divino præsentetur conspectui. His inter se taliter et taliter obviantibus, divina sapientia cogitationes pacis provide cogitabat, et vidi quod justitia læderetur, nisi sufficiens pœna pro omnibus solveretur; sed misericordia deperiret, si quemlibet sufficienti pœna puniret. Cum ergo Deus justus sit et misericors, imo cum sit misericordia et justitia, nec posset agere contra misericordiam, nec posset agere contra justitiam, quoniam « omnes viæ Domini misericordia et veritas (*Psal.* XXIV), » unde propheta : « Misericordiam et judicium cantabo tibi, Domine (*Psal.* C). » Ideo modum invenerit, per quem utrique satisfaceret, tam misericordiæ quam justitiæ. Judicavit igitur ut assumeret in se pœnam pro omnibus, et donaret per se gloriam universis. Ac per hæc « justitia et pax complexæ sunt se (*Psal.* LXXXIV). » Nullus enim alius inventus est dignus aperire januam paradisi, nisi leo de tribu Juda, « qui claudit, et nemo aperit; aperit, et nemo claudit (*Apoc.* III). » Vix enim cuiquam alii sufficiebat justitia sua, nedum sufficeret universis; quia nemo sine peccato; nisi solus Deus, dicente Propheta : « Non intres in judicium cum servo tuo, Domine, quia non justificabitur in conspectu tuo omnis vivens (*Psal.* CXLIV). » Quapropter ipse Deus factus est homo, quatenus inter Deum et hominem legitime mediaret, utpote qui neutri parti suspectus existeret, utriusque gerens in una persona naturam.

Oportuit igitur, ut Deus sua morte gentem humanam redimeret, ut, sicut per inobedientiam unius hominis peccatores constituti sunt multi, ita per unius hominis obedientiam justi constituerentur multi (*Rom.* III).

Hic est serpens æneus exaltatus in eremo, per quem percussi a serpentibus sanabantur (*Num.* XXI; *Joan.* III).

Hic est summus sacerdos, cujus in morte rei, qui confugerant ad civitates refugii, revertebantur ad propria (*Num.* XXXV).

Hic est de quo beatus Job ait : « In oculis ejus quasi hamo Behemoth capiet (*Job* XL). » In hamo siquidem sub esca aculeus latet, et in Christo sub humanitate divinitas latebat. Christus ergo quasi hamo cepit Behemoth, id est diabolum; quia cum caperet escam humanitatis, captus est aculeo divinitatis, quia commisit manus in eum, in quem nihil juris habebat, jure amisit illos, in quos aliquid juris videbatur habere. Unde quia diabolus hominem in ligno decepit, et homo diabolum in ligno seduxit; et quia mors paradisum intravit, et colonos ejecit, vita infernum ingressa est, et captivos eduxit. Mortem igitur de nostra mortalitate suscepit, et vitam nobis de vita sua restituit. Sit ergo Christo laus et honor et gloria qui super omnia est Deus benedictus in sæcula sæculorum. Amen.

SERMO II.
IN EADEM DOMINICA.
De somno multiplici, a quo surgendum est nobis.

Hora est jam nos de somno surgere. Nunc enim propior est nostra salus quam cum credidimus (*Rom.* XIII).

Significatio somni multifarie spargitur in Scripturis. Legitur enim somnus vitæ et somnus mortis. Porro, sicut triplex est vita, videlicet, corpotalis, spiritualis et æternalis, ita triplex est somnus vitæ. Primus, qui provenit ex natura; secundus, qui provenit ex gratia; tertius, qui consurgit ex gloria. De primo Dominus dixit in Evangelio: « Dormite jam, et requiescite (*Matth.* xxvii); » de secundo Sponsa dicit in Cantico canticorum : « Ego dormio, et cor meum vigilat (*Cant.* v); » de tertio Propheta in psalmo: « In pace in idipsum dormiam, et requiescam (*Psal.* iv). »

Sic et triplex est somnus mortis, quia triplex est mors, corporalis, spiritualis, et æternalis. De somno mortis corporalis Dominus dicit: « Lazarus amicus noster dormit (*Joan.* xi); » de somno mortis spiritualis dicit Apostolus : « Exsurge qui dormis, et exsurge a mortuis, et illuminabit te Christus (*Ephes.* v); » de somno mortis æternalis inquit Psalmista: « Qui dormit, non adjiciet ut resurgat (*Psal.* xl). » — « Abiit enim Judas, et laqueo se suspendit (*Matth.* xxix). »

A somno mortis corporalis resurgunt omnes ; a somno mortis spiritualis resurgunt quidam ; a somno mortis æternalis resurgunt nulli. Quoniam « omnes quidem resurgemus, sed non omnes immutabimur (*I Cor.* xv). » Beati vero qui partem in resurrectione prima habuerint (*Apoc.* xx), quia in inferno nulla est redemptio ; et minime « resurgent impii in judicio, neque peccatores resurgent in consilio justorum (*Psal.* i). »

Porro somnus mortis spiritualis, tribus modis contingit : per negligentiam, ignorantiam, et concupiscentiam. De somno negligentiæ Salomon ait : « Usquequo, piger, dormis? quando exsurges? » (*Prov.* vi.) De somno ignorantiæ dicit David : « Illumina oculos meos, ne unquam obdormiam in morte (*Psal.* xii). » Idem de somno concupiscentiæ Psalmista testatur: « Dormierunt somnum suum, et nihil invenerunt omnes viri divitiarum in manibus suis (*Psal.* lxxiii). »

De hoc triplici somno dicit Apostolus : *Hora est jam nos de somno surgere.* Quasi dicat : Surgendum nobis est de somno negligentiæ. Propter quod addit : *quia propior est nostra salus, quam cum credidimus.* Surgendum nobis est de somno ignorantiæ. Propter quod subdit : *Quia nox præcessit, dies autem appropinquavit.* Surgendum nobis est de somno concupiscentiæ. Propter quod dicit: *Non in commessationibus et ebrietatibus,* etc. Et ideo concludit, et interponit ad omnia: *Abjiciamus ergo opera tenebrarum, et induamur arma lucis,* etc.

Hora est jam nos de somno surgere. Sed dices: Cum semper sit hora surgendi a somno culpæ, juxta quod inquit propheta : « Quacunque hora conversus fuerit peccator, et cætera; omnium iniquitatum ejus non recordabor, dicit Dominus (*Ezech.* xviii), » quid est hoc quod dicit Apostolus : *Hora est jam nos de somno surgere,* tanquam non semper sit hora ? Teneamus ergo quod Veritas ait : « Vigilate, quia nescitis diem neque horam (*Matth.* xxv). » Et ideo monet Propheta: « Quærite Dominum dum inveniri potest, etc. (*Isa.* liii). » Non igitur sibi blandiatur peccator frustra, et dicat : Secure possum ad tempus peccare, quia quacunque hora convertar, omnium iniquitatum mearum non recordabitur Dominus; quia nescio diem, neque horam. Justo namque judicio Dei fit, ut quia cum potest homo converti, et non vult, cum vult forte converti, non possit. Tunc enim securum est homini pœnitere, cum potest ipse peccare.

Jam igitur, id est in præsenti vita, vel magis in tempore opportuno, surgendum est nobis a somno culpæ, quoniam « si in prima vigilia venerit, et si secunda, vel in tertia vigilia venerit, et sic invenerit, beati sunt servi illi (*Luc.* xiii). »

Surgamus igitur fratres et filii dum opportunum tempus et horam competentem habemus, ab illo triplici somno : quoniam quilibet est mortalis. Certe nihil est magis amicum iniquitati, quam negligentia. Propter quod dicit Scriptura : « Maledictus homo, qui opus Dei negligenter agit (*Jer.* xlviii). » Quoniam ubi Salomon ait : « Manus in manu non erit innocens (*Prov.* xi); » econtra consulitur : Semper aliquid operis facito, ut diabolus te inveniat occupatum (8). Cum enim David quievisset a præliis, « et deambularet in solario post meridiem vidit ex adverso Bethsabee se lavantem, tulitque illam, et dormivit cum illa (*II Reg.* ii). » Propter quam homicidium pariter et adulterium perpetravit; et qui vicit in bello, victus est tandem in pace. Ergo dum tempus habetis, operemini bonum ad omnes (*Gal.* vi). Veniet enim tempus, quando nihil poteritis operari (*Joan.* vi). Juxta quod Veritas ait : « Ligate manus ejus et pedes, et projicite in tenebras exteriores (*Matth.* xxii). »

Surgite etiam fratres a somno ignorantiæ, quoniam et ipse immortalis existit. Propter quod dicit Scriptura : « Noluit intelligere ut bene ageret ; iniquitatem meditatus est in cubili suo (*Psal.* xxv). » Et illud : « Ipsi vero non cognoverunt vias meas, quibus juravi in ira mea, etc. (*Psal.* xciv). » — « Propterea populus meus, inquit propheta, captivus ductus est, quia non habuit scientiam (*Isa.* v). » Et: « Si cognovissent, nunquam Dominum gloriæ crucifixissent (*I Cor.* ii). » Hinc error, hinc hæresis, hinc perfidia, hinc excusatio in peccatis. Sed ignorans ignorabitur, et negligens negligetur.

Surgendum quoque nobis est a somno concupiscentiæ, ne forte obdormiamus in voluptatibus carnis et illecebris mundi ; quia « non dormitabit neque dormiet, qui custodit Israel (*Psal.* cxx). » Quasi quidam somnus est vita carnalis, vel conversatio sæcularis ; quia sicut ille qui somniat se habere multas divitias, cum evigilat, tristatur, pro eo quod nihil invenit se habere ; sic ille qui dives est in hoc mundo, cum transierit de illo, dolebit, quia nihil secum de illo portabit. « Nudus enim egressus sum

---

(8) Hieronymus.

de utero matris meæ, nudus revertar illuc (*Job* 1). » — « Nihil quoque intulimus in hunc mundum, haud dubium, quia neque auferre quid possumus (*I Tim.* vi). » Nihil enim nobiscum ex hoc mundo deferemus, nisi opera, juxta quod legitur : « Opera illorum sequuntur illos (*Apoc.* xiv). » Quæ si bona fuerint, perducunt angeli ad gloriam; si mala, pertrahunt ad gehennam. Heu quot et quanta mortales de mundanæ conversationis amaritudine [*al.* incertitudine] cogitant, sed sub mortis articulo repente cuncta, quæ cogitaverant, evanescunt. Propter quod dicit Psalmista : « Exiet spiritus ejus, et revertetur in terram suam, etc. (*Psal.* cxlv). » Homo quippe qui permanet in peccato, similis est jumento, quod in stercore computrescit; et qui revertitur ad peccatum, est quasi canis qui redit ad vomitum (*II Petr.* ii).

Quid enim nos miseri cogitamus, quid disponimus, aut quid agimus tota die? Aranearum teximus telas; quoniam evisceramus nosipsos, consumimus dies nostros, et perdimus tempus nostrum in vanis studiis et operibus pravis et voluptatibus carnis, illecebris mundi, siquidem utriusque concupiscentiam, videlicet carnis et mundi damnat Apostolus in hoc loco, cum prohibet comessationem et impudicitiam; in quibus carnales homines, id est gulosi et luxuriosi amplius delectantur. Rursum, contentionem, inquit, et æmulationem, in quibus homines mundani versantur, qui contendunt inter se de possessionibus vel honoribus, et pro his ad invicem æmulantur.

Hora est ergo nos jam de somno surgere, quia propior est nostra salus, quam cum credidimus. Quasi dicat : Non possumus excusationem habere negligendi, quod exspectamus, tanquam nimium differatur. *Quia propior est nostra salus quam cum credidimus.* In principio namque fidei mundati sumus per baptismum a culpa, nunc autem per meritum digni sumus corona : et ideo magis appropinquavimus ad salutem. Vel ideo magis est salus propinqua, quia magis est mors vicina. Nam *pretiosa est in conspectu Domini mors sanctorum* (*Psal.* cxv.)

Rursus, *hora est jam nos de somno surgere, quia nox præcessit, dies autem appropinquavit.* Quasi dicat : Ante adventum Christi fuit nox erroris infidelitatis et ignorantiæ; sed jam post adventum Christi, dies fidei, veritatis et gratiæ rutilavit. Unde jam non possumus excusationem habere, tanquam ignoremus veritatem occultam. Quia lex per Moysen data est, gratia et veritas per Jesum Christum facta est (*Joan.* 1). *Num populus gentium, qui ambulabat in tenebris, vidit lucem magnam* (*Isa.* ix). Et certe melius est viam veritatis non agnoscere, quam post agnitam retroire (*II Petr.* ii); quia *servus sciens voluntatem Domini sui, et non faciens, vapulabit plagis multis* (*Luc.* xii).

Item *hora est jam nos de somno surgere,* scilicet quia *mundus transit et concupiscentia ejus* (*I Joan.* ii). Et ideo *non in comessationibus et ebrietatibus,* quoad gulam : *Non in cubilibus et impudicitiis,* quoad luxuriam : *Non in contentione et æmulatione,* quoad iracundiam et invidiam, ambulare debemus. *Sed induamus Dominum Jesum Christum,* in doctrinam Domini nostri Jesu Christi, ut in novitate spiritus ambulemus.

Abjiciamus ergo opera tenebrarum, id est, peccata, quæ in tenebris fiunt; quia *cui male agit odit lucem* (*Joan.* iii), vel quæ sunt a principe tenebrarum, id est diabolo, vel ad tenebras exteriores transmittunt. *Et induamur arma lucis,* id est opera bona, quæ sunt a lucis auctore. Quoniam « omne datum optimum, et omne donum perfectum, desursum est descendens a Patre luminum. » Vel, quæ lucere debent « coram hominibus, ut videntes opera vestra bona, glorificent Patrem nostrum qui in cœlis est (*Matth.* iii).» Vel quæ transeunt tunc ad lucem, per quam « justi fulgebunt sicut sol in regno Patris eorum (*Matth.* xiii); » sic videlicet, ut in tenebris vitiorum, erroris, infidelitatis et ignorantiæ, sed *in die* virtutum, fidei et virtutis et gratiæ *ambulemus honeste,* ut coram Deo et hominibus placeamus. Propterea fratres et filii, qui salutem nostram, id est nativitatem Salvatoris nostri exspectamus propinquam, qui ad hoc natus est, « ut salvum faceret populum suum a peccatis eorum (*Matth.* i), » surgamus a somno peccati, et *abjiciamus opera tenebrarum,* ut sacrosanctam nativitatem ipsius digne celebrare possimus, ipso præstante, qui cum Patre et Spiritu sancto vivit et regnat Deus per omnia sæcula sæculorum. Amen.

SERMO III.
IN EADEM DOMINICA (9).

Aspiciebam in visu noctis, et ecce in nubibus cœli quasi Filius hominis veniebat (*Dan.* vii).

Daniel propheta, dilectissimi fratres, qui interpretatur *vir desiderii,* vel *vir desideratus,* in captivitate Babylonis positus, hæc et alia de incarnatione Christi, per Spiritum sanctum revelavit, somnia regis aperuit, et ad illius memoriam quæ oblivioni tradiderat revocavit, in quibus vidit et agnovit lapidem parvum abscissum de monte sine manibus, qui mons tantum crevit, ut mons magnus efficeretur, et universum orbem terrarum adimpleret (*Dan.* ii); qui significavit Dominum nostrum Jesum

(9) Ex editione cardinalis Maii.

Christum, qui hodie per Isaiam prophetam parvulus annuntiatur, sicut scriptum est : « Parvulus enim natus est nobis (*Isa.* ix), » et parvulus factus est per incarnationem, nativitatem, mortem ac passionem; magnus et omnipotens apparuit per gloriam resurrectionis et ascensionis; qui per veritatem in miraculorum mons magnus in hominibus apparuit, et ascendit ad æqualitatem Patris ut haberet mansionem. De cujus nativitate in sua prophetia ista prævidit Daniel propheta, dicens : *Aspiciebam in visu noctis*, etc. Omnes prophetæ, dilectissimi, quasi in exstasi positi, in incarnationem Filii Dei prospiciebant; et quoniam Christi incarnatio post multos annos ventura erat, ideo prophetæ illam intuentes non in propatulo, sed quasi in abscondito aspiciebant. Quod mater Ecclesia considerabat in desiderio Filii Dei, quando dicebat aspiciens a longe: « Et ecce video potentiam Dei, et nebulam totam terram tegentem. » Per potentiam Dei venientem, Filium Dei in carne venientem intelligimus; per nebulam, gratiam sancti Spiritus totam terram tegentem significamus. Unde et subditur : « Exite obviam illi, et dicite ei : Nuntia nobis si tu es ipse qui venturus es in populum Israel. » Et secundum hanc significationem Daniel propheta dicit : *Aspiciebam in visu noctis*, etc. Quod autem in visu noctis aspicitur, non ita aperte cognoscitur sicut in claritate diei.

Sed sciendum est nobis, quoniam nox in Scriptura divina septem modis intelligitur. Est autem nox tempus, quod est contrarium diei; quia omne tempus quod Deus constituit et ordinavit, aut est dies aut est nox; quæ duo dicuntur contraria a dialecticis et immediata, quia ad prædicationem unius sequitur remotio alterius; dies enim nobis data est ad laborem, nox autem ad requiem. Unde et in Genesi legitur : « Sementis et messis, frigus et æstus, æstas et hiems, nox et dies non requiescunt (*Gen.* viii), » quia hominibus subserviunt. In hac eadem significatione accipitur Isaias, ubi legitur : « Custos qui de nocte, custos qui de nocte? Et dixit custos : Venit mane et nox. Si me quæritis, quærite; convertimini et venite (*Isa.* xxi). » Quod sic est intelligendum : Deus qui *custos* es, *qui de nocte* in carne nasci voluisti, et iterum *de nocte* ad passionem deduci permisisti. *Et dixit custos : Venit mane* fidelibus meis, nox autem infidelibus. *Si me quæritis, quærite* fide et operibus; *convertimini* ad me *et venite*.

Secundo modo nox accipitur pro peccato, ut in Canticis canticorum : « In lectulo meo per noctem quæsivi quem diligit anima mea; quæsivi illum et non inveni (*Cant.* iii); » quia homo dum in peccatis est, Deum non prævalet invenire. Tertio modo nox accipitur pro Juda et pro misera plebe Judæorum. Unde Psalmista : « Nox nocti indicat scientiam (*Psal.* xviii). » Quod sic est intelligendum, *nox nocti indicat scientiam*, scilicet Judas, qui nox fuit, obscurus et tenebrosus scientiam Dei, hoc est Filium Dei, tradidit nocti Judæorum. Quarto modo nox accipitur pro tempore illo quod fuit sub lege, in quo fuit velatum et absconsum mysterium incarnationis Domini nostri Jesu Christi. De qua nocte Paulus dicit : « Nox præcessit, dies autem appropinquavit, abjiciamus opera tenebrarum, et induamur arma lucis, sicut in die honeste ambulemus (*Rom.* xiii). » *Nox præcessit*, id est tempus quod fuit sub lege, quod erat quasi, nox abiit; *dies autem appropinquavit*, id est claritas incarnationis Domini nostri Jesu Christi accessit.

Quinto modo nox accipitur pro diabolo, sicut scriptum est : « Dum medium silentium tenerent omnia, et nox in suo cursu medium iter haberet, omnipotens sermo tuus, Domine, a regalibus sedibus veniens, factus est nobis adjutor in tribulationibus (*Sap.* xviii). » Tria fuere silentia, et noctis similiter tria fuere silentia, et noctis similiter tria fuere curricula. Nullum etenim potest dici medium, quod non habet duo collateralia; et hoc modo rationabiliter tria probantur fuisse silentia. Primum silentium fuit, primo parente projecto ex paradiso, usque ad tempus illud quo Deus legem dedit Moysi. Tunc corruptum fuit primum silentium postquam humana natura legem accepit divinam. Sed quoniam non diu illam procurare studuit Creatoris dimisso præcepto, sicut per Psalmistam dicitur : « Omnes declinaverunt, simul inutiles facti; non est qui faciat bonum, non est usque ad unum (*Psal.* xiii); » tunc medium silentium subiit, in quo nox, id est diabolus, iter arripuit; et ita in secundo medium iter accepit. Quod silentium tantum habuit spatii, usque dum angeli de cœlo descenderent, et pastoribus Deum natum annuntiarent. Tunc medium silentium corruptum fuit, quando chorus angelicus : *Gloria in excelsis Deo, et in terra pax hominibus bonæ voluntatis* (*Luc.* ii), cantaverunt. Tertium silentium fuit quando tribus diebus caro Christi in sepulcro jacuit; sed non diu duravit, quia facta resurrectione, fidelium congregatio cum Psalmista novum canticum decantavit (*Psal.* xxxii).

Sexto modo nox accipitur pro vita præsentis temporis, quia ad comparationem æternæ vitæ, vita istius sæculi nox et obscuritas deputatur. Unde in Psalmo : « Mane astabo tibi et videbo (*Psal.* v). » Et in Cantico canticorum : « Duo ubera tua sicut duo hinnuli capreæ gemelli, qui pascuntur in liliis, donec aspiret dies et inclinentur umbræ (*Cant.* ii). » Septimo modo nox accipitur pro secreta prophetarum revelatione, ut in Psalmo : « Et posuit tenebras latibulum suum, in circuitu ejus tabernaculum ejus (*Psal.* xvii). » Per latibulum Filii Dei, incarnationem illius intelligimus; quam posuit tenebras, hoc est quasi absconse sanctam, quia non fuit notum ulli dæmoniorum, viscera Mariæ tibi, Christe, fuisse cubile. « Nam si cognovissent, nunquam Dominum gloriæ crucifixissent (*I Cor.* ii). » Et secundum hanc significationem Daniel propheta dicit : *Aspiciebam in visu noctis, et ecce in nubibus cœli quasi Filius hominis veniebat*.

Nubes in Scriptura divina diversas significationes habet. Primo modo nubes ponitur pro virgine Maria, sicut scriptum est : « Ascendet Dominus super levem nubem, et ingredietur Ægyptum, et idola Ægypti commovebuntur (*Isa.* xix). » Secundo modo nubes ponitur pro divinæ gratiæ infusione, sicut per Psalmistam dicitur : « Præ fulgore in conspectu ejus nubes transierunt, grando et carbones ignis (*Psal.* xvii). » Tertio modo nubes ponitur pro divina manifestatione : « Ecce nubes lucida obumbravit eos (*Matth.* xvii). » Et mox de nube dicitur : « Hic est Filius meus dilectus, in quo mihi bene complacui (*Ibid.*) » Quarto modo nubes accipitur pro summi Patris benedictione, ut est illud : « Et nubes suscepit eum ab oculis eorum (*Ibid.*). » Quinto modo nubes dicitur pro prophetis, unde : « Rorate cœli desuper, et nubes pluant justum, et terra germinet Salvatorem (*Isa.* xlv). » Et Psalmista : « Tenebrosa aqua in nubibus aeris (*Psal.* xvii), » hoc est obscura scientia in prophetis. Et secundum hoc Daniel per prophetiam dicit : *Et ecce in nubibus cœli quasi Filius hominis veniebat;* Filius hominis, id est filius virginis Mariæ, de quo dicitur : « Nemo ascendit in cœlum, nisi qui de cœlo ascendit Filius hominis (*Joan.* iii). » Qui est in cœlis Filius hominis, idem est qui et Filius Dei dictus est secundum naturam divinam, qua compar est Patri ; Filius hominis secundum humanam, qua non est ei æqualis; cujus humana nativitas longo tempore fuit prænotata, ut est illud in libro Geneseos : « Septuplum ultio dabitur de Cain, de Lamech vero septuagies septies (*Gen.* iv). » Hic est Cain qui Abel fratrem suum interfecit, impius fratricida qui æternæ maledictionis meruit anathema. Cain interpretatur *possessor*, et significat Adam primum parentem nostrum, qui a Dei possessione projectus, sui Creatoris misericordia indigebat. Sed pro eo septuplum ultio danda promittitur, quia ad ejus reparationem Filius Dei per septiformem gratiam Spiritus sancti voluit incarnari. *De Lamech vero septuagies septies.* Hic est Lamech qui Cain interfecit, et puerum suum manibus oppressit, sicut ipse dicit : « Occidi virum in vulnus meum, et adolescentulum in livore meo (*Gen.* iv).« Lamech interpretatur *adjutorium* et significat Adam primum parentem nostrum, quia adjutorio Dei destitutus, sui Creatoris suffragium cupiebat. Sed ut peccatum Lamech, id est peccatum primi parentis nostri purgaretur, septuagies septies ultio manifesta describitur, quod ab Adam usque ad Christum septuaginta et septem generationes inveniuntur ; ex quibus generationibus Filii Dei per humanam naturam defluens peccatum Lamech, hoc est totius mundi, hodierna die sua nativitate delevit ; qui vivit et regnat cum Patre et Spiritu sancto per universa sæcula sæculorum. Amen.

SERMO IV.

DOMINICA SECUNDA IN ADVENTU DOMINI.

Christus cur propheta magnus dicatur, quadruplex adventus Christi, de quadruplici acceptione Hierosolymorum, de quadruplici pace, denique de quadruplici Ecclesiæ renovatione.

Ecce veniet propheta magnus, et ipse renovabit Hierusalem. Propheta magnus intelligitur Christus, de quo legitur in Deuteronomio (cap. xviii) : « Prophetam suscitabit vobis Dominus de fratribus vestris : ipsum tanquam me audietis. » Et de quo in Evangelio dicitur : « Propheta magnus surrexit in nobis. » Et « Quia Deus visitavit plebem suam (*Ibid.*). » Christus aut appellatur propheta , tum propter intelligentiam occultorum, tum propter scientiam futurorum, Deus scientiarum, Dominus occultus, occultorum omnium indagator, qui scrutatur renes et corda (*Psal.* vii), cujus oculis omnia nuda sunt et aperta. « Vivus est enim sermo Dei et efficax, et penetrabilior omni gladio ancipiti, pertingens usque ad divisionem spiritus et animæ, compagum quoque et medullarum, et discretor cogitationum et intentionum cordis : et non est ulla creatura invisibilis in conspectu ejus (*Coloss.* ii). » « In quo omnes thesauri sapientiæ et scientiæ Dei sunt absconditi (*Hebr.* iv). » Dicitur ergo propheta, tum quia revelavit occulta, juxta quod inquit : « Omnia quæcunque audivi a Patre meo nota feci vobis (*Joan.* xv). » Tum quia prædixit futura, secundum quod ait : « Dixi vobis prius quam fiat, ut cum factum fuerit, credatis (*Joan.* xiii). »

Magnus ergo censetur propheta, non solum quia Dominus prophetarum, sed quia spiritum et totum accepit, et semper habuit. Nam soli Christo datus est spiritus sine mensura (*Joan.* iii), « in quo plenitudo divinitatis habitat corporaliter (*Coloss.* ii); » cæteri vero de plenitudine ejus accipiunt (*Joan.* i). Quia « unguentum a capite ejus descendit in barbam et a barba in oram vestimenti defluit (*Psal.* cxxxii). » Solus enim Christus Spiritum semper habuit permanentem. « Super quem, inquit, videris Spiritum descendentem et manentem, hic est qui baptizat, etc. (*Joan.* i). » — « Requievit enim super eum spiritus sapientiæ et intellectus (*Isa.* ii), » et quæ sequuntur. Cæteri vero non semper, sed ad horam spiritum habuerunt, secundum quod Eliseus inquit Giezi : « Dimitte illam, anima enim ejus in amaritudine est, et Dominus celavit hoc a me et non indicavit mihi (*IV Reg.* IV). »— « Spiritus enim ubi vult spirat, dividens singulis prout vult (*I Cor.*, XII).

Veniet ergo propheta magnus. Quatuor Redemptoris adventus Scriptura sacra distinguit. Primum in nube, secundum in rore, tertium in turbine, quartum in igne. In nube carnis, in rore gratiæ, in turbine mortis, in igne judicii. In nube carnis, ut mundum redimeret. In rore gratiæ, ut spiritum illuminet. In turbine mortis, ut corpus incineret. In igne judicii, ut sæculum judicet. De primo : « Exivi a Patre et veni in mundum, iterum relinquo mundum, et vado ad Patrem (*Joan.* XII). » Veniet autem in nube carnis. Unde propheta : « Ascendet Dominus super levem nubem (*Isa.* LIX), » id est, assumet carnem a peccatis immunem, et intrabit in Ægyptum, id est descendet in mundum. Hic est enim angelus ille qui, secundum Apocalypsim Joannis (cap. x), « descendit de cœlo, amictus nube, » quia venit ad nos calceata Deitas, id est nube carnis obtecta.

De secundo : « Si quis diligit me, sermonem meum servabit, » etc. (*Joan.* XIV.) Venit autem in rore gratiæ, unde Psalmista : « Sicut ros Hermon qui descendit in montem Sion (*Psal.* CXXXII). » Hermon enim interpretatur *lumen exaltatum.* Is est enim Christus « lux vera quæ illuminat omnem hominem venientem in hunc mundum (*Joan.* I), » prius exaltatus in cruce, deinde exaltatus in cœlo. Sicut ipse dicit in Evangelio : « Cum exaltatus fuero a terra, omnia traham ad me ipsum (*Joan.* XII). » A quo ros gratiæ descendit in montem Sion, id est, in animam cœlesti speculatione sublimem. De cujus adventu dicitur per prophetam : « Rorate cœli desuper, et nubes pluant Justum (*Isa.* XLV). » Et iterum : « Descendet sicut pluvia in vellus, » etc. (*Psal.* LXXI). De tertio : « Cum venerit et pulsaverit, confestim aperiant ei (*Luc.* XII). » Veniet enim in turbine mortis. Turbo quippe dicitur a *turbando.* Quid autem conturbat magis quam mors, unde Scriptura : « O mors, quam amara est memoria tua. » (*Eccli.* XLI.) Quocirca Dominus ait : « Tristis est anima mea usque ad mortem (*Matth.* XXVI). » Et iterum : « Anima mea turbata est (*Psal.* VI). » Et quid dicam ? « Pater salvifica me ex hac hora (*Joan.* XII). » De quarto : « Videbitis Filium Hominis venientem in nubibus cœli (*Luc.* XXI). » Veniet autem in igne judicii, unde Psalmus : « Ignis ante eum præibit, et inflammabit in circuitu inimicos ejus (*Psal.* XCVI) ; » et iterum : « Ignis in conspectu ejus ardebit, » etc. (*Psal.* XLIX.) Hos quatuor Redemptoris adventus repræsentat Ecclesia in quatuor Dominicis de adventu Domini, non solum numero dierum, sed etiam ratione officiorum.

Quod etiam designatur per quatuor versus primi responsorii de adventu, qui sunt : *Quique terri-*gen*æ*, etc., *Qui sedes super cherubin*, etc., *Tollite portas*, etc., *Gloria Patri,* etc., sicut prudens indagator intelligit, qui novit sugere mel de petra, oleumque de saxo durissimo (*Deut.* XXXII).

Veniet ergo propheta magnus, etc. Scitis, charissimi, quod Hierusalem quatuor modis accipitur, secundum quatuor theologicos intellectus, historicum, allegoricum, tropologicum, et anagogicum. Est enim Hierusalem superior et inferior, interior et exterior. Cœlestis videlicet et terrestris, spiritualis et corporalis. Superior est in patria, inferior est in via, interior est in anima, exterior est in Syria. Superior est Ecclesia triumphans, de qua dicit Apostolus : « Illa, quæ sursum est, Hierusalem libera est, quæ est mater nostra (*Gal.* IV). » Inferior est Ecclesia militantium de qua dicit propheta : « Surge, illuminare Hierusalem, etc. (*Isai.* LX). » Interior est fidelis anima, de qua dicitur : « Dabo in Sion salutem, et in Hierusalem gloriam meam (*Isa.* XLVI). » Exterior est miserabilis Hierosolyma, de qua dicitur : « Hierusalem, Hierusalem quæ occidis prophetas et lapidas eos, qui ad te missi sunt (*Matth.* XXIII). » Hierusalem quippe *visio pacis* interpretatur. Est autem pax peccatorum, pax conversorum, pax justorum, et pax beatorum. Pax peccatorum in vitiis, pax conversorum in moribus, pax justorum in gratia, pax beatorum in gloria. De pace peccatorum in vitiis, dicit Psalmista : « Zelavi in peccatoribus pacem peccatorum videns (*Psal.* XXVII). » Hanc autem pacem vidit Hierusalem exterior, id est miserabilis Hierosolyma, quam modo possident peccatores, qui de vanitate conveniunt in idipsum. De pace conversorum in moribus, inquit Apostolus : « Christus est pax nostra, qui fecit utraque unum, ut duos condat in semetipso parietes, in uno novo homine faciens pacem (*Ephes.* II). » Hanc pacem videt Hierusalem inferior, id est Ecclesia militantium, qui ambulant in domo Domini cum consensu (*Psal.* LIV). De pace justorum in gratia Dominus ait : « Pacem meam do vobis, pacem meam relinquo vobis, non quomodo mundus dat, ego do vobis (*Joan.* XIV). » Hanc autem pacem videt Hierusalem interior, id est fidelis anima. Quia « fructus spiritus est : charitas, gaudium, pax, patientia (*Gal.* V). » De pace beatorum in gloria dicit Propheta : « In pace in idipsum dormiam et requiescam (*Psal.* IV). » Hanc autem pacem videt Hierusalem superior, id est Ecclesia triumphantium, quoniam inter electos est pax super pacem. Porro pacem temporis instanter oramus, dicentes : « Da pacem, Domine, in diebus nostris, » sed eam peccatis exigentibus fere nusquam habemus ; quia, « sustinuimus pacem et non venit, quæsivimus bona et ecce turbatio (*Jer.* VIII). »

Quatuor autem modis Hierusalem, id est Ecclesia renovatur : sacramentis, moribus, miraculis et mandatis. De renovatione sacramentorum Moyses inquit in lege : « Vetustissima veterum comedetis, et novis supervenientibus vetera projicietis (*Levit.*

xxvi). » Vetustissima sunt moralia, vetera sunt legalia, nova sunt evangelica. Nos ergo vetustissima veterum, id est moralia præcepta comedimus, hoc est ad nutrimentum spiritualis vitæ servanda suscipimus, sed supervenientibus novis, id est evangelicis sacramentis, projicimus vetera, id est legalia, ut agnum paschalem, superveniente corpore Christi, et circumcisionem, superveniente baptismo. Nam cum veritas venit, figura cessavit, et evanuit umbra, cum lumen refulsit. Propter quod dicit Apostolus : « Vetera transierunt, et ecce nova facta sunt omnia (*II Cor.* v). » O quam utilis renovatio, quæ legalia mutavit in Evangelica ! Legalia namque significabant, et non justificabant. Propter quod dicit Apostolus : « Abraham signum accepit circumcisionis, signaculum justitiæ fidei (*Rom.* iv). » Evangelica vero significabant et justificabant. Propter quod dicit Apostolus de baptismo : « Quia sepulti sumus cum illo per baptismum in mortem (*Col.* ii). » Et Dominus in Evangelio : « Qui crediderit et baptizatus fuerit, salvus erit (*Marc.* x).» Illa quidem ægritudinem ostenderant, sed salutem non conferebant. Propter quod inquit propheta : « Dedi eis præcepta non bona et justificationes non bonas, in quibus non vivant (*Ezech.* xx). » Cui consonat Apostolus dicens : « Lex neminem ad perfectum adduxit (*Heb.* vii).» Imo, « lux subintravit, ut abundaret delictum (*Rom.* v, 20). » Hæc autem ostendunt infirmitatem, et conferunt sanitatem. Propter quod Dominus inquit in Evangelio : « Venite ad me omnes qui laboratis et onerati estis, et ego reficiam vos, et invenietis requiem animabus vestris. Jugum enim meum suave est, et onus meum leve (*Matth.* xi). » Hic est Samaritanus, qui appropians vulnerato superinfundit vinum et oleum, quem prius sacerdos et levita videntes dimiserant incuratum (*Luc.* xiv). *Venit ergo propheta magnus, et ipse renovabit Hierusalem.* De renovatione morum dicit Apostolus : « Exuite veterem hominem cum actibus suis, et induite novum, qui secundum Deum creatus est, in justitia et sanctitate veritatis (*Ephes.* iv). » Vetustas hominis intelligitur culpa, novitas hominis intelligitur gratia. Illa contrahitur originaliter ab Adam, hæc confertur liberaliter per Jesum. Per illam animus deformatur, per hanc reformatur. *Exuamus itaque veterem hominem cum actibus suis,* id est deponamus vetustatem culpæ, quam contraximus ab Adam, *cum actibus suis,* id est cum vitiis et peccatis, *et induamus novum hominem qui secundum Deum creatus est,* id est assumamus novitatem gratiæ, quæ confertur per Christum, *et in novitate spiritus ambulemus* (*Rom.* vi), secundum quod præmisit Apostolus : « Renovamini spiritu mentis vestræ (*Ephes.* iv). » Propter quod alibi dicit : « Expurgate vetus fermentum ut sitis nova conspersio, sicut estis azymi. Itaque epulemur, non in fermento veteri, neque in fermento malitiæ et nequitiæ, sed in azymis sinceritatis et veritatis (*I Cor.* v). » Quam utilis renovatio, quæ vitiosos efficit virtuosos. In tantum enim inveteraverant homines per peccatum, ut etiam mutaverint « gloriam incorruptibilis Dei, in similitudinem imaginis corruptibilis hominis, et volucrum et quadrupedum et serpentium (*Rom.* i). » Sed Christus adveniens perdidit idololatriam, secundum illud propheticum : « Elevabitur Dominus solus in die illa, et idola penitus conterentur. In illa die projiciet homo idola argenti sui, et simulacrum auri sui, quæ fecerat sibi, ut adoraret talpas et vespertiliones (*Isa.* ii). » Veniens autem « pax nostra, qui fecit utraque unum, et medium parietem inimicitiæ solvens, » abstulit cæremoniam a Judæis, et idololatriam a gentibus; « ut duos condat in semetipso parietes in lapide angulari, in uno novo homine, faciens pacem (*Ephes.* ii) » inter ipsos et Deum.

Venit ergo propheta magnus, et ipse renovabit Hierusalem. De renovatione miraculorum inquit Scriptura : « Innova signa, et immuta mirabilia (*Eccles.* xxxvi). » Signa sunt sacramenta, mirabilia sunt prodigia. Signa igitur, id est sacramenta Dominus innovavit, et mirabilia, id est prodigia immutavit. Nam primus Adam fuit de virgine terra factus, secundus Adam fuit factus de virgine femina. Primus Adam fuit vir in ipsa creatione, secundus Adam fuit vir in ipsa conceptione, sicut propheta prædixerat : « Novum faciet Dominus super terram, femina circumdabit virum gremio uteri sui (*Jer.* xxxi). » De latere primi Adæ dormientis formata est Eva. De latere secundi Adæ morientis formata est Ecclesia. Protoplastus et Eva fuerunt duo in carne una (*Gen.* ii), Christus et Ecclesia duo sunt in corpore uno. Illi duo in una natura, isti duo in una persona. O quam utilis renovatio, per quam « cæci vident, claudi ambulant, leprosi mundantur, surdi audiunt, mortui resurgunt, pauperes evangelizantur ! » (*Luc.* vii).

Venit ergo propheta magnus, et ipse renovabit Hierusalem. De renovatione mandatorum inquit propheta : « Ecce dies venient, dicit Dominus, et consummabo testamentum novum super domum Israel, et super domum Juda, non secundum testamentum, quod feci patribus eorum in die qua apprehendi manum illorum, ut educerem eos de terra Ægypti; sed dabo leges meas in mentes eorum, et in corda eorum superscribam eas (*Jer.* xxxi). » Lex quippe vetus scripta fuit in tabulis lapideis, lex autem nova in tabulis cordis. Illa dabatur duris, ista devotis : illa incredulis, ista fidelibus. Propterea Dominus inquit in Evangelio : «Mandatum novum do vobis, ut diligatis invicem, sicut dilexi vos (*Joan.* xiii). » Auditis quia dictum est antiquis : « Diliges proximum tuum, et odio habebis inimicum tuum. Ego autem dico vobis : Diligite inimicos vestros, benefacite his qui oderunt vos ; et orate pro persequentibus et calumniantibus vos (*Matth.* iii). » O quam utilis renovatio, per quam injuria mutatur in gratiam ! Lex quippe vetus reddebat « oculum pro oculo, dentem pro dente, manum pro manu (*Levit.* xxiv). » « Lex nova præcipit : « Si percusserit te quis in unam maxillam, præbe ei et alteram ; si abstulerit tibi tunicam, da ei et pallium ; si angariaverit te mille passus, vade cum eo et alia duo (*Matth.* v). » « Lex enim per Moysen data est: gratia et veritas per Jesum Christum facta est (*Joan.* 1). »

Venit ergo propheta magnus, et ipse renovabit Hierusalem. « Cum autem venerit Filius hominis in sede majestatis suæ (*Matth.* xix), » tunc Hierusalem, id est Ecclesiam perfectissime renovabit. Sicut Joannes in Apocalypsi (cap. xxi) testatur : « Vidi civitatem sanctam Hierusalem novam, descendentem de cœlo, a Deo paratam, et stola circumdatam, sicut sponsam ornatam viro suo. Et dixit qui sedebat in throno : Ecce nova facio omnia. »

SERMO V.

IN EADEM DOMINICA (10).

Cum audisset Joannes in vinculis opera Christi, mittens duos de discipulis suis ait illi : Tu es qui venturus es, an alium exspectamus? (*Luc.* vii.)

Mirum fortasse videtur quod Joannes Baptista, qui Christum prædixit venturum et ostendit præsentem : « Ecce, » inquit, « Agnus Dei, ecce qui tollit peccata mundi (*Joan.* 1) ; hic est de quo dixi vobis, Veniet fortior me post me, cujus non sum dignus corrigiam calceamenti solvere (*Marc.* 1) ; » nunc quasi dubitans per discipulos suos quærit : *Tu es qui venturus es, an alium exspectamus?* Propter quam dubitationem quidam erraverunt, dicentes Joannem esse damnatum, quia qui primo credidit, postea dubitavit. Verum cum ipse Christus errorem istum damnaverit, dicens : « Quid existis in desertum videre? prophetam? etiam dico vobis et plus quam prophetam, inter natos mulierum non surrexit major Joanne Baptista (*Matth.* xi) ; » quærendum est nobis, quomodo locum istum intelligere debeamus. Sane locus iste duobus modis a sanctis Patribus invenitur expositus, videlicet de adventu in mundum qui tunc erat præteritus, et de adventu ad infernum qui tunc erat futurus. Juxta primam expositionem non dubitavit Joannes, sed dubitaverunt discipuli. Unde discipuli non pro Joanne, sed pro se interrogaverunt dicentes : *An alium exspectamus?* Non dixerunt : An alium Joannes exspectat? sed : *An alium exspectamus?* quia non dubitat Joannes, sed nos dubitamus. Alius tamen evangelista testatur, quod cum venissent ad eum viri dicentes : Joannes Baptista misit nos ad te dicens : *Tu es qui venturus es, an alium exspectamus?* ut videlicet plenius responderet interrogationi quæ fuit ex parte magistri.

Est ergo sensus: Cum Joannes in vinculis positus audisset per discipulos referentes opera, id est miracula Christi, dubitantibus adhuc illis, misit eos Joannes ad Christum, ut ab ipso quærerent et audirent. Juxta primam autem expositionem non solum dubitaverunt discipuli, sed etiam dubitavit Joannes utrum videlicet Christus per se an per alium esset ad inferos descensurus. Et ideo *mittens duos de discipulis suis ait illi : Tu es qui venturus es, an alium exspectamus?* Quasi diceret : Sicut nascendo præcurrens prænuntiavi vivus te in mundo, an ita moriendo præcurrens mortuus prænuntiabo te mortuis in inferno? Porro contra primam expositionem videtur facere quod hic dicitur : *Tu es qui venturus es, an alium exspectamus?* et non dicitur : Tu es qui venturus fuisti? Cum nec Joannes nec discipuli dubitarent quia Jesus venisset in mundum quem viderent et audirent tot miracula facientem. Sciebant igitur quia jam venerat ; quomodo ergo dubitabant an esset venturus? Contra secundam autem expositionem videtur facere, quod Christus hic primi tantum adventus signa commemorans inquit *Cæci vident, claudi ambulant, leprosi mundantur,* etc.

Possumus ergo, fratres charissimi, locum istum aliter intelligere, novo quidem modo sed sano, ut verba consonent et sacramenta concordent ; quatenus basis sit sub columna, et rota contineatur in rota. Dicamus igitur quod locus iste de adventu ad judicium intelligitur, de quo sive dubitaverit ipse Joannes, sive quod est tutius opinari, discipuli dubitaverint, *mittens duos de discipulis suis ait illi : Tu es qui venturus es, an alium exspectamus?* Quasi diceret : Indica nobis si quemadmodum per te ipsum venisti in mundum ad redemptionem, ita sis per te ipsum venturus ad judicium ad retributionem? *an alium potius exspectamus* venturum? *Respondens autem Jesus dixit illis : Euntes renuntiate Joanni quæ audistis et vidistis.* Quasi dicat : Quæ audistis in lege prædicta, ecce vidistis in Evangelio adimpleta. In lege quippe audistis per prophetam prædicentem : Ecce Deus noster ultionem adducet retributionis. Deus ipse veniet, et salvabit nos. Tunc aperientur oculi cæcorum, et aures surdorum patebunt. Tunc saliet sicut cervus claudus, et aperta erit lingua mutorum (*Isa.* xxxv). Hoc ipsum in Evangelio per me videtis impletum, quia *cæci vident, claudi ambulant, surdi audiunt, leprosi mundantur, muti loquuntur.* Ego ergo venturus sum ad judicium retributor, qui veni in mundum salvator ; de

(10) Ex edit. card. Maii.

quo propheta prædixerat : « Ecce Deus noster ultionem adducet retributionis ; Deus ipse veniet, et salvabit nos (*Isa.* xxxv.). » Et quidem hoc credere debetis, quia signa quæ audistis a propheta prædicta, ecce per me vidistis impleta. Plura tamen sunt hic facta quam ibi dicta, quoniam et leprosi mundati sunt, et mortui resuscitati. Quod etiam et alius [idem] evangelista testatur : *In illa hora curavit multos a languoribus et plagis et spiritibus malis* ; qui nunquam expressius de adventu Christi potuit prophetari.

Erubescat ergo Judæus qui mentitur Messiam nondum in mundum venisse, et nec esse Deum ; cum hic expresse dicatur : *Deus ipse veniet, et salvabit nos* ; et constet illum venisse, cujus adventus signa jam cernuntur impleta ; nam *cæci vident, claudi ambulant, leprosi mundantur, surdi audiunt, mortui resurgunt, pauperes evangelizantur, et beatus qui non fuerit scandalizatus in me.* Quotidie Christus hæc miracula spiritualiter facit, quæ tunc corporaliter faciebat ; nam illuminat cæcos, cum ignorantes edocet veram fidem ; erigit claudos, cum negligentes ad bonam operationem exercet ; mundat leprosos, cum errantes ad sanam doctrinam convertit ; restituit mutos, cum tacentes ad laudem divinam inducit ; evangelizat pauperibus, cum humilibus evangelicam veritatem revelat ; suscitat mortuos, cum peccatores ad pœnitentiam fructuosam perducit. Cæci sunt, qui carent lumine veritatis, de quibus legitur : « Sinite, cæci sunt et duces cæcorum ; si cæcus duxerit cæcum, ambo in foveam cadunt (*Matth.* xv). » Surdi sunt, qui præceptis Dominicis obedire contemnunt ; de quibus dicitur : « Sicut aspidis surdæ et obturantis aures suas, quæ non exaudiet vocem incantantium, et venefici qui incantatur a sapiente (*Psal.* lxvii) (11). » Muti sunt, qui tacent a laude divina ; juxta quod legitur : « Obmutui, et humiliatus sum, et silui a bonis, et dolor meus renovatus est (*Psal.* xxxviii). » Claudi sunt, qui non gradiuntur per semitas mandatorum, juxta quod legitur : « Quousque claudicatis in duas partes? Si Dominus est Deus, sequimini eum (*III Reg.* xviii). » Leprosi sunt, qui hæretica pravitate sacram Scripturam corrumpunt. Caro quippe leprosi alicubi est plana et alicubi inflata, alicubi rubicunda alicubi est nigra, et alicubi corrosa. Sic et hæreticorum doctrina alicubi est vera, alicubi est falsa, alicubi sana et alicubi prava, alicubi est aperta et alicubi est obscura ; quia nisi falsis vera miscerent, nisi agno lupum velarent, nisi angelus Satanæ transfiguraret se in angelum lucis (*II Cor.* xi), procul dubio non seducerent animas innocentes, quia deprehensi, et cogniti vitarentur. Veniunt ergo in vestimentis ovium, cum sint lupi rapaces (*Matth.* vii) ; et in aureo calice sub nectaris specie venenum lethale propinant.

Mortui vero sunt qui jacent in mortalibus culpis, spirituali vita privati ; sive cum puella quæ mortua jacebat in domo (*Matth.* ix), quando peccatum cogitationis adhuc latet in corde ; sive cum adolescente qui efferebatur mortuus extra portam, quando peccatum locutionis jam procedit ex ore ; sive cum Lazaro qui fetebat quatriduanus in monumento (*Joan.* xi), quando peccatum operationis in consuetudine frequentatur. Sed hos omnes languores ille curat et sanat, de quo evangelista testatur : « Omnes qui habebant infirmos variis languoribus ducebant ad Jesum, et curabantur omnes (*Luc.* iv). » Majora sunt ista miracula quæ nunc fiunt spiritualiter, quam illa quæ corporaliter tunc fiebant. Nam plus est animam curari quam corpus, cum et anima sanari non possit nisi consentiat corpus, corpus autem possit sine consensu sanari animæ. Quod et Pharisæi cognovisse videntur : *Quis est hic, qui etiam peccata dimittit?* quasi, non solum corpora sanat sed etiam animas.

Illud autem non est similiter transeundum quod pauperes evangelizari dicuntur. Ut is autem venisse demonstretur qui de se dixerat per prophetam : « Spiritus Domini super me, evangelizare pauperibus misit me (*ibid.*). » In quo non solum magistri benignitas commendatur, qui non contemnebat inopes et abjectos. Unde discipulorum notatur nobilitas qui tales erant, id est humiles corde, ut doctrinam mererentur accipere salutarem ; juxta quod Veritas ait : « Confiteor tibi Pater, Domine cœli et terræ, quia abscondisti hæc a sapientibus et revelasti ea parvulis (*Luc.* x). » Pauperes ergo non solum casu sed sensu evangelizantur in Christo ; ut illos evangelistas constituat, non quidem potentes et sapientes in sæculo, sed humiles et abjectos, quoniam infirma mundi elegit Deus ut fortia quæque confundat ; ne forte crederent homines quod evangelica doctrina per sapientiam hujus mundi fuisset inventa, vel per potentiam hujus sæculi propagata. *Et beatus,* inquit, *qui non fuerit scandalizatus in me.* Apostolus ait : « Prædicamus Jesum Christum, et hunc crucifixum, Judæis quidem scandalum, gentibus autem stultitiam (*I Cor.* i). » Stultum enim reputabant gentiles philosophi, quod unus et idem credebatur esse Deus et homo, mortalis et immortalis, simplex et compositus, æternus et temporalis. Sed stultam fecit Deus sapientiam sapientium, et prudentiam prudentium reprobavit (*ibid.*) ; quoniam argumentum a contrariis, quia divinum prævalet sacramentum. Et ideo verior videtur illa sententia, postquam asseritur quod ex affirmativa non sequitur negativa. Judæi vero usque hodie scandalizantur, cum audiunt quod Deus sit flagellatus, crucifixus et mortuus, dedignantes audire quod Deus indigna pertulerit cum ex eo debeat a nobis dignius venerari, quod ipse indigniora pro nobis dignatus est sustinere. Hic est ergo lapis offensionis et petra scandali (*I Petr.* ii), positus in ruinam et in resurrectionem multorum, su--

---

(11) Ita cod.

per quem omnis ædificatio constructa crescit in templum sanctum in Domino. Qui vero ceciderit super lapidem istum, confringetur ; et super quem ceciderit lapis iste, conteret eum, Jesus Christus Dominus noster, qui est super omnia benedictus in sæcula sæculorum. Amen.

SERMO VI

DOMINICA TERTIA IN ADVENTU DOMINI.

De quatuor naturalibus mentis affectibus; de gaudio bonorum et malorum, cordis et carnis: et in prosperis et adversis quid sit agendum.

Gaudete in Domino semper, iterum dico, gaudete: modestia vestra nota sit omnibus hominibus; Dominus enim prope est (*Phil.* iv).

Sacrosanctum Redemptoris nostri adventum, quem antiqui fideles cum ingenti desiderio exspectaverunt, nos cum magno gaudio debemus celebrare ; quia quem illi exspectaverunt promissum, nos celebramus exhibitum. Nam lex per Moysen data est, gratia et veritas per Jesum Christum facta est (*Joan.* i.) Gaudium vero cordis, tam ore quam opere debemus exprimere, sed modeste. Propter quod dicit Apostolus : *Gaudete in Domino semper : iterum dico, gaudete. Modestia vestra nota sit omnibus hominibus : Dominus enim prope est.* Docet ergo in quo debeamus gaudere, cum dicit : *In Domino*; quam diu, cum dicit, *Semper*; qualiter, cum dicit : *Modestia vestra nota sit omnibus hominibus.* Ac si dicat, modeste. Quare? *Quia Dominus prope est.* Nota singula diligenter ; quia nihil est in eis, quod suavem non redoleat intellectum. Ergo *gaudete in Domino semper.* Nostis, ut credimus, quia sæpe vidistis, quod Romanus pontifex, tam in Quadragesima, quam in Adventu aufrigiata mitra non utitur, nisi tantum in illa mediana Dominica Quadragesimæ, quando cantatur ad introitum, *Lætare Hierusalem;* nec non in mediana Dominica de Adventu, quando cantatur ad introitum, *Gaudete in Domino semper.* Utrumque officium, gaudium et exsultationem commemorat, lætitiam et jucunditatem inducit. Cujus rei causam et rationis mysterium vobis ad præsens prætermittimus assignare; quoniam in præteritis nos meminimus assignasse. *Gaudete in Domino semper, iterum dico gaudete.*

Quatuor sunt naturales mentis affectus : dolor, gaudium, timor et spes. Dolor et gaudium de præsenti, timor et spes de futuro. Dolor et timor de malo, gaudium autem et spes de bono. Attendite quomodo ista quatuor sibi invicem colligantur. Nam duo prima sunt de præsenti, duo ultima de futuro. Primum et tertium sunt de malo, secundum et quartum de bono.

Hinc homines metuunt, cupiunt, gaudentque dolentque.

Ista sunt duæ molæ, superior et inferior ; inter quas moli debet anima Christiana. De quibus in lege præcipitur : « Non accipies loco pignoris superiorem et inferiorem molam (*Deut.* xxiv).» Inter gaudium siquidem et dolorem, tanquam inter duas molas, in hac mortali vita versari debemus ; ut videlicet dolor temperet gaudium, ne dissolvamur ; gaudium vero dolorem, ne confundamur. Nimius enim dolor, immoderatus videlicet et continuus, mentem confundit ; nimium vero gaudium, immoderatum similiter et continuum, mentem dissolvit. Propter quod dicitur :

Interpone tuis interdum gaudia curis.
Quod caret alterna requie durabile non est.

Audi gaudium nimium quod dissolvit : « Cithara et lyra et tympanum et vinum in conviviis vestris (*Isa.* v). » Ecce gaudium et lætitiam, occidere vitulos et jugulare arietes, comedere carnes et bibere vinum. «Comedamus et bibamus, cras enim moriemur (*Isaiæ* xxii). » Audi dolorem nimium, qui confundit : « Omnes manus dissolventur, et cor hominis tabescet : tortiones et dolores tenebunt, quasi parturiens dolebunt (*Ezech.* vii). » Inter has ergo molas versari nos Apostolus docet : « Gaudete cum gaudentibus, flete cum flentibus (*Rom.* xii). » Et alius iterum ait : « In die bonorum non immemor sis malorum (*Eccles.* xi).»

Cum igitur nobis aliqua prosperitas evenit, providendum est nobis, ne dissoluti nimium gaudeamus : memores ejus semper quod legitur : « Risus dolore miscetur, et extrema gaudii luctus occupat (*Prov.* xiv).» Noverat hoc ille qui dixerat : «Versa est in luctum cithara mea, et organum meum in vocem flentium (*Job* xxx).» Et ideo cum dixisset Apostolus : *Gaudete in Domino semper*, adjunxit : *Modestia vestra nota sit omnibus hominibus.* Ac si diceret : « Exsultate cum modestia, lætamini cum mensura, et ipsa nota sit omnibus, quatenus luceat lux vestra coram hominibus, ut videntes opera vestra bona glorificent Patrem vestrum qui in cœlis est (*Matth.* v);» ut cortina cortinam trahat, et « qui audit, dicat : Veni (*Apoc.* xxii). »

Similiter cum aliqua nobis contingat adversitas, providendum est nobis, ne confusi nimium doleamus, memores ejus semper quod dicitur : « Ad vesperam demorabitur fletus, et ad matutinum lætitia (*Psal.* xxix); » quia post tempestatem tranquillum,

facit *(Tob.* iii). Novit hoc ille qui dixit: « Convertisti planctum meum in gaudium mihi ; concidisti saccum meum et præcinxisti me lætitia, ut cantet tibi gloria mea, et non compungar (*Psal.* xxix). » Nam
Grata superveniet, quæ non sperabitur hora.

Item inter spem et timorem, tanquam inter duas molas versari debemus, ut videlicet timor temperet spem, ne præsumamus; spes vero timorem, ne desperemus.
Inter utrumque vola, medio tutissimus ibis.

Ex nimio timore desperavit ille qui dixit : « Major est iniquitas mea, quam ut veniam merear (*Gen.* iv). » Ex nimia vero spe præsumpsit ille, qui « dixit in corde suo : Non requiret Deus (*Psal.* x). » Ergo *gaudete in Domino semper,* id est, quiquid boni feceritis ex hilaritate cordis, cum corporis lætitia faciatis ; non ex tristitia, neque ex necessitate. « Hilarem enim datorem diligit Deus *(II Cor.* ix), »

*et super omnia vultus
Accessere boni.*

Nam et Psalmographus ait : « Delectare in Domino, et dabit tibi petitiones cordis tui *(Psal.* xxxvi). »

Porro cum dolor et gaudium sint contraria, et semper gaudendum sit, juxta quod monet Apostolus dicens : *Gaudete in Domino semper,* nunquam est ergo dolendum : cum contraria simul esse non possint. Quid est ergo quod dicit Psalmista : « Pauper et dolens ego sum, et salus tua Deus suscepit me. *(Psal.* lxviii), » et quod Dominus ait : « Beati qui fletis quia ridebitis (*Luc.* vi) ? » Verum gaudere de uno et dolere de alio, non sunt contraria. Et ideo simul possumus et gaudere de bono, et dolere de malo. Quanquam quod dicitur : *Gaudete in Domino semper,* non ad continuum actum, sed ad continuum habitum referatur ; imo sicut de magno gaudio fletus sæpe procedit, ita de magno fletu sæpe nascitur gaudium. Ut cum anima de peccatis suis compungitur et conteritur, suspirat et plorat, continuo accepta spe veniæ sanatur et illustratur, dilatatur et jucundatur, ut dicere valeat cum Propheta : « Secundum multitudinem dolorum meorum in corde meo, consolationes tuæ lætificaverunt animam meam (*Psal.* xciii). » Sicut enim « non est pax ossibus a facie peccatorum (*Psal.* xxxvii), » quia ignis rationis nunquam exstinguitur ; « sic omnis gloria filiæ regis ab intus (*Psal.* xliv), » quia « gloria nostra hæc est, testimonium conscientiæ nostræ (*II Cor.* i). » Gaudeamus igitur non in hoc sæculo, sed in Domino. Secundum quod alibi dicit Apostolus : « Qui gloriatur, in Domino glorietur *(II Cor.* x). » Idem quoque monet Psalmista : « Gaudete justi in Domino, rectos decet collaudatio (*Psal.* xxiii). » Et alibi: « Lætabitur justus in Domino, et sperabit in eo, etc. (*Psal.* iii). » Mali quippe gaudent in sæculo; beati vero in Deo gaudent. Isti gaudent de spiritualibus et æternis, illi vero de carnalibus et mundanis ; isti de virtutibus, illi de vitiis. De istis legitur : « Exsultabunt sancti in gloria, lætabuntur in cubilibus suis. Exsultationes Dei in gutture eorum ; et gladii ancipites in manibus eorum (*Psal.* cxlix). » De illis dicitur . « Lætantur cum malefecerint, et exsultant de rebus pessimis (*Prov.* ii), » - et « gloriatur in malitia, qui potens est in iniquitate (*Psal.* lxxxi). » Verum istorum gaudium est perpetuum, juxta quod legitur : « Petite et accipietis, ut gaudium vestrum sit plenum et gaudium vestrum nemo tollet a vobis (*Joan.* xvi). » Illorum vero gaudium momentaneum, juxta quod legitur : « Tenent tympanum et citharam et gaudent ad sonitum organi, ducunt in bonis dies suos, et in puncto ad inferna descendunt (*Job* xxi). » O quot hodie sunt tales in mundo, quos nullum tangit gaudium de spiritualibus et æternis, sed tantum de carnalibus et mundanis. Talis erat ille, qui dicebat animæ suæ in Evangelio : « Anima, habes multa bona reposita in annos plurimos, requiesce, comede, bibe, epulare. » Sed attende quid Dominus dixerit illi : « Stulte, hac nocte animam tuam repetunt a te : quæ autem parasti, cujus erunt (*Luc.* xii) ? » Dives enim ille, qui epulabatur quotidie splendide, « sepultus est in inferno (*Luc.* xvi). » Nos ergo fratres et filii gaudeamus, non in hoc sæculo, sed in Domino, id est in his quæ spectant ad meritum et ad præmium, ad gratiam vel ad gloriam, ad virtutem vel salutem. De his quæ spectant ad meritum gaudebant apostoli, de quibus legitur quod « ibant apostoli a conspectu concilii gaudentes, quoniam digni habiti sunt pro nomine Jesu contumeliam pati (*Act.* v). » Hinc Jacobus admonet, dicens : « Omne gaudium existimate, fratres mei, cum in tentationes varias incideritis (*Jac.* i). » De his autem quæ spectant ad præmium, gaudebant illi, quibus Christus dicebat : « Gaudete et exsultate, quoniam merces vestra copiosa est in cœlis (*Matth.* v), » unde propheta dicebat : « Ego autem in Domino gloriabor, gaudebo in Domino Jesu meo (*Habac.* iii). » Propter hæc duo gaudia, unum quod habetur de meritis, et alterum quod habetur de præmiis, repetit Apostolus, dicens :

Gaudete in Domino semper, iterum dico gaudete ; vel propter geminum gaudium, cordis et carnis. De quo dicit Psalmista : « Cor meum et caro mea exsultaverunt in Deum vivum (*Psal.* lxxxiii). » Exsultat cor, cum purgatur ab illicitis desideriis; exsultat caro, cum mundatur ab illicitis operibus ; quia non est impiis gaudere dicit Dominus (*Isa.* lvii), « nec est pax ossibus meis a facie peccatorum meorum (*Psal.* xxxvii). »

Gaudeamus igitur, fratres, *in Domino, quia Dominus prope est.* Propinquus sane secundum adventum in carne, juxta quod legitur : « Prope est ut veniat tempus ejus, et dies ejus non elongabitur (*Isa.* xiv). » Propinquus secundum adventum in mentem, juxta quod legitur : « Prope est Dominus omnibus invocantibus cum (*Psal.* cxliv). » Propinquus secundum adventum ad mortem, quia « breves dies hominis sunt, numerus mensium ejus apud te est. Homo natus de muliere, brevi vivens tempore, repletur multis miseriis ; qui quasi flos egreditur et conteritur, et fugit velut umbra, et nunquam in eodem statu permanet (*Job* xiv). » Nam « præcisa velut a texente vita mea, dum adhuc ordirer, succidit me (*Isa.* xxxviii). » Propinquus secundum adventum ad judicium ; quia «novissima hora est (*I Joan.* ii), » et nos sumus « in quos fines sæculorum devenerunt (*I Cor.* x). » — « Vigilate ergo, quia nescitis diem neque horam (*Matth.* xxv.) »—« Sicut enim fulgur exit ab oriente et patet usque in occidentem, ita erit adventus Filii hominis (*Matth.* xxiv). » Quoniam «hora qua non putatis, Filius hominis veniet (*Luc.* xii). » Sed quoniam gaudendum est ex eo, quod Dominus propinquus est nobis ad mortem, vel ad judicium, nunquid non ex utroque magis timendum est quam gaudendum. Timendum quidem, sed his qui non diligunt adventum ejus ; iis autem, qui adventum ejus diligunt, est gaudendum. Unde dicebat Apostolus : « Cupio dissolvi et esse cum Christo (*Phil.* i). » Et iterum : « Salvatorem exspectamus Dominum Jesum Christum, qui reformabit corpus humilitatis nostræ, configuratum corpori claritatis suæ (*Phil.* iii). » Quod ipse nobis et vobis præstare dignetur, qui est super omnia Deus benedictus in sæcula.

SERMO VII.

IN EADEM DOMINICA (12).

Ego baptizo vos aqua, medius autem vestrum stetit quem vos nescitis; ipse baptizabit vos Spiritu sancto et igne. Hic est qui post me venturus est, et ante me factus est, quia prior me erat, cujus non sum dignus corrigiam calceamentorum solvere (Luc. iii).

Apostolica sedes quæ, disponente Domino, cunctorum fidelium mater est et magistra, consuevit in hac mediana Dominica de adventu, sicut et in mediana Dominica Quadragesimæ, cujusdam novæ lætitiæ nova quædam insignia demonstrare, non solum in officio verum etiam in ornatu. Ibi namque concinit ad introitum : *Lætare, Hierusalem, et conventus facite omnes qui diligitis eam* ; hic concinit ad introitum : *Gaudete in Deo semper, iterum dico, gaudete (Phil.* iv). Tunc gestat Romanus pontifex aureum florem ad similitudinem rosæ, nunc autem gerit infulam et casulam ex auro et gemmis ornatam. Illius facti rationem frequenter edidimus, hujus vero facti intentionem modo dicemus. Sane diximus vobis si bene recolitis, quod quatuor sunt Redemptoris adventus, quos Ecclesia celebrat in quatuor Dominicis de Adventu, quorum duo valde deterrent, et duo valde demulcent. Deterret adventus ad judicium et adventus ad mortem; demulcet adventus in carnem et adventus in mentem, quia prius conturbari et postea consolari ; juxta quod inquit Psalmista : « Secundum multitudinem dolorum meorum in corde meo ; consolationes tuæ lætificaverunt animam meam (*Psal.* xciii). » Idcirco prius Ecclesia celebrat duos adventus qui terrent, ut de tristitia nos transferat ad lætitiam, et de timore ad amorem.

In prima ergo Dominica ultimus celebratur adventus, et in ultima primus; secundus in tertia, et tertius in secunda ; quod per evangelia quæ leguntur in collectis colligitur evidenter. Prima namque Dominica legitur illud evangelium in quo dicitur : *Erunt signa in sole et luna et stellis*, etc. (*Luc.* xxi); per quod adventus ad judicium declaratur. Secunda vero Dominica legitur illud evangelium in quo dicitur : *Tu es qui venturus es an alium exspectamus ?* (*Luc.* vii) per quod designatur adventus ad mortem. In Dominica vero tertia legitur evangelium in quo dicitur : *Qui post me venturus est ante me factus est*, per quod exprimitur adventus in carnem. Quarta vero Dominica legitur evangelium in quo dictum est : *Factum est verbum Domini super Joannem Zachariæ filium in deserto*, per quod innuitur adventus in mentem. In hac ergo mediana Dominica celebratur adventus in carnem, de quo præcipue gaudere debemus, propter reconciliationem humani generis. Huc pertinet illud quod Joannes Baptista præmittit : *Ego Baptizo vos aqua, medius autem vestrum stetit quem vos nescitis; ipse baptizabit vos Spiritu sancto et igne.* Ad sublimationem humanæ naturæ pertinet illud quod Joannes Baptista subjungit: *Hic est qui post me venturus est, et ante me factus est, cujus non sum dignus corrigiam calceamentorum ejus solvere.* Ideoque nos monet Apostolus dicens : « Gaudete in Domino semper, » propter reconciliationem humani generis, « iterum dico : gaudete (*Phil.* iv), » propter sublimitatem humanæ naturæ.

Ait ergo Joannes : *Ego baptizo vos aqua, medius autem vestrum stetit, quem vos nescitis ; ipse baptizabit vos in Spiritu sancto et igni.* Duplex igitur baptismus, in aqua videlicet et in igne, sed in aqua materiali et in igne spirituali. Aqua et igne mundatur corpus, uterque baptismus sanctificatur in spiritu. De illo namque Dominus ait : « Nisi quis renatus fuerit ex aqua et spiritu, non intrabit in regnum cœlorum (*Joan.* iii). » De isto autem Joannes Baptista testatur : *Baptizabit vos in Spiritu sancto et igne.* Sicut enim homo nascitur secundum naturam ex femina, sed de viro, quia vir fecundat feminam ut concipiat ; ita secundum gratiam homo ex aqua nascitur, sed de Spiritu, quia Spiritus aquam sanctificat ut purificet. Nam «quod natum est ex carne caro est, et quod nascitur ex spiritu spi-

(12) Ex edit. card. Maii.

ritus est (*Joan.* III). » Hic ignis est charitas, de qua Dominus ait : « Ignem veni mittere in terram, et quid volo nisi ut accendatur ? » (*Luc.* XII.) Per hunc ignem peccata purgantur, juxta quod ait Dominus : « Dimissa sunt ei peccata multa quoniam dilexit multum (*Luc.* VII). » Charitas enim operit multitudinem peccatorum. Joannes ergo bapizabat in aqua materiali, quia mundabat carnem exterius; Christus autem baptizabat in igne spirituali, quia purgabat mentem interius. Ille baptizabat exterius tanquam homo, iste baptizabat interius tanquam Deus.

Est autem triplex baptismus, in aqua et in sanguine et in lacrymis ; in aqua regenerationis, in lacrymis compunctionis et in sanguine passionis. De primo Dominus ait : « Nisi quis renatus fuerit ex aqua et Spiritu sancto, non intrabit in regnum cœlorum (*Joan.* III). » De secundo ait Psalmista : « Lavabo per singulas noctes lectum meum, lacrymis meis stratum meum rigabo (*Psal.* VI). » De tertio testatur Joannes : « Isti sunt qui venerunt ex tribulatione, et laverunt stolas suas in sanguine Agni (*Apoc.* VII).» Nullus autem istorum emundat, nisi per Spiritum sanctum igne charitatis fuerit calefactus. Nam sine charitate baptismus in aqua reputatur figmentum, baptismus in lacrymis debet reputari lamentum, baptismus in sanguine debet reputari tormentum. Cur baptizabat Joannes, si non baptizabat in Spiritu sed in aqua ? Duabus ex causis : prima, ut præcursoris ordinem adimpleret, quia sicut prævivit Christum nascendo et moriendo, ita præcurreret baptizando et prædicando; secunda, ut per suum baptismum assuefaceret ad baptismum suscipiendum, quia de simili ad simile facile pertransitur. Natura ignis hæc est, ut non solum sensibilia, sed etiam insensibilia calefaciat. Et propter hanc causam Joannes baptismum Christi comparat igni, quia baptismus Christi non solum jam credentes purificat, sed etiam nondum credentes emundat.

Per hoc illorum confunditur error, qui dicunt quod parvulis baptismus non prodest. Volentes autem hoc per auctoritatem Evangelii comprobare : Ait, dicunt, Christus apostolis : « Euntes in mundum universum prædicate Evangelium omni creaturæ : qui crediderit et baptizatus fuerit, salvus erit; qui vero non crediderit, condemnabitur (*Marc.* XVI). » Parvulus enim baptizatus, qui non credit, damnatur. Præterea cum peccatum non possit dimitti nisi per charitatem; parvulus igitur qui non diligit, non potest a peccato per baptismum mundari. Porro « cæci sunt tales duces cæcorum (*Matth.* XV); » non attendentes quod aliud est originale peccatum quod semper sine consensu contrahitur, et aliud actuale peccatum quod sine consensu nunquam committitur. Illud ergo quod sine consensu contrahitur, sine consensu remittitur. Illud autem quod non potest sine consensu contrahi, non potest sine consensu remitti. Cum ergo parvuli non teneantur nisi ex originali peccato, sine omni consensu possunt per vim baptismi ab illo peccato mundari. Absit enim ut hodie minoris sit efficaciæ baptismus quam olim fuit circumcisio! Nam sicut olim de illa lex divina clamabat : « Anima cujus præputii caro circumcisa non fuerit, peribit de populo suo (*Gen.* XVII); » ita modo de isto sacramento intonat Evangelium : « Nisi quis renatus fuerit ex aqua et Spiritu sancto, non introibit in regnum Dei (*Joan.* III).» Sicut ergo per circumcisionis mysterium olim tam parvuli quam adulti damnationis periculum evitabant, ita modo per sacramentum baptismi tam parvuli quam adulti regni cœlorum introitum assequuntur. Auctoritates ergo prædictæ quibus hæretici abutuntur, non loquuntur de parvulis, sed solummodo de adultis ; quod patet ex eo quod parvuli non habent multitudinem peccatorum, nec parvulis Evangelium prædicatur.

Hactenus audistis quod pertinet ad salvationem humani generis, audite modo quod pertinet ad sublimationem humanæ naturæ : *Qui post me*, inquit, *venturus est, ante me factus est.* Ac si diceret : Qui mihi succedit tempore, præcedit me dignitate, quoniam qui de cœlo venit super omnes est. Ex hoc loco quidam sumpserunt quidem occasionem errandi, dicentes sed mentientes quod Christus est angelus incarnatus, unus videlicet de magnis seraphim, qui secundum humanam naturam in terra passus est propter homines, et secundum angelicam naturam in aere passus est propter angelos ; ut, secundum Apostolum, repararet ea quæ in cœlis et quæ in terra sunt, id est lapsum angelicum et casum humanum. Aiunt enim quod tres tantum sunt rationabiles naturæ, divina videlicet, angelica et humana. Si Christus autem non fuit factus ante Joannem secundum naturam divinam, neque secundum humanam naturam, restat igitur quod Christus fuerit factus ante Joannem secundum naturam angelicam, quoniam in principio temporis fuit cum mundo creatus ; nam coæva sunt ista tria, videlicet angelus, mundus et tempus. Errant omnino non intelligentes Scripturam neque virtutem Dei. Cum enim angelus non sit immensus, profecto non existit ubique ; non igitur in cœlo simul et in terra. Unde is de quo narratur dixit : « Nemo ascendit in cœlum nisi qui de cœlo descendit, Filius hominis qui est in cœlo (*Joan.* III); » non est angelus sed est Deus, qui de se dicit : « Cœlum et terras ego impleo (*Isa.* XXIII). » Et qui de se dicit ad Patrem : « Clarifica me, Pater, apud temetipsum claritate quam habui antequam mundus fieret (*Joan.* XVII).» Nam « in principio erat Verbum, et Verbum erat apud Deum, et Deus erat Verbum (*Joan.* I). » Sicut ergo Verbum est factum caro, nec tamen simpliciter est factum ; ita Christus est factus ante Joannem, nec tamen simpliciter factus, prælatus Joanni; quoniam adverbium istud *ante* non designat præcedentiam temporis sed præcellentiam dignitatis, sicut ipsemet Joannes exponit : *Ante me*, inquit, *factus est, quia prior me erat.* Altera enim expositio est alterius, quod apertius ostendit cum subdidit : *Cujus non sum dignus corrigiam calceamenti solvere.*

Quanta sit præcursoris humilitas, quantaque sublimitas Redemptoris, ex hoc loco perpenditur manifeste. Nam, licet Joannes existimaretur tam magnus, ut putaretur a pluribus esse Christus, ipse tamen reputat se tam parvulum ut ad solvendam corrigiam calceamentorum ejus existimet se esse indignum. Sed certe « qui se humiliat exaltabitur, et qui se exaltat humiliabitur (*Luc.* XVIII); » — « Deus enim superbis resistit, humilibus autem dat gratiam (*Jac.* IV). » Nam *omnis vallis implebitur, et omnis mons et collis humiliabitur.* « Excelsus Dominus et humilia respicit, et alta de longe cognoscit (*Psal.* CXXXVII). » Sane sicut tres personæ sunt in una substantia, videlicet Pater, Verbum et Spiritus sanctus, ita tres substantiæ sunt in una persona, videlicet deitas, corpus et anima, quæ mystice designantur per pedem, calceamentum, et caligam. Nam, sicut calceamentum velat pedem et caligam; ita caro velat deitatem et animam. Et sicut pes calceamento conjungitur caliga mediante; sic deitas, anima mediante, conjungitur carni. Mediat autem anima inter divinitatem et carnem non solum per unionem, verum etiam per naturam. Nam deitas est penitus simplex, quoniam et caret compositione partium, et caret concretione proprietatum. Corpus autem est omnino compositum, quoniam habet compositionem partium, et habet concretionem proprietatum; anima vero partim est simplex quia caret compositione partium, ut divinitas, et partim composita quoniam concretionem proprietatum habet ut corpus. De hoc calceamento dicit Dominus per Psalmistam : « In Idumæam extendam calceamentum meum (*Psal.* LIX), » id est gentibus ostendam incarnationem meam.

Verum cum in hoc calceamento diversæ sunt corrigiæ, quoniam in Christo diversæ sunt uniones, videlicet unio Deitatis ad animam, unio Deitatis ad carnem, unio carnis ad animam, quid est quod Joannes tantum unam corrigiam commemorat et non plures? Salva vero fidei majestate potest hoc modo probabiliter responderi, quod cum hujus calceamentum sit corpus assumptum, et duæ sint corporis uniones, una videlicet qua corpus conjungitur animæ, et altera qua corpus conjungitur Deitati, ea tantum est inscrutabilis quæ corpus Deitati conjungit in unitate personæ. Ideoque Joannes ad solvendam unam tantum corrigiam calceamenti asserit se indignum. Sed desinamus scrutari scrutinium, in quo plurimi defecerunt; quoniam « accedit homo ad cor altum, et exaltabitur Deus (*Psal.* LXIII); » et investigator majestatis opprimetur a gloria; suppliciter exorantes unigenitum Dei Filium Jesum Christum, quatenus de merito fidei nos transferat ad præmium spei, qui cum Patre, etc.

SERMO VIII.

DOMINICA PRIMA POST EPIPHANIAM.

Die tertia nuptiæ factæ sunt in Cana Galilææ, et erat ibi mater Jesu. Vocatus est autem et Jesus et discipuli ejus ad nuptias (*Joan.* II).

« Quia *spiritus est qui vivificat, caro non prodest quidquam* (*Joan.* VI), » prætermissis carnalibus nuptiis, de spiritualibus disseramus, ut per ea quæ sunt carnaliter facta, ea quæ sunt spiritualiter facienda monstremus. Celebrantur igitur istæ nuptiæ inter spiritum hominis, et gratiam conditoris, quando videlicet divina gratia rationali spiritui conjungitur. Et ne tanquam steriles maledicantur a Deo, filios et filias ex se gignunt, id est affectus et actiones, sive desideria sancta et opera justa. De uxore simul et prole. Psalmista dicit ad virum et patrem : « Uxor tua sicut vitis abundans in lateribus domus tuæ. Filii tui sicut novellæ olivarum in circuitu mensæ tuæ (*Psal.* CXXVII). » Has nuptias expertus fuerat, qui dixit : « Gratia Dei sum, id quod sum, et gratia in me vacua non fuit, sed gratia Dei semper in me manet (*I Cor.* XV). » Inveniuntur igitur inter spiritum et gratiam tria bona conjugii, videlicet fides, proles et sacramentum. Cum enim audis : *Gratia Dei sum id quod sum,* intellige fidem, quæ spectat ad honestatem. Cum audis, *gratia ejus in me vacua non fuit,* intellige prolem, quæ spectat ad fecunditatem. *Gratia ejus in me manet,* intellige sacramentum, quod spectat ad infirmitatem. Inter filios autem et filias tanquam inter fratres et sorores illud nuptiale convivium celebratur, quod moraliter inter fratres et filias B. Job singulis consueverat celebrari (*Job* I). Unde nuptiæ istæ in Cana Galilææ referuntur factæ fuisse, quoniam ibi fuit vir zelo charitatis et amore salutis, homo convertitur et transmigrat ab errore ad charitatem, et a vitiis ad virtutes. Cana quoque *zelus,* et Galilæa *transmigratio* interpretatur ex Hebraico in Latinum. Bene dicuntur hæ nuptiæ die tertia factæ fuisse, quia primus dies exstitit ante legem, secundus sub lege, tertius post legem. Primus fuit cognitio virtutis in lege naturæ, secundus in lege Scripturæ, tertius in lege gratiæ. « Lex autem per Moysen data est, gratia et veritas per Jesum Christum facta est (*Joan.* I). »

Die ergo tertia nuptiæ factæ sunt in Cana Galilææ. Et erat mater Jesu ibi. Invitatus est autem ad nuptias ipse, et discipuli ejus. In hoc loco moraliter dicitur sermo divinus, quoniam « ipse erat in principio apud Deum, et Deus erat Verbum (*Joan.* 1). » Discipuli ejus honesti mores intelliguntur, quoniam sermo divinus tanquam magister instruit et informat. Mater Jesu intelligitur fides catholica, de qua sermo divinus nascitur et procedit. Hæ sunt personæ, quæ nuptiis istis interfuisse leguntur, scilicet sermo divinus tanquam magister; honesti mores, tanquam discipuli; fides catholica, tanquam mater. Sponsa quippe pro parte sua vocat ad nuptias virtutes gratuitas, sponsus naturales affectus. Non solum autem istæ personæ, verumetiam architriclinus interfuisse narratur. Et in hoc conjugio invenitur triclinium, id est tres mensæ, videlicet animæ naturalis vis rationalis, vis irascibilis, vis concupiscibilis. Prima, quæ discernit inter bonum, secunda quæ respuit malum, tertia quæ appetit bonum. Ista namque sunt tria munera (*Matth.* II) quæ naturales philosophi Christo moraliter obtulerunt, scilicet aurum, quod propter splendorem rationabilitatem signat; thus, quod propter honorem signat concupiscibilitatem ; myrrham, quæ propter amaritudinem irascibilitatem figurat. In hoc ergo triclinio quasi architriclinus præsidet pars rationis superior, quæ proprie *synderesis* appellatur.

Cum autem vinum in hoc convivio defecisset, mater Jesu dixit ad illum : Vinum non habent. Et ille respondit : Quid mihi et tibi est, mulier ? nondum venit hora mea. Vinum in hoc loco propter fervorem signat charitatem, de qua sponsa dicit in Canticis : « Introduxit me in cellam vinariam, et ordinavit in me charitatem (*Cant.* II). » Vinum illum abundat in principio nuptiarum, quia charitas in initio conversionis fervescit. Sed interdum deficit istud vinum, quia charitas aliquando frigescit, quod nonnunquam contingit ex dispensatione divina, ut vicissitudo venientis et recedentis spiritus ostendatur, qui, « ubi vult spirat, et vocem ejus audis, et nescis unde venit, aut quo vadit (*Joan.* III). » Sive quia «septies in die cadit vir justus, et fortior resurgit (*Prov.* XXIV). » Unde permisit Dominus cadere Petrum, ut fortior resurgeret, et negationem ternam confessione purgaret (*Matth.* XXVI).

Deficiente vino, dicit mater Jesu ad eum : Vinum non habent. Quia cum charitas refrigescit, et fides suggerit et suadet, ut sermo divinus instruendo et exhortando charitatem accendat

Et dicit ei Jesus : Quid tibi et mihi est mulier ? nondum venit hora mea. Verbum istud non ex indignatione, sed ex discretione procedit. Ac si diceretur manifestius : Sustineri debet ad tempus, ut propter causas prædictas charitas remissa tepesceret, quatenus cum tempus advenit opportunum, fortius accedatur. Nam mala aurea in lectis aureis verbum prolatum in tempore suo.

Dixit ergo mater Jesu ministris : Quidquid dixerit vobis, facite. Quia fides jubet, ut fiat quidquid jusserit sermo divinus.

Erant autem ibi lapideæ sex hydriæ positæ secundum purificationem Judæorum, capientes singulæ metretas binas vel ternas. Sex hydriæ sunt sex opera quæ Dominus in judicio commendabit : « Esurivi, et dedistis mihi manducare; sitivi, et dedistis mihi bibere; hospes eram, et collegistis me; nudus eram, et cooperuistis me ; infirmus eram, et visitastis me ; in carcere eram, et venistis ad me (*Matth.* XXV). » Dicuntur autem hydriæ lapideæ non propter duritiam, cum opera misericordiæ non sint dura, sed propter firmitatem, cum misericordia sit, origine periculum (*sic*) inpugnabile sacramentum, dicente Scriptura, quod ipsa «super scutum potentis et lanceam adversus Ninivem pugnabit (*Eccli.* XXIX).» Pertinet enim ad illos lapides, de quibus dicit Apostolus : « Alius superædificat argentum, aurum et lapides pretiosos (*I Cor.* III). » Unde bene sex hydriæ propter purificationem Judæorum dicuntur ibi fuisse positæ ; quia purificatio intelligitur satisfactio confidentium. Nam Judæi confidentes interpretantur, et adeo fidentes per sex opera misericordiæ satisfaciendæ peccatis (*sic*). Capiunt autem istæ sex hydriæ singulæ metretas binas vel ternas; quoniam sex opera misericordiæ, quædam duas, et quædam tres distinctiones admittunt. Triplex est enim cibus aut potus, materialis, sacramentalis et doctrinalis. De materiali dicit Apostolus : « Si esurierit inimicus tuus, ciba illum ; et si sitit, potum da illi (*Prov.* XXV; *Rom.* XII). » De sacramentali Veritas ait : « Caro mea vere est cibus, et sanguis meus vere est potus (*Joan.* VI). » De doctrinali Sapiens protestatur : « Cibavit illum pane vitæ, et intellectus, et aqua sapientiæ salutaris potavit illum (*Eccle.* XV). » Itaque tribus modis pascere debemus esurientem, eisdem tribus modis sitientem potare, videlicet alimento naturæ, sacramento Eucharistiæ, documento Scripturæ. Duplex est autem infirmitas , scilicet cordis et corporis. Una quidem pœna, altera culpa. De prima Dominus ait : « Infirmitas hæc non est ad mortem (*Joan.* XI); » de secunda dicit Apostolus : « Ideo inter vos multi infirmi et imbecilles, et dormiunt multi (*I Cor.* XI). » Infirmum ergo corpore visitamus, cum eum corripimus in spiritu lenitatis. Similiter duobus modis debemus incarceratum adire; quia duplex est carcer, unus corporis, et alter cordis. De carcere corporis Evangelista testatur, quod Herodes vinxit Joannem, et posuit in carcerem (*Marc.* VI). De carcere cordis dicit Psalmista : « Educ de carcere animam meam (*Psal.* CXLI). » Similes distinctiones invenire poteritis in Scripturis super hospitalitate ac nuditate. Hydriæ capiunt metretas binas vel ternas, Hydria vero impletur aqua, cum misericordia consummatur, ut cum datur esurienti cibus, sitienti potus, aut nudo vestitus. De hac aqua secundum effectum dicit Scriptura : « Sicut aqua exstinguit ignem, ita eleemosyna exstinguit peccata (*Eccle.* III). » Propter quod Dominus ait : « Date eleemosynam, et ecce omnia munda sunt vobis (*Luc.* XI). » Hydria vero usque ad summum impletur, cum opus misericor-

SERMO VIII, DOMINICA I POST EPIPHANIAM.

diæ ad perfectionem perducitur. Certe cum misericordia sine charitate largitur, refrigerat quidem accipientem, sed non facit [*al.* satiat] donantem. Et ideo tunc est aqua solummodo, et non vinum; quoniam, ut inquit Apostolus, « si distribuero omnes facultates meas in cibos pauperum, charitatem autem non habeam, nihil mihi prodest (*I Cor.* xiii).» Sed cum misericordia exhibetur ex charitate, tunc aqua fit vinum, quoniam exhibitio misericordiæ fit operatio charitatis, et quæ prius fuit rigida, tunc fit calida; quæ prius fuit tepida, tunc fit sapida; quæ prius fuit pallida, tunc fit fulgida, sic moraliter aqua fit vinum. Corpus quod est in se naturaliter pium, fit ex charitate meritorium, non tam mercedis æternæ quam retributionis æternæ. Ministri ergo qui hydrias implent aqua, liberalitas et hilaritas, quæ opera misericordiæ administrant. De quibus ait Apostolus : « Unusquisque prout destinavit in corde suo, non ex tristitia aut necessitate. « Hilarem datorem diligit Deus (*II Cor.* ix).» Et iterum : « Qui præest in sollicitudine, qui miseretur in hilaritate (*Rom.* xii).» Alius autem dicit : « Non differas bene facere, quia spes quæ differtur, affligit animam (*Prov.* xiii).» Et iterum : « Cor inopis ne afflixeris, et ne protrahas datum angustianti (*Eccle.* iv).» Eis ergo dicit Jesus : *Implete hydrias aqua.*

Et cum implevissent eas, adjecit : *Haurite nunc, et ferte architriclino.* Ut autem gustavit architriclinus *aquam vinum factum, nesciebat unde esset, ministri autem sciebant, qui hauserant aquam,* vocat sponsum *architriclinus, et dicit ei : Omnis homo primo vinum bonum ponit,* etc. Tunc fit quod dictum est. Ministri jubentur haurire et ferre architriclino, ut rationabiliter fervorem charitatis approbet et commendet; quia charitas rationalis minime per se comprehendit unde sit charitas, quam Deus in homine solus operatur; quia charitas non est ex libero arbitrio, sicut dicit naturalis philosophus, sed ex Deo tantum, sicut fidelis catholicus profitetur. Et ob hoc architriclinus tanquam minus intelligens gratiæ sacramentum, inquit ad sponsum : *Omnis homo primo bonum vinum ponit,* In primo melius vinum debet ponere in fine (*sic*) ; quoniam « qui perseveraverit usque ad finem, hic salvus erit (*Matth.* x),» quamvis hoc specialiter possit referri ad hæreticos et hypocritas, qui sanam doctrinam et bona opera exhibent a principio, et cum homines inebriati fuerint, id est per ipsos illecti, tunc id quod deterius est virus erroris et malitiæ fermentum apponunt. Animalis igitur homo sic faciat. Tu vero qui spiritualis existis, *servasti vinum bonum usque adhuc,* id est charitatis fervorem custodisti; quia debito charitatis quanto plus solvitur, tanto magis debetur. *Hoc igitur initium signorum quæ fecit Jesus in Cana Galilææ,* quoniam inter opera gratiæ primum obtinet locum conversio peccatoris, et tunc de aqua fit vinum, quia de peccatore fit justus quasi de frigido calidus, de insipido sapiens, de pallido rubens. Sciendum est quod in his nuptiis sponsus est Spiritus sanctus, sponsa, gratia, Jesus, sermo divinus, et discipuli ejus mores honesti; mater Jesu, fides catholica; architriclinus qui præsidet in triclinio, rationalis quæ præeminet inter virtutes animi naturales. Cana Galilææ conversio peccatoris; et dies tertia, tempus gratiæ; aqua, misericordia; vinum, charitas. Deficit enim vinum, cum charitas refrigescit (*Matth.* xxiv). Sex hydriæ sunt sex opera, quæ Christus in judicio commendabit, quæ dicuntur lapideæ non propter duritiam inflexibilem, sed propter inexpugnabilem firmitatem. Capiunt ergo singulæ hydriæ metretas binas vel ternas; quoniam singula opera duas vel tres distinctiones admittunt. Ministri namque sunt liberalitas et hilaritas, quæ opera misericordiæ administrant. Aqua fit vinum, cum effectus misericordiæ charitatis informatur affectu. Architriclinus autem approbat vinum, quando ratio charitatem commendat. Verumtamen unde sit, nescit; quia rationalis per se originalem causam veræ charitatis ignorat, quantum ministri qui hauserunt, quia per haustum gratiæ intelligunt veritatem.

Animalis autem, id est hæreticus vel hypocrita, primum bonum vinum portat, id est sanam doctrinam vel honestam exhibet vitam, *ut cum inebriati fuerint* homines ac faciendum illis illecti, ratio *id quod deterius est* virus erroris vel malitiæ fermentum, apponat. *Hoc est igitur initium signorum quod facit Jesus in Cana Galilææ,* quando justificat impium, convertit iniquum et revocat peccatorem. *Et propterea credunt in eum discipuli ejus.* Ad has nuptias celebrandas hodiernam stationem apud sanctum Spiritum salubriter instituimus, in quo tanquam in Cana Galilææ, in loco scilicet ubi zelus transmigrandi de vitiis est ad virtutes, positæ sunt sex hydriæ, id est instituta sunt sex opera misericordiæ, quæ sunt : pascere esurientem, potare sitientem, colligere hospitem, vestire nudum, visitare infirmum, adire incarceratum. Et est ibi mater Jesu, quoniam ibi memoria gloriosissimæ matris Christi recolitur, in cujus honore ipsa est Ecclesia dedicata. Invitatur autem · et filius ejus Jesus cum discipulis suis ad has nuptias salutares, quoniam effigies Jesu Christi a ministris Ecclesiæ ad hunc locum hodie venerabiliter deportatur, ut ejus gloria fidelibus populis, qui conveniunt ad has nuptias pietatis et misericordiæ celebrandas desiderabiliter, demiraretur. Ne quis ergo famelicus ab his nuptiis revertatur, universi qui hac in tentatione conveniunt, ut de cætero liberalius et hilarius se exhibuerint salubriter celebrare, de injunctis pœnitentiis unus remittatur annus ad ampliorem obtinendam indulgentiam peccatorum, ut sic aquam convertat in vinum sponsus Christus, qui est benedictus in sæcula sæculorum. Amen.

SERMO IX.

DOMINICA IN SEPTUAGESIMA.

De gravi jugo super filios Adam, in ingressu, progressu et egressu; et de occupatione honesta et utili.

Occupatio magna creata est omnibus hominibus, et jugum grave super filios Adam, a die exitus de ventre matris eorum, usque in diem sepulturæ in matrem omnium (Eccli. XL *).*

Mater omnium hominum terra est, et eadem terra est omnium hominum sepultura. Propterea quod Job dicebat : « Nudus egressus sum de utero matris meæ, nudus revertar illuc (*Job* I). » In verbis autem propositis circa statum humanæ conditionis tria præcipue considerare debemus : ingressum, progressum, et egressum. De progressu præmittitur : *Occupatio magna creata est omnibus hominibus;* de ingressu subjungitur : *A die exitus de ventre matris eorum;* de egressu concluditur : *Usque in diem sepulturæ in matrem omnium.* Circa quemlibet vero statum considerare debemus quod interponitur : *Et jugum grave super filios Adam.* Grave quidem est in ingressu, gravius est in progressu, gravissimum in egressu. Merito ergo flebat et dicebat propheta : « Quare de vulva matris egressus sum, ut viderem laborem et dolorem, et consumerentur in confusione dies mei? » (*Jer.* XX.) Formatus est enim homo de terra, conceptus in culpa, natus ad pœnam. Agit prava, quæ non licet; turpia, quæ non decent; vana, quæ non expediunt; fiet cibus ignis, esca vermis, massa putredinis. Ecce quam *grave jugum* creatum est *super filios Adam, a die exitus de ventre matris eorum, usque in diem sepulturæ in matrem omnium.* Exponam id planius, edisseram id plenius, ostendens de quo factus est homo, quid faciat homo, quid futurus sit homo. Formatus homo de pulvere, de luto, de cinere : quodque vilius est, de spurcissimo semine conceptus, in pruritu carnis, in fervore libidinis, in fetore luxuriæ : quodque deterius est, in labe peccati : natus ad laborem, timorem et dolorem, quodque miserius est, ad mortem. Agit prava, quibus offendit Deum, offendit proximum, offendit se ipsum. Agit turpia, quibus polluit famam, polluit personam, polluit conscientiam. Agit vana, quibus negligit seria, quibus negligit utilia, negligit necessaria. Fiet cibus ignis, qui semper urit et ardet inexstinguibilis; esca vermis, qui semper rodit et comedit immortalis; massa putredinis, quæ semper fetet et sordet horribilis. Si mihi non credidis, Scripturæ credatis. « Formavit, inquit, Dominus Deus hominem de limo terræ (*Gen.* III). » Propter quod ipse dicit ad Deum : « Memento, quæso, quod sicut lutum feceris me, et in pulverem reduces me. »

Et Deus inquit ad ipsum : « Cinis es, et in cinerem reverteris. » — « Comparatus sum, inquit, luto, et assimilatus sum favillæ et cineri (*Job* XXX). » Audistis enim de quo formatus est homo, sed audite de quo conceptus. « Quis, inquit, potest facere mundum de immundo conceptum semine? » « Ecce in iniquitatibus conceptus sum, et in delictis peperit me mater mea (*Psal.* L). » Nemo mundus a sorde peccati, nec infans unius diei, qui natus est super terram. Audite ergo ad quid natus est homo. « Avis, inquit, nascitur ad volatum, et homo natus est ad laborem (*Job* V). »

« Cuncti dies ejus laboribus et ærumnis pleni sunt : nec requiescit per noctem mens ejus. Homo natus de muliere, brevi vivens tempore, repletur multis miseriis. Qui quasi flos egreditur et conteritur, et fugit velut umbra, et nunquam in eodem statu permanet (*Job* XIV.) » Talis ergo factus est homo.

Sed audite quod faciat homo : « Gloriantur, inquit, cum malefecerint, et exsultant in rebus pessimis (*Prov.* II). » Propterea tradidit illos Deus « in reprobum sensum, ut faciant ea quæ non conveniant, » non expediunt, « repletos omni iniquitate, malitia, fornicatione, avaritia, nequitia, cæterisque vitiis et peccatis (*Rom.* II), » quæ Paulus enumerat ad Romanos. « Videns itaque Deus quod multa malitia hominum esset in terra, et cuncta cogitatio cordis intenta esset ad malum omni tempore, pœnituit eum quod hominem fecisset in terra, tactusque dolore cordis intrinsecus : Delebo, inquit, hominem quem creavi (*Gen.* VI). » Ecce quid fecit homo.

Sed audite quid fiat : « Exibit, inquit, spiritus ejus, et revertetur in terram suam : in illa die peribunt omnes cogitationes eorum (*Psal.* CXLV.) » — « Auferes spiritum eorum et deficient, et in pulverem suum revertentur (*Psal.* CIII). » — « Qui quasi putredo consumendus est, et quasi vestimentum quod comeditur a tinea (*Job* XIII). » — « Homo putredo, filius hominis vermis (*Job* XXV), » vindicta carnis impii, vermis et ignis. « Vermis, inquit, eorum non morietur et ignis eorum non exstinguetur (*Isa.* LXVI). » Et « dabit Dominus Deus ignem et vermes in carnes eorum, ut urantur et sentiant usque in sempiternum (*Judic.* XVI). » Vere ergo *occupatio magna creata est omnibus hominibus, et jugum grave super filios Adam.* Beati tamen qui occupantur in bonis, quia de bonis transibunt ad optima. Miseri vero qui occupantur in malis, quia de malis transibunt ad pessima. Beati quoque qui jugum Christi portant, quod est grave in principio, sed semper in fine suave. Miseri vero qui jugum diaboli portant, quod suave est in principio, sed in fine semper est grave. Hanc autem humanæ conditionis miseriam considerat et deplorat Ecclesia, gemens et lacrymans ad introitum, cum propheta lugens et recolens lapsum humanum : « Circumdederunt me, inquit, gemitus mortis, dolores inferni circumdederunt me (*Psal*. cxiv). » Ne vero præ nimio dolore desperet, statim in graduali misericordiam commemorat Conditoris : « Auditor, inquit, in opportunitatibus, in tribulatione sperent in te qui noverunt nomen tuum; quoniam non dereliquisti quærentes te, Domine (*Psal*. ix). »

Occupationem autem honestam et utilem Dominus indicat in Evangelio, conducens in vineam operarios, ut reddat illis mercedem (*Matth*. xx); et Apostolus inhonestam et inutilem occupationem in epistola edocet evitare : « Nescitis, inquit, quod hi qui in stadio currunt, omnes quidem currunt, sed unus accipit bravium : Sic currite, ut comprehendatis. Ego autem sic curro, non quasi in incertum; sic pugno, non quasi aerem verberans, » etc. (*I Cor*. ix.) Inter jugum et jugum Propheta distinguit in tractu : « De profundis clamavi ad te, Domine, Domine, exaudi vocem meam. Si iniquitates observaveris, Domine, Domine, quis sustinebit? » (*Psal*. cxxix.) Ecce jugum diaboli grave, de quo dicitur per prophetam : « Computruit jugum a facie olei, » unde mox subditur : « Quia apud te propitiatio est, et propter legem tuam sustinui te, Domine (*Isa*. x). » Ecce jugum Christi suave, de quo Veritas inquit : «Jugum meum suave est, et onus meum leve (*Matth*. xi). »

SERMO X.

IN EADEM DOMINICA.

Simile est regnum cœlorum homini patrifamilias, qui exiens primo mane conduxit operarios in vineam suam (*Matth*. xx).

Hæc parabola, fratres charissimi, est plena non terrore, sed pietate; non desperatione, sed confidentia; non amaritudine, sed dulcore; non ira, sed gratia; non odio, sed amore. Quia licet *multi sint vocati, pauci vero electi, fuerunt tamen novissimi primi*. Ne quis ergo desperet, quia diu multumque peccavit, misericors Deus, quia neminem vult perire de omni ætate, alios ad sui cultum adducit vocans ad vineam quosdam in pueritia, quosdam in adolescentia, quosdam in juventute, quosdam in senectute, quosdam in senio, quibus in communi pro merito temporali reddet præmium sempiternum. Ut autem efficacius revocet peccatores a vitiis ad virtutes, sæpe tardius venientes remunerat æque. Ut cum, illi qui convertuntur in senectute vel in senio, prius vocantur ad gloriam, quam hi qui in pueritia convertuntur. Qui quoniam æque diligunt, æque merentur etsi minus laborant; quoniam vis merendi non penes laborem, sed penes charitatem existit. Paterfamilias in hoc loco intelligitur Deus Pater; vinea, Ecclesia; operarii, justi. Conventio facta operariis ex denario diurno, promissio facta justis de præmio sempiterno. Quinque horæ, quinque ætates intelliguntur : mane pueritia, tertia adolescentia, sexta juventus, nona senectus, undecima senium, et ita sero est finis vitæ. Forum autem est sæculum; otiosi, desides; pondus et æstus, labor et sollicitudo; procurator vineæ, homo Christus Jesus.

Congrue vero per has horas diei ætates hominis distinguuntur. Sic sol primo mane usque ad tertiam horam tepet, a tertia usque ad sextam calet, a sexta usque ad novam fervet, et ex tunc calor remittitur a nona usque ad undecimam, et ab undecima usque sero, donec sol faciat occasum : ita calor naturalis in pueritia tepet, in adolescentia calet, in juventute fervet, et extunc remittitur usque in senectutem et senium, donec homo vergit in mortem. Est ergo paterfamilias, Deus Pater universæ conditor creaturæ, qui creaturas suas disponit, et regit in domo. Hic primo mane exiit conducere operarios in vineam suam cum in prima ætate puero gratiæ suæ rorem infundit, et in Ecclesia sua fideliter operatur. Vinea namque Domini Sabaoth domus Israel est, in hac vinea vitis est Christus, et palmites sunt fideles. « Sicut autem palmes non potest facere fructum a semetipso, nisi manserit in vite, sic nec fideles, nisi in Christo manserint. Qui vero manet in eo, hic fert fructum multum, quia sine ipso nihil potest facere. Si quis autem in ipso non manet, mittetur foras sicut palmes, et arescet, et colligent eum, et in ignem mittent et ardet (*Joan*. xv). »

Egressus autem circa horam tertiam, vidit alios stantes in foro otiosos, et dicit illis : *Ite et vos in vineam meam, et quod justum fuerit, dabo vobis*. Deus quippe fidelibus suis non solum quod justum est, reddet, verum etiam supra quam justum est, donat; quia « non sunt condignæ passiones hujus temporis ad futuram gloriam quæ revelabitur in nobis (*Rom*. viii). » Semper eum remunerat supra meritum, et citra merita punit. De primis autem non dicitur quod fuerint otiosi, quoniam ante pueritia non est tempus merendi, unde nihil infanti ad meritum imputatur. Sed de cæteris dicitur, quod steterint otiosi, quoniam in cæteris ætatibus negligentia imputatur ad culpam. Otiositas enim est inimica virtutibus, sed vitiis amica. Unde David, qui semper fuit victor in bello, tandem est victus in otio, adulterium pariter et homicidium perpetrando. Quia vero damnabilior est otiositas in decrepito quam in cæteris, cum ille sit amplius morti vicinus, idcirco in undecima hora sub quadam exaggeratione subjungitur : *Quid hic statis tota die otiosi? Quia nemo nos conduxit.* Certe nemo venit ad Filium, nisi Pater traxerit illum; quia non est volentis neque currentis, sed Dei miserentis. Sed nec est de talibus desperandum, quoniam dicit illis : *Ite et vos in vineam meam.* Nam « quacumque hora peccator conversus fuerit, et ingemuerit, omnium iniquitatum ejus non recordabor (*Ezech.* xviii). » Et alibi dicit : « Quia sive in prima, vel in secunda, vel in tertia vigilia venerit, et ita invenerit, beati sunt servi illi (*Luc.* xii). »

Cum autem sero factum esset, dixit Dominus vineæ procuratori suo. Sero est finis vitæ; procurator vineæ, homo Christus Jesus, cui Deus Pater Ecclesiam procurandam commisit. Ei ergo Dominus ait : *Voca operarios, et redde illis mercedem suam,* quia Pater omne judicium dedit Filio (*Joan.* v), qui reddet unicuique post mortem juxta opera sua, *incipiens a novissimo usque ad primos.* Vocare operarios ad mercedem, est accipere justos ad requiem. Tarde siquidem venit, et parum laboravit latro pendens in cruce, cito tamen et multum accepit. Qui cum dixit : « Memento mei, Domine, dum veneris in regnum tuum, » statim audivit : « Hodie eris mecum in paradiso (*Luc.* xxiii). » Quia vero his, quæ frequentius fiunt, similitudines adaptantur, idcirco dicitur, ut a novissimis usque ad primos incipiat; quoniam cum convertuntur ad Dominum adolescentes et senes, vel juvenes et decrepiti, prius admittuntur ad præmium senes, quam vel decrepiti vel juvenes, quia secundum cursum naturæ citius moriuntur isti quam illi.

Cum ergo venissent, qui circa horam undecimam venerant, acceperunt singulos denarios. Sane denarius, qui valet decem nummos usuales, intelligitur in hoc loco præmium sempiternum, qui redditur pro legis Decalogo temporaliter observato. Vel quia denarius profert imaginem regis, idcirco gloriam sempiternam denario comparat, in qua regem suum isti videbunt, non jam per speculum in ænigmate, sed facie ad faciem sicuti est (*I Cor.* xiii), cum similes ei erimus in ipsius imagine transformati (*I Joan.* iii), quia « fulgebunt justi sicut sol in regno Patris eorum (*Matth.* xiii). » Juxta quod ait Apostolus : « Salvatorem exspectamus Dominum Jesum Christum qui reformabit corpus humilitatis nostræ configuratum corpori charitatis suæ (*Phil.* iii). »

Venientes autem et primi, arbitrati sunt, quod plus essent accepturi. Acceperunt autem et singulos ipsi denarios. Et accipientes murmurarunt adversus patrem familias, dicentes : Hi novissimi una hora fecerunt, et pares illos nobis fecisti, qui portavimus pondus diei et æstus. Pondus laboris et æstus carnis præcipue et principaliter portant adolescentes et juvenes, pondus diei et æstus portant, qui gravantur et uruntur in hac vita pro Deo, sicut Apostolus, qui dicebat : « Quis infirmatur, et ego non infirmor? quis scandalizatur, et ego non uror? » (*II Cor.* ii.) Qui vero non laborat in Ecclesia secundum voluntatis divinæ, sed potius evangelizatur in sæculo secundum desiderium carnis, hic non est operarius in vinea, sed otiosus in foro. Solent autem in hoc loco multæ fieri quæstiones : quomodo verum sit, quod accipientes murmurarent adversus patrem familias, cum accipientes denarium intelliguntur beati, qui accipiunt requiem pro labore, a quibus est omnis murmuratio relegata, maxime contra Deum, cujus laudibus incessanter insistunt. Juxta quod legitur : « Beati qui habitant in domo tua, Domine, in sæcula sæculorum laudabunt te (*Psal.* lxxxiii). » Sed neque tales moventur invidia contra proximos. Et quomodo arbitrati sunt, quod plus essent accepturi, cum nullus fallatur in prima (an Patria?), quia beatus est ille, cui omnia optata succedunt. Præterea quomodo potest esse, quod oculus alicujus beati sit nequam, cum in prima nulla sit pravitas, sed perfectissima rectitudo? Cum et Apostolus : « Unusquisque mercedem accipiet secundum suum laborem (*Rom.* ii). » Quomodo non amplius recipiet, qui amplius laborabit? Scriptum est enim : « Reddet Deus mercedem laborum sanctorum suorum. » Ab his autem quæstionum angustiis facile liberatur, qui diversos modos loquendi novit distinguere in Scripturis. Hic sane locus per hypothesin intelligitur, ac si apertius diceretur : Ponatur quod accipientes vellent murmurare adversus patrem familias dicentes : *Hi novissimi una hora fecerunt, et pares illos nobis fecisti, qui portavimus pondus diei et æstus;* certe pater familias sic posset eorum murmur juste comprimere : *Amice, non facio tibi injuriam : nonne ex denario conveni tecum? Tolle quod tuum est, et vade.* Quasi diceret : Accipe præmium, et ascende præmiatus ad cœlum, quia non habebis contra me justam materiam murmurandi, cum debitam tibi mercedem exsolvam.

Volo autem huic novissimo dare sicut et tibi. An non licet mihi facere quod volo? an oculus tuus nequam est, quia ego bonus sum? Quasi dicat : Nonne licet mihi de bonitate supplere huic, quod minus ei competit ex labore? In eo namque quod duobus impariter laborantibus, sed pariter diligentibus, par præmium elargitur, evidentius sanctitatis quam æquitatis circa unum effectus elucet. Ex eo autem quod plurimi murmurarunt, moraliter instruit, quod cum multitudo delinquit, non est inchoanda correctio simul ab omnibus, sed divisim ab uno, licet sit impossibile quod accipiens denarium remunerationis æternæ murmuraret contra Dominum, aut quod ejus oculus sit nequam. Sicut autem in legitima facultate seponitur impossibile gratia disponendi, sicut et in hoc loco impossibile ponitur per similem causam, ut verum ostendatur, quomodo juste valeat responderi. Patet itaque quod *sic erunt novissimi primi, et primi novissimi*, unde nullus omnino desperet sive de diuturnitate peccati tanquam non possit consuetudo mutari; quia Deus non solum pueros, adolescentes, juvenes, verum etiam senes et decrepitos vocat ad pœnitentiam ut convertantur et resipiscant; sive pro magnitudine peccatorum, tanquam non possit impius digne satisfacere de peccatis, quia Deus etiam parum laborantes multum remunerat. Nec illud deterreat ultra modum, quod *multi sunt vocati, pauci vero electi*, quoniam in hac paucitate magna est multitudo; quia tot salvandi sunt ex hominibus, quot fuerunt angeli. Juxta quod legitur : « Constituisti terminos gentium secundum numerum angelorum Dei. » Sed dicuntur pauci respectu malorum, quia « stultorum infinitus est numerus (*Eccle.* 1), et perversi difficile corriguntur. » Licet autem ex eo quod est præmittitur, quia *sic erunt primi novissimi et novissimi primi.* Protinus videtur inferri quod *multi sunt vocati* de quibus dicitur : *Voca operarios, et redde illis mercedem suam.* Inde electi, de quibus subjungitur, quod accipientes denarium cœlestis beatitudinis, non possunt intelligi nisi beati, qui universaliter sunt electi. Ad illam perfectam sententiam hæc conclusio debet inferri, qua dicitur : Quod in omnem terram evangelicæ prædicationis sonus exivit (*Psal.* xviii), sed non omnes Christi Evangelio credunt. Qui vero non credit, jam judicatus est ; unde cum plures sunt increduli quam fideles, absque dubio *multi sunt vocati, pauci electi*, cum et de fidelibus multi damnentur, hi scilicet, qui fidem operibus abnegant ; quia « melius est viam veritatis non agnoscere, quam post agnitionem retroire (*II Petr.* 11). » Ab istorum ergo numero nos excipiat dispensator vineæ Jesus Christus, qui cum Patre et sancto Spiritu vivit et regnat Deus in sæcula sæculorum. Amen.

SERMO XI.

IN DIE CINERUM SEU CAPITE JEJUNII.

De jejunii dignitate, et utilitate: triplici solemni jejunio, videlicet quatuor temporum, quadragesimæ, et Vigiliarum; de modo jejunii, orationis unguento, et eleemosynarum largitione.

Tu cum jejunaveris, unge caput tuum, et faciem tuam lava (*Matth.* vi).

Dignitas jejunii multipliciter commendatur : a loco, tempore, ab auctore. Fuit enim jejunium præceptum a Deo, præceptum Adæ, præceptum in principio, præceptum in paradiso : « De ligno scientiæ boni et mali ne comedas : quacunque die comederis, morte morieris (*Gen.* 11). » Primum ergo præceptum, quod Deus intulit homini, de ciborum exstitit abstinentia. Quod donec ipse custodivit, fideliter perstitit. Ubi vero transgressus est, mortaliter corruit. Unde per ejus contrarium intelligi potest, quam bonum sit jejunium. Omnis enim anima, quæcunque se non humiliaverit in ipso jejunii die, exterminabitur de populo suo (*Levit.* xxii).

Utilitas ergo jejunii multiplicis assignatur. Legitur enim jejunium valuisse ad iram Dei placandam et veniam impetrandam : ad pœnam vitandam, et nequitiam exstirpandam ; ad munditiam retinendam, et ignorantiam repellendam ; ad victoriam consequendam et gratiam obtinendam. Valet ergo jejunium ad iram placandam, secundum quod Daniel oravit Dominum in jejuniis, panem desiderabilem non comedens, carnesque et vinum non gustans : « Avertatur, inquit, obsecro, ira tua a civitate tua Hierusalem, et a monte sancto tuo. Placare, Domine, attende et fac, ne moreris. Adhuc ipso loquente, ecce vir Gabriel tetigit eum in hora sacrificii vespertini, et nuntiavit preces ejus exauditas a Domino (*Dan.* ix). »

Valet etiam ad veniam impetrandam, secundum quod ad prædicationem prophetæ viri Ninivitæ prædicaverunt jejunium : « Homines et jumenta, boves et oves, et pecora non gustaverunt quidquam aut biberunt. Et vidit Deus opera eorum, quia conversi essent cito a via sua mala, et misertus est super malitia quam locutus est, ut faceret eis (*Jon.* iii). »

Valet ad pœnam vitandam, secundum quod Esther (cap. iv) ad consilium Mardochæi tribus diebus et tribus noctibus jejunavit, et extunc ad regem ingressa impetravit revocationem sententiæ, quam Aman protulerat adversus Judæos, ut universi perirent.

Valet ad nequitiam exstirpandam, secundum quod Veritas inquit in Evangelio : « Hoc genus dæmoniorum non ejicitur, nisi in oratione et jejunio (*Matth.* xvii). » Lunaticus enim ille stridebat, spumabat, et arescebat : stridebat per iracundiam, spumabat per luxuriam, arescebat per ignaviam. Quare? Spiritus iracundiæ, spiritus luxuriæ, spiritus ignaviæ, per orationem et jejunium expelluntur.

Valet ad munditiam retinendam, secundum quod Daniel et tres pueri proposuerunt non pollui de mensa regis, neque de vino potus ipsius, et rogaverunt principem eunuchorum, ne contaminarentur; comederunt legumina, et biberunt aquam, et apparuerunt vultus eorum meliores (*Dan.* I).

Valet ad ignorantiam expellendam, secundum quod Paulus fuit in conversione tribus diebus et tribus noctibus non videns, et non manducans neque bibens. In quo triduo creditur Evangelium didicisse a Spiritu sancto (*Act.* IX). Unde gloriatur fuisse se theodidactum, dicens : « Neque ab homine, neque per hominem illud accepi, neque didici, sed per revelationem Jesu Christi (*Gal.* I). »

Valet ad victoriam consequendam, secundum quod cæteræ tribus pugnantes adversus Benjamin pro uxore Levitæ, secundo succubuerunt in prælio; donec peracto jejunio prævalentes, tribum illam pene penitus deleverunt (*Judic.* XX).

Valet ad gratiam obtinendam, secundum quod Spiritus sanctus in die Pentecostes super apostolos jejunos descendit, Petro testante: « Non sunt hi ebrii, cum sit hora diei tertia (*Act.* II). »

Quia vero longum esset ex sacris Scripturis singulas virtutes jejunii numerare, illud potissimum attendamus, quod per temporale jejunium meremur æternum convivium. Juxta quod Veritas ait : « Beati qui nunc esuritis, quia saturabimini (*Act.* II). » Edemus enim et bibemus super mensam ejus in regno suo, ut sic a cibis jejunemus in corpore, ut et a vitiis jejunemus in mente. Aliter enim ad modicum valet jejunium, sicut Dominus Judæis improperans, ait : « Cum jejunaretis per septuaginta annos, nunquid jejunastis mihi? » (*Zach.* VII.) Et alibi : « Neomenias vestras et jejunium vestrum odivit anima mea » (*Luc.* VI). Et iterum : Ecce ad lites et contentiones jejunatis, et percutitis pugno impie, et omnes debitores vestros repetitis, etc. (*Isa.* I.) Magnum ergo et salutare jejunium est a vitiis declinare. De quo Dominus per prophetam : « Sanctificate jejunium (*Joel.* I), » et alibi : « Hoc est jejunium, quod elegi, dissolve colligationes impietatis, solve fasciculos deprimentes, » etc. (*Isa.* LVIII.) Sic jejunaverunt apostoli. De quibus ait Dominus : « Non possunt filii sponsi lugere, quandiu cum illis est sponsus. Venient autem dies cum auferetur ab eis sponsus, et tunc jejunabunt (*Matth.* IX). »

Triplex est autem solemne jejunium, quod generaliter indicit Ecclesia. Primum, in quatuor temporum observantia ; secundum, in quadragesimalium abstinentia ; tertium in festivitatum vigilia. Quodlibet eorum certis temporibus, certisque diebus, certis rationibus, certisque causis est institutum.

Quæ singula diligenter investigare nos convenit, ut non solum quid fiat, sed qualiter fiat, et quare fiat, ex ordine cognoscamus. Primum ergo jejunium est, quod agitur in quatuor Temporum observantia, tribus de causis quater in anno fit sub trinario : videlicet, ad prosequendum imperium agitur, ad delendum peccatum, et ad exprimendum mysterium. Ad prosequendum imperium agitur hoc jejunium, quia præceptum est legis, quod ante legem legitur observatum (*Exod.* XXII), ut ex omnibus Deo primitiæ persolvantur. Hoc autem præceptum etiam ad tempus extenditur, ut sicut quatuor sunt anni tempora, et in quolibet tempore sunt tres menses, ita nos pro primitiis quatuor vicibus jejunemus in anno, et in qualibet vice tribus diebus ad gloriam Trinitatis. Hoc quadripartitum jejunium principium habuit ex Veteri Testamento, sicut legitur in propheta : « Jejunium quarti, et jejunium quinti, et jejunium septimi, et jejunium decimi, domui Israel vertetur in dies festos (*Zach.* VIII). » Nunc autem convenientius jejunatur, in Martio scilicet, et in Junio, in Septembri et Decembri. In Martio namque fuit mundus conditus et redemptus : « Et Verbum caro factum est, et habitavit in nobis (*Joan.* I). » In Junio lex fuit condita, et sanctuarium institutum, et præcursor natus est Salvatoris. In Septembri expiatio facta fuit, et propitiatio impetrata, et mater orta est Redemptoris. In Decembri mundatum fuit templum et dedicatum, et natus est unigenitus Creatoris.

Ad delendum peccatum agitur hoc jejunium ; ut sicut quatuor modis peccamus sub ternario, ita quatuor vicibus sub ternario jejunemus.

Primo modo peccamus in Patrem, peccamus in Filium, peccamus in Spiritum sanctum. In Patrem peccamus per impotentiam et fragilitatem, in Filium peccamus, per ignorantiam et simplicitatem; in Spiritum sanctum peccamus, per duritiam et malignitatem. Patri namque appropriatur potentia, Filio sapientia, Spiritui sancto benignitas ; quibus contraria sunt impotentia, ignorantia et malignitas. Hinc Veritas inquit in Evangelio : « Qui peccat in Patrem, remittetur ei ; qui in Filium, remittetur ei ; qui in Spiritum sanctum, non remittetur ei, neque in hoc sæculo, neque in futuro (*Matth.* XXII). »

Secundo modo peccamus transgrediendo legem naturæ, transgrediendo legem Scripturæ, et transgrediendo legem gratiæ. Hoc est triplex illud silentium, de quo legitur : « Dum medium silentium tenerent omnia, et nox in suo cursu medium iter peragerent, omnipotens sermo tuus, Domine, de cœlis a regalibus sedibus venit (*Sap.* XVIII). » Primum namque silentium incœpit, quando Cain interfecit Abel (*Gen.* IV) ; secundum incœpit, quando sedit populus manducare et bibere, et surrexerunt ludere (*Exod.* XXXIII) ; tertium erit vel forte jam est, quoniam superabundavit iniquitas, et refriguit charitas multorum (*Matth.* XXIV).

Tertio modo peccamus in corde, peccamus in ore, peccamus in opere. Hi sunt tres mortui, quos

Dominus suscitavit, in domo, in porta, in monumento. Mors in domo est, peccatum in cogitatione; mors in porta est, peccatum in locutione; mors in monumento est, peccatum in actione.

Quarto modo peccatum distinguitur in peccatum originale, in peccatum veniale, et in peccatum mortale. Hi sunt, serpens, mulier et vir. Serpens, id est concupiscentia, suggerit originaliter; mulier, id est sensualitas, comedit venialiter; vir, id est ratio, consentit mortaliter. Isti sunt quatuor quadrantes, de quorum ultimo Dominus dicit : « Non exiet hinc, donec reddat novissimum quadrantem (*Matth.* v.), id est donec solvat in pœna quod commisit in culpa. Ad exprimendum mysterium agitur hoc jejunium, quia sicut numerus ascendit ab unitate ad unitatem, si quater fiat multiplicatio ad ternarium : sic anima conscendit de virtute in virtutem, si quater agat jejunium per ternarium. Fiat ergo prima multiplicatio ter unum, tria ; fiat secunda, ter tria, novem ; fiat tertia multiplicatio, ter novem, viginti septem ; fiat quarta multiplicatio, ter viginti septem, octoginta unum. Ecce per talem multiplicationem, numerus ab unitate ascendit ad unitatem, significans quod per tale jejunium anima conscendit « de virtute in virtutem, donec videat Deum deorum in Sion (*Psal.* xxxviii). » Hæc autem multiplicatio bene competit animæ propter quatuor sui status, quibus quatuor istæ multiplicationes conveniunt. Primus est status creationis, secundus est status vegetationis ; tertius est status operationis, quartus est status resolutionis. Primo statui convenit prima multiplicatio, quæ ab unico profluit in ternarium ; quoniam in statu creationis, anima suscipit et unitatem essentiæ, et ternarium potentiarum, id est vim irascibilem, vim concupiscibilem et vim rationalem. Secundo statui convenit secunda multiplicatio, quæ a ternario ascendit ad novenarium ; quoniam in statu vegetationis, anima suscipit officium regendi corpus humanum, quod secundum naturalem contemperantiam influit et defluit per novem foramina , id est per duos oculos, duas aures, duas nares, unum os, et duos inferiores meatus. Tertio statui convenit tertia multiplicatio, quæ a novem ad viginti ascendit ; quoniam in statu operationis anima visibiles et corporales actiones exercet, quæ per viginti septem congrue designantur, qui numerus est solidus. Et habet triplicem dimensionem, ad similitudinem hominis, id est ad longitudinem et latitudinem et spissitudinem. Quarto statui convenit quarta multiplicatio, quæ post octoginta redit ad unitatem ; quoniam in statu resolutionis anima post varietatem vitæ præsentis, revertitur ad puritatem naturæ. Nam « corpus quod corrumpitur, aggravat animam (*Sap.* vi). » Per octoginta namque terminus vitæ præsentis accipitur, dicente Propheta : « Si in potentatibus octoginta anni, et amplius eorum, labor et dolor (*Psal.* lxxxix). » Ecce quibus rationibus Quatuor Tempora jejunamus.

Secundum vero jejunium, quod agitur in quadragesimalium abstinentia, tribus de causis semel in anno, sub quadragenario celebratur. Propter trinum exemplum, propter divinum præceptum, et propter numeri sacramentum.

Propter exemplum ergo jejunamus quadraginta diebus, quia Christus, Moyses, et Elias totidem jejunaverunt, ante legem, sub lege , post legem. Hoc est in principio legis, in medio et in fine. Ante legem Moyses jejunavit , qui accepturus legem ascendit in montem, et fuit ibi cum Domino quadraginta diebus, panem non comedens, et aquam non bibens (*Exod.* xxxvi). Sub lege jejunavit Elias, qui in fortitudine cibi unius panis ambulavit per desertum quadraginta diebus, usque ad montem Dei Oreb (*III Reg.* xix). Post legem jejunavit Christus, qui statim post baptismum assumptus est a spiritu in desertum, et jejunavit ibi quadraginta diebus et quadraginta noctibus, et postea esuriit (*Matth.* iv). Hinc forte apparuerunt discipulis Moyses et Elias in transfiguratione loquentes cum Christo (*Matth.* xvii).

Quadragenarius enim numerus sanctus est in Scripturis (*Gen.* vii). Nam Deus in diluvio xl diebus et xl noctibus aquas effudit abyssi (*Num.* xiii). Nuntii Moysi xl diebus terram exploraverunt promissam Israeli (*Exod.* xvi). Israel xl annis angelorum pane nutritus est in deserto. Jonas subversionis Ninive xl dierum spatio prophetavit (*Jon.* iii). Christus quoque post resurrectionem quadraginta diebus remansit in terris (*Act.* i). Hoc autem tempore potius quam alio jejunamus, ut sicut exemplum imitatur exemplar, ita jejunium Christiani jejunium Christi sequuntur. Et sicut hoc tempore abundantiam humorum membra laxantur ad malum, ita per abstinentiam ciborum membra restringantur ad bonum. Et sicut hoc tempore per esum illiciti cibi Adam descendit in mortem, ita per abstinentiam liciti cibi Christianus ascendat ad vitam, ut compatienti Christo compatiamur (*II Tim.* i). Quia si volumus conregnare, oportet et compati. Licet « non sunt condignæ passiones hujus temporis ad futuram gloriam , quæ revelabitur in nobis (*Rom.* viii); » ut et mundati per abstinentiam, puriores accedamus ad Eucharistiam, quam si « quis indigne manducat, judicium sibi manducat et bibit, non dijudicans corpus Domini (*I Cor.* xi). »

Propter præceptum vero jejunamus quadraginta diebus, quia Deus in lege præcepit, ut ex omnibus decimæ persolvantur, quod præceptum usque ad tempus extenditur. Habet enim annus solaris trecentos sexaginta quinque dies et quadrantem; quorum decimæ sunt triginta sex dies et dimidius, et decima pars quadrantis. Ut autem quadragenarius numerus completur dierum, additur decima decimæ, quam ex præcepto legis minores levitæ, summo sacerdoti reddebant (*Exod.* xxii). Ecclesia quoque decimam temporis decimans Christo, qui est pontifex futurorum bonorum , sacerdos in æternum secundum ordinem Melchisedech (*Heb.* v, *Psal* cix), de triginta et quinque diebus accepit pro decima decimæ tres dies, et dimidium ad complendum quadragenarium. Et quia non restabat adhuc decimare, nisi unum diem et quadrantem, et decimam partem quadrantis, ideo distulit cum missa jejunium usque ad noctem in Sabbato sancto paschali, secundum quod dicitur in Collecta : *Deus qui hanc sacratissimam noctem*, etc. Propter sacramentum quoque jejunamus xl diebus. Et quadragenarius numerus est superabundans, et ex suis partibus aggregatus ascendit ad quinquagenarium. Cujus partes aggregatæ sunt septem, vicenarius, denarius, octonarius, quinarius, quaternarius, binarius, et unitas, quæ aggregatæ reddunt quinquagenarium. Quinquagenarius autem quietem et remissionem significat, propter quinquagenarium jubilæum in quo debita remittebantur, et omnia quiescebant (*Levit.* xxv). Jejunamus ergo xl diebus, per hoc significantes, qu'a sicut quadragenarius numerus ex suis partibus aggregatis pertingit ad quinquagenarium, ita quadragesimale jejunium cum suis partibus congregatis perducit ad quietem et remissionem æternam.

Sunt enim septem partes spiritualis jejunii, videlicet, a septem capitalibus vitiis abstinere, a quibus tanquam a septem fontibus cætera vitia oriuntur. His ergo per jejunium arefactis, cæteri vitiorum rivuli desiccantur. Ecce quibus rationibus Quadragesimam jejunamus. Tertium quoque jejunium, quod agitur in festivitatum vigilia, tribus de causis indicitur. Sed ut compendiose pertranseam, id solum ad præsens notandum est, quod Deus in lege præcepit (*Deut.* xvi), ut in præcipuis solemnitatibus omnes in Hierusalem ascenderent ad orandum; nec apparerent in conspectu Domini vacui, sed offerrent. Nos igitur in præcipuis solemnitatibus ascendentes Hierusalem, id est in Ecclesiam ad orandum, ne appareamus in conspectu Domini vacui, et præter alias oblationes etiam jejunium dierum offerimus.

Primum ergo jejunium, est jejunium primitiarum, secundum est jejunium decimarum, tertium est jejunium oblationum. In primo jejunio, primitias mensium Deo reddimus; in secundo jejunio, decimam anni persolvimus; in tertio vero jejunio, dierum oblationes Deo tribuimus. Ecce quibus temporibus, quibus diebus, quibus rationibus, quibusque causis jejunare debemus. Quia vero Deus magis attendit modum in facto, quam factum in modo, magisque considerat, quomodo aliquid fiat, quam quod aliquo modo fiat : ipse nos instruit, quomodo jejunare debemus : *Tu*, inquit, *cum jejunas, unge caput tuum, et faciem tuam lava, unge caput tuum*, id est exhilara mentem unguento orationis. *Et lava faciem tuam*, id est conscientiam tuam munda aqua miserationis. Cum ergo jejunas, roga simul et eroga. Sunt enim præcipue tria vitia, scilicet vana gloria, gula, et avaritia, de quibus primus Adam tentatus est et devictus; de eisdem secundus Adam tentatus est et divicit. His autem oppositæ sunt tres principales virtutes, oratio, jejunium et eleemosyna, quæ sibi merito conjunguntur, quoniam his duabus virtutibus, quasi duabus alis, jejunium volat ad Deum. Unde cum Veritas præmisisset in Evangelio de oratione et eleemosyna, statim subdidit de jejunio.

Sed valde cavendum est ne forte dum jejunamus, sub occasione jejunii tria prædicta vitia committamus. Quidam enim jejunant ex vana gloria, quidam ex gastrimarg'a, quidam ex avaritia. Primi sunt hypocritæ, jejunando mendaces, secundi sunt gulosi, jejunando voraces, tertii sunt cupidi, jejunando tenaces. Primi jejunant, ut occultetur exterius, quod continetur interius : extra simulant sanctitatem, sed intus conservant iniquitatem : nolentes apparere quod sunt, sed volentes apparere qui non sunt. Exterminant enim facies suas, ut appareant hominibus jejunantes. Sed *amen dico vobis, quia receperunt mercedem suam*. Secundi sunt gulosi, qui jejunant ut magis comedant, edentes rarius, ut edant avidius : non ad necessitatem, sed superfluitatem; non ut sustentent naturam, sed ut provocent gulam. At esca ventri, et venter escis. Deus autem et hunc et hanc destruet. Tertii jejunant, ut quod subtrahunt voluptati reponant cupiditati, gulam evacuant, et crumenam adimpleant; sed thesaurizant, et ignorant cui congregent illud (*Psal.* xxxviii). De taliter jejunantibus scriptum est : « *Ecce in die jejunii vestri invenitur voluntas vestra*, etc. (*Isa.* lviii).

Tu autem cum jejunas unge caput tuum, unguento orationis. Per unguentum enim oratio designatur, secundum illud :

Ne tibi deperdant morientes figmata muscæ.
Ferveat assidue pectoris olla tui.

Muscæ morientes perdunt suavitatem unguenti (*Eccle.* x), id est importunæ cogitationes tollunt devotionem orationis.

Hoc autem unguentum ex variis speciebus conficitur : aliis pertinentibus ad substantiam orandorum, aliis pertinentibus ad modum orantium. Ad substantiam orandorum pertinent septem species. Hæ sunt septem petitiones, quæ continentur in oratione Dominica, per quas duo principaliter expetuntur, scilicet bonorum adeptio et malorum remotio.

Bonorum autem quædam sunt æternalia, quædam temporalia. Æternalia petuntur in præmium, spiritualia petuntur in meritum, temporalia petuntur in sustentaculum. De æternalibus dicitur : *Adveniat regnum tuum.* De spiritualibus dicitur : *Fiat voluntas tua, sicut in cœlo et in terra.* De temporalibus subditur : *Panem nostrum quotidianum da nobis hodie.* Malorum autem alia sunt præterita, alia sunt præsentia, alia sunt futura. Præterita sunt dolenda, præsentia sunt vincenda, futura sunt præcavenda. De præteritis dicitur : *Dimitte nobis debita nostra.* De futuris additur : *Ne nos inducas in tentationem.* De præsentibus subditur : *Sed libera nos a malo.* Hæc sunt illa quæ debemus orare, sed omnia propter beatitudinem, dicente

Domino : « Petite et accipietis, ut gaudium vestrum sit plenum (*Joan.* xvi). » Unde his septem speciebus admiscendæ sunt aliæ species septem, id est septem beatitudines, quas ipse Christus enumerat in Evangelio : « Beati pauperes spiritu, quoniam ipsorum est regnum cœlorum (*Matth.* v). » Hæ species discretionis pistillo teruntur in mortariolo memoriæ, ne durum conficiatur unguentum, id est ne oratio fiat in peccatum. Sunt enim qui aliud orant, quam debent. Et sunt qui aliter orant, quam debeant. Aliud quam debebat, orabat mater filiorum Zebedæi, quæ ad suggestionem filiorum accedens ad Jesum oravit et petiit : « Domine, dic, ut hi duo filii mei sedeant, unus ad dexteram tuam, et alius ad sinistram in regno tuo. Propterea Dominus respondit illis : « Nescitis quid petatis (*Matth.* xx). » Aliter quam debebat, orabat Pharisæus, qui ascendens in templum ut oraret, hoc apud se orabat : « Domine, gratias ago tibi, quia non sum sicut cæteri hominum, raptores, injusti, adulteri, sicut etiam hic publicanus. Jejuno bis in Sabbato, decimas do omnium quæ possideo. » Propter quod Dominus specialiter intulit : « Omnis qui se exaltat, humiliabitur, et qui se humiliat, exaltabitur (*Luc.* xviii). »

Ad modum orantium pertinent septem species. Hæ sunt septem virtutes : fides, spes, charitas, justitia, fortitudo, prudentia, temperantia. His etiam admiscendæ sunt septem aliæ species. Hæ sunt septem dona gratiæ septiformis, quæ Isaias enumerat dicens : « Requiescet super eum Spiritus sapientiæ et intellectus, spiritus consilii et fortitudinis, spiritus scientiæ et pietatis, et replebit eum spiritus timoris Domini (*Isa.* ii). » Omnes hæ species devotionis balsamo condiuntur in vasculo sapientiæ, quæ est odor suavissimus Domino per quam incensum dignum offertur in odorem suavitatis.

Sunt enim multi qui multum orant, sed negligenter et indevote, quod Dominus prohibet: *Cum*, inquit, *oratis, nolite multum loqui, sicut ethnici faciunt. Putant enim in multiloquio exaudiri.* Tales cum orant, aliud loquuntur in ore, et aliud meditantur in corde. De quibus convenienter accipitur quod Dominus ait : « Populus hic labiis me honorat, cor autem eorum longe est a me (*Isa.* xxix). » De talibus dicitur : « In ore suo benedicebant, et in corde suo maledicebant. » In ore benedicunt, quia loquuntur eloquia veritatis ; sed in corde suo maledicunt, quia « meditantur inania vanitatis (*Psal.* lxi). » Aliter oraverunt Moyses et Susanna, qui clamaverunt ad Dominum cum tribularentur, et de necessitatibus eorum liberavit eos. Clamaverunt enim, non tam vocis intentione, quam cordis devotione, dicente Propheta: « Delectare in Domino, et ipse dabit tibi petitiones cordis tui (*Psal.* xxxvi). » Expedit tamen ut cordis devotione, oris pronuntiatio comitetur. Nam quod facit flatus carboni, pronuntiatio facit devotioni. Audi per Prophetam : « Ad ipsum ore meo clamavi, et exsultavi sub lingua mea (*Psal.* xcv). » Hoc unguentum conficiendum est in secreto quodam cubili, id est in secretario conscientiæ. Juxta quod Dominus dicit: *Cum oraveris, intra in cubiculum tuum, et clauso ostio, ora Patrem tuum.* Claudendum est ostium, ne muscæ-morientes subintrent, quæ perdant suavitatem unguenti (*Eccle.* x). Nam « ingreditur mors per fenestras nostras (*Jer.* ix). » Si sic oraverimus, tunc obtinebimus quod Dominus ait : « Quæcunque petieritis in oratione credentes, accipietis (*Marc.* xi). » Et iterum : « Quidquid petieritis Patrem in nomine meo, fiet vobis (*Joan.* xiv). » *Cum ergo jejunas, unge caput tuum* unguento orationis. Sed et *lava faciem tuam.* Lava aqua miserationis. Per aquam enim eleemosyna designatur, secundum illud : « Sicut aqua exstinguit ignem, ita eleemosyna exstinguit peccatum (*Eccle.* iii). » Unde et eleemosyna dicitur, non solum ab elimino, sed ab heli, quod est *Deus*, et moys, quod est *aqua.* Inde eleemosyna, quasi eleemosyna, id est *aqua Dei.* Quia per eleemosynam maculæ peccatorum abluuntur a Deo.

Hæc aqua dividitur in tres fontes. Quorum primus manat ex corde, secundus manat ex ore, tertius manat ex opere. Eleemosyna quippe tripliciter erogatur. Ex corde, per compassionem ; ex ore, per correptionem ; ex opere, per largitionem. De compassione cordis dicit Apostolus: « Quis infirmatur, et ego non infirmor ? Quis scandalizatur, et ego non uror? (*II Cor.* ii). » Peccata proximorum, frixoria sunt justorum. De correptione oris Dominus ait : « Si peccaverit in te frater tuus, corripe eum inter te et ipsum solum. Si te audierit, lucratus eris fratrem tuum (*Matth.* xviii). » De largitione operis inquit propheta : « Frange esurienti panem tuum, et egenos vagosque induc in domum tuam (*Isa.* lviii). » Singuli vero fontes in duos rivulos dividuntur. Quorum primus decurrit ad nos, secundus decurrit ad proximos. Eleemosyna siquidem danda est ordinate. Primo nobis, secundo proximis. Crudelis enim et fatuus, qui alii compatitur, et sibi non miseretur qui alium castigat, et se non emendat ; qui alii subvenit, et se decipit. Econtra percipitur : « Miserere ; animæ tuæ placens Deo (*Eccli.* xxx). » — « Ejice primo trabem de oculo tuo, et tunc educes festucam de oculo fratris tui (*Matth.* vii). » — « Cum videris nudum, operi eum, et carnem tuam ne despexeris (*Isa.* lviii). » Si sic dederimus eleemosynas, tunc sane merebimur quod Dominus ait : « Date eleemosynam, et ecce omnia munda sunt vobis (*Luc.* xi). » Eleemosyna quidem maximam fiduciam præstat apud Altissimum.

Cum ergo, charissimi, jejunamus, ungamus caput nostrum oleo devotæ orationis, et lavemus faciem nostram aqua piæ miserationis, illo misericorditer concedente, cujus verba sunt optimis unguentis fragrantia, qui est fons vitæ aquæ vivæ salientis in vitam æternam (*Joan.* iv), Dominus Jesus Christus, qui est Deus benedictus in sæcula. Amen.

SERMO XII.

IN EODEM DIE CINERUM.

De tribus colligationibus impietatis, nimirum hæreticorum, peccatorum et damnatorum : de tribus funiculis peccatorum, quibus clerici ut plurimum detinentur ligati, et de dissolutionibus colligatorum.

Hoc est majus jejunium quod elegi : dissolve colligationes impietatis, solve fasciculos deprimentes (Isa. LVIII).

Si digne volumus observantiam jejuniorum celebrare, hoc jejunium præ cæteris observemus, de quo Dominus loquitur per prophetam : *Hoc est majus jejunium quod elegi : dissolve colligationes impietatis*, etc.

Tres colligationes impietatis legimus in Scripturis, hæreticorum, peccatorum et damnatorum. Colligationes hæreticorum, sunt falsa dogmata. Colligationes peccatorum, sunt prava opera. Colligationes damnatorum, sunt æterna supplicia.

De colligationibus hæreticorum ait meretrix in parabolis : « Intexui funibus lectulum meum, stravi tapetibus pictis ex Ægypto (*Prov.* VII).» Meretrix enim, id est hæretica pravitas, intexit lectulum suum, id est doctrinam suam confinxit funibus, id est deceptionibus subtilibus quidem, sed tortis; ut ejus castigatio sit quasi funiculus triplex qui difficile rumpitur, contextus de theologicis auctoritatibus, de rhetoricis floribus et de dialecticis argumentis. Sacras autem auctoritates pervertit, sophisticas argumentationes inducit, rhetoricos sermones exornat; simplices fallit, ut vagos alliciat, ut incautos seducat. De talibus enim dicit Propheta in psalmo : « Quoniam quæ perfecisti, destruxerunt (*Psal.* X). » Testimonia quippe sacræ Scripturæ, quæ Spiritus sanctus perfecit, hæretici destruunt, dum illa pervertunt. Porro Scriptura docente didicimus, quod qui sophistice loquitur, odibilis est. « Non est enim illi data a Domino gratia ; sed omni sapientia defraudatus est (*Eccli.* XXXVII).» Scriptum est enim : « Perdam sapientiam sapientium, et prudentiam prudentium reprobabo (*I Cor.* I). » Præsertim eorum, qui veritatem Dei detinent in mendacio. Quorum prædicatio non est in ostensione spiritus et virtutis, sed in persuasibilibus humanæ sapientiæ verbis. Isti sunt caupones, qui secundum prophetam aquam vino commiscent, qui fel draconum (*Deut.* XXXII) in aureo calice Babylonis propinant, qui circumeunt mare et aridam, ut unum proselytum faciant (*Matth.* XXIII). Isti sunt illæ vulpeculæ, de quibus sponsa dicit in Canticis : « Capite nobis vulpes parvulas, quæ demoliuntur vineas (*Can.* II).» Quarum caudas Samson ad invicem colligavit, ignem apponens ut incenderet segetes Philisthinorum (*Jud.* XV). Sed ecce jam publice docent et prædicant libere, ita quod nisi colligationes eorum cito fuerint dissolutæ, timendum est nobis, ut non solum infirma, sed et pars sincera trahatur. Dissolvamus ergo colligationes impietatis; quoniam hoc est majus jejunium quod elegit Dominus.

De colligationibus peccatorum inquit propheta : « Væ qui trahunt peccata quasi longam restem! (*Isa.* V).» Hæc quoque restis connectitur ex tribus funiculis. De quibus Joannes apostolus ait : « Quidquid est in mundo, aut est concupiscentia carnis, aut concupiscentia oculorum, et superbia vitæ (*I Joan.* II). »

Concupiscentia carnis, ad voluptates; concupiscentia oculorum, ad opes; superbia vitæ pertinet ad honores. Voluptates autem luxuriosum faciunt, opes avarum, honores superbum. His tribus funiculis nos clerici præcipue colligamur. Funiculus enim luxuriæ, peccatis exigentibus, ita nos detinet alligatos, ut non erubescamus mulierculas in domibus publice retinere, de quibus aliquæ nuper fuerunt turpiter captæ et violenter abstractæ, graviter flagellatæ, in magnam clericorum infamiam, multum opprobrium sacerdotum. Nobis autem dicitur per prophetam : « Mundamini, qui fertis vasa Domini (*Isa.* LII). » Nam et in veteri sacerdotio, lotis manibus et pedibus, omnia sacerdos feminalia induebat (*Exod.* XIX). Certe, cum David fugeret persecutionem Saul, venit cum suis in Nobe ad Abimelech sacerdotem, postulans sibi dari vel quinque panes ad esuriem expellendam. Cui sacerdos respondit : « Non habeo panes laicos ad manum, sed tantum panem sanctum ; si mundi sunt pueri, maxime a mulieribus, manducent (*I Reg.* XXI). » Quia panem sanctum digne manducare non possunt, nisi qui mundi sunt a coitu mulierum. Turpe dictu, sed turpissimum actu : dici liceat, ut agi non libeat. Quidam nocte filium Veneris agitant in cubili, mane filium Virginis offerunt in altari. Nocte Venerem amplexantur, mane Virginem venerantur. At si verum est, imo quia verum est, quod dicit Apostolus : « Fornicatores et adulteri regnum Dei non possidebunt (*I Cor.* VI). »

Sed et funiculus avaritiæ peccatis exigentibus ita nos detinet alligatos, et ut multi nostrum non erubescant mercari, non timeant fenerari, a propheta usque ad sacerdotes omnes, avaritiæ student et a majore usque ad minorem omnes faciunt dolum (*Jer.* VI). Dominus autem facto flagello, vendentes et ementes ejecit de templo, æs negotiatorum effudit, et mensas nummulariorum evertit (*Joan.* II). Avaius enim sacerdos, non Deo servit, sed idolo. Nam, ut inquit Apostolus : « Avaritia est idolorum servitus (*Ephes.* v). » Scriptum est enim : « Nihil est avaro scelestius, et nihil est iniquius quam amare pecuniam (*Eccli.* x). » Quia « radix omnium malorum est cupiditas (*I Tim.* vi). » Ex hac radice procedit, quod subditorum peccata palpamus; quasi « canes muti, non valentes latrare (*Isa.* L),» ne forte subtrahant nobis oblationes, decimas atque primitias. Ex hac radice procedit, quod alienos parochianos seducimus, et invadimus parochias alienas, mittentes falcem in messem alienam, et transgredientes terminos quos posuerunt patres nostri, ut nobis ex eleemosynis quæstus accrescat.

Sed et funiculus superbiæ, peccatis exigentibus, ita nos detinet alligatos, ut jam magis velimus superbi quam humiles apparere, incedentes extento collo, elevatis oculis, erecta cervice, magnificantes fimbrias, phylacteria dilatantes, quærentes primos recubitus in cœnis, primas cathedras in synagogis, et vocari ab hominibus rabbi (*Matth.* xxiii). Sic jam ornati prodimus, ut magis sponsi quam clerici videamur. Qui mollibus vestiuntur in domibus regum sunt (*Matth.* xi). Justus autem elegit abjectus esse in domo Domini, magis quam habitare in tabernaculis peccatorum (*Psal.* lxxxiii). Non in veste pretiosa dicit Apostolus (*I Tim.* ii). Nam « dives ille qui induebatur purpura et bysso, sepultus est in inferno (*Luc.* xvi). » Tanta est superbia clericorum, ut nunquam ad satisfactionem priores possint humiliari, non imitantes eum qui dicit : « Discite a me, quia mitis sum et humilis corde (*Matth.* xi), » —« qui non venit ministrari, sed ministrare (*Matth.* xx); » sed illum, qui posuit sedem suam ad aquilonem, ut esset similis Altissimo (*Isa.* xiv). » — « Qui est rex super omnes filios superbiæ (*Job* xli). » Isti sunt fasciculi deprimentes, de quibus cum propheta dixisset : *Dissolve colligationes impietatis*, consequenter adjunxit : *Solve fasciculos deprimentes.* Impietas enim super talentum plumbi sedere describitur. Propter quod alibi legitur : « Iniquitates meæ supergressæ sunt caput meum, et sicut onus grave gravatæ sunt super me (*Psal.* xxxvi). Nam « impius cum venerit in profundum vitiorum, contemnit (*Prov.* xviii). » Dissolvamus ergo *colligationes impietatis*; quoniam *hoc est majus jejunium quod* elegit Altissimus.

De colligationibus damnatorum Dominus inquit in Evangelio : « Colligite primum zizania, et alligate ea in fasciculos ad comburendum (*Matth.* xiii). »

Sed et iste funiculus connectitur ex tribus funiculis, qui sunt : obscuritas tenebrarum, acerbitas pœnarum, diuturnitas miseriarum.

Ignis enim gehennæ semper ardebit, et nunquam lucebit; semper uret, et nunquam consumet; semper afficiet et nunquam deficiet. « Ligatis, inquit, manibus et pedibus, mittite eum in tenebras exteriores, ubi erit fletus et stridor dentium (*Matth.* xxii). » — « Ibi erit vermis qui non moritur, et ignis qui non exstinguitur (*Isa.* lxvi).» — « Dimittite me, dicit Job, ut plangam paululum dolorem meum, antequam vadam ad terram tenebrosam et opertam mortis caligine, terram miseriæ et tenebrarum, ubi umbra mortis, et nullus ordo, sed sempiternus horror inhabitat (*Job* x). » Tantam enim in pœnis reprobi sustinebunt angustiam, ut nihil cogitare valeant præter-pœnas : sed illuc dirigent impetum cogitationis, ubi sentient vim doloris, Salomone dicente : « Nec opus, nec ratio, nec scientia, nec sapientia est apud inferos, quo tu properas (*Eccle.* ix). Si justus vix salvabitur, impius et peccator ubi parebunt? Audite Joannem in Apocalypsi dicentem : « In diebus illis quærent homines mortem, et non invenient eam. Desiderabunt enim mori, et fugiet mors ab illis (*Apoc.* ix). » — « Dies illa, dies iræ, dies tribulationis et angustiæ, dies calamitatis et miseriæ, dies tenebrarum et caliginis, dies nebulæ et turbinis, dies tubæ et clangoris (*Soph.* i). » Dissolvamus ergo *colligationes impietatis*, quoniam *hoc est majus jejunium quod elegit* Altissimus.

Quia vero non sufficit medicos causam infirmitatis agnoscere, nisi studeant medicinam salutis afferre, postquam species colligationum ostendimus, etiam modos dissolutionum dicamus. Dissolvamus ergo colligationes hæreticorum, per fidelem doctrinam. Colligationes peccatorum, per humilem pœnitentiam.

Colligationes damnatorum, per finalem perseverantiam. Apostolus enim inquit ad Timotheum : « Attende tibi et doctrinæ, insta in illa. Hoc enim faciens, et te ipsum salvum facies, et eos qui te audiunt. Spiritus enim manifeste dicit, quia in novissimis temporibus discedent quidam a fide, attendentes spiritibus erroris et doctrinis dæmoniorum, in hypocrisi loquentes mendacium, et cauteriatam habentes conscientiam, prohibentes nubere et abstinere a cibis, quos Deus creavit (*I Tim.* iv). » Qualiter autem sit hæc colligatio dissolvenda, statim docet Apostolus, dicens : « Quia omnis creatura Dei bona est, et nihil rejiciendum (*ibid.*). » Nam « vidit Deus cuncta quæ fecit, et erant valde bona (*Gen.* i). » Dissolvamus ergo colligationes hæreticorum, per fidelem doctrinam : quoniam hoc est majus jejunium quod elegit Dominus. Porro « quacunque hora peccator conversus fuerit et ingemuerit, vita vivet, et non morietur, ait Dominus. Nolo, inquit, mortem peccatoris, sed ut convertatur, et vivat (*Ezech.* xviii). » Peccatum autem quod per pœnitentiam non dissolvitur, suo pondere statim ad aliud trahit. Et sic efficitur restis illa, de qua dicit propheta : » Væ, qui trahunt peccatum quasi longam restem ! (*Isa.* v). Propter quod Petrus apostolus ait : « Pœnitemini igitur et convertimini, ut deleantur vestra peccata (*Act.* iii). » Dissolvamus igitur colligationes peccatorum, per humilem pœnitentiam ; quoniam *hoc est majus jejunium quod* elegit Altissimus. Quia vero canis reversus ad vomitum (*II Petr.* II), est homo rediens ad peccatum, si juxta sententiam Veritatis « dimissa sunt tibi peccata, vade, et amplius noli peccare (*Joan.* VIII); » quoniam « qui perseveraverit usque in finem, hic salvus erit (*Matth.* x). » Hinc est quod Joseph inter fratres talarem tunicam habuisse describitur (*Gen.* XXXVII), et cauda hostiæ in altari jubetur offerri. Dissolvamus igitur colligationes damnatorum per finalem perseverantiam, ipso præstante, qui est super omnia benedictus Deus in sæcula sæculorum. Amen.

SERMO XIII.

DOMINICA PRIMA IN QUADRAGESIMA.

De tribus tentantibus, Deo scilicet, et dæmone, et homine; et de quibus diabolus Christum tentaverit, circa quæ tamen docet septem esse observanda; item de astutia diaboli unde comprobetur, et de causis tentationum.

Ductus est Jesus in desertum a spiritu, ut tentaretur a diabolo; et eum jejunasset quadraginta diebus et quadraginta noctibus, postea esuriit (Matth. IV).

Tres sunt qui tentant: Deus, dæmon et homo. Sed Deus tentat semper ad bonum, dæmon semper tentat ad malum (*Luc.* IV), Homo vero quandoque tentat ad bonum, quandoque tentat ad malum. Deus semper tentat ad bonum, quia semper bonus est. Dæmon semper tentat ad malum, quia semper est malus. Homo vero quandoque tentat ad bonum, quandoque tentat ad malum, etc., quia quidam bonus est, et quidam malus est. « Deus enim intentator malorum est. Unusquisque enim tentatur a sua concupiscentia abstractus et illectus (*Jac.* I). »

De his tribus personis statim dicitur in principio: *Ductus est Jesus in desertum a spiritu, ut tentaretur a diabolo.* Ductus est Jesus, ecce homo. A spiritu, ecce Deus. Ut tentaretur a diabolo, ecce dæmon. Illuc enim eum Spiritus duxit divinus, ubi eum erat malignus spiritus tentaturus. Ad jejunandum duxit illum Spiritus divinus, sed ad tentandum sumpsit eum spiritus malignus. Deus autem tentat, ut probet; dæmon tentat, ut fallat; homo tentat, ut investiget. De primo dicitur: « Proba me, Domine, et tenta me (*Psal.* XXV); » de secundo legitur: « Cur Satanas tentavit cor tuum? (*Act.* VI.) » de tertio scribitur: « Tenta nos, obsecro, diebus decem (*Dan.* I). »

Dæmon autem principaliter tentat, per voluptates, per opes et per honores. « Nam quidquid est in mundo, aut concupiscentia carnis est, aut concupiscentia oculorum, aut superbia vitæ (*I Joan.* II). » Concupiscentia carnis, ad voluptates; concupiscentia oculorum, ad opes; superbia vitæ, pertinet ad honores. In voluptatibus, tentat per gulam et per luxuriam; in opibus, tentat per cupiditatem et avaritiam; in honoribus, tentat per superbiam et jactantiam. De his tribus diabolus tentavit Jesum, de gula videlicet, avaritia et jactantia. De gula tentavit, cum ait: *Si Filius Dei es, dic ut lapides isti panes fiant;* de jactantia tentavit, cum dixit: *Si Filius Dei es, mitte te deorsum;* de avaritia vero tentavit, cum inquit: *Hæc omnia tibi dabo, si cadens adoraveris me.*

Attende diligenter astutiam tentatoris. Tentat enim ex diversis causis, in diversis locis, diversis modis. De gula, de jactantia, de avaritia. In deserto, in templo, in monte. Suggerendo, argumentando, et promittendo. Suggerendo cum dicit: *Dic ut lapides isti panes fiant;* argumentando, cum intulit: *Scriptum est enim: Quia angelis suis mandavit de te, et in manibus tollent te, ne forte offendas ad lapidem pedem tuum (Psal.* XC). Promittendo, eum inquit: *Hæc omnia tibi dabo,* ut quem ex una causa non poterat, ex alia causa seduceret. Quem in uno loco non poterat, in alio loco deciperet. Quem non poterat uno modo, falleret alio. Sed nullo modo profecit, quia Christus semper repulit tentatorem et superavit omnino. Non per sublimitatem potentiæ, sed per auctoritatem Scripturæ. Per hoc nos docens et instruens, ut quoties nobis graves tentationes emergunt, recurramus ad testimonia Scripturarum. In quibus invenimus et speculum quod miremur, et exemplum quod imitemur.

Porro circa tentationem hujus, septem præcipue considerare debemus, quæ docet nos evangelista notare, videlicet personam, locum et tempus, causam et modum et ordinem, et qui post omnia sequitur, finem. Personam scilicet que tentatur; Quia Jesus est ductus a spiritu, ut tentaretur a diabolo; locum, ubi tentatur; quia *ductus est in desertum;* tempus, quando tentatur; quia *cum jejunasset quadraginta diebus et quadraginta noctibus;* causam, ex qua tentatur, quia *postea esuriit;* modum, in quo tentatur; quoniam *accedens tentator dixit ei: Si Filius Dei es, dic ut lapides isti panes fiant;* ordinem, secundum quem ipse tentatur, quoniam *assumpsit eum diabolus in sanctam civitatem, statuens eum super pinnaculum templi. Et iterum assumpsit eum in montem excelsum valde, ostendens ei omnia regna mundi;* finem, ad quem tentatur; quia *reliquit eum diabolus et accesserunt ad eum angeli, et ministrabant ei*

Circa quodlibet istorum duo quædam debemus distinguere. Circa primum debemus attendere personam tentatoris, et personam tentati; quia *ductus est Jesus a spiritu, ut tentaretur a diabolo.* Jesus ergo tentatur, et diabolus tentat. Circa secundum debemus notare locum solitarium, et locum assiduum; quoniam *intra desertum assumpsit eum in montem excelsum. Et intra civitatem statuit supra pinnaculum templi.* Circa tertium debemus attendere tempus post baptismum, et tempus etiam post jejunium. Quia cum baptizatus fuisset, tunc, ut dicit evangelista, *ductus est Jesus in desertum, ut tentaretur, et jejunavit quadraginta diebus et quadraginta noctibus.* Circa quartum debemus notare causam potestatis, ex qua jejunavit; et causam infirmitatis, ex qua esuriit. Circa quintum debemus attendere modum tentandi secundum qualitatem naturæ. Quia cum Jesus esuriisset, suggessit ei diabolus: *Dic,* inquiens, *ut lapides isti panes fiant.* Et secundum auctoritatem Scripturæ, quia cum suggessit ut mitteret se deorsum, adjicit: *Scriptum est enim: Quia angelis suis mandavit de te, et in manibus tollent te, ne forte offendas ad lapidem pedem tuum.* Circa sextum debemus notare ordinem. Quia post gulam tentavit de jactantia, et post jactantiam tentavit de avaritia. Nam cum assumpsisset *eum in sanctam civitatem,* et statuisset *eum supra pinnaculum templi,* ac illi dixisset: *Si Filius Dei es, mitte te deorsum: iterum assumpsit eum in montem excelsum valde, et ostendit ei omnia regna mundi et gloriam eorum, et dixit ei: Hæc omnia tibi dabo, si procidens adoraveris me.* Circa septimum debemus attendere recessum spiritus maligni. Quia *tunc reliquit eum diabolus,* et accesserunt benigni spiritus, quoniam *accesserunt angeli et ministrabant ei.* Ecce licet in superficie simplex appareat textus evangelicæ lectionis, latet tamen sub cera favus, sub cortice nucleus, sub spica frumentum.

Eruderemus itaque puteum, quia altus est *(Joan.* v), et hauriamus aquam in gaudio de fontibus Salvatoris *(Isa.* xii). Tentavit ergo non qualiscunque tentator, sed ipse diabolus, qui super omnes tentatores malignos probatur astutus, et ex subtilitate naturæ et ex antiquitate temporis, et ex assiduitate fallendi. Ex subtilitate naturæ, juxta quod ei dicitur: « Tu signaculum similitudinis, plenus sapientia et perfectus decore in paradiso Dei fuisti *(Ezech.* xxviii). » Ex antiquitate temporis, quia prima est creatura, non quod cunctas præcesserit, sed quam nulla præcessit, juxta quod dicitur: « Quomodo cecidisti, Lucifer, qui mane oriebaris ? » *(Isa.* xiv.) Ex assiduitate fallendi, quoniam « adversarius vester diabolus, tanquam leo rugiens circuit semper quærens quem devoret *(I Petr.* v). » Hic ergo tentator tam subtilis, callidus et antiquus, tentavit non hominem qualemcunque, sed ipsum Jesum, ductum *a spiritu ut tentaretur a diabolo,* non peccatorem, sed Salvatorem. « Qui peccatum non fecit, nec inventus est dolus in ore ejus *(Isa.* liii; *I Pet.* ii). » Præcaveat sibi ergo peccator, quia tentatus est ipse Salvator; nec sit justus omnino securus, quia tentatus est ipse Deus. Sed non desperet homo quilibet cum tentatur, quia tentatus est pro nobis ipse Salvator, ut sua tentatione vinceret nostram, qui sua morte nostram peremit.

Tentavit autem non in foro, sed in deserto; non in trivio, sed in templo; non in valle humili, sed in monte sublimi. Idem ipse qui tentavit in paradiso, tentavit in eremo. Sed in paradiso tentavit primum Adam, et devicit *(Gen.* iii). In eremo tentavit secundum Adam, et devictus est. Quia « non est potentia, non est sapientia, non est consilium contra Deum *(Prov.* xxi). » Non sit ergo monachus securus in claustro, non sit eremita securus in solitudine, quia tentatus est Adam in paradiso, quia tentatus in deserto Jesus.

Tentavit etiam non post convivium, sed post jejunium; non post peccatum, sed post baptismum; quia magis insistit, satagit et laborat, ut seducat tam magnum quam parvum, tam justum quam impium, sapientem quam fatuum; ut in seductione magni, seducantur et parvi; et in seductione justi, seducantur et impii; in seductione sapientis, seducantur et fatui. Scriptum est enim: « Quia sub umbra dormit, et in secreto calami, in locis humentibus; absorbet fluvium et non mirabitur; habet enim fiduciam, quod influat Jordanis in os ejus *(Job* xl). » Cum enim quis ab errore ad veritatem, a vitiis ad virtutes, et a diabolo ad Christum convertitur, tunc majores contra se tentationes et graviores in se persecutiones perpetitur. Unde filios Israel in deserto, post exitum de Ægypto, Amalecitæ graviter leguntur impugnasse *(Exod.* xiv). Propterea Sapiens monet et hortatur: « Fili, cum accesseris ad servitutem Dei, præpara cor tuum ad tentationem *(Eccle.* ii). » Ecce dubium est, si quis hic tentationem non habuerit, in futuro quis scit si salvabitur. Ab hac igitur tentatione maligna, vel potius ab hujus tentatione maligni, nulla persona excipitur, nullus locus excluditur, nullum tempus discernitur; ubique dolus et laqueus, ubique fovea et tendicula.

Vere tentatio est vita hominis super terram *(Job* vii). Annon vere tentatio? cum multiplices hostes undique semper insidientur ut capiant, persequantur ut perimant, dæmon et homo, mundus et caro. Dæmon cum vitiis, homo cum bestiis, mundus cum elementis, caro cum sensibus. Propterea plorat et clamat Apostolus: « Infelix ego homo, quis me liberabit de corpore mortis hujus? *(Rom.* vii). » Et Psalmista dicebat: « Educ de carcere animam meam, ad confitendum nomini tuo, Domine *(Psal.* cxli). » Diabolus enim causas idoneas ad tentandum, et assumit inventas, et invenit assumendas. Ad tentandum quippe de gula, causam idoneam assumpsit inventam; quia *cum jejunasset Jesus quadraginta diebus et quadraginta noctibus, et postea esuriisset, accessit ad eum tentator, et ait :* Dic ut lapides isti panes fiant : intendens illi si posset per nimiam aviditatem edendi trahere ad peccatum, sicut olim Esau, qui famem sustinere non sufferens, pro lentis edulio vendidit primogenita (*Gen.* xxv.).

Nos ergo, fratres et filii, caveamus astutiam tentationis, ne forte cum jejunamus, per nimiam aviditatem edendi trahamur ad culpam. Quia non solum in variis ferculis et lautis cibariis, sed in hora præventa, et in appetitu immoderato peccatur. Unde non ait : Dic ut lapides isti carnes fiant, aut pisces, ne forte in cibis lautis et variis deprehendatur facilius astutia tentatoris; sed dixit : *Dic ut lapides isti panes fiant*, ut si famis impatiens lapides mutaret in panes, nimia deprehenderetur aviditas comedendi. Attendant hoc illi, qui varios exquirendo sapores, substantiam convertunt in accidens, et naturam in artem, ut provocent et revocent appetitum.

Ad tentandum vero de avaritia causam idoneam assumendam invenit; quia *duxit illum diabolus in montem excelsum, et ostendit ei omnia regna mundi et gloriam eorum, et ait : Hæc omnia tibi dabo, si cadens adoraveris me.* Attendite diligenter insidias inimici. Ut enim traheret illum ad casum, *in montem excelsum assumpsit ;* quia quanto major excellentia tanto gravior est ruina. Et ut excitaret et invitaret concupiscentiam oculorum, ostendit et promisit *omnia regna mundi et gloriam eorum.* Sed cum prius tentasset, neque seduxisset de vitio corporali, hoc est de gula, rursus tentat de vitio spirituali, hoc est de avaritia. Dominus autem contra defectum carnis, virtutem mentis objecit; respondens secundum auctoritatem Scripturæ, quod *non in solo pane vivit homo, sed in omni verbo, quod procedit de ore Dei.* Et contra cupiditatem et avaritiam, quæ secundum Apostolum, « servitus est idolorum (*Ephes.* v), » divinam opposuit servitutem,

secundum auctoritatem Scripturæ respondens : *Dominum Deum tuum adorabis, et illi soli servies* (*Deut.* vii), id est soli Deo servitutem adorationis impendes.

Ad tentandum etiam de jactantia causam assumpsit idoneam, et congruum locum invenit. Quoniam *assumpsit eum in sanctam civitatem, et statuit eum supra pinnaculum templi, dicens : Si Filius Dei es, mitte te deorsum.* Duo sunt de quibus homines se magis consuevere jactare, dignitas et scientia. Doctores de scientia, sacerdotes de dignitate. Ideoque de jactantia tentaturus, *statuit eum supra pinnaculum templi*, qui locus est proprius doctorum et sacerdotum. Et quoniam qui se jactant, laudem humanam desiderant, et expetunt humanum favorem, idcirco de jactantia tentaturus, eum non in locum desertum, sed *in civitatem sanctam assumpsit*, ut cum favoris applausu ab hominibus laudaretur. Ut autem persuaderet facilius quod dicebat, propheticum protulit testimonium, sed illud ad alienum sensum pervertit, ut spiritus erroris hæreticam instrueret pravitatem.

Porro cum ex diversis causis, in diversis locis, diversis modis tentasset, nec profecisset, confusus abcessit. Quia *reliquit eum diabolus, et accesserunt angeli et ministrabant ei.* Quid autem ministrabant angeli, an cibum esurienti? Sed quidquid ei angeli ministraverunt, moraliter hos instruimur, quia si tentationes diaboli curaverimus caute repellere, profecto nobis angeli ministrabunt.

Oremus ergo, fratres et filii, Dominum nostrum Jesum Christum, ut qui tentatoris superavit astutias, ipse nos liberet ab insidiis tentatoris, nec nos permittat in tentationem induci, sed si quando forte tentatio nos apprehendat humana, non permittat usque ad consensum tentari (*I Cor.* x) : qui cum Patre et Spiritu sancto vivit et regnat Deus, per omnia sæcula sæculorum. Amen.

SERMO XIV.

IN SABBATO QUATUOR TEMPORUM.

Christi transfiguratio, et discipuli tres quid designent; de vestimentis Christi, de multiplici transfigurationis comprobatione, de casu bonorum et malorum diverso.

Assumpsit Jesus Petrum et Jacobum et Joannem fratrem ejus, et ducit illos in montem excelsum seorsum, et transfiguratus est ante eos (*Matth.* xvii).

Quia fidelis est Dominus in promisso, ideo quod promisit, adimplevit. Promiserat enim apostolis dicens : « Sunt quidam de hic stantibus, qui non gustabunt mortem, donec videant Filium hominis venientem in regno suo (*Matth.* xxvi), » id est in ea claritate, in qua peracto judicio apparebit in regno. Sed ecce promissum implevit, quia *post sex dies assumpsit Jesus Petrum, et Jacobum, et Joannem fratrem ejus, et ducit illos in montem excelsum seorsum, et transfiguratus est ante eos.* Sex enim sunt dies, in quibus oportet hominem operari; septimo autem die requievit Deus ab omni opere, quod patrarat (*Gen.* ii). Recte igitur hæc transfiguratio post dies sex facta fuisse narratur, quia glorificatio futura promittitur in requie post laborem, tanquam in septenario post senarium (*Luc.* xiii). Et propter eamdem causam bene Lucas dicit: *Post dies octo* (*Luc.* ix). quoniam hæc transfiguratio in octava resurrectionis ætate promittitur ad futura. Quamvis et secundum litteram non discordet, quod *post sex dies* secundum Matthæum et Marcum, et *post octo* secundum Lucam hujusmodi transfiguratio facta fuisse docetur : cum illi medios dies tantum commemorent, iste vero et primum præmisit, et ultimum quo complevit, adjunxit.

In transfiguratione vero Jesus non substantiam assumptæ carnis amisit, sed gloriam futuræ resurrectionis ostendit. Sed ante omnia potest quæri, qualis fuerit illa visio : utrum spiritualis, an potius corporalis. Quædam spiritualis esse videtur, quia secundum quod discipuli erant somno gravati. Verum in somno non apparet vera visio, sed tantum imaginaria; et ideo, visio illa non videtur corporalis, sed spiritualis. Præterea cum Moyses veraciter esset mortuus (*Num.* xxvii; *Deut.* xxxii, xxxiv), si tunc corporaliter apparebat, videtur ergo quod surrexisset cum vero corpore; aut iterum fuit mortuus, et sic fuit contra justitiam sine culpa.

Punitur, quia quælibet mors est pœna; aut perpetuo mansit vivus, et ita Christus contra verbum Apostoli (*I Cor.* xv; *Col.* x); non fuit primitiæ dormientium, quia non surrexit primus immortalis et impassibilis. Econtra videtur quod illa visio fuit corporalis, quia sacra Scriptura manifeste distinguit inter spiritualem visionem et corporalem. Evangelium vero spiritualem visionem commemorat, tunc perhibet eam factam in somno vel in excessu, quemadmodum angelus apparuit Joseph dicens : « Joseph fili David, noli timere, accipe Mariam conjugem tuam (*Matth.* 1). » Expresse dicitur quod in somnis apparuit, cum Petrus vidit cœlum apertum, et descendens vas quoddam, velut linteum magnum quatuor initiis submitti de cœlo in terram. Expresse dicitur « quod cecidit super eum mentis excessus (*Act.* x). » Quando vero corporalem visionem commemorat, tunc narrat rem gestam : quemadmodum ubi dicitur, quod angelus Domini stetit juxta pastores, et claritas Dei circumfulsit illos, et timuerunt timore magno (*Luc.* 11). Et ubi dicitur, quod magi videntes stellam in Oriente, venerint Jerusalem, dicentes : « Ubi est qui natus est Rex Judæorum? (*Matth.* 11.) » Præterea nisi visio ista vera, procul dubio non fuisset verum signum glorificationis futuræ, quoniam verum non recte signatur per falsum. Quid ergo dicemus? utique quod hæc visio exstitit corporalis; quia sicut corporales assumpsit discipulos, et adduxit ad montem illos corporaliter : *transfiguratus est ante eos, et in veritate resplenduit facies ejus sicut sol, et vestimenta ejus facta sunt alba sicut nix.* Licet ergo Petrus, et qui cum illo erant, essent somno gravati, non tamen visionem istam in somno viderunt; quia sicut idem evangelista testatur, evigilantes viderunt majesta-tem ejus et duos viros, qui stabant cum illo. Moyses vero sive corpus aereum sumpserit, sicut angeli, cum apparent hominibus; sive veraciter resurrexerit, procul dubio rediit, unde venerat. Et si dicatur eum obiisse, mors illa non fuit pœna; quia ex illa nullum sensit dolorem. Sicut autem post resurrectionem ad instruendam fidem, etiam in corpore immortali, signa mortalitatis exhibuit, quando lateris aperturam, et locum clavorum ostendit; sic et propter assertionem fidei ante resurrectionem immortalitatis signa in corpore mortali monstravit. Quia *resplenduit facies ejus sicut sol, et vestimenta ejus facta sunt alba sicut nix.*

Verum quia mirum erat et mirabile quod monstrabat, ut firmius crederetur, voluit illud multiplici testimonio comprobare. De cœlo scilicet et de terra, de paradiso et de inferno. A Deo, et homine; a vivis, et mortuis; per præteritos, et præsentes; per legem, et prophetas, quoniam *apparuerunt eis Moyses et Elias, cum ipso loquentes. Et ecce nubes lucida obumbravit illos, et vox de nube dicens : Hic est Filius meus dilectus, in quo mihi bene complacui : ipsum audite.* Vox de nube perhibuit testimonium veritati de cœlo. Discipuli autem in monte fuerunt testes veritatis in terra. Moyses de inferno, quia nondum Christus eduxerat vinctos suos de lacu, in quo non erat aqua (*Zach.* ix). Elias de paradiso, in quo cum Enoch usque ad tribulationem ultimam futuram per Antichristum creditur permansurus.

A Deo Patre vox illa processit : *Hic est Filius meus dilectus.* Ab homine Petro verbum illud exivit : *Domine, bonum est nos hic esse.* Vivus erat Elias, mortuus Moyses. At ille vivus erat, sed morietur; iste vero mortuus, sed victurus. Ambo tamen præsentes erant, is ut legifer, hic ut propheta; ut rei miræ mirabile testimonium perhiberent. Per illos, ut per præteritos; per apostolos, ut per præsentes perhiberetur testimonium veritati. Quoniam et qui præibant et qui sequebantur clamabant, dicentes : « Hosanna Filio David, benedictus qui venit in nomine Domini (*Matth.* xxi). » Tres apostoli et duo prophetæ fuerunt adhibiti, quia secundum legem divinam « in ore duorum vel trium testium stat omne verbum (*Deut.* xvii). »

Petrus autem visionis gloria, vel potius visione gloriæ delectatus aiebat : *Domine, bonum est nos hic esse.* Sed Petrus videns glorificatam humanitatem, tanto afficitur gaudio, ut nunquam velit ab ejus intuitu separari : quid de illis putandum est, qui divinitatem glorificantem aspiciunt, cum quanto gaudio semper illi desiderant inhærere? « Nec oculus vidit, nec auris audivit, nec in cor hominis ascendit, quæ præparavit Deus diligentibus se (*Isa.* lxiii). » In eo vero quod addidit : *Si vis, faciamus hic tria tabernacula, tibi unum, Moysi unum, et Eliæ unum,* nesciebat, ut ait alius evangelista (*Luc.* ix), quid diceret. Quia non est necessarium tabernaculum, ubi secundum Apocalypsin Joannis, « Deus omnipotens est templum et agnus (*Apoc.* xxi). » Et quia gloriam quæ promittitur post resurrectionem in cœlo, redditam esse putabat ante resurrectionem in terra, sed perterritus et attonitus, vel magis in exstasi positus, et in excessu translatus, nesciebat cogitare futura, quem præsentia delectabant. Unde reprehendi non meruit, aut etiam increpari. Sed adhuc ipso loquente, ecce nubes lucida, non obscura; non enim est conventio lucis ad tenebras, neque Christi ad Belial (II Cor. VI); obumbravit eos, ut ostenderet visionem hujusmodi non esse veritatem futuræ glorificationis, sed umbram, ut per umbram veniretur ad veritatem, quasi per speciem ad rem, et per fidem ad speciem.

Porro quare factum sit hoc miraculum, et cur hoc mirabile sit ostensum, ostenditur, cum infertur : *Hic est Filius meus dilectus, in quo mihi bene complacui : ipsum audite.* Ac si diceret manifestius : Ego, qui dixeram : « Pœnitet me fecisse hominem (Gen. VI), » ecce nunc dico : *Hic est Filius meus dilectus, in quo mihi bene complacui.* Hic ergo, non alius *filius est,* non servus *meus,* non alienus; *dilectus,* non maledictus, *in quo mihi complacui,* non displicui, et ideo *ipsum audite,* non contradicite.

Et audientes discipuli ceciderunt in faciem suam, et timuerunt valde. Boni namque cadunt in faciem, mali vero retrorsum. De bonis autem cadentibus dicitur : « Ceciderunt in facies suas et adoraverunt Dominum (*Apoc.* IV). » De malis vero cadentibus legitur : « Abierunt retrorsum, et ceciderunt in terram (*Joan.* XVIII). » Isti cadunt in faciem, per humiliationem; illi cadunt retrorsum, per aversionem. Isti quo cadunt, intelligunt; illi quo cadunt, ignorant. « Beatus tamen qui semper est pavidus (*Prov.* XXVIII). » Quia « timor Domini peccatum expellit (*Eccli.* I). » Hinc propheta dicit ad Dominum : « A timore tuo concepimus, Domine, et peperimus spiritum salutis (*Isa.* XXVI). »

Audientes ergo *discipuli* testimonium deitatis, et majestatis gloriam intuentes, *ceciderunt et timuerunt;* quia « accedet homo ad cor altum, et exaltabitur Deus (*Psal.* LXIII), » et investigator majestatis opprimetur a gloria (*Prov.* XXV). Unde propheta : « Domine, audivi auditionem tuam, et timui (*Habac.* III); » consideravi opera tua, et expavi. Ex eo autem præcipue timuerunt, quod cum Petrus quasi comparasset Jesum Moysi et Eliæ, dicendo : *Si vis, faciamus hic tria tabernacula, tibi unum, Moysi unum, et Eliæ unum,* audientes postea vocem de nube dicentem : *Hic est Filius meus dilectus, in quo mihi bene complacui;* et intelligentes ipsum Deum esse, Dei *Filium* Jesum Christum, tanquam erraverunt, timore perterriti *ceciderunt.* Sed ne præ timoris magnitudine desperarent, *accessit Jesus, et tetigit eos, dixitque illis : Surgite, et nolite timere.* Accessit, et tetigit ; quia per se surgere non valebant. « Sine me, inquit, nihil potestis facere (*Joan.* XV). »

Levantes autem oculos suos, neminem viderunt, nisi solum Jesum. Nam si Moyses et Elias perseve-

rassent cum ipso, vox Patris videretur incerta, cui potius testimonium protulisset. Scio fratres et filii, quod vos delectat expositio litteralis, sed puto quod magis spiritualis expositio delectabit. Et ideo si litteram diligenter audistis, spiritum diligentius audiatis. *Assumpsit ergo Jesus Petrum, et Jacobum et Joannem, et duxit illos in montem excelsum,* etc.

Tres isti discipuli designant tres ordines fidelium in Ecclesia, prælatos, continentes et conjugatos. Hi sunt Noe, Daniel, et Job, quos Ezechiel vidit in visione salvandos (*Ezech.* XIV). Sed secundum evangelicam veritatem, « duo sunt in agro, duo in lecto, et duo in mola; quorum unus assumetur, et alter relinquetur (*Matth.* XXIV). » Quoniam de quolibet ordine quidam assumuntur ad gloriam, et alii relinquuntur ad pœnam. Non enim locus sanctificat hominem, sed homo locum. Tres ergo discipulos *assumpsit Jesus, et duxit eos in montem excelsum;* quia tres ordines fidelium accepit Dominus, et adduxit in cœlum; sed non omnes de omnibus; quia *ducit illos seorsum,* id est divisim, « sicut pastor segregat oves vel agnos ab hædis (*Matth.* XXV), » ut tollatur impius, ne videat gloriam Dei, quæ promittitur et datur in cœlo (*Isa.* XXVI), quia « Dominus in cœlo sedes ejus (*Psal.* X), » Qui dicit : « Volo, Pater, ut ubi ego sum, illic sit et minister meus (*Joan.* XVII). »

Quod autem transfiguratus est ante eos significat quod videmus nunc per speculum in ænigmate, tunc autem videbimus facie ad faciem, sicuti est (*I Cor.* XIII), quando de figura transferemur ad veritatem, et de fide producemur ad speciem.

Et resplenduit facies ejus sicut sol, vestimenta autem ejus facta sunt alba sicut nix. Vestimenta Christi sunt universi fideles, de quibus ad ipsum dicitur per prophetam : « His omnibus velut vestimento vestieris (*Isa.* XLVI). » Et ad quos Apostolus dicit : « Quotquot in Christo baptizati estis, Christum induistis (*Rom.* VI). » Et ideo non solum *facies Christi resplenduit sicut sol,* sed etiam *vestimenta ejus facta sunt alba sicut nix.* Quemadmodum, inquit Apostolus, « Salvatorem exspectamus Dominum Jesum Christum, qui reformabit corpus humilitatis nostræ, configuratum corpori claritatis suæ (*Phil.* III). » Porro, quanta est differentia inter claritatem solis, et nivis candorem, tanta est differentia inter gloriam capitis, et glorificationem membrorum. Duplex autem glorificationis est species : una spiritus, et altera corporis. Una qua glorificatur corpus, et altera qua glorificatur spiritus; quia, secundum prophetam (*Isa.* XL), de manu Domini recipiemus duplicia. Totus igitur homo in stola mentis et stola carnis gloriam obtinebit. Quia vero corpus constat ex quatuor elementis, *terra,* aqua, igne et aere, ad stolam corporis quatuor proprietates pertinere dicuntur, claritas, subtilitas, agilitas et impassibilitas. Et quia spiritus tres habet naturales virtutes, vim rationabilem, vim irascibilem et vim concupiscibilem, ad stolam spiritus tres asseruntur proprietates spectare, cognitio, dilectio et delectatio. Has et illas commemorat et commendat Sapiens ille, qui ait : « Fulgebunt justi, et tanquam scintillæ in arundineto discurrent : et regnabit Dominus illorum in perpetuum (*Sap.* III).» His verbis proprietates glorificati corporis designat. Ac si diceret : *Fulgebunt* clari, *et tanquam scintillæ subtiles in arundineto discurrent* agiles. *Et regnabit Dominus illorum in perpetuum*, et ipsi cum Domino impassibiles. Consequenter autem glorificari spiritus proprietates assignat. Qui confidunt in illo, intelligent veritatem, et fideles in dilectione acquiescent ei; quia donum et pax est electis Dei. Intelligent veritatem, ecce cognitio. Fideles in dilectione, ecce dilectio. Pax est electis, ecce delectatio. Ut autem Dominus in apostolis circa mercedem glorificationis æternæ erigeret spem, astrueret fidem et accenderet charitatem; in seipso utramque stolam, et utriusque proprietates exhibuit : Quia *resplenduit facies ejus sicut sol*, ecce corporis stola. Non enim simpliciter dixit : *Resplenduit*, sed addidit, *sicut sol*. Nam illæ quatuor proprietates inveniuntur in sole : claritas in substantia, quia ignea est, et lucida, impassibilitas in natura, quia perpetua consistit et incorrupta: subtilitas in radio, quia sine obstaculo penetrat vitrum: agilitas in motu, quia uno die discurrit ab Oriente in Occidentem. Has etiam proprietates in mortali corpore Christus ostendit; subtilitatem, quando nascebatur de Virgine (*Luc.* II); agilitatem, quando gradiebatur super aquas (*Joan.* VI); claritatem, quando transfigurabatur in monte (*Matth.* IX); impassibilitatem, quando manducabatur in coena (*Joan.* XIX). Proprietates autem glorificati spiritus commendantur, cum dicitur : *Hic est Filius meus dilectus*, ecce dilectio. *In quo mihi bene complacui*, ecce delectatio. *Ipsum audite*, ecce cognitio. Nam et ipse dicebat : « Quæcunque audivi a Patre meo, nota feci vobis *Joan.* xv).» Deus enim quanto magis cognoscitur, tanto magis diligitur; quanto magis diligitur, tanto magis delectat.

Nos ergo, fratres et filii, si cupimus glorificationis stola vestiri, de valle ascendamus ad montem, ut nostra conversatio sit in coelis (*Phil.* III), juxta quod monet Apostolus dicens : « Quæ sursum sunt quærite, non quæ super terram (*Col.* III),» non inhiantes terrenis, sed adhærentes coelestibus; ut ascendamus « de virtute in virtutem, donec videamus Deum deorum in Sion (*Psal.* LXXXIII),» præstante Domino nostro Jesu Christo, qui est super omnia Deus benedictus in sæcula. Amen.

SERMO XV.

DOMINICA TERTIA IN QUADRAGESIMA.

Aquosa loca in quibus immundus spiritus requiescit : de tribus scopis, quibus conscientiæ domus mundatur, et tribus ornamentis, quibus ornatur; et de septem vitiis capitalibus.

Cum immundus spiritus exierit ab homine, ambulat per loca inaquosa, quærens requiem et non inveniens, dicit : Revertar in domum meam unde exivi. Et cum venerit, invenit eam scopis mundatam et ornatam. Et tunc vadit et assumit septem alios spiritus nequiores se, et ingressi habitant ibi. Et tunc fiunt novissima hominis illius pejora prioribus (*Luc.* XI).

Sæpe necessitas impedit quod requirit utilitas, quod ipse nunc experiri compellor. Requirit enim utilitas, ut his sacris diebus frequentius solito, per exhortationes sermonum debeam populos admonere, sed impedit hoc necessitas, quia præter solitum, imo plus solito, multis et magnis sum occupatus negotiis, ut nullum mihi sit otium otiosum. Quid ergo? Facere nolim quod queo, quia quod velim facere nequeo? Absit! Est aliquo prodire tenus si non datur ultra. Nam et Apostolus ait : « Lac vobis potum dedi, non escam (*I Cor.* III).» Dicam ergo : *Cum immundus spiritus exierit de homine ambulat per loca inaquosa.*

Circa immundum spiritum tria notare debemus, quæ docet nos Veritas ipsa notare, videlicet egressum, progressum et regressum ; egressum *ab homine;* progressum *per loca;* regressum *ad domum.* De primo dicitur : *Cum immundus spiritus exierit de homine;* de secundo subditur : *Ambulat per loca inaquosa;* de tertio vero additur : *Revertar,* inquit, *in domum meam unde exivi.* Egressus est semper homini bonus; regressus semper est homini malus. Progressus autem interdum est homini bonus, interdum est malus. Bonus, cum tentationi non acquiescitur, malus autem, cum consentitur. Videamus ergo quid provenit de egressu, quid evenit de progressu, quid advenit de regressu. *Cum immundus,* inquit, *spiritus exierit ab homine,* tunc domus scopis mundatur et ornatur. Ecce quid provenit de egressu. *Ambulat per loca inaquosa, quærens requiem, sed non invenit.* Ecce quid evenit de progressu. *Tunc vadit et assumit septem alios spiritus nequiores se, et ingressi habitant ibi.* Ecce quid advenit de regressu. Procuremus itaque diligenter egressum, ut domus nostra scopis mundetur et ornetur. Caveamus autem prudenter progressum, ut immundus spiritus quærens requiem non inveniat. Timeamus vehementer regressum, ne sint *novissima* nostra *pejora prioribus*. Intrat ergo spiritus immundus per culpam, sed exit per pœnitentiam; ingreditur per vitium, sed exit per virtutem. Nam egressus vitii, virtutis operatur ingressum. Vel potius virtutis ingressus, vitii operatur egressum. Quia « non est conventio lucis ad tenebras, neque Christi ad Belial (*II Cor.* vi). » — « Dimissa sunt, inquit, ei peccata multa, quoniam dilexit multum (*Luc.* vii). »

Cum autem immundus spiritus exierit de homine, tunc ambulat per loca inaquosa, sed quærit in eis *requiem, et non invenit.* Aquosa loca, sunt corda luxuriosa, in quibus concupiscentiæ luxus exuberat. De hac enim aqua patriarcha Jacob dixisse legitur ad Ruben : « Effusus es sicut aqua, non crescas, quia ascendisti cubile patris tui (*Gen.* xlix). » Nam et aquæ furtivæ dulciores sunt, et panis absconditus est suavior (*Prov.* ix). » In his locis aquosis immundus spiritus requiescit, Juxta quod legitur : « Sub umbra dormit, in secreto calami, in locis humentibus (*Job* xl). » Loca vero inaquosa sunt corda casta, quæ charitatis igne flammescunt; in quibus non malignus sed benignus spiritus requiescit, juxta quod legitur : « Super quem, inquit, requiescet spiritus meus, nisi super humilem et quietum, et trementem sermonem meum? (*Isa.* v.) » Ambulat ergo spiritus immundus per inaquosa loca, fiduciam habens, ut Jordanis influat in os ejus · (*Job* xl). « Circuit enim quærens quem devoret (*I Petr.* v). » Sed *quærens* in eis *requiem et non inveniens, dicit : Revertar in domum meam unde exivi.* Non enim est mirum si spiritus mendacii mentiatur, aut si spiritus præsumptionis præsumat. Adhuc enim domum dicit esse suam, de qua exivit; quæ non est jam spiritus immundi, de qua spiritus est ejectus immundus. Hæc domus est conscientia. De qua dicit Psalmista : « Perambulabam in innocentia cordis mei, in medio domus meæ (*Psal.* c). »

Cum in hanc *venerit* domum, de qua per pœnitentiam est egressus, *invenit eam scopis mundatam et ornatam.* Mundatam ejectis vitiis, ornatam introductis virtutibus. Tribus autem scopis domus ista mundatur : scopa compunctionis in corde, scopa confessionis in ore, scopa satisfactionis in opere. Scopa compunctionis mundatur cor a labe contagionis iniquæ, scopa confessionis mundatur cor a sorde locutionis perversæ, scopa satisfactionis mundatur opus a fœditate consuetudinis pravæ. Tribus etiam ornamentis ornatur, donis, virtutibus et operibus; de quibus inquit Propheta : « Astitit regina a dextris tuis in vestitu deaurato, circumamicta varietate (*Psal.* xliv). » Ornatur enim varietate donorum, spiritu sapientiæ et intellectus, spiritu consilii et fortitudinis, spiritu scientiæ et pietatis, et spiritu timoris Domini (*Isa.* ii). Ornatur et varietate virtutum, fide, spe et charitate, justitia, fortitudine, prudentia, temperantia. Ornatur quoque varietate operum : oratione, jejunio, eleemosyna, et præsertim illis operibus pietatis, quæ Dominus in judicio commendabit : « Esurivi, et dedistis mihi manducare ; sitivi, et dedistis mihi bibere, etc. (*Matth.* xxv). »

Tunc immundus spiritus, quasi non possit solus domum istam irrumpere, *vadit, et assumit septem alios spiritus nequiores se.* Ideo nobis describitur immundi spiritus astutia, ut studeamus adhibere cautelam. Certe, cum non potest unum seducere, tentat ut seducat alium. Quia *cum immundus spiritus exierit ab homine, ambulat per loca inaquosa.* Cum uno modo seducere nequit, tentat ut alio modo seducat. Quia *quærens requiem et non inveniens, dicit : Revertar in domum meam unde exivi.* Cum solus non potest seducere, tentat ut seducat cum aliis, quia *vadit et assumit septem alios spiritus nequiores se, et ingressi habitant ibi.* Verbi gratia supponatur exemplum : cum spiritus luxuriæ ejectus ab homine, videt eum continentia præditum, honestate præclarum, ita ut difficile sit eum de carnis fragilitate seduci, ad alias artes recurrit, aliasque fraudes excogitat. Et primo, spiritum simulationis assumens, tentat per hypocrisim, ut seducat ; secundo, spiritum favoris assumens, tentat per vanam gloriam, ut decipiat ; tertio, spiritum ambitionis assumens, tentat per cupiditatem, ut fallat ; quarto, spiritum elationis assumens, tentat per superbiam, ut seducat ; quinto, spiritum præsumptionis assumens, tentat per arrogantiam, ut decipiat; sexto, spiritum ostentationis assumens, tentat per jactantiam, ut seducat ; septimo, spiritum dissolutionis assumens, tentat per superfluitatem, ut fallat. Et sic demum spiritus luxuriæ revertitur, et subintrat. *Et fiunt novissima hominis illius pejora prioribus.* Non solum, quia imputantur peccata dimissa, sed quia superinducuntur admissa.

Sed nec sic desperandum est, quia Jesus septem dæmonia ejecisse legitur (*Marc.* x) de Maria, id est vel septem vitia principalia, quæ significata sunt per septem gentes, quæ de terra promissionis fuerunt ejectæ ; quibus opponuntur septem petitiones, septem virtutes et septem dona : vel potius vitia spiritualia simul et corporalia, quæ per septenarium designantur, propter ternarium et quaternarium, in quibus componitur septenarius. Ternarius enim refertur ad spiritum, qui tres habet naturales virtutes : vim rationabilem, ut discernat inter bonum et malum ; vim irascibilem, ut fugiat malum ; vim concupiscibilem, ut appetat bonum. Quaternarius autem refertur ad corpus, quod constat ex quatuor elementis, terra, aqua, igne et aere ; ut septem dæmonia intelligantur ejecta, quando vitia corporalia et spiritualia sunt dimissa. Corporalia, ut gastrimargia, luxuria. Spiritualia, ut ira, invidia, etc.

Satagamus ergo, fratres et filii, ne sicut canes revertamur ad vomitum (*Prov.* xxviii). Quia « ne-

SERMO XVI.

FERIA V POST PRIMAM DOMINICAM QUADRAGESIMÆ.

De Christi justitia, potentia, misericordia, prudentia, vigilantia et doctrina : de febribus Synagogæ quibus detinetur, et de simplici, duplici, continua et interpollata febri : denique de ægritudinis varietatibus.

Surgens Jesus de synagoga, introivit in domum Simonis. Socrus autem Simonis tenebatur magnis febribus (Luc. IV).

Multa nobis et magna circa Redemptorem nostrum in hac evangelicæ lectionis serie commendatur, justitia, potentia, misericordia, prudentia, vigilantia et doctrina. Justitia, quia *surgens de synagoga, intravit in domum Simonis*; potentia, quia *stans super eam imperavit febri, et dimisit illam*. Misericordia, quia *manus singulis superponens, curabat eos;* prudentia, quia *increpans dæmonia clamantia et dicentia : Quia tu es Filius Dei vivi, non sinebat ea loqui;* vigilantia, quia *et aliis civitatibus oportet me*, inquit, *evangelizare regnum Dei;* doctrina, quia *erat prædicans in synagogis Galilææ*.

Surgens ergo de synagoga, intravit in domum Simonis, quoniam infideles deseruit, et ad fideles accessit. Synagogam propter perfidiam reprobavit, et Ecclesiam propter obedientiam prælegit. Simon autem interpretatur *obediens;* cujus domus est universalis Ecclesia, quam ei Dominus gubernandam commisit. « Tu es, inquit, Petrus, et super hanc petram ædificabo Ecclesiam meam *(Matth. XVI).* » Cujus obedientiam Dominus commendat et commemorat per prophetam : « Populus, inquit, quem non cognovi, servivit mihi, in auditu auris obedivit mihi *(Psal. XVII).* » Nihil justius, quam ut Dominus infideles et inobedientes abjiciat; fideles autem et obedientes assumat. « Quoniam humilia respicit, et alta a longe cognoscit *(Psal. CXXXVII).* »—« Superbis resistit, humilibus autem dat gratiam *(Jacob. IV; I Pet. V).* » Propter quod alibi apostoli leguntur dixisse Judæis : « Quia repulistis verbum Dei, et indignos vos fecistis vitæ æternæ, ecce convertimur ad gentes *(Act. XIII).* » Unde si nolumus abjici, sed assumi, infidelitatem, et inobedientiam studeamus abjicere ; fidem autem et obedientiam assumere studeamus. Quia « fides sine operibus mortua est *(Jac. V),* » et opera sine fide non vivunt.

Socrus autem Simonis tenebatur magnis febribus. Quam prius dixerat Synagogam, modo Simonis socrum appellat. Socrus enim est mater uxoris. Mater autem Ecclesiæ, quæ uxor est Simonis, sacramentaliter sibi conjugio copulata, intelligitur Synagoga, juxta quod ipsa dicit in Canticis : « Filii matris meæ pugnaverunt adversum me *(Cant. I).* » Nam de Synagoga nati sunt primum [*al.* primitivi] fideles, de qua secundum carnem et ipse Christus traxit originem. Propter quod et ipse dicebat : « Quia salus est ex Judæis *(Joan. IV).* » Postquam ergo Christus a Synagoga surrexit, deserens eam propter perfidiam, tunc ipsa socrus Simonis cœpit magnis febribus detineri. Non dixit : febre, sed *febribus*, ut intelligatur non una tantum, sed multis febribus laborasse. Synagoga quippe duabus præcipue febribus detinetur, erroris videlicet et invidiæ. De prima dicit Psalmus : « Quoniam erraverunt a ventre, locuti sunt falsa *(Psal. LXVII).* » De secunda dicit evangelista *(Matth. XXVII)*, quod per invidiam tradiderunt eum. Febris erroris de frigido procedit humore. Juxta quod legitur : « Facta sunt encænia in Hierosolymis, et hiems erat *(Joan. X).* » Hiems erroris et infidelitatis et ignorantiæ. Unde quando Petrus negavit *(Joan. XVIII)*, calefaciebat se ad ignem, quia frigus erat. Febris autem invidiæ, de calido procedit humore, juxta quod legitur : « Super eos cecidit ignis, et non viderunt solem *(Psal. LVII).* » Ignis invidiæ, indignationis et odii. « Nam, exarsit ignis in synagoga eorum, et flamma combussit peccatores *(Psal. CV).* » O quam gravi torquetur invidia Synagoga, quando videt Ecclesiam habere regnum et sacerdotium, templum et altare, legem et prophetiam ! Quoniam ablatum est ei regnum Dei, et datum genti facienti fructus ejus *(Matth. XXI).* Tam grandi tamen detinetur errore, ut nec sic intelligat veritatem. « Cognovit bos possessorem suum, et asinus præsepe domini sui : Israel autem me non cognovit, et populus insipiens non intellexit *(Isa. I).* »

Illis ergo febribus socrus Simonis, id est Synagoga tenetur; sed qui sunt in domo fideles, orant pro ipsa, petentes, ut Deus auferat velamen de cordibus ejus, ut Jesum Christum, qui est veritas, agnoscat. Ipse vero precibus fidelium inclinatus, stans super eam, ad Patris videlicet dextram exaltatus; quoniam « exaltavit illum Deus, et dedit ei nomen, quod est super omne nomen, ut in nomine Jesu omne genu flectatur, cœlestium, terrestrium et infernorum, et omnis lingua confiteatur quia Dominus Jesus Christus in gloria est Dei Patris (*Phil.* II). »

Imperavit febri, et dimisit illam. Non quod febris tanquam res sensibilis aut rationabilis intellexerit; sed quod de ipsa suum beneplacitum adimpleverit. « Qui dixit, et facta sunt; mandavit, et creata sunt (*Psal.* CXLVIII). » Nam « omnia quæcunque voluit Dominus fecit, in cœlo et in terra, in mari et in omnibus abyssis (*Psal.* CXXXIV). » Nihil potentius, quam quod ejus imperium insensibilia quoque sentiant et obediant imperanti.

Unde *continuo surgens ministrabat illis.* Licet enim naturale sit febricitantibus, incipiente sanitate, lassescere, et ægritudinis molestiam persentire, miraculum tamen vicit naturam. Quia sanitas quæ Dei datur imperio, tota simul et integra redit. Et ideo *continuo surgens ministrabat illis;* ut in hoc miraculum alludat mysterio. Quia sanitas animæ tota simul et integra restituitur. Scriptum est enim, quia « totum hominem sanum fecit in Sabbato (*Joan.* VII). » Hoc autem implebitur, « quando plenitudo gentium intrabit ad fidem, et tunc omnis Israel salvus fiet (*Rom.* IX). » Quoniam « in diebus illis salvabitur Juda (*Jer.* XXXIII), » « et reliquiæ Israel salvæ fient (*Rom.* IX). » Sciendum est autem, quod quædam febris simplex, quædam duplex, quædam continua, et quædam interpolata. Simplici febre laborat, qui unico vitio molestatur. Sicut multi sunt, qui a cæteris abstinentes, luxuria inquinantur. Nam quod Jacobus apostolus ait : « Quicunque in uno offendit, factus est omnium reus (*Jacob.* II), » sane debet intelligi, sic videlicet, quod *quicunque in uno offendit,* unum de mandatis divinis transgreditur, *factus est omnium reus,* id est amittit charitatem, sine qua cætera non implentur. Nam « finis præcepti charitas est (1 *Tim.* I). » Et perfectio legis est charitas (*Rom.* XIII).

Duplici vero febre laborat, qui multis vitiis irretitur, ut mulier illa peccatrix, de qua Dominus legitur (*Marc.* XVI) septem dæmonia ejecisse; non quod, qui habet unum vitium, habeat universa, sicut qui habet unam virtutem, habet universas. Nam secus est in invio, quam in via. Omnes enim virtutes sibi invicem suffragantur, sed quædam vitia sibi invicem adversantur, ut prodigalitas et avaritia, desperatio et præsumptio. Continua febre laborat, quicunque in vitio perseverat. Et hæc febris velut acuta mortalis existit. De qua Dominus ait : « Moriemini in peccatis vestris (*Joan.* VIII). » Et de hac forte Joannes apostolus ait : « Est peccatum ad mortem, non pro eo dico ut quis oret (*Joan.* V). »

Interpolata vero febre laborat, qui quandoque pœnitet de peccato, sed ad illud revertitur tanquam canis ad vomitum (*Prov.* XXVI); et talis quandoque quotidiana, quandoque tertiana, quandoque quartana febre laborat; secundum quod facile, vel facilius, vel facillime pœnitens relabitur in peccatum. Nemo tamen desperet, quia rogaverunt illum pro ea, et imperavit febri, et dimisit illam. Certe quæ suis meritis curari non poterat, alienis precibus est sanata. Et ideo cum quis aliquo gravi peccato laborat, recurrat ad Ecclesiam, ut oret pro illo. Scriptum est enim, quia « Jesus ut vidit fidem illorum, ait paralytico : Dimittuntur tibi peccata tua (*Marc.* II). »

Cum sol autem occidisset, omnes qui habebant infirmos variis languoribus, ducebant illos ad eum, et curabantur omnes. Sol justitiæ Christus est, qui « illuminat omnem hominem venientem in hunc mundum (*Joan.* I). » De quo dicit Propheta : « Sol cognovit occasum suum (*Psal.* CIII). » Hic sol occubuit, quando Christus, inclinato capite, spiritum emisit (*Matth.* XXVII). Verum antequam *sol occubuisset,* pauci fuerunt sanati, quoniam pauci ante mortem Christi sunt ad fidem conversi. Propter quod ipse dicebat : « Singulariter sum ego donec transeam (*Psal.* CXL). » — «Cum autem exaltatus fuero a terra, omnia traham ad meipsum, » quia : « Nisi granum frumenti cadens in terram mortuum fuerit, ipsum solum manet. Si autem mortuum fuerit multum fructum affert (*Joan.* XII). » Et ideo *cum sol occubuisset, omnes qui habebant infirmos variis languoribus, ducebant illos ad Jesum, et curabat eos.*

Languores mentis sunt vitia. Tot ergo sunt varietates languoris, quot sunt species vitiorum. Enumeremus ergo pauca de multis, ad ædificationem multorum. Quidam patiuntur dolores, quidam tumores, quidam calores, et quidam furores. Item quidam sunt cæci, quidam sunt surdi, quidam sunt muti, et quidam sunt claudi. Rursus, quidam sunt leprosi, quidam hydropici, quidam paralytici, et quidam lethargici. Graves sunt ægritudines istæ, sed omnes per Dei gratiam sunt curabiles.

Dolor cordis est odium, de quo legitur : « Concepit dolorem, et peperit iniquitatem (*Psal.* VII). » Gravis est iste languor; quoniam « qui odit fratrem suum, homicida est (*I Joan.* III). » Tumor animi est superbia. De quo legitur : « Scientia inflat, charitas autem ædificat (*I Cor.* VIII); » id est scientia sine charitate facit hominem superbire. Sed et gravis est iste languor, quoniam « initium omnis peccati est superbia (*Eccli.* X). » Calor spiritus est luxuria. De qua dicit propheta : « Omnes adulterantes, quasi clibanus succensus a coquente (*Osee.* VII). » Et iste languor est gravis, quia fornicatores et adulteri regnum Dei non possidebunt (*Hebr.* XIII). Furor cordis est ira, de qua legitur : « Fel draconum vinum eorum, et furor aspidum insanabilis (*Deut.* XXXI). » Et iste languor est gravis; « quoniam ira viri justitiam Dei non operatur (*Jac.* I). »

Porro, quicunque habent infirmos, ducunt illos ad Jesum, ut sanentur a Salvatore : quia non est aliud nomen datum sub cœlo, in quo oporteat homines salvos fieri (*Act.* IV), respiciant ad serpentem æneum pendentem in ligno, qui percussi sunt ab ignitis serpentibus, ut sanentur (*Num.* XXI). Cæci sunt, qui carent lumine veritatis, de quibus legitur : « Sinite, cæci sunt, et duces cæcorum (*Matth.* xv). » Si cæcus cæcum duxerit, ambo in foveam cadent (*Luc.* vi). Surdi sunt, qui præceptis Dominicis obedire contemnunt, de quibus dicitur : « Sicut aspidis surdæ et obturantis aures suas, quæ non exaudiet vocem incantantium, et veneficia quæ incantantur a sapiente (*Psal.* LIII). » Muti sunt, qui a laude tacent divina, juxta quod legitur : « Obmutui, et humiliatus sum, et silui a bonis (*Psal.* XXXVIII). » Claudi sunt, qui non graditutur per semitam mandatorum, juxta quod legitur : « Quousque claudicatis in duas partes? si Dominus est Deus, sequimini eum (*II Reg.* XVIII). »

Sed omnes qui habent infirmos, ducant illos ad Jesum, ut sanentur a Salvatore : quia neminem despicit, nullum abjicit. Salus, inquit, populi mei ego sum. « Venite ad me omnes qui laboratis et onerati estis, et ego vos reficiam, et invenietis requiem animabus vestris (*Matth.* XI). » — « Omnis enim qui venit ad me, non ejiciam foras (*Joan.* VI). »

Hæretici sunt leprosi, qui in una parte sunt integri, et in alia parte sunt corrupti : quia sub specie veritatis, virus falsitatis infundunt. Cupidi sunt hydropici, qui quanto plus bibunt, tanto plus sitiunt : ad instar fornacis, qui quanto plura ligna recipit, tanto plura consumit. Paralytici sunt actibus dissoluti. Lethargici sunt beneficiorum ingrati. Sed nec isti desperent, securi veniant ad Jesum ut curentur; quia « vere languores nostros ipse tulit, et dolores nostros ipse portavit : percussus est propter iniquitates nostras, attritus propter scelera nostra. Disciplina pacis nostræ super eum, et livore ejus sanati sumus (*Isa.* LIII). *Exibant autem dæmonia a multis, clamantia et dicentia, quia tu es Filius Dei. Et increpans non sinebat ea loqui.* Porro cum dicat Apostolus : « A quocumque prædicetur Christus, gaudeo, sed et gaudebo (*Phil.* 1), » quare prohibebat dæmonia dicere veritatem? Nonne firmius est testimonium, quod profertur ab adversario? Tribus quidem de causis : prima, ut doceret nos fugere vanam gloriam, ne videlicet humani favoris delectemur applausu; secunda, ut doceret nos hæreticam pravitatem vitare, quatenus hoc exemplo inhibeamus hæreticis, ne prædicent etiam veritatem. Quia fel draconum propinant in aureo calice Babylonis (*Deut.* XXXII). Tertia, ne qua dæmones spiritus falsitatis, veritatem dicere credentur. In quo moraliter edocemur, ne laudari velimus a fallacibus et mendacibus; quorum laudatio magis redundat ad injuriam quam ad honorem.

Illud autem, quod subditur : *Quia sciebant ipsum esse Christum,* sane debet intelligi, ne videatur contrarium ei quod dicit Apostolus, quia « si cognovissent, nunquam Dominum gloriæ crucifixissent (*I Cor.* II), » quod a quibusdam exponitur de dæmonibus. Hi si cognovissent Christum esse Dominum gloriæ, nunquam eum suggestione maligna crucifixissent. Nam hoc est mysterium absconditum a sæculis, revelatum autem principibus et potestatibus per Ecclesiam (*Colos.* 1). Distinguantur itaque tempora, et concordat Scriptura. Dæmones enim quandoque credebant, quandoque dubitabant. Nam cum videbant eum humanos sustinere defectus, dubitabant de ipso, quemadmodum legitur; quod *cum jejunasset quadraginta diebus et quadraginta noctibus, et postea esuriisset, accedens tentator dixit ei : Si Filius Dei es, dic ut lapides isti panes fiant* (*Matth.* IV). Cum autem videbant eum operari miracula, credebant de ipso quod Filius Dei esset. Quemadmodum alibi dixisse leguntur : « Jesu Nazarene, quare venisti ante tempus torquere nos ? Scimus quia Sanctus Dei es (*Matth.* VIII).

SERMO XVII.

DOMINICA QUARTA IN QUADRAGESIMA.

De Christi potentia, sapientia, et benignitate; de duobus miraculis et eorum expositione; de vita contemplativa et activa, denique de duobus Testamentis et populis.

Est puer unus hic, qui habet quinque panes hordeaceos et duos pisces. Sed hæc quid sunt inter tantos? (*Joan.* VI.)

Tria nobis præcipue circa Redemptorem nostrum in hac evangelicæ lectionis serie commendantur; potentia, et sapientia, et benignitas. Potentia, in miraculo; sapientia, in mysterio; et benignitas, in officio. Quid enim potentius, quam res augmentare parvissimas sine additamento vel nutrimento? quid sapientius, quam causas figurare profundas sine dicto vel scripto? quid benignius, quam turbas saturare famelicas, sine prece vel pretio? Et certe quos spiritualiter paverat cibo doctrinæ, pascit etiam corporaliter alimento naturæ; ut qui refecerat spiritum, alat et corpus.

Hoc autem miraculum de multiplicatione panum et piscium, ex quibus Dominus multitudinem populi satiavit, bis legitur operatus. Sed inter primum et secundum miraculum multa et magna differentia est. Varia quidem, sed non contraria; diversa, sed non adversa. In primo quippe miraculo de quinque panibus hordeaceis et duobus piscibus, quinque millia hominum saturavit, et de fragmentis quæ superaverant, discipuli duodecim cophinos impleverunt. In secundo vero miraculo de septem panibus et paucis piscibus, quatuor millia virorum refecit, et de fragmentis impleverunt apostoli septem sportas (*Marc.* VIII). In primo miraculo distinguitur quales panes fuerunt, et quot pisces; in secundo vero miraculo, neque hoc exprimitur neque illud. In primo miraculo puer unus quinque panes hordeaceos et duos pisces habebat; in secundo vero miraculo septem panes et paucos pisces discipuli habuerunt. In primo miraculo discubuerunt quinque millia hominum super fenum; in secundo vero miraculo discubuerunt quatuor millia hominum super terram.

Plena sunt omnia divinis mysteriis et coelesti dulcedine redundantia : si tamen diligentem habeant inspectorem, qui norit sugere mel de petra, oleumque de saxo durissimo (*Deut.* XXXII). Eruderemus itaque puteum quoniam altus est, et hauriamus aquam in gaudio de fontibus Salvatoris (*Isa.* XII).

Sane duæ sunt vitæ, duo sunt populi, et duo sunt Testamenta : contemplativa videlicet, et activa, Judaicus et gentilis, Novum et Vetus. Activæ vitæ deserviunt quinque sensus. Judaicus populus habet duodecim prophetas, duodecim tribus et duodecim patriarchas. Vetus Testamentum in quinque libris et duabus tabulis continetur. Porro et contemplativæ vitæ deserviunt septem dona. Gentilis populus habet septem Ecclesias, septem angelos et septem diaconos. Novum Testamentum consistit in quatuor Evangeliis. Ad primum ergo miraculum, per quod de quinque panibus hordeaceis et duobus piscibus, quinque millia hominum sunt satiata, et de fragmentis quæ superaverant duodecim cophini sunt impleti, ad Vetus pertinet Testamentum, cum quinque libris Mosaicis et duabus tabulis legis. Similiter activa vita cum quinque sensibus et Judaicus populus cum duodecim prophetis, duodecim tribubus et duodecim patriarchis.

Ad secundum vero miraculum, per quod de septem panibus et paucis piscibus quatuor millia hominum sunt refecta, et de fragmentis quæ superaverant septem sportæ repletæ, pertinet vita contemplativa, cum septem donis, et quibusdam virtutibus. Gentilis populus cum septem Ecclesiis, septem diaconibus et septem angelis. Ac Novum Testamentum cum quatuor Evangeliis. Ecce telam sermonis breviter sumus orsi ; si tamen eam sufficienter texere valeamus. Postulemus igitur a Domino sapientiam, qui dat omnibus affluenter et non improperat (*Jacob.* I), si forte clavis David aperire dignetur, quæ claudit et nemo aperit, aperit et nemo claudit (*Apoc.* v). Quinque panes hordeacei sunt quinque libri Veteris Testamenti. Et duo pisces sunt duæ tabulæ legis divinæ, ut metonymice accipiatur continens pro contento. Puer unus qui habebat quinque panes et duos pisces, est Moyses, qui exhibuit quinque libros et duas tabulas. Purus quidem in se, sed populum instituens puerilem. Medulla hordei sub duro cortice tegitur, et spiritus legis sub dura littera occultatur. Quia littera occidit, spiritus autem vivificat (*I Cor* III). » Videamus unde illi panes hordeaci fuisse describuntur. Franguntur autem hujusmodi panes, cum exponuntur. Et tunc revera multiplicantur, ut possint multitudinem esurientis populi saturare. Porro dupliciter exponuntur, litteraliter, secundum historiam ; et spiritualiter, secundum allegoriam. Nam liber Ezechielis monstratus, scriptus erat intus et foris (*Ezech.* III). Fregit ergo Dominus duos pisces et quinque panes, quando aperuit discipulis sensum, ut intelligerent Scripturas (*Luc.* XXIV). Gratias egit, quando inquit ad Patrem : « Confiteor tibi Pater, Domine coeli et terræ, quoniam abscondisti hæc a sapientibus, et revelasti ea parvulis (*Matth.* XI). » Benedixit, quando legem Mosaicam approbavit : « Si crederetis, inquit, Moysi, crederetis et mihi : de me enim ille scripsit (*Joan.* V). » Jussit apponi, quando docuit legem veterem venerari, protestans, quia non venit legem solvere, sed adimplere (*Matth.* V). Verum de quinque panibus hordeaceis et duobus piscibus, quinque millia hominum saturantur; quia de quinque libris Veteris Testamenti, et duabus tabulis legis divinæ, secundum litteralem expositionem historiæ reficiuntur homines animales activam vitam ducentes; cui deserviunt quinque sensus : visus, auditus, odoratus, gustus et tactus, quales sunt carnales Judæi, qui sensibilia tantum appetunt, et corporeis solummodo sensibus delectantur. Unde, quoniam « animalis homo non percipit ea quæ Dei sunt ; spiritualis autem omnia dijudicat (*I Cor.* II), » de fragmentis quæ remanent, duodecim cophini cumulantur. Quia de subtilioribus legis mysteriis, quæ animales homines non percipiunt, spirituales viri replentur, sensum capientes duodecim prophetarum, qui non carnaliter, sed spiritualiter sunt locuti.

Audistis expositionem primi miraculi, audiatis etiam expositionem secundi, ne dicere valeatis : « Parvuli petierunt panem, et non erat qui frangeret eis (*Thren.* IV), » quamvis non ego frangam, sed ille, quem in fractione panis discipuli cognoverunt (*Luc.* XXIV). Septem panes, sunt septem præcipua dona Spiritus septiformis, quæ enumerat Isaias dicens (cap. XI) : « Requiescet super eum spiritus sapientiæ et intellectus, spiritus consilii et fortitudinis, spiritus scientiæ et pietatis, et replebit eum spiritus timoris Domini. » Pauci pisciculi, sunt aliæ minores virtutes, ad contemplationis tamen epulas necessariæ. Hos panes et pisces habebant discipuli. De quibus legitur : « Quia repleti sunt omnes Spiritu sancto, et induti sunt virtute Spiritus ex alto (*Act.* II). » Panes isti creduntur fuisse non hordeacei, sed triticei. Quia panem de coelo dedit eis, frumentationem misit eis in abundantiam (*Psal.* LXXVII). Panes igitur de frumento sunt dona quibus viri contemplativi fruuntur. Hos septem panes viri contemplativi spiritualiter frangunt, quando contemplationis otium, cui deserviunt dona Spiritus sancti septiformis, propter prædicationis officium interrumpere compelluntur, ut deserviant utilitatibus proximorum, et quod in otio contemplationis addiscunt legentes et meditantes, hoc in studio prædicationis exponant, admonentes et exhortantes. Quatuor millia hominum, qui de septem panibus et paucis piscibus saturantur, sunt homines spirituales, doctrinam Christi servantes, in quatuor Evangeliis comprehensam : qui ad prædicationem doctorum spirituali gratia saginantur. Quia « non in solo pane vivit homo, sed in omni verbo Dei, quod procedit de ore ejus (*Matth.* IV). » Fragmenta quæ remanent, sunt arcana mysteria contemplationis, quæ simplices non attingunt (*Deut.* VIII). De quibus septem sportæ replentur, id est septem angeli tuba canentes, videlicet prælati septem Ecclesiarum, quas Joannes apostolus in Apocalypsi describit (cap. IX, XII). Tales erant apostoli, quibus Veritas ipsa dicebat : « Vobis datum est nosse mysteria regni Dei, cæteris autem in Parabolis (*Luc.* VIII). » Et ad hos pertinent septem diacones, qui electi sunt ab apostolis, viri pleni Spiritu sancto et sapientia, ut mensis ministrarent victualia (*Act.* VI). Respice igitur, in primo miraculo discubuerunt homines super fenum, et in secundo miraculo discubuerunt homines super terram : quoniam animales homines, qui vitam ducunt activam, super carnis jacent mollitiem. Nam « omnis caro fenum, et omnis gloria ejus quasi flos feni (*Isai.* XL). » Spirituales autem viri, qui contemplativam vitam observant, super mentis stabilitatem existunt, a terrenis suspensi et intenti cœlestibus, juxta verbum Apostoli admonentis : « Quæ sursum sunt quærite, non quæ super terram. Quæ sursum sunt sapite, ubi Christus est in dextera Dei sedens (*Col.* III). » Qui cum Patre et Spiritu sancto vivit et regnat Deus, per omnia sæcula sæculorum. Amen.

SERMO XVIII.

DOMINICA LÆTARE, SIVE DE ROSA.

Romanus pontifex cur in Dominica Lætare florem aureum fidelibus populis repræsentet, et cur in basilica Sanctæ Crucis videndus ostenditur, et de quadruplici Jerusalem, quæ sit.

Lætare, Jerusalem, et conventum facite omnes qui diligitis eam; gaudete cum lætitia, qui in tristitia fuistis, ut exsultetis et satiemini ab uberibus consolationis vestræ (Isa. LXVI).

Hodierna solemnitas, fratres et filii, de antiqua sedis apostolicæ consuetudine celebratur, cujus anno præterito, si bene recolitis, duplicem exposuimus rationem. Quia vero quidam nostrum, quod aspectu percipiunt, concipere cupiunt intellectu, sic aliqua repetere volumus, ut alia superaddere procuremus.

Sane duplex est ratio, cur hac die Romanus pontifex in hoc loco florem aureum fidelibus populis repræsentat. Una secundum litteram, altera vero secundum spiritum. In quo præcipue sex considerare debemus : personam et causam, materiam et formam, tempus et locum.

Scitis enim, charissimi, quod corruptibile corpus inter anxietates continuas non potest subsistere, nisi quandoque recreationis remedium intercedat. Propter quod dicitur :

*Interpone tuis interdum gaudia curis.
Quod caret alterna requie, durabile non est.*

Unde Veritas in Evangelio inquit : « Misereor super turbam, quia ecce jam triduo sustinent me, nec habent quod manducent; et si dimisero eos jejunos, deficient in via (*Marc.* VIII). » Ne ergo fidelis populus propter asperitatem quadragesimalis abstinentiæ sub continuo labore deficeret, in hac mediana Dominica quoddam recreationis solatium interponitur, ut anxietas temperata levius sufferatur. Hodiernum enim officium totum est plenum lætitia, totum exsultatione refertum, totum gaudio cumulatum. *Lætare,* inquit, *Jerusalem, et conventum facite omnes qui diligitis eam; gaudete cum lætitia, qui in tristitia fuistis, ut exsultetis et satiemini ab uberibus consolationis vestræ.* In omnium verborum clausula jucunditas exuberat, gaudium resonat, hilaritas inculcatur. *Lætare Jerusalem, gaudete in lætitia, ut exsultetis et satiemini.* Repræsentat enim dies iste charitatem post odium, gaudium post tristitiam, satietatem post famem, charitatem post odium, unde : *Lætare, Jerusalem, et conventum facite omnes qui diligitis eam;* gaudium post tristitiam, unde : *Gaudete cum lætitia, qui in tristitia fuistis;* satietatem post famem, unde : *Ut satiemini ab uberibus consolationis vestræ.* Hæc tria pariter designantur in tribus proprietatibus hujus floris, quem vobis visibiliter præsentamus. Charitas, in colore; jucunditas, in odore, satietas, in sapore ; rosa quippe præ cæteris floribus colore delectat, odore recreat, sapore confortat; delectat in visu, recreat in olfactu, confortat in gustu.

Quia vero « spiritus vivificat, caro non prodest quidquam (*Joan.* III), » de carnalibus ad spiritualia transeamus. Flos iste, florem illum significat, qui de se dicit in Canticis : « Ego flos campi et lilium convallium (*Cant.* I). » Et de quo dicit propheta : « Egredietur virga de radice Jesse, et flos de radice ejus ascendet (*Isa.* II). » Vere flos florum, quia Sanctus sanctorum, qui præ cæteris floribus, id est præ cæteris sanctis colore delectat in visu, quia « speciosus forma præ filiis hominum *(Psal.* XLIV). In quem desiderant angeli prospicere *(I Petr.* I). » Qui odore recreat in olfactu, quia « meliora sunt ubera tua vino, fragrantia unguentis optimis. » Quem adolescentulæ dilexerunt, quia « currunt in odore unguentorum suorum *(Cant.* I). » Qui sapore confortat in gustu, quia panis quem ipse dat, caro sua est, pro mundi vita *(Joan.* VI), omne delectamentum habens, et omnis saporis suavitatem *(Sap.* XVI). Hic est enim, qui secundum quod audistis in Evangelio, de quinque panibus et duobus piscibus quinque millia hominum satiavit *(Joan.* VI).

Triplex est autem in hoc flore materia, videlicet, aurum, muscus, balsamum. Sed mediante balsamo muscus conjungitur auro. Quia triplex est in Christo substantia : deitas, corpus, et anima. Sed mediante anima corpus conjungitur deitati : quia tantæ subtilitatis est divina natura, ut corpori de limo terræ formato non congrueret uniri, nisi rationali spiritu mediante. Bajulus hujus floris, vicarius est Salvatoris, Romanus videlicet pontifex, successor utique Petri, vicarius Jesu Christi. Jesus enim inquit ad Petrum : « Tu me sequaris *(Joan.* XII). » Quod intelligi debet non tantum de specie martyrii, quantum de ordine magisterii. « Tu vocaberis, inquit, Cephas *(Joan.* I), » quod exponitur *caput.* Utique caput *a capite,* sicut Petrus *a petra.* Et « caput mulieris vir, caput viri Christus, caput Christi Deus *(Ephes.* V). » Sicut enim plenitudo sensuum abundat in capite, in cæteris autem membris pars est aliqua plenitudinis; ita cæteri vocati sunt in partem sollicitudinis ; solus autem Petrus assumptus est in plenitudinem potestatis, ut illius ostendatur esse vicarius, qui de se dicit in Evangelio : « Data est mihi omnis potestas in cœlo et in terra *(Matth.* XXVIII). » Unde Jesus spiritualiter inquit ad Petrum : « Quodcunque ligaveris super terram, erit ligatum in cœlis ; et quodcunque solveris super terram, erit solutum et in cœlis *(Matth.* XVI). »

Hunc ergo florem Romanus pontifex repræsentat non in omni tempore, sed in hac tantum Dominica, quæ septima est ab illa quæ Septuagesima nuncupatur. Quia Christus non qualibet hora, sed in septima tantum ætate videtur ab illis, qui beata requie consolantur. In sexta namque cernitur Christus per fidem, in septima vero cernitur Christus per speciem. « Non videbit me, inquit, homo et vivet *(Exod.* XXXIII). » Quia Deum nemo vidit unquam *(I Joan.* IV), subintelligendum est in hac mortali vita. Nam videtur in vita beata, non jam per speculum in ænigmate, sed facie ad faciem, sicuti est *(I Cor.* XIII). Propter quod dicit apostolis : « Manifestabo eis meipsum *(Joan.* XIV). »

Sex dies sunt, in quibus licet homini operari. In septimo vero die requievit Deus ab omni opere quod patrarat *(Gen.* II). Et ideo septenarius quietem significat. Unde septimus dies, septima hebdomada, septimus mensis, septimus annus, est feriatus in lege; præsertim autem, qui post septenarium sequitur Jubilæus. Recte igitur in septima tantum Dominica flos iste fidelibus populis demonstratur; quia Christus in septima tantum ætate ab animabus sanctis videtur. Quocirca flos iste non in quolibet loco, sed in hac recte basilica videndus ostenditur; quæ sanctæ crucis in Jerusalem appellatur, supernæ Jerusalem typum obtinens, et speciem repræsentans, de qua dicit Apostolus in Epistola quam audistis: « Illa quæ sursum est Jerusalem, libera est, quæ est mater nostra *(Gal.* IV). » In qua Christum angeli sancti et beatæ animæ contemplantur. Ad quam merito dicitur : *Lætare, Jerusalem, et conventum facite omnes qui diligitis eam.* Jerusalem quatuor modis accipitur, secundum quatuor theologicos intellectus : historicum, allegoricum, tropologicum et anagogicum. Est autem Jerusalem superior et inferior, interior et exterior. Superior est in patria, inferior est in via, interior est in anima, exterior est in Palæstina. De superiori legitur: « Jerusalem quæ ædificatur ut civitas, cujus participatio ejus in idipsum *(Psal.* CXXI). » Ad inferiorem dicitur : « Surge, illuminare Jerusalem, quia venit lumen tuum, et gloria Domini super te orta est *(Isa.* VI) » De interiori legitur : « Dabo in Sion salutem, et in Jerusalem gloriam meam *(Isa.* XLVI). » Ad exteriorem dicitur : « Jerusalem, Jerusalem, quæ occidis prophetas, et lapidas eos, qui ad te missi sunt *(Matth.* XXIII). » Ad quam ergo Jerusalem recte pertinet, quod voce prophetica dicitur : *Lætare, Hierusalem, et conventum facite omnes qui diligitis eam.* Non ad exteriorem, quæ peccatis exigentibus captiva tenetur ; cui potius competit, quod narratur in Threnis (cap. I) : « Viæ Sion lugent, eo quod non sint qui veniant ad solemnitatem. Facti sunt inimici in capite. » Sed ad superiorem præcipue, de qua merito dicitur: « Exsultabunt sancti in gloria, lætabuntur in cubilibus suis *(Psal.* CXLIX). » Ad hos vero dicitur: *Gaudete cum lætitia, qui in tristitia fuistis.* « Quoniam absterget Deus omnem lacrymam ab oculis sanctorum, et jam non erit amplius neque luctus, neque clamor, sed nec ullus dolor, quoniam priora transierunt *(Apoc.* VII, XXI). » Cum enim propheta dixisset: *Lætare Jerusalem,* statim ostendit qui debeant lætari, cum ait : *Conventum facite omnes qui diligitis eam.* Et qualiter debeant lætari, cum subdit : *Gaudete cum lætitia, qui in tristitia fuistis.* Et quare debeant lætari, subdit cum ait : *Ut exsultetis, et satiemini ab uberibus consolationis vestræ.*

Debent igitur ad lætandum convenire omnes qui diligunt, id est non hæretici, sed catholici; non canes, sed oves. Quia charitas fons est proprius, cui non communicat alienus. Habet autem charitatem in corde, qui vere vult in hoc conventu gaudere, memor ejus quod legitur : « Quia cum rex intrasset ad nuptias, ut videret discumbentes, et vidisset ibi hominem non vestitum veste nuptiali, jussit illum expelli, et in tenebras exteriores retrudi

(*Matth.* xx). » Ideoque dicit propheta: *Conventum facite, qui diligitis eam.*

Porro multi lætantur in corpore, qui tristantur in corde; gaudium ostendentes exterius, sed luctum habentes interius. Quia « non est impiis gaudere, dicit Dominus (*Isa.* xlviii); » — « nec est pax ossibus a facie peccatorum (*Psal.* xxxvii). » Ideo cum dixisset propheta: *Lætare, Jerusalem,* consequenter adjunxit: *Gaudete cum lætitia, qui in tristitia fuistis.* Quasi diceret: Exterius gaudium, interior lætitia comitetur, ut cor, et caro nostra exsultent in Deum vivum (*Psal.* lxxxiii). Quia « gloria nostra hæc est, testimonium conscientiæ nostræ (*II Cor.* i). » *Ut exsultetis et satiemini ab uberibus consolationis vestræ.* « Satiabor, inquit, cum apparuerit gloria tua (*Psal.* xvi). »

Patet ergo quod duo ubera consolationis, sunt duæ species glorificationis, videlicet stola mentis et stola carnis. De quibus sponsa dicit in Canticis: « Ego murus, et ubera mea sicut turris, ex quo facta sum coram te quasi pacem reperiens (*Cant.* viii). » Ubere glorificationis in mente, satiantur animæ sanctæ in ætate septima quiescentium: ubere glorificationis in carne, satiabuntur corpora incorrupta in octava resurgentium. Propter quod dicitur: « Da partes septem, necnon et octo (*Eccle.* xi). » Septenario dandæ sunt partes glorificationis in corde: octonario dandæ sunt partes glorificationis in corpore.

Partes glorificationis in corde sunt tres: cognitio, dilectio et delectatio. De quibus Sapiens protestatur. « Qui confidunt in illo, intelligent veritatem, et fideles in dilectione acquiescent illi; quia donum et pax est electis Dei (*Sap.* iii). » Partes glorificationis in corpore sunt quatuor: claritas, subtilitas, agilitas et impassibilitas. De quibus idem Sapiens protestatur: « Fulgebunt justi, et tanquam scintillæ in arundineto discurrent: judicabunt nationes, etc. (*ibid.*). » Quia bonum esset si possemus hic esse, ut liceret nobis has species gloriationis et glorificationis meditari et contemplari. Sed ecce retinet nos et revocat occupatio grandis et gravis, utique varia, utinam non et vana; quia « vanitas vanitatum, et omnia vanitas (*Eccle.* i)! »

Petamus ergo, fratres et filii, petamus in oratione credentes, « de corde puro, conscientia bona et fide non ficta (*I Tim.* i), » puras manus sine deceptione levantes ad Deum, ut de sacramento rei, quam celebramus, perducat nos Dominus ad rem sacramenti, quam exspectamus. Ubi vita sine morte, dies sine nocte, certe sine forte. Ubi erit securitas sine timore, jucunditas sine dolore, tranquillitas sine labore; ubi erit pulchritudo sine deformitate, fortitudo sine debilitate, rectitudo sine perversitate; ubi erit charitas sine malitia, veritas sine fallacia, felicitas sine miseria; ubi erit gaudium, quod « nec oculus vidit, nec auris audivit, nec in cor hominis ascendit (*Isa.* lxiii). » Quod nobis præstare dignetur Dominus Jesus Christus, qui est super omnia Deus benedictus in sæcula sæculorum. Amen.

SERMO XIX.

IN CŒNA DOMINI.

De triplici lavacro, et sex speciebus lotionis.

Qui lotus est, non indiget nisi ut pedes lavet, sed est mundus totus (*Joan.* xiii).

Triplex est lavacrum: in aqua, in lacrymis et in sanguine. Quodlibet autem eorum est duplex: nam aliud est lavacrum aquæ materialis, aliud lavacrum aquæ spiritualis. Materialis aquæ lavacrum est baptismus, de quo Dominus dicit: « Nisi quis renatus fuerit ex aqua et Spiritu sancto, non intrabit in regnum Dei (*Joan.* iii). » — « Qui crediderit et baptizatus fuerit, salvus erit (*Marc.* xvi). » Spiritualis aquæ lavacrum est eleemosyna. De qua dicit Scriptura: « Sicut aqua exstinguit ignem, ita eleemosyna exstinguit peccatum (*Eccli.* xxix). » — « Date, inquit, eleemosynam, et ecce omnia munda sunt vobis (*Luc.* xi). »

Similiter aliud est lavacrum lacrymarum, quæ procedunt ex oculis, et aliud est lavacrum lacrymarum, quæ procedunt ex arboribus. Ex oculis profluunt ad lamentum. De quibus inquit Propheta: « Lavabo per singulas noctes lectum meum, lacrymis meis stratum meum rigabo (*Psal.* vi). » Ex arboribus procedunt ad sacramentum. Juxta quod legitur, quia Samaritanus appropians vulnerato, superinfundit vinum et oleum (*Luc.* x).

Itidem aliud est lavacrum sanguinis in supplicio, et aliud lavacrum sanguinis in mysterio. Sanguis supplicii semel fuit fusus in cruce, juxta quod legitur: « Non per sanguinem hircorum aut vitulorum, sed per proprium sanguinem, semel introivit Jesus in Sancta, æterna redemptione inventa (*Hebr.* ix). » Sanguis autem mysterii sæpe potatur in calice, juxta quod Veritas ait: « Bibite ex hoc omnes. Hic est enim calix Novi Testamenti in sanguine meo. Hæc quotiescunque feceritis, in meam commemorationem facietis (*Matth.* xxvi). » Lavit ergo nos a peccatis nostris in sanguine suo,

Sex ergo sunt species lotionis, quas hodie repræsentat Ecclesia (*Apoc.* i): Lotionem aquæ materialis in ablutione pedum, propter humilitatis exemplum, et lotionem aquæ spiritualis, in refectionem pauperum, propter officium pietatis, sicut audistis cum Evangelium legeretur : Quia surgens Jesus a cœna, posuit vestimenta sua, et præcingens se linteo, misit aquam in pelvim, et lavit pedes discipulorum, et ait : *Exemplum dedi vobis, ut et vos similiter faciatis.* Item lotionem lacrymarum, quæ profluunt ex oculis ad lamentum, in reconciliatione pœnitentium, quæ hodie celebratur. Et lotio lacrymarum, quæ procedunt ex arboribus ad sacramentum, in chrismatis confectione, quod ex oleo et balsamo consecratur. Rursus, lotionem sanguinis, qui licet semel sit effusus in cruce, sæpe tamen potatur in calice. Quarum alteram Romanus pontifex repræsentat, in eo quod hodie remota tabula Lateranensis altaris, intra ipsum altare conficit eucharistiam : illud in hoc facto commemorans, quod pontifex summus in lege semel in anno in Sancta sanctorum cum sanguine introivit. Ecce breviter hodiernæ solemnitatis intimavimus sacramenta, quæ prosequi non valemus, et propter tumultum populi, et prolixitatem officii, sed *qui lotus est, non indiget nisi ut pedes lavet*, sed est mundus totus. Multi loti sunt ab operibus malis, qui tamen loti non sunt a cogitationibus pravis. Et ideo multi lavant manus, qui tamen pedes non lavant. Quocirca, qui lotas habet manus ab effectu peccati, lavet pedes ab affectu peccandi ; et sic mundus sit totus. Pro qua munditia præmissæ lotiones sunt institutæ, quas ille digne nos faciat celebrare, qui dignanter illas instituit : Jesus Christus Dominus noster, qui est super omnia benedictus Deus in sæcula sæculorum. Amen.

SERMO XX.

DOMINICA PRIMA POST PASCHA.

Post passionem suam Christus præbuit seipsum vivum apostolis in multis argumentis, per dies quadraginta apparuit eis, et loquebatur de regno Dei (*Act.* 1).

Volens, fratres charissimi, volo, si possum, argumenta distinguere, per quæ Dominus veritatem suæ resurrectionis irrefragabili ratione probavit, videlicet per frequentiam apparitionum, et testimonium angelorum, per ostensionem vulnerum et esum ciborum, per expositionem Scripturarum, et per operationem miraculorum. Per frequentiam enim apparitionum veritatem suæ resurrectionis Christus ostendit, quia in Evangelio decies post resurrectionem apparuisse describitur. Primo Maria Magdalenæ, quando dixit ei : Noli me tangere, etc. (*Joan.* xx); secundo, ipsi, et aliis mulieribus, quando accesserunt, et tenuerunt pedes ejus, et adoraverunt eum (*Matth.* xxviii); tertio, Simoni Petro (*Luc.* xxiv); quarto, duobus discipulis euntibus in Emmaus (*ibid.*); quinto, cæteris discipulis, quando post dies octo venit ubi erant congregati, et Thomas erat cum eis (*Joan.* xx); sexto, septem discipulis ad mare Tiberiadis, quando illis piscantibus stetit Jesus in littore (*Joan.* xxi); septimo, undecim discipulis, quando abierunt in Galilæam in montem ubi constituerat illis Jesus (*Matth.* xxviii); octavo, in cœnaculo, ubi recumbentibus undecim discipulis, etc. (*Luc.* xxii); nono, quando eduxit undecim discipulos foras in montem Oliveti versus Bethaniam, et eis videntibus ascendit in cœlum. Propter has autem apparitiones dicit Apostolus : « Quia visus est plus quam quingentis fratribus simul (*I Cor.* xv). Deinde visus est Jacobo. Novissime autem omnium tanquam abortivo visus est ipsi Paulo. »

Quid est autem quod Christus post resurrectionem prius feminis quam masculis se ostendit, et inter feminas primo Mariæ Magdalenæ, ac deinde aliis mulieribus, et inter masculos primo Petro, ac deinde discipulis aliis ? Sit ista ratio, si non potest melior assignari, ut quia mulier prius peccavit quam vir, et in Eva peccaverunt cæteræ mulieres, in Adam vero cæteri viri. Propterea Christus secundum præscriptum ordinem prius mulieribus, et postea viris apparuit. Ut quemadmodum processit mors per culpam, ita procederet vita per gratiam. Illud autem sane debet intelligi, quod Christus per quadraginta dies post resurrectionem suam dicatur apparuisse discipulis, non quidem quod apparuerit illis singulis quadraginta diebus, sed quia frequenter per quadraginta dies, sicut Joannes evangelista testatur, quod tertiæ diei apparitionem, sed tertiam apparitionum diem commemorans ait : Hic jam tertio manifestavit se Jesus discipulis ad mare Tiberiadis. Manifestavit autem sic : Erant simul Simon Petrus, etc. (*Joan.* xxi.) » Non est ergo aliquatenus dubitandum de Dei veritate, quoties multorum oculis est ingesta, quam ad majorem fidei firmitatem per angelorum namque testimonium multoties declaravit. Primo, quando angelus Domini descendit de cœlo, et accedens revolvit lapidem, et sedit super eum, et dixit mulieribus : « Surrexit, non est hic (*Marc.* xvi). » Secundo, quando « Maria Magdalena in monumentum venit et vidit duos angelos sedentes in albis, unum ad caput, et unum ad pedes, ubi positum fuerat corpus Jesus (*Joan.* xx). » — « Et ecce duo viri steterunt secus illos in veste fulgenti, et dixerunt ad illos : Quid quæritis viventem cum mortuis ? non est hic, sed surrexit (*Luc.* xxiv). » Tertio, quando *videntibus illis elevatus est* :

et nubes suscepit eum ab oculis eorum. Et ecce duo viri astiterunt juxta illos in vestibus albis, et dixerunt : Viri Galilæi, quid statis aspicientes in cœlum? hic Jesus qui assumptus est a vobis in cœlum, sic veniet quemadmodum vidistis eum euntem in cœlum. Cum igitur « in ore duorum vel trium stet omne verbum (Matth. xviii ; II Cor. xiii), » manifestum est quidem in hac re angelorum testimonio credendum.

Verum ne quis posset super hoc aliquatenus dubitare, signa plagarum in suo corpore reservavit, dum ait discipulis : « Videte manus meas, etc. (Luc. xxiv), » propter naturam quippe glorificati corporis reservavit Dominus in corpore suo vulnerum cicatrices, non solum ut fides apostolorum per eas firmius solidaretur, verum etiam ut illas præsentaret intercedendo Deo Patri pro nobis, ostendens quale pro nobis pertulit genus mortis, ut sic pro nobis efficacius intercedat.

Ne vero phantastica posset ejus resurrectio reputari, quasi facta per artem magicam, et non potius per virtutem divinam, voluit etiam propter naturam incorruptibilis corporis post resurrectionem suam cum apostolis manducare. Primo, cum dixit : « Habetis hic aliquid quod manducetur ? At illi obtulerunt ei partem piscis assi et favum mellis (ibid.); » secundo, quando septem discipuli de navi descenderant, viderunt prunas et piscem suppositum et panem, etc.; tertio quando convescens præcepit eis a Jerosolymis ne discederent, etc.

Sciendum est autem quod cibos, quos Dominus ante mortem comedit, digessit; quos vero post resurrectionem accepit, absumpsit. Sicut aliter absorbet aquam terra sitiens, et aliter ignis. Nam illa imbibit, iste consumit. Corpus namque quod propter sui subtilitatem, quæ est una de quatuor proprietatibus glorificati corporis, januis clausis intravit, et propter naturam carnis, quæ resurgendo non evanuit, sed refloruit, palpabile se ostendit : in utrolibet miraculum si fuerit, ad probationem miraculi sufficit alterum. Quid ergo scriptum est : « Et quoniam in fractione panis ab oculis duorum discipulorum subito se subtraxit. Et post dies octo venit Jesus, januis clausis, et dixit : Pax vobis (Luc. xxiv); » tertio, cum dixit discipulis : « Mittite in dexteram navis rete, etc. (Joan. xxi); » quarto, cum videntibus apostolis, elevatus est, et nubes suscepit eum, et ferebatur in cœlum (Luc. xxiv), ubi sedet ad dexteram Dei. Congruunt autem sane miracula veritati ; decebat enim ut in ejus resurrectione fieret terræmotus, in cujus morte legitur terræmotus, resurgens intraret ad discipulos clauso virginis alvo (deest aliquid), ut illi qui miraculose caperent pisces, miraculosius essent homines piscatori ; et ipse mirabiliter in cœlum ascenderet, foret mirabilius descensurus. Hæc sunt resurrectionis Dominicæ argumenta, de quibus in Actibus apostolorum Lucas evangelista testatur, dicens : *Qui præbuit seipsum vivum post passionem suam in multis argumentis*, etc. Sicut autem quadraginta dies fuerunt postquam resurrexit a mortuis, usque dum ascendit in cœlum, ita quadraginta horæ fuerunt ex quo mortuus est in cruce, usque dum resuscitatus est de sepulcro. Nam sexta feria hora nona, inclinato capite, tradidit spiritum, et una Sabbati hora prima resurrexit a mortuis, et revixit. Quatuor ergo horæ restabant in sexta feria, scilicet nona, decima, undecima, duodecima, dies autem Sabbati et duæ noctes, una præcedens et altera subsequens, habuerunt triginta sex horas, et ita simul horæ omnes quadraginta fuerunt. Patet igitur ex præmissis, quod Christus tribus diebus et noctibus, etsi non per tres dies, jacuit in sepulcro, scilicet sexta feria saltem per unam horam, Sabbato per decem, et Dominica partem unius. Unde prudenter et caute Veritas ait in Evangelio : « Sicut Jonas in ventre ceti tribus diebus et tribus noctibus, ita etiam Filius hominis in corde terræ (Matth. xii) ; » non dicit, per tres dies, et per tres noctes ; sed, *tribus diebus, et tribus noctibus*. Quoniam aliud est, esse in die et aliud esse per diem. In die namque est, quod existit in aliqua parte dici ; sed per diem est, quod per varias partes dici existit.

Sed quomodo verum est, quod tribus diebus et tribus noctibus jacuit in sepulcro, cum non intersint nisi duæ noctes? Porro sciendum est quod sicut dies dicitur claritas aeris, cum sol rutilat super terram, ita nox dici potest obscuritas aeris, cum sol super terram non lucet. Verum hora sexta, in qua crucifixus est Dominus, usque in horam nonam, in qua spiritum emisit, « tenebræ factæ sunt super universam terram, et obscuratus est sol (Luc. xxiii). » Patet igitur quod hora nona propter obscuritatem solis, obscuratus est aer. Ideoque hora nona, in qua mortuus est Christus, intelligitur nox fuisse; ut sicut de ultimo die mors Christi unam horam tantum accepit, ita de prima nocte unam tantum horam acciperet. Verum cum hujusmodi nox, id est obscuritas aeris, præcesserit sepulturam, quam cum jam sero factum esset, in parasceve ante Sabbatum legimus celebratam, secundum istam sententiam. Per cor terræ debet intelligi, quod Veritas ait : Sicut Jonas fuit in ventre ceti tribus diebus, et tribus noctibus, ita etiam et Filius hominis in corde terræ (Matth. xii). » Porro secundum istam sententiam per cor terræ debet intelligi non tam locellus petrosi sepulcri, quam umbilicus hujus habitabilis zonæ. « Hic enim per cor intelligitur medium, secundum quod dicitur in Psalmo : « Dominus autem rex noster ante sæcula operatus est salutem in medio terræ (Psal. xxxvii) ; » quoniam in eo loco crucifixus est Dominus, mortuus, sepultus et suscitatus. Nam usque ad resurrectionem Christi dies præcessit noctem, juxta quod legitur : « Factum est vespere et mane dies unus (Gen. i), » quod bene competit sacramento ; quoniam in homine dies virtutum præcessit noctem vitiorum. Sed ad resurrectionem Christi nox cœpit præcedere diem, quia lux successit post noctem culpæ, juxta quod ait Apostolus : « Eratis aliquando tenebræ, nunc autem lux in Domino (*Ephes.* v). » Nox ergo, quæ fuit inter Sabbatum et Dominicam, bis numeratur, semel propter ordinem naturalem, qui fuit, ut dies præcederet noctem : iterum propter ordinem spiritualem, qui fuit ut nox præcederet diem, et ita cum fuerint duæ noctes, si una bis numeretur, intelliguntur fuisse tres propter causam prædictam. Cæterum qualiacunque sint verba, is tamen est sensus secundum quemdam modum loquendi : *tribus diebus et tribus noctibus,* id est tribus inter dies et noctes, quia duabus noctibus et uno die integræ sunt *in corde terræ.* Licet ergo de hora resurrectionis, Dominicæ diei hora surrexisse credatur : Surgens, inquit, mane prima Sabbati, apparuit primo mane Mariæ Magdalenæ, de qua ejecit septem dæmonia (*Joan.* xx). Cui consonat Psalmista : « Exsurge gloria mea, exsurge psalterium et cithara; exsurgam diluculo (*Psal.* lvi). » Nam et in Evangelio et in Symbolo continetur, quod *die tertia resurrexit.* Unde colligitur quod non resurrexit in nocte, sed in die.

Sed dissentit et consentit Matthæus evangelista, cum dixit : « Vespere Sabbati, quæ lucescit in prima Sabbati, venit Maria Magdalene videre sepulcrum, etc. (*Matth.* xxviii). » Sane vespere dicitur finis diei, id est crepusculum; et finis noctis, id est diluculum. Ut autem determinaret evangelista, de quo vespere dixerit, consequenter adjungit : « Quæ lucescit in prima Sabbati, » ac si dixisset : In diluculo quod fuit inter noctem Sabbati et Dominicam. Huic quoque sententiæ concordat usus Ecclesiæ, quæ in commemoratione resurrectionis Dominicæ matutinas laudes decantat. In diluculo igitur, id est cum cœlum ab orientis partibus claresceret, Dominus resurrexit, per quod illa solvitur contrarietas, quæ de adventu mulierum ad monumentum inter evangelistas versari videtur. Nam Matthæus dicit, quod venerunt vespere Sabbati, quæ lucebat in prima Sabbati; Lucas vero, quod valde diluculo; Joannes autem, quod mane, cum adhuc tenebræ essent; econtra Matthæus, quod, orto jam sole, quod totus ortus solis intelligitur hic diluculum, sicut ipse Matthæus determinat dicens : « Et valde mane una Sabbatorum veniunt ad monumentum, orto jam sole. » Patet igitur quod et orto jam sole venerunt, et tantum ante lucem cum adhuc tenebræ essent, id est diluculo, cum videlicet ex ortu solis cœlum ex orientis partibus albescit, et cum adhuc tenebræ essent in partibus occidentis. Nam ea hora si quis aspiciat orientem, ortum solis discernit. Si vero respiciat occidentem, lucem propter tenebras non distinguit.

Si vero quæratur, utrum Christus post resurrectionem suam nudus apparuerit an indutus? Respondendum, quia indutus apparuit : cum et angelus qui resurrectionem suam venerat nuntiare, stola candida coopertus apparuit; quia vestimentum ejus erat sicut nix. Ut sicut in unum trium evangelistarum verba consonant, hoc ipsum non solum novæ, sed veteres ecclesiarum picturæ testantur, quæ ab ipsa primitiva Ecclesia causæ primordium asserunt.

Si quis autem inquirat, quibus vestibus indutus apparuit? Constat quod non illis, quibus induebatur cum adhuc esset passibilis et mortalis, crucis diviserunt sortem, juxta quod Dominus prædixerat: « Diviserunt sibi vestimenta mea, et super vestem meam miserunt sortem (*Psal.* xxi). » Unde si quæratur, ubi Christus illam vestem acceperit? et ego requiro ubi angelus candidam stolam accepit? Psalmista vero bene determinat dicens : « Omnia quæcunque voluit Dominus fecit in cœlo et in terra, in mari et in omnibus abyssis (*Psal.* cxxxiv). » Talis autem sedet in cœlo, qualis in judicio apparebit, quando videbunt in quem transfixerunt (*Joan.* xix). »

Fortassis adhuc humana cogitatio pulsat animum, quærens, ubi post resurrectionem Dominus erat per quadraginta dies, quando cum discipulis non manebat? Potest autem probabiliter responderi, quod erat in paradiso terrestri, ubi Enoch et Elias sunt, cum ille locus sit dignior et amœnior, ubi cum eo sanctorum animæ, quas eduxit de inferno, usque dum ascendens in cœlum « captivam duxit captivitatem (*Ephes.* xi) : » juxta quod legitur dixisse latroni : « Hodie mecum eris in paradiso (*Luc.* xxiii). »

Sed ex hoc verbo alia suboritur quæstio : Utrum ipso die mortis anima Christi statim descendit ad infernum, ut eum protinus spoliaverit educens sanctorum animas de inferno in paradisum ? Sed ita quamvis non congrue dici possit, quod simul ascendit et corpus de tumulo et anima de inferno, juxta illud Psalmistæ : « Non derelinques animam meam in inferno, nec dabis sanctum tuum videre corruptionem (*Psal.* xv); » puto quod anima Christi mox, ut exivit a corpore, facta est impassibilis, cum illico fuerit ab omni causa passionis immunis; quoniam tunc nec alieno consortio, nec ex delicto, nec ex propria pati poterat natura, nisi forsitan illud videatur obsistere, quod sicut corpus et anima Christi simul incipiens passibilitati subesse, quoniam illud fuit corpus simul et formando animatum et animando formatum, ita et corpus et anima Christi simul impassibilitatem acceperunt, ut anima reddita corpori simul fuerit glorificata cum illo.

Sed audi consilium Sapientis : « Altiora te ne quæsieris, et fortiora te ne scruteris (*Eccli.* iii) ; » quia deficiunt scrutantes scrutinio, unde Apostolus : « Non plus sapere, etc. (*Rom.* xii). » Christus ergo præbuit semetipsum in multis argumentis per dies quadraginta, et apparens eis et loquens de regno Dei. Adhuc velim distinguere, quæ sint illa quæ Christus de regno post passionem suam est locutus apostolis. Sed prius est distinguendum, quod regnum Dei dicitur in Scripturis universalis Ecclesia, coelestis patria, fides recta, et sacra Scriptura. Primum in solo, secundum in polo, tertium in corde, quartum in codice. De regno quidem scriptum est : « Exient angeli et colligent de regno ejus omnia scandala (*Matth.* XIII). » De regno patriæ reperitur : « Fulgebunt justi sicut sol in regno Patris eorum (*ibid.*). » De regno fidei dicit Scriptura : « Regnum Dei intra vos est (*Luc.* XVII). » De regno Scripturæ legitur : « Auferetur a vobis regnum, et dabitur gentibus facientibus fructum ejus (*Matth.* XXI). » Sed et ipse Christus regnum Dei potest intelligi, secundum illud : « Si ego in digito Dei ejicio dæmonia, propterea pervenit in vos regnum Dei (*Matth.* XII). » Et statim post ejus resurrectionem potest accipi regnum Dei, juxta quod ait : « Non bibam amodo de hoc genimine vitis, donec bibam illud vobiscum novum in regno Patris mei (*Matth.* XXVI). » Licet ergo multipliciter regnum Dei distinguatur, Christus tamen secundum hoc quatuor modis post resurrectionem suam locutus est apostolis suis de regno Dei. Audi de primo, scilicet de regno universalis Ecclesiæ : « Euntes, docete omnes gentes, baptizantes eos in nomine Patris, et Filii, et Spiritus sancti, docentes eos servare omnia quæ mandavi vobis, et ecce ego vobiscum sum omnibus diebus usque ad consummationem sæculi (*Matth.* XXVIII). » Hoc regnum commisit Petro, cum ait : « Simon Joannis, diligis me plus his? Cui cum Petrus tertio respondisset : Domine, tu scis, quia amo te; secundo quoque præcepit ei dicens : Pasce oves meas (*Joan.* XXI). » Audi de secundo, id est de regno coelestis patriæ : « Noli me tangere, nondum enim ascendi ad Patrem meum, etc. (*Joan.* XX). » Et iterum : « Data est mihi omnis potestas in coelo et in terra (*Matth.* XXVIII). » Audi de tertio, id est de regno fidei : « Euntes in mundum universum prædicate Evangelium omni creaturæ. Qui crediderit et baptizatus fuerit, salvus erit; qui autem non crediderit, condemnabitur (*Marc.* XVI). » Et iterum : « Quia vidisti me, Thoma, credidisti, beati qui non viderunt, et crediderunt (*Joan.* XX). » Audi de quarto, id est de regno Scripturæ : « Incipiens a Moyse et prophetis interpretabatur illis quæ de ipso erant; » et ideo iterum : « Necesse est impleri omnia quæ scripta sunt in lege Moysi, et prophetis et psalmis de me. Tunc aperuit illis sensum, ut intelligerent Scripturam (*Luc.* XXIV). »

Ecce breviter assignavimus, quæ de resurrectione Christi secundum fidem pertinent ad instructionem scientiæ. Majora autem sunt illa, quæ secundum mores pertinent ad instructionem vitæ, quibus alias ipso actore docemur, qui docet omnem scientiam Dominus Jesus Christus, qui est super omnia Deus benedictus in sæcula sæculorum. Amen.

SERMO XXI.

DOMINICA SECUNDA POST PASCHA.

De bonitate pastoris Christi, de animæ triplici acceptione in Scripturis, de triplici alimento quo nos pascit Christus, et de mercenario, lupo et ove.

Ego sum pastor bonus. Bonus pastor animam suam dat pro ovibus suis (*Joan.* X).

Parabolicæ similitudinis propositum paradigma, de mercenario et pastore, lupis et ovibus, me, fratres et filii, valde perterret; quia væ mihi est, si forte sim nomine pastor, et opere mercenarius; si meritum discrepat ab officio, si vita discordat a lingua. *Is enim est pastor bonus, quia animam suam dat pro ovibus suis.* Quis autem sit ille, Dominus ostendit cum ait : *Ego sum pastor bonus.* Quis enim bonus ut ipse ? Bonus in natura, bonus in effectu, bonus in officio. Namque non est aliud esse bonum, quam esse; cum ejus bonitas sit essentia. Quapropter ipse bonus est per naturam, homo bonus per gratiam. Ipse bonus essentialiter, homo bonus accidentaliter. Propter quod ipse dicebat : « Nemo bonus, nisi solus Deus (*Marc.* X). » Ipse bonus est in effectu, quia « omne datum optimum, et omne donum perfectum desursum est descendens a Patre luminum (*Jac.* I); » qui est fons et origo bonorum. Propter quod ipse dicebat : « Si vos, cum sitis mali, nostis bona data dare filiis vestris; quanto magis Pater vester coelestis dabit spiritum petentibus se (*Luc.* XI). » Nam « et vidit Deus cuncta quæ fecerat, et erant valde bona (*Gen.* II). » Ipse bonus est in officio; quia *bonus pastor animam suam dat pro ovibus suis.* Et ipse quidem animam suam dedit, non solum pro justis, sed etiam pro injustis. « Quia Christus mortuus est pro peccatis nostris, justus pro injustis, ut nos offerret Deo, mortificatos quidem carne, vivificatos autem spiritu (*I Petr.* III). » Non solum pro amicis, sed etiam pro inimicis. Quia « cum inimici essemus, reconciliati sumus in sanguine ejus (*Rom.* V). » Lavit enim nos a peccatis nostris in sanguine suo (*Apoc.* I). » O quanta gratia, quantum donum, ut justus pro injustis, amicus pro inimicis animam suam daret; imo Dominus pro servis, Deus pro hominibus, Creator pro creaturis.

Provideamus ergo nobis, ne tantæ gratiæ simus

ingrati, neve tanto dono reddamur indigni. Quia
« proprio Filio suo non pepercit Deus, sed pro nobis
omnibus tradidit illum (*Rom.* VIII). » Ipse est ergo
pastor bonus in natura, in effectu, in officio.

*Bonus autem pastor dat animam suam pro ovibus
suis.* Vocabulum animæ, tribus modis accipitur in
Scripturis. Dicitur enim anima spiritus, secundum
illud : *Potestatem habeo ponendi animam meam, et
iterum sumendi eam.* Dicitur vita, secundum illud :
« Qui amat animam suam, perdet eam (*Joan.* XII.)»
Dicitur sanguis, secundum illud : « Anima carnis
in sanguine est (*Levit.* XVII). » Secundum quemli-
]et modorum istorum, *Christus animam suam dedit
pro ovibus suis.* Dedit enim animam, id est spiritum,
in patibulo crucis. Dedit animam, id est vitam in
articulo mortis. *Dat animam,* id est sanguinem, in
poculo calicis. Nam qui dedit se pro nobis in pretium, ut redimeret nos a morte, ipse se tribuit
nobis in cibum, ut nutriat nos ad vitam. Ipse ergo
est *pastor bonus, qui animam suam dedit pro ovibus suis.* Pastor quippe dicitur a *pascendo.* Et ipse
tribus modis nos pascit, videlicet, alimento naturæ, cibo doctrinæ, et pabulo eucharistiæ. Ipse nos
pascit alimento naturæ, qui dat semen serenti, et
panem comedenti (*II Cor.* IX). « Qui dat escam
pullis corvorum invocantibus eum (*Psal.* CXLVI). »
Qui dicit in Evangelio : « Nolite solliciti esse, dicentes : Quid manducabimus, aut quid bibemus ?
Respicite volatilia cœli, quoniam non serunt, neque metunt, et Pater vester cœlestis pascit ea
(*Matth.* VI). » *Ipse est* ergo *pastor bonus.* Ipse nos
pascit cibo doctrinæ, qui cibat nos pane vitæ et intellectus. « Et potat nos aqua sapientiæ salutaris
(*Eccl.* XV). » Quia « non in solo pane vivit homo,
sed in omni verbo quod procedit ab ore Dei (*Deut.*
VIII). » Propter quod ipse loquitur in parabolis :
« Venite, comedite panem meum, et bibite vinum
quod miscui vobis (*Prov.* IX). » *Ipse est ergo pastor
bonus.* Ipse nos pascit pabulo eucharistiæ, qui dicit
in Evangelio : « Caro mea vere est cibus, et sanguis
meus vere est potus. Qui manducat meam carnem
et bibit meum sanguinem, in me manet, et ego in
eo. Panis enim, quem ego dabo, caro mea est pro
mundi vita (*Joan.* VI). » Utinam in futuro nos pascat
epulis gloriæ, de quibus Psalmista dicebat : « Satiabor cum manifestabitur gloria tua (*Psal.* XVI). »
Nam « in voce exsultationis et confessionis, sonus
epulantis (*Psal.* XLI). »—« Edetis, inquit, et bibetis
super mensam meam in regno meo (*Luc.* XXII). »
Et : « Vincenti dabo edere de ligno vitæ, quod est
in paradiso Dei mei (*Apoc.* II). » *Ipse* ergo *est pastor
bonus, quia animam suam dat pro ovibus suis.*

*Mercenarius autem, qui non est pastor, cujus non
sunt oves propriæ, videt lupum venientem, et dimittit
oves et fugit.* Mercenarius quidem est, qui locum
pastoris habet, sed pastoris opus non agit ; qui pro
mercede non spirituali, sed pro temporali ; non vera,
sed falsa ; non æterna, sed transitoria pascit oves ;
videlicet pro lucro terreno, pro mundana gloria,

pro humano favore. Sed « amen dico vobis, recepit mercedem suam (*Matth.* VI). »

Utrum autem sit pastor, et an oves sint ejus propriæ, hoc argumento potest probari. « Si quis
habet substantiam hujus mundi, et viderit fratrem
suum necesse habere, et clauserit viscera sua ab
eo (*Joan.* III), » profecto *non est pastor, sed mercenarius.* Quia si non dat ovibus suis terrenam
substantiam, quomodo daret pro eis animam suam ?
« Pellem, inquit, pro pelle, et cuncta quæ habet
homo, dabit pro anima sua (*Job* II). » Talis utique
videt lupum venientem, et dimittit oves et fugit.
Lupus est dæmon, lupus est hæreticus, lupus est
tyrannus. De primo dicitur : *Lupus rapit et dispergit oves.* De secundo legitur : « Attendite a falsis
prophetis, qui veniunt ad vos in vestimentis ovium,
intrinsecus autem sunt lupi rapaces (*Matth.* VII). »
De tertio vero scribitur : « Ecce mitto vos, sicut
agnos inter lupos (*Luc.* X). » Hæreticus rapit, tyrannus dispergit, Dæmon autem et dispergit et rapit. Dispergit per violentiam, rapit per fraudulentiam. Quia est violentus ut leo, et fraudulentus ut
draco. Quemlibet istorum luporum mercenarius
videt venientem, et dimittit oves et fugit : non semper mutando locum, sed sæpe subtrahendo præsidium. Quia latet, tacet et sustinet, cum minime
videt injustitiam, violentiam et perfidiam, contra
impotentes, orphanos et egenos ; quasi canis mutus non valens latrare (*Isa.* XLVI). Heu quot hodie
tales habemus et dolemus [*al.* videmus] in Ecclesia
mercenarios : propter quod cum nomen pastoris
habeant, et officium, non meritum, invalescunt hæretici, tyranni sæviunt, et perfidi persequuntur.
Quia vix invenitur, qui ponat se murum pro domo
Israel, aut stet ex adverso in die Domini (*Ezech.*
XIII). « Messis enim multa, operarii vero pauci
(*Luc.* X). » Quoniam etsi multos videamus in nomine, paucos tamen videmus in opere. Propterea
lupus rapit, et dispergit oves. Quoniam « adversarius
noster diabolus, tanquam leo rugiens circuit, quærens quem devoret (*I Pet.* V). » *Mercenarius autem
fugit, quia mercenarius est, et non pertinet ad eum
de ovibus. Sed ego,* dicit Dominus, *sum pastor bonus, et cognosco oves meas, et cognoscunt me meæ.*
Ego cognosco meas, per approbationem, dilectionem et gubernationem. *Meæ vero cognoscunt me,*
per devotionem, obedientiam et imitationem. « Novit enim Dominus qui sunt ejus (*II Tim.* II). » Qui
econtra reprobis ait : « Amen dico vobis, non novi
vos. Oves autem ejus illum sequuntur, et sciunt
vocem ejus. Alienum autem non sequuntur, sed fugiunt ab eo ; quia non noverunt vocem alienorum.
Sicut novit me Pater, et ego agnosco Patrem. Filius
per se novit Patrem, nos vero per illum, juxta
quod alibi dicit : « Nemo novit Filium, nisi Pater
neque Patrem quis novit, nisi Filius, et cui Filius
voluerit revelare (*Matth.* XI). » Itemque Joannes :
« Deum nemo vidit unquam, nisi Unigenitus, qui
est in sinu Patris, ipse enarravit (*Joan.* IV). » Lit-

tera ista duobus modis valet intelligi, quia potest dupliciter construi. Primo, ut sub uno versu dicatur: *Cognosco meas, et cognoscunt me meæ, sicut novit me Pater, et ego agnosco Patrem.* Ut ita similitudo cognitionis notetur inter pastores et oves, quæ inter Patrem et Filium. Hæc autem cognitio est dilectio, sicut Joannes evangelista testatur, inquiens: « Qui dicit se nosse Deum, et mandata ejus non custodit, mendax est (*I Joan.* II). » Veritas ergo dicit: « Qui diligit me, sermonem meum servabit (*Joan.* XIV). » Est ergo sensus. Sicut diligit me Pater, et ego diligo Patrem; ita ego diligo oves meas, et ipsæ me diligunt. Cujus dilectionis est evidens argumentum, *quia animam meam pono pro ovibus meis.* « Majorem enim charitatem nemo habet, quam ut animam suam ponat quis pro amicis suis (*Joan.* XV). » Itemque: *Oves meæ vocem meam audiunt.* Quia « populus, quem non cognovi, servivit mihi, in auditu auris obediunt mihi (*Psal.* XVII). » Vel intelligi potest, ut sub alia clausula dividatur. Dixerat enim ante: *Cognosco meas, et cognoscunt me meæ*; nunc autem ostendit, quo auctore, quove fine illas cognoscit. Quo auctore, quia *sicut novit me Pater, et ego agnosco Patrem.* Quo fine, quia *animam meam pono pro ovibus meis.* Ac si dixisset apertius: Quod vult Pater, et ego volo. Unde juxta beneplacitum Patris *animam meam pono pro ovibus meis.*

Ostensum est qualis debet esse pastor, ostendendum est ergo quales debeant esse oves. Tria præcipue commendantur in ove, mansuetudo, innocentia et utilitas. Scriptum est enim : « Tanquam ovis ad occisionem ductus est, et sicut agnus coram tondente se, sic non aperuit os suum (*Isa.* LIII). » Totum est utile quod exit ab ove, lac et lana, pellis et caro, fetus et fimus, qui terram impinguat: tales debent esse fideles, ut sint mansueti, ne reddant malum pro malo, neque maledictum pro maledicto, ejus exemplo (*I Pet.* III): « Qui cum malediceretur non maledicebat, cum pateretur non comminabatur (*I Petr.* II). » Ut sint innocentes, ne quemquam offendant, nulli noceant, neminem lædant; sed potius diligant inimicos suos, benefaciant his qui oderunt eos; et orent pro persequentibus et calumniantibus se, illius exemplo qui solem suum facit oriri super bonos et malos, et pluit super justos et injustos (*Matth.* v), ut sint utiles, quatenus pastoribus suis reddant lac et lanam, vel fimum et fetum, id est primitias et decimas et oblationes. « Dignus est enim operarius mercede sua (*I Tim.* v). » Propter quod dicebat Apostolus : « Si seminavimus vobis spiritualia, non est magnum si carnalia vestra metamus (*I Cor.* IX). »

Sequitur: *Et alias oves habeo quæ non sunt ex hoc ovili, et illas oportet me adducere; et fiet unum ovile et unus pastor.* Habebat ergo Dominus oves, et justificatas per gratiam, et prædestinatas ad vitam. De justificatis præmiserat: *Cognosco meas, et cognoscunt me meæ.* De prædestinatis subjungit : *Alias oves habeo, quæ non sunt ex hoc ovili.* Primæ ergo jam collectæ erant ex populo Judæorum ; secundæ adhuc erant colligendæ de populo gentium. Utræque tamen congregandæ erant, ut esset *unum ovile, et unus pastor,* id est una Ecclesia, et unus Dominus. « Ipse enim est pax nostra, qui fecit utraque unum, ut duo parietes e diverso venientes in uno angulari lapide convenirent (*Ephes.* II). » Quæcunque ovis extra hoc invenitur ovile, luporum morsibus patet; quoniam et omnes qui non fuerunt in arca in diluvio perierunt (*Gen.* VI). Porro quædam oves sunt lentæ, quædam sunt morbidæ, et quædam vagæ. Bonus itaque pastor debet pungere lentas, sustentare morbidas et colligere vagas. Quæ tria bene significantur in baculo pastorali, qui est in ultimo acutus, in medio rectus, in summo retortus. Acutus, ut pungat oves lentas et pingues; rectus, ut sustentet oves morbidas et infirmas; retortus, ut recolligat oves vagas et errabundas. Oves suas pascendas Dominus Petro commisit (*Joan.* XXI), vocabulo tertio repetito, quem pastorem sibi substituit, et ob hoc hodierna statio in ejus basilica celebratur, ad laudem et gloriam summi pastoris Ecclesiæ Jesu Christi, qui est super omnia Deus benedictus in sæcula sæculorum. Amen.

SERMO XXII.

IN SOLEMNITATE ASCENSIONIS DOMINI NOSTRI JESU CHRISTI.

De tribus solemnitatibus, scilicet Paschæ, Scenopegiæ et Pentecostes, et quomodo debeamus eas celebrare; denique, de tribus ordinibus eas celebrantium.

Ascendens Christus in altum, captivam duxit captivitatem, dedit dona hominibus (Ephes. IV).

Tres olim solemnitates non solæ, sed præcipuæ celebrabantur in lege, videlicet Pascha, Pentecoste et Scenopegia, id est solemnitas azymorum, solemnitas hebdomadarum et solemnitas tabernaculorum. Quas et nos in Evangelio, non ad litteram sed in spiritu celebramus. Pascha, in resurrectione; Scenopegia, in ascensione : Pentecosten, in Parracleti missione. *Christus* enim *captivam duxit captivitatem,* quando resurgens eduxit vinctos suos de lacu (*Zach.* IX), in quo non erat aqua. Ascendit in altum (*Psal.* LXVII), cum exaltatus est super cælos cælorum ad orientem. *Dedit dona hominibus,* cum effudit de Spiritu sancto super omnem carnem. *Ascendens* ergo *Christus in altum, dedit dona hominibus,* quoniam « omne datum optimum, et omne donum perfectum desursum est, descendens a Patre luminum *(Jac.* I). » Pascha siquidem *transitus* appellatur, eo quod angelus transiit per Ægyptum, exstinguens primogenita Ægypti, ab homine usque ad pecus : sed super Hebræorum tecta transivit, neminem eorum lædens, eo quod agni sanguine lita essent (*Exod.* XII). Et tunc populus Israel iter arripuit transeundi de Ægypto in solitudinem. Porro « pascha nostrum immolatus est Christus (*I Cor.* v), » cujus sanguine tecta tanguntur, cum corda nostra fide passionis insigniuntur, quæ sola diabolus exterminare non potest, in eo qui intus ex fide vivit.

Transitum autem istum Joannes evangelista determinat, dicens : « Sciens Jesus, quia ejus hora venit, ut transeat ex hoc mundo ad Patrem, cum dilexisset suos, in finem dilexit eos (*Joan.* XIII); » resurgens ergo transiit de morte ad vitam, de labore ad requiem, de mundo ad Patrem; nam Christus resurgens ex mortuis, jam non moritur, mors illi ultra non dominabitur (*Rom.* VI). Scenopegia *fixio tabernaculorum* interpretatur, eo quod Israel quadraginta annis sub tabernaculis commoratus est in deserto (*Deut.* XVI), in cujus rei memoriam adhuc Judæi celebrant Scenopegiam, habitantes in tabernaculis. Porro tabernaculum est corpus Christi assumptum, in quo sub humanitate latet divinitas, de quo dicit Psalmista : « In sole posuit tabernaculum suum (*Psal.* XVIII). » Hoc utique tabernaculum Christus in carne mortali non figebat, quoniam « exsultavit ut gigas ad currendam viam (*ibid.*), » discurrens de loco in locum, ut susceptum ministerium adimpleret. Sed tunc fixit tabernaculum suum, cum « assumptus in cœlum sedet ad dexteram Dei (*Mar.* XVI), » requiescens, in patrimonialibus bonis Patris, « donec ponat inimicos suos scabellum pedum suorum (*Psal.* CIX) » πεντήκοντα Græce, *asiarco* Hebraice, *quinquaginta* interpretatur Latine; inde Pentecostes appellatur illa solemnitas, quæ fit in memoriam legis datæ quinquagesimo die ab exitu Israel de Ægypto (*Exod.* XX). Nos autem Pentecosten celebramus in honore Spiritus Paracleti, qui datus est apostolis quinquagesimo die postquam Christus resurrexit a mortuis (*Act.* II). Ipse quidem est lux salutaris, « scripta non in tabulis lapideis, sed in cordibus (*II Cor.* III) » hominum digito Dei; de quo dicit Joannes : « Unctio docebit vos de omnibus (*I Joan.* II). » Et Christus in Evangelio : « Cum venerit Paracletus, ille vos docebit omnem veritatem (*Joan.* XV). » Hujus diei solemnitatem honorifice celebramus, recolentes quod dum complerentur dies Pentecostes, « factus est repente de cœlo sonus advenientis Spiritus vehementis (*Act.* II). » Verum ut omnis Christi actio, Christiani sit lectio, non solum requiramus allegoriam, quæ animam instruit ad scientiam, sed magis tropologiam, quæ animum instruit ad salutem. Christus enim resurrexit, ut nos resurgamus; ascendit ut nos ascendamus; Paracletum dedit, ut nos consolemur : Paracletus enim *advocatus* vel *consolator* interpretatur. Sed post tres dies resurrexit a mortuis, inde post quadraginta dies ascendit ad cœlos, extunc post decem Paracletum dedit. Plena sunt omnia divinis mysteriis, ac singula cœlesti dulcedine redundantia; si tamen diligentem habeant inspectorem, qui novit sugere « mel de petra, oleumque de saxo durissimo (*Deut.* XXXI). »

Resurgamus ergo, fratres et filii, resurgamus a mortuis post tres dies. Resurrectio prima est remissio peccatorum; de qua dicit Joannes : « Beati qui habent partem in resurrectione prima (*Apoc.* XX). » Ad hanc itaque pervenimus per viam trium dierum, qua filii Israel egressi sunt de Ægypto, ut sacrificarent Domino in deserto. « Sacrificium Deo spiritus contribulatus, cor contritum et humiliatum Deus non spernit (*Psal.* L). » Est ergo primæ diei via, per quam ad resurrectionem animæ proficiscimur, inquisitio peccatorum, quando peccator inquirit et investigat modum, et numerum, et alias circumstantias peccatorum, secundum illud : « cogitabo pro peccato meo (*Psal.* III); » hic enim primus dies, hæc prima mentis illuminatio; huic successit secundus, videlicet recordatio delictorum, quando peccator coram se statuit modum et numerum et alias circumstantias delictorum, secundum illud · « peccatum meum contra me est semper (*Psal.* V). » Hic est secundus dies, hæc est secunda mentis illuminatio, cui tertius quoque successit, videlicet contritio vitiorum, quando peccator pœnitens conterit omnia vitia per dolorem, secundum quod inquit : « Secundum multitudinem dolorum meorum in corde meo consolationes tuæ lætificaverunt animam meam (*Psal.* XCIII). » Statim ergo puella suscitatur in domo (*Matth.* IX), » juvenis in porta (*Luc.* VII), Lazarus in sepulcro (*Joan.* XI). » Nam qua hora peccator conversus fuerit et ingemuerit, omnium iniquitatum ejus non recordabor : « vita vivet, et non morietur (*Ezech.* XXXIII), » ait Dominus omnipotens. Hoc est ergo Pascha vel solemnitas, in qua salutarem transitum celebramus, de morte ad vitam, de malo ad bonum, de tenebris ad lucem, de vitiis ad virtutes. Tunc anima transit de tenebris Ægypti, ad columnam nubis obumbrantem per diem, et columnam ignis lucentem per noctem (*Exod.* XIV); quando peccator per pœnitentiam tenebras interiores deponit, de quibus ait Apostolus : « Obscuratum est insipiens cor eorum (*Rom.* I) : » et lucem veritatis assumit, quæ illuminat omnem hominem venientem in hunc mundum (*Joan.* I), » quæ per nubem refrigerat et per ignem illustrat. Sed a resurrectione post quadraginta dies debemus ascendere, ut disponentes « ascensiones in corde, in convalle lacrymarum (*Psal.* LXXXIII), ascendamus de virtute in virtutem, donec videamus Deum deorum in Sion. » Faciamus ergo dignos fructus pœnitentiæ (*Matth.* III), quæ sunt præcipue, oratio, jejunium, eleemosyna : ut sicut tres per peccatum offendimus, Deum, nosipsos et proximum, ita tres per satisfactionem placemus : ut oratio dirigatur ad Deum, jejunium feratur in nos, eleemosyna distribuatur ad proximum.

Scitis autem, charissimi, quod quadragenarius specialis et proprius est satisfactionis numerus; unde et observantiam militiæ Christianæ, per quam ad satisfaciendum Domino de commissis decimam totius anni persolvimus, sub hoc numero comprehendimus. Ut enim cæteras significationes hujus numeri taceamus, quæ sunt multiplices in Scripturis, Jonas hujus numeri spatium Ninivitis indulsit, ut converterentur ad Dominum et satisfacerent de commissis : « Adhuc, inquit, quadraginta dies, et Ninive subvertetur (*Jon.* I). » Est enim numerus superabundans, ex suis partibus aggregatis ascendens ad quinquagenarium, qui ratione jubilei, plenam remissionem significat; quia si sic ascenderimus, post decem dies Spiritum sanctum Paracletum accipiemus. Denarius enim dierum est Decalogi observantia, qui totus in dilectione Dei et proximi adimpletur; nam « plenitudo legis est charitas (*Tim.* II), » et « finis præcepti charitas est, de corde puro et conscientia bona et fide non ficta (*I Tim.* II). » Nam et illorum mandata in duabus tabulis sunt conscripta; tria in una, quæ Dei dilectionem insinuant. Quorum primum spectat ad Patrem : « Non habebis deum alienum; » secundum ad Filium : « Non assumes nomen Dei tui in vacuum; » tertium ad Spiritum sanctum : « Memento ut diem Sabbati sanctifices, qui est veræ quietis sanctificatio (*Exod.* XX). » Unde non incongrue quinquagesimo die, qui primus est post septimam septimanam, missus est in apostolos, ut eos in illa pacis requie solidaret. De qua dicit Veritas in Evangelio : « Pacem relinquo vobis, pacem meam do vobis (*Joan.* XIV). » Post dies hos itaque decem, id est post decimam observantiam mandatorum Dei, Paracletum Spiritum sanctum accipimus : non quoniam et ante Paracletum Spiritum non acceperimus quoniam « charitas Dei diffusa est in cordibus nostris per Spiritum sanctum, qui datus est nobis (*Rom.* XV); » sed quoniam amplius, et ad aliud illum accepimus. Sicut apostoli, qui Spiritum sanctum acceperunt ipso die resurrectionis Dominicæ, quando Dominus ait : « Accipite Spiritum sanctum, quorum remiseritis peccata, remittuntur eis (*Joan.* XX); » et tamen quinquagesimo Spiritum sanctum acceperunt. Quia « repleti sunt omnes Spiritu sancto, et cœperunt loqui variis linguis, prout Spiritus sanctus dabat eloqui illis (*Act.* II). » Ad quid eo die Spiritum sanctum acceperunt, per visibiles figuras ostensum est; nam « apparuerunt illis dispertitæ linguæ tanquam ignis, seditque supra singulos eorum (*ibid.*). » Ignis expressit constantiam, lingua scientiam; nam ignis testam mollem et fragilem consolidat et confirmat : lingua mentis affectum exprimit et exponit. Datus est autem Spiritus sanctus apostolis ad constantiam, ut induti virtute Spiritus ex alto, testes fierent in Jerusalem et Samaria et usque ad extremum terræ (*Luc.* XXIV; *Act.* I). Datus est ad scientiam, ut loquerentur variis linguis apostoli magnalia Dei; quatenus in omnem terram exiret sonus eorum, et in fines orbis terræ verba eorum (*Rom.* X). Hinc alibi legitur : « Spiritus Domini replevit orbem terrarum, et hoc quod continet omnia, scientiam habet vocis (*Sap.* I). » Sic nos, fratres et filii, si Decalogi mandata servamus, profecto Spiritum sanctum in igneis linguis accipimus, ut sit ignis flagrans in corde et lingua sonans in ore. De hoc igne Dominus ait : « De excelso misit ignem in ossibus meis (*Thren.* I), » item : « Ignem veni mittere in terram, et quid volo, nisi ut ardeat? (*Luc.* XII.) » Et alibi : « Ignis in altari meo semper ardebit (*Levit.* VI). » Hunc ignem exposuit Salomon, ubi ait : « Aquæ multæ non possunt exstinguere charitatem (*Cant.* VIII). » Ardeat igitur ignis in corde, ut lingua congrue sonet in ore. Nam peccatori dixit Deus : « Quare tu enarras justitias meas, et assumis testamentum meum per os tuum? » (*Psal.* XLIX.) Certe, cujus vita despicitur, restat ut prædicatio ejus contemnatur, et dicatur ei : « Medice, cura teipsum (*Luc.* IV) : » « Hypocrita, ejice primam trabem de oculo tuo, et tunc ejicies festucam de oculo fratris tui (*Matth.* VII). » « Qui prædicas non furandum, furaris? qui dicis non mœchandum, mœcharis? » (*Rom.* II.) Has tres solemnitates, celebrant tres ordines fidelium in Ecclesia : Incipientes, qui resurgunt per humilem pœnitentiam; proficientes, qui ascendunt per abundantem justitiam; perficientes, qui consolantur per finalem perseverantiam. Tres istos gradus fidelium designant tres quinquagenæ psalmorum, quarum prima terminatur in pœnitentia, quam psalmus ille quinquagesimus docet : « Miserere mei, Deus. » Secunda, terminatur in justitia, quam psalmus ille centesimus exprimit : « Misericordiam et judicium cantabo tibi, Domine. » Tertia terminatur in laudis perseverantia quam ultimus psalmus exponit : « Omnis spiritus laudet Dominum. » Isti tres status sunt tres cameræ arcæ Noe (*Gen.* IX). Hi sunt tres dies, de quibus Dominus ait : « Hodie dæmonia ejicio, cras sanitates perficio, et tertia die consummor (*Luc.* XIII). »

Celebremus ergo, charissimi, solemnitates istas, non tam corpore quam corde; quia reliquiæ cogitationum agent diem festum Domino (*Psal.* LXXV), inspirante Paracleto qui a Patre procedit et Filio (*Joan.* XVI). Qui cum eis est vivus et verus Deus, benedictus in sæcula sæculorum. Amen.

SERMO XXIII.

IN SOLEMNITATE SANCTÆ PENTECOSTES.

De duplici liquefactione, et diversitate liquefactorum; de sapientia et charitate apostolorum; et quod illa duo in prædicationis officio conjungi debeant, ut doceat prædicator verbo et exemplo.

Liquefacta est terra, et omnes habitantes in ea; ego confirmavi columnas ejus (Psal. LXXIV).

Duplex est liquefactio, una bonorum, de qua Sponsa dicit in Cantico: « Anima mea liquefacta est, ut dilectus meus locutus est (*Cant.* v). » Altera vero malorum, de qua Propheta ait in Psalmo: « Sicut cera liquefacta auferentur (*Psal.* LVII). » Porro quædam liquefiunt solummodo ad humorem, quædam autem ad calorem et humorem. Ad calorem, ut cera; ad humorem, ut sal; ad calorem pariter et humorem, ut nix. Item quædam quando liquescunt, et permanent; quædam quando liquescunt, et pereunt. Liquescunt, et permanent, ut cera et sepum; liquescunt et pereunt, ut nix et glacies. Sic et mali quidam solummodo liquescunt ad calorem; qui videlicet dissolvuntur per spirituales cupiditates, quæ de cordis calore procedunt, ut per iram vel per invidiam. De quibus legitur, quod « exarserunt in concupiscentiis suis (*Dan.* XIII), » inflammati a gehenna. Quidam vero liquescunt ad humorem solummodo; qui videlicet dissolvuntur per corporales concupiscentias, quæ de carnis humore procedunt, ut per gulam vel per luxuriam, de quibus legitur, quod Behemoth dormit in locis humentibus, fiduciam habens quod influat Jordanis in os ejus (*Job* XL). Quidam vero liquescunt ad calorem pariter et humorem; qui videlicet et per spirituales cupiditates et per corporales concupiscentias dissolvuntur. De quibus, ut pœna sit similis culpæ, dicit Scriptura, quod « de aquis nivium, transibunt ad calorem nimium (*Job* XXIV). » De illis dicit David: « Super eos cecidit ignis, et non viderunt solem (*Psal.* LVII). » De his inquit Jacob: « Effusus es sicut aqua, non crescas: quando ascendisti cubile patris tui (*Gen.* XLVIII). » Eorum vero quidam liquescunt et permanent, ut illi qui peccant et pœnitent, quia per pœnitentiam reparantur. Nam « quacunque hora peccator ingemuerit conversus, vita vivet et non morietur, ait Dominus (*Ezech.* XVIII). » Quidam vero liquescunt et pereunt; ut illi qui peccant, et nunquam pœnitent, quia propter impœnitentiam condemnantur. Nam « mortuo homine impio, nulla spes erit de eo (*Prov.* XI). » O quam periculosus modus liquefactionis est iste, ut videlicet quis moriatur in peccato! Ecce mundus fere totus liquefactus est vitiis, fere liquefactus totus est in peccatis. Nam « superabundavit iniquitas, et refriguit charitas multorum (*Matth.* XXIV). » — « Gloriantur enim homines cum male fecerint, et exsultant in rebus pessimis (*Prov.* II). » Quia « cum impius venerit in profundum malorum, contemnit (*Prov.* XVIII). » Quos utique quanto Deus per patientiam diutius sustinet in præsenti, tanto per justitiam gravius puniet in futuro; quia juxta testimonium sacræ Scripturæ: « Dedit eis Deus tempus pœnitendi, et ipsi abusi sunt eo (*Job* XXIV). » Cera quidem ad ignem primo mollescit, secundo liquescit, tertio evanescit. Sic et diabolus, qui est malorum intentor, primo ignem tentationis accendit, quo magis anima liquefacta, quasi cera mollescit, cum incipit delectari. Secundo magis ignem tentationis accendit, quo magis anima liquefacta quasi cera liquescit, cum incipit consentire. Tertio magis ac magis ignem tentationis accendit, quo magis ac magis anima calefacta, quasi cera penitus evanescit, cum incipit perpetrare. Quia « peccatum cum fuerit consummatum, generat mortem (*Jac.* I), » propter quod legitur: « Sicut cera a facie ignis, sic pereant peccatores a facie Dei (*Psal.* LXVII). »

Nos ergo, fratres et filii, quæramus Dominum dum inveniri potest, invocemus eum dum prope est (*Isai.* LV); ne forte simus ex illis, de quibus Propheta præmittit: *Liquefacta est terra, et omnes habitantes in ea.* Sed ut simus de illis, de quibus Dominus dicit: *Ego confirmavi columnas ejus.* Nomine terræ humana caro potest intelligi, quæ fuit de limo terræ formata. Cui a Domino dicitur: « Terra es, et in terram ibis (*Gen.* III). » *Habitantes in ea*, possunt intelligi viventes in carne, de quibus inquit Scriptura: « Qui habitant domos luteas, et terrenum habent fundamentum (*Job* IV). » Tales cum venit Christus, invenit; et cum ascendit, dimisit. Quoniam « omnes declinaverunt, simul inutiles facti sunt (*Psal.* XIII). » Sed ne *terra tota liquefacta* periret, Deus confirmavit *columnas ejus*, quando quinquagesima die post resurrectionem suam apostolos induit virtute Spiritus sancti ex alto (*Act.* I et II). Qui designantur nomine columnarum; quia per eos Ecclesia sustentatur, secundum quod et Paulus apostolus ait, quia Petrus, Jacobus et Joannes videbantur columnæ esse (*Gal.* II). « Nisi enim Dominus reliquisset nobis semen, quasi Sodoma fuissemus (*Isai.* I). » *Liquefacta est terra, et omnes habitantes in ea.* Sed Dominus confirmavit *columnas ejus*. Pro hac confirmatione orant ipse columnæ dicentes: « Confirma hoc Deus, quod operatus es in nobis, a templo sancto tuo quod est in Jerusalem (*Psal.* LXVII). » Nam « postquam impleti sunt dies Pentecostes, factus est repente de cœlo sonus, tanquam advenientis spiritus vehementis, et

SERMO XXIII, IN PENTECOSTE.

repievit totam domum ubi erant sedentes, etc. Et repleti sunt omnes Spiritu sancto, et cœperunt loqui variis linguis, prout Spiritus sanctus dabat eloqui illis (*Act.* II). » Antequam apostoli Spiritum sanctum accepissent, quasi timore liquefacti, relicto Christo, fugerunt (*Matth.* XXVI). Sed ubi Spiritum Paracletum acceperunt, quasi confirmati virtute Spiritus ex alto, « ibant gaudentes a conspectu concilii, quoniam digni habiti sunt pro nomine Jesu contumeliam pati (*Act.* V). » Unde Petrus, qui prius ad vocem ancillæ negaverat (*Matth.* XXVI), postea coram regibus et principibus nomen Christi portavit, constanter affirmans, quoniam magis oportet Deo, quam hominibus obedire (*Act.* V).

Mali liquefiunt per vitia et peccata, boni autem confirmantur per virtutes et dona. Illi liquefiunt per ardorem cupiditatis et per humorem concupiscentiæ. Isti vero confirmantur per ardorem charitatis et per humorem sapientiæ. Nam « apparuerunt illis dispertitæ linguæ tanquam ignis (*Act.* II). » Duo dicit: ignis et lingua, per visibiles formas, invisibiles species repræsentans. Ignis enim in arido vivit, lingua manet in unda. Et ignis quidem charitatem significat, lingua vero exprimit sapientiam. De charitatis ardore Solomon dicit in Canticis: « Aquæ multæ non possunt exstinguere charitatem (*Cant.* VIII). » De humore sapientiæ idem loquitur in Proverbiis: « Aqua profunda ex ore viri verba, et torrens inundans est fons sapientiæ (*Prov.* XVII). » Et inter virtutes charitas est præcipua; et inter dona, prima est sapientia. De illa dicit Apostolus: « Major autem horum est charitas (*I Cor.* XIII). » De ista dicit propheta: « Requiescet super eum spiritus sapientiæ et intellectus, etc. (*Isa.* II). » Has ergo duas, primam videlicet et præcipuam, in figura ignis et linguæ per Spiritum sanctum hodierna die Christus infudit apostolis, quos missurus erat in orbem, ut prædicarent Evangelium omni creaturæ (*Marc.* XVI). Charitatis enim informat vitam, et sapientia informat doctrinam. Quæ duo debent in prædicatione conjungi, ut non solum verbo doceat, sed et exemplo. « Nam cujus vita despicitur, restat ut ejus prædicatio contemnatur, et dicatur ei : « Medice, cura teipsum (*Luc.* IV). » — « Hypocrita, ejice primo trabem de oculo tuo, et tunc ejicies festucam de oculo fratris tui (*Luc.* VI). » — Qui prædicas non furandum, furaris? qui prædicas non mœchandum, mœcharis? » (*Rom.* II). « Cœpit ergo Jesus facere et docere (*Act.* I), » — « nobis relinquens exemplum, ut sequamur vestigia ejus; qui peccatum non fecit, » ut sit nobis honestas in vita : « nec inventus est dolus in ore ejus (*I Pet.* II; *Isa.* LIII), » ut sit veritas in doctrina. Nam « qui fecerit et docuerit, magnus vocabitur in regno cœlorum (*Matth.* V). » Unde a veste pontificali dependebant mala granata cum tintinnabulis aureis (*Exod.* XVIII).

Ardeat ergo prius ignis dilectionis in corde, ut postea sonet lingua prædicationis in ore (*Matth.* XII). Nam « cum apparuissent illis dispertitæ linguæ tanquam ignis, tunc repleti sunt omnes Spiritu sancto: et cœperunt loqui variis linguis, prout Spiritus sanctus dabat eloqui illis (*Act.* II). » Ecce nunc impletum vident, quod olim audierunt promissum: « Non enim vos estis qui loquimini, sed spiritus Patris vestri, qui loquitur in vobis (*Joan.* XIV). »

In hoc loco conjunguntur ignis et lingua, quoniam « apparuerunt illis dispertitæ linguæ tanquam ignis (*Act.* II). » In Evangelio, quod audistis, conjunguntur dilectio et sermo; quia « qui diligit me, sermonem meum servabit (*Joan.* XIV). » In Psalmo vero conjunguntur et spiritus et doctrina : « Spiritu principali confirma me. Docebo iniquos vias tuas (*Psal.* L): » ut hoc triplici testimonio cognoscatur. Quia sicut unum sunt, lingua, sermo, doctrina; sic unum est ignis, dilectio, spiritus. Nam « Deus noster ignis consumens est (*Deut.* IV). » — « Deus autem est charitas (*I Joan.* IV). » — « Charitas vero diffusa est in cordibus nostris per Spiritum sanctum, qui datus est nobis (*Rom.* V). » Illic est dilectio Patris et Filii, amor et connexio utriusque, cui specialiter hodierna solemnitas dedicatur. Quia vero *liquefacta est terra et omnes habitantes in ea*, idcirco *Deus confirmavit columnas ejus*. Sed rursus, quia *Deus confirmavit columnas ejus, liquefacta est terra et omnes habitantes in ea*. Postquam enim apostoli Spiritum sanctum accepere Paracletum, stans Petrus cum undecim elevavit vocem suam, et locutus est plebi, exponens eis prophetiam Joel, et alia prophetica testimonia. Quibus auditis, compuncti sunt corde, et dixerunt ad Petrum et ad reliquos apostolos : « Quid faciemus, viri fratres? Petrus vero dixit ad illos: Pœnitentiam agite et baptizetur unusquisque vestrum in nomine Jesu Christi. Baptizati sunt igitur et appositi sunt in illa die animæ circiter tria millia (*Act.* II). » Ecce liquefacti sunt isti et per ardorem et per humorem : per ardorem pœnitentiæ, et per humorem baptismi. De ardore pœnitentiæ dicit Psalmista : « Concaluit cor meum intra me, et in meditatione mea exardescet ignis (*Psal.* XXXVIII). » De humore baptismi Dominus ait: « Nisi quis renatus fuerit ex aqua et Spiritu sancto, non intrabit in regnum cœlorum (*Joan.* III). »

Nos ergo fratres et filii, qui jam liquefacti sumus per aquam baptismi, liquefiamus adhuc per ardorem pœnitentiæ, ut nostra deleantur peccata, præstante Spiritu Paracleto, qui est vera remissio peccatorum; qui cum Patre et Filio vivit et regnat Deus, per omnia sæcula sæculorum. Amen.

SERMO XXIV.

IN EADEM SOLEMNITATE.

De duplici baptismo nobis in Evangelio commendato, et quomodo apostoli Spiritu sancto baptizati sunt, et quando nos in spiritu baptizamur.

Joannes quidem baptizavit aqua; vos autem baptizabimini Spiritu sancto, non post multos hos dies (Act. 1).

Duplex enim nobis baptismus in Evangelio commendatur, in aqua videlicet et igne. Sed in aqua materiali, et in igne spirituali, ne vel aqua ignem exstinguat, vel ignis aquam consumat. De utroque baptismo Joannes Baptista dicebat : « Ego baptizo vos in aqua; medius autem vestrum stetit, qui baptizat vos de Spiritu sancto et igne (*Matth*. III; *Luc*. III). » Verum uterque baptismus sanctificatur in verbo, uterque sanctificatur in Spiritu. Nam « verbo Domini cœli firmati sunt, et spiritu oris ejus omnis virtus eorum (*Psal*. XXXII). » Omnis enim firmitas, omnis virtus a Deo Patre, per Verbum in Spiritu sancto confertur. Nam « tres sunt qui testimonium dant in cœlo : Pater, et Verbum, et Spiritus sanctus. Et hi tres unum sunt (*I Joan*. V). » Joannes quidem baptizavit aqua duntaxat. Quia cum esset homo solummodo, neque per Verbum, neque per Spiritum poterat aquam consecrare. Jesus autem baptizat in spiritu, quia cum sit Deus de Deo per Spiritum sanctum, qui a Patre procedit (*Joan*. xv), et ipse sanctificat et purificat animam, cui Spiritum sanctum infundit. Attende prudenter, quomodo baptismus aquæ sanctificatur in verbo. « Baptizate, inquit, omnes gentes in nomine Patris, et Filii, et Spiritus sancti (*Matth*. XXVIII). » Nomen enim, id est invocatio Trinitatis sanctificat aquam, ut tingens corpus purificet cor. Et ideo dicebat : « Mundans eam, » id est Ecclesiam, « lavacro aquæ in verbo vitæ (*Ephes*. V). » Nam accedit verbum ad elementum, et fit sacramentum. Attende quoque prudenter, quomodo baptismus aqua sanctificatur in spiritu, teste Veritate quæ dicit : « Nisi quis renatus fuerit ex aqua et Spiritu sancto, non intrabit in regnum Dei (*Joan*. III). » Sicut enim homo secundum naturam nascitur ex femina, sed de viro, quia vir fecundat feminam ut concipiat; ita secundum gratiam ex aqua renascitur, sed de spiritu. Quia spiritus aquam sanctificat, ut purificet. Nam quod naturaliter est ex carne, caro est; quod autem nascitur ex spiritu, spiritus est.

Sed et baptismus ignis sanctificatur in Verbo pariter et in Spiritu quemadmodum ostendit epistolica lectio quam audistis : « Dum complerentur, inquit, dies Pentecostes, erant omnes discipuli pariter in eodem loco : et factus est repente de cœlo sonus, tanquam advenientis spiritus vehementis, et replevit totam domum, ubi erant sedentes. Et apparuerunt illis dispertitæ linguæ tanquam ignis, seditque supra singulos eorum. Et repleti sunt omnes Spiritu sancto ; et cœperunt loqui variis linguis, prout Spiritus sanctus dabat eloqui illis (*Act*. II). » Cum audis, quod *apparuerunt illis dispertitæ linguæ tanquam ignis,* attende baptismum in igne. Cum audis, quia *repleti sunt omnes Spiritu sancto,* attende sanctificationem in spiritu. Cum audis, quia *cœperunt loqui variis linguis,* attende sanctificationem in Verbo. Hodie namque completum est quod in persona Ecclesiæ propheta prædixerat : « De excelso misit ignem in ossibus meis (*Thren*. 1). » *De excelso* namque, id est de cœlo *misit ignem,* id est Spiritum sanctum in linguis igneis. *In ossibus meis,* id est in apostolis, per quos totum corpus Ecclesiæ sustentatur, quos et tunc fecit ossa, id est fortes, constantes et virtuosos, quemadmodum illis promiserat : « Accipietis, inquit, virtutem supervenientis Spiritus sancti in vos; et eritis mihi testes in Jerusalem, et in omni Judæa et Samaria, et usque ad ultimum terræ (*Act*. II). » Iste ignis Spiritus sanctus est, de quo dicit Scriptura : « Deus noster ignis consumens est (*Deut*. IV), » amor, charitas et dilectio. De hoc igne Dominus ait : « Ignem veni mittere in terram, et quid volo, nisi ut ardeat ? » (*Luc*. XII.) Ignis enim splendorem illustrat, per calorem purificat. Et Spiritus sanctus per sapientiam illuminat mentem, purificat autem per charitatem; quibus baptizatur anima, id est purificatur in Spiritu. Per sapientiam, a tenebris ignorantiæ; per charitatem, a maculis culpæ. Tunc ergo baptizamur in spiritu, cum charitas Dei diffunditur in cordibus nostris per Spiritum sanctum qui datus est nobis (*Rom*. V). De hoc baptismo Dominus prædixerat per prophetam: « Effundam de spiritu meo super omnem carnem (*Joel* II). » Hunc ergo baptismum bene receperunt apostoli, juxta quod Dominus illis promiserat : *Joannes*, inquit, *baptizavit aqua, vos autem baptizabimini Spiritu sancto, non post multos hos dies.*

Quinquagesima die post immolationem agni paschalis, celebrato Phase, filiis Israel exeuntibus de Ægypto per mare Rubrum, submersis Ægyptiis, et liberatis Hebræis, cum Moyses ascendisset in montem Sinai, ut assisteret Domino, et populus exspectaret ad montis radicem, ipso quinquagesimo die cœperunt audire tonitrua, fulgura micare. Cunctus autem populus videbat et lampades et sonitum buccinæ, et montem fumantem, et tunc Dominus dedit legem filiis Israel, quae scripta est in tabulis lapideis digito Dei (*Exod.* xix). Plena sunt ista divinis mysteriis, et coelestibus resonantia sacramentis. Nam hodie umbra protulit lucem, et figura veritatem. Post immolationem siquidem Christi, qui est verus Agnus paschalis, de quo dicit Apostolus : « Pascha nostrum immolatus est Christus (*I Cor.* v), » illo celebrato phase, id est *transitu*, de quo dicit Joannes : « Sciens Jesus, quia venit hora ejus, ut transeat de hoc mundo ad Patrem (*Joan.* xiii) ; » filii Israel, id est populi Christiani, Deum videntes per fidem, exeunt de Ægypto, id est de tenebris vitiorum, per mare Rubrum, id est per sacramentum baptismi Christi sanguine rubricatum. In quo submersis Ægyptiis, id est deletis peccatis, liberantur Hebraei, id est justificantur fideles. Quod quidem impletur, cum post diem passionis Dominicae paschalibus initiatus mysteriis consecratur baptismus, in quo catechumeni renascantur. Cumque verus Moyses, id est Christus ascendisset in montem, id est in coelum, ut sederet ad dexteram Dei Patris (*Marc.* xvi), quinquagesimo die post Pascha, qui Pentecoste appellatur, coeperunt audire tonitrua, fulguraque micare ; quia « factus est repente de coelo sonus, tanquam advenientis spiritus vehementis, et replevit totam domum, ubi erant sedentes, et apparuerunt illis dispertitae linguae tanquam ignis, seditque supra singulos eorum (*Act.* ii). » Jam potes agnoscere, qualiter lucem umbra, figura protulit veritatem. Cum enim audis, quia *factus est repente de coelo sonus*, intellige tonitrua audiri. Cum autem intelligis quod *apparuerunt illis dispertitae linguae tanquam ignis*, agnosce micare fulgura ; et cum audis Deum dedisse legem filiis Israel exspectantibus, intelligas eum dedisse Spiritum sanctum apostolis, juxta quod illis praeceperat, *a Jerosolymis ne discederent, sed exspectarent promissionem Patris, quam audistis*, inquit, *per os meum : quia Joannes baptizavit aqua ; vos autem baptizabimini Spiritu sancto, non post multos hos dies*. Haec est lex gratiae, quae scribitur in tabulis cordis, et digito Dei, juxta quod Dominus ipse promiserat : « Cum venerit, inquit, Paracletus, quem ego mittam vobis a Patre, ille vos docebit omnia ; et suggeret vobis omnia quaecunque dixero vobis (*Joan.* xiii). » Haec est unctio, quae secundum Joannem (*I Joan.* i) docet nos de omnibus. Hac unctione per Spiritum sanctum nos ungat Dominus Jesus Christus, ut nos doceat vias suas, et ambulemus in semitis ejus (*Isa.* ii), donec ascendentes de virtute in virtutem, videamus Deum deorum in Sion (*Psal.* lxxxiii).

SERMO XXV.

IN EADEM SOLEMNITATE.

De excelso misit ignem in ossibus meis (*Thren.* i).

Sunt Ecclesiae per Jeremiam prophetam loquentis interius. Excelsus autem est Pater, mittens est Filius, ignis est Spiritus sanctus. De Patre quidem excelsius, quoniam est principium sine principio, qui a nullo est et omnia sunt ab eo, ait Psalmista : « Excelsus Dominus, et humilia respicit, et alta a longe cognoscit (*Psal.* cxxxvii). » De Filio, qui est missus, quoniam a Patre mittitur, et Spiritum sanctum mittit, ipsa Veritas ait : « Cum venerit Paracletus, quem ego mittam vobis a Patre, ille testimonium perhibebit de me (*Joan.* xi). » De igne, qui est Spiritus sanctus, qui est amor Patris et Filii pignus et connectio utriusque, dicit Scriptura : « Deus noster ignis consumens est (*Deut.* iv). » *De excelso igitur*, id est de Patre Filius *misit ignem*, id est Spiritum sanctum in os ministrorum. Dicit ergo Ecclesia, videlicet in apostolos, per quos corpus Ecclesiae sustentatur, quos tunc quasi de carnalibus fecit ossa ; hoc est, quod de timidis fecit fortes, cum induit eos virtute Spiritus ex alto, ut essent omnes testes in Jerusalem et in omni Judaea, et Samaria, et usque ad ultimum terrae (*Act.* i). De hoc igne Dominus ait : « Ignem veni mittere in terram, et quid volo nisi ut ardeat ? » (*Luc.* xii).

Notandum est autem Spiritum in triplici lege esse missum. Primo, in columba ; secundo, in flatu ; tertio, in igne. De primo legitur, quod Jesu baptizato in Jordane, apertum est coelum, et descendit Spiritus sanctus in ipsum corporali specie sicut columba, et vox Patris audita est : « Hic est Filius meus dilectus, etc. (*Matth.* iii.) » De secundo legitur, quod « cum Jesus dixisset apostolis : Pax vobis, insufflavit, et ait : Accipite Spiritum sanctum ; quorum remiseritis peccata, remittuntur eis, » etc. (*Joan.* xx). De tertio legitur : «Factus est repente de coelo sonus tanquam advenientis spiritus vehementis, et replevit totam domum, ubi erant sedentes. Et apparuerunt illis dispertitae linguae tanquam ignis, seditque supra singulos eorum (*Act.* ii). » Prima missio facta est in baptismo, secunda in resurrectione, tertia in Pentecoste. In prima missione audita est vox Patris : *Hic est Filius meus dilectus, in quo mihi bene complacui*. In secunda missione auditum est verbum Filii : *Accipite Spiritum sanctum ; quorum remiseritis peccata, remittuntur eis*. In tertia missione auditus est sonus Spiritus, quia *factus est repente de cœlo sonus tanquam advenientis spiritus vehementis*. Plena sunt omnia divinis mysteriis, et cœlestibus gravida sacramentis. Sed cum altus sit puteus, in quo hauriam aquam? Dicam igitur, eo inspirante, quod « ubi vult spirat, et nescit unde veniat, aut quo vadat (*Joan.* III). » Dicam ergo, quod in columba missus est super Christum ad judicium et ostensionem. In flatu missus est in apostolos ad judicium et discretionem. In igne missus est in discipulos ad robur et confirmationem. Columba siquidem fellis amaritudine caret, et fecunditate fetus abundat. Hic igitur ostendit quod Christus caret omni amaritudine vitiorum, et abundat omni fecunditate virtutum. Spiritus sanctus descendit in ipsum corporali specie sicut columba; quoniam ipse est « qui peccatum non fecit, nec inventus est dolus in ore ejus (*I Petr.* II); » — « in quo plenitudo Divinitatis habitat corporaliter (*Coloss.* II), » — « et de plenitudine ejus accepimus (*Joan.* I); » quia baptizat in Spiritu sancto auferendo peccata et vitia, et conferendo gratias et virtutes. Quemadmodum « testimonium perhibuit Joannes Baptista, dicens : Quia vidi Spiritum descendentem et manentem super eum, hic est qui baptizat in Spiritu sancto, et ego vidi, et testimonium perhibui, quia hic est Filius Dei (*ibid.*). »

Ideo autem in baptismo vox Patris audita est : « Hic est Filius meus dilectus, in quo mihi bene complacui (*Matth.* III); » quia per baptismum ex aqua et Spiritu sancto renascimur filii Dei, depositis vitiis et assumptis virtutibus, accipientes spiritum adoptionis, in quo clamamus : «Abba Pater (*Marc.* XIV). » Quoniam «nisi quis renatus fuerit ex aqua et Spiritu sancto, non intrabit in regnum Dei (*Joan.* III), » ut filius sit illius, a quo omnis paternitas in cœlo et in terra vocatur. Porro sicut Spiritus procedit a Patre et Filio (*Joan.* XV), ita flatus a pulmone procedit et corde. Cum autem flatus emittitur, si stringitur os, infrigidat aerem; si os aperitur, aerem calefacit; quia nimirum cum spiritualis profert sententiam, si stringitur os, ut legitur, peccator per excommunicationem vel interdictum contemnens, procul dubio infrigeratur, quoniam congelatur in malo. Justum est enim, « qui in sordibus est, sordescat adhuc (*Apoc.* XXII). » Si autem os aperitur, ut peccator absolvatur ab excommunicatione, pœnitens procul dubio calescit, quoniam inflammatur ad bonum. Dignum est enim, ut « qui justus est, justificetur adhuc (*ibid.*). » In hoc vero judicio, discretio spiritus est maxima necessaria, ne apostolicum (remittendo) dicant bonum malum, vel econtra ponentes tenebras lucem, et lucem tenebras (*Isa.* v); mortificantes animas, quæ non moriuntur aut vivificantes animas, quæ non vivunt.

Ideo autem in resurrectione auditum est verbum Filii dicentis apostolis : « Accipite Spiritum sanctum, quorum remiseritis peccata, remittuntur eis (*Joan.* XX); » quia per remissionem peccati anima resurgit a morte culpæ, de qua dicitur in Apocalypsi : « Qui habet partem in resurrectione prima (*Apoc.* XX). » Pater enim omne judicium dedit Filio, qui de se ait : « Ego sum resurrectio et vita (*Joan.* XI). » Ignis enim duo principaliter agit, calet et splendet; quia calet, signat charitatem; quia splendet, signat sapientiam. De calore charitatis ait Salomon : « Fortis est ut mors dilectio, et dura sicut infernus est æmulatio. Aquæ multæ non possunt exstinguere charitatem (*Cant.* VIII); » de splendore sapientiæ idem dicit : « Sapientia est candor lucis æternæ, et speculum sine macula divinæ majestatis, imago bonitatis illius (*Sap.* VII). » Ad hoc ergo Spiritus sanctus in igne missus est apostolis, ut splenderent per sapientiam, et calerent per charitatem; charitas enim informat vitam, et sapientia informat doctrinam, quæ duo debent in prædicatione conjungi, ut verbo doceat et exemplo; nam « qui fecerit et docuerit, hic magnus vocabitur in regno cœlorum (*Matth.* v). » Hæc duo erant necessaria in apostolis, qui profecturi erant in mundum universum, ut prædicarent Evangelium omni creaturæ; ideoque cum apparuerunt illis dispertitæ linguæ tanquam ignis, tunc « repleti sunt omnes Spiritu sancto, et cœperunt loqui variis linguis, prout Spiritus sanctus dabat eloqui illis (*Act.* II). » Ideo autem in Pentecostes sonus Spiritus est auditus, ut ostendatur quod sicut quinquagesimo die post typicum pascha lex litteræ data fuit filiis Israel de monte Sina cum fulgore et tonitruo (*Exod.* XX), quinquagesimo die post verum Pascha lex gratiæ data est apostolis, de excelso quidem in igne et sono; « Spiritus enim ubi vult spirat, et nemo eum audit, et nescit unde venit, aut quod vadat (*Joan.* III). »

Ad ostendendum vero quanta sit differentia inter servos et dominum, Spiritus sanctus in re animata missus est super Christum in columba, in apostolos in re inanimata in flatu spiritus et igne; quia, sicut res animata rebus inanimatis præfertur, ita exemplo apostolis, imo longe amplius antecellit. Nam « quis in nubibus æquabitur Domino? aut quis erit similis Altissimo inter filios Dei? » (*Psal.* LXXXVIII.) In hac ergo triplici visione audita est vox Patris, verbum Filii, sonus Spiritus : ut per hoc ostendatur, quod Paracletus iste missus est temporaliter non solum a Patre et Filio, sed etiam a seipso; quoniam indivisa sunt opera Trinitatis. Verum inter æternam processionem et temporalem missionem hoc distat, quod æternaliter procedit accipiendo naturam, temporaliter vero mittitur dando gratiam. Quoniam ergo naturam accepit non a se, sed a Patre simul et Filio, ideo a Patre mittitur æternaliter, non a se, sed a Patre Filioque procedit; quia ergo gratiam dat cum Patre simul et Filio, ideo temporaliter mittitur non solum a Patre et Filio, verum etiam a seipso. Æternaliter Spiritus sanctus ab alio procedit, sed non alium, temporaliter vero mittitur ab alio et in alium; non enim, ut errat Græcus, Spiritum Filii dicit, eo quod æternaliter procedit in Filium ; sed, ut credit Latinus, ideo dicitur Spiritus Filii, quoniam æternaliter procedit a Filio, quoniam tantum Filius habet a Patre, ab æterno : quippe Spiritus sanctus ideo a Patre non procedit in Filium, quoniam nullum in eum æternaliter operatur effectum, cum secundum naturam æternam Filius nec illuminetur, nec sanctificetur ab ipso. Sed ideo Spiritus Filii appellatur, quia procedit a Filio, quemadmodum Spiritus Patris dicitur, quia procedit a Patre, non quod æternaliter procedit in Filium, sicut nec procedit in Patrem. Utrumque divina Scriptura testatur; ait enim Christus in Evang. : « Non enim vos estis qui loquimini, sed Spiritus Patris vestri, qui loquitur in vobis (*Matth.* x) ; » et Apostolus ait : « Spiritus ejus, qui suscitavit Christum a mortuis, habitat in vobis (*Rom.* viii) : » idem ait : « Misit Deus Spiritum Filii in corda vestra clamantem : Abba (Pater) (*Gal.* iv) ; » et iterum : «Qui spiritum Christi non habet, hic non est in eo (*Rom.* iii). » Quis, qualis, et quantus fuerit Spiritus iste, sacris testimoniis comprobatur; scriptum est enim quod « omnium est artifex Spiritus intelligentiæ, sanctus, unicus, multiplex, subtilis, mobilis, incoinquinatus, castus, suavis, amans bonum , acutus, quem nihil vetat, beneficiens, humanus, benignus, stabilis, securus, intelligibilis, mundus.—Spiritus enim disciplinæ effugiet fictum, et auferet se a cogitationibus, quæ sunt sine intellectu, et corripietur a superveniente iniquitate. Benignus est enim spiritus sapientiæ, et non liberabit maledicum a labiis suis : quoniam renum illius testis est Deus, et cordis ejus scrutator est verus, et linguæ ejus auditor (*Sap.* i, vii). » De hoc Spiritu alibi legitur : « Spiritum rectum innova in visceribus meis ; » et : « Spiritu principali confirma me (*Psal.* L) ; » — « Spiritus tuus bonus deducet me in terram rectam (*Psal.* cxlii), » etc. Audi quid de Spiritu Veritas dicat apostolis : « Ego rogabo Patrem, et alium Paracletum dabit vobis, ut maneat vobiscum in æternum, Spiritum veritatis, quem mundus non potest accipere, quia non videt eum , nec scit eum. Paracletus autem Spiritus sanctus, quem mittet Pater in nomine meo, ille vos docebit omnia, et suggeret vobis omnia quæcunque dixero vobis (*Joan.* xiv). » — « Si enim ego non abiero, Paracletus non veniet ad vos : si autem abiero, mittam eum ad vos. Et cum venerit, ille arguet mundum de peccato, et de justitia, et de judicio. Cum autem venerit Spiritus veritatis, docebit vos omnem veritatem ; non enim loquetur a semetipso, sed quæcunque audiet, loquetur (*Joan.* xvi), » etc. Paracletus autem *advocatus* vel *consolator* interpretatur, ut ait Apostolus : « Ipse Spiritus postulat pro nobis gemitibus inenarrabilibus (*Rom.* viii), » quia facit nos postulare. Ad quod dicit Propheta : « Secundum multitudinem dolorum meorum in corde meo, consolationes tuæ lætificaverunt animam meam (*Psal.* xciii). »

Audi alium de hoc Spiritu disserentem : « Nemo in Spiritu Dei dicit anathema Jesu, et nemo dicere potest Dominus Jesus, nisi in Spiritu sancto. Divisiones vero gratiarum sunt, idem autem Spiritus. Unicuique autem datur manifestatio Spiritus ad utilitatem. Alii quidem per Spiritum sanctum datur sermo sapientiæ : alii autem sermo scientiæ, secundum eumdem Spiritum : alteri fides in eodem Spiritu : alii gratia sanitatum in uno Spiritu : alii operatio virtutum, alii distinctio spirituum, alii genera linguarum, alii interpretatio sermonum. Hæc autem operatur unus atque idem Spiritus, dividens singulis prout vult (*I Cor.* xii). » Idem alibi dicit : « Charitas Dei diffusa est in cordibus nostris per Spiritum sanctum, qui datus est nobis (*Rom.* v).»—« Dominus Spiritus est. Ubi vero Spiritus Dei, ibi libertas (*II Cor.* iii) » manet : nam «qui Spiritu Dei aguntur, non sunt sub lege. Fructus enim Spiritus est charitas, gaudium, pax, patientia, longanimitas, mansuetudo, bonitas, benignitas, fides, modestia, continentia, castitas. Adversus hujusmodi non est lex (*Gal.* v). » Hic est scriptum, de quo in principio Genesis (cap. i) legitur : « Spiritus Dei ferebatur super aquas. » Et de quo Gabriel ad Virginem : « Spiritus sanctus superveniet in te, et virtus Altissimi obumbrabit tibi (*Luc.* i). » Spiritus iste charitas est, de quo Joannes apostolus : « Deus charitas est, et qui manet in charitate, in Deo manet et Deus in eo (*I Joan.* iv). » Nam «qui adhæret Deo, unus spiritus est (*I Cor.* vi), » cum spiritus iste unctio est. De quo dicit idem Joannes : « Unctio ejus docebit vos de omnibus (*I Joan.* ii). Et de qua Petrus apostolus ait : « Jesus Nazarenus, quem unxit de Spiritu sancto (*Act.* iv). » Sicut ipse per prophetam testatur : « Spiritus Domini super me, eo quod unxerit me : evangelizare pauperibus misit me (*Isa.* lxi). » Spiritus iste digitus Dei est, de quo Veritas ait : « Si ego in digito Dei ejicio dæmonia, filii vestri in quo ejiciunt ? » (*Luc.* xi.) De quo magi Pharaonis dixerunt: « Digitus Dei est hic (*Exod.* viii). » Spiritus iste est donum divinum, de quo Dominus ait : « Si scires donum Dei , et quis est qui dixit tibi : Da mihi bibere, tu forsan petiisses ab eo ut daret tibi aquam vitæ (*Joan.* iv). » Imo Spiritus iste incunctanter est Patri et Filio substantialis et coæternus, sicut Joannes evangelista testatur : « Tres sunt, inquit, qui testimonium dant in cœlo : Pater, Verbum et Spiritus, et hi tres unum sunt (*I Joan.* v). » Unum in natura, unum in nomine, unum in potestate. « Baptizate, inquit, in nomine Patris, et Filii et Spiritus sancti (*Matth.* xxviii) ; » non ait. « In nominibus, » sed : « In nomine ; » quia trium , unum est nomen, una natura, una potestas. Procul dubio Deus est, qui omnia replet, omnia continet, omnia potest, et omnia novit. Scriptum est : « Spiritus Domini replevit orbem terrarum : et hoc, quod continet omnia scientiam habet vocis (*Sap.* i), » omnem habens virtutem , omnia prospiciens ; nam « Verbo Dei cœli firmati sunt (*Psal.* xxxii), » etc.

« Emitte Spiritum tuum et creabuntur, et renovabis faciem terræ (*Psal.* CIII). » O quam dulcis iste Spiritus, quam delectabilis, quam suavis! ille novit, qui gustavit. « Gustate, inquit, quam dulcis est Dominus! » (*Psal.* XXXIII.) Rogemus ergo ipsum, fratres et filii, corde pariter et fide non ficta (*I Tim.* 1), ut per suam misericordiam seipsum infundat, et templum gloriæ nos inhabitando perficiat. Qui cum Patre et Filio vivit et regnat in sæcula sæculorum. Amen.

SERMO XXVI.

DOMINICA NONA POST OCTAVAM PENTECOSTES.

De rigore et benignitate Dei, de divite et villico, de vocatione Dei et ejus effectu, de debito et debitoribus, de tritico et oleo quid significent, de filiis sæculi et lucis, et de mammona iniquitatis.

Homo quidam erat dives, qui habebat villicum, qui diffamatus erat apud illum, quasi dissipasset bona ipsius (*Luc.* XVI).

Qualiter autem hæc parabola summatim possit intelligi, frequenter audistis. Quomodo vero particulatim intelligi debeat, nondum existimo vos audisse. Dimittamus ergo quod ab aliis est expositum, et prosequamur quod a nobis est exponendum. Deus igitur, quia justus est et misericors (*Psal.* CXIV), idcirco in hac parabola rigorem et benignitatem ostendit. Rigorem, quia dissipatorem villicum a villicatione removit; benignitatem, quia offensus a villico, prudentiam commendabat ipsius. *Homo* namque *dives*, est Christus, qui est dives in omnibus et super omnes (*Rom.* X): cujus « est terra et plenitudo ejus, orbis terrarum, et universi qui habitant in eo (*Psal.* XXIII). » *Villicus* vero dicitur villæ custos. Hic est rector Ecclesiæ, qui debet villam, id est Ecclesiam, custodire. Multos autem villicos habet Christus; quia multos in Ecclesia rectores constituit, inter quos alius quidem bonus est, qui commendatur, cum dicitur : « Euge, serve bone et fidelis, supra multa te constituam, intra in gaudium domini tui (*Matth.* XXV): » alius autem malus, qui reprobatur cum dicitur : « Serve nequam, omne debitum dimisi tibi, quoniam rogasti me; nonne oportuit et te misereri conservi tui, sicut et ego tui misertus sum? Et tradidit illum tortoribus, quousque redderet universum debitum (*Matth.* XVIII). » Talis hic erat villicus, *qui diffamatus erat apud dominum suum, quasi dissipasset bona ipsius*. In duobus enim et ex duobus reprehensibilis apparebat; et quia famam corruperat, et quia substantiam dissipaverat. Heu! quot hodie tales in Ecclesia prælati, qui cum deberent esse odor vitæ ad vitam, facti sunt odor mortis in mortem (*II Cor.* II); et cum deberent esse dispensatores, ipsi sunt dissipatores effecti. Debet autem prælatus Ecclesiæ nomen bonum habere, non solum ab his qui intus sunt, sed etiam ab his qui sunt foris (*I Tim.* V), id est non solum a domesticis, sed etiam ab extraneis. Non tantum a fidelibus, verum etiam ab infidelibus; ut habeat de bysso retorta vestem contextam (*Exod.*

XXVIII). Quia « melius est nomen bonum, quam divitiæ multæ (*Prov.* XXII).

Quantum ergo delinquat, si maculet famam suam, quantumque sit puniendus, si suis culpis exigentibus mala sit fama respersus, manifeste colligitur ex hoc loco. Quoniam villicus ille, qui *diffamatus erat apud dominum suum, quasi dissipasset bona ipsius*, audivit a domino: *Redde rationem villicationis tuæ, jam enim non poteris villicare*. Nec dicitur quod dissipaverit, sed *quasi dissipasset bona* domini sui; et tamen post redditam rationem a villicatione dicitur amovendus, tanquam is qui de dilapidatione infamatus, etiam post computationem exhibitam ab administrationis sit officio suspensus, ut mala fama quiescat; ne scandalum sit in populo Dei, talem super se habere prælatum.

Sed dices: Si dominus pro certo sciebat villicum esse dilapidatorem culpabilem, cur indicebat ei rationem reddendam, cum sciret eum non posse digne reddere rationem? Si vero rationem digne reddere poterat, cur infligebat ei, tanquam culpabili, pœnam, ut non posset amplius villicare? Forsitan ex hoc loco quidam viri religiosi quamdam regularem institutionem traxerunt, ut postquam prælatus aliquis apud eos est infamatus, ipsum sine omni discussione removeant ab officio prælaturæ, quamvis judicatur frequenter manifeste culpabili computatio facienda, ut per hanc, in quibus deliquerit, cognoscatur, et appareat quid sit residuum, quidve distractum.

Vocavit ergo dominus villicum, dicens illi: Quid hoc audio de te? Redde rationem villicationis tuæ: jam enim non poteris villicare. Similiter pene dictum est Ezechiæ: « Dispone domui tuæ, quia morieris tu, et non vives (*Isa.* XXXVIII). » Ista vocatio est inspiratio, juxta quod alibi dicitur: « Vocabis me, et ego respondebo tibi (*Job* XIII). » Tunc enim Christus prælatum culpabilem vocat, dicens illi: *Quid hoc audio de te?* Quia mala est fama tua, quæ pervenit ad me; quando menti ejus inspirat, ut de culpa sua recogitet, et pœniteat, quatenus digne satisfaciens in præsenti, dignam rationem reddere possit in futuro. Propter quod ait: *Redde rationem*

SERMO XXVI, DOMIN. IX POST OCTAVAM PENTECOSTES.

villicationis, id est dignum exhibe te, ut de villica- tione tua dignam possis reddere rationem. *Jam non poteris villicare.* Quia volo te de hac vita subtrahere, postquam non erit tempus villicandi, sed tempus recipiendi. Ecce quam clemens et benignus est Dominus. Revera non vult mortem peccatoris, sed ut convertatur et vivat (*Ezech.* XVIII). Corripit enim, ut corrigat; et innotescit, ut ignoscat.

Quis autem sit hujus vocationis effectus, consequenter ostenditur, ubi dicitur: *Ait ergo villicus intra se*, quasi divina inspiratione compunctus: *Quid faciam? Quo me peccatorem vertam? Quia dominus meus aufert a me villicationem*, id est de praesenti vita me subtrahit, post quam non potero villicare, nec aliquid operari. Per hoc quod intra se ait, ostenditur quod et dominus illum intra se vocavit. Sed ille vocavit per inspirationis affectum. Iste vero respondet per compunctionis effectum. Verumtamen non audet responsionem ad illum dirigere, quem vehementer pro suo erubescit delicto. Sed ad seipsum responsionem convertit, ut in se puniat, quod deliquit in illum. *Quid ergo faciam, quia dominus meus aufert a me villicationem? Fodere non valeo, mendicare erubesco.* Quia post hanc vitam non est locus agendi opus, sed recipiendi pro opere, nec est tempus mendicandi meritum, sed recipiendi pro merito. Quia tunc unusquisque recipiet, prout gessit in corpore (*II Cor.* VI). « Ligatis, inquit, manibus et pedibus, projicite eum in tenebras exteriores (*Matth.* XXII). » Ligati manus et pedes, operari non possunt. Et dives ille gulosus, qui sepultus est in inferno, frustra mendicabat guttam aquae de digito pauperis Lazari (*Luc.* XVI). Frustraque fatuae virgines oleum a prudentibus mendicare volebant (*Matth.* XXV). Heu! quanta erubescentia coram universis electis et reprobis, coram Deo et angelis ejus, nudum in judicio sine bonorum operum vestibus apparere: quantum opprobrium, quanta confusio, quantus pudor! Revera « beati quorum remissae sunt iniquitates, et quorum tecta sunt peccata! » (*Psal.* XXXI.) Quia « charitas operit multitudinem peccatorum (*I Petr.* IV). » Primi parentes, licet soli essent in paradiso, cum cognovissent se esse nudos, consuerunt folia ficus, et fecerunt sibi perizomata, et absconderunt se in medio paradisi (*Gen.* III). Reprobus autem quilibet in judicio nec indumentum sibi poterit mendicare, nec latibulum fodere. Quia tunc libri erunt aperti, et manifestabuntur abscondita tenebrarum. Et ideo forte dicit: *Fodere non valeo, mendicare erubesco.* Sed « prope est Dominus omnibus invocantibus eum (*Psal.* CXLIV). » Et ideo quid anxius faceret ille, ipse misericorditer inspiravit.

Scio, inquit, *quid faciam, ut cum amotus fuero a villicatione, recipiant me in domos suas*: non utique materiales in terris, sed spirituales in coelis. De quibus ait Veritas: « In domo Patris mei mansiones multae sunt (*Joan.* XIV); » ut videlicet illi me ibi recipiant, apud quos ego potero promereri.

Et ideo *convocatis singulis debitoribus domini sui, dicebat primo: Quantum debes domino meo? Qui dixit: Centum cados olei.* Debitum illud est poena, quae debetur pro culpa, juxta quod alibi legitur, quia « duo debitores erant cuidam foeneratori: unus debebat denarios quingentos, et alius quinquaginta (*Luc.* VII). » Et ob hoc petimus in oratione Dominica: « Dimitte nobis debita nostra, sicut et nos dimittimus debitoribus nostris (*Matth.* VI). » Per hoc quod villicus a debitore quaesivit, quantum deberet domino suo, mystice datur intelligi quod sacerdos a poenitente debet inquirere de quantitate et qualitate peccati, ne supprimat illa confusus; quia per interrogationem confessio facilius extorquetur. Caveat tamen, nec sic interroget, ut super ignotis et enormibus peccandi modis instruat poenitentem; quia

Nitimur in vetitum semper, cupimusque negata.

[Ovid. *Am.*, l. III, el. 4, v. 17.)

Quia vero Dominus villicum istum de prudentia commendavit, videamus quam prudens exstiterit in opere et sermone. Recognovit ergo se peccatorem, et ad poenitentiam se convertit, ut pro venia consequenda satisfaceret peccato; dimisit itaque debitoribus suis, ut Deus sibi dimitteret debitori; et ideo convocatis debitoribus domini sui, tanquam debitoribus suis; quoniam et ipse tanquam praelatus Ecclesiae vicarius ejus erat: uni dimidiam partem debiti, et alii quintam partem dimisit. Unus enim centum cados olei, et alius centum coros tritici debebat; sed debenti centum cados olei, quinquaginta dimisit; et debenti centum coros tritici, dimisit viginti, ut illi de debito quinquaginta cadi, et isti octoginta cori restarent. Oleum in hoc loco significat nitidam famam, juxta quod alibi legitur: « Oleum effusum nomen tuum (*Cant.* I); » triticum vero significat terrenam substantiam, quemadmodum alibi dicitur: « Ut det illis in tempore tritici mensuram (*Luc.* XII). » Qui ergo maculat nitidam famam, ille corrumpit oleum: et ideo debet centum cados olei, hoc est magnam poenam pro fama corrupta; qui vero dilapidat terrenam substantiam, ille dispergit triticum: et ideo debet centum coros tritici, hoc est magnam poenam pro substantia dissipata; nam per numeri magnitudinem, exprimitur debiti magnitudo. Verum longe periculosius est interiorem, quam exteriorem substantiam dissipare, sicut de prodigo filio legitur, quod in regionem longinquam abiit, et ibi substantiam suam cum meretricibus dissipavit (*Luc.* XV).

Ait ergo illi, qui centum cados olei debebat: *Accipe cautionem tuam*, id est, cautelam adhibe necessariam, juxta quod dominus praecepit: «Dimissa sunt tibi peccata tua; vade, et amplius noli peccare (*Joan.* VIII). » ne velut canis ad vomitum revertaris. *Et ideo sede cito*, id est statim, exnunc a peccato quiesce. Et *scribe quinquaginta*, id est cognosce dimidiam partem debiti tibi a me fore dimissam, ex illa parte clavium, quam mihi Dominus tribuit: « Quorum, inquit, remiseritis peccata, remittuntur eis : et quorum retinueritis, retenta sunt (*Joan.* xx). » *Scribe* dicit, id est, in corde tuo quasi scriptum firmiter retine, ne tantæ gratiæ sis ingratus. Similiter ait illi, qui centum coros tritici debebat : *Accipe litteras tuas,* id est scribe hoc in tabulis cordis, ut amodo deleri non possit. Porro cum tantum debuerit ille qui nitidam famam corrupit, quantum et ille qui terrenam substantiam dissipavit; quoniam ille centum cados olei, et iste centum coros tritici debebat : quid est quod illi magis et isti minus dimisit ? quoniam illi dimidiam, et isti quintam partem dimisit. Sed sciendum quod corus major est mensura, quam cadus, et ideo plus debenti secundum mensuram dimisit, minus secundum numerum minus debenti dimisit; quia majus peccatum, magis est puniendum, et minus est puniendum minus. Majus enim peccatum est dissipatio quam diffamatio; nam dissipatio et culpa est dissipantis, et pœna est dissipati ; diffamatio magis est culpa quam pœna.

Potest et aliter hoc intelligi, ut per oleum significetur misericordia, per triticum fortitudo, secundum quod legitur : « Ut exhilaret faciem in oleo, et panis cor hominis confirmet (*Psal.* cviii); de tritico namque fit panis. Qui ergo miseris non compatitur, ille corrumpit oleum, quia negat misericordiam, et ideo debet centum cados olei, id est plenam et perfectam pœnæ mensuram pro misericordia denegata. Similiter et ille qui cedit adversis, dispergit triticum, et fortitudinem perdit : et ideo debet centum coros tritici, id est plenam et perfectam pœnæ mensuram pro perdita fortitudine. Verum illius debitum, qui misericordiam denegavit, quando dimittitur, ad quinquaginta reducitur, qui est numerus misericordiæ impendendæ, propter quinquagesimum Jubileum ; illius vero debitum, qui perdidit fortitudinem, quando dimittitur, ad octoginta reducitur, qui est numerus usque ad quem fortitudo perseverare solebat. Juxta quod legitur : « Si autem in potentatibus, octoginta anni ; plurimum eorum labor et dolor (*Psal.* cxxx). » Attende prudentiam dimittentis, non solum in hoc, sed in eo quod illis dimisit, qui ad similitudinem eorum debebat; ipse namque debebat, et quia diffamatus erat apud dominum suum, et quia dissipaverat bona ejus, talibus ipse dimisit qui et famam corruperant, et qui substantiam dissipaverant. Et ideo *laudavit dominus villicum iniquitatis;* non quod tunc iniquus esset, sed quod fuisset iniquus, quemadmodum dicebatur Simon leprosus (*Marc.* xiv), non qua talis existeret, sed quia talis exstiterat. *Laudavit,* inquam , non quod fuisset iniquus, sed *quia prudenter fecisset ; quia filii hujus sæculi prudentiores filiis lucis in generatione sua sunt.* Filii hujus sæculi sunt, qui deserviunt huic sæculo ; filii vero lucis in hoc loco dicuntur hypocritæ, qui cum sint angeli Satanæ, transfigurant se in angelos lucis (*II Cor.* xi), et « faciunt justitias suas, ut videantur ab hominibus (*Matth.* vi). » Unde alibi dicuntur stellæ de cœlo cadentes. Verum *filii hujus sæculi,* id est amatores mundi, peccant propter amorem sæculi, *prudentiores sunt filiis lucis,* id est hypocritis, *in generatione sua,* id est in statu suo. Quia licet illi plus insistant illicitis, et isti plus a licitis abstineant : illi tamen recognoscunt quandoque se malos, et convertuntur a malo ; isti vero, quia semper volunt videri boni, raro convertuntur ad bonum.

Et ego vobis dico : Facite vobis amicos de mammona iniquitatis ; ut cum defeceritis, recipiant vos in æterna tabernacula. Hic est fructus, hæc merces, hoc præmium præmissæ parabolæ, ut per eleemosynam temporalem acquiratur gloria sempiterna. Mammona lingua Syra *divitiæ* nuncupantur ; præcepit ergo Dominus, ut de mammona iniquitatis faciamus nobis amicos, id est ut iniquas divitias pauperibus erogemus ; quatenus per erogationem earum iniquitas deleatur, juxta consilium Danielis : « Peccata tua eleemosynis redime (*Dan.* iv) ; » quia « sicut aqua exstinguit ignem, sic eleemosyna resistit peccato (*Eccli.* iii). » — « Date, inquit Dominus, eleemosynam, et ecce omnia munda sunt vobis (*Luc.* xi). » Porro, cum Deus iniqua munera non acceptet, unde : « Respexit Deus ad Abel et munera ejus ; ad Cain autem et munera ejus non respexit (*Gen.* iv) :» nam «qui offert sacrificia de rapina pauperis, ac si victimet filium in conspectu patris (*Eccli.* xxxiv). » et in lege præcipitur : «Non offeras in domo Domini Dei tui pretium canis, aut mercedem prostibuli (*Deut.* xxiii); quid est ergo quod Dominus jubet in Evangelio : *Facite vobis amicos de mammona iniquitatis,* tanquam acceptet eleemosynas de injustis operibus erogatas? Verum mammona iniquitatis appellantur hic opes : non quidem iniquæ, sed quia de iniquitate solent acquiri ; unde ab eo quod contingit frequentius, vocabulum sortiuntur. Vel mammona iniquitatis dicuntur divitiæ, quibus præest Mammon iniquus, id est dæmon ille, qui tentat hominem de divitiis, sicut ille malignus qui tentavit Christum de divitiis (sed non profecit), quando «ostendit illi omnia regna mundi et gloriam eorum, et ait : Hæc omnia tibi dabo, si cadens adoraveris me (*Matth.* iv). » Vel potius inter iniquitatem et iniquitatem distinguendum est. Nam est quædam iniquitas ex qua divitiæ licite possunt pauperibus erogari, ut de militia, vel de joculatione ; quia transeunt in dominium possessoris. Et est quædam iniquitas, ex quo divitias acquisitas non licet aliis erogari, ut de furto, usura, in quibus dominium non transfertur, et ideo tanquam alienas oportet illas restitui ; quia non dimittitur peccatum, nisi prius restituatur ablatum. Quod Zachæus bene distinxit, cum dixit : « Ecce dimidium bonorum meorum, Domine, do pauperibus, et si quid aliquem defraudavi, reddo quadruplum (*Luc.* xix). » Ait ergo : *Facite vobis amicos de mammona iniquitatis, ut cum defeceritis,* id est decesseritis ex hac vita, vel cum propria defuerint merita, *illi vos recipiant,* id est meritis eorum recipiamini, *in æterna tabernacula,* id est in perpetuas mansiones, de quibus legitur : « Beati qui habitant in domo tua, Domine, in sæculum sæculi laudabunt te! » *(Psal.* LXXXII.) Ex hoc perpenditur evidenter, quod sicut unus alii potest gratiam promereri, juxta, quod legitur : Quia Jesus « ut vidit fidem eorum, ait paralytico : Dimittuntur tibi peccata tua *(Marc.* II), » ita unus potest alteri gloriam promereri, quemadmodum hic habetur : *Facite vobis amicos de mammona iniquitatis, ut cum defeceritis, recipiant vos in æterna tabernacula.* Sed utrum cum quis eleemosynam dat injusto, quem ta-

men reputat esse justum, ille sibi gloriam, aut gratiam mereatur, ne dator eleemosynæ injuste suo merito defraudetur, an quia cum ille displiceat, non possit Deum ad gratiam vel gloriam provocare : vel, si possit, an unum et idem opus, et alii meritorium debeat judicari, an per hoc et uni sit meritum mortis, et alteri meritum vitæ, sicut bonum et malum a Deo et a diabolo, quæri potest et dubitari. Sed harum quæstionum solutio differatur, quia non est hujus propositi hujusmodi solvere quæstiones.

SERMO XXVII.

IN SOLEMNITATE DEDICATIONIS ECCLESIÆ.

Domus et mansiones Dei ut sint variæ: et quid, ubi, quomodo, et quare sit adorandum.

Introibo, Domine, in domum tuam, adorabo ad templum sanctum tuum in timore tuo (Psal. v).

Universorum Dominus et Creator, cujus est immensa majestas, incircumscripta sublimitas et increata potestas, multas et varias habet domos, plurimas et diversas in domibus mansiones; universalem videlicet et particularem, specialem et singularem, superiorem et inferiorem, interiorem et exteriorem. Universalis domus Dei est tota machina mundialis, de qua Salomon ait : « Novimus, Domine, quia fabricasti tibi domum perpetuam, cœlum et terram, simul et mare *(II Par.* VI). » Particularis domus Dei est sancta mater Ecclesia, de qua legitur : « Domum tuam, Domine, decet sanctitudo in longitudine dierum *(Psal.* XCII). » Specialis domus Dei est gloriosa Virgo Maria, de qua dicit propheta : « Vidi, et ecce implevit gloria Domini domum Dei *(Ezech.* XLIII). » Singularis domus Dei, humanitas Salvatoris assumpta, de qua legitur : « Sapientia ædificavit sibi domum, excidit columnas septem *(Prov.* IX). » Superior domus Dei est beatitudo cœlestis, de qua scriptum est : « Ingrediar in locum tabernaculi admirabilis, usque ad domum Dei *(Isa.* LVI). » Inferior domus Dei est orationis basilica, de qua Dominus ait : « Domus mea, domus orationis vocabitur *(Luc.* XIX). » Interior domus Dei est pura conscientia, de qua dicit Psalmista : « Perambulabam in innocentia cordis mei, in medio domus meæ *(Psal.* C). » Domus exterior est quæ habitatur, ejusque familia, vel sacra Scriptura, de qua scriptum est : « Ambulavimus in domo Domini cum consensu *(Psal.* LIV). »

Quoniam igitur ex tam multis et variis domibus domum Dei vir fidelis intrabit, ut ad templum sanctum adoret, considerandum nobis occurrit, quid, ubi, qualiter, et quare sit orandum. Sane adorandus est Pater, adorandus est Filius, adorandus est Spiritus sanctus. Adorandi sunt, Pater, et

Filius et Spiritus sanctus. Quoniam omnes et singuli sunt solus et unus Deus, spiritus increatus, immensus, incommutabilis, summe potens, summe sapiens, summe bonus. Spiritus, quia non constat in partibus; increatus, quia non incœpit ex tempore; immensus, quia non circumscribitur loco; incommutabilis, quia non variatur affectu; summe potens, cui nihil est impotentiæ; summe sapiens, cui nihil est ignorantiæ; summe bonus, cui nihil est invidentiæ. A quo omnia, per quem omnia, in quo omnia; a quo diligenter sunt conservata creata per potentiam, formata per sapientiam, conservata per diligentiam; per potentiam, Patrem causam efficientem; per sapientiam, Filium causam efficientem; per diligentiam, Spiritum sanctum causam perficientem. « Tres sunt namque qui testimonium dant in cœlo : Pater, et Verbum, et Spiritus sanctus : et hi tres unum sunt (*I Joan.* v), cum tamen personaliter sua quisque notione distinctus sit. Pater generatione, verbum filiatione, Spiritus sanctus processione : unum esse initialiter, totum omnes, quod singuli sunt natura, potentia, voluntate et omnino quidquid secundum substantiam prædicatur. Licet enim alia sit persona Patris, alia Filii, alia Spiritus sancti : tamen Patris et Filii et Spiritus sancti una est divinitas, æqualis gloria, cœæterna majestas. Una est igitur et æqualis totius individuæ Trinitatis adoratio. De qua sane potest intelligi quod Dominus ait : « Veri adoratores adorabunt Patrem in spiritu, et veritate *(Joan.* IV). » Nam qui Deum adorat veraciter, ipse quidem adorat Patrem in spiritu, sed et veritate; hoc est, in Filio, qui de se dicit : « Ego sum via, veritas, et vita *(Joan.* XIV). » — « Ego, inquit, in Patre, et Pater in me est *(Joan.* X). » Ideo Pater adorandus est in Filio, et Filius est adorandus in Patre, et Spiritus sanctus est adorandus in utroque.

Adorandi sunt Pater et Filius et Spiritus sanctus

in domo inferiori, in domo interiori, in domo exteriori, id est in sacra basilica, in pura conscientia, et in divina Scriptura; ut tandem adoretur in domo superiori, hoc est in coelesti patria, de qua legitur : « Beati qui habitant in domo tua, Domine, in saeculum saeculi laudabunt te!» (*Psal.* LXXXIII.)

Sed cum Deus ubique sit, non tantum per potentiam, verum etiam per essentiam, cur magis in templo, quam in alio loco Deus est adorandus? In omni enim loco dominationes ejus sunt, secundum quod propheta dicit : « Coelum et terram ego impleo (*Jer.* XXIII.) » Et de quo dicit Psalmista : « Si ascendero in coelum, tu illic es; et si descendero ad infernum, ades (*Psal.* CXXXVIII.) » Item cum mulier Samaritana solutionem quaestionis a Christo quaesisset, quae de loco adorationis frequentissime vertebatur : « Patres, inquit, nostri in monte hoc adoraverunt, et vos dicitis, quia in Hierosolymis est locus ubi adorare oportet. Respondit ei Jesus : Mulier, crede mihi, quia venit hora, quando nec in monte hoc, nec in Hierosolymis adorabitis Patrem ; sed veri adoratores adorabunt Patrem in spiritu et veritate (*Joan.* IV). » Quasi diceret : Non praefero locum loco, ubique adoretur Deus, duntaxat in spiritu et veritate, id est pro spiritualibus et veris, hoc est aeternis. Verum licet ubique sit Deus adorandus, specialiter tamen in templo, secundum illud : « Adorate Dominum in aula sancta ejus (*Psal.* XXVIII.) » Specialiter quoque ad orientem, secundum quod in libro Sapientiae legitur : « Ad ortum lucis oportet adorare (*Sap.* XVI), » scilicet ut nobis adorantibus Deum, oriatur « lux vera, quae illuminat omnem hominem venientem in hunc mundum (*Joan.* I), » Sol justitiae Christus Deus noster (*Malach.* IV). Frustra namque tanto studio, tantoque labore templum Domino fieret, nisi gratius acceptaret in eo Dominus adorari. Legimus enim quod templo constructo et dedicato Salomon adoravit ad Dominum (*III Reg.* VIII), ut quicunque Judaeus vel gentilis ascenderet in templum orans pro peccatis, vel quacunque tribulatione clamans ad Dominum, in his quae juste postularet, exaudiretur a Domino. Quam quidem orationis formam adhuc servat Ecclesia, quae in dedicatione templi sic orat : «ut quisquis hoc templum beneficia petiturus ingreditur, cuncta se impetrasse laetetur.» Assistunt enim in sacris templis angeli Dei fidelibus adorantibus, ut devotas eorum orationes offerant Domino, secundum illud : « In conspectu angelorum psallam tibi et adorabo ad templum sanctum tuum, et confitebor nomini tuo, Domine (*Psal.* CXXXVII.) » Hinc angelus ad Tobiam : « Ego obtuli orationem tuam Domino (*Tob.* XII). » Requiescunt et in sacris templis sanctorum reliquiae, qui nobis suis precibus assequuntur, quod nos nostris meritis non valeamus. Et ideo, fratres, diligenter attendite, quam sollicitos et devotos ante sanctorum reliquias, coram angelis Dei, vos oportet in templo Dominum adorare. Unde necesse est ut non tantum in sacra basilica, quantum in pura conscientia Dominum adoremus.

De corde puro Deus est adorandus, non ut quidam adorant, qui Deum in prosperitate glorificant, sed in adversitate blasphemant, de quibus inquit Propheta : « Confitebuntur tibi, cum benefeceris eis (*Psal.* XLVIII). » — « Si vero non fuerint saturati, murmurabunt (*Psal.* LVIII). »

Adorandus est Deus de conscientia bona; non ut quidam adorant, qui contra Deum gravissime peccant, et tamen illi sacrificant. De quibus legitur : « Peccatori dixit Deus : Quare tu enarras justitias meas, et assumis testamentum meum per os tuum?» (*Psal.* XLIX.) Illud utique testamentum, de quo Veritas ait : « Hic est sanguis meus novi testamenti (*Marc.* XIV).

Adorandus est Deus de fide non ficta; non ut quidam adorant, qui recte dicunt, sed prave vivunt, quibus Dominus improperat dicens : « Populus hic labiis me honorat, cor autem eorum longe est a me (*Isa.* XXIX; *Matth.* XV; *Marc.* VII). » Dicunt enim, et non faciunt.

Adorandus est ergo Deus, corde, ore et opere (*Rom.* X). Corde per devotionem, super omnia diligendo; ore, per confessionem, super omnia collaudando; opere, super omnia famulando. Quia vero quidam zelum Dei habent, sed non secundum scientiam, ne per simplicem ignorantiam gravi detineamur errore, adoremus juxta sententiam et auctoritatem sacrae Scripturae. Sacra namque Scriptura duas species adorationis distinguit, latriam videlicet et duliam. Latriam Creatori debemus impendere; duliam vero quibusdam creaturis possumus exhibere. Latria solum Creatorem debemus super omnia revereri; dulia autem quasdam creaturas possumus inter omnia venerari. Ad latriam spectant templa, altaria, sacerdotia, sacrificia, festivitates et caeremoniae: quae, ut ait doctor egregius Augustinus, soli Creatori Deo sunt exhibenda. De cujus adoratione scriptum est : « Dominum Deum tuum adorabis, et illi soli servies (*Deut.* VI; *Matth.* IV), » id est soli Deo servitutem adorationis impendes. Qui secus agunt, non Theosebiae cultum exhibent, sed idolatriae crimen incurrunt; servientes creaturae quasi Creatori, mutantes gloriam incorruptibilis Dei, in similitudinem corruptibilis hominis (*Rom.* I). Legimus enim (*Act.* XIV) quod cum Paulus et Barnabas quemdam claudum sanassent, « elevaverunt vocem turbae dicentes : Dii similes facti hominibus descenderunt ad nos. » Quibus sacrificare volentes attulerunt tauros ad victimam. Ubi vero Paulus et Barnabas audierunt quod eis divinos honores volebant impendere, sciderunt sibi vestimenta, dicentes se homines esse mortales, qui potius venerant, ut eos ab idolatria revocarent. Joannes quoque cum in visione vellet angelum adorare, prohibuit cum angelus dicens : « Deum adora. Ego enim frater tuus sum, et conservus fratrum tuorum (*Apoc.* XIX). »

Cum igitur homines et angeli sancti nolint aliquatenus adorari, quid est quod quidam sub prætextu pietatis et obtentu religionis, ut cætera taceam, diversas adorant imagines, tanquam liceat manufactum aliquid adorare? Siquidem « simulacra gentium argentum et aurum, opera manuum hominum. Similes illis fiant qui faciunt ea, et omnes qui confidunt in eis (*Psal.* cxxxiv). » — «Confundantur omnes qui adorant sculptilia, et qui gloriantur in simulacris suis (*Psal.* xcvi). » Quantum etiam hujus criminis damnetur perversitas, ex libris prophetarum, et præsertim ex libro Sapientiæ, manifestissime declaratur. Quorum hic testimonia brevitatis causa prætereo, illud tantum commemorans, quod Moyses ait populo Israel : « Ne forte errore deceptus adores ea quæ creavit Dominus Deus tuus (*Deut.* iv). » Hinc est quod serpentem æneum, quem Moyses erexerat in deserto, ut intuentes in illum percussi a serpentibus sanarentur (*Num.* xxi), licet in figuram humanæ redemptionis præcesserit, quia tandem post multum temporis evoluti, populus ei contra legis præceptum thuris adolebat incensum, rex Ezechias pius et prudens confregit, et pulverem sparsit in torrentem Cedron (*IV Reg.* xviii).

Porro, fratres, una est Dei Patris imago, quam una cum Patre debemus adoratione venerari, scilicet unigenitum Jesum Christum Dei Filium, qui est « splendor gloriæ et figura substantiæ ejus, portansque omnia verbo virtutis suæ (*Hebr.* i). » Cujus non solum deitatem, sed et humanitatem adorare debemus, secundum illud : « Adorate scabellum pedum ejus, quoniam sanctum est (*Psal.* xcviii), » Cæteras autem imagines non latria, sed dulia possumus venerari : non propter imaginem, quæ per se nihil potest, sed propter imaginatum, qui per se cuncta potest : non ut nos, qui facti sumus ad imaginem et similitudinem Dei, memores nos reputemus similes imaginibus, quas ipsi fecimus ad imaginem et similitudinem nostram ; sed ut nos propter Deum sacris imaginibus inclinemus, qui propter nos «exinanivit seipsum formam servi accipiens (*Phil.* ii). » — « Omnis enim qui se exaltat humiliabitur ; et qui se humiliat exaltabitur (*Luc.* xviii). » Videntes quippe imagines inclinamus, non ut spem salutis constituamus in illis, sed ad memoriam excitati, devotionem, quam ipsi Deo corde gerimus, opere demonstremus. Duliam enim, ut dictum est, creaturis, sanctis et sacris possumus exhibere, scilicet angelis, hominibus, sacramentis. De adoratione angelorum legitur quod Abraham elevans oculos suos in convalle Mambre tres vidit, et unum ex angelis adoravit (*Gen.* xviii). Loth quoque duobus angelis civitatem intrantibus occurrens adoravit, petens ut in domum suam hospitio declinarent (*Gen.* xix.) Quid est ergo quod Joannes inhibitus fuerat angelum adorare? Quia Christus homo jam erat super angelos exaltatus. De adoratione hominum legitur quia Jacob videns Esau venientem, præcessit utramque turmam, et pronus in terram adoravit septies (*Gen.* xxxiii). Filii quoque Jacob adoraverunt Joseph in Ægypto (*Gen.* xliii). Cur ergo Mardocheus Aman noluit adorare? Quoniam ille divinam volebat sibi adorationem impendi (*Esther* iii). De adoratione sacramentorum dicit Ecclesia : «Crucem tuam adoramus, Domine.» Unde alibi legitur : « Christiani sacras imagines pie venerantur et adorant.» Verius tamen adoramus Deum coram imagine, quam imaginem coram Deo ; unde præceptum est : « Coram altari non adorabitis (*Isa.* xxxvi). » Non ait, altare, sed, coram altari. Et Propheta : *Adorabo ad sanctum templum tuum in timore tuo.* Non in timore humano, de quo Dominus ait : « Nolite timere eos qui corpus occidunt, animam autem non possunt occidere (*Matth.* x). » Nec servili, de quo Joannes apostolus dicit : « Timor non est in charitate, sed perfecta charitas foras mittit timorem (*I Joan.* iv). » Sed in timore initiali, de quo dicit Sapiens : « Initium sapientiæ timor Domini (*Eccle.* i). » Sed in timore filiali, de quo dicit David propheta : « Timor Dei sanctus permanet in sæculum sæculi (*Psal.* xviii). »

Cur autem Deus sit adorandus, idem propheta nos instruxit dicens : « Venite, adoremus et procidamus ante Deum, ploremus coram Domino qui fecit nos ; quia ipse est Dominus Deus noster (*Psal.* xciv). » Quia ipse et Deus, id est Creator ; quia ipse est Dominus, id est Redemptor ; quia ipse est noster, id est Salvator. Tunc enim erit verissime Salvator noster, cum erit omnia in omnibus (*Col.* iii), » id est sufficientia singulorum. Ipse est ergo Deus, qui nos de nihilo creavit. Ipse est Dominus, qui suo sanguine nos redemit. Ipse est noster, qui suo munere nos salvavit. Qui creando dedit nobis naturam, qui redimendo tribuit gratiam, qui salvando feret gloriam.

Habemus ergo quid sit adorandum, quia Pater et Filius et Spiritus sanctus. Ubi sit adorandum, quia in sacra basilica, pura conscientia, et in divina Scriptura. Quomodo sit adorandum, quia ex corde, ex ore, ex opere. Quare sit adorandum, quia propter creationem, propter redemptionem, et propter salvationem. Quam nobis præstare dignetur Dominus Jesus Christus, qui est super omnia Deus benedictus in sæcula sæculorum. Amen.

SERMO XXVIII.

IN CONSECRATIONE ALTARIS.

De dedicatione templi corporis nostri, et consecratione altaris cordis nostri; et quid significent ea quæ in consecratione altaris fiunt.

Nescitis quia corpora vestra templum sunt Spiritus sancti? (I Cor. VI.)

Si desideratis fieri participes solemnitatis hujus, ad quam cum desiderio convenistis, satagere vos oportet, ut quidquid in consecratione templi materialiter agitur, totum in nobis spiritualiter compleatur. « Templum enim Dei sanctum est, quod estis vos (*I Cor.* III), » — «superædificati super fundamentum apostolorum et prophetarum, ipso summo angulari lapide Jesu Christo : in quo omnis ædificatio constructa, crescit in templum sanctum in Domino (*Ephes.* II). » Nos tamen ad præsens dabimus vobis lac potum, non escam (*I Cor.* III); quia perfectorum solidus est cibus (*Hebr.* V), et sapientiam loquimur inter perfectos (*I Cor.* II).. Inter vos autem nihil judicamus, nos scire, nisi Jesum Christum et hunc crucifixum (*ibid.*) Quia « quasi modo geniti infantes lac concupiscitis, ut in salutem crescatis (*I Petr.* II). Excipiamus ergo pauca de multis, quorum vobis significationem ad ædificationem exponamus breviter.

Templum quod dedicatum est, intelligitur corpus; altare quod consecratum est, intelligitur cor. De templo corporis dicit Apostolus : *Nescitis quia corpora vestra templum sunt Spiritus sancti?* Juxta quem modum dicebat Dominus : « Solvite templum hoc, et in tribus diebus excitabo illud : hoc autem dicebat de templo corporis sui (*Joan.* II.) De altari cordis jubetur a Domino : « Ignis in altari meo semper ardebit (*Lev.* VI). » Ignis enim qui ardet jugiter in altari est charitas, quæ continue fervet in corde. Nam « aquæ multæ non possunt exstinguere charitatem (*Cant.* VII.) » Vos ergo secundum Prophetam agite diem solemnem in confrequentationibus, usque ad cornu altaris (*Psal.* CXVII); quia reliquiæ cogitationis diem festum agent Domino (*Psal.* LXXV.)

Dedicetur ergo templum corporis nostri per abstinentiam, emundetur a sordibus gulæ ; dedicetur per continentiam, ut purgetur ab inquinamentis luxuriæ. Nam *omne peccatum quod fecerit homo, extra corpus est; qui autem fornicatur, in corpus suum peccat.* Attendite, fratres et filii, quam grave sit peccatum templum Spiritus sancti per adulterium violare, tollere *membra Christi*, et facere *membra meretricis.* Unde legitur quod adulterium primum in pœnis obtinet locum. Crucifigatis ergo carnem vestram cum vitiis et concupiscentiis (*Gal.* V), ne dominetur peccatum in vestro mortali corpore (*Rom.* VI), secundum exemplum Apostoli de seipso dicentis :

« Castigo corpus meum, et in servitutem redigo, ne forte cum aliis prædicavero, ipse reprobus efficiar (*I Cor.* IX). » Consecretur altare cordis per conceptum timoris, consecretur per affectum amoris, consecretur ut consummetur in melius. Nam « initium sapientiæ timor Domini (*Eccli.* I). » De quo dicitur per alium prophetam : « A timore tuo, Domine, concepimus, et peperimus spiritum salutis (*Isa.* XXV.) — « Finis autem præcepti est charitas, de corde puro, et conscientia bona, et fide non ficta (*I Tim.* I). » — « Plenitudo namque legis charitas est (*Rom.* XIII). Consecretur altare cordis in vobis, ut concipiatis desideria sancta. Dedicetur et templum corporis, ut pariatis opera justa, quatenus mundi corde et casto corpore sacrificetis Deo, «non in fermento veteris malitiæ et nequitiæ, sed in azymis sinceritatis et veritatis (*I Cor.* V). » Altare vero consecratur hoc ordine : supponitur tabula, ungitur mensa, adoletur incensum, vestitur altare; sic demum sacrificium celebratur. Reconduntur reliquiæ, quæ sunt exempla, quæ nobis sunt ad imitationem relicta. Hæc in capsa recondimus, cum ad imitandum ea in memoria retinemus, sicut dicit Apostolus : « Imitatores mei estote, sicut et ego Christi (*I Cor.* IV). » — « Christus enim passus est pro nobis, vobis relinquens exemplum, ut sequamini vestigia ejus. Qui peccatum non fecit, nec inventus est dolus in ore ejus (*I Petr.* II). » Quid est autem quod sanctorum reliquiæ cum tribus granis thuris in capsula reconduntur, nisi quod exempla sanctorum in fide Trinitatis debemus in memoria retinere? Nam « sine fide impossibile est placere Deo (*Hebr.* XI). » — «Justus enim ex fide vivit (*Hebr.* X). » Tabula superposita significat charitatem, de qua dicit Apostolus : « Charitas Dei diffusa est in cordibus nostris per Spiritum sanctum, qui datus est nobis (*Rom.* V). » De cujus latitudine dicitur per Psalmistam : « Latum mandatum tuum nimis (*Psal.* CXVIII). » Latum est enim charitatis mandatum, quod usque ad inimicos extenditur, secundum præceptum Dominicum : « Diligite inimicos vestros, benefacite his qui oderunt vos, et orate pro persequentibus et calumniantibus vos (*Matth.* V). » Diligite corde, benefacite opere, ut fiat in vobis « funiculus triplex, » qui « difficile rumpitur (*Eccle.* IV). » Reliquiis ergo tabula superponitur, quia exemplis sanctorum accenditur charitas, quæ operit multitudinem peccatorum (*I Petr.* IV). Mensa ungitur, ut charitas misereatur. Unctio namque designat misericordiam, secundum illud : « Unge caput tuum, et faciem tuam lava (*Matth.* v). » Unde Samaritanus appropians vulnerato, superinfundit vinum et oleum (*Luc.* x). Quid est autem quod mensa in sex locis inungitur, videlicet in medio, in quatuor angulis, et in fronte, nisi quod charitatem exercere debemus per sex opera misericordiæ, quæ commemorantur in Evangelio : « Esurivi, et dedistis mihi manducare,» etc (*Matth.* xxv.) Post unctionem adoletur incensum, ut fama boni operis diffundatur ad proximos. De qua dicit Apostolus : « Christi bonus odor sumus in omni loco (*II Cor.* II); » ut cortina cortinam trahat (*Exod.* xxxvi), « et qui audit, dicat : Veni (*Apoc.* xxii). » Quid est autem quod in quinque locis adoletur incensum, scilicet in quatuor angulis et in medio, nisi quod quinque sensus corporeos sic exercere debemus, ut luceat lux nostra coram hominibus, quatenus videntes opera nostra, glorificent Patrem nostrum qui in cœlis est (*Matth.* vi). Jam igitur vestitur altare, quando cor hominis mundum bonis operibus adornatur. De quibus Salomon ait : « Omni tempore vestimenta tua sint candida (*Eccle.* ix), » id est opera munda. Super altare quod hoc ordine consecratur, sacrificium offertur acceptum Altissimo. Illud videlicet, de quo propheta dicit in Psalmo : « Sacrificium, Deo spiritus contribulatus; cor contritum et humiliatum Deus non spernit (*Psal.* l). » Vel illud etiam, de quo dicit in alio loco : « Immola Deo sacrificium laudis, et redde Altissimo vota tua (*Psal.* xlix). »

SERMO XXIX.

IN EADEM SOLEMNITATE ENARRATIO EVANGELICÆ LECTIONIS.

De duobus egressibus Redemptoris, et quod voluntarie mutabilitatem nostram assumpsit; de duobus generibus peccatorum; de quatuor impedimentis salutis, et quatuor suffragiis salutis; denique quid faciendum ut videri possit Jesus, et de eleemosynarum largitione, et virtutibus Zachæi, et triplici domo.

Egressus Jesus perambulabat Jericho. Et ecce vir nomine Zachæus : et hic erat princeps publicanorum, et ipse dives. Et quærebat videre Jesum, quis esset, et non poterat præ turba, quia statura pusillus erat (*Luc.* xix).

Duo sunt Redemptoris egressus : unus æternus, et alius temporalis; unus occultus, et alius manifestus; unus secundum quod est natus de Patre, et alter secundum quod est natus de matre; unus in forma Dei, et alter in forma servi. Utrumque commemorat et commendat propheta cum ait : « Et tu Bethlehem terra Juda, nequaquam minima es in principibus Juda. Ex te enim egredietur, qui regat populum meum Israel : et egressus ejus ab initio, a diebus æternitatis (*Mich.* v). » *Egressus ergo Jesus perambulabat Jericho*, quoniam exivit a Patre, et venit in mundum (*Joan.* xviii). Exivit autem non deserendo naturam divinam, in qua cum Patre manet occultus, sed assumendo naturam humanam, in qua de matre apparuit manifestus. Jericho namque secundum interpretationem exponitur *luna*; quæ pro sui volubilitate et mutabilitate significat mundum, qui semper volvitur et mutatur. « Vidi enim cuncta quæ fiunt sub sole, et ecce universa vanitas et afflictio spiritus; et vidi nihil permanere sub sole (*Eccle.* i). » Unus nascitur, et alter moritur; unus extollitur, et alter deprimitur; unus crescit, et alter decrescit; unus lætatur, et alter tristatur; unus fit pauper, et alter fit dives; unus fit dominus, et alter fit servus. « Homo natus de muliere, brevi vivens tempore, repletur multis miseriis. Qui quasi flos egreditur et conteritur, et fugit velut umbra, et nunquam in eodem statu permanet (*Job* xiv).»

Egressus ergo Jesus perambulabat Jericho. Nam qui prius egrediebatur de sinu Patris in uterum matris, de cœlis ad terras, idem ipse semper erat et est, juxta quod ipse de se loquitur per prophetam : « Ego sum Deus, et non mutor (*Malach.* III).» Idem ipse postquam exivit a Patre, et venit in mundum, voluntarie mutabilitatem nostram assumpsit, et se sponte mutationi nostræ subjecit; quoniam esurivit, et sitivit, et expavit, doluit, ad ultimum crucem et mortem suscepit. « Cum enim jejunasset quadraginta diebus et quadraginta noctibus, postea esuriit (*Matth.* iv). » Qui cum dixisset in cruce : « Sitio, dederunt in escam ejus fel, et ipsum in sitim suam aceto potaverunt (*Joan.* xix). » Ipse quoque de se per prophetam testatur : « O vos omnes, qui transitis per viam, attendite et videte, si est dolor sicut dolor meus (*Thren.* i.) »— « Cœpit enim Jesus pavere et tædere (*Marc.* xiv)»,— « cœpit contristari et mœstus esse (*Matth.* xxvi,) » — « factus obediens usque ad mortem, mortem autem crucis (*Phil.* ii). » Jesus ergo, cui secundum naturam divinam nihil accedit, et a quo nihil recedit, quia nihil in se habet, nisi se, nec aliud est habens ab habito, nec aliud habitum ab habente : nisi quod « in similitudinem hominum factus, et habitu est inventus ut homo (*ibid.*), » ipse pro nobis mutabilitates nostras assumpsit, et defectus nostros suscepit.

Et ideo *egressus perambulabat Jericho. Et ecce vir nomine Zachæus, et hic erat princeps publicanorum, et ipse dives. Et quærebat videre Jesum, quis esset, et non poterat præ turba, quia statura pusillus erat.* Duo sunt genera peccatorum, quorum quidam de Dei desperant misericordia, dicentes miserabiliter cum Cain : « Major est iniquitas mea, quam ut veniam merear *(Gen.* IV*)*, » et eorum quia desperabilis est infirmitas, ipsorum quoque sanitas desperatur; nam « impius cum venerit in profundum peccatorum, contemnit *(Prov.* XVIII). » Alii vero de misericordia sperant divina dicentes misericorditer cum David : « Miserere mei, Deus, secundum magnam misericordiam tuam *(Psal.* L*)*, » et ipsi quia quærunt salutem, sanitatem acquirunt.

Venit enim filius hominis quærere et salvare quod perierat. Talis erat iste Zachæus, qui licet esset *princeps publicanorum, et ipse dives, quærebat tamen videre Jesum quis esset, et non poterat præ turba, quia statura pusillus erat.* Quatuor impedimenta sibi videbantur obstare, ne posset videre Jesum; primum, quia princeps publicanorum; secundum, quia dives erat; tertium, quia non poterat præ turba; quartum, quia statura pusillus erat. Publicani dicebantur, qui publica vectigalia exigebant, quorum commercia vix aut nunquam sine peccato prævalent exerceri; princeps ergo publicanorum erat exactor fisci. Unde sicut princeps latronum est particeps latrocinii, ita et publicanorum ipsius publici commercii particeps erat, ex quo sibi per fas et nefas divitias acquirebat. Licet enim habitus divitiarum non sit in crimine, sed abusus: propter quod dicitur per Prophetam : « Divitiæ si affluant, nolite cor apponere *(Psal.* LXI); » nam Abraham dives erat *(Gen.* XIII*)*, et David locuples *(II Reg.* XII*)*, et Job opulentus *(Job* I*)*, qui Deo placentes inventi sunt justi : difficile tamen est divitias habere et non amare, sicut esse in igne et non ardere. Propter quod Veritas ait : « Difficile est divitem intrare in regnum cœlorum *(Marc.* IX) ; » sed quod impossibile creditur apud homines, apud Deum possibile reputatur *(Matth.* XIX*)*, qui non despicit divites, cum et ipse sit dives.

Unde Zachæus *quærebat videre Jesum quis esset, sed non poterat præ turba, quia statura pusillus erat.* Quandiu turba premit, Jesus videri non potest, præsertim quis sit : nisi forte per fidem, non autem per speciem. Propter quod ipse dicebat : « Manifestabo eis meipsum *(Joan.* XIV*)*. » Quoniam « hæc est vita æterna, ut cognoscant te solum verum Deum, et quem misisti Jesum Christum *(Joan.* XVII*)*. » — « Beati mundo corde, quoniam ipsi Deum videbunt! » *(Matth.* V.) Ille moraliter est pusillus statura, qui parum persistere potest, id est qui facile cadit, aut fragilitate carnis infirmus, aut compede consuetudinis alligatus : quales multos esse novimus, et dolemus, quibus displicent mala quæ faciunt, sed fragilitate vel consuetudine tracti seu victi, operantur quod detestantur; quia « caro concupiscit adversus spiritum, et spiritus concupiscit adversus carnem *(Gal.* V.) » Peccant tamen magis sub Domino, quam contra Dominum, sem-

per de pœnitentia cogitantes, et de misericordia confidentes; qualis erat Zachæus, qui desiderabat *videre Jesum,* tanquam qui meditabatur de venia, *sed non poterat præ turba;* tanquam qui detinebatur a culpa, ratione repugnans, sed sensualitate succumbens. Ad hoc utique pertinet quod inquit Psalmista : « Concupivit anima mea desiderare justificationes tuas *(Psal.* CXVIII*)*. » Ille justificationes Dei concupiscit desiderare, qui nondum perfecte desiderat, sed ut perfecte desideret, concupiscit; quemadmodum quidam dolent, quia dolere non possunt, sed dolent, ut doleant, id est ut dolor inefficax dolorem inferat efficacem. Præcedit enim in peccatoribus quiddam, quo licet nondum justificentur, digni tamen, id est habiles justificationibus inveniuntur. *Quærebat ergo Zachæus videre Jesum quis esset, sed præ turba non poterat;* quia « muscæ morientes perdunt suavitatem unguenti *(Eccle.* X). » Turba namque turbabat, sive malorum hominum, sive malignarum cogitationum, sive dæmonum malignorum, qui semper inducunt, suggerunt, pertrahunt ad peccandum. Unde legitur quod cum cæcus clamaret : «Miserere mei, fili David, qui præibant, increpabant eum ut taceret, ipse vero multo magis clamabat : Fili David, miserere mei *(Luc.* XVIII) ; » quia quanto magis contra nos insurgit turbatio, vel dæmonum, vel cogitationum, vel hominum; tanto magis debemus insistere, ut tentationes hujusmodi repellamus, ne per ignorantiam vel negligentiam obdormiamus in mortem : sed per sollicitudinem et vigilantiam resurgamus ad vitam : exemplo Zachæi, qui *præcurrens ascendit in arborem sycomorum, ut videret Jesum, quia inde erat transiturus.* Nullus ergo, pro eo quod in aliquo præoccupatus est delicto, negligendo diffidat, aut negligat diffidendo, sed præcurrens, ascendat in arborem sycomorum. Ecce Zachæus de sua salute sollicitus, contra quatuor impedimenta, quatuor invenit suffragia, per quatuor argumenta. Nam quia dives erat, dimidium bonorum suorum dedit pauperibus; et quia princeps erat publicanorum, si quem defraudavit, reddidit quadruplum; rursus, quia statura pusillus erat, ascendit in arborem sycomorum : et quia præ turba videre non poterat, præcurrit, et ita post se turbam dimisit. Sic et nos, fratres, quoties in via Dei ab aliquibus adversantibus impedimur, argumentosi et studiosi ad opportuna suffragia recurremus, nec deficiamus in via, sed potius expediti proficiscamur ad patriam. Præcurrens ergo Zachæus, turbam dimisit post se; quia peccator volens ad veniam properare, debet post se deserere malos homines, cogitationes malignas, et dæmones malignantes, quosque per turbam prædiximus designari, ut in istis non hæreat, his non succumbat, illis non acquiescat, sed quanto magis impugnant, tanto magis repugnet, ut expugnet potius impugnantes ejus exemplo, quem quanto plus increpabant turbæ, quæ præibant, ut taceret, tanto magis clamabat : « Fili David, miserere mei. » Vincat ergo piæ postulationis clamor, impiæ suggestionis naturam, ut prævaleat spiritus contra carnem : ut cum fuerit separatus a malis, divisus a perfidis, et discretus a pravis, ascendat in arborem sycomorum, ut Jesum inde videat transeuntem.

Sycomorus est celsa, et, ut a quibusdam dicitur, ficus facua (sic) Hæc est sane crux Christi, quæ ab infidelibus stultitia reputatur : « Prædicamus, inquit Apostolus, Jesum Christum, et hunc crucifixum, Judæis quidem scandalum, gentibus autem stultitiam (*I Cor.* 1). » Hujus arboris ascensum alia quoque Scriptura proponit : « Ascendam, inquit, in palmam, et apprehendam fructus ejus (*Cant.* VII). » Palma, quæ est signum victoriæ, fidem crucis designat, de qua dicit Joannes : « Hæc est victoria, quæ vincit mundum, fides nostra (*I Joan.* v). » Quæ comprehendit « cum omnibus sanctis quæ sit longitudo, latitudo, sublimitas, et profundum (*Ephes.* III). » Fructus hujus arboris est purpureus, succum habens sanguineum; quia fructus vitæ, quæ pependit in cruce, sanguinem suum pro nobis effudit. Qui vult ergo videre Jesum transeuntem, ascendat in arborem sycomorum : quia Jesus, id est Salvator, videri non potest, nisi de loco salutis, id est de cruce, per quam « Deus, Rex noster ante sæcula, operatus est salutem in medio terræ (*Psal.* LXXIII), » in loco Calvariæ. Unde cum Moyses posteriora Domini vidit, legitur quod in foramine petræ stetit (*Exod.* XXXIII); cum enim petra significet Christum, secundum illud : « Petra autem erat Christus (*I Cor* X) », recte foramina petræ, vulnera Christi designant. Propter quod alibi legitur : « In foraminibus petræ, in cavernis maceriæ, ostende mihi faciem tuam (*Cant.* II); » quia qui vult faciem Christi videre, debet in foraminibus petræ, hoc est in vulneribus Christi, per fidem passionis et crucis stare. Ascendit ergo Zachæus in arborem sycomorum, ut videret Jesum, quia inde erat transiturus. « Erat enim in loco, ubi crucifixus est, hortus; et in horto monumentum novum, in quo nondum quisquam positus fuerat. Ibi ergo propter Parasceven Judæorum, quia juxta erat monumentum, posuerunt Jesum (*Joan.* XIX). » Unde transivit de morte ad vitam, de mundo ad Patrem, quemadmodum dicit Joannes : « Sciens Jesus quia ejus hora venit, ut transeat ex hoc mundo ad Patrem, cum dilexisset suos, in finem dilexit eos (*Joan.* XIII). »

Et cum venisset ad illum *locum, suspiciens Jesus vidit illum.* Ab æterno vidit eum prædestinationis inspectu, juxta quem modum inquit Nathanaeli : « Priusquam te Philippus vocaret, cum esses sub ficu, vidi te (*Joan.* I). » Sed cum in plenitudine temporis venit ad locum Calvariæ, in quo pro peccatorum salute voluit crucifigi, *suspiciens vidit eum* et alios peccatores miserationis intuitu, quatenus eos benigne respiciens redimeret et salvaret. Et ecce cum Zachæus ascendisset arborem sycomorum,

ut videret Jesum, legitur quod *Jesus suspiciens vidit illum*, quia nisi visus fuisset, ubi potuisset videre veritatem ? quemadmodum nisi lux lucernæ, vel solis prius videat oculos hominis, quantumlibet aperiat oculos homo, non potest videre lucernam vel solem. Christus autem est veritas, Christus est sol, Christus est « lux vera, quæ illuminat omnem hominem venientem in hunc mundum (*Joan.* I); » unde legitur : « Respexit Dominus Petrum, et statim exiens foras flevit amare (*Luc.* XXII). » Dixitque Dominus ad Zachæum : *Zachæe, festinans descende, quia hodie in domo tua oportet me manere.* Commendatur ascensus, quia præcurrens ascendit. Commendatur et descensus, quia festinans descendit. Ascendit per fidem, ut videret Jesum : descendit per humilitatem, ut susciperet ipsum. « Super quem, inquit, requiescet Spiritus meus, nisi super humilem et quietum, et trementem sermones meos ? » (*Isa.* LXVI). Nam « qui descendit, idem est qui ascendit (*Ephes.* VII). » Et Jacob vidit scalam, summitas cujus cœlos tangebat, et angelos ascendentes et descendentes per eam (*Gen.* XXVIII). Ergo *festinans descende, quia hodie in domo tua oportet me manere.* Quasi diceret : Jam es illuminatus per fidem, quapropter vide per fidem. Tenebris fugatis erroris, opportunum est non mihi, sed tibi (quia ego non indigeo bonorum tuorum, sed tu sine me nihil potes facere), ut in domo tua faciam mansionem, non tanquam hospes diurnus, sed tanquam perpetuus habitator; quoniam « qui perseveraverit usque in finem, hic salvus erit (*Matth.* X). » Domo quidem, non tam materiali, quæ construitur ex lapidibus, quam spirituali, quæ ex virtutibus fabricatur. Plus obtinuit quam speravit; quia contentus erat ut ascendens in arborem videret Jesum; sed Jesus non solum se illi videndum ostendit, imo et in domo sua dignatus est hospitari. Per quod conjicitur et colligitur manifeste, quia et dimittit quæ conscientia metuit, et adjicit quod oratio non præsumit. Porro, quia « non auditores legis, sed factores justi sunt apud Deum (*Rom.* II), » Zachæus non tardus et obliviosus auditor, sed studiosus et diligens exsecutor, *festinans descendit, et suscepit illum gaudens.* Per quod moraliter instruitur Christianus, ut non cum mora vel tarditate, non cum tædio vel desidia, divinum exsequatur mandatum, juxta quod dicit Apostolus : Obedientia sine mora : sed nec cum tristitia vel dolore, cum murmure vel querela divinam exerceat servitutem; quia secundum eumdem Apostolum : « Hilarem datorem diligit Deus (*II Cor.* IX). »

Festinans ergo descendit, et suscepit illum gaudens. Et cum viderent omnes murmurabant, quod ad hominem peccatorem divertisset. Quidam ex invidia, et quidam ex ignorantia murmurabant; sed utrumque murmur erat injustum, tanquam si quilibet murmuraret, quod medicus diverteret ad ægrotum; perinde quidem, quod Salvator ad peccatorem divertere dignabatur. Unde cum Pharisæi dixissent apostolis : « Quare cum publicanis et peccatoribus manducat et bibit magister vester? Jesus audiens ait illis : Non est opus valentibus medicus, sed male habentibus. Non enim veni vocare justos, sed peccatores (*Matth.* ix). » Et Petrus attonitus miraculi novitate, dixit ad Dominum : « Exi a me, Domine, quia homo peccator sum (*Luc.* v), » cum potius dicere debuisset : Intra ad me, Domine, quia homo peccator sum : quoniam nisi lux accedat, tenebræ non recedunt. *Stans autem Zachæus dixit ad Dominum : Ecce dimidium bonorum meorum, Domine, do pauperibus : et si quid aliquem defraudavi, reddo quadruplum.* Quantum præsentia profecit Salvatoris, salutis effectus ostendit. Nam qui fuerat iniquus per fraudem, factus est justus per fidem : et qui fuerat princeps publicanorum et ipse dives, factus est pater egenorum et ipse pauper. Unde non immerito nomen ejus vocatur Zachæus, quod interpretatur *justificatus*. Ecce, inquit, *dimidium bonorum meorum, Domine, do pauperibus, et si quid aliquem defraudavi, reddo quadruplum*. Quia vero « si recte offeras, non autem recte dividas, peccasti (*Gen.* iv, sec. LXX), » Zachæus tanquam providus et discretus, et recte obtulit, et recte divisit; quia dimidium bonorum suorum dedit pauperibus, et si quid aliquem defraudavit, reddidit quadruplum. Dedit sua, et reddidit aliena ; quia non dimittitur peccatum, nisi restituatur ablatum ; et : «Qui facit eleemosynam de rapina pauperis, ac si victimet filium in conspectu patris (*Eccli.* xxxiv).» Deus iniqua munera non acceptat, præsertim quæ fuerunt de sacrilegio vel de furto, de rapina vel usura, in quibus, quia non transfertur dominium, ira magis quam misericordia provocatur. Quidam cum habeant multum, dant parum ; cum habeant charum, dant vile; cum habeant proprium, dant alienum ; cum dare debeant egenis, dant histrionibus. Zachæus autem et recte obtulit, et recte divisit, dando non parum, sed multum, quia dedit dimidium ; non vile, sed charum, quia dedit dimidium bonorum; non alienum sed proprium, quia dedit dimidium bonorum suorum, non histrionibus, sed egenis, quia dedit dimidium bonorum suorum pauperibus.

Omni tempore debemus indigenti subvenire, sed præsertim hoc tempore, in quo Deus sterilitatem et famem induxit, in uno simul eodemque negotio et misericordiam exhibens, et justitiam manifestans : ut cum pro peccatis nostris per famis inediam nos flagellat, justitiæ suæ rigorem ostendat; et cum subveniendi pauperibus occasionem exponit, misericordiæ causam impendat; quatenus cum flagellum Dei portaverimus patienter, et indigentibus liberaliter subvenerimus, liberemur utique per justitiam, et per misericordiam coronemur. Qui autem in tantæ necessitatis articulo non contentus etiam superflua retinuerit, sciat se tot mortibus esse dignum, quot inopes propter ipsius avaritiam moriuntur; aut saltem tot esse puniendum suppliciis, quot pœnis supplices affliguntur; nam « qui habuerit substantiam hujus mundi et viderit fratrem suum necessitatem habere, et clauserit viscera sua ab eo, quomodo charitas Dei manet in illo? » (*I Joan.* iii). Nec se quisquam excuset, quia sufficit ut unusquisque tribuat secundum propriam facultatem. Si multum ei fuerit, abundanter impendat : si exiguum, etiam de exiguo libenter studeat impertiri (*Tob* iv) : ita quod necessitati aliquid subtrahat, et superfluitati auferat totum, ex toto restituens alienum, non semper in simplum, sed interdum in quadruplum. Res enim aliena subripitur aliquando per industriam scienter, aliquando per negligentiam ignoranter ; cum vero res aliena subripiebatur scienter, si res exstabat, secundum legis justitiam restituebatur in duplum : si non exstabat, restituebatur in quadruplum, sicut jubetur in Exodo (c. xxii). Si autem res aliena subripiebatur per ignorantiam, reddebatur caput, et quinta pars desuper. Idem quoque fiebat de re furtiva, si furtum latebat, et fur confitens sponte reddebat, sicut in libro Numeri reperitur.

Ait illi Jesus : Hodie salus domui huic facta est, eo quod et ipse filius sit Abrahæ. Filius quidem, non carne, sed fide ; non successione, sed imitatione, juxta quod Veritas ait : « Si filii Abrahæ estis, opera Abrahæ facite (*Joan.* viii). » — « Abraham credidit Deo, et reputatum est illi ad justitiam (*Gen.* xv; *Rom.* iv; *Gal.* iii). » Zachæus autem obedivit Jesu, et factum est ei in salutem. Abraham angelos Domini suscepit hospitio (*Gen.* xviii). Zachæus autem Dominum angelorum. Abraham exsultavit ut videret diem ejus, vidit et gavisus est (*Joan.* viii) : Zachæus autem *ascendit in arborem sycomorum, ut videret* illum transeuntem, et descendens *suscepit illum gaudens.* Merito ergo *salus domui huic facta est, eo quod et ipse filius sit Abrahæ. Venit enim filius hominis quærere, et salvum facere quod perierat.* In hoc sane justificato plenitudo virtutum multipliciter assignatur, fides, spes, charitas, justitia, fortitudo, prudentia, temperantia, obedientia cum humilitate, hospitalitas cum hilaritate, misericordia cum largitate. Fides, quia *præcurrens ascendit in arborem sycomorum* ; spes, quia *quærebat videre Jesum quis esset;* charitas, quia *suscepit illum gaudens;* justitia, quia *reddidit quadruplum;* fortitudo, quia *stans dixit ad Dominum;* prudentia, quia non solum dedit pauperibus, sed reddidit defraudatis ; temperantia, quia non distribuit totum, sed dedit dimidium; obedientia cum humilitate, quia *festinans descendit;* hospitalis cum hilaritate, quia *suscepit eum gaudens;* misericordia cum largitate, quia dimidium bonorum suorum dedit pauperibus, et reddidit defraudatis. Per fidem enim *præcurrens ascendit in arborem sycomorum :* in arborem sycomorum ascendit, qui fidem crucis extollit; per spem *quærebat videre Jesum quis esset*, vidit et gavisus est. Hinc enim Dominus ait : « Petite, et dabitur vobis : quærite, et invenietis : pulsate, et aperietur vobis (*Luc.* xi). » Per charitatem *suscepit illum gaudens;* charitas enim gaudebat, quia veritatem suscipiebat. Per justitiam reddidit quadruplum ; quia nemo justificatur a culpa, nisi restituat aliena. Per fortitudinem stabat, non jacebat ut debilis, sed stabat ut fortis; nam et Jesus ut Stephanum confortaret, non apparuit ei sedens, sed stans : « Ecce, inquit, video cœlos apertos, et Jesum stantem a dextris Dei (*Act.* vii). » Per prudentiam dedit pauperibus, et reddidit defraudatis; dedit proprium, et reddidit alienum. Graviter ergo peccant, qui decimas et primitias non reddunt sacerdotibus, sed eas pro sua voluntate distribuunt indigentibus. Per temperantiam dedit non totum, sed dimidiam partem ; dedit superflua, et retinuit necessaria, dicente propheta : « Cum videris nudum, operi eum, et carnem tuam ne despexeris (*Isà.* lviii). » Per obedientiam festinavit, scriptum est enim : « Obedientia sine mora. » Per humilitatem descendit; quoniam « qui se humiliat, exaltabitur, et qui se exaltat, humiliabitur (*Luc.* xviii). » Per hospitalitatem cum hilaritate suscepit eum gaudens ; quoniam « hilarem datorem diligit Deus. » Per misericordiam cum largitate dimidium bonorum suorum dedit pauperibus, et ideo « justitia ejus manet in sæculum sæculi (*Psal.* cxi). » Scriptum est enim : « Date eleemosynam, et ecce omnia munda sunt vobis (*Luc.* 11) ; » quia « sicut aqua exstinguit ignem, ita eleemosyna exstinguit peccatum (*Eccli.* iii). » Quis nostrum, charissimi, non dico dimidium , sed vel quartum, vel sextum, vel etiam duodecimum satagit pauperibus erogare ? Quando secundum consilium Jesu Christi vendet universa quæ habet, et dabit pauperibus (*Matth.* xix), quando nec decimam reddit, quam reddere tenetur ex debito ? (*Matth.* xviii). Certe superabundavit iniquitas, et refriguit charitas multorum (*Matth.* xxiv). Zachæus autem dimidium bonorum suorum dedit pauperibus, et si quid aliquem defraudavit, reddidit quadruplum.

Ex istis virtutibus domus illa construitur, in qua Jesus habitare dignatur. *Festinans*, inquit, *descende : quia hodie in domo tua oportet me manere.* Est domus numinis, et est domus hominis, et est domus dæmonis. Domus Dei, per gratiam ; domus hominis, per naturam; domus dæmonis, per culpam. De prima legitur : « Domum tuam, Domine, decet sanctitudo in longitudine dierum (*Psal.* xcii) ; » de secunda dicitur : « Qui domos habitant luteas, et terrenum habent fundamentum (*Job* iv) ; » de tertia scriptum est : « Revertar in domum meam unde exivi (*Matth.* xii). »

Vitiorum tectum est superbia, quæ est initium peccati (*Eccli.* x) ; ostium, concupiscentia, quæ militat adversus animam ; pavimentum, avaritia, quæ est idolorum servitus (*Gal.* v) ; quatuor latera parietum, sunt quatuor genera peccatorum, videlicet peccatum fragilitatis, per impotentiam ; peccatum simplicitatis, per ignorantiam; peccatum securitatis, per negligentiam ; et peccatum malignitatis, per invidentiam. In domo naturæ fundamentum est ratio, tectum memoria, ostium intellectus, pavimentum voluntas, quatuor laterales parietes, quatuor naturales affectus, timor et spes, dolor et gaudium.

Hinc cupiunt homines, metuunt gaudentque dolentque. In domo gratiæ, fundamentum est fides. De qua dicit Apostolus : « Fides est substantia rerum sperandarum, argumentum non apparentium (*Hebr.* xi). » Tectum est charitas, de qua Jacobus ait : « Charitas operit multitudinem peccatorum (*Jac.* v). » Ostium, obedientia, de qua Dominus ait : « Si vis intrare ad vitam, serva mandata (*Matth.* xix). » Pavimentum, humilitas, de qua Psalmista : « Adhæsit pavimento anima mea (*Psal.* cxviii). » Quatuor laterales parietes sunt quatuor principales virtutes, justitia, fortitudo, prudentia, temperantia. Hæc sunt in Apocalypsi (cap. xx) quatuor latera civitatis æqualia. Fenestræ sunt hospitalitas cum hilaritate, et misericordia cum largitate. Hæc est domus, de qua Dominus ait : « Si quis diligit me, sermones meos servabit ; et Pater meus diliget eum, et ad eum veniemus, et mansionem apud eum faciemus (*Joan.* xiv). »

Verum et hæc sacra basilica domus est numinis et templum Dei, de qua Dominus ait : « Domus mea, domus orationis vocabitur (*Isa.* lvi ; *Matth.* xxi). » In hanc domum hodie venit Jesus per dedicationis gratiam, et consecrationis effectum. Legitur enim quod templo Salomonis dedicato, cum sacerdotes dicerent : «Confitemini Domino quoniam bonus, quoniam in sæculum misericordia ejus (*I Par.* xvi), » nebula implevit domum Domini, et obumbravit facies sacerdotum, ita quod se invicem videre non poterant. Et ait Salomon : «Dominus dixit ut habitaret in nebula (*III Reg.* viii). » *Dixit*, id est opere demonstravit, quoniam in monte Sina apparuit *in nebula* (*Exod.* xix), et Israel in nube præcessit (*Exod.* xiv), et ante Moysen positum in caverna petræ pertransivit in nebula (*Exod.* xxxiii). Expressum mysterium, sed alias exponendum.

De cætero, fratres, quia «quæcunque scripta sunt, ad nostram doctrinam scripta sunt (*Rom.* xv), » imitemur ergo Zachæum, ut in domo nostra Jesus habitare dignetur, qui est super omnia Deus benedictus in sæcula sæculorum. Amen.

INNOCENTII PAPÆ

HUJUS NOMINIS TERTII

SERMONES DE SANCTIS.

SERMO PRIMUS.

IN NATIVITATE DOMINI.

De multiplici verbo, de carnis quadruplici acceptione, et cur Verbum caro factum sit.

Verbum caro factum est, et habitavit in nobis (Joan. 1).

Juxta communem sensum loquendi, multis modis accipitur verbum. Est enim verbum quod corde concipitur, verbum quod ore profertur, verbum quod calamo scribitur. Corde concipitur intellectus, ore profertur sonus, calamo scribitur signum. Intellectus in mente, sonus in aere, signum est in imagine. Quia vero « spiritus est qui vivificat, » de carnalibus ad spiritualia transeamus; « caro enim non prodest quidquam (*Joan.* VI). »

Est enim verbum humanum, et verbum divinum. Verbum humanum transit prolatum; verbum divinum permanet natum. De illo poeta:

Et semel emissum volat irrevocabile verbum.

(HORAT., *Ep.* I, XVIII, 71.)

De isto dicit Propheta: « Verbum Domini manet in æternum, cogitationes cordis ejus in generatione et generationem (*Psal.* XXXII). » Verbum Dei Patris est Dei Filius, per quem « Ipse dixit, et facta sunt; mandavit, et creata sunt (*ibid.*). » Nam *omnia per ipsum facta sunt, et sine ipso factum est nihil.* « Verbo Domini cœli firmati sunt, et spiritu oris ejus omnis virtus eorum (*Psal.* XXXIII). » Sicut enim per verbum exprimitur intellectus, ita per Filium Pater innotatur, juxta quod ipse dicit in Evangelio: « Pater, ego clarificavi te super terram, ego manifestavi nomen tuum hominibus, quos dedisti mihi de mundo (*Joan.* XVII). » Propter quod ipse Filius sermo Patris nuncupatur. Scriptum est enim: « Omnipotens sermo tuus, Domine, a regalibus sedibus venit (*Sap.* XVIII); » et alibi: « Ecce nomen Domini venit de longinquo (*Isa.* XXXI). » Est autem hoc Verbum conceptum, prolatum, et scriptum. Conceptum, secundum nativitatem divinam; prolatum, secundum nativitatem humanam; scriptum, secundum nativitatem gratuitam. Secundum nativitatem divinam conceptum de Patre; secundum nativitatem humanam, natum ex matre; secundum nativitatem gratuitam, scriptum in mente. De Patre nascitur æternaliter, de matre temporaliter, in mente spiritualiter. Æternaliter conceptus de divinitatis arcano, temporaliter profertur ex matris utero, spiritualiter scribitur digito Dei. De verbo concepto secundum divinam nativitatem ex Patre dicit Joannes: *In principio erat Verbum, et Verbum erat apud Deum, et Deus erat Verbum.* De verbo prolato secundum nativitatem humanam ex matre loquitur Isaias (cap. IX): « Verbum misit Dominus in Jacob, et cecidit in Israel. » De verbo scripto secundum nativitatem gratuitam in mente Lucas (cap. III) testatur: « Factum Domini super Joannem Zachariæ filium in deserto. »

Est autem verbum supernum, verbum internum, et verbum externum. Verbum supernum, Deus et caro; internum, spiritus et vita; verbum externum, semen et gladius. Verbum Deus secundum æternitatem, quoniam *in principio erat Verbum, et Verbum erat apud Deum, et Deus erat Verbum.* Verbum caro secundum humanitatem, quia *Verbum caro factum est et habitavit in nobis.* Verbum spiritus, intelligentibus; verbum vita, credentibus; unde: « Verba quæ locutus sum vobis, spiritus et vita sunt (*Joan.* VI). » Verbum semen in propagandis virtutibus; unde: « Semen est verbum Dei (*Luc.* VIII). » Verbum gladius, in vitiis amputandis; unde: « Et gladius spiritus, quod est verbum Dei (*Ephes.* VI). »

Sane fit Verbum caro, fit panis caro, fit homo caro. Verbum fit caro per unionem, panis fit caro per conversionem, homo fit caro per commistionem; per unionem personalem, per conversionem sacramentalem, per commistionem carnalem. De primo dicitur: *Verbum caro factum est, et habitavit in nobis;* de secundo legitur: « Panis quem ego dabo, caro mea est pro mundi vita (*Joan.* VI); » de tertio vero scribitur: « Propter quod relinquet homo patrem et matrem, et adhærebit uxori suæ: et erunt duo in carne una (*Gen.* II). » Itaque jam non sunt duo, sed una caro. Nomine carnis quandoque designatur natura, quandoque persona, quandoque fragilitas, quandoque carnalitas. Natura, cum dicitur: « Alia est caro piscium, alia volucrum, alia jumentorum (*I Cor.* xv); » persona, cum dicitur: « Videbit omnis caro salutare Dei nostri (*Luc.* III); » fragilitas, ubi dicitur : « Non permanebit spiritus meus in homine in æternum, quia caro est (*Gen.* VI); » carnalitas, ubi dicitur : « Caro et sanguis regnum Dei non possidebunt (*I Cor.* xv). » Cum ergo dicitur : *Verbum caro factum est*, nomine carnis intelligitur vel habitus, vel humanitas. *Verbum enim caro factum est*, id est Deus est incarnatus; quia « factus est ex semine David secundum carnem (*Rom.* I). » Ac per hoc solvitur quæstio illa, qua dicitur : Cum homo sufficienter ex anima constet et carne, cur propter unam partem *Verbum* dicitur *caro factum*, et propter alteram, verbum non dicitur factum anima; præsertim cum major sit similitudo inter Verbum et animam, quam inter Verbum et carnem? Quia scilicet incarnatum significat habitum, id est carne vestitum : quod convenit Verbo; animatum vero significat vitam, id est anima vegetatum, quod Verbo non convenit; Verbum enim non vivificatur ab anima, sed potius vivificat animam. Vel per synecdochen *Verbum* dicitur *caro factum*, id est Deus factus homo; nam « homo factus est in ea, et ipse fundavit eam Altissimus (*Psal.* LXXXVI), » secundum quod alibi dicitur : « Effundam de spiritu meo super omnem carnem (*Joel.* II). » Antequam Verbum caro fieret, procul habitabat a nobis : ubi vero *factum est caro Verbum, habitavit in nobis*, non solum per gratiam, Verum etiam per naturam. Hic enim « est Deus noster, » qui secundum prophetam « in terris visus est, et cum hominibus conversatus est (*Baruch* III), » os ex ossibus nostris, et caro de carne nostra. Illos autem inhabitat, quos templum Spiritus sanctus constituit, sicut dicit Apostolus : « Templum Dei sanctum est, quod estis vos (*I Cor.* III), » propter quod ipse Dominus dicit in Evangelio : « Si quis diligit me, sermonem meum servabit, et Pater meus diliget eum, et ad eum veniemus, et mansionem apud eum faciemus (*Joan.* xiv), » et iterum : Vobiscum, inquit, ero usque ad consummationem sæculi (*Matth.* xxviii).

Quatuor enim ex causis *Verbum caro factum est*: ut superbos humiliaret, ut inimicos reconciliaret, ut servos redimeret, ut amicos nutriret. « Cum erat in forma Dei esset, non rapinam arbitratus est esse se æqualem Deo : sed semetipsum exinanivit, formam servi accipiens, in similitudinem hominum factus, et habitu inventus ut homo (*Phil.* II). » Quod Apostolus dicit : « Exinanivit, » Propheta dicit : « Abbreviatum. » — « Verbum, inquit, abbreviatum faciet Dominus super terram (*Psal.* x). » Vitium quippe superbiæ, per humilitatis virtutem oportuit expiari; quia contraria contrariis curantur : ut quantum fuit superbiæ vitium, tanta foret virtus humilitatis. Vitium autem superbiæ tantum fuit, ut homo vellet esse sicut Deus, sicut serpens illi promiserat :

« Eritis sicut dii, scientes bonum et malum (*Gen.* III). » Tanta ergo debuit esse virtus humilitatis, ut Deus fieret sicut homo; juxta quod dicit Apostolus : « Cum in forma Dei esset, non rapinam arbitratus est esse se æqualem Deo, sed semetipsum exinanivit, formam servi accipiens, in similitudinem hominis factus, et habitu inventus ut homo. » *Verbum ergo factum est caro*, ut daret nobis humilitatis exemplum : quatenus qui superbi recessimus, humiles redeamus. « Initium enim omnis peccati est superbia (*Eccli.* x). » Per hanc angelus peccavit in cœlo, qui dixit : « Ponam sedem meam ad aquilonem, et ero similis Altissimo (*Isa.* xiv). » Per hanc homo peccavit in paradiso, cui dictum est : « Eritis sicut dii, scientes bonum et malum. » Hoc vitium primum in peccante, ultimum in pœnitente : quo accedente peccatum committitur, quo recedente peccatum dimittitur; quia quam cito mandatum contemnimus divinum, tam cito contra Dominum superbimus : et quam cito pro peccato compungimur, tam cito coram Deo humiliamur. *Verbum ergo factum est caro*, ut sicut humiliatus est Deus pro homine, Dominus pro servo, Creator pro creatura : ita humilietur homo pro Deo, servus pro Domino, creatura pro Creatore; quoniam « qui se humiliat, exaltabitur : et qui se exaltat, humiliabitur (*Luc.* xiv). » — « Deus enim superbis resistit, humilibus autem dat gratiam (*Jac.* iv). » Inter Deum et hominem gravis erat inimicitiarum discordia, quoniam homo peccando servum subtraxit et abstulit Deo, quem tradidit et subjecit diabolo. Pax igitur inter eos fieri rationabiliter non poterat, nisi damnum quod intulerat, restauraret. Homo vero nihil habebat, quod digne Deo recompensaret pro damno; quia si quid Deo de rationabili redderet creatura, pro rationabili sublata substantia, minus esset : sed hominem non poterat digne restituere, quia justum et innocentem abstulerat, et neminem nisi peccatorem inveniebat. Videns itaque Deus hominem sua virtute non posse jugum damnationis evadere, primo prævenit eum per solam misericordiam, ut deinde liberaret etiam per justitiam. Ut ergo Deus placari posset ab homine, dedit Deus homini gratis, quod homo pro debito redderet Deo. Dedit igitur homini hominem, quem restitueret homo pro homine : qui, ut recompensatio digna fieret, priori non solum esset æqualis, sed major. Quocirca *Verbum caro factum est*, ut daretur hominibus Deus homo, sicut prædixerat Isaias : « Puer natus est nobis, et Filius datus est nobis (*Isa.* ix), » quatenus inter Deum et hominem legitime mediaret. Si enim alterius tantum esset naturæ, non utrique communis, quocirca nec esset idoneus, ut inter eos pacis fœdera reformaret. « Mediator enim unius non est, » ut inquit Apostolus (*Gal.* III) : et ob hoc in nativitate Christi cœlestis militiæ multitudo psallebat : « Gloria in excelsis Deo, et in terra pax hominibus bonæ voluntatis (*Luc.* II). » — « Ipse est enim pax nostra, qui fecit utraque unum (*Ephes.* II); » lapis angularis, qui duos e diverso parietes in uno novo homine copulavit (*ibid.*). Poterat Deus hominem solo verbo per potentiam liberare, sed maluit eum redimere pretio per justitiam, ut eum non ad potentiam, sed ad justitiam invitaret. Et justum erat, ut homo per pretium pœnæ redimeretur a debito culpæ : placando per pœnam, quem offenderat per culpam. Nullius enim pœna sufficere poterat ad pretium redemptionis humanæ pro omnibus : præsertim cum quilibet esset debitor pœnæ : non solum ex iniquitate commissa, verum etiam ex labe contracta; nam «si dixerimus quia peccatum non habemus, nosipsos seducimus, et veritas in nobis non est (*I Joan.* I). » « Omnes declinaverunt, simul inutiles facti sunt : non est qui faciat bonum, non est usque ad unum (*Psal.* XIII). » Quocirca *Verbum caro factum est*, ut in carne mundissima, quæ prorsus esset immunis a culpa, sustinendo pœnam indebitam, pretium redemptionis humanæ Deo persolveret, « factus obediens usque ad mortem, mortem autem crucis (*Phil.* II). » — « Redempti enim sumus non corruptibilibus auro vel argento, sed pretio magno, sanguine agni immaculati (*I Petr.* I). » Hic est summus sacerdos, in cujus morte rei qui fugerant ad civitatem refugii, securi revertebantur ad propria (*Num.* XLV). Suscepit igitur in se pœnam pro omnibus, ut daret per se gloriam universis, Isaia teste qui ait : « Vulneratus est propter iniquitates nostras, attritus est propter scelera nostra : disciplina pacis nostræ super eum, et livore ejus sanati sumus. Vere languores nostros ipse tulit, et dolores nostros ipse portavit (*Isa.* LIII). » Carnem autem assumptam non solum dedit pro nobis in pretium, ut redimeret nos a morte, verum etiam dedit eam nobis in cibum, ut aleret nos ad vitam. Secundum quod ipsemet pollicetur : « Panis quem ego dabo, caro mea est pro mundi vita (*Joan.* XI), » ut sicut per cibum mors intraverat in orbem, ita per cibum vita rediret ad orbem. Sicut enim corporalis vita sine corporali cibo non potest subsistere, ita spiritualis vita sine spirituali cibo non potest nutriri : « Nisi manducaveritis, inquit, carnem Filii hominis, et biberitis ejus sanguinem, non habebitis vitam in vobis (*ibid.*). » *Verbum* itaque *caro factum est*, ut quod erat cibus angelorum secundum divinitatem, fieret cibus hominum secundum humanitatem : ut panem angelorum manducaret homo (*Psal.* LXXVII), « omne delectamentum in se habentem, et omnem saporis suavitatem (*Sap.* X). » — « Probet autem seipsum homo, et de pane isto sic edat, et de calice bibat. Nam qui panem istum manducat indigne, judicium sibi manducat, non dijudicans corpus Domini (*I Cor.* XI). » Sicut enim bonus sustinendo mortem vitam acquirit; ita malus sumendo vitam, mortem incurrit. Nos ergo, fratres, tantæ gratiæ non simus ingrati, sed Redemptori nostro dignissimas grates pro tanta gratia referamus, humiliter implorantes, ut qui factus est particeps nostræ naturæ (*I Cor.* IX), faciat nos participes suæ gloriæ, Jesus Christus Dominus noster, qui est per omnia Deus benedictus in sæcula sæculorum. Amen.

SERMO II.

IN EADEM SOLEMNITATE.

Quomodo novum multis modis in Scriptura accipiatur; deque triplici novitate in Christi nativitate facta, et de tribus illius nominibus.

Novum faciet Dominus super terram. Femina circumdabit virum gremio uteri sui (Jer. XXXI*).*

Novum in sacra Scriptura multis modis accipitur. Nam novum dicitur innovans, et novum dicitur innovatum; novum dicitur recens, et novum dicitur insuetum; novum dicitur ultimum, et novum dicitur miraculosum. Novum dicitur innovans, secundum illud : « Mandatum novum do vobis, ut diligatis invicem, sicut dilexi vos (*Joan.* XIII). » Novum dicitur innovatum, secundum illud : « Vidi cœlum novum et terram novam (*Apoc.* XXI). » — « Et dixit qui sedebat in throno : Ecce nova facio omnia (*ibid.*). » Novum dicitur recens, secundum illud : « Nemo mittit vinum novum in uteres veteres (*Marc.* II). » Novum dicitur insuetum, secundum illud: « Linguis loquentur novis, serpentes tollent (*Marc.* XVI). » Novum dicitur ultimum, secundum illud : « Tunc incipias cum rubore locum novissimum tenere (*Luc.* XIV). » Novum dicitur miraculosum, secundum illud : « Innova signa, et immuta mirabilia (*Eccli.* XXXVI). » *Novum* ergo *faciet Dominus super terram.* Nam « a Domino factum est istud, et est mirabile in oculis nostris (*Psal.* CXVII). » His omnibus modis *novum fecit Dominus super terram;* quoniam *femina circumdedit virum gremio uteri sui.* « Tunc enim venit propheta magnus, et ipse renovavit Jerusalem (*Jer.* XXXVIII). » Tunc consummavit Dominus testamentum novum super Jerusalem, domum Israel, et super domum Juda; non secundum testamentum quod dedit patribus eorum, cum exirent de terra Ægypti. Tunc illud impletum est : « Vetustissima veterum comedetis, et novis supervenientibus vetera projicietis (*Levit.* XXVI). » Tunc enim novum fecit Dominus in persona, novum fecit in natura, novum fecit in gratia. In persona, quia novum fecit in matre, novum fecit in prole; in natura,

SERMO II, IN NATIVITATE DOMINI.

quia novum fecit in signo, novum fecit in modo ; in gratia, quia novum fecit in fœdere, novum fecit in munere. Novum fecit in matre, quia virgo peperit virum, stella protulit solem, filia concepit patrem, creatura Creatorem genuit : simul in unum mater et filia, genitrix et ancilla, quæ cum integritate peperit, cum virginitate concepit : quod ignis in rubo, quod fructus in virga, quod ros in vellere præsignaverant. « Descendit enim sicut pluvia in vellus, et sicut stillicidia stillantia super terram (*Psal.* LXXI). » Hæc est porta in domo Domini clausa, et vir non est ingressus per eam (*Ezech.* XLIV). Hæc est illa, quæ prima et sola maledictum legis evasit, qua dicitur : Maledicta sterilis in Israel (*Exod.* XXIII)! et propositum virginitatis implevit; quoniam «antequam convenirent, inventa est in utero habens de Spiritu sancto(*Matth.* I).»Novum fecit in prole, quia Dominus servus, æternus factus est puer, excelsus factus est factus est parvulus, immensus factus est localis, simplex factus est compositus, immortalis factus est mortalis, matris suæ Pater, et filiæ suæ filius. Descendit in matrem, sed remansit cum patre. Suscepit humanitatem, sed retinuit Divinitatem. Nam « cum in forma Dei esset, non rapinam arbitratus est esse se æqualem Deo, » etc.(*Philip.* II.) «Puer natus est nobis, et filius datus est nobis, et vocabitur nomen ejus Admirabilis, Consiliarius, Deus, Fortis, Pater futuri sæculi, Princeps pacis (*Isa.* IX). » Matri « Sion dicet : Homo, et homo natus est in ea, et ipse fundavit eam Altissimus (*Psal.* LXXXVI). » Ecce novum illud miraculosum et insuetum, quod fecit Dominus super terram, quando *femina circumdedit virum gremio uteri sui.* Ergo « cantate Domino canticum novum, quia mirabilia fecit Dominus (*Psal.* XCVII). » Novum fecit in signo ; quia, Christo nascente, stella magis apparuit, secundum vaticinium Balaam : « Orietur, inquit, stella ex Jacob, et exsurget virga ex Israel (*Num.* XXIV). » Octavianus Augustus fertur in cœlo vidisse virginem gestantem filium ad ostensionem Sibyllæ, et extunc prohibuit ne quis eum dominum appellaret, quia natus erat « Rex regum, et Dominus dominantium (*Apoc.* XVII). » Unde poeta :

En nova progenies cœlo dimittitur alto.
(VIRG., *Buc.* eclog. IV, 7.)

Fons olei per totum diem de taberna emeritorum largissimus emanavit; signans quod ille nasceretur in terris, qui unctus erat oleo præ consortibus snis (*Psal.* XLIV). TemplumP acis funditus corruit. Romani siquidem pro pace perfecta, quæ toti orbi sub Augusto imminebat, templum Pacis mirificum construxerant. De quo consulentes quandiu deberet durare, responsum est : « Donec virgo pariat. » Qui gaudentes responderunt : « Ergo erit æternum, quia nunquam virgo pariet.» Sed perdidit Deus sapientiam sapientium, et prudentiam prudentium reprobavit (*I Cor.* I) · quoniam in hora Dominicæ nativitatis funditus corruit. Cum enim plena pax et perfecta per totum orbem universaliter abundaret, quod nunquam ante contigerat, nec diu post unquam evenit, natus est Deus, Fortis, Pater futuri sæculi, Princeps pacis. Unde Propheta : « Orietur in diebus ejus justitia et abundantia pacis, donec auferatur luna (*Psal.* LXXI). » Et alius item propheta : « Pax erit in terra nostra cum venerit (*Mich.*v). »—« Ipse enim est pax Dei, quæ exsuperat omnem sensum (*Philip.* IV). »—«Ipse pax nostra, qui fecit utraque unum (*Ephes.* II); » in cujus ortu cœlestis militiæ multitudo psallebat : « Gloria in altissimis Deo, et in terra pax hominibus bonæ voluntatis (*Luc.* II). »

Novum fecit in modo, quia in sua nativitate modum humanæ conditionis implevit. Primus enim modus fuit, ut homo fieret nec de masculo, nec de femina, sicut Adam : secundus vero fuit, ut homo fieret de masculo, non de femina, sicut Eva; tertius fuit, ut homo fieret de masculo et de femina, sicut Abel; quartus fuit, ut homo fieret de femina, non de masculo, sicut Christus, quemadmodum admirans Virgo dixerat ad angelum: «Quomodo fiet istud, quoniam virum non cognosco? » (*Luc.* I.) Et sicut tres sunt personæ in unitate substantiæ, ita fecit ut tres sint substantiæ in unitate personæ : ut sicut trinitas personarum non distinguit substantiam, ita trinitas substantiarum non distinguat personam. Quoniam sicut anima rationalis et caro unus est homo, ita Deus et homo unus est Christus. Ecce novum illud recens et ultimum, quod fecit *Dominus super terram, quoniam femina circumdedit virum gremio uteri sui.* Ergo « cantate Domino canticum novum ; quia mirabilia fecit Dominus (*Psal.* XCVII). » Novum fecit in fœdere, quia Deus in utero virginali naturam sibi conjugavit humanam. In una persona sponsum repræsentans et sponsam, dicente propheta : « Sicut sponso imposuit mihi mitram, et tanquam sponsam decoravit me corona (*Isa.* LXI).» «In sole namque posuit tabernaculum suum, et ipse tanquam sponsus procedens de thalamo suo (*Psal.* XVIII). » Hinc illud resonat epithalamicum canticum : « Osculetur me osculo oris sui; » et : « Meliora sunt ubera vino, fragrantia unguentis optimis (*Cant.* I). » Hujus conjugii sacramentum illud nomen significat, quod propheta prædixit : « Vocabitur nomen ejus Emmanuel (*Isa.* VII). » Ipse namque vocatur Jesus, vocatur Christus, vocatur Emmanuel. Jesus enim secundum naturam divinam, Christus secundum naturam humanam, Emmanuel secundum utramque. Jesus enim interpretatur *Salvator*, et ipse, secundum quod Deus, salvavit populum suum a peccatis eorum (*Matth.* I) : unde in cantico Abacuc (cap. III) : « Ego autem in Domino gaudebo, gloriabor in Deo Jesu meo. » Christus interpretatur *inunctus*, et ipse, secundum quod homo, « unctus est oleo lætitiæ pro consortibus suis : » unde in Cantico canticorum : « Oleum effusum nomen tuum (*Cant.* I). » Christus enim a *chrismate* dicitur, chrisma vero principaliter fit ex oleo : unde nomen ejus dicitur oleum. Et quoniam a Christo cuncti fideles Christiani dicuntur, ob hoc oleum effusum est nomen ejus. Emmanuel interpretatur *nobiscum Deus (Matth.* 1), scilicet homo Deus, vel Deus homo. Ut enim inter Deum et hominem legitime mediaret, utpote qui neutri parti suspectus existeret, factus est Deus homo, utriusque gerens in una persona naturam. « Mediator enim non est unius, Deus autem unus est *(Gal.* iii); » simul in unum dives et pauper, sacerdos et hostia, judex et advocatus : « Advocatum enim habemus apud Patrem Jesum Christum justum, qui interpellat pro nobis; et ipse est propitiatio pro peccatis nostris *(I Joan* ii); » qui exaudit in omnibus pro sua reverentia *(Hebr.* v). Ipse rogat se, et ipse seipsum exaudit. Ipse servus rogat se Dominum, ipse Deus exaudit se hominem.

Novum fecit in munere, quia Deus factus est homo, ut homo fieret Deus. Deus de cœlis ad terras descendit, ut homo de terris ad cœlos ascenderet. Deus factus est servus, ut homo fieret liber. Deus factus est mortalis, ut homo fieret immortalis. Deus factus est pauper, ut homo fieret dives. « Tantum Deus dilexit mundum, ut Filium suum unigenitum daret pro mundo *(Joan.* iii). » Nam « proprio Filio suo non pepercit Deus, sed pro nobis omnibus tradidit illum *(Rom.* viii). »—« Vix pro justo quis moritur ; nam pro bono quis mori audeat? Commendat autem suam charitatem Deus in nobis, quoniam cum adhuc peccatores essemus, Christus pro nobis mortuus est ; et cum inimici essemus, reconciliati sumus Deo per mortem ipsius *(Rom.* v). » Ecce novum illud innovatum et innovans, quod fecit *Dominus super terram, quando femina circumdedit virum gremio uteri sui;* circumdans illum in utero, a quo circumdabatur in sæculo. Femina virgo, mulier illibata circumdedit Deum verum, virum perfectum, qui attingit á fine usque ad finem fortiter, et disponit omnia suaviter *(Sap.* viii); » qui per prophetam dicit : « Cœlum et terram ego impleo *(Jer.* xxiii). » Et ad quem dicit Propheta : « Si ascendero in cœlum, tu illic es ; si descendero ad infernum, ades *(Psal.* cxxxviii). » Super omnia non elatus, subter omnia non prostratus ; inter omnia non inclusus, extra omnia non exclusus. Cæteræ mulieres concipiunt infantes, hæc autem femina circumdedit virum gremio uteri sui. Tunc tempus produxit æternitatem, locus concepit immensitatem, numerus comprehendit infinitatem. Ergo « cantate Domino canticum novum, quia mirabilia fecit Dominus. » Ut autem novo Regi canticum novum digne cantare possitis, « exuite veterem hominem cum actibus suis, et induite novum, qui secundum Deum creatus est *(Col.* iii). »—« Expurgate vetus fermentum, ut sitis nova conspersio. Non in fermento veteri, neque in fermento malitiæ et nequitiæ, sed in azymis sinceritatis et veritatis *(I Cor.* v) : » ipso præstante, qui est super omnia Deus benedictus in sæcula.

SERMO III.

IN EADEM SOLEMNITATE.

De tribus Christi nativitatibus, quas in missis tribus in festo nati Domini repræsentat Ecclesia; et de sex Christi nominibus, et cur non sint plura aut pauciora.

Puer natus est nobis et filius datus est nobis, et vocabitur nomen ejus Admirabilis, Consiliarius, Deus, Fortis, Pater futuri sæculi, Princeps pacis (Isa. ix). Sicut tres in Christo substantias fides catholica confitetur, divinitatem, carnem, et spiritum; ita tres in ipso nativitates Scriptura sacra testatur, divinam ex Patre, carnalem ex matre, spiritualem in mente. Ex Patre nascitur Deus, de matre natus est caro, in mente nascitur spiritus. Ex Patre via, de matre veritas, in mente vita. « Ego sum, inquit, via, veritas et vita *(Joan.* xiv). » Ex Patre nascitur semper, de matre natus est semel, in mente nascitur sæpe. O mira novitas, et novum miraculum ! ut idem ipse nascatur, et semper, et semel, et sæpe. De Patre nascitur semper, quoniam illa generatio est æterna. De qua Pater inquit ad Filium : « Ante luciferum genui te *(Psal.* cix). » Christus enim est « Dei virtus et Dei sapientia *(I Cor.* i), » primogenita ante omnem creaturam, quæ de se dicit per Salomonem : « Priusquam fierent abyssi, ego jam concepta eram ; ante colles ego parturiebar *(Prov.* viii) : » nam « in principio erat Verbum, et Verbum erat apud Deum, et Deus erat Verbum *(Joan.* i). » De matre natus est semel, quoniam illa generatio est humana, de qua dicit propheta : « Ecce virgo in utero concipiet, et pariet filium *(Isa.* vii); » et alibi : « Novum faciet Dominus super terram, femina circumdabit virum gremio uteri sui *(Jer.* xxxi). » Nam « Verbum caro factum est, et habitavit in nobis *(Joan.* i). » In mente nascitur sæpe, quoniam illa generatio est gratuita ; de qua dicit Scriptura : « Timentibus Deum orietur sol justitiæ *(Mal.* iv). » « Sto, inquit, ad ostium et pulso ; si quis aperuerit mihi, introibo ad illum, et cœnabo cum illo, et ipse mecum *(Apoc.* iii). » Secundum nativitatem æternam Christus habet patrem sine matre ; secundum humanitatem Christus habet matrem sine patre ; secundum gratuitam Christus habet patrem et matrem, ipso attestante, qui ait : « Quicumque fecerit voluntatem Patris mei, qui in cœlis est, ipse meus frater, soror et mater est *(Matth.* xii). »

Has tres Christi nativitates in tribus missis hodie repraesentat Ecclesia. Primam, in missa quae cantatur in nocte; secundam, in missa quae cantatur in aurora; tertiam, in missa quae cantatur in die. Aeterna quippe nativitas est prorsus occulta, ut de ea dicat propheta: « Generationem ejus quis enarrabit? (*Isa.* LIII.) » Ad quod significandum prima missa cantatur in nocte. Quia carnalis nativitas partim est occulta, partim manifesta : occulta quantum ad modum, manifesta quantum ad factum ; quod admirans Virgo dixit ad angelum : « Quomodo fiet istud, quoniam virum non cognosco? » Et respondit illi angelus : « Spiritus sanctus superveniet in te, et virtus Altissimi, » etc.-(*Luc.* I.) Ad quod significandum secunda missa cantatur in aurora. Spiritualis autem nativitas est clarius manifesta, Christo manifestante, qui ait : « Si quis diligit me, sermonem meum servabit (*Joan.* XIV.) » Christus enim per affectum concipitur, per effectum nascitur, per profectum nutritur. Ad quod significandum tertia missa celebratur in die.

Puer ergo natus est nobis; sed de Patre natus est nobis ad creationem, in mente ad justificationem, ex matre ad salvationem : ad creationem, ut naturam daret ; ad justificationem, ut daret gratiam ; ad salvationem, ut daret gloriam. Ad creationem ergo natus est de Patre nobis, juxta quod legitur : « Dixit Deus : Fiat lux (*Gen.* I.), » id est Verbum protulit, hoc est Filium genuit, per quem fecit lucem. Nam « omnia per ipsum facta sunt, et sine ipso factum est nihil (*Joan.* I). » Ad justificationem nascitur nobis in mente, juxta quod legitur : « Timentibus Deum orietur sol justitiae, » id est lux quae justificat, illa videlicet, « quae illuminat omnem hominem venientem in hunc mundum (*ibid.*). » Ad salvationem natus est nobis ex matre, juxta quod legitur : « Paries quidem filium, et vocabis nomen ejus Jesum (*Luc.* I). » — « Ipse enim salvum faciet populum suum a peccatis eorum (*Matth.* I). »

Et filius datus est nobis. Nobis autem datus est a Deo, ut Deo redderetur a nobis pro debito. Inter Deum enim et hominem gravis erat inimicitiarum discordia, quoniam homo peccando servum subtraxit et abstulit Domino, quem tradidit et subjecit diabolo. Pax igitur inter eos rationabiliter fieri non poterat, nisi damnum quod intulerat, restauraret. Homo vero nihil habebat quod digne Deo recompensaret pro damno, quia si quid de rationabili redderet creatura pro rationali sublata substantia, minus esset, sed hominem non poterat digne restituere, quia justum et innocentem sustulerat, et neminem nisi peccatorem inveniebat. Videns itaque Deus hominem sua virtute non posse jugum damnationis evadere, primo praevenit eum per solam misericordiam, ut deinde liberaret etiam per justitiam. Ut ergo Deus placari posset ab homine, dedit Deus homini gratis quod homo ex debito redderet Deo. Dedit igitur hominem homini, quem restitueret homo [*al.* Deus] pro homine ; qui ut recompensatio digna fieret, priori non solum esset aequalis, sed major. Quocirca « Verbum caro factum est, » ut daretur hominibus Deus homo, sicut praedixerat Isaias : *Puer natus est nobis, et filius datus est nobis.* Filius spiritualiter, juxta quod dicit Apostolus : « Proprio Filio suo non pepercit Deus, sed pro nobis omnibus tradidit illum (*Rom.* VIII) ; » et iterum : « Cum venit plenitudo temporis, misit Deus Filium suum, natum de muliere, factum sub lege (*Gal.* IV) ; » ut Deus, qui in sapientia sua mundum creaverat, secundum illud : « Omnia in sapientia fecisti, Domine (*Psal.* CIII), » ipse mundum in eadem sapientia recrearet. Haec est mulier evangelica (*Luc.* XV), quae accendit lucernam, ut drachmam decimam, quae perdita fuerat, inveniret. Proprium sibi filiationis nomen reservans, ut qui erat in deitate Dei Filius, idem fieret in humanitate hominis Filius. *Puer ergo natus est nobis,* ut nos renascamur ; *et filius datus est nobis,* ut nos redimamur. Ut renascamur in gratiam, et redimamur in gloriam ; ut renascamur ex aqua, et redimamur in sanguine : quia « Nisi quis renatus fuerit ex aqua et Spiritu sancto, non intrabit in regnum Dei (*Joan.* III); et : « Redempti sumus non corruptibilibus auro et argento, sed pretioso sanguine Agni immaculati (*1 Petr.* I). »

Et vocabitur nomen ejus Admirabilis. Sex hujus pueri nomina numerantur, nec pauciora, nec plura. Scitis enim, fratres et filii, quia secundum arithmeticas rationes numerorum, alius est diminutus, alius perfectus, alius superabundans. Diminutus est, cujus partes aggregatae minorem summam constituunt, ut octonarius : cujus partes sunt quaternarius, quae est medietas, et binarius, quae est quarta, et unitas, quae est octava; quae simul aggregatae reddunt septenarium. Perfectus est ille, cujus partes aggregatae reddunt eamdem summam, ut senarius ; cujus partes aggregatae sunt trinarius, quae est medietas, et binarius, quae est tertia, et unitas, quae est sexta; quae simul aggregatae reddunt eamdem summam, id est senarium. Superabundans est ille, cujus partes aggregatae majorem summam constituunt, ut duodenarius ; cujus partes aggregatae sunt senarius, quae est medietas, et quaternarius, quae est tertia, et ternarius, quae est quarta, et binarius, quae est sexta, et unitas, quae est duodecima ; quae simul aggregatae majorem summam constituunt, id est sedenarium. Quia ergo puer hic Deus est, cui nomina ista conveniunt, et in Deo nihil est diminutum, tanquam infirmum ; nihil est superabundans, quasi superfluum : sed totum est omnino perfectum, velut aeternum ; idcirco haec nomina, quae sibi secundum naturam divinam conveniunt, sub perfecto numero designantur. Deo namque nihil accedit, ut aliquid superabundet in illo, nec ab eo quidquam recedit, ut aliquid diminuatur ab ipso : sed idem ipse semper existit, non habens in se quidquam diversum, sicut non habet adversum : nec habet quidquam varium, sicut nec contrarium : non habet in se, nisi se : nec aliud est habens ab habito, nec aliud habitum ab habente : licet ipsius habentis nullius sit habitus, nec alicujus habitus ipse sit habens, nisi quod « in similitudinem hominum factus, habitu inventus est ut homo (*Philip.* II).» Propter quod ipse de se per prophetam testatur : « Ego sum Deus, et non mutor (*Malach.* III).» Porro cum tres numeri sint perfecti, primus, infra primum limitem, id est infra denarium, videlicet sex; secundus, infra secundum limitem, id est centenarium, videlicet XXVIII; tertius, infra tertium limitem, id est millenarium, videlicet quadringenta nonaginta sex, cur potius sub hoc tantum perfecto numero, videlicet senario, nomina designantur? An ideo quia « Deus spiritus est (*Joan.* IV), » et ideo summe simplex? Quocirca ne multiplicitas ista nominum aliquid in eo compositum designaret, sub eo numero comprehenditur, qui solus perfectus est in monadibus, id est inter simplices numeros, qui est senarius; unde sexto die perfecit Deus cœlum et terram, et omnem ornatum eorum (*Gen.* II). Et cum in plenitudine temporis sexta venisset ætate, sexto die sub hora sexta genus redemit humanum. *Vocabitur* ergo *nomen ejus Admirabilis.* Vere gloriosus Deus in sanctis suis, mirabilis in majestate, faciens prodigia; de quo secundum humanitatem dicitur in Evangelio : quoniam « mirabantur omnes super doctrina et responsis ejus, et super his quæ gloriose fiebant ab eo (*Luc.* XIII). » Ad quem spiritualiter dicitur : « Innova signa, et immuta mirabilia (*Eccli.* XXXVI). » *Et vocabitur nomen ejus Consiliarius,* quia consilium pacis invenit, sicut ipse testatur : « Ego cogito cogitationes pacis, et non afflictionis (*Jer.* XXIX); » de quo dicit Propheta : « Consilium Domini manet in æternum, cogitatio cordis ejus in sæculum sæculi (*Psal.* XXXII). » — « O altitudo divitiarum sapientiæ et scientiæ Dei, quam incomprehensibilia sunt judicia ejus, et investigabiles viæ ejus! Quis cognovit sensum Domini, aut quis consiliarius ejus fuit? (*Rom.* XI.)» *Et vocabitur nomen ejus Deus.* Hic ergo puer *Deus*, *Fortis* vocatur. Nomen ergo Divinitatis multis modis accipitur in Scripturis. Substantive, secundum naturam; adoptive, secundum gratiam; potestative, secundum officium; usurpative, secundum vitium. Secundum naturam, ut : « Audi, Israel: Deus tuus, Deus unus est (*Deut.* VI) ; » secundum gratiam, ut : « Ego dixi: Dii estis, et filii Excelsi omnes (*Psal.* LXXXI) ; » secundum officium, ut : « Diis non detrahes, et principem populi tui non maledices (*Exod.* XXII); » secundum vitium, ut : « Omnes dii gentium dæmonia (*Psal.* XCV). » Hic autem *puer* vocatur *Deus* substantive, secundum naturam. Ut autem confundatur hæreticus, et erubescat Judæus, producantur in medium testimonia, tam de Veteri, quam de Novo Testamento, ut rota contineatur in rota, et basis sit in columna. Quoniam « in ore duorum vel trium testium stat omne verbum (*Deut.* XIX), » dicat ergo Joannes : « In principio erat Verbum, et Verbum erat apud Deum, et Deus erat Verbum (*Joan.* I). » Dicat Thomas : « Dominus meus, et Deus meus (*Joan.* XX). » Dicat Paulus : « Cum in forma Dei esset, non rapinam arbitratus est esse se æqualem Deo (*Philip.* II).» Dicat David: « Unxit te Deus, Deus tuus, oleo lætitiæ, præ consortibus tuis(*Psal.* XLIV).» Dicat Jeremias : « Hic est Deus noster, et non æstimabitur alius præter ipsum. Post hæc in terris visus est, et cum hominibus conversatus est (*Baruc.* III). » Dicat et Habacuc : « Ego in Domino gloriabor, et exsultabo in Deo Jesu meo. (*Habac.* III.) » Nam quia voluit homo esse sicut Deus, juxta quod serpens ille promiserat : « Eritis sicut dii, scientes bonum et malum (*Gen.* III), oportuit ut Deus fieret homo. Juxta quod dicit Apostolus, quia « in similitudine hominum factus est, et habitu inventus ut homo (*Philip.* II); » ut quantum fuit superbiæ vitium, tanta fieret virtus humilitatis.

Et vocabitur nomen ejus Fortis. « Quis est iste Rex gloriæ? Dominus fortis et potens, Dominus potens in prælio (*Psal.* XXIII). » Ipse enim est sapientia, quæ vincit malitiam. « Attinget ergo a fine usque ad finem fortiter, et disponit omnia suaviter (*Sap.* VIII).» Sapientia Christus est; de qua dicit Apostolus : « Christus est Dei virtus, et Dei sapientia (*I Cor.* I).» Hic a fine usque ad finem, id est ab empyreo usque ad infernum, attingit fortiter, dejiciendo superbos angelos de empyreo, et educendo justas animas de inferno; et omnia, id est media, quæ sunt inter empyreum et infernum, disponit suaviter, redimendo miseros, et justificando peccatores. Hic est verus David, manu fortis, qui vicit ursum, superavit leonem, prostravit Philistæum (*I Reg.* XVII). Hic est verus Samson, qui catulum leonis occidit, mille viros mandibula asini interfecit, portas Gazæ cum suis postibus asportavit(*Judic.* XIV, XVI), hic fortior superveniens fortem superavit armatum (*Luc.* XI). *Et vocabitur nomen ejus Pater futuri sæculi.* Sic Pater, et dator, sicut ipse testatur in Evangelio : « Pater vester cœlestis dabit spiritum bonum petentibus se (*Luc.* XI). » Venit enim dare fidelibus, non præsentia, sed futura ; non terrena, sed cœlestia ; non transitoria, sed æterna ; non solum, sed polum ; non mundum, sed cœlum : ut futuri sæculi Pater hæreditatem paternam filiis suis largiatur. Propter quod docuit nos orare : « Adveniat regnum tuum (*Matth.* VI). »—« Regnum, inquit, meum non est de hoc mundo (*Joan.* XVIII). » In cujus utique regno est vita sine morte, dies sine nocte, certe sine forte; ubi erit securitas sine timore, jucunditas sine dolore, tranquillitas sine labore; ubi erit pulchritudo sine deformitate, fortitudo sine debilitate, rectitudo sine perversitate; ubi erit charitas sine malitia, veritas sine fallacia, felicitas sine miseria; ubi erit gaudium, quod « nec oculus vidit, nec auris audivit, nec in cor hominis ascendit (*I Cor.* II) » *Et vocabitur nomen ejus Princeps pacis.* « Ipse est enim pax Dei, quæ exsuperat omnem sensum (*Phil.* iv); »—« Ipse pax nostra, qui fecit utraque unum (*Eph.* ii) : » in uno novo homine faciens pacem, pacem his qui prope, et pacem his qui longe : in cujus nativitate cœlestis militiæ multitudo psallebat : «Gloria in altissimis Deo, et in terra pax hominibus bonæ voluntatis (*Luc.* i).» Qui circa passionem dixit apostolis : « Pacem relinquo vobis, pacem meam do vobis, non quomodo mundus dat, ego do vobis (*Joan.* xiv); » et post resurrectionem dixit eisdem : «Pax vobis,» iterum dicens eis : « Pax vobis (*Joan.* xx) ; » propter pacem temporis et pacem æternitatis; ad quam ipse nos perducat, qui est super omnia Deus benedictus in sæcula sæculorum. Amen.

SERMO IV.

IN CIRCUMCISIONE DOMINI.

Postquam consummati sunt dies octo, ut circumcideretur puer, vocatum est nomen ejus Jesus : quod vocatum est ab angelo, priusquam in utero conciperetur (Luc. ii).

Quia circumcisum de circumciso verbum Verbo audistis, et nos de hoc circumciso Verbo verbum aliquod circumcisum dicamus. Hoc est enim verbum abbreviatum, quod fecit Dominus super terram (*Rom.* ix), verbum quod misit in Jacob et cecidit in Israel (*Isa.* ix); verbum quod utinam in corde nostro fructuosum existat, et de ore nostro vacuum non recedat. Circumcisus est ergo Christus, ut Christianus circumcideretur in spiritu : quoniam, ut ipse ait : « Spiritus est qui vivificat, caro autem non prodest quidquam (*Joan.* vi).» Propterea dicit propheta : Circumcidite corda vestra, et non corpora vestra (*Joel.* ii). Et, ut inquit Apostolus : « Circumcisio cordis est in spiritu non in littera, cujus laus non est ex hominibus, sed ex Deo (*Rom.* ii). » Debuit autem circumcisionis mysterium observari, donec substitueretur sacramentum baptismi; quia qui modo clamat in Evang. : « Nisi quis renatus fuerit ex aqua et Spiritu sancto, non intrabit in regnum Dei (*Joan.* iii) ; » olim clamabat in lege : « Masculus, cujus caro præputii incisa non fuerit, peribit de populo suo (*Gen.* xvii). » Venturus ergo Christus « in propria, » quia « sui eum non receperunt (*Joan.* i),» debuit circumcidi, ne contra ipsum Judæi circumcisionem reciperent «ad excusandas excusationes in peccatis (*Psal.* cxl.), » et dicerent : Incircumsisus es, perire debes de populo tuo; transgressor es legis, nolumus te contra legem audire. Quapropter ipse dicebat : « Non veni solvere legem, sed adimplere (*Matth.* v).»Circumcisus est ergo Christus tantum in corpore, quia nihil habuit quod circumcideretur in corde : sicut baptizatus est tantum in carne; quia nihil habuit quod baptizaretur in mente. « Qui peccatum non fecit, nec inventus est dolus in ore ejus (*I Petr.* ii). » Sed neque peccatum contraxit, quoniam « ascendit Dominus in nubem levem (*Isa.* xix),» id est assumpsit carnem a peccatis immunem. Juxta quod angelus dixit ad Virginem : « Spiritus sanctus superveniet in te, et virtus Altissimi obumbrabit tibi. Ideoque et quod nascetur ex te sanctum, vocabitur Filius Dei (*Luc.* i). »

Postquam consummati sunt dies octo ut circumcideretur puer, vocatum est nomen ejus Jesus : quod vocatum est ab angelo, priusquam conciperetur. Hoc nomen Jesus non solum fuit prænuntiatum ab angelo, verum etiam a propheta prædictum : « Ego, inquit, in Domino gaudebo, exsultabo in Deo Jesu meo (*Habac.* iii). » Convenit ergo nomen ejus Jesus personæ divinæ, secundum naturam humanam ; ex quo consequenter infertur quod si est Jesus, est Deus : et si est Jesus, est homo : ac per hoc si est Jesus, est Deus homo, vel homo Deus. Sane hoc nomen Jesus habet duas syllabas, et quinque litteras, tres vocales, et duas consonantes, habet etiam tres inflexiones, per quas declinantur, ut Jesus, Jesu, Jesum, ex quibus componitur hoc verbum : Sum. Duæ igitur terminantur in consonantes, et sunt singulæ singulares : quoniam una est tantum nominativi casus, altera accusativi, tertia inflexio desinit in vocali, qua quatuor casibus est communis, genitivo, dativo, vocativo et ablativo. Magnum mysterium, et arduum sacramentum ; eruderemus itaque puteum, quia altus est, et hauriamus aquam de fonte Salvatoris (*Isa.* xii). Hoc igitur nomen Jesus duas habet syllabas, quia Jesus duas habet naturas, scilicet divinam et humanam ; divinam ex Patre, de quo natus est sine matre ; humanam de matre, de qua natus est sine patre. Audi naturam divinam : « In principio erat Verbum, et Verbum erat apud Deum, et Deus erat Verbum (*Joan.* i). » Audi naturam humanam : « Verbum caro factum est, et habitabit in nobis (*ibid.*). » Audi iterum naturam divinam : « Ego et Pater unum sumus (*Joan.* x). » Audi humanam : « Pater major me est (*Joan.* xiv). » De utraque natura dicit Propheta : « Homo factus est in ea, et ipse fundavit eam Altissimus (*Psal.* lxxxvi). » Item alius propheta : « Bethleem, ex te exiet dux qui regat populum meum Israel. Et egressus ejus ab initio a diebus æternitatis (*Mich.* x). » Ecce duæ sunt syllabæ in hoc uno nomine, quia duæ sunt naturæ in hac una persona.

Notandum vero quod vocalis est illa, quæ dat vocem per se, consonans illa, quæ reddit sonum ex alia. Per tres igitur vocales significatur divinitas, quæ cum sit una per se, sonat in tribus personis;

nam « tres sunt qui testimonium dant in cœlo, Pater, Verbum et Spiritus, et hi tres unum sunt (*I Joan.* v). » Per duas consonantes signatur humanitas, quæ cum habeat duas syllabas, scilicet carnem et animam, non sonat per se, sed magis cum alia, cujus est juncta in virtute personæ. Nam sicut anima rationalis et caro unus est homo, ita Deus et homo unus est Christus. Et Deus quidem est, et homo, sed per se sonat in quantum est Deus : non autem per se sonat in quantum est homo, quia divinitas retinuit jus personalis assumens, sed humanitas non accepit jus personalitatis assumpta, quoniam nec persona personam, nec natura naturam, sed persona naturam assumpsit. Habet autem hoc nomen Jesus illas easdem vocales, quas habet illud nomen Domini Tetragrammaton, et erat scriptum in lamina aurea super frontem pontificali cidari pendente, videlicet I, E, V, sive Ioth, Eth, Vau, quod nomen Dei dicunt ineffabile, unde non audent illud proferre, sed pro eo scribunt et proferunt hoc nomen Adonai : Illud autem constat ex quatuor litteris ; I, E, V, E : vel magis ex tribus, quoniam una est geminata. Revera illud nomen est ineffabile, non quantum ad sonum, sed quantum ad intellectum ; quia trinitatis et unitatis mysterium designant tres personas in una substantia, quemadmodum Abraham tres vidisse describitur, et unum legitur adorasse. Duo contra seraphin clamant, alter ad alterum : « Sanctus, sanctus, sanctus, Dominus exercituum (*Apoc.* iv). » Inquit ergo Joannes . « Tres sunt qui testimonium dant in cœlo, Pater, Verbum, et Spiritus sanctus. Et hi tres unum sunt. » Et Dominus in Evang. : « Baptizate omnes gentes in nomine Patris, et Filii, et Spiritus sancti (*Matth.* xxviii). »

Hoc autem nomen tantæ virtutis existit, ut peritissimi asserunt Hebræorum, quod si distinguatur in tres dictiones, quælibet illarum significat illud quod totum, ut si dicatur, Ie, Eu, Ue, quælibet nomen est Dei, sicut videlicet et totum, I, E, Ue : quia mirum, quælibet trium personarum, sicut et ipsa natura, est unus Deus. Media vero littera sola in hoc nomine geminatur, quia media tantum persona geminum habet in Divinitate respectum. Pater enim a nullo est factus nec genitus, sed alius est ab eo ; solus autem Filius, et est ab alio, et alius ab eo est ; Spiritus sanctus ab alio est, et nullus ab eo ; solus autem Filius et est ab illo, et alius ab eo est. Bene igitur est in his discretionibus ; secunda sumitur tantum a prima, et tertia sumitur a prima pariter et secunda : quia cum prima terminetur in E, videlicet Ie, secunda inchoatur ab E, videlicet Eu, et cum secunda terminetur in U, Eu, tertia inchoatur ab V, scilicet Ve, Ipsa terminatur in E, a qua incipit secunda, et in qua desinit prima : quoniam in divinitate Filius est tantum a Patre, sed Spiritus sanctus procedit pariter ab utroque. Licet autem Christus sit α et ω, primus et novissimus, principium et finis, solæ tamen vocales istæ non inveniuntur in hoc nomine Jesus, scilicet α et ω. Sed quare? Quoniam oportuit, cum illud idem significetur per duas syllabas hujus nominis, quod per has duas vocales alibi designetur scilicet natura divina, secundum quam est principium, et natura humana, secundum quam Christus est finis. Nam qui fecit hominem in quantum « Verbum caro factum est et habitavit in nobis , » Christus, secundum Apostolum, est « finis ad justitiam omni credenti(*Rom.* x), » qui de se dicit : «Ego principium, qui et loquor vobis (*Joan.* viii). » Illud autem in hoc nomine Jesus non solum consideratione, sed etiam veneratione dignissimum invenitur, quod cum ipsum habeat duas syllabas, prima tantum illarum nomen ejus cujus est ipsum, videlicet Ie, quod sicut prædictum nomen est Dei, quia nimirum cum Jesus habeat duas naturas, una tamen illarum est ipse, id est divina, quæ bene signatur in hoc nomine personali Jesus, per illas easdem vocales, ex quibus constat illud nomen essentiale, quod Tetragrammaton dicitur ; quoniam illa eadem natura quæ essentialiter est in tribus personis, plena simul ac tota est in hac una.

Sed forte miraris, quod per tres inflexiones declinatur hoc nomen. Attende quod Christus tribus modis inflexit ; velut ita dicam, declinavit seipsum per passibilitatem, patientiam et passionem : per passibilitatem, quam dignanter assumpsit ; per patientiam, quam evidenter exhibuit ; per passionem, quam libenter excepit : « Oblatus est enim, quia ipse voluit (*Isa.* liii). » Vis audire qualiter Jesus seipsum inflexit et declinavit? si mihi non credis, Apostolo crede ; quia, inquit, « cum in forma Dei esset, non rapinam arbitratus est esse se æqualem Deo, exinanivit se, » hoc est humiliavit, inflexit et declinavit, « formam servi accipiens in similitudinem hominum factus, et habitu inventus ut homo (*Philip.* ii). » Adhuc etiam magis inflexit et declinavit seipsum, et digito scribebat in terra, et mater eum in præsepio declinavit. Propter hoc autem quod adeo se inflexit et declinavit, « exaltavit eum Deus, et dedit illi nomen, quod est super omne nomen, ut in nomine Jesu omne genu flectatur cœlestium, terrestrium et infernorum (*ibid.*). » Redde singula singulis, quia declinavit seipsum, « propterea exaltavit illum Deus, et dedit illi nomen, quod est super omne nomen ; » et quia inflexit seipsum, propterea « flectitur ei omne genu cœlestium, terrestrium et infernorum. »

Recte igitur ex tribus terminalibus litteris illarum trium inflexionum componitur hoc verbum : *Sum*, quod vere ac proprie competit ei secundum excellentissimam gloriam, ut ostendetur hic esse ille, qui se dicit in veteri lege : « Ego sum qui sum (*Exod.* iii). » Ut intelligas Jesum quasi dicentem: Ego Jesus sum, ego sum Deus ; quia Jesus nomen est Dei ; ac si diceret : Manifestus ego sum Deus, et non mutor. Hic ipsum expressit in Evangelio, cum dixit : « Antequam Abraham fieret, ego sum (*Joan.* viii); » et iterum : « Ego sum, nolite timere (*Luc.* xxiv). »

Harum trium inflexionum duæ terminantur consonantes, nominativus in S, et accusativus in M. In tertia vocali, scilicet U, quæ quatuor casibus est communis, genitivo, dativo, vocativo, ablativo. Per duas consonantes, sicut prædictum est, designatur in Christo humana natura, quæ in duabus substantiis, anima videlicet et carne, consistit; et Christus secundum humanam naturam, ut ita dicam, nominativus et accusativus invenitur fuisse. Nominativus, quantum ad prædicationis officium, quod exercuit; accusativus, quantum ad passionis supplicium, quod sustinuit: ad prædicationis enim officium pertinet, quod ipse dicebat: « Pater, manifestavi nomen tuum hominibus, quos dedisti mihi de mundo (*Joan.* xvii). » Ad passionis autem supplicium accedebat, quod apud Pilatum in multis legitur accusatus. Christus autem, qui vocalis designatur secundum naturam divinam, quasi genitivus, dativus, et ablativus, secundum eamdem naturam existit. Genitivus condit naturam, dativus exhibet gloriam, vocativus clamat gratiam, ablativus tollit ad pœnam. Ex quibus cum duo priora perficit in præsenti, et duo posteriora perficit in futuro. Genitivum enim se ostendit esse, cum ait: « Si ego qui generationem exteris tribuo, sterilis ero (*Isa.* lxvi)? » nam « Pater meus usque modo operatur et ego operor (*Joan.* v). » Dativum se probat esse, cum inquit: « Pacem meam do vobis, pacem relinquo vobis, non quomodo mundus dat ego do vobis (*Joan.* xiv). » Vocativum se ostendit, cum dicit: « Venite, benedicti Patris mei, percipite regnum, quod vobis paratum est ab origine mundi (*Matth.* xxv). » Ablativum se ostendit, cum infert: « Ite, maledicti in ignem æternum, qui paratus est diabolo et angelis ejus (*ibid.*). » Tunc enim aufert malos de medio justorum, ut tollatur impius, ne videat gloriam Dei. Quia vero inter consonantes digniores sunt semivocales quam mutæ, idcirco duæ istæ consonantes, S, et M, per quas humana in Christo natura, id est anima designatur et caro, non mutæ, sed semivocales existunt; quoniam inter omnes humana natura dignior est in Christo, juxta quod inquit Psalmista: « Gloria et honore coronasti eum, et constituisti eum super opera manuum tuarum, omnia subjecisti sub pedibus ejus (*Psal.* viii). » Licet enim tanto ab angelis minor sit effectus, quanto differentius præ illis nomen hæreditavit (*Hebr.* i); tamen in quantum passibilem carnem assumpsit, paulo minus est ab angelis minoratus, cum angelica natura sit impassibilis. Bene secunda illarum semivocalium est a liquida, videlicet M, in casu accusativo: quia Christus quasi semetipsum quod passionem mortis sustinuit (*sic*), propter quod Apostolus exponens illud verbum propheticum: « Minuisti eum paulo minus ab angelis, gloria et honore coronasti eum, Domine (*ibid.*), » interdicit eum quod modico quam angeli minoratus est. Videmus Jesum propter passionem mortis gloria et honore coronatum, ut gratia Dei gestaret mortem. Et nota quod sicut apud Hebræos illud ineffabile nomen alio modo describitur, et alio modo profertur; scribitur enim his quatuor litteris, I, E, V, E, et profertur *Adonai*: sic apud Latinos illud excellentissimum nomen alio modo scribitur, et alio modo profertur. Profertur Jesus, scribitur I H S cum titulo superposito. Expressum mysterium, sed alias exprimendum, quem pertransibunt plurimi, et multiplex erit sententia. Hoc est igitur nomen sanctum et gloriosum, quod invocatum est super nos: « Nec est aliud nomen sub cœlo, in quo nos oporteat salvos fieri (*Act.* iv), » nomen suave, nomen delectabile, nomen amabile, nomen utique salutare, per quod ipse nos salvet Dominus noster Jesus Christus, qui est benedictus in sæcula sæculorum. Amen.

SERMO V.

DE RESURRECTIONE DOMINI (13).

Hæc dies quam fecit Dominus: exsultemus et lætemur in ea (*Psal.* cxvii).

Cum omnes dies faciat Dominus, quænam dies est tam celebris et solemnis de qua specialiter dicitur: *Hæc dies quam fecit Dominus*, etc.? Hæc est dies resurrectionis Dominicæ, in qua Christus resurgens a mortuis, spem de securitate ac certitudine nobis tribuit ac immortalitatis gloriam resurgendi, ut in quo præcessit sublimitas capitis, illuc et corpus humilitatis subsequatur. Licet enim multi ante Christum surrexerint, ipse tamen prior surrexit immortalis et impassibilis; unde dicitur: «Primitiæ dormientium (*I Cor.* xv),» et: «Primogenitus mortuorum (*Apoc.* i). » Nam Christus resurgens ex mortuis, jam non moritur, mors illi ultra non dominabitur (*Rom.* vi). » Hujus ergo dies sine nocte, vita sine morte, in qua Christus surrexit ex mortuis, et descendens ad inferos mortem absorbuit, et infernum momordit, juxta quod legitur in propheta: « O mors, ero mors tua; morsus tuus ero, inferne (*Ose.* xiii). » Dies autem dicitur sol rutilans super terram, id est claritas aeris quæ provenit ex sole super terram lucente. Iste sol Christus est, de quo legitur: « Timentibus Deum orietur sol justitiæ (*Malach.* iv),» id est sol qui justificat, « lux » videlicet «quæ illuminat omnem hominem venientem in hunc mundum (*Joan.* i). » Qui de se dicit in Evangelio: « Ego sum lux mundi, qui ambulat in die non offendit (*Joan.* xi). » Sol iste in ara crucis occubuit quando Jesus, « inclinato ca-

(13) Ex edit. Angelo Mai

pite, emisit spiritum (*Joan.* XIX). » De cujus occasu dicitur per Psalmistam : « Sol cognovit occasum suum (*Psal.* CIII); » quem etiam sol materialis agnoscens, suum submersit splendorem. Nam « ab hora sexta » in qua crucifixus est Dominus, « usque ad oram nonam, » in qua spiritum emisit, « tenebræ factæ sunt super universam terram (*Matth.* XXVII), et sol obscuratus (*Luc.* XXIII).» Cum autem die tertia resurrexit, dies nova mundo reluxit, quia «Deus Dominus illuxit nobis (*Psal.* CXVII). »

Duodecim enim sunt horæ diei; et hæc dies, id est claritas resurrectionis Dominicæ, duodecim habet horas, id est duodecim apparitiones ipsius Domini resurgentis, quibus ejus resurrectio clarissime comprobatur. Prima siquidem hora fuit, quando apparuit Mariæ Magdalenæ æstimanti eum esse hortulanum, et dixit ei : « Noli me tangere, nondum enim ascendi ad Patrem meum (*Joan.* XX).» Secunda hora fuit, quando apparuit mulieribus et dixit illis : «Avete; illæ autem accesserunt et tenuerunt pedes ejus, et adoraverunt eum(*Matth.* XXVIII).» Tertia hora fuit, quando apparuit Petro. Quarta hora fuit, quando apparuit duobus discipulis euntibus in Emmaus in specie peregrini, et agnoverunt eum in fractione panis. Quinta hora fuit, quando apparuit undecim discipulis, absente Thoma, stans in medio eorum, et dixit : «Pax vobis, nolite timere(*Joan.*XX).» Sexta fuit, quando apparuit iterum discipulis suis, et Thomas erat cum eis, et ostendit eis manus et latus. Septima fuit, quando manifestavit se discipulis ad mare Tiberiadis stans in littore maris, dixitque illis : « Mittite in dextrum navigii rete, et invenietis (*Joan.* XX). » Octava fuit, quando apparuit undecim discipulis in Galilæa in monte ubi constituerat illis Jesus, et dixit illis : « Data est mihi omnis potestas in cœlo et in terra (*Matth.* XXVIII). » Nona fuit, quando recumbentibus undecim discipulis apparuit illis Jesus, et exprobavit incredulitatem illorum et durum cor, quia iis qui viderant eum resurrexisse a mortuis non credebant. Decima hora fuit, quando eduxit eos foras in montem Oliveti versus Bethaniam, et « videntibus illis elevatus est, et nubes suscepit eum ab oculis eorum (*Act.* I). »

Fuerunt et aliæ duæ horæ in quibus apparuit, ut duodenarius horarum numerus compleretur, de quibus dicit Apostolus : «Visus est plus quam quingentis fratribus simul, deinde Jacobo (*I Cor.* XV). » Sed hæ duæ horæ in Evangelio non leguntur, nisi quod legitur in Evangelio, quod appellatur secundum Hebræos, quod cum Dominus dedisset sindonem servo sacerdotis, venit ad Jacobum, et apparuit ei. Juraverat enim Jacobus se non comesurum panem ab illa hora qua biberat calicem Domini, donec videret Dominum a dormientibus resurgentem. Novissime autem tanquam abortivo visus est et Paulo ; sed hæc apparitio facta fuit postquam ascendit in cœlum, et duæ ideo non pertinent ad horas diei. Verisimile tamen est ut ante omnes apparuerit gloriosissimæ suæ matri, licet in Evangelio non legatur, ut quam præ cæteris mors filii contristaverat, ante cæteros ipsam ipsius resurrectio jucundaret. Ad quod forsitan designandum hodierna statio in hac ejus basilica celebratur.

Possunt horæ aliter designari secundum distinctionem quinque horarum, quas Dominus assignavit in Evangelio (*Matth.* IX), quando Dominus misit operarios in vineam suam, videlicet mane, hora tertia, sexta, nona, undecima, sub quibus comprehenduntur aliæ septem horæ, ut undecim sint horæ diei. Hora itaque prima fuit manifestatio Dominicæ resurrectionis facta per testimonium angelorum; et hæc sub se continet horas duas, unam quando « angelus Domini descendit de cœlo, et accedens revolvit lapidem, et resedit super eum (*Matth.* XXVIII); » — « et respondens angelus mulieribus ait : Nolite expavescere; Jesum Nazarenum quæritis crucifixum, surrexit, non est hic (*Marc.* XXI). » Altera quando Maria Magdalene « inclinavit se et prospexit in monumentum, et vidit duos angelos in albis sedentes, unum ad caput et unum ad pedes, ubi positum fuerat corpus Jesu (*Joan.* XX). » —« Et ecce duo viri astiterunt juxta illas in veste fulgenti, et dixerunt ad illas : Quem quæritis ? viventem cum mortuis ? non est hic, sed surrexit (*Luc.* XIV). » Cum igitur in ore duorum vel trium testium stet omne verbum (*Deut.* XIX; *Matth.* XVIII), constat quod in hoc testimoniis angelorum est credendum.

Tertia hora fuit manifestatio resurrectionis Dominicæ facta per comestionem ciborum; nam phantastica putaretur, quasi facta per artem magicam et non per virtutem divinam. Nam corpus phantascice suscitatum non potest comedere cibum; unde cibi comestio verissimæ resurrectionis est certissimum argumentum. Ad quod utique designandum Joannes evangelista describit, quod in cœna quam ante sex dies paschæ fecerunt cum Jesu in Bethania, ubi fuerat Lazarus mortuus, ipse Lazarus mortuus erat unus ex discumbentibus (*Joan.* XII). Et cum Dominus resuscitasset puellam, præcepit ut darent illi manducare (*Marc.* V). Verum hæc manifestatio comprehendit sub se tres horas; quando dixit apostolis : « Habetis aliquid quod manducetur? at illi attulerunt partem piscis assi et favum mellis. Et cum manducasset coram eis, assumens reliquias dedit eis (*Luc.* XXIV). » Alteram quando septem discipuli descenderunt de navi in terram, et viderunt prunas positas et piscem superimpositum et panem, dixitque illis , «Venite, prandete, et nemo discumbentium audebat eum interrogare : Tu quis es? scientes quia Dominus est (*Joan.* XXI). » Tertiam quando recumbentibus undecim apparuit illis Jesus, « et convescens præcepit eis ab Jerosolymis ne discederent, sed exspectarent promissionem Patris (*Act.* I). » Sexta hora fuit manifestatio resurrectionis Dominicæ facta per ostensionem miraculorum. Et hæc similiter continet sub se tres horas , primam quod, resurgente eo, « multa corpora sanctorum qui dormierant, resurrexerunt, et venerunt in sanctam civitatem, et apparuerunt multis (*Matth.* xxvii).» Alteram quando « terræ motus factus est magnus. Angelus enim Domini descendit de cœlo, et accedens revolvit lapidem, et sedit super eum; præ timore autem ejus exterriti sunt custodes, et facti sunt velut mortui (*Matth.* xxviii).» Aliam quando ad verbum Domini discipuli miserunt in dextrum navigii rete. Cum ad discipulos januis clausis intravit, et bajulis nubibus in cœlum ascendit profecto ingressus, et ascensus hujus non tam mirabilis quam naturalis in corpore glorificato videtur fuisse propter subtilitatem et agilitatem, quas corpus glorificatum naturaliter habet.

Nona hora fuit manifestatio resurrectionis Dominicæ facta per demonstrationem plagarum, quas Christus reservavit in corpore impassibili, et eas ostendit discipulis ut crederent ipsum eumdem resuscitatum a morte, quem noverant plagatum in cruce. Ipsa vero sub se continet duas horas; unam quando dixit apostolis: « Videte manus et pedes meos, quia ipse sum; palpate et videte, quoniam spiritus carnem et ossa non habet sicut me videtis habere. Et cum dixisset, ostendit eis manus et latus et pedes (*Luc.* xxiv).» Alteram quando dixit Thomæ: « Infer digitum tuum huc, et vide manus meas, et affer manum tuam et mitte in latus meum, et noli esse incredulus sed fidelis (*Joan.* xx).»

Undecima hora hujus diei fuit manifestatio resurrectionis Dominicæ facta per expositionem Scripturarum. Hæc similiter sub se continet horas duas: unam quando discipulis dixit in via: « O stulti et tardi corde ad credendum in omnibus quæ locuti sunt prophetæ! nonne hæc oportuit pati Christum, et ita intrare in gloriam suam? Et incipiens a Moyse et omnibus prophetis exposuit illis Scripturas quæ de ipso erant (*Luc.* xxiv).» Alteram quando dixit apostolis: « Hæc sunt verba quæ locutus sum ad vos cum adhuc essem vobiscum, quia necesse est impleri omnia quæ scripta sunt in lege Moysi et prophetis de me. Tunc aperuit illis sensum ut intelligerent scripturas, et dixit eis: Quoniam sic scriptum est; et sic oportebat Christum pati, et resurgere a mortuis die tertia (*ibid.*).»

Ecce dupliciter exposuimus duodecim horas hujus votivæ ac festivæ diei, ut ex istis horis dies naturalis consistat, viginti quatuor habens horas, *quam fecit Dominus ut exsultemus et lætemur in ea*. Exsultemus in corde, ac lætemur in corpore, secundum quod legitur: « Cor meum et caro mea exsultaverunt in Deum vivum (*Psal.* lxxxiii).» Exsultat cor quando cognoscit se a pravis cogitationibus liberatum; lætatur corpus, quando sentit se ab immundis operibus expiatum. Non enim est impiis gaudere, dicit Dominus (*Isa.* xlviii), « nec est pax ossibus a facie peccatorum (*Psal.* xxxvii).» Et ideo si diem Dominicæ resurrectionis digne cupimus celebrare, corda et corpora nostra mundemus, ut salubriter *exsultemus et lætemur in ea;* ipso præstante, qui cum Patre, etc.

SERMO VI

DOMINICALIS (14).

Duo homines ascenderunt in templum ut orarent, unus Pharisæus et alter publicanus (*Luc.* xviii).

Licet Pharisæus in templum ascenderet ut oraret, sed commendavit se ipsum, et proximum accusavit. Se vero commendavit de tribus, de justitia singulari, unde: *Non sum sicut cæteri hominum;* de abstinentia corporali, unde: *Jejuno bis in Sabbato;* de cultura legali, unde: *Decimas do omnium quæ possideo.* Proximum autem accusavit de tribus, de adulterio, injustitia et rapina; unde, cum de sua commendatione dixisset: *Non sum sicut cæteri hominum: raptores, adulteri et injusti*, statim de proximi accusatione subjunxit; *sicut et hic publicanus raptor, adulter injustus.* Sed more superbi volens se singulariter et arroganter præferre universis, præmisit: *Non sum sicut cæteri hominum;* ac si diceret: Ego solus sum justus, cæteri sunt injusti. Non reprehenditur Pharisæus quod gratias egit Domino quod non est raptor, adulter et injustus, vel quod bis jejunat in Sabbato, et decimas dat de universis quæ possidet, sed quia superbe se jactat quod *non sit sicut cæteri hominum*, causa qua ipse sit singulariter justus. Per Sabbatum enim intelligitur hebdomada juxta consuetudinem Hebræorum, quia Sabbatum denominant cæteros dies, ut prima Sabbati, et sic reliquos; ut intelligatur bis in Sabbato, id est in hebdomada.

Non sic sentiebat Apostolus, qui dicebat: « Nihil mihi conscius sum, non tamen in hoc justificatus sum (*I Cor.* iv).» Nam et Psalmista testatur: « Delicta quis intelligit? » (*Psal.* xviii.) Propterea deprecatur: « Ab occultis meis munda me, Domine (*ibid.*).» Salomon quoque ait: «Quis potest dicere: Mundum est cor meum, et purus sum a peccato?» (*Prov.* xx.) Nam « si dixerimus quoniam peccatum non habemus, ipsi nos seducimus, et veritas in no-

---

(14) Ex edit. card. Mai.

bis non est (*I Joan.* 1),» quoniam « in multis offendimus omnes (*Jac.* III).» Audi, arrogans Pharisæe, qui te de justitia jactas temere, beatum Job de se ipso humiliter protestantem : « Si simplex, inquit, fuero (*Job* IX).» Hoc ipsum ut jactat affirmes, quod non sis sicut cæteri hominum, raptor, adulter et injustus. Prudentius quidem egisses si te humiliter accusasses juxta sententiam Sapientis : « Justus, inquit, in principio accusator est sui (*Prov.* XVIII). » Nam qui se accusat, Deus illum excusabit; et qui se excusat, Deus illum accusabit. In humano quippe judicio qui peccatum suum confitetur (14*), juxta illud : « Dic tu iniquitates tuas ut justificeris (*Job* XL). » Unde in Psalmo : « Confitebor adversum me injustitiam meam Domino, et tu remisisti impietatem peccati mei (*Psal.* XXXI). »

Certe inter accusatorem et reum in hac parabola controversia coram judice ventilatur ; accusator est Pharisæus, publicanus est reus humilis et devotus, judex justus et verax. Ille tanquam superbus et arrogans ait : *Non sum sicut cæteri hominum : raptores, injusti.* Addidit, *sicut etiam hic publicanus.* Iste sicut humilis et devotus *stans a longe nec oculos suos volebat ad cœlum levare, sed percutiebat pectus suum dicens : Deus, propitius esto mihi peccatori.* Judex autem tanquam justus et verax, auditis confessionibus partium, causæ sententiam promulgavit : *Amen dico vobis, descendit hic justificatus in domum suam ab illo.* Sententiæ causam expressit : *quoniam omnis qui se exaltat humiliabitur, et qui se humiliat exaltabitur.* Iste confitetur se peccatorem, et Deus dimittit illi peccatum, Nam « Deus superbis resistit, humilibus autem dat gratiam (*Jac.* IV).» In tribus publicanus iste specialiter commendatur, quod a longe stabat, quod oculos levare nolebat, quod pectus suum percutiebat ; per quæ, tria illa notantur quæ sunt necessaria pœnitenti, videlicet pudor, timor et dolor. Ex pudore namque a longe stabat, ex timore oculos non levabat, ex dolore pectus percutiebat. Ergo erubescit, expavescit et ingemiscit, propter turpitudinem, multitudinem et magnitudinem peccatorum. Et ideo de sua diffidens justitia, et de divina confidens misericordia breviter orat : *Deus,* inquit, *propitius esto mihi peccatori.* Sed brevis oratio longam indulgentiam promeretur, quia *descendit hic justificatus in domum suam ab illo.*

In percussione pectoris tria sunt quæ debent notari, ictus, sonus et tactus : per quæ, tria illa significantur quæ sunt in vera pœnitentia necessaria, videlicet cordis contritio, quam significat ictus ; oris confessio, quam significat sonus ; operis satisfactio, quam significat tactus. Et ideo pœnitentes solent et debent percutere pectus. Tu ergo, quicunque es, Christiane, disce cum in templum ascenderis, non jactanter et superbe jactare te ipsum, vel proximum accusare, sed laudare devote ac humiliter supplicare, tuam malitiam accusando cum pudore vel timore pariter ac dolore, propter tuorum multitudinem ac magnitudinem peccatorum, ut et tu a Deo per humilem pœnitentiam veram indulgentiam consequaris, hujus exemplo qui descendit in domum suam justificatus ab illo ; non quod per illum justificatus sit iste, quin potius accusatus, sed quia comparatione illius iste justus apparuit, sive minus injustus (15). Quemadmodum ad Jerusalem dicitur per prophetam : « Porta confusionem tuam, quia vicisti sorores tuas peccatis tuis, sceleratius agens ab eis ; justificatæ sunt enim a te (*Ezech.* XIV). » Vel *ab illo* remanente in excelso superbiæ, iste separatus *descendit in domum suam,* ut intra humilitatis domicilium habitaret *justificatus* a Deo.

Verum cave prudenter, ne forte cum audis condemnatum a Domino Pharisæum, intelligas eum peccasse quia decimas dabat omnium quæ possidebat, vel quia bis in Sabbato jejunabat. Non quidem peccatum in his, cum bonum sit de omnibus dare decimas, sicut etiam bonum est bis in Sabbato, id est in hebdomada, jejunare, sed ex eo maxime quod se superbe jactavit, quod non esset sicut cæteri hominum : raptor, adulter, injustus. Per quod manifeste comprobatur quod majus est peccatum arrogantia vel superbia, quam adulterium vel rapina. De omnibus igitur quæ possidentur, id est percipiuntur, dandæ sunt decimæ, non solum de majoribus sed etiam de minoribus ; juxta quod alibi Veritas ait : « Væ vobis Pharisæis, qui decimatis mentham et rutam, et omne olus, et prætermittitis judicium et charitatem Dei ! Hæc autem oportuit facere, et illa non omittere (*Luc.* XI). » Illud etiam diligenter attende, quod licet Phariseus esset arrogans et superbus, non tamen in tantam proruperat audaciam vel superbiam, ut a se fateretur existere bona sua ; sicut ii qui dixisse leguntur : « Labia nostra a nobis sunt, quis noster Dominus est?(*Psal.* XI.) » Sed ea potius recognoscebat ab illo, a quo « omne datum optimum et omne donum perfectum desursum est, descendens a Patre luminum (*Jac.* I). » Unde et illi de bonis suis gratias referebat. Quare illorum est vesania penitus aspernanda, qui præsumunt asserere se homines esse factos a Deo, sed bonos a se, Deo attribuentes naturam, et sibi ascribentes virtutem.

Stans a longe publicanus nec oculos audebat ad cœlum levare, sed percutiebat pectus suum, dicens : Deus, propitius esto mihi peccatori. Quoniam plerosque vestrum oportet sequi exemplum humilis publicani, instruamur cur publicanus iste a longe stabat, et in cœlum aspicere non audebat. Æstimo quidem quod si fuisset interrogatus, protinus respondisset : Ideo a longe sto quia confundor et erubesco ; in cœlum suspicere vereor, et expavesco ad altare accedere, propter quatuor maxime causas quas per ordinem explicabo. Prima siquidem causa

---

(14*) Deest aliquid.
(15) Recte ; est enim hebraismus, ut linguæ sanctæ tironibus notum est.

est quod sum fedus et fœtidus nefariis et nefandis maculis peccatorum, ita ut abominabilior et immundior sit anima mea quam caro leprosa. Ego sum quippe sepulcrum deforis dealbatum, intus autem plenum omni spurcitia et ossibus mortuorum (*Matth.* xxiii). Ego sum quatriduanus mortuus fetens in monumento (*Joan.* xi), imo, ut ita loquar, quadriætanus, quia per quatuor jam ætates ab infantia usque ad senectutem in sepulcro consuetudinis pravæ fetorem turpissimum conversationis emisi, quasi jumentum in stercore computrescens (*Joel.* i), bene mortuus ; quoniam a vera vita, id est a Deo, penitus separatus ; et ideo a longe sto, quoniam erubesco et pavesco appropinquare, ne feditatis fetore divinam magis majestatem offendam. Quare « tota die verecundia mea contra me est, et confusio faciei meæ cooperuit me (*Psal.* xliii). »

Causa vero secunda est, quia ingratus et indevotus sum Deo pro omnibus omnino bonis et donis mihi concessis et collatis ab eo. Omnia enim dona sive corporalia sive spiritualia sive naturalia sunt gratuita, et quod sum, et quod vivo, et quod moveor, ab ipso recepi, a quo « omne datum optimum et omne donum perfectum desursum est, descendens a Patre luminum. » Et ego semper rependi eis offensas pro gratia, maleficia pro beneficiis, injuriam pro honore, homo Deo, servus domino, factura factori, immemor et ingratus illius inæstimabilis gratiæ, quod ipse Deus pro me factus est servus, ipse creator pro me factus est creatura, ipse vita pro me sustinuit mortem ut a morte redimeret me ad vitam. Quoniam « cum in forma Dei esset, non rapinam arbitratus est esse se æqualem Deo. Semetipsum exinanivit, formam servi accipiens ac in similitudinem hominis factus, et habitu inventus ut homo, factus obediens usque ad mortem, mortem autem crucis (*Philip.* ii). » Et ideo a longe sto, quoniam erubesco et pavesco appropinquare, ne propter indevotionem et ingratitudinem meam divinam magis majestatem offendam. Unde « tota die verecundia mea contra me est, et confusio vultus mei operuit me. »

Tertia vero causa est quod patientia Dei semper sum abusus, divitias bonitatis et longanimitatis ejus contemnens. Benignitas quippe Dei ad pœnitentiam me adduxit ; sed ego secundum duritiam cordis mei et impœnitens cor thesaurizavi mihi iram in die iræ et revelationis justi judicii Dei, qui reddet unicuique secundum opera sua (*Rom.* ii). Ipse hactenus invitavit et exspectavit ut respicerem et redirem ad eum, et ego me semper ab eo alienavi et elongavi vadens (*Psal.* xliv) post vanitates et concupiscentias cordis mei, abiens in regionem longinquam, ubi luxuriose vivendo substantiam dissipavi (*Luc.* xv), mandata ejus contempsi, consilia declinavi ; non attendens quod ipse si vellet, posset me solo verbo destruere, solo nutu dejicere. Certe cum nulla creatura tot et tantas injurias et offensas tandiu posset æquanimiter sustinere quin se vindicaret de illis, si vindicandi potestatem et opportunitatem haberet, profecto unus creator cognoscitur esse tam patiens ; inde omnipotens comprobatur. Ipse mihi dedit tempus pœnitendi, sed ego abusus sum eo ; et ideo sto a longe, quoniam erubesco et pavesco apparere, ne propter grandem abusum et grandem contemptum divinam magis majestatem offendam. Quare « verecundia mea contra me est, et confusio vultus mei operuit me. »

Quarta deniquæ causa est, quod ipsi Deo meo sum infidelis et mendax et proditor et perjurus, eo quod non servavi propositum, non promissum, non votum, non etiam juramentum, sed semper ut canis ad vomitum (*Prov.* xxvi) sum reversus. In baptismo siquidem renuntiavi diabolo et omnibus pompis ejus, sed post baptismum ad pompas diaboli me converti. In pœnitentia sæpenumero repromisi quod flenda iterum non committerem, sed post pœnitentiam iterum sine numero flenda commisi ; peccare non destiti, et satisfacere non curavi. Certe pro recuperanda salute corporis sæpe sustinui tenes et graves diætas, semper assumpsi durissimas et gravissimas potiones, quin etiam passus sum ferrum et ignes ; et pro recuperanda animæ salute vix quidquam volui difficile sustinere. Cur hoc? nisi quod minus fideliter de animæ salute speravi. Annon infidelitatis est argumentum quod pro adipiscendo commodo temporali multos et magnos labores sustinui, et pro æterno præmio consequendo vix levem volui subire laborem? Et ideo a longe sto, quoniam erubesco et expavesco apud me, ne divinam majestatem offendam. Unde «tota die verecundia mea contra me est, et confusio vultus mei operuit me. »

Quid itaque faciam? Fugere nequeo, appropinquare pavesco. Sed necessitas superet verecundiam, et audacia vincat timorem. « Surgam » igitur, et nunc tandem « ibo ad patrem meum, et dicam ei : Pater, peccavi in cœlum et coram te ; jam non sum dignus vocari filius tuus, » nec sum dignus videre altitudinem cœli præ multitudine ac turpitudine iniquitatum mearum. «Fac me» saltem «sicut unum de mercenariis tuis (*Luc.* xv), » neque sinas in peccatis me mori, tu qui mortuus es pro peccatis omnium. Domine Deus noster, ad te confugio, ad te clamo fontem pietatis et portum salutis. Anima mea sicut terra sine aqua tibi (*Psal.* cxlii), arida et sicca. Sed « sicut cervus desiderat ad fontes aquarum, ita desiderat anima mea ad te, Deus (*Psal.* xli). » Et ideo percutio pectus meum ; et in ipsa percussione tria prudenter attendo, scilicet ictum, sonum et tactum ; per quæ spiritualiter intelligo illa tria quæ sunt in vera pœnitentia necessaria, scilicet cordis contritionem quam significat ictus, oris confessionem quam significat sonus, operis satisfactionem quam significat tactus. Nam sicut tribus modis peccavi, corde, ore, opere ; ita tribus medis debeo pœnitere, cordis compunctione in qua est dolor, ore per confessionem in qua est pudor, et opere per satisfactionem in qua est labor.

Caveat ergo pœnitens ne fallaciter pœniteat, cum æstimet se veraciter pœnitere. Nam cum pœnitere sit pœnam tenere, profecto non pœnitet qui pœnam non tenet. Ideoque Psalmista dicebat : « Laboravi in gemitu meo, » etc. (*Psal.* VI.) De raro et de modico gemitu non dixisset « laboravi in gemitu meo ; » sed de diuturno et continuo, quia non laborat in gemitu qui protinus ridet ut gemit. Profecto non pœnitens qui pœnam non tenens, sed magis deridens, quia de gemitu ad risum procedens. Ille vero laborabat in gemitu qui dicebat : « Tota die contristatus ingrediebar ; rugiebam a gemitu cordis mei, et dolor meus ante me est semper (*Psal.* XXXVII). » Nec semel est flendum, sed sæpe. Propter quod ait : « Lavabo per singulas noctes lectum meum (*Psal.* VI). » Nec modicum quidem sed multum. Propter quod addidit : « Lacrymis meis stratum meum rigabo (*ibid.*). » Ubi enim est irrigatio, ibi est abundantia humoris. Propterea non dicit in noctibus, sed per noctes ; non dicit per aliquas, sed per singulas ; ut ostendat se diutinum et continuum fletum habere ; illorum duritiam reprehendens, qui vix raro possunt ad lacrymas emolliri. Saxeum enim pectus, lapideum cor et ferreum habet, qui pro se non tam in corpore morituro quam forsitan in corde jam mortuo gemitus non producit, suspiria non emittit, et lacrymas non effundit. Sciat ergo se culpabiliter durum et dure culpabilem, qui corporalem amici sui mortem deplorat, et spitualem animæ suæ mortem non deflet.

Attende potius illius peccatricis lacrymas, quæ « stans retro secus pedes Domini, lacrymis rigabat pedes ejus, et capillis capitis sui tergebat ; » et tu fac similiter, si vis audire cum illa : « Dimittuntur tibi peccata tua (*Luc.* VII). » Vel per noctem intelligitur culpa, quæ mentem obtenebrat, et obscurat caligine peccatorum ; et per lectum intelligitur conscientia in qua dormit spiritus quando quiescit ab inquietudine vitiorum. Dicit ergo : « Lavabo lectum meum, » id est mundabo conscientiam meam ; « per singulas noctes, » id est per singulas culpas, hoc est ab universis peccatis. Pro singulis enim culpis debet pœnitens singulas hostias immolare, ut juxta legem divinam dignum offerat sacrificium pro peccato (*Lev.* V) ; illud utique, de quo alibi legitur : « Sacrificium Deo spiritus contribulatus (*Psal.* L), » in qua incestiva singula hodie abluuntur. Caveat ergo pœnitens ne forte in confusione si sonum proferat, sibilus prodeat. Nam qui peccata sua partim revelat et partim occultat, vel unam partem uni, et alteram partem alteri confitetur, vel exprimit factum et supprimit modum, seu crimen attenuat et excusat, is profecto non sonum profert, sed sibilum prodit. Qui vero veraciter confitetur, debet omnes peccati circumstantias confiteri, secundum quod magis peccavit, in loco, in tempore, in numero, in persona, secundum ætatem, secundum scientiam, secundum gradum, secundum ordinem, si facile, si frequenter, si manifeste, si perseveranter. Sane sicut sanies sub cute collecta tumorem multiplicat et dolorem, donec ea per apertionem educta tumor sedatur et dolor : ita putredo peccati sub cordis congesta latibulo inflat animum et perturbat, donec ipsa per confessionem ejecta inflationis et turbationis molestia protinus mitigetur. Ex qua non solum profecto spiritus hilarescit, sed corpus etiam jucundatur, ut jam alleviatum se sentiat ingenti prius infirmitate gravatum.

Cæterum non solet pœnitens uno duntaxat digito vel duobus percutere pectus, sed omnibus simul ; quoniam sicut manus quinque digitos habet, ita satisfactio quinque partes, quæ sunt virtus orationis, abstinentia cibi, largitas eleemosynarum, labor operis, et asperitas vestis. De quibus inquit Psaltes : « Induebar cilicio, humiliabam in jejunio animam meam, et oratio mea in sinu meo convertetur (*Psal.* XXXIV) : » — « Exercitatus sum, et defecit paulisper spiritus meus(*Psal.* LXXVI) : »—« Defecerunt oculi mei (*Psal.* LXVIII), » — « Turbatus sum et non sum locutus (*Psal.* LXXVI). » Utinam percutiendo pectus fecerim quod dixi ! ut securus dicere possim : *Deus, propitius esto mihi peccatori,* «Domine, miserere (*Psal.* XL). » Confiteor et cognosco quod tam multa sunt et tam magna scelera mea, quod si secundum exigentiam meritorum meorum velles agere mecum, justissime quidem me posses et in præsenti confundere et in perpetuum condemnare. Sed tu, *Deus, propitius esto mihi peccatori*, Domine miserere. Certe non esset sufficiens pœna, neque condigna vindicta, si ignis de cœlo descenderet, et me totum consumeret ; si terra aperiret os suum, et deglutiret me vivum. Sed tu, *Deus, propitius esto mihi peccatori*, Domine, miserere. Ergo « non intres in judicium cum servo tuo, quia non justificabitur in conspectu tuo omnis vivens (*Psal.* CXLII). »—« Si » enim « iniquitates observaveris, Domine, Domine, quis sustinebit ? » (*Psal.* CXXIX). Sed tu, *Deus, propitius esto mihi peccatori*, Domine, miserere. Nisi scirem te misericordissimum et piissimum, clementissimum et benignissimum, patientissimum et mitissimum, ego quidem omnino diffiderem et penitus desperarem. Sed tu, *Domine, propitius esto mihi*. Licet autem de meritis et viribus meis diffidam penitus et desperem, de pietate tamen et tua misericordia, Deus, spero plurimum et confido. Quare, impietatem meam pietas tua superet, et miseriam meam misericordia tua vincat. Quia « tibi soli peccavi, et malum coram te feci, ut justificeris in sermonibus tuis, et vincas cum judicaris (*Psal.* L), » Jesu Christe, mundi Salvator, qui es super omnia benedictus in sæcula sæculorum. Amen.

SERMO VII.

IN FESTO D. SILVESTRI PONTIFICIS MAXIMI.

De dignitate, sanctitate, et utilitate sancti Silvestri, de regno et sacerdotio pontificis Romani, et quod sacerdotium præcessit regnum, denique splendorem scientiæ pariter et vitæ necessarium esse sacerdoti.

Ecce sacerdos magnus, qui in diebus suis placuit Deo, et inventus est justus: et in tempore iracundiæ factus est reconciliatio. (*Offic. Eccles. ex Eccli.* CXLIV).

Tria nobis in verbis propositis circa beatum Silvestrum præcipue commendantur, dignitas, sanctitas, et utilitas. De dignitate præmittitur: *Ecce sacerdos magnus;* de sanctitate subjungitur: *Qui in diebus suis placuit Deo, et inventus est justus;* de utilitate concluditur: *Et in tempore iracundiæ factus est reconciliatio.* Unde post dignitatem subjungitur sanctitas, post sanctitatem utilitas; quia qui locum obtinet dignitatis, debet habere meritum sanctitatis; et qui meritum habet sanctitatis, debet exercere opus utilitatis; ne forte qui summus est loco, sit infimus merito: et innocens corde, sit inutilis opere. Heu! quot hodie tales sunt in Ecclesia, qui sunt loco sublimes, sed merito viles, et aliis sunt inutiles. Utinam et ego non sim unus de talibus, quasi «positus in ruinam» magis, quam «in resurrectionem multorum (*Luc.* II) ». Avertat hoc Dominus, qui « potens est de lapidibus suscitare filios Abrahæ (*Matth.* III). »

Fuit ergo B. Silvester sacerdos, non solum magnus, sed maximus, pontificali et regali potestate sublimis. Illius quidem vicarius, qui est « Rex regum, et Dominus dominantium (*Apoc.* XIX), Sacerdos in æternum, secundum ordinem Melchisedech (*Psal.* CIX), » ut spiritualiter possit intelligi dictum ad ipsum et successores illius, quod ait beatus Petrus apostolus, primus et præcipuus prædecessor ipsorum: « Vos estis genus electum, regale sacerdotium (*I Petr.* II). » Hos enim elegit Dominus, ut essent sacerdotes et reges. Nam vir Constantinus egregius imperator, ex revelatione divina per beatum Silvestrum fuit a lepra in baptismo mundatus, Urbem pariter et senatum cum hominibus et dignitatibus suis, et omne regnum Occidentis ei tradidit et dimisit, secedens et ipse Byzantium, et regnum sibi retinens Orientis. Coronam vero capitis sui voluit illi conferre: sed ipse pro reverentia clericalis coronæ, vel magis humilitatis causa, noluit illam portare; verumtamen pro diademate regio utitur aurifrigio circulari. Ex auctoritate pontificali constituit patriarchas, primates, metropolitanos, et præsules; ex potestate vero regali, senatores, præfectos, judices et tabelliones instituit. Romanus itaque pontifex in signum imperii utitur regno, et in signum pontificii utitur mitra; sed mitra semper utitur et ubique; regno vero, nec ubique, nec semper: quia pontificalis auctoritas et prior est, et dignior et diffusior quam imperialis. Sacerdotium enim in populo Dei regnum præcessit, cum Aaron primus pontifex Saulem primum regem præcesserit [*al.* consecraverit]; Noe quoque Nemroth, cum de illo dicit Scriptura, quod principium Nemroth exstitit Babylon (*Gen.* X). Noe vero ædificavit altare Domino, et holocausta obtulit super illud (*Gen.* VIII). De sacerdotibus autem et regibus loquens, sacerdotes appellat deos, et reges principes: « Diis, inquit, non detrahes, et principem populi tui non maledices (*Exod.* XXII). » Et cum de rege dicat Apostolus: « Subditi estote omni humanæ creaturæ propter Deum: sive regi, quasi præcellenti: sive ducibus, tanquam ab eo missis (*I Petr.* III). » Ad Jeremiam sacerdotem de sacerdotibus Anatoth ipse Dominus ait: « Constitui te super gentes et regna, ut evellas et destruas, et ædifices et plantes (*Jer.* I). » Petro vero fuit dictum a Domino, et in Petro successoribus Petri: « Tibi dabo claves regni cœlorum: et quodcunque ligaveris super terram, erit ligatum et in cœlis: et quodcunque solveris super terram, erit solutum et in cœlis (*Matth.* XVI). » Nihil excepit, qui dixit: « Quodcunque. » Propter quod alibi dixit: « Pasce oves meas (*Joan.* XXI), » non distinguens inter has oves et illas: ut ostenderet ad oves suas minime pertinere, qui Petrum recusat habere pastorem. Ei quoque singulariter dixit: « Tu vocaberis Cephas (*Joan.* I), quod exponitur *caput*, in quo sensuum plenitudo consistit; quia cum cæteri vocati sint in partem sollicitudinis, solus Petrus assumptus est in plenitudinem potestatis.

« Fuit ergo beatus Sylvester successor Petri, vicarius Jesu Christi. Et ideo vere *sacerdos magnus* fuit, *qui in diebus suis placuit Deo*. Non tam in diebus temporum, quam in diebus virtutum; nam illi volubiles transeunt, isti stabiles perseverant; singulæ namque virtutes sunt singuli dies quæ mentem illustrant; de quibus mystice legitur, quod filii Job faciebant convivia per singulos dies (*Job.* I). Duo vero sunt maxime necessaria sacerdoti, splendor vitæ, splendorque scientiæ, ut videlicet tam exemplo, quam documento resplendeat. « Cœpit » enim « Jesus facere et docere (*Act.* I), » sacerdotibus relinquens exemplum, ut sequantur vestigia ejus. « Qui peccatum non fecit, » ut sit honestas in vita, « nec inventus est dolus in ore ejus, (*I Petr.* II), » ut sit veritas in doctrina; nam « qui fecerit et docuerit, magnus vocabitur in regno cœlorum

(*Matth.* v). » Unde a tunica pontificali dependebant mala granata, cum tintinnabulis aureis (*Exod.* xxviii). Debet enim sacerdos, propter exemplum, bonis operibus resplendere. Propter quod alibi dicitur : « Luceat lux vestra coram hominibus, ut videant opera vestra bona, et glorificent Patrem vestrum, qui in cœlis est (*Matth.* v) ; » et iterum : « Sint lumbi vestri præcincti, et lucernæ ardentes in manibus vestris (*Luc.* xii). » Debet et propter documentum pollere scientia ; propter quod dicitur : « Vos estis sal terræ, vos estis lux mundi. Nemo accendit lucernam, et ponit eam sub modio, sed super candelabrum, ut luceat omnibus qui in domo sunt (*Matth.* v.); » nam « dies diei eructat verbum, et nox nocti indicat scientiam (*Psal.* xviii).» Isti forte sunt duo dies, de quibus evangelista testatur, quod Jesus mansit apud Samaritanos duos dies (*Joan.* iv), videlicet, quia Samaritani remanserunt illuminati per Christum, tam exemplo vitæ, quam verbo doctrinæ. Non sufficiat sacerdoti alterum sine altero. Quia cujus vita despicitur, restat ut ejus prædicatio contemnatur, et dicatur ei : «Medice, cura teipsum (*Luc.* iv);»—«hypocrita, ejice primo trabem de oculo tuo, et tunc ejicies festucam de oculo fratris tui (*Luc.* vi).»—«Qui prædicas non furandum, furaris : qui prædicas non mœchandum, mœcharis (*Rom.* ii). » Certe « si sacerdos, qui unctus est, peccaverit, facit delinquere populum (*Levit.* iv); » et si incantator fuerit a serpente percussus, quis medebitur ei ?» (*Eccli.* xii.) « Potentes potenter tormenta patientur, et judicium durum fiet his qui præsunt (*Sap.* vi). » Isti sunt duo dies, vita videlicet et scientia, in quibus beatus Silvester *placuit Deo, et inventus est justus*, sicut historia manifeste testatur ; nam multa sustinuit ad meritum vitæ, multaque constituit ad documentum scientiæ. Et ipse *in tempore iracundiæ factus est reconciliatio*, reconcilians peccatores ad veniam, et discordantes ad pacem. Nam usque ad tempus ipsius tanta paganorum contra Christianos efferbuit iracundia, quod tanquam oves occisionis mactabantur ubique, « lapidati sunt, secti sunt, in occisione gladii mortui sunt. Circuierunt in melotis et in pellibus caprinis, egentes, angustiati, afflicti, quibus dignus non erat mundus (*Hebr.* xi).» Sed per beatum Silvestrum reconciliati sunt Christiani paganis ; quia baptizato piissimo principe Constantino, tranquillitas et libertas est Ecclesiæ Dei data. Et extunc cœpit Ecclesia dilatari, et impleri vaticinium Isaiæ dicentis ad ipsam : « Leva in circuitu oculos tuos et vide : omnes isti congregati sunt, venerunt tibi. Filii tui de longe venient, et filiæ tuæ de latere surgent (*Isa.* lx). Illius vere vicarius, de quo dicit Apostolus : « Deus erat in Christo mundum reconcilians sibi : et posuit in nobis verbum reconciliationis. Obsecramus pro Christo, reconciliamini Deo (*II Cor.* v); » mediatores enim sunt sacerdotes inter Deum et hominem, et ideo tales debent existere, ut et Deo sint grati, et hominibus accepti. Quales nos faciat meritis · et precibus beati Silvestri Dominus Jesus Christus, qui est super omnia benedictus in sæcula sæculorum. Amen.

SERMO VIII.

IN SOLEMNITATE APPARITIONIS DOMINI NOSTRI JESU CHRISTI.

De sacrosancto conjugio inter Christum et Ecclesiam, promisso, jurato, completo, consummato, confirmato, et declarato : de tribus manifestationibus : de adventu et muneribus magorum, ac eorumdem declaratione : denique de allegorica Evangelii expositione, et de domibus in quibus Christus invenitur

Videntes stellam magi, gavisi sunt gaudio magno valde. Et intrantes domum, invenerunt puerum cum Maria matre ejus, et procidentes adoraverunt eum : et apertis thesauris suis, obtulerunt ei munera, aurum, thus et myrrham (*Matth.* ii).

Sacrosanctum conjugium, quod inter Christum et Ecclesiam fuerat patriarchæ Abrahæ promissum, deinde David regi juratum, deinde matri Mariæ completum, hodie est consummatum, confirmatum, et declaratum. Consummatum in adoratione magorum, confirmatum in baptismo Jordanis, declaratum in miraculo vini. Olim enim Deus Abrahæ patriarchæ promisit, quod in semine suo benedicerentur omnes gentes (*Gen.* xvi); » et David regi juravit, quod de fructu ventris ipsius poneret super sedem suam (*Psal.* cxxxii). Sed quod promiserat et juraverat, Mariæ matri complevit; quoniam « in sole posuit tabernaculum suum, et ipse tanquam sponsus procedens de thalamo suo (*Psal.* xviii). » — « Verbum enim « caro factum est, et habitavit in nobis (*Joan.* i). » Illud enim conjugium legitur hodie consummatum, quando gentiles in adoratione magorum conjunxerunt se Christo per fidem. Quoniam *ecce magi ab oriente venerunt Hierosolymam, dicentes : Ubi est, qui natus est rex Judæorum?* Hodie legitur confirmatum : quoniam vox Patris ab ipso in Jordanis baptismo audita est super Christum : « Hic est Filius meus dilectus, in quo mihi bene complacui (*Matth.* iii). » Hodie legitur declaratum, quando Christus in nuptiis aquam convertit in vinum : quoniam « hoc fecit initium signorum Jesus in

SERMO VIII, IN EPIPHANIA DOMINI.

Cana Galilææ, et manifestavit gloriam suam, et crediderunt in eum discipuli ejus (*Joan.* II). » Hæc tria simul hodie recolit et veneratur Ecclesia. Quia tertia decima die post nativitatem, Jesus fuit adoratus a magis, et eodem die tricesimo anno in Jordane baptizatus est a Joanne : ac deinde revoluto anno, eadem die aquam mutavit in vinum. Et ideo, fratres et filii, gaudeamus et exsultemus, non in hoc sæculo, sed in Domino, sicut dicitur : « Qui gloriatur, in Domino glorietur (*I Cor.* 1); » sicut jubilando cantavimus : « Hodie cœlesti Sponso juncta est Ecclesia, hodie in Jordane lavit Christus ejus crimina, currunt cum muneribus magi ad regales nuptias, et ex aqua facto vino lætantur convivæ. » Propterea dies iste, sicut in antiquioribus codicibus invenitur, Epiphaniarum, id est manifestationum, pluraliter appellatur : quia hodie manifestatus est Christus per signum stellæ, per verbum Patris, et per miraculum vini. Unde quidam has tres manifestationes specialibus [*al* spiritualibus] distinguunt nominibus, Epiphaniam vocantes eam, quæ desuper est facta per stellam, ab ἐπί, quod est *supra*; Theophaniam, quæ a Deo facta est in baptismo, a θεός, quod est *Deus*; et Bethphaniam, quæ in nuptiis facta est intra domum, a beth, quod est *domus*, et phane, quod est *illustratio*.

Gaudeamus ergo, fratres et filii, gaudeamus in Domino : nam et *Magi gavisi sunt gaudio magno valde.* Quia viderunt stellam, gavisi sunt : sed quia stellam quam viderant in oriente, antecedebat eos, gavisi sunt gaudio magno : et quia *invenerunt puerum cum Maria matre ejus*, gavisi sunt gaudio magno valde. Secundum historiam tres isti magi, tres reges fuerunt : non arioli, sed philosophi, qui a magnitudine scientiæ sunt sic vocati; quia quos Græci philosophos, Persæ magos appellant, successores doctrinæ Balaam, qui stellam ejus vaticinio cognoverunt, prædicentis olim in spiritu : « Orietur stella ex Jacob (*Num.* xxiv). » Venerunt autem de finibus Persarum et Chaldæorum, ubi fluvius est Saba, quo et Sabæa regio nuncupatur. Sicut prædixerat David : « Reges Arabum et Saba dona adducent (*Psal.* LXXI). » Et de partibus tam remotis in tam brevi tempore super dromedarios, animalia videlicet velocissima, festinasse creduntur, secundum illud prophetæ : « Inundatio camelorum operiet te, dromedarii Madian et Epha (*Isa.* LX).

Convenientes igitur isti tres reges juxta conditum, secundum consuetudinem in suis dogmatibus perscrutandis, viderunt quamdam stellam mirabilem existentem supra regionem Judææ, in multis notabilem et discretam; quia videlicet lux solis eam non obumbrabat, nec in firmamento cum sideribus erat, nec cum planetis in æthere; sed in aere sublimiori, vicina terris, immobilis permanebat : cujus signo commoniti, crediderunt illum regem esse natum in Jerusalem, de quo prædixerat Balaam : « Orietur stella ex Jacob, et exsurget virga ex Israel, et de Jacob erit qui dominetur (*Num.* xxiv). »

Ideoque magi ab oriente venerunt Hierosolymam, putantes invenire natum regem in regia civitate, sed qui certificati fuerant per signum stellæ de tempore, per vaticinium prophetiæ meruerunt certificari de loco. Sic enim fuerat scriptum per prophetam Michæam : Et tu Bethleem, terra Juda, nequaquam minima es in principibus Juda; ex te enim egredietur dux, qui regat populum meum Israel : et egressus ejus ab initio, a diebus æternitatis (*Mich.* v). »

Et ecce stella quam viderant in oriente, antecedebat eos, existimantes quod in oriente viderant stellam super Judam : et quæ prius stabat immobilis donec Jerusalem advenissent, incœpit moveri, et antecedebat eos, *donec veniens staret supra ubi erat puer. Et intrantes domum*, illud videlicet diversorium, de quo dicit evangelista : « Quia non erat eis locus in diversorio (*Luc.* II), » *invenerunt puerum cum Maria matre ejus.* Hic est lapis angularis, ad quem duo parietes convenerunt, unus videlicet ex Judæis, id est pastores, ad verbum angeli, alter ex gentibus, id est magi, ad signum stellæ : « ut sit unum ovile et unus pastor (*Joan* x); » utraque tamen in terra, sed de cœlo commonita; quia Rex cœlorum natus erat in terris, stella cucurrit ad stellam, quia stella descendit in stellam. « Ego sum, inquit, stella splendida et matutina (*Apoc.* xxII). »

Et procidentes reguli ante Regem, magi ante Magistrum, *adoraverunt*, servi Dominum, homines Deum : sed magni parvulum, imo verius parvi magnum; erat enim hic puer ille, de quo prædixerat Isaias : « Puer natus est nobis, et filius datus est nobis : et factus est principatus super humerum ejus, et vocabitur nomen ejus Admirabilis, Consiliarius, Deus, Fortis, Pater futuri sæculi, Princeps pacis (*Isa.* IX). » Et quia puerum istum, cui stella famulabatur, credebant esse Deum, ideo *procidentes adoraverunt eum. Et apertis thesauris suis obtulerunt* magi Domino *aurum, thus et myrrham*, juxta consuetudinem Sabæorum : significantes tamen ipsum in auro regem, in thure Deum, in myrrha mortalem. Aurum enim regi redditur in tributum, thus offertur Deo in sacrificium, myrrha vero adhibetur mortuo in sepulturam, quia vermes arcet a corporibus mortuorum. Unde Joseph attulit mixturam myrrhæ et aloes, ut ungeret corpus Jesu (*Joan.* xix). Non singula singuli, sed omnes omnia obtulerunt : quia quilibet obtulit aurum, credens eum esse Regem et Dominum dominantium; quilibet obtulit thus, credens eum Deum deorum, et Creatorem creaturarum; et quilibet obtulit myrrham, credens eum mortalem pro mortuis, et pro mortalibus moriturum. Vel potius in tribus muneribus tres in Christo designavere substantias, deitatem videlicet, carnem et animam. Magi Pharaonis primum et secundum signum in plagis Ægypti fecerunt, sed defecerunt in tertio, dicentes ad Pharaonem : « Digitus Dei est hic (*Exod.* vIII); » quia videlicet naturales philosophi ductu rationis pervenerunt ad notitiam Patris et Filii, quos ipsi *Togatum* et *Noima* appellabant :

sed ad cognitionem tertiæ personæ, videlicet Spiritus sancti, sine doctrina fidei minime pervenerunt; qui digitus Dei dicitur, juxta illud quod Dominus inquit in Evangelio : « Si ego in digito Dei ejicio dæmonia, filii vestri in quo ejiciunt? (*Luc.* II.) » Unde pro digito alius evangelista dicit « in Spiritu (*Matth.* XII). » Illi ergo Dei digitum nominabant, quem ignorabant : ideoque signum tertium facere non valebant. Isti vero illuminati per fidem crediderunt, quia « tres sunt qui testimonium dant in cœlo, Pater et Verbum, et Spiritus sanctus, et hi tres unum sunt (*I Joan.* v). Et ideo hi tres ipsi reges in fide Trinitatis tria munera obtulerunt. Quisquis igitur ad notitiam individuæ Trinitatis sine prædicatione vel lectione pervenit, hanc ei non humana ratio, sed divina inspiratio revelavit : ut ei qui perhibetur dixisse : « Prima monas secundam monadem genuit, prima et secunda suum in se reflectunt ardorem. » Porro secundum allegoriam, per tres magos significantur tres ordines fidelium in Ecclesia, Noe, Daniel et Job, quod est prælati, continentes et conjugati, fidem Trinitatis habentes, quos Ezechiel vidit in visione salvandos (*Ezech.* XIV); et secundum evangelicam parabolam, duo sunt in agro, et duo in lecto, et duo in mola, quorum unus assumetur, et alter relinquetur (*Matth.* XVIII). Isti *videntes stellam*, id est evangelicam prædicationem intelligentes, quæ nocte sæculi fulget contra tenebras erroris et ignorantiæ, dicente Psalmista : « Lucerna pedibus meis verbum tuum, Domine, et lumen semitis meis (*Psal.* CXVIII); *gavisi sunt gaudio magno valde.* Juxta illud propheticum : « Hæreditate acquisivi testimonia tua in æternum : quia exsultatio cordis mei sunt (*ibid.*). Hic est enim ille thesaurus in agro absconditus, « quem qui invenit homo, abscondit, et præ gaudio illius vadit et vendit universa quæ habet, et emit agrum illum (*Matth.* XIII). » Multa quidem intelligenti et diligenti est exsultatio, et dulcedo in evangelicæ prædicationis doctrina, quæ mentem reficit et jucundat, exhilarat et saginat. Unde Psalmista : « Quam dulcia faucibus meis eloquia tua, Domine; super mel et favum ori meo (*Psal.* CXVIII). »

Et intrantes domum invenerunt puerum cum Maria matre ejus. Qui vult invenire Jesum, ingrediatur sanctam Ecclesiam, puram conscientiam, et divinam Scripturam. In his enim domibus Jesus invenitur, quoniam inter multas istæ sunt præcipue domus Dei. De prima legitur : « Domum tuam, Domine, decet sanctitudo in longitudine dierum (*Psal.* XCII); » de secunda dicitur : « Perambulabam in innocentia cordis mei, in medio domus meæ (*Psal.* C); » de tertia legitur : « Ambulavimus in domo Domini cum consensu (*Psal.* LIV). » Frustra ergo quærit hæreticus, quia Christus extra domum Ecclesiæ nullatenus reperitur. Propter quod ipse dicebat Judæis : « Quæretis me, et non invenietis (*Joan.* VII). » Quærebant Jesum parentes ejus, « et invenerunt eum in templo, in medio doctorum, interrogantem » et respondentem : «Nesciebatis,» inquit quærentibus,

«quia in his quæ Patris mei sunt, oportet me esse?» (*Luc.* II.) Hanc ergo domum intrantes fideles, puerum Jesum cum Maria matre ejus invenerunt, credentes eum natum de Virgine, secundum humanam naturam assumptam, qui stellam creavit, secundum potestatem divinam.

Et procidentes adoraverunt eum. Boni cadunt in faciem, mali vero cadunt retrorsum. De bonis namque cadentibus legitur : « Ceciderunt in conspectu throni in facies suas, et adoraverunt Deum (*Apoc.* V). » De malis autem cadentibus legitur : « Abierunt retrorsum, et ceciderunt in terram (*Joan.* XVIII). » Qui vero cadunt in faciem, ipsi quidem cadunt sub Christo, et ante Christum, tanquam subditi et devoti; unde : « Populi sub te cadent (*Psal.* XLIV), » etc. « Et : « Procidamus ante Deum (*Psal.* XCIV). » *Procidentes* ergo per subjectionem et devotionem, *adoraverunt eum*, illum videlicet de quo dicit Scriptura : « Dominum Deum tuum adorabis (*Luc.* IV). » Sane ubi sit adorandus ostendit, cum dicit : *Et intrantes domum*. Et quomodo sit adorandus ostendit cum additur : *Obtulerunt ei munera, aurum, thus et myrrham*. Verum cum solus Deus sit adorandus, illa videlicet adoratione quæ latria Græce vocatur vel nuncupatur, ad quam pertinent altaria, templa et sacrificia, quæ soli Deo sunt dedicanda, consecranda et offerenda, non quidem angelis, non apostolis, non martyribus, sed Deo tantum ad honorem ipsorum ; quia videlicet servitus ista non creaturæ, sed Creatori debetur. (Unde angelus in Apocalypsi se prohibuit adorari, dicens Joanni : « Deum adora; ego enim frater tuus sum, et conservus fratrum tuorum (*Apoc.* XIX).» Et Paulus et Barnabas cum Lystris in Lycaonia claudum sanassent, et voluissent eis turbæ victimas immolare, conscissis tunicis exierunt in turbas, prohibentes se adorari (*Act.* XIV). Et Mardochæus testatur se timuisse Aman superbissimum adorare, ne honorem Dei sui transferret ad hominem, et ne quemquam adoraret, excepto Deo suo (*Esth.* XIII). Quid est hoc quod magi non Deum, sed puerum adorasse dicuntur? Qui licet in veritate sit Deus, non tamen secundum naturam divinam, sed secundum carnem assumptam est puer, secundum quam etiam non est factor, sed factus, Paulo attestante : « Qui factus est ex semine David secundum carnem (*Rom.* I), » contestante Psalmista, quod « Homo factus est in ea, et ipse fundavit eam Altissimus (*Psal.* LXXXVI), » cum et Moyses mandet in lege, ne quis errore deceptus adoret ea, quæ fecit Dominus Deus suus (*Deut.* IV). Porro si solus Deus sit adorandus, cum puer iste sit Deus, Isaia propheta testante : « Puer natus est nobis, et Filius datus est nobis, et vocabitur nomen ejus Admirabilis, Consiliarius, Deus, Fortis; » ergo puer iste, qui natus est nobis, quasi Deus adorandus existit. Una quidem adoratione cum Patre qui genuit, et Spiritu qui procedit, sicut ipsa Veritas ait in Evangelio : « Veri adoratores adorabunt Patrem in Spiritu et veritate

(*Joan.* iv). » Nam et tanta est illa unio personalis inter divinam et humanam naturam, ut in hypostasi Verbi, propter assumentem divinitatem, humanitas etiam adoretur assumpta, secundum illud propheticum : « Adorate scabellum pedum ejus, quoniam sanctum est (*Psal.* xcviii). » Cætera vero sacra vel sancta non adoranda sunt latria, sed dulia veneranda, ne forte sub specie pietatis θεοσέβεια convertatur in idololatriam, et ita subintret vitium pro virtute.

Apertis ergo *thesauris suis*, non utique thesauris pecuniæ, de quibus illa munera proferuntur, quæ « oculos sapientium excæcant et pervertunt verba justorum (*Deut.* xvi); » sed thesauris sapientiæ, de quibus Dominus inquit in Evangelio, quod « omnis scriba doctus in regno cœlorum de thesauro suo nova profert et vetera (*Matth.* xiii). » Et Salomon : « In thesauris sapientiæ significatio disciplinæ (*Eccli.* i). » His ergo *Thesauris apertis* fideles offerunt *ei munera, aurum, thus et myrrham.* Aurum contemplationis in fide, thus orationis in spe, myrrham compassionis in charitate. Ordo conveniens et convenientia ordinata, ut prius anima contempletur per fidem, deinde deprecetur in spe, tandem compatiatur in charitate.

SERMO IX.

IN FESTO CONVERSIONIS DIVI PAULI APOSTOLI.

De tractatione Pauli, et magna Dei misericordia et patientia erga peccatores, et ut nemo desperet.

Nemo venit ad me, nisi Pater meus traxerit eum (*Joan.* vi).

Sæpe locutus sum vobis per divisiones et distinctiones ad instructionem scientiæ, nunc autem locutus sum vobis per admonitiones et exhortationes ad informationem vitæ, quæ est in Christo Jesu. Nam « scientia inflat, charitas autem ædificat (*I Cor.* viii). » *Nemo,* inquit Filius, *venit ad me, nisi Pater meus traxerit eum.* Vere verum est verbum hoc, quia verbum veritatis Verbi, Verbi quod erat in principio apud Deum : « Non est enim volentis neque currentis, sed Dei miserentis (*Rom.* ix). »—« Sine me, inquit, nihil potestis facere, quia sine me factum est nihil ; non enim palmes potest ferre fructum a semetipso, nisi manserit in vite (*Joan.* xv) ; » cum et « omne datum optimum et omne donum perfectum desursum sit descendens a Patre luminum (*Jac.* i). » Homo namque per se peccare potest, sed per se non potest resurgere. Antequam peccet, est integer, et ideo potest se dejicere, cum autem cecidit, est confractus, et ideo per se resurgere non potest. Cum « enim homo descendit ab Jerusalem in Jericho, tunc incidit in latrones, qui despoliant eum, et plagis impositis abeunt semivivo relicto (*Luc.* x). » *Nemo* ergo *venit ad Filium, nisi Pater traxerit eum.* Hujus sententiæ manifestum exemplum in conversione sancti Pauli reperimus, qui fuit tractus ut traheret in Christo, et traheret ad Christum. Sed unde, qualiter, et quo tractus ? De profundo confusionis, per spiritum timoris, ad semitam veritatis. Audi breviter unde tractus exstiterat : « Saulus, inquit, adhuc spirans minarum et cædis in discipulos Domini, accessit ad principem sacerdotum, et petiit ab eo epistolas in Damascum ad synagogas, ut si quos inveniret hujus viæ viros ac mulieres, vinctos perduceret illos in Jerusalem (*Act.* ix). »

Audi qualiter tractus fuerit : « Et dum iter faceret, subito circumfulsit eum lux de cœlo : cadensque in terram, audivit vocem de cœlo dicentem sibi : Saule, Saule, quid me persequeris? Durum est tibi contra stimulum calcitrare. Et tremens ac stupens dixit ad Jesum : Domine, quid me vis facere ? (*ibid.*). » Audi quo tractus fuerit : « Baptizatus est, inquit ; et continuo ingressus in synagogas prædicabat Jesum, quoniam hic est Filius Dei. Magis autem ac magis convalescebat et confundebat Judæos, affirmans quoniam hic est Filius Dei (*ibid.*). » Tractus est igitur a profundo confusionis, quæ latebat in corde ; quia « Saulus erat spirans minarum, et cædis in discipulos Domini. » Tractus est a profundo confusionis, quæ patebat in opere, quando « abiit ad principem sacerdotum, et petiit ab eo epistolas in Damascum ad synagogas, ut si quos inveniret, » etc. Vides ergo quod tractus est a profundo perversitatis quam sustinebat, et a profundo perversitatis quam inferebat. Tractus est autem a spiritu timoris, et per fulgorem illustrationis supernæ ; quia « subito circumfulsit eum lux de cœlo, » et per tremorem inspirationis internæ, quia tremens ac stupens dixit : « Domine, quid me jubes facere ?» Lux superveniens excæcavit illum in corpore, ut lux interveniens illuminaret illum in mente ; lux intulit cæcitatem, et cæcitas intulit lucem. Tractus est quidem et ad fidei sacramentum, quia baptizatus est, et mansit apud discipulos dies aliquot, et ad prædicationis officium, quando ingressus « in synagogas prædicabat Jesum, quoniam hic est Christus. » De Saulo factus est Paulus, de persecutore factus est prædicator, de lupo factus est agnus. Et ita circumfulsit eum lux, ut mentem ejus illuminaret ; hic est enim de quo dicitur in benedictionibus patriarchæ Jacob : « Benjamin lupus rapax, mane comedet prædam, sero dividet spolia (*Gen.* XLIX). » Habes ergo unde tractus est Saulus, quia de confusione cordis et operis; quomodo tractus, quia per illustrationem supernam et aspirationem internam; et quo tractus, quoniam ad fidei sacramentum, et praedicationis officium.

Nullus ergo prae multitudine vel magnitudine peccatorum desperet; quia Deus non solum recipit poenitentes, verum etiam attrahit peccatores; nam « a diebus Joannis Baptistae regnum coelorum vim patitur, et violenti diripiunt illud (*Matth.* XI). » Nullus omnino desperet; quia Deus « est patiens et misericors, et praestabilis super malitia (*Joel.* II);» suavis ac mitis et copiosus in misericordia omnibus invocantibus se : quia « non vult mortem peccatoris, sed ut convertatur et vivat (*Ezech.* XVIII). » Quia « majus est gaudium angelis Dei super uno peccatore poenitentiam agente, quam super nonaginta novem justis, qui non indigent poenitentia (*Luc.* XV), » quia « non venit vocare justos, sed peccatores, » quia « non indigent qui sani sunt medico, sed qui male habent (*Matth.* IX).»—« Venit enim quaerere et salvare quod perierat (*Luc.* XIX). » Quacunque hora peccator conversus fuerit et ingemuerit, « omnium iniquitatum ejus non recordabor (*Ezech.* XVIII) ;» quacunque hora, sive in pueritia, sive in juventute, sive in senectute, id est semper dum vixerit. Item quacunque hora conversus fuerit, id est quotiescunque poenituerit ; juxta quod Veritas, inquit ad Petrum quaerentem quoties esset dimittendum fratri peccanti : « Non dico tibi usque septies, sed usque septuagies septies (*Matth.* XVIII). » Nec dicit : Conversus fuerit et satisfecerit; sed dicit : Conversus fuerit et ingemuerit ; quoniam in contritione peccatum dimittitur, secundum illud propheticum: « Dixi confitebor injustitiam meam Domino, et tu remisisti impietatem cordis mei (*Psal.* XXXI).» Multum peccavit Cain, quando interfecit Abel, sed magis peccavit, cum ait :« Major est iniquitas mea, quam ut veniam merear (*Gen.* IV). » Absit enim ut major sit iniquitas hominis, quam misericordia Dei, cum defectus a bono, qui est iniquitas, summo bono non possit comparari, quod est misericordia Dei. Nullus ergo de misericordia divina desperet; quoniam « miserationes ejus super omnia opera ejus (*Psal.* CXLIV) ; » —« non enim ex operibus justitiae quae fecimus nos, sed secundum suam misericordiam salvos nos fecit (*Tit.* III).»—« Primum, inquit Apostolus, fui blasphemus, et persecutor, et injuriosus : sed misericordiam consecutus sum, ut ostenderet in me Christus Jesus omnem longanimitatem, ad informationem eorum qui credituri sunt (*I Tim.* 1). » Hinc est enim quod epistolae Pauli et psalmi David prae caeteris Scripturis in Ecclesia frequentantur ut cum peccatores audierint Paulum blasphemum et persecutorem factum esse apostolum, et David adulterum esse factum prophetam, confidant per Dei misericordiam non solum veniam promereri, sed etiam gloriam adipisci. Quis enim dubitet, quin Deus misereri velit illius, quem talem ac tantum fecit creando, quem talem et tantum fecit etiam redimendo? Magnum est quod creavit, sed majus est quod redemit. Creando factus est homo ad imaginem et similitudinem Dei, redimendo factus est Deus ad imaginem et similitudinem hominis. De illo dicitur : « Fecit Deus hominem ad imaginem et similitudinem suam (*Gen.* I); » de isto dicitur : « Cum in forma Dei esset, non rapinam arbitratus est esse se aequalem Deo, sed exinanivit se, formam servi accipiens, in similitudine hominum factus, et habitu inventus ut homo (*Philip.* II).» Majus est quidem habere similitudinem Dei, quam habere similitudinem hominis; sed tamen majus est quod Deus factus est ad imaginem et similitudinem hominis, quam quod homo factus est ad imaginem et similitudinem Dei; majus quidem ratione dignationis, majus etiam ratione utilitatis. Quis ergo potest diffidere, quin Deus misereatur illius, quem fecit ad imaginem et similitudinem suam, quem praefecit volatilibus coeli, bestiis terrae, ac piscibus maris? (*Gen.* I.) Nam « Omnia subjecit sub pedibus ejus, oves et boves universas, insuper et pecora campi. Volucres coeli et pisces maris, qui perambulant semitas maris (*Psal.* VIII).» Quis valeat dubitare, quin Deus misereatur illius, propter quem « exinanivit se, formam servi accipiens, in similitudine hominum factus, et habitu inventus ut homo : factus obediens usque ad mortem, mortem autem crucis?(*Phil.* II.)» nam « proprio Filio suo non pepercit Deus, sed pro nobis omnibus tradidit illum (*Rom.* VIII); » qui tantum « dilexit mundum, ut Filium suum unigenitum daret pro mundo (*Joan.* III). » Alioqui frustra natus est Christus et passus, frustra resurrexit a mortuis, et ascendit in coelos? Absit! Haec est fides catholica; sanguis enim ipsius clamat semper pro nobis ad Patrem; qui exauditur in omnibus pro sua reverentia. « Advocatum enim habemus apud Patrem, Jesum Christum justum (*I Joan.* II), » qui semper interpellat pro nobis, signa passionis ostendens. Et ipse est vere propitiatio pro peccatis nostris. « Redempti enim sumus, non corruptibilibus auro et argento sed pretioso sanguine Agni immaculati (*I Petr.* 1). »

Quis audiens tanta beneficia Redemptoris, non trahatur ad ipsum? Si lapis audiret, utique traheretur : ei quidem de lapidibus suscitat Deus filios Abrahae (*Matth.* III). « Mittit enim crystallum suam sicut frustum panis (*Psal.* CXLVII); » et ex Basan convertit (*Psal.* LXVI). Pone tibi ante oculos mulierem, quae erat in civitate peccatrix, de qua daemonia septem ejecit (*Luc.* VIII). Pone ante oculos tibi latronem, qui propter homicidium et seditionem missus fuerat in carcerem, imo suspensus in cruce (*Luc.* XXIII) : et pro certo videbis, quod non est unquam de Dei misericordia desperandum. Licet enim « universae viae Domini sint misericordia et veritas (*Psal.* XXIV), » ut cognoscamus tamen, quia « misericordia superexaltat judicium (*Jac.* II),» sicut oleum supernatat vino, conferamus ad invicem misericordia et justitia, et videbimus manifeste, quia justum est, ut Deus parcat, non tamen pium est, ut Deus puniat. Justum est quidem ut parcat, quia non potest esse Deus, quin sit misericors, imo divinitas ipsa est misericordia; sed nec potest esse Deus, quin sit ipse justus, cum deitas sit ipsa justitia; ergo ratio deitatis hoc exigit, ut ipse idem et parcat per misericordiam, et puniat per justitiam. Nihil autem est justum, nisi quod exigit ratio; justum est igitur, ut parcat et puniat. Quis ergo desperet de misericordia, cum spem adjuvet ipsa justitia? Justitia tamen divina solummodo, non humana. Quia « statuentes suam justitiam, justitiæ divinæ non sunt subjecti (*Rom.* x). » *Nemo ergo venit ad Filium, nisi Pater traxerit eum.* Quamvis indivisa sint opera Trinitatis, Patri tamen attribuitur, quod est tribus commune, propter auctoritatem principalem; vel potius, quia cum in Trinitate Patri attribuitur potentia, Filio sapientia, Spiritui sancto benignitas, recte Patri appropriatur quidquid pertinet ad potentiam. Et certe nihil divinam potentiam evidentius manifestat, quam justificare impium, hoc est trahere peccatorem; juxta quod legitur : Quia Deus omnipotentiam suam parcendo maxime et miserando manifestat. Majus est enim justificare, quam sit creare; cum creando detur natura, justificando vero auferatur culpa, et gratia conferatur.

Ecce, fratres et filii, propositum est nobis speculum quod miremur, propositum est exemplum, quod imitemur ad Dominum, ut ipse convertatur ad nos, et nos convertamur ad ipsum. Ut nos trahat de profundo confusionis, quæ latet in corde per pravam cogitationem, quæ patet in ore per iniquam locutionem, quæ valet in opere per malam consuetudinem. Hoc est, ut resuscitet puellam in domo, juvenem extra portam, quatriduanum in monumento per spiritum timoris; quia « timor Domini expellit peccatum (*Eccli.* 1), » dicente propheta : « A timore tuo, Domine, concepimus, et peperimus spiritum salutis (*Isa.* XXVI). Cum enim peccator incipit in se cogitare magnitudinem, multitudinem, et turpitudinem peccatorum, et attendit in judice potentiam, quam non potest effugere; sapientiam quam non potest latere; et justitiam quam non potest corrumpere: videt quæ, et quanta, et qualis pœna peccatores maneat in gehenna, statim obstupescit et timet, concipiens compunctionem in corde, pariens confessionem in ore, nutriens satisfactionem in opere, ut jam dicere valeat : « A timore tuo, Domine, concepimus, et peperimus spiritum salutis. » Sicque trahitur ad semitam veritatis, per vitationem prohibitorum, per exsecutionem mandatorum, et supererogationem consiliorum : ut in primo gradu de malo trahatur ad bonum, in secundo gradu de bono trahatur ad melius, in tertio gradu de meliori trahatur ad optimum. Quod precibus et meritis beatissimi Pauli vobis et nobis concedat Dominus Jesus Christus, qui est super omnia Deus benedictus in sæcula sæculorum. Amen.

SERMO X.

IN EODEM FESTO

De morte triplici : de resurrectione triplici : de vita triplici, et voluntate Dei.

Nolo mortem peccatoris, sed ut convertatur et vivat (*Ezech.* XXX).

Hujus sententiæ manifestum exemplum in conversione S. Pauli nobis Dominus demonstravit. Quem non solum venientem recepit, sed etiam fugientem retraxit. Attendamus ergo, fratres, in eo mortem, quam Dominus noluit, conversionem quam fecit, vitam quam tribuit; mortem culpæ, conversionem pœnitentiæ, vitam gratiæ. « Saulus adhuc spirans minarum et cædis in discipulos Domini, accessit ad principes sacerdotum, et petiit ab eis epistolas in Damascum ad synagogas, ut si quos inveniret hujus viæ viros ac mulieres, vinctos perduceret in Jerusalem (*Act.* IX).» Ecce mors culpæ, quam Dominus noluit. « Et cum iter faceret, subito circumfulsit eum lux de cœlo, et cadens in terram audivit vocem dicentem sibi : Saule, Saule, quid me persequeris? Qui dixit : Quis es, Domine? Et ille : Ego sum Jesus Nazarenus, quem tu persequeris. Durum est tibi contra stimulum calcitrare. Et tremens ac stupens dixit : Domine, quid me vis facere? (*ibid.*) » Ecce conversio pœnitentiæ, quam Dominus fecit. « Et cum baptizatus fuisset, ingressus synagogas prædicabat Jesum, quoniam hic est Filius Dei, affirmans quoniam h´c est Christus (*ibid.*).» Ecce vita gratiæ, quam Dominus tribuit. Verum est ergo quod Veritas ait : *Nolo mortem peccatoris, sed ut convertatur et vivat.* Ideo Deus mortem peccatoris non vult, quia Deus mortem non fecit; ideo vero mortem non fecit, quia quod factum est in ipso, vita erat; quia ipse est « via, veritas, et vita (*Joan.* XIV). » Ideo quoque Deus mortem peccatoris non vult, quia mors peccatorum pessima; ideo autem est pessima, quia « mortuo homine impio nulla spes erit de eo (*Prov.* II). » Ideo vero nulla, quia in inferno nulla erit redemptio. Gratias ergo tibi, Domine Jesu Christe, nos peccatores referimus, quia mortem peccatorum non vis, *sed ut convertantur et vivant.* Dicam vobis quæ sit illa mors peccatoris, quam tu, vita, non vis. Nonne tu mortificas et vivificas? nonne mors et vita in manu tua? Quid ergo? an eos, quos non vis existere peccatores, vis mori? sed eos qui vis mori, non vis existere peccatores; quia culpam odis, sed pœnam infligis. An distinguendum est inter mortem et mortem? Utique distinguendum! Est enim mors corporalis, spiritualis et gehennalis; mors corporalis exstinguit naturam, mors spiritualis adimit gratiam, mors gehennalis impedit gloriam. Ergo prima mors mala, secunda pejor, tertia mors pessima est; prima mors est mala pro pœna, secunda pejor pro culpa, tertia vero pessima pro pœna simul et culpa. De prima legitur : « Quis est qui vivit, et non videbit mortem? » (*Psal.* LXXXVIII) quasi dicat : Nullus omnino qui mortem corporis non incurrat. De secunda legitur : « Est peccatum ad mortem, non pro eo dico, ut quis oret (*I Joan.* III); » quasi dicat : Est quoddam peccatum mortale, pro quo non est orandum; quia « nec in hoc sæculo, nec in futuro remittitur (*Matth.* XII); » De tertia morte legitur : « Sicut oves in inferno positi sunt, mors depascet eos (*Psal.* XLVIII) »; quasi dicat : Sicut ovis non carpit herbam, sed pascit, ut herba semper renascatur ad pastum : ita infernus non consumit hominem, sed affligit, ut homo semper vivat ad mortem. A corporali morte resurgunt omnes, a spirituali morte resurgunt quidam, a gehennali morte resurgunt nulli. « Omnes enim resurgemus, sed non omnes immutabimur (*I Cor.* XV). » — « Beati vero qui habent partem in resurrectione prima (*Apoc.* XX); » quia « non resurgent impii in judicio, neque peccatores in consilio justorum (*Psal.* I). » Jam intelligo plenius, Domine Jesu Christe, quia mortem culpæ tu non vis; tu namque dixisti : « O mors, ero mors tua, morsus tuus ero, inferne (*Ose.* III). »

Mors ista contingit hoc ordine. Prius homo distemperatur, deinde infirmatur, deinde moritur, post hæc effertur, ad ultimum tumulatur. Distemperatur in cogitatione, infirmatur in delectatione, moritur in consensu, effertur in opere, tumulatur in consuetudine, in qua putrescit et fœtet. Moritur ergo spiritus in consensu : et tunc puella mortua jacet in domo (*Matth.* IX). Effertur in opere : et tunc adolescens mortuus educitur extra portam (*Luc.* VII); tumulatur in consuetudine : et tunc quatriduanus mortuus fœtet in monumento (*Joan.* IX): quia tunc anima quasi jumentum in stercore computrescit (*Joel.* II). O si videretur anima mortua in peccatis, quantis fœtoribus sordet, quantis sordibus fœtet, quam detestabilis et abominabilis appareat! Sed nec sic desperandum, quia tu, Domine, tres istos mortuos suscitasti : puellam in domo, adolescentem extra portam, Lazarum in sepulcro. Una tantum est species hujus mortis, a quo nemo resurgit, scilicet finalis impœnitentia; de qua forte tu dixisti : « Sine mortuos sepelire mortuos suos (*Matth.* VIII). » Ad cæteros autem clamat Apostolus : « Surge qui dormis, et exsurge a mortuis, et illuminabit te Christus (*Ephes.* V). » Mortem culpæ sequitur mors gehennæ: mors immortalis, mors vivens, in qua vivent morti, qui vitæ suæ mortui, quærent et non invenient, qui vitam habuerunt et perdiderunt. Audi Joannem in Apocalypsi dicentem : « In diebus illis quærent homines mortem, et non invenient : desiderabunt mori, et fugiet mors ab illis (*Apoc.* IX). » O mors, quam dulcis esses, quibus tam amara fuisti : te solam desiderabunt, optabunt, qui te solam vehementer oderunt. Gratias ergo tibi, Domine Jesu Christe, nos peccatores referimus, quia non vis *mortem peccatoris, sed ut convertatur et vivat.* Quacunque hora peccator conversus fuerit, vita vivet et non morietur, ait Dominus (*Ezech.* XVIII). Viri Ninivitæ ad prædicationem Jonæ prædicaverunt jejunium, et induti sunt sacco, « et vidit Deus opera eorum, quia conversi sunt de via sua mala, et misertus est super malitiam, quam locutus fuerat ut faceret eis (*Jon.* III). » — « Patiens enim est et misericors, et præstabilis super malitia (*Joel.* II). » Convertamur ergo peccatores ad Dominum, quia statim Dominus convertetur ad nos. « Non enim venit vocare justos, sed peccatores (*Matth.* IX); » quia « venit quærere et salvare quod perierat (*Luc.* XIX). » Quantacunque sit nostra miseria, major est pietas sua. Absit ut cum Cain desperemus, dicentes : « Major est iniquitas mea, quam ut veniam merear (*Gen.* IV). » Propter quod ille vagus et profugus abiit super terram.

Porro triplex est vita, sicut triplex est mors : Vita naturæ, vita gratiæ, vita gloriæ. De vita naturæ beatus Job ait : « Memento mei, Deus, quia ventus est vita mea (*Job* VII) ; » de vita gratiæ dicit propheta : « Justus ex fide vivit (*Habac.* II); » de vita gloriæ Sapiens protestatur : « Justi in perpetuum vivent, et apud Dominum est merces eorum (*Sap.* III). » Prima bona, secunda melior, tertia vero optima. Convertatur ergo peccator a morte culpæ, ad vitam gratiæ, et evadat a morte gehennæ, ad vitam gloriæ. Deus enim semper tenet manus expansas ut recipiat peccatores; quia non vult *mortem peccatoris, sed ut convertatur et vivat.* Verum cum divinæ voluntati nihil obsistat, nam cum « omnia quæcunque vult, fecit in cœlo et in terra, in mari, et in omnibus abyssis (*Psal.* CXXXIV), » si Deus non vult *mortem peccatoris, sed ut convertatur et vivat,* quid est quod plurimi peccatores, non solum non convertuntur ut vivant, sed etiam pervertuntur ut pereant? Nam « multi sunt vocati, pauci vero electi (*Matth.* XX). » An forte quos non vult mori, convertuntur et vivunt : quos autem vult mori, pervertuntur et pereunt? Nam ut dicit Apostolus : « Cui vult, miseretur, et quem vult, indurat (*Rom.* IX). » Sed et ipse per prophetam testatur : « Jacob dilexi, Esau autem odio habui (*Malac.* I). » Quid est ergo quod alibi dicit Apostolus : « Deus vult omnes homines salvos fieri (*I Tim.* II); » Et propheta dicit ad ipsum : « Nihil odisti eorum quæ fecisti, Domine?" (*Sap.* xi.) » — « O altitudo divitiarum sapientiae et scientiae Dei, quam incomprehensibilia sunt judicia ejus, et investigabiles viae ejus! (*Rom.* xi.) » Voluntas tamen Dei multipliciter accipitur : pro beneplacito videlicet, et pro signo. Beneplacitum unum est, sed signa diversa. Propter quod dicitur : « Magna opera Domini, exquisita in omnes voluntates ejus (*Psal.* cx). » Inter quae sunt consilium et praeceptum. Vult ergo Deus, id est consulit omnes homines salvos fieri; et vult, id est praecipit, *ut convertatur et vivat*. Sed consilium ejus et praeceptum ejus non semper implentur. Verum qui secundum consilium et praeceptum ejus convertitur, vivet : qui vero non convertitur, morietur. Porro cum sine gratia Dei operante peccator converti non possit, nam ut dicit Apostolus : « Non est volentis neque currentis, sed Dei miserentis (*Rom.* ix); » et gratiam operantem nemo possit promereri; quoniam ut idem Apostolus ait : Si ex meritis est, jam non ex gratia : non videtur homini imputandum, si non convertatur, quando quidem Deus gratiam non apponit. Sed aliud est promereri et aliud demereri; promereri nemo gratiam potest, sed demereri gratiam quisque potest; et ideo non penitus imputandum homini, si gratiam modo non mereatur, sed imputatur ei prorsus, si gratiam demereretur. Si ergo, fratres, aliquis vestrum praeoccupatus est in aliquo delicto, nullo modo desperet, sed interim faciat quidquid boni potest, ut Deus cor ejus illustret ad poenitentiam; aperiat oculos, ut solis lucem aspiciat; mollificet ceram, ut impressionem sigilli recipiat : reddat se habilem, ut ei Deus formam suae similitudinis imprimat et gratiae suae virtutem imponat. Amen.

SERMO XI.

IN NATIVITATE SANCTÆ MARIÆ (16).

Egredietur virga de radice Jesse, et flos de radice ejus ascendet (*Isa.* xi).

In verbis propositis tria praecipue considerare debemus, radicem, virgam et florem. Radix, David; virga, Virgo; et flos est Christus. Dicitur autem David radix Jesse, non a quo ille sed qui ab illo processit, quemadmodum ipse Christus radix Jesse nuncupatur : « Erit, inquit, radix Jesse qui exsurget regere gentes, in eum gentes sperabunt (*Rom.* xv). » Diverso quippe respectu et Pater dicitur radix Filii, et Filius dicitur radix Patris. Quemadmodum et Christus dicitur semen Abrahae : « Benedicentur, inquit, in semine tuo omnes gentes (*Gen.* xxii). » Sed dices, cum promissio de incarnatione Christi prius facta fuerit Abrahae quam David, cur potius de radice Jesse quam de radice Abrahae Christus dicitur nasciturus? Reddatur haec triplex ratio, nisi melior reddi possit. Respondeatur, hoc dictum propter excellentiam dignitatis, propter expressionem similitudinis, et propter firmitatem promissionis. Licet enim Abraham fuerit dignitatis, utpote praecipuus patriarcha, majoris tamen fuit dignitatis David veluti excellentissimus regum et eximius prophetarum. Ipse quidem fuit primus rex electus et confirmatus a Deo, nam Saul electus non fuerat sed extortus, qui confirmari non meruit, sed potius reprobari. Unde quamvis in generationis serie quatuordecim a David usque ad transmigrationem Babylonis reges exstiterint, Matthaeus tamen antonomastice solum David regem appellat. Et quamvis Debbora prophetissa et Samuel propheta ipsum praecesserint, et multi alii prophetae ipsum fuerint subsecuti, antonomastice tamen David appellatur propheta, sicut Paulus apostolus, quia caeteri quasi per figuras et visiones, per somnia in aenigmate prophetaverunt, huic autem aperte revelatus est spiritus prophetiae. Unde dicebat : « Super senes intellexi (*Psal.* cxviii); » et : « Audiam quid loquatur in me Dominus Deus (*Psal.* lxxxiv). »

Expressior quoque similitudo inter David et Christum, quam inter Christum et Abraham invenitur. Unde frequentissime in Scripturis per David intelligitur Christus. De illo siquidem legitur : « Inveni David servum meum, oleo salutis meae unxi eum (*Psal.* lxxxviii). » Et adhuc dicitur : « Unxit te Deus, Deus tuus oleo salutis prae consortibus tuis (*Psal.* xliv). » Hic ergo processit de illo, propheta videlicet de propheta, rex de rege, unctus de uncto, Jesus Nazarenus quem unxit Deus Spiritu sancto (*Act.* x); qui de se dicit : « Spiritus Domini super me, propter quod unxit me, evangelizare pauperibus misit me (*Luc.* iv); » qui habet in vestimento et in femore suo scriptum Rex regum et Dominus dominantium (*Apoc.* xvii); de quo alibi dicitur : « Suscitabo David germen justum, et regnabit rex, et sapiens erit, et faciet judicium et justitiam in terra (*Jer.* xxiii). » Propheta magnus de quo locutus est Moyses : « Prophetam suscitabit Deus de fratribus vestris, ipsum tanquam me audite (*Deut.* xviii); » et alius : « Ecce veniet propheta magnus, et ipse renovabit imperium (*Eccli.* xlvi). » Revera magnus quia Dominus prophetarum de quo in Evangelio dicitur : « Propheta magnus surrexit in nobis (*Luc.* vii). » Licet enim Abrahae fuerit repromissum : « In semine tuo benedicentur omnes gentes (*Gen.* xxii); » propter quod et Apo-

(16) Ex edit. Angelo Mai.

stolus ait, quia « Deus non angelos, non archangelos sed semen Abrahæ apprehendit (*Hebr.* II); » evidentius tamen et affirmatius et expressius fuit hoc repromissum David non simplici verbo sed interposito sacramento : « Juravit, inquit, Dominus David veritatem, et non frustrabitur eam ; de fructu ventris tui ponam super sedem tuam (*Psal.* CXXXI). » Multi siquidem jurant, sed non veritatem; et multi jurant veritatem, sed illam non servant. Deus autem et *juravit David, et veritatem* juravit, et illam veritatem servavit; quia *non frustrabitur*, inquit, *eam; de fructu ventris tui ponam super sedem tuam;* non tuam dico sed meam. Unde cum cœlum mihi sit sedes, illum profecto non tam super tuam terrestrem quam super meam cœlestem sedem constituam, ut sedeat ipse homo a dextris meis.

Et propterea in genealogia Christi David præmittitur et præponitur Abrahæ. « Liber, inquit, generationis Jesu Christi filii David, filii Abraham (*Matth.* I). » Isti sunt duæ columnæ quas verus pacificus in vestibulo templi posuit ante ostium, quas ambit funiculus duodecim cubitorum, de quorum medio Christus ostium aperitur; qui de se dicit : « Ego sum ostium ; per me si quis introierit salvabitur, et ingredietur, et egredietur, et pascua inveniet (*Joan.* X). » Unam columnam, id est David, ambit funiculus duodecim cubitorum, id est cœtus duodecim patriarcharum. Sicut enim ex Abraham duodecim patriarchæ nepotes ipsius carnaliter descenderunt, sic etiam a David duodecim prophetæ imitatores ipsius spiritualiter processerunt. David itaque radix est, de qua evangelicus propheta prædixit : *Egredietur virga de radice Jesse, et flos de radice ejus ascendet.* Hæc est « virgula fumi ex aromatibus myrrhæ et thuris (*Cant.* III), » virga quæ floruit et protulit fructum, quia virgo credidit et concepit et peperit Christum. De hac virga Balaam prophetavit dicens : « Orietur stella ex Jacob, et consurget virga de Israel, et de Jacob erit qui dominetur (*Num.* XXIV). » Stella, id est Maria, quæ *stella maris* interpretatur, eademque virga quæ protulit hunc florem, et ipse est qui « dominabitur a mari usque ad mare, et a flumine usque ad terminos orbis terræ (*Psal.* LXXI); » nam « Dominus nomen est ei (*Psal.* LXVII); » virga humilitatis, virga virginitatis et virga fecunditatis, quæ tria in verbis propositis congrue designantur. Cum enim audis radicem, humilitatem intellige; cum audis virgam, virginitatem agnosce; cum audis florem, fecunditatem intende. In his sane tribus hæc virga præcipue commendatur. Unde cum angelus de fecunditate prædixit : « Ecce virgo concipiet et pariet filium (*Isa.* VII); » et illa ei de virginitate respondit : « Quomodo fiet istud ? quoniam virum non cognosco (*Luc.* I); » intelligens tandem quod nec virginitas impediret fecunditatem, nec fecunditas auferret virginitatem, angelo protestante quia « Spiritus sanctus superveniet in te, et virtus Altissimi obumbrabit tibi, » protinus de humilitate conclusit : « Ecce ancilla Domini, fiat mihi secundum verbum tuum; respexit humilitatem ancillæ suæ, ecce enim ex hoc beatam me dicent omnes generationes (*ibid.*). »

Nec est virga indignationis et ultionis; de qua legitur : « Virga furoris et correptionis et destructionis meæ Assur (*Isa.* X). » — « Et visitabo in virga iniquitates eorum (*Psal.* LXXXVIII). » Non est virga correptionis et destructionis, de qua legitur : « In virga veniam ad vos (*I Cor.* IV); » — « et qui parcit virgæ, odit filium (*Prov.* XIII); » sed est virga sustentationis et consolationis, de qua potest intelligi : « Virga et baculus tuus ipsi me consolati sunt (*Psal.* XXII). » De hac virga processit virga veritatis et potestatis de qua legitur : « Virgam virtutis tuæ emittet Dominus ex Sion (*Psal.* CIX); » — « et reges eos in virga ferrea (*Psal.* II). » Virga per quam verus Moyses fecit prodigia in Ægypto et in deserto. Profecto *virga de radice Jesse.* David ergo est radix Christi. Nam, ut inquit Apostolus : « Factus est ex semine David secundum carnem (*Rom.* I). » Christus autem est radix Ecclesiæ, de quo legitur : « Ascendit sicut virgultum coram eo, et sicut radix de terra sitienti (*Isa.* LIII). » Ecclesia vero est radix sanctorum, de qua dicitur : « Si radix sancta, et rami (*Rom.* XI), » id est ministri. Est præterea radix bonorum perseverantia, de qua legitur : « Hi radices non habent, quia ad tempus credunt, et in tempore tentationis recedent (*Luc.* VIII). » Radix fides prædicatorum, de qua dicitur : « Si seminaverit in terra, radix ejus ad odorem aquæ germinabit (*Job* XIX). » Radix virtutum fides, de qua dicit Apostolus : « In fide radicati et fundati (*Ephes.* III). » Vel humilitas, de qua dicitur : « Justus radicem suam mittit deorsum (*Isa.* XXXVII). » Radix autem sapientiæ verbum Dei non est in excelsis. Ergo radix iniquorum diabolus, de qua dicitur : « De radice colubri egredietur regulus (*Isa.* XIV); » et alibi : « Radix juniperorum erit cibus eorum, et radices ejus densabuntur super acervos petrarum (*Job* XXX). » Contra quam dicitur : « Securis ad radicem posita est (*Matth.* III). » Est præterea radix mala obstinatio in peccatis, vel terrenorum amor, de quo dicitur : « Ego vidi stultum firma radice, et maledixi pulchritudini ejus statim (*Job* V). » Sed « omnis plantatio, quam non plantavit Pater cœlestis, eradicabitur (*Matth.* XV). » Econtra de sapientia legitur : « In electis meis mitte radices, et radicavi in populo honorificato (*Eccli.* XXIV). »

Sequitur : *Et flos de radice ejus ascendit.* Quid est hoc quod *flos* non dicitur ascendisse de virga, sed potius *de radice*, de qua et virgo processit? Sane propheta Spiritu sancto plenus dicere maluit quod flos de radice ejus ascenderet, quam de virga; videlicet ad distinguendum gradus ascensionis, ad designandum sublimitatis fastigium, et ad perimendum virus erroris. In genealogia siquidem Christi viginti octo sunt gradus ascensionis de radice usque ad virgam, id est a David usque ad virginem Mariam, de qua natus est Christus, qui vocatur Jesus (*Matth.* 1). Et per hos gradus ascensionis flos de radice ascendit a l virgam, in qua terminatur ascensus. Et quamvis secundum naturam carnis Christus descendit de David, ipse tamen incorporaliter super illum secundum excellentiam dignitatis ascendit. Ideoque signanter et ipse propheta prædixit quod flos de radice ejus ascenderet, ut solium ejus intelligatur longe sublimius throno David; tanto siquidem excellentius quanto differentius præ illo nomen hæreditavit. Unde bene dictum est per prophetam : « Super solium David , et super regnum ejus (*Isa.* ix). » Non dicit in solio, sed *super solium;* nec dicit in regno, sed *super regnum;* ut ostendatur quod illud fuit terrenum et temporale, istud autem æternum est et cœleste. Ad quod referendum est illud, quod angelus inquit ad virginem : « Dabit ei Dominus sedem David patris ejus, et regnabit in domo Jacob in æternum (*Luc.* 1); » ut significans pro-significato ponatur.

Per hoc etiam quod flos de radice dicitur ascendisse, perimitur error impii Manichæi, qui præsumpsit asserere quod Christus non habuit-naturalem et veram carnem sed umbratilem et phantasticam ; quod inde fallaciter colligebat, quia non de carne nec de sanguine, sed de Spiritu sancto dicitur esse conceptus. « Quod autem natum est ex carne, caro est; et quod natum est ex spiritu, spiritus est (*Joan.* III). » Contra quod expressive loquens propheta prædixit : *Flos de radice ejus ascendit* ; ut ostendat radicem et florem ejusdem esse naturæ ; sicque Christum existere verum hominem, sicut David exstitit verus homo. Præterea ne putaretur quod Maria adoptione de una familia ad aliam esset assumpta, sicut aliquando virga per insitionem de una radice in aliam radicem assumitur, ut propheta designaret certius et expressius veritatem, dicit quod *flos de radice ejus ascendet.* Nam et sicut David post multas persecutiones regnavit, sic et Christus post passionem suam in gloriam Patris intravit.

Per genealogias autem, quas Matthæus et Lucas describunt, non videtur esse probatum quod Maria fuerit de stirpe David, sed neque de tribu Juda, habito etiam pro constanti quod secundum legem personæ diversarum tribuum sibi in matrimonio conjungantur, nec conjungantur passiones et sortes. Nam duæ tribus sacerdotalis et regia, licite sibi jungebantur ad invicem fœdere conjugali ; unde Maria legitur fuisse cognata Elisabeth quæ erat de filiabus Aaron ; et sic poterat licite conjungi Joseph qui erat de stirpe regia, de domo videlicet et familia regis David. Sed concesso quod Joseph et Maria fuerint contribules, de tribu videlicet Judæ, non tamen probatur fuisse de eadem familia ; quia sicut Joseph descendit de stirpe David, sic et Maria potuit descendisse de progenie femoris ipsius, vel etiam de aliis familiis tribus ejusdem. Ideoque prophetæ Spiritu sancto pleni voluerunt aperte prædicere Christum de stirpe David et de semine regio nasciturum, sicut dicit Isaias, *egredietur,* inquit, *virga de radice Jesse,* id est de rege David, qui fuit utique Jesse filius et regiæ stirpis, *et flos* in Christo *de radice ejus ascendet.* Et alibi : « Suscitabo David germen justum, et regnabit rex, et sapiens erit, et faciet judicium et justitiam in terra, et hoc est nomen quod vocabunt eum, Dominus justus noster (*Jer.* XXIII). » Ubi in Latino ponitur *Dominus,* in Hebræo ponitur *Adonai,* quod est nomen Dei, et in Hebræo non ponitur nisi pro Deo. Unde probatur quod hoc germen David videlicet Christus est Deus. In Apocalypsi quoque unus de senioribus dixit Joanni : « Ne fleveris , ecce vicit leo de tribu Juda, radix David, etc. (*Apoc.* v). » Paulus quoque ad Timotheum : «Memor esto Dominum Jesum Christum resurrexisse a mortuis ex semine David secundum evangelium meum (*II Tim.* II). » Per id tamen quod in fine legitur numerorum de filiis Machir, et de filiabus Falsaath potest sufficienter ostendi quod mulieres illæ quæ partem hæreditatis habebant, debebant nubere viris non solum de sua tribu, sed etiam de eadem familia. Unde scriptum est ibi : « Omnes viri ducant uxores de tribu et cognatione sua, et cunctæ feminæ maritos de eadem tribu accipiant, ut hæreditas permaneat in familiis (*Num.* XXXVI). » Joachim autem et Anna masculum non habuerunt hæredem, sed eorum primogenita fuit virgo Maria. Unde incunctanter ad eam pars hæreditatis præcipua pertinebat. Quare cum sancta nupserit justo, profecto secundùm legem nupsit viro de eadem tribu ; et ex eadem tribu et familia fuit virgo Maria.

Sed quomodo florem istum ascendisse dicunt, et non potius descendisse, cum Christus in quantum est incarnatus, descenderit potius quam ascenderit. Nam ipse est panis vivus qui de cœlo descendit (*Joan.* VI). Qui etiam de se dicit : « Descendi de cœlo non ut faciam voluntatem meam, sed voluntatem ejus qui misit me (*Joan.* v). » Et ad quem dicitur per prophetam : « Utinam dirumperes cœlos et descenderes! (*Isa.* LXIV.) » Hoc autem ad conservandam proprietatem sermonis, quia sicut in propagatione generis fit ascensus, unde cum de germine loqueretur, ascensionis voluit et debuit uti verbo; nam et de inferiori futurus erat ad superiorem progressus, ideoque dicendus erat ascensus. Verumtamen qui descendit, idem est qui ascendit, sicut ipse testatur in Evangelio : « Nemo ascendit in cœlum nisi qui descendit de cœlo, Filius hominis qui est in cœlo (*Joan.* III). » Nam a summo cœlo egressus ejus, et occursus ejus usque ad summum ejus, nec est qui se abscondat a calore ejus. Audi descensum : «Cum in forma Dei esset, non rapinam arbitratus est esse se æqualem Deo; exinanivit se, formam servi accipiens, factus obediens usque ad mortem, mortem autem crucis (*Phil.* II). » Sed audi quantum ascendit : « Propter quod, inquit, exaltavit illum Deus, et dedit illi nomen quod est super omne nomen, ut in nomine Jesu omne genu flectatur cœlestium, terrestrium et infernorum, et omnis lingua confiteatur quia Dominus Jesus Christus in gloria est Dei Patris (*Phil.* II). »

Nec mireris si flos iste descendendo ascendit, quia cum ipse sit verus Deus et homo, ipse idem ascendit in quantum est homo Deus. De quo ascensu dicitur per prophetam : « Ascendet Deus super nubem levem, et ingredietur Ægyptum (*Isa.* XIV). » Ergo *de radice ejus ascendit.* Hic in Canticis de se dicit : « Ege flos campi, et lilium convallium (*Cant.* II). » Sane sunt flores veritatis et gratiæ, et sunt flores vanitatis et culpæ. De primis legitur : « Flores apparuerunt in terra nostra, tempus putationis advenit. Stipate me malis, fulcite me floribus, quia amore langueo (*ibid.*). » Circumdabant eam flores rosarum, et lilia convallium. De secundis dicitur : « Omnis caro fœnum, et omnis gloria ejus quasi flos fœni. Exsiccatum est fœnum, et cecidit flos, verbum autem Domini manet in æternum (*Isa.* XL).» — « Homo natus de muliere, brevi vivens tempore, repletur multis miseriis, qui quasi flos egreditur et conteritur, et fugit velut umbra, et nunquam in eodem statu permanet (*Job* XIV). » — « Mane floreat, et transeat, vespere decidat, induret et arescat (*Psal.* LXXXIX). » De istis legitur : « Coronemus nos rosis antequam marcescent, nec pertranseat nos flos temporis (*Sap.* II). » De illis dicitur : « In atriis domus Dei nostri florebunt (*Psal.* XIX). »

Cæterum iste flos gloriæ, iste flos florum venit plantare primas et eradicare secundas, plantare virtutes et vitia exstirpare. O si hunc florem digne laudare possemus ! et si non digne, vel non indigne ! Certe flos iste speciosissimum habet colorem, suavissimum habet odorem, et dulcissimum habet saporem. Unde nos, fratres charissimi, etsi non quantum volumus, quantum tamen valemus, prospiciamus hujus floris colorem delectabilem et decorum; sumamus hujus floris colorem recreabilem et amœnum ; gustemus hujus floris saporem delectabilem et sincerum. De hujus floris colore sponsa dicit in Canticis : « Dilectus meus candidus et rubicundus (*Cant.* V); » Candidus in conceptione, rubicundus in passione. Cum enim ipse sit candor lucis æternæ, et speculum sine macula Dei majestatis, et imago bonitatis ipsius, profecto non potuit alicujus peccati macula majestas Dei et imago bonitatis obscurari. Et ideo « peccatum non fecit, nec inventus est dolus in ore ejus (*I Petr.* II). » Sed neque peccatum contraxit, quia quod non rapuit, hoc exsolvit. Nam mater ejus Maria inventa est in utero habens de Spiritu sancto, sicut ei angelus prædixerat : « Spiritus sanctus superveniet in te, et virtus Altissimi obumbrabit tibi, » ideoque quod orietur ex te, omnino mundum, omnino candidum, « vocabitur Filius Dei (*Luc.* I). » Dominus enim decorem induit.

Ad quem dicit Propheta : « Speciosus forma præ filiis hominum, diffusa est gratia in labiis tuis ; specie tua et pulchritudine tua intende prospere procede et regna (*Psal.* XLIV). » Tu enim es sol justitiæ (*Malac.* IV), tu « lux vera quæ illuminas omnem hominem venientem in hunc mundum (*Joan.* I); » cujus pulchritudinem sol et luna mirantur ; « in quem desiderant angeli prospicere (*I Petr.* I),» admirando dicentes : « Quis est iste qui venit de Edom, tinctis vestibus de Bosra ? Quare rubrum est indumentum tuum quasi calcantium in torculari ? (*Isa.* LIII.) » Nam, ut alibi legitur : « Vestimentum ejus fuit aspersum sanguine (*Apoc.* XIX), » non utique inquinante sed emundante, secundum quod legitur, quia « laverunt stolas suas et candidas eas fecerunt in sanguine agni (*Apoc.* XXII). » Et licet per ignominiam despicabilis passionis indecorus et ingloriosus videretur, propter quod inquit de eo propheta, vidimus eum non habentem speciem neque decorem, ipsius tamen decor et species cum non apparebat nihilominus permanebat.

Unde flos iste non defloruit nec effloruit, sed floruit et refloruit; floruit in conceptione immunis a culpa, ipso per Psalmistam testante : « Refloruit caro mea, et ex voluntate mea confitebor illi (*Psal.* XXVII). » De hujus etiam floris odore Sponsa dicit in Canticis : « Meliora sunt ubera tua vino, sicut unguentum optimum. In odore unguentorum tuorum currimus (*Cant.* I). » Hinc etenim sapientia Dei de se dicit : « Sicut cinnamomum et balsamum aromatizans odorem dedi, quasi myrrha electa dedi suavitatem odoris (*Eccli.* XXIV). » Hujus odorem floris præsentiens Isaac in Spiritu sancto dicebat : « Ecce odor filii mei sicut odor agri pleni, cui benedixit Dominus (*Gen.* XXVII) ; » cujus odore resurgunt mortui, sanantur ægroti, et confirmantur infirmi. Cæterum iste flos est procul dubio panis vivus qui de cœlo descendit, omne delectamentum in se habens, et omnis saporis suavitatem (*Sap.* XVI); super mel et favum dulcis animæ diligenti (*Eccli.* XXIV) ; de quo dicit Psalmographus : « Gustate et videte quoniam suavis est Dominus (*Psal.* XXXIII). » Et de quo Petrus apostolus ait : « Si tamen gustastis quam suavis est Dominus (*I Petr.* II). » Hic ipse flos sapientia Dei dicitur : « Qui edunt me, adhuc esurient, et qui bibunt me adhuc sitient (*Eccli.* XXIV).» Quia tanta est hujus floris dulcedo, quod saturitas provocat famem, et ebrietas sitim inducit. Beati oculi qui florem istum et nunc intuentur per fidem, et tandem contemplabuntur per speciem ! videntes eum non per speculum in ænigmate, sed facie ad faciem (*I Cor.* XIII) oculis corporis hominem, oculis cordis Deum ; ad cujus visionem perpetuam ipse misericorditer nos perducat qui cum Patre et Spiritu sancto, etc.

SERMO XII.

IN SOLEMNITATE PURIFICATIONIS GLORIOSISSIMÆ SEMPER VIRGINIS MARIÆ.

De litteris, signis, et nuntiis ante Christi adventum præmissis : de tribus trium nuntiorum viis et triplici pace : cur in purificatione cæreos portamus accensos : item de triplici adventu Domini, et triplici templo ad quod venit, et de templi ædificatione.

Ecce ego mitto angelum meum, et præparabit viam ante faciem tuam : et statim veniet ad templum sanctum suum dominator, quem vos quæritis, et angelus testamenti, quem vos vultis (*Malac.* III).

Rex regum et Dominus dominantium pro salute populi sui venturus in propria sui eum recepturi non erant (*Joan.* I), ne de ignorantia sui adventus excusationes in peccatis assumerent, adventus sui signa præmisit, litteras illis direxit, et ante faciem suam nuntios destinavit. His enim tribus, videlicet litteris, signis, et nuntiis, suum liquido declaravit adventum. Non enim solus aut subitus debuit venire, qui cum venisset, binos et binos ante faciem suam legitur destinasse. Præmisit itaque signa, id est mysteria figurarum ; direxit litteras, id est testimonia Scripturarum ; destinavit nuntios, personas videlicet prophetarum. Præsignatus est etenim in figuris : ut Isaac natus de sterili (*Gen.* XXI), præsignavit Christum nasciturum de Virgine. Virga fronduit (*Num.* XVII) et attulit fructum, quia concepit Virgo, et peperit Christum. Hoc ipsum ignis in rubo (*Exod.* III), manna in deserto (*Exod.* X), pluvia in vellere præsignavit (*Judic.* VI). Prænuntiatus est in Scripturis, ut in Genesi : « Non auferetur sceptrum de Juda, et dux de femore ejus, donec veniat qui mittendus est : et ipse exspectatio gentium (*Gen.* XLIX). » Et alibi : « Veniet Dominus sicut quercus, qui est in Silo, cum ex semetipsa fuerit in duodecim partita (*Amos.* II). » Et in secretis Jeremiæ : « Post hoc in terris visus est, et cum hominibus conversatus est (*Baruc.* III). » Annuntiatus est per prophetas, ut Isaias : « Ecce virgo concipiet, et pariet filium, et vocabitur nomen ejus Emmanuel (*Isa.* VII).» Et Habacuc: « Si moram fecerit, exspecta eum ; quia veniens veniet, et non tardabit (*Habac.* II); » et Daniel : « Septuaginta hebdomadæ abbreviatæ sunt, ut consummetur prævaricatio, et adducatur justitia sempiterna, et ungatur Sanctus sanctorum (*Dan.* IX). » Porro tam manifesta signa Synagoga misera non notavit, tam apertas litteras Judæa cæca non intellexit, tam veridicos nuntios populus incredulus non accepit, et ideo cum « venit in propria, sui eum non receperunt (*Joan.* I). » De quibus per prophetam conqueritur, dicens : « Cognovit bos possessorem suum, et asinus præsepe domini sui: Israel autem me non cognovit (*Isa.* I).» Hinc eis dicit in Evangelio : « Si crederetis Moysi crederetis utique et mihi (*Joan.* V). De me enim scripsit ille : Prophetam suscitabit vobis Deus de fratribus vestris, etc. (*Deut.* XVIII). » Rursum : « Videbitis vitam vestram pendentem ante oculos vestros, et non credetis vitæ vestræ (*Deut.* XXVIII). » Hos autem nuntios longe ante præmisit. Novissime vero cum jam venturus esset, in proximos tres egregios et illustres nuntios destinavit. Primus præparavit viam incarnationis, secundus viam nativitatis, tertius viam prædicationis. Per primam viam ad templum salutare, per secundam venit ad templum materiale, per tertiam venit ad templum spirituale. De primo nuntio legitur in Evangelio : « Missus est angelus Gabriel a Deo in civitatem Galilææ, cui nomen Nazareth, ad virginem desponsatam viro, cui nomen erat Joseph, et nomen virginis Maria. Et accedens ad virginem, eam suaviter salutavit : Ave, inquit , gratia plena , Dominus tecum, benedicta tu in mulieribus (*Luc.* I). » *Ave*, quia per te mutabitur nomen Evæ. Illa fuit plena peccato, sed tu *plena gratia*. Illa recessit a Deo, sed *Dominus tecum*. Illa fuit maledicta in mulieribus, sed *benedicta tu in mulieribus*. Fructus ventris illius fuit maledictus Cain, sed *fructus ventris tui erit benedictus Jesus*. Per illam mors intravit in orbem, sed per te vita rediit ad orbem ; quia tu concipies et paries filium, et vocabitur nomen ejus Jesus (*ibid.*). « Ipse enim salvum faciet populum suum a peccatis eorum (*Matth.* I). » Salutatione præmissa , statim Domini sui prænuntiavit adventum : « Spiritus sanctus superveniet in te, et virtus Altissimi obumbrabit tibi (*Luc.* I). » His ita peractis, statim Spiritus sanctus advenit, et triplicem viam ante faciem Domini præparavit. Prima fuit virginalis consensio, secunda fuit carnalis mundatio, tertia fuit corporalis formatio. Prima fuit consensus mentis in virgine, secunda fuit mundatio carnis a fomite , tertia fuit formatio corporis ex purissimo sanguine. Cum enim angelus admiranti virgini modum conceptionis et ordinem indicasset, statim illa summo desiderii flagrans ardore, consensit, et instinctu Spiritus sancti respondit : « Ecce ancilla Domini, fiat mihi secundum verbum tuum (*ibid.*). » Beata quæ credidit, quoniam omnia completa sunt ei. Non enim auctor fidei concipi potuit de incredula ; ideoque primam viam, scilicet consensum virginis oportuit præparari. Statim autem Spiritus sanctus supervenit in eam ; prius quidem in eam venerat , cum in utero matris animam ejus ab originali peccato mundavit, sed et nunc supervenit in eam, ut carnem ejus a fomite peccati mundaret, quatenus esset sine ruga prorsus et macula. Tyrannum itaque carnis, languorem naturæ, fomitem peccati, sicut opinor, in ea prorsus exstinxit; ut de cætero non posset in membris ejus surgere motus ex lege peccati, contra legem justitiæ, neque caro concupiscere posset adversus spiritum, in qua « pax Dei, quæ exsuperat omnem sensum (*Phil.* IV), » debebat corporaliter habitare. Ideoque secunda via, scilicet carnis mundatio, debuit præparari. Mox autem de purissimis sanguinibus gloriosissimæ virginis, corpus redemptoris spirituali quadam operatione formavit, et sine temporis interstitione, novam animam infundendo creavit, quam una cum corpore Verbum assumpsit, et factum est homo, ex anima rationali, et humana carne subsistens. Hac ergo triplici via Domino præparata, statim virtus Altissimi descendit in eam, et univit se corpori anima mediante. Mediat autem anima non solum per unionem, verum etiam per naturam. Divinitas enim penitus est simplex, nam et caret multiplicitate partium, et habet concretionem proprietatum. Corpus autem prorsus est compositum; nam et habet multiplicitatem partium, et habet concretionem proprietatum. Anima vero partim est simplex, quia caret multiplicitate partium, ut divinitas; partim composita, quoniam habet concretionem proprietatum, ut corpus. Hinc itaque legitur tantæ subtilitatis esse divina natura, ut corpori de limo terræ formato uniri non congruerit, nisi rationali essentia mediante. *Statim ergo venit ad templum sanctum suum*, templum videlicet salutare. De quo dicit in Evangelio: « Solvite templum hoc, et in triduo excitabo illud. Hoc autem dicebat de templo corporis sui (*Joan.* II). » Hoc templum est sanctum, id est sanctificans; non autem sanctificatum, id est a peccato mundatum: eo quod iniquitatem non fecerit, nec inventus sit dolus in ore ejus (*Isa.* LIII). Sed neque peccatum contraxit, quia quod non rapuit, hoc exsolvebat (*Psal.* LXVIII). « Ascendit enim Deus nubem levem, » id est assumpsit carnem a peccato immunem, « et intravit Ægyptum (*Isa.* XIX), » id est venit in mundum. Venit autem per incarnationem; quia « Verbum caro factum est, et habitavit in nobis (*Joan.* I). » — « Exinanivit enim se formam servi accipiens, in similitudine hominum factus, et habitu inventus ut homo (*Phil* II). » Porro sicut non venit subitus, ita nec solus. Venerunt enim cum eo spiritus potestatis et spiritus charitatis. Ex potestate valuit, ex charitate voluit incarnari. De potestate legitur: « Omnipotens sermo tuus, Domine, a regalibus sedibus venit (*Sap.* XVIII), » insimulatum portans imperium. Et quæ major potentia, quam quod æternus fecit se temporalem, simplex compositum, et immortalis mortalem? Certe non est impossibile apud Deum omne verbum. Cum ergo majus fuit Deum hominem fieri, et de virgine concipi, quam Deum hominem factum de virgine nasci: quid est ergo, quod nativitas Christi majori solemnitate recolitur, quam ejus conceptio? An quia conceptus occultus, et partus exstitit manifestus; vel potius ratione mysterii, quia quod virgo concepit Christum per carnem in utero, significabat quod fidelis anima debet concipere Christum per fidem in animo? Quod virgo peperit Christum in sæculo, significat quod fidelis anima debet parere Christum in opere. « Fides vero sine operibus mortua est (*Jac.* III). » Vivit autem, cum fides per dilectionem operatur. Ideoque magis partus, quam conceptus solemnis habetur. De charitate legitur: « Sic Deus dilexit mundum, ut Filium suum unigenitum daret pro mundo (*Joan.* III). » Filium dedit, non servum; unigenitum et optimum dedit, non reddidit: quia non ex operibus justitiæ quæ fecimus nos, sed secundum suam misericordiam salvos nos fecit (*Tit.* III). Nec tamen dedit, sed tradidit: quia « proprio Filio suo non pepercit Deus, sed pro nobis omnibus tradidit illum (*Rom.* VIII). » — « Majorem autem charitatem nemo habet, ut animam suam ponat quis pro amicis suis (*Joan.* XIV). » O inæstimabilis Dei charitas, quæ fecit hominem sine homine, factus est homo pro homine. Hinc etiam de Spiritu sancto natus asseritur, non quod ipso paternaliter generante, sed quod eo spiritualiter operante natus sit Christus de virgine. Licet enim indivisa sint opera Trinitatis, opus tamen dilectionis Spiritu sancto specialiter attribuitur, qui est dilectio Patris et Filii, amor et connexio utriusque. Sed in incarnatione charitas evidenter elucet, non solum quia Deus ineffabili charitate Filium suum unigenitum incarnavit, verum etiam quia virgo ex nimio charitatis ardore Dei Verbum concepit, cum ait: « Ecce ancilla Domini, fiat mihi secundum verbum tuum (*Luc.* I). » Habetis itaque primum nuntium, primam viam, primum adventum, et primum templum.

Sed post primum nuntium venit secundus, qui apparens pastoribus ait: « Evangelizo vobis gaudium magnum, quia natus est Christus Dominus in civitate David (*Luc.* II). » Hic quoque triplicem viam ante faciem Domini præparavit. Primam, præparando famulum in obsequio; secundam, præparando locum in diversorio; tertiam, præparando cunabulum in præsepio. Apparuit enim angelus Domini Joseph in somnis, dicens: « Joseph fili David, noli timere accipere Mariam conjugem tuam: quod enim in ea natum est, de Spiritu sancto est (*Matth.* I). » Disposuit sane cœlestis altitudo consilii, ut virgo sponsum haberet, non solum ut tolleret fornicationis opprobrium, non solum ut falleret fallacem diabolum, verum etiam ut esset virgini ad solatium, et ut parienti præberet obsequium. Postmodum autem inter frequentiam multitudinis, quæ ad profitendum convenerat, locum scilicet arctissimum parienti virgini præparavit. De quo dicit evangelista: « Quia non erat ei locus, » alius scilicet, « in diversorio. » Tandem vero præparavit illi cunabulum in præsepio, in quo virgo puerum reclinavit (*Luc.* II). De quo dicit propheta: « In medio duum animalium innotesceris (*Habac.* III). » Non enim est incredibile, quin hoc ille præparaverit, « qui facit angelos suos spiritus, et ministros suos ignem urentem (*Psal.* CIII). »

Sed quid est quod angelo congaudente pastoribus, Deus homo nascitur, in præsepi bovis et asini : quid est, inquam, nisi quod triplicem pacem nobis insinuat? Scitis enim, charissimi, quod ante Redemptoris adventum tres erant inimicitiarum parietes. Primus erat inter Deum et hominem, secundus inter angelum et hominem, tertius inter hominem et hominem. Homo namque per inobedientiam Creatorem offenderat, per suum casum restaurationem angeli impedierat, per varios ritus se ab homine separaverat. Judæus namque cæremonias excolebat, gentilis idololatriam exercebat, utriusque ritus alterius displicebat. Sed veniens « pax nostra fecit utraque unum, » destruxit macerias inimicitiarum (*Ephes.* II), et concurrentes parietes in se angulari lapide copulavit, ut de cætero esset «.unum ovile et unus pastor (*Joan.* X). » Abstulit ergo peccatum et reconciliavit hominem Deo, reparavit casum, et reconciliavit hominem angelo, destruxit ritus, et reconciliavit hominem homini. Restauravit ergo secundum Apostolum, qui in cœlis et qui in terris sunt, et ob hoc illa cœlestis militiæ multitudo psallebat : « Gloria in excelsis Deo, » id est angelis, Deo . « et in terra pax hominibus, » Judæis et gentibus « bonæ voluntatis (*Luc.* III). » Hinc est etiam quod angelus loquitur et congaudet pastoribus : quia pax inter angelos et homines est reformata. Nascitur Deus homo, quia pax inter Deum et homines est restaurata ; nascitur in præsepi bovis et asini, quia pax est inter homines et homines reparata. Per bovem enim Judaicus, per asinum gentilis populus præfiguratur, secundum illud : « Non arabis in bove et asino (*Deut.* XXII), » Judæo scilicet et gentili. His gestis « venit Dominator Dominus ad templum sanctum suum (*Malac.* III). » Ad templum materiale, de quo legitur in Evangelio : « Quadraginta et sex annis ædificatum est templum hoc (*Joan.* II). » Et in Psalmo : « Suscepimus misericordiam tuam in medio templi tui (*Psal.* XLVII). » Venit autem per oblationem, secundum quod hodierna die sancti Evangelii lectio declaravit, quia « postquam impleti sunt dies purgationis Mariæ, tulerunt Jesum in Jerusalem, ut sisterent eum Domino (*Luc.* II), » etc. Oblatus est enim, quia ipse voluit : sed a matre fuit oblatus in templo, qui Patri se obtulit in cruce. In templo redemptus est, qui in cruce redemit. Sed ipse seipsum dedit redemptionem pro mundo, mundus autem par turturum, aut duos pullos columbarum dedit redemptionem pro eo. Legitur autem bis fuisse redemptus, semel sacerdotibus, sed columba vel turture; item ministris, sed drachma vel statere (*Matth.* XVII). Ipse tamen non fuit redemptus ex debito, sed tantum ex beneplacito, nam secundum legem redimi non tenebatur, nisi primogenitus vulvamaperiens (*Levit.* XII), sed ipse vulvam Virginis non aperuit. Nam hæc est porta clausa (*Ezech.* XLIV), et vir non est transgressus per eam.

Quid est autem quod in hoc festo cereos portamus accensos ? Hoc ex libro Sapientiæ potest conjici, ubi leguntur idololatræ obscura sacrificia facientes. Gentiles enim Februarium mensem inferis dedicaverunt, eo quod sicut ipsi putabant, sed errabant, in principio ejus mensis Proserpina rapta fuerat a Plutone; quam quia mater ejus Ceres facibus accensis, in Ethna tota nocte per Siciliam quæsisse credebatur, et ipsi ad commemorationem ipsius, facibus accensis, in principio mensis urbem de nocte lustrabant. Unde festum illud appellabatur Amburbale. Cum autem sancti Patres consuetudinem istam non possent penitus exstirpare, constituerunt, ut in honore beatæ Virginis Mariæ cereos portarent accensos et sic quod prius fiebat ad honorem Cereris, modo fit ad honorem Virginis; et quod prius fiebat ad honorem Proserpinæ, modo fit ad laudem Mariæ. Ob hoc quoque in Purificatione Virginis cereos accensos portamus, ut purificati per gratiam, cum accensis lampadibus quasi prudentes virgines ad nuptias ingredi mereamur (*Matth.* XXV). Ad hæc, sicut non subitus venit, sic nec solus; venerunt enim cum eo spiritus humilitatis et spiritus paupertatis ; humilitas eum obtulit, humilitas in præsepio reclinavit, paupertas eum vilibus pannis involvit, paupertas eum vili mercede redemit. O mira Domini pietas, mira dignatio : pauper effectus est, cujus est « terra et plenitudo orbis terrarum, et universi qui habitant in eo (*Psal.* XXIII).» Humiliatus est qui erat excelsus, quia « magnus Dominus, et magna virtus ejus et sapientiæ ejus non est numerus (*Psal.* CXLVI). » Habetis ergo secundum angelum, secundum viam, secundum adventum, secundum templum

Sed post secundum nuntium venit et tertius, de quo angelus Gabriel ait : « Ipse præibit ante illum in spiritu et virtute Eliæ parare Domino plebem perfectam (*Luc.* I); » Joannes autem angelus appellatur, non naturæ proprietate, sed officii qualitate, juxta quem modum ipse Christus consequenter angelus appellatur, juxta illud : « Et statim veniet ad templum sanctum suum Dominator quem vos quæritis, et Angelus Testamenti quem vos vultis (*Malac.* III). » Revera magnus, quia præco judicis, vox Verbi, paranymphus sponsi, lucerna solis, qui pro sui dignitate non tantum propheta, sed plus quam propheta meruit appellari (*Matth.* II). Ipse namque fuit limes præcedentium et sequentium : quia « lex et prophetæ usque ad Joannem (*Luc.* XVI), » Evangelium et apostoli a Joanne. Ipse cum præcedentibus Christum prædixit futurum : « Qui post me veniet, ante me factus est, cujus non sum dignus corrigiam calceamenti solvere (*Joan.* I), » cum præsentibus præsentem ostendit : « Ecce Agnus Dei, ecce qui tollit peccata mundi (*Ibid.*). »

Hic viam ante faciem Domini præparavit. Viam, inquam, triplicem, nam triplex legitur esse baptismus : ablutionis, compunctionis et passionis. Ablutionis in aqua, compunctionis in lacrymis, passionis in sanguine. Primam viam præparavit baptizando, secundam viam prædicando, tertiam viam moriendo. Baptizabat corpus exterius, sed non mentem interius; unde : « Ego baptizo in aqua, medius autem vestrum stat, qui baptizat vos in Spiritu sancto et igni (*Matth.* III). » Prædicavit pœnitentiam, sed non contulit indulgentiam. Unde : « Pœnitentiam agite, appropinquabit enim regnum cœlorum (*Luc.* III). » Mortuus est pro justitia, sed non ipse justificavit, quia Herodes fecit amputari caput Joannis in carcere (*Marc.* VI). Statim ergo venit Dominus ad templum sanctum suum, ad templum spirituale, de quo dicit Apostolus : « Templum Dei sanctum est, quod estis vos (*I Cor.* III). » Post baptismum enim atque jejunium congregavit eos, quos elegit de mundo, quos templum Spiritus sancti constituit, « genus electum, regale sacerdotium (*I Petr.* II). » Sed tunc sicut non venit subitus, ita nec solus. Venerunt enim cum eo spiritus honestatis et spiritus veritatis : honestatem in factis, veritatem in dictis exhibuit. Ipse namque, « peccatum non fecit, » ecce spiritus honestatis, « nec inventus est dolus in ore ejus (*Isa.* LIII), » ecce spiritus veritatis. Fecit enim opera singularia, juxta quod ipse testatur : « Si opera non fecissem, quæ nemo alius fecit, » etc. (*Joan.* XV). Verba protulit salutaria, Petro testante, qui ait : « Domine, verba vitæ æternæ habes, » etc. (*Joan.* VI). — « Venit ergo ad templum sanctum suum Dominator quem vos quæritis, et Angelus Testamenti, quem vos vultis (*Malac.* III). » Metaplasmus hic est, prius enim loquebatur Pater ad Filium : « Ecce ego mitto angelum meum, » etc. nunc autem convertit sermonem ad illos qui Filii desiderabant adventum dicentes: « Veni, Domine, et noli tardare, relaxa facinora plebis tuæ Israel. » Et alibi : « Emitte Agnum, Domine, Dominatorem terræ, etc. (*Isa.* XVI). » De quibus Dominus inquit apostolis : « Multi reges et prophetæ voluerunt videre quæ videtis et non viderunt, etc. *Luc.* X). » Horum desiderium repræsentat Ecclesia in illis antiphonis: « O Emmanuel, » etc., « O stirps Jesse. »

Cæterum quia spiritus est qui vivificat, de spirituali adventu Christi, spiritualiter aliquid proponamus. Tres enim adventus Christi legimus in Scripturis, præsentem, præteritum et futurum ; præsentem in sanctitate, præteritum in humilitate, futurum in majestate. Primo venit in mundum ad redemptionem, secundo venit in animam ad sanctificationem, tertio veniet in judicium ad retributionem. De primo dicit : « Exivi a Patre, et veni in mundum (*Joan.* XVI); » de secundo dixit : « Ad eum veniemus, et mansionem apud eum faciemus (*Joan.* XIV). » De tertio dicit : « Videbitis Filium hominis venientem in nubibus cœli cum potestate magna, » etc. (*Luc.* XXI). De primo dictum est, de secundo dicendum est; sed in hoc adventu angelus ante faciem Christi præmittitur, qui præpararet ei viam. Hic est ille familiaris et spiritualis nuntius de quo dicit propheta : « A timore tuo, Domine, concepimus et peperimus spiritum salutis (*Isa.* XXVI). » Timor iste præparat iter trium dierum, quo filii Israel egressi sunt de Ægypto (*Exod.* XIV), id est, pœnitentes egrediuntur de tenebris peccatorum. Iter primæ diei est inquisitio vitiorum, iter secundæ diei est recordatio peccatorum, iter tertiæ diei est contritio delictorum. Præcedit enim in pœnitente subtilis inquisitio, quæ diligenter considerat et inquirit numerum et genera vitiorum, juxta quod ipse pœnitens ait : « Iniquitatem meam ego prænuntio, et cogitabo pro peccato meo (*Psal.* XXXVII). » Succedit huic lamentabilis recordatio, quæ recolit et attendit turpitudines et circumstantias delictorum, secundum quod ait : « Iniquitatem meam ego cognosco, et peccatum meum contra me est semper (*Psal.* L). » Sequitur gravis contritio, quæ delet et purgat maculas peccatorum, juxta quod ait : « Secundum multitudinem dolorum meorum in corde meo, consolationes tuæ lætificaverunt animam meam (*Psal.* XCIII). » Hac triplici via per timorem Domino præparata, statim venit per gratiam ad templum sanctum suum, id est, in animam pœnitentis, ut illam sanctificet. Venit autem non solus, sed cum eo Pater et Spiritus sanctus accedunt, juxta quod ipse testatur : « Ad eum veniemus, et mansionem apud eum faciemus (*Joan.* XIV). »

Mansionem autem istam hoc ordine faciunt. Fundamentum jaciunt, bases disponunt, columnas erigunt, epistylia supponunt, capitella præficiunt, parietes producunt, fenestras ordinant, tectum superponunt, ostium inserunt, pavimentum sternunt, et templum in duas mansiones distinguunt. Hæc omnia, fratres, spiritualibus sunt plena sacramentis. Fundamentum enim est fides Christi, super quam fidelis anima fundata, contra spiritus tempestatis et turbinis stabilis soliditate consistit. De qua dicit Apostolus : « Fides est substantia rerum sperandarum, argumentum non apparentium. Sine fide impossibile est placere Deo (*Hebr.* XI). » — « Quia quidquid non est ex fide, peccatum est (*Rom.* XIV). » — « Justus enim ex fide vivit (*Habac.* II; *Rom.* I; *Hebr.* X). » Unde in Gen. : « Credidit Abraham Deo, et reputatum est ei ad justitiam (*Gen.* XV). » Super hoc fundamentum septem bases ordinabiliter disponuntur, id est, septem petitiones, quæ continentur in oratione Dominica ; tres pertinentes ad præsentem vitam, et tres pertinentes ad futuram vitam, media vero pertinens ad utramque. « Adveniat, inquit, regnum tuum, fiat voluntas tua, » etc. (*Matth.* VI). Super has bases septem columnæ firmiter eriguntur, id est septem dona gratiæ septiformis, quæ Isaias super Christum enumerans, ait : « Requiescet super eum spiritus sapientiæ et intellectus, spiritus consilii et fortitudinis, spiritus scientiæ et pietatis, et replebit eum spiritus timoris Domini (*Isa.* XI). » De quibus Salomoni : « Sapientia ædificavit sibi domum, excidit columnas septem (*Prov.* ix). » Hinc et oculi septem in lapide uno, et lucernæ septem aureæ in candelabro, secundum vaticinium Zachariæ (*Zach.* iii). His columnis septem epistylia præponuntur, et epistyliis capitella, id est septem virtutes, et septem beatitudines, quas ipse Christus enumerat inquiens : « Beati pauperes spiritu, quoniam ipsorum est regnum cœlorum. Beati mites, etc. (*Matth.* v). » Octava namque beatitudo redit ad caput. Ad hoc ædificium quatuor parietes producuntur, id est quatuor cardinales virtutes, justitia, fortitudo, prudentia, temperantia. Latus justitiæ respicit orientem, per quam timentibus Deum sol justitiæ Christus exoritur. Latus fortitudinis respicit aquilonem, per quam adversis resistimus', quæ secundum prophetam ab aquilone panduntur (*Jer.* i). Latus temperantiæ respicit ad meridiem, per quam illecebras coercemus, quibus concupiscentiæ exardescunt. Latus prudentiæ respicit occidentem, per quam occidua declinamus, et occidentium vitamus insidias. Hæc quatuor latera sunt æqualia, ut in quadrum sit ædificium. In his lateribus quinque fenestræ ordinantur, id est quinque sensus spiritualiter intellecti, scilicet visus intelligentiæ, auditus obedientiæ, odoratus discretionis, gustus delectationis et tactus operis. Per hos spirituales sensus vita subintrat, sicuti econtra mors per carnales sensus ingreditur, dicente propheta : « Intravit mors per fenestras (*Jer.* ix). » Tectum quod præfertur est « charitas, » super alias virtutes excellens, « quæ operit multitudinem peccatorum (*I Petr.* iv). » Ostium quod in latere orientis infertur, est spes, per quam ad justitiam exsequendam ingredimur. Cujus duæ sunt januæ abstinentia et continentia. Abstinentiæ janua claudi debet, ne forte Nabuzardam princeps cocorum subintret, qui Jerusalem totam subvertat. Continentiæ janua debet claudi, ne subintrent mulieres alienigenæ, quæ mentem Salomonis evertant (*III Reg.* xii). Interius autem sternitur pavimentum id est humilitas; de qua legitur : « Adhæsit pavimento anima mea (*Psal.* cxviii). » Templum istud in duas mansiones dividitur. Interior est sapientia, qua cœlestibus contemplandis inhæret. Exterior est scientia, quæ terrenis disponendis intendit. Interior contemplativa, exterior activa. In interiori, Maria secus pedes Domini audiens ejus verba sedebat; in exteriori, « Martha satagebat circa frequens ministerium (*Luc.* x). » Satagamus igitur et nos dignos fructus agere pœnitentiæ (*Matth.* iii), ut tale templum nos sibi faciat Angelus Testamenti Dominus noster Jesus Christus, qui est super omnia benedictus Deus in sæcula sæculorum. Amen.

SERMO XIII.

IN FESTO D. GREGORII PAPÆ, HUJUS NOMINIS I.

Quæ ad testamentum requirantur, et de testamento Christi; de quatuor speciebus Scripturæ, quæ per quatuor flumina de paradiso fluentia designantur; de duplici sacerdotio, et de pontificalibus indumentis quibus pontifex Veteris Testamenti induebatur.

Statuit illi Dominus testamentum sempiternum, et dedit illi sacerdotium magnum et beatificavit illum in gloria (*Eccli.* xlv).

[Tria nobis circa beatum pontificem et egregium doctorem nostrum præmissa verba commendant, scientiam charitatis, excellentiam dignitatis et gloriam sanctitatis. De primo præmittitur : statuit ei Dominus sacramentum sempiternum. De secundo subjungitur : dedit illi sacerdotium magnum. De tertio subinfertur : beatificavit illum in gloria (17).] Testamentum est propriæ voluntatis justa sententia, super eo quod quis de rebus suis vult fieri post mortem. Exiguntur autem in testamento testes idonei, coram quibus testator et hæredes instituat, et de rebus disponat. Exigitur et tabellio, qui testamentum conscribat, ut sic demum post obitum testatoris sit immobile testamentum. Hæc omnia, fratres, in testamento Christi possumus invenire; qui quanto perfectior est, tanto perfectius volens condere testamentum, cum moriturus esset in proximo, non solum septem testes, sed universos apostolos sibi testes adhibuit, quibus et dixit : « Vos eritis mihi testes in Jerusalem, et in omni Judæa et Samaria, et usque ad extremum terræ (*Luc.* xxiv). » Coram ipsis non unum tantum hæredem, sed omnes electos sibi hæredes instituit. Qui, secundum Apostolum, sunt hæredes Dei, cohæredes autem Christi (*Rom.* viii); de quibus dixerat per Prophetam : « Disposui testamentum electis meis (*Psal.* lxxxiii). » Eis ergo regnum cœlorum ex testamento disposuit, secundum quod dixit : « Beati pauperes spiritu, quoniam ipsorum est regnum cœlorum (*Matth.* v). » Hinc ergo apostolis ait : « Dispono vobis sicut disposuit mihi Pater meus regnum, ut edatis et bibatis super mensam meam in regno meo (*Luc.* xxii). » Summam vero testamenti concludens, « accepit panem, benedixit et fregit, deditque discipulis suis dicens : Accipite et comedite : Hoc est corpus meum. Similiter et calicem postquam cœnavit, dicens : Hic est sanguis meus novi testamenti, qui pro

---

(17) Uncis inclusa affert Maius ex codice Vaticano.

multis effundetur, in remissionem peccatorum (*Luc.* xvii). » Adfuit et tabellio, non unus tantum, sed Matthæus et Joannes, qui testamentum illud, id est Evangelium conscripserunt, juxta quod alter eorum subscribens, ait : « Hic est discipulus ille, qui scripsit hæc (*Joan.* xxi). » Hoc ergo testamentum est sempiternum ; quia testatoris morte fuit firmatum. Ideoque vetus testamentum debuit de jure cessare, secundum quod scriptum est : « Novis supervenientibus, vetera projicietis (*Hebr.* ix). » Et iterum : « Ecce nova facio omnia (*Apoc.* ii). » Unde propheta : « Ecce dies venient, dicit Dominus, et consummabo testamentum novum super domum Israel et super domum Juda ; non secundum testamentum quod dedi patribus eorum, cum educerem eos de terra Ægypti ; sed dabo leges meas in mentes eorum, etc. (*Jer.* xxxi). » Licet autem hoc testamentum electis omnibus disposuerit, principaliter tamen apostolis, eorumque vicariis, quibus regni principatum commisit, dicente Psalmographo : « Pro patribus tuis nati sunt tibi filii, constitues eos principes super omnem terram (*Psal.* xliv) ; » — « qui ordinant testamentum ejus super sacrificia (*Psal.* xlix). » Beatus autem Gregorius revera testamentum ejus super sacrificia ordinavit ; qui, sicut universalis tenet Ecclesia, normam et regulam officiorum, tam super sacrificio, quam super cæteris mysteriis prudenter instituit ; qui Novum et Vetus Testamentum et utilius exposuit, et subtilius intellexit, ut ei convenienter aptetur, quod Sponsa dicit in Canticis : « Omnia poma nova et vetera servavi tibi, dilecte mi (*Cant.* viii) ; » quia nimirum Novum et Vetus Testamentum per alios expositores aliquatenus floruit, sed per ipsum plene fructificavit. Hic est enim scriba doctus in regno cœlorum, qui de thesauro suo nova produxit et vetera (*Matth.* xiii). Hic est stabularius, qui ad curationem vulnerati protulit duos denarios, quos a Samaritano recepit (*Luc.* x). Hic de fonte Scripturæ quatuor expositionum rivos produxit. De quibus mystice legitur : « Fluvius egrediebatur de loco voluptatis ad irrigandum paradisum. Qui dividitur in quatuor capita, Phison, et Gion, Tigris et Euphrates (*Gen.* ii). » Locus voluptatis congrue Spiritus sanctus accipitur, qui est dilectio Patris et Filii, amor et connexio utriusque. De quo legitur : « Torrente voluptatis tuæ potabis eos (*Psal.* xxxv). » Fluvius inde progrediens est sacra Scriptura, quæ per Spiritum sanctum est edita et exposita. Sicut enim fluvius ille dividebatur in quatuor capita, Phison, et Gion, Tigrim, et Euphratem ; sic Scriptura sancta dividitur in quatuor species, historiam, et allegoriam, anagogen et tropologiam. Gion interpretatur *hiatus terræ*, designans historiam ; quia secundum veteres, inhiabant terrenis, eo quod secundum historiam terrena promittebantur. Ut : « Dabo vobis terram lacte et melle fluentem, frumentum et vinum et oleum (*Exod.* xiii), » et similia. Phison interpretatur *oris mutatio*, signans allegoriam, secundum quam littera mutatur in spiritum ; aliudque sonat in littera, et aliud in spiritu continetur. Tigris interpretatur *velox*, designans anagogen, ad cujus intellectum velox declaratur ingenium, et facilis intelligentia ; eo quod præcipue desuper cœlestibus agat, id est de trinitate personarum, et ordinibus angelorum. Euphrates interpretatur *frugifer*, signans tropologiam, per quam anima plantatur in moribus, pullulat in virtutibus et fructificat in operibus. His autem fluminibus beatus Gregorius irrigavit paradisum, id est fecundavit Ecclesiam : « Tetendit arcum suum et paravit illum ; et in ipso paravit vasa mortis, sagittas suas ardentibus effecit (*Psal.* vii). » In arcu duo sunt, lignum et chorda sibi invicem cohærentia. Sed lignum durum per chordam mollem inflectitur. Lignum durum est lex Mosaica, de qua Petrus apostolus ait : « Cur tentatis nobis imponere jugum quod neque nos, neque patres nostri portare potuimus ? (*Act.* xv.) » Chorda mollis est lex evangelica, de qua dicit Dominus : « Jugum meum suave est, et onus meum leve. (*Matth.* ii). » Jugum durum per chordam mollem inflectitur ; quia lex Mosaica per legem evangelicam temperatur. Lex illa reddebat oculum pro oculo, manum pro manu, dentem pro dente (*Levit.* xxiv). Lex ista præcipit : « Si quis te percusserit in unam maxillam, præbe ei et alteram. Si quis abstulerit tibi tunicam, da ei et pallium. Si quis angariaverit te mille passus, vade cum eo alia duo (*Matth.* v). » Præterea sponsa dicit in Cantico : «. Meliora sunt ubera tua vino fragrantia unguentis optimis (*Cant.* i). » Et sponsus in Evangelio : « Venite ad me omnes qui laboratis et onerati estis, et ego vos reficiam ; et invenietis requiem animabus vestris (*Matth.* ii). » Lignum et chorda cohærent ; quia Novum et Vetus Testamentum conveniunt. Rota namque continetur in medio rotæ (*Ezech.* i). Et duo cherubin sese respiciunt versis vultibus in propitiatorium (*Exod.* xv). In hoc arcu paravit beatus Gregorius (18) vasa mortis adversus hæreticos adversantes, ut caperet vulpeculas quæ demoliuntur vineas (*Cant.* ii), ora quidem habentes diversa, sed caudas ad invicem colligatas (*Judic.* xv) ; quia de vanitate conveniunt in idipsum. Sagittas suas ardentibus effecit, propter catholicos delinquentes, ut oves errantes ad caulas reduceret, et in amœnis virgultis pasceret. His vasis atque sagittis liber *Moralium* quasi pharetra plena consistit.

Statuit igitur ei Dominus testamentum sempiternum, et dedit illi sacerdotium magnum (*Eccli.* xlv). Duplex est sacerdotium. Unum, quod visibiliter datur exterius in ordinatione ; alterum, quod visibiliter datur interius in justificatione. Unum est

---

(18) Lib. *Moralium*.

SERMO XIII, IN FESTO D. GREGORII I PAPÆ.

dignitatis, alterum est sanctitatis. De primo ait Dominus ad Moysen : « Applica ad te fratrem tuum Aaron et filios ejus ut sacerdotio mihi fungantur (*Exod.* xxviii); » de secundo Petrus ait : « Vos estis genus electum, regale sacerdotium (*I Petr.* ii).» Utrumque contulit Dominus B. Gregorio, non solum magnum, sed maximum; quem et indumentis virtutum ornavit, et ad apicem apostolicæ sedis sublimavit. Licet enim communiter omnes apostoli claves regni cœlorum acceperunt, ac per hoc omnes episcopi, ut quidquid adhibitis clavibus ligaverint super terram, sit ligatum et in cœlis; et quidquid solve int super terram, sit solutum et in cœlis (*Matth.* xvi), principaliter tamen B. Petrus claves regni cœlorum accep.t, ac per hoc successor ejus, ut ipse possit ligare cæteros, sed ligari non possit a cæteris. Ei namque singulariter dictum est : « Tu vocaberis Cephas (*Joan.* i), » id est *caput*. Sicut enim in humano corpore solum caput habet plenitudinem sensuum, cætera vero membra partem recipiunt plenitudinis; sic et in ecclesiastico corpore cæteri episcopi vocati sunt in partem sollicitudinis, sed supremus pontifex assumptus est in plenitudinem potestatis.

Porro B. Gregorius magis voluit prodesse quam præesse, ita ut potestas magis ei fuerit oneri, quam honori, unus eorum effectus, de quibus legitur : « Induti sunt arietes ovium et valles abundabunt frumento (*Psal.* lxiv). » Indutus est autem ornamentis virtutum, quæ per pontificalia indumenta signantur, ut esset unus eorum, de quibus dicitur : « Sacerdotes tui induantur justitiam, et sancti tui exsultent (*Psal.* cxxxi). » Erant autem in lege (*Exod.* xxxviii, xxxix), octo, vel verius septem pontificalia indumenta, Spiritus sancti gratiam ipso modo designantia, spiritum sapientiæ et intellectus, spiritum consilii et fortitudinis, spiritum scientiæ et pietatis, et spiritum timoris Domini (*Isa.* xi). Eis autem pontifex induebatur hoc ordine. Lotis prius manibus ac pedibus induebatur monachasim, id est feminalia, signans quod sacerdos mundatis operibus et affectibus lacrymis pœnitentiæ debet assumere continentiam, ut offerat hostiam immaculatam, sanctam, Deo placentem (*Rom.* xii). Noster autem pontifex, quia jugem debet habere continentiam, non induit in sacrificio feminalia, sed sandalia. Ac si dicatur : « Qui lotus est, non indiget nisi ut pedes lavet, sed est mundus totus (*Joan.* xiii). » Per manus enim opera designantur, secundum illud : « Benedictus Dominus Deus meus, qui docet manus meas ad prælium, et digitos meos ad bellum (*Psal.* cxliii). » Per pedes signantur affectus, secundum illud : « Excutite pulverem de pedibus vestris (*Matth.* x). » Secundo induebatur cathemone, id est vestem lineam, significans quod sacerdos debet induere innocentiam, ut quod sibi non vult fieri, alii non faciat (*Matth.* vii). Linum enim propter candorem significat innocentiam, secundum illud : « Omni tempore vestimenta tua sint candida (*Eccli.* ix). » Tertio cingebat se balteo, significans castitatem, qua circa lumbos debet accingi, ut restringat concupiscentiam. Unde Veritas ait : « Sint lumbi vestri præcincti, et lucernæ ardentes in manibus vestris (*Luc.* xii). » Quarto induebat tunicam poderim, id est talarem, significans quod pontifex debet induere perseverantiam ; quia « qui perseveraverit usque in finem, hic salvus erit (*Matth.* x). » Per talum enim, propter extremitatem, perseverantia designatur, secundum illud : « Ipsa conteret caput tuum, et tu insidiaberis calcaneo ejus (*Gen.* iii). » Dependebant enim pro fimbriis malogranata cum tintinnabulis aureis (*Exod.* xxviii). Per malogranatum intelligitur operatio, per tintinnabulum aureum accipitur prædicatio; quæ duo debent in sacerdote conjungi, ne sine illis ingrediens sanctuarium moriatur. « Cœpit enim Jesus facere et docere (*Act.* i), » sacerdotibus relinquens exemplum, ut sequantur vestigia ejus (*I Petr.* ii). Qui peccatum non fecit, ut sit honestas in conversatione; nec inventus est dolus in ore ejus (*ibid.*), ut sit veritas in prædicatione. Quinto induebatur ephod, id est superhumerale, significans quod pontifex debet induere patientiam, ut in patientia sua possideat animam suam (*Luc.* xxi). Humeris enim onera portamus, secundum illud : « Supposuit humerum ad portandum, et factus est tributis serviens (*Gen.* xlix). » Habebat autem duas oras conjunctas in utroque latere summitatum, significans quod pontifex debet habere arma justitiæ a dextris et a sinistris (*II Cor.* vi), ut non erigatur prosperis, nec deprimatur adversis. Habebat et duos lapides onychinos insertos humeris, in quibus sculpta erant duodecim nomina filiorum Israel, sex in uno, et sex in altero (*Exod.* xxviii). Per duos onychinos significantur veritas et sinceritas : veritas per claritatem, sinceritas per soliditatem. Per filios Israel significantur sancta desideria et justa opera, secundum illud : « Maledictus homo, qui non reliquerit semen in Israel. » Per senarium significatur perfectio, pro eo quod Deus sexto die perfecit cœlum et terram et omnem ornatum eorum. Quod ergo sex nomina filiorum Israel sculpta erant in uno lapide, et sex in alio, significabat quod desideria sacerdotis et opera perfici debent, non « in fermento malitiæ et nequitiæ, sed in azymis sinceritatis et veritatis (*I Cor.* v). » Ut sinceritas formet intentionem, et veritas finem. Habebat et duas catenulas auri purissimi sibi invicem cohærentes, quæ duobus inferebantur uncinis (*Exod.* xxviii), significans quod pontifex debet habere duos charitatis affectus, ad Deum scilicet et ad proximum, de quibus præcipitur : « Diliges Dominum Deum tuum ex toto corde tuo, et proximum tuum sicut teipsum (*Deut.* vi; *Luc.* x). » Sicut enim aurum præeminet universis metallis, ita charitas excellit universas virtutes; de qua dicit Apostolus : « Major horum est charitas (*I Cor.* xiii).» Duo uncini, sunt intentio et finis, quibus catenulæ inseruntur, ut tam Deum quam proximum diligat « de corde puro, et conscientia bona, et fide non ficta (*I Tim.* 1); » et tam Deum quam proximum diligat propter beatitudinem, Deum propter seipsum, proximum propter Deum.

Sexto induebat logion (*Exod.* xxviii), id est rationale, significans quod pontifex debet induere discretionem, per quam discernit inter lucem et tenebras, inter dextram et sinistram; quia « non est conventio lucis ad tenebras, neque Christi ad Belial (*II Cor.* vi). » Erat autem rationale quadrangulum, significans quod debet discernere inter quatuor : inter verum et falsum, ne deviet in credendis; inter bonum et malum, ne deviet in agendis. Erat et duplex, quia debet discernere pro duobus, pro se videlicet et pro populo, ne, si cæcus cæcum duxerit, ambo in foveam cadant (*Luc.* vi). Habebat et quatuor ordines lapidum (*Exod.* xxviii), figurans quod pontifex debet habere quatuor principaliores virtutes, justitiam, fortitudinem, prudentiam, temperantiam. In singulis autem ordinibus habebat tres lapides : signans quod pontifex in primo debet habere fidem, spem, charitatem; in secundo modestiam, mansuetudinem et benignitatem; in tertio, pacem, misericordiam et largitatem; in quarto vigilantiam, sollicitudinem, et longanimitatem. Per lapides etiam figurantur virtutes secundum illud : « Alius ædificat aurum et argentum et lapides pretiosos (*II Cor.* iii). » Supremum capitis ornamentum erat cydaris vel thiara, quam ultimo pontifex assumebat, significans humilitatem; de qua Dominus ait : « Omnis qui se exaltat, humiliabitur; et qui se humiliat, exaltabitur (*Luc.* xiv, xviii). » Hanc autem gestabat in capite, significans quod pontifex debet gerere humilitatem in mente, exemplo capitis nostri dicentis : « Discite a me, quia mitis sum et humilis corde (*Matth.* xi). » Per caput enim mens intelligitur, secundum illud : « Unge caput tuum, et faciem tuam lava (*Matth.* vi). » De cydari dependebat a fronte lamina aurea, significans sapientiam, in qua scriptum erat nomen Dei tetragrammaton, id est quatuor litterarum, Joth, He, Vau, Heth, id est *principium vitæ*, *passionis iste*; ac si diceret apertius : Ille, cujus pontifex iste gerit personam, scilicet Christus, est principium, id est auctor vitæ, passionis, id est vitæ restauratæ per passionem; quia « mortem nostram moriendo destruxit, et vitam resurgendo reparavit (*Præf. Eccles.*). » Nomen amabile, delectabile et salutare : nomen quod sanat, reficit et illuminat; de quo legitur : « Oleum effusum est nomen tuum, ideo adolescentulæ dilexerunt te (*Cant.* 1). » Non est vera sapientia, in qua tanti mysterii nomen sculptum non est. Erant autem indumenta pro majori parte contexta opere polymito, id est vario, propter varietatem virtutum; de qua legitur : « Astitit regina a dextris tuis in vestitu deaurato, circumamicta varietate (*Psal.* xliv). » Contexta vero de quatuor pretiosis coloribus, purpura, cocco, bysso,

A hyacintho. Per purpuram regiæ dignitatis significatur pontificalis potestas, quæ via regia debet incedere, ne declinet ad dextram, vel deviet ad sinistram; ne liget dignos aut solvat indignos; per coccum coloris ignei, significatur pontificalis doctrina, quæ sicut ignis lucere debet et urere, propter quod et bis tinctus esse narratur. Lucere debet per promissionem, ut : « Omnis qui reliquerit patrem aut matrem etc., centuplum accipiet, et vitam æternam possidebit (*Matth.* xix). » Urere debet per comminationem, ut : « Omnis arbor quæ non fecerit fructum bonum, excidetur et in ignem mittetur (*Matth.* vii). » Per byssum candoris eximii significatur præclaritas famæ, quæ debet esse retorta. Ut pontifex bonum habeat testimonium secundum Apostolum : « Et ab his qui intus sunt, et ab his qui foris sunt (*I Tim.* iii). » Per hyacinthum coloris aerei significatur serenitas conscientiæ, quam intra se pontifex debet habere, secundum quod dicit Apostolus : « Gloria nostra hæc est, testimonium conscientiæ nostræ (*II Cor.* 1). » His omnibus indutus fuit B. Gregorius, ut esset sacerdos magnus, qui in diebus suis placuit Deo, et « inventus est justus, et in tempore iracundiæ factus est reconciliatio (*Eccli.* xiv). » Et ideo Dominus beatificavit illum in gloria. Jam beatificavit eum in anima, sed et beatificavit illum in corpore. Sancti namque duplicem glorificationis stolam habebunt, unam spiritus, et alteram carnis. Stola spiritus in tribus consistit, cognitione, dilectione, delectatione; de cognitione Veritas ait : « Hæc est vita æterna, ut cognoscant te solum verum Deum, et quem misisti Jesum Christum (*Joan.* xvii). » In ea namque sancti cognoscunt sicut et cogniti sunt, videntes « non per speculum in ænigmate, sed facie ad faciem (*I Cor.* xiii); » intelligentes sicuti est, Trinitatem in unitate, et unitatem in Trinitate. Ex hac comprehensiva cognitione nascitur summa dilectio, per quam sancti diligunt Deum « ex toto corde, ex tota mente, ex tota anima (*Matth.* xxii; *Luc.* ix). » Ex corde, id est intellectu, diligunt Filium; toto, id est sine errore; ex mente, id est memoria diligunt Patrem; tota, id est sine oblivione; ex anima, id est voluntate, diligunt Spiritum sanctum; tota, id est sine contrarietate. Ex hac summa dilectione, nascitur summa delectatio, quam « oculus non vidit, nec auris audivit, nec in cor hominis ascendit (*I Cor.* ii); » de qua tamen legitur : « Exsultabunt sancti in gloria, lætabuntur in cubilibus suis (*Psal.* cxlix). »

Stola carnis consistit in quatuor, claritate, subtilitate, agilitate et impassibilitate. De quibus Dominus ait : « Mensuram bonam, et confertam, et coagitatam, et superefflluentem reddent in sinum vestrum (*Luc.* vi); » et alibi : « Fulgebunt justi, et tanquam scintillæ in arundineto discurrent, et regnabit Dominus illorum in perpetuum (*Sap.* iii). » Fulgebunt clari et tanquam scintillæ subtiles, in arundineto discurrent agiles; et regnabit Domirus illorum in perpetuum : impassibiles ; « absterget enim Deus omnem lacrymam ab oculis sanctorum, et jam mors non erit amplius, neque luctus, neque clamor, nec ullus dolor quoniam priora transierunt (*Isa.* xxv ; *Apoc.* vii). » Ad hanc gratiam meritis et precibus B. Gregorii nos perducat Dominus Jesus Christus, qui est benedictus in sæcula sæculorum. Amen.

SERMO XIV.

IN SOLEMNITATE ANNUNTIATIONIS GLORIOSISSIMÆ SEMPER VIRGINIS MARIÆ.

De cœli varia acceptione : de gradibus descensus Christi, et ascensionis ejusdem, et quomodo nos debeamus descendere.

Nemo ascendit in cœlum, nisi qui de cœlo descendit, Filius hominis qui est in cœlo (*Joan.* iii).

Cum diligenter intendo quis sum qui loquor, aut de quo loquor, silendum potius arbitror quam loquendum. Loquor enim mutus de Verbo, terra de cœlo, peccator de Salvatore. Cum tamen de peccatore dicit Deus : « Quare tu enarras justitias meas, et assumis Testamentum meum per os tuum (*Psal.* xlix) ; » sed quoniam creatura non debet obmutescere in laudibus Creatoris, liceat mihi, fratres, aliquid ex verbis præmissis ad laudem Redemptoris in gazophylacium mittere. Quæ quidem verba, tanto subtiliori sunt consideratione pensanda, quanto profundiori sunt intellectu fecunda. Videtur enim quantum ad litteræ superficiem, quod solus Christus ad cœlum ascenderit, sicut ipse solus de cœlo descendit; cum tamen multi cum ipso, vel multi post ipsum in cœlum ascenderint. Multi ergo sunt ascensuri, ut quo præcessit sublimitas capitis, illuc et humilitas corporis subsequatur, ipso dicente : « Volo, Pater, ubi ego sum, illic sit et minister meus (*Joan.* xii).» — « Ascendens autem in altum, captivam duxit captivitatem (*Ephes.* iv), » sanctos scilicet, quia divina visione suspensi in inferni tenebris tenebantur. De quibus legitur : « Eduxit vinctos suos de lacu in quo non erat aqua (*Zach.* ix). » Porro si corticem litteræ velimus diligenter attendere, inveniemus sub illo nucleum, subtilis intelligentiæ.

Cœlum enim in sacra Scriptura variis modis accipitur. Interdum divinitatis significat celsitudinem, ut cum Lucifer ait : « Ascendam in cœlum, et ponam sedem meam ad aquilonem, et ero similis Altissimo (*Isa.* xiv). » Cum enim Lucifer esset in empireo constitutus, non erat cœlum superius quo posset ascendere. Sed cœlum divinitatis celsitudinem intellexit, in quam desiderabat ascendere, ut esset similis Altissimo. Sic et hic cœlum potest convenienter intelligi, ut taliter accipiatur : *Nemo*, id est nullus hominum unquam, quantumlibet sanctus, etiam ab utero sanctificatus, *ascendit in cœlum*, id est in sublimitatem divinitatis, ut esset Deus, *nisi ille qui de cœlo descendit*, id est de celsitudine divinitatis, ut esset homo, *filius* scilicet *hominis, qui est in cœlo*, manens Deus. Non enim sic descendit de cœlo, ut non remaneret in cœlo; quia non sic factus est homo, ut desieret esse Deus ; sed simul in unum est dives et pauper, Deus et homo : Deus de Deo ante sæcula genitus ; homo de homine in sæculo natus. In Psalmo quoque simile legitur : « A summo cœlo egressio ejus, et occursus ejus usque ad summum ejus (*Psal.* xviii). » Hoc hodie, fratres, impletum est, quando « Verbum caro factum est, et habitavit in nobis (*Joan.* i). » — « Hodie novum fecit Dominus super terram, mulier circumdedit virum» (*Jer.* xxxi) gremio uteri virginalis. Mulier, sed intacta; mater, sed virgo. Hæc in utero circumdedit puerum, sed virum; infantem, sed Deum. O vere novum, quod hodie fecit Dominus super terram; quia stella solem, creatura Creatorem, filia patrem concepit. Hodie fecit, ut æternus sit temporalis, simplex compositus, et mortalis sit immortalis. Hodie trinitatis mysterium innovavit, ut tres sint substantiæ in unitate personæ, sicut tres personæ sunt in unitate substantiæ ; ut nasceretur de matre sine patre, qui de patre natus est sine matre. Hodie simul descendit et ascendit; sed Deus descendit in hominem, et homo ascendit in Deo.

Deus ergo descendit, homo ascendit. Sed quia Christus Deus est et homo, ipse descendit pariter et ascendit. Fuit autem Christi descensus, servilis formæ susceptio, de qua dicit Apostolus : «Exinanivit se formam servi accipiens (*Phil.* ii). » In hoc vero descensu, velut in scala, multi sunt gradus dispositi. Distribuamus itaque gradus ejus, ut enarrentur in progenie altera. Primus gradus est passibilitas quam assumpsit, ultimus est passio quam sustinuit. Et inter primum et ultimum diversæ sunt graduum differentiæ. Ad primum spectant defectus hominis, quos suscepit, ut pavor et dolor, fames et sitis, paupertas et labor. Ad ultimum pertinent pœnæ illatæ ab hominibus, quas sustinuit. Captus est enim et ligatus, percussus et flagellatus, irrisus et exprobratus, maledictus et condemnatus, crucifixus et lanceatus. Ecce fractum est alabastrum, et domus repleta est ex odore unguenti (*Matth.* xxvi.) Sed ut suavius odor unguenti respiret, assignandi sunt gradus defectuum, quoniam manifesti sunt gradus pœnarum. In gradum ergo pavoris ipse se descendisse fatetur in psalmo : « Formido mortis cecidit super me, timor et tremor venerunt super me (*Psal.* LIV).» De eodem in Evangelio : « Cœpit Jesus pavere et tædere (*Marc.* XIV).» O mira Christi dignatio! Pro nobis timuit quem angeli timent, quem archangeli tremunt; cui flectitur omne genu, cœlestium, terrestrium et infernorum (*Phil.* II). In gradum ergo doloris ipse quoque se descendisse per prophetam testatur : « O vos omnes qui transitis per viam, attendite et videte si est dolor sicut dolor meus (*Thren.* I).» Unde in Evangelio : « Tristis est anima mea usque ad mortem (*Matth.* XXVI).» O mira Domini pietas! Pro peccatoribus doluit, pro miseris flevit; cujus gaudium semper est plenum, cujus lætitia nunquam deficit, per quem pater et ipse coram patre lusit in orbe terrarum (*Prov.* VIII). In gradum famis et sitis descendit, ipso testante : « Dederunt in escam meam fel, et in siti mea potaverunt me aceto (*Psal.* LXVIII).» De eodem in Evangelio : « Cum jejunasset quadraginta diebus et quadraginta noctibus, postea esuriit (*Matth.* IV).» O ineffabilis dispensatio Redemptoris! fons vitæ sitit, cibus angelorum esurit, panis vitæ, qui de cœlo descendit, de quo si quis gustaverit, vivet in æternum (*Joan.* VI).»

In gradum paupertatis idem se descendisse fatetur : « Pauper, inquit, et dolens ego sum (*Psal.* LXVII:).» De eodem in Evangelio : « Vulpes foveas habent, et volucres cœli nidos; Filius autem hominis non habet, ubi caput suum reclinet (*Matth.* VIII).» O magnum humilitatis exemplum! Factus est pauper, cujus est terra et plenitudo ejus, orbis terrarum et universi qui habitant in eo (*Psal.* XXXII).»

In gradum laboris descendit, ipso dicente : « Laboravi clamans, etc. (*Psal.* VIII).» Et in Evangelio fatigatus legitur in itinere (*Joan.* IV). Quis autem adeo durus, cujus pectus tam ferreum, cujus corpus tam lapideum, ut possit suspiria claudere, gemitum reprimere, cum audit Creatorem suum, redemptorem suum, per hos gradus humiliter descendisse, qui «factus est pro nobis obediens usque ad mortem, mortem autem crucis?» (*Phil.* II.) Sciat se culpabiliter durum, qui deflet contumelias et dolores amici, et cum audierit tot Christi pœnas, tot contumelias et opprobria, non movetur ad gemitum, lacrymas non effundit. Non enim descendit pro se, sed pro nobis, et dedit animam suam redemptionem pro mundo. Verum qui descendit, ipse est qui ascendit. De quo ascensu dicit propheta : « Egredietur virga de radice Jesse, et flos de radice ejus ascendet (*Isa.* XI).» Consequenter autem quasi gradus ascensionis determinans subdit : «Et requiescet super eum spiritus sapientiæ et intellectus, spiritus consilii et fortitudinis, spiritus scientiæ et pietatis, et replebit eum spiritus timoris Domini (*ibid.*).»

Alibi quoque gradus in hoc ascensu describens idem propheta, sic ait : « Puer natus est nobis, et filius datus est nobis : et vocabitur nomen ejus Admirabilis, Consiliarius, Deus, Fortis, Pater futuri sæculi, Princeps pacis (*Isa.* IX).» Hic est qui ad gradum summæ potestatis ascendit, sicut ipse testatur : «Data est mihi omnis potestas in cœlo et in terra (*Matth.* XXVIII).» Quia « omnia quæcunque voluit, fecit in cœlo et in terra, in mari, et in omnibus abyssis (*Psal.* CXIII).» Habuit enim gradus ascensionis non solum per dona, quæ in conceptione recepit, verum etiam per miracula, quæ propria potestate perfecit. Ascendit ergo per miracula, quæ fecit in cœlo, et per miracula, quæ fecit in terra, et per miracula, quæ fecit in aqua. Et in his tribus miracula fecit, nascendo, prædicando, moriendo. Ipse quoque nascente, nova stella apparuit in oriente; quia ortus est sol justitiæ (*Mal.* II), quem magi stella duce venerunt cum muneribus adorare (*Matth.* II). Romæ vero templum Pacis mirabiliter corruit; quia natus est ille, qui non venit mittere pacem, sed gladium (*Matth.* X). Plena siquidem pace toti orbi sub Augusto Cæsare restituta, Romani templum Pacis ædificaverunt. De quo consulentes, quam diu foret duraturum, responsum est : Donec virgo pariat. Qui gaudentes intulerunt : Ergo erit in æternum, quia nunquam virgo pariet. Statim autem in hora nativitatis Dominicæ funditus corruit. Tunc etiam fluvius Tiberis recepit in se rivulum olei manantem de taberna emunctoria; quia natus est fluvius voluptatis, de quo legitur : « Oleum effusum nomen tuum (*Cant.* I).»

Ipse etiam prædicando per hos gradus ascendit. Nam in transfiguratione de cœlo vox Patris audita est : « Hic est Filius meus dilectus, in quo mihi bene complacui: ipsum audite (*Matth.* III).» Ipse etiam, ut cætera miracula prætermittam, de terra quatriduanum Lazarum suscitavit (*Joan.* XII). Ipse super aquas siccis pedibus ambulavit (*Marc.* VI). Eodem in crucis patibulo moriente, sol obscuratus est, terra tremuit, et de latere ejus aqua profluxit (*Luc.* XXIII).

Hæc sunt quæ nemo alius fecit unquam, aut facere potuit; et ideo *nemo ascendit in cœlum, nisi qui de cœlo descendit, Filius hominis, qui est in cœlo.*

Sed et nos fratres si volumus conregnare, oportet et compati; et si volumus ascendere, oportet ut descendamus (*II Tim.* II), quia « qui se exaltat, humiliabitur; et qui se humiliat, exaltabitur (*Luc.* XIV).» Diabolus autem, quia voluit ascendere per superbiam, non tantum descendit, sed cecidit, juxta quod legitur : « Quomodo cecidisti, Lucifer, qui mane oriebaris (*Isa.* XIV).» Et de eodem : « Videbam Satanam tanquam fulgur de cœlo cadentem (*Luc.* I).» Descendamus ergo per humilitatem, et in ipso descensu gradus exemplo Domini disponamus. Primo namque debemus descendere per subjectionem, secundo per compassionem, tertio per abjectionem. Subjectio vero tres continet gradus : primus est, subdere se majori; secundus, subdere se pari ; tertius, subdere se minori. In primum descendimus per debitam necessitatem ; in secundum, per mutuam charitatem; in tertium, per abundantem humilitatem. In hunc gradum Christus descendit, quando lavit pedes discipulorum (Joan. XIII), et quando caput tremendum angelis Baptistæ manibus supposuit, dicens : « Sic decet nos implere omnem justitiam (Matth. III),» id est superabundantem humilitatem. In eumdem gradum docuit apostolos et nos in illis descendere, dicens : « Qui major est vestrum erit omnium servus, seipsum in exemplum præponens; quia Filius hominis non venit ministrari, sed ministrare (Matth. XX).» Hinc est quod maximus in Ecclesia se servum servorum Dei appellat. Compassio vero in duos gradus distinguitur; quorum primus est compassio sui, secundus est compassio proximi. De primo dicitur : « Miserere animæ tuæ placens Deo (Eccli. XXX).» In secundum gradum descendit Apostolus, qui dicebat: «Quis infirmatur, et ego non infirmor? quis scandalizatur, et ego non uror?» (II Cor. II.) Descendamus et nos flentes hujus vitæ miseriam, et ad futuram gloriam suspirantes, et gementes pro peccatis propriis, plorantes pro alienis. Abjectio quoque duos continet gradus. Primus est abjectio mundi, secundus abjectio sui. Ad primum nos hortatur Joannes dicens : « Filioli, nolite diligere mundum, neque ea quæ in mundo sunt. Quidquid enim in mundo est, concupiscentia carnis est (I Joan. II), » quantum ad gulam et luxuriam, et concupiscentia oculorum, quantum ad divitias et possessiones. Sed difficile est divitem intrare in regnum cœlorum (Matth. XIX).» Et superbia vitæ, quantum ad honores et dignitates. Sed tollimur in altum, ut lapsu graviore ruamus. Ad secundum gradum Dominus nos invitat, dicens : « Qui vult venire post me, abneget semetipsum, et tollat crucem suam, et sequatur me (Luc. IX).»

Et in omnibus his debemus descendere, corde, ore, opere. Ut a corde excludamus superbiam, ab ore jactantiam, ab opere inanem gloriam. Si sic descendimus, melius ascendemus de malo ad bonum, de bono ad melius, de meliori ad optimum. Primus ascensus est incipientium, secundus proficientium, tertius pervenientium. Primo ascenditur ad justificationem, secundo ad perfectionem, tertio ad glorificationem. Primus autem ascensus tres gradus habet, qui sunt contritio cordis, confessio oris, satisfactio operis. Ad primum ascendimus per dolorem, in secundum per pudorem, in tertium per laborem. Secundus ascensus tres similiter habet gradus. Primus est vitatio prohibitorum, secundus adimpletio præceptorum, tertius supererogatio consiliorum. Tertius ascensus duplici gradu distinguitur. Primo ascenditur ad glorificationem animæ, secundo ad glorificationem corporis. Ad quas nos faciat ascendere Dominus noster Jesus Christus, qui est super omnia Deus benedictus in sæcula sæculorum. Amen.

—

SERMO XV.

IN DIE SANCTO PARASCEVES.

Cur Christus cum impiis sit ligatus; et Christum eligendum esse non Barabbam. Christum, inquam, non peccatum, et omnes peccatores Barabbam præferre Christo, posseque eos abstinere a peccato, si non magis peccatum quam Christum diligerent.

—

Quem vultis dimittam vobis ? Barabbam, an Jesum qui dicitur Christus ? (Matth. XXVII.)

Verba ista, charissimi, quæ frequenter audistis, frequenter legistis, manifestum est a quo hæc quæstio facta sit. Pilatus hanc fecit Judæis. Sed quare hanc fecit? Ipse quidem judex erat, et pro judiciaria potestate plures in carcere suo vinctos habebat. Hæc autem consuetudo illi erat, quatenus die Paschæ, cum pro ejus solemnitatis gratia, tum pro conservanda Judæorum amicitia, per singulos annos unum ex eis, quos vinctos haberet, die supradicta, ad petitionem ipsorum liberum abire permitteret. Itaque inter alios vinctos unus erat, cui nomen Barabbas. Sed cur Barabbas sit ligatus, causam optime novimus. Ipse enim latro erat, et in seditione homicidium fecerat. Jesus autem quid meruit ? cur inter criminosos adjudicatur ? Nonne ille ipse est, qui ineffabili voluntate criminosis veniam dabat : qui corporali præsentia mortuos suscitabat ? Proh nefas ! « Quæ societas luci ad tenebras ? » (II Cor. VI.) Sed ideo Christus cum impiis religatur, ut illud, quod de eo dictum fuerat, impleretur : « Et cum impiis reputatus est (Isa. LIII). » Cum impiis pietas deputatur, et cum impietate pietas non mutatur; sed potius ad pietatem ipsa postmodum impietas commutatur. *Dicit ergo Judæis Pilatus : Quem vultis vobis de duobus dimitti ?* Ecce Judæi, ecce in vestro arbitrio posita est Christi et latronis electio. Quem vultis eligite, quem vultis abjicite. Christus« peccatum non fecit, nec inventus est dolus in ore ejus (*I Petr.* II).» Barabbas autem latrocinii scelere diffamatus, et homicidii sanguine cruentatus. Ecce Pascha in azymis celebratis, fermentum respuitis. Eligite ergo Christum innocentem et purum, respuite latronem multis iniquitatibus confermentatum; abjicite hominem interfectorem, et suscipite hominem salvatorem. Abjicite, inquam, illum, qui vivos mortificabat, et suscipite illum qui mortuos vivificabat.

Videamus tamen quem elegistis, audiamus quid dixistis: « Non hunc, sed Barabbam (*Joan.* XVIII). » Electio quam non fecit dilectio : puto nec illum diligebatis, quem elegistis. Nec ob aliud voluistis quod Barabbas liberaretur, nisi ut Christus crucifigeretur. *Non hunc, sed Barabbam. Non hunc,* proh dolor! latronis nomen dicitur, Christus non nomine dignus habetur. Sed gravis erat eis ad nominandum, qui gravis erat eis ad videndum.

Sed, o dilectissimi, cur ista edicimus ? Cur et Pilati quæstionem, et Judæorum responsionem tam diligenter discutimus ? Ideo utique, quia ad hujus quæstionis similitudinem aliam volumus facere quæstionem. Illa quæstio facta est populo Judæorum, ut nostra fieret populo Christianorum. Sed quia in populo Christiano sunt boni et mali, nos in præsenti sermone non illam facimus bonis, imo potius illis qui mali sunt, et filii hominum appellantur. Duo itaque proponamus illis, peccatum, et Christum. Dicite ergo, filii hominum : *Quid vultis de duobus dimitti,* peccatum an Christum ? bonum an malum ? veritatem an vanitatem ? iniquitatem an æquitatem ? Et ut dicam expressius, quod volumus, *quid vultis de duobus dimitti ?* Scortum, an Christum ? carnem meretricis, an carnem Filii hominis ? carnem quæ vitam præstat æternam, an carnem quæ mortem afferat sempiternam ? Quid melius vultis, an comedendo corpus Christi in ipso manere, an cohærendo meretrici, vestrum et illius corpus unum efficere? De corpore quippe suo Christus sic loquitur : « Qui manducat carnem meam, et bibit sanguinem meum, in me manet et ego in eo, etc. (*Joan.* VI). » Apostolus vero de corpore meretricis sic dicit : « Qui adhæret meretrici, unum corpus efficitur (*I Cor.* VI). » Dicite, filii hominum, quid diligitis ? Respondete quid de duobus elegistis ? Adhibete, si potestis, discretionem, et facite electionem ; et sic date responsionem. Palam vobis facio quæstionem, nec habet necessariam, nec profundam discretionem. Bonum et malum, scortum et Christum vobis proponimus ; et de his duobus, quid potissimum eligatis, inquirimus ? O filii hominum, quid dubitatis ? cur non cito respondetis ? cur, nisi quia filii hominum estis ? Et quid est filii hominum, nisi filii carnalium, carnalia amantium, carnalia sapientium ? Nonne illi vos estis, de quibus scriptum est : « Filii hominum usquequo gravi corde, utquid diligitis vanitatem et quæritis mendacium ? » (*Psal.* IV.) Certe ista est causa quare bonum non eligitis, quod et gravi corde estis, et vanitatem diligitis. « Quam bonus Israel Deus ! (*Psal.* LXXII.) » Sed quibus ? Non curvis corde. O gravi corde, o filii hominum, quid est quod supergreditur caput vestrum ? unde in corde vestro tanta gravitas ? Hæc siquidem est, de qua scriptum est : « Iniquitas super talentum plumbi sedet (*Zach.* V). » Sed hoc iniquitatis onere laborabat, qui in Psalmo dicebat : « Quoniam iniquitates meæ supergressæ sunt caput meum, et sicut onus grave gravatæ sunt super me (*Psal.* XXXVII). » Hoc etiam pondere premebantur illi, de quibus dicitur : « Submersi sunt quasi plumbum in aquis vehementibus (*Exod.* XV).» Hæc itaque iniquitas, o gravi corde filii hominum, non solum gravat corda vestra, sed etiam ne nobis respondeatis, opilavit os vestrum : et utinam saltem taceretis, et nihil responderetis, et contempto Christo, scortum non eligeretis ! Quod si quæritis, quomodo vel quando Christum contemnitis, quomodo vel quando scortum eligitis ! reducite ad memoriam tempus vestræ confessionis; mementote quid dicatis tempore communionis. Ecce ponamus aliquem ad presbyterum venientem, peccata confitentem et dicentem : « Confiteor, Domine, quia peccavi, patrem et matrem offendi, mentitus sum, pejeravi, aliena furto et violentia rapui. » Ad quem sacerdos : « Pœnitet te ista fecisse, et si vis de cætero ista dimittere? Et ille : « Ex corde istorum pœnitet, et libenter dimitto.» Et sacerdos : «Vide si, ait, plus fecisti Dic mihi, si unquam mulierem tetigisti ? » Et ille : « Quis est, domine, qui hæc non faciat ? Quis est qui se abstineat a peccato isto ?» Et sacerdos : « Noli sic loqui, amice, noli sic loqui. Nisi hoc peccatum sicut et alia confessus fueris, et nisi de isto sicut de aliis emendationem promiseris, scias pro certo quod nec communionem Christi digne percipias, nec post istam temporalem vitam, ad æternam vitam pervenies. Fac igitur et de isto peccato confessionem, promitte emendationem, et sic accipe communionem.» Et ille : « O domine, valde infirmus sum, a muliere abstinere non possum : et ideo non audeo promittere, quod scio me non posse servare.» — « Vovete, inquit, et reddite Domino Deo vestro (*Psal.* LVII); et melius est non vovere, quam vovere et non reddere (*Eccle.* I:). » Et sacerdos : « Non exigo ut votum facias, quod non fecisti, sed redde quod promisisti. Nonne in baptismo diabolo et operibus ejus abrenuntiasti ? Nonne fornicatio diaboli est operatio ? Itaque si secundum consilium nostrum promittis non fornicari, facis quod facere debes : si non promittis, semper tamen debes. Denique votum reddere nec debere, non votum, sed gratuitas dicitur proprie; is etenim votum facit, qui, quod non debet, gratuito se facturum esse promittit; at qui non fornicari promittit, votum non facit, id est non quod non debet, promittit, sed id quod debet reddere decrevit. Ego itaque cum te a fornicatione abstinere, et castitatem tenere moneo, non votum exigo, sed debitum quæro. Quod autem dicis : Infirmus sum, a muliere abstinere non possum, discute quod dicis, vide utrum pro certo possis; credo enim quod posses, si velles; posses, si tantum Deum, quantum oculum tuum diligeres.

« Ecce tibi facio quæstionem, da veram responsionem. Si modo tentatio superveniens te ad luxuriam provocaret, si diabolus instigaret, si caro titillaret, si etiam mulier impudenter et irreverenter se ingereret, et se totam ad peccandum exponeret, tunc in ipso tentationis ardore, si pro certo scires quod oculum perderes si cum ea peccares, dic pro Deo quid faceres? Nonne statim horror quidam per corpus diffunderetur, et ardor ille libidinis, qui te totum occupaverat, sopiretur? Nonne ipsam mulierem abhorreres? Nonne et pugno eam percuteres? Modo attende quid soles dicere : Vellem abstinere, si possem. Ecce potes, quia oculum perdere times. Quod potes per oculum, non potes per Deum : nisi quia plus diligis oculum, quam Deum? num plus valet oculus, quam Deus? Noli itaque dicere quod soles : Vellem, videlicet abstinere, si possem : imo dic : Possem, si vellem. Corrige voluntatem, et dilige castitatem, et continendi accipies potestatem. Si autem te profiteris infirmum, quare non curris ad medicum? si pateris infirmitatem, cur non amplecteris sanitatem? si te conspicis impotentem, quare non suscipis omnipotentem? O infelix, respice teipsum et despice, suspice et suscipe. Ipse totum erit, si ad te venerit, ipse curabit, ipse sanabit, et ipse virtutem præstabit; ipse enim medicus, ipse salus, ipse etiam virtus, ipse sanitas. Acquiesce nostro consilio, et dimitte fornicationem, et fac castitatis promissionem, et sic accipies communionem.

Si unum elegeris, aliud habere non poteris; elige ergo quod vis. » O filii hominum, intendite, quid hic socius vester respondeat, videte quid eligat. « Si, inquit, aliter communicare nequeo, nisi castitatem promittam, melius volo differre communionem, quam ultra meum posse ferre promissionem. » O stulta responsio, o Judaica electio. Quid responderunt Pilato Judæi? Non hunc, sed *Barabbam*. Quid respondit Filius hominis sacerdoti? Si verborum ejus discutimus sensum, quid aliud respondet, nisi, « Non Christum, sed scortum? » Quid enim aliud dicit, cum dicit : « Melius volo communionem differre, quam castitatem promittere. » O quam periculosum differre, o infelix hic differre, quando potes scire ferre? Nonne melius tibi esset tentationem sufferre, quam communionem differre. Sufferentia quidem tentationis faceret te beatum, ista vero communionis dilatio non absolvit, sed auget reatum. « Beatus enim qui suffert tentationem (*Jac.* I); ». sed væ illi, qui pro amore peccandi differt communionem. Abnegate, filii hominum, Judaicam impietatem; sequimini Christianam pietatem, diligite justitiam, mundate conscientiam. Si vultis æternam evadere damnationem, fugite fornicationem. At vos miseri non solum præsentem et insistentem non repellitis, sed quod pejus est, absentem quæritis, fugientem retinetis. Sed quid est fugere fornicationem, nisi evitare occasiones fornicandi? Hanc ergo fugite, Christum eligite, quatenus in præsenti vita digne percipiatis ejus communionem, et in futura vita ad ipsius possitis pertingere possessionem, qui vivit et regnat in unitate Spiritus sancti, Deus, per omnia sæcula sæculorum. Amen.

SERMO XVI.

IN SOLEMNITATE S. JOANNIS BAPTISTÆ.

Quomodo Joannes Baptista multis modis fuerit magnus.

Inter natos mulierum non surrexit major Joanne Baptista (*Matth.* XI).

Qui laudat, et qui glorificat Deum, et ipse laudatur et glorificatur a Deo, ipso testante. « Qui me confessus fuerit coram hominibus, confitebor et ego eum coram Patre meo (*Luc.* XII). » Petrus enim quia dixit ad Christum : « Tu es Christus Filius Dei vivi (*Matth.* XVI), » et Christus inquit ad ipsum : « Et ego tibi dico, quia tu es Petrus, et super hanc petram ædificabo Ecclesiam meam (*ibid.*). » Sic ergo Joannes quia dixit de Christo : « Ecce Agnus Dei, ecce qui tollit peccata mundi (*Joan.* I), » et Christus inquit de ipso : *Inter natos mulierum non surrexit major Joanne Baptista.* Illi de Christo confessi sunt veritatem, Christus de ipsis professus est dignitatem, quia veritatis confessio dignitatis professionem meretur.

Quantus enim exstiterit Joannes, tam prophetica, quam Evangelica lectio protestatur. Fuit enim magnus in prædestinatione, magnus in annuntiatione, magnus in conceptione, magnus in natura, magnus in persona, magnus in gratia, magnus in officio, magnus in merito, magnus in sacramento, magnus in dignitate, magnus in potestate, magnus in claritate, magnus in opinione, magnus in prædicatione, magnus in passione. Fuit ergo magnus in prædestinatione, juxta quod Dominus ei loquitur per prophetam : « Priusquam te formarem in utero, novi te (*Jer.* I). »—«Novit enim Dominus qui sunt ejus (*II Tim.* II), » id est prædestinavit suos. Qui per contrarium reprobis ait : « Non novi vos (*Matth.* vii). » Secundum quem modum Dominus inquit Nathanaeli : « Priusquam te Philippus vocaret, cum esses sub ficu, novi te (*Joan.* i). » Sed cum Deus omnia noverit antequam fiant, quid est quod specialiter dicit de Joanne : « Priusquam te formarem in utero, novi te? (*Jer.* i). » Sed quando quod pluribus communiter convenit, uni specialiter attribuitur, antonomatice debet intelligi. Deus enim plenius novit Joannem; quia praedestinavit ei majorem gratiam in praesenti, et ampliorem gloriam in futuro. Fuit magnus in annuntiatione : quoniam « apparuit angelus Zachariae, stans a dextris altaris incensi : Ne timeas, inquit, Zacharia, quoniam exaudita est deprecatio tua. Et ecce Elisabeth uxor tua pariet tibi filium, et vocabis nomen ejus Joannem : et erit gaudium tibi et exsultatio : et multi in nativitate ejus gaudebunt (*Luc.* i). » Idem angelus annuntiavit patri nativitatem Joannis, qui annuntiavit matri nativitatem Jesu, videlicet Gabriel : magnum utrobique annuntians miraculum, et virginis et sterilis partum. Joannis autem non conceptum dicit, sed ortum; Jesu vero praedicit ortum pariter et conceptum. Non Zachariae patri praedicitur : « Uxor tua pariet tibi filium, et vocabis nomen ejus Joannem (*ibid.*); » sed Mariae matri praedicitur : « Ecce concipies in utero, et paries filium, et vocabis nomen ejus Jesum (*ibid.*). » Quia Joannes fuit conceptus in culpa : solus autem Christus fuit sine culpa conceptus : uterque vero natus in gratia; et ideo utriusque Nativitas colitur : sed solius Christi conceptio celebratur. Fuit magnus in conceptione, quia conceptus est non exigente natura, sed gratia operante : cum esset Zacharias senex, « et Elisabeth sterilis, et ambo pariter processissent in diebus suis (*ibid.*). » Ecce alter Isaac natus de sene, conceptus de sterili, praenuntiatus ab angelo, praenominatus ab ipso, pater Jacob, qui genuit duodecim patriarchas (*Gen.* xvii, xxviii). Ille de Abraham, iste de Zacharia; ille de Sara, iste de Elisabeth : uterque, de sene, uterque de sterili : uterque praenuntiatus et praenominatus ab angelo : ille Isaac, iste Joannes. In nativitate Isaac, ait Sara : « Risum mihi fecit Dominus : quicunque audierit, corridebit mihi (*ibid.*); » in nativitate Joannis audientes vicini et cognati quod manifestavit, vel magnificavit Dominus misericordiam suam cum Elisabeth, congratulabantur ei, juxta quod angelus praedixerat Zachariae : « Gaudium erit tibi et exsultatio, et multi in nativitate ejus gaudebunt (*Luc.* i). » Sed Zacharias, quia non credidit angelo, mutus factus est. Abraham autem, quia « credidit Deo, reputatum est ei fides ad justitiam (*Gen.* xv). » Isaac quasi carnalis pater, Jacob carnaliter genuit; Joannes quasi spiritualis, spiritualiter genuit Christum. Ille duodecim patriarchas, iste duodecim apostolos generavit; ille magnus, sed iste major : *Quoniam inter natos mulierum non surrexit major Joanne Baptista.*

Magnus existit in natura : quia de sacerdotali genere procreatus. « Fuit, inquit, in diebus Herodis regis Judaeae sacerdos quidam nomine Zacharias, de vice Abia, et uxor ejus de filiabus Aaron, et nomen ejus Elisabeth (*Luc.* i). » Nobilis de nobilibus, et justus de justis; quia « erant ambo justi ante Deum, incedentes in omnibus mandatis et justificationibus Domini sine querela (*ibid.*). » Fuit magnus in persona : quia « ipse est qui praecessit ante Deum in spiritu et veritate Eliae, parare Domino plebem suam perfectam (*ibid.*). » Propter quod et Dominus dixit de illo : *Ipse est Elias qui venturus est* (*Matth.* xi). Iste namque praenuntiavit primum adventum, ille praenuntiavit secundum. Iste persecutionem passus est ab Herode, propter Herodiadem uxorem ipsius, ille quidem persecutionem passus est ab Achab, propter Jezabel uxorem ejus. Magnus in gratia, unde vocatum est nomen ejus Joannes, quod *Dei gratia* interpretatur; quia repletus est Spiritu sancto adhuc ex utero matris suae (*Luc.* i), Domino sibi per prophetam dicente : « Antequam exires de vulva, sanctificavi te (*Jer.* i). » Prius fuit renatus quam natus, et regeneratus prius quam generatus; unde ut audivit salvationem Mariae Elisabeth, infans in ejus utero exsultavit (*Luc.* i).

Magnus existit in officio. Juxta quod ipse prophetico verbo respondit : « Ego vox clamantis in deserto, parate viam Domini, rectas facite semitas Dei nostri (*Joan.* i). » Ipse « convertit corda patrum in filios, et incredulos ad prudentiam justorum, parare Domino plebem perfectam (*Luc.* i). Ipse vox Verbi, praeco judicis, paranymphus sponsi, lucerna solis, finis legis, initium Evangelii. Magnus in merito : quia « vinum et siceram non bibit (*ibid.*), » et « habebat vestimentum de pilis camelorum, et zonam pelliceam circa lumbos suos. Esca autem erant locustae et mel silvestre. Modestus abstinentia, quia vinum et siceram non bibit, et erat esca ejus locustae et mel silvestre (*Matth.* iii). » Castus in continentia; quia « vestimentum habebat de pilis camelorum, et zonam pelliceam circa lumbos suos (*ibid.*); » ut essent « lumbi ejus praecincti, et lucernae ardentes in manibus ejus (*Luc.* xii). » Magnus in sacramento : nam « lex et prophetae usque ad Joannem, et ex eo regnum coelorum evangelizatum est (*Luc.* xvi). » *A diebus autem Joannis Baptistae regnum coelorum vim patitur, et violenti diripiunt illud.* Ipse est qui rationem sacramenti de seipso testatur : « Qui habet sponsam, sponsus est. Amicus autem sponsi stat, et gaudio gaudet propter vocem ejus (*Joan.* iii). » Propter quod et alibi dicit : « Qui post me veniet, ante me factus est, cujus non sum dignus corrigiam calceamenti ejus solvere (*Joan.* i). »

Magnus in dignitate, sicut de eo Pater inquit ad Filium : « Ecce ego mitto angelum meum ante faciem tuam, qui praeparabit viam tuam ante te (*Malac.* iii). » Joannes dictus est angelus, non naturae proprietate, sed officii dignitate : cujus excellentiam ipsa Veritas extulit, dicens : *Quid existis in deserto videre? Prophetam? Etiam dico vobis, et plus quam prophetam.* Nam Joannes et cum prophetis dixit futurum : « Ecce veniet fortior me (*Marc.* 1), » et plus, quam propheta ostendit præsentem : « Ecce Agnus Dei, ecce qui tollit peccata mundi (*Joan.* 1).» Magnus in potestate, sicut in persona prophetæ Dominus inquit de illo : « Ecce dedi verba mea in ore tuo ; ecce constitui te super gentes et regna, ut evellas et destruas, et disperdas et dissipes, et ædifices et plantes (*Jer.* 1); » nam manus Domini erat cum illo. Magnus in claritate; quia « ipse erat lucerna ardens et lucens (*Joan.* 1);» de qua Pater per Prophetam : « Paravi lucernam Christo meo (*Psal.* cxxxi). » — « Fuit enim homo missus a Deo, cui nomen erat Joannes. Hic venit in testimonium, ut testimonium perhiberet de lumine, ut omnes crederent per illum (*Joan.* 1). » Magnus in opinione : nam existimante populo et cogitantibus omnibus in cordibus suis de Joanne, « ne forte ipse esset Christus, respondit Joannes omnibus, dicens : « Ego baptizo vos in aqua ; veniet autem fortior me post me, qui baptizabit vos Spiritu sancto et igne (*Luc.* III).» Populus existimabat illum sublimem, sed ipse respondit se humilem, dicens : « Me oportet minui, illum autem crescere (*Joan.* III) ; » nam « qui se exaltat, humiliabitur ; et qui se humiliat, exaltabitur (*Luc.* xiv).» Magnus in prædicatione : quia « venit Joannes in omnem regionem Jordanis, prædicans baptismum pœnitentiæ in remissionem peccatorum. Facite, inquit, dignos fructus pœnitentiæ (*Luc.* III); » et : « Pœnitentiam, inquit, agite, appropinquabit enim regnum cœlorum (*Matth.* III). » Egregius prædicator, qui ea præcipue prædicabat, per quæ peccatorum vera remissio datur, id est baptismum et pœnitentiam (*Matth.* III). Magnus in passione : quia pro veritate carcerem passus, tandem capite est truncatus, baptizatus in sanguine, qui baptizavit in aqua (*Joan.* 1).

Est autem triplex baptismus, in aqua, in lacrymis, in sanguine. In aqua regenerationis, in lacrymis compunctionis, in sanguine passionis. Quorum quemlibet Joannes ante faciem Domini præparavit, baptizando, prædicando et moriendo. *Inter natos itaque mulierum non surrexit major Joanne Baptista.* Quid ergo? An non major est Christus, qui natus fuit de muliere? Juxta quod ipse inquit ad matrem : « Mulier, ecce filius tuus? » (*Joan.* x.) Sed Christus natus est de muliere secundum sexum, non autem secundum amplexum; natus est de muliere secundum speciem, non secundum mollitiem. Vel subintelligitur propheta, cum dicitur : *Non surrexit major Joanne Baptista*, videlicet major propheta. Juxta quod Dominus ipse præmiserat : *Quid existis in desertum videre? Prophetam? Etiam dico vobis, et plus quam prophetam* (*Matth.* xxi). Nam etsi Christus alicubi propheta dicatur, ut : Ecce veniet propheta magnus; et iterum : «Propheta magnus surrexit in nobis (*Luc.* vii) : » ipse tamen dicendus est non tam propheta quam Dominus prophetarum.

Quid est autem quod sequitur : *Qui minor est in regno cœlorum, major est Joanne Baptista?* Ut autem expositiones dubias et obscuras omittamus, plane simul et plene dicamus, quia in regno cœlorum, id est in patria soli angeli erant, quando Christus ista dicebat : quia nondum ascendens in altum suam duxerat captivitatem captivam (*Psal.* lxvii). Angelos autem majores esse quam homines propheta loquens de Christo testatur : « Minuisti eum paulo minus ab angelis (*Psal.* viii). » Nam illi sunt immortales, sed isti mortales : illi sunt impassibiles, sed isti passibiles : illi beati, sed isti miseri : illi triumphant, isti militant. Ergo qui tunc *minor erat in regno cœlorum, major erat Joanne Baptista*.

Nos ergo fratres et filii, qui convenimus ad celebrandam nativitatem ipsius, si eam digne curaverimus celebrare, pro certo sperare debemus, quod quanto major est apud Deum, tanto magis pro nobis interveniet apud ipsum. Sed est nobis summopere providendum, ut qui in nativitate ejus gaudemus exterius, in nativitate ejus interius gaudeamus; quia « reliquiæ cogitationum diem festum agent Domino (*Psal.* lxxv). » — « Non est autem impiis gaudere (*Isa.* xlviii),» dicit Dominus, contestante Psalmista : « Non est pax ossibus meis a facie peccatorum meorum; conscientia mea me remordente (*Psal.* xxxvii). » Quocirca purgemus animam a maculis peccatorum, ut tantæ solemnitatis gaudium digne celebrare possimus. Nam qui nitet exterius, et sordet interius, similis est, ut Dominus ait, sepulcro deforis dealbato, intus autem omni pleno spurcitia (*Matth.* xxiii). Oremus ergo, fratres et filii, oremus omnes et singuli, ut intercedente beato Joanne Baptista nobis det gaudium solemnitatis æternæ, Jesus Christus Dominus noster, qui est super omnia Deus benedictus in sæcula sæculorum. Amen.

SERMO XVII.

IN EODEM FESTO.

A diebus Joannis Baptistæ regnum cœlorum vim patitur, et violenti rapiunt illud (*Matth.* xi).

Mirum fortasse videtur aliquibus, si regnum cœlorum per violentiam rapitur. Sed mirum profecto videri non potest his, qui propter regnum cœlorum membra cum vitiis et concupiscentiis crucifigunt (*Gal.* v), qui propter divina verba custodiunt vias duras, qui abnegant semetipsos, ut Christum sequantur, et per viam arctam incedant, quæ ducit ad vitam. O quantam sibi vim facit! quantam irrogat violentiam! quantam pugnam indicit, qui, cum sit dives ex sæculo, facit se pauperem propter Deum, et eligit abjectus esse in domo Domini, quam habitare inter peccatores! (*Psal.* LXXXIII.) Caro quippe contendit, natura repugnat, consuetudo resistit; sed vincit gratia, superat spiritus, ratio dominatur, cum illud diligenter attendit, quod Christus veraciter repromittit : « Beati pauperes spiritu, quoniam ipsorum est regnum cœlorum (*Matth.* v). » Felix conflictus, beata pugna, gloriosum prælium, quando propter adipiscendum regnum cœlorum spiritus adversus carnem dimicat. Ergo pugnat contra naturam, ut vincat, ut superet, ut triumphet. Non potest hoc bellum sine magna virtute, sine gravi difficultate, sine multa violentia exerceri. Homo siquidem in divitiis enutritus, paupertatem abhorret, divitias amplexatur; quia paupertas est dura, et divitiæ suaves. Verum econtra qui jam didicit jugum Christi portare, amat inopiam, divitias vilipendit, sciens quod divitiæ pungunt animam et corpus dissolvunt, edoctus ab illo qui divitias vocat spinas (*Luc.* VIII), quia pungunt, lacerant, et affligunt, quoniam sine labore non acquiruntur, sine timore non possidentur, sine dolore non amittuntur. Et ideo « beati pauperes spiritu, quoniam ipsorum est regnum cœlorum (*Matth.* v). » Talis fuit Joannes Baptista, qui mundum cum divitiis dereliquit, eremum cum paupertate quæsivit, quoniam erat in deserto loco usque in diem offensionis suæ ad Israel. Noluit fungi sacerdotio pro patre, ut sacerdotales et legales proventus perciperet, ut decimas et primitias obtineret; quoniam, ut unde acciperet, universa dimisit. Et ideo recte dicitur, quod *a diebus Joannis regnum cœlorum vim patitur, et violenti rapiunt illud*, quoniam, ut hoc fieret, Joannes per spiritum in se ipso monstravit exemplum.

Cum autem sine causa quis suffert injuriam, suscipit contumeliam, sentit jacturam, si propter regnum cœlorum non ascendit in iram, non rapitur in furorem, non ascendit in vindictam, profecto magnam vim facit sibi, multam irrogat violentiam, grandem et gravem coarctionem infligit. Hujus tam fortis est virtus, tam virtuosa est fortitudo, ut suum vincat ipse victorem, cum superat semetipsum; quia juxta sententiam Salomonis : « Melior est patiens viro forti, et qui dominatur animo expugnatore urbium (*Prov.* XVI). » In hoc sane duello is vincitur, qui perpetrat injuriam contra proximum; et is vincit, qui patitur injuriam propter Deum, juxta quod Veritas ait : « In patientia vestra possidebitis animas vestras (*Luc.* XXI). » Talis fuit Joannes Baptista, qui pro justitia perpessus est carcerem, et tandem pro justitia capite truncatur. Toleravit non murmurans, non reluctans, quamvis tantus esset ac talis, ut eum metueret Herodes, sicut evangelica lectio protestatur. Et ideo recte dicitur, quod *a diebus Joannis Baptistæ regnum cœlorum vim patitur, et violenti rapiunt illud.* Joannes perspicuum in seipso monstravit exemplum.

Est et aliud genus luctæ, in quo quidem oporteret cautius reluctari, quando videlicet favoris aura demulcet præconium, laus applaudit, adulatoris lingua blanditur, ne rapiat se in altum, attollat ad summum, erigat in excelsum; sed inferiorem se reputet, humiliorem se exhibeat, minorem ostendat. Quis est autem, quem præconia non exhilarent et extollant, opprobria non dejiciant et contristent ? Ne autem hoc fiat, necessaria est modestia, quæ violentum modum elationis cohibeat, et prudenter excessum arrogantiæ moderetur, ut caput interius oleum pectoris non impinguet (*Psal.* CXL). Talis fuit Joannes Baptista, qui cum putaretur ab omnibus esse Christus, noluit contra conscientiam acquiescere famæ, ut excederet inaniter supra se, sed contra famam voluit acquiescere conscientiæ, ut subsisteret veraciter contra se. Verum cum homines prædicarent eum esse sublimem, Christum esse credentes, ipse respondit se humilem : « Non sum, inquiens, ego, sed post me venturus est, qui ante me factus est, cujus non sum dignus calceamentum solvere (*Matth.* III). » Recte dicitur, quod *a diebus Joannis Baptistæ regnum cœlorum vim patitur, et violenti rapiunt illud;* quoniam, ut hoc fieret, Joannes in se perspicuum monstravit exemplum.

Quid dicam de gula ? quid referam de luxuria ? Quam difficile sit gulosæ abstinentiæ freno restringi, quam grave luxurioso abstinentiæ cingulo coarctari, cum sine multo molimine non valeat carnalem consuetudinem immutare : familiaris est hostis, et ideo facilius vitatur hujusmodi, non procul, sed prope; non extra, sed intra. Nam virtus est in lumbis ejus (*Job* XL), et fortitudo ejus adversus hunc hostem opus est nova pugna, quia, cum fugitur, tunc fugatur. Qui ergo propter regnum cœlorum sobrietatem complectitur, et castitatem sectatur ab epulis abstinens, et continens ab illecebris; hic profecto vehementem sibi vim facit, gravem pugnam inducit, cum «caro concupiscat adversus spiritum, et spiritus adversus carnem (*Gal.* v). » Et ubi major est lucta, ibi pretiosior est corona; et ubi gravior est conflictus, ibi gloriosior est triumphus. Talis fuit Joannes, qui contempsit delicias, sprevit epulas, et illecebras evitavit; castus, sobrius et modestus. Scriptum est quippe de illo, quod « habebat vestimentum de pilis camelorum, et zonam pelliceam circa lumbos ejus. Esca autem ejus erant locustæ et mel silvestre (*Matth.* III), » unde manifeste meruit veritatis testimonium : *Quid*, inquit, *existis in desertum videre ? hominem mollibus vestitum ? Ecce qui mollibus vestiuntur, in domibus regum sunt. Sed quid existis videre ? prophetam ? Etiam dico vobis, plus quam prophetam :*

quoniam inter natos mulierum non surrexit major Joanne Baptista. Et ideo recte dicitur, quod *a diebus Joannis Baptistæ regnum cœlorum vim patitur, et violenti rapiunt illud;* quoniam, ut hoc fieret, Joannes Baptista perspicuum in se monstravit exemplum. O quam difficile prohibetur inveteratam consuetudinem immutare, præsertim de dulcibus ad amara, de placidis ad molestia, de prosperis ad adversa transire? Quantam vim facit profecto sibi quis, ubi transit de epulis ad jejunium, de soporibus ad vigilias, de otiis ad molestias, de deliciis ad miserias, de requie ad laborem, de gaudio ad lamentum, de libertate ad servitutem, experto crede magistro.

Est et alia quædam pugna domestica, tanto familiarior, tanto gravior. Nec parvula videtur, quia contra parvulos agitur, ut teneantur et allidantur ad petram. Quis enim malarum cogitationum vitare posset intellectum, quem cogitationes importunæ non vexent? « Muscæ morientes perdunt suavitatem unguenti (*Eccli.* x), » volucres irruentes quas Abraham a sacrificio abigebat (*Gen.* xv). Non est utique in hominis potestate ne surgat, ut sit in hominis virtute ut crescat; quia parvulæ vehementer affligunt, adultæ perimunt violenter. Primos quoque motus non possumus non sentire, quamvis illis non consentire possumus. Sæpe jam obscenæ cogitationes contra hominis voluntatem irrepunt, ut sine pudore cogitare non possint, ut taceamus de illis quæ vanæ sunt et profanæ, nec possunt sine multo conamine, maxime per virtutem sanctæ orationis excludi.

Magnam vim sibi facit, quod propter regnum cœlorum est necessario faciendum. De illo namque præcipitur: « Diligite inimicos vestros, benefacite his qui oderunt vos (*Matth.* v). » De isto mandatur: « Si quis venit ad me, et non oderit patrem et matrem, adhuc autem et animam suam, non potest meus esse discipulus (*Luc.* xiv). » Gravis est pugna, sed grandis est victoria, quando contendunt ad invicem carnalis et spiritualis affectus. Si spiritualis vincit in hac pugna carnalem, tunc utique vaccæ feræ, quæ vitulos domi reliquerant plaustrum novum trahentes, quo arcam Domini superimpositam sibi portant, in directum procedunt per viam, quæ ducit Bethsames, et uno itinere gradiuntur, pergentes et mugientes: ut nec ad dextram, neque ad sinistram declinent (*I Reg.* vi). A talibus ergo *regnum cœlorum vim patitur, et illud* hujusmodi *violenti diripiunt;* quia per violentiam quam inferunt sibi ipsis, ut de vitiis transeant ad virtutes, regnum cœlorum obtinere merentur.

Sed cum a diebus Joannis Baptistæ non solum per rationem superius replicatam, sed quia « lex et prophetæ usque ad Joannem, et ex eo regnum cœlorum evangelizatum est (*Luc.* xvi); » lex quidem Mosaica temporales duritias permittebat, unde Veritas ait: « Dabo vobis, inquit, terram fluentem lacte et melle (*Levit.* xx): » frumentum, vinum et oleum, rorem et imbrem. Sed lex Evangelica temporalem paupertatem indicit: « Si vis, inquit, perfectus esse, vade, et vende omnia quæ habes, et veni, et sequere me (*Matth.* xix); » quia « nisi quis omnibus renuntiaverit quæ possidet, non potest meus esse discipulus (*Luc.* xiv). » Lex Mosaica reddebat malum pro malo, talionem pro talione; sed lex Evangelica reddebat bonum pro malo, benedictum pro maledicto. « Si percusserit te in unam maxillam, præbe ei aliam: si abstulerit tibi tunicam, da ei pallium (*Matth.* v), etc. » Lex Mosaica indicebat conjugalem copulam: Maledictus, inquiens, homo, qui non relinquit semen Israel: et maledicta sterilis quæ non parit; sed evangelica virginalem pudicitiam persuadet: « Sunt, inquit, eunuchi, qui castraverunt se propter regnum cœlorum. Qui potest capere, capiat (*Matth.* xix). » Gravia quidem sunt ista, sed diligentibus levia reputantur; quia charitas superat universa. *Venite,* inquit, *ad me, qui laboratis, et onerati estis, et ego vos reficiam, et invenietis requiem animabus vestris. Jugum enim meum suave est, et onus meum leve.* Nam « lex per Moysen data est, ergo gratia et veritas per Jesum Christum facta est (*Joan.* I). » Nam *a diebus Joannis Baptistæ regnum cœlorum vim patitur, et violenti diripiunt illud.* Plane diripiunt, et violenter acquirunt. In hanc violentiam patitur Dominus libenter inferri: quod non solum piis precibus, verum etiam importunis clamoribus ad præstanda beneficia inclinatur, quemadmodum in Evangelio ipse docet: Quod si amicus qui petebat tres panes accommodari, perseveraverit pulsando: « dico, inquit, vobis, etsi non dat illi, surgens eo quod amicus illius sit, propter improbitatem tamen ejus surget, et dabit illi quotquot habet necessarios (*Luc.* II). » Vult ergo importunis precibus exorari, et charius reputetur; quod quasi fuit per multam importunitatem exortum. Sic mirum, quod angelus, qui cum Jacob luctabatur, coactus fuit ut benediceret ei; juxta quod idem angelus ait: « Dimitte me, aurora est. Respondit ei, et dixit: Non dimittam te, nisi benedixeris mihi. At ille: Nequaquam, inquit, Jacob appellaberis, sed Israel erit nomen tuum; quoniam, si contra Deum fuisti fortis, quanto magis contra homines prævalebis? et benedixit ei in eodem loco (*Gen.* xxxii), » Porro si tales fuerunt Patres Veteris Testamenti, cur dicitur, quod *a diebus Joannis Baptistæ regnum cœlorum vim patiebatur;* cum et ante tempus Joannis Baptistæ regnum cœlorum passum fuerit hujusmodi violentiam, qui despexere divitias, vitaverunt illecebras, et delicias contempserunt?

Sed propter rationes ea etiam hac ratione dicitur: quia quod tunc fiebat raro a paucis, nunc fit frequenter a multis, qui catervatim contendunt, et certatim per multam frequentiam ad regnum cœlorum transire. Quod in his manifestum est intueri, qui diffusis omnibus propter Dominum abnegant seipsos, crucem tollentes, ut Christum sequantur. Satagemus ergo, fratres charissimi, propter regnum cœlorum vim nobisipsis inferre, « ut abnegantes impietatem et sæcularia desideria, sobrie, et juste, et pie vivamus in hoc sæculo, exspectantes adventum gloriæ magni Dei (*Tit.* II). » Quod precibus et meritis B. Joannis Baptistæ nobis præstare dignetur Dominus noster Jesus Christus, qui est benedictus in sæcula sæculorum. Amen.

SERMO XVIII.

IN EODEM FESTO (19).

« *A diebus Joannis Baptistæ regnum cœlorum vim patitur, et violenti diripiunt illud (Matth.* XI). »

Regnum cœlorum sive regnum Dei, fratres charissimi, accipitur multis modis; nam aliud est inferius et aliud superius, aliud interius et aliud exterius; inferius est in via, superius est in patria; interius est in corde, exterius in codice; inferius est exercitus militans, superius chorus est triumphantium; interius est fides recta, exterius Scriptura divina. Ut autem basis sit sub columna, de his et illis supponamus exempla. De inferiori legitur: « Simile est regnum cœlorum homini negotiatori quærenti bonas margaritas (*Matth.* XIII). » De superiori dicitur: « Venient et recumbent cum Abraham et Isaac et Jacob in regno cœlorum (*Matth.* VIII); » de interiori legitur: « Regnum Dei intra vos est (*Luc.* XVII). » De exteriori dicitur: « Auferetur a vobis Regnum Dei, et dabitur genti facienti fructus ejus... (*Matth.* XXI). » quod *regnum* inferius *patitur vim* ut diripiat regnum superius, quia per pugnam quæ exercetur in via pertingitur ad coronam quæ datur in patria, juxta quod dicit Apostolus : « Non coronabitur nisi qui legitime certaverit (*I Tim.* II). » Similiter regnum interius patitur vim ut diripiat regnum superius, quia per fidem animæ pervenitur ad intellectum Scripturæ, juxta quod dicit propheta : « Nisi credideritis, non intelligetis. » Certe nisi nostra anima crederet, quod tres personæ sunt unus Deus, nunquid intelligeret illud quod dicit Scriptura : « Duo seraphim clamabant alter ad alterum : Sanctus, sanctus, sanctus Deus exercituum?» (*Isai.*VI.) Nec intelligeret quod Abraham tres vidisse describitur, et unum legitur adorasse (*Gen.* XVIII). Item nisi anima crederet quod Deus Pater ab æterno genuit Deum Filium, nunquam intelligeret illud quod Scriptura testatur : « Tecum principium in die virtutis tuæ, in splendoribus sanctorum, ex utero ante Luciferum genui te?» (*Psal.* CIX.) Nec intelligeret quod sapientia de se loquitur in Proverbiis : « Dominus possedit me in initio viarum suarum, antequam quidquam faceret a principio ; necdum erant abyssi, et ego parturiebar; et cum eo eram cuncta componens (*Prov.* VIII). » Rursus nisi anima crederet quod Deus factus est homo, nunquam intelligeret illud quod dicit Scriptura : « Homo factus est in ea, et ipse fundavit eam Altissimus? » (*Psal.* LXXXVI.) Nec intelligeret illud quod legitur : « Ex te, Bethlehem terra Juda, exiet dux qui sit Dominator in Israel; et egressus ejus ab initio dierum æternitatis (*Mich.* V). » Propterea nisi anima crederet quod Maria genuit Christum Jesum, nunquam illud intelligeret quod alibi legitur : « Novum faciet Dominus super terram, femina circumdabit virum (*Jer.* XXXI). » Multa sunt talia, sed sufficiant pauca de multis, ut ad alia transeamus.

Magnam vim patitur anima ista credendo, quia pene incredibilia sunt quæ credit, ut fides habeat meritum cui humana ratio non præbet experimentum. Audi prophetam de talibus admirantem : « Antequam parturiret peperit, antequam veniret partus ejus peperit masculum (*Isai.* LXVI). » Quis, inquam, audivit unquam tale, et quis vidit huic simile? Propter quod alibi dicit : « Generationem ejus quis enarrabit? » (*Isai.* LIII.) Tales igitur violenti qui per fidem inferunt vim naturæ, *diripiunt regnum cœlorum*, id est intelligunt mysteria Scripturarum. Et hæc vis incipit *a diebus Joannis Baptistæ*; quoniam *lex et prophetæ usque ad Joannem*, et ex eo regnum cœlorum evangelizatum est. *Usque ad Joannem* Baptistam litteralis sensus viguit in Scripturis, sed *a diebus Joannis Baptistæ* spiritualis intellectus in Scripturis emicuit, juxta quod ipse Joannes Baptista requisitus quis esset, aperiens unum de mysteriis Scripturarum, respondit : « Ego vox clamantis in deserto, dirigite vias Domini, sicut dicit Isaias propheta (*Joan.* I). » Oportet igitur ut magnam sibi vim inferat qui vult intelligere mysteria Scripturarum, quia sine multis studiis et vigiliis, sine multis sudoribus et laboribus, sine multa meditatione ac lectione non possunt intelligi. Propter quod Dominus ait : « In sudore vultus tui vesceris pane tuo (*Gen.* III) ; » quia « non in solo pane vivit homo, sed in omni verbo quod procedit de ore Dei (*Matth.* IV). » Ergo *a diebus Joannis Baptistæ regnum cœlorum vim patitur, et violenti diripiunt illud.*

Mirum fortasse aliquibus videtur, si regnum cœlorum per violentiam rapitur, etc., *ut supra*

---

(19) Ex edit. Angelo Maii.

SERMO XIX.

IN EODEM FESTO.

De triplici nativitate Joannis, carnali, sacramentali et spirituali, in quibus multi gaudent.

Elisabeth uxor tua pariet tibi filium, et vocabis nomen ejus Joannem: et erit tibi gaudium et exsultatio, et multi in nativitate ejus gaudebunt (*Luc.* 1).

Quod legimus et intelligimus a Gabriele prædictum, ecce videmus et gaudemus in Joanne completum; quia *multi in ejus nativitate lætantur*. Verbum autem angelicum trifarium resonat intellectum, secundum triplicem nativitatem Joannis, carnalem, sacramentalem et spiritualem. Carnalem, secundum historiam; sacramentalem, secundum allegoriam; spiritualem, secundum tropologiam. Sive carnalem, secundum naturam; sacramentalem, secundum figuram; et spiritualem, secundum gratiam. Ad carnalem nativitatem secundum naturam pertinet, quod audistis in Evangelio: *Elisabeth impletum est tempus pariendi, et peperit filium*. Ad sacramentalem nativitatem secundum figuram spectat, quod dicitur per prophetam: « Priusquam te formarem in utero, novi te (*Jer.* 1). » Ad spiritualem nativitatem secundum gratiam spectat, quod ait angelus: *Spiritu sancto replebitur adhuc ex utero matris suæ*. Secundum historiam enim multi gaudent in nativitate Joannis: non solum Christiani, verum etiam Agareni: qui credentes ipsum fuisse prophetam, ejus nativitatem celebrant et exsultant. Soli autem hæretici et Judæi hujus gaudii sunt immunes, quia hujus fidei sunt expertes. Gaudium illud in quibusdam partibus repræsentant puellæ hodie psallentes in cymbalis, et coronulas deferentes. In aliis vero partibus pueri ossa collecta cremantes et ludentes ad ignem. Licet enim institutio vana fuerit, intentio tamen est sana.

Porro secundum allegoriam, nativitatem Joannis præfiguravit nativitas Isaac; nam uterque fuit natus de sene, uterque de sterili, uterque et prænuntiatus et prænominatus ab angelo, ille Isaac, iste Joannes. In nativitate Isaac ait Sara: « Risum fecit mihi Dominus; quæcumque audierit, corridebit mihi (*Gen.* xxi).» In nativitate Joannis *audientes vicini et cognati, quia magnificavit misericordiam suam cum Elisabeth, congratulabantur ei*. Sed et Zacharias, quia non credidit angelo, factus est mutus; Abraham, quia credidit Deo, reputatum est ei ad justitiam. Abraham genuit Isaac, Isaac genuit Jacob, Jacob genuit duodecim patriarchas (*Gen.* xvii): sic et Zacharias Joannem, Joannes Christum, Christus duodecim apostolos generavit. Sed inter Christum et Joannem generationis ordo mutatus est; nam Zacharias genuit Joannem secundum carnem, Joannes autem Christum ex aqua secundum Spiritum.

Audite mysterium, et intelligite sacramentum: « Lex et prophetæ usque ad Joannem, et ex eo regnum cœlorum evangelizatum (*Luc.* xvi); » usque ad Joannem nascebantur homines secundum naturam ex carne, sed a Joanne renascuntur homines ex aqua per spiritum; quia, nisi quis renatus fuerit ex aqua et Spiritu sancto, non intrabit in regnum cœlorum. Quod autem natum est ex carne, caro est: et quod natum est ex spiritu, spiritus est (*Joan.* iii). » Sufficit modo parum de tanto mysterio prælibasse: quia non omnia sunt omnibus exponenda. Juxta quod Veritas ait: « Vobis datum est nosse mysteria regni Dei, cæteris autem in parabolis (*Matth.* xiii; *Luc.* viii). »

Multi quoque gaudent in nativitate Joannis secundum tropologiam, universi videlicet, qui nascentem in se Dei gratiam cum mentis hilaritate suscipiunt et conservant. De qua dicebat et orabat Psalmista: « Redde mihi lætitiam salutaris tui, et spiritu principali confirma me (*Psal.* l). » Joannes enim interpretatur *gratia Dei*, quæ per affectum concipitur, per effectum nascitur, et per profectum nutritur. De ipso namque Joanne mater aiebat: « Ex quo facta est vox salutationis tuæ in auribus meis, exsultavit in gaudio infans in utero meo; quia repletus fuit Spiritu sancto ex utero matris suæ (*Luc.* 1). » Idem angelus annuntiavit patri nativitatem Joannis, qui annuntiavit matri nativitatem Jesu, videlicet Gabriel: annuntians utrobique miraculum, et virginis et sterilis partum. Joannis autem non conceptum prædixit, sed ortum; Jesu vero prædixit ortum, pariterque conceptum. Nam Zachariæ patri prædicitur: « Elisabeth uxor tua pariet tibi filium, et vocabis nomen ejus Joannem (*ibid.*); » sed Mariæ matri prædicitur: « Concipies in utero; et paries filium, et vocabis nomen ejus Jesum (*ibid.*). » Cur hoc? nisi quod Joannes fuit conceptus in culpa, solus autem Christus fuit sine culpa conceptus: uterque vero natus in gratia: et ideo utriusque nativitas colitur, sed solius Christi conceptio celebratur.

Verum ne longe petamus exempla, quoniam in quolibet nostrum possumus moraliter invenire Zachariam et uxorem ejus Elisabeth, quæ parit ei filium, ejus nomen debet vocari Joannes: « Eritque sibi gaudium et exsultatio, et multi in nativitate ejus gaudebunt (*ibid.*). » Elisabeth namque uxor Zachariæ, potest intelligi caro copulata spiritui. Quia sicut vir castigat et regit uxorem, ita spiritus castigare debet et regere carnem, ne forte lasciviat et incidat in fornicationis reatum. Hæc pariet ei filium, quando spiritus per carnis officium bonum opus exerceret; ut, si dat eleemosynam, vestit nudum, pascit esurientem, visitat infirmum, sepelit mortuum. Tunc uxor ipsius sicut vitis abundat in lateribus domus suæ : filii sui sicut novellæ olivarum in circuitu mensæ suæ (*Psal.* XII). Hujus nomen debet vocari Joannes, videlicet *Dei gratia;* quia nemo bonum opus sibi debet ascribere, sed gratiæ Dei nostri ; juxta quod dicit Apostolus : « Gratia Dei sum, id quod sum, et gratia Dei in me vacua non fuit, sed gratia ejus in me semper manet (*I Cor.* XV). » *Eritque sibi gaudium et exsultatio*, quia de bono opere gaudebit et exsultabit, quod mentem lætificat et serenat. Nam « mulier cum parit, tristitiam habet : cum autem peperit masculum, jam non meminit pressuræ propter gaudium, quia natus est homo in mundum (*Joan.* XVI). »

Et multi in nativitate ejus gaudent : omnes videlicet boni, qui proximo suo congratulabuntur in bono. Propter quod Veritas dicit : « Luceat lux vestra coram hominibus, ut videntes opera vestra bona, glorificent Patrem vestrum qui in cœlis est (*Matth.* v). »

Est ergo summopere providendum, ut qui pectus exterius tripudiantes in corpore, gaudeamus intus exsultantes in mente ; quia reliquiæ cogitationis diem festum agent Domino (*Psal.* LXXV). » « Non est autem impiis gaudere ; dicit Dominus (*Isa.* XLVIII); » — « nec est pax ossibus meis a facie peccatorum (*Psal.* LXXV). » Quocirca purgemus animas nostras a maculis peccatorum, vitiorum, ut tantæ solemnitatis gaudium digne celebrare possimus ; ne forte simus ex illis « qui lætantur cum malefecerint, et exsultant in rebus pessimis (*Prov.* II) ; » — « et tenent tympanum et citharam, et gaudent ad sonitum organi, sed in puncto ad inferna descendunt (*Job* XXI); » quin potius simus ex illis, qui ingrediuntur « in locum tabernaculi admirabilis usque ad domum Dei, in voce exsultationis et confessionis sonus epulantis (*Psal.* XL). » Præstante Domino nostro Jesu Christo, qui est benedictus in sæcula sæculorum. Amen.

SERMO XX.

IN FESTO BEATI PETRI (20).

Dixit Jesus Simoni Petro : Simon Joannis, diligis me plus his? Dicit ei : Domine, tu scis quia amo te (*Joan.* XXI).

Licet omnes apostoli apud Deum valde meruerint honorari, propterea quod de omnibus apostolis dicitur : Nimis honorati sunt amici tui, Deus, nimis confortatus est principatus eorum (*Psal.* CXXXVIII) ; » præcipue beatissimus Petrus apostolus honorari promeruit, propter fidem et charitatem quæ in eo principaliter claruerunt. Nam propter meritum constantissimæ fidei Dominus sibi concessit claves, et propter meritum ferventissimæ charitatis Dominus sibi commisit oves. Ante concessionem clavium Dominus interrogavit de fide : « Vos, inquit, quem me esse dicitis? Respondens Simon Petrus dixit : Tu es Christus Filius Dei vivi. Respondens autem Jesus dixit ei : Beatus es, Simon Bar-Jona, etc. Tibi dabo claves regni cœlorum (*Matth.* XVI). » Ante commissionem ovium interrogavit de charitate : *Simon Joannis, diligis me plus his?* Dicit ei : *Etiam, Domine, tu scis quia amo te*, etc., usque *pasce oves meas.* De his autem virtutibus specialiter requisivit, quia inter virtutes fides est prima, et charitas est præcipua ; fides est fundamentum, et charitas est tectum ; illa inchoat, et ista consummat. Ideoque legitur : « Fides est substantia sperandarum rerum, argumentum non apparentium (*Hebr.* XI). » De charitate legitur : « Charitas operit multitudinem peccatorum (*I Petr.* IV). » De fide legitur : « Sine fide impossibile est placere Deo. (*Hebr.* XI) ; » De ista dicitur : « Si distribuero in cibos pauperum omnem substantiam meam, charitatem autem non habuero, nihil mihi prodest. (*I Cor.* XIII). » Illa magna, sed ista major, quia, secundum Apostolum, « nunc manent fides, spes, charitas ; tria hæc, major autem horum est charitas (*ibid.*).

In concessione clavium interrogavit de fide, quia claves nonnisi fidelibus committuntur ; de quibus qui male sentiunt in præsenti, malum utique sentient in futuro, quia « qui non credit, jam judicatus est (*Joan.* III). » In commissione ovium interrogavit de charitate, quia mercenarius est et non pastor qui pascit oves cupiditate lucri, non autem amore Dei. Verum interrogando de fide, interrogavit semel, quia unus est Deus, una fides, unum baptisma (*Ephes.* IV). Interrogando de charitate interrogavit ter, quia tres debet homo ex charitate diligere, Deum, se ipsum, et proximum. « Diliges, inquit, Dominum Deum tuum (*Matth.* XXII), » ecce primum ; « sicut te ipsum (*ibid.*), » ecce secundum ; « diliges proximum (*ibid.*), » ecce tertium. Sed dices fortassis : Etsi Petrus tertio interrogatur de charitate, non tamen de sua charitate vel proximi, sed solummodo Christi. Quæramus ergo subtilius quare Dominus tertio quæsierit a Petro : *Simon Joannis, diligis me plus his?* Quo tertio respondente : *Domine, tu scis quia amo te,* tertio in-

---

(20) Ex edit. card. Maii.

junxit illi; *Pasce oves meos*. Cur etiam solummodo prima vice dixit, *diligis me plus his?* Et quare tantum tertia vice Petrus fuerit contristatus? Cur etiam bis dixerit, *pasce agnos meos?*

Oportuit quidem ut, quia ter negaverat Dominum ex timore, ter quoque confiteretur Dominum ex amore; quatenus trinæ negationi trina confessio redderetur, ne minus amori quam timori lingua serviret, et sic fieret amoris officium pascere gregem Domini, sicut fuerat timoris indicium negare Dominum gregis. Dominus vero dicendo : *Simon Joannis, diligis me plus his*; simul de duobus quæsisse videtur, utrum videlicet Petrus illum diligeret, et an plus cæteris ipsum amaret. Petrus autem memor illius vulgaris proverbii : « Quem mordet coluber formidat sæpe lacertum, » quia quondam viribus propriis non metitus, nimis audacter responderat et præsumptuose : « Etsi omnes scandalizati fuerint, ego non scandalizabor (*Marc*. XIV); etsi oportuerit me mori tecum, non te negabo (*Matth*. XXVI); cum scandalizatus postmodum ad vocem unius ancillæ negaverit, nunc prudenter et caute respondet dimittendo dubium et certum tenendo. Unde non respondet ad dubium utrum videlicet plus cæteris, sed ad certum, videlicet quod ipsum amaret, dicens : *Domine, tu scis quia amo te*. Quare cum super hoc prima vice prudenter et caute responderit, Dominus super eo ulterius non inquisivit. Ter autem quærit an diligat, et ter injungit ut pascat, propter tres diligendi causas, et tres modos pascendi. Scriptum est enim : « Diliges Dominum Deum tuum ex toto corde tuo, et ex tota mente tua, et ex toto animo tuo (*Deut*. VI) : » Deum, videlicet Creatorem, qui creando dedit naturam; Dominum, videlicet Redemptorem, qui redimendo præstitit gratiam : Dominum, videlicet Salvatorem, qui salvando confert gloriam. Tunc enim erit verissime tuus, cum erit omnia in omnibus (*I Cor*. XV), fructus, merces et præmium singulorum.

Ait ergo : *Simon Joannis, diligis me* creatorem, redemptorem et salvatorem? Et ille : Diligo, inquit, ex toto corde, ex tota anima (*Deut*. VI). *Ex corde*, id est intellectu; *toto*, id est sine errore : *Ex mente*, id est memoria; *tota*, sine impietate. Qui enim confitetur divinam naturam, et negat humanam ut Manichæus; vel confitetur humanam, sed negat divinam ut Arius, ille profecto non diligit eum ex toto corde, sicut diligit Petrus, qui confitetur divinam et humanam, juxta quod dicitur : « Tu es Christus Filius Dei vivi (*Matth*. XVI). » Christus, id est unctus secundum humanitatem. Unde Psalmus : « Unxit te Deus, Deus tuus oleo lætitiæ præ consortibus tuis (*Psal*. XLIV). » Filius Dei unctus secundum divinitatem; unde : « Filius meus es tu, ego hodie genui te (*Psal*. II). » Qui vero Deum in prosperitate glorificant, et in adversitate blasphemant, illi profecto non diligunt eum ex tota mente, quia facile sunt beneficiorum ejus immemores et ingrati; sicut illi de quibus legi-

tur : Confitebuntur tibi dum benefeceris; « Si vero non fuerint saturati, etc. (*Psal*. LVIII). » Qui autem volunt «Deo servire et mammonæ (*Matth*. VI),» ipsi profecto non diligunt Deum ex tota anima, quia non est societas lucis ad tenebras, neque convenientia Christi ad Belial (*II Cor*. VI). Vel quia Dominus de se dixerat : « Ego sum via, veritas et vita (*Joan*. XIV), » tertio quærit a Petro : «*Simon, diligis me plus his?* ac si diceret, diligis me viam, veritatem et vitam? Ego sum quippe via recte operantibus in exemplo, ego veritas sane prædicantibus in documento; et ego sum vita digne sumentibus in sacramento divinæ communionis. Si diligis me veritatem, pasce gratia et exemplo rectæ operationis; quoniam hoc est de quo sapientia dixit : « Meus cibus est ut faciam voluntatem ejus qui misit me (*Joan*. IV). » Pasce documento sanctæ prædicationis, quoniam hoc est pabulum, de quo dixi : « Non in solo pane vixit homo, sed in omni verbo quod procedit de ore Dei (*Matth*. IV). » Pasce sacramento divinæ communionis, quoniam hoc est pabulum de quo dixi : « Nisi manducaveritis carnem Filii hominis et biberitis ejus sanguinem, non habebitis vitam in vobis (*Joan*. VI); » *Pasce* igitur *oves meas*, ut per dilectionem proximi, Dei dilectio comprobetur. « Nam qui proximum quem videt non diligit, Deum quem non videt, quomodo diliget? » (*I Joan*. IV).

Tres autem sunt ordines ovium quas pascere debes ex charitate, videlicet virgines, continentes et conjugatos; et ideo hoc injungit, *pasce agnos meos;* quasi pasce virgines et continentes, qui significantur per agnos. Per oves autem, quæ generant, significantur illi qui carnali generationi deserviunt. Talis est unus ordo fidelium in Ecclesia, videlicet conjugati. Et ideo semel injungit, *pasce oves meas*, quasi pasce conjugatos qui significantur per oves. *Contristatus* ergo *Petrus* quia *tertio dixit ei : Diligis me?* tanquam super hoc dubitaret, et ideo illi respondet : *Domine, tu omnia nosti; tu scis quia amo te;* quasi diceret : Dubitare non potes, cum scias omnia.

Quia vero in sacramento Christi agitur memoria mortis ipsius, juxta quod dicit Apostolus : « Quotiescunque panem hunc manducabitis, et calicem bibetis, mortem Domini annuntiabitis, donec veniat (*I Cor*. XI); mors autem inducit tristitiam, juxta quod Dominus ait : « Tristis est anima mea usque ad mortem (*Phil*. II) : » ideo tertia vice quando commemoratur sacramentum illius mortis, quæ fidelibus exstitit causa vitæ, *Petrus* dicitur *contristatus*, cum conjugati significentur tertia vice per oves, nec modica sit tristitia propter tribulationem carnis, quam secundum Apostolum hi patiuntur (*I Cor*. VI). » Unde bene Job, qui significat conjugatos, *dolens* interpretatur. *Si diligis me*, ergo non te, *pasce oves meas*, non tuas, ut in eis gloriam meam quæras, non tuam; mea lucra, non tua. Ut ergo pastoris officium salubriter exsequaris, esto Simon Joannis, ut non tuis meritis virtutem obedientiæ, sed divinæ gratiæ tantum ascribas. Simon enim interpretatur *obediens*, et Joannes exponitur *Dei gratia*. Pasce autem eas non otiose, non perfunctorie, non incaute, quoniam meæ sunt, id est mei sanguinis pretio comparatæ. Nam « bonus pastor ponit animam suam *pro ovibus suis (Joan.* x). » Magno igitur pretio emptæ sunt, non corruptibilibus auro vel argento, sed pretioso sanguine Agni immaculati. Et ideo debes eas pascere sollicite ac diligenter.

Attende quippe prudenter quid de malis pastoribus per prophetam dicatur : « Væ pastoribus, inquit, Israelis qui pascebant semetipsos et gregem meum non pascebant; lac comedebant, gregem autem meum non pascebant. Quod infirmum fuit non consolidastis, quod ægrotum non sanastis, quod fractum non alligastis, quod abjectum non reduxistis, quod perditum non requisistis. Propterea dispersæ sunt oves meæ, factæ sunt in devorationem omnium bestiarum : «sanguinem autem earum de manu vestra requiram (*Ezech.* xxxiv). »

Porro cum pascis exemplo, cave prudenter inanem gloriam ne facias justitiam tuam coram hominibus ut videaris ab eis; « alioquin mercedem non habebis apud Patrem tuum qui in cœlo est (*Matth.* vi); » sed sic «luceat lux tua coram hominibus, ut videant opera tua bona, et glorificent Patrem tuum qui in cœlis est (*Matth.* v); » ut cortina cortinam trahat, « et qui audit dicat : « Veni. » Certe tot mortibus sunt digni pastores quot perditionis exempla transmittunt ad oves. Cum enim subditus videt peccare prælatum, facile exemplo corrumpitur, et in suam culpam excusationem prætendit : sufficit discipulo si sit sicut magister suus : non enim potest filius facere, nisi quod patrem vidit facientem. Et sic uno eodemque peccato prælatus et semetipsum condemnat, et populum perdit. Nam si sacerdos qui unctus est peccaverit, faciet delinquere populum (*Lev.* iv). Cum pascis documento, cave prudenter a pravitate hæretica, ne forte aquam vino commisceas, ne fel draconis propines in aureo calice Babylonis. « Altiora te ne quæsieris, et fortiora te ne scrutatus fueris (*Eccli.* iii), » quia « defecerunt scrutantes scrutinio (*Psal.* LXIII). » Et perscrutator majestatis opprimetur a gloria. Cave quoque ne sanctum des canibus, neque margaritas projicias ante porcos (*Matth.* vii). Sed neque parvulis solidum cibum tribues, ejus exemplo qui ait : « Non potui vobis loqui quasi spiritualibus; sed quasi carnalibus tanquam parvulis in Christo lac potum dedi vobis, non escam (*I Cor.* iii). » Sapientiam enim loquimur inter perfectos, inter vos autem non judicavi me aliquid scire, nisi Jesum Christum, et hunc crucifixum (*I Cor.* ii).

Cum autem pascis sacramento Eucharistiæ, moneas populum dicens : « Qui manducat panem vel bibit calicem Domini indigne, reus est corporis et sanguinis Domini. Probet autem seipsum homo, et sic de pane illo edat et de calice bibat. Qui enim manducat et bibit indigne, judicium sibi manducat et bibit, non dijudicans corpus Domini (*I Cor.* xi). » Sicut enim ille qui bene sustinet mortem, vitam acquirit; sic ille qui male accipit vitam, mortem incurrit. Recordare de illo qui intravit ad nuptias non habens vestem nuptialem, quia ex præcepto Domini, ligatis manibus et pedibus, missus est in tenebras exteriores, ubi est fletus et stridor dentium, ubi est vermis qui non moritur, et ignis qui non exstinguitur (*Matth.* xxii). Tales esse debetis, fratres, qui estis pastores. Sed et vos, filii, satagite diligenter ut sitis veraciter oves mansuetæ et innocentes, ne reddatis malum pro bono, neque maledictum pro maledicto (*I Petr.* iii), ejus exemplo « qui cum malediceretur non maledicebat, cum pateretur non comminabatur (*I Petr.* ii); » ut sitis utiles et fructuosi, reddentes pastoribus vestris lac et lanam, id est primitias et oblationes, quas ecc. [*ita cod.*] Dominus nobis, sine vestro non potestis periculo retinere; « dignus est enim operarius mercede sua (*I Tim.* v). » Propter quod dicebat Apostolus : « Si seminavimus vobis spiritualia, non est magnum si carnalia vestra metamus (*I Cor.* ix). » Ergo, dum tempus habetis, seminate in benedictionibus, ut metatis vitam æternam. Amen.

SERMO XXI.

IN SOLEMNITATE D. APOSTOLORUM PETRI ET PAULI.

Docet famam propriam non esse negligendam, et multa disputat de felicitate, dignitate et potestate Petri.

Interrogabat Jesus discipulos suos, dicens : Quem dicunt homines esse Filium hominis? etc. (*Matth.* xvi.)

Quia corde creditur ad justitiam, ore autem confessio fit ad salutem (*Rom.* x), ideo Dominus interrogabat *discipulos suos*, non quod ignoret aliqua, qui novit omnia, sed ut ex ipsa responsione occasionem assumat et confirmandi fidem, et remunerandi confessionem. Unde cum Petrus dixisset : *Tu es Christus Filius Dei vivi*, statim Dominus fidem confirmans respondit : *Beatus es, Simon Bar-Jona, quia caro et sanguis non revelavit tibi, sed Pater meus qui est in cœlis*. Ac deinde confessionem remunerans intulit : *Et ego dico tibi*, cujus dicere facere est, *quia tu es Petrus, et super hanc petram*

SERMO XXI, IN FESTO SS. PETRI ET PAULI.

ædificabo Ecclesiam meam: et tibi dabo claves regni cœlorum. Prius tamen de aliorum opinione quæsivit, ut eorum reprobaret errorem. Quia, « non est societas luci ad tenebras *(II Cor.* vi); » et veritas plantari non potest, nisi falsitas exstirpetur. Ait ergo: *Quem dicunt homines esse Filium hominis?* Manifestum nobis tradidit exemplum, ne simus conscientia sola contenti, sed de fama quoque solliciti, ut et conscientiam, quo ad Deum, et famam, quo ad proximum procuremus habere dilucidam, et studeamus servare serenam. Nam « melius est nomen bonum quam divitiæ multæ *(Prov.* xxii). » At illi de aliorum opinione interroganti *dixerunt: Alii Joannem Baptistam, alii autem Eliam, alii Jeremiam, aut unum ex prophetis.* Pro eo namque quod Christus baptizabat, putabant homines, sed errabant, suscitatum esse Joannem Baptistam. Vel *unum ex duobus prophetis,* qui transeuntes Jordanem præfiguravere baptismum, id est Eliam *(III Reg.* xviii), vel Eliseum *(IV Reg.* ii). Jeremiam (cap. i) vero, quia legitur sanctificatus in utero; sicque poterant errare de cæteris, quemadmodum Herodes erraverat de Joanne: « Hic est, inquit, Joannes Baptista, ipse surrexit a mortuis, et ideo virtutes operantur in eo *(Matth.* xiv). » *Vos autem, quem me esse dicitis?* Ac si diceret: Vos, qui non carnales estis, secundum spirituales, ut merito debeatis jam non homines, sed dii appellari potius, sicut habetur in Psalmo: « Ego dixi: Dii estis, et filii excelsi omnes *(Psal.* lxxxi). » *Quem me esse dicitis?* Prudenter interrogat et distincte. Ac si diceret manifestius: Homines de Filio hominis ita sentiunt, vos autem de me quid sentitis? Sed quid possunt homines facti dii sentire de Deo facto homine, nisi quod Petrus primus et præcipuus inter omnes respondit pro omnibus, dicens: *Tu es Christus Filius Dei vivi.* Quasi dicat: Tu non Joannes Baptista in carcere decollatus, es Christus; non Elias in paradisum translatus *(IV Reg.* ii). Filius Dei, non Jeremias, quamvis ab utero sanctificatus Dei vivi, non unus ex prophetis in cœmeterio tumulatus. *Respondens autem Jesus dixit ei: Beatus es, Simon Bar-Jona, quia caro et sanguis non revelavit tibi, sed Pater meus qui est in cœlis.* Bar-Jona est nomen Hebræum, compositum ex integro, quod est Bar, id est *filius,* et corrupto, quod est *Joanna,* id est *filius Joannis.*

Sane nobis tria evangelica lectio in B. Petro singulari quadam præogativa commendat felicitatem et potestatem. De felicitate permittitur: *Beatus es, Simon Bar-Jona; quia caro et sanguis non revelavit tibi, sed Pater meus qui est in cœlis.* De dignitate subjungitur: *Tu es Petrus, et super hanc petram ædificabo Ecclesiam meam, et portæ inferi non prævalebunt adversus eam.* De potestate supponitur: *Et tibi dabo claves regni cœlorum. Et quodcumque ligaveris super terram, erit ligatum et in cœlis; et quodcumque solveris super terram, erit solutum et in cœlis.* Beatus es igitur, sed nunc merito, tandem præmio; nunc spe, tandem re; nunc beatitudine viæ, tandem beatitudine patriæ; nunc beatitudine fidei [*al.* spei] tandem beatitudine spei [*al.* requiei]. Quia caro et sanguis, id est carnalis quilibet, sapientia carnis inflatus, non revelavit tibi; « sed Pater meus qui est in cœlis, » qui cœlestes mentes inhabitat, et eas lumine veritatis illustrat. « Abscondit enim hæc a sapientibus, et revelavit ea parvulis *(Matth.* xi), » qualis est Petrus, non superbus, sed humilis. Unde benedicitur Simon, interpretatur *obediens;* Bar-Jona, id est *filius Joannis,* quod interpretatur *Dei gratia;* quia virtus obedientiæ de gratia divina procedit.

Beatitudo ista potissimum in cognitione ac dilectione consistit, id est in fide et charitate. Quarum una inter virtutes est prima, reliqua præcipua. De fide namque dicit Apostolus: « Fides est substantia rerum sperandarum, argumentum non apparentium *(Hebr.* xi). » Ecce fides est prima. De charitate vero idem Apostolus ait: « Nunc manent fides, spes, charitas, tria hæc: major autem his est charitas *(I Cor.* xiii), » ecce charitas est præcipua. De fide legitur: « Sine fide impossibile est placere Deo; quia justus ex fide vivit *(Hebr.* xi; *Habac.* ii). » De charitate dicitur · « Si distribuero omnes facultates meas in cibos pauperum, charitatem autem non habeam, nihil mihi prodest *(I Cor.* xiii). » Ecce utraque est necessaria. Nam de fide Dominus ait: « Fides tua te salvam fecit, vade, et amplius noli peccare *(Matth.* ix). » Idem dicit de charitate: « Dimissa sunt ei peccata multa, quoniam dilexit multum *(Luc.* vii). » Utramque Dominus requisivit a Petro: fidem, quando concessit claves; charitatem, quando sibi commisit oves *(Joan.* xxi). In concessione clavium, de fide interrogans requisivit: *Vos autem quem me esse dicitis? Et Petrus respondit: Tu es Christus Filius Dei vivi.* In commissione ovium de charitate requirens interrogavit: « Simon Joannis, diligis me plus his? Et ille respondit: Domine, tu scis, quia amo te *(ibid.)* » Sed de fide semel tantum interrogans requisivit; quia « unus est Deus, una fides, unum baptisma *(Ephes.* iv). » De charitate vero requirens tertio simul interrogavit; quia tres debemus ex charitate diligere, Deum, nos ipsos et proximum. « Diliges, inquit, Dominum Deum tuum, » ecce primum: « Et sicut teipsum, » ecce secundum: « diliges proximum *(Deut.* xi; *Matth.* xxii), » ecce tertium. Cum ergo Dominus tertio requisisset a Petro: « Simon Joannis, diligis me plus his? et ille tertio respondit: Domine, tu scis quia amo te *(Joan.* xxi), » tertio quoque præcepit oves pascendas. Ac si diceret: Pasce verbo, pasce exemplo, pasce præsidio. Pasce verbo prædicationis, pasce exemplo conversationis, pasce præsidio defensionis. O pastor bone, pastor sancte, pastor egregie; quia animam tuam pro tuis ovibus posuisti, sicut Dominus ipse prædixerat: « Cum esses junior cingebas te, et ibas ubi volebas, cum autem senueris, extendes manus tuas, et alius te cinget et ducet quo tu non vis. Hoc autem dicebat, significans qua morte clarificaturus esset Deum (ibid.). Unde et alibi sibi ait : « Sequere me (Matth. IX). » Quasi diceret : Sequere me in genere mortis, videlicet in patibulo crucis.

Claves autem concedens quæsivit de fide; quia claves nonnisi fidelibus conceduntur. De quibus dicitur : « Qui male sentiunt [al., serviunt] in præsenti, malum utique sentient in futuro; quoniam qui non credit, jam judicatus est (Joan. III).» Oves vero committens interrogavit de charitate; quia non est pastor, sed mercenarius, qui pascit oves cupiditate lucri, non autem amore Dei (Joan. X).

Qualis enim et quanta fuerit fides Petri, sua profecto responsio indicavit : Tu es, inquit, Christus Filius Dei vivi. Nam « corde creditur ad justitiam, ore autem confessio fit ad salutem (Rom. X).» Duas autem confitetur in Christo naturas, et unam personam. Naturam humanam, cum dicit : Tu es Christus, quod interpretatur unctus, secundum humanitatem, sicut ei dicitur a Propheta : « Unxit te Deus tuus oleo lætitiæ præ consortibus tuis (Psal. XLIV).» Naturam divinam, cum ait : Filius Dei vivi. Non enim quis naturaliter potest esse filius alicujus, quin habeat naturam ipsius; quia sicut non potest esse Filius hominis, nisi homo, ita non potest esse Filius Dei vivi, nisi Deus. Unde Pater inquit ad Filium : « Filius meus es tu, ego hodie genui te (Psal. II).» Qui de sua et Patris unitate secundum naturam divinam sic aiebat : « Ego et Pater unum sumus (Joan. XVIII). » Porro sicut inter Patrem et Filium est diversitas in personis, sed unitas in natura; ita inter divinitatem et humanitatem est diversitas in natura, sed unitas in persona. Nam, sicut anima rationalis et caro unus est homo, ita Deus et homo unus est Christus. Propter quod Petrus respondit : Tu es, inquit, Christus, non Christi; tu es Filius, et non Filii; quia qui in Deitate erat Dei Filius, idem ipse factus est in humanitate hominis Filius. Quia natura nomen est generis, persona vero nomen est juris. Tu ergo discretive, non alius; quia « multi pseudoprophetæ venient in nomine tuo, dicentes : Ego sum Christus (Marc. XIII). » Sed tu solus es, non putative, sed substantive. Nam et Joannes reputatus est Christus, quod de se ipso negavit. « Non sum, inquiens, ego Christus; sed qui desursum venit, super omnes est (Joan. I). » Tu es Christus, videlicet unctus, non unctione humana, secundum quam multi sunt christi, juxta quod legitur :« Nolite tangere christos meos (Psal. LXXXVIII); » sed unctione divina, secundum quam unus tantum est Christus. Quoniam « unxit te Deus tuus oleo lætitiæ præ consortibus tuis (Psal. LXIV). » Propter quod ipse per prophetam dixit: « Spiritus Domini super me, eo quod unxerit me, evangelizare pauperibus misit me (Isa. LXI).» Filius non adoptivus, sed verus; quoniam dixit ad te : « Filius meus es tu, ego hodie genui te (Psal. II). » Unde non es tantum Filius hominis, sed etiam Filius

Dei : non utique mortui, sicut dii gentium, qui « os habent, et non loquuntur; oculos habent, et non vident; aures habent, et non audiunt; manus habent, et non palpant; pedes habent, et non gradiuntur (Psal. CXIII); » sed tu es Christus Filius Dei vivi, qui vivens in se, vivificat universa; « in quo vivimus, movemur et sumus (Act. XVII). » Hanc tantam fidem Dominus nulla passus est tentatione deficere. Unde cum in passionis articulo B. Petro dixisset : « Simon, ecce Satanas expetivit eos ut cribraret sicut triticum, » statim adjecit : « Sed ego pro te rogavi, ut non deficiat fides tua, et tu aliquando conversus, confirma fratres tuos (Luc. XXII). » Licet enim aliquando dubitaverit, propter quod Dominus eum increpavit : « Modicæ fidei, quare dubitasti ? » (Matth. XIV.) quia tamen fides in sua soliditate convaluit, statim eum de periculo pelagi liberavit.

Hæc vera fides et sancta, non de figmento processit humano, sed de revelatione divina. Unde Christus intulit, dicens : Beatus es, Simon Bar-Jona, quia caro et sanguis non revelavit tibi, sed Pater meus qui est in cœlis. Super hanc fidem Ecclesia est in petra fundata, propter quod Dominus addidit : Tu es Petrus, et super hanc petram ædificabo Ecclesiam meam. Dignitas hæc in duobus attenditur, quia scilicet beatissimus Petrus et fundamentum est et caput Ecclesiæ. Licet enim Christus sit primum et præcipuum fundamentum, secundum quod dicit Apostolus : « Fundamentum positum est, præter quod aliud poni non potest, quod est Christus (I Cor. III); » sunt tamen secunda et secundaria fundamenta, videlicet apostoli et prophetæ, » juxta quod, inquit Apostolus : « Superædificati super fundamentum apostolorum et prophetarum (Ephes. II), » de quibus alibi dicitur per Prophetam : « Fundamentum ejus in montibus sanctis (Psal. LXXXVI).» Inter quos beatissimus Petrus primus et præcipuus; cui singulariter a Domino dicitur: « Tu vocaberis Cephas (Joan. I). » Cephas enim licet secundum unam linguam interpretatur Petrus, secundum aliam tamen dicitur caput. Quia, sicut plenitudo sensuum consistit in capite, in cæteris autem membris pars est aliqua plenitudinis ; ita cæteri vocati sunt in partem sollicitudinis, solus autem Petrus assumptus est in plenitudinem potestatis. Unde cum Dominus omnibus simul apostolis loqueretur, universaliter ait : « Quorum remiseritis peccata, remittuntur eis (Joan. XX). » Cum autem soli Petro locutus est, particulariter dixit : Quodcunque ligaveris super terram, erit ligatum et in cœlis; quia Petrus potest ligare cæteros, sed non ligari potest a cæteris, utpote primus et summus magister et princeps Ecclesiæ. Quod etsi omnibus apostolis simul dictum fuisse legatur, non tamen aliis sine ipso, sed ipsi sine aliis legitur dictum esse ; ut quod non alii sine ipso, sed ipse sine aliis intelligatur hoc posse de plenitudine potestatis. Hinc est etiam quod cum communiter dictum sit aliis : « Laxate retia in capturam ; »

SERMO XXI, IN FESTO SS. PETRI ET PAULI.

singulariter dictum est Petro : « Duc in altum (*Luc.* IV). » Et cum post resurrectionem cæteri navigio venissent ad Dominum, solus Petrus tunica se succinxit, et misit se in mare (*Joan.* XXI). Ex hac nova nominis impositione traxit Ecclesia, ut quando Petri successor eligitur, novum ei vocabulum imponatur.

Sed solet quæri, quando fuerit ei nomen hoc impositum. Vel cum secundum Joannem intuitus eum Jesus dixit ei : *Tu es Simon filius Joanna, tu vocaberis Cephas*, quod interpretatur *Petrus*; vel cum secundum Matthæum dixit illi Jesus : *Tu es Petrus, et super hanc petram ædificabo ecclesiam meam.* Sed ibi magis prædixisse : hic autem magis confirmasse videtur. Nam ibi dicitur : *Vocaberis* : hic vero : *Tu es*. Verum absque dubitatione tenendum est, quod in electione duodecim fuit ei nomen hoc Petrus impositum. Juxta quod Marcus (*cap.* III) testatur : « Et imposuit, inquit, Simoni nomen Petrus, Joanni autem et Jacobo imposuit nomina Boanerges. *Et portæ inferi non prævalebunt adversus eam*, vitia videlicet et peccata, quæ ad infernum introducunt : quia nec perversitas, nec adversitas Ecclesiam possunt ullo modo dejicere. Juxta quod Veritas ait : « Flaverunt venti, venerunt flumina, et irruerunt in domum illam, et non cecidit : fundata enim erat supra petram (*Matth.* VII) : » et ideo *portæ inferi non prævalebunt adversus eam. Et tibi dabo claves regni cœlorum.*

Potestas autem in duobus maxime commendatur, videlicet in absolutione peccatorum, et operatione miraculorum. Licet enim communem cum aliis dimittendi peccata potestatem acceperit, non tamen sine rationali causa solus legitur interrogasse Jesum : « Si peccaverit in me frater meus, dimittam ei usque septies ? » (*Matth.* XVIII) et soli legitur respondisse Jesus : « Non dico tibi usque septies, sed usque septuagies septies (*ibid.*). » Septenarius enim numerus universitatis est, quoniam omne tempus septenario dierum numero comprehenditur. Quid ergo septenarius numerus per seipsum multiplicatus hoc loco significat, nisi universorum universa peccata ? Sic ergo soli Petro præcipitur, ut si peccaverit in se frater suus, dimittat ei, non tantum septies, sed usque septuagies septies, quia solus Petrus in terra dimittere potest universorum universa peccata; nam et sunt quædam peccata, quorum absolutio soli Petro est reservata. Hic est qui tanta virtute pollebat ad facienda miracula (*Act.* III, IV), ut de ipso legatur, quod « augebatur virorum ac mulierum credentium in Christo multitudo, ita ut in plateis ejicerent infirmos, et ponerent in lectulis et grabatis, ut veniente Petro saltem umbra illius obumbraret quemquam illorum, et liberarentur ab infirmitatibus suis. Concurrebat autem et multitudo vicinarum civitatum Jerusalem, afferentes ægros et vexatos a spiritibus immundis, qui curabantur omnes (*Act.* v). » In hoc vere completum est quod Veritas ait : « Qui credit in me, opera quæ ego facio et ipse faciet, et majora horum faciet (*Joan.* XIV). » Una quidem est clavis David, « quæ claudit et nemo aperit; aperit, et nemo claudit (*Apoc.* III); quæ uni Petro duas claves commisit, propter illam excellentissimam fidem, quæ in uno Christo duas naturas veraciter recognovit. Petrus ergo per claves acceptas, et claudit et aperit : claudit cum ligat : aperit, cum absolvit. *Et quodcunque solveris super terram, erit solutum et in cœlis.* « Clavis quidem discernit et dijudicat : ingredientibus et egredientibus claudit et aperit. Et quidem prima clavis intelligitur scientia discernendi et dijudicandi, secunda clavis intelligitur potentia ligandi et absolvendi; necessaria quidem est clavis scientiæ ad discernendum inter lepram et lepram, inter bonum et malum, inter lucem et tenebras, inter sanctum et profanum (*Deut.* XVII), » Nam « væ qui dicunt bonum malum, et malum bonum : ponentes tenebras lucem, et lucem tenebras (*Isa.* v); vivificantes animas quæ non vivunt, et mortificantes animas quæ non moriuntur. » Verum scientia discernendi non semper est clavis; quoniam etsi quidam discernere sciant, discernere tamen non possunt : quia non habent clavem potentiæ, sine qua scientia non est clavis. Provideat ergo sibi pastor Ecclesiæ, ut clavem potentiæ sine clave scientiæ non recipiat, quia scriptum est in propheta : « Tu scientiam repulisti, et ego te repellam, ne sacerdotio fungaris mihi (*Ose.* IV); nam « labia sacerdotis custodiunt scientiam, et legem requirent ex ore ejus (*Malac.* II). » Qui noluit intelligere, ut bene ageret, « iniquitatem meditatus est in cubili suo (*Psal.* XXXV). » Contra quos Dominus ait : « Ipsi non cognoverunt vias meas, quibus juravi in ira mea, si introibunt in requiem meam (*Psal.* XCIV). » Clavis ergo scientiæ necessaria fuit Petro cum clave potentiæ : ut *quodcunque ligaveritis super terram, sit ligatum et in cœlis : et quodcunque solveritis super terram, sit solutum et in cœlis*. Quid ergo? Nonne sacerdos justo quandoque deceptus errore ligat aliquem super terram, qui quoniam innocens est, non est a Deo ligatus in cœlis? Sane licet in vinculo ligationis hujusmodi adhibeatur clavis scientiæ, quia scientia impermista [*al.* intermista] est falsitati, sed opinio quædam, quæ licet sit justa, tamen est falsa : cum tamen sententia ligationis juste fertur ex animo et ex ordine, qui ligatur sic super terram, nihilominus ligatur et in cœlis ; quia ligationem illam curia cœlestis approbat et confirmat. Est ergo talis et solutus et ligatus in cœlis, sicut est et ligatus et solutus in terris. Ligatus est ex sententia, solutus a culpa.

Est ergo duplex ligatio, culpæ videlicet, et sententiæ. Unde sæpe contingit, quod non semper istæ solutiones sese pariter comitantur. Quod Dominus ipse in solutione Lazari mystice designavit : qui prius mortuum suscitavit, et postea jussit apostolis, ut solverent suscitatum. Solvit autem sacerdos, non tantum ostendendo solutum, et ligat non tantum ostendendo ligatum; sed ligat et solvit subtrahendo vel restituendo suffragia ecclesiastica et sacramenta divina. Forte nunc soli Petro, sicut promisit, ita commisit claves Ecclesiæ, specialiter quidem et principaliter : vel post resurrectionem cum aliis generaliter et communiter, quando insufflavit, et ait : « Accipite Spiritum sanctum : quorum remiseritis peccata, remittuntur eis : et quorum retinueritis, retenta sunt (*Joan.* xx). »

Habeat ergo fidem qui recipit claves, habeat charitatem qui suscipit oves, quas utique tribus modis pascere debet; quia tertio jubetur ut pascat. Sunt enim tres ordines fidelium in Ecclesia, Noë, Daniel, et Job : id est prælati, continentes et conjugati : quos Ezechiel vidit in visione salvos ; quos pascere debet prælatus, verbo, exemplo, et sacramento, verbo doctrinæ, exemplo vitæ, sacramento eucharistiæ. Sic oves sibi commissas pavit B. Petrus,

quem generaliter orbis se gaudet Patrem habere, sed specialiter urbs se gloriatur habere patronum. Per eum enim facta est veritatis magistra, quæ fuerat caput erroris : et longe nunc excellentior est in apostolico magisterio, quam olim fuerat in imperiali principatu : cujus etiam magisterio ipse Romanus princeps noscitur esse subjectus. In ea nunc viget cœlestis auctoritas, in qua quondam vigebat terrena potestas, ad illud dignitatis provecta fastigium, ut ejus sententia, quæ profertur in terris, etiam observetur in cœlis. Super animas quoque judiciariam obtinet potestatem, ut eas et solvere valeat et ligare. Ipsum ergo Patrem et patronum nostrum fratres et filii deprecemur, quatenus a peccatorum vinculis absolutos nos ad regna cœlestia suis meritis introducat, præstante Domino nostro Jesu Christo, qui est super omnia Deus benedictus in sæcula sæculorum. Amen

—

SERMO XXII.

IN EADEM SOLEMNITATE.

Quomodo per mare sæculum, per navim Ecclesiam, per maris altitudinem Romam, et per rete prædicationem accipere debeamus.

Cum Jesus ascendisset *in unam navim, quæ erat Simonis, et sedens doceret de navicula turbas, ut loqui cessavit, dixit ad Simonem : Duc in altum, et laxate retia in capturam. Cui Simon respondit : Præceptor, per totam noctem laborantes nihil cepimus, in verbo autem tuo laxabo rete. Quod cum fecissent, concluserunt piscium multitudinem copiosam* (*Luc.* v).

Si aquæ multæ sunt populi multi (*Apoc.* xix), profecto mare magnum est totum sæculum. De quo legitur : « Hoc mare magnum et spatiosum manibus, illic reptilia, quorum non est numerus : animalia pusilla cum magnis, illic naves pertransibunt (*Psal.* ciii). » Sicut enim mare semper est turbulentum et amarum, ita sæculum in amaritudine semper et turbatione consistit ; nusquam enim est pax et securitas, nusquam requies et tranquillitas, sed ubique timor et tremor, ubique labor et dolor. « Mundus enim in maligno positus est (*I Joan.* v). » — « Risus dolore miscebitur, et extrema gaudii luctus occupat (*Prov.* xiv). » Merito ergo clamabat Apostolus : « Infelix ego homo, quis me liberabit de corpore mortis hujus ? » (*Rom.* vii.) Et Psalmista dicebat : « Educ de carcere animam meam (*Psal.* cxli). » — « Avis enim nascitur ad volatum, et homo nascitur ad laborem (*Job* v). » — « Cuncti dies ejus laboribus pleni sunt et ærumnis : nec per noctem requiescit mens ejus (*Eccle.* ii). » — « Occupatio magna creata est omnibus hominibus, et jugum grave super omnes filios Adam, a die exitus de ventre matris eorum, usque in diem sepulturæ in matrem omnium (*Eccli.* xl). » In mari minores pisces a majoribus devorantur, et in sæculo minores homines a majoribus opprimuntur. « Qui devorant inquit, plebem meam sicut escam panis, Deum non invocaverunt, illic trepidarunt timore, etc. » Venatio leonis onager in eremo, sic pascua divitum pauperes (*Eccli.* xiii). »

Quidquid delirant reges, plectuntur Achivi.
(Horat. Ep. I, ii, 14.)

Altitudo maris istius, de qua Christus inquit ad Petrum : *Duc in altum,* est Roma, quæ primatum et principatum super universum sæculum obtinebat et obtinet; quam in tantum divina dignatio voluit exaltare, ut cum tempore paganitatis sola dominium super omnes gentiles habuerit, Christianitatis tempore sola magisterium super fideles habeat universos. Dignum ergo Deus providit et congruum, sed et congruum providit et dignum ; ut ille qui erat princeps Ecclesiæ, sedem constitueret apud urbem, quæ tenebat sæculi principatum ; et ideo Dominus inquit ad Petrum : *Duc in altum.* Quasi diceret : Vade Romam, te et cum tuis transfer ad urbem, *et laxate* ibi *retia in capturam.* Ecce liquido patet, quantum Deus urbem istam dilexerit, ut eadem esset sacerdotalis et regia, imperialis et apostolica, obtinens et exercens non solum dominium super corpora, verum etiam magisterium super animas. Longe nunc major et dignior auctoritate divina, quam olim potestate terrena. Per illam habens claves regni cœlorum, per istam orbis terrarum regens habenas. Ne vero tantæ dignitatis honor, vel potius tanti honoris dignitas ad aliam civitatem quacunque ratione transiret, sed in hoc urbe juxta dispositionem perpetua lege maneret. Cum Petrus persecutionem fugiens infidelium urbem exisset, apparuit ei Dominus juxta urbem : cui cum Petrus dixisset : « Domine, quo vadis ? » respondit : « Vado Romam iterum crucifigi. » Quod Petrus intelligens pro se dictum, ut videlicet caput crucifigeretur in membro, rediit ad urbem ; quam tandem in crucis patibulo suo sanguine consecravit. Habuit autem socium beatissimum Paulum. Unde cum singulariter præmittitur : *Duc in altum*, pluraliter subditur : *Et laxate retia in capturam*, quia solus Petrus tanquam universalis princeps Ecclesiæ in altitudinem supremæ prælationis ascendit, sed ipse cum Paulo retia prædicationis ad capiendos homines in urbe laxavit. Et quidem non sine divina providentia creditur dispensatum, ut ubi duo fratres secundum carnem, Remus et Romulus, qui urbem istam corporaliter condiderunt, honorabilibus jacent tumulati sepulcris, ibi duo fratres secundum fidem, Petrus et Paulus, qui urbem istam spiritualiter fundaverunt, gloriosis requiescant basilicis tumulati : Petrus ab ea parte ubi sepultus est Romulus, et Paulus ab illa ubi Remus est tumulatus ; ut hinc inde locati, civitatem istam suis patrociniis tueantur. Unus ergo in altum, sed ambo retia laxaverunt in capturam.

Porro, sicut navis Ecclesia, mare sæculum, altitudo Roma, sic rete intelligitur prædicatio. Rete namque de diversis filis et chordis connectitur, et prædicatio de diversis auctoritatibus et rationibus confirmatur. Debet enim providus prædicator secundum diversitatem rerum et personarum formare sermonem, ut modo loquatur de virtutibus, modo de vitiis : quandoque de præmiis, quandoque de pœnis : aliquando de misericordia, aliquando de justitia : interdum simpliciter, interdum subtiliter ; secundum historiam, et secundum allegoriam ; secundum anagogen, et secundum tropologiam : per auctoritates et rationes ; per similitudines, et exempla, ut

Singula quæque locum teneant sortita decenter.
(HORAT., *De art. poet.*, 92.)

Ista sunt fila, istæ sunt chordæ, de quibus rete connectitur, id est prædicatio confirmatur. Docet hoc egregius prædicator, qui de seipso sic ait : « Sapientiam loquimur inter perfectos ; inter vos autem non judicavi me scire aliquid, nisi Jesum Christum, et hunc crucifixum (*I Cor.* II). » Et iterum : « Non potui loqui vobis quasi spiritualibus, sed quasi carnalibus, tanquam parvulis in Christo lac vobis potum dedi, non escam (*I Cor.* III). » Retibus autem et pisces et volucres et bestiæ capiuntur. Sed pisces in aqua, volucres in aere, bestiæ capiuntur in terra. Pisces intelliguntur luxuriosi, volucres superbi, bestiæ violenti. Cum ergo prædicator sermonem format contra luxuriam, superbiam et violentiam, inducens auctoritates et rationes similitudines et exempla, ut revocet luxuriosos ad continentiam, superbos ad humilitatem, violentos ad mansuetudinem : tunc utique laxat retia prædicationis, ut capiat pisces in aqua, volucres in aere, bestias in terra. Et captos non mortificat, sed vivificat ; non occidit, sed alit ; non deserit, sed custodit. Hæc ergo retia beatissimi Petrus et Paulus laxaverunt pariter in capturam ; per quorum prædicationem Roma conversa est ab errore ad veritatem, a vitiis ad virtutes. Omnes ergo beatos apostolos Roma debet communiter venerari, sed hos duos quasi primos et præcipuos, quasi patres et patronos ipsius debet specialiter et principaliter honorare ; quatenus meritis et precibus eorum adjuta, ita nunc salubriter conservetur in terris, ut tandem feliciter coronetur in cœlis. Præstante Domino nostro Jesu Christo, qui est super omnia Deus benedictus in sæcula sæculorum. Amen.

—

SERMO XXIII.

IN SOLEMNITATE BEATISSIMÆ MARIÆ MAGDALENÆ.

Quomodo septem modis humana mortalitas deliquit, et dæmon tripliciter hominem vexat : item quomodo Maria Magdalena septem dæmoniis fuerit obsessa, et de peccato illius et pœnitentia ac satisfactione.

—

Ubi abundavit delictum, superabundavit et gratia (*Rom.* v).

Propositum vobis apostoli verbum, certum est in Maria Magdalena fuisse completum ; in qua videlicet *abundavit delictum, superabundavit et gratia*.

Septem autem modis mortalitas humana deliquit, in tribus generibus, et quatuor speciebus : in corde, in ore, in opere : per ignorantiam et impotentiam, per negligentiam et invidentiam. Hæc sunt fortasse illa septem dæmonia, quæ juxta testimonium evangelicum de Maria Magdalena Christus ejecit. Videlicet peccatum cogitationis in corde, peccatum locutionis in ore, peccatum exsecutionis in opere : delictum simplicitatis per ignorantiam, delictum fragilitatis per impotentiam, delictum securitatis per negligentiam, et delictum malignitatis per invidentiam. Non enim credendum est eam corporaliter a septem dæmoniis, sed spiritualiter a septem vitiis fuisse vexatam.

Tripliciter enim dæmon hominem vexat. Primo per culpam, auferendo gratuita; secundo per pœnam, lædendo naturalia; tertio per jacturam, inferendo discrimina. De primo legitur : « Homo quidam descendebat ab Jerusalem in Jericho, et incidit in latrones, qui despoliaverunt illum, et plagis multis impositis abierunt, semivivo relicto (*Luc.* x); » de secundo legitur : « Erat Jesus ejiciens dœmonium, et illud erat mutum (*Luc.* xi). » Ab effectu videlicet, quia mutum effecerat. De tertio legitur, quod Satan percussit Job (*cap.* i) a planta pedis usque ad verticem ulcere pessimo, omnibus prius ablatis; ita quod sedens in sterquilinio saniem testa radebat. Vexabat ergo septem dæmonia Mariam Magdalenam, per culpam; quoniam eam septem modis, non solummodo delinquendi, sed etiam peccandi seduxerant. Inter delictum et peccatum distinguitur; quia delictum in omittendo, peccatum in committendo consistit. Delictum est non agere faciendum, peccatum est facere non agendum. Hinc Dominus in Levitico (*cap.* i, x) districte præcepit hostias offerri pro peccato et pro delicto. Deliquit et peccavit igitur in corde, deliquit et peccavit in ore, deliquit et peccavit in opere. Deliquit in corde, cum descendentes bonas cogitationes abjecit; peccavit in corde, cum ascendentes cogitationes malas recepit. Bonæ namque cogitationes descendunt a Deo, secundum quod Jacobus apostolus ait : « Omne datum optimum, et omne donum perfectum desursum est descendens a Patre luminum (*Jac.* i). » Malæ cogitationes ascendunt ab homine, secundum quod Dominus inquit apostolis : « Utquid cogitationes ascendunt in corda vestra? (*Luc.* xxvi.) » Deliquit in ore, cum tacuit veritatem; peccavit in ore, cum protulit falsitatem. De primo dicit propheta : « Væ mihi, quia tacui! (*Isa.* vi.) » De secundo dicit Psalmus : « Perdes omnes qui loquuntur mendacium (*Psal.* vii). » Deliquit in opere, cum bonum omisit; peccavit in opere, cum malum commisit. Econtra præcipitur : « Declina a malo, et fac bonum (*Psal.* xxxiii, xxxvi).» Fuit autem ejus peccatum magnum, multum, notorium. Magnum fuit, quia septem dæmonia Christus de ea ejecit. Multum, quia « dimissa sunt ei peccata multa (*Luc.* vii). » Notorium, quia « mulier erat in civitate peccatrix (*ibid.*). » Omnibus ad eam patebat accessus, nec quisquam patiebatur ab ea repulsam. Sed *ubi abundavit delictum, superabundavit et gratia*. Nam quia magnum fuit ejus peccatum, magno satisfecit dolore, quia multum, multo satisfecit labore; quia notorium, notabili satisfecit pudore. Hæc tria sunt, quæ dignam satisfactionem perficiunt, dolor in corde, pudor in ore, labor in opere. Ut juxta Solomonis Sapientiam : « Per quæ quis peccavit, per hæc torqueatur (*Sap.* ii). » Veniens ergo peccatrix ad fontem misericordiæ absolvenda [al. *abluenda*], magno dolore turbata, lacrymis pedes ejus rigavit : notabili confusa pudore, « stetit retro secus pedes ipsius, et osculabatur eos (*Luc.* vii). » Erubescens ante faciem Domini apparere, sed tacens ore, clamabat corde : « Domine, tu scis insipientiam meam, scelera mea et delicta mea a te non sunt abscondita (*Psal.* lxviii). » Ecce quæ non erubescit convivas, Dominum erubescit; quoniam illi contemplantur exterius, Dominus autem interius contemplatur. Et illa quidem longe turpior erat intus in conscientia, quam foris in fama. Multo labore devota « attulit alabastrum unguenti, et unxit pedes ipsius (*Luc.* viii). » Nec semel hoc tantum egit, sed sæpius. Primo cum in domo Simonis Pharisæi pedes Domini unxit(*Joan.* xii); secundo, cum in domo Simonis leprosi super caput ejus unguentum effudit (*Matth.* xxvi); tertio, cum emit aromata, ut veniens ungeret caput Jesu (*Marc.* xvi). Profundum in his est sacramentum, sed alias exponendum. Delictum itaque cordis purgavit lacrymis, delictum oris purgavit osculis, delictum operis purgavit unguentis. « Hæc est mutatio dexteræ Excelsi (*Psal.* lxxvi). » Sicut enim exhibuerat membra sua servire immunditiæ ad iniquitatem, ita, secundum exhortationem Apostoli (*Rom.* vi), exhibuit ea servire justitiæ in sanctificationem. Quinque enim sunt sensus corporei : visus, auditus, gustus, odoratus et tactus. His quinque sensibus *abundavit* in Magdalena *delictum*, his quinque sensibus *superabundavit gratia*. Deliquit oculis, quia for- « nicatio mulieris in extollentia est oculorum (*Eccle.* xxvi). » Sed in oculis satisfecit, juxta quod scriptum est : « Maria stabat ad monumentum plorans (*Joan.* xx). » Dum ergo fleret, inclinavit se, et prospexit in monumentum. Deliquit auribus, quia convertit auditum ad fabulas vanitatis. Sed et auribus satisfecit, juxta quod scriptum est : « Maria sedebat secus pedes Domini, et audiebat verba illius (*Luc.* x). » Deliquit naribus : « Circulus enim aureus in naribus suis, mulier pulchra et fatua (*Prov.* ii). » Sed et naribus satisfecit, juxta quod scriptum est : « Maria accepit libram unguenti nardi pistici pretiosi, et unxit pedes Jesu, et domus repleta est ex odore unguenti (*Joan.* xii). » Deliquit labiis, quia « favus distillans labia meretricis, et nitidius oleo guttur ejus (*Prov.* v). » Sed et labiis satisfecit, juxta quod scriptum est : « Maria stans retro secus pedes Domini osculabatur eos (*Luc.* vii). » Deliquit manibus, quia mulier insipiens domum constructam manibus destruit (*Prov.* xiv). » Sed et manibus satisfecit, juxta quod scriptum est : « Maria lavit pedes Jesu, et capillis capitis sui tersit (*Luc.* vii). »

Verum in his deliquit et peccavit per ignorantiam et fragilitatem, deliquit et peccavit per negligentiam et malignitatem. Sed *ubi abundavit delictum, superabundavit et gratia*. Nam contra delictum ignorantiæ suscepit in Dei contemplatione scientiam; et contra peccatum fragilitatis, assumpsit in Christi passione constantiam. Rursus, contra delictum negligentiæ, pium exercuit operationis obsequium; et contra peccatum malignitatis, benignum exhibuit dilectionis officium. De contemplationis scientia commendatur a Domino : « Maria, inquit, optimam partem elegit, quæ non auferetur ab ea (*Luc.* x). » Sedebat enim secus pedes Domini, et audiebat verbum illius. De mentis constantia commendatur ex eo quod cum discipuli relicto Christo fugissent, Maria Christum usque ad crucem secuta est. « Stabat enim juxta crucem Jesu mater ejus, et soror matris ejus Maria Cleophæ, et Maria Magdalene (*Joan.* xix). » De operationis obsequio commendatur a Domino : « Quid, inquit, molesti estis huic mulieri? Opus bonum operata est in me. Mittens enim hoc unguentum in corpus meum, ad sepeliendum me fecit (*Matth.* xxvi). » Dilectionis officio commendatur ex eo, quod « dimissa sunt ei peccata multa, quoniam dilexit multum (*Luc.* vii).» « Charitas enim operit multitudinem peccatorum (*Prov.* x). » Diligebat Maria Dominum, quoniam Dominus diligebat Mariam, dicente Scriptura : « Diligebat Jesus Martham et sororem ejus Mariam et Lazarum (*Joan.* xi). » Flevit Maria pro Domino, quia Dominus flevit pro Maria, dicente Scriptura : « Jesus ut vidit Mariam plorantem, turbavit semetipsum, et lacrymatus est (*Joan.* xx). » Sed illa flebat, quærens viventem cum mortuis; iste flebat revocans mortuum ad viventes, secundum quod legitur : « Jesus ergo rursus fremens in semetipso clamavit voce magna dicens : Lazare, veni foras. Et statim prodiit, qui mortuus fuerat (*Joan.* xi). » *Abundavit* igitur in Magdalena *delictum*, quia multis fuit vitiis irretita. *Superabundavit et gratia*, quoniam fuit virtutibus universis exornata, Quædam enim vitia sibi invicem adversantur, ut alia cum aliis haberi non possint; sed universæ virtutes sibi invicem suffragantur, ut aliæ sine aliis haberi non possint.

De cætero, fratres, quia « quæcunque scripta sunt, ad nostram doctrinam scripta sunt (*Rom.* xv),» exemplo beatæ Mariæ Magdalenæ convertamur ad Dominum; quoniam pius est et multum misericors, et præstabilis super malitia (*Joel.* ii).»—«Non enim vult mortem peccatoris, sed magis ut convertatur, et vivat (*Ezech.* xviii). » Sit ergo nobis ejus exemplo dolor contritionis in corde, pudor confessionis in ore, labor satisfactionis in opere : quatenus dolore contritionis deleatur peccatum cogitationis, ut puella suscitetur in domo (*Matth.* ix). Pudore confessionis abluatur crimen locutionis, ut adolescens suscitetur in porta (*Luc.* vii). Labore satisfactionis purgetur facinus actionis, ut suscitetur Lazarus de sepulcro (*Joan.* xi). Illo misericorditer concedente, qui primo misericorditer beatæ Mariæ Magdalenæ suæ resurrectionis gaudium intimavit (*Joan.* xx). Dominus noster Jesus Christus, qui est super omnia Deus benedictus in sæcula sæculorum. Amen.

SERMO XXIV.

IN FESTO B. PETRI AD VINCULA.

Allegorica hujus diei Epistolæ expositio.

Misit Herodes rex manus, ut affligeret quosdam de Ecclesia. Occidit autem Jacobum fratrem Joannis gladio. Videns autem quia placeret Judæis, apposuit ut apprehenderet et Petrum.

Quia plane videmus historiam, plene investigemus allegoriam : sub littera spiritum, quasi sub cortice nucleum requirentes; quia « Spiritus est qui vivificat, caro non prodest quidquam (*Joan.* vi). » Sicut enim in imagine non tam intendimus tabulam quam picturam, sic in expositione non tam debemus historiam quam figuram; quia tabulæ historiæ non semper æque respondent picturæ, allegoriæ est significatum quandoque sit malum, et significatum bonum, et econverso. *Misit ergo Herodes rex manus, ut affligeret quosdam de Ecclesia.* Herodes diabolus, Judæi dæmones; ille rex Judæorum, iste rex dæmonum; « ipse enim est rex super omnes filios superbiæ (*Job* xli). » *Herodes itaque rex misit manus ut affligeret quosdam de Ecclesia;* quia diabolus potestatem exercet, ut flagellet aliquos de congregatione fidelium. *Occidit autem Jacobum fratrem Joannis gladio*, quando seducit aliquem justum; fratrem Joannis, quasi germanum gratiæ; quia nemo justus nisi per gratiam. *Occidit eum gladio*, quando separavit illum a capite Christo, quia « caput viri Christus, caput Christi Deus (*I Cor.* xi). » *Videns autem quia placeret Judæis, apposuit ut apprehenderet et Petrum.* « Lætantur dæmones cum malefecerint, et exsultant in rebus pessimis (*Prov.* ii). » Et ideo *videns* Herodes quod occisio Jacobi *placeret Judæis,* id est cognoscens diabolus quod seductio justi placeret dæmonibus, *apposuit ut apprehenderet et Petrum;* non quemlibet justum, non qualemcunque fidelem; sed ipsum Petrum prælatum Ecclesiæ. « Absorbet enim fluvium, et non mirabitur, et habet fiduciam quod Jordanis influat in os ejus (*Job* xl). » Esca enim electa est cibus ipsius; nam « si sacerdos, qui est unctus peccaverit, facit delinquere populum (*Lev.* iv). » *Erant autem dies azymorum.* Sicut personæ sublimitas peccatum exaggerat, ita solemnitas temporis delictum augmentat, et ideo non in quolibet tempore *apposuit Herodes apprehendere Petrum,* sed in diebus azymorum : quando propter solemnitatem majorem, si delinquitur, magis peccatur. An non Petrum apprehendit Herodes, quando Petrus contra suam promissionem tertio Christum negavit? Apprehendit quidem, sed non occidit, quia « respexit Dominus Petrum (*Luc.* xxii). »

Nos ergo, fratres, et apprehensionis modum, et ereptionis ordinem attendamus, ut caveamus nobis ne capiamur : et si forte capti fuerimus, provideamus nobis ut liberemur. *Cum enim Herodes apprehendisset* et Petrum, *misit eum in carcerem ;* quia cum diabolus seducit prælatum, inducit illum in consuetudinem, ut feteat quasi quatriduanus in monumento. Quia gravis carcer est prava consuetudo, de qua non facile quis educitur, nisi per Dei gratiam liberetur; quoniam « impius cum venerit in profundum vitiorum, contemnit (*Prov.* xviii). » *Tradens eum quatuor quaternionibus militum custodiendum,* id est committens eum quatuor principibus dæmonum retinendum. Sicut enim quatuor sunt principales virtutes, videlicet justitia, fortitudo, prudentia, temperantia : ita sunt quatuor principales modi peccandi, quibus dæmones peccare faciunt homines et seducunt. Per fragilitatem, et simplicitatem : per malignitatem et securitatem; sive per impotentiam, et ignorantiam : per industriam et negligentiam. Per impotentiam vel fragilitatem, contra fortitudinem ; per ignorantiam vel simplicitatem, contra prudentiam ; per industriam et malignitatem, contra justitiam ; per negligentiam vel securitatem, contra temperantiam. Non est enim peccatum, quod non modorum istorum aliquo committatur. Isti sunt quatuor illi quadrantes, de quorum ultimo Veritas dixit in Evangelio : « Non exiet hinc, donec reddat novissimum quadrantem (*Matth.* v), » id est donec solvat in pœna quidquid commisit in culpa. *Tradidit ergo eum quatuor quaternionibus militum custodiendum, volens post Pascha producere eum populo.* Festo durante noluit eum *producere populo,* id est tradere eum dæmonibus puniendum, ut quia « peccatum consummatum generat mortem (*Jac.* i), » eum retruderet in infernum. *Et Petrus quidem servabatur in carcere :* quod mystice fit, quando prælatus fovetur in prava consuetudine. *Oratio autem fiebat ab Ecclesia sine intermissione ad Deum pro eo.* Ex hoc patet, quantum valeat « justi deprecatio, modo assidua (*Jac.* iii) : » quandoquidem per orationes ecce peccator de prava consuetudine liberatur. Ex hoc quoque colligitur, quod universalis Ecclesia pro summo pontifice sine intermissione debet orare. *Cum autem producturus eum esset Herodes, in ipsa nocte erat Petrus dormiens inter duos milites, vinctus catenis duabus.* Qui jacet in culpa dormit in nocte.

« Nam « qui male agit, odit lucem (*Joan.* iii), » et ideo *Petrus in ipsa nocte erat dormiens inter duos milites, vinctus catenis duabus.* Duæ catenæ sunt cupiditas et concupiscentia, una mentis, altera carnis, duo milites sunt duo dæmones, qui tentant per cupiditatem rerum et concupiscentiam mulierum. Ideoque *Petrus erat dormiens inter duos milites, vinctus catenis duabus, et custodes ante ostium custodiebant carcerem.* Ostium per quod intratur ad carcerem, est opus per quod intratur ad consuetudinem ; ostium ergo carceris custoditur, quando peccatum consuetudinis frequentatur. Illi qui custodiunt carcerem ante ostium, sunt libertas peccandi, et voluptas peccati : nihil enim magis fovet consuetudinem pravam, quam delectatio culpæ, et impunitas pœnæ.

Et ecce angelus Domini astitit, et lumen refulsit in habitaculo. Hactenus modum captionis audistis, amodo liberationis ordinem audiatis. *Herodes apprehendit Petrum, et misit eum in carcerem. Angelus autem Domini,* non instigator aut hostis, sed visitator et custos, *astitit* ad protegendum et liberandum : et ideo *lumen gratiæ refulsit in habitaculo,* quod tenebris peccatorum fuerat obscuratum : *percussoque latere Petri,* lancea charitatis, de qua sponsa dicit in Canticis (cap. ii) : « Vulnerata charitate ego sum, *excitavit eum* a somno peccati, *dicens : Surge velociter :* juxta quod dicit Apostolus : « Surge qui dormis, et exsurge a mortuis : et illuminabit te Christus (*Ephes.* v). » *Et ceciderunt catenæ de manibus ejus.* Tunc catenæ cadunt de manibus nostris, quando cupiditas et concupiscentia decidunt ab operibus : ut jam nec cupiditas cupiat, nec concupiscentia concupiscat. *Dixit autem angelus ad eum : Præcingere, et calcea te caligas tuas.* Non sufficit nobis malum dimittere, nisi bonum etiam faciamus; propter quod dicitur : « Diverte a malo et fac bonum (*Psal.* xxxiii). » Et ideo postquam ceciderunt catenæ de manibus dicitur illi : *Præcingere et calcea te caligas tuas :* ac si dicatur : Astringe te cingulo continentiæ, contra concupiscentiam : et assume tibi exempla justitiæ, contra cupiditatem. Juxta quod Dominus præcipit : « Sint lumbi vestri præcincti, et lucernæ ardentes in manibus vestris (*Luc.* xii). » Pedes enim sunt opera, caligæ sunt exempla; de quibus profecto Dominus ait : « Luceat lux vestra coram hominibus, ut videant opera vestra bona, et glorificent Patrem vestrum qui in cœlis est (*Matth.* v). » Ex hoc moraliter datur intelligi, quod viri religiosi exigente necessitate possunt aliquando rigorem ordinis temperare, quia Petrus in carcere cingulum relaxavit; et dixit illi : *Circumda tibi vestimentum tuum, et sequere me.* Vestimenta sunt opera ; de quibus alibi dicitur : « Omni tempore vestimenta tua sint candida (*Eccle.* ix), » id est opera tua munda : ille ergo circumdat sibi vestimentum suum, et sequitur angelum, qui ornat se operibus bonis, et sequitur Christum. *Et exiens sequebatur eum : et nesciebat quia verum esset quòd fiebat per angelum ; existimabat autem se visum videre.* Quidquid in tempore agitur vanitas est, non veritas, respectu æternitatis : non status, sed somnus, Salomone attestante : « Vidi in omnibus vanitatem et nihil permanere sub sole (*Eccle.* II). » Psalmista quoque dicente : « Dormierunt somnum suum, et nihil invenerunt omnes viri divitiarum in manibus suis (*Psal.* LXXV). » Cum autem homo evigilaverit in futuro, tunc convertetur ad se quia tanquam ab alieno redibit ad proprium. Cum vero anima distrahitur per occupationes humanas mundanas, et distenditur per sollicitudines sæculares, tunc alienatus est a se, tanquam abiens in regionem longinquam, cum non reducitur ad cogitandum de Deo, et meditandum de se, quid fiet libere post hanc vitam ; quia « corpus quod corrumpitur, aggravat animam, et deprimit terrena inhabitatio sensum multa cogitantem (*Sap.* IX). » Tunc vero revertitur ad se, et vere dicere poterit : *Nunc scio vere, quia misit Dominus angelum suum, et eripuit me de manu Herodis,* etc. *Transeuntes autem primam et secundam custodiam venerunt ad portam ferream, quæ ducit ad civitatem, quæ ultro aperta est eis.* Dicitur autem angelus transire cum Petro, quia faciebat illum transire primam et secundam custodiam, hoc est præterire voluntatem peccati, et libertatem peccandi, quibus peccator in prava consuetudine custoditur. Porta ferrea est persecutio dura, de qua dicit Propheta : « Propter verba labiorum tuorum ego custodivi vias duras (*Psal.* XVI). » Hæc ducit ad civitatem, quia « arcta est via quæ ducit ad vitam (*Matth.* VII). Quæ ultro aperta est eis. Quia « fidelis est Deus, qui non patitur fideles suos tentari supra quam possunt ; sed facit cum tentatione proventum (*I Cor.* I). » *Et exeuntes processerunt vicum unum.* Exierunt, videlicet mundum istum, « in quo quandiu sumus, tanquam in vico peregrinamur a Domino (*II Cor.* V). » *Et continuo discessit angelus ab eo ;* quia post hanc vitam, cum pervenitur ad illam, non est necessarius visitator aut custos ; quia « Deus est omnia in omnibus (*Col.* III). »

Nos ergo, fratres et filii, sine intermissione oremus ad Dominum, ut mittat angelum suum, qui eruat nos de manu Herodis, et de omni exspectatione plebis Judæorum, Jesus Christus Dominus noster, qui est super omnia Deus benedictus in sæcula sæculorum. Amen.

SERMO XXV.
IN FESTO D. LAURENTII MARTYRIS.

De operibus, miraculis et tormentis B. Laurentii ; de multiplici igne ; de visitatione Dei ; quomodo ab avaritia, superbia et ambitione B. Laurentius fuerit alienus, sed patiens et fortis, et demum collationem facit inter Pharaonem regem Ægypti, et B. Laurentium archidiaconem Ecclesiæ Christi.

Probasti, Domine, cor meum, et vivificasti nocte ; igne me examinasti, et non est inventa in me iniquitas (*Psal.* XVI).

Tria sunt, quæ B. Laurentium gloriose commendant : opera, miracula et tormenta. Opera justa, miracula clara, tormenta crudelia. Propter hæc tria propheticis verbis clamabat ad Dominum : *Probasti cor meum,* operibus justis ; *visitasti nocte, miraculis claris ; igne me examinasti,* tormentis crudelibus. *Probasti cor meum* operibus justis ; quia jam thesauros tuos expendi, quos tradidisti mihi. « Dispersit enim, dedit pauperibus, justitia ejus manet in sæculum sæculi (*Psal.* III). » *Visitasti me nocte,* miraculis claris ; quia mea nox obscurum non habet, sed omnia in luce clarescunt. Laurentius enim bonum opus operatus est, qui per signum crucis cæcos illuminavit. *Igne me examinasti,* tormentis crudelibus ; quoniam in craticula te Deum non negavi, sed in ignem applicatus te, Christe, confessus sum. Stringebant enim corporis membra posita super craticulam, subjicientibusque ministris prunas insultat Levita Christi. *Probasti cor meum,* operibus justis, quoniam a fructu arbor cognoscitur. « Non enim potest arbor mala fructus bonos facere (*Matth.* VII). » *Visitasti me nocte,* miraculis claris ; quia mirabilis Deus in sanctis suis, ipse dat virtutem et fortitudinem plebi suæ (*Psal.* LXVII). *Igne me examinasti,* tormentis crudelibus. Nam « beatus vir, qui suffert tentationem ; quoniam cum probatus fuerit, accipiet coronam vitæ, quam repromisit Deus diligentibus se (*Jac.* I). » Ergo *probasti cor meum,* etc.

Triplex est ignis, spiritualis, artificialis, et naturalis. Sed inter hos multiplex est naturæ diversitas. Nam quidam ignis non urit, sed lucet ; quidam non lucet, sed urit ; quidam et lucet, et urit. Non urit et lucet ignis empirei : non lucet, sed urit ignis inferni ; lucet et urit ignis camini. Rursus quidam ignis semper vivit, et nunquam moritur ; quidam aliquando vivit, et aliquando moritur ; quidam statim ut vivit, statim et moritur. Semper vivit, et nunquam moritur ignis sideris ; aliquando vivit, et aliquando moritur ignis fornacis : statim ut vivit, statim et moritur ignis fulguris. Item quidam ignis pascitur et consumit, quidam consumit et non pascitur, et non consumit. Pascitur et consumit ignis usualis, consumit et non pascitur ignis solaris, pascitur et non consumit ignis gehennalis. Scriptum est : « Sicut oves in inferno positi sunt, mors depascet eos (*Psal.* XLVIII) ; » sed « optabunt homines mori, et fugiet mors ab illis (*Apoc.* ix). » Quia vero philosophicum est magis quam theologicum rerum indagare naturas : nos qui spirituales esse debemus, de spiritualibus prosequamur. Est enim ignis culpæ, livor invidiæ, vel ardor concupiscentiæ, de quo legitur ; « Super eos cecidit ignis, et non viderunt solem (*Psal.* lvii). » Et alibi : « Ascendit ignis, et combussit speciosa deserti (*Joel.* 1). » Ignis « pœnæ, dolor est compunctionis. vel mœror compassionis. De quo dicitur : « Hoc faciens, carbones ignis congeres super caput ejus (*Rom.* xii); » et alibi : « Concaluit cor meum intra me, et in meditatione mea exardescet ignis (*Psal.* xxxviii). » Ignis gratiæ, fervor charitatis, vel splendor veritatis, de quo scribitur : « Ignem veni mittere in terram, et quid volo, nisi ut accendatur? » *Luc.* xii.) Et alibi : « De excelso misit ignem in ossibus meis (*Thren.* i). » Item, est ignis diabolicus, angelicus, divinus. De primo dicitur : « Ignis de cœlo cecidit (*Job* i), » secundum illud : « Videbam Satanam quasi fulgur de cœlo cadentem (*Luc.* x); » de secundo scribitur : « Qui facit angelos suos spiritus, et ministros suos ignem urentem (*Psal.* ciii); » de tertio legitur : « Deus noster ignis consumens est (*Deut.* iv). »

Rursus, est ignis persecutionis, ignis increpationis, et ignis purgationis. De primo legitur : « Probasti nos, Deus, igne nos examinasti, sicut examinatur argentum (*Psal.* lxv) ; » de secundo dicitur : « Si quis succenderit ignem, et ignis destruxerit segetes, ille tenetur qui succendit ignem (*Exod.* xxii) ; » de tertio scribitur : « Uniuscujusque opus quale sit, ignis probabit (*I Cor.* iii). »

Amplius : Est ignis doctrinæ sacræ, ignis cauteriatæ conscientiæ, et ignis æternæ vindictæ. De primo legitur : « Venit Dominus de monte Pharan, et in manu ejus ignea lex (*Deut.* xxxiii); » de secundo scribitur : « Producam ignem de medio tui, qui comedat te (*Ezech.* xxviii); » de tertio dicitur : « Discedite a me, maledicti, in ignem æternum, etc. (*Matth.* xxv). » Præterea est ignis mystici sacrificii, de quo legitur : « Ignis in altari meo semper ardebit (*Levit.* vi). » Ignis superni præsidii, de quo dicitur : « Expandit nubem in protectionem eorum, et ignem ut luceret eis per noctem (*Psal.* civ). » Est etiam ignis divini judicii, de quo scribitur : « Ignis in conspectu ejus ardebit, et in circuitu ejus tempestas valida (*Psal.* xlix). » Quia vero judicia Dei abyssus multa (*Psal.* xxxv), » ignis divini judicii multis de causis emittitur. Ad ultionem, ut ibi · « Pluit Dominus super Sodomam et Gomorrham sulphur et ignem a Domino de cœlo (*Gen.* xix). » Ad significationem, ut ibi : « Transit ignis, sed non in igne Dominus (*III Reg.* xix). » Ad probationem, ut ibi : « Domine Deus patrum nostrorum, exaudi me hodie, ut discat populus iste quia tu es Dominus Deus meus. Et descendit ignis de sublimi, et devoravit holocaustum et ligna (*III Reg.* xviii). »

Est ignis bonus, de quo dicit Joannes : « Ego baptiso vos in aqua : medius autem vestrum stat qui baptizat vos Spiritu sancto et igne (*Matth.* iii). » Est et ignis malus, de quo dicit propheta : « Vermis eorum non morietur, et ignis eorum non exstinguetur (*Isa.* lxi). » Cum ergo tot species ignis Scriptura sacra distinguat, quo igne gloriosus martyr et levita Laurentius, propheticis verbis examinatum se fuisse testatur : *Probasti cor meum*, inquit, *et visitasti nocte : igne me examinasti, et non est inventa in me iniquitas*. Examinatus est quidem igne persecutionis, et igne dilectionis : igne persecutionis in corpore, igne dilectionis in corde. Igne persecutionis in adversis, igne dilectionis in prosperis; quia probavit eum Deus et visitavit. Probavit in die, visitavit in nocte; probavit in prosperis, visitavit in adversis. In prosperitate fuit humilis et misericors, in adversitate fuit fortis et patiens. In neutro defecit, sed in utroque profecit. « Quia diligentibus Deum omnia cooperantur in bonum; his qui secundum propositum vocati sunt sancti (*Rom.* viii). »

Deus autem dupliciter visitat, conferendo gratiam, et inferendo vindictam. De primo legitur : « Per viscera misericordiæ Dei nostri, in quibus visitavit nos oriens ex Alto (*Luc.* i); » de secundo describitur : « Visitabo in virga iniquitates eorum, et in verberibus peccata eorum (*Psal.* lxxxviii). » Verum inter omnia prospera duo maxime solent cor humanum corrumpere, videlicet opes, et dignitates. Opes enim cupidum faciunt, dignitates superbum. Porro Scriptura sacra docente didicimus, quod « radix omnium malorum est cupiditas (*I Tim.* vi) ; » et « initium omnis peccati est superbia (*Eccle.* x). » — « Nam qui volunt divites fieri, incidunt in tentationem et laqueum diaboli (*I Tim.* vi). » Homo vero, qui cum in honore esset, non intellexit, comparatus est jumentis insipientibus, et similis factus est illis (*Psal.* xlviii). » Multos enim seduxit cupiditas et damnavit. Achior lapidatus interiit, quia tulit aurum et argentum de anathemate Jericho (*Jos.* vii). Giezi lepra percussus est, quia petiit et accepit aurum et argentum et vestes sub nomine Elisei (*IV Reg.* v). Judas laqueo se suspendit, quia vendidit sanguinem justi (*Matth.* xxvii). « Fur enim erat et loculos habens, ea quæ mittebantur portabat (*Joan.* xii). » Non sic, non sic B. Laurentius : qui cum ecclesiæ thesauros haberet reconditos, non paucos aut modicos, sed tot et tantos, quos etiam Romanus princeps cuperet vehementer habere, non eos sibi retinuit, non parentibus tradidit, sed « dispersit, dedit pauperibus; » et ideo « justitia ejus permanet in sæculum sæculi (*Psal.* cxi). » Considerent hoc qui facultates Ecclesiæ, qui patrimonium crucifixi in delicias proprias luxuriose consumunt, vel in divitias propinquorum immoderate distribuunt, pauperes autem negligunt et egenos contemnunt. Nam « qui habet substantiam hujus mundi, et viderit fratrem suum necesse habere, et clauserit viscera sua ab eo, quomodo charitas Dei manet in illo? (*I Joan.* III.) » Deus autem non tam fecit divites propter pauperes, quam pauperes propter divites; quia plus proficit divitibus quod distribuunt, quam pauperibus quod accipiunt. « Facite, inquit, vobis amicos de mammona iniquitatis, ut cum defeceritis, recipiant vos in æterna tabernacula (*Luc.* XVI). » Sicut non tam bonis utitur propter malos, quam malis utitur propter bonos; quia non granum propter flagellum, sed flagellum factum est propter granum. Sed et superbia multos extulit et prostravit. Nabuchodonosor, quia potentiam suam superbe jactavit, regnum amisit, et cum bestiis quasi bos fenum comedit (*Dan.* IV). Sennacherib, quia os suum posuit in cœlum, et contra Deum superbe locutus est, in templo Nesrath a filiis est occisus (*IV Reg.* XIX; *Isa.* XXXVII). Aman, quia divinum sibi voluit honorem impendi, suspensus est in patibulo (*Esther.* VII). Non sic, non sic B. Laurentius, qui cum esset apostolicæ sedis archidiaconus, summus post primum, vel primus potius post summum, quærebat pauperes sanctos per regiones et vicos, per domos et cryptas, quorum pedes lavabat, et osculis confovebat, magistri secutus exemplum, qui cum lavisset pedes discipulorum, adjecit: « Exemplum dedi vobis, ut similiter vos faciatis (*Joan.* XIII). »

Inter adversa quoque duo solent maxime cor humanum subvertere, scilicet, damna rerum, et pericula personarum. Illa propter timorem mundanum, ista propter humanum. Herodes enim timens amittere regnum, innocentes occidit (*Matth.* II). Judæi quoque timentes ne Romani venirent et auferrent eis locum et gentem, inierunt consilium ut Jesum caperent et occiderent (*Joan.* XII). Petrus autem qui dixerat: « Et si oportuerit me mori tecum, non te negabo (*Matth.* XXVI), » timore mortis, ad vocem ancillæ negavit. Marcellinus quoque, qui diu confessor exstiterat, thurificavit idolis formidine passionis. De talibus scriptum est: « Filii Ephrem intendentes arcum, et mittentes sagittas suas, conversi sunt in die belli (*Psal.* LXXVII). » Multi namque mittentes manum ad aratrum (*Luc.* IX), et respicientes retro cum uxore Loth, in statuam salis conversi sunt (*Gen.* XIX). Non sic, non sic B. Laurentius, qui cum conspiceret Sixtum episcopum et diacones ejus ad martyrii tormenta deduci, fortis et intrepidus exclamabat: « Quo progrederis sine filio, Pater? Quo, sacerdos sancte, sine diacono properas? Noli me derelinquere, Pater sancte; quia jam thesauros tuos expendi, quos tradidisti mihi. » Non erat ambitiosus honoris, non cupidus dignitatis, ut desideraret mortem prælati, quatenus ipse post illum ad prælationem ascenderet. Non enim desiderabat prælato succedere, qui volebat cum prælato decedere; sed cupiebat « dissolvi et esse cum Christo (*Phil.* I), » non timens eos qui corpus occidunt, animam autem occidere non possunt; sed eum timens, qui corpus et animam potest mittere in gehennam (*Matth.* X). Indutus enim virtute spiritus ex Alto, tam fortis exstitit, tam patiens perduravit; ut inter ipsa tormenta tam dira, tam dura, ut horribile sit non solum ea dicere, verum etiam audire, diceret ad tyrannum: « Disce, miser, quia carbones tui non ardorem, sed refrigerium mihi præstant. Ecce miser, assasti partem unam, regyra aliam et manduca. » Christum ergo sine timore confessus est, cum amore secutus; ut moriens de morte triumpharet, vivens cum vita regnaret (*Luc.* XXIV). Tanquam aurum in fornace probavit eum (*Sap.* III); « ut probatio fidei multo pretiosior auro, quod per ignem probatur, inveniretur in laudem, et gloriam et honorem (*I Petr.* I); » quoniam *iniquitas in eo inventa non* fuit.

Quia vero contraria juxta se posita clarius elucescunt, proponamus in medio Pharaonem, qui defecit in prosperis et adversis, ut ex comparatione duorum, illius vitium, istius virtutem extollamus. Ille namque fuit rex in terra Ægypti, iste archidiaconus in Ecclesia Christi. Ille tyrannus corporum; iste medicus animarum. Ille temporalium rector, iste spiritualium ministrator. Ille beneficia Joseph penitus ignorabat, iste dona Dei jugiter memorabat. Ille populum Dei detinebat in servitute, iste thesaurum ecclesiæ habebat in potestate. Ille populum duris angariis affligebat, iste thesaurum ecclesiæ largis muneribus erogabat. Ad illum venerunt Moyses et Aaron, ut populum Dei liberarent; in istum insurrexerunt Decius et Valerianus, ut ecclesiæ thesauros diriperent. Ministri Dei contra servum diaboli, ministri diaboli contra servum Dei. Decius et Valerianus intonabant minis; Moyses et Aaron coruscant miraculis (*Exod.* IV). Illi proponebant sæva præcepta, isti dabant consilia. Pharao tamen sanis consiliis noluit acquiescere, Laurentius sævis præceptis noluit obedire. Ille nomen Dei superbe contempsit, iste nomen ejus humiliter prædicavit. Ille populum gravius affligebat, iste thesaurum largius erogabat. Illum tandem Moyses et Aaron decem plagis mirabiliter percusserunt, istum Decius et Valerianus decem tormentis cruciarunt. Primo namque B. Laurentius fuit reclusus in carcere, secundo scorpionibus cæsus, tertio vinctus catenis, quarto fustibus flagellatus, quinto laminis ignitis adustus, sexto maceratus plumbatis, septimo in cathasta prostratus et protensus, octavo contusus lapidibus, nono furcis compressus, decimo flammis assatus. Verum ille plagis revocari non potuit, iste tormentis inclinari nequivit. Ille magis ac magis indurabatur in malo, iste magis ac magis confortabatur in bono. Cæterum, quia contrarii fuerunt in vita, contrarii quoque fuerunt in morte. Nam ille super currum fuit aquis submersus (*Exod.* XIV), iste super craticulam fuit igne crematus. At ille de aquis nivium transivit ad incendium (*Job* XXIV), iste de igne transivit ad refrigerium. Ille descendit in consortium daemonum, iste ascendit in consortium angelorum.

De caetero, fratres, quia «quaecunque scripta sunt, ad nostram doctrinam scripta sunt (*Rom.* xv), » habeamus exemplum B. Laurentii, misericordiam, humilitatem in prosperis, fortitudinem et patientiam in adversis : ut simus misericordes in corde, misericordes in ore, misericordes in opere. Corde per compassionem, ore per correptionem, opere per subventionem. Ut simus humiles ad majores, ad pares et ad minores. Ad minores per debitam necessitatem, ad pares per mutuam charitatem, ad majores per superabundantem humilitatem. Ut simus fortes in corde, fortes in ore, fortes in opere. Corde contra timorem, ore contra pudorem, opere contra laborem. Ut simus patientes in damnis, in opprobriis, in flagellis, ne concipiamus dolorem, ne pariamus furorem, ne nutriamus rancorem, sed juxta praeceptum Dominicum diligamus inimicos nostros, benefaciamus his qui oderunt nos, et oremus pro persequentibus et calumniantibus nos (*Matth.* v). Praestante Domino nostro Jesu Christo, qui est benedictus in saecula saeculorum. Amen.

SERMO XXVI.

IM EODEM FESTO.

De triplici craticula, item de craticula poenitentium, perfectorum, et martyrum : de duplici confessione, et multiplici altari.

Facies craticulam in modum retis aeneam, per cujus quatuor angulos erunt quatuor annuli, quos pones super arulam altaris (*Exod.* xxvii).

Tres craticulas legimus in Scripturis; unam super quam carnes sacrificiorum assabantur. Alteram, super quam panes azymi coquebantur. Aliam, super quam homines damnatitii cremabantur. De prima reperitur in Exodo : *Facies craticulam in modo retis aeneam, et pones super arulam alteris;* de secunda legitur in Levitico. «Si sacrificium fuerit de craticula, simila oleo conspergetur (*Levit.* iii); » de tertia dicitur ab historiographo : « Stringebant corporis membra posita super craticulam. » Super hanc craticulam gloriosus martyr et Levita Laurentius igne crudeli, vel potius, ignita crudelitate crematus est. Verum ardebat interius ignis amoris, qui refrigerabat exterius ignem ardoris, ignis interior mitigabat exteriorem : sed ignis exterior accendebat interiorem : « Fortis est enim ut mors dilectio : et dura sicut infernus aemulatio. Aquae non possunt exstinguere charitatem (*Cant.* viii). » Hinc enim B. Laurentius pura voce clamabat ad Dominum : In craticula te Deum non negavi, et ad ignem applicatus te, Christe, confessus sum : «probasti cor meum et visitasti nocte, igne me examinasti, et non est inventa in me iniquitas (*Psal.* xvi). »

Sit ergo prima craticula poenitentium, secunda craticula perfectorum, tertia craticula martyrum. Ad craticulam martyrum pertinet primum capitulum, quod audistis in Evangelio : « Nisi granum frumenti cadens in terram mortuum fuerit, ipsum solum manet. Si vero mortuum fuerit, multum fructum affert (*Joan.* xii). » Granum frumenti est verbum Dei, quo fruuntur homines et angeli sancti ; hoc granum in terram cecidit, quando « Verbum caro factum est, et habitavit in nobis (*Joan.* i). » Nam « Verbum misit Dominus in Jacob, et cecidit in Israel (*Isa.* ix). » Cecidit ergo, quando Christus exinanivit se, formam servi accipiens, in similitudinem hominum factus, et habitu inventus ut homo (*Phil.* ii), » mortuum autem fuit, quando Christus « factus est obediens usque ad mortem, mortem autem crucis (*ibid.*), » multum fructum attulit quia « propter hoc exaltavit illum Deus, et dedit illi nomen, quod est super omne nomen, ut in nomine Jesu omne genu flectatur, coelestium, terrestrium et infernorum, ut omnis lingua confiteatur, quia Dominus noster Jesus Christus in gloria est Dei Patris (*ibid.*). » Antequam hoc granum frumenti fuisset mortuum, modicum attulit fructum, sicut ipse dicit in Psalmo : « Singulariter sum ego, donec transeam (*Psal.* cxl). » Postquam autem mortuum fuit, multum fructum attulit, sicut ipse dicit in Evangelio : « Cum exaltatus fuero a terra, omnia traham ad meipsum (*Joan.* xii). » Unde in Exodo legitur de filiis Israel, quod « quanto plus opprimebantur, tanto magis multiplicabantur et crescebant (*Exod.* i). » Est et Verbum Dei, quod Deus est. Nam «Verbum erat apud Deum, et Deus erat Verbum (*Joan.* i). » Est et Verbum Dei, quod non est Deus, de quo dicit Scriptura : « Non in solo pane vivit homo, sed in omni verbo, quod procedit de ore Dei (*Deut.* viii; *Matth.* iv). » Verbum Dei quod Deus est, « nisi cadens in terram mortuum fuisset, nullum fructum profecto tulisset (*Joan.* xii), quia nihil nasci profuit, nisi redimi profuisset. Verbum autem Dei quod non est Deus, si cadens in terram mortuum fuerit, nullum penitus fructum affert. Unde legitur, quod semen illud, quod « cecidit secus viam, natum non fuit : quia volucres coeli comederunt illud (*Luc.* viii). »

Ad craticulam poenitentium pertinet secundum capitulum, quod audistis in Evangelio : « Qui amat animam suam, perdet eam. Qui autem odit animam suam in hoc mundo, in vitam aeternam custodit eam

(*Joan.* xii). » Porro, si juxta propheticum testimonium, « qui diligit iniquitatem, odit animam suam (*Psal.* x) : « et juxta verbum Dominicum, » qui odit animam suam in hoc mundo, in vitam æternam custodit eam (*Joan.* xii) ; » consequens ergo videtur, quod qui diligit iniquitatem, animam suam in vitam æternam custodit. Absit omnino. Nam sicut est amor bonus et amor malus : ita est bonum odium. Bonus amor est ille, de quo Dominus ait: « Si amas me, pasce oves meas (*Joan.* xxi). » Malus amor est ille, de quo dicit Apostolus : « In diebus illis erunt homines seipsos amantes (*II Tim.* iii). » Bonum odium illud est, de quo dicit Psalmista · « Iniquos odio habui, et legem tuam dilexi (*Psal.* cxviii); » et iterum : « Perfecto odio oderam illos, et inimici facti sunt mihi (*Psal.* cxxxviii).» Malum odium est, de quo dicit Joannes : « Qui odit fratrem suum, homicida est (*I Joan.* iii) ; » et alibi : « Superbia eorum qui te oderunt, ascendit semper (*Psal.* lxxiii). » Ergo qui male amat, perdit ; et qui bene odit, custodit. Nam qui bene odit, hic custodit : et qui male amat, hic odit. Non simpliciter dicitur : Qui odit animam suam, custodit eam : sed cum adjuncto : « Qui odit animam suam in hoc mundo, » id est in voluptatibus et concupiscentiis, et illecebris hujus mundi ut eas habeat odiosas, crucifigendo carnem suam cum vitiis et concupiscentiis, hic « profecto in vitam æternam custodit eam (*Joan.* xii).» Similiter per contrarium, « qui amat animam suam, » subaudiendo in hoc mundo, id est ad voluptates et concupiscentias et illecebras hujus mundi, ut delectetur in illis, eundo post concupiscentias : hic utique « perdet eam (*ibid.*) » in gehennam ignis æterni.

Ad craticulam perfectorum pertinet tertium capitulum, quod audistis in Evangelio: « Qui mihi ministrat, me sequatur, et ubi ego sum, illic et minister meus erit (*Joan.* xii). » Alibi legitur Dominum respondisse : « Si vis perfectus esse, vade et vende omnia quæ habes, et da pauperibus, et veni sequere me (*Matth.* xix; *Marc.* x; *Luc.* xviii).» Ad perfectionem ergo pertinet sequi Christum, ut nudus sequatur nudum, pauper pauperem. Qui quamvis sit Dominus omnium, habens in vestimento et in femore suo scriptum : « Rex regum et Dominus dominantium (*Apoc.* xix), » tam pauper tamen est factus, ut de se dicat in Evangelio : « Vulpes foveas habent, et volucres cœli nidos: filius autem hominis non habet ubi caput reclinet (*Matth.* viii; *Luc.* ix). » Unde « cum nasceretur, non erat ei locus in diversorio (*Luc.* ii). » Præmittit ergo meritum, ubi dicit: «Qui mihi ministrat, me sequatur, » et statim promittit præmium, ubi subdit : « Ubi ego sum, ibi et minister meus erit (*Joan.* xii). » Simul et in terra manebat secundum hominem, et in cœlo regnabat secundum Deum; unde et ipse dicebat: « Nemo ascendit in cœlum, nisi qui de cœlo descendit, filius hominis qui est in cœlo (*Joan.* iii). » Et ideo promittebat non regnum terrenum, sed cœleste, dicendo : « Ubi ego sum, ibi et minister meus erit (*Joan.* xii). » — « Beati enim pauperes spiritu, quoniam ipsorum est regnum cœlorum (*Matth.* v).» Quid enim honorabilius, gloriosius, et beatius, quam ut sit homo cum Deo, servus cum domino, creatura cum Creatore : « Hodie, inquit, mecum eris in paradiso (*Luc.* xxiii). » Ac si dixisset apertius : Hodie mecum eris, quod est in paradiso esse.

Facies ergo craticulam in modum retis æneam, per cujus quatuor angulos erunt quatuor annuli, quos pones super arulam altaris. Habebat ergo craticula quatuor angulos laterales, et quatuor annulos angulares; habebat et costas reticulate dispositas, ut per oculos craticulæ ignis succensus ascenderet, qui sacrificium superpositum adoleret. Excutiamus ergo paleam, et colligamus frumentum : frangamus corticem, ut nucleum extrahamus : exprimamus favum, ut mel degustemus. Ignis ergo succensus, est dolor compunctionis, craticula superposita, est labor satisfactionis; de hoc igne dicit Psalmista : « Concaluit cor meum intra me, et in meditatione mea exardescet ignis (*Psal.* xxxviii). » Cum enim peccator de futuro judicio meditatur, in corde ejus doloris ignis accenditur, timens in manus Dei viventis incidere, qui exigit debitum usque ad novissimum quadrantem (*Matth.* v). Ipse enim reddit unicuique secundum merita sua (*Apoc.* xx). Currit igitur et festinat ad sacerdotem, qui craticulam satisfactionis imponat, super quam carnalitatem suam contritionis igne comburat, ut dicere valeat cum Propheta : Ossa mea sicut in frixorio confrixa sunt: quia cinerem sicut panem manducabam, et potum meum cum fletu temperabam (*Psal.* c).

Per quatuor angulos hujus craticulæ, quatuor partes satisfactionis intellige, videlicet orationes, eleemosynas, jejunium, et vigilias. Quatuor enim modis peccamus, per ignorantiam et fragilitatem, per negligentiam et malignitatem. Isti forte sunt illi quadrantes, de quibus Veritas dicit in Evangelio: « Non exiet inde, donec reddat novissimum quadrantem (*Matth.* v). » id est donec solvat in pœna, quidquid deliquit in culpa.

Econtra, quatuor modis oportet nos satisfacere. Contra fragilitatem, jejunare (*Matth.* iv); contra ignorantiam, orare; contra malignitatem, erogare; contra negligentiam, vigilare. Isti sunt digni fructus pœnitentiæ, quos Dominus commemorat, et commendat in Evangelio : « Hoc, inquit, genus dæmonii non ejicitur, nisi in oratione et jejunio (*Matth.* xvii; *Marc.* ix). » «Date eleemosynam, et ecce omnia munda sunt vobis (*Luc.* xi). » — « Vigilate, quia nescitis, qua hora fur venturus sit (*Matth.* xxv; *Marc.* xiii; *Luc.* xii). »

In his quatuor angulis, quatuor annuli debent immitti, videlicet quatuor principales virtutes, justitia, fortitudo, prudentia, temperantia. In oratione prudentia, ne « fiat oratio in peccatum (*Psal.* cviii). » In jejunio fortitudo, ut perveniat ad montem Dei

Oreb (*III Reg.* xix). In eleemosyna justitia, ut inveniat justum cui det. In vigiliis temperantia, ne deficiat in tentatione.

Costæ craticulæ sunt opera pietatis, quæ Dominus in judicio commendabit: « Esurivi, et dedistis mihi manducare; sitivi, et dedistis mihi bibere; nudus eram, et operuistis me; hospes, et collegistis me; in carcere, et visitastis me (*Matth.* xxv).» His operibus pœnitentes debent insistere, his fructibus abundare.

Sed et perfectus ignem sibi succendit, et craticulam supponit. Ignis est fervor dilectionis; craticula, dolor compunctionis. De hoc igne Veritas ait: « Ignem veni mittere in terram, et quid volo, nisi ut ardeat? (*Luc.* xii.) » De hac craticula legitur : « Peccata proximorum, frixorium sunt justorum.» Perfectus est enim qui diligit proximum sicut seipsum, et qui compatitur proximo tanquam sibi ipsi. Sibi compatitur super incolatu vitæ præsentis et super dilatione vitæ futuræ, dicente Psalmista : « Heu me, quia incolatus meus prolongatus est, habitavi cum habitantibus Cedar, multum incola fuit anima mea (*Psal.* cxix).» Hoc est irriguum superius et inferius, quod Caleph dedit Axæ filiæ suæ in dotem (*Josue* xiii). Proximo vero compatitur in adversis, et perversis, Apostolo contestante: « Quis infirmatur, et ego non infirmor? quis scandalizatur, et ego non uror? » (*II Cor.* xi.) Isti sunt quatuor anguli, quibus et quatuor annuli debent immitti. In incolatu vitæ præsentis, contemptus mundi, secundum illud Joannis : « Nolite diligere mundum, neque ea quæ in mundo sunt (*I Joan.*ii).» In dilatione vitæ futuræ, desiderium cœli, secundum illud Apostoli : « Cupio dissolvi, et esse cum Christo (*Phil.* i). » In perversitate correptio, juxta quod Veritas præcipit: « Si peccaverit in te frater tuus, corripe eum inter te et ipsum solum (*Matth.*xviii). » In adversitate subventio, secundum quod propheta suadet : « Frange esurienti panem tuum, et egenos vagosque induc in domum tuam (*Isa.* xxxviii).»

Facies ergo craticulam in modum retis æneam. Æs, quia metallum sonorum est, confessionem significat. Est autem duplex confessio, præconiorum, et peccatorum. De prima dicitur : « Confitemini Domino in cithara, in psalterio decem chordarum psallite illi (*Psal.* xxxii); » de secunda legitur : «Confitemini alterutrum peccata vestra (*Jac.* v).» Debet ergo utraque craticula esse ænea. Illa propter confessionem peccati, quam agit pœnitens; ista propter confessionem præconii, quam agit perfectus.

Facies ergo craticulam, et pones eam super arulam altaris. Multiplex altare legitur in Scripturis, superius et inferius, interius et exterius. Quodlibet autem est duplex. Nam altare superius est Deus Trinitas, de quo legitur : « Non ascendes ad altare meum per gradus (*Exod.* xx). » Est et altare superius triumphans Ecclesia, de qua dicitur : « Tunc imponent super altare tuum vitulos (*Psal.* l). » Altare inferius est militans Ecclesia, de qua legitur: « Si altare lapideum feceris mihi, non ædificabis illud de sectis lapidibus (*Exod.* xx). » Est et altare inferius mensa templi, de qua dicitur : « Constituite diem solemnem in condensis usque ad cornu altaris (*Psal.* cxvii). » Altare interius est cor mundum, de quo præcipitur : « Ignis in altari meo semper ardebit (*Levit.* vi). » Est et altare interius, fides incarnationis, de qua jubetur : « Altare de terra facietis mihi (*Exod.* xx). » Altare exterius est ara crucis, hoc est altare holocausti, super quod cremabitur sacrificium vespertinum. Est et altare exterius, ecclesiastica sacramenta, de quibus scriptum est . « Altaria tua, Domine virtutum (*Psal.* lxxxiii), » etc.

Cum ergo tot sunt altaria, super cujus altaris arulam præcipitur poni craticula? Sed certe craticula super altaris arulam, est pœnitentia super cordis munditiam; quia « sacrificium Deo spiritus contribulatus, cor contritum et humiliatum Deus non spernit (*Psal.* l). » Faciamus ergo nobis, fratres charissimi, craticulam pœnitentiæ, super quam offeramus sacrificium pro peccato, carnalitatem nostram compunctionis igne cremantes, ut sic postmodum immolemus sacrificium laudis : non in fermento malitiæ et nequitiæ, sed in azymis sinceritatis et veritatis (*I Cor.* v), ipso misericorditer concedente, qui est super omnia Deus benedictus in sæcula sæculorum. Amen.

SERMO XXVII.

IN SOLEMNITATE ASSUMPTIONIS GLORIOSISSIMÆ SEMPER VIRGINIS MARIÆ.

Quomodo beata Maria sit castellum, et quale, et quomodo Christus illud sit ingressus, et de duabus sororibus; de vita activa et contemplativa.

Intravit Jesus in quoddam castellum, et mulier quædam Martha nomine excepit illum in domum suam. Et huic erat soror nomine Maria; quæ sedens secus pedes Domini, audiebat verbum illius (Luc. x).

Castellum illud quod *intravit Jesus*, est virgo Maria, quando « Verbum caro factum est, et habitavit in nobis (*Joan.* i),» sicut angelus illi promiserat : . « Spiritus, inquit, sanctus superveniet in te, et virtus Altissimi obumbrabit tibi. Ideoque quod nascetur ex te sanctum, vocabitur Filius Dei (*Luc.* i).»

Porro cum Christus sit verus Deus et verus homo, Deus de Deo ante sæcula genitus, et homo de homine in sæculo natus; quidquid ei veraciter attribuitur, aut convenit ei secundum divinam naturam, aut secundum humanam, aut secundum utramque. Secundum divinam appellatur Jesus, quod interpretatur *Salvator*. Secundum humanam dicitur Christus, quod exponitur *unctus*. Secundum utramque vocatur Emmanuel, quod interpretatur *nobiscum Deus* (*Matth.* 1).

Cum autem intrare sit de foris intus accedere, quæri potest, et etiam dubitari, secundum quam naturam in istud castellum, id est in uterum virginalem intravit. Non secundum divinam, cum ipse sine motu moveat universa, et totus sit semper ubique, sicut de se loquitur per prophetam : « Cœlum et terram ego impleo (*Jer.* xxiii). » Item : « Ego sum Deus, et non mutor (*Mal.* iii). » Sed non secundum humanam, cum mater ejus Maria non accepit exterius quidquam in uterum, sed concepit tantum interius in utero, sicut Isaias aperte testatur : « Ecce, inquit, virgo concipiet in utero, et pariet filium, et vocabitur nomen ejus Emmanuel (*Isa.* vii ; *Matth.* i). » Hæc est enim, secundum Ezechielem (*cap.* xliv), « porta in domo Domini clausa, et vir non est ingressus per eam. » Christus autem ab ipsa conceptione vir exstitit, Hieremia propheta testante : « Novum, inquit, faciet Dominus super terram, femina circumdabit virum gremio uteri sui (*Jer.* xxxi). » Quid ergo dicemus? Quomodo ergo in castellum illud intravit? Salubre consilium dedit Apostolus dicens : « Noli plus sapere, quam oportet sapere, sed sape ad sobrietatem (*Rom.* xii). » Et alius: « Altiora te ne quæsieris, et majora te scrutatus non fueris (*Eccli.* iii). » — « Perscrutator enim majestatis, opprimetur a gloria (*Prov.* xxv). » Nam « accedat homo ad cor altum, et exaltabitur Deus (*Psal.* lxiii). » Salva tamen fidei majestate possumus respondere, quod cum secundum philosophos initium existendi, ingressus in substantiam appelletur, quæcunque res habet initium, habet pariter et ingressum. Unde cum Verbum Dei secundum humanitatem assumptam inceperit esse in utero virginali, profecto secundum eamdem intravit in illum, non deforis veniens, sed intus assumens. Juxta quem modum loquendi Veritas ipsa testatur : « Exivi a Patre et veni in mundum (*Joan.* xvi), » non quod extra mundum accesserit, sed quod intra mundum processerit. Intravit ergo Jesus *in quoddam castellum*. Ad munimentum castelli duo sunt necessaria, murus et turris; murus exterior, et turris interior; ad custodiam quoque castelli duo opportuna, speculator et propugnator: speculator ut contempletur, et propugnator, ut operetur.

Quæramus ergo si tale fuerit hoc castellum. Sane in hoc spirituali castello, quod est Dei genitrix Virgo Maria, murus exterior est virginitas corporis : turris interior est humilitas cordis ; nam « omnis qui se exaltat, humiliabitur; et qui se humiliat, exaltabitur (*Luc.* xiv). » Juxta quod ipsa Virgo testatur : « Deposuit potentes de sede, et exaltavit humiles (*Luc.* i). » De muro virginitatis dicit ad angelum : « Quomodo fiet istud, quoniam virum non cognosco? (*ibid.*). Nam « antequam convenirent, inventa est in utero habens de Spiritu sancto (*Matth.* i). » Item de turri humilitatis, eadem ad angelum ait : « Ecce ancilla Domini, fiat mihi secundum verbum tuum : quoniam respexit humilitatem ancillæ suæ : ecce enim ex hoc beatam me dicent omnes generationes (*Luc.* i). » O felix virginitas, quam ornat humilitas ; o felix humilitas, quam honorat virginitas! Humilitas ornat virginitatem, ne sit superba : virginitas honorat humilitatem, ne sit despecta. Est ergo virginitas humilis, ne extollatur : est humilitas virginalis ne contemnatur. Legimus enim et virgines prudentes et virgines fatuas (*Matth.* xxv). Prudentes sunt humiles, fatuæ sunt superbæ. Habet ergo castellum istud murum virginitatis contra insultum luxuriæ, habet turrim humilitatis contra incursum superbiæ. Isti namque sunt hostes, qui miserum hominem frequenter ac violenter infestant, videlicet luxuria carnis exterius, et superbia mentis interius. De quibus inquit Apostolus : « Non est nobis colluctatio tantum adversus carnem et sanguinem, « ecce luxuria » : sed adversus spiritualia nequitiæ in cœlestibus (*Ephes.* vi), » ecce superbia. Ex hac procedunt turpia, quæ non decent, ex illa procedunt turpia, quæ non licent, ex utraque procedunt vana, quæ non expediunt. Si quando te luxuria carnis impugnat, ad hoc castellum procede, muro virginitatis adhære, deprecare Mariam. Quis unquam invocavit eam, et non est exauditus ab ea ? Si quando te superbia mentis infestat, ad hoc castellum accede, turrim humilitatis ascende, deprecare Mariam. Quis unquam invocavit eam, et non est exauditus ab ea ? Hæc est « mater pulchræ dilectionis et sanctæ spei (*Eccl.* xxiv), » quæ pro miseris orat, pro afflictis supplicat, pro peccatoribus intercedit.

In hoc castello duæ sorores inhabitant, quæ castellum custodiunt, Martha scilicet, et Maria. Martha, quæ laborat et operatur ; Maria, quæ quiescit et contemplatur. Illa laborat et operatur, ne castellum capiatur per negligentiam : ista quiescit et contemplatur, ne castellum rapiatur per ignorantiam. Ignorantia gignit errorem cordis, negligentia parit torporem operis. Per errorem cordis delinquimus in credendis, per torporem operis delinquimus in agendis. Porro « impossibile est sine fide placere Deo (*Heb.* xi); » — « Fides autem sine operibus mortua est (*Jac.* ii). » Vigilet ergo contemplativa, ut deleat ignorantiam, quoniam « ignorans ignorabitur (*I Cor.* xiv). » Laboret activa, ut perimat negligentiam, quoniam « maledictus est qui facit opus Dei negligenter (*Jer.* xlviii). » Audi virginem laborantem : « Fili, quid fecisti nobis sic? Ego enim et pater tuus dolentes quærebamus te (*Luc.* ii). » Audi virginem contemplantem : « Maria conservabat omnia verba hæc, conferens in corde suo (ibid.). » Si quando negligentia te reddit pigrum, invoca Martham, age cum Lia; si quando te ignorantia reddit obscurum, appella Mariam, vigila cum Rachele (Gen. XXVIII).

Intravit ergo Jesus in quoddam castellum, et mulier quædam Martha nomine, excepit illum in domum suam; quia venit Jesus non ad quietem, sed ad laborem : non ad lætitiam, sed ad dolorem : non ad pacem, sed ad agonem : postremo venit ad mortem. Audi laborem : « Laboravi clamans, raucæ factæ sunt fauces meæ (*Psal.* LXVIII). » — « Tota die expandi manus meas ad populum non credentem mihi (*Isa.* LXV); » unde et « fatigatus legitur ex itinere (*Joan.* IV). » Audi dolorem : « O vos omnes, qui transitis per viam, attendite et videte, si est dolor sicut dolor meus (*Thren.* I). »—« Tristis est, inquit, anima mea usque ad mortem (*Matth.* XXVI). » — « Cœpit enim pavere et tædere (*Mar.* XIV). » Audi agonem : « Factus, inquit, in agonia, prolixius orabat : et factus est sudor ejus, sicut guttæ sanguinis cadentis in terram (*Luc.* XXI). » Audi et mortem : « Proprio Filio suo non pepercit Deus, sed pro nobis omnibus tradidit illum (*Rom.* VIII). » — « Factus est enim obediens usque ad mortem, mortem autem crucis (*Phil.* II). »

Audi quomodo ipse Jesus satagebat circa frequens ministerium, et turbabatur erga plurima. « Meus, inquit, cibus est, ut faciam voluntatem ejus, qui misit me (*Joan.* IV). » — « Baptismo habeo baptizari, et quomodo coarctor donec perficiatur (*Luc.* XII). » Vere ergo *Martha excepit illum in domum suam*. Unde secundum carnem non de Rachele natus est, sed de Lia. *Maria autem sedebat secus pedes Domini, et audiebat verbum illius*. Duo pedes Domini, sunt duo mentis affectus, timor et amor. Timor sanctus, et amor castus. Timor sanctus præstat initium; nam « initium sapientiæ, timor Domini (*Psal.* CX). » Amor castus præparat finem : nam finis præcepti charitas est (*I Tim.* I). » *Maria igitur optimam partem elegit, quæ non auferetur ab ea* : quia « charitas nunquam excidit (*Cor.* XIII). » Et « timor Domini sanctus permanet in sæculum sæculi (*Psal.* XVIII). » *Martha ergo stabat, et satagebat* ut pasceret Dominum : hæc audiebat, ut pasceretur a Domino. Illa quidem, ut pasceret Dominum cibo carnali : hæc autem, ut pasceretur a Domino cibo spirituali; quia « non in solo pane vivit homo, sed in omni verbo quod procedit de ore Dei (*Matth.* IV). » Sane quanto melior est anima corpore, tanto dulcius sapit spiritualis cibus in mente, quam carnalis in ventre. « Quam dulcia, inquit, faucibus meis eloquia tua, Domine, super mel et favum ori meo (*Psal.* CXVIII). » Illa dicebat ad Dominum : *Domine, non est tibi curæ, quod soror mea reliquit me solam ministrare? Dic ergo illi, ut me adjuvet*. Pro hac Dominus respondit : *Martha, Martha, sollicita es, et turbaris erga plurima. Porro unum est necessarium. Maria optimam partem elegit,*

quæ non auferetur ab ea. Non hoc Martha dicebat, tanquam invideret Mariæ, quod ipsa laboraret et illa quiesceret : sed quod activa cum sibi non sufficit, propter difficultates rerum, vel ambiguitates causarum, auxilium contemplativæ requirit : ut quod ipsa laborando vel operando nequit efficere, illa orando et supplicando valeat impetrare : quia cum Moyses orabat in monte, Josue vincebat in valle (*Exod.* XVII). Sed nec Dominus illi respondit, tanquam reprehenderit Martham commendando Mariam : sed bonis prætulit optimum, plurimis unum, perpetuum transitoriis. *Martha, inquit, sollicita es, et turbaris erga plurima. Porro unum est necessarium. Maria optimam partem elegit, quæ non auferetur ab ea.* Ad activam enim pertinent opera pietatis, quæ Dominus in judicio commendabit : « Esurivi, et dedistis mihi manducare : sitivi, et dedistis mihi bibere : nudus eram, et operuistis me (*Matth.* XXV). » Ipse quoque Mariam commendavit de officio sepulturæ. « Quid, inquit, molesti estis huic mulieri ? Bonum opus operata est in me. Mittens enim unguentum hoc in corpus meum, ad sepeliendum me fecit (*Matth.* XXVI).» Bona sunt ista, nec cessandum ab ipsis, quandiu fuerint necessaria. Porro cum cessaverit defectus miseriæ, misericordiæ quoque cessabit effectus ; quia misericordia miseris exhibetur. Cum autem venerit quod perfectum est, evacuabitur quod ex parte est (*I Cor.* XIII). » Et illud est optimum, quod in æternum manebit. *Maria ergo optimam partem elegit, quæ non auferetur ab ea.* Quia « hæc est vita æterna, ut cognoscant te solum verum Deum, et quem misisti Jesum Christum (*Joan.* XVII). » Quod utique nunc incipit a contemplatione per fidem, et consummabitur tandem in glorificatione per speciem. « Nunc enim ex parte cognoscimus, et ex parte prophetamus : tunc autem cognoscemus, sicut et cogniti sumus : videntes non per speculum in ænigmate, sed facie ad faciem intuentes (*I Cor.* XIII). » Audi quomodo Paulus apostolus tanquam activus sollicitus erat, et erga plurima turbatus : « Quis, inquit, infirmatur, et ego non infirmor ? quis scandalizatur, et ego non uror ? Instantia mea quotidiana sollicitudo omnium ecclesiarum (*II Cor.* XI). » Sed audi quod idem ipse tanquam contemplativus, « raptus est usque ad tertium cœlum, et audivit arcana verba, quæ non licet homini loqui (ibid.). » Ad hoc tanquam ad unum aspirabat, cum diceret : « Cupio dissolvi, et esse cum Christo (*Phil.* II). » Sed illud tanquam necessarium sustinebat, cum adderet : « Manere autem in carne necessarium est propter vos (ibid.). » Ergo et illa necessaria sunt, circa quæ satagit Martha : et illud est necessarium, quod elegit Maria. Sed illa sunt necessaria, id est utilia : istud autem necessarium, id est commodabile. Juxta quem modum in logica facultate docetur, quod aliud est verum contingens, aliud *necessarium*. Contingens est istud, quod ita est verum, quod possit non esse verum. Necessarium est autem illud, quod ita verum est, quod non possit non esse verum. Nonne cum Virgo dixit ad Filium : Fili, quid fecisti nobis sic? Ecce pater tuus et ego dolentes quærebamus te (*Luc.* 11), quasi cum Martha dixisse videtur : *Domine, non est tibi curæ, quod soror mea reliquit me solam ministrare? Dic ergo illi, ut me adjuvet.* Et cum ipse respondit : « Quid est, quod me quærebatis? nesciebatis, quia in his quæ patris mei sunt, oportet me esse? (*ibid.*), » nonne quasi Dominus respondisse videtur ad Martham : *Martha, sollicita es, et turbaris erga plurima : porro, unum est necessarium. Maria ergo optimam partem elegit, quæ non auferetur ab ea.* Hoc unum optabat et petebat Propheta, cum diceret : « Unam petii a Domino, hanc requiram, ut inhabitem in domo Domini omnibus diebus vitæ meæ (*Psal.* xxvi). » Præponitur unum multis; quia sicut omnia procedunt ab uno, sic omnia procedere debent ad unum ; ad illum videlicet, qui est α et ω, primus et novissimus, principium et finis, Jesus Christus Dominus noster, qui est super omnia Deus benedictus in sæcula sæculorum. Amen.

SERMO XXVIII.
IN EADEM SOLEMNITATE.

De auroræ, lunæ et solis conditionibus sive qualitatibus, et quomodo Mariæ conveniant.

Quæ est ista, quæ progreditur quasi aurora consurgens, pulchra ut luna, electa ut sol, terribilis ut castrorum acies ordinata? (Cant. vi.*)*

Cum aurora sit finis noctis et origo diei, merito per auroram designatur Virgo Maria ; quæ finis damnationis, et origo salutis fuit. Finis vitiorum, et origo virtutum: Oportebat enim, ut sicut per feminam mors intravit in orbem; ita per feminam vita rediret in orbem. Et ideo quod damnavit Eva, salvavit Maria, ut unde mors oriebatur, inde vita resurgeret. Illa consensit diabolo, et vetitum pomum comedit, secundum illud : « Tulit de fructu et comedit, deditque viro (*Gen.* 111); » ista credidit angelo, et filium promissum concepit, secundum illud : « Ecce concipies et paries filium (*Luc.* 1). » Illa comedit pomum ad mortem, juxta quod fuerat illi prædictum : « Quacunque die comederis, morte morieris (*Gen.* 11); » ista concepit filium ad salutem, sicut ei fuerat prænotatum : « Vocabis nomen ejus Jesum. Ipse enim salvum faciet populum suum a peccatis eorum (*Matth.* 1). » Illa peperit in dolore, secundum illud : « Multiplicabo ærumnas tuas et conceptus tuos, et in dolore paries (*Gen.* 111); » ista generavit in gaudio, secundum illud : « Annuntio vobis gaudium magnum, quod erit omni populo; quia natus est vobis hodie Salvator, qui est Christus Dominus, in civitate David (*Luc.* 11). » Illa fuit de solo viro producta, quoniam ædificavit Dominus Deus costam, quam tulerat de Adam in mulierem, sed produxit virum et feminam (*Gen.* 11), hæc autem producta fuit de viro et femina, sed solum virum produxit : « Quia novum fecit Dominus super terram, femina circumdedit virum: gremio uteri sui (*Jer.* xxxi.) » Illa fuit sine culpa producta, sed produxit in culpam; hæc autem fuit in culpa producta (21), sed sine culpa produxit. Illa dicta est Eva, huic dictum est, Ave; quia per hanc mutatum est nomen Evæ. « Ave, inquit, gratia plena, Dominus tecum (*Luc.* 1). » Quasi diceret : Illa fuit plena peccato, sed tu « plena gratia. » Illa fuit maledicta in mulieribus, sed « benedicta tu in mulieribus (*ibid.*). » Fructus ventris illius fuit maledictus Cain, sed fructus ventris tui erit benedictus Jesus. Cain invidiose fratrem occidit Abel (*Gen.* iv); sed Jesus invidiose fuit occisus a fratribus.

Aurora fugatis tenebris lumen mundo ostendit; tu vero, destructis vitiis, Salvatorem sæculo protulisti; quia per te « populus » gentium, « qui ambulabat in tenebris, vidit lucem magnam : habitantibus in regione umbræ mortis lux orta est eis (*Isa.* ix). » Illa videlicet, « quæ illuminat omnem hominem venientem in hunc mundum (*Joan.* 1). » Tu es igitur *aurora consurgens,* finis videlicet noctis, et origo diei; finis damnationis, et origo salutis.

Pulchra ut luna. Sicut rationabiliter asserunt, qui de rerum naturis edisserunt, Luna frigida est et humida. Quia frigida, designat virginitatem; quia humida, designat humilitatem. Ignis enim, de quo siccitas provenit, quasi levis, naturaliter petit sublimia. Aqua vero, de qua procedit humiditas, quasi gravis, naturaliter petit humilia. Frigiditas ergo et humiditas lunæ virginitas est et humilitas Mariæ; quia frigida fuit contra æstum luxuriæ, humida vero contra fastum superbiæ. Luna vero tunc est plene pulchra, cum existit rotunda; et Maria tunc exstitit plene formosa, cum fuit prole fecunda. Felix virginitas, quam ornavit humilitas ; felix humilitas, quam honoravit virginitas. Sed longe felicior utraque fecunditas, quam simul ornavit et honoravit virginitas et humilitas. Ne ergo virginitas maledictionem illam incurreret, de qua dicitur : « Maledicta sterilis quæ non parit (*Exod.* xxiii; *Deut.* vii), » comitatur illam fecunditas; et ne fecunditas immunditiam illam contraheret, de qua legitur : « Quis potest facere mundum, de immundo conceptum semine (*Job* xiv), » comitatur illam de fide, nempe : Maria sine labe concepta est. EDIT. PATROL.

(21) Sic sentire potuit Innocentius III papa, circa rem nondum ab Ecclesia definitam; quæ nunc est

virginitas. Ne vero virginitas vel fecunditas sententiam illam acciperet, de qua legitur : « Omnis qui se exaltat, humiliabitur (*Luc.* xiv, xviii), » utramque comitatur humilitas. Haec tria simul evangelista commendat, et commemorat in Maria : « Cum esset, inquit, desponsata mater Jesu, Maria Joseph, antequam convenirent, inventa est in utero habens de Spiritu sancto (*Matth.* i). » Magna humilitas, quia *mater Jesu erat desponsata Joseph*. Sancta fecunditas, quia *inventa est in utero habens de Spiritu sancto*. Pura virginitas; quoniam, *antequam convenirent, inventa est in utero habens*, non quod post unquam carnali commistione convenirent, quia virgo fuit ante partum, virgo in partu, virgo post partum. « Haec est enim porta in domo Domini clausa, et vir non est ingressus per eam (*Ezech.* xliv). » Hic est « hortus conclusus et fons signatus (*Cant.* iv). » Haec est rubus ardens, sed non consumptus (*Exod.* iii). De fecunditate Gabriel angelus praedixit illi : « Ecce concipies et paries filium (*Luc.* i). » Illa vero de virginitate respondit : « Quomodo fiet istud, quoniam virum non cognosco? » (*ibid.*). Cum autem audivit quod nec virginitas impediret fecunditatem, nec fecunditas auferret virginitatem : « Spiritus sanctus, inquit, superveniet in te, et virtus Altissimi obumbrabit tibi; » statim de humilitate subjunxit : « Ecce ancilla Domini, fiat mihi secundum verbum tuum (*ibid.*). » Fuit ergo Maria *pulchra ut luna*, virgo scilicet humilis et fecunda.

Electa ut sol. Duo praecipue commendantur in sole, splendor et calor. Quia splendet, significat sapientiam; quia calet, significat charitatem. De sapientia namque legitur, quod ipsa « est candor lucis aeternae, et speculum sine macula Dei majestatis, et imago bonitatis illius (*Sap.* viii). » De charitate legitur, quod « ignis est in Sion, et caminus in Hierusalem (*Isa.* xxxi). » — « Aquae multae non possunt exstinguere charitatem (*Cant.* viii). » *Electa est ergo Maria*, quatenus splenderet et caleret *ut sol*. Splenderet per sapientiam, caleret per charitatem; quia Spiritus sanctus supervenit in eam, et virtus Altissimi obumbravit eam (*Luc.* i). Spiritus sanctus est charitas, de quo dicitur : « Deus charitas est (*I Joan.* ii). » Et virtus Altissimi, sapientia, de qua legitur : « Christus est Dei virtus et Dei sapientia (*Act.* viii). » Audi Mariam interrogantem ex sapientia : « Quomodo fiet istud, quoniam virum non cognosco? » (*Luc.* i.) Audi respondentem ex charitate : « Ecce ancilla Domini, fiat mihi secundum verbum tuum (*ibid.*). » Audi sapientiam in Maria : « Maria, inquit, observabat omnia verba haec, conferens in corde suo (*ibid.*). » Audi charitatem in ea : « Magnificat anima mea Dominum. Et exsultavit spiritus meus, in Deo salutari meo (*ibid.*). » Supervenit igitur in eam Spiritus sanctus, ut ad concipiendum in corpore daret ei charitatis affectum. Propter quod legitur, quia Christus natus est de Spiritu sancto ex Maria virgine. Et virtus Altissimi obumbravit ei, ut ad concipiendum in corde daret ei sapientiae intellectum. Propter quod legitur : « Beata quae credidisti, quoniam omnia completa sunt tibi a Domino (*ibid.*). » Concepit in corpore « Verbum, quod caro factum est, et habitavit in (*Joan.* i) » ea. Concepit in corde « Verbum, » quod « erat in principio apud Deum, et Deus erat Verbum (*ibid.*). » *Electa igitur est ut sol*, quatenus « in sole posuit tabernaculum suum, et ipse tanquam sponsus procedens de thalamo suo (*Psal.* xviii). »

Terribilis ut castrorum acies ordinata. Scriptum est enim quia « sapientia vincit malitiam (*Sap.* viii), » inter quas in hac vita mortali grandis et gravis exercetur conflictus. Pro sapientia namque pugnat et expugnat chorus virtutum : pro malitia vero pugnat et repugnat exercitus vitiorum; quia « non est conventio lucis ad tenebras, neque Christi ad Belial (*II Cor.* vi). » Castra vitiorum quasi ducem sequuntur superbiam, de qua dicit Scriptura : « Initium omnis peccati est superbia (*Eccle.* x). » Castra vero virtutum, quasi ducem sequuntur humilitatem, de qua dicit Maria : « Respexit humilitatem ancillae suae; ecce enim ex hoc beatam me dicent omnes generationes (*Luc.* i). » *Acies* ergo *castrorum*, id est plenitudo virtutum ita fuit in virgine *ordinata*, ut de se vere dicere possit : « Introduxit me rex in cellam vinariam, et ordinavit in me charitatem (*Cant.* ii), » ut postquam in ea plenitudo divinitatis corporaliter habitavit (*Coloss.* ii), vicit x toto malitiam. Quoniam, ut vehementer opinor, ex tunc fomes peccati, languor naturae, stimulus carnis in ea fuit non solum sopitus, sed prorsus exstinctus : ut de caetero non concupisceret caro adversus spiritum, sed plena gratia, vitiis et daemoniis terribilis appareret.

Ipsa est ergo *aurora consurgens, pulchra ut luna, electa ut sol, terribilis ut castrorum acies ordinata.* Luna lucet in nocte, aurora in diluculo, sol in die; nox autem est culpa, diluculum poenitentia, dies gratia. Qui ergo jacet in nocte culpae, respiciat lunam, deprecetur Mariam, ut ipsa per Filium cor ejus ad compunctionem illustret. Quis enim de nocte invocavit eam, et non est exauditus ab ea? Ipsa est « mater pulchrae dilectionis et sanctae spei (*Eccli.* xxiv). » Qui vero ad diluculum poenitentiae surgit, respiciat auroram, deprecetur Mariam, ut ipsa per Filium cor ejus ad satisfactionem illuminet. Quis enim devote invocavit eam, et non est exauditus ab ea? Ipsa est « mater pulchrae dilectionis et sanctae spei (*Eccli.* xxiv). » Quia vero « militia est vita hominis super terram (*Job* vii) » [nam mundus positus est in maligno (*I Joan.* v)], caro concupiscit adversus spiritum (*Gal.* vi), oculus depraedatur animam (*Thren.* iii), mors ingreditur per fenestras (*Jer.* ix) : nec est nobis colluctatio tantum adversus carnem et sanguinem, sed adversus spiritualia nequitiae in coelestibus, adversus rectores tenebrarum harum (*Ephes.* vi). Adversarius enim noster diabolus « tanquam leo rugiens circuit, quærens quem devoret (*I Petr.* v) : » quicunque sentit impugnationem ab hostibus, vel a mundo, vel a carne, vel a dæmone, respiciat castrorum aciem ordinatam deprecetur Mariam, ut ipsa per Filium « mittat auxilium de sancto, et de Sion tueatur (*Psal.* xix). » Ipso præstante, qui est super omnia Deus benedictus in sæcula sæculorum. Amen.

SERMO XXIX.

IN SOLEMNITATE NATIVITATIS GLORIOSISSIMÆ SEMPER VIRGINIS MARIÆ.

De instrumentis piscatoris, videlicet virga, linea, hamo et esca, et quid per ea accipere debeamus, et quare diabolus nominibus diversarum bestiarum nuncupetur.

In oculis suis quasi hamo capiet Behemoth (Job xl*).*
Verba quæ locutus sum, fratres charissimi, verba sunt Domini ad Job pauca, sed multa; parva, sed magna; brevia, sed prolixa. Pauca litteris, sed multa sententiis : parva syllabis, sed magna figuris ; brevia dictionibus, sed prolixa significationibus. Plena sunt quippe omnia suis mysteriis, et cœlesti dulcedine superredundantia : si tamen diligentem habeant inspectorem, qui norit sugere « mel de petra, et oleum de saxo durissimo (*Deut.* xxxi). »
« Ego vero dabo vobis lac potum, non escam (*I Cor.* iii); » quia « sicut modo geniti infantes lac concupiscitis, ut in salutem crescatis (*I Petr.* ii). »

In instrumento piscatoris quatuor notare debemus, virgam et lineam, hamum et escam. Quæ sit hæc virga propheta determinat, dicens : « Egredietur virga de radice Jesse, et flos de radice ejus ascendet (*Isa.* xi). » Hæc est virgula fumi, ex aromatibus myrrhæ et thuris (*Cant.* iii). » Virga floruit et attulit fructum (*Isa.* vii); quia Virgo concepit et peperit Christum; hanc ergo virgam dixerim esse Mariam. Virga teneritudinem habet, rectitudinem et longitudinem; teneritudinem, ne sit dura; rectitudinem, ne sit curva; longitudinem, ne sit curta. Maria vero virginitatem habet, humilitatem et charitatem; virginitatem sine concupiscentia, humilitatem sine superbia, charitatem sine malitia. De virginitate dicit propheta : « Ecce virgo [concipiet, et pariet filium, et vocabitur nomen ejus Emmanuel (*Isa.* vii ; *Matth.* xiii). Missus est enim angelus Gabriel a Deo in civitatem Galilææ, cui nomen Nazareth, « ad virginem desponsatam viro, cui nomen erat Joseph, de domo David, et nomen virginis Maria (*Luc.* i). » De humilitate dicit ipsa beata Maria : « Respexit humilitatem ancillæ suæ : ecce enim ex. hoc beatam me dicent omnes generationes (*ibid.*). »
« Super quem, inquit Deus, requiescet spiritus meus, nisi super humilem, et quietum, et trementem verba mea (*Isa.* lxvi). » De charitate dicit in Canticis : « Stipate me malis, ornate me floribus, quia amore langueo. Introduxit enim me rex in cellam vinariam, et ordinavit in me charitatem (*Cant.* ii). »

Huic virgæ linea colligatur, quam Matthæus Evangelicus describit : « Liber generationis Jesu Christi, filii David, filii Abraham (*Matth.* i). » Hanc ergo lineam dixerim esse genealogiam. Nam sicut linea piscatoris de diversis filis connectitur, sic genealogia Redemptoris de diversis personis contexitur, de viris et mulieribus, de Judæis et gentilibus, de justis et peccatoribus; nam « omnes peccaverunt, et egent gloria Dei (*Rom.* iii). » Præterea dicit in Evangelio : « Non veni vocare justos, sed peccatores (*Matth.* ii). » Et ideo clamabant dicentes : « Veni, Domine, et noli tardare : relaxa facinora plebis tuæ Israel. Emitte Agnum, Domine, dominatorem terræ, de petra deserti ad montem filiæ Sion (*Isa.* xvi). »

Huic lineæ subnectitur hamus, sicut evangelista determinat dicens : « Jacob genuit Joseph virum Mariæ, de qua natus est Jesus, qui dicitur Christus (*Matth.* i). » Hunc igitur hamum dixerim esse Christum, ferreum, acutum et uncum; ferreum per potentiam, acutum per sapientiam, uncum per diligentiam. Per potentiam enim domat et superat, per sapientiam penetrat et indagat, per diligentiam retinet et conservat. De primo dicit Psalmographus : « Reges eos in virga ferrea, et tanquam vas figuli confringes eos (*Psal.* ii); » de secundo dicit Apostolus : « Vivus est sermo Dei et efficax et penetrabilior omni gladio ancipiti (*Hebr.* iv); » de tertio dicit Dominus : « Hæc est voluntas Patris mei, ut omne quod dedit mihi, non perdam ex eo quidquam (*Joan.* v). » Huic hamo circumposita fuit esca, cum « Verbum caro factum est, et habitavit in nobis (*Joan.* i). » Hamus enim esca celatus, est Deus carne velatus. Hanc igitur escam dixerim carnem, secundum quam Christus comparat se vermi : « Ego sum, » inquit, « vermis et non homo, opprobrium hominum et abjectio plebis (*Psal.* xli). » Dicitur autem vermis, propter vilitatem abjectionis, et propter proprietatem conceptionis. « Nos, » inquit propheta, « putavimus eum quasi leprosum, et percussum a Deo et humiliatum : generationem autem ejus quis enarrabit? » (*Isa.* li). Sicut enim vermis nascitur sine semine, ita Christus natus est de virgine. Hunc hamum misit piscator in mare, ut caperet piscem, cum Deus misit Christum in mundum, ut caperet Behemoth, id est diabolum; diabolus enim cum caperet escam humanitatis, captus est hamo divinitatis. Unde propheta: « In die illa visitavit Dominus in gladio suo duro et grandi forti super Leviathan serpentem vectem, et super Leviathan serpentem tortuosum, et occidet cetum, qui est in mari (*Isa.* XXVII). » Propterea dicit in Psalmo : « Veni in altitudinem maris, et tempestas demersit me (*Psal.* LXVIII). » Cum ergo diabolus suggessit Christum occidi, tunc a Christo meruit captivari, secundum illud propheticum : « O mors, ero mors tua : morsus tuus ero, inferne (*Osc.* XII). » Diabolus enim paradisum intravit, et colonos ejecit : et Christus ad infernum descendit, et captivos eduxit. Nam quia diabolus misit manum in illum, in quo nihil juris habebat, jure amisit illos, in quibus aliquid juris videbatur habere. Ne vero diabolus videretur fraude deceptus, cum hamo dicitur captus, præmisit : *In oculis suis quasi hamo capiet Behemoth.* Nam scienti et volenti dolus non infertur. Diabolus enim Christum cognoscendo timuit, et timendo cognovit. « Quid, » inquit, « tibi et nobis, Jesu Nazarene? Venisti ante tempus perdere nos. Scio quia sis sanctus Dei (*Luc.* VIII). » Et iterum : « Quid mihi et tibi, Fili Jesu Dei altissimi? Obsecro te, ne me torqueas (*Matth.* V). » Consueta tamen aviditas cum traxit, et temeritas impulit, ut sanguinem ejus sitiret, et carnem appeteret.

Behemoth nominis interpretatione signat *belluam.* Diabolus enim propter diversas proprietates, diversis animalium nominibus nuncupatur. Nominatur enim nominibus bestiarum, propter violentiam et oppressionem : nominibus reptilium, propter astutiam et deceptionem ; nominibus piscium, propter luxuriam et effusionem. His enim quatuor modis maxime tentat et superat. Dicitur enim avis, unde : *Nunquid illudes ei quasi avi?* Et specificato vocabulo dicitur perdix, unde illud : « Clamavit perdix, congregavit quod non peperit (*Jer.* VII). » Dæmones ergo volucres appellantur, unde in Evangelio : « Volucres cœli comederunt illud (*Luc.* VIII). » Dicitur Behemoth, id est *bellua*, unde : *Ecce Behemoth, quæ feci tecum.* Et specificato vocabulo dicitur leo, unde Petrus : « Adversarius vester diabolus tanquam leo rugiens circuit quærens quem devoret (*I Petr.* V). » Dicitur lupus, unde : « Lupus venit, et mercenarius fugit (*Joan.* X). » Dæmones ergo bestiæ nuncupantur, unde in Psalmo : « Ne tradas bestiis animas confitentes tibi (*Psal.* VI). » Dicitur serpens, unde illud : « In die illa visitabit Dominus super Leviathan serpentem vectem (*Isa.* XXVII). » Leviathan enim interpretatur *additamentum eorum*, quia scilicet primis parentibus gloriam addere se spopondit : « Eritis, inquit, sicut dii, scientes bonum et malum (*Gen.* III). » Et specificato vocabulo dicitur coluber, unde dicitur : « Obstetricante manu ejus eductus est coluber tortuosus (*Job* XXVI). » Dicitur draco, unde : « Draco iste quem formasti ad illudendum ei (*Psal.* CIII). » Dæmones ergo, quia diversis modis seducunt, diversis reptilium nominibus appellantur, unde : « Super aspidem et basiliscum ambulabis, etc. (*Psal.* XC). » Item : « Caput aspidum suget, et occidet eum lingua viperæ (*Job* XX). »

Dicitur piscis, in cujus figura piscis immanis exivit, ut devoraret Tobiam (*Job* V). Et specificato vocabulo dicitur cetus, unde : « Occidet Dominus cetum, qui est in mari (*Isa.* XXVII). » In his omnibus appellatur Satan, id est *adversarius*, unde illud : « Stabat Satan a dextris ejus, ut adversaretur ei (*Zach.* V). » Dicitur Belial, id est *apostata*, prævaricator et absque jugo, unde dicitur : « Quæ communicatio Christi ad Belial? » (*II Cor.* VI.) Nuncupatur diabolus, id est *criminator*, sive *deorsum fluens*; unde in Psalmo : « Diabolus stet a dextris ejus, et oratio ejus fiat in peccatum (*Psal.* CVIII). »

Fortis est ergo diabolus et astutus, sed fortior et astutior supervenit, qui vasa ejus diripuit, et captivos eduxit (*Luc.* XI), Dominus Jesus Christus, qui est super omnia Deus benedictus in sæcula sæculorum.

SERMO XXX.

IN SOLEMNITATE OMNIUM SANCTORUM.

Quid per duo seraphim intelligere debeamus, et de tribus exercitibus clamantibus, et de quinque locis, in quibus humani spiritus commorantur.

Duo seraphim clamabant alter ad alterum, et dicebant: Sanctus, sanctus, sanctus, Dominus Deus exercituum, plena est omnis terra gloria (*Isa.* VI).

Duo seraphim, quorum alter clamabat ad alterum, duo sunt testamenta, quorum alterum convenit alteri. Nam rota continetur in medio rotæ (*Ezech.* I), et duo cherubim sese respicientes versis vultibus in propitiatorium (*Exod.* XXV). Unde utrumque testamentum consimiliter incipit illud : « In principio creavit Deus cœlum et terram (*Gen.* I); » Istud : « In principio erat Verbum, et Verbum erat apud Deum, et Deus erat Verbum (*I Joan.* V). » Quod enim in illo minus aperte scribitur, in isto magis aperte narratur. In illo scribitur : *Sanctus, sanctus, sanctus, Dominus Deus exercituum*; in isto narratur : « Tres sunt qui testimonium dant in cœlo : Pater, Verbum et Spiritus sanctus : et hi tres unum sunt. » Præter unitatis igitur et trinitatis mysterium, quod evidenter et excellenter hæc verba commendant, etiam hodiernæ solemnitati plene simul ac plane conveniunt. Deus enim trinus et unus, tres tribus locis habet exercitus. Unum, qui triumphat in cœlo; alterum, qui pugnat in mundo; tertium, qui jacet in purgatorio. De his tribus exercitibus inquit Apostolus : « In nomine Jesu omne genu flectatur, cœlestium, terrestrium et infernorum (*Phil.* II). » Hi tres exercitus distincte clamant cum seraphim, *Sanctus* Pater, *sanctus* Filius, *sanctus* Spiritus. Patri namque attribuitur potentia, quæ convenit exercitui, qui pugnat in via; Filio sapientia, quæ competit exercitui, qui triumphat in patria; Spiritui sancto misericordia, quæ congruit exercitui, qui jacet in pœna. Primus exercitus in laude, secundus in agone, tertius autem in igne. De primo legitur : « Beati qui habitant in domo tua, Domine, in sæcula sæculorum laudabunt te (*Psal.* LXXXIII); » de secundo dicitur : « Militia est vita hominis super terram ; et sicut dies mercenarii, dies ejus (*Job* VII).» De tertio vero inquit Apostolus : « Uniuscujusque opus quale sit, ignis probabit (*I Cor.* III). » Sane quinque loca sunt, in quibus humani spiritus commorantur. Supremus, qui est summe bonorum ; infimus, qui est summe malorum ; medius, qui est bonorum et malorum : et inter supremum et medium unus, qui est mediocriter bonorum ; et inter medium et infimum alter, qui est mediocriter malorum. Supremus, qui est summe bonorum, est cœlum, in quo sunt beati. Infimus, qui est summe malorum, est infernus, in quo sunt damnati. Medius, qui est bonorum et malorum, est mundus, in quo justi et peccatores. Et inter supremum et medium, qui est mediocriter bonorum, est paradisus ; in quo sunt Henoch et Elias, vivi quidem, sed adhuc morituri. Et inter medium et infimum, qui est mediocriter malorum, in quo puniuntur qui pœnitentiam non egerunt in via, vel aliquam maculam venialem portaverunt in morte. Qui propterea mali dicuntur, partim a malo pœnæ, partim a malo culpæ. Licet autem quinque sunt loca, in tribus tamen exercitus Domini commoratur. Nam qui sunt in inferno, non pertinent ad exercitum Dei, sed ad exercitum Zabuli, quibus tandem dicetur : « Ite, maledicti, in ignem æternum, qui paratus est diabolo et angelis ejus (*Matth.* XXV). » Qui vero sunt in paradiso, licet pertineant ad exercitum Dei, per se exercitum non perficiunt, cum sint duo. Medius autem exercitus hodie reddit laudes pro exercitu qui triumphat in cœlo, cras fundens preces pro exercitu qui jacet in purgatorio; pro illo reddit laudes, qui regnat in gloria; pro isto fundit preces, ut evadat a pœna. O quam rationabilis et salubris est hujus observantiæ institutio. Quis enim non libenter reddat laudes individuæ Trinitati, pro sanctis, quorum precibus et meritis nos credimus adjuvari, ut ubi sunt, illic simus et nos? Quis non libenter fundat preces individuæ Trinitati pro mortuis, cum et ipse sit moriturus ; ut alii faciat in hac vita, quod sibi vult fieri post hanc vitam? *Plena est igitur omnis terra gloria ejus;* quia sonus solemnitatis istius, per quam Deus glorificatur in sanctis, in omnem terram exivit (*Psal.* XVIII), quæ sub una solemnitate omnium sanctorum merita veneratur, ad laudem et gloriam individuæ Trinitatis, quæ vivit et regnat Deus, per omnia sæcula sæculorum. Amen.

SERMO XXXII.

IN EADEM SOLEMNITATE HABITUS IN MONASTERIO SUBLACENSI.

Mundi corde quinam sint, quomodoque iidem beati; beatitudo ut sit duplex; visionem Dei esse triplicem; quo denique pacto cor mundandum sit.

Beati mundo corde, quoniam ipsi Deum videbunt (*Matth.* v).

Plana, sed plena sunt verba, quæ protulit Verbum : facunda pariter et fecunda, si tamen diligentem habeant inspectorem, qui norit excutere frumentum de palea et elicere mel de favo. Quibusdam quæstionibus præmissa verba pulsant animum, ut pleniorem concipiant intellectum. Salomon quippe testatur : « Quis potest dicere : Mundum est cor meum, et purus sum a peccato? » (*Prov.* XX.) Nam « si dixerimus quia peccatum non habemus, nosmetipsos seducimus, et veritas in nobis non est (*I Joan.* I); » quoniam « in multis offendimus omnes (*Jac.* III). » Quomodo ergo beati sunt mundo corde, si nemo potest dicere se mundum habere cor, et purum existere a peccato? Sed aliud est habere quam dicere, vel dicere quam habere. Cor siquidem mundum habent viri sancti et homines justi, qui mundati sunt a peccatis mortalibus, et a vitiis criminalibus expiati, quales erant illi, de quibus Veritas ipsa dicebat : « Qui lotus est, non indiget, nisi ut pedes lavet, sed est mundus totus. Vos autem mundi estis, sed non omnes (*Joan.* XIII). » Alioquin frustra orasset Psalmista, cum diceret : « Cor mundum crea in me, Deus, et spiritum rectum innova in visceribus meis. Amplius lava me ab injustitia mea, et a delicto meo munda me (*Psal.* L). » Licet enim fragilis homo non possit omnino venialibus culpis carere, quia nec luna penitus est sine macula, et « septies in die cadit vir justus (*Prov.* XXIV), » sed fortior resurgit; per gratiam tamen Dei, quæ principaliter operatur, et libertatem arbitrii, quod sane cooperatur eidem, potest ab offensis criminalibus abstinere. Mundus autem hic dicitur, non quia omnino mundus, sed magis magisque mundandus, quia nullus adeo mundus est in hac vita, quin mundior possit esse in ea. « Omnem, inquit, palmitem, qui fert fructum, purgabit eum, ut fructus plus afferat (*Joan.* xv). » Nemo tamen dicere debet, quasi gloriando, se cor mundum habere, sed « qui stat, videat ne cadat (*I Cor.* x); » quia « militia est vita hominis super terram (*Job* vii), » et ideo ante finem pugnæ, non est de successu victoriæ gloriandum. « Adversarius enim noster diabolus tanquam leo rugiens circuit, quærens quem devoret (*I Petr.* v); » pugnantque quotidie contra miserum hominem dæmon, mundus et caro. Dæmon cum vitiis, mundus cum elementis, caro cum sensibus [*al.* concupiscentiis]. « Beatus ergo qui semper est pavidus (*Prov.* xxviii); » quia « timor Domini peccatum expellit (*Eccli.* ii). » Unde timendum est potius et cavendum, quam gloriandum vel præsumendum. Sed « qui gloriatur, in Domino glorietur (*I Cor.* ii), » non in sublimitate, sed in humilitate, sicut gloriabatur Apostolus dicens : « Libenter gloriabor in infirmitatibus meis, ut inhabitet in me virtus Christi (*II Cor.* xii). » Nec est contrarium quod alibi dicit : « Gloria nostra hæc est, testimonium conscientiæ nostræ (*II Cor.* i). » Quia gloria illa non erat sibi de se, sed de Deo, id est testimonium liberæ conscientiæ, ne videlicet frustra gloriaretur de Deo, si præsumeret contra testimonium rectæ conscientiæ gloriari; quemadmodum frustra gloriantur hypocritæ, similes sepulcris deforis dealbatis, intus autem pleni sunt omni spurcitia, et ossibus mortuorum (*Matth.* xxiii). Quia « Spiritus sanctus disciplinæ effugiet fictum (*Sap.* i). » Vel : « Quis potest dicere: Mundum habeo cor, et purus sum a peccato? » (*Prov.* xx.) quasi rarus. Quia « multi sunt vocati, pauci vero electi (*Matth.* xx). » Pauci namque sunt boni respectu malorum, quoniam « stultorum infinitus est numerus, et perversi difficile corriguntur (*Eccle.* i). » « Sed et delicta quis intelligit ? » (*Psal.* xviii.) Unde cum dixisset Apostolus : Nihil mihi conscius sum, statim adjunxit : « Nec tamen in hoc justificatus sum (*I Cor.* iv). » Et ideo Psalmista dicebat : « Ab occultis meis munda me, Domine (*Psal.* xviii). » Nam et alibi legitur : « Nemo scit utrum dignus sit odio vel amore (*Eccli.* ix). » Quod de prædestinatione vel reprobatione potius intelligitur, quemadmodum Dominus loquitur per prophetam : « Jacob dilexi, Esau autem odio habui (*Mal.* i); » quia Deus prædestinavit Jacob; et Esau reprobavit. Ergo *beati mundo corde, quoniam ipsi Deum videbunt.* Sed quomodo sunt beati, qui adhuc sunt in pugna et in miseria ? Quis mundior erat Paulo, qui tamen dicebat : « Infelix ego homo, quis me liberabit de corpore mortis hujus ? » (*Rom.* vii.) Cui consonat Psalmista, dicens : « Educ de carcere animam meam ad confitendum nomini tuo, Domine (*Psal.* cxli). » Si erat infelix, quomodo ergo beatus ? Nihil est quippe sub sole, nisi vanitas et afflictio spiritus. (*Eccle.* i). » Miseriam enim nostram plus experiri contingit, quam exprimi possit. Verum duplex est beatitudo, una viæ, altera patriæ. Beatitudo viæ consistit in spe, beatitudo patriæ consistit in re [*al.* merito]. Ista consistit in fide, illa in specie; ista consistit in merito, illa consistit in præmio; ista consistit in gratia, illa consistit in gloria. De hac beatitudine legitur : « Beati immaculati in via, qui ambulant in lege Domini (*Psal.* cxviii). » De illa beatitudine dicitur : « Beati qui habitant in domo tua, Domine, in sæculum sæculi laudabunt te (*Psal.* lxxxiii). » Isti ambulant, sed illi habitant; quia isti laborant, sed illi quiescent; isti exercentur in lege, sed illi delectantur in laude. *Beati ergo sunt mundo corde*, sed modo per spem, tandem per rem; modo per fidem, tandem per speciem; modo per meritum, tandem per præmium; modo per gratiam, tandem per gloriam : *quoniam ipsi Deum videbunt.*

Contrarium videtur dixisse Joannes in Evangelio: « Deum nemo vidit unquam (*Joan.* i). » Et Deus inquit in lege : « Non videbit me homo, et vivet (*Exod.* xxxiii). » Quibus tamen Isaias videtur contradicere, dicens : « Vidi Dominum sedentem super solium excelsum et elevatum (*Isa.* vi). » Et Jacob : « Vidi Dominum facie ad faciem, et salva facta est anima mea (*Gen.* xxxii). » Forsan aliquis responderet et diceret, quod Deus videri non potest secundum naturam divinam, visus est tamen secundum naturam humanam, quemadmodum innuit Jeremias : « Hic est, inquit, Deus noster, et non æstimabitur alius ad alium (*Baruc.* iii). » Post hæc in terris visus est, et cum hominibus conversatus est. Verum ergo est, quod « Deum nemo vidit (*Joan.* i) » secundum puritatem et simplicitatem divinæ naturæ; quia Deus est spiritus invisibilis. Sed et verum est, quod visus est Deus secundum imaginem et similitudinem humanæ naturæ, quia factus visibilis homo. Verum ista visionis distinctio ad hunc sententiæ intellectum non pertinet; quia multi viderunt, et videbunt in Deo naturam humanam, qui tamen nec beati fuerunt, nec erunt, ut Herodes et Pilatus, et Judas, et Caiphas. Illi quoque de quibus dicitur : « Videbunt, in quem transfixerunt (*Joan.* xix); » qui non ad salutem, sed ad damnationem videbunt; quia tolletur impius, ne videat gloriam Dei. « Beati ergo qui non viderunt et crediderunt. (*Joan.* xx). Sic est ergo potius distinguendum, quod visionum alia est corporea, alia ænigmatica, alia comprehensiva. Corporea consistit in sensu, ænigmatica in imagine, comprehensiva in intellectu. De prima dicitur : « Viderunt oculi mei Salutare tuum. (*Luc* i); » de secunda legitur : « Videmus nunc per speculum in ænigmate (*I Cor.* xiii); de tertia vero subditur : « Tunc autem videbimus facie ad faciem (*I Cor.* xv). » Visione corporea nullus unquam videre potuit aut poterit

Deitatem; quia Deus non est corpus, sed spiritus. Visione autem ænigmatica Deus in præsenti videtur utcunque, non per speciem, sed per fidem, nec plene, sed imperfecte. Visione vero comprehensiva pure videtur ab angelis sanctis et animabus beatis, qui cognoscunt, sicut et cogniti sunt. Verum est ergo quod « Deum nemo vidit unquam (*Joan.* 1), » sed intelligendum est de visione corporea. Verum est quoque quod ait : « Non videbit me homo utique et vivet (*Exod.* xxxiii), » sed intelligendum est in hac vita mortali. Quod bene signatum est Moysi, qui stans in foramine petræ, posteriora Domini vidit, sed faciem non aspexit. Quia sicut homo versus a tergo scitur utique quod sit homo, sed non quis homo; ita quod Deus sit modo scimus, sed quid sit ipse nescimus. Scimus equidem quod sit Deus, sed nescimus quid sit. Dominum ergo patres antiqui viderunt ænigmatice, per quamdam videlicet similitudinem visionis humanæ, quæ vel sensui vel imaginationi potius apparebat. Sed *beati mundo corde, quoniam ipsi Deum videbunt.* Non ait de præsenti, *Vident,* sed de futuro, *Videbunt :* quia plenius et perfectius videtur in futuro. Videtur tamen et in præsenti per inspirationis, contemplationis, orationis, meditationis, lectionis, prædicationis effectum, quibus ad intuendum Deum anima sublevatur. Oportet autem mundari cor, et a criminalibus culpis, et a sæcularibus curis (21*) ne Deus lippis videatur oculis; quia, si oculus tuus simplex fuerit, totum corpus tuum lucidum erit; sin autem nequam exstiterit, totum corpus tuum tenebrosum erit (*Matth.* vi). » Et ideo iste minus, ille minime lumen intuetur æternum. Nam « qui male agit, odit lucem, et in tenebris ambulat (*Joan.* iii). » — « Lux autem in tenebris lucet, sed tenebræ eam minime comprehenderunt (*Joan.* i). » — « Obscuratum est, inquit Apostolus, insipiens cor eorum (*Rom.* i); » et quo magis « quis peccat, eo magis obtenebratur, donec de tenebris interioribus projiciatur in tenebras exteriores, ubi erit fletus et stridor dentium, ubi erit vermis qui non morietur, et ignis qui non exstinguetur (*Matth.* xxii). »

Exeat igitur de Ægypto, qui vult sacrificare Domino in deserto, purgetur a tenebris vitiorum; quia Deus « lux est, et in eo tenebræ non sunt ullæ (*I Joan.* i). » Heu si quis videret animam peccatricem, quam sit foeda, quam sit fetida, quam obscura, quam tenebrosa, profecto magis abominabilis et detestabilis appareret quam caro leprosa. Oportet etiam, ut qui Deum vult libere contemplari, mundet cor a sæcularibus curis; quia quandiu fuerit divisum per actiones mundanas, et distractum per occupationes terrenas, quasi prostratum ad solum, suspicere nequit ad polum. Quod bene signatum est in Zachæo, qui cum esset princeps publicanorum, et ipse dives, volebat videre Jesum quis esset, sed præ turba non poterat, quia statura pusillus erat (*Luc.* xix). Princeps erat publicanorum, et ideo negotiis vectigalibus occupatus. Statura pusillus, quia terrenis intentus, prostratus erat in terram, nec erectus in coelum; et ideo præ turba, id est implicatione sollicitudinum sæcularium, non poterat videre Jesum quis esset, donec turbam præteriens, id est occupationes mundanas relinquens, ascenderet in arborem sycomorum, id est ad fidem vivificæ crucis accederet. De qua apprehendit cum omnibus sanctis, quæ sit longitudo, latitudo, quæ sit sublimitas, et profundum (*Ephes.* iii). Abigantur autem muscæ morientes, quæ perdunt suavitatem unguenti (*Eccle.* x); hoc est, excludantur importunæ cogitationes, quæ contemplationis dulcedinem tollunt; et parvuli allidantur ad petram (*Psal.* cxxxvi), id est primi motus comprimantur ad Christum, ut anima de virtute in virtutem ascendens, Deum deorum videat in Sion (*Psal.* lxxxiii). Substernat itaque sibi mens universa terrena, in quibus est vanitas et afflictio, et transcendat ad investiganda coelestia, in quibus est vera felicitas et beatitudo perfecta : considerans et admirans in illa superna curia ordines angelorum, patriarcharum coetus, prophetarum choros, apostolorum coronas, martyrum palmas, confessorum manipulos, et virginum fructus, quiescentes in pace, gaudentes in laude, fulgentes in luce, sine timore securos, sine labore quietos, sine dolore jucundos : quanta sit illis cognitio, delectatio et dilectio; quanta sit pulchritudo, rectitudo et fortitudo; quanta sit impassibilitas, incorruptibilitas et immortalitas, quod ipse « Deus sit omnia in omnibus (*I Cor.* xv), » merces et præmium singulorum. Et si ad hæc investiganda mens rapitur cum quodam dulcedinis gustu, tunc utique contemplatur. Et quam dulce sit taliter contemplari, novit ille plenius, qui gustavit. Adhuc tamen dulcior quidam contemplationis est gustus, videlicet investigare complexum Patris et Filii et Spiritus sancti, qui est amor et delectatio utriusque, ab utroque procedens; sed nec posterior nec minor utroque, tanquam consubstantialis, vel coæternus utrique. Sicut enim in Christo sunt tres substantiæ in una persona, sic in Deo tres sunt personæ in una substantia. In tribus substantiis est aliud, sed non alius. In tribus autem personis est alius, sed non aliud; quia tres unum sunt, quod est æternum et simplex; quia nec principium habet, nec finem, sed est principium sine principio, et finis sine fine, quasi principium sit ad finem, et finis sit ad principium. Nec habet multitudinem partium, nec habet concretionem proprietatum, quia nihil habet in se, nisi se; nec aliud est habens ab habito, nec aliud habitum ab habente : licet ipsius habentis nulli sit habitus, majus aut minus. Licet in ipso substantialiter uno sit alter et alius, videlicet Pater, et Filius, et Spiritus sanctus. In illo vero personaliter uno, quia et alterum est et aliud invenitur, prius et posterius, majus et minus,

---

(21*) *Al.* ut Deum libere valeat intueri; quia qui cularibus curis irretitur, luscus est, etc. criminalibus culpis involvitur cæcus est; et qui sæ

videlicet æternum, novum et vetus : æternum Deitas, novum anima, vetus caro. Inter hæc dulce nimis et jucundum, in hoc summo et vero bono investigare potentiam, quæ cuncta creavit; sapientiam, quæ cuncta disposuit (*Sap.* VIII); et benignitatem, quæ cuncta gubernat. A qua, et per quam, et in qua universa consistunt, magna, pulchra et utilia. Ut per magnitudinem investiges potentem, per pulchritudinem sapientem, per utilitatem benignum. Unus tamen et idem est, qui creavit, disposuit et gubernat. In quo non est aliud potentia, quam sapientia, vel benignitas : ut sicut est unitas in natura, sic et distinctio in personis. Sed desinamus scrutari scrutinium ; quoniam « accedit homo ad cor altum, et exaltabitur Deus (*Psal.* LXIII), » et « investigator majestatis opprimetur a gloria (*Prov.* XXV). »

Beati ergo sunt *mundo corde, quoniam ipsi Deum videbunt.* Comprehensiva siquidem visio est animi beatitudo perfecta ; quoniam « hæc est vita æterna, ut cognoscant te solum verum Deum, et quem misisti Jesum Christum (*Joan.* XVII). » Perfecte namque est beatus, cui omnia optata succedunt. Et certe qui Deum videt, quidquid desiderat, habet. Delectaris in sapientia, si Deum vides, habes quod cupis ; quia Deus perfectissima sapientia est, quæ « attingit a fine usque ad finem fortiter, et disponit universa suaviter (*Sap.* VIII). » — In quo omnes thesauri sapientiæ et scientiæ sunt absconditi (*Col.* II). » Delectaris in pulchritudine, si Deum vides, habes quod cupis ; quia Deus est perfectissima pulchritudo, « in quem desiderant angeli prospicere (*I Petr.* I). » Cujus pulchritudinem sol et luna mirantur. Delectaris in pace, si Deum vides, habes quod cupis ; quia ipse est perfectissima pax, quæ fecit utraque unum, cujus pax exsuperat omnem sensum. Delectaris in luce, si Deum vides, habes quod cupis ; quia Deus est perfectissima « lux, quæ illuminat omnem hominem venientem in hunc mundum (*Joan.* I), » et ipse habitat lucem inaccessibilem (*I Tim.* VI). » Delectaris in fortitudine, si Deum vides, habes quod cupis, quia Deus est perfectissima fortitudo. Cui nihil est impossibile, cujus voluntati nihil resistit, qui est fortis et potens super omnes deos. Si delectaris forsan in dulcedine, ipse est summa dulcedo, de quo dicit Scriptura : « Quam magna multitudo dulcedinis tuæ, Domine, quam abscondisti timentibus te (*Psal.* XXX). » « Gustate, inquit, et videte quoniam suavis est Dominus, dulcis et rectus, benignus et pius (*Psal.* XXXIII). » Quid autem moramur in singulis ? Quidquid boni desideras, si Deum vides, habes in eo. Qui cum sit summum bonum, in ipso est omnium plenitudo bonorum, quem si vides, et comprehendis ; si comprehendis, et habes. Propter hoc summum bonum adipiscendum et obtinendum deseruistis sæculum, et eremum elegistis, non quamcunque, sed illam videlicet, quam pater et patronus noster B. Benedictus elegit, in qua monasticam vitam constituit et monasterium ordinavit, cujus utique statuta [*al.* regulam] non solummodo propter votum, sed etiam propter locum tenemini custodire. Quocirca, fratres, mundate cor vestrum, ut Deum videre possitis. Cor autem mundandum est scopis illis, quibus mundata est domus illa, de qua spiritus immundus exivit, quam postea scopis mundatam et ornatam invenit. Bona scopa est pœnitentia, bona eleemosyna, bona jejunium, bona oratio, bona vigiliæ. His utique scopis domos vestri cordis mundetis, ut Deum videre possitis. Ipso præstante, qui vivit et regnat in sæcula sæculorum. Amen.

INNOCENTII III PAPÆ
SERMONES

In natalitiis et festis sanctorum apostolorum, martyrum, confessorum ac Virginum, quos Communes vocant.

SERMO PRIMUS.
DE APOSTOLIS.

De singulari prærogativa, honoratione ac veneratione apostolorum, et de tribus præcipue quæ illorum commendant honorabilem principatum.

Nimis honorati sunt amici tui, Deus, nimis confortatus est principatus eorum (*Psal.* CXXXVIII). In quo plus posset quispiam honorari, quam ut veri Dei veraciter appelletur amicus? Si enim honorificum reputatur et inter amicos terreni regis adscribi, quanto plus debet honorabile reputari

SERMO I, DE APOSTOLIS.

cœlestis esse regis amicum? Inter familiares autem amicos debet esse communitas eventuum, communicatio secretorum, et communicatio voluntatum : ex quibus amicitia fidelis comprobatur. Quoniam hæc est proprium amicorum, nihil esse proprium inter illos; Christus enim tam insolubili charitate sibi devinxit apostolos, ut ipsorum eventus reputet esse suos, quemadmodum illis aiebat : « Qui vos spernit, me spernit : et qui vos recipit, me recipit (*Luc.* x). » Propter quod Saulo dicebat : « Saule, Saule, quid me persequeris? Durum est tibi contra stimulum recalcitrare (*Act.* ix). » Idem Petro quærenti : « Domine, quo vadis? » Respondit : « Eo Romam iterum crucifigi. » Ipse quidem impassibilis regnabat in cœlo, et tamen se passibilem dicebat in terris; quoniam et sua reputat suorum esse, et suorum reputat esse sua : Non enim est dispar eventus, quorum compar effectus : nec est diversa fortuna, quorum est una anima, unde dicebat : « Volo, Pater, ut ubi ego sum, illic sit et minister meus. Pater, quos dedisti mihi, volo, ut ubi ego sum, et illi sint mecum : ut dilectio, qua dilexisti me, in ipsis sit, et ego in ipsis, ut sint unum, sicut et nos unum sumus (*Joan.* xvii). » Idem etiam apostolos suos tam sincera sibi amicitia copulavit, quod suorum eos fecit conscios secretorum. « Jam, inquit, non dicam vos servos, sed amicos, quia servus nescit quid faciat dominus ejus. Vos autem dixi amicos, quia omnia quæcunque audivi a Patre meo, nota feci vobis (*Joan.* xv). » Et iterum : « Vobis datum est nosse mysteria regni Dei, cæteris autem in parabolis (*Luc.* viii). » Propter quod ipse dicebat : « Confiteor tibi, Pater, Domine cœli et terræ, quoniam abscondisti hæc a sapientibus, et revelasti ea parvulis (*Matth.* ii). » Sed quomodo verum est, quod omnia quæcunque audivit a Patre, nota fecit apostolis, cum alibi dicat : « Multa habeo vobis dicere, quæ non potestis portare modo? » (*Joan.* xvi.) Considerandum est quis hoc dixerit. Ille profecto, qui dixit, et facta sunt : qui cuncta novit antequam fierent, cui sunt futura præterita, vel potius cui sunt universa præsentia, tam præterita, quam futura : quoniam « qui vivit in æternum, creavit omnia simul (*Eccli.* xviii). » Quædam ergo quantum ad ipsum notificavit Christus apostolis, quæ quantum ad illos notificanda erant eisdem. « Cum venerit, inquit, ille Spiritus veritatis, docebit vos omnem veritatem (*Joan.* xvi); » quoniam « docebit vos de omnibus, et eritis omnes docibiles Dei (*Joan.* vi). » Christus ergo tanquam verus amicus apostolis suis revelavit occulta : ipsi vero tanquam veraces amici Domini sui beneplacita perfecerunt : quemadmodum illis aiebat : « Vos amici mei estis, si feceritis quæ præcipio vobis (*Joan.* xv); » nam si « quis diligit me, sermonem meum servabit (*Joan.* xiv) : » et « qui fecerit voluntatem Patris mei qui in cœlis est, ipse meus frater, et soror, et mater est (*Matth.* xxii). » Quapropter extendens manus in discipulos suos ait : « Hæc est mater mea, et hi sunt fratres mei (*Luc.* xviii). » Nimirum ipse pro illis animam posuit, et illi pro ipso animam posuerunt. « Pellem quippe pro pelle, et cuncta quæ habet homo, dabit pro anima sua (*Job* ii). »—«Majorem autem charitatem nemo habet, quam ut animam suam ponat quis pro amicis suis (*Joan.* xv). » Profecto sederunt apostoli ad mensam divitis amici (*Prov.* xxiii) : et ideo talia paraverunt illi, qualia perceperunt ab ipso. Biberat enim ille pro ipsis : et ideo biberunt ipsi pro illo calicem passionis, juxta vocem dicentis in Psalmo : « Quid retribuam Domino pro omnibus quæ retribuit mihi? Calicem salutaris accipiam, et nomen Domini invocabo (*Psal.* cxv). » « Ibant igitur apostoli gaudentes a conspectu concilii, quoniam digni habiti sunt pro nomine Jesu contumeliam pati (*Act.* v). » Memores enim erant discipuli ejus, quod audierant a magistro dicente. « Qui me confessus fuerit coram hominibus, confitebor et ego eum coram Patre meo (*Luc.* xii); » nam « corde creditur ad justitiam, ore autem confessio fit ad salutem (*Rom.* x); » nam « qui me erubuerit coram hominibus, hunc Filius hominis erubescet, cum venerit in majestate sua, et Patris et sanctorum angelorum (*Luc.* ix). » Ideoque dicebat Apostolus : « Mihi absit gloriari, nisi in cruce Domini nostri Jesu Christi, per quem mihi mundus crucifixus est, et ego mundo! » (*Col.* vi.) Licet igitur omnes sancti sint honorabiles apud Deum, et apud Ecclesiam venerabiles : apostoli tamen principaliter et præcipue sunt honorandi ac venerandi, qui salutare Dei videre meruerunt familiariter, et audire, quemadmodum ipse Dominus protestatur : « Beati qui vident quæ vos videtis, et audiunt quæ vos auditis. Amen dico vobis : Multi reges et prophetæ voluerunt videre quæ vos videtis, et non viderunt, et audire quæ auditis, et non audierunt (*Luc.* x). » Propter hujus familiaris prærogativæ gratiam singularem Dominus eos et fratres et amicos appellat (*Joan.* xv) : fratres, tanquam cohæredes bonorum; amicos, tanquam socios secretorum. « Narrabo, inquit, nomen tuum fratribus meis, in medio ecclesiæ laudabo te (*Psal.* xxi). » Itemque : « Dico vobis, amici mei, ne terreamini ab his, qui corpus occidunt, animam autem non possunt occidere (*Luc.* xii). » Illorum autem principatum prævidens Propheta prædixit in Psalmo : *Nimis honorati sunt amici tui, Deus, nimis confortatus est principatus eorum.* Multa sunt sane, quæ bonorum apostolorum commendat honorabilem principatum; sed inter universa sunt principalia tria, dignitas, auctoritas et potestas. De dignitate namque Veritas inquit apostolis : « Vos estis, qui permansistis mecum in tentationibus meis : et ego dispono vobis regnum, sicut Pater meus mihi disposuit, ut edatis et bibatis super mensam meam in regno meo (*Luc.* xxii). » O quanta dignatio Domini, quanta dignitas servi, ut videlicet servus Domino cohærens constituatur in regno, edatque panem vitæ, qui de cœlo descendit, et bibat vinum, quod de latere Christi profluxit super mensam altaris in regno Ecclesiæ militantis (*Joan.* xvi). De his etiam ad sponsam dicitur per Psalmistam : « Pro patribus tuis nati sunt tibi filii, constitues eos principes super omnem terram (*Psal.* LXIV). » Duodecim enim apostoli nati sunt Ecclesiæ pro duodecim patriarchis, totidemque pro prophetis, quos ipsa principes super omnem terram constituit. Quoniam ipsi sunt « principes populorum, qui fuerunt cum Deo Abraham congregati (*Psal.* XVI). » Porro, principatus iste non confert dominium, sed tribuit ministerium : quoniam interdicitur dominatio, et indicitur ministratio. Juxta quod Dominus inquit apostolis : Principes gentium dominantur eorum, et qui potestatem habent super eos, benefici vocantur. Vos autem non sic; sed qui major est inter vos, erit sicut junior, et qui præcessor, sicut ministrator (*Luc.* XXII). Et ideo Princeps apostolorum aiebat : « Non quasi dominantes in clero, sed forma facti gregis ex animo (*I Petr.* v); » quoniam « qui se exaltat, humiliabitur, et qui se humiliat, exaltabitur (*Luc.* XIV, XVIII). » « Excelsus enim Dominus humilia respicit, et alta de longe cognoscit (*Psal.* CXII). » Propter quod dicitur : « Quanto major es, humilia te in omnibus (*Eccli.* III). » — « Principem te constituerunt, noli extolli : esto in illis quasi unus ex ipsis (*Eccli.* XXXII). » Quanto enim humilior est sublimitas, tanto sublimior est humilitas ; ideoque sint humiles, qui volunt esse sublimes. Auctoritatem Dominus commemorat, et commendat apostolis, dicens : « Quorum remiseritis peccata, remittuntur eis : et quorum retinueritis, retenta sunt (*Joan.* 20). » Facti non tam principes corporum, quam judices animarum. Quoniam in regeneratione, « cum sederit Filius hominis in sede majestatis suæ, sedebitis et vos super sedes duodecim judicantes duodecim tribus Israel (*Matth.* XIX). » — « Dominus enim ad judicium venit cum senioribus populi sui (*Isa.* III). » — « Nobilis in portis vir ejus, quando sederit cum senatoribus terræ (*Prov.* I). » Duodenarius enim numerus est sacratus in duodecim apostolis, duodecim prophetis, duodecim patriarchis ; in duodecim exploratoribus, duodecim principibus, duodecim tribubus ; in duodecim fontibus, duodecim lapidibus, duodecim sedibus ; in duodecim horis, duodecim mensibus, duodecim annis ; in duodecim signis, duodecim stellis, duodecim gemmis ; in duodecim portis, duodecim angulis, et duodecim fundamentis ; in duodecim virgis, duodecim cubitis, et duodecim cophinis ; in duodecim phialis, duodecim acetabulis, et duodecim mortariolis ; in duodecim bubus, duodecim leviculis, et duodecim arietibus.

Est autem numerus superabundans, constans ex duobus senariis, signantibus perfectionem cogitationis et operis, sive mentis et corporis, ex trinario multiplicato per quaternarium, et quaternario per trinarium, signantibus fidem individuæ Trinitatis, et quatuor Evangeliorum doctrinam. Sive tres virtutes catholicas theologicas, et quatuor virtutes politicas (22), ex quinario sensuum, quæ spectant ad corpus, et septenario duorum, quæ spectant ad spiritum. Unde Christus primo die de quinque panibus hordeaceis (*Joan.* VI), propter vitam activam cui deserviunt sensus corporis, et postea de septem panibus triticeis, propter vitam contemplativam, cui deserviunt dona spiritus, per manus apostolorum multitudinem populi satiavit (*Matth.* XV). Hic numerus ex suis partibus aggregatis excrescit in septenarium : qui constat ex denario et senario, mandatorum exsecutionem signans. Quia decem sunt legis mandata, quæ sex diebus exsequimur, excrescentes in charitatis perfectionem, quæ secundum Apostolum sedecim proprietates habere dignoscitur. « Charitas enim, inquit, patiens est, benigna est, non æmulatur, non agit perperam, non inflatur, non est ambitiosa, non quærit quæ sua sunt; non irritatur, non cogitat malum, non gaudet super iniquitate, congaudet autem veritati : omnia suffert, omnia credit, omnia sperat, omnia sustinet. Charitas nunquam excidet (*I Cor.* XIII). » Potestas vero commendatur, et commemoratur, cum dicitur : « Convocatis, Jesus, duodecim apostolis suis, dedit illis potestatem spirituum immundorum, ut ejicerent eos, et curarent omnem languorem et omnem infirmitatem (*Matth.* x). » Et hinc illis aiebat : « Si habueritis fidem, ut granum sinapis, dicetis monti : Transi hinc, et transibit (*Matth.* XVII). » Nam « qui crediderit in me, opera quæ ego facio, et ipse faciet, et majora horum faciet (*Joan.* XIV); » quoniam « omnia possibilia sunt credenti (*Marc.* IX). » Unde reversi sunt discipuli cum gaudio, dicentes : « Domine, etiam dæmonia subjiciuntur nobis in nomine tuo (*Luc.* X). » Sancti namque per fidem vicerunt regna (*Hebr.* XI), quoniam « hæc est victoria quæ vincit mundum, fides nostra (*I Joan.* V). » Isti sunt enim, ad quorum clangorem muri Jericho corruerunt (*Josue* VI); qui in sua prædicatione converterunt mundum ab errore ad veritatem, et a vitiis ad virtutes, euntes in mundum universum et prædicantes Evangelium universæ creaturæ, docentes omnes gentes servare, quæcunque mandavit eis Deus. Unde profecti prædicaverunt ubique, Domino cooperante, et sermonem confirmante sequentibus signis (*Marc.* XVI). Nam « in omnem terram exivit sonus eorum, et in fines orbis terræ verba eorum (*Psal.* XVIII). » — « Annuntiaverunt opera Dei, et facta ejus intellexerunt (*Psal.* LXIII). » Isti sunt vigiles, de quibus sponsa dicit in Canticis : « Invenerunt me vigiles, qui custodiunt civitatem; paululum cum pertransissem eos, inveni quem diligit anima mea (*Cant.* III). » De quibus etiam ait Dominus per prophetam : « Super muros

---

(22) Hic videtur aliquid desiderari.

tuos Jerusalem posui custodes, tota die et nocte non tacebunt laudare nomen Domini (*Isa.* LXII).» Isti sunt testes, de quibus legitur quia virtute magna reddebant apostoli testimonium Jesu Christi (*Act.* IV), quemadmodum promiserat illis : « Manete in civitate, donec induamini virtute Spiritus ex alto (*Luc.* XXIV).» —«Et eritis mihi testes in Jerusalem, et in omni Judæa et Samaria, et usque ad extremum terræ (*Act.* I).» Unde cum inhibiti fuissent apostoli, ne in nomine Jesu prædicarent, responderunt, dicentes : « Oportet Deo magis quam hominibus obedire (*Act.* V).» Non enim est aliud nomen sub cœlo, in quo oportet homines salvos fieri (*Act.* IV).» Isti sunt cœli, de quibus per Psalmistam dicitur : « Cœli enarrant gloriam Dei, et opera manuum ejus annuntiant firmamentum (*Psal.* XVIII).» Verbo Domini cœli firmati sunt, et spiritu oris ejus omnis virtus eorum (*Psal.* XXXII).» Quia « spiritus Domini cœlos ornavit (*Job.* XXVI),» et apparuerunt illis dispertitæ linguæ, tanquam ignis, seditque supra singulos eorum ; et « repleti sunt omnes Spiritu sancto, et cœperunt loqui variis linguis, prout Spiritus sanctus dabat eloqui illis (*Act.* II).» Sane licet Christus sit primum et præcipuum fundamentum Ecclesiæ, de quo dicit Apostolus : « Fundamentum positum est, præter quod aliud poni non potest, quod est Christus Jesus (*I Cor.* III);» apostoli tamen sunt secunda et secundaria fundamenta, de quibus dicit Psalmista : « Fundamenta ejus in montibus sanctis, diligit Dominus portas Sion super omnia tabernacula Jacob (*Psal.* LXXXVI).» Hinc enim Apostolus ait : « Jam non estis hospites et advenæ, sed estis cives sanctorum et domestici Dei; superædificati super fundamentum apostolorum et prophetarum, ipso summo angulari lapide Christo Jesu (*Ephes.* II).» Quia vero laudes apostolicas non sufficimus dignis præconiis explicare, convertamur ad preces, suppliciter implorantes, ut qui tantam dignitatem, auctoritatem et potestatem a Domino susceperunt, et obtinere merentur quidquid postulant in nomine Salvatoris, ipsi pro nobis suis meritis et precibus interveniant apud eum, qui est super omnia Deus benedictus in sæcula sæculorum.

SERMO II.

IN COMMUNI APOSTOLORUM.

De diversis civitatibus Dei, nimirum cœlesti, terrestri, spirituali et corporali.

Nisi Dominus custodierit civitatem, in vanum vigilant qui custodiunt eam (*Psal.* CXXVI).

Rex regum, fratres charissimi, diversas habet in diversis regionibus civitates, cœlestem videlicet et terrestrem; spiritualem, et corporalem. Cœlestis civitas est Ecclesia triumphantium, terrestris est Ecclesia militantium; spiritualis est fidelis anima, corporalis est miserabilis Jerosolyma. De prima legitur : « Jerusalem que ædificatur ut civitas, cujus participatio ejus in idipsum (*Psal.* CXXI);» de secunda : « Mons Sion latera aquilonis, civitas regis magni (*Psal.* XLVII);» de tertia : « Fluminis impetus lætificat civitatem Dei (*Psal.* XLV);» de quarta : « Videns Jesus civitatem, flevit super eam (*Luc.* XIX).» Sed et nunc super eam flere magis libet, quam aliquid dicere. Cujus enim pectus tam ferreum, cujus cor tam lapideum, ut gemitus non producat, lacrymas non effundat; cum diligenter attendat calamitatem, ut dicere valeat cum propheta : « Viæ Sion lugent, eo quod non sint qui veniant ad solemnitatem ; et facti sunt inimici ejus in capite (*Ibren.* I).» O infelix eventus, vel eveniens infelicitas. « Deus, venerunt gentes in hæreditatem tuam, coinquinaverunt templum sanctum tuum, posuerunt Jerusalem in pomorum custodiam (*Psal.* LXXVIII).» Fuderunt sanguinem servorum tuorum in circuitu Jerusalem, et non erat qui sepeliret (*Jer.* XIV). « Dedisti nos opprobrium vicinis nostris, derisum et contemptum his qui in circuitu nostro sunt (*Psal.* XLIII).» Insultant nobis inimici nostri dicentes : Confidebatis in ligno, sed ecce seipsum non potuit salvum facere (*Matth.* XXVII). Unde nunc est gloriatio vestra ? Periit omnino spes vestra. « Stulti, redite ad cor, et sapientes quandoque sapite (*Psal.* CXIII).» Sed tu, Domine, responde pro nobis; imo responde pro te, ne consentiant adversarii nostri et dicant : « Manus nostra, et non Deus fecit hæc omnia (*Deut.* XXXII);» quia nisi tu custodieris *civitatem, in vanum vigilant qui custodiunt eam.* « Sine me, inquit, nihil potestis facere (*Joan.* XV).» Porro cœlestis civitas non munitur custodibus; quia non impugnatur ab hostibus. Est enim in ea securitas sine timore, jucunditas sine dolore, dies sine nocte, vita sine morte. O « quam magna multitudo dulcedinis tuæ, Domine, quam abscondisti timentibus te (*Psal.* 30);» quam « neque oculus vidit, neque auris audivit, nec in cor hominis ascendit (*I Cor.* II).» Felix anima, cui datum civitatem istam non solum inhabitare per gloriam, verum etiam adire per gratiam : non tantum intueri per speciem, sed imaginari per fidem. Civitas vero super montem constructa, fundamentum habet et muros, turres et portas, custodes et hostes (*Isa.* XXXIV). Mons autem super quem civitas ista consistit, est Christus, qui de lapide parvo crevit in montem magnum, mons in vertice montium, ad quem confluunt omnes gentes, de quo ipsemet dicit : « Non potest civitas abscondi super montem posita (*Matth.* v). » Hic est primum et præcipuum, quasi fundamentum fundamentorum, de quo dicit Apostolus : « Fundamentum positum est, præter quod aliud poni non potest, quod est Christus Jesus (*I Cor.* III). » Super hoc fundamentum quasi secundaria fundamenta consurgunt apostoli et prophetæ, de quibus inquit Psalmista : « Fundamenta ejus in montibus sanctis (*Psal.* LXVIII). » Muri civitatis sunt universi fideles, superædificati super fundamentum apostolorum et prophetarum, de quibus inquit propheta : « Super muros tuos, Jerusalem, constitui custodes (*Isa.* LXII). » Sed et Christus est murus murorum, de quo legitur : « Urbs fortitudinis nostræ Sion Salvator, ponetur in ea murus (*Isa.* XXVI). » Inter hos muros quasi turres elevantur perfecti, præminentes excellentia meritorum, de quibus inquit Psalmista ; « Fiat pax in virtute tua, et abundantia in turribus tuis (*Psal.* CXXI). » Sed et Christus est turris turrium, de qua legitur : « Factus est spes mea turris fortitudinis a facie inimici (*Psal.* LX). » Portæ civitatis sunt doctores Ecclesiæ, quæ gentes introducunt ad fidem, de quibus inquit Psalmista : « Diligit Dominus portas Sion super omnia tabernacula Jacob (*Psal.* LXXXVI). » Sed et Christus est ostium ostiorum, qui de se ait : « Ego sum ostium (*Joan.* X), etc. » Custodes civitatis sunt rectores Ecclesiæ, sancti apostoli et apostolici viri, de quibus sponsa dicit in Canticis : « Invenerunt me vigiles qui custodiunt civitatem (*Cant.* III). » Sed et Christus custos custodum, de quo legitur : « Ad me clamat rex Seir : Custos, quid de nocte? » (*Isai.* XXI) Ad hunc modum, dilectissimi fratres, spiritualis civitas habet fundamentum et muros, turres et portas, custodes et hostes. Fundamentum animæ fides est, de qua dicit Apostolus : « Fides est substantia rerum sperandarum, argumentum non apparentium (*Hebr.* II). » Scriptum est enim : « Nisi credideritis, non permanebitis (*Isai.* VII). » Quatuor animæ muri sunt quatuor principales virtutes : justitia, fortitudo, prudentia, temperantia. Murus justitiæ respicit orientem, per quam timentibus Deum « oritur Sol justitiæ (*Malac.* IV), » qui « illuminat omnem hominem venientem in hunc mundum (*Joan* I). » Murus fortitudinis respicit aquilonem, per quam occidua fugimus, quæ secundum prophetam ab aquilone panduntur (*I Jer.* I). Murus temperantiæ respicit ad meridiem, per quam illecebras coercemus, quibus concupiscentiæ fervor ardescit. Murus prudentiæ respicit occidentem, per quam occidua fugimus, ne cum ipsis infeliciter occidamus. Turres animæ sunt dona Spiritus septiformis, quæ Isaias enumerat dicens : « Requiescet super eum Spiritus sapientiæ et intellectus, spiritus consilii et fortitudinis, spiritus scientiæ et pietatis, et replebit eum spiritus timoris Domini (*Isai.* II). Sed ut breviter transeam, animæ porta est charitas, janua vero spes, cæteræ virtutes sunt propugnacula. Custodes animæ angeli sunt, de quibus Veritas dicit : « Angeli eorum semper vident faciem Patris (*Matth.* XVIII). » Utraque civitas multiplices hostes habet : superiores et inferiores, interiores et exteriores. Superiores sunt dæmones malignantes, inferiores sunt homines adversantes; interiores sunt concupiscentiæ carnales, exteriores sunt illecebræ sæculares. De superioribus inquit Apostolus : « Non est nobis colluctatio adversus carnem et sanguinem, sed adversus spiritualia nequitiæ in cœlestibus (*Ephes.* VI) ; » de inferioribus dicit Psalmista : « Supra dorsum meum fabricaverunt peccatores, prolongaverunt iniquitatem suam (*Psal.* CXXVII) ; » de interioribus ait Paulus : « Caro concupiscit adversus spiritum, et spiritus adversus carnem (*Gal.* v) ; » de exterioribus dicit Joannes : « Nolite diligere mundum, neque ea quæ in mundo sunt ; quia quidquid in mundo est, aut est concupiscentia carnis, aut concupiscentia oculorum, aut superbia vitæ (*I Joan.* II). » Infelix homo, quem tot inimici circumstant, quem tot hostes impugnant. Ob hoc et clamabat Apostolus : « Infelix ego homo, quis me liberabit de corpore mortis hujus? » (*Rom.* VII.) Certe *nisi Dominus custodierit civitatem, in vanum vigilant qui custodiunt eam*; quia « non est currentis neque volentis, sed Dei miserentis (*Rom.* IX). » Adversus hos quatuor hostes, rectores Ecclesiæ quatuor noctis vigilias debent sollicite custodire ; nam « pastores custodiebant vigilias noctis super gregem suum (*Luc.* II) ; » videlicet conticinium, gallicantum, intempestum et antelucanum : in quibus custodes civitatis obsessæ vigilant alternatim. Primam ergo noctis vigiliam custodire debent adversus hostes superiores, id est contra fallacias dæmonum ; secundam adversus hostes inferiores, id est contra versutias hominum ; tertiam, adversus hostes interiores, id est contra carnales concupiscentias ; quartam, adversus hostes exteriores, id est contra sæculares illecebras. Primus enim hostis tanquam serpens callidus Evam seduxit; secundus, tanquam vulpes dolosa, vineas depascit; tertius, tanquam Dalila blandiens, Samsonem circumvenit ; quartus, tanquam Sirena mulcens, nautas adducit. Hinc forte nocturnum officium in quatuor partes distinctum est : in tres nocturnos, et matutinas laudes. Quod, ut tradunt, divisum per quatuor noctis vigilias, contra quatuor hostium persecutiones antiquitus decantabat Ecclesia. Primus enim hostis persequitur per diabolicas suggestiones; secundus, per hæreticas subversiones; tertius, per vanas delectationes; quartus, per mundanas ambitiones. Sed ut cæteros prætermittam, ex ipsis hominibus varios habet hostes : impios et schismaticos, perfidos et hæreticos. Nondum enim ex toto defecerunt schismati, qui nituntur dividere caput a membris, patrem a filiis, pastorem ab ovibus; sed nisi desistant, cum Dathan et Abiron portionem accipient, quos terra vivos absorbuit (*Num.* xvi). Necdum etiam defecerunt hæretici, « quorum sermo serpit ut cancer (*II Tim.* ii); » quia venenum aspidum et fel draconum in aureo calice Babylonis propinant (*Hier.* li) : qui veris falsa miscentes, sub prætextu religionis virus nequitiæ diffundunt in simplices. « Veniunt autem in vestimentis ovium, cum sint lupi rapaces (*Matth.* vii). » Instemus ergo solliciti, circumspiciamus attenti, ut « capiamus vulpes parvulas, quæ demoliuntur vineas : ora quidem habentes diversa, sed caudas ad invicem colligatas (*Cant.* ii); » quia « de vanitate conveniunt in idipsum (*Psal.* lxi). » Si diligenter custodimus divitias temporales, quanto diligentius custodire debemus divitias spirituales. Qui fidem subripit, vitam furatur : quia « justus ex fide vivit (*Rom.* i). » Qui charitatem tollit, Deum adimit : quia Deus charitas est. Ab his ergo hostibus meritis et precibus beati N. apostoli civitatem suam custodiat Dominus Jesus Christus, qui est super omnia Deus benedictus in sæcula sæculorum. Amen.

SERMO III.

IN COMMUNI DE EVANGELISTIS.

De quadruplici acceptione paradisi, secundum quam verba thematis quatuor modis exponuntur, scilicet historialiter, allegorice, moraliter et anagogice.

Fluvius egrediebatur de loco voluptatis ad irrigandum paradisum. Qui dividitur in quatuor capita, Phison et Geon, Tigrin et Euphratem (*Gen.* ii).

Quadruplex in sacra Scriptura legitur paradisus. Superior et inferior, interior et exterior. Superior est cœlestis, inferior est terrestris, interior spiritualis, exterior corporalis; cœlestis in patria, terrestris in via, spiritualis in mente, corporalis in oriente. De superiori paradiso dicitur ad Luciferum : « Tu signaculum similitudinis, plenus sapientia et perfectus decore, in deliciis paradisi Dei fuisti (*Ezech.* xxviii); » de inferiori dicitur ad angelum Ephesi : « Vincenti dabo edere de ligno vitæ, quod est in paradiso Dei mei (*Apoc.* ii); » de spirituali scriptum reperitur in Evangelio : « Amen dico tibi, hodie mecum eris in paradiso (*Luc.* xxiii); » de corporali scriptum reperitur in Genesi : *Plantaverat Dominus Deus paradisum voluptatis a principio.* Secundum hanc quadripartitam acceptionem nominis paradisi, quatuor modis proposita verba possunt exponi; historialiter et allegorice, moraliter et anagogice. Historialiter enim fons quidam erumpit de medio paradisi ad irrigandum herbas et arbores paradisi. Qui de paradiso progrediens in quatuor capita derivatur, quæ sunt quatuor flumina paradisi. Allegorice vero fluvius, qui de loco voluptatis egreditur, est evangelica prædicatio, quæ de Domino Jesu Christo procedit. Qui est fons vitæ, in cujus lumine videbimus lumen ; a quo generaliter omnis vera voluptas emanat. «Venite, inquit, ad me, omnes qui laboratis et onerati estis, et ego vos reficiam; et invenietis requiem animabus vestris; jugum enim meum suave est, et onus meum leve (*Matth.* ii).»—« Gustate et videte quoniam suavis est Dominus, beatus vir qui sperat in eo (*Psal.* xxxiii). » Hæc prædicatio recte fluvio comparatur, non solum quia reficit, abluit et fecundat, sed quia fluvius dicitur aqua fluens. Et ut ait Salomon : «Aqua profunda, verba ex ore viri, et torrens inundans est fons sapientiæ (*Prov.* xviii); » quæ tam longe lateque defluxit, ut mundum repleverit universum , juxta quod Dominus ipse præcepit apostolis dicens: « Euntes in mundum universum prædicate Evangelium omni creaturæ (*Marc.* xvi).» Quapropter, « in omnem terram exivit sonus eorum, et in fines orbis terræ verba eorum (*Psal.* xviii). » Hæc irrigat paradisum, id est fecundat ecclesiam, juxta quod dicit Apostolus : « Ego plantavi, Apollo rigavit; Deus autem incrementum dedit (*I Cor.* iii). » Hic est enim fons hortorum, puteus aquarum viventium, quæ fluunt impetu de Libano (*Can.* iv). » *Fluvius iste in quatuor capita dividitur* quia prædicatio Jesu Christi in quatuor Evangelia derivatur. Licet enim multi scripserint Evangelia ; nam, ut Lucas testatur, «multi conati sunt ordinare narrationem eorum, quæ in nobis completæ sunt (*Luc.* i):» tamen non nisi quatuor recepta sunt ab ecclesia, videlicet Matthæi, Marci, Lucæ, Joannis. Quod utique factum est ratione multiplici. Primo, ad ostendendam duorum testamentorum concordiam. Sicut enim in Veteri Testamento unus fuit legislator, videlicet Moyses, et quatuor majores prophetæ, videlicet Isaias, Jeremias, Ezechiel et Daniel; duodecim autem minores prophetæ, ac multi alii sapientes, ut Job, David, et Salomon, et Jesus. ita et in Novo Testamento unus fuit legis dator, videlicet Christus, et quatuor Evangelistæ, videlicet Matthæus, Marcus, Lucas, Joannes. Duodecim autem apostoli; et alii multi doctores, ut Hieronymus, Augustinus, Ambrosius et Gregorius : ut per hoc ostendatur, quia « rota continetur in medio rotæ (*Ezech.* i),» et duo seraphim sese respiciunt versis vultibus in propitiatorium (*Exod.* xxv). Secundo, pro mysterio quadrigæ Aminadab, de qua sponsa dicit in Canticis : « Anima mea turbata est propter quadrigas Aminadab (*Cant.* vi).» Aminadab enim interpretatur *spontaneus Dei.* Hic est Christus, « qui factus est obediens usque ad mortem (*Phil.* II);» et oblatus est, quia ipse voluit (*Isa.* LIII).» Hujus quadriga est evangelica doctrina, per quam fama Christi per mundum vehitur universum. Cujus quatuor rotæ sunt quatuor Evangelistæ. Propter hanc quadrigam sponsa, id est ecclesia, salubri dolore turbatur ad pœnitentiam. Tertio, ad significandam liberationem humani generis a morte quadrifida, id est, a transgressione quadruplici. Prima namque fuit transgressio mandati in paradiso, secunda transgressio legis naturalis, tertia transgressio legis scriptæ, quarta transgressio Evangelii. Vel potius, peccatum fragilitatis, per impotentiam; peccatum simplicitatis, per ignorantiam; peccatum securitatis, per negligentiam; peccatum malignitatis, per invidentiam. His enim quatuor modis peccati anima moritur, id est separatur a Deo, pro mysterio forte quadrati. Sicut enim inter cæteras formas, quadrum, sic inter cæteras doctrinas Evangelium solidius et stabilius perseverat. Nam illud undique stat, et istud propter stabilitatem appellatur æternum, per cujus gratiam homo quadratur in moribus, id est virtutibus solidatur. Istorum autem potius quam aliorum Evangelio sunt recepta; tum quia diligentius et apertius historiam evangelicam descripserunt, tum quia, licet aliquando varia, nunquam tamen contraria; licet interdum diversa, nunquam tamen adversa scripserunt. Et quoniam isti quatuor per figuras quatuor animalium in visione Joannis (*Apoc.* IV) et Ezechielis præfigurati fuerunt, Matthæus per hominem: eo quod ejus intentio præcipue circa scribendam humanitatem Christi versatur. Unde ab humana Christi nativitate liber ejus sumit exordium: « Liber, inquit, generationis Jesu Christi, filii David, filii Abraham (*Matth.* I).» Marcus per leonem: eo quod ejus intentio præcipue circa describendam Christi resurrectionem consistit. Unde ejus Evangelium in die resurrectionis antonomastice, legitur. Dicitur enim quod leo rugitu maximo tertia die suos excitat catulos. Ita Deus Pater immensa potentia Filium suum tertia die suscitavit. « Unde et Marcus ab exclamatione incipit, dicens: « Vox clamantis, etc. (*Marc.* I).» Hic est « leo fortissimus bestiarum, qui ad nullius pavescit occursum (*Prov.* XXX);» qui quantæ sanctitatis exstiterit, ipsius collobium, quod in hac sua conservatur ecclesia, patenter ostendit. Lucas per vitulum: eo quod ejus intentio præcipue circa scribendam Christi passionem versatur; in qua Christus se obtulit hostiam Deo Patri: idem ipse sacerdos et hostia. Vitulus enim erat hostia sacerdotis. Unde a sacerdotio incipit dicens: « Fuit in diebus Herodis regis Judææ sacerdos quidam, etc. (*Luc.* I).» Joannes per aquilam; quia cæteris in terra cum Domino gradientibus, ipse in cœlum ad describendam Christi divinitatem volavit, et ait: « In principio erat Verbum, et Verbum erat apud Deum et Deus erat Verbum (*Joan.* I).» Hæc quatuor princi-

pales intentiones designatæ sunt per figuras illorum quatuor animalium. Quorum quodlibet secundum visionem Ezechielis (*cap.* I) quatuor facies habet; quoniam omnes de singulis agunt, licet quidam principalius de quibusdam; præsertim cum omnes agant de Christo, cui quatuor illæ figuræ conveniunt. Fuit enim homo nascendo, vitulus moriendo, leo resurgendo, aquila ascendendo. Hi sunt *Phison et Geon, Tigris et Euphrates.* Phison interpretatur *oris mutatio;* per quem significatur Joannes, qui mutat os, cum de divinitate ad humanitatem descendit, vel de humanitate ad divinitatem ascendit. Unde cum de divinitate dixisset: « In principio erat Verbum, et Verbum erat apud Deum, et Deus erat Verbum, » consequenter ad humanitatem descendit, dicens: « Et verbum caro factum est, et habitavit in nobis (*Joan.* I). » Geon interpretatur *hiatus terræ;* per quem significatur Matthæus, qui humanam Christi generationem describit, de qua dicit Propheta: Veritas de terra orta est, et justitia de cœlo prospexit (*Psal.* LXXXIV), » id est Christus natus est de Maria. Tigris interpretatur *velox,* signans Marcum, qui cæteris velocius, id est, brevius describit historiam evangelicam. Cui figura leonis congrue coaptatur, qui est animal velocissimum. Euphrates interpretatur *frugifer,* significans Lucam, cui secundum visionem propheticam figura vituli coaptatur, qui frugibus excolendis inservit: et ipse fructum ventris benedictum describit. Illi quatuor significati sunt etiam per quatuor annulos arcæ, qui rotundi erant et aurei (*Exod.* XXV). In auro namque claritas, in rotundo designatur æternitas; quia rotundum et initio caret et fine. Eleganter enim per annulos aureos designantur, qui æternam Christi claritatem, et claram æternitatem describunt. Per duos annulos a sinistris, significantur duo evangelistæ, qui doctrinam Evangelii non acceperunt a Christo; sed unus a Petro, videlicet Marcus, et alter a Paulo, scilicet Lucas. Per duos a dextris, duo illi, qui ab ipso Christo fuerunt edocti, scilicet Matthæus et Joannes. Quidam tamen per duos annulos a sinistris Matthæum et Joannem accipiunt, qui adhæserunt Domino adhuc passibili et mortali. Per duos a dextris Marcum et Lucam, qui post ascensionem adhæserunt Christo, jam facto immortali et impassibili. Per sinistram enim mortalitas, per dexteram vero immortalitas designatur, secundum illud: « Læva ejus, sub capite meo et dextera ejus amplexabitur me (*Cant.* II).» Propter hanc causam in picturis ecclesiarum Paulus ad dexteram, et Petrus ad sinistram Salvatoris statuitur.

Moraliter autem fluvius, qui de loco voluptatis egreditur, est infusio gratiæ, quæ de Spiritu sancto procedit; qui est delectatio Patris et Filii, amor et connexio utriusque. De quo dicit Psalmista: « Torrente voluptatis tuæ potabis eos (*Psal.* XXXV).» Hæc irrigat paradisum, id est inebriat mentem, secundum id quod in Psalmo præmittitur: « Inebriabuntur ab ubertate domus tuæ (*ibid.*).»

Dividitur autem *in quatuor capita,* id est in quatuor principales virtutes, justitiam, fortitudinem, prudentiam, temperantiam. Hæc sunt moraliter quatuor flumina paradisi, de quibus Veritas dicit : « Qui credit in me, flumina de ventre ejus fluent aquæ vivæ *(Joan.* vii).» Hoc autem dicebat de spiritu, quem accepturi erant credentes in eum.

Anagogice vero, fluvius qui de loco voluptatis egreditur, est beatitudinis affluentia, quæ de divina perfruitione procedit. Hæc irrigat paradisum, id est lætificat patriam, secundum illud « : Fluminis impetus lætificat civitatem Dei *(Psal.* xlv).» Dividitur autem in quatuor species, duas pertinentes ad stolam corporis, et totidem pertinentes ad stolam animæ. Ad illam pertinent claritas et impassibilitas ; ad istam pertinent cognitio et delectatio. De claritate corporis legitur : « Fulgebunt justi sicut sol in regno patris eorum *(Matth.* xiii).» De impassibilitate carnis legitur : « Absterget Deus omnem lacrymam ab oculis sanctorum, et jam non erit amplius neque luctus neque clamor, sed nec ullus dolor, quoniam priora transierunt. *(Apoc.* xxi).» De mentis cognitione Veritas ait : « Hæc est vita æterna, ut cognoscant te solum verum Deum, et quem misisti Jesum Christum *(Joan.* xvii);» ibi cognoscemus, sicut et cogniti sumus, videntes non per speculum in ænigmate, sed facie ad faciem *(I Cor.* xiii). De cordis delectatione dicit Psalmista : « Exsultabunt sancti in gloria, lætabuntur in cubilibus suis *(Psal.* cxlix).» Ibi gaudium nostrum implebitur, quod omnem sensum exsuperat ; ad quod per suam misericordiam ineffabilem nos faciat pervenire, me itis et precibus beatissimi N. evangelistæ, Dominus Jesus Christus, qui est super omnia Deus benedictus in sæcula sæculorum. Amen.

SERMO IV.

IN COMMUNI DE UNO MARTYRE.

De abnegatione sui, et quinque gradibus ejus ; et de mysterio, et sacramento sanctæ crucis.

Qui vult venire post me, abneget semetipsum, et tollat crucem suam, et sequatur me (Luc. ix).

Volentibus ire post Christum duo principaliter dicuntur, videlicet abnegare seipsum, et tollere crucem post Christum. Hoc est declinare a malo, et facere bonum *(Psal.* xxxvi), ut quo præcessit sublimitas capitis, illuc et corporis humilitas subsequatur. Abnegationis autem hujus quinque sunt gradus ; quia debet Christianus abnegare non tantum aliena, sed sua ; nec sua tantum, sed se ; nec se tantum, sed seipsum ; nec seipsum tantum, sed semetipsum. Abnegat aliena, qui nec oblata retinet, nec concupiscit auferre, unde Zachæus : « Si quid aliquem defraudavi, reddo quadruplum (*(Luc.* xix).» Abnegat sua, qui neque acquisitis adhæret, neque inhiat acquirendis, unde Petrus : « Ecce nos reliquimus omnia, et secuti sumus te *(Matth.* xiv).» Abnegat se, qui concupiscentias carnis castigat, unde Paulus : « Castigo corpus meum et in servitutem redigo *(I Cor.* ix).» Abnegat seipsum, qui cupiditates mentis evacuat, unde David : « Domine, non est exaltatum cor meum, neque elati sunt oculi mei *(Psal.* cxxx).» Abnegat seipsum, qui propriam abdicat voluntatem, unde Jesus : « Non quod ego volo, sed quod tu *(Marc.* xiv).» Cum ergo gulosus fit sobrius, luxuriosus fit castus, avarus fit largus, superbus fit humilis, iracundus fit mansuetus, et, ut generaliter dicam, cum criminosus fit virtuosus, tunc abnegat seipsum, ut dicere valeat cum Apostolo : « Vivo jam non ego, vivit autem in me Christus *(Gal.* ii).» Cum autem impius ab impietate convertitur, profecto dicere potest : Non sum, qui fueram, quia videlicet non est talis in culpa. licet idem sit in natura, secundum illud propheticum : « Verte impios, et non erunt *(Prov.* xii).» *Qui* ergo *vult* ire *post* Christum, *abneget seipsum.* Porro, si juxta testimonium Veritatis in hominis voluntate consistit, ut abnegando seipsum, possit ire post Christum, quid est quod dicit Apostolus : « Non est volentis, neque currentis, sed Dei miserentis ? » *(Rom.* ix). Verum id dicitur, quia bonum opus principalius spectat ad Dei misericordiam, quam ad hominis voluntatem. Quia divina misericordia non solum prævenit et præparat, verum etiam subsequitur, et prosequitur voluntatem humanam. Prævenit inspirando, subsequitur adjuvando. Præparat ut incipiat, prosequitur ut perficiat. De præveniente Propheta dicit in Psalmo : « Misericordia ejus præveniet me *(Psal.* lviii).» De subsequente dicit in alio : « Misericordia tua subsequetur me *(Psal.* xxii).» Gratia namque principaliter operatur, cui secundario cooperatur arbitrium, juxta quod dicit Apostolus : « Gratia Dei sum id quod sum, et gratia ejus in me vacua non fuit *(I Cor.* xv).» Et ideo Veritas ait : *Qui vult venire post me, abneget semetipsum, et tollat crucem suam, et sequatur me. Suam* dicit, id est voluntariam, non coactam ; spontaneam, non invitam ; per patientiæ virtutem, non per angariæ servitutem ; quia non placent ei coacta servitia, qui potius exigit cor, quam manum ; voluntatem, quam actionem. Spontaneus enim tulit crucem Jesus, de quo legitur : « Et bajulans sibi crucem, exivit in eum, qui dicitur Calvariæ locus *(Joan.* xix).» Invitus autem tulit crucem Simon Cyrenæus, de quo legitur, quod « angariaverunt eum, ut tolleret crucem Jesu (*Matth.* xxvii). » O quam profundum est crucis mysterium, quam arduum sacramentum! Legitur quod Moyses ad mandatum Domini serpentem æneum erexit pro signo, quem aspicientes, qui percussi fuerant a serpentibus, sanabantur (*Num.* xxi). Quod ipse Christus exponens in Evangelio ait : « Sicut Moyses exaltavit serpentem in deserto, ita exaltari oportet Filium hominis, ut omnis qui credit in ipso, non pereat (*Joan.* iii). » Legitur etiam, quod cum Joseph applicuisset Manassen et Ephraim ad Jacob, statuens majorem ad dexteram, et minorem ad sinistram, ut eis secundum ordinem benediceret, Jacob manus commutans, id est in modum crucis cancellans, dextram posuit super caput Ephraim minoris, et sinistram super caput Manasse majoris, et dixit : « Angelus, qui eruit me de cunctis malis, benedicat pueris istis (*Gen.* xlviii), » etc. Ezechiel autem audivit Dominum dicentem ad virum vestitum lineis, habentem atramentarium scriptoris ad renes : « Transi per mediam civitatem, et signa Thau in frontibus virorum dolentium et gementium (*Ezech.* ix) ; » post hæc dixit septem viris : « Transite per mediam civitatem, et percutite omnem super quem non inveneritis Thau (*ibid.*). » Nemini parcat oculus vester. Joannes quoque vidit « angelum ascendentem ab ortu solis, habentem signum Dei vivi, et clamavit voce magna quatuor angelis, quibus datum fuit nocere terræ et mari, dicens : « Nolite nocere terræ et mari, neque arboribus, quoadusque signemus servos Dei nostri in frontibus eorum (*Apoc.* xvii). » Hinc est igitur quod, cum Dominus Ægyptiorum percuteret primogenita, domos Hebræorum absque læsione transcendit, eo quod sanguinem in superliminari, et in utroque poste vidisset (*Exod.* xii). Dum Moyses manus tenebat extensas, Israel pugnans Amalec superabat (*Exod.* xvii).

Lignum missum in Marath aquas, aquas dulcoravit amaras (*Exod.* xv). Et ad lignum missum in Jordanem, ferrum quod exciderat, enatavit (*IV Reg.* vi). Hoc est lignum vitæ in medio paradisi (*Gen.* ii), de quo Sapiens protestatur : « Benedictum lignum, per quod fit justitia, salutatio (*Sap.* xiv). » Quoniam regnavit a ligno Deus : etenim « correxit orbem terræ, qui non commovebitur (*Psal.* xcv). » Qui dixerunt : « Morte turpissima condemnemus eum (*Sap.* ii), » nescierunt sacramenta Dei, neque comprehenderunt, « quæ sit longitudo et latitudo, sublimitas et profundum (*Ephes.* iii). » Crux ergo sanitatem restituit, benedictionem impendit, discernit a perfidis, liberat a periculis : hostes expellit, victores constituit. Crux mysterium fidei, firmamentum spei, clavis scientiæ, forma justitiæ, magnificentia regum, gloria sacerdotum, inopum sustentatio, pauperum consolatio, cæcorum dux, claudorum baculus, spes desperatorum, resurrectio mortuorum. Crux autem et spiritualiter et materialiter tollitur. Spiritualiter vero duobus modis : per mentis compassionem, et carnis afflictionem. Propter quod dicit Apostolus : « Crucifixerunt membra sua cum vitiis et concupiscentiis (*Gal.* v) ; et iterum : « Mihi mundus crucifixus est, et ego mundo (*Gal.* vi). » Cum enim quisque cruciatur in corde compatiendo proximo, tunc utique crucem tollit cum Apostolo, qui dicebat : « Quis infirmatur, et ego non infirmor ? Quis scandalizatur, et ego non uror ? (*II Cor.* xi). » Cum vero cruciatur in corpore, affligendo seipsum, tum etiam cum Apostolo crucem tollit, qui ait : « Castigo corpus meum, et in servitutem redigo : ne forte cum aliis prædicaverim, ipse reprobus efficiar (*I Cor.* ix). » Materialiter quoque duobus modis crux tollitur, in signum religionis, et in supplicium passionis. In signum enim religionis quidam religiosi crucem portant, ut ostendant se spiritualiter mancipatos ad obsequium crucifixi : in supplicium, et boni quidam, et mali qui pro justitia vel offensa suspenduntur in cruces : quemadmodum juxta crucem Jesu duo latrones crucifixi fuerunt, unus a dextris, et alius a sinistris (*Matth.* xxvii). Fuerunt autem in cruce Dominica ligna quatuor, stipes erectus, et lignum transversum, truncus suppositus, et titulus superpositus. Fuerunt et clavi quatuor, quibus manus confixæ sunt, et pedes affixi sunt, et lancea, qua latus apertum est. Fuit et corona spinea capiti circumposita.

Hæc omnia, fratres, etiam in spirituali cruce spiritualiter possunt assignari. Nam quatuor crucis ligna sunt quatuor mentis virtutes, fides, spes, perseverantia, patientia ; de quibus inquit Apostolus : « Ut comprehendatis cum omnibus sanctis, quæ sit longitudo, latitudo, sublimitas et profundum (*Ephes.* iii). » Longitudo crucis est perseverantia, de qua Dominus ait : « Qui perseveraverit usque in finem, hic salvus erit (*Matth.* x) ; » latitudo crucis est patientia, de qua Veritas ait : « In patientia vestra possidebitis animas vestras (*Luc.* xxi), » profunditas crucis est fides, de qua dicit Apostolus : « Fides est substantia rerum sperandarum, argumentum non apparentium (*Hebr.* ii) ; » sublimitas crucis est spes, de qua dicit Psalmographus : « In verbo tuo superspe avi (*Psal.* cxviii). » Habuit ergo crux Christi unum lignum erectum in longitudinem, et alterum transversum in latitudinem. Per illa duo ligna mystice designata, quæ paupercula mulier Sarephta collegit (*III Reg.* xvii). Et bene stipes erecta, habuit truncum suppositum et titulum superpositum, quia perseverantia de fide procedit ad spem, quasi stipes erectus de trunco supposito ad titulum superpositum. Quod intelligens Job, ait : « Credo quod Redemptor meus vivit, et in novissimo die de terra surrecturus sum, et in carne mea videbo Deum. Quem visurus sum ego ipse et non alius, et oculi mei conspecturi sunt. Reposita est hæc spes mea in sinu meo (*Job.* xix). » Nisi enim crux habeat fundamentum fidei, et titulum spei profecto supplicium est solummodo, et non meritum. Quod autem patientia spectet ad crucem, per se satis apparet, eo quod patientes in adversis tribulationibus sustinent cruciatum; unde Jacobus apostolus ait: « Tribulatio patientiam operatur (*Job* I). » De perseverantia quoque legitur : « Esto fidelis usque ad mortem, et dabo tibi coronam vitæ (*Apoc.* II). » Porro secundum Apostolum : « Non coronatur quis, nisi legitime certaverit (*II Tim.* II). » Habet igitur perseverantia, quæ coronat et ipsa certamen, ut merito spectet ad crucem.

In his duobus lignis duos pedes et duas manus, quatuor clavis debet configere Christianus. Quatuor clavi sunt quatuor principales virtutes, justitia, prudentia, fortitudo, temperantia. Pedes sunt mentis affectus, de quibus Sponsa dicit in Canticis : « Lavi pedes meos, quomodo inquinabo eos? »(*Cant.* V.) Et Dominus dicit Apostolis : « Qui lotus est, non indiget nisi ut pedes lavet, sed est mundus totus (*Joan.* XIII); » et iterum : « Excutite pulverem de pedibus vestris (*Marc.* VI). » Sunt igitur duo pedes, duo mentis affectus, metus et appetitus. Præcipuus enim mentis affectus aut est in fugiendo quod metuit, aut in eligendo quod appetit. Pes timoris clavo fortitudinis debet configi, ne timidus propter adversa succumbat; metus enim dum in Petro clavo fortitudinis confixus non exstitit, ad vocem ancillæ negavit (*Luc.* XXII); cum autem clavo fortitudinis confixus exstitit, ante reges et præsides non timuit Domini prædicavit. Sed et ipse timor quidam clavus est, de quo dicit Psalmographus : « Confige timore tuo carnes meas (*Psal.* CXVIII). » At clavus clavo configitur, cum timor fortitudine roboratur; pes appetitus clavo justitiæ debet configi, ne cupidus evagetur ad illicita desideria; appetitus enim si confixus non fuerit, tunc caro concupiscit adversus spiritum, si fuerit confixus, spiritus concupiscit adversus carnem. Sic itaque Christianus clavos suos debet affigere cruci, ne vel timidus succumbat, vel cupidus evagetur. Lancea vero qua latus est vulnerandum, est charitas, de qua sponsa dicit in Canticis : « Vulnerata charitate ego sum. » Latus enim est cordi contiguum, beneficio cujus diligimus : quod ideo vulnerandum est, ut effectus exeat, non solum ad amicos, sed ad inimicos; juxta quod Dominus præcipit : « Diligite inimicos vestros, benefacite his qui oderunt vos, et orate pro persequentibus et calumniantibus vos (*Matth.* V). » Corona spinea ipsa quidem est pœnitentia, circumponenda capiti, id est menti, de qua dicit Psalmista: « Conversus sum in ærumna mea, dum configitur spina (*Psal.* XXXI). » Hæc corona de tribus spinis complectitur, scilicet contritione, confessione, satisfactione. Prima pungit cor, propter vanam cogitationem; secunda pungit os, propter vanam locutionem; tertia pungit manum, propter iniquam operationem. Prima pungit per dolorem, secunda per pudorem, tertia per laborem. Manus autem sunt opera, de quibus dicit Psalmista : « Benedictus Dominus Deus meus, qui docet manus meas ad prælium (*Psal.* XIV). » Et Salomon : « Dedit ei lanam et linum, et operata est consilio manuum suarum (*Prov.* XXXI). Sunt igitur duæ manus, duo genera operum : opus videlicet voluntatis, et opus necessitatis ; quodlibet enim opus est voluntarium vel necessarium. Manus operis voluntarii configi debet clavo prudentiæ, ne curva faciat opera tenebrarum; cum enim in Saulo clavo prudentiæ confixa non fuit, Saulus persequebatur Ecclesiam ; cum autem in Paulo clavo prudentiæ confixa fuit, Paulus passus est pro Ecclesia. Manus operis necessarii configi debet clavo temperantiæ, ne laxa nimis ac superflua extendatur. Opera necessaria sunt, dormire, comedere, et similia, quæ cum modestia temperare debemus ut somnum temperemus orationibus et vigiliis; cibum temperemus eleemosynis et jejuniis. His enim quasi fortibus armis expugnare prævalebimus inimicos. Legimus enim quod, cum pugnaret Israel adversus Amalec in deserto, Moyse orante vincebat, quo desistente, Israel vincebatur (*Exod.* XVII). Legimus etiam quod cum cæteræ tribus pugnarent adversus Benjamin pro uxore Levitæ, secundo succubuerunt in prælio, donec indicto jejunio et humiliter celebrato, tribum illam pene penitus deleverunt (*Judic.* XX). Cæterum non sufficit cuiquam abnegare seipsum, et tollere crucem suam, nisi Christum sequatur. Fuerunt enim quidam philosophi, sunt quidam hæretici, qui abnegaverunt seipsos, et graves sustinent cruciatus, sed eis non profuit, nec proficit ad salutem; quia non sequuntur eum qui est « via, veritas, et vita (*Joan.* XIV), » videlicet Jesum Christum, qui passus est pro nobis, relinquens exemplum, ut sequamur vestigia ejus : « Qui peccatum non fecit, nec inventus est dolus in ore ejus (*I Petr.* II). » Nos ergo, fratres, abnegantes impietatem et sæcularia desideria, crucifigamus membra nostra cum vitiis et concupiscentiis, ut sequendo Christum, ad vitam perveniamus æternam, ipso præstante, qui est super omnia Deus benedictus in sæcula sæculorum. Amen.

SERMO V.

IN COMMUNI DE UNO MARTYRE.

De duplici corona sanctorum, et de pretiosis lapidibus eorumdem et floribus.

Posuisti, Domine, super caput ejus coronam de lapide pretioso (*Psal.* XX).

Duplex est corona sanctorum, una, qua coronantur in via; altera, qua coronantur in patria;

una, quæ datur ad meritum ; et altera, quæ datur ad præmium ; una virtutis et gratiæ, altera salutis et gloriæ; una militantium, et altera triumphantium. Corona virtutis est argentea, quam gratiæ candor illustrat; corona salutis est aurea, quam gloriæ splendor illuminat [*al.* irradiat]. De prima dicit Psalmographus : « Benedices coronæ anni benignitatis tuæ (*Psal.* LXIV), « id est multiplicabis virtutes in tempore gratiæ; unde subjungit : « Et campi tui replebuntur ubertate (*ibid.*). » De secunda dicit Apostolus : « De reliquo reposita est mihi corona justitiæ (*II Tim.* IV), » id est, præmium, quod reddetur pro meritis; unde subjungit|: « Quam reddet mihi Dominus in illo die, justus judex (*ibid.*). » Sunt autem tam in gyro quam in summo coronæ lapides pretiosi et pulcherrimi flores cum margaritis et gemmis mira varietate dispositi. Singuli lapides collaterales habent geminos flores, inter quos minores gemmæ consistant, quæ margaritis optimis circumdantur. Habet enim corona virtutis in gyro quatuor principales lapides, id est quatuor virtutes politicas, justitiam, fortitudinem, prudentiam, temperantiam ; ab anteriori parte justitiam, a posteriori parte prudentiam, temperantiam a dextris, fortitudinem a sinistris. Congruunt bene loca lapidibus, nam quæ sunt ante, sunt certa; quæ sunt retro, sunt dubia : quæ sunt a dextris, sunt prospera ; quæ sunt a sinistris, sunt adversa. In certis autem est exercenda justitia, in dubiis est adhibenda prudentia; in prosperis opus est temperantia, in adversis est necessaria fortitudo. Isti sunt digiti quatuor, de quibus jubetur in Exodo : « Facies coronam interrasilem altam quatuor digitis, et super illam coronam aureolam (*Exod.* XXV). » Justitia habet duas cohærentes virtutes, discretionem et rectitudinem ; prudentia, vigilantiam et cautelam; temperantia, continentiam et abstinentiam ; fortitudo, constantiam et magnanimitatem. Inter hos flores, quatuor minores gemmæ consistunt, id est quatuor naturales affectus, dolor et gaudium, timor et spes ; de quibus legitur :

Hinc metuunt, cupiunt, gaudentque dolentque.
(VIRG., *Æneid.* VI, 733.)

Justitia namque dirigit spem, prudentia mitigat dolorem, temperantia format gaudium, fortitudo con*ortat timorem. Circa gemmas in gyro, septem margaritæ resplendent, id est septem dona gratiæ septiformis, quæ Isaias enumerat, dicens : « Requiescet super eum spiritus sapientiæ et intellectus, etc. » (*Isa.* II.) Cæterum in summo coronæ, tres præcipui lapides sunt dispositi, id est tres virtutes theologicæ : spes, fides, charitas, super quas timor Domini constituitur, Scriptura dicente : « Qui timetis Dominum, credite illi, et non evacuabitur merces vestra. Qui timetis Deum, diligite illum et illuminabuntur corda vestra (*Eccli.* II). » Habent et lapides isti flores contiguos : fides, sinceritatem et veritatem ; spes, patientiam et perseverantiam ; charitas, benignitatem et largitatem; timor, obedientiam et reverentiam. Inter hos flores, tres minores gemmæ consistunt, id est vires animæ naturales, vis rationalis, vis irrascibilis et vis concupiscibilis. Prima discernit inter bonum et malum, secunda abjicit malum, tertia eligit bonum. Fides autem rationabilitatem illuminat, spes irascibilitatem corroborat, charitas concupiscibilitatem informat. Sed et circa gemmas hujusmodi septem margaritæ refulgent, id est, septem petitiones, quæ continentur in oratione Dominica, tres pertinentes ad vitam præsentem, et tres ad vitam futuram : media vero pertinens ad utramque. Porro corona salutis multo pretiosior est et dignior, quatuor habens in gyro lapides principales, et tres in summo præcipuos. Principales in gyro lapides sunt quatuor proprietates corporis glorificati, claritas et subtilitas, agilitas et impassibilitas, de quibus Veritas ait : « Mensuram bonam et confertam et coagitatam et superefflluentem reddent in sinum vestrum (*Luc.* VI). » — « Fulgebunt enim justi, et tanquam scintillæ in arundineto discurrent agiles, et regnabit Dominus illorum in perpetuum (*Sap.* III), » et ipsi cum Domino impassibiles. « Absterget enim Deus omnem lacrymam ab oculis sanctorum, etc. (*Apoc.* XXI). Erit enim in patria jucunditas sine dolore, securitas sine timore, requies sine labore, vita sine morte, dies sine nocte, certe sine forte, fortitudo sine debilitate, rectitudo sine perversitate, pulchritudo sine deformitate. Has proprietates glorificati corporis in argumentum futuræ glorificationis etiam in carne mortali Christus ostendit. Claritatem, quando se transfiguravit in monte, et « resplenduit facies ejus sicut sol (*Matth.* XVII). » Subtilitatem , quando « clauso signaculo virginali, » tanquam sponsus processit de thalamo suo (*Psal.* XVIII). Agilitatem, quando supra aquam sicco vestigio pertransivit *Joan.* VI). Impassibilitatem , quando corpus et sanguinem suum in cœna discipulis tribuit (*Matth.* XXVI). Præcipui lapides in summo, sunt tres proprietates animæ glorificatæ , cognitio , dilectio ; delectatio, de quibus cum sapiens præmisisset: « Fulgebunt justi, etc. (*Sap.* III), » statim subjunxit : « Qui confidunt in illum, intelligent veritatem, et fideles in dilectione acquiescent illi : quoniam donum et pax est electis Dei (*ibid.*). » Est enim in sanctis comprehensiva cognitio, per quam cognoscunt, sicut et cogniti sunt. Videntes non per speculum in ænigmate, sed facie ad faciem (*I Cor.* XIII), Trinitatem in unitate, et unitatem in Trinitate : legentes in verbo vitæ, « in quo sunt omnes thesauri sapientiæ et scientiæ Dei absconditi (*Joan.* XVII), » de qua cognitione Veritas ait : « Hæc est vita æterna, ut cognoscant te solum verum Deum, et quem misisti Jesum Christum (*I Cor.* XIII).» Ex hac comprehensiva cognitione procedit summa dilectio , per quam sancti diligunt Deum « ex toto corde, ex tota mente, ex tota anima (*Matth.* XXII). » — « Ex mente, » id est memoria diligunt Patrem, « tota, » id est sine oblivione; « ex corde, » id est intellectu diligunt Filium', « toto, » id est sine errore. « Ex anima, » id est voluntate diligunt Spiritum sanctum; « tota, » id est sine contrarietate. Adeo namque divinæ voluntati per charitatem inhærent, ut nihil omnino velint, nisi quod Deum velle cognoscunt. Ex hac summa dilectione nascitur ineffabilis delectatio, quam « nec oculus vidit, nec auris audivit, nec in cor hominis ascendit (*I Cor.* II); » de qua dicit Psalmista : « Exsultabunt sancti in gloria, lætabuntur in cubilibus suis (*Psal.* CXLIX); » et rursus : « Ingrediar in locum tabernaculi admirabilis usque ad domum Dei, in voce exsultationis et confessionis, sonus epulantis· (*Psal.* XLI). » Ad quam exsultationem et epulas meritis et precibus sancti martyris N. nos perducat Dominus Jesus Christus, qui est super omnia Deus benedictus in sæcula sæculorum. Amen.

SERMO VI.

IN COMMUNI MARTYRUM PLURIMORUM.

De duplici tribulatione, et a quibus infligatur, et de multis et magnis tribulationibus, quas perpessi sunt sancti martyres : denique de triplici lavacro regenerationis : de triplici stola, et sanguine.

Isti sunt, qui venerunt de tribulatione magna et laverunt stolas suas in sanguine Agni (*Apoc.* VII).

Duplex tribulatio, fratres charissimi, legitur in Scripturis : una culparum et vitiorum, altera pœnarum et tormentorum, adversitatis una, perversitatis altera. De prima legitur : « Pauci facti sunt, et vexati sunt a tribulatione malorum et dolore (*Psal.* CVI); » de secunda scriptum est : « Clamaverunt ad Dominum cum tribularentur, et de necessitatibus eorum liberavit eos (*ibid.*). » O quam gravis est tribulatio peccatorum, qui semper intra se perferunt « vermem conscientiæ, qui non moritur, et ignem rationis qui nunquam exstinguitur (*Isa.* LXVI). » — « Non est impiis gaudere dicit Dominus (*Isa.* LIII). » Quia « cum impius venerit in profundum vitiorum, contemnit (*Prov.* XVIII); » et « per quæ quis peccat, per hæc et torquetur (*Sap.* II). » Sane superbia inflat, avaritia stimulat, invidia rodit, ira succendit, angit gula, dissolvit luxuria, ligat mendacium, maculat homicidium : sic et cætera vitiorum portenta : ut quæ sunt homini oblectamenta peccati, Deo sint instrumenta puniendi. Tribulationem istam tres hostes infligunt, mundus, caro, diabolus. Mundus velut sirena dulcis navigantes submergit; caro tanquam Dalila blandiens Samsonem circumvenit; diabolus quasi leo sæviens viatores interimit. De primo Veritas ait : « Si mundus vos odit, scitote, quia me priorem vobis odio habuit (*Joan.* XV); » de secundo dicit Apostolus : « Caro concupiscit adversus spiritum (*Gal.* V); » de tertio scriptum est : « Adversarius vester diabolus tanquam leo rugiens circuit quærens quem devoret (*I Petr.* V). » Isti sunt tres fallaces sophistæ, qui miserabiliter paralogizant incautos. Proponit mundus, assumit caro, concludit diabolus; mundus proponit sæcularia blandimenta, caro assumit illicita desideria, diabolus concludit sempiterna tormenta; mundus ligna ministrat, caro scintillam supponit, diabolus ignem accendit. Primus hostis est contemnendus, secundus comprimendus, tertius expugnandus. Contra primum præcipitur : « Nolite diligere mundum, neque ea quæ in mundo sunt : qui quidquid in mundo est, aut est concupiscentia carnis, aut concupiscentia oculorum, aut superbia vitæ (*Joan.* II); » Ista sunt ligna quæ mundus ministrat. Contra secundum præcipitur : « Desideria carnis fugite, quæ militant adversus animam (*I Petr.* II); » hæc est scintilla, quam caro supponit. Contra tertium quoque præcipitur : « Assumite scutum fidei, ut possitis exstinguere ignea tela nequissimi (*Ephes.* VI); » hic est ignis, quem accendit diabolus. Ex hac tribulatione venerunt gloriosi martyres nostri, « per viam trium dierum, ut sacrificarent Domino in deserto (*Exod.* III). » Via primæ diei est vitatio prohibitorum, via secundæ diei exsecutio præceptorum, via tertiæ diei est supererogatio consiliorum (*Job* IV). Per primam viam percurritur illud mandatum : « Quod tibi non vis fieri, alteri ne feceris (*Matth.* VII); » per secundam viam percurritur illud præceptum : « Quæcunque vultis ut faciant vobis homines, et vos facite illis (*ibid.*); » per tertiam viam percurritur illud consilium : « Si vis perfectus esse, vade, et vende omnia quæ habes, et da pauperibus (*Matth.* XIX). » De his legitur : « In mandatis tuis exercebor, et considerabo vias tuas (*Psal.* CXVIII). » Sed in ipsa vita multas et magnas tribulationes perpessi sunt ; sane tribulati sunt corde, tribulati sunt ore, tribulati sunt opere. Tribulati sunt corde per tristitias et dolores, tribulati sunt ore per contumelias et terrores, tribulati sunt opere, per angustias et labores. Per dolores contritionis, et tristitias compassionis; per terrores comminationis, et contumelias irrisionis; per labores afflictionis et angustias passionis. De tribulationibus cordis dicit Psalmista : « Sacrificium Deo spiritus contribulatus, cor contritum et humiliatum Deus non spernit (*Psal.* L); » et Apostolus ait : « Quis infirmatur, et ego non infirmor? quis scandalizatur, et ego non uror? (*II Cor.* XI.) » De tribulationibus oris ait Dominus per prophetam : « Contumelias et terrores passus sum ab eis, et Dominus mecum est tanquam bellator fortis (*Jer.* xx); » et alibi : « Omnes qui videbant me, aspernabantur me : locuti sunt labiis et moverunt caput (*Psal.* xxi). » De tribulationibus operis in persona martyrum dicit Psalmista : « Propter te morte afficimur tota die, æstimati sumus sicut oves occisionis (*Psal.* xliii); » et iterum : « Transivimus per ignem et aquam, et induxisti nos in refrigerium (*Psal.* lxv). » Sancti namque dum in hac valle lacrymarum peregrinantur a Domino, multis modis et diversis personis, pluribus locis et variis temporibus tribulantur. Diversitates modorum et locorum satis expresse designat Apostolus dicens : « Sancti ludibria et verbera experti, insuper et vincula et carceres : lapidati sunt, secti sunt, tentati sunt, in occisione gladii mortui sunt, circumierunt in melotis, in pellibus caprinis, egentes, angustiati, afflicti, quibus dignus non erat mundus. In solitudinibus errantes, in montibus et in speluncis et in cavernis terræ (*Hebr.* xi). » Ac si diceret : Tot et tantis et tam diversis modis afflicti sunt, non solum in civitatibus, sed etiam in solitudinibus : non solum in campis, sed etiam in montibus : non solum in domibus, sed etiam in speluncis : non solum in custodiis, sed etiam in cavernis terræ : perpessi sunt autem tribulationes hujus mundi a bestiis, ab hominibus, a dæmonibus. Tribulati enim sunt a bestiis, dicente Psalmista : « Posuerunt mortalia sanctorum tuorum, etc., bestiis terræ (*Psal.* lxxviii). » Tribulati sunt ab hominibus, juxta quod legitur : « Dum insurgerent homines in nos, forsitan vivos deglutissent nos (*Psal.* cxviii). » Tribulati sunt a dæmonibus, Apostolo attestante : « Non est nobis colluctatio adversus carnem et sanguinem, sed adversus spiritualia nequitiæ in cœlestibus (*Ephes.* vi). » Tribulantur autem non solum ab alienis, sed etiam a parentibus, et cognatis : non solum ab extraneis, sed etiam a domesticis : non solum ab inimicis, sed etiam ab amicis. Probat hoc Veritas dicens : « Trademini a parentibus et cognatis et amicis, et morte afficient ex vobis (*Luc.* xxi). » Porro, tribulati sunt ante legem, sub lege, post legem; ante legem tribulati sunt patriarchæ, sub lege prophetæ, post legem apostoli, nec non et martyres. Hinc enim Veritas ait : « Ecce ego mitto ad vos prophetas, sacerdotes et scribas, et ex illis occidetis et flagellabitis et crucifigetis, ut veniat super vos omnis sanguis justus, qui effusus est a sanguine Abel justi, usque ad sanguinem Zachariæ, filii Barachiæ, quem occidistis inter templum et altare (*Matth.* xxiii). » Ante legem Abel, sub lege Zachariam, post legem, id est tempore gratiæ prophetas, et sacerdotes et scribas. Inde lamentatur Ecclesia dicens : « Sæpe expugnaverunt me a juventute mea, etenim non potuerunt mihi : supra dorsum meum fabricaverunt peccatores, » etc. (*Psal.* cxxviii.) Imitemur ergo, fratres, in illis virtutes cordis et operis, et detestemur in nobis fragilitatem mentis et carnis. Illi toleraverunt pro Christo [*al.*

peccato] frigus et nuditatem : nos autem vestimur duplicibus et induimur pretiosis; illi toleraverunt pro Christo famem et sitim : nos autem diversis ferculis vescimur, et delicatis cibariis epulamur; illi toleraverunt pro Christo vigilias et labores : nos autem amplis horis quiescimus, et longis soporibus dormitamus; illi toleraverunt pro Christo angustias et dolores : nos vero gaudiis mundi fruimur, et carnis illecebris delectamur. Heu me! quid dicam ego miser aut faciam, cum venerit ille districtissimus Judex, qui « reddet unicuique secundum opera sua? » (*Matth.* xvi.) Terribilis est locus iste; nam « si justus vix salvabitur, impius et peccator ubi parebunt? » (*I Petr.* iv.) — « Multæ sunt ergo tribulationes justorum, et de omnibus his liberabit eos Dominus (*Psal.* xxxiii). » *Isti sunt ergo qui venerunt ex magna tribulatione, et laverunt stolas suas in sanguine Agni.* Triplex est lavacrum justificationis, in lacrymis regenerationis, in aqua redemptionis, et in sanguine passionis. De primo dicit Psalmista : « Lavabo per singulas noctes lectum meum, lacrymis meis stratum meum rigabo (*Psal.* vi); » de secundo Veritas dicit : « Nisi quis renatus fuerit ex aqua et Spiritu sancto, non intrabit in regnum cœlorum (*Joan.* iii); » de tertio testatur Joannes : « Lavit nos a peccatis nostris in sanguine suo (*Apoc.* i). » Sic et triplex est stola, prima innocentiæ, secunda gratiæ, tertia vero gloriæ. De prima dicit pater ad servos suos : « Cito proferte stolam primam, et induite illum, » etc. (*Luc.* xv.) Qui dixit primam, significavit secundam; nam primum dicitur respectu secundi. De tertio vero legitur : « Amavit eum Dominus et ornavit eum, stola gloriæ induit eum (*Eccli.* xv). » Hæc triplex stola lavatur in illo triplici lavacro, sed potius ille lavatur, qui stolis induitur; quælibet tamen stola lavatur in sanguine Agni. Sed est sanguis culpæ, sanguis pœnæ, et sanguis veniæ. De primo sanguine legitur : « Sanguis sanguinem tetigit (*Ose.* iv). » Ab hoc sanguine petit liberari Psalmista, cum ait : « Libera me de sanguinibus, Deus, Deus salutis meæ (*Psal.* l). » De secundo sanguine legitur : « Effuderunt sanguinem sanctorum tuorum in circuitu Jerusalem (*Psal.* lxxviii). » Pro sanguine isto postulat vindicari chorus martyrum dicens : « Vindica sanguinem nostrum qui effusus est, Deus noster (*Apoc.* vi). » De tertio sanguine legitur : « Hic est sanguis Novi Testamenti, qui pro multis effundetur in remissionem peccatorum (*Matth.* xxvi.). » Per hunc sanguinem redemptum est genus humanum; quia « redempti sumus non corruptibilibus auro et argento, sed pretioso sanguine Agni immaculati (*I Petr.* i). » Primum sanguinem instillat draco malignus per pravam suggestionem, secundum sanguinem elicit canis impius per sævam afflictionem, tertium sanguinem effundit Agnus purissimus propter nimiam dilectionem. Sic enim dilexit nos, ut sanguinem suum pro nobis effunderet. « Majorem charitatem nemo habet, etc. (*Joan.* xv). » — « Quid ergo retribuam Domino pro omnibus quæ retribuit mihi. Calicem salutaris accipiam; et nomen Domini invocabo (*Psal.* cxv). » Sic retribuerunt ei martyres nostri, *qui venerunt ex tribulatione magna, et laverunt stolas suas in sanguine Agni.* Non agni gregis, non agni legis, nec agni jugis, sed Agni regis, qui tollit peccata mundi. De quo dicitur : Emitte Agnum, Domine, dominatorem terræ, de petra deserti ad montem filiæ Sion (*Isa.* xvi). Agnum gregis immolavit Samuel in Masphat, petens dari de cœlo fulgura, nubes et tonitrua, et liberavit Dominus Jerusalem in die illa manu Philisthiim (*I Reg.* vii). Agnum legis immolaverunt filii Israel in finibus Ramesse, linientes sanguine postes et superlimina-ria, et liberavit Dominus ab exterminatore primogenita eorum in nocte illa (*Exod.* xii). Agnus jugis immolabatur a sacerdotibus mane et vespere, « in odorem suavissimum Domino (*Num.* xxviii). » *Isti sunt qui venerunt de magna tribulatione, et laverunt stolas suas in sanguine Agni.* Quia vero « quæcunque scripta sunt, ad nostram doctrinam scripta sunt (*Rom.* xv), » et nos exemplo sanctorum martyrum lavemus stolas nostras, id est opera nostra in sanguine Agni, hoc est in fide passionis Christi; ipso misericorditer concedente, qui est Deus benedictus in sæcula sæculorum. Amen.

SERMO VII.

IN COMMUNI MARTYRUM PLURIMORUM.

De diversis fornacibus bonorum et malorum, et instrumentis earum : et quomodo in fornace patientiæ sancti martyres probati sunt.

Tanquam aurum in fornace probavit electos Dominus (*Sap.* iii).

Diversas nobis fornaces Scriptura sacra distinguit : unam bonorum, in qua justi purgantur, alteram vero malorum, in qua reprobi cruciantur. De prima legitur : « Vasa figuli probat fornax (*Eccli.* xxvii); » de secunda scribitur : « Ascendit fumus putei sicut fumus fornacis magnæ (*Apoc.* ix). » Verum utraque fornax est duplex : una mentis interior, altera carnis exterior. Fornax enim beatorum interior est afflictio pœnitentiæ, per quam pœnitentes purgantur ab iniquitate; eorumdem fornax exterior est tribulatio patientiæ, per quam patientes in charitate probantur; in ista probatur aurum, in illa purgatur argentum. Malorum autem fornax interior est vermis conscientiæ, per quem impii spiritualiter torquentur ex culpa; eorumdem fornax exterior est ignis gehennæ, per quem reprobi corporaliter cruciantur in pœna; in ista ferrum comburitur, in illa plumbum exuritur. Sunt autem materialiter in materiali fornace, follis, ignis et carbo : forceps et aspersorium : quæ possunt in spirituali fornace spiritualiter assignari. In fornace siquidem pœnitentiæ, follis spirans est timor considerationis, ignis ardens est dolor compunctionis, carbo rubens est pudor confessionis, forceps astringens est labor satisfactionis, aspersorium stillans est amor justificationis ; considerat enim pœnitens in timore, compungitur in dolore, confitetur in rubore, satisfacit cum labore, justificatur ex amore. Notandus est tamen ordo justificationis hujusmodi : Procedit timor et introducit amorem, succedit amor et inducit dolorem, accedit dolor et producit pudorem, procedit pudor et adducit laborem. Timet enim peccator ex consideratione judicii, sciens judicem potentissimum, sapientissimum et justissimum.

Potentissimum quidem, quia « dixit, et facta sunt : mandavit, et creata sunt (*Psal.* xxxii); » qui vocat stellas, et dicunt : « Adsumus (*Baruc.* iii); » — « qui facit angelos suos spiritus, et ministros suos ignem urentem (*Psal.* ciii).» Cujus voluntati nihil omnino resistit (*Rom.* ix), cui nullum verbum est impossibile (*Luc.* i), cui venti et mare obediunt (*Matth.* viii), cui flectitur « omne genu, cœlestium, terrestrium et infernorum (*Phil.* ii). » Sapientissimum autem, quia « oculis ejus omnia nuda sunt et aperta (*Heb.* iv) : » qui scrutatur renes et corda (*Apoc.* ii), qui « pluviæ guttas et arenam maris dinumerat (*Eccli.* i) : » Deus scientiarum, Dominus præscius omnium, et conscius singulorum, omnia novit, omnia penetrat occultus occultorum omnium explorator. « Et erit, inquit, in die illa ego scrutabor Jerusalem in lucernis (*Soph.* ii). » Justissimum vero, quia Deus judex justus, fortis et longanimis, justus et metuendus super omnes deos (*Psal.* vii), requirens sua usque ad novissimum quadrantem (*Matth.* v) : qui nec pretio, nec amore vel odio declinat a semita rectitudinis : sed via regia semper incedens, nullum malum deserit impunitum, nullum bonum irremuneratum relinquit. « Judicabit enim orbem terræ in æquitate (*Psal.* xcv); » et « quis stabit ad videndum eum ? » (*Malac.* iii.) Beati qui in illo judicio judicaturi præsentabuntur, non judicandi. « Horrendum est enim nimis incidere in manus Dei viventis (*Heb.* x). » Propterea clamabat propheta David : « Ne intres in judicium cum servo tuo, Domine; quia non justificabitur in conspectu tuo omnis vivens (*Psal.* cxlii). » Si justus vix salvabitur, impius et peccator ubi parebunt? Hæc et his similia peccator considerans, quanto timore pietatis turbatur, quanto tremore concutitur, sciens judicem potentissimum, quem non potest effugere, dicente propheta : « Si ascendero in cœlum tu illic es, si descendero ad infernum ades (*Psal.* cxxxviii). » Sapientissimum, quem non potest latere, dicente Propheta : « Sedit vetustus dierum, et libri coram illo aperti sunt (*Dan.* vii). » Justissimum, quem non potest corrumpere, dicente Propheta : « Reddet unicuique secundum opera sua (*Psal.* lxi). » Quis autem non timeat illud examen, in quo idem erit accusator et testis, et advocatus et judex. Dicet his, qui a sinistris ejus existent : « Discedite a me, maledicti, in ignem æternum, qui paratus est diabolo et angelis ejus. Esurivi enim, et non dedisti mihi manducare : sitivi, et non dedistis mihi bibere. Quando enim uni ex minimis meis non fecistis, nec mihi fecistis (*Matth.* xxv). » Spirat ad hæc follis timoris, et in fornace pœnitentis ignem doloris accendit, secundum illud propheticum : « A timore tuo, Domine, concepimus, et peperimus spiritum salutis (*Isai.* xxvi). » — « Secundum multitudinem dolorum meorum in corde meo, consolationes tuæ, Domine, lætificaverunt animam meam (*Psal.* xcii).» Dolet enim pœnitens, suspirat et ingemiscit, non solum quia malum commisit, verum etiam quia bonum omisit : non solum quia damnationem promeruit, verum etiam quia glorificationem demeruit. « Offendens enim in uno, factus est omnium reus (*Jac.* i). » — « Finis enim præcepti charitas est, de corde puro et conscientia bona et fide non ficta (*I Tim.* i). » Qui ergo contra charitatem offendit, nullum præceptum adimplet. Sciat autem se culpabiliter durum, et dure culpabilem, qui corporalem amici sui mortem deflet : spiritualem vero animæ suæ mortem, quæ charitate exstincta statim ipsam opprimit, non deflet. Doleat igitur, ingemiscat et fleat : quia « sacrificium Deo spiritus contribulatus, cor contritum et humiliatum Deus non spernit (*Psal.* l). » Clamet frequenter et dicat : « Miserere mei Deus secundum magnam misericordiam tuam : et secundum multitudinem miserationum tuarum dele iniquitatem meam (*ibid.*). » — « Domine, propitius esto mihi peccatori (*Luc.* xviii); » peccavi super numerum arenæ maris, sed secundum magnam misericordiam tuam memor esto mei, Deus : « quoniam ego in flagella paratus sum, et dolor meus ante me est semper (*Psal.* xxvii). »

Jam ignis doloris in fornace pœnitentis exardens, carbones confessionis inflammat. Rubor carbonis, est pudor confessionis, de quo legitur : « Lavant delictum lachrymæ, quod ore pudor est confiteri. » Cum quanto putatis rubore coram altero confitetur, quod quisque absque magno pudore nec intra se meditatur, sed amplius debuit erubescere coram Deo cuncta cernente, nefandas turpitudines exercere, quam coram homine quodam audiente peractas turpitudines revelare. Verendum est autem atque cavendum, ne pudoris confusio puritatem confessionis impediat; debet enim peccator omnem omnino peccati circumstantiam confiteri, secundum quod magis peccavit in loco, in tempore, in numero, in persona : secundum ætatem, secundum scientiam, secundum gradum, secundum ordinem : si facile, si frequenter, si manifeste, si perseveranter. Hæc omnia crimen exaggerant, et ideo debet singula confiteri, ne vel delictum alleviet, vel peccatum excuset ; pudor enim confessionis pars est non modica satisfactionis, quam inimicis suis optabat ex charitate Propheta, cum diceret : « Erubescant, et conturbentur vehementer omnes inimici mei, convertantur et erubescant valde velociter (*Psal.* vi). » Erubescant in confessione, conturbentur in contritione, convertantur in satisfactione. Sic in fornace pœnitentiæ carbonibus inflammatis aspersorium amoris instillat, quo vehementius ignis doloris accenditur et argentum cœlestis imaginis, quæ fuerat corrupta peccato, dilectionis virtute purgatur, juxta quod Veritas ait : « Dimissa sunt ei peccata multa, quoniam dilexit multum (*Luc.* vii). » — « Charitas enim operit multitudinem peccatorum (*I Pet.* iv). » Amor mundi peccatum immittit, sed amor Dei peccatum dimittit. Cupiditas inflammat ad culpam, sed charitas ascendit ad veniam. Hoc aspersorio desiderabat aspergi Propheta, cum diceret : « Asperges me, Domine, hyssopo et mundabor : lavabis me, et super nivem dealbabor (*Psal.* l). » Tandem forceps est adhibendus satisfactionis, qui de fornace pœnitentiæ scorias peccatorum emundet. Forceps duobus brachiis jungitur, et satisfactio duabus partibus continetur. Una, qua culpam vitamus, et altera, qua pœnitentiam perficimus. De prima Veritas ait : « Vade, et amplius noli peccare (*Joan.* viii). » Irrisor enim est et non pœnitens, qui adhuc agit quod pœnitet. Canis reversus ad vomitum, et pœnitentes ad peccatum (*Prov.* xxvi). De secunda dicit Joannes : « Facite vobis dignos fructus pœnitentiæ (*Luc.* iii). » Qui præcipue sunt oratio, jejunium, et eleemosyna; tres enim offendit peccatum, Deum, nosipsos, et proximum ; tres satisfactione placantur, ut oratio dirigatur ad Deum, jejunium feratur in nos, eleemosyna distribuatur ad proximum. *In* hac prima *fornace* martyres suos Dominus *sicut argentum purgavit,* secundum quod ipsi clamant in Psalmo, dicentes : « Probasti nos Deus, igne nos examinasti, sicut examinatur argentum (*Psal.* lxiii). » Cæterum in fornace patientiæ follis spirans, est terror comminationis; ignis ardens, est fervor persecutionis; carbo rubens, est cruor passionis; forceps astringens, est horror afflictionis; aspersorium stillans, est vigor protectionis. Comminabantur enim crudeles tyranni sanctis martyribus omnia genera tormentorum, nisi Christum desererent et idolis adhærerent : putantes eos per tormenta terrere, quos non poterant per blandimenta mollire. Sed ipsi præcepta Christi servantes, minas principum contempserunt, juxta quod de beatis apostolis legitur, quia cum verbum Dei fiducialiter prædicarent, comminati sunt eis principes sacerdotum, denuntiantes, ne deinceps in hoc nomine loquerentur. Sed induti virtute Spiritus sancti ex alto, fiducialius responderunt : « Obedire oportet Deo magis quam hominibus (*Act.* v) ; » quod ipsa Veritas testatur : « Nolite, inquit, timere eos, qui corpus occidunt, etc. (*Matth. x.*) » Vehementer itaque follis comminationis spirabat, sed comminatione contempta persecutionis ignem vehementius accendebat. De quo martyres gloriantur : « Transivimus, inquiunt, per ignem et aquam, et induxisti nos in refrigerium (*Psal.* LXV).» — « Sancti namque ludibria et verbera experti, insuper et vincula et carceres : lapidati sunt, secti sunt, tentati sunt, in occisione gladio mortui sunt. Circuierunt in melotis et in pellibus caprinis, egentes, angustiati, afflicti, quibus dignus non erat mundus : in solitudinibus errantes, et in montibus, et in speluncis, et cavernis terræ (*Hebr.* XI). » Quia vero flamma persecutionis ignem charitatis non poterat in martyribus superare : « Fortis enim est ut mors dilectio (*Cant.* VIII), » et « aquæ multæ non possunt exstinguere charitatem (*ibid.*) : » ipsa persecutio vehementius exardescens sanctorum cruorem diversis tormentis effudit, secundum quod scriptum est : « Effuderunt sanguinem sanctorum in circuitu Jerusalem, et non erat, qui sepeliret (*Psal.* LXXVIII). » — « Hi sunt qui venerunt de tribulatione magna, et laverunt stolas suas in sanguine Agni (*Apoc.* VII). » Ut autem passio fieret gloriosa, necessarius erat forceps astringens, id est horror afflictionis, qui martyrium effecit gloriosum. Sensus enim carnis non appetit, nisi quod carnis appetitum delectat : inde contingit eis morte mereri, quia non delectabat martyres mori. « Spiritus quidem promptus est, caro autem infirma (*Matth.* XXVI.) : Probat hoc Veritas, quæ circa passionem dicebat apostolis : « Tristis est anima mea usque ad mortem (*ibid.*). » — « Cœpit enim Jesus pavere et tædere : cœpit contristari et mœstus esse (*Marc.* XIV). » Hinc etiam post passionem suam Petro apostolo dixit : « Cum senueris, extendes manus tuas, et alius te cinget, et ducet te quo tu non vis (*Joan.* XXI). » Ne vero martyres horrore passionis deficerent, divinæ protectionis eis aspersorium instillavit, protegens eos atque confortans, secundum quod scriptum est : « Protexisti me Deus a conventu malignantium, et a multitudine operantium iniquitatem (*Psal.* LXIII). » Succumberet enim humana fragilitas, nisi divina protegeret pietas ; hinc enim vox illa clamabat ad Deum : « Custodi me, Domine, ut pupillam oculi, sub umbra alarum tuarum protege me, a facie impiorum qui me afflixerunt (*Psal.* XVI). » In hac secunda fornace martyres suos Dominus *sicut aurum probavit;* ut probatio fidei multo pretiosior auro, quod per ignem probatur « inveniretur in laudem et gloriam et honorem (*I Pet.* I). » — « O quam magna multitudo dulcedinis, quam abscondit Dominus timentibus se (*Psal.* XXX) : nec oculus vidit, nec auris audivit, nec in cor hominis ascendit (*I Cor.* II). » — « Gaudete, inquit, exsultate : quia merces vestra copiosa est in cœlis (*Matth.* V). » — Justi namque in perpe-

tuum vivent, et apud Dominum est merces eorum, et cogitatio eorum apud Altissimum. Ideo « accipient regnum decoris, et diadema speciei de manu Dei (*Sap.* V). » — « Fulgebunt justi sicut sol in regno Patris eorum (*Matth.* XIII). » *Fulgebunt, et tanquam scintillæ in arundineto discurrent. Judicabunt nationes, et dominabuntur populis : et regnabit Dominus illorum in perpetuum.* Reprobi vero mittentur « in caminum ignis ardentis (*ibid.*), » ut in fornace conscientiæ torqueantur interius, et in fornace gehennæ crucientur exterius. Possunt autem in hac interiori fornace singula fornacis instrumenta describi. Follis enim est conturbans memoria, ignis est cruciens conscientia, carbo est insufficiens pœnitentia, forceps est torquens angustia, aspersorium est obtenebrans ignorantia. Conturbabit enim reprobos memoria peccatorum, secundum quod legitur : « Venient in cogitationem peccatorum suorum timide, et traducet illos ex transverso iniquitas eorum (*Sap.* IV), » ut cum maxima turbatione recogitent, quæ cum maxima delectatione gesserunt. Cruciabit impios conscientia delictorum, juxta quod scriptum est : « Vermis eorum non morietur, et ignis eorum non exstinguetur (*Isa.* LXVI), » ut stimulus conscientiæ pungat ad pœnam, quos aculeus nequitiæ stimulavit ad culpam. Pœnitebunt damnati, sed inutiliter, secundum quod legitur : « Dicent inter se pœnitentiam agentes : Erravimus a via veritatis, et justitiæ lumen non illuxit nobis. Quid profuit nobis superbia, et jactantia divitiarum, quid contulit nobis? Transierunt hæc omnia sicut umbra, nos autem in malignitate nostra consumpti sumus (*Sap.* V). » Sic enim eis sua displicebit iniquitas, ut nulla placeat eis æquitas. Torquebit peccatores angustia, juxta quod scriptum est : « Videntes turbabuntur timore horribili, gementes præ angustia spiritus, et dicentes : Nos insensati vitam sanctorum æstimabamus insaniam : ecce quo modo computati sunt inter filios Dei, et inter sanctos sors illorum est (*ibid.*). » Obtenebrabit miseros ignorantia, secundum quod legitur : « Tollatur impius, ne videat gloriam Dei. » Vix enim aut raro aut nunquam damnati erigent animum ad cogitandum de Deo : sed illuc dirigent impetum cogitationis, ubi sentient vim doloris. In hac fornace plumbum exuritur, illud videlicet, super cujus talentum sedet impietas.

In gehennalibus autem suppliciis tria sunt præcipue prævidenda, obscuritas, acerbitas, diuturnitas. Obscuritas tenebrarum, acerbitas pœnarum, diuturnitas miseriarum ; de quibus Dominus inquit in Evangelio : « Ligatis manibus et pedibus, projicite eum in tenebras exteriores, ubi erit fletus et stridor dentium (*Matth.* XXII) ; » — « ubi erit vermis, qui non moritur : et ignis, qui non exstinguitur (*Isa.* LXVI). » — « Dimitte, dicit Job, ut plangam paululum dolorem meum, antequam vadam ad terram tenebrosam, et opertam mortis caligine, terram miseriæ et tenebrarum, ubi umbra mortis et nullus ordo, sed sempiternus horror inhabitat (*Job* x).» Timidis, ait Dominus, et incredulis, et exsecratis, et homicidis, et fornicatoribus, et veneficis, idololatris, et mendacibus, « pars illorum erit in stagno ardenti igne et sulphure (*Apoc.* xxi).» In quo cruciabuntur die ac nocte in sæcula sæculorum. « Mortuo enim homine impio, nulla spes erit de eo (*Prov.* xi).» Tunc vivent morti, quia vitæ sunt mortui : « quærent mortem, et non invenient (*Apoc.* ix); » quia vitam habuerunt et contempserunt. Ab his ergo malorum suppliciis nos eripiat, et ad illa sanctorum gaudia nos perducat meritis et precibus beatorum martyrum, Dominus Jesus Christus, qui est super omnia Deus benedictus in sæcula sæculorum. Amen.

SERMO VIII.

IN FESTO PLURIMORUM MARTYRUM (22).

Non sunt condignæ passiones hujus temporis ad futuram gloriam quæ revelabitur in nobis (*Rom.* viii).

Vas electionis et doctor gentium reprehendit et arguit eos in hoc loco qui delicate credunt in Christum, volentes quidem gloriam in cœlo habere cum Christo, sed nolentes passiones in terra sustinere pro Christo. Non sic, non sic, sed si voluerimus conregnare, oportet et compati. Nam si socii passionum sumus, et resurrectionis erimus (*II Cor.* i); quia « non coronabitur quis, nisi legitime certaverit (*II Tim.* ii).» Et ubi major lucta, ibi major corona. « Arcta enim est via quæ ducit ad vitam (*Matth.* vii); » unde Psalmista dicebat : « Propter verba labiorum tuorum ego sustinui vias duras (*Psal.* xi).» Si enim nec vinitor fructum vineæ, nec agricola fructum agri potest percipere sine studio et labore, quanto minus quis potest sine labore ac studio percipere regnum Dei; quod quidem non otiosis sed studiosis conceditur, teste Veritate quæ dicit : « Regnum cœlorum vim patitur, et violenti rapiunt illud (*Matth.* xi).» Ne vero quis dicat idcirco se nolle passiones hujus temporis tolerare quia graves sunt et prolixæ ac parum utiles, occurrit Apostolus dicens, quia, *non sunt condignæ passiones hujus temporis ad futuram gloriam quæ revelabitur in nobis.* Ac si diceret manifestius : Non sunt prolixæ quia passiones sunt temporis, videlicet temporales, quæ diu permanere non possunt. Nam omne temporale brevi concluditur tempore, teste Salomone qui ait : Nihil permanere sub sole (*Eccle.* ii). Unde Psalmista : Mille anni ante oculos tuos tanquam dies hesterna quæ præteriit (*Psal.* lxxxix); et Petrus apostolus : Ante Deum mille anni sicut dies unus (*II Petr.* iii); sicut etiam apud centenarium qui cum moritur, quantumlibet vixerit, vix unum diem reputat se vixisse. Futura quippe nascuntur, præsentia moriuntur, et quidquid est præteritum, totum est mortuum.

Neque sunt graves, quia passiones sunt temporis hujus; ad differentiam quippe illarum quæ futuræ sunt tempore Antichristi, de quo Dominus ait : « Erit tunc tribulatio magna, qualis non fuit ab initio mundi usque modo, neque fiet; et nisi breviati fuissent dies illi, non fieret salva omnis caro; sed propter electos breviabuntur (*Matth.* xxiv). » Aut enim passiones sunt graves, et cito consummantur; aut leves, et facile perferuntur. Licet igitur omnes omnino *passiones* quantumlibet graves, *non sint condignæ ad futuram gloriam quæ revelabitur in nobis*, passiones tamen hujus temporis longe minus, cum illarum respectu sint leves, quæ futuræ sunt tempore Antichristi. Nec sunt inutiles quia *non sunt condignæ ad futuram gloriam*, etc. Sane non sunt condignæ quantum ad tempus, quia passiones istæ sunt transitoriæ, illa vero gloria est perpetua; unde Petrus apostolus ait : « Deus omnis gloriæ qui vocavit nos in æternam suam gloriam in Christo Jesu modicum passos, ipse perficiet, conservabit solidabitque (*I Petr.* x).» Nam « id quod est momentaneum et leve tribulationis, ultra modum in sublimitate ingens pondus gloriæ operatur.» Quantum enim distat inter carnem et spiritum, quantum inter cœlum et terram, tantum imo potius longe magis inter transitorium et perpetuum, inter æternum et temporale.

Nec sunt condignæ quantum ad locum, quia passiones istæ tolerantur in terra, illa vero gloria confertur in cœlo. « Terra » vero postquam ejecti fuimus a paria « germinat nobis spinas et tribulos (*Gen.* iii), » in qua « peregrinamur a Domino (*II Cor.* v) » tanquam exsules in convalle miseriarum et lacrymarum. « Incola, inquit, sum ego in terra (*Psal.* cxviii), » et peregrinus sicut omnes patres mei; unde Jacob : « Dies peregrinationis meæ parvi et mali non pervenerunt usque ad dies patrum meorum, quibus peregrinati sunt (*Gen.* xlvii). » Ideoque beatus Petrus admonet dicens : « Obsecro vos tanquam advenas et peregrinos abstinere vos a carnalibus desideriis quæ militant adversus animam (*I Petr.* ii). » Quis autem in exsilio constitutus non

(22) Ex edit. card. Maii.

SERMO VIII, IN FESTO PLURIMORUM MARTYRUM.

libenter ad patriam revertatur? aut quis in carcere positus non desideret liberari? Audi Paulum cum fletu clamantem : « Infelix ego homo! quis me liberabit de corpore mortis hujus? *(Rom.* vii.*)* » Et David cum lacrymis postulantem : « Educ de carcere animam meam ad confitendum nomini tuo, Domine *(Psal.* cxli*).* » Nos ergo qui desideramus in sæculo conversari, et in carne manere, procul dubio ex hac parte sensum amisimus, et perdidimus rationem, tanquam si peregrini desiderent degere in exsilio, et vincti velint in carcere detineri. Non sic non sic Apostolus, qui dicebat : « Cupio dissolvi et esse cum Christo *(Philipp.* i), » volens ab exsilio ad patriam remeare. *Non sunt ergo condignæ passiones* quæ tolerantur in hoc peregrinationis exsilio *ad futuram gloriam quæ revelabitur* in illo beatitudinis regno.

Sed *neque passiones istæ sunt condignæ* quantum ad pretium, quia Deus incomparabiliter magis remunerat quam aliquis mereatur. Nam ut ipsa Veritas ait : « Qui reliquerit domum aut agrum propter nomen meum, » ut videlicet paupertatem pati velit pro me, « centuplum accipiet et vitam æternam possidebit *(Matth.* xix). » Non ergo vos tædeat neque gravet, passiones sustinere pro Christo, sed eas potius æquanimiter et hilariter toleretis; quia *non sunt condignæ passiones hujus temporis,* etc. Audi quoque Petrum dicentem : « Communicantes Christi passionibus gaudete, ut et revelatione gloriæ ejus gaudeatis *(I Petr.* iv). » — « Christus enim passus est pro nobis, vobis relinquens exemplum ut sequamini vestigia ejus *(I Petr.* ii); » qui de se ipso dicebat : « Oportebat pati Christum *(Luc.* xxiv), » et sic intrare in gloriam suam. Sola Christi passio fuit ex toto condigna, cæteræ autem *passiones non sunt condignæ;* quædam tamen sunt dignæ, aliæ vero prorsus indignæ. Passio quippe Christi condigna fuit ad gloriam quam meruit non solum sibi sed nobis, quia cum Christus sit verus Deus et verus homo, tantum tamen ipse Deus ad passionem descendit quantum ipse homo ad glorificationem ascendit. Nam qui descendit, idem est qui ascendit. Audi Apostolum hoc sentientem et asserentem de ipso : « Cum in forma, inquit, Dei esset, non rapinam arbitratus est esse se æqualem Deo; exinanivit se, formam servi accipiens, in similitudinem hominum factus, obediens usque ad mortem, mortem autem crucis *(Philipp.* ii). » Ecce quantum descendit, videlicet ab æqualitate Patris usque ad mortem crucis. « Propter quod et Deus exaltavit illum, et dedit illi nomen quod est super omne nomen, etc., et omnis lingua confiteatur, quia Dominus Jesus Christus in gloria est Dei Patris *(ibid.).* » Ecce quantum ascendit, videlicet a morte crucis usque ad gloriam Dei Patris.

Cæteræ autem *passiones non sunt condignæ,* quia minima gloria quæ habetur in patria, major est quantalibet pœna quæ sustinetur in via.

Propter quod Veritas ait : « Qui minor est in regno cœlorum, major est Joanne Baptista *(Luc.* vii), » quia minimum præmium comprehensionis est majus quantolibet merito viatoris. Quædam tamen passiones sunt dignæ, ut illæ de quibus Veritas ait : « Beati qui persecutionem patiuntur propter justitiam, quoniam ipsorum est regnum cœlorum *(Matth.* v). » Itemque : « Beatus vir qui suffert tentationem, quoniam cum probatus fuerit accipiet coronam vitæ, quam repromisit Deus diligentibus se *(Jac.* i). » Aliæ vero passiones sunt prorsus indignæ ad gloriam obtinendam, ut illæ quas malefactores pro suis sceleribus patiuntur, de quibus Petrus apostolus ait : « Nemo vestrum patiatur quasi homicida, aut fur, aut maledictus, aut alienorum appetitor; si autem ut Christianus, non erubescat, glorificet autem Deum in isto nomine *(I Petr.* vi). » Unde « ibant apostoli gaudentes a conspectu concilii, quoniam digni habiti sunt pro nomine Jesu contumeliam pati *(Act.* v). » Non igitur tristemini sed lætemini, non doleatis sed gaudeatis, si passiones pro Domino sustinetis, juxta quod admonet Jacobus apostolus dicens : « Omne gaudium æstimate, fratres mei, cum in tentationes varias incideritis *(Jac.* i); » quod ad exteriores tentationes, quæ pœnæ sunt, non autem ad interiores, quæ culpæ sunt, sano debet intellectu referri. Oportet igitur nos tolerare pro Christo passionem cordis, oris, et operis, videlicet dolores et contumelias et terrores, angustias et labores, famem et sitim, frigus et nuditatem, et si necesse fuerit persecutionem ad mortem. Tristemur ergo et doleamus non solum pro perversitate vel perversitatibus nostris, verum etiam pro adversitatibus alienis, ejus exemplo qui dicebat : « Quis infirmatur, et ego non infirmor? Quis scandalizatur, et ego non uror? » *(II Cor.* xi.) Ossa mea sicut in frixorio confrixa sunt. Sicut enim piscis in sartagine frigitur, sive volvatur in unam partem, sive volvatur in aliam; sic et anima in conscientia debet affligi sive cogitet aliena peccata, sive recogitet sua.

Illud autem tanquam immane flagitium penitus est vitandum, de malo videlicet gloriari; nam « qui gloriatur in malitia, ipse profecto potens est in iniquitate *(Psal.* li); » cum majus piaculum sit gloriari de malo, quam agere malum. Unde Scriptura exagerando peccatum, de quibusdam loquitur dicens : « Lætantur cum male fecerint, et exsultant in verbis pessimis *(Prov.* ii). » Et iterum : « Prædicaverunt peccata sua sicut Sodoma *(Isa.* iii). » Vos ergo, fratres, non debetis gaudere sed dolere de malo, non gloriari sed contristari, quoniam hujusmodi dolor in gaudium convertetur, Domino promittente : « Beati qui fletis, quia ridebitis *(Luc.* vi); » itemque: « Beati qui lugent, quoniam ipsi consolabuntur *(Matth.* v). » Et quidem si lætari velimus, lætandi materiam non habemus, quia corrupta est terra et iniquitate repleta; « Superabundavit iniquitas, et refrigescet charitas multorum *(Matth.* xxiv). » « Multa est malitia hominum super terram, et cumcta cogitatio cordis ad malum intenta (*Gen.* vi). » Itaque « liquefacta est terra, et omnes habitantes in ea (*Psal.* lxxiv). » Undique angustiæ sunt ac ubique dolores. Toleretis itaque pro Christo contumelias et terrores, quia « beati eritis cum vos oderint homines et maledixerint vobis, et dixerint omne malum adversus vos mentientes (*Luc.* vi).» Nam si exprobramini in nomine Christi, beati eritis, dummodo cum accipietis contumeliam vel detractionem audietis, non subito exardescatis in improperia, nec prorumpatis protinus ad vindictam, quoniam « in patientia vestra possidebitis animas vestras (*Luc.* xxi). » Certe nunquam potestis melius confundere adversarios, quam si percutientibus vos in unam maxillam, alteram præbeatis (*Matth.* v); ejus exemplo « qui cum malediceretur, non maledicebat; cum pateretur, non comminabatur (*I Petr.* ii). » Si sic biberitis mortiferum, non vobis nocebit; melius enim perferendo injuriam, quam inferendo vincetis, secundum illud quod legitur: Contumelias et terrores passus sum ab eis, et « Dominus mecum est tanquam bellator fortis (*Jer.* i). » O quantum mens illa sibi congaudet quæ potuit æquanimiter injuriam sustinere, quantumque furor ille confunditur, qui sine commotione alterius injuriam perpetravit! Sicut nimirum ars deluditur arte, cum non ad hoc iste intulerit injuriam, ut ab isto minime turbaretur, sed ut illum valde turbaret, et ille sic pertulit injuriam, ut ab isto minime turbaretur, sicque factus est de turbatore turbatus. Angustias enim et labores non trepidetis sustinere pro Christo, quoniam ipse fidelibus suis ait: « Venite ad me omnes qui laboratis et onerati estis, et ego reficiam vos (*Matth.* xi).»

Quid ergo, fratres, quid de nobis ipsis dicemus? Qui cum deberemus sustinere pro Christo frigus et nuditatem, vestimentis duplicibus induimur et pretiosis; cum deberemus pro Christo tolerare famem et sitim, diversis ferculis vescimur et delicatis cibariis epulamur; cum deberemus tolerare pro Christo vigilias et labores, amplis otiis quiescimus et longis soporibus dormitamus; cum deberemus pro Christo tolerare angustias et dolores, gaudiis mundi fruimur et carnis illecebris delectamur. Verendum est quidem ne tandem nobis dicatur quod olim dictum est illi diviti qui induebatur purpura et bysso, et epulabatur quotidie splendide: « Fili recordare quod recepisti bona, etc.; et Lazarus similiter mala; nunc autem hic consolatur, tu vero cruciaris (*Luc.* xvi). » Noli homo timere frigus et nuditatem pro Christo, quoniam « cum mortale hoc induet immortalitatem (*I Cor.* xv), » stolam accipies sine pretio pretiosam, non quidem de bysso et purpura, hyacintho et cocco contextam, sed de quatuor proprietatibus glorificati corporis coaptatam, quæ sunt subtilitas et agilitas, claritas et impassibilitas. De quibus legitur: « Fulgebunt justi, et tanquam scintillæ in arundineto discurrent, et regnabit Dominus illorum in perpetuum (*Sap.* iii);» nam « absterget Deus omnem lacrymam ab oculis eorum, et jam non erit amplius neque luctus neque clamor, sed nec ullus dolor, quoniam prima transierunt (*Apoc.* xxi).» Noli etiam pro Christo timere sustinere famem aut sitim, quia cum « transiens ministrabit (*Luc.* xii),» inæstimabiles delicias suis fidelibus exhibebit, quæ quanto amplius gustabuntur, tanto avidius appetentur; eo quod gustatæ non ingerunt fastidium, sed pariunt desiderium. Et ipsæ quidem tria continent alimenta, non panem aut vinum aut carnem, sed cognitionem, dilectionem et laudem, quibus ineffabiliter satiatur anima Deum videns: « Satiabor, inquit, dum manifestabitur gloria tua (*Psal.* xvi). » Nihil dulcius quam cognoscere Deum trinum unum, nihil suavius quam diligere Deum unum verum, nihil delectabilius quam laudare Deum creatorem et Salvatorem.

Non sunt ergo condignæ passiones hujus temporis ad futuram gloriam quæ revelabitur in nobis, in qua erit vita sine morte, dies sine nocte, certe sine sorte; ubi erit securitas sine timore, jucunditas sine dolore, tranquillitas sine labore; ubi erit pulchritudo sine deformitate, fortitudo sine debilitate, rectitudo sine perversitate; ubi erit bonitas sine malitia, felicitas sine miseria; ubi erit gaudium quod « nec oculus vidit, nec auris audivit, nec in cor hominis ascendit (*I Cor.* ii). » Et ideo dicitur quod *gloria illa revelabitur in nobis,* quia nunc abscondita et occulta, in tantum quod eam non sufficimus intelligere, necdum etiam explicare. « Quam magna, inquit, multitudo dulcedinis tuæ, Deus, quam abscondisti timentibus te! (*Psal.* xxx). » « Vincenti dabo manna absconditum (*Apoc.* ii) » longe dulcius et suavius, quam illud de quo Sapiens protestatur: « Panem de cœlo præstitisti eis sine labore, omne delectamentum in se habentem, et omnis saporis suavitatem (*Sap.*xvi).» Nam manna nostrum erit utique Deus noster « omnia in omnibus (*Ephes.* i), » qui sapiet unicuique quod desiderabit anima ejus. « Gustate, inquit, et videte quoniam suavis est Dominus (*Psal.* xxxiii);» qui plene ac perfecte gustabitur quando anima contemplabitur in illum, « non jam per speculum in ænigmate, sed facie ad faciem sicuti est (*I Cor.* xiii); « quoniam « hæc est vita æterna, ut cognoscant te unum Deum, et quem misisti Jesum Christum (*Joan.* xvii); » qui cum sit summum bonum, in ipso est omnis plenitudo beatorum. Et ideo qui habuerit Deum solum, habebit penitus omne bonum.

Quidam autem errore decepti putant verbum istud non esse verum, pro eo quod est absconditum, dicentes sed mentientes, resurrectionis gloriam non esse futuram. Ad quorum convincendum errorem sufficiant testimonia Novi et Veteris Testamenti, rationes etiam et similitudines quas quidam philosophi induxerunt. Nos hoc unum ad præsens inducimus ad eorum insaniam elidendam, quod videlicet eorum credulitas, si est vera, minime prodest; si est falsa, maxime nocet. Nam credere quod homines non resurgent, nihil proderit si homines non resurrexerint; et multum oberit, si resurrexerint homines. Contraria vero fides si est vera, maxime prodest, si autem falsa, minime nocet; nam credere resurrectionem futuram, multum proderit, si resurrexerint homines; et nihil oberit, si homines non resurrexerint. Illa vero credulitas est omnino tenenda quæ, si est vera, maxime prodest; et si est falsa, minime nocet. Præterea si quisquam tractus vel adjutus ab alio, cum ipso et per ipsum bonum agit aut malum, nonne uterque apud justissimum judicem pro bono præmium, vel pro malo supplicium promereretur? Ita quidem. Cum igitur hoc modo se habeat corpus et anima, profecto Deus judex justus fortis et longanimis, « qui reddet unicuique secundum merita sua (*Rom.* II), » remunerabit aut puniet animam recipiendam cum corpore post hanc vitam, quando erit locus recipiendi, sicut in hac vita est locus merendi; quod fieri non posset nisi corpus resurgeret, quod profecto resurget. Non autem in hoc sæculo ubi bonis mala, et malis bona sæpe contingunt, sed in futuro ubi boni bona et mali mala tantum recipient, corpus cum anima incomprehensibilia et ineffabilia dona recipient, præstante Domino Jesu Christo, qui est super omnia benedictus in sæcula sæculorum. Amen.

SERMO IX.

IN FESTO MARTYRUM.

Anima mea turbata est propter quadrigas Aminadab (Cant. VI*).*

Planctus est Jeremiæ prophetæ : « A, a, a, Domine Deus, nescio loqui, quia puer ego sum (*Jer.* I). » Triplex A triplicem infirmitatem significat, scilicet defectum conscientiæ, eloquentiæ, et sapientiæ. Si plangit Jeremias et timet prædicare eximius prophetarum, qui etiam excellentissimum de Filio Dei humanato perhibuit testimonium dicens : « Post hoc in terra visus est, et in hominibus conversatus est (*Bar.* III); » si Jonas propheta missus ad prædicandum Ninivitis fugit in Tharsis (*Jon.* I); quis ego sum qui non sum propheta nec filius prophetæ, imo nec puer, ut ascendam in montem ut annuntiem Judæis et Jerusalem scelera eorum, ut labiis incircumcisis loquar magnalia Dei, impœnitens de pœnitentia, nocens de innocentia, pollutus de sanctitate, frigidus de charitate, cum frigidum pectus non possit incendere? Verumtamen quia « parvuli petierunt panem, et non est qui frangat eis (*Thren.* IV), » et quia sæpe per lapideos canales aqua defluit ad fertiles areolas, et liscivum lavat quamvis non lavetur, ad loquendum assurgo, promptior tamen ad audiendum. Postulata ergo in ipso sermonis vestibulo ab universitate vestra triplicis imo multiplicis insufficientiæ venia, et invocato ejus auxilio, qui inspiravit corda prophetarum, breve verbi Dei seminarium, et utinam fructificaturum magna, audientiæ vestræ seminabo.

Anima mea turbata est propter quadrigas Aminadab. Verba sunt sponsæ in Cantico amoris, et loquitur in persona totius humani generis, quasi dicat humanum genus : Anima mea, hoc est vita præsens, juxta illud Job : « In cujus manu est omnis anima vivens (*Job* X); » in Cantico canticorum : « Indica mihi quem diligit anima mea (*Cant.* I). » Et dicitur anima ab ἐν quod est *in*, et αἷμα quod est sanguis (23); quia in sanguine, hoc est in peccato. Unde in Psalmo : « Viri sanguinum et dolosi non dimidiabunt dies suos (*Psal.* LIV); » quia hæc vita fere tota agitur in peccato; unde nec infans unius diei sine peccato est. *Conturbavit me* turbatione occupationis et distractionis, de qua dicitur in Evangelio : « Martha, Martha, sollicita es et turbaris erga plurima (*Luc.* X); » *propter quadrigas Aminadab.* Aminadab *spontaneus populi mei* interpretatur. Ille est « Christus Filius Dei vivi (*Matth.* XVI), » verus Aminadab, qui pro salute totius humani generis « quasi ovis ad occisionem ductus est, et oblatus est quia ipse voluit (*Isai.* LIII). » Sunt autem quatuor istius quadrigæ quibus vehitur humanum genus, elementaris, mundialis, temporalis, affectionalis. Prima consistit in quatuor rotis elementorum; secunda in quatuor mundi cardinibus, oriente, occidente, meridie, septentrione; tertia in quatuor mundi temporibus, in tempore scilicet derivationis quod fuit ab Adam usque ad Moysem, revocationis quod fuit a Moyse usque ad Christum, regressionis quod fuit ab incarnatione usque ad ascensionem et durabit ad finem mundi; quarta in quatuor affectibus, qui sunt gaudium, spes, dolor, et timor.

De his quadrigis ait Zacharias per prophetam : « Levavi oculos meos et vidi, et ecce quatuor quadrigæ egredientes de medio duorum montium, et montes ærei. In prima quadriga equi rufi, in secunda nigri, in tertia albi, in quarta varii (*Zach.* IV). » Prima quadriga scilicet quatuor elementa egressa sunt de medio duorum montium æreorum, qui sunt materia et forma quæ durabiles sunt sicut æs; et sunt ejus equi rufi propter duo principalia elementa, scilicet ignem qui rutilat et terram quæ naturaliter rufa est; unde Adam in agro Damasceno de terra rubra plasmatus est. Equi secundi belluarum anima sermo sit. Innocentius autem tropologicum sensum mox sequitur.

---

(23) In hac tradenda etymologia respicit fortasse Innocentius ad Levitic. XVII, 14; quanquam ibi de

sunt propter terrenam inhabitationem quæ nigra et tenebrosa est; unde Job : « In tenebris stravi lectum meum (*Job* xvii); » et in Canticis : « Nigra sum sed formosa, filiæ Jerusalem (*Cant.* 1). » Hanc quadrigam quatuor mundi cardinum ab humano genere possidendam præfiguravit nomen Adæ, ex quatuor nominibus quatuor cardinalium stellarum (24) compositum, quæ sunt ἀνατολή, δύσις, ἄρκτος, μεσημβρία, ex quorum nominum capitibus compositum est nomen *Adam*. Similiter et hoc generale nomen *homo* ex his quatuor nominibus, oriens, occidens, meridies, septentrio est compositum, *h* posita, pro *s* ut septem pro ἑπτά, sex pro ἕξ. Equi tertiæ sunt albi, quia trahunt ad æternitatem, in qua est candor et lux ineffabilis, juxta illud : « Deus habitat lucem inaccessibilem (*I Tim.* vi), » cujus horizon et circumferentia est tempus, ut dicit Psalmista. Equi quartæ sunt varii propter affectionis varietates. Et istæ quatuor quadrigæ egressæ sunt « de medio duorum montium, » qui sunt principium et finis.

Loquitur nostra sponsa in propria persona, quia dicit militans Ecclesia : *Anima mea*, etc., hoc est justi electi mei. Unde in Genesi : « Omnes animæ domus Jacob quæ ingressæ sunt in Ægyptum fuerunt, lxx (*Gen.* xlvi). » Et dicitur hæc anima ab ἀνά, quod est *rectum*, et imago quod est *similitudo*. Unde in Genesi : « Faciamus hominem ad imaginem et similitudinem nostram (*Gen.* 1). » *Conturbavit me*, turbavit me turbatione desiderii, de qua in Psalmo : « Anima mea turbata est valde (*Psal.* vi); » *propter quadrigas*. Sunt autem duæ quadrigæ, quibus vehitur Ecclesia ; una est commemorationis quæ commemorat quatuor mundi tempora, annuatim Ecclesiastica officia quadrifariam variando. Tempus derivationis in Septuagesima ; tempus regressionis a Pascha usque ad Pentecostem ; ab inde usque ad Adventum tempus peregrinationis ; usque ad octavas Epiphaniæ applica tempus regressionis ; ab Abraham usque ad Septuagesimam tempus peregrinationis. Propter hanc quadrigam dicitur in Psalmo : « Psallite Deo nostro, psallite, psallite Regi nostro, psallite (*Psal.* xlvi). » Altera est quæ habet quatuor rotas, id est quatuor status, clericorum, pœnitentium, innocentium, confessorum. Istos ordines insinuat Spiritus sanctus in Canticis ubi ait : *Quæ est ista quæ ascendit sicut aurora consurgens, pulchra ut luna, electa ut sol, terribilis ut castrorum acies ordinata?* Isti sunt quatuor colores qui erant in operimento tabernaculi, scilicet purpuræ, byssi, cocci et hyacinthi. In his quadrigis reducitur arca fœderis a Gabaa in Jerusalem ; et regina Austri venit a finibus terræ audire sapientiam Salomonis. Ingreditur Jerusalem ; hoc est Ecclesia militans, quæ proficiscitur in cœlestem Jerusalem contemplari summum Salomonem.

Loquitur item in persona cujuslibet justi : « *Anima mea tecum est*, » scilicet spiritus meus ; unde in Ezechiele : « Omnes animæ meæ sunt ; et anima quæ peccat ipsa moritur (*Ezech.* xviii). » Et dicitur hæc anima ab *a* quod est alpha, nota Patrem ; et νοῦς quæ *mens est*, nota Filium ; et amor quod est Spiritus sanctus. Denominatur enim a tribus personis, quia plurimum relucet in anima vestigium Trinitatis, propter tres ejus vires, irascibilem, rationabilem, concupiscibilem. Vis irascibilis sonat in animositatem et potentiam, et ita respicit ad Patrem ; rationabilis in sapientiam, et ita pertinet ad Filium ; concupiscibilis pertinet ad voluntatem, et ita respicit Spiritum sanctum, qui est voluntas utriusque. *Conturbavit me*, id est corpus meum ei imperando : *propter quadrigas Aminadab*. Istæ quatuor quadrigæ, sunt quatuor virtutes cardinales, quæ informatæ sunt charitate. In hoc curru igneo Elias raptus est in cœlum (*IV Reg.* ii). Loquitur item sponsa in persona pœnitentis : *anima mea*, hoc est sensualitas mea, quæ... ʒ in terrenis versatur. Est enim homo natione terrestris, sicut ratione cœlestis. Conturbavit me conturbatione passionis, de qua in Psalmo : « Anxiatus est in me spiritus meus, in me turbatum est cor meum (*Psal.* cxlii). »

Propter quadrigas Aminadab. Sunt autem duæ principales quadrigæ ; prima et principalior quatuor rotis volvitur, quæ sunt peccatorum remissio, cordis contritio, oris confessio, operis satisfactio. Quæ quatuor insinuantur quatuor verbis, scilicet : « Miserere mei, Deus (*Psal.* l). » Et in Canticis quater repetitur : *Revertere, revertere, ut intueamur te*. In hac sedet Æthiops eunuchus baptizandus a Philippo, sicut legitur in Actibus apostolorum (cap. viii). Hic currus succedit currui Pharaonis, et absorbetur ; qui similiter quatuor rotas habet, quatuor genera peccatorum, scilicet delectationis, consensus, locutionis, et operis. Quæ submergitur in mari Rubro, hæc est in baptismo seu pœnitentia vel flamma gehennali. Secunda quadriga consistit in quadruplici satisfactione, scilicet jejuniis, vigiliis, orationibus et eleemosynis, quæ similiter quatuor verbis significantur in Psalmo : « Declina a malo et fac bonum, inquire pacem et persequere eam (*Psal.* xxxvi). » Hoc plaustrum stridet orationibus et fenum portat, scilicet arefactionem et desiccationem corporis humani, juxta illud Amos prophetæ (cap. ii) : « Ecce ego subter vos, sicut stridet plaustrum feno onustum. » Et opponitur hæc quadriga plaustro ferreo Damasci habenti similiter quatuor rotas, peccatum locutionis, cogitationis, et operis, et finalis impœnitentiæ. Unde in Amos propheta, « Super tribus sceleribus Damasci, » scilicet locutione, cogitatione et opere ; « et super quarto, » scilicet super finali impœnitentia, « ut convertat

---

(24) Cod. *stolarum*. Sed malui *stellarum*, id est cara n. n., stola enim nihil hic facit

SERMO IX, IN FESTO MARTYRUM.

eum, eo quod trituraverit in plaustris ferreis Galaad (*Amos* I). » In hoc praustro sedet omnis filius perditionis, omnis peccator, et vehitur in Babylonem, hoc est in æternam damnationem.

Istam quadrigam scilicet quadruplicis satisfactionis ipse Salvator factis suis et dictis consecravit; primam rotam, scilicet jejunium, quando jejunavit, præfiguravit Moyse et Elia. Et per Jonam prophetam; « Santificate jejunium, adhuc quadraginta dies et Ninive subvertetur (*Jon.* III). » Unde et iste numerus, scilicet quadraginta, est pœnitentialis, quia producitur ex decimo multiplicato per quaternarium ; et omnis mortaliter peccans transgreditur Decalogum et quatuor Evangelia ; « qui enim offendit in uno, factus est omnium reus (*Jac.* II). » Secundam rotam, scilicet vigilias, dedicavit quando in horto vigilans in nocte qua tradebatur, dixit discipulis suis : « Vigilate et orate nunc, ne intretis in tentationem (*Matth.* XXVI). » Et alibi : « Omnibus dico, vigilate (*Marc.* XIII). » Tertiam, scilicet orationem, quando in codem horto oravit, « et factus est sudor ejus sicut guttæ sanguinis decurrentis in terram (*Luc.* XXII). » Et quando dixit : « Orate ne fuga vestra fiat hieme vel Sabbato (*Matth.* XXIV), » quando semper pausandum est. Quartam rotam, scilicet eleemosynam consecravit, quando in cruce eleemosynam dedit orationis crucifigentibus se, orando pro ipsis ; et quando dixit : « Date eleemosynam, et ecce omnia munda sunt vobis (*Luc.* XI). »

Si ergo sedes vel sedisti in curru Pharaonis, id est in quadriga peccatorum, descende, audi consilium Isaiæ prophetæ dicentis : « Descende, sede in terra, virgo filia Babylonis. Non est filiæ Chaldæorum thronus, non vocaberis ultra mollis et delicata ; accipe molas, mole farinam, discooperi velamentum tuum, denuda crura tua, transi flumina (*Isa.* XLVII). » Quasi dicat : Anima prævaricata, sterilis in bono, *descende* de superbia peccatorum renuntiando peccatis ; et post remissionem peccatorum non eris in delectatione peccati. *Mole farinam*, scilicet peccati duritiem per contritionem cordis molendo, comminuendo et annihilando, et nebulas peccati quasi cinerem spargendo ; quia « cor contritum et humiliatum Deus non despicies » (*Psal.* L). » *Discooperi velamentum tuum*, *denuda calceamenta*, hoc est peccata tua, quibus per campos licentiæ ruendo de peccatis in peccatum currebamus, tendendo in Babylonem. Confitere juxta illud : « Dic tu iniquitates tuas, ut justificeris (*Job* XL). » Et iterum : « Revela Deo viam tuam (*Psal.* XXXVI) ; » *transi flumina* carnalium voluptatum, de quibus in Psalmo : « Super flumina Babylonis illic sedimus et flevimus (*Psal.* CXXXVI), » transi in curru pœnitentiæ prædicto, jejunando, vigilando, et orando, et dando eleemosynas. Sicut enim vulnus corporale per quatuor remedia sanatur, scilicet per mundificantia et carnis desiccantia, secundo per repercussiva, tertio per consolidantia, quarto per cicatricantia ; ita vulnus peccati primo circumligari et cataplasmari jejuniis debet, quæ desiccant humorem carnalium voluptatum et purificant. Secundo vigiliis, quæ repercutiunt et repellunt noxia imminentia. Tertio orationibus ; quæ virtute et frequentia sua plagam consolidant. Quarto eleemosynis, quæ velut oleum omnibus bonis supernatant, quia potior misericordia omnibus holocautomatibus, et locum cicatricis complanant et lenificant.

Nec sufficit jejunium gustus a cibis et potibus ; sic enim jejunat et avarus ne expendat, Epicureus ut prandium suum ad splendidam cœnam reservet, hypocrita ut appareat. Imo etiam cæteris sensibus est jejunandum, visu ab impudicis et illicitis spectaculis, quia per fenestras oculorum mors ingreditur ad nos. Unde Jeremias : « Oculus meus deprædatus est animam meam (*Tren.* III). » Et in Psalmo ; « Averte oculos meos ne videant vanitatem (*Psal.* XVIII). » Similiter auditu a fabulis otiosis et scurrilibus sermonibus, ne simus auribus prurientes. Similiter tactu a mollibus et delicatis, a vestibus sericis et purpureis, quia « qui mollibus vestiuntur, in domibus regum sunt (*Matth.* XI), » non Regis summi. Unde dives evangelicus « qui induebatur purpura et bysso, sepultus est in inferno (*Luc.* XVI). » Imo est præcipuum cordis jejunium a vitiis, quod solum sanctum est, et sanctificat prædicta corporalia jejunia. Unde Joel propheta : « Sanctificate jejunium, vocate cœtum (*Joel* I). » Similiter non sufficiunt corporales vigiliæ in studiis nocturnis, scilicet ut moris est scholasticis, sed etiam in ecclesiis vigilandum est corde a pastoribus circa gregem suum virtutum scilicet et cogitationum, ne abigei abigant (*sic*), et fures domum et ovile vestrum perfodiant. Unde in Evangelio : « Si sciret paterfamilias qua hora fur venturus esset, vigilaret utique, et non sineret perfodi domum suam (*Matth.* XXIV). »

Similiter non sufficit vocalis oratio, orare scilicet vel psallere in choro, et animo vagari et negotiari in foro ; quia talis oratio est clauda, et clauda hostia Domino prohibetur offerri. Taliter orantes arguit Dominus per Isaiam : « Populus hic labiis me honorat, cor autem eorum longe est a me (*Isa.* XXIX). » Item non sufficit corporalem dare pauperi eleemosynam, nisi des ex hilari corde. Deus enim cor interrogat, non manum ; et « hilarem datorem diligit Deus (*II Cor.* IX). » Non sufficit pauperem liberare a necessitate temporali, a morte corporali, si temetipsum non liberas a morte spirituali, a morte peccati ; id est ordinata charitas a se incipit. Inprimis miserere animæ tuæ pœnitendo, confitendo, satisfaciendo. Noli differre, quia mora trahit ad se periculum.

Qui non est hodie, cras minus aptus erit.
(Ovid., *Rem. amor.*, 94.)

Justum est enim ut « qui in sordibus est, sordescat adhuc, » ut legitur in Apocalypsi (*cap.* XXII). Noli dicere : Fragilis sum, non possum modo, postea pœnitebo, in anno futuro ; misericors est Deus, in fine pœnitebo, sicut latro in cruce, et salvabor. Quomodo securus est-in anno, imo de mense, imo de die proxima, imo de hora præsenti? quia et præsens certam non habet horam fidem. Nihil enim est morte certius, nihil hora mortis incertius. Terreat te illud evangelicum : « Stulte, anima tua repetetur a te, et forte hæc hora est undecima (*Luc.* xii). »

« Ecce nunc tempus acceptabile, ecce nunc dies salutis (*II Cor.* vi); » hora est jam nos de somno surgere. Ecce Christus in cruce clamat : « O vos omnes qui transitis per viam, attendite et videte si est dolor sicut dolor meus (*Thren.* i). » Non potes ei conregnare, nisi velis et compati ; non sibi morienti triumphatori, sed tibi mortuo, et nisi pœniteas perituro ; unde ipse ait in Evangelio : « Filiæ Jerusalem, nolite flere super me, sed super vos ipsas flete (*Luc.* xxiii). » Nolite timere temporalem satisfactionem, timete æternam damnationem. Et iterum : « fugient arma ferrea, irruent in arcum æneum (*Job* xx). » Arma ferrea sunt opera pœnitentialia, fortia contra diabolum ; arcus æneus, irremediabilis æternæ damnationis impœnitentia. Timete arcum istum, lacum de quo « exivit sanguis usque ad frenos equorum, » ut legitur in Appocalypsi (cap. xiv). Mors ubi? Mortale est non potuisse mori; ubi nihil præter væ væ, scit dicere filius Evæ. Verum quia terribilia sunt ista quamvis vera, et aures graves sunt ad terrores et tonitrua, ut ait Tullius : « Brevem oportet esse miserationem, quia ,nihil lacryma citius arescit.» Ad finem veniamus. Descendamus, viri fratres, de curru Pharaonis, ejiciamus lapides de platea, fugiamus de terra aquilonis, ascendamus currum Æthiopis eunuchi, currum etiam quadruplicis satisfactionis, ut tandem igneo curru Eliæ migremus in cœlestem Jerusalem ad cantica lætitiæ, ad gaudia quæ « nec oculus vidit, nec auris audivit, nec in cor hominis ascenderunt (*I Cor.* ii); » ipso præstante, cui est honor et imperium per infinita sæcula sæculorum. Amen.

SERMO X.

IN COMMUNI DE UNO CONFESSORE.

De somno vitiorum, et vigilantia virtutum, et quomodo vigilare debeamus : de quatuor modis quibus Dominus venit : et cur Dominus ordinem vigiliarum immutaverit.

Vigilate, quia nescitis quando dominus dominus veniet ; sero, an media nocte, an galli cantu, an mane, ne cum venerit repente, inveniat vos dormientes (Marc. xiii).

Duobus modis anima dormit in vitiis, et duobus modis vigilat in virtute. Dormit per errorem et ignorantiam, dormit per torporem et negligentiam. Contra primum modum orat Psalmista : « Illumina oculos meos, ne unquam obdormiam in morte (*Psal.* xii) ; » contra secundum modum invehitur Salomon : « Usquequo piger dormis, quando consurges ? Paululum dormies, paululum dormitabis, et veniet tibi tanquam viator egestas (*Prov.* vi). » Uterque somnus est damnabilis et mortalis ; nam «ignorans ignorabitur, et negligens negligetur (*I Cor.* xiv). » Dum culpa nescitur, pœnitentia non agitur, et ideo venia non donatur. Dum cura negligitur, medicina non quæritur, et ideo sanitas desperatur. Legitur enim in libro Regum, quod duo viri principes latronum « Rechab et Baana venientes ingressi sunt domum Isboseth, qui dormiebat super stratum suum meridie, et ostiaria domus purgans triticum obdormivit. Qui percusserunt eum in inguine, et mortuus est, et sublato capite, abierunt (*II Reg.* iv). » Sane « quæcunque scripta sunt, ad nostram doctrinam scripta sunt, ut per patientiam et consolationem Scripturarum spem habeamus (*Rom.* xv); » nam « omnia in figura contingebant illis (*I Cor.* x). » Ecce tam Isboseth, quam ostiaria dormiebat (*II Reg.* iv). Ostiaria, quæ triticum purgat a lolio, frumentum a vitio, est custodia mentis vel sollicitudo (24*), quæ si forte per ignorantiam obdormierit, ut ostia domus, id est sensus corporis non custodiat, duo principes latronum, id est spiritus cupiditatis et spiritus superbiæ, quæ sunt duo vitia principalia : nam « radix omnium malorum est cupiditas (*I Tim.* vi), » ad quam spectat omnis illicitus appetitus : et « initium omnis peccati est superbia (*Eccli.* x), » ad quam spectat omnis iniqua præsumptio) : « ingressi domum, statim Isboseth dormientem, » id est animum negligentem, « in inguine feriunt, » id est per carnis delectationem occidunt ; nihil enim magis est amicum voluptati, quam otium. Quod etiam poeta cognovit, cum ait :

*Quæritur, Ægisthus quare sit factus adulter,
In promptu causa est : desidiosus erat.*
(Ovid., *Rem., am.* 161).

Bene igitur Isboseth, *vir confusionis* interpretatur : quia dignus est confusione, qui negligit vigilare. Semper igitur aliquid operis facito, ut diabolus occupatum te inveniat. Propterea Dominus præcipit : « Vigilate, quia nescitis qua hora fur venturus sit (*Matth.* xxiv) ; » et apostolus ait : « Fratres, sobrii estote et vigilate, quia adversarius vester dia-

(24*) *Al.* Ipsa est ratio, quæ discernit bonum a malo, virtutem a vitiis, quæ, etc.

bolus tanquam leo rugiens circuit quærens quem devoret. (*I Pet.* v). » Porro, vigilare debemus per fidem cordis et per sollicitudinem operis. Per fidem cordis, adversus errorem et ignorantiam; per sollicitudinem operis, contra torporem et negligentiam; nam « sine fide impossibile est placere Deo (*Heb.* xi); » et : « Fides sine operibus mortua est (*Jac.* II). » Ergo « dum lucem habetis, credite in lucem, ut filii lucis sitis (*Joan.* xii). » Et dum tempus habetis, « opcremini bonum ad omnes, maxime autem ad domesticos fidei (*Gal.* ii). » Veniet tempus, quando nec agere poteritis nec videre. « Ligatis, inquit, manibus ac pedibus, projicite eum in tenebras exteriores (*Matth.* xxii. » Ligati manus non possunt agere, projecti in tenebras non possunt videre. *Vigilate* ergo *quia nescitis quando veniet Dominus.* Et si nihil morte sit certius, nihil tamen est hora mortis incertius, quæ quia semper nobis est incerta, semper nobis sit suspecta : ut ita semper vivere libeat, tanquam mori semper oporteat. Nescimus ergo quando Dominus veniat. Quatuor modis Dominus venit. Primo et ultimo venit semel, secundo, tertio, venit sæpe. Primo venit in mundum ad redemptionem, ultimo veniet in judicium ad retributionem; secundo venit in mentem ad sanctificationem : tertio venit in carnem ad dissolutionem. De primo dicitur : « Exivi a Patre, et veni in mundum (*Joan.* xvi); » de ultimo : « Videbitis filium hominis venientem in nubibus cœli cum potestate magna et majestate (*Matth.* xxiv); » de secundo: « Ad eum veniemus et mansionem apud eum faciemus (*Joan.* xiv); » de tertio: « Cum venerit et pulsaverit, confestim aperiant ei (*Luc.* xii). » Venit, ut animam quam dedit accipiat; pulsat, ut, per carnis molestiam, mortem vicinam annuntiet. *Nescitis* autem *quando Dominus veniat, sero, an media nocte, an galli cantu, an mane.* Per quatuor horas intelliguntur quatuor ætates, videlicet pueritia, adolescentia, juventus atque senectus, in quibus dormit, qui negligit et ignorat : vigilat, qui credit et operatur. Porro, qui dormit in una, vigilet saltem in alia; quia quacunque hora peccator conversus fuerit, « vita vivet et non morietur, ait Dominus (*Ezech.* xviii). » Nam si venerit in prima vigilia, et si in secunda vigilia venerit, et sic invenerit, beati sunt servi illi. Nemo tamen longanimitatis ejus patientia diutius abutatur; quia quanto magis sustinet in præsenti, tanto gravius puniet in futuro. Hinc enim Apostolus ait : « Ignoras, quoniam benignitas Dei ad pœnitentiam te adducit ? Secundum duritiam tuam et cor impœnitens thesaurizas tibi iram in die iræ, et revelationis justi judicii Dei (*Rom.* ii). »

Porro, cum mane hominis pueritia, galli cantus adolescentia, media nox juventus, et sero senectus intelligi videatur : quare Dominus ordinem convertit et mutat? Non enim ait : Mane, in galli cantu, an media nocte, an sero : sed ait : *Sero, an media nocte, an galli cantu, an mane.* Dominus autem necessarium ordinem servat, secundum quod quisque magis vigilare tenetur : senex quam juvenis, et plus juvenis, quam adolescens, et plus adolescens, quam puer; vel potius, quia cum homo nascitur ad miseriam, tunc incipit ei nox, cum autem moritur ad salutem, tunc incipit ei dies ; recte per sero, quod est noctis initium, intelligitur pueritia : per mane vero, quod est finis noctis, senectus accipitur. Et ideo Dominus prius commemorat sero, quam mane, ut de nocte transeamus ad diem, id est de miseria vitæ præsentis ad gloriam vitæ futuræ. Hinc enim Psalmista testatur : « Dormierunt somnum suum, et nihil invenerunt omnes viri divitiarum in manibus suis (*Psal.* lxxv). » Quærendum est autem, cum sint hominis sex ætates, videlicet infantia, pueritia, adolescentia, juventus, senectus et senium, quare Dominus, prima et ultima prætermissis, medias tantum commemorat? Sed quamvis occultata, tamen necessaria provisum est rationæ. Duo namque præmiserat : *Vigilate,* scilicet, *et orate, nescitis quando Dominus veniat.* In prima quidem ætate licet homo nesciat, quando Dominus veniat, tamen non habet opus vigilare; quia non solet infans ea ætate peccare; in ultima vero licet opus habeat vigilare, scit tamen decrepitus quod ea ætate Dominus venit : quoniam ætas illa morte finitur. Licet autem omnibus præceptum sit vigilare, secundum illud : *Quod vobis dico omnibus dico : Vigilate;* specialiter tamen prælatis Ecclesiæ, secundum illud : *Janitori præcepit ut vigilet.* Janitor enim est, cui claves Ecclesiæ committuntur, qui tam pro se, quam pro populo vigilare tenetur. Ne, si cæcus cæcum duxerit, ambo in foveam cadant (*Luc.* vi). Cui et dicitur a Domino per prophetam : « Si non annuntiaveris iniquo iniquitatem suam, sanguinem ejus de manu tua requiram (*Ezec.* xxxiii). »—« Pastores enim custodiebant vigilias noctis super gregem suum (*Luc.* ii). » *Vigilate* ergo, quia « beati sunt servi illi, quos, cum venerit dominus, invenerit vigilantes (*Luc.* xii). »

SERMO XI.

IN FESTO CONFESSORUM (2b)

Nolite timere, pusillus grex, quia complacuit Patri meo dare vobis regnum (Luc. xii).

(2b) Ex edit. card. Maii.

Cum dicat alibi Scriptura divina : « Beatus vir qui semper est pavidus (*Prov.* xxviii), » et « qui sine timore est, justificari non poterit (*Eccle.* VIII); » fortassis intra vos cogitatio vestra dicit : Quid est quod dicitur nobis : *Nolite timere, pusillus grex?* Putabam et ego quod in cordibus vestris talia diceretis, cum etiam scriptum sit : « Timete Deum omnes sancti ejus, quoniam inopia deest timentibus eum (*Psal.* XXXIII). » — « Deum time, et mandata ejus observa, hoc est enim omnis homo (*Eccle.* XII). » Distinguendi sunt, fratres, diversi timores, humanus, mundanus, naturalis, servilis, initialis, et finalis. Duo primi sunt vitia, duo ultimi virtutes sunt, duo medii sunt nec vitia nec virtutes. Humanus timor est ille quo quis a bono declinat ad malum, ut vitet periculum temporale, sicut Petrus qui ne mortem incurreret, vitam negavit, immemor ejus quod audierat a magistro : « Nolite timere eos qui occidunt corpus, animam autem non possunt occidere (*Matth.* X). » Mundanus timor est ille, quo quis a bono declinat ad malum, ut vitet incommodum temporale, sicut Herodes qui ne regnum amitteret, innocentes occidit (*Matth.* II). « Illic trepidavit timore ubi non erat timor (*Psal.* XIII). » Naturalis timor est ille quo quilibet homo naturaliter horret pœnam, sicut etiam ipse Christus, de quo legitur, quod « cœpit Jesus pavere et tædere, contristari et mœstus esse (*Marc.* XIV). » Servilis timor est ille quo quis non amore justitiæ sed formidine pœnæ cohibet malum animum suum a peccato ; et de tali timore legitur : « Timor non est in charitate, sed perfecta charitas foras mittit timorem (*I Joan.* IV). » Initialis ille timor est quo quis declinat a malo, partim amore justitiæ, partim formidine pœnæ ; de quo legitur : « initium sapientiæ est timor Domini (*Eccle.* 1). » Finalis timor est ille quo quis declinat a malo tantum amore justitiæ ; de quo legitur : « Timor Domini super omnia se superposuit (*Eccli.* XXV). »

Cum ergo dicitur vobis : *Nolite timere, pusillus grex*, de mundano vel humano intelligatis timore, ne videlicet propter corporale periculum vel incommodum temporale de virtute ad vitium declinetis. Ergo *nolite timere, pusillus grex*, pro eo videlicet quod sitis pusilli, quia pauci vel pauperes : etsi pauci numero, sed non merito ; etsi pauperes facultatibus, locupletes virtutibus. Certe si Deum diligitis, soli non estis, quia totam Trinitatem in vobis habetis, dicente Domino : « Si quis diligit me, sermones meos servabit, et Pater meus diliget eum, et ad eum veniemus, et mansionem apud eum faciemus (*Joan.* XIV). » Nam « Deus charitas est, et qui manet in charitate, in Deo manet, et Deus in eo (*Joan.* IV). » Si Deum diligitis, soli non estis, quia multitudinem angelorum vobiscum habetis. Recolite, fratres, quod Eliszæus inquit ad puerum : « Plures nobiscum sunt quam cum illis (*IV Reg.* VI), » quia descenderat exercitus angelorum ad præsidium Elisæi. Et Raphael angelus ad Tobiam : « Cum orabas, inquit, cum lacrymis, ego obtuli orationem tuam Domino (*Tob.* XII). » Unde Psalmista dicebat : « In conspectu angelorum psallam tibi (*Psal.* CXXXVII). »

Si ergo diligitis Deum, non estis soli, quoniam vobiscum adest Trinitas individua, quoniam multitudines angelorum vobiscum sunt. Nec estis pauperes, dicente Scriptura : « Non vidi justum derelictum, nec semen ejus quærens panem (*Psal.* XXXVI). » « Divites eguerunt et esurierunt, inquirentes autem Dominum non minuentur omni bono (*Psal.* XXXIII). » Unde cum Dominus dixisset apostolis : « Quando misi vos sine sacculo et pera et calceamentis, num aliquid defuit vobis? Responderunt, nihil (*Luc.* XXII). » *Quærite ergo primum regnum Dei et justitiam ejus, et hæc omnia adjicientur vobis*. « Nolite solliciti esse dicentes, quid manducabimus aut quid bibemus, aut quomodo operiemur ? hæc enim omnia gentes inquirunt ; scit enim Pater vester cœlestis, quia his omnibus indigetis (*Matth.* VI). » Quia Pater est, vult ; quia cœlestis est, potest ; scit ergo, potest, et vult. Quare sine dubitatione donabit quod vobis expediat ad salutem. Ille quippe « dat escam pullis corvorum invocantibus eum (*Psal.* CXXXVI) ; » dabit escam per corvos suos, dabit vobis escam manentibus in deserto, albis per nigros, justis per peccatores, claustralibus per sæculares. Præterea cur timeatis paucitatem, cum deserendo sæculum fugeritis multitudinem ? Cur timeatis paupertatem, cum abnegando vos ipsos divitias contempseritis ?

Ergo *nolite timere, pusillus grex ;* si tamen grex sitis non quidem porcorum qui se præcipitaverunt in mare (*Luc.* VIII), sed « tonsarum quæ ascenderunt de lavacro (*Cant.* VII). » Porci enim sunt qui divina sacramenta conculcant, de quibus legitur : « Nolite margaritas mittere ante porcos (*Matth.* VII). » Porci sunt qui carnis immunditias amplexantur, quia « sus lota in volutabro luti (*II Petr.* II). » Porci sunt qui non ruminant, qui videlicet non meditantur in lege Domini, et tales secundum legem non sunt esibiles illi qui cum editur edit, quoniam in corde parat sibi esus edentes. Cavete itaque, cavete ne sitis grex porcorum qui præcipitant se in mare (*Luc.* VII), ne denuo immergatis vos in hoc mare magnum et spatiosum, id est in sollicitudines et in illecebras hujus sæculi, ubi est « via lata et spatiosa, quæ ducit ad mortem (*Matth.* VII). » Sed sitis grex ovium non quarumlibet, sed « tonsarum quæ de lavacro veniunt (*Cant.* IV). » Oves sunt innocentes, de quibus legitur : « Isti qui oves sunt, quid fecerunt ? » (*II Reg.* XX v.) Oves obedientes, de quibus Dominus ait : « Oves meæ vocem meam audiunt (*Joan.* X). » Oves patientes et mites, de quibus dicitur : « Tanquam ovis ad occisionem ductus est, et quasi agnus coram tondente se obmutescit, sic non aperiet os suum (*Isai.* LIII). » Et vos, fratres, oves esse debetis per innocentiam, ut non reddatis « malum pro malo, neque maledictum pro maledicto (*I Petr.* III). » Oves esse debetis per obedientiam, ut sine mora pariter et querela obediatis non solum divinis præceptis, verum etiam regularibus institutis. Oves esse debetis per mansuetudinem et patientiam, ut in patientia vestra possidebitis animas vestras (*Luc.* xxi); ejus exemplo, qui « cum pateretur non comminabatur, cum malediceretur non maledicebat (*I Petr.* ii), factus obediens Deo Patri usque ad mortem, mortem autem crucis (*Philip.* ii) », qui etiam erat subditus matri (*Luc.* ii), se ipsum in exemplum proponens : « Discite a me, inquit, quia mitis sum et humilis corde (*Matth.* xi). »

Sic ergo non grex porcorum, sed grex ovium esse debetis; nec simpliciter ovium, sed tonsarum deposito vellere, ne lana vos laniet quæ vermes producit, vel pili vos implicent qui spinis inhærent. Certe tonsi fuistis quando dimisistis pro Christo non solum propriam facultatem, verum etiam propriam voluntatem, ejus exemplo qui ait : « Ecce nos reliquimus omnia, et secuti sumus te (*Matth.* xix). » Rursus tonsi fuistis non solum quando dimisistis pro Christo natale solum, verum etiam quando venistis in patriam alienam, ejus exemplo cui dictum est : « Egredere de terra et de cognatione tua, et veni in terram quam monstravero tibi (*Gen.* xii). » Sed videte, charissimi, ne lana renascatur in vobis, ut in Ægyptum redire velitis ad ollas carnium vel pepones et allia (*Exod.* xxvi), ne forte, quod absit, in sepulcris concupiscentiæ moriamini. Si quando igitur talis lana renascitur, protinus tondeatur, ut sitis grex « tonsarum quæ de lavacro venerunt (*Cant.* iv). » De primo lavacro venistis quando ex aqua et Spiritu sancto renati fuistis (*Joan.* iii); de secundo vero lavacro sæpe venire debetis, ut lavetis per singulas noctes lectum vestrum, et lacrymis stratum vestrum irrigetis (*Psal.* vi) : non solum pro peccatis vestris, verum etiam pro alienis offeratis Deo sacrificium contribulati spiritus. Non spernit flentes, non solum pro incolatu vitæ vel viæ, verum etiam pro dilectione patriæ, ad quam totis affectibus anhelare debetis; ut qui aliquando habuistis terram arentem, nunc habeatis irriguam, exemplo Axæ quæ a patre suo Caleph irriguum superius et inferius accepit in dotem (*Josue.* xv).

Certum est enim quod si fueritis grex tonsarum, quæ de lavacro veniunt (*Cant.* iv), non est vobis timendum quod *pusillus grex* sitis, quia in vobis Patri complacuit. Legitur quod placet sibi Deus Pater in Filio : « Hic est Filius meus dilectus, in quo mihi bene complacui (*Matth.* xvii). » Quod Patri complacet in electis, unde : *Complacuit Patri meo in vobis.* Quod homo justus complacet Deo, unde : « Placuit Deo, et inventus est justus (*Eccli.* xliv). » Deus Pater in Filio sibi complacet, in quo tanquam unigenito ex toto sibi consimili præ cæteris delectatur. Deo Patri complacet in electis, quos tanquam unigeniti cohæredes præ festinavit ad regnum (*Rom.* viii). Homo justus complacet Deo, qui tanquam obediens et devotus beneplacitum ejus adimplet. Primum et maximum est quod complacet sibi Pater in Filio; secundum et medium quod Patri complacet in electis; tertium et ultimum quod justus complacet Deo. Studeatis itaque, fratres, studeatis Deo complacere, beneplacitum ejus totis viribus adimplendo, ut in vobis sibi complaceat, regnum suum vobis misericorditer largiendo, regnum pacis et tranquillitatis, regnum delectationis et jucunditatis, regnum lucis et claritatis, regnum beatitudinis et felicitatis æternæ; in quo cum angelis sanctis et animabus beatis mereamini semper ipsum videre, ipsum cognoscere, ipsum diligere, ipsum habere trinum et unum, Patrem, Filium et Spiritum sanctum, æternum, vivum et verum Deum, qui est super omnia benedictus in sæcula sæculorum. Amen.

SERMO XII.

IN COMMUNI DE UNA VIRGINE.

De quadruplici acceptione regni cœlorum : negotiatore iniquo et justo, pravo et sancto : de margaritarum multiplici distinctione, præcipue tamen de triplici, quarum quælibet a quibusdam bene, et ab aliis male quæritur.

Simile est regnum cœlorum homini negotiatori, quærenti bonas margaritas. Inventa autem pretiosa margarita, dedit omnia sua, et comparavit eam (*Matth.* xiii).

Regnum cœlorum, cujus definitio multifarie spargitur in Scripturis, aliud est supra nos, aliud circa nos, et aliud extra nos. Quod supra nos est, intelligitur Ecclesia triumphantium ; quod infra nos est, intelligitur fides recta ; quod extra nos est, intelligitur lex divina. De primo dicitur : « Venient, et recumbent cum Abraham, Isaac et Jacob in regno cœlorum (*Matth.* viii); » de secundo : *Exibunt angeli, id est messores, et colligent de regno ejus omnia scandala;* de tertio : « Regnum Dei intra vos est (*Luc.* xvii); » de quarto : « Auferetur a vobis regnum, et dabitur genti facienti fructus ejus (*Matth.* xxi). » Regnum ergo cœlorum intelligitur in hoc loco Ecclesia militantium, eorum videlicet, qui de se dicere possunt : « Nostra conversatio in cœlis est (*Philp.* iii). » Hoc *regnum*,, id est Ecclesia, *simile dicitur homini negotiatori, quærenti bonas margaritas.* Sed est negotiator iniquus et pravus, et est negotiator justus et sanctus. De negotiatione iniqua et prava dicitur in Psalmo : « Quoniam non cognovi negotiationes, introibo in potentias Domini (*Psal.* lxx); » de negotiatione honesta, et sancta Dominus ait : « Negotiamini, dum venio (*Luc.* xix). » Hinc est etiam quod homo ille peregre proficiscens, divisit servis suis bona. Et alii dedit quinque talenta, alii autem duo, alii vero unum. Qui quinque talenta acceperat, superlucratus est alia quinque. Qui autem duo acceperat superlucratus est alia duo (*Matth.* xxv). Cujusmodi lucrum dominus rediens commendavit : « Euge, inquit, serve bone et fidelis, super pauca fuisti fidelis, supra multa te constituam : intra in gaudium domini tui (*ibid.*). » Qui vero pecuniam acceptam ligavit in sudario, et abscondit, reprobatus est a domino sibi dicente : « Serve nequam, nonne oportuit te pecuniam meam tradere numulariis ad usuram etc. ? » (*ibid.*) Usura perfecta est cum per merita consequimur præmia, per temporalia lucramur æterna. *Simile est ergo regnum cœlorum homini negotiatori, quærenti bonas margaritas.* Multiplex est margaritarum sive lapidum pretiosorum distinctio seu divisio in Scripturis. Ait enim propheta : « Omnis lapis pretiosus operimentum tuum (*Ezec.* xxviii). » Et enumerat statim novem genera lapidum, propter novem ordines angelorum. Moyses quoque duodecim species lapidum posuit in rationali judicii (*Exod.* xxviii), propter duodecim apostolorum doctrinam. Paulus enim in Epistola dicit : « Alius ædificat lignum, fenum, stipulam : alius autem aurum et argentum, et lapides pretiosos (*I Cor.* iii). » Item in Apocalypsi Joannis: Lapides pretiosi omnes muri ejus, et turres Jerusalem gemmis ædificabuntur (*Apoc.* xxi).

Sufficit autem ad ædificationem nostram, distinguere tres species margaritarum. Est autem margarita scientiæ in Scriptura, margarita gratiæ in Ecclesia, margarita gloriæ in patria. Prima comparatur pretio meditationis et lectionis, secunda comparatur pretio contritionis et confessionis, tertia comparatur pretio cogitationis et actionis. Primam comparat is, de quo dicitur : « In lege Domini fuit voluntas ejus, et in lege ejus meditabitur die ac nocte (*Psal.* i). » Secundam comparent ii, ad quos dicitur : « Facite vobis amicos de mammona iniquitatis, ut cum defeceritis, recipiant vos in æterna tabernacula (*Luc.* xvi) (25*). » Verius tamen videtur, quod per gratiam veniatur ad veniam, quam per veniam veniatur ad gratiam, teste Veritate, quæ dicit : « Dimissa sunt ei peccata multa, quoniam dilexit multum (*Luc.* vii). » Porro quælibet margaritarum istarum male quæritur a quibusdam, ab aliis bene quæritur. Nam male quærit hæreticus margaritam scientiæ, bene quærit catholicus. Ille quærit, ut veritatem impugnet : iste quærit, ut veritatem defendat; ille quærit, ut fidem evacuet : iste quærit ut fidem confirmet; ille quærit ut aquam vino commisceat, et in aureo calice fel draconis propinet : iste quærit, ut capiat vulpes parvulas, quæ demoliuntur vineas (*Cant.* ii), » facies quidem habentes diversas, sed caudas ad invicem colligatas (*Judic.* xv) : quia de vanitate conveniunt in idipsum.

(25*) Hic videtur aliquid desiderari.

Sunt tamen aliqui Christiani, sicut ipsi frequenter audivimus, et intelleximus, qui margaritam scientiæ, non ad veritatis defensionem, sed ad falsitatis assertionem allegant, ut pro margarita mercam [*al.* vitam] accipiant, de quibus inquit Psalmista : « Narraverunt mihi iniqui fabulationes, sed non ut lex tua, Domine (*Psal.* cxviii). » Margaritam quoque gratiæ male quærit ambitiosus, bene quærit devotus. Ille quærit per Simoniacam pravitatem, iste per catholicam puritatem ; ille ut fraudem exerceat, iste ut laudem perficiat; ille audit cum Simone : « Pecunia tua tecum sit in perditionem (*Act.* viii) : » iste audit a Domino : « Gratis accepistis, gratis date (*Matth.* x). » Dominus enim vendentes et ementes ejecit de templo, mensas evertit, æs numulariorum effudit (*Luc.* xix), nobis relinquens exemplum, ut Giezitas et Simoniacos de ecclesia expellamus : quia non habent partem in regno Christi et Dei. Sed et gloriæ margaritam male quærit Judæus, bene quærit Christianus; ille quærit per devia, ideo nunquam invenit : iste per viam, ideo ad illam pertingit; ille tanquam cæcus vultu velato : iste tanquam videns facie revelata. Una enim est, et unica via per quam pervenitur ad patriam, illa videlicet quæ de se dicit : « Ego sum via, veritas et vita (*Joan.* xiv). »

Multæ sunt igitur margaritæ, sed *una est pretiosa, quam qui invenit homo, vendit universa quæ habet, et comparat eam.* Dat temporalia, ut acquirat æterna : dat terrena, ut acquirat cœlestia : dat universa, non solum sua, sed seipsum : non solum propriam facultatem, sed etiam propriam voluntatem, secundum illud : « Qui vult venire post me, abneget semetipsum, et tollat crucem suam (*Luc.* ix), » etc. Hinc ergo Petrus aiebat : « Ecce nos reliquimus omnia, et secuti sumus te (*Matth.* xix). » Omnia ergo venduntur, ut unum solummodo comparetur. « Martha, Martha, Dominus inquit, sollicita es, et turbaris erga plurima. Porro unum est necessarium (*Luc.* x). » Hanc unicam margaritam quærebat Propheta, cum diceret . « Unam petii a Domino, hanc requiram (*Psal.* xxvi). » Quam pretiosa sit hæc margarita, cogitare non possumus, nedum etiam explicare ; quia « nec oculus vidit, nec auris audivit, nec in cor hominis ascendit, quæ præparavit Deus diligentibus se (*I Cor.* ii). » Sed ne penitus taceamus, dicamus hanc margaritam esse unum Deum, qui est omnia in omnibus, cunctorum præmium, et remuneratio singulorum. Hic est denarius ille, qui redditur omnibus in vinea laborantibus (*Matth.* xx). Et bene margarita dicitur, propter cognitionis splendorem, in qua consistit vita æterna : « Hæc est, inquit, vita æterna, ut cognoscant te solum verum Deum, et quem misisti Jesum Christum (*Joan.* xvii). » Nemo vero pro paupertate desperet, cum audit pretiosam margaritam, quia de facili comparatur. Emit eam vidua duobus minutis, quæ misit in gazophylacium (*Marc.* xii); emit eam alius potu calicis aquæ frigidæ, quem in nomine dedit prophetæ (*Matth.* x); emit cam latro pendens in cruce unico verbo, dicens : « Memento mei, Domine, dum veneris in regnum tuum. » Mox enim audivit : « Hodie mecum eris in paradiso (*Luc.* xxiii). » Nullus ergo desperet, quia sufficit voluntas, ubi deest facultas. Demus ergo quod possumus, terrea pro cœlestibus, transitoria pro æternis, ut pretiosam margaritam comparemus a Domino; ipso præstante, qui est super omnia Deus benedictus in sæcula sæculorum. Amen.

INNOCENTII PAPÆ

HUJUS NOMINIS TERTII

SERMONES DE DIVERSIS.

SERMO PRIMUS

IN CONSECRATIONE PONTIFICIS.

De sacerdotis dignitate, periculo et peccato : quid per vitulum et tabernaculum accipiendum sit : et de vera universorum peccatorum pœnitentia, et integra eorumdem confessione et satisfactione

Si sacerdos, qui est unctus, peccaverit, faciens delinquere populum, offeret pro peccato suo vitulum immaculatum Domino, et adducet illum ad ostium tabernaculi testimonii coram Domino, ponetque manum super caput ejus, et immolabit eum Domino (Lev. iv).

Verba quæ locutus sum vobis, fratres charissimi, verba sunt Domini loquentis ad Moysen in Levitico, super explando crimine sacerdotis. Sunt autem quatuor species personarum, sacerdos, princeps, populus, et anima. Porro, sicut peccatum sacerdotis primum describitur, ita maximum judicatur : tum propter officii dignitatem, tum propter perversitatem exempli. Primum notatur, cum dicitur : *Si sacerdos, qui est unctus, peccaverit* : secundum, cum additur : *Faciens delinquere populum*; nam juxta satyricum Juvenalem :

Omne animi vitium tanto conspectius in se
Crimen habet, quanto qui peccat major habetur.

Multa sunt levia subditis, quæ gravia sunt prælatis : et multa sunt laicis venialia, quæ clericis sunt mortalia. Si enim incantator fuerit percussus a serpente, quis medebitur ei ? (*Eccli.* xii.) Et si sacerdos peccaverit, quis orabit pro illo ? Sane quanto gradus altior, tanto casus gravior. Nam cui plus committitur, plus ab eo exigitur. « Judicium durum fiet his qui præsunt (*Sap.* vi). » Tibi, sacerdos, « datum est nosse mysteria regni Dei, cæteris autem in parabolis (*Luc.* viii). » Sed « servus sciens voluntatem domini sui, et non faciens, vapulabit multis (*Luc.* xii). » « Tibi, sacerdos, datæ sunt claves regni cœlorum, ut quodcunque ligaveris super terram, sit ligatum et in cœlis : et quodcunque solveris super terram, sit solutum et in cœlis (*Matth.* xvi). » Sed væ tibi, si mortificas animas quæ non moriuntur, aut vivificas animas quæ non vivunt (*Ezech.* xiii). » Tibi, sacerdos, datum est panem et vinum consecrare in corpus et sanguinem Jesu Christi. Sed « si manducas indigne, judicium tibi manducas, non dijudicans corpus Domini (*I Cor.* xi). » Quid, quod tuo peccato facis delinquere populum? Per te « nomen Dei blasphematur in gentibus (*Rom.* ii). » « Non enim potest filius facere, nisi quod viderit patrem facientem (*Joan.* v). » Et in excusationem prætendit : Sufficit discipulo, si sit sicut magister ipsius (*Luc.* vi). Cur, inquit laicus, non adulterer, cum sacerdos fornicetur? Cur non fœnerer, cum sacerdos fœneretur? Certe tot mortibus est dignus sacerdos, quot exempla perditionis transmittit in populum. Si caput fuerit infirmum, totum corpus languidum erit; nam « omne caput languidum et omne cor mœrens : a planta pedis usque ad verticem non est in eo sanitas (*Isa.* i). Cum hæretici nos peccare conspiciunt, docent eleemosynas nobis dandas non esse, inducentes ad hoc auctoritatem sacræ Scripturæ dicentis : Desudet eleemosyna in manu tua, donec invenias justum cui des. Non dicit, Donec invenias sacerdotem adulterum, ebriosum, invidum, superbum, perjurum, cupidum, usurarium, et hujusmodi : sed dicit : Donec invenias cui des. Oblationes quoque, decimæ vel primitiæ dandæ sunt ministris Dei, non servis diaboli; nam « qui facit peccatum, servus est peccati (*Joan.* viii). » Cum hæretici nos peccare conspiciunt, docent prædicationem nostram audiendam non esse, probantes hoc auctoritate sacræ Scripturæ, dicentis : « Peccatori dixit Deus : Quare tu enarras justitias meas, et assumis testamentum meum per os tuum? (*Psal.* xlix.) » Cum is qui displicet, ad intercedendum mittitur, irati animus ad deteriora provocatur. Nam cujus vita despicitur, restat ut ejus prædicatio contemnatur, et dicatur ei : « Medice, cura teipsum

(Luc. IV). » — « Ejice primum trabem de oculo tuo, et tunc ejicies festucam de oculo fratris tui *(Luc:* VI). » Propheta quoque cum mittendus esset ad prædicandum, prius ab iniquitate mundatur, et os ejus tangitur calculo, quod forcipe tollitur de altari *(Isa.* VI). Cum hæretici nos peccare conspiciunt, docent nos ecclesiastica sacramenta non posse conficere, inducentes auctoritatem Scripturæ dicentis : « Maledicam benedictionibus vestris, et cum multiplicaveritis orationem non exaudiam vos *(Malac.* II). » — « Manus enim vestræ sanguine plenæ sunt *(Isa.* I). » Quidquid tetigit immundus, immundum erit *(Lev.* V). Lux ergo nostra luceat coram hominibus, ut videant opera nostra bona, et glorificent Patrem nostrum qui in cœlis est *(Matth.* V).

Si enim *sacerdos, qui unctus est, peccaverit, faciens delinquere populum, offeret pro peccato suo vitulum immaculatum Domino.* Non sufficit sacerdoti offerre pro peccato suo turturem vel columbam, hædum vel agnum, capram vel ovem ; sed oportet ut offerat *vitulum,* non qualemcunque, sed *immaculatum :* nec ubicunque, sed *ad ostium tabernaculi :* nec ante quemlibet, sed *coram Domino :* nec quomodolibet, sed *ponet manum super caput ejus, et immolabit eum Domino.* Animæ peccanti præcipitur, ut offerat *capram :* principi peccanti præcipitur, ut offerat *hircum ;* sed tam pro peccato sacerdotis, quam pro peccato multitudinis, imperatur ut *vitulus* offeratur *immaculatus.* Unde conjicitur, quod peccatum sacerdotis totius multitudinis peccato coæquatur ; quia sacerdos in suo peccato totam facit delinquere multitudinem. *Offerat ergo sacerdos pro peccato vitulum immaculatum ;* quia grandis culpa grandi debet hostia expiari. Per vitulum immaculatum moraliter intelligimus spiritum contribulatum ; quia « sacrificium Deo spiritus contribulatus , cor contritum et humiliatum Deus non spernit *(Psal.* L). » Hic vitulus, hæc hostia, hoc sacrificium debet offerri Domino pro peccato : ut vitulus qui peccando fuerat indomitus per superbiam, pœnitendo per humilitatem dometur, et jugum Christi suscipiat, de quo dicit in Evangelio : « Jugum meum suave est, et onus meum leve *(Matth.* XI). » Tunc Deus acceptabit sacrificium justitiæ, « tunc impones super altare ejus vitulos *(Psal.* L). » — « Adducat ergo sacerdos vitulum ad ostium tabernaculi, per oris confessionem, et ponat manum suam super caput ejus, per operis satisfactionem : et immolet eum Domino, per cordis contritionem : ut diluatur peccatum cogitationis in corde, peccatum locutionis in ore, peccatum operationis in consuetudine. Quatenus puella suscitetur in domo *(Matth.* IX), adolescens in porta *(Luc.* VII), Lazarus in monumento *(Joan.* XI). Adducat ergo sacerdos vitulum ad ostium tabernaculi. Si per tabernaculum intelligimus corpus, in quo, secundum Apostolum, « peregrinamur a Domino *(II Cor.* V),» profecto per ostium tabernaculi debemus os corporis intelligere, de quo dicit David : « Pone, Domine, custodiam ori meo, et ostium circumstantiæ labiis meis *(Psal.* CXL). » Ad hoc ostium vitulus ducitur, cum ad confessionem oris secretum cordis progreditur. Dic, inquit, iniquitates tuas, « ut justificeris *(Isa.* XLIII). » — « Justus enim in principio sermonis accusator est sui *(Prov.* XVIII). » Qui coram Deo semetipsum excusat, Deus illum excusat. Et qui coram Deo semetipsum excusat, Deus illum accusat. Recurramus ad Evangelium, ibi inveniemus exemplum : « Duo homines ascenderunt in templum, ut orarent *(Luc.* XVIII), » etc. Multum distat inter confessionem criminis, quæ fit in humano judicio, et eam quæ fit in divino. Nam illa condemnat, et ista justificat. In illo judicio cum reus confitetur, plectitur, in isto absolvitur, et ideo Propheta deprecatur : « Non absorbeat me profundum, neque urgeat super me puteus os suum *(Psal.* LXVIII). » Sed valde cavendum est, ne quis ad ostium tabernaculi non vitulum, sed vulpem adducat. Nam qui peccata sua partim revelat, et partim occultat , vel unam partem uni, et alteram partem alteri confitetur : vel exprimit factum, et supprimit in eodem intentionem : seu crimen attenuat et excusat, is profecto non vitulum, sed vulpem adducit. Nam « vulpes foveas habent, et volucres cœli nidos *(Luc.* IX). » Nos autem, secundum prophetam, « reddamus vitulos labiorum nostrorum *(Osee* XIV), » omnem omnino peccati circumstantiam confitentes, secundum quod magis peccavimus : in loco , in tempore, in numero, in persona ; secundum ætatem, secundum scientiam, secundum gradum, secundum ordinem ; si facile, si frequenter, si manifeste, si perseveranter. Hoc enim præcipitur, ut adducatur vitulus *ad ostium tabernaculi coram Domino,* qui scrutatur « renes et corda *(Apoc.* II), » cujus oculis omnia nuda sunt et aperta *(Hebr.* IV), » quem nullum latet secretum, nullum fallit occultum. In humano quippe judicio, cum reus confitetur peccatum, judex instruitur : in divino judicio cum reus confitetur peccatum , Dominus obliviscitur. Nam quacunque hora peccator fuerit conversus et ingemuerit, « omnium iniquitatum ejus non recordabor *(Ezech.* XVIII), » ait Dominus. Caveat ergo sacerdos, cui confitetur peccator, non ut homini, sed ut Deo, ne forte post confessionem auditam recordetur peccati : Hoc est ne verbo vel signo innuat se scire delictum, quia non dicitur, ut vitulus adducatur *ad ostium tabernaculi* coram homine, sed *coram Domino.* Gravius enim peccat sacerdos, qui peccatum revelat, quam homo qui peccatum committit.

Sequitur : *Et ponat manum super caput ejus.* Per caput vituli principale mentis, id est ratio designatur, secundum illud : « Unge caput tuum et faciem tuam lava. » Per manum intelligitur operatio , secundum illud : « Anima mea in manibus meis semper *(Matth.* VI). » Tunc enim manum ponimus super caput vituli, cum operationem constituimus super rationem, ut, secundum Apostolum, « rationabile sit obsequium nostrum, ut dignos fructus pœnitentiæ faciamus (*Rom.* xii). » Manus quinque digitos habet, et satisfactio quinque partes : quæ sunt asperitas vestis, abstinentia cibi, virtus orationis, interruptio somni, et largitas eleemosynæ (*Luc.* ii). De his Propheta dicit in Psalmo : « Induebam me cilicio, et humiliabam in jejunio animam meam, et oratio mea in sinum meum convertetur (*Psal.* xxxiv); » et : « Media nocte surgebam ad confitendum tibi (*Psal.* cxviii). » Sed in his omnibus debet ponere manum super caput vituli, ut rationale sit ejus obsequium : ne forte jumentum si nimis fuerit oneratum, succumbat, si vero parum fuerit oneratum, lasciviet (*Rom.* xii). Secundum modum culpæ sit modus pœnæ, pensata qualitate pœnitentiæ; non sit tam levis ut præsumatur, nec tam gravis ut desperetur ; « Humanum dico propter infirmitatem carnis vestræ. Sicut exhibuistis membra vestra servire iniquitati ad iniquitatem, ita exhibeatis servire justitiæ in sanctificationem (*Rom.* vi). » Væ his qui culicem colant, et camelum deglutiunt : qui alligant onera gravia et importabilia, et imponunt in humeros hominum, digito autem suo nolunt ea movere (*Matth.* xxiii). Ponat ergo sacerdos manum super caput vituli, et immolet eum Domino. Immolare vitulum, est conterere cor, ut, secundum apostolum, moriatur peccato et vivat justitiæ (*I Petr.* ii). Cum sic occiditur, tunc justificatur (al. vivificatur) : cum sic percutitur, tunc sanatur. « Ego, inquit Dominus, occidam, et ego vivere faciam : percutiam, et ego sanabo (*Deut.* xxxii). » Mortificetur ergo vitulus noster, immoletur, ut de cætero non reviviscat ad culpam. Irrisor est enim, non pœnitens, qui adhuc agit quod pœnitet. « Canis reversus ad vomitum (*II Petr.* ii), » est pœnitens ad peccatum. Porro sunt quidam qui vitulum ferunt, sed non immolant; hi sunt qui de uno peccato pœnitent, sed in alio delectantur; sed frustra quis pœnitet, nisi de universis pœniteat ; quia Deus veniam non dimidiat. Totum enim hominem sanum fecit in Sabbato (*Joan.* vii); rursus septem dæmonia simul ejecit (*Marc.* xvi), septenario numero designans universitatem criminum dimissorum ; item ab alio legionem dæmonum effugavit (*Luc.* viii), ostendens quia quæcunque sunt in uno peccata, oportet de omnibus pœnitere. Si secundum sententiam evangelicam propter unum peccatum redeunt etiam dimissa peccata, quanto magis propter unum peccatum non dimissa peccata retinentur? Si ergo *sacerdos, qui est unctus,* etc. Vivamus ergo, fratres charissimi, non solum caste, sed etiam caute. Caste, ne contaminemus unctionem ordinis quem accepimus; propter quod dicitur : *Si sacerdos, qui unctus est, peccaverit* ; quasi dicat : Non peccet, ne contaminet unctionem. Vel additur ad exclusionem eorum, qui cum essent de genere sacerdotum, propter maculas corporis inungi non poterant, nec ministrare valebant. Caute, ne corrumpamus alios per exemplum, propter quod dicitur : *Faciens delinquere populum*; quasi dicat : Non peccet, ne populum peccando corrumpat. Vel secundum Hebraicam veritatem : *Si sacerdos, qui est unctus, peccaverit ad culpam populi,* id est tam viliter, ut unus de populo, quod nimis est in sacerdote damnabile. Custodiamus itaque sanctimoniam cordis et corporis, sicut decet Dei ministros et Dei sacerdotes, adjuvante Domino Jesu Christo, qui est super omnia Deus benedictus in sæcula sæculorum. Amen

SERMO II.

IN CONSECRATIONE PONTIFICIS MAXIMI.

De primatu apostolicæ sedis, et quod a Deo sit, et excellenti potestate pontificis Romani, quod servus sit, non dominus : et de fidelis servi officio, qui super familiam Domini constituitur, et triplici cibo, quem familiæ dare tenetur.

Quis putas est fidelis servus et prudens, quem constituit Dominus super familiam suam, ut det eis cibum in tempore ? (*Matth.* xxiv).

Qualis debeat esse, qui super familiam constituitur : et qualiter debeat super illam constitui, Veritas ipsa patenter ostendit. Debet enim esse *fidelis et prudens, ut det eis cibum in tempore. Fidelis* siquidem, *ut det eis cibum*; *prudens* autem, *ut det in tempore.* Manifeste quoque describitur, quis constituit, quia *Dominus* : quem constituit, quia *servum* : qualem constituit, quia *fidelem* pariter et *prudentem* : super quid constituit, quia *super familiam* : quare constituit, quoniam *ut det eis cibum* : quando, *in tempore suo.* Ponderemus ergo singula verba : quia cum verba sint Verbi, nihil est in eis, quod pondus non habeat, sed omnia fecundo sunt gravia intellectu. Dominus ergo non quilibet, sed ille, qui in vestimento et in femore suo scriptum habet : « Rex regum et Dominus dominantium (*Apoc.* xix), » de quo legitur, quia Dominus nomen est illi (*Psal.* lxvii) : per se ipsum apostolicæ sedis primatum constituit, ut ejus constitutioni nulla possit audacia refragari. Juxta quod ipse testatur : « Tu es Petrus, et super hanc petram ædificabo Ecclesiam meam, et portæ inferi non prævalebunt adversus eam (*Matth.* xvi). » Cum enim idem ipse sit fundator et fundamentum Ecclesiæ, profecto portæ inferi prævalere non possunt adversus eam : quia fundamentum immobile perseverat, de quo dicit Apostolus : « Fundamentum positum est, præter quod aliud poni non potest, quod est Christus Jesus (*I Cor.* III). » Licet ergo navicula Petri magnis fluctibus in medio mari sæpe jactetur, præsertim cum in ea dormit Jesus, nunquam tamen submergitur : quia Jesus imperat ventis et mari, et tranquillitas magna fit, ita ut homines inde mirentur et dicant : Qualis est hic? quia venti et mare obediunt ei (*Matth.* VIII). Hæc est enim domus illa sublimis et stabilis, de qua Veritas ait : « Descendit pluvia, venerunt flumina, flaverunt venti, et irruerunt in domum illam, et non cecidit; fundata enim erat supra petram (*Matth.* VII). » Super illam videlicet, de qua dicit Apostolus : « Petra autem erat Christus (*I Cor.* X). » Patet ergo, quod apostolica sedes non deficit in tribulatione, sed proficit de Dei promissione, ut dicere valeat cum Propheta : « In tribulatione dilatasti me (*Psal.* IV). » De illius promissione proficit confisa, qui dixit apostolis : « Vobiscum ero omnibus diebus, usque ad consummationem sæculi (*Matth.* XXVIII). » Porro, « si Deus nobiscum, quis contra nos? (*Rom.* VIII). » Quia igitur constitutio hæc, non est ab homine, sed a Deo; imo verius, quia hæc constitutio est ab homine Deo, frustra laborat hæreticus vel schismaticus, frustra laborat perfidus lupus, ut demoliatur vineam, ut tunicam scindat, ut evertat candelabrum, ut lucernam exstinguat, juxta verbum Gamalielis, honorabilis legis doctoris, dicentis : « Si ex hominibus est hoc consilium, dissolvetur : si vero ex Deo est, non poteritis illud dissolvere, ne forte et Deo inveniamini repugnare (*Act.* V). » — « Dominus mihi adjutor, non timebo quid faciat mihi homo (*Psal.* CXVII). » Ego namque sum servus ille, quem Deus constituit super familiam suam : sed utinam fidelis et prudens, ut dem ei cibum in tempore!

Plane servus, et utique servus servorum, utinam non unus ex illis, de quibus inquit Scriptura : « Qui fecerit peccatum, servus est peccati (*Joan.* VIII)! » De quo dicitur : « Serve nequam, omne debitum dimisi tibi (*Matth.* XVIII). » Rursumque : « Servus sciens voluntatem domini sui et non faciens, vapulabit multis (*Luc.* XII); » sed unus eorum, quibus Dominus ait : « Cum omnia bene feceritis, dicite, quia servi inutiles sumus (*Luc.* XVII). « Servum me fateor, et non dominum; juxta quod Dominus inquit apostolis : « Reges gentium dominantur eorum : et qui potestatem habent inter eos, venefici vocantur. Vos autem non sic : sed qui major est vestrum, erit omnium servus : et qui præcessor, tanquam ministrator (*Luc.* XXII). » Et ideo ministerium mihi vindico, dominium non usurpo : illius primi et præcipui prædecessoris exemplo, qui ait : « Non quasi dominantes in clero sed forma facti gregis ex animo (*I Petr.* V); » ejus quoque, qui dixit : « Ministri Christi sunt (ut minus sapiens dicam), plus ego (*II Cor.* XI). » Grandis honor, quia sum super familiam constitutus : sed grave onus, quia totius sum servus familiæ. « Sapientibus et insipientibus debitor sum (*Rom.* I). » Vix multi digne possunt uni servire, nedum quod unus possit digne omnibus famulari. « Quis enim infirmatur, et ego non infirmor? quis scandalizatur, et ego non uror? Præter illa quæ extrinsecus sunt, nstantia mea quotidiana, sollicitudo omnium Ecclesiarum (*II Cor.* XI). » Quot angustias et dolores, quot sollicitudines et labores sustineam, plus sufferre valeo quam proferre. Nolo magis exaggerare, quod suffero, ne minus sufferre valeam quod aggero. « Dies diei quot labores sustineam eructat, et nox nocti sollicitudines indicat (*Psal.* XVIII). » — « Nec fortitudo mea fortitudo lapidum, nec caro mea ænea est (*Job* XVI). » Porro, licet enim fragilitate deficiam, « sufficientia tamen mea ex Deo est (*II Cor.* III), » — « qui dat omnibus affluenter, et non improperat (*Jac.* I). » Et ideo, quamvis « non sit in homine via ejus », ab eo tamen spero dirigi gressus meos (*Jer.* X), qui beatum Petrum ambulantem in fluctibus ne mergeretur, erexit (*Matth.* XIV) : qui « prava convertit in recta, et aspera mutat in plana (*Isa.* XL). » Audistis conditionem, audite debitum.

Cum enim sim servus, debeo esse fidelis et prudens, ut dem familiæ cibum in tempore. Tria præcipue Deus requirit a me, quæ notant his verbis videlicet, fidem cordis, prudentiam operis, cibum oris : hoc est, ut sim fidelis in corde, ut sim prudens in opere, et dem cibum in ore. « Corde namque creditur ad justitiam, ore autem confessio fit ad salutem (*Rom.* X). » Quia « credidit Abraham Deo, et reputatum est ei ad justitiam (*Gen.* XV). » — « Sine fide impossibile est placere Deo (*Heb.* XI); » quia « quidquid non est ex fide, peccatum est (*Rom.* XIV). » Nisi enim ego solidatus essem in fide, quomodo possem alios in fide firmare? Quod ad officium meum noscitur specialiter pertinere, Domino protestante : « Ego, inquit, pro te rogavi, Petre, ut non deficiat fides tua, et tu aliquando conversus, confirma fratres tuos (*Luc.* XXII). » Rogavit, et impetravit : quoniam exauditus est in omnibus pro sua reverentia. Et ideo fides apostolicæ sedis in nulla nunquam turbatione defecit, sed integra semper et illibata permansit : ut Petri privilegium persisteret inconcussum. In tantum enim fides mihi necessaria est, ut cum de cæteris peccatis solum Deum judicem habeam, propter solum peccatum quod in fide committitur possem ab Ecclesia judicari. Nam qui non credit, jam judicatus est (*Joan.* III). Credo quidem, et certissime credo, quod catholice credam : confidens, quod fides mea debeat me salvare, juxta promissionem dicentis : « Fides tua te salvum fecit, vade, et amplius noli peccare (*Luc.* VIII). » Porro « fides sine operibus mortua est (*Jac.* II). » Vivit autem fides illa, quæ per dilectionem operatur quia justus ex fide vivit (*Hebr.* X). » — « Non enim auditores legis, sed factores justi sunt apud Deum (*Rom.* II) : » — « quia si quis auditor est verbi, et non factor, hic comparabitur viro consideranti vultum nativitatis suæ in speculo. (*Jac.* I). »

Propterea nec fides sufficit sine prudentia, nec

prudentia sufficit sine fide. Oportet igitur ut sim fidelis et prudens; scriptum est enim : « Estote prudentes sicut serpentes (*Matth.* x). » O quam necessaria est mihi prudentia, ut rationabile sit obsequium meum (*Rom.* xii), » ut nesciat sinistra mea quid faciat dextra mea (*Matth.* vi) : ut sic discernam inter lepram et non lepram, inter bonum et malum, inter lucem et tenebras, inter sanctum et profanum : ne dicam malum bonum, vel bonum malum (*Deut.* xvii) : ne ponam tenebras lucem, vel lucem tenebras (*Isa.* v) : ne mortificem animas quæ non moriuntur, vel vivificem animas quæ non vivunt (*Ezech.* xii). Recte igitur inter ornamenta pontificalia *logion* præcipue commendatur, quod quadrangulum erat duplex : et pontificis ratio, quam et loco præsignabat et nomine, debet discernere inter quatuor, inter verum et falsum, ne deviet in credendis : inter bonum et malum, ne deviet in agendis. Debet discernere pro duobus, pro se videlicet et populo, ne, si cæcus cæcum duxerit, ambo in foveam cadant (*Matth.* xiii). « Erat quadrangulum propter quadrifarium intellectum, quem pontifex in Scripturis debet habere, historicum, allegoricum, tropologicum, et anagogicum. Erat et duplex, propter geminum testamentum, quod pontifici non expedit ignorare; quia «littera occidit, spiritus autem vivificat (*II Cor.* iii).» Quadrangulum, propter Novum Testamentum, quod in quatuor Evangeliis continetur : duplex etiam, propter Vetus, quod in duabus tabulis exaratur. O quanta debet esse illa una prudentia, quæ compellitur ad omnem prudentiam respondere, quæstionum nodos dissolvere, dubitationum abdita reserare, causarum merita pandere : judiciorum ordines observare, Scripturas exponere, populis prædicare, inquietos corripere, debiles confortare, hæreticos confundere, catholicos confirmare. « Quis est hic, et laudabimus eum? (*Eccli.* xxxi.) » Ideo Dominus signanter ait : « Quis putas est fidelis servus et prudens? (*Matth.* xxiv.) ». Talis debet esse, qui super familiam constituitur. Equidem constitutus sum super familiam, ut sicut excellentissimus mihi est locus, ita sit et excellentissimum meritum. Verum ad magnam potentis Domini laudem accedit, quod per vilem servum suum beneplacitum operatur, ut nihil ascribatur humanæ virtuti, sed totum attribuatur divinæ potentiæ. Quis autem sum ego, aut quæ domus patris mei, ut sedeam excellentior regibus et solium gloriæ teneam ? Mihi namque dicitur in Propheta : « Constitui te super gentes et regna, ut evellas et destruas et disperdas et dissipes, et ædifices et plantes (*Jer.* i). » Mihi quoque dicitur in Apostolo : « Tibi dabo claves regni cœlorum, et quodcunque ligaveris super terram, erit ligatum et in cœlis, etc. (*Matth.* xvi). » Cum omnibus apostolis loqueretur, particulariter dixit : « Quorum remiseritis peccata, remittuntur eis, et quorum retinueritis retenta sunt (*Joan.* xx). » Cum autem soli Petro loqueretur, universaliter ait : Quodcunque ligaveris super terram, erit ligatum et in cœlis, etc. ; » quia Petrus ligare potest cæteros, sed ligari non potest a cæteris. « Tu, inquit, vocaberis Cephas (*Joan.* i),» quod exponitur *caput;* quia sicut in capite consistit omnium sensuum plenitudo, in cæteris autem membris pars est aliqua plenitudinis : ita cæteri vocati sunt in partem sollicitudinis, solus autem Petrus assumptus est in plenitudinem potestatis. Jam ergo videtis quis iste servus, qui super familiam constituitur, profecto vicarius Jesu Christi, successor Petri, Christus Domini, Deus Pharaonis : inter Deum et hominem medius constitutus, citra Deum, sed ultra hominem : minor Deo, sed major homine : qui de omnibus judicat, et a nemine judicatur : Apostoli voce pronuntians, « qui me judicat, Dominus est (*I Cor.* iv). » Verum officium servitutis humiliet, quem fastigium sublimitatis exaltat, ut humilis sublimitas sit, et sublimis humilitas ; nam « superbis Deus resistit, humilibus autem dat gratiam (*Jac.* iv). » — « Qui se humiliat, exaltabitur ; et qui se exaltat, humiliabitur (*Luc.* xiv). » — « Omnis vallis implebitur, et omnis mons et collis humiliabitur (*Isai.* xl). » Salubre consilium : « Quanto major es, humilia te in omnibus (*Eccli.* iii). » Et : « Principem te constituerunt, noli extolli, sed esto in illis quasi unus ex illis (*Eccli.* xxxii). » — « Hæc est lucerna posita super candelabrum (*Eccli.* xxvi), ut oves qui in domo sunt videant (*Matth.* v). » Porro, « si lumen hoc tenebræ fiant, ipsæ tenebræ quantæ erunt ? (*Matth.* vi). » — « Hic est sal terræ. Quod si sal evanuerit, in quo salietur ? (*Matth.* v). » Ad nihilum valet ultra, nisi ut mittatur foras, et conculcetur ab hominibus. Unde cui plus committitur, plus ab eo exigitur ; plus enim habet unde possit vereri, quam unde valeat gloriari : redditurus Deo rationem, non solum pro se, sed pro omnibus qui sunt suæ curæ commissi. At omnes omnino qui sunt de familia Domini, sub ejus cura constituti sunt ; non enim distinguit inter hanc atque illam familiam, nec pluraliter dicitur : Super familias, tanquam multas : sed singulariter dicitur : *Super familiam*, tanquam unam, ut sit unum ovile et unus pastor (*Joan.* x). » — « Una est, inquit, columba mea, perfecta mea (*Can.* vi); » una quoque « tunica inconsutilis, quæ divisa non fuit (*Joan.* xix). » Una tantum exstitit arca, intra quam quicunque fuerunt, « sub uno rectore leguntur in cataclysmo salvati. Qui autem extra ipsam inventi sunt, omnes in diluvio perierunt (*Gen.* vi). »

Ad hoc autem est *super familiam* constitutus, *ut det illi cibum in tempore*. Primatum Petri Dominus Jesus Christus et ante passionem, et circa passionem, et post passionem constituit. Ante passionem cum dixit : « Tu es Petrus, et super hanc petram ædificabo Ecclesiam meam, et quodcunque ligaveris super terram, erit ligatum et in cœlis : et quodcunque solveris super terram, erit solutum et in cœlis (*Matth.* xiv). » Circa passionem cum ait :

« Simon, Satanas expetivit vos, ut cribraret sicut triticum : ego autem rogavi pro te, ut non deficiat fides tua : et tu aliquando conversus, confirma fratres tuos (*Luc.* XXII). » Post passionem vero, cum tertio præcepit : Si diligis me, pasce oves meas (*Joan.* XXI). » In primo sublimitas potestatis, in secundo constantia fidei, et in tertio pastura gregis exprimitur : quæ circa Petrum in hoc loco manifestissime declarantur. Constantia fidei, cum dicitur : *Constituit super familiam.* Pastura gregis, cum dicitur : *Ut det illi cibum.* Cibum dare tenetur, videlicet exempli, verbi, sacramenti. Quasi dicat : Pasce exemplo vitæ, verbo doctrinæ, sacramento eucharistiæ. Exemplo actionis, verbo prædicationis, sacramento communionis. De primo Veritas dicit : « Meus cibus est, ut faciam voluntatem ejus, qui me misit (*Joan.* IV); » de secundo Scriptura dicit : Cibavit eum pane vitæ et intellectus, et aqua sapientiæ salutaris potavit illum (*Eccli.* XV) ; » de tertio Dominus inquit : « Caro mea vere est cibus, et sanguis meus vere est potus (*Joan.* VI). » Cibum exempli teneor dare familiæ, ut luceat lux mea coram hominibus, quatenus videntes opera mea bona, glorificent Patrem vestrum qui in cœlis est (*Matth.* V). » — « Nemo enim accendit lucernam, et ponit eam sub modio, sed super candelabrum, ut luceat omnibus qui in domo sunt (*ibid.*). » Propter quod alibi Dominus ait : « Sint lumbi vestri præcincti, et lucernæ ardentes in manibus vestris (*Luc.* II). » Cortina cortinam trahat, et qui audit, dicat : *Si enim sacerdos qui est unctius, peccaverit, facit delinquere populum.* Nam

Omne animi vitium tanto conspectius in se
Crimen habet, quanto qui peccat major habetur.
(JUVENALIS).

Sed et cibum verbi teneor dare familiæ, ut talentum acceptum erogando multiplicem, quatenus opus evangelistæ perficiam. Quia, juxta verbum Apostoli, « non misit me Deus baptizare, sed evangelizare (*I Cor.* XIII) : » ut catelli edant de micis, quæ cadunt de mensa dominorum suorum ; quia « non in solo pane vivit homo, sed in omni verbo, quod procedit de ore Dei (*Matth.*V). » Ne forte propter me, imo verius contra me, illud dicatur : «Parvuli petierunt panem, et non erat qui frangeret eis (*Thren.*IV).»

Cibum quoque sacramenti teneor dare familiæ, ut in eo vitam accipiat, et ex ea mortem evadat, ipso dicente : « Ego sum panis vivus, qui de cœlo descendi : si quis manducaverit ex hoc pane, vivet in æternum. Et panis quem ego dabo, caro mea est pro mundi vita. Quia nisi manducaveritis carnem Filii hominis, et biberitis ejus sanguinem, non habebitis vitam in vobis (*Joan.* VI). » Hunc triplicem cibum dare quidem teneor, sed in tempore ; quia, juxta proverbium Salomonis : « Omnia bona in tempore suo (*Eccli.* III). » Prius teneor dare cibum exempli, deinde cibum verbi, ut digne dem cibum sacramenti. Quia « cœpit Jesus facere et docere, nobis relinquens exemplum, ut sequamur vestigia ejus (*Act.* I). » — « Qui peccatum non fecit, nec inventus est dolus in ore ejus (*I Petr.* II).» Nam « qui fecerit et docuerit, magnus vocabitur in regno cœlorum (*Matth.* V). » Propter quod a tunica pontificali dependebant mala granata cum tintinnabulis aureis (*Exod.* XXVIII). Si enim docuero et non fecero, recte mihi dicetur : « Medice, cura teipsum (*Luc.* IV). » Et : « Hypocrita, ejice primum trabem de oculo tuo, et tunc ejicies festucam de oculo fratris tui (*Matth.* VII). » — « Qui prædicas non furandum, furaris? Qui prædicas non mœchandum, mœcharis ? (*Rom.* II.) » Peccatori autem dixit Deus : « Quare tu enarras justitias meas, et assumis testamentum meum per os tuum? (*Psal.* XLIX). » Certe cujus vita despicitur, restat ut prædicatio ejus contemnatur. « Omnibus omnia factus sum, dicit Apostolus, ut omnes lucrifacerem (*I Cor.* IX). » — « Gaudere cum gaudentibus, flere cum flentibus, ut rationabile sit obsequium nostrum (*Rom.* XII). » — « Sapientiam loquimur inter perfectos. Inter vos autem nihil judicavi me scire, nisi Jesum Christum, et hunc crucifixum (*I Cor.* II). » — « Tanquam parvulis in Christo lac vobis potum dedi, non escam. Perfectorum enim solidus est cibus (*I Cor.* III).» Probet ergo seipsum homo, et sic de pane illo edat, et de calice bibat : quoniam « qui manducat indigne, judicium sibi manducat, non dijudicans corpus Domini (*I Cor.* XI). »

Ecce, fratres et filii, cibum verbi de mensa sacræ Scripturæ vobis proposui comedendum, hanc a vobis recompensationem exspectans, hanc a vobis vicissitudinem postulans, ut puras manus sine disceptatione levetis ad Dominum, et petatis in oratione credentes, quatenus hoc apostolicæ servitutis officium, quod est meis debilibus humeris importabile, digne me faciat adimplere, ad gloriam nominis sui, ad salutem animæ meæ, ad profectum universalis Ecclesiæ, ad utilitatem totius populi Christiani, Jesus Christus Dominus noster, qui est super omnia Deus benedictus in sæcula sæculorum. Amen.

SERMO III.
IN CONSECRATIONE PONTIFICIS.

De quatuor speciebus desponsationum, et præconiis Romanæ Ecclesiæ ; de spirituali conjugio episcopi cum Ecclesia sua, et bonis conjugii.

Qui habet sponsam, sponsus est. Amicus autem sponsi, qui stat et audit eum, gaudio gaudet propter vocem sponsi (*Joan.* III).

Paranymphus ait ista de sponso, vox de Verbo lucerna de sole, Joannes de Christo. Sponsus enim est Christus, et sponsa quam habet Ecclesia.

illo dicit David : « In sole posuit tabernaculum suum (*Psal.* xviii), » etc. De sponsa loquitur Salomon : « Vulnerasti cor meum, soror mea, sponsa mea (*Cant.* vi). » Quatuor enim species desponsationum nos distinxisse meminimus in libello, quem edidimus de quadripartita specie nuptiarum. Et primam, inter virum et legitimam feminam : secundam, inter Christum et sanctam Ecclesiam : tertiam, inter Deum et animam justam : quartam, inter Verbum et humanam naturam. De primis nuptiis protoplastus evigilans prophetavit : « Propter hoc relinquet homo patrem et matrem, etc. (*Marc.* x), » de secundis nuptiis Joannes in Apocalypsi loquitur : « Veni, ostendam tibi novam nuptam sponsam Agni (*Apoc.* xxi) ; » de tertiis nuptiis ait Dominus per prophetam : « Sponsabo te mihi in justitia et judicio, in misericordia et miserationibus (*Ose.* ii) ; » de quartis nuptiis sponsa dicit in Canticis canticorum. « Egredimini, filiæ Jerusalem, et videte regem Salomonem in diademate, etc. (*Cant.* iii). » In hac quadripartita specie nuptiarum, quiddam et admiratione pariter et veneratione dignissimum reperitur. Per primas efficitur, ut sint duo in carne una : per secundas efficitur, ut sint duo in uno corpore : per tertias efficitur, ut sint duo in uno spiritu : per quartas efficitur, ut sint duo in una persona. De primis namque testatur auctoritas : « Erunt duo in carne una (*Gen.* ii). » Propterea Veritas intulit : «Itaque jam non sunt duo, sed una caro (*Matth.* xix). » De secundis dicit Apostolus : « Omnia membra corporis cum sint multa, unum tamen corpus sunt in Christo (*I Cor.* xiii). » Propter quam unionem idem alibi subdit : «Etenim omnes nos in unum corpus baptizati sumus (*ibid.*). » De tertiis vero dicit Scriptura : « Qui adhæret Deo, unus spiritus est cum eo (*I Cor.* vi). » Propter quam unionem Joannes apostolus ait: « Qui manet in charitate in Deo manet, et Deus in eo (*I Joan.* iv). » De quartis fides catholica confitetur, quod sicut anima rationalis et caro unus est homo, ita Deus et homo unus est Christus. Propter quam ineffabilem unionem Evangelista testatur : «Verbum caro factum est, et habitavit in nobis (*Joan.* i). » Primam ergo unionem recte carnalem, secundam sacramentalem, tertiam spiritualem, et quartam personalem. Carnalem, ut diximus, inter virum et legitimam feminam : sacramentalem, inter Christum et sanctam Ecclesiam : spiritualem, inter Deum et justam animam : personalem, inter Verbum et humanam naturam. Ergo *qui habet sponsam, sponsus est : amicus autem sponsi stat, et gaudio gaudet propter vocem sponsi.* Ego factus sum amicus Sponsi, cui Sponsus amicabiliter ait : « Amice, ascende superius (*Luc.* xxiv); » illius successor effectus, qui terna responsione dixit Sponso : « Domine, tu scis quia amo te (*Joan.* xxi). » Utinam amem Sponsum, sicut amatus sum a Sponso ! Quid enim ultra mihi facere potuit, in quo valuit me plus amare? Accumulavit enim in me bona naturæ, multiplicavit in me munera gratiæ, contulit mihi spiritualia beneficia, superaddidit temporalia, spero quidem quod donabit æterna : « Si gloriari oportet, non expedit quidem (*II Cor.* xii); » quia « cui plus committitur, plus ab eo exigitur (*Luc.* xii), » juxta regulam veritatis. Stans itaque gaudeo propter vocem ejus; sed propter quam vocem ? An propter illam quam dixit mihi in Petro : « Tibi dabo claves regni cœlorum ? et quodcunque ligaveris super terram, erit ligatum et in cœlis? (*Matth.* xvi.) » An propter illam quam mihi locutus est in propheta : « Constitui te super gentes, ut evellas et destruas et ædifices et plantes ? (*Jer.* 1.) » Sed propter hanc vocem magis mihi timendum est, quam gaudendum. Scio namque, qui dixit : « Judicium durum fiet his qui præsunt (*Sap.* vi), » et ideo monet et dicit Scriptura : « Quanto major es, humilia te in omnibus (*Eccli.* iii). » — « Principem te constituerunt, noli extolli, esto in illis quasi unus ex illis (*Eccli.* xxxii); » et Dominus in Evangelio : « Qui major est inter vos, erit omnium servus : et qui præcessor, tanquam ministrator (*Luc.* xxii). »

Et propter quam vocem mihi gaudendum est ? Propter illam utique, quam Dominus inquit apostolis : « Vobiscum ero omnibus diebus usque ad consummationem sæculi (*Matth.* xxviii). » Et specialiter Petro : « Simon, ecce Satanas expetivit ut cribraret vos sicut triticum, etc. (*Luc.* xxii). » Hæc est vox Sponsi, pro qua gaudeo; quia sicut prædicit Simoni pugnam, qui promittit victoriam, sic injungit officium, qui impendit auxilium. Pugnam prædicit, cum ait : « Satanas expetivit ut cribraret vos sicut triticum. » Victoriam promittit, cum addit : «Ego autem rogavi pro te, ut non desinat fides tua (*ibid.*). » Nam « hæc est victoria quæ vincit mundum, fides nostra (*I Joan.* v). » Officium injungit, cum dicit : « Confirma fratres tuos (*Luc.* xxii). » Auxilium impendit, cum ait : « Ego pro te rogavi, Petre (*ibid.*). »—«Exauditur enim in omnibus pro sua reverentia (*Hebr.* v). »—« Dominus mihi adjutor, non timebo quid faciat mihi homo (*Psal.* cxvii). »

Ergo *qui habet sponsam, sponsus est.* An non ego sponsus sum, et quilibet vestrum amicus sponsi ? Utique. Sponsus, quia habeo nobilem, divitem, et sublimem, decoram, castam, gratiosam, sacrosanctam, Romanam Ecclesiam : quæ, disponente Deo, cunctorum fidelium mater est et magistra. Hæc est Sara maturior, Rebecca prudentior, Lia fecundior, Rachel gratior, Anna devotior, Susanna castior, Judith animosior, Edissa formosior. « Multæ filiæ congregaverunt divitias, hæc autem sola supergressa est universas (*Prov.* xxxi). » Cum hac mihi sacramentale conjugium, cum hac mihi commercium nuptiale. Mira res, qui cœlibatum promisi, contraxi conjugium, sed istud conjugium non impedit cœlibatum, nec fecunditas hujus conjugis tollit virginitatis castitatem. Placuit in cœlibatu Joannes, placuit in conjugio Abraham,

Utinam ego placeam in utroque, ut utriusque manipulos cum exsultatione portem! Solet dici carnale conjugium, quod est inter virum et feminam, initiatum, ratum, et consummatum. Initiatum in desponsatione, ratum in consensu, consummatum in copula. Sic et spirituale conjugium, quod est inter episcopum et Ecclesiam, initiatum dicitur in electione, ratum in confirmatione, consummatum in consecratione. Illud autem conjugium, quod ego Sponsus cum hac mea sponsa contraxi, simul fuit initiatum et ratum : quia Romanus pontifex cum eligitur, confirmatur, et cum confirmatur, eligitur. Nonne recolitis quod de ipso legistis in canone? Quoniam electus, sicut papa verus, auctoritatem obtinet regendi Romanam Ecclesiam, et disponendi omnes facultates illius. Certe cum ego contraherem, filius ducebat matrem in conjugem : ubi vero contraxi, pater habuit filiam in uxorem. In carnali conjugio excluduntur propinqui, et admittuntur extranei; sed in spirituali conjugio prima facie regulariter excluduntur extranei, et admittuntur propinqui. De propinquis excludendis in carnali conjugio, legistis in canone cautum : « Omnes affinitate propinquos ad conjugalem copulam accedere denegamus. » De extraneis autem a spirituali conjugio excludendis canonica tradit auctoritas, ut sit facultas clericis remittendi, si se viderint praegravari, et quos sibi ingeri ex adverso contigerit, non timeant refutare. Propterea reperitur cautum in canone, ut in apostolatus culmine de carnalibus presbyteris aut diaconis nemo consecretur.

Anniversarium ergo diem, quo fuit hoc conjugium spirituale consummatum, hodie mecum primum celebratis, licet ipso die fuerim in sede apostolica consecratus, quo beatus Petrus apostolus in episcopali fuit cathedra constitutus. Sed sicut lux solis, lucem stellae secum videri non patitur : sic illa solemnitas hanc secum non sustinet celebrari. Cedit ergo minor majori, quia minor majori succedit. Ego igitur conjugium contraxi, consecratione nuptias celebravi.

Tria vero principaliter sunt bona conjugii, fides, proles, et sacramentum. Fides ad castitatem, proles ad fecunditatem, sacramentum ad stabilitatem refertur. Tantam enim fidem Romanus pontifex et Romana Ecclesia sibi semper invicem servaverunt, ut eis congrue valeat coaptari, quod Veritas inquit in Evangelio : « Cognosco oves meas, et cognoscunt me meae (*Joan.* x) : » alienum non sequuntur sed fugiunt, quia non noverunt vocem alienorum. Alieni autem sunt haeretici et schismatici, quos Ecclesia Romana non sequitur, sed persequitur et fugat. Suum autem cognoscunt et audiunt, non apostaticum, sed apostolicum : non Catarum, sed catholicum, recipiens et reddens debitum conjugale, recipiens ab eo debitum providentiae, et reddens debitum reverentiae. Quia « vir non habet potestatem sui corporis, sed mulier. Similiter mulier non habet potestatem sui corporis, sed vir (*I Cor.*

vii). » Porro, cum Ecclesia Romana debitum reverentiae nulli prorsus impendat, nisi Romano pontifici, qui post Deum alium superiorem non habet : quid est hoc, quod Romanus pontifex debitum providentiae non utique tantum Romanae Ecclesiae, sed omnibus omnino tenetur Ecclesiis exhibere? « Sapientibus et insipientibus debitor sum (*Rom.* i), » inquit Apostolus; et : « Instantia mea quotidiana sollicitudo omnium Ecclesiarum (*II Cor.* xi). » Quid judicatur ad paria, ut secundum quod legitur in Veteri Testamento, unus posset habere plures? Nonne legistis quod Abraham Saram habebat uxorem, quae tamen Agar famulam suam introduxit ad ipsum : nec commisit propter hoc adulterium, sed officium adimplevit (*Gen.* xvi). Sic et Romanus pontifex sponsam habet Romanam Ecclesiam, quae tamen Ecclesias sibi subjectas introducit ad ipsum, ut ab eo recipiant debitum providentiae : quia quanto plus redditur, tanto magis debetur. Sed nunc fit in spiritu, quod tunc fiebat in carne : quia « Spiritus est qui vivificat, caro non prodest quidquam (*Joan.* vi). » At nonne potest unus episcopatus habere duos episcopos, et unus episcopus duos episcopatus habere? Ne longe exempla petantur, unus et idem est Hostiensis et Vellucensis [f. Vercellensis] episcopus, ut utraque simul Ecclesia nupsit eidem. Rursus Hipponensis Ecclesia, quae conjuncta erat Valerio, ipso vivente etiam nupsit beato Augustino : qui non tam successit, quam accessit Valerio. Sed qua ratione possunt haec fieri salva lege conjugii, vos exquirite, quos delectat inquisitio quaestionum : me alia sollicitudo detinet occupatum. Contra hoc conjugium inter episcopum et Ecclesiam, ut religiosam prolem Christo generet, quatenus uxor illius sicut viris abundans in lateribus domus suae. « Filii sui sicut novellae olivarum, » etc. (*Psal.* cxxvii.) Propter quod dicit Apostolus: « Filioli mei, quos iterum parturio, donec formetur Christus in vobis (*Galat.* iv). » Et Lia, datis quondam mandragoris, « conduxit Jacob, ut ad illam intraret, quae concepit et peperit (*Gen.* xxx). » Eos autem quos Christus regenerat, doctrinis instruit salutaribus, et monitis informat honestis, « cibat eos pane vitae et intellectus, et potat eos aqua sapientiae salutaris (*Eccli.* xv). » — « Venite, inquit, et comedite panem meum, et bibite vinum meum, quod miscui vobis (*Prov.* ix). » Panem coelestem et calicem salutaris, de quo si quis gustaverit, vivet in aeternum : « Omne delectamentum in se habentem et omnis saporis suavitatem (*Sap.* xvi). » Sacramentum autem inter Romanum pontificem et Romanam Ecclesiam tam firmum et stabile perseverat, ut non nisi per mortem unquam ab invicem separentur; quia mortuo viro mulier, secundum Apostolum, « soluta est a lege viri (*Rom.* vii). » Vir autem iste alligatus uxori, solutionem non quaerit, non cedit, non deponitur; nam « suo domino aut stat, aut cadit (*Rom.* xiv). » — « Qui autem judicat, Dominus est (*I Cor.* iv). » Propter causam vero fornicationis Ecclesia Romana posset dimittere Romanum pontificem. Fornicationem non dico carnalem, sed spiritualem; quia non est carnale, sed spirituale conjugium, id est propter infidelitatis errorem; quoniam « qui non credit, jam judicatus est (*Joan.* III):» et in hoc articulo intelligitur, quod legitur in Evangelio, quod audistis: «Vos estis sal terræ, quod si sal evanuerit in quo salietur? (*Matth.* v.) » Ego tamen facile non crediderim, ut Deus permitteret Romanum pontificem contra fidem errare: pro quo spiritualiter oravit in Petro: « Ego, inquit, pro te rogavi, Petre, etc. (*Luc.* XXII), » Ergo *qui habet sponsam, sponsus est.* Hæc autem sponsa non nupsit vacua, sed dotem mihi tribuit absque pretio pretiosam, spiritualium videlicet plenitudinem et latitudinem temporalium, magnitudinem et multitudinem utrorumque. Nam cæteri vocati sunt in partem sollicitudinis, solus autem Petrus assumptus est in plenitudinem potestatis. In signum spiritualium contulit mihi mitram, in signum temporalium dedit mihi coronam; mitram pro sacerdotio, coronam pro regno, illius me constituens vicarium, qui habet in vestimento et in femore suo scriptum « Rex regum et Dominus dominantium (*Apoc.* XIX): sacerdos in æternum, secundum ordinem Melchisedech (*Psal.* CIX).» Amplam mihi tribuit dotem, sed utrum ego donationem aliquam sibi fecerim propter nuptias, vos videritis. Ego nolo asseverare jactanter. Ignorantem quæsivit, renitentem accepit; sed contradicentem in principio, sed consentientem in fine; quia solus consensus inter legitimas personas efficit matrimonium. Inde videtur contingere, quod licet mirabile videatur, quod aliquis possit esse alicujus Ecclesiæ, antequam sit sponsus ipsius: sicut aliquis posset esse alicujus Ecclesiæ sponsus, antequam pontifex esset illius. Cum enim per provisionem majoris injuste retinentibus juste datur episcopus, antequam in ipsum consentiant, utique pontifex est eorum propter auctoritatem concessionis. Sed videtur fortasse, quod nondum sit sponsus eorum propter defectum consensus, unde consentire teneatur, et cum eo conjugale fœdus inire. Cum autem per electionem accipitur, propter mutuum consensum eligentium et electi, utique sponsus eorum efficitur, præsertim cum electio confirmatur. Sed antequam consecretur, nec nomen pontificis, officium vindicabit. Sed an ita sit, sollicitudo nostra disquirat. Inter sponsam autem et virum, et inter sponsum et conjugem distingui potest in spiritualibus: quod sponsus appellatur electus ante confirmationem, videlicet antequam cognoscat, id est antequam administret; vir autem appellatur post confirmationem, et maxime post consecrationem, cum jam plenarie administrat. Vel potius, sponsus aut sponsa dicitur propter virginitatem, conjux propter fecunditatem. « Despondi enim, inquit Apostolus, vos uni viro virginem castam exhibere Christo (*II Cor.* XI). » Ergo *qui habet sponsam, sponsus est.* Vos autem fratres et filii, qui estis amici Sponsi, et gaudio gaudetis propter vocem Sponsi, puras manus sine disceptatione levetis ad Deum, et « corde puro et conscientia non ficta (*I Tim.* I) » in oratione precantes, ut ita reddam Ecclesiæ debitum conjugale, quod, veniente Sponso, a cum virginibus sapientibus merear accensis lampadibus ad nuptias introire (*Matth.* XXV). » Ipso præstante, qui est super omnia Deus benedictus in sæcula sæculorum. Amen.

SERMO IV.

IN CONSECRATIONE PONTIFICIS.

Quod doctori necessaria sit charitas et sapientia, et quale debeat esse sal in prælato: de duplici vanitate et evanescentium diversitate

Vos estis sal terræ. Quod si sal evanuerit, in quo salietur? Ad nihilum valet ultra nisi ut mittatur foras, et conculcetur ab hominibus (Matth. v*).*

Veritas, quæ falli non potest, et fallere non vult, terribile quoddam in verbis propositis et irrefragabile quoddam argumentum inducit, proponendo, assumendo, et concludendo. Proponit enim officium, assumit defectum, concludit tormentum. Officium proponit, cum ait: *Vos estis sal terræ.* Defectus assumit, cum addit: *Quod si sal evanuerit, in quo salietur?* Tormentum concludit, cum infert: *Ad nihilum valet ultra, nisi ut mittatur foras, et conculcetur ab hominibus.* Provideat ergo qui gerit officium, ne incurrat defectum, quia non evadet tormentum. « Potentes enim potenter tormenta patientur. Et judicium durum fiet his, qui præsunt (*Sap.* VI). Certe quanto major est excellentia, tanto gravior est ruina. Nam

Omne animi vitium tanto conspectius in se
Crimen habet, quanto qui peccat major habetur.
(JUVENALIS.)

Ait ergo Christus: *Vos estis sal terræ.* Inter virtutes et dona duo quasi præcipua sunt nobis principaliter necessaria, videlicet charitas et sapientia. Charitas ad informationem honestæ vitæ, sapientia vero ad eruditionem veræ doctrinæ, nam « *qui fecerit et docuerit, magnus vocabitur in regno cælorum.* « Cœpit enim Jesus facere et docere, nobis relinquens exemplum, ut sequamur vestigia ejus (*Act.* I). »

« Qui peccatum non fecit, » ut sit nobis honestas in vita, « nec inventus est dolus in ore ejus (*I Petr.* II), » ut sit veritas in doctrina. Unde a veste pontificali dependebant « malo granata, cum tintinnabulis aureis (*Exod.* xxviii) : » ne sine illis ingrediens sanctuarium moreretur. Sunt enim multi, de quorum numero utinam ipse non sim, qui dicunt, et non faciunt. « Alligant onera gravia et importabilia, et imponunt humeris hominum, digito autem suo nolunt ea movere (*Matth.* xxiii). » Sed dicitur tali : « Medice, cura te ipsum (*Luc.* iv). » — « Hypocrita, ejice primum trabem de oculo tuo, et tunc ejicies festucam de oculo fratris tui (*Matth.* vii). » — « Qui prædicas non furandum, furaris ? qui prædicas non mœchandum, mœcharis ? » (*Rom.* ii.) Hæc duo, videlicet charitas et sapientia, commendantur in sale : quod conficitur ex duobus, calore videlicet, et humore : quoniam humor calore densatur ut fiat sal. Per calorem enim charitas designatur, de qua Dominus ait : « Ignem veni mittere in terram, et quid volo, nisi ut ardeat ? » (*Luc.* xii.) — « Aquæ multæ nos possunt exstinguere charitatem (*Cant.* viii). » Per humorem autem intelligitur sapientia, de qua Salomon ait : « Aqua profunda verba ex ore viri : et torrens inundans est fons sapientiæ (*Prov.* xviii). » Pontifex ergo debet esse sal terræ, ut informet populum exemplo vitæ per charitatem, et instruat verbo doctrinæ per sapientiam.

Sal principaliter tria facit, cibos condit, carnes siccat, terram sterilem reddit. Ad primum spectat, quod beatus Job ait : « Nunquid comedi potest insulsum quod non est sale conditum ? » (*Job* vi) ad secundum pertinet, quod de pisce dicitur in Tobia : « Salierunt carnes ejus (*Tob.* vi) ; » ad tertium vero respicit, quod inquit Psalmista : « Posuit terram fructiferam in salsuginem a malitia inhabitantium in ea (*Psal.* cvi). » Talis debet esse sal in prælato, ut cibos condiat, carnes siccet, et terram sterilem reddat. Ut condat cibum doctrinæ, de qua Veritas ait : « Quis putas est fidelis servus et prudens, quem constituit dominus super familiam suam, ut det illi cibum in tempore ? » (*Matth.* xxiv) ut siccet carnem concupiscentiæ, de qua dicit Apostolus : « Caro concupiscit adversus spiritum, et spiritus adversus carnem (*Gal.* v). » Ut terram nequitiæ reddat sterilem, de qua dicit Dominus ad Adam : « Maledicta terra in opere tuo, spinas et tribulos germinabit tibi (*Gen.* iii). » Insulsus est cibus doctrinæ, qui non fuerit sapientiæ sale conditus, illius utique sapientiæ, de qua dicit Apostolus : « Christus est Dei virtus et Dei sapientia (*I Cor.* i). » Unde non bene sapit ulla doctrina, quæ Christum non resonat, qui est animæ sapor et suavitas et dulcedo. « Sit, inquit Apostolus, sermo vester sale conditus (*Colos.* iv). » Insipidus enim est sermo, qui sale sapientiæ spiritualis non conditur. Unde cum filii prophetarum dixissent ad Elizæum : « Ecce, habitatio civitatis hujus est optima,

sed aquæ pessimæ, sed et terra sterilis, ait illis : Afferte mihi vas novum, et mittite in illud sal. Et ait : Hæc dicit Dominus : Sanavi aquas has, et non erit in eis ultra mors, neque sterilitas (*IV Reg.* ii). » Elizæus Christus, civitas lex, aqua littera, sal sapientia, vas prædicator, terra Synagoga. Habitatio ergo civitatis hujus est optima, quia secundum Apostolum : « Lex sancta et mandatum sanctum (*Rom.* vii) : » sed aqua pessima est quia « littera occidit, spiritus autem vivificat (*II Cor.* iii) : » et ideo terra sterilis est, id est Synagoga infructuosa ; quia lex ad perfectum neminem adduxit. Vas novum est Evangelii prædicator, qualis fuit apostolus Paulus, de quo Dominus ait : « Vas electionis erit mihi iste (*Act.* ix). » Qui dicitur vas novum, propter novam doctrinam, de qua Veritas ait ; « Nemo mittit vinum novum in utres veteres (*Matth.* ix). » In hoc vase mittitur sal, de quo Dominus inquit apostolis : « Habete salem in vobis, et pacem habete inter vos (*Marc.* ix). » Ex hoc vase novo mittit Elizæus salem in fontem, ut sanet aquas, ne sit « in eis ultra mors neque sterilitas (*IV Reg.* ii) : » quoniam Christus per Evangelium prædicatores mittit in occidentem litteram : quia « Spiritus est qui vivificat, caro non prodest quidquam (*Joan.* ii). » Sic ad nuptias aquam convertit in vinum, et velamen tollit de facie Moysi, ut revelata facie gloriam Domini contempletur. Debet enim prælatus non solum cibos condire, sed et carnes siccare : ut castiget corpus suum, et in servitutem redigat (*I Cor.* ix), ne forte, cum aliis prædicaverit, ipse reprobus fiat : quia nisi fluxus carnalis concupiscentiæ desiccetur, profecto carnalis homo tanquam jumentum in stercore computrescit, et quasi quatriduanus fœtet in monumento. Propterea Psalmista dicebat : « Confige timore tuo carnes meas, a judiciis enim tuis timui (*Psal.* cxviii). » Optimus clavus est timor, qui carnem cruci affigit: Juxta quod legitur : « Crucifixerunt membra sua cum vitiis et concupiscentiis (*Gal.* v) : » quia « timor Domini peccatum expellit (*Eccl.* i) ; » de quo rursus dicitur per Prophetam : « A timore tuo, Domine, concepimus et peperimus spiritum salutis (*Psal.* xxvi). » Legitur etiam quod reges victores, urbes destructas salibus seminabant, ne quod in eis germen ulterius oriretur. Reges victores, sunt sancti prædicatores, de quibus inquit Apostolus : « Sancti per fidem vicerunt regna (*Hebr.* ii). » Urbes destructæ, sunt gentes ad fidem conversæ, a quibus regnum diaboli est destructum, de qua destructione Dominus loquitur per prophetam : « Constitui te super gentes et super regna, ut evellas et destruas et dissipes, et disperdas (*Jer.* i). » Has igitur urbes destructas debemus sale seminare, ne quid in eis germen ulterius oriatur, ne de cætero germinet spinas et tribulos vitiorum. Hinc ergo Dominus in lege præcipit : « In omni sacrificio sal offeres (*Levit.* ii), » id est in omni quod dices aut facies, adhibe sapientiam, ne quid offeras Domino insipidum vel insulsum.

Quod si sal evanuerit, in quo salietur? Duplex est vanitas: una naturæ, quæ est mutabilitas conditionis, altera culpæ, quæ est vitium et peccatum. De prima dicit Apostolus : « Vanitati subjecta est creatura non volens (*Rom.* XVIII); » et : « Vanitas vanitatum, et omnia vanitas, inquit Ecclesiastes (*Cap.* I). » Item Psalmista : « Universa vanitas omnis homo vivens (*Psal.* XXXVIII). » De secunda dicitur ab eodem : « Filii hominum usquequo gravi corde, ut quid diligitis vanitatem, et quæritis mendacium? » (*Psal.* IV.) Et iterum : « Mendaces filii hominum in stateris, ut decipiant ipsi de vanitate in idipsum (*Psal.* LXXI); » item, « quia defecerunt in vanitate dies eorum, et anni eorum cum festinatione (*Psal.* LXXVII). » Primam vanitatem nullus evadit, juxta quod de beato Job legitur : « Homo natus de muliere brevi vivens tempore, repletur multis miseriis. Qui quasi flos egreditur et conteritur, et fugit velut umbra (*Job* XIV). » Ad secundam vero vanitatem pertinet, quod Dominus ait : *Si sal evanuerit, in quo salietur?* Ac si diceret : Si prælatus fuerit dissolutus in vitium, a quo populus instruetur? Porro, quidam evanescunt in corde, quidam in ore, quidam in opere. In corde, qui male credunt; in ore, qui male docent; in opere, qui male vivunt. De primis dicit Apostolus : « Evanuerunt in cogitationibus suis, et obscuratum est insipiens cor eorum (*Rom.* I); » de secundis dicit Psalmista: « Vana locuti sunt unusquisque ad proximum suum, labia dolosa in corde, et in corde locuti sunt mala (*Psal.* II); » de tertiis vero Salomon ait : « Vidi cuncta quæ fiunt sub sole, et ecce universa vanitas: » quia perversi difficile corriguntur, et stultorum infinitus est numerus. »

Quidam autem evanescunt solummodo ad humorem, quidam solummodo ad calorem pariter et humorem. Ad calorem evanescunt, qui dissolvuntur per spirituales cupiditates, ut per iram vel per invidiam, de quibus legitur : « Exarserunt in concupiscentiis suis, inflammati a gehenna (*Dan.* XIII). » Ad humorem evanescunt, qui dissolvuntur per carnales concupiscentias, ut per gulam et per luxuriam; de quibus legitur: « Behemoth dormit in locis humentibus, fiduciam habens, quod influat Jordanis in os ejus (*Job* XL). » Ad calorem pariter et humorem evanescunt, qui simul et per spirituales cupiditates et per carnales concupiscentias dissolvuntur, de quibus, ut pœna sit similis culpæ, dicit Scriptura : « De aquis nivium transibunt ad calorem nimium (*Job* XXIV). » De illis dicit David : « Super eos cecidit ignis, et non viderunt solem (*Psal.* LVII). » De istis inquit Jacob : « Effusus es sicut aqua, non crescas : quoniam ascendisti cubile patris tui (*Gen.* XLIX). » Si taliter *evanuerit sal* in prælato, *in quo* populus *salietur?* Quasi dicat : In nullo, quia, juxta testimonium legis divinæ, *si sacerdos, qui est unctus, peccaverit, facit delinquere populum* (*Levit.* IV). Peccatum ergo prælati et aliis damnosum, et sibi est periculosum.

Damnosum aliis, quia *si sal evanuerit, in quo salietur?* Periculosum sibi; quoniam *ad nihilum valet ultra, nisi ut mittatur foras,* id est ab officio deponatur: *et conculcetur ab hominibus,* id est a populo contemnatur. Vel *mittatur foras, et conculcetur ab hominibus,* id est ut excommunicetur et evitetur. Vel *mittatur foras*; quia peccavit in se ; *et conculcetur ab hominibus :* quia peccavit in proximum. Qualiter ergo de quolibet alio prælato possit intelligi, satis apparet; sed qualiter intelligi debeat de Romano pontifice, non est adeo manifestum. Servus enim, secundum Apostolum, « suo domino stat aut cadit (*Rom.* XIV). » Propter quod idem Apostolus ait : « Tu quis es, qui judicas alienum servum? » (*Ibid.*) Unde cum Romanus pontifex non habeat alium dominum nisi Deum, quantumlibet evanescat, quis potest eum foras mittere, aut pedibus conculcare? cum illi dicatur : « Collige causam tuam in sinum tuum? » Verum non frustra sibi blandiatur de potestate, neque de sublimitate vel honore temere glorietur; quia quanto minus judicatur ab homine, tanto magis judicatur a Deo. Minus dico; quia potest ab hominibus judicari, vel potius judicatus ostendi, si videlicet evanescat in hæresim; quoniam « qui non credit, jam judicatus est (*Joan.* III). » In hoc siquidem casu debet intelligi de illo, *quod si sal evanuerit, ad nihilum valet ultra, nisi ut mittatur foras, et conculcetur ab hominibus.* Quid est quod dicit : *Ad nihilum valet ultra?* Nonne quacunque hora peccator conversus fuerit et ingemuerit, vita vivet et non morietur, ait Dominus? (*Ezech.* XVIII.) Nonne pastor, dimissis nonaginta novem ovibus in deserto, venit quærere centesimam quæ perierat, et inventam humeris reportavit? (*Luc.* XV). Nonne mulier accendit lucernam et domum evertit, ut dragmam perditam inveniret? (*Ibid.*) Et ad utramque parabolam Dominus intulit : Quia « majus gaudium est angelis Dei super uno peccatore pœnitentiam agente, quam super nonaginta novem justis, qui pœnitentia non indigent (*Ibid.*). » Nonne David evanuit, cum adulterium et homicidium perpetravit? et tamen non est foras ejectus, nec ab hominibus conculcatus, sed peccato dimisso remansit in regno (*II Reg.* II). Nonne Petrus evanuit, qui tertio Christum negavit? et tamen non solum apostolatum non perdidit, sed etiam principatum accepit (*Matth.* XXVI). Quid est ergo quod dicit : *Quod si sal evanuerit, ad nihilum valet ultra, nisi ut mittatur foras, et conculcetur ab hominibus?* Verum aliud est evanescere in agendis, et aliud est evanescere in credendis. Qui evanescit in opere, dummodo non evanescat in fide, si pœnituerit, semper reparatur ad gratiam, et sæpe restauratur ad gradum; qui autem evanescit in fide, ut fiat hæreticus aut apostata, reparari quidem potest ad gratiam, sed difficile restauratur ad gradum; quia remanet cicatrix ex hujusmodi lepra contracta, Petrus enim non corde, sed ore negavit. Ne autem evanescat sal in me, quod damnosum nimis et periculosum existeret, vos fratres et filii, apud misericordissimum Patrem piis precibus implorctis, ut ipse qui beato Petro prædixit : « Ego pro te rogavi, Petre, ut non deficiat fides tua : et tu aliquando conversus, confirma fratres tuos (*Luc.* xxii) : » in me successore suo immerito et indigno fidem illam confirmet, quæ per dilectionem operatur, ad gloriam nominis sui, ad salutem animæ meæ, ad profectum universalis Ecclesiæ, Jesus Christus Dominus noster, qui est super omnia Deus benedictus in sæcula sæculorum. Amen.

SERMO V.

AD CLAUSTRALES (26).

Ad claustrales loquens Scriptura ait : « Ecce quam bonum et quam jucundum habitare fratres in unum ! » (*Psal.* cxxxii.) Et alibi Psalmista ait in persona claustralium : « Unam petii a Domino, hanc requiram, ut inhabitem in domo Domini omnibus diebus vitæ meæ (*Psal.* xxvi). » Cum apud naturalem philosophum unitas celeberrimis adnotetur mysteriis, apud theologum non minoribus subjacet sacramentis. Sine unitate spirituali nec in præsenti gratia habetur, nec in futuro gloria confertur; sine unitate omnis exsufflatur religio ; sine unitate languescit superna dilectio ; sine unitate fides perit ; sine unitate obedientia deficit. Unitas in divinis parat consonantiam, in angelis concordiam, in Ecclesiis obedientiam.

Triplex est unitas; est enim unitas supercœlestis, unitas cœlestis, unitas subcœlestis. Unitas supercœlestis est in concordia Trinitatis, ubi est unitas uniens et unita; et est ibi unitas uniens nec unita, et etiam unita non uniens. Unitas uniens et unita, est Spiritus sanctus qui Patrem unit cum Filio ; unde dicitur unum Patri cum Filio ; et alibi dicitur esse osculum et amor Patris et Filii. Et est unita, quia unitur Patri cum Filio, mediante divina natura. Unitas uniens non unita est divina natura, quia tres personas sibi invicem unit, sed ipsa eis non unitur, quia ipsa non est persona. Unitas unita non uniens est Pater, quia unitur Filio et Spiritui sancto; sed neuter eorum cum eo. De unitate uniente et unita dicitur : « Nunc sancte nobis Spiritus unum Patri cum Filio. » De unitate non unita dicitur : « In Patre unitas, etc. »

Unitas cœlestis in angelorum concordia est, et est triplex unitas, unitas naturæ, unitas gratiæ, unitas gloriæ. Unitas naturæ, quia omnes sunt spiritus administratorii; unitas gratiæ, quia sunt in gratia confirmati; unitas gloriæ, quia omnes sunt in æterna beatitudine glorificati. In hac triplici unitate est diversitas in dignitatum magisteriis, in officiorum ministeriis, in cognoscendis arcanorum mysteriis. Est ibi concors dissonantia, consonans discordia, diversa unitas, unita diversitas, dissensus consentiens, diversitas uniens. Unitas vero subcœlestis in Ecclesia esse debet, et trina ; unitas fidei, **unitas charitatis, unitas obedientiæ**, ut inferiores superioribus obediant, superiores minoribus moderata consuetudine condescendant. Ad insinuandum hujus unitatis meritum, unus qui descendebat in piscinam salvabatur (*Joan.* v), unus filius viduæ suscitatur (*Luc.* vii), arca in uno cubito consummatur (*Gen.* vi). Ad annuntiandum David victoriam unus mittitur (*II Reg.* i). Unus nuntians Job mortem filiorum a periculo liberatur. Omnia quæ ad ecclesiasticam unitatem pertinent, amplectitur unitas. Omnia informat singularitas. Est enim « unus Deus, una fides, unum baptisma (*Ephes.* iv), » una lex, unus rex, una gratia, una gloria.

Inter claustrales autem similiter debet esse trina unitas, unitas religionis, unitas possessionis, unitas charitatis. Unitas religionis, ut sint uniformes in habitu, uniformes in victu, uniformes in jejuniis, uniformes in vigiliis. Sed quidam anomali se a regula hujus unitatis excipiunt, cupientes se mollioribus accumbere stratis, paucioribus interesse vigiliis, modico vel nullo uti silentio, delicatioribus vesci cibis. Quidam enim monachi vilem habitum quoquo modo insigniunt, aut pulveris excussione, aut quadam partium eleganti dispositione, quia aut pedes in calceis arctius ponunt, aut manicas stringunt, aut capucium super aures reflectunt; cibos pro posse suo delicatiores appetunt, et in quantum possunt, si non materiam, saltem mutant formam ; quia si unus vult fabas vel alios cibos tenues parari uno modo, alius vult alio. Quidam silentia frangunt, etsi non verbis, saltem signis, et sic fabulas verborum redimunt pluritate signorum. Quidam vigilias aut intermittunt, aut intercidunt.

Unitas etiam debet esse in possessione, ut omnia sint communia ; nihil enim proprium debet habere monachus in possidendo, quia nec proprium debet habere in volendo. Quod autem nihil debeat habere proprium in re, intelligat exemplo Ananiæ qui ad pedes Petri exspiravit quia proprium retinuit (*Act.* v). Et ad instructionem claustralium dicit Dominus : « Nisi quis renuntiaverit omnibus quæ possidet, non potest meus esse discipulus (*Luc.* xiv). » Nec sufficit propriis abrenuntiare in re, nisi abrenuntient etiam voluntate. Unde et Petrus de hac abrenuntiatione voluntatis ait : « Ecce nos reliquimus

(26) Ex edit. card. Maii.

omnia et secuti sumus te (*Matth.* xix). Claustralis ergo qui proprium habere desiderat, respicit cum uxore Lot (*Gen.* xix), manum ad aratrum mittit sed retrahit, cum Dina filia Jacob ornatus alienigenarum appetit (*Gen.* xxxviii). » Qui ergo communi actione possessionis aliquid proprium excipit, locum Judæ proditoris et furis emit. O claustralis qui multa reliquisti in mundo, noli ad mundum redire unius nummi desiderio; non capiat te unius nummi appetitus, quem non decepit divitiarum thesaurus. Timeas ne decipula diaboli capiat te in minimo, quæ non decepit in maximo.

Propriam etiam abjiciat monachus voluntatem, ut sicut communitas est religionis, ita sit in voluntate; ut non solum eis omnia sint communia quantum ad censum, verum etiam quantum ad sensum; ut omnes conveniant in una voluntate, omnes consentiant in una charitate; ut de eis vere possit dici: « Erat eis cor unum in Deo, et anima una (*Act.* iv). » Tenetur etiam claustralis habere unitatem charitatis, ut in proximi profectu suum inveniat; in proximi defectu suum lugeat. Sapientior minus peritum instruat, sanus ægroto condoleat, incolumis sano congaudeat; et sic vita claustralis imago sit vitæ cœlestis; ubi sicut in vita æterna in dispari claritate par gaudium, ita in claustrali in dispari charismate vicarium amoris vinculum. Ab hac triplici unitate claustralis monachus dicitur, quasi unitatis custos. Si primam unitatem non servat, fit anomalus; si secundam, apostata; si tertiam schismaticus.

Sit ergo in convictu claustrali unitas uniens et unita, id est prælatus subditos uniens auctoritate, subditus unitus charitate. Sit ibi unitas unita non uniens, id est subditus qui etsi alios non uniat, aliis tamen se charitate jungat. Sit ibi unitas uniens non unita, id est charitas, nulli tantum in præsenti se firmiter copulans. Sit in eis unitas naturæ, ut in se naturam diligant; sit unitas gratiæ, ut sibi invicem gratiam collatam impertiant; sit unitas gloriæ, ut una spe ad æternæ vitæ gloriam tendant. Sit unitas fidei, ne sint hæretici, sit unitas charitatis ne sint schismatici; sit unitas spei, ne sint specialiter obstinati; ut de eis possit dici: « Ecce quam bonum, » quantum ad hominum opinionem; « et quam jucundum , » quantum ad mentis delectationem, « habitare fratres in unum (*Psal.* cxxxii) » religionis, in unum possessionis, in unum charitatis! ut ad illam unitatem pervenire valeamus, de qua dicit Psalmista: « Unam petii a Domino, hanc requiram, ut inhabitem in domo Domini omnibus diebus vitæ meæ (*Psal.* xxvi). »

SERMO VI.

IN CONCILIO GENERALI LATERANENSI HABITUS(27).

Desiderio desideravi hoc pascha manducare vobiscum, antequam patiar, id est antequam moriar (*Luc.* xxii.)

Quia « mihi vivere Christus est, et mori lucrum (*Philip.* i), » non abnuo, si dispositum est a Deo, bibere calicem passionis, sive pro defensione fidei catholicæ, sive pro subsidio Terræ Sanctæ, sive pro statu ecclesiasticæ libertatis, mihi fuerit propinatus: quanquam desiderem in carne permanere, donec consummetur opus incœptum. Verumtamen non mea, sed Dei voluntas fiat. Et ideo dixi vobis: *Desiderio desideravi hoc pascha manducare vobiscum, antequam patiar.* Multa sunt et varia hominum desideria: quis ea sufficit explicare? Omnia tamen reduci possunt ad duo, spirituale videlicet et carnale: spirituale, quod de cœlestibus et æternis; carnale vero, de temporalibus et terrenis. De isto Propheta dicit in Psalmo: « Concupivit anima mea desiderare justificationes tuas in omni tempore (*Psal.* cxviii). » Et sponsa dicit in Canticis: « Sub umbra illius quem desideraveram sedi: et fructus ejus dulcis gutturi meo (*Cant.* ii). » De illo dicit apostolus: « Desideria carnis fugite, quæ militant adversus animam (*I Petr.* ii); » et alius: « Desiderium malignum longe fac a me (*Eccli.* xxiii). » Ego autem illius invoco testimonium, qui testis est in cœlo fidelis, quod non carnali, sed spirituali *desiderio desideravi hoc pascha manducare vobiscum*: non propter commoditatem terrenam, aut gloriam temporalem, sed propter reformationem universalis Ecclesiæ, ad liberationem potissimum Terræ Sanctæ: propter quæ duo principaliter et præcipue hoc sacrum concilium convocavi. Sed forte dicetis: Quid est hoc pascha quod desideras manducare nobiscum? Pascha namque diversis modis accipitur in Scripturis divinis. Pro die, unde: *Appropinquavit dies azymorum, qui dicitur pascha;* pro hora, unde: « Quartadecima ad vesperam pascha Domini est (*Levit.* iii); » pro agno, unde: *Venit dies azymorum, quando necesse erat occidi pascha;* pro azymo, unde: « Non introierunt prætorium, ut non contaminarentur, sed comederent pascha (*Joan.* xviii), » pro festo, unde: « Ante diem festum Paschæ, sciens Jesus quia venit hora ejus, ut transeat de hoc mundo ad Patrem (*Joan.* xiii); » et etiam pro ipso Christo, unde: Pascha nostrum immolatus est Christus (*I Cor.* v). » Sane

---

(27) Ex Mansi *Concil.*, t. XXII, p. 968, ut et sermo VII.

pascha Hebraice dicitur phase, quod est *transitus*, (*Exod.* xii), Græce vero πάσχειν, quod est *pati* : quia per passiones debemus transire ad gloriam, secundum quod Veritas ipsa dicebat : « Oportebat pati Christum, et sic intrare in gloriam suam (*Luc.* xxiv). » Quia si volumus conregnare, oportet et compati : licet « non sint condignæ passiones hujus temporis ad futuram gloriam quæ revelabitur in nobis (*Rom.* viii). » *Hoc pascha*, quod est phase, id est *transitus, desiderio desideravi manducare vobiscum.* De quo in Exodo dicitur : « Comedent festinanter : est enim phase, id est transitus Domini (*Exod.* xii). » Legitur quippe in libro Regum, et in Paralipomenon apertissime continetur, quod xviii anno regni Josiæ regis restauratum est templum, et celebratum est Phase, quale non fuit in Israel a diebus judicum atque regum (*IV Reg.* xxiv; *II Paral.* xxxv). Utinam hæc historia, instantis temporis sit parabola, ut in hoc nostri pontificatus anno xviii templum Domini, quod est Ecclesia, restauretur, et celebretur Phase, sive Pascha, videlicet hoc solemne concilium, per quod fiat transitus de vitiis ad virtutes, quale revera non fuit factum in Israel a diebus judicum atque regum, id est a temporibus Patrum sanctorum, atque catholicorum principum, in populo Christiano, Deum vidente per fidem. Et ego pro certo spero in eo qui suis promittit fidelibus, dicens : « Ubicunque duo vel tres congregati fuerint in nomine meo, ibi in medio eorum sum (*Matth.* xviii) ; » quia ipse in medio nostrorum adest, ad celebrandum hoc Pascha, qui congregati sumus in hac Salvatoris basilica in nomine Salvatoris, pro his quæ pertinent ad salutem. Triplex autem Pascha sive Phase desidero vobiscum celebrare, corporale, spirituale, æternale : corporale, ut fiat transitus ad locum, pro miserabili Jerusalem liberanda ; spirituale, ut fiat transitus de statu ad statum, pro universali Ecclesia reformanda ; æternale, ut fiat transitus de vita in vitam, pro cœlesti gloria obtinenda. De corporali transitu clamat ad nos miserabiliter Jerusalem in Threnis per Jeremiam : « O vos omnes, qui transitis per viam, attendite, et videte, si est dolor similis, sicut dolor meus (*Thren.* i). » Ergo transite ad me omnes qui diligitis me, ut a tanta miseria me liberetis. Ego enim, quæ solebam esse domina gentium, modo facta sum sub tributo : quæ solebam esse plena populo, modo sedeo quasi sola. « Viæ Sion lugent, eo quod non sint qui veniant ad solemnitatem (*Ibid.*) ; » facti sunt hostes ejus in capite, loca sancta profanata sunt universa, et sepulcrum Domini est inglorium, quod solebat esse gloriosum. Ubi colebatur unigenitus Dei Filius Jesus Christus, modo colitur filius perditionis Mahometus. Insultant mihi filii alieni, et improperant lignum crucis, dicentes : « Confidebas in ligno, ecce nunc adjuvet, si potest. » O quantus pudor, quanta confusio, quantum opprobrium, quod filii ancillæ, vilissimi Agareni, detinent matrem nostram, matrem universorum fidelium ancillatam !

utique de qua dicit Psalmista : « Mater Sion dicit : Homo, et homo natus est in ea, et ipse fundavit eam Altissimus (*Psal.* lxxxvi) ; » ubi Deus rex noster ante sæcula salutem in medio terræ dignatus est operari. Quid itaque faciemus ? Ecce ego, dilecti fratres, totum me vobis committo, totum me vobis expono, paratus juxta consilium vestrum, si videritis expedire, personalem subire laborem, et transire ad reges, et principes, et populos, et nationes ; adhuc autem et ultra, si clamore valido eos valeam excitare, ut surgant ad Domini prælium præliandum, et vindicandam injuriam Crucifixi, qui pro peccatis nostris ejectus est de terra, et de sede sua, quam sanguine comparavit, et in qua universa redemptionis nostræ sacramenta peregit. Quidquid tamen egerint alii, nos sacerdotes Domini hoc negotium specialiter assumamus, subvenientes et succurrentes, in personis et rebus, necessitatibus Terræ Sanctæ : ita quod nullus omnino remaneat, qui non sit particeps tanti operis, ne sit expers tantæ mercedis. Nam et olim in simili casu per sacerdotes fecit Deus salutem in Israel, quando per Machabæos, utique sacerdotes, filios Mathatiæ, liberavit Jerusalem et templum de manibus impiorum (*I Mach.* ix). De spirituali vero transitu Dominus ad virum vestitum lineis, habentem atramentarium scriptoris ad renes : « Transi per mediam civitatem, et signa Thau super frontes virorum gementium atque dolentium super cunctis abominationibus quæ sunt in medio ejus (*Ezech.* ix). » Deinde dixit sex viris habentibus vasa interitus in manibus suis : « Transite per civitatem, sequentes eum, et percutite omnem, super quem non inveneritis Thau. Nemini parcat oculus vester, et a sanctuario meo incipite (*Ibid.*). » Vir vestitus lineis, habens atramentarium scriptoris ad renes ejus, is debet esse qui loquatur, vir virtutibus virens, qualis erat ille de quo dicit Scriptura : « Vir erat in terra Hus nomine Job, et erat vir iste simplex, et rectus, ac timens Deum, et recedens a malo (*Job* i). » Vestitus lineis, id est honestis moribus et bonis operibus adornatus. Juxta quod alibi dicitur : « Omni tempore vestimenta tua sint candida (*Eccli.* ix), » id est opera tua munda. Linum enim munditiam et honestatem designat propter candorem, ad quem per carnis macerationem et contritionem perducitur, de quo vestis sacerdotalis fiebat in lege. Scriptor autem egregius et supremus Spiritus sanctus est digitus Dei, quo scriptæ fuerunt tabulæ Testamenti. De quo dicit Psalmista : « Lingua mea calamus scribæ velociter scribentis (*Psal.* xliv). » Hujus scriptoris atramentarium est donum scientiæ : de quo per calamum linguæ, atramentum doctrinæ profertur, et in cordis superscribitur pergameno. In renibus sedes est desiderii, de quibus Dominus præcipit : « Renes vestros accingetis (*Exod.* ii) ; » et Psalmista orabat ad Dominum : « Ure renes meos et cor meum (*Psal.* xxv). » Ille igitur habet atramentarium scriptoris, qui per donum scientiæ sibi a Spiritu sancto datum desideria carnis cohibet et restringit, ut in vita non discrepet a doctrina, ne sibi ipsi dicatur : « Medice, cura te ipsum (*Luc.* IV); qui prædicas non furandum, furaris : qui doces non mœchandum, mœcharis (*Rom.* II). » Propterea Veritas ait : « Sint lumbi vestri præcincti, et lucernæ ardentes in manibus vestris (*Luc.* XII). » Hinc transire præcipitur per mediam civitatem, et signare Thau super frontes virorum gementium et dolentium, T est ultima littera Hebraici alphabeti, exprimens formam crucis, qualis erat antequam Domino crucifixo Pilatus titulum superponeret : quam et sanguis agni positus super utrumque postem, et in superliminaribus domorum mirifice designabat. Hoc signum gerit in fronte, qui virtutem crucis ostendit in opere : ut juxta quod dicit Apostolus : « Crucifigat carnem suam cum vitiis et concupiscentiis (*Gal.* v) ; » idemque cum Apostolo dicat : « Mihi absit gloriari, nisi in cruce Domini nostri Jesu Christi, per quem mihi mundus crucifixus est, et ego mundo (*Gal.* VI). » Tales profecto dolent et gemunt super cunctis abominationibus, quæ fiunt in medio civitatis : quia peccata proximorum frixoria sunt justorum. « Quis, inquit Apostolus, infirmatur, et ego non infirmor ? quis scandalizatur, et ego non uror ? » (*I Cor.* XI.) Vir ergo vestitus lineis habens atramentarium scriptoris ad renes debet transire per mediam civitatem, et signare Thau super frontes virorum gementium et dolentium super cunctis abominationibus, quæ fiunt in medio ejus ; quoniam summus pontifex, qui super domum Israel constitutus est speculator, transire debet per universam Ecclesiam, quæ est civitas regis magni, civitas posita supra montem, investigando et inquirendo merita singulorum : ne dicant bonum malum, vel malum bonum ; ne ponant tenebras lucem et lucem tenebras (*Isa.* v) ; ne mortificent animas quæ non moriuntur, aut vivificent animas quæ non vivunt (*Ezech.* XI). Et ideo, ut distinguat et discernat inter illos et istos debet signare Thau super frontes virorum et dolentium, quatenus ostendat eos, qui dolent et gemunt super abominationibus quæ in medio Ecclesiæ perpetrantur, signatos esse Thau in frontibus suis. Tales profecto pro culpa dolent, et pro infamia gemunt super abominationibus, quæ fiunt in medio civitatis ; quoniam in tantum jam processit abominatio, quod et infamis est culpa et est culpa infamia. Unde si foderimus studiose parietem, sicut propheta præcipitur (*Ezech.* XII), videbimus abominationes majores, abominationes pessimas, quas nonnulli exercent in templo. Sex viri habentes vasa interitus unusquisque in manu sua, vos esse debetis viri virtutum : sex quidem propter numeri sacramentum, ut perfecti sitis in opere ac sermone : senarius enim numerus est perfectus, eo quod redditur ex suis partibus aggregatis. Unde sexta die perfecit Deus cœlum et terram, et omnem ornatum eorum (*Gen.* I).

Et cum in plenitudine temporis, sexta venisset ætate, sexta die sub hora sexta, genus redemit humanum. Ideoque sex ultima verba dixit in cruce. Vas interitus, quod tenere debetis in manibus vestris ad interimendum scelestos, est pontificalis auctoritas, quam exercere debetis in opere ad perimendum iniquos, exemplo Psalmistæ dicitur : « In matutino interficiebam omnes peccatores terræ, ut disperderem de civitate Domini omnes operantes iniquitatem (*Psal.* C). » De his vasis alibi dicitur : « Tetendit arcum suum, et paravit illum, et in eo paravit vasa mortis : sagittas suas ardentibus effecit (*Psal.* VII). » Vobis ergo præcipitur : Transite per mediam civitatem, sequentes eum, summum videlicet sacerdotem, quasi ducem, principem, et magistrum, ut percutiatis interdicendo et suspendendo, excommunicando et deponendo, prout culpæ qualitas postulaverit, omnem super quem non inveneritis Thau signatum ab ipso, qui claudit, et nemo aperit ; aperit, et nemo claudit (*Apoc.* III). Signatis enim nocendum non est, juxta quod alibi dicitur : « Nolite nocere terræ, neque mari, neque arboribus, quoadusque signemus servos Dei nostri in frontibus eorum (*Apoc.* XVII). » De cæteris autem dicitur : « Nemini parcat oculus vester (*Ezech.* IX),» ut non sit in vobis personarum acceptio, recolentibus illud quod Moyses legitur dixisse Levitis : « Si quis est Domini, jungatur mihi. Ponat vir gladium super femur suum. Ite, et redite de porta usque ad portam per medium castrorum, et occidat unusquisque fratrem, et amicum, et proximum suum. Feceruntque filii Levi juxta sermonem Moyi (*Exod.* XXXII). » Et vos similiter faciatis. Porro sic percutite, ut sanctis, sic occidite, ut vivificetis : ejus exemplo qui ait : Ego occidam, et ego vivere faciam : percutiam, et ego sanabo (*Deut.* XXXII). » — « Et a sanctuario meo, inquit, incipite (*Ezech.* IX). » — « Tempus enim est, sicut beatus apostolus ait, ut judicium incipiat a domo Domini (*I Petr.* IV). » Nam omnis in populo corruptela principaliter procedit a clero : quia « si sacerdos, qui est unctus, peccaverit, facit delinquere populum (*Levit.* IV) : » quippe dum laici vident turpiter et enormiter excedentes, et ipsi eorum exemplo ad iniquitatem et scelera prolabuntur. Cumque reprehenduntur ab aliquo, protinus se excusant, dicentes : « Non potest filius facere, nisi quod viderit patrem facientem (*Joan.* v) ; » et : « Sufficit discipulo, si sit sicut magister ejus (*Matth.* X). » Impletum est illud propheticum : « Erit sicut populus, sic sacerdos (*Ose.* IV) : » quinimo, « erubesce, Sidon, ait mare (*Isa.* XXIII). » Hinc etiam mala provenerunt in populo Christiano. Perit fides, religio deformatur, libertas confunditur, justitia conculcatur, hæretici pullulant, insolescunt schismatici, perfidi sæviunt, prævalent Agareni. De transitu autem æternali Dominus : « Beati sunt servi illi, quos cum venerit Dominus, invenerit vigilantes. Amen, dico vobis, quia præcinget se, et faciet illos discumbere, et transiens ministrabit eis (*Luc.* xii). » De hoc transitu sane martyres gloriantur in Psalme, dicentes : » Transivimus per ignem et aquam, et induxisti nos in refrigerium (*Psal.* lxv).» Hoc *pascha* præ cæteris *Desidero manducare vobiscum* in regno Dei. Est autem manducatio corporalis, et spiritualis. De illa dicitur : « Date illis manducare (*Matth.* xiv).» De ista dicitur : « Macta, et manduca (*Act.* x).» Item manducatio culpæ, et manducatio pœnæ; de illa dicitur : « Manducaverunt sacrificia mortuorum (*Psal.* cv);» de ista legitur : « Gladius meus manducabit carnes (*Deut.* xxxii).» Rursus est manducatio doctrinalis, et est manducatio pœnitentialis. De illa dicitur : « Ego cibum habeo manducare, quem vos nescitis (*Joan.* iv) :» de ista legitur : « Cinerem sicut panem manducaverunt (*Psal.* ci).» Est præterea manducatio eucharistiæ, et manducatio gloriæ. De illa dicitur : « Qui manducat me, vita vivet propter me (*Joan.* vi) :» de ista legitur : « Beatus qui manducabit panem in regno Dei (*Luc.* xiv).» Hac ultima manducatione præcipue desidero manducare vobiscum hoc pascha, ut transeamus de labore ad requiem, de dolore ad gaudium, de infelicitate ad gloriam, de morte ad vitam, de corruptione ad æternitatem; præstante Domino nostro Jesu Christo, cui est honor et gloria in sæcula sæculorum. Amen.

SERMO VII.

IN CONCILIO GENERALI LATERANENSI HABITUS

Si dormiatis inter medios cleros, pennæ columbæ deargentatæ, et posteriora dorsi ejus in specie auri (*Psal.* lxvii).

Duo sunt nobis ad meritum necessaria, vita scilicet et doctrina; alterum propter nos, alterum propter proximos. « Cœpit enim Jesus docere et facere (*Act.* i), » nobis relinquens exemplum, ut sequamur vestigia ejus, « qui peccatum non fecit, nec inventus est dolus in ore ejus (*I Petr.* ii) :»—« peccatum non fecit, ut sit honestas in vita; nec inventus est dolus in ore ejus, » ut sit veritas in doctrina. Quæ duo commendantur nobis in verbis propositis. De vita præmittitur : *Si dormiatis;* doctrina subjungitur : *Inter medios cleros.* Hinc est igitur, quod a veste pontificali dependebant mala granata, cum tintinnabulis aureis (*Exod.* xxviii). Per malum granatum accipitur operatio, per tintinnabulum aureum intelligitur prædicatio : quæ duo debent in sacerdote conjungi, ne sine illis ingrediens sanctuarium moriatur.

Quia vero per meritum pervenitur ad præmium, recte post meritum promittitur præmium. Quod duplex promittitur; unum in præsenti, et alterum in futuro. Pietas enim promissionem habet vitæ quæ nunc est, et futuræ, ut centuplum accipiat, et vitam æternam possideat : centuplum in præsenti, vitam æternam in futuro. De præsenti præmittitur : *Pennæ columbæ deargentatæ.* De futuro subjungitur : *Et posteriora dorsi ejus in specie auri.* « Quoniam misericordiam et veritatem diligit Deus : gratiam et gloriam dabit Dominus (*Psal.* lxxxiii). » Gratiam in præsenti præstat ad meritum, gloriam in futuro præstabit ad præmium. Est autem duplex dormitio, una mortis, altera vitæ : sed utraque dividitur; nam alia est dormitio mortis corporalis, et hæc est pœna; et alia dormitio spiritualis, et hæc est culpa. De prima Dominus inquit apostolis : « Lazarus amicus noster dormit (*Joan.* ii) » : et Apostolus ait : « Nolo vos ignorare de dormientibus, » etc. (*I Thess.* iv); de secunda dicit David : « Nunquid qui dormit non adjiciet ut resurgat? (*Psal.* xl) et Apostolus inquit : « Surge qui dormis : exsurge a mortuis, et illuminabit te Christus (*Ephes.* v). »

Hoc autem tribus modis admittitur, per ignorantiam, negligentiam, et concupiscentiam. De somno ignorantiæ dicit Psalmista : « Illumina oculos meos, ne unquam obdormiam in morte (*Psal.* xii). » De somno negligentiæ Salomon ait : « Usquequo piger dormis? quando consurges de somno tuo? paululum dormies, paululum dormitabis, paululum conseres manus tuas, ut dormias : et veniet tibi quasi viator egestas, et pauperies quasi vir armatus (*Prov.* vi). » De somno concupiscentiæ dicit David : « Dormierunt somnum suum : et nihil invenerunt omnes viri divitiarum in manibus suis (*Psal.* lxxiii). » Cæterum dormitio vitæ duplex quoque legitur in Scripturis : una vitæ corporalis proveniens ex natura, altera vitæ spiritualis procedens ex gratia. De prima Dominus dixit apostolis : « Dormite jam, et requiescite (*Matth.* xxvi); » de secunda, sponsa dicit in Canticis : « Ego dormio, et cor meum vigilat (*Cant.* v).» Sic et nos, charissimi, vigilemus, et dormiamus : sed dormiamus a malis, et vigilemus in bonis.

Siquidem vitæ perfectio in duobus consistit, in declinandis vitiis, et in exercendis virtutibus, secundum illud : « Diverte a malo, et fac bonum (*Psal.* xxxvi). » Per alterum vitamus supplicium, per alterum acquirimus præmium; quæ duo per dormitionem convenienter intelliguntur. Somnus enim, ut asserunt qui de rerum naturis ediderunt, est quies animalium virtutum, cum intentione naturalium. Nos autem, qui spirituales sumus, spiritualiter has in spiritu possumus invenire. Sunt enim tres naturales vires in anima, vis rationalis, vis concupiscibilis, vis irascibilis. Rationabilitas quasi vis digestiva, quæ discernit inter bonum et malum, inter lucem et tenebras, inter sanctum et profanum : concupiscibilitas, quasi vis appetitiva, bonum eligit, lucem appetit, et sanctum inquirit : irascibilitas, quasi vis expulsiva, malum abjicit, tenebras repellit, et profanum respuit. Econtra sunt tres animales defectus in anima, ignorantia, negligentia, et concupiscentia. Contra rationabilitatem, est ignorantia ; contra irascibilitatem, negligentia ; contra concupiscibilitatem, concupiscentia. Ab his tribus vitiis maxime nobis est dormiendum. Nam ex negligentia procedit delictum, ex concupiscentia procedit peccatum, ex ignorantia provenit delictum atque peccatum. Differt enim inter delictum et peccatum ; quia delictum in omittendo, peccatum in committendo consistit. Delictum utique est non facere faciendum ; peccatum vero agere non agendum. Dormiendum est nobis ab ignorantia, præsertim ab ignorantia mandatorum in præceptis divinis, et officiorum in sacramentis ecclesiasticis; quæ duo sine periculo non possumus ignorare. Scriptum est enim: « Ipsi vero non cognoverunt vias meas, quibus juravi in ira mea, si introibunt in requiem meam. Nescierunt neque intellexerunt, in tenebris ambulabant (Psal. xcxv). » Ait autem Deus prophetæ : « Tu scientiam repulisti, et ego te repellam, ne sacerdotio fungaris mihi (Ose. iv). » — « Et populus meus captivus ductus est, quia non habuit scientiam : et nobiles ejus interierunt fame, et multitudo ejus siti exaruit (Isai. v). » — « Voluit intelligere ut bene ageret : iniquitatem meditatus est in cubili suo (Psal. xxxv). » — « Nam si cognovissent, nunquam Dominum gloriæ crucifixissent (I Cor. ii). » Caveamus igitur nos præcipue ignorantiam, quibus datum est ex officio nosse mysteria regni Dei, cæteris autem in parabolis (Matth. xiii). Nos enim debemus esse boves arantes, cæteri sunt asinæ juxta pascentes. Nos psallentes Deo repromittimus : « In tuis justificationibus meditabor, non obliviscar sermones tuos (Psal. cxviii). » Nos debemus esse lux mundi. Si vero lumen quod in nobis est tenebræ fiat, tenebræ quantæ erunt ? Nos debemus esse sal terræ. « Quod si sal evanuerit, in quo salietur ? Ad nihilum valet ultra, nisi ut mittatur foras, et conculcetur ab hominibus (Matth. v). » Quiescat igitur ignorantia, et rationabilitas intendatur, secundum illud : « Rationabile sit obsequium vestrum (Rom. xii) : » et : « Parati sitis reddere rationem omni poscenti vos de ea, quæ in vobis est, fide (I Petr. iii). » Hoc enim est logion, sive rationale, quod pontifex ferebat in pectore, in quo scriptum est urim et tummim, id est manifestatio et veritas (Exod. xxviii). Nam in pectore sacerdotis manifesta debet esse cognitio veritatis, secundum illud propheticum : « Labia sacerdotis custodiunt scientiam, et legem exquirunt ex ore ejus, quia angelus Domini exercituum est (Malac. ii). » Erat autem rationale quadrangulum : quia sacerdos debet discernere inter quatuor : inter verum et falsum, ne deviet in credendis; inter bonum et malum, ne deviet in agendis. Erat et duplex : quia debet discernere pro duobus, pro se et pro populo : ne, si cæcus cæcum duxerit, ambo in foveam cadant (Matth. xv). Dormiamus ergo ab ignorantia : quia « non dormitabit neque dormiet qui custodit Israel (Psal. cxx). » Non dormitabit a pœna, nisi nos dormiamus a culpa. Dormiendum est quoque nobis a negligentia, præsertim in oratione quæ spectat ad Dominum, et correctione quæ spectat ad proximum : quæ duo non possumus sine peccato negligere. Quidam enim orant tam negligenter et indevote, quod ore quidem loquuntur cœlestia, sed corde meditantur terrena; quibus Dominus improperat per prophetam : « Populus hic labiis me honorat, cor autem longe est a me (Isai. xxvi). » De talibus legitur : « Ore suo benedicebant, et corde suo maledicebant (Psal. lxi). » Ore suo benedicunt, qui loquuntur eloquia veritatis ; sed corde maledicunt, qui meditantur inania vanitatis. Alii vero tam festinanter orant et indiscrete, quod medio prætermisso non proferunt nisi caput et caudam. Sed qui semetipsum non audit, quomodo Deus illum exaudiet? Qui taliter orat, non inclinat Deum ad indulgentiam, sed provocat illum ad iracundiam. « Tu autem cum oras, intra in cubiculum, et clauso ostio ora Patrem tuum (Matth. vi). » Intra in cubiculum cordis, ostio sensuum intercluso, ne muscæ morientes perdant suavitatem unguenti. Ora Patrem tuum non in multiloquio, sicut ethnici faciunt, qui putant in multiloquio exaudiri, sed « in corde puro, et conscientia bona, et fide non ficta (I Tim. i). » Sic oraverunt Moyses et Susanna (Dan. xiii), qui clamaverunt ad Dominum, et de necessitatibus eorum liberavit eos. Clamaverunt, non tam vocis intentione, quam cordis devotione, dicente Psalmista : « Delectare in Domino, et dabit petitiones cordis tui (Psal. lvi). » Hinc et Apostolus ait : « Cantantes et psallentes in cordibus vestris (Ephes. iii). » Deus enim non tam auditor est vocis, quam cordis ; nec est admonendus clamoribus, qui renum est scrutator et cordium (Psal. vii). Quod Anna gerens typum Ecclesiæ legitur observasse, quæ non petitione clamosa, sed oratione devota, quod petiit, impetravit. Legitur in libro Regum, quod « Anna loquebatur in corde suo, tantumque labia sua movebantur, et vox penitus non audiebatur (I Reg. i). » Unde in Psalmo : « Quæ dicitis in cordibus vestris, in cubilibus vestris compungimini (Psal. iv); » quia « sacrificium Deo spiritus contribulatus : cor contritum et humiliatum Deus non spernit (Psal. l). » Expedit tamen ut oris pronuntiatio devotum comitetur affectum : quia quod facit flatus carboni, hoc facit pronuntiatio devotioni. Audi Psalmistam : « Ad ipsum ore meo clamavi, et exaltavi sub lingua mea (Psal. lxv). » Vos ergo, charissimi, cum oratis, state coram Domino Deo nostro compuncti, humiles et devoti, sine motu, sine risu, sine cachinno ; nolite nimium clamare, nimium festinare, sed pronuntiate distincte ad intelligendum : quia « maledictus homo qui opus Dei agit negligenter (*Jer*. XLVIII). » Ergo « servite Domino in timore, et exsultate ei cum tremore (*Psal*. 1) : » præsertim in sacrificio in quo mortis Christi memoria celebratur. « Hoc, inquit, facite in meam commemorationem (*Luc*. XXII). » Et Apostolus dicit : « Quotiescunque manducabitis panem hunc, et calicem bibetis, mortem Domini annuntiabitis donec veniat (*I Cor*. XI). » In quolibet enim officio negligentia est peccatum, sed in sacrificio est periculum : quoniam « qui manducat indigne, judicium sibi manducat, non dijudicans corpus Domini (*Ibid*.). » Caveamus quoque negligentiam in correctione peccantium. Quidam enim sunt « canes muti, non valentes latrare (*Isai*. LVI), » palpantes vitia peccatorum, vel cupiditatis amore, vel fragilitatis timore : cupiditatis amore, ne forte perdant oblationes aut decimas ; fragilitatis timore, ne forte incurrant indignationem aut odium. Contra tales dicitur per prophetam : « Væ qui consuunt pulvillos sub omni cubito manus, et faciunt cervicalia sub capite universæ ætatis (*Ezech*. XII). » Item : « Ipsi ædificabant parietem, illi autem liniebant eum rursus (*ibid*.). » — « Prophetæ tui viderunt tibi stulta et falsa, nec aperiebant tibi iniquitatem tuam, ut te ad pœnitentiam provocarent (*Isa*. LVI). » Econtra præcipitur : « Clama, ne cesses : quasi tuba exalta vocem tuam, et annuntia populo meo scelera eorum, et domui Jacob peccata eorum (*Isa*. LVIII). » Hinc Apostolus dicebat Ephesiis : « Mundæ sunt manus meæ a sanguine omnium vestrum. Non enim subterfugi quominus annuntiarem omne consilium Dei vobis (*Act*. XX). » Audi prophetam : « Væ mihi, quia tacui : quia vir pollutus labiis ego sum, et in medio populi polluta labia habentis ego habito (*Isa*. VI). » Non timuit Joannes Herodem, quominus eum libere reprehenderet, propter Herodiadem, quam vivente viro suo Philippo, tenebat uxorem. Quiescat ergo negligentia, et irascibilitas intendatur, secundum illud : « Irascimini, et nolite peccare (*Ephes*. IV, *Psal*. IV) ; » id est, irascimini vitiis, ne peccetis. Hic est zelus ille, quo Christus accensus ejecit vendentes et ementes de templo (*Joan*. II), secundum illud : « Zelus domus tuæ comedit me (*Psal*. LXVIII) : » quo successus Phinees Judæum cum Madianitide coeuntem pugione transfodit (*Num*. XXV). Discretus ergo sacerdos contra rebelles et obstinatos severitatem exerceat, erga humiles et pœnitentes exhibeat pietatem. Non illum sequimini semivivo mortuo relicto in vulneribus, quem Samaritanus duxit in stabulum, et vinum superinfudit et oleum (*Luc*. XX). Et in arca tabernaculi virga continebatur et manna. Dormiendum est quoque nobis ab omni concupiscentia, præsertim a concupiscentia rerum quæ procedit ex avaritia, et concupiscentia mulierum quæ provenit ex luxuria. Scriptum est enim : « Nihil est avaro scelestius, et nihil iniquius quam amare pecuniam (*Eccl*. X). » Verbum est sapientis, quod confirmat Apostolus dicens : « Qui volunt fieri divites, incidunt in tentationem et in laqueum diaboli, et desideria multa, et inutilia, et nociva, quæ mergunt hominem in interitum, et perditionem : radix enim omnium malorum est cupiditas (*I Tim*. VI). » Et alibi : « Avaritia est idolorum servitus (*Ephes*. V). » Audite quid contra cupidos sacerdotes dicat propheta : « Principes ejus in muneribus judicabant, et sacerdotes ejus in mercede docebant, et prophetæ ejus in pecunia divinabant (*Mich*. III). » — « Infernus et perditio nunquam replentur, similiter et oculi hominum insatiabiles (*Prov*. XXVII). » — « Sanguisugæ duæ sunt filiæ dicentes : Affer, affer (*Prov*. XXX). » Nam

Crescit amor nummi, quantum ipsa pecunia crescit.
(JUVEN., XIV, 139.)

« Porro transit mundus, et concupiscentia ejus (*I Joan*. II). » — « Ne timeamus ergo, cum dives factus fuerit homo, et multiplicata fuerit gloria domus ejus. Non enim, cum morietur, accipiet hæc omnia, neque descendet cum eo gloria ejus (*Psal*. XLVIII). » Nec hoc dico, quin liceat divitias habere, sed quia non licet divitiis inhærere, secundum illud : « Divitiæ si affluant, nolite cor apponere (*Psal*. LXI). » Nullus ergo vestrum alienum parochianum seducat, aut alienam parochiam invadat. Præceptum est enim, ut nemo mittat falcem in messem alienam (*Deut*. XXIII), neque transgrediatur terminos, quos posuerunt patres nostri. Caveamus nihilominus a concupiscentia mulierum ; nam « vinum et mulieres faciunt apostatare sapientes (*Eccli*. XIX.) »

Et propter speciem mulieris multi perierunt. « Viæ inferi domus ejus, penetrantes in interiora mortis (*Prov*. VII.) » Semper illam præcedunt ardor et petulantia, semper comitantur fetor et immunditia, semper sequuntur dolor et pœnitentia. « Favus enim distillans labia meretricis, et nitidius oleo guttur ejus : novissima autem illius amara sicut absynthium, et acuta quasi gladius biceps (*Prov*. V). » Familiaris est inimicus, habitans non procul, sed prope ; non extra, sed intra ; nam « virtus ejus in lumbis ejus, et fortitudo illius in umbilico ventris ejus (*Job* XL). » Nunquam fugatur, nisi cum fugitur : nunquam mactatur, nisi cum maceratur. Nos autem in sacris ordinibus constituti, jam ex necessitate tenemur pudicitiam custodire. Scriptum est enim, quod cum David fugeret persecutionem Saul, venit in Nobe ad Achimelech sacerdotem, postulans sibi dari quinque panes ad esuriem expellendam ; et respondit sacerdos : « Non habeo panes laicos ad manum, sed tantum panem sanctum. Si mundi sunt pueri, maxime a mulieribus, manducent (*I Reg*. XXI). » Non dixit, si habent fidem, spem, et charitatem : si habent justitiam, fortitudinem, prudentiam et temperantiam ; si habent spiritum sapientiæ et intellectus, spiritum consilii et fortitudinis, spiritum scientiæ et pietatis, et spiritum timoris Domini :

sed dixit : « Si mundi sunt, maxime a mulieribus, manducent; » quia panem sanctum digne manducare non possunt, nisi qui mundi sunt a coitu mulierum. Quiescat ergo concupiscentia, et concupiscibilitas incendatur, secundum illud : « Concupivit anima mea desiderare justificationes tuas in omni tempore (*Psal.* cxviii). » Incendatur autem per tres principales virtutes, fidem, spem, et charitatem : ut rationabilitas illuminetur per fidem, irascibilitas confortetur per spem; concupiscibilitas informetur per charitatem. Illuminetur autem per fidei veritatem, ut rationabilitas expellat errorem ignorantiæ; confortetur per spei stabilitatem, ut irascibilitas excludat torporem negligentiæ; informetur per charitatis sinceritatem, ut concupiscibilitas exstinguat ardorem concupiscentiæ. Dormiamus igitur, sed *inter medios cleros*, id est *in medio clerorum*, secundum idioma Græcorum. Ad litteram nos *inter medios cleros* totius orbis existimus, propterea nequeunt opera nostra latere, sive bona sint, sive mala. « Luceat ergo lux vestra coram hominibus, ut videant opera vestra bona, et glorificent Patrem vestrum, qui in cœlis est (*Matth.* L) : » ut cortina cortinam trahat, et qui audit dicat : « Veni. »

Aliter tamen hoc possumus intelligere : κλῆρος enim Græce *sors* vel *hæreditas* interpretatur, unde clerici dicuntur, quod in partem Domini sint sortiti, secundum illud : « Dominus pars hæreditatis meæ (*Psal.* xv). » Est autem triplex hæreditas, infima, media, et suprema. Infima est terrena, de qua legitur : « Dedit terram eorum hæreditatem; hæreditatem Israel servo suo (*Psal.* cxxxv). » Media est sacra Scriptura, de qua dicitur : « Hæreditate acquisivi testimonia tua in æternum : quia exsultatio cordis mei sunt (*Psal.* cxviii). » Suprema est beatitudo cœlestis, de qua legitur : « Funes ceciderunt mihi in præclaris, etenim hæreditas mea præclara est mihi (*Psal.* xv). » Quælibet hæreditatum istarum suas habet medietates. Terrena possessio res mobiles et immobiles, sacra Scriptura spiritum et litteram, beatitudo cœlestis stolam mentis et stolam carnis. Inter hos *medios cleros*, inter has medias hæreditates, dormire debemus, aliter autem et aliter : est enim medium, quod utrumque extremorum contingit; et est medium, quod neutrum extremorum contingit; et est medium, quod alterum tantum extremorum contingit. Verbi gratia, medium quod utrumque extremorum contingit est aer, qui medius inter cœlum et terram, utrumque contingit; medium, quod neutrum extremorum contingit est sol, qui medius inter cœlum et terram, neutrum contingit; medium quod alterum extremorum tantum contingit, est arbor, quæ media inter cœlum et terram alterum tantum contingit. Ad hunc modum *inter hos medios cleros*, inter has medias hæreditates dormire debemus. Dormiamus igitur *inter medios cleros* possessionis terrenæ, per vim irascibilem, ut in neutra sui parte quiescamus, secundum illud quod legitur : « Filioli, nolite diligere mundum, neque ea quæ in mundo sunt (*I Joan.* ii). » Dormiamus *inter medios cleros* sacræ Scripturæ per vim rationalem, ut in altera tantum sui parte quiescamus, secundum quod legitur : « Littera occidit : spiritus autem vivificat (*II Cor.* iii). » Dormiamus *inter medios cleros* cœlestis beatitudinis per vim concupiscibilem, ut in utraque parte quiescamus, secundum hoc quod legitur . « Gaudete et exsultate, quia merces vestra copiosa est in cœlis (*Matth.* v), » Gaudete pro stola cordis, et exsultate pro stola corporis. Si sic dormierimus, profecto nos sumus *pennæ columbæ deargentatæ*. Sicut per columbam designatur Ecclesia, sic per pennas columbæ designantur sacerdotes Ecclesiæ, qui verbis et exemplis eam sublevant ad cœlestia. Unde sponsus de sponsa dicit in Canticis : « Una est columba mea, perfecta mea (*Cant.* vi). » Cujus pennas perfecte propheta describens dicit : « Qui sunt hi qui ut nubes volant, et quasi columbæ ad fenestras suas? (*Isa* lx). » *Pennæ deargentatæ* sunt illi qui divinis sunt eloquiis eruditi, secundum illud : « Eloquia Domini, eloquia casta, argentum igne examinatum, probatum terræ, purgatum septuplum (*Psal.* xi). » Hinc alibi dicitur : « Oculi tui sicut columbæ, quæ lacte sunt lotæ, sedentes super fluenta plenissima (*Cant.* v). » Sunt autem pennæ virtutis, pennæ contemplationis, et pennæ doctrinæ. De primis legitur : « Volavit super pennas ventorum (*Psal.* xvii) ; » de secundis dicitur : « Quis dabit mihi pennas sicut columbæ, et volabo, et requiescam? (*Psal.* liv) » De tertiis autem scribitur : « Junctæ erant pennæ unius ad alterum (*Ezech.* i). » Porro sunt pennæ veræ, sunt quidem et falsæ : veræ sunt pennæ justorum, qui signantur per pennas herodii; falsæ sunt pennæ hypocritarum, quæ signantur per pennas struthionis. Legitur enim in Job : « Penna struthionis similis est pennæ herodii et accipitris (*Job* xxxix). » Pennæ sumus despicientes mundana per vim irascibilem dormientes *inter medios cleros* possessionis terrenæ : pennæ columbæ simus, appetentes cœlestia per vim concupiscibilem, dormientes *inter medios cleros* beatitudinis sempiternæ, *pennæ deargentatæ* simus, intelligentes divina per vim rationabilem, dormientes *inter medios cleros* sacræ Scripturæ. Nec tantum in præsenti simus *pennæ columbæ deargentatæ*, sed *posteriora dorsi ejus in specie auri*. Sicut dorsum laborem vitæ præsentis significat; secundum illud, « Supra dorsum meum fabricaverunt peccatores (*Psal.* cxxviii) : » ita *posteriora dorsi* requiem futuræ vitæ designant, secundum illud : « Jam non erit amplius neque luctus, neque clamor, sed nec ullus dolor : quoniam priora transierunt (*Apoc.* xxi). » Ergo *posteriora dorsi*, id est requies post laborem, erit *in specie auri*, hoc est in gloria contemplationis, quæ per fulgorem auri congrue designatur; propter illud :

« Fulgebunt justi sicut sol in regno Patris eorum (*Sap.* III). » Ad quam gloriam nos perducat Dominus Jesus Christus, qui est Deus benedictus in sæcula sæculorum. Amen.

MONITUM AD SERMONEM SEQUENTEM.

[Mai, *Spicileg. Rom.*, VI, p. 578.]

Sub finem codicis prioris Innocentiani exstat, post alia, sermo magistri Romani cardinalis De pœnitentia seu confessione. Romanus presbyter cardinalis sub Paschali II fuit, sæculo ineunte XII, testibus fastis, apud Cardellam. Paulo vetustior alius Petrus, Romanus presbyter card. apud Panvinium sub Alexandro II, post medium sæculum XI; verumtamen huic præponitur nomen Petrus; æqualis tamen hic fuit Attonis cardinalis. Tertius quoque Romanus presbyter cardinalis habetur in fastis sub Cœlestino III, sæculo XII desinente. Fuerunt etiam Romani diaconi cardinales; verumtamen hic sermo ad presbyteros potius quam ad diaconos referendus videtur. Et quidem Romani presbyteri (ut videtur cardinalis) magnificum epitaphium apud ecclesiam Sancti Clementis recitatur a Rondininio, p. 281. Hi omnes pontificatum Innocentii tertii præcesserunt, quanquam aliquis propemodum attigit. Hunc igitur sermonem, qui pœnitentiæ sacramentalis imaginem cujusmodi jam tunc erat, exhibet, hic attexere non recusavi.

MAGISTRI ROMANI CARDINALIS
SERMO DE PŒNITENTIA.

Veni soror mea sponsa de Libano, veni de Libano, veni, coronaberis (*Cant.* IV).

Sic legitur in Canticis canticorum, et loquitur Christus sponsus et frater sanctæ Ecclesiæ sorori et sponsæ suæ. Deus Pater misericordiarum et Deus totius consolationis videns animam a se creatam lapsam non posse reverti nisi tractam, revocat eam dicens : *Veni*, etc. Eam dicit sororem quia eam fecit ad imaginem et similitudinem suam quantum ad rationem et intellectum; sponsam vocat hominem quantum ad baptismum, quia ei jungitur quasi sponsa in baptismo. Deus animam creando infudit, et infundendo creavit; et quia lapsa est tribus modis, scilicet cogitando, loquendo, operando, ter eam revocat dicens : *veni, veni, veni*, et bis dicit *de Libano*, id est de candidatione scilicet corporis et animæ. Et *coronaberis*, quia post mundificationem corporis et animæ, sequitur corona. Sicut prima die facta est lux, sic primo infundenda est gratia divina post lapsum; secunda die divisæ sunt aquæ quæ erant super firmamentum ab eis quæ erant sub firmamento; sic post gratiam acceptam fide et operatione mediantibus, virtutes a vitiis dirimuntur. Tertia die « germinet terra herbam virentem, lignum pomiferum faciens fructum juxta genus suum (*Gen.* I). » Terra, sancta Ecclesia, herbam virentem reddens, scilicet sanctos prædicatores, qui fructificant juxta genus suum convertendo prædicatione sua peccatores. Vel dilexit Christus animam fidelem, quasi frater sororem, vel filius patrem vel matrem; « exinanivit enim se ipsum (*Philip.* II) » pro ea nostram assumens humanitatem. Amplius diligit nos quam sponsam suam maritus ; voluit enim crucifigi pro salute nostra, quod nequaquam faceret maritus. Et sicut maritus non vult habere aliquem participem uxoris suæ, sic nec Christus fidelis animæ; quæ tamen si ab eo recesserit peccando, revocat eam dicens per Ezechielem : « Tu fornicata cum amatoribus tuis (Cap. XVI) » tandem revertere ad me.

Tribus modis moritur anima. Primo cogitatione, et resuscitatur per gratiam Dei cordis contritione, sicut in domo puella a Domino. Secundo moritur mala locutione, et resuscitatur a Domino mediante vera confessione, sicut resuscitatus est in porta filius viduæ (*Luc.* VII). Tertio moritur mala operatione, sed resuscitatur a Domino sicut Lazarus (*Joan.* II), mediante satisfactione. Hæ sunt tres diætæ, quibus nos oportet reverti ad Creatorem nostrum, ut sacrificemus ei sacrificium laudis; sicut tertio die, perfecto itinere suo, sacrificium Abraham (*Gen.* XXII). Hæ sunt tres diætæ, quas petierunt Hebræi, scilicet filii Israel a Pharaone dicentes : « Viam trium dierum ibimus in deserto, ut sacrificemus Domino (*Exod.* III). » Hebræi dicuntur scilicet de vitiis ad virtutes transeuntes, quibus Pharao, id est diabolus contradicit. Desertum est mundus iste, in quo sunt bestiæ et reptilia, quorum non est numerus, scilicet diversa genera peccatorum. In hoc deserto sacrificemus Domino in tuto loco, id est in claustro religionis. Tres etiam dicuntur diætæ propter trinam negationem Petri et trinam confessionem, propter etiam trium personarum Trinitatem. Prima diæta est cordis contritio quæ necessaria est; sicut enim fuit in mala cogitatione delectatio, sic debet sequi in satisfactione amaritudo ; arte enim medicinæ contraria contrariis curantur. Secunda diæta est oris confessio, quæ necessaria est, ut spirituali medicina peccatum curetur, in confessione enim omnia lavantur, ut Jacobus apostolus ait : « Confitemini alterutrum peccata vestra, et orate pro invicem ut salvemini (*I Jac.* v).»

Quindecim sunt gradus confessionis, sicut quindecim sunt cantica graduum, et quindecim fuerunt gradus quibus ascendebatur in templum Salomonis. Et nos ut in templum veri Salomonis, id est Christi veniamus, his xv gradibus ascendamus. Sunt autem hi : Confessio debet esse voluntaria, vera, verecunda, accusatoria, festinata, frequens, morosa, propria, nuda, integra, indivisa, secreta, recta et ordinata, generalis, specialis et individua. Voluntaria debet esse; unde : « Voluntarie sacrificabo tibi et confitebor nomini tuo Deus (*Psal.* LIII).» Non debet esse coacta, quod fit in extremis quando peccator impotens est sui et immemor conscientiæ suæ propter angustias mortis; unde ait Augustinus : « Confiteri quando peccatum potius dimittit hominem quam homo peccatum, nec laudo nec vitupero ; » et Salomon : « Sanus confitere, et vivus confiteberis (*Eccli.* xvii). » Vera debet esse; qui enim causa humilitatis mendaciter se accusat, cum prius justus fuerit, peccatorem se constituit. Verecunda debet esse; erubescentia enim magna pars est pœnitentiæ ; nec pro erubescentia debet quis omittere quin confiteatur. Melius est erubescere coram solo sacerdote qui vicarius est Christi, quam coram omnibus qui ad judicium erunt ; quia tunc libri aperti erunt, id est conscientiæ singulorum singulis patebunt, exceptis illis, quæ per confessionem tectæ erunt et diabolo qui scribit peccata nostra, quilibet enim habet diabolum sibi insidiantem ; et Deo qui non recordabitur iniquitatum nostrarum; et ipsi etiam sacerdoti cui fit confessio occultæ erunt; non enim audet detegere quæ audivit ; quod si faceret, absque misericordia degradandum esset. Dicit Propheta : « Beati quorum remissæ sunt iniquitates, et quorum tecta sunt peccata (*Psal.* xxxi).» Accusatoria debet esse confessio ; justus enim in principio sermonis sui accusator est sui, non alium debet nominare. Festinata debet esse confessio, ne tunc velit peccator confiteri, quando non poterit ; unde illud :

Nocuit differre paratis.

Frequens debet esse, justus enim septies in die cadit. Morosa debet esse, confitendo enim peccator, cujus libet peccati debet dicere omnes circumstantias; quæ sunt :

Quis, quid, ubi, quibus auxiliis, cur, quomodo, quando.

Propria debet esset ; sua enim peccata debet confiteri, non aliena. Nuda debet esse confessio ; aperte enim debet et distincte confiteri peccator quidquid egit. Integra debet esse, mediata enim confessio nulla est; non enim curatur vulnus quandiu ferrum latet in vulnere, et Christus quos sanavit integraliter curavit. Indivisa debet esse, ne partem dicat confitens uni sacerdoti et partem alteri : sic enim est hypocrita dum vult videri justus. Secreta debet esse ; qui enim publicat peccatum suum coram omnibus, seipsum damnat, quia

Non est confessi causa tuenda rei;

qui autem secreto confitetur, se ipsum liberat. Recta et ordinata debet esse, ut eo ordine quo perpetratum est peccatum fiat confessio. Generalis debet esse, ut dicatur in generali : Peccavi in superbia, in cupiditate, in luxuria, et sic de cæteris. Deinde fit descensus ad specialia, ut dicatur in hac specie luxuriæ, sive in fornicatione, sive in adulterio, sive in incestu, et sic de cæteris ; deinde fit descensus ad individua, ut dicatur : In hac specie luxuriæ hoc modo peccavi.

Hæc etiam attendenda sunt in confessione, ut sic perveniatur ad tertiam diætam, scilicet operis satisfactionem, quæ debet esse voluntaria, humilis et hilaris, secreta et condigna. Voluntaria, quia voluntarie debemus sacrificare hostiam pœnitentiæ et laudis ; pœnitentiæ dico quia nullum malum impunitum ; aut punitur in hoc sæculo et levius, aut in purgatorio. In hoc sæculo insufficienter est punitum, illic pœna est major quam quæ est acrior in hoc sæculo ; ibi enim quod torquendum est, in ignem totum mittitur ; qui ignis, ut dicit beatus Gregorius, tantum distat in violentia et ardore a nostro materiali igne, quantum distat ignis materialis a picto igne. Sacrificium laudis offerimus Domino ; in omnibus enim debemus laudare Dominum. Humilis debet esse pœnitentia, ne pœnitens aliquem despiciat, si viderit eum minus habere gratiæ. Hilaris debet esse; « hilarem enim datorem diligit Deus (*II Cor.* IX). » Secreta debet esse, ut devitet pœnitens inanem gloriam. Condigna debet esse, ut secundum gravitatem culpæ sit mensura pœnitentiæ. Aut enim homo in hac vita punit, aut Deus in futuro; sed « horrendum est incidere in manus Dei viventis (*Hebr.* x). » His tribus diætis peractis, poterimus sacrificare Domino, et pervenire ad terram promissionis cum filiis Israëlitis, qui dicuntur viri videntes bona ; quod nobis præstare dignetur qui vivit et regnat per omnia sæcula sæculorum. Amen.

II.

OPUSCULA.

DIALOGUS INTER DEUM ET PECCATOREM.

MONITUM.

(MAI, *Spicilegium Romanum*, tom. VI, pag 562.)

Alterum Innocentii in bibliotheca Vaticana monumentum reperi, Palatino codici 365 insertum, inscriptumque Dialogus Innocentii tertii inter Deum et peccatorem, quem dialogum utrum ante an post pontificatum scripserit ignoro, neque enim ipse de se Innocentius loquitur, sed cujuslibet peccatoris personam cum Deo loquentem introducit; nec vero quisquam miretur, dialogum hunc in Gestis non recenseri, multa enim alia sive edita, sive inedita Innocentii scripta auctori Gestorum ignota fuerunt. Accipiat igitur Christiana Ecclesia hanc quoque a nobis magni pontificis lucubrationem, quae dum religiosissimum auctoris animum comprobat, legentium pariter pietatem excitat morumque emendationem impense suadet.

DIALOGUS INTER DEUM ET PECCATOREM.

Quia pius et misericors Dominus, fratres charissimi, permittit, imo gratum ei, a miseris se mortalibus invocari, erigitur mihi quoque audacia, licet indigno et peccatori, clamandi ad Deum voce magna, et ipsius clementiam invocandi. Non igitur onerosum sit vobis, quia proficere poterit Domino adjuvante ad pœnitentiæ fructum, quasi dialogum in auribus charitatis vestræ constituam quoddam colloquium inter peccatorem et Deum. Non enim dedignatur Altissimus hujusmodi colloquia servorum suorum, dicente ad eum Job: « Loquere et ego respondebo tibi, aut certe ego loquor et tu responde mihi (*Job* XIII). » Ipso itaque attendente de cœlo et residente in excelso gloriæ suæ, tanquam immutabili Deo apud quem non est transmutatio neque vicissitudinis obumbratio, ego prostratus in terra et adhærens humiliter pavimento, tanto competentius personam assumam peccatoris in hoc colloquio, quanto præ cæteris reum et culpabilem immundum et peccatorem esse me fateor et agnosco. Incipiens ergo et aperiens mentis meæ desiderium sic loquor verbis meis ad eum:

PECCATOR AD DEUM.

Deus æterne, cujus natura bonitas, et opus misericordia est, qui etiam cum iratus fueris, misericordiæ recordaberis, quibus verbis digne te potero invocare ut et tu digneris invocantem misericorditer exaudire? Scio quia Redemptor meus, Filius tuus, doctor veritatis et sapientiæ, cum ad eum diceret unus ex discipulis suis: Domine, doce me orare; ait: « Dicite: Pater noster qui es in cœlis (*Luc.* II). » Si igitur, Domine, sic orando invocavero a te, poterone percipere quod verbum illud a fideli propheta tuo probatum in me impleatur?

DEUS AD PECCATOREM.

Pro certo quod sic orare docuit te Filius consubstantialis mihi et coæternus; sed quia tu temetipsum mihi non exhibes sicut filium, non potes in oratione prædicta digne invocare me sicut patrem. Nam ex persona mea dicit propheta: « Si ego Pater, ubi est amor meus? (*Malac.* I.) » Si autem me tanquam Patrem, homo quem creavi, diligeres, mandata mea tanquam filius qui patrem diligit custodires; exhibitio enim operis, probatio est dilectionis. Sed consideranti mihi omne genus hominum et universum statum in carne viventium, rarus occurrit in prælatis et subditis, in regibus et ministris, in claustralibus et professis, in dominis et servis, in clericis et laicis, qui adimpleat meam voluntatem in exsequendis mandatis meis, et tanquam patri amorem exhibeat mihi filialem. Omnis sexus et ætas corrupit viam suam, ut eat post concupiscentias suas contemnendo universam traditionem evangelicam et doctrinam.

PECCATOR AD DEUM.

Mirabilis facta est scientia tua, Domine, contra me, et non potero ad eam. Claudis os meum et obstruis rationibus tuis, ut ad invocationem tuam prosilire non audeam verbis orationis præfatæ. « Loquor tamen ad Dominum meum, cum sim pulvis et cinis (*Gen.* XVIII), » mutabo verbum, si forte digna inveniatur invocatio mea in auribus tuis; assumam ad te invocandum illam orationem fidelis prophetæ tui David, cui perhibuisti testimonium tuum dicens: Inveni virum secundum cor meum (*Psal.* LXXXVIII).

Sic enim orando clamabo ad te, Domine : « Miserere mei. » Et itidem ego dixi : « Domine, miserere mei; » et alibi : « Miserere mei, Domine, et exaudi orationem meam (*Psal.* iv). »

DEUS AD PECCATOREM.

Non bene sonat oratio illa in ore tuo, quia non habes me pro Domino, quia non times me sicut servus timere debet dominum suum, licet diffiteri non possis te servum meum. Ego quidem qui per prophetam dixi contra filios inobedientiæ : « Si ego Pater, ubi est amor meus? (*Malac.* i) » per eumdem clamavi contra servos qui sunt sine timore : « Si ego Dominus, ubi est timor meus? (*ibid.*) » Quod autem non timeas me, vel non habeas me pro Domino, de facili tibi probo. Si enim esses in aliquo loco secreto solus cum sola muliere aliqua, quam valde diligeres, paratus et valde accensus in eam ut libidinem corporalem impleres, nonne si aliquis quem tu formidares irrumperet, statim dimitteres opus incœptum, et fugeres præ timore illius, vel saltem ne videreris ab illo præ verecundia et timore seu pudore, si posses, ad latibulum aliquod convolares? Pro me vero non dimittis vicinis oculis talia operari, cui etiam displicere, et ne facias, inhibere cognoscis? De me enim ait propheta : « Nunquid Deus e vicino? » (*Jer.* xxiii.) En Deus a longinquo ego sum. Nunquid si absconderit se homo, ego non videbo eum? Unde magis illum quam me timere convinceris; imo illum metuere tanquam dominum, qui similis est tibi homo mortalis et corruptibilis; et me, qui sum omnipotens et æternus, et velis nolis, Dominus tuus, contemnere comprobaris. Non ergo digne convenit tibi ut sic invoces me dicendo, Domine, miserere.

PECCATOR AD DEUM.

Convincis me, Domine, evidenter et concludis argumentando irrefragabiliter. Ad hoc cum loquor ad Dominum meum homo ego putredo, et filius hominis vermis, occurrit, Domine, menti meæ oratio illa peccatoris et publicani, quam tu misericors acceptasti, cum orans in templo et nolens levare oculos in cœlum, percuteret pectus suum, dicens : « Deus, propitius esto mihi peccatori (*Luc.* xviii). » Ipsius exemplo et similibus verbis ad te clamabo, si forte sic invocantem exaudias, et propitieris peccato meo, multum est enim.

DEUS AD PECCATOREM.

Si Dominus Deus tuus ego sum, qui solus certe sum, omnino irrisorie ad me clamare videris, utens ad invocandum me verbis orationis prædictæ; cum aliud sit præter me quod colis ut Deum, ad quod principaliter dirigis affectum tuum. Illud enim est Deus tuus quod magis a te diligitur. Si enim avarus es, pecuniam tanquam idololatra colis et amas ut Deum. Avaritia siquidem, teste Apostolo meo, « idolorum est servitus (*Ephes.* v). » Si gastrimargus sive gulosus, venter est Deus tuus, quia de his curam habes quæ maxime ingluviem ventris incendunt. Dicitur a prædicto Apostolo : « Hi sunt quorum Deus venter eorum est (*Philip.* iii). » Unde si alium Deum præter me habes, istud scilicet vitium quod plus amas quam me, qui verus sum Deus, ad propitiandum tibi digne non invocabis me. Imo videtur quod velles irridere me, et velut ironice Deum invocare, si cultum et amorem mihi debitum alii exhibendo, ad me clamares : « Deus, propitius esto mihi peccatori (*Luc.* xviii); » cum hæc stulta opinio contraria sit Scripturæ dicenti : « Deus non irridetur (*Gal.* vi). » Sed tu facis sicut adultera, quæ habens ex una parte legitimum virum suum, ex alia recipit amatorem suum. Nam me, qui sum sponsus tuus, tanquam meretrix impudica contemnis, et excludis thalamo animæ tuæ, ubi tecum deberem delicioso et sancto amore quiescere, quia deliciæ sunt mihi esse cum filiis hominum. Non sine injuria mea diabolum velut amatorem externum inducis ad lasciviendum cum eo in concupiscentiis et desideriis tuis. Quibus vere dicit Scriptura : « Angustum, inquit, est stratum, ita ut alter decidat (*Isa.* xxviii).» Ideo relinquo stratum, et recessi a te, quia in fornicationibus suis alii inhærendo impudenter anima reliquit me, virum utique pubertatis suæ, cui debuerat inseparabiliter adhærere. Cæterum quando credis te posse me invocare ut respondeam tibi, cum non sim in te? quare pertransis clausis oculis? et vim illius verbi quod ponit Propheta, scilicet : « Invocabis, et Dominus exaudiet te (*Isa.* lviii), » non attendis? Invocare enim dicitur quasi intus orare, ad eum scilicet qui intus est vociferando clamare. Certe si sæpe pulsando clamares ad ostium alicujus domus in qua nullus esset, tota die clamare posses, et quia nemo intus esset qui te audiret, nemo tibi clamanti, quamvis fortiter et frequenter, responderet. Sic est me, qui cum dimiserim habitaculum animæ tuæ a quo me exire coegisti propter immunditiam ejus, longe factus a te jam audire non possum clamorem vocis tuæ, nedum quod te debeam, donec operaris ea quæ mihi displicent, favorabiliter exaudire.

PECCATOR AD DEUM

Quid ergo, piissime Domine, faciam ut redeas ad me, a quo te propter iniquitates meas, proh dolor! elongasti? ut sic intus existens respondeas invocanti, et salvus fiam, qui fueram a te derelictus, cum scriptum sit : « Longe a peccatoribus salus (*Psal.* cxviii). »

DEUS AD PECCATOREM.

Audi Scripturæ sanctæ consilium, et si feceris illud, reduces me statim ut invocantem exaudiam te ad hospitium tuum. Habe contritionem cordis, et dole fortiter, quia offendisti me peccatis tuis; juxta quod tibi et tibi similibus ait propheta : « Scindite corda vestra et non vestimenta vestra (*Joel* ii). » Item : « Juxta est Dominus his qui tribulato sunt corde, et humiles spiritu salvabit (*Psal.* xxxiii). » In ipsa quoque contritione propone constanter peccata tua sacerdoti veraciter confiteri, dicente propheta David : « Dixi, confitebor adversum me injustitiam meam Domino, et tu remisisti impietatem peccati mei (*Psal.* xxxi). » In quo potes manifeste intelligere quam magna et quam incomparabilis sit clementia mea, quæ ad tale propositum relaxat et dolet crimina universa. Concessa vero tibi copia confiteri, dicente propheta et clamante : « Dic tu iniquitates tuas, ut justificeris (*Isa.* xliii); » id ipsum Apostolus : « Confitemini alterutrum peccata vestra (*Jac.* v). » Sed et Filius meus tanquam magni consilii angelus venit salvum facere populum suum a peccatis eorum, confessionem, quam apostolus suus expresse præcepit, significative et figurative mandans curatis a lepra corporali per ipsum : « Ite et ostendite vos sacerdotibus (*Luc.* xvii); » per hæc innuens quod pœnitens qui conteritur cum proposito confitendi, a sordibus peccatorum, in anima tanquam spirituali lepra mundatus est ; quia cum pœnæ remanent debiti, ad confessionis sacramentum accedant humiliter, sacerdotum arbitrio se devote committant, et opere satisfaciant juxta illud quod sacerdotes mandaverint.

PECCATOR AD DEUM.

Magna est et ineffabilis, Domine, virtus contritionis per quam tu justificas impium, et de perverso bonum mirabiliter facis. Sed ego peccator eam mereri non possum, et nisi per infusionem gratiæ tuæ non potero illam aliquatenus obtinere. Quid enim illa contritio sit nescio, sed quod solius tuæ gratiæ donum sit non ignoro, a quo tanquam a Patre luminum descendit omne datum optimum et omne donum perfectum (*Jac.* i). Cur autem, Domine, requiris a me ut per contritionem bonum me faciam, qualem me ipsum facere non possum? cum etiam tanquam reus et sordidatus eam mereri nequeam, nisi per inæstimabilem gratiam misericordiæ tuæ.

DEUS AD PECCATOREM.

Noli errare vel te ipsum decipere; non enim requiro a te ut te facias bonum, qualem te scio facere non posse, cum hoc sit in me ; sed ut applicando liberum arbitrium tuum ad me, divina super beneficia meditando, reddas te mihi habilem. Quod si feceris, cum hoc sit in te, indubitanter gratiæ meæ recipies influxionem, quam semper de bonitate mea paratus sum dare cuilibet eam efficaciter volenti recipere ; quamvis habilitas illa non de merito, sed de congrua infusione gratiæ meæ præcedat in peccatore. Unde Augustinus : « Præcedit quoddam in peccatoribus, qui licet non justificentur, digni tamen justificationibus et habiles inveniuntur. » Sic est in eo qui clausos habet oculos, a quo nihil exigitur ut videant, nisi tantum illud quod in eo est posse facere, scilicet oculos aperire, cum exterius parata sit claritas solis, quæ protinus ad videndum apertos oculos illustrabit. Tali exemplo considera manifeste quod ad infundendum se homini divina gratia sit parata, solius habilitatis in eo requiritur congruentia per liberi arbitrii applicationem inventa.

PECCATOR AD DEUM.

Evidenter agnosco, Domine, quod mirabiliter informat et erudit me inscrutabilis altitudo scientiæ tuæ. Meditabor ergo sollicite beneficia tua, piissime Deus, quibus multipliciter obligasti me, dirigens intellectum meum et applicans tenuiter prout possum sicut terra sine aqua tibi, si forte per hujusmodi cogitationes congruum me, pater misericordiarum, invenias cui rorem gratiæ tuæ quam non merui dignanter irfundas, cujus etiam adminiculo valeam excitatus ad bonum de commissis impietatibus meis sufficienter in corde alteri, cum proposito easdem humiliter confitendi. Quamvis hæc ipsa meditatio beneficiorum tuorum sine te menti meæ innasci non possit ex me, dicente Apostolo : « non sumus sufficientes aliquid a nobis quasi ex nobis, sed sufficientia nostra ex Deo est (*II Cor.* iii). » Verumtamen miser ego quid faciam, quia compunctus ex gratia tua propono sæpius confiteri ; sed multa occurrunt mihi , quæ me impediunt et revocant ab exsecutione propositi ? Primum impedimentum est verecundia magna quæ tota die contra me est, et confusio vultus mei quæ operuit me. Dispono multoties ad sacerdotem accedere, sed quia valde pudenda sunt quæ commisi , declino a tali proposito præ pudore. Multoties sacerdotem adire disposui, sed et iniquitatem meam devote revelaturus adivi, et cum pedibus ejus assisterem, stimulante me conscientia mea , irruit super me confusio repentina, et turbatus in seipso spiritus meus fluctuare cœpit et dicere : Heu quid agam ? referamne scelus ? poterone referre ? Sicque prævalente in me verecundia mea, confessione postposita, sine medicamento salutis a pœnitentiali foro recessi, corruptæque sunt et deteriores effectæ cicatrices meæ a facie insipientiæ meæ.

DEUS AD PECCATOREM.

Stultus nimis et indiscretus argueris fore, dum sicut luna mutaris, et confiteri peccata tua præ verecundia et pudore dimittis. Laudabile est si confunderis et invadit te pudor, quando ad memoriam tuam scelera tua reducis, Jeremia propheta dicente : « Confusus sum et erubui, quia sustinui opprobrium adolescentiæ meæ (*Jer.* xxxi). » Sed cavere debes omnino, ne talis sit verecundia quæ te revocet a confessione peccati ; quia ejusmodi confusio reatum accumulat, non diminuit, eum pœnitentem non sinit confitendo detegere quod commisit. Est confusio adducens gloriam, et est confusio adducens reatum ; nam culpabilis est si confessionem excludit, laudanda si sic pudet, ut etiam confitendi comes existat ; jactantiæ siquidem potius quam devotionis signum exponere sine rubore peccatum. Cur autem insipiens pudet te dicere semel, quod non puduit commisisse frequenter ? Loquere tamen ante, si tentaris, et dicito : Non erubescam Deo in ministro suo , qui mei similis homo mortalis est, confiteri quod non potest ab oculis majestatis suæ abscondi. Non erubescam homini reatum meum exponere in vita præsenti, quem si non detexero ei, scio fore omnibus manifestum in die judicii. Si autem hic illum revelavero, Deus illum conteget et absondet de inæstimabili bonitate, et faciet me de numero beatorum, « quorum remissæ sunt iniquitates et quorum tecta sunt peccata (*Psal.* xxxi).»

PECCATOR AD DEUM

Confortasti me, Domine, verbis tuis et corroborasti sermonibus sanctis, et non præ verecundia jam dimittam quando ad ministrum tuum excessus meos per confessionem revelaturus accedam. Sed aliud est, mi Domine, quod ne confitear magnum mihi præstat obstaculum, scilicet timor pœnæ. Peccavi, Domine, super numerum arenæ maris, et multiplicata sunt peccata mea ; quare timeo valde ad confessionem accedere, quia si juxta quantitatem culpæ injungenda est quantitas pœnæ, tanta potero satisfactionis sarcina prægravari, quæ juxta meorum æstimationem reatuum mihi debebit imponi, quod si longissimo tempore viverem, eam explere miserrimus non valeam.

DEUS AD PECCATOREM.

Adhuc stultitia tua te non deserit, et indiscreta opinio in cor tuum ascendit. Nunquam credere debes, quod Deus præcipiat homini impossibile, vel eam tibi jubeat imponi pœnam quam tu nequeas sustinere Vicarius meus papa, quem ego constitui loco mei in terris judicem tuum, dolorem confitentis mitigabit attentis circumstantiis peccatorum. Et quia potestatem a me ligandi pariter et solvendi, ministerio quidem non auctoritate suscepit, moderabitur pœnam juxta suæ discretionis arbitrium, et talem injunget pœnitentiam, ut per eam, me cooperante, justitiæ recipias incrementum : qui etiam tantum in te dolorem, amaritudinem, et contritionis invenire poterit vehementiam, quod postmodum de injuncta pœna partem maximam vel forte totam de bonitate Dei præsumas relaxandam. Sed et tu, quem timor pœnæ præsentis retrahit a proposito confitendi, quare non consideras et revolvis mente, quod pœna hujus vitæ quantumcunque sit longa, brevis est respectu æternæ ; quantumcunque amara, dulcis est infernali pœnæ collata. Quamobrem melius est tibi hic pœnitere, quam intolerabiliter postmodum et amarissime cruciari. Ne tibi contingat quod ait Job : « Qui timet pruinam, irruet super eum grando (*Job* vi); » et qui pœnam metuit temporalem, indubitanter æternam incurret. Item « Fugiet arma ferrea, et irruet in arcum æreum (*Job* xx). » Pœna siquidem præsens quæ cito transit et consumitur, per arma ferrea designatur, quæ per rubiginem consummantur ; pœna vero æterna quæ finiri non potest, per arcum æreum, qui æs est incorruptibile significatur. Maxime tamen fructuosa sit in hoc mundo, infructuosa vero penitus, imo perniciosa pœnitentia in futuro. Illud etiam Apostoli verbum tibi debet præstare solatium, et ad sustinentiam temporalis pœnæ te fortiter animare quod dicitur : « Non sunt condignæ passiones hujus temporis ad futuram gloriam quæ revelabitur in nobis (*Rom.* viii).» Item hoc leve et momentaneum tribulationis nostræ, sublime pondus operatur in æternitate.

PECCATOR AD DEUM.

Jucunda sunt, Domine, eloquia tua servo tuo, super mel et favum ori meo dulciora (*Psal.* cxviii), licet indignus sum altitudinem inspicere. Non dedigneris adhuc, supplico, sustinere quid modicum insipientiæ meæ. Ecce, Domine, jam non impediet in me confessionem pudor culpæ vel timor pœnæ. Sed est aliud quod retardat me modicum, imo revocat a confessione cor meum, temporalium scilicet rerum affectus vel desiderium. Considero apud me ipsum et colloquor menti meæ : si delicta mea confessus fuero sacerdoti, forsitan injunget mihi ut Hierosolymam proficiscar, vel laborem alicujus peregrinationis assumam vel saltem ut ecclesias visitem, et in eis diutius vacaturus orationes frequentem ; et possem interim temporalibus lucris insistere, et acquisitionibus multis et mihi et meis hujus mundi substantiam ampliare ; sed si qua penes me sint, oportebit minui potius quam augeri, donec assumpta peregrinatio valeat peragi, vel quandiu spiritualibus exercitiis me contigerit occupari. Quapropter utilius est mihi a confessione desistere, quam acquisitionis mundanæ studium impedire.

DEUS AD PECCATOREM.

Vana est cogitatio illa, imo tentatio Satanæ, quæ te apprehendit. Ut autem cogitationem illam procul a te expellas, recordare quod Scriptura evangelica proclamat : « Væ prægnantibus et nutrientibus in illa die (*Matth.* xxiv). » Prægnantes quidem sunt animæ perversæ, quæ per illicita desideria temporalium, vel alicujus iniquitatis consensum, tanquam a diabolo malitiæ semine injecto mente concipiunt. Nutrientes vero animæ dicuntur illæ quæ terrenas delicias non desinunt per avaritiam cumulare, vel de perpetratis iniquitatibus, delectabiliter perseverantes in eis, differunt pœnitere. Veniet procul dubio mors super illos, et descendent in infernum viventes, quoniam nequitia in hospitiis et in medio mentis eorum. Certe si sane saperes, quando te ad sui concupiscentiam res istæ mundanæ sollicitant, meditari deberes quia quæcunque concupiscibilia videntur in mundo, sunt transitoria ; quæ vero a Deo promittuntur, æterna ; ista terrena, illa cœlestia ; ista modica, illa magna ; illa mentita, illa certa ; ista infima, illa superna ; ista minima, illa maxima ; ista cum labore acquiruntur, cum timore et sollicitudine conservantur, cum dolore et angustia amittuntur. Licet autem in his acquirendis sit labor, quia « regnum cœleste vim patitur et violenti rapiunt illud (*Matth.* xi), » de ipsorum tamen custodia nullo modo possessores eorum pungi possunt sollicitudinum stimulo, nec dolore torqueri de ipsorum amissione vel damnatione, quia « ibi ærugo vel tinea non demolitur, nec fures effodiunt et furantur (*Matth.* vi).»

PECCATOR AD DEUM.

Ne irascaris, Domine, si et hac vice modo, loquendi audaciam in conspectu altitudinis tuæ vilissimul figmentum ego assumo; et sicut in aliis, in eo quod propositurus sum inveniam apud abyssum sapientiæ tuæ tanquam positus in perturbatione consilium. Est adhuc quiddam quod valde me concutit, et difficilius cæteris mihi confessionis impedimentum apponit, unde desperationem incurro ex gravi difficultate resistendi peccato. Infelix ego multoties cecidisse me memini, qui et postmodum pœnitendo, te adjuvante, surrexi, sed stare non prævalens, relapsus sum, et redii multoties in idipsum, revertens iterum atque iterum tanquam canis ad vomitum et sus ad luti volutabrum (*II Petr* II). Unde cum lubricus et instabilis tanquam cereus sim in vitium flecti, de mea stabilitate despero, et propterea penitus de confessione desisto, existimans nihil prodesse si erigor et resurgo qui sum casurus in proximo, et stare diffido brevi temporis intervallo, existimans nihilominus veniam impetrare non posse de facili, qui frequenter erectus, et frequenter ad peccatum relapsus, ingratus et indevotus invenior erigenti.

DEUS AD PECCATOREM.

In eo quod modo proponis non tam insensatus quam insanus esse probaris. Nam recte facis si de te ipso diffidas, et fragilitatem tuam attendens, de tuis viribus non præsumens, existimes quod postquam surrexeris, de tua virtute sperare non possis. Sed de me sperare debes, quod licet infirmus et debilis sis ex te, possum tamen si de mea misericordia voluero, quamvis debilem stabilire, et quantumvis infirmum ne corruas confirmare. Cur autem de me desperes, qui nolo mortem peccatoris sed magis ut convertatur et vivat (*Ezech.* XVIII), qui utique misericors sum et præstabilis super malitia? Attende quia si desperes de me, peccatum incurris irremissibile, quod est peccatum in Spiritum sanctum; nec est peccatum huic comparabile, quia ipsum est solum quod nec in hoc sæculo neque in futuro creditur remittendum. Attende, quia, si de me desperes, tanto gravius me offendis quanto clementius potentiam meam exstinguere, et meam mihi benignitatem, quam non ex accidentali dono, sed naturalem habeo, auferre conatus sis, et omnipotentiam meam a me inerim separare. Ego enim sum cui dicitur: « Deus cui proprium est misereri semper et parcere. » Ego ad quem congregatio fidelium clamat: « Deus, qui omnipotentiam tuam parcendo maxime et miserando manifestas. » Cur, infelix, de me debeas desperare qui gaudium mihi reputo et angelis meis super uno peccatore pœnitentiam agente; qui et nonaginta novem ovibus in deserto relictis, misi pastorem earum ut unam perditam quæreret, inventam portaret in humeris suis; qui filium prodigum revertentem lætanter excepi, stolam primam et annulum ei dedi, et faciens grande convivium pro eo, vitulum saginatum occidi (*Luc.* XV). Ego sum qui tanquam mater filiis etiam delinquentibus viscera pietatis aperio; qui offendentes me multoties usque ad finem vitæ sustineo, et punire differens ut pœniteant patienter exspecto. De me siquidem propheta clamat dicens: « Audite, domus Jacob et residuum Israel, quoniam portamini a meo utero, et gestamini a mea vulva; ego feci, et ego feram, et usque ad canos ego portabo (*Isai.* XLVI). » Cur de me debeas desperare qui postquam creavi hominem, ut facerem eum gloriæ meæ participem, ex nimia charitate qua eum dilexi, unigenitum meum in mundum misi, qui eum venundatum sub peccato non corruptibilibus auro et argento redemit, sed pretioso sanguine suo quem pro eo abunde effudit? Scito et videto qui renuis confiteri, pro eo quod ipsa eadem, quæ sæpe confessus es, nimis iterans, vias tuas viliter corrupisti; quia cum malum sit et amarum reliquisse te Dominum Deum tuum, longe deterius revelatur perseverare in malo, et ipsius amore postposito, elongare te jugiter et avertere vultum tuum ab eo. Quare non consideras tu quod sæpius cadis, et sæpius surgis, quod minus malum cadere sit alternatim et surgere, quam in peccato continuo permanere? Potest enim ex Dei benignitate quando sic surgis, in bono statu temporali te mors intercipere ut salveris. Si vero permanens in peccato perversus fueris in fine vitæ tuæ repertus, procul dubio deportaberis ad æterna supplicia condemnandus; quia, dicente Scriptura, judicat Dominus fines terræ et finalia opera (*Psal.* XCV); et arbor si ad aquilonem vel ad austrum ceciderit, prius ut reor eligeret ab ipso luto extrahi, et inde postea cadere, quam in illo jugiter permanere. Sic etiam qui laborat aliqua febre, nonne gravius reputaretur eam pati continue, quam ab ea interpolatim vexari? Ita et tu duobus malis propositis, scilicet cadere in peccatum et surgere consequenter ab eo, vel irregressibiliter et irreverenter perseverare in malo, potius debes fugere secundum quam primum. Noli ergo tanquam diffidens et desperans de Deo, te a confessione retrahere, sed quoties miseriam pateris ea quæ confessus es iterum committendo, tu nihilominus eadem iterum confitere. Nam sicut aqua vestimentum, quod sæpius inquinatur, quandocunque illud abluit, mundat a sordibus et efficit quasi novum; sic et confessio quoties ad eam recurritur, restituit animæ eum, quem amittit decorem ex reiteratione peccati, munditiæ candidatum. Te autem confitente peccatum, et expulso ab anima tua veneno nequitiæ per confessionis antidotum, statim ad eam regrediar tanquam ad domum meam unde prius exivi. Et ex tunc si me invocaveris, exaudiam te, et tanquam intus habitans sine mora respondebo clamanti.

PECCATOR AD DEUM.

Domine Deus salutis meæ, verba sunt vitæ æternæ, quæ loqueris, et salutaria monita quæ hortaris. Adjutus ergo a te requiram devote ministrum tuum, et effundam coram illo sicut aquam cor meum, aperiam in conspectu ejus labia mea locuturus in amaritudine animæ meæ. Sicut qui digitum ingerit gutturi suo, scrutabor scrutinio conscientiam meam et non desistam, donec evomam illam amaram super absinthium et fel, quæ latet intrinsecus, meorum saniem peccatorum; ut sic evomita foris et ejecta putredine, cujus fetor abominabilis te relinquere fecerat mentis meæ hospitium, cum inæstimabili fragrantia unguentorum tuorum clementer in illud regredi et inhabitare digneris, juxta sanctum et ineffabile tuum promissum; qui es benedictus in sæcula sæculorum. Amen.

DE CONTEMPTU MUNDI

SIVE

DE MISERIA CONDITIONIS HUMANÆ

LIBRI TRES.

(Edit. Opp. Innocentii III, Coloniæ 1575, in-folio, p. 421.)

LIBER PRIMUS.

PROLOGUS.

Domino Patri charissimo P. Dei gratia Portuensi episcopo, Lotharius indignus diaconus, gratiam in præsenti, et gloriam in futuro.

Modicum otii, quod inter multas angustias nuper ea, quam nosti, occasione captavi, non ex toto mihi præteriit otiosum. Sed ad deprimendam superbiam (quæ caput est omnium vitiorum) (*Eccli.* x) vilitatem humanæ conditionis utcunque descripsi. Titulum autem præsentis opusculi vestro nomini dedicavi, rogans et postulans, ut si quid in eo vestra discretio dignum invenerit, divinæ gratiæ totum ascribat. Si vero paternitas vestra suggesserit, dignitatem humanæ naturæ, Christo favente, describam (28): quatenus ita per hoc humilietur elatus, ut per illud humilis exaltetur [*al.* Gratuletur].

CAPUT PRIMUM.

De miserabili humanæ conditionis ingressu.

« Quare de vulva matris egressus sum, ut viderem laborem et dolorem, et consumerentur in confusione dies mei? (*Jer.* xx.) » Si talia de se locutus est ille, quem Dominus sanctificavit in utero (*Jer.* 1), qualia loquar ego de me, quem mater mea genuit in peccatis? Heu me, dixerim, mater mea, quid me genuisti, filium amaritudinis et doloris? « Quare non in vulva matris mortuus sum? egressus ex utero non statim perii? Cur exceptus genibus, lactatus uberibus (*Job* III), natus in combustionem [*al.* confusionem] et cibum ignis? (*Isa.* IX.) » — « Utinam interfectus fuissem in utero, ut fuisset mihi mater mea sepulcrum, et vulva ejus conceptus æternus (*Jer.* xx). » — « Fuissem enim quasi non essem, de utero translatus ad tumulum (*Job* x). » — « Quis ergo det oculis meis fontem lacrymarum (*Jer.* IX), » ut fleam miserabilem conditionis humanæ conversationis progressum, damnabilem humanæ dissolutionis egressum? Consideravi ergo cum lacrymis de quo factus sit homo : quid faciat homo, quid facturus [*al.* futurus]. sit homo. Sane formatus de terra, conceptus in culpa, natus ad pœnam, agit prava quæ non licent, turpia quæ non decent, vana quæ non expediunt, fiet cibus ignis, esca vermis, massa putredinis. Exponam id planius, edisseram plenius. Formatus est homo de pulvere, de luto, de cinere : quodque vilius est, de spurcissimo spermate : conceptus in pruritu carnis, in fervore libidinis, in fetore luxuriæ : quodque deterius est, in labe peccati; natus ad laborem, dolorem, timorem : quodque miserius est, ad mortem. Agit prava, quibus offendit Deum, offendit proximum, offendit seipsum; agit turpia, quibus polluit famam, polluit conscientiam, polluit personam; agit vana,

(28) Liber de dignitate naturæ humanæ nondum inventus.

quibus negligit seria, negligit utilia, negligit necessaria. Fiet cibus ignis, qui semper ardet, et urit inexstinguibilis : esca vermis, qui semper rodit, et comedit immortalis : massa putredinis, quæ semper fetet, et sordet horribilis.

CAPUT II.
De vilitate materiæ ipsius hominis.

Formavit igitur Dominus Deus hominem de limo terræ, quæ cæteris elementis est vilior, ut patet Gen. II. Planetas et stellas fecit ex igne, flatus et ventos fecit ex aere, pisces et volucres fecit ex aqua, homines et jumenta fecit de terra. Considerans igitur aquatica, homo se vilem inveniet; considerans aerea, se viliorem agnoscet; considerans ignea, se vilissimum reputabit, nec valebit se parificare cœlestibus, nec audebit se præferre terrenis, quia parem se jumentis inveniet, et similem recognoscet. « Unus est enim hominum et jumentorum interitus, et æqua utriusque conditio, et nihil habet homo jumento amplius. De terra orta sunt, et in terram pariter revertentur *(Eccle.* III). » Verba sunt ista non cujuslibet hominis, sed sapientissimi Salomonis. Quid est igitur homo, nisi lutum et cinis? Hinc enim homo dicit ad Deum : «Memento, quæso, quod sicut lutum feceris me, et in pulverem me reduces *(Job* x). » Hinc et Deus inquit ad hominem : « Pulvis es, et in pulverem reverteris *(Gen.* III). » — « Comparatus sum, ait Job, luto, et assimilatus sum favillæ et cineri *(Job* xxx). » Lutum efficitur ex aqua et pulvere, utroque manente. Cinis autem fit ex ligno et igne, utroque deficiente. Expressum mysterium, sed alias melius exprimendum, quid ergo lutum superbis? de quo pulvis extolleris? unde cinis gloriaris?

CAPUT III.
Divisio conceptionis.

An illud forsan respondebis, quod Adam ipse fuit de limo terræ formatus, tu autem ex humano semine procreatus? At ille fuit formatus de terra, sed virgine; tu vero procreatus de semine, sed immundo. « Quis enim potest facere mundum de immundo conceptum semine? » *(Job* xIV.) Quis est homo, ut immaculatus sit, et justus appareat natus de muliere? « Ecce enim in iniquitatibus conceptus sum, et in peccatis concepit me mater mea *(Psal.* L). » Non in una tantum iniquitate, non in uno tantum delicto, sed in multis iniquitatibus, et in multis delictis. In delictis videlicet et iniquitatibus propriis; in delictis et iniquitatibus alienis.

CAPUT IV.
De conceptione infantis.

Est enim duplex conceptio : una seminum, et altera naturarum. Prima fit in commissis, secunda fit in contractis; parentes enim committunt in prima, proles contrahunt in secunda. Quis enim nesciat concubitum etiam conjugalem nunquam omnino committi sine pruritu carnis, sine fervore luxuriæ, sine fœtore libidinis? Unde semina concepta fœdantur, maculantur et vitiantur, ex quibus anima tandem infusa contrahit labem peccati, maculam culpæ, sordem iniquitatis. Sicut ex vase corrupto liquor infusus corrumpitur, et pollutum contingens, ex ipso contactu polluitur. Habet enim anima tres naturales potentias, sive tres naturales vires. Rationalem, ut discernat inter bonum et malum ; irascibilem, ut respuat malum ; concupiscibilem, ut appetat bonum. Istæ tres vires tribus oppositis vitiis originaliter corrumpuntur. Vis rationalis per ignorantiam, ut non discernat inter bonum et malum; vis irascibilis per iracundiam, ut respuat bonum; vis concupiscibilis per concupiscentiam, ut appetat malum. Prima gignit delictum, ultima parit peccatum, media delictum generat et peccatum. Est enim delictum non facere faciendum ; peccatum, agere non agendum. Hæc tria vitia contrahuntur ex carne corrupta, per tres naturales illecebras. In carnali quippe commercio, rationis sopitur intuitus, ut ignorantia seminetur : libidinis irritatur pruritus, ut iracundia propagetur : voluptatis satiatur affectus, ut concupiscentia contrahatur. Hic est tyrannus carnis, lex membrorum, fomes peccati, languor naturæ, pabulum mortis, sine quo nemo nascitur, sine quo nullus moritur : qui si quando transit reatu, semper tamen remanet actu. « Si enim dixerimus quia peccatum non habemus, nosipsos seducimus, et veritas in nobis non est *(I Joan.* I). » O gravis necessitas et infelix conditio. Antequam peccemus, peccato constringimur : et antequam delinquamus, delicto tenemur. « Per hominem unum peccatum in hunc mundum intravit, et per peccatum in omnes homines mors pertransiit *(Rom.* v). » An non « patres uvam comederint acerbam, et dentes filiorum obstupescunt? » *(Jer.* xxxI; *Ezech.* xvIII.)

CAPUT V.
Quali cibo conceptus nutriatur in utero.

Sed attende quo cibo conceptus nutriatur in utero. Profecto sanguine menstruo, qui cessat ex femina post conceptum, ut ex eo conceptus nutriatur in femina. Qui fertur esse tam detestabilis et immundus, ut ex ejus contactu fruges non germinent, arescant arbusta, moriantur herbæ, amittant arbores fœtus, et si canes inde comederint in rabiem efferantur. Concepti fœtus vitium seminis contrahunt, ita ut leprosi et elephantici ex hac corruptione nascantur. Unde secundum legem Mosaicam, mulier quæ menstruum patitur, reputatur immunda (*Lev.* x) ; et si quis ad menstruatam accesserit, jubetur interfici (*Lev.* xII). Ac propter immunditiam menstruorum præcipitur, ut mulier si masculum pareret quadraginta, si vero feminam, octoginta diebus a templi cessaret ingressu.

CAPUT VI.
De imbecillitate infantis.

Quare ergo data est misero lux, et vita iis qui sunt in amaritudine animæ ? (*Job* III.) Felices illi qui moriuntur antequam oriantur. Prius mortem sentientes, quam vitam scientes. Quidam enim tam deformes et prodigiosi nascuntur, ut non homines, sed abominationes potius videantur, quibus forte melius fuisset provisum, si nunquam prodiissent ad visum, quoniam ut monstra monstrantur, et ostenduntur ostentui. Plerique vero diminuti membris, et sensibus corrupti nascuntur, amicorum tristitia, parentum infamia, verecundia propinquorum. Quid hoc particulariter dixerim de quibusdam, cum generaliter omnes sine scientia, sine verbo, sine virtute nascamur? Flebiles, debiles, imbecilles, parum a brutis distantes, imo minus in multis habentes? Nam illa statim ut orta sunt, gradiuntur : nos autem non solum erecti pedibus non incedimus, verum etiam curvati manibus non reptamus.

CAPUT VII.
De dolore partus et ejulatu infantis.

Omnes nascimur ejulantes, ut nostram miseriam exprimamus. Masculus enim recenter natus dicit A, femina vero E :

Dicentes E vel A, quotquot nascuntur ab Eva.
Quid est igitur Eva, nisi heu ha? Utrumque dolentis est interjectio, doloris exprimens magnitudinem. Haec enim ante peccatum virago, post peccatum Eva meruit appellari, ex quo sibi dictum audivit : « In dolore paries (*Gen.* III). » Non est enim dolor sicut parturientis : unde Rachel prae nimio dolore partus interiit, et moriens vocavit nomen filii sui Benoni, id est *filium doloris* (*Gen.* XXXI). Uxor Phinees subitis doloribus irruentibus peperit simul ac periit, et in ipso mortis articulo vocavit filium Ichabod (*Reg.* IV). « Mulier autem ut naufragus, cum parit, tristitiam habet; cum vero pepererit puerum, jam non meminit pressurae propter gaudium, quia natus est homo in mundum (*Joan.* XVI). » Concepit ergo cum immunditia et fetore, parit cum tristitia et dolore, nutrit cum angustia et labore, custodit cum instantia et timore.

CAPUT VIII.
De nuditate hominis.

Nudus egreditur, et nudus regreditur. Pauper accedit, et pauper recedit. « Nudus, inquit Job, egressus sum de utero matris meae, et nudus revertar illuc (*Job* I). » « Nihil intulimus in hunc mundum, haud dubium quia nec auferre quid possumus (*Tim.* VI). » Si quis autem indutus ingreditur, attendat quale proferat indumentum. Turpe dictu, turpius auditu, turpissimum visu. Foedam pelliculam sanguine cruentatam. Haec est illa maceria, de qua Thamar inquit in partu : « Quare divisa est propter te maceria ? » Et ob hanc causam vocavit nomen ejus Phares, quod interpretatur divisio (*Gen.* XXXVIII).

CAPUT IX.
Quem fructum homo producit.

O vilis conditionis humanae indignitas, o indigna vilitatis humanae conditio ! Herbas et arbores investiga. Illae de se producunt flores et frondes, et fructus : et heu tu de te lendes et pediculos et lumbricos. Illae de se fundunt oleum, vinum et balsamum, et tu de te sputum, urinam et stercus : illae de se spirant suavitatem odoris, et tu de te reddis abominationem fetoris. Qualis est ergo arbor, talis est fructus. « Non enim potest arbor mala fructus bonos facere (*Matth.* VII et XII). » Quid est enim homo secundum formam, nisi quaedam arbor inversa ? cujus radices sunt crines, truncus caput cum collo, stipes est pectus cum alvo, rami sunt ilia cum tibiis, frondes sunt digiti cum articulis. Hoc est folium quod a vento rapitur, et stipula quae a sole siccatur (*Job* XIII).

CAPUT X.
De incommodis senectutis et brevitate vitae hominis.

In primordio conditionis humanae noningentis annis et amplius homines vixisse leguntur (*Gen.* VI), sed paulatim, vita hominis declinante, dixit Dominus ad Noe : « Non permanebit spiritus meus in homine in aeternum, quia caro est. Eruntque dies illius centum viginti annorum (*Gen.* VI). » Quod intelligi potest tam de termino vitae, quam de spatio poenitendi. Ex tunc enim rarissime leguntur homines plus vixisse, sed cum magis ac magis vita recideretur humana, dictum est a Psalmista : « Dies annorum nostrorum in ipsis septuaginta anni. Si autem in potentatibus octoginta anni, et amplius eorum labor et dolor (*Psal.* LXXXIX). » Nonne autem paucitas dierum meorum finietur brevi tempore ? (*Job* X.) « Dies nostri velocius transeunt quam a texente tela succiditur (*Job* VII). » « Homo natus de muliere brevi vivens tempore repletur multis miseriis. Qui quasi flos egreditur et conteritur, et fugit velut umbra, et nunquam in eodem statu permanet (*Job* XIV). » Pauci enim nunc ad quadraginta, paucissimi ad sexaginta annos perveniunt.

CAPUT XI.
De incommodis senectutis.

Si quis autem ad senectutem processerit, statim cor ejus affligitur, et caput concutitur, languet spiritus et fetet anhelitus, facies rugatur, et statura curvatur, caligant oculi, et vacillant articuli, nares effluunt, et crines defluunt, tremit tactus, et deperit actus, dentes putrescunt, et aures surdescunt. Senex facile provocatur, difficile revocatur ; cito credit, et tarde discredit, tenax et cupidus, tristis et querulus, velox ad loquendum, tardus ad audiendum, sed non tardus ad iram : laudat antiquos, spernit modernos : vituperat praesens, commendat praeteritum, suspirat et anxiatur, torpet et infirmatur. Audi Horatium poetam :

Multa senem circumveniunt incommoda.
(HORAT., *De arte poet.*)

Porro nec senes contra juvenem glorientur, nec insolescant juvenes contra senem, quia quod sumus iste fuit, erimus quandoque quod hic est.

CAPUT XII.
De labore mortalium.

« Avis ergo nascitur ad volandum, et homo nascitur ad laborem (*Job* V). » Cuncti dies ejus laboribus et aerumnis pleni sunt, nec per noctem requiescit mens ejus. Et quid hoc est nisi vanitas ?

Non est quisquam sine labore sub sole, non est sine defectu sub luna, non est sine vanitate sub tempore. Tempus est mora rerum mutabilium. « Vanitas vanitatum, Inquit Ecclesiastes (Cap. 1), et omnia vanitas. » O quam varia sunt studia hominum, quam diversa sunt exercitia. Unus est tamen omnium finis, et idem effectus, labor et afflictio spiritus. « Occupatio magna creata est omnibus hominibus, et jugum grave super filios Adam, a die exitus de ventre matris eorum, usque in diem sepulturæ in matrem omnium (*Eccli.* XL). »

CAPUT XIII.
De studio sapientum.

Perscrutentur sapientes, investigent alta cœli, lata terræ, profunda maris, et de singulis disputent, de cunctis pertractent, discant semper aut doceant. Et quid ex hac occupatione nisi laborem et dolorem et afflictionem spiritus invenient? Noverat hoc experimento qui dixerat : « Dedi cor meum ut scirem prudentiam atque doctrinam, errores et stultitiam, et agnovi quod esset labor et afflictio spiritus, eo quod in multa sapientia multa sit indignatio, et qui addit scientiam addit dolorem (*Eccle.* 1). » Licet enim oporteat indagantem et multis insudare vigiliis, et invigilare laboribus et sudoribus, vix tamen est quidquam tam vile, vix est tam facile, quod ad plenum intelligat homo, comprehendatque ad liquidum, nisi forsan illud perfecte sciatur, quod nihil scitur perfecte, quanquam ex hoc insolubilis redargutio consequatur. Quin imo « corpus quod corrumpitur, aggravat animam, et deprimit terrena inhabitatio sensum multa cogitantem (*Sap.* IX). » Audi quid super hoc sentiat Salomon : « Cunctæ res difficiles, non potest eas homo explicare sermone (*Eccle.* 1). »—« Est homo qui diebus ac noctibus somnum non capit oculis, et nullam operum Dei potest invenire rationem. Et quando plus laboraverit ad quærendum, tanto minus inveniet (*Eccle.* VIII). » — « Deficiunt ergo scrutantes scrutinio, quoniam accedet homo ad cor altum, et exaltabitur Deus (*Psal.*LXIII). » — « Perscrutator enim majestatis opprimetur a gloria (*Prov.* xxv). » Qui enim magis intelligit, magis dubitat : et ille videtur sibi plus sapere, qui plus desipit. Ergo pars scientiæ est scire quod nesciat. « Fecit autem Deus hominem rectum, et ipse se infinitis immiscuit quæstionibus. (*Eccli.* VII). »

CAPUT XIV.
De variis studiis hominum.

Currunt et discurrunt mortales per sepes et semitas, ascendunt montes, transcendunt colles, transvolant rupes, pervolant alpes, transgrediuntur foveas, ingrediuntur cavernas, rimantur viscera terræ, profunda maris, incerta fluminis, opaca nemoris, invia solitudinis, exponunt se ventis et imbribus, tonitruis et fulminibus, fluctibus et procellis, ruinis et præcipitiis. Metalla cudunt et conflant, lapides sculpunt et poliunt, ligna succidunt et dolant, telas ordiuntur et texunt vestes, sincidunt sic et consuunt, ædificant domos, plantant hortos, excolunt agros, pastinant vineas, succendunt clibanos, exstruunt molendina, piscantur, venantur et aucupantur. Meditantur et cogitant, consiliantur et ordinant, querulantur et litigant, diripiunt et furantur, decipiunt et mercantur, contendunt et præliantur et innumera talia faciunt, ut opes congerant, ut quæstus multiplicent, ut lucra sectentur, ut honores acquirant, ut dignitates extollant, ut potestates extendant, et hæc quoque labor et mentis afflictio. Si mihi non creditur, Salomoni credatur : « Magnificavi, inquit, opera mea : ædificavi mihi domos, et plantavi mihi vineas ; feci hortos et pomaria, consevi ea cuncti generis arboribus ; exstruxi mihi piscinas aquarum ut irrigarem silvam lignorum germinantium : possedi servos et ancillas, multamque familiam habui, armenta quoque et magnos ovium greges, ultra omnes, qui fuerant ante me in Jerusalem. Coacervavi mihi aurum et argentum, et substantias regum et provinciarum. Feci mihi cantores et cantatrices, et delicias filiorum hominum, scyphos et urceolos in ministerio ad vina fundenda, et supergressus sum opibus omnes, qui ante me fuerunt in Jerusalem. Cumque me convertissem ad universa, quæ fecerant manus meæ, et ad labores quibus frustra insudaveram, vidi in omnibus vanitatem et afflictionem animi, et nihil permanere sub sole (*Eccl.* 1). »

CAPUT XV.
De diversis anxietatibus.

O quanta mortales angit anxietas, affligit cura, sollicitudo molestat, metus exterret, tremor concutit, horror obducit, dolor affligit, conturbat tristitia, contristat turbatio [tribulatio]. Pauper et dives, servus et dominus, conjugatus et continens, denique bonus et malus, omnes mundanis cruciatibus affliguntur, et mundanis afflictionibus cruciantor. Experto crede magistro. « Si impius, inquit, fuero, væ mihi est ; et si justus, non levabo caput saturatus afflictione et miseria (*Job* x). »

CAPUT XVI.
De miseria divitis et pauperis.

Pauperes enim premuntur inedia, cruciantur ærumna, fame, siti, frigore, nuditate : vilescunt, tabescunt, spernuntur, et confunduntur. O miserabilis mendicantis conditio ; et si petit, pudore confunditur, et si non petit, egestate consumitur, sed ut mendicet, necessitate compellitur. Deum causatur iniquum, quod non recte dividat ; proximum criminatur malignum, quod non plene subveniat. Indignatur, murmurat, imprecatur. Adverte super hoc sententiam Sapientis : « Melius est, inquit, mori quam indigere (*Eccli.* XL). » — « Etiam proximo suo pauper odiosus erit (*Prov.* XIV). » — « Omnes dies pauperis mali, fratres hominis pauperis oderunt eum. Insuper et amici procul recesserunt ab eo (*Prov.* XIX) ; » quia

*Donec eris felix multos numerabis amicos
Tempora si fuerint nubila, solus eris.*
(Ovid. *Trist.* I, IX, 5.)

Proh pudor! secundum fortunam existimatur persona, cum potius secundum personam æstimanda sit fortuna. Tam bonus reputatur quam dives, tam malus quam pauper, cum potius tam dives sit reputandus quam bonus, tam pauper quam malus. Dives autem a superfluitate resolvitur, et jactantia effrenatur, currit ad libitum, et corruit ad illicitum. Etiam fiunt instrumenta pœnarum, quæ fuerant oblectamenta culparum. "Labor in acquirendo, timor in possidendo, dolor in amittendo, mentem ejus semper fatigat, sollicitat et affligit. « Ubi enim est thesaurus tuus, ibi est et cor tuum (*Matth.* VI). » Sed de hoc in sequentibus plenius dicemus.

CAPUT XVII.
De miseria servorum et dominorum.

Servus ministrat, minis terretur, angariis fatigatur, plagis affligitur, opibus spoliatur: quod si non habet, habere compellitur, et si habet, cogitur non habere. Culpa domini, servi pœna: culpa servi, domini præda:

Quidquid delirant reges, plectuntur Achivi.
(Hor. *Ep.* I, II, 14.)

Venatio leonis onager in eremo, sic et pascua divitum pauperes. O extrema conditio servitutis! Natura liberos genuit, sed fortuna servos constituit (*Eccli.* XIII). Servus cogitur pati, et nemo sinitur compati: dolere compellitur, et nemo condolere permittitur. Sic ipse non suus est, ut nemo sit sibi. Miseri qui castra sequuntur, quia miserum est vivere aliena præda. Dominum autem si crudelis est, oportet vereri propter nequitiam subjectorum; si mitis est, contigit illum contemni propter insolentiam subjectorum. Severum ergo metus affligit, mansuetum vilitas parvipendit; nam crudelitas parit odium, et familiaritas parit contemptum: familiaris enim cura fatigat, et domestica sollicitudo molestat. Oportet enim eum semper esse paratum, ubique munitum, ut possit insidias malignantium præcavere, oppugnantium injurias propulsare, hostes conterere, cives tueri. Nec sufficit diei malitia sua, sed dies diei laborem eructat, et nox nocti sollicitudinem indicat (*Psal.* XVIII). Dies ergo laboriosi ducuntur, et noctes expenduntur insomnes.

CAPUT XVIII.
De miseria continentis, et conjugati.

Si potest ignis non urere, potest caro non concupiscere, quia quantumcunque punietur [*al.* pugnetur] nunquam tamen Jebusæus ille potest expelli:

Naturam expellas furca, tamen usque recurret.
(Hor. *Ep.* I, X, 24.)

«Non omnes, inquit, capiunt verbum istud, sed qui potest capere, capiat (*Matth.* XVI).» Unde cum Deus ipse de certis pontificalibus indumentis jussisset, ut Moyses et Aaron filios suos vestirent, de solis feminalibus non præcepit, sed ait, ut ipsi feminalibus uterentur, cum ingrederentur tabernaculum testimonii (*Exod.* XVIII). Sed et Apostolus dicit: « Nolite fraudare invicem, nisi forte ex consensu ad tempus, ut vacetis orationi, et iterum revertemini in idipsum: ne tentet vos Satanas propter incontinentiam vestram. Melius est enim nubere, quam uri (*I Cor.* VII).» Pugnat ergo contra continentiam angelus Satanæ, qui carnaliter stimulat et graviter colaphizat, ignem naturæ flatu suggestionis succendit, materiam apponit, facultatem tribuit, et opportunitatem ministrat.

Pugnat etiam, et species, quæ subito visa est, facile concupiscitur. Unde cum David post meridiem deambularet in palatio domus regiæ, videns ex adverso Bethsabee se lavantem, « misit et tulit eam et dormivit cum ea, erat enim mulier pulchra nimis (*II Reg.* XII).» Porro qui cum uxore est, sollicitus est quæ sunt mundi et divisus est. Distrahitur enim per multas angustias, et in sollicitudines varias dissecatur, ut filiis et uxori, famulis et ancillis necessaria quærat et subministret. « Tribulationes ergo carnis habent hujusmodi (*I Cor.* VII).» Uxor contendit habere pretiosum ornamentum [*al.* ornatum], et variam supellectilem, ut pluris sæpe sit cultus quam census mariti: alioquin per noctes et dies plangit et suspirat, garrit et murmurat. Tria sunt enim, quæ non sinunt hominem in domo permanere, fumus, stillicidium, et mala uxor. Illa, inquit, ornatior procedit, et ab omnibus honoratur: ego autem miserrima in conventu mulierum sola despicior, a cunctis contemnor. Sola vult diligi, sola laudari, alterius amorem suum asserit odium, alterius laudem suum suspicatur dedecus. Amandum est omne quod diligit, odiendum omne, quod odit [*al.* spernit]. Vincere vult, sed vinci non valet (29). Famulari non patitur, sed dominari molitur. Cuncta vult posse, nulla non posse. Si pulchra fuerit, facile adamatur: si fœda, non facile concupiscitur. Sed difficile custoditur, quod a multis diligitur: et molestum est possidere, quod nemo dignatur habere. Alius forma, alius ingenio, alius facetiis, alius liberalitate sollicitat, et ex aliqua parte capitur, quod undique incessitur [*al.* lacescitur]. Equus et asinus, bos et canis, vestis et lectulus, calix etiam et urceolus prius probantur, postea comparantur: sponsa vero vix tandem ostenditur, ne prius displiceat quam ducatur, qualicunque tamen casu obvenerit, semper [*al.* necessario] est habenda. Si fœda, si fetida, si ægra, si fatua, si superba, si iracunda, si quolibet modo vitiosa, nisi propter solam fornicationem, non potest uxor a viro dimitti. Sed nec dimittens potest aliam ducere, nec dimissa alii potest copulari.

---

(29) *Hieron. adversus Jovinianum.*

Nam « quicunque dimiserit uxorem suam, nisi ob fornicationis causam, facit eam mœchari, et qui dimissam duxerit,[mœchatur (*Matth.* v).» — «Quod si uxor a viro discesserit, manere debet innupta, aut viro suo reconciliari; similiter et vir, si discesserit ab uxore (*I Cor.* vii). » Grave nimis est pondus conjugii; nam, ut inquit Salomon, « stultus est et impius est, qui tenet adulteram (*Prov.* xviii), » et patronus est turpitudinis, qui celat crimen uxoris. Si vero dimittit adulteram, absque sui culpa punitur, quoniam illa vivente cogitur continere, propter quod et discipuli Christi dixerunt : « Si ita est causa hominis cum uxore, non expedit nubere (*Matth.* xix). » Quis unquam æquanimiter potuit sustinere rivalem? Sola suspicio zelotypum vehementer affligit ; nam licet scriptum sit : « Erunt duo in carne una (*Gen.* iii); » zelus tamen viri duos in una carne non patitur.

CAPUT XIX.
De miseria bonorum et malorum.

Non est impiis gaudere, dicit Dominus, quia per quæ peccat homo, per hæc et torquetur (*Isa.* xxxviii, xxxvii) : « vermis » enim conscientiæ « nunquam moritur, et ignis » rationis [*al.* terroris] « nunquam exstinguitur (*Isa.* cxvi). » Vidi enim eos, « qui operantur iniquitatem, et seminant dolores, et metunt eos, flante Deo perisse, et spiritu iræ ejus esse consumptos (*Job* iv). » Superbia inflat, invidia rodit, avaritia stimulat, ira succendit, angit gula, dissolvit luxuria, ligat mendacium, maculat homicidium. Sic et cætera portenta vitiorum, et quæ sunt homini oblectamenta peccandi, Deo sunt instrumenta puniendi.

Invidus alterius rebus marcescit opimis :
sed
Invidia Siculi non invenere tyranni
Majus tormentum.
(Hon. *Ep.* i, ii, 57.)

Vitium enim corrumpit naturam, Apostolo testante, qui ait : « Quia evanuerunt in cogitationibus suis, obscuratum est insipiens cor eorum. Propter quod Deus tradidit illos in desideria cordis eorum, in immunditiam, ut contumeliis afficiant corpora sua, et sicut reprobaverunt Deum habere in notitia, ita tradidit eos Deus in reprobum sensum, ut faciant ea quæ non conveniunt (*Rom.* i). » Sed et « qui pie vivere volunt in Christo, persecutionem patiuntur (*II Tim.* iii). » — « Sancti namque ludibria et verbera experti, insuper et vincula et carceres, lapidati sunt, secti sunt, tentati sunt, in occisione gladii mortui sunt pro Domino. Circuierunt in melotis, in pellibus caprinis, egentes, angustiati, afflicti, quibus dignus non erat mundus. In solitudinibus errantes, et in montibus, in speluncis et in cavernis terræ (*Hebr.* ii). Periculis fluminum, periculis latronum, periculis ex genere, periculis ex gentibus, periculis in civitate, periculis ex falsis fratribus. In labore et ærumna, in vigiliis multis, in fame et siti, in angustiis multis, in frigore et nuditate (*II Cor.* ii). » Justus enim « abnegat semetipsum (*Luc.* ix), » — « crucifigens membra sua cum vitiis et concupiscentiis (*Gal.* v), » ut sibi mundus crucifixus sit, et ipse mundo. « Non habet hic manentem civitatem, sed futuram inquirit (*Hebr.* xiii). » Sustinet sæculum tanquam exsilium, clausus in corpore tanquam in carcere. « Incola, inquit, ego' sum in terra, et peregrinus sicut omnes patres mei (*Psal.* cxviii). » — « Remitte mihi ut refrigerer, priusquam abeam, et amplius non ero (*Psal.* xxxviii). » — « Heu mihi, quia incolatus meus prolongatus est, habitavi cum habitantibus Cedar, multum incola fuit anima mea (*Psal.* cxix). » — « Quis infirmatur, et ego non infirmor? Quis scandalizatur, et ego non uror (*II Cor.* ii)? » Nam peccata proximorum frixoria sunt justorum. Hoc est irriguum, quod Caleb Axæ filiæ suæ dedit in dotem (*Jos.* xv).

CAPUT XX.
De hostibus hominis.

« Militia ergo est vita hominis super terram (*Job* vii). » An non vera militia est, cum multiplices hostes semper undique insidientur, ut capiant, persequantur ut perimant, dæmon et homo, mundus et caro? Dæmon cum vitiis et concupiscentiis, homo cum bestiis, mundus cum elementis, caro cum sensibus. « Caro enim concupiscit adversus spiritum, spiritus autem adversus carnem (*Gal.* v). » Verum « non est nobis colluctatio adversus carnem et sanguinem, sed adversus spiritualia nequitiæ in cœlestibus, contra rectores tenebrarum harum (*Ephes.* vi). » — « Adversarius enim vester diabolus, tanquam leo rugiens circuit, quærens quem devoret (*I Pet.* v). » Accenduntur ignea tela nequissimi. « Mors ingreditur per fenestras (*Hier.* ix), » oculus animam deprædatur (*Thren.* iii), « pugnat orbis terrarum contra insensatos (*Sap.* v) » — « Gens contra gentem, et regnum adversus regnum, et terræmotus magni erunt per loca, pestilentiæ et fames, terroresque de cœlo et tempestates (*Luc.* xxi). » Terra producit spinas et tribulos (*Gen.* iii), aqua procellas et fluctus; aer tempestates et tonitrua ; ignis coruscationes et fulgura. « Maledicta, inquit, terra in opere tuo, spinas et tribulos germinabit tibi. In sudore vultus tui vesceris pane tuo, donec revertaris in terram, quia terra es, et in terram ibis (*ibid.*). » — « Insidiatus est eum « aper de sylva, et singularis ferus depastus est eum (*Psal.* lxxix). » Lupus et ursus, pardus et leo (*Hier.* v), tigris et onager, crocodilus et gryphus, serpens et coluber, basiliscus et aspis, cerastes et draco, scorpiones et viperæ; sed et lendes et pediculi, formicæ et pulices, ciniphes et muscæ, crabrones et vespæ, pisces et volucres; nam qui creati fuimus, ut dominaremur piscibus maris et volatilibus cœli, et universis animantibus quæ moventur in terra, nunc illis damur in prædam, et in escam eis tribuimur (*Gen.* i); scriptum est enim : « Dentes bestiari m mittam in eos, cum furore trahentium super terram atque serpentium (*Deut*. III). »

CAPUT XXI.
De carcere animæ, quod est corpus.

Infelix ego homo, quis me liberabit de corpore mortis hujus (*Rom*. VII)? » Certe non vult educi de carcere, qui non vult exire de corpore : nam carcer animæ corpus est. De quo Psalmista : « Educ de carcere animam meam (*Psal*. CXLI). » Nusquam quies et tranquillitas, nusquam pax nec securitas ubique timor et tremor, ubique labor et dolor. Caro dum vivit, dolebit, et anima super semetipsam lugebit.

CAPUT XXII.
De brevi lætitia hominis.

Quis unquam vel unicum diem totum duxit in sua delectatione jucundum, quem in aliqua parte diei reatus conscientiæ, vel impetus iræ, vel motus concupiscentiæ non turbaverit? Quem livor invidiæ vel ardor avaritiæ, vel tumor superbiæ non vexaverit? quem aliqua jactura, vel offensa, vel passio non commoverit? quem denique visus, vel auditus, vel actus aliquis non offenderit? Rara avis in terris nigroque simillima cygno. Audi super hoc sententiam Sapientis : « A mane usque ad vesperam immutabitur tempus (*Eccli*. XVIII). » — « Cogitationes variæ sibi succedunt, et mens rapitur in diversa (*Job* XX). » — « Tenent tympanum et citharam, et gaudent ad sonitum organi, ducunt in bonis dies suos, et in puncto ad inferna descendunt (*Job* XXI). »

CAPUT XXIII.
De inopinato dolore.

Semper enim mundanæ [*al*. humanæ] lætitiæ tristitia repentina succedit. Et quod incipit a gaudio, desinit in mœrore. Mundana quippe felicitas multis amaritudinibus est respersa. Noverat hoc qui dixerat : « Risus dolore miscebitur, et extrema gaudii luctus occupat (*Prov*. XIV). » Experti sunt hoc liberi Job, qui cum comederent et biberent vinum in domo fratris sui primogeniti, repente vehemens ventus irruit a regione deserti, et concussit quatuor angulos domus, quæ corruens universos oppressit (*Job* I). Merito ergo pater aiebat : « Versa est in luctum cithara mea, et organum meum in vocem flentium (*Job* XXX). » — « Melius est enim ire ad domum luctus, quam ad domum convivii (*Eccle*. VII). » Attende salubre consilium : « In die bonorum, non immemor sis malorum (*Eccle*. II). » — « Memorare novissima tua, et in æternum non peccabis (*Eccle*. VII). »

CAPUT XXIV.
De vicinitate mortis.

Semper ultimus dies primus, et nunquam primus dies ultimus reputatur. Cum tamen ita semper vivere deceat, tanquam mori semper oporteat. Scriptum est enim : « Memor esto, quia mors non tardat (*Eccle*. XIV). » Tempus præterit, et mors appropinquat. Mille anni ante oculos morientis, tanquam dies hesterna, quæ præteriit. Semper enim futura nascuntur, semper præsentia moriuntur, et quidquid est præteritum, est mortuum totum. Morimur enim dum vivimus semper, et tunc tantum desinimus mori, cum desinimus vivere. Melius est ergo mori vitæ, quam vivere morti; quia nihil est vita mortalis, nisi mors vivens; unde Salomon : « Laudavi magis mortuos quam viventes, et utroque feliciorem judicavi, qui necdum natus est (*Eccle*. IV). » Vita velociter fugit, et retineri non potest : mors autem instanter occurrit, et impediri non valet, hoc est illud mirabile, quod quanto plus crescit, tanto magis decrescit; quia quanto plus vita recedit, tanto magis ad finem accedit.

CAPUT XXV.
De terrore somniorum.

Tempus quod quieti concessum est, non conceditur esse quietum : nam terrent somnia, visiones conturbant. Et licet non sint in veritate tristia, vel terribilia, seu laboriosa, quæ somniant somniantes, tamen in veritate tristantur, terrentur et fatigantur, in tantum, ut aliquando dormientes lacrymentur, et evigilantes sæpissime conturbentur. Si vero jucundum quid viderint, nihilominus evigilantes tristarentur, tanquam illud amiserint. Adverte quid super hoc dicat Eliphas Themanites. « In horrore visionis nocturnæ, cum solet sopor occupare homines, pavor tenuit me et tremor, et omnia ossa mea perterrita sunt, et cum spiritus me præsente transiret, inhorruerunt pili carnis meæ. » Considera Job dicentem : « Si dixero, consolabitur me lectus meus et relevabor loquens mecum in stratu meo, terrebis me per somnia, et per visiones horrore concuties (*Job* VII). » Nabuchodonosor somnium vidit, quod eum valde perterruit, et visiones capitis ejus conturbaverunt eum (*Dan*. II). Multas curas sequuntur somnia, et ubi multa somnia, vanitates plurimæ. Multos errare fecerunt somnia, et exciderunt sperantes in illis. Apparent enim frequenter turpes in somniis imagines, ex quibus per illusiones nocturnas non solum caro polluitur, sed anima quoque maculatur. Unde Dominus in Levitico : Si sit, inquit, inter vos homo, qui pollutus sit in nocturno somno, extra castra egrediatur, et non revertatur priusquam ad vesperum lavetur aqua, et post solis occasum regrediatur in castra (*Levit*. XIX)

CAPUT XXVI
De compassione amicorum.

O quanto dolore turbamur, quanto tremore concutimur, cum amicorum damna sentimus, et parentum pericula formidamus! Plus interdum sanus in formidine, quam infirmus ægritudine perturbatur. Plus hic voluntarius affectu doloris, quam invitus effectu languoris affligitur. Verum est illud poeticum

Res est sollicitii plena timoris amor.
(Ovidius.)

Cujus pectus tam ferreum, cujus cor tam lapideum,

ut gemitus non exprimat, lacrymas non effundat, cum proximi vel amici morbum vel interitum [*al.* mortem] intuetur, ut patienti non compatiatur, et dolenti non condoleat? Ipse Jesus cum vidisset Mariam et Judæos, qui cum ea venerant ad monumentum, plorantes, infremuit spiritu, turbavit semetipsum, et lacrymatus est, forsitan non quia mortuus est, sed eo potius, quia mortuum ad vitæ miserias revocavit. Sciat autem se culpabiliter durum et dure culpabilem, qui corporalem amici sui mortem deplorat, et spiritualem animæ suæ mortem non defleat.

CAPUT XXVII.
De subitis infortuniis.

Subito cum non suspicatur, infortunium accidit, calamitas irruit, morbus invadit, mors intercipit, quam [*al.* quia] nullus evadit. Ergo « ne glorieris in crastinum, ignorans quid superventura pariat dies (*Prov.* xxvii). »—« Nescit homo finem suum : sed sicut pisces capiuntur hamo, et sicut aves comprehenduntur laqueo, sic capiuntur homines in tempore malo, cum eis extemplo supervenerit (*Eccle.* ix). »

CAPUT XXVIII.
De innumerabilibus speciebus ægritudinum.

Nondum a sæculis tot ægritudinum genera, tot passionum species, physicalis industria potuit indagare, quot humana fragilitas potuit tolerare. Tolerabilem dixerim intolerantiam morborum, aut intolerabilem dixerim tolerantiam? Melius est ut utrumque conjunxerim. Nam intolerabile est propter passionis acerbitatem, et tolerabile propter patiendi necessitatem : de die in diem magis ac magis humana natura corrumpitur. Ita quod plurima fuerunt olim experimenta salubria, quæ propter defectum ipsius hodie sunt mortifera. Senuit jam mundus uterque, scilicet macrocosmus, et microcosmus, id est major mundus et minor mundus. Et quanto prolixius utriusque senectus producitur, tanto deterius utriusque natura perturbatur.

CAPUT XXIX.
De diversis generibus tormentorum.

Quid dicam de miseris, qui per innumerabilia tormentorum genera puniuntur? Cæduntur fustibus, et gladiis jugulantur, cremantur flammis, et lapidibus obruuntur, discerpuntur ungulis, et patibulis suspenduntur, torquentur tigribus [*al.* unguibus], et scorpionibus flagellantur, arctantur vinculis, et laqueis strangulantur, detruduntur carceribus, et jejuniis macerantur, præcipitantur et submerguntur, excoriantur et distrahuntur, secantur et suffodiuntur. Qui ad mortem, ad mortem ; qui ad gladium, ad gladium ; qui ad famem, ad famem ; et qui ad captivitatem, ad captivitatem. Crudele judicium, immane supplicium, triste spectaculum : dantur in escam volatilibus cœli, bestiis terræ et piscibus maris. Heu, heu, heu, miseræ matres, quæ tam infelices genuistis filios! (*Jer.* xv)

CAPUT XXX.
De quodam horrendo facinore, scilicet quod quædam mulier comedit infantem suum.

Illud igitur horribile facinus libet reminisci, quod Josephus de Judaica obsidione describit (30). Mulier quædam facultatibus et genere nobilis cum cætera multitudine quæ confluxerat Hierosolymam communem cum omnibus obsidionis casum ferebat. Hujus reliquas facultates, quas de domo in urbem convexerat, tyranni penitus invaserunt. Si quid vero relictum ex magnis opibus fuerat, quo victum quotidianum pertenuem duceret, irruentes per momenta satellites prædonum rapiebant, pro quo ingens labor mulierem ex indignatione quadam velut insania fatigabat, ita ut interdum prædones in necem sui maledictis et conviciis instigaret. Verum cum nec irritatus quisquam nec miseratus illam perimeret, et si quid forte fuisset cibi quæsitum ab illa, id ab aliis quæreretur, nec jam fieret usquam copia requirendi. Fames autem dira dum visceribus insisteret ac medullis, et ad furorem jam famis inedia perurgeretur, pessimis usa est consiliis, et contra ipsa naturæ jura jam armatur. Erat enim ei sub uberibus parvulus filius, quem ante oculos ferens, « Infelicis, inquit, matris es. O infelicior fili, in bello fame ac direptione prædonum cui te reservabo? Nam etsi posset vita sperari, jugo tamen Romanæ servitutis urgeberis [*al.* urgeor]. Veni ergo nunc, o mi nate, esto matri cibus, prædonibus furor, sæculis fabula, quæ sola deerat cladibus Judæorum. » Et cum hoc dixisset, protinus filium jugulavit, eum deinde igni apposito torret, et medium quidem consumit, medium servat obtectum. Et ecce statim prædones irruerunt ambustæ carnis odore suscepto, mortem minantur, nisi cibos sine mora quos paratos senserant, demonstraret. Tunc illa inquit : « Partem vobis optimam reservavi, » et continuo, quæ superfuerant membra retexit infantis. At illos repente ingens horror invasit, membraque eorum diripuere, et quasi animi duritie vox eorum est faucibus interclusa. Illa vero truci vultu et ipsis prædonibus truculentior, « Meus, inquit, est partus, meus est filius, meum est facinus, edite, nam ego prior edi quem genui. Nolite vos effici aut matre religiosiores, aut femina molliores, quod si vos pietas vincit, meos exsecramini cibos, quæ jam talibus pasta sum, ego iterum his pascar. » Post hæc illi territi contrementesque discedunt, qui hunc solum ex omnibus facultatibus cibum miseræ matri reliquerunt.

CAPUT XXXI.
Quod quandoque punitur innocens, et nocens absolvitur.

Nemo se confidat expertem a pœna, qui se novit

---

(30) Josephus, *De bello Judaico*, lib. vii, c. 13.

immunem a culpa. « Qui stat, videat ne cadat (*I Cor.* x). » Nam sæpe innocens damnatur, et nocens absolvitur: pius punitur, et honoratur impius: Jesus crucifigitur, et Barrabas liberatur. Hodie vir justus et quietus inutilis, vir religiosus hypocrita, vir simplex fatuus reputatur. « Deridetur enim justi simplicitas (*Job* xii); » lampas contempta apud cogitationes divitum.

LIBER SECUNDUS

Determinans de culpabili humanæ conversionis progressu.

CAPUT PRIMUM.
Quænam soleant homines communiter affectare.

Tria maxime solent homines affectare: Opes, voluptates, honores. De opibus prava, de voluptatibus turpia, de honoribus vana procedunt. Hinc enim Joannes apostolus ait: «Nolite diligere mundum, neque ea quæ in mundo sunt; quia quidquid est in mundo, est concupiscentia carnis, et concupiscentia oculorum, et superbia vita (*I Joan.* ii). » Concupiscentia carnis ad voluptates, concupiscentia oculorum ad opes, superbia vitæ pertinet ad honores. Opes generant cupiditates et avaritiam: voluptates pariunt gulam et luxuriam: honores nutriunt superbiam et jactantiam.

CAPUT II.
De cupiditate.

« Nihil est igitur avaro scelestius, et nihil iniquius, quam amare pecuniam (*Eccli.* x). » Verbum est sapientis, quod confirmat Apostolus, dicens: « Qui volunt divites fieri, incidunt in tentationem, et in laqueum diaboli, et in desideria multa, et inutilia et nociva, quæ mergunt hominem in interitum et perditionem: Radix enim omnium malorum est cupiditas (*I Tim.* vi), » hæc sacrilegia committit et furta, rapinas exercet et prædas, bella gerit et homicidia: Simoniace vendit et emit, inique petit et recipit: injuste negotiatur et feneratur; instat dolis et imminet fraudibus: dissolvit pactum, et violat juramentum; corrumpit testimonium et pervertit judicium.

CAPUT III.
De iniquis muneribus.

Consule prophetam Evangelicum Isaiam: « Omnes, inquit. diligunt munera, sequuntur retributiones, pupillo non judicant, causa viduæ non ingreditur ad eos (*Isa.* i). » Non ipsi præcedunt retributiones, quia non judicant amore justitiæ; sed retributiones præcedunt ipsos, quia judicant amore pecuniæ. Semper enim sequuntur largitionem, vel promissionem, vel spem, et ideo pupillo non judicant, a quo nihil largitur, aut promittitur, aut speratur. O principes infideles, socii furum, quicunque diligitis munera, sequimini retributiones, nunquam excutietis manum a munere, nisi prius excludatis cupiditatem a pectore. De vobis inquit propheta: « Principes ejus quasi lupi rapientes prædam, et avare sectando lucra (*Ezech.* xxii). » — « Principes ejus in muneribus judicabant, et sacerdotes ejus in mercede docebant, et prophetæ ejus in pecunia divinabant (*Mich.* iii). » Ecce contrarium Dominus per Moysen præcepit in lege: « Judices et magistros constitues in omnibus portis tuis, ut judicent populum justo judicio, nec in alteram partem declinent. Non accipies personam nec munera, quia munera excæcant oculos sapientum, et mutant verba justorum. Sed juste quod justum est prosequeris, et vives (*Deut.* xvi). » Duo dicit, justum et juste; quidam enim juste quod justum est, alii quod injustum est injuste: rursum quidam injuste quod justum est, alii juste quod injustum est persequuntur.

CAPUT IV.
De acceptione personarum

« Væ vobis, qui » corrupti prece vel pretio, qui tracti amore vel odio, « dicitis bonum malum, et malum bonum: ponentes lucem tenebras, et tenebras lucem (*Isa.*v): mortificantes animas, quæ non moriuntur, et vivificantes animas, quæ non vivunt (*Ezech.* xiii). » Vos enim non attenditis merita causarum, sed merita personarum: non jura, sed munera: non justitiam, sed pecuniam: non quod ratio dictat, sed quod voluntas affectat: non quid lex sanciat, sed quid mens cupiat. Non inclinatis animum ad justitiam, sed justitiam inclinatis ad animum: non ut quod licet hoc libeat, sed ut liceat hoc quod libet. Nunquam in vobis ita simplex est oculus, ut totum corpus sit lucidum (*Matth.* vi), sed aliquid semper admiscetis fermenti, quo totam massam corrumpitis (*I Cor.* v). Pauperum causam cum mora negligitis, divitum causam cum instantia promovetis. In illis rigorem ostenditis, cum istis ex mansuetudine dispensatis. Illos cum difficultate respicitis, istos cum favore tractatis. Illos negligenter auditis, istos subtiliter auscultatis. Clamat pauper et nullus exaudit, loquitur dives et omnes applaudunt. « Dives locutus est et omnes tacuerunt, et verbum illius usque ad nubes perducent: pauper locutus est, et dicunt, Quis est hic? et si offenderit, subvertent illum (*Eccli.* xiii). » Clamat vim patiens et nullus exaudit, vociferatur, et non est qui judicet. Sed si forte pauperum causam suscipitis, illos remisse fovetis: cum autem divitum causam assumitis, illos pertinaciter adjuvatis. Pauperes despicitis, divites honoratis : istis reverenter assurgitis, illos despicabiliter conculcatis. « Si introierit in conventum vestrum vir annulum habens aureum in veste candida, introierit et pauper sordido habitu, et intendatis in eum, qui indutus est veste praeclara, et dixeritis ei : Tu sede hic bene, pauperi vero dicatis, tu sta illic, aut sede sub scabello pedum meorum, nonne judicatis apud vosmetipsos, et facti estis judices cogitationum iniquarum? (*Jac.* II.) » De vobis enim et contra vos dicit propheta : « Magnificati sunt et ditati, incrassati et impinguati, causam pupilli non dixerunt, et judicium pauperum non judicaverunt (*Jer.* V), » uti in lege praecipitur : « Nulla erit distantia personarum, ita parvum audietis ut magnum. Nec accipietis cujuscunque personam, quia Dei judicium est (*Deut.* I). » — « Non enim est personarum acceptio apud Deum (*Act.* X). »

CAPUT V.
De venditione justitiae.

Vos autem nec gratiam gratis datis, nec justitiam juste redditis, quia nisi venerit, non provenit : nec datur, nisi vendatur. Saepe justitiam tantum differtis, quod litigantibus plusquam totum aufertis, quia major est sumptus expensae quam fructus sententiae. Quid autem poteritis illi in districto judicio respondere, qui praecipit : « Gratis accepistis, gratis date? (*Matth.* X) » lucrum in arca, damnum in conscientia, pecuniam captatis, sed animam captivatis. Verum « quid proficit homini si mundum lucretur universum, animae vero suae detrimentum patiatur? Aut quam dabit homo commutationem pro anima sua? (*Matth.* XVI.) » — « Frater non redimit, redimet homo ? non dabit Deo placationem suam, nec pretium redemptionis animae suae, laboravit in aeternum, et vivet adhuc in finem (*Psal.* XLV). » Audite divites quid contra vos Jacobus apostolus ait : « Agite nunc divites, plorate et ululate in miseriis vestris, quae advenient vobis, divitiae vestrae putrefactae sunt, et vestimenta vestra a tineis comesta sunt, aurum et argentum vestrum aeruginavit, et aerugo eorum erit vobis in testimonium, et manducabit carnes vestras sicut ignis. Thesaurizastis vobis iram in novissimis diebus. Ecce merces operariorum qui messuerunt regiones vestras, quae fraudata est a vobis clamat, et clamor ipsorum in aures domini Sabaoth introivit (*Jac.* V). » Propterea Veritas praecipit : « Nolite thesaurizare vobis thezauros in terra, ubi aerugo et tinea demolitur, ubi fures effodiunt et furantur (*Matth.* VI). »

CAPUT VI.
De insatiabili desiderio cupidorum.

O ignis inexstinguibilis ! o cupiditas insatiabilis ! Quis unquam cupidus primo fuit voto contentus ? Cum adipiscitur quod optaverat, desiderat ampliora, semper in habendis, et nunquam in habitis finem constituit. Insatiabilis est oculus cupidi, et in partem iniquitatis non satiabitur. « Avarus non implebitur pecunia, et qui amat divitias, fructum non capiet ex eis (*Eccle.* V). » Infernus et perditio nunquam replentur, similiter et oculi hominum insatiabiles. « Sanguisugae vero duae filiae sunt, quae dicunt : Affer, affer (*Prov.* XXX). » Nam

Crescit amor nummi, quantum ipsa pecunia crescit.
(JUVENAL., XIV, 139.)

CAPUT VII.
Quare cupidus satiari non potest.

Vis, o cupide, scire quare semper es vacuus, cur nunquam impleris? Adverte : Non est plena mensura tua, quae quantumcunque contineat, adhuc capax est amplioris. Sed humanus animus capax est Dei, quoniam « qui adhaeret Deo, unus spiritus est cum Deo (*I Cor* VI). » Quantumlibet ergo contineat, nunquam est plenus, nisi Deum habeat, cujus semper est capax. Si vis ergo, o cupide, satiari, desinas esse cupidus, quia dum cupidus fueris, satiari non poteris. « Non est enim conventio lucis ad tenebras, neque Christi ad Belial (*II Cor.* VI), » quia « nemo potest Deo servire et mammonae (*Matth.* VI). »

CAPUT VIII.
De falso nomine divitiarum.

O falsa divitiarum felicitas, quae divitem veraciter efficit filium infelicem. Quid enim est infelicius [*al.* falsius] quam opes mundi, quae divitiae nuncupantur? Opposita quippe sunt esse divitem et egenum. At opes mundi non auferunt, sed afferunt egestatem. Magis enim inquit Salomon, sufficit modicum pauperi, quam plurimum diviti, quia « ubi multae divitiae, ibi multi, qui comedunt illas (*Eccle.* V). » Quot et quanti magnates indigeant, ipsemet frequenter experior. Opes itaque non faciunt hominem divitem, sed egenum.

CAPUT IX.
Exempla contra cupiditatem.

Quam multos seduxit cupiditas! quam plures perdidit avaritia! Balaam asella redarguit, et pedes sedentis attrivit, quia captus cupiditate promissorum disposuerat maledicere Israeli (*Num.* XXII). Achan populus lapidavit, quia tulit aurum et argentum de anathemate (*Josue* VII). Naboth interemptus est, ut Achab ejus vineam possideret (*III Reg.* XXI). Giezi lepra percussus est, quia petiit et recepit aurum et argentum, et vestes sub nomine Elisei (*IV Reg.* V). Judas laqueo se suspendit, quia vendidit et tradidit Christum (*Matth.* XXVII) Ananiam et Saphiram subitanea mors exstinxit, quia de pretio agri defraudaverunt apostolos (*Act.* V). « Aedificavit Tyrus munitionem suam, et coacervavit argentum quasi humum, et aurum quasi lutum platearum, sed ecce Dominus possidebit eam, et percutiet in mari fortitudinem ejus, et haec igni devorabitur (*Zach.* IX). »

CAPUT X.
De superflua sollicitudine cupidorum.

Cur ad congregandum quis instet, cum stare non possit ille qui congregat? Nam « quasi flos egreditur et conteritur, et fugit velut umbra, et nunquam in eodem statu permanet (*Job* xiv). » Cur multa desideret, cum pauca sufficiant? « Habentes, inquit, victum et vestitum, his contenti simus (*I Tim.* vi). » Cur necessaria cum multa sollicitudine quærat, cum ipsa sine magna difficultate se offerant? Audi quid super hoc Veritas dicit : « Nolite solliciti esse, dicentes : Quid manducabimus, aut quid bibemus, aut quo operiemur ? Scit enim Pater vester cœlestis, quia his omnibus indigetis. Quærite ergo primum regnum Dei, et justitiam ejus, et hæc omnia adjicientur vobis (*Matth.* vi; *Luc.* xii). » — « Nunquam enim vidi justum derelictum, nec semen ejus quærens panem (*Psal.* xxxvi). »

CAPUT XI.
De avaritia.

Tantalus sitit in undis, avarus eget in opibus (31), cui tantum est quod habet, quantum est quod non habet, quia nunquam utitur acquisitis, sed semper inhiat acquirendis. Salomon : « Est quasi dives cum nihil habeat, et est quasi pauper cum in multis divitiis sit (*Prov.* xiii). » Avarus et infernus uterque comedit et non digerit, recipit et non reddit. Avarus nec patientibus compatitur, nec miseris subvenit vel misereatur, sed offendit Deum, offendit seipsum, offendit proximum. Nam Deo retinet debita, proximo denegat necessaria, sibi subtrahit opportuna. Deo ingratus, proximo impius, sibi crudelis. « Viro cupido et tenacissimo sine ratione est substantia, et homini livido ad quid aurum? Qui sibi nequam est, quomodo bonus aliis erit? Et non jucundabitur in bonis suis (*Eccli.* xiv). » — « Qui habet substantiam hujus mundi, et viderit fratrem suum necessitatem habere, et clauserit viscera sua ab eo, quomodo charitas Dei manet in eo ? » (*I Joan.* iii.) Non enim proximum suum diligit sicut seipsum, quem inedia perimit et egestas consumit ; neque Deum diligit super omnia, qui præfert aurum et præponit argentum.

CAPUT XII.
Cur avaritia sit servitus idolorum.

Recte diffinit Apostolus : « Avaritia est servitus idolorum (*Ephes.* vi). » Sicut enim idololatra servit simulacro, sic et avarus thesauro. Nam ille cultum idololatriæ diligenter amplificat, et iste cumulum pecuniæ libenter augmentat. Ille cum omni diligentia colit simulacrum, et iste cum omni cura custodit thesaurum. Ille spem ponit in idololatria, et iste spem constituit in pecunia. Ille timet mutilare simulacrum, et iste timet minuere thesaurum.

CAPUT XIII.
De quibusdam proprietatibus avaritiæ.

Avarus ad petendum promptus, ad dandum tardus, ad negandum frontosus. Si quid expendit, totum amittit, tristis, querulus et morosus, sollicitus suspirat et anxiatur, dubius habet et invitus expendit. Magnificat datum, sed vilificat dandum : dat ut lucretur, sed non lucratur ut det : largus in alieno, sed parcus in proprio. Gulam evacuat, ut arcam impleat : corpus extenuat, ut lucrum extendat. Manum habet ad dandum collectam, sed ad recipiendum porrectam : ad dandum clausam, sed ad recipiendum apertam. Porro « substantiæ injustorum sicut fluvius siccabuntur (*Eccli.* xl), » quia qui male congregat, cito dispergit. Justum judicium, ut quæ de malo proveniunt, ad malum perveniant ; nec accedat ad bonum, quod non procedit ex bono. Avarus ergo damnationem habet vitæ, quæ nunc est et futuræ.

CAPUT XIV.
De iniqua possessione divitiarum.

Verum est ergo quod Sapiens protestatur, « multos perdidit aurum et argentum (*Eccli.* viii). » — « Qui aurum diligit, non justificabitur (*Eccli.* xxxi). » « Væ illis qui sectantur illud. Ecce ipsi peccatores et abundantes in hoc sæculo obtinuerunt divitias (*Psal.* lxxii). » Hinc Veritas ipsa præcipiebat apostolis. « Nolite possidere aurum, neque argentum, neque pecuniam in zonis vestris (*Matth.* x); » quia sicut camelus non potest introire per foramen acus, ita difficile est divitem intrare in regnum cœlorum (*Matth.* xix); « Arcta est enim via et angusta porta, quæ ducit ad vitam (*Matth.* vii). » Apostolus ergo secutus regulam Veritatis, aiebat : « Argentum et aurum non est mihi (*Act.* iii). » — « Væ ergo vobis, qui conjungitis domum ad domum, et agrum agro copulatis usque ad terminum loci (*Isa.* v). » — « Repleta est terra argento et auro, et non est finis thesaurorum ejus (*Isa.* ii). » — « Propter iniquitatem avaritiæ ejus iratus sum , et percussi eum (*Isa.* lvii). »

CAPUT XV.
De licitis opibus.

Cæterum Abraham dives fuit, et Job locuples, David opulentus, et tamen de Abraham inquit Scriptura, quia : « Credidit Deo, et reputatum est illi ad justitiam (*Gen.* xv); ». et de Job ; quia « non erat ei similis in terra, vir simplex et rectus ac timens Deum, et recedens a malo (*Job* i); » de David autem, quia « Dominus invenit virum secundum cor suum (*I Reg.* xvi). » At illi fuerunt « quasi nihil habentes, et omnia possidentes (*II Cor.* vi); » juxta illud Prophetæ : « Divitiæ si affluant, nolite cor apponere (*Psal.* lxi). » Nos autem sumus omnia possidentes , quasi nihil habentes, secundum illud Psalmistæ : « Divites eguerunt et esurierunt (*Psal.* xxxiii); » facilius enim invenies, qui diligit divitias, et non habeat, quam qui habeat et non diligat; quia difficile est esse in igne et non ardere, difficilius est possidere divitias , et non diligere. Audi prophetam Jeremiam : « A minore usque ad majorem

---

(51) Horatius.

omnes avaritiæ student, et a propheta usque ad sacerdotem cuncti faciunt dolum (*Jer.* vi). »

CAPUT XVI.
De incertitudine divitiarum.

Omnis cupidus et avarus contra naturam nititur et molitur. Natura enim pauperem adducit in mundum, natura pauperem reducit a mundo; nudum namque cum terra suscepit, nudum etiam suscipiet; cupidus autem cupit et curat fieri dives in mundo. « Destruam, inquit, horrea mea, et majora faciam, et illuc congregabo omnia, quæ nata sunt mihi, et omnia bona mea (*Luc.* xii). » Sed dictum est ei : « O stulte, hac nocte repetetur anima tua a te, quæ autem parasti cujus erunt? (*Ibid.*) » — « Thesaurizas, et ignoras cui congreges (*Psal.* xxxviii).»— « Dormierunt enim somnum suum, et nihil invenerunt omnes viri divitiarum in manibus suis (*Psal.* lxxv).»— «Dives cum dormierit, nihil secum affert; aperiet oculos suos, et nihil inveniet (*Job* xxvii);» — « Ne timueris ergo cum dives factus fuerit homo, et cum multiplicata fuerit gloria domus ejus, quoniam cum morietur, non accipiet hæc omnia, neque simul cum eo descendet gloria domus ejus (*Psal.* xlviii), » sed relinquet alienis divitias suas, et sepulcra eorum domus eorum in æternum. Hinc etiam Sapiens attestatur : « Qui acervat ex animo injuste, aliis congregat, et in bonis suis alius luxuriabitur (*Eccli.* xiv). » Proh dolor, quem habebat hostem, dimittit hæredem.

CAPUT XVII.
De gula.

« Initium vitæ hominis aqua et panis, et vestimentum, et domus protegens turpitudinem (*Eccli.* xxix). » Nunc autem gulosis non sufficiunt fructus arborum, non genera leguminum, non radices herbarum, non pisces maris, non bestiæ terræ, non aves cœli; sed quæruntur pigmenta, comparantur [*al.* operantur.] aromata, nutriuntur altilia, capiuntur ob escam, quæ studiose coquuntur arte coquorum, quæ laute parantur officio ministrorum. Alius contundit et colat, alius confundit et conficit, substantiam convertit in accidens, naturam mutat in artem, ut saturitas transeat in esuriem, ut fastidium revocet appetitum, ad irritandum gulam, non ad sustentandam naturam, non ad necessitatem supplendam, sed ad aviditatem explendam. Cæterum tam brevis est gulæ voluptas, ut spatio loci vix sit quatuor digitorum, spatio temporis vix sit totidem momentorum. Contemnitur mediocritas et superfluitas affectatur, in diversitate saporum, in varietate ciborum. Aviditas nescit modum, et varietas [*al.* voracitas.] excedit mensuram, sed et mens gravatur, et stomachus turbatur, sensus opprimitur in illis. Inde non salus et sanitas, sed morbus et mors. Audi super hoc sententiam Sapientis : « Noli avidus esse in omni epulatione, et non te effundas super omnem escam. In multis enim escis erit infirmitas; et propter crapulam multi perierunt (*Eccli.* xxxvii). »—« Esca ventri, et venter escis, Deus autem et hunc et hanc destruet (*I Cor.* vi). »

CAPUT XVIII.
Exempla contra gulam.

Gula charum tributum exigit, sed vilissimum reddit; quia quanto sunt delicatiora cibaria, tanto fœtidiora sunt stercora. Turpius egerit, qui turpiter ingerit, superius et inferius horribilem flatum exprimens, et abominabilem sonum emittens. Gula paradisum clausit (*Gen.* iii), primogenita Esau vendidit (*Gen.* xxv), suspendit pistorem (*Gen.* xli) decollavit Baptistam (*Marc.* vi). Nabuzardam princeps coquorum templum incendit, et Jerusalem evertit (*IV Reg.* xxv). Balthasar in convivio manum contra parietem scribentem aspexit, « Mane, Thecel, Phares, » et eadem nocte interfectus est a Chaldæis (*Dan.* v). « Sedit populus manducare et bibere, et surrexerunt ludere (*Exod.* xxxii), » sed « adhuc erant escæ eorum in ore ipsorum, et ira Dei ascendit super eos. (*Psal.* lxxii). »—« Qui vescebantur voluptuose, interierunt in viis (*Thren.* iv).» Dives ille, qui epulabatur quotidie splendide, sepultus in inferno (*Luc.* xvi).

CAPUT XIX.
De ebrietate.

Quid turpius ebrioso? cui fetor in ore, tremor in corpore, qui promittit multa, prodit occulta, cui mens alienatur, facies transformatur? « Nullum enim secretum, ubi regnat ebrietas (*Prov.* xxxii),» Horatius (*Ep.* i, v, 19) :

Fœcundi calices, quem non fecere disertum ?

Porro non sufficit vinum, non sicera, non cervisia, sed studiose conficitur mulsum, syropus, claretum, labore multo, sollicitudine magna, sumptu non modico, sed inde contentiones et rixæ, lites et jurgia. « Vinum enim multum potatum, ut ait Sapiens, irritationem et iram, et ruinam multam facit (*Eccli* xxxi). » Fornicationes ex eo sunt. « Fornicatio et vinum et ebrietas auferunt cor (*Ose.* iv).» Propterea dicit Apostolus : « Nolite inebriari vino, in quo est luxuria (*Ephes.* v). » Et Salomon : « Luxuriosa res vinum et tumultuosa ebrietas (*Prov.* xx).» Filii Rechab et filius Zachariæ vinum et siceram, et omne quod inebriare poterat, non biberunt (*Jer.* xxxv, *Luc.* i)

CAPUT XX.
Exempla contra ebrietatem.

Ebrietas enim verenda nudavit (*Gen.* ix), incestum commisit (*Gen.* xix), filium regis occidit (*II Reg.* xiii), principem exercitus jugulavit (*Jud.* xiii). Verum est ergo quod Salomon ait : « Vacantes potibus et dantes symbola consumentur (*Prov.* xxiii);» et Isaias : « Væ qui consurgitis mane ad ebrietatem sectandam, et potandum usque ad vesperam, ut vino æstuetis. Cithara et lyra et tympanum, et tibia, et vinum in conviviis vestris. Væ qui potentes estis ad bibendum vinum, et viri fortes ad miscendam ebrietatem (*Isa.* li). »—« Ecce gaudium et lætitia occidere vitulos et jugulare arietes, comedere carnes, et bibere vinum. Comedamus et bibamus, cras enim moriemur. Et revelata est in auribus meis vox Domini exercituum : Si dimittetur hæc iniquitas vobis donec moriamini (*Isa.* xxii). » — « Væ coronæ superbiæ Ephraim. Sacerdos et propheta nescierunt, præ ebrietate absorpti sunt a vino, nescierunt videntem, et ignoraverunt judicium (*Isa.* xxviii). » Proh pudor, cum ad annuntiandam evangelicam lectionem, a quodam presbytero benedictio peteretur, hesternam crapulam, et nocturnam ebrietatem eructans, fertur alta voce dixisse : « Potum servorum benedicat rex angelorum. »

CAPUT XXI.
De luxuria.

Porro turpis mater filiam generat turpiorem; justum est enim, ut « qui in sordibus est, sordescat et adhuc (*Apoc.* xxii). » — « Omnes enim adulterantes quasi clibanus successus a coquente. Cœperunt principes furere a vino (*Ose.* vii). » Venter enim oppipare satur, libenter Venerem amplexatur. O extrema libidinis turpitudo, quæ non solum mentem effeminat, sed etiam corpus enervat, non solum maculat animam, sed fœdat personam « Omne namque peccatum quodcunque fecerit homo, extra suum corpus est, qui autem fornicatur, in corpus suum peccat (*I Cor.* vi). » Semper illam præcedunt ardor et petulantia, semper comitantur fetor et immunditia, sequuntur semper dolor et pœnitentia. « Favus enim, inquit Salomon, distillans labia meretricis, et nitidius oleo guttur ejus. Novissima autem illius amara sicut absinthium, et lingua ejus acuta quasi gladius biceps (*Prov.* v). »

CAPUT XXII.
De generalitate luxuriæ

Familiaris est inimicus, habitans non procul, sed prope : non exterius, sed interius; nam « virtus ejus in lumbis ejus, et fortitudo ejus in umbilico ventris ejus (*Job* xl). » Nunquam fugatur, nisi cum fugitur : nunquam mactatur, nisi cum maceratur. Ad causam exigit libertatem et abundantiam, sed requirit [*al.* reperit] ad effectum facultatem et adjacentiam. Hæc omnem ætatem corrumpit, omnem sexum confundit, omnem ordinem solvit, omnem gradum pervertit; invadit enim senes et juvenes, mares et feminas, prudentes et simplices, superiores et inferiores, ad extremam generationem etiam sacerdotes, qui nocte Venerem amplexantur, mane vero virginem venerantur. Turpe dictu, sed turpissimum actu, dici liceat quod agi non libeat. Nocte filium Veneris agitant in cubilibus, mane filium virginis offerunt in altari.

CAPUT XXIII.
De diversis speciebus luxuriæ et pœnis earum.

Quis multiplices species hujus sufficienter valet explicare? Hæc enim Pentapolim cum adjacente regione subvertit (*Gen.* xix). Sodomitas et Sichem cum populo interemit, raptores Dinæ (*Gen.* xxxiv), Her, et Onam filios Judæ percussit (*Gen.* xvi), scilicet immundos, Judæum et Madianitidem pugione transfodit (*Num.* xxv) scilicet fornicatores tribus Benjamin pro uxore levitæ delevit (*Judic.* xix, xx), adulteros, filios Eli sacerdotis in bello prostravit stupratores (*I Reg.* ii, iv). Amnon in convivio interfecit (*II Reg.* xiii). Hæc denique Uriam occidit (*II Reg.* xi), presbyteros lapidavit (*Dan.* xiii), Ruben maledixit (*Gen.* xxxv, xlix), Samsonem seduxit (*Jud.* xix), Salomonem pervertit (*III Reg.* xi). Verum est ergo quod legitur, propter speciem mulieris multi perierunt. Nam « vinum et mulieres apostatare faciunt sapientes, et arguunt sensatos (*Eccli.* xix). » Hæc multos vulneratos dejecit, et fortissimi quique interfecti sunt ab ea, viæ inferi domus ejus, penetrantes in interiora mortis (*Prov.* vii). Hæc vires enervat, sensus diminuit, dies consumit, opes effundit

CAPUT XXIV.
De coitu contra naturam.

Hæc ignominiosam morphosim operatur, quam tamen Apostolus non confunditur nominare. « Propterea, inquit, tradidit eos Deus in passiones ignominiæ. Nam feminæ eorum commutaverunt naturalem usum in eum qui est contra naturam. Similiter et masculi, relicto naturali usu feminæ, exarserunt in concupiscentiis suis invicem, masculi in masculos turpitudinem operantes (*Rom.* i). » Quid autem hanc turpitudinem operantibus turpius? Quid hoc crimine criminosius? In lege enim quasi paria conjunguntur concubitus maris cum masculo, et coitus hominis cum jumento. Sic enim legitur in Levitico : « Cum masculo non commisceberis, coitu femineo, quia abominatio est. Cum omni pecore non coibis, nec maculaberis cum eo (*Lev.* xviii). » Utrique par pœna subscribitur. « Qui dormierit, inquit, cum masculo coitu femineo, utrique operati sunt nefas, morte moriantur: pecus quoque occidite (*Lev.* xx). » Qui habet aures audiat, imo qui desipit, resipiscat.

CAPUT XXV.
De pœna hujus sceleris.

Pœna docuit, quid hæc culpa promeruit. « Pluit enim Dominus super Sodomam et Gomorrham sulphur et ignem de cœlo (*Gen.* xix). » Noluit enim Dominus cuiquam angelorum vel hominum exsecutionem hujus pœnæ committere, sed sibi ipsi vindictam hujus sceleris reservavit, secundum illud : « Mea est ultio, et ego retribuam (*Deut.* xxxii). » Et ideo pluit Dominus a Domino, videlicet a seipso, non imbrem vel rorem, sed sulphur et ignem. Sulphur super fetorem luxuriæ, ignem super ardorem libidinis, quatenus pœna similis esset culpæ. Nec misisse dicitur, sed pluisse, quatenus ipso verbo magnitudinem et abundantiam pœnæ notaret. Nemini pepercit oculus ejus, sed omnes simul exstinxit. Uxorem quoque Loth, quia retro respexit, in statuam salis mutavit, nec solum urbes, sed et omnes circa regiones in mare mortuum et vallem salinariam convertit. « Horrendum est enim incidere in manus Dei viventis (*Hebr.* x). » qui quanto

CAPUT XXVI.
De ambitioso.

Opes utique cupidus congregat, et avarus conservat; voluptates gulosus degustat, et luxuriosus exercet; honores ambitiosus affectat, et superbus extollit. Ambitiosus autem semper est pavidus, semper attentus, ne quid dicat vel faciat quod in oculis hominum valeat displicere, humilitatem simulat, honestatem mentitur, affabilitatem exhibet, benignitatem ostendit, subsequitur et obsequitur, cunctos honorat, universis inclinat, frequentat curias, visitat optimates, assurgit et amplexatur, applaudit et adulatur, bene novit illud poeticum :

Etsi nullus erit pulvis, tamen excutit illum.
(Ovidius.)

Promptus et fervidus ubi placere recognoverit, remissus et tepidus ubi putaverit displicere. Improbat mala, detestatur iniqua, sed alia cum aliis probat et improbat, ut judicetur idoneus, ut reputetur acceptus, ut laudetur ab hominibus, et a singulis approbetur. Et ecce gravem intra se sustinet pugnam, difficilemque conflictum, dum iniquitas pulsat animum, et ambitio continet manum [*al.* malum], et quod illa suggerit faciendum, hæc fieri non permittit. Colludunt tamen ad invicem mater et filia, iniquitas et ambitio, nam mater in aperto subsistit, et filia in occulto non resistit. Hæc enim vindicat sibi publicum, illa secretum. Ambitiosus ergo libenter agit de principatu quem ambit, et dicit : O quando principabitur ille qui severus sit in justitia, pius in misericordia, qui non declinet amore vel odio, qui non corrumpatur prece vel pretio, qui credat fidelibus et acquiescat supplicibus, qui sit humilis et benignus, largus et mansuetus, constans, sapiens, patiens et astutus.

CAPUT XXVII.
De nimia concupiscentia ambitiosorum.

Qui forsan hac arte non proficit, recurrit ad aliam, advocat Simonem et accedit ad Giezi, per hunc ab illo nititur emere, quod per se non prævalet obtinere : supplicat et promittit, offert et tribuit, proh pudor ! gratiam quam gratis adipisci [*al.*, obtinere per fas et nefas] non potuit nititur adipisci. Nec desistit adhuc, sed instat et invadit violenter honorem, et impudenter arripit dignitatem, amicorum suffragio, præsidio propinquorum, tantoque damnationis inflammatur ardore, tanta libidine præsidendi, ut nec schisma abhorreat, nec scandalum formidet. Sed Giezi lepra percussit (*IV·Reg.* v), et Simon periit pecunia (*Act.* viii), Core autem cum complicibus ignis assumpsit, et Dathan et Abiron terra vivos absorbuit (*Num.* vi). « Nullus itaque sibi honorem assumat, nisi qui vocatur a Deo tanquam Aaron (*Hebr.* v). »

CAPUT XXVIII.
De ambitionis exemplo.

Liquidum ambitionis exemplum reperitur in Absalone, qui, cum aspiraret ad regnum, « fecit sibi currus et equites, et quinquaginta viros qui præcederent eum, et mane consurgens Absalon, stabat juxta introitum portæ, et omnem virum, qui habebat negotium, ut veniret ad regis judicium, vocabat ad se et dicebat : De qua civitate es tu ? Qui respondit : Ex una tribu Israel ego sum servus tuus. Respondebat ei Absalon : Videntur mihi sermones tui justi et boni; sed non est, qui te audiat constitutus a rege. Dicebat et Absalon : Quis me constituat judicem super terram, ut ad me veniant omnes qui habent negotium, et juste judicem? Sed cum accederet ad eum homo quidam et salutaret eum, extendebat manum suam, et apprehendens eum osculabatur, faciebatque hæc omni Israel, qui veniebant ad judicium, ut audirentur a rege, et sollicitabat corda virorum Israel. Cumque abisset Absalon in Hebron, misit exploratores in universas tribus Israel dicentes : Statim ut audieritis clangorem buccinæ, dicite : Regnavit Absalon in Hebron : et facta est conjuratio valida, et populus concurrens augebatur cum Absalone (*II Reg.* xv). »

CAPUT XXIX.
De brevi et misera vita magnatum.

Sed esto quod sublimetur in altum, provehatur ad summum, statim curæ succrescunt, sollicitudines cumulantur, extenduntur jejunia, vigiliæ producuntur, ex quibus natura corrumpitur, spiritus infirmatur. Corrumpitur somnus, amittitur appetitus, debilitatur virtus, attenuatur corpus, et sic in seipso deficiens non dimidiat dies suos, sed miserabilem vitam miserabiliori fine concludit. Verum est illud poeticum :

..... *in se magna ruunt, summisque negatum est*
Stare diu...... tolluntur in altum,
Ut lapsu graviore ruant.

Verius autem istud propheticum : « Vidi impium superexaltatum et elevatum sicut cedros Libani, transivi, et ecce non erat, qui eum cognosceret : quæsivi eum, et non est inventus locus ejus (*Psal.* xxxvi). » — « Antequam dies ejus impleantur peribit, lædetur quasi vinea in primo flore botrus ejus, et sicut oliva projiciens florem (*Job* xv). » Audi super hoc sententiam Sapientis : « Omnis potentatus brevis vita (*Eccli.* x).

CAPUT XXX.
De diversis proprietatibus superborum.

Statim autem ut ambitiosus est promptus ad honorem, in superbiam extollitur, et in jactantiam effrenatur, nec curat prodesse, sed gloriatur præesse : præsumit se meliorem, quia crevit in superiorem. At bonum facit non gradus, sed virtus : non dignitas, sed honestas. Priores dedignatur amicos, notos ignorat hesternos, comites contemnit antiquos, vultum avertit, visum extollit, cervicem erigit, fastum ostendit, grandia loquitur, sublimia meditatur. Subesse non patitur, præesse molitur, prælatis infestus, subditis onerosus. Molesta non suffert, concepta non differt, præceps et audax, gloriosus et arrogans, gravis et importunus

CAPUT XXXI.
De superbia et casu Lucifer.

O superbia cunctis importabilis, et omnibus odiosa, inter omnia vitia tu semper es prima, tu semper es ultima. Nam omne peccatum te accedente committitur, et te recedente dimittitur. Scriptum est enim : « Initium omnis peccati est superbia *(Eccli.* x). » — « Primogenita mors *(Job* xviii). » Hæc enim inter ipsa rerum primordia creaturam contra Creatorem erexit, angelum contra Deum, sed eum absque mora dejecit, quoniam in veritate non stetit, ab innocentia in peccatum, a deliciis in miserias, a cœlo empyreo in aerem caliginosum. Audi prophetam : « Quomodo cecidisti de cœlo, Lucifer, qui mane oriebaris? Corruisti in terram, qui vulnerabas gentes, qui dicebas in corde tuo : In cœlum ascendam, et super astra Dei exaltabo solium meum, sedebo in monte testamenti in lateribus aquilonis, et ascendam super altitudinem nubium, similis ero Altissimo *(Isa.* xiv). » — « Tu signaculum similitudinis plenus sapientia et perfectus decore, in deliciis paradisi Dei fuisti. Omnis lapis pretiosus vestimentum [*al.* operimentum] tuum, sardius, topazius, et jaspis, chrysolitus, onyx et berillus, carbunculus, sapphyrus, smaragdus, aurum, opus decoris tui et foramina tua in die qua conditus es, præparata sunt. Tu cherub extentus et protegens, et posui te in monte sancto Dei. In medio lapidum ignitorum ambulasti, perfectus in viis tuis, a die conditionis tuæ, donec inventa est iniquitas in te. Peccasti, et ejeci te de monte sancto Dei. Elevatum est cor tuum in decore tuo, et in terram projeci te *(Ezech.* xxi). » — « Cedri non fuerunt altiores illo in paradiso Dei. Abietes non æquaverunt ad summitatem ejus, et platani non fuerunt æquales frondibus ejus. Omne lignum pretiosum paradisi non est assimilatum ei et pulchritudini ejus; quoniam speciosum feci eum in multis condensis frondibus *(Ezech.* xxxi). » — « Ipse est rex super omnes filios superbiæ *(Job* xli). » Ipse est « draco magnus, rufus, habens capita septem et cornua decem, et in capitibus septem diademata, cujus cauda trahebat tertiam partem stellarum cœli, et misit illas in terram, et projectus est draco ille magnus, serpens antiquus, qui vocatur diabolus et Satanas, qui seduxit universum orbem, et projectus est in terram, et angeli ejus cum eo missi sunt in terram *(Apoc.* xii). » De quo et Veritas ait : « Vidi Satanam quasi fulgur de cœlo cadentem *(Luc.* x). » Nam « omnis qui se exaltat, humiliabitur et qui se humiliat, exaltabitur *(Luc.* xiv). »

CAPUT XXXII.
De arrogantia hominum.

O superba præsumptio, et præsumptuosa superbia, quæ non tantum angelos Deo voluisti adæquare, sed etiam homines præsumpsisti deificare. Porro, quos erexit, depressit, et quos exaltavit, humiliavit. Hinc ait Dominus ad prophetam : « Fili hominis, dic principi Tyri, hæc dicit Dominus Deus : eo quod elevatum est tuum, quasi cor Dei, et dixisti : Deus ego sum, cum sis homo, et non Deus, idcirco ego adducam super te robustissimos gentium, et interficiam te, et morieris in interitu occisorum *(Ezech.* xxviii). » Nabuchodonosor, quia potentiam suam jactavit superbe, et ait : « Nonne hæc est Babylon, quam ædificavi mihi in domo [*al.* domum] regni in robore fortitudinis meæ, et in gloria decoris mei? Cum adhuc sermo esset in ore regis, vox de cœlo ruit : Tibi dicitur, Nabuchodonosor rex, regnum tuum transiet a te, et ab hominibus ejiciam te, et cum feris et bestiis erit habitatio tua, fenum quasi bos comedes, et septem tempora mutabuntur super te donec scias quod Excelsus dominetur in regno hominum, et cuicunque voluerit, det illud. Eadem hora sermo completus est super Nabuchodonosor *(Dan.* iv). » Verum est ergo quod dicitur in Psalmo : « Homo cum in honore esset, non intellexit, comparatus est jumentibus insipientibus, et similis factus est illis *(Psal.* xlviii). » Superbia turrem evertit, et linguam confudit *(Gen.* xi), prostravit Goliam *(I Reg.* xvii), et suspendit Aman *(Esther* vii), interfecit Nicanorem *(II Mach.* xv), et peremit Antiochum *(I Mach.* ix), Pharaonem, submersit *(Exod.* xiv), et Sennacherib interemit *(IV Reg.* xix), Holofernis caput amputavit *(Judith* xiii). « Sedes ducum superborum destruxit Deus, et radices gentium superborum arefecit *(Eccli.* xix). »

CAPUT XXXIII.
De abominatione superbiæ.

Quam detestabilis sit superbia, Dominus ipse per prophetam testatur, dicens : « Detestor ego superbiam Jacob *(Amos* vi). » — « Et juravit Dominus in superbiam Jacob. Si oblitus fuero usque in finem omnia opera eorum *(Amos* viii). » Unde inter illa sex, quæ Dominus odit, et septimum detestatur anima ejus, Salomon primum ponit, « oculos sublimes *(Prov.* vi) » id est superbiam : et Isaias : « Dies Domini exercituum super omnem superbum et excelsum, et super omnem arrogantem, et humiliabitur eis altitudo virorum, et super omnes cedros Libani, et sublimes, et erectas, et super omnes quercus Basan, et super omnes montes excelsos, et super omnes colles elevatos, et super omnem turrem excelsam, et super omnem murum munitum, et incurvabitur sublimitas hominum, et humiliabitur altitudo virorum *(Isa.* ii). » — « Propterea dilatavit infernus animam suam, et aperuit os suum absque ullo termino, et descendent sublimes gloriosique ejus ad eum *(Isa.* v). » — « Dominus exercituum cogitavit hoc, ut detraheret superbiam omnis gloriæ ejus *(Isa.* xxiii). » Job quoque dicit : « Si ascenderit usque ad cœlum superbia, et caput ejus nubes tetigerit, quasi sterquilinium in fine perdetur *(Job* xx). »

XXXIV.
Contra arrogantiam superborum.

Omnis fere vitiosus diligit sibi similem : superbus autem odit elevatum. Unde Salomon . « Inter superbus semper sunt jurgia (*Prov.* xiii), » et « ubi fuerit superbia, ibi et contumelia (*Prov.* v). » Superbus insolita gestit, consueta fastidit, magnum reputat si loqui dignetur, maximum si surgat et amplexetur. Æstimat plus dignitatem ab ipso, quam ipsum effectum ex dignitate; nunquam vult uti paternitatis affectu, semper vult uti dominationis imperio; superbia ejus et arrogantia ejus et indignatio ejus, plusquam fortitudo ejus. Revolat in anima quod legitur in Evangelio : « Facta est contentio inter discipulos Domini Jesu, quis eorum videretur esse major, et ait Jesus : Principes gentium dominantur eorum, et qui potestatem habent, inter illos benefici vocantur : vos autem non sic, sed qui major est inter vos, erit sicut junior, et qui præcessor, sicut ministrator (*Luc.* xxii). » Et ut Petrus apostolorum princeps ait : « Non quasi dominantes in clero, sed forma facti gregis ex animo (*Petr.* v). » — « Domini est terra, et plenitudo ejus, orbis terrarum et universi, qui habitant in eo (*Psal.* xxiii). » Unus est ergo Deus, et unus est Dominus. Cæteri vero non sunt domini, sed ministri, quibus interdicitur dominium, et indicitur ministerium. Audi super hoc Sapientem : « Rectorem te posuerunt, noli extolli, esto in illis, quasi unus ex illis (*Eccli.* xxxii). »

CAPUT XXXV.
Contra fraudem ambitiosorum exemplum.

Filii Zebedæi, qui per interventum matris honorem postulaverunt a Christo : « Dic, inquit, ut sedeant hi duo filii mei, unus ad dexteram, et alius ad sinistram tuam in regno tuo, » meruerunt audire : « Nescitis quid petatis. » Non enim honore, sed onere pervenitur ad regnum, unde Dominus subdit : « Non est meum dare vobis : quasi diceret, meum quidem est dare, sed non vobis, id est ambitiosis, quales vos estis (*Matth.* xx). » Licet autem potestas a Deo sit, superbus tamen non regnat ex Deo, secundum illud propheticum : « Ipsi regnaverunt, et non ex me, principes exstiterunt, et non cognovi eos (*Ose.* viii). »

CAPUT XXXVI.
De proprietatibus arrogantium.

Superbus autem « amat primas cathedras in synagogis, et primos recubitus in cœnis, salutationes in foro, et vocari ab hominibus Rabbi (*Matth.* xxiii) : » non nomine personæ, sed nomine fortunæ vult appellari : non ut homo, sed ut dominus vult honorari. Sedet sublimis, incedit excelsus, vult sibi omnes assurgere, singulos inclinare. Porro, quidam philosophus volens arrogantiam cujusdam regis illudere, cum vidisset eum in throno regali sedere sublimem, prostratus in terram suppliciter adoravit, et confestim non invitatus, ascendens juxta regem consedit. Quod rex vehementer admirans, eo quod nosset eum esse philosophum, quare hoc egerit, exquisivit. Philosophus ergo respondit :

« Aut Deus es, aut homo : si Deus, debui te adorare : si homo, bene potui juxta te sedere. » Rex autem responsionem convertens contra philosophum intulit : « Imo si homo sum, non debuisti me adorare : si Deus sum, non debuisti juxta me sedere. » Sapienter iste respondit, sed ille prudenter elusit.

CAPUT XXXVII.
De superfluo cultu.

Primis parentibus fecit Deus tunicas [*al.* Perizomata] pelliceas post peccatum (*Gen.* iii), et a Christo dicitur Christianis : « Non duas tunicas habeatis (*Matth.* x). » Sed juxta Joannis consilium : « qui habet duas tunicas det non habenti unam (*Luc.* iii) » Superbus autem, ut magnificus videatur, satagit vestiri duplicibus, indui mollibus, pretiosis ornari. Sed quid est homo pretiosis ornatus, nisi sepulcrum foris dealbatum, intus autem plenum spurcitia? (*Matth.* xxiii). Hyacinthus et purpura, coccus et byssus, in limo putrescunt, aurum et argentum, lapides et gemmæ in luto sordescunt. Dignitas et potestas male jacent in pulvere, honor et gloria male sedent in cinere. Quid ergo superbe phylacteria dilatas, et magnificas fimbrias? Dives ille, qui induebatur purpura et bysso, sepultus est in inferno (*Luc.* xvi). Dina filia patriarchæ Jacob, antequam egrederetur, ut ait Josephus (32), ut emeret ornamentum provincialium mulierum (*Gen.* xxxiv), virgo permansit. Cum autem exivit, Sichem filius regis Hemor, eam violenter oppressit. Holofernes, qui sedebat in canopeo, quod erat ex purpura et bysso et auro et smaragdo et lapidibus pretiosis intextum, jugulatus est a Judith ; quæ cum prius uteretur cilicio, tunc assumpsit ornatu jucunditatis (*Judith.* xiii). Audi super hoc consilium Sapientis : « In vestitu ne glorieris unquam (*Eccli.* ii) ; » et Apostolus : « Non in veste pretiosa (*I Tim.* ii); nec sit intrinsecus capillatura, aut circumdatio auri, aut vestimentorum cultus (*I Petr.* iii). »

CAPUT XXXVIII.
Contra superfluum ornatum.

Attende quid contra superfluum ornatum comminetur Dominus per prophetam : « Pro eo quod elevatæ sunt filiæ Sion, et ambulaverunt extento collo, et nutibus oculorum ibant, decalvabit Dominus verticem filiarum Sion, et crinem earum nudabit. In die illa auferet Dominus ornatum calceamentorum, et lunulas, et torques, et monilia, et armillas, et mitras, et discriminalia, et periscelidas, et murenulas, et olfactoriola, et inaures, et annulos et gemmas in fronte pendentes, et mutatoria, et palliola, et linteamina, et acus, et specula, et sindones, et vittas, et theristra. Et erit pro suavi odore fetor, et pro zona funiculus, et pro crispanti crine calvitium, et pro fascia pectorali cilicium (*Isa.* iii). » Ecce justa pœna redditur pro culpa, ut in eo puniantur, in quo peccaverunt.

---

(32) Josephus, *De Antiquit.*, cap. 28.

Adhuc super his aliam audi prophetam : « O Tyre, byssus varia de Ægypto texta est tibi in velum, hyacinthus et purpura de insulis Elisa, facta sunt indumentum [*al.* operimentum] tuum. Dentes eburneos et hebeninos commutaverunt in pretio tuo. Propter multitudinem operum tuorum, guttam [*f.* gemmam], et purpuram, et scutulata, et byssum, et sericum, et chadchod (33) proposuerunt in mercatu tuo. Dedan institores tui in tapetibus ad sedendum, et repleta es, et glorificata nimis. Sed nunc contrita es in mari, et in profundis aquarum opes tuæ ad nihilum redactæ sunt, et non eris usque in perpetuum (*Ezech.* xxvii). »

CAPUT XXXIX.
Quam plus defertur vestibus quam virtutibus.

Cum quidam philosophus in habitu contemptibili principis aulam adisset, et diu pulsans non fuisset admissus, sed quoties tentasset ingredi, toties contigisset eum repelli, mutavit habitum, et assumpsit ornatum. Tunc ad primam vocem aditus patuit venienti; qui procedens ad principem, pallium quod gestabat, cœpit venerabiliter osculari. Super quo princeps admirans, quare hoc ageret, exquisivit. Philosophus respondit : « Honorantem me honoro, quia quod virtus non potuit, vestis obtinuit. » O vanitas vanitatum, plus honoris defertur vestibus, quam virtutibus : plus venustati, quam honestati.

CAPUT XL.
De fucatione colorum [*al.* oculorum].

Artificialis species superducitur, et facies obducitur naturalis, tanquam artificium hominis artem superet Creatoris. Non sic. non sic. « Considerate, inquit Dominus, lilia agri, quomodo crescunt ? non laborant, neque nent; dico autem vobis, quoniam nec Salomon in omni gloria sua coopertus est, sicut unum ex ipsis (*Matth.* vi). » Absit autem ut adulterinus color comparabilis sit nativo. Quinimo cum facies adulterino colore fucatur, os abominabili fetore corrumpitur. « Universa vanitas omnis homo vivens (*Psal.* xxxviii). » Quid enim vanius quam pectere crines, planare cæsariem, tingere genas, ungere faciem, producere supercilia? Quando quidem « fallax sit gratia; et vana sit pulchritudo (*Prov* xxxi). » — « Omnis caro fenum, et omnis gloria ejus quasi flos agri (*Isa.* xl): » quoniam «tanquam fenum velociter arescit(*Psal.* xxxvi).» Ut autem personæ ornatum prætereum, ne malignius quam verius videat aliquos succensere, quid vanius quam ornare mensam mantilibus picturatis, cultellis ebore ornatis, vasis aureis et argenteis vasculis, scyphis [*al.* cupis] et nappis [*al.* mappis], bucalibus et gradalibus, scutellis et coclearibus, fuscinulis et solariis, bacilibus et urceolis, capsulis et flabellis ? Quid prodest pingere cameras, ditare perticas, palliare vestibulum, substernere pavimentum, componere lectum inflatum plumis, opertum sericis, obductum cortinis, aut etiam canapeo? Scriptum est enim : « Homo cum morietur, non accipiet hæc omnia, neque simul cum eo descendet gloria ejus (*Psal.* xlviii). »

CAPUT XLI.
De immunditia cordis.

Non est qui de cordis munditia valeat gloriari, quoniam « in multis offendimus omnes (*Jac.* iii). » — « Et si dixerimus, quia peccatum non habemus, nosipsos seducimus, et veritas in nobis non est (*I Joan.* 1). » Quis est, qui illud dicere valeat cum Apostolo : « Nihil mihi conscius sum : non tamen in hoc justificatus sum?(*I Cor.* iv). » Quis est hic, et laudabimus eum ? Ecce « inter sanctos nemo est immutabilis, cœli non sunt mundi in conspectu ejus (*Job* xv); et in angelis ejus reperit pravitatem (*Job* iv). Quanto magis et abominabilis et inutilis est homo, qui bibit quasi aquam iniquitatem ? (*Job* xv). » — « Pœnituit ergo Deum, quod fecisset hominem in terra, eo quod multa esset hominum malitia super terram, et cuncta cogitatio hominis omni tempore ad malum intenta : et ideo tactus dolore cordis intrinsecus, delevit hominem quem creaverat (*Gen.* vi). » Porro, « superabundavit iniquitas, et refriguit charitas multorum (*Matth.* xxiv). » — « Omnes declinaverunt, simul inutiles facti sunt, non est qui faciat bonum, non est usque ad unum (*Psal.* xiii, li). » Tota pene vita mortalium mortalibus est plena peccatis, ut vix valeat inveniri, qui non declinet ad sinistram, qui non revertatur ad vomitum, qui non computrescat in stercore. Quin potius « glorientur cum malefecerint, et exsultant in rebus pessimis (*Prov.* ii), repleti omni iniquitate malitia, fornicatione, avaritia, nequitia, pleni invidia, homicidiis, contentione, dolo, malignitate, susurrones, detractores, Deo odibiles, contumeliosi, superbi, elati, inventores malorum, parentibus non obedientes, insipientes, incompositi, sine affectione, sine fœdere, absque misericordia. (*Rom.* 1). » Talibus et pejoribus mundus iste repletus est, abundat hæreticis et schismaticis, perfidis et tyrannis, Simoniacis et hypocritis, ambitiosis et cupidis, raptoribus et prædonibus, violentis et exactoribus, usurariis et falsariis, impiis et sacrilegis, proditoribus et mendacibus, adulatoribus et fallacibus, garrulis et versutis, gulosis et ebriosis, adulteris et incestuosis, mollibus et immundis, pigris et negligentibus, vanis et prodigis, impetuosis et iracundis, impatientibus et inconstantibus, veneficis et auguribus, perjuris et exsecratis, præsumptuosis et arrogantibus, incredulis et desperatis, demum universis vitiis irretitus. Porro, « sicut deficit fumus deficient, et sicut fluit cera a facie ignis, ita peccatores peribunt a facie Dei (*Psal.* lxvii). »

CAPUT XLII.
De doloribus, quos mali patiuntur in morte.

Mali siquidem quatuor dolores patiuntur in morte. Primus dolor est angustia corporea, tanta

---

(33) *Chadchod*, vox Hebraica cujusdam lapidis pretiosi.

et tam gravis, quanta vel qualis nec fuit, nec est in præsenti vita ante dissolutionem illam. Quod in quibusdam, etsi non in omnibus apparet, præ nimio dolore seipsos discerpentibus. Fortis enim et incomparabilis est violentia, quando nexus illi et vitales nodi inter corpus et animam disrumpuntur. Unde Propheta lamentando ait : « Circumdederunt me dolores mortis (*Psal.* CXIV). » Non enim est membrum, non articulus in corpore, quod penitus non involvatur illo inexplicabili dolore.

Secundus dolor est, quando jam pene defatigato corpore et suis exhausto viribus, anima multo liberius videt tunc in momento occurrere omnia opera bona, vel mala, quæ fecit, quæ omnia reducuntur ante oculos interiores. Dolor iste est tantus, et retractatio [*al.* recogitatio] ista tam gravis est, quod anima plurimum turbata cogitur quasi seipsam odisse. Unde dicitur in Psalmo : « Torrentes iniquitatis conturbaverunt me (*Psal.* XVII). » Nam torrentes cum multo impetu veniunt, et videntur diruere [*al.* destruere] omnia, ita in morte videbit malus omnia subito quæ fecit opera bona vel mala.

Tertius dolor est, quando anima jam incipit tam juste dijudicare, et sibi pro suis iniquitatibus singulis omnia et debita gehennæ tormenta videt imminere. Unde dicitur in Psalmo : « Circumdederunt me dolores mortis, et pericula inferni invenerunt me (*Psal.* XVII). »

Quartus dolor est, quando anima adhuc in corpore posita videt spiritus malignos, ad rapiendum se paratos, ubi tantus dolor est et timor, quod misera anima licet a corpore egressura, quandiu potest, refugiat, ut tempus suæ captivitatis redimat, antequam de corpore exeat. Propter quod dicit Sophonias propheta (cap. 1) : « A prima porta exit clamor, et a secunda ululatus. » Prima porta dicitur, quando anima mala quam cito egreditur a corpore, tam cito rapitur a malignis spiritibus ad æterna supplicia ; secunda porta dicitur, quando post diem judicii punientur in corpore et anima sine fine. Puniuntur enim mali in anima tantum in prima separatione corporis et animæ, post judicium vero in anima et corpore punientur. Unde dicitur : « Duplici contritione contere eos *Jerem.* XVII. »

CAPUT XLIII
De adventu Christi ad diem mortis cujuslibet hominis.

Videt etiam tam bonus quam malus, antequam egrediatur anima de corpore Christum in cruce positum. Malus videt sibi ad confusionem, ut erubescat se non esse redemptum sanguine Christi, sua culpa exigente. Unde de malis dicitur in Evangelio : « Viderunt in quem pupugerunt (*Joan.* XIX), » quod intelligitur de adventu Christi ad judicium, et de adventu ejus ad diem mortis cujuslibet hominis. Bonus vero videt ad exsultationem. Et hoc habemus ex verbis Apostoli, qui ait : « Usque in adventum Domini nostri Jesu Christi (*I Tim.* VI), » id est ad diem mortis, quando [*al.* quia], apparet tam bonis quam malis Christus in cruce positus : et ipse Christus de Joanne Evangelista ait : « Sic eum volo manere donec veniam (*Joan.* XXI), » scilicet veniam ad obitum ejus. Quatuor namque leguntur adventus Christi, duo visibiles, et duo invisibiles. Primus adventus visibilis fuit in carne, quando natus est de Virgine ; alius adventus visibilis est ad judicium, quando judicabit bonos et malos, quando statuet oves a dextris, hœdos vero a sinistris. Primus adventus invisibilis fit in mente justi, per gratiam ; unde Christus de viro justo ait : « Ad eum veniemus, et mansionem apud eum faciemus (*Joan.* XIV). » Est ergo anima justi sedes et habitaculum Dei, sicut scriptum est : « Anima justi sedes Dei, » quia sedet Deus in eo per gratiam. Secundus adventus invisibilis est in obitu uniuscujusque fidelis ; unde Joannes in Apocalypsi : desiderans liberari a carcere corporis ad Christum ait : « Veni Domine Jesu (*Apoc.* XXII), » scilicet ad obitum meum ; unde dicitur, quod in die obitus sui, obviam venit ei Christus.

LIBER TERTIUS.

De miseria humanæ conditionis.

CAPUT PRIMUM.
De putredine cadaverum.

« Exibit spiritus ejus, et revertetur in terram suam, in illa die peribunt omnes cogitationes eorum (*Psal.* CXLV). » O quot et quanta mortales de mundanæ provisionis incertitudine cogitant, sed sub repentinæ mortis articulo repente cuncta quæ cogitaverant, evanescunt. « Sicut umbra cum declinat ablati sunt, et excussi sunt sicut locustæ. (*Psal.* CVIII). » Exibit ergo spiritus ejus, non voluntarius, sed invitus, quia cum dolore dimittet quæ cum amore possedit, ac velit, nolit, constitutus est ei terminus, qui præteriri non poterit (*Job* XIV), in quo terra revertetur in terram. Scriptum est enim : Terra es, et in terram ibis (*Gen.* III). Naturale siquidem est, ut materiatum in materiam resolvatur. « Auferet ergo spiritum eorum et deficient, et in pulverem suum revertentur (*Psal.* CIII). » — « Cum autem morietur homo, hæreditabit bestias, serpentes et vermes (*Eccli.* XIX). » —

« Omnes enim in pulvere dormient, et vermes operient eos (*Job* xxi). » — « Sicut vestimentum sic comedet eos vermis, et sicut lanam sic devorabit eos tinea (*Isa.* li). » — « Quasi putredo consumendus est, et quasi vestimentum quod comeditur a tinea (*Job* xiii). » — « Putredini dixi ait Job : Pater meus es, mater mea, et soror mea vermibus (*Job* xvii). » — « Homo putredo et filius hominis (*Job* xxvi). » Quam turpis pater, quam vilis mater, quam abominabilis soror ! Conceptus est enim homo de sanguine per ardorem libidinis putrefacto, cujus tandem libidinis cadaveri quasi funebres vermes assistent. Vivus generavit pediculos et lumbricos, mortuus generabit vermes et muscas ; vivus produxit stercus et vomitum, mortuus producet putredinem et fetorem ; vivus hominem unicum impinguavit, mortuus vermes plurimos impinguabit. Quid ergo foetidius humano cadavere ? quid horribilius homine mortuo ? Cui gratissimus erat amplexus in vita, molestus etiam erit aspectus in morte. Quid ergo prosunt divitiæ ? quid epulæ ? quid deliciæ ? quid honores ? Divitiæ non liberabunt a morte, epulæ non defendent a morte, nec deliciæ a verme, honores non eripient a fetore. Qui modo sedebat gloriosus in throno, modo jacet despectus in tumulo ; qui modo fulgebat ornatus in aula, modo sordet nudus in tumba ; qui modo vescebatur deliciis in cœnaculo, modo consumitur a vermibus in sepulcro.

CAPUT II.
De tristi memoria damnatorum.

« Vindicta carnis impii, vermis et ignis (*Eccli.* vii). » Uterque duplex, interior et exterior. Interior, qui rodit et urit cor : exterior, qui rodit et urit corpus. « Vermis, inquit, eorum non morietur, et ignis non exstinguetur (*Isa.* lxvi). » — « Dabit Dominus ignem et vermes in carnes eorum, ut urantur et sentiant usque in sempiternum (*Jud.* xvi). » Vermis conscientiæ tripliciter lacerabit. Affliget memoria, sera turbabit pœnitentia [*al.* exacerbabit pœna], torquebit angustia. Venient enim in cogitationem peccatorum suorum timidi, et traducent illos ex adverso iniquitates eorum, dicentes : « Quid p ofuit nobis superbia ? et jactantia divitiarum quid contulit nobis ? Transierunt illa omnia tanquam umbra, et sicut navis, quæ pertransit fluctuantem aquam, cujus cum præterierit, non est inveniri vestigium (*Sap.* iv). » Sic et nos nati, continuo desinimus esse ; virtutis quidem nullum signum valemus ostendere, sed in malignitate nostra consumpti sumus. Cum ingenti turbatione recogitabunt, quæ cum nimia delectatione gesserunt, ut stimulus memoriæ pungat ad pœnam, quos aculeus nequitiæ stimulavit ad culpam.

CAPUT III.
De inutili pœnitentia damnatorum.

Dicent intra se pœnitentiam agentes : « Erravimus a via veritatis, et lumen justitiæ non luxit nobis (*Sap.* v). » — « Tunc incipient dicere montibus : Cadite super nos, et collibus : Operite nos (*Luc.* xxiii). » Pœnitebunt ad pœnam, sed non convertentur ad veniam ; justum est enim, ut qui noluerunt cum bene potuerunt ; cum velint, non possint ; dedit enim Dominus locum pœnitentiæ, et ipsi abusi sunt eo. Propterea dives, qui cruciabatur in flamma, dicebat ad Abraham : « Rogo te pater, ut mittas Lazarum in domum patris mei. Habeo enim quinque fratres, ut testetur illis, ne et ipsi veniant in hunc locum tormentorum. » Cui cum Abraham respondisset . « Habent Moysen et prophetas, audiant illos, » subjunxit : « Non, pater Abraham : sed si quis ex mortuis ierit ad eos, pœnitentiam agent (*Luc.* xvi). » Agebat et ille pœnitentiam in inferno ; sed quia cognoscebat illam inutilem, rogabat ut annuntiaretur hoc fratribus suis ; quatenus agerent pœnitentiam in hoc sæculo fructuosam ; quia tunc prodest homini pœnitere, cum potest ipse peccare.

CAPUT IV.
De pœnis inferni diversis.

Pœnæ autem infernales secundum diversa peccata sunt diversæ. Prima pœna est ignis, secunda frigoris [*al.* frigus]. De his dixit Dominus : « Ibi erit fletus et stridor dentium (*Matth.* xiii). » Fletus propter fumum ignis, stridor dentium, propter frigus. Tertia erit fetor ; de his tribus dicitur in Psalmo : « Ignis, sulphur et spiritus procellarum pars calicis eorum (*Psal.* x). » Quarta, vermes indeficientes, unde Isaias : « Vermis eorum non morietur, et ignis eorum non exstinguetur ? (*Isa.* lxvi.) » Quinta, mallei percutientes, unde dicit Salomon : « Parata sunt damnationis judicio blasphematoribus [*al.* derisoribus], et percutientes mallei stultorum corporibus (*Prov.* x). » Sexta, tenebræ palpabiles exteriores et interiores, unde Job : « Terra miseriæ et tenebrarum, ubi umbra mortis, etc. (*Job* x). » Et alibi : « Vadam ad terram tenebrosam, et opertam mortis caligine (*ibid.*). » Et in Psalmo : « In æternum non videbunt lumen (*Psal.* xlviii), » et al bi : « Impii in tenebris conticescent (*I Reg.* ii). » Septima, confusio peccatorum : « Tunc enim, ut legitur in Daniele, erunt libri aperti (*Dan.* vii), » id est conscientiæ hominum erunt omnibus manifestæ. Octava, horribilis visio dæmonum, qui videbuntur in excussione scintillarum de igne ascendentium. Nona , igneæ catenæ, quibus impii singulis membris constringentur.

Prima pœna est concupiscentium, secunda maliliosorum, tertia luxuriosorum, quarta invidorum et odium habentium, quinta eorum, qui in hoc sæculo per flagella non meruerunt castigari, quia « tentaverunt et exacerbaverunt Dominum (*Psal.* lxxvii) » in multitudine iniquitatum suarum. Unde scriptum est : « Exacerbavit Dominum peccator, secundum multitudinem iræ suæ non requiret (*Psal.* x). » Sexta eorum, qui in tenebris ambulantes, ad lumen verum, scilicet Christum, venire contempserunt ; septima confitentium peccata sua, et pœnitentiam contemnentium ; octava illorum, qui in hoc sæculo libenter vident mala, et faciunt : nona illorum, qui per singula vitia sunt defluxi, qui ambulant in desideriis suis, et eunt post concupiscentias suas.

CAPUT V.
De ineffabili angustia damnatorum.

« Videntes turbabuntur timore horribili, gementes præ angustia spiritus, et dicentes : Hi sunt quos aliquando habuimus in derisum, et in similitudinem improperii; nos insensati vitam illorum æstimabamus insaniam et finem eorum sine honore. Ecce quomodo computati sunt inter filios Dei, et inter sanctos sors illorum est (*Sap.* v). » Supplicium erit malorum, intueri gloriam beatorum, licet forte post finem judicii. Beati quoque visuri sunt reprobos in tormentis, secundum illud : « Lætabitur justus cum viderit vindictam impiorum (*Psal.* LVII). » Reprobi vero non sunt visuri beatos in gloria, secundum illud : « Tollatur impius, ne videat gloriam Dei (*Isa.* XXVI). » Talia dicent in inferno peccatores, quoniam «spes impii est tanquam lanugo, quæ a vento tollitur, et tanquam spuma gracilis, quæ a procella dispergitur, et tanquam fumus a vento diffusus, et tanquam memoria hospitis unius diei (*Sap.* v). »

CAPUT VI.
De igne gehennali.

Ignis gehennæ nec lignis nutritur, nec flatu succenditur, sed a Deo creatus est inextinguibilis ab origine mundi. Scriptum est enim : « Devorabit eum ignis, qui non succenditur (*Job* xx). » Creditur autem esse sub terris, secundum illud Isaiæ : « Infernus subter conturbatus est in occursum adventus tui (*Isa.* XIV). » Sed et omnis locus reprobis est pœnalis, qui semper secum defert cruciatum, et ubique contra se tormentum incurrit. « Producam inquit, ignem de medio tui, qui comedet te (*Ezech.* XXVIII). » Ignis autem gehennæ semper ardebit, et nunquam lucebit : semper uret, et nunquam consumet : semper afficiet, et nunquam deficiet. Est enim apud inferos summa tenebrarum obscuritas, immensa pœnarum acerbitas, infinita miseriarum æternitas. « Ligatis, inquit, pedibus et manibus ejus, mittite eum in tenebras exteriores, ubi erit fletus et stridor dentium (*Matth.* XXII). » Singula membra pro suis peccatis propria sustinebunt tormenta, ut in eo puniantur, in quo peccaverunt. Scriptum est enim : « Per quæ peccat homo, per hæc et torquebitur (*Sap.* XI); » unde qui in lingua peccaverat, cruciabatur in lingua. Propter quod ipse clamabat : « Pater Abraham, miserere mei, et mitte Lazarum, ut intingat extremum digiti sui in aquam, et refrigeret linguam meam, quia crucior in hac flamma (*Luc.* XVI). » Per digitos intelligitur operatio; digitis enim operamur. Quasi dicat : Si minimum operum Lazari haberem, minorem pœnam sentirem.

CAPUT VII.
De tenebris inferni.

Reprobi vero non solum exterioribus, sed etiam interioribus tenebris involventur; quia spirituali pariter et corporali luce carebunt. Scriptum est enim : Tollatur impius, ne videat gloriam Dei (*Isa.* XXVI), qui solus tunc erit « in lucem sempiternam (*Isa.* LX). » Tantam autem in pœnis reprobi tolerabunt angustiam, ut vix aliquid cogitare valebunt præter pœnas : sed illuc dirigent impetum cogitationis, ubi sentient vim doloris. Sane discipulus quidam fertur apparuisse magistro suo post mortem. Quem cum magister esse damnatum intellexisset, quæsivit ab eo, si aliquæ quæstiones apud inferos verterentur. Qui dicitur respondisse : « Apud inferos quæritur solummodo quid non sit pœna. » Sed et Salomon ait : « Nec opus, nec ratio, nec scientia, nec sapientia est apud inferos, quo tu properas (*Eccle.* IX). » Erit enim tanta in reprobis mentis oblivio, tanta cæcitas animi, tanta confusio rationis, ut raro vel nunquam ad cogitandum quidquam de Deo possint assurgere, nedum ad confitendum valeant aspirare. Nam « a mortuo tanquam ab eo, qui non est, periit confessio (*Eccli.* VII). » Scriptum est enim : «Non mortui laudabunt te Domine, neque omnes qui descendunt in infernum (*Psal.* CXIII). » — « Non infernus confitebitur tibi, neque mors laudabit te (*Isa.* XXXVIII).»

CAPUT VIII
De confusione pœnarum.

« Dimitte me, Domine, dicit Job, ut plangam paululum dolorem meum, antequam vadam ad terram tenebrosam, et opertam mortis caligine : terram miseriæ et tenebrarum, ubi umbra mortis, et nullus ordo, sed sempiternus horror inhabitat (*Job* x).» Ordo quidem erit in quantitate pœnarum, quoniam « in qua mensura mensi fuerint, remetietur eis (*Luc.* VI), » et qui gravius peccaverunt, gravius puniantur. « Potentes enim potenter tormenta patientur (*Sap.* VI). » Sed ordo non est in qualitate rerum, quia de aquis nivium transibunt ad calorem nimium [*al.* ignis] (*Job* I), ut subita contrariorum mutatio graviorum inferat cruciatum. Experimento cognovi, quod adustus, si frigidum statim adhibeat, ardentiorem sentiet cruciatum.

CAPUT IX.
De indeficientia tormentorum.

« Sicut oves in inferno positi sunt, et mors depascet eos (*Psal.* XLVIII). » Dictum est hoc a simili jumentorum, quæ non radicitus evellunt herbas, sed summitates solummodo carpunt, ut iterum herbæ renascantur ad pastum. Sic et impii quasi morte pasti, reviviscent ad mortem, ut æternaliter moriantur. Ovidius :

Sic inconsumptum Tityi semperque renascens
  Non perit, ut possit sæpe perire, jecur.

(OVID. *Pont.*, I, II, 41.)

Tunc erit mors immortalis, tunc vivent mortui, qui vitæ sunt mortui. Quærent mortem, et non invenient, quia vitam habuerunt et perdiderunt. Audi Joannem in Apocalypsi (cap. IX) dicentem : « In diebus illis quærent homines mortem, et non invenient eam : desiderabunt mori et fugiet mors ab illis.» O mors quam dulcis esses quibus tam amara fuisti, te solam desiderant optabunt, qui te solam vehementer abhorruerunt.

CAPUT X.
Cur reprobi nunquam liberabuntur a pœnis.

Nullus ergo sibi blandiatur, et dicat, quia « Deus non in finem irascetur, neque in æternum indignabitur (*Psal.* cii),» sed « miserationes ejus super omnia opera ejus (*Psal.* cxliv). » Quia cum iratus est, non obliviscetur misereri, nec quidquam eorum, quæ fecit Deus, odivit (*Sap.* ii). Assumens in argumentum erroris quod ait Dominus per Isaiam prophetam : « Congregabuntur in congregatione unius fascis in lacum, et claudentur in carcere, et post multos dies visitabuntur (*Isa.* xxiv).» Homo namque peccavit ad tempus, non ergo Deus puniet in æternum.

O spes inanis, o falsa præsumptio! Non credat frustra errore deceptus, quod aliquo pretio sit redimendus, quoniam in inferno nulla est redemptio. Congregabuntur ergo peccatores in lacum, et claudentur in carcerem, scilicet in inferno, in quo sine corporibus usque in diem judicii torquebuntur, et post multos dies, postquam videlicet resurgent cum corporibus suis in novissimo die, visitabuntur, non ad salutem, sed ad vindictam : quia post diem judicii gravius punientur. Sic et alibi dicitur : « Visitabo in virga iniquitates eorum, et in verberibus peccata eorum (*Psal.* lxxxviii).» Prædestinatis ergo Deus irascitur temporaliter, quia « flagellat omnem Deus filium quem recipit (*Hebr.* xii),» de quibus illud accipitur : « Non in finem irascetur, » etc. (*Psal.* cii). Reprobis autem Deus irascitur æternaliter, quia justum est, ut quod impius in suo prævaricatur æterno, Deus ulciscatur in suo æterno. Nam licet peccandi facultas illum dimittat, ipse tamen non dimittit voluntatem peccandi. Scriptum est enim : « Superbia eorum, qui te oderunt ascendit semper (*Psal.* lxxiii).» Nam non humiliabuntur reprobi jam desperati de venia, sed malignitas odii tantum in illis excrescet, ut velint illum omnino non esse, per quem sciunt se tam infeliciter esse. Maledicent Altissimo, et blasphemabunt excelsum, conquerentes eum esse malignum, qui creat illos ad pœnam, et nunquam inclinatur ad veniam. Audi Joannem in Apocalypsi (cap. xvi) dicentem : « Grando magna descendit de cœlo in homines, et blasphemaverunt homines Deum propter plagam grandinis, quoniam magna facta est vehementer.» Voluntas ergo damnati, licet amiserit potestatis effectum, semper tamen habebit malignitatis affectum, et ipsa erit in inferno supplicium, quæ fuerat in mundo peccatum : licet forsan et ibi peccatum sit, sed non meritum pœnæ. Impius ergo quia semper habebit in se reatum ex culpa, semper sentiet contra [*al.* circa] se esse cruciatum ex pœna, quia quod ipse per pœnitentiam non delevit, Deus per indulgentiam non remittet. Ad magnam ergo pertinet justitiam judicandis, ut nunquam careant in gehenna supplicio, qui nunquam carere voluerunt in vita peccato. Voluissent utique, si potuissent sine fine vivere, volunt, qui nunquam desinunt peccare dum vivunt.

CAPUT XI.
Testimonia de suppliciis æternalibus.

« Quis, inquit Isaias, poterit habitare de vobis cum ardoribus sempiternis? (*Isa.* xxxiii.) Isti fumus erunt in furore meo, ignis ardens tota die et nocte, et non exstinguetur, sed ascendit fumus ejus in sempiternum (*Isa.* lxv). » Jeremias quoque ait : « Dabo vos in opprobrium sempiternum, et ignominiam æternam, quæ nunquam oblivione delebitur (*Jer.* xxiii).» Et Daniel ait : « Qui dormierunt in pulvere terræ, evigilabunt, alii in vitam æternam, alii in opprobrium, ut videant semper (*Dan.* xii).» Salomonem quoque, « Mortuo, inquit, homine impio nulla spes erit de eo (*Prov.* xi).» Huic exemplo veniet perditio sua, et subito conteretur, nec habebit ultra medicinam. Et Joannes apostolus : « Si quis, ait, adoraverit bestiam et imaginem ejus, hic bibet de vino iræ Dei, et cruciabitur igne et sulphure : et fumus tormentorum ascendet in sæcula sæculorum, nec habebit requiem die ac nocte, qui adoraverit bestiam et imaginem ejus. (*Apoc.* xiv).» Confirmat hæc Veritas, quæ damnatos [*al.* damnandos] in judicio sententialiter reprobabit, dum dicet : « Ite maledicti in ignem æternum, qui præparatus est diabolo et angelis ejus (*Matth.* xxv).» Si secundum divinum judicium « in ore duorum vel trium testium stat omne verbum (*Deut.* xix),» quanto magis in ore tot et tantorum virorum de proposita veritate constabit.

CAPUT XII.
De die judicii.

« Ecce ergo dies Domini veniet crudelis, et indignationis plenus, iræ et furoris, ad ponendam terram in solitudinem, et peccatores ejus conterendos de ea; quoniam stellæ cœli et splendor earum non expandent lumen suum, obtenebratus est sol in ortu suo, et luna non splendebit in lumine suo. Et visitabo super orbem mala, et contra impios iniquitatem eorum. Et requiescere faciam superbiam infidelium, et arrogantiam fortium humiliabo. Propter hoc omnes manus dissolventur, et omne cor hominis tabescet et conteretur. Torsiones et dolores tenebunt, quasi parturientes dolebunt : unusquisque ad proximum suum stupebit : facies combustæ vultus eorum (*Isa.* iii).» — « Dies iræ dies illa, dies tribulationis et angustiæ, dies calamitatis et miseriæ, dies tenebrarum et caliginis, dies nebulæ et turbinis, dies tubæ et clangoris, quia consummationem cum festinatione faciet Dominus cunctis habitantibus terram (*Soph.* i).»— « Et superveniet repentina dies illa tanquam laqueus, in omnes, qui sedent super faciem orbis terræ (*Luc.* xxi). » Quoniam « sicut fulgur exit ab oriente et apparet usque in occidentem, ita erit adventus Filii hominis (*Matth.* xxiv). » — « Dies enim Domini sicut fur in nocte ita veniet. Et cum dixerint pax et securitas, tunc repentinus eis superveniet interitus, sicut dolor in utero habentis, et non effugient (*I Thess.* v).»

CAPUT XIII.
De judicium præcedente tribulatione.

« Præcedet autem tribulatio magna, qualis nunquam fuit ab initio mundi usque modo, neque fiet. Et nisi breviati fuissent dies illi, non fieret salva omnis caro (*Matth.* xxiv). » — « Surget enim gens contra gentem, et regnum adversus regnum, et terræ motus erunt magni per loca, et pestilentiæ, et fames, terroresque de cœlo, et signa magna erunt. Et erunt signa, in sole, et luna, et stellis, et in terris pressura gentium, præ confusione sonitus maris et fluctuum, arescentibus hominibus præ timore et exspectatione, quæ supervenient universo orbi (*Luc.* xxi). » — « Surgent enim pseudochristi et pseudoprophetæ, et dabunt signa magna et prodigia, ita ut in errorem deducantur, si fieri potest, etiam electi (*Matth.* xxiv). » — « Tunc revelabitur homo peccati, filius perditionis, qui adversatur et extollitur super omne quod dicitur Deus, aut quod colitur, ut in templo Dei sedeat, ostendens se tanquam sit Deus : quem Dominus Jesus interficiet spiritu oris sui (*II Thess.* ii).» Mittetur autem « Elias propheta, priusquam veniat dies Domini magnus et horribilis, et convertet corda patrum ad filios, et cor filiorum ad parentes (*Malach.* iv).» Cum quo veniet et Enoch, « et prophetabunt diebus mille ducentis et sexaginta amicti saccis. Et cum finierint testimonium suum, bestia quæ ascendet de abysso, faciet adversus illos bellum, et vincet illos et occidet, et corpora eorum jacebunt in plateis civitatis magnæ, quæ vocatur spiritualiter Sodoma et Ægyptus, ubi Dominus illorum crucifixus est. Et post tres dies et dimidium spiritus vitæ intrabit in eos (*Apoc.* i).»

CAPUT XIV.
De signis judicium præcedentibus.

« Statim autem post tribulationem dierum illorum sol obscurabitur, et luna non dabit lumen suum, et stellæ cadent de cœlo, et virtutes cœlorum movebuntur : et tunc apparebit signum Filii hominis in cœlo. Et tunc plangent super se omnes tribus terræ (*Matth.* xxiv) » — « Reges terræ et principes, et tribuni et divites, et fortes, et omnis servus et liber abscondent se in speluncis et in petris montium, et dicent montibus et petris : Cadite super nos, et abscondite nos a facie sedentis super thronum, et ab ira Agni, quoniam venit dies magnus iræ ipsorum. Et quis poterit stare? (*Apoc.* vi) » — « Et mittet angelos suos cum tuba et voce magna, et congregabunt electos ejus a quatuor ventis et summis cœlorum usque ad terminos eorum (*Matth.* xxiv). » Tunc « ipse Dominus in jussu et voce archangeli et in tuba Dei descendet de cœlo (*I Thess.* iv). » Et « omnes qui in monumentis sunt, audient vocem Filii Dei, et procedunt boni in resurrectionem vitæ, mali vero in resurrectionem judicii (*Joan.* v). » — « Mors et infernus dabunt mortuos suos, qui in ipsis erunt (*Apoc.* xx). » — « Ecce venit in nubibus, et videbit omnis oculus, et qui in eum pupugerunt : et plangent omnes tribus terræ (*Apoc.* i), et tunc videbunt Filium hominis venientem in nubibus cum virtute multa et potestate magna, et majestate (*Luc.* xxi). » Veniet autem Dominus ad judicium, non solum cum angelis et apostolis, sed et cum senatoribus populi sui ; unde ait Salomon : « Nobilis in portis vir ejus, quando sederit cum senatoribus terræ (*Prov.* xxxi). » Sedebunt enim et ipsi « super sedes duodecim judicantes duodecim tribus Israel (*Matth.* x) » — « Aspiciebam, inquit Daniel, donec throni positi sunt, et antiquus dierum sedit. Vestimentum ejus quasi nix candidum, et capilli capitis ejus quasi lana munda, thronus ejus flammæ ignis, rotæ ejus quasi ignis accensus : fluvius igneus rapidusque egrediebatur a facie ejus. Millia millium ministrabant ei, et decies centena millia assistebant ei (*Dan.* vii). » Unde ait et Psalmista : « Deus noster manifeste veniet, Deus noster et non silebit ignis in conspectu ejus ardebit, et in circuitu ejus tempestas valida (*Psal.* lxlvi) » — « Nubes et caligo in circuitu ejus. Justitia et judicium præparatio sedes ejus (*Psal.* xlix) » — « Et advocavit cœlum desursum, et terram, ut discernat, populum suum (*Psal.* xlix) » Nam « congregabuntur ante eum omnes gentes, et separabit eas ad invicem, sicut pastor segregat oves ab hædis; et statuet oves quidem a dextris, hædos autem a sinistris (*Matth.* xxv). »

CAPUT XV.
De potentia, sapientia et justitia judicis.

O quantus tunc erit timor et tremor, quantus erit fletus et gemitus ; nam si « columnæ cœli contremiscunt et pavent ad nutum ejus (*Job* xxvi), et angeli pacis amare flebunt (*Isa.* xxxiii) : » peccatores autem quid facient? « Si justus vix salvabitur, impius et peccatores ubi parebunt ? (*I Petr.* iv). » Propterea clamat Propheta : « Ne intres in judicium cum servo tuo, Domine, quia non justificabitur in conspectu tuo omnis vivens (*Psal.* cxlii). » — « Si enim iniquitates observaveris, Domine, quis sustinebit? (*Psal.* cxx.) » Quis enim non timeat judicem potentissimum, sapientissimum et justissimum ? Potentissimum, quem nemo potest effugere, sapientissimum, quem nemo potest latere ; justissimum, quem nemo potest corrumpere. « Si fortitudo quæritur, robustissimus est, sapiens corde, et fortis robore ; si æquitas judicii, nemo audebit pro me testimonium reddere; si justificare me voluero, os meum condemnabit me ; si innocentem ostendero, pravum me comprobabit, etiam si simplex fuero (*Job* ix) » — « Ipse dixit et facta sunt, ipse mandavit et creata sunt (*Psal.* cxlviii). » Qui vocat stellas et dicunt :

« Adsumus (*Baruch.* III). » — « Qui facit angelos suos spiritus et ministros suos flammam ignis (*Psal.* CIII); » cujus « voluntati nihil omnino resistit (*Rom.* IX); » — « cui nullum verbum est impossibile (*Luc.* I); » cui « flectitur omne genu cœlestium, terrestrium et infernorum (*Phil.* II). » Hunc ergo nemo potest fugere, sicut dicit Propheta : « Si ascendero in cœlum, tu illic es; si descendero ad infernum, ades (*Psal.* CXXXVIII). » Ipse scrutatur renes et corda (*Jer.* XVII), cujus « oculis omnia nuda sunt et aperta (*Hebr.* IV). » Qui « pluviæ guttas et arenam maris dinumerat (*Eccli.* I). » Deus scientiarum Dominus, præscius omnium, et conscius singulorum, occultus occultorum omnium indagator. Hunc ergo nemo potest latere, sicut dicit Apostolus : « Non est ulla creatura invisibilis in conspectu ejus (*Hebr.* IV). » Ipse est judex justus, fortis et longanimis (*Psal.* VII), qui nec prece, nec pretio, nec amore, nec odio declinat a semita rectitudinis, sed via regia semper incedens, nullum malum præterit impunitum, nullum bonum irremuneratum relinquit (1). Hunc ergo nemo potest corrumpere, juxta quod dicit Psalmus : « Tu reddes singulis secundum opera sua (*Psal.* LXI). »

CAPUT XVI.
De divino judicio.

Quis autem non timeat illud examen, in quo idem erit, et accusator, et advocatus et judex? Accusabit enim dum dicet : « Esurivi, et non dedistis mihi manducare; sitivi, et non dedistis mihi bibere. » Advocabit, cum subdet : « Quandiu non fecistis uni de minimis meis his, nec mihi fecistis. » Judicabit cum infert : « Discedite a me, maledicti, in ignem æternum (*Matth.* XXV). » Non erunt testes in illo judicio necessarii, quia tunc manifesta erunt « abscondita tenebrarum (*I Cor.* IV). » — « Nihil enim occultum, quod non revelabitur (*Matth.* X). » Tunc erunt libri conscientiarum aperti (*Dan.* VII), et judicabunt mortui ex his quæ scripta sunt in libris, secundum opera ipsorum : « Opera enim ipsorum sequuntur illos (*Apoc.* XIV). » Quantus erit pudor in peccatoribus! quanta confusio erit, cum eorum nefandissima crimina cunctis erunt liquida et manifesta! « Beati quorum remissæ sunt iniquitates, et quorum tecta sunt peccata (*Isa.* LVIII). » Ab illa enim sententia nunquam poterit provocari [*al.* revocari *vel* appellari]. Quia « Pater omne judicium dedit Filio suo (*Joan.* XXII). » — « Qui claudit et nemo aperit, aperit et nemo claudit (*Apoc.* III). » — « Os enim Domini locutum est (*Isa.* LVIII). »

CAPUT XVII.
Quod nihil proderit damnatis.

Tunc non proderunt opes, non defendent honores, non suffragabuntur amici. Scriptum est enim : « Argentum eorum et aurum eorum non valebit eos liberare in die furoris Domini (*Ezech.* VII). » « Flebunt et plangent omnes reges terræ, cum viderint fumum incendii, propter timorem tormentorum eorum (*Apoc.* XVIII). » Quid ergo facietis in die furoris Domini, in die visitationis et calamitatis, de longe venientis? ad cujus fugietis auxilium? « Unusquisque onus suum portabit (*Gal.* VI). » — « Anima quæ peccaverit, ipsa morietur (*Ezech.* XVIII). » O quam durum et districtum judicium, in quo non solum de factis, sed « de omni verbo otioso, quodcunque locuti fuerint homines, reddituri sunt rationem in die judicii (*Matth.* XII); » in quo « usque ad novissimum quadrantem exigetur debitum cum usuris (*Matth.* XVIII). » — « Quis ergo fugere poterit a ventura ira? » (*Luc.* III.) — « Mittet ergo Filius hominis angelos suos, et colligent de regno ejus omnia scandala, et eos qui faciunt iniquitatem, et alligabunt fasciculos ad comburendum, et mittent eos in caminum ignis ardentis. Ibi erit fletus et stridor dentium (*Matth.* XIII), » gemitus et ululatus [*al.* ejulatus], luctus et cruciatus, stridor et clamor, timor et tremor, dolor et labor, ardor et fœtor, obscuritas et anxietas, acerbitas et asperitas, calamitas et egestas, angustia et tristitia, oblivio et confusio, torsiones et punctiones, amaritudines et tenebræ, fames et sitis, frigus et cauma, sulphur et ignis ardens in sæcula sæculorum. Unde liberet nos Deus, qui est benedictus in sæcula sæculorum. Amen.

---

(1) Boetius lib. V, *De consol. philosoph.*

INNOCENTII III
ROMANI PONTIFICIS
LIBELLUS DE ELEEMOSYNA.

(Ex edit. Opp. Innocentii III, Colon., 1575, in-fol., p. 198.)

CAPUT PRIMUM.
Date eleemosynam, et ecce omnia munda sunt vobis (*Luc.* XI).

Nemo dignius posset eleemosynam commendare, quam ipsa Veritas commendavit, quæ per eleemosynam asserit universa mundari. Unde bene congruit nomen effectui, et interpretatio veritatis. Nam eleemosyna dicitur ab *elimino*, vel ab *eli*, quod est

Deus, et moys, quod est *aqua;* quia Deus per eleemosynam maculas peccatorum eliminat, et sordes abluit vitiorum. Eleemosyna quidem est, indigenti pietatis intuitu subvenire; cujus quantus sit fructus, Scriptura sacra demonstrat. Nam eleemosyna mundat, eleemosyna liberat, eleemosyna redimit, eleemosyna protegit, eleemosyna postulat, eleemosyna impetrat, eleemosyna perficit, eleemosyna benedicit, eleemosyna justificat, eleemosyna resuscitat, eleemosyna salvat.

Audi de singulis exempla per ordinem, et ordinate ad exempla per singula, ut fructum eleemosynæ consequaris. *Date*, inquit, *Dominus eleemosynam, et ecce omnia munda sunt vobis*. Ecce qualiter eleemosyna mundat. Raphael angelus ad Tobiam : « Bona est, inquit, oratio cum jejunio et eleemosyna, magis quam thesauros auri recondere : quoniam eleemosyna a morte liberat; et ipsa est quæ purgat peccata, et facit invenire vitam æternam (*Tob.* xii). » Ecce qualiter eleemosyna liberat. Daniel autem dixit ad Nabuchodonosor : « Placeat tibi consilium meum, rex, et peccata tua eleemosynis redime, et iniquitates tuas misericordiis pauperum, forsitan ignoscet Deus delictis tuis (*Dan.* iv). » Tobias vero, quia pergens « per omnem cognationem suam, dividebat unicuique prout poterat de facultatibus suis, esurientes alebat, nudisque vestimenta præbebat, et mortuis sepulturam sollicitus impendebat, » cum rex jussisset illum occidi, « fugiens nudus latuit, quia multi diligebant eum (*Tob.* i). » Ecce qualiter eleemosyna protegit. « Absconde, inquit, eleemosynam in sinu pauperis, et ipsa orabit pro te (*Eccli.* xxix); » quia « ignem ardentem aqua exstinguit, et eleemosyna resistit peccatis (*Eccli.* iii). » Ecce qualiter eleemosyna postulat. « Cornelius autem centurio, vir religiosus et timens Deum, faciens eleemosynas multas plebi, et deprecans Deum semper, vidit in visu manifeste angelum Dei dicentem sibi : Orationes tuæ, et eleemosynæ tuæ ascenderunt in memoriam in conspectu Dei (*Act.* x). » Ecce qualiter eleemosyna impetrat. Dominus quoque dicit : « Si vis perfectus esse, vade, et vende omnia quæ habes, et da pauperibus, et habebis thesaurum multum in cœlis (*Matth.* xix). » Ecce quomodo eleemosyna perficit : « Anno tertio, dicit Dominus, separabis aliam decimam ex omnibus quæ nascuntur tibi eo tempore, et repones intra januas tuas, venietque Levites, qui aliam non habet possessionem tecum, et peregrinus et pupillus, ac vidua, qui intra portas sunt, et comedent et saturabuntur, ut benedicat tibi Dominus Deus tuus in cunctis operibus manuum tuarum quæ feceris (*Deut.* xiv). » Ecce qualiter eleemosyna benedicit. « Dispersit, dedit pauperibus, justitia ejus manet in sæculum sæculi, cornu ejus exaltabitur in gloria (*Psal.* cxi). » Ecce qualiter eleemosyna justificat. Cum Tabitha, quæ plena erat operibus et eleemosynis, obiisset, « circumsteterunt Petrum omnes viduæ flentes, et ostendentes tunicas et vestes quas faciebat eis; qui ponens genua oravit et dixit · Tabitha, surge. At illa aperuit oculos, et viso Petro resedit (*Act.* ix). » Ecce qualiter eleemosyna resuscitat : « Stans autem Zachæus dixit ad Dominum : Ecce dimidium bonorum, Domine, do pauperibus, et si quid aliquem defraudavi, reddo quadruplum. Ait Jesus ad eum : Quia salus domui huic facta est, eo quod et ipse filius sit Abrahæ. Venit enim Filius hominis quærere et salvare quod perierat (*Luc.* xix). » Ecce qualiter eleemosyna salvat.

CAPUT II.
Effectus eleemosynæ ex sacræ Scripturæ testimoniis multifariam probari.

Sunt quoque et alii plures eleemosynarum effectus, quos ex subjectis testimoniis poteris cognoscere. Quid ergo sollicitus quæris, cur anxius investigas, quid faciendo promerearis vitam æternam? Dominus in judicio pietatis opera commendavit, pro quibus ipse misericordibus regnum largietur æternum. « Venite, inquit, benedicti Patris mei, possidete regnum paratum vobis a constitutione mundi; esurivi enim, et dedistis mihi manducare; sitivi, et dedistis mihi bibere; hospes eram, et collegistis me; nudus, et cooperuistis me; infirmus, et visitastis me; in carcere, et venistis ad me. Amen dico vobis, quandiu fecistis uni de minimis his fratribus meis, mihi fecistis (*Matth.* xxv). » — « Beati enim misericordes, quoniam ipsi misericordiam consequentur (*Matth.* v); » nam « in qua mensura mensi fueritis, remetietur vobis (*Matth.* vii). » Dives ille, qui induebatur purpura et bysso, et epulabatur quotidie splendide, quia non est misertus mendico nomine Lazaro, qui jacebat ad januam ulceribus plenus, cupiens saturari de micis quæ cadebant de mensa divitis, et nemo illi dabat, mortuus est, et sepultus in inferno. Unde cum ipse post mortem misericordiam implorasset « : Pater, inquiens, Abraham, miserere mei, et mitte Lazarum, ut intingat extremum digiti sui in aquam, ut refrigeret linguam meam, quia crucior in hac flamma, » misericordiam obtinere non potuit, quoniam ante mortem misericordiam noluit exhibere. Propter quod Abraham illi respondit : « Fili, recordare quia recepisti bona in vita tua, et Lazarus similiter mala; nunc autem hic consolatur, tu vero cruciaris. Et in his omnibus, inter nos et vos chaos magnum firmatum est (*Luc.* xvi). » Servus ille, qui noluit misereri conservo suo, sicut dominus fuerat illi misertus, traditus est tortoribus quoadusque debitum redderet universum (*Matth.* xviii). Sed et diviti illi, qui cogitabat ampliare horrea, et illic uberes fructus congregare, Dominus ait : « Stulte, hac nocte animam tuam repetunt a te; quæ autem parasti cujus erunt? » (*Luc.* xii.) Sic est qui thesaurizat sibi, et non est dives in Deum. Propterea Dominus præcepit : « Vendite quæ possidetis, et date eleemosynam. Facite vobis sacculos, qui non veterascunt, thesaurum non deficientem in cœlis (*ibid.*).» Et alibi : « Facite vobis amicos de mammona iniquitatis, ut, cum defeceritis, recipiant vos in æterna tabernacula (*Luc.* xvi). » Idem in lege mandavit : « Si unus de fratribus tuis, qui morantur intra portas civitatis tuæ, in terra quam Dominus Deus tuus daturus est tibi, ad paupertatem venerit, non obdurabis cor tuum, nec contrahes manum, sed aperies eam pauperi (*Deut.* xv). » Item : « Non deerunt pauperes in terra habitationis tuæ. Idcirco præcipio tibi, ut aperias manum fratri tuo egeno et pauperi, qui tecum versatur in terra (*Ibid.*). » Nam juxta Joannis apostoli testimonium : « Qui habuerit substantiam hujus mundi, et viderit fratrem suum necessitatem habere, et clauserit viscera sua ab eo, quomodo charitas Dei manet in eo? » (*I Joan.* iii.) Hujus mandati memor erat, qui exsecutor, beatus Job, dicens : « Oculus fui cæco, et pes claudo, pater eram pauperum, et mœrentium consolator (*Job* xxix). » — « Si negavi, quod volebant, pauperibus, et oculos viduæ exspectare feci. Si comedi buccellam meam solus, et non comedit pupillus ex ea? Quia ab infantia mea crevit mecum miseratio, et de utero matris meæ ingressa est mecum. Si despexi prætereuntem, eo quod non habuerit indumentum, et absque operimento pauperem? Si non benedixerunt mihi latera ejus, et de velleribus ovium mearum calefactus est? » etc. (*Job* xxxi.) Hinc ait Dominus per prophetam : « Frange esurienti panem tuum, et egenos vagosque induc in domum tuam. Cum videris nudum, operi eum, et carnem tuam ne despexeris (*Isa.* lviii). » Audisti præceptum ad meritum, audi promissum ad præmium . « Tunc erumpet quasi mane lumen tuum, et salus tua coram te orietur, et antelbit faciem tuam justitia tua, et gloria Domini colliget te. Tunc invocabis, et Dominus exaudiet; clamabis, et dicet : Ecce adsum. Item cum effuderis esurienti animam tuam, et animam afflictam repleveris, orietur in tenebris lux tua, et tenebræ tuæ erunt sicut meridies, et requiem dabit tibi Dominus tuus semper, etc. (*Ibid.*).» Commendatur vidua Sareptana, pro eo quod pavit Eliam. Et ex illa die hydria farinæ non defecit, et lechitus olei non est imminutus, usque in diem qua dedit Dominus pluviam super terram (*III Reg.* xvii). Commendatur Abdias, qui centum prophetas quinquagenarios et quinquagenos abscondit et pavit. Unde liberatus ab igne, donari meruit spiritu prophetiæ (*I Reg.* xviii). Commendatur hospitalitas in Abraham et Lot, qui etiam angelos hospitio receperunt (*Gen.* xviii). Commendatur in Maria et Martha, quæ ante sex dies Paschæ fecerunt cœnam Jesu (*Joan.* xii). Commendatur in duobus discipulis euntibus in Emmaus, qui in fractione panis Dominum cognoverunt (*Luc.* xxiv). Paulus apostolus collectas faciebat in gentibus, ut eas mitteret sanctis in Jerusalem (*I Cor.* xvi). Attende quod Dominus non tam fecit divites propter pauperes, quam pauperes propter divites; quia plus proficit pauper diviti, quam dives pauperi. Dives enim dat pauperi eleemosynam temporalem, pauper autem retribuit diviti mercedem æternam. Unde Salomon : « Fœneratur Domino, qui miseretur pauperi, et vicissitudinem reddet ei (*Prov.* xix). » Et alius item sapiens : « Eleemosyna viri, quasi sacculus cum ipso, et gratiam hominis quasi pupillam conservabit, et postea resurget et retribuet illis retributionem, unicuique in caput illorum, super scutum potestatis et super lanceam adversus inimicum tuum pugnabit (*Eccli.* xvii). Attende quoque, quod in cæteris rebus, quæ charius diligitur, diligentius custoditur : qui vero plus diligit eleemosynam, eam amplius elargitur. Tale quidem est debitum charitatis, quod quanto plus solvitur, tanto magis debetur. Porro cum eleemosynam das in terra, reponis illam in cœlo ; et cum eleemosynam alteri tribuis, eam tibi custodis. Unde per eleemosynam sic alii præstas subsidium, quod tibi comparas meritum ; sic subvenis alteri, quod proficis tibi. Nihil de rebus temporalibus universis tecum ex hac vita portabis, præter eleemosynam solam, quam per manus pauperum præmittis in cœlum : « Nihil enim, ut dicit Apostolus (*I Tim.* vi), intulimus in hunc mundum, haud dubium, quia nec auferre quid possumus. » — « Nudus, ait alius, egressus sum de utero matris meæ, nudus revertar illuc (*Job* i). » Cum autem pauperibus erogas, thesaurizas in cœlis, teste Veritate, quæ dicit : « Thesaurizate vobis thesauros in cœlis, ubi fures nec effodiunt, nec furantur, ubi nec ærugo, nec tinea demolitur (*Matth.* vi). » Quid ergo gratius, aut quid charius eleemosyna, quæ non deserit dantem, cum cœtera deserant retinentem? In illo cui datur sitim exstinguit, famem expellit, nuditatem operit. In eo vero qui dat, reatum exstinguit, culpam expellit, operitque peccatum. O quam digna recompensatio, ut pro eo quod eleemosyna nuditatem corporis tegit in alio, iniquitatem mentis tegat in te. « Beati enim, quorum remissæ sunt iniquitates, et quorum tecta sunt peccata (*Psal.* xxxi). »

CAPUT III.

Eleemosynam in peccatis factam non valere ad meritum, nec suum effectum sortiri, esse tamen præparatoriam ad gratiam Dei consequendam.

Verum, si tantæ virtutis est eleemosyna, vel potius tanta est eleemosynæ virtus, faciant igitur homines quæcunque libuerint, et eleemosynis duntaxat insistant, securi de veritate qua dicit : « Date eleemosynam, et ecce omnia munda sunt vobis (*Luc.* ii). » Nunquid ergo facientibus eleemosynas omnia munda sunt, ebriosis, adulteris, homicidis, cæterisque vitiorum sordibus involutis? Licenter ergo suas exerceant turpitudines, et peragant voluptates, si eleemosyna sufficit ad redimenda peccata, si sufficit ad emundanda delicta? Absit omnino, quia teste Scriptura: « Quidquid immundus tetigerit, immundum erit! » (*Lev.* xv). Nam et cum Sapiens præmisisset : « Exorare, et facere eleemosynam ne despicias, » statim adjunxit. « Ne dicas in multitudine munerum meorum respiciet Deus, et offerente me Deo altissimo, suscipiet munera mea (*Eccle.* vii). » Non enim offerentes a muneribus placent, sed munera ab offerentibus. Unde legitur quod « respexit Deus ad Abel et ad munera ejus (*Gen.* iv). » Prius dixit : *Ad Abel*, et postea dixit, *Ad munera;* quia Deus magis attendit modum in facto, quam factum in modo, id est quomodo aliquid fiat, quam quid aliquo modo fiat. Attende prudenter quod dicit Apostolus : « Si distribuero omnes facultates meas in cibos pauperum, charitatem autem non habeam, nihil mihi prodest (*Rom.* xiii). » Vera igitur eleemosyna de vera charitate procedit. Nam secundum charitatis mandatum hoc est : « Diliges proximum tuum sicut teipsum (*Matth.* xxii).» Ad quod pertinet illud : « Quæcunque vultis ut faciant vobis homines, et vos facite illis (*Matth.* vii).» Sicut ergo volumus nobis ab aliis in nostris necessitatibus subveniri ; sic et nos debemus aliis in suis necessitatibus subvenire, ut sicut nos, ita proximos diligamus. Nisi enim ramus eleemosynæ de charitatis radice procedat, non habet pinguedinem vel humorem, ut suavem vel maturum fructum producat. Nam vera eleemosyna, fructus est charitatis. « Charitas autem operit multitudinem peccatorum (*I Petr.* vi). » De qua Veritas ait : « Dimissa sunt ei peccata multa, quoniam dilexit multum (*Luc.* vii). » Eleemosyna quæ de charitate procedit, ipsa profecto mundat a vitiis, et redimit a peccatis.

Sed forte opponas quod Cornelius centurio nondum fidem mediatoris habebat, sine qua justus esse non poterat, quia «justus ex fide vivit (*Rom.*1);» nec « sine fide poterat charitatem habere, cum sine fide impossibile sit placere Deo (*Hebr.* ii); » fide, inquam, mediatoris Dei et hominum Jesu Christi. Nam qui præibant et qui sequebantur, clamabant, dicentes : « Hosanna filio David, benedictus qui venit in nomine Domini (*Matth.* xviii). » Qui tamen Cornelius per eleemosynas meruit, et ad sacramentum fidei et ad fidem sacramenti venire, quemadmodum angelus ei dixit : « Orationes tuæ et eleemosynæ tuæ ascenderunt in memoriam in conspectu Dei (*Act.* x).» Ideoque præcepit ut accerseret Simonem Petrum, qui veniens jussus in spiritu, catechizavit eum et baptizavit (*ibid.*). Præterea, cum Nabuchodonosor esset iniquus, frustra dedisset ei consilium Daniel, ut peccata sua redimeret eleemosynis, nisi per eleemosynas posset a suis iniquitatibus liberari (*Dan.* iv). Item cum juxta Raphaelis angeli testimonium eleemosyna tantæ sit efficaciæ (*Job* xii), ut a morte liberet et purget peccata, nec hoc de temporali morte possit intelligi, cum omnes omnino necessitati moriendi simus addicti, ex quo primus homo pœnam comminationis illius incurrit : « Quacunque die comederis, morte morieris (*Gen.* ii). » Nam et « proprio Filio suo non pepercit Deus, sed pro omnibus tradidit illum (*Rom.* viii), » haud dubium quin ad mortem. Quia « factus est pro nobis obediens usque ad mortem, mortem autem crucis (*Phil.* ii). » Restat igitur ut illud angelicum de morte intelligatur æterna; sive culpæ, quæ præcedit ut causa; sive gehennæ, quæ succedit ut pœna. Sic ergo eleemosyna liberat hominem a morte animæ, qualicunque duntaxat sano accipias intellectu. Non autem ab ea morte, quæ animæ non debetur, cum hoc non sit magnæ virtutis, neque potentis efficaciæ. Liberat igitur hominem a morte, quæ animæ debetur. Porro mors animæ non debetur, nisi tantum iniquis, qui mortalibus sunt irretiti peccatis. Tales ergo per eleemosynas a morte animæ liberantur. Ab his autem quæstionum angustiis, illa potest te distinctio liberare, quod sicut quædam præparatoria sunt ad culpam, ita quædam præparatoria sunt ad gratiam. Præcedit enim in homine justo quædam maligna suggestio, et succedit quædam improba delectatio ; quæ, licet nondum sit mortalis, sed venialis, debilitat tamen animum et præparat ad consensum, qui cum accedit, facit hominem peccare mortaliter, cum et ipse sit mortale peccatum. In his enim quotidie secundum spiritum renovamur, quæ semel ad litteram in primo homine præcesserunt. Serpens enim, id est concupiscentia suggerit originaliter. Mulier, id est delectatio comedit venialiter. Vir, id est ratio consentit mortaliter. Sic et in homine impio quædam præparatoria præcedunt ad gratiam, quæ mollificant animum, sicut ignis ceram, (*Psal.* lxvii), ut imaginem sigilli, hoc est similitudinem Dei per impressionem gratiæ supervenientis accipiat. Propter quod legitur : « Interim fac quidquid boni potes, ut Deus cor tuum illustret ad pœnitentiam. » Talis enim timor servilis, de quo licet dicatur, quod « timor non est in charitate, sed perfecta charitas foras mittit timorem (*I Joan.* iv), » dicitur tamen de ipso, quia timor Domini peccatum expellit, et qui sine timore est, justificari non potest. Cum ergo timor Domini sit initium sapientiæ (*Eccle.* i), profecto præparatorius est ad gratiam, et ipse sicut cetam filum, charitatem præviùs introducit, quemadmodum dicitur per prophetam : « A timore tuo concepimus et peperimus spiritum salutis (*Isa.* xxvi). » Sic eleemosyna præter charitatem, vel potius ante charitatem donata, proficit quidem, etsi non sufficit; præparatoria, licet non promeritoria gratiæ vel salutis ; per quam tamen pervenitur ad gratiam et salutem. Reddit enim hominem habilem; reddit aptum, reddit idoneum, velut sitientem, velut anhelantem, velut appropinquantem ad fontem gratiæ salutaris; per quem liberatur a morte, mundatur a culpa, redimitur a peccato.

CAPUT IV.
Eleemosynam jejunio et oratione esse meliorem, nec quemquam ab ea excusari.

Bonum est jejunium, sed melior est eleemosyna, quia quod jejunium subtrahit, eleemosyna tribuit. Alioquin quod jejunium subtrahit voluptati, reponit cupiditati. Qui vero dat eleemosynam, quodcunque sibi subducit, alii totum impendit. Per jejunium enim alligitur caro propria, per eleemosynam vero reficitur aliena. Illud præstat esuriem, ista vero satietatem procurat. Rursum, bonum est orare, sed melius erogare; quoniam eleemosyna agit utrumque, descendens ad proximum, et ascendens ad Deum. Audi super hoc sententiam Sapientis: « Conclude eleemosynam, inquit, in corde pauperis, et ipsa pro te orabit ad Dominum (*Eccli.* xxix). » Non enim desistit orare, qui non desinit bene agere, cum melius sit orare opere, quam sermone. Sed dices: Ego sum pauper, egenus, et inops (*Apoc.* iii), non habeo panem, non habeo vestem, non habeo stipem, ut quidquam valeam erogare. Verum attende quod apud Deum sufficit bona voluntas, ubi deest opportuna facultas. Nec tam attendit in munere quantitatem, quam devotionem in opere; pensans magis ex quanto, quam quantum. Respiciens enim Jesus, vidit eos qui mittebant munera sua in gazophylacium divites. Vidit autem quamdam viduam pauperculam mittentem æra minuta duo, et dixit: « Amen dico vobis quia vidua pauper plus quam omnes misit. Nam hi omnes ex abundanti sibi miserunt, in munera Dei; hæc autem ex eo quod deest illi, omnem victum suum, quem habuit, misit (*Marc.* xii). » Hinc alibi Dominus ait: « Quicunque potum dederit uni ex minimis istis calicem aquæ frigidæ, tantum in nomine discipuli, amen dico vobis, non perdet mercedem suam (*Matth.* x). » Unde Tobias: « Quomodo poteris, pro misericors. Si multum tibi est, abundanter tribue; si exiguum, etiam exiguum illud libenter impartiri stude. Præmium enim bonum tibi thesaurizas in die necessitatis. Quoniam eleemosyna ab omni peccato, et a morte liberat, et non patietur animam ire in tenebras. Fiducia magna erit coram Deo eleemosyna omnibus facientibus eam (*Tob.* iv); » non ergo se paupertas excuset, quia sufficit ut voluntas sit dives, ubi facultas est pauper.

CAPUT V.
Eleemosynæ faciendæ quisnam debeat esse ordo, modus, causa et finis.

Restat modo ut circa eleemosynam quatuor diligenter attendas, videlicet causam et finem, modum et ordinem. Causam, ut fiat ex charitate; finem, ut fiat propter beatitudinem; modum, ut fiat ex hilaritate; ordinem, ut fiat secundum regulam.

Ex charitate quidem danda est eleemosyna; quia sicut arbor ad fructum, ita charitas se habet ad eleemosynam. « Non enim potest arbor bona fructus malos facere, neque arbor mala fructus bonos facere (*Matth.* vii). » Propterea dicit Apostolus: « Si distribuero omnes facultates meas in cibos pauperum, charitatem autem non habeam, nihil mihi prodest (*I Cor.* xiii). » Non ergo se quisquam frustra decipiat, ut æstimet eleemosynam sine charitate sibi posse sufficere ad salutem. Licet ad tria valeat eleemosyna extra charitatem distributa. Vel ad habilitatem suscipiendi gratiam, vel ad mitigationem æternæ pœnæ, vel ad obtinendum bonum aliquod temporale. Cum ergo quis erogat eleemosynam, debet eam propter æternam beatitudinem erogare, non propter favorem mundanum, vel propter humanam retributionem. Unde Veritas inquit in Evangelio: « Cum facis eleemosynam, noli tuba canere ante te, sicut hypocritæ faciunt in synagogis et vicis, ut honorificentur ab hominibus. Amen dico vobis, receperunt mercedem suam. Te autem faciente eleemosynam, nesciat sinistra tua quid faciat dextra tua: ut sit eleemosyna tua in abscondito, et pater tuus, qui videt in abscondito, reddet tibi (*Matth.* vi). » Non est contrarium quod Dominus alibi ait: « Luceat lux vestra coram hominibus, ut videant opera vestra bona, et glorificent Patrem vestrum, qui in cœlis est (*Matth.* v). » Primo, quia et intentio potest existere in abscondito, et operatio in aperto; ut propter intentionem absconditam, nesciat sinistra quid faciat dextra. Et propter operationem apertam, videntes opera bona glorificent Patrem. Secundo, quia nemo debet facere opus bonum, ut ipse glorificetur ab hominibus, sed ut homines glorificent Deum. Unde primum prohibetur, secundum præcipitur.

Rursus alibi Veritas ait: « Cum facies prandium aut cœnam, noli vocare amicos tuos aut fratres tuos, neque cognatos, neque vicinos divites, ne forte et ipsi te reinvitent, et fiat tibi retributio (*Luc.* xiv). » Propter quod alibi dicitur: « Ite, et edite pinguia, et bibite mustum, et mittite partem his qui non præparaverunt sibi (*II Esdr.* viii) » — « Sed cum facis convivium, voca pauperes, debiles, claudos et cæcos, et beatus es, quia non habent retribuere tibi. Retribuetur enim tibi in retributione justorum (*Luc.* xiv). » Hic finis, hæc merces, hoc præmium, propter quod facienda est eleemosyna. Porro danda est eleemosyna non ex tristitia, sed cum hilaritate. Non cum mora, sed cum velocitate. Juxta quod docet Apostolus dicens: « Unusquisque prout destinavit in corde suo, non ex tristitia aut ex necessitate. Hilarem enim datorem diligit Deus (*II Cor.* ix). » Et iterum: « Qui præest in sollicitudine, misereatur in hilaritate (*Rom.* xii). » Nam super omnia vultus accessere boni. Ne putes esse contrarium, quod a quodam dicitur Sapiente: Da quod te doleat. Voluit enim per hoc datum commodare magnificum, vel potius ad datum magnificum invitare. Noli propter tristem vultum totum amittere meritum, sed propter hilarem faciem gratam acquire mercedem. Benedictionem rei, cum potes, impende, cum vero non potes, benedictionem verbi redde. « Non exasperes pauperem, neque conturbes eum (*Eccli.* iv), » memor ejus quod legitur et mandatur: « Fili, in bonis non des querelam, et in omni dato non des tristitiam verbi mali. Nonne ardorem refrigerat ros? Sic et virtus bonum melius quam datum. Nonne ecce verbum super datum bonum, et utrumque cum homine justificato? Stultus acriter improperabit, et datum indisciplinati tabescere facit oculos (*Eccli.* xviii). » Porro, his dat, qui cito dat. Unde non differas bene facere ; quia «spes quæ differtur, affligit animam (*Prov.* xiii) ? — « Cor inopis ne afflixeris, et non protrahas datum angustiati (*Eccli.* iv).» —« Ante mortem benefac amico tuo, et secundum vires tuas pauperi porrige. Non defrauderis a die bono, et particula boni doni non te prætereat. Memor esto, quia mors non tardabit. Unde sine dilatione fac bonum dum potes, quia forte cum volueris facere bonum, non poteris, et in tuis bonis alius luxuriabitur (*Eccli.* xiv).» Ad hoc spectat, quod secundum Joannem Jesus ait Judæ : « Quod facis fac citius. Quidam enim putabant, eo quod loculos habebat Judas, quod dixerit ei Jesus, ut egenis aliquid daret (*Joan.* xiii). » Unde namque potuissent illud putare, nisi frequenter audivissent Jesum Judæ dicentem, ut cito daret egenis ? Noli ergo bonum quod concepisti differre, quoniam a mane usque ad vesperam mutabitur tempus, et mens rapitur in diversa. Nec dimittas illud exsequendum hæredi; quia vix tibi laudem, nedum mercedem rependet. Cæterum in eleemosyna danda serva regulam ordinatam.

Triplex enim eleemosyna est, cordis videlicet, oris et operis. Ex corde datur per compassionem, ex ore per correctionem, ex opere per largitionem. De primo dicit Apostolus : « Quis infirmatur et ego non infirmor ? Quis scandalizatur, et ego non uror (*II Cor.* xi)? » Multum enim consolamur afflictos, cum compatimur patientibus, et dolentibus condolemus. De secunda Veritas ait : « Si peccaverit in te frater tuus, corripe eum inter te et cum solum. Si te audierit, lucratus eris fratrem tuum (*Luc.* xvii).» Erranti non modicum subvenisti, si correctum ad rectitudinem revocasti. De tertia dicit propheta : « Frange esurienti panem tuum, et egenos, etc. (*Isa.* lviii).» Tu inducis illum in domum terrenam, et ipse te inducet in aulam cœlestem. Verum hæc triplex eleemosyna danda est ordinate. Primo nobis, secundo proximis. Crudelis est enim et fatuus, qui alii compatitur, et sibi non miseretur ; qui alium castigat, et se non emendat ; qui alii subvenit, et se despicit. Econtra præcipitur : «Miserere animæ tuæ placens Deo (*Eccli.* xxx).»—« Ejice primo trabem de oculo tuo, et tunc ejicies festucam de oculo fratris tui (*Matth.* vii).»—« Cum videris nudum operi eum, et carnem tuam ne despexeris,(*Isai.* lviii).» Ergo tibi ipsi primo da eleemosynam misertus tui. Corripe teipsum, subveni tibi; quoniam « qui sibi nequam est, cui bonus erit ?» (*Eccli.* xiv.) Scias te ergo culpabiliter durum, et dure culpabilem, si corporalem amici tui deploras mortem, et spiritualem animæ tuæ mortem non defleas. Post te da proximis eleemosynam, et in eis quoque ordinem serva, præferens fideles, domesticos, propinquos. Propter quod dicit Apostolus : « Operamini bonum ad omnes, maxime ad domesticos fidei (*Gal.* vi).» Nam hoc exigit charitas ordinata, de qua dicit sponsa in Canticis : « Introduxit me rex in cellam vinariam, et ordinavit in me charitatem (*Cant.* ii).»

Sed inter hos præferendi sunt justi, si cæteræ circumstantiæ pares existant. Unde forsitan oppones quod Dominus ait : « Omni petenti te tribue (*Luc.* vi);» neminem enim excepit, qui omnes inclusit. Propter quod alibi dicit : « Diligite inimicos vestros, benefacite, etc., et orate pro persequentibus et calumniantibus vos (*Ibid.*).» Diligite corde, orate ore, benefacite opere. Sicut Pater vester cœlestis «solem suum facit oriri super bonos et malos, et pluit super justos et injustos (*Matth.* v).» Cum enim omnis homo tam bonus quam malus nobis ratione naturæ sit proximus, et ex præcepto divino teneamur diligere proximos sicut nos ipsos : profecto videtur, quod passim omni homini teneamur indigenti cum possumus subvenire, et cum majoris meriti videatur, inimicis benefacere quam amicis, juxta sententiam Veritatis dicentis : « Si diligitis eos qui vos diligunt, quam mercedem habebitis ? nonne publicani hoc faciunt ? » (*Ibid.*) Itemque Tobias : « Ex substantia tua fac eleemosynam, et noli avertere faciem tuam ab ullo paupere. Ita enim fit ut nec a te avertatur facies Domini (*Tob.* iv).» Econtra Veritas ipsa testatur : « Quicunque recipit justum in nomine justi mercedem justi accipiet (*Matth.* x). » Non dicit indifinite, qui recipit hominem, sed determinate, « qui recipit justum » quemadmodum alibi legitur : « Desudet eleemosyna in manu tua, donec invenias justum cui des (*Eccli.* xii).» Hinc alibi dicit Scriptura : « Si benefeceris, scito cui feceris, et erit gratia in bonis tuis multa. Benefac justo, et invenies retributionem magnam ; et si non ab ipso, certe a Domino. Non enim est ei bene qui assiduus est in malis, et eleemosynam non danti ; quoniam et Altissimus habet peccatores odio, et misertus est pœnitentibus. Da misericordi, et ne recipias peccatorem, et impiis, et peccatoribus redde vindictam. Da bono, et ne receperis peccatores. Benefac humili, et ne dederis impio (*Ibid*).» Item Tobias : « Panem tuum et vinum tuum super sepulturam justi constitue : et noli ex eis manducare et bibere cum peccatoribus (*Tob.* iv). »

Multum ergo contingeret eleemosynam retardari, si semper oporteret inter bonos et malos discerni. Sed cur in eleemosyna danda non præferas justum iniquo, cum ipse tibi meritis et precibus suis plus valeat apud Dominum promereri ? Sane benefaciendum est et bonis et malis, et justis et impiis, et amicis et inimicis, cum necessitas exigit, et facultas permittit ; sed in talibus ponderandæ sunt circumstantiæ, ut possit discerni, quando, et quomodo, et ubi, et cui magis debeat subveniri. Contingere enim potest, ut aliquando magis subveniendum sit malo, quam bono, si videlicet majori premitur egestate, præsertim cum absque periculo non potest subventio prorogari. Et licet magni fit meriti benefacere inimicis, quia tunc maxime propter Deum animo vis infertur ; unde : « A diebus Joannis Baptistæ regnum cœlorum vim patitur, et violenti diripiunt illud (*Matth.* xi).» Si tamen parentes indigeant, eis credo potius succurrendum, propter illud speciale mandatum: « Honora patrem tuum, et matrem tuam (*Exod.* xx).» Quod non tantum ad reverentiam exhibendam, quantum ad impensam præstandam creditur promulgatum. Licet ergo benefaciendum sit generaliter omnibus proximis, amplius tamen bonis quam malis, justis quam impiis, nisi regulæ generali detrahat aliqua specialis exceptio, circumstantiis ponderatis, quemadmodum prælibavi. Illud autem quod legitur: Desudet eleemosyna tua in manu tua, donec invenias justum cui des (*Eccli.* xii), juxta litteræ circumstantiam pertinet ad exhibendam decimam sacerdoti, ut is sit litteræ sensus: Donec invenias justum cui des, id est sacerdotem cui debes. Nam sacerdos præter præceptum justus esse tenetur, propter officium, quamvis in quibusdam codicibus sit justum. Judæi vero tres decimas dividebant, quas ut eleemosynas appellabant, de quibus ad præsens non est disserendum. Quod autem alibi legitur: « Da misericordi, et ne suscipias peccatorem;» et iterum: « Benefac humili, et ne dederis impio (*ibid.*),» sane debet intelligi, juxta regulam illam: Sic diligendi sunt homines, ut eorum non diligantur errores. Unde peccator prohibetur suscipi, et impio dari vetatur, videlicet ne per susceptionem vel dationem hujusmodi foveatur impius in peccato. Non ergo subveniendum est talibus occasione fovendæ culpæ; sed subveniendum est eis ratione sustentandæ naturæ.

Cæterum solerter attende, quod nisi dederis eleemosynam cordis, Deus non acceptat eleemosynam operis, ipso attestante qui ait: « Si dimiseritis hominibus peccata eorum, dimittet vobis Pater cœlestis delicta vestra. Si autem non dimiseritis, nec Pater vester vobis dimittet (*Matth.* vi).» Sic enim docuit et præcepit orare: « Dimitte nobis debita nostra, sicut et nos dimittimus debitoribus nostris (*Ibid.*).» Propter quod in eodem sermone ipse præceperat: « Si offers munus tuum ad altare, et ibi recordatus fueris quia frater tuus habet aliquid adversum te, repone ibi munus tuum ante altare, et vade prius reconciliari fratri tuo, et tunc veniens offeres munus tuum (*Matth.* v).» Vides aperte, quod Deus non approbat munus operis, nisi prius offeras munus cordis. Eleemosynam vero cordis prudenter impendis, cum aut offendenti dimittis, aut satisfacis offenso, ut nec ille contra te rancorem vel odium in corde retineat, nec tu contra ipsum retineas rancorem vel odium in corde. Unde ad utrumque sensum potest referri, quod dicitur: « Quia frater tuus habet aliquid adversum te,» sive quod ille contra te habet causam rancoris vel odii, quia tu illum forsan offendisti; in quo casu tu ei satisfacere debes, ut reconcilieris eidem. Sive quod ille contra te commisit offensam, propter quam tu moveris rancore vel odio contra eum; in quo casu tu ei debes dimittere, ut reconcilies eum tibi. Rancorem enim cordis et odium, sive postulet, sive non postulet veniam, sive satisfaciat, sive non satisfaciat, de offensa debes omnino dimittere, cum ex præcepto divino tenearis diligere inimicum. Unde Joannes apostolus ait: « Qui fratrem suum odit, homicida est (*I Joan.* iii).» Optima igitur eleemosyna est indulgere peccantibus, dimittere debitoribus, et miseris misereri. De qua Veritas ait: « Dimittite, et dimittetur vobis (*Luc.* vi).»—« Misericordiam autem volo, non sacrificium (*Matth.* ix).» — « Misericordiam namque superexaltat judicium (*Jac.* ii); » et: « Beati misericordes, quoniam ipsi misericordiam consequentur (*Matth.* v).»

Restat dicendum, de quibus sit eleemosyna facienda. Videtur profecto de his quæ juste possides, et rationabiliter acquisisti, secundum illud Sapientis: « Noli offerre munera prava: non enim suscipiet illa Deus (*Eccli.* xxxv).» Item :« Qui offert sacrificium de rapina pauperis, ac si victimet filium in conspectu patris (*Eccli.* xxxiv).» Rursus: « Non offeras in domo Domini Dei tui pretium carnis, aut mercedem prostibuli (*Deut.* xxiii).» Multa sunt talia in Scripturis, sed ista sufficiunt; quia « in ore duorum aut trium testium stat omne verbum (*Deut.* xvii).» Contrarium autem videtur Dominus in Evangelio docuisse: « Facite, inquiens, vobis amicos de mammona iniquitatis, ut, cum defeceritis, recipiant vos in æterna tabernacula (*Luc.* xvi).» In Ecclesiastico quoque legitur: « Noli avarus esse in divitiis injustis (*Eccli.* v).» Verum inter ea quæ acquiruntur injuste, quædam sunt in quibus transfertur dominium, quædam in quibus non transfertur. De illis ergo in quibus transfertur dominium, ut in negotiatione, militia et hujusmodi licite potest eleemosyna erogari, quia, cum effecta sint tua, licet offenderis illicite acquirendo, jam tamen quasi de tuis, licite poteris erogare. De illis autem in quibus dominium non transfertur, ut de furto, rapina sacrilegio et usura, non licet eleemosynam erogare; quia, cum sint aliena, non tua, teneris ea his, quorum sunt, restituere, non autem ea invitis dominis contrectare. Unde Zachæus bene distinxit: « Ecce, inquit, dimidium bonorum meorum do pauperibus, et si quid alicuem defraudavi, reddo quadruplum (*Luc.* xix).» Quod autem de mammona iniquitatis in Evangelio (*Luc.* xvi), et quod de divitiis injustis in Ecclesiastico (cap. xiv) legitur, ad illas acquisitiones injustas, in quibus transfertur dominium, refertur, de quibus licite potest eleemosyna erogari: quamvis et alio modo sane possint intelligi, sed ad præsentem libellum ille non pertinet intellectus. Alias autem auctoritates ad eas referas acquisitiones injustas, in quibus dominium non transfertur: licet de mercede prostibuli soleant scholastici disputare, quæ si transire dicatur in dominium meretricis (*Deut.* xxiii), dicendum est sane, quod ratione mysterii, sicut et pretium canis, in domo Domini prohibetur offerri. Quia vero « non auditores legis, sed factores justi sunt apud Deum (*Rom.* ii),» rogo te, frater, et hortor, et precor, et moneo, quisquis es, Christiane, si vis esse quod diceris, ut studeas facere quod audisti, tenens pro certo, quod eleemosyna quæ datur « de corde puro, et conscientia bona, et fide non ficta (*I Tim.* 1), » magnam præstat fiduciam apud Altissimum, et ipsa contra omne periculum salutaris est medicina.

CAPUT VI.
Ad eleemosynam sicut ad quodlibet bonum opus, necessario requiri perseverantiam.

Quoniam autem nec eleemosyna, nec jejunium, nec oratio Deo placere, vel homini esse meritoria ad vitam beatam possunt, sine perseverantia, idcirco vel pauca hic de virtute perseverantiæ connectenda sunt. Et in primis sequentibus auctoritatibus monetur quilibet ad perseverantiam. Ait namque Dominus noster Jesus Christus : « Qui perseveraverit usque in finem, hic salvus erit (*Matth.* x); » et alibi : « Si perseveraverit usque in finem pulsans, dico vobis, etsi non dabit ei, surgens eo quod amicus ejus sit, propter improbitatem tamen illius surgens, dabit ei quotquot habet necessarios (*Luc.* 11). » Et Apostolus ait : « Omnes in stadio currunt, sed unus accipit bravium (*I Cor.* ix). » Et « qui legitime certaverit, coronabitur (*II Tim.* 11). » Et alibi dicitur, quod Dominus judicat fines terræ (*Psal.* ix). Et « ubi ceciderit arbor, sive ad austrum, sive ad aquilonem, ibi erit (*Eccle.* xi). » Finis enim, non pugna coronat. Ex hoc procedendum est sic : Non est magnum sic inchoare bonum, sed consummare perfectum. Multi aggrediuntur magna, sed deficiunt in via; multi exeunt Sodomam, sed retrospiciunt (*Gen.* xix); multi egrediuntur Babylonem, sed morantur in via, nec perveniunt ad æternam pacis civitatem. Nec perseverantia piget aggredi magna, nec fatigat inchoatum. Hæc firmat nutantem, hæc coronat pugnantem, hæc ducit ad bravium, hæc ad portum; hæc dat formam operi, regulam actioni; hæc est talaris tunica Joseph, in finem vitæ pertingens (*Gen.* xxxvii); hæc est tunica sacerdotalis, usque ad pedes perveniens (*Exod.* xxviii); hæc est cauda hostiæ, quam tenemur Deo offerre (*Levit.* iii); hæc est calcaneus bonæ operationis, quam contra serpentis morsus debemus observare (*Gen.* iii). Hæc est virtus quæ pro oratione ad Deum allegat, quæ omne votum bonum informat, qua laureantur martyres, qua coronantur virgines; hæc est quæ res difficiles reducit ad facilitatem, quæ omnem vincit difficultatem; hæc est vestis sine ruga, tunica sine macula (*Ephes.* v); hæc est quæ bonam actionem facit unicolorem, virtutem uniformem.

Et notandum quod quædam perseverantia est temporalis, ut ita loquar, quædam finalis. Temporalis est, quæ ad tempus viret, et in tempore perversitatis effloret, feno comparabilis, quod nunc virescit, nunc in clibanum mittitur (*Luc.* xii) : nunc floret, nunc conteritur, nunc consequer moritur (*Jac.* i). Hic « flos egreditur et conteritur, et fugit velut umbra, et nunquam in eodem statu permanet (*Job* xiv). » Finalis vero perseverantia est, quæ durat usque in finem. Hæc est fons vivus, hortus signatus (*Cant.* iv), cui non communicat alienus, qui semper fluit, semper scaturit labores fideles, ut hanc habeant claustrales, ut hanc retineant virgines, ut hac se informent viduæ, et in hac omnes requiescant. Diabolus quandoque hominem irritat ad bonum, ut de bono gravius malum eliciat. Contra hunc dæmonis insultum valet perseverantia, ut de bono fine bona claudantur initia. Bona enim inchoare, et malo fine concludere, est monstruosa confingere. Illa enim actio chimæra est, quæ initium habet a ratione, finem vero a sensualitate. Cum enim sic agitur : *humano capiti cervicem pictor* depingit *equinam*, et sic varias inducit infructuosasque plumas (34). Cave ergo, o homo, ne actio tua monstra pariat, neque gignat præstigia. Enormis enim fructus viventis, si capiti non respondeat finis. Sunt enim quidam, quorum vita monstrum mirabile est, quorum initium bonum quasi caput hominis prætendit : medium vero in luxuriam descendens ventrem capræ prætendit : ad ultimum in rapacitatem devians lupæ pedes ostendit. Ah homo! quid prodest tibi bonum inchoare, et non bono fine concludere? Bonum enim virtutis non solum amittis, sed et damnum incurris, et supplicium promereris. Melius est viam veritatis non agnoscere, quam post agnitam retroire (*II Petr.* ii). Post hanc inconstantiam homo levitatis argueris, apostasiam incurris, mentis stabilitatem postponis. O homo, per perseverantiam brevitatem vitæ redimis, nullum tempus incassum transire permittis. Compositæ mentis est posse consistere in bono, et in bono morari. Nil tam utile est, uti bonum opus bono fine concludere. Perseverantia bonum producit tenerum in maturitatem, perducit provecta perseverantia in maturitatem; perseverantia non quærit animum puerilem, sed adultum : maturos quærit mores, et non teneros et inermes.

Si vis consequi perseverantiam, assuesce te semper ad bonum, ut consuetudo, quæ est altera quasi natura, vitæ perseverantiam gignat, convictus bonorum longanimitatem pariat. Si totam vitam perseverantia non illustrat, saltem perseverantia finalis finem concludat. Si obtulisti florem juventutis diabolo, saltem fæces senectutis immola Deo tuo. In vespera laudatur serenitas diei, in fine status boni operis. Vide a quanto bono decidit Judas, qui in bono non perseveravit (*Matth.* xxvi); vide quid Salomon per inconstantiam animi et instabilitatem perdidit (*III Reg.* xi); in quantam calamitatem Saul decidit (*I Reg.* xiii). Ille qui bonum proponit, et ad finem non perducit, obviat illud verbum Evangelicum : « Ecce hic homo incœpit ædificare, et non potuit consummare (*Luc.* xiv). »

---

(34) HORAT., *De arte poet.*, vers. 1.

Quanti meriti sit perseverantia, ex flagitio opposili vitii conjecturare possumus. De impœnitentia etenim dicitur, quod tanta est hujus peccati pœna, quod humilitatem postulandi veniam subire non possit. Hoc est enim peccatum in Spiritum sanctum, hoc est peccatum ad mortem, de quo Joannes ait : « Est peccatum ad mortem, non dico pro eo ut quis oret (*I Joan.* v). » Impœnitentia autem ex desperatione nascitur, aut ex præsumptione oritur : et quantum in ipsa est, aut derogat Dei justitiæ, aut detrahit Dei misericordiæ. Felix ergo perseverantia, quæ impœnitentiam excludit, obstinationem expellit, contemptum eliminat, obdurationem expugnat.

INNOCENTII III

PONTIFICIS ROMANI,

ENCOMIUM CHARITATIS.

(Opp. Innocentii III ed. 1575, Colon., in-folio.)

Charitas ut sicut omne bonum opus, sic etiam eleemosynam reliquaque pietatis opera Deo grata, hominique fructuosa efficiat.

Charitatis autem encomium in fine hic subnecturus, primum eam ex sacris litteris probare et commendare operæ pretium existimo. Sunt autem hæ auctoritates, quæ formam præferunt charitatis : *Diliges Dominum Deum tuum ex toto corde tuo, et ex tota anima tua, et ex tota mente tua, et ex omnibus viribus tuis; et proximum tuum sicut teipsum* (*Deut.* VI; (*Matth.* XXII). Item Joannes ait : *Deus charitas est; qui manet in charitate, in Deo manet, et Deus in eo* (*Joan.* XIV). Item Petrus : *Ante omnia mutuam in vobismetipsis charitatem continuam habentes : quia charitas operit multitudinem peccatorum* (*I Petr.* IV). Item Paulus : *Charitas patiens est, benigna est, non agit perperam* (*I Cor.* XIII). Item Salomon : *Odium suscitat rixas, et charitas parit dilectionem* (*Prov.* X). Item Augustinus : « Omnia quæcunque facimus sine charitate, nihil nobis prosunt ; fatuum et inane studium expendimus, si non habemus charitatem, qui Deus est. » Item Gregorius : « Tanto amplius rubigo peccatorum consumitur, quanto igne charitatis crematur cor peccatoris. »

Ex his sic procedendum est : Quis præditus Tulliana eloquentia, quis omniformatus sapientia sufficit laudes charitatis exprimere, ejusque virtutes ad unguem exponere ? Hæc est charitas, quæ docet illecebras fugere, voluptates calcare, carnis concupiscentias cohibere, desideria illicita frangere, homines contemnere, postremo universa blandimenta respuere. De hac sponsus in Cantico amoris ait : *Pone me ut signaculum super cor tuum, quia fortis est ut mors dilectio, dura sicut infernus æmulatio* (*Cant.* III). Mors enim viventes exstinguit, infernus autem nec mortuis parcit. Dilectio igitur ut mors est fortis. Nam sicut illa sensum carnis, sic ista affectum carnalis concupiscentiæ punit. Dura est sicut infernus æmulatio, quia hos quos intus trahit desiderium æternorum, non solum blanda respuere, sed etiam adversa, pro eo quod diligit adipiscendo, cogit tolerare. Hæc est charitas quæ Abel martyrem fecit, Abraham de terra sua eduxit. Hæc Joseph in Ægypto servavit. Hæc est flamma, quæ tribus pueris in fornace flammam exstinxit. (*Gen.* IV, XIII, XLI; *Dan.* III). Hæc est charitas omnium bonorum maxima, cui nil sapit extraneum, vel asperum, vel confusum, virtutes cæteras munimine suæ perfectionis solidans. Quisquis in ejus radice se inserit, nec a viriditate deficit, nec a fructibus evanescit, quia fecunditatis opus efficaciter non amittit. De hac Isidorus ait : « Nullum præmium pensatur, sine amore charitatis : quamvis recte credat, tamen sine charitate ad beatitudinem pervenire non potest, Quia tanta est charitatis virtus, ut etiam prophetia et martyrium sine illa nil esse credatur. Charitas omnium virtutum obtinet principatum. « Unde et vinculum dilectionis ab Apostolo dicitur, quia universæ virtutes ejus vinculo religantur. Dilige ergo Dominum ut eligas, dilige melius ut salubre degas. Dilige Deum ut eligas esse cum Deo, dilige melius, ut unus flas cum eo. Per dilectionem ergo diligas, quod diligis, si tutius pervenire cupis, et festina ut apprehendas. Ergo per dilectionem curris, per dilectionem apprehendis. Item quo plus diligis, eo et amplius amplecteris. Ergo per dilectionem superius vide de quo tibi dilectio ipsa est. Dilectio ipsa est cursus, ipsa est perventio, ipsa est permansio, ipsa est beatitudo. Dilige ergo Deum, elige Dominum, curre, apprehende, posside, fruere. Hæc est via superexcellens, via supereminens, vias distortas dirigens, vias rectas ostendens.

Hæc est charitas, quæ tantum in Deum prævaluit, quod eum de sede supernæ majestatis ad infirmitatem nostræ humanitatis adduxit, vulneravit impassibilem, ligavit insuperabilem, traxit incommutabilem, æternum fecit mortalem. Si tantum potuit charitas in Deum, quantum homo deberet posse in seipsum? Si Deus propter hominem tanta pertulit, quid homo propter Deum tolerare recusabit? Pudeat te, o homo, non subjici charitati, quæ sibi subjecit auctorem mundi, non pudeat subjici charitati lutum, quæ sibi subjecit et figulum. Hæc *non æmulatur, non agit perperam* (*I Cor.* xiii). Ab illo in quo habitat, radicem vitiorum exstirpat. Charitas omnium virtutum est origo; charitas mentem hominis illuminat, conscientiam mundat, animam lætificat, Deum demonstrat. Animam in qua charitas habitat superbia non inflat, invidia non devastat, ira non vexat, avaritia non excæcat, tristitia mala non dissipat, gula non inflammat, luxuria non coinquinat. Semper munda est, semper quieta, semper casta, semper læta, semper pacifica, semper benigna, semper modesta. In adversis secura, in prosperis non elata. Hæc crux spiritualis est, quam quilibet portare tenetur, ut tollendo hanc crucem, Christi vestigia sequatur: cujus altitudo erigitur ad Deum, latitudo extenditur usque ad inimicum, longitudo ad vitæ terminum, ejus profunditas divinæ sapit bonitatis immensum. Hæc est charitas quæ pugnanti est meritum, triumphanti præmium, quæ sic inchoatur in via, quod consummatur in patria. Hæc *est ignis in Sion et caminus in Jerusalem* (*Isa.* xxxi). Charitas quasi Trinitatem creatam parit: in qua Trinitate quasi Pater est dilectio Dei, a quo procedit dilectio, qua se homo diligit, tanquam proles a parente: ab utroque vero dilectio proximi procedit, quasi Spiritus sanctus ab utroque. Istæ dilectionis sunt in una substantia charitatis, sed diversæ in propria persona.

Cave ergo, o homo, si dilectionem sectari velis, ne umbra dilectionis fallaris. Est enim dilectio fortunæ, quæ cum prosperitate advenit, et in adversitate recedit. Hæc Deum diligit homo carnalis, qui Deum laudat solum, cum benefecerit ei. Est dilectio naturæ, qua naturam suam Deumque sensualiter diligit. Est dilectio gratiæ, quæ sola habet quod Deum diligit, ut in præmium habeatur. Prima est deficiens, secunda faciens, tertia perficiens. Prima est charitatis, secunda sensualitatis, tertia rationis. Prima falsitatis, secunda humilis peccatoris, tertia justificati hominis. O homo, considera quam dulcis est amor Dei, quam impurus sit amor hujus sæculi. Amor Dei mater est omnium virtutum: amor sæculi mater est omnium vitiorum. Apud istum amorem imperfecta sunt omnia, apud illum perfecta sunt cuncta.

INNOCENTII III

ROMANI PONTIFICIS

MYSTERIORUM EVANGELICÆ LEGIS

ET

SACRAMENTI EUCHARISTIÆ

LIBRI SEX.

(Edit. Opp. Innocentii III, Colon., 1575, in-folio.)

ORDO MISSÆ.

Sacerdos. — In nomine Patris et Filii et Spiritus sancti. — Amen.
Introibo ad altare Dei.
Ministri. — Ad Deum qui lætificat juventutem meam.
Sacerdos. — Judica me, Deus, et discerne causam meam de gente non sancta: ab homine iniquo et doloso erue me.

Ministri. — Quia tu es, Deus, fortitudo mea, quare me repulisti, et quare tristis incedo, dum affligit me inimicus?
Sacerdos. — Emitte lucem tuam et veritatem tuam: ipsa me deduxerunt, et adduxerunt in montem sanctum tuum, et in tabernacula tua.
Ministri. — Et introibo ad altare Dei: ad Deum qui lætificat juventutem meam.

SACERDOS.—Confitebor tibi in cithara, Deus, Deus meus; quare tristis es, anima mea, et quare conturbas me?

MINISTRI. — Spera in Deo, quoniam adhuc confitebor illi salutare vultus mei, et Deus meus

SACERDOS. — Gloria Patri et Filio et Spiritui sancto.

MINISTRI. — Sicut erat in principio, et nunc et semper, et in sæcula sæculorum. Amen.

SACERDOS. — Introibo ad altare Dei.

MINISTRI. — Ad Deum qui lætificat juventutem meam.

SACERDOS. — Adjutorium nostrum in nomine Domini.

MINISTRI. — Qui fecit cœlum et terram.

SACERDOS. — (*Inclinatus.*) Confiteor Deo omnipotenti, beatæ Mariæ semper virgini, beato Michaeli archangelo, beato Joanni Baptistæ, sanctis apostolis Petro et Paulo, omnibus sanctis, et vobis, fratres, quia peccavi nimis cogitatione, verbo et opere (*percutit sibi pectus ter*), mea culpa, mea culpa, mea maxima culpa. Ideo precor beatam Mariam semper virginem, beatum Michaelem Archangelum, beatum Joannem Baptistam, sanctos apostolos Petrum et Paulum, omnes sanctos, et vos, fratres, orare pro me ad Dominum Deum nostrum.

MINISTRI. — Misereatur tui omnipotens Deus, et dimissis peccatis tuis, perducat te ad vitam æternam.

SACERDOS.—Amen. (*Deinde ministri repetunt confessionem.*)

SACERDOS.—Misereatur vestri omnipotens Deus, et dimissis peccatis vestris, perducat vos ad vitam æternam.

MINISTRI. — Amen.

SACERDOS. — (*Signat se signo crucis.*) Indulgentiam, absolutionem, et remissionem peccatorum nostrorum, tribuat nobis omnipotens et misericors Dominus.

MINISTRI. — Amen.

SACERDOS. — (*Inclinatus.*) Deus, tu conversus vivificabis nos.

MINISTRI. — Et plebs tua lætabitur in te.

SACERDOS. — Ostende nobis, Domine, misericordiam tuam.

MINISTRI. — Et salutare tuum da nobis.

SACERDOS. — Domine, exaudi orationem meam.

MINISTRI. — Et clamor meus ad te veniat.

SACERDOS. — Dominus vobiscum.

MINISTRI. — Et cum spiritu tuo.

SACERDOS. — (*Ascendens ad altare.*) Oremus. — Aufer a nobis, quæsumus, Domine, iniquitates nostras: ut ad Sancta sanctorum puris mereamur mentibus introire. — Per Christum Dominum nostrum. Amen.

(*Osculatur altare in medio.*) — Oramus te, Domine, per merita sanctorum tuorum, quorum reliquiæ hic sunt, et omnium sanctorum: ut indulgere digneris omnia peccata mea. Amen.

INTROITUS. — Cibavit eos ex adipe frumenti, alleluia; et de petra melle saturavit eos. Alleluia, alleluia, alleluia. — *Psalm.* Exultate Deo adjutori nostro: jubilate Deo Jacob. — Gloria Patri et Filio et Spiritui sancto. (*Alternatim cum ministris, dicit.*)

Kyrie eleison, kyrie eleison, kyrie eleison. Christe eleison, Christe eleison, Christe eleison. Kyrie eleison, kyrie eleison, kyrie eleison.

Gloria in excelsis Deo, et in terra pax hominibus bonæ voluntatis. Laudamus te, benedicimus te, adoramus te, glorificamus te. Gratias agimus tibi propter magnam gloriam tuam. Domine Deus, rex cœlestis, Deus Pater omnipotens. Domine, Fili unigenite Jesu Christe, Domine Deus, Agnus Dei, Filius Patris. Qui tollis peccata mundi, miserere nobis. Qui tollis peccata mundi, suscipe deprecationem nostram. Qui sedes ad dexteram Patris, miserere nobis. Quoniam tu solus sanctus. Tu solus Dominus. Tu solus Altissimus, Jesu Christe, cum sancto Spiritu, in gloria Dei Patris. Amen.

Dominus vobiscum (*versus ad populum*).

MINISTRI. — Et cum spiritu tuo.

SACERDOS. — Oremus. — Deus, qui nobis sub sacramento mirabili passionis tuæ memoriam reliquisti, tribue, quæsumus, ita nos corporis et sanguinis tui sacra mysteria venerari, ut redemptionis tuæ fructum in nobis jugiter sentiamus. — Per Christum, etc.

Lectio Epistolæ beati Pauli ad Corinthios (*I Cor.* XI). Fratres, ego enim accepi a Domino quod et tradidi vobis, quoniam Dominus Jesus, in qua nocte tradebatur, accepit panem, et gratias agens fregit et dixit: Accipite, et manducate: hoc est corpus meum, quod pro vobis tradetur: hoc facite in meam commemorationem. Similiter et calicem, postquam cœnavit, dicens: Hic calix novum testamentum est in meo sanguine. Hoc facite quotiescunque bibetis, in meam commemorationem. Quotiescunque enim manducabitis panem hunc, et calicem bibetis, mortem Domini annuntiabitis donec veniat. Itaque quicunque manducaverit panem hunc, vel biberit calicem Domini indigne, reus erit corporis et sanguinis Domini. Probet autem seipsum homo: et sic de pane illo edat, et de calice bibat. Qui enim manducat et bibit indigne, judicium sibi manducat et bibit: non dijudicans corpus Domini.

MINISTRI. — Deo gratias.

SACERDOS. — Ab ortu solis usque ad occasum magnum est nomen meum in gentibus. — Et in omni loco sacrificatur et offertur nomini meo oblatio munda: quia magnum est nomen meum in gentibus. — Venite, comedite panem meum: et bibite vinum quod miscui vobis.

(*Inclinatus in medio altaris.*) Munda cor meum ac labia mea, omnipotens Deus, qui labia Isaiæ prophetæ calculo mundasti igneo; ita me tua grata miseratione dignare mundare, ut sanctum Evangelium tuum digne valeam nuntiare. Per Christum. — Dominus vobiscum.

MINISTRI. — Et cum spiritu tuo.[1]

SACERDOS. — Sequentia sancti Evangelii secundum Joannem. (Cap. VI).

MINISTRI. — Gloria tibi, Domine.

SACERDOS. — In illo tempore, dixit Jesus turbis Judæorum : Caro mea vere est cibus, et sanguis meus vere est potus. Qui manducat meam carnem, et bibit meum sanguinem, in me manet, et ego in illo. Sicut misit me vivens Pater, et ego vivo propter Patrem : et qui manducat me, et ipse vivet propter me. Hic est panis qui de cœlo descendit. Non sicut manducaverunt patres vestri manna, et mortui sunt; qui maducat hunc panem, vivet in æternum.

MINISTRI. — Laus tibi, Christe.

(*Sacerdos osculatur evangelium*) : Per evangelica dicta deleantur nostra delicta. (*Deinde ad medium altaris.*)

Credo in unum Deum, Patrem omnipotentem, factorem cœli et terræ, visibilium omnium et invisibilium. Et in unum Dominum Jesum Christum, Filium Dei unigenitum. Et ex Patre natum ante omnia sæcula. Deum de Deo, lumen de lumine, Deum verum de Deo vero. Genitum non factum, consubstantialem Patri, per quem omnia facta sunt. Qui propter nos homines, et propter nostram salutem descendit de cœlis. Et incarnatus est de Spiritu sancto ex Maria virgine : ET HOMO FACTUS EST. Crucifixus etiam pro nobis, sub Pontio Pilato passus et sepultus est. Et resurrexit tertia die, secundum Scripturas. Et ascendit in cœlum : sedet ad dexteram Patris. Et iterum venturus est cum gloria judicare vivos et mortuos : cujus regni non erit finis. Et in Spiritum sanctum Dominum et vivificantem : qui ex Patre Filioque procedit. Qui cum Patre et Filio simul adoratur, et conglorificatur : qui locutus est per Prophetas. Et unam sanctam, catholicam et apostolicam Ecclesiam.

Confiteor unum baptisma in remissionem peccatorum. Et exspecto resurrectionem mortuorum. Et vitam venturi sæculi. Amen.

Dominus vobiscum (*versus ad populum*).

MINISTRI. — Et cum spiritu tuo.

SACERDOS — Oremus. — Sacerdotes Domini incensum et panes offerunt Deo : et ideo sancti erunt Deo suo, et non polluent nomen ejus, alleluia.

(*Offerens hostiam super patenam.*) Suscipe, sancte Pater, omnipotens æterne Deus, hanc immaculatam hostiam, quam ego indignus famulus tuus offero tibi Deo meo vivo et vero, pro innumerabilibus peccatis et offensionibus et negligentiis meis, et pro omnibus circumstantibus, sed et pro omnibus fidelibus Christianis vivis atque defunctis : ut mihi et illis proficiat ad salutem in vitam æternam. Amen.

(*Benedicit aquam.*) Deus qui humanæ substantiæ dignitatem mirabiliter condidisti, et mirabilius reformasti, da nobis, per hujus aquæ et vini mysterium, ejus divinitatis esse consortes, qui humanitatis nostræ fieri dignatus est particeps, Jesus Christus Filius tuus Dominus noster : qui tecum vivit et regnat, etc.

(*Offerens calicem.*) Offerimus tibi, Domine, calicem salutaris, tuam deprecantes clementiam, ut in conspectu divinæ majestatis tuæ, pro nostra et totius mundi salute cum odore suavitatis ascendat. Amen.

In spiritu humilitatis, et in animo contrito suscipiamur a te, Domine : et sic fiat sacrificium nostrum in conspectu tuo hodie, ut placeat tibi, Domine Deus. Veni, sanctificator, omnipotens æterne Deus, et benedic hoc sacrificium tuo sancto nomini præparatum.

(*Sacerdos lavat manus dicens :*) Lavabo inter innocentes manus meas et circumdabo altare tuum, Domine.

Ut audiam vocem laudis tuæ : et enarrem universa mirabilia tua.

Domine, dilexi decorem domus tuæ, et locum habitationis gloriæ tuæ.

Ne perdas cum impiis, Deus, animam meam, et cum viris sanguinum vitam meam.

In quorum manibus iniquitates sunt : dextera eorum repleta est muneribus.

Ego autem in innocentia mea ingressus sum : redime me, et miserere mei.

Pes meus stetit in directo : in ecclesiis benedicam te, Domine.

Gloria Patri, etc.

(*Inclinatus in medio altaris.*) Suscipe, sancta Trinitas, hanc oblationem, quam tibi offerimus ob memoriam passionis, resurrectionis et ascensionis Jesu Christi Domini nostri ; et in honore beatæ Mariæ semper virginis, et beati Joannis Baptistæ, et sanctorum apostolorum Petri et Pauli, et istorum, et omnium sanctorum : ut illis proficiat ad honorem, nobis autem ad salutem : et illi pro nobis intercedere dignentur in cœlis, quorum memoriam agimus in terris. Per eumdem Christum Dominum nostrum. Amen.

(*Versus ad populum.*) Orate, fratres, ut meum ac vestrum sacrificium acceptabile fiat apud Deum Patrem omnipotentem.

MINISTRI. — Suscipiat Dominus hoc sacrificium de manibus tuis ad laudem et gloriam nominis sui, ad utilitatem quoque nostram, totiusque Ecclesiæ suæ sanctæ.

SACERDOS. — Ecclesiæ tuæ, quæsumus, Domine, unitatis et pacis propitius dona concede : quæ sub oblatis muneribus mystice designantur. — Per omnia sæcula sæculorum.

MINISTRI. — Amen.

SACERDOS. — Dominus vobiscum.

MINISTRI. — Et cum spiritu tuo.

SACERDOS. — Sursum corda.

Ministri. — Habemus ad Dominum.

Sacerdos. — Gratias agamus Domino Deo nostro.

Ministri. — Dignum et justum est.

Sacerdos. — Vere dignum et justum est, æquum et salutare, nos tibi semper et ubique gratias agere: Domine sancte, Pater omnipotens, æterne Deus. Quia per incarnati Verbi mysterium, nova mentis nostræ oculis lux tuæ claritatis infulsit: ut dum visibiliter Deum cognoscimus, per hunc in invisibilium amorem rapiamur. Et ideo cum angelis, et archangelis, cum thronis et dominationibus, cumque omni militia cœlestis exercitus hymnum gloriæ tuæ canimus, sine fine dicentes:

Sanctus, sanctus, sanctus, Dominus Deus Sabaoth.

Pleni sunt cœli et terra gloria tua.

Hosanna in excelsis.

Benedictus qui venit in nomine Domini.

Hosanna in excelsis.

CANON MISSÆ.

Te igitur, clementissime Pater, per Jesum Christum Filium tuum Dominum nostrum, supplices rogamus, ac petimus, uti accepta habeas, et benedicas, hæc dona, hæc munera, hæc sancta sacrificia illibata, inprimis quæ tibi offerimus pro Ecclesia tua sancta catholica; quam pacificare, custodire, adunare, et regere digneris toto orbe terrarum, una cum famulo tuo Papa nostro N., et antistite nostro N., et omnibus orthodoxis, atque catholicæ, et apostolicæ fidei cultoribus.

Commemoratio pro vivis. — Memento, Domine, famulorum famularumque tuarum NN. — Et omnium circumstantium quorum tibi fides cognita est, et nota devotio, pro quibus tibi offerimus, vel qui tibi offerunt hoc sacrificium laudis, pro se, suisque omnibus; pro redemptione animarum suarum, pro spe salutis, et incolumitatis suæ: tibique reddunt vota sua æterno Deo, vivo et vero.

Infra actionem. — Communicantes, et memoriam venerantes, inprimis gloriosæ semperque Virginis Mariæ, genitricis Dei, et Domini nostri Jesu Christi: sed et beatorum apostolorum ac martyrum tuorum Petri et Pauli, Andreæ, Jacobi, Joannis, Thomæ, Jacobi, Philippi, Bartholomæi, Matthæi, Simonis et Thadæi, Lini, Cleti, Clementis, Xysti, Cornelii, Cypriani, Laurentii, Chrysogoni, Joannis et Pauli, Cosmæ et Damiani, et omnium sanctorum tuorum, quorum meritis precibusque concedas, ut in omnibus protectionis tuæ muniamur auxilio. — Per eumdem Christum Dominum nostrum. Amen.

— Hanc igitur oblationem servitutis nostræ, sed et cunctæ familiæ tuæ, quæsumus, Domine, ut placatus accipias; diesque nostros in tua pace disponas, atque ab æterna damnatione nos eripi et in electorum tuorum jubeas grege numerari. — Per Christum Dominum nostrum. Amen.

Quam oblationem tu, Deus, in omnibus, quæsumus, benedictam, adscriptam, ratam, rationabilem, acceptabilemque facere digneris, ut nobis corpus, et sanguis fiat dilectissimi Filii tui Domini nostri Jesu Christi.

Qui pridie quam pateretur, accepit panem in sanctas ac venerabiles manus suas; et, elevatis oculis in cœlum, ad te Deum Patrem suum omnipotentem, tibi gratias agens, benedixit, fregit, deditque discipulis suis, dicens: Accipite, et manducate ex hoc omnes:

Hoc est enim corpus meum.

Simili modo postquam cœnatum est, accipiens et hunc præclarum calicem in sanctas ac venerabiles manus suas, item tibi gratias agens, benedixit, deditque discipulis suis, dicens: Accipite et bibite ex eo omnes:

Hic est enim calix sanguinis mei, novi et æterni testamenti: mysterium fidei: qui pro vobis et pro multis effundetur in remissionem peccatorum.

Hæc quotiescunque feceritis, in mei memoriam facietis.

Unde et memores, Domine, nos servi tui, sed et plebs tua sancta, ejusdem Christi Filii tui Domini nostri tam beatæ passionis, necnon et ab inferis resurrectionis, sed et in cœlos gloriosæ ascensionis: offerimus præclaræ Majestati tuæ de tuis donis ac datis, hostiam puram, hostiam sanctam, hostiam immaculatam; panem sanctum vitæ æternæ, et calicem salutis perpetuæ.

Supra quæ propitio ac sereno vultu respicere, digneris et accepta habere, sicuti accepta habere dignatus es munera pueri tui justi Abel, et sacrificium patriarchæ nostri Abrahæ, et quod tibi obtulit summus sacerdos tuus Melchisedech, sanctum sacrificium, immaculatam hostiam.

(*Profunde inclinatus.*) — Supplices te rogamus, omnipotens Deus, jube hæc perferri per manus sancti angeli tui in sublime altare tuum, in conspectu divinæ Majestatis tuæ: ut quotquot ex altaris participatione, sacrosanctum Filii tui corpus et sanguinem sumpserimus, omni benedictione cœlesti et gratia repleamur. Per eumdem Christum Dominum nostrum. Amen.

Commemoratio pro defunctis. — Memento etiam, Domine, famulorum famularumque tuarum N. N. qui nos præcesserunt cum signo fidei, et dormiunt in somno pacis; ipsis, Domine, et omnibus in Christo quiescentibus, locum refrigerii, lucis et pacis, ut indulgeas, deprecamur. Per eumdem Christum Dominum nostrum. Amen.

Nobis quoque peccatoribus famulis tuis, de multitudine miserationum tuarum sperantibus, partem aliquam, et societatem donare digneris cum tuis sanctis apostolis et martyribus: cum Joanne, Stephano, Matthia, Barnaba, Ignatio, Alexandro, Marcellino, Petro, Felicitate, Perpetua, Agatha, Lucia, Agnete, Cœcilia, Anastasia, et omnibus sanctis tuis: intra quorum nos consortium, non æstimator meriti, sed veniæ, quæsumus, largitor admitte. Per Christum Dominum nostrum. Amen.

Per quem hæc omnia, Domine, semper bona creas, sanctificas, vivificas, benedicis, et præstas nobis. Per ipsum, et cum ipso, et in ipso, est tibi Deo Patri omnipotenti, in unitate Spiritus sancti, omnis honor et gloria.

Per omnia sæcula sæculorum.

MINISTRI. — Amen.

SACERDOS. — Oremus. Præceptis salutaribus moniti, et divina institutione formati, audemus dicere. Pater noster qui es in cœlis, sanctificetur nomen tuum: adveniat regnum tuum: fiat voluntas tua sicut in cœlo, et in terra. Panem nostrum quotidianum da nobis hodie: et dimitte nobis debita nostra, sicut et nos dimittimus debitoribus nostris. Et ne nos inducas in tentationem.

MINISTRI. — Sed libera nos a malo.

SACERDOS. — Amen.

Libera nos, quæsumus, Domine, ab omnibus malis præteritis, præsentibus et futuris: et intercedente beata et gloriosa semper Virgine Dei genitrice Maria, cum beatis apostolis tuis Petro et Paulo, atque Andrea et omnibus sanctis. Da propitius pacem in diebus nostris: ut ope misericordiæ tuæ adjuti, et a peccato simus semper liberi, et ab omni perturbatione securi. Per eumdem Dominum nostrum Jesum Christum Filium tuum qui tecum vivit et regnat in unitate Spiritus sancti Deus.

Per omnia sæcula sæculorum.

MINISTRI. — Amen.

SACERDOS. — Pax Domini sit semper vobiscum.

MINISTRI. — Et cum spiritu tuo.

SACERDOS. — Hæc commistio et consecratio corporis et sanguinis Domini nostri Jesu Christi, fiat accipientibus nobis in vitam æternam. Amen.

Agnus Dei, qui tollis peccata mundi, miserere nobis.

Agnus Dei, qui tollis peccata mundi, miserere nobis.

Agnus Dei, qui tollis peccata mundi, dona nobis pacem.

Domine Jesu Christe, qui dixisti apostolis tuis: Pacem relinquo vobis, pacem meam do vobis: ne respicias peccata mea, sed fidem Ecclesiæ tuæ: eamque secundum voluntatem tuam pacificare et coadunare digneris.

Domine Jesu Christe, Fili Dei vivi, qui ex voluntate Patris, cooperante Spiritu sancto, per mortem tuam mundum vivificasti: libera me per hoc sacrosanctum corpus et sanguinem tuum ab omnibus iniquitatibus meis, et universis malis, et fac me tuis semper inhærere mandatis, et a te nunquam separari permittas.

Perceptio corporis tui, Domine Jesu Christe, quod ego indignus sumere præsumo, non mihi proveniat in judicium et condemnationem; sed pro tua pietate mihi ad tutamentum mentis et corporis, et ad medelam percipiendam.

Panem cœlestem accipiam, et nomen Domini invocabo.

(*Percutiens pectus dicit ter:*) Domine, non sum dignus ut intres sub tectum meum; sed tantum dic verbo, et sanabitur anima mea.

(*Sumit reverenter hostiam.*) Corpus Domini nostri Jesu Christi custodiat animam meam in vitam æternam. Amen.

Quid retribuam Domino pro omnibus quæ retribuit mihi? Calicem salutaris accipiam, et nomen Domini invocabo. Laudans invocabo Dominum, et ab inimicis meis salvus ero.

Sanguis Domini nostri Jesu Christi custodiat animam meam in vitam æternam. Amen.

(*Sumens ablutiones.*) Quod ore sumpsimus, Domine, pura mente capiamus, et de munere temporali fiat nobis remedium sempiternum.

Corpus tuum, Domine, quod sumpsi, et sanguis quem potavi, adhæreat visceribus meis: et præsta ut in me non remaneat scelerum macula, quem pura et sancta refecerunt sacramenta. Qui vivis et regnas in sæcula sæculorum. Amen.

COMMUNIO. — Quotiescunque manducabitis panem hunc, et calicem bibetis, mortem Domini annuntiabitis, donec veniat: itaque quicunque manducaverit panem, vel biberit calicem Domini indigne, reus erit corporis et sanguinis Domini. Alleluia.

Dominus vobiscum.

MINISTRI. — Et cum spiritu tuo.

SACERDOS. — Oremus. Fac nos, quæsumus, Domine, divinitatis tuæ sempiterna fruitione repleri, quam pretiosi corporis et sanguinis tui temporalis perceptio præfigurat. Qui vivis, etc.

Dominus vobiscum.

MINISTRI. — Et cum spiritu tuo.

SACERDOS. — Ite missa est.

MINISTRI. — Deo gratias.

SACERDOS. — Placeat tibi, sancta Trinitas, obsequium servitutis meæ, et præsta ut sacrificium, quod oculis tuæ majestatis indignus obtuli, tibi sit acceptabile, mihique, et omnibus, pro quibus illud obtuli, sit, te miserante, propitiabile. Per Christum Dominum nostrum. Amen.

(*Benedicens populum.*) Benedicat vos omnipotens Deus, Pater et Filius et Spiritus sanctus. Amen.

Initium sancti Evangelii secundum Joannem.

MINISTRI. — Gloria tibi, Domine.

SACERDOS. — In principio erat Verbum, et Verbum erat apud Deum: et Deus erat Verbum. Hoc erat in principio apud Deum. Omnia per ipsum facta sunt: et sine ipso factum est nihil quod factum est. In ipso vita erat, et vita erat lux hominum, et lux in tenebris lucet, et tenebræ eam non comprehenderunt. Fuit homo missus a Deo, cui nomen erat Joannes. Hic venit in testimonium, ut testimonium perhiberet de lumine: ut omnes crederent per illum. Non erat ille lux, sed ut testimonium perhiberet de lumine. Erat lux vera, quæ illuminat omnem hominem venientem in hunc mundum. In mundo erat, et mundus per ipsum factus est, et mundus eum non cognovit. In propria venit, et sui eum non receperunt. Quotquot autem receperunt eum, dedit eis potestatem filios Dei fieri, his qui credunt in nomine ejus: qui non ex sanguinibus, neque ex voluntate carnis, neque ex voluntate viri, sed ex Deo nati sunt. Et Verbum caro factum est: et habitavit in nobis. Et vidimus gloriam ejus, gloriam quasi Unigeniti a Patre, plenum gratiæ et veritatis. Ministri. — Deo gratias.

DE SACRO ALTARIS MYSTERIO.

LIBRI SEX.

PROLOGUS.

Tria sunt, in quibus præcipue divina lex consistit: mandata, promissa et sacramenta. In mandatis est meritum, in promissis est præmium, in sacramentis est adjutorium. Sacramentis enim ad utrumque juvamur, et ad exsequendum mandatum, et ad obtinendum promissum. Verum inter omnia sacramenta illud constat esse præcipuum quod in officio missæ supra mensam altaris sacratissime celebratur: illud Ecclesiæ repræsentans convivium, in quo filio revertenti pater occidit vitulum saginatum (*Luc.* xv), panem vitæ proponens (*Joan.* vi), et vinum quod miscuit Sapientia (*Prov.* ix).

Hoc autem officium ipse Christus instituit, cum hæredibus suis novum condidit testamentum, disponens eis regnum, sicut Pater suus sibi disposuit, ut super mensam ejus edant et bibant in regno suo, quod Ecclesia consecravit. *Cœnantibus enim illis, accepit Jesus panem, et gratias agens, benedixit ac fregit, deditque discipulis suis, dicens: Accipite et comedite: hoc est corpus meum, quod pro vobis tradetur. Hoc facite in meam commemorationem* (*Luc.* xxii; *Matth.* xxvi; *Marc.* xiv).

Hac igitur institutione formati cœperunt apostoli sacrosanctum mysterium frequentare, eam, quam Christus expresserat, et formam servantes in verbis, et materiam tenentes in rebus, sicut Apostolus Corinthiis protestatur: *Ego*, inquit, *accepi a Domino, quod et tradidi vobis: quoniam Dominus Jesus in qua nocte tradebatur, accepit panem, et gratias agens, fregit et dixit: Accipite et manducate: hoc est corpus meum, quod pro vobis tradetur* (*I Cor.* ii).

Primus ergo beatus Petrus apostolus missam Antiochiæ dicitur celebrasse, in qua tres tantum orationes in primordio nascentis Ecclesiæ dicebantur. Cætera vero diversis temporibus et a diversis personis leguntur adjecta, prout Christianæ religionis cultu crescente, visa sunt decentius convenire.

Hoc enim officium tam provida reperitur ordinatione esse dispositum, ut quæ per Christum gesta sunt et in Christum, ex magna parte contineat, ex quo Christus de cœlo descendit, usque dum ascendit in cœlum; et ea tam verbis, quam signis admirabili quadam specie repræsentat. Ipsum autem offi-cium consistit in quatuor, scilicet in personis, operibus, verbis et rebus. Tres autem sunt ordines personarum: celebrantes, ministrantes et circumstantes. Tres operum species, scilicet gestus, actus et motus. Tres diversitates verborum, videlicet orationes, modulationes et lectiones. Tres rerum materies [*al.* maneries], scilicet ornamenta, instrumenta et elementa.

Hæc omnia divinis sunt plena mysteriis, ac singula cœlesti dulcedine redundantia: si tamen diligentem habeant inspectorem, qui norit sugere *mel de petra, oleumque de saxo durissimo* (*Deut.* xxxii). Quis autem novit ordinem cœli, et ponet rationes ejus in terra? (*Job* xxxviii.) *Puteus altus est, et in quo* hauriam *aquam* non habeo (*Joan.* iv), nisi porrigat ille *qui dat omnibus affluenter, et non improperat* (*Jac.* i), ut inter medium montium transeuntem (*Psal.* ciii) hauriam aquam *in gaudio de fontibus Salvatoris* (*Isa.* xii). Pulsans ergo pulsabo, si forte clavis David aperire dignetur (*Apoc.* iii), ut introducat *me rex in cellam vinariam* (*Cant.* i), in qua mihi supernum demonstret exemplar, quod Moysi fuit in monte monstratum (*Exod.* xxv), quatenus sacrosanctum altaris officium eo valeam revelante disserere, qui *linguas infantium* facit esse *disertas* (*Sap.* x), cujus *spiritus ubi vult spirat, dividens singulis prout vult* (*Joan.* iii; *I Cor.* xii), ad laudem et gloriam Trinitatis, ad profectum et utilitatem legentium, ad meorum veniam et indulgentiam peccatorum.

Si quid ergo dignum in hoc reperietur opusculo, divinæ gratiæ penitus ascribatur. Nam *omne datum optimum, et omne donum perfectum, desursum est, descendens a Patre luminum* (*Jac.* i). Si quid indignum, insufficientiæ deputetur humanæ. Nam *corpus quod corrumpitur aggravat animam, et deprimit terrena inhabitatio sensum multa cogitantem* (*Sap.* ix). Consuetudinem autem apostolicæ sedis, non illam quam olim legitur habuisse, sed eam quam nunc habere dignoscitur prosequendam proposui, quæ disponente Domino cæterarum Ecclesiarum mater est et magistra.

LIBER PRIMUS.

CAPUT PRIMUM.
De sex ordinibus clericorum.

Cum apostolicæ sedis antistes celebriter agit missarum solemnia, sex habet secum ordines clericorum, id est episcopos, presbyteros, diacones, subdiacones, acolythos et cantores, ipso numeri sacramento perfectionem hujus officii manifestans. Senarius enim numerus est perfectus, eo quod redditur ex suis partibus aggregatis. Unde sexto die perfecit Deus cœlum et terram et omnem ornatum eorum (*Gen.* I), et cum in plenitudine temporis sexta venisset ætate, sexta quoque die, sub hora sexta, genus redemit humanum (*Gal.* IV). Sed et sex ministrorum legimus in Veteri Testamento: pontifices, sacerdotes, levitas, nathinæos, janitores et psaltes, quos ex majori parte distinxit Artaxerxes in epistola quam Esdræ scribæ direxit: *Notum*, inquit, *facimus de universis sacerdotibus, et levitis, cantoribus, janitoribus, nathinæis et ministris domus Dei, ut eis vectigal, et tributum, et annona nullatenus imponatur* (*I Esdr.* VII).

CAPUT II.
De primiceriis et cantoribus.

David prophetarum eximius, volens cultum Dei solemnius ampliare, cantores instituit, qui coram arca fœderis Domini musicis instrumentis et modulatis vocibus decantarent, inter quos præcipui fuerunt Heman, Asaph et Hethan. Sed omnium primus Heman, cujus vicem nunc in Ecclesia obtinet primicerius, qui cantoribus est prælatus. Unde legitur in Paralipomenon: *Isti sunt quos constituit David super cantores domus Domini, stantes juxta ordinem suum in ministerio, de filiis Caath, Heman cantor filius Joel; et a dextris ejus Asaph filius Barachiæ, ad sinistram autem Ethan filius Chusi* (*I Par.* VI). Debent ergo cantores consonis vocibus et suavi modulatione concinere, quatenus animos audientium ad devotionem Dei valeant excitare.

CAPUT III.
De acolythis, quod sit eorum ministerium.

Acolythi vero, qui Latine *ceroferarii* nuncupantur, ab Aaron et filiis ejus ministerii sui sumere possunt exemplum. Scriptum est enim in Exodo: *Præcipe filiis Aaron ut offerant oleum de arboribus olivarum purissimum, piloque contusum, ut ardeat lucerna semper in tabernaculo testimonii; et collocabunt eam Aaron et filii ejus, et usque mane luceat coram Domino* (*Exod.* XXVII). Quod ergo tunc sacerdotes agebant, hoc nunc acolythi faciunt in ministerio lucernarum. Multa quippe non solum in Novo, sed in Veteri Testamento legi Moysi super addita legimus et mutata. Unde David in libro Paralipomenon dixisse narratur: *Non erit officii levitarum, ut ultra portent tabernaculum et omnia vasa ejus ad ministrandum* (*I Par.* XXIII). Acolythi cereos ferunt accensos, dum legitur evangelium: non ut tenebras aeris illuminent, sed ut proximis opera lucis ostendant.

Hoc officium Dominus testatur se habere, cum dicit: *Ego sum lux mundi. Qui sequitur me, non ambulat in tenebris, sed habebit lumen vitæ* (*Joan.* VIII).

CAPUT IV.
De subdiaconibus.

Subdiacones nathinæorum vices in Ecclesia repræsentant. De quibus in Esdra legitur (*I Esdr.* VIII), quod David dederat Nathinæos ad ministeria levitarum. Unde Græce dicuntur *hypodiacones*, ex quorum ordine fuit ille Nathanael, quem Dominus in Evangelio commendavit: *Ecce*, inquit, *vere Israelita, in quo dolus non est* (*Joan.* I). Nathinæi vero dicuntur, id est in humilitate Domino servientes. De quibus recte patribus placuit, ut qui sacra mysteria contrectant, legem continentiæ debeant observare, sicut scriptum est in Propheta: *Mundamini qui fertis vasa Domini* (*Isa.* LII).

Horum officio Dominus uti dignatus est, quando facta cum discipulis cœna, mittens aquam in pelvim, lavit pedes discipulorum, et linteo, quo erat præcinctus, extersit (*Joan.* XIII).

CAPUT V.
De diaconibus.

Ordo diaconorum a tribu Levi sumpsit exordium. Unde Dominus ad Moysen locutus est, dicens: *Applica tribum Levi, et fac stare in conspectu Aaron sacerdotis, et ministrent ei et excubent, et observent quidquid ad cultum pertinet multitudinis coram tabernaculo testimonii, et custodiant vasa tabernaculi in ministerio servientes* (*Num.* III). A viginti quinque annis et supra, jussi sunt in tabernaculo servire, tanquam ætatis ad onera portanda robusti, qui possint arcam fœderis, mensam propositionis, et vasa tabernaculi deportare. Quod etiam in Novo Testamento recolitur, cum diaconibus supra sinistrum humerum stola imponitur, et in diebus jejunii supra eumdem humerum casula complicatur. Quia quidquid laboris in hac vita sufferimus, tanquam in sinistra portamus, donec a sinistra transeamus in dextram, in qua requiem habeamus.

Hinc etiam diaconi cardinales mensam Lateranensis altaris supra humeros suos in die cœnæ deportant, et reportant in Sabbato: semper ipsi summum pontificem velut arcam fœderis levitæ portantes. Cæterum in Novo Testamento sumpsit initium ab apostolis, qui septem viros boni testimonii, plenos Spiritu sancto, diacones elegerunt, oratione præmissa, per impositionem manuum ordinantes (*Act.*

vi). Hi sunt in Apocalypsi (*Cap.* viii) septem angeli tuba canentes. Hi septem candelabra aurea, hi voces tonitruorum, qui pacem annuntiant, prædicant Evangelium, mensam componunt, offerunt eucharistiam, etc. Quæ licet humiliter, tamen excellenter ad eorum spectant ministerium.

Hoc officium Christus exercuit, quando post cœnam sacramenta confecta propriis manibus dispensavit, et cum dormientes excitavit apostolos ad orandum: *Vigilate,*inquit, *et orate, ut non intretis in tentationem* (*Matth.* xxvi; *Luc.* xxii).

CAPUT VI.
De majoribus et minoribus sacerdotibus.

Sacerdotalis ordinis institutio a veteri lege sumpsit originem, secundum quod legitur Dominus Moysi præcepisse: *Applica,* inquit, *Aaron fratrem tuum ad te cum suis filiis, de medio filiorum Israel, ut sacerdotio fungantur mihi* (*Exod.* xxviii). Verumtamen ante legem sacerdotes fuisse leguntur. Unde Melchisedech sacerdos Dei altissimi legitur exstitisse; cui decimas ex omnibus spoliis, tanquam sacerdoti Abraham persolvit (*Gen.* xiv; *Hebr.* vii). Erant autem multi minores sacerdotes, quos Nazaræos communiter appellabant. Unus autem erat summus sacerdos, quem vocabant specialiter [*al.* imperialiter] Arabarchum. Porro David xxiv sacerdotes instituit, xvi de Eleazar, et octo de Ithamar (*I Par.* xxiv); quibus tamen omnibus unum præfecit, quem statuit principem sacerdotum. Singulis autem per sortes vicis suæ divisit hebdomadas, quarum octava provenit Abiæ, de cujus genere Zacharias pater Joannis Baptistæ descendit (*Luc.* i). Verum in Novo Testamento Christus ipse majores et minores sacerdotes instituit, scilicet duodecim apostolos (*Matth.* x), et lxxii discipulos, quos præmittebat binos in omnem civitatem et locum quo erat ipse venturus (*Luc.* x). Sicut enim pontifices summos Moyses regendis populis in lege præfecit, sed ad eorum societatis et operis adjutorium, sequentis ordinis viros, et secundæ dignitatis elegit. (Nam in Eleazaro et Ithamar filiis Aaron, paternæ transfudit plenitudinis abundantiam, ut ad hostias salutares et frequentioris officii sacramenta, ministerium sufficeret sacerdotum. Et in eremo per lxx virorum prudentium mentes Moysi spiritum propagavit, quibus ille usus in populo, innumerabiles multitudines facile gubernaret [*Num.* ix]). Sic et Christus apostolis suis discipulos addidit, quibus illi suis prædicationibus totum orbem impleverunt. Apostolorum itaque vices majores obtinent sacerdotes, id est episcopi; discipulorum vero minores, id est presbyteri.

CAPUT VII.
De significatione nominum episcopi et presbyteri.

Nomen episcopi plus sonat oneris, quam honoris. Episcopus Græce *superintendens* interpretatur, Latine, *speculatoris* gerens officium, juxta quod Dominus inquit prophetæ: *Fili hominis, speculatorem dedi te domui Israel* (*Ezech.* iii), ut plebi sibi commissæ non negligenter intendat, sed diligenter prospiciat. Ob hoc inquit Apostolus: *Qui episcopatum desiderat, bonum opus desiderat* (*II Tim.* iii). Nor dicit honorem, sed *opus*; quoniam episcopus, non tam ut præsit, quam ut prosit eligitur. Presbyter autem non ab ætate dicitur, sed a prudentia. Presbyter enim Græce, Latine *senior* intelligitur. *Senectus enim venerabilis est, non diuturna, nec annorum numero computata; sed cani sensus sunt hominis, et ætas senectutis vita immaculata* (*Sap.* iv). Nam et Dominus inquit ad Moysen: *Congrega mihi septuaginta viros de senioribus Israel, quos tu nosti, quod senes populi sint et magistri* (*Num.* ii).

CAPUT VIII.
De primatu Romani pontificis

Omnibus autem apostolis Christus unum præposuit, videlicet Petrum, cui totius Ecclesiæ principatum, et ante passionem, et circa passionem, et post passionem commisit. Ante passionem, cum dixit: *Tu es Petrus, et super hanc petram ædificabo Ecclesiam meam, et portæ inferi non prævalebunt adversus eam: et tibi dabo claves regni cœlorum* (*Matth.* xvi). Licet enim universis apostolis communiter dixerit: *Quorum remiseritis peccata, remittuntur eis, et quorum retinueritis retenta sunt* (*Joan.* xx): principaliter tamen Petro concessit: *Quodcunque ligaveris super terram, erit ligatum et in cœlis; et quodcunque solveris super terram, erit solutum et in cœlis* (*Matth.* xvi). Petrus potest ligare cæteros, sed ligari non potest a cæteris. Nam et illis particulariter dictum est: *Quorum remiseritis peccata, remittuntur eis.* Huic autem universaliter dicitur: *Quodcunque ligaveris,* etc. Circa passionem vero, cum pluraliter dixisset de omnibus: *Simon, ecce Satanas expetivit vos, ut cribraret sicut triticum* (*Luc.* xxii): singulariter tamen pro Petro subjunxit: *Ego autem pro te rogavi, ut non deficiat fides tua;* statimque subjunxit: *Et tu aliquando conversus, confirma fratres tuos* (*Luc.* xxii). Ad Petrum igitur tanquam ad magistrum pertinet cæteros confirmare, cujus fides in nulla tentatione defecit. Fides enim apostolicæ sedis super firmam petram stabili soliditate fundata, nullis unquam errorum sordibus potuit inquinari; sed absque ruga manens et macula, pro necessitate temporum, a cæteris maculas detersit errorum. Post passionem autem, cum tertio quæsiisset a Petro: *Simon Joannis, diligis me plus his?* et ille tertio respondisset: *Domine, tu scis quia amo te;* tertioque præcepit: *Pasce oves meas:* statimque subjunxit: *Sequere me* (*Joan.* xxi). Petrus enim secutus est Christum, non solum genere martyrii, sed et in ordine magisterii. Quod Christus ostendit, cum ait: *Tu vocaberis Cephas* (*Joan.* i). Licet enim Cephas secundum unam linguam interpretetur *Petrus,* secundum alteram tamen exponitur *caput.* Nam sicut caput habet plenitudinem sensuum, cætera vero membra partem recipiunt plenitudinis: ita cæteri sacerdotes vocati sunt in partem sollicitudinis, sed summus pontifex assumptus est in plenitudinem potestatis. Hinc etiam, quod non sine magni mysterii sacramento, cum Christus universos interrogasset apostolos, *Vos autem quem me esse dicitis?* solus Petrus, quasi primus et potior respondit pro omnibus : *Tu es Christus Filius Dei vivi* (*Matth.* xvi). Cumque timore periculi cuncti simul exterrerentur apostoli, solus Petrus descendit intrepidus, ut super undas maris ad Dominum ambularet (*Matth.* xiv). Et cum multi discipulorum abiissent retro, dicentes : *Durus est hic sermo, dixit Jesus ad duodecim: Nunquid et vos vultis abire? Respondit ei Simon Petrus : Domine, ad quem ibimus? Verba vitæ æternæ habes, et nos credimus et cognovimus, quia tu es Christus Filius Dei* (*Joan.* vi). Cumque Jesus respexisset discipulos, ait Simoni Petro : *Si in te peccaverit frater tuus, vade et corripe eum inter te et ipsum solum,* etc. Cui cum Petrus dixisset : *Domine, quoties peccabit in me frater meus, et dimittam ei? usque septies? Respondit illi Jesus : Non dico tibi usque septies, sed usque septuagies septies* (*Matth.* xviii) : et cum omnes apostoli fugam arriperent, solus Petrus educens gladium, percussit servum pontificis, et dextram ejus abscidit auriculam (*Luc.* xxii). Cumque post resurrectionem alii discipuli navigio venissent ad Dominum, Petrus succingens se misit in mare, ut inter undas ad ipsum accederet (*Joan.* xi). Quapropter et Christus, cum resurrexisset a mortuis, prius se Petro quam cæteris ostendit apostolis, quia secundum Apostolum *visus est Cephæ, post hoc undecim. Deinde visus est plusquam quingentis fratribus simul* (*II Cor.* xv).

CAPUT IX.
De convenientia et differentia potestatum inter episcopos et presbyteros.

Differt autem inter episcopos et presbyteros, quia ad omnes sacerdotes communiter pertinet, catechizare, baptizare, prædicare, conficere, solvere et ligare. Sed specialiter ad pontifices spectat, clericos ordinare, virgines benedicere, pontifices consecrare, manus imponere, basilicas dedicare, degradandos deponere, synodos celebrare, chrisma conficere, vestes et vasa consecrare. Unguntur autem manus presbyteris ab episcopo, ut cognoscant hoc sacramento se per Spiritum sanctum suscipere gratiam consecrandi. Unde cum eas ungit episcopus, dicit : *Consecrare et sanctificare digneris, Domine manus istas, per istam unctionem et nostram benedictionem; ut quæcunque consecraverint consecrentur, et quæcunque benedixerint benedicantur in nomine Domini.* Unguntur etiam manus presbyteris, ut opera misericordiæ pro viribus ad omnes debeant exercere. Per manus enim opera, per oleum misericordia designatur. Unde Samaritanus appropians vulnerato, vinum superinfudit et oleum (*Luc.* x). Verumtamen et majores et minores sacerdotes communiter in quibusdam vices gerunt summi pontificis, id est Christi, dum pro peccatis obsecrant, et peccatores per pœnitentiam reconciliant. Unde dixit Apostolus : *Deus erat in Christo, mundum reconcilians sibi, et posuit in nobis verbum reconciliationis. Pro Christo ergo legatione fungimur, tanquam Deo exhortante per nos. Obsecramus ergo pro Christo, reconciliamini Deo* (*II Cor.* v). Mediatores enim sunt sacerdotes inter Deum et homines, dum præcepta Dei populo deferunt prædicando, et vota populi Deo porrigunt supplicando. Quocirca tales debent existere sacerdotes, ut et Deo sint grati, et hominibus sint accepti. Nam, ut inquit Alexander papa : « Christi sacerdotes quanto digniores fuerint, tanto facilius in necessitatibus populi, pro quibus clamant, exaudiuntur. » Et Apostolus : *Mediator non est unius* (*Gal.* iii). Discordes enim reconciliare non potest, qui simul utriusque societatis et amicitiæ vinculo non est concors. Si enim is qui displicet, ad intercedendum mittatur, irati animus ad deteriora provocatur. Hi post invocationem sancti Spiritus super utrumque humerum stolam accipiunt, ut ex hoc intelligant, se *per arma justitiæ a dextris et a sinistris esse munitos* (*II Cor.* vi). Quatenus nec adversis frangantur, nec prosperis eleventur. Unde cum stolam accipiunt, dicit illis episcopus : *Accipite jugum Domini, jugum enim ejus suave est, et onus ejus leve* (*Matth.* xii). Suave est in prosperis, leve est in adversis. Accipiunt quoque calicem et patenam de manu pontificis, quatenus his instrumentis potestatem se accepisse agnoscant, placabiles hostias offerendi. Unde cum hæc episcopus tribuit : *Accipite,* inquit, *potestatem offerendi sacrificium Deo, missamque celebrandi, tam pro vivis quam pro defunctis in nomine Domini.*

Officio sacerdotis usus est Dominus Jesus Christus, quando post cœnam panem et vinum in corpus et sanguinem suum divina virtute convertit. *Accipite,* inquit, *et comedite : hoc est corpus meum. Hoc facite in meam commemorationem* (*Matth.* xxvi). Excellentius autem usus est hoc officio, cum pro peccatis humani generis seipsum in ara crucis obtulit, idem ipse sacerdos et hostia.

CAPUT X.
De communibus et specialibus indumentis pontificum et sacerdotum.

Hæc autem communitas et specialitas potestatum inter episcopos et presbyteros, ipso numero communium et specialium vestium designatur. Sex autem sunt indumenta communia episcopis et presbyteris, videlicet amictus, alba, cingulum, stola, manipulus et planeta. Quia nimirum sex sunt, in quibus communis episcoporum et presbyterorum potestas consistit : videlicet catechizare, baptizare, prædicare, conficere, solvere et ligare.

Novem autem sunt ornamenta pontificum specialia, videlicet caligæ, sandalia, succinctorium, tunica, dalmatica, mitra et chirothecæ, annulus et baculus. Quia munia novem sunt, in quibus specialis episcoporum potestas consistit, videlicet clericos ordinare, virgines benedicere, pontifices consecrare, manus imponere, basilicas dedicare, degradandos deponere, synodos celebrare, chrisma conficere, vestes et vasa consecrare.

Pallium autem metropolitanorum, et primatum, et patriarcharum est proprium, ut super illud a cæteris episcopis discernantur, et privilegiatam obtineant dignitatem. Hoc ergo tam in Novo quam in Veteri Testamento legitur constitutum, ut pontifices præter communes vestes habeant speciales. Sed ibi erant quatuor communes et quatuor speciales; hic autem sex sunt communes, novem autem speciales. Id enim mystica ratio postulabat. Nam illæ datæ sunt carnalibus et mundanis; hæ autem datæ sunt spiritualibus et perfectis. Quaternarius enim convenit carni propter quatuor humores, et mundo propter quatuor elementa. Senarius autem perfectis, quia numerus est perfectus, qui redditur suis partibus aggregatis. Unde sexto die perfecit Deus cœlum et terram, et omnem ornatum eorum (*Gen.* 1). Novenarius spiritualibus, quia novem sunt ordines angelorum, qui secundum prophetam (*Ezech.* xxviii) per ix species lapidum designantur, xv ergo sunt ornamenta pontificis xv gradus virtutum ipso numero designantia, quos per xv cantica graduum Psalmista distinxit. Vestes enim sacerdotales virtutes significant, quibus debent sacerdotes ornari, secundum illud propheticum: *Sacerdotes tui induantur justitia, et sancti tui exsultent* (*Psal.* cxxxi).

CAPUT XI.
De legalibus indumentis secundum historiam.

Quatuor erant indumenta legalia, tam minoribus sacerdotibus quam principi sacerdotum communia. Primum dicebatur *manathasim* Hebraice, Græce περιζώματα, et Latine *femoralia* dici potest, de bysso retorta contextum. Secundum *cathemone*, quod nos lineam sive subuculam, sed Moyses *abanec* appellavit. Hebræi vero discedentes a Babyloniis, *emissan* eam vocaverunt, eratque byssinum et duplex. Tertium *balteus*, id est zona vel cingulum, latum quasi digitis quatuor, sic reticulatum, ut quasi pellis viperea videretur, contextum de bysso, cocco, purpura et hyacintho. Quartum *tiara*, quod Hebræi *manephei*, nos autem *infulam* appellamus, a cidari, id est mitra pontificali plurimum differens, quasi formam rotundæ cassidis repræsentans (*Exod.* xxviii passim).

Super hæc, quatuor propriis indumentis pontifex utebatur. Primum erat tunica hyacinthina, quam Hebraice dixit *nathir*, Græce dicitur ποδήρης, Latine *talaris vestis*. Habebat autem pro fimbriis malagranata cum octoginta tintinnabulis aureis, intercalari modo disposita, ut audiretur sonus, cum pontifex ingrederetur sanctuarium, ne forte moreretur. Secundum erat ephod, id est superhumerale, de quatuor prædictis coloribus auroque contextum, sine manicis, ad modum colobii, habens aperturam in pectore quadram, ad magnitudinem palmi, in qua λόγιον ejusdem mensuræ inserebatur. In cujus parte superiori, videlicet super humeros, infibulati erant auro duo lapides onychini, quibus duodecim nomina filiorum Israel erant insculpta, sex in uno et sex in altero. Quod autem Samuel et David induti leguntur ephod, aliud erat lineum; et proprie quidem *ephobar* dicebatur. Tertium Hebraice dicebatur *heusen*, Græce λόγιον, Latine vero *rationale* vocatur, quod pontifex ferebat in pectore. Dictum est autem rationale judicii, quia ibi erat lapis in cujus splendore Deum sibi esse propitium cognoscebant. Erat autem rationale quadrangulum duplex, de quatuor prædictis coloribus auroque contextum, habens duodecim lapides per ordines quatuor. In primo sardium, topazium et smaragdum. In secundo carbunculum, sapphirum et jaspidem. In tertio ligurium, achatem et amethystum. In quarto chrysolithum, onychinum et beryllum. In quibus erant scripta xii nomina filiorum Israel. In singulis singula. Erant etiam in eo scripta hæc duo nomina purim et tymim, id est *veritas et doctrina*. Inferebatur autem λόγιον superhumerali, a superiori parte per duos annulos et duas catenulas aureas, immissas duobus uncinis, qui sub duobus prædictis onychinis, in superhumerali continebantur infixi. Ab inferiori vero parte per duos annulos aureos cum duabus juncturis sive catenis hyacinthinis colligabatur ephod. Ultimum vero capitis ornamentum erat cidaris, id est mitra in acutum procedens, habens circulum aureum cum malagranatis et floribus. De qua super frontem pendebat aurea lamina, quam *petalum* dicunt, ad modum lunæ dimidiæ. In quam sculptum erat *Aioth* [al. *Anoth*] *Adonai*, id est; *Sanctum nomen Domini. Tetragrammaton*, id est quatuor litterarum, Joth, He, Vau, Heth. Ne vero, cum movebatur pontifex, moveretur et lamina, colligabatur vitta seu junctura hyacintina perspicua, quæ summitates posterius diffundebat. Noster ergo pontifex pro femoralibus habet sandalia, pro linea albam, pro balteo cingulum, pro podere tunicam, pro ephod amictum vel stolam, pro λόγιον pallium, pro cidari mitram, pro lamina crucem. Et quædam ex his diversam habent formam ab illis, sed secundum figuram eamdem.

CAPUT XII.
De typo legalium indumentorum secundum allegoriam.

His vestibus ornatus pontifex, totius orbis præferebat imaginem. Femoralia namque byssina congrue terram figurabant, quia byssus de terra procedit. Balteus cum vittis et vasculis circumvolutionem Oceani designabant. Tunica hyacinthina ipso colore aera præferebat. Per tintinnabula sonitus tonitruorum. Per malagranata coruscationes et fulgura figurabantur. Quatuor minoris sacerdotis et quatuor summi pontificis indumenta, quatuor microcosmi et quatuor megacosmi partes ipso numero designabant, id est quatuor humores et quatuor elementa. Ephod sui varietate cœlum sidereum ostendebat. Quod autem erat aurum intextum coloribus, figurabat quod color [*f. color*] vitalis penetrat universa. Duo lapides onychini solem et lunam, vel duo hemisphæria denotabant; xii gemmæ pectorales, xii signa in zodiaco præferebant. Rationale quidem, quod erat in medio, quia ratione plena sunt universa, quo terrena cœlestibus hærent. Imo ratio terrenorum et temporum et caloris et frigoris, et duplex inter utrumque temperies, de cœli cursu et ratione descendit. Per annulos, catenulas et uncinos, elementorum, humorum et temporum colligamenta signantur. Cidaris, cœlum empyreum : lamina superposita Deum signabat omnibus præsidentem. Hanc quidem allegoriam libri sapientiæ confirmat auctoritas, dicens : *In veste poderis quam habebat, totus erat orbis terrarum, et parentum magnalia in quatuor ordinibus lapidum erant sculpta, et magnificentia tua in diademate capitis illius erat scripta* (*Sap.* xviii).

CAPUT XIII.
De vestibus legalibus secundum tropologiam.
De femoralibus.

His indumentis legalibus sacerdos induebatur, hoc ordine (*Exod.* xxix). Lotis prius manibus et pedibus induebat *manathasim*, id est femoralia, figurans quod sacerdos mundatis operibus et affectibus, lacrymis pœnitentiæ, debet assumere continentiam, ut offerat hostiam immaculatam, sanctam, Deo placentem (*Rom.* xii). Noster autem pontifex, quia jugem debet habere continentiam, non induit in sacrificio femoralia, sed sandalia ; ac si dicatur : *Qui lotus est, non indiget nisi ut pedes lavet, et est mundus totus* (*Joan.* xxi).

CAPUT XIV.
De veste linea.

Secundo induebatur *cathemone*, id est linea veste : significans quod sacerdos debet induere innocentiam, ut quod sibi non vult fieri alii ne faciat (*Matth.* vii). Linum enim propter candorem significat innocentiam, secundum illud : *Omni tempore vestimenta tua sint candida* (*Eccle.* ix)

CAPUT XV.
De zona.

Tertio, cingebat se balteo, significans castitatem, quia circa lumbos debet accingi, ut restringat concupiscentiam. Unde Veritas ait : *Sint lumbi vestri præcincti, et lucernæ ardentes in manibus vestris* (*Luc.* xi).

CAPUT XVI.
De tunica.

Quarto, induebat tunicam poderem, id est talarem, significans quod pontifex debet induere perseverantiam ; quia *qui perseveraverit usque in finem, hic salvus erit* (*Matth.* x). Per talum enim propter extremitatem, perseverantia designatur, secundum illud : *Ipsa conteret caput tuum, et tu insidiaberis calcaneo ejus* (*Gen.* i).

CAPUT XVII.
De malagranatis et tintinnabulis aureis.

Dependebant autem pro fimbriis malagranata cum tintinnabulis aureis. Per malagranatum intelligitur operatio ; per tintinnabulum aureum accipitur prædicatio. Quæ duo debent in sacerdote conjungi, ne sine illis ingrediens sanctuarium, moriatur. *Cœpit enim Jesus facere et docere* (*Act.* i), sacerdotibus relinquens exemplum, ut sequantur vestigia ejus, qui peccatum non fecit, ut sit honestas in conversatione : *Nec inventus est dolus in ore ejus* (*I Petr.* ii), ut sit veritas in prædicatione.

CAPUT XVIII.
De superhumerali.

Quinto, induebat ephod, id est superhumerale, significans, quod pontifex debet induere patientiam, ut in patientia sua possideat animam suam (*Luc.* xxi). Humeris enim onera supportamus, secundum illud : *Supposuit humerum suum ad portandum, factusque est tributis serviens* (*Gen.* xlix).

CAPUT XIX.
De duabus oris.

Habebat autem *duas oras conjunctas in utroque latere summitatum*, significans quod pontifex debet habere arma justitiæ a dextris et a sinistris (*II Cor.* vi), ut non erigatur prosperis, nec deprimatur adversis.

CAPUT XX.
De duobus onychinis.

Habebat autem et *duos lapides onychinos* insertos humeris, in quibus erant sculpta xii *nomina filiorum Israel : sex in uno, et sex in altero*. Per duos onychinos significatur veritas et sinceritas. Veritas per claritatem, sinceritas per soliditatem. Per filios Israel significantur sancta desideria et justa opera, secundum illud : Maledictus homo qui non reliquerit semen in Israel (*Deut.* xxvii). Per senarium numerum significatur perfectio pro eo quod Deus sexto die *perfecit cœlum et terram et omnem ornatum eorum* (*Gen.* ii).

CAPUT XXI.
De duodecim nominibus filiorum Israel.

Quod autem sex nomina filiorum Israel sculpta erant in uno lapide, et sex in altero, significat quod desideria sacerdotis et opera perfici debent, non *in fermento malitiæ et nequitiæ, sed in azymis sinceritatis et veritatis* (*I Cor.* v), ut sinceritas formet intentionem et veritas finem.

CAPUT XXII.
De duabus catenulis

Habebat et *duas catenulas auri purissimi, sibi invicem cohærentes*, quæ duobus inserebantur uncinis : significans, quod pontifex debet habere duos charitatis affectus, ad Deum scilicet et ad proximum. De quibus præcipitur : *Diliges Dominum Deum tuum ex toto corde tuo, et in tota anima tua, et in tota mente tua, et proximum tuum sicut te ipsum* (*Deut.* vi; *Matth.* xii). Sicut enim aurum præeminet universis metallis, ita charitas excellit universas virtutes. De qua dicit Apostolus : *Horum major est charitas (I Cor.* xiii).

CAPUT XXIII.
De duobus uncinis.

Duo uncini sunt intentio et finis, quibus catenulæ inseruntur, ut tam Deum quam proximum diligat. Deum propter se ipsum, proximum propter Deum, *ex puro corde, et conscientia bona, et fide non ficta (I Tim.* i).

CAPUT XXIV.
De rationali.

Sexto induebatur λόγιον, id est rationale, significans quod pontifex debet induere discretionem, per quam discernat inter lucem et tenebras, inter dextram et sinistram. Quia non est *conventio lucis ad tenebras, neque Christi ad Belial (II Cor.* vi).

CAPUT XXV.
De quadratura rationalis, et duplicitate.

Erat autem rationale quadrangulum, significans quod pontifex debet discernere quatuor. Inter verum et falsum, ne deviet in credendis : et inter bonum et malum, ne deviet in agendis. Erat et duplex, quia debet discernere pro duobus, pro se videlicet, et pro populo ; ne *si cæcus cæcum duxerit, ambo in foveam cadant (Matth.* xv).

CAPUT XXVI.
De quatuor ordinibus lapidum.

Habebat et quatuor ordines lapidum, significans, quod pontifex debet habere quatuor principales virtutes, justitiam, fortitudinem, prudentiam, et temperantiam.

CAPUT XXVII.
De duodecim lapidibus.

In singulis autem ordinibus habebat tres lapides, significans, quod pontifex in primo debet habere fidem, spem et charitatem ; in secundo modestiam, mansuetudinem et benignitatem ; in tertio pacem, misericordiam et largitatem. In quarto vigilantiam, sollicitudinem et longanimitatem. Per lapides enim figurantur virtutes, secundum illud : *Si quis autem superædificat supra fundamentum hoc, aurum argentum, lapides pretiosos, ligna, fenum, stipulam uniuscujusque opus manifestum erit (I Cor.* xiii).

CAPUT XXVIII.
De cidari.

Supremum capitis ornamentum erat cidaris vel tiara, quam ultimo pontifex assumebat, significans humilitatem, de qua Dominus ait : *Omnis qui se exaltat, humiliabitur : et qui se humiliat, exaltabitur (Luc.* xviii). Hanc autem gestabat in capite, significans quod pontifex debet gerere humilitatem in mente, exemplo capitis nostri sic dicentis : *Discite a me, quia mitis sum et humilis corde (Matth.* xi). Per caput enim mens intelligitur, secundum illud : *Unge caput tuum, et faciem tuam lava (Matth.* vi).

CAPUT XXIX.
De lamina aurea.

De cidari dependebat a fronte lamina aurea, significans sapientiam, qua præcellere debet pontifex, secundum illud : *Caput ejus aurum optimum (Can.* v).

CAPUT XXX.
De nomine Domini tetragrammaton.

In qua quidem lamina aurea erat scriptum nomen Domini tetragammaton, id est quatuor litterarum : Ioth, He, Vau, Heth, id est principium passionis vitæ istæ. Ac si diceretur apertius : Ille cujus pontifex iste gerit personam, scilicet Christus, est principium, id est auctor vitæ passionis, id est, vitæ restauratæ per passionem ; quia mortem nostram moriendo destruxit, et vitam resurgendo reparavit. Nomen Domini quod scribebatur in lamina aurea erat Anoth, Adonai, id est sanctum nomen Domini, tetragrammaton, quod *ineffabile* dicitur, non quia effari non potest, sed quia rem ineffabilem significat.

CAPUT XXXI.
De varietate operis.

Erant autem hæc indumenta pro majori parte contexta opere polymito, id est vario, propter varietatem virtutum. De qua dicit Psalmographus : *Astitit regina a dextris tuis in vestitu deaurato, circumdata varietate (Psal.* xliv).

CAPUT XXXII.
De quatuor coloribus.

Contexta vero erant indumenta de quatuor pretiosis coloribus : purpura, cocco, bysso, hyacintho.

Per purpuram regiæ dignitatis significatur pontificalis potestas, quæ via regia debet incedere, ne declinet ad dexteram vel deviet ad sinistram : ne liget dignos, aut solvat indignos.

Per coccum coloris ignei, qui et bis tinctus fuisse narratur, significatur pontificalis doctrina, quæ sicut ignis lucere debet et urere. Lucere debet per promissionem, ut : *Omnis qui reliquerit domum aut patrem et matrem,* etc., *centuplum accipiet et vitam æternam possidebit (Matth.* x). Urere debet per comminationem, ut : *Omnis arbor quæ non facit fructum bonum, excidetur et in ignem mittetur (Matth.* vii).

Per byssum candoris eximii significatur præclaritas famæ, quæ debet esse retorta, ut pontifex *habeat bonum testimonium*, secundum Apostolum, et *ab his qui sunt intus, et ab his qui sunt foris (I Tim.* iii).

Per hyacinthum coloris aerei signatur serenitas conscientiæ, quam intra se pontifex debet habere, secundum quod dicit Apostolus : *Gloria nostra hæc est testimonium conscientiæ nostræ (II Cor.* i).

CAPUT XXXIII.
De vestibus evangelici sacerdotis.

Vestes autem evangelici sacerdotis aliud designant in capite, aliud figurant in membris. Nam et caput et membra, sacerdotis nomine nuncupantur. Ad caput enim dicit Psalmographus : *Tu es sacerdos in æternum secundum ordinem Melchisedech (Psal.* cix). Ad membra vero dicit Apostolus : *Vos* esits genus electum, regale sacerdotium, gens sancta, populus acquisitionis (*I Petr.* II). Prius ergo exponenda sunt earum mysteria, juxta quod capiti congruunt, ac demum, secundum quod membris conveniunt.

CAPUT XXXIV.
De pontificalibus indumentis, secundum quod Christo conveniunt.

Pontifex ergo in altaris officio capitis sui Christi, cujus membrum est, repraesentans personam, dum pedibus assumit sandalia, illud incarnationis Dominicae insinuat calceamentum, de quo Dominus inquit in Psalmo : *In Idumaeam extendam calceamentum meum* (*Psal.* LIX), id est in gentibus notam faciam incarnationem meam. Venit enim ad nos calceata Divinitas, ut pro nobis Dei Filius sacerdotio fungeretur. Per ligulas, quibus ipsa pedibus sandalia constringuntur, illud idem accipimus, quod per corrigiam calceamenti Joannes Baptista significavit, cum ait : *Cujus non sum dignus corrigiam calceamenti solvere* (*Matth.* III). Unionem ergo ineffabilem, copulamque indissolubilem, quibus Verbi divinitas se carni nostrae conjunxit, per sandaliorum corrigias intelligimus. Mediantibus vero caligis pedes sandaliis conjunguntur : quoniam anima mediante carni divinitas est unita. Sicut enim pes corpus sustentat, ita Divinitas mundum gubernat. Unde ait Psalmista : *Adorate scabellum pedum ejus, quoniam sanctum est* (*Psal.* XCVIII).

CAPUT XXXV.
De amictu, ubi redditur ratio cur idem in Christo per calceamentum pedum, et per amictum capitis designatur.

Amictus autem, quo sacerdos caput suum obnubit, illud significat, quod in Apocalypsi describitur, angelum Dei fortem descendisse de coelo, amictum nube (*Apoc.* X). Et in Isaia : *Ecce Dominus ascendet super nubem candidam* (*Isa.* XIX). Veniens autem ad salvationem mundi Dei Filius, magni consilii angelus, amictus est nube, dum divinitatem abscondit in carne. Nam *caput viri Christus, caput Christi Deus* (*I Cor.* II). Hoc ergo carnis latibulum amictus sacerdotis significat. Quod per illam syndonem expressius designatur, qua summus pontifex caput obducit. Et pulchre quidem, quod per calceamentum pedum, hoc ipsum per amictum capitis designatur : quia divinitas in carne latuit, et per carnem innotuit. Nam cum notus esset in Judaea Deus, et in Israel magnum nomen ejus, *in Idumaeam extendit calceamentum suum* (*Psal.* LIX), *et ante conspectum gentium revelavit justitiam suam* (*Psal.* XCVII).

CAPUT XXXVI.
De alba.

Alba lineum vestimentum, longissime distans a tunicis pelliceis, quae de mortuis animalibus fiunt, quibus Adam vestitus est post peccatum (*Gen.* III), novitatem vitae significat, quam Christus et habuit, et docuit, et tribuit in baptismo, de qua dicit Apostolus : *Exuite veterem hominem cum actibus suis, et induite novum hominem, qui secundum Deum creatus est* (*Ephes.* IV). Nam et transfiguratione *resplenduit facies ejus sicut sol, et vestimenta ejus sunt facta alba sicut nix* (*Matth.* XVII). Semper enim vestimenta Christi munda fuerunt et candida, quia *peccatum non fecit, nec inventus est dolus* in lingua ejus (*I Petr.* II; *Isai.* LIII).

CAPUT XXXVII.
De zona sive cingulo.

Zona sacerdotalis illud significat, quod Joannes apostolus ait : *Conversus vidi similem filio hominis, praecinctum ad mamillas zona aurea* (*Apoc.* I). Per zonam auream perfecta Christi charitas designatur: quam dicit Apostolus : *Supereminentem scientiae charitatem Christi* (*Ephes.* III), ferventem in corde, radiantem in opere. Cujus succinctorium illud significat, quod Isaias de Christo loquens praedixit : *Erit justitia cingulum lumborum ejus, et fides cinctorium renum ejus* (*Isai.* II).—*Nam justus Dominus, et justitias dilexit, aequitatem vidit vultus ejus* (*Psal.* X). *Fidelis Dominus in omnibus verbis suis, et sanctus in omnibus operibus suis* (*Psal.* CXLIV). Duae summitates illius, duae sunt partes naturales justitiae, quam Christus et fecit, et docuit : Quod tibi non vis fieri, alteri ne feceris (*Tob.* IV); sed *quaecunque vultis ut faciant vobis homines, et vos facite illis* (*Matth.* IX).

CAPUT XXXVIII.
De stola.

Stola, quae super amictum collo sacerdotis incumbit, obedientiam et servitutem significat, quam Dominus omnium propter salutem servorum subivit. Nam *cum in forma Dei esset, non rapinam arbitratus est esse se aequalem Deo. Exinanivit enim se ipsum, formam servi accipiens, factus obediens usque ad mortem, mortem autem crucis* (*Philip.* II). Causam quippe mortalitatis nec contraxit origine, nec commisit in opere; quia quod non rapuit, hoc exsolvit (*Psal.* LXVIII). Dedit enim illi calicem Pater, non judex ; amore, non ira; voluntate, non necessitate ; gratia, non vindicta. Hic est ille Jacob qui, parens praecepto patris Isaac et consilio matris suae Rebeccae, servivit Laban, ut Rachel et Liam duceret in conjugium (*Gen.* XXVIII et XXXIX).

CAPUT XXXIX.
De tunica.

Tunica poderis, quae hyacinthini coloris erat in veteri sacerdotio, tintinnabulis et malis punicis ab inferiori parte pendentibus, ut pontifex totus vocalis incederet, coelestem Christi doctrinam insinuat. Cujus notitiam habuerunt homines, quibus Deus per prophetam ait : *In montem excelsum ascende tu, qui evangelizas Sion* (*Isai.* XL). Praecipue tamen hanc habuit tunicam evangelicae textrix doctrinae, sapientia Dei Jesus Christus, et dedit illam apostolis suis : *Omnia,* inquit, *quaecunque audivi a Patre meo nota feci vobis* (*Joan.* XV). Hanc ergo significavit illa tunica Domini, quam milites scindere noluerunt, eo quod esset *inconsutilis, desuper contexta per totum (Joan. xix)* : damnum fore maximum existimantes, si qui doctrinam evangelicam hæresibus scindere moliantur.

CAPUT XLI.
De dalmatica.

Super hanc tunicam pontifex vestit dalmaticam, quæ sui forma latam et largam misericordiam Christi significat, quam ipse præ cæteris et docuit et impendit. *Estote*, inquit, *mesericordes, sicut et Pater vester misericors est (Luc. vi). Beati namque misericordes, quoniam ipsi misericordiam consequentur (Matth. v). Judicium vero sine misericordia* fiet, *ei qui non* facit *misericordiam*, quia *misericordia superexaltat judicium (Jac. ii).* Ergo dimittite, et dimittetur vobis, *sicque*, inquit, *orabitis : Dimitte nobis debita nostra, sicut et nos dimittimus debitoribus nostris (Matth. vi).* Hic est ergo Samaritanus ille proximus noster, qui fecit nobiscum misericordiam, *superinfundens* vulneribus nostris *vinum et oleum (Luc. x).* Nam *per viscera misericordiæ* suæ *visitavit nos Oriens ex alto (Luc. x).* Qui *non ex operibus justitiæ quæ fecimus nos, sed secundum misericordiam suam salvos nos fecit (Tit. iii).* Qui pro peccatoribus venit, ut de peccatis veniam indulgeret. *Misericordiam*, inquit, *volo, et non sacrificium (Matth. ix).*

CAPUT XLI.
De chirothecis.

Chirothecæ sunt hædorum pelliculæ, quas Jacob manibus Rebecca circumdedit, ut pilosæ manus majoris similitudinem exprimerent *(Gen. xxvii).* Pellis hædi similitudo peccati, quam Rebecca mater, id est Spiritus sancti gratia, manibus veri Jacob, id est operibus Christi circumdedit : ut similitudinem majoris, id est prioris Adæ, Christus exprimeret. Christus enim similitudinem peccati sine peccato suscepit *(Rom. viii),* ut incarnationis mysterium diabolo celaretur. Nam ad similitudinem peccatorum esuriit, sitivit, doluit et expavit, dormivit et laboravit. Unde *cum jejunasset quadraginta diebus et quadraginta noctibus, ac postea esuriisset, accedens* ad eum diabolus, eum ad similitudinem prioris Adæ tentavit *(Matth. iv).* Sed quibus primum vicerat, eisdem modis victus est a secundo.

CAPUT XLII.
De planeta, ubi etiam agitur de anteriori et posteriori parte planetæ.

Casula vel planeta magni sacerdotis est universalis Ecclesia; de qua dicit Apostolus : *Quotquot in Christo baptizati estis, Christum induistis (Gal. iii).* Hoc est illud Aaron vestimentum, cujus *in oram descendit unguentum :* sed *a capite descendit in barbam,* et a barba *descendit in oram (Psal. cxxxii).* Quoniam *de plenitudine spiritus ejus non omnes accepimus (Joan. i),* primum apostoli, postmodum cæteri. Quod autem casula, cum unica sit et integra, extensione manuum in anteriorem et posteriorem partem quodam modo dividitur, designat et antiquam Ecclesiam, quæ passionem Christi præcessit, et novam, quæ passionem Christi subsequitur. Nam et qui præibant et qui *sequebantur, clamabant, dicentes : Hosanna filio David, benedictus qui venit in nomine Domini (Matth. xxi).*

CAPUT XLIII.
De manipulo.

Quod sacerdos manipulum portat in læva, designat, quod Christus bravium obtinebat in via. Per manipulum enim præmium designatur, juxta quod legitur : *Venientes autem venient cum exsultatione, portantes manipulos suos (Psal. cxxv).* Per lævam vita præsens accipitur, secundum quod scriptum est : *Læva ejus sub capite meo, et dextra illius amplexabitur me (Cant. ii).* Christus autem simul fruebatur et merebatur. Fruebatur in patria, merebatur in via. Nam simul comprehendebat, et stadium percurrebat; quia simul erat et in patria et in via. *Nemo*, inquit, *ascendit in cœlum, nisi qui de cœlo descendit, Filius hominis qui est in cœlo (Joan. iii).*

CAPUT XLIV.
De mitra.

Mitra pontificis illud significat, quod Propheta loquens de Filio dicit ad Patrem : *Gloria et honore coronasti cum, Domine, et constituisti eum super opera manuum tuarum (Psal. viii).* Hoc est itaque illud nomen, *quod est super omne nomen, ut in nomine Jesu omne genu flectatur, cœlestium, terrestrium, et infernorum (Philip. ii).* Nam et in aurea lamina cidaris pontificalis sculptum erat nomen domini tetragrammaton, cujus mysterium superius prælibavimus. Per mitram ergo capitis Christi summam illam honorificentiam intelligimus, quæ propter divinitatem debetur humanitati. Nam propter pedem adoratur scabellum : *Adorate*, inquit, *scabellum pedum ejus, quoniam sanctum est (Psal. xcviii).*

CAPUT XLV.
De baculo.

Virga pontificis Christi potestatem significat; de qua dicit Psalmista : *Virga recta est virga regni tui; quia dilexisti justitiam et odisti iniquitatem, propterea unxit te Deus, Deus tuus (Psal. xLIV).* Propter quod et alibi dicit : *Reges eos in virga ferrea (Psal. ii).* Duritia ferri rigorem significat æquitatis, quia Christus tanquam vas figuli confringet peccatores. Verum potestas Christi non solum virga, sed et baculus est, quia non solum corripit, sed et sustentat; unde Psalmista : *Virga tua et baculus tuus ipsa me con.olata sunt (Psal. xxii).*

CAPUT XLVI.
De annulo.

Annulus digiti donum Spiritus sancti significat. Digitus enim articulatus atque distinctus, Spiritum sanctum insinuat, secundum illud : *Digitus Dei est hic (Exod. viii)* ; et alibi : *Si ego in digito Dei ejicio dæmonia, filii vestri in quo ejiciunt (Luc. ii)?* Annulus aureus et rotundus perfectionem donorum ejus significat, quæ sine mensura Christus accepit, quoniam *in ea plenitudo divinitatis habitat corporaliter* (*Coloss.* 11). Nam *qui de cœlo venit, super omnes est; cui Deus non dedit spiritum ad mensuram* (*Joan.* 111). — *Super quem videris Spiritum*, inquit, sanctum *descendentem et manentem, hic est qui baptizat in Spiritu sancto* (*Joan.* 1). Nam *requiescit super eum Spiritus sapientiæ et intellectus* (*Isa.* 11), etc. Ipse vero de plenitudine sua secundum differentes donationes distribuit : *alii*, secundum Apostolum, dans *sermonem scientiæ, alii gratiam sanitatum, alii operationem virtutum* (*I Cor.* xii), etc. Quod et visibilis pontifex imitatur, et alios in Ecclesia constituens sacerdotes, alios diaconos, alios subdiaconos, et hujusmodi.

CAPUT XLVII.
De quinque psalmis dum præparatur episcopus dicendis.

Celebraturus episcopus missarum solemnia, quosdam psalmos et orationes præmittit, secundum exhortationem Psalmistæ dicentis : *Præoccupemus faciem ejus in confessione, et in psalmis jubilemus ei* (*Psal.* xciv). Dicit autem hos quinque psalmos : *Quam dilecta* (*Psal.* xxiii), *Benedixisti* (*Psal.* lxxxiv), *Inclina* (*Psal.* lxxxv). *Credidi* (*Psal.* cxv), *De profundis* (*Psal.* cxxix). Ut quidquid immundum quinque sensuum transgressione commisit, quinque psalmorum oratione detergat. Quædam enim continentur in ipsis quæ recte conveniunt celebraturis altaris mysterium et eucharistiæ sacramentum. In primo : *Concupivit et defecit anima mea in atria Domini. Altaria tua, Domine virtutum, rex meus et Deus meus. Domine Deus virtutum, exaudi orationem meam, auribus percipe Deus Jacob. Protector noster aspice Deus, et respice in faciem Christi tui.* In secundo : *Converte nos, Deus salutaris noster, et averte iram tuam a nobis. Nunquid in æternum irasceris nobis ? Ostende nobis, Domine, misericordiam tuam, et salutare tuum da nobis. Verumtamen propter timentes eum salutare ipsius, ut inhabitet gloria in terra nostra.* In tertio : *Auribus percipe, Domine, orationem meam, et intende voci deprecationis meæ. Omnes gentes quoscunque fecisti venient et adorabunt coram te, Domine. Confitebor tibi, Domine Deus meus, in toto corde meo, et glorificabo nomen tuum in æternum.* In quarto : *Calicem salutaris accipiam, et nomen Domini invocabo. Dirupisti, Domine, vincula mea, tibi sacrificabo hostium laudis, et nomen Domini invocabo. Vota mea Domino reddam in conspectu omnis populi ejus; in atriis domus Domini, in medio tui Jerusalem.* In quinto : *Fiant aures tuæ intentes in vocem deprecationis meæ. Sustinuit anima mea in verbo ejus, speravit anima mea in Domino. Quia apud Dominum misericordia et copiosa apud eum redemptio.* Orationes vero quas addit, manifeste pertinent ad impetrandum cordis et corporis munditiam et munimen.

CAPUT XLVIII.
De pontificalibus indumentis, secundum quoa membris conveniunt : ubi agitur de caligis et sandaliis.

Inter hæc, pedes pontificis, in præparatione Evangelii pacis, caligis et sandaliis calceantur, quorum pulchritudinem admirabatur propheta cum diceret : Quam speciosi sunt pedes evangelizantium pacem, evangelizantium bona (*Psal.* lii). Sandalia vero de subtus integram habent soleam, desuper autem corium fenestratum, quia gressus prædicatoris debent subtus esse muniti, ne polluantur terrenis, secundum illud : *Excutite pulverem de pedibus vestris* (*Matth.* x) ; et sursum aperti, quatenus ad cognoscenda cœlestia revelentur, secundum illud propheticum : *Revela oculos meos, et considerabo mirabilia de lege tua* (*Psal.* cxviii). Quod autem sandalia quibusdam locis aperta, quibusdam clausa sunt, designat, quod evangelica prædicatio nec omnibus revelari, nec omnibus debet abscondi, sicut scriptum est : *Vobis datum est nosse mysterium regni Dei, cæteris autem in parabolis* (*Luc.* viii). *Nolite sanctum dare canibus, nec margaritas spargatis ante porcos* (*Matth.* vii). Prius autem caligis induitur usque ad genua protensis, ibique constrictis, quia prædicator pedibus suis rectos facere gressus, et genua debilia roborare debet ; nam *qui fecerit et docuerit, hic magnus vocabitur in regno cœlorum* (*Matth.* v).

CAPUT XLIX.
De ablutione manuum.

Deinde corporaliter lavat manus, ut spiritualiter mundet actus, auctoritate Psalmistæ dicentis : *Lavabo inter innocentes manus meas, et circumdabo altare tuum, Domine* (*Psal.* xxv). Non enim divina sacramenta lutum manuum contaminat, sed si *quis indigne manducat et bibit, judicium sibi manducat et bibit* (*I Cor.* 11). Quia *non lotis manibus manducare, non coinquinat hominem. Quæ autem procedunt de ore, de corde exeunt, ea coinquinant hominem, cogitationes malæ, homicidia, adulteria, furta, fornicationes, falsa testimonia, blasphemiæ. Hæc sunt quæ coinquinant hominem* (*Matth.* xv).Unde sollicite satagendum est, ut non tam exteriora manuum, quam interiora mentium inquinamenta purgentur

CAPUT L.
De amictu, ubi agitur de duabus ligulis quibus ante pectus ligatur.

Lotis itaque manibus assumit amictum . qui super humeros circumquaque diffunditur. Per quem operum fortitudo significatur. Humeri quippe fortes sunt ad opera peragenda , secundum illud patriarchæ Jacob : *Supposuit humerum ad portandum , et factus est tributis serviens* (*Gen.* xlix). Duo vasculi quibus amictus ante pectus ligatur, signant intentionem et finem, quibus informandum est opus, ne fiat *in fermento malitiæ et nequitiæ, sed in azymis sinceritatis et veritatis* (*I Cor.* v). Sacerdos enim non debet otiosus existere, sed bonis operibus insistere et insudare, secundum quod Apostolus ait ad Timotheum : *Labora sicut bonus miles Jesu Christi (II Tim.* II).

CAPUT LI.
De alba.

Alba membris corporis convenienter aptata, nihil superfluum aut dissolutum in vita sacerdotis esse debere, demonstrat. Haec ob speciem candoris designat munditiam, secundum quod legitur : *Omni tempore vestimenta tua sint candida (Eccle.* IX). Fit autem de bysso vel de lino. Propter quod scriptum est : Byssum sunt justificationes sanctorum. Sicut enim byssus, vel linum candorem, quem ex natura non habet, multis tunsionibus attritum, per artem acquirit, sic et hominis caro munditiam, quam non obtinet per naturam, multis castigationibus macerata, sortitur per gratiam. Unde sacerdos, secundum Apostolum, castigat corpus suum et in servitutem redigit *(I Cor.* IX), ne forte cum aliis praedicaverit, ipse reprobus fiat. Haec vestis in veteri sacerdotio stricta fuisse describitur, propter spiritum servitutis in timore. In novo larga est, propter spiritum adoptionis in libertate *(II Cor.* III). Quod autem aufrigium habet, et gemmata est in diversis locis et variis operibus ad decorem, illud insinuat, quod Propheta dicit in Psalmo : *Astitit regina a dextris tuis in vestitu deaurato, circumdata varietate (Psal.* XLIV).

CAPUT LII.
De zona et succinctorio.

Debet igitur alba circa lumbos zona praecingi, ut castitatis sacerdotis nullis incentivorum stimulis dissolvatur, unde : *Sint lumbi vestri praecincti, et lucernae ardentes in manibus vestris (Luc.* XII). In lumbis enim luxuria dominatur. Sic Dominus loquens de diabolo manifestat : *Virtus ejus in lumbis ejus, et fortitudo illius in umbilico ventris ejus (Job* XL). Debent ergo lumbi praecingi per continentiam. Debent et subcingi per abstinentiam ; quoniam *hoc genus daemonii non ejicitur nisi in oratione et jejunio (Matth.* XVII). Hinc etiam Apostolus ait : *State succincti lumbos in veritate (Ephes.* VI).

CAPUT LIII.
Quare Romanus pontifex post albam orale, et post orale crucem assumat.

Romanus autem pontifex post albam et cingulum assumit orale, quod circa caput involvit, et replicat super humeros, legalis pontificis ordinem sequens, qui post lineam strictam et zonam induebatur ephod, id est superhumerale, cujus locum modo tenet amictus. Et quia signo crucis auri lamina cessit, pro lamina, quam pontifex ille gerebat in fronte, pontifex iste crucem gerit in pectore. Nam mysterium, quod in quatuor litteris auri lamina continebat, in quatuor partibus forma crucis explicuit, juxta quod inquit Apostolus : *Ut comprehendatis cum omnibus sanctis quae sit longitudo et latitudo, et sublimitas et profundum (Ephes.* III). Ideoque Romanus pontifex crucem quamdam insertam catenulis a collo suspensam, sibi statuit ante pectus, ut sacramentum, quod ille praeferebat in fronte, hic autem recondat in pectore : *nam corde creditur ad justitiam, ore autem in confessio fit ad salutem (Rom.* X).

CAPUT LIV.
De stola.

Post haec stolam, quae alio modo vocatur *orarium*, super collum sibi sacerdos imponit, ut jugum Domini se suscepisse significet; quae a collo per anteriora descendens, dextrum et sinistrum latus adornat, quia *per arma justitiae a dextris et a sinistris (II Cor.* VI), id est in prosperis et adversis, sacerdos debet esse munitus. Stola quippe significat sapientiam vel patientiam, de qua scriptum habetur : *Patientia vobis necessaria est, ut reportetis promissiones (Hebr.* X). Et iterum : *In patientia vestra possidebitis animas vestras (Luc.* XXI). Hinc est ergo, quod stola cum zona nexibus quibusdam colligatur, quia virtutes virtutibus sociantur, ne aliquo tentationis moveantur impulsu. Debet autem sacerdos secundum decretum Braccharens's concilii de uno eodemque orario cervicem pariter et utrumque humerum premens, signum crucis in pectore suo praeparare. Si quis autem aliter egerit, excommunicationi debitae subjacebit. Nisi forte quis dixerit hoc decretum per contrariam Ecclesiae Romanae consuetudinem abrogatum.

CAPUT LV.
De tunica.

Deinde pontifex induit tunicam poderem, id est talarem, significantem perseverantiam; unde Joseph inter fratres suos talarem tunicam habuisse describitur *(Gen.* XXXVII). Cum vero caeterae virtutes currant in stadio, perseverantia tamen accipit bravium; quoniam, *qui perseveraverit usque in finem, hic salvus erit (Matth.* X). Unde praecipitur : *Esto fidelis usque ad mortem, et dabo tibi coronam vitae (Apoc.* II). Habebat autem haec vestis in veteri sacerdotio, pro fimbriis mala punica cum tintinnabulis aureis, quorum supra mysterium exposuimus.

CAPUT LVI.
De dalmatica.

Super hanc tunicam episcopus vestit dalmaticam, sic dictam, eo quod in Dalmatia fuit reperta. Quae sui forma figurat largitatem, quia largas habet manicas et protensas [*al.* largitas habet manus protensas]. Unde secundum Apostolum : *Oportet episcopum non esse turpis lucri cupidum, sed hospitalem (I Tim.* III). Non ergo manum habeat ad dandam collectam, et ad recipiendum porrectam, sed illud efficiat quod propheta suadet : *Frange esurienti panem tuum, et egenos vagosque duc in domum tuam. Cum videris nudum, operi eum, et carnem tuam ne despexeris (Isa.* LVIII). Ob hoc forte specialiter utuntur diaconi dalmaticis, quod principaliter electi sunt ab apostolis, ut mensis ex officio ministrarent *(Act.* VI). Debet autem dalmatica habere duas lineas coccineas, hinc inde, ante et retro, a summo usque deorsum ; ut pontifex habeat fervorem ad Deum et ad proximum, in prosperis et adversis, juxta Veteris et Novi Testamenti præceptum, quod est : *Diliges Dominum Deum tuum ex toto corde tuo, et proximum tuum sicut te ipsum (Deut.* vi; *Matth.* xxii). Unde Joannes : *Charissimi, non novum mandatum scribo vobis, sed mandatum vetus, quod habuistis ab initio;* atque iterum : *Mandatum novum scribo vobis,* etc. *(I Joan.* ii). In sinistro quoque latere dalmatica fimbrias habere solet, id est sollicitudines activæ vitæ signantes, quas episcopus debet habere pro subditis, juxta quod dicit Apostolus : *Præter illa quæ extrinsecus sunt instantia mea quotidiana, sollicitudo omnium Ecclesiarum (II Cor.* ii).

CAPUT LVII.
De chirothecis.

Quia vero plerique bonum opus, quod faciunt, inani favore corrumpunt, statim episcopus manus operit chirothecis, ut nesciat sinistra sua quid faciat dextra sua *(Matth.* vi). Per chirothecam ergo congrue cautela designatur, quæ sic facit opus in publico, quod intentionem continet in occulto. Nam etsi Dominus dixerit : *Luceat lux vestra coram hominibus, ut videant opera vestra bona, et glorificent Patrem vestrum qui in cœlis est* (ibid.), propter quod chirotheca circulum aureum desuper habet ; ipse tamen præcepit : *Attendite ne justitiam vestram faciatis coram hominibus, ut videamini ab eis, alioquin mercedem non habebitis apud Patrem vestrum qui in cœlis est* (ibid.).

CAPUT LVIII.
De casula vel planeta.

Postremo super omnes vestes induit casulam vel planetam, quæ significat charitatem. *Charitas enim operit multitudinem peccatorum (I Petr.* iv), de qua dicit Apostolus : *Adhuc excellentiorem viam vobis demonstro, si linguis hominum loquar et angelorum, charitatem autem non habuero, factus sum velut æs sonans et cymbalum tinniens (I Cor.* xiii). Et hæc est vestis nuptialis de qua loquitur Dominus in Evangelio : *Amice, quomodo huc intrasti, non habens vestem nuptialem? (Matth.* xxii.) Quod autem amictus super os planetæ revolvitur, innuit, quod omne opus bonum debet ad charitatem referri. Nam *finis præcepti charitas est de corde puro, et conscientia bona, et fide non ficta (I Tim.* i). Quod autem extensione manuum in anteriorem et posteriorem partem dividitur, significat duo brachia charitatis, ad Deum scilicet et ad proximum. *Diliges,* inquit, *Dominum Deum tuum ex toto corde tuo, et proximum tuum sicut te ipsum (Deut.* vi). *In his duobus mandatis pendet tota lex et prophetæ (Matth.* xxii). Latitudo planetæ significat latitudinem charitatis, quæ usque ad inimicos extenditur; unde : *Latum mandatum tuum nimis (Psal.* cxviii).

CAPUT LIX.
De manipulo.

Cæterum quia mentibus bene compositis et divino cultui mancipatis sæpe subrepit accidia, quæ quodam torpore reddit animum dormientem, dicente Psalmista : *Dormitavit anima mea præ tædio (Psal.* cxviii), in sinistra manu quædam apponitur mappula, quæ manipulus vel sudarium appellatur, qua sudorem mentis abstergat, et soporem cordis excutiat, ut, depulso tædio vel torpore, bonis operibus diligenter invigilet. Per manipulum ergo vigilantia designatur, de qua Dominus ait : *Vigilate, quia nescitis qua hora Dominus vester venturus sit (Matth.* xiv); unde sponsa dicit in Canticis : *Ego dormio, et cor meum vigilat (Cant.* v).

CAPUT LX.
De mitra.

Mitra pontificis scientiam utriusque Testamenti significat; nam duo cornua duo sunt Testamenta, duæ fimbriæ spiritus et littera. Circulus aureus, qui anteriorem et posteriorem partem complectitur, indicat quod *omnis scriba doctus in regno cœlorum de thesauro suo nova profert et vetera (Matth.* xiii). Caveat ergo diligenter episcopus, ne prius velit esse magister, quam norit esse discipulus, ne *si cæcus cæcum duxerit, ambo in foveam cadant (Matth.* xv). Scriptum est enim in Propheta : *Quia tu scientiam repulisti, ego te repellam, ne sacerdotio fungaris mihi (Ose.* iv).

CAPUT LXI.
De annulo.

Annulus est fidei sacramentum, in quo Christus sponsam suam sanctam Ecclesiam subarrhavit, ut ipsa de se dicere valeat : Annulo suo subarrhavit me Dominus meus, id est Christus. Cujus custodes et pædagogi sunt episcopi et prælati, annulum pro signo ferentes in testimonium. De quibus sponsa dicit in Canticis : *Invenerunt me vigiles, qui custodiunt civitatem (Cant.* v). Hunc annulum dedit pater filio revertenti, secundum illud : *Date annulum in manum ejus (Luc.* xv).

CAPUT LXII.
De baculo, et quare summus pontifex pastorali virga non utitur.

Baculus correptionem [*al.* correctionem] significat pastoralem, propter quod a consecratore dicitur consecrato : *Accipe baculum pastoralitatis.* Et de quo dicit Apostolus : *In virga veniam ad vos (I Cor.* iv). Quod autem est acutus in fine, rectus in medio, retortus in summo, designat quod pontifex debet per eum pungere pigros, regere debiles, colligere vagos. Quod uno carmine versificator quidam expressit :

Collige, sus enta, 2 stimula, vaga, morbi 'a, lenta.

Romanus autem pontifex pastorali virga non utitur, pro eo quod beatus Petrus apostolus baculum suum misit Euchario primo episcopo Treverorum, quem una cum Valerio et Materno ad prædicandum Evangelium genti Teutonicæ destinavit. Cui successit in episcopatu Maternus, qui per baculum sancti Petri de morte fuerat suscitatus. Quem baculum usque hodie cum magna veneratione Treverensis servat Ecclesia.

CAPUT LXIII.
De pallio, ubi materia et forma secundum mysterium exponuntur.

Pallium, quo majores utuntur episcopi, significat disciplinam, qua se ipsos et subditos archiepiscopi debent regere. Per hanc acquiritur torques aurea, quam legitime certantes accipiunt, de qua dicit Salomon in Parabolis : *Audi, fili mi, disciplinam patris tui, et ne dimittas legem matris tuae, ut addatur gratia capiti tuo, et torques collo tuo* (*Prov.* I). Fit enim pallium de candida lana contextum, habens desuper circulum humeros constringentem, et duas lineas ab utraque parte dependentes. Quatuor autem cruces purpureas, ante et retro, a dextris et a sinistris ; sed a sinistris est duplex, et simplex a dextris. Haec omnia moralibus sunt imbuta mysteriis, et divinis gravida sacramentis. Nam, ut Scriptura testatur : *In thesauris sapientiae significatio disciplinae* (*Eccle.* I). In lana quippe notatur asperitas, in candore benignitas designatur. Nam ecclesiastica disciplina contra rebelles et obstinatos severitatem exercet, sed erga poenitentes et humiles exhibet pietatem. Propter quod de lana non cujuslibet animalis, sed ovis tantum efficitur, quae mansuetum est animal, unde Propheta : *Tanquam ovis ad occisionem ductus est, et quasi agnus coram tondente se obmutuit, et non aperuit os suum* (*Isa.* LIII). Hinc est quod illius semivivi vulneribus, quem Samaritanus duxit in stabulum, et vinum adhibetur et oleum, ut per vinum mordeantur vulnera, et per oleum foveantur (*Luc.* x), quatenus qui sanandis vulneribus praeest, in vino morsum severitatis adhibeat, in oleo mollitiem pietatis. Hoc nimirum et per arcam tabernaculi designatur, in qua cum tabulis virga continetur et manna (*Hebr.* IX). Quoniam in mente rectoris cum Scripturae scientia debet esse virga districtionis, et manna dulcedinis, ut severitas immoderate non saeviat, et pietas plus quam expedit non indulgeat. Circulus pallii, per quem humeri constringuntur, est timor Domini, per quem opera coercentur ne vel ad illicita defluant, vel ad superflua relaxentur. Quoniam disciplina sinistram cohibet ab illicitis formidine poenae; dexteram vero temperat a superfluis amore justitiae. *Beatus ergo vir qui semper est pavidus* (*Prov.* XXVIII). Nam, juxta sententiam Sapientis : *Timor Domini peccatum repellit* (*Eccli.* I), qui vero sine timore existit, justificari non poterit. Hinc est ergo quod pallium et ante pectus et super humeros frequenter aptatur. Quatuor cruces purpureae sunt quatuor virtutes politicae : justitia, fortitudo, prudentia, temperantia : quae nisi crucis Christi sanguine purpurentur, frustra sibi virtutis nomen usurpant, et ad veram beatitudinis gloriam non perducunt. Unde Dominus inquit apostolis : *Nisi abundaverit justitia vestra plus quam scribarum et Pharisaeorum, non intrabis in regnum coelorum* (*Matth.* v). Haec est purpurea regis tunica tincta [*al.* juncta; *al.* vincta] canalibus, quam Salomon commemorat in Canticis canticorum (*cap.* VII). Is ergo qui gloria pallii decoratur, si cupit esse quod dicitur, in anteriori parte debet habere justitiam, ut reddat unicuique quod suum est. Prudentiam in posteriori, ut caveat quod unicuique nocivum est. Fortitudinem a sinistris, ut eum adversa non deprimant. Temperantiam a dextris, ut eum prospera non extollant. Duae lineae, quarum una post dorsum, et altera progreditur ante pectus, activam et contemplativam vitam significant. Quas ita debet exercere praelatus, ut exemplo Moysi nunc in montem ascendat, et ibi philosophetur cum Domino ; nunc ad castra descendat, et ibi necessitatibus immineat populorum, provisurus attentius ut cum saepe se dederit aliis, interdum se sibi restituat (*Exod.* XXIV, XXXIV). Quatenus et cum Martha circa frequens satagat ministerium, et cum Maria verbum audiat Salvatoris (*Luc.* x). Utraque tamen gravat inferius, quia *corpus quod corrumpitur aggravat animam, et deprimit terrena inhabitatio sensum multa cogitantem* (*Sap.* IX). Quapropter et pallium duplex est in sinistra, sed simplex in dextra. Quia vita praesens, quae per sinistram accipitur, multis est subjecta molestiis ; sed vita futura, quae per dexteram designatur, in una semper collecta quiete est. Quod Veritas ipsa designavit, cum intulit : *Martha, Martha, sollicita es et turbaris erga plurima. Porro unum est necessarium. Maria optimam partem elegit, quae non auferetur ab ea in aeternum* (*Luc.* x). Pallium duplex est in sinistro, quatenus ad tolerandas vitae praesentis molestias praelatus fortis existat. Simplex in dextra, quatenus ad obtinendam vitae futurae quietem, toto suspiret affectu, juxta verbum Psalmistae dicentis : *Unam petii a Domino, hanc requiram, ut inhabitem in domo Domini omnibus diebus vitae meae* (*Psal.* XXVI). Tres autem acus, quae pallio infiguntur, ante pectus, super humeros et post tergum, designant compassionem proximi, administrationem officii, districtionem judicii. Quarum prima pungit animum per dolorem, secunda per laborem, tertia per terrorem. Prima pungebat Apostolum cum dicebat : *Quis infirmatur, et ego non infirmor? quis scandalizatur, et ego non uror?* (*II Cor.* XVIII.) Secunda est, *praeter illa quae extrinsecus sunt, instantia mea quotidiana, sollicitudo omnium Ecclesiarum* (*I Petr.* IV). Tertia : *Si justus vix salvabitur, impius et peccator ubi parebunt?* (*II Cor.* XI.) Super dextrum humerum non infigitur acus, quoniam in aeterna quiete nullus est afflictionis aculeus, nullus stimulus punctionis. *Absterget enim Deus omnem lacrymam ab oculis sanctorum, et jam non erit amplius neque luctus, neque clamor, sed nec ullus dolor, quoniam priora transierunt* (*Apoc.* XXI). Acus est aurea, sed inferius est acuta, et superius rotunda, lapidem continens pretiosum, quia nimirum bonus pastor propter curam ovium in terris affligitur, sed in coelis aeternaliter coronabitur, ubi pretiosam illam margaritam habebit, de qua Dominus ait in Evangelio : *Simile est regnum cœlorum homini negotiatori quærenti bonas margaritas. Inventa autem una pretiosa margarita, abiit et vendidit omnia quæ habuit, et emit eam (Matth.* xiii). Dicitur autem pallium plenitudo pontificalis officii, quoniam in ipso et cum ipso confertur pontificalis officii plenitudo. Nam antequam metropolitanus pallio decoretur, non debet clericos ordinare, pontifices consecrare, vel ecclesias dedicare, nec archiepiscopus appellari.

CAPUT LXIV.
De armatura virtutum.

Ista sunt arma quæ pontifex debet induere, contra spirituales nequitias pugnaturus. Nam, ut inquit Apostolus : *Arma militiæ nostræ non sunt carnalia, sed ad destructionem munitionum potentia Deo (II Cor.* x). De quibus idem Apostolus in alia dicit Epistola : *Induite vos armaturam Dei, ut possitis stare adversus insidias diaboli. State ergo succincti lumbos vestros in veritate, et induti loricam justitiæ, et calceati pedes in præparationem Evangelii pacis, in omnibus sumentes scutum fidei, quo possitis omnia tela nequissimi ignea exstinguere, et galeam salutis assumite, et gladium spiritus, quod est verbum Dei (Ephes.* vi).

Provideat ergo diligenter episcopus, et attendat sacerdos studiose, ut signum sine significato non ferat, ut vestem sine virtute non portet, ne forte similis sit sepulcro deforis dealbato, intus autem omni pleno spurcitia (*Matth.* xxiii). Quisquis autem sacris indumentis ornatur, et honestis moribus non induitur, quanto venerabilior apparet hominibus, tanto indignior redditur apud Deum. Pontificalem itaque gloriam jam honor non commendat vestium, sed splendor animarum. Quoniam et illa quæ quondam carnalibus blandiebantur obtutibus, ea potius quæ in ipsis erant intelligenda poscebant : ut quidquid illa velamina in fulgore auri et in nitore gemmarum, et in multimodi operis varietate signabant, hoc jam in moribus actibusque clarescat. Quod et apud veteres reverentiam ipsæ significationum species obtinent, et apud nos certiora sunt experimenta rerum, quam ænigmata figurarum. Tunc enim *valles* abundant *frumento,* cum *arietes ovium sunt induti* (*Psal.* xliv).

CAPUT LXV.
De quatuor coloribus principalibus, quibus secundum proprietates dierum vestes sunt distinguendæ.

Quatuor autem sunt principales colores, quibus secundum proprietates dierum sacras vestes Ecclesia Romana distinguit, albus, rubeus, niger et viridis. Nam et in legalibus indumentis quatuor colores fuisse leguntur (*Exod.* xxviii) : byssus et purpura, hyacinthus et coccus. Albis induitur vestimentis in festivitatibus confessorum et virginum, rubeis in solemnitatibus apostolorum et martyrum. Hinc sponsa dicit in Canticis : *Dilectus meus candidus et rubicundus, electus ex millibus* (*Cant.* v). Candidus in confessoribus et virginibus, rubicundus in martyribus et apostolis. Hi et illi sunt flores rosarum et lilia convallium. Albis indumentis igitur utendum est in festivitatibus confessorum et virginum, propter integritatem et innocentiam. Nam candidi facti sunt Nazaræi ejus, et ambulant semper cum eo in albis. *Virgines enim sunt, et sequuntur Agnum quocunque ierit* (*Apoc.* xiv). Propter eam causam utendum est albis in solemnitatibus sequentibus, scilicet in solemnitatibus angelorum, de quorum nitore Dominus ait ad Luciferum : *Ubi eras, cum me laudarent astra matutina?* (*Job* xxxviii.) In nativitate Salvatoris et præcursoris, quoniam uterque natus est mundus, id est carens originali peccato. *Ascendit enim Dominus super nubem levem,* id est sumpsit carnem a peccatis immunem, *et intravit Ægyptum* (*Isa.* xix), id est venit in mundum, juxta quod angelus ait ad Virginem : *Spiritus sanctus superveniet in te, et virtus Altissimi obumbrabit tibi. Ideoque quod nascetur ex te sanctum, vocabitur Filius Dei* (*Luc.* i). Joannes autem etsi fuit conceptus in peccato, fuit tamen sanctificatus in utero, secundum illud propheticum : *Antequam exires de vulva, sanctificavi te* (*Jer.* i). Nam et angelus ait ad Zachariam : *Spiritu sancto replebitur adhuc ex utero matris suæ* (*Luc.* i). In Epiphania propter splendorem stellæ, quæ magos adduxit, secundum illud propheticum : *Et ambulabunt gentes in lumine tuo, et reges in splendore ortus tui* (*Isa.* lx). In Ypopanti, propter puritatem Mariæ, quæ juxta canticum Simeonis obtulit *lumen ad revelationem gentium, et gloriam plebis suæ Israel* (*Luc.* ii). In cœna Domini, propter confectionem chrismatis, quod ad mundationem animæ consecratur. Nam et evangelica lectio munditiam principaliter in illa solemnitate commendat. *Qui lotus est,* inquit, *non indiget, nisi ut pedes lavet, sed est mundus totus;* et iterum : *Si non lavero te, non habebis partem mecum* (*Joan.* xiii). In resurrectione, propter angelum testem, et nuntium resurrectionis, qui apparuit stola candida coopertus (*Marc.* xvi); de quo dicit Matthæus, quod *erat aspectus ejus sicut fulgur, et vestimentum ejus sicut nix* (*Matth.* xxviii). In Ascensione, propter nubem candidam [*al.* lucidam], in qua Christus ascendit. Nam et duo viri steterunt juxta illos in vestibus albis, qui et dixerunt : *Viri Galilæi, quid statis aspicientes in cœlum?* etc. (*Act.* i.) Illud autem non otiose notandum est quod, licet in consecratione pontificis talibus indumentis sit utendum, consecrantibus scilicet et ministris (nam consecrandus semper albis utitur) qualia secundum proprietatem diei conveniunt ; in dedicatione tamen Ecclesiæ semper utendum est albis, quocunque dierum dedicatio celebretur. Quoniam in consecratione pontificis cantatur missa diei, sed in dedicatione basilicæ dedicationis missa cantatur. Nam et Ecclesia virgineo nomine nuncupatur, secundum illud Apostoli : *Despondi enim vos uni viro virginem castam exhibere Christo* (*II Cor.* xi). De qua Sponsus dicit in Canticis : *Tota pulchra es, amica mea, et macula non est in te. Veni de Libano, sponsa mea, veni de Libano, veni (Cant. IV).*

Rubeis autem utendum est indumentis in solemnitatibus apostolorum et martyrum, propter sanguinem passionis, quem pro Christo fuderunt. Nam *ipsi sunt qui venerunt ex magna tribulatione, et laverunt stolas suas in sanguine Agni (Apoc.* VII). In festo crucis, de qua Christus pro nobis sanguinem suum fudit; unde Propheta : *Quare rubrum est indumentum tuum, sicut calcantium in torculari?* (Isa. LXIII.) Vel in festo crucis melius est albis utendum, quia non passionis, sed inventionis vel exaltationis est festum. In Pentecoste, propter sancti Spiritus fervorem qui super apostolos in linguis igneis apparuit. *Nam apparuerunt illis dispertitæ linguæ tanquam ignis, seditque supra singulos eorum (Act.* II). Unde propheta : *Misit de cœlo ignem in ossibus meis (Thren.* I). Licet autem in apostolorum Petri et Pauli martyrio rubeis sit utendum, in conversione tamen et cathedra utendum est albis. Sicut licet in nativitate sancti Joannis sit albis utendum, in decollatione tamen ipsius utendum est rubeis. Cum autem illius festivitas celebratur, qui simul est et martyr et virgo, martyrium præfertur virginitati, quia signum est perfectissimæ charitatis, juxta quod Veritas ait : *Majorem charitatem nemo habet, quam ut animam suam ponat quis pro amicis suis (Joan.* XIV). Quapropter et in commemoratione Omnium Sanctorum quidam rubeis utuntur indumentis; alii vero, ut curia Romana, candidis; cum non tam in eadem, sed de eadem, solemnitate dicat Ecclesia, quod sancti, secundum Apocalypsim Joannis (*cap.* VII), stabant *in conspectu Agni, amicti stolis albis, et palmæ in manibus eorum.*

Nigris autem indumentis utendum est in die afflictionis et abstinentiæ, pro peccatis et pro defunctis. Ab adventu scilicet usque ad Natalis vigiliam, et a Septuagesima usque ad Sabbatum Paschæ. Sponsa quippe dicit in Canticis : *Nigra sum, sed formosa, filiæ Hierusalem, sicut tabernacula Cedar, sicut pellis Salomonis. Nolite me considerare, quod fusca sim, quia decoloravit me sol (Cant.* 1). In Innocentum autem die, quidam nigris, alii vero rubeis indumentis utendum esse contendunt. Illi propter tristitiam, quia *vox in Rama audita est, ploratus et ululatus multus, Rachel plorans filios suos, et noluit consolari, quia non sunt (Jer.* XXXI). Nam propter eamdem causam cantica lætitiæ subticentur, et non in aurifrigio mitra defertur. Isti propter martyrium quod principaliter commemorans inquit Ecclesia : *Sub throno Dei sancti clamabant : Vindica sanguinem nostrum qui effusus est, Deus noster (Luc.* XVIII; *Apoc.* VI). Propter tristitiam ergo quam et silentium innuit lætitiæ canticorum, mitra quæ fertur non est aurifrigio iusignita, sed propter martyrium rubeis est indumentis utendum. Hodie utimur violaceis, sicut in *Lætare Hierusalem,* propter lætitiam, quam aurea rosa significat, Romanus Pontifex portat mitram aurifrigio insignitam, sed propter abstinentiam nigris, imo violaceis utitur indumentis.

Restat ergo, quod in diebus ferialibus et communibus, viridibus sit indumentis utendum, quia viridis color medius est inter albedinem et nigredinem et ruborem. Hic color exprimitur, ubi dicitur : *Cypri cum nardo, nardus et crocus (Cant.* IV).

Ad hos quatuor cæteri referuntur. Ad rubeum colorem coccineus, ad nigrum violaceus, ad viridem croceus. Quamvis nonnulli rosas ad martyres, crocum ad confessores, lilium ad virgines referant.

LIBER SECUNDUS.

CAPUT PRIMUM.
De accessu pontificis ad altare.

His indumentis ornatus episcopus ad altare procedit, duobus eum ducentibus hinc inde, sacerdote videlicet et levita, subdiacono præcedente, qui clausum portat codicem Evangelii, donec episcopus ad altare perveniat, ibique codicem osculatur apertum. Hæc omnia divinis plena sunt sacramentis. Episcopus enim illum in se repræsentat pontificem, de quo dicit Apostolus : *Christus assistens pontifex futurorum bonorum, per amplius et perfectius tabernaculum, non manufactum (Hebr.* IX), id est [non hujus creationis, etc.

CAPUT II.
De presbytero et diacono qui deducunt pontificem hinc inde.

Sacerdos et levita significant legem et prophetiam, secundum illud quod Dominus ipse proposuit in parabola sauciati, quia sacerdos quidam descendit eadem via, et viso illo prætervivit similiter et levita (*Luc.* X). Moyses et Elias in figura legis et prophetiæ apparuerunt in monte cum Christo loquentes (*Matth.* XVII). Sacerdos ergo et levita deducunt episcopum, quia lex et prophetia Christum annuntiaverunt et promiserunt. Moyses enim inquit in lege : *Prophetam suscitabit vobis Deus de fratribus vestris, ipsum tanquam me audietis (Deus.* XVIII). Et Isaias : *Ecce veniet propheta magnus, et ipse renovabit Hierusalem (Isa.* LXVI).

CAPUT III.
De subdiacono qui præcedit, clausum portans codicem Evangelii.

Subdiaconus qui præcedit, Joannem Baptistam significat, qui præcessit Christum in spiritu et virtute Eliæ, parare Domino plebem perfectam (*Luc.* III). Hic ante pontificem portat codicem Evangelii, quia Joannes ante Christum prædicationem Evangelii inchoavit: *Pœnitentiam*, inquit, *agite, appropinquabit enim regnum cœlorum* (*Matth.* II). Quod autem liber clausus tenetur, donec pontifex ad altare perveniat, et tunc aperitur, hoc insinuat quod in Apocalypsi describitur: *Quoniam nemo inventus est dignus aperire librum, qui scriptus erat intus et foris, signatus sigillis septem, nisi leo de tribu Juda, radix David: qui librum aperuit et septem ejus sigilla solvit* (*Apoc.* XIV). Per altare signatur Ecclesia, juxta quod Dominus dixit in Exodo: *Si altare lapideum feceris mihi, non ædificabis illud de sectis lapidibus* (*Exod.* XX). Quod sectionem lapidum prohibet in altari, divisionem fidelium reprobat, ne Ecclesia dividatur per errores et schismata.

CAPUT IV.
De pontifice qui pervenit ad altare.

Tunc ergo liber aperitur, cum episcopus pe venit ad altare. Quoniam ubi Christus primitivam apostolorum congregavit Ecclesiam, docens et prædicans, Scripturæ mysteria revelavit: *Vobis*, inquit, *datum est nosse mysterium regni Dei, cæteris autem in parabolis* (*Luc.* VIII). Unde post resurrectionem *aperuit illis sensum ut intelligerent Scripturas* (*Luc.* XXIV). Rectius ergo facit episcopus, cum ipsemet aperit librum evangelii, quamvis et per ministros suos Christus patefecerit mysteria Scripturarum. Quod episcopus codicem evangelii osculatur, insinuat quod Christus pacem in Evangelio prædicavit. *Pacem meam*, inquit, *do vobis, pacem relinquo vobis, non quomodo mundus dat, ego do vobis* (*Joan.* XIV).

CAPUT V.
De processione Romani pontificis a secretario ad altare.

Cum autem stationalis solemnitas celebratur, Romanus pontifex cum sex præfatis ordinibus a secretario processionaliter ad altare progreditur, designans quod Christus exivit a Patre, et venit in mundum (*Joan.* XVI). Hic enim processionis ordo generationis Christi seriem repræsentat, quam Matthæus evangelista descripsit (*Cap.* 1), in qua sex inveniuntur ordines personarum, a quibus Christus secundum carnem traxit originem, et in mundum processit: patriarchæ videlicet et prophetæ, reges et principes, pastores et duces. Abraham patriarcha, David propheta, Salomon rex, Salomon princeps, Judas pastor, Zorobabel dux.

CAPUT VI.
De duobus diaconis qui ducunt pontificem.

Duo diaconi qui ducunt pontificem, designant Abraham et David, quibus facta est incarnationis Christi repromissio. Nam illi promissum est: *In semine tuo benedicentur omnes gentes* (*Gen.* XXII); isti pollicitum, *De fructu ventris tui ponam super sedem tuam* (*Psal.* CXXXI). Propter quod evangelista signanter hos duos in generatione Christi præmisit: *Liber*, inquit, *generationis Jesu Christi, filii David, filii Abraham* (*Matth.* 1). Isti sunt duæ columnæ, quas verus pacificus in vestibulo templi posuit ante ostium (*II Par.* III), quas ambit funiculus duodecim cubitorum, id est quos fides duodecim apostolorum complectitur, de quorum medio Christus ostium aperitur credentibus (*Joan.* X).

CAPUT VII.
De mappula, quæ portatur super pontificem quatuor baculis colligata.

Quatuor autem ministri super pontificem ferunt mappulam quatuor baculis colligatam, propter quod ipsi ministri mappularii nuncupantur. Mappula quæ diversis imaginibus est figurata, sacram Scripturam signat, quæ multis mysteriis est insignita. Hæc quatuor baculis super pontificem portatur extensa, quia sacra Scriptura quatuor modis super Christum fertur exposita, secundum historiam, secundum allegoriam, secundum tropologiam et anagogen. Hic est fluvius paradisi, qui quatuor in capita divisus progreditur (*Gen.* II). Hæc est mensa propositionis, quæ quatuor pedibus elevata subsistit (*Exod.* XXV). Hæc autem super pontificem extensa portatur, ut is venisse monstretur, quem lex scripserat et prophetæ. Nam ipsemet *incipiens* Christus *a Moyse et prophetis, interpretabatur in omnibus Scripturis, quæ de ipso erant* (*Luc.* XXIV). Propter quod alibi dicit: *Si crederetis Moysi, crederetis et mihi, ille enim de me scripsit* (*Joan.* V).

CAPUT VIII.
De cereis et incenso.

Et ideo præferuntur duo lumina cum incenso, quia lex et prophetæ cum psalmis Christi prænuntiaverunt adventum, Christo attestante, qui ait: *Necesse est impleri omnia quæ scripta sunt in lege Moysi et prophetis et psalmis de me* (*Luc.* XXIV). In majoribus autem solemnitatibus septem candelabra coram pontifice deferuntur, per quod illud ostenditur, quod Joannes in Apocalypsi describit: *Conversus*, inquit, *vidi septem candelabra aurea, et in medio candelabrorum aureorum similem filio hominis vestitum podere* (*Apoc.* I), ut ille per hoc advenire monstretur, super quem requievit Spiritus gratiæ septiformis, secundum vaticinium Isaiæ: *Egredietur*, inquit, *virga de radice Jesse, et flos de radice ejus ascendet, et requiescet super eum Spiritus Domini, Spiritus sapientiæ et intellectus, Spiritus concilii et fortitudinis, Spiritus scientiæ et pietatis, et replebit eum Spiritus timoris Domini* (*Isai.* XI).

CAPUT IX.
De igne quem manipulo stuppæ pontifex apponit in choro.

In quibusdam basilicis circa medium chori manipulus stuppæ super columnam appenditur, cui pontifex ignem apponit, ut in conspectu populi subito comburatur. Per hoc secundum adventum commemorans, in quo Christus judicabit vivos et mortuos et sæculum per ignem. Nam *ignis in conspectu ejus exardescet, et in circuitu ejus tempestas valida* (*Psal.* XLIX). Ne quis ergo male securus existat, qui per primum blanditur, per secundum exterret. Quia qui judicandus venit in primo, judicaturus veniet in secundo. Vel potius, quia secundum apostolum Jacobum vita nostra *vapor est ad modicum parens (Jac.* iv), pontifex ignem apponit in stuppam, ne forte, qui gloriosus incedit, in temporali gloria delectetur. Nam *omnis caro fenum, et omnis gloria ejus quasi flos feni (Isai.* xl.; *1 Petr.* i).

CAPUT X.
De primicerio, qui pontificis dextrum humerum osculatur.

Cum autem pontifex appropinquat altari, primicerius scholæ cantorum accedens, dextrum ipsius humerum coram astantibus osculatur. Quia cum Christus nasceretur in mundo, angelus ille cum quo facta est cœlestis militiæ multitudo laudantium Deum, nativitatem ejus pastoribus patefecit (*Luc.* ii). De quo dicit propheta : *Puer natus est nobis, et Filius datus est nobis, et factus est principatus super humerum ejus (Isai.* ix).

CAPUT XI.
De tribus sacerdotibus, qui coram altari reverenter inclinant, os et pectus pontificis osculantes.

Tres sacerdotes qui pontifici venienti coram altari reverenter occurrunt, et inclinantes os ejus osculantur et pectus, tres illos Magos signant, qui venerunt Hierosolymam, dicentes : *Ubi est qui natus est rex Judæorum? Et procidentes adoraverunt inventum, et apertis thesauris suis, obtulerunt ei munera, aurum, thus et myrrham (Matth.* ii). Per geminum osculum, geminam in Christo naturam confitentur, divinam scilicet et humanam : divinam quasi latentem in pectore, quas quoque per oblata munera Magi mystice figurarunt. Osculum enim est signum reverentiæ; juxta quod Esther *summitatem virgæ* regis legitur *osculata (Esth.* v).

CAPUT XII.
De processionis dispositione.

Disponitur autem ista processio *velut castrorum acies ordinata (Cant.* vi). Nam et majores et fortiores quasi custodes exercitus præveniunt et sequuntur; minores quasi debiliores colliguntur in medio. Præcedunt enim episcopi et presbyteri, subsequuntur pontifex et diaconi, colliguntur in medio subdiaconi et acolyti. Cantores autem quasi tubicines præcedunt exercitum, ut eum ad prælium contra dæmones excitent et invitent; de quo prælio inquit Apostolus : *Non est nobis colluctatio adversus carnem et sanguinem, sed adversus principes et potestates, adversus mundi rectores tenebrarum harum, contra spiritualia nequitiæ in cœlestibus (Ephes.* vi). Unde Psalmista : *Buccinate in neomenia tuba, in die insigni solemnitatis vestræ (Psal.* lxxx). Crux ergo quasi regale vexillum præmittitur et præfertur, *ut fugiant qui oderunt eum a facie ejus (Psal.* lxvii). Nobis ergo absit *gloriari, nisi in cruce Domini nostri Jesu Christi, per quem mundus nobis crucifixus est, et nos mundo crucifigi debemus! (Galat.* vi).

CAPUT XIII.
De confessione et pectoris tonsione : in qua tria notantur, ictus, tactus et sonus.

Quia *justus* vero in principio sermonis *accusator est sui (Prov.* xviii), pontifex ad altare perveniens, et ad seipsum revertens, antequam ordiatur sacrum officium, de peccatis suis cum astantibus confitetur, psalmum illum præmittens, qui manifeste per totum sibi ad hoc dignoscitur pertinere et convenire : *Judica me, Deus,* etc., ut discretus a *gente non sancta* et *ab homine* liberatus *iniquo (Psal.* xlii), ad altare Dei dignus introeat. Illud autem in hac confessione notandum est, quia non (ut quidam minus provide faciunt) in specie, sed in genere confitenda sunt peccata, quoniam ista confessio non est occulta, sed manifesta. Percutimus autem pectus, cum confitemur peccata, quatenus exemplo publicani, qui percutiebat pectus suum, dicens : Domine, *propitius esto mihi peccatori (Luc.* xviii), justificati descendamus in domum. In percussione tria sunt, ictus, sonus et tactus, per quæ signantur illa tria, quæ sunt in vera pœnitentia necessaria, videlicet cordis contritio, oris confessio, et operis satisfactio. Nam sicut tribus modis peccamus scilicet, corde cogitando, ore loquendo, et opere perpetrando, ita tribus modis pœnitere debemus, scilicet corde per dolorem, ore per pudorem, et opere per laborem.

CAPUT XIV.
De incenso, quod sacerdos repræsentat in capsula, et episcopus apponit thuribulo.

Ingressurus ergo pontifex ad altare, incensum apponit thuribulo, per hoc illud insinuans, quod *angelus venit et stetit ante altare habens thuribulum aureum in manu sua, quod implevit de igne altaris : et data sunt ei incensa multa; ut daret de orationibus sanctorum (Apoc.* viii). Angelus enim Christus, thuribulum aureum corpus immaculatum, altare Ecclesia, ignis charitas, incensum oratio, secundum illud propheticum : *Dirigatur oratio mea sicut incensum in conspectu tuo (Psal.* cxl). *Venit* ergo *angelus,* id est Christus; *stetit ante altare,* id est in conspectu Ecclesiæ, *habens thuribulum aureum,* id est corpus immaculatum, plenum igne, id est charitate : *et data sunt ei incensa multa* a fidelibus, id est orationes, *ut daret,* id est præsentaret eas Patri, *de orationibus sanctorum.* Non dicit, orationes tantum, quia Christus non omnes orationes exaudit, sed de omnibus illis quæ pertinent ad salutem. Unde cum Paulus ter rogasset Dominum, ut ab eo stimulum carnis auferret, respondit ei Dominus : *Sufficit tibi gratia mea (II Cor.* xii); nam virtus in infirmitate perficitur. Episcopus ergo thus apponit thuribulo, quia Christus orationes inspirat animo, ut per ipsum offeratur incensum dignum in odorem suavitatis. Ipse nos prævenit in benedictione dulcedinis, ut ejus donum sit nostrum meritum, quia non accipit nisi quod tribuit. *Sine me,* inquit, *nihil potestis facere;* quia *palmes non potest ferre fructum a semetipso, nisi manserit in vite*

(*Joan.* xv). Sacerdos autem incensum repraesentat episcopo, quia lex illud pretiosum thymiama confecit, quod in odorem suavitatis offertur Altissimo, de quo Dominus subdit in Exodo : *Talem compositionem non facietis in usus vestros, quia sanctum est Domino. Homo quicunque similem fecerit, ut odore illius perfruatur, peribit de populis suis* (*Exod.* xxxix). Fuerunt qui dicerent, quod si thuribulum descendat ab altari, tunc aliud ibi thus sine benedictione ponendum est, et hominibus offerendum, tanquam illud spectet ad latriam, istud ad duliam. Melius tamen secundum spiritum, quam secundum litteram intelligitur. Nam *littera occidit, spiritus autem vivificat* (*II Cor.* iii).

CAPUT XV.
De triplici osculo, videlicet oris, altaris et pectoris.

Tunc accedens episcopus ad altare, osculatur sacrum altare, significans, quod Christus adveniens, sanctam sibi copulavit Ecclesiam, secundum illud epithalamium : *Osculetur me osculo oris sui* (*Cant.* i). In osculo siquidem os ori conjungitur; et in Christo non solum humanitas est unita divinitati, verum etiam sponsa sponso est copulata, secundum illud propheticum : *Quasi sponsum decoravit me corona, et quasi sponsam ornavit me monilibus* (*Isai.* lxi). Unde Joannes : *Qui habet sponsam sponsus est* (*Joan.* iii). Nam *in sole posuit tabernaculum suum, et ipse tanquam sponsus procedens de thalamo suo* (*Psal.* xviii). Deinde conversus episcopus osculatur diaconos, ut ostendat pacem illam in adventu Christi venisse, quam prophetae promiserant; unde David : *Orietur in diebus ejus justitia et abundantia pacis, donec auferatur luna* (*Psal.* lxxi). Alius iterum propheta? *Pax erit in terra nostra cum venerit* (*Hier.* i). Et ideo Christo nascente, vox intonuit angelorum : *Et in terra pax hominibus bonae voluntatis* (*Luc.* ii). Osculum enim quandoque pacem signat, juxta quod dicit Apostolus : *Salutate vos invicem in osculo sancto* (*Rom.* xvi). *Deus autem pacis sit cum omnibus vobis. Amen* (*Rom.* xv). Diaconus autem statim inclinans osculatur pectus episcopi, designans quod inspiratione divina prophetae praedixerunt pacem futuram. Nam et Joannes supra pectus Christi recumbens (*Joan.* xiii), Evangelii fluenta, de ipso sacro Dominici pectoris fonte potavit.

CAPUT XVI.
De thurificatione, qua pontifex incensat altare, et sacerdos episcopum.

Episcopus ergo thuribulum accipiens a diacono, sacrum incensat altare; quia Christus corpus assumens, de genere prophetarum, factus ex semine David secundum carnem, suis orationibus fovet Ecclesiam, secundum quod orat in Evangelio : *Pater sancte, ego pro eis rogo, et non tantum pro eis, sed pro illis qui credituri sunt per verbum eorum* (*Joan.* xvii). Quod autem diaconus thuribulum recipit, ut incenset episcopo, moraliter instruit, quod si digne volumus incensum orationis offerre, thuribulum incarnationis debemus tenere. Nam *sine fide mediatoris homines Deo placere non possunt* (*Hebr.* ii), sed juxta verbum promissionis ipsius : *Si quid petierint credentes in oratione, accipient* (*Matth.* xxi). Per thuribulum enim verbum accipitur incarnatum.

CAPUT XVII.
De forma thuribuli, et de duplici causa thurificandi, spirituali et litterali.

Nam sicut in thuribulo pars superior et inferior tribus catenulis uniuntur, ita tres in Christo sunt uniones, quibus divinitas et humanitas conjunguntur; unio carnis ad animam, unio divinitatis ad carnem, et unio divinitatis ad animam. Quidam autem quartam unionem assignant, videlicet deitatis ad compositum ex anima simul et carne; nam et quaedam thuribula quatuor habent catenulas. De hoc thuribulo Moyses specialiter inquit ad Aaron . *Tolle thuribulum, et hausto igne de altari, mitte incensum desuper* (*Num.* xvi). Praeter mysticam rationem, ob hoc etiam incensatur altare, quatenus ab eo omnis daemonis nequitia propelletur. Fumus enim incensi valere creditur ad daemones effugandos. Unde cum Tobias interrogasset angelum, quod remedium haberent ea quae de pisce jusserat reservari, respondit : *Cordis ejus particulam si super carbones ponas, fumus ejus omne genus daemoniorum extricat* (*Tob.* vi).

CAPUT XVIII.
De antiphona, quae dicitur ad introitum, et cur ipsa repetitur, interposita gloria Trinitatis, et quis eam cantari constituit.

Interea chorus concinit antiphonam ad introitum, quam repetit interposita gloria Trinitatis. Porro, sicut introitus sacerdotis adventum Christi signat, sic et antiphona quae dicitur ad introitum, desiderium adventus ejus signat. De quo Dominus inquit apostolis : *Multi reges et prophetae voluerunt videre quae vos videtis, et non viderunt, et audire quae auditis, et non audierunt* (*Matth.* xiii ; *Luc.* x). Chorus autem dilatat animam suam, et in jubilo cantat introitum ; quoniam prophetae, patriarchae, reges et sacerdotes, omnesque fideles adventum Christi cum magno desiderio exspectabant, clamantes et implorantes : *Emitte Agnum, Domine, dominatorem terrae, de petra deserti ad montem filiae Sion* (*Isa.* xvi). Veni, Domine, et noli tardare, relaxa facinora plebis tuae Israel. Hinc ergo Simeon ille justus et senex benedixit et dixit : *Nunc dimittis servum tuum, Domine, secundum verbum tuum in pace; quia viderunt oculi mei salutare tuum* (*Luc.* ii). Ex eorum ergo persona cantatur introitus, per quos Christus intravit in mundum, juxta quod Apostolus ait : *Et cum introducit primogenitum in orbem terrae, dicit : Et adorent eum omnes angeli Dei* (*Hebr.* i). Antiphonae repetitio, multiplicationem clamoris insinuat. Unde propheta : *Manda, remanda, exspecta, reexspecta, modicum ibi, modicum ibi* (*Isa.* xxviii). *Si moram fecerit, exspecta eum, quia veniens veniet, et non tardabit* (*Habac.* ii). Interpositio gloriae designat captationem benevolentiæ. Ut enim quod exspectabant, facilius obtinerent, ad totam Trinitatem glorificando clamabant : *Ostende nobis, Domine, misericordiam tuam, et salutare tuum da nobis* (*Psal.* LXXXIV). *Qui sedes super cherubin, appare coram Ephraim, Benjamin et Manasse* (*Psal.* LXXIX). Quorum tandem clamorem Spiritus sanctus exaudivit, unguens eum oleo lætitiæ, præ consortibus suis, et ad evangelizandum pauperibus destinavit, secundum quod ipse Filius per prophetam testatur : *Spiritus Domini super me, propter quod unxit me, ad* evangelizandum *pauperibus misit me* (*Isa.* LXI, *Luc.* IV). Hoc ergo desiderium antiquorum introitus repræsentat, non secundum intellectum litteræ, sed jubilo cantilenæ. Cœlestinus papa constituit, ut psalmi David CL ante sacrificium canerentur antiphonatim ex omnibus, quod antea non fiebat, sed epistola tantum et evangelium legebantur. Excepti sunt ergo de psalmis introitus, gradualia quoque ac offertoria, necnon communiones, quæ cum modulatione cœperunt ad missam in Ecclesia Romana cantari. Antiphona Græce, dicitur *vox reciproca*, quia duo chori reciprocando vicissim melodiarum cantus alternant.

CAPUT XIX.
De Kyrie eleison, *et quare novies decantatur, et quare sex vicibus dicitur* Kyrie eleison, *et tribus* Christe eleison.

Cum ergo jam tempus plenitudinis, et benignitatis advenerit, sicut prædictum fuerat a Psalmista : *Tu exsurgens misereberis Sion, quia venit tempus miserendi ejus* (*Psal.* CI), congrue chorus tunc concinendo subjungit : *Kyrie eleison*, quod interpretatur, *Domine, miserere*; Unde propheta : *Domine, miserere nostri : te enim exspectavimus* (*Isa.* XXXIII). Dicit autem hic novies, contra novem genera peccatorum. Est enim peccatum originale, mortale et veniale : hoc est, serpens, mulier et vir. Serpens enim, id est concupiscentia suggerit originaliter; mulier, id est delectatio comedit venialiter; vir, id est ratio consentit mortaliter. Item est peccatum cogitationis, locutionis, et perpetrationis. Cogitationis in corde, locutionis in ore, perpetrationis in opere; hoc est mors in domo, mors in porta, mors in monumento. Rursus, est peccatum fragilitatis, simplicitatis, et malignitatis. Fragilitatis per impotentiam, simplicitatis per ignorantiam, malignitatis per invidentiam. Hoc est, peccatum in Patrem, peccatum in Filium, peccatum in Spiritum sanctum. Et ideo chorus dicit ter ad Patrem *Kyrie eleison*, ter ad Filium *Christe eleison*, ter ad Spiritum sanctum *Kyrie eleison*. Sed ad Patrem et Spiritum sanctum sub eodem tantum vocabulo, quia Pater et Spiritus sanctus sunt ejusdem naturæ tantum, ad Filium vero sub alio, quia Filius etsi sit ejusdem naturæ cum illis, est tamen etiam alterius, ut geminæ gigas substantiæ. Vel ideo dicitur novies, ut ordo decimus ex hominibus reparatus, novem associetur ordinibus angelorum.

Beatus Gregorius (34*) *Kyrie eleison* ad missam cantari præcepit a clero, quod apud Græcos ab omni populo cantabatur

CAPUT XX.
De Gloria in excelsis, *et de triplici pace et quis hymnum angelicum cantari ad missam constituit.*

Mox sequitur hymnus angelicus, temporali Christi nativitati perhibens testimonium, quem ille primus inchoando pronuntiat, qui Angelum magni consilii repræsentat. Chorus autem concinendo prosequitur, quia subito facta est cum angelo multitudo militiæ cœlestis laudantium et dicentium : *Gloria in altissimis Deo, et in terra pax hominibus bonæ voluntatis* (*Luc.* II). Hymnus iste non tantum est angelorum, sed hominum congratulantium, quod mulier illa, quæ perdiderat drachmam decimam, jam lucernam accenderat, ut drachmam perditam inveniret. Et pastor dimissis nonaginta novem ovibus in deserto, jam venerat ut quæreret centesimam ovem quam amiserat (*Luc.* XIII).

Ante nativitatem enim Christi, tres erant inimicitiarum parietes : primus inter Deum et hominem, secundus inter angelum et hominem, tertius inter homines et homines. Homo namque per inobedientiam Creatorem offenderat, per suum casum restaurationem angelicam impedierat, per varios ritus se ab homine separaverat. Judæus namque cæremonias excolebat, gentilis idololatriam exercebat, utrisque ritus alterius displicebat. Sed veniens pax vera, *fecit utraque unum*, destruxit inimicitiarum macerias, et concurrentes parietes in se angulari lapide copulavit (*Ephes.* II), ut de cætero *unum* esset *ovile et unus pastor* (*Joan.* X). Abstulit ergo peccatum, et reconciliavit hominem Deo. Reparavit casum, et reconciliavit hominem Deo et angelo. Destruxit ritus, et reconciliavit hominem homini. Restauravit ergo, secundum Apostolum, *quæ in cælis et quæ in terris sunt* (*Colos.* I). Et ob hæc cœlestis militiæ multitudo psallebat : *Gloria in excelsis*, id est in angelis, *Deo; et in terra pax* Judæis *hominibus* et gentilibus *bonæ voluntatis* (*Luc.* II).

Hinc est etiam quod angelus loquitur, et congaudet pastoribus, quia pax est inter homines et angelos reformata. Nascitur Deus homo, quia pax est inter Deum et hominem restaurata. Nascitur in præsepi bovis et asini, quia pax est inter homines et homines reparata. Per bovem enim Judaicus, per asinum gentilis populus figuratur, secundum illud : *Cognovit bos possessorem suum, et asinus præsepe domini sui* (*Isai.* I).

Symmachus papa constituit tam die Dominico, quam natalitiis martyrum *Gloria in excelsis* ad missam cantari, quem hymnum Telesphorus nonus a beato Petro ad missam nocturnam Natalis Do-

---

(34*) Gregor. l.

mini (quam idem constituit) cantari præceperat. Et in eo, ea quæ sequuntur ad verba angelorum adjecit; quanquam a pluribus asseratur, quod ea beatus Hilarius Pictaviensis adjecerit.

CAPUT XXI.
De candelabro et cruce, quæ super medio collocantur altaris.

Ad significandum itaque gaudium duorum populorum, de nativitate Christi lætantium, in cornibus altaris duo sunt constituta candelabra, quæ mediante cruce, faculas ferunt accensas. Angelus enim pastoribus inquit : *Annuntio vobis gaudium magnum, quod erit omni populo; quia natus est vobis Salvator,* etc. (*Luc.* II.) Hic est verus Isaac, qui *risus* interpretatur (*Gen.* XXI). Lumen autem candelabri, fides est populi. Nam ad Judaicum populum inquit propheta : *Surge, illuminare Jerusalem, quia venit lumen tuum, et gloria Domini super te orta est (Isa.* LX). Ad populum vero gentilem dicit Apostolus : *Eratis aliquando tenebræ, nunc autem lux in Domino (Ephes.* V). Nam et in ortu Christi nova stella magis apparuit, secundum vaticinium Balaam : *Orietur,* inquit, *stella ex Jacob, et consurget virga ex Israel (Num.* XXIV). Inter duo candelabra in altari crux collocatur media, quoniam inter duos populos Christus in Ecclesia mediator existit, lapis angularis *(I Pet.* II), *qui fecit utraque unum (Ephes.* II¹) : ad quem pastores a Judæa, et magi *ab Oriente venerunt.*

CAPUT XXII.
De mutatione sacerdotis ab una parte ad aliam.

Pontifex oraturus ad sedem ascendit, et stans collectam pronuntiat, quam libro legit aperto. Quia secundum evangelica testimonia *venit Jesus in Nazareth, ubi erat nutritus, et intravit secundum consuetudinem diei Sabbati in synagogam, et surrexit legere. Et traditus est ei liber Isaiæ prophetæ. Quem ut revolvit, invenit locum, ubi erat scriptum : « Spiritus Domini super me, propter quod unxit me, evangelizare pauperibus misit me (Isa.* LXI). » *Et cum plicuisset librum, reddidit ministro, et sedit.* Porro secundum consuetudinem aliorum episcoporum, cum episcopus orat, ad dextram consistit altaris. In hoc illud signans, quod fuerat prophetatum : *Deus ab austro veniet (Habac.* III). Et quoniam ea quæ sunt læta, signantur per dextram; ea quæ sunt tristia, per sinistram, idcirco pontifex ad dextram partem altaris primum accedit, ut gaudium Dominicæ nativitatis ostendat. Deinde post evangelium ad sinistram convertitur, ut tristitiam passionis insinuet. Sed iterum redit ad dextram, ut gaudium resurrectionis annuntiet. Hoc ipsum Ezechiel in descriptione quatuor animalium figuravit *Facies,* inquit, *hominis et facies leonis a dextris ipsorum quatuor (Ezech.* I). Per hominem quippe nativitas, per leonem resurrectio, per bovem immolatio designatur. Et ideo facies hominis et facies leonis erant a dextris, facies autem vituli erat a sinistris, quia nativitas et resurrectio gaudium attulerunt; passio vero tristitiam inspiravit, propter quod ipse dicebat : *Tristis est anima mea usque ad mortem (Matth.* XX). Debet ergo sacerdos versus orientem orare, quia *visitavit nos Oriens ex alto* (*Luc.* I; *Zach.* IV). De quo legitur : *Ecce vir Oriens nomen ejus (Jer.* XXIII), cujus argumentum in libro Sapientiæ reperitur : *Oportet,* inquit, *ad lucis ortum adorare (Sap.* XVI). Non quod divina majestas localiter in oriente consistat, quæ tamen essentialiter est ubique : (*Cœlum,* inquit, *et terram ego impleo* (*Isai.* LXVI); sed quia *timentibus Deum orietur sol justitiæ (Mal.* IV), *qui illuminat omnem hominem venientem in hunc mundum (Joan.* I) : nam et templum Salomonis (*III Reg.* VI) et tabernaculum Moysi legitur (*Exod.* XXVI) ad orientem ostium habuisse. Quia autem sub Veteri Testamento ingressus templi erat ab oriente in occidentem, ad significandum, quia omnes ante Christi passionem tendebant ad occasum, id est ad infernum post mortem; nunc vero fit ingressus in templum ab occidente in orientem, ad figurandum ortum nostrum et ascensum ad gloriam. In illis autem ecclesiis, quæ habent ostium ab occidente, sacerdos coram altari consistens ut adoret ad orientem, semper in salutatione se convertit ad populum, excepto præfationis et fractionis articulo, cum orationi totus intentus, et cor habet sursum ad Dominum, et Eucharistiæ peragit sacramentum.

CAPUT XXIII.
De depositione mitræ pontificis.

Oraturus episcopus mitram deponit, quia vir, secundum Apostolum (*II Cor.* II), revelato capite debet orare, quatenus inter ipsum et Deum nullum malitiæ sit velamen, ut revelata facie, Domini gloriam contempletur.

CAPUT XXIV.
De salutatione pontificis et sacerdotis ad populum.

Pontifex ergo salutationem præmittit ad populum, dicens : *Pax vobis;* illius utens eulogio, cujus fungitur pontificio. Minor autem sacerdos cum salutat populum, ait : *Dominus vobiscum.* Quod utique verbum Booz legitur (*Ruth* II) dixisse messoribus; quod intelligitur Booz quoque figuram Salvatoris expressisse. Quia Ruth Moabitidem duxit uxorem. Chorus autem utrique respondet : *Et cum spiritu tuo.* Quod sumptum ex Epistola Pauli ad Timotheum : *Dominus,* inquit, *Jesus Christus cum spiritu tuo (II Tim.* IV). Ut autem episcopus ostendat Christi vicarium, prima vice dicit : *Pax vobis.* Quoniam hæc fuit prima vox Christi ad discipulos, cum eis post resurrectionem apparuit. Ad instar vero sacerdotum cæterorum dicit postea : *Dominus vobiscum;* ut se unum ex ipsis ostendat. Cæterum, septem vicibus populus salutatur in missa, quatenus exclusis septem vitiis capitalibus, suscipiat gratiam septiformem.

CAPUT XXV.
Ut sacerdos non minus quam duobus præsentibus debeat celebrare.

Statutum est autem in sacris canonibus, ut nullus presbyterorum missarum solemnia celebrare præsumat, nisi duobus præsentibus, sibique respondentibus, ipse tertius habeatur. Quia cum pluraliter ab eo dicitur : *Dominus vobiscum*, et illud in secretis : *Orate pro me*, apertissime convenit, ut illius salutationi respondeatur a pluribus. Verum aliud est necessitatis articulus, et aliud religionis contemptus. Pie quoque credendum est, et sacris auctoribus comprobatur, quod angeli Dei comites assistant orantibus, 'secundum illud propheticum : *In conspectu angelorum psallam tibi* (Psal. cxxxvii). Et angelus ad Tobiam : *Quando orabas cum lacrymis, ego obtuli orationem tuam Domino* (Job xii). Sed et in canone continetur : *Supplices te rogamus, omnipotens Deus, jube hæc perferri per manus angeli tui sancti in sublime altare tuum*, etc. Sane quilibet homo habet angelum suum ad custodiam. Unde legitur in Actibus apostolorum, quod cum puella, quæ cucurrit ad ostium, Petri nuntiaret adventum, dicebant : *Angelus ejus est* (*Actus*. xii). Et Dominus loquens in Evangelio de parvulis, ait : *Angeli eorum semper vident faciem Patris* (*Matth*. xviii). Illos igitur habemus in ratione participes, quos habebimus in glorificatione consortes.

CAPUT XXVI.
De oratione et conclusione.

Salutatione præmissa, per quam auditores reddantur attenti, subdit orationes quæ designantur in Apocalypsi (*cap*. viii) per fumum aromatum, qui ascendit in conspectu Domini de manu angeli. Christus enim verus homo passioni propter nos destinatus (cujus illa vox est : *Holocausta et pro delicto non postulasti, tunc dixi : Ecce venio* [*Psal*. xxxix]) semper unitum sibi Verbum pro nobis orabat. Qui, secundum Apostolum, *in diebus carnis suæ preces supplicationesque ad Deum, qui salvum illum facere posset a morte, cum clamore valido et lacrymis offerens, exauditus est in omnibus pro sua reverentia* (*Hebr*. v). Quod autem in fine orationis subjungitur : *Per Dominum nostrum Jesum Christum*, illud signat, quod ipse dicit in Evangelio : *Quidquid petieritis Patrem in nomine meo, fiet vobis* (*Joan*. xv, xix). Non enim per aliam viam ad nos æterna Dei beneficia possunt devenire, quam per eum qui est *mediator Dei et hominum, homo Christus Jesus* (*I Tim*. ii). Sicut per mediantem crystallum mutuamus ignem, in escam suppositam a solo longinquo. Sumptum est autem de Epistola ad Romanos : *Gloriamur*, inquit, *in Deo per Dominum nostrum Jesum Christum* (*Rom*. v). Illud autem quod sequitur, *qui tecum vivit et regnat in unitate Spiritus sancti Deus*, ita potest simpliciter, sed non imprudenter intelligi : *Qui cum Patre vivit et regnat in unitate Spiritus sancti Deus*, id est una cum sancto Spiritu. Nam Pater, et Filius, et Spiritus sanctus sunt unus Deus. Vel : In unitate Spiritus sancti, id est in Spiritu sancto, qui est unitas Patris et Filii, amor et connexio utriusque. Per omnia sæcula sæculorum, hoc consecutive et antonomastice potest intelligi ; consecutive, sicut generationes generationum, antonomastice, sicut *Cantica canticorum*. *Amen* optantis vel affirmantis ostendit affectum. Nam in fine Psalmorum ubi dicimus : *Fiat, fiat*, Hebræus dicit : *Amen, amen*. Et Christus in Evangelio sæpe dicit : *Amen, amen dico vobis ;* hoc est verum, verum dico vobis, secundum illud quod alibi dicit : *Sit sermo vester, est, est* (*Matth*. v). Respicit ergo vel ad formam orationis, ut quod oratur optetur, vel ad modum concluditur, affirmetur. Verbi gratia, cum sacerdos orat : *Da nobis quæsumus, Domine, salutem mentis et corporis*, populus optando respondet : *Amen*, id est fiat. Vel cum sacerdos concludit : *Qui tecum vivit et regnat in unitate Spiritus sancti, Deus per omnia sæcula sæculorum*, populus affirmando respondet : *Amen*, id est verum est.

CAPUT XXVII.
Quare orationes dicantur collectæ, et quot sunt in missa dicendæ.

Orationes quæ circa principium missæ dicuntur, collectæ vocantur, eo quod sacerdos qui fungitur ad Deum legatione pro populo, petitiones omnium in eis colligat et concludat. Proprie tamen collectæ dicuntur, quæ super collectam populi fiunt, dum colligitur populus, ut ad stationem faciendam, de una ecclesia procedant ad alteram. Orationum vero plures et varii fuerunt auctores, et in tantum earumdem numerus et diversitas excrescebat, quod octavum Africanum concilium, cui beatus Augustinus interfuit, ita constituit : nullæ preces vel orationes, vel missæ, vel præfationes, vel commendationes, vel manus impositiones dicantur, nisi in concilio fuerint approbatæ. Nam et Gelasius papa tam a se quam ab aliis compositas preces dicitur ordinasse. Beatus autem Gregorius seclusis his, quæ nimia vel incongrua videbantur, rationabilia coadunavit, et congrua multa per se necessaria superaddens. Quidam vero modum et ordinem excedentes, in tantum orationes multiplicant, ut auditoribus suis tædium generent et fastidium, cum econtra Dominus dicat in Evangelio : *Cum oratis, nolite multum loqui, sicut faciunt ethnici. Putant enim se in multiloquio exaudiri* (*Matth*. vi ; *Luc*. xi). Unde cum ei dixissent apostoli : *Domine, doce nos orare*, compendiosam orationem eos edocuit : *Pater noster qui es in cœlis*, etc. (*ibid*.). Hujus ergo orationis formam sequentes sacerdotes in missa, septenarium numerum non excedant. Nam Christus septem petitionibus omnia corporis et animæ necessaria comprehendit. Quia vero

... *Numero Deus impare gaudet*,
(Virg.)

summopere quidam observant, ut impares dicant orationes in missa, vel unam, vel tres, vel quinque, vel septem. Unam vel tres, propter unitatis sacramentum vel mysterium Trinitatis ; quinque vel septem, propter quinquepartitam Domini passionem, vel Spiritum gratiæ septiformem. Deus enim divisionem et discordiam detestatur.

Unde cum cæterorum dierum operibus benedixit, operibus secundæ diei benedixisse non legitur. Quia binarius numerus ab unitate recedit, et ab eo cæteri divisibiles numeri sortiuntur originem. Et cavendum est, si forte collecta pro defuncto misceatur, non finalis, sed penultima, vel ante penultima dicatur, qua finis ad suum debet torqueri principium. In missa vero pro defunctis non debet interponi oratio pro vivis, nisi illa communis : *Omnipotens sempiterne Deus, qui vivorum*, etc.

CAPUT XXVIII
De extensione manuum sacerdotis in missa.

Stans ergo pontifex ad orandum, manus elevat et extendit, astantibus hinc inde ministris, qui manus ejus sustentant, sacerdote coram eo tenente sacramentarium. Lex quippe istud sacramentum insinuat. Legitur enim in Exodo (*cap.* xvii), quod cum Israel pugnaret adversus Amalech in deserto, Moyses ascendit in verticem collis ; cumque levaret Moyses manus, vincebat Israel. Si autem paululum remisisset, Amalech superabat. Aaron autem et Hur sustentabant manus ejus ex utraque parte. Et factum est, ut manus ejus non lassarentur, usque ad solis occasum, fugavitque Josue Amalech et populum ejus in ore gladii. Propter hoc ergo sacerdos extendit manus in missa cum orat. Nam et Christus cum expandisset manus in cruce, pro persecutoribus oravit, et dixit : *Pater, dimitte illis, quia nesciunt quid faciunt* (*Luc.* xxiii), moraliter instruens, quia Christus semper paratus est recipere pœnitentes, juxta quod ipse promisit : *Omnis qui venit ad me, non ejiciam foras* (*Joan.* vi). Cum autem verus Moyses, id est Christus elevat manus, id est impendit auxilium et solatium, vincit Israel, id est Ecclesia. Nam *si Deus pro nobis, quis contra nos?* (*Rom.* viii.) Sin autem paululum manus remittit, id est si, peccatis exigentibus, subtrahit auxilium et solatium, superat Amalech, id est diabolus. Quia *non est volentis, neque currentis, sed Dei miserentis* (*Rom.* ix). Quia vero Christus promisit Ecclesiæ : *Ecce ego vobiscum sum omnibus diebus usque ad consummationem sæculi* (*Matth.* xxviii), ob hoc Aaron, id est mons fortitudinis, et Hur, id est ignis charitatis, sustentant manus ipsius, ut in fortitudine ferat auxilium, et ex charitate solatium, ne manus ejus lassentur usque ad solis occasum, id est usque ad finem mundi. Sicque Josue duce, id est Christo ductore Israel fugat Amalech et populum ejus, id est Ecclesia superat diabolum et exercitum dæmonum in ore gladii, id est per virtutem orationis. Gladius enim est verbum Dei (*Ephes.* vi). Si quis ergo vult orationis virtute superare diabolum, debet elevare manus, id est actus ad Deum, ut ejus conversatio sit in cœlis (*Philip.* iii). Unde *demissas manus erigite, et genua debilia roborate* (*Isa.* xxxv). Nam *elevatio manuum est sacrificium vespertinum* (*Psal.* xl). Bona est oratio cum jejunio et eleemosyna (*Job* xii). *Fides* autem *sine operibus mortua est* (*Jac.* ii). Levemus ergo *puras manus sine discrepatione* (*1 Tim.* ii), quærentes *quæ sursum sunt, non quæ super terram, ubi Christus est in dextra Dei sedens* (*Colos.* iii).

CAPUT XXIX.
De epistola quæ præmittitur evangelio.

Epistola quæ præmittitur evangelio, præcursoris designat officium, quod Joannes ante Christum exercuit, qui præivit ante faciem Domini parare vias ejus. Sicut ipse testatur : *Ego vox clamantis in deserto, parate viam Domino* [(*Matth.* iii). Joannes ergo quasi subdiaconus fuit, id est subminister illius, qui de se dicit : Non veni ministrari, sed ministrare (*Matth.* xx). Lex enim quasi pædagogus, infantem Dei populum per manum Moysi custodiendum suscipiens, illius adventum docuit exspectare quem eidem populo jam adulto, per os digitumque Joannes præsentem in carne monstravit, ut eum ducens sequeretur ad regnum. *Ecce*, inquit, *Agnus Dei, ecce qui tollit peccata mundi* (*Joan.* i). Præcessit namque lex Evangelium, sicut umbra lucem, virga spiritum, timor charitatem, initium perfectionem, dominantis præceptum, amantis consilium. Nam *lex per Moysen data est, gratia et veritas per Jesum Christum facta est* (*ibid.*). Epistola vero vox legis est, suam imperfectionem Joannis testimonio profitentis, et ad perfectionem evangelicam transmittentis. *Hic est*, inquit, *de quo dixi vobis : Qui post me venit ante me factus est, cujus non sum dignus corrigiam calceamenti solvere. Me oportet minui, illum autem crescere.* Non erat ille lux, sed ut testimonium perhiberet de lumine. Erat lux vera, quæ illuminat omnem hominem venientem in hunc mundum (*ibid.*). Lex quippe neminem duxit ad perfectionem (*Hebr.* vii). Hinc est ergo, quod subdiaconum legentem epistolam unus acolythus comitatur, diaconum vero legentem evangelium, tam subdiaconus quam acoluthus comitantur ; quia prædicationem Joannis pauci secuti sunt, sed prædicationem Evangelii plurimi susceperunt. Unde discipuli leguntur dixisse Joanni : *Rabbi, qui erat tecum trans Jordanem, cui tu testimonium perhibuisti, ecce hic baptizat, et omnes veniunt ad eum* (*Joan.* iii). *Ut ergo cognovit Jesus, quia Pharisæi audierunt, quod Jesus plures discipulos faceret quam Joannes, reliquit Judæam,* etc. (*Joan.* iv.) Quia vero Joannes fuit limes præcedentium et subsequentium, medius inter apostolos et prophetas (nam lex et prophetæ usque ad Joannem, et ex eo regnum Dei evangelizatur, et omnis in illud vim facit (*Matth.* xi)), ideo epistola nec semper legitur de prophetis, nec semper de apostolis, sed interdum sumitur de Veteri Testamento, interdum de Novo. Quia Joannes, cujus vocem repræsentat epistola, cum antiquis prædixit Christum venturum : *Qui post me venit, ante me factus est*, et cum modernis Christum ostendit præsentem : *Ecce Agnus Dei, qui tollit peccata mundi*. Epistola vero Græce, Latine *supermissio* vel *superrogatio* nuncupatur, quod nomen bene congruit litteris apostolicis, quæ superrogatæ sunt Evangelio, de quibus frequentius leguntur epistolæ. Apostolicus enim ordo per illum stabularium intelligitur, cui Samaritanus commisit hominem a latronibus spoliatum, vulneratum et semivivum relictum, proferens duos denarios, et dicens ei : *Curam illius habe, et quodcunque supererogaveris, ego, cum rediero, reddam tibi* (*Luc.* x).

CAPUT XXX.
De reverentia quam subdiaconus exhibet episcopo post lectam epistolam.

Quod autem subdiaconus cum acolytho ad sacerdotem post lectam epistolam accedit, illud insinuat, quod Joannes cum audisset in vinculis opera Christi, mittens duos ex discipulis suis, ait illi : *Tu es qui venturus es, an alium exspectamus* (*Matth.* xi) ? ut per visa miracula Christum jam venisse cognoscerent. Unde respondens Jesus, ait illis : *Euntes renuntiate Joanni quæ vidistis et audistis: Cæci vident, claudi ambulant, leprosi mundantur, surdi audiunt, mortui resurgunt, pauperes evangelizantur* (*ibid.*). Et quia *dextra Domini fecit virtutem* (*Psal.* cxxvii), ideo subdiaconus osculatur sacerdotis dextram. Quia vero per visa miracula cognovit hunc esse de quo magister prædixerat : *Qui post me venit, ante me factus est, cujus non sum dignus corrigiam calceamenti solvere*, pronus ad pedes, calceamentum Romani pontificis osculatur. Sacerdos vero subdiaconum benedicit, quia Christus commendavit Joannem. *Quid*, inquit, *existis in desertum videre ? prophetam ? Etiam dico vobis, et plus quam prophetam. Amen dico vobis, inter natos mulierum non surrexit major Joanne Baptista* (*Matth.* iii). Subdiaconus ergo post finem, sed diaconus ante principium lectionis ad sacerdotem accedit, et exhibet reverentiam, quia lex accepit finem in Christo, sed Evangelium originem sumpsit ab ipso. Nam lex et prophetæ usque ad Joannem, Evangelium et apostoli post Joannem.

CAPUT XXXI.
De graduali.

Verum quia Joannes pœnitentiam prædicabat : *Pœnitentiam*, inquit, *agite, appropinquabit enim regnum cœlorum;* et iterum : *Facite dignos fructus pœnitentiæ* (*Matth.* iii). Merito post epistolam graduale consequitur, quod pœnitentiæ lamentum insinuat. Propter quod in diebus Pentecostes tollitur de officio, quia videlicet dies illi futurum in regno Dei felicem Ecclesiæ statum significant. Quando jam area Christi ventilabro quod est in manu ejus purgata, grana reponentur in horreo felicitatis æternæ. Dicitur autem graduale a gradibus humilitatis, utpote illi conveniens, qui necdum ascendit de virtute in virtutem, sed adhuc in valle lacrymarum positus (*Psal.* lxxxiii), jam tamen ascensiones in corde disposuit. Rectius ergo faciunt, qui graduale non festivis aut modulationis vocibus efferunt; sed quasi cantum gravem et asperum simpliciter potius et lamentabiliter canunt. Potest tamen responsorium illud quod graduale vocatur, ad vocationem apostolorum referri, quando Christo vocante : *Venite post me*, ipsi non tantummodo verbo, sed opere responderunt, quia *relictis omnibus secuti sunt eum* (*Matth.* ii): et ideo graduale cantatur; quoniam apostoli gradiebantur post Dominum, discipuli post magistrum. Post epistolam ergo graduale cantatur, quia post prædicationem Joannis discipuli sunt secuti Christum. Sicut Joannes Evangelista describit : *Stabat*, inquit, *Joannes et discipuli ejus duo, et respiciens Jesum ambulantem, dicit : Ecce Agnus Dei, ecce qui tollit peccata mundi; et audierunt eum discipuli duo loquentem, et secuti sunt Jesum. Erat autem Andreas frater Simonis Petri unus ex duobus qui audierant a Joanne, et secuti eum fuerunt.* Hic graduale cantavit cum invenit fratrem suum Simonem, et dicit ei : *Invenimus Messiam, quod est interpretatum Christus, et adduxit eum ad Jesum.* Philippus quoque graduale cantavit : *Cum invenit Nathanaelem, et dicit ei : Quem scripsit Moyses in lege, et prophetæ, invenimus Jesum filium Joseph a Nazareth, veni et vide* (*Joan.* i).

CAPUT XXXII.
De Alleluia.

Post luctum sequitur consolatio, nam : *Beati qui lugent, quoniam ipsi consolabuntur* (*Matth.* v) : et ideo post graduale cantatur *Alleluia*, quod significat ineffabile gaudium angelorum et hominum in æterna felicitate lætantium, hoc est semper laudare Deum. Nam : *Beati qui habitant in domo tua, Domine, in sæcula sæculorum laudabunt te* (*Psal.* lxxxiii). *In voce exsultationis et confessionis sonus epulantis* (*Psal.* xli). Quid sit alleluia, cxii psalmus exponit, cui cum alleluia præmittitur in titulo, statim psalmus exponendo titulum incipit : *Laudate, pueri, Dominum.* Hoc ineffabile gaudium vitæ præsentis inopia nullatenus habere meretur, sed prægustans illud in spe, sitit et esurit quod gustaverit, donec spes mutetur in rem, et fides in speciem. Quapropter hoc nomen Hebraicum interpretatum remansit, id est interpretatum non fuit, ut peregrinum ab hac vita gaudium, peregrinum quoque vocabulum signaret potius quam exprimeret. Cujus mysterium, velut quoddam gaudii stillicidium, de divitiis supernæ Hierusalem, primum in mentem patriarcharum et prophetarum, post in apostolorum ora plenius per Spiritum sanctum delapsum est. Quoniam igitur Alleluia futuræ beatitudinis quasi proprium est vocabulum, jure magis eo tempore frequentatur, quo Christus resurgens ejusdem beatitudinis spem nobis tribuit et meritum [*al.* promissum]. Ut autem aliis temporibus caneretur ad missam, olim Ecclesiæ Romanæ consuetudo non erat, sed a beato Gregorio constitutum, imo potius restauratum est. Nam a tempore Damasi papæ, cum prius fuisset, eadem consuetudo defecerat. Denique cum de hoc et quibusdam aliis quosdam murmurare sentiret, tanquam Constantinopolitanæ

Ecclesiæ consuetudinem sequeretur, non est dedignatus reddere rationem : Nos in nullo horum aliam Ecclesiam secuti sumus. Nam ut alleluia hic non diceretur, de Hierosolymorum Ecclesia, ex B. Hieronymi traditione, tempore beatæ memoriæ Damasi papæ traditur tractum ; et ideo in hoc magis illam consuetudinem amputavimus, quæ hic a Græcis tradita fuerat. Canimus ergo Alleluia post graduale : canticum lætitiæ post luctum pœnitentiæ. Summopere nitentes exprimere magnitudinem consolationis, quæ reposita est lugentibus, jubilantes potius quam canentes, unamque brevem digni sermonis syllabam in plures neumas protrahimus, ut jucundo auditu mens attonita repleatur et rapiatur illuc, ubi semper erit vita sine morte, dies sine nocte, certe sine forte, jucunditas sine dolore, securitas sine timore, tranquillitas sine labore, fortitudo sine debilitate, rectitudo sine perversitate, pulchritudo sine deformitate, veritas sine fallacia, charitas sine malitia, felicitas sine miseria. Potest tamen alleluia referri ad exsultationem eorum qui de miraculis Christi gaudebant, laudantes Dominum et dicentes : *Quia vidimus mirabilia hodie* (*Luc.* v), *et quia visitavit Dominus plebem suam* (*Luc.* vii). Tunc enim cantabatur in jubilo Alleluia, cum omnis plebs ut vidit, dedit laudem Deo, *et omnis populus gaudebat in universis quæ gloriose fiebant ab eo* (*Luc.* x). Nam et *septuaginta duo reversi sunt cum gaudio dicentes : Domine, etiam dæmonia subjiciuntur nobis in nomine tuo* (*ibid.*). Hinc est quod a Septuagesima usque ad Pascha non cantatur Alleluia ; quia tempore tristitiæ non debet carmen lætitiæ decantari, secundum illud propheticum : *Quomodo cantabimus canticum Domini in terra aliena?* (*Psal.* cxxxvi.) Septuagesima namque tempus Babylonicæ captivitatis repræsentat spiritualiter, in qua super flumina Babylonis sedentes et flentes in salicibus organa suspenderunt (*ibid.*). Canitur autem Tractus, qui cum asperitate vocum, tum prolixitate verborum miseriam præsentis incolatus insinuat. De qua dicit Psalmista : *Heu mihi quia incolatus meus prolongatus est, habitavi cum habitantibus Cedar, multum incola fuit anima mea* (*Psal.* cxix).

CAPUT XXXIII.

De versu qualis esse debeat, et qualiter interponatur.

Quod autem interposito versu bis Alleluia cantatur, designat quia interjecta lætitia, sancti geminam glorificationis stolam accipient, mentis et carnis, sive cordis et corporis. Nam secundum stolam mentis *exsultabunt sancti in gloria, lætabuntur in cubilibus suis* (*Psal.* cxlix) : secundum stolam carnis *fulgebunt justi, et tanquam scintillæ in arundineto discurrent* (*Sap.* iii). Versus ergo nihil sinistrum aut triste, sed totum jucundum et dulce debent sonare, quales sunt : *Dominus regnavit, decorem indutus est* (*Psal.* xcii) ; *Dominus regnavit, exsultet terra* (*Psal.* xcvi) ; *Jubilate Deo* (*Psal.* xcix) ; *Justus ut palma florebit* (*Psal.* xci). Quoniam *absterget Deus omnem lacrymam ab oculis sanctorum,* *et jam non erit amplius neque luctus, neque clamor, sed nec ullus dolor,* quoniam priora transierunt (*Apoc.* xxi). Hoc ipsum significat, quod in quibusdam ecclesiis sequentia post Alleluia cantatur, suavi jubilo dulcique canore.

Notandum est autem, quod in officio missæ trium linguarum concurrit diversitas, ut *omnis lingua confiteatur, quia Dominus Jesus Christus in gloria est Dei Patris* (*Philip.* ii). Quod et titulus crucis ostendit, qui scriptus fuit litteris Hebraicis, Græcis, et Latinis, *Jesus Nazarenus rex Judæorum* (*Joan.* xix).

CAPUT XXXIV.

De sacerdotis consessu, dum epistola legitur, et graduale cantatur.

Hactenus tacitus sedebat sacerdos, illud insinuans quod prædicante Joanne, Christus quodam modo tacebat, quia non prædicabat aperte. Sed ut tradit evangelista : *Postquam traditus fuit Joannes, venit Jesus in Galilæam, prædicans Evangelium regni Dei* (*Marc.* i). Vel quia sedere victoris est, sessio sacerdotis Christi victoriam signat, qui post jejunium vicit diabolum ; nam *reliquit eum tentator, et accesserunt angeli, et ministrabant ei* (*Matth.* iv).

CAPUT XXXV.

De mutatione sacerdotis, ab una parte altaris ad aliam, cum lecturus est Evangelium.

His ergo rite præmissis, sacerdos ad sinistram partem altaris accedens pronuntiat Evangelium, significans quod Christus non venit vocare justos, sed peccatores ad pœnitentiam, juxta quod ipse dicit in Evangelio : quia non indigent qui sani sunt medico, sed qui male habent (*Matth.* ix). Per dextram enim justi, per sinistram peccatores figurantur. Propter quod Dominus in judicio *statuet quidem oves a dextris, hædos autem a sinistris* (*Matth.* xxv). Quidam tamen in hoc loco dicunt, quod ideo sacerdos in principio missæ consistit ad dextram, cum autem pronuntiat Evangelium convertitur ad sinistram, et circa finem, iterum redit ad dextram, quia cultus fidei primo fuit in populo Judæorum ; deinde transivit ad gentes : et circa finem iterum revertetur ad Judæos, ad prædicationem Enoch et Eliæ, qui convertent corda *patrum in filios* (*Malac.* iv), quoniam in diebus illis salvabitur Juda, et *reliquiæ Israel salvæ fient* (*Rom.* ix). Sed cum sacerdos, qui pronuntiat Evangelium, ipsius Christi repræsentet personam, et Christus non prædicaverit gentibus, sed Judæis juxta quod ipse dicit in Evangelio : *Non sum missus nisi ad oves, quæ perierunt domus Israel* (*Matth.* xv) ; utrum illud recte dicatur, prudens auditor advertat.

CAPUT XXXVI.

Quare diaconus, qui lecturus est evangelium, dextram pontificis osculatur.

Porro cum episcopus celebrat, omnia solemnius peraguntur. Diaconus enim dextra pontificis osculata, codicem Evangelii suscipiens de altari, benedictionem postulat ab episcopo, qua data, procedit ad pulpitum præcedentibus ceroferariis, qui faculas ferunt accensas et thuribulum cum incenso Jam figura mutatur; nam diaconus, qui prius repræsentabat prophetam, modo repræsentat evangelistam. Lex enim prophetæ usque ad Joannem, ex eo autem regnum cœlorum evangelizatur *(Matth.* ii). Puteus hic altus est, sed si fuerit diligenter eruderatus, hauriemus *aquam in gaudio de fontibus Salvatoris (Isa.* xii). Diaconus ergo dextram pontificis osculatur, quia prædicator evangelizare debet pro gloria sempiterna, de qua sponsa dicit in Canticis : *Dextra illius amplexabitur me (Can.* viii): nam et angelus, qui resurrectionis Christi gloriam venerat nuntiare, sedebat ad dextram, *stola candida coopertus (Marc.* xvi). Licet ergo, secundum Apostolum, qui seminant spiritualia, metere possunt carnalia *(I Cor.* ix) : non est tamen seminandum pro carnalibus et terrenis, sed pro spiritualibus et æternis; nam *qui seminat in benedictionibus, de benedictionibus et metet* vitam æternam *(II Cor.* ix). Mercenarius enim est, qui de prædicationis officio non quærit præmium sempiternum, sed commodum temporale.

CAPUT XXXVII.
Quando manus et pedes summi pontificis debeant osculari.

Cæterum subdiaconus vel diaconus non manus, sed pedes Romani pontificis osculatur, ut summo pontifici summam exhibeat reverentiam, et eum illius ostendat vicarium esse, cujus *pedes osculabatur* mulier illa, *quæ fuerat in civitate peccatrix (Luc.* vii). Adorandum est enim *scabellum pedum ejus, quoniam sanctum est (Psal.* xcviii), cujus pedes mulieres tenentes resurgentem a mortuis adoraverunt *(Joan.* xx). Generaliter autem nemo debet manus summi pontificis osculari, nisi cum de manibus ejus aliquid accipit, vel cum ad manus ejus aliquid tribuit, ut ostendatur quod ex utroque debemus ei gratias exhibere. Quia sicut semper dat propria, sic nunquam recipit aliena. Ipse vero præter oblationem panis, nullam aliam oblationem manibus tangit, nisi quæ pro defunctis offertur. Quam ideo manibus accipit, ut eorum sugillet errorem, qui dogmatizant, eleemosynas non valere defunctis. Panem vero tangit propter reverentiam sacrificii, quod ex pane conficitur, eo quia vicarius est illius, qui de se dicit : *Ego sum panis vivus, qui de cœlo descendi (Joan.* vi). Cæteras autem oblationes ad pedes accipit, propter illud quod in Actibus apostolorum habetur, quoniam *afferebant pretia eorum quæ vendebantur, et ponebant ante pedes apostolorum (Act.* iv).

CAPUT XXXVIII.
De benedictione quam diaconus petit et accipit.

Suscipiens ergo diaconus codicem Evangelii, benedictionem postulat ab episcopo, quia nullus debet prædicare nisi mittatur, secundum illud Apostoli : *Quomodo prædicabunt, nisi prius mittantur* (Rom. x). Et Dominus inquit apostolis : *Messis quidem multa, operarii autem pauci. Rogate ergo Dominum messis, ut mittat operarios in messem suam* (Matth. ix; *Luc.* x). Isaias quoque cum audisset vocem Domini dicentis : *Quem mittam? et quis ibit ex vobis?* Respondit : *Ecce ego, mitte me; dixitque* Dominus : *Vade, et dices populo huic, Audite audientes,* etc. *(Isa.* vi.) Pontifex ergo visibiliter benedicit diacono, qui lecturus est evangelium, quod non fecerat subdiacono, qui lecturus erat epistolam : quia Christus invisibilis manens, legem et prophetas, quæ per epistolam significantur, invisibiliter misit et docuit : *Euntes,* inquit, *prædicate dicentes : Appropinquavit regnum cœlorum (Matth.* x). Sed postquam *in terris visus est, et cum hominibus conversatus est (Baruch.* iii), apostolos et Evangelistas visibiliter misit. Illi autem *egressi circuibant castella, evangelizantes et curantes ubique (Luc.* ix).

CAPUT XXXIX.
De susceptione codicis Evangelii de altari.

Textus Evangelii sumitur de altari, quia *de Sion exivit lex, et verbum Domini de Jerusalem (Isa.* ii), non utique lex Mosaica, quæ quondam exierat de monte Sinai, sed evangelica lex, de qua dicit propheta : *Ecce dies veniunt, dicit Dominus,* et conservabo testamentum novum super domum Israel et super domum Juda, non secundum testamentum, quod dedi *patribus eorum, cum educerem eos de terra Ægypti. Sed dabo leges meas in mentes eorum, et in corde eorum superscribam eas, et ero illis in Deum, et ipsi erunt mihi in populum (Jer.* xxxi). Lex quippe Mosaica scripta fuit *in tabulis lapideis;* sed lex evangelica scribitur *in tabulis cordis* digito Dei *(II. Cor.* iii); nam illa dabatur duris, habentibus cor lapideum; sed hæc datur obedientibus, sicut ipse dicit in Psalmis : *Populus, quem non cognovi, servivit mihi, in auditu auris obedivit mihi (Psal.* xvii).

CAPUT XL.
De his qui præcedunt diaconem cum cereis et incenso.

Diaconus præmittit ceroferarios cum faculis et incenso, quia prædicator debet ex se odorem bonæ opinionis emittere. Secundum illud Apostoli : *Christi bonus odor sumus Deo in omni loco (II Cor.* ii); nam cujus vita despicitur, restat ut ejus prædicatio contemnatur, et dicitur : *Medice, cura teipsum (Luc.* iv). *Ejice primum trabem de oculo tuo, et tunc ejicies festucam de oculo fratris tui (Matth.* vii). Debet etiam desiderium et gaudium in cordibus auditorum accendere, quatenus et libenter audiant et gratanter obediant. Quis autem non desideret bonum nuntium, et de bono nuntio quis non gaudeat? Evangelium enim bonum nuntium, ipsa sui nominis interpretatione signat. Vel per hoc, quod episcopus duos præmittit acolytos ante diaconem, qui lecturus est Evangelium, portantes cereos et incensum, notatur quod Christus præmittebat *binos ante faciem suam, in omnem civitatem et locum, quo ipse erat venturus,* præferentes coruscationes miraculorum et odorem virtutum; unde reversi dixerunt : *Domine, in nomine tuo etiam dæmonia subjiciuntur nobis (Luc.* x). Facies enim Christi convenienter hic intelliguntur apostoli, qui formam doctrinæ suæ populis ostendebant. Propter quod ipsis aiebat : *Qui vos recipit, me recipit (Matth.* x). Vel ideo librum evangelicum præcedunt thuribulum et candelabrum, quia doctrinam Christi virtus et fama præibant, evangelista testante : *Exivit Jesus in virtute spiritus in Galilæam, et fama exivit in universam regionem de illo, et ipse docebat in synagogis eorum (Luc.* iv).

CAPUT XLI.

Qualiter subdiaconus in eundo sequitur, et in redeundo præcedit referens Evangelium.

Diaconus ergo præcedit ut doctor, subdiaconus autem sequitur ut auditor. Ille præcedit ut prædicet, iste sequitur ut ministret; quia *dignus est operarius mercede sua (Luc.* x) : secundum quod Dominus in lege præcipit : *Non claudes os bovis triturantis (Deut.* xxv). Post vero lectionem subdiaconus quasi sufficienter edoctus præcedit referens Evangelium, quoniam mercedem Evangelii de sua ministratione reportat, secundum illud quod ipse Dominus promisit in Evangelio : *Qui recipit prophetam in nomine prophetæ, mercedem prophetæ recipiet (Matth.* x). Quem ideo præmittit diaconus ad episcopum, ut ostendat fructum prædicationis referre, de quo Dominus jusserat : *Posui vos ut eatis et fructum afferatis, et fructus vester maneat (Joan.* xv). In quibusdam tamen ecclesiis subdiaconus præcedit diaconum, ferens pulvillum, quem libro supponat, ut molliter sedeat. Per pulvillum qui fesso supponitur ad quietem, signatur vitæ solatium, ut videlicet auditores, quasi pro mercede laboris prædicanti sibi necessaria subministrent; nam, ut inquit Apostolus : *Qui altari deserviunt, cum altari participant (I Cor.* ix).

CAPUT XLII.

Quare diaconus per unam partem ascendit in pulpitum, et per aliam descendit.

Procedit ergo diaconus cum silentio, nihil ferens præter codicem Evangelii, propter illud quod Dominus præcepit : *Neminem salutaveritis, et nihil tuleritis in via (Matth.* x). Subdiaconus autem per unam viam, et diaconus per aliam ascendit in pulpitum ; quoniam ille docendo, iste discendo procedit in augmentum scientiæ : vel quia ministrator per meritum operis, et prædicator per meritum oris progreditur in augmentum justitiæ, de quo dicit Psalmista : *Justitia tua sicut montes Dei (Psal.* xxxv). Sed per eamdem viam revertuntur ad præsulem ; quia per finalem perseverantiam pertingitur ad præmium, sicut Dominus ait : *Qui perseveraverit usque ad finem, hic salvus erit (Matth.* x, xxiv). Et quia prædicatio non sufficit sine opere (*cœpit* enim *Jesus facere et docere (Act.* i); idcirco prædicator per viam eamdem revertitur, per quam ministrator accesserat. Vel ideo diaconus, qui lecturus est Evangelium, ab una parte progreditur, et ab altera parte egreditur, quoniam apostoli prius prædicavere Judæis, et postea gentilibus prædicavere, secundum quod inquiunt ad Judæos : *Quia repulistis verbum Dei, et indignos vos fecistis, ecce convertimur ad gentes (Act.* xiii).

CAPUT XLIII.

Quare versus aquilonem legitur Evangelium.

Diaconus ergo in ambonem ascendit, ut annuntiet Evangelium; secundum illud propheticum : *Super montem excelsum ascende tu, qui evangelizas Sion, exalta in fortitudine vocem tuam (Isa.* xl). Et Dominus inquit in Evangelio : *Quod dico vobis in tenebris, dicite in lumine : et quod in aure auditis, prædicate super tecta (Matth.* x). Nam et ipse Dominus *ascendit in montem,* ut Evangelium prædicaret, *et aperiens os suum, docebat discipulos suos,* dicens : *Beati pauperes spiritu, quoniam ipsorum est regnum cœlorum (Matth.* iii), etc. Faciem ante suam versus aquilonem opponit, ut ostendat prædicationem Christi contra eum specialiter dirigi, qui ait : *Ponam sedem meam ad aquilonem, et ero similis Altissimo (Isa.* xiv). Nam secundum prophetam, *ab aquilone pandetur omne malum super habitatores terræ (Jer.* i). Adversus ergo aquilonem legitur Evangelium, ut aquilo surgat et auster veniat *(Cant.* iv), id est ut diabolus fugiat, et Spiritus sanctus accedat. Unde diaconus munit se signaculo crucis, ne diabolus, qui bonis insidiatur operibus, tollat ei devotionem de corde, vel sermonem de ore.

Sacerdos itaque vel diaconus cum lecturus est Evangelium, signare se debet in fronte, signare se debet in ore, signare se debet in pectore, ac si dicat : Ego crucem Christi non crubesco, sed corde credo, quod ore prædico. *Prædicamus,* inquit Apostolus, *Jesum Christum, et hunc crucifixum : Judæis quidem scandalum, gentibus autem stultitiam (I Cor.* i). Nos autem gloriari oportet in cruce Domini nostri Jesu Christi, in quo est salus *(Galat.* vi), quia Dominus inquit in Evangelio : *Qui me erubuerit et meos sermones, hunc Filius hominis erubescet, cum venerit in majestate sua, et Patris, et sanctorum angelorum (Luc.* ix). Debet etiam signare librum et osculari ; librum osculatur diaconus vel presbyter, dicto Evangelio, et non prius, quasi dicat : Hic est liber Crucifixi, *per quem reconciliationem accepimus.*

CAPUT XLIV.

De crucis mysterio, et de multiplici ejus effectu.

O quam profundum est crucis mysterium ! quam arduum est sacramentum ! Legitur enim quod Moyses ad mandatum Domini *serpentem erexit æneum pro signo,* quem aspicientes qui percussi fuerant *a serpentibus, sanabantur (Num.* xxi), quod ipse Christus exponens in Evangelio, inquit : *Sicut Moyses exaltavit serpentem in deserto, ita exaltari oportet Filium hominis, ut omnis qui credit in ipso non pereat, sed habeat vitam æternam (Joan.* iii). Legitur etiam, quod cum Joseph appliculsset Manassen et Ephraim ad Jacob, statuens majorem ad dextram, et minorem ad sinistram, ut eis secundum ordinem benediceret, Jacob vero manus commutans, id est in modum crucis cancellans, dextram posuit super caput Ephraim minoris, et sinistram super caput

Manasse majoris, et dixit : *Angelus, qui eruit me de cunctis malis, benedicat pueris istis* (Gen. XLVIII), etc. Ezechiel autem audivit Dominum dicentem ad virum vestitum lineis, habentem atramentarium scriptoris a lrenes : *Transi per medium civitatis, et signa Tau in frontibus virorum dolentium et gementium* (*Ezech.* IX). Post hoc dicit septem viris : *Transite per mediam civitatem, et percutite omnem super quem non videritis Tau. Nemini parcat oculus vester* (ibid.). Joannes quoque vidit *angelum ascendentem ab ortu solis, habentem signum Dei vivi, et clamavit voce magna quatuor angelis, quibus datum est nocere terræ et mari, dicens : Nolite nocere terræ et mari, neque arboribus, quoadusque signemus servos Dei nostri in frontibus eorum* (*Apoc.* VII). Hinc est etiam cum Dominus percuteret Ægyptiorum primogenita, domos Hebræorum absque læsione transcendit, eo quod sanguinem in superliminari et in utroque poste vidisset (*Exod.* XVIII). Dum Moyses manus tenebat extensas, Israel pugnans Amalech superabat (*Exod.* XVII). Lignum missum in Marath, aquas dulcoravit amaras (*Exod.* XV). Et ad lignum missum in Jordanem, ferrum quod inciderat, enatavit (*I V Reg.* VI). II c est lignum vitæ in medio paradisi (*Gen.* III), de quo Sapiens protestatur : *Benedictum lignum per quod fit justitia, quoniam regnavit a ligno Deus* (*Sap.* XIV). Etenim correxit *orbem terræ, qui non commovebitur* (*Psal.* XCII). Qui dixerunt : *Morte turpissima condemnemus eum* (*Sap.* II), nescierunt sacramenta Dei, neque comprehenderunt quæ sit latitudo et longitudo, quæ sit sublimitas et profundum (*Ephes.* III). Crux ergo sanitatem restituit, benelictionem impendit, discernit a perfidis, liberat a periculis, hostes expellit, victores constituit. Crux mysterium fidei, firmamentum spei, clavis scientiæ, forma justitiæ, magnificentia regum, gloria sacerdotum, inopum sustentatio, pauperum consolatio, cæcorum dux, claudorum baculus, spes desperatorum, resurrectio mortuorum.

CAPUT XLV
Quomodo signum crucis sit exprimendum.

Est autem signum crucis tribus digitis exprimendum, quia sub invocatione Trinitatis imprimitur, de qua dicit propheta : *Quis appendit tribus digitis molem terræ ?* (*Isa.* XL.) ita quod a superiori descendat in inferius, et a dextra transeat ad sinistram, quia Christus de cœlo descendit in terram, et a Judæis transivit ad gentes. Quidam tamen signum crucis a sinistra producunt in dextram; quia de miseria transire debemus ad gloriam, sicut et Christus transivit de morte ad vitam, et de inferno ad paradisum, præsertim ut seipsos et alios uno eodemque pariter modo consignent. Constat autem quod cum super alios signum crucis imprimimus, ipsos a sinistris consignamus in dextram. Verum si diligenter attendas, etiam super alios signum crucis a dextra producimus in sinistram, quia non consignamus eos quasi vertentes dorsum, sed quasi faciem præsentantes.

CAPUT XLVI.
De salutatione quæ præmittitur Evangelio.

Diaconus ergo in ambone consistens, salutat populum, dicens : *Dominus vobiscum,* illud observans quod Dominus jusserat : *In quamcunque domum intraveritis, primum dicite : Pax huic domui* (*Matth.* X; *Luc.* X). Stans ergo populus, quod ante non fecerat, cum epistola legeretur, devotus et attentus respondet : *Et cum spiritu tuo.* Statimque diaconus, ut eos benevolos reddat et dociles, subdit : *Sequentia sancti Evangelii,* etc. Sed et ipsi cum reverentia et honore respondent : *Gloria tibi, Domine.* Glorificantes Dominum quod miserit eis verbum salutis, sicut in Actibus apostolorum habetur : *Et glorificaverunt Dominum, dicentes : Ergo et gentibus dedit Deus pœnitentiam ad vitam* (*Act.* II).

CAPUT XLVII.
De præeminentia Evangelii.

Sane sicut caput præeminet corpori, et ei cætera membra subserviunt, sic Evangelium toti officio præcellit, et ei cæteræ partes intellectuali ratione consentiunt. Hoc est verbum Verbi, sermo sermonis, sapientia Sapientiæ. Verbum Verbi quod *erat in principio apud Deum, omnia per ipsum facta sunt, et sine ipso factum est nihil* (*Joan.* I). Sermo sermonis, qui venit *a regalibus sedibus* (*Sap.* XVIII), insimulatum portans imperium, *vivus et efficax, et penetrabilior omni gladio ancipiti* (*Heb.* IV). Sapientia Sapientiæ, quæ *attingit a fine usque ad finem fortiter, et disponit universa suaviter* (*Sap.* VIII). Paradisus deliciarum, hortus aromatum, cella vinaria, cœnaculum vitæ, mensa propositionis, quadriga Aminadab, turris David, gazophylacium templi, thesaurus patrisfamilias. Hic est *fons hortorum, puteus aquarum viventium, quæ fluunt impetu de Libano* (*Cant.* IV). Quocirca diaconus corde purum, ore mundum, opere castum se studeat exhibere, quatenus sacrosanctum Evangelium possit digne proferre, quia puteus aquarum viventium, id est evangelica prædicatio, non fluit impetu, id est libere, nisi de Libano, id est de corde casto et ore candido. *Non enim est speciosa laus in ore peccatoris* (*Eccli.* XV). Sed peccatori dicit Deus : *Quare tu enarras justitias meas, et assumis testamentum meum per os tuum?* (*Psal.* XLIX.) Hic jam non loquitur Moyses (*Exod.* IV), qui ab heri et nudiustertius non eloquens est, sed impeditioris et tardioris linguæ factus est, ex quo Dominum loquentem sibi audivit. Hic non loquitur Isaias, qui de se dicit : *Væ mihi, quia tacui, quia vir pollutus labiis ego sum* (*Isa.* VI). Hic non loquitur Jeremias, qui dicit: *A, a, a, Domine Deus, nescio loqui, quia puer ego sum* (*Jer.* I). Sed hic loquitur Pater in Filio, quem constituit hæredem universorum, per quem fecit et sæcula (*Hebr.* I).

CAPUT XLVIII.
Quare post evangelium liber et thuribulum ad episcopum reportantur.

Evangelio perlecto, liber et thuribulum ad episcopum reportantur, quoniam ad eum omnia bona sunt referenda, a quo cuncta procedunt; unde multi Psalmorum intitulantur : *In finem Psalmus David.* Quia Christus est finis consummans, sed non consumens, alpha et omega, primus et novissimus, initium et finis. Episcopus ergo thus odorat, et codicem osculatur. Quia Christus quod inspiravit et docuit, hoc approbat et acceptat. Deus enim nihil accipit, nisi quod efficit; nec remunerat, nisi quod donat. Quia sicut cuncta quæ facit, sunt bona; sic nulla sunt bona, nisi quæ facit. Nam *vidit Deus cuncta quæ fecerat, et erant valde bona* (*Gen.* 1).

CAPUT XLIX.

De symbolo, quod post evangelium cantatur.

Quia vero *corde creditur ad justitiam, ore autem confessio fit ad salutem* (*Rom.* x), ut ostendat Ecclesia, quod Evangelii verbum corde recepit, mox fidei Symbolum ore decantat, quod tamen episcopus incipit, ut significet, quod omne bonum a Christo procedat. Nam *omne datum optimum, et omne donum perfectum desursum est, descendens a Patre luminum* (*Jacob* 1). Quocirca ne musicus ille cœlestis diceret · *Cantavimus vobis, et non saltastis* (*Matth.* 11), chorus catholicus evangelicæ doctrinæ consona voce respondet, et solemni tripudio fidem catholicam profitetur. Symbolum autem Græce, Latine sonat *indicium* vel *collatio*, tum quia fidei plenam indicat regulam et perfectam rationem, tum quia simul in unum continet articulos fidei. Traditur enim quod postquam apostoli sanctum Paracletum acceperunt, cum jam forent ad prædicandum Evangelium profecturi, conferentes in unum super articulis fidei, statuerunt ut sicut omnes erant in una fide concordes, sic omnes unam fidem concorditer prædicarent, et ideo Symbolum componentes, unusquisque *bolum*, id est particulam unam apposuit. Unde secundum apostolorum catalogum duodecim particulas dignoscitur continere. Symbolum ergo post Evangelium, fidem post prædicationem ostendit. Unde Joannes : *Hæc eo loquente, multi crediderunt in eum* (*Joan.* vii); nam [et secundum Apostolum *fides est ex auditu, auditus autem per verbum Christi* (*Rom.* x). Damasus autem papa constituit, ut Symbolum cantetur ad missam, ex decreto sanctæ universalis synodi apud Constantinopolim celebratæ.

CAPUT L.

De duodecim partibus utriusque Symboli, tam apostolici quam Constantinopolitani.

Credo in Deum Patrem omnipotentem, creatorem cœli et terræ.

Et in Jesum Christum, Filium ejus unicum, Dominum nostrum.

Qui conceptus est de Spiritu sancto, natus ex Maria virgine.

Passus sub Pontio Pilato, crucifixus, mortuus et sepultus.

Descendit ad inferna, tertia die resurrexit a mortuis.

Ascendit ad cœlos, sedet ad dexteram Dei Patris omnipotentis.

Inde venturus est judicare vivos et mortuos.

Credo in Spiritum sanctum.

Sanctam Ecclesiam catholicam, sanctorum communionem.

Remissionem peccatorum.

Carnis resurrectionem.

Et vitam æternam. Amen.

Constantinopolitanum quoque Symbolum dignoscitur continere duodecim clausulas.

Credo in unum Deum, Patrem omnipotentem, factorem cœli et terræ, visibilium omnium et invisibilium.

Et in unum Dominum Jesum Christum, Filium Dei unigenitum, et ex Patre natum ante omnia sæcula : Deum de Deo, lumen de lumine, Deum verum de Deo vero, genitum non factum, consubstantialem Patri, per quem omnia facta sunt.

Qui propter nos homines, et propter nostram salutem descendit de cœlis, et incarnatus est de Spiritu sancto ex Maria virgine; et homo factus est.

Crucifixus etiam pro nobis sub Pontio Pilato, passus et sepultus est.

Et resurrexit tertia die secundum Scripturas.

Et ascendit in cœlum, sedet ad dexteram Patris.

Et iterum venturus est cum gloria judicare vivos et mortuos, cujus regni non erit finis.

Et in Spiritum sanctum Dominum et vivificantem; qui ex Patre Filioque procedit. Qui cum Patre et Filio simul adoratur, et conglorificatur; qui locutus est per prophetas.

Et unam sanctam catholicam et apostolicam Ecclesiam.

Confiteor unum baptisma in remissionem peccatorum.

Et exspecto resurrectionem mortuorum.

Et vitam futuri sæculi. Amen.

Isti sunt duodecim panes, qui recentes et calidi super mensam propositionis coram Domino ponebantur (*Levit.* xxiv). Hæc sunt dona, quæ principes tribuum in consecratione altaris duodecim obtulere diebus (*Num.* vii). Duodenarius enim numerus multipliciter est consecratus, in duodecim apostolis, in duodecim prophetis, in duodecim patriarchis, in duodecim exploratoribus, in duodecim principibus, in duodecim tribubus, in duodecim fontibus, in duodecim lapidibus, in duodecim sedibus, in duodecim horis, in duodecim mensibus, in duodecim annis, in duodecim signis, in duodecim stellis, in duodecim gemmis, in duodecim portis, in duodecim angulis, in duodecim fundamentis, in duodecim virgis, in duodecim cubitis, in duodecim cophinis, in duodecim phialis, in duodecim acetabulis, in duodecim mortariolis, in duodecim bobus; in duodecim leunculis, in duodecim arietibus. Est autem numerus superabundans, constans ex duobus senariis signantibus perfectionem cogitationis et operis, sive mentis et corporis: ex ternario multiplicato per quaternarium, et quaternarium per ternarium, signantibus fidem individuæ Trinitatis, et quatuor Evangeliorum doctrinam, sive tres virtutes theologicas, et quatuor virtutes politicas. Hic numerus ex suis partibus aggregatis excrescit in sedenarium, qui constat ex denario et senario, mandatorum exsecutionem significans; quia decem sunt legis mandata, quæ sex diebus exsequimur, excrescentes in charitatis perfectionem, quæ secundum Apostolum xvi proprietates habere dignoscitur. *Charitas*, inquit, *patiens est, benigna est, non æmulatur, non agit perperam, non inflatur, non est ambitiosa, non quærit quæ sua sunt, non irritatur, non cogitat malum, non gaudet super iniquitate, congaudet autem veritati, omnia suffert, omnia credit, omnia sperat, omnia sustinet, charitas nunquam excidit* (*I Cor.* xiii).

CAPUT LI.
Quibus diebus Symbolum sit dicendum in missa.

Symbolum autem in illis tantum solemnitatibus cantari debet ad missam, de quibus aliqua mentio fit in Symbolo, videlicet omnibus diebus Dominicis, Natali Domini, Epiphania Domini, Cœna Domini, Pascha, Ascensione, Pentecoste, omnibus festivitatibus beatæ Mariæ, Sanctæ Crucis, Angelorum, Apostolorum, dedicationibus Ecclesiarum, et commemoratione Omnium Sanctorum: quanquam et ipsa sit dedicationis festivitas. Infra octavas Natalis Domini, excepta die Innocentum, in qua cantica lætitiæ subticentur. Tum quia *vox in Rama audita est ploratus et ululatus multus, Rachel plorans filios suos* (*Jer.* xxxi, *Matth.* ii): tum quia Innocentes descenderunt ad inferos, tum etiam quia non loquendo, sed moriendo confessi sunt. In octava tamen cantatur propter resurrectionis gloriam, quam octava signat. Infra octavas Epiphaniæ, Paschæ, Ascensionis, Pentecostes, apostolorum Petri et Pauli, et Assumptionis virginis Mariæ. Unde licet in nativitate sancti Joannis Baptistæ, et festivitate sancti Laurentii Symbolum non cantetur, in octavis eorum tamen cantatur, eo quod infra octavas Apostolorum et Assumptionis adveniant, et ob hoc in octavis sancti Joannis præfatio de apostolis, et in octavis sancti Laurentii præfatio de Assumptione cantatur. Horum omnium commemoratio fit in Symbolo, quorumdam tamen obscure, ut Epiphaniæ, quæ est festum baptismatis, de quo continetur in symbolo: *Confiteor unum baptisma*: Cœnæ Domini, quæ est solemnitas Eucharistiæ, ad quam respicit illud, quod in Symbolo continetur, *Sanctorum communionem*. Angelorum, qui nomine cœli debent intelligi, cum in Symbolo dicitur, *Creatorem vel factorem cœli et terræ*, secundum illud: *In principio creavit Deus cœlum et terram* (*Gen.* i), id est naturam angelicam et humanam. Quibusdam tamen videtur. in festivitatibus Angelorum non esse Symbolum decantandum, eo quod angeli nunquam habuerunt fidem, sed speciem non credentes, sed agnoscentes. Dedicationis Ecclesiarum, ad quam respicit illud, *Sanctam Ecclesiam catholicam*: tunc enim sanctificatur, et, ut ita dicam, catholica Ecclesia, cum dedicatur. Ad octavas respicit resurrectio mortuorum, de qua continetur in Symbolo: *Exspecto resurrectionem mortuorum*. In festo tamen Agnetis secundo Symbolum non cantatur, quia licet celebretur in octava, non tamen est festum octavæ. Unde nec in Kalendario scribitur, nec in ecclesia pronuntiatur octava. Quidam non absurde singulis diebus Paschalibus, sicut omnibus diebus Dominicis, Symbolum cantant, a die resurrectionis usque ad festum Ascensionis. Quidam etiam in festivitate sanctæ Mariæ Magdalenæ. dicentes illam apostolorum apostolam, symbolum cantant, pro eo quod ipsa proprie vel prima resurrectionis gaudium apostolis nuntiavit (*Joan.* xx). De quibusdam tamen mentio fit in Symbolo, in quorum commemoratione Symbolum non cantatur, ut passionis et sepulturæ, quoniam illorum dierum officium aliorum officiorum regulam non sectatur.

CAPUT LII.
A quibus, et ubi Symbolum sit cantandum.

Quia vero Christus non venit prædicare gentibus, sed Judæis, juxta quod ipse dixit in Evangelio: *Non sum missus, nisi ad oves quæ perierunt domus Israel* (*Matth.* xv). Unde præcepit apostolis: *In viam gentium ne abieritis, et in civitates Samaritanorum non intraveritis* (*Matth.* x), donec post resurrectionem præcepit eisdem: *Euntes in mundum universum, prædicate Evangelium omni creaturæ* (*Marc.* xvi). Idcirco Romano pontifice solemniter celebrante, Symbolum fidei non cantores in choro, sed subdiacones ad altare decantant, et ipsi generaliter ad universa respondent, usque dum pontifex dicit: *Pax Domini sit semper vobiscum*. Quoniam usque post Christi resurrectionem, sola Judæorum Ecclesia, quæ per subdiacones designatur, qui sursum ad altare consistunt, *corde credidit ad justitiam, ore autem confessa est ad salutem* (*Rom.* x). Sed extunc cantores in choro respondent, et universa decantant, quia post resurrectionem Ecclesia gentium, quam cantores designant, qui deorsum in choro consistunt fidem Christi recepit, et laudum præconia Salvatori persolvit. Inter evangelium tamen et sacrificium chorus concinit offertorium; quoniam inter prædicationem et passionem gentilitas fidei votum offerens decantavit, quando mulier Chananæa de finibus Tyri et Sidonis egressa clamavit, et dixit: *Miserere mei, Domine fili David, filia mea a dæmonio male vexatur*: cujus tandem fidem commendans Dominus ait: *O mulier, magna est fides tua: fiat tibi, sicut vis* (*Matth.* xv).

CAPUT LIII.
De offertorio.

Dicturus sacerdos *Oremus*, præmittit, *Dominus vobiscum*; quia nisi nobiscum sit Dominus, ad salutem nostram orare non possumus. Statim autem canitur offertorium, trahens nomen ab *offerendo*, quia dum offertorium cantatur, sacerdos accipit oblationes a populis, vel hostias a ministris. *Hilarem enim datorem diligit Deus (II Cor.* 1). Ordo conveniens, ut post prædicationem sequatur fides in corde, laus in ore, fructus in opere. Fides in Symbolo, laus in offertorio, fructus in sacrificio. Quapropter offerenda cantatur, quia sacrificium laudis offertur; unde Psalmista: *Circumibo et immolabo in tabernaculo ejus hostiam* vociferationis, *cantabo et psalmum dicam Domino (Psal.* xxvi). Et in Paralipomenon: *Cum offerrent holocausta, cœperunt laudes canere Domino, et in diversis organis, quæ David rex compererat, concrepare (Par.* xxix).

CAPUT LIV.
De silentio post offertorium.

Post hæc sacerdos silentii solitudinem expetit, instante memoria Dominicæ passionis, illud insinuans quod Jesus jam non palam ambulabat apud Judæos, cum cogitarent eum interficere, sed abiit in regionem, juxta desertum in civitate quæ dicitur Ephrem, et ibi morabatur cum discipulis suis. *Collegerunt ergo pontifices et Pharisæi concilium, et dicebant: Quid faciemus, quia hic homo multa signa facit? si dimittimus eum sic, omnes credent in eum, et venient Romani, et tollent nostrum locum et gentem. Unus autem ex illis, Caiphas nomine, cum esset pontifex anni illius, dixit eis: Vos nescitis quidquam, nec cogitatis, quia expedit vobis, ut unus homo pro populo moriatur, et non tota gens pereat. Ab illo ergo die cogitaverunt, ut interficerent eum (Joan.* xi). Silentium ergo sacerdotis latibulum Christi signat.

CAPUT LV.
De ablutione manuum antequam sacrificium offeratur.

Notandum vero, quod cum sacerdos dixisset, *Oremus*, non statim orationem subjungit, sed antequam ad altare procedat, manus abluit, quatenus lotis manibus oblationem accipiat, incensum offerat et orationem effundat. Scriptum est enim in Exodo: *Facies et labrum œneum, ponesque illud in tabernaculum testimonii ad altare, et missa aqua lavabunt in ea Aaron et filii ejus manus suas et pedes, quando ingressuri sunt tabernaculum testimonii, et quando accessuri sunt ad altare (Exod.* xxx). Cum ergo jam manus suas lavisset episcopus ingressurus tabernaculum, tunc iterum manus abluit, cum accessurus est ad altare, ut magis magisque mundatus offerat hostiam immaculatam, sanctam, Deo placentem *(Rom.* xii). Unde Psalmista, cum esset mundatus, petebat amplius emundari. *Amplius*, inquit, *lava me ab injustitia mea, et a delicto meo munda me (Psal.* l). Sacerdos igitur hostiam oblaturus, debet conscientiam lavare lacrymis pœnitentiæ, secundum illud: *Lavabo per singulas noctes lectum meum, lacrymis meis stratum meum rigabo (Psal.* vi). Nam et Christus antequam verum et unicum sacrificium in ara crucis offerret, in resurrectione Lazari, lacrymas effudit miseratus, Evangelista testante: *Jesus*, inquit, *infremuit spiritu, turbavit semetipsum, et lacrymatus est (Joan.* xi).

CAPUT LVI.
De corporalibus, et quare una pars extenditur et altera complicatur.

Interim vero diaconus corporales pallas super altare disponit, quæ significant linteamina, quibus involutum fuit corpus Jesu. Pars autem quæ plicata ponitur super calicem signat sudarium, quod fuerat super caput ejus separatim involutum in unum locum. De his itaque tantum reperitur in canone: « Consulto omnium constituimus, ut sacrificium altaris non in serico panno, aut intincto quisquam celebrare præsumat, sed in puro lineo [*al.* linteo] (35), ab episcopo consecrato, terreno scilicet lino procreato atque contexto, sicut corpus Domini nostri Jesu Christi in sindone linea munda sepultum fuit. » Potest tamen in his et aliud figurari. Duplex est enim palla, quæ dicitur corporale: una quam diaconus super altare totam extendit, altera quam super calicem plicatam imponit. Pars extensa, signat fidem, pars plicata signat intellectum. Hic enim mysterium credi debet, sed comprehendi non valet, ut fides habeat meritum, cui humana ratio non præbet experimentum. Credamus ergo *de corde puro, conscientia bona et fide non ficta (I Tim.* i). Sed non præsumamus discutere, quia *defecerunt scrutantes scrutinio (Psal.* lxiii). Scriptum est enim, quia perscrutator majestatis opprimetur a gloria *(Prov.* xxv). Nam qui dixerunt, *durus est hic sermo, et quis potest illum audire? abierunt retro, et jam non ambulabant cum Christo (Joan.* vi).

CAPUT LVII.
De oblatione et incenso, et quare sacerdos tertio circumducit et reducit incensum, et quare totum undique incensatur altare.

Tunc surgens sacerdos ad altare procedit, ut mysticam oblationem accipiat a ministris. Illud insinuans quod Joannes evangelista describit: *Jesus*, inquit, *ante sex dies Paschæ venit in Bethaniam, ubi fuerat Lazarus mortuus, quem suscitavit Jesus. Fecerunt autem ei cœnam ibi, et Martha ministrabat (Joan.* xii). Oblatione suscepta, statim adoletur incensum, per quod illud innuitur, quod statim per evangelistam subjicitur: *Maria ergo accepit libram unguenti nardi pistici pretiosi, et unxit pedes Jesu, et domus impleta est ex odore unguenti (ibid.)*. Quod autem sacerdos tertio superducit et circumducit incensum, designat quod Maria ter exhibuit et adhibuit unguentum circa corpus Jesu. Primo, cum unxit pedes ipsius in domo Simonis pharisæi *(Luc.* vii). Secundo, cum in domo Simonis leprosi super caput ejus unguentum effudit *(Matth.* xvi); tertio, cum emit aromata ut veniens ungeret Jesum, iam positum in sepulcro. Voluntas enim pro facto

---

(35) *De consec.*, dist., can. 1.

reputatur, cum et per ipsam non steterit, quo minus expleverit quod incepit. Quod undique totum incensatur altare, designat quod factum illud totam undique respargit Ecclesiam. Sicut Dominus ipse testatur : *Amen dico vobis, ubicunque prædicatum fuerit hoc Evangelium in toto mundo, dicetur quod hoc fecit in memoriam ejus (ibid.).* Moraliter autem incensum devotionis adolendum est in thuribulo cordis, igne charitatis, ut odorem suavitatis emittat ; de quo dicit Scriptura : *Fungi sacerdotio, et habere laudem in nomine ipsius, et offerre illi incensum dignum in odorem suavitatis (Eccles. xlv).* Hoc enim incensum sacerdos accipit, id est Christus acceptat, et incensat ex eo sacrificium et altare.

CAPUT LVIII.
De modo et ordine sacrificium offerendi, et de commistione aquæ et vini.

Verum libet adhuc oblationis mysterium explicare. Subdiaconus enim calicem præparat, panem et vinum in illo disponens, quia nimirum lex quæ per subdiaconum hic congrue designatur, hujus oblationis mysterium præsignavit, docens quod *Melchisedech, rex Salem*, protulit panem et vinum. *Erat enim Dei sacerdos Altissimi (Gen. xiv).* Quod exponens Propheta dicit ad Christum : *Tu es sacerdos in æternum, secundum ordinem Melchisedech (Psal. cix).* Diaconus autem calicem præparatum accipiens, in altari componit. Quoniam Evangelium, cujus est figura diaconus, hujus sacrificii ritum commendavit Ecclesiæ, quam per altare supra diximus figurari. Prius tamen diaconus patenam cum hostia tradit episcopo, quam episcopus ipse super altare disponit, insinuans quod ipsemet Christus hoc sacramentum primum instituit, et Ecclesiæ tradidit celebrandum, dicens : *Hoc est enim corpus meum, quod pro vobis tradetur, hoc facite in meam commemorationem (I Cor. xi).* Episcopus aquam vino commiscet in calice, quia Christus populum reconciliavit in morte. Scriptum est enim quia *aquæ multæ sunt populi multi (Apoc. xi).* Christus autem sanguinem suum effudit pro populo, sicut ipse testatur : *Hic est sanguis meus novi testamenti, qui pro multis effundetur in remissionem peccatorum (Matth. xxvi).* Et de latere Christi simul exivit sanguis et aqua, quatenus nec Christus sit sine populo, nec populus sine Christo. Quia cum aqua vino miscetur, Christus et populus adunantur. Verum hoc quoque mysterium lex Mosaica figurat, sicut exponit Apostolus dicens : *Bibebant autem de spirituali consequente eos petra. Petra autem erat Christus (I Cor. x).* Quapropter ampullam cum aqua subdiaconus tradit episcopo, quem episcopus fundit in calicem, ut sicut aqua non separatur a vino, sic nunquam populus separetur a Christo. Calix ponitur ad dextrum latus oblatæ, quasi sanguinem suscepturus, qui de latere Christi dextro creditur vel cernitur profluxisse. Nam sicut panis in corpus, ita profecto vinum transsubstantiatur in sanguinem. Porro cum sacerdos accipit patenam et urceolum, calicem et thuribulum : patenam cum hostia, urceolum cum aqua, calicem cum vino, thuribulum cum incenso : efficit super ea crucis signaculum, ut per crucis virtutem omnis comitatus [*al.* conatus] diabolicæ malignitatis effugiat, ne contra sacerdotem vel sacrificium aliquo modo prævaleat. Ob hoc etiam in modum crucis superducit et circumducit incensum et sacrificium ad altare, quatenus et crucis signaculo et thuris incenso diabolicæ fraudis malignitas extricetur, sicut prædiximus et ostendimus ad id utrumque valere.

CAPUT LIX.
De patena, super quam sacrificium panis offertur.

Patena, quæ dicitur a *patendo*, cor latum et amplum signat ; super hanc patenam, id est super latitudinem charitatis, sacrificium justitiæ debet offerri, ut holocaustum animæ pingue fiat. Hanc latitudinem cordis apostoli habebant, cum Petrus aiebat : *Et si oportuerit me mori tecum, non te negabo. Similiter et omnes discipuli Christo dixerunt. Propter quod Dominus intulit, dicens : Spiritus quidem promptus est, caro autem infirma (Matth. xxvi).* Sed latitudo cordis ab eis aufugit et latuit, cum omnes discipuli relicto magistro fugerunt et latuerunt. Et ideo post susceptam oblatam sacerdos abscondit sub corporali patenam, vel ab altari remotam subdiaconus retro continet involutam, per quod discipulorum fuga vel latibulum designatur, qui dum verum sacrificium offerretur, fugerunt relicto Christo, et latuerunt sicut eis ipse prædixerat : *Omnes vos scandalum patiemini in me in hac nocte. Scriptum est enim : Percutiam pastorem, et dispergentur oves gregis, postquam autem surrexero, præcedam vos in Galilæam (ibid.).* Et ideo sacerdos Dominicæ resurrectionis annuntiaturus eulogium, resumit patenam, quia *cum esset sero die illo una Sabbatorum et fores essent clausæ, ubi erant discipuli congregati propter metum Judæorum, venit Jesus, et stans in medio dixit eis : Pax vobis (Joan. xx),* resumens oves quæ trepidantes aufugerunt.

CAPUT LX.
De sacerdotis inclinatione.

Tunc sacerdos inclinans, orat primum pro se, deinde pro populo, monens ut populus oret pro ipso. *Orate,* inquit, *pro me, fratres.* Debemus enim pro invicem orare, secundum apostolum, ut salvemur *(Jac. v).* Nam et Dominus inquit in Evangelio *Amen dico vobis, quia si duo vel tres consenserint de omni re super terram quamcunque petierint, fiet eis a Patre meo qui est in cœlis (Matth. xviii).* Oravit autem et Christus primum pro se, deinde pro populo, dicens : *Pater, venit hora, clarifica Filium tuum, ut et Filius tuus clarificet te. Pater sancte, serva eos quos dedisti mihi, ut sint unum, sicut et nos (Joan. xvii).* Per hoc autem quod sacerdos inclinat se, humiliationem Christi signat, qui *exinanivit semetipsum, formam servi accipiens, factus obediens usque ad mortem, mortem autem crucis (Phil. ii).* Nunc tandem sacerdos dicit orationem quam intermisit, quia tunc demum Christus rediit Hierosolymam ad domum orationis quam ad tempus deseruerat, cum secesserat in Ephrem. Sic enim habetur in Evangelio : *Cum venisset Jesus Hierosolymam, intravit in templum Dei, et ejecit vendentes et ementes de templo, dicens : Domus mea domus orationis vocabitur (Matth. xxi).*

CAPUT LXI.
De præfatione.

Quia vero iterum jam palam ambulabat Jesus, ita quod *in crastinum turba multa quæ convenerat ad diem festum, cum audissent quia Jesus venit Hierosolymam, acceperunt ramos palmarum, et obviam processerunt, clamantes : Hosanna ! Benedictus qui venit in nomine Domini rex Israel (Joan. xii).* Levat ergo sacerdos manus et vocem, dicendo palam : *Per omnia sæcula sæculorum.* Finis orationis est principium præfationis, per quod sacerdos insinuat, quod Christus est lapis angularis (*I Petr.* ii), *qui fecit utraque unum (Ephes.* ii) Judæos continens et gentiles, ut sit *unum ovile et unus pastor (Joan. x).* Unde post laudem Judæorum evangelista describit fidem gentilium. *Erant,* inquit, *gentiles quidam ex his qui ascenderant ut adorarent in die festo, hi rogaverunt Philippum, dicentes : Domine, volumus Jesum videre (Joan.* xii). Dicturus autem sacerdos orationem dignissimam, præmittit salutationem, optans nos tales existere, cum quibus Dominus manere dignetur, et illud nobiscum celebrare convivium, ad quod mulier attulit alabastrum unguenti nardi pistici pretiosi, et illud effudit super caput Domini recumbentis *(ibid.).* Unde statim sacerdos subjungit : *Sursum corda.* Chorusque subjungit : *Habemus ad Dominum,* ut Ecclesia sicut vere mulier unguentaria, sursum ad ipsam Verbi divinitatem cor elevet, et illud caput æquale Deo Patri fide contingens, unguento catholicæ confessionis perungat. Cujus sane præconium sacerdos prosequitur dicens: *Gratias agamus Domino Deo nostro.* Chorusque respondet : *Dignum et justum est.* Gratias enim debemus referre omnipotenti Deo per Christum Dominum nostrum. Credentes et confitentes quod *per ipsum majestatem ejus laudant angeli, adorant dominationes, tremunt potestates.* Nimirum hoc Divinitatis arcanum ejus unguentum effundere, quod ex evangelici pigmenti medulla Joannes evangelista confecit : *In principio erat Verbum, et Verbum erat apud Deum, et Deus erat Verbum. Omnia per ipsum facta sunt, et sine ipso factum est nihil (Joan.* i). Hoc sacræ confessionis præconium, ita recte concludit Ecclesia, ut cum angelis et hominibus decantet hunc devoti pectoris hymnum : *Sanctus, sanctus, sanctus;* oratio ista, vel hymnus partim angelorum, partim hominum verba complectitur. Legitur enim in Isaia, quod *seraphim clamabant, alter ad alterum, et dicebant : Sanctus, sanctus, sanctus, Dominus Deus exercituum : plena est omnis terra gloria ejus (Isa.* vi). Legitur quoque in Evangelio, quod *qui præibant et sequebantur, clamabant dicentes : Hosanna Filio David! Benedictus qui venit in nomine Domini ! Hosanna in altissimis!* *(Matth.* xxi.) Vox angelorum Trinitatis et unitatis in Deo commendat arcanum ; vox hominum divinitatis et humanitatis in Christo personat sacramentum. Potest tamen præfationis officium ad illud referri, quod Jesus ascendit in cœnaculum magnum stratum. In quo multa locutus est cum discipulis suis, et gratias agens, hymnum retulit Deo Patri (*Luc.* xxii), quem Joannes evangelista describit, usque dum egressus esset trans torrentem Cedron, de quo dicit Matthæus : *Et hymno dicto exierunt in montem Oliveti (Matth.* xxvi). Gelasius papa tractus et hymnos composuit, et sacramentorum præfationes cauto et elimato sermone dictavit. Sixtus autem hymnum *Sanctus, sanctus, sanctus,* cantari constituit.

CAPUT LXII.
De expositione præfationis ejusdem.

Monet ergo sacerdos, ut corda sursum habeamus ad Dominum, secundum exhortationem Apostoli dicentis : *Quæ sursum sunt quærite (Colos.* iii), *et non quæ super terram* (al. *sapite).* Nam *ubi est thesaurus tuus, ibi et cor tuum (Matth.* vi). Multi quidem dum ore loquuntur cœlestia, corde meditantur terrena ; quibus Dominus improperat per prophetam : *Populus hic me labiis* honorat, *cor autem eorum longe est a me (Isa.* xxix). In qualibet ergo oratione peccatum est, sed in ista periculum, cor habere divisum ab ore, vel os habere divisum a corde ; nam qui semetipsum non audit, nec Deus illum exaudit. Chorus ergo respondens profitetur se sacerdotis monita suscepisse, cum ait : *Habemus ad Dominum.* Diligenter ergo provideat ne cor habens deorsum ad sæculum Spiritui sancto damnabiliter mentiatur. Sacerdos postquam attentos reddidit et devotos, hortatur ut *gratias agamus Domino Deo nostro.* Quoniam ipse est Deus, id est Creator, ipse est Dominus, id est Redemptor, ipse enim est noster Jesus, id est Salvator. Tunc erit verissime noster, cum erit omnia in omnibus, id est, sufficientia singulorum, quoniam ipse est Deus qui de nihilo nos creavit, ipse est Dominus, qui sanguine suo nos redemit, ipse est noster, qui sui munere nos salvavit. Qui creando nobis dedit naturam, qui redimendo dedit gratiam, et salvando conferet gloriam. Chorus namque respondens sacerdotis verbum approbat et affirmat. *Dignum,* inquit, *et justum est.* Dignum est, quantum ad Dominum, quia ipse est Dominus Deus noster, justum est, quantum ad nos, quia *nos sumus populus ejus, et oves pascuæ ejus (Psal.* xcix). *Vere dignum et justum est, æquum et salutare, nos tibi semper et ubique,* etc. *Dignum,* quia nos mera voluntate fecisti; *justum,* quia nos pura misericordia redemisti; *æquum,* quia gratuito nos justificas; *salutare,* quia nos perpetuo glorificas; *agere gratias tibi, Domine sancte, ubique, Pater omnipotens, semper, æterne Deus.* Unde psalmista : *In omni loco dominationis ejus benedic anima mea Domino (Psal.* cii); et iterum : *Benedicam Dominum in omni tempore, semper laus ejus in ore meo (Psal.* xxxiii). Per

Christum Dominum nostrum. Advocatum enim habemus apud Patrem Jesum Christum Dominum justum, qui interpellat pro nobis, *et ipse est propitiatio pro peccatis nostris (1 Joan.* II), *qui exauditur in omnibus pro sua reverentia (Heb.* v). Per eum quasi per mediatorem laudes efferimus, per eum, quasi per per advocatum gratias exhibemus; *per quem majestatem tuam laudant angeli, adorant dominationes, tremunt potestates*. Per illum itaque laudant, adorant et tremunt, per quem omnia facta sunt, per quem omnes spirituum ordines sunt creati; nam *dixit Deus, fiat lux, et facta est lux (Gen.* I). Verbo dixit, et verbo fecit, quia *verbo Domini coeli firmati sunt (Psal.* XXXII). Et *in principio erat Verbum, et Verbum erat apud Deum. Omnia per ipsum facta sunt, et sine ipso factum est nihil (Joan.* I). Laudant, unde Psalmista : *Laudate eum omnes angeli ejus (Psal.* CXLVIII). Adorant, unde Esdras : *Exercitus coeli te adorant (II Esdr.* IX). Tremunt, unde Job : *Columnae coeli contremiscunt et pavent adventum ejus (Job* XX). Tremere vero dicuntur, non metu formidinis, cum sint perfecte beati, sed admirationis affectu, vel obedientiae famulatu, cum secundum Apostolum, *omnes sint administratorii spiritus in ministerium destinati (Heb.* I). Coeli dicuntur laudare Deum, quia laudis praestant materiam. Unde Propheta : *Coeli coelorum et aquae quae super coelos sunt, laudent nomen Domini (Psal.* CXLVIII). Vel per coelos hic thronos accepit, quia Dominus ait : *Coelum mihi sedes est (Isai* LXVI). Seraphin, *ardens.* vel *succendens* interpretatur, eo quod prae caeteris ardent et succenduntur in charitate. Reperitur autem hoc nomen et neutrum et masculinum, sed neutraliter terminatur in *n*, ut in hoc loco beata Seraphin; masculine terminatur in *m*, ut in propheta : *Seraphim clamabant, alter ad alterum (Isa.* VI *)*. Verum cum novem sint ordines angelorum, quare tribus exclusis, tantum sex in praefatione ponuntur? an non illi cum caeteris majestatem divinam glorificant et adorant? absit! Nam virtutes coelorum, omnes comprehenduntur. Unde Psalmista : *Verbo Domini coeli firmati sunt, et spiritu oris ejus omnis virtus eorum (Psal.* XXXIII). Et iterum : *Dominus virtutum ipse est rex gloriae (Psal.* XXIII). Vel forte licet occulta, tamen certa provisum est ratione. Dionysius (56) quippe tres esse tradit ordines angelorum : trinos in singulis ponens, ut similitudo Trinitatis eis insinuetur impressa . Sunt enim tres ordines superiores, tres inferiores, tres medii. Superiores, seraphin, cherubin, throni. Medii, dominationes, principatus, potestates. Inferiores, virtutes, archangeli, angeli. De singulis autem hic ordo medius subtrahitur, de superioribus cherubin, de mediis principatus, de inferioribus autem archangeli. Quia ad comparationem Trinitatis aeternae (cujus majestas hic praecipue commendatur) omnis alia trinitas diminuta reperitur et imperfecta. Nam *quis in nubibus aequabitur Domino? aut quis similis erit Deo inter filios Dei? (Psal.* LXXXVIII.) Quoddam enim increatae Trinitatis vestigium relucet in omnibus creaturis, tam in angelo quam in homine et in mundo. Nam ad angelum inquit propheta : *Tu signaculum similitudinis plenus sapientiae, et perfectus decore (Ezech.* XXVIII). De homine dicit Scriptura : *Fecit Deus hominem ad imaginem et similitudinem suam (Gen.* I). De mundo dicit Apostolus . *Invisibilia Dei per ea quae facta sunt, a creatura mundi conspiciuntur intellecta (Rom.* I). Quaelibet autem trinitas, sive spiritualis in angelo , sive corporalis in mundo, sive spiritualis et corporalis in homine similitudinem quamdam divinae Trinitatis ostendit, ipsius tamen similitudinis non perficit veritatem. Deus enim est spiritus increatus, immensus, incommutabilis, summe potens, summe sapiens, summe bonus. Increatus, quia non incoepit in tempore vel ex tempore. Immensus, quia non circumscribitur loco; incommutabilis, quia non variatur in facto [*al. affectu*]; summe potens, cui nihil est impossibile ; summe sapiens, cui nihil est ignorantiae; summe bonus, cui nihil est invidentiae. A quo omnia, in quo omnia, per quem omnia *(Rom.* II); a quo omnia sunt potenter creata, per quem omnia sunt sapienter formata, in quo omnia sunt diligenter conservata. Creata per potentiam, formata per sapientiam, conservata per diligentiam. Creata per potentiam Patrem, causam efficientem ; per sapientiam Filium, causam afficientem; per diligentiam Spiritum sanctum, causam perficientem. *Tres enim sunt qui dant testimonium in coelo, Pater, Verbum, et Spiritus sanctus , et hi tres unum sunt (I Joan.* III). Tres personaliter , sua quisque ratione distinctus, Pater generatione, Verbum filiatione, Spiritus sanctus processione. Unum efficialiter [*al. essentialiter*] : totum omnes quod singuli natura, potentia, voluntate : et omnino quidquid secundum substantiam praedicatur. Hanc aeternam et individuam Trinitatem *laudant angeli, adorant dominationes, tremunt potestates; cum quibus et nostras voces*. Duas enim omnipotens Deus rationabiles condidit creaturas, angelicam et humanam, quae laudibus divinis insisterent, et ei gratiarum actiones redderent, quas dum pari voto concelebrant, tanquam superiores et inferiores chordae in coelesti cithara sociantur. De qua dicit Joannes : *Et audivi vocem citharoedorum citharizantium in citharis suis, et cantabant quasi canticum novum (Apoc.* XIV). Supplici confessione, quasi non superba praesumptione, sed humili laude dicentes : *Sanctus, sanctus, Dominus Deus* Sabaoth *(Isa.* VI). Ter dicitur *Sanctus*, et semel *Deus* dicitur, ut Trinitatis et unitatis mysterium comprobetur. Hoc non solum seraphin clamabant, sub excelso Dei solio secundum prophetam, sed et *quatuor animalia,* [secundum Apocalypsim *(cap.* VI), *in circuitu* sedis, *requiem non habebant die ac nocte dicentia : Sanctus, sanctus, sanctus, Dominus Deus omnipotens*. Sanctus dicitur, id est

(56) Dionysius, *De coelesti hierarch.*

sanctificans, non autem sanctificatus; unde : *Sancti estote, quia ego sanctus sum Dominus Deus vester* (*Levit.* x *et* xx). Sanctus Pater, dicente Filio : *Pater sanctifica eos in veritate, quos dedisti mihi, quia tu sanctus es* (*Joan.* xvii). Sanctus Filius, angelo protestante : *Quod nascetur ex te sanctum, vocabitur Filius Dei* (*Luc.* i; *Joan.* xx). Sanctus Spiritus, Christo dicente : *Accipite Spiritum sanctum, quorum remiseritis peccata, remittuntur eis.* Dicitur autem Dominus Deus Sabaoth, id est Dominus exercituum, videlicet angelorum et hominum, quorum *terribilis ut castrorum acies est ordinata* (*Cant.* xi). Tot enim exercitus habet Deus in terra, quot sunt ordines in Ecclesia : tot habet in cœlis, quot ordines sunt in angelis. *Pleni sunt cœli et terra gloria tua.* Nomine cœlorum et terræ, angeli et homines divina pleni gratia perhibentur : vel ad litteram cœlum et terra gloria divina replentur, quia deitas [*al.* divinitas] est ubique. Unde Propheta : *Si ascendero in cœlum tu illic es, si descendero ad infernum ades* (*Psal.* cxxxviii). Super omnia non elatus, subter omnia non prostratus, intra omnia non inclusus, extra omnia non exclusus; unde reperitur in Job (cap. xi) : *Excelsior cœlo est, et quid facies? profundior inferno, et unde cognosces? longior terra mensura ejus, et latior mari.* Quia vero necessarium est ad æternam salutem, incarnationis quoque mysterium confiteri, recte subjungitur : *Benedictus qui venit in nomine Domini. Ego*, inquit, *veni in nomine Patris mei* (*Joan.* v). Nomen Patris est Filius, de quo dicit propheta : *Ecce nomen Domini venit de longinquo* (*Isai.* xxx). *Hosanna in excelsis.* Hosanna verbum Hebræum est, quod signat, *Salva, obsecro*, compositum ex osi, quod est *salva*, et anna quod est interjectio obsecrantis; vel, osi et anna duæ sunt dictiones per elipsim prolatæ. Bis autem dicitur *Hosanna*, propter duas partes salutis, quæ sunt stola mentis et stola carnis, quibus sancti beatificantur in gloria. Hic laudis versiculus in psalmo centesimo decimo septimo reperitur. Quod enim turbæ dixerunt : *Hosanna*, hoc est quod ibi dicitur : *O Domine, salvum me fac*, et eisdem verbis subjungitur : *Benedictus qui venit in nomine Domini* (*Joan.* v).

LIBER TERTIUS.

CAPUT PRIMUM.
De silentio post præfationem.

Post acclamatum præconium, sequitur secretum silentium. Nam ut Joannes Evangelista describit, ubi Jesus honorifice fuit receptus a turbis, cum psalmis et laudibus, *abiit et abscondit se ab eis* (*Joan.* xii), non utique trepidantis formidine, sed dispensantis officio, quia nondum venerat hora ejus, quæ postquam advenit, spontaneus ad passionem accessit. *Surgite*, inquit, *eamus, ecce appropinquat qui me tradet* (*Matth.* xx), oblatus est enim quia ipse voluit (*Isa.* liii) ; unde cum cohors et ministri venissent *cum laternis et facibus et armis, ut comprehenderent illum, sciens Jesus omnia quæ ventura erant super eum, processit et dixit eis: Quem quæritis? Responderunt ei : Jesum Nazarenum. Dicit eis : Ego sum* (*Joan.* xviii). Illud ergo latibulum Christi hoc secretum silentium repræsentat, in quo cessante verborum tumultu, sola dirigitur ad Deum intenta devotio.

Tunc enim sacerdos debet intrare in cubiculum cordis, et ostio sensuum intercluso, Deum Patrem orare, non multiloquio, sicut ethnici faciunt, qui putant multiloquio exaudiri (*Matth.* vi), sed *in corde puro et conscientia bona, et fide non ficta* (*I Cor.* i). Deus enim non est exauditor vocis sed cordis, nec est admonendus clamoribus, quia *renum est scrutator et cordium* (*Jerem.* xvii). Quod Anna typum gerens Ecclesiæ, legitur observasse, quæ non petitione clamosa, sed tacita devotione impetravit quæ petiit. Scriptum est enim in libro Regum, quod *Anna loquebatur in corde suo, tantumque labia illius commovebantur, et vox penitus non audiebatur* (*I Reg.* i). Item in Psalmis : *Dicite in cordibus vestris, et in cubilibus vestris compungimini* (*Psal.* iv). *Spiritus est Deus, et eos qui adorant in spiritu et veritate oportet adorare* (*Joan.* iv). Ne vero *muscæ morientes perdant suavitatem unguenti* (*Eccle.* iv). flabello spiritus abigantur. Quatenus auster adveniens perflet hortum, ut *aromata fluant* (*Cant.* iv), hoc est, ne importune cogitationes tollant devotionem orationis, inspiratione gratiæ repellantur. Quatenus Spiritus sanctus accedens mentem fecundet, ut virtutes abundent. Cæterum ne sacrosancta verba vilescerent, dum omnes pene per usum ipsa scientes, in plateis et vicis, aliisque locis incongruis decantarent, decrevit Ecclesia, ut hæc obsecratio quæ secreta censetur, a sacerdote secrete dicatur, unde fertur, quod cum ante consuetudinem quæ postmodum inolevit, quidam pastores ea decantarent in agro, divinitus sunt percussi.

CAPUT II.
De his quorum memoria colitur in Secreta.

In Secreta recolitur memoria passionis. videlicet eorum quæ gesta sunt per hebdomadam ante Paschalem, a decima luna primi mensis, quando Jesus adiit Hierosolymam, usque ad septimam decimam quando resurrexit a mortuis. Propter quod inter præfationem et canonem in plerisque sacramentariis imago Christi depingitur, ut non solum intellectus litteræ, verum etiam aspectus picturæ memoriam Dominicæ passionis inspiret. Et forte divina factum est providentia, licet humana non sit industria procuratum, ut ab ea littera T canon inciperet, quæ sui forma signum crucis ostendit et exprimit in figura. T namque mysterium crucis insinuat, dicente Domino per prophetam : *Signa Thau in frontibus virorum dolentium et gementium* (*Ezech.* IX).

CAPUT III.
De tribus signis quæ fiunt super oblatam et calicem.

Te igitur clementissime Pater. Eadem die qua laudes a turbis Christo sunt acclamatæ, videlicet decima luna primi mensis, quando secundum legem typicus agnus in domos Hebræorum inferebatur (*Exod.* XII), verus Agnus ingressus est Hierosolymam, et a nequissimis lanistis obsessus, multis insidiis quærebatur ad mortem. Traditus est autem a tribus, a Deo, a Juda, a Judæo. De prima traditione dicit Apostolus : *Proprio Filio suo non pepercit Deus, sed pro nobis omnibus tradidit illum* (*Rom.* VIII). De secunda scribitur in Matthæo (*cap.* XXVI) : *Quærebat Judas opportunita'em, ut eum traderet.* De tertia legitur in Joanne (*cap.* XXVIII) : *Gens tua et pontifices tui tradiderunt te mihi.* Prima fuit ex gratia, quia *dilexit nos, et tradidit semetipsum pro nobis* (*Ephes.* V). Secunda ex avaritia, quia *constituerunt ei triginta argenteos, et exinde quærebat opportunitatem ut traderet eum sine turbis* (*Luc.* XXII). Tertia ex invidia, *sciebat enim Pilatus quod ex invidia tradidissent eum* (*Matth.* XXVII). Deus ergo tradidit illum ex dono, Judas pro munere, Judæus in sacrificium illibatum, quod utique, non Judæi libavere, sed gentes. Quoniam ablatum est regnum a Judæis, et datum est *genti facienti fructus ejus* (*Matth.* XXI). Ad hoc igitur designandum, sacerdos facit tres cruces super oblatam et calicem, dum dicit : *Hæc dona, hæc munera, hæc sancta sacrificia illibata.* Commemorans illam traditionem, quam Deus fecit ex dono, Judas pro munere, Judæus in sacrificium illibatum. Singuli tamen *ad mortem, mortem autem crucis* (*Philip.* II); nam licet diversa fuerunt operantia, tamen unum et idem exstitit operatum. Hæc trina traditio tunc incœpit, cum Filius ex Dei Patris decreto, et ex consilio Spiritus sancti, necnon ex proprio beneplacito veniens Hierosolymam, semetipsum exposuit passioni; qui cum venisset, ibidem exposuit ad quid venisset. *Nisi granum frumenti cadens in terram, mortuum fuerit, ipsum solum manet : si autem mortuum fuerit, multum fructum affert. Et ego si exaltatus fuero de terra, omnia traham ad meipsum* (*Joan.* XII). Hoc autem dicebat, significans qua morte esset moriturus. Vel potius quia indivisa sunt opera Trinitatis, potest referri totum ad individuam Trinitatem, quæ tota tradidit Christum in mortem, ut tota per Christum redimeret nos a morte. Donum enim est dantis, munus accipientis, sacrificium offerentis; et Pater dedit, Filius obtulit, Spiritus sanctus accepit. Hinc ergo dicit Apostolus : *Christus per sanctum Spiritum semetipsum obtulit Deo immaculatum* (*Hebr.* IX). Singuli tamen obtulerunt, et dederunt et acceperunt. Sed ad distinctionem dicitur Pater dedisse propter auctoritatem, Filius obtulisse propter humanitatem, Spiritus sanctus accepisse propter benignitatem. O liberalis gratia, liberalitas gratiosa, quod Deus dedit in donum hoc accepit a nobis in munus, eodem enim sacrificia dona sunt simul et munera. Dona sunt nobis collata, munera sunt a nobis oblata; nam quæ sacris offeruntur altaribus, et munera nuncupantur et dona; unde Dominus inquit in Evangelio : *Si offers munus tuum ad altare, vade prius reconciliari fratri tuo* (*Matth.* V). Et Apostolus de pontifice, *ut offerat dona et sacrificia pro peccatis* (*Hebr.* V). Daniel quoque dixit ad Balthasar : *Munera tua tibi sint, et dona tua alteri da.* (*Dan.* V). Sermonum igitur inculcatio, piæ devotionis est excitatio vel ineffabilis commendatio sacramenti. Non enim unum aliquod invenitur vocabulum, quod tantum sacramentum digne valeat appellare, nisi quod Græce dicitur eucharistia, quod exponitur *bona gratia.* Dicuntur autem pluraliter *dona, munera, sacrificia,* quia panis et vinum antequam consecrentur, et diversæ sunt species substantiarum, et diversæ specierum substantiæ. Sed ubi consecratio cœlestis accesserit, species quidem remanent, sed substantiæ convertuntur, ita quo diversa sunt continentia, sed unicum est contentum. Nam idem sub utraque specie continetur, licet non in idem utraque substantia convertatur, sicut infra planius et plenius ostendetur. Dicuntur et *sancta* et *illibata,* quia panis et vinum significant sacrosanctum corpus et immaculatum sanguinem Jesu Christi. Non enim dicuntur illibata, quasi nondum gustata; sed potius illibata dicuntur, id est immaculata, quæ sine macula cordis et corporis oportet offerri, quatenus cor ab iniquitate purgetur, et corpus ab immunditia. Quoniam, ut inquit Apostolus, *quicunque manducaverit panem vel biberit calicem Domini indigne, reus erit corporis et sanguinis Domini. Probet autem seipsum homo, et sic de pane illo edat et de calice bibat. Qui autem manducat et bibit indigne, judicium sibi manducat et bibit, non dijudicans corpus Domini. Ideo multi sunt infirmi et imbecilles, et dormiunt multi* (*I Cor.* XI).

CAPUT IV.
De tribus sacrificiis Ecclesiæ.

Porro tria sunt Ecclesiæ sacrificia, quæ significata sunt in Veteri Testamento per propitiatorium, thuribulum et altare, videlicet sacrificium pœnitentiæ, sacrificium justitiæ, et sacrificium eucharistiæ. De primo ait Psalmista : *Sacrificium Deo spiritus contribulatus* (*Psal.* L); de secundo : *Tunc acceptabis sacrificium justitiæ* (*ibid.*); de tertio : *Tibi sacrificabo hostiam laudis* (*Psal.* CXV). Super altare caro mactatur, infra thuribulum thus adoletur, ad propitiatorium sanguis infertur. Caro mactatur in contritione, thus adoletur in devotione, sanguis infertur pro redemptione super altare corporis, infra thuribulum cordis, ad propitiatorium Dei Patris. In sacrificiis illis panis et vinum et aqua spiritualiter offeruntur. In sacrificio pœnitentiæ vinum doloris et compunctionis, aqua mœroris et plorationis, panis laboris et afflictionis: doloris in corde, mœroris in ore, laboris in opere. In sacrificio justitiæ panis fortitudinis et constantiæ, vinum rectitudinis et prudentiæ, aqua mansuetudinis et temperantiæ: fortitudinis inter adversa, rectitudinis inter iniqua, mansuetudinis inter probra. In sacrificio eucharistiæ panis unitatis, vinum charitatis, aqua fidelitatis · panis pro corpore, vinum pro anima, et aqua pro populo, sicut infra planius et plenius ostenditur. Inter hæc sacrificia, primum educit, secundum deducit, tertium autem inducit. Educit incipientes, deducit proficientes, inducit perficientes ex Ægypto per desertum in patriam: ex Ægypto confusionis, per desertum peregrinationis, in patriam glorificationis. Hæc tria sacrificia sacerdos offert in missa. Primum in confessione, secundum in præfatione, tertium in actione. Nam et tria sunt quæ, secundum prophetam, Deus requirit ab homine: *Diligere misericordiam, facere judicium, et sollicitum ambulare cum Deo* (*Mich.* vi). Diligat ergo misericordiam qui vult offerre sacrificium pœnitentiæ, faciat judicium qui vult offerre sacrificium justitiæ, cum Deo ambulet sollicitus qui vult offerre sacrificium eucharistiæ.

CAPUT V.
Pro quibus sacrificium offeratur.

In primis igitur... Hic primo investigandum occurrit, quibus videlicet et pro quibus, qualiter et quare sacrificium laudis debeamus offerre. Quæ quatuor ex ipso canone possumus evidenter advertere. Quibus, soli Deo scilicet et individuæ Trinitati; pro quibus, pro Ecclesia sancta catholica, videlicet pro omnibus orthodoxis; qualiter, in unitate fidei, videlicet in communione sanctorum; quare, pro beneficiis temporalibus et spiritualibus et æternis, sed omnibus propter Deum. Primum notatur cum dicitur: *Tibi reddunt vota sua æterno Deo vivo et vero;* secundum: *Pro Ecclesia tua sancta catholica;* tertium: *Communicantes et memoriam agentes* [al. *venerantes*]; quartum : *Pro redemptione animarum suarum, pro spe salutis et incolumitatis suæ.* Sacrificium ergo laudis offertur et generaliter pro cunctis, et specialiter pro quibusdam prælatis et subditis, ibi : *Una cum famulo tuo papa nostro, et omnibus orthodoxis;* pro viris et mulieribus ibi astantibus : *Memento, Domine, famulorum famularumque tuarum;* pro sacerdotibus et astantibus ibi : *Et omnium circumstantium.* Et qui tibi offerunt hoc sacrificium : pro nobis et nostris, ibi, pro se suisque omnibus. *In primis,* id est principaliter, *offerimus tibi pro Ecclesia sancta tua catholica,* id est universali toto orbe terrarum diffusa, sed fidei sacramentis unita, *quam pacificare digneris,* ut pacem habeat ab hæreticis et schismaticis; *et adunare* quæ dispersa est inter paganos et perfidos, quam etiam *custodire digneris* a vitiis et dæmoniis, et *regere* in prosperis et adversis. Idipsum tamen videtur esse pacificare, oadunare, custodire et regere. Tunc enim pacificat, cum fidelium mentes adunat, ut per Spiritum sanctum charitate diffusa, *multitudinis credentium sit cor unum et anima una* (*Act.* iv). Tunc custodit, cum inter mundi pericula regit, ut *de sancto mittens auxilium,* eam *de Sion tueatur* (*Psal.* xix). Licet enim septem in Apocalypsi scribantur Ecclesiæ (*4poc.* i), una tamen in Canticis est columba (*Cant.* vi), nam *sapientia ædificavit sibi domum, excidit columnas septem* (*Prov.* ix), una ergo est Ecclesia, septem ordinibus distributa, vel septem charismatibus insignita, quam ille pacificat et adunat. Ille custodit et regit, qui propter ipsius regimen et munimen unum præposuit universis, ut omnes ab uno, sicut corpus a capite gubernetur. Pro quo statim oratur, *una cum famulo tuo papa nostro.* Unde constat, ut inquit Pelagius, ab universo orbe separatos esse, qui qualibet dissensione inter sacra mysteria apostolici pontificis memoriam secundum consuetudinem non frequentant. Qui vero non sunt de Romana diœcesi, pro suo quoque dicuntur orare pontifice. Quatenus *unitatem spiritus in vinculo pacis observent* (*Ephes.* iv). Orandum etiam esse pro principe Apostolus docet ad Timotheum : *Obsecro,* inquit, *primum omnium fieri obsecrationes, orationes, postulationes, gratiarum actiones, pro omnibus hominibus, pro regibus, et pro omnibus qui in sublimitate sunt* constituti *ut quietam et tranquillam vitam agamus in omni pietate et castitate* (*I Tim.* ii). Sicut enim sunt duæ vitæ, cœlestis videlicet et terrena, una qua spiritus vivit ex Deo, altera qua caro vivit ex spiritu; sed utraque vita nutritur ut possit subsistere, cœlestis spiritualibus, et terrena carnalibus : ita sunt duæ potestates, ecclesiastica et mundana; una quæ moderatur spiritualia, et alia moderatur carnalia. Ista per clericos, illa per laicos, ut ista vacet cœlestibus quantum ad animam, et ista terrenis quantum ad corpus. Post utramque potestatem orandum est pro omnibus orthodoxis, quæ sub utraque fidem catholicam et apostolicam venerantur et colunt. Orthodoxi quasi recte gloriosi dicuntur, qui Deum rectæ fidei confessione glorificant. Licet autem unus tantum offerat sacrificium pluraliter tamen dicit *offerimus,* quia sacerdos non tantum in sua, sed in totius Ecclesiæ persona sacrificat. Quapropter in sacramento corporis Christi nihil a bono majus, nihil a malo minus perficitur sacerdote, dummodo sacerdos cum cæteris in arca consistat, et formam observet traditam a columba. Quia non in merito sacerdotis, sed in verbo conficitur Creatoris. Non ergo sacerdotis iniquitas effectum impedit sacramenti, sicut nec infirmitas medici virtutem medicinæ corrumpit. Quamvis igitur opus operans aliquando sit immundum, semper tamen opus operatum est mundum. Sed sicut *omnia sunt munda mundis* (*Tit.* i), sic omnia sunt immunda immundis. Malus ergo cum vitam accipit, mortem incurrit : sic econtra, bonus cum mortem sustinet, vitam acquirit : nam *qui manducat indigne, judicium sibi manducat.* (*I Cor.* xi).

CAPUT VI.

In quo loco debeant, vivorum nomina recitari.

Memento famulorum famularumque tuarum et omnium circumstantium. Ex hac junctura verborum manifeste conjicitur quod hic quasi quidam sit locus ubi sacerdos specialiter quos voluerit, debeat nominare. Vivorum tamen nomina hic debet recensere, quoniam in sequentibus locus occurret, ubi defunctorum poterit agere memoriam specialem. Hinc evidenter apparet, quam sanctum sit ac salubre missarum interesse mysteriis, cum sacrificium eucharistiæ pro circumstantibus offeratur specialius. Unde cautum est in canonibus quod omnes fideles qui conveniunt in sacris solemnitatibus ad ecclesiam, et Scripturas apostolorum et Evangelium audiant (37). Qui vero non perseveraverint usque dum missa peragatur, velut inquietudines ecclesiæ commoventes, convenit communione privari. Verum cum Dominus nihil ignoret, nec alicujus valeat oblivisci, quid est quod petimus ut Deus nostri meminerit. Porro Deus dicitur scire quos approbat, unde : *Novit Dominus qui sunt ejus*; et dicitur nescire quos reprobat, unde : *Non novi vos (Matth.* i). Rursus dicitur oblivisci malorum, cum malus ad bonum convertitur; unde : *Si impius egerit pœnitentiam, omnium iniquitatum ejus non recordabor (Ezech.* xviii). Et dicitur oblivisci bonorum, cum bonus ad malum pervertitur, unde : *Si justus a justitia se averterit, omnes justitias ejus non recordabor (ibid.).* Deus quandoque ergo recordatur ad misericordiam, unde : *Memento mei, Deus, quia ventus est vita mea (Job* vii). Quandoque recordatur ad puniendum, unde : *Memento, Domine, filiorum Edom in die Jerusalem (Psal.* cxxxvi). Ergo petimus, ut non tantum meminerit, sed hic petimus ut nostri misereatur. Secundum illud : *Reminiscere miserationum tuarum, Domine, et misericordiarum tuarum, quæ a sæculo sunt (Psal.* xxiv). *Quorum tibi fides cognita est, et nota devotio.* Quasi qui propitiaris fidelibus et devotis, qui solus vides in conscientiis, qui recte credant et devote te diligant, utpote renum scrutator et cordium, Deus scientiarum Dominus, occultus omnium occultorum perscrutator *(Psal.* vii). *In cujus conspectu nulla creatura est invisibilis* (Hebr. iv). *Pro quibus offerimus, vel qui tibi offerunt.* Quasi : Memento, Domine, eorum pro quibus offerimus, sed et sacerdotum qui offerunt. Cum enim sacerdos offert pro populo nihilominus et pro se. Vel ideo dicit *pro quibus offerimus, vel qui tibi offerunt,* quia non solum offerunt sacerdotes, sed et universi fideles. Nam quod specialiter adimpletur ministerio sacerdotum, hoc universaliter agitur voto fidelium. Dicitur autem sacrificium laudis, secundum illud Apostoli : *Quidquid facitis, omnia in laudem Dei agite ut Deus laudetur in vobis (Coloss.* iii). Vel sacrificium laudis dicitur, quia cum Deo quidquam offerimus, sua sibi reddimus, non nostra

largimur; unde : *Si esuriero non dicam tibi, meus est orbis terræ, et plenitudo ejus.* Ergo immola Deo *sacrificium laudis, et redde Altissimo vota tua. (Psal.* xlix). Vel potius sacrificium laudis dicitur, quia propter hoc maxime Deum laudare debemus, quia non solum se dedit pro nobis in pretium, sed etiam se dedit nobis in cibum, ut per pretium redimeret nos a morte, per cibum ut aleret nos ad vitam. Unde : *Qui manducat vivet propter me (Joan.* vi). *Pro se suisque omnibus.* Videlicet consanguineis vel affinibus familiaribus, vel amicis. Licet enim diligere teneamur etiam inimicos, secundum illud : *Diligite inimicos vestros (Matth.* v); servare tamen debemus ordinem charitatis, secundum illud : *Introduxit me rex in cellam vinariam et ordinavit in me charitatem (Cant.* ii). Nam et Apostolus ait : *Dum tempus habemus, operemur bonum ad omnes, maxime autem ad domesticos fidei (Gal.* vi).

CAPUT VII.

De tribus bonis pro quibus sacrificium laudis offertur temporalibus, spiritualibus et æternis.

Pro redemptione animarum suarum. Quasi : Non pro temporali lucro et appetitu terreno, sed pro spe salutis et incolumitatis, id est pro salute vel incolumitate sperata, spe namque salvi facti sumus, pro salute mentis et incolumitate corporis. Namque utraque sanitas est ab illo. Qui dicit : *Salus populi ego sum (Isa.* li). Verum utraque sanitas provenit ex redemptione animæ, id est remissione peccati, sicut econtra, de reatu peccati procedit infirmitas utriusque. Juxta sententiam Veritatis : *Ecce sanus,* inquit, *factus es, jam noli peccare, ne deterius tibi aliquid contingat (Joan.* v). Porro tria sunt hominis bona, corporalia, spiritualia et æterna, videlicet infima, media et suprema, pro quibus sacerdos dicit se offerre. Pro corporalibus, id est pro incolumitate ; pro spiritualibus, id est pro redemptione ; pro æternis, id est pro salute. Nam et Dominus docet nos pro his tribus orare. Pro æternis, unde : *Adveniat regnum tuum.* Pro spiritualibus, unde : *Fiat voluntas tua, sicut in cœlo et in terra.* Pro corporalibus, unde : *Panem nostrum da nobis quotidianum (Matth.* vi). Offerimus ergo sacrificium pro æternis, ut dentur nobis in præmium ; pro spiritualibus, ut dentur nobis ad meritum ; pro corporalibus, ut dentur nobis ad adminiculum, ut per hæc et ista perveniamus ad illa. Aliquando non offerimus Deo sacrificium nisi propter seipsum, quia ipse est Dominus Deus noster; unde Propheta : *Confitemini Domino quoniam bonus (Psal.* cxvii). Verum cum dicat Apostolus : *Quod virtus in infirmitate perficitur ;* et iterum : *Cum infirmor tunc potens sum* (II *Cor.* xii). Quid est quod pro corporis incolumitate sacrificium laudis offerimus ? ut conservata nobis sanitate vel reddita, gratiarum actiones in ecclesia referamus.

---

(37) *De consecratione,* dist. i, c. *Omnes fideles.*

CAPUT VIII.

Quod sacrificium altaris æqualiter offertur toti Trinitati.

Tibi reddunt vota sua, cum nostra donemus et aliena reddamus. Quomodo vota si sua sunt reddunt et non potius donant? Vel si reddunt, quomodo sua sunt et non potius aliena? Sane votum bonum et hominis est et Dei, sed Dei propter auctoritatem gratiæ, hominis propter libertatem arbitrii. Propter quod dicit Apostolus : *Non autem ego, sed gratia Dei mecum* (*I Cor.* xv). Et iterum : *Coadjutores Dei sumus* (ibid.). — *Æterno Deo vivo et vero.* Dii namque dicuntur homines et dæmones et imagines, sed homines adoptive, dæmones usurpative, imagines nuncupative. Per adoptionem, ut tibi : *Ego dixi : dii estis et filii Excelsi omnes* (*Psal.* LXXXI). Per usurpationem, ut ibi : *Omnes dii gentium dæmonia* (*Psal.* XCV). Per nuncupationem, ut ibi : *Appellaverunt deos opera manuum hominum* (*Sap.* XIII). Primi sunt veri et vivi nec æterni; secundi sunt vivi, sed nec æterni, nec veri; tertii nec sunt veri, nec æterni nec vivi. Sed ille solus est æternus, vivus et verus, imo veritas et vita et æternitas, qui est Deus per essentiam, qui de se dicit : *Ego sum Deus, et non est alius, præter me* (*Isa.* XLV). Licet autem hæc obsecratio specialiter dirigatur ad Patrem, propter auctoritatem principii. Nam et Filius ita docet nos orare : *Pater noster qui es in cœlis* (*Matth.* VI). Propter hoc in principio Canonis dicitur : *Te igitur clementissime Pater per Jesum Christum Filium tuum Dominum nostrum supplices rogamus et petimus.* Æqualiter tamen individuæ Trinitati, sacrificium laudis offertur tam Patri quam Filio quam utriusque Spiritui. Quorum, sicut indivisibilis est majestas, sic indivisibilis adoratio. Juxta quod Veritas docet : *Veri adoratores adorabunt Patrem in spiritu et veritate* (*Joan.* IV). Nam qui Deum satagit veraciter adorare, Patrem adoret in Spiritu sancto et veritate, id est Filio, quia Pater essentialiter est in Filio, et Filius naturaliter in Patre, Spiritus sanctus substantialiter in utroque, secundum illud : *Ego in Patre et Pater in me est* (*Joan.* XIV et XVII). Quapropter illa possunt non indiscrete distingui, cum dicitur : Æterno Deo, vivo et vero, ut quod est commune secundum essentiam approprietur propter notitiam. Æternitas Patri, ratione principii, quia Pater a nullo est, et omnia sunt ab eo, Filius per generationem, Spiritus sanctus per processionem, cætera per creationem. Veritas Filio, qui de se dicit : *Ego sum veritas* (*Joan.* XIV). Et de quo Psalmus dicit : *Veritas de terra orta est* (*Psal.* LXXXIV). Vita Spiritui sancto, sicut habetur in Symbolo : *Credo in Spiritum sanctum Dominum et vivificantem, qui ex Patre Filioque procedit.* Totius igitur individuæ Trinitatis indivisa est adoratio, quæ principaliter exhibetur in sacrificio.

CAPUT IX.

De trina commemoratione sanctorum, quæ fit in Canone.

Communicantes..... Secreta quæ secundum diversos et *canon* et *actio* nuncupatur, non tota simul ab uno, sed paulatim a pluribus, ex eo quoque perpenditur fuisse composita, quod ter in ea sanctorum commemoratio repetitur. Licet hoc ipsum pervenerit ad laudem et gloriam Trinitatis. In secunda quippe commemoratione supplentur qui de primitivis sanctis deesse videbantur in prima. Verum in ea commemoratione quæ fit ante consecrationem corporis Christi postulatur sanctorum suffragium. In ea vero quæ post consecrationem corporis Christi sanctorum consortium imploratur, quia nimirum antequam corpus Christi quod est universalis Ecclesia consecretur, id est antequam regnum adveniat, necessarium est nobis in via sanctorum suffragium, ut meritis eorum et precibus divinæ protectionis muniamur auxilio. Sed ubi corpus Christi fuerit consecratum, id est ubi regnum advenerit, assequemur in patria sanctorum consortium, ut societatem et partem cum sanctis apostolis et martyribus habeamus. In via quippe communicamus sanctis per fidem, quam ipsi habuerunt et nos habemus. Nos enim fidem habemus et spem, illi speciem habent et rem. Nos percurrimus stadium, illi possident bravium. Nos pugnamus in via, illi triumphant in patria. Communicamus igitur et memoriam veneramur apostolorum et martyrum et præcipue gloriosæ Dei genitricis virginis Mariæ, ut eorum suffragio de fide perducamur ad speciem, de stadio veniamus ad bravium, de via transeamus ad patriam. In hac quidem commemoratione sanctorum illud observat Ecclesia, quod antiquitas consuevit agere, ut in orationibus suis recolat patrum memoriam, quatenus eorum meritis suffragantibus facilius obtineat quod implorat. Sic Moyses pro peccante populo intercedens patrum memoriam interposuit : *Recordare Abraham, Isaac, Israel, servorum tuorum* (*Exod.* XXXII). Sic Azarias orasse legitur in fornace : *Ne, quæsumus, auferas misericordiam tuam a nobis, Domine Deus noster, propter Abraham dilectum tuum, et Isaac servum tuum, et Israel sanctum tuum* (*Dan.* III). Multum enim merita patrum filiis suffragantur. Unde cum Ezechias divinum auxilium postularet, audivit : *Protegam urbem hanc et servabo eam propter me et propter David servum meum* (*IV Reg.* XIX). Et alibi : *Ecce ego scindam regnum de manu Salomonis, verumtamen una tribus remanebit ei propter servum meum David, ut remaneat lucerna David servi mei coram me in Jerusalem cunctis diebus* (*III Reg.* XI). Unde : *Propter David servum tuum non avertas faciem Christi tui* (*Psal.* CXXXI). Et quoniam extra unitatem Ecclesiæ, non est locus offerendi sacrificium unitatis. Ideo sanctorum memoriæ communicamus in sacrificio, quatenus in communione sanctorum sacrificium offeramus. Nam sicut unus panis ex multis granis, ita et unum corpus ex multis membris. Sic ex multis fidelibus una constat Ecclesia. Scriptum est enim : *Alienigena non vescetur ex eis, quoniam sancta sunt* (*Exod.* xxix). Et ideo solum illum, ad esum hujus agni assumimus, qui nostræ conjunctus est domui, videlicet omnem domesticum fidei a principe usque ad plebem, a populo usque ad publicanum.

CAPUT X.
Quare non fit commemoratio confessorum in canone.

Illud autem oportet inquiri, cur in canone nulla sit commemoratio confessorum, cum inter sanctos eorum memoriam magnifice veneretur Ecclesia? Sed ad hoc potest probabiliter responderi, Quod canon prius fuit editus, quam memoriam sanctorum confessorum Ecclesia celebraret. Nam omnes fere sancti, qui commemorantur in canone, præcesserunt Silvestrum, præter Joannem et Paulum, Marcellinum et Petrum, qui proximo successerunt. Ecclesia vero post tempus beati Silvestri cœpit sanctorum confessorum memoriam venerari. Nam et sedes episcopales, quæ juxta dispositionem beati Petri apostoli sunt in civitatibus singulis antiquitus constructæ, non in memoria confessorum, sed ad honorem apostolorum et martyrum et præcipue beatæ Virginis, veterum devotio dedicavit. Nam et in Ecclesiasticis reperitur historiis, quod sanctus Bonifacius, qui quartus a beato Gregorio Romanæ urbis episcopatum tenebat, suis precibus a Phoca Cæsare impetravit donari Ecclesiæ Christi templum Romæ, quod ab antiquis Pantheon antea vocabatur. In quo eliminata omni spurcitia fecit ecclesiam Dei Genitricis atque omnium martyrum Christi. Canon autem ex eo conjicitur præcessisse, quod apostolorum catalogus non ita reperitur, in eo dispositus, sicut in emendatioribus codicibus reperitur. In prioribus enim editionibus, ut inquit Hieronymus, non solum evangelistarum mutatus est ordo, sed etiam verborum ac sententiarum erat confusa commistio. Traditur autem quod Gelasius papa, quinquagesimus primus a beato Petro, qui fuit post Silvestrum per CLX annos, canonem principaliter ordinavit. Sed ut beatus Gregorius asserit in Registro, Scolasticus illam orationem composuit, quæ super eucharistiam dicitur in Secreta.

CAPUT XI.
Quod sacrificium soli Deo offerendum sit, unde distinguuntur duæ species servitutis.

Hanc igitur oblationem servitutis nostræ... Duæ sunt species servitutis, una quæ debetur soli Deo creatori, et dicitur latria. Et altera quæ creaturis impenditur, et dicitur dulia. Utramque speciem determinat Dominus, dicens : *Reddite quæ sunt Cæsaris Cæsari, et quæ sunt Dei Deo* (*Matth.* xxii). Ad latriam pertinent templa, altaria, sacerdotia, sacrificia, et hujusmodi quæ sunt soli Deo exhibenda, *qui glorificatur in consilio sanctorum magnus, et metuendus super omnes qui in circuitu ejus sunt* (*Psal.* LXXXVIII). Non enim sanctis, ad honorem Dei, sed Deo potius ad honorem sanctorum dedicantur templa, consecrantur altaria, sacerdotia statuuntur, sacrificia offeruntur, ne forte si secus agatur, non theosebia, sed idololatria committatur. Hinc ergo Deus in lege præcepit : *Dominum Deum tuum adorabis et illi soli servies* (*Deut.* vi), et soli Deo servitutem adorationis impendes.

Diesque nostros in tua pace disponas. Beatus Gregorius has tres orationes in canone dicitur addidisse, videlicet : *Dies nostros in tua pace dispone, per eum qui pro nobis est traditus in manus eorum qui pacem oderunt.* Ab æterna damnatione nos eripi, per eum qui pro nobis morte temporali damnatus est, et in electorum grege numerari, per eum qui pro nobis deputatus est cum iniquis. Est autem pax peccatorum, et pax justorum, pax temporis et pax æternitatis. Porro pax temporis interdum conceditur bonis et malis. Sed pax æternitatis nunquam dabitur nisi bonis, quia *non est pax impiis*, dicit Dominus (*Psal.* XLVIII). De pace peccatorum dicit Psalmista : *Zelavi in peccatoribus pacem peccatorum videns* (*Psal.* LXXII). Adversus hanc pacem Dominus inquit in Evangelio : *Non veni mittere pacem, sed gladium* (*Matth.* x). De pace justorum dicit Apostolus : *Fructus spiritus est charitas, gaudium, pax, patientia* (*Gal.* v). Hanc pacem Dominus reliquit apostolis, dicens : *Pacem relinquo vobis* (*Joan.* xiv). De pace temporis inquit Propheta : *Orietur in diebus ejus justitia, et abundantia pacis* (*Psal.* LXXI). Hanc pacem incessanter petit Ecclesia : *Da pacem in diebus nostris, quia non est alius, qui pugnet pro nobis nisi tu Deus noster.* De pace æternitatis Dominus dixit apostolis : *Pacem meam do vobis, non quomodo mundus dat ego do vobis* (*Joan.* xiv). Hæc secundum Prophetam, pax super pacem, de qua dicit Psalmista : *In pace in idipsum dormiam et requiescam* (*Psal.* iv). Propter hanc triplicem pacem ter oramus in missa : *Dies nostros in tua pace disponas; da propitius pacem in diebus nostris; dona nobis pacem, ut de pace temporis, per pacem pectoris transeamus ad pacem æternitatis.* Ob hoc etiam sacerdos ter in missa osculatur altare, in principio, in medio, in fine.

CAPUT XII.
De quinque signis quæ fiunt secundo super oblatam et calicem, et de Christi venditione; de persona venditoris et venditi et ementis.

Quam oblationem... Quarta feria Judas unus ex duodecim, a diabolo supplantatus, immane sacrilegium perpetravit, dum Filium Dei pro triginta siclis argenteis vendidit Pharisæis, in recompensationem damni, quod incurrerat propter effusionem unguenti, *quare hoc unguentum non veniit trecentis denariis, et datum est egenis. Dixit autem hoc, non quia de egenis pertinebat ad eum, sed quia fur erat et loculos habens, ea quæ mittebantur portabat* (*Joan.* xii). Quilibet autem argenteus valebat decem denarios usuales, et ita damnum unguenti, quod valuerat ccc denarios, triginta recompensavit argenteis.

Si vero dicamus argenteos denarios fuisse usuales, dicemus quod Judas vendidit Christum quasi vile mancipium triginta denariis, qui sunt decima trecentorum denariorum quod valuerat unguentum, propter quod Dominus despective loquitur per prophetam : *Appenderunt mercedem meam triginta argenteis, quo appreciatus sum ab eis (Zach.* II). Ad designandum ergo pretii quantitatem, quo Christus est venditus, sacerdos hic facit tres cruces communiter super oblatam et calicem, cum dicit : *Benedictam, ascriptam, ratam.* Nam et trecenta pariter et triginta multiplicationem suscipiunt a ternario. Postmodum autem ad designandum venditionem et emptionem, duas cruces imprimit sigillatim, unam super oblatam, et aliam super calicem, cum dicit : *Fiat corpus et sanguis;* quasi diceret : Illa venditio fuit maledicta, proscripta, irrita, iniqua et detestabilis, sed tu Deus hanc oblationem digneris facere benedictam, ascriptam, ratam, rationabilem et acceptabilem. Judas enim dilexit maledictionem, et venit ei, et noluit benedictionem, et prolongabitur ab eo. Sed tu Deus digneris hanc oblationem facere ascriptam, per quam nos inter electos ascribas. Judas se laqueo suspendit, et episcopatum ejus accepit alter (*Act.* I). Sed tu, Deus, hanc oblationem digneris facere rationabilem, per quam rationabile fiat nostræ servitutis obsequium. Judas reddidit mala pro bonis, et odium pro dilectione retribuit. Sed tu Deus hanc oblationem digneris facere acceptabilem, per quam nos tibi reddas acceptos. Ideo sacerdos facit tres cruces communiter super oblatam et calicem, quia Christus communiter tria egit circa panem et vinum, *accepit, benedixit, et dedit.* Postmodum unam crucem facit specialiter super oblatam, quia dixit : *Comedite, hoc est corpus meum;* et alteram facit specialiter super calicem, quia dixit: *Bibite, hæc est sanguis meus.* Et secundum hunc sensum recte subjungitur : *Qui pridie quam pateretur* vel potius, quia Judas vendidit Christum ad crucifigendum sacerdotibus, scribis et Pharisæis. Idcirco sacerdos et notandum communiter tres emptores, facit tres cruces communiter super oblatam et calicem, cum dicit : *Benedictam, ascriptam, et ratam.* Ad notandum vero discrete venditorem et venditum, facit duas cruces discrete, super oblatam et calicem, cum dicit : *Ut fiat corpus et sanguis.* Petimus ergo hanc oblationem, ut Deus faciat *benedictam, ascriptam et ratam,* ut eam consecret, approbet et confirmet in rationabilem hostiam et acceptabile sacrificium, ut ita nobis, id est ad nostram salutem panis fiat corpus, et vinum sanguis, dilectissimi Filii Dei Domini nostri Jesu Christi. Vel oramus, ut Deus hanc oblationem facere digneatur *ascriptam,* id est talem quæ de memoria sua nulla possit oblivione deleri, et *ratam,* id est talem quæ de memoria sua nulla possit mutatione convelli. Rationabilem autem eam fieri deposcimus, id est talem quæ divinæ rationi conveniat. Refert enim inter rationabile et rationale, quia rationabile dicitur quod de ratione procedit; et rationale, quod utitur ratione. Vel oblationem ita, quam tu, Deus, digneris in omnibus facere benedictam, hoc est transferre in eam hostiam, quæ est in omnibus benedicta, ascripta, rata, rationabilis et acceptabilis. Benedicta dicitur hostia salutaris, id est ab omni causa maledictionis immunis tam originali quam actuali, tam criminali quam veniali. Sicut Elisabeth inquit ad Virginem : *Benedictus fructus ventris tui (Luc.* I). Ascripta dicitur, id est figuris et scripturis veteribus designata, tam in agno Paschali (*Exod.* XII), quam in manna cœlesti (*Exod.* XVI), tam in Isaac immolando, quam in Abel immolato (*Gen.* IV). Quoniam, ut inquit Joannes, *hic est Agnus, qui occisus est ab origine mundi (Apoc.* XIII). Rata dicitur quasi non transitoria, sicut vetus quæ recessit et nova successit, sed quæ permanet in æternum secundum ordinem Melchisedech (*Gen.* XIV; *Psal.* CIX; *Hebr.* IX). Rationabilis dicitur quasi non pecoralis, sicut erat legalis, quæ sanguine taurorum et hircorum non poterat a peccato mundare, sed quæ sanguine proprio conscientias emundat ab operibus mortuis. Acceptabilis dicitur, quasi non illa de qua dicit Propheta : *Sacrificium et oblationem noluisti (Psal.* XXXIX). Sed sicut Dominus ait : *Sacrificium laudis, honorabit me (Psal.* XLIX). Secundum hanc expositionem recte subjungitur : *Ut fiat corpus et sanguis dilectissimi Filii tui Domini nostri Jesu-Christi.*

LIBER QUARTUS

CAPUT PRIMUM.

De sacramento Eucharistiæ.

Ecce nunc ad summum sacramenti verticem accedentes, cum ad ipsum cor divini sacrificii penetramus, quidquid conamur exprimere, vix ullius apparet esse momenti, deficit lingua, sermo disparet, superatur ingenium, opprimitur intellectus. Quis enim novit *ordinem cœli et ponit rationes ejus in terra (Job* XXXVIII)? Sed pulsemus ad ostium, si forte clavis David aperire dignetur (*Apoc.* III), ut commodet nobis tres panes amicus, qui maxime erunt huic convivio necessarii (*Luc.* XI). Fides enim petit et accipit vitam, spes quærit et invenit viam, charitas pulsat et aperit veritatem. Is enim est *via, veritas et vita (Joan.* XIV).

CAPUT II.
De diversis figuris eucharistiæ, quæ præcesserunt in Veteri Testamento.

Qui pridie quam pateretur... Quintadecima die mensis primi, qui tunc exstitit sexta feria, passus Dominus est, et præcedente nocte, videlicet quartadecima luna primi mensis ad vesperam, ut legis figuras impleret, post typicum pascha corporis et sanguinis sui sacramentum instituit, et Ecclesiæ tradidit frequentandum. Sic enim fuerat præfiguratum in Exodo (*cap. xii*) : *Decima die mensis primi tollat unusquisque agnum per familias et domos suas, et servabit eum usque ad quartam decimam diem mensis hujus, immolabitque eum universa multitudo filiorum Israel ad vesperam, et sument de sanguine agni, et ponent supra utrumque postem, et in superliminaribus domorum in quibus comedent illum, et edent nocte illa carnes assas igni et azymos panes cum lactucis agrestibus*. Et post pauca : *Est enim phase, id est transitus Domini (ibid.).* Transitum istum Joannes evangelista determinat, dicens : *Ante diem festum Paschæ, sciens Jesus quia venit hora ejus ut transeat de hoc mundo ad Patrem, cum dilexisset suos qui erant in mundo, in finem dilexit eos, et facta cœna complevit ea quæ fuerant figurata (Joan. xiii).* Ægyptus est mundus, exterminator diabolus, agnus Christus, sanguis agni passio Christi, domus animarum corpora, superliminare domus cogitationum corda, ista sanguine tingimus per passionis fidem, illa sanguine tingimus per passionis imitationem, signum crucis intus et foris opponentes contra adversarias æreas potestates, denique carnes Agni comedimus cum in sacramento verum corpus Christi suscipimus, et *azymos panes*, id est sincera opera, *cum lactucis agrestibus*, id est amaritudine pœnitentiæ. Sicut enim manna fuit datum Hebræis post transitum maris Rubri jam submersis Ægyptiis (*Exod. xvi*), sic eucharistia datur Christianis post ablutionem baptismi jam deletis peccatis, ut per baptismum mundemur a malo, per eucharistiam servemur in bono. Nam sicut manna populum illum per vastitatem inviæ solitudinis ad terram promissionis perduxit, sic Eucharistia populum istum per incolatum vitæ præsentis ad patriam paradisi perducit. Unde recte viaticum appellatur, quia reficiens in via, ducit ad patriam. Sane quod in manna præcessit, in Eucharistia consummatur. Nam quantamlibet quisque partem accipit, totam percipit eucharistiam, sicut evenit de manna, quia nec qui plus collegerat habuit amplius, nec qui minus paraverat reperit minus. Hanc ergo præfigurabat panis ille cœlestis, de quo sapiens protestatur : *Panem de cœlo præstitit sine labore, omne delectamentum in se habentem et omnis saporis suavitatem (Sap. xvi).* Quod de se quasi Christus exponens : *Ego sum,* inquit, *panis vivus, qui de cœlo descendi. Si quis manducaverit ex hoc pane, vivet in æternum. Et panis quem ego dabo, caro mea est pro mundi vita (Joan. vi).* Hinc ergo A Apostolus ait : *Nolo vos ignorare, fratres, quia omnes patres nostri eamdem escam spiritualem manducaverunt, et omnes eumdem potum spiritualem biberunt. Bibebant autem de spirituali consequente eos petra. Petra autem erat Christus (I Cor. x).*

CAPUT III.
Quare sacramentum corporis et sanguinis constitutum est sub specie panis et vini.

Accepit panem. Sacrificii ritum Melchisedech primus legitur celebrasse, *offerens panem et vinum*. Erat enim sacerdos Dei Altissimi (*Gen. xiv*). Unde David inquit ad Christum : *Tu es sacerdos in æternum secundum ordinem Melchisedech (Psal. cix).* Sacrificium ergo evangelicum præcessit legale, non solum dignitate, sed etiam tempore, sicut Apostolus plenius ostendit in Epistola ad Hebræos (*cap. vii*). Ideo vero panem et vinum in sacrificium corporis et sanguinis sui Christus instituit; quia, sicut præ cæteris cibis et potibus corporalibus panis cor hominis confirmat, et vinum lætificat cor homini (*Psal. ciii*); ita corpus et sanguis Christi præ cæteris cibis et potibus spiritualibus interiorem hominem reficiunt et saginant. Unde : *Poculum tuum inebrians quam præclarum est (Psal. xxii).* In his enim duobus plena consistit et perfecta refectio, sicut ipse testatur : *Caro mea vere est cibus, et sanguis meus vere est potus (Joan. xii).* Panis autem debet esse de frumento, et vinum de vite. Quia Christus semetipsum comparavit frumento, cum ait : *Nisi granum frumenti cadens in terram mortuum fuerit, ipsum solum manet (Joan. xii).* Et viti, cum dixit : *Ego sum vitis vera (Joan. xv).* Porro nec racemus uvæ, nec granum frumenti debet offerri, nisi vel expressum in vinum, vel redactum in panem, quia Christus et panem se dedit, et frumento se comparat. Quia vero Christus accepit panem et calicem in sanctas ac venerabiles manus suas, et sacerdos exemplo Christi panem et calicem in manus accipiens, utrumque per se crucis signaculo benedicit. Cum tamen sacerdos plures simul benedicit oblatas, unam pro omnibus in manibus accipit. Namque in unum Christi corpus omnes simul hostiæ convertuntur.

CAPUT IV.
De azymo et fermentato pane.

Panis autem non fermentatus, sed azymus debet offerri in sacrificium, tum ratione facti, tum etiam ratione mysterii. Sic enim legitur præceptum in Exodo : *Primo mense, quarta decima die, ad vesperam comedetis azyma, septem diebus fermentatum non invenietur in domibus vestris : qui comederit fermentatum, peribit anima ejus de cœtu Israel, tam de advenis quam de indigenis terræ; omne fermentatum non comedetis, in cunctis habitaculis vestris edetis azyma (Exod. xii).* Cum ergo Christus quarta decima die mensis ad vesperam cœnaverit cum discipulis, et agnum paschalem comederit, et utique ritu legali cum azymis panibus et lactucis agrestibus, constat quod ea hora fermentatum non inveniebatur in domibus Hebræorum. Et ita panem azymum in corpus suum sine dubio consecravit. Fermentum enim corruptionem signat, Apostolo testante, qui dicit : *Modicum fermenti totam massam corrumpit (I Cor. v).* Ut ergo nihil corruptum sive corrumpens, sed totum sincerum atque sincerans in hoc esse sacramento monstretur, non fermentatum, sed azymum consecramus. Nam secundum Apostolum : *Pascha nostrum immolatus est Christus. Itaque epulemur non in fermento malitiæ et nequitiæ, sed in azymis sinceritatis et veritatis (ibid.).* Græci autem in suo pertinaces errore, de fermentato conficiunt, asserentes in Parasceve lunam quartam decimam exstitisse, in qua verus Agnus est immolatus, ut legis impleretur figura. Dominus ergo ea die se passurum esse prænoscens, præcedente vespera necessitate anticipavit comedere Pascha, quia tunc poterat comedi fermentatum, et ipsi corpus Domini de fermentato conficiunt. Nam et Joannes evangelista testatur, quod ante diem festum paschæ Jesus cum apostolis nocte cœnavit; dicit etiam Judæos in Parasceve non intrasse prætorium, ut non contaminarentur, sed comederent pascha *(Joan.* xvii, xviii). Sabbatum quoque post crucem, magnum diem Sabbati nominavit, quod dici non solet, nisi cum Sabbato festum concurrat. Et Lucas ait, quod mulieres in Parasceve paraverunt unguenta, quod eis in die festo facere non liceret *(Luc.* xxiii). Matthæus quoque describit, quod principes sacerdotum et seniores populi disposuerant Christum occidere, sed non in die festo, ne forte tumultus fieret in populo. Porro quæ dicta sunt, eorum assertioni non consonant, si sane fuerint intellecta. Pascha namque dicitur dies, solemnitas, agnus et hora. Dies ut ibi : *Appropinquat dies festus azymorum qui dicitur Pascha (Luc.* xxii). Solemnitas ut ibi : *Ante diem festum paschæ (Joan.* xiii). Agnus ut ibi : *Ubi vis paremus tibi comedere pascha (Matth.* xiv). Hora ut ibi : *Scitis quia post biduum pascha fiet (Matth.* xxvi). Dies autem festus paschalis erat quinta decima luna secundum illud : *Et in quinta decima die solemnitatem celebrabitis Altissimo Domino (Lev.* xxiii). Nam quarta decima non erat solemnis nisi tantum ad vesperam. Ante diem festum hunc Dominus pascha cum apostolis celebravit. Nam, ut inquit Matthæus *(cap.* xiv), *prima die azymorum accesserunt discipuli ad Jesum, dicentes : Ubi vis paremus tibi comedere pascha? Et vespere facto discubuit cum duodecim.* Marcus autem primum diem azymorum determinat, dicens : *Quando pascha immolabant (Marc.* iv). Et Lucas : *In qua necesse erat occidi pascha (Luc.* xxii). Constat ergo quia Christus cum apostolis ea die fecit pascha, quod necessario fiebat ex lege, scilicet *quarta decima luna primi mensis ad vesperam.* Hoc enim incunctanter poterit invenire, qui tabulam computi percurrerit diligenter. Diem magnum Sabbati nominabant in tribus solemnitatibus hebdomadalibus, quacunque septem dierum contingeret. Nam omnes erant solemnes, et si non adeo sicut primus et ultimus, sed ad edendum azyma septem diebus oportebat eos omnes existere mundos. Unde quolibet septem dierum non poterant introire prætorium, ne contaminarentur, sed comederunt pascha, id est in pascha. Vel nomine paschæ possunt et azyma designari. Quod autem mulieres die festo Parasceve dicuntur unguenta parasse, non obest, quia non erat sub lege, sed sub gratia. Verumtamen Lucas ait, quia Sabbato siluerunt secundum mandatum. Sed et mandatum erat in lege, quod in diebus azymorum prima et ultima nihil operis facerent; exceptis his quæ pertinent ad vescendum. Præterea nemo tunc etiam volentibus emere vendidisset aromata, ut venientes ungerent Jesum. Ut ergo nihil dubietatis remaneat, Lucas reducatur ad Marcum, ut intelligatur quia mulieres revertentes paraverunt secundum Lucam aromata et unguenta : non tunc, sed secundum Marcum, cum Sabbatum pertransisset. Quid si longe ante paraverant, quia frequenter audierant Dominum in proximo venturum. Nonne Magdalena jam parasse videtur, et per inspirationem præoccupasse mysterium unctionis, teste Veritate, quæ dixit : *Mittens hoc unguentum in corpus meum, ad sepeliendum me fecit (Matth.* xxvi). Et iterum : *Sinite illam, ut in diem sepulturæ meæ servet illud (Joan.* xii). Sed unguentum quod prius inceperat, postea consummavit. Porro dispositio sacerdotum dispositioni Dei prævalere non potuit, qui disposuerat, ut verus Agnus in diebus paschalibus immolaretur, et sicut typicus agnus quarta decima luna primi mensis comedebatur in nocte a Judæis, ita verum Agnum discipuli eadem hora comederunt vivum. Et si verum esset quod Græci de luna contendunt, credendum tamen est ita ritum legis in hoc sicut in aliis Dominum observasse, qui non venit *legem solvere, sed adimplere (Matth.* v), natus de muliere, factus *sub lege, ut eos qui sub lege erant redimeret (Gal.* iv). Sed ipsi rursum opponunt, quia cum veritas venit, figura cessavit, et evanuit umbra, cum lumen effulsit. Cum ergo ad nostrum pascha perventum est, quæ præcesserunt in typo cessaverunt, secundum illud : *Novis supervenientibus, vetera projicietis (Lev.* xxvi). Et Apostolus ait : *Vera transierunt, ecce nova facta sunt omnia (II Cor.* v). Et ideo Christus verum pascha confecit sine lactucis agrestibus, sic et absque panibus azymis, ne veterem ritum in novo sacrificio retineret, ac per hoc nos Judaizare doceret. Nam utrumque pariter erat in lege præceptum : *Edent,* inquit, *carnes nocte illa assas igni, et azymos panes cum lactucis agrestibus (Exod.* xii). Sciendum ergo quia non omnes antiquæ legis consuetudines abjecit Ecclesia, sed quasdam provida consideratione retinuit. Unde sponsa dicit ad sponsum in Canticis canticorum : *Omnia poma nova et vetera, dilecte mi, servavi tibi (Cant.* vii). Adhuc enim faciem plenæ lunæ observat ne pascha celebretur in defectu. Adhuc conficit oleum unctionis, et thus suavitatis incendit, adhuc solvit decimas et primitias, adhuc habet candelabrum, et lucernas, et vestes, et vasa, et pontifices, et levitas. Nam si propterea repudiandum est azymum, quia lex illud admisit, pari ratione repudietur fermentum, quia lex statuit in Levitico (*cap.* vii) : *Offerent panes fermentatos, cum hostia gratiarum, quæ offertur pro pacificis!* Item in Pentecoste *offeretis panes primitiarum de duabus decimis similæ fermentatæ* (*Lev.* xxiii). Non solum de constitutionibus legalibus, verum etiam de scriptis gentilium libenter assumit Ecclesia, si quid in eis probe dictum, vel factum agnoscit, et tanquam mulieris captivæ resecat ungues, pilosque superfluos, ut ab aliena superfluitate mundata, thalamum veritatis digna sit introire (*Deut.* xxi); legales ergo consuetudines non penitus sunt abolitæ, neque contrariis supervenientibus sunt destructæ, sed interdum in melius commutatæ. Nam cum Deus circumcisionem mutavit, non superduxit contrarium, id est præputium, sed protulit melius, id est baptismum, quia *circumcisio nihil est, neque præputium aliquid valet*, ut dicit Apostolus; *sed fides quæ per* dilectionem *operatur* (*Gal.* v). At azymum et fermentum penitus sunt opposita, sicut immediata contraria : non ergo decebat, ut Deus tanquam sibi contrarius abjiceret azymum, et assumeret fermentatum, quasi minus bonum præferret. Nec illud valere putandum est, quod dicunt ideo se fermentatum offerre, quia fermentatum, ut aiunt, Spiritus sancti fervorem signat, quo superveniente corpus Christi de Virginis carne conceptum est, sicut angelus prædixerat : *Spiritus superveniet in te, et virtus Altissimi obumbrabit tibi. Ideoque et quod nascetur ex te sanctum vocabitur Filius Dei* (*Luc.* i), trahentes hanc significationem fermenti ex illa parabola Evangelica : *Simile est regnum cælorum fermento quod accepit mulier, et abscondit in farina satis tribus, donec fermentatum est totum* (*Matth.* xiii). Nam et fermentum manifeste signat tumorem uteri virginalis, et vinculum unionis. Porro multo religiosius insinuat, quod secundum Apostolum de massa peccatrice, corpus sine peccato suscepit, tanquam de fermentato susceperit azymum, et ut inter Christum et populum, ita malitiæ et nequitiæ nihil intersit, sicut inter frumentum et aquam in azymo nihil veteris massæ, vel alienæ corruptionis intervenit. Nam per frumentum Christus, per aquam populus designatur, secundum illud : *Nisi granum frumenti cadens in terram mortuum fuerit, ipsum solum manet* (*Joan.* xii); et illud : *Beati qui seminatis super aquas* (*Isa.* xxxii). Aqua sine fermento, mista frumento, designat populum sine peccato, Christo conjunctum. Quanquam et illud valeat designare, quia sicut azymus panis de pura massa sine fermento conficitur, ita corpus Christi de illibata Virgine sine peccato conceptum est. Cæterum id solum Latinis sufficeret contra Græcos, quia Constantinopolitanam Ecclesiam hæreseon corruptio fermentavit, ut non solum hæreticos, verum etiam hæresiarchas, produceret. Romanam autem Ecclesiam super apostolicæ fidei petram, stabili soliditate fundatam, nulla prorsus hæreticæ pravitatis procella potuit conquassare. Sed illud semper integra fide servavit, quod ab ipsis accepit apostolis, qui præsentialiter eam sacris vel instituere doctrinis, et ecclesiastici ritus regulam docuere. Ab ipsis ergo beatis apostolis Petro et Paulo, quos et vivos habuit, et defunctos custodit, hunc sacrificii ritum accepit, quem hactenus inviolabili cultu servavit. Græci vero postquam tunicam Domini inconsutilem diviserunt, ut perpetuæ divisionis scandalum interponerent, sacrificii ritum temere mutavere, quos Leo ix per epistolam ad imperatorem Constantinopolitanum directam super variis confutavit hæresibus. Qui Latinos inter cætera azymitas vocabant, cum ipsi verius fermentarii nuncupentur.

CAPUT V.
De tribus verbis quæ formæ consecrationis videntur adjecta.

Elevatis oculis in cælum. Tria quidem hic commemorantur in canone, quæ nullus evangelistarum describit, videlicet elevatis oculis in cælum, æterni Testamenti, mysterium fidei. Quis ergo tantæ præsumptionis exstitit et audaciæ, ut hoc de corde suo tentaverit interponere? Sane formam istam verborum ab ipso Christo acceperunt apostoli, et ab ipsis apostolis accepit Ecclesia. Multa quippe tam de verbis, quam de factis Dominicis prætermiserunt evangelistæ, quæ tamen apostoli suppleverunt, ut est illud quod Apostolus dicit in Epistola ad Corinthios : *Visus est plusquam quingentis fratribus simul, deinde visus est et Jacobo, novissime omnium tanquam abortivo visus est et mihi* (*I Cor.* xv). Nam inter ipsos, quædam omittuntur ab uno, quæ supplentur ab alio. Unde cum tres evangelistæ commemorant : *Hoc est corpus meum*, solus Lucas (*cap.* xxii) adjecit, *quod pro vobis tradetur.* Et cum Matthæus (*cap.* xxvi) et Marcus (*cap.* xiv) dicant *pro multis,* Lucas dicit *pro vobis* : sed Matthæus addit *in remissionem peccatorum.* Et tamen ea quæ adduntur in canone, possunt ex aliis locis Evangelii comprobari. Joannes enim Lazari suscitationem describens, testatur quod *Jesus elevatis sursum oculis, dixit : Pater gratias ago tibi, quoniam audisti me* (*Joan.* xi). Idem alibi dicit : *Hæc locutus est Jesus, et sublevatis oculis in cælum, dixit : Pater clarifica Filium tuum* (*Joan.* xvii). Si enim tunc in cælum oculos levavit ad Patrem, cum animam Lazari revocabat ad corpus, quanto magis credendum est, quod tunc oculos in cælum levarit ad Patrem, cum panem et vinum, in corpus et sanguinem proprium convertebat? Utrobique tamen hoc ad nostram instructionem agebat. Unde et nos, oculos cordis ad terram non deprimamus, sed elevemus in cælum, si quod oramus, volumus impetrare. *Gratias agens.* Hinc quoque colligitur, unde sacrificium laudis dicatur. Quia Christus gratias agens, illud instituit.

Gratias autem non pro se, sed pro nobis id est pro reparatione hominum sic futura.

CAPUT VI.

Quomodo Christus conficit, et sub qua forma.

Benedixit. Cum ad prolationem verborum istorum : *Hoc est corpus meum, hoc est sanguis meus* (*Matth.* XXVI), sacerdos conficiat, credibile judicatur, quod et Christus eadem verba dicendo, confecit. Porro quidam dixerunt, quod Christus confecit, cum benedixit, litteram construentes hoc ordine : *Accepit panem, benedixit,* subaudiendum est *dicens : Hoc est corpus meum, et tunc fregit et dedit,* et ait : *Accipite et comedite,* et iteravit : *hoc est corpus meum.* Prius ergo protulit illa verba, ut eis vim conficiendi tribueret, deinde protulit eadem, ut apostolos formam conficiendi doceret. Alii vero dixerunt, quod et sacramentum confecit et formam instituit post benedictionem, cum dixit : *Hoc est corpus meum*, intelligentes illam benedictionem fuisse, vel aliquod signum, quod super panem impressit, vel aliquod verbum, quod super panem expressit. Quibus illud videtur obsistere, quod prius fregerit quam dixerit : *Hoc est corpus meum.* Nec etiam est credibile, quod prius dederit quam confecerit. Sane dici potest, quod Christus virtute divina confecit, et postea formam expressit, sub qua posteri benedicerent. Ipse namque per se virtute propria benedixit. Nos autem ex illa virtute quam indidit verbis.

CAPUT VII.

De veritate corporis et sanguinis Christi sub specie panis et vini.

Cum enim sacerdos illa Christi verba pronuntiat : *Hoc est corpus meum, et hic est sanguis meus* (*Matth.* XXVI), panis et vinum in carnem et sanguinem convertuntur, illa verbi virtute, qua *verbum caro factum est, et habitavit in nobis* (*Joan.* I), qua *dixit, et facta sunt, ipse mandavit, et creata sunt.* Qua feminam mutavit in statuam (*Gen.* XIX), et virgam convertit in colubrum (*Exod.* IV); qua fontes mutavit in sanguinem, et aquam convertit in vinum (*Joan.* II). Nam si verbum Eliæ potuit ignem de cœlo deponere (*IV Reg.* I), verbum Christi non potuit panem in carnem mutare? Quis hoc audeat opinari de illo, cui nullum verbum est impossibile (*Luc.* I), per quem *omnia facta sunt, et sine quo factum est nihil?* (*Joan.* I). Certe majus est creare quod non est, quam mutare quod est. Ac longe majus, quod non est, de nihilo procreare, quam quod est in aliud transmutare. Illud autem nemo quidem dubitet, et de hoc aliquis dubitabit? absit omnino! Incomparabiliter majus est, quod Deus ita factus est homo, quod non desiit esse Deus, quam quod panis ita fit caro quod desinit esse panis. Illud per incarnationem semel est factum, istud per consecrationem jugiter fit. Sed dixerit aliquis : Certus sum omnino quod valet, sed non sum certus aliquomodo quod velit. Advertat ergo, quod Christus cum accepisset panem, *benedixit,* et *dixit : Hoc est*

corpus meum. Veritas hoc dixit, et ideo verum est omnino quod dixit. Quod ergo panis fuerat cum accepit, corpus suum erat cum dedit. Panis itaque mutatus erat in corpus ipsius, et similiter vinum in sanguinem. Non enim ut hæreticos sapit, sed desipit, ita debet intelligi, quod Dominus ait : *Hoc est corpus meum,* id est hoc signat corpus meum, sicut quod dicit Apostolus : *Petra autem erat Christus,* id est petra significabat Christum (*I Cor.* X). Hoc enim potius dixisset de agno paschali, quam de azymo pane. Nam paschalis agnus absque dubio figurabat corpus Dominicum, sed azymus panis, opus sincerum. Sicut enim Joannes Baptista, quod dixerat : *Ecce Agnus Dei qui tollit peccata mundi* (*Joan.* I), sic et Christus quod dixerat : *Hoc est corpus meum,* per adjunctum determinavit, *quod pro vobis tradetur* (*Luc.* XXII). Sicut ergo corpus Christi veraciter tradebatur, ita vere demonstrabatur, non in figura quæ jam cessaverat, sed in veritate quæ jam advenerat. Sane cum litigarent Judæi ad invicem, dicentes : *Quomodo hic poterit carnem suam dare nobis ad manducandum? dixit illis Jesus : Amen, amen dico vobis, nisi manducaveritis carnem Filii hominis, et biberitis ejus sanguinem, non habebitis vitam in vobis. Qui manducat carnem meam, et bibit sanguinem meum, habet vitam æternam* (*Joan.* VI). Ideo dicit : *Amen, amen,* id est in veritate, ut non figurative, sed vere intelligatur quod dixit : *Nisi manducaveritis carnem,* etc., et ad majorem veritatis expressionem adjungit : *Caro mea vere est cibus, et sanguis meus vere est potus* (*ibid.*). Ego vero quia vitam æternam habere desidero, carnem Christi veraciter comedo, et sanguinem ejus veraciter bibo. Illam utique carnem quam traxit de Virgine, et illum sanguinem quem fudit in cruce. Ego credo corde, et ore confiteor, quod ipsum Dominum nostrum Jesum Christum, in hoc sacramento manduco, fretus auctoritate qua dicitur : *Qui manducat carnem meam, vivet propter me* (*ibid.*). Non enim cum manducatur, per partes dividitur, nec laceratur sub sacramento, sicut caro quæ venditur in macello, sed et illæsus sumitur et integer manducatur. Vivit manducatus, quia surrexit occisus ; manducatus non moritur, quia resurrexit non moriturus. *Christus enim resurgens ex mortuis, jam non moritur, mors illi ultra non dominabitur; quod enim mortuus est, peccato mortuus est semel, quod autem vivit, vivit Deo* (*Rom.* VI). Sicut enim vidua Sareptana quotidie comedebat, et nunquam diminuebat farinam de hydria, et oleum de lechyto (*III Reg.* XVII); sic universalis Ecclesia quotidie sumit et nunquam consumit carnem et sanguinem Jesu Christi, sub diversa specie sacramenti. Sicut ergo corpus Christi quotidie manducatur, et non deficit nec decrescit, ita panis quotidie transit in corpus Christi, sed ipsum corpus nec in aliquo proficit nec accrescit. Non enim de pane vel de vino materialiter formatur caro vel sanguis, sed materia panis vel vini mutatur in substantiam carnis et sanguis, nec adjicitur aliquid corpori, sed transsubstantiatur in corpus.

CAPUT VIII.
Quod sub tota forma totum corpus existit.

Verum an partes in partes, totum in totum, an totale transeat in totale, novit ille qui facit. Ego quod residuum est igni comburo ; nam credere jubemur, discutere prohibemur. Si tamen quærentis instet improbitas, ego salva fide concesserim, quod totalis panis in totale corpus convertitur, ita quod nulla pars transit in aliquam partem corporis. Reor autem salva fidei majestate, quod ubi panis est consecratus, sub tota specie, totum corpus existit. Sicut enim miraculose tam magnum corpus, sub tam parva forma concluditur, ita miraculose totum corpus in singulis partibus continetur quod inde conjicio, quoniam in quotcunque partes species dividantur, sub singulis partibus totus est Christus, totus in magno, totus in parvo, totus in integro, totus in fracto. Scio tamen quod dicitur a quibusdam quod quandiu species panis integra perseverat, sub totali specie totale corpus existit. Ubi vero dividitur in singulis divisionibus incipit esse totum. Sicut in speculo dum est integrum una tantum apparet inspicientis imago : sed eo fracto, tot apparent imagines quot sunt in eo fracturæ. Porro cum Deus illam virtutem verbis contulerit, ut ad prolationem eorum corpus Dominicum incipiat esse sub specie sacramenti, nec illa verba proferantur in fractione, diligenter attendant, et ipsi respondeant unde corpus Christi quod ante fractionem non in singulis partibus erat totum, sed sub totali specie totaliter existebat, post fractionem in singulas partes quodam modo secedit et incipit esse singulatim in singulis partibus quod integraliter erat in integro. Licet autem corpus Dominicum sit in loco locale, quæritur tamen utrum in sacramento sit locatum localiter, id est utrum faciat localem distantiam, et an habeat localem situm, ut dici debeat quia jacet, sedet aut stat? Sed et alia multa circa præsentem articulum possunt inquiri, quæ melius est intacta relinquere quam temere diffinire ; nam bestia quæ *tetigerit montem,* lapidabitur *(Exod.* xix), tutius est in talibus citra rationem subsistere, quam ultra rationem excedere, ne forte, quod absit! *ossa regis Idumeæ* redigantur *in cinerem (Amos.* ii).

CAPUT IX.
De fractione, ubi dicitur quare fractio fiat et attritio.

Fregit. Solet a multis inquiri, sed a paucis intelligi quid Christus tunc in mensa fregit, et quid sacerdos in altari nunc frangit. Fueiunt qui dicerent quod, sicut post consecrationem vera panis remanent accidentia, sic et vera panis substantia, quia sicut subjectum non potest sine accidentibus existere, sic accidentia non possunt existere sine subjecto (38). Accidentis esse non est aliud quam inesse. Sed panis et vini substantiis permanentibus, ad

(38) Reprobata est hæc opinio sub hoc pontifice in concilio Lateranensi, ut patet ex tract. *De summa*

prolationem illorum verborum corpus et sanguis Christi veraciter incipiunt esse sub illis, ita quod sub eisdem accidentibus utrumque vere sumitur panis et caro, vinum et sanguis, quorum alterum probat sensus, reliquum credit fides. Hi dicunt quod substantia panis frangitur et atteritur, inducentes ad hoc illud quod dicit Apostolus : *Panis quem frangimus (I Cor.* x); et Lucas : *Una Sabbati cum convenissemus ad frangendum panem (Act.* xx). Hi facile solvunt quæstionem illam, qua quæritur quid a mure comeditur, cum sacramentum cor roditur, comeditur secundum illos illa panis substantia, sub qua corpus Christi esse mox desinit. Porro qualem significandi modum habet nomen accidentis in physica facultate, talem existendi modum habet accidens nominis in theologica veritate. Nam sicut hoc nomen album significat accidens in substantia, id est in adjacentia, sed hoc nomen albedo significat accidens sine subjecto, id est in existentia : sic ante consecrationem accidens est in subjecto, quoniam existit in alio. Sed post consecrationem accidens est sine subjecto, quoniam existit per se, transit enim substantia, sed remanent accidentia : nec dicitur accidens in vi participii, sed accipiendum est in vi nominis. Sicut enim ibi substantia corporis est ubi forma corporis non videtur, sic ibi forma panis videtur, ubi substantia panis non est, nec est aliis ibi panis nisi caro Christi, quæ nomine panis aliquando designatur. Juxta quod Dominus ait : *Panis quem ego dabo, caro mea est pro mundi vita (Joan.* vi) ; et Apostolus : *Quotiescunque manducabitis panem hunc et calicem bibetis (I Cor.* xi). Non enim debemus quærere naturam in gratia, neque consuetudinem in miraculo. Non solum accidentales, verum etiam naturales proprietates remanere videntur, ut paucitas quæ saturando famem expellit, et vinitas quæ satiando sitim exstinguit. Dicamus ergo quod forma panis frangitur et atteritur, sed Christi sumitur et comeditur. Ea videlicet quæ notant corruptionem referentes ad formam panis, ea vero quæ notant acceptionem ad corpus Christi,

CAPUT X.
De confessione Berengarii.

Berengarius quippe suspectus habebatur de hæresi, et ne remaneret anguis in herba, ad majorem expressionem coram Nicolao papa multisque præsulibus est confessus, panem et vinum, quæ in altari ponuntur post consecrationem, non solum sacramentum, sed etiam verum corpus et sanguinem Christi esse, et sensualiter non solum sacramentum, sed etiam in veritate manibus sacerdotum tractari et frangi, etiam fidelium dentibus atteri. Non autem corpus Christi vel in partes dividitur, vel dentibus laceratur, cum sit immortale et impassibile ; sed in qua re fiat fractio vel attritio B. Augustinus ostendit, dicens : « Quando Christus manducatur, reficit et non deficit. Nec quando mandu-

Trinit. et fid. cath. Et longe ante reprobata fuit a S. Ambrosio.

camus do illo partem facimus, quod quidem in sacramento sic fit. Nam et Christus carnalem sensum discipulorum redarguit, qui putabant carnem ejus sicut aliam carnem dividendam in partes et morsibus lacerandam. Dicitur autem forma panis, non quod sit, sed quod fuit, sicut dicebatur Simon leprosus, non quod talis existeret, sed quod talis exstiterat. »

CAPUT XI.
Quid etiam a mure comeditur, cum sacramentum corroditur.

Si vero quaeratur quid a mure comeditur, cum sacramentum corroditur, vel quid incineratur cum sacramentum crematur? respondetur quod, sicut miraculose substantia panis convertitur, cum corpus Dominicum incipit esse sub sacramento, sic quodammodo miraculose revertitur, cum ipsum ibi desinit esse, non quod illa panis substantia revertatur quod transivit in carnem, sed quod ejus loco miraculose creatus, quamvis hujus accidentia sine subjecto possunt sic corrodi, sicut edi. Hic obstante miraculo falso, trahitur argumentum a conjugatis vel conjunctis, sicut alibi trahitur falso a contrariis. Est enim hic color et sapor, quantitas et qualitas, cum nihil alterutro sit coloratum aut sapidum, quantum aut quale. Miraculum quippe vincit naturam, et legi detrahit dispensatio. Sane in natura Dei est trinitas personarum, videlicet Pater et Filius et Spiritus sanctus. In hypostasi Filii est substantiarum Trinitas, videlicet deitas, corpus et anima; in sacramento corporis est trinitas specierum, videlicet panis, vinum et aqua; in natura Dei nec est accidens in substantia, nec substantia in accidentia; in hypostasi Filii est accidens in substantia, et substantia in accidente; in sacramento corporis accidens non est in substantia, sed substantia consistit sub accidente.

CAPUT XII.
Quale corpus Christus dedit in coena.

Dedit. Quaeri solet quale corpus suum Christus dedit in coena, mortale an immortale, passibile an impassibile, ac caetera quae ad hanc pertinent quaestionem. Ego divina sacramenta magis veneranda quam discutienda profiteor, simplicitati fidei ratus sufficere. Si dicatur quod tale dedit quale voluit, et rursus quale dederit ipse novit. Fuerunt tamen qui dicerent quod sicut idem veraciter ipse erat qui dabat et qui dabatur, ita in eo quod dabatur erat immortalis et impassibilis, sicut visibiliter gestabat et invisibiliter gestabatur: invisibiliter quantum ad formam corporis, non quantum ad speciem sacramenti. Nam in eo quod gestabat, quod erat apparebat : in eo vero quod gestabatur, quod erat ipse non videbatur, quia forma panis et vini velabat formam carnis et sanguinis. Hic est ille verus David, qui coram Achis rege Geth manibus suis ferebatur (*I Reg.* xxi). Quoniam immortalis dabatur, incorruptibilis edebatur. Hi scilicet pro facto concedunt, posito quod pars aliqua sacramenti per triduum mortis Christi reservata fuisset, idem corpus simul et jacebat mortuum in sepulcro, et manebat vivum sub sacramento. In ara crucis patiebatur, et sub forma panis non laedebatur. Sed quoniam incredibile judicatur, ut secundum eamdem naturam simul esset mortalis et immortalis, quod tamen congruebat ei secundum eamdem personam. Fuerunt alii qui dixerunt, quod Christus mortalis utique fuit, sed voluntate non necessitate. In eo quippe quod immunis erat ab omni culpa, liber erat ab omni poena, ut nihil morti deberet, pro eo quod peccati nihil haberet, sustinuit tamen sponte mortalitatem, quia mortem sustinere volebat. Quia si mortalitatem non suscepisset, omnino mori non potuisset. Ut ergo probaret quod mortalis erat, non necessitate, sed voluntate, quando voluit mortalitatem deposuit, et immortalitatem recepit. Legitur enim in Evangelio, quod cum Judaei duxissent Jesum *usque ad supercilium montis*, ut eum praecipitarent, *ipse transiens per medium illorum ibat* (*Luc.* iv). Cum esset ducendus, teneri se sicut passibilem tolerabat, sed cum esset praecipitandus sicut impassibilis per medium transibat. Quatuor enim sunt glorificati corporis propriae qualitates, videlicet claritas, subtilitas, agilitas et impassibilitas. De quibus legitur : *Fulgebunt justi et tanquam scintillae in arundineto discurrent* (*Sap.* iii); et : *Absterget Deus omnem lacrymam ab oculis* sanctorum, et jam non erit amplius *neque luctus, neque clamor* (*Apoc.* xxi). Hinc etiam Dominus inquit in Evangelio : *Mensuram bonam et confertam et coagitatam et supereffluentem reddent in sinum vestrum* (*Luc.* vi). Singula sibi Christus singulatim accepit antequam resurgens a mortuis naturam glorificati corporis induisset. Subtilitatem cum nasceretur ex Virgine; claritatem, cum transfiguraretur in monte; agilitatem cum incederet super mare; impassibilitatem cum manducaretur in coena. Sicut enim signum passibilitatis exhibuit in corpore mortali, cum post resurrectionem ostendit manus et latus, sic in corpore mortali signum impassibilitatis, cum carnem et sanguinem ante passionem exhibuit. Potest tamen salva fide concedi, quod tale dedit, quale tunc habuit, mortale videlicet et passibile. Non quod posset pati in sacramento, sed quod sub sacramento poterat pati. Nunc autem sumitur a nobis immortale et impassibile. Nec tamen majorem habet nunc efficaciam, sicut nec majorem potentiam. Quod ergo passibilis edebatur, et tamen non laedebatur, non erat humanae naturae, sed divinae potentiae qua valebat quidquid omnino volebat.

CAPUT XIII.
Utrum Judas accepit eucharistiam.

Dedit discipulis suis. Dubitari solet utrum Judas cum aliis acceperit eucharistiam. Lucas enim ostendit Judam interfuisse cum aliis, quem statim post calicem traditorem commemorat, dicens : *Hic est calix novi testamenti in sanguine meo, qui pro vobis effundetur. Verumtamen ecce manus tradentis me, mecum est in mensa* (*Luc.* xxii). Quotquot autem interfuerunt eucharistiam acceperunt, Marco attestante, qui ait : *Et biberunt ex illo omnes* (*Marc.* xiv). Juxta quod Christus ipse præceperat, teste Matthæo : *Bibite ex hoc omnes.* (*Matth.* xxvi). Et contra Judam non interfuisse probatur. Nam secundum Matthæum statim dixit Jesus bibentibus calicem : *Non bibam amodo de genimine vitis, usque in diem illum, cum illud bibam vobiscum novum in regno Patris mei* (*ibid.*). Judas ergo non aderat, qui cum eo non erat bibiturus in regno. Bibentium quoque nullum excipiens ait, *pro vobis effundetur*, sed aliorum multos excepit, *cum*, inquit, *pro multis effundetur in remissionem peccatorum.* Unde cum secundum Joannem Christus dixisset apostolis : *Beati eritis si feceritis ea*, statim excepit, *non de omnibus dico, ego scio quos elegerim* (*ibid.*). Et iterum : *Vos mundi estis, sed non omnes* (*Joan.* xiii). Quid ergo est nobis in hoc casu tenendum ? Illud forte sine præjudicio aliorum, quod Joannes insinuat, quia *cum* Judas *accepisset buccellam* panis, *exivit continuo, erat enim nox* (*ibid.*). Christus autem post alios cibos tradidit eucharistiam. Quod autem Lucas post calicem commemorat traditorem, per recapitulationem potest intelligi. Quia sæpe fit in sacra Scriptura, ut quod prius factum fuerat, posterius enarretur, sicut Matthæus commemorat, biduo ante Pascha alabastrum unguenti, quod secundum Joannem ante sex dies Paschæ mulier effudit in domo Simonis leprosi. Concesso autem quod Judas acceperit eucharistiam, quod expositorum plerique concedunt, quærendum est qua ratione medicus salutaris medicinam dabat ægroto, quam ei sciebat esse mortiferam ? Sciebat enim, quod qui manducat indigne, judicium sibi manducat. An ut suo doceret exemplo, quod sacerdos non debet illi communionem negare, cujus crimen etsi sibi sit notum, non tamen Ecclesiæ manifestum, ne forte non sit corrector sed proditor. Unde cautum reperitur in canone : Non prohibeat dispensator Domini pingues terræ mensam Domini manducare. Sed moneat exactorem timere. Sit ita, si nihil quod est melius valeat responderi. Porro cum minus malum sit reddi suspectum de crimine quam committere crimem. Et de duobus malis, si alterum urget, minus sit eligendum, cur discretus sacerdos non neget eucharistiam criminoso, quatenus minus malum incurrat, ut majus evitet, id est ut reddatur suspectus, ne manducet indigne. Sane cum nemo debet vitium mortale committere, ne proximus aliud mortale committat, eligendum est potius sacerdoti non prodere peccatorem, quam ut ille non peccet, sed ille potius debet eligere, ut abstinendo reddatur suspectus, quam communicando manducet indigne. Si vero quæratur, utrum Christus ad bonum an ad malum Eucharistiam Judæ tradiderit. Et quidem non videtur ad bonum dedisse, ne sua fraudatus sit intentione. Qui teste propheta, fecit universa quæ voluit (*Psal.* cxiii).

Judas enim non ad bonum sed ad malum accepit, sed nec ad malum dedisse videtur. Quia Christus non est auctor malorum, sed ultor. Responderi verissime potest, quod si propositio intentionem denotet vel affectum, cum dicitur, dedit ad malum, falsa est propositio. Si autem consecutionem insinuat vel effectum, vera est. Quia vero Christus buccellam intinctam Judæ porrexit. Unde constitutum est ab ecclesia, ut eucharistia non detur intincta. Constitutum est nihilominus et pro hæresi exstirpanda, quæ dogmatizavit Christum sub neutra specie totum existere, sed sub utraque simul existere totum. Nec debet intelligi, quod sub buccella panis intincta Christus eucharistiam dederit traditori, sed per buccellam intinctam atque porrectam, suum denique traditorem expressit, fortassis per panis intinctionem illius significans fictionem.

CAPUT XIV.
De duobus modis eucharistiam comedendi.

Accipite et manducate. — Non est intelligendum, quod sumptum corpus de manu Domini sibi discipuli ministrarent, sed qui consecravit et ministravit ac si diceret : Comedite, iterumque comedite, utramque hujus sacramenti comestionem insinuans. Dupliciter enim corpus Christi comeditur, quia dupliciter intelligitur. Verum, quod de virgine traxit et in cruce pependit, et mysticum quod est Ecclesia Christi spiritu vegetata. De vero corpore Dominus ait : *Hoc est corpus meum quod pro vobis tradetur* (*Luc.* xxii). De mystico dicit Apostolus : *Unus panis et unum corpus multi sumus* (*I Cor.* x). Verum corpus Christi comeditur sacramentaliter, id est sub specie. Mysticum autem comeditur spiritualiter, id est in fide sub specie panis, in fide cordis. De comestione sacramentali Dominus ait : *Accipite et comedite, hoc est corpus meum quod pro vobis tradetur, hoc facite in meam commemorationem* (*I Cor.* xi). Hoc modo tam boni quam mali corpus Christi manducant. Sed soli boni comedunt ad salutem, mali vere comedunt ad judicium. Nisi enim mali corpus Christi comederent, non dixisset Apostolus : *Qui manducat indigne, judicium sibi manducat et bibit, non dijudicans corpus Domini* (*ibid.*). Nam et Judas traditor cum aliis eucharistiam accepisse. De spirituali comestione Dominus ait : *Nisi manducaveritis carnem Filii hominis, et biberitis ejus sanguinem, non habebitis vitam in vobis* (*Joan.* vi). Hoc modo corpus Christi soli boni comedunt. Unde : *Qui manducat carnem meam et bibit sanguinem meum, in me manet et ego in eo* (*Joan.* vi). *Nam qui manet in charitate, in Deo manet, et Deus in eo* (*I Joan.* iv). Unde : Quid paras dentem et ventrem? Crede et manducasti. Qui credit in Deum, comedit ipsum ; qui incorporatur Christo per fidem, id est membrum ejus efficitur, vel in unitate corporis ejus firmius solidatur. Alibi quod manducatur, incorporatur ; et qui manducat, incorporat. Hic autem quod manducatur incorporat, et qui manducat incorporatur. Utrumque modum Christus edendi insinuat, ubi dicit: *Spiritus est qui vivificat, caro non prodest quidquam* (*Joan.* vi). Quia caro Christi nisi spiritualiter comedatur, non ad salutem, sed ad judicium manducatur.

CAPUT XV.
Quid fiat de corpore Christi, postquam fuerit sumptum et comestum.

Fortassis cogitatio adhuc pulsat animum, quaerens quid fiat de corpore Christi, postquam sumptum fuerit et comestum? Tales sunt cogitationes mortalium, ut vix quiescere velint in his maxime quae quaerenda non sunt. Audi consilium Sapientis: *Altiora te ne quaesieris, et fortiora te ne scruteris, sed quae praecepit tibi Deus, illa tu semper cogita, et in pluribus operibus ejus ne fueris curiosus* (*Eccle.* iii). Si vero praesentia quaeritur corporalis, in coelo quaeratur, ubi Christus est in dextera Dei sedens. Ad tempus tamen praesentiam exhibuit corporalem, ut ad spiritualem praesentiam invitaret. Cum sacramentum tenetur, comeditur et gustatur, Christus corporaliter adest in visu, in tactu et in sapore, quandiu corporalis sensus afficitur, corporalis praesentia non aufertur, postquam in percipiendo sensus deficit corporalis. Deinceps non est quaerenda corporalis praesentia, sed spiritualis est retinenda. Dispensatione completa, Christus de ore transit ad cor. Melius est enim ut procedat in mentem, quam ut descendat in ventrem. Cibus est non carnis, sed animae. Venit ut comedatur, non ut consumatur: ut gustetur, non ut incorporetur. Ore comeditur; sed stomacho non digeritur. Reficit animum, sed non effluit in secessum. Illud ergo sane debet intelligi, quod Dominus ait: *Omne quod in os intrat, in ventrem vadit, et in secessum emittetur* (*Matth.* xv). Cum constet illud fuisse dictum non de spirituali cibo, sed de carnali.

CAPUT XVI.
Quod si secessus aut vomitus post solam eucharistiae perceptionem eveniat.

Quod si forte secessus vel fluxus aut vomitus post solam eucharistiae perceptionem evenerit, ex accidentibus et humoribus generatur, cum inter humores absque cujuslibet cibi materia vel effluant in secessum, vel emittantur ad vomitum. Cum ergo post dispensationis officium aliquid iterato sentitur (39). In hoc ergo species ad proprietatem famulatur, ut veritas similitudinis ubique servetur. Nam in quo similitudo deficeret, in eo sacramentum non esset, sed ibi se proderet, et fidei locum auferret, neque jam crederetur quod ita fieri non oportet. Itaque quantum ad nos servat per omnia corruptibilis cibi similitudinem, sed quantum ad se, non amittit inviolabilis corporis veritatem. Species quandoque corroditur vel maculatur, sed veritas nunquam corrumpitur aut coinquinatur. Si quanto tale quid videris, noli timere sibi, sed esto sollicitus tibi ne tu male laedaris si male credideris. Si vero quaeratur utrum Christus localiter descendat de coelo, vel ascendat in coelum, cum exhibet aut subtrahit praesentiam corporalem, an aliter incipiat vel desinat esse sub specie sacramenti, respondeo non oportere nos in talibus curiosos existere, ne plusquam possumus praesumamus, et non comprehendamus. Salubre consilium dedit Apostolus: *Non plus sapere quam oportet sapere, sed sapere ad sobrietatem* (*Rom.* xii). Ego nescio quomodo Christus accedit, sed et quomodo recedit ignoro, novit ille qui nihil ignorat.

CAPUT XVII.
Quando fiat transsubstantiatio.

Hoc est enim corpus meum. Si ad prolationem istorum verborum, *hoc est corpus meum* panis mutatur in corpus; et ad prolationem istorum verborum, *hic est sanguis meus*, vinum mutatur in sanguinem, cum prius proferantur, ista verba quam illa, prius ergo mutatur panis in corpus, quam vinum in sanguinem. Nunquid enim corpus est sine sanguine, vel sanguis sine corpore? Propterea dicitur a quibusdam, quod cum totum est dictum, totum est factum, nolentes vel non valentes ipsius conversionis determinare momentum. Alii dicunt et bene, quod licet ad prolationem praecedentium panis a natura mutetur in corpus, et ad prolationem sequentium vinum praeterea mutetur in sanguinem, nunquam tamen corpus est sine sanguine, vel sanguis est sine corpore, sicut neutrum est sine anima, sed sub forma panis sanguis existit in corpore, per mutationem panis in corpus. Et e converso. Non quod panis in sanguinem, vel vinum mutetur in corpus, sed quia neutrum potest existere sine reliquo. Est ergo sanguis sub speciebus panis, non ex vi sacramenti, sed ex naturali concomitantia, secundum fratrem Egidium. Sed quaeritur, quid demonstratur Christus cum dixit: *Hoc est corpus meum?* Non panem, quia de pane non erat verum, quod corpus ejus existeret, nec corpus, quia nondum illa verba protulerat, ad quorum prolationem panem mutavit in corpus. Quid ergo? similis objectio fit a logicis, cum dicitur: Hoc vinum est mortuum, posito quod in prolatione subjecti sit vinum, et in prolatione praedicati sit mortuum. Sed quantum distat ortus ab occasu, tantum refert inter miraculum et naturam. Ab hujus ergo quaestionis laqueo facile se absolvit, qui dicit, quod Christus tunc confecit, cum benedixit. Nam si opponatur de sacerdote qui tunc consecrat, cum illa verba pronuntiat, respondetur, quod sacerdos nihil demonstrat, cum illis verbis non utatur enuntiative, sed recitative. Quemadmodum et Christus ait: *Ego sum vitis vera* (*Joan.* xv); *ego sum lux mundi* (*Joan.* viii), et innumera talia. Sed rursus quaeritur, quid demonstravit cum dixit: *Manducate ex hoc omnes?* Licet in nullo quatuor evangelistarum hoc legatur de corpore, sed

---

(39) Hic deesse videtur particula quaedam forsitan ita supplenda: *Non ad corporis aut sanguinis veritatem, sed ad specierum corruptibilitatem refertur.*

tantum de sanguine, *bibite ex hoc omnes*. Cum enim jam panem fregisset, si demonstrabat aliquid fragmentorum, illud non debebant omnes comedere, cum singulis singula distribueret. Si demonstrabat corpus non poterat ex isto, sed illud comedere, quia corpus Christi non manducatur per partes, sed integrum sane secundum regulam Tyconii debet intelligi (40), qua frequenter in sacra Scriptura videtur agi de uno, sed agitur de diversis, ut est illud: *Benedixit, fregit et dedit*: benedixit panem, formam fregit, et dedit corpus. Eodem modo cum dixit: *Manducate ex hoc omnes*, pro nomen ostendit integrum corpus, et præpositio innuit formam divisam, ut iste sit sensus: *Comedite hoc corpus* integrum sub forma divisa. Nam sola forma per partes dividitur, et totum corpus integrum manducatur. Simili modo potest intelligi, quod subjunxit: *Hoc est corpus meum*, id est illud quod præbeo sub hac forma.

CAPUT XVIII.
De forma verborum.

Quæritur etiam, utrum additio vel subtractio, transpositio vel mutatio, si forte fit in illa forma verborum quam Christus expressit, effectum consecrationis impediat, an non? Ut si dicatur addendo, *hoc est corpus meum*, quod assumpsi de virgine; vel subtrahendo, hoc est corpus; vel transponendo, corpus meum hoc est; vel interponendo, hoc est utique corpus meum; sive mutando, hoc est corpus Jesu. Sane fecit Deus hominem rectum, sed ipse se infinitis miscuit quæstionibus. His itaque prætermissis, quæ quandoque subvertunt animum, magis quam ædificant. Illud pro certo sciatur, quod graviter peccat, qui quodlibet horum quomodolibet attentaverit, maxime si formam intendat mutare, vel hæresim introducere, quia forma verborum quam Christus expressit per omnia illibata debet servari, quamvis secundum philosophum nomina et verba transposita idem significent. Nec utile per inutile vitietur.

CAPUT XIX.
Utrum panis transsubstantietur in Christum.

Porro cum panis transsubstantietur in corpus itaque rationale animatum, videtur quod panis transsubstantietur in hominem, et pari ratione in Christum transsubstantietur, et ita in Creatorem. Sic ergo creatura quotidie fit Creator. Quidam voluerunt astruere quod panis transsubstantiatur in Christum, non tamen in Creatorem, quia Christus dicitur secundum naturam humanam, secundum quam panis transsubstantiatur in ipsum. Nam sicut dicitur Christus manducari, quia corpus ejus comeditur, ita panis credendus est in ipsum mutari, quoniam in corpus ejus convertitur. *Ego sum*, inquit, *panis vivus, qui de cœlo descendi, et panis quem ego dabo caro mea est pro mundi vita* (Joan. VI). Christus igitur seipsum et carnem suam nomine panis appellat, ut ostendat ex hoc, quod panis sicut vere mutatur in carnem ipsius, ita vere mutatur in ipsum. Ego tamen sicut in aliis, ita pariter in hoc divina sacramenta magis veneranda quam discutienda profiteor. Scriptum est enim: *Non comeditis ex eo crudum quid, nec coctum aqua, sed assum igni* (Exod. XII). Et si secundum vim inferentiæ non sequatur: Quod si panis transsubstantiatur in corpus humanum, ideo panis transsubstantietur in hominem, quia non homo, sed hominis pars est corpus.

CAPUT XX.
De modo transsubstantiationis.

Quæritur autem, utrum ante consecrationem sit concedendum, panis erit corpus Christi, vel post consecrationem, id quod panis fuit, est corpus Christi. Quod inde videtur, quoniam qui sacerdos fit, erit sacerdos, et qui sacerdos est factus, sacerdos est. Similiter quod corpus fit, erit corpus, et quod corpus est factum, est corpus. Quis enim dixerit, quod hoc sit illud, si nunquam hoc erit illud. Tradit etiam Augustinus, ante consecrationem panem esse et vinum quod natura formavit, post consecrationem vero carnem, et sanguinem, quod benedictio consecravit. Et Ambrosius in hæc verba, quod erat panis ante consecrationem, jam est corpus Christi post consecrationem. Nam etsi panis nec erit corpus Christi, nec aliud, panis ibi nihil erit, et ita panis annihilatur, ergo nec fit corpus Christi, nec aliud. Si vero dicatur, quod panis erit corpus Christi, statim infertur, aliud fore corpus Christi, quod nec fuit natum, nec passum, nec mortuum, nec sepultum, demonstratis quoque diversis panibus, oportebit concedi, quod hoc etiam illud erit idem, et non est idem, hoc igitur fiet illud, rursus si hoc erit panis, et non est corpus Jesu, quod est penitus impossibile. Præterea si id quod fuit panis, est corpus Christi, profecto corpus Christi est illud quod fuit, panis ergo corpus Christi vel fuit, vel est panis. Diversa et innumerabilia talia possent inferri, quæ penitus a veritate discordant. Propter hæc et alia quæ circa præsentem articulum subtiliter magis quam utiliter possent inquiri, non desunt qui dicunt, quod ea ratione dicitur panis mutari, vel converti seu transsubstantiari, sive transire in corpus Christi, quod corpus Christi sub eisdem accidentibus loco panis incipit esse, sicut dicitur a grammaticis; quod *a* mutatur in *e*, cum a præsenti formatur præteritum, *ago egi*, quia loco hujus litteræ *a* ponitur hæc littera *e*. Quidam autem expresse dixerunt, quod ipsa panis essentia vere mutatur in corporis Christi substantiam nec redigitur panis in nihilum, quia desinit esse quod fuit, sed mutatur in aliud, quoniam incipit esse quod non fuit. Fit autem ipsa conversio non secundum unionem, sed secundum transitionem, quia nequaquam essentia essentiæ accedit in augmentum, ut per id quod accedit id ad

---

(40) De septem regulis Tyconii vide S. Augustin. *De doctrina Christian.*, lib. III circa finem.

quod accedit, majus aliquid fiat, sed id quod accedit, sit unum cum eo ad quod accedit. Nec corpus accipit esse panis, sed panis accipit esse corpus, quia panis transit in corpus, non corpus in panem. Cum ergo concluditur, quoniam aliud erit corpus Christi, quod nec fuit natum, nec passum. Si relatio fiat ad prædicatum, est falsum. Si vero ad subjectum, est verum, sed inde non provenit. Ergo corpus Christi nec fuit natum, nec passum, sicut non sequitur, aliquid est Pater, quod nec genuit, nec spiravit, ergo nec Pater genuit, nec spiravit. Quod autem infertur, hoc et illud erunt idem, et non sunt idem, hoc igitur fiet illud, non provenit, sed ita rectius inferretur, hoc ergo fiet aliquid quod illud erit. Sicut Pater et Filius sunt' idem, non tamen Pater est Filius, sed id quod est Filius. Licet autem hoc erit illud, nunquam tamen erit verum hoc esse illud, quoniam hoc desinit esse hoc, et incipiet esse illud. Sicut sanum erit ægrum; quia sanum desinit esse sanum, et incipiet esse ægrum. Quamvis etiam id quod fuit panis sit corpus Christi, non tamen corpus Christi est aliquid quod fuit panis, quoniam id quod fuit panis, est aliud omnino quam fuit; sed corpus Christi est omnino idem quod fuit. Sicut iniquum quod fuit Saulus est Paulus, non tamen Paulus est iniquum, quod fuit Saulus. Quod enim secundum naturam contingit in accidentibus, hoc secundum miraculum accidit in naturis. Est autem duplex conversio, substantialis videlicet et formalis. Nam sicut aliquando forma convertitur sine substantia, sic interdum substantia convertitur sine forma, nonnunquam utraque cum altera. Substantia vero quandoque convertitur in id, quod sit, et non erat, ut virga in colubrum (*Exod.* VII), et tunc forma convertitur cum substantia. Quandoque convertitur in id quod erat, et non fit, ut panis in eucharistiam, et tunc substantia convertitur sine forma. Sed desinamus scrutari scrutinium ((*Psal.* LXIII), quoniam *perscrutator majestatis opprimetur a gloria* (*Prov.* XXV). Nam *accedit homo ad cor altum, et exaltabitur Deus* (*Psal.* LXIII). Sicut ineffabilis est illa unio qua Deus factus est homo, sic ineffabilis est illa conversio qua panis fit caro. Non tamen ita panis dicendus est incarnari, quia panis fit caro. Nam verbum manens quod ita erat, factum est caro, quod carnem assumpsit, non transivit in carnem, sed panis desinens esse quod erat, ita fit caro, quod transit in carnem, non assumit carnem

CAPUT XXI.
Cur eucharistia sub duplici specie consecratur.

Simili modo licet sub alterutra specie sumatur utrumque, id est corpus et sanguis, utraque tamen species consecratur, et neutra superfluit, ut ostendatur quod Christus humanam naturam totam assumpsit, ut totam redimeret. Panis enim refertur ad carnem, et vinum ad animam, quia vinum sanguinem operatur, in quo sedes est animæ; Moyses quippe testatur, quod caro pro corpore, sanguis autem offertur pro anima. Unde legitur in Levitico (*cap.* XVII). Anima carnis in sanguine est, quocirca panis et vinum in sacrificio offeruntur, quod valet ad tuitionem carnis et animæ, ne si sub alterutra specie tantum sumeretur, ad ulterius tantum putaretur pertinere salutem. Et quamvis sub specie panis sanguis sumatur cum corpore, et sub specie vini corpus sumatur cum sanguine, tamen nec sanguis sub specie panis, nec corpus sub specie vini bibitur, et comeditur, quia sicut nec sanguis comeditur nec corpus bibitur, ita neutrum sub specie panis bibitur, aut sub specie vini comeditur. Et si concessibile videatur quod corpus bibendo, aut sanguis comedendo sumatur. Est ergo modus sumendi carnem et sanguinem, quo neutrum manducatur et bibitur.

CAPUT XXII.
Utrum panis sine vino, vel vinum sine pane valeat consecrari.

Sed quæritur, utrum panis sine vino, vel vinum sine pane, non dico debeat, sed valeat consecrari. Cum enim ad prolationem istorum verborum : *Hoc est corpus meum*, panis mutetur in carnem : et ad prolationem illorum verborum : *Hic est sanguis meus*, vinum mutetur in sanguinem. Si post prolationem istorum, et ante prolationem illorum, impedimentum accidat sacerdoti quo minus procedere valeat, videtur ergo quod panis sit mutatus in carnem, vino in sanguinem non mutato. Quid ergo judicabitis in hoc articulo faciendum? an alius sacerdos totum repetet a principio, et sic super panem iterabitur consecratio? an ab eo tantum loco incipiet, in quo sacerdos ille dimisit, et sic divideretur mysterium unitatis? De hoc ita statutum legitur in concilio Toletano : Censuimus convenire, ut cum a sacerdotibus missarum tempore mysteria consecrantur, si ægritudinis cujuslibet accidat eventus, quo cœptum nequeat consecrationis explere mysterium, sit liberum episcopo vel presbytero alteri, consecrationem exsequi cœpti officii, ut præcedentibus, libenter alii pro complemento succedant (*Cant.* VII). Porro cum inter theologos de tempore consecrationis sit diversa sententia, quibusdam dicentibus, quod cum totum est dictum, totum est factum; aliis autem dicentibus, quod panis ante mutatur in corpus, et postea vinum mutatur in sanguinem. Plerique tutius procedentes affirmant, quod alius sacerdos consecrationem repetere debet atque perficere. Quoniam, ut tradit auctoritas (41), non dicitur iteratum quod nescitur ante esse factum. Verum ne illa fiat iteratio, vel divisio sacramenti, nec aliquis scrupulus erroris vel dubitationis remaneat, consultius et tutius judicatur, ut illa talis oblatio studiosissime recondatur, et super aliam totum officium celebretur.

---

(41) *De cons.* dist. IV, c. *Cum itaque.*

CAPUT XXIII.

Quæritur, utrum necessitate cogente, vel casu intercedente, sola panis materia possit in eucharistiam consecrari

Et si vinum inveniri non possit, vel aliquo casu defuerit, quæritur utrum, necessitate cogente vel casu intercedente, sola panis materia possit in eucharistiam consecrari, sicut sub sola panis specie debet eucharistia reservari? Sunt sane qui dicunt, quod cum verbum et elementum efficiant sacramentum, nec forma verborum nec materia rerum, quas Christus expressit, mutari potest sive dimidiari. Quia sicut vinum sine pane, sic panis sine vino minime consecratur, cum utramque sit de substantia sacramenti, unde sive aqua pro vino mittatur in calicem, sive hordeum pro frumento formetur in panem. Sicut neutrum per se, sic neutrum cum alio transsubstantiatur in carnem, aut mutatur in sanguinem. Nam si panis sine vino, vel vinum sine pane, mutari posset in carnem aut in sanguinem : in his regionibus, in quibus alterutrum inveniri non potest, licite posset alterum sine altero consecrari. Minus enim ignorantia quam necessitas, vel negligentia quam difficultas excusat. Alii vero dicunt, quod cum Christus prius convertit panem in carnem, et postea vinum mutavit in sanguinem, sicut evangelicæ lectionis textus ostendit, et sine vino panem, et sine pane vinum consecrari contingit. Graviter tamen offendit, qui negligenter aut ignoranter alterutram speciem prætermittit : gravius qui scienter aut sponte, maxime si formam intendit mutare, vel hæresim introducere.

CAPUT XXIV.

Cautela quando sacerdos post consecrationem invenit prætermissum vinum.

Quid ergo faciendum est sacerdoti, qui post consecrationem vinum comperiat prætermissum? Dicunt aliqui, quod vinum apponere debet, et super illud solummodo consecrationem repetere. Alii, quod, apposito vino, panem consecratum, sicut in die Parasceves, debet immittere, sicque sumere sacrificium. Ego vero semper in dubiis quod tutius est, judico præferendum.

CAPUT XXV

De diversis sacerdotibus super eamdem hostiam celebrantibus.

Cum autem interdum multi sacerdotes concelebrent, si forte non omnes simul consecratoria verba pronuntient, Quæritur, an ille solus conficiat, qui primus pronuntiat? Quid ergo cæteri faciunt, an iterant sacramentum? Poterit ergo contingere, quod ille non conficit qui celebrat principaliter, et ille conficiet, qui secundario celebrabit, et sic pia celebrantis intentio defraudabitur? Sane dici potest, et probabiliter responderi, quod sive prius, sive posterius proferant sacerdotes, referri debet eorum intentio, ad instans prolationis episcopi, cui principaliter celebranti concelebrant, et tunc omnes simul consecrant, et conficiunt. Quanquam nonnulli consentiant, quod qui prius pronuntiat, ille' consecrat : nec aliorum defraudatur intentio, quia actum est quod intenditur. Consueverunt autem presbyteri cardinales Romanum circumstare pontificem, et cum eo pariter celebrare. Cumque consummatum est sacrificium de manu ejus communionem recipere, significantes apostolos, qui cum Domino pariter discumbentes sacram de manu ejus eucharistiam acceperunt, et in eo quod ipsi concelebrant, ostendunt apostolos tunc a Domino ritum hujus sacrificii didicisse.

CAPUT XXVI

De hora institutionis.

Postquam cœnatum est. Quartadecima luna primi mensis ad vesperam (*Exod.* XII), Christus secundum legis typum pascha cum apostolis celebravit, de quo cum dixisset : *Desiderio desideravi hoc pascha manducare vobiscum antequam patiar (Luc.* XXII). Cur hoc dixerit statim ostendit, ut scilicet veteri paschæ imponens finem, novum Paschæ substitueret sacramentum. *Accipiens enim panem, benedixit ac fregit, deditque discipulis suis, dicens : Accipite et comedite, hoc est enim corpus meum quod pro vobis tradetur. Similiter et calicem, postquam cœnavit, dicens : Bibite ex hoc omnes, hic est sanguis meus novi testamenti qui pro vobis et pro multis effundetur in remissionem peccatorum. Hoc facite in meam commemorationem (Matth.* XXVI; *Marc.* XIV; *Luc.* XXII). Hac ergo constitutione formati celebramus jugiter per mysterium, quod semel offerebatur in pretium. Nam ubi veritas venit, figura cessavit, et signum est sublatum de medio, cum jam non erat res aliqua quæ futura significaretur, sed quæ præsens perciperetur ; mansit tamen figura, donec fuit in veritate completum, quod in similitudine prius erat exhibitum. Ob id etiam Christus corpus et sanguinem suum post cœnam dedit apostolis, ut hoc sacramentum velut ultimum testatoris mandatum arctius memoriæ commendarent. Unde novissimum condens hæredibus testamentum : *Vos*, inquit, *estis qui mecum permansistis in tentationibus meis, et ego dispono vobis regnum, sicut Pater meus mihi disposuit, ut edatis et bibatis super mensam meam in regno meo (Luc.* XXII). Patet ergo cum primam acceperunt apostoli eucharistiam, non eos accepisse jejunos. Non ideo tamen est calumniandum Ecclesiæ, quod a jejunis semper accipitur. Placuit enim Spiritui sancto, ut in honorem tanti sacramenti prius in os Christiani Dominicum corpus intraret, sicut ubique mos iste servatur (42). Non enim quia post cibos Dominus dedit, ideo pransi vel cœnati debent illud accipere, quemadmodum illi faciebant, quos arguit Apostolus, dicens : *Convenientibus vobis in unum jam non est Dominicam cœnam manducare, unusquisque suam cœnam præsumit ad manducan-*

---

(42) Vide S. Augustin, Epistola ad Januarium.

dum, et alius quidem esurit, alius ebrius est (I Cor. xi). Salvator ergo præscriptis ex causis post cœnam tradidit eucharistiam, quo autem deinde ordine sumeretur, disponendum apostolis reservavit.

CAPUT XXVII.
Quod corpus Christi totum est in pluribus locis simul.

Accipiens et hunc præclarum calicem. — Continens metonomice, ponitur pro contento. Nam et unus et idem et tunc et nunc et hic et alibi sacrificatur ab omnibus, totus in cœlo, et totus in altari, simul et sedet ad dextram Patris et manet sub specie sacramenti. Miraris quod verbum Dei juxta sacramenti virtutem totum simul in diversis locis existit. Et non miraris quod verbum hominis juxta vocis naturam totum est simul in auribus diversorum. Quid quæris naturam in Christi corpore, cum præter naturam sit ipse natus de Virgine? Sic ergo Christus in diversis locis est unus, sicut in diversis partibus totus. Quod autem vinum in calice consecraverit, patet ex eo quod ipse subjunxit: *Non bibam amodo de hoc genimine vitis* (Luc. xxii).

CAPUT XXVIII.
Quare sanguis Christi dicatur novum testamentum.

Hic est sanguis novi et æterni testamenti. Vetus Testamentum quod hircorum fuit et vitulorum sanguine dedicatum, promittebat homini temporalia; Novum autem quod fuit Christi sanguine consecratum, promittit æterna. Et ideo Testamentum illud fuit vetus et transitorium, hoc autem novum est et æternum. Vel inde probatur æternum, id est perpetuum, unde novum asseritur, id est ultimum. Novissimum enim hominis testamentum immobile perseverat, quia testatoris firmatur morte, juxta quod docet Apostolus: *Testamentum*, inquit, *in mortuis confirmatum est, alioquin nondum valet, dum vivit qui testatus est* (Hebr. ix). Porro Testamentum dicitur non solum Scriptura, sed et promissio quemadmodum dicit Apostolus: *Ideo novi testamenti mediator est, ut repromissionem accipiant, qui vocati sunt, æternæ hæreditatis* (ibid.). Et secundum hunc modum dicitur: *Hic est sanguis meus novi et æterni testamenti* (Matth. xxvi), id est confirmator novæ et æternæ promissionis. Sicut Dominus ipse promittit: *Qui manducat carnem meam, et bibit meum sanguinem, habet vitam æternam* (Joan. vi). Unde nec primum Testamentum, ut inquit Apostolus, *sine sanguine dedicatum est. Lecto enim universo legis mandato,* Moyses *accipiens sanguinem hircorum et vitulorum, ipsum quoque librum et omnem populum aspersit, dicens: Hic est sanguis novi testamenti, quod mandavit ad vos Deus* (Hebr. ix; Exod. xxiv). Ecce quam proprie Moyses verba prædixit, quibus Christus usus est in cœna.

CAPUT XXIX.
Utrum aqua cum vino convertatur in sanguinem.

Sed quæritur, utrum aqua cum vino convertatur in sanguinem? Si convertitur ergo sacramentum, sanguis est, imo populi, nam aquæ multæ sunt populi multi (Apoc. xix), et ob hoc aqua vino miscetur, ut Christo populus adunetur. Nam de latere Christi *exivit sanguis et aqua* (Joan. xix). Si non convertitur, ubi post consecrationem existit? et quomodo separatur a vino, cui fuerat in unum commixta? Præterea non solum sanguinem exhibet sacerdos in hoc sacramento, si post consecrationem aqua pura permanserit, post unam ergo sumptionem iterum eodem die communicare non debet, ac si prius aquam bibisset. Nam idcirco sacerdos postquam profudit, eodem die iterum non sacrificat, quia vinum purum assumit. An forte sicut vinum mutatur in sacramentum redemptionis, sic et aqua transit in sacramentum ablutionis, quæ de latere Christi pariter effluxerunt. Quis hoc audeat diffinire? Illud omnino nefas est opinari, quod quidam dicere præsumpserunt, videlicet aquam in flegma converti. Nam et de latere Christi non aquam, sed humorem aquaticum, id est flegma mentiuntur exivisse, non attendentes quod de latere Christi duo præcipua Ecclesiæ sacramenta fluxerunt, videlicet et sacramentum redemptionis in sanguine, et sacramentum regenerationis in aqua. Non enim baptizamur in flegmate, sed in aqua, juxta sententiam Evangelii: *Nisi quis renatus fuerit ex aqua et Spiritu sancto, non intrabit in regnum Dei* (Joan. iii). Quibusdam vero non absurdum videtur, quod aqua cum vino transit in sanguinem, ea videlicet ratione, quod aqua per admistionem transit in vinum, et vinum per consecrationem transit in sanguinem. Quis enim ambigat aquam in vinum transire, cum multo vino modicum infunditur aquæ? Alioquin tota vini substantia propter guttam aquæ mutatur, ut quoddam fiat ex illis confusum, quod nec sit aqua nec vinum. Sic ergo tota fontis vel fluminis aqua propter modicam vini stillam in confessionis speciem mutaretur, nec panis ille posset in eucharistiam consecrari, qui factus est de frumento, cui forte mistum fuerat unum granum hordei vel avenæ. Quid autem si plus apponatur aquæ quam vini, erit irritum sacramentum? Oportet quidem quod tantum vini ibi ponatur, quod aqua commistum saporem vini retineat. Licet autem diligenti studio vinum optimum sit quærendum, ut sacrificium offeratur, vitium tamen vini non maculat munditiam sacramenti. Quocirca sive vinum novum, quod dicitur mustum, sive vinum acidum, quod appellatur acetum, in sacrificium offeratur, sacramentum conficitur et divinitus consecratur.

CAPUT XXX.
Utrum Christus resurgens sanguinem resumpsit quem effudit in cruce.

Jam et illud inquiratur, utrum Christus resurgens a mortuis, sanguinem illum resumpsit quem effudit in cruce. Si enim capillus de capite vestro non periit, quanto magis sanguis ille non periit qui fuit de veritate naturæ. Quid ergo de circumcisione præputii vel umbilici præcisione dicetur? an in resurrectione Christi similiter rediit, ad veritatem humanæ substantiæ? Creditur enim in Lateranensi basilica scilicet in Sancto sanctorum conservari. Licet a quibusdam dicatur, quod præputium Christi fuit in Jerusalem delatum ab angelo, Carolo Magno qui sustulit illud et posuit Aquisgrani. Sed post a Carolo Calvo positum est in ecclesia Salvatoris apud Carosium. Melius est tamen Deo totum committere, quam aliud temere diffinire.

CAPUT XXXI.
De vino post consecrationem admixto

Si vero post calicis consecrationem aliud vinum mittatur in calicem, illud quidem non transit in sanguinem, nec sanguini commiscetur sed accidentibus prioris vini commixtum corpori, quod sub eis latet, undique circumfunditur, non madidans circumfusum. Ipsa tamen accidentia unum appositum videntur afficere, quod inde conjicitur, quia si aqua pura fuerit apposita, vini saporem assumit. Contingit accidentia permutare subjectum, sicut subjectum contingit accidentia permutare. Cedit quippe natura miraculo, et virtus supra consuetudinem operatur. Quidam autem voluerunt astruere, quod sicut aqua pura per aquæ benedictæ contactum efficitur benedicta. Sic vinum per sacramenti contactum efficitur consecratum, et transit in sanguinem, quorum assertioni ratio minime suffragatur.

CAPUT XXXII.
Utrum vinum sine aqua consecretur in sanguinem.

Quæritur autem, an irritum sit quod geritur, si forte prætermittitur aqua. Cautum est enim in Canone, quod non potest calix Domini aqua sola esse, neque vinum solum, nisi utrumque misceatur (45). Et Cyprianus: « Calix Domini non est aqua sola, neque vinum solum, sicut neque corpus Domini potest esse farina sola, nisi fuerit utrumque adunatum, et panis unius compage solidatum. » Hoc quidam constanter affirmant, dicentes, quod sicut aqua sine vino consecrari non potest, sic vinum sine aqua transsubstantiari non potest, quia de latere Christi simul utrumque manavit (*Joan.* XIX). Alii vero concedunt, quod si quisquam non intendens hæresim introducere, oblivione vel ignorantia prætermiserit aquam, ille quidem vehementer est corripiendus, et graviter, non tamen fit irritum sacramentum. Quod ergo prædictum est, hoc est verum vinum solum offerri non posse, determinari debet, quia recipit exceptionem, hoc modo: non potest nisi fiat simpliciter vel ignoranter; vel non potest, id est non debet, quia non dicitur posse fieri, quod de jure non fit; nam et Græcorum Ecclesia dicitur aquam non apponere sacramento. Ait enim Cyprianus (44): « Si quis de antecessoribus nostris vel ignoranter vel simpliciter non observaverit, quod nos Dominus exemplo facere vel magisterio docuit, potest simplicitati ejus indulgentia Domini venia concedi, nobis vero non potest ignosci, qui nunc a Domino instructi sumus, ut calicem Domini cum vino mistum, secundum quod Dominus obtulit, offeramus. Hinc ergo colligitur, quod vinum aqua mistum Christus in cœna discipulis tradidit. »

CAPUT XXXIII.
Utrum fermentatum transsubstantietur.

Quæritur autem, utrum qui fermentatum sacrificat, sacrificium conficiat, præsertim si negligenter vel ignoranter hoc faciat? Superius enim sufficienter ostensum est, quod Christus azymum consecravit, cum sacramentum instituit. Sed adhuc multi sacrificant de fermentato, quibus tanquam vere catholicis Ecclesia Romana communicat. Verum hæc quæstio melius solvenda differtur, ut alias competentius solvatur.

CAPUT XXXIV.
Quare sub alia specie sumitur eucharistia.

Tribus autem ex causis sacramentum corporis et sanguinis sui Christus sub alia specie sumendum instituit, ad augendum meritum, ad fovendum sensum, ad vitandum ridiculum. Ad augendum meritum, quoniam aliud ibi cernitur, et aliud esse creditur, ut fides habeat meritum, cui humana ratio non præbet experimentum. Ad fovendum sensum, ne abhorreret animus, quod cerneret oculus, quia non consuevimus carnem crudam comedere, vel sanguinem humanum potare. Ad vitandum ridiculum, ne insultaret paganus, cum id ageret Christianus, ut ita veritas adsit et ridiculum desit. Ad hoc ergo Christus sub specie principalis edulii sumendam proposuit eucharistiam, ut sensus foveretur in uno, et fides ædificaretur in altero. Fovetur enim sensus in uno, dum solita percipit; ædificatur fides in altero, dum in eo quod videt quale sit illud quod non videt agnoscit. Proponitur autem species panis et vini, quatenus in sumptione corporis et sanguinis Christi doceatur esse perfecta refectio, plena quippe refectio cibus et potus est. Cibi autem et potus, panis et vini est principaliter substantia.

CAPUT XXXV.
Quod sacramentum altaris simul est veritas et figura.

Mysterium fidei. Ex his aliisque Scripturæ verbis, quidam munimentum erroris ducere putaverunt dicentes, in sacramento altaris veritatem corporis et sanguinis Christi non esse, sed imaginem tantum et speciem et figuram, pro eo quod Scriptura memoret aliquoties id quod in altari suscipitur, esse sacramentum et mysterium et exemplum. Qui profecto laqueum erroris incurrunt, quia nec sacramenta Dei reverenter suscipiunt, nec auctoritates Scripturæ convenienter intelligunt, *nescientes Scripturas neque virtutem Dei* (*Matth.* XXII). Quid enim, nunquid ideo sacramentum altaris veritas non est, quia figura est? ergo nec mors Christi veritas est, quia figura est. Et resurrectio Christi veritas non est, quia figura est. Nam et mortem et resurrectio-

---

(45) *De consecr.* dist. 2, c. 1-3.

(44) In *Epist.* lib. II, epist. 3.

nem Christi figuram et imaginem et similitudinem esse manifeste declarat Apostolus dicens : Christus mortuus est *pro delictis nostris, et resurrexit propter justificationem nostram (Rom.* iv). Et Petrus apostolus : *Christus passus est pro nobis, vobis relinquens exemplum, ut sequamini vestigia ejus (I Petr.* ii). Ergo mors Christi exemplum fuit, ut peccato moriamur, et resurrectio ejus exemplum fuit, ut justitiæ vivamus. Nunquid ideo veritas non fuit? ergo Christus vere mortuus non fuit, et vere non resurrexit ; si mors ejus vel resurrectio ejus vera non fuit, absit ! Nam propheta de ipso prædixit : *Vere languores nostros ipse tulit, et dolores nostros ipse portavit (Isa.* liii). Altaris ergo sacramentum est et veritas et figura.

CAPUT XXXVI.
De sacramento et re sacramenti.

Tria quippe in hoc sacramento sunt discreta videlicet forma visibilis, veritas corporis, et virtus spiritualis. Forma panis vini, veritas carnis et sanguinis, virtus unitatis et charitatis. Primum oculo cernitur, secundum animo creditur, tertium corde percipitur. Primum est sacramentum, et non res ; secundum est sacramentum et res; tertium est res et non sacramentum. Sed primum est sacramentum geminæ rei, tertium vero res gemini sacramenti, secundum autem est sacramentum unius, et res alterius. Nam forma panis utramque carnem Christi significat, id est veram et mysticam. Sed veram carnem et continet et significat ; mysticam vero significat, sed non continet. Sicut unus panis ex multis granis conficitur, et unum vinum ex diversis acinis confluit : sic corpus Christi ex multis membris componitur, et unitas ecclesiastica ex diversis consistit ; in prædestinatis, vocatis, justificatis et glorificatis. Nam *quos prædestinavit hos et vocavit, et quos vocavit hos et justificavit (Rom.* viii). Propter quod dicit Apostolus : *Unus panis et unum corpus multi sumus (I Cor.* x). In cujus rei typo facta est arca Domini de lignis setim quæ sunt imputribilia, et albæ spinæ simillima *(Exod.* xxv). Vinum autem in quantum liquet et rubet, similitudinem sanguinis significat. In quantum calet, et redolet, proprietatem charitatis significat et ostendit. Nam vinum et sanguinem operatur, et excitat charitatem, quia cor bibentis exhilarat et dilatat. Patet ergo quod substantia corporis et sanguinis Christi est sacramentum et res, sed alterius sacramenti res, et alterius rei sacramentum. Est enim res primi, quia significatur et continetur a primo, videlicet a forma visibili ; et est sacramentum tertii, quia significat et efficit tertium, videlicet unitatem ecclesiasticam. Illud ergo sane debet intelligi quod Dominus ait : *Pauperes semper habetis vobiscum, me autem non semper habebitis (Matth.* xxvi). Ne videretur esse contrarium illi, quod alibi dicit : *Ecce ego vobiscum sum omnibus diebus usque ad consummationem sæculi (Matth.* xxviii). Christum enim habemus nobiscum, sub divini specie sacramenti, et non sem- per habemus nobiscum in propria forma personæ. Dicitur ergo mysterium fidei quoniam aliud ibi cernitur, et aliud creditur. Cernitur species panis et vini, et creditur veritas carnis et sanguinis Domini. Quod autem hic dicitur mysterium fidei, alibi dicitur spiritus et vita. Spiritus enim est mysterium, secundum illud : *Littera occidit, spiritus autem vivificat (II Cor.* iii). Fides est vita, secundum illud : *Justus ex fide vivit (Rom.* i). Hinc ergo Dominus ait : *Verba quæ locutus sum vobis, spiritus et vita sunt (Joan.* vi).

CAPUT XXXVII.
Quod species panis et vini duabus ex causis intelligitur sacramentum.

Verum cum consecratio perficiat sacramentum, et post consecrationem non sit panis in altari aut vinum, quis panis est corporis, aut quod vinum est sanguinis sacramentum ? Si dicatur quod panis qui fuit, vel vinum quod exstitit, profecto nec illud est corporis, nec illud est sanguinis sacramentum, quia panis transivit in corpus, et vinum transivit in sanguinem. Si vero dicatur, quod species quæ remansit, illa quidem nec consistit ex granis, nec confluit ex acinis, quoniam ex his non provenit accidens, sed substantia. Quam ergo similitudinem assignabimus inter sacramentum rei, et rem sacramenti ? Nam si sacramenta non haberent similitudinem rerum quarum sunt sacramenta, non dicerentur proprie sacramenta, sicut sacramentum baptismi, quod est ablutio carnis exterior, similitudinem habet significati, quod est ablutio mentis interior. Sane sacramentum istud in hoc gerit similitudinem corporis, in quo panis similitudinem repræsentat. Species ergo panis sacramentum est corporis, non solum ratione rei significatæ, verum etiam ratione contentæ.

CAPUT XXXVIII.
Utrum forma panis et vini, vel species accidentis et veritas corporis divisa sint sacramenta.

Sed quæritur : utrum species panis et veritas corporis unum sunt sacramentum, an diversa sunt sacramenta? Scriptum est enim : « Perficiant in nobis tua, quæsumus, sacramenta quod continent; » sed et alibi legitur : « Præsta ut hoc tui corporis et sanguinis sacramentum non sit nobis reatus ad pœnam, » præterea cum eamdem rem sanctam significent, videtur quod sit idem sacramentum. Sed cum diversa sint signa, videtur quod diversa sunt sacramenta. Sunt sane qui dicunt, quod forma panis et vini sunt unum sacramentum, non propter unum significatum, sed propter unum contentum. Species autem panis et veritas corporis sunt unum sacramentum, non propter unum contentum, sed propter unum significatum. Hi debent concedere, quod sicut diversæ res propter idem significatum, idem sunt sacramentum, sic eadem res propter diversa significata diversa sunt sacramenta. Quibus objicitur, quod si species panis et veritas corporis idem sunt sacramentum, cum species panis sacramentum sit corporis, ergo veritas corporis.idem est sacramentum, et ita sacramentum est sui. Non provenit, quia species panis est quoddam sacramentum, quod est veritas corporis, et est quoddam quod non est illa, quoniam est duo significata diversa. Alii vero dicunt, quod sive sint diversa significata, sive diversa sint significantia, semper diversa sunt sacramenta. Quos oportet concedere, quod in altari ad minus sunt quatuor sacramenta, videlicet species panis, et species vini, veritas carnis et veritas sanguinis. Praeterea cum panis et vini diversa sint accidentia, ut sapor, odor, pondus et color, quantitas et figura, videtur quod singula per se sint varia sacramenta. Nam qua ratione potius unum, quam aliud dicendum est sacramentum? Sed cujus rei sacramentum est odor aut sapor? Potest non incongrue responderi, quia omnia simul accepta, sunt unum eucharistiae sacramentum, eo quod nullum sacramentum totum significet per se, sed omnia simul panis speciem repraesentant, quae corpus Christi continet, et significat.

CAPUT XXXIX

De distinctione signorum, ubi ostenditur quod sacramentum active et passive dicitur.

Signorum autem alia sunt naturalia, et alia positiva. Naturalia sunt, quae secundum naturam significant. Quorum quaedam sunt quae per antecedens significat subsequens, ut rubore vespertino significatur serenitas matutina. Alia sunt quae per consequens significant antecedens ut fumo vel cinere significatur ignis. Positiva sunt illa quae secundum impositionem significant, quorum alia sunt signum rei sacrae, ut serpens aeneus erectus in eremo (*Num.* xxi). Alia sunt signa rei non sacrae, ut arcus triumphalis erectus in bivio. Signorum rei sacrae, alia sunt sacra, ut baptismus; alia non sacra, ut agnus paschalis. Sacra sunt signa Novi Testamenti, non sacra Veteris. Quamvis enim utraque sint signa rei sacrae, id est rem sacram significantia, non tamen utraque sunt sacra signa, id est justificantia; licet nonnulli dixerunt, legalia justificasse. Haec est enim differentia inter legalia et inter evangelica sacramenta, quod illa significabant tantum et non justificabant, haec autem significant et justificant. Verum quandoque large quandoque stricte sacramentum accipitur. Large secundum quod omne signum rei sacrae, sive sit sacrum, dicitur sacramentum; unde signa legalia sacramenta dicuntur: stricte secundum quod sacrum solummodo signum dicitur sacramentum. Sacramentum autem et active et passive dicitur, quasi sacrum signans, vel sacrum signatum. Nam nomine sacramenti quandoque signum rei, quandoque res signi varie nuncupatur, secundum quod sacramentum accipitur pro re signi, sacramentum dicitur a sacro et secreto, quasi sacrum secretum. Species ergo panis dicitur sacramentum active, id est sacrum significans; unitas autem Ecclesiae dicitur sacramentum passive, id est sacrum signatum. Corpus Domini cum utroque modo dicitur sacramentum, id est sacrum significans, et sacrum signatum.

CAPUT XL

Quod sacramentum consistit in tribus, in rebus, factis et verbis.

Sacramentum vero consistit in tribus, rebus, factis et verbis, secundum proprietatem, similitudinem et interpretationem. Leo namque secundum proprietatem designat diabolum, unde: *Adversus vester diabolus tanquam leo rugiens circuit, quaerens quem devoret* (*1 Petr.* v). Seminare secundum similitudinem significat praedicare, unde: *Exiit qui seminat seminare semen suum et aliud cecidit in terram bonam, aliud supra petram, aliud inter spinas* (*Luc.* viii). Emmanuel secundum interpretationem significat Christum, unde: *Vocabitur nomen ejus Emmanuel, quod interpretatur Nobiscum Deus* (*Matth.* i). Res ut aqua baptismi, vel aqua; factum ut signaculum crucis; verbum ut invocatio Trinitatis. Singula reperiuntur in hoc excellentissimo sacramento; res, id est corpus et sanguis; factum, id est esus et potus; verbum, *hoc est corpus meum, hic est sanguis meus* (*Matth.* xxvi).

CAPUT XLI.

Quod sanguis Christi dupliciter intelligitur in remissionem peccatorum effusus.

Qui pro multis effundetur in remissionem peccatorum. Pro solis praedestinatis effusus est, quantum ad efficientiam. Sed pro cunctis hominibus est effusus quantum ad sufficientiam. Effusio quippe sanguinis justi pro injustis tam fuit dives ad pretium ut, si universitas crederet in redemptionem, nullum omnino diaboli vincula retinerent. Peccatum autem duobus modis remittitur, quoad meritum culpae, et quoad debitum poenae. Meritum culpae remittitur per sanguinis fidem, quia justificamur a culpa; debitum poenae remittitur per sanguinis pretium, quo redempti sumus a poena. *Omnes enim quasi oves erravimus, unusquisque in viam suam declinavit. Et Dominus posuit in eo iniquitates omnium nostrum. Vulneratus est propter iniquitates nostras, attritus est propter scelera nostra, disciplina pacis nostrae super eum, et livore ejus sanati sumus. Vere languores nostros ipse portavit* (*Isa.* liii). Quia ergo justus injuste punitus, injusti juste sunt liberati. Assumpsit enim poenam in se pro omnibus, ut daret per se gratiam universis.

CAPUT XLII.

Quod sumptio eucharistiae non est nimium differenda.

Haec quotiescunque feceritis. In perceptione corporis et sanguinis Christi, magna est nobis adhibenda discretio. Cavendum est enim, ne si nimium differatur, mortis periculum incurratur, Domino protestante: *Nisi manducaveritis carnem Filii hominis, et biberitis ejus sanguinem, non habebitis vitam in vobis* (*Joan.* vi). Si vero quis indigne suscipiat, judicium damnationis incurrat, Apostolo testante: *Qui manducat et bibit indigne, judicium sibi manducat et bibit (I Cor.* xi). Ideoque juxta vocem ejusdem Apostoli : *Probet seipsum homo, et sic de pane illo edat et de calice bibat (ibid.)* Ingens itaque nobis videtur vel indicitur bene vivendi necessitas, ne corpus Domini vel indigne sumendo sumamus judicium, vel sumere cessando nihilominus incurramus periculum. Necessario quippe sumendus est Agnus, ut a vastante angelo protegamur, nec exire possumus de Ægypto nisi celebrando phase paschalem agnum edamus (*Exod.* xii). Dixerit ergo quispiam communican um esse quotidie, dixerit alius quotidie communicandum non esse, flat unusquisque quod pie credideritt faciendum. Non enim litigaverunt ad invicem, nec alter alteri se præposuit Zachæus (*Luc.* xix), et ille centurio cum alter eorum gaudens in domo sua Christum recepit, et alter eorum dixit : *Domine, ncn sum dignus ut intres sub tectum meum* (*Matth.* viii). Audi quid super hoc sentiat Augustinus : « Quotidie, inquit, eucharistiam recipere, nec laudo nec vitupero, omnibus diebus tamen Dominicis hortor. Si tamen mens in affectu peccandi est, gravari magis dico eucharistiæ perceptione, quam purificari. Et licet quis peccato mordeatur, si tamen peccandi de cætero non habeat voluntatem, et satisfaciat lacrymis et orationibus securus accedat. Sed hoc de illo loquor, quem mortalia peccata non gravant; cautum est enim in canone, quod si non frequentius saltem ter in anno omnes communicent, quod nolunt ecclesiasticis carere luminibus : in Pascha, Pentecoste, et Natali. »

CAPUT XLIII.
Quod sacramentum altaris est commemoratio mortis Christi.

In mei memoriam faciatis. In hoc sacramento nobis quotidie mortis Christi memoria renovatur, sicut Apostolus determinat, dicens : *Quotiescunque manducaveritis panem hunc, et biberitis calicem, mortem Domini annuntiabitis donec veniat (I Cor.* xi). Propter quod ipse dicebat apostolis : *Hoc facite in meam commemorationem (Luc.* xxii). Hanc ultimam sui memoriam Dominus nobis dereliquit, quemadmodum si quis peregre proficiscens aliquod pignus ei quem diligit derelinquat, ut quoties tunc illud aspexerit, ipsius debeat amicitias memorari, quoniam is si perfecte dilexerit, absque magno fletu vel desiderio nequit illud aspicere. Ideoque hoc Salvator instituit sacramentum, ut quia venerat ejus hora qua de mundo transiret ad Patrem, quia verum erat quod dicebat apostolis : *Quo ego vado, vos non potestis venire (Joan.* xiii). Nam et Petro dicenti : *Domine, quo vadis ?* Respondit : *Quo ego vado, me sequi non potes (ibid.).* Competentem illis hæreditatem proscribens, visibilem sui memoriam commendarat. *Hoc,* inquit, *facite in meam commemorationem.* Non enim solum Scripturarum commemorationem ad hoc sufficere judicabat, qui letargicum venerat ægrotum sanare. Quanta namque pars nostri capit illud quod in Evangelio optimis unguentis fragrat, antidotum Verbum, quod *erat in* *principio apud Deum, per quem omnia facta sunt quodque caro factum est, et habitavit in nobis (Joan.* 1). Nam illud quidem ruminare, medela salubris est, *super mel et favum (Psal.* xviii), dulcis faucibus animæ diligentis. Sed tantus cibus valde paucorum, et solius mentis pabulum, quo tunc anima plenissime satiabitur, cum Verbum ipsum in æterna felicitate gustabit. At ille qui corpus assumpsit et animam, ut sanaret et animam et corpus, pigmenta sua provida charitatis arte composuit, quibus letargicam mentem ægroti renovata quotidie suæ salutis commemoratione perculleret, et edentulam, id est sine dentibus plebem (quæ verbum antiquum et æternum principium, quasi solidum cibum ruminare non poterat) hoc dulcissimo confecto liquamine in panis et vini sacramento consuefacere sorbillare.

CAPUT XLIV.
De diversis causis institutionis

Sapientia Dei, qua per visibilia manifestat, volens evidenter ostendere quod ipsa cibus est animarum quod carnem assumptam proposuit in edulium, ut per cibum humanitatis invitaret ad gustum divinitatis, de quo dicit Psalmista : *Gustate et videte quoniam suavis est Dominus (Psal.* xxxiii). Totum ergo Christus se exhibet nobis in cibum, ut sicut divinitate nos reficit, quam spiritualiter gustamus corde, ita nos humanitate reficiat, quam corporaliter ore comedimus, ut ita de visibilibus ad invisibilia, de temporalibus ad æterna, de terrenis ad coelestia, de humanis ad divina nos transferat.

Ego sum, inquit, *panis vivus qui de coelo descendit (Joan.* vi) ; ecce cibus divinitatis. *Et panis quem ego dabo, caro mea est ;* ecce cibus humanitatis. Panis igitur angelorum factus est cibus hominum (*Sap.* xvi), secundum illud propheticum : *Panem angelorum manducavit homo (Psal.* lxxvii). Quatenus qui secundum animam cibum divinitatis accipimus, etiam secundum carnem cibum humanitatis sumamus, quoniam sicut anima rationalis et caro unus est homo, ita Deus et homo unus est Christus. Et quia homo per gustum mortem incurrit, per gustum quoque vitam acquirit, quatenus unde mors oriebatur inde vita resurgeret. Dictum est quippe de illo : *Quacunque die comederis, morte morieris (Gen.* ii). Dicitur autem de isto : *Si quis manducaverit ex hoc pane, vivet in æternum (Joan.* vi). Cibus ille mortalis pependit in ligno scientiæ boni et mali ; cibus iste vitalis pependit in ligno vitæ, quod est in medio paradisi. Illud fuit lignum inobedientiæ ad quod homo manus extendit, ut fieret sicut Deus, juxta quod illi serpens promiserat : *Eritis sicut dii, scientes bonum et malum (Gen.* iii); istud autem lignum est obedientiæ, in quo Deus manus extendit, et factus est homo, juxta quod dicit Apostolus : *Exinanivit semetipsum, formam servi accipiens in similitudinem hominum factus, et habitu inventus ut homo ; factus obediens usque ad mortem, mortem autem crucis (Philip.* ii).

Ut ergo suam erga nos charitatem ostenderet, et

nostram erga se charitatem accenderet, qui dedit se pro nobis in pretium, ipse tribuit se nobis in cibum, ac per pretium se dedit pro nobis in mortem et per cibum se tribuit nobis ad vitam, ut mortem nostram sua morte perimeret, et vitam nostram sua vita nutriret. Panis iste si digne manducatur, impinguat : et calix iste si digne bibitur, inebriat, non corpus sed cor, non ventrem sed mentem. Unde : *Poculum tuum inebrians quam præclarum est* (*Psal.* xxii). Per hujus ergo sacramenti virtutem, universæ virtutes augentur, et omnium gratiarum fructus exuberant. Is enim in hoc sacramento sumitur totus et integer, qui est fons et origo totius virtutis et gratiæ. Per crucis mysterium eripuit nos a potestate peccati. Per eucharistiæ sacramentum liberat nos a voluntate peccandi; nam eucharistia si digne sumatur, a malo liberat, et confirmat in bono, venialia delet et cavet mortalia. Unde cum præmittimus in oratione Dominica : *Panem nostrum epiousion*, id est supersubstantialem, *da nobis hodie*, statim adjungimus : *Et dimitte nobis debita nostra, et ne nos inducas in tentationem. Sed libera nos a malo. Amen* (*Matth.* vi). Quia per panem istum cœlestem liberamur a malis præteritis, præsentibus, futuris. Dedit ergo nobis hoc sacramentum salutis, ut quia nos quotidie peccamus, et ipse jam mori non potest ; per hoc sacramentum, quod in memoria mortis ejus accipimus, remissionem peccatorum quotidie consequamur. Nom enim solum lavit nos a peccatis nostris in sanguine suo, quando sanguinem suum fudit pro nobis in crucis patibulo, verum etiam quotidie nos lavat a peccatis nostris in sanguine suo, quando ejus sanguinem nos accipimus in calicis poculo. Ascensurus ergo Christus ad Patrem quia promisit apostolis eorumque sequacibus, *vobiscum ero cunctis diebus usque ad consummationem sæculi* (*Matth.* xxviii), voluit remanere cum illis non solum per inhabitantem gratiam , nec per divinam tantum essentiam , verum etiam per corporalem præsentiam. Et ideo istud sacramentum instituit, in quo præsens est nobiscum, sub alia quidem forma, sed in propria vere substantia. Congruum erat enim, ut Deus qui hominem quem plasmavit, fecit ad imaginem et similitudinem suam, expressius insigniret. Disposuit ergo cœlestis altitudo consilii, sicut tres sunt personæ in unitate substantiæ, Pater, Verbum et Spiritus, ita tres essent substantiæ in unitate personæ, divinitas , corpus et anima. Cum ergo Christus secundum naturam divinam tribus modis in rebus existeret, localiter in cœlo, personaliter in Verbo, sacramentaliter in altari. Sicut enim secundum divinitatem totus essentialiter est in omnibus rebus, ita secundum humanitatem totus sacramentaliter est in pluribus locis. Hujus sacramenti virtute possibile fit, ut qui de terra sunt, in cœlum ascendant. Ait ipse enim Salvator : *Nemo ascendit in cœlum, nisi qui de cœlo descendit Filius hominis, qui est in cœlo* (*Joan.* iii). Unum et idem est Filius Dei, qui de cœlo descendit, Filius hominis qui ascendit in cœlum Christus Jesus, cui tanquam suo capiti cuncta membra corporis annectuntur, omnes qui per fidem hujus sacramenti servant *unitatem Spiritus in vinculo pacis* (*Ephes.* iv). Et sicut unum corpus, una persona, unus Christus cum suis membris in cœlum ascendit, dicitque gratulabundus gloriosam Deo repræsentans Ecclesiam : *Hoc nunc os ex ossibus meis, et caro de carne mea* (*Gen.* ii), et ostendens secum illa in unam convenisse personam. *Erunt*, inquit, *duo in carne una* (ibid.). *Hoc autem*, ut inquit Apostolus , *magnum sacramentum est in Christo et in Ecclesia* (*Ephes.* v), quod Eucharistia simul efficit et figurat, secundum quod Dominus ait : *Qui manducat meam carnem et bibit meum sanguinem, in me manet et ego in eo* (*Joan.* vi). Per id ergo quod suscipit ipse de nostro, accipimus ipsi de suo, tam insolubili nexu conjungimur, ut qui est unum cum Patre per ineffabilem unitatem, fiat unum nobiscum per admirabilem unionem, ac per hoc, ipso communiter mediante, cum Patre unum efficimur. *Pater sancte*, inquit, *serva eos in nomine tuo, quos dedisti mihi, ut sint unum sicut nos. Non pro eis autem rogo tantum, sed et pro illis qui credituri sunt per verbum eorum in me, ut et ipsi, in nobis unum sint, et mundus credat quia tu me misisti* (*Joan.* xvii). Rogat unitas pro unione, Verbum cum Patre unum est in natura, homo cum Verbo unum est in persona, membra sunt unum cum capite. Primum est in justitia, postmodum autem in gloria, quoniam *qui adhæret Deo, unus Spiritus est cum eo* (*1 Cor.* vi). Ut ergo justitia *unum sint, cognoscat mundus quia tu me misisti, ut autem et gloria unum sint, volo ut ibi ego sum, et illi sint mecum, ut videant claritatem quam dedisti mihi, quia dilexisti me ante constitutionem mundi* (*Joan.* xvii).

LIBER QUINTUS.

CAPUT PRIMUM.

De signis quæ tertio loco fiunt super oblatam et calicem.

Unde et memores. Quia Dominus ipse præceperat, ut in sui memoriam hoc faceremus. Idcirco tria ibi commemoranda proposuit Ecclesia, scilicet ejus beatam passionem, nec non ab inferis resurrectionem, sed et in cœlos gloriosam ascensionem.

Quorum primum, id est passio, excitat charitatem; secundum, id est resurrectio corroborat fidem; tertium, id est ascensio lætificat spem. Quid enim magis in nobis charitatem accendit, quam quod *proprio Filio suo non pepercit Deus, sed pro nobis omnibus tradidit illum? (Rom.* viii.) *Christus autem pro nobis factus est obediens usque ad mortem, mortem autem crucis* (*Phil.* ii). Quid in nobis magis fidem confirmat, quam quod *Christus resurrexit a mortuis primitiæ dormientium? Quoniam quidem per hominem mors, et per hominem resurrectio mortuorum. Sicut et in Adam omnes moriuntur, ita et in Christo omnes vivificabuntur (I Cor.* xv). Quid magis in nobis amplificat spem, quam quod Christus *ascendens in altum duxit captivam captivitatem, dedit dona hominibus* (*Ephes.* iv), ut ubi est ipse illic sit et minister ipsius? Quia vero dicit Ecclesia, memorem se Dominicæ passionis, statim acerbiorem speciem illius passionis commemorat, recolens in quinque crucibus quinque plagas. Deinde per partes Dominicæ passionis prosequitur sicut subsequens expositio declarabit. Abhinc igitur usque dum corporale desuper calicem removetur, Domini passio memoratur. Nam ubi dicit sacerdos: *Hostiam puram, hostiam sanctam, hostiam immaculatam, panem sanctum vitæ æternæ, et calicem salutis perpetuæ.* Quinarium crucis signaculum imprimit super oblatam et calicem, significans illa viventis petræ foramina, in quibus residet immaculata columba fructuose nidificans. Cum inter prædicta crucis quinque signacula, quinque dilecti sui plagas, videlicet duas manuum, totidem pedum, et unam lateris, fida tenet et contemplatur memoria. Tres autem sacerdos communiter facit super oblatam et calicem, quoniam in tribus verbis utrumque pariter intelligitur. Nunquam enim in crucis signaculo panis separatur a calice, nisi cum separatim nominatur in canone. Verum erecta pars crucis solummodo super panem, transversa vero usque super calicem debet protendi, quoniam erecta pars crucis corpus Christi sustinuit, et brachia transversa distendit.

CAPUT II.

Quare post consecrationem signa super eucharistiam fiunt.

Hinc oritur quæstio non prætereunda silentio; cum enim plene et perfecte sit consecratio celebrata, (nam materia panis et vini jam transivit in substantiam carnis et sanguinis.) Quare super eucharistiam benedictam et plenissime consecratam adhuc benedictionis signum imprimitur, aut aliud verbum consecrationis, profertur. Imo talia quædam subjunguntur in canone, quæ videntur innuere, quæ nondum sit transsubstantiatio consummata. Ego super hac quæstione vellem potius doceri quam docere, magisque referre quam proferre sententiam. Verum quia nihil, a majoribus aliquid dictum super hac re potui reperire, dicam salva fide quod sentio sine præjudicio sententiæ melioris. In canone siquidem aliud verba significant, et aliud signa prætendunt. Verba namque principaliter spectant ad eucharistiam consecrandam, signa vero principaliter ad historiam recolendam. Nam verbis utimur ad consecrandum panem et vinum in corpus et sanguinem Jesu Christi; signis utimur ad recolendum ea quæ per hebdomadam ante pascha gesta sunt circa Christum. Patet ergo quantum ad ordinem eucharistiæ consecrandæ, quod capitulum istud : *Qui pridie quam pateretur*, in fine canonis subjici debuisset, quoniam in eo consecratio consummatur. Sed quoniam impedisset ordinem historiæ recolendæ, quia quod fuit gestum in medio, poneretur in fine, providus canonis ordinator, ut ordinem servaret historiæ, quasi quadam necessitate compulsus, capitulum istud : *Qui pridie quam pateretur*, quasi cor canonis, in medio collocavit, ut quæ sequuntur intelligantur præcedere, secundum illam figuram, qua sæpe fit, ut quæ narratione succedunt, intellectu præcedunt. Vel potius, ut tam litteræ quam historiæ suus ordo servetur. Dicatur itaque, quod signa pertinent ad historiam recolendam. Sed verba non pertinent ad eucharistiam consecrandam, imo pertinent ad eucharistiam consecratam hoc modo : *Nos tui servi*, videlicet sacerdotes, *et plebs tua sancta*, scilicet populus Christianus, (nam quod populus agit voto, sacerdotes peragunt mysterio,) *offerimus præclaræ majestati tuæ*, id est præ cæteris claræ. Nam si *justi fulgebunt sicut sol in regno Patris eorum* (*Matth.* xiii), quanto clarius divina præfulget majestas. *De tuis donis*, id est de frugibus segetum, quantum ad panem qui consecratus est in carnem. *Ac datis*, id est de frugibus arborum, quantum ad vinum quod est consecratum in sanguinem. *De his*, inquam, *et illis offerimus hostiam puram, hostiam sanctam, hostiam immaculatam*, id est eucharistiam, immunem ab omni culpa vel peccato originali, veniali, et criminali; vel puram quantum ad cogitationem ; et sanctam, quantum ad locutionem; immaculatam, quantum ad operationem, quia *peccatum non fecit, nec est inventus dolus in ore ejus* (*Isa.* liii). Hoc est, *panem sanctum*, id est sanctificantem; *datorem vitæ æternæ*, quantum ad stolam carnis ; *et calicem salutis perpetuæ*, quantum ad stolam animæ. Secundum illud: *Ego sum panis vivus qui de cœlo descendi. Si quis manducaverit ex hoc pane vivet in æternum* (*Joan.* vi). *Supra quæ propitio, Domine, nobis tuo sereno vultu*, id est placabili respectu, *digneris respicere.* Non quod vultus ejus mutetur aliquando : sed tunc Deus illuminat suum vultum super nos, et serenat, cum misericordiam suam super nos exhibet et declarat. Secundum illud Psalmistæ: *Illuminet vultum suum super nos et misereatur nostri* (*Psal.* lxvi).

CAPUT III.

De figuris Novi Testamenti quæ præcesserunt in Veteri Testamento.

Sicuti accepta habere dignatus est munera Abel.... Adverbium istud *sicuti* similitudinem innuit, non exprimit quantitatem. Multo quippe acceptius est hoc sacrificium, quam quod obtulit Abel, quod obtulit Abraham, quod obtulit Melchisedech. Videtur enim amplius res quam umbra, veritas quam figura. Ipsam ergo similitudinem magis quam quantitatem debemus attendere. Similes ergo offerendo sumus Abel, si recte quidem offerentes, recte nihilominus dividamus, quod quia Cain non egit, peccavit (*Gen.* IV). Sua namque recte, cui debebat, obtulit Deo, sed retinuit sibi seipsum, et cor suum auferens Deo, male divisit. Abel autem acceptum Deo justus in corde obtulit holocaustum, quia non se sibi retinuit, sed Deo se totum subdidit et impendit. Et ideo *respexit* Deus *ad Abel et ad munera ejus. Ad Cain* autem *et ad ejus munera non respexit* (*ibid*). Prius respexit ad Abel, et postea respexit ad munera, quia non offerens placuit a muneribus, sed munera placuerunt ab offerente. Similiter Abraham egregia fide totum se prius offerebat Altissimo, et propterea cum sua duceret offerenda, placidas hostias offerebat, quod ut nos scientes imitaremur, patrios ab illo Deus exegit affectus. *Tolle*, inquit, *filium tuum unigenitum quem diligis Isaac, et offer illum in holocaustum super unum montium quem dixero tibi* (*Gen.* XXII), statimque promptum et obedientem invenit, imo nobis ostendit. Melchisedech quoque, nisi se prius acceptum Deo sacrificium obtulisset, futurorum causas minime prævidisset, quarum intuitu mysticum panis et vini primus obtulit sacrificium. *Erat enim Dei sacerdos Altissimi* (*Gen.* XIV). Nos ergo assistentes ad offerendum, si recte dividimus prius, nos ipsos in sacrificium offeramus, arietinam propter viam, feritatem taurinam, hircinamque luxuriam jugulantes. Juxta quod in Psalmo cantavimus : *Holocausta medullata offeram tibi cum incenso arietum, offeram tibi boves cum hircis* (*Psal.* LXV). Ac deinde sicut munus Abel, sicut sacrificium Abrahæ, sicut hostiam Melchisedech, vota nostra Dominus acceptabit. Verum non solum offerentibus, sed etiam in ipsis oblationibus debemus similitudinem intueri. Nam illa vetera sacrificia, hoc novum sacrificium figurabant. Quid enim per munus Abel offerentis de primogenitis gregis nisi Christus exprimitur *primogenitus in multis fratribus* (*Rom.* VIII). Quia sicut Abel invidiose fuit interfectus a fratre, sic ipse malitiose fuit occisus a populo Judæorum. Nam secundum Apocalypsim Joannis : *Ipse est Agnus qui occisus est ab origine mundi* (*Apoc.* XIII). Quid per sacrificium Abrahæ dilectum et unicum filium offerentis, nisi passio Domini designatur ? De quo dicit Apostolus : *Dilecto Filio suo non pepercit Deus, sed pro nobis omnibus tradidit illum* (*Rom.* VIII). *Hic est*, inquit, *Filius meus dilectus in quo mihi bene complacui* (*Matth.* III, XVII). Oblatio vero Melchisedech tam proprie novum sacrificium præsignavit, ut inde prædictum sit : *Tu es sacerdos in æternum secundum ordinem Melchisedech* (*Psal.* CIX). Qui per omnia, secundum Apostolum, *assimilatus Filio Dei, manet sacerdos in perpetuum* (*Hebr.* VII). Abel dicitur puer, non tam a pueritia, quam a puritate, secundum illud : *Ecce puer meus electus quem elegi, posui super ipsum spiritum meum* (*Isa.* XLII). Abraham dicitur patriarcha, non tam Israeliticæ plebis quam populi Christiani : illius per carnem, hujusque per fidem, secundum illud : *Non ultra vocabitur nomen tuum Abram, sed appellaberis Abraham, quia patrem multarum gentium constitui te* (*Gen.* XVII). Melchisedech interpretatus est *rex justitiæ*, deinde rex Salem, id est *pacis* propter illud quod legitur : *Orietur in diebus ejus justitia et abundantia pacis donec auferatur luna* (*Psal.* LXXI). *Sanctum sacrificium, immaculatam hostiam*, hoc addidit in canone Leo papa.

CAPUT IV

De signis quæ quarto loco fiunt super oblatam et calicem.

Supplices te rogamus..... Dicto hymno, post cœnam exiit Jesus in montem Oliveti trans torrentem Cedron et progressus pusillum procidit in faciem suam orans et dicens : *Pater, si fieri potest, transfer hunc calicem a me.* Sed et secundo et tertio abiit, et oravit, eumdem sermonem dicens. *Et factus in agonia prolixius orabat, et factus est sudor ejus sicut guttæ sanguinis decurrentis in terram, tunc venit ad discipulos suos, dicens :* Surgite, eamus, ecce appropinquat qui me tradet. Traditor autem dedit eis signum, dicens ; *Quem osculatus fuero, ipsa est, tenete eum. Et confestim accedens, osculatus est eum* (*Luc.* XXII ; *Joan.* XVIII). Jesus igitur quia procidit orans et dicens : *Pater si fieri potest*, sacerdos inclinans orat, dicens : *Supplices te rogamus...* per osculum altaris repræsentans osculum proditoris. Quia vero *factus in agonia prolixius orabat* tertio dicens sermonem eumdem, sacerdos facit tres cruces, primam et secundam distincte super oblatam et calicem dicendo : *Sacrosanctum Filii tui corpus et sanguinem*, tertio signando seipsum in faciem, cum dicit : *Omni benedictione cœlesti et gratia repleamur.* Forte propter sudorem corporis crucem imprimens super corpus, et propter guttas sanguinis crucem imprimens super sanguinem, et quia procidit in faciem suam orans, imprimit sibi crucem in facie. Vel potius per duas cruces, quas facit sacerdos super corpus et sanguinem, designantur vincula et flagella. Vincula, quibus ligatum est corpus ; flagella, quibus illisus est sanguis ejus. Nam de vinculis legitur : *Ministri Judæorum comprehenderunt Jesum, et ligaverunt, et vincientes duxerunt et tradiderunt Pilato* (*Marc.* XV). De flagellis legitur : *Apprehendit Pilatus Jesum, et flagellavit* (*Joan.* XIX); cujus livore sanati sumus. Per tertiam vero crucem quam sacerdos sibi in faciem facit, recolitur illud, qui exspuebant in faciem ejus, et alapas in faciem ei dabant, et velantes faciem ejus, dicebant : *Prophetiza nobis, Christe, quis est qui te percussit? (Luc.* XXII.)

CAPUT V.
De ministerio angelorum qui semper in sacrificio præsentes existunt.

Jube hæc perferri per manus..... Tantæ sunt profunditatis hæc verba, ut intellectus humanus vix ea sufficiat penetrare. Nam et B. Gregorius tanti sacramenti dignus interpres quodam in loco de illis tanquam de re ineffabili pene ineffabiliter loquens. « Quis, inquit, fidelium habere dubium possit in ipsa immolationis hora ad sacerdotis vocem cœlos aperiri, et in Jesu Christi mysterio angelorum choros adesse, summis ima sociari, id est terrenæ cœlestibus jungi, unum quid ex invisibilibus et visibilibus fieri (45). » Idem alibi dicit : « Uno eodemque tempore ac momento et in cœlo rapitur ministerio angelorum consociandum corpori Christi, et ante oculos sacerdotis in altari videtur. Salvo tamen occulto cœlestis oraculi sacramento, possunt hæc verba licet simplicius, tamen securius sic intelligi : *Jube hæc,* vota fidelium videlicet et preces, *perferri per manus sancti angeli,* hoc est per ministerium angelorum, secundum illud quod ait angelus ad Tobiam : *Quando orabas cum lacrymis, ergo obtuli orationem tuam Domino (Tob.* XII). *In sublime altare tuum,* hoc est in conspectu divinæ majestatis tuæ. Porro sicut beatus Augustinus determinat, non dicitur angelus orationes nostras offerre Deo, quasi tunc primo Deus noverit quid velimus, quia Deus omnia novit antequam fiant, sed quia necesse habet rationalis creatura temporales causas ad æternitatem referre, sive petendo quid erga se fiat, sive consulendo quid faciat, ut quod, Deo jubente, implendum esse cognoverit, hoc nobis vel evidenter vel latenter reportet. Hinc etiam evidenter apparet, quod angeli semper in sacrificio præsentes existunt vel assistunt. Multiplex autem altare legitur in Scripturis, superius et inferius, interius et exterius. Quodlibet autem est duplex. Nam altare superius est Dei Trinitas, de quo legitur : *Non ascendas ad altare meum per gradus (Exod.* XX). Est et altare superius triumphans Ecclesia, de qua dicitur : *Tunc imponent super altare tuum vitulos (Psal.* L). Altare inferius est Ecclesia militans, de quo dicitur : *Si altare lapideum feceris mihi, non ædificabis illud de sectis lapidibus (Exod.* XX). Est et altare inferius mensa templi, de qua dicitur : *Constituite diem solemnem in condensis, usque ad cornu altaris (Psal.* CXVII). Altare interius est cor mundum, de quo præcipitur : *Ignis in altari meo semper ardebit (Levit.* VI). Est et altare interius fides incarnationis, de qua jubetur : *Altare de terra facietis mihi (Exod.* XX). Altare exterius, ara crucis, hoc est altare holocausti, super quod cremabatur sacrificium vespertinum. Est et altare exterius ecclesiastica sacramenta, de quibus scriptum est : *Altaria tua, Domine virtutum (Psal.* LXXXIII). Quæ vero sint illa quæ petit in sublime altare perferri, determinat subdens : *Ut quotquot.....*

Memento, Domine. Orat pia mater Ecclesia, non solum pro vivis, sed etiam pro defunctis, et eos sacræ oblationis intercessione commendat, certissime credens, quod sanguis ille pretiosus, qui pro multis effusus est in remissionem peccatorum, non solum ad salutem viventium, verum etiam ad absolutionem valeat defunctorum, qui *cum signo fidei* procedunt ad Dominum. Non quod ibi sit fides aut spes, ubi species est et res. Nam fides evacuatur, *charitas autem nunquam excidit (I Cor.* XIII), sed signum fidei pro charactere Christianitatis accipitur, quo fideles ab infidelibus discernuntur, secundum illud : *Audivi numerum signatorum, centum quadraginta quatuor millia signati ex omni tribu filiorum Israel (Apoc.* VII). *Et dormiunt in somno pacis,* secundum illud : *In pace in idipsum dormiam et requiescam (Psal.* IV). Frequenter enim sacra Scriptura defunctos dormientes appellat, pro eo quod sicut dormientes evigilant, ita defuncti resurgent. Propter quod dicit Apostolus : *Nolo vos ignorare de dormientibus; ut non contristemini sicut et cæteri qui spem non habent (I Thess.* IV). Et Dominus inquit in Evangelio : *Lazarus amicus noster dormit (Joan.* XI). *Ipsis, Domine, et omnibus in Christo quiescentibus.* In hoc loco sacerdos, quorum maluerit, defunctorum debet agere memoriam specialem. *Locum refrigerii,* in quo non est ardor pœnarum; *lucis,* in quo non est obscuritas tenebrarum; *et pacis,* in quo non est conflictus pœnarum. Nam *absterget Deus omnem lacrymam ab oculis sanctorum (Apoc.* XXI). Sed delectabuntur in multitudine pacis, complacebunt *coram Domino in lumine viventium (Psal.* LV).

Nobis quoque peccatoribus. Nam si dixerimus quia *peccatum non habemus, nosipsos seducimus, et veritas in nobis non est (I Joan.* I). Licet enim omni tempore nos debemus ex corde recognoscere peccatores, præcipue cum pro remissione peccatorum sacrosanctum mysterium celebratur. *De multitudine miserationum tuarum sperantibus,* juxta quod inquit Psalmista : *Secundum multitudinem miserationum tuarum,* Domine, *dele iniquitatem meam (Psal.* L). Una tantum est Dei misericordia, non aliud quidem quod ipse misericors. Sed multi sunt ejus affectus qui miserationes dicuntur. Unde : *Reminiscere miserationum tuarum, Domine, et misericordiarum tuarum quæ a sæculo sunt (Psal.* XXIV). Porro cum ipse *Deus sit omnia in omnibus (I Cor.* XV), salus et præmium et gloria singulorum. *Salus,* inquit, *populi ego sum (Psal.* XXXIV). Quid est quod dicitur : *Partem aliquam et societatem donare digneris :* tanquam non omnes sint unum eumdem denarium accepturi? Sane licet unum et idem sit præmium singulorum,

---

(45) Gregor. papæ, lib. IV, *Dial.* c. 58.

videlicet ipse Deus, in cujus cognitione salus æterna consistit, secundum illud quod ipse dicit in Evangelio : *Hæc est vita æterna, quod cognoscant te verum Deum et quem misisti Jesum Christum* (*Joan.* xvii). Tamen secundum differentiam meritorum, alii plus, alii minus divina visione fruuntur. Nam *stella differt a stella in claritate* (*I Cor.* xv); propter quod ipse Dominus ait : *In domo Patris mei mansiones multæ sunt* (*Joan.* xiv). Sicut unus est sol, cujus lumine participant universi, alii plus, alii minus, secundum differentiam intuentium.

CAPUT VI.
De secunda commemoratione sanctorum.

Cum Joanne, Stephano, Matthia, Barnaba... In hac secunda commemoratione sanctorum ex magna parte supplentur, qui de primitivis sanctis deesse videbantur in prima. Sed qualiter Joannes repetitur, et Stephanus sociatus Joanni præmittitur Matthiæ ac Barnabæ? Sane Joannes in prima commemoratione disponitur, et cum aliis numeratur propter dignitatem apostolatus. In hac autem commemoratione repetitur et cum Stephano sociatur, propter privilegium cœlibatus. *Virgines enim sunt, et sequuntur Agnum quocunque ierit* (*Apoc.* xiv), et propterea cæteris præmittuntur. Virginitas enim Joannis inde maxime commendatur, quia Christus in cruce matrem discipulo Virginem, virgini commendavit. *Ex illa hora accepit eam discipulus in suam* (*Joan.* xix). Stephani vero virginitas ex eo maxime commendatur, quia ipse est qui ab apostolis deputatus est ad ministerium viduarum, et in hoc quod feminis est præpositus testimonium meruerit sincerissimæ castitatis (*Act.* vi). Posset autem non Evangelista, sed Baptista Joannes intelligi, nisi præmitteretur, *cum tuis sanctis apostolis ac martyribus*. Unde conjicitur, quod apostoli tantum ac martyres subnotentur, quamvis Joannes Baptista merito inter martyres possit numerari. Non æstimator meriti, quia non secundum exigentiam meritorum retribuis, sed minus puniendo, vel magis remunerando, quam quisque meruerit. Unde : *Non secundum peccata nostra facias nobis* (*Psal.* cii), Et alibi : *Mensuram bonam, confertam et coagitatam et superefflue­tem dabunt in sinum vestrum* (*Luc.* vi).

CAPUT VII.
De signis quæ quinto loco fiunt super corpus et sanguinem, et in latere calicis.

Per quem hæc omnia, Domine, semper bona creas. Nam per eum omnia facta sunt, et sine ipso factum est nihil (*Joan.* i). Et vidit Deus cuncta quæ fecerat, et erant valde bona (*Gen.* i). Creas ergo condendo naturam, et sanctificas consecrando materiam, vivificas transsubstantiando creaturam, et benedicis accumulando gratiam. Est autem simplex pronominis demonstratio, sicut tempus verbi confusum. Nam præsens confusum præsentis non tenet usum. *Hæc* enim *omnia*, id est panem et vinum et aquam *semper bona creas*, secundum causas primordiales, et *sanctificas* secundum causas sacramentales, *vivificas* ut transeant in carnem et sanguinem, et *benedicis* ut conferant charitatem et unitatem. *Per ipsum* tanquam per mediatorem, *cum ipso* tanquam cum æquali, *in ipso* tanquam in consubstantiali. In Patre quippe notatur auctoritas, in Filio æqualitas, in Spiritu sancto communitas. Auctoritas in Patre propter principium, æqualitas in Filio propter medium, communitas in Spiritu sancto propter consortium. Tertia et sexta hora crucifixus est Dominus, hora tertia linguis Judæorum, quod narrat Marcus (*cap.* xv). Hora sexta manibus gentilium, quod narrat Joannes (*cap.* xix). Et circa horam nonam, *inclinato capite, tradidit spiritum* (*Joan.* xix). Ad recolendam vero crucifixionem, quæ hora tertia facta est linguis Judæorum ter clamantium : *Crucifige, crucifige eum* (*Luc.* xxiii), et rursus : *Tolle, tolle, crucifige eum* (*Joan.* xix), sacerdos facit tres cruces super oblatam et calicem, cum dicit : *Sanctificas, vivificas, et benedicis*. Ad recolendam vero crucifixionem, quæ post intervallum trium horarum facta est manibus gentilium (milites enim crucifixerunt Jesum), sacerdos iterum facit tres cruces cum hostia super calicem dicendo : *Per ipsum, et cum ipso, et in ipso*. Postmodum autem ad designandam divisionem carnis et animæ Domini morientis facit duas cruces in ore calicis cum dicit : *Tibi Deo Patri omnipotenti, in unitate Spiritus sancti*. Cum enim in Christo tres sunt unitæ substantiæ, videlicet divinitas, corpus et anima : duæ tantum, id est corpus et anima, fuerunt in morte divisæ. Nam divinitas a neutra est divisa et separata, propterea non tribus crucibus, sed duabus mors Domini designatur.

CAPUT VIII.
De extensione manuum Salvatoris in cruce.

Sacerdos igitur super mensam altaris manus extendit, quia Christus super aram crucis manus expandit, secundum illud propheticum : *Expandit manus meas ad populum non credentem mihi* (*Isa.* lxv), subtilius tamen atque profundius hoc possumus figurare.

CAPUT IX.
De tribus cruciatibus quos Christus sustinuit.

Tres quippe cruces significant tres cruciatus, quos Christus in cruce sustinuit, videlicet passionem, propassionem et compassionem. Passionem in corpore, propassionem in mente, compassionem in corde. De passione corporis ait Dominus per prophetam : *O vos omnes, qui transitis per viam, attendite et videte, si est dolor sicut dolor meus* (*Thren.* i). *Foderunt manus meas et pedes meos, et dinumeraverunt omnia ossa mea* (*Psal.* xxi). De propassione mentis Dominus inquit apostolis : *Tristis est anima usque ad mortem. Cœpit Jesus pavere et tædere, cœpit contristari et mœstus esse* (*Matth.* xvi; *Marc.* xiv). Ex compassione cordis pro crucifixoribus oravit ad Patrem : *Pater*, inquit, *ignosce illis quia nesciunt quid faciunt* (*Luc.* xxiii). *Si enim cognovissent, nunquam Dominum gloriæ crucifixis-*

sent (*I Cor.* 11). Ideo vero sacerdos facit has tres cruces cum hostia super calicem, quia Christus sustinuit hujusmodi cruciatus in corpore super patibulum; per calicem enim passio designatur, secundum illud quod ipse Dominus ait: Domine Pater, si fieri potest, *transeat a me calix iste* (*Matth.* XXVI).

CAPUT X.
De aqua et sanguine quæ de latere Christi fluxerunt.

Duæ vero cruces, quas facit sacerdos in latere calicis, designant duo sacramenta quæ de latere Domini profluxerunt, videlicet aqua regenerationis, et sanguis redemptionis, juxta testimonium Joannis dicentis: *Unus militum lancea latus ejus aperuit, et continuo exivit sanguis et aqua* (*Joan.* XIX).

CAPUT XI.
De scissione veli.

Corporale desuper calicem removetur, quia *velum templi scissum est a summo usque deorsum* (*Matth.* XXVI). Imo quod de illo scriptum fuerat, hactenus clausum erat, sicut dicitur de quibusdam. Et illud verbum erat absconditum ab eis, ubi consummatum, etiam revelatum est. Nam lignum missum in Marath, aquas dulcoravit amaras (*Exod.* XV).

CAPUT XII.
De sepultura Christi et sacrificii exaltatione.

Tunc accedit diaconus et exaltat aliquantulum sacrificium de altari, quod tam ipse quam sacerdos deponit. Quia venit Joseph de Arimathia, venit et Nicodemus, et impetratum a Pilato corpus Jesu deponentes sepelierunt. Et quia ille advolvit saxum magnum ad ostium monumenti (*Matth.* XXVI), diaconus super os calicis corporale reponit.

CAPUT XIII.
Ostenditur quare diaconus mensam altaris et armum pontificis osculatur.

Quia vero *in pace factus est locus ejus* (*Psal.* LXXV), diaconus osculatur mensam altaris. Et quia *factus est principatus super humerum ejus* (*Isa.* IX), diaconus armum pontificis osculatur, ut in utraque significet Christum, et quievisse post mortem, et vicisse post mortem, juxta quod ipse prædixit in Psalmo: *In pace in idipsum dormiam et requiescam* (*Psal.* IV); et alibi: *O mors, ero mors tua, morsus tuus ero, inferne!* (*Ose.* XIII.) Christus enim per mortem triumphavit de morte. Nam quia *factus est obediens usque ad mortem, mortem autem crucis, idcirco Deus exaltavit illum* (*Philip.* II). Hoc ipsum figuravit quod Christus sibi crucem super humerum bajulavit.

CAPUT XIV.
Epilogus de numero et ratione signorum quæ fiunt super oblatam et calicem.

Sacrificium itaque septem vicibus signatur in Canone. Prima vice ter, ubi dicit: *Hæc dona, hæc munera, hæc sancta sacrificia illibata.* Propter ternam Christi traditionem, quæ facta est a Deo, a Juda, a Judæo. Secunda vice quinquies, ubi dicitur: *Quam oblationem tu Deus digneris facere benedictam, ascriptam, ratam, ut fiat corpus et sanguis;* propter quinque personas, venditoris, venditi et emptorum, videlicet sacerdotum et Scribarum, et Pharisæorum. Tertia vice bis, ubi dicitur: *Accipiens Jesus panem, benedixit ac fregit, deditque discipulis* (*Matth.* XXVI). *Similiter et hunc præclarum calicem. Item tibi gratias agens benedixit*: propter benedictionem panis qui transsubstantiatur in carnem, et vinum quod transsubstantiatur in sanguinem. Quarta vice quinquies, ubi dicitur: *Hostiam puram, hostiam sanctam, hostiam immaculatam, panem sanctum vitæ æternæ, et calicem salutis perpetuæ;* propter quinque diversas plagas, duas manuum, totidemque pedum, et unam lateris. Quinta vice bis, ubi dicitur: *Sacrosanctum Filii tui corpus et sanguinem;* propter vincula quibus ligatum est corpus, et flagella quibus allisus est sanguis. Sexta vice ter, ubi dicitur: *Sanctificas, vivificas et benedicis;* propter crucifixionem quæ facta est hora tertia linguis Judæorum, ter clamantium: *Crucifige eum* (*Marc.* XV). Septima vice quinquies, ubi dicitur: *Per ipsum, et cum ipso, et in ipso est tibi Deo Patri omnipotenti, in unitate Spiritus sancti.* Ter super calicem, propter tres cruciatus quos Christus sustinuit, passionis, propassionis et compassionis; et bis in latere calicis, propter aquam et sanguinem, quæ de latere Christi fluxerunt. Inter has septem vices sacrificium signatur vicibus duabus bis, et duabus vicibus ter, et duabus vicibus quinquies, septima bis et ter, simul omnibus quinquies quinque, quæ sunt simul viginti quinque, qui numerus per se ductus semper in seipsum reducitur, si ducatur in infinitum. Quantumlibet enim multiplicetur eucharistiæ sacramentum, semper est idem sacrificium. In hoc etiam sacramento quinque sensus corporis exercentur, visus, auditus, odoratus, gustus et tactus; circa colorem, saporem, odorem, fractionem et sumptionem. Si tamen caro procedat in spiritum, quia *spiritus est qui vivificat, caro non prodest quidquam* (*Joan.* VI). Unde quinque sensus animæ spirituales exuberent, visus intelligentiæ, auditus obedientiæ, odoratus discretionis, gustus delectationis et tactus operis. De quibus reperitur in Evangelio: *Domine, quinque talenta tradidisti mihi, ecce alia quinque superlucratus sum* (*Matth.* XXV). Sed et binarius et ternarius bene congruunt sacramento. Binarius, propter carnem et sanguinem; ternarius, propter panem et vinum et aquam. Binarius, propter duplicem modum edendi, sacramentalem sub specie panis, et spiritualem in fide cordis; ternarius propter tria quæ sunt in hoc sacramento discreta, videlicet forma visibilis, veritas corporis, et virtus spiritualis. Forma panis et vini, veritas carnis et sanguinis, et virtus unitatis et charitatis, ut ita ternarius per binarium, id est fides

Trinitatis per dilectionem Dei et proximi operetur (46).

CAPUT XV.
De vocis expressione et pectoris tunsione.

Non solum autem crucis impressio, verum etiam vocis expressio, quæ gesta sunt juxta crucem, insinuat; cum enim ad id ventum est : *Nobis quoque peccatoribus famulis tuis*, sacerdos paululum expressa voce percusso pectore silentium interrumpit, repræsentans contritionem et confessionem latronis, in illo passionis Dominicæ articulo increpantis alterum et dicentis : *Nos digna factis recipimus, hic vero nihil mali gessit; et dicebat ad Jesum : Domine, memento mei dum veneris in regnum tuum*, propter quod dixit illi Jesus : *Amen dico tibi, hodie mecum eris in paradiso (Luc.* XXIII). Vel per exaltationem vocis et percussionem pectoris exprimitur illud quod centurio et qui cum eo erant, visis his quæ fiebant, timuerunt valde, dicentes : *Vere Filius Dei erat iste (Matth.* XXVII). *Et omnis turba quæ simul aderant ad spectaculum istud percutientes pectora sua revertebantur (Luc.* XXIII). Quia Jesus vero clamans voce magna, tradidit spiritum, levat sacerdos vocem dicendo : *Per omnia sæcula sæculorum.* Et quia mulieres lamentabantur flentes Dominum, chorus quasi lamentando respondit : *Amen;* repræsentans fideles qui Dominum tristo corde lamentabantur ac lugebant, vel quondam Abel invidi fratris furore parentes ejus lamentabantur occisum (*Gen.* IV). Jesus ergo voce magna clamavit : *Pater in manus tuas commendo spiritum meum (Luc.* XXIII), et sacerdos elevata voce pronuntiat : *Pater noster, qui es in cælis.*

CAPUT XVI.
De oratione Dominica, ubi agitur de dignitate orationis, et ad quid valeat.

Hæc oratio multis ex causis, cæteris orationibus antecellit, auctoritate doctoris, brevitate sermonis, sufficientia petitionum et fecunditate mysteriorum. Auctoritate doctoris, quæ fuit ipsius ore prolata. *Os enim Domini locutum est (Isa.* I). Brevitate sermonis, quia facile dicitur et profertur; cum, inquit, oratis *nolite multum loqui, sicut ethnici* faciunt *(Matth.* VI). Sufficientia petitionum, quoniam utriusque vitæ continet necessaria; *pietas enim promissionem habet vitæ quæ nunc est et futuræ (I Tim.* IV). Fecunditate mysteriorum, quoniam immensa continet sacramenta : *Pertransibunt enim plurimi, et multiplex erit scientia (Dan.* XII). Scit autem Dominus, quid velimus, sed vult nos orare vocaliter pro excitanda devotione; quia quod facit flatus carboni, hoc facit pronuntiatio devotioni. Unde : *Ad ipsum ore clamavi, et exaltavi sub lingua mea (Psal.* LXV). Pro aliorum instructione, ut cortina cortinam trahat, et *qui audit, dicat : Veni (Apoc.* XXII); unde : *Lux vestra luceat coram hominibus (Matth.* V). Pro linguæ obsequio, ut quod lingua peccamus, satisfaciamus lingua; unde : *Sicut exhibuistis membra vestra servire iniquitati ad iniquitatem, ita exhibeatis ea servire justitiæ in sanctificationem (Rom.* VI). Pro rei petendæ obtentione, quia facilius obtinetur quod instantius postulatur; unde : *Petite et accipietis, pulsate et aperietur vobis (Matth.* VII). Pro impetratæ rei custodia, quia quod sæpius requiritur, diligentius custoditur; unde : *Tene quod habes*, ne alius *accipiat coronam tuam (Apoc.* III). Oratur autem et pro bonis adipiscendis, et pro malis vitandis. Pro bonis temporalibus, spiritualibus et æternis; pro malis præteritis, præsentibus et futuris. De bonis æternis : *Adveniat regnum tuum;* de spiritualibus : *Fiat voluntas tua, sicut in cælo et in terra;* de temporalibus : *Panem nostrum quotidianum da nobis hodie.* Æterna petuntur in præmium, spiritualia petuntur in meritum; temporalia petuntur in sustentaculum. De malis præteritis : *Dimitte nobis debita nostra;* de præsentibus : *Libera nos a malo;* de futuris : *Ne nos inducas in tentationem.* Præterita sunt dolenda, præsentia sunt vincenda, futura sunt præcavenda.

CAPUT XVII.
De numero et ordine petitionum.

Septem sunt petitiones orationis Dominicæ præter captationem benevolentiæ, quarum tres primæ spectant ad patriam, tres ultimæ ad viam. Media vero pertinet ad utramque. Porro tres primæ succedunt ordine temporis, sed præcedunt ordine dignitatis; tres ultimæ succedunt ordine dignitatis, sed præcedunt ordine temporis. Dominus autem in oratione secutus est ordinem dignitatis qui est artificialis, ut de majoribus ad minora descendat. Doctores in expositione sequuntur ordinem temporis, qui est naturalis, ut de minoribus ad majora condescendant, vel de temporalibus ad æterna.

CAPUT XVIII.
De adaptatione septem petitionum et septem donorum.

Fit autem hic adaptatio septem petitionum et septem donorum, septem virtutum, et septem beatitudinum, contra septem vitia capitalia. Nam dona petitionibus, virtutes donis, et beatitudines virtutibus obtinentur. Septem dona sunt ista : Sapientia, intellectus, consilium, fortitudo, scientia, pietas et timor, de quibus inquit prophetia : *Requiescet super eum Spiritus Domini, spiritus sapientiæ et intellectus, spiritus consilii et fortitudinis, spiritus scientiæ et pietatis, et replebit eum spiritus timoris Domini (Isa.* XI). Septem autem virtutes sunt hæc : Paupertas spiritus, mansuetudo, luctus, esuries justitiæ, misericordia, munditia cordis et pax. Septem autem beatitudines istæ sunt : Regnum cœlorum, possessio terræ, consolatio, saturitas, misericordiæ consecutio, visio Dei, et filiatio Dei. De quibus conjunctim ait Dominus :-*Beati pauperes spiritu, quoniam ipsorum est regnum cœlorum. Beati mites, quoniam ipsi possidebunt terram. Beati qui lugent, quoniam ipsi consolabuntur. Beati qui esuriunt et sitiunt*

---

(46) Vide P. Lebrun. *Explication littérale des cérémonies de la messe*, préface, page XII, in-8°.

justitiam, quoniam ipsi saturabuntur. Beati misericordes, quoniam misericordiam consequentur. Beati mundo corde, quoniam Deum videbunt. Beati pacifici, quoniam filii Dei vocabuntur (Matth. v). Hæc autem sunt septem vitia principalia : Inanis gloria, ira, invidia, acedia, avaritia, gula, luxuria. Quæ significata fuerunt in septem populis qui terram Israel promissam tenebant, videlicet : Hethæus, Gergezus, Amorrhæus, Chananæus, Pherezæus, Hevæus, et Jebusæus (Deut. vii). Homo igitur est ægrotus, et Deus medicus, vitia sunt languores, et petitiones sunt planctus, dona sunt antidota, et virtutes sunt sanitates, beatitudines vero sunt felicitates et gaudia.

CAPUT XIX.
De captatione benevolentiæ.

Pater noster qui es in cœlis. Deus generaliter et specialiter et singulariter dicitur Pater. Deus est Pater generaliter omnium per creationem, specialiter justorum per adoptionem, singulariter Christi per generationem. Per creationem ut ibi : *Flecto genua mea ad Dominum Patrem omnipotentem, a quo omnis paternitas in cœlo et in terra nominatur* (Ephes. III). Per adoptionem ut ibi : *Si vos, cum sitis mali, nostis bona data dare filiis vestris, quanto magis Pater vester de cœlo dabit spiritum bonum petentibus se?* (Luc. xi.) Per generationem ut ibi : *Nemo novit Filium nisi Pater, neque Patrem nisi Filius, et cui voluerit Filius revelare* (Matth. xi). Per hoc quod dicit : *Pater noster qui es in cœlis,* dehortatur nos a duobus : a superbia, ne dicamus : *Pater mi,* repræsentantes proprium quod est commune; ab indignitate, ne reddamur indigni tanto Patri qui consistit in cœlis. Deus igitur solius Christi Pater est per naturam, cui soli licet competenter dicere : *Pater mi.* Fidelium autem Pater per gratiam, quibus competit dicere : *Pater noster.* Ille dicit : *Pater mi, si possibile est, transfer hunc calicem a me* (Marc. xiv); isti dicunt : *Pater noster qui es in cœlis, sanctificetur nomen tuum.* Hinc ipsemet dicit : *Vado ad Patrem* (Joan. xvi) *meum et Patrem vestrum;* meum per naturam, vestrum per gratiam. Hortatur etiam nos ad duo, ad servandam gratiam adoptionis, cum dicit : *Pater;* et unionem fraternitatis, cum ait : *noster.* Benevolentia vero captatur a tribus, a persona cognitoris, petitoris et assessoris. Cognitor enim est Deus, petitor homo, assessor est angelus. A persona cognitoris cum ait : *Pater;* petitoris, cum ait : *Noster;* assessoris cum ait : *Qui es in cœlis.* id est in angelis vel in sanctis, de quibus habetur : *Cœli enarrant gloriam Dei* (Psal. xviii). Unde nobis spes tribuitur, ut sanctos nos faciat vel in cœlis, id est in secreto majestatis divinæ per quod datur fiducia obtinendi donum occultum, quod *nec oculus vidit, nec auris audivit, nec in cor hominis ascendit* (I Cor. ii). Dat ergo fiduciam impetrandi bonum. Non dicit : Domine, cui servitur in timore, sed *Pater* cui servitur amore, quasi diceret : Pater es, vis quia in cœlis est, potes ergo nos liberare a malo

CAPUT XX.
De triplici malo a quo petimus liberari.

Triplex est malum a quo petimus liberari, innatum, additum et inflictum. Primum contrahimus, secundum committimus, tertium sustinemus. Primum est originale, secundum actuale, tertium pœnale. Malum autem vitamus per spiritum timoris; nam, ut inquit Scriptura : *Timor Domini peccatum expellit* (Eccli. i). Porro triplex est timor quo cessamus a malo, servilis, initialis et filialis. Timore servili cessamus a malo formidine pœnæ; filiali timore cessamus a malo amore justitiæ; initiali timore cessamus a malo, partim formidine pœnæ partim amore justitiæ. Servilis timor est incipientium, initialis est proficientium, filialis est perficientium. Quasi dicetur : Da nobis spiritum timoris et paupertatem spiritus, ut per spiritum timoris vitemus mala, per paupertatem spiritus abdicemus bona; quatenus, exclusis vitiis et contemptis terrenis, habemus æterna scilicet regnum cœlorum, quod Lucifer et primi parentes per inanem gloriam amiserunt, a qua nos retrahunt timor, spiritus paupertas et veritas. Duo vero sunt bona quæ paupertate spiritus abdicamus, interiora videlicet et exteriora. Interiora, de illis corde non præsumendo; exteriora, cor illis non apponendo, secundum illud : *Divitiæ si affluant, nolite cor apponere* (Psal. lxi). Illis ergo compressis, ne præsumamus, vel istis despectis ne deficiamus, regnum cœlorum consequimur, secundum illud : *Beati pauperes spiritu, quoniam ipsorum est regnum cœlorum* (Matth. v); quod dæmones et homines per inanem gloriam amiserunt. Illi Dei similitudinem, isti Dei scientiam inaniter apponendo, Lucifer enim dixit : *Ascendam in cœlum, et ponam sedem meam ad aquilonem, et ero similis Altissimo* (Isa. xiv). Primis autem parentibus dictum est : *Eritis sicut dii scientes bonum et malum* (Gen. iii).

CAPUT XXI.
De diversis tentationibus, in quas petimus non induci.

Ne nos inducas in tentationem. Tentat Deus, tentat homo, tentat diabolus. Deus tentat ut probet, homo tentat ut sciat, diabolus tentat ut fallat. De primo legitur : *Tentavit Deus Abraham* (Gen. xxii); de secundo dicitur : *Tenta nos, obsecro, diebus decem* (Dan. i); de tertio legitur : *Cur tentavit Satanas cor tuum* (Act. v). Porro duobus modis tentamur, interius et exterius. Interius per delectationem, exterius per suggestionem. Verum interior tentatio parum efficit, et exterior multum proficit, si non consentiat, sed resistatur. Scriptum est enim : *Tentatio vos non apprehendat nisi humana* (I Cor. x); rursus : *Beatus vir qui suffert tentationem, quoniam cum probatus fuerit, accipiet coronam vitæ* (Jac. i). Cum ergo citra consensum tentamur, ducimur in tentationem : cum consentimus, in tentationem inducimur, sicut piscis ante capturam in rete ducitur. Cum autem inducitur, capitur et tenetur, tunc impletur quod Jacobus apostolus ait : *Unusquisque tentatur a concupiscentia sua abstractus et* tilectus, deinde cum concupiscentia conceperit, parit peccatum : peccatum vero cum consummatum fuerit, generat mortem (Jac. 1). Porro cum idem apostolus dicat, quia *Deus est intentator malorum* (ibid.), quid est quod petimus, ne Deus nos in tentationem inducat? Sed Deus quodammodo tentat, et Deus quodammodo non tentat. Tentat ut probet, secundum illud : *Proba me Deus, et tenta cor meum* (Psal. xxv); non tentat ut fallat, secundum illud : *Deus neminem tentat* (Jac. 1). Petimus ergo ne Deus nos in tentationem inducat, id est ne permittat induci, sicut dicitur : Quia non est *malum in civitate quod Dominus non* faciat, id est fieri non permittat (Amos III). Scriptum est enim : *Fidelis est Deus, qui non patietur vos tentari supra id quod potestis* (I Cor. x). Quasi : Da nobis spiritum pietatis, et mansuetudinem spiritus, ut per spiritum pietatis vincamus tentationem, exercendo nos ad pietatem. Et per mansuetudinem spiritus vincamus iram, non reddendo malum pro malo, ut ita possideamus terram viventium, quam per spiritum pietatis et mansuetudinis obtinebimus. Nam *pietas promissionem habet vitæ quæ nunc est, et futuræ* (I Tim. IV), et : *Beati mites, quoniam ipsi possidebunt terram* (Matth. v). Unde Psalmista : *Mansueti possidebunt terram, et delectabuntur in multitudine pacis* (Psal. xxvi).

CAPUT XXII.

De tribus debitis, quæ petimus nobis dimitti.

Debita dicuntur peccata, quæ nos debitores pœnæ constituunt. Non enim hic agitur de debitis pecuniarum, sed de debitis offensarum. Tria vero sunt debita quæ petimus nobis dimitti, videlicet peccatum in Deum, peccatum in proximum, et peccatum in nosipsos. Unde : *Peccavimus cum patribus nostris,* in Deum ; *injuste egimus,* in proximum ; *iniquitatem fecimus,* in nosipsos (Psal. cv). Sed quia peccamus in Deum, idcirco petimus ut ipse dimittat nobis debita nostra; quia peccamus in proximos, ideo petimus, ut dimittat nobis *sicut et nos dimittimus debitoribus nostris.* Hoc pacto et ea cautione nobis debita dimittuntur, si nos debitoribus dimittimus, alioquin etiam dimissa revocantur in debitum, secundum illud : *Serve nequam, omne debitum dimisi tibi, quoniam rogasti me : nonne ergo oportuit et te misereri conservo tuo, sicut et ego tui misertus sum? Et iratus dominus ejus, tradidit eum tortoribus, quoadusque redderet universum debitum.* Sic est Pater meus cœlestis faciet vobis, si non dimiseritis unusquique fratri suo de cordibus suis. (Matth. XVIII). Ut ergo Dominus evidenter ostenderet quod nullus totius orationis fructus est, nisi debitoribus dimittamus, in fine subjunxit ad omnia : *Si dimiseritis hominibus peccata eorum, dimittet vobis Pater vester cœlestis delicta vestra* (Matth. VI). His ergo qui debitoribus non dimittunt, hæc oratio non videtur prodesse, quinimo videtur obesse. Nam qui sic petit sibi dimitti, sicut debitoribus suis ipse dimittit, profecto si non dimittit ipse debitoribus suis, videtur petere, ut sibi non dimittatur. Quid ergo debet illi dimittere, qui nec satisfacere vult, nec veniam postulare? Sane distinguendum est inter perfectum et imperfectum. Is qui viam perfectionis arripuit, debet etiam non petenti veniam omnimodis indulgere ; qui vero nondum perfectionis votum assumpsit, tenetur quidem rancorem cordis deponere, sed non tenetur satisfactionem debitam condonare. Quanquam omnes teneamur universaliter diligere inimicos nostros, et benefacere his qui oderunt nos, et orare pro persequentibus et calumniantibus nos (Matth. v). Quia vero sunt culpæ, in quibus culpa est relaxare vindictam. Et si peccatum in nos teneamur dimittere, peccatum tamen in Deum et peccatum in proximum debemus punire. Quisquis ergo laborat odio, vel invidia, gravatur magis hac oratione, quam adjuvetur, nisi forte jam propositum habeat dimittendi. Verumtamen non in sua quisque, sed in totius Ecclesiæ persona videtur orare; unde non dicit : Dimitte mihi debita mea, sicut ego dimitto debitoribus meis, sed dicit : *Dimitte nobis debita nostra, sicut et nos dimittimus debitoribus nostris.* Quidam tamen etiam volunt intelligi, *dimitte nobis...,* id est sic dimitte nobis debita nostra, ut et nos dimittamus debitoribus nostris, quasi da nobis donum et scientiam, et luctum, et virtutem, quatenus tam nostra quam aliena peccata cognoscamus et defleamus, ut nobis debita nostra dimittas, et ita consolationem habebimus adversus invidiam, quæ facit hominem de alieno bono tabescere. Per scientiam enim et luctum in præsenti remissionem accipimus, et in futuro consolationem habebimus, juxta quod legitur : *A delicto meo munda me, quoniam iniquitatem meam ego cognosco* (Psal. L); et : *Beati qui lugent, quoniam ipsi consolabuntur* (Matth. v). Luctus autem distinguitur in irriguum superius et inferius, quæ Caleb Axæ filiæ suæ dedit in dotem (Josue xv). Inferius pro peccatis tam nostris quam alienis; unde : *Quis infirmatur, et ego non infirmor? quis scandalizatur, et ego non uror?* (II Cor. XI.) Superius pro incolatu vitæ præsentis, et desiderio vitæ cœlestis ; unde : *Cupio dissolvi, et esse cum Christo* (Philip. 1). Sed *heu mihi quia incolatus meus prolongatus est* (Psal. CXIX).

CAPUT XXIII.

De quinque panibus quos petimus nobis dari.

Panem nostrum... Quinque panes sunt nobis necessarii, quatuor in via, et quintus in patria. Corporalis, spiritualis, doctrinalis, sacramentalis et æternalis. Corporalis vero ad sustentationem, spiritualis ad informationem, doctrinalis ad eruditionem, sacramentalis ad expiationem, æternalis ad fruitionem. De primo : *Non in solo pane vivit homo* (Matth. IV) ; de secundo : *Amice, commoda mihi tres panes* (Luc. XI); de tertio : *Venite, comedite panem meum* (Prov. IX); de quarto : *Qui panem Domini manducat indigne, reus erit corporis Domini* (I Cor. XI) ; de quinto : *Ego sum panis vivus qui de cœlo descendi* (Joan. VI). Cum enim homo fuerit liberatus a malo, cum vicerit tentationes, cum fuerint dimissa peccata, necessarius est ei spiritus fortitudinis, ne præmium exspectando deficiat. Et ideo dicit : *Panem nostrum quotidianum da nobis*, id est nobis quotidie necessarium. Alioquin,quod nostrum esset, nobis dari non posset, nisi prius desineret esse nostrum. *Da nobis hodie*, quasi dicat : Da nobis spiritum fortitudinis, qui multiplici pane roboret animam ne deficiamus in præsenti, esuriendo justitiam, per quam expellentes acediam plena justitia saturabimur in futuro, secundum illud : *Beati qui esuriunt et sitiunt justitiam, quoniam ipsi saturabuntur (Matth.* v). Matthæus dicit : *Panem nostrum supersubstantialem*, quod duobus modis potest intelligi. Vel ut una sit dictio, vel ut duæ sint dictiones, quasi dicamus : Panem da nobis supersubstantialem, id est Christum, qui est supersubstantialis; id est super omnes substantias, qui panis est in altari. Vel ita : Da nobis panem nostrum, id est Christum, qui proprius cibus est fidelium et hoc super panem, id est super præter panem substantialem, id est necessarium ad sustentationem, quasi dicat : Da nobis nostrum panem, mentis et corporis. Lucas dicit : *Panem nostrum quotidianum*, quod tam de corporali quam de sacramentali pane potest intelligi, videlicet de viatico. Græcus habet *epiousion*, quod interpretatur *supersubstantialem*. Hebræus vero *sogolla*, quod interpretatur *egregium*, vel *peculiarem*, ob hoc forte Lucas videns Matthæum *sogolla* dixisse, quod sonat *peculiarem*, dixit, *quotidianum*. Græcus autem interpres Matthæi, quia vidit eum dixisse *sogolla*, quod sonat *egregium*, dicit *eviousion*, id est *supersubstantialem*.

CAPUT XXIV

De voluntate Dei, quam in terra sicut in cœlo fieri postulamus.

Fiat voluntas tua. Voluntas Dei dupliciter intelligitur, et beneplacitum Dei æternum, et signum beneplaciti temporale. Beneplacitum Dei semper impletur; unde : *Voluntati ejus quis resistet?* (*Rom.* ix.) Et : *Omnia quæcunque voluit Dominus fecit in cœlo et in terra* (*Psal.* cxiii). Signa beneplaciti quinque sunt : Præceptio, prohibitio, promissio, consilium et operatio. Unde : *Magna opera Domini, exquisita in omnes voluntates ejus* (*Psal.* cx). Hæc non semper implentur, sed ut impleantur oratur : *Fiat voluntas tua*, id est opere compleatur, quod præcipis, quod consulis, quod suades ; quia non sufficit voluntas ubi adest facultas. *Sicut in cœlo et in terra*, id est sicut in angelis, ita in hominibus; vel sicut in perfectis, ita et in conversis; vel sicut in Christo, ita et in Ecclesia, vel sicut in mente, ita pariter et in carne, ut caro non concupiscat adversus spiritum, secundum illud : *Cor meum est caro mea exsultaverunt in Deum vivum* (*Psal.* LXXXIII). Quasi dicat : Da nobis spiritum consilii, ut faciamus voluntatem tuam, maxime misericordiam quæ perimit avaritiam, quatenus misericordiam consequamur, secundum illud : *Beati misericordes, quoniam ipsi misericordiam consequentur* (*Matth.* v). Sicut enim avaritia consistit in acquirendo et retinendo, ita misericordia consistit in dando et dimittendo. Hujus petitionis et aliarum duarum impletio inchoatur in via, et consummatur in patria. Ibi nihil velle poterimus, nisi quod Deum velle sciemus, tunc diligemus *Deum ex toto corde, et ex tota mente, et ex tota anima* (*Matth.* xxii). *Ex corde*, id est intellectu, diligemus Filium ; *ex toto*, id est sine errore. *Ex mente*, id est memoria, diligemus Patrem, *tota*, id est sine oblivione. *Ex anima*, id est voluntate, diligemus Spiritum sanctum ; *tota*, id est sine contrarietate ; Patrem potentiam, Filium sapientiam, Spiritum sanctum benignitatem.

CAPUT XXV.

De regno Dei, quod petimus advenire.

Adveniat regnum tuum. Regnum Dei dicitur militans Ecclesia, quia regitur, et triumphans Ecclesia, quia regnat. Item regnum Dei dicitur et gratia fidei et gloria speciei. Rursus regnum Dei dicitur intellectus Scripturæ et locus patriæ. De regno militantis Ecclesiæ scriptum est : *Exibunt angeli messores, et colligent de regno ejus omnia scandala* (*Matth.* xiii). De regno triumphantis Ecclesiæ reperitur : *Venient et recumbent cum Abraham, Isaac et Jacob in regno cœlorum* (*Matth.* viii). De regno fidei dicit Scriptura : *Regnum Dei intra vos est* (*Luc.* xvii). De regno speciei Dominus ait : *Percipite regnum quod vobis paratum est ab origine mundi* (*Matth.* xxv). De regno Scripturæ legitur : *Auferetur a vobis regnum Dei, et dabitur genti facienti fructus ejus* (*Matth.* xxi), De regno patriæ reperitur : *Fulgebunt justi sicut sol in regno Patris eorum* (*Matth.* xiii). Sed et ipse Christus dicitur regnum Dei secundum illud : *Si ego in digito Dei ejicio dæmonia*, perfecto *pervenit in vos regnum Dei* (*Matth.* xiv). Adveniat igitur *regnum tuum*, id est veniat regnum ad regnum, militans ad triumphans; regnum tuum adveniat, id est ad videndum te veniat, ut regnum fidei ad regnum transeat speciei, quoniam *hæc est vita æterna, ut cognoscant te solum verum Deum, et quem misisti Jesum Christum* (*Joan.* xvii), quasi diceret : Da nobis spiritum intellectus, quo mundati corde, intelligamus te in præsenti regnare per fidem, ut in futuro te videamus regnantem in nobis per speciem (*II Cor.* v); quod est contra gulam, de qua dicit propheta : *Quia vinum et ebrietas aufert cor* (*Ose.* iv). Tunc cognoscemus sicut et cogniti sumus videntes non *per speculum in ænigmate* ; sed *tunc facie ad faciem videbimus Deum deorum in Sion* (*I Cor.* xiii).

CAPUT XXVI.

De sanctificatione nominis.

Sanctificetur nomen tuum. Nomen Patris quatuor sanctificatur modis in filiis, duobus in via, et duobus in patria. In via per efficientiam et perseverantiam; in patria per consummationem et ostensionem. In via namque nomen Patris sanctificatur in filiis, quando sanctificationis effectum operatur in eis, vel quando sanctificatio quam acceperunt in nomine

Patris perseverat in illis. In patria vero nomen Patris sanctificatur in filiis, quia sancitur et confirmatur in eis, ut nunquam possint a filiationis gratia separari. Hic est enim quasi mobile nomen Patris in filiis, nam et Judas quandoque fuit filius, quandoque non fuit ; pro qua possibilitate manendi dixit Apostolus : *Castigo corpus meum et in servitutem redigo, ne forte cum aliis prædicavero, ipse reprobus efficiar (I Cor.* ix). Ibique nomen Patris sanctificatur in filiis, quia tales ibi sunt filii, in quibus Spiritus sanctus apparet, tunc erunt manifesti qui nunc sunt occulti, secundum illud : *Nos insensati vitam illorum æstimabamus insaniam, et finem illorum sine honore ; ecce quomodo computati sunt inter filios Dei, et inter sanctos sors illorum est (Sap.* v). Quasi dicat : Da nobis spiritum sapientiæ, prout dicitur a sapore, id est jucunditatem æternam, ut gustemus *quam suavis est Dominus (Sap.* xii), generantem in nobis pacem, id est motuum interiorum quietem, ut caro non concupiscat adversus spiritum *(Gal.* v), quia *non est pax ossibus a facie peccatorum (Psal.* xxxvii), ut ita sanctificetur nomen tuum, id est Pater in filiis, quatenus in præsenti difficile, in futuro nequaquam a filiationis gratia separentur. Quod est manifeste contra luxuriam, qua qui laborat non jucundatur in Deo, id est pacem Dei non habet ; filius Dei non est, sed jumento assimilatur, quia quasi jumentum in stercore suo computrescit*(Joel.* 1).

CAPUT XXXVII.
De duplici ordine.

Verum duplex est ordo notandus in oratione Dominica, unus in descendendo, qui concordat cum donis ; et alter in ascendendo, qui concordat vel convenit cum virtutibus. Dona namque de summis ad ima descendunt. Unde : *Requiescet super eum spiritus sapientiæ et intellectus (Isa.* xi). Homo quidem multis malis circumdatus, primo petit ut liberetur a malo ; quia vero *tentatio est vita hominis super terram (Job.* vii), liberatus a malo, petit ut in tentationem non inducatur. Et quia dum in hac vita consistit, semper est in aliquo peccato : *Nam si dixerimus quod peccatum non habemus, nos ipsos seducimus, et veritas in nobis non est (Joan.* 1) : ideo petit ut debita dimittantur. Cum autem fuerit liberatus a malo, cum vicerit tentationes, cum debita fuerint dimissa, quia per se stare non potest, ne diu exspectando deficiat, petit ut sibi panis quotidianus donetur. Deinde cum fuerit liberatus a malis et roboratus in bonis, petit ut fiat voluntas Dei, sicut in cœlo et in terra. Quæ quoniam in hac vita perfecte fieri non potest, mox petit ut regnum adveniat, in quo nomen Patris sanctificetur in filiis, ut nunquam de cætero possint a sanctificatione separari. Amen. Hebræus unum ex his tribus ponit in fine, Amen Salem, quæ sonant, *vere, semper, pacem.* Beatus Gregorius orationem Dominicam post canonem super hostiam censuit recitari.

CAPUT XXXVIII.
De silentio post Orationem Dominicam.

Quod hinc sequitur secrete, silentium innuit Dominicæ sepulturæ, mediante Sabbato, quo Dominus in sepulcro quievit. Unde Luca testante : *Mulieres quæ paraverant unguenta, Sabbato quidem siluerunt secundum mandatum (Luc.* xxiii). Sed qui in sepulcro secundum carnem quievit, secundum animam descendit ad inferos, ut fortior superveniens fortem spoliaret armatum *(Matth.* xii). Tunc ergo momordit infernum, ut educeret suos *vinctos de lacu, in quo non erat aqua (Zach.* ix). Liberans eos a malis præteritis, præsentibus et futuris. Et dans eis pacem perpetuam, in qua sunt semper et a peccato liberi, et a perturbatione securi. Hæc oratio : *Libera nos...* dicitur embolismus, et est expositio novissimæ petitionis orationis Dominicæ.

LIBER SEXTUS.

CAPUT PRIMUM
De resumptione patenæ, quam sacerdos accipiens osculatur.

Post passionis tristitiam, ad resurrectionis gaudium pervenitur, secundum illud quod legitur : *Ad vesperum demorabitur fletus, et ad matutinum lætitia (Psal.* xxix). Subdiaconus quidem et diaconus repræsentant patenam, quam sacerdos accipiens osculatur, et cum ea signum crucis sibi facit in facie. Hi tam numero quam obsequio sanctas illas mulieres significant, de quibus narrat evangelista Matthæus : *Quod vespere Sabbati quæ lucescit in prima Sabbati venit Maria Magdalena et altera Maria videre sepulcrum (Matth.* xxviii). Præsentantes patenam, id est cor patens latitudine charitatis in obsequium sepulturæ. Juxta quod legitur : *Quia mulieres emerunt aromata, ut venientes ungerent Jesum, et valde mane una sabbatorum veniunt ad monumentum, orto jam sole Et dicebant ad invicem : Quis revolvet nobis lapidem ab ostio monumenti ? (Marc.* xvi). Hanc ergo patenam, id est cor amplum latitudine charitatis sacerdos accipit, id est Christus acceptat ; quia vero crucifixus ardenti desiderio quærebatur, juxta quod angelus inquit mulieribus : *Scio quod Jesum quæritis crucifixum (Matth.* xxviii). idcirco crux ejus cum patena signatur in facie sacerdotis, statimque sacerdos osculatur patenam, ostendens quod Christus confestim impleverit desiderium mulierum, mox enim occurrit illis dicens : *Avete.* Quæ procidentes tenuerunt pedes ejus, adoraverunt (*ibid.*), haud dubium quin pedes fuerint osculatæ.

CAPUT II.
De fractione hostiæ, cujus particulam sacerdos mittit in calicem.

Tunc sacerdos frangit hostiam in tres partes, et duabus extra calicem reservatis, cum alia signum crucis ter efficit, supra calicem, de cujus ore diaconus removerat corporale, et alta voce dicendo : *Pax Domini sit semper vobiscum*, particulam hostiæ dimittit in calicem. Frangit igitur sacerdos hostiam, ut in fractione panis Dominum cognoscamus, sicut illi duo discipuli Domini cognoverunt, quibus ipso die resurrectionis Jesus apparuit in Emmaus transeuntibus.(*Luc.* xxiv). Commistio panis et vini designat unionem carnis et animæ, quæ in resurrectione Christi denuo sunt unitæ. Nam, ut prædictum est, panis ad carnem, et vinum refertur ad animam. Et ideo ter signum crucis producitur cum hostia super calicem, quia virtus Trinitatis animam crucifixi reducit ad carnem, ne derelinqueret animam ejus in inferno, nec daret carnem ejus videre corruptionem. Juxta quod ipse dicit in Psalmo : *Ego dormivi et somnum cœpi et exsurrexi, quoniam Dominus suscepit me* (*Psal.* xv, 111). Ideo tres cruces fiunt cum hostia super os calicis, quia tres mulieres quærebant crucifixum ad ostium monumenti. Unde : *Quid quæritis viventem cum mortuis ?* (*Luc.* xxiv.) Os ergo calicis in hoc loco significat ostium monumenti, de quo diaconus removet corporale, designans quod angelus Domini revolvit lapidem ab ostio monumenti. Illud sane debet intelligi, quod dicit sacerdos, cum hostiam mittit in calicem : *Fiat*, inquit, *commistio corporis et sanguinis Domini.* Quod utique referendum est ad species panis et vini, quibus continetur corpus et sanguis.

CAPUT III.
Quid significent partes illæ quæ fiunt de sacrificio.

Quid autem illæ partes significent, Sergius papa determinat, dicens : « Triforme est corpus Christi. » Pars oblata in calicem missa, corpus Christi quod jam resurrexit, monstrat. Pars comesta, ambulans adhuc super terram. Pars in altari usque ad finem remanens, corpus jacens in sepulcro, quia usque ad finem sæculi sanctorum corpora in sepulcro erunt. Potest et aliter hoc mysterium explanari. Est enim corpus Christi universalis Ecclesia, scilicet caput cum membris, juxta quod dicit Apostolus : *Unus panis et unum corpus multi sumus* (*I Cor.* x). Et inveniuntur in isto corpore quasi tres partes, ex quibus totum corpus consistit. Una pars est ipsum caput videlicet Christus, qui et caput est et pars corporis. Altera pars sunt illi, quorum corpora requiescunt in tumulis, et animæ regnant cum Christo. Et sunt quasi simul hæ duæ partes videlicet caput et hæc pars corporis altera, sicut scriptum est : *Ubicunque fuerit corpus, illuc congregabuntur et aquilæ* (*Matth.* xxiv). Propterea in altari duæ partes seorsum extra calicem reservantur, quasi extra passionem, quæ per calicem designatur. Christus enim *resurgens a mortuis, jam non moritur, mors illi ultra non dominabitur* (*Rom.* vi). *Et qui cum ipso sunt sancti, non esurient amplius, neque sitient, neque cadet super illos sol, neque ullus æstus, quoniam priora transierunt* (*Apoc.* vii, xxi). Tertia pars in calicem ponitur, significans eos qui adhuc in passione consistunt, donec de hac vita migrantes, ad caput suum transeant, nec moriantur amplius, neque ullatenus patiantur.

CAPUT IV.
De Agnus Dei.

Non solum autem per signa, sed etiam per verba resurrectionis gaudium intimatur. Sacerdos enim alta voce pronuntians : *Pax Domini sit semper vobiscum*, insinuat quod *die illo una Sabbatorum venit Jesus et stetit in medio discipulorum suorum, et dixit eis : Pax vobis*. Quia vero Jesus statim ut salutavit apostolos, dedit eis potestatem remittendi peccata : *Quorum*, inquit, *remiseritis peccata, remittuntur eis; et quorum retinueritis, retenta sunt* (*Joan.* xx). Idcirco chorus clamat ad ipsum et postulat : *Agnus Dei qui tollis peccata mundi, miserere nobis.* Lavit enim nos a peccatis nostris in sanguine suo. Agnus Græce dicitur ab ἀγνόν quod est *pium* , Latine ab *agnoscendo*; quoniam in magno grege solo balatu matrem agnoscit. Christus autem in ara crucis, et patrem agnovit et matrem. Patrem obedientia, matrem cura. Ibique pius obtulit se, pro nobis. Et ob hoc in altaris immolatione ter dicitur *Agnus Dei*, quasi, agne qui agnovisti Patrem *miserere nobis*, pie qui redemisti mundum *da nobis pacem.* Porro secundum consuetudinem antiquam scholæ cantorum, quam adhuc ipsi conservant, et in pluribus servatur Ecclesiis, ut in Lateranensii nullatenus variatur, sed tribus vicibus uniformiter dicitur *miserere nobis*, propter tria genera peccatorum, quæ petimus nobis remitti, cogitationis, locutionis et actionis : cogitationis in corde, locutionis in ore, actionis in opere ; vel propter tres ordines fidelium in Ecclesia, qui sunt Noe, Daniel et Job, quos Ezechiel vidit in visione salvandos (*Ezech.* xiv). Et secundum parabolam evangelicam *duo sunt in lecto, duo sunt in agro, et duo in mola, quorum unus assumetur, et alter relinquetur* (*Matth.* xxiv). Postmodum autem multis et variis adversitatibus et terroribus Ecclesiæ ingruentibus, cœpit ad Dominum clamare de tribulatione, *dona nobis pacem*. Et ut clamor ejus facilius audiretur, in ipsa duxi immolationis hora clamandum. Hæc tamen varietas non discrepat a consuetudine Veteris Testamenti, ubi cum secundo reperitur, *Parce, Domine, parce populo tuo*, tertio variatur, et *ne des hæreditatem tuam in opprobrium* (*Joel.* ii). Dicamus ergo *miserere nobis*, quantum ad animam. Item *miserere nobis*, quantum ad carnem ; *dona nobis pacem*, propter utramque ; ut habeamus pacem pectoris spiritualem, et pacem corporis temporalem. Sergius aut m papa statuit, ut inter communicandum *Agnus Dei* et carnis ad animam, vel unionem qua unita est a clero cantetur.

CAPUT V.
De osculo pacis.

Posquam Dominus salutavit apostolos, iterum dixit : *Pax vobis* (*Joan.* xx), ostendens quod non solum debemus habere pacem in ore, verum etiam pacem debemus habere in pectore, ne simus de illis *qui loquuntur pacem cum proximo suo, mala autem in cordibus eorum* (*Psal.* xxvii). Ideo *cum hoc dixisset apostolis, insufflavit et ait : Accipite Spiritum sanctum* (*Joan.* xx). Ad quod utique designandum sacerdos præbet osculum oris ministro, qui reverenter inclinans, pectus osculatur ipsius, et patenam extendit, ut per pacis osculum attendatur charitas, quam patenam supra diximus designare. Quia ergo *charitas Dei* diffunditur *in cordibus nostris per Spiritum sanctum, qui datus est nobis* (*Rom.* v), ideo pacis osculum per universos fideles diffunditur in Ecclesia. Nam et Apostolus (*Rom.* xvi) admonet salutare nos invicem in osculo sancto. In primitiva quidem Ecclesia singulis diebus qui celebrationi missarum intererant, communicare solebant, sed crescente multitudine fidelium, traditur institutum, ut tantum diebus communicarent Dominicis. Postmodum autem quia nec hoc potuit observari, tertia secula est institutio, ut ter saltem in anno quilibet Christianus debeat accipere Eucharistiam, hoc invento remedio, ut singulis diebus osculum pacis daretur pro mysterio unitatis. Quia vero per immolationem hostiæ salutaris dimissis peccatis reconciliamur Altissimo, recte pacis osculum decrevit Ecclesia, cum pro peccatis immolatur Hostia salutaris. Innocentius autem papa primus aliam causam assignat (47). « Pacem, inquit, asseris ante consecrata mysteria quosdam populis imperare, vel sibi sacerdotes inter se tradere, cum post omnia quæ aperire non debeo, pax necessario sit indicenda, per quam constet populum ad omnia quæ mysteriis aguntur atque in Ecclesia celebrantur præbuisse consensum, ac finita esse pacis concludentis signaculo demonstrentur.

CAPUT VI.
De diversis osculis quæ dantur in missa.

Osculum in sacra Scriptura significat unionem, charitatem, pacem et reverentiam. De osculo unionis sponsa dicit in Canticis : *Osculetur me osculo oris sui* (*Cant.* i). De osculo charitatis Isaac inquit ad filium suum : *Accede ad me et da mihi osculum, fili mi* (*Gen.* xxvii). De osculo pacis dicit Apostolus in Epistolis : *Salutate vos invicem in osculo sancto* (*Rom.* xvi). De osculo reverentiæ inquit Dominus ad Simonem : *Osculum mihi non dedisti. Hæc autem ex quo intravit, non cessavit osculari pedes meos* (*Luc.* vii). Ad designandum ergo tres uniones in Christo, sacerdos ter osculatur altare, videlicet unionem divinitatis ad animam, divinitatis ad carnem,

et carnis ad animam, vel unionem qua unita est Christo humana natura, sancta Ecclesia, et fidelis anima. Ad significandum triplicem pacem, temporalem, spiritualem et æternalem, episcopus solemniter celebrans ter osculatur ministrum, vel ministros semel, et secundo diaconum, et tertio sacerdotem. Ad notandum quoque duorum testamentorum concordiam, episcopus duabus vicibus codicem osculatur, quia rota continetur in medio rotæ, et duo cherubim sese respiciunt versis vultibus in propitiatorium (*Ezech.* i). Ad notandum charitatem, sacerdos osculatur patenam, quæ designat cor patens ad altitudinem charitatis. Unde : *Nonne cor nostrum ardens erat in nobis, dum loqueretur in via?* (*Luc.* xxix.) In signum reverentiæ diaconus et subdiaconus pedes et manus summi pontificis osculantur, pedes subdiaconus osculatur, post lectam epistolam, et diaconus ante legendum evangelium manum osculatur, offerens ampullam cum aqua, calicem cum vino. Et subdiaconus offerens patenam cum hostia, thuribulum cum incenso, uterque vero de manu pontificis accipiens eucharistiam. Illud quoque vacare non creditur a mysterio quod summus pontifex a ministro septem modis accipit osculum : ad os, ad pectus, ad humerum, ad manus, ad brachia, ad pedes, ad genua, expressum mysterium, sed alias exprimendum.

CAPUT VII.
Quare episcopus subdiaconum et diaconum communicat.

Tunc episcopus communicat cum ministris insinuans quod Christus post resurrectionem manducavit cum discipulis. Nam *convescens præcepit eis ab Hierosolymis ne discederent* (*Act.* i). Quod autem unam partem accipiens, reliquas ministris impendit, illud insinuat, quod Lucas evangelista commemorat, quia Jesus accipiens panem manducavit coram suis discipulis, sumensque reliquias dedit illis. Et quoniam, eodem evangelista testante, *Jesus accepit panem, ac fregit et porrigebat illis, quorum cor ardens erat in eis* (*Luc.* xxiv); idcirco pontifex integram Eucharistiæ medietatem accipiens super patenam, frangit in partes, et eas porrigit ministris comedendas.

CAPUT VIII.
De ablutione manuum post Eucharistiæ sumptionem

Post sumptum Eucharistiæ sacrificium sacerdos abluit et perfundit manus, ne quid incaute remaneat ex contactu divinissimi sacramenti, non quod quidquam immundum ex contactu sacramenti contraxerit, sed ut suam potius indignitatem commemoret, qui se judicavit tantis sacramentis celebrandis indignum ; secundum quod Dominus ait : *Cum omnia bona feceritis, dicite : Servi inutiles sumus* (*Luc.* xvii). Indignum quidem existeret, ut manus, quæ corpus incorruptibile tractaverunt, corpus corruptibile contingant, donec studiose laventur. Ablu-

---

(47) Innocentius I, *Ad Decentium*, c. 1.

tionis autem aqua debet in locum mundum diffundi honeste, ut altitudo sacramenti reverentius honoretur. Trina vero sacerdotis ablutio, quæ fit in principio, in medio, in fine, designat mundationem cogitationis, locutionis et actionis. Vel purgationem originalis peccati, criminalis et venialis. Sive quod agitur per ignorantiam, negligentiam et industriam, ad quorum emundationem offertur sacrificium salutare. Hæc tamen ablutio potest referri ad ablutionem baptismi, cujus formam Christus post resurrectionem instituit. *Euntes*, inquit, *docete omnes gentes, baptizantes eos in nomine Patris, et Filii, et Spiritus sancti. Qui crediderit et baptizatus fuerit, salvus erit* (*Matth.* xxviii; *Marc.* xvi).

CAPUT IX.
Quod Romanus pontifex alium in communicando morem observat.

Ut autem in perceptione corporis et sanguinis Christi nulla possit fallacia suboriri, sed in utroque perceptionis veritas evidenter appareat, summus pontifex non statim particulam hostiæ dimittit in calicem, sed eam post trinum crucis signaculum in patenam reponit, et post osculum pacis ad sedem ascendens, ibi consistens, universis cernentibus partem majorem suscipit oblatæ de patena, quam ei diaconus repræsentat, ipsamque videntibus dividens, unamque particulam sumens, aliam mittit in calicem, quem tenet coram ipso subdiaconus, de quo sanguinem haurit cum calamo. Deinde particulam unam cum osculo tradit diacono, aliamque subdiacono sine osculo, quem ad altare ministrantem ei calicem diaconus osculatur. Et tunc subdiaconus particulam dimissam in calice sumit cum sanguine. Hujus rei causam, non allegoricam, sed historicam a nonnullis audivi, quam quia nunquam in authentico scripto potui reperire, melius reticendam censui quam temere asserendam. Et licet non omnium, quæ a majoribus introducta sunt, ratio reddi possit, reor, tamen quod in his profunda lateant sacramenta. Romanus pontifex ideo non communicat ubi frangit, sed ad altare frangit et ad sedem communicat. Quia Christus in Emmaus coram duobus discipulis fregit; in Hierusalem coram undecim apostolis manducavit. In Emmaus fregisse legitur (*Luc.* xxiv), sed manducasse non legitur; in Hierusalem non legitur fregisse, sed legitur comedisse Ministri repræsentant pontifici oblatam et calicem, quia discipuli obtulerunt Christo partem piscis assi, et favum mellis. Pars piscis assi corpus Domini crucifixi, qui fuit in ara crucis assatus, favus mellis sanguis Christi, super mel et favum dulcis faucibus animæ diligentis. Ad notandum vero distinctionem inter sacros ordines, et non sacros, diaconus et qui superioris sunt ordinis, cum percipiunt Eucharistiam, osculum suscipiunt ab episcopo. Acolythus et qui sunt inferiorum ordinum non suscipiunt. Subdiaconus vero, quia character hujusmodi quondam inter non sacros, nunc autem inter sacros ordines reputatur, in perceptione corporis non suscipit osculum a pontifice, sed in perceptione sanguinis suscipit a diacono, ut qui non in sacris sunt amplius honorentur. Quamvis in hoc et mystica possit assignari ratio.

CAPUT X.
De postcommunione.

Antiphona quæ post communionem concinitur, apostolorum gaudium de Christi resurrectione significat. Secundum illud quod legitur : *Quod gavisi sunt discipuli viso Domino, et præ gaudio mirabantur* (*Joan.* xx). Quod autem reciprocando cantatur, insinuat, quod discipuli resurrectionis gaudium sibi mutuo nuntiabant. Unde duo discipuli cum invenissent undecim congregatos, et eos qui cum ipsis erant, dicentes : *Quia resurrexit Dominus vere, et apparuit Simoni, et ipsi narrabant quæ gesta erant in via, et quomodo cognoverunt eum in fractione panis* (*Luc.* xxiv). Hæc est ergo dies quam fecit Dominus, exsultemus et lætemur in ea. (*Psal.* cxvii.)

CAPUT XI.
De oratione novissima.

Peracto altaris mysterio, pontifex cum ministris ad altare procedit, et altare deosculans, elevatis manibus, ultimam orationem exsequitur, benedictionem illam significans quam Christus ascensurus in cœlum legitur dixisse discipulis suis. Nam, ut Lucas commemorat, *eduxit eos foras in Bethaniam, et elevatis manibus, benedixit eis. Et factum est cum benedixisset illis, recessit ab eis, et ferebatur in cœlum* (*Luc.* xxiv). Unde post salutationem novissimam, quam sacerdos facit ad populum, diaconus alta voce pronuntiat : *Ite missa est*, repræsentans illud quod dictum est ad apostolos : *Hic Jesus qui assumptus est a vobis in cœlum* (*Act.* i). Chorus autem qui *Deo gratias* gratulando respondet, imitatur apostolos qui *adorantes regressi sunt in Hierusalem cum gaudio magno, et erant semper in templo laudantes, et benedicentes Deum.* (*Luc.* xxiv). Et ad hoc respicit quod in diebus profestis dicitur : *Benedicamus Domino; Deo gratias*, statimque hymnus et psalmi illi dicuntur : *Benedicite* et *Laudate*. Notandum vero quod Christus post resurrectionem bis legitur salutasse discipulos dicens : *Pax vobis*, in signum duplicis pacis, videlicet temporis et æternitatis, quæ secundum prophetam est pax super pacem (*Isa.* lxvi), de qua Dominus inquit apostolis : *Pacem relinquo vobis, pacem meam do vobis* (*Joan.* xiv). Hanc duplicem pacem, per duplex osculum sacerdos insinuat, cum prius osculatur ministrum, et postea altare.

CAPUT XII.
Unde dicitur missa.

Missa dicitur et ministerium et mysterium, id est officium quod profertur et sacrificium quod offertur. Officium vero dividitur in missam catechumenorum et fidelium missam. Missa catechumenorum est ab introitu usque post offertorium. Et dicitur missa ab *emittendo*, quia tempore quo sacerdos incipit eucharistiam consecrare, catechumeni foras de ecclesia emittuntur. Perlecto siquidem evangelio, diaconus clamare solebat : *Si quis catechumenus adest, exeat foras.* Catechumeni sacris mysteriis interesse non debent, quæ non nisi baptizatis fidelibus committuntur. Sicut de quibusdam, qui catechumenorum, et nondum renatorum typum gerebant. Scriptum est enim : *Ipse autem Jesus non credebat se illis (Joan.* II). Missa fidelium est ab offertorio usque postcommunionem. Et dicitur missa a *dimittendo*, quia tunc ad propria fidelis quisque dimittitur. Constitutum est enim in Aurelianensi concilio ut cum ad celebrandas missas in Dei nomine conveniatur, populus non ante discedat, quam missæ solemnitas compleatur (48). Totum autem officium dicitur missa, quasi transmissio, eo quod populus fidelis per ministerium sacerdotis (qui fungitur ministerio mediatoris inter Deum et homines) preces et supplicationes et vota transmittat Altissimo. Ipsum sacrificium, id est hostia missa vocatur, quasi transmissa. Primum nobis a Patre ut esset nobiscum, postea Patri a nobis, ut intercedat pro nobis ad ipsum. Primum nobis a Patre per incarnationem, postea Patri a nobis per passionem. Et in sacramento primum nobis a Patre per sanctificationem, postea Patri a nobis per oblationem. Hæc est sola sufficiens et idonea missio seu legatio ad solvendas inter Deum et homines inimicitias et offensas. Cum ergo diaconus ait : *Ite, missa est,* idem est ac si diceret, redite ad propria, quia oblata est hostia salutaris.

CAPUT XIII.
Quare sacerdos pontificis humerum osculatur.

Oratione finita sacerdos qui assistit episcopo mensam altaris et armum pontificis dextrum osculatur, ostendens hunc esse illum pontificem, qui secundum legem figurate dextrum armum separare debet de hostiis salutaribus vel pacificis (*Lev.* VI, VIII). Sane per humerum exprimitur principatus, secundum illud propheticum : *Et factus est principatus super humerum ejus (Isa.* IX). Principatum vero Salvatoris expressit vox angelica, prophetica et legalis. Angelus enim inquit ad virginem : *Dabit ei Dominus sedem David patris ejus, et regnabit in domo Jacob in æternum, et regni ejus non erit finis* (*Luc.* I). Propheta dicit in Psalmis : *Sedes tua in sæculum sæculi, virga recta et virga regni tui, propterea unxit te Deus oleo lætitiæ præ consortibus tuis* (*Psal.* XLIV). Moyses inquit in lege : *Lætamini simul cœli cum eo, et adorent eum omnes angeli Dei* (*Deut.* XXXII). Ad quod designandum, tres humerum pontificis in signum reverentiæ osculantur : primicerius in principio, diaconus in medio, sacerdos in fine.

CAPUT XIV.
De benedictione novissima.

Ultima benedictio quam facit episcopus super populum, missionem Spiritus sancti significat, quem de cœlo misit Dominus in apostolos, juxta quod eis ipse promisit : *Accipietis,* inquit, *virtutem supervenientis Spiritus sancti in vos* (*Act.* I). Hæc benedictio per verbum oris et signum crucis exprimitur. Quoniam illa missio per sonum aeris et linguam ignis innotuit, juxta quod legitur : *Factus est repente de cœlo sonus tanquam advenientis spiritus vehementis. Et apparuerunt illis dispertitæ linguæ tanquam ignis..... (ibid.)* Licet autem Spiritus sanctus specialiter missus fuerit in apostolos, quia tamen indivisa sunt opera Trinitatis, missionem illam tota fuit Trinitas operata. Ideoque benedictionem istam facit episcopus in nomine Trinitatis, auctoritate Psalmistæ dicentis : *Benedicat nos Deus Deus noster, et benedicat nos Deus* (*Psal.* LXVI). Benedictionis formam legis expressit auctoritas, Domino dicente per Moysen : *Invocabis nomen meum super filios Israel, et ego Dominus benedicam* (*Num.* VI).

LIBELLI CONCLUSIO.

Nemo cum expositionem istam audierit, hoc sacrificium sufficienter æstimet expositum. Ne forte cum opus humanum extulerit, divinum extenuet sacramentum. In hoc enim officio tot et tanta sunt involuta mysteria, ut nemo, nisi per unctionem edoctus, ea sufficiat explicare. *Quis enim novit ordinem cœli, et ponet rationes ejus in terra?* (*Job.* XXXVIII). Nam *perscrutator majestatis opprimetur a gloria* (*Prov.* XXV). Ego quippe non prævalens lippientibus oculis solem in rota conspicere, tanti mysterii majestatem, quasi *per speculum in ænigmate* (*1 Cor.* XIII), mihi visus sum intueri, nec penetrans ad interiora cœnaculi, sed præ foribus assidens in vestibulo, feci diligenter ut potui, non sufficienter ut volui. Præsertim cum ex officio, tot causarum sim impeditus incursibus, tot negotiorum nexibus irretitus, ut infra breve temporis spatium, nec ad meditandum otium nec ad dictandum quiverim nancisci quietem. Et quidem minor in singulis, visus ad singula vix potui meditata dictare, nedum meditando concipere. Quocirca non solum benignum imploro lectorem, verum etiam desidero liberum correctorem. Hanc solam apud homines hujus opusculi mercedem exspectans, ut apud misericordem judicem pro meis peccatis devotas orationes effundant, qui perfecte cognoscit qua cordis intentione tractatum istum exegerim etsi non multis, saltem aliquibus, aut etiam mihi soli vel in modico

(48) Can. 22.

profuturum. Quia vero canonem missæ particulatim exposui, ne quid additum vel subtractum seu transpositum videatur, ut legentibus ipsius expositionis plenior pateat intellectus, totum continue censui subscribendum

Finito libro, sit laus et gloria Christo.

INNOCENTII III PAPÆ

DE BEATISSIMA VIRGINE MARIA ET FILIO EJUS JESU CHRISTO ENCOMIUM.

Virgo Dei genitrix virga est, flos filius ejus. Præsumo pauca, et pauca loqui de virgine virga, et filio flore. Mira floris summitas et inattingibilis virgæ proceritas. Hæc est virga recta, virga erecta, procera, fragilis, gracilis, flexibilis, frondosa, florigera, fructifera. Recta per justitiam, erecta per devotionem, procera per longanimitatem, fragilis per abjectionem sui, gracilis per humilitatem, flexibilis per mansuetudinem, frondosa per sanctissimam conversationem, florigera per virginalem conceptionem, per partum vitæ æternæ fructifera. Recta per fidem, erecta per spem, procera per charitatem, fragilis per pudorem, gracilis per despectionem mundi, flexibilis per compassionem proximi, frondosa per bonorum operum exsecutionem, florigera per gloriam virginitatis, fructifera per prærogativam fecunditatis. Miranda fecunditatis prærogativa, quod talis talem, taliter genuit. Gracilis virgo ante partum, et virgo post partum. Qualiter, angelo annuntiante, Spiritu sancto operante, virtute Altissimi obumbrante (*Luc.* I). Qualem, Sanctum sanctorum, unicum matris virginis, unigenitum Dei Patris, Deum et Dominum majestatis. O quam bene, quam recte flos dicitur, quæ ex virginali virga perducitur, in quo semper sunt quæ miremur! Est enim tenuis, tener et levis, lenis et pulcher, flagrans et utilis. Quid enim flore isto tenuius cum astringitur, quid tenerius cum atteritur, quid lenius cum attrectat, quid levius cum portatur, quid speciosius cum aspicitur, quid flagrantius cum adoratur, quid utilius cum effectus attenditur (*Psal* LXIV). Filius virginis et flos tenuis ad indignationem, tener ad miserationem, lenis per mansuetudinem, levis dominatione, pulcher moderatione, flagrans repromissione, utilis remuneratione. Est ergo tenuis flagellis, tener misericordiis, lenis in donis, levis in præceptis, pulcher exemplis, flagrans promissis, fructuosus in præmiis. Hic flos factus est nobis medicina, in ipso potus et esca, ex eo mel et cera. Medicina in redemptione, potus et esca in justificatione, mel et cera in glorificatione. Ex hac medicina sempiterna sanitas incorruptionis, ex hac medicina esca refectionis internæ satietatis, ex hac medicina potus ebrietatis spiritualis, æternæ fecunditatis, de illius cera splendor summæ claritatis, in ejus melle dulcedo perpetuæ felicitatis. Flos est nobis Christus in humanitate, fructus in divinitate : flos in terris, fructus in cœlis ; flos in redemptione, fructus in glorificatione. Quem ipse nobis largire dignetur. Amen.

INNOCENTII III PAPÆ

DE VITA ET PASSIONE DOMINI NOSTRI JESU CHRISTI, ORATIONES TRES

EFFICACISSIMÆ :

Qui contrite et devote eas legentibus plurimas contulit remissiones et indulgen ias.

ORATIO I.

Domine Jesu Christe, Fili Dei vivi, qui pro redemptione nostra nasci, et circumcidi voluisti, et a Judæis reprobari, a Juda osculo tradi, capi et ligari, et cum vinculis Annæ, Caiphæ, Herodi, Pilato offerri, et coram eis illudi, colaphis, alapis flagellis et arundine cædi, facie velari, et sputo conspui, spinis coronari, a falsis quoque testibus accusari, judicari, et ut agnus innocens tuam crucem ferendo ad victimam duci, clavis perforari, felle et aceto potari, atque in cruce morte turpissima condemnari, ac lancea vulnerari. Tu per has sacratissimas pœnas ab omnibus peccatis et pœnis nos libera, et per sanctam crucem tuam illuc perduc nos miseros peccatores, quo perduxisti tecum crucifixum latronem sero pœnitentem. Qui vivis, etc.

ORATIO II.

Auxilientur nobis, pie Domine Jesu Christe, omnes passiones tuæ, et defendant nos ab omni dolore et tristitia, ab omni periculo et miseria, ab omni peccato et cordis immunditia, ab omni scandalo et infamia, a morbis malis animæ et corporis, et a morte subitanea et improvisa, et ab omni persecutione inimicorum visibilium et invisibilium, scimus enim quod in quacunque hora vel die passionis tuæ memoriam habuerimus, salvi erimus: ideo de immensa tua pietate confisi te deprecamur, piissime Salvator, per benignissimas sacratissimasque passiones tuas, ut benigno nos protegas auxilio, et continua pietate ab omni malo nos conserves. Qui vivis, etc.

ORATIO III.

Domine Deus de Deo, lumen de lumine, qui humanum genus ex præcepto Patris patibulo crucis proprio sanguine redimere dignatus es, te suppliciter exoramus, ut non secundum peccata nostra facias nobis, sed secundum misericordiam tuam salvos fac nos indignos famulos tuos: tu quoque exsurge in adjutorium nostrum, et esto nobis turris fortitudinis, et clypeus inexpugnabilis justitiæ, a facie tam corporalis, quam incorporalis inimici, atque ab omni peccato et pœna misericorditer nos libera, et ab omni adversitate corporis et animæ clementer nos defende. Qui vivis, etc.

INNOCENTII III PAPÆ

Orationes tres de omnibus sanctis, pro defensione et tranquillitate catholicæ et orthodoxæ Ecclesiæ.

ORATIO I.

A cunctis nos, quæsumus, Domine, mentis et corporis defende periculis, et intercedente beata et gloriosa virgine Dei genitrice Maria: cum beatis apostolis tuis Petro et Paulo, atque beato N. et omnibus sanctis, salutem nobis tribue benignus et pacem, ut destructis adversitatibus et erroribus universis, Ecclesia tua secura tibi serviat libertate. Per eumdem Christum Dominum nostrum. Amen.

ORATIO II.

Exaudi nos, salutaris noster, ut per unigeniti Filii tui sacratissimæ passionis virtutem a cunctis nos mentis et corporis hostibus tuearis, gratiam tribuens in præsenti, et gloriam in futuro. Per eumdem Christum Dominum nostrum. Amen.

ORATIO III.

Mundet et muniat nos, quæsumus, Domine, unigeniti Filii tui pretiosissimus sanguis effusus et tibi oblatus in cruce, et intercedente beata virgine Dei genitrice Maria, cum beatis apostolis tuis Petro et Paulo, atque beato N. et omnibus sanctis, a cunctis nos reddas et perversitatibus expiatos, et adversitatibus expeditos. Per eumdem Dominum nostrum Jesum Christum Filium tuum, qui tecum vivit et regnat in unitate Spiritus sancti Deus, per omnia sæcula sæculorum. Amen.

INNOCENTII III PAPÆ

HYMNUS

De Christo et beatissima Virgine Maria dignissima Matre ejus:

Ad quem certas et magnas contulit remissiones et indulgentias.

Ave mundi spes Maria,
Ave mitis, ave pia,
Ave charitate plena.
 Virgo dulcis et serena
Sancta parens Jesu Christi
Electa sola fuisti.
 Esse mater sine viro,
Et lactare modo miro.
Angelorum imperatrix,
 Peccatorum consolatrix,
Consolare me lugentem,
In peccatis jam fetentem,

Me defende peccatorem,
Et ne tuum des honorem,
Alieno et crudeli,
 Precor te regina cœli,
Me habeto excusatum,
Apud Christum tuum natum:
 Cujus iram pertimesco,
Et furorem expavesco
Nam peccavi illi soli.
 O Maria Virgo, nol
Esse mihi aliena,
 Omni gratia tu plena.

Esto custos cordis mei,
Signa me timore Dei,
Confer vitæ sanitatem,
  Da et morum honestatem,
Da peccata me vitare,
Et quod justum est amare.
  O dulcedo virginalis,
Nunquam fuit, nec est talis
Inter natas mulierum.
  Omnium Creator rerum
Te elegit genitricem,
Qui Mariam peccatricem
  Emundavit a reatu.
Ipse tuo me precatu,
A peccatis cunctis tergat,
  Ne infernus me demergat.
Eia rosa sine spina,
Peccatorum medicina,
  Pro me Deum interpella,
Ut me salvet a procella
Hujus mundi tam immundi :
  Cujus fluctus furibundi
Omni parte me impingunt,
Et peccati zona stringunt.
  Christe Fili summi Patris
Per amorem tuæ matris,
Cujus venter te portavit,
  Et te dulci lacte pavit :
Te per ipsam oro supplex,
Quia tu es salus duplex,
  Rerum dator mundanarum,
Atque salus animarum.
Te nunc precor licet reus :
  Miserere mei, Deus,
Miserere, miserator :
Quia vere sum peccator.
  Tu peccata dele mea,
Et cor mundum in me crea :
Da spem firmam, fidem rectam
  Charitatem da perfectam.
O Jesu da finem bonum,
Quod est super omne donum,
  Ut in corde sic compungar,
Tibi Christe quod conjungar
Fac me digne manducare.
  Corpus tuum salutare
Ira tua non me gravet,
Sanguis tuus sic me lavet,
  In sensibus et in corde
A peccatis et a sorde,
Ut dum instat hora mortis,
  Angelus tunc astet fortis.
A te mihi datus custos,
Qui me locet inter justos.
  Mors si carnem meam frangat,
Mors secunda non me tangat,
Licet caro computrescat,
  Spiritus in te quiescat,
Ut resurgens te visurus,
Semper tecum sim mansurus.
℣. Audi nos, pia mater Christi.
℟. Nam te Filius nihil negans honorat.

ORATIO.

Interveniat pro nobis quæsumus, Domine Jesu Christe, apud tuam clementiam, gloriosissima Virgo Maria dignissima mater tua, cujus sanctissimam animam in hora passionis et mortis tuæ doloris gladius pertransivit : Qui vivis et regnas cum Deo Patre in unitate Spiritus sancti Deus, Per omnia sæcula sæculorum. Amen.

INNOCENTII III

ROMANI PONTIFICIS

DE QUADRIPARTITA SPECIE NUPTIARUM

LIBER.

(Trombelli, *Bedæ et Claudii Taurinensis, itemque aliorum veterum Patrum Opuscula*, Bononiæ, 1755, in quarto.)

Incipit prologus libri *De quadripartita specie nuptiarum* [1] domini Innocentii papæ tertii ad Benedictum presbyterum.

Gaudeo, [2] *dilectissime frater in Domino, quod studiosum intelligo circa sacrarum intelligentiam Scripturarum; hoc enim studium decet Domini Sacerdotem, cui datum est ex officio regni Dei noscere mysteria. Propter quod in veteri Sacerdotio novi præferente figuram* [3] *logion inter cætera, pontificale pectus ornabat, quod quadrangulum erat, et duplex. Quia nimirum ratio Sacerdotis, quam et loco præsignat, et nomine, debet discernere inter quatuor : Inter verum, et falsum, ne deviet in credendis : et inter bonum, et malum, ne deviet in agendis, Debet etiam discernere pro duobus; pro Sacerdote videlicet, et populo : ne si cæcus* [4] *cæcum duxerit, ambo præcipitentur in foveam. Erat ergo quadrangulum propter quadrifarium intellectum, quem Sacerdos in Scriptura debet habere. Erat et duplex propter geminum testamentum, quod Sacerdoti non expedit ignorare. Quadrangulum propter Novum, quod in quatuor Evangeliis continetur. Duplex est propter Vetus, quod in duabus tabulis exaratur. Quis autem possit vitare quod nescit? aut quis possit agere quod ignorat? Scriptum est enim :* [5] *Nescierunt, neque intellexerunt, in tenebris ambulant. Noluit* [6] *intelligere, ut bene ageret : iniquitatem meditatus est in cubili suo. Ipsi vero* [7] *non cognoverunt vias meas, quibus juravi in ira mea; si introibunt in requiem meam. Tu scientiam* [8] *repulisti, et ego te repellam, ne sacerdotio fungaris mihi. Propterea* [9] *populus meus captivus ductus est in Ægyptum, quia non habuerunt scientiam. Nobiles ejus interierunt fame, et multitudo ejus siti exaruit.* [10] *Defecerunt ab esca oves, quia non erant in præsepio oves. Cum ergo labia Sacerdotis debeant custodire scientiam, quia legem de ore ejus exquirunt, tu cupiens esse quod diceris, in lege Domini jugiter meditaris; et quod tuo non prævales argumento percipere, alieno satagis documento videre : malens esse veritatis discipulus, quam magister erroris. In rationali quippe judicii, de quo fecimus mentionem, Urim, et Thummim id est manifestatio, et veritas, posita fuisse leguntur; quia in pectore Sacerdotis manifesta debet esse cognitio veritatis. Hujus itaque studii fervore succensus sæpe cum multa precum instantia postulasti, quatenus de Nuptiis sponsi, et sponsæ compendiosum tibi tractatum exigerem : in quo carnalium, et spiritualium nuptiarum similitudines assignarem, et præcipue Psalmum quadragesimum quartum exponerem, in quo de Nuptiis sponsi, et sponsæ multimoda laude tractatur. Ego vero non meo, sed tuo satisfaciens desiderio, præbeo, quod optasti; sciens opus non respondere materiæ, nec ædificium fundamento. Feci tamen utcunque, non quod volui, sed quod valui multis impeditus angustiis, quas ipse mecum ex magna parte portasti*

Explicit prologus.

[1] Sermonem, eumdem titulum habentem, id est de *quatuor speciebus desponsationum*, recitavit Innocentius III *in Consecratione Pontificis* pag. 191. Tom. 1. sed brevis ille est, et vix ea attingit, quæ in eo tractatu, quem damus, copiose exequitur. [2] An is est Benedictus Cardinalis *S. Petri ad Vincula*, ad quem una cum Cardinale P. XII Apostolorum diriguntur litteræ Innocentii III (pag. 9 et 18, Tom. 2) ? viderit Lector. Sed cur vocatur is *frater*, cum presbyteros etiam Cardinales *filios* appellare Pontifices soleant? An in amanuensem id referendum est, qui cum in vetusto codice invenerit litteram *f*. interpretatus est *frater*, cum *filius* poni debuisset? An Innocentius virum sibi probatissimum, quem *angustiarum suarum participem* deinceps appellat, fratris nomine honestare voluit? Judicet id quoque Lector. [3] *Exod.* 28, 15 et 16. [4] *Matth.* cap. 15, 14. [5] *Psalm.* 81, 5. [6] *Psalm.* 35, 4 et 5. [7] *Psalm.* 74, 11. [8] *Osee* 4, 6. [9] *Isaiæ* 5, 13. [10] Aut vetustam aliquam versionem sequitur, aut aliquod, sed nostris temporibus minime vulgatum, adagium.

INCIPIT LIBER

DE QUADRIPARTITA SPECIE NUPTIARUM.

Sacra docente Scriptura, didicimus quatuor esse species Nuptiarum juxta quatuor theologicos intellectus : Historicum, Allegoricum, Tropologicum, et Anagogicum. Primum inter virum, et legitimam feminam. Secundum inter Christum, et sanctam Ecclesiam. Tertium inter Deum, et justam animam. Quartum inter Verbum, et humanam naturam. De primis nuptiis Protoplastus evigilans prophetavit : [11] *Propter hoc relinquet homo patrem suum, et matrem, et adhærebit uxori suæ : et erunt duo in carne una.* De secundis nuptiis Angelus in Apocalypsi loquitur ad Joannem : [12] *Veni, et ostendam tibi sponsam, uxorem Agni.* De tertiis nuptiis ait Dominus per Prophetam Oseam : [13] *Sponsabo te mihi in justitia, et judicio, et in misericordia, et miserationibus.* De quartis nuptiis sponsa dicit in Canticis : [14] *Egredimini, filiæ Sion, et videte Regem Salomonem in diademate, quo coronavit eum mater sua in die desponsationis suæ :* quasi dicat : O filiæ Sion, id est Judæi fragiles, et carnales, egredimini de tenebris infidelitatis, et ignorantiæ, et *videte* non oculis corporis, sed oculis cordis, id est credite, *Regem Salomonem,* id est Christum verum pacificum, qui fecit [15] *utraque unum, in diademate, quo coronavit eum mater sua,* id est in illa gratia singulari, qua concepit eum Virgo Maria sine pruritu carnis, sine fervore libidinis, sine labe peccati, sanctum, mundum et immaculatum : juxta quod Angelus inquit ad Virginem : [16] *Spiritus Sanctus superveniet in te, et virtus Altissimi obumbrabit tibi : ideoque quod nascetur ex te Sanctum, vocabitur Filius Dei.* In die desponsationis, id est Incarnationis suæ, quando [17] *Verbum caro factum est,* et naturam desponsavit humanam.

De quadripartita specie Nuptiarum.

In hac quadripartita specie Nuptiarum quoddam, et admiratione pariter et veneratione dignissimum reperimus ; et quod per primam efficitur, ut sint duo in una carne, per secundam efficitur, ut sint duo in uno corpore : per tertiam efficitur, ut sint duo in uno spiritu ; per quartam efficitur, ut sint duo in una persona. De prima namque testatur auctoritas : [18] *Erunt duo in carne una ;* propter quam unionem Veritas intulit : [19] *Itaque jam non sunt duo, sed una caro.* De secunda dicit Apostolus : [20] *Omnia membra corporis cum sint multa, unum corpus sunt. Ita et nos* [21] *unum corpus sumus in Chri-*sto ; propter quam unionem idem Apostolus subdit : [22] *Etenim omnes nos in unum corpus baptizati sumus.* De tertia vero dicit idem Apostolus : [23] *Qui adhæret Domino, unus spiritus est,* et unus spiritus est cum eo, propter quam unionem Joannes Apostolus : [24] *Qui manet in charitate, in Deo manet, et Deus in eo.* De quarta, fides Catholica confitetur, quod : [25] *sicut anima rationalis, et caro unus est homo : ita Deus, et homo unus est Christus ;* propter quam ineffabilem unionem Evangelista testatur, quia [26] *Verbum caro factum est, et habitavit in nobis.* Primam ergo unionem recte Carnalem : secundam Sacramentalem : tertiam spiritualem : et quartam dixerimus Personalem. Carnalem, ut diximus, inter virum, et mulierem legitimam : Sacramentalem inter Christum, et sanctam Ecclesiam : spiritualem inter Deum, et justam animam : personalem inter Verbum, et humanam naturam.

De causa conjugii inter Verbum, et humanam naturam.

Ut enim inter Deum, et hominem inimicitiarum destructo pariete, pacis reformaretur integritas, nuptiale foedus inter Verbum et humanam naturam per Incarnationis mysterium est contractum. Nam *Verbum* [27] *caro factum est, et habitavit in nobis.* Antequam Verbum caro fieret, procul habitabat a nobis ; ubi vero factum est Verbum caro, habitavit in nobis. Juxta quod alibi legitur [28] : *Inhabitabo in eis, et inambulabo inter eos, et ero illorum Deus, et ipsi erunt mihi populus.* Quia vero nec in angelis, nec in hominibus parem, aut similem poterat invenire, secundum illud quod legitur [29] : *Quis in nubibus æquabitur Domino ? aut quis similis erit Deo inter filios Dei ? exinanivit se* [30] *formam servi accipiens, in similitudinem hominum factus, et habitu inventus ut homo.* [31] *Paulo minus ab angelis minoratus est,* quando non solum servilem formam accepit, verum et passibilem naturam assumpsit.

De Sponsalibus.

[32] *Non enim Angelos, sed semen Abrahæ apprehendit,* cum quo longe prius de matrimonio contrahendo convenerat dicens [33] : *In semine tuo benedicentur omnes gentes. Non dicit in seminibus, quasi in multis, sed quasi in uno semine tuo,* [34] *qui est Christus ;* quasi dicat, de semine tuo carnem accipiam, propter quam dabitur non solum Judæis, sed omnibus gentibus benedictio.

---

[11] Gen. 2, 24. [12] Cap. 21, 9. [13] Cap. 2, 19. [14] Cap. 3, 11. [15] Ephes. 2, 14. [16] Lucæ 1, 35. [17] Jo. 1, 14. [18] Gen. 2, 24. [19] Marci. 10, 8. [20] I Corinth. 12, 12. [21] Rom. 12, 5. [22] I Corinth. 6, 17. [23] I Corinth. 12, 13. [24] Epist. 1. cap. 4, 6. [25] In Symbolo, quod tribuitur Athanasio. [26] Jo. 1, 14. [27] Jo. 1, 14. [28] II Corinth. 6, 16. [29] Psalm. 88, 7. [30] Philip. 2, 7. [31] Psalm. 8, 6. [32] Hebr. 2, 16. [33] Gen. 22, 18. [34] Galat. 3, 16.

De Juramento.

Eamdem ipsi regi David de conjugio consummando juravit, secundum Davidicum dictum : [35] *Juravit Dominus David veritatem, et non frustrabitur eam : de fructu ventris tui ponam super sedem tuam.* Propter quod Angelus inquit ad Virginem [36] : *Dabit ei Dominus Deus sedem David patris ejus, et regnabit in domo Jacob in æternum.* Nam et Isaias Propheta prædixerat [37] : *Super solium David, et super regnum ejus sedebit.*

De Familia.

Quia ergo filius regis erat, decebat, ut acciperet conjugem de semine regio : Est enim *Rex* [38] *regum, et Dominus dominantium.* De cujus nuptiis epithalamicum canticum Psalmista composuit [39] : *Eructavit cor meum* (inquit) *verbum bonum; dico ego opera mea regi.*

De Genere.

Et quoniam erat de Patre sine matre, decebat ut acciperet conjugem de matre sine patre ; secundum illud Propheticum : [40] *Egredietur virga de radice Jesse, et flos de radice ejus ascendet.* Et iterum : *Ecce Virgo* [41] *concipiet, et pariet filium, et vocabitur nomen ejus Emmanuel.*

De Dote.

Verum quia *Domini* [42] *est terra, et plenitudo ejus, orbis terrarum, et universi qui habitant in eo,* et ipse [43] *bonorum nostrorum non indiget,* dos ei nec dari poterat, nec debebat.

De Donatione.

Sed ipse sicut immensus donationem propter nuptias fecit eximiam. *Postula,* inquit [44], *a me, et dabo tibi Gentes hæreditatem tuam, et possessionem tuam terminos terræ. Omnia* [45] *subjecisti sub pedibus ejus, oves, et boves universas, insuper et pecora campi.*

De Forma.

Ut autem, qui splendor est gloriæ, gloriosam sibi desponsaret, et splendidam, eam quidem, et lavit, et unxit: lavit ab omni labe peccati, ut esset sine ruga prorsus, et macula; quatenus eam immunem a culpa susciperet. *Ascendit enim* [46] *Dominus nubem levem,* id est assumpsit carnem a peccatis immunem ; *et intravit Ægyptum,* id est venit in mundum. *Et unxit* [47] *oleo lætitiæ præ consortibus tuis,* ut esset *spectabilis forma præ filiis hominum : propter veritatem, et mansuetudinem, et justitiam. Spiritus* [48], inquit, *Domini super me, propter quod unxit me, evangelizare pauperibus misit me.*

De Tempore.

Tempus autem plenitudinis, et annum benignitatis elegit, in quo : *Misit* [49] *Deus Filium suum natum de muliere, factum sub lege, ut eos, qui sub lege erant, redimeret.* Nam *Lex* [50] *per Moysen data est, gratia, et veritas per Jesum Christum facta est.*

De Paranympho.

In hoc vero nuptiali commercio paranymphus fuit Angelus Gabriel, qui missus ad Virginem, eam suaviter salutavit : [51] *Ave,* inquit, *gratia plena : Dominus tecum.* Statimque thalamum præparans virginalem, adjunxit: [52] *Spiritus Sanctus superveniet in te, et virtus Altissimi obumbrabit tibi.* Quo per consensum Virginis præparato : [53] *Ecce,* inquit, *ancilla Domini, fiat mihi secundum verbum tuum,* protinus inter Verbum et humanam naturam sacrosanctum conjugium est contractum. Quia : *Verbum caro factum est, et habitavit in nobis* [54]. *Beata,* [55] *quæ credidit, quoniam omnia completa sunt ei.*

De Testibus.

Ne vero conjugium esset omnino clandestinum, quatuor adfuerunt personæ; Pater, et Mater, Sacerdos, et Paranymphus : quos utique Deum Patrem et Virginem Matrem, Spiritum Sanctum et Gabrielem Angelum intelligimus. Sed Pater et Spiritus Sanctus interius invisibiliter adfuerunt ; Mater et Angelus exterius visibiliter astiterunt.

Contra Maleficum.

Pauci quidem, et tales, quos nullus suspicaretur, ad hoc convenere commercium, quatenus Incarnationis mysterium Diabolo celaretur, ne quid invidus, et malignus contra salutem machinaretur humanam. *Invidia* [55] *namque diaboli mors introivit in orbem terrarum.*

De Effectu.

Plene tamen ex omni parte rationalis spiritus interfuit, et divinus, angelicus, et humanus ; quia per Incarnationis mysterium non solum inter Deum, et hominem, verum et inter Angelum et hominem esset concordia reformata : cum secundum Apostolum : [57] *Et quæ in Cœlis, et quæ in terris sunt, restauraverit.* Et ob hoc illa cœlestis militiæ multitudo psallebat : [58] *Gloria in excelsis Deo, et in terra pax hominibus bonæ voluntatis.*

De Loco.

Locum ergo celebrandis nuptiis, thalamum Virginis deputavit, secundum illud propheticum : [58] *In sole posuit tabernaculum suum, et ipse tanquam sponsus procedens de thalamo suo.*

De Annulo.

In hoc thalamo Dei Filius humanam naturam et annulo desponsavit, et osculo. Nam si Spiritus Sanctus per digitum designatur, secundum illud quod legitur : [60] *Digitus Dei est hic.* Et alibi : [61] *Si ergo in digito Dei ejicio dæmonia, filii vestri in quo ejiciunt?* Recte per annulum digiti, donum Spiritus Sancti debet intelligi.

De Subarrhatione.

Tunc ergo Dei Verbum humanam naturam annulo subarrhavit, cum eam donis Spiritus Sancti sine

---

[35] Psalm. 131, 11; [36] Lucæ 1, 32. [37] Isaiæ 9, 7. [38] Apocalyp. 19, 16. [39] Psalm. 44. [40] Isaiæ 11, 1. [41] Is. 7, 14. [42] Psalm 23, 1. [43] Psalm. 45, 1. [44] Psalm. 2, 8. [45] Psalm. 8, 8. [46] Isaiæ 19, 1. [47] Psalm. 44, 8. [48] Isaiæ 61, 1, et Lucæ 4, 18. [49] Galat. 4, 4. [50] Jo. 1. 17. [51] Lucæ 1, 28. [52] Ibid. vers. 35. [53] Ibid. vers. 38. [54] Jo. 1, 14. [55] Lucæ 1, 49. [56] Sap. 2, 24. [57] Ephes. 1 10. [58] Lucæ 2, 14. [59] Psal. 18, 6. [60] Exod. 18, 3 [61] Lucæ 11, vers. 19 et 20.

mensura replevit, secundum illud propheticum : [61*] *Requiescet super eum spiritus sapientiae, et intellectus, spiritus consilii et fortitudinis, spiritus scientiae et pietatis, et replevit eum spiritus timoris Domini.*

De Ornatu.

His illam virtutibus velut pretiosis monilibus adornavit. Quasi sponsum, inquit, [62] *decoravit me corona, et quasi sponsam ornavit monilibus suis:* In eo quippe secundum Apostolum : [62*] *Omnes thesauri sapientiae, et scientiae sunt absconditi.*

De Corona.

De hac corona Propheta dicit in Psalterio : [63] *Gloria, et honore coronasti eum, Domine, et constituisti eum super opera manuum tuarum :* Haec est illa magnificentia singularitatis, vel potius illa magnificentiae singularitas, de qua dicit Apostolus : [64] *Dedit illi nomen, quod est super omne nomen, ut in nomine Jesu omne genu flectatur, coelestium, terrestrium, et infernorum.* Vocabitur, inquit Propheta, [65] *nomen ejus, admirabilis, consiliarius, Deus fortis, pater futuri saeculi, princeps pacis.*

De Osculo.

Tunc et osculum ei dedit, cum eam sibi copulavit personaliter, juxta quod ipsa petit desideranter in Canticis : [66] *Osculetur me osculo oris sui.* Sane duo labia conjunguntur in osculo; quia duae naturae uniuntur in Christo, Divinitas, et humanitas, ut idem ipse sit Deus de Deo, ante saecula genitus [63], et homo de homine in saeculo natus.

De Traditione.

Humanam ergo naturam, quam in utero Virginis desponsavit, ad dexteram Patris traduxit, quando secundum humanitatem assumptam [67] ascendit in Coelum, et [69] *sedet a dextris Dei, tanto melior Angelis effectus, quanto differentius prae illis nomen haereditavit.*

De Nuptiis.

Cum quibus interim nuptias celebrat in excelsis a quibus ad judicium reverteretur : sicut ipse dicit in Evangelio [69] : *Et vos similes hominibus exspectantibus Dominum suum, quando revertatur a nuptiis.*

De Modo.

In hoc divino conjugio non est unio duarum personarum in una natura, sed unio duarum naturarum in una persona. Quia non persona personam assumpsit, sed natura naturam: nec natura personam accepit, sed persona naturam. Persona vero naturam assumpsit, sed in personam, non in naturam. Talis enim fuit illa susceptio, ut propter ineffabilem unionem et sponsus vocetur, et sponsa, sicut Propheta ipse testatur : [70] *Quasi sponsum decoravit me corona, et quasi sponsam ornavit me monilibus.* Quia vero res est ineffabilis, de qua loquimur : inde nec ipse Joannes fuit dignus [71] *solvere calceamenti corrigiam.* Ne deficiamus [72] *scrutantes scrutinio : quia perscrutator* [73] *majestatis opprimetur a gloria;* et maxime ne quis ex verbis falsum pro vero concipiat, planius et plenius de Sacramentali, et spirituali conjugio prosequamur.

De duplici Institutione Conjugii.

Porro Sacramentales nuptiae contrahuntur ad similitudinem carnalium nuptiarum. Sacramentum ergo conjugii duplicem institutionem legitur habuisse : unam ante peccatum, et alteram post peccatum. Ante peccatum enim institutum est ad officium, ut propagaretur natura : post peccatum institutum est ad remedium, ut cohiberetur offensa : ut natura propagaretur in prole, ut offensa cohiberetur in fornicatione. De prima institutione, quae facta est ad officium, Scriptura Divina testatur : [74] *Crescite, et multiplicamini, et replete terram.* De secunda institutione, quae facta est ad remedium, Apostolica testatur auctoritas : [75] *Unusquisque habeat uxorem suam propter fornicationem,* non utique committendam, sed evitandam : nam [76] *Fornicatores, et adulteri regnum Dei non possidebunt.* Quod autem in carnali conjugio secundum naturam, hoc in sacramentali, et spirituali conjugio secundum gratiam invenimus. Christus enim sanctam sibi conjugavit Ecclesiam et ad propagationis officium, ut per Sacramentum regenerationis multiplicetur in filiis, et ad fornicationis remedium, et per cultum religionis revocetur ab Idolis. Prius quam Ecclesia sacramentaliter Christo copulata fuisset, passim cum Idolis moechabatur : sicut improperabat ei Dominus per Prophetam : [77] *Fornicata es post gentes, inter quas polluta es in Idolis earum.* Et alibi : [78] *Judicate matrem vestram, judicate : quoniam ipsa non uxor mea, et ego non vir ejus. Auferat fornicationes suas a facie sua, et adulteria sua de medio uberum suorum.*

De cognatione Spirituali

Ut vero Christus Sacramentaliter sibi copulavit Ecclesiam, desiit cum Idolis fornicari : veluti per Prophetam ei Dominus pollicetur : [79] *Sponsabo te in aeternum, ... et sponsabo te mihi in fide, et scies, quia ego Dominus. In die illo* [80] *vocabis me : Vir meus ; et non vocabis me ultra, Baalim. Et auferam nomina Baalim de ore tuo, et non recordaberis ultra nominis eorum.*

De Propagatione Spirituali.

Ex tunc coepit Ecclesia multos ubique filios generare : quod praevidens, et praedicens Isaias Propheta descripsit : [81] *Leva,* inquit, *in circuitu oculos tuos, et vide : omnes isti congregati sunt, venerunt tibi. Filii tui de longe venient, et filiae tuae de latere surgent. Tunc videbis, et afflues, et mirabitur, et dilatabitur cor tuum, quando conversa fuerit ad te multitudo maris, fortitudo gentium venerit tibi.*

[61*] Isaiae 11, 2. [62] Isaiae 61, 10. [62*] Coloss. 2, 3. [63] Psal. 8, 6. [64] Philip. 2, 10. [65] Isaiae 9, 6. [66] Cap. 1, 1. [67] Symbolum Athanasii. Marc. 16, 19. Symbolum Apost. [68] Hebr. 1, 4. [69] Lucae 12, 36. [70] Isaiae 61, 10. [71] Lucae 3, 16. [72] Psalm. 63, 7. [73] Proverb. 25, 27. [74] Genes. 1, 28. [75] I Corinth. 7, 2. [76] I Corinth. 6, 10. [77] Ezech. 23, 30. [78] Osee 2, 2. [79] Osee 2, 19 et 20. [80] Ibid. vers. 16 et 17. [81] Cap. 60, 4 et 5.

Sancta quippe mater Ecclesia, nova semper prole fecunda concipit, parit, et nutrit. Concipit, catechizando quos instruit. Parit, baptizando quos abluit. Nutrit, commmunicando quos reficit. Eos autem ex aqua, et Spiritu Sancto viro suo Christo regenerat; qui [82] *non ex sanguinibus, neque ex voluntate viri, sed* [83] *ex Deo nati sunt.* Quia *quod natum est ex spiritu, spiritus est.*

De Spirituali Fornicatione.

His quoque de causis inter Deum et animam conjugium spirituale contrahitur : ut anima scilicet et cohibeatur a vitiis, et propagetur in meritis. Nam si juxta Prophetam Idololatria est fornicatio, et secundum Apostolum avaritia est idololatria, constat itaque quod avaritia est fornicatio : dicit enim Apostolus : [84] *Avaritia est Idolorum servitus.* Rursus Samuele testante probatur, quod [85] *quasi peccatum ariolandi est, repugnare, et quasi scelus idololatriæ, nolle acquiescere.* Quisquis ergo repugnat, et mandatis non acquiescit Divinis, quasi peccatum ariolandi, et idololatriæ scelus committit. Sicut enim mulier cum adulteratur carnaliter, proprio viro despecto, se subjicit alieno; sic anima cum prævaricatur mortaliter, vero Deo contempto, se supponit Diabolo. Non est enim [86] *conventio lucis ad tenebras, neque Christi ad Belial.* Sicut ergo propter amorem viri femina cohibetur ab adulterio, sic propter amorem Dei anima cohibetur a vitio.

De Spirituali Prole.

Cujus amoris cum in corde conceperit, perfectos filios in opere parit, juxta verbum Psalmistæ dicentis : [87] *Uxor tua sicut vitis abundans in lateribus domus tuæ. Filii tui sicut novellæ olivarum, in circuitu mensæ tuæ.* Quasi dicat : *Uxor tua,* id est fidelis anima, *sicut vitis abundat,* id est jucundos operum fructus abunde producit; *in lateribus domus tuæ,* id est in sinceritate cordis, et veritate ; ut sinceritas formet intentionem, et veritas finem : quatenus opera ex sincera intentione ad verum finem procedant. *Domus Dei,* cor purum intelligitur, juxta quod alibi dicit : [88] *Perambulabam in innocentia cordis mei, in medio domus meæ.* Cujus duo sunt latera, sinceritas intentionis, et veritas finis ; ut opera fiant : *Non* [89] *in fermento malitiæ, et nequitiæ; sed in azymis sinceritatis, et veritatis. Filii tui,* id est opera bona, quæ tu gignis ex anima, sunt *sicut novellæ olivarum,* id est viret oleo charitatis intentio. *In circuitu mensæ tuæ,* id est circa doctrinam Sacræ Scripturæ, quam alibi *mensam* appellat. Unde : [90] *Parasti in conspectu meo mensam.* Docet, ut anima sicut vitis abundet exercendo justitiam ; et sicut oliva fructificet exercendo misericordiam. Unde Samaritanus [91] appropians vulnerato, superinfundit vinum et oleum. Isti sunt Filii, qui fecunditatem afferunt, sed virginitatem non auferunt. Imo virginitatem anima non servaret, nisi tales filios procrearet, quia maledicta [92] *sterilis, quæ non parit.* Quod bene significatum est in conjugio Joseph et Mariæ, quoniam *antequam* [93] *convenirent inventa est in utero habens de Spiritu Sancto. Antequam convenirent inventa est* : Ecce virginitas in unitate. *In utero habens* : Ecce fecunditas.

De consensu animorum, et commistione corporum.

Cæterum duo sunt in conjugio : consensus animorum, et commistio corporum. Quorum alterum significat charitatem, quæ consistit in spiritu inter Deum et justam animam : reliquum designat conformitatem, quæ consistit in carne inter Christum et sanctam Ecclesiam. Magnum quidem Sacramentum, quod est in carne ; sed plane majus quod est in spiritu. Nam *spiritus* [94] *est, qui vivificat : caro autem non prodest quidquam.*

De Charitate sponsæ ad sponsum.

Ad spirituale conjugium, quod per animi charitatem contrahitur inter Deum et justam animam spectat illud, quod sponsa de sponso dicit in Cantico : [95] *Introduxit me rex in cellam vinariam, et ordinavit in me charitatem. Fulcite me floribus, stipate me malis, quia amore langueo.* Loquitur hic vel anima, vel Ecclesia. Sed anima dicit : *Introduxit me rex in cellam vinariam,* id est in sanctam Ecclesiam, quæ dicitur *cella vinaria,* quia vinum lætificans Spiritus Sancti continet gratiam, de qua legitur : [96] *Vinum lætificat cor hominis.* Vel dicit Ecclesia : *Introduxit me rex in cellam vinariam,* id est in Sacram Scripturam, quæ dicitur *cella vinaria,* quia vinum novum, id est doctrinam continet Evangelicam, de qua legitur : [97] *Nemo mittit vinum novum in utres veteres. Et ordinavit in me charitatem,* id est docuit me regulam diligendi.

De Ordine Charitatis.

Rectus ordo charitatis hic est : ut homo primo loco diligat Deum ; secundo se ipsum ; tertio proximum. Et in se diligat magis quod majus est, id est animam; et minus, quod minus est, id est corpus. Inter proximos autem diligat primo parentes, deinde domesticos, ad ultimum inimicos : et forte magis bonos debet in charitate præferre. Deum autem debet diligere propter se, proximum, propter Deum. Sed bonum in [98] Deo, malum ad Deum. Quantum autem ex ordinata charitate profecerit, consequenter ostendit. *Fulcite me floribus, stipate malis, quia amore langueo.* Loquitur adolescentulis, et exprimit magnitudinem charitatis, quando dicit : *Ego amore langueo ;* id est præ magnitudine charitatis infirmor, non in Deo, sed in mundo ; non in spiritu, sed in carne, non in coelestibus, sed in terrenis

---

[81] *Jo.* 1, 13. [82] *Jo.* 3, 6. [84] *Coloss.* 3, 5. [85] *I Reg.* 15, 23. [86] *II Corinth.* 6, 15. [87] *Psal.* 127, 3. [88] *Psal.* 100, 2. [89] *I Corinth.* 5, 8. [90] *Psalm.* 22, 5. [91] *Lucæ* 10, 34. [92] *Exodi* 23, 26. *Deut.* 7, 14. facile ad hunc locum pertinent : Non erit infecunda. Non erit apud te sterilis. [93] *Matth.* 1. 18. [94] *Joan.* 6, 64. [95] *Cap.* 2. vers. 4 et 5. [96] *Psalm.* 103, 15. [97] *Lucæ* 6, 64. [98] *Locus iste corruptus esse videtur ; sed quomodo emendem, nescio.*

Cupiens [99] *dissolvi, et esse cum Christo.* Quem enim perfecta charitas imbuit in terrenis prorsus cecidit, secundum illud : [100] *Fortis est ut mors dilectio, dura sicut infernus æmulatio.... Aquæ multæ,* id est populi, *non potuerunt exstinguere charitatem.* Et ideo, vos adolescentulæ, *Fulcite me floribus,* id est recreate me vestris virtutibus. *Stipate me malis,* id est sustentate me vestris operibus. Per *flores* enim, et *mala* opera designantur et virtutes. Nam anima floret in virtutibus, et fructificat in operibus. Multum enim recreatur perfectus, cum videt proficere imperfectum : propter quod dicebat Apostolus : [1] *Vos estis gloria nostra, et gaudium.*

De Charitate sponsi ad sponsam.

Quanta vero charitate Christus amet Ecclesiam, ostendit Apostolus dicens : [2] *Viri, diligite uxores vestras, sicut Christus dilexit Ecclesiam, et tradidit semetipsum pro ea. Majorem ergo* [3] *charitatem nemo habet, quam ut ponat quis animam suam pro amicis suis. Sic Deus* [4] *dilexit mundum, ut Filium suum unigenitum daret pro mundo. Qui proprio* [5] *Filio suo non pepercit, sed pro nobis omnibus tradidit illum.*

De Conformitate naturæ inter sponsum et sponsam.

Ad sacramentale ergo conjugium, quod per naturæ conformitatem contrahitur inter Christum, et sanctam Ecclesiam, spectat illud, quod inquit Adam : [6] *Hoc nunc os ex ossibus meis, et caro de carne mea.... Propter hoc relinquet homo patrem, et adhærebit uxori suæ ; et erunt duo in carne una.* Nam : *Cum, Christus,* [7] *in forma Dei esset, non rapinam arbitratus est esse se æqualem Deo : sed semetipsum exinanivit, formam servi accipiens, in similitudinem hominum factus, et habitu inventus ut homo.* Ut recte jam sponsus dicere possit de sponsa: *Hoc nunc os ex ossibus meis, et caro de carne mea. Verbum* enim [8] *caro factum est, et habitavit in nobis.*

Quomodo Christus dereliquit patrem, et matrem, et adhæsit Ecclesiæ.

Propter hoc ergo, id est propter dilectionem Ecclesiæ, Christus homo, de quo dicit Psalmographus : [9] *Homo factus est in ea ; et ipse fundavit eam Altissimus,* dereliquit patrem, id est : *Exinanivit* [10] *se, formam servi accipiens,* non deserendo naturam divinam, sed assumendo naturam humanam ; quia non secundum Divinitatem, sed secundum humanitatem apparuit. Et reliquit matrem suam, id est deseruit Synagogam, de qua secundum carnem ortus est. In cujus figuram Jesus dereliquit [11] Judæam, et abiit in regionem juxta desertum, in civitatem, et ibi morabatur cum discipulis suis. Et adhæsit uxori suæ, id est Ecclesiæ se conjunxit, ut sit: *Unum ovile, et unus pastor* [12]. Et ita duo, scilicet Ecclesia et Christus, sunt in carne una, id est in una carnis natura. Quia : *Verbum caro factum est, et habitavit in nobis.*

De tribus bonis Conjugii.

Tria vero sunt principalia bona conjugii. Fides, Proles, et Sacramentum. Fides ad castitatem. Proles ad fecunditatem : Sacramentum ad stabilitatem refertur. Hæc in sacramentali conjugio sacramentaliter invenimus.

De Fide.

Tanta namque fidei puritate Christo copulatur Ecclesia, ut inter eos nunquam conjugii castitas violetur. Unde Salomon in Parabolis laudes Ecclesiæ prosequitur dicens : [13] *Confidit in ea cor viri sui.* Cor viri confidit in illa, quam credit castam, quam credit pudicam, quam credit honestam ; de qua nihil suspicatur iniquum, nihil sinistrum, nihil adversum. Ne quis autem existimet, quod per fallaciam mulieris in hac sua fide fallatur, diligenter attendat, quod super hoc veritas dicat in Evangelio : [14] *Cognosco oves meas, et cognoscunt me meæ.* [15] *Alienum non sequuntur, sed fugiunt ab eo, quia non noverunt vocem alienorum.* Ecclesia siquidem, quæ per oves, et earum innocentiam designatur, non sequitur alienum, non extraneum, non adulterum, sed suum, scilicet proprium virum, sed dilectum, quem diligentissime quærit, et invenit, *ubi pascit, et accubat in meridie,* ne juxta quod inquit in Canticis : [16] *Incipiat vagari post greges sodalium.* Ut enim inviolatam Christo fidem servaret Ecclesia, pro fide nominis ejus universa pertulit genera tormentorum, ne Christo deserto Idolis adhæreret. Sancti enim [17] *ludibria et verbera experti, insuper et vincula, et carceres, lapidati sunt, interfecti sunt, tentati sunt, in occisione gladii mortui sunt,* etc.

De Prole.

Quanto ergo satagat desiderio prolem Ecclesia de Christo suscipere, Doctor Ecclesiæ manifeste declarat, inter cætera dicens : [18] *Filioli mei, quos iterum parturio, donec formetur Christus in vobis.* Nam et Lia [19] quondam datis mandragoris, mercede conduxit Jacob, ut ad illam intraret, de quo concepit, et peperit. Christus quoque suscipiendæ prolis affectum per Isaiam exprimit dicens : [20] *Nunquid ego, qui alios parere facio, ipse non pariam, dicit Dominus? Si ego, qui generationem cæteris tribuo, sterilis ero?* Propheta quoque dicit in Psalterio [21] : *Qui habitare facit sterilem in domo, matrem filiorum lætantem.* Eamdem et sterilem, et matrem filiorum appellat : sed prius *sterilem,* antequam Christo copulata fuisset ; postea vero *matrem filiorum lætantem:* secundum illud Propheticum : [22] *Lauda sterilis, quæ non paris : exulta, quæ non parturis, quia multi filii desertæ magis, quam ejus, quæ habet vi-*

---

[99] *Phil.* 1, 23. [100] *Cant.* 8, vers. 6 et 7. [1] *I Thessal.* 2, 20. [2] *Ephes.* 5, 25. [3] *Joan.* 15, 13. [4] *Joan.* 3, 16. [5] *Rom.* 8, 32. [6] *Gen.* 2, vers. 23 et 24. [7] *Philip.* 2, 6 et 7. [8] *Joan.* 1, 14. [9] *Psalm.* 86, 5. [10] *Philip.* 2, 7. [11] *Joan.* 11, 54. [12] *Joan.* 10, 16. [13] *Cap.* 31, vers. 11. [14] *Joan.* 10, 14. [15] *Joan.* 10, 5. [16] *Cap.* 1. vers. 6. [17] *Hebr.* 11, 36. [18] *Galat.* 4, 19. [19] *Gen.* 30, 16. [20] *Cap.* 66, 9. [21] *Psal.* 112, 9. [22] *Isaiæ* 54, 1.

rum. *Multiplicabo* [23] *semen tuum sicut arenam, quæ est in littore maris.* Eos autem, quos amantissime suscipit, religiosissime nutrit, ne contingat de natis Ecclesiæ, quod accidit de filiis Synagogæ, de quibus ipse conqueritur apud Prophetam : *Filios,* inquit, [24] *nutrivi, et exaltavi, ipsi autem spreverunt me.* Ecclesia vero, quos genuit, doctrinis instituit salutaribus, et moribus informat honestis. Cibat eos [25] pane vitæ, et intellectus, et potat eos aqua sapientiæ salutaris. *Venite,* inquit, [26] *panem comedite mecum, et bibite vinum meum, quod miscui vobis. Relinquite infantiam, et vivite, et ambulate in viis prudentiæ.* Dat et panem cœlestem et calicem salutarem, de quo *si quis gustaverit,* [27] *vivet in æternum;* omne delectamentum [28] *in se habentem, et omnem saporis suavitatem.* Hic est *panis vivus,* [29] *qui de cœlo descendit*; quem filiis suis tradidit Ecclesia.

De Sacramento.

Sacramentum autem inter Christum, et Ecclesiam inseparabilem perseverat; sicut sponsa de sponso dicit in Cantico : [30] *Inveni quem diligit anima mea: tenui eum, nec dimittam, donec introducam illum in domum matris meæ.* Christus quoque cum dixisset Apostolis : [31] *Nunquid et vos vultis abire?* Petrus pro tota respondit Ecclesia : *Domine verba vitæ æternæ habes : et ad quem ibimus?* Ad hoc inseparabile Sacramentum pertinere dignoscitur, quod Christus loquens Apostolis Catholicæ promittit Ecclesiæ : [33] *Ecce ego vobiscum sum omnibus diebus, usque ad consummationem sæculi.* Hæc, quæ dicta sunt de tribus bonis conjugii juxta sacramentale conjugium, facile possunt ad spiritale conjugium retorqueri.

De Conjugalis vinculi firmitate.

Porro fides, et proles in ordinato conjugio semper adhærent. Nam interdum castitas violatur, et fecunditas impeditur. Sacramentum autem ita stabile perseverat, ut sine ipso esse non possit conjugium. Manet autem semper vinculum inter viventes conjugale, ut etiam causa fornicationis intervenienti divortio conjugalis vinculi firmitas non solvatur; Domino testante, qui ait [33] : *Quicumque dimiserit uxorem suam, nisi ob fornicationem et aliam duxerit, mœchatur; et qui dimissam duxerit, mœchatur.* Apostolus vero [34] necessariam veritatem secutus adjunxit : similiter qui ab uxore discesserit. Similiter quasi de conjugio Christi recedens, et fide; et vir si discesserit ab uxore.

De Spirituali Conjugio.

Sic et Apostata perdita [35] Sacramentum fidei non amittit, quod lavacro regenerationis accepit ; redderetur enim redeunti sibi, si discederet ab admisso. Habet hoc qui recesserit ad cumulum supplicii, non ad meritum præmii. Sicut ergo per fornicationem uxor a viro dimittitur ; sic propter apostasiam anima separatur a Christo.

De Spirituali reconciliatione.

Potest tamen reconciliari, si redeat, et viri flagitet pietatem, ipso attestante, qui ait [36] : *Convertimini ad me, et ego convertar ad vos.* Alioquin mittens [37] manum ad aratrum, et respiciens retro cum uxore Lot [38] in salis statuam convertetur

Quid impediat, aut dirimat Conjugium.

Licet autem quælibet criminalis offensa spirituale conjugium, quod est inter Deum et animam, et impediat contrahendum, et dirimat jam contractum, quia charitas non patitur habitare cum vitio, unde nemo potest *Deo servire*[39] *et mammonæ* : sacramentale tamen conjugium, quod inter Christum est, et Ecclesiam, sola forte vel contrahendum impedit, vel contractum impedit, vel dirimit infidelitas. Nam qui ficte baptizatur, ut Simon, [40] etsi fidei suscipiat sacramentum, quia tamen non accipit, a Christo dissentit ; et ideo conjugium cum ipso non contrahit. Quis enim dixerit, quod sine consensu conjugium contrahatur? Quisquis autem, ut Julianus Apostata, etsi sacramentum fidei non amittat, quia tamen fidem sacramenti dimittit, de Christi conjugio, quasi fornicando, recedit. Omnis ergo, qui mysterium Incarnationis Verbi non credit, ad conjugium sacramentale non creditur pertinere, quod per Incarnationis mysterium inter Christum, et Ecclesiam est contractum.

Quod Sacramentale Conjugium nunquam dirimatur.

Porro cum anima per apostasiam separatur a Christo, non desinit esse uxor; cum femina, quæ propter mœchiam separatur a viro, uxor esse non desinat, etsi alteri copuletur. Nam sicut in illa perdurat vinculum matrimonii, sic in ista permanet Sacramentum baptismi. Et sicut illa contraxit conjugium per consensum : sic ista per fidem ; cessante tamen in illa consensu, conjugium non dissolvitur.

Cur in ista, fide cessante, Conjugium non dissolvatur?

An forte quælibet anima Christiana non solum justa, sed apostata conjux est Christi, licet adultera, quia viro suo fidem non servat, quam servare tenetur, propter debitum Sacramenti, quod etiam in apostata perseverat : alioquin non esset adultera si conjux ipsa non esset? Sit ita, si nihil est quod melius valeat responderi.

Quæstio.

Illud autem videtur obsistere, quod in Osee Propheta Dominus protestatur : [41] *Judicate matrem vestram, judicate : quoniam ipsa non uxor mea, et ego non vir ejus ; auferat fornicationes suas a facie sua, et adulteria sua de medio uberum suorum.* Ecce

---

[23] *Genes.* 22, 17.   [24] *Isaiæ* 1, 2.   [25] *Eccles.* 15, 3.   [26] *Prov.* 9, 5 et 6.   [27] *Joan.* 6, 52.   [28] *Sap.* 16, 20.   [29] *Joan.* 6, 51.   [30] *Cap.* 3. vers. 4.   [31] *Joan.* 6. 67.   [32] *Matth.* 28, 20.   [33] *Matth.* 19, 9.   [34] Hic sensus videtur [Librarii causa] non nihil deficere. Idem quoque incommodum in subsequentis capitis initio occurrit.   [35] Substitue fide, alioquin nullus in his verbis est sensus.   [36] *Zach.* 1, 2.   [37] *Luc. cap.* 9. vers. 62.   [38] *Gen.* 19, 26.   [39] *Matth.* 6, 24.   [40] *Act.* 8, 13.   [41] *Cap.* 2, 2.

propter fornicationem, et adulterium dicit dissolutum esse conjugium, ut nec ipse sit vir, nec ipsa sit uxor.

Solutio.

Sane spirituale conjugium, quod per animi charitatem Deus cum Synagoga contraxit, illud utique fuit per idololatriam dissolutum, per quam anima moritur, quia separatur a Deo. Nam sicut corpus vivit ex anima, sic anima vivit ex Deo. Apostolo vero docente [42] didicimus, quod altero conjugatorum defuncto, reliquus a conjugii lege solutus est. Sacramentale vero conjugium dissolvi non potest, quia nondum Christus per naturæ conformitatem contraxerat cum Ecclesia, quia Verbum nondum fuerat incarnatum.

Utrum parvulus baptizatus contrahat Sacramentale conjugium?

Si vero quæratur de parvulo, qui non credit, utrum Christo per Sacramentum fidei desponsetur, forsitan respondebitur, quod sicut in fide baptizatur Ecclesiæ, sic per fidem Ecclesiæ desponsatur. Nam sicut in adulto fides Sacramenti sine Sacramento fidei potest peccata delere, sic in parvulo Sacramentum fidei sine fide Sacramenti peccatum potest dimittere. Quid enim si supplet gratia, quod negat natura? Tametsi verum sit, in carnali conjugio, quod per alienum consensum nemo matrimonialiter obligatur.

Quæstio
Utrum Christus dicendus sit bigamus

Cum autem secundum Apostolum [43] oporteat *Episcopum esse unius uxoris virum*, id est monogamum: quomodo Christus, qui est *Pontifex* [44] *futurorum bonorum, sacerdos in æternum secundum ordinem Melchisedech*, [45] repudiata Synagoga, superduxit Ecclesiam? Sane licet Christus ad tempus deseruit Synagogam: quoniam ut ipse meminit per Prophetam: [46] *Denudavit fornicationes suas, et discooperuit ignominiam suam, et recessit ab ea*; postea tamen illam resumpsit in primitivis fidelibus, quia, *solus ex Judæis est*, [47] cui non superduxit Ecclesiam, sed inseruit tanquam oleastrum olivæ: juxta quod ei dixit Apostolus: [48] *Quod si aliqui ex ramis fracti sunt, tu cum oleaster esses, insertus es in illis, et factus es socius radicis, et pinguedinis olivæ......* Cæcitas [49] *enim ex parte cecidit in Israel, donec plenitudo Gentium intraret, et sic omnis Israel, salvus fieret*. Veritas quoque cum in Evangelio præmisisset: [50] *Animam meam pono pro ovibus meis;* consequenter adjunxit [51]: *Et alias oves habeo, quæ non sunt ex hoc ovili: et illas oportet me adducere, et vocem meam audient, et erit unum ovile, et unus pastor*: id est unus pastor, unus sponsus, et una sponsa. Lapis [52] *angularis, qui fecit* [53] *utraque unum*. Nam: [54] *Et qui præibant, et qui sequebantur, clamabant dicentes: Hosanna filio David: Benedictus, qui venit in nomine Domini*. Sed et secundum aliam speciem nuptiarum Christus in plenitudine temporis sibi conjugavit Ecclesiam, quam olim sibi desponsaverat Synagogam. Nam ut essent [55] *duo in carne una, Verbum* [56] *caro factum est, et habitavit in nobis*; ut dicere valeat: *Hoc* [57] *nunc os ex ossibus meis, et caro de carne mea.* Secundum hanc speciem Christus est unicus unicæ. *Una est*, inquit, [58] *columba mea;* quam numquam repudiabit, nec aliam superducet, quia pepigit [59] cum ea testamentum æternum in sanguine suo: *Vobiscum*, inquit, [60] *ero omnibus diebus, usque ad consummationem sæculi.* In qua vero natura Christus est sponsus Ecclesiæ, in ea unctus est *oleo lætitiæ* [61] *præ consortibus suis;* ut esset Pontifex, et Sacerdos secundum ordinem Melchisedech, Christus ergo secundum illud, quod est Pontifex, non est bigamus, sed monogamus.

Alia quæstio de eodem.

Illud autem movere non debet, quod in multis auctoribus Scripturarum multæ describuntur Ecclesiæ. Paulus enim Apostolus ait [62]: *Præter illa, quæ extrinsecus sunt, instantia mea quotidiana, sollicitudo omnium Ecclesiarum*. Et Joannes Apostolus scribit septem Ecclesiis, quæ sunt in Asia [63]: *Quod vides*, inquit, *scribe in libro, et mitte septem Ecclesiis, Ephesum, et Smyrnam, et Pergamum, et Thyatiram, et Sardis, et Philadelphiam, et Laodiciam.* Sicut autem multa sunt membra corporis, ex quibus unum corpus efficitur; ita multæ sunt Ecclesiæ particulares, de quibus una consistit Ecclesia, quæ Catholica dicitur, id est universalis, uno Christi Spiritu vivificata per totum, sicut et corpus humanum una per totum anima vegetatur. Quod bene significavit Salomon ubi ait [64]: *Sapientia ædificavit sibi domum, excidit columnas septem*. Christus est Dei virtus, et Dei sapientia, qui ædificavit sibi domum, id est Ecclesiam, de qua dicit Propheta [65]: *O Israel, quam magna est domus Dei!* Et excidit columnas septem; id est distinxit in ea septem dona, vel septem ordines Sanctorum [66]: unitatem enim Ecclesiæ Dominus in Evangelio commendavit: [67] *Tu es*, inquit, *Petrus, et super hanc petram ædificabo Ecclesiam meam*. Et Propheta dicit in Psalterio [68]: *Exaltent eum in Ecclesia plebis: et in cathedra seniorum laudent eum*

Item alia quæstio de eodem

Verum quid adhuc respondebitur: Cum omnis anima justa Christo sit desponsata per fidem, et copulata per charitatem; tot ergo sunt Christi sponsæ, quot sunt animæ justæ? Quod ergo pertinet ad

---

[42] *Rom. 7, 2.* [43] *I Timoth. 3, 2.* [44] *Hebr. 9. 11.* [45] *In ead. Epist. 5, 6.* [46] *Ezech. 23, 18.* [47] *Joan. 4, 22.* [48] *Rom. 11, 17.* [49] *vers. 25 et 26.* [50] *Joan. 10, 15.* [51] *vers. 16.* [52] *Ephes. 2, 20.* [53] *Ibid. vers. 14.* [54] *Marci 11, 9.* [55] *Gen. 2, 25.* [56] *Joan. 1, 14.* [57] *Gen. 2, 23.* [58] *Cant. 6, 8.* [59] *Eccl. 17. 10. et c. Act. 20, 28.* [60] *Matth. 28, 20.* [61] *Psalm. 44, 8.* [62] *II Cor. 11, 28.* [63] *Apoc. 1, 14.* [64] *Prov. 9, 1.* [65] *Baruch. 3, 24.* [66] *In margine adjunguntur hæc:* Virginem Mariam, Angelos, Prophetas, Apostolos, Martyres, Confessores, et Virgines. [67] *Matth. 16, 18.* [68] *Psal. 106, 32.*

similitudinis sacramentum, primam legem conjugii factam in Paradiso, quam Christus in Evangelio confirmavit : *Erunt.* inquit [69], non multi sed *duo in carne una;* id est in uno carnali conjugio. Propter hoc relinquet homo patrem, et matrem, et adhærebit non uxoribus, sed *uxori. Sacramentum autem hoc magnum est,* non inter Deum, et animam, sed, ut inquit Apostolus, [70] *in Christo, et in Ecclesia.*

Quanquam omnes animæ justæ sint una sponsa, et una virgo propter unitatem Spiritus [71], quam in vinculo pacis observant. *Æmulor,* inquit, [72] *vos Dei æmulatione : despondit enim vos uni viro virginem castam exhibere Christo.* Pluraliter ait *vos,* et singulariter ait *virginem;* quia omnes in Christo sunt una virgo, propter unum integritatis spiritum, et virginitatis auctorem. Nam [73] *divisiones gratiarum sunt.... Unus autem Spiritus, dividens singulis prout vult.*

De personis legitimis.

Sunt autem nonnullæ personæ, quæ carnale conjugium inter se contrahere prohibentur. Et quidem ante legem fuerunt paucissimæ : sub lege plures : *Propter hoc* [74] *relinquet homo patrem, et matrem;* id est propter copulam conjugalem, nec filia patrem, nec filius matrem accipiet. Christus autem in conjugem accipit et matrem, et filiam, et sororem, et omnem omnino personam, quæ Patris ejus efficit voluntatem. Quicunque vero fecerit [75] voluntatem ejus Patris, qui est in cœlis, ipse suus frater, soror, et mater est. Hic quoque sponsus in Canticis eamdem et sponsam nominat, et sororem [76] : *Vulnerasti cor meum soror mea : sponsa mea vulnerasti cor meum.* Similiter eamdem et regenerat, et desponsat : regenerat prolem, et desponsat uxorem. Nec exspectat septennium pro sponsalibus : nec pro nuptiis duodennium. Quid itaque mirum, si filiam ducit in conjugem, qui filiam elegit in matrem? Nam et Filius matrem genuit, et filia peperit Genitorem. Nullus ergo spirituale, vel sacramentale conjugium contrahere prohibetur. Quin imo quibuslibet hujusmodi copulam inire præcipitur. *Non est enim distinctio,* sicut dicit Apostolus : [77] *sed justitia Dei per fidem Jesu Christi super omnes, qui credunt. Omnis,* inquit, [78] *qui venit ad me, non ejiciam foras.* Omnes tamen efficit unum, sicut ipse dicit ad Patrem : [79] *Ego claritatem, quam dedisti mihi, dedi eis; ut omnes sint unum, sicut et nos unum sumus. Ego in eis, et tu in me : ut sint consummati in unum, et cognoscat mundus, quia tu me misisti.*

Quod Ecclesia Christo dotem non tribuit.

Verum nec anima Deo, nec Ecclesia Christo dotem aliquam pro suo tribuit conjugio contrahendo, quia gratis eam absque dote suscepit. *Non enim* [80] *ex operibus justitiæ, quæ fecimus nos, sed secundum suam misericordiam salvos nos fecit per lavacrum regenerationis Spiritus Sancti, quem effudit in nobis abunde per Jesum Christum Salvatorem nostrum : ut justificati gratia ipsius, hæredes simus secundum spem vitæ æternæ.* Si autem gratia, [81] *non ex operibus : alioquin gratia jam non est gratia.* Non est ergo [82] *volentis, neque currentis, sed Dei miserentis,* ad quem nullus accedit, nisi ipse præcedat, nemo pervenit, nisi ipse præveniat : unde Propheta dicit in Psalterio ; [83] *Prævenisti eum in benedictionibus dulcedinis,* et Christus in Evangelio : [84] *Nemo venit ad me, nisi Pater meus traxerit eum.* Misericordia enim Dei non solum prævenit, sed subsequitur. Prævenit inspirando ; subsequitur adjuvando. Prævenit, ut incipiat ; subsequitur ut perficiat. De prævenienti dicit in Psalterio : [85] *Misericordia ejus præveniet me.* De subsequenti dicit in alio loco : [86] *Misericordia tua subsequetur me.* Non ergo pro dote, sed tantum ex gratia Deus animam, vel Christus sibi desponsavit Ecclesiam. *Quis enim prior* [87] *dedit illi, et retribuetur ei ? Quoniam ex ipso, et per ipsum, et in ipso sunt omnia.* Quid igitur habet homo, [88] *quod non acceperit?* Ipsa caritas, per quam anima Deo spiritualiter copulatur, sibi datur a Deo : Paulo attestante, qui ait : [89] *Caritas Dei diffusa est in cordibus nostris per Spiritum Sanctum, qui datus est nobis.*

Quod Christus donationem facit Ecclesiæ.

Hæc animæ peccata dimittit, ut separatam a Diabolo copulet Deo. *Caritas enim* [90] *operit multitudinem peccatorum.* Et Dominus inquit in Evangelio : [91] *Dimissa sunt ei peccata multa, quoniam dilexit multum.* Qui cum proposuisset Simoni Pharisæo, [92] *quod duo debitores erant uni fœneratori, et unus debebat denarios quingentos, et alius quinquaginta, non habentibus autem illis unde redderent, donavit utrique. Quis ergo plus diligit? Recte Simon illi respondit : Existimo cui plus donavit.* Hæc est ergo donatio propter nuptias, remissio peccatorum. Nam si caritas est conjugium, propter quod Deus animæ copulatur, et propter caritatem debita condonantur, profecto donatio propter nuptias est remissio peccatorum, et secure dicimus, et libere protestatur, quod causa justificationis est caritas, secundum Evangelicum, et Apostolicum testimonium, quod induximus : *Dimissa sunt ei peccata multa, quoniam dilexit multum.* Et si caritas operit multitudinem peccatorum (lucem enim tenebræ fugiunt) utique lux tenebras fugat. Quia non est conventio [93] lucis ad tenebras, neque Christi ad Belial. Aliam quoque donationem Christus promittit Ecclesiæ, quam publicis litteris. Matthæus Evangelista describit : [94] *Beati pauperes spiritu, quoniam ipsorum est regnum Cœlorum. Beati mites,* etc.

---

[69] *Matth.* 19, 5.   [70] *Ephes.* 5, 32.   [71] *Ibid.* 4, 3.   [72] *II Corinth.* 11, 2.   [73] *I Corinth.* 12, 4 et 11.   [74] *Gen.* 2, 24.   [75] *Matth.* 12, 50.   [76] *Cap.* 4, 9.   [77] *Rom.* 3, 22.   [78] *Joan.* 6, 57.   [79] *Joan.* 17, 22 et 23.   [80] *Tit.* 3, 5 et seq.   [81] *Rom.* 11, 6.   [82] *Rom.* 9, 16.   [83] *Psalm.* 20, 4.   [84] *Joan.* 6. 44.   [85] *Psalm.* 58, 11.   [86] *Psalm.* 22, 6.   [87] *Rom.* 11, 35 et 36.   [88] *I Cor.* 4, 7.   [89] *Rom.* 5, 5.   [90] *I Petr.* 4, 8.   [91] *Lucæ* 7, 47.   [92] *Lucæ* 7, 41 et seq.   [93] *II Corinth.* 6, 15.   [94] *Cap.* 5, vers. 3, et seq.

De mysticis donis, quæ Gentilitas Christo præmisit.

Licet autem Ecclesia viro suo dotem non dederit, sed donationem ab ipso receperit, per nuntios tamen idoneos, viros utique nobiles, et prudentes, quædam suæ dilectionis et devotionis mystica dona præmisit, quando gentilitas Magos ab Oriente Jerosolymam destinavit quærentes, [95] *Ubinam esset, qui natus erat Rex Judæorum? Viderunt enim stellam ejus in Oriente, cujus signo processerunt, et invenerunt; prociderunt, et adoraverunt. Et apertis thesauris suis, obtulerunt ei munera, aurum, thus, et myrrham.* Aurum regi; Thus sacerdoti; Myrrham mortali. Tunc cœpit impleri vaticinium Prophetarum : [96] *Reges Tharsis, et Insulæ munera offerent : Reges Arabum, et Saba dona adducent.* [97] *Omnes de Saba venient, aurum, et thus deferentes, et laudem Domino annunciantes.*

De multiplici cultu, quem sponsæ sponsus adhibuit.

Christus itaque non ex merito, sed ex gratia sibi desponsavit Ecclesiam, quam lavit, et unxit; ornavit, et decoravit. Sic per Ezechielem Prophetam sub typo Synagogæ describitur : [98] *Juravi tibi, et ingressus sum pactum tecum : ait Dominus Deus : et facta es mihi. Et lavi te aqua, et emundavi sanguinem tuum ex te: et unxi te oleo. Et vestivi te discoloribus, et* [99] *lavi te janthino : et cinxi te bysso, et indui te subtilibus. Et ornavi te ornamento, et dedi armillas in manibus tuis, et torquem circa collum tuum. Et dedi inaurem super os tuum, et circulos auribus tuis, et coronam decoris in capite tuo. Et ornata es auro, et argento, et vestita es bysso, et polymito, et multis coloribus: similam, et mel, et oleum comedisti, et decora facta es vehementer nimis, et profecisti in regnum. Et egressum est nomen tuum in Gentes propter speciem tuam, quia perfecta eras in decore meo, quem posueram super te, dicit Dominus Deus.*

De Lavacro.

Lavit ergo Christus *Ecclesiam*, ut eam a criminibus emundaret. *Unxit me,* ut chrismatibus decoraret; *ornavit me,* ut virtutibus insigniret. De lavacro dicit Apostolus ad Ephesios : [100] *Viri diligite uxores vestras, sicut et Christus dilexit Ecclesiam, et se ipsum reddidit pro ea, ut illam sanctificaret, mundans lavacro aquæ in verba vitæ, ut exhiberet ipse sibi gloriosam Ecclesiam non habentem maculam, aut rugam, aut aliquid hujusmodi, sed ut sit sancta et immaculata.* Baptismus enim abluit non tantum corpus, sed cor : per ablutionem corporis exteriorem, significans ablutionem cordis interiorem. Juxta quod Dominus per Ezechielem testatur : [1] *Effundam super vos aquam mundam, et mundabimini ab omnibus inquinamentis vestris.* Et Ezechias : [2] *In die illa erit fons patens domui David, et habitantibus Jerusalem in ablutionem peccatoris, et menstruatæ.* Propter quod et Veritas inquit in Evangelio : [3] *Nisi quis renatus fuerit ex aqua, et Spiritu Sancto, non intrabit in regnum cœlorum.* Sed [4] *Qui crediderit, et baptizatus fuerit, salvus erit.*

De Unguento.

De unguento Sponsa dicit ad Sponsum in Canticis [5] : *Curremus in odorem unguentorum tuorum.* Unguenta sunt Spiritus Sancti chrismata, quæ conficiuntur ex illis pigmentis, quæ Isaias commemorat, dicens : [6] *Requiescit super eum spiritus sapientiæ, et intellectus, spiritus consilii, et fortitudinis, spiritus scientiæ, et pietatis, et replevit eum spiritus timoris Domini.* Hæc sunt aromata [7] *myrrhæ, et thuris, et universi pulveris pigmentarii.* Unguenta ista redolent, et impinguant. Redolent exterius hilari fama, impinguant interius spirituali lætitia. Propter hilarem famam dicit Apostolus : [8] *Christi bonus odor sumus in omni loco,* et : [9] *Domus impleta est ex odore unguenti.* Propter spiritualem lætitiam, inquit Psalmista : [10] *Impinguasti in oleo caput meum,* et : [11] *Sicut adipe et pinguedine repleatur anima mea.* Unguentum istud principaliter abundat in Christo, cui sine mensura datus est Spiritus, quia [12] *Unctus est oleo lætitiæ præ consortibus suis.* Sed unguentum [13] a capite descendit in barbam, et a barba in oram vestimenti descendit, quia [14] *de plenitudine ejus omnes accepimus;* primum Apostoli, deinde cæteri. Hæc est unctio, *quæ secundum Joannem* [15] *docet de omnibus;* qua Reges et Sacerdotes unguntur, sed illi, de quibus Petrus Apostolus ait : [16] *Vos estis genus electum, regale sacerdotium.*

De Ornatu.

De ornatu loquitur Salomon in Parabolis [17] : *Stragulatam vestem fecit sibi : byssus, et purpura vestimentum ejus : Omnes* [18] *domestici ejus vestiti sunt duplicibus.* Vestes Ecclesiæ sunt virtutes, quibus Ecclesia protegitur, et ornatur; secundum illud Propheticum : [19] *Sacerdotes tui induant justitiam.* Et : [20] *Induti sunt arietes ovium, et valles abundabunt frumento.* Tot igitur habet diversitates vestium, quot habet varietates virtutum, juxta quod alibi legitur : [21] *Astitit regina a dextris tuis in vestitu deaurato, circumdata varietate.* Propter quod *domestici ejus,* id est fideles in domo Domini conversantes, dicuntur *vestiti duplicibus,* id est diversis virtutibus ornati. *Stragulata* vero *vestis* est illa, quæ non solum texitur ex virtutibus, verum et contexitur ex operibus, ut varietate, textura firmissima contexatur; hæc est virtus operans, et operatio virtuosa. Quia vero duo sunt genera Fidelium in Ecclesia, videlicet Confessores, et Martyres, recte subjungitur: *Byssus, et purpura vestimentum ejus.* Purpura nam-

---

[95] Matth. 2, 1, et seq. [96] Psalm. 71, 10. [97] Isaiæ, 60, 6. [98] Cap. 16 vers. 8, et seq. [99] Non nihil distat hæc interpretatio a Vulgata. An id in Amanuensem referendum est? Judicet Lector. [100] Cap. 5, vers. 25, et seq. [1] Cap. 36, 25. [2] Cap. 13, 1. [3] Joan. 3, 5. [4] Marc. 16, 16. [5] Cap. 1, 3. [6] Cap. 11, 2. [7] Cant. cap. 3, 6. [8] II Corinth. 2. 14. [9] Joan. 12, 3. [10] Psal. 22. 5. [11] Psal. 62, 6. [12] Psal. 44, 8. [13] Psal. 132, 2, et 3. [14] Joan. 1, 16. [15] I Joan. 2, 27. [16] I Petr. 2, 9. [17] Cap. 31, 22. [18] Eod. cap. vers. 21. [19] Psalm. 131, 9. [20] Psalm. 64, 14. [21] Psalm. 44, 10.

que Martyribus convenit propter sanguinem, de quo tingitur : Byssus autem congruit Confessoribus propter candorem, quem ex maceratione sortiuntur. Quocirca Sacerdotalis ornatus contextus erat [22] *ex auro, et hyacintho, et purpura, coccoque bis tincto, et bysso retorta opere polymito*, id est vario, de quibus plenius egimus in libello, qui de Missarum mysteriis appellatur. *Gaudeamus ergo* [23] *et exultemus, quia venerunt nuptiae Agni, et uxor ejus praeparavit se. Et datum est illi, ut cooperiat se byssino splendenti, et candido. Byssinum enim justificationes sunt sanctorum.* Haec est Sara maturior, Rebecca sapientior, Lia fecundior, Rachele gratior, Anna devotior, Susanna castior, Juditha animosior, Edissa formosior : *Multae* [24] *filiae congregaverunt divitias : haec autem supergressa est universas.*

De Pulchritudine sponsae.

Ecce quanto decore Christus venustavit Ecclesiam; ut recte dicat in Canticis : [25] *Tota pulchra es, amica mea*, virtutibus decorata : *et macula non est in te* criminibus expoliata. Sed quomodo tota pulchra, et sine macula, cum modo macula sit in Luna ? Et multi sunt in Ecclesia, qui vitiorum sordibus inquinantur? Nam et Arca Noe [26] munda continuit et immunda : domus Abrahae, [27] liberam habuit, et ancillam · uterus Rebeccae [28] praedestinatum reportavit, et reprobum. Sagena piscatoris [29] bonos recepit, et malos : ager hominis [30] triticum attulit, et zizania : rex quoque [31] bonos, ac malos jussit ad nuptias introduci. Licet autem illud sit absque dubitatione verissimum secundum statum triumphantis Ecclesiae, quem habet in patria : verum est tamen secundum statum militantis Ecclesiae, quem habet in via ; sed quantum ad illos, quid non solum numero, sed merito : non solum nomine, sed numine sunt in Ecclesia, qui spectant non solum ad sacramentale, sed et ad spirituale conjugium. Porro cum nec *infans unius* [32] *diei sine peccato sit super terram ? non est enim* [33] *homo justus in terra, qui faciat bonum, et non peccet.* Et [34] *si dixerimus, quoniam peccatum non habemus, ipsi nos seducimus, et veritas in nobis non est*, quoniam [35] *in multis offendimus omnes*, quomodo verum est, quod vel anima justa tota sit pulchra, et macula non sit in illa ? Nam si careat criminali, sed non penitus veniali. Ceterum venialis culpa non maculat animae pulchritudinem. Nam sicut stilla situlae non extinguit, sed accendit fornacis ardorem, ita venialis offensa non minuit, sed incendit caritatis fervorem. *Septies* enim [36] *in die cadet justus vir, et fortior resurget,* Cadit, inquam, non in criminale, sed in veniale peccatum, a quo per sacrificium [37] *contribulati spiritus* fortior elevatur.

De Desponsatione.

His ergo ornata virtutibus Ecclesia desponsatur, et ad plenitudinem desponsationis omnimodam annulatur, amplexatur, et osculatur; annulo fidei, amplexu spei, osculo caritatis. In cujus figura pater accurrens filio revertenti, *cecidit super collum ejus,* [38] *et osculatus est eum...... Dixitque pater ad servos suos...... date annulum in manu ejus,* etc.

De forma contrahendi.

Forma vero conjugii contrahendi simul in utroquo servatur. Cum enim vir, et mulier ad contrahendum conveniunt, praesentibus arbitris uterque quaerit ab altero, si velit ipsum accipere ; cumque responderit : *Volo;* statim uterque dicit ad alterum : Et ego accipio te in meum. Ita cum catechumenus, et sacerdos ad baptizandum conveniunt, patrinis praesentibus, sacerdos interrogat : Utrum catechumenus credat in Trinitatem ? Cumque responderit : *Credo;* statim ille subjungit : Et ego te baptizo in nomine Trinitatis; sacramentale namque conjugium in baptismate celebratur. Quod bene recolitur, cum in Epiphania quasi carmen nuptiale cantatur : [39] *Hodie coelesti sponso juncta est Ecclesia, quoniam in Jordane lavit Christus ejus crimina ; currunt cum muneribus Magi ad regales nuptias ; et ex aqua facto vino laetantur convivae.* Ut enim Christus ascenderet, quo per sacramentum baptismi sacramentales nuptiae contrahuntur, quibus Christo copulata Gentilitas, eodem die, quo fuit adoratus a Gentibus, excursis triginta annis baptizatus est in Jordane, ac revoluto anno, nuptias consecravit. Et sicut in baptismo vim regenerativam aquis exhibuit, sic ad nuptias vim conversivam in aquis exercuit, cum aquam convertit in vinum. Ut quemadmodum frigidus liquor est mutatus in calidum, et calidus in rubentem : ita qui frigidus, et pallidus fuerat per peccatum, fiat calidus, et rubens per baptismum, qui Christi sanguine rubricatur.

De Paranymphis.

In Sacramenti conjugio, quod inter Christum, et Ecclesiam est contractum, Joannes extitit paranymphus, qui viam ante faciem Domini praeparavit ; sicut scriptum est per Isaiam Prophetam dicentem: [40] *Ego vox clamantis in deserto, parate viam Domini, rectas facite semitas Dei nostri.* Hic est, de quo per Malachiam Prophetam Pater inquit ad Filium : [41] *Ecce ego mitto Angelum meum;* id est Joannem, qui dicitur *Angelus*, non naturae proprietate, sed officii dignitate, quia Christum et praenunciavit praesentem. Venit, inquit, [42] *fortior me post me, cujus non sum dignus corrigiam calceamenti solvere.* Et : [43] *Qui post me venit, ante me factus est.* Rursus [44] : *Hic est de quo dixi vobis : Ecce Agnus Dei, ecce qui tolli*

---

[22] *Exod.* 28, 6.   [23] *Apocal.* 19, 7 et 8.   [24] *Prov.* 31, 29.   [25] *Cap.* 4, 7.   [26] *Gen.* 7, 8.   [27] *Galat.* 4, 22, et *Gen.* 16, 15.   [28] *Rom.* 9, 10, et seq.   [29] *Matth.* 13, 47.   [30] *Matth.* 13, 25.   [31] *Matth.* 22, 10.   [32] *Job.* 14, 4. secundum 70.   [33] *Eccles.* 7, 21.   [34] *I Joan.* 1, 8.   [35] *Jacob.* 5, 2.   [36] *Prov.* 24, 16. Desunt tamen voces illae in die.   [37] *Psal.* 50, 19.   [38] *Lucae* 15, 20, et seq.   [39] *Antiph. ad Bened. in ead. Solemn.*   [40] *Cap.* 40, 3.   [41] *Cap.* 5, 1.   [42] *Marc.* 1, 7.   [43] *Joan.* 1, 15.   [44] *Ibid.* 1, 29.

peccatum mundi, qui præparabit viam ante te, scilicet pœnitentiam, et baptismum. *Pœnitentiam*, inquit, [48] *agite, appropinquavit enim regnum Cœlorum*, Et [46] *Ego baptizo vos aqua; medius autem vestrum stat, qui baptizabit vos Spiritu Sancto, et igni*. Et statim [47] post annunciationem Joannis, veniet ad templum sanctum suum (id est ad Ecclesiam, ut illam desponsando sanctificet: de qua dicit Apostolus : [48] *Templum Domini sanctum est, quod estis vos*) Dominator, quem quæritis, et Angelus testamenti quem vos vultis. Metaplasmus est. Convertit enim sermonem ad illos, qui Christi desiderabant adventum dicentes : [49] *Emitte Agnum, Domine, dominatorem terræ, de petra deserti ad montem filiæ Sion*. Hic est ergo vox Verbi judicis, paranymphus sponsi, lucerna solis, qui se sponsi vocat amicum, et exhibet paranymphum. *Qui habet*, inquit, [50] *sponsum, sponsus est, amicus autem sponsi, qui stat, et audit eum, gaudio gaudet propter vocem sponsi.* In spirituali vero conjugio, quod inter Deum et animam celebratur, paranymphus est timor, qui caritatem introducit : Nam [51] *Timor Domini expellit peccatum*. Et : *Initium sapientiæ* [52] *timor Domini*. De quo dicitur per prophetam : [53] *A timore tuo, Domine, concepimus, et peperimus spiritum salutis*.

De solemni conjugio.

Sacramentale conjugium noluit esse clandestinum, sed omnibus manifestum. Nam [54] *In sole posuit tabernaculum suum; et ipse tanquam sponsus procedens de thalamo suo*. In sole, id est manifesto; juxta quod alibi dicitur : [55] *Non venit lucerna, ut ponatur sub modio, sed super candelabrum*. Notum enim [56] *fecit Dominus salutare suum; in conspectu gentium revelavit justitiam suam*. Propterea dicebat Apostolis [57] : *Quæ dico vobis in tenebris, dicite in lumine; et quæ in aure auditis, prædicate super tecta. Euntes* [58] *in mundum universum prædicate Evangelium omni creaturæ...... Illi autem profecti prædicaverunt ubique, Domino cooperante, et sermonem confirmante, sequentibus signis*. Quapropter [59] *In omnem terram exivit sonus eorum : et, in fines orbis terræ verba eorum*. Hoc sacramentale conjugium quilibet Christianus debet publice confiteri ; *Nam* [60] *corde creditur ad justitiam : ore autem confessio fit ad salutem*. Propter quod ipse dicit in Evangelio: *Qui me confessus fuerit coram hominibus, confitebor et ego eum coram Patre meo, qui in cœlis est*. Et [61] *Qui me erubuerit, et meos sermones, hunc Filius hominis erubescet, cum venerit in gloria sua, et Patris, et sanctorum Angelorum*.

De Clandestino Conjugio.

Spirituale conjugium contrahitur in occulto, quia Deus justificat hominem sine homine. *Spiritus* [62] *ubi vult spirat, et vocem ejus audis, sed nescis unde veniat, aut quo vadat*. Et [63] *nemo novit, quæ sunt in homine, nisi spiritus Dei, qui fecit hominem*. Ne tamen et hoc conjugium sine testibus contrahatur, tres illi præsentialiter adsunt [64] *Qui testimonium dant in Cœlo : Pater, Verbum, et Spiritus Sanctus : et hi tres unum sunt ;* Filio testante, qui ait : [65] *Si quis diligit me, sermonem meum servabit, et Pater meus diliget eum, et ad eum veniemus, et mansionem apud eum faciemus*.

De traductione.

Solet vir desponsare prius puellam, et postea traducere desponsatam. Unde [66] *cum esset desponsata mater Jesu Maria Joseph, antequam convenirent, inventa est in utero habens de Spiritu Sancto. Joseph autem vir ejus, cum esset justus, et nollet eam traducere, voluit occulte dimittere eam*. Ita Christus Ecclesiam prius desponsavit per fidem, et postea traducet in speciem. *Cum* [67] *tradiderit regnum Deo, et Patri, et evacuaverit omnem principatum, et potestatem...Cum mortale hoc induet immortalitatem, et corruptibile hoc induet incorruptionem :* quando dicet his, qui a dextris ejus existent : [68] *Venite benedicti Patris mei, possidete paratum vobis regnum a constitutione mundi :* quando dicet illi, qui duplicavit talentum : [69] *Euge, serve bone et fidelis, quia in pauca fuisti fidelis, super multa te constituam, intra in gaudium Domini tui*, tunc exclusis extraneis, et in gehenna reclusis, sponsa cum sponso, sola cum solo requiescet in lecto quietis, intra cubiculum gaudii, sub umbraculo pacis, de quo Propheta dicit in Psalmo : [70] *Abscondes eos in abscondito vultus tui a conturbatione hominum*. Venient, [71] *et recumbent cum Abraham, et Isaac, et Jacob in regno Cœlorum*. Tunc *exultabunt* [72] *Sancti in gloria ; lætabuntur in cubilibus suis*. Nam *absterget* [73] *Deus omnem lacrymam ab oculis Sanctorum : et mors ultra non erit, neque luctus, neque clamor, neque dolor erit ultra, quia priora abierunt. Ecce ego* [74] *creo cœlos novos, et terram novam, ait Dominus : et non erunt in memoria priora, et non ascendent super eos. Sed gaudebitis, et exultabitis usque in sempiternum in his quæ ego creo, quia ecce ego creo Jerusalem exultationem, et populum ejus gaudium. Et exultabo in Jerusalem, et gaudebo in populo meo, et non audietur in eo ultra vox fletus, et vox clamoris. In terra sua* [75] *duplicia possidebunt :* quoniam in terra viventium Sancti geminam glorificationis stolam accipient, spiritualem et corporalem ; unam mentis, quæ consistit in tribus ; et alteram carnis, quæ consistit in quatuor, quorum proprietates invenies assignatas in illo sermone, quem *De duplici Corona* descripsimus [76].

---

[48] *Matth.* 3, 2 et 11. [46] *Joan.* 1, 26. [47] *Matth.* 3, 1. [48] *I Corinth.* 3, 17. [49] *Isaiæ* 16, 1. [50] *Joan.* 3, 29. [51] *Eccli.* 1, 27. [52] *Psalm.* 110, 10. [53] *Isaiæ* 23, 18. [54] *Psalm.* 18, 6. [55] *Marc.* 4, 21. [56] *Psal.* 97, 2. [57] *Matth.* 10, 17. [58] *Marc.* 16, 15 et 20. [59] *Psal.* 18, 4. [60] *Rom.* 10, 10. [61] *Matth.* 10, 32. [62] *Lucæ* 9, 26. [63] *Joan.* 3, 8. [64] *I Corinth.* 2, 11. [65] *I Joan.* 5, 8. [66] *Joan.* 14, 23. [67] *Matth.* 1, 18 et 19. [68] *I Corinth.* 15, 24 et 53. [69] *Matth.* 25, 34. [70] *Ibid. vers.* 23. [71] 50, 24. [72] *Matth.* 8, 11. [73] *P al.* 149, 5. [74] *Apocal.* 21. 4, [75] *Isaiæ* 65, 17, et seq. [76] *Isaiæ* 61. 7.

De nuptiali Convivio.

Cum autem ingreditur Ecclesia in locum [77] *tabernaculi admirabilis usque ad domum Dei*, tunc, in voce exultationis, et confessionis, erit sonus epulantis : tunc in Cœli palatio nuptiale convivium celebrabit, de quo Veritas inquit Apostolis : [78] *Edetis, et bibetis super mensam meam in regno meo*. Et Angelus ad Joannem [79] *Beati qui ad cœnam nuptiarum Agni vocati sunt*. Faciet illos [80] *discumbere, et transiens ministrabit illis*. Beati [81] *qui esuriunt, et sitiunt justitiam, quoniam ipsi saturabuntur*. Et inebriabuntur [82] *ab ubertate domus Dei*. Quando torrente voluptatis suæ potabit eos, semper saturabuntur, et nunquam fastidient. Saturitas illa nunquam incurret fastidium, quia suavitas illa semper ingeret desiderium. Tunc plene gustabunt, [83] *quam dulcis est Dominus* : cum ipse Deus erit *omnia in omnibus*; [84] Cibus, potus, saturitas, et satietas singulorum ; dulcedo incorporalis : suavitas ineffabilis : odor inextimabilis. *Quam magna* [85] *multitudo dulcedinis tuæ, Domine, quam abscondisti timentibus te!* Magna quidem est multitudo dulcedinis, quoniam una sufficit omnibus, et non sufficiunt omnes uni, quam tamen non in præsenti tribuis, sed in futuro reservas : quoniam *abscondisti eam timentibus te. Satiabor*, inquit, [86] *cum manifestabitur gloria tua.* Tu nempe dixisti : [87] *Ego vincenti dabo manna absconditum. Quod nec oculus* [88] *vidit, nec auris audivit, nec in cor hominis ascendit, etc. Ego* [89] *vincenti dabo edere de ligno vitæ, quæ est in Paradiso Dei mei. Ego* [90] *sitienti dabo de fonte aquæ vivæ gratis ;* de qua qui biberit, [91] *non sitiet in æternum*.

De Sacramentali Convivio.

Interim autem donec sponsa traducatur in regnum, ne deficiat expectando, sponsus ei solemne convivium præparavit, quantum, et quale non fuit a sæculo celebratum. Illud utique, quod filio revertenti pater exhibuit, in quo jussit [92] occidi vitulum saginatum. In hoc convivio deliciæ spirituales abundant, quæ præ ceteris cibis, et potibus mentem satiant, et saginant.

De Pane.

Panis enim cœlestis apponitur, de quo [93] *Si quis manducaverit, vivet in æternum*. Panis iste sumitur, non consumitur : editur, et non egeritur : manducatur, et non incorporatur, sed manducatus incorporat, et manducans incorporatur : transsubstantiatur, non transformatur, sed transformat, non transsubstantiat : quotidie manducatur, et non deficit, nec decrescit, quia quotidie transsubstantiatur, et nec proficit, nec accrescit.

De carne.

Verum sub forma panis substantia carnis comeditur, secundum illud : [94] *Panis, quem ego dabo,* A *caro mea est pro mundi vita*. Hic est Agnus paschalis, ex quo [95] *non crudum quid nec coctum aqua, sed tantum assum igni* jubemur comedere, *caput cum pedibus, et intestinis vorare. Si quid residuum fuerit. igni comburere*. Illæsus dividitur, et integer manducatur. Vivit manducatus, qui resurrexit occisus. Manducatus non moritur, quia resurrexit non moriturus. Totum comedit, qui quantumlibet edit, quia nec qui plus collegerat, habuit amplius, nec qui minus paraverat, reperit minus.

De Vino.

Propinatur et vinum, quale nec Cyprus [96] attulit, nec est repertum in Engaddi : de quo dicit Psalmista : [97] *poculum tuum inebrians, quam præclarum est!* Quod non facit ebrios, sed reddit sobrios : Et quo plus potatur, eo plus affectatur. Generat desiderium, quod non parit fastidium : et ideo qui plus bibit, plus sitit, donec spes mutetur in rem, et fides in speciem. Hic est calix novi testamenti continens vinum, in quo stola lavatur, [98] et pallium in sanguine uvæ. O magnum et salutare convivium, in quo caro Christi comeditur, et sanguis Christi potatur! Caro munda, caro pura, caro sincera, delectabilis, amabilis, suavis. Sanguis præclarus, sanguis pretiosus, sanguis acceptus, sanctificans, et vivificans, et emundans, super mel et favum dulcis est animæ diligenti. Quod quisque salubriter cupit, hoc sibi suaviter sapit. Nam quomodo virtutes non saperet, in quo est plenitudo virtutum? Si cupit virtutem, et sapientiam, Christus [99] est Dei virtus, et sapientia. Si cupit veritatem, et vitam, Christus [100] est via, et veritas, et vita. Currenti per singula non deerunt exempla. Scriptum est enim : *Panem* [1] *de cœlo præstitisti eis sine labore, omne delectamentum in se habentem, et omnis saporis suavitatem. Panis*, inquit, [2] *quem ego dabo, caro mea est pro mundi vita*. Tanta caritate sponsus diligit sponsam, ut illi se tribuat non solum habendum, verum et comedendum. Nam qui semetipsum dedit in pretium, ut redimeret nos a morte, semetipsum tradidit in cibum, ut nutriat nos ad vitam *Qui* [3] *manducat me, vivet propter me*. Pro corporis ergo salute, sub specie panis caro comeditur ; et pro salute spiritus sub specie vini sanguis potatur ; alterutrum sub utroque. Panis enim refertur ad carnem, et vinum ad animam : quia vinum sanguinem operatur, in quo sedes est animæ : Moyses quippe testatur, quod caro pro corpore, sanguis autem offertur pro anima [4].

De magnitudine convivii.

Ad hoc convivium celebrandum non sufficit unus dies, non sufficit unus mensis, non sufficit unus annus ; sed a passione Christi fuit initium, et usque ad finem mundi perdurabit : ut, quia quotidie per

---

[77] *Sermo, quem Innocentius hic allegat, is est, qui inscribitur pag. 172. Tom. I.* [78] Psal. 41, 5. [79] Lucæ 22, 50. [80] Apoc. 19, 9. [81] Lucæ 12, 37. [82] Matth. 5, 6. [83] Psalm. 33, 8. [84] I Petr. 2, 3. [85] I Corinth. 15, 28. [86] Psal. 30, 20. [87] Psalm. 16, 15. [88] Apoc. 2, 17. [89] I Corinth. 2, 9. [90] Apocal. 2, 7. [91] Ibid. 21, 6. [92] Joan. 4, 13. [93] Lucæ 15, 23. [94] Joan. 6, 52. [95] Joan. 6, 52. [96] Exod. 12, 9, et seq. [97] Cant. 1, 13. [98] Psal. 22, 5. [99] Gen. 49, 11. [100] I Corinth. 1, 24. [1] Joan. 14, 6. [2] Sap. 16, 20. [3] Joan. 6, 52. [4] Joan. 6, 58.

infirmitatem peccamus, quotidie per hanc medicinam a peccato sanemur. *Vobiscum*, inquit, [5] *ero cunctis diebus, usque ad consummationem sæculi.* Semper est præsens nobiscum in isto convivio, sub alia quidem forma, sed in propria vere substantia. Cum enim Christus secundum naturam Divinam tribus modis in rebus existat : in omnibus per essentiam • in solis justis per gratiam : in homine assumpto per unionem ; voluit idem ipse secundum naturam humanam tribus modis in rebus existere : localiter in Cœlo : personaliter in Verbo : sacramentaliter in Altari. Sicut enim secundum Divinitatem totus essentialiter est in omnibus rebus, ita secundum humanitatem totus Sacramentaliter est in pluribus locis.

De Mensa.

Tantum est igitur hoc cœleste convivium, ut nec unus locus ejus celebrationi sufficiat ; sed unum, et idem, in nullo varium ac diversum, super omnem mensam altaris per universa mundi climata celebratur. Ornatur autem hæc mensa mantilibus pretiosis, et desuper palla corporalis extenditur, ut in mundissima sindone sacrosanctum convivium celebretur. Hæc est mensa, de qua dicit Propheta : [6] *Parasti in conspectu meo mensam,* et de qua dicit Apostolus : [7] *Non potestis communicare mensæ Christi, et mensæ dæmoniorum.*

De Ministris.

In hoc excellenti convivio divisi sunt ordines ministrorum. Sed in omnibus, et præ omnibus tres præcipui, Subdiaconorum, Levitarum, et Sacerdotum, quos oportet cordis, et corporis habere munditiam, juxta mandatum Propheticum ; [8] *Mundamini qui fertis vasa Domini.*

De Vasis.

Vasa quidem non lignea, quasi vilia ; non vitrea, quasi fragilia ; non ærea, velut æruginantia : sed aurea, vel argentea, pretiosis lapidibus insignita, in quibus tam ordinate ministrant, ut ipsorum ministrorum ordo mirabilis Divinum innuat Sacramentum.

De Convivis.

Ad hoc generale convivium Sponsus omnes gentes invitat : *Venite*, inquit, [9] *ad me, omnes qui laboratis, et onerati estis, et ego reficiam vos. Simile,* inquit, [10] *factum est regnum Cælorum homini Regi, qui fecit nuptias filio suo,* etc. Parabolam istam Beatus Gregorius [11] tam diligenter, et evidenter exposuit, ut non solum superfluum, sed et temerarium sit post illum quidquam addere, vel mutare.

Prius igitur per Prophetas, qui prandium istud prænunciavere, ad prandium Judaicum populum invitavit, sed venire neglexit. Iterum per apostolos, qui prandium istud annunciavere, ad prandium invitavit eundem, sed venire contempsit : quin immo quosdam ex illis, et istis affectos contumeliis occiderunt. Ne ut nuptiæ jam paratæ remanerent, per diversos prædicatores Gentilem populum invitavit, qui credidit, et accessit ; et impletæ sunt nuptiæ discumbentium.

De tribus ordinibus

Licet autem multi sint ordines convivarum, quia *terribilis* [12] *ut castrorum est acies ordinata,* tres tamen sunt principales, Noe, Daniel, et Job : id est Prælati, Continentes, et Conjugati ; nam secundum parabolam Evangelicam, duo [13] sunt in agro ; duo in lecto ; duo in mola, quorum unus assumetur, et alter relinquetur. Intrantium enim ad nuptias quidam *vestem* non habent *nuptialem* [14] *;* Quoniam *indigne* [15] *manducans, judicium sibi manducat, non dijudicans corpus Domini.* Vestis nuptialis est *caritas, quæ multitudinem operit* [16] *peccatorum.* Probet ergo seipsum homo, [17] utrum habeat caritatem, *et sic de pane illo edat, et de calice bibat.* Alioquin *ligatis* [18] *manibus, et pedibus mittetur in tenebras exteriores : ibi erit fletus, et stridor dentium.*

De Spirituali Convivio.

In spirituali vero conjugio spirituale convivium celebratur. Illud utique, quod per singulos dies [19] septem filii Job cum tribus sororibus faciebant. Tunc enim septem filii Job cum tribus sororibus convivantur, quando septem dona cum tribus virtutibus animum, quem afficiunt, interna satietate reficiunt. De quo Dominus ait : [20] *Ecce ego sto ad ostium, et pulso : si quis audierit vocem meam, et aperuerit mihi januam, intrabo ad illum, et cænabo cum illo, et ipse mecum.* Ad hoc convivium invitat Psalmista, qui ait : [21] *Gustate, et videte, quoniam suavis est Dominus.* Petrus Apostolus : [22] *Lac concupiscite, ut in salutem crescatis, si tamen gustatis, quoniam dulcis est Dominus.* Dulcedinem istam illa jam gustaverat, quæ dicebat : [23] *Comedi favum meum cum melle meo, bibi vinum meum cum lacte meo ;* propter quod et alios ad gustandum invitat : *Comedite, amici, et bibite, et inebriamini charissimi.* Gustatur super mensam [24] de lignis Sethim quatuor pedibus subsistentem, super quam [25] panes propositionis coram Domino ponebantur. Hæc est mensa Scripturæ, super quam cibatur Ecclesia *Pane vitæ,* [26] *et intellectus* et potatur *aqua sapientiæ salutaris.*

---

[5] *Levit.* 17, 11, 13, etc. [6] *Matth.* 28, 20. [7] *Psalm.* 22, 5. [8] *I Cor.* 10, 21. [9] *Isaiæ* 52, 11. [10] *Matth.* 11, 28. [11] *Ibid.* 22, 2. [12] *Hom.* 58. *in Evang.* [13] *Cant.* 6, 3. [14] *Luc.* 17, 54 et 55. [15] *Matth.* 22, 11. [16] *I Cor.* 11, 29. [17] *I Petr.* 4, 8. [18] *In supra alleg. epis. D. Pauli cap.* 11, 28. [19] *Matth.* 22, 13. [20] *Job.* 1, 4, et seq. [21] *Apocal.* 3, 20. [22] *Psal.* 33, 9. [23] *Epist.* 1. *cap.* 2. *v.* 2. [24] *Cant.* 5, 1. [25] *Exod.* 25, 23. [26] *Ibid. v.* 30.

EPITHALAMIUM
IN LAUDEM SPONSI, ET SPONSÆ.

Solent igitur cantores et psallentes nuptialibus a Iesse conviviis, ut instrumentis, et canticis lætificent discumbentes. Propter quod in illo convivio, quod pater fecit filio revertenti, symphoniam, [27] et chorum legimus concrepasse. Per symphoniam intelligentes instrumenta chordarum; per chorum cantica vocum. Veniat igitur ad hoc nuptiale convivium optimus ille cytharista David, et Epithalamium, quod eructavit cor ejus, ad honorem sponsi, et sponsæ decantet.

PRÆFATIO.
De commendatione Cantoris.

Eructavit [28] *cor meum verbum bonum* : dico ego *opera mea regi*. Clamat in persona pulsantis ad ostium, ut intromittat ad nuptias. Et quasi janitor illi respondeat : ideo tibi non patet ingressus, quia joculatores, et histriones solent esse maledicentes et adulterantes; insipientes, et arrogantes; Non sum, inquit, insipiens, quoniam [29] *eructavit cor meum;* id est plenum sapientiæ verbum protulit. Non sum adulator, qui laudat ex ore, sed non laudat ex corde; quia non solum os, sed *cor eructavit.* Non sum arrogans, qui sibi tamquam proprium attribuit alienum : quoniam *eructavit cor meum.* Non sum maledicus, qui loquitur verbum asperum, et malignum : quoniam *eructavit cor meum verbum bonum,* verbum dulce, verbum suave, verbum jucundum : Nam [30] *ex abundantia cordis os loquitur. Et bonus homo de bono thesauro nova profert, et vetera.*

Sed quasi janitor replicaverit : Dic ergo mihi tu verbum bonum, ut ego referam illud Regi. Non decet, inquit, ut tu metas quæ non seminasti : propterea [31] *Dico ego opera mea, non tua, regi.* Regi non tibi, quia [32] *dignus est operarius mercede sua* : præsertim cum intendat perfecte laudare : videlicet corde, ore, et opere. Corde : quoniam *eructavit cor meum.* Ore : quoniam *eructavit verbum bonum.* Opere, quia *dico ego opera mea regi,* scilicet laudes sponsi, et sponsæ, quas operatus sum ego inveniendo, et componendo. *Dico etiam opera mea regi;* id est consecro carmina mea Christo.

Et quasi janitor insultaverit, quod verbum ejus confusum sit, et morosum. Non est, inquit, confusum, [33] quia *lingua mea est calamus scribæ velociter scribentis* : quasi dicat, Cur *experimentum quæris* [34] *ejus, qui in me loquitur Christus?* Lingua mea est *calamus scribæ velociter scribentis* : id est instrumentum Spiritus Sancti celeriter inspirantis, qui non sub humano cruciatu deliberat, sed repente ubicumque [35] *vult spirat* : secundum quod alibi legitur, quia [36] *factus est repente de cælo sonus, tanquam advenientis spiritus vehementis.* Sicut enim atramentum de cornu scriba per calamum imprimit pergameno, sic Spiritus Sanctus veritatis scientiam de Divinitatis arcano, per linguam Prophetæ cordi perfudit humano. Scriptor egregius, qui tabulas legis similes omnino prioribus [37] ab utraque parte rescripsit : Velociter ergo scribet de illo, qui juxta vaticinium Isaiæ [38] vocatur : *Accelera, spolia, detrahe, cito prædare.*

Inter omnes utriusque sermones Rex cytharœdum imperat introduci : qui protinus introductus laudes regis excellenter extollit.

Narratio de laudibus sponsi.

Speciosus (inquit) *forma præ filiis hominum.* Utriusque laudes et regis, et reginæ prosequitur : sed regem, quasi majorem, prius laudat, et excellentius; reginam, quasi minorem, posterius, et remissius. De sponso præmittit : *Speciosus forma præ filiis hominum.* De sponsa subjungit : *Astitit regina a dextris tuis, in vestitu deaurato.* Sponsum autem quadriformiter laudat; a forma : a potestate : a judicio : ab ornatu. A forma cum ait : *Speciosus forma præ filiis hominum.* A potestate, cum ait : *Accingere gladio tuo super femur tuum, potentissime.* A judicio, cum subjungit : *Sedes tua, Deus, in sæculum sæculi* : *virga recta est, et virga regni tui.* Ab ornatu, cum subdit : *Myrrha, et gutta, et casia a vestimentis tuis.*

[39] Verum a forma multipliciter eum laudat : comparative videlicet, aliis præferendo, unde *speciosus forma præ filiis hominum* : absolute, simpliciter commendando, unde *specie tua, et pulchritudine tua intende, prospere,* etc. Rursus laudat ipsum a forma secundum utramque naturam; Secundum humanitatem : *Speciosus forma præ filiis hominum;* Secundum divinitatem : *Specie tua, et pulchritudine tua,* etc. Item secundum pulchritudinem corporis : *Speciosus forma præ filiis hominum;* et secundum pulchritudinem cordis : *Specie tua, et pulchritudine tua intende, prospere procede, et regna;* quasi dicat: O Rex, licet in Isaia de te scriptum legatur [40]: *Vide eum non habentem speciem, neque decorem propter*

---

[27] *Eccli.* 15, 5. [28] *Lucæ* 15, 25. [29] *Psalm.* 44. [30] Hæ, et affines aliæ adnotationes exstant in Codicis margine. *Commendatur in corde.* [31] *Matth.* 12, 34, et seq., et cap. 13, 52. [32] Marg. *Commendatur ab opere.* [33] *Lucæ cap.* 10, V. [34] Marg. *Commendatur ab ore.* [35] *II Corinth.* 15, 5. [36] *Joan.* 3, 8. [37] *Act.* 2, 2. [38] *Exod.* 34, 1. *Cap.* 8, 1. [39] Marg. *Laudatur sponsus a forma.* [40] *Cap.* 53, vers. 2.

ignominiam despicabilis passionis, tu tamen es *speciosus forma præ filiis hominum* propter gloriam singularis conceptionis; quia tu solus es conceptus de Virgine sine crimine, mundus de munda : ceteri vero nascuntur de corruptis corrupti ; peccatores de peccatoribus. Tu solus es Filius hominis, et non hominum : ceteri sunt filii hominum, et non hominis. Et ideo *speciosus forma præ filiis hominum.* Et si verus sis homo, vere tamen es super omnes homines, quoniam [41] *qui de cœlo venit, super omnes est.* Et licet sis *speciosus forma præ filiis hominum*, quoniam in te *desiderant* [42] *Angeli prospicere :* vero speciosus factus es, quoniam immunis a culpa; quia [43] *peccatum non fecit, nec inventus est dolus in ore ejus :* cum tamen nil obstet intelligi secundum formam [44] corporis eum præ ceteris hominibus speciosum.

[45] Quoniam vero multi sunt speciosi secundum formam, qui non sunt gratiosi secundum linguam : postquam laudavit sponsum a forma, statim commendat illum a lingua. *Diffusa est gratia*, inquit, *in labiis tuis.* Verbum effusionis, gratiæ significat largitatem, secundum illud [46] *Effundam de spiritu meo super omnem carnem;* et : [47] *Caritas Dei diffusa est in cordibus nostris* [48], quasi dicat : Os tuum non abundat [49] nequitia, nec lingua tua dolum concinnat ; sed *diffusa est gratia in labiis tuis.* In labiis [50] Moysi est effusa vindicta : *Oculum*, inquit, [51] *pro oculo, dentem pro dente, adustionem pro adustione :* sed *in labiis tuis diffusa est gratia. Ei angariaverit te*, inquit, [52] *mille passus, vade cum illo alia duo. Si abstulerit tibi pallium, da ei et tunicam. Si percusserit te in unam maxillam, præbe ei et alteram.* Nam [53] *lex per Moysen data est : gratia, et veritas per Jesum Christum facta est.*

[54] Multifariam, [55] multisque modis loquebaris olim Patribus in Prophetis, novissime vero *diffusa est gratia in labiis tuis.* Moyses de se dixit : [56] *Ab heri, et nudiustertius non sum eloquens, et impeditioris, et tardioris linguæ sum, ex quo locutus es mihi.* Et Isaias : [57] *Væ mihi, quia tacui, quia vir pollutus labiis ego sum, et in medio populi polluta labia habentis ego habito.* Et Jeremias : [58] *A a a, Domine Deus : ecce nescio loqui, quia puer ego sum :* sed *diffusa est gratia in labiis tuis.* [59] Quondam in verbis tuis erat terror effusus ; unde [60] *perterriti ac pavore concussi Judæi steterunt procul dicentes Moysi : Loquere tu nobis et audiemus : non loquatur nobis Dominus, ne forte moriamur.* Nunc autem *diffusa est gratia in labiis tuis.* Unde ministri, qui missi fuerant a principibus Sacerdotum, ut te comprehenderent, responderunt : [61] *Numquam sic locutus est homo, sicut hic loquitur homo.*

[62] Sapientiam invidi celant, ut eam aliis non communicent. Sed *diffusa est gratia in labiis tuis* Tu namque dixisti : [63] *Omnia quæcumque audivi a Patre meo, nota feci vobis.* Nam *thesaurus* [6] absconditus, et sapientia abscondita, quæ utilitas in utroque? Utrumque Scriptura redarguit ; et qui frumentum [65] abscondit in populo ; et qui talentum [66] in terra suffodit.

[67] Multi quandoque sapienter loquuntur, qui tamen libenter non audiuntur. Sed *diffusa est gratia in labiis tuis;* quia verbum tuum et universis est gratum, et totum est gratiosum, non solum apud homines, sed et apud Deum. Subjicitur : *Propterea benedixit te Deus in æternum,* id est, propterea benedictionem tibi dedit æternam; scilicet *Regnum*, [68] *cujus non erit finis ;* quia per gratiam prædicationis meruisti gloriam resurrectionis. Quia vero Christus ab initio fuerat benedictus, juxta quod Elisabeth inquit ad Virginem : [69] *Benedicta tu inter mulieres, et benedictus fructus ventris tui*, potest sic intelligi : *Benedixit,* id est benedictum ostendit. Simile quoque dixit Apostolus : [70] *Humiliavit semetipsum factus obediens usque ad mortem, mortem autem crucis. Propter quod et Deus exaltavit illum, et donavit illi nomen, quod est super omne nomen.* Hoc nomen et ante mortem habebat, sed quod Filius habuerat ante mortem, Pater illi *donavit ;* id est donatum ostendit post mortem. Sicut ipse post resurrectionem aiebat : [71] *Data est mihi omnis potestas in cœlo, et in terra ;* id est in evidenti nunc est quasi data.

[72] *Accingere gladio tuo super femur tuum, potentissime.* Laudat sponsum a potestate, quem tripliciter ostendit armatum : gladio, sagittis, et virga. Gladio ferit propinquos ; sagittis percellit remotos ; virga corripit subditos. Non est ergo, qui potestatem ejus possit fugere, dicente Propheta : [73] *Quo ibo a spiritu tuo : et quo a facie tua fugiam ? Si ascendero in cœlum, tu illic es : si descendero in infernum, ades.* Præmittit ergo de gladio : *Accingere gladio tuo super femur tuum, potentissime.* Adjicit de sagittis : *Sagittæ tuæ acutæ, populi sub te cadent.* Subdit de virga : *Virga recta est virga regni tui ;* quasi dicat : O potentissime, cui nemo [74] potest resistere, quandoquidem *diffusa est gratia in labiis tuis,* ergo accingere gladio spiritus, quod est verbum Dei, ut verbi virtute separes homines a diabolo : quatenus fortior [75] *superveniens, fortem vincas armatum, et omnia vasa ejus* [76] *diripias.* De

---

[41] Joan. 3, 52. [42] I Petr. 1, 12. [43] Ibid. 22, 2, [44] Accedere hic videtur Innocentius illorum sententiæ, qui Christum pulchra forma, et venusto corpore fuisse arbitrantur. [45] Marg. *Laudatur sponsus a lingua*. [46] Act. Apost. 2, 17. [47] Rom. 5, 5. [48] Marg. *Diversis modis exponit.* [49] Psal. 49, 19. [50] Marg. *Exponit gratiam.* [51] Exod. 21, 24. [52] Matth. 5, 39. et seq. [53] Jo. 1, 17. [54] Marg. *Exponit labia.* [55] Hebr. 1, 1. [56] Exod. 4, 10. [57] Cap. 6, 5. [58] Cap. 1, 6. [59] Marg. *Exponit gratiam.* [60] Exodi 20, 18. [61] Jo. 7, 46. [62] Marg. *Exponit Diffusam.* [63] Joan. 13, 15. [64] Eccli. 20, 32. [65] Proverb. 11, 26. [66] Matth. 25, 26. [67] Marg. *Exponit gratiam.* [68] Lucæ 1, 33. [69] Ibid. 1, 42. [70] Philip. 2, 8 et 9. [71] Matth. 28, 18. [72] Marg. *Laudatur sponsus à potestate.* [73] Psal. 138, 7 et 8. [74] Psal. 78, 5. [75] Lucæ 11, 21 et 22. [76] Matth. 12, 29.

hoc gladio tu dicis in Evangelio : [77] *Non veni pacem mittere in terram, sed gladium. Veni enim separare hominem adversus patrem suum, et filiam adversus matrem suam..... et inimici hominis domestici ejus.* Sed *accingere gladio super femur tuum*. [78] Lego dictum in Exodo : [79] *Ponat vir gladium super femur suum : Ite, et redite de porta usque ad portam per medium castrorum, et occidat unusquisque fratrem, et amicum, et proximum suum.* Lego quoque scriptum in Canticis : [80] *Lectulum Salomonis sexaginta fortes ambiunt ex fortissimis Israel...... uniuscujusque ensis super femur suum, propter timores nocturnos.* Sed et aliter intelligo dictum de illis, et aliter intelligo dictum de te. Nam illi super femur accincti sunt, ut culpam carnis restringant; tu vero super femur accingeris, ut naturam carnis ostendas. Femur enim est seminarium humanæ naturæ, vel propagationis ; juxta quod Abraham dixit ad servum : [81] *Pone manum tuam subter femur tuum*, non ait *super*, sed *subter*, propter tui reverentiam, qui secundum naturam humanam de illo eras femore [82] propagandus. *Accingere* itaque *super femur*, id est super humanitatem, in qua debes diabolum [83] expugnare. Aliud siquidem est *accingi*; aliud est *succingi*; et aliud est *præcingi*. Nam accingimur pugnaturi, secundum illud : [84] *Accingimini, et estote filii potentes...... quoniam melius est nobis mori in bello, quam videre mala gentis nostræ, et Sanctorum.* Succingimur ituri, secundum illud : [85] *Simon Petrus, cum audisset quia Dominus est, tunica succinxit se, et misit se in mare.* Præcingimur ministraturi, secundum illud : [86] *Tunc præcinget se, et faciet illos discumbere, et transiens ministrabit illis.* Ponitur tamen frequenter unum pro alio ; sicut facile potest ex multis Scripturarum auctoritatibus comprobari.

[87] *Specie tua, et pulchritudine tua intende, prospere procede, et regna.* Solent speciosissimi de pulchritudine superbire : solent et potentissimi præ fortitudine desævire. Tu vero licet sis *speciosus forma præ filiis hominum*, non tamen superbis: et ideo *specie tua, et pulchritudine tua intende* : licet sis potentissimus, *accinctus gladio super femur* non tamen desævis : et inde *prospere procede, et regna.* Laudaverat sponsum tripliciter, asserens eum speciosissimum, eloquentissimum, et potentissimum : nunc autem singulis singula reddit. *Intende, prospere procede et regna* : quasi dicat, quia *speciosus es forma* secundum humanitatem, ergo *specie tua* nobis *intende*. Sed quia *præ filiis hominum speciosus* secundum Divinitatem : ergo *intende* nobis *pulchritudine tua*; quatenus *specie tua, et pulchritudine tua intendens*, secundum utramque naturam *intendas*, id est hominem pereuntem miseratus respicias, redimens per humanam, et glorificans per Divinam. Ut autem hoc competenter efficias, *prospere procede* ad passionem, non utique prosperatus, sed prosperans, ut miseros redimas: *et regna* per Resurrectionem, ut redemptos glorifices. Vel quia *diffusa est gratia in labiis tuis*, ergo *prospere procede* prædicationis officio, quia tu es *lignum* [88] *quod plantatum est secus decursus aquarum, quod fructum suum dabit in tempore suo : et folium ejus non defluet : et omnia, quæcumque faciet, prosperabuntur.* Et ideo gladio prædicationis super femur humanitatis accinctus *regna*; primo per fidem in Ecclesia militante; demum per speciem in Ecclesia triumphante ; quatenus *adveniat* [89] *regnum tuum : fiat voluntas tua sicut in cœlo, et in terra.*

[90] *Propter veritatem, et mansuetudinem, et justitiam*. Iterum Sponsum commendat tripliciter. A veritate doctrinæ : a mansuetudine patientiæ : a justitia vitæ : a veritate doctrinæ quam prædicat : a mansuetudine patientiæ quam exhibet : a justitia vitæ quam implet.

[91] Hæc tria maxime necessaria sunt regnanti : ut sit verax in ore : mansuetus in corde : justus in opere. Ergo *propter veritatem*, quam prædicasti (unde *ego veritatem* [92] *dico vobis*) expedit vobis, ut ego vadam. *Propter mansuetudinem*, quam exhibuisti . unde *discite* [93] *a me, quia mitis sum, et humilis corde. Propter justitiam*, quam implesti, unde sic decet [94] *nos implere omnem justitiam.* Diceris quoque verax in promissis implendis : unde *lex* [95] *per Moysen data est; gratia, et veritas per Jesum Christum facta est.* Ergo *regna propter veritatem*; nam de te scriptum est : [96] *Ungetur Sanctus Sanctorum, et implebitur visio, et prophetia, ut deleatur iniquitas, et adducatur justitia sempiterna.* Diceris mansuetus in opprobriis perferendis : unde *ego sicut* [97] *agnus mansuetus, qui portatur ad victimam*. Ergo *regna propter mansuetudinem*; tu namque dixisti: [98] *O stulti, et tardi corde ad credendum in omnibus, quæ locuti sunt Prophetæ! Non hæc oportet pati Christum, et ita intrare in gloriam suam ?* Diceris justus in judiciis exercendis : unde *Justus* [99] *Dominus, et justitiam dilexit, æquitatem vidit vultus ejus.* Ergo *regna propter justitiam*; nam de te scriptum est : [100] *Pater omne judicium dedit Filio....Et potestatem dedit ei judicium facere, quia Filius hominis est.*

Plerique vero potentes humanæ conditionis obliti, solent esse terribiles, crudeles, tyranni, fallaces, impatientes, iniqui. A te vero, qui es potentissimus, hæc omnia removentur. Non enim es terribilis, sed benignus; quia *specie tua, et pulchritudi-*

---

[77] Matth. 10, 34, et seq. [78] Marg. Femur dupliciter explicatur. [79] Cap. 32, 27. [80] Cap. 3, 7 et 8. [81] Gen. 24, 2. [82] Ibid. 22, 8. [83] Jo. 3, 8 [84] I Mach. 3, 58 et 59. [85] Jo. 21, 7. [86] Lucæ 12, 37. [87] Marg. Laudatur Sponsus a forma secundum utramque naturam. [88] Ps. 1, 3. [89] Matth. 6, 10. [90] Marg. Laudatur Sponsus de veritate, mansuetudine, et justitia. [91] Marg. De tribus, quæ necessaria sunt Regnanti. [92] Joan. 16, 7. [93] Matth. 11, 29. [94] Ibid. 3, 15. [95] Joan. 1, 17. [96] Daniel 9, 24. [97] Jer. 11, 19. [98] Lucæ 24, 25 et 26. [99] Psal. 10, 8. [100] Joan. 5, 22 et 27.

ne tua intendis. Non es crudelis, sed pius; quia *prospere procedis.* Non es tyrannus, sed princeps; quia *prospere regnas.* Non es fallax, sed verax; quia *intendis secundum veritatem.* Non es impatiens, sed mansuetus; quia *procedis secundum mansuetudinem.* Non es iniquus, sed justus; quia *regnas secundum justitiam.* Et quoniam talis es, *dextera tua,* il est potentia tua; illa videlicet, de qua dicitur : *Dextera tua fecit virtutem; dextera Domini exaltavit me : mirabiliter,* id est per miracula, *te deducet* de verbis ad opera, de morte ad vitam, de terris ad coelos, de Judæis ad Gentes, per cursus totius terræ. Nam de te scriptum est : [1] *Stupebant omnes, qui eum audiebant, super prudentia, et responsis ejus. Et videntes admirati sunt.* Item [2] *Repleti sunt omnes timore, dicentes : Quia vidimus mirabilia hodie.* Tibi etiam dictum est : [3] *Innova signa, et immuta mirabilia;* quia tu opera illa [4] fecisti, quæ nemo alius umquam fecit. *Deducet ergo te mirabiliter dextera tua.*

[5] *Sagittæ tuæ acutæ, potentissime, populi sub te cadent in corda inimicorum regis.* Si per armaturam intelligitur Sacra Scriptura, per *sagittam* debet intelligi sermo Divinus. Tunc enim de arcu sagittas emittimus, cum de Sacra Scriptura verba proferimus. Hunc arcum, et has sagittas noverat, qui dicebat : [6] *Arcum suum tetendit, et paravit illum... sagittas suas ardentibus effecit.* Duo vero sunt in sagitta ; lignum, et ferrum. Lignum directum ut pervolet : et ferrum acutum, ut penetret; quæ duo sermoni Divino recte conveniunt. Scriptum est enim : [7] *Qui emittit eloquium suum terræ, velociter currit sermo ejus.* Item : [8] *Vivus est sermo Dei, et efficax, et penetrabilior omni gladio ancipiti.* Ait enim : Vere *deducet te mirabiliter dextera tua,* quia *sagittæ tuæ acutæ* sunt, id est verba tua sunt penetrabilia, et compunctiva : penetrant, enim, ut per timorem introducant amorem; et compungunt, ut per pœnitentiam tribuant indulgentiam. Audi sagittam, quæ penetrat, et compungit : *Omnis arbor,* [9] *quæ non facit fructum bonum, excidetur, et in ignem mittetur.* Item : [10] *Quid prodest homini, si mundum universum lucretur, animæ vero suæ detrimentum patiatur!* Propterea dicit Sponsa in Canticis : [11] *Anima mea liquefacta est, ut dilectus meus locutus est :* loquente quippe dilecto, anima liquescit, quia verbum Divinum cor humanum mollificat, et per compunctionis ardorem, ut iniquitatis deponat duritiam, et per caritatis fervorem, ut justitiæ formam accipiat. Duplex enim usus sagittæ, ad feriendum, et succendendum : feriendo plagam infligit, et succendendo flammam immittit : quia sermo Divinus plagando ferit ad pœnitentiam, et inflammando succendit ad caritatem. De ferientibus dicitur : [12] *Sagittæ tuæ infixæ sunt mihi, et confirmasti super me manum tuam.* De succendentibus legitur : [13] *Sagittæ potentis acutæ cum carbonibus desolatoriis.* Audi sagittam ferientem ad pœnitentiam : *Genimina* [14] *viperarum, quis docuit vos fugere a ventura ira? Facite ergo fructus dignos pœnitentiæ.* Intende ad sagittam succendentem ad caritatem : *Si quis* [15] *diligit me, sermones meos servabit, et Pater meus diliget eum, et ad eum veniemus, et mansionem apud eum faciemus.* Hanc ergo sagittam noverat illa, quæ dicebat : [16] *Vulnerata sum caritate.* Quocirca *populos* sagittis hujusmodi vulnerat. *Sub te cadent,* id est humiliabunt se tibi. *In corde,* vel *in corda inimicorum regis.* [17] Diversitas litteræ, diversitatem generat intellectus, et secundum utramque litteram duobus modis ordinatur constructio. Nam si dicatur *in corde,* talis est sensus : *Populi tui* percussi sagittis *cadent,* id est humiliabuntur *in corde inimicorum regis*, id est in corde suo, qui sunt inimici regis, id est inimici tui, qui es Rex [18] *magnus super omnes populos*; et fient de inimicis amici ; ut ubi prius erigebantur elati, ibi nunc humilientur devoti, sicut Paulus, qui prius erectus, tandem humiliatus, cœlitus emissa sagitta, corde percussus cecidit dicens : [19] *Domine, quid me vis facere?* Vel aliter : *Populi inimicorum regis,* id est multi de inimicis tuis, qui es *Rex Regum,* [20] *et Dominus dominantium, cadent sub te,* id est supponent se tibi ; *in corde,* id est ex corde ; hoc est ex voluntate, quia cum cætera possit homo nolens, credere non potest nisi volens : *Voluntarie* [21] *sacrificabo tibi, et confitebor nomini tuo, Domine, quoniam bonum est.* Si vero dicatur *in corda,* talis est sensus : *Populi sub te cadent in corda,* id est contra corda, *inimicorum regis* : id est contra voluntatem inimicorum tuorum ; non solum Scribarum, et Pharisæorum, verum etiam Regum, et Principum, quibus nolentibus et prohibentibus, populi crediderunt, *Collegerunt* enim [22] *Pontifices et Pharisæi concilium, et dicebant : Quid facimus, quia hic homo multa signa facit? Ecce mundus* [23] *totus post eum abiit. Si dimittemus* [24] *eum sic, omnes credent in eum.* Vel aliter : *Populi sub te cadent,* id est tibi se subdent, quia *sagittæ tuæ acutæ* infixæ sunt *in corda inimicorum regis,* id est transfixerunt corda inimicorum tuorum ad pœnitentiam. [25] Cadunt boni, cadunt mali : sed boni in faciem, mali cadunt retrorsum. De bonis legitur : [26] *Ceciderunt in facies suas, et adoraverunt Deum.* De malis legitur : [27] *Abierunt retrorsum, et ceciderunt in terram.* Boni vero cadunt sub Christo, et ante Christum ; mali cadunt a Christo, et super Christum. De bonis cadentibus legitur : *Populi sub te cadent* : Et : [28] *Procidamus ante*

---

[1] Marg. *De potestate abusionis, quæ removetur a Sponso.* [2] Psal. 117, 16. [3] Lucæ 2, 47. [4] Ibid. 5, 26. [5] Eccli. 36, 6. [6] Joan. 15, 24. [7] Marg. *Laudatur Sponsus ab armatura.* [8] Psal. 7, 13, et seq. [9] Psalm. 147, 15. [10] Hebr. 4, 12. [11] Matth 3, 10. [12] Ibid. 16, 26. [13] Cap. 5, 6. [14] Psalm. 37, 5. [15] Psalm. 119, 4. [16] Lucæ 3, 7, et seq. [17] Jo. 14, 23. [18] Cant. 2, 5. [19] Marg. *Quatuor modis exponit.* [20] Psalm. 94, 3. [21] Act. Apost 9, 6. [22] I Timoth. 6, 15. [23] Psalm. 95, 8. [24] Jo. 11, 47. [25] Ibid. 12, 19. [26] Ibid. 11, 48. [27] Marg. *De casu.* [28] Apoc. 5, 14.

Dominum. De malis cadentibus legitur : [29] *Cadent a latere tuo mille.* Et : [30] *Qui ceciderit super lapidem istum, conteretur.*

[31] *Sedes tua, Deus, in sœculum sœculi; virga recta est, et virga regni tui.* Hic a judicio laudat sponsum, quem commendat tripliciter : a dignitate : ab æquitate : a puritate. A dignitate secundum officium : ab æquitate secundum judicium : a puritate secundum animum ; quasi dicat : Jurisdictio tua non est delegata, sed ordinaria ; non est transitoria, sed perpetua ; quia *sedes tua, Deus, est in sœculum sœculi.* Sententia tua non est prava, sed recta ; non iniqua, sed justa ; quia *virga recta est, et virga regni tui.* Voluntas tua non est ficta, sed vera ; non est corrupta, sed pura ; quia *dilexisti justitiam, et odisti iniquitatem.* Nullus ergo de mutabilitate confidat ; quia *sedes tua, Deus, in sœculum sœculi.* Nullus de pictate præsumat ; quia *virga est recta, et virga regni tui.* Nullus de perversitate succenseat ; quia *dilexisti justitiam, et odisti iniquitatem.* Forum tuum nemo potest accipere ; quia *sedes tua, Deus, in sœculum sœculi.* Judicium tuum nemo potest arguere ; quia *virga recta est, virga regni tui.* Animum tuum nemo potest corrumpere, quia *dilexisti justitiam, et odisti iniquitatem.*

[32] Bonus judex debet habere constantiam, ne sit impetuosus ; debet habere justitiam, ne sit iniquus ; debet habere prudentiam, ne sit indiscretus. Tu ergo, qui es *Justus judex,* [33] *fortis, et longanimis,* non es impetuosus, sed stabilis ; quia *sedes tua, Deus, in sœculum sœculi.* Non es iniquus, sed justus ; quia *virga recta est virga regni tui.* Non es indiscretus, sed providus ; quia *dilexisti justitiam, et odisti iniquitatem. Sedes* est judicialis auctoritas, de qua Veritas ait : [34] *In regeneratione cum sederit Filius hominis in sede majestatis suæ, sedebitis et vos super sedes duodecim, judicantes duodecim tribus Israel :* hæc sedes est *in sœculum sœculi ;* quia quod statuit, non mutatur ; quod decernit, non irritatur. Per *virgam regni,* quæ Sceptrum vocatur, regalis potestas accipitur : quæ dicitur *virga directionis,* quia distortos dirigit, justos regit, iniquos conterit, secundum illud : [35] *Reges eos in virga ferrea, et tamquam vas figuli confringes eos.*

[36] *Dilexisti justitiam, et odisti iniquitatem.* Sententia tribus modis judicatur iniqua ; ex animo, ex ordine, ex causa. Ex animo, si feratur contra mentis sinceritatem : ex causa, si feratur contra negotii veritatem : ex ordine, si feratur contra juris solemnitatem. His tribus modis fuit iniqua sententia, qua duo Presbyteri condemnaverunt [37] Susannam. Sententia vero tua non est iniqua ex animo ; quia non fertur ex malignitate, sed ex caritate, quia *dilexisti.* Non injusta ex ordine · quia non fertur

A injuste, sed rite, quoniam *dilexisti justitiam.* Non injusta ex causa ; quia non fertur contra meritum, sed juxta debitum, quoniam *dilexisti justitiam, et odisti iniquitatem.* Deus autem diligit justitiam tribus modis, quia creat, approbat, et remunerat. Et contra, tribus modis odit iniquitatem, quia prohibet, delet, et punit. Duo namque sunt legis naturalis præcepta : unum ad diligendum justitiam, quod docetur in Evangelio : [38] *Quæcumque vultis, ut faciant vobis homines, et vos facite illis.* Alterum ad odiendum iniquitatem, quod legitur in Tobia : [39] *Quod ab alio tibi oderis fieri, alteri ne feceris.* Cum autem hominem iniquum odimus, non humanitatem, sed iniquitatem debemus odire, sicut monet Ecclesia. Cum hominem iniquum diligimus, non iniquitatem, sed humanitatem debemus diligere ; nam *qui* [40] *diligit iniquitatem odit animam suam.*

[41] *Propterea unxit te Deus, Deus tuus, oleo lætitiæ præ consortibus tuis.* Non quia *dilexisti justitiam, et odisti iniquitatem ;* sed ut diligeres justitiam, et odires iniquitatem. Non enim propterea Christus est unctus oleo lætitiæ præ consortibus suis, quia dilexit justitiam, et odivit iniquitatem, sed ut diligeret justitiam, et odiret iniquitatem, unctus est oleo lætitiæ præ consortibus suis. Ostenditur ergo quis unxerit, quia *Deus ;* et quem unxerit, quia *te ;* et quo unxerit, quia *oleo lætitiæ ;* et quantum unxerit, quia *præ consortibus tuis ;* et ad quid unxerit, quia, ut *diligeres justitiam, et odires iniquitatem.* In quibus verbis Trinitas personarum exprimitur : nam Pater est ungens : Filius unctus : Spiritus Sanctus est unctio. Ab hac unctione Filius nomen accepit ; quia Hebraice Messias, Græce Christus, Latine dicitur Unctus. De quo Sponsa dicit in Canticis : [42] *Oleum effusum nomen tuum ;* quia Christus a chrismate dicitur, quod principaliter fit ex oleo : *effusum,* quia ceteri Fideles ab unctione uncti, id est a Christo Christiani dicuntur. Ad litteram *oleo lætitiæ* intelligitur unctio Sacerdotalis, et regia, quæ lætificat inunctos. Unxit ergo te Deus et regem, et sacerdotem, ut sis *Rex regum,* [43] *et Dominus dominantium,* et ut sis *Sacerdos* [44] *in æternum secundum ordinem Melchisedech.* Unxit autem *oleo lætitiæ,* id est plenitudine gratiæ, quæ mentem lætificat, et jucundat ; sicut inquit Apostolus : [45] *Gloria nostra hæc est testimonium conscientiæ nostræ.* Vel *oleo lætitiæ,* id est Spiritu Sancto, qui est lætitia Patris, et Filii ; amor, et dilectio utriusque : de quo alibi legitur : [46] *Fluminis impetus lætificat civitatem Dei.* Oleum istud noverat qui dicebat : [47] *Computruit jugum a facie olei,* et ille qui prædixerat : [48] *Suxerunt mel de petra, et oleum de saxo durissimo.* Quid sit hoc oleum, in Actibus Apostolorum exponit Petrus : [49] *Jesum,* inquit, *Nazarenum, quem un-*

---

[29] Jo. 18, 6. [30] Ps. 94, 6. [31] Ps. 90, 7. [32] Matth. 21, 44. [33] Marg. *Laudatur sponsus a Judicio.* [34] Marg. *De rebus, q æ sunt bono Judici necessariæ.* [35] Ps. 7, 12. [36] Matth. 19, 28. [37] Ps. 2, 9. [38] Marg. *De justa sententia.* [39] Daniel. 13, 11. [40] Matth. 7, 12. [41] Cap. 4, 16. [42] Psal 10, 6. [43] Marg. *De Unctione.* [44] Cap. 1, 2. [45] I Timoth. 6, 15. [46] Ps. 109, 4. [47] II Corinth. 1, 12. [48] Psalm. 45, 5. [49] Isaiæ 10, 27.

xit *Deus Spiritu Sancto.* Is itaque Spiritus Sanctus est *oleum lætitiæ,* quo Jesus Nazarenus est unctus, *præ consortibus suis.* Consortes Christi sunt universi Fideles, qui secundum Apostolum [60] sunt *hæredes Dei, cohæredes autem Christi; compartirpes* [61] *promissionis,* id est hæreditatis æternæ. Christus autem plenitudinem unctionis accepit, quia datus est ei spiritus sine mensura; in quo *plenitudo* [52] *Divinitatis habitat corporaliter:* ceteri vero partem accipiunt plenitudinis; quoniam *Unguentum* [53] *descendit a capite in barbam, et a barba in oram vestimenti descendit;* quia *de plenitudine ejus* [54] *omnes accepimus;* primum Apostoli, demum ceteri. *Unxit* ergo *te Deus, Deus tuus oleo lætitiæ præ consortibus tuis.* Erubescat Judæus, Hæreticus, et Paganus, qui Christum non esse Deum perverso corde mentiuntur: cum David, Prophetarum eximius, Christum esse Deum aperta voce pronunciet: *Unxit te Deus, Deus tuus;* Deus Pater unxit te, Deus Fili. Quod in Græco satis elucet, in quo vocativus a nominativo distinguitur; propter quod in præcedenti versiculo non mutata persona Deum illum vocavit: *sedes,* inquit, *tua, Deus, in sæculum sæculi.* Cui consonat Isaias: [55] *Vocabitur,* inquit, *nomen ejus, Admirabilis, consiliarius, Deus, fortis, pater futuri sæculi, princeps pacis.* Et Jeremias: [56] *Hic Deus noster, et non æstimabitur alius præter eum.... Post hæc in terris, visus est, et cum hominibus conversatus est.* Deus igitur unxit Deum, scilicet Deum hominem, propter hominem Deum: Nam et Deus est Pater Filii secundum Divinitatem; Pater autem est Deus Filii secundum humanitatem.

[57] *Myrrha, et gutta, et casia a vestimentis tuis, a domibus eburneis.* Laudat Sponsum ab ornatu rerum, et personarum; sed ab ornatu rerum dupliciter; videlicet a vestibus, et domibus; unde *Myrrha, et gutta, et casia a vestimentis tuis, a domibus eburneis.* Item ab ornatu personarum dupliciter: a familia, et a sponsa: unde *delectaverunt te filiæ regum in honore tuo. Astitit regina a dextris tuis in vestitu deaurato.* In vestibus autem commendat odorem contra fœditatem: in domibus nitorem contra spurciditatem: in familia honorem contra scurrilitatem: in sponsa decorem contra deformitatem. De vestimentorum odore præmittit: *Myrrha, et gutta, et casia a vestimentis tuis.* De domorum nitore subjungit: *A domibus eburneis.* De familiæ honore supponit: *Delectaverunt te filiæ regum in honore tuo.* De sponsæ decore concludit: *Astitit regina a dextris tuis in vestitu deaurato. Myrrha,* quæ species est amara, vermes arcens, et a putredine servans, mortificationem carnis significat, quæ vermes carnalium desideriorum excludit, et a plenitudine vitiorum spiritalium defendit. *Gutta,* quæ di-

citur [58] aromaca sedans tumores, et reprimens inflaturas, humilitatem significat, quæ tumorem cordis expellit, et inflaturam mentis evacuat. *Casia,* quæ dicitur fistula, in humido crescens, et a callido purgans, fidem significat, quæ crescit in aqua baptismi, et purgat ab æstu peccati. *Vestimenta* Christi sunt universi fideles, quibus inquit Apostolus: [59] *Quicumque in Christo baptizati estis, Christum induistis.* Et de quibus inquit Psalmista: [60] *Sicut unguentum in capite, quod in oram vestimenti descendit.* Ab his indumentis spirant illæ tres virtutes reddentes odorem; de quibus dicit Apostolus: [61] *Christi bonus odor sumus Deo in omni loco.* Hæc est illa vestimentorum fragrantia, quam sentiens Isaac benedixit, et ait: [62] *Ecce odor filii mei, sicut odor agri pleni cui benedixit Dominus.* Tres istæ species distinguunt tres ordines fidelium in Ecclesia, qui sunt Noe, Daniel, et Job; id est Prælati, Continentes, et Conjugati. Nam *gutta,* id est humilitas species debet inesse Prælatis, secundum illud: [63] *Quanto major es, humilia te in omnibus.* Et: [64] *Qui major est in vobis fiat sicut junior; et qui præcessor, sicut ministrator: quia* [65] *qui se exaltat, humiliabitur; et qui se humiliat, exaltabitur. Myrrha,* id est mortificatio carnis convenit Continentibus, secundum illud: [66] *Mortificate membra vestra quæ sunt super terram: fornicationem, immunditiam, libidinem, et concupiscentiam.* Et [67] *si spiritu facta carnis mortificaveritis, vivetis.* Nam [68] *caro concupiscit adversus spiritum; spiritus autem adversus carnem. Casia,* id est fides, competit Conjugatis, secundum illud: [69] *Confidit in ea cor viri sui.* Nam et tria sunt bona conjugii, fides, proles, et Sacramentum. Fides, ut propter legitimum usum uxoris, cum altero, vel altera minime coinquinentur: quasi dicat: O Rex, tu solus accepisti plenitudinem unctionis, quia unctus es *oleo lætitiæ præ consortibus tuis;* ceteri vero partem plenitudinis acceperunt: quia *Myrrha, et gutta, et casia,* id est mortificatio carnis, et humilitas, et fides spirant *a vestimentis tuis,* id est a fidelibus tuis, non ficte, sed vere, quia spirant *a domibus eburneis,* id est a cordibus puris: [70] *ebur* enim frigidum est, et nitidum; quia frigidum est, significat castitatem: quia nitidum, significat puritatem. *Domus* igitur *eburnea* est cor mundum, et purum; de quo dicit Propheta: [71] *Perambulabam in innocentia cordis mei, in medio domus meæ.* Quia vero *pennæ struthionis* [72] *similes sunt pennæ herodii,* ne *Angelus* [73] *Satanæ transfiguret se in angelum lucis;* cum dixisset, quod *Myrrha, et gutta, et casia* spirant *a vestimentis tuis;* ut illæ virtutes non fictæ, sed veræ intelligantur, adjunxit *a domibus eburneis;* id est *de corde puro* [74], *et conscientia bona, et fide non ficta.* Vel secundum aliam litteram: *a gradi-*

---

[50] *Deut.* 32, 13.   [51] *Cap.* 10, 38.   [52] *Rom.* 8, 17.   [53] *Ephes.* 5, 6.   [54] *Coloss.* 2, 9.   [55] *Psalm.* 132, 2.   [56] *Joan.* 1, 16.   [57] *Cap.* 9. v. 6.   [58] *Baruch.* 3, 36 et 38.   [59] Marg. *Laudatur Sponsus a vestibus.*   [63] Fortasse legendum est aromatica.   [61] *Gal.* 3, 27.   [62] *Psalm.* 132, 2.   [63] *II Corinth.* 2, 15.   [64] *Gen.* 27, 27.   [65] *Eccli.* 3, 20.   [66] *Lucæ* 22, 26.   [67] *Matth.* 25, 12, et *Luc.* 14. 11, et alibi.   [68] *Coloss.* 3, 5, [69] *Rom.* 8. 13.   [70] *Galat.* 5, 17.   [71] *Prov.* 31, 11.   [72] Marg. *Laudatur sponsus a domibus.*   [73] *Psalm.* 100, 2.   [74] *Job* 39, 13.

bus eburneis; id est ab operibus puris, quibus quasi quibusdam gradibus ascenditur *de virtute in virtutem,* [75] donec *videatur Deus deorum in Sion.* Gradus isti sunt differentiæ meritorum, de quibus alibi legitur : [76] *Deus in* [77] *gradibus ejus cognoscetur, dum suscipiet eam.*

[78] *Ex quibus* (odoramentis virtutum) *delectaverunt te filiæ regum :* offerentes [79] *incensum dignum in odorem suavitatis, Altissimo.* Quasi dicat : Delectabilem habes familiam, quia *delectaverunt te :* nobilem habes familiam, quia *filiæ regum* sunt : honorabilem habes familiam, quia *delectaverunt te in honore tuo.* Talem ergo familiam, tantum decet regem habere. *Filiæ regum,* vel carnalium, vel spiritualium possunt intelligi. Carnalium, ut nonnullæ virgines reginæ, quæ contemnentes regna terrena, virtutum odore regem delectavere cœlestem. Spiritualium, ut omnes Apostolici viri, qui *filiæ regum* dicuntur, non propter fragilem sexum, sed propter conjugalem affectum, quem de Christo concipiunt. Quod autem adjungitur : *in honore tuo,* duobus modis valet intelligi : vel jungatur cum verbo *delectaverunt in honore tuo,* quasi non suum, sed tuum quærentes honorem, crucis mortificationem [80] in suo corpore pro tui nominis honore portantes. Vel, jungatur cum nomine *filiæ regum in honore tuo ;* id est quos Apostoli non in suo, sed tuo genuerunt honore, quia non a Petro petrini, vel a Paulo paulini, sed a Christo Christiani dicuntur; quod tractatum est a veteri lege, quæ statuit : [81] *Si frater suus mortuus fuerit sine semine, accipiat uxorem ejus frater illius,* vel alius de cognatione propinquorum, *ut suscitet semen, non sibi, sed fratri, et habeat natus nomen defuncti.* Hoc spiritualiter competit Christo, qui secundum Apostolum [82], est *primogenitus in multis fratribus;* de quibus ipse dicit in Psalmo : [83] *Narrabo nomen tuum fratribus meis.* Item in Evangelio : [84] *Vade, et dic fratribus,* quia mortuus est sine semine; quia pendens in Cruce vix unum latronem concepit : *Singulariter,* inquit, [85] *sum ego, donec transeam.* Et : *Tota die* [86] *expandi manus meas ad populum non credentem, et contradicentem mihi.* Sed suscitat ei semen frater, qui accipit uxorem ipsius : id est Apostolicus ordo, qui sponsam Christi, scilicet sanctam Ecclesiam regendam suscepit ; qui non sponsus, sed amicus sponsi est, secundum illud : [87] *Qui habet sponsam, sponsus est; amicus autem sponsi stat, et gaudet propter vocem sponsi.* Cujus prædicatione, multitudo gentium intravit ad fidem : et habet nomen defuncti, quia conversus ad fidem nomen accipit crucifixi, ut a Christo Christiani dicantur.

[88] *Astitit regina a dextris tuis in vestitu deaurato, circumdata varietate.* Duo commendantur in sponsa : dignitas, et ornatus. In dignitate, status et locus ; quoniam *astitit regina a dextris tuis.* It. ornatu, pretiositas, et diversitas; quoniam *in vestitu deaurato, circumdata varietate. Regina* ergo, id est Ecclesia, quia sub te regit, et regnat, *astitit* non timore curva, sed amore directa (quia *perfecta caritas* [89] *foras mittit timorem*) *a dextris tuis* non a sinistris, ut hædi, [90] sed a dextris ut agni, id est spiritualibus, et æternis, sed in istis per rem, in illis per speciem. *In vestitu deaurato,* id est in operibus bonis, quæ caritate sunt informata ; de quibus alibi legitur : [91] *Omni tempore vestimenta tua sunt candida,* id est opera tua munda; per aurum enim caritas designatur, quia sicut aurum præeminet universis metallis, ita caritas excellit universis virtutibus, secundum illud [92] : *Major horum est caritas.* Vestitus ergo non aureus, sed deauratus intelliguntur opera, non ipsa caritas, sed quæ caritate sunt informata ; quandoquidem fides per dilectionem secundum Apostolum [94] operatur. Regina, dico, *circumamicta,* id est ornata *varietate* virtutum ; id est non solum operibus, sed virtutibus : variis, sed non contrariis : diversis, sed non aversis : quoniam universæ virtutes sibi invicem suffragantur, ut aliæ sine aliis haberi non possint; nam si una virtutum chorda defuerit, spiritualis dissonat harmonia. Hinc et cortinæ [88] Tabernaculi, et vestes Pontificis [95] contextæ fuerunt de quatuor pretiosis coloribus, opere non tantum plumario, sed polymito, id est vario.

[96] *Audi filia, et vide, et inclina aurem tuam, et obliviscere populum tuum, et domum patris tui.* In hoc nuptiali convivio quinque sensus spiritualiter recreantur. Visus in eo, quod dicitur : *Intende, et vide.* Auditus in eo, quod dicitur : *Inclina aurem tuam, et audi.* Odoratus in eo, quod dicitur : *Myrrha, et gutta, et casia.* Gustus in eo, quod dicitur : *Eructavit cor meum verbum bonum.* Tactus in eo, quod dicitur : *Calamus scribæ velociter scribentis,* Laudaturus ergo Propheta Reginam, exhortationem præmittit, admonens eam ad intelligentiam, ubi ait : *Audi filia, et vide;* ad obedientiam, ubi addit : *Inclina aurem tuam;* ad constantiam, ubi subdit : *Obliviscere populum tuum, et domum patris tui.* Ordo conveniens, et convenientia ordinata ; ut prius intelligat veritatem; postmodum obediat veritati; demum perseveret in veritate. Ut ergo credat, intelligat : ut audiat, obediat : ut perficiat, perseveret. Nam *sine fide* [97] *impossibile est placere Deo. Fides* [98] *autem sine operibus mortua est. Qui vero perseveraverit* [99] *usque in finem, hic salvus erit.* Propheta vero tamquam unus ex Patribus alloquitur Sponsam nuper traductam, quasi gementem, et suspirantem pro domo deserta, et populo derelicto : ac si dicat :

---

[75] II Corinth. 11, 14. [76] I Timoth. 1, 5. [77] Psalm. 83, 8. [78] Psalm. 47, 4. [79] *In vulgata habetur :* domibus. [80] Marg. *Laudatur Sponsus a familia.* [81] Eccli. 45, 20. [82] II Corinth. 4, 10. [83] Deut. 25, 5. [84] Rom. 8, 29. [85] Psal. 21, 23. [86] Joan. 20, 17. [87] Psalm. 140, 10. [88] Isaiæ 65, 2, et Rom. 10, 21. [89] Joan. 3, 29. [90] Marg. *Laudatur Sponsus a Sponsa.* [91] I Joan. 4, 18. [92] Matth. 25, 33. [93] Eccle. 9, 8. [94] I Corinth. 13, 15. [95] Galat. 5, 6. [96] Exod. 26, 1. [97] Ibid. 28, 6. [98] Marg. *Exhortatio ad Sponsam.* [99] Hebr. 11, 6.

Audi filia choros cantantium ; *et vide* ludos psallentium, quibus *aurem inclina*, ut deponas moestitiam; et *obliviscere populum tuum*, quem dimisisti, quia meliorem invenies. Nam *vultum tuum deprecabuntur omnes divites plebis. Et obliviscere populum tuum, et domum patris tui,* qua exivisti, quia meliorem intrabis : nam *adduceris in templum regis.* Quod si feceris : *Concupiscet Rex speciem tuam, quia ipse est Dominus Deus tuus.* Tu ergo, *filia,* id est Ecclesia quam catechizando concepi, quam genui baptizando, *audi* prophetias, *et vide* completas; vel *audi* Evangelium, *et vide* Deum ; in præsenti per fidem, in futuro per speciem. *Et inclina aurem tuam,* ut et visibiliter audias, et libenter obedias. Et ita *obliviscere populum tuum,* id est idololatrias ; *et domum patris tui,* scilicet, conversationem Diaboli; quasi dicat: Obliviscere Babyloniam, quia Jerosolymam advenisti; obliviscere Zabulum, quia Jesum accepisti; sicut præceptum fuerat Abrahæ : ⁹³ *Egredere de terra tua, et de cognatione tua, et de domo patris tui, et veni in terram, quam monstravero tibi :* ut deseras illos, quibus Dominus ait : ¹⁰⁰ *Vos ex patre diabolo estis.*

¹ *Et concupiscet rex decorem tuum, quia ipse est Dominus Deus tuus. Et adorabunt eum filiæ Tyri in muneribus.* Supra laudandum ammonuit: nunc ammonitam laudat. Sicut autem quatuor modis laudaverat Sponsum, ita quadriformiter laudat Sponsam ; a forma scilicet, et a gloria; ab adolescentulis, et a filiis. A forma cum ait : *Concupiscet rex speciem tuam.* A gloria cum adjungit : *Omnis gloria ejus filiæ regum ab intus.* Ab adolescentulis cum supponit : *Adducentur regi virgines post eam.* A filiis cum concludit : *Pro patribus tuis nati sunt tibi filii :* quasi dicat : *Obliviscere populum tuum, et domum patris tui,* quia rex, id est Christus *concupivit speciem tuam,* id est acceptavit decorem virtutum, quem sine te fecit in te. Rex, dico, non qualis fuerat pater tuus, id est diabolus, sed *Dominus Deus tuus;* quia *Deus,* est reverendus; quia *tuus,* est diligendus. *Deus,* id est Creator; *Dominus,* id est Redemptor ; *Deus tuus,* quia de suo sanguine redemit, qui creando tibi dedit naturam; qui redimendo, tribuit tibi gratiam. Tantus, et talis, quod *adorabunt eum Filiæ Tyri in muneribus,* id est in cærimoniis, votis, et eleemosynis. Tyrus enim interpretatur *angustia,* cujus filiæ sunt Gentes peccatorum angustiis coarctatæ. Unde *mulier Chananæa* ² *a finibus illis egressa,* typum gerens Gentilis Ecclesiæ, *venit, et adoravit.* Quia vero tantum virum habes, et talem ; ideo *vultum tuum,* id est benignitatem tuam, *deprecabuntur,* pro se, *omnes divites plebis,* id est sapientes, et nobiles hujus sæculi, principes et philosophi ; quia jam conversi venerantur Ecclesiam. Vel *divites* plebis intelliguntur Judæi, qui quondam habebant templum, et Sacerdotium, divitias legis, et prophetiæ. Sicut enim ante Salvatoris adventum, quicumque de Tyro, id est de populo gentium cupiebant fieri proselyti, deprecabantur Israel, ut per eos introducerentur in Templum, ita post Salvatoris adventum, quicumque de Israel, id est de populo Judæorum, volunt fieri Christiani, deprecabuntur Ecclesiam, ut eos recipiat ad baptismum, quatenus salutem, quam perdiderant in Judæa, inveniant in Ecclesia. Per *vultum* benignitas designatur, secundum illud : ³ *Illuminet vultum suum super nos, et misereatur nobis.*

⁴ *Omnis gloria ejus filiæ regis ab intus, in fimbriis aureis, circumamicta varietate.* Quam *reginam* prædixerat, *filiam regis* appellat ; Christus regenerat, quam desponsat. Laudat ergo sponsam a gloria, quam commendat dupliciter : ab ornatu interiori, et ab ornatu exteriori. Ornatus interior, nitor conscientiæ. Ornatus exterior est splendor doctrinæ. De ornatu interiori præmittit : *Omnis gloria ejus filiæ regis ab intus,* id est in conscientia, juxta quod inquit Apostolus : ⁵ *Gloria nostra hæc est, testimonium conscientiæ nostræ.* Unde : *Qui gloriatur,* ⁶ *in Domino glorietur.* Certe qui foris nitent, et intus sordent, *similes* ⁷ *sunt sepulcris dealbatis, quæ a foris parent hominibus speciosa, intus autem plena sunt ossibus mortuorum, et omni spurcitia.* De ornatu exteriori subjungit : *In fimbriis aureis,* id est claris doctrinis, ornantur. Hæc sunt aurea tintinnabula, quæ dependebant ⁸ *a tunica hyacinthina.* Per aurum enim sapientia designatur; qu a sicut aurum præcellit universis metallis, ita sapientia præeminet omnibus donis. *Requiescet super eum,* inquit, ⁹ *spiritus sapientiæ, et intellectus,* etc. Dicit igitur : *Astitit regina a dextris tuis in vestitu deaurato;* sed *omnis gloria ejus,* id est *filiæ regis est ab intus,* id est in conscientia. Non enim ¹⁰ qui in manifesto *Judæus est, neque quæ in manifesto in carne, circumcisio : sed qui in abscondito Judæus est, et circumcisio cordis, in spiritu, non littera: cujus laus non ex hominibus, sed ex Deo est.* Ejus autem ornatus non tantum est intus in conscientia, sed etiam foris est in doctrina. Quoniam *in fimbriis aureis :* id est in doctrinis præclaris, quæ sapientiæ luce refulgent, est *circumamicta,* id est undique decorata *varietate* linguarum, secundum illud : ¹¹ *Loquebantur variis linguis, prout Spiritus Sanctus dabat eloqui illis;* multum enim per aurum sapientæ, et per argentum eloquentiæ decorantur. Unde Sponsus ad Sponsam inquit in Canticis : ¹² *Murenulas aureas faciemus tibi, vermiculatas argento.* Per aurum sapientia, per argentum eloquentia designatur. Nam de sapientia scriptum est : ¹³ *Facies mensam de lignis Sethim, ... et inaurabis eam auro mundissimo.* De eloquentia vero legitur : ¹⁴ *Eloquia Domini, elo-*

⁹⁹ Jacob. 2, 20. ¹ Matth. 10, 22. ² Genes. 12, 1. ³ Joan. 8, 44. ⁴ Marg. Sponsa laudatur a forma. ⁵ Matth. 15, 22 et 25. ⁶ Psalm. 66, 2. ⁷ Marg. Laudat Sponsam a gloria. ⁸ II Corinth. 1. 12. ⁹ I Corinth. 1, 31. ¹⁰ Matth. 23, 27. ¹¹ Exod., 28, 33. ¹² Isaiæ 11, 2. ¹³ Rom. 2, 28. et seq. ¹⁴ Act. Ap. 2, 4.

quia casta; argentum igne examinatum. Decenter ergo *per murenulas aureas* flores sapientiæ designantur, quibus collum, et pectus Ecclesiæ, id est prædicatores Ecclesiæ, et doctores ornantur. *Vermiculatas*, id est distinctas, et variatas *argento*, scilicet eloquentia, ut juxta varietatem materiæ, vel personæ, stylus sermonis, et qualitas varietur, ait : [15] *Sapientiam loquimur inter perfectos. Inter vos* [16] *non judicavi me scire aliquid, nisi Jesum Christum, et hunc crucifixum.* Et iterum : [17] *Non potui loqui vobis quasi spiritualibus, sed quasi carnalibus. Tanquam parvulis in Christo, lac vobis potum dedi, non escam.* Si vero per vestem Ecclesiæ singuli quique fideles intelligantur, secundum illud, quod ei dicitur a Domino per Prophetam : [18] *His omnibus velut ornamento vestieris :* per *fimbriam*, quæ est extrema pars vestis, ultimi fideles debent intelligi, qui erunt in fine sæculi : ut talis sit sensus : *Regina erit circumdata varietate* virtutum, *in fimbriis aureis*, id est in ultimis sanctis, qui erunt aurei, id est perfecti, sicut *aurum* [19] *quod per ignem probatur.*

[20] *Adducentur regi virgines post eam : proximæ ejus offerentur tibi. Offerentur in lætitia, et exultatione : adducentur in templum regis.* Solet puella, cum de domo patris ad domum sponsi deducitur, contristari pro cognatis, et cognitis, quos dimittit: propter quod ei dicitur : *Obliviscere populum tuum, et domum patris tui; quoniam concupivit rex speciem tuam.* Solent venientibus sponsis omnes assurgere, ac humiliter inclinare : propter quod dicitur : *Adorabunt eum filiæ Tyri in muneribus : vultum tuum deprecabuntur omnes divites plebis.* Solet sponsa preciosis vestibus, et variis indumentis ornata procedere : propter quod dicitur : *Omnis gloria ejus filiæ regis ab intus, in fimbriis aureis, circumamicta varietate.* Solet secum paranymphum, non extraneos, sed propinquos adducere : propter quod dicitur : *Adducentur regi virgines post eam, proximæ ejus.* Solent cum hymnis, et canticis festive deduci : propter quod dicitur : *Afferentur tibi in lætitia, et exultatione.* Solent pro consecrando conjugio in templum adduci : propter quod dicitur : *Adducentur in templum regis.* Licet autem una sit universalis Ecclesia, de qua dicitur : [21] *Una est columba mea, perfecta mea*, multæ sunt tamen diversitates fidelium, de quibus adjungitur : [22] *Viderunt eam filiæ, et beatissimam prædicaverunt reginæ, et concubinæ laudaverunt eam.* Post eam igitur reginam, quæ mater est omnium, id est post primitivam Ecclesiam, *virgines adducentur, et proximæ afferentur;* quia facilius merentur adytum regis virgines, quam viduæ ; continentes, quam conjugatæ. Nam, ut inquit Apostolus : [23] *Qui sine uxore est, cogitat quæ Domini sunt, et quomodo placeat Deo. Qui autem cum uxore est, sollicitus est, quæ sunt mundi. Virgines* ergo, quæ tam corde, quam corpore sunt pudicæ, *adducentur regi*, videlicet Christo, in præsenti per fidem, in futuro per speciem. *Et proximæ ejus*, id est conjugatæ, vel viduæ, proximo loco post illas, *afferentur tibi*, Rex Christe, ut istis des auream, illis aureolam. Nam illarum est fructus [24] centesimus, istarum sexagesimus, vel tricesimus. Utræque tamen *afferentur in lætitia* cordis, *et exultatione* corporis, propter geminam stolam. Quia vero [25] non omnes virgines sunt prudentes, sed quædam sunt fatuæ, solæ vero prudentes intraverunt ad nuptias, et clausa est janua : recte subjungitur : *Adducentur in templum regis*, id est in Jerusalem cœlestem, in Ecclesiam triumphantem, cum regnum advenerit, de quo dicit Psalmographus : [26] *In templo ejus omnes dicent gloriam.* In illud itaque templum solæ prudentes virgines adducentur ; quia sicut pastor [27] separabit agnos ab hædis, agnos adducet in gloriam, hædos tradet ad pœnam. In templum autem militantis Ecclesiæ tam prudentes, quam fatuæ virgines adducuntur ; quia modo mixta sunt grana cum paleis, et lolium cum frumento.

[28] *Pro patribus tuis nati sunt tibi filii : constitues eos principes super omnem terram.* Sponsa laudatur a filiis : filios autem commendat a magnitudine ; quia *sunt nati pro patribus.* A fortitudine ; quia nati sunt *filii.* [29] Ab altitudine ; quia *constitues eos principes.* A latitudine ; quia *super omnem terram.* A gratitudine ; quia *memores erunt nominis tui, Domine.* A longitudine ; quia *in omni generatione, et progenie. Patres* vero non solum carne, sed etiam fide possunt intelligi , teste Veritate, quæ dicit : [30] *Si filii Abrahæ essetis, opera Abrahæ faceretis.* Patris enim Ecclesiæ secundum carnem fuerunt Idololatræ, pro quibus nati sunt Christiani. Patres secundum fidem fuerunt olim Prophetæ, pro quibus nati sunt tandem Apostoli. Pro apostolis autem quotidie nascuntur Episcopi, quos Ecclesia *principes super omnem terram constituit.* Quamvis et aliter possit intelligi : *Filii nati sunt pro patribus ;* quos generas filios, collocas tibi patres, cum discipulos facis magistros. Verum Apostolos non Sponsa, sed Sponsus *constituit principes super terram*, quibus post Resurrectionem *insufflavit, et ait :* [31] *Accipite Spiritum Sanctum, quorum remiseritis peccata, remittuntur eis ; et quorum retinueritis, retenta sunt. Euntes* [32] *in mundum universum, prædicate Evangelium omni creaturæ. Qui crediderit, et baptizatus fuerit, salvus erit : qui vero non crediderit, condemnabitur.* Sed ad utrumque potest referri, quod dicitur : *Constitues eos principes super omnem terram :* et ad Sponsam, de qua præmittitur : *Pro patribus tuis nati sunt tibi filii :* et ad Sponsum, de quo subjungitur : *Memo-*

---

[15] *Cap.* 1 10. [16] *Exod.* 25, 23, *et seq.* [17] *Psalm.* 11, 7. [18] *I Corinth.* 2, 6. [19] *Eod. cap. vers.* 2. [20] *In ead. Epis. cap* 3. *v.* 1, *et seq.* [21] *Isaiæ.* 49, 18. [22] *I Petr.* 1, 7. [23] *Marg. Sonpsa laudatur ab adolescentulis.* [24] *Cant.* 6, 8. [25] *Ibidem.* [26] *I ad Corinth.* 7, 32, *et seq.* [27] *Matth.* 15, 8. [28] *Matth.* 25; *vers.* 3 *et* 10. [29] *Psal.* 28, 9. [30] *Matth.* 25, 32, *et seq.* [31] *Marg. Sponsa laudatur a filiis.* [32] *Hic videtur aliquid deesse; nisi sic interpreteris :* Nati sunt filii similes patrum (fortium), Regum.

res erunt nominis tui, Domine. De principibus istis alibi legitur : ³³ *Principes populorum congregati sunt cum Deo Abraham. Nimis* ³⁴ *honorati sunt amici tui, Deus : nimis confortatus est principatus eorum.*

³⁵ Porro principatus iste non tradit dominium, sed tribuit ministerium; juxta quod Dominus inquit apostolis : ³⁶ *Reges Gentium dominantur eorum, et qui potestatem habent super eos, benefici vocantur. Vos autem non sic : sed qui major est inter vos, erit sicut junior :et qui præcessor, erit sicut ministrator.* Et Petrus Apostolorum magister . ³⁷ *Non quasi dominantes in clero, sed forma facti gregis ex animo.* Memores erunt nominis tui, Domine, in omni generatione, et progenie. Quasi dicat ; Accepti beneficii non erunt ingrati, quia *memores erunt nominis tui, Domine :* non tantum alicubi, sed ubique; quoniam in omni generatione, et progenie suscepti officii non erunt obliti; quia *propterea populi confitebuntur tibi;* non tantum semel, sed semper ; quoniam *in æternum, et in sæculum sæculi.* Olim notus ³⁸ *in Judæa erat Deus, et in Israel magnum nomen ejus ;* sed apostoli, et Apostolici viri *memores erunt nominis tui, Domine, in omni generatione, et generatione Judæorum, et progenie* Gentium ; quoniam, *in omnem* ³⁹ *terram exivit sonus eorum, et in fines orbis terræ verba eorum.* Vel *in omni generatione, et progenie,* id est per omnes successores, prædicando nomen tuum magnum, et gloriosum, quod invocatum est super illos. Nomen istud Petrus Apostolus exposuit principibus, et senioribus Judæorum : *Notum,* inquit, ⁴⁰ *sit omnibus vobis, quoniam in nomine Jesu Christi Nazareni..... astat iste coram vobis sanus..... Nec enim nomen aliud datum est sub cœlo hominibus, in quo nos oporteat salvos fieri. Propterea populi confitebuntur tibi in æternum, et in sæculum sæculi.* Quasi dicat : quia *principes memores erunt nominis tui, Domine, in omni generatione, et progenie, propterea populi* Christiani, principes imitantes, *confitebuntur tibi,* id est laudabunt te. Nam quod agitur a majoribus, facile trahitur a minoribus in exemplum. *In æternum, et in sæculum sæculi,* id est per omne tempus, et per ipsam æternitatem. *Æternum* tamen propter dignitatem præmittit ; et *sæculum* propter dignitatem supponit. ⁴¹ Vel alterum expositio est alterius; *In æternum, et in sæculum sæculi,* hoc est in futurum, quod est consecutivum præsentis. Beati ergo, ⁴² *qui habitant in domo tua, Domine; in sæculum sæculi laudabunt te.*

Explicit liber de Quadripartita specie Nuptiarum Domini Innocentii papæ tertii.

³³ Joan. 8, 39. ³⁴ Joan. 20, 22, et seq. ³⁵ Marc. 16, 15, et seq. ³⁶ Psal. 46, 10. ³⁷ Psalm. 138, 17. ³⁸ Mar. De spirituali principatu. ³⁹ Lucæ 22, 25, et seq. ⁴⁰ I Epist. 5, 3. Respicit ad verba illa Lucæ 22, 32. Et tu aliquando conversus confirma fratres tuos. *Magistrum porro Apostolorum Petrum, hic apertissime tradit Innocentius.* ⁴¹ Psalm. 75, 2. ⁴² Psalm. 18, 5.

DUBIORUM APPENDIX.

COMMENTARIUM

IN SEPTEM PSALMOS PŒNITENTIALES.

(Opp. Innocentii III, edit. Colon. 1575, in folio, pag. 208.)

PROŒMIUM.

Ne inter occupationes multiplices et sollicitudines vehementes, quas non solum ex cura regiminis, verum etiam ex malitia temporis patior ultra vires, quasi totus absorbear a profundo : libenter aliquas horulas mihi furor, quibus ad revocandum et reducendum spiritum ad seipsum, ne a seipso dividatur et alienetur omnino, et in lege Domini aliquid meditetur, quod ad hoc ipso proficiat inspirante, cujus *spiritus ubi vult spirat (Joan.* III), ne semper sic sim traditus aliis, ut nunquam restituar ipse mihi. Nam et unigenitum Verbum Patris, non sic a Patre descendit, ut non remaneret cum Patre, ipso testante: *Nemo ascendit in cœlum, nisi qui descendit de cœlo, Filius hominis qui est in cœlo (ibid.).* Flumina quoque non sic egrediuntur de mari, ut non egrediantur ad mare. Quia juxta sententiam Salomonis, *ad locum unde exeunt flumina, revertuntur (Eccle.* 1). Quia vero sicut *qui tetigerit picem inquinabitur ab ea (Eccli.* xiii), sic de occupationibus et sollicitudinibus hujus sæculi grandis sæpe culpa contrahitur, quæ debet profecto per gravem pœnitentiam expiari : direxi nuper oculum ad Psalmistam, qui plenius et perfectius de pœnitentiæ virtute tractavit, præsertim in septem Psalmis pœnitentialibus, septiformi munere inspiratis : ut cum ipso ingrediens sanctuarium, intelligam novissima, si forte clavis David, *qui claudit et nemo aperit, aperit et nemo claudit (Isa.* xxii ; *Apoc.* iii), aperire dignetur, ut in illis humiliato spiritu et corde contrito humanam miseriam et divinam misericordiam investigans, de torrente præcipitationis humanæ recurram ad fontem propitiationis divinæ: ipsoque docente, qui docet hominem scientiam *(Isa.* xxviii), sic illos et intelligere valeam et exponere, ut proficere debeat et possit ad gloriam nominis ejus, et ad salutem animæ meæ, utilitatem quoque non solum legentis, sed et audientis ; tam etsi non ignorem, quod, juxta sententiam Sapientis, tempore otii scribenda sit sapientia, *et qui minoratur, actu percipiat eam (Eccli.* xxxviii). At ego non dulcedinem sapientiæ, sed amaritudinem pœnitentiæ in hac paupere cœnula, vel paupercula cœna disposui propinare.

Verum etsi plures sint psalmi pœnitentiales, ratione tamen mysterii septem solummodo sunt excepti de pluribus, qui appropriato vocabulo pœnitentiales dicuntur : quemadmodum, etsi multi scripserunt evangelia, quatuor sunt tamen e multis recepti gratia sacramenti, qui specialiter evangelistæ vocantur.

Septenarius enim numerus est sacratus propter septem dona Spiritus sancti, quæ Isaias enumerat dicens : *Requiescens super eum spiritus sapientiæ et intellectus, spiritus consilii et fortitudinis, spiritus scientiæ et pietatis, et replebit eum spiritus timoris Domini (Isa.* xi). Unde : *Sapientia ædificavit sibi domum, et excidit septem columnas (Prov.* ix). Hinc et septem lucernæ fuisse leguntur in uno candelabro *(Exod.* ii), et septem oculi in lapide uno *(Zach.* iii), septem quoque boves videbantur ascendere de fluvio uno, ac septem spicæ pullulabant in culmo uno *(Gen.* xli) : septem quoque signacula in libro uno *(Apoc.* v), sed et septem fuerunt sportæ repletæ de fragmentis *(Matth.* xv), et septem buccinæ, quarum usus erat in jubileo *(Jos.* vi). Job habuit septem filios, qui per singulos dies cum sororibus suis convivia faciebant *(Job* i); et apostoli septem viros plenos Spiritu sancto in diaconos elegerunt *(Act.* vi). Joannes etiam scribens septem Ecclesiis, perhibet se vidisse *in medio septem candelabrorum aureorum similem Filio hominis, vestitum podere, tenentem in dextra sua stellas septem, quæ septem Ecclesiarum, septem sunt angeli (Apoc.* i) : *et in medio throni agnum stantem tanquam occisum habentem cornua septem, et oculos septem, qui sunt septem spiritus Dei, missi in omnem terram (Apoc.* v).

Septem quoque petitiones continentur in Oratione Dominica, tres pertinentes ad vitam futuram, et tres pertinentes ad vitam præsentem, media vero pertinens ad utramque *(Matth.* vi). Similiter septem beatitudines in sermone Domini distinguuntur *(Matth.* v). Nam octava beatitudo redit ad caput, sicut octava dies redit ad principium. Sed et septimus dies, septima hebdomada, septimus mensis et septimus annus, sacrati [*al.* feriati] erant in lege, præsertim Pentecostalis solemnitas, quæ post septimum dierum septenarium sequebatur: et post septimum annorum septenarium observatio jubilei. Septenarius enim universitatis, et quietis, et perfectionis, et sanctificationis est numerus specialis, quia septem diebus agitur et repetitur omne tempus, unde Dominus ait : *Non dico tibi septies, sed usque septuagies septies (Matth.* xviii), id est semper ; et : *Septimo die requievit Dominus ab* omni *opere quod patrarat (Gen.* ii), quo videlicet die ipse Christus requievit in sepulcro. Et ex partibus septenarii perficitur plenus homo, ternario quantum ad animam, propter tres vires animæ naturales, et quaternario quantum ad corpus, propter quatuor corporis elementa. Hic primus in monadibus, in se primum continet perfectum numerum, redditum ex suis partibus aggregatis, et solus multiplicatus, per suarum alteram partium, ex se generat primum perfectum numerum in decadibus, ut perfectionem ipse primus in se contineat simplicem, et solus perfectionem ex se generet duplicem, ut dictum est generalem [*al.* numeralem], de cujus numeri sanctificatione jubetur in lege : *Memento, ut diem Sabbati sanctifices (Exod.* xx). Unde Deus septem gentes de terra promissionis ejecit *(Deut.* vii), et septem dæmonia expulit de Maria *(Marc.* xvi), vitiorum ejectionem et peccatorum expulsionem significans, per quam anima sanctificatur, infusa gratia septiformi. Septenarius quippe numerus non solum septem principalia Spiritus sancti dona designat, verum etiam et tres catholicas et quatuor principales virtutes significat: duos denarios stabularii *(Luc.* x), et quinque corporis sensus: unum baptisma et sex opera pietatis, quæ sanctificationem perfectam simul omnia operantur. Hic ergo numerus non solum ex quaternario et ternario, verum etiam ex quinario et binario, nec non ex senario et unitate componitur, ut homo ex anima perfectus et corpore, duplicatis duobus et quinque talentis, per exercitium pietatis, de labore transeat ad quietem, juxta quod Veritas ait: *Martha, Martha, sollicita es et turbaris erga plurima. Porro, unum est necessarium. Maria optimam partem elegit, quæ non auferetur ab ea* (ibid.), quam et ipse Psalmista desideranter optabat, dicens : *Unam petii a Domino, hanc requiram, ut inhabitem in domo Domini omnibus diebus vitæ meæ (Psal.* xxvi). Hinc est quod septenarii computatio ad xxviii pertingit ; quia gratia septiformis, duplicato in duplici stola denario, qui reddetur in vinea laborantibus, ad beatæ resurrectionis perducit octavam, in qua *Deus* erit omnia in omnibus (*I Cor.* xv), fructus et merces et præmium singulorum, quam octavus dies Dominicæ resurrectionis præsignavit. Unde non incongrue scriptum est : *Da partes septem, nec non octo* (*Eccle.* xi), illo prætermisso, quoniam ad hoc non pertinet quod dicitur per prophetam : *Suscitabimus super eum pastores septem, et octo primates* (*Mich.* v). Et secundum visionem Ezechielis, *septem graduum erat ascensus* atrii exterioris, et *in octo gradibus erat ascensus atrii interioris* (*Ezech.* xl.). Profunda ergo et fecunda, mirifica et magnifica sunt septenarii sacramenta, quæ non solum a theologis, verum etiam a philosophis commendantur.

Sed ad commendationem septem pœnitentialium psalmorum ista sufficiant, de quibus nonnulla in eorum expositione tanguntur, hoc addito, quod ideo pœnitentiales psalmi septenario sunt numero comprehensi, ut peccata quæ sub hoc numero prævaricando committimus, sub eodem numero pœnitendo deleamus. Septem enim sunt vitia principalia, ex quibus universa peccata nascuntur, videlicet inanis gloria, ira, invidia, acedia, avaritia, gula, luxuria, significata per septem populos, quos Deus de terra promissionis ejecit, videlicet Hethæum, Gergezæum, Amorrhæum, Chananæum, Pherezæum, Hevthæum, et Jebusæum (*Deut.* vii) : necnon per septem spiritus nequiores, quos immundus spiritus adduxit, ut *domum scopis mundatam et ornatam*, ad habitandum intrarent (*Luc.* ii). Ut et quemadmodum maculæ criminum in hoc sæculo, septem dierum hebdomada contrahuntur, ita horum septem psalmorum pœnitentia diluuntur, qui sunt jugiter coram Domino contrito et humiliato spiritu recitandi.

Horum autem septem psalmorum, quatuor sunt consimiles, et tres dissimiles in principiis, quantum ad figuras et voces, ita dispositi, quod semper inter duos consimiles unus dissimilium constituitur, et inter duos dissimiles unus consimilium collocatur. Consimiles sunt primus, tertius, quintus et septimus : dissimiles vero sunt secundus, quartus, et sextus. Porro, quatuor consimilium duo primi sunt ex toto consimiles inter se; similiter etiam duo ultimi, quantum ad figuras, et voces, quia in una perfecta oratione concordant. Sed duo primi et duo ultimi sunt ex parte sibi consimiles in prædictis, quia concordant in prima solummodo dictione. Verum in primis postulat pœnitens averti furorem, in ultimis autem orationem postulat exaudiri. Trium autem dissimilium, duo sunt ex toto dissimiles inter se, videlicet primus qui ait de beatitudine gratiæ : atque ultimus qui ait de profundo miseriæ : medius autem, quantum ad figuras et voces, discordat ab omnibus, sed quantum ad intentionem et intellectum cum universis concordat, quoniam ait de culpa delenda, et misericordia impendenda, pro quibus omnes pœnitentiales psalmi sunt editi et inventi; unde sicut ipse quartus mediat loco inter omnes, ita et intellectu. Quod autem inter duos consimiles unus dissimilium collocatur, et inter duos dissimiles unus consimilium constituitur, hoc profecto designat, quod cum pœnitentiales psalmi solummodo competant viatoribus, nulla in via sunt ita perfecta, quibus non interveniat aliquod imperfectum : nec aliqua tam sunt mala, quibus non intercidat aliquod bonum : quatenus nec perfectis præsumptio, nec malis desperatio tribuatur, quod maxime convenit et expedit pœnitenti, ut nec de misericordia nimium præsumat sperando, nec de justitia nimium desperet timendo, sed inter superiorem et inferiorem molam spiritus [*al.* spiritualiter] conteratur.

Cum autem inter omnes orationum species, post orationem Dominicam, præemineat psalmodia, si quis speciales psalmos subtiliter investiget, perfectam in eis formam orandi inveniet, ad divinæ propitiationis gratiam promerendam. Unde quasdam orationis circumstantias sensui prælibandas, quibus animus præinstructus, orationis virtutem in psalmis ipsis facilius assequatur. Notandum ergo, quod orat Christus, orant et angeli, orant dæmones, orant homines, orant boni, orant mali, orant vivi, orant mortui, orant pro se, et orant pro aliis; sed inter hos magna ac multa est differentia.

Christus enim sive pro se, sive pro aliis oret, semper in omnibus exauditur. Oravit pro se in cruce: *Pater*, inquit, *in manus tuas commendo spiritum meum* (*Luc.* xviii), et statim exauditus est, quoniam inclinato capite tradidit spiritum. Oravit pro aliis : *Pater ignosce illis, quia nesciunt quid faciunt* (*ibid.*), et exauditus est pro omnibus, pro quibus oravit, quemadmodum alibi dicit : *Pater gratias ago tibi, quoniam exaudisti me. Ego autem sciebam, quia semper me audis* (*Joan.* xi). Pro se oravit et exauditus est; unde Pater inquit ad ipsum *Postula a me, et dabo tibi gentes hæreditatem tuam, et possessionem tuam terminos terræ.* (*Psal.* ii). Oravit pro aliis, et similiter exauditus est: unde cum dixisset ad Patrem : *Pater sancte, serva eos, quos dedisti mihi, ut sint unum, sicut et nos unum sumus* (*Joan.* xvii); consequenter subjunxit : *Et ego claritatem, quam dedisti mihi, dedi eis, ut sint unum sicut et nos* (*ibid.*). Ecce idem orat, et idem exaudit. Orat ut homo, exaudit ut Deus. Unde sane debet intelligi, quod de Spiritu sancto ait Apostolus : *Ipse Spiritus postulat pro vobis gemitibus inenarrabilibus* (*Rom.* viii), quia facit nos postulare. Sane *advocatum habemus apud Patrem Jesum Christum, et ipse est propitiatio pro peccatis nostris* (*I Joan.* ii); qui, secundum Apostolum, semper *interpellat pro nobis ad Patrem* (*Rom.* viii), semper vivens, ad interpellandum pro nobis (*Hebr.* vii). Quia etiam, ut idem Apostolus: *in diebus carnis suæ preces supplicationesque ad eum, qui possit eum salvum facere a morte, cum clamore valido et lacrymis, offerens, exauditus est pro sua reverentia* (*Hebr.* v). Nonne autem oravit, ut transiret ab eo calix, cum dixit : *Abba Pater, si possibile est transfer calicem hunc a* me? (*Marc.* xiv). Verum, etsi non secundum voluntatem orationis, sed voluntatem sensualitatis hoc dixerit, potest tamen intelligi in hoc exauditus, quia calix ab eo transivit ad alios, quemadmodum dixerat filiis Zebedæi : *Potestis bibere calicem quem ego bibiturus sum? Dicunt ei, etiam. Ait illis : Calicem quidem meum bibetis* (*Matth.* xx), etc. Vel potius sicut oravit, sic exstitit exauditus : Oravit enim non simpliciter, sed conditionaliter, dicens : *Pater si vis, transfer calicem hunc a me* (*Luc.* xxii). *Mi Pater, si possibile est, transeat a me calix iste* (*Matth.* xxvi) Optabat enim ut si fieri posset, transeat ea hora, unde subjunxit : *Verumtamen non sicut ego volo, sed sicut tu* (*ibid.*) : non mea voluntas fiat, sed tua, et sic obtinuit quod oravit.

Similiter orant angeli, et semper exaudiuntur a Deo ; sed pro aliis offerunt precum suffragia : pro se vero referunt gratiarum actiones. Oravit angelus dicens : *Domine Deus exercituum, quousque tu non misereberis Jerusalem, et urbium Juda, quibus iratus es? iste jam septuagesimus annus est. Et respondit Dominus angelo verba bona, verba consolatoria : Revertar,* inquit, *ad Jerusalem in misericordia ; domus mea ædificabitur in ea, ait Dominus exercituum, et perpendiculum extendetur super Jerusalem* (*Zach.* i). Ipsi quoque angeli preces fidelium offerunt Deo, sicut angelus Raphael ad Tobiam ait : *Quando orabas cum lacrymis, ego orationem tuam obtuli Domino* (*Tob.* xii). Et in Apocalypsi : *Angelus venit et stetit oram altari, habens thuribulum aureum in manu sua, et data sunt ei incensa multa, ut daret de orationibus sanctorum omnium super altare aureum, quod est ante conspectum Dei. Et ascendit fumus aromatum incensorum de orationibus sanctorum, de manu angeli coram Deo* (*Apoc.* viii). Dicuntur enim offerre Deo angeli preces fidelium, ut ostendat se illas gratas habere : vel super illis ut divinum beneplacitum investigent, quod ipsi nonnunquam hominibus insinuant. Unde angelus ad Cornelium : *Orationes tuæ et eleemosynæ tuæ ascenderunt in memoriam in conspectu Dei* (*Act.* x). Pro se vero gratiarum referunt actiones, quemadmodum scriptum est : *Facta est cum angelo multitudo militiæ cœlestis, laudantium Deum et dicentium : Gloria in excelsis Deo* (*Luc.* ii). Et alibi : *Nunc facta est salus, et virtus, et regnum Dei nostri, et potestas Christi ejus, quia projectus est accusator fratrum nostrorum, et ipsi vicerunt illum propter sanguinem Agni ; propterea lætamini cœli, et qui habitatis in eis.* (*Apoc.* xii).

Dæmones pro se quidem orant, non pro aliis, sed contra alios, et quandoque exaudiuntur, quandoque non exaudiuntur. Exaudiuntur, ut ibi : *Rogabant illum, ut permitteret illis in porcos ingredi, et permisit. Exierunt ergo ab homine dæmonia, et intraverunt in porcos* (*Luc.* viii ; *Matth.* viii ; *Mar.* v). Non exaudiuntur, ut ibi : *Obmutesce* immunde spiritus, *et exi ab illo :* qui prius voce magna clamaverat dicens : *Sine quid nobis et tibi Jesu Nazarene?*

Scio te, quia sis sanctus Dei (*Marc.* i ; *Luc.* iv). Orant quoque contra alios, et quandoque exaudiuntur, ut ibi : *Mitte manum tuam, et tange carnem ejus, et os ejus, et tunc videbis, quod in faciem benedicat tibi. Dixit ergo Dominus ad Satanam : Ecce in manu tua est, verumtamen animam ejus serva* (*Job* ii). Quandoque orant contra alios, et non exaudiuntur, ut ibi : *Simon, ecce Satanas expetivit vos, ut cribraret sicut triticum, ego vero rogavi pro te, ut non deficiat fides tua, et tu aliquando conversus confirma fratres tuos* (*Luc.* xxii).

Cæterum exaudiuntur boni defuncti, cum orant, tam pro se, quam pro aliis. Unde in Apocalypsi : *Vidi subtus altare Dei animas interfectorum propter verbum Dei,* et clara *voce dicebant : Usquequo, Domine, sanctus et vivus, non judicas, et vindicas sanguinem nostrum de his qui habitant in terra? Et dictum est illis, ut requiescerent tempus adhuc modicum, donec impleantur conservi eorum, et fratres eorum, qui interficiendi sunt, sicut et ipsi* (*Apoc.* vi). Item in secundo Machabæorum : *Hic est fratrum amator et populi Israel. Hic est qui multum orat pro populo, et universa civitate sancta, Jeremias propheta Dei.* Vidit autem ipsum *extendisse dexteram, et dedisse Judæ gladium aureum, dicentem : Accipe sanctum gladium, munus a Deo, in quo dejicies adversarios populi mei Israel* (II *Mach.* xv). Quid est quod legitur : *Si steterint Moyses et Samuel coram me, non erit anima mea ad populum istum?* (*Jer.* xv). Sed hoc per hypothesin dicitur, id est si starent, quemadmodum alibi dicitur : *In his omnibus inter nos et vos chaos magnum firmatum est, ut hi qui volunt hinc transire ad vos, non possint, neque inde huc transmeare* (*Luc.* xvi , id est si vellent, non possent.

Mali jam mortui orant quidem, sed non exaudiuntur, neque pro se, neque pro aliis; unde dives mortuus, qui sepultus est in inferno clamabat dicens : *Pater Abraham, miserere mei, et mitte Lazarum, ut intingat extremum digiti sui in aquam, ut refrigeret linguam meam, quia crucior in hac flamma. Et dixit illi : Fili recordare, quia recepisti bona in vita tua et Lazarus similiter mala : nunc autem hic consolatur, tu vero cruciaris.* Rursus ait : *Rogo ergo te, Pater, ut mittas eum in domum patris mei, habeo enim quinque fratres, ut testetur illis, ne et ipsi veniant in hunc locum tormentorum. Et ait illi Abraham : Habent Moysen et prophetas, audiant illos* (*Luc.* xvi).

Cæterum boni viventes, orant pro se, orant pro aliis, et contra alios : et quandoque exaudiuntur, quandoque non. Oravit pro se Petrus, qui *cum cœpisset mergi clamabat, dicens : Domine salvum me fac,* exaudirique meruit; *quia extendens Jesus manum, apprehendit eum dicens : Modicæ fidei, quare dubitasti?* (*Matth.* xiv). Oravit et Paulus tertio, ut auferret ab eo Dominus stimulum carnis, et dixit illi Dominus : *Sufficit tibi gratia mea ; nam virtus in infirmitate perficitur* (II *Cor.* xii). Quandoque similiter orant contra alios, et pro aliis, et exaudiuntur a Deo; unde Jacobus ait : *Elias homo erat similis nobis passibilis, et oratione oravit, ut non plueret super terram, et non pluit annos tres et menses sex. Rursum oravit, et cœlum dedit pluviam, et terra dedit fructum suum (Jac.* v; *III Reg.* xvii, et xviii). Interdum etiam orant pro aliis, et non exaudiuntur. Unde dictum est Jeremiæ (cap. vii, xi et xiv) : *Noli orare pro populo isto.* Propter quod ipse dicebat : *Cum clamavero et rogavero, exclusit orationem meam (Thren.* iii). Et Samueli : *Usquequo tu luges Saul, cum ego projecerim eum? (I Reg.* xvi). Contra alios quoque orant quandoque et non exaudiuntur aliquando, sicut Jacobus et Joannes qui dixerunt : *Domine, vis dicimus ut descendat ignis de cœlo, et consumat illos? Et conversus increpavit illos dicens: Nescitis cujus spiritus estis (Luc.* ix).

Sic et mali viventes quandoque exaudiuntur pro se, sicut Pharisæus, qui *rogavit Jesum, ut manducaret cum illo, et ingressus domum Pharisæi discubuit (Luc.* vii). Sic et exauditus est filius prodigus, qui ait : *Pater, da mihi portionem substantiæ, quæ me contingit, et divisit illis substantiam (Luc.* xv). Nam illud quod cæcus illuminatus in Evangelio ait: *Scimus quia Deus peccatores non audit (Joan.* ix), tanquam falsum ab omnibus reprobatur. Tales enim exaudiuntur interdum pro aliis, sicut seniores Judæorum, qui rogaverunt Jesum pro servo centurionis, dicentes : *Dignus est ut illi hoc præstes : diligit enim gentem nostram, et synagogam ipse ædificavit nobis. Jesus autem ibat cum illis. Et reversi qui missi fuerant domum, invenerunt servum qui languerat sanum (Luc.* vii). Denique orant quandoque pro se mali, et non exaudiuntur a Deo, sicut Antiochus, de quo legitur : *Orabat scelestus ille Dominum, a quo non esset misericordiam consecuturus (II Mac.* ix), non solum in hac vita, verumetiam in futura. Unde fatuæ virgines clausa janua clamabant : *Domine, Domine aperi nobis. Respondit illis : Amen, dico vobis, nescio vos (Matth.* xxv). Interdum etiam mali orantes non exaudiuntur pro aliis, sicut Dominus quibusdam malis sacerdotibus ait : *Maledicam benedictionibus vestris (Malac.* ii), id est, preces, quas pro benedicendo populo effunditis, non exaudiam, sed potius maledicam, hoc est, quasi maledictas penitus improbabo ; unde : *Clamaverunt ad Dominum (Jon.* i), etc.

Porro, quandoque festinat Dominus et exaudit in principio, quandoque protrahit et exaudit in medio, quandoque tardat et exaudit in fine. In principio precum exaudivit Danielem : *Adhuc,* inquit, *me loquente in oratione, ecce Gabriel vir cito volans tetigit me, tempore sacrificii vespertini, et locutus est mihi : Ab exordio precum tuarum egressus est sermo (Dan.* ix). Et alibi : Adhuc te loquente dicam, adsum. Distulit autem Dominus aliquandiu exaudire, aliquos fideles clamantes : Veni Domine, et noli tardare, relaxa facinora plebis tuæ Israel; quibus propheta respondit : *Si moram fecerit, exspecta eum, quia veniet et non tardabit (Habac.* ii). Interdum etiam usque ad finem exaudire prolongat, sicut superius dictum est : Exspectate donec impleatur numerus fratrum vestrorum *(Apoc.* vi). N si enim quædam Dominus in finem aliquando differret exaudire, Psalmista non diceret : *Usquequo, Domine, obliviscaris me in finem (Psal.* xii). Et iterum : *Exsurge, quare obdormis, Domine, exsurge, et ne repellas in finem (Psal.* xliii).

Debet autem oratio esse fidelis, humilis, pia, devota, intenta, compendiosa, assidua et discreta ; et quæ talis fuerit, meretur proculdubio exaudiri. Quod autem oratio debet esse fidelis, ostendit ipsa Veritas dicens : *Quidquid petieritis in oratione credentes, accipietis (Matth.* xxi) ; nam sine fide impossibile est placere Deo (Hebr. xii); *Justus autem ex fide vivit (Rom.* i). Hinc Jacobus apostolus ait : *Si quis indiget sapientia, postulet a Deo, et dabitur ei. Postulet autem in fide, nihil hæsitans (Jac.* i).

Quod debeat esse humilis, Sapiens protestatur : *Oratio humiliantis se penetrat cœlos, et donec appropinquet non consolabitur, et non discedet donec Altissimus aspiciat (Eccli.* xxxv). Hinc est quod publicanus ille ascendens in templum ut oraret, *a longe stans, nolebat oculos ad cœlum levare, sed percutiebat pectus suum, dicens : Deus, propitius esto mihi peccatori,* secundum sententiam Veritatis *descendit in domum suam justificatus. Quia omnis qui se exaltat, humiliabitur ; et qui se humiliat, exaltabitur (Luc.* xviii).

Quod debeat esse pia, ut petat ea quæ pertinent ad animæ salutem, Dominus ait : *Petite, et accipietis, ut gaudium vestrum plenum sit;* quidquid enim *petieritis Patrem in nomine meo,* id est in nomine Christi Jesu, hoc est in nomine Salvatoris, quod videlicet pertineat ad salutem, fiet utique vobis *(Joan.* xvi), si pro vobis petatis, prout petere debeatis, fiet, inquam, in præsenti vel in futuro.

Quod autem debeat esse devota, ut suaviter tanquam incensum redoleat, Psalmista demonstrat: *Dirigatur,* inquit, *oratio mea sicut incensum in conspectu tuo (Psal.* cxl). Hoc incensum in dignum odorem suavitatis offertur, de quo alibi legitur : *Ascendit fumus incensorum de orationibus sanctorum* in conspectu Domini *(Apoc.* viii). Providendum est ergo, ne *muscæ morientes perdant suavitatem unguenti (Eccle.* x), id est ne importunæ cogitationes tollant devotionem orationis.

Quod debeat esse intenta, ut non tam ex ore, quam ex corde procedat, dicit Scriptura : *Delectare in Domino, et dabit tibi petitiones cordis tui (Psal.* xxxvi). *Apud me,* inquit, *oratio mea Deo vitæ meæ (Psal.* xli). Talis fuit oratio Josaphat, qui, sicut legitur in Paralipomenon, *totum se contulit ad rogandum Dominum (II Par.* xx). Unde *Anna loquebatur in corde suo, tantumque labia ejus movebantur, et vox penitus non audiebatur, effundens animam suam in conspectu Domini (I Reg.* i). Scriptum est enim : *Ante orationem præpara animam tuam* (*Eccli.* xviii). Expedit tamen, ut devotionem cordis oris pronuntiatio comitetur; quia quod facit flatus carboni, hoc facit pronuntiatio devotioni.

Quod debeat esse compendiosa, Dominus ait : *Orantes nolite multum loqui, sicut ethnici : putant enim quod in multiloquio suo exaudiantur* (*Matth.* vi). Unde protinus discipulos suos brevem edocuit orationem, dicens : *Sic orabitis ; Pater noster qui es in cœlis* (*ibid.*). Hinc alibi legitur : *Non iteres verbum in oratione tua* (*Eccli.* vii), quoniam *in multiloquio non deest peccatum* (*Prov.* x). Quid est ergo quod legitur, quod et ipse Dominus *factus in agonia prolixius orabat?* (*Luc.* xxii.) Et : *Erat pernoctans in oratione Dei?* (*Luc.* vi.) Verum non inutile multiloquium intelligitur, quando oratio est devota : sed multiloquium intelligitur, cum ex inutili prolixitate verborum oratio tædiosa efficitur.

Quod debeat esse assidua, dicit Paulus : *Sine intermissione orate fratres* (*I Thess.* v). Juxta quod Veritas ait : *Oportet semper orare, et nunquam deficere* (*Luc.* xviii). Quoniam ut Jacobus ait : *Multum valet deprecatio justi assidua* (*Jac.* v), nam oratio *justi impinguat altare* (*Eccli.* xxxv). Unde et *oratio sine intermissione ab Ecclesia pro Petro fiebat ad Deum*, et fuit a carcere liberatus (*Act.* xii). Propterea Dominus præcepit : *Petite, et dabitur vobis : quærite, et invenietis : pulsate, et aperietur vobis* (*Luc.* xi). Hinc est quod ille, qui pulsans perseveraverat, ab amico panes obtinuit, *propter improbitatem ejus, quotquot habuit necessarios* (*ibid.*) : et vidua, quæ iniquo judici molesta fuerat, per eum ab adversario meruit liberari (*Luc.* xviii). Tantæ namque virtutis est orationis instantia, ut a Deo extorqueat, quod ipse expresse negaverat, sicut in libro Judicum dicitur : *Non addam ultra, ut liberem vos. Ite et invocate deos quos elegistis, ipsi vos liberent in tempore angustiæ. Dixeruntque filii Israel ad Deum : Peccavimus, redde tu nobis quidquid tibi placet, tantum tunc libera nos.* Qui doluit super miseriis eorum, et per manum Jephtæ liberavit eos de manibus filiorum Amon (*Judic.* x). Hinc est etiam, quod licet Dominus responderit mulieri Chananææ : *Non est bonum sumere panem filiorum et mittere canibus,* quia tamen illa non cessaverat post ipsum et discipulos suos clamare, dicens : *Etiam, Domine, nam et catelli edunt de micis quæ cadunt de mensa dominorum suorum,* audire meruit : *O mulier magna est fides tua, fiat tibi sicut vis* (*Matth.* xv).

Quod autem debeat esse discreta, ipse Christus perhibet dicens : *Quærite primum regnum Dei et justitiam ejus, et hæc omnia adjicientur vobis* (*Matth.* vi); unde fideles sic docuit, dicens : *Adveniat regnum tuum. Fiat voluntas tua, sicut in cœlo et in terra. Panem nostrum quotidianum da nobis hodie.* Ostendens quod discrete petenda sunt, æterna quidem in præmium; unde : *Adveniat regnum tuum :* spiritualia vero ad meritum; unde : *Fiat voluntas tua :* temporalia ad sustentationem; unde : *Panem nostrum quotidianum da nobis hodie.* Discrete quoque petendum est, ut liberemur a malis præsentibus, præteritis, et in futuris; de præteritis dicitur : *Dimitte nobis debita nostra;* de præsentibus : *Libera nos a malo;* de futuris : *Et ne nos inducas in tentationem* (*ibid.*).

Qui taliter orat, nonnunquam obtinet apud Dominum, non solum id quod petit, sed aliud quidem, et amplius. Quemadmodum et Zacharias, qui cum ingressus fuisset templum Domini, *et omnis multitudo populi hora incensi foris oraret,* audivit ab angelo : *Ne timeas, Zacharia, ecce audita est oratio tua, et Elisabeth uxor tua pariet tibi filium, et vocabis nomen ejus Joannem* (*Luc.* i). Ezechias quoque cum ægrotasset, et audisset Isaiam prophetam dicentem : *Dispone domui tuæ, quia morieris tu, et non vives : convertit faciem suam ad parietem, et oravit ad Dominum fletu magno,* statim per eumdem prophetam audivit : *Hæc dicit Dominus Deus David patris tui : Audivi orationem tuam, et vidi lacrymas tuas. Ecce sanavi te, et addam diebus tuis, quindecim annos, et de manu regis Assyriorum eruam te, et protegam urbem istam.* Signum quoque mirabile factum est, ut sol reverteretur decem gradibus in horologio ad petitionem ipsius (*Isa.* xxxviii), quemadmodum ad petitionem Josue, sol unius diei spatio in medio cœli stetit (*Josue* x). Sic et Salomon audivit a Domino : *Quia postulasti verbum hoc, et non postulasti tibi divitias,* nec dies multos, aut animas inimicorum tuorum, sed postulasti tibi *sapientiam* ad faciendum judicium, ecce feci tibi secundum sermones tuos, et dedi tibi cor sapiens et intelligens, in tantum, *ut nullus ante te tui similis fuerit, nec post te surrecturus sit.* Sed et hæc, quæ non postulasti, dedi tibi, divitias scilicet et gloriam, ut nemo fuerit tui similis in regibus cunctis retro diebus (*II Paral.* i).

Preces autem indignæ sunt aliquando propter personam, aliquando propter causam, aliquando propter intentionem, aliquando propter modum, aliquando propter ordinem, aliquando propter finem. Propter personam indignæ sunt preces, sicut Dominus ait per Isaiam : *Cum multiplicaveritis orationem, non exaudiam, manus enim vestræ sanguine plenæ sunt* (*Isa.* ii). Nec tantum propter personam ejus qui orat, verum etiam propter personam illius, pro quo oratur. Juxta quod Dominus præcepit Jeremiæ : *Noli orare pro populo isto* (*Jer.* vii). Propter causam indignæ sunt preces, juxta quod apostolus Jacobus ait : *Petitis, et non accipitis, eo quod male petatis,* ut videlicet *in concupiscentiis vestris insumatis. Adulteri, nescitis quia amicitia hujus mundi inimica est Dei?* (*Isa.* iv). De tali oratione dicitur : *Cum judicatur, exeat condemnatus, et oratio ejus fiat in peccatum* (*Psal.* cviii). Propter intentionem indignæ sunt preces, quales erant illius, qui dixit ad Dominum : *Magister, dic fratri meo, ut dividat mecum hæreditatem. At ille dixit : Homo, quis me constituit judicem ac divisorem super vos? Dixitque ad illos : Videte et cavete ab omni avaritia* (*Luc.* II). Propter modum indignæ sunt preces, quales erant Simonis Petri, qui cum audisset, quod Christus pati et occidi deberet, imprudenter et carnaliter sapiens ait illi : *Absit a te, Domine, non erit tibi hoc.* Unde audire promeruit : *Vade post me Satana, quia non sapis ea quæ sunt Dei* (*Matth.* VI). Sic et Elias cum peteret animæ suæ ut moreretur, propter modum indigne petivit, quia præ propere ante tempus mori voluit, unde non exaudiri meruit (*III Reg.* XIX). Propter ordinem indignæ sunt preces, quales fuerunt filiorum Zebedæi, qui per matrem submissam petierunt præmium ante meritum, et ante pugnam coronam. Nam cum illa dixisset : *Dic, ut sedeant hi duo filii mei unus ad dextram, et alius ad sinistram tuam in regno tuo,* respondit illis Jesus : *Potestis bibere calicem quem ego bibiturus sum? Dicunt ei : Possumus. Ait illis : Calicem quidem meum bibetis : sedere autem ad dextram meam vel sinistram non est meum dare vobis, sed quibus paratum est a Patre meo* (*Matth.* XX), quoniam, ut Apostolus ait : *Nemo coronabitur, nisi qui legitime certaverit* (*II Tim.* II). Propter finem indignæ sunt preces illæ, quas Dominus reprobat dicens : *Cum oratis, non oretis sicut hypocritæ, qui amant primos recubitus in synagogis, et in angulis platearum stantes orant, ut videantur ab hominibus. Amen, dico vobis, receperunt mercedem suam. Tu autem cum oraveris, intra in cubiculum tuum, et clauso ostio, in abscondito ora Patrem tuum, et Pater tuus qui videt in abscondito, reddet tibi* (*Matth.* VI).

Denique, principaliter tria sunt inter cætera, quæ orationem ad Deum transire non sinunt, videlicet sartago, murus et nubes. Hoc est, concupiscentia carnis, id est luxuria, in qua velut sartagine caro frigitur, concupiscentia oculorum, id est cupiditas, in qua opes velut lapides in muro congeruntur; et superbia vitæ, id est jactantia, quæ velut nubes sine aqua circumfertur a ventis. De quibus Joannes apostolus ait : *Quidquid est in mundo, concupiscentia carnis est, et concupiscentia oculorum, et superbia vitæ* (*I Joan.* II). De tali sartagine legitur : *Et tu, fili hominis, sume tibi sartaginem ferream, et pones eam inter te et civitatem, et obfirmabis faciem tuam ad eam* (*Ezech.* IV). De hoc muro dicitur : *In te eripiar a tentatione, et in Deo meo transgrediar murum* (*Psal.* XVII). Et de hac nube legitur : *Opposuisti tibi nubem, ne pertranseat oratio tua* (*Thren.* III). Vel potius : Sartago ferrea est, mentis duritia; murus fictilis, iniquitatis defensio; et nubes obscura, mentis caligo; quæ proculdubio non permittunt orationem ad aures Domini pervenire.

Cæterum, oratur corde, oratur ore, oratur opere. De oratione cordis dicit Apostolus : *Orabo spiritu,* orabo et mente : psallam spiritu, psallam et mente (*I Cor.* XIV). De oratione oris inquit Psalmographus : *Ad ipsum ore meo clamavi, et exaltavi sub lingua mea* (*Psal.* LXV). De oratione operis Sapiens protestatur : *Absconde eleemosynam in sinu pauperis, et ipsa orabit pro te* (*Eccli.* XXIX), quia non desinit orare, qui non desinit benefacere.

Item quidam jacendo orant, quidam sedendo, et quidam stando. Jacens oravit David, quando *deprecatus est pro parvulo Dominum, et ingressus seorsum jacuit super terram* (*II Reg.* XII), Similiter et Ezechias, qui *jacens in lecto convertit faciem ad parietem, et oravit ad Dominum* (*Isa.* XXXVIII). Qui ait illi : *Audivi orationem tuam et vidi lacrymas tuas, et ecce sanavi te* (*Exod.* XVII). Sedens autem Moyses super lapidem, quem Aaron et Hur supposuerant ei, orabat quando Josue Amalec superavit. Elias etiam, cum sederet subter unam juniperum, oravit Dominum, et petivit animæ suæ, ut moreretur (*III Reg.* X). *Stans autem a longe publicanus orabat, nec audebat oculos ad cœlum levare* (*Luc.* XVIII). Judith quoque stans ante lectum Holofernis orabat Dominum, ut confortaret eam (*Judith* XIII). Rursum quidam orant oculis ac manibus elevatis in cœlum, quidam genibus et capite deflexis in terram : quidam corpore curvati, et quidam omnino prostrati. *Elevatis in cœlum oculis* Christus oravit, quando Lazarum suscitavit. Et quando dixit : *Pater, clarifica Filium tuum* (*Joan.* XI). Expansis manibus oravit Moyses, quando Josue Amalec superavit (*Exod.* XVII). Unde propheta ait : *Levemus corda nostra cum manibus ad Dominum in cœlis* (*Thren.* III). Flexis genibus orabat Apostolus, qui dicebat : *Flecto genua mea ad Deum, et Patrem Domini nostri Jesu Christi, ex quo omnis paternitas in cœlo et in terra nominatur* (*Ephes.* III). Et Elias in vertice Carmeli *pronus in terram posuit faciem suam inter genua sua*, orans Dominum, ut daret pluviam super faciem terræ, et facta est pluvia grandis (*III Reg.* XVIII). Incurvatus est Eliseus et oravit, quando *incurvavit se super puerum et oravit Dominum, et calefacta est caro pueri* (*IV Reg.* IV). Elias etiam *expandit se super puerum et mensus est*, dicens : *Domine Deus meus, revertatur, oro, anima pueri hujus in viscera ejus : et audivit Dominus vocem Eliæ* (*III Reg.* XVII). Prostrati autem oraverunt *viginti quatuor seniores, qui ceciderunt coram agno, habentes singuli citharas aureas, et phialas plenas odoramentorum, quæ sunt orationes sanctorum* (*Apoc.* V). *Et omnes angeli stabant in circuitu throni viginti quatuor seniorum et animalium, et ceciderunt in conspectu throni in facies suas, et adoraverunt Deum* (*Apoc.* VII). In his qui jacentes orant, humilitatis notatur affectus, ad quem præcipue recordatio humanæ conditionis invitat. Hinc ille dixit : *Memento quæso quod sicut lutum feceris me et in pulverem reduces me* (*Job* X). In his qui sedentes orant, contemplationis otium designatur, de quo legitur, quod cum Dominus dedisset David requiem ab omnibus inimicis suis, aigressus sedit coram Domino et ait : Quis ego sum Domine Deus meus, et quæ domus mea , quia deduxisti me usque huc ? Tu revelasti auriculam servi tui dicens : Domum ædificabo tibi, propterea invenit servus tuus cor suum, ut te oraret hac oratione (II Reg. VII). Nam etsi homo in oratione devota loquatur Deo, nihilominus tamen in ipsa pariter et ex ipsa contemplationis degustat dulcedinem, dum Deum quasi præsentem devotus intuetur orator. In his autem qui stantes orant, desiderium patriæ cœlestis designatur, ad quod maxime spes supernæ promissionis inducit, propter quod ille dixit : *Lætatus sum in his quæ dicta sunt mihi, in domum Domini ibimus. Stantes erant pedes nostri in atriis tuis Jerusalem* (Psal. XXI). Hi denique qui flexis genibus, sed expansis manibus et oculis elevatis orant, illam sequuntur quæ dicit in Canticis : *Trahe me post te. Curremus in odore unguentorum tuorum* (Cant. 1).

Porro, secundum exempla veterum ter aut septies in die est orandum. Nam Daniel *ingressus domum suam, et fenestris apertis in cœnaculo suo contra Jerusalem tribus temporibus in die flectebat genua sua et orabat, confitebaturque coram Domino Deo suo, sicut et antea facere consueverat* (Dan. VI). Unde et Psalmista : *Vespere et mane et meridie, narrabo et annuntiabo, et exaudiet vocem meam* (Psal. LIV). Idem quoque dixit de se : *Septies in die laudem dixi tibi super judicia justitiæ tuæ* (Psal. CXVIII). Quem numerum etiam nunc Ecclesia in horis canonicis observat. Ter in die, propter fidem individuæ Trinitatis, et septies inter diem et noctem, propter dona Spiritus septiformis, qui orantes in fide per dona gratiæ illuminat et illustrat. Verum secundum testimonia Scripturarum, ter est orandum de nocte, in principio, in medio et in fine. De principio namque dicit propheta : *Consurge, lauda de nocte in principio vigiliarum tuarum, effunde sicut aquam cor tuum ante conspectum Domini Dei tui* (Thren. II). De medio dicit Psalmista : *Media nocte surgebam ad confitendum tibi* (Psal. CXVIII). De fine propheta dixit : *Surge diluculo, multa est fides tua* (Thren. III). Et Psalmographus ait : *Mane oratio mea præveniet te* (Psal. LXXXVII). Ut sic fidelis anima in oratione pernoctet, contra tentationes principum tenebrarum,

juxta quod Dominus præcipit : *Vigilate et orate, ne intretis in tentationem* (Matth. XXVI). Omnibus autem orandi horis profertur diluculum, de quo Psalmista dicebat : *Deus, Deus meus ad te de luce vigilo* (Psal. LXII). Et Sapiens protestatur : *Justus cor suum tradet ad vigilandum diluculo; ad Dominum qui fecit illum, et in conspectu Altissimi deprecabitur* (Eccle. XXX). In qua hora Jacob, qui tota nocte luctatus fuerat cum angelo, meruit benedici (Gen. XXXII).

Licet autem in omni loco possit fidelis orare, competentius tamen in templo, in alto, et in occulto. Nam de templo Dominus ait : *Domus mea, domus orationis vocabitur* (Matth. XXI). Et Salomon : *Cum oraverit ergo et oraverit in loco isto, tu exaudies in cælo, Domine, in firmamento habitaculi tui, et facies omnia pro quibus invocaverit te* (III Reg. VIII). In altum autem Jesus consuevit ascendere ad orationem, de quo legitur, quod *ascendit in montem solus orare* (Matth. XIV). Ideoque locum ad orandum commendat occultum. *Tu autem*, inquit, *cum orabis, intra in cubiculum tuum, et clauso ostio ora Patrem tuum in abscondito, et Pater tuus qui videt in abscondito, reddet tibi* (Joan. IV). Nam et Christus de loco adorationis a muliere Samaritana interrogatus, respondit : *Mulier, crede mihi, quia venit hora, quando neque in monte hoc, neque in Jerosolymis adorabitis patrem, sed veri adoratores adorabunt Patrem in spiritu et veritate* (Psal. LXXV). Sic reprobans et Samaritanorum errorem, qui dicebant non esse locum adorationis nisi in Gararym, et Judæorum, qui asserebant non esse locum orandi Deum, nisi in Jerusalem. Specialiter tamen Deus in templo est adorandus, secundum illud : *Adorate Dominum in aula sancta ejus* (Psal. LXLV). Specialiter quoque ad orientem, sicut legitur : *Ad ortum lucis oportet adorare* (Sap. XVI), ut nobis adorantibus Dominum, oriatur *lux justitiæ vera, quæ illuminat omnem hominem venientem in hunc mundum* (Joan. I). Assistunt enim in sacris basilicis angeli Dei fidelibus adorantibus, ut devotas eorum orationes offerant Deo, secundum illud : *In conspectu angelorum psallam tibi, Deus meus, adorabo ad templum sanctum tuum, et confitebor nomini tuo* (Psal. CXXXVII).

Titulus primi Psalmi pœnitentialis talis est : *In finem Psalmus David pro octava.* — Tituli hujus explicatio.

Cum omne tempus, septem dierum repetitione decurrat, per octava intelligitur dies ultima, resurrectionis videlicet et judicii; præsignata per diem circumcisionis octavum. Qui alia quoque ratione censetur octavus, quod scilicet, post septem hujus sæculi ætates, succedet octava quiescentium cum sexta militantium concurrente, quæ in primo incepit adventu, et usque ad ultimum perdurabit. Ideo etiam per octavam dies judicii designatur, quia post duas vitas, per septenarium designatas, succedet. Sicut enim duæ sunt hominis partes, exterior scilicet, quæ est corpus, et interior, quæ est spiritus : ita duæ sunt ejus vitæ, una corporalis, qua corpus vivit, et alia spiritualis, qua anima vivit ex Deo. Hæ duæ vitæ per septenarium designantur, propter duas partes ipsius, quaternarium, qui refertur ad corpus, propter quatuor elementa, videlicet terram, ignem, aerem et aquam, ex quibus componitur ipsum corpus, et ternarium, qui refertur ad spiritum, propter tres partes ipsius, videlicet rationabilem, irascibilem et concupiscibilem, in quibus spiritus ipse subsistit : cum et in corpore hominis quatuor sint humores, qui secundum quatuor anni tempora disponuntur, et in spiritu tres proprietates existant, per quas assimilatur individuæ Trinitati. Post has itaque duas vitas, tanquam octava post septenarium, dies judicii subsequetur, in qua justus judex unicuique pro meritis respondebit. Unde timens peccator pœnitens clamat et orat : *Domine, ne in ira tua arguas me, neque in furore tuo corripias me* (*Psal.* vi).

Sensus itaque tituli talis est : Psalmus iste dirigens nos in finem, id est Christum, qui est fidelium consummatio, in præsenti quidem sæculo ad justitiam, et in futuro sæculo ad coronam, attribuitur David, id est homini pœnitenti de suis peccatis, in cujus persona David loquitur in hoc psalmo. Psalmus, inquam, compositus pro octava, id est metu judicii, quod in octava resurrectionis agetur. In quo videlicet psalmo est deprecativa confessio, quoniam in eo culpa conceditur, et venia postulatur. Quæ licet apud judices sæculares sententiam condemnationis judicat, apud Deum tamen absolutionis sententiam promeretur.

PSALMI PRIMI POENITENTIALIS ELUCIDATIO

Domine, ne in ira tua [furore tuo] arguas me, neque in furore tuo [ira tua] corripias me (*Psal.* vi).

Psalmus iste secundum translationem, quam Romana tenet Ecclesia, continet novem versus, per quos pœnitens gradatim ascendit ad novem ordines angelorum ; quia *majus est gaudium angelis Dei super uno peccatore pœnitentiam agente, quam super nonaginta novem justis, qui non indigent pœnitentia* (*Luc.* xv). Quamvis et numerus decem versuum, quos juxta aliam translationem habere dignoscitur, bene congruat rationi, quoniam homo qui cecidit per offensam, resurgit per pœnitentiam, ut per eum ordo decimus restauretur. Merito etiam iste psalmus tres habet ternarios, quia pœnitentia tres debet habere partes : contritionem in corde, confessionem in ore et satisfactionem in opere : quamlibet autem ternario subdistinctam ; quoniam in contritione debet habere pœnitens timorem de pœna, dolorem de culpa et amorem de gratia. In confessione debet exprimere veritatem, de facto, de numero, de modo. In satisfactione, debet orationem dirigere ad Deum, eleemosynam ad proximum, jejunium ad seipsum. Novem quoque versus sunt in hoc psalmo, propter novem diversitates peccatorum, de quibus pœnitens debet dolere, videlicet propter originale peccatum, mortale et veniale. Hæc sunt : serpens, mulier et vir. Serpens, id est concupiscentia suggerit originaliter ; mulier, id est delectatio comedit venialiter ; vir, id est ratio consentit mortaliter. Item peccatum cogitationis, locutionis, operis. Cogitationis in corde, locutionis in ore, operationis in consuetudine. Hæc est mors in domo, mors in porta, mors in sepulcro. Rursum peccatum fragilitatis, simplicitatis, malignitatis : fragilitatis per impotentiam, simplicitatis per ignorantiam, et malignitatis per invidentiam. Hoc est, peccatum in Patrem, in Filium et in Spiritum sanctum. In primo ternario, pœnitens timet et orat ; in medio, gemit et plorat ; in ultimo, gaudet et optat. Timet et orat, pro amovenda duplici pœna, pro curanda duplici plaga et pro tollenda duplici mora. Pro pœna perpetua et transitoria, quod ostendit in primo versu dicens : *Domine, ne in ira tua arguas me, neque in furore tuo corripias me.* Ac si dixisset apertius : Ne arguas me in ira, condemnando in futuro, neque corripias in furore, puniendo me in præsenti. Pro plaga corporali et spirituali, quod ostendit in secundo versu dicens : *Sana me, Domine, quia conturbata sunt ossa mea, et anima mea turbata est valde.* Ac si dixisset apertius : *Sana me ab ægritudine corporali, quoniam conturbata sunt ossa mea; ab ægritudine spirituali, quoniam anima turbata est valde.* Pro mora miseriam auferendi et gloriam conferendi, quod ostendit in tertio versu dicendo : *Et tu, Domine, usquequo ? Convertere, Domine, et eripe animam meam, salvum me fac propter misericordiam tuam.* Ac si dixisset apertius : *Et tu, Domine, usquequo ?* differs sanare ; quasi dicat, ne moreris, sed eripe animam meam a præsenti miseria. Itemque : *Convertere, Domine,* quasi dicat, ne moreris, sed salvum me fac in futura gloria.

Audisti quomodo pœnitens in primo ternario timet et orat, audi quomodo in secundo ternario gemit et plorat. *Laboravi,* inquit, *in gemitu meo, lavabo per singulas noctes lectum meum, lacrymis meis stratum meum rigabo.* Gemit et plorat propter mentis oblivionem, et propter laudis suppressionem. Propter oblivionem mentis, quæ reprobis est in morte, et propter suppressionem laudis, quæ damnatis est in inferno: De quibus in quarto versu præmittit dicens : *Quoniam non est in morte, qui memor sit tui, in inferno autem quis confitebitur tibi ?* Ac si dixisset apertius : Ideo *laboravi in gemitu meo, quoniam non est in morte,* id est in mortali peccato, *qui memor sit tui,* hoc est qui meminerit legis tuæ, quam prævaricando contemnit : et ideo *lavabo per singulas noctes lectum meum,* quoniam in inferno, id est in baratro desperationis, quis confitebitur tibi? quasi dicat, nullus omnino, quoniam de tua pietate diffidit. Vel in morte, id est in statu peccatoris jam mortui, non est qui sit memor tui ad salutem. In inferno autem, id est in loco gehennalis supplicii, quis confitebitur tibi? quasi dicat : Nullus ad laudem. Item gemit et plorat, propter turbatum judicium discernendi, et propter inveteratum exercitium offerendi, de quibus in sexto versu subjungit : *Turbatus est præ ira oculus meus, inveteravi inter omnes inimicos meos*. Ac si dixisset apertius : Oculus meus, videlicet intellectus, *turbatus est*, id est obscuratus *præ ira*, quæ impedit rationem. *Et inveteravi, præ* longa peccandi consuetudine, *inter omnes inimicos meos*, id est vitia et peccata, quæ sunt mihi inimica.

Audisti quomodo pœnitens in secundo ternario gemit et plorat, audi quomodo in tertio gaudet et optat. Gaudet quod sit exauditus in tribus, videlicet in fletibus, in orationibus, in precibus : in fletibus, pro pœna tollenda ; in orationibus, pro culpa delenda ; in precibus, pro gratia conferenda. De fletibus exauditis præmittit : *Exaudivit Dominus vocem fletus mei*. De precibus receptis adjungit : *Exaudivit Dominus deprecationem meam*. De orationibus admissis supponit : *Dominus orationem meam assumpsit*. Optat inimicis ex charitate compunctionis dolorem, confessionis erubescentiam et pudorem, et satisfactionis laborem. Dolorem compunctionis, cum dixit : *Conturbentur* ; pudorem confessionis, cum ait . *Erubescant* ; satisfactionis laborem, ubi dicit : *Convertantur, et hoc valde velociter*, ut protinus liberentur.

Sex vero petitiones facit pœnitens in hoc psalmo, duas ex timore pœnæ, præsentis videlicet et futuræ, de quibus ait : *Domine, ne in ira tua arguas me, neque in furore tuo corripias me*. Item duas præ dolore culpæ, corporalis videlicet et spiritualis, de quibus addit : *Miserere mei, Domine, quoniam infirmus sum : sana me, Domine, quoniam conturbata sunt omnia ossa mea. Et anima mea turbata est valde, sed tu, Domine, usquequo?* Rursus duas præ amore gratiæ, liberantis videlicet, et salvantis, de quibus subjungit : *Convertere, Domine, et eripe animam meam, salvum me fac propter misericordiam tuam*. In quibus tres timores notantur, servilis, initialis et filialis. Singulis autem petitionibus singulas reddit causas : *Ne*, inquit, *arguas me in ira tua, quia non est in morte qui memor sit tui. Neque in furore tuo corripias me, quoniam in inferno quis confitebitur tibi?* Rursus : *Miserere mei, Domine, quoniam laboravi in gemitu meo. Sana me, Domine, quoniam lavabo per singulas noctes lectum meum, et lacrymis meis stratum meum rigabo*. Item : *Convertere, Domine et eripe animam meam, quia conturbatus est præ ira oculus meus. Salvum me fac propter misericordiam tuam, quoniam inveteravi inter omnes inimicos meos*. Nec tamen despero miserabiliter, sed spero misericorditer, dicens : *Discedite a me omnes qui operamini iniquitatem*. Ostenditque pœnitens, se in illis petitionibus exauditum.

In primis, quoniam *exaudivit Dominus*, Pater *vocem fletus mei*. Et in secundis, quoniam *exaudivit Dominus* Filius *deprecationem meam*. In tertiis autem, quia Dominus Spiritus sanctus *orationem meam assumpsit*. *Erubescant igitur et conturbentur vehementer omnes inimici mei, convertantur et erubescant valde velociter.*

Ut autem pœnitens facilius obtineat quod implorat, captat benevolentiam. Primo a persona judicis, per ejus potentiam, ubi dicit : *Domine, ne in irâ tua arguas me*, et per ipsius misericordiam, ubi dicit : *Salvum me fac propter misericordiam tuam*. Secundo a re ipsa, quia infirmitatem habet in carne, de qua dicit : *Conturbata sunt ossa mea* : et infirmitatem habet in mente, de qua ait . *Anima mea turbata est valde*. Tertio, ab opportunitate temporis, unde ait : *Quoniam non est in morte qui memor sit tui* : et ab opportunitate loci, ubi addit : *In inferno autem quis confitebitur tibi?* Quarto, a propria persona, propter interiorem devotionem, cum ait : *Laboravi in gemitu meo*. Propter carnis mortificationem, cum addit : *Lavabo per singulas noctes lectum meum, et lacrymis meis stratum meum rigabo*. Propter cordis turbationem, unde supponit : *Turbatus est in ira oculus meus*. Propter separationem malorum, unde : *Discedite a me omnes qui operamini iniquitatem*. Et propter inimicorum dilectionem, unde : *Conturbentur omnes inimici mei, convertantur et erubescant valde velociter*. Item psalmus incipit a timore, quoniam *initium sapientiæ timor Domini* (*Eccle*. I). Desinit autem in charitate, quoniam *finis præcepti charitas* (*I Tin*. I). Ex timore nanque ; pœnitens petit a Domino in principio ne arguat illum in ira, neque corripiat illum in furore. Ex charitate vero inimicis suis optat in fine, ut erubescant, conturbentur, et convertantur. Et hic est finis omnis consummationis, sicut in alio psalmo legitur (*Psal*. CXVIII), videlicet charitatis, quod mandatum latum nimis, quoniam ad inimicos extenditur, juxta quod Dominus præcepit : *Diligite inimicos vestros, benefacite his qui oderunt vos, et orate pro persequentibus et calumniantibus vos* (*Matth*. V). Recte ergo timor incipit, et charitas perficit ; quia *perfecta charitas foras mittit timorem* (*Joan*. IV). Incipit ergo a timore, et desinit in amore. Incipit a tristitia, et desinit in lætitia. Dicit ergo :

Domine, ne in ira tua arguas me, neque in furore tuo corripias me. Ac si diceret : Tu es Deus meus, judex meus, medicus meus, dux meus, defensor meus, salvator meus. Quia tu es Deus meus, ideo formido te dicens : *Domine ne in furore tuo arguas me*. Quia tu es judex meus, supplico a te. *Sana me Domine, quoniam conturbata sunt ossa mea, et anima mea turbata est valde*. Quia tu es dux meus, ideo desidero te sequi dicens : *Convertere, Domine*. Quia tu es defensor meus, ideo auxilium a te postulo, dicens : *Eripe animam meam*. Quia tu es salvator meus, ideo salutem flagito, dicens : *Salvum me fac propter misericordiam tuam. Tu ergo, Domine, ne in ira tua arguas me, neque in furore tuo corripias me.* Dic mihi, o peccator, qui indulgentiam desideras promereri, qua ratione praesumis profiteri in ipso Deo iram et furorem esse, dicendo : *Domine, ne in ira tua arguas me, neque in furore tuo corripias me*; cum non ad misericordiam, sed ad iram ; nec ad benignitatem, sed ad furorem soleat provocari, qui audit se iracundum, censeri autem etiam furibundum : quoniam hoc videtur non ad gloriam, sed ad injuriam ; non ad laudem, sed ad vituperium redundare. Diceres saltem : *Ne arguas me in ira, neque in furore corripias*, ut ad majorem expressionem non adderes, *in tua* videlicet, vel *in tuo*; quia minus forsan horresceret intellectus, et magis sustineret auditus, si hoc diceres absque illo. Quis enim nunc vere fidelis aequanimiter ferat et patienter auscultet furorem et iram Domino suo ascribi, maxime, quem mitissimum et benignissimum esse novit? Praeterea cum petas alibi ab illo : *In veritate tua, exaudi me, in tua justitia* (Psal. CXLII), et hic dicas : *Ne in ira tua arguas me, neque in furore tuo corripias me*, profecto videris innuere, quod ejus ira excedat justitiam, et furor exsuperet veritatem, quod nefas est sentire de illo, qui judicat orbem terrae in justitia et populos in iniquitate (Psal. XCVII). Cumque Scriptura de illo testetur : *Tu autem, Domine virtutum cum tranquillitate judicas* (Sap. XII), tu quis es, qui audeas ei dicere : *Domine, ne in furore tuo arguas?* Cur, inquit, objectionibus me fatigas et quaestionibus arctas, cum tantus sit metus de poena, tantus sit moeror de culpa, ut inter timoris et doloris angustias, quasi mente confusus, vix valeam respondere? Nam *ex abundantia cordis os loquitur* (Luc. VI), et idcirco illa egrediuntur de ore, quae geruntur in corde, unde verba mea timore sunt plena et dolore. Quaeso tamen ne arguas peccatorem, neque corripias poenitentem, quod talibus verbis fatur de Deo, cum ipse Deus talibus verbis loquatur de se per Ezechielem prophetam, dicendo : *Ecce*, inquit ad terram Israel, *de propinquo effundam iram meam super te, et complebo furorem meum in te* (Ezech. VII). Cur ergo dubitet homo loqui de Deo, quod loquitur ipse Deus de se cum ab illo didicerit quid de ipso loquatur? Verum ad loquendum de Creatore verba haec transsumit homo de creaturis, quoniam idonea verba non habet, quibus secundum proprietatem suam loquatur de Deo; et ideo peregrina verba mendicat, ut scilicet per quamdam similitudinem loquatur de illo. In creaturis siquidem ira est furor animi, de interioribus ad exteriora prorumpens, cum quis ob illatam injuriam praecogitatam vindictam desiderat adimplere. Furor autem est vehemens commotio indignantis, cum gestit adversus alium effundere totam iram. Interdum vero unum accipitur pro altero, sicut hic secundum unam translationem habetur : *Domine, ne in furore tuo arguas me, neque in ira tua corripias me*. Secundum alteram dicitur : *Domine, ne in ira tua arguas me, neque in furore tuo corripias me*. Quoniam ex Graeco furor idem est quod ira, unde utrumque legitur in Scripturis, et ira furoris, et furor irae. Porro dicendo furorem et iram de Deo, non significo affectum alicujus turbationis in eo, de quo non possunt ista, nisi divinam essentiam praedicare; sed consignifico effectum vehementis turbationis in homine, in quem merito peccatorum suorum talia exercentur. Dicit ergo poenitens : *Domine*, qui omnia potes, cui nihil omnino resistit, *ne arguas me in ira tua*, id est ne me judices, et convincas ad instar irati, qui ob illatam injuriam praecogitatam vindictam nititur exercere. *Neque corripias me in furore tuo*, id est ne me punias et flagelles, more furentis, qui vehementi indignatione commotus conatur effundere totam iram : quia si secundum exigentiam meritorum velles agere mecum, profecto non possem subsistere ante faciem irae tuae, nec impetum sustinere furoris tui, cum tam multa et magna, enormia et gravia sint peccata, scelera, delicta et crimina mea, quibus ego ingratus, et iram merui et furorem, quod non esset poena sufficiens, aut vindicta condigna, etiam si ignis de coelo descendens me totum consumeret, vel terra os suum aperiens, deglutiret me vivum. Volo tamen et cupio, opto et deposco, ut in praesenti me arguas et corripias in spiritu lenitatis, quia *pater filium quem diligit, corripit, et tu quem amas, arguis et castigas* (Apoc. III) : ne in futuro tu *Domine*, qui potes et corpus et animam perdere in gehennam, *arguas me in ira tua* quantum ad condemnationis sententiam; *neque corripias me in furore*, quantum ad perditionis gehennam, ne videlicet arguas me in judicio, et corripias in inferno. Ne quis autem intelligat de judicio salvationis, adjungo : *In ira tua*, quoniam idem ipse judex et advocatus, accusator et testis, contra reprobos allegabit : *Esurivi, et non dedistis mihi manducare; sitivi, et non dedistis mihi bibere; hospes eram, et non collegistis me : nudus, et non operuistis me; infirmus, et in carcere, et non visitastis me* (Matth. XXV). Tunc respondebunt ei impii dicentes : Domine, quando te vidimus esurientem, aut sitientem, aut hospitem, aut nudum, aut infirmum, aut in carcere, et non ministravimus tibi? Tunc respondebit illis dicens : *Amen dico vobis, quandiu non fecistis uni ex minimis meis, nec mihi fecistis* (ibid.). Neque corripias me, id est punias in inferno. Sed si quis intelligat poenam levem et transitoriam, adjungo : *In furore tuo*, id est in igne inexstinguibili et aeterno, de quo terribiliter intonabit : *Ite maledicti in ignem aeternum, qui praeparatus est diabolo et angelis ejus* (ibid.) Revera dies illa, *dies irae, dies tribulationis et angustiae, dies calamitatis et miseriae, dies turbinis et caliginis, dies furoris et terroris* (Sophon. I). In quo si *justus vix salvabitur, impius et peccator ubi parebunt* (II Petr. IV). Quia ergo horrendum est nimis in manus Dei viventis incidere (Hebr. X).

Idcirco clamo tremens et dolens : *Domine, ne in furore tuo corripias me, neque in ira tua arguas me.* Certe si cum omni tranquillitate me argueres in judicio, non possem liberari ; quia si innocentem me ostenderem, pravum me esse comprobares, quanto minus liberari valerem, si argueres me in ira tua ? Ergo *ne intres in judicium cum servo tuo, quia non justificabitur in conspectu tuo omnis vivens (Psal.* CXLII).

Sane irascitur Pater, irascitur Dominus, et irascitur judex. Pater irascitur filio, ut illum corrigat et emendet; dominus irascitur servo, ut illum puniat et flagellet; judex irascitur reo, ut illum reprobet et condemnet. Primam iram postulo adhiberi, secundam postulo mitigari, tertiam postulo penitus averti. De prima legitur : Iratus est, et misertus est nobis (*Psal.* LIX). Gravis est ira Dei, taliter non irasci. Propter quod ait : *Zelus meus recessit a te, ultra jam non irascar tibi (Ezech.* XVI). De secunda legitur : *Mitigasti omnem iram tuam, avertisti ab ira indignationis tuæ (Psal.* LXXXIV). Nam cum iratus fueris, misericordiæ recordaberis. De tertia scribitur : *Exarsit ignis ab ira tua, et ardebit usque ad inferna deorsum (Psal.* LXXXVIII). Ergo averte iram tuam a nobis, ut non in æternum irascaris nobis. Triplex est autem ira hominis, naturalis, venialis, et criminalis. De prima dicitur : *Irascimini, et nolite peccare (Psal.* IV). Hanc iram habe, si pii [al. jiam] patris iram tibi adhiberi desideras. De secunda legitur : *Sol non occidat super iracundiam vestram (Ephes.* IV). Hanc iram tempera, si justam iram Domini circa te desideras mitigari. De tertia vero scribitur : *Ira viri justitiam Dei non operatur (Jac.* I). Hanc iram prorsus evita, si severam judicis iram a te desideras prorsus averti. *Omnis enim qui irascitur fratri suo, reus erit judicio (Matth.* V). *Ira,* inquit, *illis secundum similitudinem serpentis, et furor aspidis insanabilis (Psal.* LVII). Hanc iram et hunc furorem omnino declina, si furorem et iram Domini desideras declinare. Dicas ergo :

Miserere mei, Domine, quoniam infirmus sum; sana me, Domine, quoniam conturbata sunt omnia ossa mea.

Et anima mea turbata est valde, et tu, Domine, usquequo ?

Redde singula singulis. *Ne arguas me in ira,* sed *miserere mei, quoniam infirmus sum* corpore, unde *conturbata sunt omnia ossa mea. Ne corripias me in furore tuo,* sed *sana me, quoniam infirmus sum* mente, unde *anima mea turbata est valde.* Magna quidem est infirmitas corporis, quoniam *turbata sunt omnia ossa mea;* sed major est infirmitas mentis, quoniam *anima mea turbata est valde.* Illa enim est pœna, de qua dicit Apostolus : *Vino modico utere propter frequentes infirmitates tuas (I Tim.* V). Hæc autem est culpa, de qua dicit Psalmista : *Qui tribulant me inimici mei (Psal.* XLI), *ipsi infirmati sunt et ceciderunt (Psal.* XXVI). Ergo *miserere mei, Domine, quoniam infirmus sum.* Non ut is, qui dicebat : *Cum infirmor, tunc potens sum (II Cor.* XII); quoniam infirmi accincti sunt robore. Nec ut illa etiam, quæ aiebat : *Fulcite me floribus, stipate me malis, quia amore langueo (Cant.* II); quoniam talis infirmitas est procul dubio salutaris. Sed nec sum infirmus ut illi, de quibus dicitur : *Infirmabuntur et peribunt a facie tua (Psal.* IX), quoniam infirmati sunt, et non fuit qui adjuvaret. Nec etiam infirmus sum, ut illi, de quibus legitur : *Tradidit illos Deus in passiones ignominiæ (Rom.* I), ut faciant ea quæ non conveniunt; quia talis infirmitas procul dubio est lethalis. Sed ex illis me esse confiteor, de quibus dicitur : *Multiplicatæ sunt infirmitates eorum, postea acceleraverunt (Psal.* XV). Ex his quoque, de quibus scribitur : Conscientia eorum, cum sit infirmata, polluitur. Ecce enim accelero clamans : *Sana me, Domine, quoniam conturbata sunt ossa mea.* Non tua quidem, quoniam scriptum : Os enim non comminuetis ex eo, sive, *os illius non confringetis (Exod.* XII). Habes enim os divinitatis, de quo tu dicis : *Adhæsit os meum carni meæ (Psal.* CI). Habes et os humanitatis, de quo dicit Ecclesia : *Hoc nunc os ex ossibus meis, et caro de carne mea (Gen.* II). Sed nec de illis ossibus dico, de quibus inquis in Psalmo : *Sicut aqua effusus sum, et dispersa sunt omnia ossa mea (Psal.* XXI). Et Ecclesia dicit in Threnis : *De excelso misit ignem in ossibus meis (Thren.* I). Neque de ossibus dico, quæ magis sunt turbantia quam turbata : *Ossa,* inquit, *ejus sicut fistulæ æris (Job* XL), *et putredo in ossibus ejus (Prov.* XII). Ossa ejus plena sunt adipe et medullis, ossa ejus irrigantur. Sed de ossibus meis dico, *quoniam conturbata sunt ossa mea,* id est virtutes et vires animæ meæ. Sed illæ per vitia externa turbantur, juxta quod dicitur : *Dominus exturbavit ossa eorum qui hominibus placent, confusi sunt, quoniam Deus sprevit eos (Psal.* LII). Ista vero per vitia conturbantur, juxta quod dicitur : *Ossa mea aruerunt præ caumate (Job* XXX), vel sicut in frixorio confrixa sunt. Ergo sana et custodi omnia ossa mea, ut unum ex eis non conteratur, ut timor tuus sit ossium irrigatio. Spiritualis ergo languor est culpa, et corporalis est pœna, quæ tamen contingit frequenter ex culpa, juxta quod Veritas ait homini, qui habebat in infirmitate sua triginta et octo annos : *Ecce sanus factus es, jam noli peccare ne deterius aliquid tibi contingat (Joan.* V). Et Apostolus ait : *Qui manducat et bibit indigne, judicium sibi manducat et bibit, non dijudicans corpus Domini. Ideo jacent inter vos multi infirmi et imbecilles, et dormiunt multi (I Cor.* XI). Saluberrimum ergo est consilium, ut qui indiget corporali medela, spiritualium prius exigat et accipiat medicinam, quatenus cessante causa, cesset et effectus. Corporalis autem infirmitas, etsi sæpe, non tamen semper provenit ex peccato. Quod probat Apostolus dicens : *Ne magnitudo revelationum extollat me datus est mihi stimulus carnis meæ, angelus Satanæ, qui me colaphizet: propter quod ter Dominum rogavi, ut auferret illum a me, et dixit mihi : Sufficit tibi gratia mea, nam virtus in infirmitate perficitur (II Cor. XII; Joan. XI).* Ecce infirmabatur Apostolus propter conservationem suæ humilitatis. Veritas quoque ait in Evangelio : *Infirmitas hæc non est ad mortem, sed pro gloria Dei, ut glorificetur Filius Dei per eam.* Et cum interrogaretur a discipulis suis : *Rabbi, quis peccavit, hic an parentes ejus, ut cæcus nasceretur? Respondit : Neque hic peccavit, neque parentes ejus, ut cæcus nasceretur, sed ut manifestarentur opera Dei in illo (Joan.* IX). Ecce infirmabatur Lazarus, infirmabatur et cæcus, propter ostentationem divinæ virtutis. Job quoque propter probationem patientiæ legitur infirmatus, *qui sedens in sterquilinio testa saniem radebat (Job* II). Similiter et Tobias (cap. II), super cujus oculos ex nido hirundinum calida stercora inciderunt, factus est cæcus. Hanc autem infirmitatem ideo Dominus permisit evenire ei, ut posteris daretur exemplum patientiæ ipsius, sicut et sancti Job. Interdum autem propter compassionem proximorum aliquis infirmatur. Sicut Apostolus, qui dicebat : *Quis infirmatur, et ego non infirmor? Quis scandalizatur, et ego non uror? (II Cor.* XI.) Ipse quoque Salvator vulneratus est propter peccata nostra, attritus est propter scelera nostra. Disciplina pacis nostræ super eum, et livore ejus sanati sumus, et Dominus in infirmitate voluit conterere eum. Propter has et multas alias causas interdum absque peccati merito infligitur infirmitas corporalis, etsi frequentius ex peccato. Ergo *sana me, Domine,* tanquam pius et prudens medicus ; quia ego sum ægrotus ; et tu medicus ; ego habeo infirmitatem, tu sanitatem ; ego sum infirmus per culpam, tu sana me per gratiam, *quoniam conturbata sunt omnia ossa mea,* et *anima mea turbata est valde.* Anima conturbata corpus conturbat, Salomone testante : *Spiritus tristis exsiccat ossa (Prov.* XVII). Propter quod alibi dicit : *A voce gemitus mei adhæserunt ossa mea carni meæ (Psal.* CI). Quin etiam ossa mea sicut in frixorio confrixa sunt : *quia per quæ peccat homo, per hæc et torquetur (Psal.* XI). Quandiu enim spina rationis pungit spiritum ex peccato, et vermis conscientiæ mordet animum ex delicto, non solum anima frigitur et torquetur, sed etiam corpus affligitur et turbatur. Unde bonum est homini a peccato cessare, non solum propter quietem æternam, quam in futuro sæculo præstolatur, verum etiam propter requiem temporalem, quam in præsenti sæculo experitur ; quia, secundum Apostolum, pietas promissionem vitæ habet, quæ nunc est et futuræ. Potest et aliter hoc intelligi, ut per ossa vires mentis intelligantur, quantum ad spiritum, qui fortis est et promptus ; et per animam intelligatur sensualitas, quantum ad carnem, quæ est fragilis et infirma. Secundum quod Dominus ait : *Spiritus quidem promptus est, caro autem infirma (Matth.* XXVI). Licet enim spiritus sit anima, distinguitur tamen inter spiritum et animam aliquando, ut spiritus intelligatur pars superior, id est mens, et anima inferior, id est sensualitas, juxta quod Apostolus ait : *Vivus est sermo Dei et efficax, et penetrabilior omni gladio ancipiti, pertingens ad divisionem animæ et spiritus (Hebr.* IV). Dicit itaque pœnitens : *Sana me, Domine,* a reatu peccati, et debes profecto sanare, *quoniam conturbata sunt ossa mea,* id est vires animæ meæ. Vis rationalis, quæ discernit inter bonum et malum, vis irascibilis, quæ abjicit malum, vis concupiscibilis, quæ appetit bonum, conturbatæ sunt omnes ad pœnitentiam salutarem.

Vis rationalis est turbata, dum ipsa inter bonum et malum subtiliter non discernit. Vis irascibilis est turbata, dum ipsa malum fortiter non abjicit. Vis concupiscibilis est turbata, dum ipsa bonum delectabiliter non appetit. Et ideo *conturbata sunt ossa mea,* id est, animæ sensualitas turbata est valde, quoniam grandis offensa gravem exigit pœnitentiam, ut quæ carnaliter delectatus offendi, spiritualiter conturbatus pœniteam, quatenus per aliam viam revertar in regionem meam. Est turbatio timoris et commotionis, de qua legitur : *Audiens Herodes rex turbatus est, et omnis Hierosolyma cum illo (Matth.* II). Turbatio furoris et confusionis, de qua dicitur : *Turbati sunt sicut ebrius, et omnis sapientia eorum deglutita est (Psal.* CVI). Turbatio laboris et occupationis, de qua Dominus ait : *Martha, Martha, sollicita es et turbaris erga plurima (Luc.* X). Turbatio doloris et compunctionis, de qua sponsa ait in Canticis : *Anima mea turbata est propter quadrigas Aminadab (Cant.* VI). Turbatio mœroris et compassionis, de qua legitur quod Jesus turbavit seipsum, et lacrymatus est *(Joan.* III). Turbatio stuporis et admirationis, unde : *Maria turbata est in sermone angeli, et cogitabat qualis esset illa salutatio (Luc.* I). Sunt et aliæ multæ turbationum species, sed omnes reducuntur ad quatuor, videlicet miseriæ, culpæ, pœnæ et gratiæ, de quibus agit pœnitens in hoc psalmo : *Conturbata sunt,* inquit, *ossa mea, et anima mea turbata est valde. Turbatus est præ ira oculus meus, conturbati sunt omnes inimici mei.*

Convertere, Domine; et eripe animam meam : salvum me fac propter misericordiam tuam.

Anima in homine accipitur multis modis, ipsa persona, præsens vita, spiritus rationis, spiritus animalis, intentio mentis, et sensualitas carnis. De primo : *Masculus, cujus præputii caro circumcisa non fuerit, delebitur anima illa de populo suo (Gen.* XVII); de secundo : *Non facio animam meam pretiosiorem quam me (Act.* XX); de tertio : *Anima quæ peccaverit, ipsa morietur (Ezech.* XVIII); de quarto : *Anima carnis in sanguine est (Levit.* VII); de quinto : *Animam meam in manibus meis porto (Psal.* CXVIII); de sexto : *Turbatus est in ira oculus meus, anima mea, et venter meus (Psal.* XXX). Ergo *eripe animam meam,* id est spiritum meum, vel meipsum, et accelera, ut eripias me. Anima enim mea turbata est ad pœnitentiam. Tu ergo, Domine, qui pius es et benignus, *convertere* ad me, et ego convertar ad te ;

quoniam etsi per prophetam dicatur : *Convertimini ad me, et ego convertar ad vos* (Zach. 1), nisi tamen tu convertaris ad me, ego ad te converti non valeo; et nisi tu me praevenias, ego ad te pervenire non possum. Sed quoniam ad perfectam conversionem tu semper paratus existis, sicut propheta testatur, tanquam diluculum paratum inveniemus illum (Osee. vi), securius dico : *Convertere, Domine,* id est, fac me perfecte converti ab errore ad veritatem, a vitiis ad virtutes. Porro, sicut Deus tribus modis se avertit ab aliquo; primo, quando spiritualem subtrahit illi gratiam, unde alibi dicit : *Ne avertas faciem tuam a me* (Psal. xxvi) ; secundo, quando temporalem irrogat ei poenam, unde est illud : *Avertisti faciem tuam a me, et factus sum conturbatus* (Psal. xxix); tertio, quando vindictam infligit aeternam; unde dicitur : *Averte iram tuam a nobis, nec in aeternum irascaris nobis* (Psal. lxxxiv) : ita tribus modis se convertit ad aliquem: primo, quando gratiam ei spiritualem infundit, sicuti hoc loco : *Convertere, Domine, et eripe animam meam;* secundo, quando temporalem poenam remittit, unde est illud : *Convertere, Domine, aliquantulum, et deprecabilis esto super servos tuos* (Psal. lxxx); tertio, quando salutem concedit aeternam, unde : *Convertimini ad me, et ego convertar ad vos* (Zach 1). Ac si diceret : Convertimini ad me deserendo malitiam, *et ego convertar ad vos* conferendo salutem. Et ideo sine difficultate prorsus et mora *eripe animam meam* a praesenti miseria, *et salvum me fac* in aeterna gloria, propter misericordiam tuam, de qua solummodo spero, non propter meritum meum, de quo nequaquam confido : et ideo non allego meritum meum quod exigit poenam, sed imploro misericordiam tuam, quae exhibet gratiam. Ecce peccator iste de culpa sua valde dolebat, unde dicebat : *Anima mea turbata est valde.* Indulgentiam postulabat, unde clamabat : *Miserere mei, Domine, quoniam infirmus sum :* Nec tamen adhuc justificationis gratiam obtinebat, unde dicebat : *Et tu, Domine, usquequo? Convertere et eripe animam.* Sed dices : Quid exigitur amplius ad hoc, ut poenitens convertatur, quam ut valde doleat de commissis, proponens ea fideliter confiteri, et a committendis penitus abstinere? Scriptum enim est : *Quacunque hora conversus fuerit peccator et ingemuerit, omnium peccatorum non recordabor* (Ezech. xii). Et iterum : *Dixi : Confitebor adversum me injustitiam meam Domino, et tu remisisti iniquitatem cordis mei* (Psal. xxxi). Caeterum si ita est, cum sciat homo quando sic poenitet, scit ergo quando convertitur, et ita quando justificatur. Porro justificari non potest, nisi prius ei charitas infundatur, juxta quod Veritas ait : *Dimissa sunt ei peccata multa, quoniam dilexit multum* (Luc. vii). Nam charitas operit multitudinem peccatorum (I Petr. iv). Scit ergo quando infunditur ei charitas, quoniam verum est quod Apostolus dicit : *Nihil mihi conscius sum, non tamen in hoc justificatus sum* (I Cor. iv). Nam et delicta quis intelligit? propter quod orat David : *Ab occultis meis munda me, Domine* (Psal. xviii). Job namque dicit : *Si enim simplex fuero, hoc ipsum ignorabit anima mea* (Job ix). Salomon quoque ait : *Quis dicere potest : Mundum est cor meum, et purus sum a peccato?* (Prov. x). Ac si diceret : Nullus, nisi forsan ei sit revelatum. Quandoquidem inter infideles sunt aliqui qui valde dolent de peccatis commissis, et cum animo confitendi proponunt abstinere a committendis; non tamen ipsi justificantur, quoniam aliquod habent delictum, quod non intelligunt, illud videlicet, de quo Dominus ait : *Qui non credit, jam judicatus est* (Joan. iii). Sic forsitan Christianum latet aliquod grande peccatum, propter quod, quia de illo non poenitet, justificatio retardatur, aut forsan quia minus dolet, quam oporteat illum dolere, vel etiam propter aliam causam Deo cognitam, sed nobis ignotam. Quis enim audeat certam metam imponere gratiae, ut dicat : Si tantum dolet peccator, aut taliter, peccatum illi dimittitur; sin autem, non dimittitur illi peccatum? non esset ergo gratuita, sed debita justificatio peccatoris. Verum ex divina justissima dispensatione procedit, ut sicut aliquando indulgentia postulata differtur, sic interdum praestita nesciatur, quoniam magis expedit, ut justificatus dubitet an ipse sit justus, quam injustus credat, quod ipse sit justificatus. Differtur autem aliquando curatio, ne aegrotus putet, se non medici virtute, sed naturae vigore vel mediocritate aegritudinis sanatum, et sic vili pendat medicum et parvipendat languorem. Ut ergo de sua virtute diffidat, magnitudinem vero infirmitatis agnoscat, et auxilium medentis imploret, differtur curatio, donec clamet frequenter et dicat : *Sana, Domine, animam meam, quia peccavi tibi.* Nondum enim aegrotus iste tam perfecte clamaverat, ut diceretur ei : Adhuc te loquente dicam : Adsum. Ex difficultate quoque curationis, magis cavetur infirmitas; quia quod facile sanatur, non multum cavetur : et ideo differtur curatio aegritudinis, ut diligentior sit custodia sanitatis. Sed non est differendum usque post mortem.

Quoniam non est in morte qui memor sit tui, in inferno autem quis confitebitur tibi?

Triplex est mors : corporalis, spiritualis et gehennalis. De prima legitur : *Corpus est mortuum per peccatum* (Rom. viii); unde : *Quis est homo qui vivet et non videbit mortem?* (Psal. lxxxviii.) Quasi diceret : Nullus est vivens, qui tandem mortem corporis non incurrat. De secunda dicitur : *Vidua quae in deliciis vivit mortua est* (I Tim. v). Et : *Est peccatum ad mortem, non pro eo dico ut oret quis* (Joan. v); quasi diceret : Est quoddam mortale peccatum pro quo non est orandum, quia neque in hoc saeculo, neque in futuro dimittetur. De tertia vero scribitur : *Qui vicerit non laedetur a morte secunda* (Apoc. ii). Et : *Sicut oves in inferno positi sunt, mors depascet eos* (Psal. xlviii); quasi diceret : Sicut ovis non carpit herbam, sed pascit, ut herba semper renascatur ad pastum, ita mors gehennalis non consumit hominem, sed affligit, ut semper vivat ad mortem. Est praeterea mors gratiae, de qua dicit Apostolus : *Mortui estis, et vita vestra abscondita est cum Christo in Deo* (Colos. III). Et Salomon : *Fortis ut mors dilectio, et dura sicut infernus aemulatio. Lampades ejus, lampades ignis atque flammarum. Aquae multae non poterunt exstinguere charitatem* (Cant. VIII). Ipse quoque Christus se per prophetam mortem mortis appellat : *O mors,* inquit, *ero mors tua, morsus tuus ero inferne* (Osee XIII). Mors naturae separat corpus ab anima, mors culpae separat animam a Deo, mors gehennae separat animam et corpus a gloria, mors gratiae separat corpus a mundo. In prima morte plerumque non est, in secunda vix est, in tertia nunquam est, qui Dei memor sit ad salutem : in quarta vero, semper est homo Dei memor. Quia ergo in corporalis mortis articulo, nonnunquam est tanta doloris acerbitas, tanta molestia passionis, quod moriens in tantum memoria privetur, ut nullorum valeat meminisse, licet non sit de aliquo desperandum, donec fuerit in vita, tutum tamen non est, ad supremum mortis articulum poenitentiam differre ; sed tunc securum est homini poenitere, cum praevalet ipse peccare. Dimittat ergo dubium et retineat certum qui vult a periculo liberari. Sic de spirituali morte debet intelligi, *quod non sit in morte qui memor sit tui*; quoniam tanta est criminis obstinatio, ut peccator desperans de venia, vix unquam de Deo recordetur ad poenitentiam, quem a se contemnendo projecit per superbiam. Justo quippe judicio tali animadversione punitur peccator, ut moriens obliviscatur ipse sui, qui dum viveret, oblitus est Dei. Caeterum de morte gehennali sic potest et debet intelligi, quod *non est in morte qui memor sit Dei*, quoniam in gehenna non est recordatio ad salutem, sed potius ad tormentum : quia damnati maledicent Altissimo et blasphemabunt Excelsum, conquerentes eum esse malignum, qui creaverit illos ad poenam et nunquam inclinetur ad veniam, optantes illum omnino non esse, per quem conqueruntur se tam infeliciter esse. Et ideo merito subditur : *In inferno autem quis confitebitur tibi?* In sacra Scriptura infernus quandoque dicitur miseria praesentis vitae, unde : *Pericula inferni invenerunt me* (Psal. CXIV). Quandoque vitiorum profundum, unde est illud : *Descenderunt in infernum viventes* (Num. XVI). Quandoque ipsius qui trahit alios ad interitum, unde : *Dolores inferni circumdederunt me* (Psal. XVII). Quandoque hiatus terrae, unde : *Disrupta est terra in compedibus eorum descenderuntque in infernum viventes* (Num. XVI). Quandoque locus poenarum, unde : *Infernus subter conturbatus est in occursum adventus tui* (Isa. XIV). Cujus duae sunt partes. Inferior et superior, propter quod dicitur : *Eruisti animam meam ex inferno inferiori* (Psal. LXXXV). Superior dicebatur limbus inferni, vel sinus Abrahae, de quo dicit Job : *In inferno descendat anima mea* (Job XVII). Inferior autem dicitur tartarus vel gehenna, de quo Dominus ait : *Mortuus est autem dives, et sepultus est in inferno* (Luc. VI). In hoc quidem inferno nullus Dominus confitetur. Infernus est et ipse diabolus : *Dilatavit infernus animam suam absque ullo termino* (Isa. V). Si enim secundum Apocalypsim Joannis, *blasphemaverunt homines Deum propter plagam grandinis, quoniam magna facta est vehementer* (Apoc. XVI), quanto magis blasphemabunt in inferno homines Deum propter incendii cruciatum, qui vehementior quidem erit quam possit etiam cogitari. Recte ergo propheta dixit : *Neque infernus confitebitur tibi, neque mors laudabit te* (Isa. XXXVIII). *Non mortui laudabunt te, Domine* (Psal. CXIII; Eccle. XVII). Nam a mortuo, tanquam ab eo qui non est, perit confessio. Duplex autem in Scripturis confessio legitur : una peccatorum, altera praeconiorum. De ista dicitur : *Confitemini Domino in cithara et in psalterio decem chordarum psallite illi* (Psal. XXXII). De illa autem : *Confitemini alterutrum peccata, vestra* (Jac. V). Licet ergo non sit praeconiorum confessio in inferno, est tamen in eo confessio peccatorum, sed infructuosa penitus et inutilis, sicut Sapiens protestatur : *Gementes prae angustia spiritus dicent intra se poenitentiam agentes : Erravimus a via veritatis et lumen justitiae non luxit nobis. Quid profuit nobis superbia, aut divitiarum jactantia quid contulit nobis? Transierunt omnia illa tanquam umbra* (Sap. V). Talia, inquit, dixerunt in inferno hi qui peccaverunt. Ergo confitebuntur ad poenam, sed non convertentur ad veniam. Justum enim est, ut qui noluerunt cum poterant, cum velint, non possint. Propterea dives ille, qui cruciabatur in flamma, dicebat ad Abraham : *Rogo te, pater, ut mittas Lazarum in domum patris mei; habeo enim vero quinque fratres, ut testetur illis, ne et ipsi veniant in hunc locum tormentorum. Cui cum Abraham respondisset : Habent Moysen et prophetas, audiant illos*; subjunxit : *Non, pater Abraham, sed si quis ex mortuis resurrexerit, credent* (Luc. XVI). Agebat et ipse poenitentiam in inferno, sed quia cognoscebat illam inutilem, rogabat ut annuntiaretur hoc fratribus suis, quatenus agerent poenitentiam in hoc saeculo fructuosam, et ideo non de futuro, sed de praeterito poenitens iste ait :

Laboravi in gemitu meo, lavabo per singulas noctes lectum meum, lacrymis meis stratum meum rigabo.

Laborat justus in corde, laborat in ore, laborat in opere. De primo : *Laboravi in gemitu meo;* de secundo : *Laboravi clamans, raucae factae sunt fauces meae, dum spero in Deum meum* (Psal. LXVIII) ; de tertio : *Labores manuum tuarum, quia manducabis, beatus es et bene tibi erit* (Psal. CXXVII). Deus autem laborare dicitur per patientiam, ut exspectet ad poenitentiam ; unde : *Facta sunt mihi molesta, laboravi sustinens* (Isa. I). Diabolus vero laborat per fraudulentiam, ut pertrahat ad nequitiam; unde : *Sub lingua ejus labor et dolor* (Psal. X).

Est præterea labor mundanæ peregrinationis, de quo legitur : *Homo nascitur ad laborem, et avis ad volatum (Job* v). Labor humanæ transgressionis, de quo dicitur : *In labore hominum non sunt et cum hominibus non flagellabuntur (Psal.* LXXII). Et labor sempiternæ damnationis, de quo scribitur : *Laborabit in æternum et vivet adhuc in finem.* De raro et modico gemitu non dixisset : *Laboravi in gemitu meo, sed de diuturno et continuo (Psal.* XLVIII). Quia non laborat in gemitu, qui protinus ridet et gemet profecto non pœnitens, qui pœnitentiam non tenens, sed magis derides, de gemitu ad risum procedit. Ille vero laborabat in gemitu, qui dicebat : *Tota die contristatus ingrediebar, rugiebam a gemitu cordis mei, et dolor meus ante me est semper (Psal.* XXXVII). Sane columba gemitum habet pro cantu. Et tu, pœnitens anima, si vis esse columba, ut careas felle peccati, pro cantu gemitum habeas, pro risu mœrorem. Porro duo sunt necessaria pœnitenti, ut intus gemat et foris fleat. Propter quod cum dixisset : *Laboravi in gemitu meo,* statim adjunxit : *Lavabo,* id est perfundam lectum meum materialem *per singulas noctes* et temporales, ipsumque *stratum meum rigabo lacrymis meis,* non solum interioribus, sed etiam exterioribus. Sane non semel est flendum, sed sæpe. Propter quod ait : *Lavabo per singulas noctes lectum meum.* Nec modice est flendum, sed multum ; propter quod addit : *Lacrymis meis stratum meum rigabo.* Ubi enim irrigatio, ibi humoris est abundantia. Neque dicit : In noctibus, sed *per noctes* ; nec per aliquas, sed *per singulas*; ut ostendat se continuum et diutinum fletum habere, illorum duritiam reprehendens, qui vix aut raro possunt ad lacrymas emolliri. Saxeum enim pectus, lapideum cor, et ferreum habet is animum, qui pro se non tam in corpore morituro, quam forsan in mente jam mortua, gemitus non producit, suspiria non emittit, et lacrymas non effundit. Sciat ergo se culpabiliter durum, et dure culpabilem, qui corporalem amici sui mortem deplorat, et spiritualem animæ suæ mortem non deflet. Attende pœnitens illius lacrymas peccatricis, quæ *stans retro secus pedes Domini Jesu, lacrymas rigabat pedes ejus, et capillis capitis sui tergebat,* et tu fac similiter, si vis audire cum illa : *Dimittuntur tibi peccata tua (Luc.* VII). Licet autem non solum in nocte sit lacrymandum, sed etiam in die : ideo tamen dicit, *Per noctes*, et non : Per dies : quoniam abundantius et frequentius solet homo lacrymari per noctem, quando solus est in abscondito, quam de die, quando cum multis est in publico : cum et in nocte quiescat a tumultu remotus, in die vero laboret in strepitu constitutus. Per noctem quoque intelligitur culpa, quæ mentem obtenebrat, et obscurat caligine peccatorum. Et per lectum intelligitur conscientia, in qua dormit spiritus, quando quiescit ab inquietudine vitiorum. Dicit ergo : *Lectum meum lavabo,* id est mundabo [*al.* inundabo] conscientiam meam : *per singulas noctes*, id est per singulas culpas. Pro singulis enim culpis debet pœnitens singulas hostias immolare, ut juxta legem divinam, dignum offerat pro peccato sacrificium, illud utique, de quo dicitur : *Sacrificium Deo spiritus contribulatus (Psal.* L) : in quo singula intestina hostiæ abluantur. De talibus noctibus legitur : *Qui dormiunt, nocte dormiunt, et qui ebrii sunt, nocte ebrii sunt (I Thess.* v). Job (cap. III) : *Noctem illam tenebrosus turbo possideat. Nox in qua dictum est : Conceptus est homo.* De hujus lecto dicitur : *Si dixero : Consolabitur me lectulus meus, et relevabor loquens mecum in stratu meo, terrebis me per somnia, et per visiones horrore concuties (Job* VII). Multis etiam et aliis modis dicitur lectus hominis. Otium contemplationis, unde : *Duo erunt in lecto uno, unus assumetur, et alter relinquetur (Luc.* XVII). Mundana prosperitas, unde : *In lectulo meo per noctes quæsivi quem diligit anima mea (Cant.* III). Corporalis infirmitas, unde dicitur : *Dominus opem ferat illi super lectum doloris ejus (Psal.* IV). Carnis voluptas, unde : *Lasciviis in lectis eburneis (Amos* VI). Negligentiæ torpor, unde : *Ponam eam in lecto, et omnis qui fornicatur cum ea (Apoc.* II). Hæreticorum doctrina, unde : *Intexui funibus lectum meum (Prov.* VII). Inferni profunditas, unde : *In tenebris stravi lectulum meum (Job* XVII). Hic autem lectus accipiatur pro secreto conscientiæ, vel voluptate carnali. Sane sicut septem sunt dies, id est septem dona Spiritus sancti, quibus vita spiritualis perficitur in claritate virtutum : ita septem sunt noctes, id est septem vitia principalia, quibus carnalis vita peragitur in tenebris vitiorum. Illi significantur per septem lucernas in candelabro tabernaculi (*Exod.* XXV), et per septem oculos in lapide uno (*Zach.* III). Istæ significantur per septem gentes de terra promissionis ejectas (*Deut.* VII), et per septem spiritus nequiores, quos immundus spiritus assumpsit (*Luc.* II). Ergo *lavabo per singulas noctes lectum meum.* Triplex est lavacrum, in aqua, in lacrymis et in sanguine. De primo legitur : *Misit Christus aquam in pelvim, et lavit pedes discipulorum (Joan.* XIII) : quia nisi quis renatus fuerit ex aqua et spiritu sancto, non potest intrare in regnum Dei (*Joan.* III). De secundo hoc dicitur : *Lavabo per singulas noctes lectum meum.* Et alibi : *Si abluerit Dominus sordem filiarum Sion, et sanguinem Jerusalem laverit in Spiritu judicii, et spiritu ardoris (Isa.* IV). De tertio in Apocalypsi scribitur : *Isti sunt qui venerunt ex magna tribulatione, et laverunt stolas suas, et dealbaverunt eas in sanguine Agni (Apoc.* VII). Et iterum : *Qui lavit nos a peccatis nostris in sanguine suo (Apoc.* I). Primum et ultimum, sine medio parum valent ; quia nec baptismus, nec martyrium sine pœnitentia valent ad salutem, cum non remittatur impœnitenti peccatum, originali duntaxat excepto, quod sine pœnitentia parvulis dimittitur in baptismo ; quia sicut in regeneratione, sine consensu dimittitur transitque reatus, donec penitus dimittatur. Sed quia non dixerat quibus lavabit lectum, sic determinat subdens : *Lacrymis stratum meum rigabo.* Sunt lacrymæ dolentis et pœnitentis, lacrymæ compatientis et diligentis, lacrymæ contemplantis et exsultantis, lacrymæ imprecantis et desperantis. De primis legitur : *Flevit Ezechias fletu magno, et dictum est ei : Audivi orationem tuam. et vidi lacrymas tuas, et ecce sanavi te* (*IV Reg.* xx; *Isa.* xxxviii). *Mulier quoque quæ erat in civitate peccatrix, lacrymis cœpit rigare pedes Domini, et capillis capitis sui tergere,* et dictum est ei : *Dimissa sunt tibi peccata tua* (*Luc.* vii). De secundis lacrymis legitur, quod *Jesus ut vidit* Mariam *plorantem, et Judæos qui venerant cum ea plorantes, fremuit et turbavit seipsum, et lacrymatus est. Dixerunt ergo Judæi : Ecce quomodo amabat eum* (*Joan.* ii). Joseph quoque *cum amplexatus fuisset in collum Benjamin fratris sui, flevit, illo similiter flente super collum ipsius* (*Gen.* xlv). De tertiis lacrymis inquit Propheta : *Fuerunt mihi lacrymæ meæ panes die ac nocte, quando ingrediar in locum tabernaculi, ambulabo usque ad domum Dei* (*Psal.* xli). Tobias quoque *cum uxore osculatus est filium, et cœperunt ambo flere præ gaudio* (*Tob.* xi). De quartis ait Dominus : *Mittite eum in tenebras exteriores, ubi erit fletus et stridor dentium* (*Matth.* xxii). Et alibi : *Flebunt et plangent se super eam omnes reges terræ, qui fornicati sunt cum illa et in deliciis vixerunt* (*Apoc.* xviii). Porro, *absterget Deus omnem lacrymam ab oculis sanctorum, et jam non erit ultra, neque luctus, neque clamor, sed nec ullus dolor, quæ priora abierunt* (*Apoc.* xxi). Ergo beati qui lugent, quoniam ipsi consolabuntur (*Matth.* v). *Euntes ibant et flebant mittentes semina sua. Venientes autem venient cum exsultatione, portantes manipulos suos* (*Psal.* cxxv). Cæterum *qui lætantur cum malefecerint, et exsultant in rebus pessimis* (*Prov.* ii) : *qui tenent tympanum, et citharam, et gaudent ad* vocem *organi, sed in puncto descendunt ad inferna* (*Job* xxi), *eorum risus dolore miscebitur, et extrema gaudii luctus occupabit* (*Prov.* xiv). *Lacrymis ergo meis stratum meum rigabo;* quia lacrymæ abluunt conscientiam a sordibus peccatorum, quæ quanto amariores sunt pœnitenti, tanto dulciores sunt indulgenti. De talibus lacrymis alibi legitur, quod *Petrus egressus foras flevit amare* (*Matth.* xxvi). Item : *Angeli pacis,* id est sacerdotes orantes pro pace, *amare flebant* (*Isa.* xxxiii), secundum illud : *Inter vestibulum et altare plorabant sacerdotes et ministri Domini* (*Joel* ii). Nam *labia sacerdotis custodiunt scientiam. Angelus enim Domini exercituum est* (*Malac.* ii). Anna quoque largiter flebat amaro corde (*I Reg.* i). Lacrymis ergo interioribus, id est amaritudine pœnitentiæ, *stratum meum,* videlicet sensualitatem, *rigabo,* ut fertilis fiat, quæ prius arida erat, ut irrigata dignos pœnitentiæ fructus producat, quæ arefacta spinas et tribulos germinabat. De hoc stratu alibi dicitur : *Universum stratum ejus versasti in infirmitate ejus* (*Psal.* xl). Ex hoc vero quod dicit : *Lavabo per singulas noctes lectum meum,* colligitur evidenter, quod non sufficit, quod homo confiteatur in genere, se multa commisisse peccata, sed oportet ut descendat ad speciem, ut de singulis conterantur, maxime quorum potest per inquisitionis studium recordari. Cæterum distingui potest inter lectum et stratum, ut per lectum, in quo corpus cum delectatione quiescit, voluptas corporis designetur : per stratum vero, in quo pannorum congeries cumulatur, intelligatur cumulus peccatorum : ut per lacrymas pœnitentiæ diluatur et deleatur multitudo peccaminum, et voluptas peccandi. Ideo vero dicit, *Per singulas noctes,* et non dicit : Per singulos dies, ut innuat quod dies et noctes patiatur alternatim. Qui enim modo veritatis luce perfunditur, et modo iniquitatis caligine obscuratur, tanquam inter dies et noctes alterno commutatur affectu : veluti nocte sustineat, si carne serviat legi peccati : diem vero prospiciat, si mente serviat legi Dei (*Rom.* vii). Tanquam igitur non sufficiat, quod dixerat de præterito : *Laboravi in gemitu meo,* adjungit protinus de futuro, ut profectum pœnitentis ostendat, qui de gemitu procedit ad lacrymas, et de lacrymis ad confessionem

Turbatus est præ ira oculus meus, inveteravi inter omnes inimicos meos.

Redde singula singulis : *Lavabo per singulas noctes lectum meum;* quia inveteravi inter omnes inimicos meos. *Lacrymis stratum meum rigabo;* quia turbatus est præ ira oculus meus. Notandum vero quod est peccatum obreptionis, quo cito deseritur, et est peccatum consuetudinis, quo diutius frequentatur. Utroque modo dolet pœnitens se peccasse ; per obreptionem, propter quod ait : *Turbatus est præ ira oculus meus.* Nam ira quando dicitur brevis furor secundum illud : *Sol non occidat super iracundiam vestram* (*Ephes.* iv) ; et per consuetudinem, propter quod addit : *Inveteravi inter omnes inimicos meos;* nam vetustas est diuturnitate procedit. Oculus ergo meus, videlicet intellectus, seu ratio, vel intentio, *turbatus est præ ira,* vel *a furore,* quod idem est : quoniam *ira viri justitiam Dei non operatur* (*Jac.* i); et :

Impedit ira animum ne possit cernere verum.
(HORATIUS.)

De his oculis legitur : *Revela oculos meos, et considerabo mirabilia de lege tua* (*Psal.* cxviii). *Oculi sapientis in capite ejus* (*Eccle.* ii). Et : *Si oculus tuus fuerit simplex, totum corpus tuum lucidum erit* (*Matth.* vi). Tales oculi quandoque turbantur præ ira propria, et interdum turbantur a furore divino : quia dum peccator præ ira propria solem justitiæ non sinitur contemplari, a furore divino, justo quidem judicio, in præsenti tenebras interiores, id est cæcitatem mentis incurrit, in reprobum sensum datus, et in futuro tenebras exteriores incurret, quoniam tolletur impius, ne videat gloriam Dei : quia Deus *habitat lucem inaccessibilem* (*I Tim.* vi), extra quam penitus erit impius in futuro, ex toto separatus a Deo : et ideo tenebræ illæ dicuntur exteriores, quia faciunt homines penitus extra lucem.

Non solum autem per obreptionem quandoque delinqui, verum etiam per consuetudinem sæpe peccavi; quoniam *inveteravi* ex longa consuetudine *inter omnes in imicos meos*. Certe dum anima in hoc sæculo peregrinatur a Domino, multos et magnos patitur inimicos de quibus legitur : *Facti sunt inimici ejus in capite* (*Thren.* 1). Nam inimicatur ei mundus et caro, dæmon et homo. Mundus cum elementis, unde : *Pugnabit orbis terrarum contra insensatos* (*Sap.* v). Caro cum sensibus, unde : *Mors ingreditur per fenestras* (*Jer.* ix). Oculus animam deprædatur (*Thren.* iii). Dæmon cum vitiis, unde : *Non est nobis colluctatio adversus carnem et sanguinem, sed adversus spiritualia nequitiæ in cœlestibus, adversus rectores mundi tenebrarum harum* (*Ephes.* vi). Homo cum bestiis, unde : *Cum insurgerent homines in nos, forte vivos deglutissent nos* (*Psal.* cxxiii). *Posuerunt mortalia servorum tuorum, escas volatilibus cœli, carnes sanctorum tuorum bestiis terræ* (*Psal.* lxxviii). Inimici ergo sunt dæmones et homines, vitia et peccata, mundus et caro. De quibus legitur : *Inimici nostri deriserunt nos* (*Psal.* lxxix). *Confundantur et revereantur inimici mei* (*Psal.* xxxiv). *Inimicos meos dedisti mihi dorsum. Persequar inimicos meos et comprehendam illos* (*Psal.* xvii). Porro sicut diabolus est inimicus virtutum, de quo dicitur : *Quia inimicus homo superseminavit zizania* (*Matth.* xiii), ita Deus vitiorum est inimicus, qui de se dicit : *Inimicus ero inimicis tuis* (*Exod.* xxiii). Vere igitur *militia est vita hominis super terram* (*Job* vii). Dicit itaque pœnitens : *Inveteravi*, hoc est de longa consuetudine peccavi, *inter omnes inimicos meos*, me undique persequentes, et ad malum trahentes, jam turpis et inutilis factus : a simili veteris vestis, quæ nec usui est, nec decori. O quam gravis est vetustas peccati, quam grave vetustatis peccatum, ex qua culpa quasi vertitur in naturam et natura quasi transit in culpam. Est autem vetustas corporis, vetustas sensualitatis, vetustas rationis, vetustas consuetudinis, vetustas ignorantiæ, vetustas culpæ, vetustas legis, vetustas vitæ, vetustas temporis et vetustas æternitatis.

De vetustate corporis legitur : *Omnes sicut vestimentum veterascent* (*Psal.* ci), de vetustate sensualitatis habetur : *Vetus homo noster* cum illo affixus est (*Rom.* vi), de vetustate rationis accipitur : *Quoniam tacui, inveteraverunt omnia ossa mea* (*Psal.* xxxi), de vetustate consuetudinis item legitur : *Deponite veterem hominem cum actibus suis* (*Ephes.* iv), de vetustate ignorantiæ dicitur : *Vetus error abiit* (*Isa.* xxvi), de vetustate vitæ legitur : *Nemo mittit vinum novum in utres veteres* (*Luc.* v). De vetustate culpæ item legitur : *Inveterate dierum malorum* (*Dan.* xiii). De vetustate legis scribitur : *Non in vetustate litteræ, sed in novitate spiritus* (*Rom.* vii), de vetustate temporis dicitur : *Vetustissima veterum comedetis* (*Levit.* xxvi), de vetustate æternitatis narratur : *Vetus dierum sedit, et libri aperti sunt* (*Apoc.* xx). Licet autem peccator iste inter suos inveteraverit inimicos, non tamen desperat, sed correptus et exauditus a Domino dicit illis :

Discedite a me omnes qui operamini iniquitatem quoniam exaudivit Dominus vocem fletus mei.

Quasi dicat : Ego sum separatus a vobis, etsi non adhuc loco, jam tamen voto, etsi nondum corpore, jam tamen corde. Non enim possumus in hoc mundo neque debemus corporaliter separari prorsus a malis, nisi duntaxat ab illis, qui merito peccatorum suorum per excommunicationis sententiam ab Ecclesia sunt præcisi, cum quibus *nec cibum sumere*, secundum Apostoli verbum, debemus : alioqui, secundum quod i lem Apostolus ait, oporteret nos *de hoc mundo exire* (*I Cor.* v). Nam et Dominus præcepit : Nolite eradicare zizania, *ne simul eradicetis et triticum. Sinite utraque crescere usque ad messem* (*Matth.* xiii). Interim ergo antequam area ventiletur, quia grana mista sunt cum paleis, et zizania cum frumento, bonos oportet esse cum malis. Unde Lot habitabat in Sodomis, et Job erat in terra Hus : sponsus quoque dicit ad sponsam in Canticis . *Sicut lilium inter spinas, sic amica mea inter filias* (*Cant.* ii). Quapropter et ipse Christus cum publicanis et peccatoribus manducabat (*Luc.* v). Cæterum etsi justi non debeant in hoc mundo corporaliter ab impiis separari, quantum ad generalem communionem, quando tamen sine scandalo potest fieri, separari debent ab aliis, quantum ad familiarem cohabitationem; quia *mores a convictu formantur, et corrumpunt bonos mores colloquia mala* (*I Cor.* xv),

Uvaque compacta livorem ducit ab uva.

Propter quod dicitur : *Cum sancto sanctus eris, et cum innocente innocens eris* (*Psal.* xvii). Et alibi legitur : *Cum hominibus operantibus iniquitatem, et non communicabo cum electis eorum* (*Psal.* cxl). Item : *Elegi abjectus esse in domo Dei mei magis quam habitare in tabernaculis peccatorum* (*Psal.* lxxxiii). Semper ergo spiritualiter, et aliquando etiam corporaliter separabuntur omnino. Dicit itaque pœnitens justificatus a Deo : *Discedite a me omnes qui operamini iniquitatem, quoniam Dominus exaudivit vocem fletus mei*

Exaudivit Dominus deprecationem meam, Dominus orationem meam assumpsit [al. *suscepit*].

Pro tribus oraverat in primo ternario, pro pœna videlicet amovenda, pro plaga curanda, et pro mora tollenda. Super his tribus se gaudet a Domino exauditum dicens : *Exaudivit Dominus vocem fletus mei, Dominus orationem meam assumpsit.* Est fletus in corde, fletus in ore, fletus in opere. In corde cum dolore, in ore cum clamore, in opere cum labore. De primo legitur, quod cum Anna esset *amaro animo, flens largiter, oravit Dominum ; loquebatur autem in corde suo, et vox penitus non audiebatur* (*I Reg.* i). De secundo legitur : *Vox in Rama audita est, ploratus et ululatus multus, Rachel plorans filios suos, noluit consolari* (*Matth.* ii). De tertio legitur : *Mulier quæ erat in civitate peccatrix stans retro secus pedes Domini Jesu lacrymis cœpit rigare pedes ejus, et capillis capitis sui tergebat* (*Luc.*

vii). Quidam præ nimia lætitia sæpe plorans de qualibus legitur, quod Tobias data manu puero, *occurrit obviam filio suo, et suscipiens osculatus est eum cum uxore sua, et cœperunt ambo flere præ gaudio* (*Job* x). Sic Joseph videns patrem suum Jacob *irruit super collum ejus, et inter amplexus flevit, dixitque pater ad eum : Jam lætus moriar, quia vidi faciem tuam* (*Gen.* xlvi). Porro et præ nimia lætitia et præ nimia tristitia quidam non possunt interdum continere voces a fletu, unde legitur quod *Joseph ultra se cohibere non poterat, elevavitque vocem cum fletu, quam audierunt Ægyptii, omnisque domus Pharaonis, et manifestavit se fratribus suis* (*Gen.* xlv). David autem ascendens in cœnaculum portæ, flevit et clamavit voce magna : *Fili mi Absalon, Absalon fili mi, quis mihi tribuat ut ego moriar pro te?* (*II Reg.* xvi.) Prius ergo pœnitens nimis tristis aiebat : *Lacrymis stratum meum rigabo.* Nunc autem nimis lætus effatur : *Exaudivit Dominus deprecationem meam, Dominus orationem meam assumpsit.* Quia ergo Dominus pœnitentiam suam misericorditer suscipiens exaudivit, optat, ut ejus exemplo inimici pœniteant dupliciter ita dicens :

Erubescant et conturbentur vehementer omnes inimici mei; avertantur [al. *convertantur et erubescant*] *retrorsum, et erubescant valde velociter.*

Conturbentur in corde, per contritionis dolorem, *erubescant* in ore, per confessionis pudorem, *avertantur retrorsum* in opere, per satisfactionis laborem. Et repetit iterum : *Erubescant* : quoniam et in recordatione facinorum debet intus erubescere Deum, et in confessione peccaminum debet foris erubescere hominem : quoniam erubescentia confitentis pœna est non modica pœnitentis · et pudor confessionis, pars est non minima satisfactionis. O cum quanto rubore coram altero confitetur, quod quis absque magno pudore nec intra se meditatur. Sed amplius debet erubescere coram Deo, cuncta cernente, nefandas turpitudines exercere, quam coram homine quædam audiente peractas turpitudines revelare : quamvis eas illi reveles, non ut homini, sed ut Deo. *Erubescant* ergo de peccatis suis et pœnitentiam, quoniam etsi quædam erubescentia sit mala, de qua Dominus ait : *Qui me erubuerit et meos sermones coram hominibus, hunc Filius hominis erubescet coram angelis Dei* (*Luc.* ix). Et : *Tunc incipies cum rubore novissimum locum tenere* (*Luc.* xiv). Hæc tamen erubescentia bona est, de qua dicit Apostolus : *Quem ergo fructum habuistis tunc in illis, in quibus nunc erubescitis?* (*Rom.* vi). Et propheta improperat illi, quæ noluerat erubescere de peccatis : *Frons*, inquit, *meretricis facta*

est tibi, erubescere nescivisti (*Jer.* iii). Eliseus quoque dixit ad Joram regem Israel : *Vivit Dominus exercituum, in cujus conspectu sto, quod si non vultum Josaphat regis Judææ erubescerem, nec attendissem quidem te nec respexissem* (*IV Reg.* iii). Nam ut Sapiens protestatur, *est confusio adducens gloriam, et est confusio adducens ignominiam* (*Eccli.* iv). Hinc etiam alibi legitur : *Erubesce Sidon ait mare* (*Isai.* xxiii). Optat autem, ut conturbentur, secundum aliam litteram, *vehementer*, quatenus conturbatio sit non solum ingens, sed vehemens, id est væ adimens, hoc est æternam damnationem aveitens, quia nisi talis et tanta sit conturbatio pœnitentis, ut sufficiat ad avertendam pœnam æternam, atterit procul dubio, sed non conterit; pœnam inferens, sed veniam non impendens. Sunt enim hic duo paria inter se, ut gehennalis pœnæ debitum remittatur, et criminalis culpæ vinculum relaxetur. Optat etiam ut avertantur retrorsum, quatenus sicut de virtutibus corruerunt in vitia, mala opera exercendo, ita de vitiis redeant ad virtutes, bona merita operando : quia non semper dimittitur tota pœna, quoties remittitur tota culpa. Per hoc autem quod ait : *Valde velociter*, ostendit quod non est confessio aliquatenus differenda : quia peccatum quod per pœnitentiam non diluitur, mox ad aliud pondere suo trahit, cum sit ipsum differre, peccare. *Nescitis*, inquit Dominus, *diem neque horam* (*Matth.* xxv). *Væ autem prægnantibus et nutrientibus illis diebus* (*Luc.* xxi). Prægnantes sunt, qui celant peccatum conceptum in corde. Nutrientes sunt, qui fovent peccatum generatum in opere, quibus erit væ, id est damnatio illis diebus. Potest etiam hoc intelligi dictum non optantis affectu, sed spiritu prophetantis. Quasi dicat : Dominus exaudivit me, sed omnes inimici mei erubescant et conturbentur, id est conturbabuntur et erubescent, non utique in præsenti, ubi mali bonos derident, sed in futuro, ubi mali erubescentes de se, dicent de bonis : *Hi sunt, quos aliquando habuimus in derisum et in similitudinem improperii. Nos insensati vitam illorum æstimabamus insaniam, et finem illorum sine honore. Ecce quomodo computati sunt inter filios Dei, et inter sanctos sors illorum est* (*Sap.* v). Videntes autem turbabuntur timore horribili, et mirabuntur in subitatione salutis. *Erubescant* autem *valde velociter*, quia *cum dixerint : Pax et securitas, tunc repentinus superveniet interitus, et calamitas irruet improvisa* (*Thess.* v). Sed hic finis Psalmi reducitur ad principium, quia quod in principio a se flagitat amovendum, in fine prædicit reprobis irrogandum.

Titulus secundi psalmi pœnitentialis talis est : Intellectus David. — *Tituli hujus explicatio.*

Titulus iste non indiget alia expositione quam psalmi, quoniam in expositione psalmi titulus

exponetur, cui psalmus alludit, non solum sententia, sed sermone, ibi maxime ubi dicitur : *Intelli-*

ctum tibi dabo, et instruam te. Nolite fieri sicut equus et mulus, quibus non est intellectus. Principaliter autem de gratia et misericordia Dei agit; unde Apostolus ad Romanos (cap. IV), ex ipso sumit gratiæ argumentum adversus illos, qui de operibus gloriantur bonis, et merita jactant, dicens, beatitudinem esse illius hominis, cui Deus fert accepto justitiam, sicut ait Propheta : *Beati quorum remissæ sunt iniquitates, et quorum tecta sunt peccata.* Incipit ergo a beatitudine viæ, et desinit in beatitudine patriæ. Inchoatur a gratia, et terminatur in gloria. Unde cum in principio Psalmi dicatur: *Beati, quorum remissæ sunt iniquitates*, in fine concluditur *Et gloriamini omnes recti corde*. Illud autem considerandum occurrit, quod istorum septem psalmorum duo sunt, quorum uterque specialem titulum sortitur a feria, videlicet, primus et tertius : item duo sunt, quorum uterque proprium titulum habet a continentia, videlicet secundus et quintus ; rursus, duo sunt, quorum uterque singularem titulum obtinet ab historia, videlicet quartus et septimus. Solus denique sextus cum cæteris canticis graduum titulum legitur habere communem. Cæterum cum David super senes se intelligere fateatur (*Psal.* CXVIII), videtur profecto, quod psalmus iste, cui præscribitur intellectus David, profundum contineat intellectum, illum utique, de quo Veritas ait : *Spiritus est qui vivificat, caro non prodest quidquam (Joan.* VI): spiritualem videlicet, non carnalem. Sicut enim spiritus vivificat carnem, sic intellectus vivificat litteram, quæ sine spirituali jacet mortua intellectu. Imo plus dicit Apostolus : *Littera occidit, spiritus autem vivificat (II Cor.* III). David enim quasi contrarias et repugnantes sententias in hoc psalmo proponit, ut carnalem occidat, et spiritualem vivificet intellectum. Ait ergo : *Beati, quorum remissæ sunt iniquitates, et quorum tecta sunt peccata*. Si sunt remissæ, quomodo tectæ; aut si tectæ, quomodo remissæ? Rursus : *Quoniam tacui inveteraverunt ossa mea, dum clamarem tota die*. Si tacet, quomodo clamat ; aut si clamat, quomodo tacet ? Tales quoque sententias Christus proponit in Evangelio : *Qui amat animam suam, perdet eam; et qui odit animam suam in hoc mundo, in vitam æternam custodit eam (Joan.* XII). Item : *Mea doctrina non est mea (Joan.* VII). Et : *In judicium ego veni in hunc mundum, ut qui non vident, videant ; et qui vident, cæci fiant (Joan.* IV). Retrahit ergo a carnali, et ad spiritualem attrahit intellectum, quem accepit ab illo, qui etiam dat *gallo intelligentiam* prudentiæ intellectus ab ævo (*Job* XXXVIII).

Psalmus iste secundum translationem nostram tredecim habet versus, qui ad Trinitatis mysterium et legis decalogum referuntur, fidem et operationem ad beatitudinem necessarias exprimentes. Nam *justus ex fide vivit (Habac.* II), et *fides sine operibus mortua est (Jac.* II). Porro secundum aliam translationem quatuordecim versus habet, legem et Evangelium designantes, propter decem legis mandata et quatuor Evangelia, ut ostendatur quod intellectus quem habet David, id est pœnitentes in hoc psalmo, et Evangelio consonat, et legi concordat. Quadripartitus autem est iste psalmus. In prima parte pœnitens primo commendat in Deo misericordiam et gratiam. Gratiam, ex qua Deus gratis vinculum culpæ dissolvit, et misericordiam, ex qua misericorditer pœnæ debitum dimittit, ostendens quid inde proveniat, id est beatitudo. Unde præmittit : *Beati quorum remissæ sunt iniquitates*. Et : *Beatus vir cui non imputabit Dominus peccatum*. Secundo reprehendit in se negligentiam et superbiam ; negligentiam, ex qua peccata sua diu male subticuit, et superbiam, ex qua merita sua diu male clamavit, ostendens quid inde provenerit, id est inveteratio, unde subjungit : *Quoniam tacui, inveteraverunt omnia ossa mea, dum clamarem tota die*. Tertio circa se vindictam exaggerat, quia *manus Domini aggravata est super eum* : et miseriam : quia *conversus est in ærumna*, ostendens quid inde sequatur, id est afflictio, quia *configitur spina*. Unde subinfertur : *Quoniam die ac nocte gravata est super me manus tua, conversus sum in ærumna mea, dum configitur spina*. Commendans ergo gratiam et misericordiam ita incipit :

Psalmi XXXI, qui in ordine est secundus pœnitentialium, elucidatio.

Beati, quorum remissæ sunt iniquitates, et quorum tecta sunt peccata (*Psal.* XXXI).

Beatitudinum alia est in via, et alia in patria. De ista legitur : *Beati immaculati in via, qui ambulant in lege Domini (Psal.* CXVIII) ; de illa dicitur : *Beati qui habitant in domo tua, Domine, in sæcula sæculorum laudabunt te (Psal.* XXXVIII). Beatitudo viæ consistit in fide, beatitudo patriæ consistit in specie ; ista consistit in spe, illa consistit in re. De ista præmittitur : *Beati quorum remissæ sunt iniqui*- *tates, et quorum tecta sunt peccata*. De illa subjungitur : *Beatus vir, cui non imputabit Dominus peccatum, nec est in ore ejus dolus*. Unde loquendo de ista, quæ habetur in via præsenti, utitur verbo præsentis temporis dicens : *Beati quorum remissæ sunt iniquitates, et quorum tecta sunt peccata*. Loquendo vero de illa, quæ habebitur in vita futura, verbo futuri temporis utitur dicens : *Beatus vir, cui non imputabit Dominus peccatum*. Est præterea beatitudo divina, quæ summa est et æterna, et beatitudo mundana, quæ falsa est et caduca. Illam habet, ut ait Apostolus, *solus beatus et potens, qui solus habet immortalitatem* (*I Tim.* VI) : istam autem habet, qui temporalibus bonis abundat, de quo dicit Propheta : *Beatum dixerunt populum cui hæc sunt* (*Psal.* CXLIII) : sed qui beatum te dicunt, illi te decipiunt.

Culparum aliæ sunt originales, quæ contrahuntur, et aliæ actuales. quæ committuntur. De originalibus ait : *Beati quorum remissæ sunt iniquitates*; et de actualibus addit : *Quorum tecta sunt peccata*. Cæterum actuales culpas distinguit in peccata cogitationum, locutionum, et actionum. De peccatis cogitationum præmittit : *Quorum tecta sunt peccata*; de peccatis actionum subjungit : *Beatus vir, cui non imputabit Dominus peccatum* : de peccatis locutionum annectit : *Nec est in ore ejus dolus*. Potest et aliter distingui in ista, ut per ea intelligantur tres materies peccatorum, videlicet originalium, venialium, et mortalium. De originalibus ait : *Beati quorum remissæ sunt iniquitates*; de venialibus addit : *Et quorum tecta sunt peccata*; de mortalibus subdit : *Beatus vir, cui non imputabit Dominus peccatum*. De originalibus dicit quod remittuntur, de venialibus, quod teguntur, de mortalibus, quod non imputantur beato viro : sic notans subtiliter et prudenter differentiam inter illa. Originale namque peccatum, et appellatur iniquitas, ut iniquitatis vocabulum privativum sit æquitatis. Æquitas autem est, ut *filius* non portet *iniquitatem patris, nec pater iniquitatem filii, sed anima quæ peccaverit, ipsa moriatur* (*Ezech.* XVIII). Originale vero peccatum filii non committunt, sed contrahunt a parentibus, et tamen damnantur pro illis, ut dicere valeant : *Patres nostri comederunt uvam acerbam, et dentes filiorum obstupuerunt* (*Jer.* XXXI). Et quia præter hujusmodi æquitatem originale peccatum punitur, verisimiliter iniquitas appellatur, quamvis ex alia causa justa sit ejus pœna. Tunc autem originale peccatum est intensum in homine, cum et secundum reatum, et secundum actum existit in illo, ut reatus ad labem, et actus ad fomitem referatur. Verum in baptizato labes mundatur, sed fomes relinquitur; quia transit reatus et remanet actus, et ideo remissum est post baptismum, quod ante baptismum, erat intensum. Nam etsi non sit deletum, quantum ad fomitem, est tamen deletum, quantum ad labem, ut jam per illud homo obligetur ad culpam, sed exerceatur ad luctam.

Veniale vero peccatum non solum habetur cum vitiis, verum etiam cum virtutibus exercetur ; quoniam homo virtutibus præditus, sæpe committit veniale peccatum. Homo autem cum spoliatur virtutibus, tunc nudatur; quia vestes animæ sunt virtutes sed in nudo macula cernitur, quæ tegitur sub induto. Et ideo cum quis indutus est charitate, quæ est vestis nuptialis, sub ea quidem quasi tectum existit in illo veniale peccatum, ut ita sit, quasi non obsit; quia quod in camino efficit aquæ gutta, hoc in charitate facit venialis offensa : sicut et levis fetor in suavi non sentitur odore. Illi ergo *beati sunt*, beatitudine viæ, *quorum remissæ sunt iniquitates*, quorum originales culpæ mitigatæ vel debilitatæ sunt in baptismo, ne in hoc mortali corpore dominentur; quoniam etsi non deletæ sunt quantum ad fomitem, propter actum qui remanet, jam tamen deletæ sunt quantum ad labem, propter reatum qui transit. Similiter beati sunt illi beatitudine viæ, *quorum peccata venialia tecta sunt*, id est charitatis operimento velata; quia *charitas operit multitudinem peccatorum* (*I Petr.* IV), videlicet venialium, quorum tanta est multitudo, ut illi qui perfecti sunt in hac vita, non possint omnino carere; sed a charitate teguntur, ut non ostendantur per illa deformes, qui sunt charitatis specie informati. Quod maxime potest de peccatis cogitationum intelligi, quæ non exeuntes ad opus, umbraculo gratiæ teguntur in corde. Vel sine distinctione iniquitates remissæ intelligantur tecta peccata, quæ sic in baptismo teguntur sicut in mari Rubro (quod fuit figura baptismi) tecti fuerunt Ægyptii, qui figurabant peccata, insequentes Hebræos, id est persequentes virtutes, quæ duo sibi invicem adversantur. Nam sicut mare Rubrum texit et delevit Ægyptios, sic aqua baptismi tegit et delet originis culpam. Possunt et aliter intelligi tecta peccata, ut quia quod tegitur non videtur, illa peccata tecta sint Deo, quæ non videntur ab eo. Deo namque peccata videre, idem est quod punire, juxta quod alibi dicitur : *Averte faciam tuam a peccatis meis* (*Psal.* L). Deus autem peccata quæ tegere voluit, advertere noluit, et quæ non advertuntur a Deo, id est quæ non videntur, non puniuntur ab eo, cum idem sit ipsi peccata videre, quod illa punire; unde consequenter adjungit : *Beatus vir, cui non imputabit Dominus peccatum*. Vel iniquitates dicuntur, quæ fidem et baptismum præcedunt; peccata vero, quæ post fidem et baptismum succedunt. Illa sicut debitum quod gratis remittitur, sine satisfactione aliqua remittuntur ; quia baptismus et culpam remittit et pœnam. Ista per satisfactionis studium studiose teguntur, ne in judicio revelentur in quo manifesta fient occulta cordium (*I Cor.* IV), et aperta erunt abscondita tenebrarum : ut hic tecta sint, ibi detecta, et hic detecta, sint ibi tecta. Nam si tu tegis, Deus detegit : et si tu detegis, Deus tegit. Vel iniquitas, peccatum et dolus, possunt distincte referri ad offensam, quam quis committit in Deum, culpam quam committit in se, et noxam quam committit in proximum, secundum quod alibi dicitur : *Peccavimus cum patribus nostris, injuste egimus, iniquitatem fecimus* (*Psal.* CV). Ergo

Beatus vir, cui non imputabit [al. *imputavit*] *Dominus peccatum, nec est in ore* [al. *spiritu*] *ejus dolus*.

Mortale peccatum quandoque dimittitur, et quantum ad culpam et quantum ad pœnam; quandoque dimittitur quantum ad culpam, sed non omnino quantum ad pœnam. Porro, duplex est pœna, temporalis videlicet, et perpetua. Quandocumque dimittitur culpa mortalis, dimittitur et pœna perpetua ; sed quandoque mortalis dimittitur culpa, quod temporalis non dimittitur pœna : ut, si tanta non sit contritio, quæ ad deletionem sufficiat utriusque : propter quod frequenter injungitur temporalis satisfactio pœnitenti. Licet enim Nathan dixerit ad David : *Transtulit Dominus peccatum tuum* (*II Reg.* xii.*)* prædixerat tamen : *Uriam Ethœum peremisti gladio, et uxorem ejus accepisti in uxorem, quamobrem non recedet gladius de domo tua usque in sempiternum* (ibid.). Cum ergo imputare sit etiam pœnam tenere, tunc non imputatur peccatum, cum non tenetur in pœnam, id est cum ita dimittitur, ut pœna penitus relaxetur. Quod utique fiet *cum corruptibile hoc induerit incorruptionem, et mortale hoc induerit immortalitatem* (*I Cor.* xv) : quia *tunc absterget Deus omnem lacrymam ab oculis sanctorum, et jam non erit luctus amplius, nec clamor, sed nec ullus dolor : quoniam præterita transierunt* (*Apoc.* xxi). Vel de præterito, ille *vir est beatus, cui non imputavit Dominus peccatum*, id est qui cavit sibi a criminali peccato, quod Dominus imputat ad pœnam æternam. Et ideo *non imputavit illi peccatum*, quia iniquitates ejus remisit, et peccata texit. Quia vero non semper intelligitur in præsenti beatus, cui peccatum non imputabitur in futuro, ut si nunc sit in illo peccatum mortale, quod tandem per pœnitentiam dimittetur, consequenter adjungit : *Nec est ejus in ore dolus*. Ac si diceret manifestius : Ille vir est beatus, etsi nondum per speciem, tamen per fidem, cui Dominus tandem non imputabit peccatum ad pœnam, et modo etiam *non est dolus in ore ejus*, id est excusatio in peccatis. Quia modo pœnitens veraciter confitetur peccatum suum ad veniam, ut non excuset se, sed accuset : qualis erat ille Nathanael, de quo Dominus ait : *Ecce vere Israelita, in quo dolus non est* (*Joan.* i). Et ille humilis publicanus, qui dixit ad Dominum : *Deus, propitius esto mihi peccatori* (*Luc.* xviii). Dolum enim habet in ore, qui se prædicat esse justum, cum sit injustus ; a quo dolo ille se reddit immunem, qui suum non excusat excessum, ut tanquam vere pœnitens suum veraciter confiteatur peccatum. Alia translatio habet, *in spiritu*, id est *in corde ejus dolus non est*. Quoniam est dolus in corde, dolus in ore et dolus in opere. De primo dicitur : *Dolos tota die meditabantur* (*Psal.* xxxvii) ; de secundo : *Locutus est verba pacifica in dolo* (*I Mach.* i) ; de tertio : *Non defecit de plateis ejus usura et dolus* (*Psal.* liv), omnes tamen ex corde procedunt, unde ad removendum omnes dicit, quod *non est in spiritu ejus dolus*. Accipitur tamen aliquando dolus in bono, juxta quod inquit Apostolus : *Cum essem astutus, dolo vos cepi* (*II Cor.* xii). Estque dolus ille fallaciæ, hic vero prudentiæ. Sicut et est fictio mala, de qua dicitur : *Spiritus sanctus disciplinæ effugiet fictum* (*Sap.* i): et fictio bona, de qua dicitur : Je- *sus finxit se longius ire* (*Luc.* xxiv,). Item est quoque simulatio mala, de qua Salomon ait : *Simulator ore decipit amicum suum* (*Prov.* ii) : et simulatio bona, qua David se simulavit insanum coram Achis rege Geth (*I Reg.* xi). Dominus quoque dissimulat peccata hominum propter pœnitentiam.

Quia ergo non sufficit, ut quis abstineat a peccato, ne sibi ad pœnam imputetur a Deo, nisi hoc pure faciat, ut gloriam consequatur æternam : cum et hypocrita propter inanem gloriam declinet a malo, qui tamen beatus non est, sed prorsus infelix, quoniam *est in spiritu ejus dolus*, id est fallacia fictionis. Ille ergo est vel erit *beatus vir, cui non imputabit Dominus peccatum, nec est, in ore vel in spiritu ejus dolus*. Sed

Quoniam tacui inveteraverunt omnia [al. non habet, *omnia*] *ossa mea, dum clamarem tota die*.

Mira sententia, ut idem et tacuerit et clamaverit tota die. Sed tacuit crimina sua, quæ poterat vere clamare, et clamavit merita sua, quæ vere poterat tacere. Tacuit crimina sua, ut celaret, et clamavit merita sua, ut jactaret. Tacuit unde proficeret, et clamavit unde deficeret. Ergo et male tacuit, et male clamavit, et ideo pœnitens interponit : *Quoniam tacui inveteraverunt ossa mea, dum clamarem tota die*. Dicit hoc a simili hominis, qui medico plagam occultat; quæ idcirco inveteratur, quoniam non curatur, et ideo non curatur, quia occultatur. Sicut enim sanies sub cute collecta, tumorem multiplicat, et dolorem, donec ea per apertionem educta, tumor sedetur et dolor : ita putredo peccati, sub cordis latibulo congregata inflat animum et perturbat, donec ipsa per confessionem ejecta, inflationis et perturbationis molestia penitus mitigetur. Ex qua profecto non solum spiritus hilarescit, sed et corpus jucundatur, ut jam alleviatum se sentiat, ingenti prius pondere præaggravatus. Licet ergo generaliter sit tacendum ab omni verbo quod nocet, tacendum tamen non est a confessione peccati, sicut hic dicitur : *Quoniam tacui inveteraverunt ossa mea*. Neque a laude Dei, sicut alibi legitur : *Si homines tacerent, lapides clamarent* (*Luc.* xix). Nec etiam a reprehensione iniquitatis, dicente propheta : *Væ mihi quia tacui, quia vir pollutis labiis ego sum* (*Isai.* vi).

Sed neque a prædicatione veritatis, eodem propheta testante : *Propter Sion non tacebo, et propter Jerusalem non quiescam* (*Isa.* lxii) : nisi forte sint canes, aut porci qui audiunt. De quibus Veritas ait : *Nolite sanctum dare canibus, neque margaritas mittite ante porcos* (*Matth.* vii). Unde Psalmista dicebat : *Posui ori meo custodiam, cum consisteret peccator adversum me, obmutui et humiliatus sum, et silui a bonis* (*Psal.* xxxviii). Et ideo Salomon ait : *Est tempus tacendi, et tempus loquendi* (*Eccle.* iii).

Certe Pharisæus ille tacuit, dum clamaret, qui ascendens in templum ut oraret, supprimebat peccata, et merita exprimebat; *Gratias*, inquiens, *tibi ago, Domine, quod non sum sicut cæteri hominum, raptores, injusti, adulteri, aut etiam ut hic publicanus : jejuno bis in Sabbato, decimas do omnium quæ possideo. Publicanus autem a longe stans, nolebat nec oculos ad cœlum levare, sed percutiebat pectus suum, dicens : Deus, propitius esto mihi peccatori* (Luc. XVIII). Ecce publicanus tacebat merita, et clamabat peccata. Quamobrem, Domino teste, descendit hic justificatus in domum suam ab illo (ibid.). Tacui etiam ore celando delictum, dum clamarem opere frequentando peccatum. Tunc enim peccati clamor ascendit, cum impius perpetrata frequentat; juxta quod Dominus ait : *Clamor Sodomorum ascendit coram me* (Gen. XVIII). Frustra enim quis satagit occultare, quod frequentare non cessat. Verum nonnulli gloriantur *cum malefecerint, et in rebus pessimis exsultant* (Prov. II), peccatum suum quasi Sodoma prædicantes.

Plurimæ autem sunt diversitates clamorum, tam in bono quam in malo, quæ leguntur in Scripturis divinis; sed omnes referuntur ad tres, videlicet cordis, oris et operis. De clamore cordis dicit Psalmographus : *Ad te clamavi dum anxiaretur cor meum* (Psal. LX). Et Apostolus : *In quo clamamus : Abba pater* (Rom. VIII). De clamore oris dicit Psalmista : *Ad ipsum ore meo clamavi, et exsultavi sub lingua mea* (Psal. LXV). Et propheta : *Clama, ne cesses, quasi tuba exalta vocem tuam* (Isai. LVIII). De clamore operis Dominus ait : *Descendam et videbo utrum clamorem qui venit ad me, opere compleverint* (Gen. XVIII). Et alibi : *Sanguis fratris tui clamat ad me de terra* (Gen. IV). Quid autem provenerit ex utroque, taciturnitate et clamore, interponit et ait : *Inveteraverunt omnia ossa mea dum clamarem tota die.* Ossa, id est anima, scilicet vires interiores. Sicut enim homo exterior, id est corpus cum inveteratur deficit a virtute, sic omnis fortitudo interioris hominis, id est animæ, quam designant ossa (quia sicut ossa sunt infra carnem, et illam sustentant, sic infra corpus est anima, illudque gubernat) ex peccati deficit vetustate. Sed quoniam vexatio tribuit intellectum, subjungit et ait :

Quoniam die ac nocte gravata est super me manus tua, conversus sum in ærumna mea dum configitur spina.

Dies et nox accipiuntur multipliciter in Scripturis, videlicet lux et tenebræ, unde : *Appellavit Deus lucem diem, tenebras vero noctem* (Gen. I). Prosperitas et adversitas, unde : *Super muros tuos Jerusalem constitui custodes, tota die ac nocte non tacebunt laudare nomen Domini* (Isa. LXII). Veritas et ignorantia, unde : *Nox præcessit, dies autem appropinquavit* (Rom. XIII). Prudentia et simplicitas, unde : *Dies diei eructat verbum, et nox nocti indicat scientiam* (Psal. XVIII). Justitia et iniquitas, unde : *Si quis ambulaverit in die non offendit, quia lucem hujus mundi videt; si quis autem ambulaverit in nocte offendit, quia lux non est in eo* (Joan. XI). Multis autem et aliis modis accipiuntur noctes et dies, de quibus longum esset singulatim supponere exempla.

Verum per diem et noctem in hoc loco possunt intelligi claritas et obscuritas, ut talis sit sensus : *Quoniam die ac nocte*, hoc est in manifesto et occulto, *manus tua*, id est correctio tua, *gravata est super me*, hoc est graviter me afflixit : more prudentis medici, cujus manus, cum necessitas exigit, urit et secat, ut curet et sanet. Idcirco *in hac ærumna*, id est in hac gravi afflictione, *conversus sum* ad te medicum meum, *dum spina* timoris et rationis *configitur* menti, ut conscientia puncta properet ad salutem. Quia pars superior rationis, quæ synderesis appellatur, semper pungit et stimulat, id est contradicit et murmurat contra peccatum, dum *caro concupiscit adversus spiritum, et spiritus adversus carnem* (Galat. V), quamvis in hoc conflictu sæpe ratio sensualitati succumbat.

Potest tamen per spinam intelligi culpa, quæ pungit, vulnerat et cruentat. Pungit in cogitatione, vulnerat in consensu, cruentat in actu; quia tunc sanguis foras educitur, cum culpa, quæ per sanguinem designatur, secundum illud : *Sanguis sanguinem tetigit, ad exteriorem actum progreditur* (Ose. IV). Ut sit sensus : *Quoniam die ac nocte*, id est assidue, *manus tua*, id est vindicta tua, *gravata est super me*, id est graviter me afflixit et percussit, *conversus sum in ærumna*, hoc est effectus sum ærumnosus, videlicet infelix et miser, *dum spina configitur*, id est dum culpa usque ad consensum et actum producitur; quia tunc spina configitur, cum plagam infligit. Vel secundum aliam litteram : *Dum configitur spina*, id est dum humiliatur superbia : quæ sic in spiritu elevat cor, sicut spina in dorso erigit corpus; cujus fractio non humiliat ad interitum, sed erigit ad salutem.

Sunt ergo spinæ quæ pungunt, sunt quæ muniunt, et istæ sunt bonæ. Sunt et spinæ quæ suffocant, et spinæ quæ perimunt, et illæ sunt malæ. Spinæ quæ pungunt, sunt timor Dei et adversitas sæculi. De illis dicitur : *Conversus sum in ærumna mea, dum configitur spina*; de istis legitur : *Ecce ego sepiam vias tuas spinis* (Ose. II). Spinæ quæ muniunt, sunt sollicitudinis studium et virtutis exemplum; de illis dicitur : *Sepi possessionem tuam spinis*, de istis legitur : *Sepi aures tuas spinis, et noli audire linguam nequam* (Eccli. XXVIII); Spinæ quæ suffocant sunt occupationes sæculi, et motus illiciti. De illis legitur : *Simul exortæ spinæ suffocaverunt illud* (Luc VIII). de istis dicitur : *Spinas et tribulos germinabit tibi* (Gen. III); Spinæ quæ perimunt, sunt culpæ mortales, et hæreticæ pravitates; de illis dicitur : *Spinæ et tribuli nascuntur in manibus temulenti* (Prov. XXVI); de istis legitur : *Nunquid colligunt de spinis uvas, aut de tribulis ficus?* (Matth. VII.) Ergo *viæ justorum sine offendiculo : iter autem impiorum quasi sepes spinarum* (Prov. XV), et : *Sicut lilium inter spinas, sic amica mea inter filias* (Cant. II).

Sane multa sunt, quibus se pœnitens aggravatum ostendit. Fortitudo videlicet aggravantis, cum ait :

Manus tua; magnitudo gravaminis, cum subjungit: *Gravata est super me;* assiduitas gravandi, cum addit: *Die ac nocte;* infirmitas aggravata, cum dicit: *Conversus sum in ærumna;* et aculeus gravitatis, cum infert: *Dum configitur spina.* Manus autem Domini diversa circa nos gerit officia. Quandoque creantis. Unde: *Manus tuæ fecerunt me, et plasmaverunt me (Job* x); quandoque minantis, unde: *Adhuc manus tua extenta (Isa.* v); quandoque percutientis, unde: *Manus Domini tetigit me (Job* xix); quandoque protegentis, unde: *Sub umbra manus suæ protexit me (Isa.* xlix); quandoque largientis, unde: *Aperis tu manum tuam, et imples omne animal benedictione ((Psal.* cxliv). Sequitur :

Delictum meum cognitum tibi feci, et injustitiam meam non operui [al. *abscondi*].

In hac secunda parte suam confessionem commendat, ostendens eam esse perfectam, cautam, humilem, discretam, devotam et efficacem. Perfectam, quia et confitetur dilecta, et confitetur peccata, unde: *Delictum meum cognitum tibi feci;* cautam, quia non ex casu fortuito, sed ex certo proposito confitetur. Unde: *Dixi, confitebor injustitiam meam Domino;* humilem, quia non gloriatur, excusando peccatum, sed humiliatur, accusando seipsum, unde: *Confitebor adversum me;* discretam, quia non commemorat alienam offensam, sed pronuntiat suam culpam, unde: *Pronuntiabo injustitiam meam;* devotam, quia non eam indifferenter cuilibet homini, sed reverenter pronuntiat ipsi Deo, unde : *Pronuntiabo* eam *Domino,* efficacem, quia non pronuntiavit eam in vanum, sed ad magnum profectum. Unde : *Et tu remisisti iniquitatem cordis mei.* Ergo *delictum meum cognitum tibi feci, et injustitiam meam non operui.* Hic scribitur diapsalma : quia cum primo egisset de gratia, per quam remittuntur iniquitates et teguntur peccata, ne imputentur ad pœnam : et secundo egisset de culpa, per quam peccata tacentur, et merita exclamantur, unde ossa inveterascunt : et tertio egisset de pœna, secundum quam manus Domini aggravatur, et spina configitur, unde peccator convertitur in ærumna : nunc quasi dividens, et distinguens, singulorum rationes exponit, incipiens prudenter a medio, ut competentius conjungat extrema. Ac si dixisset apertius : Quoniam tacui, inveteraverunt ossa mea, dum clamarem tota die. Idcirco *delictum meum cognitum tibi feci, et injustitiam meam non operui;* sed *dixi. Confitebor adver um me injustitiam meam Domino, et tu remisisti impietatem cordis mei; et quoniam beati sunt quorum remissæ sunt iniquitates, et quorum tecta sunt peccata :* et *quoniam beatus vir, cui non imputabit Dominus peccatum, nec est in ore ejus dolus :* ideo *pro hac orabit ad te omnis sanctus, in tempore opportuno. Verumtamen in diluvio aquarum multarum ad te non approximabunt.* Quoniam autem *die ac nocte gravata est super me manus tua, conversus sum in ærumna mea, dum configitur spina.* Ideo *tu es mihi refugium a pressura,*

quæ circumdedit me, exsultatio mea, erue me a circumdantibus me : quia tu parcis et sanas, tu *mortificas et vivificas, tu deducis ad inferos et reducis (I Reg.* ii). Ergo *delictum meum cognitum tibi feci, et injustitiam meam non operui.*

Est operimentum naturæ, operimentum Scripturæ, operimentum gratiæ, operimentum pœnitentiæ, operimentum conscientiæ, operimentum culpæ, operimentum gehennæ. De primo : *Nec Salomon in omni sua gloria coopertus est sicut unum ex istis (Matth.* vi); et : *Sicut opertorium mutabis eos et mutabuntur (Psal.* ci). De secundo : *In his qui pereunt, Evangelium est opertum (I Cor.* iv); et : *Cortinæ factæ sunt ad operiendum tabernaculum* Dei, *de hyacintho, purpura, cocco bis tincto, ac bysso retorta, opere polymitario (Exod.* xx). De tertio : *Charitas operit multitudinem peccatorum (I Pet.* iv); et : *Operuisti peccata eorum (Psal.* lxxxiv). De quarto : *Operui in jejunio animam meam (Psal.* lxviii); et : *Operiantur confusione et pudore, qui quærunt mala mihi (Psal.* lxx). De quinto : *Vas quod non* habet *operculum est immundum (Num.* xix). De sexto : *Operti sunt iniquitate et impietate sua (Psal.* lxxii). De septimo : *Vadam et non revertar ad terram tenebrosam et opertam mortis caligine (Job* x). Est præterea operimentum corruptionis, de quo legitur : *Vermes operient eos (Job* xxi); operimentum confusionis, de quo dicitur · *Operiantur sicut diploide confusione sua (Psal.* cviii); operimentum mortis, de quo scribitur : *Operuit nos umbra mortis (Psal.*xlii); et operimentum ornatus, de quo ad Luciferum dicitur : *Omnis lapis pretiosus operimentum tuum (Ezech.* xxviii). Ex his potest trahi similis de recto distinctio, ad id quod prædictum est detectis peccatis. Inter delictum et peccatum distinguitur : quia delictum in omittendo, peccatum in committendo consistit; delictum enim est, non agere faciendum, et peccatum est facere non agendum. Ad delictum pertinet negligentia, quæ faciendum omittit : et ad peccatum pertinet injustitia, quæ non agendum committit. Quia ergo pœnitens iste tacendo deliquerat et clamando peccaverat, idcirco nunc dicit : *Delictum meum cognitum tibi feci,* quia deliquit tacendo : *et injustitias meas non operui,* quia peccavi clamando : patenter ostendens, quod debet pœnitens confiteri delicta pariter et peccata, cum quandoque delictum sit gravius quam peccatum. Nam et in Levitico *(cap.* vii) distincte præcipitur, ut offeratur sacrificium pro delicto et pro peccato. Sed dices : Cum Deus sciat omnia, etiam antequam fiant, tanquam præscius omnium et conscius singulorum quid est, quod iste pœnitens dicat Deo : *Delictum meum cognitum tibi feci,* tanquam illud prius Deo fuerit absconditum, sed postea per ejus confessionem factum Deo sit notum. Sciendum est ergo, quod quandoque sciens scienti, quandoque nesciens nescienti, quandoque nescienti sciens, et quandoque scienti nescienti aliquid notum facit. Cum enim duo aliquid sciunt, sed alter alteri super eo suam conscientiam aperit, tunc sciens scienti illud cognitum facit. Cum autem duo idem ignorant, sed qui non intelligit, dicit illud ei, qui statim auditum intelligit, tunc cognitum illud facit nesciens nescienti. Ex duobus his membris intelligi possunt reliqua duo membra. Pœnitens ergo peccatum vel delictum suum dicitur cognitum facere Deo, quando per confessionem aperit super illo conscientiam suam Deo, ut quod prius volebat abscondi, modo studeat confiteri [al. revelari]. Ne quis ergo perperam intelligeret, quod delictum suum dixerat se fecisse cognitum Deo, tanquam Deus illud nescisset, donec ipsum ei pœnitens revelasset, determinando subjungit : *Injustitias meas non operui, sed dixi: Confitebor;* ostendens quod idem est delictum Deo cognitum facere, quod injustitiam non abscondere, sed potius confiteri. Ait igitur : *Injustitias meas non operui*, sed potius aperui, ut tu operires : detexi, ut contegeres : cognovi, ut tu ignosceres. Et ideo

Dixi : Pronuntiabo [al. *confitebor*] *adversum me injustitiam meam Domino, et tu remisisti iniquitatem cordis* [al. *peccati mei*].

Est confessio peccatoris, confessio laudatoris, et confessio assertoris. De prima dicit Jacobus : *Confitemini alterutrum peccata vestra, et orate pro invicem, ut salvemini* (Jac. v). De secunda Dominus ait : *Confitebor tibi, Domine Pater cœli et terræ* (Matth. ii). De tertia dicit Joannes : *Confessus est, et non negavit, et confessus est, quia non sum ego Christus* (Joan. i). Quolibet istorum modorum quidam bene confitentur, quidam male. Bene David, qui cum dixisset : *Peccavi*, statim audivit : *Et Dominus transtulit peccatum tuum* (II Reg. xii); male Judas, qui cum dixisset : *Peccavi tradens sanguinem justum*, statim abiit et *laqueo se suspendit* (Matth. xxvii). Item bene confitentur illi qui dicunt : *Confitebimur tibi, Deus, confitebimur, et invocabimus nomen tuum* (Psal. lxxiv). Male confitentur illi, de quibus dicitur : *Confitebuntur tibi, cum benefeceris eis; si vero non fuerint saturati, murmurabunt* (Psal. xlviii); Rursus bene confitentur illi, de quibus dicitur : *Qui me confessus fuerit coram hominibus, et ego confitebor eum coram Patre meo* (Luc. xii). Male vero confitentur illi, de quibus dicitur : *Confitentur se nosse Deum, factis autem negant* (Tit. i).

Ista sane peccatori sunt necessaria, ut vere pœnitens justificetur a Domino, videlicet, ut convertatur et recedat a malo, unde : *Conversus in ærumna mea, dum configitur spina;* quia per malum pœnæ recessi a malo culpæ, ut compungatur et doleat de commisso, unde : *Configitur spina :* quia ex pœnitentia pungitur conscientia; ut corde recognoscat et confiteatur offensam, unde : *Delictum meum cognitum tibi feci, et injustitiam meam non operui;* ut proponat et ore suo pronuntiare peccatum, unde : *Dixi : Pronuntiabo adversum me injustitiam meam Domino;* Et sic adest remissio peccatorum, unde : *Tu remisisti impietatem cordis mei.* Non ait de præ-

terito : Pronuntiavi : et de futuro : Remittes : sed econverso, de futuro dicit : *Pronuntiabo :* et de præterito : *Remisisti :* ut patenter ostendat, quod peccatum prius remittitur per compunctionem cordis a Deo, quam pronuntietur per confessionem oris ab homine. Unde patet, quod non est intelligendum hoc de interiori confessione, quæ corde fit Deo, sine qua peccatum nunquam remittitur, sed de exteriori confessione, quæ ore fit homini, scilicet sacerdoti, quæ sæpissime sequitur remissionem peccati. Sed forsan oppones : Quid ergo necesse est peccatum confiteri, si jam est omnino remissum ? Profecto, ne redeat per contemptum; quia præceptum est, quod præterire non licet : *Confitemini alterutrum peccata vestra* (Jac. v). Præceptum etiam est in Levitico, ut vir, in cujus cute varius color apparet, veniat ad sacerdotem, et ostendat se illi (Levit. xiii). Per quod datur intelligi, quod peccati confessio (quæ per lepram designatur) facienda est sacerdoti. Hoc ipsum innuitur per id quod jubetur, ut vitulus adducatur ad ostium tabernaculi, et coram Domino immoletur (Levit. iv). Post culpam quoque remissam necessaria est satisfactio, cujus pars est non minima pudoris confusio, quam sustinet in confessione peccator. Ego *dixi* corde : *Confitebor* ore. *Dixi* præteriti est temporis : quia dicere corde præcedit remissionem peccati. *Dixi* ergo non tanquam improvidus et incautus, et casu fortuito, sed tanquam providus et diligens, ex certo proposito, id est deliberavi, statui, et proposui, hoc scilicet : *Confitebor;* sed contra quem ? *Adversum meipsum :* cui ? *Domino*, coram ejus vicario, videlicet sacerdote; quid ? injustitias meas, a meipso commissas; quare ? Quia *tu* solus potes dimittere peccata, et *remisisti iniquitatem cordis mei*. Licet enim quædam iniquitas per actum corporis committatur, principaliter tamen per affectum cordis committitur; juxta quod Veritas ait : *De corde exeunt cogitationes malæ, homicidia, adulteria, fornicationes, furta, falsa testimonia, blasphemiæ. Hæ sunt quæ coinquinant hominem* (Matth. xv). Et ideo mortale peccatum impietatem cordis appellat.

Porro, sunt quidam qui peccatum utique confitentur, non tamen adversus se, quia retorquent illud in proximum, vel in diabolum, vel in Deum, sicut primi parentes : *Mulier*, inquit Adam, *quam dedisti mihi sociam, dedit mihi de ligno, et comedi*. Eva quoque respondit : *Serpens decepit me, et comedi* (Gen. iii). Quidam vero deputant illud fato, vel eventui, aut naturæ, sicut quidam hæretici, mentientes duas naturas esse in homine, unam bonam secundum spiritum, quam dicunt a bono Deo lucis auctore esse : alteram vero malam secundum carnem [al. corpus] quam dicunt esse malam, a malo Deo, principe tenebrarum. Vel sicut alii mentiuntur, dicentes ex dispositione stellarum, quam constellationem appellant, omnia inferiora contingere; aliis prorsus fatuis asserentibus, quod omnia casu contingunt, universis tamen de vanitate convenientibus in idipsum : quoniam arbitrii perimunt libertatem, cum ad casum sufficiat sibi homo : quia solus præcipitare potest seipsum, sed jam confractus ex casu, non potest per seipsum surgere solus, sed alio indiget adjutore. Dicat ergo : Ego sum qui peccavi, ego qui stulte egi, sed tu, Domine, miserere mei, sana animam meam, quia peccavi tibi : etiam cum persuadenti consensi, qui debui dissentire. Unde recte pœnitens iste ait : *Pronuntiabo injustitias meas Domino.* Quasi diceret : Non alienas, sed proprias ; quia licet interdum suggerente alio, semper tamen eo consentiente geruntur, cave tamen prudenter, ne sic tua confitearis peccata, ut aliena reveles : ne forte cum adulterium confiteris, prodas eam, cum qua adulterium ipsum commisisti ; quia non alienas, sed tuas debes injustitias confiteri. Sed dices : Quid si peccator non possit exprimere circumstantiam culpæ sine designatione personæ : puta, si filius cum matre detestabilem perpetrarit incestum ? Faciet ergo quod potest, ut sic suam exprimat culpam, ut supprimat alienam offensam : sed non sic alienam supprimat offensam, ut suam non exprimat culpam, maxime coram idoneo sacerdote, videlicet discreto et honesto, qui prodesse possit, obesse non possit.

Tu ergo peccator quantiscunque sis criminibus aggravatus, ne dubites aut formides ea Domino confiteri, tanquam confessus in judicio condemnari debeas pro convicto ; quia secius est in divino judicio, quam humano. Qui enim coram Deo seipsum accusat, Deus illum excusat : et qui coram Deo seipsum excusat, Deus illum accusat. In humano quippe judicio, cum reus peccatum confitetur, judex instruitur ; in divino vero judicio, cum reus confitetur peccatum, Deus obliviscitur. Nam *quacunque hora peccator conversus fuerit et ingemuerit, omnium iniquitatum ejus non recordabor amplius,* ait Dominus (*Ezech.* xviii). In illo judicio cum reus confitetur peccatum, damnatur : in isto vero judicio cum reus confitetur peccatum, absolvitur. Propter quod dicit : *Dixi : Pronuntiabo adversum me injustitiam meam Domino, et tu remisisti impietatem cordis mei.* Dic ergo iniquitates tuas *ut justificeris* (*Isai.* xliii) ; quia *justus in principio sermonis accusator est sui* (*Prover.* xviii) ; et : *Qui abscondit scelera sua, non dirigetur : qui autem confessus fuerit et dimiserit ea misericordiam consequetur* (*Prov.* xxviii) sicut David qui cum dixisset : *Peccavi,* statim audivit a Nathan propheta : *Transtulit Dominus a te peccatum tuum* (*II Reg.* xii), unde alius merito clamabat ad Dominum : *Confitebor tibi, Domine, quoniam iratus es mihi, conversus est furor tuus et consolatus es me* (*Isai.* xii). Verum non omnis confessio talis est. Nam est confessio miserabiliter desperantis, ut Judæ, qui dixit : *Peccavi tradens sanguinem justum, sed abiit et laqueo se suspendit* (*Matth.* xxvi). Cain quoque dixit ad Dominum : *Major est iniquitas mea quam ut veniam merear* : qui *vagus et profugus abiit super terram* (*Gen.* iv). Et est confessio fallaciter simulantis, ut Saulis, cum dixisset ad Samuelem : *Peccavi quia prævaricatus sum sermones Domini, timens populum : sed nunc, quæso, porta peccatum meum.* Ait Samuel ad Saulem : *Quia projecisti sermonem Domini, projecit te Dominus* (*I Reg.* xv). Et est confessio inutiliter lamentantis, ut eorum qui talia in inferno dicturi sunt : *Erravimus a via veritatis, et lumen justitiæ non luxit nobis. Quid profuit nobis superbia, aut quid divitiarum jactantia contulit nobis ? Transierunt illa omnia tanquam umbra, et nos in malignitate nostra consumpti sumus : quia spes impii tanquam lanugo est, quæ a vento dispergitur in procella* (*Sap.* v). Humilis autem et vera confessio illa est salutifera, de qua protinus subditur :

Pro hac orabit ad te omnis sanctus in tempore opportuno. Verumtamen in diluvio aquarum multarum ad eum non approximabunt.

In hac tertia parte commendat remissionem peccatorum, per quam justificatur impius, et sanctificatur iniquus : distinguens inter Dominum sanctificantem et servum sanctificatum : inter causam sanctificandi, et tempus sanctificationis, cum ait : *Pro hac orabit ad te omnis sanctus in tempore opportuno.* Satis enim apparet quis orat, quoniam *omnis sanctus,* videlicet servus sanctificatus : et ad quem orat, quoniam *ad te,* videlicet Dominum sanctificantem : et quare orat, quia pro hac, id est pro impietatis remissione, quæ sanctificationis est causa : et quando orat, quia *in tempore opportuno,* id est in vita præsenti, quæ sanctificandi opportunitatem impendit.

Consequenter autem adjungitur duplex sanctitatis utilitas : una in futuro, quoniam *in diluvio aquarum multarum ad eum non approximabunt,* id est ad sanctum : et altera in præsenti, quoniam *tu,* inquit sanctus ad Dominum, *refugium meum, a pressura quæ circumdedit me.* Quasi dicat : In futuro eripies ab angustia, et in præsenti sanctum proteges a pressura. *Pro hac* igitur, id est remissione peccati, vel impietate tollenda, *orabit ad te omnis sanctus, in tempore opportuno ;* quia nullus est adeo sanctus in vita præsenti, qui omnino careat peccato. Nam *si dixerimus quia peccatum non habemus, ipsi nos seducimus, et veritas in nobis non est* (*I Joan.* i). Ergo quilibet in hac vita quantumlibet sanctus, indiget remissione peccati ; et ideo pro hac *orabit ad te : omnis sanctus in tempore opportuno,* id est tempus opportunum existit ad remittenda peccata, videlicet præsens vita. Propter quod alibi dicitur : *Quærite Dominum, dum inveniri potest : invocate eum, dum prope est* (*Isai.* lv) ; quia prope est Dominus omnibus invocantibus cum in veritate (*Psal.* cxliv). Adhuc, inquit, te loquente, dicam : *Ecce adsum* (*Isai.* lii). In alia quippe vita inutiliter orat, qui non orat utiliter in hac vita : quemadmodum dives ille sepultus in inferno, cum clamasset : *Pater Abraham, miserere mei, et mitte Lazarum, ut intingat extremum digiti sui in aquam, et refrigeret linguam meam, quia crucior in hac flamma. Dixit illi Abraham : Fili, recordare quia recepisti bona in vita tua, et Lazarus similiter mala : nunc autem hic consolatur, tu vero cruciaris* (Luc. XVI). Et in his omnibus inter nos et vos chaos magnum firmatum est. Fatuæ quoque virgines clamabant dicentes : *Domine, Domine, aperi nobis;* quibus Dominus respondit: *Amen dico vobis, nescio vos* (Matth. XXV).

Verum etsi pro hac oret ad te omnis sanctus in tempore opportuno : illi tamen qui sunt *in diluvio aquarum multarum,* id est in fluxu carnalium voluptatum, de quibus legitur : *Aquæ furtivæ dulciores sunt cæteris* (Prov. IX) : vel in confusione diversarum sectarum, de quibus dicitur : *Qui emittit aquas, caput est jurgiorum* (Prov. XVII), *non approximabunt ad eum,* id est Deum, hoc est ad te, mutata persona, sicut alibi legitur : *Domini est salus et super populum tuum benedictio tua.* (Psal. III). Quia tales indigni sunt, ut Domino appropinquent. Vel ipsæ aquæ non approximabunt ad eum, id est ad sanctum : qu'a *aquæ multæ non poterunt exstinguere charitatem* (Cant. VIII), sicut non approximarunt aquæ ad Noe in diluvio (Gen. VII) : quia in judicio vir sanctus a pœnis et angustiis erit tandem immunis. Quasi dicat : Licet in hoc sæculo vir sanctus non careat omni culpa, unde orat *pro hac,* id est pro remissione impietatis, *in diluvio* tamen *aquarum multarum ad eum non approximabunt*; quia tunc eum extrema confusio non tenebit. Heu quot merguntur, demerguntur, et submerguntur in istis diluviis ; propterea clamandum est cum Propheta : *Salvum me fac, Deus, quoniam intraverunt aquæ usque ad animam meam : infixus sum in limo profundi, et non est substantia, veni in altitudinem maris, et tempestas demersit me* (Psal. LXVIII). Diluvium autem non solum accipitur in malo, secundum illud : *Perdam aquis diluvii omnem carnem* (Gen. VI), quod intelligendum est de mortali peccato, vel finali judicio : sed etiam in bono, secundum illud : *Dominus diluvium inhabitat* (Psal. XXVIII), quod intelligendum est de sacramento regenerationis humanæ, vel de profundo dispositionis divinæ. Aqua enim multis modis accipitur in Scripturis divinis ; nam est aqua naturæ, doctrinæ, sapientiæ, gratiæ, culpæ, pœnæ, miseriæ. De aqua naturæ legitur : *Spiritus Domini ferebatur super aquas* (Gen. I), et : *Aquæ, quæ super cœlos sunt, laudent nomen Domini* (Psal. CXLVIII). De aqua doctrinæ dicitur : *Tenebrosa aqua in nubibus aeris* (Psal. XVII), sed est aqua perversæ doctrinæ, de qua legitur : *Qui emittit aquas, caput est jurgiorum* (Prov. XVII). Et aqua doctrinæ sanæ, de qua dicitur : *Aquas tuas in plateis divide* (Prov. V) ; possunt tamen perversæ aquæ sanari, juxta illud : *Sanavi aquas has, et non erit mors in eis ultra, neque sterilitas* (IV Reg. II). De aqua sapientiæ legitur : *Aqua sapientiæ salutaris potabit illum* (Eccli. XV), quod dicitur ad differentiam sapientiæ sæcularis, de qua præcipitur : *Non comedetis ex eo crudum quid, nec coctum aqua,*

sed assatum tantum igne (Exod. XII). De aqua gratiæ Dominus ait : *Qui biberit ex aqua quam ego dabo ei, fiet in eo fons aquæ salientis in vitam æternam* (Joan. IV). De aqua culpæ dixit Jacob ad Ruben : *Effusus es* tanquam *aqua, non crescas* (Gen. XLIX). De aqua pœnæ dicitur : *Transivimus per ignem et aquam, et induxisti nos in refrigerium* (Psal. LXV). De aqua miseriæ legitur ; *Intraverunt aquæ usque ad animam meam* (Psal. LXVIII). Et sunt istæ miseriæ vel angustiæ, non solum temporales et transitoriæ, verum etiam interminabiles et perpetuæ de quibus legitur : *Submersi sunt* tanquam *plumbum in aquis vehementibus* (Exod. XV). Et : *Transibunt de aquis nivium ad calorem nimium* (Job XXIV). Præterea ipse Spiritus sanctus dicitur aqua, unde : *Flumina de ventre ejus fluent aquæ vivæ* (Joan. VII). Spiritualis intellectus : *Implete hydrias aqua* (Joan. II). Baptismus : Et *de latere Christi profluxit sanguis et aqua* (Joan. XIX). Populus : *Aquæ multæ, populi multi sunt* (Apoc. XIX). Et : *Omnes dilabuntur quasi aquæ, quæ non revertuntur* (II Reg. XIV). Sequitur :

Tu es mihi refugium a pressura [al. *meum a tribulatione*] *quæ circumdedit me : exsultatio mea, erue me a circumdantibus me*

Interdum et oppressores insistunt, et oppressiones obsistunt ; interdum non insistunt oppressores, sed obsistunt oppressiones, interdum autem non obsistunt oppressiones, sed oppressores insistunt. His qui sunt fragiles, etsi non insteterint oppressores, obsistunt tamen oppressiones, quia facile succumbunt adversis ; his qui fortes sunt, etsi oppressores insistant, non tamen oppressiones obsistunt, quia resistunt fortiter adversitatibus ; his autem qui sunt mediocres, cum insistunt oppressores, obsistunt oppressiones : et ideo quia difficile est in igne esse et non ardere, orat vir sanctus non solum ab oppressionibus, sed et ab oppressoribus liberari, cum a't : *Tu es refugium mihi a pressura quæ circumdedit me, exsultatio mea, erue me a circumdantibus me.* Quasi dicat : Libera me ab oppressionibus meis, quia *tu es refugium mihi, a pressura quæ circumdedit me :* sed et redime *me a circumdantibus me,* id est libera me ab oppressoribus meis.

Sane principales quatuor sunt virtutes, quæ mentem viri sancti circumdant, videlicet justitia, prudentia, temperantia, et fortitudo. Habet enim ab anteriori parte justitiam, a posteriori parte prudentiam, temperantiam a dextris, fortitudinem a sinistris. Congruunt bene loca virtutibus ; nam quæ sunt ante, sunt certa ; quæ vero retro, dubia sunt ; quæ a dextris, prospera, quæ a sinistris, adversa. In certis autem est exercenda justitia, in dubiis est adhibenda prudentia, in prosperis opus est temperantia, in adversis est necessaria fortitudo. Cum ergo iniquitas premit justitiam, oppressio instat ante ; cum fatuitas premit prudentiam, oppressio stat retro ; cum superfluitas premit temperaniam, oppressio instat a dextris; et cum pusillanimitas premit fortitudinem, instat oppressio a sinistris. Cum autem diversæ oppressiones simul has virtutes omnes impugnant, tunc undique mentem circumdant. Et ideo sanctus orat a circumdantibus redimi, hoc est ab oppressionibus, quæ undique imminent, liberari. Hanc solam petitionem offert pœnitens in hoc psalmo, gravidam et fecundam, multarum petitionum intellectum in se continentem inclusum, quam potius intelligendam relinquit, quam duxerit distinguendam, ut referatur ad intellectum, de quo præmittit in titulo : *Intellectus David*. Quidam vero inter pressuras deficiunt et tristantur, alii proficiunt et lætantur, sicut apostoli, de quibus dicitur : *Ibant gaudentes a conspectu concilii, quoniam digni habiti sunt pro nomine Jesu contumeliam pati* (*Act*. v). Hinc Jacobus apostolus ait : *Omne gaudium existimate, fratres mei, cum in varias tentationes incideritis* (*Jac*. i) ; et Paulus ait : *Spe gaudentes, in tribulationibus non deficientes* (*Rom*. xii). Ut ergo vir sanctus ostendat se non defecisse, sed profecisse inter pressuras, interponit et dicit : *Exsultatio mea, erue me a circumdantibus*, id est, tu Deus in quo, et de quo inter pressuras exsulto, redime me a *circumdantibus me*.

Redemptio quandoque large dicitur liberatio, quæ fit etiam solo dono. Unde : *Redemit eos de manu inimici, et de regionibus congregavit eos* (*Psal*. cvi). Et iterum : Liberavit eos de manu odientium, et redemit eos de manu inimicorum. Quandoque proprie dicitur liberatio, quæ fit dato pretio; unde: *Redempti sumus, non corruptibilibus, auro et argento, sed pretioso sanguine Agni immaculati* (I *Petr*. i). Et alibi : *Redemisti nos, Domine, in sanguine tuo* (*Apoc*. v). Dicitur etiam interdum redemptio ipse redemptor, juxta quod Apostolus dicit quod *Christus factus est nobis sapientia et redemptio* (I *Cor*. i). Et Psalmographus : *Redemptionem misit Dominus populo suo* (*Psal*. cx). Pretium autem redemptionis datum est regi, ut liberaret captivum a tyrannide carcerarii. Datum est Domino, ut liberaret hominem a potestate diaboli, et servitute peccati, et a pœnis inferni ; unde : *Ego redemi eos, et ipsi locuti sunt contra me mendacia* (*Ose*. vii). *Ipse redimet Israel ex omnibus iniquitatibus ejus* (*Psal*. cxxix). *Exspectantes etiam redemptionem corporis nostri* (*Rom*. viii). *Salvatorem*, inquit, *exspectamus Dominum Jesum Christum, qui reformabit corpus humilitatis nostræ, configuratum corpori claritatis suæ* (*Phil*. iii); qui nos de portis mortis et de manu inferi liberavit. Ergo redime me a *circumdantibus me*, a diabolo, a peccato et ab inferno; quia tu es refugium mihi a pressura. O pie, o clemens, o bone Deus, a te ad te me oportet confugere; a te irato, ad te placatum, a te offenso, ad te propitium, a te judice, ad te patrem : quia si vellem fugere, non possem effugere ; si vellem tegi, non possem protegi : cum sit nemo qui de manu tua possit eruere. Quo enim ibo a *spiritu tuo, aut quo a facie tua fugiam? Si ascendero in cœlum tu illic es, si descendero ad infernum, ades* (*Psal*. cxxxviii) : tu ergo, non alius, es mihi summum et supremum refugium, a pressura quæ circumdedit me, id est a tribulatione, quæ undique me conturbat. In te jactatus sum ex utero de ventre matris meæ ; tu es protector meus, in te cantatio mea semper. Si tu adfueris, nihil oberit; si tu defueris, nihil proderit. Sequitur :

Intellectum tibi dabo, et instruam te in via hac qua gradieris, firmabo super te oculos meos.

In hac ultima parte intellectum commendat, qui est secundus in donis, de quo præscribitur titulus : *Intellectus David*. Duo sunt talenta homini necessaria, videlicet intellectus et operatio. Et intellectui quidem necessaria est disciplina, operationi vero perseverantia. Hæc quatuor in hoc primo versu notantur. Intellectus, cum dicitur : *Intellectum tibi dabo*. Disciplina, cum additur : *Instruam te*. Operatio, cum subjungitur : *In via hac qua gradieris*. Perseverantia, cum infertur : *Firmabo super te oculos meos*. Porro, circa primum talentum duo sunt opportuna, docilitas discipuli, et doctrina magistri. De illa præmittit : *Intellectum tibi dabo*, ut sis docilis ad discendum. De ista subjungitur : *Instruam te*, ut docilitas proficiat ad doctrinam. Ad secundum quoque talentum duo sunt necessaria in via boni operis gradienti : pes timoris, qui est sinister, ut timore pœnæ declinet a malo ; et pes amoris, qui est dexter, ut amore justitiæ tendat ad bonum. Verum, quia non sunt in homine viæ ejus, sed a Domino gressus hominis diriguntur, ut homo usque in finem perseveret in bono (*Jer*. x), Dominus auxilium promittit, et ait : *In via hac qua gradieris*, declinando pedem timoris a malo, et tendendo pedem amoris ad bonum, firmabo super te oculos meos, videlicet oculum correctionis, ut per flagella revocem te a malo, et oculum consolationis, ut per beneficia provocem te ad bonum, de quibus alibi dicitur : *Oculi Domini super justos* (*Psal*. xxxiii). His enim oculis omnia nuda sunt et aperta ; quoniam *oculi ejus sicut flamma ignis* (*Apoc*. i). Non duos vero tantum oculos perhibetur habere, sed septem, qui sunt septem spiritus Dei missi in omnem terram.

Duo vero sunt quæ disciplinam impediunt : superbia et stoliditas. Superbi namque propter arrogantiam discere nolunt, et stolidi propter imprudentiam discere nequeunt. Superbus autem designatur per equum, stolidus vero per mulum, a quibus dehortatur, cum ait : *Nolite fieri sicut equus et mulus, quibus non est intellectus*. Qualiter autem coercendi et castigandi sunt tales, consequenter ostendit, cum addit : *In chamo et freno maxillas eorum constringe*. Multa flagella peccatoris. Equus igitur, id est superbus refrenandus est, ne per arrogantiam nimis excurrat ; et mulus, id est stolidus est flagellandus, ne per imprudentiam nimis aberret, et sic non approximet ad te cognoscendum, venerandum et excolendum. Timendum est autem, sed non desperandum : quoniam etsi multa sint flagella peccatoris, unde præmittit, *In freno et chamo maxillas eorum constringe, qui non approximant ad te, sperantes tamen in Domino misericordia circumdabit*; unde et subjungit : *Lætamini in Domino et exsultate justi, et gloriamini omnes recti corde*. Multa sunt quippe flagella peccatoris; quoniam non solum puniunt foris in corpore, verum etiam torquent intus in corde. Nam *per quæ peccat homo, per hæc et torquetur* (*Sap.* xi). *Sperantes autem in Domino misericordia circumdabit*, in præsenti confe endo virtutem, et in futuro conferendo salutem. Ergo *Lætamini in Domino et exsultate justi*, propter stolam carnis, *et gloriamini omnes recti corde*, propter stolam animæ : quia recipietis de manu Domini duplicia (*Isa.* xL), et ideo lætamini corpore, et exsultate corde, secundum illud : *Cor meum et caro mea exsultaverunt in Deum vivum* (*Psal.* LXXXIII).

Oraverat sanctus a circumdantibus erui, et Deus orationem ejus exaudiens, statim oranti respondit. *Intellectum tibi dabo, et instruam te in via hac qua gradieris, firmabo super te oculos meos*. Contra circumstantes qui obsident vias, ut viatores capiant et disperdant, duplex promittit auxilium, videlicet documentum et firmamentum, ut ex documento vitent errores itinerum, et ex firmamento propellant incursus hostium. Ad documentum pertinet quod præmittitur : *Intellectum tibi dabo*, ut cognoscas, quod omnia bona procedant ex gratia; *et instruam te, ne forte aberres*, tuis ea meritis ascribendo, sed quidquid boni te cognoscis habere, non tuis meritis, sed divinæ gratiæ totum ascribas. Certe qui secus sentit et credit, desipit et aberrat, et talis error impedit intellectum rectum, quo ad veram beatitudinem pervenitur. Instruam vero te per unctionem spiritus, quæ docet de omnibus. Spiritus veritatis, qui docet omnem veritatem (*Joan* xvi), doctorum doctor, et magistrorum magister. Ad firmamentum autem pertinet quod subjungitur : *In via hac qua gradieris*, id est in cursu vitæ præsentis, *firmabo super te oculos meos*, id est firmum tibi exhibebo præsidium custodiæ et tutelæ. Solemus enim diligenter perspicere, quod studiose volumus custodire. Quia ergo tu levas ad me oculos tuos, *et ego firmabo super te oculos meos*. Accepto autem intellectu et instructus a Deo, convertit se ad superbos et stolidos pœnitens, qui sua merita jactant et peccata defendunt.

Nolite fieri sicut equus aut mulus quibus non est intellectus.

Equus et in bono accipitur et in malo. Bonus equus, corpus Christi; unde : *Equus albus, et qui sedebat super eum, vocabatur fidelis et verax* (*Apoc.* xix). Equus, angelus vel quilibet sanctus; unde : *Exercitus qui sunt in cœlo sequebantur eum in equis albis* (*ibid.*). Equus, prædicator; unde : *Nunquid præbebis equo fortitudinem, aut circumdabis collo ejus hinnitum? (Job* xxxix.) Equus, vir justus : unde : *Equus paratus est ad diem belli, Dominus autem virtutem tribuet* (*Prov.* xxi). Equus malus homo luxuriosus; unde : *Sicut fluxus equorum, fluxus eorum* (*Ezech.* xxiii). Equus, vir improvidus; unde : *Auferam equos de medio tui* (*Mich.* v). Equus, superbus; unde : *Hi in curribus, et hi in equis, nos autem in nomine Dei nostri magnificabimur* (*Psal.* xix). Equus, arrogans; unde : *Fallax equus ad salutem, in abundantia virtutis suæ non salvabitur* (*Psal.* xxxii). Equus, mollis et fragilis; unde : *Dormitaverunt qui ascenderunt equos* (*Psal.* LXV). Et : *Mordens ungulas equi, ut cadat ascensor ejus retro* (*Gen.* xlix). Sunt præterea equi rufi, nigri et pallidi, quos viderunt Ezechiel, Zacharias et Joannes, tyranni, hæretici et hypocritæ. Ergo *nolite fieri sicut equus et mulus*. Non dicit sicut bos, quia satis est humilis; et canis, qui nimis est sagax, sed *sicut equus*, qui designat superbum, quia extento collo cervicosus incedit, et mulus qui significat stolidum, quia est improvidus et mendosus. In Tobia vero (*cap.* vi) per equum et mulum libidinosi notantur, Raphaele testante : *Qui conjugium*, inquit, *ita suscipiunt, ut Deum a sua mente excludant, et suæ libidini vacent, sicut equus et mulus*, quibus non est intellectus, habet potestatem dæmonium super eos. Vel per mulum, qui generatur, sed non generat, designatur ingratus, qui accipit gratiam, sed non reddit. Tales superbi et arrogantes qui contra Deum cervicem extendunt, attribuendo meritis, quod attribuendum est gratiæ, quasi stolidi et vecordes, dicendo : *Labia nostra a nobis sunt, quis noster Dominus est? (Psal.* xi.) Et ideo talibus non est intellectus ad cognoscendam humiliter veritatem, quoniam *omne datum optimum, et omne donum perfectum desursum est, descendens a Patre luminum (Jac.* i). Vel per equum intelligitur ille, qui vehit sessorem diabolum, et per mulum intelligitur ille, qui subit onus peccati, et talibus non est intellectus, quia nolunt intelligere, ut bene agant, sed iniquitatem in suis cubilibus meditantur. Tu vero Deus,

In chamo et freno maxillas eorum constringe, qui non approximant ad te.

Quia chamus est illa pars freni quæ mittitur in os equi, et omnis pars minor est suo toto, recte per chamum et frenum possunt major et minor coercitio designari, quibus maxillæ talium, id est superbia et stoliditas constringuntur, ne ipsi de suis meritis glorientur, quia per afflictiones majores atque minores retundenda et coarctanda sunt ora, quæ clamant merita, et tacent peccata, eorum videlicet, qui non approximant ad te per humilem confessionem, sed recedunt a te per superbam jactationem. Quia vero equus et mulus quanto plus impinguantur, tanto gravius insolescunt, ad reprimendam eorum lasciviam, restringendum est aliquando eis pabulum, propter quod dicit : *In chamo et freno maxillas eorum constringe*, et adhibendum flagellum. Propter quod ait : *Multa flagella peccatorum*. Maxillæ siquidem et mandibulæ a *mandendo* dicuntur, quæ profecto mandere nequeunt, quando sunt freno et chamo constrictæ. Sic elati homines et ingrati de incolumitate corporum et abundantia rerum superbire consueverunt et insolescere, sed ad eorum nequitiam reprimendam freno infirmitatis et chamo paupertatis sunt aliquando coercendi, ut vexatio eis tribuat intellectum. Unde sic sane potest intelligi : *Nolite fieri sicut equus et mulus*, id est nolite superbire et insolescere, sicut elati faciunt et ingrati, *quibus non est intellectus*, sed tu Deus, qui singulis malis nosti remedium adhibere, *constringe maxillas eorum*, id est cohibe arrogantiam superborum, *in freno et chamo*, id est per damnum rerum et dispendium personarum. Ecce qui non intelligunt, equo comparantur et mulo, sicut alibi dicitur : *Homo cum in honore esset, non intellexit, comparatus est jumentis insipientibus, et similis factus est illis (Psal.* XLVIII). Quia vero qui non possunt cohiberi per frenum, debent corripi per flagellum, subjungit et ait :

Multa flagella peccatoris, sperantes autem in Domino misericordia circumdabit.

Est flagellum correptionis, de quo legitur : *Pater filium quem diligit, corripit (Prov.* III). *Flagellat autem omnem filium quem recipit (Hebr.* XII). Flagellum detractionis, de quo dicitur : *A flagello linguæ absconderis, et non timebis calamitatem cum venerit (Job* V). Flagellum afflictionis, de quo scribitur : *Fui flagellatus tota die (Psal.* LXXII). Et flagellum damnationis, de quo legitur : *Non accedet ad te malum, et flagellum non appropinquabit tabernaculo tuo (Psal.* XC). Ergo flagellantur justi, flagellantur et injusti; *quia multæ sunt tribulationes justorum (Psal.* XXXV). Verum illi flagellantur ut, si pœnitent, corrigantur, si non pœnitent, condemnentur; ipsi vero tribulantur, ut purgentur a malo et probentur in bono; quia quod facit flagellum grano, et ignis auro, idem efficit tribulatio viro justo. Multa vero dicuntur flagella peccatorum; quia et in carne flagellantur exterius, et in mente flagellantur interius. Flagellantur in vita præsenti, et flagellantur in vita futura; flagellantur ex culpa, et flagellantur ex pœna. Flagellantur a Deo et flagellantur ab homine. Flagellantur a mundo, et flagellantur a dæmone. Nec posset quisquam per singula enumerare peccatorum flagella. Nec mirum, si adhibito freno indomito animali addatur flagellum. Utinam sic dometur, ut perdometur ! quia verendum est, ne nimium resistendo, indomitum relinquatur, et sic evagetur per viam latam, quæ ducit ad mortem *(Matth.* VII). *Sperantes autem in Domino*, non in sæculo, in gratia, non in merito, *misericordia circumdabit*, hoc est in omnibus aderit ad salutem, in omni loco et in omni tempore, in omni causa et in omni negotio, in certis et in dubiis, in prosperis et in adversis, in corpore et in corde, in præsenti et in futuro. *Maledictus* autem *homo, qui confidit in homine, et ponit carnem brachium suum (Jer.* XVII). Ideo,

Lætamini in Domino et exsultate justi, et gloriamini omnes recti corde.

In sperantibus justis et rectis, tres ordines designantur, incipientium, proficientium et pervenientium. Primis exhibetur misericordia, unde : *Sperantes in Domino misericordia circumdabit*: secundis, lætitia; unde : *Lætamini in Domino et exsultate justi*; tertiis autem gloria ; unde : *Gloriamini omnes recti corde*. Lætantur quidem justi, lætantur et injusti, sed justi in Domino, injusti lætantur in mundo. Injusti exsultant de carnalibus et mundanis. Justi de virtutibus, injusti de vitiis. De illis legitur : *Exsultabunt sancti in gloria, lætabuntur in cubilibus suis (Psal.* XLIV); de istis dicitur : *Lætantur cum malefecerint, et exsultant in rebus pessimis (Prov.* II). Verum justorum gaudium felix est et perpetuum; juxta quod legitur : *Petite, et accipietis, ut gaudium vestrum plenum sit*; et : *Gaudium vestrum nemo tollet a vobis (Joan.* XVI). Injustorum vero gaudium infelix est et momentaneum. Juxta quod dicitur : *Tenent tympanum et citharam, et gaudent ad sonitum organi, ducunt in bonis dies suos, et in puncto ad inferna descendunt (Job* XXI). Noverat hoc ille qui dixerat: *Versa est in luctum cithara mea, et organum meum in vocem flentium (Job* XXX), nam *extrema gaudii luctus occupat (Prov.* XXXIV). Gaudendum est ergo de iis quæ spectant ad meritum, vel ad præmium, ad gratiam vel gloriam, ad virtutem vel ad salutem, de quibus illi gaudebant, quibus aiebat Christus : *Gaudete et exsultate, quia merces vestra multa est in cœlis (Matth.* I). Et propheta dicebat : *Ego autem in Domino gloriabor, et gaudebo in Deo Jesu meo (Habac.* III). Propter hæc duo gaudia, unum quod habetur de meritis, et alterum quod habetur de præmiis, ingeminat Psalmista, cum ait : *Lætamini in Domino, et exsultate justi.* Quod et Apostolus repetit dicens : *Gaudete in Domino semper, iterum dico, gaudete (Phil.* IV). Nec solum gaudendum est justis, sed et gloriandum : unde subjungitur : *Et gloriamini omnes recti corde.* Vos scilicet, qui potestis dicere cum Apostolo : *Gloria nostra hæc est, testimonium conscientiæ nostræ (II Cor.* I). Nam *omnis gloria filiæ regis est ab intus (Psal.* XLIV). Opus ergo suum probet unusquisque, et tunc in semetipso gloriam habebit, et non in altero. Hypocrita namque gloriam quærit in altero, et non in seipso, *et gloria ejus est quasi flos feni (I Petr.* I), *quod hodie viret, et cras in clibanum mittitur (Matth.* VI). Sic omnis hypocritæ spes peribit, quia falsam venatur gloriam apud homines, et non veram quærit gloriam apud Deum. Illud enim correctum est, quod non aliqua pravitate distortum est, sed ad Deum pura intentione directum.

Ecce cum in principio de pœnis et culpis egisset, in fine de gloria et exsultatione concludit, quem morem in hoc sicut et in aliis pœnitentialibus psalmis observat.

Titulus psalmi tertii pœnitentialis talis est : Psalmus David in rememoratione Sabbati. — *Tituli hujus explicatio.*

Et quibusdam Scripturæ locis intelligitur manifeste, quod Sabbatum et septimum interpretatur et requies, unde congrue scriptum est, quod *requievit Deus die septimo ab omni opere quod patrarat* (*Gen.* I). Tria vero sunt Sabbata, exterius et superius, videlicet temporale, spirituale et æternale. De primo legitur in Evangelio : *Sabbatum est, non licet tibi tollere grabatum tuum* (*Joan.* v), de secundo dicitur ab Apostolo : *Relinquetur sabbatismus populo Dei* (*Hebr.* IV), de tertio vero scribitur per prophetam : *Erit Sabbatum ex Sabbato* (*Isa.* LXVI). Primum Sabbatum est sacramentum, et non res. Ultimum autem est res, et non sacramentum. Medium vero res est, et sacramentum. Quia primum significat et non significatur, ultimum vero significatur et non significat, medium et significatur et significat. Agit ergo in hoc psalmo pœnitens de rememoratione medii et ultimi Sabbati, hoc est spiritualis et æternalis, utriusque memorando quietem. Unam, quam perdiderat, et alteram quam demeruerat per peccatum ; unde dicebat : *Non est sanitas in carne mea a vultu iræ tuæ, non est pax ossibus meis a facie peccatorum meorum* (*Psal.* XXXVII). Incurrat enim afflictionem mentis et corporis ex peccato ; quia et vermis conscientiæ rodebat mentem interius, et passionis aculeus corpus exterius stimulabat. Unde vicissim agit de culpis et de pœnis, miseriam suam exaggerans multis modis. Quæ quidem cogebant eum, et deperditum peccatoris et demeritum æternitatis, Sabbatum deplorando ad mentem sæpius revocare. Quia sicut dulcis est aqua post sitim, et suavis umbra post æstum : ita quies est delectabilis post laborem, maxime tranquillitas mentis, quam etiam inter angustias corporis justus habet. De qua Dominus dicebat apostolis : *Pacem meam do vobis, pacem relinquo vobis : non quomodo mundus dat, ego do vobis* (*Joan.* xiv). Hic est profecto fons proprius, cui non communicat alienus. Ad quem tanto ardentius anhelat pœnitens post peccatum, quanto suavius eum gustaverat ipse justus.

Habet autem hic psalmus, secundum translationem quam tenet Romana Ecclesia, tres versuum septenarios, id est viginti et unum versus, qui ad tria prædicta Sabbata non immerito referuntur. Nam Sabbatum non solum dicitur septimus dies, sed et septimana dierum, et dies quilibet septimanæ. Septimus dies, ibi : *Memento ut diem Sabbati sanctifices* (*Exod.* xx). Septimana dierum, ibi : *Jejuno bis in Sabbato* (*Luc.* XVIII). Et quilibet dies, ibi : *Valde mane una Sabbatorum* (*Marc.* xvi). Ad Sabbatum temporale pertinent septem dies ; ad Sabbatum spirituale septem pertinent virtutes ; et ad Sabbatum æternale pertinent septem dotes : tres animæ glorificatæ, videlicet cognitio, dilectio et delectatio ; quatuor corporis glorificandi, videlicet claritas, et subtilitas, agilitas et impassibilitas. Singuli autem hebdomadæ dies, proprias laudes habent in titulis psalmorum ex Sabbato, præter tertium, cujus rationem prout potui, alibi assignavi. Sabbatum autem hic ponitur pro quiete, secundum illud : *Sabbatum requietionis est, et requies Sabbati sanctificata est Domino.* In Sabbato temporali quiescit Judæus, in Sabbato spirituali quiescit justus, et in Sabbato æternali quiescit beatus. Ille ab operis effectu, iste a criminis actu, et hic a corruptionis defectu. Per pœnitentiam ergo, quam his ostendit se habere de culpis, et patientiam, quam se demonstrat habere in pœnis, seipsum proponit aliis in exemplum, ut imitentur eum quasi alterum Job, vehementer afflictum et graviter cruciatum.

Psalmi tertii pœnitentialis elucidatio.

Domine ne in ira tua [*al. furore tuo*] *arguas e, neque in furore* [*al. ira tua*] *corripias me* (*Psal.* XXXVII).

Psalmus iste quatuor habet partes, in prima pœnitens dirigit orationem ad Deum, postulans liberari a pœnis inferni, cum ait : *Domine, ne in ira tua arguas me ;* et a pœna etiam purgatorii, cum adjungit : *Neque in furore tuo corripias me.* Oratione vero præmissa, primo describit pœnas quas sustinet, secundo culpas quas egit, tertio miserias quas incurrit. Quasi dicat : Ego sum qui sustineo pœnas multas et magnas, videlicet percussionis vulnus, oppressionis pondus, carnis afflictionem, et mentis vexationem. Vulnus percussionis, *quoniam sagittæ tuæ infixæ sunt mihi.* Pondus oppressionis, quia *confirmasti super me manum tuam.* Afflictionem carnis, quia *non est sanitas in carne mea a vultu iræ tuæ.* Vexationem mentis, quia *non est pax ossibus meis a facie peccatorum meorum.* Nec mirum, quia ego sum, qui egi culpas grandes et graves, fœdas et fatuas. Grandes, *quia iniquitates meæ supergressæ sunt caput meum;* graves quia *sicut onus grave gravatæ sunt super me;* fœdas, quia *computruerunt cicatrices meæ;* fatuas, quia *deterioraverunt a facie insipientiæ meæ.* Quapropter ego sum, qui incurri miserias continuas et prolixas, corporales et spirituales. Continuas, quia *tota die contristatus ingrediebar;* prolixas, quia miseriis *afflictus sum, et turbatus sum* usque in finem ; spirituales, *quia anima mea impleta est illusionibus;* corporales, quia *non est sanitas in carne mea.* Oratione ergo præmittens, clamabat ad Dominum, dicens : *Domine, ne in ira tua arguas me, neque in furore tuo corripias me :.* quidam transibunt per ignem et salvabuntur, alii transibunt ad ignem et condemnabuntur. Salvabuntur, qui transibunt per ignem purgatorii, de quibus dicit Apostolus (*I Cor.* III), quod salvi fient, *sic tamen quasi per ignem.* Nam uniuscujusque opus quale sit, ignis probabit. Damnabuntur qui transibunt ad ignem inferni, quibus Dominus dicet : *Ite maledicti in ignem æternum, qui paratus est diabolo et angelis ejus* (*Matth.* XXV). Nam *vermis eorum non morietur, et ignis eorum non exstinguetur* (*Isai.* LXVI). Ab utroque igne petit pœnitens liberari, cum ait : *Domine, ne in ira tua arguas me, neque in furore tuo corripias me.* Quasi dicat : Domine, Pater et Deus vitæ meæ, *ne arguas me in ira tua,* id est né me convincas in districto judicio, in quo tu reprobis apparebis iratus, cum dices iis qui a sinistris astabunt : *Esurivi, et non dedistis mihi manducare; sitivi, et non dedistis mihi bibere. Quandiu enim uni ex his minimis meis non fecistis, nec mihi fecistis* (*ibid.*). Ecce redargutio peccatorum. *Ite ergo maledicti, in ignem æternum, qui paratus est diabolo et angelis ejus.* Ecce judicis ira. Non solum autem *arguas me in ira tua,* sed *neque in furore tuo corripias me,* id est non punias me in purgatorio igne, in quo tanta erit incendii vehementia, quod quasi furere videberis, etiam in electos, cum minor pœna quæ erit in purgatorio, censeatur major quantalibet pœna quæ est in hoc mundo. Quis autem illud iræ tonitruum, aut illud furoris fulgur poterit sustinere ? Evita culpam, si vis evadere pœnam. Ut orat pœnitens, ut Deus non inferat pœnam ad ultionem iratus, sed ad correctionem misertus, ut talis sit sensus : *Domine, arguas me, sed non in ira; corripe me, sed non in furore.* Quasi dicat : *Ne arguas me in ira,* sed in misericordia argue me, quia scriptum est : *Deus quos amat, arguit et castigat* (*Hebr.* XII) Neque corripias me in furore, sed in mansuetudine ; quia *pater filium quem diligit, corripit* (*Prov.* I); ut pœna sit a misericordia ad correctionem, non ab ira ad ultionem; et quidem sufficere debent mala quæ patior in præsenti, ne patiar in futuro.

Quoniam sagittæ tuæ infixæ sunt mihi, et confirmasti super me manum tuam.

Percussiones ergo quas ego patior, sunt multæ, sunt magnæ et sunt profundæ : multæ, *quia sagittæ,* non una tantum, sed plures ; magnæ, quia percussiones tuæ non hominis quidem, sed Dei ; profundæ, quia *infixæ sunt mihi,* non foris in cute, sed intus in corde ; oppressiones quoque importabiles sunt, quia *confirmasti,* quasi ex magna virtute, *super me,* quasi de loco sublimi, *manum tuam,* quasi validam et robustam.

Sagittæ Domini comminationes sunt divinæ, quæ timore judicii districti peccatoris animo infiguntur; secundum quod alibi dicitur : *Confige timore tuo carnes meas, a judiciis enim tuis timui* (*Psal.* CXVIII). Hinc etiam beatus Job ait : *Sagittæ Domini in me sunt, quarum indignatio ebibit spiritum meum, et terrores Domini militant contra me* (*Job* VI). Ergo *sagittæ tuæ,* id est comminationes tuæ de pœnis æternis, *infixæ sunt mihi,* velut acutæ, quæ usque ad cordis interiora pertingunt, et ideo timore percussus, clamare compellor : *Domine, in ira tua arguas me.* Tales sagittæ cum infiguntur, non mortificant, sed vivificant : non deducunt ad inferos, sed reducunt, quia timore pœnæ cohibent manus ab actu culpæ. Vel sagittæ Domini sunt pœnæ, quæ infiguntur à Deo, unde : *Inebriabo sagittas meas sanguine, et gladius meus manducabit carnes, et sagittas complebo in eis* (*Deut.* XXXII). Hæc est sagitta salutis Domini, et sagitta salutis contra Syriam. Non sunt tales sagittæ hæreticorum, de quibus legitur : *Paraverunt sagittas suas in pharetra, ut sagittent in obscuris rectos corde* (*Psal.* X). Nec tales sunt Judæorum sagittæ, de quibus dicitur : *Sagittæ parvulorum factæ sunt plagæ eorum* (*Psal.* LXIII). Nec etiam talis sagitta diaboli, de qua scribitur : *A sagitta volante per diem, a dæmonio meridiano* (*Psal.* XC). Sagittæ quoque Domini sunt verba divina, de quibus alibi legitur : *Sagittæ tuæ acutæ potentissime* (*Psal.* XLIV). Item : *Sagittæ tuæ pertransierunt, vox tonitrui tui in rota* (*Psal.* LXXVI). Et iterum : *Emitte sagittas tuas, et conturbabis eos* (*Psal.* CXLIII). Illas sagittas Christus et sancti ejus emittunt, qui etiam sagittæ vocantur, unde : *Posuit me quasi sagittam electam* (*Isai.* XLIX). Et : *Sicut sagittæ in manu potentis, ita filii excussorum* (*Psal.* CXXVI). Sagittæ igitur tuæ, id est pœnæ a te inflictæ, *infixæ sunt mihi, et etiam confirmasti super me manum tuam.*

Septem modis ponitur manus in Scriptura sac. a. Manus divina, Filius, unde : *Tollam in cœlum manum meam;* et : *Emitte manum tuam ae alto* (*Psal.* CXLIII). Potentia, unde : *A fortitudine manus tuæ ego defeci* (*Psal.* XXXII); et : *In manu tua sunt omnes fines terræ* (*Psal.* XCIV). Gratia, unde : *Aperien-*

te te *manum tuam, omnia implebuntur ubertate* (*Psal.* CIII), et : *Aperis tu manum tuam, et imples omne animal benedictione* (*Psal.* CXLIV). Auxilium, unde : *Cum ceciderit justus, non collidetur : quia Dominus supponit manum suam* (*Psal.* XXXVI); et : *In manibus tuis tempora mea* (*Psal.* XXXIX). Protectio, unde : *Sub umbra manus suœ protexit me* (*Isa.* XLIX). Operatio, unde : *Manus tuœ, Domine, fecerunt me, et plasmaverunt me totum in circuitu* (*Job* x); et : *Opera manuum tuarum sunt cœli* (*Psal.*CIII). Sed hic manus Domini accipitur pro divina vindicta, unde : *Manum tuam longe fac a me, et formido tua non me terreat* (*Job* XV); et : *Adhuc manus ejus extenta* (*Isai.* V). Hæc firmata exstitit in Adam, qui per culpam quam commisit, incurrit pœnam quam meruit, sicut Dominus ei fuerat comminatus : *Quacumque die comederis, morte morieris* (*Gen.* II). In nobis autem confirmata est, qui contrahimus ab eo culpam, et pœnam usque ad finem vitæ, utinam non duret sine fine post finem ; ille si quidem fuit miseriarum origo, nos autem sumus miseriarum propago. Dicit itaque pœnitens : O Deus, *confirmasti*, id est graviter aggravasti, *super me manum tuam*, id est vindictam tuam in pœnis innumeris et miseriis infinitis, quæ adeo me conturbant, ut præ ingenti dolore clamare compellar : *Neque in furore tuo corripias me*. In tantum autem *confirmasti super me manum tuam*, quod

Non est sanitas in carne mea a vultu [al. *facie*] *irœ tuœ, et non est pax ossibus meis, a facie peccatorum meorum*.

Vultus Dei Patris est Filius, unde : *In lumine vultus tui ambulavimus* (*Psal.* LXXXVIII); et : *Illuminet vultum suum super nos* (*Psal.* LXVI). Cognitio, unde : *Quæsivi vultum tuum, vultum tuum, Domine, requiram* (*Psal.* XXVI). Propitiatio, unde : *De vultu tuo judicium meum procedat* (*Psal.* XVI). Indignatio, unde : *Vultus Domini super facientes mala* (*Psal* XXXIII). Ratio, unde : *Signatum est super nos lumen vultus tui, Domine* (Psal. IV). Benignitas, unde : *Vultum tuum deprecabuntur omnes divites plebis* (*Psal.* XLIV). Vultus ergo vel facies hic accipitur pro notitia, qua in vultu cognoscitur unusquisque. In vultu quoque deprehenditur ira, et plerumque in facie denotatur peccatum, secundum illud :

Heu quam difficile est crimen non prodere vultu.
(OVID.)

Caro quoque multis modis accipitur in Scripturis. Nam caro dicitur homo, unde : *Verbum caro factum est* (*Luc.* XXIV); et : *Videbit omnis caro salutare Dei* (*Luc.* III). Pars hominis, unde : *Palpate et videte, quoniam spiritus carnem et ossa non habet, sicut me videtis habere* (*Luc* XXIV). Animalis natura, unde : *Alia est caro volucrum, alia piscium, et alia jumentorum* (*I Cor.* XV); et : *Dat Deus escam omni carni* (*Psal.* CXXXV). Humana fragilitas, unde : *Non permanebit spiritus meus in homine, quia caro est* (*Gen.* VI); et : *Omnis caro fenum* (*Isa.* XL). Sensualitas, unde : *Spiritus concupiscit adversus car-* *nem, et caro adversus spiritum* (*Galat.* V). Corruptibilitas, unde : *Et si novimus Christum secundum carnem, sed nunc jam non novimus* (*II Cor.* V). Voluptuosa conversatio, unde : *Caro et sanguis regnum Dei non possidebunt* (*I Cor.* XV). Legalis observantia, unde : *Qui volunt vobis placere in carne, hi cogunt vos circumcidi* (*Galat.* VI). Terrena consideratio, unde : *Caro et sanguis non revelavit tibi* (*Matth.* XVI). Litteralis intellectus, unde : *Spiritus est qui vivificat, caro non prodest quidquam* (*Joan.* VI). Conjugale opus, unde : *Erunt duo in carne una* (*Gen.* II). Ipsa femina, unde : *Non ex sanguinibus, neque ex voluntate viri, neque ex voluntate carnis, sed ex Deo nati sunt* (*Joan.* I). Consanguinitas, unde : *Nemo unquam carnem suam odio habuit* (*Ephes.* V). Culpa unde : *Dum appropiant super me, nocentes, ut edant carnes meas* (*Psal.* XXVI) ; et pœna, unde : *Carnibus meis saturamini* (*Job* XIX). Non est, inquam, sanitas in carne, quia necessitati moriendi addicta est per peccatum : quia non satis est sanum, quod leviter potest lædi ; *a vultu irœ tuœ*, id est a consideratione indignationis tuæ, quæ timore futuri judicii non solum mentem conturbat, sed et carnem affligit. Nec solummodo carnem, quæ fragilis est, sed et ossa, quæ fortia reputantur; quia *non est pax ossibus meis*, id est viribus mentis meæ. *A facie*, hoc est a recordatione peccatorum meorum, quæ ossa conturbant : quoniam *spiritus tristis exsiccat ossa* (*Prov.* XVII). *Quis enim restitit ei, et pacem habuit?* (*Job* IX.) *Non est impiis* gaudere, dicit Dominus (*Isai.* XLVIII); quia *per quæ peccat homo, per hæc et torquetur* (*Sup.* II). Justus autem confidit ut leo (*Prov.* XXVIII), de quo legitur : *Leo fortissimus bestiarum, ad nullius pavebit occursum* (*Prov.* XXX). Sed et justus quidquid occurrerit semper imperturbatus existit, quia nec adversis deprimitur, nec prosperis elevatur. Lætus vigilat, dormit quietus, sedet pacificus, insedit securus ; quoniam qui timet Deum, omnia timent eum. Magnam in præsenti justitiæ suæ mercedem adeptus, in futuro maximam adepturus. Est autem pax peccatorum, pax justorum, et pax beatorum. De prima : *Non veni mittere pacem, sed gladium* (*Matth.* X) ; et : *Zelavi in peccatoribus pacem peccatorum videns* (*Psal.* LXXII). De secunda : *Pacem meam do vobis, pacem meam relinquo vobis* (*Joan.* XIV) ; et : *Pax multa diligentibus nomen tuum* (*Psal.* CXVIII). De tertia : *In pace in idipsum dormiam et requiescam* (*Psal.* IV); et : *Pax Dei quæ exsuperat omnem sensum, custodiat corda vestra et intelligentias vestras* (*Phil.* IV). Et præterea pax communis bonis et malis, de qua legitur : *Bonus sermo Domini sit mihi pax, et veritas in diebus nostris*. Ipse quoque Christus dicitur pax nostra, qui fecit utraque unum, in uno novo homine faciens pacem, pacem his, qui prope, et pacem his qui longe (*Ephes.* II). Porro quidam nec a peccato habent pacem, nec cum peccato, et hi sunt optimi ; e contra, quidam habent cum peccato pacem, et non a peccato, et hi sunt mali. Quidam autem habent pacem et cum peccato et a peccato, et hi sunt pessimi. Qui enim sic dati sunt *in reprobum sensum* (*Rom.* I), et venundati *sub peccato* (*Rom.* VII), ut ultro se peccato ingerant, et de peccato non curent. Illi profecto et cum peccato pacem habent, in quo suaviter delectantur, et a peccato pacem habent, super quo minime remordentur, de qualibus scriptum est : *Lætantur cum male fecerint, et exsultant in rebus pessimis* (*Prov.* II) : quoniam impius *cum in profundum malorum venerit contemnit* (*Prov.* XVIII). Sicut enim, secundum Apostolum : *Hi qui ea quæ legis sunt, naturaliter faciunt, ipsi sunt sibi lex* (*Rom.* II) : sic illi qui ea quæ peccati sunt, faciunt libere, ipsi sunt sibi peccatum, id est peccati causa, ut jam eis quodlibet hoc liceat, non autem libeat hoc quod licet. In profundum iniquitatis demersi et absorpti penitus a peccato, non cogitantes de pœna, nec curantes de culpa, effecti sunt *sicut equus et mulus, quibus non est intellectus* (*Psal.* XXXI), post suas concupiscentias abeuntes. Qui si quandoque flagellentur, ut convertantur, vulnera non sentiunt, et verbera non attendunt, quemadmodum scriptum est : *Verberaverunt me, et non dolui : traxerunt me, et non sensi* (*Prov.* XXIII). Et hoc maxime fit, cum laudatur peccator in desideriis animæ suæ, et qui iniqua gerit, benedicitur. Tales pepigerunt fœdus cum morte, vel ex perfidia non credentes, vel ex malitia desperantes, quasi quatriduanus mortuus in monumento fetentes (*Joan.* II). Qui vero peccatum operantur, et delectantur in eo, sed tamen remordentur et impugnantur ab illo, ipsi quidem cum peccato pacem habent sed non a peccato : quia delectantur in culpa, sed a conscientia remordentur. Tales impugnantur, sed non repugnant : quia motus sentiunt et consentiunt, *abstracti a concupiscentia et illecti* (*Jacob.* I). Parvulos non allidunt ad petram (*Psal.* CXXXVI), sed eos in desiderio suo fovent, jacentes et dormientes in voluptate et fœditate peccati, veluti jumenta quæ in stercore suo computrescunt, quibus redolet fetor, et amaritudo dulcescit. E contra : Quidam tentationes sustinent et resistunt, impugnationibus repugnantes, et hi nec cum peccato pacem habent, nec a peccato ; quia cum illo luctantur, ne peccatum in suo mortali corpore dominetur. Gravis quidem est lucta, sed utilis pugna ; quoniam etsi pœnam habet, habebit et coronam · et quanto difficilior est conflictus, tanto gloriosior est triumphus. Qui vero tentationes vicerunt, ut non solum tentationibus non consentiant, sed jam etiam tentationes non sentiant, nisi forte levissimas, quæ pacem animi non perturbant, hi profecto pacem habent a peccato, sed non cum peccato, ut dicere valeant cum Apostolo : *Gloria nostra hæc est, testimonium conscientiæ nostræ* (*II Cor.* I) : cum illi veraciter peccatores possint de pace in Domino gloriari, quos et criminalis culpa non mordet, et cauteriata conscientia non remordet, quoniam etsi gravia forte peccata commiserunt, illa tamen omnino per condignos fructus pœnitentiæ diluerunt. Cum ergo jam ipse spiritus testimonium perhibet spiritibus eorum, quod ipsi filii Dei sint, tunc a peccato pacem habent, et non cum peccato, effecti pacifici veri, qui filii Dei vocabuntur (*Rom.* VI) : pavidi quidem pro suis, sed pro aliis securi. Patet ergo, quod non habere pacem cum peccato semper est bonum, et habere pacem cum peccato semper est malum. Habere vero pacem a peccato interdum est bonum, interdum est malum. Noli ergo cum peccato pacem habere, noli contrahere amicitiam cum serpente, ne suadendo inficiat, et occidat te veneno. Lethalius est enim venenum peccati, quam venenum serpentis. Nam illud interficit corpus, istud vero interimit animam, sine qua corpus non vivit. Si vero concupiscentia corporis illectus, pacem habueris aliquando cum peccato, cave saltem, ne habeas pacem ab illo : quia si cum peccato et a peccato pacem habueris, vivens inter mortuos deputaberis. Quæ vero sit causa, quare *non est sanitas in carne hominis a facie iræ Dei, neque pax ossibus a facie peccatorum,* consequenter ostendit.

Quoniam iniquitates meæ supergressæ sunt caput meum, et sicut onus grave gravatæ sunt super me.

Caput mulieris vir, et caput viri Christus, caput Christi Deus (*I Cor.* XI) ; unde : *Caput dilecti mei sicut aurum optimum* (*Cant.* V). *Ipse est caput corporis Ecclesiæ* (*Colos.* I). Caput animæ mens, unde : *Impinguasti caput meum in oleo* (*Psal.* XXII). Caput rei, principium, unde : *In capite libri scriptum est de me* (*Psal.* XXXIX). Caput provinciæ, metropolis, unde : *Caput Syriæ Damascus* (*Isa.* VII). Caput populi princeps, unde : *Constitues me in caput gentium* (*Psal.* XVII). Caput iniquorum diabolus, unde : *Percussisti caput de domo impii, denudasti fundamenta ejus usque ad collum* (*Habac.* III) ; et : *Tu confregisti capita draconum, dedisti ea in escas populis Æthiopum* (*Psal.* LXXIII). Caput mali operis, suggestio diabolica, unde : *Caput aspidis suget et occidet eum lingua viperæ* (*Job* XX) ; et : *Ipsa conteret caput tuum, et tu insidiaberis calcaneo ejus* (*Gen.* III). Caput vitiorum, superbia, unde : Si extulerit caput usque ad nubes *quasi sterquilinium in fine perdetur* (*Job* XX). Caput ergo interioris hominis, animæ, mens seu ratio intelligitur. De quo Salomon ait : *Oculi sapientis in capite ipsius,* id est fides et intellectus sunt in mente sapientis. Nam oculi corporales sunt etiam in capite viri stulti ; huic capiti quædam iniquitas superponitur, illa iniquitas quæ cum timore Dei et sine proposito pœnitendi committitur, supponitur rationi ; quia peccator in ea judicium rationis reveretur. Illa vero iniquitas, quæ sine timore Dei et sine proposito pœnitendi committitur, superponitur menti ; quia peccator in ea judicium rationis contemnit. Utraque gravat, sed ista sicut onus mediocre, illa vero sicut onus grave, quod in profundum demergit. Et hoc est quod dicit : *Iniquitates meæ,* quas ego sine timore et proposito pœnitendi commisi, *superposuerunt*, id est posuerunt se super *caput meum*. Vel secundum aliam litteram, *supergressæ sunt caput meum*, hoc est depresserunt et despexerunt rationem animæ meæ. Ideoque *gravatæ sunt super me*, non sicut onus mediocre, sed *sicut onus grave*, quod usque in profundum vitiorum demergit. Iniquitas enim secundum prophetam, super talentum plumbi sedere describitur (*Zach.* v), quia mentem quam deprimit, non sinit ad cœlum erigi, sed cogit ad inferna demergi. Vel *iniquitates meæ superposuerunt*, id est in superbia posuerunt *caput meum*, id est mentem meam in superbiam extulerunt, et ideo, quoniam *omnis qui se exaltat, humiliabitur* (*Luc.* xiv), *sicut onus grave gravatæ sunt, super me*, id est mole pœnarum me graviter depresserunt. Quasi diceret : Ego exaltavi me in spiritu superbiæ, quoniam *iniquitates meæ supergressæ sunt caput meum*, et Deus humiliavit me in pondere pœnæ, quoniam *sicut onus grave gravatæ sunt super me*.

Est onus Christi, onus mundi, onus diaboli; primum gratiæ, secundum pœnæ, tertium culpæ. De primo : *Jugum meum suave est, et onus meum leve* (*Matth.* xi); de secundo : *Onus Babylonis, quod vidit Isaias filius Amos* (*Isa.* xiii); de tertio : *Nolite portare onera in die Sabbati* (*Isa.* xvii). Licet enim scriptum sit : *Unusquisque onus suum portabit* (*Galat.* vi), monet tamen Apostolus : *Alter alterius onera portate, et sic adimplebitis legem Christi* (ibid.). Non solum autem *iniquitates supergressæ sunt caput meum*, verum etiam

Computruerunt et deterioraverunt [al. *corruptæ sunt*] *cicatrices meæ a facie insipientiæ meæ*.

Computrescere multis modis dicitur aliquid. Ratione materiæ, unde : *Lumbare computruit*, quod Jeremias abscondit in Euphrate (*Jer.* xiii). Ratione pœnæ, unde : *Philisthiim computrescebant prominentes extales* (*I Reg.* v). Ratione culpæ, unde : *Computruerunt jumenta in stercore suo* (*Joel* i) : et ratione gratiæ, unde : *Computruit jugum a facie Dei* (*Isa.* x). Cicatrix autem est locus vulneris jam sanati, sed hic ponitur continens pro contento : ut cicatrices in carne intelligantur plagæ, quæ postquam curatæ sunt, recidivant, et quidem posteriores plagæ longe sunt pejores, quam priores. Sic cicatrices in mente sunt culpæ, quæ postquam dimissæ sunt, iterantur, et sunt longe istæ graviores, quam illæ. Ait ergo : *Cicatrices meæ*, id est peccata, quæ mihi dimissa sunt per baptismum, vel pœnitentiam, *computruerunt*, id est conversa sunt in putredinem, dum iterata sunt ad reatum, qui est mentis putredo. Heu si quis viderit animam peccatricem, quam sit fœda, quam fetida et putrida : profecto leprosior est carne leprosa. *Et deterioraverunt*, id est deteriora facta sunt, per ingratitudinis vitium, *a facie insipientiæ meæ*, id est ab insipientia mea, quæ apparet quasi facies manifesta. Quænam enim manifestior est stultitia, quam ut pœnitens ad peccatum, sicut canis ad vomitum, revertatur? (*II Petr.* ii). Immundus est cibus quem canis edit, sed longe immundior est vomitus, ad quem redit; Vel *cicatrices meæ computruerunt* aliis, qui exemplo mei facinoris quasi fetore putredinis sunt corrupti, *et deterioraverunt me*, qui frequentando peccatum, deterior effectus sum, *a facie insipientiæ meæ*, id est ex culpa negligentiæ, quæ meam insipientiam manifestat; quia videlicet non sum usus viribus in baptismo receptis. Quid enim insipientius peccatore, qui et cognoscit facinus et committit, præcipitans se scienter in mortem? Certe brutum animal si videt foveam, declinat ab ea, ne labatur in illam, et si forsan alicubi difficultatem incurrit, non potest illuc sine difficultate reduci. Homo vero ab illicito semper illicitur, et in delictis jugiter delectatur. Cave igitur pœnitens iterare peccatum, ne propter ingratitudinis vitium, requiratur a te debitum jam dimissum. Ecce, inquit, *sanus factus es. jam noli peccare, ne deterius aliquid tibi contingat* (*Joan.* v). Cave quoque, ne peccatum facias in occulto, magis autem ne facias in aperto : quia peccatum secretum obest tantummodo facienti, manifestum vero et facienti obest et imitanti. Vel *cicatrices meæ*, id est peccata mea, quæ ego post pœnitentiam iteravi, *computruerunt* in me per defectum [al. effectum]: quia computrescere me fecerunt, hoc est, in sordibus vitiorum marcescere, quasi *jumenta* insipientia, quæ teste propheta, *computruerunt in stercore suo* (*Joel* i), et tanquam illi quorum computrescebant prominentes extales (*I Reg.* v), et sic *deterioraverunt a facie insipientiæ meæ*, id est propter insipientiam meam deteriorem me fecerunt. Duabus ex causis solent cicatrices computrescere, vel quia non perfecte curantur vulnera, vel quia nociva non plene vitantur. Ille namque vulnera peccatorum perfecte non curat, qui succidit actus, sed non interficit cogitatus; quia de refricatione cogitationis facile reditur ad consuetudinem actionis. Ille quoque nociva vitiorum plene non vitat, qui peccandi occasiones studiose non fugit. Fuge ergo personam suspectam, locum idoneum, tempus aptum, et quidquid est opportunum ad faciendum peccatum; quia sicut est difficile in igne esse et non ardere, ita difficile est habere opportunitatem peccandi et non peccare. Sequitur :

Miseriis afflictus [al. *miser factus sum*] *et turbatus sum usque in finem, tota die contristatus ingrediebar*.

Quis potest omnes hominis miserias enarrare, cum tota hominis vita sit miseria? Homo namque *natus de muliere, brevi vivens tempore, repletur multis miseriis* (*Job* xiv). Brevis est vita, sed multæ sunt miseriæ, quibus repletus asseritur, ut nihil in eo vacuum a miseria relinquatur. In tribus tamen vocabulis tres species miseriarum designat, videlicet timores, dolores et labores, ad quas omnes miseriæ referuntur. Quasi diceret : *Afflictus* sum præ labore, et *turbatus sum* præ timore, *contristatus* sum præ dolore : suntque miseriæ meæ longæ, quia *turbatus sum usque in finem* : sunt assiduæ, quia *tota die contristatus ingrediebar* ; sunt spirituales, quia *anima mea completa est illusionibus* : et sunt corporales, quoniam *non est sanitas in carne mea*.

Finis, Christus, unde : *Christus est finis legis ad justitiam omni credenti* (*Rom.* x), qui de se dicit : *Ego sum α et ω, principium et finis* (*Apoc.* 1), et de quo scribitur : *In finem psalmus David*. Charitas, unde : *Finis præcepti charitas, de corde puro et conscientia bona, et fide non ficta* (*I Tim.* 1); et : *Omnis consummationis vidi finem, latum mandatum tuum nimis* (*Psal.* cxviii). Adimpletio, unde : *Ea quæ de me scripta sunt, finem habent* (*Luc.* xxii). Extremitas, unde : *In tempore finis complebitur visio* (*Dan.* viii). Finis, beatitudo, unde : *Novissime destruetur mors, deinde finis* (*I Cor.* xv). Perseveratio, unde : *Cum dilexisset suos, usque in finem dilexit eos* (*Joan.* xi). Nam *qui perseveraverit usque in finem, hic salvus erit* (*Matth.* x). Finis, terminus, unde : *Notum fac mihi, Domine, finem meum, et numerum dierum meorum* (*Psal.* xxxviii). Finis, consummatio, unde : *Finis venit, venit finis super quatuor plagas terræ* (*Ezech.* vii). Finis, damnatio, unde : *Laborabit in æternum, et vivet adhuc in finem* (*Psal.* xlviii). Et : *Finis illorum mors est* (*Phil.* iii). Ergo *turbatus sum usque in finem*, id est usque ad vitæ terminum (de futuro tanquam de præterito loquens) quia certus sum, quod ante mortem miseriæ minime finientur. Propter quod clamabat Apostolus dicens : *Infelix ego homo, quis me liberabit de corpore mortis hujus?* (*Rom.* vii.) *Occupatio magna creata est omnibus hominibus, et jugum grave super omnes filios Adam, a die exitus de ventre matris eorum, usque in diem sepulturæ in matrem omnium* (*Eccli.* xl). Utinam in morte terminus miseriarum existat, ne post mortem cumulus miseriarum accrescat! quia post mortem incomparabiliter majores erunt miseriæ in inferno, quam sunt ante mortem in mundo : quoniam ibi erit *vermis qui non morietur, et ignis qui non exstinguetur* (*Isa.* lxvi). Ibi *quærent homines mortem, et non invenient, optabunt mori, et fugiet mors ab eis* (*Apoc.* ix). Et ideo : *tota die contristatus ingrediebar* intra cubiculum cordis, ut in occulto tristis et mœrens pro dilatione Sabbati, quo cupiebam effundere animam meam Domino; juxta quod ipse dicit : *Cum oraveris, intra in cubiculum tuum, et clauso ostio, ora Patrem tuum* (*Matth.* vi). Nec semel hoc egi, sed sæpe : nec perfunctorie, sed assidue : quia *tota die contristatus ingrediebar*, donec egrediebar tandem ex hac vita, et ad illam perveniam, ubi erit in vero Sabbato requies sine fine. Notent hoc illi, qui putant sufficere simul et semel de peccato dolere, statim post gemitum recurrentes ad gaudium, et post fletum ad risum, cum e contrario pœnitere sit pœnam tenere. Ideo vero *tota die contristatus ingrediebar*.

Quoniam anima mea repleta est illusionibus, et non est sanitas in carne mea.

Innumerabiles sunt illusiones, quas homo patitur in hac vita, dum pravis persuasionibus circumventus credit falsa pro veris, agit mala pro bonis, et dimittit cœlestia pro terrenis, dum pro caducis, vanis et frivolis a divina servitute transfertur, a pia intentione retrahitur, a sancto proposito revocatur, et tunc incipiunt illudere ei dicentes : *Hic homo cœpit ædificare, et non potuit consummare* (*Luc.* xiv). Alludit mundus, eludit caro, et illudit diabolus. Mundus alludit per blanditias sæculares, caro eludit per suaves illecebras, diabolus illudit per spirituales fallacias. Isti enim sunt tres fallaces sophistæ, qui miseram animam suis versutiis circumvenerunt, et seducunt. Proponit mundus, assumit caro, concludit diabolus. Mundus proponit sæcularia blandimenta, caro assumit illicita desideria, diabolus concludit sempiterna tormenta. Sic alluditur animæ ut elidatur, sic eluditur ut illudatur. Turpis illusio, quando diabolus ab illusione cessando, magis illudit, juxta quod legitur : *Deridebant Sabbata ejus* (*Thren.* 1). Tunc enim dæmones Sabbata cujuscunque derident, cum ad tempus ab illorum tentatione desistunt, ut quando incaute cognoverint a peccato quiescere, turpius illum ad peccandum reducant, et sic qui se sabbatizasse crediderat, a dæmonibus deridetur. Propterea idem vir timoratus et justus alibi orat, et ait : *Deus meus, in te confido, non erubescam, neque irrideant me inimici mei* (*Psal.* xiv). *Etenim universi qui te exspectant non confundentur*. Multis ergo modis illuditur animæ, persertim in obscenis affectibus et cogitationibus importunis, quibus improbe irruentibus, vix anima orare permittitur, et raro sinitur contemplari, dum corporum imagines occurrunt, quæ de hoc in illud, et de uno in aliud mentem rapiunt et transducunt. Scriptum est enim : *Muscæ morientes perdunt suavitatem unguenti* (*Eccle.* x); quia improbæ cogitationes tollunt devotionem orationis.

Quid dicam de illusionibus illis, per quas angelus Satanæ transfigurat se in angelum lucis (*I Cor.* xi), et vitia simulando virtutes, impietatem ingerit, sub specie pietatis. Certe non potest exprimi, quanta sit multitudo et magnitudo illusionum, quas anima patitur in hoc mundo. Unde pœnitens ait : *Anima mea, completa est illusionibus*. Ecce non respersam, sed completam esse illusionibus animam asserit, ut multitudinem et magnitudinem illusionum ostendat. A quibus etiam *sanitas non est in carne mea*, quæ suis illusionibus inquinatur, maxime cum insomniis nocturnas pollutiones incurrit. Nec istam illusionibus speciem reputes esse levem, quoniam ex falsa causa verus procedit effectus, quoniam etsi falsa sit in somno imaginatio, vera tamen pollutio est in carne. Unde præcipitur in Levitico, ut homo qui pollutus nocturno sit somno, egrediatur extra castra, et non revertatur, priusquam ad vesperam lavetur aqua, et post solis occasum regrediatur in castra (*Lev.* xv). *Omne peccatum, quod facit homo, extra corpus est, qui vero fornicatur, in corpus suum peccat* (*I Cor.* vi). Unde secundum aliam litteram dicitur : *Lumbi mei impleti sunt illusionibus, vel ignominia.* Nam in lumbis est incentivum libidinis, secundum illud : *Virtus ejus in lumbis ejus, et fortitudo ejus in umbilico ventris ejus* (*Job* xiv); unde praecipitur : *Sint lumbi vestri praecincti* (*Luc.* xii). Grandis enim est illusio, et gravis ignominia in voluptate libidinis : quia praecedunt illam ardor et petulantia, comitantur fetor et immunditia, sequuntur dolor et poenitentia. Sequitur :

Incurvatus sum et humiliatus usquequaque [al. afflictus sum et humiliatus sum nimis], rugiebam a gemitu cordis mei.

In prima parte, prius commemoravit poenas inflictas a Deo, ac deinde poenas illatas a se, de illis praemittens : *Sagittae tuae infixae sunt mihi, et confirmasti super me manum tuam*, et de istis subjungens : *Iniquitates meae supergressae sunt caput meum, et sicut onus grave gravatae sunt super me*. In hac vero secunda parte, prius commemorat poenas inflictas a se, ac deinde poenas illatas ab aliis. De illis enim dicit : *Incurvatus sum et humiliatus usquequaque, rugiebam a gemitu cordis mei. Cor meum conturbatum est in me, deseruit me fortitudo mea, et lumen oculorum meorum non est mecum*. De istis addit : *Amici mei et proximi mei adversum me appropinquaverunt et steterunt, et proximi mei a longe steterunt. Vim faciebant qui quaerebant animam meam, et qui inquirebant mala mihi, locuti sunt vanitates, et dolos tota die meditabantur.* Ostendens quantum ex utrisque profecerit. Nam ex illis profecit ad desiderium patriae; unde supponit et dicit : *Ego autem velut surdus non audiebam, et sicut mutus non aperiens os suum. Et factus sum sicut homo non audiens, et non habens in ore suo increpationes.*

Agens ergo de poenis quas patitur, a seipso fatetur se sustinere incurvationem corporis, et humiliationem mentis; unde : *Incurvatus sum et humiliatus usquequaque*. Rugitum oris et gemitum cordis, unde : *Rugiebam a gemitu cordis mei*. Taedium vivendi et desiderium moriendi, unde : *Ante te omne desiderium meum, et gemitus meus à te non est absconditus*. Statimque superiorum causas assignat. *Cor meum*, inquiens, *conturbatum est in me, deseruit me fortitudo mea, et lumen oculorum meorum non est mecum*. Ac si diceret manifestius : Dixi quod *rugiebam a gemitu cordis mei;* nec mirum ; quia *cor meum conturbatum est in me*. Dixi quod *incurvatus sum et humiliatus usquequaque*. Nec mirum : quia *deseruit me fortitudo mea*. Dixi quod *ante te est omne desiderium meum*. Nec mirum, quia *lumen oculorum meorum non est mecum*. Et ideo quia tu, qui *lumen oculorum meorum es*, mecum non es, desidero esse ante te, ut ego sim tecum, et non hoc ficte, sed vere ; quia *gemitus meus a te non est absconditus*. Saepe quidem vexatio tribuit intellectum, quia nonnunquam flagella castigant quem beneficia non emendant; quapropter ait : *incurvatus sum et humiliatus usquequaque*, id est ex utriusque hominis parte, videlicet exterioris, quantum ad incurvationem corporis, et interioris, quantum ad humiliationem mentis. Quare a gemitu cordis ingemiscentis interius de multitudine, magnitudine, ac turpitudine peccatorum, *rugiebam* exterius lugubri, querulo et confuso clamore, more leonis rugientis ad escam : quia famem patiens boni operis, *rugiebam* desiderio cibi coelestis, ad Sabbatum aeternitatis tota mente suspirans.

Caeterum possent haec ad poenitentiae virtutem referri, ut dicat poenitens : *Incurvatus sum* corpore, *et sum humiliatus* mente, in oratione ac confessione prostratus : nec humiliatus simpliciter, sed etiam *usquequaque*, omnes omnino circumstantias exprimendo, ut qui committendo peccatum, superbam contra Deum cervicem erexi, confitendo peccatum, pronam ante Deum mentem inclinem. Insuper *rugiebam a gemitu cordis mei*, altis clamoribus ejulans, et profundis suspiriis ingemiscens ; quoniam *ante te est omne desiderium meum*, quia non una pars desiderii mei est ante te, altera post te, ut unum peccatorum meorum exprimam confitendo, et aliud supprimam occultando, unum accusando condemnem, et aliud excusando defendam; sed *omne desiderium meum est ante te*, quia cum ultimo desiderio totam conscientiam meam coram te pando. Quod inde conjicis evidenter, quia *gemitus meus a te non est absconditus*, cujus oculis omnia nuda sunt et aperta.

Incurvatio in Scripturis in bono accipitur, et in malo. Est enim incurvatio contractionis, unde : *Eliseus incurvavit se super puerum et revixit* (*IV Reg.* iv); adorationis, unde : *Fratres Joseph incurvati adoraverunt eum* (*Gen.* xlii) ; humiliationis, unde : *Incurvabitur* sublimitas hominum *et humiliabitur* altitudo virorum (*Isa.* v); subjectionis, unde : *Incurventur ante te filii matris tuae* (*Gen.* xxvii); item, incurvatio cupiditatis, unde : *Incurvare ut transeamus* (*Isa.* li); iniquitatis, unde : *Laqueum paraverunt pedibus meis, et incurvaverunt animam meam* (*Psal.* lvi); obscenitatis, unde : *Scortum alterius sit uxor tua, et super eam incurventur alii* (*Job* xxxi); et anxietatis, unde : *Uxor Phinees incurvavit se et peperit, irruerunt enim in eam dolores subiti* (*I Reg.* iv).

Domine, ante te omne desiderium meum, et gemitus meus a te non est absconditus.

Ecce utrumque habet irriguum superius, id est desiderium mentis pro bonis patriae, ac inferius, id est gemitum cordis, pro malis mundi. Ac si diceret manifestius : *Vidi cuncta quae sub sole fiant, et ecce universa vanitas et afflictio spiritus* (*Eccle.* i) : quare jam nihil desidero in hoc mundo, sed *ante te est omne desiderium meum*, ut videlicet coram te consistam in patria, ubi est vera quies, plena securitas, summa dulcedo, perfecta laetitia et felicitas sempiterna : ubi in summo bono quidquid boni quæritur, invenitur. Et ideo *gemitus meus*, de innumeris miseriis hujus vitæ, quæ tota est militia super terram, *a te non est absconditus*: non solum quia tibi cognitus est, qui omnia conspicis et nihil ignoras, verum etiam quia est tibi placitus, qui quodam speciali modo diceris nescire, quæ reprobas, et scire quæ approbas, unde : *Non novi vos* (*Matth.* xxv); et : *Novit Dominus qui sunt ejus.* Illa quippe abscunduntur a Deo, quæ divino indigna sunt aspectu, unde Adam et uxor ejus *absconderunt se a facie Domini post peccatum* (*Gen.* III) : quia *qui male agit*, sine dubio *odit lucem* (*Joan.* III). Et ideo

Cor meum conturbatum est in me, deseruit me fortitudo mea [al. *et derelinquit me virtus*], *et lumen oculorum meorum* [al. *ipsum*] *non est mecum.*

Ostendit se incurrisse anxietatem cordis, unde ait : *Cor meum conturbatum est in me*, propter acerbitatem doloris, et debilitatem corporis; unde subdit : *Deseruit me fortitudo mea*, propter tenuitatem jejuniorum et obscuritatem luminis, unde : *Lumen oculorum meorum non est mecum*, propter affluentiam lacrymarum ; et ita jam dignos fructus pœnitentiæ facit (*Matth.* III). Quandoque cor hominis conturbatur in se, quando scilicet per compunctionis dolorem spiritus tristatur et affligitur pro seipso, secundum illud : *Recogitabo tibi omnes annos meos in amaritudine animæ meæ* (*Isa.* XXXVIII). Quandoque conturbatur in alio, quando scilicet per spiritum compassionis affligitur pro alio et tristatur, secundum illud : *Quis infirmatur, et ego non infirmor ? Quis scandalizatur, et ego non uror ?* (*II Cor.* XI.) Ait ergo : *Cor meum conturbatum est in me;* quia in meipso est, unde doleam de meipso, quia *deseruit me fortitudo mea.* Scriptum est enim, quia justi fortitudinem suam mutant, dum corporalem deponunt et spiritualem assumunt, propter quod dicit Apostolus : *Cum infirmor, tum potens sum* (*II Cor.* XII). *Et lumen oculorum meorum non est mecum*, quin potius contra me : quia *mors ingressa est per fenestras* (*Jer.* IX); et : *Oculus animam deprædatur* (*Thren.* III). Unde ipsi oculi jam compuncti a Deo lacrymis effluunt, ut eorum *lumen* quasi deficiens *non sit mecum.*

Amici mei et proximi mei adversum me appropinquaverunt et steterunt, et proximi mei [al. *qui juxta me erant*] *a longe steterunt.*

Hactenus prosecutus est pœnitens pœnas, quas patitur intus, a Deo videlicet et a se, amodo prosequitur pœnas, quas patitur foris, ab amicis et inimicis. De pœnis enim a Deo inflictis prædixerat : *Sagittæ tuæ infixæ sunt mihi et confirmasti super me manum tuam;* de pœnis a se illatis adjunxit : *Iniquitates meæ supergressæ sunt caput meum, et sicut onus grave gravatæ sunt super me;* nunc vero dicit de pœnis, quas patitur ab amicis : *Amici mei et proximi mei a longe steterunt.* De pœnis quas patitur ab inimicis subjungit : *Inimici mei vivunt et confortati sunt super me, et multiplicati sunt qui oderunt me inique.*

Sane cum peccator per pœnitentiam se convertit ad Deum, graviores tentationes incurrit, juxta quod legitur : *Fili, cum accesseris ad servitutem Dei, præpara animam tuam ad tentationem* (*Eccli.* II). Unde cum ad pœnitentiam se convertit, ecce, instigante diabolo, *amici proximi*, et vicini contra ipsum insurgunt, propter quod dicit : *Amici mei et proximi mei appropinquaverunt*, non utique propter me, ut conferant mihi solatium, sed *adversum me*, ut inferant nocumentum. Nec perfunctorie, sed instanter : quia non solum approximarunt, sed *et steterunt adversum me*, videlicet ut mihi adversentur. *Et qui juxta me erant*, id est vicini mei *a longe steterunt*, omne mihi consilium et auxilium salutis denegantes. Illi *appropiaverunt*, ut inferrent dispendium, isti *elongaverunt*, ne conferrent solatium, ut sic malis totus essem expositus, et ne bonis aliquatenus essem adjutus.

Et vim faciebant, qui quærebant animam meam : et qui inquirebant mala mihi, locuti sunt vanitates, et dolos tota die meditabantur.

Agendo de pœnis quas se ab aliis sustinere fatetur, ostendit separatim non ab hostibus, sed ab amicis ; non ab alienigenis, sed cognatis; non ab extraneis, sed vicinis; quia indignus et indignatus, tam ab his quam ab aliis persecutio toleratur. *Et hi me*, inquit, multipliciter persequuntur, videlicet opere, violenter, et odiose, quia *vim faciebant qui quærebant animam meam.* Ore, malignanter et studiose ; quia qui inquirunt *mala mihi*, *locuti sunt vanitates.* Et corde, incessanter atque dolose, quia *dolos tota die meditabantur.* Heu ! quod hodie reputantur amici, qui censendi sunt potius inimici, diligentes corpus, sed animam odientes. Tales sunt isti, qui hunc ad Deum converti cernentes, violenter impedire nituntur, animam non ad salvandum, sed ad perdendum quærentes, cum eum a via Dei retrahere moliantur, et bona temporalia inquirentes, spiritualia mala procurant, loquentes vanitatem in dolo, dum ei vana suggerunt et iniqua.

Ego autem velut surdus non audiebam, et velut mutus qui non aperuit [al. *non aperiens*] *os suum.*

Est surditas bona, et surditas mala. Bona surditas est claudere aurem pravis consiliis et malignis suggestionibus, unde : *Quis fecit os hominis, aut fabricatus est mutum et surdum, videntem et cæcum? nonne ego ? Exod.* IV. *Ite, renuntiate Joanni : Surdi audiunt* (*Matth.* II). Nam illi obediunt Deo, qui sunt surdi diabolo. Mala surditas est claudere aurem sanis consiliis, et præceptis divinis, unde : *Surde et mute spiritus, exi ab eo* (*Marc.* IX). Et : *Sicut aspidis surdæ et obturantis aures suas, quæ non exaudiet vocem incantantium et venefici incantantis sapienter* (*Psal.* LVII). Obmutescit autem quis aliquando ex cautela; unde : *Obmutui et humiliatus sum, et silui a bonis* (*Psal.* XXXVIII). Aliquando ex patientia ; unde : *Quasi agnus coram tondente se obmutescet*

(*Isa.* LIII). Econtra obmutescit quis aliquando ex timore; unde : *Canes muti, non valentes latrare* (*Isa.* LXI). Aliquando ex cauteriata conscientia; unde : *Amice, quomodo huc intrasti, non habens vestem nuptialem? At ille obmutuit* (*Matth.* XXII). Mutus autem et surdus hic accipiuntur in bono. Magnæ quippe virtutis est non reddere malum pro malo, sed quandoque majoris est non reddere maledictum pro maledicto (*I Petr.* III), cum longe facilius possit hoc reddi quam illud. Adhuc autem perfectioris est patientiæ, nec offendi, nec offendere verbo, ideoque non repetendo, sed determinando subjungit :

Et factus sum sicut homo non audiens, et non habens in ore suo increpationes [al. *redargutiones*].

Quasi diceret manifestius : Non eram in veritate surdus et mutus, sed cum audire possem et loqui, *factus sum sicut homo non audiens, et non habens in ore suo increpationes :* quia non respondebam maledictum pro maledicto (*ibid.*). De talibus increpationibus legitur : *Usque ad noctem increpuerunt me renes mei* (*Psal.* XV). Nam sunt et bonæ increpationes, de quibus dicitur : *Increpa feras silvarum* (*Psal.* LXVII); et : *Argue, obsecra, increpa* (*II Tim.* IV). Sunt et aliæ, de quibus scriptum est : *Increpet in te Deus Satan* (*Zach.* III); et : *Increpavit mare Rubrum* (*Psal.* XV). Possunt hæc intelligi etiam ex persona capitis, ut sint quasi verba Christi, non nisi mutata voce dicentis : Amici mei, non veri, sed ficti, ut hi qui tentando dicebant : *Magister, scimus quia verax es, et viam Dei in veritate doces, et non est tibi cura de aliquo. Dic ergo, licet tributum dare Cæsari, an non?* (*Matth.* XXII.) Et proximi mei, videlicet cognati secundum carnem, ut hi qui dicebant : *Transi hinc et vade in Judæam, ut discipuli tui videant opera, quæ tu facis. Neque enim fratres ejus credebant in eum* (*Joan.* VII). Hi et illi appropiaverunt adversum me, coram Pilato dicentes; *Crucifige, crucifige eum* (*Joan.* XIX : et steterunt coram Herode constanter me accusantes. Et qui juxta me erant, id est discipuli, qui mecum erant conversati, de longe steterunt, fugientes timore mortis. Nam *Petrus sequebatur a longe* (*Matth.* XXVI). *Et qui quærebant animam meam*, non ad imitandum, sed ad perdendum, *vim faciebant*, capiendo, ligando, colaphizando et conspuendo. *Et qui inquirebant mala mihi*, cum non invenirent crimina, *locuti sunt vanitates*, fingendo falsa testimonia, ut hi qui dixerunt : *Nos audivimus eum dicentem : Ego dissolvam templum hoc manu factum, et per triduum aliud non manu factum reædificabo* (*Marc.* XV), et non erat conveniens testimonium eorum. *Et tota die meditabantur dolos*, id est fallacias, ut, quando custodes pecunia corruperunt, ut dicerent: *Nobis dormientibus venerunt discipuli ejus, et furati sunt eum* (*Matth.* XXVIII). *Ego autem tanquam surdus non audiebam*, quia non respondebam, quasi nihil audirem. *Et sicut mutus, qui non aperuit os suum, ut impleretur quod scriptum est : Sicut agnus coram tondente se, sic non aperuit os suum* (*Isa.* LIII). Et ideo *factus sum sicut homo non audiens, et non habens in ore suo increpationes*. Unde cum unus ministrorum Annæ dedisset alapam Jesu dicens : *Sic respondes pontifici?* Jesus non increpando, sed rationem reddendo, respondit : *Si male locutus sum, testimonium perhibe de malo; si autem bene, quid me cædis?* (*Joan.* XVIII.)

Quoniam in te, Domine, speravi, tu exaudies me, Domine, Deus meus.

Tertia pars, in qua dicit se inter adversa sperare, quod magnum est solatium oppressorum ; quia dum sperant in tribulationibus, non deficiunt, credentes a Domino se liberari. Commendat autem pœnitens circa se spei donum, dicens : *Quoniam in te, Domine, speravi ;* orationis votum : *Quoniam tu exaudies me, Domine Deus meus ;* discretionis judicium : *Quia dixi, nequando insultent mihi inimici mei ;* patientiæ meritum, quia *dum commoverentur pedes mei, super me magna locuti sunt.* Satisfactionis propositum ; *quoniam ego in flagella paratus sum.* Contritionis affectum, *quia dolor meus ante me est semper.* Confessionis sonum, *quoniam iniquitatem meam ego pronuntio.* Et inquisitionis studium, quia *cogitabo pro peccato meo.* Verumtamen in his omnibus persecutores mihi non desunt. Vivaces et prompti, quoniam *inimici mei vivunt.* Fortes et firmi, quoniam *confortati sunt super me.* Multiplices et diversi, quoniam *multiplicati sunt.* Crudeles et impii, quoniam *oderunt me inique.* Ingrati et detractores, quoniam *qui retribuebant mihi mala pro bonis, detrahebant mihi.* Causam quoque supponit, quare tales sint erga ipsum ; quoniam subsecutus sum, inquit, justitiam. Vel, secundum aliam litteram, *quoniam sequebar bonitatem.* Nam et injusti propter justitiam, et mali propter bonitatem persequuntur bonos et justos. Sicut Cain Abel (*Gen.* IV), Ismael Isaac (*Gen.* XXI), Esau Jacob (*Gen.* XXVII), Saul Davidem, et Judaicus populus Dominum Christum. Ait ergo : *Quoniam in te, Domine, speravi, tu exaudies me, Domine Deus meus :* qui sperat, credit et diligit, quia nisi crederet, non speraret; et nisi speraret, procul dubio non diligeret. Nam spes non confunditur, id est non patitur confundi sperantem. Quemadmodum alibi dictum est : *In te, Domine, speravi, non confundar in æternum* (*Psal.* XXX). Unde credens et diligens recte sperat a Domino exaudiri. Qui vero non sperat, non petit in fide, unde nequaquam exaudiri meretur; quia Deo sine fide placere non potest (*Hebr.* II). Ait ergo, *Domine,* qui tristia mutas in læta, et adversa convertis in prospera, quia *in te speravi,* quemadmodum sperandum est, ideo dixi, non tam ore, quam corde, quod *tu me exaudies*, hoc est ad optatum exitum audies : *Domine Deus,* creator meus, redemptor et salvator meus ; qui creando tribuisti naturam, redimendo dedisti gratiam, et salvando conferes gloriam. Tunc enim eris certissime meus, cum ultra non poteris esse non meus. Dixi quidem quod *exaudies me*, nec immerito.

Quia dixi, ne aliquando insultent in me [al. *supergaudeant mihi*] *inimici mei, et dum commoventur pedes mei, in me magna locuti sunt.*

Supra non exposuerat quid petierit, nunc autem illud exponit, quia hoc *dixi*, hoc petii, *ne aliquando insultent in me inimici mei*, hoc est ne illud agam, propter quod inimici mei mihi valeant insultare. Quemadmodum alibi dictum est : *Deus meus in te confido, non erubescam, neque irrideant me inimici mei, etenim universi qui te exspectant non confundentur.*

Inter alias quippe causas, propter quas sibi justus præcavet a peccato, hæc non est minima, ne super illo exsultet et insultet injustus. Proprium est enim inimicorum, ut exsultent et insultent incommodis eorum, quos oderunt; et ideo *dixi* : *Ne insultent in me inimici mei*, quia *dum pedes*, id est actus mei *commoverentur* aliquando ex humana infirmitate, ipsi secundum pravam consuetudinem *locuti sunt contra me*, irrisores videlicet, injurias vehementes. Lætatur ergo impius, et insultat, quando justum prospicit commoveri, secundum illud : *Qui tribulant me, exsultabunt, si motus fuero (Psal.* XII). Sed econtra, pius tristatur et condolet, cum turbari cernit injustum, secundum quod dicit Apostolus : *Quis infirmatur, et ego non infirmor? quis scandalizatur, et ego non uror?* (II *Cor.* II). Nam peccata proximorum frixorium sunt justorum. Pes hominis affectus est, opus et sustentator. Quilibet duplex, dexter videlicet et sinister. De pedibus affectionis dicitur : *Lavi pedes meos, quomodo inquinabo illos?* (*Cant.* V.) Et : *Qui lotus est, non indiget, nisi ut pedes lavet*. De dextero : *Pes meus stetit in via recta, in Ecclesiis benedicam te, Domine* (*Joan.* XIII). De sinistro : *Non veniat mihi pes superbiæ, et manus peccatoris non moveat me* (*Psal.* XXV). De pedibus operationis dicitur : *Perfecit pedes meos tanquam cervorum* (*Psal.* XVII) ; et : *Pedes sanctorum suorum servabit* (*Prov.* III). De dextris : *Pedes eorum recti* (I *Isa.* LXIX). De sinistris : *Pedes eorum ad malum currunt* (*Ezech.* I). De pede sustentationis dextro B. Job ait : *Oculus fui cæco, et pes claudo* (*Job* XXIX). De pede sustentationis sinistro Veritas ait : *Si pes tuus scandalizat te, abscinde eum, et projice abs te* (*Matth.* XVIII). Potest et aliter hoc intelligi, ut etsi dixerit, *ne aliquando supergaudeant sibi inimici*, non tamen in hoc fuerit exauditus; quia *dum commoverentur*, inquit, *pedes mei, super me magna locuti sunt* (*Psal.* XXXV). Quod Deus non sine causa quandoque permittit contingere, ut videlicet justus moveatur et cadat; quia *septies in die cadit vir justus, et fortior resurgit* (*Prov.* XXIV). Resurgit enim humilior, resurgit cautior, resurgit misericordior, sicut Petrus, qui quoniam incaute et præsumptuose respondit, cum ait : *Domine, etsi oportuerit me mori tecum, non te negabo* (*Matth.* XXVI), permissus est cadere, ut suam præsumptionem, imprudentiam et infirmitatem agnosceret, et disceret in seipso, qualiter deberet aliis misereri. Unde cum post resurrectionem fuisset interrogatus a Domino : *Simon Joannis diligis me plus his?* Humiliter respondit et caute : *Domine, tu scis, quia amo te* (*Joan.* XXI). Dimittens dubium, utrum ipse plus cæteris, et certum tenens quod ipsum amaret. Quique ter Dominum ex timore negaverat, ter quoque cum ex amore confessus est, quatenus trinæ negationi trina confessio redderetur, nec minus amori quam timori lingua serviret; et sic fieret amoris officium, pascere gregem Domini, sicut fuerat timoris judicium, negare Dominum gregis. Non solum autem, quia speravi, *dixi*, *tu exaudies me*, *Domine Deus meus*, verum etiam.

Quoniam ego in flagella paratus sum, et dolor meus ante me est [al. *in conspectu meo*] *semper.*

Tria illa commemorat, quæ sunt in vera pœnitentia necessaria, videlicet dolorem compunctionis in corde, pronuntiationem confessionis in ore, et flagellum satisfactionis in opere : singula innuens suis circumstantiis. De primo siquidem dicit : *Dolor meus ante me est semper* ; de secundo ait : *Iniquitatem meam ego pronuntio* ; de tertio vero inquit : *Ego ad flagella paratus sum*. Dolor enim compunctionis non debet esse perfunctorius, sed continuus ; non levis, sed gravis, quia pœnitere est pœnam tenere; unde conjungit et ait : *Dolor meus*, emphatice, id est de quo doleo, videlicet, causa doloris semper est *coram me*, ante faciem meam, non post tergum, ut *semper* videam, unde doleam, *et paratus sum*, promptus et præsto *ad flagella* suscipienda et sustinenda pro satisfactione peccati, non solum jejunium, orationem et eleemosynam exercere, verum etiam corporalem disciplinam subire, in laboribus, vigiliis et aliis mortificationibus carnis. Novit pœnitens, quod *pater flagellat omnem filium quem diligit* (*Prov.* I), et ideo sponte se offert ad flagella suscipienda quæ si æquanimiter tolerentur, non mortificant sed vivificant; non deducunt ad inferos, sed reducunt ; corripiunt quidem, sed corrigunt, percutiunt, sic tamen quod sanent. Nec solum propter prædicta *exaudies me*, *Domine Deus meus*, verum etiam

Quoniam iniquitatem meam ego pronuntio [al. *annuntiabo*], *et cogito* [al. *cogitabo*] *pro peccato meo.*

Iniquitatem pronuntio, id est ponitive nuntio, discrete confiteor ; vel de futuro pronuntiabo, id est fideliter confitebor, et ideo *cogitabo pro peccato meo*, ut per investigationem prudentem omnem omnino inveniam iniquitatis circumstantiam, quam sine omni suppressione, sine omni excusatione, ac sine omni attenuatione valeam confiteri. In hoc loco reprehenduntur illi, qui dolentes ad horam peccata sua improvide confitentur, nolentes subire pœnitentiam nisi levem. Sed si diligenter attenderent, quod per remedium pœnitentiæ, pœnæ fit commutatio æternæ in temporalem, nihil pro tali commutatione reputarent difficile, quod possent aliquatenus sustinere. Libenter itaque pœnitens onus injunctæ sibi satisfactionis suscipiat, etiamsi difficile videatur, et incipiat illud studiose portare. Quod si forte vires ejus excedit, ad sacerdotem recurrat, qui discreto moderamine adhibito illud satagat temperare. Quia vero quod facit flagellum grauo, et fornax auro, id efficit persecutio viro justo, et adversitas homini timorato, subjungit et ait :

Inimici mei vivunt, et confortati sunt super me, et multiplicati sunt, qui oderunt me inique.

Boni semper in sæculo moriuntur, quia seipsos mortificant, juxta quod ait Apostolus : *Quotidie morior propter vestram, gloriam, fratres (I Cor.* xii). Mali vero vivunt in sæculo, quia cum desiderio prosperitate mundi fruuntur, dicentes : *Comedamus et bibamus, cras enim moriemur (I Cor.* xv); non comedentes ut vivant, sed viventes ut comedant; quos Deus vivere patitur ad probationem bonorum, et ob hoc, inquit, *confortati sunt super me,* ut me fortitudinem superent, *et multiplicati sunt* super me, ut me multitudine vincant, *qui oderunt me inique,* cum ego eos perfecte dilexerim. Unde :

Qui retribuebant mihi mala pro bonis, detrahebant mihi, quoniam subsecutus sum justitiam [al. *sequebar bonitatem*].

Quadripartita est retributio. *Quia retribuuntur bona pro bonis (Josue* vii), mala pro malis; bona pro malis, et mala pro bonis. *Retribuebant bona pro bonis* Israelitæ Raab ; mala pro malis, Samson Philisthæis *(Jud.* xvi); bona pro malis, Joseph fratribus suis : mala pro bonis *(Gen.* xlv), Judæi Christo *(Matth.* xxvii). Ad reddendum bona pro bonis tenetur quilibet, propter illud quod Dominus præcepit : *Quæcunque vultis ut faciant vobis homines, et vos eadem facite illis (Luc.* vi). Ad reddendum mala pro malis, non tenetur aliquis, nisi judex, propter illud quod in lege præcipitur : *Oculum pro oculo, dentem pro dente (Exod.* xxi). Cæteris autem dicitur : *Non reddes malum pro malo, neque maledictum pro maledicto (I Petr.* iii). Ad reddendum vero bona pro malis, quilibet saltem perfectus tenetur, propter illud quod Dominus præcipit : *Benefacite his qui oderunt vos, et orate pro persequentibus et calumniantibus vos (Matth.* v). Ad reddendum autem mala pro bonis nullus omnino tenetur. Unde cum Dominus dixisset in Psalmo : *Posuerunt adversum me mala pro bonis, et odium pro dilectione mea ;* statim subjunxit : *Constitue super eum peccatorem, et diabolus stet a dextris ejus (Psal.* cviii). Ex his quatuor differentiis surgunt quatuor aliæ negativæ, videlicet non reddere bonum pro bono, et hoc est malum ; non reddere malum pro malo, et hoc bonum est; non reddere bonum pro malo, hoc saltem perfectis est malum ; et non malum pro bonis reddere, et hoc est omnibus bonum. Deus autem in quantum est Pater, reddit et bona pro bonis et bona pro malis, juxta quod legitur . *Pater cœ-*

lestis solem suum oriri facit super bonos et malos, et pluit super justos et injustos (Matth. v). In quantum autem est judex, non solum reddit bona pro nobis, sed etiam mala pro malis ; quia *reddit unicuique juxta opera sua (Matth.* vi). Propter quod dicit : *Mea est ultio et ego retribuam (Deut.* xxxii). Lucifer autem, in quantum est Satanas, retribuit non solum mala pro malis, verum etiam mala pro bonis; quoniam odium pro dilectione sua retribuit Creatori, quemadmodum de ipso legitur et membris ejus : *Superbia eorum qui te oderunt, ascendit semper ad te* (Psal. lxxiii). Cæterum et bona et mala, quædam sunt temporalia, et quædam perpetua, quæ se ita habent, quod pro bonis temporalibus, et temporalia et perpetua bona reddantur, secundum illud : *Qui dimiserit patrem aut matrem, domum aut agrum propter me, centuplum accipiet et vitam æternam possidebit (Matth.* xix). Similiter et pro malis temporalibus et temporalia mala et perpetua redduntur, quoniam peccatores induuntur, sicut diploide, confusione sua (Psal. xxxiv, cviii). De temporalibus dictum est : *Oculum pro oculo, dentem pro dente (Exod.* xxviii). De perpetuis vero dicetur : *Esurivi, et non dedistis mihi manducare ; sitivi et non dedistis mihi bibere;* propterea, *ite, maledicti, in ignem æternum, qui præparatus est diabolo et angelis ejus (Matth.* xxv). Item pro bonis perpetuis, et perpetua et temporalia bona redduntur. Nam quia Deus electos glorificabit perpetuo, et electi Dominum perpetuo glorificabunt, juxta quod legitur : *Beati qui habitant in domo tua, Domine, in sæcula sæculorum laudabunt te (Psal.* lxxxiii). De temporalibus vero legitur, quod operarii pro denario laborant in vinea, dando temporalia pro æternis; sicut et is, de quo legitur, quod inventa una pretiosa margarita, dedit omnia sua, et comparavit eam *(Matth.* xiii). Similiter pro malis perpetuis, et temporalia et perpetua mala redduntur. Nam quia Dominus reprobos damnabit perpetuo, et ipsi eum perpetuo odibunt, quemadmodum dictum est : *Superbia eorum qui te oderunt, ascendit semper* (Psal. lxxiii). Illinc quoque legitur : *Vermis eorum non morietur, et ignis eorum non exstinguetur (Isa.* lxvi), odio et supplicio sese comitantibus in inferno. Pro perpetuis quoque suppliciis obstinati Deum in præsenti blasphemabunt; quoniam si, juxta quod legitur, *blasphemaverunt homines Deum propter plagam grandinis, quia magna facta est vehementer (Apoc.* xvi), longe fortius ipsum blasphemabunt, cum audient pœnam gehennalem sibi ab ipso Domino perpetuo infligendam, ut sic qualem possunt vicissitudinem ei reddant. Pro malis quoque temporalibus, et temporalia et perpetua bona redduntur. Nam Christus crucifixoribus suis, pro quibus oravit, dicendo : *Pater ignosce illis, quia nesciunt quid faciunt('Luc.* xxiii), et gratiam tribuit in præsenti et gloriam in futuro. Pro temporalibus autem bonis, quibus homines abutuntur saltem per occasionem, etsi non forte per causam, non solum temporalia mala, verum etiam perpetua rependentur. Nam hujusmodi bona culpam mortalem, et pœnam aggravant gehennalem. Propter quod Dominus ait : *Væ vobis legisperitis, qui tulistis clavem scientiæ, ipsi non introistis, et eos qui introibant, prohibuistis* (*Luc.* xi). Quasi diceret : Ex hoc vobis erit væ, id est æterna damnatio, quod clavem scientiæ, quæ per se bona est, vos male tulistis. Hæc autem magis disserendo, quam asserendo sunt dicta. Unde, quia materia satis est disputabilis, auctoritas non præjudicet rationi. Quomodo enim odibunt et blasphemabunt homines Deum in futuro, si quemadmodum scriptum est, dicent intra se pœnitentiam agentes, et præ angustia spiritus gementes : *Erravimus a via veritatis, et justitiæ lumen non luxit nobis? Lassati sumus in via iniquitatis et perditionis, et ambulavimus vias difficiles, viam autem Domini ignoravimus. Quid profuit nobis superbia, aut divitiarum jactantia quid contulit nobis? Transierunt illa tanquam umbra, et tanquam nuntius præcurrens : et tanquam navis quæ pertransit fluctuantem aquam : cujus, cum præterierit, non est vestigium invenire, neque semitam carinæ illius in fluctibus : aut avis quæ transvolat in aere, cujus nullum invenitur argumentum itineris illius, sed tantum sonitus alarum verberans levem ventum : et scindens per vim itineris aerem, commotis alis transvolavit, et post hoc nullum signum invenitur itineris illius,* etc., *nos autem in malignitate nostra consumpti sumus* (*Sap.* v). Si ergo de odio et de blasphemia pœnitebunt, sicut de jactantia et malignitate pœnitere dicuntur, quomodo tunc odibunt et blasphemabunt Altissimum? Sed propter acerbitatem pœnæ pœnitebunt de malo præterito, quo tantam pœnam incurrere meruerunt. Non tamen pœnitebunt de solo tunc malo præsenti, quo vehementius Deum propter acerbitatem pœnæ odibunt, cum ab eo nullum remedium exspectent. Quod autem pro malis temporalibus Deus perpetua mala retribuit, non est ei ad injustitiam deputandum; quoniam etsi temporalia sunt, quantum ad actum qui transit, perpetua sunt tamen, quantum ad reatum qui remanet, et quantum ad odium quod perdurat. Et ideo Deus juste punit reprobos in perpetuum, quia perpetuos eos invenit inimicos, quos et ipse juste in suo punire decrevit æterno, dum eum injuste offendere præsumpserunt. Licet autem omnes *detractores* sint *odibiles Deo* (*Rom.* i), illi tamen, qui propterea cuiquam detrahunt, quod subsecutus est justitiam, et sequitur bonitatem, Spiritus sancti gratiam videntur in eo persequi, et sic in Spiritum sanctum quodammodo peccare. Noverunt hoc illi, qui arbitrium præferunt gratiæ, quia secundum Prophetam, non justitia sequitur hominem, sed homo justitiam : quod gratia Dei prævenit, ut bona operatio subsequatur.

Ne derelinquas me, Domine Deus meus, ne discesseris a me. Intende in adjutorium meum, Domine Deus salutis meæ.

Ultima pars, in qua pœnitens divinum implorat auxilium, ne inter tot et tantos persecutores deficiat, petens se non solum relinqui, verum etiam adjuvari. Deus enim dupliciter hominem derelinquit et discedit ab illo : quando subtrahit ei defensionem, deserendo illum ad pœnam, propter quod ait : *Ne derelinquas me, Domine Deus meus.* Et quando subtrahit ei gratiam, deserens illum in culpa, propter quod subdit : *Ne discesseris a me.* Primo modo Pater Filium dereliquit in cruce, unde clamavit : *Deus Deus meus, utquid dereliquisti me?* (*Psal.* xxi.) Sic Deus illum aliquando derelinquit, a quo ipse minime derelinquitur. Nam relictus Job ad pœnam, innocentiam non reliquit. Secundo modo derelinquit Dominus peccatorem, sicut legitur de Saule, qui timebat Davidem, eo quod Dominus esset cum eo, et a se recessisset (*I Reg.* xviii). Sic Dominus illos solummodo deserit, qui deserunt ipsum. De quibus legitur : *Dereliquerunt venam aquarum viventium Dominum* (*Jer.* xvii). Verum quosdam derelinquit Deus ad tempus, unde : *In modico dereliqui te.* Aliquos autem derelinquit in perpetuum, unde: *Zelus meus recessit a te* (*Isa.* liv). Ergo *ne derelinquas me*, qui ab omnibus derelictus, tibi soli sum relictus; ne inter persecutiones tot, et tantos persecutores deficiam, neve post indultam mihi veniam, te offendam, quoniam sicut post convalescentiam gravior est recidiva, sic et post veniam gravior est offensa. Quod si me dereliqueris ad horam, non tamen *a me discesseris* in perpetuum, sed potius *intende in adjutorium meum*, ad liberandum et protegendum me, *Domine Deus dator* et conservator *salutis meæ*, ut quem adjuveris in præsenti, salves etiam in perpetuum. Exsultativa conclusio, aliorum pœnitentialium more Psalmorum, qui semper in lætitia terminantur.

In psalmum quartum pœnitentialem elucidatio. Titulus autem hujus psalmi talis est : In finem Psalmus David, cum venit ad eum Nathan propheta, quando intravit ad Bersabee. — *Tituli ejusdem explicatio.*

Titulus iste patet ex notissima historia secundi libri Regum (*cap.* xii). Sed illud est studiose notandum, quod psalmus iste in ordine Psalmorum est quinquagesimus, et viginti continet versus. Vicenarius autem superabundans est numerus, et ex suis partibus aggregatis duos constituit denarios, qui duplicem transgressionem designant : eo quod undenarius Decalogum quidem legis transcendit, et ad duodenarium apostolicum non pertingit. David enim hunc psalmum propter duplicem transgressionem specialiter egit, adulterium videlicet et homicidium, quæ commisit. Vicenarii vero quinque aggregativæ sunt partes. Unitas quæ ad primum, et unum refertur ad originale peccatum. Binarius qui refertur ad duas species actualium peccatorum, quæ in venialia et criminalia distinguuntur. Quaternarius, qui refertur ad quatuor modos peccandi, ex fragilitate vel impotentia, simplicitate vel ignorantia, securitate vel negligentia, et malignitate vel invidentia [*al.* differentia]. Quinarius, qui refertur ad quinque corporis sensus, per quos peccatur, visum, auditum, odoratum, gustum et tactum. Denarius, qui refertur ad decem transgressiones Decalogi, quas homo, sicut prædictum est, peccando committit.

Quia vero jubileus quinquagesimus erat annus in lege (*Levit.* xxv), in quo remittebantur debita et revocabantur distracta, bene psalmus iste inter pœnitentiales præcipuus, et in medio collocatus, quinquagesimum locum obtinet inter psalmos : quia per pœnitentialem humilitatem, sive humilem pœnitentiam, de qua psalmus iste principaliter agit, et commissa remittuntur peccata, et bona restituuntur amissa. Per eum quinquagesimo die legem Scripturæ dedit Judæis (*Exod.* xx), et quinquagesimo die legem gratiæ dedit apostolis (*Act.* ii), non sicut illam in lapideis tabulis scriptam, sed in humanis cordibus digito Dei (*II Cor.* iii). Quinquagenarius autem redditur ex quadragenarii partibus aggregatis; quia per pœnitentialem satisfactionem, quam designat quadragenarius, qui satisfactionis est numerus specialis, Spiritus sancti gratia operante, plena percipitur indulgentia peccatorum. Unde psalmus iste præ cæteris in Ecclesia frequentatur, per cujus virtutem plurimi ad pœnitentiam convertuntur.

Psalmi quarti pœnitentialis, qui est in ordine Psalmorum quinquagesimus, enarratio.

Miserere mei, Deus, secundum magnam misericordiam tuam.

Dividitur autem psalmus iste in quinque partes, quæ suis locis congrue distinguuntur. In prima igitur parte pœnitens propriam culpam exaggerat, et misericordiam divinam implorat, quam petit sibi tripliciter exhiberi, ut videlicet deleatur iniquitas cordis, unde : *Dele iniquitatem meam*; ut lavetur ab injustitia oris, unde : *Lava me ab injustitia mea*; et ut mundetur a culpa operis, unde : *A peccato meo munda me*. Ergo *miserere mei, Deus*, quia potes misereri et habes unde miserearis.

Misereri si quidem potes, cum sit misericordia tua magna, unde : *Miserere mei, Deus, secundum magnam misericordiam tuam*. Et habes unde miserearis, cum tuæ miserationes sint multæ (*Psal.* cviii), unde : *Secundum multitudinem miserationum tuarum dele iniquitatem meam*. Debes etiam misereri, quoniam ego peccatum meum agnoscendo confiteor, et impugnando detestor, unde : *Iniquitatem meam ego cognosco, et peccatum meum coram me est semper*. Et scis cujus miserearis, quia te præsente pariter et vidente peccavi; unde : *Tibi peccavi, et malum coram te feci*. Quia ergo justus in principio sermonis accusator est sui, pœnitens iste justificari desiderans, exaggerat in principio culpas suas, ostendens quod sua peccata sunt magna, sunt multa, sunt fetida, sunt et fœda : nec semel tantum, sed sæpe, nec uniformiter ipse peccavit. Quasi diceret : Magna sunt, Deus, peccata mea, et ideo *miserere mei secundum magnam misericordiam tuam*. Multa sunt, Deus, peccata mea et ideo secundum *multitudinem miserationum tuarum dele iniquitatem meam*. Fetida sunt et fœda peccata mea, et ideo *lava me, et munda me*.

Nec semel tantum, sed sæpe peccavi, et ideo *amplius lava me*. Nec uniformiter tantum, sed multiformiter, et ideo munda me, non solum ab injustitia, quæ consistit in committendo, verum etiam a delicto, quod in omittendo consistit. David autem non solum adulterium et homicidium perpetravit, verum etiam et dolum et contemptum adjecit, quoniam et per ipsum Uriam, cujus uxorem cognoverat (*II Reg.* ii), litteras mortis ejus direxit, et suæ contempsit confiteri peccata, donec per Nathan prophetam exstitit redargutus. Propter hæc quatuor distincta peccata, distincte quatuor modis orat. Nam propter adulterii crimen, ait : *Miserere mei, Deus, secundum magnam misericordiam tuam*; quia magnum est adulterii flagitium, quod ego ex miseria fragilitatis humanæ commisi. Et propter homicidii crimen addit : *Et secundum multitudinem miserationum tuarum dele iniquitatem meam*; quia per meum iniquum mandatum non solum Urias, verum et multi alii inequiter sunt occisi. Rursus, propter crimen proditionis et doli subjungit : *Amplius lava me ab injustitia mea*, quoniam injustitiam exercui ampliorem, dum per virum innocentem et justum, litteras suæ mortis dolose ac proditiose transmisi. Et propter crimen negligentiæ ac contemptus concludit : *Et a delicto meo munda me* : quia valde deliqui, dum peccata mea confiteri distuli et despexi. Non ait : Miserere David, sed *Miserere mei*. Ac si diceret manifestius : Alibi nomen proprium exprimere consuevi, cum me gratiam credebam habere, dicendo : *Memento, Domine, David, et omnis mansuetudinis ejus* (*Psal.* cxxxi). Hic autem nomen proprium exprimere vereor, cum me gratiam amisisse cognoscam, ne Deus audito nefandi nomine peccatoris, magis ad vindictam, quam ad indulgentiam provocetur. Ergo : *Miserere mei, Deus, secundum magnam misericordiam tuam. Miserere mei Deus,* quia tibi proprium est misereri, cum non sit tibi aliud misereri quam esse. *Misericordia quippe tua plena est terra (Psal.* XXXII), *et miserationes tuæ super omnia opera tua (Psal.* CXLIV). Ergo *miserere mei,* agendo mecum *secundum misericordiam* [*al. non secundum vindictam, sed secundum misericordiam*], *non secundum justitiam ;* nec utcunque secundum modicam, sed omnino secundum magnam, unde : *Miserere mei secundum magnam misericordiam tuam,* quæ est immensa et infinita ; quia magna miseria magna eget misericordia ; et multa impietas, multa indiget pietate. Certe tam magna, multa et turpia sunt scelera mea, quod præ magnitudine, multitudine ac turpitudine desperarem, nisi scirem misericordiam tuam incomparabiliter, incomprehensibiliter et ineffabiliter esse magnam, et ideo de mea desperans miseria, sed de tua sperans misericordia, clamo confidenter, et dico : *Miserere mei, Deus, secundum magnam misericordiam tuam ;* quæ est profecto tam magna, quod ipsum unigenitum Deum de cœlo deposuit, et corpore induit, ut in eo pateretur et moreretur pro humana tollenda miseria, et peccatorum indulgentia conferenda. O quam delectabilis sermo, suavis locutio, dulce verbum, necessarium peccatori, utile misero, congruum pœnitenti, non semel, sed sæpe cum amaritudine cogitandum, cum dolore dicendum, cum lacrymis iterandum : *ex toto corde, ex tota mente, ex tota anima (Matth.* XXII), totis affectibus, totis visceribus, totis medullis ; cum suspiriis, cum singultibus, cum lacrymis [*al.* lamentis] : *Miserere mei, Deus, secundum magnam misericordiam tuam.* Miserere, Domine, mihi misero. Domine, misero mihi *miserere, secundum magnam misericordiam tuam.*

Et secundum multitudinem miserationum tuarum, dele iniquitatem meam.

Prudenter distinguit ad misericordiam magnitudinem et ad miserationes multitudinem referendo ; quia misericordia Dei una est in natura, sed miserationes ejus multæ sunt in effectu. Propter quod alibi ait : *Reminiscere miserationum tuarum, Domine, et misericordiæ tuæ, quæ,* videlicet miserationes, *a sæculo sunt (Psal.* XXIV). Alicubi tamen misericordiæ pro miserationibus ponuntur effective, ut ibi : *Misericordiæ Domini multæ, quia non sumus consumpti (Thren.* III). Ergo secundum *multitudinem miserationum tuarum,* id est secundum multiplices effectus misericordiæ tuæ, *dele iniquitatem meam,* quæ præ nimia multitudine quasi numerum arenæ maris excedit. Quis enim peccatorum et delictorum et negligentiarum numerum valeat comprehendere? Nullus omnino. *Dele* igitur *iniquitatem meam,* ut quemadmodum per novacula littera de pergameno deletur, ut nullum remaneat ejus vestigium, ita per tuam misericordiam culpa de meo animo deleatur, ut nullus remaneat in eo

reatus. *Dele,* quæso, *iniquitatem meam,* ne sim ex illis de quibus dicitur : *Deleantur de libro viventium, et cum justis non scribantur (Psal.* LXVIII). Itemque : *Nomina eorum de cœlesti in æternum, et in sæculum sæculi (Psal.* IX). Quia vero mitius agitur cum sponte confesso, pœnitens iste culpam suam non celat, non extenuat, sed revelat, sed exaggerat, sed condemnat dicendo :

Amplius lava me ab iniquitate mea, et a delicto [*al. peccato*] *meo munda me.*

Amplius, id est magis ac magis *lava me ab injustitia mea,* quam ego magis ac magis exercui, peccata peccatis addendo. *Quam vilis,* inquit, *facta es iterans vias tuas (Jer.* II). *Et a delicto meo munda me,* quoniam animam meam valde reddit fœdam et fetidam. Et ideo a fœditate *me lava,* et a fetore *me munda.* Porro, cum culpa non divisim per partes, sed tota simul in vera pœnitentia dimittatur, quia Deus veniam non dimidiat, qui totum hominem sanavit in Sabbato, quid est, quod pœnitens iste petit amplius lavari ab injustitia, quasi non sit in pœnitentia omnino dimissa? Sed culpa, quæ nunc recenter dimittitur, licet tota per pœnitentiam diluatur, adhuc tamen pœnitenti fetet et sordet, qui securitatem et serenitatem conscientiæ nondum habet. Et ideo petit ab hujus fetore lavari [*al. liberari*], qui jam est a reatus fœditate mundatus, ut secura de venia conscientia serenetur quamvis et a peccato quod purgatum est, quoad culpam, purgari petit amplius : quoad pœnam : quia non quoties dimittitur tota culpa, toties etiam remittitur tota pœna. Vel amplius, id est insuper *me lava* : ac si dicat : Dele iniquitatem meam, quam commisi in Deum, et insuper *lava me ab in justitia mea,* quam commisi in proximum ; et præterea *munda me ab iniquitate mea,* quam in meipsum commisi : quoniam et in Deum, et in proximum, et in meipsum peccavi. Verum et si pœnitens iste valde peccaverit, quia tamen facilius consequitur indulgentiam, qui se recognoscit, quam qui se ignorat errasse, quive graviter quam qui leviter de suo dolet peccato, et qui occulte quam qui manifeste peccavit, cum præmisisset, *amplius lava me ab iniquitate mea, et a delicto meo munda me,* ut ostendat quod ei debeat facilius indulgeri, subjungit :

Quoniam iniquitatem meam ego agnosco [*al. cognosco*] *et delictum* [*al. peccatum*] *meum coram* [*al. contra*] *me est semper.*

Asserit ergo se suam non ignorare, sed cognoscere culpam, *quoniam iniquitatem,* inquit, *meam ego cognosco* : sed dicit non leviter, sed graviter de sua culpa se dolere, quia *peccatum meum coram me est semper.* Neque se manifeste sed occulte peccasse : quia *tibi soli peccavi,* et exponens, quid sit ei soli peccasse, subjungit : *Et malum coram te feci,* videlicet te solo vidente ; unde volens David suum celare peccatum, revocavit Uriam, ut ingrederetur ad Bersabee conjugem suam, quam ipse David gravidaverat, ut sic de Uria videretur suscepisse conceptum (*Reg.* 11). Neque peccatum illud voluit confiteri, donec per Nathan prophetam de illo exstitit redargutus. Vel potius, quia quidam peccant per ignorantiam, alii per negligentiam, alii per industriam, ut ostendat hic pœnitens se graviter excessisse, removet a se primum et secundum modos peccandi, qui sunt leviores, et attribuit sibi tertium, qui est gravior, ita dicens : *Tibi soli peccavi* : non quidem per ignorantiam, *quoniam iniquitatem meam ego agnosco* : neque per negligentiam, quia *peccatum meum coram me est semper*, sed per industriam, quia *malum coram te feci*. Quasi dicat : Miserere mei, *lava et munda me : quoniam iniquitatem meam ego agnosco*, cum non sim ex illis, qui sua scelera non intelligunt, nec etiam intelligere volunt, ut in voluntatibus suis liberius delectentur. *Et peccatum meum coram me est semper* : quia nec sum ex iis, qui peccata sua quandoque recogitant, et statim obliviscuntur eorum, quasi projicientes illa post tergum (*Isa.* xxxviii), et ante faciem non habentes, dum ea negligunt et postponunt : sicut ipse David peccatum suum ante faciem non habebat, sed quasi post tergum abjecerat, cum sententiam dedit in divitem, qui rapuit ovem pauperi, oblitus in hac sententia ipse sui. Peccatum itaque suum coram se dicit semper existere : quia opportunis et competentibus horis de illo recogitat, sicut alibi dicitur : *Oportet semper orare, et nunquam deficere* (*Luc.* xviii). Recogitat, inquam, ad dolendum, videlicet ad delendum, non ad refrigerandum [*al.* refricandum] aut iterandum. Unde littera illa magis proprium exprimit intellectum, qua dicitur : *Peccatum meum contra me est semper*, ut videlicet quasi contrarium illud persequar, non velut amicum amplectar.

Tibi soli peccavi, et malum coram te feci, ut justificeris in sermonibus tuis, et vincas cum judicaris.

David ergo culpam suam exaggerat, et a dignitate personæ, quæ peccatum commisit, et a sublimitate personæ, in quam peccatum commisit; quia videlicet rex peccavit in Deum. Quorum primum notat, cum ait : *Tibi soli peccavi* : et alterum, cum addit. *Et malum coram te feci*, unde magis te contempsi. Ac si diceret manifestius : Peccatum meum *tibi soli* relinquitur puniendum, eo quod alium non habeam superiorem, qui me possit punire, cum ipse sim rex ; sed inde magis peccavi, quia quanto major est excellentia, tanto gravior est ruina. *Potentes enim potenter tormenta patientur* (*Sap.* vi), et : *Judicium durum fiet his, qui præsunt* (*ibid.*). Sane aliud est in aliquem, et aliud est alicui peccare ; in aliquem peccat, qui committit in illum offensam ; alicui peccat, qui ejus subjacet ultioni. Rex itaque soli Deo : cæteri vero et Deo peccant et regi. Quid ergo, non possunt Ecclesiarum prælati, maxime summus pontifex, punire principes sæculares, si moniti contempserint satisfacere de commissis, tanquam ipsi soli Deo, et non homini peccent ? Nam et *cor regis in manu Dei est, et quocunque voluerit vertet illud* (*Prov.* xxi). Possunt quidem, quoniam ex A quo Jesus Nazarenus fuit unctus *oleo lætitiæ præ consortibus suis* (*Psal.* xliv), et factus est *sacerdos in æternum secundum ordinem Melchisedech* (*Psal.* cix), regnum non dedignatur sacerdotio subjacere. Quod etiam inde patet, quia unctio sacerdotis remansit in capite ; unctio vero regis a capite descendit in humerum. Unde cum prius esset *regnum sacerdotale*, sicut Moyses inquit in lege (*Exod.* xvi), nunc *sacerdotium* est *regale*, sicut Petrus in Epistola sua dicit. Et qui dicit beato Petro : *Quodcunque ligaveris super terram, erit ligatum et in cœlis* (*Matth.* xvi) : dicendo. *Quodcunque*, nihil excepit, ut ostenderet manifeste, quod tam reges quam alios tradita sibi potest auctoritate ligare. Quamvis in hoc ei subjaceant propter Deum, et ipse in hoc illis præmineat vice Dei. Quare cum princeps hoc modo peccat pontifici, peccat nihilominus soli [*al.* ipsi] Deo. *Et malum* adulterii vel etiam homicidii, quod in proximum perpetravi, *coram te feci*, videlicet te vidente pariter et præsente, quia tu omnia intueris, et ubique præsens existis. Cum igitur inexcusabilis sit offensa, quæ coram judice perpetratur, absque dubio nostras offensas excusare non possumus, quas omnes committimus coram Deo. Quid igitur de hoc malo quasi specialiter dicit, quod illud fecerit coram Deo ? Si vero respondeatur hoc esse dictum, quoniam in occulto peccavit, ubi conspicit solus Deus, non autem in manifesto ubi homines quoque vident, id profecto peccatum non aggravat, sed extenuat : quia gravius est in manifesto, quam in occulto peccare. Sed *malum quod est coram te*, id est quod in memoria semper habes, qui et tibi displicet vehementer, illud ego scienter egi, videlicet, primum et secundum peccatum, quæ in secunda tabula prohibentur, ut : *Non occides, non mœchaberis* (*Deut.* v). Unde in sequentibus ait : *Averte faciem tuam a peccatis meis*. Est enim malum, quod Deus patienter dissimulat, et illud quodammodo non videtur existere coram illo ; et est malum, quod Deus penitus detestatur, et illud omnibus modis coram illo videtur existere ; unde exaggeratione peccati, quod Deus omnibus modis detestatur, hic dicit : *Malum coram te feci*, sicut et alibi dicitur : *Pater, peccavi in cœlum et coram te* (*Luc.* xv). *Ut justificeris in sermonibus tuis, et vincas cum judicaris*. Putari poterat, quod propter tam grave ac grande peccatum, quod David in Deum commiserat et in proximum, Deus revocasset promissum, quod fecerat ei de Christo ex suo semine nascituro. *Juravit*, inquit, *Dominus David veritatem, et non frustrabitur eum : De fructu ventris tui ponam super sedem tuam* (*Psal.* cxxxi). Ad hoc igitur removendum, ut videlicet promissum hujusmodi non debeat revocari, præmisit et ait : *Miserere mei, lava et munda me, ut* ita peccato dimisso, *justificeris*, id est, justus reperiaris et verax *in sermonibus tuis*, qui sunt de promissione Christi, quam mihi fecisti, *et sic vincas* illos qui te hujusmodi dicunt promissum revocasse, ostendo illos esse mendaces, cum judicaris ab eis non esse facturus, quod taliter promisisti. Ille igitur judex est valde timendus, cujus sapientiam nihil potest latere, cujus justitiæ nemo potest resistere. Talis est Deus. Propter quod pœnitens iste ait : Sapientiam quam Deus latere non possum, *quia malum coram te feci.* Justitiam tuam Deus nequeo corrumpere, quia *justificaris in sermonibus.* Potentiæ tuæ, Deus, non possum resistere, quia *vincis cum judicaris,* id est judicaveris. Propterea scriptum est : *Noli quærere esse judex (Eccle.* vii), nisi tua virtute possis iniquitates irrumpere. Quis ergo non timeat illum judicem, qui adeo semper est sapiens, ut ejus oculis omnia nuda sint et aperta? Qui adeo semper est justus, quod *reddit unicuique secundum opera sua? (Matth.* x) qui adeo semper est potens, quod voluntati ejus nihil resistit? *Quis enim restitit ei, et pacem habuit? (Job* ix) Jure igitur iste pœnitens non implorat judicium, sed misericordiam interpellat : *Miserere mei, Deus, quia malum coram te feci, ut justificeris in sermonibus tuis, et vincas cum judicaris. Ut justificeris,* id est ut justus et verax appareas *in sermonibus tuis,* quibus dixisti : *Quacunque hora peccator conversus fuerit et ingemuerit, omnium iniquitatum ejus non recordabor (Ezech.* xviii). *Et vincas,* id est convincas adversarios veritatis, *cum judicaris,* id est argueris ab eis, quasi justus non sis, pro eo quod es summe misericors, grave peccatum facile indulgendo, sicut facile indulsisti David, qui cum audito Nathan hoc solum dixisset : *Peccavi,* protinus ei respondit : *Et Dominus transtulit peccatum tuum (II Reg.* xii). Gloriosa victoria, cum Deus delet et destruit universa quæ servus inobediens et rebellis egerat contra eum : ipsumque servum seductum et occupatum ab hoste nequissimo revocat et reducit ad se per hoc solum, quod ignoscit errata. Si vero sermo dirigatur ad Christum, potest intelligi convenienter hoc modo : *Tibi soli peccavi,* o Christe, quia tu solus potes inter homines juste punire, qui nullum habes omnino peccatum. Et ita tu solus es justus punitor, cum non sit in te quod est in alio puniendum, quemadmodum Scribis et Pharisæis de muliere in adulterio deprehensa dixisti : *Qui sine peccato est vestrum, prius in eam lapidem mittat (Joan.* viii). Tu enim solus talis es inter homines, Isaia propheta testante, *qui peccatum non fecit, nec inventus est dolus in ore ejus (Isa.* liii). Omnis autem alius homo *mendax (Psal.* cxv); ut ita *justificeris in sermonibus tuis,* id est ut omnes sermones tui justi sint et veraces. Quis enim alius non offendit in verbo? *Et vincas,* id est superes in justitia omnes homines, *cum judicaris,* id est cum eis in judicio compararis; quia *non justificabitur in conspectu tuo omnis vivens (Psal.* cxlii). Tantæ namque justitiæ Christus est, ut non renuat cum homine judicari, *Judica,* inquit, *inter me et vineam meam (Mich.* vi). Et quasi sub judice suam causam exponens : *Popule,* inquit, *meus quid feci tibi, aut quid molestus fui? responde mihi.* Vincit ergo cum inter ipsum et hominem judicatur, in cujus conspectu nec astra sunt munda, et in angelis suis reperit pravitatem. Porro, secundum aliam litteram non est hic subjunctiva conjunctio, sed cum sit : *Tibi soli peccavi et malum coram te feci,* statim sine omni conjunctione subjungitur : *Justificeris in sermonibus tuis, et vincas cum judicaris.* Pœnitens ergo secundum priorem statum Deum obsecrans incarnandum, *justificeris,* inquit, hoc est fias mihi justus, ut me redimas per justitiam, non meam profecto, sed tuam. *Advocatum enim habemus apud Patrem Jesum Christum justum, et ipse est propitiatio pro peccatis nostris (Joan.* ii). *Justificeris,* inquam, *in sermonibus tuis,* id est secundum sermones tuos, quos per legem locutus es et prophetas, quod videlicet per tuam pœnam redimeres hominem a sua culpa, sicut per prophetam testaris : *O mors! ero mors tua; morsus tuus ero, inferne (Ose.* xiii). Nam disciplina pacis nostræ super eum, et livore ipsius sanati sumus. *Et vincas* mortem, dum *judicaris* ad mortem, mortem culpæ, per mortem pœnæ. *Vincas* juste, dum *judicaris* injuste a Pilato et Judæis.

Ecce enim in iniquitatibus conceptus sum, et in delictis peperit (al. *peccatis concepit*) *me mater mea.*

Adhuc et iste pœnitens exaggerat culpam suam, ostendens, quod non solum actualem culpam commisit, verum et originalem contraxit. De actuali namque culpa præmiserat : *Tibi soli peccavi, et malum coram te feci.* De originali vero subjungit: *Ecce in iniquitatibus conceptus sum, et in delictis peperit me mater mea.* Duplex est autem conceptio, una seminum, altera naturarum. Parentes enim actualem committunt culpam in prima, et proles originalem contrahit in secunda. Propter quod ait : *Ecce enim in iniquitatibus conceptus sum,* quas in conceptione seminum mei commisere parentes, *et in delictis peperit me mater mea,* quæ in conceptione naturæ ego ipse contraxi. Absit omnino, ut hac occasione dicatur, quod David fuerit conceptus de adulterio, cum Isai pater ejus de legitima genuerit illum uxore. Verum etsi dicatur, quod coitus conjugalis interdum propter bona conjugii ab omni reatu criminis excusetur : quia tamen frequentius solet in commercio illo peccari, propter id quod solet frequentius evenire, dicit se in parentum iniquitatibus esse conceptum. Si vero, quod verius est, dicatur, quod conjugalis concubitus, qui ordinate fit, a criminali quidem peccato, sed non a veniali, per bona conjugii excusetur, iniquitates hic large pro peccatis etiam venialibus appellantur, secundum quod Joannes apostolus in Epistola dicit: *Omnis qui facit peccatum, et iniquitatem facit, et peccatum est iniquitas (I Joan.* iii). Sequitur : *Et in delictis* vel *in peccatis peperit* vel *concepit me mater mea.* Dicit autem pluraliter, *in delictis* vel *in peccatis,* propter tres originales corruptiones, quibus tres vires animæ naturales originaliter corrumpuntur, Quis enim nesciat concubitum etiam conjugalem nunquam omnino committi sine pruritu carnis, ac sine fervore ac fetore concupiscentiæ, unde semina concepta fœdantur et corrumpuntur. Propter quod alibi legitur: *Quis potest facere mundum de immundo conceptum semine?* (*Job* xiv). Ex seminibus ergo fœdalis atque corruptis concipitur corpus corruptum pariter et fœdatum, cui anima tandem infusa corrumpitur et fœdatur, non ab integritate vel munditia quam habuit, sed ab integritate vel munditia quam haberet, si non uniretur fœdato corpori et corrupto, quoniam ex creando infunditur, et infundendo creatur. Sicut enim ex vase corrupto liquor infusus corrumpitur, et pollutum contingens ex ipso contactu polluitur, sic ex contagio corporis anima corrumpitur et fœdatur. Habet enim anima tres naturales vires: rationalem, ut discernat inter bonum et malum; irascibilem, ut respuat malum; concupiscibilem, ut appetat bonum. Istæ vero tres vires originaliter corrumpuntur, quibus corruptis anima contrahit tres defectus oppositos, videlicet: ignorantiam, ut difficile discernat inter bonum et malum; iracundiam, ut facile respuat bonum; concupiscentiam, ut facile appetat malum. In carnali quippe commercio rationis sopitur intuitus, libidinis irritatur pruritus, et voluptatis satiatur affectus, ex quibus tres illi defectus originaliter contrahuntur. Tales ergo corruptiones sive defectus appellantur in hoc loco delicta sive peccata, in quibus asserit, quod cum *concepit* aut *peperit mater* sua. Nunquid ergo dicendum est, quod tria simul ab anima peccata originalia contrahantur, videlicet difficultas vel tarditas discernendi inter bonum et malum, quæ spectat ad ignorantiam; et facilitas sive pronitas respuendi bonum, quæ spectat ad iracundiam; et pronitas seu facilitas appetendi malum, quæ spectat ad concupiscentiam. Hoc autem quibusdam absonum non videtur, quamvis probabiliter dici possit, unum esse in anima originale peccatum, quod tamen minus proprie peccatum vocatur, et complectitur in se duo, videlicet, labem et fomitem. Labes est fœditas corporis, ex qua anima est immunda, propter quam indigna est visione divina, vel potius carentia divinæ visionis est digna, secundum quod legitur: *Beati mundo corde, quoniam ipsi Deum videbunt* (*Matth.* v). Et ab hac fœditate vel immunditia purgatur anima parvuli ex aqua et spiritu per baptismum. Adulti vero non solum per baptismum regenerationis in aqua, verum etiam per baptismum compunctionis in lacrymis, sive passionis in sanguine, ut gratia baptismi manente, non sit ultra visionis indigna, sed digna potius visione divina. Fomes autem est infirmitas seu languor naturæ, quædam videlicet passibilis qualitas, sive quædam privatio, ex qua primi motus peccandi sive concupiscendi procedunt. Et talis qualitas vel privatio manet etiam post baptismum. Unde dicitur, quod originale peccatum transit reatu, quantum ad labem, et remanet actu, quantum ad fomitem, ex quo surgunt actus vel motus peccandi: sicut e contrario solet dici, quod actuale peccatum transit actu et remanet reatu; et attenditur hujusmodi qualitas et privatio circa vim concupiscibilem præscripto modo corruptam atque fœdatam quoniam ex concupiscentia procedit pruritus circa januam humanæ propaginis, per quam funditur originalis causa peccati. Sufficiat autem ista in hoc loco dixisse: quia licet hæc materia valde sit disputabilis, magis tamen est flebilis, quoniam ab ipsa radice propago nostræ originis vitiatur. Propter quod dicebat Apostolus, quod *natura filii iræ sumus* (*Ephes.* II). Et ipse David fiebat, cum diceret: *Ecce enim in iniquitatibus conceptus sum, et in peccatis concepit me mater mea;* quæ in hoc loco simpliciter et plane intelliguntur fœditas et pronitas ad peccandum. *Justificeris,* inquam, *in sermonibus tuis, et vincas cum judicaris.* Nec mirum: quia ecce in persona generalis hominis loquens, *in iniquitatibus conceptus sum*; ego quoque *tibi soli peccavi, et malum coram te feci;* nec mirum; quia *in delictis peperit me mater mea.* Etsi superius sit distinctum inter iniquitates atque delicta, possunt tamen iniquitates accipi pro delictis, ut tam iniquitates quam delicta referantur ad prolem, quæ in sua conceptione corrumpitur, et fœdatur; in conceptione seminum, quantum ad corpus, et in conceptione naturarum, quantum ad animam. Attende pœnitens, et observa qualiter David universa confitetur peccata, et omnes circumstantias peccatorum, ut et tu omnes omnino diversitates et circumstantias peccatorum studeas confiteri, secundum quod magis peccasti, in loco, in tempore, in numero, in persona: secundum ætatem, secundum scientiam, secundum gradum, secundum ordinem: si facile, si frequenter; si manifeste, si perseveranter: quoniam hæc et alia, si qua sint, peccatum exaggerant. Et ideo non sunt in illo judicio supprimenda, in quo, qui coram Deo seipsum accusat, Deus illum excusat: et qui coram Deo seipsum excusat, Deus illum accusat.

Ecce enim veritatem dilexisti, incerta et occulta sapientiæ tuæ manifestasti mihi.

Secunda pars, in qua pœnitens dona Dei et data commemorat, et danda commendat; in datis autem commemorat veram peccatorum confessionem, cum ait: *Ecce enim veritatem dilexisti:* et plenam occultorum cognitionem, cum addit: *Incerta et occulta sapientiæ tuæ manifestasti mihi.* Nam qui Deo sua revelat peccata, Deus ei sua manifesta occultat. In dandis vero commendat mundationem futuram per aspersionem sanguinis Christi, cum ait: *Asperges me, Domine, hyssopo, et mundabor:* et purificationem futuram, per ablutionem aquæ baptismi, cum addit: *Lavabis me, et super nivem dealbabor.* Rursus, in dandis commendat *gaudium* de remissione peccatorum, et *lætitiam* de promissione præmiorum, et sic *exsultabunt ossa humiliata.* Porro, quidam nesciunt, quidam negligunt, quidam excusant, et quidam extenuant culpas suas : et quia tales non sunt digni venia, sed vindicta, pœnitens removens a se ista : Non ignoro, inquit, sed *agno-*

sco peccatum meum. *Quoniam iniquitatem meam ego agnosco.* Neque negligo, sed impugno peccatum meum : quia *delictum meum contra me est semper;* nec defendo, sed accuso peccatum meum : quia *tibi soli peccavi, et malum coram te feci.* Neque peccatum meum extenuo, sed exaggero : quoniam *in iniquitatibus conceptus sum, et in peccatis peperit me mater mea.* Et tanquam Deus ab ipso quæreret : Cur tam diligenter tua confiteris peccata ? Respondet : Quia ecce in evidenti est, quod tu *dilexisti veritatem* confessionis sine fraude, ut peccator omnes omnino confiteatur circumstantias peccatorum; quia non est vera, sed fraudulenta confessio, quæ factum exprimit et supprimit modum, atque unum uni, et alterum alteri peccatum revelat; unde cavendum est, ne confessionis pudor, confessionis impediat puritatem. Potest et hoc aliter intelligi, tanquam Deus ab eo quæreret : Cur tam distincte tuum punis peccatum, ut dixeris : *Peccatum coram me est semper.* Respondet : Ut in puniendo peccatum tuæ veritati concordem : quia tu *veritatem dilexisti,* ut sis et verus punitor, et verus indultor, secundum illud : *Misericordiam et veritatem diligit Dominus* (Psal. LXXXII). Deus enim servat et in veritate misericordiam, et in misericordia veritatem; nam et juste ignoscit, et pie punit; veritas est, quod punitur peccatum, misericordia est, quod liberatur peccator. Vel reddit singula singulis. Dixerat enim : *Justificeris in sermonibus tuis, et vincas cum judicaris.* Nec mirum, quia *ecce veritatem dilexisti,* non duplicitatem aut falsitatem, sed et simplicitatem et puritatem, iste quippe justificatur in sermonibus suis, qui diligit veritatem. Rursus dixerat : *Ecce in iniquitatibus conceptus sum, et in peccatis concepit me mater mea,* quorum primum erat incertum, et alterum occultum. Et quasi Deus ab eo quæreret : Cur incertum et occultum affirmas? Respondet : Quia *incerta et occulta sapientiæ tuæ manifestasti mihi.* Sane, incertum erat, utrum iniquitates aliquas commisissent in sua conceptione parentes. Nam coitus conjugalis interdum excusatur a crimine, ut cum conjuges ordinate conveniunt, causa sobolis procreandæ; interdum autem non excusatur a culpa, ut cum conjuges causa explendæ libidinis inordinate miscentur. Item, occultum erat, qua ratione anima teneatur peccato, quod nec voluntate nec actu commisit, cum scriptum sit, quod *filius non portabit iniquitatem patris, nec pater iniquitatem filii, sed anima quæ peccaverit, ipsa morietur* (Ezech. XVIII). Non erit ultra proverbium istud in Israel, ait Dominus : *Patres comederunt uvam acerbam, et dentes filiorum obstupuerunt (ibid.).* Porro, Deus ei et illud incertum et hoc occultum per Spiritum sapientiæ revelavit; quare non temere dixit : *Ecce in iniquitatibus conceptus sum, et in peccatis concepit me mater mea :* quia *incerta,* inquit, de parentum iniquitatibus, in mea conceptione commissis, *et occulta* de peccatis propriis in mea conceptione contractis, *tu manifestasti mihi,* per spiritum prophetiæ. Non possum ergo excusari per ignorantiam : quia *incerta et occulta sapientiæ tuæ manifestasti mihi.* Servus enim sciens voluntatem domini, et non faciens, *vapulabit plagis multis* (Luc. XII). David autem hic reddit causam, quare Deus Pater justificari debeat *in sermonibus suis* de incarnatione Christi prædictis; quia videlicet diligit veritatem, et ideo non debet facere irrita, quæ de suis labiis processerunt; nam *incerta,* inquit, *et occulta sapientiæ tuæ manifestasti mihi,* videlicet, adventum Unigeniti tui, qui tua est sapientia, cujus adventus aliis erat incertus, et aliis occultus. Denique, possunt illa non solum ad superiora, verum etiam ad inferiora referri. Ac si aperte dicat : *Incerta et occulta sapientiæ tuæ manifestasti mihi;* quoniam

Asperges me, Domine, hyssopo et mundabor, lavabis me, et super nivem dealbabor.

Asperges me, Domine, hyssopo humilitatis, *et mundabor* a labe : *lavabis me,* cum per te fuero purgatus a vitiis, *et dealbabor,* cum per te fuero virtutibus decoratus. *Lavabis me* per indulgentiam, *et dealbabor* per gratiam, utique *super nivem,* quoniam candor nivis non intenditur, sed remittitur. Candor autem gratiæ non remittitur, sed intenditur : quia charitas aut proficit semper, aut deficit, unde amitti potest, sed remitti non potest. Quia vero aliud est album et aliud dealbatum, per nivem, quæ per se naturaliter alba est, potest intelligi virtus per se naturaliter bona, de qua dicitur : *Nive dealbabuntur in Selmon* (Psal. LXVII). Et per dealbationem potest intelligi operatio de virtute procedens, ut sit sensus : *Super nivem,* id est super virtutem, quæ albet interius, *dealbabor* exterius opere bono, ut per fundamentum virtutis ædificium boni operis erigatur : et sic prius justificationis ordo notatur, cum dicitur : *Asperges me, Domine, hyssopo et mundabor,* et postea justificati profectus [*al.* perfecte justificationis] ostenditur, cum subjungitur : *Lavabis me, et super nivem dealbabor.* Est enim hyssopus herba humilis, sed medicinalis, quæ figit radicem in petra, et valet ad purgandum pulmonem; hæc humilitatem significat, quæ figit in humili Christo radicem, purgatque inflationem pulmonis, id est tumorem mentis depellit. Hæc igitur cum advenerit, ut peccator ad veram pœnitentiam se humiliet, statim aspergitur rore gratiæ, et mundatur a labe culpæ; nisi enim gratia infundatur, culpa procul dubio non depellitur, quemadmodum et tenebræ non fugantur, nisi lux superveniat, quæ tenebras ipsas depellat. Docet hoc Veritas dicens : *Dimissa sunt ei peccata multa, quoniam dilexit multum* (Luc. VII). Tu ergo, Domine, *asperges me hyssopo,* id est per virtutem humilitatis rore gratiæ me perfundes, *et mundabor* a sordibus vitiorum. Nec erit otiosa mundatio, quia *lavabis me a peccatis, et super nivem,* id est super candorem virtutis etiam bonis operibus *dealbabor.* In hoc solo spes tribuitur peccatori, ut per pœnitentiam possit redire non solum ad priorem munditiam, verum etiam ad longe majorem, quæ confidentia multum est utilis, ne subrepat aliqua desperatio, quæ cunctis gravior est peccatis. Sane tres status hominum hic notantur, incipientium, proficientium, et pervenientium ; sive conversorum, justorum et perfectorum. Status incipientium, vel conversorum notatur, cum primo dicitur : *Asperges me hyssopo, et mundabor.* Status proficientium vel justorum notatur, cum secundo subjungitur : *Lavabis me.* Status pervenientium vel perfectorum tertio notatur, cum infertur : *Super nivem dealbabor.* Quibus verbis satis expresse notatur progressus secundum hos status, quoniam aspergi minus est quam lavari, minusque lavari quam dealbari. Quod utique plene fiet, *cum mortale hoc induet immortalitatem, et corruptibile hoc induet incorruptionem (*1 *Cor.* xv*);* quia *fulgebunt justi sicut sol in regno Patris eorum, et tunc vestimenta Christi erunt alba sicut nix (Matth.* xiii*).* Quia vero per sanguinem Christi et aquam baptismi, anima perfecte mundatur non solum a culpa, sed etiam a pœna, David in persona generalis fidelis ad istas mundationes dirigens intellectum, non solum inquit : *Incerta et occulta sapientiæ tuæ manifestasti mihi,* verum etiam : *Asperges me* sanguine Christi, *et lavabis me* aqua baptismi, *et sic mundabor et dealbabor* etiam *super nivem,* id est plus quam exprimere possum, non utique super illam, de qua dicitur : *Non timebit domui suæ a frigoribus nivis (Prov.* xxxi*),* nec super illam, de qua dicitur : *Qui timet pruinam, irruet super eum nix (Job* vi*);* sed super eam potius, de qua legitur : *Si lotus fuero quasi aquis nivis,* etc. *(Job* ix*).* Ac etiam super illam, de qua legitur : *Si fuerint peccata vestra ut coccinum, sicut nix dealbabuntur (Isa.* i*).* Nam in rebus materialibus nihil potest nive candidius inveniri. Hic est enim, qui venit per aquam et sanguinem Jesus Christus, de cujus latere sanguis et aqua fluxerunt. Quod autem dicit : *Asperges me hyssopo,* alludit veteri legi, secundum quam aspersorium ratione mysterii fiebat ex hyssopo, sicut et Apostolus ait : *Lecto omni mandato legis a Moyse universo populo, accipiens sanguinem hircorum et vitulorum, cum aqua et lana coccinea et hyssopo, ipsum quoque librum et omnem populum aspersit dicens : Hic est sanguis testamenti, quod mandavit ad vos Deus. Etiam tabernaculum, et omnia vasa ministerii sanguine similiter aspersit. Et omnia pene mundantur in sanguine secundum legem, et sine sanguinis effusione non fit remissio (Hebr.* ix*).* Hyssopus enim, sicut est superius prælibatum, humilitatem designat, secundum quod Christus *exinanivit se formam servi accipiens, factus obediens usque ad mortem, mortem autem crucis (Phil.* ii*),* in qua sanguinem suum fudit, quo per humilitatis virtutem asperguntur fideles, et ab iniquitate mundantur, illi nimirum, qui humilitatis ejus formam observant. Nota denique prudens lector, in redemptis pluralitatem, in Redemptore humilitatem, et in redemptione utilitatem. Pluralitatem in redemptis, cum dicitur : *Asperges.* Quod enim aspergitur, circumfunditur multis locis. Propter quod Veritas ait : *Hic est sanguis novi testamenti, qui pro multis effundetur in remissionem peccatorum (Matth.* xxvi*).* Humilitatem in Redemptore, cum additur, *hyssopo,* quæ medicinalis est et humilis herba, quia Christus per suam superabundantem humilitatem fidelibus suis salutarem tribuit medicinam; unde dicebat : *Discite a me, quia mitis sum, et humilis corde (Matth.* xi*).* Utilitatem in redemptione, cum subditur : *Mundabor;* quoniam, ut Joannes apostolus ait, *sanguis Jesu Filii Dei mundat nos ab omni peccato (I Joan.* i*).* Tria vero pertinent ad effectum baptismi : remissio culpæ, relaxatio pœnæ et infusio gratiæ. Primum notatur, cum dicitur : *Lavabis me;* secundum cum additur : *Dealbabor;* tertium cum adjungitur : *Super nivem. Effundam,* inquit Dominus per prophetam, *super vos aquam mundam, et mundabimini ab omnibus inquinamentis vestris (Ezech.* xxxvi*). In die illa erit fons patens domui David, et habitantibus Jerusalem, in ablutione peccatoris et menstruatæ (Zach.* xiii*).* Cum igitur audis : *Asperges me hyssopo et mundabor,* in aspersione sanguinis Christi fidem passionis intellige. Cum autem, *Lavabis me,* audis, *et super nivem dealbabor,* in ablutione aquæ, baptismi sacramentum non agnosce. Porro, cum fides adultis sine sacramento proficiat, ubi sacramentum non religionis contemptus, sed articulus necessitatis excludit; sacramentum vero baptismi sine fide adultis non valeat, juxta quod Veritas ait : *Qui crediderit et baptizatus fuerit, hic salvus erit; qui vero non crediderit, condemnabitur (Marc.* xvi*.* Quid est quod in hoc loco plus attribuitur sacramento quam fidei? Nam minus est aspergi quam ablui, et minus mundari quam dealbari, maxime *super nivem.* Sciendum est ergo, quod fides Christi, quæ justificat impium, revera mundat a culpa, sed non semper ab omni pœna. Sacramentum verum baptismi si digne sumatur, liberat omnino a culpa pariter et a pœna. Unde sacramentum regenerationis a Domino appellatur, cum ait : *Nisi quis renatus fuerit ex aqua et Spiritu sancto, non intrabit in regnum Dei (Joan.* iii*);* quia per hoc sacramentum homo regeneratur in gratia, liberatur a culpa pariter et pœna; quia natus fuerat in ira culpæ, simul subjectus et pœnæ. Recte igitur *lavabis me* per sacramentum baptismi, et *super nivem* gratiæ, quæ mundat a culpa *dealbabor* etiam sacramenti virtute ab omni pœna, præter illam duntaxat, quam necessitas primæ corruptionis inducit. Merito igitur.

Auditui meo dabis gaudium et lætitiam et exsultabunt ossa humiliata.

Duplex est quidem auditus : exterior, de quo dicit Apostolus : *Fides est ex auditu, auditus autem per verbum Dei (Rom.* x*).* Interior, de quo dicit

Propheta : *Audiam quid loquatur in me Dominus Deus* (*Psal.* LXXXIV) : de utroque hoc potest intelligi : *Auditui meo dabis gaudium*, de remissione peccatorum; quia non est impiis gaudere, dicit Dominus. *Nec est pax ossibus meis a facie peccatorum meorum* (*Psal.* XXXVII). Et *lætitiam*, de promissione præmiorum, juxta quod Veritas ait : *Gaudete et exsultate, quoniam merces vestra copiosa est in cœlis* (*Matth.* V). Sed de auditu interiori melius intelligitur, de quo propheta dicebat : *Domine, quis credidit auditui nostro, et brachium Domini cui revelatum est ?* (*Isa.* XXXV.) Huic utique qui dicebat : *Domine, audivi auditum tuum et timui; consideravi opera tua et expavi* (*Habac.* III), dabis etiam gaudium cordis, et lætitiam corporis secundum illud : *Cor meum et caro mea exsultaverunt in Deum vivum* (*Psal.* LXXXIII). Gaudet cor, cum credit se a spirituali fœditate purgatum, et lætatur corpus, cum sentit se a carnali fetore mundatum : et sic duplici lætitia *exsultabunt ossa humiliata*, non tam eo poris quidem, quam mentis : videlicet vires animæ, quæ prius humiliatæ, id est dejectæ ac incurvatæ fuerant per peccatum, nunc autem humiliatæ, id est ad audiendum et obediendum sunt inclinatæ. Nam qui humiliter audit et reverenter obedit, hic est profecto *amicus sponsi, qui stat et audit, et gaudio gaudet propter vocem sponsi* (*Joan.* III). O quam pauci sunt illi, qui gaudent de spiritualibus et æternis, respectu illorum qui lætantur de carnalibus et terrenis! Sed *extrema gaudii luctus occupat, quia lætantur cum malefecerint, et exsultant in rebus pessimis* (*Prov.* XIV). Illorum ergo gaudium felix est et perpetuum, juxta quod dicitur : *Petite et accipietis, ut gaudium vestrum sit plenum;* et : *Gaudium vestrum nemo tollat a vobis* (*Joan.* XIV). Istorum vero gaudium est infelix et momentaneum, juxta quod legitur : *Tenent tympanum et citharam, et gaudent ad sonitum organi; ducunt in bono dies suos, et in puncto ad infernum descendunt* (*Job* XXI). Tu vero Deus *auditui meo*, id est intellectui, *dabis gaudium et lætitiam*, non falsam et transitoriam, de carnalibus et terrenis, sed [*al.* etsi] vera et spirituali lætitia *exsultabunt ossa humiliata*, id est interiora mea, velut ossa latentia, quæ prius erant per fastum erecta, nunc sunt ad [*al.* per] obedientiam inclinata. Quandiu enim anima erigitur in superbiam, non potest vera exsultatione gaudere, sed cum deponit superbiam et humilitatem assumit, tunc vera in Domino jucunditate lætatur.

Averte faciem tuam a peccatis meis, et omnes iniquitates meas dele.

Quarta pars, in qua pœnitens assumpta fiducia petit a se pœnas averti, cum ait : *Averte faciem tuam a peccatis meis;* et culpas deleri, cum addit : *Omnes iniquitates meas dele.* Rursus petit in se munditiam creari, cum dicit : *Cor mundum crea in me, Deus,* et rectitudinem spiritus innovari, cum subdit : *Spiritum rectum innova in visceribus meis.* Item petit a se divinæ contemplationis præ-

sentiam non excludi, cum inquit : *Ne projicias me a facie tua*, et spiritualis sanctificationis sibi gratiam non auferri, cum ait : *Spiritum sanctum tuum ne auferas a me*. Rursus petit sibi lætitiam de Christi promissione restitui, cum præmittit : *Redde mihi lætitiam salutaris tui*, et robur sibi de Spiritus sancti confirmatione concedi, cum subdit : *Spiritu principali confirma me*. Ecce patet quam prudens, modestus ac diligens iste fuerit in petendo, cum ea petat quæ licent, quæ decent, et quæ expediunt, justa, honesta, et necessaria, ut et tu discas talia postulare : ne si forte petieris injusta, *fiat tua oratio in peccatum* (*Psal.* CVIII) : si vero petieris inhonesta, non accipias, eo quod male petas (*Joan.* IV) : et si petieris inutilia, dicatur tibi, Nescis quid petas (*Matth.* XX). Sicut autem pœnitens iste personam rei multipliciter accusaverat, ita personam judicis multis modis commendat, ut facilius indulgentiam consequatur. Acsi diceret : Tu justus es cognitor; unde : *Veritatem dilexisti;* tu discretus es doctor, unde : *Incerta et occulta sapientiæ manifestasti mihi.* Tu sanctus es expiator, unde : *Asperges me hyssopo et mundabor, lavabis me et super nivem dealbabor;* tu es liberalis promissor, unde : *Auditui meo dabis gaudium et lætitiam et exsultabunt ossa humiliata;* tu propitius es indultor, unde : *Averte faciem tuam a peccatis meis, et omnes iniquitates meas dele;* tu es omnipotens Creator, unde : *Cor mundum crea in me Deus;* tu es mirabilis innovator, unde : *Spiritum rectum innova in visceribus meis;* tu es irrevocabilis elargitor, unde : *Ne projicias me a facie tua;* tu es utilis restitutor, unde : *Redde mihi lætitiam salutaris tui;* tu es præcipuus confirmator, unde : *Spiritu principali confirma me*. Ait ergo : Quoniam talis ac tantus es, *averte faciem tuam*, non a me, verum *a peccatis meis*, ne animadvertas in me propter peccata mea quia non possem subsistere ante faciem iræ tuæ. Averte, inquam, *faciem tuam a peccatis meis*, quia ego adverto ante faciem meam peccatum meum. Tu ergo faciem tuam ab illis avertas, ne juste punias, quia ego ante faciem meam adverto illa, ut digne pœniteam. Si enim homo advertit culpam, Deus avertit pœnam, quia ipse est virga vigilans, qui dicit ad Jeremiam : *Quid tu vides, Jeremia? Virgam*, inquit, *vigilantem ego video* (*Jer.* I). Virga quippe vigilans Deus est, qui vigilat super populum suum ad puniendum, si ille dormit ad pœnitendum, et e converso. Si vigilat iste ad pœnitendum, ille dormit ad puniendum : quia *non dormitat, neque dormiet, qui custodit Israel* (*Psal.* CXX). Nam ille non dormitabit a pœna, nisi hic dormiat a culpa; quare subjungit : *Et dele* de tua notitia *omnes iniquitates meas;* ne recorderis peccata mea, neque vindictam sumas de peccatis meis, Domine Deus meus; tu namque dixisti : *Quacunque hora peccator conversus fuerit et ingemuerit, omnium iniquitatum ejus non recordabor* (*Ezech.* XVIII). Supra singulariter dixerat : *Dele iniquitatem meam*, hic autem universaliter dicit : *Omnes iniquitates meas dele;* nam accepta fiducia jam plus præsumit quam ante, secure deposcens jam non unam tantum iniquitatem, sed *omnes* omnino deleri : quia non habet unam solum iniquitatem, sed multas. Unde non singulariter ait : Dele unam iniquitatem, sed universaliter inquit : *Omnes iniquitates meas dele;* quoniam *in multis offendimus omnes (Jac.* III).

Cor mundum crea in me, Deus, et spiritum rectum innova in visceribus meis.

Cum autem creare sit aliquid de nihilo facere, ac innovare sit aliquid in statum pristinum reformare, quid est quod dissimiliter ait : *Cor mundum crea, et spiritum rectum innova* ? Nam si petat ut Deus in se creet cordis munditiam, pari ratione petere debet ut Deus in se creet rectitudinem spiritus, cum utrumque perdiderit per peccatum; et si dicatur quod amiserat ipsum cor, propter illud quod legitur : *Ephraim quasi columba seducta, non habens cor (Ose.* VII); pari forsan ratione dicendum est quod amiserat ipsum spiritum, propter illud quod legitur, quia *regina Saba videns sapientiam Salomonis, ultra spiritum non habebat (III Reg.* X); illud etiam quod in quodam psalmo dicit de spiritu : *Defecit spiritus meus (Psal.* CXLII). Ille quippe cor suum amittere dicitur, qui prævaricatur in Deum; unde propheta : *Redite, prævaricatores, ad cor (Isa.* XLVI) · illeque derelinquit cor suum, qui alienatur a Deo; unde ipse Psalmista: *Cor meum dereliquit me (Psal.* XXXIX). Verum sane potest intelligi, quod secundum statum deformatæ naturæ, quem habebat cor ejus, antequam esset mundatum a culpa, quasi nihil erat comparatione status gratiæ reformantis, quem habet postquam est a culpa mundatus, secundum quod Jacobus ait : *Voluntarie nos genuit verbo veritatis, ut simus aliquod initium creaturæ ejus (Jac.* I); et Paulus : *Si qua in Christo nova creatura, vetera transierunt (I Cor.* V) : cum et creare recte possit hic poni pro recreare, juxta quod legitur : *Populus qui creabitur, laudabit Dominum (Psal.* CI). Nam ille populus digne laudat, qui per gratiam creatur. Quare pœnitens iste petit cor suum mundum in se creari : ut videlicet Deus in eo creet mundos cordis affectus, cogitationes et voluntates pudicas, ne ultro declinet ad immunditiam, sicut ipse David. Nam de corde procedunt affectus sive boni, sive mali. De bonis legitur : *Omni custodia serva cor tuum, quia ex ipso vita procedit (Prov.* IV). De malis dicitur : *Ex corde exeunt cogitationes malæ, furta, adulteria, homicidia, falsa testimonia, perjuria, et similia, quæ coinquinant hominem (Matth.* XV). Petit ergo *rectum* in se *spiritum* innovari, scilicet Spiritum sanctum sibi denuo restitui, qui Spiritus rectus dicitur, quia facit rectos; qui utique, quantum ad suam naturam, est penitus immutabilis; unde quantum ad effectum, eum in se postulat innovari, ne ad iniquitatem ultra declinet, sicut ipse David, qui fecerat iniquum homicidium perpetrari.

Utrumque tamen dici potest congrue de utroque, ut cor creetur, et innovetur mundum et rectum, et spiritus innovetur et creetur rectus et mundus. Sed propter florem sermonis verba solummodo variantur, vel potius quia David per adulterii fœditatem a munditia cordis exciderat, sed propter homicidii pravitatem a rectitudine spiritus declinaverat, eo quod non omnino perdiderat judicium rationis, sed virtutem castitatis prorsus amiserat, discrete ac recte petit sibi dari gratiam, ut in eo munditia cordis creetur, et reformari naturam, ut rectitudo spiritus innovetur. Et idcirco distinguit : *Cor mundum crea, et spiritum rectum innova.* Cor quidem *mundum* petit creari, propter mundos ad diligendum affectus : et *rectum* petit creari, propter mundos ad diligendum affectus : et *rectum* petit *spiritum* innovari, propter rectos intellectus, ad discernendum, ut habeat zelum secundum scientiam, ad diligendum sincerum, et discernendum discretum. Quod autem addit *in visceribus meis,* ad utrumque respicit præmissorum, ut et cor mundum creetur, et rectus spiritus innovetur in visceribus suis, quatenus viscera ejus cum corde simul et spiritu recreentur et renoventur in ipso. Nam tanta est familiaritas inter carnem et animam in homine counita, ut utrumque ab altera, nunc ad hoc, nunc ad illud propriis illecebris instigetur. Quoniam etsi scriptum sit, quod *caro concupiscit adversus spiritum, et spiritus adversus carnem (Gal.* V), quod utique verum est quantum ad sensualitatem et rationem, scriptum est tamen, quia *corpus quod corrumpitur, aggravat animam (Sap.* IX); et : *Spiritus tristis exsiccat ossa (Prov.* XVII). Nam mors ingreditur per fenestras (*Jer.* IX), oculus animam depræ!atur (*Thren.* III); unde : *Ab ea quæ dormit in sinu tuo, custodi claustra oris tui (Mich.* VII). Ait ergo David: *Spiritum rectum innova in visceribus meis,* ex quibus exit adulterium, quoniam in renibus sedes est voluptatis; unde de diabolo legitur, qui est voluptatis incentor, quod *virtus in lumbis ejus, et fortitudo ejus in umbilico ventris ejus (Joh* XL). Sequitur :

Ne projicias me a facie tua, et Spiritum sanctum tuum ne auferas a me.

Quasi dicat : *A peccatis meis averte faciem, sed ne projicias me a facie tua,* ne abjicias me a conspectu tuo, ne elonges me a gratia tua, ne alienes me a misericordia tua, ne excludas me a cognitione tua, ne repellas me contemplatione tua. Nam avertente te faciem tuam, omnia turbabuntur (*Psal.* CIII); et : *Quo ibo a spiritu tuo, vel a facie tua quo fugiam ?* (*Psal.* CXXXVIII.) Cur ergo faciem tuam abscondis? *Ostende faciem tuam, et salvi erimus (Psal.* LXXIX). Illumina vultum tuum super nos, et miserere nostri (*Psal.* LXVI). O quam periculosum est a facie Dei projici ! Certe, ipse est lux, ipse salus, et qui a facie ejus projicitur, ipse utique tanquam reprobus projicietur *in tenebras exteriores, ubi erit fletus et stridor dentium*

(*Matth.* XIII), ubi est *vermis qui non moritur, et ignis qui non exstinguitur* (*Isa.* LXVI). *Tolle*, inquit, *impium, ne videat gloriam Dei.* Sic projectus Lucifer, *draco magnus, serpens antiquus* (*Apoc.* XII). Sic projicientur et illi, quibus in fine dicitur: *Ite, maledicti, in ignem æternum, qui paratus est diabolo et angelis ejus* (*Matth.* XXV). Ergo *Ne avertas faciem tuam a me, quoniam si averteris, ero similis descendentibus in lacum* (*Psal.* CLII). *Et spiritum sanctum tuum ne auferas a me*, sine quo nihil boni facere possum; nam ipse est dator omnium gratiarum. Jam pœnitens iste Spiritum sanctum habebat, sine cujus dono sic humiliari non posset. Vel certe David spiritum prophetiæ sibi postulabat non auferri, quem pretiosiorem rebus cæteris reputabat. Sed cave magis, ne tu te Spiritui sancto auferas, quam se Spiritus sanctus tibi. Nonne naturaliter est prius committere culpam, quam amittere gratiam, cum per meritum culpæ donum gratiæ amittatur? Denique splendor solis homini se non subtrahit, nec est in sole, qui semper lucet, ut non videatur ab homine, sed est in homine, qui aliquando claudit oculos, ut tunc non videat ipse solem. Sed dices: Quomodo possem Spiritum sanctum amittere, nisi prius essem ab ipso dimissus? Nemo enim quod non habet, amittit; sed Spiritus sanctus amittitur vel aufertur, non tam quando haberi desinit, quam quando incipit non haberi. Et sic amittitur, cum jam non habetur ab homine, sed mox ante ab homine habebatur, quia *non est conventio lucis ad tenebras* (*II Cor.* VI), quæ illis advenientibus effugatur. Si ergo Spiritum sanctum tibi desideras non auferri, cave non solum ab immundis operibus, verum etiam a cogitationibus impudicis, quia *Spiritus sanctus disciplinæ effugiet fictum, et auferet se a cogitationibus quæ sunt sine intellectu* (*Sap.* I). Sequitur:

Redde mihi lætitiam salutaris tui; et spiritu principali confirma me.

O quantum pia mens jucundatur, quantum fidelis anima hilarescit, cum recolit et considerat beneficia Redemptoris qui *venit quærere et salvare quod perierat* (*Luc.* XIX); qui venit, *non ut judicet mundum, sed ut salvetur mundus per ipsum* (*Joan.* XII); qui venit, *ut omnis qui credit in illum, non pereat, sed habeat vitam æternam* (*Joan.* III); *qui lavit nos a peccatis nostris in sanguine suo* (*Apoc.* I); quia mortuus est propter peccata nostra, et resurrexit propter justificationem nostram (*Rom.* IV). *Vere languores nostros ipse tulit, et dolores nostros ipse portavit. Vulneratus est propter iniquitates nostras, attritus est propter scelera nostra, disciplina pacis nostræ super eum, et livore ejus sanati sumus* (*Isa.* LIII). *Proprio Filio suo non pepercit Deus, sed pro nobis omnibus tradidit illum* (*Rom.* VIII). Hujus lætitiam salutaris ille senserat, qui dicebat: *Ego in Domino gloriabor, et gaudebo in Deo Jesu meo* (*Habac.* III). Cum homo autem graviter offendendo, tantæ gratiæ reddit se ingratum, tantoque bono se reddit indignum, amittit utique hanc lætitiam salutaris. Sed cum conversus fuerit et ingemuerit, postulat eam dimisso peccato sibi restitui. Propter quod ait: Pater piissime, pater mitissime, pater dulcissime, *redde mihi lætitiam salutaris tui*, et salvatoris mei, qui totus est salutaris, quoniam a te traditus: et meus salvator, quoniam pro me redditus; unde: *Adjuva nos, Deus, salutaris noster*, etc. (*Psal.* LXXVIII.) David autem lætitiam salutaris hujus amiserat, cum adulterium et homicidium perpetrando promissionem sibi de Christo factam se demeruisse timebat; unde dicebat: Cum tu Deus mihi peccatum dimiseris, ergo *redde mihi lætitiam salutaris tui*; et ne illud ultra admittam, confirma me in beneplacito tuo, ut non revertar ad vomitum, ut non respiciam retro, nec unquam in statuam infatuati salis convertar. Et ne hujusmodi confirmatio valeat infirmari, *confirma me spiritu principali*, quasi auctoritate præcipua, cui nemo valet contraire. Qui etiam dicitur spiritus principalis, quia tecum et cum salutari tuo est unum universale principium, unus universorum Creator. Per hoc sane quod ter dicit spiritum, notant quidam hic trinitatem in Deo, qui spiritus est, non corpus. Rectum quippe Spiritum dicunt Filium, et suo nomine Spiritum sanctum intelligunt, Patrem autem accipiunt Spiritum principalem; quoniam ipsum Patrem principium sine principio fides catholica confitetur. Potest tamen et aliter prudens lector individuam in his verbis intelligere Trinitatem. Cum enim audis: *Cor mundum crea in me, Deus*, Deum Patrem Creatorem intellige. Cum vero audis: *Redde mihi lætitiam salutaris tui*, Deum Filium accipe salvatorem. Cumque audis: *Spiritum sanctum tuum ne auferas a me*, Deum sanctificatorem agnosce; quamvis universis et singulis creare, salvare ac sanctificare conveniat, cum sint unum. Quia *tres sunt qui testimonium dant in cœlo, Pater, verbum, et Spiritus sanctus, et hi tres unum sunt* (*I Joan.* V). Unus tamen ex tribus hic proprie dicitur spiritus rectus, sanctus et principalis; quoniam ipse appropriato vocabulo facit rectos, efficit sanctos et constituit principales: quemadmodum dicitur spiritus sapientiæ, spiritus intellectus, et spiritus fortitudinis (*Isa.* XI), aliisque nominibus appellatur, secundum differentias gratiarum.

Docebo iniquos vias tuas, et impii ad te convertentur.

Quarta pars, in qua patenter ostenditur quantum iste profecerit per humilem pœnitentiam et orationem devotam; quia de prævaricatore factus est prædicator, sicut Paulus de persecutore apostolus (*Act.* XIX), et Matthæus de publicano evangelista (*Matth.* IX). Unde Psalmi David, et Epistolæ Pauli, et Evangelium Matthæi, præ cæteris scripturis in Ecclesia frequentantur, ut discant peccatores eorum exemplo, non desperare de culpa, sed sperare de gratia, cum intelligunt illos a Deo non solum tantorum criminum indulgentiam, verum etiam charismatum gratiam accepisse. Duo quippe principaliter postulaverat, remissionem criminum, et infusionem charismatum : et quasi Deus ab eo quaereret, cur postulet liberari a tot et tantis peccatis, et donari tot et tantis muneribus, quis ergo fructus inde proveniet? Respondet : Profecto magnus, quia cedet hoc aliorum utilitati, unde : *Docebo iniquos vias tuas, et impii ad te convertentur.* Cedet saluti meae, quia *exsultabit lingua mea justitiam tuam.* Cedet in laudem tuam, quia *os meum annuntiabit laudem tuam.* Et ut digne valeam adimplere, prius *libera me de sanguinibus*; et postea *labia mea aperies*; quia :

Turpe est doctori, cum culpa redarguit ipsum.
(CATO.)

Ostendit ergo quos doceat; quia *docebo*, inquit, *iniquos.* Quid doceat : quia *docebo vias tuas* Et quo fine doceat, quia *impii ad te convertentur.* Qualis etiam debeat esse, qui doceat, cum orat : *Libera me de sanguinibus, Deus.* Et qualiter debeat docere, cum ait : *Exsultabit lingua mea justitiam tuam.* Mea ergo doctrina non est otiosa, quia *docebo iniquos vias tuas*; nec infructuosa, quia *impii ad te convertentur*; nec moestuosa, quoniam *exsultabit lingua mea justitiam tuam.* Sic sane docere licet, et decet, et expedit. Licet, quia *docebo vias tuas.* Decet, quia *exsultabit lingua mea justitiam tuam.* Expedit, quia *impii ad te convertentur.* Desidero ergo docere alios, unde : *Docebo iniquos vias tuas.* Desidero a meis liberari peccatis, unde : *Libera me de sanguinibus, Deus.* Desidero te laudare, quia *exsultabit lingua mea justitiam tuam.* Desidero tibi sacrificium acceptum offerre, quia *sacrificium Deo spiritus contribulatus, cor contritum et humiliatum, Deus, non despicies.* Desidero muros tuae civitatis construere, quare *benigne fac, Domine, in bona voluntate tua Sion, ut aedificentur muri Hierusalem.* Et sic meum in bonis adimplebitur desiderium. Quia *tunc acceptabis sacrificium justitiae, oblationes et holocausta, tunc imponent super altare tuum vitulos.* Ergo docebo, non solum verbo, sed exemplo; quia dum mihi parcitur, aliis spes donatur, ne iniqui de sua iniquitate desperent. Et ideo *docebo iniquos vias tuas*, videlicet misericordiam et veritatem; quia *omnes viae tuae misericordia et veritas (Psal.* CXVIII). Misericordiam namque docebo, quia indulsisti peccatori; et veritatem *docebo*, quia non revocasti promissa, *et sic impii*, qui praedicuntur iniqui, provocati a me verbo pariter et exemplo, *convertentur ad te*; ut et ipsis remittas peccata, et concedas promissa. Ergo *docebo iniquos vias tuas*, et non erit mea infructuosa doctrina; quoniam *impii ad te convertentur*, et sic etiam, revertentur ad se. Nam quando peccator alienatur a Deo, elongatur etiam a seipso : quemadmodum de filio prodigo legitur, qui postquam abiit in regionem longinquam, et dissipavit omnia bona sua, in seipsum reversus dixit : *Quanti mercenarii in domo patris mei abundant panibus, ego autem hic fame pereo!* Sed certe peccator converti non potest ad Deum, nisi Deus convertatur ad eum. Unde cum adhuc longe esset, vidit eum pater ejus, et misericordia motus est, et accurrens cecidit super collum ejus, et osculatus est eum (*Luc.* XV). Non ergo peccatores de sua confessione diffidant quantumlibet sint longinqui, de illius promissione securi, qui ait : *Convertimini ad me, et ego convertar ad vos* (*Ezech.* XVIII). Quasi diceret : Convertimini ad me poenitendo, et ego convertar ad vos indulgendo : quoniam peccator ad Deum pervenire non potet, nisi Deus praeveniat peccatorem, secundum illud : *Misericordia tua subsequetur me* (*Psal.* XXII); quia timor introducit amorem, timor a Deo, sed non timor cum Deo. Amor ex Deo pariter et cum Deo; quoniam scriptum est : *Timor non est in charitate, sed perfecta charitas foras mittit timorem* (*I Joan.* IV). Porro *qui manet in charitate, in Deo manet, et Deus in eo (ibid.).* Ut autem valeam digne dicere,

Libera me de sanguinibus, Deus, Deus salutis meae et exsultabit lingua mea justitiam tuam.

Ostendit aperte quod indignus est doctor qui habet in se quod in alio reprehendit, et dicitur ei : *Medice, cura teipsum* (*Luc.* IV). *Hypocrita, ejice primo trabem de oculo tuo, et tunc ejicies festucam de oculo fratris tui* (*Matth.* VII). *Qui praedicas non moechandum, moecharis! et qui praedicas non furandum, furaris!* (*Rom.* II.) Nam peccatori dixit Deus : *Quare tu enarras justitias meas, et assumis testamentum meum per os tuum?* (*Psal.* XLIX.) Ergo *libera me* in praesenti *de sanguinibus*, id est de peccatis mortalibus, de quibus legitur : *Sanguis sanguinem tetigit* (*Ose.* IV), ut in futuro liberes me *de sanguinibus*, id est de suppliciis infernalibus, de quibus dicitur : *Inebriabo sagittas meas sanguine* (*Deut.* XXXII). Negligentia quippe doctoris solet in Scripturis nomine sanguinis designari; juxta quod ait Dominus per prophetam : *Si non annuntiaveris impio iniquitatem suam, sanguinem ejus de manu tua requiram* (*Ezech.* III). Et Apostolus dicit : *Mundus sum a sanguine omnium vestrum. Non enim subterfugi, quo minus annuntiarem omne consilium Dei vobis* (*Act.* XX). Docturus itaque iste poenitens vias Domini, recte petit ab his sanguinibus liberari, quibus pro iniqua interfectione, non solum Uriae, verum et aliorum erat infectus, de qualibus sanguinibus dicitur : *Viri sanguinum et dolosi non dimidiabunt dies suos* (*Psal.* LIV). Ergo *libera me de sanguinibus, Deus*, auctor vel dator *salutis meae* in praesenti per spem, et in futuro per rem : quia tu solus potes praestare salutem; qui de teipso alibi dicis : *Salus populi ego sum.* Nam *Domini est salus* (*Psal.* III), *qui salvat sperantes in se* (*Dan.* XIII). Et sic *exsultabit*, id est exsultanter annuntiabit, *lingua mea justitiam tuam.* Doctor enim non debet esse deses, sed alacer in docendo, ut proponat hilariter verbum Dei, sicut alibi legitur : *Exsultavi sub lingua mea* (*Psal.* LXV).

Et talis alacritas, quam non solum habere debet in corde, verum etiam ostendere debet in corpore, ut et motu oris, et gestu corporis attrahat auditores, quo illis magis est utilis, eo sibi amplius fructuosa. *Exsultabit* ergo, id est cum exsultatione cordis annuntiabit, *lingua mea justitiam tuam*, id est mandata tua quæ justa sunt. Unde *in tuis justificationibus meditabor, non obliviscar sermones tuos (Psal.* CXVIII).

Ad exprimendum autem intentionis ardorem, et mentis affectum, cum alacritate cordis et corporis, quæ in proponendo verbum Dei debet doctor habere, omnia in hoc loco loquendi commemorat instrumenta, videlicet os, linguam et labia, ut nihil in eo vacuum ab instructione proximi, et laudis Dei valeat inveniri. Os namque pronuntiat, lingua format, et labia verba concinnant. *Exsultabit* igitur *lingua mea justitiam tuam*, non tamen ex sua virtute sed tua; quia tu,

Domine, labia mea aperies, et os meum annuntiabit laudem tuam.

Non enim vos estis qui loquimini, ait Dominus, *sed Spiritus Patris vestri, qui loquitur in vobis* (*Matth.* X). *An experimentum*, inquit Apostolus, *quæritis ejus, qui in me loquitur Christus? (II Cor.* XIII.) Et alius: *Audiam quid loquatur in me Dominus Deus (Psal.* LXXXIV). Nam cujus labia non aperit Dominus, sed loquitur ex seipso, sibi, non Deo sapientiam et eloquentiam ascribendo (sicut hi qui dicebant: *Labia nostra a nobis sunt, quis noster Dominus est (Psal.* XI)? illius utique os non annuntiat humiliter laudem Dei, sed suam laudem jactanter extollit; et talis aut vix aut nunquam ædificat auditores: quia non illorum salutem, sed suam laudem exquirit. Prædicator itaque, secundum doctrinam Apostoli, *non insistat persuasibilibus humanæ sapientiæ verbis, sed ejus sit sermo in ostensione spiritus et virtutis*, ut per virtutem sermonis ostendat illum, qui in se loquitur spiritus (*I Cor.* II). Quod utique recte faciet, si *a Deo postulet sapientiam, qui dat omnibus affluenter, et non improperat (Jac.* I), et sic loquatur *quasi sermones Dei (I Petr.* IV). Qui cum in cordibus auditorum vim suæ virtutis fuerint operati, illum profecto spiritum ostendent, qui per os prædicatoris invisibiliter loquebatur. Ille est qui dicit: *Aperi os tuum, et ego adimplebo illud (Psal.* LXXX). Tu aperi, tanquam minister obediens, et ego adimplebo, tanquam magister erudiens. Tu ergo, *Domine, labia mea aperies*, quæ prius erant clausa propter peccata, et sic *os corporis proferet mentis arcanum*, quoniam *annuntiabit laudem tuam*, videlicet opera creationis et recreationis [*al.* opera Creatoris et creationis], quæ te super omnia laudabilem protestantur. Et nota quod tria debemus ex charitate diligere, Deum, nosipsos et proximum. *Diliges*, inquit Dominus, *Deum tuum ex toto corde tuo*; ecce primum: *et sicut teipsum*, ecce secundum: *diliges proximum*; ecce tertium (*Deut.* IV; *Matth.* XVII). Ad dilectionem vero proximi pertinet illud quod ait: *Docebo iniquos vias tuas, et impii ad te convertentur.* Ad dilectionem sui pertinet illud quod addit: *Libera me de sanguinibus, Deus, Deus salutis meæ.* Ad dilectionem Dei pertinet illud quod subdit: *Os meum annuntiabit laudem tuam.* Hoc est sacrificium laudis, de quo dixisti: *Sacrificium laudis honorificabit me; et illic iter est, quo ostendam illi salutare Dei* (*Psal.* XLIX). Ergo *immola Deo sacrificium laudis, et redde Altissimo vota tua* (*ibid.*).

Quoniam si voluisses sacrificium, dedissem utique, holocaustis non delectaberis.

Oraverat supra David prophetiæ sibi spiritum non auferri, et nunc ostenditur exauditus, quia de legalium sacrificiorum abolitione prophetat. *Quoniam si voluisses*, inquit, *sacrificium, dedissem utique*; pœnitens autem promiserat quod pro expiatione peccati sacrificium laudis offerret dicendo: *Domine, labia mea aperies, et os meum annuntiabit laudem tuam.* Et quasi quæreretur ab ipso: Cur sacrificium legis non offers? Respondet: Quia jam legalia sacrificia, et carnalia holocausta non sunt Deo placita vel accepta. *Quoniam si*, tu Deus, *voluisses sacrificium* legale a me accipere, *dedissem utique*, tuæ obediens voluntati: sed *holocaustis* carnalibus *non delectaberis*, maxime postquam unicum et verum sacrificium fuerit institutum. Inter holocausta vero et sacrificia hæc erat in lege veteri differentia, quod holocausta tota simul incendebantur, sic dicta ab *holo*, quod est *totum*, et *cauma*, quod est *incensum*; sacrificia vero cremabantur non tota, sed ex ipsis sacerdotibus offerentibus partes debitæ servabantur. Porro, inter illa vetera sacrificia et hoc novum, talis differentia est, quod illa significabant tantum et non justificabant, hoc autem et significat et justificat. Nam illa fiebant de irrationalibus animalibus, videlicet volucribus et pecoribus. *Impossibile est enim*, ut inquit Apostolus, *sanguine taurorum aut hircorum auferri peccata* (*Hebr.* X). Hoc solum non rationabile, sed etiam rationale, videlicet verus homo, idem ipse sacerdos et sacrificium, medicus et medicina, de quo idem dicit Apostolus: *Pascha nostrum immolatus est Christus* (*I Cor.* V): et ipsemet ait: *Qui manducat me, vivet vita propter me* (*Joan.* VI). Hoc utique sacrificium præfert significationem in spe, quæ significat; justificationem autem exhibet in re, quæ justificat; nam idem ipsum est et sacramentum et res, sed res unius et sacramentum alterius. Illa quidem fuerunt figura, et istud veritas: illa fuerunt umbra, et istud lumen; quia cum veritas venit, figura cessavit; et evanuit umbra, cum lumen effulsit, quemadmodum ipsa Veritas per hunc eumdem Psalmistam dixerat: *Sacrificium et oblationem noluisti, corpus autem perfecisti mihi. Holocausta etiam pro delicto non postulasti, tunc dixi: Ecce venio* (*Psal.* XXXIX). Utrum autem sacrificia opera fuerint meritoria, non immerito dubitatur, cum de his dicat Dominus per prophetam: *Dedi eis præcepta non bona et justificationes in quibus non vivant* (*Ezech.* XX). Propter quod etiam Apostolus ait, quia *lex* illa neminem *ad perfectum adduxit* (*Hebr.* vii). Unde per ipsum Psalmistam Dominus ait : *Non super sacrificia tua arguam te. Holocausta autem tua in conspectu meo sunt semper. Non accipiam de domo tua vitulos, neque de gregibus tuis hircos. Nunquid manducabo carnes taurorum, aut sanguinem hircorum potabo?* (*Psal.* xlix). Et per Isaiam prophetam Dominus dicit : *Qui immolat bovem, quasi qui interficit virum, et qui mactat pecus, quasi qui excerebret canem. Qui offert oblationem, quasi qui sanguinem suillum offerat. Qui recorda ur thuris, quasi qui benedicat idolo* (*Isa.* lxvi). Idem etiam per eumdem : *Quo mihi multitudinem victimarum vestrarum, dicit Dominus? Plenus sum, holocausta arietum et adipem pinguium, et sanguinem vitulorum, agnorum et hircorum nolui. Cum veneritis ante conspectum meum, quis quæsivit hæc de manibus vestris?* (*Isa.* i). Sic ergo hujusmodi sacrificia Deo non erant placita vel accepta, cum instituta fuerint, non ad præmium æternum merendum, sed ad rebellem et cervicosum populum edomandum et coercendum, ut his intenti sacrificiis, ad idololatriam non defluerent, ipsa transgressi graviter punirentur. Propter quod Petrus apostolus ait : *Quid tentatis imponere jugum super cervices discipulorum, quod neque patres nostri, nec nos portare potuimus?* (*Act.* xv). Quare illorum exsecutio videtur æternæ gloriæ meritoria non fuisse. Porro, cum præter prædictas causas ad significandum etiam fuerint instituta, et ab ipso Deo essent quæcunque de quacunque causa præcepta ; quicunque illa ex radice charitatis et virtute obedientiæ peragebant, videbantur procul dubio promereri : quoniam sic transgressio pœnam, observatio præmium merebatur. Dicatur ergo, si placet, quod illa mandata in se utique bona erant, sed illis erant non bona, qui ea indigne gerebant. Quibus improbat Dominus per prophetam : *Cum extenderitis manus vestras, avertam oculos meos a vobis; et : Cum multiplicaveritis orationem, non exaudiam : manus enim vestræ sanguine plenæ sunt* (*Isa.* i). Sicut de novo et vero sacrificio dicit Apostolus, quod *qui manducat indigne, judicium sibi manducat, non dijudicans corpus Domini* (*I Cor.* xi). Ad hunc itaque sensum sunt omnia prædicta testimonia referenda. Vel ad tempus gratiæ referuntur, quo post verum sacrificium institutum illa non erant ex debito sacrificia exercenda ; sicut etiam Apostolus ait superius, dicens : *Hostias et oblationes et holocaustomata pro peccato noluisti, nec placita sunt tibi, quæ secundum legem offeruntur, tunc dixi : Ego venio, ut faciam, Deus, voluntatem tuam : aufert primum, ut sequens statuat, in qua voluntate sanctificati sumus per oblationem corporis Jesu Christi.* (*Psal.* xxxvi; *Hebr.* x). Sic ubi ergo legatur, illa sacrificiorum opera meritoria non fuisse, intelligenda est generalitas cum exceptione paucorum : quoniam pene omnes non amore, sed timore opera illa exercebant, non ut liberi, sed ut servi, pœnam timentes, sed justitiam non amantes. Pauci vero

qui venerantes in eorum significatione mysterium, ea ex charitate propter obedientiam adimplebant, non solum temporalem pœnam vitabant, verum et vitam merebantur æternam. Quod autem sacrificium Deo semper placuerit, et post legem, et ante legem, et etiam inter legem, ostendit, cum subdit :

Sacrificium Deo spiritus contribulatus, cor contritum et humiliatum Deus non spernit [al. *despicies.*].

Possunt hic sex sacrificiorum et sex sacrificantium species denotari. Sacrificium laudis et legis, sacrificium pœnitentiæ et justitiæ, sacrificium perfectionis et prædicationis. De primo dicitur : *Os meum annuntiabit laudem tuam;* de secundo : *Quoniam si voluisses sacrificium, dedissem utique, holocaustis non delectaberis;* de tertio : *Sacrificium Deo spiritus contribulatus, cor contritum et humiliatum, Deus, non despicies;* de quarto dicitur : *Tunc acceptabis sacrificium justitiæ;* de quinto dicitur : *Acceptabis oblationes et holocausta;* de sexto dicitur : *Tunc imponent super altare tuum vitulos.* Primum est sacrificium confitentium, et secundum Hebræorum, tertium est sacrificium pœnitentium, et quartum justorum, quintum sacrificium contemplantium, et sextum doctorum, sicut in expositionis serie plenius ostendetur. Possunt et hic illa tria convenienter intelligi, quæ sunt in vera pœnitentia necessaria, videlicet, cordis compunctio, oris confessio et operis satisfactio, ut contribulatio referatur ad satisfactionem, contritio ad compunctionem, et humiliatio ad confessionem. Contribulatur enim spiritus, id est cum corpore tribulatur, quando sustinet compunctionis dolorem, humiliatur autem, cum sustinet confessionis pudorem. Contribulatur itaque spiritus ad puniendam operationem lascivam. Conteritur cor ad puniendam operationem iniquam. Et humiliatur os ad puniendum locutionem superbam. Tale utique sacrificium contribulati spiritus, contriti et humiliati cordis Deus non despicit, sed acceptat. Et ideo sacrificium Deo beneplacitum est, non hircus aut taurus, sed spiritus contribulatus. Unde tu, *Deus, cor contritum et humiliatum non despicies,* quin potius acceptabis.

Benigne fac, Domine, in bona voluntate tua Sion, ut ædificentur muri Hierusalem.

Quinta pars, ubi reprobata prius cum suis carnalibus sacrificiis Synagoga, orat David pro Ecclesia construenda, in qua spiritualia sacrificia Deo placita offerentur. Ipsam autem Ecclesiam tribus designat vocabulis, appellans illam Sion, Hierusalem et altare, propter tres ordines qui sunt in Ecclesia, regularem, laicalem et clericalem, qui alibi designantur per Noe, Danielem et Job, quos vidit propheta salvandos. Et in Evangelio, duo in agro, duo in mola, et duo in lecto, existere perhibentur (*Matth.* xxiv). Vita regularis est contemplativa et spiritalis. Et talem vitam gerentes habitant inferius in civitate Hierusalem. Vita clericalis quasi mista est et communis. Et talem vitam gerentes ministrant in medio ad altare ; quia hæc partim est sæcularis, in quantum mundana possidet, et partim est similiter spiritalis, in quantum divina ministrat. Unde ipsum templum ubi erat altare, in medio consistebat inter montem Sion, qui praeeminebat superius, et civitatem Hierusalem, quae inferius subsistebat. Ergo *benigne fac, Domine, Sion,* id est Ecclesiae, quae nunc speculatur per fidem, et tandem per speciem contemplabitur; quia *videmus nunc per speculum in aenigmate, tunc autem videbimus facie ad faciem* (*I Cor.* XIII).

Sion, qui *specula* vel *speculatio* interpretatur, benigne fac, inquam, *in bona voluntate tua,* hoc est juxta tuae beneplacitum voluntatis, vel in Spiritu sancto tuo, qui est bona tua voluntas. Nam in sancta individua Trinitate, Patri appropriatur mens, Filio ratio et Spiritui sancto voluntas. *Ut aedificentur muri Hierusalem,* sancti videlicet, qui muniunt Hierusalem, id est Ecclesiam, de quibus legitur : *Lapides pretiosi omnes muri tui* (*Isa.* LVI). Et alibi : *Super muros tuos, Hierusalem, constitui custodes* (*Isa.* LXII). Sed et Christus est murus murorum, de quo legitur : *Urbs fortitudinis nostrae Sion, salvator ponetur in ea murus* (*Isa.* XXVI). Istorum sane murorum primum et praecipuum fundamentum, quasi fundamentum fundamentorum, est Christus, de quo dicit Apostolus : *Fundamentum positum est, praeter quod aliud poni non potest, quod est Christus Jesus* (*I Cor.* III). Secunda vero et secundaria fundamenta sunt apostoli, de quibus idem Apostolus ait : *Superaedificati estis supra fundamentum apostolorum et prophetarum* (*Ephes.* II); et alibi : *Fundamenta ejus in montibus sanctis* (*Psal.* LXXXVI). Lapides vero sunt universi fideles, de quibus legitur : *Sternam per orbem lapides pretiosos* (*Isa.* LIV). Hi sunt lapides quos ferrum non tetigit, de quibus Dominus aedificari sibi praecepit altare. Sed et Christus est lapis lapidum, qui secundum prophetam, de monte sine manibus est excisus. De quo dicit ipse Psalmista : *Lapidem quem reprobaverunt aedificantes, hic factus est in caput anguli* (*Psal.* CXVII). Caementum vero, quo spirituales lapides connectuntur, est glutinum charitatis, quod designatum est per illum bitumen, quo diversae tabulae fuerunt conjunctae in arca Noe, quo et ipsa arca linita fuit intus et extra, de quo dicit Apostolus : *Charitas Dei diffusa est in cordibus nostris, per Spiritum sanctum, qui datus est nobis* (*Rom.* V.) Sed et Christus est charitas, quasi glutinum, de quo Joannes apostolus ait : *Deus charitas est, et qui manet in charitate; in Deo manet, et Deus in eo* (*I Joan.* IV). Ergo *benigne fac Sion,* id est ordini praelatorum, qui positi sunt in specula, sicut dicitur ad prophetam : *Fili hominis, speculatorem dedi te domui Israel* (*Ezech.* III), ut per eos *aedificentur muri Hierusalem,* id est universitas fidelium in Ecclesia disponatur. Hierusalem quippe *visio pacis* interpretatur. Haec est Ecclesia, quae licet nunc pacem exteriorem non videat, videt tamen interiorem, de qua Dominus ait : *Pacem meam do vobis, pacem relinquo vobis. Non quomodo mundus dat, ego do vobis* (*Joan.* XIV). Et tandem videbit superiorem, de qua dicit Dominus per Psalmistam : *In pace in idipsum, dormiam et requiescam* (*Psal.* IV).

Tunc acceptabis sacrificium justitiae, oblationes et holocausta, tunc imponent super altare tuum vitulos.

Istud *tunc* potest respicere vel ad statum Jerusalem terrestris, id est Ecclesiae militantis, cui dicitur : *Surge, illuminare, Jerusalem, quia venit lumen tuum, et gloria Domini super te orta est* (*Isa.* LX) ; vel ad statum Jerusalem coelestis, id est Ecclesiae triumphantis, de qua dicitur : *Illa quae sursum est Jerusalem mater nostra* (*Galat.* IV). *Tunc* ergo, videlicet cum aedificati fuerint muri Jerusalem, id est cum Ecclesia gentium collecta fuerit et disposita, tu Deus *acceptabis sacrificium justitiae,* id est spirituale sacrificium, quod in ea offerent tibi justi. Nam etsi quaelibet virtus suum offerat sacrificium, quia suum exhibet sacrum factum : in communi tamen cujuslibet opus virtutis, sacrificium justitiae appellatur, quia justitia communis est virtus; unde omnes virtuosi dicuntur justi. Porro, sunt carnalia Judaeorum holocausta, in quibus Dominus non delectatur, sicut praedictum est : *Holocaustis non delectaberis;* et sunt holocausta Christianorum spiritualia, quae Deus acceptat, de quibus hic dicitur : *Acceptabis oblationes et holocausta,* id est eos qui se offerunt tibi in holocaustum, videlicet viros perfectos, qui se igne charitatis in amorem tuum totos incendunt, pro te omnia dimittentes, et inhaerentes penitus tibi soli, tuae tantum contemplationi vacando. Potest autem inter oblationes et holocausta distingui, ut per oblationes perfecti, et per holocausta perfectissimi designentur. *Tunc* etiam hi, ad quos Ecclesiae dispositio pertinet, id est majores praelati, *imponent vitulos,* non quales vaccae fetae domi conclusos dimiserant, pergentes uno itinere Bethsamet (*I Reg.* VI), et quales pro peccato sacerdotis et multitudinis Deus offerri praecepit. *Imponent,* inquam, *vitulos,* id est praedicatores moribus innocentes et mugitibus personantes, de qualibus dicitur : *In omnem terram exivit sonus eorum, et in fines orbis terrae verba eorum* (*Psal.* XVIII). *Super altare,* id est super Ecclesiam constituendo illos rectores et doctores Ecclesiae, juxta quod legitur : *Super montem excelsum ascende tu, qui evangelizas Sion* (*Isa.* XL). Similes illi vitulo, qui unum est de quatuor animalibus, quae secundum visionem Ezechielis principales praedicatores, id est quatuor Evangelistas designant (*Ezech.* I) ; de qualibus legitur jam adultis : *Boves arabant, et asinae pascebantur juxta eos* (*Job* I) ; de quibus dicitur per prophetam : *Salietis sicut vituli de armento* (*Malach.* IV) De hoc altari Dominus praecepit : *Si altare lapideum feceris mihi, non aedificabis illud de sectis lapidibus* (*Exod.* XX). Nam qui multitudinem fidelium Deo congregat, debet cavere prudenter, ne congreget illam de personis per haeresim aut schisma divisis, sed per fidem et charitatem unitis. Vel per vitulos possunt intelligi martyres, et per altare, fides, de qua Dominus jubet : *Altare de terra facietis mihi* (*ibid.*).

Hæc est fides incarnationis et mortis Christi, quam secundum terrenam substantiam ipse suscepit. Ergo *imponent vitulos*, id est martyres, qui mactabantur propter fidem incarnationis et mortis Christi, *super ipsum altare fidei* : quia fundamentum martyrii fides est, de qua dicit Apostolus : *Fides est substantia rerum sperandarum, argumentum non apparentium* (*Hebr.* xi). Tales utique imitantur illum vitulum saginatum, qui pro reversione filii prodigi est occisus (*Luc.* xv); de qualibus Veritas ait : *Tauri mei et altilia mea occisa sunt* (*Matth.* xxii); de quibus etiam dicit ipse Psalmista : *Confringet Dominus cedros, et comminuet eos tanquam vitulum Libani* (*Psal.* xxviii). Quid est autem quod in Apocalypsi Joannes apostolus dicit : *Vidi subtus altare animas interfectorum propter verbum Dei, et propter testimonium quod habebant?* (*Apoc.* vi .) Sed aliud est istud, et aliud illud altare; super illud in via passi sunt martyres, et sub isto in patria requiescunt. Si vero accipiatur hoc non de statu qui est in via, sed de statu qui est in patria, sic sane potest intelligi : *Tunc*, id est in futuro sæculo, *acceptabis sacrificium justitiæ*, id est justissimæ laudis ; quia tunc sancti te justissime laudabunt liberati per te ob omni corruptione animarum et corporum, duplicibus stolis induti, videlicet stola glorificationis in corpore, ac stola glorificationis in mente. *Tunc etiam acceptabis oblationes et holocausta*, id est majores et minores electos, quia *stella differt a stella in claritate* (*I Cor.* xv), totos in te igne charitatis incensos : quia tunc electi te diligent *ex toto corde, ex tota mente, ex tota anima* (*Matth.* xxii), id est intellectu, sine errore, memoria, sine oblivione, ac voluntate, sine contrarietate ; quoniam nihil omnino volent, nisi quod te velle cognoscent. Et tunc angeli messores *imponent vitulos*, id est sanctos absque ullo jugo peccati, *super altare tuum*, id est super Ecclesiam triumphantem, quæ est supremum altare post individuam Trinitatem, de qua legitur : *Non ascendes ad altare meum per gradus* (*Exod.* xxix): quia in ipsa individua Trinitate gradus constituere non debemus, ut dicamus Patrem majorem, Filium minorem, et minimum Spiritum sanctum, sicut impius asserit Arianus. Ad altare vero Ecclesiæ triumphantis per gradus ascenditur, id est per differentias meritorum ; de quibus legitur : *Deus in gradibus ejus cognoscetur, dum suscipiet eam* (*Psal.* xlvii). Isti *super altare* cordis, de quo Dominus ait : *Ignis in altari meo semper ardebit* (*Levit.* vi), *imponent vitulos* labiorum, id est perfectissimas Dei laudes. Nam *Beati qui habitant in domo tua, Domine, in sæcula sæculorum laudabunt te* (*Psal.* lxxxiii).

Ecce psalmus iste a culpa incipit et miseria, et in gloriam desinit et lætitiam : quia de miseria peccatorum per veram ascenditur pœnitentiam ad gloriam beatorum.

In psalmum quintum pœnitentialem Elucidatio. — Titulus autem hujus psalmi talis est : Oratio pauperis cum anxiaretur, et in conspectu Domini effunderet precem suam. — *Tituli ejusdem explicatio.*

Per hominem pauperem humilis pœnitens in titulo designatur, qui pro suis anxiatur miseriis, et effundit in conspectu Domini preces suas. Est autem paupertas bona et mala, et media. Bona paupertas humilitatis, mala paupertas cupiditatis, et media paupertas necessitatis. Prima facit pauperes Christi, secunda Zabuli, tertia pauperes mundi. De primis dicitur : *Pauper et inops laudabunt nomen tuum* (*Psal.* lxxiii); et : *Beati pauperes spiritu, quoniam ipsorum est regnum cœlorum* (*Matth.* v). De secundis : *Nescis quia tu es pauper et miserabilis* (*Apoc.* iii); et : *Pauperes facti sumus nimis* (*Psal.* lxxviii). De tertiis : *Pauper etiam amico suo est odibilis* (*Prov.* xiv); et: *Pauperes semper habebitis vobiscum, me autem non semper habebitis* (*Matth.* xxvi). Ipse quoque Christus, cum verus sit Deus, et verus homo, simul in unum est dives et pauper, qui de se dicebat : *Pauper et dolens ego sum* (*Psal.* lxviii). Nam *vulpes foveas habent, et volucres cœli nidos, filius autem hominis non habet ubi caput suum reclinet* (*Matth.* viii; *Luc.* ix); unde : *Beatus qui intelligit super egenum et pauperem* (*Psal.* xl.) : quia ipse dives pro nobis factus est pauper, ut nos pauperes, in se faceret divites. Nostras enim paupertates accepit, et divitias suas nobis dedit : quoniam ex quo descendit in terram, ut Deus cum hominibus negotium exerceret, aliter cum eis negociari non potuit, nisi merces eorum reciperet et retribueret eis suas. Divites itaque dedit merces quas habebat, et recepit pauperes quos invenit. Dedit virtutes divinas, et recepit defectus humanos : assumpsit servitutem, et contulit libertatem : et ut multa breviter perstringam, accepit mortem et dedit vitam : largitus est gloriam, et sortitus est miseriam, propter quod humilis pœnitens hujusmodi negotium prosequens in hoc psalmo, prius exprimit humanam miseriam, ac inde gloriam divinam exponit.

Psalmi centesimi primi in ordine Psalmorum, in ordine vero pœnitentialium quinti explicatio.

Domine, exaudi orationem meam, et clamor meus ad te perveniat [*al.* veniat].

Psalmus iste in ordine Psalmorum pœnitentialium est quintus, viginti quinque [*al.* viginti novem] continens versus, in quinque quinarios dividendos, et in principio seriatim quinque petitiones exponit, ut quinarii sacramentum per omnia commendetur, quod Ezechiel (cap. x) expresse commendat in descriptione templi, dicens vestibulum templi per gyrum esse in longitudine viginti quinque cubitorum, et in latitudine quinque. Sane quia quinarius per se ductus semper in seipsum reducitur, æternitatem designat, quæ in se permanens semper eadem perseverat. Hanc psalmus iste in quinque locis commemorat. Primo : *Tu autem Domine in æternum permanes, et memoriale tuum in generatione et generationem*; secundo : *Ne revoces me in dimidio dierum meorum, in sæculum sæculi anni tui*; tertio : *Ipsi peribunt, tu autem permanes*; quarto : *Tu autem, Domine, idem ipse es, et anni tui non deficient*; quinto : *Filii servorum tuorum inhabitabunt ibi* [al. *tibi*], hoc est in annis tuis. Unde subjungitur : *Et semen eorum in sæculum sæculi dirigetur*. Ad hoc igitur designandum psalmus iste viginti quinque [al. viginti novem] continet versus, qui redduntur ex quinario per seipsum multiplicato, et in seipsum reducto. In primo quinario pœnitens formam orationis, et causam exauditionis exponit. De forma orationis præmittit : *Domine, exaudi orationem meam*; de causa exauditionis subjungit : *Quia defecerunt sicut fumus dies mei*; quinquies autem formam orationis sine aliqua interpositione multiplicat. Primo : *Exaudi orationem meam*; secundo : *Clamor meus ad te veniat*; tertio : *Ne evertas faciem tuam a me*; quarto : *Inclina ad me aurem tuam*; quinto : *Velociter exaudi me* : ut unum idemque toties replicando, patenter ostendat quanta supplicationis instantia, quove devotionis affectu Deum debemus orare. Verumtamen et illud innuit, quod interdum aliquis tam exiliter orat ut ejus oratio non possit exaudiri. Nonnunquam autem fortiter clamat, sed clamor ejus non permittitur ad principem pervenire. Aliquando etiam clamor pervenit ad principem, sed ipse a precibus aurem avertit. Quandoque vero aures inclinat, cum exigit opportunitas, sed nimis differt exaudire precantem. Ad removendum igitur hæc quinque impedimenta, pœnitens iste toties orationem multiplicat dicens : *Domine, creator et recreator, exaudi orationem meam*, quæ non exigua, vel exilis, sed clara pariter et clamosa. Ideoque *clamor meus ad te perveniat*, et cum pervenerit, *ne avertas faciem tuam a me*, sed cum aurem inclinaveris, *inclina eam in tempore opportuno*. Et ideo, *in quacunque die tribulor, inclina ad me aurem tuam*, et cum tempus opportunum aderit, non diu differas exaudire. Ideoque *in quacunque die invocavero te, velociter exaudi me*. Ostendit hic pœnitens preces suas esse dignas, devotas, gratas, necessarias et humiles, opportunas et efficaces. Ergo quia dignæ sunt, *Exaudi orationem meam*. Quia devotæ sunt, *Clamor meus ad te veniat*. Quia gratæ sunt, *Ne avertas faciem tuam a me*. Item quia necessariæ sunt et humiles, *In quacunque die tribulor, inclina ad me aurem tuam*. Et quia sunt opportunæ et efficaces, *In quacunque die invocavero te, velociter exaudi me*. Ait ergo : *Domine, exaudi orationem meam, et clamor meus ad te perveniat*. Clamor hic non tam vocis intentio, quam cordis devotio debet intelligi. Sic clamavit Susanna, *quæ flens suspexit in cœlum : erat enim cor ejus fiduciam habens in Domino, et ideo exaudivit Dominus vocem ejus* (*Dan.* xiii). *Clamor* itaque *meus ad te perveniat*, non sicut clamor Sodomorum, qui te provocavit ad iram (*Gen.* xviii), sed sicut clamor Ninivitarum, qui te ad indulgentiam inclinavit (*Jon.* iii). Cæterum tria sunt quæ impediunt, ne clamor perveniat ad Altissimi aures, ut exaudiatur ab eo, videlicet sartago, murus, et nubes. De sartagine legitur : *Et tu, fili hominis, sume tibi sartaginem ferream, et pones eam inter te et inter civitatem, et obfirmabis faciem tuam ad eam* (*Ezech.* iv); de muro dicitur : *In te eripiar a tentatione, et in Deo meo transgrediar murum* (*Psal.* xvii); de nube scribitur : *Opposuisti nubem tibi ne transeat oratio* (*Thren.* iii). Quia hæc sunt exposita non sunt hic iterum repetenda. Sequitur :

Ne avertas faciem tuam a me; in quacunque die tribulor, inclina ad me aurem tuam.

In quacunque die invocavero te, velociter exaudi me.

Faciem quidem severitatis et animadversionis averte, sed faciem benignitatis et propitiationis ostende. De illa legitur : *A facie tua non abscondar, a facie iræ tuæ* (*Job* xiii). Ab hac facie Adam cum uxore sua se voluit abscondere in medio paradisi; sed profecto non potuit, propter illud quod legitur : *Quo ibo a spiritu tuo, et quo a facie tua fugiam ?* (*Psal.* cxxxviii). De ista dicitur : *Cur faciem tuam abscondis ? Ostende nobis faciem tuam, et salvi erimus* (*Psal.* lxxix). Juxta quod inquit Jacob : *Vidi Dominum facie ad faciem, et salva facta est anima mea* (*Gen.* xxxii). Facie ad faciem, est corporalis ad spiritualem perductio, sicut alibi dicitur : *Quia vidisti me, credidisti* (*Joan.* xx). Ergo ne avertas faciem tuam a me, sed *averte faciem tuam a peccatis meis* (*Psal.* l), quia non naturam odisti, sed culpam. *Nihil enim odisti eorum quæ fecisti*, Domine (*Sap.* xi). Quia vero frequenter tribulor, et in corpore et in mente, tam a dæmone, quam ab homine, a mundo et carne, idcirco *in quacunque die tribulor, inclina*, sublimis ad humilem, *aurem tuam*, id est benignitatis auditum. *In quacunque die invocavero te, velociter exaudi me*, ut tua impleatur promissio. Adhuc te loquente, dicam : *Ecce adsum* (*Gen.* xlvi).

Quia defecerunt sicut fumus dies mei, et ossa mea sicut in frixorio confrixa sunt [al. *cremium aruerunt*].

Exponit miserias quas patitur in seipso, videlicet brevitatem vitæ, unde : *Defecerunt sicut fumus dies mei*. Anxietatem animæ suæ, unde : *Ossa mea sicut in frixorio confrixa sunt*. Ariditatem cordis, unde : *Percussus sum sicut fenum, et aruit cor meum*. Et debilitatem corporis, unde : *Oblitus sum manducare panem meum* : et sic *a voce gemitus mei adhæserunt ossa mea carni meæ*, sumque attenuatus *sicut pellicanus in solitudine, sicut nycticorax in domicilio, et passer unicus in ædificio*, quæ ad litteram sunt aves nimis macilentæ. Debes ergo velociter exaudire, quia *defecerunt sicut fumus dies mei*. Est fumus spirationis, unde : *Quæ est ista, quæ ascendit sicut virgula fumi, ex aromatibus myrrhæ et thuris ?* (*Cant.* III). Orationis, unde : *Ascendit fumus aromatum in conspectu Domini de manu angeli* (*Apoc.* VIII). Compunctionis, unde : *Tange montes, et fumigabunt* (*Psal.* CXLIII). Contemplationis, unde : *Domus completa est fumo* (*Isa.* VI). Et : *Populus videbat montem fumigantem* (*Exod.* XX). Item fumus defectionis, unde : *Sicut fumus deficit, deficiant* (*Psal.* XXXVI). Admonitionis, unde : *Tria sunt quæ expellunt hominem de domo : fumus, stillicidium, et mala uxor*. Elationis, unde : *Lux impii sicut procella, dies ejus sicut fumus qui spargitur* (*Sap.* V). Simulationis, unde : *Lignum fumigans non exstinguetur* (*Isa.* XLII). Corruptionis, unde : *De fumo putei exierunt locustæ* (*Apoc.* IX). Damnationis, unde : *Ascendit fumus eorum in generatione, et desolabitur in sæcula sæculorum* (*Apoc.* XIX). Dies itaque *mei defecerunt sicut fumus*, hoc est velociter vita mea transit, sicut fumus velociter evanescit. Juxta quod legitur : *Quid est vita nostra? Vapor ad modicum parens* (*Jac.* IV). Et alibi dicitur : *Dies mei velocius transierunt, quam a texente tela succiditur* (*Job* VII). Vel quia fumus elationis, quo Adam fuit inobediens Creatori, causa exstiterat propter quam homo necessitati addictus est moriendi, *dies mei defecerunt sicut fumus*, id est ad similitudinem fumi, qui hunc defectum induxit. Nam vita decrescendo declinat, sicut fumus deficit ascendendo. Moraliter autem dies illius deficiunt, cujus conversatio a fructu boni operis est inanis. Et *ossa mea sicut in frixorio confrixa sunt*, id est vires animæ meæ contritæ sunt præ angustia, quasi in frixorio, sicut caro uritur in sartagine, juxta quod alibi legitur : *Ossa mea aruerunt præ caumate* (*Job* XXX). Nam cum anima premitur et affligitur, vires animæ contrahuntur et siccantur, præsertim ex recordatione peccati, et timore judicii : quia tunc homo frigitur, cum se timet arsurum. Moraliter autem *ossa mea*, id est interiora, sunt confrixa, hoc est compassione proximorum afflicta; sicut aiebat Apostolus : *Quis infirmatur, et ego non infirmor? Quis scandalizatur, et ego non uror?* (*II Cor.* II.) Nam scandalum proximorum, frixorium est justorum. Volens autem ostendere unde sibi defectus dierum, et frixura ossium provenerit, subjungit :

Percussus sum ut fenum, et aruit cor meum, quia oblitus sum comedere panem meum.

Omnia pene mea sonant miseriam, defectus, frixura, percussio, ariditas, oblivio, gemitus, et macies, quæ notantur, cum dicitur : *Adhæserunt ossa mea carni meæ;* quia caro mea attenuata et desiccata per maciem, quasi transisse videtur in ossa. Unde pauper iste merito anxiatur et ait : *Percussus sum mortis sententia in Adam*, dicente Domino : *Quacunque die comederis, morte morieris* (*Gen.* II). A quo in posteros est materia propagata. *Percussus sum sicut fenum,* id est ad similitudinem feni, quod antequam percutiatur, viret et floret : ubi vero percutitur, decidit et arescit; sic homo antequam peccaret, stabat rectus et innocens : ubi vero peccavit, cecidit miserabilis et infelix. Vel percussus sum veneno serpentis, id est suggestione diaboli, promittentis : *Eritis sicut dii, scientes bonum et malum* (*Gen.* III). Percussus, inquam, ut fenum, quia revera sum fenum, id est fragilis et mortalis. Nam *omnis caro fenum, et omnis gloria ejus quasi flos feni* (*I Petr.* I), quod *hodie viret, et cras mittitur in clibanum* (*Matth.* VI). Sic homo nunc vivit, et mox in infernum demergitur. Est enim fragilitas carnis, unde : *Omnis caro fenum;* et : *Vere fenum est populus* (*Isa.* XL). Viriditas mentis, unde : *Florebunt sicut fenum terræ* (*Psal.* LXXI); et : *Producit in montibus fenum* (*Psal.* CXLVI). Vanitas cordis, unde : *Præcordia fatui sicut rota carri* (*Eccli.* XXXIII), quæ portat fenum et semper murmurat. Carnalis homo, unde : *Fenum ut bos comedet* (*Job* XL). Ipsa quoque humanitas Christi, unde : *Producens fenum jumentis, et herbam servituti hominum* (*Psal.* CIII); quia Christus tanquam fenum fuit in præsepio reclinatus.

Et aruit cor meum, quia sterilitate peccati viriditatem, id est virtutem amisit. Homo namque peccando spoliatus est gratuitis, et in naturalibus vulneratus, et sic relictus est semivivus. Redde singula singulis, quia *percussus sum sicut fenum, defecerunt sicut fumus dies mei, et quia cor meum aruit, ossa mea sicut cremium aruerunt*, et hoc inde provenit, *quia oblitus sum manducare panem meum*. Homo namque cibum sibi prohibitum manducavit, et panem sibi a Deo datum, hoc est verbum sibi a Deo dictum, manducare, id est custodire, neglexit. *De ligno*, inquit, *scientiæ boni et mali ne comedas* (*Gen.* II). *Non enim in solo pane vivit homo, sed in omni verbo Dei* (*Matth.* IV). Panis quippe multipliciter accipitur in Scripturis. Ipse Christus secundum divinitatem, unde : *Panem angelorum manducabit homo* (*Psal.* LXXVII); et : *Panem de cælo præstitisti eis, habentem omne delectamentum in se, et saporis omnis suavitatem* (*Sap.* XVI). Idem secundum humanitatem, unde : *Ego sum panis vivus qui de cælo descendit* (*Joan.* VI); et ejus caro, unde : *Panis quem ego dabo, caro mea est pro mundi vita* (ibid.) Æterna beatitudo, unde : *Beatus qui manducabit panem in regno Dei* (*Luc.* XIV). Cœleste desiderium, unde : *Panem desiderabilem non comedi* (*Dan.* X). Universalis Ecclesia, unde : *Unus panis et unum corpus sumus in Christo* (*I Cor.* X). Bonum opus, unde : *Panem nostrum comedemus* (*Isa.* IV); et : *Comedetis azymos panes cum lactucis agrestibus* (*Exod.* XII). Sacra Scriptura, unde : *Parvuli petierunt panem, et non erat qui frangeret eis (Thren. IV)*; et : *In sudore vultus tui vesceris pane tuo (Gen. III)*. Verbum Dei, unde : *Non in solo pane vivit homo, sed in omni verbo quod procedit de ore Dei (Matth. IV)*; et : *Cibabit illum pane vitæ (Eccli. XV)*. Vera pœnitentia, unde : *Surgite postquam sederitis, qui manducatis panem doloris (Psal. CXXVI)*; et : *Fuerunt mihi lacrymæ meæ panes die ac nocte (Psal. XLI)*. Sincera charitas, unde : *Si petierit panem, nunquid lapidem dabit illi? (Matth. VII)*. Robur mentis, unde : *Panis confirmat cor hominis (Psal. CIII)*; et : *Omne firmamentum panis contrivit (Psal. CIV)*. Donum Spiritus sancti, unde : *Pauperes ejus saturabo panibus (Psal. CXXXI)*. Præterea, panis est hæreticorum doctrina, unde : *Suavis est homini panis mendacii (Prov. XX)*; et : *Cum se moverit ad quærendum panem, novit quod paratus sit in manu ejus dies tenebrarum (Job XV)*. Hypocritarum vita, unde : *Ephraim factus est subcinericius panis, qui non reversatur (Ose. VII)*. Delectatio peccati, unde : *Panis absconditus est suavior (Prov. IX)*; et : *Venite, edite panes occultos (ibid.)*. Sæcularis jucunditas, unde : *Panis eorum vertetur in fel aspidum (Job XX)*.

A voce gemitus mei adhæsit os meum carni meæ.

Ergo percussus sum sicut fenum, et aruit cor meum, quia oblitus sum comedere panem meum, id est quia non retinui firmiter in memoria Dei verbum, nec custodivi. Quare *a voce gemitus mei*, hoc est a suggestione diaboli, qui est gemitus meus, id est causa cur gemam, *adhæsit os meum carni meæ*, id est ratio sensualitati consensit, quando vir uxori acquievit. *Mulier*, inquit, *quam dedisti mihi, dedit mihi de ligno, et comedi (Gen. III)*. Vel quia verbum Dei non custodivi, *a voce gemitus mei adhæserunt ossa mea carni meæ*, quoniam *spiritus tristis exsiccat ossa (Prov. XVII)*. In Christo autem *adhæsit os carni*, quando divinitas est unita humanitati, quoniam *Verbum caro factum est (Joan. I)*. In Ecclesia vero *adhæsit carni*, quando fortes supportant infirmos, juxta quod dicit Apostolus : *Nos firmi debemus infirmitatem infirmorum portare (Rom. XIV)*. Sequitur :

Similis factus sum pellicano solitudinis, factus sum sicut nycticorax in domicilio.

Vigilavi, et factus sum sicut passer unicus in ædificio [al. *solitarius in tecto*].

Distinguit hoc loco Psalmista tres aves, pellicanum, nycticoracem, et passerem; solitudinem, domicilium, et ædificium sive tectum. Pellicanus avis est macilenta in solitudine manens; nycticorax die quiescit, et nocte vigilat, in parietibus habitans, et tristem vocem emittens; passer est libidinosus et callidus, sed castus efficitur, cum in ædificio manet solus. Per has tres aves, tres manerieis pœnitentium denotantur. Quidam enim pro agenda pœnitentia omnino deserunt sæculum; quidam autem adhuc manent in sæculo; alii vero partim sæculum deserunt, et partim manent in sæculo. Qui pro agenda pœnitentia transit de mundo ad solitudinem, ibique attenuatur vigiliis, et jejuniis, aliisque macerationibus corporis, et contritionibus cordis, habens quasi pellem pro carne, is profecto *similis est pellicano in solitudine* permanenti. Qui vero gemens et plorans a sæculari conversatione se subtrahit, et a placitis abstinens, tentationis vitat insidias, quasi noctis curam agendo, is incunctanter *quasi nycticorax in domicilio* satagit vigilare. Porro qui libidinis opera deserit, et castitatis amplectitur cœlibatum, is utique factus est *sicut passer*, non jam libidinosus, sed *unicus*, id est castus, a passione ignominiæ liberatus, manens in ædificio vel in tecto, de quo Dominus ait : *Qui in tecto est, non descendat aliquid tollere de domo (Matth. XXIV)*. Ut omnis ædificatio constructa crescat in templum sanctum in Domino (Ephes. II). Ait itaque pœnitens generalis : *Similis factus sum pellicano in solitudine*, quantum ad primam maneriem pœnitentium : et *sicut nycticorax*, quantum ad alteram : et *sicut passer unicus in ædificio*, quantum ad tertiam.

Potest et aliter hoc exponi, ut intelligatur prius exprimere culpam, quam indigne commisit, et pœnitentiam, quam digne peregit, ad similitudinem primi hominis, id est Adæ, ac deinde tentationes quas a diabolo passus est, et persecutiones quas sustinuit ab hominibus, ad similitudinem secundi hominis, id est Christi, ut talis sit sensus : *Percussus sum* suggestione diaboli, *sicut fenum*, id est Adam, qui revera fenum fuit, quia mane creationis floruit in virtutibus, vespere transgressionis cecidit in miseriam. *Et aruit cor meum* in sterilitate peccati, *quia oblitus sum manducare panem meum*, id est observare mandatum Domini, sicut Adam, qui neglexit custodire præceptum Dei, dicentis ad ipsum : *De ligno scientiæ boni et mali ne comedas (Gen. III)*. Culpam autem cognoscens, pœnitui, quoniam *a voce gemitus mei adhæserunt ossa mea carni meæ*. Fuit ergo mihi gemitus compunctionis in corde, de quo processit vox confessionis in ore, ac deinde afflictio satisfactionis in opere, quia districtum egi jejunium; unde : *Adhæserunt ossa mea carni meæ*. Post jejunium vero tentatus fui a diabolo, sicut Christus, in tribus vitiis, in deserto de gula, in monte de avaritia, et in templo de jactantia seu superbia. Christus enim fuit *quasi pellicanus in solitudine*, quando jejunavit in deserto quadraginta diebus et quadraginta noctibus, et postea esuriit *(Matth. IV)*. Nam pellicanus nimia conficitur macie in solitudine manens. Idem fuit *sicut nycticorax in domicilio*, quando in supercilio montis ostendit ei diabolus omnia regna mundi. Nycticorax enim limpidissimum habet intuitum, unde clare videt et in nocte. Ipse quoque fuit *sicut passer unicus in ædificio*, sive *solitarius in tecto*, solus de patre, solus de matre. De patre sine matre, de matre sine patre. Solitarius in utero, solitarius in sepulcro. Et sicut ipse testatur : *Nemo ascendit in cœlum, nisi qui descendit de cœlo, filius hominis, qui est in cœlo (Joan.*

III). Nec tantum tentationes passus sum a diabolo, sicut Christus, sed et ab hominibus, sicut et ipse sustinuit a Judaeis; quia *tota die exprobrabant mihi inimici mei, et qui laudabant me, adversum me jurabant.* Licet autem verbum *vigilavi* ponatur in medio, pertinet tamen non solum ad medium, verum etiam ad primum et ultimum, ut dicatur: *Similis factus sum pellicano in solitudine. Vigilavi, et factus sum sicut passer unicus in ædificio,* quia quilibet in quolibet loco vigilare tenetur contra dæmones, mundum et carnem. Non sit igitur eremita in solitudine securus, nec monachus securus in claustro, quia tentatus est Adam in paradiso et Jesus in deserto. Sane vigilat Deus, vigilat angelus, vigilat homo, vigilat Zabulus. Deus vigilat per misericordiam et justitiam, ad indulgendum et puniendum, unde : *Cum accesseris ad Dominum, statim evigilabit ad te (Job* VIII). Item : *Vigilavit Dominus super malitiam, et adduxit super nos illam (Dan.* IX). Propter quod ipse dicitur *virga vigilans (Jer.* I). Vigilat angelus per diligentiam et cautelam, ad custodiendum et adjuvandum, unde : *Vigil et sanctus de cœlo descendit (Dan.* IV) et : *In sententia vigilum decretum est (ibid.).* Homo vero per circumspectionem, unde : *Pastores erant in regione eadem vigilantes, et custodientes vigilias noctis super gregem suum (Luc.* II). Per informationem, unde : *Angelo Sardis Ecclesiæ scribe : Esto vigilans et confirma cætera quæ erant moritura (Apoc.* III). Per prædicationem, unde : *Vigila in omnibus, labora, opus fac evangelistæ (II Tim.* IV). Per orationem, unde : *Vigilate et orate, ne intretis in tentationem (Matth.* XXVI). Per contemplationem, unde : *Ego dormio, et cor meum vigilat (Cant.* V). Per attentionem, unde : *Beatus qui vigilat ad fores sapientiæ, et observat ad postes tabernaculi mei (Prov.* VIII). Zabulus autem vigilat ad nocendum et seducendum. Unde Petrus admonet dicens : *Sobrii estote et vigilate, quia adversarius vester diabolus, tanquam leo rugiens, circuit quærens quem devoret, cui resistite fortes in fide (I Petr.* V). Vigilat etiam cum facit homines in malitia vigilare, unde : *Non dormiunt, nisi malefecerint, et rapitur somnus ab eis, nisi supplantaverint (Prov.* IV). Ipsa quoque malitia dicitur vigilare, cum vigilat quis in ea, unde : *Vigilavit jugum iniquitatum eorum (Thren.* I). Ergo *Evigilate, justi, et nolite peccare (I Cor.* XV). *Vigilate, quoniam nescitis qua hora Dominus veniat, sero, an media nocte, an galli cantu, an mane, ne, cum venerit repente, inveniat vos dormientes (Marc.* XIII). *Beati namque sunt servi illi, quos, cum venerit Dominus, invenerit vigilantes (Luc.* XII). *Vigila* enim *honestatis tabefaciet carnes, et cogitatus illius auferet somnum (Eccli.* XXXI). Janitori præcepit Dominus ut vigilet, addens: *Quod vobis dico, omnibus dico : Vigilate (Marc.* XIII). Passer quoque portat multiplicem in Scriptura figuram. Nam passer dicitur Christus, unde : *Factus sum sicut passer solitarius in tecto.* Hinc leprosus mundatus, duos vivos passeres offerebat, quorum unus immolabatur in sacrificium, et alter dimittebatur in agrum; quia humanitas Christi est immolata pro mundanda humani generis lepra, et divinitas in passione libera est dimissa. Dicitur etiam passer, sensus hominis, unde : *Nonne quinque passeres asse veneunt ? (Matth.* X.) Ratio cordis, unde : *Passer invenit sibi domum, et turtur nidum (Psal.* LXXXIII). Dicitur etiam vir justus, unde : *Anima nostra sicut passer erepta est de laqueo venantium (Psal.* CXXIII); et : *Illic passeres nidificabunt (Psal.* CIII). Dicitur etiam homo carnalis, unde : *Multis passeribus pluris estis vos (Luc.* XII). Superbus hæreticus, unde : *Transmigra in montem sicut passer (Psal.* X).

Tota die exprobrabant mihi inimici mei, et qui laudabant me, adversum me jurabant.

In quinario primo pœnitens exposuit interiores miserias, quas patitur in seipso; in hoc autem secundo quinario exponit miserias exteriores, quas sentit se ab aliis sustinere. Patitur enim irrisiones continuas, et conspirationes occultas, a veris inimicis ei falsis amicis, unde : *Tota die exprobrabant mihi inimici mei, et qui laudabant me, adversum me jurabant.* Patitur autem ideo, quia in fletu et cinere panem meum manducabam, et potum meum cum fletu miscebam. Cum enim diabolus conspicit peccatorem converti ad pœnitentiam, commovet irrisores, qui eum exprobrando confundant, et conjuratores inducit, qui cum conspirando subvertant, tales videlicet, quos ipse non facile deprehendat, fictos videlicet laudatores; vel illos etiam, qui eum laudabant sæculari vita secum fruentem, ut per patentes injurias, et per latentes insidias eum revocent a studio pœnitendi. Ecce quantum dolet diabolus de pœnitentia peccatoris, quantumque laborat ut eum revocet ad peccatum. Ergo *qui laudabant me, adversum me jurabant.*

Quia cinerem tanquam panem manducabam, et potum meum cum fletu temperabam [al. *miscebam*].

Notat in pœnitente vilitatem cibi, cum ait : *Cinerem sicut panem manducabam,* et potus asperitatem, cum addit : *Potum meum cum fletu miscebam.* Est cinis Dominicæ passionis, unde : *Facies lebetes ad suscipiendos cineres (Exod.* XXVII). Ille est cinis vitulæ rufæ, de quo dicit Apostolus : *Si sanguis hircorum, et taurorum, et cinis vitulæ aspersus inquinatos sanctificat ad emundationem carnis (Hebr.* IX). Cinis pœnitentialis sanctificationis, unde : *Ago pœnitentiam in favilla et cinere (Job* XLII); et : *Operui cinere carnem meam (Job* XVI). Cinis humanæ abjectionis, unde : *Loquar ad Dominum meum, cum sim pulvis et cinis (Gen.* XVIII); et : *In domo cineris aspergite vos cinere (Jer.* XXV); et cinis extremæ corruptionis, unde : *Homo in cinerem revertetur (Job* XXXIV); et : *Cinis es, et in cinerem reverteris (Gen.* III). Potus quoque multipliciter accipitur in Scripturis. Est enim potus Eucharistiæ, unde : *Cor meum et caro mea exsultaverunt in Deum vivum (Psal.* LXXXIII). Intelligentiæ, unde : *Aqua sapientiæ salutaris potavit eum (Eccli.* XV). Doctrinæ, unde ·

Inter medium montium pertransibunt aquæ, potabunt eam omnes bestiæ agri (Psal. CIII). Gloriæ, unde : *Torrente voluptatis tuæ potabis eos (Psal.* XXXV). Compunctionis, unde : *Potasti nos vino compunctionis (Psal.* LIX). Afflictionis, unde : *Potum dabis nobis in lacrymis in mensura (Psal.* LXXVI). Ostensionis, unde : *In siti mea potaverunt me aceto (Psal.* LXVIII). Deceptionis, unde : *Væ, qui potum dat amico admiscens fel! (Habac.* II.) *Manducabam ergo cinerem sicut panem,* id est cinerem cum pane, vel panem cum cinere, videlicet vilem et despectum, quasi cinerosum panem vel cinericium. *Et potum meum cum fletu miscebam;* quia erat affluentia tanta lacrymarum, ut effunderem illas in potum. Aliter : Cinis est id quod remanet de ligno igne consumpto. Lignum autem igne consumptum est peccatum, charitate dimissum, secundum illud : *Dimissa sunt ei peccata multa, quoniam dilexit multum (Luc.* VII). Ipsum quoque peccatum nonnunquam in memoria delectabiliter refricatur, et hæc refricatio, quæ remanet de peccato, est cinis ipsius, et ipsa peccatum. Hunc ergo *cinerem manducabam,* id est consumebam per pœnitentiam, *sicut panem,* qui cum manducatur, consumitur. Vel per panem intellige peccatum , quod actum delectat. Unde : *Panis absconditus est suavior (Prov.* IX). Nam levia peccata per veram pœnitentiam sunt consumenda ; *et potum meum,* id est calicem amaritudinis et doloris, *cum fletu temperabam.* De quo alibi dicitur *Potasti nos vino compunctionis (Psal.* LIX), id est affluentia lacrymarum , juxta quod legitur : *Secundum multitudinem dolorum meorum in corde meo, consolationes tuæ lætificaverunt animam meam (Psal.* XCIII). Multum enim temperatur amaritudo dolorum ex dulcedine lacrymarum, quæ quanto sunt amariores ex causa, tanto sunt dulciores ex fine. Vel : *Inimici mei exprobrabant mihi tota die, sed ego gaudebam , quia cinerem tanquam panem manducabam :* quia reficiebar opprobrio sicut laude, secundum illud quod alibi legitur : *Ibant* apostoli *gaudentes a conspectu concilii, quoniam digni habiti sunt pro nomine Jesu contumeliam pati (Act.* V), hoc enim maxime ad meritum proficit pœnitenti. *Et potum meum,* id est temporalem lætitiam, de qua legitur : *Vinum lætificat cor hominis (Eccli.* XL), *cum fletu miscebam,* memor ejus quod legitur : *In die bonorum ne sis immemor malorum (Eccli.* XI); et : *Extrema gaudii luctus occupat (Prov.* XIV). Sed quasi quæreretur ab eo : Unde tibi tantus fletus? Respondet :

A facie iræ indignationis tuæ, quoniam elevans allisisti me.

Superius ostensum est qualiter ira vel indignatio sint intelligendæ de Deo; unde non est iterum repetendum, sed attente notandum, quod singula pene verba miseriam indicant et dolorem, exprobratio, inimicitia, conjuratio, cinis, fletus, ira, indignatio, allisio, umbra, declinatio et ariditas, ut quanta sit anxietas hujus pauperis liquido cognoscatur. Ostendit unde sit fletus, quem cum potu miscebat: *A facie,* inquit, *iræ indignationis tuæ,* hoc est a manifesta vindicta, quam iratus exercuisti ab initio in Adam de cujus propagine nati, quasi natura sumus *filii iræ (Ephes.* II), quod patet, *quia elevans me gloria et honore, creando me ad imaginem et similitudinem tuam, et præficiendo me volatilibus cœli, piscibus maris, et bestiis terræ, allisisti me,* cum in illo primo parente projecisti me de paradiso, et in miseriam hujus exsilii dejecisti *(Gen.* I, III), quam non sufficio deplorare. Quia ergo ego declinavi a vero sole, merito

Dies mei sicut umbra declinaverunt, et ego sicut fenum arui.

Sicut enim *umbra* cum declinat et transit, nullum sui vestigium relinquit, ita *dies mei declinaverunt, et transierunt* inutiles et inanes, nullum fructum boni operis relinquentes, et amisso virore gratiæ, *arui sicut fenum,* peccati falce succisus. Est umbra incarnationis, unde : *Virtus Altissimi obumbrabit tibi (Luc.* I); protectionis, unde : *Sub umbra manus suæ protexit me (Isa.* XLIX); refrigerationis, unde : *Sub umbra illius quem desideraveram sedi (Cant.* II) ; dissolutionis, unde : *Operuit nos umbra mortis (Psal.* XLIII); oblivionis, unde : *Obscurent eum tenebræ, et umbra mortis (Job* III); lucis, unde : *Operuit montes umbra ejus (Psal.* LXXIX); ignorantiæ, unde : *Illuminare his qui in tenebris et in umbra mortis sedent (Psal.* LXXXII); culpæ, unde : *Sub umbra dormit, et in secreto thalami (Job* XL); miseriæ, unde : *Quasi flos egreditur et conteritur, et fugit velut umbra (Job* XIV); gehennæ, unde : *Terra miseriæ et tenebrarum, ubi umbra mortis et nullus ordo, sed sempiternus horror inhabitat (Job* X). Ego ergo sum *velut umbra et sicut fenum:*

Tu autem, Domine, in æternum permanes, et memoriale tuum in sæculum sæculi [al. *in generatione et generationem*].

Postquam pœnitens suas enumeravit miserias, convertit se ad Dei gloriam enarrandam, ut facilius apud eum gratiam et misericordiam consequatur, commendans illum a natura, quæ est æterna : *Quia tu, Domine, in æternum permanes :* et a fama quæ est perpetua, quia *memoriale tuum in sæculum sæculi.* A misericordia, quæ est larga, quia *tu exsurgens misereberis Sion;* et a sapientia, quæ est provida, *quia venit tempus miserendi ejus;* et a familia, quæ est placida, *quia beneplacitum habuerunt servi tui lapides ejus,* et eadem pariter quæ est pia, *quia terræ ejus miserebuntur;* a reverentia, quæ est multa, *quia timebunt gentes nomen tuum, Domine;* et a gloria, quæ est magna, *quia timebunt omnes reges terræ gloriam tuam;* a potentia, quæ est inclita, *quia ædificabit Dominus Sion;* ab honorificentia, quæ est summa, *quia videbitur in majestate sua.* Quis ergo tantum non timeat, aut talem non diligat Redemptorem? Propterea insistens commendationi pœnitens ait : *Tu autem, Domine, in æternum permanes,* quia principio cares et fine, cum tu sis α et ω, *principium et finis* (*Apoc.* 1), per quem naturam accipimus et gloriam obtinemus. *Et memoriale tuum in sæculum sæculi.* Licet enim homo ex sua conditione sit *quasi fenum et umbra*, si tamen memor sit tui ad obediendum tibi per omnia, teque super omnia diligendum, erit tecum *in sæculum sæculi*, futurum scilicet, quod erit consecutivam præsentis; quia quod ei ex sua natura negatur, ex tua gratia conceditur. *Et memoriale tuum*, id est is qui memor est tui, non transibit *ut umbra*, sed erit *in sæculum sæculi*, id est in perpetuum permanebit resurrectionis gloria decoratus; quoniam temporalem servabis æternus. Vel *memoriale tuum*, id est promissum de te memorabile, quo tu memor es nostri, aut tua memoria, qua nostri memor existis, erit *in generatione* præsenti, *et usque in generationem* futuram: quia pi tas promissionem habet vitæ quæ nunc est, et futuræ (*I Tim.* IV). Unde:

Tu exsurgens, Domine (49), *misereberis Sion, quia venit tempus miserendi ejus* [al. *quia tempus miserendi ejus, quia venit tempus*].

Quantæ sit virtutis et efficaciæ vera et humilis pœnitentia manifeste probatur etiam secundum spiritum prophetiæ. Ecce enim in hoc tertio quinario de Christo et Ecclesia vaticinando prophetat inter cætera dicens: *Quia tempus miserendi venit, et* secundum aliam translationem repetit, *quia venit tempus*. Hæc repetitio confirmationem designat, secundum quod Joseph inquit ad Pharaonem: *Quod secundo vidisti ad eamdem rem pertinens somnium, firmitatis est indicium* (*Gen.* XLI). Vel repetitio ista exprimit desiderium, secundum quod alibi dicitur: *Miserere mei, Deus, miserere mei* (*Psal.* LVI).

Quia vero *universæ viæ Domini misericordia sunt et veritas* (*Psal.* XXIV), propter quod ipse Psalmista testatur: *Misericordiam et judicium cantabo tibi, Domine* (*Psal.* C): constat quod misericordia et judicium convenerunt; sed illa manifesta, hæc autem occulta. Idcoque bis dicit, *quia venit tempus, quia tempus venit.* Quoniam Salomone testante, Tempus est omni rei quæ sub cœlo est (*Eccle.* III). Sed in primo misericordiam ponit et exprimit, dicens: *tempus miserendi venit*, quia misericordia existit manifesta; in secundo vero nec exprimit nec ponit justitiam, sed dicit simpliciter: *Quia venit tempus*, quia justitia erat occulta. Hoc est tempus plenitudinis, de quo dicit Apostolus: *Ubi venit plenitudo temporis, misit Deus Filium suum natum ex muliere, factum sub lege, ut eos qui sub lege erant redimeret* (*Galat.* IV). Sed dices: Nunquid non semper existit tempus miserendi? Vel: Cur Deus tanto tempore distulit misereri? Posset forsan aliquis respondere, quod mediator Dei et hominum Christus in mundum veniens, sicut in medio locorum apparuit, ita in medio temporum voluit apparere, ut quantam moram fecerat a principio mundi usque ad primum adventum, tantam faceret moram ante secundum adventum usque ad finem mundi, quatenus esset in omnibus, et per

(49) Al. non habet *Domine*.

omnia mediator. Quod enim in medio locorum apparuerit, ostendit Psalmista cum ait: *Deus rex noster ante sæcula operatus est salutem in medio terræ* (*Psal.* LXXIII). Quod autem apparuerit in medio temporum, Sapiens innuere videtur, ita dicens: *Dum medium silentium tenerent omnia, et nox in suo cursu medium iter peragerent, omnipotens sermo tuus, Domine, a regalibus sedibus venit* (*Sap.* XVIII). Justum quippe est, ut semper medium teneat mediator. Unde propheta: In medio duorum animalium cognosceris, dum advenerit tempus ostenderis (*Ezech.* 1). Et parentes *invenerunt eum in medio doctorum audientem illos et interrogantem* (*Luc.* II). Judæi quoque *crucifixerunt cum eo duos latrones hinc inde, medium autem Jesum* (*Joan.* XIX). Sed Joannes vidit *in medio septem candelabrorum aureorum similem filio hominis vestitum podere* (*Apoc.* 1). Rursum vidit *in medio seniorum agnum stantem tanquam occisum* (*Apoc.* V). Hinc de se dicit: *Ubi duo vel tres congregati fuerint in nomine meo, ibi ego sum in medio eorum* (*Matth.* XVIII); et iterum: *Ego in medio vestrum sum, sicut qui ministrat* (*Luc.* XXII). Et post resurrectionem *stetit Jesus in medio discipulorum suorum, et dixit eis: Pax vobis* (*Luc.* XXIV). Sed dices, hoc stare non posse, propter id quod Paulus Apostolus ait: *Nos sumus, in quos fines sæculorum devenerunt* (*I Cor.* X); et Joannes apostolus ait: *Filioli, novissima hora est* (*I Joan.* II). Porro cum Dominus dicat: *Oportet primum hæc fieri, sed nondum statim finis* (*Luc.* XXI); et Apostolus ad Thessalonicenses admonet, ne terreantur *tanquam instet dies Domini* (*II Thess.* II), procul dubio finis sæculi vel novissima hora intelligitur ætas ultima, quam hujus assertor opinionis diceret duraturam, quantum cæteræ duraverunt, ad similitudinem ætatum hominis, quarum ultima nonnunquam plus cæteris perdurat. Nam prima ætas hominis est infantia, quæ durat usque ad septem annos; secunda pueritia, quæ durat usque ad quatuordecim annos; tertia adolescentia, quæ durat usque ad viginti quinque; quarta juventus, usque ad quinquaginta; quinta senectus, usque ad octoginta: nam *Si in potentatibus octoginta anni, plurimum eorum labor et dolor* (*Psal.* LXXXIX); sexta senium, quod durat usque ad finem vitæ, quantumcunque sit homo victurus; sic sunt sex ætates sæculi. Prima, ab Adam usque ad Noe; secunda, a Noe usque ad Abraham; tertia, ab Abraham usque ad David; quarta, a David usque ad transmigrationem Babylonis; quinta, a transmigratione Babylonis usque ad Christum; sexta, a Christo usque ad finem sæculi: quantumcunque ipsa sit duratura. Si ergo alicujus hominis ætas ultima durasse ponatur, quantum cæteræ duraverunt, invenietur ille homo centum sexaginta annis vixisse; qui si dividantur in sex partes æquales, singulæ habebunt viginti sex annos et octo menses integros, sedecim autem dimidios, ne a senario recedatur. Qui numeri duo, quadraginta duo efficiunt simul juncti, quot fuerunt mansiones filiorum Israel in deserto. Et tale profecto mysterium conveniret humano generi, per desertum hujus sæculi transeunti. Ego autem opinionem hujusmodi nec asserere volo, nec debeo, propter id quod Dominus ait : *Non est vestrum nosse tempora vel momenta, quæ Pater posuit in sua potestate* (*Act.* 1). Itemque : *De die illa nemo novit, neque angelus, neque Filius* (*Matth.* xxiv), videlicet adoptivus, vel etiam unigenitus secundum humanitatis naturam. Aut certe non novit nobis, quia non fecit nosse, cum hæc magis expediat nobis ignorare, quam scire. Illud quoque huic assertioni maxime contradicit, quod Dominus de die judicii loquens in parabola decem virginibus, in fine concludit : *Vigilate ergo, quia nescitis diem neque horam* (*Matth.* xxiii). Et alibi : *Cum non putatis, filius hominis veniet* (*Luc.* xii). Quoniam, ut inquit Apostolus, *dies Domini, sicut fur in nocte, ita veniet. Cum enim dixerint pax et securitas, tunc repentinus eis superveniet interitus* (*I Thess.* v). Illa vero hujus dilationis est ratio, quam Sapiens in præmissis verbis insinuat : *Dum medium, inquit, silentium tenerent omnia, et nox in suo cursu medium iter peragerent, omnipotens sermo tuus, Domine, a regalibus sedibus venit* (*Sap.* xviii). Licet enim aliter et aliter hoc ab aliis et aliis exponatur, congrue tamen potest intelligi primum silentium in lege naturæ, secundum in lege Scripturæ, tertium in lege gratiæ. Indidit enim conditor Deus legem naturalem mentibus hominum ab ipso creationis exordio, geminum continentem mandatum, unum affirmativum, quod ad præstandum beneficia docetur in Evangelio : *Quæcunque vultis ut vobis faciant homines, et vos facite illis* (*Matth.* vii). Alterum negativum, quod ad vitandum injurias legitur in Tobia (cap. iv) : *Quæ tibi odis fieri, alii ne facias.* Sed lex ista siluit ab initio, cum Cain interfecit Abel (*Gen.* iv), faciens alii, quod sibi nollet fieri. Et sic factum est primum silentium usque ad Moysen, per quem *suscitavit testimonium in Jacob, et præceptum posuit in Israel* (*Psal.* lxxvii), dans per eum legis Decalogum in duabus tabulis scriptum, altera continente dilectionem Dei, reliqua proximi, in quibus duabus *pendet lex et prophetæ* (*Matth.* xxii). Sed lex ista siluit ab initio, cum populus vitulum conflatilem adoravit (*Exod.* xxiii), contra primum legis præceptum, adorans deos alienos, et sic factum est secundum silentium usque ad Christum, qui misertus adveniens contulit legem gratiæ, scribens eam in cordibus hominum digito Dei. Sed lex ista silebit in ultimo, cum revelabitur filius perditionis, qui extolletur *super omne, quod dicitur, aut quod colitur Deus* (*II Thess.* ii). Et forte jam silet, quoniam superabundavit iniquitas, et refrixit charitas multorum (*Matth.* xxiv). *Non est qui faciat bonum, non est usque ad unum* (*Psal.* xiii). In prima vero lege contulit Deus homini posse, in secunda contulit nosse, in tertia contulit velle. In prima contulit potentiam per naturam, in secunda contulit scientiam per scripturam, in tertia contulit voluntatem per gratiam. Præmisit itaque Deus legem naturalem, per quam convinceret transgressorem, ne fortassis excusationem prætenderet, dicens : Cecidi quidem, quia stare non potui. Sed tollitur excusatio, quia per bonum naturæ potuit in bono stare, sed noluit. Præmisit et legem scriptam, per quam convinceret præsumptorem, ne fortassis excusationem prætenderet dicens: Cecidi, quia stare nescivi. Sed tollitur excusatio, quia per documentum Scripturæ potuit a malo declinare, sed noluit. Et ideo post utramque legem, tempore congruo, scilicet cum nox culpæ medium iter peragerent, omnipotens sermo venit, id est, *Verbum caro factum est* (*Joan.* i), et contulit legem gratiæ, ut quod poterat per naturam, et noverat per Scripturam, impleret per gratiam. Eliseus quoque præmisit baculum ad suscitandum filium Sunamitis, per quem cum ille non surgeret, ipsemet venit, et contrahens se puero coaptavit, et sic mortuus exsurrexit (*IV Reg.* iv). *Tu ergo exsurgens miseréberis Sion.* Ac si diceret manifestius : Tu qui videbaris tam diu differendo dormire, nunc tandem exsurgens miseréberis Sion. Propter quod antiqui fideles clamabant : *Exsurge, Domine, adjuva nos, et libera nos propter nomen tuum* (*Psal.* xlvi). *Exsurge, quare obdormis, Domine, exsurge, et ne repellas in finem* (*Psal.* xliii) ; *quia venit tempus miserendi ejus.* Duo populi erant, Judaicus et Gentilis, utriusque in adventu suo voluit Dominus misereri, ut duos diversos parietes in uno angulari lapide copularet. Et prius quidem misertus est Judæorum ; unde præmittit : *Tu exsurgens miseréberis Sion,* id est Judææ, cujus metropolis erat Sion. Postea vero misertus gentium ; unde subjungit : *Et timebunt gentes nomen tuum, Domine.* Quod bene signatum est in pastoribus, qui cum essent Judæi, prius de vicino venerunt ad vocem angeli (*Luc.* ii) ; et in magis, qui cum essent gentiles, postea de longinquo venerunt ad signum stellæ (*Matth.* ii). Utrique tamen ad eum qui *est pax nostra, qui fecit utraque unum, in uno homine faciens pacem, pacem his qui prope, et pacem his qui longe.* (*Ephes.* ii). Et fortassis propter hos duos populos, quibus veniens est misertus, prius dicit, *Quia venit tempus miserendi Judæis,* et postea dicit, *Quia venit tempus miserendi gentilibus.* Vere *miseréberis Sion:*

Quoniam placuerunt servis tuis lapides ejus, et terræ ejus miserebuntur.

Lapis iste ipse Christus est; unde : *Lapis quem reprobaverunt ædificantes, hic factus est in caput anguli* (*Psal.* cxvii). Hic est *lapis offensionis, et petra scandali* (*I Petr.* ii), *lapis excisus de monte sine manibus* (*Dan.* ii). Angelicus ordo, unde : *Omnis lapis pretiosus operimentum tuum* (*Ezech.* xxxviii). Sancta Ecclesia, unde : *Sumentes lapidem posuerunt subter eum* (*Thren.* iii). Item lapis, quilibet sanctus, unde : *Sternam per orbem lapides pretiosos* (*Isa.* liv) ; et : *Dispersi sunt lapides sanctuarii in capite omnium* platearum (*Thren.* IV). Gentilis populus, unde : *Lapis calore solutus in æs vertitur* (*Job* XXVIII); et : *Potens est Deus de lapidibus istis suscitare filios Abrahæ* (*I Cor.* III). Induratus Judæus, unde : *Auferam a te cor lapideum, et dabo tibi cor carneum* (*Ezech.* XI). Rursus lapis, spiritualis virtus, unde : *Fundamenta civitatis omni pretioso lapide ornata* (*Apoc.* XXI). Et : *Alius ædificat aurum, argentum et lapides pretiosos* (*I Reg.* XVII). Sacra scriptura, id est lex divina, unde : *David elegit quinque limpidissimos lapides de torrente, et misit eos in peram pastoralem*. Litteralis intellectus, unde : *Erat spelunca, et lapis superpositus erat ei* (*Joan.* XI). *Et accedens revolvit lapidem ab ostio monumenti* (*Matth.* XXVIII). Præterea, lapis est diabolus, unde : *Cor ejus indurabitur quasi lapis, et astringetur, quasi malleatoris incus* (*Job* XLI). Vir iniquus, unde : *Angelus sustulit lapidem quasi molarem, et misit in mare* (*Apoc.* XVIII). Gravedo peccati, unde : *Devenerunt in profundum tanquam lapis* (*Exod.* XV). Lapides autem Sion, in hoc loco intelliguntur prophetæ, in fide fortes et stabiles, et servi Christi accipiuntur apostoli, de quibus ipse dicebat : *Non est servus major domino suo* (*Joan.* XIII). Ergo lapides ejus, id est, prophetæ, *placuerunt servis tuis,* hoc est apostolis ; quia secundum testimonium prophetarum, apostoli Judæis Evangelium prædicabant per auctoritates propheticas prædicationem evangelicam, ubi fundata fuerat prophetia : nam ibi cœperunt apostoli prædicare ubi cœperant vaticinari prophetæ ; quia *de Sion exibit lex, et verbum Domini de Hierusalem* (*Isa.* II). Vel lapides Sion intelliguntur ipsi Judæi, prius quidem duri, sed ad prædicationem apostolorum postea emolliti, juxta quod legitur, quod ipso die Pentecostes, auditis verbis quæ dixerat Petrus, compuncti sunt corde, et dixerunt ad Petrum et ad reliquos apostolos : *Quid faciemus, viri fratres?* (*Act.* II.) Qui ergo receperunt sermonem ejus baptizati sunt, et appositæ sunt illa die animæ circiter tria millia. Vere ergo *tu exsurgens misereberis Sion : quoniam lapides ejus,* id est primitivi Judæi ad fidem conversi, *placuerunt servis tuis,* id est apostolis, qui eos prædicando et baptizando converterunt ad fidem. *Et terræ ejus miserebuntur* : si per lapides intelliguntur fortes et stabiles, per terram debent intelligi debiles et infirmi, sive corpore, sive mente, quorum apostoli sunt miserti, aliquorum monitis et doctrinis, revocando eos ab errore ad veritatem, et à vitiis ad virtutes : ut illos qui ad prædicationem apostolorum vendebant peculia sua, *et pretium ante pedes eorum ponebant, et erat multitudinis credentium cor unum et anima una, nec inter eos quisquam egebat, quia dividebatur singulis prout cuique opus erat* (*Act.* IV). Aliorum autem miserebantur apostoli prodigiis et virtutibus, sanando eos a diversis languoribus, et spiritibus immundis curando ; ut illos de quibus legitur, quod *concurrebat multitudo vicinarum civitatum Jerusalem, ut veniente Petro saltem umbra illius obumbraret eos, et curarentur a languoribus suis* (*Act.* V). Sic ergo servis tuis placuerunt lapides ejus, et terræ ejus miserebuntur. Non solum autem Sion, id est Judæi misericordiam consequentur, sed

Et timebunt gentes nomen tuum, Domine, et omnes reges terræ gloriam tuam.

Timebunt quidem omnes, omnino, non solum minores, ut *gentes,* sed majores, ut *reges,* secundum quod alibi dicitur : *Adorabunt eum omnes reges terræ, omnes gentes servient ei* (*Psal.* LXXI). Timebunt, non timore mundano, de quo dicitur : *Illic trepidaverunt timore, ubi non erat timor* (*Psal.* XIII) : neque timore servili, de quo legitur : *Timor non est in charitate, sed perfecta charitas foras mittit timorem* (*I Joan.* IV) : sed timore initiali, de quo dicitur : *Initium sapientiæ timor Domini* (*Eccle.* I); vel potius filiali, de quo legitur : *Timor Domini sanctus permanet in sæculum sæculi* (*Psal.* XVIII). Hoc timore, qui est devotionis et reverentiæ, *timebunt gentes,* id est gentilis populus ad fidem conversus, *nomen tuum, Domine,* non terribile, sed amabile. Illud utique, de quo legitur : *Vocabis nomen ejus Jesum,* quod interpretatur *Salvator. Ipse enim salvum faciet populum suum a peccatis eorum* (*Matth.* I). Hoc est enim nomen sanctum et gloriosum, quod invocatum est super nos, *nec est aliud nomen sub cœlo datum hominibus, in quo illos oporteat salvos fieri* (*Act.* IV), de quo propheta dicebat : *Ego autem in Domino gloriabor, et gaudebo in Deo Jesu meo* (*Habac.* III). Et ob hoc omnes *reges terræ timebunt gloriam tuam,* sive nomen illud sanctum et gloriosum, quod invocabitur super eos : sive naturam divinam, in qua cum Patre ac Spiritu sancto pariter gloriaris, de quo duo *Seraphin clamabant alter ad alterum : Sanctus, sanctus, sanctus, Dominus Deus Sabaoth. Plena est omnis terra gloria tua* (*Isa.* VI). Hæc autem idcirco fient,

Quonia a ædificabit Dominus Sion, et videbitur in majestate sua [al. *in gloria sua*].

Sion prius accipiebatur secundum litteram pro Judæa, nunc autem accipitur secundum spiritum pro Ecclesia. Tribus enim modis accipitur : historice, pro Hierosolyma, unde . *De Sion exibit lex, et verbum Domini de Hierusalem* (*Isa.* II); allegorice, pro Ecclesia, unde : *Benigne fac in bona voluntate tua Sion, ut ædificentur muri Jerusalem* (*Psal.* L); et tropologice, pro anima, unde : *Dabo in Sion salutem, et in Jerusalem gloriam meam* (*Isa.* XLVI). Sion quippe interpretatur speculatio, sive specula, hoc est universalis Ecclesia, sive fidelis anima, quæ nunc Deum speculatur per fidem, et tandem contemplabitur ipsum per speciem : quia *videmus nunc per speculum in ænigmate, tunc autem facie ad faciem* videbimus non per speculum, sed faciem *cognoscentes, sicut et cogniti sumus* (*I Cor.* XIII). Hanc ergo *Sion,* id est Ecclesiam, *ædificavit Dominus* de Judæis et gentibus, quos convertit ad fidem. Et cum ædificata fuerit ex toto, postquam *plenitudo gentium* intrabit ad fidem, *et sic omnis Israel salvus* fiet (*Rom.* xi), ipse qui prius visus est humilis et despectus, secundum illud : Vidimus eum non habentem speciem nec decorem (*Isai.* LIII) : tunc, adveniente judicio, videbitur in majestate sua, gloriosus atque sublimis, sicut ipse testatur : *Cum venerit Filius hominis in majestate sua, et omnes angeli ejus cum eo, tunc sedebit super sedem majestatis suæ, et congregabuntur ante omnes eum gentes* (*Matth.* xxv), *et videbit eum omnis caro* (*Luc.* III), *et qui eum pupugerunt* (*Apoc.* I), etc. Sic ergo *Respexit in orationem pauperum* [al. *humilium*], *et non sprevit precem eorum.*

Olim antiqui fideles qui erant pauperes spiritu, clamabant cum multo desiderio, et orabant ut Christus veniret, et ædificaret Sion, id est Ecclesiam congregaret, dicentes ad Patrem : *Emitte agnum, Domine, dominatorem terræ, de petra deserti, ad montem filiæ Sion* (*Isai.* xvi). In has orationes pauperum ipse respexit, cum de cœlo descendit, ut filios Dei qui erant dispersi, congregaret in unum. Et hoc faciens *non sprevit precem eorum,* sed misericorditer exaudivit.

Scribantur hæc in generatione altera, et populus qui creabitur, laudabit Dominum.

Non solum quæ dicta sunt, sed etiam quæ dicenda in hoc quarto quinario, tanquam Dei magnalia sunt scribenda fideliter, et solemniter collaudanda. Scribenda, ut firmiter memoriæ commendentur, unde : *Scribantur hæc in generatione altera.* Laudanda, ut Deo grates humiliter referantur, unde : *Populus qui creabitur, laudabit Dominum.* Deinde causam exponit, quare a populo, qui creabitur, laudabitur Dominus : quia cum sit natura sublimis, unde : *Prospexit de excelso sancto suo,* ex gratia factus est humilis, unde : *Dominus de cœlo in terram aspexit.* O quam bene in ipso conveniunt sublimitas et humilitas, ut sublimis sit humilis, et humilis sublimis : Deus homo, et homo Deus. Amodo reddit causas, cur Dominus de cœlo in terram prospexit, videlicet *ut audiret gemitus compeditorum,* ecce dignationis affectus. *Et solveret filios interemptorum,* ecce miserationis affectus. *Ut annuntietur in Sion nomen Domini,* ecce prædicatio veritatis: *et laudem ejus in Jerusalem,* ecce glorificatio majestatis. *In conveniendo populos in unum,* ecce vinculum pacis. *Et reges, ut serviant Domino,* ecce obsequium servitutis. Sane duæ sunt generationes, una malorum, de qua dicitur : *Generatio prava et adultera* (*Matth.* xii). Altera bonorum, de qua scribitur : *Hæc est generatio quærentium Dominum* (*Psal.* xxiii); et : *Generatio rectorum benedicetur* (*Psal.* iii). Hæc ergo quæ dicta sunt, videlicet deformatio per Adam facta, et reformatio facienda per Christum, *scribantur,* ut memoriæ commendentur, *in generatione altera,* id est in generatione bonorum, qui ea cupiunt intelligere : non autem in generatione malorum, qui ea considerare contemnunt; item, una Judæorum generatio, quæ præcessit, et altera Christianorum quæ successit. Ergo *scribantur hæc,* ne oblivioni tradantur, *in generatione altera,* hoc est ad opus generationis alterius, videlicet populi Christiani, cui proficient magis ; quia per ea, quæ spiritu prophetico sunt prædicata, Christiani amplius solidabuntur in fide, quam intelligent propheticis testimoniis commendatam. *Et sic populus qui creabitur,* id est populus Christianus, qui recreabitur per gratiam redemptionis, ut nova sit creatura, secundum quod dicit Apostolus : *In Christo Jesu, neque circumcisio aliquid valet, neque præputium, sed nova creatura* (*Gal.* vi); et : *Vetera transierunt: ecce nova facta sunt omnia* (II *Cor.* v). Ille, inquam, *populus laudabit Dominum,* corde, ore, et opere : diligendo, confitendo, et obsequendo, ut ad perfectam laudem conveniant, vita, lingua, et conscientia. In creatione siquidem homo factus est ad imaginem Dei (*Gen.* I), sed in recreatione Deus factus est ad imaginem et similitudinem hominis. Et certe illud majoris est dignitatis, hoc autem majoris dignationis existit. Vel optat Propheta, quatenus hæc digito Dei scribantur in cordibus aliorum, ut *populus qui creabitur,* protinus pro tantis beneficiis laudet Deum. Est enim Scriptura superior et inferior, interior et exterior. Scriptura superior, est divina prædestinatio, quæ dicitur liber vitæ seu Scriptura veritatis, unde : *Deleantur de libro viventium, et cum justis non scribantur* (*Psal.* LXVIII); et : *Gaudete, quia nomina vestra scripta sunt in cœlis* (*Luc.* x). *Non delebo nomina eorum de libro vitæ* (*Apoc.* III). Et : *Annuntiabo tibi, quod expressum est in Scripturis veritatis* (*Dan.* x). Scriptura inferior est macula criminalis; unde dicitur : *Recedentes a te in terra scribentur. Et peccatum Judæ scriptum est stylo ferreo in ungue adamantino* (*Jer.* xvii). Scriptura interior est unctio spiritualis, unde : *Epistola nostra vos estis, scripta non atramento, sed spiritu Dei vivi* (II *Cor.* III) ; et : *Cujus est imago hæc et superscriptio?* (*Matth.* xxii.) Scriptura exterior est exaratio litteralis, unde : *Ingressi omnes sapientes non potuerunt Scripturam legere, nec interpretationem ejus indicare regi* (*Dan.* v); et : *Interpretabatur in omnibus Scripturis, quæ de ipso erant* (*Luc.* xxiv). Superiorem et inferiorem scribit Deus, unde : *Aut dimitte eis hanc noxam, aut dele me de libro tuo, quem scripsisti* (*Exod.* xxxii); et : *Scribes contra me amaritudinem* (*Job* xiii). Item : *Dedit Moyses duas tabulas testimonii lapideas, scriptas digito Dei* (*Exod.* xxxiv); et : *Qui ea, quæ legis sunt, naturaliter faciunt, habent legem Dei scriptam in cordibus suis* (*Rom.* II). Exteriorem scribit homo, unde : *Quem scripsit Moyses in lege et prophetæ, invenimus Jesum filium Joseph a Nazareth* (*Joan.* I). Et scripsit Moyses canticum Domino. Inferiorem autem scribit diabolus, aut etiam vir iniquus, unde : Pseudoprophetæ scribebant et prophetabant, quos tamen Dominus non mittebat. Est igitur scriba summus Spiritus sanctus, de quo legitur : *Lingua mea calamus scribæ velociter scribentis* (*Psal.* XLIV). Scriba medius, de quo dicitur : *Omnis scriba doctus in regno coelorum, similis est homini patrifamilias,* etc. *(Matth.* XIII). Et scriba infimus, malus praelatus, de quo dicitur : *Super cathedram Moysi sederunt scribae et Pharisaei, quaecumque dixerint vobis, facite; quae autem faciunt, facere nolite (Matth.* XXIII). Vel haec, quae scripta sunt in generatione Judaeorum per legem et prophetas, scribantur in generatione gentium, per translationes et per interpretationes, quod factum est tempore Ptolomaei Philadelphi regis Ægypti, qui bibliothecam Judaeorum transferri fecit per Septuaginta interpretes in linguam Graecorum; magis scribantur in cordibus hominum digito Dei.

Quia prospexit de excelso sancto suo, Dominus de coelo in terram aspexit.

Christus est Sanctus sanctorum, inter sanctos excelsus, qui sanctus est Dei Patris, sicut ipse dicit in Psalmo: *Non dabis sanctum tuum videre corruptionem (Act.* II). Et ad ipsum dicitur in Evangelio : *Scio quod sanctus Dei sis (Marc.* I). De quo *excelso sancto suo* Dominus Pater *prospexit,* id est generi humano providit, mittendo ipsum in mundum, ut genus humanum redimeret suo sanguine pretioso. Vel *prospexit* ipse Christus *de excelso sancto suo,* id est de sublimitate suae divinae naturae, quae non solum est sancta, sed sanctitas, quia nihil est in ea quod non sit sanctum. Unde subdit exponens: *Dominus de coelo,* id est de divina natura *prospexit in terram,* id est ad humanam miseriam, ut miseros homines liberaret. Sic enim aliquando coelum et terra in divinis accipiuntur Scripturis, sicut inferius ostendetur. Cur autem Christus de coelo in terram prospexit, determinat subdens :

Ut audiret gemitus compeditorum, et solveret filios interemptorum.

Sunt vincula corporis, unde : *Sancti ludibria et verbera experti, insuper et vincula et carceres (Hebr.* II). Paupertatis, unde : *Si fuerint in catenis, et vinciantur funibus paupertatis, indicabis opera eorum eis (Job* XXXVI). Pacis, unde : *Solliciti servare unitatem spiritus in vinculo pacis (Ephes.* IV). Charitatis, unde : *Charitatem habete, quod est vinculum perfectionis (Colos.* III). Sapientiae, unde : *Vincula illius alligatura sanitatis (Eccli.* VI). Legis, unde : *Dirumpamus vincula eorum, et projiciamus a nobis jugum ipsorum (Psal.* XXIX). Doctrinae, unde: *Dirupisti vincula mea, et dixisti, non serviam (Psal.* CXV). Timoris, unde : *Excitasti vincula usque ad cervices.* Praeterea sunt vincula peccatorum, unde dicitur : *Dirupisti vincula mea, tibi sacrificabo hostiam laudis (Psal.* CV). Tenebrarum, unde: *Persuasum habent iniqui, dominari posse nationi sanctae vinculis tenebrarum (Sap.* XVII). Tormentorum, unde : angelos qui suum non servaverunt principatum, sed dereliquerunt suum domicilium, in judicium Dei magni sub caligine vinculis reservavit. Ad hoc autem spiritualiter venit Christus in mundum, ut mortuos liberaret ab inferis, et vivos solveret a peccatis. Et hoc est quod ait : *De coelo prospexit Dominus in terram, ut audiret gemitus vinculatorum,* id est exaudiret gemebundas preces eorum, qui tenebantur in inferno, quasi ligati vel compediti vinculis tenebrarum, quos Christus in triduo mortis descendens ad inferos liberavit. Et tunc solutis inferni doloribus, in sanguine testamenti sui eduxit vinctos suos de lacu, in quo non erat aqua, captivitatem nostram sua ducens virtute captivatam. Et ipse *de coelo in terram prospexit, ut solveret a peccatis filios interemptorum,* id est primorum parentum, qui fuerunt interemptores et interempti, quia causam interemptionis et mortis, id est originale peccatum ad filios transmiserunt. Nam, ut inquit Apostolus, *per unum hominem,* id est Adam et Evam, qui fuerunt duo in carne una, etiam *in omnes homines mors pertransiit (Rom.* V). Et ipsi quidem propter inobedientiam interempti fuerunt, mortem corporis et animae incurrentes, sicut fuerat illis praedictum : *Quacunque die comederitis, moriemini (Gen.* II). Ergo prospexit, ut solveret a peccatis filios interemptorum, id est generis humani, quod a primis parentibus interemptoribus quidem et interemptis est carnaliter propagatum. Vel, vinculatos et compeditos appellat sanctos, qui timore Dei velut quibusdam vinculis et compedibus sunt ligati, de quibus Sapiens testatur : *Audi fili mi, et excipe sententiam meam, et ne abjicias consilium meum, et infer pedem tuum in compedes illius, et in torquem ejus collum tuum, et erunt tibi compedes in protectionem fortitudinis, et torques illius in stolam gloriae (Eccli.* VI). *Dominus* autem *de coelo prospexit in terram, ut talium compeditorum gemitus exaudiret,* qui gemebant et postulabant ut Christus ad redemptionem humani generis adveniret *et solveret* nos a nexibus criminum, et redderet *filios interemptorum,* id est imitatores eorum, qui pro veritate sunt mortificati et interempti, ut multi prophetae in Veteri Testamento, et martyres omnes in Novo, quorum sunt filii, qui fidem sectantur eorum. *Dominus* etiam *de coelo prospexit in terram,* quando de divina misericordia respexit ad humanam miseriam, *ut audiret* cum effectu *gemitus compeditorum,* id est eorum qui sunt peccatis mortalibus irretiti, qui suam miseriam cognoscentes, cum gemitu clamabant ad Dominum, ut per suam gratiam liberarentur. Et *solveret filios compeditorum,* id est imitatores eorum, qui fraude diaboli sunt perempti, a paternis illos erroribus liberando. Hoc enim Dominus quotidie operatur, cum et illos, qui propria peccata committunt, et eos, qui aliena peccata sectantur, per poenitentiam revocat ad salutem. Ad quid autem audiret et gemeret, subjungit :

Ut annuntient in Sion nomen Domini, et laudem ejus in Jerusalem.

Nomen Dei multipliciter accipitur in Scripturis. Nam aliud est inessentiale, quod communiter designat essentiam, ut Heloi, Adonai, *Deus Dominus,* et hujusmodi. Aliud personale, quod specialiter appellat personam, ut Pater, Filius, et Spiritus sanctus, Christus, Jesus, et similia. Nomen autem quandoque designat potentiam, unde : *Opera quæ ego facio in nomine Patris mei , ipsa testimonium perhibent de me (Joan.* v). Quandoque notitiam, unde : *Pater, manifestavi nomen tuum hominibus, quos dedisti mihi de mundo (Joan.* xvii). Quandoque invocationem, unde : *Baptizate omnes gentes in nomine Patris et Filii et Spiritus sancti (Matth.* xxviii). Quandoque honorem , unde : *In nomine tuo levabo manus meas (Psal.* lxii). Quandoque famam, unde : *Per vos nomen Domini blasphematur in gentibus (Rom.* ii). Interdum immutabilitatem, unde : *Si dixerint filii Israel, quod est nomen ejus, quid dicam eis? Dixit Dominus : Ego sum qui sum (Exod.* iii). Interdum cultum, unde : *Deus Abraham, Deus Isaac, et Deus Jacob, misit me ad vos, hoc nomen mihi est in æternum (Exod.* vi). Interdum secretum , unde : *Nomen meum adonay, non indicavi eis (ibid.).* Interdum justitiam, unde : *Hoc est nomen, quod vocabunt eum, Dominus justus noster (Jer.* xxiii). Est et nomen Domini tetragammaton, I, e, v, e, quod dicitur, ineffabile trinitatis et unitatis mysterium significans excellenter, sicut alibi designavit. Nomina quoque Filii sunt diversa. Dicitur enim Jesus, unde : *Vocabis nomen ejus Jesum, quod interpretatur salvator. Ipse enim salvum faciet populum suum a peccatis eorum.* Dicitur Christus , unde : *Genuit Joseph virum Mariæ, de qua natus est Jesus, qui vocatur Christus quod exponitur unctus (Matth.* xi): quoniam *unxit eum Deus oleo lætitiæ præ consortibus suis (Psal.* xliv), unde: *Oleum effusum nomen tuum (Cant.* vi). Dicitur Emmanuel, quod interpretatur, *nobiscum Deus.* Dicitur oriens, unde : *Ecce vir Oriens nomen ejus (Zach.* vi): quoniam *visitavit nos Oriens ex alto (Luc.* i). Isaias autem multa ejus nomina simul enumerat, dicens : *Vocabitur nomen ejus, admirabilis, consiliarius , Deus, fortis, Pater futuri sæculi, princeps pacis (Isai.* ix). Ipse est nomen Domini, de quo dicit Propheta : *Ecce nomen Domini venit de longinquo (Isai.* xxx), cui datum est *nomen, quod est super omne nomen, ut in nomine Jesu omne genu flectatur (Philip.* ii). Merito ergo Psalmographus exclamabat: *Domine, Dominus noster, quam admirabile est nomen tuum in universa terra ! (Psal.* viii.) Illos ergo Dominus exaudivit et solvit, ut per eos annuntietur in Sion , id est Ecclesia, quod sit nomen [al. quodlibet nomen] ejus glorificandum, benedicendum, et collaudandum , et ut per illos etiam annuntietur laus ejus de magnificis operibus pro salute hominum gestis in Jerusalem, id est in Ecclesia sanctorum, qui propterea laudabunt Deum. Quid est autem quod cum Sion jungit nomen, et cum Jerusalem jungit laudem, nisi quia virtutem divini nominis speculatores intelligunt, et laudis præconium pacem videntes attollunt. Sion quippe dicitur *speculatio,* et Jerusalem *visio pacis.* Quatuor autem modis Jerusalem accipitur, secundum quatuor theologicos intellectus, historicum , allegoricum, tropologicum, et anagogicum. Est enim Jerusalem superior et inferior, interior et exterior. Superior est in patria, inferior est in via, interior est in anima, exterior est in Palæstina. De superiori legitur : *Jerusalem quæ ædificatur ut civitas, cujus participatio ejus in idipsum (Psal.* cxxi); ad inferiorem dicitur : *Surge, illuminare Jerusalem , quia venit lumen tuum, et gloria Domini super te orta est (Isai.* lx); de interiori legitur : *Dabo in Sion salutem, et in Jerusalem gloriam meam (Isai.* xlvi). Ad exteriorem dicitur : *Jerusalem, Jerusalem, quæ occidis prophetas, et lapidas eos, qui ad te missi sunt (Matth.* xxii).

In conveniendo populos in unum et reges ut serviant Domino.

Non solum prædicta fecit nt annuntietur in Sion nomen Domini et laus ejus in Jerusalem , verumetiam *in conveniendo populos in unum,* Judaicum et gentilem in unum cultum, et unam fidem, ut sit *unum ovile et unus pastor (Joan.* x) : quia *unus est Deus, una fides, unum baptisma (Ephes.* iv). Et in conveniendo etiam regna mundi, *ut serviant Domino,* illi videlicet, de quo dicitur : *Dominum Deum tuum adorabis, et illi soli servies (Matth.* iv), id est ei soli servitutem adorationis impendes, quæ græce latria nuncupatur. Hic est enim qui *habet in vestimento et in femore suo scriptum :* Rex regum, et Dominus dominantium *(Apoc.* xix), cui servire regnare est.

Respondit ei in via virtutis suæ : Paucitatem dierum meorum enumera [al. enuntia] *mihi. Et ne revoces me in dimidio dierum meorum, in generatione et generationem anni tui.*

Commendat hic in Ecclesia singularis persecutionis propositum, unde : *Respondit ei in via virtutis suæ;* supernæ patriæ desiderium, unde : *Paucitatem dierum meorum enuntia mihi;* finalis perseverantiæ initium, unde : *Ne revoces me in dimidio dierum meorum :* æternæ beatitudinis præmium, unde : *In sæculum sæculi anni tui (Psal.* ci). Prædictis enim beneficiis Ecclesia provocata, et in amorem æternitatis accensa, respondit Domino in filiis perfectis et virtuosis, non autem in infirmis et imperfectis, (Nam carnem habet et ossa, de quibus prædixerat : *Adhæserunt ossa mea carni meæ*) postulans et implorans ingenti desiderio æstuando, ut indicet ei, utrum sit post paucos dies ad cœlestis beatitudinis patriam perventura. Cupiebat *dissolvi et esse cum Christo (Philip.* i). Hæc enim est differentia inter perfectos et imperfectos : quod perfecti mortem habent in desiderio, et vitam in patientia ; imperfecti vero mortem habent in patientia, et vitam in desiderio. Ei ergo, id est Domino *respondit* Jerusalem, hoc est Ecclesia , non tam voce quam corde ; nec tam verbo, quam desiderio. *Respondit,* inquam; *in via virtutis suæ,* id est in illis, qui jam sunt viam suæ virtutis et perfectionis aggressi, non autem in eis, qui adhuc per viam infirmitatis et imperfectionis incedunt. Hoc sane respondit : *Enuntia mihi paucitatem dierum meorum ,* id est indica mihi , utrum ego paucis diebus debeam in hoc peregrinationis exsilio permanere, quoniam ad regnum tuum desidero pervenire. Unde jugiter oro, ut *adveniat regnum tuum (Matth.* vi). Nequis autem putaret, quod *propter paucitatem dierum*, quam optat ante finem sæculi, esset Ecclesia finienda, subjungit et ait : *Ne revoces me in dimidio dierum meorum*, id est ante sæculi finem (nam medium est, quod inter duo consistit extrema), cum promiseris fidelibus tuis, quod cum eis eris *cunctis diebus usque ad consummationem sæculi (Matth.* xxviii). Non enim *paucitatem dierum* desidero, ut ante finem sæculi esse desinam, sed ut finis sæculi appropinquet. Unde nec certum, sed propinquum sæculi diem mihi postulo revelari, ne veniam contra illam sententiam evangelicam : *De die illa et hora nemo novit, nec angelus, nec Filius, nisi solus Pater (Matth.* xxiv) ; nam *dies Domini sicut fur ita in nocte veniet.* Et licet desiderem dies hujus sæculi breviari, cupio tamen esse tecum in annis æternitatis : *quoniam in sæculum sæculi anni tui (Psal.* ci); qui nunquam deficiunt, quia nec principium habent nec finem. Hæc est æternitas tua, quæ cum sit una et eadem, per annos pluraliter designatur, sicut et alibi pluraliter designatur per dies, dicente propheta de Christo : *Egressus ejus ab initio a diebus æternitatis (Mich.* v); quia cum omnibus annis et cunctis diebus permanet immutabilis, nihil habens præteritum vel futurum. Potest et aliter hoc intelligi, ut quia prædixerat ædificandam esse Sion, et Dominum in majestate videndum, Ecclesia per Sion designata, majestatem Domini videre desiderans *respondit ei* desiderio et affectu *in via virtutis suæ*, videlicet Domini, non Sion, ut possessivum pronomen non ad Sion, sed ad Dominum referatur. *Respondit* ergo non in via virtutis suæ, id est non ex merito sui operis, neve sua virtute præsumat; sed *in via virtutis suæ*, id est fide Christi, non jam passibilis et mortalis, sed immortalis, et impassibilis, hoc est, in fide resurrectionis ipsius, per quam virtus ejus excellenter apparet. Hæc est enim via, per quam pervenitur ad vitam. Et in hac via virtutis respondit Ecclesia, quoniam ad gloriam resurrectionis anhelat. Quid autem respondit? Hoc scilicet : Exiguitatem *dierum meorum* enuntia mihi, non diem mortis, quem expedit ignorare. Propter quod Dominus ait : *Nescitis diem neque horam (Matth.* xxv), ut hic semper vivere libeat tanquam mori semper oporteat. Si quis enim diem mortis præsciret, multum sibi de carnis illecebris et mundi voluptatibus indulgeret, de finali pœnitentia præsumendo. Nec est contrarium, quod alibi dicitur : *Notum fac mihi, Domine, finem meum, et numerum dierum meorum quis est, ut sciam quid desit mihi (Psal.* xxxviii). Quia si sane fuerit expositum, ad hunc non pertinet intellectum. Sed exiguitatem, inquit, *dierum meorum* indica mihi, ut sciam non quando sed quam cito dierum meorum numerus finietur, cum desiderem meæ peregrinationis exsilium in proximo terminari. Et ideo *ne revoces me in dimidio dierum meorum*, ut tantum supersit mihi de vita, quantum de illa præcessit; nam illud est recte medium, quod distat æqualiter ab extremis. Vel quia *paucitatem dierum* desidero, ut citius ad annos æternitatis perveniam *ne revoces me*, id est non sinas me revocari *in dimidium dierum meorum*, id est ad vitam illam, quam in carnalibus desideriis consueverunt adolescentes vel juvenes exercere, quæ ad cœlestem patriam impediret ascensum ; nam adolescentia et juventus mediæ sunt ætates inter infantiam et senectutem ac senium. Vel quia dies illi sunt nostri, quibus bene vivimus, et vitam æternam meremur; illi vero non nostri, sed potius alieni, quibus opera diaboli exercemus. Quamvis optet Ecclesia dierum temporalium *paucitatem*, non vult tamen *in dimidio* spiritualium revocari, ne ipsi minuantur. Et hoc est quod ait : *Ne revoces me in dimidio dierum meorum*, id est ne diminuas mihi spirituales dies, qui vere ac proprie mei sunt, ne diminuto merito diminuatur et præmium, sed anni vitæ perpetuæ, qui revera sunt tui, quia post resurrectionem vitæ solummodo sancti vivent, propter quod dicit Apostolus, quia tu eris *omnia in omnibus (I Cor.* xv), illi sunt mihi *in sæculum sæculi*, ut semper tecum in æterna felicitate consistam. Vel intelligatur Dominus respondere, ac si diceret manifestius : Tu petis, *ne revocem te in dimidio dierum tuorum*, et ego tibi respondeo, quod erunt *in sæculum sæculi anni tui.* Vere, Domine, anni tui sunt in sæculum sæculi, cum sis æternus, omnem naturam præcedens, quoniam

Initio tu, Domine, terram fundasti, et opera manuum tuarum sunt cœli.

Ecce circa creationis opera in Deo commendatur auctoritas ; quia *in initio tu, Domine, terram fundasti.* Sublimitas, quia *opera manuum tuarum sunt cœli.* Stabilitas, quia *ipsi peribunt, tu autem permanebis.* Potestas, quia *sicut operimentum mutabis eos, et mutabuntur.* Æternitas, quia *tu idem ipse es, et anni tui non deficient.* Liberalitas et benignitas, quia *filii servorum tuorum inhabitabunt ibi, et semen eorum in sæculum sæculi dirigetur.* Nec mireris, si propheta loquendo de operibus Dei, modo dirigit sermonem ad unam personam, et modo ad alteram, quoniam indivisa sunt opera Trinitatis. Tria vero simul creata fuerunt, angelus, mundus et tempus. Et in creatione mundi simul creata fuerunt, cœlum et terra, primum et infimum inter quatuor elementa, et cum ipsis pariter duo media, videlicet aer et aqua confusa insimul et commista, quoniam aqua vaporabilis erat et aer spissus, sed postea discreta sunt et divisa. Quia vero Moyses dixerat, quod *in principio creavit Deus cœlum et terram*, etc. (*Gen.* 1), ne quis ordinem verborum attendens, putaret, quod prius cœlum et postea terram creasset, occurrit David in hoc loco, prius nominans terram quam cœlum, ut ostendatur quod cœlum et terra simul fuerunt creata, sed quod potuit simul fieri, non potuit simul dici. Multiplex autem initium sive principium legitur in Scripturis. Dicitur autem principium Deus Pater, unde : *in principio erat Verbum* (Joan. 1). Deus Filius, unde : *Ego principium, qui et loquor vobis*. Deus Spiritus sanctus, quia tres sunt unum principium, unde : *Tecum principium in die virtutis tuæ* (Psal. cix). Principium temporis, unde : *Antequam quidquam faceret, a principio ordinata sum* (Prov. viii). Principium dignitatis, unde : *Ipse est principium viarum Dei* (Job xl). Principium virtutis, unde ; *Initium sapientiæ timor Domini* (Psal. cx), et principium vitiorum , unde : *Initium omnis peccati superbia* (Eccli. x). Dicitur etiam principium cujuslibet rei exordium, unde : *Principium loquendi Domino* in Osee (Osee. 1). Cum enim dicitur : *In initio tu, Domine, terram fundasti*, potest intelligi vel de principio temporum, quia terra simul fuit cum tempore creata; vel de principio rerum, id est de Filio, qui est omnium rerum initium, per quem et in quo Deus Pater terram fundavit. Nam utrumque de ipso legitur : *Omnia per ipsum facta sunt* (Joan. 1), et : *Omnia in sapientia fecisti, Domine* (Ezech. xxviii). In uno designatur auctoritas, cum dicitur Pater omnia fecisse per Filium, quoniam hoc ipsum Filius accepit a Patre. In altero vero consubstantialitas denotatur, cum dicitur, omnia fecisse Pater in Filio, quia Filius consubstantialis est Patri, propter quod alibi dicit : *Ego in Patre, et Pater in me est* (Joan. x). Ad notandam tamen distinctionem trium personarum in una substantia, dicit Apostolus; quod *ab ipso, et per ipsum, et in ipso sunt omnia* (Rom. xi). Ergo *in initio tu, Domine, terram fundasti*, hoc est in infimo collocasti; nam inter ædificii partes est infimum [*al*. in omni ædificio plano infimum] fundamentum, et in sphærico corpore illud est infimum, quod est medium. Licet autem cœlorum et terrarum distinctio nimis prolixa pateat in Scripturis, quia tamen ad intelligentiam hujus loci est maxime necessaria, oportet illam hic exprimi sub compendio comprehensam. Terra ergo est machina mundialis, unde : *In principio creavit Deus cœlum et terram* (Gen. 1), id est naturam angelicam et mundanam. Quartum elementum, unde : *Vocavit Deus aridam terram* (Ibid.). Quælibet regio, unde : *Primo tempore alleviata est terra Zabulon et terra Nephtalim* (Isa. ix). Hæc est habitabilis zona, unde dicitur : *Rex noster, Deus ante sæcula operatus est salutem in medio terræ* (Psal. lxxiii). Humana natura, unde : *Vos estis sal terræ* (Matth. v). Caro nostra, unde : *Terram ungula fodit* (Job xxxix). Sublimalis aer, unde : *Projectus est draco magnus, serpens antiquus in terram* (Apoc. xii), id est hunc aerem caliginosum. Sancta Ecclesia, unde : *Benedixisti, Domine, terram tuam* (Psal. lxxxiv). Perfida Synagoga, unde : *Vidi angelum fortem descendentem de cœlo, et dextrum pedem posuit super mare, sinistrum autem super terram* (Apoc. x). Gentilis populus, unde : *Postula a me, et dabo tibi gentes hæreditatem tuam,* *et possessionem tuam terminos terræ* (Psal. 11). Fidelis homo, unde : *Terra, ne operias sanguinem justum* (Job xvi). Vir activus, unde : *Advocavit cœlum desuper et terram, ut discernat populum suum* (Psal. xlix). Mens auditoris, unde : *Terra super se venientem bibens imbrem, generat herbam optimam* (Heb. vi). Opus bonum, unde : *Det tibi Deus de rore cœli, et de pinguedine terræ abundantiam frumenti, vini* et olei (Gen. xxvii). Sacra Scriptura, unde : *Qui operatur terram suam, saturabitur panibus* (Prov. xii). Caro Christi, unde : *Terra data est in manu impii*. Cœlestis patria, unde : *Credo videre bona Domini in terra viventium* (Psal. xxvi). Virgo Maria, unde : *Terra nostra dabit fructum suum* (Psal. lxxxiv). Sæcularis conversatio, unde : *Adhæsit in terra venter noster*. Carnalis voluptas, unde : *Non invenietur in terra suaviter viventium* (Job xxviii). Terrenus intellectus, unde : *Argentum igne examinatum, probatum terræ, purgatum septuplum* (Psal. xi). Peccatum, unde : *Terram comedes cunctis diebus vitæ tuæ* (Gen. iii). Mens reprobi, unde : *Terra proferens spinas et tribulos, reproba est, et maledicto proxima* (Heb. vi). Infernus, unde : *Antequam vadam ad terram tenebrosam et opertam mortis caligine* (Job x). Quamvis autem terram bonam Deus Pater creavit *in initio*, id est in Filio, terram tamen, secundum quod quatuor primis modis accipitur, in initio temporis, cum tempore ipse creavit. *Et opera manuum tuarum sunt cœli.*

Est cœlum divinum, unde : *Descendi de cœlo* (Joan. vi), id est, de arcano majestatis divinæ, factus visibilis : et : *Nemo ascendit in cœlum, nisi qui de cœlo descendit* (Joan. iii). Empyreum, unde : *In principio creavit Deus cœlum et terram* (Gen. 1). Sidereum, unde : *Fiant luminaria magna in firmamento cœli* (Ibid.). Et aereum, unde : *Aves cœli comederunt illud* (Luc. viii). Item cœlum angeli sunt, unde : *Gelu de cœlo quis genuit ?* (Job. xxxviii.) Sancti prædicatores, unde : *Cœli enarrant gloriam Dei* (Psal. xviii). Fidelis anima, unde : *Cœlum mihi sedes est* (Isa. lxvi). Sacra Scriptura , unde : *Cœlum ut liber plicabitur* (Apoc. vi). Spiritualis vita, unde : *Nostra conversatio in cælis est* (Phil. iii). Præterea diaboli et angeli ejus, qui secundum Apostolum sunt *spiritualia nequitiæ in cœlestibus* (Ephes. vi), unde : *Ignis de cœlo cecidit, et tactas oves et pueros consumpsit* (Job 1). Hic est, qui elatus in superbiam de seipso dicebat : *Ascendam in cœlum, et ponam sedem meam ad Aquilonem, similis ero Altissimo* (Isai. xiv) : et ipsum imitantur superbi, qui ponunt in cœlum os suum, cum eorum lingua transeat super terram. Omnes hos cœlos, præter ultimos, qui sunt mali, fecit primum cœlum, quod non est factura sed factor, et ideo ei dicitur : *Opera manuum tuarum*, id est tuæ potestatis, *sunt cœli*, quæ cum sit una, per manus tamen pluraliter designatur, propter diversos effectus, quia creat, disponit, continet, et gubernat, sicut et alibi dicitur : *Manus tuæ, Domine, fecerunt me, et plasmaverunt me (Job. x), etc.*

Ipsi peribunt, tu autem permanebis [al. *permanes*], *et omnes ut* [al. *sicut*] *vestimentum veterascent. Et sicut opertorium mutabis eos, et mutabuntur.*

Super hoc Scripturæ divinæ non solum varia, sed et contraria videntur testimonia pertulisse. Ecce enim Psalmista testatur, quod *cœli peribunt, et omnes ut vestimentum veterascent.* Huic consonat Petrus apostolus, dicens : *Adveniet dies Domini sicut fur, in quo cœli magno impetu transibunt (II Petr. III).* Idemque de cœlo et terra testatur, quod *cœli, qui nunc sunt, et terra, eodem verbo repositi sunt, igni servati in diem judicii (Ibid.).* Veritas quoque dicit in Evangelio : *Cœlum et terra transibunt, verba autem mea non transibunt (Luc. XXI).* Contrarium vero videtur idem Psalmista dixisse, qui cum præmisisset in psalmo : *Laudate eum cœli cœlorum, et aquæ quæ super cœlos sunt laudent nomen Domini (Ibid.),* consequenter adjungit : *Statuit ea in æternum et in sæculum sæculi (Ibid.).* Et Salomon : *Terra,* inquit, *in æternum stat (Eccles. I).* Idemque de cœlo dicit et terra. Novimus, Domine, quod fabricasti tibi domum perpetuam, cœlum et terram et mare; quamvis in Apocalypsi dicatur, quod *mare jam non erit (Apoc. XXI).*

Ne vero sacræ Scripturæ sibi contradicere videantur, dicatur quod revera *cœlum et terra transibunt (Matth. XXIV),* quantum ad qualitatem et formam, sed permanebunt, quantum ad substantiam et naturam. Et de cœlis quidem aereis planum est, quod ipsi et terra per ignem absque dubio purgabuntur, et in meliorem formam transibunt, sicut Petrus ait, quod *cœli ardentes solventur, elementa vero ignis ardore tabescent (II Petr. III),* quod hic aperte notatur, cum dicitur : *Sicut opertorium mutabis eos, et mutabuntur.* De superioribus autem cœlis cum sideribus et aliis luminaribus non est certum omnino, utrum et ipsi sint aliquatenus immutandi, cum ad eos fœtor et fœditas ex pravis hominum operibus non pervenerit : quanquam in illis angeli peccaverint apostatici, qui sunt de cœlo projecti. Nam *in angelis suis reperit pravitatem (Job IV).* Et quidem Joannes apostolus in Apocalypsi testatur dixisse illum qui sedebat in throno : *Ecce nova facio omnia,* seque vidisse *cœlum novum et terram novam. Primum enim cœlum abiit et prima terra (Apoc. XXI).* Et Isaias : *Ecce ego creo cœlum novum et novam terram, et non erunt in memoria priora (Isa. LXV).* In Apocalypsi vero Joannis legitur, quod *civitas non eget sole, neque luna, ut luceant in ea, nam claritas Dei illuminat eam, et lucerna ejus est Agnus (Apoc. XXI).* Item Isaias : *Non erit tibi amplius sol ad lucendum per diem, nec splendor lunæ illuminabit te, sed erit tibi Dominus in lucem sempiternam, et Deus tuus in gloriam tuam (Isa. LX).* Idem autem alibi dicit, quod *erit lux lunæ, sicut lux solis et lux solis erit septempliciter, sicut lux septem dierum, in die qua alligaverit Dominus* *vulnus populi sui, et percussuram plagæ ejus sanaverit (Isa. XXX).* Salubre consilium dedit Apostolus : *Noli plus sapere, quam oportet sapere, sed sapere ad sobrietatem (Rom. XII);* et alius : *Altiora te ne quæsieris, et majora te ne fueris scrutatus (Eccli. III)* quia *defecerunt scrutantes scrutinio (Psal. LXIII)* Quid enim sæculi præcessit initium, et quid sæculi finem sequatur, velata sunt nobis : media vero sunt manifesta, quod in duobus Seraphin est egregie designatum, qui *duabus alis velabant* Domini *faciem, et duabus velabant pedes ipsius, et duabus volabant (Isa. VI).* Sane vero potest intelligi, quod cum dicitur : *Ipsi peribunt,* verbum non actum, sed aptitudinem notat : quia quod de nihilo factum est, naturaliter redire posset in nihilum : sed quadam ex gratia perpetuo conservabuntur, cum et de angelis scriptum sit, quoniam *qui ei serviunt non sunt stabiles (Job IV),* quod utique referendum est ad naturam. Vel intelligatur de justis, qui etsi cœli dicantur, quoniam eorum *conversatio est in cœlis (Philip. III),* omnes tamen secundum corpus peribunt : quod est animæ vestimentum. Et propterea recte dicitur, quod *omnes ut vestimentum veterascent,* id est quantum ad corpus deficient, quia quod veterascit et senescit, prope interitum est.

Et sicut opertorium mutabis eos, et mutabuntur. Opertorium frequenter et multipliciter mutatur in mundo : quoniam *homo natus de muliere, brevi vivens tempore, nunquam in eodem statu permanet (Job XIV).* Quis autem universas mutationes mortalis hominis valeat explicare? Unde sufficiat hic exponere duas. Tu ergo eos, id est justos, qui cœli vocantur, in mortis dissolutione mutabis; et ipsi tandem in resurrectionis gloria mutabuntur. Sed et cœli materialis recte opertorio comparantur, quia cætera operiunt infra posita; unde cœli dicti sunt a cœlando. *Cœli ergo peribunt.*

Tu autem idem ipse es, et anni tui non deficient.

Quia invariabilis es omnino et immutabilis, nihil habens in te, nisi te, nec in te aliud est habens ab habito, nec aliud habitum ab habente, quamvis habentis nullus sit habitus, nec alicujus habitus ipsum sit habens, cum ens idem sit in te omnino, quod idem esse non est aliud, quam quod es, sed idem omnino. *Et anni tui non deficient.* Hoc superius expositum est, sed repetit illud, ut addat:

Filii servorum tuorum inhabitabunt [al. *habitabunt*] *ibi, et semen eorum in sæculum dirigetur.*

Largus est Dominus et benignus, gloriam suam communicans servis suis. Ibi ergo, id est in annis tuis *habitabunt,* id est perpetuo permanebunt *filii servorum tuorum,* id est imitatores apostolorum, qui supradicti sunt servi tui : nec tantum ipse vel eorum filii, sed *eorum semen,* id est omnes qui eorum fidem et opera imitantur, *dirigentur in sæculum sæculi,* hoc est in æternitatis gloriam perducentur. Læta conclusio, quæ felicitatis æternæ gaudia repromittit.

In psalmum sextum pænitentialem Elucidatio. Titulus autem hujus psalmi talis est:
Canticum graduum. — *Tituli ejusdem explicatio.*

Psalmus iste inter cantica graduum est undecimus, et inter pœnitentiales psalmos est sextus. Per senarium autem notatur perfectio, quia senarius numerus est perfectus, eo quod redditur ex suis partibus aggregatis. Unde sexto die perfecit Deus cœlum et terram, et omnem ornatum eorum (*Gen.* II). Et cum in plenitudine temporis sexta venisset ætate, sexta die sub hora sexta genus redemit humanum; idemque sex ultima verba dixit in cruce. Per undenarium vero transgressio designatur, quia undenarius denarium legis excedit, et ad duodenarium apostolicum non pertingit. Unde undecim quoque vela capillacia sive saga cilicina erant in tabernaculo Domini, et undecim sunt psalmi Asaph, et hoc numero remanserunt apostoli subtracto proditore Juda, sed ad duodenarium redierunt, substituto Matthia. His ergo datur intelligi, quod quæcunque perfectionis existat aliquis, non tamen est sine omni peccato. Nam *si dixerimus, quod peccatum non habemus, nos ipsos seducimus, et veritas in nobis non est* (*I Joan.* I), quoniam *in multis offendimus omnes* (*Jac.* III), Salomone testante: *Quis potest dicere: Mundum est cor meum, et purus sum a peccato?* (*Prov.* XX.) Quia nullus in hac vita mortali adeo est perfectus, cui pœnitentia pro peccato necessaria non existat, quod bene significat in hoc loco undenarius senario copulatus.

Psalmi centesimi vigesimi noni in ordine Psalmorum, in ordine vero pænitentialium psalmorum sexti explicatio

---

De profundis clamavi ad te, Domine, Domine, exaudi vocem meam.

Psalmus iste octo continet versus, monens et docens nos ita debere percurrere septem hujus sæculi dies, ut ad diem resurrectionis octavum mereamur feliciter pervenire, in quo Deus ab omni corruptione circumcidet electos, et tunc ex toto redimet Israel ex omnibus iniquitatibus ejus. Ostendit autem pœnitens in hoc psalmo, unde clamaverit, quoniam *De profundis*, non uno tantum, sed multis. Ad quem? quoniam *ad te, Domine* qui solus prævales liberare. Quid? hoc videlicet: *Exaudi orationem meam.* Quo affectu? Certe humili et devoto, unde: *Fiant aures tuæ intendentes in orationem servi tui.* Quanta necessitate? Magna quidem et multa; quoniam *si iniquitates observaveris Domine, Domine quis sustinebit?* Qua fiducia? Plena pariter et secura; *quoniam apud te propitiatio est, et propter legem tuam sustinui te, Domine.* Quomodo? sperando et sustinendo, unde: *Sustinuit anima mea in verbo ejus, speravit anima mea in Domino.* Quandiu? *A custodia matutina usque ad noctem, speret Israel in Domino*, in prosperis videlicet et adversis. Qua de causa? quia Deus et volens et valens liberare tu es; nam *apud Dominum misericordia est, et copiosa apud eum redemptio.* Quo denique fine? Utique grato et salutari; quia *ipse redimet Israel ex omnibus iniquitatibus ejus.* Ergo: *De profundis clamavi ad te, Domine, Domine exaudi orationem meam.* Est profundum divinæ sapientiæ, de quo dicitur: *Domine, nimis profundæ sunt cogitationes tuæ* (*Psal.* XCI). Profundum sacræ Scripturæ, de quo legitur: *Revelat profunda de tenebris* (*Job* XII). Et profundum humanæ conscientiæ de quo scribitur: *Profundum est cor hominis et inscrutabile* (*Jer.* XVII). Itemque profundum damnabilis culpæ, unde: *Impius cum venerit in profundum peccatorum contemnit* (*Prov.* XVIII). Profundum sæcularis miseriæ, unde: *Infixus sum in limo profundi* (*Psal.* LXVIII). Et profundum infernalis gehennæ, unde: *Pete tibi signum a Domino Deo tuo in profundum inferni* (*Isa.* VII). De omnibus his profundis aliqui clamant, et exaudiri mereantur, ultimo duntaxat excepto, de quo clamans nullatenus exauditur, quoniam in inferno nulla est redemptio. Unde cum dives ille, qui sepultus fuerat in inferno, clamasset: *Pater Abraham, miserere mei* (*Luc.* XVI), etc., de primo profundo Apostolus admirando clamabat: *O altitudo divitiarum sapientiæ et scientiæ Dei, quam inscrutabilia sunt judicia ejus, et investigabiles viæ ejus! Quis cognovit sensum Domini, aut quis consiliarius ejus fuit?* (*Rom.* XI.) Ipse quoque *raptus est* usque ad tertium cœlum, ubi *audivit arcana verba, quæ non licet homini loqui* (*II Cor.* XII). De secundo profundo clamabat orando David: *Revela oculos meos, et considerabo mirabilia de lege tua;* et Dominus revelavit auriculam ejus, quia *super senes intellexit* (*Psal.* CXVIII). De tertio profundo Daniel orando clamabat ad Dominum, *suis sociis indicando regni negotium, ut quærerent misericordiam a facie Dei cœli, super sacramento regis, ne ipsi perirent cum cæteris sapientibus Babylonis* (*Dan.* II). Et quidem meruit exaudiri, quia tunc ei nocte per visionem mysterium revelatum est. De quarto profundo publicanus ingemiscendo clamabat: *Deus propitius esto mihi peccatori, et ipse in domum suam justificatus descendit* (*Luc.* XVIII). De quinto profundo Petrus, naufragando clamabat: *Domine, salvum me fac,* et continuo extendens Jesus manum apprehendit eum dicens : *Modicæ fidei, quare dubitasti?* (*Matth.* xiv.) Cæterum sub his profundis quidam jacent ita submersi, ut omnino non clament, de quibus dicitur : Devenerunt in profundum tanquam lapis (*Matth.* xviii). Talis erat is, qui dicebat: *Major est iniquitas mea, quam ut veniam merear* (*Gen.* iv). Nimis enim sunt in profundo submersi, qui cum peccatis sint obruti, et iniquitatibus pressi, nec ipsi clamant, nec alios volunt audire clamantes, quin etiam clamare monentes irrident. Sciens autem hic pœnitens, quod Dominus ex Basan convertit (*Psal.* lxvii) et *mittit crystallum suam sicut buccellas*(*Psal.* cxlvii), clamat ad eum, qui Jonam in ventre ceti clamantem audivit (*Matth.* xii). Clamat utique non tam voce, quam corde, fortiter et instanter, ejus exemplo, qui suo forti clamore et instanti illuminari promeruit, quem cum turbæ increparent undique, ut taceret, ipse magis ac magis clamabat : *Jesu fili David, miserere mei,* suoque clamore fecit stare Jesum, et sic clamans obtinuit quod volebat (*Luc.* xviii) ; quia *de profundis* clamabat, id est de intimis visceribus et occultis medullis, de quibus clamor egrediens usque ad cœlum, ad Dei aures ascendit. Clamat autem hic pœnitens non de uno tantum profundo, sed de multis profundis, videlicet de profundo perversitatis, et de profundo adversitatis, sive de profundo culpæ, et de profundo miseriæ, in quibus se sentit jacere submersum, cum non dicat: Clamo, tanquam incipiat nunc clamare, sed dicit: *Clamavi,* tanquam a longo tempore jam clamaverit : quoniam *oportet semper orare, et non deficere* (*Ibid.*). *Clamavi,* inquam, *ad te, Domine,* qui cum sis omnipotens, potens es liberare. Fiducialiter ergo *clamavi,* hoc scilicet : *Domine, exaudi orationem meam,* quia licet ego indignus sum exaudiri, propter nimias offensas, et innumeras negligentias meas, tu tamen dignus exaudire, propter tuam pietatem immensam et misericordiam infinitam. Quapropter.

Fiant aures tuæ intendentes in orationem servi tui [al. *in vocem deprecationis meæ*].

Est auris numinis, auris hominis et auris dæmonis. Quælibet autem multipliciter accipitur in Scripturis; nam auris numinis ipsa est, quam Deus aperit ad clementiam, et hæc est auris misericordiæ, de qua dicitur : *Inclina, Domine, aurem tuam, et exaudi me* (*Psal.* lxxxv) : unde : *Audivit Dominus, et misertus est mei* (*Psal.* xxix). Et auris quam aperit ad vindictam, et hæc est auris justitiæ, de qua legitur : *Auris cœli dijudicat omnia* (*Matth.* xvi), unde : *Audivit Dominus et sprevit, et ad nihilum redegit* nimis *Israel* (*Psal.* lxxvii). Auris hominis alia corporalis, de qua dicitur : *Nec oculus vidit, nec auris audivit, nec in cor hominis ascendit, quæ præparavit Deus diligentibus se* (*I Cor.* ii), etc. Alia spiritualis, de qua dicitur : *Auris audiens beatificabat me, et oculus videns testimonium reddebat mihi* (*Job* xxix).

Et hæc est duplex, videlicet, auris intelligentiæ, de qua dicitur : *Qui habet aures audiendi, audiat quid spiritus dicat Ecclesiis* (*Apoc.* ii). Et auris obedientiæ, de qua legitur : *Populus quem non cognovi, servivit mihi, in auditu auris obedivit mihi* (*Psal.* xvii). Auris quoque dæmonis duplex est, una quam obturat ad bonum, unde : *Furor ille secundum similitudinem serpentis, sicut aspidis surdæ, et obturantis aures suas* (*Psal.* lvii), et alia quam inclinat ad malum, unde : *Sonitus terroris semper in auribus ejus, et cum pax fuerit, ille semper insidias suspicatur* (*Job* xv). Cæterum auris Dei, licet sit una, quia tamen multos habet effectus, pœnitens hic pluraliter dicit : *Fiant aures tuæ,* id est auditus misericordiæ tuæ, unus ad remittendum culpam, et alius ad dimittendum pœnam, *fiant,* inquam, *intendentes in orationem servi tui,* hoc est intendat misericordia tua mihi, ut et culpam dimittas et pœnam, quia *servus tuus sum, et filius ancillæ tuæ* (*Psal.* cxv). Servus conditione, redemptione, et professione. Ut autem sim servus tuus veneratione, devotione, dilectione, libera me a servitute peccati, de qua legitur : *Cum servi essetis peccati, liberi fuistis justitiæ* (*Rom.* vi) : nam a quo quis vincitur, et ejus servus efficitur. De talibus scriptum est : *Serve nequam, omne debitum dimisi tibi, quia rogasti me, nonne oportuit et te misereri conservi tui, sicut et ego misertus sum tui?* (*Matth.* xviii) : unde : *Servo pessimo latus sanguinare* (*Eccli.* xlii). *Cibaria et virga, et onus asino, panis et disciplina, et opus servo* (*Eccli.* xxxiii). Fac me servum justitiæ, ut sim ex illis, de quibus legitur : *Servus meus es tu, in te gloriabor* (*Isai.* xlix). Et : *in servis suis consolabitur Deus* (*Psal.* cxxxiv). *Servite Domino in timore et exsultate ei cum tremore* (*Psal.* ii). Spero autem, quod velis et digneris hoc facere quia cum sis Dominus omnium, factus es pro me servus, sicut de te Paulus apostolus ait : *Cum in forma Dei esset, non rapinam arbitratus est, esse se æqualem Deo, sed exinanivit se, formam servi accipiens, in similitudinem hominum factus, et habitu inventus ut homo* (*Philip.* ii). Et Deus Pater per Isaiam : *Ecce servus meus, suscipiam eum* (*Isai.* xlii). Est ergo servitus bona, id est, humilitatis, de qua Dominus ait : *Qui major est inter vos, erit omnium servus* (*Marc.* x), et servitus mala, id est, iniquitatis, de qua Veritas dicit : *Qui facit peccatum, servus est peccati* (*Joan.* viii). Et servitus indifferens, id est necessitatis, de qua dicit Apostolus : *Servus vocatus es, non sit tibi curæ, sed si potes liber fieri, magis utere* (*I Cor.* vii). Itemque alibi : *Servi subditi estote in omni timore dominis, non tantum bonis et modestis, sed et discalis* (*I Petr.* ii). Ergo fiant aures tuæ intendentes in orationem servi tui.

Si iniquitates observaveris, Domine, Domine quis sustinebit?

Duplex est observatio, una quidem ad considerandum, et explorandum : alia vero ad obediendum et obsequendum; de illa legitur: *Observasti omnes semitas meas, et vestigia pedum meorum considerasti* (*Job* XIII), etc., et: *Pharisæi observabant Dominum* (*Luc.* VI) *ut caperent eum in sermone* (*Matth.* XXII). De ista dicitur: *Deum time, et mandata ejus observa, hoc est omnis homo* (*Eccle.* XII); et: *Si vis intrare ad vitam, observa mandata* (*Prov.* VII). *Si ergo tu, Domine, observaveris*, id est ad pœnam æternam servaveris *iniquitates* cujuslibet, *Domine quis substinebit* te judicem? Non ait: Ego non sustinebo, sed *quis sustinebit*? Quasi diceret: Pene nullus: quia prope omnis conscientia suis cogitationibus accusatur, unde: *Si justus vix salvabitur, impius et peccator ubi parebunt?* (*Petr.* IV.) Quanto minus ego potero sustinere, qui sum repletus iniquitatibus? Quoniam *iniquitates meæ supergressæ sunt caput meum et sicut onus grave gravatæ sunt super me* (*Psal.* XXXVII). De his ergo *profundis clamavi*, postulans exaudiri, ut iniquitates meas tu, Domine, non observes. Et quidem exaudiri confido.

Quia apud te propitiatio est, et propter legem tuam sustinui te, Domine.

Idem est propitiator et propitiatio, medicus et medicina, sacerdos et sacrificium videlicet, unigenitus Dei Filius Jesus Christus, *Verbum in principio apud Deum* (*Joan.* I); de quo Joannes apostolus ait: *Advocatum habemus apud Deum Patrem Jesum Christum, et ipse est propitiatio pro peccatis nostris* (*I Joan.* II). Ergo apud te, Pater omnipotens, *est propitiatio* nostra, *vivens semper ad interpellandum pro nobis* (*Hebr.* VII). Nec dubito quin obtineat quod implorat, quoniam, ut inquit Apostolus,*pro sua reverentia* exauditur*(Hebr.* V), quemadmodum ipse dicit ad Patrem: *Ego autem sciebam quia semper me audis* (*Joan.* II). Nam idem postulat et exaudit, postulat quidem, ut homo, et exaudit, ut Deus; quia *Verbum erat apud Deum, et Deus erat Verbum* (*Joan.* I). Potest ergo sic notari Trinitas personarum, ut fideliter et recte dicatur *apud te* Pater *propitiatio* est Filius. Et *propter legem tuam*, videlicet Spiritum sanctum, qui est lex salutaris, scripta, non in tabulis lapideis, sed in cordibus hominum (*II Cor.* III); quia *charitas Dei diffusa est in cordibus nostris per Spiritum sanctum, qui datus est nobis*'(*Rom.* V). Propter hanc, inquam, legem, quæ est charitas tua, benignitas tua, unctio tua, docens de omnibus, *sustinui*, hoc est exspectavi te, Domine, ut per eumdem Spiritum tuum mihi peccata dimittas, et sic, qui paulo ante dicebam, quod *si observares iniquitates*, sustinere non possem, jam dicam, quod *propter legem tuam sustinui te, Domine*. Hic sane Spiritus est lex gratiæ, quæ quinquagesimo die in sono et igne apostolis est data de cœlo (*Act.* II), sicut olim lex litteræ quinquagesimo die fuit data Judæis in fulgure ac tonitruo de monte Sina (*Exod.* XIX). Multiplex autem lex legitur in Scripturis. Lex gratiæ, lex justitiæ, lex clementiæ, lex naturæ, lex Scripturæ et lex culpæ.

De prima: *Lex Domini immaculata, irreprehensibilis, convertens animas* (*Psal.* XVIII). Nam *lex per Moysen data est, gratia et veritas per Jesum Christum facta est* (*Joan.* I). De secunda: *Propter hoc legem statuit delinquentibus in via* (*Psal* XXIV). Et: *Israel in lege justitiæ non pervenit* (*Rom.* IX). De tertia: *Lex clementiæ in ore ejus* (*Prov.* XXX). De quarta: *Cum gentes ea, quæ legis sunt, naturaliter faciunt, ipsi sibi sunt lex* (*Rom.* II). De quinta: *Lex subintravit, ut abundaret delictum* (*Rom.* V). De sexta: *Sentio aliam legem in membris meis, repugnantem legi mentis meæ, et captivantem me in lege peccati* (*Rom.* VII). Ergo *propter legem* clementiæ tuæ, tuam semper propitiationem exspectans sum. Alioqui pro multitudine, magnitudine ac turpitudine iniquitatum mearum penitus desperassem. Sed nullus omnino desperet; quia *apud te propitiatio*, id est propitiator existit, qui quidem distinctus est a te in persona, sed idem tecum est in essentia, consubstantialis et coomnipotens, coæqualis et coæternus, cum Spiritu Paracleto qui ab utroque procedit. Et ideo

Sustinuit anima mea in verbo ejus, speravit anima mea in Domino.

Quem propitiationem prædixerat, modo verbum appellat: quia ut propitiatio nobis fieret, *Verbum caro factum est et habitavit in nobis* (*Joan.* I). Unus hic erat ex illis, qui cum nimio desiderio Redemptoris exspectabant adventum, dicentes: *Veni, Domine* (*Apoc.* XXII), at noli tardare, relaxa facinora plebis tuæ Israel. *Domine Deus virtutum, converte nos, et ostende faciem tuam, et salvi erimus* (*Psal.* LXXIX). *Utinam dirumperes cœlos et descenderes* (*Isa.* LXIV). *Excita potentiam tuam, et veni, ut salvos nos facias* (*Psal.* LXIX). *Ostende nobis, Domine, misericordiam tuam, et salutare tuum da nobis* (*Psal.* LXXXIV). *Memento nostri, Domine, in beneplacito populi tui, et visita nos in salutari tuo* (*Psal.* CV). *Emitte Agnum, Domine, Dominatorem terræ, de petra deserti ad montem filiæ Sion* (*Isai.* XVI). Hujus ille desiderio æstuabat, qui dicebat in Canticis: *Osculetur me osculo oris sui, quia meliora sunt ubera tua vino, fragrantia unguentis optimis* (*Cant.* I).

Hinc ille Simeon senex, justus et timoratus, exspectans redemptionem Israel, cum responsum accepisset a Spiritu sancto, non visurum se mortem, nisi videret Christum Domini, in spiritu venit in templum, et recipiens eum in ulnas suas, benedixit et dixit: *Nunc dimittis servum tuum, Domine, secundum verbum tuum in pace*, etc. (*Luc.* II). Hinc ipse dicebat apostolis: *Multi prophetæ et reges voluerunt videre, quæ videtis, et non viderunt*, etc. (*Luc.* X). *Sustinuit anima mea in verbum tuum*, illud videlicet, quod per prophetam dixisti: *Nolo mortem peccatoris, sed ut convertatur et vivat* (*Ezech.* XXXIII), et quod Verbum tuum inquit in Evangelio: *Non veni vocare justos, sed peccatores* (*Matth.* IX). Et: *Venit Filius hominis quærere et salvare quod perierat* (*Matth.* XVIII). Et ideo *speravit anima mea in Domino*, in ipso verbo, de quo scriptum est per prophetam, quod *Dominus est nomen ei (Psal.* LXXII). *Speravit*, inquam, non in se, non in homine, non in mundo, sed tantum *in Domino*, qui solus salvare potest, nec derelinquit sperantes in se. Quare

A custodia matutina usque ad noctem speret Israel in Domino.

Est mane temporis, mane sæculi, mane hominis, mane diei, mane salutis, mane peccatoris, mane gloriæ, mane prosperitatis et mane culpæ. Mane temporis est creationis initium, de quo dicitur ad Luciferum : *Quomodo cecidisti, Lucifer, qui mane oriebaris? (Isai.* XIV.) Mane sæculi, prima ætas, de qua legitur : *Exiit primo mane conducere operarios in vineam suam (Matth.* XX). Mane hominis, pueritia, de qua Veritas ait : *Vigilate, quia nescitis quando Dominus veniet, sero an media nocte, an galli cantu, an mane (Marc.* XIII). Mane diei, diluculum, de quo legitur : *Valde mane una Sabbatorum (Marc.* XVI). Mane salutis, incarnatio Redemptoris, de qua dicitur : *Vespere scietis, quia veniet Dominus, et mane videbitis gloriam ejus (Exod.* XVI). Mane peccatoris, infusio gratiæ, de qua propheta : *In tribulatione sua mane consurgent ad me (Osee* VI). Mane gloriæ, resurrectio, de qua dicit Psalmista : *Mane astabo tibi et videbo, quoniam non Deus volens iniquitatem tu es (Psal.* I). Mane prosperitatis, ai risio temporalis, de qua dicitur : *Væ terræ, cujus principes mane comedunt (Eccle.* X). Mane culpæ, prava suggestio de qua dicitur : *Quasi mane expansus super montes (Joel* II). Ergo *a custodia matutina usque ad noctem*, id est ab infusione gratiæ usque ad finem vitæ, de qua legitur : *Venit nox, quando nemo potest operari (Joan.* IX). Vel ab hora incarnationis usque ad tempus judicii, de quo dicitur : *Media nocte clamor factus est (Matth.* XXV). Sive a statu prosperitatis usque ad adversitatis articulum; de quo legitur : *Per diem sol non uret te, neque luna per noctem ((Psal.* CXX). Speret *Israel*, id est vir fidelis, *in Domino*. Potest etiam sic intelligi : *A custodia matutina usque ad noctem*, id est a justo usque ad peccatorem, omnes omnino sperent *in Domino*. Ex quo enim infunditur homini gratia, perseverare debet in bono, ut merito speret de Deo usque ad finem vitæ ; quoniam *qui perseveraverit usque in finem, hic salvus erit (Matth.* X, XXIV). Unde in lege caput et cauda hostiæ debebant offerri (*Lev.* VII). A tempore incarnationis Christi data est certa spes populo Christiano, ut de resurrectionis glorificatione confidat, præsertim ex quo Dominus a morte resurrexit. Sed a mane *usque ad noctem*, id est in prosperis et adversis homo fidelis sperare debet in Domino, ut in illo confidens, nec prosperis elevetur, nec dejiciatur adversis. Estque semper ab ipso mane custodia sive vigil a necessaria, ne per serpentis astutiam pia intentio corrumpatur. Propter quod alibi dicitur : *Non confundetur, cum loquetur inimicis suis in porta (Psal.* CXXVI). Inimici namque sunt dæmones, qui homini adversantur ; porta est pravæ suggestionis initium, per quod dæmones ingredi moliuntur in mentem. Ille igitur non confunditur, qui contradicendo et reclamando suis loquitur inimicis in porta, ut statim in ipso pravæ suggestionis initio dæmones abjiciat et propellat, et ne fiant inimici ejus in capite, parvulos allidat ad petram *(Psal.* CXXXIV). Non est itaque contemnenda vigilia vel custodia matutina, dicente Psalmista : *In matutino interficiebam omnes peccatores terræ (Psal* C). Nam et in *vigilia matutina respexit Dominus super castra Ægyptiorum*, et submersit illa in mare Rubrum (*Exod.* XIV). Quare *a custodia matutina usque ad noctem speret Israel in Domino*, et merito potest sperare

Quia apud Dominum misericordia, et copiosa apud eum redemptio.

Eumdem dicit misericordiam quem propitiationem prædixerat, id est Christum, juxta quod alibi dicitur : *Misit Deus misericordiam suam et veritatem suam*. Ipse quoque Redemptor alibi appellatur redemptio, unde Paulus : *Factus est nobis sapientia et redemptio (Cor.* I) ; et Psalmista : *Redemptionem misit Dominus populo suo (Psal* CX). Ipsum ergo dicit misericordiam, ut ostendat, unde maxime misericors propitiator existat, quia videlicet *apud eum est copiosa redemptio*, id est aspersio sanguinis ejusdem, quinque partibus abundanter effusi, ad plenam redemptionem sufficiens universis. Quoniam cum ipse sit verus Deus, et ob hoc *omnes gentes reputentur quasi nihilum coram eo (Isai.* LXXX), unus pro universis suffecit, imo superabundavit omnino. Et ideo non dicit, quod necessaria, sed quod copiosa sit apud ipsum *redemptio*. Redempti enim sumus non corruptibilibus auro et argento, sed pretioso sanguine agni immaculati (*I Pet.* I) ; juxta quod alibi dicitur : *Redemisti nos, Domine, in sanguine tuo (Apoc.* V) ; nam redemptio proprie dicitur liberatio quæ fit dato pretio. Homo namque seipsum vendere potuit in servitutem diaboli, sed redimere non potuit seipsum a servitute diaboli ; unde ad redemptionem ipsius necessaria fuit *misericordia* Domini *copiosa*. Sane homo peccando servum subtraxit et abstulit Deo, quem tradidit et subjecit diabolo. Pax igitur inter eos rationabiliter fieri non poterat, nisi damnum quod intulerat, restauraret. Homo vero nihil habebat, quod Deo digne recompensaret pro damno ; quia, si quid de irrationabili redderetur creatura, pro rationabili substantia minus esset. Sed hominem non potuerat digne restituere, quia justum et innocentem abstulerat et neminem nisi peccatorem inveniebat. Videns itaque Deus hominem sua virtute non posse jugum damnationis evadere, prævenit eum per solam misericordiam, ut deinde liberaret etiam per justitiam. Ut ergo Deus placari posset ab homine, dedit Deus homini gratis, quod homo ex debito redderet Deo. Dedit igitur hominem homini, quem restitueret homo pro homine, qui, ut recompensatio digna fieret, priori non solum esset æqualis, sed etiam major. Et quidem oportebat cum esse majorem, ut unus pro universis sufficiens haberetur. Quocirca *Verbum caro factum est (Joan.* I), ut daretur hominibus Deus homo, sicut praedixerat Isaias: *Puer natus est nobis, et filius datus est nobis (Isa.* IX), ut in carne mundissima, quae prorsus esset immunis a culpa, sustinendo poenam indebitam, pretium redemptionis humanae Deo Patri persolveret, *factus obediens usque ad mortem, mortem autem crucis (Phil.* II). Suscepit igitur in se poenam pro omnibus, ut daret per se gloriam universis, Isaia testante, qui ait: *Vulneratus est propter iniquitates nostras, attritus est propter scelera nostra,* etc. *(Isai* LIII). Vel potius apud Dominum Filium misericordia est, qui nostras dignatus est miserias experiri, juxta quod dicit Apostolus: *Non habemus pontificem qui non possit compati infirmitatibus nostris, tentatum, per omnia pro similitudine absque peccato (Heb.* IV). In eo enim, in quo passus est ipse et tentatus, potens est et eis qui tentantur auxiliari. Recte itaque subditur:

Et ipse redimet Israel ex omnibus iniquitatibus ejus.

Servus quidem regem offenderat, propter quod traditus erat tyranno, qui eum in carcerem detinens graviter affligebat; cumque per se liberari non posset, pius adfuit mediator, qui, solvens poenam pro culpa, satisfecit regi pro servo; et sic cessante causa, cessavit effectus. Unde liberatus est servus a debito culpae, a jugo tyranni et ab ergastulo carceris. Servus homo, rex Deus, mediator Christus, offensa inobedientia, tyrannus diabolus et carcer infernus. Christus autem pro culpa hominis poenam mortis Deo Patri persolvit, et sic dato pretio redemptus est homo a peccato, diabolo et inferno Ille est ergo qui redemit Israel ex omnibus iniquitatibus ejus. Israel interpretatur *vir videns Deum,* unde hic non carnalis, sed spiritualis Israel debet intelligi, quia *spiritus est qui vivificat, caro non prodest quidquam (Joan.* VI). Illos itaque Christus sua passione redemit ab omni culpa, et tandem redimet illos ab omni poena, cum *absterget Deus omnem lacrymam ab oculis sanctorum, et jam non erit amplius nec luctus,* etc. *(Apoc.* XXI). Grata conclusio, quia de tristi principio laetus finis procedit.

In psalmum septimum poenitentialem Elucidatio. Titulus autem hujus psalmi talis est:
Psalmus David, quando persequebatur eum filius suus Absalonis. — *Tituli ejusdem explicatio.*

Historia, quam titulus tangit, ex secundo libro Regum *(Sap.* XVII) est nota; de qua tamen Psalmus non agit, sed de significatione tantum ipsius: quia, sicut Absalon persequebatur David patrem suum, sic illicitus motus perturbat et persequitur animum, de quo nascitur et procedit. Propter quod poenitens ait: *Persecutus est inimicus animam meam, humiliavit in terra vitam meam.* I a ergo redemptus probus filius persequitur patrem et proles iniqua parentem, sicut e contrario bonus affectus reficit spiritum et pia cogitatio mentem. Habet autem hic psalmus [quatuordecimus] tredecim versus, designans quod ab hac persecutione oportet animum liberari per observationem decalogi et fidem individuae Trinitatis. Vel per septem Spiritus sancti dona et sex opera pietatis.

Psalmi centesimi quadragesimi secundi in ordine psalmorum, in ordine poenitentialium psalmorum ultimi explicatio.

Domine, exaudi orationem meam, auribus percipe obsecrationem meam in veritate tua; exaudi me in tua justitia.

Psalmus iste in quatuor partibus dividitur, quarum prima formam et causam postulationis exponit. Sed formam postulationis in orationem et obsecrationem distinguit, quas in veritate ac justitia postulat exaudiri, unde: *Domine, exaudi orationem meam, auribus percipe obsecrationem meam,* etc. Causam vero postulationis distinguens ostendit, quod non decet Dominum in judicium intrare cum servo, nec expedit servo in judicium intrare cum Domino; unde: *Non intres in judicium cum servo tuo,* etc. Ait itaque poenitens: *Domine, exaudi orationem meam, auribus percipe obsecrationem meam in veritate tua; exaudi me in tua justitia.* Exaudi orationem meam, quam prosterno coram te, non in justificationibus meis, sed in miserationibus tuis; *auribus percipe obsecrationem meam,* quam effundo coram te, non in meis auribus, sed in tua voluntate et veritate confidens; nec de meritis meis, sed de tua justitia sperans. Et ideo *in veritate tua, exaudi me in tua justitia.* Repetit idem diversis verbis cum dicit: *Exaudi orationem meam,* et addit: *Percipe obsecrationem meam,* per repetitionem hujus exprimens desiderium et dictum confirmans. Potest autem inter orationem et obsecrationem distingui, ut oratio sit quae cum supplicatione proponitur, ut : *Exaudi quæsumus Domine supplicum preces* (50). Obsecratio vero quæ cum adjuratione profertur, ut : *Per crucem et passionem tuam libera nos, Domine* (51). Auribus ergo, id est auditu benignitatis et pietatis, quæ cum sit una, diversos habet effectus, quia et pœnam dimittit et culpam, *percipe obsecrationem meam*, non *in mea veritate*, sed *tua* : similiter in tua justitia, non in mea. Est enim veritas essentiæ, unde : *Deus verax est, omnis homo mendax (Rom.* III); et : *Ipse est verus Deus et vita æterna* (*Joan.* v). Doctrinæ, unde : *Scimus quia verax es et viam Dei in veritate doces* (*Matth.* XXII). Scripturæ, unde : *Expressum est in Scriptura veritatis* (*Dan.* X). Censuræ, unde : *Judicabit orbem terræ in justitia et populos in veritate sua* (*Psal.* XCV). Promissi, unde : *Lex per Moysen data est, gratia et veritas per Jesum Christum facta est* (*Joan.* I). Mandati, unde : *Omnia mandata tua veritas* (*Psal.* CXVIII). Testimonii, unde : *Ad hoc veni in mundum, ut testimonium perhibeam veritati* (*Joan.* XVIII). Sacramenti, unde : *Caro mea vere est cibus, et sanguis meus vere est potus* (*Joan.* VI). Cordis, unde : *In spiritu et veritate oportet adorare* (*Joan.* IV). Oris, unde : *Loquimini veritatem unusquisque cum proximo suo* (*Ephes.* IV). Operis, unde : *Inveni de filiis tuis ambulantes in veritate* (*II Joan.*). His omnibus modis Christus est verax, unde ipse antonomastice dicitur Veritas. *Ego sum*, inquit, *via, veritas et vita*, etc. (*Joan.* XIV). Ergo *exaudi me in veritate tua*, ut verax appareas, quia promisisti : *Quacunque hora peccator conversus fuerit et ingemuerit, omnium iniquitatum ejus non recordabor* (*Ezech.* XXXIII). Et : *Exaudi me in tua justitia*, ut justus appareas, quia tu decrevisti : *Nolo mortem peccatoris, sed ut convertatur et vivat* (*Ibid.*). Sit itaque veritas secundum promissum et justitia secundum decretum, ut inveniaris justus et verax. Certe justitia est, ut sicut perversis irasceris, ita miserearis conversis. Vel quia secundum sententiam evangelicam, *veri adoratores adorabunt Patrem in spiritu et veritate* (*Joan.* IV), tu , Domine Pater, *exaudi me in veritate tua*, id est in Filio tuo, in quo et per quem omnia operaris. In ipso ergo, quem apud te propitiatorem et mediatorem habemus, *exaudi me in tua justitia*, divina videlicet, non humana; nam secundum humanam justitiam, cum reus confitetur peccatum, convictus a judice condemnatur : secundum divinam, absolutus a Domino non damnatur, juxta quod legitur : *Dic tu iniquitates tuas, ut justificeris* (*Eccli.* IV); et : *Dixi : Confitebor, et tu remisisti impietatem cordis mei* (*Psal.* XXXI). Homo quippe judicat secundum quod perversus mala commisit, Deus autem secundum quod conversus mala dimisit. Sit ergo : *In veritate tua, exaudi me in tua justitia*.

Et ne intres in judicium cum servo tuo, Domine, quia non justificabitur in conspectu tuo omnis vivens.

Est judicium auctoritatis, quo judicat tota Trinitas, juxta quod legitur : *Judica, Domine, nocentes me* (*Psal.* XXXV). *Ipse judicabit pauperes hujus populi* (*Psal.* LXXI). Et *ego in spiritu meo judico*. Et judicium manifestationis, unde : *Pater non judicat quemquam, sed omne judicium dedit Filio* (*Job* V) : quia solus Filius in judicio apparebit, et secundum appropriationem magis ad sapientiam, quam ad potentiam vel benignitatem videtur judicium pertinere. Judicium discretionis, unde : *Ego in judicium veni in hunc mundum* (*Joan.* IX); et : *Judica me, Deus, et discerne causam meam* (*Psal.* XLII). Discussionis, unde : *Si æquitas judicii quæritur, nemo pro me audet dicere testimonium* (*Job* IX). Et ideo Psalmista clamabat : *Ne intres in judicium cum servo tuo : quia non justificabitur in conspectu tuo omnis vivens*. Correctionis, unde : *Tempus est, ut judicium incipiat a domo Dei* (*I Petr.* IV). *Cum judicamur a Domino, corripimur* (*I Cor.* II). Excæcationis, unde : *Qui non credit, jam judicatus est* (*Joan.* III). Salvationis, unde : *Non damnabit eum, cum judicabitur illi* (*Psal.* XXXVI). Damnationis, unde : *Fornicatores et adulteros judicabit Deus* (*Hebr.* XII). Comparationis, unde : *Regina Austri surget in judicio cum generatione ista, et condemnabit eam, quia venit a finibus terræ audire sapientiam Salomonis.* (*Luc.* II). Præsumptionis, unde : *Tu quis es, qui judicas alienum servum?* (*Rom.* XIV.) Suspicionis, unde : *Mihi autem pro minimo est, ut a vobis judicer, ab humano die*, etc. (*I Cor.* IV). Non ergo discutias in judicio merita mea, quia si secundum exigentiam meritorum meorum me volueris judicare, absque dubio justificari non potero, cum sint merita mea mala, non gratia digna, sed pœna : non indulgentia, sed vindicta. Si enim *iniquitates observaveris Domine, Domine, quis sustinebit?* (*Psal.* CXXIX.) Nullus omnino. Ergo *ne intres in judicio cum servo tuo, Domine*, mecum videlicet, qui utique sum servus tuus; quia non decet Dominum judicium intrare cum servo, præsertim immensum cum infimo, de quo præter judicium potest omnino suum beneplacitum adimplere. Nec expedit servo, ut tu, ex Dominus omnium, in judicium intres cum ipso : quia *in conspectu tuo*, id est coram te, qui conspicis universa (quoniam oculis tuis omnia nuda sunt et aperta) *non justificabitur omnis vivens* in hac carne mortali. Nullus est enim in hac vita præsenti, qui non sit astrictus vinculis peccatorum, unde : *Si dixerimus quia peccatum non habemus, nosmetipsos seducimus, et veritas in nobis non est* (*Joan.* I); nam *in multis offendimus omnes* (*Jac.* III). Salomone testante: *Quis potest dicere : Mundum est cor meum, et purus sum a peccato?* Nec infans unius diei, sine peccato est super terram. Ille autem in judicium intrat cum Domino, qui justitiam suam statuens, justitiæ divinæ non est subjectus, de quo propheta : *Quid vultis mecum in judicio contendere? omnes dereliquistis me, dicit Dominus* (*Jer.* II). Ego ergo

(50) Offic. eccl.

(51) Litan. sanct.

nolo tecum contendere in judicio, quia meam justitiam non constituo, sed injustitiam meam damno, sciens, quod *in conspectu tuo non justificabitur omnis vivens.* Meticulosum est igitur omni viventi coram te causam agere criminalem, quia cum sis potentissimus, manus tuas nemo potest effugere, cum sis sapientissimus, oculos tuos nihil potest latere : cum sis justissimus, animum tuum nemo potest corrumpere, coram quo accusatrix est conscientia, rea mens, advocatrix ratio, testis memoria : et tu judex, qui es justus, potens, et sapiens, imo justitia, potentia, et sapientia, reddens unicuique secundum opera sua. Sed dicet aliquis : Nonne in hac vita mortali sunt aliqui justi, qui etsi non omnino a peccatis venialibus liberi, sunt tamen a criminalibus liberati. Numquid tales justo possent judicio condemnari? quoniam verum est, quod *in conspectu Dei non justificabitur omnis vivens.* Posset forsitan responderi, quod sicut est bona mors, ita et mala vita. De ista dicitur : *Fortis est, ut mors; dilectio, et dura. sicut infernus, æmulatio. Aquæ multæ non possunt exstinguere charitatem* (*Cant.* VIII). Et : *Mortui estis, et vita vestra abscondita est cum Christo in Deo* (*Colos.* III). De illa legitur : *Vidua, quæ in deliciis vivit, vivens mortua est* (*I Tim.* V). Et filius prodigus, qui *abiit in regionem longinquam, dissipavit omnem substantiam suam vivendo luxuriose* (*Luc.* xv). Qui ergo vivunt sibi, non Christo ; carni, non spiritui ; mundo, non Deo, hi profecto *in conspectu* Dei justificari non possunt, nisi prius moriantur sibi, ut vivant Christo ; moriantur carni, ut vivant spiritui ; moriantur mundo, ut vivant Deo. Taliter iste pœnitens noverat se vixisse. Quocirca petebat, ut Dominus in judicium non intraret cum ipso, quia *in conspectu ejus non justificabitur omnis homo* talis, et taliter vivens. Porro cum nemo justificetur nisi ex dono gratiæ, patet, quod nullus justificatur ex merito vitæ. Nam infusio gratiæ proprie justificatio appellatur, quam Deus nulli concederet, si eum secundum meritorum exigentiam judicaret. Vel de judicio comparationis potest intelligi, ut sit sensus : *In conspectu tuo,* id est in comparatione tui, *non justificabitur,* hoc est, non apparebit justus *omnis vivens,* sive angelus, sive homo. Unde non additur aliquis specialis terminus substantivus, ut intelligatur de omni vivente, quoniam in conspectu ejus nec astra sunt munda. Unde beatus Job ait : Vere scio, quia non justificabitur *homo comparatus Deo* (*Job* xv). Et : *Si innocentem me ostendero, pravum me comprobabit* (*Job* IX). Nam omnis munditia creaturæ immunda est, comparata munditiæ creatoris. Propter quod ab eodem sancto Job dicitur : *Si lotus fuero quasi aquis nivium, et fulserint velut mundissimæ manus meæ, tamen sordibus me intinges, et abominabunt me vestimenta mea* (*Ibid.*). Sicut enim stella comparata soli non lucet, et argentum comparatum auro vilescit : sic, imo incomparabiliter magis, *in conspectu* Dei *non justificabitur omnis vivens.* Ergo *exaudi orationem meam,* ut liberes me a persequentibus me (*Psal.* CXLI).

Quia persecutus est inimicus animam meam, humiliavit in terra vitam meam.

Quantum ad litteram, videtur innuere se dimicasse cum hoste, sed ab eo fuisse conversum in fugam. *Quia persecutus est,* inquit, *inimicus animam meam :* prostratum in terra, quia *humiliavit in terra vitam meam :* conclusum in carcere, quia *collocavit me in obscuro,* non utique amplo et claro, sed tenebroso et arcto, sicut tumulus mortuorum ; unde subjungit : *Sicut mortuos sæculi. Et* ideo præ angustia carceris anxiatus est in me spiritus meus, et præ ipsius obscuritate *in me turbatum est cor meum,* præsertim ex recordatione felicitatis antiquæ ; quia *memor fui dierum antiquorum,* quibus florere solebam, unde : *Meditatus sum in omnibus operibus tuis,* quibus me recolo prosperatum ; et etiam *meditabar in factis manuum tuarum,* quibus me desidero prosperandum. Et merito, quia tantam patior in carcere ipso miseriam, quod præ ariditate sitis *expandi manus meas ad te :* quoniam *anima mea* est ad te suspirans, *sicut terra sine aqua,* et nisi protinus liberaveris, in brevi animam exhalabo, ideo *velociter exaudi me,* quia jam quasi *defecit spiritus meus.* Ergo ne avertas faciem tuam a me, quia si averteris, *similis ero descendentibus in lacum,* velut in profundum submersus. Unde liberare non differas ultra diem, sed *auditam mihi fac mane misericordiam tuam, quia* non in me, sed *in te speravi,* Domine. Et cum deduxeris me de carcere, *notam mihi fac viam, in qua ambulem, quia* non ad alium, sed *ad te levavi animam meam :* et ne ab inimicis meis iterum comprehendar, *eripe me de inimicis meis, quoniam ad te confugi,* tanquam ad munimentum securum. Quare *doce me facere voluntatem tuam,* ut in nullo illam offendam, propter quod tuam defensionem amittam ; quia *tu,* non alius, *es Deus protector meus.* Spero igitur, quod *spiritus tuus bonus deducet me in viam rectam,* ne aberrem ab itinere recto, ut sic ad te cito perveniam. Et *propter nomen tuum, Domine,* quod in meum auxilium invocavi, tu *vivificabis me,* quasi jam mortuum præ nimia miseria, quam sustineo : et hoc facies non in justitia mea, sed *in æquitate tua.* Sic igitur *educes de tribulatione,* quam patior, *animam meam, et in misericordia tua,* non ex meritis meis *disperdes omnes inimicos meos,* quasi vagos et profugos super terram. *Et perdes omnes qui tribulant animam meam,* hac profecto de causa, *quoniam servus tuus ego sum.* Et tu, Domine, servos tuos vindicas et defendis. Ait ergo : *Persecutus est inimicus animam meam.* Secunda pars, in qua narrat et illa quæ patitur, et illa quæ agit. Patitur enim persecutionem in anima, unde : *Persecutus est inimicus animam meam.* Humiliationem in vita, unde : *Humiliavit in terra vitam meam.* Obscuritatem in carcere, unde: *Collocavit me in obscuro sicut mortuos sæculi.*

Anxietatem in spiritu, unde : *Anxiatus est in me spiritus meus.* Et turbationem in corde, unde : *Turbatum est in me cor meum.* Agit autem memoriam de diebus antiquis, quibus ipse in tempore floruit, unde : *Memor fui dierum antiquorum.* De divinis operibus, quibus Deus sæculum condidit, unde : *Meditatus sum in omnibus operibus tuis.* Et de factis Dominicis, quibus Christus mundum redemit, unde : *In factis manuum tuarum meditabar.* Agit etiam de manibus ad orationem extensis, unde : *Expandi manus meas ad te;* ac de spiritu ad desiderium inflammato, unde : *Anima mea sicut terra sine aqua tibi.* Persecutus est igitur *inimicus* animam meam, non unus tantum, sed multiplex, dæmon et homo, mundus et caro, vitium et peccatum. Propter quod alibi ait : *Inveteravi inter omnes inimicos meos (Psal.* vi). Et : *Respice inimicos meos, quoniam multiplicati sunt (Psal.* xxiv). Et persequendo me, multum invaluit contra me, quoniam *humiliavit in terra,* id est in terrenis voluptatibus, *vitam meam,* ut terram comederem, quasi serpens maledictus a Deo *(Gen.* iii). Sicut enim qui conspicit cœlestia, exaltatur ad cœlum, ita qui terram desiderat, humiliatur ad terram. Ille vero qui suffodit in terra talentum, meruit a Domino reprobari *(Matth.* xxv). Ad hoc enim tendit persecutio inimici, ut a spe cœlestium dejiciat animam ad concupiscentiam terrenorum. Vita Christus, qui de se dicit : *Ego sum resurrectio et vita (Joan.* ii). Vita naturæ, unde : *Inspiravit in faciem ejus spiraculum vitæ (Gen.* ii). Doctrinæ, unde : *Cibavit eum Dominus pane vitæ et intellectus (Eccli.* xv). Gratiæ, unde : *Vivo jam non ego, vivit vero in me Christus (Galat.* ii). Gloriæ, unde : *Hæc est vita æterna, ut cognoscant te solum verum Deum, et quem misisti Jesum Christum (Joan.* xvii). Sunt et hominum multæ vitæ, ut activa, contemplativa, regularis, sæcularis, et hujusmodi, unde legitur : *Melior est misericordia tua super vitas (Psal.* lxii). Est præterea vita culpæ, unde : *Abiit in regionem longinquam, et dissipavit omnem substantiam vivendo luxuriose (Luc.* xv). Miseriæ, unde : *Homo natus de muliere brevi vivens tempore, repletur multis miseriis (Job* xiv). Pœnæ, unde : *Laudavi magis mortuos, quam viventes (Eccle.* iv). Et gehennæ, unde : *Laborabit in æternum, et vivet adhuc in finem (Psal.* xlviii). Non solum autem *humiliavit in terra vitam meam,* sed etiam

Collocavit me in obscuro sicut mortuos sæculi, et anxiatus est in me [*al. super me*] *spiritus meus, in me turbatum est cor meum.*

Redde singula singulis. *Anxiatus est,* inquit, *in me spiritus meus :* quoniam *inimicus* meus, quantum in se fuit, *humiliavit in terra vitam meam.* Et *in me turbatum est cor meum :* quia *collocavit me in obscuris,* id est in tenebris vitiorum, quæ mentem obtenebrant et obscurant, quemadmodum de peccatoribus inquit Apostolus. *Obscuratum est insipiens cor eorum (Rom.* i). *Collocavit,* inquit, *me in obscuris,* *sicut mortuos sæculi,* hoc est, sicut homines sæculares mortuos in peccatis; in corpore quidem viventes, quantum ad sæculum, sed in anima mortuos, quantum ad Dominum. Unde cognoscens suum periculum, *anxiatus est in me spiritus meus,* vehementi timore correptus. Et *in me turbatum est cor meum,* vehementi dolore compunctum : non solum autem intra me, sed et contra me, *anxiatus est in me spiritus meus, et turbatum est cor meum,* quia ego hujus anxietatis et turbationis sum causa, qui culpabiliter egi, unde mihi cordis turbatio, et anxietas spiritus provenerunt : non refundo culpam in alium, sed meipsum accuso, ut merear indulgentiam facilius obtinere. Ne vero desperationem incurram, sed consolationem inveniam,

Memor fui dierum antiquorum, et [*al. et non habet*] *meditatus sum in omnibus operibus tuis, et* [*al. et non habet*] *in factis manuum tuarum meditabar* [*al. meditabor*].

Magna est consolatio inter tribulationum angustias miserationum Domini recordari, et ideo *memor fui dierum antiquorum,* quibus Deus antiquis Patribus multa consolationum remedia præstitit ab antiquo. *Et meditatus sum in omnibus operibus tuis,* quæ ad creationem pertinent et naturam, ita ut universitas extendatur non ad singula genera, sed ad genera singulorum. Et etiam *meditabor in factis manuum tuarum,* pertinentibus ad redemptionem et gratiam, quæ fecerunt propriæ manus tuæ, ex quibus omnibus spem liberationis concipio in variis tribulationibus constitutus. Et ideo

Expandi manus meas ad te, anima mea sicut terra sine aqua tibi.

Confidenter ergo *expandi ad te,* Domine, manus meas, quia tu dignanter expandisti pro me tuas, in patibulo crucis extensas. Et ego manus meas in formam crucis expandi, glorians cum Apostolo in cruce tua, Domine Jesu Christe *(Galat.* vi), quæ mihi salutis exstitit causa. *Expandi* etiam *manus meas,* id est affectus et opera dilatavi, quæ prius erant quodam modo contracta, dum minus de liberatione sperabam. Manus hominis multiplex. Operationis, unde : *Manus meæ stillaverunt myrrham (Cant.* v); et : *Labores manuum tuarum quia manducabis, beatus es (Psal.* cxxvii). Orationis, unde : *Levantes puras manus in oratione (I Tim.* ii). Cumque levaret Moyses manus in oratione, vincebat Israel *(Exod.* xvii). Contemplationis, unde : *Manus hominis sub pennis eorum (Ezech.* i); et : *Stellio manibus nititur, et moratur in ædibus regum (Prov.* xxx). Curationis, unde : *Super ægros manus imponent, et bene habebunt (Marc.* xvi); et : *Dedit illi manum, et erexit illam (Act.* ix). Laudationis, unde : *Omnes gentes plaudite manibus (Psal.* xlvi); et : *Flumina plaudent manibus in idipsum (Psal.* xcvii). Ideo autem *manus ad cœlum* in oratione *expandi,* quoniam *anima mea est tibi sicut terra sine aqua,* quæ carens humore virtutum, germen boni operis non producit, unde desiderat imbrem, ut germinet irri-

gata. Ne vero prorsus arescat et sterilis fiat,
Velociter exaudi me, Domine, defecit spiritus meus.

Ne avertas faciem tuam a me, et similis ero descendentibus in lacum.

Tertia pars, in qua exprimit illa, quæ postulat, et postulandi causas exponit. Postulat primo divinam a se faciem non averti, unde : *Non avertas faciem tuam a me.* Causamque subjungit, quoniam si averteres, *similis ero descendentibus in lacum.* Secundo postulat misericordiam sibi adesse divinam, unde : *Auditam fac mihi mane misericordiam tuam*; et causam assignat : *Quia in te, Domine, speravi.* Tertio postulat viam, in qua ambulet, fieri sibi notam, unde : *Notam mihi fac viam in qua ambulem*; redditque protinus causam : *Quia levavi ad te animam meam.* Quarto postulat ab hostibus liberari, unde : *Eripe me de inimicis meis*, et causam ostendit, quoniam *ad te, Domine confugi*. Quinto postulat edoceri divinam facere voluntatem, unde : *Doce me facere voluntatem tuam*, et statim exprimit causam : *Quia tu es Deus meus.* Vere itaque Domine, *anima mea est sicut terra sine aqua* : quia *defecit spiritus meus*, non a vita naturæ, sed gratiæ, quam per peccatum amisi; vel : *Exaudi me Domine*, quia *defecit spiritus meus*, id est factus sum pauper spiritu, deficiente superbia et proficiente humilitate. Quare *non avertas faciem tuam*, id est benignitatem tuam a me, sed reddas humili, quod abstulisti superbo. Etenim, si faciem tuam averteris, *ero similis descendentibus in lacum*, id est in profundum peccati, de quo alibi dicitur : *Impius cum venerit in profundum peccatorum, contemnit* (Prov. xviii) : quia sine spe veniæ, licentiam sibi peccandi proponit, laxatis iniquitatum habenis; vel : *Ero similis descendentibus in lacum*, id est unus ex reprobis descendentibus ad infernum. Est enim lacus culpæ, unde : *Salvasti me a descendentibus in lacum* (Psal. xxix). Miseriæ, unde : *Eduxit me de lacu miseriæ et de luto fæcis* (Psal. xxxix). Et gehennæ, unde : *Æstimatus sum cum descendentibus in lacum* (Psal. lxxxvii). Ergo, *ne avertas faciem a me.*

Auditam fac mihi mane misericordiam tuam, quia in te speravi Domine [al. non habet *Domine*].

Mane, id est in ortu lucis, in infusione videlicet gratiæ, *fac mihi auditam misericordiam tuam*, id est fac me audire, hoc est intelligere illam, quæ lucem veritatis et charitatis facit in anima coruscare. Vel *mane* resurrectionis, post finem sæculi *fac me audire misericordiam tuam*, videlicet verbum illud misericordia tua plenum : *Venite benedicti Patris mei, percipite regnum*, etc. (Matth. xxv). Quoniam *in te speravi Domine*, ut mihi conferas et gratiam in præsenti, et gloriam in futuro. Ut autem ad illam recto tramite valeam pervenire,

Notam fac mihi viam in qua ambulem, quia ad te levavi animam meam.

Hoc utique fecit Deus, cum propheticum sermonem accendit, cui sicut Petrus ait, debemus attendere *quasi lucernæ lucenti in caliginoso loco, donec illucescat dies* (II Pet. 1). Ipse namque viam veritatis ostendit, id est fidem catholicam, per quam ambulare bonis operibus debemus, ut perveniamus ad vitam. Qui vero per aliam viam tendit, ut Judæus, hæreticus, vel paganus, ipse profecto non pergit ad vitam, sed vadit ad mortem. Is quoque qui est *via, veritas et vita* (Joan. xiv), notam fecit semitam, notam fecit se viam, per quam accedamus ad ipsam vitam, cum Deitatis lumen in humanitatis testa proposuit, ut per formam servi procedamus ad formam Dei, ad lumen piissimum, Verbum quod erat in principio apud Deum (Joan. 1). Hanc ergo *viam in qua ambulem notam fac mihi.* Et certe debes, *quia ad te levavi animam meam*, non ad mundum curvavi, sed afferens vas ad fontem, ut impleas illud aqua saliente in vitam æternam (Joan. iv). Nullus ergo de suo sibi præsumat ingenio suam scientiam sufficere ratus ad cognoscendam viam, per quam tendat ad patriam : quia non sunt in homine viæ ejus, sed a Domino *gressus hominis diriguntur* (Psal. xxxvi). Est autem via, quæ videtur homini recta, novissima autem ejus ducunt ad interitum (Prov. xiv). Ergo *notam fac mihi viam in qua ambulem quia ad te, Domine, levavi animam meam* : non enim eam continui quasi sufficientem in me, sed levavi eam velut insufficientem ad te, ut ad cognoscendum viam, in qua ambulem, a te postulem intellectum. Unde levavi eam ad cœlestia de terrenis; nam *omne datum optimum, et omne donum perfectum de sursum est descendens a Patre luminum* (Jacob. 1). In ipsa vero salutis via,

Eripe me de inimicis meis, Domine, ad te confugi : doce me facere voluntatem tuam, quia Deus meus es tu.

Multi sunt inimici qui obsident viam, ut deviare faciant viatores, visibiles et invisibiles, spirituales et corporales. De his omnibus *inimicis eripe me*, ne impediant viam meam, quoniam *ad te confugi*, qui es refugium sperantium in te, Domine. Nemo quippe te potest effugere, unde quilibet ad te debet confugere, qui ad te venientes foras non ejicis, sed intrare permittis. Et ne a te ultra recedam, *doce me per Spiritum sanctum tuum*, qui est unctio, docens de omnibus (I Joan. ii), *facere voluntatem tuam*, id est implere præcepta tua. Voluntas enim Dei quæ Deus est, et beneplacitum appellatur, illa non fit, sed facit omnia quæcunque vult fieri, *in cœlo et in terra, in mari et in abysso* (Psal. cxxxiv). Hæc utique una est, sed ejus multa sunt signa, de quibus pluraliter dicit : *Magna opera Domini, exquisita in omnes voluntates ejus* (Psal. cx). Inter quæ sunt consilium et præceptum, de quibus ait : *Doce me facere voluntatem tuam*, ut illud agam quod tu consulis et præcipis faciendum. Ad te confugi, *quia tu es Deus meus.* Ad alium quippe fugerem; si ab alio factus essem ; sed *quia tu es Deus meus*, creator meus, ad te confugi : quare *doce me facere voluntatem tuam, quia tu es magister et doctor meus*

Spiritus tuus bonus de ducet me in viam rectam, propter nomen tuum Domine vivificabis me in æquitate tua.

Quarta pars, in qua circa se beneficia divina commendat : quia Deus erit ductor ipsius (*Num.* x), unde : *Spiritus tuus bonus deducet me in viam rectam.* Vivificator ipsius, unde : *Vivificabis me in æquitate tua.* Liberator ipsius, quia *educes de tribulatione animam meam;* et ultor ipsius, quia *disperdes omnes inimicos meos.* Qui ergo prius spem liberationis conceperit, jam obtinet certitudinem, unde secure dicit : *Spiritus tuus bonus deducet me in viam rectam.* Et Spiritus divinus, de quo dicitur : *Spiritus est Deus, et eos qui adorant eum, in spiritu et veritate oportet adorare* (*Joan.* IV). Specialiter autem tertia in Trinitate persona, unde : *Tres sunt qui testimonium dant in cœlo, Pater, Filius et Spiritus sanctus, et hi tres unum sunt* (*I Joan* v). Spiritus angelicus, unde : *Qui facit angelos suos spiritus, et ministros suos ignem urentem* (*Psal.* CIII). Et : *Omnes sunt administratorii spiritus, in ministerium missi* (*Hebr.* I). Spiritus humanus, unde : *In ejus manu est anima omnis viventis, et spiritus universæ carnis hominis* (*Job* XII). Spiritus dæmoniacus, unde : *Non est nobis colluctatio adversus carnem et sanguinem, sed adversus spiritualia nequitiæ in cœlestibus* (*Ephes.* VI). Et spiritus animalis, unde dicitur : *Quis novit, si spiritus filiorum Adam ascendat sursum, et spiritus jumentorum descendat deorsum ?* (*Eccli.* III.) Item spiritus gratiæ, unde : *Si spiritu facta carnis mortificaveritis, vivetis* (*Rom.* VIII); et : *Spiritu ambulate et desideria carnis non perficietis* (*Galat.* v). Spiritus prophetiæ, unde : *Spiritus prophetarum erat eis subjectus* (*I Cor.* XIV). Spiritus sapientiæ, unde : *Verba quæ locutus sum vobis, spiritus et vita sunt* (*Joan.* VI). Spiritus Scripturæ, unde : *Littera occidit, spiritus autem vivificat* (*II Cor.* III). Nec non spiritus potestatis, unde : *Ubi erat impetus, id est potestas spiritus illic gradiebantur* (*Ezech.* I), sive ad bonum salutare, sive ad malum damnabile. Et de quo Apostolus : *Dominus Jesus interficiet eum spiritu oris sui* (*II Thess.* II). Spiritus voluntatis, unde : *Qui adhæret Deo, unus spiritus est cum eo* (*I Cor.* VI). Spiritus indignationis, unde : *Non permanebit spiritus meus in homine in æternum, quia caro est* (*Gen.* VI). Et spiritus contemplationis, unde : *Elevavit me spiritus inter cœlum et terram, et adduxit me in Jerusalem in visione Dei* (*Ezech.* VIII). Spiritus virtutum, unde : *Requiescet super eum spiritus sapientiæ et intellectus*, etc. (*Isa.* II). Spiritus vitiorum, unde : *Vidi de ore draconis, et de ore bestiæ, et de ore pseudoprophetæ tres spiritus immundos exire in modum ranarum* (*Apoc.* XVII). Et : *Ecce duæ mulieres egredientes, et spiritus in alis earum* (*Zachar.* v). Hi sunt spiritus superbiæ, xenodoxiæ, et hujusmodi. Spiritus ægritudinum, unde : *Ecce mulier quæ habebat spiritum infirmitatis annis decem et octo* (*Luc.* XIII). Et spiritus tempestatum, unde : *Spiritus pro-*

cellarum pars calicis eorum (*Psal.* x). Porro, *spiritus tuus bonus deducet me in viam rectam.* Hic est, qui mihi viam, per quam ambulem, facit notam, et tuam me docet facere voluntatem (*Psal.* CXLII) : quoniam ipse me *in viam rectam deducet.* Bonus quidem in se, quia est ipsa bonitas; et bonus in nobis, quia nos efficit bonos. O quam bonus, quam pius, et quam benignus, quam suavis, quam dulcis et quam jucundus est spiritus tuus, Domine, his qui te diligunt ex corde puro, et conscientia bona et fide non ficta! (*I Tim.* I.) Hic *deducet me in viam rectam.* id est in *viam mandatorum tuorum* (*Psal.* CXVIII), per quam recte itur ad patriam. Potest et jam Spiritus Dei bonus intelligi, bonus angelus, qui datus est ad custodiam. Ipse quidem *deducet me in viam rectam.* Siquidem spiritus meus malus me deduxit in viam pravam, sed *spiritus tuus bonus deducet me in viam rectam*, non propter meritum meum, sed *propter nomen tuum,* ut rem impleas nominis tui, quod est Jesus, id est Salvator. Ego quippe me occidi per culpam, tu vero me justificabis per gratiam, sed ipsa gratia non erit sine justitia, quia *vivificabis me in æquitate*, non mea quidem, sed *tua*, sicut superius est ostensum. Vel *vivificabis me in æquitate tua, propter nomen tuum*, ut nominatus inde gloriose lauderis, juxta quod alibi dicitur : *Non nobis Domine, non nobis, sed nomini tuo da gloriam* (*Psal.* CXIII).

Educes de tribulatione animam meam, et in misericordia tua disperdes inimicos meos.

Quandiu anima in hoc mortali corpore manet inclusa, multis afflictionibus tribulatur, sed cum ab illo educitur carcere, de tribulatione hujus mundi liberatur, ne graviorem tribulationem incurrat. Propter quod alibi Psalmista dicebat : *Educ de carcere animam meam, ad confitendum nomini tuo* (*Psal.* CXLI). Et Paulus apostolus : *Infelix ego homo, quis me liberabit de corpore mortis hujus?* (*Rom.* VII) Hoc itaque fit, cum remissione indulta peccatorum, Deus animam de corpore jubet exire, quasi de carcere liberatam. *Et in misericordia tua*, quantum ad me qui non merui, *disperdes omnes inimicos meos*, ut ultra mihi nocere non possint. De spiritualibus inimicis, id est dæmonibus, absque dubio verum est, quod omnes disperdes, et de corporalibus quoque, omnes qui usque ad mortem suam perseveraverunt inimici. Notanda sunt autem, quæ dicuntur in fine præcedentis versus, et in fine sequentis. Nam ibi dicitur : *Vivificabis me in æquitate tua*, et hic dicitur : *In misericordia tua disperdes inimicos meos :* cum potius videatur, quod ad justificandum misericordia, et ad perdendum æquitas debeat pertinere, sed utrumque pertinet ad utrumque : quoniam : *Omnes viæ Domini misericordia sunt et veritas* (*Psal.* XXIV). Propter quod et misericordiam et judicium Psalmista cantabat (*Psal.* CX). Quia vero quidam inimicorum meorum prædestinati sunt ad vitam æternam, et ad æternam mortem aliqui reprobati, de prædestinatis optando omnino dico, quod *in misericordia tua*, id est per effectum misericordiæ tuæ, *disperdes omnes inimicos meos*, id est omnes eorum inimicitias, ut fiant de inimicis amici, secundum illud quod alibi dicitur: *Verte impios, et non erunt* (*Prov.* xii). De reprobatis autem spiritu prophetandi dico:

Et perdes omnes qui tribulant animam meam, quoniam ego servus tuus sum.

Omnes hujusmodi *perdes* in gehenna ignis æterni, *qui obstinato corde tribulant animam meam, quoniam servus tuus ego sum*, id est in pœna peccati, quo me servum tuum nequiter persequuntur. Vel *perdes eos, qui* propterea *tribulant animam meam, quoniam servus tuus ego sum*, id est quoniam tibi servio. Est et hoc grave peccatum, propterea persequi aliquem, quoniam servit Deo. Exsultativa conclusio, qua liberationem animæ suæ ac perditionem inimicorum suorum, Deo inspirante, prædicit.

Quoniam in humanis operibus nihil est ex omni parte perfectum, benigne hujus operis quæso lectorem, quatenus si quid in eo dignum invenerit, divinæ gratiæ totum ascribat. Quidquid autem in ipso cognoverit minus dignum, ad humanum referat imperfectum, rogans humiliter, ut ipse pro me suppliciter intercedat apud piissimum Patrem, et justissimum judicem, ut plenam mihi concedat indulgentiam peccatorum, per virtutem veræ ac fructiferæ pœnitentiæ, quam in hac pœnitentialium expositione Psalmorum utcunque descripsi, ad laudem et gloriam nominis Jesu Christi; qui cum Patre et Spiritu sancto vivit, et regnat Deus benedictus in sæcula sæculorum. Amen.

Commentariorum D. Innocentii in septem Psalmos pœnitentiales finis.

REGULA ORDINIS S. SPIRITUS DE SAXIA,

AB INNOCENTIO III, UT VIDETUR, FUNDATI.

(BROCKIE, *Codex Regularum*, t. V, p. 495.)

OBSERVATIO CRITICA.

Inter præcipua charitatis Christianæ officia, haud minimum religiosum munus reputatur hospitalibus inservire, atque curam ægrotorum gerere, aliorumque miserorum hominum necessitatibus succurrere; unde omni ævo excitavit Deus viros tanta misericordia præditos, nonnulli dicti sunt Hospitalarii, ad hoc pium officium observandum specialiter deputati, prout præsens sacer ordo institutus erat, et adhuc amplissimum totius Ecclesiæ catholicæ hospitale sub sua directione possidet, cujus ortum miraculosum reverendissimus Ascanius Tamburinus olim abbas generalis Vallis-Umbrosæ, *De jure abbatum*, tom. II, disput. xxiv, quæst. iv, pag. 514, quamvis alii aliter originem proferant.

Verum ante alios auctores audiamus laudatum Tamburinum de ortu hujus ordinis sic loquentem:
« Sancti Spiritus in Saxia ordo, seu congregatio litteris apostolicis sub Regula S. Augustini sic nuncupata, mirabile quidem habuit principium ab Innocentio III summo pontifice. Huic enim oranti facta est vox de cœlo dicens: Innocenti! vade piscatum ad Tiberim fluvium. Re cum S. R. E. cardinalibus communicata ad Tiberim se contulit, et laxatis retibus, prima vice octoginta septem, secunda vero trecentos, et quadraginta extraxit infantes abortivos, ab impiis matribus suffocatos et in Tiberim projectos. Non defuit piissimo pontifici remedium divinitus revelatum. Congregatis enim quam plurimis piis hominibus, eos ad curam hospitalis Sancti Spiritus, quod Romæ circa annum 1201 construxit, præfecit. Eorum cura est peregrinos et infirmos suscipere et curare, ac pueros et infantes alere. Vocantur autem fratres S. Spiritus a collegio certe magnifico sub tutela et patrocinio S. Spiritus ædificato. In Saxia autem vel quia collegium est sub saxo seu castro Neronis; vel quia Saxones Germaniæ populi ibi olim habitavere. »

Interim sunt nonnulli, qui hujus ordinis ortum longe antiquiorem esse volunt, asserentes, illum a S. Lazaro fratre sanctissimarum virginum Marthæ et Mariæ exortum fuisse, qui apud Massiliam in Galliis appulsus ibidem ordinem militarem et eximium xenodochium in honorem S. Spiritus erexisse fertur. De quo fabuloso exordio plura inferius dicenda sunt, cum sustinendo tales nugas, inter hujus sacri ordinis inquilinos, præsertim Italos, et Gallos diræ exortæ sint contentiones. Alii dein scriptores æque inaniter ordinis principium a quodam S. Cyriaco sive Juda Quiriaco desumere volunt, prout Trithemius in Chronico Hirsaugiensi part. i, fol. 527 scribit; quorum etiam sententia omnino rejicienda est, cum nullæ veritatis fundamento innitatur. Nunquam enim primis Ecclesiæ sæculis reperimus aliquem determinatum Hospitalariorum ordinem institutum fuisse, et S. Cyriacus ille nec Hierosolymitanus episcopus exstitit, tempore inventæ S. crucis, nec sub Juliano Apostata sedem illam occupare potuit, prout pluribus doctissimi socii Bollandiani docent. I Maii ejusdem *Acta* ad diem quartum dicti mensis eruditis notis exornantes, quem quidem Judam Quiriacum nominant.

Nec desunt scriptores, qui hujus ordinis exordium summo pontifici Innocentio III non denegant, sed volunt illum non institutum fuisse sub protectione, et invocatione S. Spiritus, donec piissimus Montispessulani comes Guido constitutus est archihospitalis Romani primus magister. Et quidem in confesso est apud omnes, hunc Montispessulani comitem paulo ante Innocentium III in sua civitate erexisse insigne hospitale; illudque sub invocatione et protectione S. Spiritus instituisse, qui tamen postea ab ipso summo pontifice Romam vocatus, et archihospitalis Romani constitutus est primus magister, atque utrumque xenodochium sub invocatione S. Spiritus gubernavit, quod quidem ex mox dicendis clarius patebit.

Adeoque agnoscere debemus Innocentium III papam æque ac Guidonem comitem, pro hujus sacri ordinis institutoribus, sed sub diverso respectu, cum summus ille pontifex auctor fuerit archihospitalis, sub cujus jurisdictione omnia reliqua dependebant; piissimus autem comes erexit primum xenodochium, alteri tamen subjiciendum. Parvi enim refert, an ab initio, sacri hujus ordinis Inquilini, sub uno vel altero, nomine ægrotis inservierint, et Deo militaverint, cum inter utriusque hospitalis erectionem pauci tantum anni intercesserint. Ac sane piissimus ille pontifex per solemnem bullam anno 1204 datam, et eidem Guidoni utriusque xenodochii magistro directam, exerte dicit, hoc archihospitale Romanum ab ipso erectum esse in loco, qui dicitur ad S. Mariam in Saxia, prout ipsa bulla in *Bullario Romano*, tom. I, pag. 58, edita, quam et hic exhibere lubet.

Bulla Innocentii III, papæ confirmans érectionem archihospitalis Romani, ejusque unionem cum hospitali Montispessulani.

INNOCENTIUS episcopus, servus servorum Dei GUIDONI magistro hospitalium S. Mariæ in Saxia et S. Spiritus in Montepessulano, ejusque fratribus tam præsentibus, quam futuris, regularem vitam rofessis in perpetuum.

Inter opera pietatis, etc. *Vide Regestorum lib.* VII, *col* 377, *tom. II*.

Datum Lateran., per manum Joannis S. R. E. subdiaconi et notarii XIII Kal. Julii, indictione VII, Incarnationis Dominicæ anno 1204, pontificatus vero domini Innocentii III, anno VII.

Hoc igitur xenodochium Romanum tempore erectionis nuncupabatur Hospitale S. Mariæ in Saxia, et forsan ab ipsis Saxonibus-Anglis, nomen sumsit, utpote in eodem loco erectum, ubi olim piissimus Ina Saxonum Orientalium in Anglia rex ecclesiam anno 715 in honorem S. Mariæ Deiparæ virginis excitari curaverat. Hic quippe rex piissimus, postea et circa annum 718 Romam accedens ad visitanda loca sacra, ibidem insigne xenodochium erexit, illudque amplissimis redditibus auxit ad suscipiendos suos Saxones Orientales loca sacra visitantes. Sic etiam ad Inæ pium exemplum Offa Mediterraneorum Saxonum sive Marciorum rex, ibidem hospitale regiis donis locupletavit, quod tamen deinceps ad incitas penitus redactum est. Nam anno 817 tantis flammis incenditur, ut illæ non nisi miraculo exstingui potuerint; postquam nimirum piissimus pontifex Paschalis I, cum miraculosa Deiparæ virginis imagine processionaliter concomitante clero, et populo ad locum accedens ignis exstinctus est. Atque etiamsi anno 847 in cineres redactum, illud pietate summi pontificis Leonis IV, ac liberalitate regum Angliæ iterum restauratum sit, attamen sæculis XI et XII reperimus, illam partem civitatis Romanæ, ubi situm erat, adeo devastatam per Guelphorum, et Gibellinorum factiones ut tempore Innocentii III papæ anno 1198 cathedram S. Petri occupantes vix illius hospitalis Orientalium Saxonum memoria superavit. Unde merito piissimus pontifex Innocentius III illius verus restaurator, et fundator nominari debet, quamvis locus a Saxonibus antiquis habitatoribus denominationem sumpsisse videatur, cum etiamnum hodie de Sassia vel in Saxia nuncupatus sit.

Verum quod miraculosum exordium attinet, etiamsi summus ille pontifex in sua laudata bulla nullam ejus memoriam faciat, ut supra dictum est, attamen ejusdem successores, Nicolaus IV et Xistus IV in suis bullis exerte de illo agunt; atque in ipso sumptuosissimo hospitali adest antiqua tabula depicta totam historiam mirabilem repræsentans, quæ quidem omnia satis piam traditionem denotare possunt. Utut hæc sint, reperimus quoddam vestigium hujus miraculosi exordii apud ipsas piissimi pontificis Innocentii III epistolas a clarissimo Baluzio editas, quando epist. 112, concedit indulgentias illis, qui meretrices in legitimas uxores ducerent, cum per talia prostibula, committi soleant talia frequentia infanticidia. Est autem epistola talis tenoris : « Universis Christi fidelibus, ad quos litteræ istæ pervenerint. Inter opera charitatis, quæ imitanda nobis auctoritate sacræ paginæ proponuntur, sicut Evangelica testatur auctoritas, non minimum esse errantem ab erroris sui semita revocare, ac præsertim mulieres voluptuose viventes, et admittentes indifferenter quoslibet ad commercium carnis, ut caste vivant, ad legitimi tori consortium invitare. Hoc igitur attendentes, præsentium auctoritate statuimus, ut omnibus qui publicas mulieres de lupanari extraxerint et duxerint in uxores, quod agunt, in remissionem proficiat peccatorum. Datum Romæ apud S. Petrum, III Kalend. Maii, pontificatus nostri anno primo. »

Cum igitur immediate post electionem summi pontificis Innocentii III factam fuisse cœlestem revelationem dicant nonnulli ; sic optime inferri potest, et hoc decretum circa meretricum connubia ineunda illum edidisse, simulque hoc hospitale condidisse ad suscipiendos et nutriendos tales infantes expositos, ut deinceps crimen infanticidii cessaret.

Cum igitur hoc celeberrimum xenodochium perfectum fuerit anno 1201 et sic ante concessam laudatam confirmationis bullam, ejusdem magister constitutus erat Guido Montispessulani hospitalis fundator, atque tandem hospitale S. Spiritus nominari cœpit. Hinc vera origo canonicorum regularium ordinis S. Spiritus deduci debet, ab utroque hospitali denominationem sumens. Gerræ enim sunt et inanes næniæ, quas proferunt nonnulli circa quemdam ordinem militarem S. Spiritus jam a primis Christianæ religionis annis a S. Lazaro, ejusdemque sanctissimis sororibus Martha et Maria erectum, prout supra diximus, atque sæpe laudatus Hippolytus Eliot in sua religiosorum ordinum Historia, tom. II, cap. 30, ubi quidem erudite refutat fabulosum illum ordinem militarem, quibusdam commentitiis legendis solummodo suffultum. Nullam enim aliam auctoritatem milites S. Spiritus pro sua fabulosa antiquitate adducere valent, nisi quoddam legendum ex breviario aliquo circa annum 1553 impresso desumptum, ubi in lectionibus S. Marthæ hæc verba legebantur : « Dum autem Magdalena devotioni et contemplationi se totam exponeret, Lazarus quoque plus militiæ vacaret, Martha prudens, et sororis et fratris pariter strenue gubernabat, ac famulis, et militibus sedulo ministrabat. » Nolo ego hic totam illam historiam de S. Lazaro et sanctissimis sororibus suis invertere, cum viri eruditi et catholici satis eamdem a fabuloso mendis purgarint, et ipsa verba hujus legendi valde sublestum argumentum inferant pro antiquitate talis ordinis militaris stabilienda.

Interim, relictis his anilibus næniis, ad certiora argumenta adducenda progrediamur, quæ verum exordium et antiquum statum hujus ordinis denotare possunt, qui ordo apud Italos vocatur Sancti Spiritus in Saxia, et apud Gallos S. Spiritus de Montepessulano nuncupatur. In primis igitur certum est, primum hujus ordinis adhuc florentis sub protectione et præsidio S. Spiritus auctorem exstitisse præfatum Guidonem, qui labente sæculo XII apud Montempessulanum, pro sustentandis ægrotis, et pauperibus amplissimum xenodochium condiderat, et ab Innocentio III papa vocatus Romam, curam novi hospitalis ab ipso summo pontifice erecti ad S. Mariam in Saxia gessit, quod deinceps designari cœpit hospitale S. Spiritus in Saxia; postquam utrumque in unum adunare voluit prædictus summus pontifex. Deinde denegare nequit, quod ab exordio hoc salubre institutum pluribus laicis, quam ecclesiasticis personis combinatum fuerit. Hospitalarii enim Montispessulani, nullis sacris ordinibus initiati erant, adque summus pontifex Innocentius III per supra adductam bullam decrevit, ut in archihospitali Romano adessent tantum quatuor clerici regulam ejusdem hospitalis adamussim observantes et sacramenta infirmis administrantes independenter a magistro, aliisque fratribus ordinis, ac soli summo pontifici subjecti, prout verba bullæ declarant.

Atque hæc est vera et sincera origo sacri ordinis canonicorum S. Spiritus de Saxia; qui etiamsi magis a laicis, quam clericis gubernaretur, tamen ejusdem inquilinis piissimus pontifex præscripsisse videtur Regulam Augustinianam pro communi norma vitæ regularis, adjectis quibusdam constitutionibus, quas et hic adjicimus. Ex quibus constitutionibus constat Regula præsens ab omnibus fratribus stricte observata, qui per illam astringuntur, non solum expositos infantes diligenter nutrire et instruere, verum etiam omnes ægrotos, et infirmos advenientes suscipere, illisque omni meliori modo inservire. Et quamvis piissimus pontifex hæc duo archixenodochia, nimirum Romanum et Montispessulanum sub uno magistro conjunxerit, et hoc isti submiserit, attamen voluit quamdam bonorum separationem observari. Hinc statuit, ut omnes eleemosynæ per Italiam, Siciliam, Angliam, et Hungariam collectæ ad Romanum pertinerent, quemadmodum et ampl ssimi redditus in ipsa urbe, et vicinia siti; ad Montispessulani xenodochium pervenirent reliquæ eleemosynæ per Gallias, Hispaniam et alias Europæ partes collectæ. Postquam autem summus pontifex Honorius III hanc unionem dissolvere voluit, atque Gallis suum magistrum generalem concesserat, tunc et sacer hic ordo quodammodo dissipari cœpit. Licet enim a primævo instituto laicis et clericis mistus exstiterit, tamen ipsi laici semper hospitalariorum temporalem jurisdictionem retinentes, tandem non tanquam magistri regulares sese gesserunt, sed ut præceptores sæculares et perpetui commendatarii vivere voluerunt, in suos usus patrimonium pauperum convertentes, nec magistro generali obedientiam præstantes. Ex quibus exorti sunt milites S. Spiritus, quamvis sub nullo ordine militari exstiterint, nec unquam sicut alii militarium ordinum inquilini ad sacra bella ineunda vocati fuerint, prout omnes h storici fatentur, et ex jam dictis de fabulosa eorum origine a S. Lazaro omnino patet. Nolo ego hic referre diras rixas olim ventilatas inter hujus ordinis clericos et suppositios illos milites, cum de illis satis fuse agat sæpe laudatus Hippolytus Eliot, quem lectores consulere possunt. Non enim integram historiam hujus sacri ordinis exhibere intendimus, sed solum adducimus illa, quæ ad meliorem sequentium constitutionum notitiam conducere possunt, quæ quidem non pro Gallis, sed pro Italis conditæ videntur. Neque hic sermonis facimus de celeberrimo equestri ordine S. Spiritus, adhuc apud Gallos florente, qui ab Henrico III rege institutus, nunquam cum Montispessulani hospitalariis commercium iniit, nec inter ordines religiosos numerari solet.

Verum ad sacrum ordinem S. Spiritus in Saxia redeamus, qui late se extendebat, non solum apud Italos et Siculos, sed etiam per Angliam, Germaniam, Hungariam et Poloniam dispersus est; atque tandem sub pontificatu Nicolai IV iterum unionem cum Italis inire voluerunt hospitalarii Montispessulani, submissionem quamdam magistro generali Romano facientes, in cujus agnitionem eidem exsolvere promiserunt annuatim tres florenos aureos, prout ex ejusdem pontificis bulla anno 1292 data eruimus. Sunt tamen nonnulli scriptores, qui volunt Gregorium XI papam, 1370 electum hospitalarios Montispessulani in pristinam libertatem ab Honorio III ipsis concessam restituisse, cujus tamen bullam, tanquam suppositiam rejiciunt alii auctores, præsertim Launierus hujus ordinis historicus, et archihospitalis Romani superior, cum illa directa sit Berengario Gioni generali archihospitali militiæ S. Spiritus primum mortuo anno 1486 vel sequenti, qui proin generalatum ultra centesimum annum protraxisse debuit, quod asserere ridiculosissimum foret. Interim ex his, aliisque adductis monumentis, omnino constat hunc sacrum ordinem S. Spiritus in Saxia mansisse clericis et laicis repletum, per aliqua saltem sæcula, nec proprie religiosum exstitisse, cum laici illi, quibus subjiciebantur clerici nullis solemnibus votis religiosis astricti fuerint. Hinc exorti tot abusus et eleemosynarum dilapidationes, dum quilibet xenodochii magister, tanquam commendatarius sæcularis viveret, et patrimonium pauperum in suos usus converteret, prout supra dictum est. Adeoque haud ante annum 1458 hic sacer ordo veram rationem religiosi ordinis induit, quando summus pontifex Pius II prædicto anno electus, omnes illos magistros commendatarios suppressit, et novo suo ordini militari de Bethlehem suppositias illas commendas adunavit, prout bulla illius testatur, quem exhibet clarissimus Leibnitius in suo *Codice juris gentium*. Ex quo tempore, sacer hic ordo vere religiosus incepit existere ab omnibus laicis magistris vel superioribus liberatus, et a solis religiosis viris gubernatus. Sic enim summus pontifex Xistus IV per solemnem bullam anno 1476 mandavit : « Statuentes ac etiam decernentes, quod ipsius ordinis hospitalia, præceptoriæ, membra et loca nulli, cujuscunque dignitatis, status, gradus, vel conditionis fuerit, præterquam ipsius nostri hospitalis fratribus, et ordinem ipsum expresse professis, eis tamen pro solo nutu dicti præceptoris existentis, et pro tempore ad claustrum, quotie, expedierit, revocandus, in titulum vel commendam conferri valeant, sive possint. »

Ex hac etiam authentica bulla in Bullario Magno Romano relata tom. I, pag. 406, discimus, quosdam Transalpinos præceptores vel magistros, et præcipue in Gallia mandatis summorum pontificum Pii II et Pauli II non obtemperasse, sed talia hospitalia in suos usus convertisse, et generali magistro Romano debitam obedientiam denegasse, nec tanquam religiosos viros, sed potius quasi sæcula es commendatarios sese gessisse, quos proin acriter his verbis perstringit omnem rerum proprietatem ab ipsis auferens : « Cum itaque, sicuti accepimus displicanter, nonnulli in ipsius hospitalis fratres, etiam præceptorias, hospitalia, membra, et loca pia ab ipso hospitali in Saxia dependentia, obtinentes, ambitione et cupiditate cæca inducti et sub terminis non contenti temeritate propria se generales præceptores dicti ordinis, præcipue ultramontanes nominare, etc. » Adeoque omnes milites commendatarii hujus ordinis sunt suppressi, et auctoritate apostolica reliqui omnes præceptores et hospitalarii ubique subjiciebantur magistro generali Romano, sic enim ibidem præcipitur : « Quinimo omnes et singuli dicti ordinis præceptores, hospitalarii, et religiosi, quos eidem præceptori nostri hospitalis in Saxia pleno jure subesse volumus, et tanquam suo superiori obedientiam, et reverentiam congruam exhibere; ac salva hujus sedis auctoritate in omnibus sicuti unico eorum præceptori, obtemperare teneantur, et debeant. »

Ab hujus igitur bullæ pontificiæ promulgatione, etiam apud Gallos, omnes præceptores, et hospitalarii S. Spiritus, sub jurisdictione magistri generalis Romani vixerunt, et per tria solemnia vota facti sunt veri religiosi, usque ad exordium sæculi XVII; nam anno 1619, summus pontifex Paulus V concessit Gallis vicarium generalem, sed a Romano generali ordinis quodammodo dependentem, et Gregorius XV papa constituit, ut talis vicarius, et visitator generalis emitteret tria vota solemnia religiosa, et habitum ordinis indueret. Adeoque non nisi anno 1625, summus pontifex Urbanus VIII ad instantiam Ludovici XIII regis, magistrum generalem xenodochii Montispessulani, aliosque præceptores, hospitalarios per regna Galliæ et Navarræ dispersos reddidit liberos a jurisdictione magistri generalis Romani. Hinc exorta est omnis disciplinæ regularis relaxatio, et in illis partibus, præceptores et magistri commendatarii iterum recrudescere cœperunt, sui posititium militarem ordinem ubique introducere conantes. Et quamvis talibus usurpationibus acriter restiterint zelosiores, et magis pii præceptores; attamen nihil effecerunt, donec anno 1700 magnanimus Galliarum rex Ludovicus XIV hunc ordinem S. Spiritus in Saxia declaravit, debere æstimari verum ordinem regularem, atque ut præceptores illi sæculares et commendatarii supprimerentur. Sed tandem ad frequentes quorumdam magnatum aulicorum importunitates, constitutus est magister generalis hujus ordinis per Gallias quidam ex prima nobilitate regni, sub cujus directione omnes religiosi et fratres laici vivere debent, et ubique hospitalitatem in omnibus xenodochiis rite observare, qui ideo magister ordinis S. Spiritus de Montepessulano nominatur.

Interea, reliqua hujus sacri ordinis xenodochia per alias regiones extra Italiam et Siciliam erecta sub jurisdictione archihospitalis Romani manserunt, quorum inquilini regulam ab Innocentio III, papa præscriptam rite observant. Hujus rei insigne præbet exemplum Memmingense hospitale in civitate imperiali ejusdem nominis situm, quod etiamsi a Luthcrano magistratu quoad temporalem jurisdictionem dependeat, attamen religiosi hospitalarii publicum catholicæ religionis exercitium obtinent. Nam illis integrum est in propria ecclesia pulsatis campanis rem divinam diu, noctuque solemniter celebrare, sacramenta administrare, sanctissimam eucharistiam ad ægrotos, etiam in domibus Lutheranorum decumbentes ritu catholico cum campanula et lumine deferre, mortuos publice sepelire, omnesque alias cæremonias apud orthodoxos Christianos usitatas cum debita reverentia peragere. Erat etiam olim in eodem Sueviæ circulo, apud Wimpinam urbem imperialem, eximium, hujus ordinis xenodochium, quod tempore mutatæ religionis ad incitas est redactum, sed illud circa medium sæculi XVII, religiosi Memmingenses restaurare laborabant, et quamvis amplissimos redditus nunquam recuperare potuerint, suis tamen expensis quosdam religiosos sustentare solent. Pro his duobus hospitalibus in Germania sitis, præceptor xenodochii Memmingensis, in recognitionem subjectionis archihospitali Romano debitæ, annuatim exsolvere solebat septem Bizantinos aureos, prout ex antiquis monumentis urbis Memmingensis eruitur.

Nec ambigere licet, quin reliqua amplissima xenodochia per varias catholici orbis provincias dispersa, hoc idem præstiterint, prout plurima, quæ per Hispaniam, Belgium, Hungariam, Poloniam supersunt, etiamnum hodie debitum suum pensum annuatim huic archihospitali Romano tanquam supremum magistrum generalem omnium hospitalariorum S. Spiritus agnoscunt. Et quidem hoc ar-

chihospitale Romanum adeo late patet, superbis ædificiis instructum, ac amplissimis redditibus cumulatum, ut grande castellum repræsentare videatur, plura palatia variis spatiorum intervallis distincta continens, in quibus degunt varia hominum utriusque sexus genera. In uno autem palatio morantur ultra centum nutrices, quæ lactant parvulos expositos; ibidem enim suscipiuntur tales infantes tam legitimi, quam illegitimi, ne fame pereant. In altero autem habitant pueri adolescentiores numero circiter quingenti, qui a piis præceptoribus instruuntur in doctrina Christiana, aliisque diversis artibus et scientiis. In tertio dein palatio degunt totidem numero puellæ, quæ a sanctimonialibus feminis ejusdem ordinis in omni virtutum genere instruntur, sicut in regulari aliquo monasterio. In quarto denique palatio duo sunt longissima ambulacra, ita, ut quodlibet mille lectis sit impletum: unum quidem continet infirmos viros, alterum autem ægrotas feminas, etc. Ast præter hæc omnia et plura alia superba ædificia pro infantibus expositis et ægrotis personis etiam peregrinis advenientibus ordinata, adest ibidem magnificum cœnobium a religiosis viris inhabitatum, qui diu, noctuque divinis laudibus intenti regularem vitam sub Regula S. Augustini et sequentibus constitutionibus degunt, ubi etiam magister generalis totius ordinis habitare solet. Atque in hoc archihospitali in usum infirmorum expenduntur annuatim supra ducenta millia scutorum Romanorum computando unum annum cum altero.

Sed redeamus ad sequentes constitutiones exhibendas, quas anno 1564, Romæ edidit reverendissimus dom. Bernardinus Cyrillus Aquilanus, totius ordinis præceptor et generalis magister; illasque nominat *Regulam sacri ordinis Sancti Spiritus in Saxia*. Quæ quidem constitutiones cum bulla summi pontificis Innocentii III, cum omnino conveniant; sic haud ambigere licet, quin piissimus ille pontifex hunc ordinem instituens eadem statuta religiosis utriusque sexus præscripserit; quamvis et illas etiam Regulam Augustinianam aliis hospitalariis communem pro norma vitæ tradiderit. Attamen quisquis has constitutiones vel leviter perlustret, facile percipere potest, non omnia statuta hic exhibita ab exordio ordinis fuisse usitata, sed successu temporis plura ex illis fuisse superaddita.

Cum enim omnino constet a primæva institutione hunc sacrum ordinem fuisse a sæcularibus potius, quam religiosis personis gubernatum, sic suppressis illis sæcularibus præceptoribus vel magistris, necesse omnino erat, non nulla condere nova statuta, omnibus utriusque sexus religiosis communia. Interim præsentes constitutiones ad gubernanda, et regenda xenodochia maxime salutares sunt. Omnesque utriusque sexus homines, præter tria solemnia vota religiosa etiam ad gerendam specialem curam ægrotorum et infantum expositorum astringuntur. Hinc plurimis gaudent privilegiis, et eximuntur a jurisdictione omnium ordinariorum, omniaque aliorum sacrorum ordinum privilegia ipsis sunt concessa. Quod autem religiosi hujus ordinis aveant se nominare Canonicos regulares, hoc tantum evenit ex illo tempore, quo veram regularem vitam ducere cœperunt juxta Regulam S. Augustini, et postquam congregatio canonicorum regularium S. Spiritus per Gallias et Lotharingiam dispersa illi associata est. Nunquam tamen habitu canonico incedere solent; illorum enim habitus idem prorsus est cum illo clericorum sæcularium, nisi quod ad distinctionem supra habitum nigrum debeant gestare crucem albam ad pectus assutam, dupliciter transversam, quarum prima minor est, prout refert Tamburinus supra laudatus. Sequitur jam ipsius Regulæ tenor, prout nobis in ms. fuit communicatus

REGULA ORDINIS S. SPIRITUS IN SAXIA.

Fratribus ordinis Sancti Spiritus in Saxia ubilibet constitutis, Bernardinus Cyrillus AQUILANUS ejusdem ordinis præceptor, et generalis magister.

Regulam ordinis nostri, et veterum nostrorum instituta Patrum, fratres dilectissimi, denuo vobis ostendimus; ad quorum observantiam omni vos, quo possumus, officio, et affectu hortamur. Ut per ea nos Deus omnipotens dirigat in viam suam, et sancti ejus Spiritus munere, vestrisque precibus, si quid nostro in ordine infirmum sit, cœlesti ope solidetur, sanetur ægrotum, alligetur confractum, reducatur abjectum, et pia charitatis affectione, deperditum quæratur. Ejusdem Spiritus sancti virtus soletur inter nos, pusillanimes; et, si qui sint, inquietos corripiat; projectos, languentesque, et loca nostra sua dextera tueatur, et protegat. Mihi insuper (qui pro vobis omnibus, et me ipso rationem reddere teneor) ejus dono, vestrisque orationibus, compati et misereri dignetur. Valeat quis vestrum in Domino, et ejus in timore ipsius mandata, et regularia hæc præcepta servet

Romæ, in sacra hospitali æde Sancti Spiritus. Kal Aprilis, 1564.

EJUSDEM SACRI ORDINIS SANCTI SPIRITUS FUNDAMENTUM.

Lectio S. Evangelii secundum Matthæum, cap. XXV.

In illo tempore, dixit Jesus discipulis suis. *Cum venerit Filius*, etc.: usque ad, *Justi autem in vitam æternam*.

STEPHANUS divina miseratione tituli S. Mariæ trans Tiberim presbyter, et RAINERIUS S. Mariæ in Cosmedin diaconus, cardinales : dilectis filiis, magistro, et capitulo domus S. Spiritus de Urbe Romana, et universis rectoribus, fratribus, et sororibus aliarum domorum sub ipsius ordine et magisterio commorantibus, salutem in Domino. Hæc et Regula, quam de mandato et auctoritate sedis apostolicæ vobis observare præcipimus, et a summo pontifice scilicet domino Innocentio papa III, data fuit, et omnibus sacrosanctæ Ecclesiæ cardinalibus confirmata, quæ sic incipit :

CAP. I. — *Sancti Spiritus adsit nobis gratia.*

In nomine Domini et individuæ Trinitatis, Patris, et Filii, et Spiritus sancti, Amen. Omnibus fratribus et sororibus tam præsentibus quam futuris totius ordinis S. Spiritus præcipiendo mandamus, ut sub obedientia, in castitate, et sine proprio vivant, ad curam et servitium pauperum principaliter intendendo.

CAP. II. — *De promissione novitiorum.*

Ego N. offero et trado meipsum Deo, et beatæ Mariæ, et sancto Spiritui, et dominis nostris infirmis, ut omnibus diebus vitæ meæ sim servus illorum. Promitto castitatem, cum Dei auxilio servare; et sine proprio vivere, et tibi N. et successoribus tuis obedientiam tenere, et bona ipsorum pauperum fideliter custodire. Sic me Deus adjuvet et hæc sancta Evangelia.

Et offerat se cum libro ad altare, etc.

CAP. III. — *De receptione novitiorum.*

Per promissionem, quam Deo fecisti, et beatæ Mariæ, et sancto Spiritui, et dominis nostris infirmis recipimus te, et animam patris tui, et matris tuæ in missis, matutinis, jejuniis et orationibus, eleemosynis, et in cunctis bene factis, quæ fiunt, et fient in domo Sancti Spiritus : ut Deus talem partem tibi retribuat, qualem unusquisque nostrum habere exspectat. Et domus Sancti Spiritus panem et aquam tibi promittit, et vestem humilem dabit.

Quo finito, si præceptori sive magistro, et capitulo videtur, præceptor sive magister, vel prior accipiat mantellum : et ostendit ei crucem, et ponat ad collum ejus dicens : Per hoc signum crucis fugiat a te omne malignum, et Christus te perducat ad regnum æternum. Amen.

His dictis, proni in terra preces pro eo faciant ad Dominum; et prior, sive magister, vel aliquis sacerdos incipiat Psalmum scilicet : Deus misereatur, cum Gloria Patri : deinde dicit Kyrie eleison. Pater noster.

ỳ. Et ne nos inducas in tentationem.
ṛ. Sed libera nos a malo.
ỳ. Salvum fac servum tuum, Domine.
ṛ. Deus meus, sperantem in te.
ỳ. Mitte ei, Domine, auxilium de sancto.
ṛ. Et de Sion tuere eum.
ỳ. Esto ei, Domine, turris fortitudinis.
ṛ. A facie inimici.
ỳ. Domine, exaudi orationem meam.
ṛ. Et clamor meus ad te veniat.
ỳ. Dominus vobiscum. ṛ. Et cum Spiritu tuo.

Oremus.

Protege, Domine, famulum tuum (vel famulam tuam) et gratiæ tuæ dona in eo multiplica : ut ab omnibus tuearis offensis, et a temporalibus non destituatur auxiliis: sed spiritualibus sempiternis gaudeat institutis. Per Christum.

Deus, cui proprium est misereri semper et parcere: suscipe deprecationem nostram: et famulum tuum, quem delictorum catena constringit, miseratio tuæ pietatis absolvat. Per Christum.

Deus, qui apostolis tuis sanctum dedisti Spiritum, concede famulo tuo piæ petitionis effectum: ut, cui dedisti fidem, largiaris et pacem. Per Dominum nostrum.

Cap. IV. — *Qualiter societas nostra petentibus detur.*

Cum aliquis societatem fratrum petit, et orationibus eorum voluerit se commendare, in capitulo prosternatur in terra. Et hic incipiat prior vel sacerdos hos psalmos: Levavi oculos meos. De profundis. Ecce quam bonum. Kyrie eleison. Pater noster.

ỹ. Et ne nos inducas in tentationem
ñ. Sed libera nos a malo.
ỹ. Salvum fac servum tuum.
ñ. Deus meus sperantem in te.
ỹ. Mitte ei, Domine, auxilium de sancto.
ñ. Et de Sion tuere eum.
ỹ. Ostende nobis, Domine, misericordiam tuam.
ñ. Et salutare tuum da nobis.
ỹ. Domine, exaudi orationem meam.
ñ. Et clamor meus ad te veniat.
ỹ. Dominus vobiscum. ñ. Et cum Spiritu tuo.
Oremus.

Deus, qui es fons totius misericordiæ, spes et consolator lugentium, vita et salus ad te clamantium, exaudi preces populi tui, et illorum, qui se in nostris orationibus commendant, ut cum tuæ potentiæ dextera protegat, et defendat: qui quatenus tibi soli Domino secura mente valeat deservire, atque ab omni tentationum molestia liberatus, tranquilla pacis salute pietati tuæ continuas agere gratias mereatur. Per Dominum.

Alia oratio.

Deus, qui es justorum gloria et misericordia peccatorum: pietatem tuam humili prece deposuimus: ut famulum tuum N. benigne recipias, et pietatis tuæ ei custodiam impendas, ut ex tota mente tibi deserviat, et sub tua protectione consistat. Et quando eis extrema dies advenerit, societatem sanctorum percipiat: cum quibus inenarrabilem gloriam sine fine possideat. Per Christum.

Alia oratio.

Precamur te, Domine, ut intercedente beata Virgine Maria cum omnibus sanctis tuis, famulo tuo N. indulgentiam tribuas peccatorum, opus ejus perficias in bonum, misericordiam et gratiam tuam ei concedas, fide, spe, et charitate eum repleas; mentem ejus ad cœlestia desideria erigas, et ab omni adversitate defendas eum, et ad bonam perseverantiam perducas. Per Dominum.

Post hæc detur illi cum libro et stola, petita societas, priore vel sacerdote ita dicente:

« Damus tibi (vel vobis) societatem nostram ex participatione orationum nostrarum, et beneficium eleemosynarum nostrarum. » Et dicitur Deo gratias.

Postea osculetur a fratribus, et scribatur in libro confraternitatis, et illud etiam, quod dare promiserit in unoquoque anno: et cum defunctus fuerit, conscribatur in Kalendario.

Cap. V. — *Quando aliquis offertur in pueritia in devotione paterna.*

Domine Deus omnipotens, qui es incomprehensibilis et immensus, qui tuum plasma vocatione sancta eligere dignatus es, concede huic famulo, vel puero, vitam honestam, conversationem studiosam, orationem placabilem, quatenus dignus efficiatur societate sanctorum. Per te, qui es benedictus in sæcula sæculorum. Amen.

Cap. VI. — *Quid fratres ex debito quærere debeant et non amplius.*

Nullus suum aliquid præsumat dicere: Sic de primis Christi discipulis dictum est: *Erant illis omnia communia (Act.* IV). Procurator vero domus secundum necessitatem uniuscujusque fideliter omnibus administret, sicut etiam scriptum est: *Dividebatur singulis prout cuique opus erat (ibid.).* Fratres non quærant amplius ex debito nisi panem et aquam: et vestitus eorum sit humilis, quia Domini sunt pauperes, quorum servos nos esse fatemur: nudi et sordidi incedunt, et turpe est servo, ut sit superbus, et dominus ejus sit humilis.

Cap. VII. — *Quid, et a quo portetur ad mensam.*

Nemo præter cellerarium de cibo vel potu ad mensam, vel a mensa, nisi per licentiam magistri aliquid portet. Similiter si fieri potest, ad mensam simul omnes accedant, et simul post versum, surgentes discedant.

Cap. VIII. — *Versus mensæ, nisi clerici sint præsentes, ita fiat.*

Benedicite. Clerici respondent: Benedicite. Kyrie eleison, Christe eleison, Pater noster. Secrete dicatur. Quod si procurator domus fuerit præsens, vel qui locum ejus tenuerit, dicat:
ñ. Et ne nos inducas in tentationem.
Alii respondeant: ñ. Sed libera nos a malo.
Adjungat: In nomine Patris et Filii et Spiritus sancti. Amen.
Et sic ad mensam sedeant. Postea dicant omnes: Amen.

Postmodum surgentes a mensa dicant: Miserere mei Deus
Post subjungatur: Gloria Patri, etc. Sicut erat. Deinde, Kyrie eleison. Christe eleison. Pater noster.
ỹ. Et ne nos inducas in tentationem.
ñ. Sed libera nos a malo.
Dicat ille, qui benedictionem dixerat, respondentibus aliis: Sed libera nos a malo
Adjungatur: Benedicamus Domino; et omnes respondeant: Deo gratias
Qui vero ignoraverint, Miserere mei Deus: dicant quinquies Pater noster.

Cap. IX. — *De lectore ad mensam.*

Per hebdomadam unus clericus legat, frater vero unus laicorum, serviat: quibus absentibus magister per alios suppleri faciat.

Cap. X. — *Ut non comedant nisi bis in die.*

Prohibemus autem fratribus, et sororibus, ut non comedant, nisi bis in die, præter eos, qui sunt infirmi, et imbecilles. Ipsa autem imbecillitas in arbitrio et providentia magistri sit: nil ob favorem, vel gratiam personæ seu, quod absit! ob invidiam, faciendo, sed cum Dei timore discrete agat.

Cap. XI. — *De jejunio.*

A Dominica prima post festum Omnium Sanctorum usque ad Natalem Domini sicut in Quadragesima jejunent. Omni vero quarta et sexta feria a festo Sanctæ Crucis usque ad festum Resurrectionis Domini, sicut in Quadragesima jejunent. Et qui renuerit, vino sequenti die careat; et si secundo fecerit, quarta et sexta feria, in pane et aqua jejunet.

Cap. XII. — *De esu carnium.*

Carnes vero non comedant nisi ter in hebdomada: videlicet die Martis, die Jovis, et die Dominico, nisi causa infirmitatis, vel nisi festum Natalis Domini fuerit. Et qui contra fecerit, tres dies in pane et aqua jejunet.

Cap. XIII. — *De recipiendis infirmis, et ministrantibus illis.*

Cum ergo venerint infirmi, vel deportati fuerint in domum Sancti Spiritus, tali modo suscipiantur: Primo de peccatis presbytero confiteantur, et religiose communicentur; et postea ad lectum deportentur, sive ducantur: et ibi quasi domini, secundum posse domus, omni die antequam fratres eant pransum, charitative reficiantur. Et Dominicis diebus sacerdotes, et clerici, fratres, et sorores cum processione in domo Sancti Spiritus pergentes, missa, vel Epistola et Evangelium tantum dicatur. Hora autem prandii pauperum, et hora coenæ, campana pulsetur, ad cujus sonitum fratres, qui non sunt in operibus, statim occurrant, et devote serviant.

Cap. XIV. — *De honestate fratrum, et eorum servitio circa infirmos.*

Constitutum est etiam, ut in ecclesia honestus sit eorum incessus, et conversatio idonea, scilicet ut clerici ad altare cum albis vestibus deserviant presbytero; diaconus vel subdiaconus, et, si necessitas fuerit, alius clericus hoc idem exerceat officium, et lumen in ecclesia sit semper, die, noctuque. Et ad infirmorum visitationem presbyter cum albis vestibus incedat: religiose portans corpus Domini: et diaconus præcedat, vel saltem acolytus ferens lanternam cum candela accensa, et spongiam cum aqua benedicta.

Cap. XV. — *Qualiter fratres ire, et manere debent.*

In civitatibus, vel in villis seu castelis, in quibus proprias domos habuerint, nihil omnino comedant extra illas domos, nisi prælatus loci tenuerit, vel invitaverit eos. Qui autem hæc præsumpserit: tribus diebus continuis jejunet in pane et aqua: et quatuordecim diebus in terra sine mensa et mappa comedet.

Cap. XVI. — *De his, qui aliquo vadunt.*

Si quis ex nostris habuerit necessitatem, quoquam eundi, cum quibus magister jusserit ire, eat. In via vero videat, ne in omnibus moribus suis fiat, quod cujusdam offendat aspectum, et quod suam dedeceat sanctitatem. Sedens ad mensam, secundum posse, silentium tenere studeat.

Cap. XVII. — *Ut nullus solus eat.*

Nullus pedes solus per urbem vadat, nec socium sibi sumat, nisi qui a magistro sibi fuerit sociatus, vel ab eo, qui, magistro absente, vices suas gerit. Provideat autem magister, vel qui vices suas gerit, honestam societatem. Qui sine mandato vel sine societate, ut prædictum est, ire præsumpserit, prima vice in terra sedeat: secunda duobus diebus, tertia vice septem diebus poeniteat, et quarta et sexta feria in pane et aqua jejunet.

Cap. XVIII. — *De processione in hospitali.*

In hospitali ad processionem in quadragesima Sancti Martini, et majori, clerici et laici, et sorores conveniant, et dicto completorio fratres ad suum dormitorium accedant, et sorores ad suum cum silentio, ubi nullus extraneus admittatur, ad jacendum, et nunquam nudi jaceant, sed vestiti camisiis lineis aut laneis, aut aliis quibuslibet vestimentis, soli jacentes. Silentium etiam ibidem usque mane observetur; quod qui ruperit, vinum unius diei amittat, si se non correxerit, alias puniatur secundum provisionem præceptoris.

Cap. XIX. — *De silentio in ecclesia.*

Similiter silentium in ecclesia teneatur, ut non possit divinum officium impediri. Si quid autem dicendum fuerit de necessitate, in aure fratris dicatur: et qui silentium ruperit, vinum amittat.

Cap. XX. — *De conservanda charitate.*

Charitatem ad omnes homines habere studeant: inter se pacem et concordiam habeant, avaritiam, invidiam, superbiam, odium, iram, detractiones, murmurationes, et malitiam a se omnino abjiciant.

Cap. XXI. — *De capitulo fratrum generali.*

Per Quatuor Tempora anni primis diebus jejuniorum Quatuor Temporum præceptor domus cum fratribus suis generale capitulum teneat, et de negotiis domus fideliter tractet. Qui si tunc forte non fecerit, infra octo dies, quam citius poterit, faciat diligenter.

Cap. XXII. — *De communitate magistri.*

Sollicite autem provideat præceptor, et communitatem fratrum, et consuetudinem laudabilem domus, et præcepta Regulæ per omnia teneri faciat.

Cap. XXIII. — *De communitate mensæ fratrum.*

Præceptor ad communem mensam fratrum semper comedat, nisi propter hospites, vel alias ex honesta causa seu necessaria remaneat.

CAP. XXIV. — *De electione magistri.*

Electio vero ejus infra mensem post decessum alterius per commune fratrum consilium celebretur, nec eligatur secundum dignitatem gentis, sed secundum vitae meritum, et sapientiae doctrinam.

CAP. XXV. — *De silentio mensae.*

Ad mensam, sicut ait Apostolus (*II Thess.* III), fratres panem suum cum silentio comedant, lectionem sine tumultu audiant, ne solae fauces sumant cibum, sed et aures esuriant verbum Dei. Quod si necessarium fuerit loqui, uni servitorum in aure sub silentio dicat. Magister vero major, si voluerit in audientia omnium pro necessitate loqui potest : cum discretione tamen et mensura hoc faciat. Et post completorium non bibant, et in lectis silentium teneant, sicut superius scriptum est.

CAP. XXVI. — *De correctione clericorum.*

Correctio vero clericorum et specialium aliorum ad praeceptorem laicum non pertineat, sed ad cardinales, quibus a domino papa ipsa domus fuerit recommendata. Ipsi vero cardinales ad tempus quandiu voluerint, alicui clerico de ipsa domo poterunt committere vices suas.

CAP. XXVII. — *De officio clericorum et de primatu.*

Praefati vero clerici in diurnis et nocturnis officiis consuetudinem Romanae curiae observent, et primi in refectorio insimul in una parte ante laicos sedeant, prioritate inter eos sacrorum ordinum observata.

CAP. XXVIII. — *De conditione clericorum.*

Si quando vero contigerit aliquem de clericis fratribus ad aliquam filiam destinari, vel illius clerici commiserint vices suas : ita tamen, quod secundum tenorem privilegii domini Innocentii papae tertii, semper in ipso hospitali quatuor ad minus sint clerici Regulam ejusdem hospitalis professi, qui pro nobis, et praedecessoribus nostris, ac successoribus nostris, ac fratribus vivis pariter ac defunctis specialiter obsecrantes, omnia spiritualia libere administrent.

CAP. XXIX. — *De correctione clericorum.*

Clerici vero, si in his deliquerint, pro quibus laici sedebunt in terra in refectorio sine mappa, in honore ordinis clericalis in terra non sedeant, ne ex tali quasi publica poenitentia penes graves et bonos quodammodo efficiantur infames, sed loco illius poenae singulis diebus, in quibus sic poenitere debent, uno priventur ferculo, et in loco ultimo sedeant, nedum post clericos, sed post laicos fratres suos.

CAP. XXX. — *De capitulo.*

Semel in hebdomada ad minus magister, vel qui locum ejus tenuerit, cum fratribus capitulum teneat. Cum sororibus vero magister capitulum teneat cum sacerdote fratre, et cum duobus aliis fratribus.

CAP. XXXI. — *De poenis fornicantium.*

Si quis fratrum, vel si qua soror deprehendatur in fornicatione, volumus ipsum includi in carcerem, et per annum ibi habitet, omni occasione remota, et vita sua sit talis : Sexta feria in pane et aqua jejunet, et per totum annum non praesumat carnes manducare, nec vinum potare; et post annum, si inventus fuerit castigatus, et bonis moribus ornatus, secundum arbitrium praesidentis, in conventum cum caeteris fratribus redeat. Ita fiat in prima vice; et si secunda deprehendatur, per duos annos fiat, sicut superius est relatum. Et si forte, quod Deus avertat! tali facinore fuerit iterum deprehensus, omni vita sua absque remedio ibi habitet. Feria sexta infra octavas Natalis Domini licentiam habeat bibendi vinum. Et si opus fuerit infra Octavas Paschae similiter. Si etiam festivitas Omnium Sanctorum evenerit in sexta feria, quorum vigilia quinta feria celebratur in pane et aqua, liceat ei uti cibis conditis in ipsa festivitate; et sit in potestate praeceptoris cum consilio capituli aliquando, si necesse fuerit, poenam mitigare.

CAP. XXXII. — *De fratribus altercantibus, et percutientibus alterutrum.*

Frater si altercatus fuerit cum aliquo fratre, et clamorem habuerit praeceptor, talis sit poena : Septem diebus jejunet, quarta et sexta feria in pane et aqua, comedens in terra sine mensa et manutergio. Et si percusserit, quadraginta diebus manducet in terra, et si sanguinem effuderit, habitum dimittat. Si vero recesserit a domo sine voluntate praeceptoris sui, cui commissus fuerit, et postea reversus fuerit; quadraginta diebus manducet in terra jejunans quarta et sexta feria in pane, et aqua. Et per tantum temporis permaneat in loco extraneo quantum foris exstiterit.

CAP. XXXIII. — *De constitutione horarum.*

Fratres cum ad matutinas surrexerint, et in ecclesia fuerint, matutinas et horas Beatae Mariae, stantes erecti, vel flexis genibus audiant, nisi infirmitas impedierit. Ad matutinas diei, et horas, dum psalmi dicuntur, lectiones leguntur et responsoria cantantur, fratres sedeant, sed a Gloria Patri propter reverentiam Trinitatis se elevent, et ad altare caput inclinent. Fratres, qui ordinati non sunt, et in Ecclesia non fuerint, pro matutinis Beatae Mariae dicant Pater noster 12; et pro matutinis diei similiter, et pro aliis horis singulis Beatae Mariae Pater noster 7; et pro illis similiter diei, et pro vesperis 9, et pro defunctis 9, similiter. Omnibus computatis, sunt 133 Pater noster.

CAP. XXXIV. — *De fratribus male se habentibus.*

Frater si non bene se habens, si ab aliis fratribus bis atque ter correptus et admonitus fuerit, et diabolo instigante, se emendare noluerit, nobis mittatur pedester cum charta continenti suum delictum : tamen procuratio rara ei donetur, ut ad nos venire possit, eumque corrigemus.

Cap. XXXV. — *De fratribus cum proprio viventibus.*

Si quis fratrum in morte sua proprietatem habuerit, vivensque magistro suo, vel sacerdoti ad utilitatem domus non ostenderit: nullum divinum officium pro eo agatur, sed quasi excommunicatus cum ipsa proprietate, extra coemeterium sepeliatur. Et si vivens proprietatem habuerit incolumis, eique reperta fuerit, et magistro suo celaverit, ac postea super eum inventa fuerit: ipsa pecunia ad collum ejus ligetur, et per hospitale Sancti Spiritus, vel alias domos, ubi permanserit, ducatur.

Cap. XXXVI. — *De proprietariis.*

Omni anno in capitulo Pentecostes proprietarii excommunicentur, et, absolutione recepta, restituant pecuniam, et septem diebus poeniteant quarta et sexta feria jejunantes in pane et aqua. Et, si secundo reperti fuerint, poena duplicetur eis; si tertio idem crimen, quod absit! incurrerint, quadraginta diebus poeniteant, ab omni fratrum consortio separati.

Cap. XXXVII. — *De officio faciendo pro fratribus et sororibus defunctis.*

Cum sit valde necessarium, firmiter praecipimus fieri, et praecipiendo mandamus, ut de omnibus fratribus et sororibus viam universae carnis ingredientibus in omnibus obedientiis quibuscunque obierint in domo S. Spiritus, 30 diebus missae pro anima fratris et sororis celebrentur. Presbyteri vero, qui fuerint in domo S. Spiritus quinque missas fratris vel sororis illius reddant. Caeteri vero, clerici duo; psalteria fratres laici, si septem psalmos sciverint, septem vicibus illos dicant: si illos nesciverint, 200 Pater noster dicant.

Cap. XXXVIII. — *De judicio in capitulo.*

De omnibus clamoribus in capitulo judicetur, et discernatur secundum amorem Dei et judicium rectum. Et haec omnia, ut supra diximus, ex parte Dei omnipotentis et beatae Mariae semper virginis, et sancti Spiritus et dominorum nostrorum infirmorum praecipimus, ut cum summo studio, ita per omnia teneatur.

Cap. XXXIX. — *De indumentis pauperum.*

Pauperes in hieme, laneis vestibus a festo Omnium Sanctorum usque ad Natalem Domini: et in aestate, a Pentecoste usque ad festum S. Joannis, ad minus quadraginta de pannis veteribus fratrum et etiam infirmorum vestiantur. Hanc autem eleemosynam magister cum consilio duorum fratrum, semper indigentibus, secundum charitatem Dei, non specialem affectum, vel amorem largiatur.

Cap. XL. — *De pauperibus requirendis.*

Pauperes infirmi per vicos, una die cujuslibet hebdomadae, et per plateas quaerantur, et in domum Sancti Spiritus deferantur, et eorum cura diligentissime habeatur.

Cap. XLI. — *De orphanis nutriendis et feminis praegnantibus.*

Orphani infantes projecti pro posse domus nutriantur: et pauperes feminae praegnantes gratanter suscipiantur, et eis charitative ministretur.

Cap. XLII. — *De servitio pauperum.*

Sorores infirmis hospitalis die Martis capita, die Jovis pedes abluant; et linteamina, quando praecipitur, eis abluant.

Cap. XLIII. — *De pauperibus suscipiendis.*

Communes pauperes qui in domo Sancti Spiritus hospitari voluerint, pro posse domus libenter suscipiantur, et charitative tractentur.

Cap. XLIV. — *De religiosis suscipiendis.*

Si aliquis religiosus ad hospitandum in eadem domo, sive in domibus nostris venerit, quasi servus Dei benigne suscipiatur, et charitative illi subministretur.

Cap. XLV. — *De hospitio magnatum.*

Si vero aliqua magna persona fuerit, speciale sibi hospitium praeparetur, et secundum possibilitatem domus, ei reverenter serviatur.

Cap. XLVI. — *De peccatricibus suscipiendis.*

Mulieres peccatrices, quae pro conservanda castitate in domo Sancti Spiritus per septimanam sanctam habitare voluerint usque post octavas Paschae sine contradictione concedatur eis.

Cap. XLVII. — *De litteris deferendis.*

Nullus litteras portet, nisi prius audierit legere; et si, lectis litteris, audierit in eis aliquid contineri, unde aliquod malum possit oriri, eas nullus portet; quia Urias detulit litteras mortis suae (*II Reg.* xi).

Cap. XLVIII. — *De deposito.*

Commendationem nullus recipiat sine conscientia magistri, et aliquorum fratrum, excepto hospitalario, qui peregrinorum tantum, et forensium poterit deposita custodire.

Cap. XLIX. — *Ut nulli liceat ecclesiam construere.*

Nullus construere faciat ecclesiam vel domum absque jussu magistri et capituli. Et si contra fecerit, quadraginta dies poeniteat: quarta et sexta feria in pane, et aqua jejunet.

Cap. L. — *De injuriis vitandis.*

Nullus aliquem fratrem clamare audeat proditorem, vel regeneratum, neque ore foetentem, vel mentitum, vel filium meretricis, et qui in culpis istis ceciderit, sine poena non sit, sed septem diebus graviter puniatur. Et quarta et sexta feria in pane et aqua jejunet.

Cap. LI. — *De sustentandis leprosis.*

Statuimus, ut si quis fratrum nostrorum, vel sororum in leprae morbum inciderit, in domo Sancti Spiritus provideatur ei tanquam uni ex aliis fratribus in aliquo loco domus.

Cap. LII. — *De receptione munerum.*

Si quis ex nostris rem sibi collatam celaverit, puniatur, et tanquam proprietarius judicetur. Etsi frater aut soror eulogias vel munusculum acceperit a parentibus, vel amicis suis: non audeat ea sibi retinere, nisi de licentia, et voluntate praeceptoris, et si contra fecerit, ipsas eulogias amittat, et quatuor dies poeniteat: quarta et sexta feria in pane et aqua jejunet.

CAP. LIII. — *Ut nullus vestes vendat, vel emat.*

Praecipimus firmiter et districte, ut nullus praesumat vestes vendere, vel emere, nisi de consensu magistri, vel qui locum ejus tenuerit: ut sicut pascimini ex uno cellario, sic induamini ex uno vestiario. Et vestimentum sit humile, sicut scriptum est, et a magistro, vel camerario emptum. Si vero aliter factum fuerit, magister accipiat, et ipse sit in poena septem dierum, et quarta et sexta feria in pane, et aqua jejunet.

CAP. LIV. — *Si quis fratrum inciderit in haeresim.*

Si quis fratrum in haeresim, quod absit! inciderit, vel haereticorum scienter participationem, et familiaritatem habuerit, et hoc ad notitiam magistri vel fratrum pervenerit, domino papae denuntietur, vel ejus visitatori. Si quis autem alicui fratrum tantum crimen objecerit, quod probare nequiverit, poenam patiatur, quam passus esset alter. Si vero aliquis ex familiaritate haereticorum suspectus fuerit, coram capitulo moneatur, et mandetur ei ex parte capituli, ut eorum familiaritatem vitet, qui si post praeceptum capituli vitare noluerit, in carcere segregatus ab aliis, poenitentiam agat.

CAP. LV. — *Qualiter fratres a fratribus sunt corrigendi.*

Fratres si duo, vel tres, vel amplius, fuerint, et unus illorum nequiter et male vivendo se habuerit; alter frater non debet eum diffamare, neque populo, neque praeceptori; sed primo per se ipsum castigare; etsi se noluerit castigare, adhibeat secum duos, vel tres ad eum castigandum; et si se emendaverit, inde gaudere debet. Si se noluerit emendare, tunc culpam ejus scribat secreto magistro suo: et secundum quod magister miserit, ita fiat de illo.

CAP. LVI. — *Qualiter frater fratrem accusare debet.*

Frater alium fratrem accusare non debet, nisi possit bene probare. Qui si de illo criminaliter dixerit, et in probatione defecerit, eamdem poenam, quam ipse passurus esset, sustinebit.

CAP. LVII. — *Qualiter fratres crucis vexillum portare debent.*

Fratres omnium obedientiarum, qui nunc, vel in antea offerunt se Deo, et hospitali Sancti Spitus, crucis signum in cappis et in mantellis deferant. In cappis ante pectus, in mantellis autem in sinistro latere, ut per illud vexillum et operationem, et obedientiam Deus nos custodiat, et a diaboli potestate nos in hoc saeculo et in futuro defendat in anima et corpore, et similiter omnes benefactores nostros.

CAP. LVIII. — *De obsequiis fratrum defunctorum, et peregrinorum.*

Praecipimus etiam, ut omnia corpora mortuorum, atque aliorum Christianorum, qui post horam omnium vesperarum obierint, sepeliri usque in crastinum differantur. Et in hospitali, ubi obierint non sine lumine jaceant in feretris, de quibus indicitur, ut ante primam ad ecclesiam deferantur.

CAP. LIX. — *De cunabulis puerorum.*

Ad opus infantium peregrinarum mulierum, qui in domibus Sancti Spiritus nascuntur, parva cunabula fiant: ut seorsum soli jaceant, ne aliquid incommodi infantibus possit evenire.

CAP. LX. — *Ut magister proprietatem non habeat.*

Magister etiam proprietatem non habeat. Et, si inventus fuerit in morte habere, sine conscientia clerici fratris hospitalis, cui cardinalis commiserit vices suas, et camerarii, et aliorum duorum fratrum, nullum pro eo, sicut scriptum est, officium a fratribus agatur, sed quasi excommunicatus extra coemeterium sepeliatur.

CAP. LXI. — *De discretione senum, et puerorum.*

Senes et pueri in discretione praeceptoris permaneant.

CAP. LXII. — *De rectoribus filiarum domorum.*

Omnes filiarum domorum rectores, quas genuit domus Sancti Spiritus de Roma, a magistro et capitulo in ea rectoriam vel habitum suscipiant: nec ipsi aliquem, vel aliquam absque jussu magistri praesumant recipere; quod si fecerint, habitum amittant et pro excommunicatis judicentur, et rei perjurii habeantur, etc.

CAP. LXIII. — *Ne uxoratus vel conjugatus recipiatur.*

Si aliquis vel aliqua matrimonio legali conjuncti sint, nullo modo in ordine recipiatur ad habitum, quia scriptum est: *Quod Deus conjunxit homo non separet* (Matth. XIX)

CAP. LXIV. — *De electione magistri.*

Postquam vero magister electus fuerit, si forte deprehensus fuerit culpabilis, admoneatur a fratribus usque ter. Et si a pravitate, quod absit! viam suam non converterit, domino papae denuntietur, non cardinali visitatori, quem dominus papa dederit: et poena debita corrigatur, et etiam deponatur, si justum fuerit, et culpa ejus hoc exegerit; et alius, qui dignus sit, in locum ejus subrogetur.

CAP. LXV. — *De camerariis domus.*

Domus nunquam sit sine camerario, qui plenam habeat potestatem administrandi, et providendi in necessariis fratrum, et sororum, et pauperum, tamen cum consilio magistri et capituli singulis Kalendis teneatur reddere rationem. Et si tunc non fecerit, infra spatium octo dierum facere non postponat; quod si non fecerit, dum tamen fuerit requisitum a magistro, et fratribus, in secunda, et quarta et sexta feria in pane et aqua jejunet, quousque id fecerit, et alias secundum providentiam magistri, et fratrum, si in protervia manserit, puniatur. Et si aliqui de capitulo rationem audire renuerint, magister cum residuis audiat. Quod si magistri negligentia vel malitia differretur, idem magister huic pœnæ subjaceat, ut sexta feria in pane et aqua jejunet. Clerici vero fratres, si voluerint, intersint : ut si minus bene actum viderint, super hoc moneant fratres suos. Et si se neglexerint emendare, proclament ad dominum papam, vel ad cardinalem, qui eis fuerit deputatus.

CAP. LXVI. — *De proventu domus et expensis.*

Volumus etiam ut omnes intratæ vel proventus domus reponantur in uno scrinio, in quo sint tres claves : quarum unam teneat magister, et aliam teneat capitulum et aliam camerarius. Ita tamen quod proventus, qui provenerint, primo veniant ad notitiam magistri, et capituli, et camerarii, et ex tunc in scrinio reponantur. Camerarius vero ex isto scrinio recipiat sumptus domus, quos facere debeat : et in ipso scrinio sigillum capituli reponatur.

CAP. LXVIII. — *De infirmaria fratrum.*

Volumus, ut una domus sit pro infirmis fratribus, et unus frater sit infirmarius, qui de eis curam, et sollicitudinem habeat et diligentiam. Qui etiam habeat servientes, quot sibi sunt necessarii, et opportuni, et quod a camerario recipiat viginti libras provenientium in Ascensione Domini ; et expensis illis, si plus fuerit opportunum, tribuatur ei a camerario sine contradictione alicujus, usque ad alium annum : et quæ sibi pro infirmis petierit, de cellario tribuatur. Et ipse infirmarius ter in anno teneatur reddere rationem.

CAP. LXVIII. — *De contumacia filiarum domorum.*

Si aliqua domus Sancti Spiritus in rebellione contra præceptum Regulæ insurrexerit, per magistrum cum consilio capituli acriter puniatur. Et si obedire noluerit, Romanæ Ecclesiæ denuntietur, et per ejus mandatum etiam sæcularis potentiæ auxilium requiratur.

CAP. LXIX. — *De juramentis fratrum.*

Statuimus, ut nullus omnino fratrum juret, nisi pro necessariis causis domus : et tunc præbeat jusjurandum laicus de consensu præceptoris, clericus vero de mandato cardinalis, qui eis protector fuerit deputatus vel illius, cui ipse cardinalis commiserit vices suas, nec non de conscientia præceptoris.

CAP. LXX. — *Quomodo fratres sunt suscipiendi.*

Quando aliquis confraternitatem exigit hospitalis Sancti Spiritus, præceptor cum fratribus habeat consilium, si ipsum recipere voluerint. Si vero illum receperint, veniat coram omnibus fratribus in capitulo, et præceptor inquirat ab eo, si fraternitatem domus voluerit, si religionem sustinere poterit, si castitatem servaverit, si obedientiam tenuerit, si sine proprio vixerit, in corde suo provideat, antequam professionem faciat. Nam ante, cum in dominio suo fuit, quod voluit, fecit ; sed cum in religione erit, in potestate alterius erit. Si vero dixerit : Religionem cum Dei auxilio sustinebo, et præcepta domus voluntarie adimplebo, et dum vixero dominis infirmis servus ero ; iterum præceptor inquirat ab eo, si uxorem habuerit, aut juraverit, et si promissionem cuiquam religioni fecerit, aut debitum habuerit. Si ipse omnia ista negaverit, recipi poterit : si vero dixerit, quod uxorem habuerit, vel juraverit, vel alterius religionis fuerit, seu promissionem fecerit, vel debitum habuerit, non recipiatur, nisi litteras ab episcopo, seu a monasterio suo habuerit, et debitum solverit.

CAP. LXXI. — *De receptione alicujus in probatione.*

Nulli concedatur introitus ordinis nostri nisi unius anni spatio probetur. Regula et constitutiones tunc ei legantur per ordinem, et dicatur ei : Ecce lex, sub qua militare vis. Qui si Regulam et constitutiones domus, et cuncta sibi imperata promiserit observare, et cum humilitate habitum petierit, ei habitus concedatur, et de officio suo semper in domo serviat, et hoc de voluntate præceptoris, vel illius qui vices ejus gerit ; qui si renuerit facere, tanquam elatus et inobediens, dimittatur. Non enim videtur servum se pauperum statuisse, qui quod in sæculo egit pro suis necessariis acquirendis, pro pauperibus ipsis facere dedignetur.

CAP. LXXII. — *Ut nullus nostrum intret alterum ordinem.*

Nullus audeat ordinem nostrum temere transmutare, nisi ad arctiorem vitam ierit, et hoc cum litteris capituli sui faciat. Qui contra fecerit, sciat se esse in sententia excommunicationis.

CAP. LXXIII. — *Ut nullus pœnas statutas renuat.*

Si quis fratrum in superbia elevata pœnam statutam observare renuerit, duplicetur ei pœna : quam si non complerit, coram capitulo moneatur : quod si ad mandatum capituli non fecerit, crux ei auferatur sine voluntate capituli non reddenda. Si autem, cruce sibi ablata, obedientias sibi injunctas observare non vellet, secundum formam privilegii, sicut turbator domus puniatur, et adjungantur ei pro pœna quatuordecim dies, quarta et sexta feria in pane et aqua jejunet.

CAP. LXXIV. — *De obedientia.*

Præcipimus in virtute obedientiæ fratribus et sororibus nostris obedientiam bonam non solum exhibere magistro ; sed præcipimus, ut in bonis obediant sibi ipsis adinvicem fratres, scientes se per hanc obedientiam ituros ad Christum.

CAP. LXXV. — *De forma juramenti, quam magister præstabit.*

Ego N. magister hospitalis Sancti Spiritus, juro et promitto, quod negotia ipsius hospitalis bona fide tractabo : ad honorem Dei et utilitatem ipsius domus : ad sustentationem pauperum et infirmorum, de quibus cum auxilio Dei curam, et diligentiam ego ipse habebo, et ab aliis faciam adhiberi. Eleemosynas et proventus ejusdem hospitalis non convertam in alios usus, nisi ad quos sunt principaliter deputati, videlicet ad sustentationem pauperum et infirmorum hospitum et familiæ, de quibus nihil fraudulenter transferam, vel transmittam ad aliam domum, vel aliam quamcumque personam. Possessiones et instrumenta ipsius hospitalis nullo modo distraham, nec aliquo titulo alienabo, inconsulto Romano pontifice, cui ero per omnia obediens et fidelis. Sic Deus me adjuvet, et hæc sancta Evangelia.

Cap. LXXVI. — *De puellis retinendis, vel conjugandis.*

Omnibus puellis projectis domui Sancti Spiritus quæ ad servitium pauperum remanere desiderant, et vivere sub obedientia, et in castitate, et sine proprio, ad curam pauperum principaliter intendendo, promittunt : concedatur eis panis et aqua domus. Aliæ autem maritali conjugio copulentur.

Cap. LXXVII. — *De intercessione pro fratribus.*

Volumus autem, ut si aliquis frater poenas incurrerit, quas cædem institutiones continent, et ipsas exsolverit, si contigerit ibidem aliquem ex magnatibus interesse, seu religiosos advenire, qui magistro et capitulo preces fundant, ut eidem fratri patienti indulgere dignetur, suorum precaminum interventu, magister et capitulum eum libenter et liberaliter debeant exaudire.

Cap. LXXVIII. — *Quod omnes in communi dormitorio jaceant.*

Volumus, ut nullus fratrum vel sororum seu oblatorum ad cubandum cameram habeat specialem, sed omnes in communi jaceant dormitorio; et camerarius in eodem habeat scrinium juxta lectum, in quo sint sumptus domus : quia thesaurum domus tutius ab omnibus custodiri credimus in communi dormitorio constitutum, quam in camera speciali singulari mancipatum custodiæ.

Cap. LXXIX. — *Ut qui habent habitum, præsint.*

Volumus, ut si frater domus, qui habet aliquam balivam et cum eo oblatus steterit; idem frater præsit oblato habitum non habenti.

Cap. LXXX. — *Ut feminæ capita fratrum non lavent.*

Capita fratrum feminæ non lavent, nec pedes : nec lectos eorum faciant, nec calceamenta eorum extrahant. Similiter nec fratres feminis : sed viri viris, et mulieres serviant mulieribus, nisi causa infirmitatis, et hoc de licentia et mandato magistri.

Cap. LXXXI. — *De fratre percutiente servientem.*

Frater si servientem domus percusserit, vel præceptor hoc viderit, vel clamorem inde habuerit, poeniteat per septimanam. Si sanguinem fecerit, excepto de naso, per dies 40. Si vero per plagam illam obierit, habitum perdat, et ad dominum papam tendat, et ab ipso poenitentiam accipiat. Postea si litteras domini papæ secum attulerit, et misericordiam quæsierit, salva justitia domus, quadraginta dies poenitentiam illo agente recipiatur.

Cap. LXXXII. — *De serviente contra fratrem rixante.*

Serviens si contra fratrem rixatus fuerit, et ipse frater clamorem præceptori fecerit, serviens per palatium justitiam reddat. Si vero latronem, aut fornicatorem, vel malefactorem vocaverit, et hoc per fratres nequiverit probare, per palatium et claustrum verberetur, et usque ad portam percutiendo ducatur, et a domo projiciatur, et merces sui servitii sibi reddatur.

Cap. LXXXIII. — *De servientibus, si furtum fecerint.*

Servientes si aliquam rem hospitalis, vel panem integrum furati fuerint, aut vendiderint, et pro certo probari poterit, res illæ, quas furati fuerint ad collum eorum ligentur et per palatium usque ad portam verberentur; et panem in manibus suis portantes a domo projiciantur, et postea conventio, qua servierint, eis reddatur.

Cap. LXXXIV. — *De fratre transmittendo ad aliam domum.*

Statuimus ut, si frater domus Sancti Spiritus de Urbe, moraturus in aliqua domo filia transmittatur, honorifice recipiatur ibidem : et primus sit ibi post illum, qui præfuerit in eadem domo, nisi propter excessum suum, vel culpam ad illam ecclesiam transmittatur.

Cap. LXXXV. — *De servientibus rixantibus.*

Servientes, si inter se rixati sunt, et clamor ad præceptorem et fratres pervenerit, rei, qui offensas fecerunt, coram omnibus per hospitale corrigiis, vel virgis fortiter verberentur : quod si injuriosis verbis, vel sanguinolentis verberibus sese offenderint, aut gladiis, vel apidibus, seu cultellis se percusserint, reis, qui per testes fuerint comprobati, hæc eis poena inferatur : per claustrum, et hospitale usque portam ducantur nudi, et durissime corrigiis flagellentur : et a domo projiciantur, mercesque eorum retineantur.

Cap. LXXXVI. — *De fratribus recipiendis.*

Volumus, ut nulli tradatur habitus, nec ullus in oblatum vel in probatione recipiatur ibidem, nisi in capitulo generali; præterquam si necessitas duxerit aliter faciendum, scilicet ut præter generale capitulum aliquis recipiatur ibidem, et tunc sit de congruentia domini cardinalis.

Cap. LXXXVII. — *De eleemosynis colligendis.*

Pro eleemosynis colligendis fideles et honestæ transmittantur personæ, quæ sobrie vivant, et caste et laudabiliter conserventur, ne inde ordo regularis vilescat et devotio hominum retardetur.

Cap. LXXXVIII. — *Ut nullus extraneus in domo retineatur.*

Statuimus, ut nemini ab octo diebus ultra, victus in domo vel extra domum exhibeatur : absque voluntate et consensu præceptoris et capituli. Ad matutinum vero omnes surgant, quando alii religiosi de Urbe surrexerint.

Cap. LXXXIX. — *De visitatore domus.*

Quoniam domus ipsa Sancti Spiritus de bonis Romanæ Ecclesiæ dotata est, decrevimus ut semper a domino papa cardinalis petatur, qui ejusdem domus visitator sit et protector.

Cap. XC. — *De his, qui superbiunt pro bonis.*

Si quis propter bona, quæ Deus per eum fecit in domo Sancti Spiritus fortasse elatus, communem fratrum vitam renuerit observare, et eam duxerit segregatam quasi sufficienter bene fuerit operatus, et quod, suis meritis exigentibus, deceat ipsum mensa refectorio, et dormitorio, et singulis aliis specialibus præpotiri, acriter puniatur, adjunctis septem diebus in pane et aqua sedens in terra sine mappula. Quia taliter se habentem, hypocritam credimus, et pomposum, et quod bona, quæ egit, non pro animæ suæ salute fecerit, sed ad quamdam inanem gloriam, aut ad tempus serviens, in tempore requiescere meditans, morem secutus illius, de quo dicitur in Evangelio : *Anima mea, habes multa bona reposita in annos plurimos, requiesce, comede, et bibe* (Luc. xii).

Cap. XCI. — *De his qui transeunt alicubi, quam ubi præceptor mittit.*

Præcipue hoc vitium radicitus amputandum est de ordine nostro ne quis præsumat transire de loco ad locum sine jussione magistri, quod si fecerit secundum arbitrium magistri puniatur. Nec præsumat quisquam referre foris, quæcunque viderit, aut audierit in capitulo, quia plurima destructio est : quod si quis præsumpserit, septem diebus pœniteat, et quarta et sexta feria in pane et aqua jejunet.

Cap. XCII. — *Ut nullus aliquid inhonestum de domo dicat.*

Nullus autem aliquid inhonestum de domo, vel de fratre suo alicui extra domum revelare præsumat, nisi domino papæ, vel fratribus ejus, seu visitatori. Quod si de illo aliquid compertum est, habitum amittat ; si autem amplius id fecerit, cum magistri consilio acriter puniatur.

Cap. XCIII. — *De vicario magistri eligendo.*

Magister ordinis nostri si habuerit quoquam eundi necessitatem, convocet congregationem ipse, et dicat, quo iturus est, et de fratribus eligatur unus a magistro et a capitulo, qui usque ad reditum suum regat domum. Ipse vero qui eligitur, non sit multum edax, non elatus, non turbulentus, non injuriosus, non tardus, non prodigus ; sed timens Deum, animam suam custodiat, sitque memor verbi Apostolici : *Qui bene administraverit, gradum bonum sibi acquirit* (I .Tim. iii). Infirmorum, infantium, hospitum, et pauperum cum omni sollicitudine curam gerat : sciens sine dubio, quia pro his omnibus in die judicii rationem est redditurus. Et si quis ex eis, aliqua inflatus superbia, repertus fuerit reprehensibilis, correctus semel, et iterum, atque tertio, si se emendare noluerit, deponatur, et alter in loco ejus, qui dignus sit, succedat.

Cap. XCIV. — *Ut nullus habitum dimittat.*

Si quis habitum spontanea voluntate dimiserit sine consilio capituli, absque certa pœna non recipiatur, et disciplina: scilicet secunda, et quarta et sexta feria. Vel si jejunium ante tempus solverit, vel se a communi mensa subtraxerit, absque licentia præceptoris ; vel qui biberit usque ad ebrietatem, septem diebus pœniteat, et quarta et sexta feria sit in pane et aqua. Postea a præceptore corripiatur, et si in ebrietate sua perseverare voluerit, et noluerit emendare, ad domum mittatur, in qua vini abundantia non existat, ne inebriari valeat.

Cap. XCV. — *De balivis domus.*

Volumus, ut omnes balivæ domus distribuantur de voluntate præceptoris, et totius capituli stabiliantur et auferantur. Et si quis fratrum vel sororum contra consilium ire tentaverit : vel cum indignatione a mensa surrexerit, quatuordecim diebus pœniteat.

Cap. XCVI. — *De comminationibus et indulgentiis.*

Nullus fratrum alteri faciat comminari nec etiam preces pro se procuret offerri, ut balivam habeat, vel retineat, vel aliquod indulgeatur sibi contra regularia instituta. Qui contra hæc fecerit, ab omni fratrum societate projiciatur.

Cap. XCVII. *Ut eidem Regulæ sorores subjaceant.*

Quidquid in Regula constitutum est, de fratribus et sororibus intelligitur, ut eidem Regulæ subjaceant, quia indignum satis videretur, si in domo Sancti Spiritus acceptio vel correctio fratrum vel sororum duobus modis fieret ; unde ordinatum est, ut sicut sub una Regula vivimus, ita sub eisdem judiciis Regulæ subjecti esse debemus.

Cap. XCVIII. — *De his qui sine jussione præceptoris junguntur excommunicato vel inobedienti.*

Si quis frater vel soror præsumpserit sine jussione præceptoris, vel qui vices suas gerit, fratribus vel sororibus excommunicatis, vel inobedientibus se jungere, aut loqui cum eo, vel mandatum eis dirigere, similem patiatur excommunicationis pœnam vel vindictam.

Cap. XCIX. — *De fratre inobediente.*

Si præceptor fratri præceperit, ut aliquam domum Sancti Spiritus, vel aliquod negotium domus faciat, et ipse facere noluerit, sit in septena ; si secundo renuerit, similiter sit ; si vero per obedientiam præceperit, et obedire ille frater noluerit, habitum, et balivam, quam habuerit, amittat. Si quarto per obedientiam præceperit, sit in carentia, et in carcere ponatur, comedens panem et aquam. Si vero misericordiam petierit : habitus sibi reddatur, et ad domum aliam mittatur.

Cap. C. — *De fratre in villa jacente.*

Frater si in villa jacere præsumpserit, levitate corporis sui, sive timore magistri, vel quoquo modo, et domus propinqua fuerit, et in ea jacere noluerit, habitum amittat. Et si a domo recesserit, et postea reversus fuerit, et misericordiam petierit, recipiatur, et quantum temporis foris exstitit, tantum in loco extraneo permanebit. Termino expleto, magister cum fratribus habitum sibi reddant ; et si eis videbitur expedire, per quadraginta dies pœniteat, et quarta et sexta feria in pane et aqua jejunet.

CAP. CI. *De fratre fallente.*

Frater si monetam in villa, aut manticam, aut bisaccias suas commendaverit, et magister de pecunia, et rebus aliis inquisierit : et ille pannos suos in villa commendasse dixerit, per quadraginta dies pœniteat. Si vero pecuniam, et bisaccias suas in villa commendasse negaverit, et postea bisacciæ inventæ fuerint, furti judicio condemnetur; in dispositione tamen magistri ponatur.

CAP. CII. — *De fratre fugiente.*

Frater si monetam in domo, vel in hospitali acceperit, vel aliquid aliud, et ad sæcularia fugerit, et pecuniam illam vivendo luxuriose, vel aliter dissipaverit, et postea ad emendationem venerit, in providentia magistri fratrum ponatur, si fuerit recipiendus. Et si eum receperint, habitum ei reddere debent, et quadraginta dies pœniteat.

CAP. CIII. — *De fratre superbo et irreligioso.*

Frater si rem hospitalis, vel domus comitibus, baronibus, et sæcularibus quibuslibet mutuaverit, vel plegariam fecerit, vel sub pignore pro aliquo sæculari rem hospitalis posuerit, habitum amittat, et a domo projiciatur. Si frater noviter sit receptus, a magistro per habitum conjuretur, si non a fratribus præceptum istud audivit; si autem se non audisse dixerit, per quadraginta dies pœniteat.

CAP. CIV. — *De fratribus post completorium rixantibus.*

Fratres, si post completorium rixati fuerint, vel in dormitorio verba otiosa inter se dixerint, primo debent corripi; si secundo cessare noluerint, septenæ judicio puniantur; si tertio iniquis sermonibus litigaverint, videlicet manutenentes reges et principes, puniantur per quadraginta dies. Nam solent hæ invidiæ frequenter destructionem generare, unde tanquam ruina domus, debet a fratribus evitari. Inde Apostolus : *Corrumpunt enim bonos mores colloquia mala* (I Cor. xv).

CAP. CV. — *De capitulo in Pentecosten.*

Ad capitulum venientes domus, in qua debet teneri, mundetur. Fratres in ea coadunentur, et prior ecclesiæ cum processione clericorum diacono revestito, et subdiacono, ad capitulum veniant, et incipiant : Veni creator Spiritus, ter flectentes genua cum fratribus, et tertia vice cantato versu Veni Creator : cantetur totus hymnus. Quo finito, diaconus Evangelium legat : Cum venerit Filius hominis in sede majestatis suæ. Evangelio dicto, processio ad ecclesiam redeat, fratribus in capitulo remanentibus. Tunc prior, aut frater alius, vel aliquis alius sermonem faciat. Sermone dicto, magister fratribus institutiones et Regulam S. Spiritus ostendat; eleemosynas postea vivorum et defunctorum, quas secum detulerunt, requirat; deinde fratribus jubeat, ut unusquisque balivam suam reddat. His peractis, proprium a fratribus exigat : postea domorum continentiam, et balivarum, a fratribus inquirat; si habent animalia, debitum, aut victualia; et si sint omnia prospera et taliter poterit cognoscere, quis deterius aut melius tractaverit domum, aut officium sive balivam sibi commissam. Et si magister de aliquo fratre voluerit clamorem facere, vel aliquis frater adversus fratrem, fratres audiant clamorem, similiter et responsionem. Clamoribus auditis, fratres juxta clamorem justum judicium judicent; et reus, qui per testes probatus fuerit, secundum tenorem Regulæ adimpleat justitiam domus. His dictis, magister cum quibusdam fratribus eligat hospitalarium, priorem in ecclesia, camerarium in domo, et thesaurarium sive de illis, qui ante fuerant, sive de aliis, qui præcepta domus, et negotia fideliter possint adimplere. Illis itaque electis, ad capitulum redeant, magister et capitulum dicant, et magister eis balivas assignet, osculum pacis tribuens. Similiter præceptores discreti sint in cæteris domibus ordinati. Iterum magister si de aliquo facto vel domus negotio fratrum consilium interrogaverit, fratres prout melius poterunt consilium præbeant : omnes autem esgardi, et electiones in providentia magistri et ejus discretione ponantur.

Capitulo expleto, prior ecclesiæ pro pace preces, pro domino papa, pro regibus, pro fratribus, pro benefactoribus nostris, etc. cum orationibus dicat. Orationibus dictis, fratres magistrum osculantes, et inter se osculum pacis dantes : ad balivas suas cito remeantes, animalia et res domus, quæ intus et foris sunt, bene custodiant; vineas fodere, terras excolere, et seminare faciant, nam qui defecerit in semine, non gaudebit in messe. Si fortiter laboraverint, ea quæ necessaria fuerint, sufficienter habebunt. Ipse Dominus tribuat omnibus fratribus et sororibus, qui per omnia vivit, et regnat, etc.

Fratribus ejusdem ordinis B. Cyrillus generalis præceptor.

Vivendi Regulam, veteribus a Patribus nobis traditam vidistis, dilectissimi fratres. Quam quisque nostrum non precario, clam, aut vi, professus est. Suapte enim sponte nos ipsos obtulimus, et sancto Dei Spiritui, beatæ Virgini et dominis infirmis tradidimus, ut perpetui essemus eorum servi. Castitatem, paupertatem, obedientiam, et humilem patientiam actu libero, nemine cogente, jurejurando, solemni voto, sumus polliciti. Ad quorum observationem nedum ex Regula ipsa, et veterum Patrum institutis, sed observantia mandatorum Dei, et Domini nostri Jesu Christi exemplo, ante emissam professionem tenebamur, et modo magis atque magis tenemur. Etenim ea omnia ipse Deus noster fecit, et docuit, ut nos ejus actione instrueremur.

Castitatem, quam cum Dei adjutorio servare promisimus, nos ipse Dei Filius servare præcepit, et docuit, matrem castam, et virginem sibi elegit; virgo ipse permansit, et virginum Sponsus dici voluit, nec baptizari nisi a virgine, nec matrem nisi virgini commendare sibi placuit. Visus supra montem Sion est Agnus, et vox citharizantium ante sedem Dei audita est, neque poterant dicere canticum nisi *empti de terra*, et *qui cum mulieribus non sunt coinquinati*; qui Agnum sequebantur, quocunque ibat (*Apoc.* xiv). Hæc et similia castitatem servantibus a Domino proponuntur.

Paupertatem etiam ipse Dominus noster est amplexus. Etenim, dum nascitur, in præsepe reclinatur : dum vivit, locum, in quo reclinet caput, non habet : dum moritur, nudus cruci affigitur. Non habet, unde vectigal solvat : fatigatus ex itinere aquam a muliere sibi dari petit. Pauperes sibi socios assumpsit; pauperibus beatitudinem promittit. Paupertatem itaque libenti animo sectemur, fratres, nam Domino relictus est pauper, et nobis orphanis erit adjutor.

Humilitatem quoque ipse Dominus servando, servandam nobis ostendit. Ex Nazareth, humili Galilææ vico nascitur; ex matre humili, cujus Dominus humilitatem respexerat : humiles dilexit, cum humilibus est versatus, humilitatem docuit. *Discite a me*, inquit, *quia mitis sum et humilis (Matth.* xi). Ad quam factis ostendendam Jerusalem iturus, non equum sed asinum ascendit; discipulorum pedes lavat, et in humilitatis actu inclinato capite decedit. Ejus itaque documenta imitemur, quia suscipit *orationem humilium (Psal.* ci), *et humilia respicit, et alta a longe cognoscit (Psal.* cxxxvii), et humilium semper ei placuit deprecatio, ut nos in tempore tribulationis exaudiat.

Patientiam et mansuetudinem docuit, cum a Judæis verbis et factis injurias patienter sustinuit : nunc ipsum Samaritanum, dæmonium habentem, nunc in Belzebub expellentem dæmones, nunc blasphemum, nunc cum peccatoribus manducantem appellando, aliisque verborum contumeliis afficiebant; factis insuper, ejecerunt eum extra civitatem, sustulerunt lapides, ut in eum jacerent; captum et ligatum, seductorem appellant; principes cum illudunt; unus ministrorum dat alapam, nunc alba, nunc purpurea veste indutum ostendunt: flagellis cædunt; præponunt ei latronem Barabbam : morte tandem turpissima eum damnant; nec propterea a patientia et mansuetudine recedit; proditorem amicum nominans, pro persecutoribus exorans, et *cum malediceretur, non maledicebat, cum paterétur, non comminabatur (I Petr.* ii'). Nos itaque ipsius Domini nostri exemplum imitantes non malum pro malo inter nos, nec maledictum pro maledicto reddentes, vincamus in bono malum. Et injuriis affecti recurramus ad Dominum, qui *facit misericordiam et judicium omnibus injuriam patientibus (Psal.* cxlv), et fratribus nostris dimittamus ut nostra Dominus nobis dimittat.

Obedientiam insuper, majoribus ipse Dominus exhibendam præcipit, prout ipsi Patri, et parentibus exhibuit ; *et descendit cum eis et venit Nazareth, et erat subditus illis (Luc* ii); cibumque dicebat esse suum, voluntatem ejus, qui eum miserat perficere (*Joan*. iv), et voluntatem non suam, sed Patris quærere *(Matth*. xii) : et *humilians seipsum factus obediens (Philipp*. ii), *non mea*, inquit, *voluntas, sed tua fiat (Luc.* xxii). Discere atque debemus exinde postquam solemni voto nos Deo tradidimus, velle, et nolle, apud nos non remansisse, sed apud eos, qui nobis præsunt; caveamusque, ne per inobedientiam incidamus in sententiam illam : *Quia vocavi et renuistis, extendi manum meam, et non fuit qui aspiceret; ego quoque in interitu vestro ridebo, et subsannabo, cum vobis, quod timebatis, advenerit (Prov.* i).

Paupertas, patientia, obedientia, mansuetudo, et his similia, militiæ nostræ fructus sunt, quos assecuti sunt Christi servi. *Esurimus et sitimus*, dicebat Paulus, *et nudi sumus, et colaphis cædimur, et instabiles sumus, et laboramus operantes manibus nostris; maledicimur et benedicimus, persecutionem patimur, et sustinemus; blasphemamur, et obsecramus, tanquam purgamenta mundi facti sumus (I Cor.* iv). Oportet ergo per patientiam currere ad propositum nobis certamen, inspicientes in auctorem fidei Jesum. Qui proposito sibi gaudio, sustinuit crucem, confusione contempta. Ea itaque omnia, ut scimus, fratres, nemine cogente, solemni voto Deo spopondimus, et ad aratrum manum misimus. Si quis nostrum aspicere retro voluerit, regno Dei non erit aptus. Minime putandum est ex eo, quod castitatem et obedientiam voverimus, susceperimusque alia regularia vota, nos beatam vitam posse consequi; si virtutibus mandatorum Dei juncta non fuerint. Quorum quidem mandatorum finis charitas est, ordinis et religionis nostræ præcipuum fundamentum : in ea igitur nostra omnia fiant opera, in ea firmati, in ea crescamus; mater est optima, fovet infirmos, exercet provectos, arguit inquietos, diversis diversa benigne exhibens; et ut filios omnes diligit. Est enim dum arguit, mitis; cum blanditur, simplex : pie sævit, sine dolore mulcet, patienter irascitur, humiliter indignatur, adversa tolerat, prospera temperat, omnia suffert, omnia credit, omnia sperat, omnia sustinet. Ipsam si amplectamur, fratres, nutriet inter nos concordiam, servabit unionem, ac in Spiritu sancto congregati, Deus pacis, et consolationis erit nobiscum, qui sit benedictus in sæcula, Amen.

Sequitur modo Regula S. P. Augustini, quam etiam profitentur, nempe :

Ante omnia, fratres charissimi, diligatur Deus, etc.

INDEX EPISTOLARUM

INNOCENTII III

SECUNDUM LITTERAM INITIALEM ORDINATUS.

PRIOR NUMERUS LIBRUM, POSTERIOR EPISTOLAM INDICAT.

A

A memoria vestra. XVI, 55.
A molestatione. I, 489.
A multis multoties. X, 164.
A nobis est sæpe. II, 61.
A nobis fuit. Suppl. 35.
A nobis fuit. Suppl. 36.
A nobis tua. II, 229.
A parentum meorum. I, 498.
A regalis celsitudinis X, 172.
A sanctitate vestra. XV, 182.
Abbate sancti Silvini. XII, 33.
Ab eo credimus. X, 176.
Ab eo qui neminem. XVI, 125.
Abolenda est in. V, 66.
Absit a nobis. XI, 141.
Absit a te, fili. VIII, 9.
Accedens ad apostolicam. I, 442.
Accedens ad apostolicam. I, 443.
Accedens ad apostolicam. II, 224.
Accedens ad apostolicam III, 8.
Accedens ad apostolicam. VII, 227.
Accedens ad apostolicam. VIII, 17.
Accedens ad apostolicam. IX, 59.
Accedens ad nostram. XV, 192.
Accedens ad præsentiam. I, 20.
Accedens ad præsentiam. I, 104.
Accedens ad præsentiam. I, 275.
Accedens ad præsentiam. I, 456.
Accedens ad præsentiam. II, 194.
Accedens ad præsentiam. VI, 208.
Accedens ad præsentiam, VII, 172.
Accedens ad præsentiam. VIII, 34.
Accedens ad præsentiam, IX, 174.
Accedens ad præsentiam. IX, 256.
Accedens ad præsentiam, X, 54.
Accedens ad præsentiam. XVI, 55.
Accedens ad præsentiam. Suppl. 128.
Accedens ad sedem. Suppl. 240.
Accedens olim. X, 53.
Accedens olim. XIII, 54.
Accedens olim. XVI, 69.
Accedentes ad apostolicam. X, 117.
Accedentes ad præsentiam. I, 214.
Accedentes ad præsentiam. I, 552.
Accedentes ad præsentiam. I, 569.
Accedentes ad præsentiam. II, 111.
Accedentes ad præsentiam. II, 112.
Accedentes ad præsentiam. X, 198.
Accedentes causa. V, 78.
Accedentes nuper. II, 78.
Accedentes nuper. II, 285.
Accedentes nuper. V, 56.
Accedentibus ad apostolicam. XIV, 85.
Accedentibus ad præsentiam. IX, 111.
Accedentibus ad præsentiam. X, 187.
Accedentibus ad sedem XVI, 24.
Accedentibus olim. I, 406.
Accedentibus olim. XVI, 18.
Accepimus ex litteris. XVI, 52.
Accepimus ex relatione. VII, 223.
Accepimus quod. VIII, 11.
Accepimus quod. VIII, 145.
Ac considerantes nos. I, 3.
Ad apostolicam sedem. I, 455.
Ad apostolicam sedem. IX, 255.
Ad apostolicæ sedis, V, 80.
Ad audientiam apost., I, 428
Ad audientiam apost. I, 428.
Ad audientiam apost. I, 450.
Ad audientiam apost. I, 446.
Ad audientiam apost. II, 130.
Ad audientiam apost. II, 147
Ad audientiam apost. II, 164.
Ad audientiam apost. Suppl. 156.
Ad audientiam nostram I, 244.
Ad audientiam nostram. I, 274.
Ad audientiam nostram. I, 281.
Ad audientiam nostram. I, 330.
Ad audientiam nostram. I, 556.
Ad audientiam nostram. II, 14.
Ad audientiam nostram. II, 241.
Ad audientiam nostram. II, 282.
Ad audientiam nostram. V, 143.
Ad audientiam nostram. VI, 155.
Ad audientiam nostram. VII, 17.
Ad audientiam nostram. VII, 23.
Ad audientiam nostram. VII, 96.
Ad audientiam nostram. VII, 141.
Ad audientiam nostram. VII, 178.
Ad audientiam nostram. VIII, 147.
Ad audientiam nostram. IX, 151.
Ad audientiam nostram. IX, 268.
Ad audientiam nostram. X, 204.
Ad audientiam nostram. XI, 22.
Ad audientiam nostram. XI, 52.
Ad audientiam nostram. XIII, 24.
Ad audientiam nostram. XIII, 42.
Ad audientiam nostram. XV, 28.
Ad audientiam nostram. XV, 205.
Ad audientiam nostram. XV, 216.
Ad audientiam nostram. Suppl. 60.
Ad audientiam nostram. Suppl. 65.
Ad augmentationem. VI, 258.
Ad aures apostolatus. I, 57.
Ad aures nostras. X, 156.
Ad aures nostras. Suppl. 113.
Ad commemorandas. X, 179.
Ad confusionem. IX, 228.
Ad conquisitionem. Suppl., 33.
Ad convincendam. II, 85.
Adderetur insuper. III, 43.
Ad decorem et commodum. IX, 111.
Ad defensionem rerum. Suppl. 132.
Ad designandam. Registr. de neg. imp. 111.
Ad dissolvendum quod. I, 525.
Ad ecclesiastica bona. XIII, 100.
Ad ecclesiastica bona. XIII, 105.
Ad eliminandam. X, 150.
Ad evellendum. X, 14.
Ad hoc Deus. I, 362.
Ad hoc Deus. VII, 119.
Ad hoc Deus. VII, 120.
Ad hoc Deus. VIII, 137.
Ad hoc Deus. IX, 150.
Ad hoc exemplaria. XIII, 177.
Ad hoc in domo. II, 240.
Ad hoc in Ecclesia. I, 519.
Ad hoc in Ecclesia. X, 182.
Ad hoc nos honestas. VII, 187.
Ad hoc onus. VI, 41.
Ad hoc sumus. XV, 1.
Ad hoc universalis. VI, 207.
Ad hoc universalis. X, 224.
Ad hoc unxit nos. I, 37.
Ad honorem Dei. VII, 10.
Ad infamiam. Registr. de neg. imp. 121.
Ad instar illius. IX, 215.
Ad liberandam Terram. Suppl. 233.
Ad litteras quas. VII, 127.
Ad meritum tibi. I, 408.
Ad nostram audientiam. X, 158.
Ad nostram audientiam. XIV, 150.
Ad nostram audientiam. Registr. de neg. imp. 124.
Ad nostram dudum. II, 263.
Ad nostram noveris. I, 413.
Ad nostram noveris. I, 444.
Ad nostram noveris. I, 571.
Ad nostram noveris. II, 169.
Ad nostram noveris. V, 148.
Ad nostram noveris. VI, 15.
Ad nostram noveris. VI, 28.
Ad nostram noveris. VII, 198.
Ad nostram noveris. VIII, 16.
Ad nostram noveris. X, 50.
Ad nostram noveris. X, 128.
Ad nostram noveris. X, 154.
Ad nostram noveris. XI, 9.
Ad nostram noveris. XII, 56.
Ad nostram noveris. XV, 22.
Ad nostram noveris. XV, 88.
Ad nostram noveritis I, 510.
Ad nostram noveritis. V, 21.
Ad nostram noveritis. V, 105.
Ad nostram noveritis. VI, 126.
Ad nostram noveritis. VI, 237.
Ad nostram noveritis. VII, 154.
Ad nostram noveritis. VIII, 187.
Ad nostram noveritis. VIII, 205.
Ad nostram noveritis. IX, 56.
Ad nostram noveritis. X, 84.
Ad nostram noveritis. X, 140.
Ad nostram noveritis. XI, 174.
Ad nostram noveritis. XI, 244.
Ad nostram noveritis. XIV, 75.
Ad nostram noveritis. XIV, 121.
Ad nostram noveritis. XV, 76.

INDEX EPIST. INNOCENTII III JUXTA LITTERAM INIT.

Ad nostram noveritis, XV, 93.
Ad nostram noveritis. Registr. de neg. imp. 23.
Ad nostram noveritis. Registr. de neg. imp., 125.
Ad nostram noveritis. Suppl. 68.
Ad nostram præsentiam, IX, 198
Ad nostram præsentiam, IX, 199.
Ad nostram præsentiam, X, 184.
Ad notitiam apostolatus, II, 119.
Ad petitionem dilecti, VI, 176.
Ad petitionem dilecti, IX, 264.
Ad petitionem dilecti, XV, 164.
Ad petitionem venerabilis, XI, 214.
Ad petitionem Walteri, XIII, 1.
Ad prævidendum civitati, VIII, 59.
Ad provisionem P., II, 206.
Ad reconciliationem, M, 167.
Ad reformandum, I, 273.
Ad reformationem. Suppl. 211.
Ad religionis. Suppl. 59 *bis.*
Ad reprimendam malitiam, I, 228
Ad signandum devotionis, XIII 130.
Ad signandum devotionis, XIII 131.
Ad sollicitandos, I, 344.
Ad sponsæ suæ, VII, 79.
Ad subditorum excessus, VI, 63
Ad supplicationem, VI, 59
Ad supplicationem. Suppl. 78.
Ad tantam sicut, X, 115.
Ad tollendas lites, I, 46.
Ad tuam volumus, V, 51
Ad tuitionem Ecclesiarum, XIII, 169.
Ad ubera sacrosanctæ, XI, 66.
Ad universa capitula. Registr. de neg. imp. 159.
Ad universalis Ecclesiæ, I, 51.
Ad universalis Ecclesiæ, I, 74.
Ad usitatam fallendi. Registr. de neg. imp. 90.
Ad vestram credimus, V, 158.
Ad vestram jamdudum, XVI, 126.
Ad vestram volumus, V, 22.
Adversarius noster. Registr. de neg. imp. 46.
Adversus quosdam clericos, XIV, 11.
Adversus quosdam clericos, XV, 218.
Ædificavit sicut tinea, VI, 259.
Affectum dilectionis, XI, 150.
Affectum dilectionis. Registr. de neg. imp. 151.
Alioquin Burgum, I, 122.
Aliquo dubitationis, II, 2.
Altera die post, I, 23.
Ampla divino munere, I, 41.
Angit nos cura, XII, 2.
Angit nos cura, XII, 5.
Angustias et ærumnas, IX, 132.
Angustiis et pressuris, V, 96.
Anno septimo, VII, 229.
Annuere consuevit, IX, 64.
Annuere consuevit, XI, 71.
Annuere consuevit, XIII, 17.
Annuere consuevit, XIII, 143.
Annuere consuevit. Suppl. 41.
Annuere consuevit. Suppl. 120.
Annuere solet, VIII, 14.
Annuere solet, VIII, 143.
Annuere solet, VIII, 215.
Annuere solet, VIII, 216.
Annuere solet. Suppl. 105.
Antiquam Atheniensis, XI, 256.
Antiquas controversias, II, 135.
Antiquas controversias, II, 136.
Anxiatur in nobis, II, 197.
Anxietate cordis, I, 260.
Apostolica sedes, I, 575.
Apostolica sedes, II, 43.
Apostolica sedes, II, 57.
Apostolica sedes, II, 58.
Apostolica sedes, II, 59.
Apostolica sedes, II, 202
Apostolica sedes, V, 116.
Apostolica sedes, VI, 188

PATROL. CCXVII.

Apostolica sedes, IX, 98.
Apostolicæ sedis, I, 43.
Apostolicæ sedis, I, 86.
Apostolicæ sedis, I, 484.
Apostolicæ sedis, I, 525.
Apostolicæ sedis, II, 209.
Apostolicæ sedis, VIII, 27.
Apostolicæ sedis, VIII, 132.
Apostolicæ sedis, VIII, 211.
Apostolicæ sedis, IX, 45.
Apostolicæ sedis, XV, 138.
Apostolicæ sedis, XVI, 27.
Apostolicæ sedis. Suppl. 185.
Apostolicæ servitutis, IX, 159
Apud religiosos, I, 328.
Ascendit ad nos, VI, 184.
Ascitis aliis in partem, XVI, 151
Assumentes ac considerantes, I, 2.
Attendentes devotionem, XII, 127.
Attendentes devotionem, XII, 128.
Attendentes olim, VII, 81.
Attendentes olim, VII, 82.
Attestationes quas nobis, XV, 113
Auctor Novi et Veteris, I, 92.
Auctoritate præsentium, VIII, 25.
Auctoritate præsentium, X, 46.
Auditis et intellectis, VIII, 55.
Auditis et intellectis, VIII, 205.
Auditis et intellectis, XIII, 84.
Auditis et intellectis, XVI, 63.
Auditis et intellectis. Suppl. 202.
Auditis olim, XVI, 51.
Audito jam pridem, VIII, 126.
Audito processu, XII, 40.
Audito quondam. Suppl. 48.
Audivimus quod, I, 87.
Audivimus et audientes. Suppl. 54.
Aures habuit et non, XV, 235.
Auribus nostris noveris, VIII, 148.
Authenticum bonæ, X, 228.
Authenticum felicis, X, 227

B

Bartholomæus pauper, VIII, 118.
Benedicti vos, XI, 230.
Benedictio et claritas, III, 15.
Benedictus Deus, III, 14.
Benedictus Deus, V, 89.
Benedictus Deus, VIII, 116.
Benedictus Deus, XIII, 11.
Benedictus Deus. Registr. de neg. imp. 179.
Benedictus omnipotens, XII, 108.
Benevolentiam quam circa, I, 85.
Benignitate apostolicæ, VI, 197.
Benignitate juris, II, 13.
B. nobilis mulieris, X, 63.
Bonæ memoriæ, V, 14.
Bonæ memoriæ, V, 15.
Bonæ memoriæ, VI, 19.
Bonæ memoriæ, VIII, 139.
Bonæ memoriæ, VIII, 154.
Bonæ memoriæ, XI, 170.
Boni pastoris, VI, 82.
Bonorum omnium, VI, 80
Bonorum omnium. Registr. de neg. imp. 56.
Brevi sedem, I, 389
Burgensi capitulo, XIII, 62.

C

Caput Ecclesiæ, XII, 59.
Cassata olim electione, II, 193.
Cassata quondam, V, 6.
Cassata quondam, VI, 87.
Cassata quondam, VI, 158.
Causam quam dilectus, XI, 36.
Causam quæ inter, I, 62.
Causam quæ inter, I, 363.
Causam quæ inter, I, 431.
Causam quæ inter, II, 55.
Causam quæ inter, VII, 196.
Causam quæ inter, XIV, 31.
Causam quæ inter, XVI, 21.
Causam quæ inter. Suppl. 183

Causam quæ vertebatur, VI, 74.
Causam quæ vertebatur, XIII, 170.
Causam quæ vertebatur, XV, 4.
Causam quæ vertitur, VI, 79.
Causam quæ vertitur, IX, 112.
Causam super ecclesia, X, 211.
Celsitudinis tuæ. Suppl. 76.
Certo jam pridem. Registr. de neg. imp. 45.
Certo jam pridem. Suppl. 44.
Charissima in Christo, XVI, 25.
Charissimus in Christo, I, 211.
Charissimus in Christo, V, 143.
Charissimus in Christo, IX, 103
Charissimus in Christo, XI, 41.
Charissimus in Christo, XI, 90.
Charissimus in Christo, XII, 114.
Charissimus in Christo, XIII, 176.
Charissimus in Christo. Registr. de neg. imp. 27.
Circa radices infructuosæ, XV, 115.
Circa reformationem, I, 4.
Circa statum Ecclesiæ, I, 566.
Circa venerabilem fratrem, XI, 192.
Clerus Græcorum, XIII, 41.
Collato tibi quondam, II, 276.
Commisso nobis, VI, 185.
Commissæ nobis, V, 165.
Commissi nobis, XVI, 127.
Compati patientibus, I, 28.
Compatientes laboribus, VII, 174.
Compatientes tuis, VII, 175.
Concessiones quas. Suppl. 43.
Confirmationis nostræ, I, 118.
Congruam officii, I, 292.
Congruam officii, IX, 240.
Congruam officii, XI, 202.
Conquerente dilecto, I, 291
Conquerente venerabili, VII, 118.
Conquerente venerabili, XI, Append. 1.
Conquerente venerabili. Suppl. 46.
Conquerentibus dilectis. Suppl. 72.
Conquerentibus olim, XV, 159.
Conquestionem dilecti, XIII, 108.
Conquestionem dilecti, XIII, 111.
Conquestionem venerabilis, XIII, 171.
Conquestus est coram, I, 246.
Conquesta est nobis, X, 55.
Conquesti sunt, VI, 117.
Conquesti sunt nobis, XI, 55.
Conquesti sunt nobis, XIII, 102.
Conquestus est nobis, XIII, 109.
Conquesti sunt nobis, XIII, 112.
Consideratis circumstantiis, VIII, 151.
Consilium nostrum, IX, 3.
Constantiam tuæ mentis, I, 562.
Constitutionibus quod, II, 10.
Constituti in præsentia, I, 164.
Constitutis in nostra, XV, 196.
Constitutis in nostra, XVI, 139.
Constitutis in præsentia, III, 51
Constitutis in præsentia, VIII, 78.
Constitutis in præsentia, VIII, 44.
Constitutus in præsentia, I, 312.
Constitutus in præsentia, II, 338.
Constitutus in præsentia, II, 124
Constitutus in præsentia, II, 299.
Constitutus in præsentia, II, 4.
Constitutus in præsentia, V, 150.
Constitutus in præsentia, VII, 97.
Constitutus in præsentia, VII, 122.
Constitutus in præsentia, IX, 9.
Constitutus in præsentia, XI, 5.
Constitutus in præsentia, XI, 51.
Constitutus in præsentia, XIV, App. 9.
Constitutus in præsentia, XV, 119
Constitutus in præsentia, XVI, 64.
Constitutus in præsentia, XVI, 148.
Constitutus in nostra, XVI, 177.
Constitutus in præsentia. Suppl. 43.
Consuevit annuere, VI, 115.
Consuevit annuere. Suppl. 75.
Consului sumus, VII, 66.
Consuluisti nos, VIII, 201.

37

Contingit interdum, IX, 4.
Contingit interdum, XV, 202.
Contra gravamina. Suppl. 121.
Contra pessimam pestem, XI, 76
Contra præsulem, XV, 110.
Controversiam quæ, II, 117.
Controversiam quatuor, II, 149.
Contumaciam præpositi, V, 75
Contumaciam Joannis. Regist ad neg. imp. 78.
Coram dilecto filio, XV, 128.
Coram dilecto filio, XV, 152.
Coram dilecto filio, XV, 225.
Coram dilecto filio, XVI, 96.
Coram illo fateatur, IX, 74.
Correctione monasterii, XII, 14
Cœlestis agricola, XIII, 128.
Cœlestis Patrisfamilias, III, 44.
Credebamus hactenus, VI, 58
Credebamus hactenus, XVI, 117.
Credebamus nos, VI, 151.
Cum a catholicis, XI, 12.
Cum a catholicis, XI, 13.
Cum a catholicis, XI, 14.
Cum a catholicis, XI, 15.
Cum a nobis petitur, I, 134.
Cum a nobis petitur, I, 136.
Cum a nobis petitur, I, 139.
Cum a nobis petitur, I, 141
Cum a nobis petitur, I, 154.
Cum a nobis petitur, I, 156
Cum a nobis petitur, I, 157.
Cum a nobis petitur, I, 158
Cum a nobis petitur, I, 159.
Cum a nobis petitur, I, 198.
Cum a nobis petitur, I, 207.
Cum a nobis petitur, I, 216
Cum a nobis petitur, I, 217.
Cum a nobis petitur, I, 229
Cum a nobis petitur, I, 232.
Cum a nobis petitur, I, 256.
Cum a nobis petitur, I, 272.
Cum a nobis petitur, I, 280.
Cum a nobis petitur, I, 285.
Cum a nobis petitur, I, 295.
Cum a nobis petitur, I, 365.
Cum a nobis petitur, I, 370.
Cum a nobis petitur, I, 425.
Cum a nobis petitur, I, 465.
Cum a nobis petitur, II, 68.
Cum a nobis petitur, II, 72.
Cum a nobis petitur, II, 89.
Cum a nobis petitur, II, 92.
Cum a nobis petitur, II, 101.
Cum a nobis petitur, II, 126.
Cum a nobis petitur, II, 128.
Cum a nobis petitur, II, 138.
Cum a nobis petitur, II, 140.
Cum a nobis petitur, II, 171.
Cum a nobis petitur, II, 222.
Cum a nobis petitur, II, 249.
Cum a nobis petitur, II, 250.
Cum a nobis petitur, II, 263.
Cum a nobis petitur, II, 264.
Cum a nobis petitur, II, 281.
Cum a nobis petitur, II, 301
Cum a nobis petitur, VI, 45.
Cum a nobis petitur, VI, 148.
Cum a nobis petitur, VII, 65.
Cum a nobis petitur, VII, 80.
Cum a nobis petitur, VII, 145.
Cum a nobis petitur, VII, 146.
Cum a nobis petitur, VIII, 4.
Cum a nobis petitur, IX, 51.
Cum a nobis petitur, IX, 111.
Cum a nobis petitur, IX, 135.
Cum a nobis petitur, IX, 195.
Cum a nobis petitur, IX, 226.
Cum a nobis petitur, IX, 244.
Cum a nobis petitur, X, 13.
Cum a nobis petitur, X, 99.
Cum a nobis petitur, XI, 72.
Cum a nobis petitur, XI, 123.
Cum a nobis petitur, XI, 148.
Cum a nobis petitur, XI, 190.
Cum a nobis petitur, XI, 191.
Cum a nobis petitur, XI, 199
Cum a nobis petitur, XI, 209.

Cum a nobis petitur, XI, 222.
Cum a nobis petitur, XI, 258.
Cum a nobis petitur, XI, 259.
Cum a nobis petitur, XI, 240.
Cum a nobis petitur, XI, 241.
Cum a nobis petitur, XI, 242.
Cum a nobis petitur, XI, 243.
Cum a nobis petitur, XI, 279.
Cum a nobis petitur, XII, 70.
Cum a nobis petitur, XII, 71.
Cum a nobis petitur, XII, 72.
Cum a nobis petitur, XII, 111.
Cum a nobis petitur, XII, 112.
Cum a nobis petitur, XII, 135.
Cum a nobis petitur, XII, 159.
Cum a nobis petitur, XII, 160
Cum a nobis petitur, XII, 161.
Cum a nobis petitur, XII, 162.
Cum a nobis petitur, XII, 163.
Cum a nobis petitur, XIII, 36.
Cum a nobis petitur, XIII, 77.
Cum a nobis petitur, XIII, 79
Cum a nobis petitur, XIII, 121.
Cum a nobis petitur, XIII, 145.
Cum a nobis petitur, XIII, 192.
Cum a nobis petitur, XIII, 200.
Cum a nobis petitur, XIV, 7.
Cum a nobis petitur, XIV, 23.
Cum a nobis petitur, XIV, 25.
Cum a nobis petitur, XIV, 49.
Cum a nobis petitur, XIV, 51.
Cum a nobis petitur, XIV, 54.
Cum a nobis petitur, XIV, 113.
Cum a nobis petitur, XIV, 119.
Cum a nobis petitur, XIV, 153.
Cum a nobis petitur, XIV, 159.
Cum a nobis petitur, XIV, 141.
Cum a nobis petitur, XIV, 164.
Cum a nobis petitur, XV, 5.
Cum a nobis petitur, XV, 25.
Cum a nobis petitur, XV, 54.
Cum a nobis petitur, XV, 51.
Cum a nobis petitur, XV, 55.
Cum a nobis petitur, XV, 59.
Cum a nobis petitur, XV, 68.
Cum a nobis petitur, XV, 86.
Cum a nobis petitur, XV, 96.
Cum a nobis petitur, XV, 133.
Cum a nobis petitur, XV, 165.
Cum a nobis petitur, XV, 220.
Cum a nobis petitur, XVI, 68
Cum a nobis petitur, XVI, 118.
Cum a nobis petitur, XVI, 123.
Cum a nobis petitur, XVI, 157.
Cum a nobis petitur, Suppl. 5.
Cum a nobis petitur, Suppl. 16
Cum a nobis petitur, Suppl. 20.
Cum a nobis petitur, Suppl. 35 ter.
Cum a nobis petitur, Suppl. 69.
Cum a nobis petitur, Suppl. 104.
Cum a nobis petitur, Suppl. 137.
Cum a nobis petitur, Suppl. 145.
Cum a nobis petitur, Suppl. 147.
Cum a nobis petitur, Suppl. 169.
Cum a nobis petitur, Suppl. 174.
Cum a nobis petitur, Suppl. 194
Cum a nobis petitur, Suppl. 227.
Cum a nobis petitur, Suppl. 231.
Cum a quibusdam, VIII, 158.
Cum a sede apostolica, XII, 100.
Cum abbati Neritonensi, XV, 8.
Cum ab illis apostolicæ. Regist. de neg. imp. 72.
Cum ab omni specie, I, 576.
Cum acceptum angelus Regist. de imp. 180.
Cum accessissent, I, 59.
Cum accessissent, V, 74.
Cum accessissent, IX, 260.
Cum accessisset, II, 180.
Cum adeo scripta, I, 279.
Cum ad capiendas, I, 165.
Cum ad consilium, VIII, 113.
Cum ad ea exsequenda, I, 400.
Cum ad ecclesiastici, I, 152.
Cum ad exhortandos, I, 409.
Cum ad illam ecclesiam, VIII, 136.
Cum ad mandatum, XV, 214.

Cum ad monasterium, V, 82.
Cum ad nostram dudum, XI, 205
Cum ad nostram nuper, I, 523.
Cum ad nostrum exsequendum, XII, 57.
Cum ad obedientiam, VX, 134.
Cum ad obedientiam, XV, 135.
Cum ad quorumdam, I, 140.
Cum ad supplicis, XII, 26.
Cum ad universos. Suppl. 28.
Cum ad vindictam, II, 259.
Cum ad vindictam, III, 3.
Cum Alexandrinam, IX, 95
Cum alii reges, XIII, 190.
Cum aliquos, V, 27.
Cum antequam esses, IX, 136.
Cum antiqui hostis, I, 306.
Cum apostolica, I, 15.
Cum apostolica. Suppl. 114.
Cum apostolica sedes, I, 514.
Cum apostolica sedes, I, 555.
Cum apostolica sedes, IX, 149.
Cum apostolicæ sedis, II, 4.
Cum apostolicæ sedis, VIII, 102.
Cum apud sedem, I, 123.
Cum apud sedem, I, 333.
Cum Arelatensis, I, 474.
Cum asperitate merito. Suppl. 259.
Cum assumpseris signum, VIII, 99.
Cum avaritiæ fervor, XII, 142.
Cum B. monachus, XIV, 152
Cum Balmense monasterium, I, 114.
Cum beatus Petrus, IX, 82.
Cum beatus Petrus, IX, 83.
Cum Bertholdus miles, VIII, 8.
Cum bona sint. II, 181.
Cum bonæ memoriæ. V, 106.
Cum bonæ memoriæ. VII, 99.
Cum bonæ memoriæ. XV, 13.
Cum boni judicis. VI, 224.
Cum Bononiensis, XVI, 184.
Cum Buccæ Leonis, XV, 33.
Cum capella nobilis, IX, 265.
Cum castrum Vallis. XII, 5.
Cum catholici pauperes. XV, 95.
Cum causa quæ. I, 592.
Cum causa quæ. VIII, 213.
Cum causa quæ. X, 162.
Cum causa quæ. XVI, 183
Cum causam esses, IV, 295
Cum causam quæ. VI, 112.
Cum causam quæ. IX, 109.
Cum causam quæ. XI, 253.
Cum causam quæ. XII, 11.
Cum causam quæ. XIII, 182.
Cum causam quæ. XIV, 87.
Cum causam quæ. XIV, 88.
Cum causam quæ. XV, 2
Cum causam quæ. XV, 125.
Cum causam quæ. XV, 141.
Cum causam quæ. XV, 150.
Cum causam super. XVI, 112.
Cum certa sint. XI, 212.
Cum certa sint. XI, 213.
Cum charissimi. II, 184.
Cum charissimo. VIII, 209.
Cum charissimo. Registr. de neg. imp. 132.
Cum charissimus. VII, 55.
Cum charissimus. Registr. de neg. imp. 60
Cum charissimus. Registr. de neg. imp. 188.
Cum Christus sit. VI, 116.
Cum Christus sit. VIII, 43.
Cum Christus sit. XI, 44.
Cum Christi patrimonium. XVI, 14.
Cum Cisterciensis. XI, 239.
Cum Cisterciensis. XII, 10.
Cum civitas Parmensis. I, 403.
Cum civitatem. II, 156.
Cum clerici. VI, 106.
Cum clerici præ nimia XIII, 186.
Cum Conradus, II, 288.
Cum Constantinopolitanum X, 57.
Cum constet vos. VIII, 119.
Cum constet Tolosanam |Suppl. 109
Cum contingat interdum. XIII, 127.

Cum creaamus te. III, 24.
Cum custodia Ecclesiæ. IX, 120
Cum decisæ in nostra. XV, 145.
Cum decorem domus. IX, 235.
Cum defensio vestra. II, 192.
Cum deputati sitis. IX, 50.
Cum Deus de hoc. IX, 191.
Cum devotionis affectum. II, 262
Cum de charissimo. XVI, 155.
Cum de Christiani. VIII, 197.
Cum de constitutione, II, 125.
Cum de discordia. Registr. de neg. imp. 21.
Cum de latere nostro II, 165.
Cum de matrimonio. Registr. de neg. imp. 169.
Cum de ordinanda. XV, 58.
Cum de superni. IX, 28.
Cum diabolus misisset. XI, 175.
Cum dilecta in Christo. XI, 265.
Cum dilectæ in Christo. IX, 108.
Cum dilecti filii. I, 60.
Cum dilecti filii. I, 282.
Cum dilecti filii. I, 514.
Cum dilecti filii. VI, 227.
Cum dilecti filii. VII, 28.
Cum dilecti filii. VIII, 76.
Cum dilecti filii. VIII, 161.
Cum dilecti filii. VIII, 188.
Cum dilecti filii. IX, 40.
Cum dilecti filii. X, 51.
Cum dilecti filii. X, 193.
Cum dilecti filii. XI, 43.
Cum dilecti filii. XI, 205.
Cum dilecti filii. XI, 225.
Cum dilecti filii. XI, 268.
Cum dilecti filii XII, 146.
Cum dilecti filii. XIII, 49.
Cum dilecti filii. XIII, 208.
Cum dilecti filii. XIV, 86.
Cum dilecti filii. XIV, 157.
Cum dilecti filii. Suppl. 14.
Cum dilecti filii. Suppl. 89.
Cum dilectis filiis. VI, 215.
Cum dilectis filiis. X, 188.
Cum dilectis filiis. XII, 53.
Cum dilectis filiis. XIV, 56.
Cum dilectis filiis. XV, 160.
Cum dilectum filium. XV, 167.
Cum dilectum filium. XV, 169.
Cum dilectus filius. I, 101.
Cum dilectus filius. I, 247.
Cum dilectus filius. I, 299.
Cum dilectus filius. I, 377.
Cum dilectus filius. I, 542.
Cum dilectus filius. II, 91.
Cum dilectus filius. II, 157.
Cum dilectus filius. II, 174.
Cum dilectus filius. V, 12
Cum dilectus filius. VI, 128.
Cum dilectus filius. VII, 50.
Cum dilectus filius. VII, 123.
Cum dilectus filius. VII, 163.
Cum dilectus filius. VIII, 30.
Cum dilectus filius. VIII, 109.
Cum dilectus filius. IX, 51.
Cum dilectus filius. IX, 94.
Cum dilectus filius. X, 56.
Cum dilectus filius. X, 58.
Cum dilectus filius. X, 207.
Cum dilectus filius. XI, 154.
Cum dilectus filius. XI, 164.
Cum dilectus filius. XII, 62.
Cum dilectus filius. XII, 152.
Cum dilectus filius. XIII, 5.
Cum dilectus filius. XIII, 40.
Cum dilectus filius. XIII, 155.
Cum dilectus filius. XV, 90.
Cum dilectus filius. XV, 117.
Cum dilectus filius. XVI, 54
Cum dilectus filius. XVI, 170.
Cum dilectus filius. Suppl. 188.
Cum dilectus filius. Suppl. 189.
Cum dilectus filius. Suppl. 192.
Cum diligenter. IX, 210.
Cum diligentibus. VII, 111.
Cum dissensionis. Registr. de neg. imp 154.

Cum dissensionis. Registr. de neg. imp. 155.
Cum dissensionis. Registr. de neg. imp. 157.
Cum dissensionis. Registr. de neg. imp. 158.
Cum divina testante. V, 160.
Cum domini vestri. XII, 88.
Cum donationes. XIV, 28.
Cum ea omnia quæ. XV, 84.
Cum ei simus. I, 25.
Cum ejus locum. VII, 67.
Cum ejus locum. VII, 94.
Cum ejus vices geramus. XV, 114.
Cum eo faciente. XVI, 120.
Cum ecclesia. I, 457.
Cum ecclesia. II, 285.
Cum ecclesia. VII, 46.
Cum ecclesia. VIII, 26.
Cum ecclesia. X, 93.
Cum ecclesia. X, 94.
Cum ecclesia. XIII, 52.
Cum ecclesia. XIII, 159.
Cum ecclesia. XIII, 160.
Cum ecclesia. XIII, 185.
Cum ecclesia. Registr. de neg. imp. 85.
Cum ecclesiam. XVI, 155.
Cum ecclesiarum. I, 155.
Cum ecclesiæ. I, 8.
Cum ecclesiasticæ. I, 59.
Cum electionis confirmatio. XIV, 67.
Cum emergentium. I, 108.
Cum enormes excessus. II, 95.
Cum episcopatus vester. XV, 54.
Cum esse vos Ecclesiæ. II, 163.
Cum esset dilectus. XII, 170.
Cum esset dilectus. XII, 171.
Cum esset dilectus. XII, 173.
Cum esset dilectus. XII, 174.
Cum esset dilectus. XII, 176.
Cum esset dilectus. XII, 174.
Cum et alias oves. XIII, 6.
Cum excommunicatis. XVI, 94.
Cum excommunicatorum. XVI, 116.
Cum exitus quadriennii. XI, 108.
Cum exspectaverimus. XIV, 56.
Cum exspectaverimus. XIV, 37.
Cum exspectaverimus. XIV, 58.
Cum ex apostolatus. I, 472.
Cum ex apostolatus. I, 529.
Cum ex apostolicæ. XI, 177.
Cum ex concessa. XIV, 27.
Cum ex conquestione. II, 94.
Cum ex conquestione. II, 186.
Cum ex eo quod. XV, 221.
Cum ex guerra quæ. Suppl. 186.
Cum ex illo generali. I, 50.
Cum ex illorum incuria. X, 17.
Cum ex injuncto. I, 432.
Cum ex injuncto. I, 433.
Cum ex injuncto. II, 40.
Cum ex injuncto. II, 41.
Cum ex injuncto. II, 42.
Cum ex injuncto. II, 141.
Cum ex injuncto. V, 152.
Cum ex injuncto. X, 109.
Cum ex injuncto. XI, 125.
Cum ex injuncto. XIII, 37.
Cum ex injuncto. XIII, 205.
Cum ex injuncto. XIV, 12.
Cum ex injuncto. XIV, 26.
Cum ex injuncto. XIV, 142.
Cum ex injuncto. XIV, 161.
Cum ex naturalis. I, 502.
Cum ex naturalis. I, 505.
Cum ex nostri debito. Suppl. 146.
Cum ex officii nostri. V, 114.
Cum ex officii nostri. X, 131.
Cum ex officio. VIII, 149.
Cum ex paucitate. XI, 135.
Cum ex piæ recordationis. VII 226.
Cum facti simus. II, 230.
Cum felicis recordationis. I, 63.
Cum felicis recordationis. XV, 185.
Cum filii dissidentes. VI, 254.

Cum finem rerum. Registr. de neg. imp. 98.
Cum finis non pugna. Registr de neg. imp. 100.
Cum fortius sit. I, 447.
Cum fratrum et. V, 147.
Cum gemitus Ecclesiæ. XVI, 5.
Cum geramus in terris. X, 68.
Cum gratiam nostram. II, 62.
Cum gratiam nostram. VII, 136.
Cum Herveus et R. XIII, 205.
Cum Hilarius quondam. X, 25.
Cum Hilarius quondam. X, 26.
Cum honestas tua. XI, 219
Cum honori sit. VIII, 10.
Cum igitur nostris. XIV, 50.
Cum ii qui olim. Registr. de neg. imp. 113.
Cum illam recolimus. XV, 189.
Cum illius locum. X, 226.
Cum illius locum. XIV, 45.
Cum illius vicem. I, 40.
Cum illius vicem. I, 109.
Cum illos qui. I, 151.
Cum impunitas scelerum. II, 225.
Cum inestimabile. XIII, 78.
Cum inestimabile. XIII, 94.
Cum injunctum nobis. Suppl. 153.
Cum instantia nostra. I, 473.
Cum instantia nostra. I, 568.
Cum in aliquos. I, 266.
Cum in Carthaginiensi. Suppl. 175.
Cum in Carthaginiensi. Suppl. 176.
Cum in causa. XIII, 61.
Cum in cruce Domini. XVI, 178.
Cum in cruce Domini. XVI, 179.
Cum in diœcesi tua. XI, 272.
Cum in distribuentibus. III, 52.
Cum in Ecclesia. I, 153.
Cum in Ecclesia. I, 160.
Cum in Ecclesia. I, 309.
Cum in Ecclesia. II, 275.
Cum in Ecclesia. XI, 156.
Cum in ecclesiis. I, 148.
Cum in habitu. VI, 157.
Cum in jure peritus. XI, 176.
Cum in juventute. VI, 75.
Cum in juventute. IX, 115.
Cum in juventute. XIII, 12.
Cum in Lateranensi. X, 153.
Cum in lege. I, 296.
Cum in manu. VI, 101.
Cum in memoria. XVI, 129.
Cum in memoria. XVI, 182.
Cum in negotiis. II, 54.
Cum in negotiis. II, 55.
Cum in nobiles viros. XIV, 39.
Cum in partibus. I, 554.
Cum in Roncelinum. XIV, 40.
Cum in susceptione. Registr. de neg. imp. 114.
Cum in tantum, I, 597.
Cum in tua diœcesi, XV, 184.
Cum in Turonensi, I, 205.
Cum inter alios, I, 485.
Cum inter alios, I, 511.
Cum inter Armeniæ, XIV, 64.
Cum inter Armeniæ, XIV, 65.
Cum inter Armeniæ, XIV, 66.
Cum inter cætera. Registr. de neg. imp. 135.
Cum inter dilectam, III, 40.
Cum inter dilectos, II, 47.
Cum inter dilectum, II, 50.
Cum inter œconomum, XIII, 194.
Cum inter omnes, XIV, 108.
Cum inter principes, I, 548.
Cum inter te ac, XIV, 141.
Cum inter te ac, Registr. de neg. imp. 128.
Cum inter te et, I, 573.
Cum inter te ex parte, XV, 126.
Cum inter tuæ. VI, 157.
Cum inter universas, II, 190.
Cum inter venerabilem, I, 518.
Cum inter venerabilem, II, 15.
Cum inter venerabilem, II, 16.
Cum inter venerabilem, XI, 8.

Cum inter venerabilem, XIII, 156.
Cum inter vos, I, 285.
Cum inter vos, V, 5.
Cum inter vos, V, 100.
Cum inter vos, VI, 52.
Cum inter vos, VIII, 212.
Cum inter vos, XI, 127.
Cum inter vos, XI, 166.
Cum inter vos, XIII, 55.
Cum inter vos, XIII, 56.
Cum inter vos, XV, 98.1
Cum irreprehensibilem, I, 70.
Cum is qui macula, VI, 168.
Cum is qui superbis. Suppl. 196.
Cum J. et A. canonici, XI, 276.
Cum Jacobus judex, I, 68.
Cum jam annos, XIII, 83.
Cum jam capitis XV, 215.
Cum jam dudum super, III, 41.
Cum judicium. Suppl. 212.
Cum juratum sit, X, 152.
Cum justus Dominus, I, 75.
Cum juxta canonicas, X, 5.
Cum juxta canonicas, XI, 62.
Cum juxta canonicas, XIII, 122.
Cum juxta legitimas, VI, 40.
Cum juxta testimonium, VI, 146.
Cum Lateranensem, XV, 81.
Cum lex inhibeat, VII, 115.
Cum libera monasteria, XIII, 39.
Cum lites quæ, V, 72.
Cum litigantium utilitatis, XVI 189.
Cum litigaturus, I, 295.
Cum longa consuetudine, VII, 182.
Cum lupi rapaces, VIII, 103.
Cum lupus procurator, XIII, 70
Cum M. Ferrariensis, I, 98.
Cum M. mulier, XIII, 80.
Cum manifestis hæreticis, XII, 172.
Cum Marthæ circa, V, 121.
Cum monasterium, I, 268.
Cum monasterium, I, 501.
Cum monasterium, II, 257.
Cum movisses olim, XIII, 7.
Cum Narnienses, XI, 143.
Cum nemo suis, VI, 108.
Cum nemo vestrum, IX, 232.
Cum Nicolaum diaconum, XVI, 88.
Cum nobilis vir, XII, 155.
Cum nobilis vir, XII, 168.
Cum nobis licet, I, 445.
Cum nobis licet, I, 499.
Cum nobis sit, IX, 116.
Cum nos et progenitores, XV, 222.
Cum nos favorabiles, VI, 11.
Cum nos universis, VII, 162.
Cum non liceat, II, 150.
Cum non possit ecclesiis, XVI, 158.
Cum nonnullæ possessiones, XIII, 173.
Cum nostris dudum, XVI, append. 6.
Cum nuper apud, XII, 107.
Cum nuper ecclesiæ, V, 25.
Cum nuper ex parte, X, 50.
Cum nuper opposueris, III, 25.
Cum nuper Parisius, XV, 45.
Cum nuper vobis, XV, 85.
Cum ob reverentiam. Registr. ad neg. imp. 103.
Cum occasione illius, I, 241.
Cum olim abbati, XI, 257.
Cum olim ab M., XVI, 13.
Cum olim ad aures IX, 145.
Cum olim ad nostram, V, 141.
Cum olim ad nostram, VI, 139.
Cum olim ad nostram, VII, 95.
Cum olim ad nostram, XI, 251.
Cum olim ad petitionem, XIII, 14.
Cum olim ad sedem, VII, 109.
Cum olim bonæ, I, 541.
Cum olim causam, XIII, 155.
Cum olim causam, XVI, 11.
Cum olim causam, XVI, 72.
Cum olim charissimus, VI, 56
Cum olim cives, XVI, 147.
Cum olim D. I, 564.

Cum olim de præbenda, XIII, 43.
Cum olim dilecti, I, 535.
Cum olim dilecti, III, 45.
Cum olim dilecti, XI, 265.
Cum olim dilecti, XVI, 119.
Cum olim dilecto, VIII, 157.
Cum olim dilectus, I, 188.
Cum olim dilectus, V, 52.
Cum olim dilectus, VI, 57.
Cum olim dilectus, VI, 89.
Cum olim dilectus, VII, 220.
Cum olim dilectus, X, 197.
Cum olim Ecclesia, V, 28.
Cum olim essemus, II, 79.
Cum olim essemus, II, 286.
Cum olim esses, II, 144.
Cum olim ex officii. Registr. de neg. imp. 178.
Cum olim ex officii. Registr. de neg. imp. 181.
Cum olim ex officii. Registr de neg. imp. 182.
Cum olim ex parte, XIV, 132.
Cum olim ex parte, XVI Append. 1.
Cum olim ex parte, XVI, Append. 2.
Cum olim fuimus, VII, 175.
Cum olim grandes, XV, 193.
Cum olim inter, II, 152.
Cum olim inter, VI, 55.
Cum olim inter, VI, 104.
Cum olim inter, VII, 75.
Cum olim inter, VII, 101.
Cum olim inter, IX, 52.
Cum olim inter, X, 91.
Cum olim inter, XII, 54.
Cum olim nobis, II, 277.
Cum olim nostris, XII, 1.
Cum olim nuntius, XVI, 4.
Cum olim pro canonicis, X, 66.
Cum olim propter, III, 26.
Cum olim quæstio, VI, 202.
Cum olim quidam, X, 85.
Cum olim sicut, I, 267.
Cum olim super, XI, 147.
Cum olim tam contra, XII, 177.
Cum olim tibi, frater, VIII, 155.
Cum olim tu, VI, 232.
Cum olim Tullensis, IX, 55.
Cum olim venerabili, VII, 60.
Cum olim venerabili, IX, 165.
Cum olim venerabilis, II, 257.
Cum olim venerabilis, XI, 248.
Cum olim venerabilis, XII, 56.
Cum olim venerabilis, XVI, 65.
Cum omnes unum, I, 192.
Cum omnes unum, VII, 7.
Cum omnia orta, I, 4.
Cum omnibus ecclesiis, XII, 179.
Cum omnibus ecclesiis. Suppl. 252.
Cum omnibus teneamini, VIII, 75.
Cum omnium ecclesiarum, X, 95.
Cum oporteat, IX, 160.
Cum orthodoxæ fidei, XI, 157.
Cum orthodoxæ fidei, XI, 251.
Cum Otto dictus imperator, XIV, 78.
Cum P. diaconus, I, 248.
Cum P. et J. presbyteri, XII, 23
Cum paci et quieti, V, 61.
Cum partes inter, I, 30.
Cum partes inter Suppl. 1.
Cum partibus apud, V, 56.
Cum pastores Ecclesiæ, XVI, 121.
Cum pastoris sententia, VII, 57.
Cum pater et filius, IX, 76.
Cum paternæ sollicitudinis, VII, 152.
Cum peccatis exigentibus, VII, 18.
Cum perditionis filius. Suppl. 187.
Cum perditionis filius. Suppl. 243.
Cum personam tuam, XIV, 4.
Cum personam tuam, XIV, 5.
Cum personam tuam, XIV, 154.
Cum per alias litteras, XIV, 17.
Cum per Constantinopolitani, VIII, 136.

Cum per Constantinopolitani, IX, 45.
Cum per illius gratiam. Suppl. 197.
Cum per ipsius gratiam, XVI, 155.
Cum per ipsius gratiam, XVI, 156.
Cum per ipsius gratiam. Suppl. 181
Cum per manus nostras, VIII, 179.
Cum per manus nostras, IX, 196.
Cum per manus nostras, X, 56.
Cum per medium, XIII, 90.
Cum per privilegium, X, 97.
Cum per privilegium, X, 170.
Cum per venerabiles. Registr. de neg. imp. 93.
Cum per vos fratres. Registr. de neg. imp. 94.
Cum petentibus veniam, VII, 225
Cum piæ recordationis, VI, 121.
Cum Pisani contra, XIV, 101.
Cum plena cuilibet, X, 215.
Cum plenitudo legis, II, 59.
Cum plerumque expediat, XV, 71.
Cum Posnanienses, XIV, 89.
Cum post alia, XII, 71.
Cum post evangelicum, I, 44.
Cum prælati ecclesiarum, I, 45.
Cum præter decem et octo, XIV, 10.
Cum præter solitum, II, 205.
Cum principes Alemanniæ. Registr. de neg. imp., 164
Cum prodierit hactenus, IX, 166.
Cum provida deliberatione, IX, 59.
Cum provisio clericorum, X, 125.
Cum pro beneficiorum, XII, 20.
Cum pro causa, I, 319.
Cum pro causa, IX, 46.
Cum pro controversia, II, 199.
Cum pro controversiis, I, 529.
Cum pro dilecto, XI, 267.
Cum pro dilecto, V, 152.
Cum pro ecclesia, XI, 156
Cum pro his tibi, I, 515.
Cum pro quæstione, V, 55.
Cum pro quæstione, V, 75.
Cum pro quæstione, XVI, 22.
Cum pro reconciliatione, XVI, 85.
Cum propter defectum. Registr. de neg. imp. 112.
Cum propter laicorum, I, 521.
Cum quanta gloria, VIII, 92.
Cum quanta gloria, IX, 101.
Cum quamdam Walkeriam, XI, 85.
Cum quædam capitula, XIV, 144.
Cum quædam casalia, XV, 65.
Cum quædam casalia, XV, 66.
Cum quædam diœcesis, XVI, 155.
Cum quædam possessiones, XIV, 71.
Cum quidam de fratribus, XV, 91.
Cum quidam pontifices, XVI, 174.
Cum quidam presbyteri, XII, 148.
Cum quieti Virziliacensis, XIV, 27.
Cum recidivi languores, VIII, 67.
Cum regia serenitas, VI, 68.
Cum regia serenitas, VI, 69.
Cum regia serenitas, VI, 70.
Cum regnorum status, I, 480.
Cum reprobus Otto. Suppl. 193.
Cum regendo imperio, X, 120.
Cum res Paterinorum, X, 105.
Cum Roncelinus, XIV, 95
Cum Roncelinus, XIV, 96.
Cum S. ballivo quondam, XIII, 167.
Cum S. quondam. II, 273.
Cum sacris canonibus, I, 416.
Cum sacrosancta, I, 582.
Cum scriptum sit, I, 107.
Cum secundum. Suppl., 32
Cum secundum apostolum, I, 76
Cum secundum apostolum, IX, 141.
Cum secundum apostolum, X, 173.
Cum secundum apostolum, XV, 219.
Cum secundum doctrinam, I, 414.

Cum secundum doctrinam, I, 466.
Cum secundum evangelicam, VI, 62.
Cum secundum evangelicam, IX, 102.
Cum secundum traditionem, I, 471.
Cum sedes apostolica, I, 490.
Cum sedes apostolica, I, 491.
Cum sedes apostolica, I, 492.
Cum sedes apostolica, I, 493.
Cum sicut asseritis, XI, 65.
Cum sicut audivimus, I, 71
Cum sicut charissima, XIII, 38.
Cum sicut dilectis, XIV, 124.
Cum sicut dilectus, XIII, 2.
Cum sicut per vestras, X, 200.
Cum sicut venerabilis, XV, 29.
Cum sicut vestra discretio, XVI, 173
Cum simus in sede, II, 105.
Cum simus licet immeriti, IX, 105.
Cum simus omnibus, I, 477.
Cum simus secundum, XII, 57.
Cum simus singulis, I, 402.
Cum simus viris. VI, 10.
Cum sitis operibus, VI, 107.
Cum sint diligentius, VII, 26.
Cum sit onus, VIII, 144.
Cum sit regi, VIII, 41.
Cum sit regula, II, 145.
Cum sine capite, II, 204.
Cum sine pallio, X, 134.
Cum status ecclesiarum, I, 189.
Cum superbis Deus, X, 65.
Cum super abbatia, II, 58.
Cum super facto. Registr. de neg. imp 89.
Cum super his quæ, VIII, 106
Cum super libertate, I, 427.
Cum super negotio, X, 219.
Cum super præbenda I, 215.
Cum super prioratu, I, 555.
Cum super processu, X, 3.
Cum super reformatione, XIV, 82.
Cum super sorte, XIII, 142.
Cum super translatione, VIII, 165.
Cum super usu, XIII, 197.
Cum talis esse debeat, XIII, 65.
Cum talis esse debeat, XV, 94.
Cum tam tu quam, I, 178.
Cum tempore bonæ, I, 517.
Cum terra sancta, I, 437.
Cum te credamus, I, 545.
Cum te non solum, VI, 151.
Cum te a Bartholomæo, XV, 158.
Cum tibi, frater, X, 22.
Cum tibi curam, XVI, 101.
Cum tibi de benignitate, V, 40.
Cum tu et B, I, 514.
Cum tu fili, VI, 111.
Cum tu, frater, VII, 84.
Cum te tanquam. Registr. de neg. imp. 47.
Cum tua pro te, IX, 227.
Cum tuum in multis, XVI, 114.
Cum thesaurariam, XI, 254.
Cum Thessalonicensis, XI, 106.
Cum Traversam, VI, 206.
Cum turpis sit omnis, IX, 222.
Cum universi, VIII, 192
Cum universis. Suppl., 7.
Cum universorum, I, 84.
Cum universum, VIII, 151.
Cum unus Dominus, I, 94.
Cum venerabilis, I, 125.
Cum venerabilis, I, 185.
Cum venerabilis, I, 396.
Cum venerabilis, I, 546.
Cum venerabilis, II, 500.
Cum venerabilis, VII, 27.
Cum venerabilis, VIII, 108.
Cum venerabilis, XI, 75.
Cum venerabilis, XI, 168.
Cum venerabilis, XI, 192.
Cum venerabilis, XII, 92.
Cum venerabilis, XII, 93.
Cum venerabilis, XIII, 8.
Cum venerabilis, XIII, 106.

Cum venerabilis, XIV, 54.
Cum venerabilis, XV, 12.
Cum venerabilis. Registr. ad neg. imp. 74.
Cum venerabilis. Suppl., 30.
Cum venerabilem, XIII, 116.
Cum venerabilem, XV, 62.
Cum venerabilem, XV, 63.
Cum venerabilem, XV, 64.
Cum venissent ad, II, 175.
Cum venissent ad, VI, 78.
Cum venisset ad, VII, 3.
Cum venisset olim, I, 119.
Cum vester et Ecclesiæ, III, 51
Cum vestræ utilitati, XI, 21.
Cum vigor districtionis, VII, 197.
Cum virtus mutuo, X, 201.
Cum vobis aliis, IX, 107.
Cum vobis dedimus, VI, 221.
Cum vos audivimus, II, 226.
Cum vos et Ecclesia, II, 118.
Cum vota Meldensis, X, 163.
Cum Wintoniensis ecclesia, VIII, 104.
Cupientes secundum, XVI, 164.
Cupientes olim, XI, 84.
Cura pastoralis, XII, 24.
Cura suscepti, VII, 179.

D

Daniele propheta, XVI, 57.
Debitum charitatis, VII, 210.
Debitum officii, IX, 159.
Debitum officii, X, 42.
Debitum prosequeris, VI, 83.
Deferendum regi, I, 131.
Defuncto Romæ felicis, XI, 101.
Deo et vobis, XIII, 210.
Derivata in nos, I, 556.
Desiderium quod, XIV, 61.
Detestabile facinus, XIII, 152.
Devotionem et fidei. Suppl. 90.
Devotionem et reverentiam, XI, 7
Devotionem quam te. Suppl. 209.
Devotionem vestram, XII, 129.
Devotionem vestram, XV, 172.
Devotionem vestram. Registr. de neg. imp. 102.
Devotionis et fidei, II, 182.
Devotioni tuæ, VIII, 175.
Devotioni tuæ, XV, 175.
Devotionis tuæ, VIII, 134.
Devotionis vestræ. Suppl. 238.
De commisso nobis, I, 147.
De dissensione inter vos. XV, 180
De facili perpendere. IX, 271.
De homine qui. XI, 146.
De infidelibus ad. I, 514.
De mentis vestræ. VI, 251.
De monialibus. V, 1.
De prudentia dilectorum. XI, 226.
De prudentia Senonensis. XV, 108.
De prudentia Senonensis. XV, 125.
De singulorum provisione. VII, 98.
De testibus qui, I, 515.
De tua confisi. XVI, 143.
De vestra discretione. I, 508.
Dignitates et cætera. I, 82.
Dignas fraternitati. Registr. de neg. imp. 157.
Dignis laudibus. Suppl. 207
Dilecta in Christo. IX, 58.
Dilecta in Christo. XIV, Append. 1.
Dilecta in Christo XVI, 149.
Dilecta in Christo. XVI, 185.
Dilecta in Christo. Suppl. 145
Dilectæ in Christo. VIII, 68.
Dilectæ in Christo. VIII, 208.
Dilectæ in Christo. XI, 56.
Dilectæ in Christo. XI, 57.
Dilecti filii, I, 87
Dilecti filii. I, 219.
Dilecti filii. I, 551.
Dilecti filii. V, 98.
Dilecti filii. VI, 96.

Dilecti filii. VI, 122.
Dilecti filii. VI, 161.
Dilecti filii. VIII, 31.
Dilecti filii. VIII, 45.
Dilecti filii. VIII, 74.
Dilecti filii. X, 4.
Dilecti filii X, 210.
Dilecti filii. X, 221
Dilecti filii. XI, 59.
Dilecti filii. XI, 142.
Dilecti filii. XI, 171.
Dilecti filii. XII, 182.
Dilecti filii. XII, 15.
Dilecti filii. XIII, 28.
Dilecti filii. XIII, 29.
Dilecti filii. XIII, 50.
Dilecti filii. XIII, 111.
Dilecti filii.[XIII, 166.
Dilecti filii. XIV, 94.
Dilecti filii. XIV, 98.
Dilecti filii. XIV, 112.
Dilecti filii. XIV, 120.
Dilecti filii. XIV, 123.
Dilecti filii. XIV, Append. 11.
Dilecti filii. XV, 10.
Dilecti filii. XV, 41.
Dilecti filii. XV, 49.
Dilecti filii. XV, 121.
Dilecti filii. XV, 147
Dilecti filii. XV, 178.
Dilecti filii. XV, 240.
Dilecti filii. XVI, 97.
Dilecti filii. Suppl. 50.
Dilecti filii. Suppl. 97.
Dilecti filii. Suppl. 101.
Dilecti filii. Suppl. 168.
Dilecti filii. Suppl. 182.
Dilecti filii. Suppl. 213.
Dilecti filii. Suppl. 225.
Dilectis filiis. I, 34.
Dilectis filiis. VI, 12.
Dilectis filiis. IX, 77.
Dilectis filiis. X, 185.
Dilectis filiis. X, 189.
Dilectis filiis. XI, 45.
Dilectis filiis. XI, 128.
Dilectis filiis. XIV, 125.
Dilectis filiis. Suppl. 116.
Dilectis in Christo. VIII, 5
Dilecto filio. I, 225.
Dilecto filio. V, 124.
Dilecto filio. V, 149.
Dilecto filio. VII, 25.
Dilecto filio. X, 186.
Dilecto filio. XI, 205.
Dilecto filio. XIII, 72.
Dilecto filio. XIII, 73.
Dilecto filio. XIII, 157
Dilecto filio. XVI, 57.
Dilectorum filiorum. Suppl. 179.
Dilectorum filiorum. XIII, 137.
Dilectorum filiorum XIII, 151.
Dilectos filios. II, 256
Dilectum filium. XI, 34.
Dilectum filium. Registr. de neg. imp. 166.
Dilectus filius. I, 210
Dilectus filius. I, 218.
Dilectus filius. II, 245.
Dilectus filius. III, 19.
Dilectus filius. V, 97.
Dilectus filius. V, 123.
Dilectus filius. V, 126.
Dilectus filius. VI, 20.
Dilectus filius. VI, 241.
Dilectus filius. VII, 52.
Dilectus filius. VII, 124.
Dilectus filius. VIII, 168.
Dilectus filius. IX, 87.
Dilectus filius. IX, 146.
Dilectus filius. IX, 186
Dilectus filius. IX, 209.
Dilectus filius. X, 45.
Dilectus filius. X, 70.
Dilectus filius. XI, 78.
Dilectus filius. XI, 103.
Dilectus filius. XI, 107.
Dilectus filius. XI, 169.

INDEX EPISTOLARUM INNOCENTII III

Dilectus filius. XI, 261.
Dilectus filius. XII, 41.
Dilectus filius. XII, 75.
Dilectus filius. XIII, 16.
Dilectus filius. XIII, 68.
Dilectus filius. XIII, 118.
Dilectus filius. XIII, 195.
Dilectus filius. XIII, 196.
Dilectus filius. XIV, 1.
Dilectus filius. XIV, 21.
Dilectus filius. XIV, 80.
Dilectus filius. XIV, 103.
Dilectus filius. XIV, 135.
Dilectus filius. XV, 25.
Dilectus filius. XV, 55.
Dilectus filius. XV, 57.
Dilectus filius. XV, 67.
Dilectus filius. XV, 70.
Dilectus filius. XV, 78.
Dilectus filius. XV, 82.
Dilectus filius. XV, 105.
Dilectus filius. XV, 131.
Dilectus filius. XV, 173.
Dilectus filius. XV, 174.
Dilectus filius. XV, 205.
Dilectus filius. XVI, 23.
Dilectus filius. XVI, 145.
Dilectus filius. Suppl. 112.
Dilectus filius. Suppl 177.
Diligens debet. VII, 213.
Diligenter auditis. XI, 138.
Diligenter auditis. XI, 149.
Diligenter auditis. XIV, 48.
Diligenter auditis. XV, 45.
Diligenter auditis. XV, 89.
Diligenter auditis. XV, 106.
Diligenter auditis. XV, 127.
Diligenter auditis. XV, 130.
Diligenter auditis. XV, 152.
Diligenter examinatis. XVI, 156.
Discretioni tuæ. IX, 26.
Discretioni vestræ. VIII, 97.
Disperdat Dominus. VI, 150.
Diu multumque. XII, 80.
Diversis fallaciis. VI, 103.
Diversis litteris. XI, 40.
Divina providentia. XVI, 74.
Divinæ legis injuria. VI, 235.
Divinæ ordinationis. XI, 20.
Divisis aliis vestibus. VIII, 55.
Dolemus non modicum. V, 161.
Dolet et doluit. VI, 114.
Doloris aculeus. V, 50.
Dolorum urgentium. IX, 204.
Domino sancto. VI, 88.
Domus Domini. XIII, 67.
Dudum a nobis. X, 72.
Dudum ad aures. XIII, 50.
Dudum archidiacono. X, 57.
Dudum dilectis filiis. XV, 124.
Dudum nos vobis. IX, 248.
Dum a nobis petitur. Suppl. 218.
Dum non solum. I, 176.
Dum olim frater. XI, 167.
Dum personam tuam VI, 8.
Dum propriæ salutis. VI, 149.
Duo simul, consultationem. I, 515.
Dura sæpe mandata. I, 255.

E

Ea est in fovendis. II, 253.
Ea nobis de tuis. III, 55.
Ea nobis de tuis. III, 56.
Ea quæ a fratribus. I, 511.
Ea quæ a prædecessoribus. II, 153.
Ea quæ ad ampliandum. I, 470.
Ea quæ auctoritate. I, 458.
Ea quæ concordia. II, 143.
Ea quæ de mandato. I, 507.
Ea quæ de mandato. VIII, 186.
Ea quæ illicite. XV, 236.
Ea quæ judicio. Suppl. 161.
Ea quæ pro defensione. XV, 129.
Ea quæ ratione. XII, 50.
Ea quæ sunt juris. I, 542.
Ea quibus apostolicæ. I, 75.
Ea semper Ecclesiæ. I, 271.
Ea te credimus. VI, 147.

Eam de discretione. I, 429.
Eam de serenitate. I, 9
Eam gerimus de tua. XV, 181.
Ecce charissimus. VI, 4
Ecce jam tempus. Registr. de neg. imp. 159.
Ecce mittimus vobis. XII, 28.
Ecclesia Mediolanensi. XV, 112.
Ecclesia Ravennæ. XI, 280.
Ecclesia S. Mariæ. II, 239.
Ecclesia sancti. V, 37.
Ecclesia Vulterana. IX, 171.
Ecclesiam suam. I, 250.
Ecclesiarum utilitati. V, 144.
Ecclesiarum utilitatibus. V, 135.
Ecclesiarum utilitatibus. V, 151.
Edoceri a nobis. XI, 5.
Effectum justa. I, 174.
Effectum justa. I, 286.
Effectum justa. I, 475.
Effectum justa. IX, 263.
Effectum justa. X, 60.
Effectum justa. XV, 145.
Ego chartam mitto. VI, 142.
Egressus Satan. VII, 56.
Ei a quo est omne. II, 255.
Ei qui de malis novit. XVI, 79.
Ei qui non vult. XVI, 81.
Ejus exemplo. IX, 66.
Ejus exemplo. X, 89.
Ejus exemplo. XI, 196.
Ejus exemplo. XII, 66.
Ejus exemplo. XIII, 85.
Emergente dudum. IX, 282.
Enormes excessus. V, 95.
Eo libentius tuis. X, 75.
Eo nobis existis. III, 16.
Eo te credimus. XV, 40.
Eo zelo et charitatis. Suppl. 91.
Equo rufo, de quo. XVI, 167.
Et apostolicæ sedis. X, 55.
Ei canonica tradit. X, 52.
Et ipsa justitiæ. IX, 89.
Et officii nostri. VII, 123.
Et ordo rationis. VIII, 117.
Et qui mortificat. Registr. de neg. imp. 91.
Et si rem grandem. Suppl. 172.
Et tibi congaudemus. II, 255.
Et verbera patris. III, 59.
Et zizania non. I, 58.
Etsi apostolatus. XVI, 5.
Etsi ægre tulerimus. Registr. de neg. imp. 58.
Etsi Christus præceperit. IX, 24.
Etsi commendabilis. Registr. de neg. imp. 44.
Etsi cunctis fidelibus. XVI, 128.
Etsi debito pastoralis. XVI, 75.
Etsi devotionem. VII, 15.
Etsi dilectum filium. XV, 151.
Etsi Ecclesiam Dei. IX, 48.
Etsi ecclesiarum. VII, 61.
Etsi fraternæ charitatis. X, 48.
Etsi Judæos quos. VIII, 121.
Etsi juxta officii. IX, 85.
Etsi minime dubitemus. XV, 168.
Etsi modernis. II, 254.
Etsi necesse sit. II, 75.
Etsi nobilium virorum. XVI, 171.
Etsi non displiceat. VII, 186.
Etsi nostri navicula. VII, 76.
Etsi plus solito. III, 50.
Etsi precibus tuis. XV, 194.
Etsi quidam imperatores. Registr. de neg. imp. 53.
Etsi quilibet in. X, 49.
Etsi rem grandem. VII, 70.
Etsi resecandæ sint. XV, 212.
Etsi secundum rigorem. XII, 85.
Etsi semper inter. VIII, 1.
Etsi te devotum. VI, 152.
Etsi Tolosanorum. XVI, 172.
Etsi universies ecclesiis. VIII, 191.
Etsi verba evangelizantium. VII, 159.
Examinata causa. IX, 206.
Examinata causa. IX, 207.
Examinata causa. X, 29.

Examinata causa. XIV, 91.
Examinata causa. XIV, 92.
Examinata fides. XIII, 9.
Examinatam tuæ. I, 584.
Excellentissimo domino. I, 390.
Excursus sæculi. IX, 185.
Exhibita nobis. XVI, 61.
Exhibita nobis. XVI, 92.
Exhibita nobis. Suppl. 13.
Exhibitæ nobis. VIII, 182.
Exhibitæ coram nobis. XVI, 19.
Exoptata regni. II, 179.
Expedit sæpius. Registr. de neg. imp. 67.
Experimento didicimus. XI, I.
Exposita nobis. I, 186.
Exposita nob s. VIII, 54.
Exposita nobis. IX, 65.
Exposita nobis. XI, 153.
Exposita nobis. XIII, 154.
Exposita nobis. XV, 48.
Expositam nobis. II, 80.
Expositam nobis. II, 287.
Expositis nobis. XII, 9.
Exposuisti nobis. I, 307.
Exposuisti nobis. V, 10.
Exposuit nobis. I, 190.
Exposuit nobis. I, 221.
Exposuit nobis. I, 226.
Exposuit nobis. XIII, 161.
Exposuit nobis. XIII, 164.
Exspectans exspectavit. VIII, 130.
Exspectantes exspectavimus. Registr. de neg. imp. 36.
Exspectavimus hactenus. VI, 43.
Exspectavimus hactenus. Registr. de neg. imp. 68.
Exsultamus pro vobis. III, 48
Exsultavit cor nostrum. IV, 214.
Ex apostolicæ servitutis. X, 401
Ex affectu sinceræ. Registr. de neg. imp. 171.
Ex assuetæ benignitatis. XIV, 45.
Ex commisso nobis. VII, 59.
Ex commisso nobis. XIII, 48.
Ex conquestione dilecti. II, 215.
Ex conquestione dilecti. Suppl. 15.
Ex conquestione dilectorum. Suppl. 84.
Ex conquestione nobilis. II, 188.
Ex conquestione venerabilis. X, 92.
Ex conquestione venerabilis. XI, 17.
Ex conquestione venerabilis. XI, 145.
Ex continentia litterarum. I, 403.
Ex divina lectione. VI, 164.
Ex eo te radicatum. II, 218.
Ex eo te sedi. XI, 114.
Ex eo te sedi. XI, 113.
Ex gratia quam. III, 12.
Ex hoc non modicum. IX, 188.
Ex illa gratia. VIII, 129.
Ex illo singularis. I, 16.
Ex uno eodemque. Registr. de neg. imp. 55.
Ex ineffabili providentia. VIII, 120.
Ex injuncto nobis. II, 32.
Ex injuncto nobis. IX, 75.
Ex injuncto nobis. Suppl. 160.
Ex insinuatione. I, 552.
Ex insinuatione. I, 550.
Ex insinuatione. VII, 216.
Ex insinuatione. X, 157.
Ex insinuatione. XIII, 170.
Ex lectione divina. VI, 165.
Ex litteris bonæ. VI, 84.
Ex litteris bonæ. VI, 173.
Ex litteris charissimi. XIII, 119.
Ex litteris charissimi. XIII, 184.
Ex litteris charissimi. XV, 227.
Ex litteris charissimi. XV, 228.
Ex litteris dilecti. VII, 185.
Ex litteris dilecti. VIII, 82.
Ex litteris dilecti. IX, 79.
Ex litteris dilectorum. I, 551.
Ex litteris dilectorum. V, 156.

JUXTA LITTERAM INITIALEM.

Ex litteris dilectorum, IX, 118.
Ex litteris dilectorum, XI, 204.
Ex litteris dilectorum, XIV, 93.
Ex litteris electi, VII, 114.
Ex litteris et conquestione, I, 340.
Ex litteris nuper, V, 140.
Ex litteris piæ, XIII, 140.
Ex litteris quas, I, 422.
Ex litteris quas, V, 108.
Ex litteris quas, I, 7.
Ex litteris quas XVI, 54.
Ex litteris regiæ, XI, 65.
Ex litteris tuæ, III, 54.
Ex litteris tuæ, V, 79.
Ex litteris tuæ, VI, 52.
Ex litteris tuæ, VI, 92.
Ex litteris tuæ, VII, 170.
Ex litteris tuæ, VII, 219.
Ex litteris tuæ, VIII, 156.
Ex litteris tuæ, IX, 42.
Ex litteris tuis, VII, 54.
Ex litteris venerabilis, VI, 6.
Ex litteris venerabilis, VI, 218.
Ex litteris venerabilis VII, 71.
Ex litteris venerabilis, VII, 71.
Ex litteris venerabilis, X, 44.
Ex litteris venerabilis, X, 140.
Ex litteris venerabilis, X, 178.
Ex litteris venerabilis, XII, 94.
Ex litteris venerabilis, XII, 95.
Ex litteris venerabilis, XIII, 154.
Es litteris venerabilium, I, 366.
Ex litteris vestræ, XI, 274.
Ex litteris vestris, IX, 78.
Ex litteris vastris, XI, 82.
Ex litteris vestris, XI, 187.
Ex litteris vestris, Suppl. 150.
Ex multarum tenore, XVI, 152.
Ex multiplicitate, I, 181.
Ex ore sedentis, I, 290.
Ex ore sedentis, VIII, 204.
Ex parte abbatissæ, V, 157.
Ex parte Astensis, VII, 90.
Ex parte charissimi, XV, 213.
Ex parte communis, XVI, 20.
Ex parte decani, VI, 98.
Ex parte dilecti, I, 19.
Ex parte dilecti, VI, 27.
Ex parte dilecti, VI, 135.
Ex parte dilecti, VIII, 110.
Ex parte dilecti, IX, 60.
Ex parte dilecti, IX, 75.
Ex parte dilecti, XIII, 21.
Ex parte dilecti, XIII, 209.
Ex parte dilecti, XV, 144.
Ex parte dilecti, XV, 217.
Ex parte dilectæ, XVI, 150.
Ex parte dilectorum, I, 278.
Ex parte dilectorum, I, 289.
Ex parte dilectorum, II, 70.
Ex parte dilectorum, VIII, 44.
Ex parte dilectorum, IX, 69.
Ex parte dilectorum, IX, 71.
Ex parte dilectorum, X, 20.
Ex parte dilectorum, X, 85.
Ex parte dilectorum, X, 167.
Ex parte dilectorum, XV, 21.
Ex parte dilectorum. Suppl. 66.
Ex parte dilectorum. Suppl. 67.
Ex parte E. mulieris, IX, 86.
Ex parte Legionensis, I, 253.
Ex parte M. mulieris, XI, 206.
Ex parte nobilis, XVI, 56.
Ex parte parentum, IX, 12.
Ex parte Pragensis, I, 78.
Ex parte tua, I, 239.
Ex parte tua, II, 158.
Ex parte tua, II, 279.
Ex parte tua, III, 2.
Ex parte tua, V, 19.
Ex parte tua, V, 25.
Ex parte tua, V, 58.
Ex parte tua, VI, 199.
Ex parte tua, VI, 201.
Ex parte tua, VI, 72.
Ex parte tua, VII, 121.
Ex parte tua, VII, 142.
Ex parte tua, VII, 156.

Ex parte tua, VII, 166.
Et parte tua, VII, 176.
Et parte tua, VII, 177.
Ex parte tua, VII, 198.
Ex parte tua, VIII, 46.
Ex parte tua, VIII, 183
Ex parte tua, VIII, 184.
Ex parte tua, VIII, 195.
Ex parte tua, IX, 17.
Ex parte tua, IX, 27.
Ex parte tua, IX, 50.
Ex parte tus, IX, 53.
Ex parte tua, IX, 253.
Ex parte tua, X, 82.
Ex parte tua, X, 107.
Ex parte tua, X, 135.
Ex parte tua, X, 196.
Ex parte tua, XI, 25.
Ex parte tua, XI, 140.
Ex parte tua, XI, 165.
Ex parte tua, XII, 25.
Ex parte tua, XIV, 74.
Ex parte tua, Suppl. 85.
Ex parte venerabilis, I, 54.
Ex parte venerabilis, I, 368.
Ex parte venerabilis, II, 36.
Ex parte venerabilis, VI, 50.
Ex parte venerabilis, IX, 52.
Ex parte venerabilis, IX, 49.
Ex parte venerabilis, IX, 213.
Ex parte venerabilis, XIII, 92.
Ex parte venerabilis, XV, 55.
Ex parte vestra, I, 175.
Ex parte vestra, I, 232.
Ex parte vestra, VII, 150.
Ex parte vestra, IX, 177.
Ex parte vestra, X, 21.
Ex parte vestra, X, 199.
Ex parte vestra, XI, 195.
Ex parte vestra, XIV, 110.
Ex parte vestra, XVI, 151.
Ex parte vestra. Suppl. 236.
Ex pastoralis officii, II, 73.
Ex paternæ benignitatis, XI, 216
Ex privilegio felicis, X, 159.
Ex privilegio felicis, XI, 194.
Ex publico instrumento, VII, 153.
Ex relatione dilectorum, VI, 54.
Ex relatione dilectorum. Suppl. 77.
Ex serie litterarum. XV, 39.
Ex sincero devotionis. XII, 55.
Ex speciali dilectionis. XI, 4.
Ex speciali dilectionis. XI, 5.
Ex speciali quam. VIII, 169.
Ex susceptæ nobis. V, 81.
Ex susceptæ nobis. XV, 232.
Ex tenore litterarum. V, 94.
Ex tenore litterarum. VI, 120.
Ex tenore litterarum. VIII, 141.
Ex tenore litterarum. VIII, 180.
Ex tenore litterarum. IX, 245.
Ex tenore litterarum. X, 206.
Ex tenore litterarum. XI, 188.
Et tenore litterarum. XI, 208.
Ex tenore litterarum. XIV, 59.
Ex tenore litterarum. Suppl. 152.
Ex tenore tuarum. XII, 61.
Ex tenore vestrarum. VI, 177.
Ex tua confessione. I, 579.
Ex tua insinuatione. Suppl. 257.
Ex tuæ devotionis. X, 51.
Ex tuarum, frater. XII, 17.
Ex tuarum perpendimus. XII, 9.
Ex tuarum perpendimus. XII, 102.
Ex tuarum perpendimus. XV, 140.
Ex tuarum tenore. XII, 18.
Ex vestris accepimus. XVI, 58.
Ex vestris accepimus. XVI, 62.

F

Facimus tibi notum. V, 118.
Felicis recordationis. XVI, 60.

Felicis recordationis. XVI, 73.
Fervor religionis. II, 121.
Fervor religionis. VI, 3.
Fidem et devotionem. VII, 64.
Fidem et prudentiam. VII, 44.
Firmam gerimus. Registr. de neg. imp. 184.
Flagitiosam et detestabilem. VI, 162.
Formam apostolicæ. II, 272.
Formam apostolicæ. II, 305.
Fraternitatem tuam. V, 51.
Fraternitatem tuam. VII, 104.
Fraternitatem tuam. XII, 12.
Fraternitati tuæ. VI, 72.
Fraternitati tuæ. XI, 217.
Fraternitati tuæ. XI, 218.
Fraternitati tuæ. XIV, 77.
Fraternitati tuæ. XVI, 134.
Fraternitati vestræ. XI, 91.
Fraternitati vestræ. XIV, 102.
Fraternitatis tuæ IX, 104.
Fratres et coepiscopos. I, 372.
Fratres et coepiscopos. VI, 37.
Fratres et coepiscopos. Suppl. 52
Fratribus et coepiscopis. I, 64.
Fratribus et coepiscopis. I, 287.
Fratrum et coepiscoporum. I, 376.
Fratrum et coepiscoporum, II, 49.
Fratrum et coepiscoporum, X, 121.
Frequenter accepimus, VI, 216.
Frustra jacitur rete. Registr. de neg. imp. 115.
Fundamentum et fundator. X, 157.

G

Gaudemus in Domino. V, 85.
Gaudemus in Domino. IX, 169.
Gaudemus in Domino. XII, 90.
Gaudemus in Domino. XVI, 111.
Gaudemus in Domino. Registr. de neg. imp. 37
Gaudemus in Domino. Registr. de neg. imp. 48.
Gaudemus plurimum. IX, 158.
Gaudemus plurimum. XV, 103.
Gaudere debetis. XVI, 80.
Gaudere debes. Registr. de neg. imp. 39.
Gaudere debes. Registr. de neg. imp. 40.
Gaudere debes. Registr. de neg. imp. 41.
Gavisi sumus. III, 49.
Gloria laus et honor. II, 219.
Gloria nominis. X, 54.
Gloriantes hactenus. XII, 156.
Gloriantes hactenus XII, 157.
Grata civitatis. XI, 81.
Grates multimodas. I, 569.
Gratia quam apostolica. XVI, 58.
Gratias agimus. I, 581.
Gratias agimus. VII, 72.
Gratias agimus. VIII, 195.
Gratias eximias. XIV, 149.
Gratias uberes. II, 178.
Gratum gerimus. VI, 143.
Gratum gerimus. VII, 85.
Gratum gerimus. VII, 105.
Gratum gerimus. VII, 137.
Gratum gerimus. VIII, 2.
Gratum gerimus. VIII, 198.
Gratum gerimus. XII, 8.
Gratum gerimus. XIV, 146.
Gratum gerimus. XIV, 160.
Gratum gerimus. Registr. de neg. imp. 11.
Gratum gerimus. Registr. de neg. imp. 42.
Gratum gerimus. Registr. de neg. imp. 59.
Gratum gerimus. Registr. de neg. imp. 170.

Gratum gerimus. Registr. de neg. imp. 186.
Gratum gerimus. Suppl. 118.
Gratum gerimus. Suppl. 127.
Gratus tui nominis. I. 595.
Grave gerimus. II, 289.
Grave gerimus. VI, 204.
Grave gerimus. VII, 91.
Grave gerimus. VII, 147.
Grave gerimus. IX, 161.
Grave gerimus. XI, 215.
Grave gerimus. XI, 260.
Grave gerimus. XII, 77.
Grave gerimus. XIII, 57.
Grave gerimus. XIV, 109
Grave gerimus. XVI, 110.
Grave gerimus. Suppl. 203.
Grave nobis est. I, 251.
Gravem ad nos XII, 115.
Gravem ad nos. XII, 116.
Gravem contra te. Registr. de neg. imp. 26.
Gravem contra vos. XII, 69.
Gravem dilecti. V, 92.
Gravem dilecti. XV, 104.
Gravem dilectorum. XIII, 136.
Gravem dilectorum Suppl. 155.
Gravem et lacrymabilem. VII. 40
Gravem in præsentia, VII, 189
Gravem lapsum, I, 476.
Gravem nobis, VIII, 55.
Gravem nobis, XI, 49.
Gravem nobis, XIII. 27.
Gravem venerabilium. XIII, 98.
Graves oppressiones, XIII, 75.
Graves orientalis, II, 270.
Gravi nobis dilectus, XIV, 104.
Gravis ex parte, I, 184.
Graviter nos angit, X, 71.

H

Habuisse bajulos, XII, 122.
Habuisse bajulos, 13, 86.
Hanc inter corporalia, I, 494.
Hanc inter spiritualia, I. 522.
Hæc est ordinatio, XI,152.
Hic fuit legatorum.Registr. de neg. imp. 142.
His fiducialius, VIII, 62.
His nos convenit, XIII, 51.
His nos convenit, XIII, 52.
His nos convenit, XIII, 69.
His præcipue prælati, I. 95.
His quæ a fratribus, I, 263.
His quæ ad ampliandam, I, 298.
His quæ ad ecclesiarum, XV, 157.
His quæ judicis, XIII, 129.
His qui abjecti, VII, 149.
Homo qui cum in honore, IX, 175.
Homines de domo, XV, 56.
Honestatem Cisterciensis, I, 594.
Honorantissimo et, V, 117.
Honori tuæ celsitudinis, XV, 74.
Horrendum et exsecrabile, XIV, Append. 2.
Humilitatem tuam, XI, 165.

I

Ideo sumus ad apicem, IX, 234.
Ideo sumus ad universalis, X, 175.
Ideo sumus, licet, X, 28.
Illa diutina quæstio, IX, 154
Illa quotidiana, IX, 261.
Illa specialis. Suppl. 22.
Illa te cordis. Registr. de neg. imp. 28.
Illa te, fili charissime, XIV, 156.
Illa te obtentu, XVI, 107.
Illa venerabiles, X, 133.
Illam de probitate, XV, 14.

Illam gerimus, V, 111.
Ille sinceræ dilectionis, XIV 52.
Illis es merito, X, 143.
Illius testimonium, X, 113
Illius testimonium, XIV, 114.
Illius testimonium, XV, 107.
Illo charitatis affectu, XI, 58.
Illo charitatis affectu, XI, 59.
Illo vos credimus, VI, 110.
Illos Christiana devotio, XIV, 163.
Illud quod quidam, XII, 27.
Immaculata ordinis, V, 2.
Imminet nobis, I, 126.
Imperialis excellentiæ. I, 583.
Impetito dudum, XII, 150.
Inauditæ præsumptionis, VI, 160
Inauditam hactenus, I, 519.
Inauditum falsitatis, I, 540
Inclytæ recordationis, V, 112.
Inconstantiam et. Registr. de neg imp. 127.
Inconsutilis Domini, XVI, 105.
Incumbit nobis, I, 65.
Incumbit nobis, I, 464.
Incumbit nobis, II, 120.
Indemnitati vestræ. Suppl. 142
Inducti dudum, XI, 129.
Ineffabilis sapientia, I, 1.
Injuncti nobis, I, 191.
Injuncti nobis, VIII, 75.
Innotuit apostolatui, I, 482.
Innotuit nobis, I, 223.
Innotuit nobis, I, 224.
Innotuit nobis, XI, 54.
Innovatur quasi, V, 155.
Innovatur quasi. Suppl. 63.
Inquisitioni tuæ, XI, 269.
Inquisitionis negotium, XV, 191.
Insinuante dilecto, VIII, 199.
Insinuante Mathilda, XV, 199.
Insinuante V. nobili, II, 232.
Insinuante venerabili. Supplem. 134.
Insinuantibus T., XI, 55.
Insinuata nobis, X, 79.
Insinuatio dilecti, I, 146.
Insinuatione tibi, IX, 10.
Insinuatione vestrarum, IX, 163.
Insinuavit nobis, I, 227.
Instantia nostra, IX, 142.
Intellecta ratione, XIV, 158.
Intellecto paternitatis, VI, 99.
Intelleximus tam per litteras, XI, 70.
Intelleximus quod, XIII, 4.
Intellexisse te credimus, III, 11.
Intelligentes quod. Supplem. 67 bis.
Interrogamus te, IX, 217.
Intimante venerabili, II, 151.
Inveterata pravitatis, X, 149.
Inviti ac dolentes, XVI, 2.

J

Jam derident, IX, 18.
Jam derident, IX, 19.
Jamdudum inobedientes, IX, 90.
Jam olim firmiter, II, 205.
Jam pridam ne, III, 47.
Jam semel secundo, XIII, 165.
Jam sæpius nostrum, II, 223.
J. syndico et quibusdam. Suppl. 191.
Jucundus tuorum. Registr. de neg. imp , 177.
Justis petentium, I, 52.
Justis petentium, I, 193.
Justis petentium, I, 238.
Justis petentium, I, 245.
Justis petentium, I, 506.
Justis petentium, I, 579.
Justis petentium, II, 90.
Justis petentium, II, 93.
Justis petentium, II, 109.

Justis petentium, II, 116.
Justis petentium, II, 127.
Justis petentium, II, 129.
Justis petentium, II, 132.
Justis petentium, II, 170.
Justis petentium, II, 205.
Justis petentium, II, 223.
Justis petentium, II, 248.
Justis petentium, III, 55.
Justis petentium, III, 55.
Justis petentium, III, 56.
Justis petentium, VI, 55.
Justis petentium, VI, 205.
Justis petentium, VI, 235.
Justis petentium, VII, 45
Justis petentium, VII, 63.
Justis petentium, VII, 88.
Justis petentium, VII, 102.
Justis petentium, VII, 144.
Justis petentium, VII, 180
Justis petentium, IX, 81.
Justis petentium, IX, 126.
Justis petentium, IX, 127.
Justis petentium, IX, 128.
Justis petentium, IX, 129.
Justis petentium, IX, 154.
Justis petentium, IX, 179.
Justis petentium, IX, 194.
Justis petentium, IX, 224.
Justis petentium, IX, 246.
Justis petentium, IX, 247.
Justis petentium, IX, 252.
Justis petentium, IX, 262.
Justis petentium, IX, 269.
Justis petentium, X, 18.
Justis petentium, X. 98.
Justis petentium, X, 142.
Justis petentium, X, 166.
Justis petentium, X, 195.
Justis petentium, X, 217.
Justis petentium, XI, 44.
Justis petentium, XI, 157
Justis petentium, XI, 139
Justis petentium, XI, 151.
Justis petentium, XI, 210
Justis petentium, XII, 42.
Justis petentium, XII, 52.
Justis petentium, XII, 154.
Justis petentium, XII, 165.
Justis petentium, XII, 167
Justis petentium, XIII, 25.
Justis petentium, XIII, 53.
Justis petentium, XIII, 54.
Justis petentium, XIII, 76.
Justis petentium, XIII, 97.
Justis petentium, XIII, 144.
Justis petentium, XIII, 147.
Justis petentium, XIII, 148.
Justis petentium, XIII, 149
Justis petentium, XIII, 150.
Justis petentium, XIII, 163.
Justis petentium, XIII, 180
Justis petentium, XIII, 198.
Justis petentium, XIII, 204
Justis petentium, XIV, 16.
Justis petentium, XIV, 41.
Justis petentium, XIV, 46.
Justis petentium, XIV, 47.
Justis petentium, XIV, 50.
Justis petentium, XIV, 162
Justis petentium, XV, 8.
Justis petentium, XV, 52
Justis petentium, XVI, 86.
Justis petentium, XVI, 99.
Justis petentium, XVI, 109.
Justis petentium. Suppl. 6.
Justis petentium. Suppl. 21.
Justis petentium Suppl. 27.
Justis petentium Suppl. 51.
Justis petentium. Suppl. 55 bis
Justis petentium. Suppl. 58.
Justis petentium. Suppl. 81.
Justis petentium. Suppl. 102.
Justis petentium. Suppl. 106.
Justis petentium. Suppl. 107.
Justis petentium. Suppl. 115.
Justis petentium. Suppl 167
Justis petentium. Suppl. 204.

Justis petentium. Suppl. 223.
Justitiæ zelus. Suppl. 224.

L

Lacrymabilem afflictionem, I, 486.
Lacrymabilem dilectarum, VII, 20.
Lacrymabilem dilectarum, VII, 21.
Lacrymabilem dilecti, IX, 258.
Lacrymabilem venerabilis, XIII, 101.
Lacrymabilem venerabilis, XIII 113.
Lacrymabilem venerabilis, XIII, 120.
Lacrymabilis venerabilis. Suppl. 73.
Largitori omnium. Registr. de neg. imp., 148.
Lateranensis concilii, VIII, 13.
Laudabilis vita, I, 179.
Legatus apostolicæ, VII, 230.
Legimus in Daniele, VII, 154.
Legisse te credimus, X, 202.
Licet ab antiquo, X, 47.
Licet ad ampliandum, I, 440
Licet ad depositiones, XV, 226.
Licet ad felicem, I, 361.
Licet ad promovendum, XII, 121.
Licet ad promovendum, XII, 123.
Licet ad regimen, I, 349.
Licet Adolphus. Registr. de neg. imp, 145.
Licet antiquam. Registr. de neg. imp., 162.
Licet ante tuæ, VII, 49.
Licet aposto'atus, XV, 230.
Licet apostolicæ, I, 578.
Licet appellationis, V, 24.
Licet apud districtissimum. Registr. de neg. imp., 149.
Licet apud judices, XIV, 138.
Licet apud judices. Supplement, 166.
Licet archiepiscopum, VIII, 140.
Licet æquanimiter, XI, 235.
Licet Bambergensis, XI, 220.
Licet Bambergensis, XV, 225.
Licet bonæ memoriæ, I, 254.
Licet causam quæ, X, 9.
Licet causam quæ, X, 10.
Licet causam quæ, X, 11.
Licet causam quæ, X, 12.
Licet causam quæ, X, 116.
Licet charissimum. Registr. de neg. imp, 58
Licet charissimus. Regist. de neg. imp., 101.
Licet circa statum, I, 558.
Licet Coloniensis, X, 19.
Licet commissa, I, 545.
Licet Constantinopolitanum, VIII, 24.
Licet contra Gilibertum, X, 90.
Licet de fraternitate. Regist. de neg. imp., 80,
Licet dextera, I, 171.
Licet dilectus filius, VII, 200.
Licet dilectus filius, XVI, 160.
Licet Dominus, I, 316.
Licet ea quæ, III, 46.
Licet ecclesiarum, I, 67.
Licet ecclesiarum, X, 153.
Licet ecclesiasticis, I, 468.
Licet epistola, VI, 235.
Licet ex apostolica, XI, 281
Licet ex collata, I, 337.
Licet ex eo quod, VII, 8.
Licet ex eo quod, VII, 9.
Licet ex injunctæ, II, 110.
Licet ex injuncto, II, 130.
Licet ex injuncto, XI, 223.
Licet ex litteris, IX, 102 bis.
Licet ex suscepto, IX, 72.
Licet frigescente. Supp'ement. 39.

Licet graviter, VI, 71.
Licet hactenus, I, 575.
Licet hactenus, X, 138.
Licet Heli summus, II, 260.
Licet illam geramus, IX, 135
Licet injunctæ, I, 170.
Licet injunctæ, I, 554.
Licet injunctæ, XVI, 50.
Licet in agro, II, 228
Licet in beato, I, 277.
Licet in corrigendis, X, 171.
Licet in Ezechiele, I, 168.
Licet in Ezechiele, I, 169.
Licet in forma, VIII, 22
Licet in privilegio, X, 40.
Licet in tantum, II, 278.
Licet is de cujus, II, 303.
Licet juxta testimonium, I, 182.
Licet locis religiosis, XI, 61.
Licet Luipuldus. Registr. de neg. imp., 144.
Licet Marcualdus, VII, 131.
Licet monasterii. Suppl. 87.
Licet monasterium, X, 108.
Licet monasterium, X, 205.
Licet multitudini, III, 58.
Licet multoties, VI, 196.
Licet nec reprehensibile, VII, 116.
Licet nefandæ, VII, 228.
Licet nobilis vir, XVI, 103.
Licet nobis ecclesiæ, XVI, 106.
Licet nobis jamdudum, XI, 232,
Licet nobis vir, XVI, 105.
Licet nulli penitus, VIII, 25.
Licet olim duxerimus, XVI, 175.
Licet omnes ecclesias, V, 104.
Licet omnes ecclesias, V, 164.
Licet omnibus ligandi, VIII, 214.
Licet omnium ecclesiarum, II, 102.
Licet pactiones quæ, VIII, 135.
Licet percutienti, I, 510.
Licet perfidia, II, 302.
Licet per alias. Registr. de neg. imp., 118.
Licet per apostolicum, XI, 68.
Licet per certas, VIII, 171.
Licet per dilectum. Registr. de neg. imp. 168.
Licet pontificalis, VIII, 190.
Licet post necem. Registr de neg imp. 167.
Licet præsentia, XV, 179.
Licet præter negligentiæ, VII, 74
Licet primum, II, 82.
Licet processum, XV, 109.
Licet quibusdam, IX, 62.
Licet quibusdam, XI, 178.
Licet quidam, V, 88.
Licet quisque, I, 459.
Licet quod legalis, VI, 16.
Licet quondam episcopum, XVI, 13.
Licet Raimundus, XV, 102.
Licet Romana, I, 593.
Licet secundum apostolum, XV, 142.
Licet secundum apostolum, XV, 155.
Licet sit appellantibus, I, 208.
Licet solitæ, II, 122.
Licet successores, III, 28.
Licet summi patrisfamilias, XV 170.
Licet super omnium, XI, 236.
Licet super solutione, VI, 215
Licet teste apostolo, XV, 148.
Licet tractatis. Registr. de neg. imp., 147.
Licet Trajectensis, X, 208.
Licet Tranenses, V, 69.
Licet ubicunque locorum, XII, 55.
Licet undique confluentium, XI 271.
Licet universa, I, 149.
Licet universa, II, 233.

Licet universi, VI, 212
Licet universis, I, 10.
Licet unum sit, II, 133.
Licet venerabilem, VII, 110.
Licet venerabilis, XI, 79.
Licet venerabilis, XII, 78.
Licet venerabilis, XIV, 10.
Licet venerabilis, XV, 193.
Ligneis ædificiis, XV, 166.
Litteræ quæ nobis. Registr. de neg. imp. 15.
Litterarum perlecto, V, 99.
Litteras et nuntios, V, 122.
Litteras imperatoriæ, VII, 153.
Litteras nobilitatis, II, 292.
Litteras quas nobis, I, 357.
Litteras quas nobis, XII, 4.
Litteras quas nobis. Suppl. 164.
Litteras quas pro. Suppl. 173.
Litteras sanctitatis, II, 177.
Litteras tuas accepimus, IX, 172.
Litteras tuas paterna, XII, 159.
Litteras tuas plenas. Registr. de neg. imp. 172.
Litteras tuas plenas. Registr. de neg. imp. 173.
Litteras tuæ serenitatis. Registr. de neg. imp, 150.
Litteras vestras accepimus, VII, 85.
Litteras vestras accepimus, VIII, 61.
Litteras vestras recepimus, IX, 110.
Litteras vestræ discretionis, VII, 165.
Loca divinis cultibus, VII, 30.

M

Magister Hugo, XV, 27.
Magisterium totius. Supplem. 89 vis.
Magnæ devotionis, I, 69.
Magnificavit Dominus, I, 336.
Majores Ecclesiæ, XV, 203.
Malitiæ filiorum, I, 388.
Manifestis probatum, XV, 24.
Manifestum est castrum, XV, 188.
Martini clericis, XVI, 55.
Mediator Dei, I, 333.
Mediator Dei, VI, 24.
Mediator Dei, VI, 25.
Meminimus nos, II, 26.
Meminimus nos. Registr. de neg. imp., 43.
Meminimus vobis, VIII, 60.
Memores devotionis, XVI, 93.
Mille nocendi modos, I, 262.
Mirabilis cogimur. Registr. de neg, imp., 16.
Mirabilis architectus, VI, 243.
Miramur non modicum. Registr. de neg. imp. 99.
Mirari cogimur, I, 88.
Mirari cogimur, I, 357.
Mirari cogimur, VI, 191
Mirari cogimur, XIV, 79.
Mirari cogimur, XV, 122.
Miserabilem clamorem, VI, 63.
Missus ad præsentiam, XI, 37.
Monet et movet. Suppl. 54.
Monet nos apostolicæ, I, 371.
Monet nos apostolicæ. Supplem. 117.
Monet nos apostolicæ. Supplem. 119.
Monet nos tuæ, VII, 52.
More pii patris, XI, 221.
Mota jampridem, XIII, 20.
Motæ jamdudum, X, 213.
Movemur quod cum, I, 51.
Multa et diversa, I, 583.
Multas inclinationes, VII, 5.
Multas inclinationes, VII, 251.
Multas nobis attulit, II, 211.

Multifarie multisque, VIII, 70
Multifarie multisque, VIII, 71.
Multoties audivimus. Suppl. 144.

N

Negare noluimus, V, 62.
Nemini debet, XII, 49.
Ne causa sententiali, X, 145.
Ne fiant controversiæ, II, 46.
Ne lædatur libertas, I, 512.
Ne lites amicabili, VI, 75.
Ne nos ejus tangeret, XI, 26.
Ne nos ejus tangeret, XI, 27.
Ne pastoralis provisio, XI, 227.
Ne populus Israel, VII, 212.
Ne prætextu, X, 161.
Ne promotionis, I, 83.
Ne quis de cætero, XI, 197.
Ne quis de cætero, XV, 157
Ne si semen, III, 27.
Ne si universis, I, 117.
Ne super mandato. X, 222.
Ne vinea Domini, XIV, 122.
Nec mater filiorum, XI, 80.
Nec novum debetis, I, 504.
Nec novum nec, I, 411.
Nec tu nobis, IX, 6.
Nec vos nec alios. Registr. de neg. imp. 50.
Nihil est pene, II, 236.
Nihil magis esse, I, 467.
Nisi constantiam. Registr. de neg imp. 95.
Nisi cum pridem, IX, 1.
Nisi essent viri, IX, 257.
Nisi nobis dictum, II, 271.
Nisi prava populi, IX, 131.
Nisi præsumptorum, XV, 257.
Nisi statum vestrum, VI, 192.
Nisi viri prudentes, I, 456.
Nobilitatem tuam, III, 22.
Nobilitatem tuam, XI, 119.
Nobilitatem tuam, XI, 120.
Nobilitatem tuam, XII, 121.
Nobilitatem vestram, XI, 116.
Nobilitatem vestram, XI, 117.
Nobilitatem vestram, XI, 118.
Nobilitati tuæ, V, 50.
Nobilitati tuæ, VI, 121.
Nobilitati tuæ, VIII, 132.
Nobilitati tuæ, XV, 171.
Nobilis viri, VI, 18.
Nobis nec immerito, I, 145.
Non absque dolore, I, 204.
Non absque dolore. Suppl. 55.
Non absque dolore. Suppl. 94.
Non debet alii. Registr. de neg. imp 69
Non decet eos, VII, 194.
Non decet tanti. XIII, 188.
Non duritiæ nostræ, III, 6.
Non est amicus. Registr. de neg. imp. 119
Non est Deus in, XV, 186.
Non est dicendus, I, 5.
Non est incongruum, IX, 157.
Non est tibi Registr de neg. imp. 110.
Non hominum sed Dei, XI, 207.
Non licet a capite, I, 265.
Non merita vestra, II, 27.
Non minus pro illorum. VIII, 50.
Non multum. Registr. de neg. imp. 57.
Nonnisi testimonio, XV, 155.
Non oportet ut. Registr. de neg. imp. 82.
Non potest facere, V, 59.
Non processit ab, V, 48.
Non sine dolore, VIII, 91.
Non sine grandi, V, 107.
Non solum zelus, XIV, 126.
Non sufficimus verbis, IX, 54.
Non tam miserabilis, VII, 171.
Non tam Petro, V, 11.
Non ut apponeres, IX, 5

Nos igitur veritate, VIII, 177.
Nostris fuit auribus, I, 420.
Nostris fuit auribus, I, 421.
Nostro apostolatui, X, 102.
Nostro noveris, X, 129.
Nova quædam nuper, XIII, 187.
Novariensis Ecclesiæ, XII, 15.
Novellæ plantationes, IX, 148.
Noverit fraternitas, I, 288.
Noverit regalis, XIV, 165.
Noverit regalis. Registr. de neg imp., 158.
Noverit sanctitas vestra, III, 17.
Noverit sanctitas vestra, XII, 109.
Novimus expedire, XI, 257.
Novit ille qui, VII, 42.
Novit ille qui, VIII, 88.
Novit ille qui, VIII, 113.
Novit ille qui, IX, 25.
Novit ille qui, XV, 221.
Novit ille qui. Registr. de neg. imp. 155.
Novit is qui nihil, II, 268.
Novit is qui nihil, II, 269.
Novit scrutator. Registr. de neg. imp., 92.
Nuntios vestros, II, 246.
Nuntios vestros, II, 247.
Nuntios et apices, XII, 125.
Nuntios et litteras. Registr. de neg. imp. 175.
Nuper a nobis, II, 66.
Nuper ad nos, II, 251.
Nusquam melius, I, 27.

O

Oblata nobis, VIII, 166.
Oblata nobis, XII, 60.
Oblata nobis, XII, 117.
Oblata nobis, XV, 99.
Oblata nobis, XVI, 49.
Oblata nobis, XVI, 66.
Oblata nobis. Suppl. 71.
Oblatæ nobis, XI, 100.
Oblatæ nobis, XII, 81
Oblatis nobis, XV, 224.
Occasione discordiæ, XIII, 125.
Occurrere debet, X, 78.
Occurrere debet, V, 67
Officii nostri, I, 152.
Officii nostri, I, 575.
Officii nostri, V, 150.
Officii nostri. Suppl. 12.
Officii nostri. Suppl. 150.
Officii nostri Suppl. 220.
Officii tui, XI, 262.
Officio nostro, I, 49.
Officium creditæ, II, 216.
Officium exigit, V, 5.
Officium injunctæ, I, 505.
Olim ad instantiam, II, 148.
Olim ad instantiam, XVI, 169.
Olim ad petitionem, XIV, 115.
Olim ad petitionem, XIV, 116.
Olim ad petitionem, XIV, 117.
Olim ad petitionem, XIV, 118.
Olim bonæ memoriæ, XI, 96.
Olim bonæ memoriæ, XI, 97.
Olim bonæ memoriæ, XI, 98.
Olim causam quæ, XIII, 96.
Olim causam quæ, XV, 229.
Olim coram dilecto, XII, 147.
Olim cum ageretur, XVI, Appendix 7.
Olim dilecti filii, XIII, 15.
Olim dilectus filius, VI, 47
Olim dilectus filius, XIII, 16.
Olim dilectus filius, XIV, 14.
Olim ex litteris, XV, 6.
Olim ex parte, IX, 55.
Olim exposita nobis, X, 126.
Olim fuistis, X, 87.
Olim in dilecti, XIV, 15.
Olim in præsentia, VIII, 47.
Olim inter procuratores, VIII, 202.
Olim inter procuratores, XI, Append. 4.

Olim inter te. Suppl. 55.
Olim J. de cella. VI, 217.
Olim nobis per tuas, XII, 138.
Olim nobis regalis, VII, 58.
Olim per litteras, XI, 184.
Olim per litteras, XII, 139.
Olim piæ recordationis, VI, 77.
Olim primo vobis, VI, 97.
Olim pro B. V, 142.
Olim pro dilecto. VII, 193.
Olim si bene, V, 154.
Olim si bene. Registr. de neg. imp. 111.
Olim venerabili, IX, 184.
Olim venerabili, XV, 69.
Olim venerabilibus, XVI, 137.
Olim venerabilis, X, 74.
Olim vobis dedisse, I, 259.
Omne gaudium, XV, 255.
Omnipotenti Deo, III, 29.
Omnipotenti Deo, XI, 282.

P

Paci et tranquillitati, I, 431.
Pastoralis officii, I, 22.
Pastoralis officii, V, 41.
Pastoralis officii, VII, 169
Paternitati vestræ, XI, 180.
Paternitatis vestræ, V, 45.
Paternitatis vestræ, V, 47.
Paternitatis vestræ, VI, 100.
Paucis diebus, I, 559.
Pauperibus clericis, XVI, 59.
Per alias litteras, I, 95.
Per alias litteras, I, 177.
Per apostolicas litteras, II, 258.
Per has patentes, VII, 76.
Per hoc scriptum, V, 86.
Per Inquisitionem, VIII, 116.
Per litteras dilectorum, VI, 125
Per litteras quas, XIV, 76.
Per litteras venerabilis, XIII, 43.
Per litteras vestras, VII, 24.
Per litteras vestras, XIV, 97.
Per nostras postulasti, I, 264.
Per nostras vobis, IX, 87.
Per originales litteras, XI, 150.
Per prudentissimos, II, 210.
Per suas nobis, X, 55.
Per tuas nobis, I, 522.
Per tuas nobis, V, 8.
Per tuas nobis, V, 113.
Per tuas nobis, V, 157.
Per tuas nobis, VI, 2.
Per tuas nobis, VI, 118.
Per tuas nobis, VI, 244.
Per tuas nobis, VII, 107.
Per tuas nobis, VII, 207.
Per tuas nobis, VII, 18.
Per tuas nobis, VIII, 162.
Per tuas nobis, IX, 45.
Per tuas nobis, IX, 125.
Per tuas nobis, IX, 197.
Per tuas nobis, X, 81.
Per tuas nobis, X, 146.
Per tuas nobis, XII, 54.
Per tuas nobis, XIII, 181.
Per tuas nobis, XV, 159.
Per tuas nobis, XVI, 10.
Per tuas nobis, XVI, 95.
Per tuas nobis. Registr. de neg. imp. 165.
Per venerabilem, V, 128.
Per vestras nobis, V, 15.
Per vestras nobis, IX, 144.
Per vestras nobis, IX, 176.
Per vestras nobis, XIII, 195.
Perculerat siquidem, IX, 218.
Perfidiam archiepiscopi. Registr. de neg. imp. 83.
Perlatus est clamor. Suppl. 241.
Persecutionis olim, I, 415.
Personas et monasterium. Suppl. 180.
Personas vestras. Suppl. 184.
Pervenit ad audientiam, II, 111.
Pervenit ad audientiam, II, 227

Petentibus vobis, VIII, 159.
Petistis per sedem, XV, 162.
Petri diaconi, I, 297.
Petrus diaconus, I, 323.
Pia Patrum, I, 172.
Pia Patrum, I, 183.
Piæ matris officium, XII, 58.
Piæ postulatio, I, 166.
Piæ postulatio, I, 284.
Piæ postulatio, II, 74.
Piæ postulatio, II, 98.
Piæ postulatio, II, 100.
Piæ postulatio, IX, 242.
Piæ postulatio, X, 27.
Piæ postulatio, XI, 111.
Piæ postulatio, XIV, 156.
Piæ postulatio, XV, 52.
Piæ postulatio. Suppl. 103.
Piæ postulatio. Suppl. 163.
Pium et sanctum, XVI, 29.
Pium et sanctum, XVI, 31.
Pium et sanctum, XVI, 36.
Pium videtur, V, 64.
Pietas quæ promissionem, IX, 117.
Placuit beatitudini, IX, 93.
Placuit venerabili, XIII, 10.
Plenam gerentes, XI, 86.
Plenam gerentes. Registr. de neg. imp. 183.
Plenitudinem potestatis, I, 89.
Plerumque contingit, I, 116.
Plerumque contingit, XI, 275.
Plorans ploravit, I, 302.
Policastrensi ecclesiæ, XIV, 81
Porrecta nobis, VII, 217.
Porrecta nobis, XI, 35.
Porrecto nobis, Suppl. 3.
Porrectum nobis, I, 524.
Possessiones ad mensam, I, 106.
Postulante quondam, Suppl. 216.
Postulasti per sedem, X, 62.
Postulasti per sedem, XI, 258.
Postulasti per sedem, XV, 118.
Postulasti per sedem, XVI, 26.
Postulasti per sedem, XVI, 163.
Postulastis a nobis, XI. 198.
Postulastis nuper, II, 12.
Postulastis per sedem, XIV, 140.
Postulavit a nobis, II, 235.
Postulavit a nobis, IX, 178.
Postulatum fuit, I, 527.
Postulationi quam, VII, 159.
Post cessionem dilecti, IX, 164
Post Deum qui est, V, 45
Post dies aliquot, I, 535.
Post diutinæ, III, 13.
Post electionem, V, 54.
Post electionem, V, 55.
Post miserabile, I, 336.
Post obitum, V, 70.
Post obitum, VI, 200.
Post obitum, VIII, 56.
Post obitum, VIII, 37.
Post obitum, VIII, 58.
Post obitum, VIII, 39.
Post obitum, VIII, 40.
Post translationem, XI, 249.
Postquam absolutionis, Registr. de neg imp. 145.
Postquam Adulphus, XI. 88.
Postquam cum exercitu, XII, 106.
Postquam dextera, VII, 204
Postquam, vocante Domino, IX, 119.
Potestatis apostolicæ, I, 495.
Potestatis apostolicæ, I, 496.
Prædecessorum nostrorum, VI, 18.
Prædictarum ecclesiarum, III, 1.
Prærogativa dilectionis, VIII, 19
Præsentata nobis, XIV, 13.
Præsentata nobis. Suppl. 214
Præsentium tibi, VIII, 172.
Præsentium tibi, IX, 216.
Præsentium vobis, V, 87.
Præsentium vobis, VIII, 206.
Præsentium vobis, XI, 6.
Præsentium vobis, XII, 130
Præsentium vobis, XIV, 35.
Præsentium vobis, XV, 176.

Præsidium favoris, XVI, 9.
Præsumptuosam, V, 146.
Præter debitum, II, 98:
Præter generale, I, 561
Præter generale, I, 564
Preces dilecti, XII, 16
Preces dilecti, XIII, 25.
Precibus dilectorum. Suppl. 144
Pridem eo bullæ. Suppl. 234.
Prior et canonici, IX, 80.
Priusquam ad nos. Registr. de neg. imp. 161.
Pro dilecto filio, II, 51.
Pro dilecto filio. Suppl. 170
Pro his et nos, I, 339.
Pro quæstionibus, II, 214.
Probata in multis, II, 161.
Procuratoribus venerabilis, XI, 77.
Profecturus ad, XII, 131.
Proposita nobis, II, 11.
Proposita nobis Suppl. 80.
Propositum est nobis, I, 53.
Proposuisti dudum, XIII, 201.
Proposuisti nobis, VI, 22.
Proposuisti nobis, X, 75.
Proposuisti nobis, XI, 246.
Proposuisti nobis, XI, 247.
Proposuisti nobis, XV, 50.
Proposuisti nobis, XV, 46.
Proposuit coram, VIII, 96.
Proposuit dudum, XIII, 202.
Proposuit nobis, I, 127.
Proposuit nobis, VII, 151.
Protector in se, XV, 185.
Providendum est. VIII, 127.
Providere rectorem, VIII, 142.
Providi pastoris, VIII, 51.
Prudentibus virginibus, I, 548.
Prudentibus virginibus, II, 108.
Prudentibus virginibus, VI, 213.
Prudentibus virginibus, IX, 106.
Prudentibus virginibus, X, 6.
Prudentibus virginibus, X, 59
Prudentibus virginibus, X, 106.
Prudentibus virginibus, XV, 79.

Q

Qualiter archiepiscopus, V, 17.
Qualiter circa, VII, 208.
Qualiter et quando, VIII, 200.
Qualiter et quantum, IX, 55.
Qualiter et quantum, IX, 56.
Qualiter et quantum, IX, 57.
Qualiter in causa, VI, 13.
Qualiter juramentum. Registr. de neg. imp. 126.
Qualiter partibus, V, 90.
Qualiter post interfectionem, XI, 55.
Qualiter post obitum, II, 185.
Qualiter sit et, VI, 66.
Qualiter super facto, X, 41.
Qualiter veteres, II, 154.
Quam detestabile. Registr. de neg. imp. 125.
Quam exsecrabile, VI, 51.
Quam gravi pœnæ, III, 57.
Quam graviter et, XVI, 142.
Quam graviter nobilis, VIII, 124.
Quam laudabile, XVI, 180.
Quam magnum sit, II, 215.
Quam perniciosum, I, 599.
Quam sincerum, XVI, 33.
Quam sit grave, I, 445
Quam sit necessarium, XI, 50.
Quam sit necessarium, XI, 51.
Quamvis ad abolendam, I, 261.
Quamvis de facili, X, 185.
Quamvis ecclesiarum, XI, 172.
Quamvis insula, I, 520.
Quamvis insula, I, 521.
Quamvis universa, I, 157.
Quamvis universis, VIII, 167.
Quanquam virtus, X, 159.
Quanta debeat. Registr. de neg. imp. 2.
Quanta fecerit nobis, VI, 211.

Quanta mihi fecerit, VI, 210.
Quanta nunc necessitas, XV, 15.
Quanta sit circa, I, 13.
Quanta sit obedientiæ. Registr. de neg. imp. 104.
Quantæ dignitatis, XV, 18.
Quantæ jucunditatis, IX, 249.
Quantæ præsumptionis, I, 24
Quantæ prudentiæ, V, 63.
Quantam venerabilis. Registr. de neg. imp 70.
Quanto amplius, I, 463.
Quanto amplius, XIV, 142.
Quanto Antiochena, XV, 207.
Quanto Antiochenam, I, 503.
Quanto charissimum. Suppl. 29.
Quanto Corbeiensem, XI, 74.
Quanto Corbeiensem, XI, 75.
Quanto creatori, I, 135.
Quanto de benignitate, II, 212.
Quanto de fervore, VI, 51.
Quanto devotio, I, 80.
Quanto devotius, XV, 57.
Quanto dilectam, XI, 152.
Quanto dilectus. XII, 74.
Quanto diligentius, XV, 58.
Quanto excellentius, I, 61.
Quanto ex dissensionibus, XV, 210
Quanto ferventius, X, 209.
Quanto gravioribus, I, 300.
Quanto major. Registr. de neg. imp. 50.
Quanto majori, III, 9.
Quanto majorem, VI, 94.
Quanto melior est. Suppl. 190.
Quanto modernis, I, 79.
Quanto Montispessulani, XII, 178.
Quanto nobilis. Suppl. 26.
Quanto novella, XII, 26.
Quanto personam, I, 111.
Quanto personam, I, 335.
Quanto personam, II, 28.
Quanto personam, VI, 194.
Quanto personas, XI, 245.
Quanto per professionem, I, 212.
Quanto populus, II, 234.
Quanto recentior, I, 463.
Quanto religiosi, X, 2.
Quanto Sardinia, VI, 29.
Quanto specialius, XII, 157.
Quanto specialius, XIII, 91.
Quanto specialius, XVI, 82.
Quanto te magis, II, 50.
Quanto venerabilem, XI, 93.
Quanto venerabilem, XI, 94.
Quanto venerabilem, XI, 95.
Quantum apostolicæ, II, 280.
Quantum apostolicæ, VI, 54.
Quantum auxilii. Registr. de neg. imp. 191.
Quantum celsitudini, XI, 223.
Quantumcunque charissimum, V, 49.
Quantumcunque sit, XII, 118.
Quantumcunque sit, XII, 119.
Quantumcunque sit, XII, 120.
Quantumcunque sit, XII, 121.
Quantum Deo debeas. Registr. de neg. imp. 63.
Quantum dilectus, IX, 190.
Quantum dilectus, V, 131.
Quantum et quandiu, XIII, 107.
Quantum expediat, XV, 208.
Quantum expediat, XV, 209.
Quantum ex imperii. Registr. de neg. imp. 31.
Quantum fuerit, IX, 181.
Quantum gratiæ. Registr. de neg. imp. 1.
Quantum honoris, II, 159.
Quantum honoris, II, 160.
Quantum honoris. Registr. de neg. imp. 131.
Quantum nos et, V, 60.
Quantum sit inobedientiæ, XVI, 163.
Quantum tibi et, VIII, 158.
Quantum tuæ. Registr. de neg. imp. 129.

Quantum venerabili. Registr. de neg. imp. 71.
Quantus in persona, II, 175.
Quapropter dilecti, Suppl. 82.
Quarto decimo die, XVI, 89.
Quasi ex adipe, VII, 45.
Quasi non suffecissent, XI, 110.
Quæ ad ampliandum, I, 254.
Quæ ad decorem, Suppl. 61.
Quæ ad ecclesiarum, II, 291.
Quæ ad pacem principum. V, 110.
Quæ auctoritate nostra, II, 28
Quæ in derogationem, II, 115
Quæ in ecclesiarum. II, 7.
Quæ in favorem, I, 197.
Quæ in monasterio, I, 105.
Quæ pro religiosorum, I, 66.
Quæ sub habitu. Suppl. 61.
Quæstionem prioratus, I, 543.
Quemadmodum si vir, X, 114.
Quemadmodum vultis. Registr. de neg. imp. 185.
Querela venerabilis, I, 209.
Querela venerabilis. Suppl. 47.
Querelam dilecti, IX, 158.
Querelam dilectorum, XI, 60.
Querelam dilectorum, VII, 59.
Querelam dilectorum. Suppl. 219.
Querelam ex parte, VIII, 128.
Querelam nobilis, XVI, Append. 8
Querelam quam dilectus, VIII, 86.
Querelam venerabilis, I, 225.
Querelam venerabilis, II, 146.
Querelam venerabilis, V, 77.
Querelam venerabilis, VII, 97.
Querelam venerabilis, XIII, 117
Querelam venerabilis, XIII, 163
Querelarum diversitas, V, 59.
Qui generalem gerit, VIII, 185.
Qui monitis acquiescere, I, 121
Qui operatus est, II, 24.
Qui tenemur jurgiis, VI, 5.
Quia circa minima, XVI, 118.
Quia dantur gratiæ, VIII, 21.
Quia diversitatem, II, 60.
Quia liberæ. Registr. de neg. imp. 122.
Quia major nunc, XVI, 28.
Quia nobis in beato, V, 119.
Quia non minor est, VII, 164
Quia nonnullæ, VII, 167.
Quia nonnunquam, XV, 239.
Quia omne caput, VII, 75.
Quia omne regnum, VII, 55
Quia per tuæ, V, 127.
Quia pietas, I, 550.
Quia propter fervorem, XI, 151.
Quia qui ambulat, V, 109.
Quia sæcule senescente, VIII, 5..
Quia sæculo senescente, VIII, 194.
Quia te sicut, XIII, 55.
Quia te tanquam, I, 251.
Quia veremur vos, VI, 250.
Quidam clerici, I, 469.
Quidam violenti, IX, 7.
Quidam violenti, IX, 8.
Quid ad consultationem, I, 543.
Quid charissimo in, VI, 106.
Quid per novalis, X, 110.
Quid scribamus, II, 215.
Quid tuis meritis, VI, 167.
Quid vobis super, VIII, 84.
Quintavallis vicarius, VI, 219.
Quocirca universitati, I, 42.
Quod ad tollendum, VII, 106.
Quod charissimo. Registr. de neg. imp. 163.
Quod clerici. Suppl. 156.
Quod Colonia sedis. Registr. de neg. imp. 150.
Quod contra Deum, I, 567.
Quod die ac nocte, V, 46.
Quod futura sint, II, 221.
Quod imperante Domino, VI, 209.
Quod in dubiis, I, 581.
Quod in his quæ, VIII, 84.
Quod in obsequio, I, 363.

Quod insula Sardiniæ, VII, 109.
Quod inter curas, VIII, 153.
Quod juxta verbum, XVII, 108.
Quod legimus in, II, 99.
Quod non immemor, XI, 2.
Quod orthodoxæ fidei, XIII, 65.
Quod petitiones, XIV, 57.
Quod pietatem, VI, 193.
Quod prima primi, I, 565.
Quod promotio. Registr. ad neg. imp. 49.
Quod provocata, X, 214.
Quod quærentibus, X, 67.
Quod sedem apostolicam, II, 77.
Quod sedem apostolicam, II, 284.
Quod sicut ex litteris, V, 85.
Quod super his, II, 261.
Quod tibi apostolicæ, I, 574.
Quod vobis apostolicæ, VI, 93.
Quod vobis subtrahimus, VI, 59.
Quoniam de regia, I, 580.
Quoniam de voluntate, VIII, 170.
Quoniam de diligentibus. Registr. de neg. imp. 96.
Quoniam ea quæ, II, 244.
Quoniam Ecclesia, VI, 189.
Quoniam elegistis, VII, 35.
Quoniam ex commisso, XV, 111.
Quoniam ex injuncto, I, 276.
Quoniam frequenter, XI, 266.
Quoniam illius locum, X, 127.
Quoniam impunitas, VI, 17.
Quoniam indignum est, I, 462.
Quoniam in Polonia, IX, 225.
Quoniam juxta canonicas, X, 177.
Quoniam juxta sententiam, XII, 85.
Quoniam juxta sententiam, XVI, 124.
Quoniam Marcualdus, VII, 150.
Quoniam nimis, VII, 51.
Quoniam nimis, XVI, 122.
Quoniam non ignoras, IX, 258.
Quoniam per administrationem, XII, 46.
Quoniam per administrationem XII, 51.
Quoniam propter, IX, 99.
Quoniam universalis, XII, 101.
Quoties a filiis, VII, 221.
Quoties a nobis, II, 53.
Quoties a nobis, II, 296.
Quoties a nobis, VI, 155.
Quoties a nobis, VII, 59.
Quoties a nobis, XII, 278.
Quoties a nobis, XIII, 81.
Quoties a nobis, XIV, 6.
Quoties a nobis, XIV, 62.
Quoties a nobis, XV, 16.
Quoties a nobis, XV, 231.
Quoties a nobis. Suppl. 17.
Quoties a nobis. Suppl. 70.
Quoties illud a nobis, XI, 193.
Quoties illud a nobis. Suppl. 151.
Quoties illud a nobis. Suppl. 212.
Quoties illud a nobis. Suppl. 244.
Quoties per suggestionem, XIV, 55.
Quoties postulatur, XV, 120.
Quoties pro communi, XII, 180.
Quoties te monitus, IX, 96.

R

Ranuntius de Clera, X, 225.
Recepimus litteras, V, 4.
Recepimus litteras, V, 120.
Recepimus litteras, VI, 165.
Recepimus litteras, VI, 229.
Recepimus litteras, IX, 193
Recepimus litteras, X, 203.
Recepimus litteras, XI, 52
Recepimus litteras, XIV, 147.
Recepimus litteras, XIV, 148.
Recepimus litteras, XIV, 155
Recepimus litteras, XVI, 158.
Recepimus litteras. Registr. de neg. imp. 64.
Recepimus litteras. Registr. de neg. imp. 84.

Recepimus litteras. Registr. de neg. imp. 146.
Recepimus litteras. Registr. de neg. imp. 174.
Recepimus nuntios, VII, 155.
Recipiendi apellatione, I, 52.
Receptis a vobis, IX, 201.
Receptis et intellectis, XIV, 84.
Receptis litteris, VI, 143.
Receptis litteris, VI, 144.
Receptis litteris, XVI, 141.
Receptis tam delictorum, I, 574.
Recogitantes in, VI, 152.
Rediens de partibus, I, 461
Referente dilecto, I, 249.
Referente dilecto, II, 56.
Referente venerabili, II, 196.
Regalis magnificentiæ, VI, 7.
Regiæ celsitudinis, VII, 129.
Regiæ magnitudinis, V, 103
Regiæ serenitatis, V, 44.
Regularem vitam, IX, 67.
Regularem vitam. Suppl. 108.
Relatione illustrium, XVI, 165.
Relatum est nobis, IX, 11.
Religionis intuitu, XV, 131.
Religionis monasticæ, VII, 185.
Religiosa fides, XI, 229.
Religiosam vitam, I, 97.
Religiosam vitam, I, 428.
Religiosam vitam, I, 547.
Religiosam vitam, I, 551.
Religiosam vitam, II, 3.
Religiosam vitam, II, 19.
Religiosam vitam, II, 81.
Religiosam vitam, II, 69.
Religiosam vitam, II, 274.
Religiosam vitam, V, 9.
Religiosam vitam, VI, 180.
Religiosam vitam, VII, 184.
Religiosam vitam, VIII, 52.
Religiosam vitam, X, 192.
Religiosam vitam, XI, 145.
Religiosam vitam, XI, 200.
Religiosam vitam, XII, 166.
Religiosam vitam, XIII, 51.
Religiosam vitam. Suppl. 2
Religiosam vitam. Suppl. 4.
Religiosam vitam. Suppl. 19
Religiosam vitam. Suppl. 42.
Religiosam vitam. Suppl. 79.
Religiosam vitam. Suppl. 86
Religiosam vitam. Suppl. 92.
Religiosam vitam. Suppl. 124.
Religiosam vitam. Suppl. 125.
Religiosis desideriis, XVI, 146
Religiosis votis, I, 150.
Rem crudelem audivimus, XI, 29.
Reprobata Dei, I, 554.
Requisisti de his, XII, 58.
Requisivit a nobis, XII, 145.
Respexit Dominus, II, 266.
Responso nostro, XI, 267.
Retulit nobis dilectus, VIII, 28.
Reverendo in Christo, II, 252.
Rex noster potentissimus, XIV, 58.
Rex regum, I, 11.
Rex regum, VII, 1.
Rex regum, VII, 2.
Rex regum, XVI, 131.
Rigorem mansuetudine, XV, 115.
Rogamus insuper, I, 12.

S

Sacra docente Scriptura, I, 526
Sacrosancta Romana, I, 128.
Sacrosancta Romana, I, 426.
Sacrosancta Romana, I, 554.
Sacrosancta Romana, I, 570.
Sacrosancta Romana, II, 21.
Sacrosancta Romana, II, 67.
Sacrosancta Romana, II, 187.
Sacrosancta Romana, II, 292.
Sacrosancta Romana, III, 57.
Sacrosancta Romana, IX, 229
Sacrosancta Romana, X, 16.

JUXTA LITTERAM INITIALEM.

Sacrosancta Romana, X, 168.
Sacrosancta Romana, XI, 113.
Sacrosancta Romana, XI, 201.
Sacrosancta Romana, XI, 250.
Sacrosancta Romana, XII, 31.
Sacrosancta Romana, XII, 141.
Sacrosancta Romana, XIII, 5.
Sacrosancta Romana, XIII, 84.
Sacrosancta Romana, XIII, 95.
Sacrosancta Romana, XIII, 155.
Sacrosancta Romana, XVI, 176.
Sacrosancta Romana. Suppl. 25.
Sacrosancta Romana. Suppl. 140.
Sacrosancta Romana. Suppl. 158.
Sacrosancta Romana. Suppl. 229.
Salutiferum tuæ, I, 398.
Sancta Romana, II, 297.
Sanctam Dei Ecclesiam, XIII, 107.
Sanctæ paternitati vestræ. XVI, 78.
Sanctitatem vestram, XII, 105.
Sane quia sicut, I, 91.
Satis hactenus, I, 560.
Sæpe contingit, II, 106.
Sæpe contingit, XV, 258
Sæpe nobis ac sæpius, VIII, 29.
Sæpe per nostras, X, 122.
Scientes serenitatem, V, 18.
Scientia litteralis, IX, 266.
Scientiæ donum, XV, 177.
Scribimus charissimo, XIII, 191.
Scripsimus charissimo, I, 547.
Scripta Moyses, VII, 509.
Scriptum a tua, II, 208.
Scriptum est in, XV, 156.
Scriptum est quod, VI, 64.
Scrutator renum. Registr. de neg. imp. 79.
Si ab agro Dominico, VII, 112.
Si ad actus tuos, I, 407.
Si ad Deum, IX, 152.
Si ad excitandos, I, 404.
Si ad ovile, III, 7.
Si ad remotas, VIII, 103.
Si adversus vos, VIII, 85.
Si aliquando, VI, 130
Si aliquando, VII, 224.
Si attenderes, VI, 170.
Si carnale conjugium, XV, 206.
Si cæci et claudi, XV, 146.
Si charissimæ, I, 412.
Si charissimo, X, 160.
Si charissimus, XI, 224.
Si circumspectius, XV, 97.
Si commode posset. Registr. de neg. imp. 194.
Si consueta temeritas, X, 180.
Si creditas tibi, I, 18.
Si cuiquam ex vobis, IX, 220
Si debita sollicitudine, II, 195.
Si Deus scientiarum, XI, 10
Si de provisione, IX, 182.
Si de provisione, II, 183.
Si diligenter, I, 557.
Si diligenter, V, 139.
Si diligenter, VI, 174.
Si diligenter, VIII, 5.
Si diligenter, X, 86.
Si diligenter, XI, 89.
Si diligenti meditatione, IX, 65.
Si diligenti meditatione, XVI, 6.
Si eam quæ apud, I, 418.
Si eorum petitionibus, I, 478.
Si eorum petitionibus, I, 479.
Si exigente diei, VI, 139.
Si eximia facta. Registr. de neg. imp. 154.
Si filii estis, VIII, 83.
Si gratiam quam. Registr. de neg. imp. 75.
Si gratis factam, I, 144.
Si humilitatis, XV, 56.
Si judex qui, VII, 168.
Si judicaret Dominus, VII; 41.
Si justa filii. Suppl., 74.
Si juxta præceptum, VIII, 160.
Si juxta tuorum, VI, 240.
Si licuisset nobis, V, 71.
Si Magdeburgensis, VIII, 77.

Si memoriter, IX, 219.
Si multitudinem, II, 168.
Si naturam et, V, 84.
Si nec divinam, X, 141.
Si nex simplex. Registr. de neg. imp. 35.
Si notasses, VI, 81.
Si olim in veteri, XI, 124.
Si parietem cordis, X, 69.
Si preces apostolicas, XII, 115
Si quam suave sit, XI, 67.
Si quando a fratribus, I, 153.
Si quantum in multis, IX. 20
Si quæcunque super, IX, 236.
Si quemadmodum, XII, 67.
Si quemadmodum, XII, 68.
Si Solemniacensis, IX, 267.
Si sua quique jura, I, 56.
Si sub potenti, V, 26.
Si super commisso, I, 483.
Si te diligenter, XIV, 8.
Si te servum, VII, 96.
Si te servum, XIII, 115.
Si terra illa, XIV, 72.
Si tua fraternitas, XIII, 18.
Si tua regalis, XI, 28.
Si utile ac sincerum, XVI, 70.
Si utile ac sincerum, XVI, 71.
Si venerabilis frater, XIII, 19.
Si vere vos pœnitet, VI, 102.
Si veri Christianæ, I. 200.
Si viros scientia, IX, 125.
Si apostolica sedes, I, 350.
Sic nervo ecclesiasticæ, XIV, 63
Sic nervo ecclesiasticæ, XV, 100.
Sic nobis vestris, II, 48.
Sic nos de singularum, II, 52.
Sic sibi spiritualis, VII, 54.
Sicut dilecti filii, II, 131.
Sicut dilecti filii, VI, 195.
Sicut dilectus filius, XIV, 128.
Sicut dilectus filius, XIV, 153.
Sicut dilectus filius, XV, 9.
Sicut dilectus filius. Suppl., 98.
Sicut Dominus, VIII, 20.
Sicut ea quæ, I, 240.
Sicut ea quæ, I. 245.
Sicut ea quæ, XII, 140.
Sicut ea quæ, XV, 31.
Sicut ecclesiarum, II, 142.
Sicut ecclesiasticæ, II, 191.
Sicut ecclesiasticæ. Suppl., 25.
Sicut exhibita nobis, XIV, 151.
Sicut expedire credimus, X, 131
Sicut experimento, X, 191.
Sicut ex litteris, I, 29.
Sicut ex litteris, I, 90.
Sicut ex litteris, I, 96.
Sicut ex litteris, V, 76.
Sicut ex litteris, VII, 38.
Sicut ex litteris, XIV, 29.
Sicut ex litteris, XIV, 150.
Sicut ex officio, I, 294.
Sicut ex parte, I, 324.
Sicut ex parte, I, 572.
Sicut ex parte, X, 25.
Sicut ex tenore, I, 454.
Sicut ex tenore, VI, 242.
Sicut ex tuarum, I, 585.
Sicut ex tuarum, X, 136.
Sicut ex vestrarum, XIV, 107.
Sicut filius dilectus, XI, 58.
Sicut frequenter. Registr. de neg. imp. 22.
Sicut impietatem, VI, 113.
Sicut in arca fœderis, XVI, 130.
Sicut in authentico, VII, 160.
Sicut in litteris, I, 501.
Sicut irrationabilia, IX, 115.
Sicut is qui inventus, VII, 78
Sicut is qui sufficiens, XIV, 32.
Sicut is qui sufficiens, XIV, 33.
Sicut nobis est, I, 517.
Sicut nobis per, I, 449.
Sicut nobis tua, II, 5.
Sicut nobis tua, II, 6.
Sicut nobis tua, II, 29.
Sicut nobis tua, II, 34.

Sicut nobis tuis, II, 166.
Sicut nobis tuis, II, 172.
Sicut nostris est, I, 417.
Sicut nostris est, VI, 127.
Sicut nostris est, VII, 89.
Sicut nostro est, I, 520.
Sicut nostro est, II, 251.
Sicut nostro imminet, VI, 225.
Sicut nuntiis. Registr. de neg imp. 156.
Sicut oblatus dilecti, VIII, 114.
Sicut officii nostri, I, 110.
Sicut per alias, II, 207.
Sicut per vestras, XIII, 175.
Sicut preces vestras, VI, 14.
Sicut rationabile, VI, 225
Sicut regali prudentiæ, X, 59.
Sicut sibi spiritualis. Registr. de neg. imp. 97.
Sicut statuta, VI, 226.
Sicut tenor vestrarum, I, 56.
Sicut te accepimus, XIV, 129.
Sicut tu, fili prior, XV, 161.
Sicut universitatis, I, 401.
Sicut venerabiles, XV, 75.
Sicut venerabilis, I, 452.
Sicut venerabilis, I, 453.
Sicut venerabilis, XI, Append. 2.
Sicut venerabilis, XII, 64.
Sicut venerabilis, XII, 65.
Sicut venerabilis, XV, 3.
Sicut veridica, XIV, 69.
Significante dilecto, I, 35.
Significante dilecto, VII, 138.
Significante N. de Camilla, VII, 92.
Significante nobili, I, 341.
Significante nobis, II, 43.
Significante nobis, II, 44.
Significante venerabilis, I, 500.
Significante venerabili, X, 111
Significante venerabili, XIII, 93.
Significante venerabili, XV, 156.
Significantibus dilectis, I, 21.
Significantibus dilectis, I, 488
Significantibus dilectis. Suppl., 64.
Significantibus dilectis. Suppl., 123
Significantibus filiis, V, 16.
Significantibus nobis, I, 162
Significantibus nobis, V, 91.
Significantibus nobis, XV, 163.
Significantibus olim, VI, 220.
Significantibus V. laico, VI, 26.
Significantibus venerabilibus, XIII, 99.
Significasti nobis, I, 48.
Significasti nobis, I, 250.
Significasti nobis, II, 183.
Significasti nobis, VII, 158.
Significasti nobis, VII, 59.
Significasti siquidem, I, 124
Significastis nobis, I, 102.
Significarunt nobis, V, 128.
Significarunt nobis, VII, 69.
Significarunt nobis, X, 24.
Significarunt nobis, XI, 105
Significarunt nobis, XII, 6.
Significarunt nobis, XIII, 104.
Significarunt dilecti. Suppl. 49.
Significaverunt nobis, I, 199.
Significaverunt nobis, VII, 215.
Significaverunt nobis, VIII, 210
Significavit nobis, I, 100.
Significavit nobis, I, 201.
Significavit nobis, I, 269.
Significavit nobis, I, 316.
Significavit nobis, II, 198.
Significavit nobis, II, 290.
Significavit nobis, V, 102.
Significavit nobis, VII, 22.
Significavit nobis, VII, 47.
Significavit nobis, VII, 68.
Significavit nobis, VIII, 112
Significavit nobis, VIII, 164
Significavit nobis, IX, 156.
Significavit nobis, IX, 200.
Significavit nobis, IX, 210.
Significavit nobis, IX, 214.
Significavit nobis, X, 118.

Significavit nobis, XI, 16.
Significavit nobis, XI, 18.
Significavit nobis, XI, 19.
Significavit nobis, XI, 25.
Significavit nobis, XI, Append. 5.
Significavit nobis, XIII, 82.
Significavit nobis, XIII, 183.
Significavit nobis, XIV, 3.
Significavit nobis, XV, 87.
Significavit nobis, XV, 149.
Significavit nobis, XV, 201.
Significavit nobis, XVI, 144.
Significavit nobis. Suppl. 208.
Significavit nobis. Suppl. 215.
Significatum est nobis, XIV, 85.
Sinceræ charitatis, XIV, 131.
Sinceræ intentionis. Registr. de neg, imp. 105.
Sincerissimæ charitatis, XII, 75.
Sincerissimæ charitatis, XII, 76.
Sinceritatem eorum, I, 187.
Sinceritati devotionis. Registr. de neg imp. 117.
Sine dolore tibi, I, 504.
Solet ad se mora, VIII, 90.
Solet annuere, V, 65.
Solet annuere, V, 95.
Solet annuere, VI, 21.
Solet annuere, VI, 33.
Solet annuere, VI, 44.
Solet annuere, VI, 49.
Solet annuere, VI, 60.
Solet annuere, VI, 91.
Solet annuere, VI, 125
Solet annuere, VI, 134.
Solet annuere, VI, 136.
Solet annuere, VI, 158
Solet annuere, VI, 156.
Solet annuere, VI, 178.
Solet annuere, VI, 179.
Solet annuere, VI, 186.
Solet annuere, VI, 187.
Solet annuere, VI, 228.
Solet annuere, VII, 16.
Solet annuere, VII, 19.
Solet annuere, VII, 86.
Solet annuere, VII, 87.
Solet annuere, VII, 110.
Solet annuere, VII, 181.
Solet annuere, VII, 187.
Solet annuere, VII, 188.
Solet annuere, VII, 190.
Solet annuere, VII, 195.
Solet annuere, VII, 199.
Solet annuere, VII, 211.
Solet annuere, VII, 218.
Solet annuere, VIII, 48.
Solet annuere, VIII, 49.
Solet annuere, VIII, 65.
Solet annuere, VIII, 66.
Solet annuere, VIII, 89.
Solet annuere, VIII, 174.
Solet annuere, VIII, 176.
Solet annuere, VIII, 181.
Solet annuere, IX, 16.
Solet annuere, IX, 58.
Solet annuere, IX, 92.
Solet annuere, IX, 121.
Solet annuere, IX, 124.
Solet annuere, IX, 162.
Solet annuere, IX, 170.
Solet annuere, IX, 180.
Solet annuere, IX, 192.
Solet annuere, IX, 211.
Solet annuere, IX, 225.
Solet annuere, IX, 233.
Solet annuere, IX, 245.
Solet annuere, X, 119.
Solet annuere, X, 144.
Solet annuere, X, 152.
Solet annuere, X, 174.
Solet annuere, X, 181.
Solet annuere, X, 216.
Solet annuere, X, 220.
Solet annuere, X, 225.
Solet annuere, XI, 42.
Solet annuere, XI, 48.
Solet annuere, XI, 64.

Solet annuere, XI, 112.
Solet annuere, XI, 122.
Solet annuere, XI, 126.
Solet annuere, XI, 162.
Solet annuere, XII, 47.
Solet annuere, XII, 110.
Solet annuere, XII, 155.
Solet annuere, XII, 151.
Solet annuere, XII, 164.
Solet annuere, XIII, 22.
Solet annuere XIII, 55.
Solet annuere, XIII, 64.
Solet annuere, XIII, 146.
Solet annuere, XIII, 199.
Solet annuere, XIII, 206.
Solet annuere, XIII, 214.
Solet annuere, XIV, 17.
Solet annuere, XIV, 24.
Solet annuere, XIV, 42.
Solet annuere, XVI, 100.
Solet annuere. Suppl. 10.
Solet annuere. Suppl. 56.
Solet annuere. Suppl. 58.
Solet annuere. Suppl. 83.
Solet annuere. Suppl. 93.
Solet annuere. Suppl. 95.
Solet annuere. Suppl. 96.
Solet annuere. Suppl. 100.
Solet annuere. Suppl. 148.
Solet annuere. Suppl. 154.
Solet annuere. Suppl, 162.
Solet annuere. Suppl. 165
Solet annuere. Suppl. 171.
Solet annuere. Suppl. 178.
Solet annuere. Suppl. 210.
Solet esse tam messis. Registr. de neg. imp. 108.
Solidata in devotionem. Registr. de neg. imp. 1
Sollicitudinem nostram, XVI, 7.
Sollicitudinem pastoralis, X, 165.
Sollicitudini pastoris, VIII, 13.
Sollicitudini pastoris. Suppl., 99.
Sollicitudinis nostræ, XII, 43.
Sollicitudinis tuæ, XII, 89.
Specialis dilectionis, I, 270.
Speciosus forma, VI, 171.
Spero in Deum, VII, 6.
Spirituali Patri, VI, 85.
Statum et processum. VII, 201.
Sua nobis Ytochor, VII, 110.
Sua nobis venerabilis, IX, 145.
Sua nobis venerabilis, XI, 21.
Sua nobis venerabilis, XI, 179.
Sua nobis venerabilis. Suppl., 138.
Suam ad nos, IX, 212
Suam ad nos, XIII, 153.
Suam apud nos. Registr. de neg. imp., 120.
Suam nobis dilecti, I, 220.
Suam nobis dilecti, XIII, 44.
Suam nobis dilecti, XIII, 125.
Suam nobis dilecti, XIII, 126.
Sub beati Petri. Suppl. 226.
Sub hac forma, IX, 47
Suborta dudum, X, 96.
Suggestor scelerum, XII, 103.
Suggestor scelerum, XII, 104.
Super amaritudine, XIII, 66.
Super causa conjugii, XI, 181.
Super causa conjugii, XI, 185.
Super commissa nobis, XIV, 75.
Super discordia, XII, 45.
Super eo de quo, I, 167.
Super eo quod. Registr. de neg. imp. 176.
Super eo quod. Suppl. 230.
Super episcoporum, XI, 155.
Super gentes et regna. I, 410
Super his de quibus, V, 153.
Super litteris quæ, XI, 161.
Super miseria terræ, XI, 109.
Super negotio, I, 35.
Super negotio, I, 360.
Super negotio, XI, 211.
Super negotio, XI, 233.
Super negotio, XII, 91.

Superna providentia, II, 20.
Super quæstionum, VII, 29.
Super quibusdam, XII, 154.
Super quibusdam, XII, 169.
Super speculam Domini, IX, 270.
Supplicarunt nobis, VII, 53.
Supplicavisti nobis, XI, 160.
Supplicavit nobis, VII, 56.
Supplicavit nobis, VII, 57.
Supplicavit nobis, XIV, 53.
Supplicavit nobis, XV, 101.
Supplicavit nobis, XV, 200.
Supplicavit nobis. Registr. de neg. imp. 76.
Suscepti regiminis, VI, 169.
Suscepti regiminis, VII, 62.
Suscitata super, XIII, 59.
Suscitata super, XIII, 60.

T

Tacti sumus dolore, I, 386.
Tacti sumus dolore, I, 518.
Tacti sumus dolore, III, 10.
Tacti sumus dolore, V, 158
Tacti sumus dolore, V, 162
Tacti sumus dolore, VI, 46.
Tacti sumus dolore, IX, 167
Tacti sumus dolore, IX, 168
Tacti sumus dolore. Registr. de neg imp. 75
Tacti sumus dolore. Suppl. 153.
Talis debet esse. VIII, 12.
Tam clerici quam populi, I, 385
Tam clerici quam populi. Suppl.11.
Tam ex litteris, II, 189.
Tam ex litteris, XIV, 90.
Tam litteris vestris, VI, 58.
Tam litteris vestris, VI, 61.
Tam Mosaica quam, III, 20
Tam multa fuerunt, VIII, 107.
Tam per litteras, X, 147.
Tam suppliciter quam. Suppl. 255.
Tanto in hoc tempestatis, XV, 187.
Tempestas imperii, IX, 97.
Tempore felicis, X, 212.
Tenorem litterarum, XI, 144
Tetendisse Dominus, XI, 85.
Thebana dudum, XIII, 158.
Thebana dudum, XIII, 159.
Tractato negotio, VI, 140.
Transmissam nobis, I, 424.
Transmissa nobis, XI, 91.
Transmissa nobis. Suppl. 159.
Transmissa nobis, II, 107.
Tua fraternitas, VII, 214.
Tua fraternitas, XI, 101.
Tua nobis fraternitas, II, 242.
Tua nobis fraternitas, V, 33.
Tua nobis fraternitas, V, 34.
Tua nobis devotio. Suppl. 195
Tua nos duxit, II, 65.
Tua nos duxit, V, 7.
Tua nos duxit, VI, 108.
Tua nos duxit, X, 169.
Tua nos duxit, XIV, 159.
Tuam in Domino, XI, 173.
Tuarum nos tenor, I, 450.
Tuæ devotionis, VI, 42.
Tuæ discretionis, V, 101.
Tuæ fidei puritatem, VI, 53.
Tuæ fraternitatis, VIII, 189.
Tuæ fraternitatis, XI, 254.
Tuæ fraternitatis, X, 61.
Tuæ nobis exhibitæ, IX, 70.
Tuæ nobis præsentatæ, VII, 192.
Tuis quæstionibus, XI, 46.
Tunc libentius, I, 233.
Turbulentissimam quæstionem, XI, 99.

Tyrannidem quam, III, 23.

U

Unde fraternitati, I, 17.
Universitatem vestram, II, 200.
Universitatem vestram, VII, 105.
Universitati vestræ, XI, 135.
Universitati vestræ, XVI, 77.

Usque adeo nos, I, 196.
Usque adeo se, VII, 51.
Usque in senectam, VIII, 207
Utilitas et necessitas, II, 8
Utinam charissimus, XIII, 74.
Utinam Dominus, XI, 185.
Utinam Dominus, XI, 186.
Utinam gemitos, V, 68.
Utinam intelligat, III, 18.
Utinam labor, VI, 182.
Utinam non fuisset, VI, 181.
Utrum gloriosus. Suppl. 201.
Ut Adolphus Coloniensis. Registr de neg. imp. 116.
Ut charissimus, XI, 154.
Ut charissimos. Registr. de neg. imp. 25.
Ut clericos tuos, I, 72.
Ut contra crudelissimos, XI, 158.
Ut contra crudelissimos, XI, 159.
Ut efficacius possis, XVI, 52.
Ut esset Cain vagus, X, 190.
Ut evidentius, I, 526.
Ut famæ tuæ consulas, VI, 185.
Ut hi qui orthodoxæ, XII, 87.
Ut hi qui orthodoxæ, XIII, 87.
Ut ii qui super. Registr. de neg. imp. 24.
Ut illi complaceas, XV, 92.
Ut in cruce Domini, VII, 12.
Ut in pace appareat, IX, 208.
Ut inter devotos, XV, 20.
Ut lapsum humani, VI, 129.
Ut lapsum humani, VII, 222.
Ut litterarum tuarum, XI, 47.
Ut loca religiosa, I, 163.
Ut negligentium, I, 460.
Ut non solum. Registr. de neg imp. 52.
Ut nostrum prodeat, I, 568.
Ut palmes quem, VII, 148.
Ut sitis in fidelitate, VIII, 42.
Ut tuæ fraternitatis, VII, 155.
Ut tuæ nobilitatis, XIII, 189.
Ut Tyrensis ecclesia, VI, 155.

V

Vacante quadam, XVI, 166.
Vehementer nos comedit, XIV, 9.
Venditiones et alienationes. I 115.
Venerabilis frater, VIII, 6.
Venerabilis frater, IX, 231.
Venerabilis frater, X, 7.
Venerabilis frater, X, 8.
Venerabilis frater, X, 100.
Venerabilis frater, XI, 189.
Venerabilis frater, XII, 144
Venerabilis frater, XIII, 47.
Venerabilis frater, XIII, 152
Venerabilis frater, XIII, 172
Venerabilis frater, XIII, 174
Venerabilis frater, XIV, 15.
Venerabilis frater, XV, 26.
Venerabilis frater, XV, 50.
Venerabilis frater, XV, 44.
Venerabilis frater, XV, 47.
Venerabilis frater, XV, 60.
Venerabilis frater, XV, 72.
Venerabilis frater, XV, 75.
Venerabilis frater, XV, 77.
Venerabilis frater, XV, 80.
Venerabilis frater, XV, 85.
Venerabilis frater, XV, 197.
Venerabilis frater, XV, 198.
Venerabilis frater, XVI, 1.
Venerabilis frater, XVI, 17.
Venerabilis frater, XVI, 85.
Venerabilis frater, XVI, 98.
Venerabilis frater, XVI, 140.
Venerabilis frater. Suppl. 198.
Venerabilis fratris, XI, 252.
Venerabili fratri, XV, 11.
Venerabilem fratrem. Registr. de neg. imp. 62.
Venerabili fratre, I, 222.
Venerabili et sanctissimo, V, 115.
Venerabili in Christo, VII, 202.
Venerabiles fratres, XIII, 158.
Venerabiles fratres, XIV, 111.
Venerabiles fratres, Suppl. 149.
Venerabilium fratrum, XIII, 110.
Venerabilium locorum, XIV, 18
Veniens ad apostolicam, V, 15.
Veniens ad apostolicam, V, 52.
Veniens ad apostolicam, VI, 90.
Veniens ad apostolicam, VI, 93.
Veniens ad apostolicam, VI, 154.
Veniens ad apostolicam, VI, 205.
Veniens ad apostolicam, VII, 117.
Veniens ad apostolicam, VII, 132.
Veniens ad apostolicam, VIII, 87.
Veniens ad apostolicam, VIII, 111.
Veniens ad apostolicam, IX, 54.
Veniens ad apostolicam, XI, 50.
Veniens ad apostolicam, XII, 182.
Veniens ad apostolicam, XIII, 89
Veniens ad præsentiam, I, 363.
Veniens ad præsentiam, I, 380.
Veniens ad præsentiam, I, 387.
Veniens ad præsentiam, IX, 205.
Veniens ad præsentiam, X, 124.
Veniens ad præsentiam, XI, 277.
Veniens ad præsentiam, XII, 13.
Veniens ad præsentiam, XII, 19.
Veniens ad præsentiam, XII, 152.
Veniens ad præsentiam, XII, 153.
Veniens ad præsentiam, XII, 168.
Veniens ad præsentiam, XV, 7.
Veniens ad præsentiam, XV, 19.
Veniens ad præsentiam, XV, 42.
Veniens olim ad, I, 129.
Veniens olim ad, V, 29.
Venientem ad apostolicam, IX, 189.
Venientem ad apostolicam, XV, 211.
Venientem ad apostolicam, XVI, 91.
Venientem ad apostolicam. Registr. de neg. imp. 153.
Venientem ad nos, I, 487.
Venientes ad apostolicæ, III, 50.
Venientes ad apostolicam, VI, 9.
Venientes ad apostolicam, VII, 128.
Venientes ad apostolicam, VII, 206.
Venientes ad apostolicam, VII, 115.
Venientes ad apostolicam, XIV, 157.
Venientes nuper, III, 21.
Venientibus ad apostolicam, XII, 82.
Venientibus ad nostram, II, 176
Venientibus ad præsentiam. Suppl. 9.
Venientibus nuper, IX, 22.
Venientibus nuper, IX, 23.
Ventilata diutius, II, 84.
Ventilata diutius, II, 85.
Ventilata diutius, II, 86.
Ventilata diutius, II, 87.
Ventilata diutius, II, 88.
Verbum est sapientis, X, 100.
Vergente jam in senium, I, 509.
Vergentis in senium, II, 1.
Vestra meretur. Suppl. 37.
Vestra nobilitas, VI, 50.
Vestra nobis devotio. Suppl. 221.
Vestra nobis insinuatio. Suppl 222.
Vestra novit universitas, I, 142.
Vestra prudentia, X, 15.
Vinea culturæ, XIV, 106.
Vineam Domini, XVI, 50.
Vir unus de Ramatha, VIII, 69.
Viris religiosis, I, 161.
Vitium Simoniacæ, I, 497.
Vitium pravitatis, XVI, 90.
Vobis qui estis caput, II, 217.
Vos qui elegistis. Suppl. 217.
Volens apostolica sedes, VII, 15.
Volens apostolica sedes, VII, 14.
Volens fraternitas, I, 63.
Vox clamantis Suppl. 88.
Willehadi præpositos. Suppl. 223.

ORDO RERUM

QUÆ IN HOC TOMO CONTINENTUR.

INNOCENTIUS III PONTIFEX ROMANUS.
SUPPLEMENTUM AD REGESTA.
ANNO 1198.

I. — Ad præpositum, decanum et canonicos Majoris ecclesiæ Argentinensis. — Præbendam a F. præposito S. Thomæ resignatam, ipsis confirmat. 9

II. — Matthæum abbatem S. Nicolai de Pratis Ribodi Montis, Laudunensis diœceseos. — Recipiuntur sub protectione B. Petri, et enumerantur bona ad ipsos spectantia. 10

III. — Ad... Suessionensem episcopum, et abbatem S. Germani de Pratis Parisiensis — Ut abbatem et conventum S. Dionysii adversus episcopum Antissiodorensem aliosque tum ecclesiasticos tum laicos, tueantur ac defendant. 15

IV. — Ad Florentinum abbatem et fratres monasterii de Campo B. Mariæ. — Eorum possessiones et privilegia confirmat. 16

V. — Ad abbatem et fratres Cluniacenses. — Confirmatio de Mercurii curte. 19

VI. — Ad magistrum et fratres domus Dei Provinensis. — Præbendæ in ecclesia S. Quiriaci possessionem ipsis confirmat. 20

VII. — Ad Ranulfum abbatem Aureliacensis monasterii, ejusque fratribus, tam præsentibus quam futuris, regularem vitam professis, in perpetuum. —Confirmat eis bona ac possessiones. 20

VIII. — Ad Robertum abbatem S. Germani Parisiensis ejusque fratres. — Recipit eos sub protectione, et bona ac possessiones ipsis confirmat. 26

IX. — Ad abbatem Præmonstratensem; H. archidia

cenum et magistrum R. canonicum Laudunensem. — Causam quæ inter abbatem monachosque S. Nicolai de Ribodi Monte, ac W. diaconum, super ecclesia de Villari sicco vertebatur, dijudicandam ipsis committit. 51

X. — Ad abbatem et conventum monasterii in Gengenbach, Argentinensis diœceseos.— Confirmatio privilegiorum. 56

XI. — Ad Danorum regem. — Ut contra Suevi tyrannidem accingatur. 56

XII. — Ad Petrum Arusiensem episc. — Sex primas præbendas Arusiensis ecclesiæ confirmat. 57

XIII — Ad abbatem monasterii Nonantulani diœcesis Mutinensis. — Concedit ut quosdam excommunicatos absolvat. 58

ANNO 1199.

XIV. — Ad patriarcham Jerosolymitanum. — Ut prior et canonici S. Sepulcri liberam habeant potestatem ordinandi domos et prioratus obedientiarum. 59

XV. — Ad abbatem E. præpositum et C. canonicum S. Emmerami Ratisponensis. — Ut jura parochi in Riekofen contra cœnobium Wolderbach tueantur. 59

XVI. — Ad Gerbodonem abbatem et conventum S. Wumari, Boloniensis diœcesis. — Sententiam in ipsorum favorem, ab episcopo Morinensi et conjudicibus, in causa, quæ inter ipsos ac abbatem Cluniacensem super libertate eligendi abbates, vertebatur, latam confirmat. 40

XVII. — Ad Gerbodonem abbatem Sancti Wulmari, ejusque fratres tam præsentes quam futuros — Recipit eos sub protectione B. Petri, et enumerantur bona ad ipsos spectantia. 41

XVIII.— Joanni abbati S. Bertini, ejusque fratribus tam præsentibus quam futuris in perpetuum. — De confirmatione privilegiorum. 46

XIX. — Ad Heliam abbatem et fratres S. Mariæ de Regniaco. — Privilegiorum confirmatio. 47

XX. — Ad abbatem et conventum S. Germani de Pratis. — Confirmat eis possessiones, quas nobilis mulier Philippa eorum monasterio concesserat. 51

XXI. — Ad abbatem et conventum Altimontensis. — Capellæ de Grantreing possessionem ipsis confirmat. 52

XXII. — Ad Joannem abbatem S. Genovefæ Parisiensis. — Concedit ei usum mitræ. 52

XXIII. — Ad decanum et capitulum Sanctæ Mariæ et Sancti Theobaldi Metensis. — Recipiuntur sub protectione beati Petri, et confirmatur eis specialiter ecclesia Sanctæ Crucis, necnon capella S. Ferrucii. 53

XXIV. — Leprosis S. Lazari Meldensis unam præbendam in ecclesia sancti Stephani Meldensis confirmat. 55

XXV. — Ad universos Christi fideles in Saxonia et Westphalia constitutos. — Ut pro fide Christiana viriliter accingantur. 54

XXVI. — Ad Odonem Parisiensem episcopum, ejusque successores. — De confirmatione bonorum et privilegiorum. 55

XXVII. — Ad abbatem et conventum S. Maximini Miciacensis. — Confirmatur eis possessio ecclesiæ S. Mariæ de Burgo. 57

ANNO 1200.

XXVIII. — Ad fratres hospitalis Hierosolymitani. — In terris ab Ecclesia interdictis celebrare amplius non præsumant. 57

XXIX. — Ad N. — Ut sententiam interdicti adversus Philippum, regem Franciæ, latam inviolabiliter observari faciat. 58

XXX. — Ad capitulum Lingonense. — De provisoria sustentatione episcopi Lingonensis episcopatum resignantis. 58

XXXI. — Ad R. abbatem et conventum S. Michaelis. — Confirmat eis quasdam possessiones. 58

XXXII. — Ad Thiemonem Bambergensem episcopum. — De canonizatione sanctæ Cunegundis. 59

XXXIII. — Ad plebanos et universum clerum Castellanensis episcopatus. — Ut nomen Joannis patriarchæ Gradensis nomini ducis Venetiarum in benedictione cerei juxta antiquam consuetudinem ac dignitatem Gradensis patriarchæ, proferatur. 60

XXXIII bis. — Ad abbatem et conventum Dervensem. — Confirmatio ecclesiarum et jurium in diœcesi Trecensi. 61

XXXIII ter. — Ad eosdem. — Privilegium de Gigneio, et de ecclesiis in diœcesi Catalaunensi 61

XXXIV. — Ad universos archiepiscopos, episcopos, abbates. — Ut privilegia, abbati et conventui Fusniacensi concessa tueantur et defendant. 62

XXXV. — Ad Sandionysianos. — Ut dum terra Philippi regis Francorum interdicto sub acaet, liceat eis suppressa voce, januis clausis divina officia celebrare. 63

XXXVI. — Ad conventum S. Germani de Pratis.— Indulget eis, ut, tempore interdicti, duo vel tres eorum simul horas canonicas legere valeant. 64

XXXVII. — Ad archiepiscopos et episcopos per regnum Angliæ constitutos. — Varia privilegia concedit. 64

XXXVIII. — Ad nobilem mulierem Gelam. — Confirmat fundationem monasterii B. Mariæ de Sparmalia in Honkeuhet. 65

XXXIX. — Ad decanum et capitulum Remense. — Ut canonici Remenses communi convictui adhæreant. 66

XXXIX bis. — Armachinensi et Tuamensi archiepiscopis, universis episcopis, abbatibus, prioribus; et canonicis, ordinem Arroastensem in Hibernia professis. — Ut, secundum statuta ordinis Arroasiensis, ad anuum capitulum ejusdem loci unus saltem vel duo eorum accedere non postponant. 67

XL. — Forma in qua consulit dominus papa de divortio celebrando. 68

ANNO 1201.

XLI. — Ad canonicos S. Trinitatis Londoniensis. — Eos et eorum possessiones sub sua protectione suscipit. 69

XLII.— Ad Thaddæum abbatem et fratres monasterii de Ferraria Theanensis diœcesis.—Eorum privilegia confirmat. 70

XLIII. — Ad fratres S. Remigii Remensis. — Confirmatio de piscatura de Courmonsteruel et xx libris ceræ, et xx modiis vini illis ab archiepiscopo relaxatis. 74

XLIV.— Ad... episcopum Argentinensem.— Ut Ottoni imperatori electo faveat. v

XLV. — Ad Senonensem archiepiscopum. — Pro Clarembaldo Meldensis ecclesiæ cancellario. 75

XLVI. — Ad Odonem Parisiensem episcopum et abbatem Latiniacensem contra clericos Resbacenses. 76

XLVII. — Ad Petrum Senonensem archiepiscopum et abbatem S. Columbæ. — De institutione decanorum ruralium in ecclesia Meldensi. 77

XLVIII. — Ad Raymundum Nonantulanum abbatem. — Ejus electionem confirmat. 78

XLIX. — Ad decanum et archidiaconum Ambianenses. — Ut sententiam excommunicationis latam contra Burgenses sancti Audomari, pro injusta detentione cujusdam aquæ atque quarumdam paludum, ad ecclesiam sancti Bertini de jure spectantium, faciant usque ad condignam satisfactionem inviolabiliter observari. 80

L. — Ad abbates S. Petri, S. Mariæ, et de Tembach. — Ut sententiam in favorem monachorum de Cella Vilmari latam observari faciant. 81

LI. — Ad Andream Lundensem archiepiscopum.—Ejus ecclesiæ privilegia confirmat. 82

LII. — Ad Andream Acheruntinum archiepiscopum — Ecclesiæ Acheruntinæ privilegia confirmat. 84

LIII. — Ad Odonem Parisiensem episcopum. — Litem inter ipsum Odonem et abbatem Sanctæ Genovefæ Parisiensis de possessione juris parochialis in parochia de Monte diu agitatam dirimit, præfiniendo jura utriusque partis. 86

LIV. — Domestico Guillelmi Monspeliensis sacello privilegia confirmat. 90

ANNO 1202.

LV. — Ad universos archiepiscopos, episcopos, etc., per Franciam constitutos. — Pro monasterio Fusniacensi. 90

LVI. — Ad abbatem et canonicos S. Genovefæ Parisiensis. — Compositionem inter ipsorum et S. Victoris ecclesias super aqua Breviæ initam, auctoritate apostolica confirmat. 92

LVII. — Ad Gualterum Lunensem episcopum. — Ejus conventiones et permutationes cum canonicis Lunensibus, juraque omnia et possessiones Lunensis ecclesiæ confirmat. 92

LVIII. — Ad abbatem et conventum S. Bertini. Ut nullus in eos, vel ecclesias suas, aut capellanos suos servientes in eis, absque manifesta et rationabili causa, interdicti suspensionis vel excommunicationis sententiam audeat promulgare. 94

LIX. — Ad abbates de Blangelo et de Aleiaco et priorem de Hesdin. Ut sub minis censurarum ecclesiasticarum prohibeant canonicos Sancti Audomari divina celebrare, præsentibus burgensibus Sancti Audomari, excommunicatis ratione injuriarum illatarum abbati et conventui Sancti Bertini. 94

LX. — Ad Willelmum, archiepiscopum Remensem

Sanctæ Sabinæ cardinalem, A. S. L. abbatem S. Remigii, et decanum Remenses. — Ut excommunicationis sententiam contra burgenses Sancti Audomari juste latam, occasione ablatarum quarumdam paludum ad Bertinianos pertinentium, publicari faciant et observari. 95

LXI. — Ad Rothomagensem archiepiscopum et ejus suffraganeos. — Ut abbatiam de Lucerna adversus malefactores defendant et succurrant ei in angustiis. 96

ANNO 1203.

LXII. — Ad capitulum Arusiense. — Institutionem præbendarum confirmat. 96

LXIII. — Ad prælatos Bremenses. — Interfectores C. episcopi Wursburgensis anathematizat 97

LXIV. — Ad Engelbergensem et Murensem abbates. — Ut milites bona ecclesiæ Beronensis invadentes, ad damni illati compensationem adigant. 99

LXV. — Ad abbatem S. Columbæ, M. archidiaconum Senonensem et magistrum scholarum Aurelianensium. — Super procuratoribus et visitationibus episcopi Parisiensis. 100

LXVI. — Venerabili fratri, Ruthenensi episcopo, et dilectis filiis, Ippolito de Monte-Salvio, et priori Sancti Antonini, Ruthenensis diœceseos, salutem et apostolicam benedictionem. — Ut controversiam inter capitula S. Cæciliæ et S. Salvii Albiens. super ecclesiam S. Marcianæ diffiniant. 101

LXVII. — Ad Ruthenensem episcopum, præpositum de Monte-Salvio et priorem S. Antonini, Ruthenensis diœcesis. — Contra canonicos B. Salvii Albiensis. 101

LXVII bis. — Pelagii cardinalis tituli S. Cæciliæ epistola ad Guillelmum episcopum Albiensem. — Ejusdem argumenti. 102

LXVIII. — Ad abbatem et conventum S. Dionysii Parisiensis. — Ut clericorum villæ S. Dionysii, non obstante appellatione ab ipsis emissa, temeritatem compescant. 102

LXIX. — Fundationem collegiatæ ecclesiæ de Mirabello confirmat. 103

ANNO 1204.

LXX. — Gerungo, præposito ecclesiæ Omnium Sanctorum in Nigra-Silva, ordinis Præmonstratensis, Argentinensis diœceseos, ejusque fratribus in perpetuum. — Recipit eos sub protectione, et enumerantur bona ad ipsos spectantia. 103

LXXI. — Ad præpositum decanum et custodem Mindensem. — Pro canonicis S. Willehardi Bremensis. 104

LXXII. — Ad episcopum, præpositum et decanum Hildeshemensem. — Ut Bremenses canonicos ad exhibitionem privilegiorum ipsorum compellant. 105

LXXIII. — Ad episcopum Paderbornensem. — Ut bona ecclesiæ Bremensis, ab H. comite palatino Rheni invasa, archiepiscopo Bremensi restitui curet. 106

LXXIV. — Ad priorem de Charitate. — Approbat consuetudinem orandi pro malefactoribus. 107

LXXV. — Ad Adelam reginam Franciæ. — Ut possit sepeliri apud Pontiniacum. 108

LXXVI. — Ad regem Anglorum. — Prædicatoribus cum rege transfretantibus, equitandi facultatem concedit. 109

LXXVII. — Ad Amelinum Cenomanensem episcopum et abbatem de Persegnia, etc. — De reformatione ecclesiæ S. Martini Turonensis. 109

LXXVIII. — De episcopatu Carleonensi, ad instantiam Innocentii III papæ archiepiscopo Ragusino concesso. 110

LXXIX. — Ad abbatem Fusniacensem ejusque fratres in perpetuum. — Recipit eos sub protectione, et privilegia ipsis confirmat. 111

LXXX. — Ad electum decanum et archidiaconum Atrebatenses. — Ut nobilem virum, Philippum, comitem Namurcensem, et balluos balduini, Flandriæ comitis, per censuram ecclesiasticam compellant, ad, juxta promissionem eorum, conservandas libertates abbatis et conventus S. Bertini, et ad satisfactionem impendendam de damnis et injuriis illatis dictis abbati et conventui, occasione excommunicationis burgensium Sancti Audomari. 115

LXXXI. — Ad Joannem abbatem S. Bertini. — Conceditur ei facultas benedicendi pallas altarium, et sacerdotalia indumenta. 116

LXXXII. — Ad Petrum priorem et fratres S. Reparatæ Lucensis — Eorum jura possessionesque confirmat. 117

LXXXIII. — Ad abbatem et conventum S. Bertini. — Confirmat eis quasdam possessiones suas. 118

LXXXIV. — Ad abbatem S. Vincentii, archidiaconum et sacerdotem Silvanectenses. — Ut controversiam inter capitulum S. Franbaldi, comitem domni Martini, et alios, dirimant. 119

LXXXV. — Ad Laudensem archiepiscopum. — Concedit ut villicum quemdam absolvat. 119

LXXXVI. — Ad Stephanum abbatem monasterii de Los, ejusque fratres. — Recipiuntur sub protectione B. Petri, et enumerantur bona ad ipsos spectantia. 120

LXXXVII. — Ad abbatem S. Germani de Pratis. — Sententiam, qua Cœlestinus PP. III concessionem quarumdam ecclesiarum non vacantium certis clericis factam declaraverat irritam, auctoritate apostolica confirmat. 125

LXXXVIII. — Ad Oddonem abbatem et fratres monasterii S. Joannis in Venere. — Eorum privilegia confirmat. 125

LXXXIX. — Electionem Ecberti episcopi Bambergensis rejicit, eumque propria auctoritate consecrat. 129

LXXXIX bis. — Ad Ecbertum Bambergensem episcopum. — Pallium ei concedit. 130

XC. — Ad abbatem Massiliensem. — Usum mitræ concedit. 132

XCI. — Epistola P. sedis apostolicæ legati, ad canonicos Lingonenses. — De reliquiis sancti Mammantis martyris. 132

ANNO 1205.

XCII. — Ad abbatem et fratres monasterii Loci-Dei. — Eorum privilegia confirmat. 134

XCIII. — Ad abbatem S. Vincentii Silvanectensis ejusque fratres. — Ecclesiæ de Alvers possessionem ipsis confirmat. 138

XCIV. — Ad archiepiscopos, episcopos, etc., ad quos litteræ istæ pervenerint. — Ut abbates et fratres Præmonstratensis ordinis adversus malefactores et molestatores tueantur et defendant. 138

XCV. — Ad abbatem et conventum S. Vincentii Laudunensis. — Confirmatio bonorum. 140

XCVI. — Ad abbatem et conventum S. Vincentii Silvanectensis. — Compositionem inter ipsos et capitula S. Reguli ac Frambaldi, super redditubus quibusdam, a Petro quondam Atrebatensi episcopo et conjudicibus initam auctoritate apostolica confirmat. 144

XCVII. — Ad abbatem, priorem et cantorem S. Germani de Pratis Parisiensis. — Ut monasterii S. Dionysii molestatores compescant. 145

XCVIII. — Commissorium papale contra episcopum Ratisbon. Conradum IV, super molestatione domus feudalis. 146

XCIX. — Ad Guillelmum Remensem archiepiscopum. Privilegium de alienationibus revocandis monasterio S. Remigii concessum. 146

C. — Ad priorem Grandimontensem. — Ut illi liceat fratres absolvere qui ante assumptum religionis habitum excommunicationis sententiam incurrerunt. 147

CI. — Ad procuratores et fratres ecclesiæ Dominici Sepulchri. — De canonicis obedientiam tenentibus. 148

CII. — Ad clerum S. Mariæ Massiliensis. — Capellam quamdam illis asserit. 148

CIII. — Ad Henricum Argentinensem electum. — Confirmat ei jus patronatus in cella Vilmari. 149

CIV. — Ad fratres hospitalis S. Joannis Hierosolymitani. — Eorum possessiones in Bohemia et Moravia confirmat. 149

CV. — Ad Bonaccursium præpositum et fratres S. Ginesii Lucanæ diœcesis. — Eorum privilegia confirmat. 149

CV bis. — Ad abbatem Casinensem. — Concedit ut alienationes a prædecessore ipsius factas illi liceat, sublato appellationis obstaculo, revocare. 152

ANNO 1206.

CVI. — Ad Olomucensem episcopum. — Litteras quibus Premyslaus, rex Bohemorum, ecclesiæ Olomucensis libertates et immunitates adauxit, redditusque præpositura assignavit, confirmat. 153

CVII. — Ad fratres S. Joannis Hierosolymitani — Immunitates eis a Wladislao marchione in Moravia concessas, una cum possessionibus in Kaunice et capella in Birsowan confirmat. 155

CVIII. — Ad Hermannum abbatem et fratres ecclesiæ B. Mariæ in Sayna ordinis Præmonstratensis. — Eorum privilegia confirmat. 156

CIX. — Ad archiepiscopum et capitulum Narbonense. — De consecratione Fulconis episcopi Tolosani. 159

CX. — Monasterii S. Petri Carnotensis libertates immunitatesque confirmat, et jus eligendi abbatis solis ejusdem monasterii fratribus, vel certe saniori illorum parti concedit. 160

CXI. — Abbati et monachis S. Petri Carnotensis licentiam indulget ea in eorum jus revocandi quæ ab ipsorum dominio illicite abalienata esse constiterit. 160

CXII. — Ad archipresbyterum et Guidonem de Bagnolo canonicum Bononiensem. — Petitionem abbatis Nonantulani de primario lapide ad constructionem oratorii a pontifice mittendo, illis committit examinandam. 160

ANNO 1207.

CXIII. — Ad episcopum et archidiaconum Atrebatenses. — Ut de injuriis, a domino de Ardes abbati et conventui S. Bertini illatis, cognoscant. 160

CXIV. — Ad abbatem et conventum Compendiensem. — Compositionem, super parochia S. Germani Compendiensis, et aliis, inter ipsos et episcopum ac capitulum Suessionense auctoritate episcopi Parisiensis factam, confirmat. 161

CXV. — Ad capitulum Arusiense. — Confirmatio præbendarum tertiæ partis decimarum Giaf et juris in spiritualibus et aliis. 162

CXVI. — Ad decanum et majorem archidiaconum Parisiensem, et O. Scholasticum. — Concessio altarium de Driencourt, et de Villari in silva, et de Lupivivia. 162

CXVII. — Ad Ludovicum abbatem monasterii S. Vitonis Virdunensis, ejusque fratres. — Recipit eos sub protectione B. Petri, et enumerantur bona ad ipsos spectantia. 164

CXVIII. — Ad abbatem, et conventum S. Bertini. — Congratulatur eis quod generose receperint priorem et monachos Cantuariensis Ecclesiæ, quos crudelis persecutio propriis sedibus exsulare coegerat. 167

CXIX. — Ad Joannem abbatem S. Germani de Pratis, ejusque fratres in perpetuum. — Recipit eos sub protectione apostolica, et enumerantur bona ad eos spectantia. 169

CXX. — Ab abbatem et conventum Sancti Bertini. — Divisiones cantoriarum et persouatuum de Calais, et aliarum parochiarum, factas per judices ab apostolica sede delegatos, confirmat. 171

ANNO 1208.

CXXI-CXXII. — Privilegium quod procuratio prælatorum non transcendat valorem IV marcarum. 171

CXXIII. — Abbati Sancti Evurtii, decano Sancti Aviti, et archidiacono Aurelianensi. — Ut episcopum Cenomanensem, ad conservanda instrumenta pacis inter abbatem et conventum S. Dionysii ac vicecomitem Castrodum celebratæ, cogant. 172

CXXIV. — Ad abbatem et fratres Welegradenses. — Confirmat fundationem monasterii Welegradensis, juraque et regulas fratrum ejusdem stabilit. 173

CXXV. — Ad Petrum abbatem monasterii S. Mariæ Novi-Castri, ejusque fratres. — Recipit eos sub protectione, et enumerantur bona eorum. 176

CXXVI. — Ad abbatem et conventum Westmonasteriensem. — Omnibus qui annuatim ad Sancti Edwardi ecclesiam Westmonasterii accesserint, unius anni et quadraginta dierum indulgentiam concedit. 177

CXXVII. — Ad burgenses S. Remigii Remensis. — Privilegium de assisia. 178

CXXVIII. — Ad abbatem de Gerstvn, Henricum de Witin et Tutonem de Heiburch, plebanos Pataviensis diœcesis. — Causam quamdam monasterii Medlicensis, in qua ab episcopo Olomucensi minus æqua sententia prolata esse perhibebatur, de novo inquiri mandat. 178

CXXIX -- Ad Bartholomæum Theatinum episcopum. — Privilegia omnia Ecclesiæ Theatinæ a Rom. impp. et summis pontificibus indulta confirmat. 179

CXXX. — Ad abbatem et conventum S. Vedasti Atrebatensis. — Inhibet ne quis sine testimonio litterarum eorum pecuniam concedat mutuo alicui monachorum. 181

CXXXI. — Ad Odonem abbatem S. Vedasti ejusque fratres. — De confirmatione privilegiorum. 182

CXXXII. — Ad archiepiscopos et episcopos per Sardiniam constitutos. — Pro monasterio Casinensi. 185

CXXXIII. — Abbatiæ Casinensis privilegia confirmat. 185

CXXXIV. — Ad Jordanum Lexoviensem episcopum et abbates de Persennia et de Saviagneio. — Ut abbatibus et monachis S. Michaelis in Periculo Maris significet mandatum apostolicum de sui reformatione monasterii. 187

CXXXV. — Ad Joannem Anglorum regem. — De negotio archiepiscopi Cantuariensis. 188

CXXXVI. — Forma interdicti ab Innocentio III in Angliam constituta. 190

ANNO 1209.

CXXXVII. — Ad Arnoldum priorem et fratres Laberdowicenses. — Eorum possessiones et privilegia confirmat. 192

CXXXVIII. — Commissorium papale contra comitem de Plain et alios, pactum super summa pecuniæ episcopo Ratisponensi solvendæ initum impedientes. 193

CXXXIX. — Ad episcopum Ratisponensem. — Confirmatio privilegii a papa Cœlestino III anno 1192 concessi. 193

CXL. — Ad abbatem et fratres conventus SS. Cosmæ et Damiani de Monte. — Privilegiorum confirmatio. 194

CXLI. — Ad archidiaconum Fiscannensem. — Immunitates abbatiæ Fiscannensis confirmat. 194

CXLII. — Ad abbatem et conventum S. Remigii Remensis. — Privilegium per quod monasterium S. Remigii eximitur a debitis, nisi in utilitatem ejusdem monasterii convertantur. 195

ANNO 1210.

CXLIII. — Ad episcopum Misnensem. — Pro abbatissa Quedlimburgensi. 195

CXLIV. — Ad episcopos Galliæ. — De vitanda simonia in receptione monachorum aut sanctimonialium. 195

CXLV. — Ad abbatem, et conventum monasterii de Los. — Confirmat eis annuos redditus octo modiorum frumenti, quos Balduinus comes concesserat ecclesiæ de Laude, super tertiis et pratis de Haia et de Skelmis. 198

CXLVI. — Ad Bernardum abbatem et monachos S. Gregorii Basileensis diœceseos. — Ne præbendas in ipsorum ecclesia sæcularibus personis conferant. 199

CXLVII. — Ad abbatem et conventum S. Martini Glanderiensis. — Confirmatio bonorum. 199

CXLVIII. — Ad priorem et conventum de Noviaco. — Confirmatio pacis inter comitem Regitestensem, uxoremque ejus, et priorem ac conventum de Noviaco initæ. 200

CXLIX — Ad Conradum electum Mindensem. — Super electione Osnaburgensis episcopi Gerhardi in archiepiscopum Bremensem. 201

CL. — Ad Lubecensem et Livonensem episcopos. — Super eodem. 202

CLI. — Ad Gerhardum episcopum Osnaburgensem super ejusdem electione in archiepiscopum Bremensem. 203

CLII. — Ad archiepiscopum, decanum et capitulum Bituricense. — De canonizatione S. Guillelmi Bituricensis archiepiscopi. 203

CLIII. — Bulla pro monialibus Parci-Dominarum. 204

ANNO 1211.

CLIV. — Ad abbatem et conventum de Los. — De eodem argumento ac in epistola 145 supra. 206

CLV. — Ad Maurianensem episcopum et priorem Aquæ-Bellæ Maurianensis. — Pro monasterio Savilianensi. 206

CLVI. — Ad præpositum et fratres Ecclesiæ Sicliniensis. — De certis redditibus capituli de Siclinio distribuendis solis fratribus dicti capituli, qui omnibus officiis et celebritati missarum curaverint interesse. 207

CLVII. — Ad abbatem et fratres S. Wulmari. — Confirmat ipsis possessionem quorumdam bonorum. 208

CLVIII. — Ad præpositum et fratres ecclesiæ Marhacensis. — Recipit eos sub protectione, et enumerantur bona ad ipsos spectantia. 209

CLIX. — Ad archipresbyterum et capitulum Pisanum. — Ut Marsucco de Cajetanis, pontificis capellano, proventus ecclesiasticos ablatos restituant. 209

CLX. — Gerardi, Albanensis electi, apostolicæ sedis legati, ad præpositum et canonicos Placentinos. — Illis communem convictum præscribit. 210

CLXI. — Ad abbatem et conventum de Laude. — Confirmat quamdam compositionem factam inter monasteria de Laude, et de Sancto Salvio de Valentianis, relative ad possessiones dicti monasterii de Laude, apud Frangeres. 211

CLXII. — Ad abbatiæ conventum de Los. — Confirmat eis redditus annuos octo modiorum frumenti, quos illis dederat in eleemosynam Balduinus, comes Flandriæ et Hanoniæ. 211

CLXIII. — Ad præpositum et fratres S. Evasii de Casali. — Confirmatio privilegiorum. 212

CLXIV. — Ad regem Angliæ. — De intendendo ad succursum Terræ Sanctæ. 213

CLXV. — Privilegium pro parthenone S. Petri in Dichkirchen. 214

ANNO 1212.

CLXVI. — Ad episcopum et custodem Argentinensem. — Ut circa purgationem Reimboldi caute procedant. 214

CLXVII. — Ad G. presbyterum. — Donationem quamdam redditorum altari SS. Petri et Pauli, in ecclesia Silvanectensi, confirmat. 214
CLXVIII. — Ad archiepiscopum et capitulum Tyrense. — Pro Januensi capitulo. 215
CLXIX. — Ad rectorem ac fratres Hospitalis domus Dei de Pinchonio. — Recipit eos sub protectione B. Petri, et ipsorum possessiones confirmat. 216
CLXX. — Ad priorem Grandimontensem. 216
CLXXI. — Ad canonicos Marbacenses. — Possessionem quorumdam bonorum ipsis confirmat. 217
CLXXII. — Ad canonicos Pisanos. — Ut quindecim dierum labente spatio Marsuccum, clericum suum, ab ipsis e canonicorum albo erasum, pristinæ asserant dignitati. 217
CLXXIII. — Ad decanum et capitulum Bituricense. — De canonizatione S. Guillelmi Bituricensis archiepiscopi. 218
CLXXIV. — Ad decanum capitulumque S. Theobaldi Metensis. — Sub anathematis interminatione prohibet ne quis clericus majoris ecclesiæ in eorum ecclesia præbendam habere præsumat. 219

ANNO 1213.

CLXXV. — Ad patriarcham Jerosolymitanum, apostolicæ sedis legatum. — Pro capitulo Januensi. 219
CLXXVI. — Ad episcopum et capitulum Acconense. — Ejusdem argumenti. 220
CLXXVII. — Ad abbates S. Faronis et de Cavea et decanum Meldensem. — Dat eis provinciam inquirendi, num abbas Cluniacensis revera coactus fuerit per violentiam, ad conferendum prioratum de Benhardo filio Balivi comitis Nivernensis. 220
CLXXVIII. — Ad priorem et conventum monasterii de Noveio. — Recipiuntur sub protectione apostolica, et confirmantur ipsorum possessiones. 221
CLXXIX. — Ad decanum J. archidiaconum Noviomensem et cantorem Noviomensem. — Dat eis provinciam examinandi causam quæ erat inter W. de Avesnis, ex una parte, et Ecclesiam Lescien. ex altera, super quibusdam possessionibus. 222
CLXXX. — Monasterii S. Petri Carnotensis protectionem suscipit, possessionesque et privilegia confirmat. 224
CLXXXI. — Ad prælatos nobiles et populum Hiberniæ. — Ut perseverent in fidelitate regis Angliæ et hæredum suorum. 224
CLXXXII. — Ad abbatem S. Michaelis de Castro Brittonum. 224

ANNO 1214.

CLXXXIII. — Ad Pistoriensem episcopum et abbatem S. Trinitatis Florentinensium. — In causa quæ Soffredum inter Pistoriensem episcopum vertebatur et commune Pistorii super jurisdictione quorumdam castrorum. 225
CLXXXIV. — Ad abbatem et fratres S. Dionysii. — Eorum protectionem suscipit et possessiones confirmat. 226
CLXXXV. — Ad Joannem Anglorum regem. — Declarat quod rex vel capella sua interdici vel excommunicari non possit sine mandato sedis apostolicæ speciali. 226
CLXXXVI. — Ad eumdem. — De treuga inter reges Angliæ et Franciæ ineunda. 227
CLXXXVII. — Ad universum clerum Bremensis provinciæ. — Ut Waldemarum excommunicatum publice denuntient. 227
CLXXXVIII. — Ad populos Spoletani ducatus. — Ut Aldrovandino marchioni Estensi et Anconitano auxilium et favorem præbeant. 228
CLXXXIX. — Ad potestatem et populos Anconitanæ marchiæ. — Ut Aldrovandino marchioni Estensi et Anconitano obtemperent. 228
CXC. — Ad Philippum Francorum regem. — Usuras in suo regno in posterum rex non patiatur. 229
CXCI. — Ad magistrum et fratres militiæ Templi. — Ipsos a petitione abbatis ac monasterii Cluniacensis, super quemdam venditionis contractum, in quo prioratus de Charitate graviter læsus esse dicebatur, absolvit. 230
CXCII. — Ad episcopos et prælatos marchiæ Anconitanæ. — Ut consilium et auxilium præstent Aldrovandino marchioni Estensi et Anconitano, ad recuperandam eamdem marchiam. 232
CXCIII. — Ad populos marchiæ Anconitanæ. — Ut Aldrovandino marchioni Estensi et Anconitano morigeri sint et obsequentes. 233

CXCIV. — Ad priorem et monachos S. Mariæ de Campis Corbeliensis. — Eorum possessiones et privilegia confirmat. 234
CXCV. — Ad abbatem Cluniacensem. — Ut non obstantibus appellationibus a monachis suis, absque jure interpositis, eorum excessus castigare possit. 234
CXCVI. — Ad populum civitatis Asculanæ. — Ut Aldrovandino Estensi et Anconitano marchioni obedientiam præstare amplius non recusent. 235
CXCVII. — Ad Eustachium de Vesci. — Mandat ne rex Angliæ aliquid incommodi patiatur, propter discordiam jam tandem inter illum et barones sopitam. 236
CXCVIII. — Ad Nicolaum Tusculanensem episcopum. — De relaxatione interdicti. 237
CXCIX. — Epistola O. Coloniensis scholastici et sedis apostolicæ legati illustri comiti Namurcensi. — De variis crucis apparitionibus, dum crucem prædicaret, deque multitudine crucesignatorum in provincia Coloniensi. 238
CC. — Philippi II stabilimentum crucesignatorum. 239

ANNO 1215.

CCI. — Ad abbatem et conventum S. Dionysii. — Omnibus qui ad B. Dionysii reliquias venerandas devoti convenerint, quadraginta dies de injunctis sibi pœnitentiis relaxat. 241
CCII. — Ad Giroldum abbatem et conventum Cluniacensem. — Jus indulget eligendi et instituendi priorem in monasterio Charitatis. 242
CCIII. — Ad Magnardinum Imolensem episcopum. — Imolensis ecclesiæ privilegia confirmat. 242
CCIV. — Ad abbatem et conventum S. Bertini. — Confirmat eis quasdam possessiones. 244
CCV-CCVI. — Ad magnates Angliæ. — De pace reformanda inter regem et barones Angliæ. 245
CCVII. — Ad universos Ecclesiarum prælatos per Angliam constitutos. — Chartam regis Angliæ de electione libera universis et singulis Ecclesiis concessa, confirmat. 246
CCVIII. — Ad universos Angliæ magnates. — Ut solitum ab antiquo scutagium reddant Angliæ regi. 248
CCIX. — Episcopo Magalonensi in feudum dat comitatum Melgorii. 248
CCX. — Ad abbatem et fratres monasterii in Prule Ratisponensis diœcesis. — Ecclesias in Weihenloch et Talmassing eis asserit. 249
CCXI. — Ad abbatem et fratres cœnobii Cassinensis. — Varia ad eorum reformationem suggerit. 249
CCXII. — Ad consules Mutinenses. — Pro Nonantulanis. 253
CCXIII. — Ad episcopum Mutinensem. — Pro Nonantulanis. 253
CCXIV. — Ad abbatem et fratres S. Dionysii. — Ut eis liceat decimas et feoda de manibus detinentium recipere. 254
CCXV. — Ad abbatem, priorem et præpositum S. Eligii Noviomensis. — Compositionem inter priorem et conventum de Noviaco et comitem Regitestensem confirmat. 254

ANNO 1216.

CCXVI. — Ad Antissiodorensem episcopum. — De jurisdictione super abbatia S. Germani exercenda. 255
CCXVII. — Ad universos crucesignatos per Bremensem provinciam constitutos. 255
CCXVIII. — Parthenonis de Ostechotte protectionem suscipit ejusque bona et privilegia confirmat. 258
CCXIX. — Vetat ne G. clericus Bremensis diœceseos ab archiepiscopo Harturigo II olim depositus, in capitulum introducatur. 259
CCXX. — Ad Stephanum abbatem et conventum Casinensem. — Quod nullæ sint alienationes, inscia conventus saniori parte confectæ. 260
CCXXI. — Ad abbatem et conventum S. Dionysii. — De decimis a laicis redimendis. 260
CCXXII. — Ad abbatem et conventum S. Dionysii. — Indulget ut procurationes episcopis seu aliis prælatis non teneantur exhibere. 260
CCXXIII. — Ad abbatem et conventum S. Dionysii. — Donationes ipsis factas confirmat. 261
CCXXIV. — Frisonibus per Bremensem provinciam constitutis mandat, excommunicatum Waldemarum de eorum finibus ejiciant. 262
CCXXV. — Ad decanum S. Frambaldi, et Cantores S. Frambaldi et S. Reguli, Silvanectenses. — Ut sententiam ab episcopo Silvanectensi in favorem abbatis et conventus S. Dionysii, in causa quadam latam observari

faciant. 262
CCXXVI. — Ad abbatissam S. Mariæ de Acuis Massiliensis. — Protectionem ejus suscipit et ejus possessiones confirmat. 263
CCXXVII. — Ad abbatissam et sorores de Rysebiarq. — Earum possessiones et privilegia confirmat. 263
CCXXVIII. — Ad archiepiscopum... Sententiam excommunicationis ab A... præposito S. Willehaldi et T. de Walle canonico Bremensi contra episcopum... impetratam revocat, et pœnam contra dictum præpositum prolatam confirmat. 264
CCXXIX. — Ad abbatem et fratres S. Thomæ de Paracleto; eorum privilegia confirmat. 265
CCXXX. — Ad nobiles Upsallenses. — Gratias agit pro censu liberaliter et devote soluto. 265
CCXXXI. — Ad abbatem et conventum monasterii S. Vedasti Atrebatensis. — Confirmat eis libertatem, ipsis a Ludovico, Francorum regis filio primogenito, concessam, qua homines liberi monasterii eorum, per liberos abbatis homines judicentur. 266
CCXXXII. — Ad abbatem et fratres S. Tiberii. — Eorum possessiones et privilegia confirmat. 266

ANNO 1198-1216.

CCXXXIII. — Domini Innocentii expeditionis pro recuperanda Terra Sancta ordinatio. 269
CCXXXIV. — Ad universos archiepiscopos, episcopos, et alios ecclesiarum prælatos. — Contra falsatores et contra censores malignos. 273
CCXXXV. — Ad abbatem de Becco. — Ne loci diœcesanus contra personas monasterii inquirat. 275
CCXXXVI. — Ad eumdem. — Concedit facultatem ut ex pluribus cellis unam conficiat. 275
CCXXXVII. — Ad eumdem. — Concedit facultatem quosdam monachos ab irregularitate absolvendi. 275
CCXXXVIII. — Ad abbatem et fratres monasterii de Loco-Dei. 276
CCXXXIX. — Ad Rothomagensem archiepiscopum. — Increpat quod mandatum pontificium de beneficio, clerico cuidam conferendo, minus recte intellexerit. 276
CCXL. — Ad abbatem et conventum S. Michaelis de Terrascha. — Ut promissum R. clerico conferatur beneficium. 277
CCXLI. — Ad. Turritanensem archiepiscopum. — Ut monasterio Casinensi ecclesias quasdam restitui curet. 277

Epistolæ tres quæ sequuntur loco suo exciderant.
CCXLII. — Ad Guillelmum abbatem monasterii Glannafoliensis. — Possessiones et privilegia monasterii confirmat. 278
CCXLIII. — Ad universum clerum Bremensis provinciæ. — Ut Waldemarum excommunicatum publice denuntient. 280
CCXLIV. — Bulla pro Garino abbate S. Joannis in Valeia. 281

EPISTOLÆ VARIORUM AD INNOCENTIUM III.

I. — G. Lingonensis, R. Cabilonensis, episcoporum; G. de Cistercio, N. de Firmitate, G. de Pontiniaco, et O. de Claravalle, abbatum. — Pro militibus de Calatrava. 285
II. — Juramentum fidelitatis quod fecit Joannes de Ceccano Romanæ Ecclesiæ, pro tuendis et conservandis regalibus sancti Petri. 286
II bis. — De fidelitate et hominio Romanæ Ecclesiæ præstitis ab Andrea de Calviniaco, et custodia burgi Dolensis commissa eidem. 286
III. — Ottonis imperatoris pactum cum Adolfo archiepiscopo Coloniensi. 287
IV. — Regis Angliæ. — Orat ne ante peractum quinquennium Galfridus filius Petri peregrinetur. 288
V. — Henrici Hungariæ regis. — Contra quosdam qui constitutiones ab apostolicæ sedis legato promulgatas non admiserant. 289
VI. — Instrumentum de Castro Nympharum tradito domino papæ Innocentio III. 290
VII. — Henrici fratris imperatoris Constantinopolitani. — Qualiter debellatus et captus fuit imperator Balduinus. 292
VIII. — Ejusdem — Similis argumenti 294
IX — Philippi, Romanorum regis, promissa papæ. 295
X. — Philippi pactum cum Coloniensibus. 297
XI. — Philippi scriptum et legatio ad papam. 298
XII. — Instrumentum de homagio facto a comite Ildebrandino domino papæ Innocentio III. 298

XIII. — Philippi Augusti regis Francorum ad Innocentium papam III. — Declarat se nullam injuriam intulisse episcopo Cameracensi, nec adhærere Philippo imperatori adversus sedem apostolicam, sed posse fœdus inire cum adversariis Ottonis. 299
XIV. — Philippi regis Francorum. — Pro ecclesia Bituricensi. 500
XV. — P. comitis Antissiodorensis ad Innocentium papam tertium. — Declarat se tenere a comitissa Campaniæ Malliacum et Vitriacum. 500
XVI — Friderici II imp. cessio comitatus Fundani Innocentio III. 501
XVII. — Friderici II imp. promissio Innocentio III papæ. 501
XVIII. — Joannis Anglorum regis. — De conventione inter regem ipsum et reginam Berengariam quondam uxorem Ricardi regis 503
XIX. — Friderici II promissio de corona Siciliæ ab imperio separanda. 505
XX. — Joannis regis Anglorum. — Quæ sit baronum contumacia narrat nec non quod propter hanc causam iter in terram sanctam suscipere nequit. 506
XXI. — G. prioris Camaldulensis. — Monasterio suo in favillas redacto, commendatitias a pontifice petit litteras pro obtinendis a fidelibus subsidiis. 508

OPERUM INNOCENTII III PARS ALTERA. — SERMONES, OPUSCULA.

I. SERMONES.
Prologus. 509
SERMONES DE TEMPORE.
Sermo primus. — Dominica I Adventus Domini. 513
Sermo II. — In eadem Dominica. 519
Sermo III. — In eadem Dominica. 523
Sermo IV. — Dominica secunda in Adventu Domini. 527
Sermo V. — In eadem Dominica. 533
Sermo VI. — Dominica tertia in Adventu Domini. 537
Sermo VII. — In eadem Dominica. 541
Sermo VIII. — Dominica prima post Epiphaniam. 545
Sermo IX. — Dominica in Septuagesima. 551
Sermo X. — In eadem Dominica. 553
Sermo XI. — In die Cinerum seu capite jejunii. 557
Sermo XII. — In eodem die Cinerum. 367
Sermo XIII. — Dominica prima in quadragesima. 571
Sermo XIV. — In sabbato quatuor Temporum. 575
Sermo XV. — Dominica tertia in Quadragesima. 581
Sermo XVI. — Feria V post primam Dominicam Quadragesimæ. 585
Sermo XVII — Dominica quarta in Quadragesima. 589
Sermo XVIII. — Dominica *Lætare*, sive de Rosa. 595
Sermo XIX. — In cœna Domini. 597
Sermo XX. — Dominica prima post Pascha. 599
Sermo XXI. — Dominica secunda post Pascha. 403
Sermo XXII. — In solemnitate Ascensionis Domini nostri Jesu Christi. 409
Sermo XXIII. — In solemnitate sanctæ Pentecostes. 415
Sermo XXIV. — In eadem solemnitate. 419
Sermo XXV. — In eadem solemnitate. 421
Sermo XXVI. — Dominica nona post octavam Pentecostes. 427
Sermo XXVII. — In solemnitate dedicationis ecclesiæ. 433
Sermo XXVIII. — In consecratione altaris. 439
Sermo XXIX. — In eadem solemnitate enarratio evangelicæ lectionis. 441

SERMONES DE SANCTIS.

Sermo primus. — In Nativitate Domini. 451
Sermo II. — In eadem solemnitate. 455
Sermo III. — In eadem solemnitate. 559
Sermo IV. — In Circumcisione Domini. 463
Sermo V. — De Resurrectione Domini. 469
Sermo VI. — Dominicalis. 473
Sermo VII. — In festo D. Silvestri pontificis maximi. 481
Sermo VIII. — In solemnitate Apparitionis Domini nostri Jesu Christi. 485
Sermo IX. — In festo Conversionis D. Pauli apostoli. 489
Sermo X. — In eodem festo. 495
Sermo XI. — In Nativitate Sanctæ Mariæ. 497
Sermo XII. — In solemnitate Purificationis gloriosissi-

QUÆ IN HOC TOMO CONTINENTUR.

mæ semper Virginis Mariæ. 505
Sermo XIII. — In festo D. Gregorii papæ, hujus nominis I. 513
Sermo XIV. — In solemnitate Annuntiationis B. Mariæ. 521
Sermo XV. — In die sancto Parasceves. 525
Sermo XVI. — In solemnitate S. Joannis Baptistæ. 529
Sermo XVII. — In eodem festo. 533
Sermo XVIII. — In eodem festo. 539
Sermo XIX. — In eodem festo. 541
Sermo XX. — In festo Beati Petri. 545
Sermo XXI. — In solemnitate D. apostolorum Petri et Pauli. 547
Sermo XXII. — In eadem solemnitate. 555
Sermo XXIII. — In solemnitate beatissimæ Mariæ Magdalenæ. 557
Sermo XXIV. — In festo B. Petri ad Vincula 561
Sermo XXV. — In festo D. Laurentii martyris. 565
Sermo XXVI. — In eodem festo. 571
Sermo XXVII. — In solemnitate Assumptionis B. Mariæ. 575
Sermo XXVIII. — In eadem solemnitate. 581
Sermo XXIX. — In solemnitate Nativitatis B. Mariæ. 585
Sermo XXX. — In solemnitate Omnium Sanctorum. 587
Sermo XXXI. — In eadem solemnitate, habitus in monasterio Sublacensi. 589
SERMONES IN NATALITIIS ET FESTIS SS. APOSTOLORUM, ETC.
Sermo I. — De apostolis. 595
Sermo II. — In communi Apostolorum. 601
Sermo III. — In communi de Evangelistis. 605
Sermo IV. — In communi de uno martyre. 609
Sermo V. — In communi de uno martyre 613
Sermo VI. — In communi martyrum plurimorum. 617
Sermo VII. — In communi martyrum plurimorum. 621
Sermo VIII. — In festo plurimorum martyrum. 627
Sermo IX. — In festo martyrum. 633
Sermo X. — In communi de uno confessore. 639
Sermo XI. — In festo confessorum. 641
Sermo XII. — In communi de una virgine. 645
SERMONES DE DIVERSIS.
Sermo I. — In consecratione pontificis. 649
Sermo II. — In consecratione pontificis maximi. 655
Sermo III. — In consecratione pontificis. 659
Sermo IV. — In consecratione pontificis. 665
Sermo V. — Ad claustrales. 671
Sermo VI. — In concilio generali Lateranensi habitus. 675
Sermo VII. — In concilio generali Lateranensi habitus. 679
Sermo magistri Romani cardinalis. — De pœnitentia. 687

II. OPUSCULA.
DIALOGUS INTER DEUM ET PECCATOREM.
Monitum. 691
Incipit Dialogus inter Deum et peccatorem. 691
DE CONTEMPTU MUNDI.
LIBER PRIMUS.
Prologus. 701
Caput primum. — De miserabili humanæ conditionis ingressu. 701
Cap. II. De vilitate materiæ ipsius hominis. 703
Cap. III. Divisio conceptionis. 703
Cap. IV. De conceptione infantis. 703
Cap. V. Quali cibo conceptus nutriatur in utero. 704
Cap. VI. De imbecillitate infantis. 704
Cap. VII. De dolore partus et ejulatu infantis. 705
Cap. VIII. De nuditate hominis. 705
Cap. IX. Quem fructum homo producit. 705
Cap. X. De incommodis senectutis et brevitate vitæ hominis. 706
Cap. XI. De incommodis senectutis. 706
Cap. XII. De labore mortalium. 706
Cap. XIII. De studio sapientum. 707
Cap. XIV. De variis studiis hominum. 707
Cap. XV. De diversis anxietatibus. 708
Cap. XVI. De miseria divitis et pauperis. 708
Cap. XVII — De miseria servorum et dominorum. 709
Cap. XVIII. — De miseria continentis et conjugati. 709
Cap. XIX. — De miseria bonorum et malorum. 711
Cap. XX. — De hostibus hominis. 712
Cap. XXI. — De carcere animæ, quod est corpus. 713
Cap. XXII. — De brevi lætitia hominis. 713
Cap. XXIII. — De inopinato dolore. 713

Cap. XXIV. — De vicinitate mortis. 713
Cap. XXV. — De terrore somniorum. 714
Cap. XXVI. — De compassione amicorum. 714
Cap. XXVII. — De subitis infortuniis. 715
Cap. XXVIII. — De innumerabilibus speciebus ægritudinum. 715
Cap. XXIX. — De diversis generibus tormentorum. 715
Cap. XXX. — De quodam horrendo facinore, scilicet quod quædam mulier comedit infantem suum. 716
Cap. XXXI. — Quod quandoque punitur innocens, et nocens absolvitur. 716
LIBER SECUNDUS.
Caput primum. — Quænam soleant homines communiter affectare. 717
Cap. II. — De cupiditate. 717
Cap. III. — De iniquis muneribus. 717
Cap. IV. — De acceptione personarum. 718
Cap. V. — De venditione justitiæ. 719
Cap. VI — De insatiabili desiderio cupidorum. 719
Cap. VII. — Quare cupidus satiari non potest. 720
Cap. VIII. — De falso nomine divitiarum. 720
Cap. IX. — Exempla contra cupiditatem. 720
Cap. X. — De superflua sollicitudine cupidorum. 720
Cap. XI. — De avaritia. 721
Cap. XII. — Cur avaritia sit servitus idolorum. 721
Cap. XIII. — De quibusdam proprietatibus avaritiæ. 721
Cap. XIV. — De iniqua possessione divitiarum. 722
Cap. XV. — De licitis opibus. 722
Cap. XVI. — De incertitudine divitiarum. 725
Cap. XVII. — De gula. 725
Cap. XVIII. — Exempla contra gulam. 724
Cap. XIX. — De ebrietate. 724
Cap. XX — Exempla contra ebrietatem. 724
Cap. XXI. — De luxuria. 725
Cap. XXII. — De generalitate luxuriæ. 725
Cap. XXIII. — De diversis speciebus luxuriæ et pœnis earum. 725
Cap. XXIV. — De coitu contra naturam 726
Cap. XXV. — De pœna hujus sceleris. 726
Cap. XXVI — De ambitioso. 727
Cap. XXVII. — De nimia concupiscentia ambitiosorum. 727
Cap. XXVIII. — De ambitionis exemplo. 727
Cap. XXIX. — De brevi et misera vita magnatum. 728
Cap. XXX. — De diversis proprietatibus superborum. 728
Cap. XXXI. — De superbia et casu Luciferi. 729
Cap. XXXII. — De arrogantia hominum. 729
Cap. XXXIII. — De abominatione superbiæ. 730
Cap. XXXIV. — Contra arrogantiam superborum. 730
Cap. XXXV. — Contra fraudem ambitiosorum exemplum. 731
Cap. XXXVI. — De proprietatibus arrogantium. 731
Cap. XXXVII. — De superfluo cultu. 732
Cap. XXXVIII. — Contra superfluum ornatum. 732
Cap. XXXIX. — Quam plus defertur vestibus quam virtutibus 733
Cap. XL. — De fucatione colorum. 733
Cap. XLI. — De immunditia cordis. 734
Cap. XLII. — De doloribus, quos mali patiuntur in morte. 734
Cap. XLIII. — De adventu Christi ad diem mortis cujuslibet hominis. 736
LIBER TERTIUS.
Caput primum. — De putredine cadaverum. 735
Cap. II. — De tristi memoria damnatorum. 737
Cap. III. — De inutili pœnitentia damnatorum. 737
Cap. IV. — De pœnis inferni diversis. 738
Cap. V. — De ineffabili angustia damnatorum. 739
Cap. VI. — De igne gehennali. 739
Cap. VII. — De tenebris inferni. 739
Cap. VIII. — De confusione pœnarum. 740
Cap. IX. — De indeficientia tormentorum. 740
Cap. X. — Cur reprobi nunquam liberabuntur a pœnis. 741
Cap. XI. — Testimonia de suppliciis æternalibus. 742
Cap. XII. — De die judicii. 742
Cap. XIII. — De judicium præcedente tribulatione. 743
Cap. XIV. — De signis judicium præcedentibus. 743
Cap. XV. — De potentia, sapientia et justitia judicis. 744
Cap. XVI. — De divino judicio. 745
Cap. XVII. — Quod nihil proderit damnatis. 746

ORDO RERUM

LIBELLUS DE ELEEMOSYNA.
Caput primum. — Date eleemosynam et ecce omnia munda sunt vobis. 747
Cap. II. — Effectus eleemosynæ ex sacræ Scripturæ testimoniis multifariam probari. 748
Cap. III. — Eleemosynam in peccatis factam non valere ad meritum, nec suum effectum sortiri, esse tamen præparatoriam ad gratiam Dei consequendam. 750
Cap. IV. — Eleemosynam jejunio et oratione esse meliorem, nec quemquam ab ea excusari. 752
Cap. V. — Eleemosynæ faciendæ quisnam debeat esse ordo, modus, causa et finis. 755
Cap. VI. — Ad eleemosynam sicut ad quodlibet bonum opus, necessario requiri perseverantiam. 759
ENCOMIUM CHARITATIS. 761
MYSTERIORUM EVANGELICÆ LEGIS ET SACRAMENTI EUCHARISTIÆ LIBRI SEX.
Ordo missæ. 763
De sacro altaris mysterio.
Prologus. 773
LIBER PRIMUS.
Caput primum. — De sex ordinibus clericorum. 775
Cap. II. — De primiceriis et cantoribus. 775
Cap. III. — De acolythis, quod sit eorum ministerium. 775
Cap. IV. — De subdiaconibus. 776
Cap. V. — De diaconibus. 776
Cap. VI. — De minoribus et majoribus sacerdotibus. 777
Cap. VII. De significatione nominum episcopi et presbyteri. 777
Cap. VIII. — De primatu romani pontificis. 778
Cap. IX. — De convenientia et differentia potestatum inter episcopos et presbyteros. 779
Cap. X. — De communibus et specialibus indumentis pontificum et sacerdotum. 780
Cap. XI. — De legalibus indumentis secundum historiam. 781
Cap. XII. — De typo legalium indumentorum secundum allegoriam. 782
Cap. XIII. — De vestibus legalibus secundum tropologiam. 783
Cap. XIV. — De linea. 783
Cap. XV — De zona. 783
Cap. XVI. — De tunica. 783
Cap. XVII. — De malagranatis et tintinnabulis aureis. 784
Cap. XVIII. — De superhumerali. 784
Cap. XIX. — De duabus oris. 784
Cap. XX. — De duobus onychinis. 784
Cap. XXI. — De duodecim nominibus filiorum Israel. 784
Cap. XXII. — De duabus catenulis. 784
Cap. XXIII. — De duobus uncinis. 785
Cap. XXIV. — De rationali. 785
Cap. XXV. — De quadratura rationalis, et duplicitate. 785
Cap. XXVI. — De quatuor ordinibus lapidum. 785
Cap. XXVII. — De duodecim lapidibus. 785
Cap. XXVIII. — De cydari. 785
Cap. XXIX. — De lamina aurea. 785
Cap. XXX. — De nomine Domini tetragrammaton. 786
Cap. XXXI. — De varietate operis. 786
Cap. XXXII. — De quatuor coloribus. 786
Cap. XXXIII. — De vestibus evangelici sacerdotis 886
Cap. XXXIV. — De pontificalibus indumentis, secundum quod Christo conveniunt. 787
Cap. XXXV. — De amictu. 787
Cap. XXXVI. — De alba. 787
Cap. XXXVII. — De cingulo et succinctorio. 788
Cap. XXXVIII. — De stola. 788
Cap. XXXIX. — De tunica. 788
Cap. XL. — De dalmatica. 789
Cap. XLI. — De chirothecis. 789
Cap. XLII. — De planeta, ubi etiam agitur de anteriori et posteriori parte planetæ. 789
Cap. XLIII. — De manipulo. 790
Cap. XLIV. — De mitra. 790
Cap. XLV. — De baculo. 790
Cap. XLVI. — De annulo. 790
Cap. XLVII. — De quinque psalmis. 791
Cap. XLVIII. — De pontificalibus indumentis, secundum quod membris conveniunt, ubi agitur de caligis et sandaliis. 792
Cap. XLIX. — De ablutione manuum. 792
Cap. L. — De amictu, ubi agitur de duobus vasculis, quibus amictus ante pectus ligatur. 792
Cap. LI — De alba 793
Cap. LII. — De zona et succinctorio. 793
Cap. LIII. — Quare Romanus pontifex post albam orale, et post orale crucem assumat. 793
Cap. LIV. — De stola. 794
Cap. LV. — De tunica. 794
Cap. LVI. — De dalmatica. 794
Cap. LVII. — De chirothecis. 795
Cap. LVIII. — De planeta. 795
Cap. LIX. — De manipulo. 795
Cap. LX. — De mitra. 796
Cap. LXI. — De annulo. 796
Cap. LXII. — De baculo, et quare summus pontifex pastorali virga non utitur. 796
Cap. LXIII. — De pallio, ubi materia et forma secundum mysterium exponuntur. 797
Cap. LXIV. — De armatura virtutum. 799
Cap. LXV. — De quatuor coloribus principalibus, quibus secundum proprietates dierum vestes sunt distinguendæ. 799
LIBER SECUNDUS.
Caput primum. — De accessu pontificis ad altare. 801
Cap. II. — De presbytero et diacono qui deducunt pontificem hinc inde. 801
Cap. III. — De subdiacono qui præcedit, clausum portans codicem Evangelii. 802
Cap. IV. — De pontifice qui pervenit ad altare. 803
Cap. V. — De processione Romani pontificis a secretario ad altare. 803
Cap. VI. — De duobus diaconis, qui ducunt pontificem. 803
Cap. VII. — De mappula, quæ portatur super pontificem, quatuor baculis colligata. 804
Cap. VIII. — De cereis et incenso. 804
Cap. IX. — De igne quem manipulo stuppæ pontifex apponit in choro. 804
Cap. X. — De primicerio, qui pontificis dextrum humerum osculatur. 805
Cap. XI. — De tribus sacerdotibus qui coram altari reverenter inclinant, os et pectus pontificis osculantes. 805
Cap. XII. — De processionis dispositione. 805
Cap. XIII. — De confessione et pectoris tunsione, in qua tria notantur, ictus, tactus et sonus. 806
Cap. XIV. — De incenso, quod sacerdos repræsentat in capsula, et episcopus apponit thuribulo. 806
Cap. XV. — De triplici osculo, videlicet oris, altaris et pectoris. 807
Cap. XVI. — De thurificatione, qua pontifex incensat altare et sacerdos episcopum. 807
Cap. XVII. — De forma thuribuli, et de duplici causa thurificandi, spirituali et litterali. 808
Cap. XVIII. — De antiphona quæ dicitur ad introitum, et cur ipsa repetitur, interposita gloria Trinitatis, et quis eam cantari constituit. 808
Cap XIX — De *Kyrie eleison*, et quare novies decantatur et quare sex vicibus dicitur *Kyrie eleison*, et tribus *Christe eleison*. 809
Cap. XX. — De *Gloria in excelsis*, et de triplici pace, et quis hymnum angelicum cantari ad missam constituit. 810
Cap. XXI. — De candelabris et cruce, quæ super medio collocantur altaris 811
Cap. XXII. — De mutatione sacerdotis ab una parte ad aliam. 811
Cap. XXIII. — De depositione mitræ pontificis 812
Cap XXIV. — De salutatione pontificis et sacerdotis ad populum. 812
Cap. XXV. — Ut sacerdos non minus quam duobus præsentibus debeat celebrare. 812
Cap. XXVI. — De oratione et conclusione. 813
Cap XXVII. — Quare orationes dicantur collectæ, et quot sunt in missa dicendæ. 814
Cap. XXVIII. — De extensione manuum sacerdotis in missa. 815
Cap. XXIX. — De epistola quæ præmittitur Evangelio. 816
Cap. XXX. — De reverentia quam subdiaconus exhibet episcopo post lectam epistolam. 817
Cap. XXXI. — De graduali. 817
Cap. XXXII. — De *Alleluia*. 818
Cap. XXXIII. — De versu qualis esse debeat, et qualiter interponatur. 819
Cap. XXXIV. — De sacerdotis consessu, dum epistola legitur, et graduale cantatur. 820
Cap. XXXV. — De mutatione sacerdotis ab una parte altaris ad aliam, cum lecturus est Evangelium. 820
Cap. XXXVI. — Quare diaconus, qui lecturus est Evangelium, dextram pontificis osculatur. 820

Cap. XXXVII. — Quando manus et pedes summi pontificis debeant osculari. 821
Cap. XXXVIII. — De benedictione quam diaconus petit et accipit. 821
Cap. XXXIX. — De susceptione cordis Evangelii de altari. 822
Cap. XL. — De his qui præcedunt diaconum cum cereis et incenso. 822
Cap. XLI. — Qualiter subdiaconus in eundo sequitur, et in redeundo præcedit, referens Evangelium. 823
Cap. XLII. — Quare diaconus per unam partem ascendit in pulpitum, et per aliam descendit. 823
Cap. XLIII. — Quare versus aquilonem legitur Evangelium. 824
Cap. XLIV. — De crucis mysterio, et de multiplici ejus effectu. 824
Cap. XLV. — Quomodo signum crucis sit exprimendum. 825
Cap. XLVI. — De salutatione quæ præmittitur Evangelio. 826
Cap. XLVII. — De præeminentia Evangelii. 826
Cap XLVIII. — Quare post Evangelium liber et thuribulum ad episcopum reportantur. 826
Cap. XLIX. — De Symbolo, quod post Evangelium cantatur. 827
Cap. L. — De duodecim partibus utriusque Symboli, tam apostolici quam Constantinopolitani. 827
Cap. LI. — Quibus diebus Symbolum sit dicendum in missa. 829
Ca . LII. — A quibus, et ubi Symbolum sit cantandum. 830
Cap. LIII. — De offertorio. 830
Cap. LIV. De silentio post offertorium. 831
Cap. LV. — De ablutione manuum antequam sacrificium offeratur. 831
Cap. LVI. — De corporalibus, et quare una pars extenditur et altera complicatur. 832
Cap. LVII. — De oblatione et incenso, et quare sacerdos tertio circumducit et reducit incensum, et quare totum undique incensatur altare. 832
Cap. LVIII. — De modo et ordine sacrificium offerendi, et de commistione aquæ et vini. 833
Cap. LIX. — De patena, super quam sacrificium panis offertur. 834
Cap. LX. — De sacerdotis inclinatione. 834
Cap. LXI. — De præfatione. 835
Cap. LXII. — De expositione præfationis ejusdem. 836

LIBER TERTIUS.
Caput primum. — De silentio post præfationem. 839
Cap. II. — De his quorum memoria co itur in secreta. 840
Cap. III. — De tribus signis quæ fiunt super oblatam et calicem. 841
Cap. IV. — De tribus sacrificiis Ecclesiæ. 842
Cap. V. — Pro quibus sacrificium offeratur. 843
Cap. VI. — In quo loco debeant vivorum nomina recitari. 845
Cap. VII. — De tribus bonis pro quibus sacrificium laudis offertur : temporalibus, spiritualibus et æternis. 846
Cap. VIII. — Quod sacrificium altaris æqualiter offertur toti Trinitati. 847
Cap. IX. — De trina commemoratione sanctorum, quæ fit in canone. 848
Cap. X. — Quare non fit commemoratio confessorum in canone. 849
Cap. XI. — Quod sacrificium soli Deo offerendum sit, unde distinguuntur duæ species servitutis. 849
Cap. XII. — De quinque signis quæ fiunt secundo super oblatam et calicem, et de Christi venditione ; de persona venditoris et vendit.i et ementis. 850

LIBER QUARTUS.
Caput primum. — De sacramento Eucharistiæ. 851
Cap. II. — De diversis figuris Eucharistiæ, quæ præcesserunt in Veteri Testamento. 853
Cap. III. — De sacramento corporis et sanguinis constitutum est sub specie panis et vini. 854
Cap. IV. — De azymo et fermentato pane. 854
Cap. V. — De tribus verbis quæ formæ consecrationis videntur adjecta. 858
Cap. VI. — Quomodo Christus confecit, et sub qua forma. 859
Cap VII. — De veritate corporis et sanguinis Christi sub specie panis et vini. 859
Cap. VIII. — Quod sub tota forma totum corpus exsistit. 861
Cap. IX. — De fractione, ubi dicitur, quare fractio fiat et attri io. 861
Cap. X. — De confessione Berengarii. 862
Cap. XI. — Quid etiam a mure comeditur, cum sacramentum corroditur. 863
Cap. XII — Quale corpus Christus dedit in cœna. 863
Cap. XIII. — Utrum Judas accepit. 864
Cap. XIV. — De duobus modis Eucharistiam comedendi. 866
Cap. XV. — Quid fiat de corpore Christi, postquam fuerit sumptum et comestum. 867
Cap. XVI. — Quod si secessus aut vomitus post solam Eucharistiæ perceptionem eveniat. 867
Cap. XVII. — Quando fiat transsubstantiatio. 868
Cap. XVIII. — De forma verborum. 869
Cap. XIX. — Utrum panis transsubstantietur in Christum 869
Cap. XX. — De modo transsubstantiationis. 870
Cap. XXI. — Cur Eucharistia sub duplici specie consecratur. 871
Cap. XXII. — Utrum panis sine vino, vel vinum sine pane valeat consecrari. 872
Cap. XXIII. — Quæritur utrum, necessitate cogente, vel casu intercedente, sola panis materia possit in Eucharistiam consecrari. 873
Cap. XXIV. — Cautela quando sacerdos post consecrationem invenit prætermissum vinum. 873
Cap. XXV. — De diversis sacerdotibus super eamdem hostiam celebrantibus. 873
Cap XXVI. — De hora institutionis. 874
Cap. XXVII. — Quod corpus Christi totum est in pluribus locis simul. 875
Cap. XXVIII. — Quare sanguis Christi dicatur novum Testamentum. 875
Cap. XXIX. — Utrum aqua cum vino convertatur in sanguinem. 875
Cap. XXX. — Utrum Christus resurgens sanguinem resumpsit quem effudit in cruce. 876
Cap. XXXI. — De vino post consecrationem admisto. 877
Cap. XXXII. — Utrum vinum sine aqua consecretur in sanguinem. 877
Cap. XXXIII. — Utrum fermentatum transsubstantietur. 878
Cap. XXXIV. — Quare sub alia specie sumitur Eucharistia. 878
Cap. XXXV. — Quod sacramentum altaris simul est veritas et figura. 878
Cap. XXXVI. — De sacramento et re sacramenti. 879
Cap. XXXVII. — Quod species panis et vini duabus ex causis intelligitur sacramentum. 880
Cap. XXXVIII. — Utrum forma panis et vini, vel species accidentis et veritas corporis divisa sint sacramenta. 880
Cap. XXXIX. — De distinctione signorum, ubi ostenditur, quod sacramentum active et passive dicitur. 881
Cap. XL. — Quod sacramentum consistit in tribus, in rebus, factis et verbis. 882
Cap. XLI. — Quod sanguis Christi dupliciter intelligitur in remissionem peccatorum effusus. 882
Cap. XLII. — Quod sumptio Eucharistiæ non est nimium differenda. 882
Cap. XLIII. — Quod sacramentum altaris est commemoratio mortis Christi. 883
Cap. XLIV. — De diversis causis institutionis. 884

LIBER QUINTUS.
Caput primum. — De signis quæ tertio loco fiunt super oblatam et calicem. 885
Cap. II — Quare post consecrationem signa super Eucharistiam fiunt. 887
Cap. III. — De figuris Novi Testamenti quæ præcesserunt in Veteri Testamento. 889
Cap. IV. — De signis quæ quarto loco fiunt super oblatam et calicem. 890
Cap. V. — De ministerio angelorum qui semper in sacrificio præsentes exsistunt. 891
Cap. VI. — De secunda commemoratione sanctorum. 893
Cap. VII. — De signis quæ quinto loco fiunt super corpus et sanguinem, et in latere calicis. 893
Cap. VIII. — De extensione manuum Salvatoris in cruce. 894
Cap. IX. — De tribus cruciatibus quos Christus sustinuit. 894
Cap. X. — De aqua et sanguine quæ de latere Christi fluxerunt. 895
Cap. XI. — De scissione veli. 895
Cap. XII. — De sepultura Christi et sacrificii exaltatione. 895

Cap. XIII. — Ostenditur quare diaconus mensam altaris et armum pontificis osculatur. 895
Cap. XIV. — Epilogus de numero et ratione signorum quæ fiunt super oblatam et calicem. 895
Cap. XV. — De vocis expressione et pectoris tunsione. 897
Cap. XVI. — De oratione Dominica, ubi agitur de dignitate orationis et ad quid valeat. 897
Cap. XVII. — De numero et ordine petitionum. 898
Cap. XVIII. — De adaptatione septem petitionum et septem donorum. 898
Cap. XIX. — De captatione benevolentiæ. 899
Cap. XX. — De triplici malo a quo petimus liberari. 900
Cap. XXI. — De diversis tentationibus, in quas petimus non induci. 900
Cap. XXII. — De tribus debitis, quæ petimus nobis dimitti. 901
Cap. XXIII. — De quinque panibus quos petimus nobis dari. 901
Cap. XXIV. — De voluntate Dei, quam in terra sicut in cœlo fieri postulamus. 905
Cap. XXV. — De regno Dei, quod petimus advenire. 904
Cap. XXVI. — De sanctificatione nominis. 904
Cap. XXVII. — De duplici ordine. 905
Cap. XXVIII. — De silentio post orationem Dominicam. 906

LIBER SEXTUS.
Caput primum. — De resumptione patenæ, quam sacerdos accipiens osculatur. 907
Cap. II. — De fractione hostiæ, cujus particulam sacerdos mittit in calicem. 907
Cap. III. — Quid significent partes illæ quæ fiunt de sacrificio. 907
Cap. IV. — De *agnus Dei*. 908
Cap. V. — De osculo pacis. 909
Cap. VI. — De diversis osculis quæ dantur in missa. 909
Cap. VII. — Quare episcopus subdiaconum et diaconum communicat. 910
Cap. VIII. — De ablutione manuum post Eucharistiæ sumptionem. 910
Cap. IX. — Quod Romanus pontifex alium in communicando morem observat. 911
Cap. X. — De postcommunione. 912
Cap. XI. — De oratione novissima. 912
Cap. XII. — Unde dicitur missa. 912
Cap. XIII. — Quare sacerdos pontificis humerum osculatur. 913
Cap. XIV. — De benedictione novissima. 914
Libelli conclusio. 914
De beatissima Virgine Maria et filio ejus Jesu Christo encomium. 915
De vita et passione Domini nostri Jesu Christi, orationes tres efficacissimæ, qui contrite et devote eas legentibus plurimas contulit remissiones et indulgentias. 915
Orationes tres de omnibus sanctis pro defensione et tranquillitate catholicæ et orthodoxæ Ecclesiæ 917
Hymnus de Christo et beatissima Virgine Maria matre ejus : ad quem certas et magnas contulit remissiones et indulgentias. 917
Liber de quadripartita specie nuptiarum. 921
Epithalamium in laudem sponsi et sponsæ. 949
DUBIORUM APPENDIX.
COMMENTARIUM IN SEPTEM PSALMOS POENITENTIALES.
Procemium. 967
Elucidatio primi psalmi pœnitentialis. 985
Elucidatio secundi psalmi pœnitentialis. 1005
Elucidatio psalmi tertii pœnitentialis. 1027
Elucidatio quarti psalmi pœnitentialis. 1051
Elucidatio psalmi pœnitentialis quinti. 1079
Elucidatio sexti pœnitentialis psalmi. 1109
Elucidatio septimi psalmi pœnitentialis. 1117
REGULA ORDINIS S. SPIRITUS DE SAXIA ab Innocentio III, ut videtur, fundati.
Observatio critica. 1129
Regula ordinis S. Spiritus fundamentum. 1137
Caput primum. — Sancti Spiritus adsit nobis gratia. 1137
Cap. II. — De promissione novitiorum. 1137
Cap. III. — De receptione novitiorum. 1157
Cap. IV. — Qualiter societas nostra petentibus detur. 1159
Cap. V. — Quando aliquis offertur in pueritia in devotione paterna. 1140

Cap. VI. — Quid fratres ex debito quærere debeant et non amplius. 1140
Cap. VII. — Quid et a quo portetur ad mensam. 1140
Cap. VIII. — Versus mensæ, nisi clerici sint præsentes, ita fiat. 1140
Cap. IX. — De lectore ad mensam. 1141
Cap. X. — Ut non comedant nisi bis in die. 1141
Cap. XI. — De jejunio. 1141
Cap. XII. — De usu carnium. 1141
Cap. XIII. — De recipiendis infirmis, et ministrantibus illis. 1141
Cap. XIV. — De honestate fratrum, et eorum servitio circa infirmos 1141
Cap. XV. — Qualiter fratres ire, et manere debent. 1141
Cap. XVI. — De his, qui aliquo vadunt. 1142
Cap. XVII. — Ut nullus solus eat. 1142
Cap. XVIII. — De processione in hospitali. 1142
Cap. XIX. — De silentio in ecclesia. 1142
Cap. XX. — De conservanda charitate. 1142
Cap. XXI. — De capitulo fratrum generali. 1142
Cap. XXII. — De communitate magistri. 1142
Cap. XXIII — De communitate mensæ fratrum. 1142
Cap. XXIV. — De electione magistri. 1143
Cap. XXV. — De silentio mensæ. 1143
Cap. XXVI. — De correctione clericorum. 1143
Cap. XXVII. — De officio clericorum et de primatu. 1143
Cap. XXVIII. — De conditione clericorum. 1143
Cap. XXIX. — De correctione clericorum. 1143
Cap. XXX. — De capitulo. 1143
Cap. XXXI. — De pœnis fornicantium. 1144
Cap. XXXII. — De fratribus altercantibus et percutientibus alterutrum. 1144
Cap. XXXIII. — De constitutione horarum. 1144
Cap. XXXIV. — De fratribus male se habentibus. 1144
Cap. XXXV. — De fratribus cum proprio viventibus. 1145
Cap. XXXVI. — De proprietariis. 1145
Cap. XXXVII. — De officio faciendo pro fratribus et sororibus defunctis. 1145
Cap. XXXVIII. — De judicio in capitulo. 1145
Cap. XXXIX. — De indumentis pauperum. 1145
Cap. XL. — De pauperibus requirendis. 1145
Cap. XLI. — De orphanis nutriendis et feminis prægnantibus. 1146
Cap. XLII. — De servitio pauperum. 1146
Cap. XLIII. — De pauperibus suscipiendis. 1146
Cap. XLIV. — De hospitio magnatum. 1146
Cap. XLV. — De religiosis suscipiendis. 1146
Cap. XLVI. — De peccatricibus suscipiendis. 1146
Cap. XLVII. — De litteris deferendis. 1146
Cap. XLVIII. — De deposito. 1146
Cap. XLIX. — Ut nulli liceat ecclesiam construere. 1146
Cap. L. — De injuriis vitandis. 1146
Cap. LI. — De sustentandis leprosis. 1146
Cap. LII. — De receptione munerum. 1146
Cap. LIII. — Ut nullus vestes vendat vel emat. 1147
Cap. LIV. — Si quis fratrum inciderit in hæresim. 1147
Cap. LV. — Qualiter fratres a fratribus sunt corrigendi. 1147
Cap. LVI. — Qualiter frater fratrem accusare debet. 1147
Cap. LVII. — Qualiter fratres crucis vexillum portare debent. 1147
Cap. LVIII. — De obsequiis fratrum defunctorum et peregrinorum. 1148
Cap. LIX. — De cunabulis puerorum. 1148
Cap. LX. — Ut magister proprietatem non habeat. 1148
Cap. LXI. — De discretione senum et puerorum. 1148
Cap. LXII. — De rectoribus filiarum domorum. 1148
Cap. LXIII. — Ne uxoratus vel conjugatus recipiatur. 1148
Cap. LXIV. — De electione magistri. 1148
Cap. LXV. — De camerariis domus. 1148
Cap. LXVI. — De proventu domus et expensis. 1149
Cap. LXVII. — De infirmaria fratrum. 1149
Cap. LXVIII. — De contumacia filiarum domorum. 1149
Cap. LXIX. — De juramentis fratrum. 1149
Cap. LXX. — Quomodo fratres sunt suscipiendi. 1149
Cap. LXXI — De receptione alicujus in probatione. 1150

Cap. LXXII. — Ut nullus nostrum intret alterum ordinem. 1150	Cap. LXXXVIII. — Ut nullus extraneus in domo retineatur. 1152
Cap. LXXIII. — Ut nullus poenas statutas renuat. 1150	Cap. LXXXIX. — De visitatore domus. 1152
Cap. LXXIV. — De obedientia. 1150	Cap. XC. — De his qui transeunt alicubi quam ubi praeceptor mittit. 1153
Cap. LXXV. — De forma juramenti quam magister praestabit. 1150	Cap. XCI. — De his qui superbiunt pro bonis. 1153
Cap. LXXVI. — De puellis retinendis, vel conjugandis. 1151	Cap. XCII. — Ut nullus aliquid inhonestum de domo dicat. 1153
Cap. LXXVII. — De intercessione pro fratribus. 1151	Cap. XCIII. — De vicario magistri eligendo. 1153
Cap. LXXVIII. — Quod omnes in communi dormitorio aceant. 1151	Cap. XCIV. — Ut nullus habitum dimittat. 1153
Cap. LXXIX. — Ut qui habent habitum, praesint. 1151	Cap. XCV. — De balivis domus. 1154
	Cap. XCVI.—De comminationibus et indulgentiis. 1154
	Cap. XCVII.—Ut eidem regulae sorores subjaceant. 1154
Cap. LXXX. — Ut feminae capita fratrum non lavent. 1151	Cap. XCVIII. — De his qui sine jussione praeceptoris junguntur excommunicato vel inobedienti. 1154
	Cap. XCIX. — De fratre inobediente. 1154
Cap. LXXXI. — De fratre percutiente servientem. 1151	Cap. C. — De fratre in villa jacente. 1154
	Cap. CI. — De fratre fallente. 1155
Cap. LXXXII. — De serviente contra fratrem rixante. 1151	Cap. CII. — De fratre fugiente. 1155
	Cap. CIII. — De fratre superbo et irreligioso. 1155
Cap. LXXXIII. — De servientibus, si furtum fecerint. 1152	Cap. CIV. — De fratribus post completorium rixantibus. 1155
Cap. LXXXIV. — De fratre transmittendo ad aliam domum. 1152	Cap. CV. — De capitulo in Pentecosten. 1155
Cap. LXXXV. — De servientibus rixantibus. 1152	Fratribus ejusdem ordinis B. Cyrillus generalis praeceptor. 1155
Cap. LXXXVI. — De fratribus recipiendis. 1152	Index epistolarum Innocentii III juxta litteram initialem. 1159
Cap. LXXXVII. — De eleemosynis colligendis. 1152	

FINIS TOMI DUCENTESIMI DECIMI SEPTIMI.

EDITORIS PROFESSIO FIDEI.

Hunc igitur *Cursum Patrologiae completum*, cum tota prostrati animi demissione, Sanctae Sedis judicio bens submitto ; et, si quid, vel immodica celeritate abreptus, vel scientiae infirmitate delusus, vel immensa millium arduarumque rerum copia distractus, sanctum dogma, sanctam moratem, sanctam disciplinam tantisper laedens, inscius certe non ultroneus ediderim, totum istud heterodoxum absque misericordia cito sit anathema. Quaecunque autem in operibus meis approbaverit Pius nonus, cum summa sui laude et summo Ecclesiae bono feliciter regnans, festinus approbo; quaecunque ut minus recte sonantia damnaverit, damno; quia scientia mea coram scientia Domini mei, Doctoris mei, Judicis mei, tanquam lucernula coram sole meridiano evanescit. Ego enim, ut quivis omnimode catholicus, sanctam Ecclesiam Romanam, cujus summus Pontifex visibile solus est et immediate caput, sub Christo invisibili capite, profiteor esse matrem dominamque omnium Ecclesiarum, centrum unitatis, fontem omnis jurisdictionis, interpretem omnis veritatis, normam omnis justitiae, judicem omnis controversiae, custodem infallibilem et indefectibilem doctrinae sanctae; ex his autem quibus pollet Ecclesia titulis, ipsa decus et potestatem adipiscitur, mihi vero totidem protinus incumbunt officia.

Si enim mater est Ecclesiarum quae ipsae parturientes et fecundae sunt oves, quanto magis et mater est mei, inter agnellos infirmissimi, nihil ex me meisque viribus creare valentis ! Imo illa mihi mater est prae caeteris matribus; nati siquidem qui matre indiguerunt ut in lucem venirent, labentibus annis corroborati, suis necessitatibus abunde suppetere possunt; ego vero nec sine ea nasci, nec sine ea vivere queo; vitis enim est gemmam suam germinans et nutriens; quocunque momento ab ejus vita vita mea discesserit, perco, perii. Cum vero mater mea sit, oportet ut quasi infantulus nomen ejus semper in ore, bonum ejus semper in mente, amorem ejus semper in corde feram, illius laetitiis laetus, illius doloribus dolens.

Si omnium domina est Ecclesiarum, quanto magis est humillimi domina sacerdotis ! Hujus ergo praeceptis impulsibusque docilem me praestare debeo, solius ejus scientiae sciens, solius ejus sapientia sapiens.

Si centrum est unitatis, nusquam alio centrum illud mihi investigandum, ac propterea omne prorsus abjicere debeo quod se ab ea sejungit, omnique adhaerere quod ei adhaeret. Extra eam scilicet omnes, vel schismatici frangunt unitatem, vel haeretici quamdam veritatem abnegant; aut erroris alicujus venenum diffundunt.

Si omnis jurisdictionis fons est, memetipsum non possum mittere; cum ea debeo consociari, nec ullam mihi veram potestatem creditam arbitrari, nisi quam ipsa *mediate* vel *immediate* commiserit.

Si omnis est veritatis interpres, meas omnes cogitationes ipsi submittere debeo, ideoque tanquam verum credere et amplecti quod illa verum pronuntiarit, falsum vero habere et abominari, quod tanquam falsum exploderit vel nota affecerit.

Si omnis est justitiae regula, omnes illi actiones meas debeo subjicere, ac tanquam bonum approbare quod ipsa bonum declaraverit, malum autem repudiare quod ipsa malum edixerit.

Si omnis controversiae judex est, omnes meas difficultates ejus pedibus debeo substernere; omnemque rem quamlibet claram, certam ac definitam agnoscere, statim ut illa pronuntiaverit. *Roma locuta est, causa finita est.*

Si divini fidei moralisque depositi custos infallibilis est, credere debeo omnes quas tulit approbationis sententias justas esse, omniaque doctrinalium damnationum decreta quæ condidit, meritissima. Eam insuper solam audire debeo, quoniam ipsa sola, seu dubitantis animi cruciatus comprimens, seu errantis ingenii nube discutiens, intellectus mei instabiles motus sistere potest, si omne quod credendum docet crediderim, quia omne quod verum est credam; ipsaque sola pacem cordi meo infundere, omnem scilicet ab eo remorsus ac stimuli possibilitatem amovendo, si omne quod agendum præscribit egerim, quia omne quod bonum est agam.

Si indefectibilis est, non inter ista versatur quæ vitæ mortisque vices per recentiora decem et novem sæcula subierunt; econtra fixum animis esse debet omne quod extra Ecclesiam vivit morti esse obnoxium, quantumvis exteriori sanitatis specie diuturnitatem longævitatemque ominetur.

O sancta Romana Ecclesia! qualem te Christus stabilivit, titulisque et prærogativis honestavit, ita in religione necessariam te profiteor, ut nisi divinitus exstares, creanda ab hominibus esses, spirituum orbem regendi et componendi causa. Tibi ex præcordiis inhærendum; et, eo quod sis, gratiæ Deo litandæ sunt in perpetuum.

O sancta Romana Ecclesia! quotquot, post Christum, edidisti oracula typis celebrare jamjam gestio speroque, ut apprime noscat orbis universus quanta, in omni tempore, sapientia, doctrina, providentia sanctitateque eminueris.

O sancta Romana Ecclesia! si te verbo quolibet unquam lædere audeam, adhæreat lingua mea faucibus meis, quippe matricida foret; et si quid adversus te dextera mea delineare audeat, arescat et oblivioni detur, quippe matricida foret.

O sancta Romana Ecclesia! quotiescunque aliquid de te faustum audio, nempe populum quemdam qui sedebat in umbra mortis ad lumen tuum accessisse, vel magni nominis peccatorem in gratiam tecum rediisse, vel scriptorem quemdam impium iisdem quibus antea te lacessiverat armis, amicum nunc te adjuvare, tunc dilatatur cor meum ac gaudio superabundat. Econtra, si quis te calumniis aut facinorosis operibus insectatur, si quis te deserit, immenso dolore affligor, sed te eo majori veneratione eoque magis filiali amore prosequor quo te sæviores appetunt injuriæ, aut molestiores attingunt proditiones; eo arctiori vinculo tibi adhæreo, quo insolentius tua potestas contemnitur; quia spretæ dignitatis sublimitati, accedit magni decus infortunii, sacraque nobilium in te corona ærumnarum. Plagas tuas osculis operio et lacrymis irrigo, ex illisque spero, sicut olim e cruore martyrum, emergas patientia gloriaque eminentior. Quid tibi persecutiones, quid proditiones, quid calumniæ, quid apostasiæ, nisi coram sole nebulæ? Aliquantisper fulgorem ejus obscurare videntur; intactum vero ab his inviolatumque sidus procedit, tanquam sponsus e thalamo. In te senilis majestas juvenili robori sociatur, quia Fundatoris tui ad exemplum, forma enites semper antiqua semperque nova.

O sancta Romana Ecclesia! quid de te sentiam aperui, intima mea tibi patent; gaudebo et sufficit mihi, si, quamvis ex me ipso nec scientem nec sapientem, in agendo me stimulaverint pura causa, et purus finis, gloria nempe Dei ac Virginis immaculatæ, tuique bonum, et cleri catholici decus.

Et me adjuvet Deus Optimus Maximus, tueatur immaculata virgo Maria, aspectu excitet Ecclesia, exoptetque clerus ut alios omnes sanctæ doctrinæ ramos, biblicorum ac theologicorum instar, magis ac magis fauste indefessus excolam!

L'Abbé MIGNE.

Ex Typis L. MIGNE, au Petit-Montrouge.

www.ingramcontent.com/pod-product-compliance
Lightning Source LLC
Chambersburg PA
CBHW060301230426
43663CB00009B/1541